中国化工学会农药专业委员会 | 组织编写
全国农药信息总站

农药商品信息手册

康 卓 主编

化学工业出版社

·北京·

本手册按照"权威、全面、新颖、实用"为宗旨,分为杀虫剂、杀菌剂、除草剂、植物生长调节剂和其他农药五大部分,全面系统收录了1600余个农药品种,详细介绍了每个农药品种的中、英文通用名称、其他名称、化学结构式(包括分子式、分子量和CAS登录号)、理化性质、毒性、应用、合成方法、主要生产商等内容。为便于读者查询,书后附有农药品种的化学结构分类,农药剂型代码以及中英文农药通用名称索引。

本书可供从事有关农药生产、开发、科研、应用及相关领域科研、生产加工、商贸人员使用,也可供大专院校师生参考。

图书在版编目(CIP)数据

农药商品信息手册/康卓主编;中国化工学会农药专业委员会,全国农药信息总站组织编写.—北京:化学工业出版社,2017.1
 ISBN 978-7-122-27929-3

Ⅰ.①农… Ⅱ.①康… ②中… ③全… Ⅲ.①农药-商品信息-手册 Ⅳ.①F767.2-62

中国版本图书馆CIP数据核字(2016)第203516号

责任编辑:刘 军 张 艳　　　　　　文字编辑:孙凤英
责任校对:宋 夏　　　　　　　　　　装帧设计:关 飞

出版发行:化学工业出版社(北京市东城区青年湖南街13号 邮政编码100011)
印　　刷:北京永鑫印刷有限责任公司
装　　订:三河市胜利装订厂
787mm×1092mm　1/16　印张77¾　字数2047千字　2017年2月北京第1版第1次印刷

购书咨询:010-64518888(传真:010-64519686)　　售后服务:010-64518899
网　　址:http://www.cip.com.cn
凡购买本书,如有缺损质量问题,本社销售中心负责调换。

定　　价:360.00元　　　　　　　　　　　　　　　　　　版权所有　违者必究
京化广临字2016——20号

本书编写人员名单

主 编

康 卓

副主编

赵 平 张敏恒

编写人员

(按姓名汉语拼音排序)

曹 巍	柴宝山	常秀辉	陈佳佳	陈 亮	迟会伟	丑靖宇
崔东亮	董 燕	耿 丽	顾文莹	关爱莹	姜 斌	姜敏怡
姜 鹏	兰 杰	李 斌	李慧超	李轲轲	李 森	李 新
李艳娟	李 洋	李志念	林长福	刘君丽	刘少武	楼少巍
罗焕思	罗艳梅	吕 亮	马宏娟	苗承钊	单中刚	司乃国
彬彬	宋明明	宋玉泉	孙宝祥	孙 克	孙宁宁	孙旭峰
佟 威	王立增	王 嬅	王媛媛	吴鸿飞	吴 峤	吴文娟
谢 勇	严秋旭	杨丙连	杨 帆	杨 浩	杨辉斌	杨吉春
叶艳明	于春睿	于福强	于海波	张立新	张明明	张 悦
赵贵民	赵孟孟	赵欣昕	周惠中			

前 言

农药指用来防治危害农作物的害虫、杂草和病菌的药剂。农药行业是重要的支农产业之一,在全球人口增长及耕地面积减少的矛盾下,农药的广泛施用以提高单位面积产量是解决粮食问题的重要出路,生产安全、绿色的农药产品就成为广大农药科技工作者的神圣使命。近年来,农药工业发展迅速,农药品种结构发生了重大的变化,行业向高效、低毒、低用量的方向发展。农药新技术和新产品不断涌现,一些新的农药品种相继问世,已有产品的技术信息也在不断丰富和更新。为了适应当前高速发展的社会需求,我们编写了这本《农药商品信息手册》。

本手册立足于实际应用,结合农药的需求及发展前景,共收录农药产品1600余种,对其相关的技术信息进行了全面介绍。具有资料新且翔实、品种系统且全面、内容实用且可靠、读者使用方便、编排新颖且合理等特点,为农药工业的广大从业人员提供了一套集技术性、信息性、实用性于一体的工具书。

《农药商品信息手册》按杀虫剂、杀菌剂、除草剂、植物生长调节剂和其他农药共五部分编排,为了方便读者使用,将杀螨剂、杀虫剂增效剂编入杀虫剂,杀病毒剂和杀细菌剂编入杀菌剂,除草剂安全剂编入除草剂,杀软体动物剂、杀鼠剂和熏蒸剂编入其他农药类。各个类别按中文农药通用名汉语拼音顺序排序。《农药商品信息手册》设有品种的中、英文通用名称、其他名称、化学结构式、理化性质、毒性、应用、合成方法、主要生产商等条目。为了方便读者,书后附有农药品种分类(按照主要化学结构分类)、剂型代码和中、英文农药名称索引。

《农药商品信息手册》注重实际需要,覆盖面广,技术信息来源准确可靠,是农药行业科研、生产、营销以及相关专业人士不可缺少的工具书之一。

由于编者水平所限,书中疏漏或谬误之处恐在所难免,敬请各位专家、读者批评指正。

编者
2016年12月

目录

第1部分 杀虫剂 / 1

阿福拉纳（afoxolaner） ········· 1
阿洛氨菌素（allosamidin） ······ 1
阿维菌素（abamectin） ··········· 2
艾氏剂（aldrin） ····················· 4
安硫磷（formothion） ············· 4
胺丙畏（propetamphos） ········ 5
胺甲威（formparanate） ········· 6
胺菊酯（tetramethrin） ············ 6
胺吸磷（amiton） ···················· 8
八甲磷（schradan） ················ 8
八氯二丙醚（octachlorodipropyl ether） ·· 8
巴毒磷（crotoxyphos） ··········· 9
百治磷（dicrotophos） ············ 9
保棉磷（azinphos-methyl） ··· 10
保幼醚（epofenonane） ········· 12
保幼炔（JH-286） ················· 12
倍硫磷（fenthion） ················ 12
苯虫醚（diofenolan） ············ 13
苯丁锡（fenbutatin oxide） ··· 14
苯腈膦（cyanofenphos） ······· 15
苯硫膦（EPN） ····················· 16
苯硫威（fenothiocarb） ········· 17
苯螨醚（phenproxide） ········· 18
苯螨特（benzoximate） ········· 18
苯醚菊酯（phenothrin） ······· 19
苯醚氰菊酯（cyphenothrin） ·· 20
苯赛螨（triarathene） ············ 22
苯线磷（fenamiphos） ·········· 22
苯氧炔螨（dofenapyn） ········ 23
苯氧威（fenoxycarb） ··········· 23
吡丙醚（pyriproxyfen） ······· 24
吡虫啉（imidacloprid） ········ 25
吡啶氟虫胺（flupyradifurone） ·· 26
吡氟喹虫唑（pyrifluquinazon） ·· 27
吡硫磷（pyrazothion） ········· 28

吡氯氰菊酯（fenpirithrin） ··· 28
吡螨胺（tebufenpyrad） ········ 29
吡蚜酮（pymetrozine） ········· 30
吡唑虫啶（pyriprole） ··········· 31
吡唑硫磷（pyraclofos） ········ 32
吡唑威（pyrolan） ················· 33
避虫醇［2-(octylthio)ethanol］ ·· 33
避蚊胺（diethyltoluamide） ··· 34
避蚊酮（butopyronoxyl） ····· 34
苄呋菊酯（resmethrin） ········ 35
苄菊酯（dimethrin） ············· 36
苄螨醚（halfenprox） ············ 37
苄烯菊酯（butethrin） ··········· 38
冰晶石（cryolite） ················· 38
冰片丹（chlorbicyclen） ······· 39
丙胺氟磷（mipafox） ············ 39
丙虫磷（propaphos） ············· 39
丙硫克百威（benfuracarb） ·· 40
丙硫磷（prothiofos） ············ 41
丙硝酚（dinoprop） ··············· 42
丙溴磷（profenofos） ············ 42
丙酯杀螨醇（chloropropylate） ·· 43
不育胺（metepa） ·················· 44
不育特（apholate） ················ 44
残杀威（propoxur） ··············· 44
虫螨磷（chlorthiophos） ······· 45
虫螨畏（methacrifos） ·········· 46
虫酰肼（tebufenozide） ········ 47
除虫菊素（pyrethrins） ········· 48
除虫脲（diflubenzuron） ······ 49
除害威（allyxycarb） ············ 50
除螨灵（dienochlor） ············ 51
除线磷（dichlofenthion） ······ 51
除线威（cloethocarb） ·········· 52
除幼脲（dichlorbenzuron） ··· 53

雌舞毒蛾引诱剂（disparlure）……… 53
哒螨灵（pyridaben）……… 54
哒嗪硫磷（pyridaphenthion）……… 55
哒幼酮（NC-170）……… 56
单甲脒（semiamitraz）……… 57
滴滴滴（TDE）……… 57
滴滴涕（pp'-DDT）……… 58
狄氏剂（HEOD）……… 58
敌百虫（trichlorfon）……… 59
敌敌畏（dichlorvos）……… 60
敌噁磷（dioxathion）……… 61
敌螨特（chlorfensulphide）……… 62
敌蝇威（dimetilan）……… 62
地安磷（mephosfolan）……… 63
地虫硫磷（fonofos）……… 63
地麦威（dimetan）……… 64
碘硫磷（jodofenphos）……… 65
叠氮磷（mazidox）……… 65
丁苯硫磷（fosmethilan）……… 66
丁氟螨酯（cyflumetofen）……… 66
丁环硫磷（fosthietan）……… 67
丁基嘧啶磷（tebupirimfos）……… 68
丁硫克百威（carbosulfan）……… 69
丁醚脲（diafenthiuron）……… 70
丁酮砜威（butoxycarboxim）……… 71
丁酮威（butocarboxim）……… 72
丁烯胺磷（methocrotophos）……… 73
丁烯氟虫腈（flufiprole）……… 73
丁酯膦（butonate）……… 75
啶吡唑虫胺（pyrafluprole）……… 75
啶虫磷（lirimfos）……… 75
啶虫脒（acetamiprid）……… 76
啶喃环丙虫酯（afidopyropen）……… 77
啶蜱脲（fluazuron）……… 77
毒虫畏（chlorfenvinphos）……… 78
毒壤膦（trichloronat）……… 80
毒杀芬（camphechlor）……… 80
毒死蜱（chlorpyrifos）……… 81
对硫磷（parathion）……… 82
对氯硫磷（phosnichlor）……… 83
多氟脲（noviflumuron）……… 83
多拉菌素（doramectin）……… 84
多噻烷（polythialan）……… 85
多杀霉素（spinosad）……… 85
多杀威（EMPC）……… 87
蛾蝇腈（thiapronil）……… 87
噁虫酮（metoxadiazone）……… 88

噁虫威（bendiocarb）……… 88
噁唑虫磷（zolaprofos）……… 89
噁唑磷（isoxathion）……… 90
二氯嗪虫脲（EL 494）……… 91
二嗪磷（diazinon）……… 91
二硝酚（DNOC）……… 92
二溴磷（naled）……… 93
二氧威（dioxacarb）……… 94
发硫磷（prothoate）……… 95
伐虫脒（formetanate）……… 96
伐灭磷（famphur）……… 97
反氯菊酯（transpermethrin）……… 97
反灭虫菊（pyresmethrin）……… 98
芬硫磷（phenkapton）……… 98
丰丙磷（IPSP）……… 98
砜拌磷（oxydisulfoton）……… 99
砜吸磷（demeton-S-methylsulphone）……… 99
呋虫胺（dinotefuran）……… 100
呋喃虫酰肼（furan tebufenozide）……… 101
呋炔菊酯（proparthrin）……… 102
呋线威（furathiocarb）……… 103
伏杀硫磷（phosalone）……… 104
氟胺氰菊酯（tau-fluvalinate）……… 105
氟苯脲（teflubenzuron）……… 106
氟吡唑虫（vaniliprole）……… 107
氟丙菊酯（acrinathrin）……… 107
氟虫胺（sulfluramid）……… 109
氟虫腈（fipronil）……… 109
氟虫脲（flufenoxuron）……… 111
氟虫酰胺（flubendiamide）……… 112
氟虫胺腈（sulfoxaflor）……… 113
氟啶虫酰胺（flonicamid）……… 114
氟啶脲（chlorfluazuron）……… 115
氟硅菊酯（silafluofen）……… 116
氟磺酰胺（flursulamid）……… 117
氟铃脲（hexaflumuron）……… 117
氟氯苯菊酯（flumethrin）……… 119
氟氯氰菊酯（cyfluthrin）……… 119
氟氯双苯隆（flucofuron）……… 121
氟螨脲（flucycloxuron）……… 121
氟螨嗪（diflovidazin）……… 123
氟螨噻（flubenzimine）……… 124
氟氰戊菊酯（flucythrinate）……… 124
氟酰脲（novaluron）……… 126
氟蚁灵（nifluridide）……… 127
氟蚁腙（hydramethylnon）……… 127
氟幼脲（penfluron）……… 129

富右旋反式胺菊酯（rich-*d-t*-tetramethrin）… 129	甲萘威（carbaryl） … 164
甘氨硫磷（phosglycin） … 130	甲氰菊酯（fenpropathrin） … 165
高效反式氯氰菊酯（*theta*-cypermethrin） … 130	甲亚砜磷（mesulfenfos） … 166
高效氟氯氰菊酯（*beta*-cyfluthrin） … 131	甲氧苄氟菊酯（metofluthrin） … 166
高效氯氟氰菊酯（*lambda*-cyhalothrin） … 133	甲氧虫酰肼（methoxyfenozide） … 167
高效氯氰菊酯（*beta*-cypermethrin） … 134	甲氧滴滴涕（methoxychlor） … 168
格螨酯（genite） … 136	甲乙嘧啶硫磷（pyrimitate） … 169
庚烯磷（heptenophos） … 137	椒菊酯（barthrin） … 169
果虫磷（cyanthoate） … 138	腈吡螨酯（cyenopyrafen） … 170
果乃胺（MNFA） … 138	精高效氯氟氰菊酯（gamma-cyhalothrin） … 171
害扑威（CPMC） … 138	久效磷（monocrotophos） … 172
合杀威（bufencarb） … 139	久效威（thiofanox） … 173
红铃虫性诱素（gossyplure） … 140	拒食胺（DTA） … 174
华光霉素（nikkomycins） … 141	绝育磷（tepa） … 174
环虫腈（dicyclanil） … 141	抗虫菊（furethrin） … 174
环虫菊酯（cyclethrin） … 142	抗虫威（thiocarboxime） … 175
环虫酰肼（chromafenozide） … 143	抗螨唑（fenazaflor） … 175
环羧螨（cycloprate） … 144	抗蚜威（pirimicarb） … 176
环戊烯丙菊酯（terallethrin） … 144	抗幼烯（R-20458） … 177
磺胺螨酯（amidoflumet） … 145	克百威（carbofuran） … 178
混灭威（dimethacarb） … 146	克仑吡林（clenpirin） … 179
混杀威（trimethacarb） … 146	克杀螨（thioquinox） … 179
几噻唑（L-1215） … 147	苦参碱（matrine） … 180
家蝇磷（acethion） … 147	喹啉威（hyquincarb） … 180
甲氨基阿维菌素（abamectin-aminomethyl） … 148	喹硫磷（quinalphos） … 180
甲氨基阿维菌素苯甲酸盐（emamectin benzoate） … 149	喹螨醚（fenazaquin） … 182
甲胺磷（methamidophos） … 151	乐果（dimethoate） … 183
甲胺嘧磷（pirimetaphos） … 152	乐杀螨（binapacryl） … 184
甲拌磷（phorate） … 152	雷复沙奈（rafoxanide） … 184
甲氟磷（dimefox） … 153	雷公藤甲素（triptolide） … 185
甲基吡噁磷（azamethiphos） … 154	雷皮菌素（lepimectin） … 185
甲基丁香酚（methyl eugenol） … 155	联苯肼酯（bifenazate） … 187
甲基毒虫畏（dimethylvinphos） … 155	联苯菊酯（bifenthrin） … 188
甲基毒死蜱（chlorpyrifos-methyl） … 156	联氟螨（fluenetil） … 190
甲基对硫磷（parathion-methyl） … 157	邻敌螨消（dinocton） … 190
甲基喹噁磷（quinalphos-methyl） … 158	林丹（gamma-HCH） … 191
甲基硫环磷（phosfolan-methyl） … 158	磷胺（phosphamidon） … 191
甲基嘧啶磷（pirimiphos-methyl） … 159	磷吡酯（fospirate） … 192
甲基内吸磷（demeton-S-methyl） … 160	磷虫威（phosphocarb） … 193
甲基辛硫磷（phoxim-methyl） … 160	硫丙磷（sulprofos） … 193
甲基乙拌磷（thiometon） … 161	硫丹（endosulfan） … 194
甲基乙酯磷（methylacetophos） … 162	硫氟肟醚（thiofluoximate） … 195
甲基异柳磷（isofenphos-methyl） … 162	硫环磷（phosfolan） … 196
甲硫威（methiocarb） … 162	硫氰酸钾（potassium thiocyanate） … 196
甲醚菊酯（methothrin） … 163	硫双威（thiodicarb） … 197
	硫肟醚（sulfoxime） … 198
	硫线磷（cadusafos） … 198

六六六（HCH）	199	灭螨猛（chinomethionat）	237
氯胺磷（chloramine phosphorus）	200	灭螨脒（chloromebuform）	238
氯苯乙丙磷（trifenofos）	200	灭杀威（xylylcarb）	239
氯吡唑磷（chlorprazophos）	201	灭蚜磷（mecarbam）	239
氯虫苯甲酰胺（chlorantraniliprole）	201	灭蚜硫磷（menazon）	240
氯虫酰肼（halofenozide）	202	灭蚁灵（mirex）	241
氯丹（chlordane）	203	灭蝇胺（cyromazine）	241
氯氟醚菊酯（meperfluthrin）	204	灭幼脲（chlorbenzuron）	242
氯氟氰虫酰胺（cyhalodiamide）	205	灭幼唑（PH 6042）	243
氯化亚汞（mercurous chloride）	206	莫西菌素（moxidectin）	244
氯甲硫磷（chlormephos）	206	内吸磷（demeton）	244
氯菊酯（permethrin）	207	萘肽磷（naftalofos）	245
氯灭杀威（carbanolate）	208	喃烯菊酯（japothrins）	246
氯氰菊酯（cypermethrin）	209	闹羊花素-Ⅲ（rhodojaponin-Ⅲ）	246
zeta-氯氰菊酯（zeta-cypermethrin）	210	d-柠檬烯（d-limonene）	246
氯噻啉（imidaclothiz）	211	牛蝇畏（MGK Repellent 11）	247
氯杀螨（chlorbenside）	212	偶氮苯（azobenzene）	247
氯生太尔（closantel）	213	偶氮磷（azothoate）	247
氯戊环（kelevan）	213	哌虫啶（paichongding）	248
氯烯炔菊酯（chlorempenthrin）	214	硼砂（borax）	249
氯辛硫磷（chlorphoxim）	214	硼酸（boric acid）	249
氯亚胺硫磷（dialifos）	215	皮蝇磷（fenchlorphos）	250
氯氧磷（chlorethoxyfos）	216	蜱虱威（promacyl）	250
氯唑磷（isazofos）	216	七氟菊酯（tefluthrin）	251
螺虫乙酯（spirotetramat）	217	七氯（heptachlor）	252
螺虫酯（spiromesifen）	219	嗪虫脲（L-7063）	253
螺螨酯（spirodiclofen）	220	氰虫酰胺（cyantraniliprole）	253
马拉硫磷（malathion）	221	氰氟虫腙（metaflumizone）	254
螨蜱胺（cymiazole）	222	氰戊菊酯（fenvalerate）	255
茂硫磷（morphothion）	222	S-氰戊菊酯（esfenvalerate）	257
猛杀威（promecarb）	223	驱虫特（tabatrex）	258
弥拜菌素（milbemectin）	224	驱虫威	258
醚菊酯（etofenprox）	225	驱蚊醇（ethyl hexanediol）	259
嘧虫胺（flufenerim）	226	驱蚊叮（dibutyl phthalate）	259
嘧啶磷（pirimiphos-ethyl）	227	驱蚊灵（dimethyl carbate）	259
嘧啶威（pyramat）	227	驱蚊油（dimethyl phthalate）	260
嘧啶氧磷（pirimioxyphos）	228	驱蝇定（MGK Repellent 326）	260
嘧螨胺（pyriminostrobin）	228	炔丙菊酯（prallethrin）	261
嘧螨醚（pyrimidifen）	229	炔呋菊酯（furamethrin）	262
嘧螨酯（fluacrypyrim）	230	炔螨特（propargite）	263
棉铃威（alanycarb）	231	炔咪菊酯（imiprothrin）	264
灭虫隆（chloromethiuron）	232	噻虫胺（clothianidin）	265
灭虫唑（PH 6041）	233	噻虫啉（thiacloprid）	266
灭除威（XMC）	233	噻虫嗪（thiamethoxam）	268
灭多威（methomyl）	234	噻恩菊酯（kadethrin）	269
灭害威（aminocarb）	235	噻氯磷（thicrofos）	270
灭螨醌（acequinocyl）	236	噻螨酮（hexythiazox）	270

噻螨威（tazimcarb）	271	双氧硫威（RO13-7744）	311
噻喃磷（dithicrofos）	272	水胺硫磷（isocarbophos）	311
噻嗪酮（buprofezin）	272	顺式苄呋菊酯（cismethrin）	312
噻唑硫磷（colophonate）	274	顺式氯氰菊酯（*alpha*-cypermethrin）	313
赛拉菌素（selamectin）	274	四氟苯菊酯（transfluthrin）	315
赛硫磷（amidithion）	275	四氟甲醚菊酯（dimefluthrin）	316
三氟甲吡醚（pyridalyl）	275	四氟醚菊酯（tetramethylfluthrin）	317
三氟氯氰菊酯（cyhalothrin）	276	四甲磷（mecarphon）	318
三氟醚菊酯（flufenprox）	278	四螨嗪（clofentezine）	318
三环锡（cyhexatin）	278	四溴菊酯（tralomethrin）	319
三磷锡（phostin）	279	苏硫磷（sophamide）	321
三硫磷（carbophenothion）	280	苏云金素（thuringiensin）	321
三氯杀虫酯（plifenate）	280	速灭磷（mevinphos）	322
三氯杀螨醇（dicofol）	281	速灭威（metolcarb）	323
三氯杀螨砜（tetradifon）	282	速杀硫磷（heterophos）	323
三唑磷（triazophos）	283	碳氯灵（isobenzan）	324
三唑锡（azocyclotin）	284	特丁硫磷（terbufos）	324
杀虫单（thiosultap-monosodium）	285	特螨腈（malonoben）	325
杀虫环（thiocyclam）	286	特嘧硫磷（butathiofos）	325
杀虫磺（bensultap）	287	特普（TEPP）	326
杀虫脒（chlordimeform）	289	涕灭砜威（aldoxycarb）	326
杀虫双（thiosultap-disodium）	290	涕灭威（aldicarb）	327
杀虫畏（tetrachlorvinphos）	291	田乐磷（demephion）	328
杀铃脲（triflumuron）	292	*α*-桐酸甲酯（bollex）	329
杀螨醇（chlorfenethol）	293	五氟苯菊酯（fenfluthrin）	329
杀螨硫醚（tetrasul）	294	戊菊酯（valerate）	330
杀螨霉素（tetranactin）	294	戊氰威（nitrilacarb）	331
杀螨脒（medimeform）	295	戊烯氰氯菊酯（pentmethrin）	331
杀螨特（aramite）	295	烯丙菊酯（allethrin）	332
杀螨酯（chlorfenson）	296	烯虫硫酯（triprene）	333
杀螟丹（cartap）	296	烯虫炔酯（kinoprene）	333
杀螟腈（cyanophos）	298	烯虫乙酯（hydroprene）	334
杀螟硫磷（fenitrothion）	299	烯虫酯（methoprene）	335
杀扑磷（methidathion）	300	烯啶虫胺（nitenpyram）	336
杀线威（oxamyl）	301	酰胺嘧啶磷（primidophos）	337
砷酸钙（calcium arsenate）	302	消螨多（dinopenton）	338
砷酸铅（lead arsenate）	302	消螨酚（dinex）	338
生物苄呋菊酯（bioresmethrin）	302	消螨通（dinobuton）	339
生物氯菊酯（biopermethrin）	304	硝虫硫磷（xiaochongliulin）	340
生物烯丙菊酯（bioallethrin）	304	硝虫噻嗪（nithiazine）	340
S-生物烯丙菊酯（S-bioallethrin）	305	硝丁酯（dinoterbon）	340
虱螨脲（lufenuron）	306	硝辛酯（dinosulfon）	341
十氯酮（chlordecone）	307	辛硫磷（phoxim）	341
蔬果磷（dioxabenzofos）	307	新烟碱（anabasine）	342
双甲脒（amitraz）	308	溴苯磷（leptophos）	343
双硫磷（temephos）	309	溴苄呋菊酯（bromethrin）	343
双三氟虫脲（bistrifluron）	310	溴虫腈（chlorfenapyr）	344

溴芬松（bromfenvinfos）	345		异柳磷（isofenphos）	377
溴氟菊酯（brofluthrinate）	345		异氯磷（dicapthon）	377
溴硫磷（bromophos）	346		异索威（isolan）	378
溴氯丹（bromocyclen）	346		异亚砜磷（oxydeprofos）	378
溴氯氰菊酯（tralocythrin）	347		抑食肼（RH-5849）	379
溴螨酯（bromopropylate）	347		益硫磷（ethoate-methyl）	379
溴灭菊酯（brofenvalerate）	348		益棉磷（azinphos-ethyl）	380
溴氰菊酯（deltamethrin）	349		因毒磷（endothion）	381
畜虫磷（coumithoate）	350		印楝素（azadirachtin）	382
畜虫威（butacarb）	350		茚虫威（indoxacarb）	383
畜宁磷（quinothion）	351		蝇毒磷（coumaphos）	384
畜蜱磷（cythioate）	351		右旋胺菊酯（d-tetramethrin）	385
血根碱（sanguinarine）	351		右旋反式胺菊酯（d-$trans$-tetramethrin）	386
蚜灭磷（vamidothion）	352		右旋反式氯丙炔菊酯（chloroprallethrin）	386
亚胺硫磷（phosmet）	353		右旋七氟甲醚菊酯（heptafluthrin）	387
亚砜磷（oxydemeton-methyl）	354		右旋烯炔菊酯（empenthrin）	387
亚砷酸钾（potassium arsenite）	355		诱虫烯（muscalure）	388
烟碱（nicotine）	355		诱杀烯混剂（grandlure）	389
氧化苦参碱（oxymatrine）	356		诱蝇羧酯（trimedlure）	390
氧乐果（omethoate）	356		诱蝇酮（cuelure）	390
氧嘧酰胺（fenoxacrim）	357		鱼尼汀（ryania）	391
一甲呋喃丹（decarbofuran）	357		鱼藤酮（rotenone）	391
伊维菌素（ivermectin）	358		育畜磷（crufomate）	392
伊蚊避（TMPD）	359		原烟碱（nornicotine）	393
乙拌磷（disulfoton）	360		早熟素Ⅰ（precocene Ⅰ）	393
乙苯威（fenethacarb）	361		早熟素Ⅱ（precocene Ⅱ）	394
乙虫腈（ethiprole）	361		早熟素Ⅲ（precocene Ⅲ）	394
乙滴涕（ethyl-DDD）	362		增效胺（ENT 8184）	394
乙基倍硫磷（fenthion-ethyl）	362		增效砜（sulfoxide）	395
乙基多杀菌素（spinetoram）	363		增效环（piperonyl cyclonene）	395
乙基杀扑磷（athidathion）	364		增效磷（dietholate）	396
乙基溴硫磷（bromophos-ethyl）	365		增效醚（piperonyl butoxide）	396
乙硫苯威（ethiofencarb）	365		增效敏（sesamin）	397
乙硫磷（ethion）	366		增效散（sesamex）	397
乙螨唑（etoxazole）	367		增效特（bucarpolate）	398
乙嘧硫磷（etrimfos）	368		增效酯（propyl isome）	398
乙氰菊酯（cycloprothrin）	368		樟脑（camphor）	399
乙噻唑磷（prothidathion）	370		治螟磷（sulfotep）	399
乙酰氨基阿维菌素（eprinomectin）	370		仲丁威（fenobucarb）	400
乙酰虫腈（acetoprole）	371		兹克威（mexacarbate）	401
乙酰甲胺磷（acephate）	372		唑虫酰胺（tolfenpyrad）	402
乙酯磷（acetophos）	373		唑螨酯（fenpyroximate）	403
乙酯杀螨醇（chlorobenzilate）	373		唑蚜威（triazamate）	404
异艾氏剂（isodrin）	374		barium hexafluorosilicate	405
异拌磷（isothioate）	375		benoxafos	405
异丙威（isoprocarb）	375		benzimine	405
异狄氏剂（endrin）	376		bisazir	406

broflanilide	406	kappa-bifenthrin	413
cyclaniliprole	407	kappa-tefluthrin	414
dicloromezotiaz	407	lythidathion	414
dicresyl	408	methylneodecanamide	414
dilor	408	momfluorothrin	415
epsilon-metofluthrin	409	α-multistriatin	415
epsilon-momfluorothrin	409	orfralure	416
etaphos	409	oryctalure	416
flometoquin	410	ostramone	417
fluazaindolizine	410	profluthrin	417
fluhexafon	411	protrifenbute	418
fluralaner	411	sulcofuron-sodium	418
fluxametamide	412	tetraniliprole	419
Juvenile hormone Ⅰ	412	trichlormetaphos-3	420
Juvenile hormone Ⅱ	413	triflumezopyrim	420
Juvenile hormone Ⅲ	413		

第 2 部分　杀菌剂　/ 421

氨丙磷酸（ampropylfos）	421	吡菌磷（pyrazophos）	439
2-氨基丁烷（butylamine）	422	吡菌硫（dipyrithione）	441
八氯酮（OCH）	422	吡氯灵（pyroxychlor）	441
百菌清（chlorothalonil）	422	吡咪唑（rabenzazole）	441
拌种胺（furmecyclox）	423	吡喃灵（pyracarbolid）	442
拌种灵（amicarthiazol）	424	吡噻菌胺（penthiopyrad）	442
拌种咯（fenpiclonil）	424	吡唑氨酯（fenpyrazamine）	443
保果鲜（dehydroacetic acid）	425	吡唑醚菌酯（pyraclostrobin）	444
苯并威（mecarbinzid）	426	吡唑萘菌胺（isopyrazam）	445
苯并烯氟菌唑（benzovindiflupyr）	426	苄啶菌酯（pyribencarb）	446
苯稻瘟净（inezin）	427	苄氯三唑醇（diclobutrazol）	447
苯啶菌酮（pyrifenone）	427	丙环唑（propiconazole）	447
苯磺菌胺（dichlofluanid）	428	丙硫多菌灵（albendazole）	449
苯甲羟肟酸（benzohydroxamic acid）	428	丙硫菌唑（prothioconazole）	449
苯菌灵（benomyl）	429	丙森锌（propineb）	450
苯菌酮（metrafenone）	430	丙烷脒（propamidine）	451
苯咪唑菌（chlorfenazole）	430	丙烯酸喹啉酯（halacrinate）	451
苯醚甲环唑（difenoconazole）	431	丙氧喹啉（proquinazid）	452
苯噻噁唑嗪（bethoxazin）	432	病氰硝	453
苯噻菌胺（benthiavalicarb-isopropyl）	432	波尔多液（bordeaux mixture）	453
苯噻硫氰（benthiazole）	433	春雷霉素（kasugamycin）	454
苯霜灵（benalaxyl）	434	醋酸苯汞（phenylmercury acetate）	455
苯酰菌胺（zoxamide）	435	哒菌酮（diclomezine）	455
苯锈啶（fenpropidin）	436	大蒜素（allicin）	456
苯氧菌胺（metominostrobin）	437	代森铵（amobam）	457
苯氧喹啉（quinoxyfen）	438	代森福美锌（polycarbamate）	457
苯扎氯铵（benzalkonium chloride）	439	代森环（milneb）	457
吡氟菌酯（bifujunzhi）	439	代森联（metiram）	458

代森硫（etem）	459	呋吡菌胺（furametpyr）	496
代森锰（maneb）	459	呋甲硫菌灵（furophanate）	497
代森锰铜（mancopper）	460	呋菌胺（methfuroxam）	498
代森锰锌（mancozeb）	461	呋菌唑（furconazole）	498
代森钠（nabam）	462	呋醚唑（furconazole-cis）	499
代森锌（zineb）	462	呋霜灵（furalaxyl）	499
稻瘟净（EBP）	463	呋酰胺（ofurace）	500
稻瘟灵（isoprothiolane）	464	氟苯嘧啶醇（nuarimol）	501
稻瘟酰胺（fenoxanil）	465	氟吡菌胺（fluopicolide）	502
稻瘟酯（pefurazoate）	466	氟吡菌酰胺（fluopyram）	503
敌磺钠（fenaminosulf）	467	氟啶胺（fluazinam）	504
敌菌丹（captafol）	468	氟硅唑（flusilazole）	505
敌菌灵（anilazine）	468	氟环唑（epoxiconazole）	506
敌瘟磷（edifenphos）	469	氟菌螨酯（flufenoxystrobin）	507
地茂散（chloroneb）	470	氟菌唑（triflumizole）	508
丁苯吗啉（fenpropimorph）	471	氟喹唑（fluquinconazole）	509
丁硫啶（buthiobate）	472	氟氯菌核利（fluoroimide）	510
丁香菌酯（coumoxystrobin）	473	氟吗啉（flumorph）	510
丁子香酚（eugenol）	474	氟嘧菌胺（diflumetorim）	511
啶斑肟（pyrifenox）	474	氟嘧菌酯（fluoxastrobin）	513
啶菌噁唑（pyrisoxazole）	475	氟噻唑菌腈（flutianil）	514
啶菌腈（pyridinitril）	476	氟酰胺（flutolanil）	514
啶酰菌胺（boscalid）	476	氟唑环菌胺（sedaxane）	515
啶氧菌酯（picoxystrobin）	477	氟唑菌酰胺（fluxapyroxad）	516
毒氟磷	478	福代硫（tecoram）	517
多敌菌（dodicin）	479	福美甲胂（urbacide）	517
多果定（dodine）	479	福美胂（asomate）	518
多菌灵（carbendazim）	480	福美双（thiram）	518
多抗霉素（polyoxins）	481	福美铁（ferbam）	519
多硫化钡（barium polysulfide）	482	福美铜氯（cuprobam）	520
多氧霉素（polyoxorim）	483	福美锌（ziram）	520
噁霉灵（hymexazol）	484	腐霉利（procymidone）	521
噁咪唑（oxpoconazole）	485	高效苯霜灵（benalaxyl-M）	522
噁噻哌菌灵（oxathiapiprolin）	486	高效烯唑醇（diniconazole-M）	523
噁霜灵（oxadixyl）	486	汞加芬（hydrargaphen）	523
噁唑菌酮（famoxadone）	488	硅氟唑（simeconazole）	524
二苯胺（diphenylamine）	489	硅噻菌胺（silthiofam）	525
二甲呋酰胺（furcarbanil）	489	硅酸铜（copper silicate）	525
二甲嘧酚（dimethirimol）	489	癸磷锡（decafentin）	526
二氯萘醌（dichlone）	490	果绿啶（glyodin）	526
二噻农（dithianon）	491	环丙特丁嗪（cybutryne）	527
二硝巴豆酸酯（dinocap）	492	环丙酰菌胺（carpropamid）	527
放线菌酮（cycloheximide）	493	环丙唑醇（cyproconazole）	528
酚菌酮（fenjuntong）	494	环氟菌胺（cyflufenamid）	530
粉病灵（piperalin）	494	环己硫磷（hexylthiofos）	531
粉净胺（chloraniformethan）	495	环菌胺（cyclafuramid）	531
粉唑醇（flutriafol）	495	环菌唑（huanjunzuo）	531

环烷酸铜（copper naphthenate）……532
环酰菌胺（fenhexamid）……532
磺菌胺（flusulfamide）……533
磺菌威（methasulfocarb）……534
灰黄霉素（griseofulvin）……535
茼蒿素（santonin）……535
活化酯（acibenzolar）……535
几丁聚糖（chitosan）……537
己唑醇（hexaconazole）……537
甲苯磺菌胺（tolylfluanid）……538
甲呋酰胺（fenfuram）……539
甲基立枯磷（tolclofos methyl）……540
甲基硫菌灵（thiophanate methyl）……540
甲菌利（myclozolin）……541
甲醛（formaldehyde）……542
甲霜灵（metalaxyl）……542
甲香菌酯……543
间氯敌菌酮（metazoxolon）……544
碱式硫酸铜［copper sulfate（tribasic）］……544
碱式碳酸铜（basic copper carbonate）……545
金色制霉素（aureofungin）……545
浸种磷（izopamfos）……546
腈苯唑（fenbuconazole）……546
腈菌唑（myclobutanil）……547
精甲霜灵（metalaxyl-M）……548
井冈霉素（validamycin）……549
菌核净（dimetachlone）……551
菌核利（dichlozoline）……551
糠菌唑（bromuconazole）……552
糠醛（furfural）……553
克菌丹（captan）……553
克菌磷（kejunlin）……554
克霉唑（clotrimazole）……554
喹菌酮（oxolinic acid）……555
喹啉铜（oxine-copper）……555
醌菌腙（quinazamid）……556
醌肟腙（benquinox）……556
联氨噁唑酮（drazoxolon）……557
联苯（biphenyl）……558
联苯吡菌胺（bixafen）……558
联苯三唑醇（bitertanol）……559
链霉素（streptomycin）……560
邻苯基苯酚钠
　　（sodium orthophenylphenoxide）……561
邻苯基酚（2-phenylphenol）……561
邻碘酰苯胺（benodanil）……562
邻酰胺（mebenil）……562
硫黄（sulfur）……563
硫菌灵（thiophanate）……564
硫菌威（prothiocarb）……564
硫氯苯亚胺（thiochlorfenphim）……565
硫氰苯甲酰胺（tioxymid）……565
硫酸铜（copper sulfate）……566
六氯苯（hexachlorobenzene）……566
六氯丁二烯（hexachlorobutadiene）……567
六氯酚（hexachlorophene）……567
咯菌腈（fludioxonil）……567
咯喹酮（pyroquilon）……568
氯苯吡啶（parinol）……569
氯苯咪菌酮（isovaledione）……570
氯苯嘧啶醇（fenarimol）……570
氯吡呋醚（pyroxyfur）……571
氯啶菌酯（triclopyricarb）……572
氯咪巴唑（climbazole）……573
氯瘟磷（phosdiphen）……573
氯硝胺（dicloran）……574
螺环菌胺（spiroxamine）……574
吗菌威（carbamorph）……575
麦穗宁（fuberidazole）……576
咪菌腈（fenapanil）……576
咪菌威（debacarb）……577
咪鲜胺（prochloraz）……577
咪唑菌酮（fenamidone）……578
咪唑嗪（triazoxide）……579
醚菌胺（dimoxystrobin）……580
醚菌酯（kresoxim-methyl）……581
嘧菌胺（mepanipyrim）……582
嘧菌醇（triarimol）……583
嘧菌环胺（cyprodinil）……583
嘧菌酯（azoxystrobin）……584
嘧菌腙（ferimzone）……586
嘧霉胺（pyrimethanil）……586
灭菌丹（folpet）……587
灭菌磷（ditalimfos）……588
灭菌唑（triticonazole）……589
灭瘟素（blasticidin-S）……590
灭瘟唑（chlobenthiazone）……591
灭锈胺（mepronil）……591
那他霉素（natamycin）……592
切欣特混合液（Cheshunt mixture）……593
8-羟基喹啉盐（8-hydroxyquinoline sulfate）……593
嗪胺灵（triforine）……593
氢氧化铜（copper hydroxide）……594
氰菌胺（zarilamid）……595

氰菌灵（cypendazole） …… 595	土菌灵（etridiazole） …… 628
氰霜唑（cyazofamid） …… 595	王铜（copper oxychloride） …… 629
氰烯菌酯（phenamacril） …… 597	威菌磷（triamiphos） …… 630
噻二呋（thiadifluor） …… 597	萎锈灵（carboxin） …… 631
噻盼酰菌酮（isofetamid） …… 598	肟菌酯（trifloxystrobin） …… 632
噻氟菌胺（thifluzamide） …… 598	肟醚菌胺（orysastrobin） …… 633
噻菌胺（metsulfovax） …… 599	五氯苯酚（pentachlorophenol） …… 634
噻菌腈（thicyofen） …… 600	五氯硝基苯（quintozene） …… 635
噻菌灵（thiabendazole） …… 600	戊苯吡菌胺（penflufen） …… 636
噻菌茂（saijunmao） …… 601	戊苯砜（sultropen） …… 636
噻菌铜（thiodiazole-copper） …… 602	戊菌隆（pencycuron） …… 637
噻森铜（saisentong） …… 602	戊菌唑（penconazole） …… 638
噻酰菌胺（tiadinil） …… 602	戊唑醇（tebuconazole） …… 639
噻唑菌胺（ethaboxam） …… 603	烯丙苯噻唑（probenazole） …… 640
噻唑锌（zinc thiazole） …… 604	烯肟菌胺（fenaminstrobin） …… 641
三苯锡（fentin） …… 605	烯肟菌酯（enestroburin） …… 642
三氮唑核苷（ribavirin） …… 606	烯酰吗啉（dimethomorph） …… 643
三丁基氧化锡（tributyltin oxide） …… 607	烯唑醇（diniconazole） …… 644
三氟苯唑（fluotrimazole） …… 607	香芹酚（carvacrol） …… 645
三氟甲氧威（tolprocarb） …… 608	香芹酮（carvone） …… 646
三环唑（tricyclazole） …… 608	硝苯菌酯（meptyldinocap） …… 646
三氯甲基吡啶（nitrapyrin） …… 609	小檗碱（berberine） …… 647
三乙膦酸铝（fosetyl-aluminium） …… 610	缬氨菌酯（valifenalate） …… 648
三唑醇（triadimenol） …… 611	缬霉威（iprovalicarb） …… 649
三唑酮（triadimefon） …… 612	辛菌胺 …… 650
蛇床子素（osthol） …… 613	辛噻酮（octhilinone） …… 650
十二环吗啉（dodemorph） …… 614	溴菌腈（bromothalonil） …… 651
4-十二烷基-2,6-二甲基吗啉（aldimorph） …… 615	溴硝醇（bronopol） …… 651
十三吗啉（tridemorph） …… 615	亚胺唑（imibenconazole） …… 652
石硫合剂（calcium polysulfide） …… 616	盐酸吗啉胍（moroxydine hydrochloride） …… 653
双胍辛胺（iminoctadine） …… 616	氧化福美双（azithiram） …… 653
双胍辛盐（guazatine） …… 618	氧化萎锈灵（oxycarboxin） …… 654
双氯酚（dichlorophen） …… 619	氧化亚铜（cuprous oxide） …… 654
双氯氰菌胺（diclocymet） …… 619	氧环唑（azaconazole） …… 655
双炔酰菌胺（mandipropamid） …… 620	氧四环素（oxytetracycline） …… 656
霜霉威（propamocarb） …… 621	叶菌唑（metconazole） …… 656
霜脲氰（cymoxanil） …… 622	叶枯酞（tecloftalam） …… 657
水杨菌胺（trichlamide） …… 623	叶枯唑（bismerthiazol） …… 658
水杨酰苯胺（salicylanilide） …… 624	叶锈特（triazbutil） …… 659
四氟醚唑（tetraconazole） …… 624	乙环唑（etaconazole） …… 659
四氯苯酞（phthalide） …… 625	乙菌利（chlozolinate） …… 660
四氯对醌（chloranil） …… 626	乙霉威（diethofencarb） …… 661
四氯喹噁啉（chlrquinox） …… 627	乙嘧酚（ethirimol） …… 661
四氯硝基苯（tecnazene） …… 627	乙嘧酚磺酸酯（bupirimate） …… 662
酞菌酯（nitrothal-isopropyl） …… 627	乙酸铜（copper acetate） …… 663
碳酸钠波尔多液（burgundy mixture） …… 628	乙蒜素（ethylicin） …… 663
铜锌铬酸盐（copper zinc chromate） …… 628	乙烯菌核利（vinclozolin） …… 664

异稻瘟净（iprobenfos）………………… 665
异丁乙氧喹啉（tebufloquin）…………… 665
异菌脲（iprodione）……………………… 666
异噻菌胺（isotianil）…………………… 667
抑菌啉（benzamorf）…………………… 668
抑霉胺（cloxylacon）…………………… 668
抑霉唑（imazalil）……………………… 668
吲哚磺菌胺（amisulbrom）……………… 669
油酸铜（copper oleate）………………… 670
愈创木酚（cresol）……………………… 670
酯菌胺（cyprofuram）…………………… 671
种菌唑（ipconazole）…………………… 671
种衣酯（fenitropan）…………………… 672
唑胺菌酯（pyrametostrobin）…………… 673
唑菌酯（pyraoxystrobin）……………… 673

唑嘧菌胺（ametoctradin）……………… 674
bentaluron …………………………………… 674
benzamacril ………………………………… 675
chlorodinitronaphthalenes ………………… 675
diethyl pyrocarbonate ……………………… 675
dipymetitrone ……………………………… 676
disulfiram …………………………………… 676
flumetover ………………………………… 676
iodocarb …………………………………… 677
mandestrobin ……………………………… 677
nitrostyrene ………………………………… 677
picarbutrazox ……………………………… 678
pydiflumetofen …………………………… 678
pyraziflumid ………………………………… 679
quinacetol ………………………………… 679

第 3 部分　除草剂　/ 680

吖庚磺酯（sulglycapin）………………… 680
氨氟乐灵（prodiamine）………………… 680
氨磺乐灵（oryzalin）…………………… 681
氨基磺酸铵（ammonium sulfamate）…… 682
氨基乙氟灵（dinitramine）……………… 683
氨氯吡啶酸（picloram）………………… 683
氨唑草酮（amicarbazone）……………… 684
胺苯磺隆（ethametsulfuron-methyl）…… 685
胺草磷（amiprophos）…………………… 687
胺酸杀（benzadox）……………………… 687
百草枯（paraquat）……………………… 687
稗草胺（clomeprop）…………………… 689
稗草畏（pyributicarb）………………… 690
稗草烯（tavron）………………………… 691
苯草醚（aclonifen）…………………… 691
苯草灭（bentranil）…………………… 692
苯草酮（methoxyphenone）……………… 692
苯磺噁唑草（fenoxasulfone）…………… 693
苯磺隆（tribenuron-methyl）…………… 693
苯嘧磺草胺（saflufenacil）……………… 695
苯嗪草酮（metamitron）………………… 696
苯噻草胺（mefenacet）………………… 697
苯噻隆（benzthiazuron）………………… 698
苯唑草酮（topramezone）……………… 699
苯唑磺隆（bencarbazone）……………… 699
吡草醚（pyraflufen-ethyl）……………… 700
吡草酮（benzofenap）…………………… 701
吡氟禾草灵（fluazifop）………………… 702
吡氟酰草胺（diflufenican）…………… 702

吡嘧磺隆（pyrazosulfuron-ethyl）……… 703
吡喃草酮（tepraloxydim）……………… 705
吡喃隆（metobenzuron）………………… 706
吡唑草胺（metazachlor）……………… 706
吡唑氟磺草胺（pyrasulfotole）………… 707
吡唑特（pyrazolynate）………………… 708
苄草胺（benzipram）…………………… 709
苄草丹（prosulfocarb）………………… 709
苄草隆（cumyluron）…………………… 710
苄草唑（pyrazoxyfen）………………… 711
苄嘧磺隆（bensulfuron-methyl）………… 712
丙苯磺隆（propoxycarbazone-sodium）… 713
丙草胺（pretilachlor）…………………… 714
丙草定（iprymidam）…………………… 715
丙炔草胺（prynachlor）………………… 716
丙炔噁草酮（oxadiargyl）……………… 716
丙炔氟草胺（flumioxazin）……………… 717
丙烯醛（acrolein）……………………… 719
丙硝酚（dinoprop）……………………… 720
丙酯草醚（pyribambenz-propyl）……… 720
草铵膦（glufosinate-ammonium）……… 721
草败死（chlorprocarb）………………… 722
草不隆（neburon）……………………… 722
草除灵（benazolin）…………………… 723
草除灵乙酯（benazolin-ethyl）………… 723
草哒松（oxapyrazon）…………………… 725
草哒酮（dimidazon）…………………… 725
草达津（trietazine）…………………… 725
草达克（tritac）………………………… 726

草甘膦（glyphosate）	726
草克死（sulfallate）	728
草枯醚（chlornitrofen）	729
草灭畏（chloramben）	730
草特磷（DMPA）	730
草完隆（noruron）	731
草芽平（2,3,6-TBA）	731
除草定（bromacil）	732
除草隆（carbasulam）	733
除草醚（nitrofen）	733
哒草特（pyridate）	733
单嘧磺隆（monosulfuron）	735
单氰胺（cyanamide）	735
敌稗（propanil）	736
敌草胺（napropamide）	737
敌草腈（dichlobenil）	738
敌草净（desmetryn）	739
敌草快（diquat）	739
敌草隆（diuron）	740
敌灭生（dimexano）	741
2,4-滴（2,4-D）	741
2,4-滴丙酸（dichlorprop）	742
2,4-滴丁酸（2,4-DB）	743
地乐酚（dinoseb）	744
地乐灵（dipropalin）	744
地乐特（dinofenate）	745
地散磷（bensulide）	745
碘苯腈（ioxynil）	746
碘氯啶酯（cliodinate）	747
碘嗪磺隆（iofensulfuron）	747
叠氮净（aziprotryne）	748
丁苯草酮（butroxydim）	749
丁草胺（butachlor）	750
丁草敌（butylate）	751
丁噁隆（dimefuron）	752
丁硫咪唑酮（buthidazole）	752
丁脒酰胺（isocarbamid）	753
丁嗪草酮（isomethiozin）	754
丁噻隆（buthiuron）	754
丁烯草胺（butenachlor）	755
丁酰草胺（chloranocryl）	755
丁硝酚（medinoterb）	756
啶磺草胺（pyroxsulam）	756
啶嘧磺隆（flazasulfuron）	757
毒草胺（propachlor）	758
对氟隆（parafluron）	759
噁草酮（oxadiazon）	760
噁嗪草酮（oxaziclomefone）	761
噁唑禾草灵（fenoxaprop）	762
噁唑酰草胺（metamifop）	763
二丙烯草胺（allidochlor）	764
二甲苯草胺（xylachlor）	764
二甲丙乙净（dimethametryn）	765
二甲草胺（dimethachlor）	765
二甲哒伏（metflurazon）	766
二甲噻草胺（dimethenamid）	767
二甲胂酸（cacodylic acid）	768
二甲戊灵（pendimethalin）	768
3,4-二氯苯氧基乙酸（3,4-DA）	769
二氯吡啶酸（clopyralid）	770
二氯苄酯（dichlormate）	770
二氯丙烯胺（dichlormid）	771
二氯喹啉酸（quinclorac）	771
二乙除草双（diethamquat）	772
伐草克（chlorfenac）	773
伐草快（morfamquat）	773
伐垄磷（2,4-DEP）	774
非草隆（fenuron）	774
砜嘧磺隆（rimsulfuron）	775
呋草磺（benfuresate）	776
呋草酮（flurtamone）	777
呋喃解草唑（furilazole）	778
呋氧草醚（furyloxyfen）	779
氟胺草酯（flumiclorac-pentyl）	779
氟胺草唑（flupoxam）	781
氟胺磺隆（triflusulfuron-methyl）	782
氟苯啶草（flufenican）	783
氟苯戊烯酸（difenopenten）	783
氟吡草酮（bicyclopyrone）	783
氟吡草腙（diflufenzopyr）	784
氟吡禾灵（haloxyfop）	785
氟吡磺隆（flucetosulfuron）	786
氟吡酰草胺（picolinafen）	787
氟丙嘧草酯（butafenacil）	787
氟草磺胺（perfluidone）	788
氟草隆（fluometuron）	789
氟草敏（norflurazon）	790
氟草肟（fluxofenim）	790
氟哒嗪草酯（flufenpyr-ethyl）	791
氟丁酰草胺（beflubutamid）	792
氟啶草酮（fluridone）	793
氟啶嘧磺隆（flupyrsulfuron-methyl-sodium）	794
氟禾草灵（trifop）	795

氟化除草醚（fluoronitrofen）……… 796
氟磺胺草（benzofluor）……………… 796
氟磺胺草醚（fomesafen）…………… 796
氟磺隆（prosulfuron）………………… 798
氟磺酰草胺（mefluidide）…………… 799
氟乐灵（trifluralin）…………………… 799
氟硫草定（dithiopyr）………………… 801
氟硫隆（fluothiuron）………………… 801
氟咯草酮（flurochloridone）………… 802
氟氯吡啶酯（halauxifen）…………… 803
氟氯草胺（nipyraclofen）…………… 804
氟咪杀（chlorflurazole）……………… 804
氟嘧苯甲酸（flupropacil）…………… 804
氟嘧磺隆（primisulfuron-methyl）… 805
氟噻草胺（flufenacet）……………… 806
氟酮磺草胺（triafamone）…………… 807
氟烯硝草（methalpropalin）………… 807
氟硝磺酰胺（halosafen）……………… 808
氟唑草胺（profluazol）……………… 808
氟唑磺隆（flucarbazone-sodium）… 809
甘草津（eglinazine）………………… 810
甘扑津（proglinazine）……………… 810
高效二甲噻草胺（dimethenamid-P）… 811
高效氟吡甲禾灵（haloxyfop-P-methyl）… 812
高效麦草伏丙酯（flamprop-M-isopropyl）… 813
高效麦草伏甲酯（flamprop-M-methyl）… 814
庚酰草胺（monalide）………………… 815
禾草敌（molinate）…………………… 816
禾草灵（diclofop）…………………… 817
禾草灭（alloxydim）………………… 818
禾草畏（esprocarb）………………… 818
环苯草酮（profoxydim）……………… 819
环丙草磺胺（cyprosulfamide）……… 820
环丙氟灵（profluralin）……………… 820
环丙津（cyprazine）………………… 821
环丙嘧磺隆（cyclosulfamuron）…… 821
环丙青津（procyazine）……………… 823
环草定（lenacil）……………………… 823
环草隆（siduron）…………………… 824
环庚草醚（cinmethylin）……………… 825
环磺酮（tembotrione）……………… 826
环己烯草酮（cloproxydim）………… 826
环嗪酮（hexazinone）………………… 827
环戊噁草酮（pentoxazone）………… 828
环酰草胺（cypromid）………………… 829
环氧嘧磺隆（oxasulfuron）…………… 830
环莠隆（cycluron）…………………… 831
环酯草醚（pyriftalid）………………… 831
磺草灵（asulam）……………………… 832
磺草酮（sulcotrione）………………… 833
磺草唑胺（metosulam）……………… 834
磺噻隆（ethidimuron）……………… 835
磺酰磺隆（sulfosulfuron）…………… 836
黄原酸异丙酯（proxan）…………… 837
甲草胺（alachlor）…………………… 837
甲磺草胺（sulfentrazone）…………… 839
甲磺乐灵（nitralin）…………………… 840
甲磺隆（metsulfuron-methyl）……… 840
甲基胺草磷（amiprofos-methyl）…… 841
甲基苯噻隆（methabenzthiazuron）… 842
甲基碘磺隆钠盐
　（iodosulfuron-methyl-sodium）… 843
甲基二磺隆（mesosulfuron-methyl）… 844
甲基磺草酮（mesotrione）…………… 845
甲基杀草隆（methyldymron）……… 846
甲基胂酸（MAA）……………………… 847
甲基胂酸钠（MSMA）………………… 847
甲硫苯威（methiobencarb）………… 848
甲硫磺乐灵（prosulfalin）…………… 848
甲硫嘧磺隆（methiopyrisulfuron）… 849
甲硫唑草啉（methiozolin）…………… 850
甲氯酰草胺（pentanochlor）………… 850
2甲4氯（MCPA）……………………… 851
2甲4氯丙酸（mecoprop）…………… 852
2甲4氯丁酸（MCPB）………………… 853
2甲4氯乙硫酯（MCPA-thioethyl）… 853
甲咪唑烟酸（imazapic）……………… 854
甲嘧磺隆（sulfometuron-methyl）… 856
甲羧除草醚（bifenox）………………… 857
甲酰胺磺隆（foramsulfuron）……… 858
甲氧丙净（methoprotryne）………… 859
甲氧除草醚（chlomethoxyfen）…… 860
甲氧隆（metoxuron）………………… 860
甲氧咪草烟（imazamox）…………… 861
甲氧噻草胺（thenylchlor）…………… 862
解草安（flurazole）…………………… 863
解草胺腈（cyometrinil）……………… 864
解草啶（fenclorim）…………………… 865
解草腈（oxabetrinil）………………… 866
解草酮（benoxacor）………………… 866
解草烷（MG 191）…………………… 867
解草烯（DKA-24）…………………… 868
解草唑（fenchlorazole-ethyl）……… 868
解毒喹（cloquintocet-mexyl）……… 869

名称	页码	名称	页码
精 2 甲 4 氯丙酸（mecoprop-P）	870	氯溴隆（chlorbromuron）	902
精吡氟禾草灵（fluazifop-P-butyl）	871	氯乙地乐灵（chlornidine）	902
精草铵膦（glufosinate-P）	872	氯乙氟灵（fluchloralin）	903
精噁唑禾草灵（fenoxaprop-P-ethyl）	873	氯乙酸（monochloroacetic acid）	904
精喹禾灵（quizalofop-P-ethyl）	874	氯藻胺（quinonamid）	904
精异丙甲草胺（S-metolachlor）	875	氯酯磺草胺（cloransulam-methyl）	905
卡草胺（carbetamide）	876	麦草伏（flamprop）	906
糠草腈（bromobonil）	877	麦草畏（dicamba）	907
可乐津（chlorazine）	877	茅草枯（dalapon）	908
克草胺（ethachlor）	878	咪草酸（imazamethabenz）	909
克草胺酯（cambendichlor）	878	咪唑喹啉酸（imazaquin）	910
克草敌（pebulate）	879	咪唑烟酸（imazapyr）	911
克草啶（fluoromidine）	879	咪唑乙烟酸（imazethapyr）	912
枯草隆（chloroxuron）	880	醚苯磺隆（triasulfuron）	913
枯莠隆（difenoxuron）	880	醚草敏（credazine）	914
喹草酸（quinmerac）	881	醚草通（methometon）	915
喹禾糠酯（quizalofop-P-tefuryl）	882	醚磺隆（cinosulfuron）	916
喹禾灵（quizalofop-ethyl）	883	嘧苯胺磺隆（orthosulfamuron）	917
利谷隆（linuron）	884	嘧草胺（tioclorim）	918
另丁津（sebuthylazine）	884	嘧草硫醚（pyrithiobac-sodium）	918
硫氰苯胺（rhodethanil）	885	嘧草醚（pyriminobac-methyl）	919
硫酸亚铁（ferrous sulfate）	885	嘧啶肟草醚（pyribenzoxim）	920
六氟砷酸钾（hexaflurate）	885	嘧氟磺草胺（pyrimisulfan）	921
六氯酮（hexachloroacetone）	886	棉胺宁（phenisopham）	921
隆草特（karbutilate）	886	灭草敌（vernolate）	922
卤草定（haloxydine）	887	灭草恒（methiuron）	923
落草胺（cisanilide）	887	灭草环（tridiphane）	923
绿谷隆（monolinuron）	888	灭草灵（swep）	924
绿麦隆（chlorotoluron）	889	灭草隆（monuron）	924
氯氨吡啶酸（aminopyralid）	889	灭草松（bentazone）	925
氯苯胺灵（chlorpropham）	890	灭草特（cycloate）	926
氯苯哒醇（pyridafol）	891	灭草唑（methazole）	927
氯苯氧乙醇（fenteracol）	892	灭莠津（mesoprazine）	928
氯吡嘧磺隆（halosulfuron-methyl）	892	灭藻醌（quinoclamine）	928
氯丙嘧啶酸（aminocyclopyrachlor）	893	牧草胺（tebutam）	929
氯草敏（chloridazon）	894	牧草快（cyperquat）	929
氯氟吡氧乙酸（fluroxypyr）	894	萘丙胺（naproanilide）	930
氯氟草醚（ethoxyfen-ethyl）	896	萘草胺（naptalam）	930
氯磺隆（chlorsulfuron）	896	萘酐（naphthalic anhydride）	931
氯甲草（clofop）	897	哌草丹（dimepiperate）	932
氯硫酰草胺（chlorthiamid）	898	哌草磷（piperophos）	933
氯嘧磺隆（chlorimuron-ethyl）	898	坪草丹（orbencarb）	933
氯全隆（dichloralurea）	900	扑草净（prometryn）	934
氯炔灵（chlorbufam）	900	扑灭津（propazine）	935
氯酸钙（calcium chlorate）	901	扑灭通（prometon）	936
氯酞酸（chlorthal）	901	羟敌草腈（chloroxynil）	937
氯酰草膦（clacyfos）	901	嗪草酸甲酯（fluthiacet-methyl）	937

嗪草酮（metribuzin）	939	双苯酰草胺（diphenamid）	971
嗪咪唑嘧磺隆（propyrisulfuron）	940	双苯唑快（difenzoquat）	972
氰氨化钙（calcium cyanamide）	941	双丙氨酰膦（bilanafos）	973
氰草津（cyanazine）	941	双草醚（bispyribac-sodium）	974
氰草净（cyanatryn）	942	双氟磺草胺（florasulam）	975
氰氟草酯（cyhalofop-butyl）	942	双环磺草酮（benzobicyclon）	976
氰酸钾（potassium cyanate）	944	双环咯酮（dicyclonon）	977
炔苯酰草胺（propyzamide）	944	双甲胺草磷	977
炔草胺（flumipropyn）	945	双氯磺草胺（diclosulam）	978
炔草隆（buturon）	945	双醚氯吡嘧磺隆（metazosulfuron）	979
炔草酯（clodinafop-propargyl）	946	双唑草腈（pyraclonil）	979
炔禾灵（chlorazifop）	947	四氟丙酸（flupropanate）	980
壬酸（nonanoic acid）	947	四氟隆（tetrafluron）	980
乳氟禾草灵（lactofen）	948	四唑嘧磺隆（azimsulfuron）	981
噻草啶（thiazopyr）	949	四唑酰草胺（fentrazamide）	982
噻草酮（cycloxydim）	950	碳烯碘草腈（iodobonil）	983
噻二唑草胺（thidiazimin）	951	特草定（terbacil）	984
噻吩磺隆（thifensulfuron-methyl）	952	特草灵（terbucarb）	984
噻氟隆（thiazafluron）	953	特草嗪酮（amibuzin）	985
噻酮磺隆（thiencarbazone-methyl）	953	特丁草胺（terbuchlor）	985
噻唑禾草灵（fenthiaprop）	954	特丁津（terbuthylazine）	986
赛松（disul）	955	特丁净（terbutryn）	987
三氟啶磺隆（trifloxysulfuron）	956	特丁噻草隆（tebuthiuron）	988
三氟噁嗪（flumezin）	957	特丁通（terbumeton）	988
三氟禾草肟（trifopsime）	957	特噁唑隆（monisouron）	989
三氟甲草醚（nitrofluorfen）	958	特噁唑威（carboxazole）	989
三氟甲磺隆（tritosulfuron）	958	特津酮（ametridione）	989
三氟羧草醚（acifluorfen-sodium）	958	特糠酯酮（tefuryltrione）	990
三氟硝草醚（fluorodifen）	959	特乐酚（dinoterb）	990
三环赛草胺（cyprazole）	960	2,4,5-涕（2,4,5-T）	991
三甲异脲（trimeturon）	960	2,4,5-涕丙酸（fenoprop）	992
三氯吡啶酚（pyriclor）	961	2,4,5-涕丁酸（2,4,5-TB）	992
三氯吡氧乙酸（triclopyr）	961	甜菜安（desmedipham）	993
三氯丙酸（chloropon）	962	甜菜宁（phenmedipham）	993
三嗪氟草胺（triaziflam）	963	喔草酯（propaquizafop）	994
三唑磺（epronaz）	963	肟草酮（tralkoxydim）	996
三唑酰草胺（ipfencarbazone）	964	五氟磺草胺（penoxsulam）	997
杀草胺（ethaprochlor）	964	五氯酚钠（PCP-Na）	998
杀草丹（thiobencarb）	965	五氯戊酮酸（alorac）	999
杀草砜（pyroxasulfone）	966	戊硝酚（dinosam）	999
杀草隆（daimuron）	966	西草净（simetryn）	999
杀草强（amitrole）	967	西玛津（simazine）	1000
杀草畏（tricamba）	968	西玛通（simeton）	1001
杀木膦（fosamine）	968	烯丙醇（allyl alcohol）	1001
莎稗磷（anilofos）	969	烯草胺（pethoxamid）	1002
疏草隆（anisuron）	970	烯草酮（clethodim）	1003
双苯嘧草酮（benzfendizone）	971	稀禾定（sethoxydim）	1004

酰苯磺威（fenasulam） …………………… 1006
酰草隆（phenobenzuron） …………………… 1006
酰嘧磺隆（amidosulfuron） ………………… 1006
硝草酚（etinofen） …………………………… 1007
新燕灵（benzoylprop） ……………………… 1008
溴苯腈（bromoxynil） ……………………… 1008
溴丁酰草胺（bromobutide） ………………… 1009
溴酚肟（bromofenoxim） …………………… 1010
溴谷隆（metobromuron） …………………… 1011
溴莠敏（brompyrazon） ……………………… 1012
烟嘧磺隆（nicosulfuron） …………………… 1013
燕麦敌（di-allate） …………………………… 1014
燕麦灵（barban） …………………………… 1014
燕麦酯（chlorfenprop-methyl） ……………… 1015
野燕畏（tri-allate） …………………………… 1016
乙胺草醚（etnipromid） ……………………… 1017
乙草胺（acetochlor） ………………………… 1017
乙丁氟灵（benfluralin） ……………………… 1018
乙丁烯氟灵（ethalfluralin） ………………… 1019
乙呋草磺（ethofumesate） …………………… 1020
乙硫草特（ethiolate） ………………………… 1021
乙嗪草酮（ethiozin） ………………………… 1021
乙羧氟草醚（fluoroglycofen） ……………… 1022
乙酰甲草胺（diethatyl） ……………………… 1023
乙氧苯草胺（etobenzanid） ………………… 1023
乙氧氟草醚（oxyfluorfen） ………………… 1024
乙氧隆（chloreturon） ……………………… 1025
乙氧嘧磺隆（ethoxysulfuron） ……………… 1026
异丙吡草酯（fluazolate） …………………… 1026
异丙草胺（propisochlor） …………………… 1028
异丙甲草胺（metolachlor） ………………… 1029
异丙净（dipropetryn） ……………………… 1030
异丙乐灵（isopropalin） …………………… 1031
异丙隆（isoproturon） ……………………… 1031
异丙酯草醚（pyribambenz-isopropyl） …… 1032
异草定（isocil） ……………………………… 1033
异草完隆（isonoruron） ……………………… 1033
异丁草胺（delachlor） ……………………… 1034
异噁草醚（isoxapyrifop） …………………… 1034
异噁草酮（clomazone） ……………………… 1035
异噁隆（isouron） …………………………… 1036
异噁氯草酮（isoxachlortole） ……………… 1037
异噁酰草胺（isoxaben） …………………… 1038
异噁唑草酮（isoxaflutole） ………………… 1039
异恶草胺（isoxaben） ……………………… 1040
抑草津（ipazine） …………………………… 1041
抑草磷（butamifos） ………………………… 1042
抑草蓬（erbon） ……………………………… 1042
茵达灭（EPTC） ……………………………… 1043
茵多杀（endothal） …………………………… 1044
吲哚酮草酯（cinidon-ethyl） ……………… 1044
茚草酮（indanofan） ………………………… 1045
茚嗪氟草胺（indaziflam） …………………… 1046
莠不生（EXD） ……………………………… 1047
莠灭净（ametryn） …………………………… 1048
莠去津（atrazine） …………………………… 1049
莠去通（atraton） …………………………… 1050
仲草丹（tiocarbazil） ………………………… 1051
仲丁灵（butralin） …………………………… 1051
仲丁通（secbumeton） ……………………… 1052
唑吡嘧磺隆（imazosulfuron） ……………… 1053
唑草胺（cafenstrole） ……………………… 1054
唑啶草酮（azafenidin） ……………………… 1055
唑啉草酯（pinoxaden） ……………………… 1056
唑嘧磺草胺（flumetsulam） ………………… 1058
唑嘧磺隆（zuomihuanglong） ……………… 1059
唑酮草酯（carfentrazone-ethyl） …………… 1059
BCPC …………………………………………… 1061
CMA …………………………………………… 1061
4-CPB ………………………………………… 1061
cyclopyrimorate ……………………………… 1062
2,4-DEB ……………………………………… 1062
fenquinotrione ………………………………… 1062
tiafenacil ……………………………………… 1063
tolpyralate …………………………………… 1064
trifludimoxazin ………………………………… 1064
tripropindan …………………………………… 1064

第4部分　植物生长调节剂　/ 1066

矮壮素（chlormequat） ……………………… 1066
艾维激素（aviglycine） ……………………… 1067
苯胺灵（propham） ………………………… 1067
苯哒嗪丙酯（fenridazon-propyl） …………… 1068
苯嘧苯醇（isopyrimol） ……………………… 1069
苯氰丁酰胺（ciobutide） …………………… 1069
比达农（pydanon） …………………………… 1069
吡啶醇（pyripropanol） ……………………… 1070
苄氨基嘌呤（benzyladenine） ……………… 1070
补骨内酯（prosuler） ………………………… 1071

赤霉酸（gibberellic acid） …………… 1071
赤霉酸 A4＋A7（gibberellins A4，A7） … 1072
调吡酸（dikegulac） ………………… 1072
调环酸钙（prohexadione-calcium） …… 1073
调环烯（tetcyclacis） ………………… 1074
调节安（tiaojiean） …………………… 1075
丁酰肼（daminozide） ………………… 1075
多效缩醛（furalane） ………………… 1076
多效唑（paclobutrazol） ……………… 1076
二氯芴素（dichlorflurenol） …………… 1077
呋苯硫脲（fuphenthiourea） …………… 1078
呋嘧醇（flurprimidol） ………………… 1078
氟节胺（flumetralin） ………………… 1079
环丙嘧啶醇（ancymidol） ……………… 1080
环丙酸酰胺（cyclanilide） ……………… 1080
1-甲基环丙烯（1-methylcyclopropene） … 1081
甲哌鎓（mepiquat chloride） ………… 1082
菊乙胺酯（bachmedesh） ……………… 1083
抗倒胺（inabenfide） ………………… 1083
抗倒酯（trinexapac-ethyl） …………… 1084
氯贝酸（clofibric acid） ……………… 1085
氯苯氧乙酸（4-CPA） ………………… 1085
氯吡脲（forchlorfenuron） …………… 1086
氯化胆碱（choline chloride） ………… 1087
氯芴素（chlorfluren） ………………… 1087
氯乙亚磺酸（holosulf） ………………… 1088
茉莉酸（jasmonic acid） ……………… 1088
茉莉酮（prohydrojasmon） …………… 1088
萘乙酸（α-naphthaleneacetic acids） … 1089
萘乙酰胺（naphthaleneacetamide） …… 1090
哌壮素（piproctanyl） ………………… 1090
噻苯隆（thidiazuron） ………………… 1091
噻节因（dimethipin） ………………… 1092
三碘苯甲酸（2,3,5-tri-iodobenzoic acid）… 1093
三丁氯苄磷（chlorphonium） …………… 1093
三十烷醇（triacontanol） ……………… 1094
杀雄啉（sintofen） …………………… 1094
杀雄嗪酸（clofencet） ………………… 1095
糖氨基嘌呤（kinetin） ………………… 1096
特克草（buminafos） ………………… 1096
脱叶磷（tribufos） …………………… 1097
脱叶亚磷（merphos） ………………… 1097
芴丁酯（flurenol） …………………… 1098
烯腺嘌呤（enadenine） ……………… 1098
烯效唑（uniconazole） ………………… 1099
乙二肟（glyoxime） …………………… 1100
乙基芸苔素内酯（brassinolide-ethyl） … 1100
乙烯硅（etacelasil） ………………… 1101
乙烯利（ethephon） ………………… 1101
2-(乙酰氧基)苯甲酸（aspirin） ………… 1102
乙氧喹啉（ethoxyquin） ……………… 1102
抑芽丹（maleic hydrazide） …………… 1103
抑芽唑（triapenthenol） ……………… 1104
吲哚丁酸（IBA） ……………………… 1105
吲哚乙酸（IAA） ……………………… 1105
吲熟酯（ethychlozate） ……………… 1106
S-诱抗素（abscisic acid） …………… 1106
玉米素（zeatin） ……………………… 1107
芸苔素内酯（brassinolide） …………… 1107
增产肟（heptopargil） ………………… 1108
增甘膦（glyphosine） ………………… 1109
增糖胺（fluoridamid） ………………… 1109
整形醇（chlorflurenol） ……………… 1109
坐果酸（cloxyfonac） ………………… 1110
ACC ………………………………… 1111
epocholeone ……………………… 1111
karetazan …………………………… 1111
naphthoxyacetic acids ……………… 1112

第5部分　其他品种　/1113

安百亩（kabam） …………………… 1113
安妥（antu） ………………………… 1113
氨基硫脲（thiosemicarbazide） ………… 1114
贝螺杀（niclosamide） ………………… 1114
丙烯腈（acrylonitrile） ………………… 1115
捕灭鼠（promurit） …………………… 1116
除线特（diamidafos） ………………… 1116
滴滴混剂（D-D） ……………………… 1117
敌害鼠（melitoxin） …………………… 1117
敌鼠（diphacinone） ………………… 1118
碘甲烷（methyl iodide） ……………… 1119
毒鼠硅（silatrane） …………………… 1119
毒鼠碱（strychnine） ………………… 1120
毒鼠磷（phosacetim） ………………… 1120
毒鼠强（tetramine） ………………… 1121
对二氯苯（p-dichlorobenzene） ……… 1121
二甲基二硫醚（dithioether） ………… 1121
二硫化碳（carbon disulfide） ………… 1122
二氯丙烷（1,2-dichloropropane） ……… 1122
二氯丙烯（1,3-dichloropropene） ……… 1123

中文名	英文名	页码
二氯丁砜	dichlorothiolane dioxide	1123
二氯硝基乙烷	ethide	1123
二氯乙烷	ethylene dichloride	1124
二氯异丙醚	nemamol	1124
二溴丙腈	DBPN	1125
二溴氯丙烷	DBCP	1125
二溴乙烷	ethylene dibromide	1125
氟噻虫砜	fluensulfone	1126
氟鼠啶	flupropadine	1127
氟鼠灵	flocoumafen	1127
氟乙酸钠	sodium fluoroacetate	1129
氟乙酰胺	fluoroacetamide	1129
氟唑螺	tralopyril	1129
海葱素	scilliroside	1130
环线威	tirpate	1131
环氧丙烷	propylene oxide	1131
环氧乙烷	ethylene oxide	1132
己二硫酯	SD-4965	1132
甲基磺酰氟	methanesulfonyl fluoride	1133
甲酸乙酯	ethyl formate	1133
克灭鼠	coumafuryl	1134
磷化钙	calcium phosphide	1134
磷化铝	aluminium phosphide	1134
磷化镁	magnesium phosphide	1135
磷化氢	phosphine	1135
磷化锌	zincphosphide	1136
硫酰氟	sulfurylfluoride	1136
氯化苦	chloropicrin	1137
氯灭鼠灵	coumachlor	1138
氯醛糖	chloralose	1139
氯鼠酮	chlorphacinone	1139
棉隆	dazomet	1140
灭鼠安	mieshuan	1141
灭鼠腈	RH908	1142
灭鼠优	pyrinuron	1142
灭线磷	ethoprophos	1143
萘	naphthalene	1143
氢氰酸	hydrogen cyanide	1144
氰咪唑硫磷	imicyafos	1144
噻鼠酮	difethialone	1145
噻唑膦	fosthiazate	1147
三氯硝基乙烷	TCNE	1148
三氯乙腈	trichloroacetonitrile	1148
杀鼠灵	warfarin	1148
杀鼠醚	coumatetralyl	1149
杀鼠酮	valone	1150
杀线噻唑	benclothiaz	1150
杀线酯	REE-200	1151
鼠得克	difenacoum	1151
鼠甘伏	gliftor	1152
鼠立死	crimidine	1153
鼠特灵	norbormide	1153
鼠完	pindone	1154
四硫代碳酸钠	sodium tetrathiocarbonate	1155
四氯化碳	carbon tetrachloride	1155
四氯噻吩	tetrachlorothiophene	1155
羰基硫	carbonyl sulfide	1156
威百亩	metam	1156
蜗螺杀	trifenmorph	1157
蜗牛敌	metaldehyde	1158
线虫磷	fensulfothion	1159
溴敌隆	bromadiolone	1160
溴甲烷	methyl bromide	1161
溴氯丙烯	chlorobromopropene	1162
溴氯乙烷	chlorobromoethane	1162
溴鼠胺	bromethalin	1163
溴鼠灵	brodifacoum	1164
溴乙酰胺	bromoacetamide	1165
亚砷酸	arsenious acid	1166
异硫氰酸甲酯	methyl isothiocyanate	1166
治线磷	thionazin	1167
壮棉丹	lanstan	1168
fluazaindolizine		1168
tioxazafen		1169

附录 / 1170

1. 药剂品种分类（按照主要化学结构分类） ………… 1170
2. 剂型标准代码对照表 ………… 1191

索引 / 1194

1. 农药中文通用名称索引 ………… 1194
2. 农药英文通用名称索引 ………… 1205

第1部分 杀虫剂

阿福拉纳（afoxolaner）

$C_{26}H_{17}ClF_9N_3O_3$，625.9，1093861-60-9

化学名称 4-[(5RS)-5-(5-氯-α,α,α-三氟间甲苯基)-4,5-二氢-5-三氟甲基-1,2-噁唑-3-基]-N-[2-氧代-2-(2,2,2-三氟乙基氨基)乙基]萘-1-甲酰胺；4-[(5RS)-5-(5-chloro-α,α,α-trifluoro-m-tolyl)-4,5-dihydro-5-(trifluoromethyl)-1,2-oxazol-3-yl]-N-[2-oxo-2-(2,2,2-trifluoroethylamino)ethyl]naphthalene-1-carboxamide

CAS 名称 4-[5-[3-chloro-5-(trifluoromethyl)phenyl]-4,5-dihydro-5-(trifluoromethyl)-3-isoxazolyl]-N-[2-oxo-2-[(2,2,2-trifluoroethyl)amino]ethyl]-1-naphthalenecarboxamide

应用 杀虫剂、杀螨剂。

阿洛氨菌素（allosamidin）

$C_{25}H_{42}N_4O_{14}$，623.6，103782-08-7

化学名称 (3aR,4R,5R,6S,6aS)-2-dimethylamino-4,5,6,6a-tetrahydro-4-hydroxy-6-hydroxymethyl-3aH-cyclopenta[d][1,3]oxazol-5-yl-2-acetamido-4-O-(2-acetamido-2-deoxy-β-D-allopyranosyl)-2-deoxy-β-D-allopyranoside

CAS 名称 (3aR,4R,5R,6S,6aS)-2-(dimethylamino)-3a,5,6,6a-tetrahydro-4-hydroxy-6-(hydroxymethyl)-4H-cyclopentoxazol-5-yl-2-(acetylamino)-4-O-[2-(acetylamino)-2-deoxy-β-D-allopyranosyl]-2-deoxy-β-D-allopyranoside

应用 杀虫剂。

阿维菌素（abamectin）

B_{1a} R=CH$_2$CH$_3$
B_{1b} R=CH$_3$

(B_{1a})$C_{48}H_{72}O_{14}$，873.1，65195-55-3；
(B_{1b})$C_{47}H_{70}O_{14}$，859.1，65195-56-4；
71751-41-2(abamectin)

由 Merk 公司（现属 Syngenta）开发的抗生素类杀虫杀螨剂。

其他名称 螨虫素，齐螨素，害极灭，杀虫丁，MK-0936，C-076，L-676863，Avermectin，avermectin B_1

化学名称 (10E,14E,16E)-(1R,4S,5′S,6S,6′R,8R,12S,13S,20R,21R,24S)-6′-[(S)-仲丁基]-21,24-二羟基-5′,11,13,22-四甲基-2-氧-(3,7,19-三氧四环[15.6.1.1^{4,8}.0^{20,24}]二十五烷-10,14,16,22-四烯)-6-螺-2′-(5′,6′-二氢-2′H-吡喃)-12-基-2,6-二脱氧-4-O-(2,6-二脱氧-3-O-甲基-α-L-来苏已吡喃糖基)-3-O-甲基-α-L-阿拉伯已吡喃糖苷（80%）；(10E,14E,16E)-(1R,4S,5′S,6S,6′R,8R,12S,13S,20R,21R,24S)-21,24-二羟基-6′-异丙基-5′,11,13,22-四甲基-2-氧-(3,7,19-三氧四环[15.6.1.1^{4,8}.0^{20,24}]二十五烷-10,14,16,22-四烯)-6-螺-2′-(5′,6′-二氢-2′H-吡喃)-12-基-2,6-二脱氧-4-O-(2,6-二脱氧-3-O-甲基-α-L-来苏已吡喃糖基)-3-O-甲基-α-L-阿拉伯-已吡喃糖苷（20%）。

(10E,14E,16E)-(1R,4S,5′S,6S,6′R,8R,12S,13S,20R,21R,24S)-6′-[(S)-sec-butyl]-21,24-dihydroxy-5′,11,13,22-tetramethyl-2-oxo-3,7,19-trioxatetracyclo[15.6.1.1^{4,8}.0^{20,24}]pentacosa-10,14,16,22-tetraene-6-spiro-2′-(5′,6′-dihydro-2′H-pyran)-12-yl-2,6-dideoxy-4-O-(2,6-dideoxy-3-O-methyl-α-L-*arabino*-hexopyranosyl)-3-O-methyl-α-L-*arabino*-hexopyranoside（80%）和 (10E,14E,16E)-(1R,4S,5′S,6S,6′R,8R,12S,13S,20R,21R,24S)-21,24-dihydroxy-6′-isopropyl-5′,11,13,22-tetramethyl-2-oxo-(3,7,19-trioxatetracyclo[15.6.1.1^{4,8}.0^{20,24}]pentacosa-10,14,16,22-tetraene)-6-spiro-2′-(5′,6′-dihydro-2′H-pyran)-12-yl-2,6-dideoxy-4-O-(2,6-dideoxy-3-O-methyl-α-L-*arabino*-hexopyranosyl)-3-O-methyl-α-L-*arabino*-hexopyranoside（20%）。

CAS 名称 5-O-demethylavermectin A_{1a}（80%）和 5-O-demethyl-25-de(1-methylpropyl)-25-(1-methylethyl) avermectin A_{1a}（20%）

理化性质 原药为白色或黄白色结晶粉。熔点 161.8～169.4℃。蒸气压 $<3.7\times10^{-6}$ Pa（25℃）。$K_{ow}\lg P$ 4.4±0.3（pH 7.2，室温）。Henry 常数 2.7×10^{-3} Pa·m³/mol（25℃）。相对密度 1.18（22℃）。水中溶解度（20℃）：1.21mg/L。其他溶剂中溶解度（g/L, 25℃）：二氯甲烷 470，丙酮 72，甲苯 23，甲醇 13，辛醇 83，乙酸乙酯 160，正己烷 0.11。稳定性：常温下不易分解，在 25℃时，pH 5～9 的溶液中无分解现象。遇强酸、强碱不稳定。紫外线照射引起结构转化，首先转变为 8,9-Z 异构体，然后变为结构未知产品。

毒性 阿维菌素属高毒杀虫剂。原药：在芝麻油中大鼠急性经口 LD_{50} 为 10mg/kg，在芝麻油中小鼠急性经口 LD_{50} 为 13.6mg/kg，在水中小鼠急性经口 LD_{50} 为 221mg/kg。兔急性经皮 $LD_{50} > 2000$mg/kg；大鼠急性经皮 $LD_{50} > 380$mg/kg。大鼠吸入 $LC_{50} > 5.7$mg/L。对兔皮肤无刺激作用，对兔眼睛有轻微刺激作用。在试验剂量内对动物无致畸、致癌、致突变作用。每日允许摄取量 0.002mg/kg（阿维菌素和 8,9-Z-异构体），0.001mg/kg（残留量，不含异构体），0.003mg/kg（EC）。大鼠 2 代繁殖试验，无作用剂量为 0.12mg/(kg·d)。大鼠 2 年无作用剂量为 2mg/(kg·d)。制剂：大鼠急性经口 LD_{50} 650mg/kg，兔急性经皮 $LD_{50} > 2000$mg/kg。大鼠吸入 LC_{50} 1.1mg/L。对眼睛和皮肤有刺激作用。对鸟类低毒，山齿鹑急性经口 $LD_{50} > 2000$mg/kg，野鸭急性经口 LD_{50} 86.4mg/kg。对水生生物高毒，鳟鱼 LC_{50} 3.2μg/L（96h），大翻车鱼 LC_{50} 9.6mg/L（96h）。水蚤 EC_{50} 0.34μg/L（48h）。藻类 $LC_{50} > 100$mg/L（72h）。红虾 LC_{50} 1.6μg/L（96h），蓝蟹 LC_{50} 153μg/L（96h）。对蜜蜂高毒，经口 LD_{50} 0.009mg/只，接触 LD_{50} 0.002mg/只。蚯蚓 LC_{50}（28d）28mg/kg 土壤。

制剂 SC，ME，CS，EW，WG，EC，WP，SL，GR，RG。

应用 可用于防治小菜蛾、潜叶蛾、红蜘蛛等。还可以防治科罗拉多甲虫、火蚁等。适用于观赏植物、蔬菜、柑橘、棉花、坚果、梨果、土豆等。因作用机理与常规药剂不同，因此对抗性害虫有特效。阿维菌素对螨类和昆虫具有胃毒和触杀作用，渗透性强，药液喷到植物叶面后迅速渗入叶肉内形成众多的微型药囊，螨类的成虫、若虫及昆虫的幼虫取食和接触药液后立即出现麻痹症状，不活动，不取食，2～4d 后死亡。阿维菌素没有杀卵作用。阿维菌素残留叶面的药剂极少，并很快被分解为无毒物质，所以对天敌杀伤性小。

合成路线
由一种天然土壤放射菌——阿弗曼链菌的发酵物分离得到。具体方法如下。①产生菌：由一种天然土壤放射菌 *Streptomyces avermitills* 所产生。其为链霉菌中的一个新种，属灰色链霉菌。②菌种的保存：avermectin 产生菌在培养基上生长，再将孢子置于 20% 的甘油水溶液中，于 -30℃保存。③种子制备：将甘油孢子贮藏液接种在种子培养液中，于 28℃培养 1～2d 后再接种到发酵培养基中，接种量为 3%～5%。

分析方法 产品可用 HPLC-UV 进行分析。

主要生产商 桂林集琦，河北威远，武汉天惠，华北爱诺，江苏百灵，江苏丰源，内蒙古拜克，内蒙古新威远，宁夏大地丰之源，宁夏启元，齐鲁制药（内蒙古），山东京博，山东科大创业，山东齐发，山东胜利，潍坊润丰，山东志诚，石家庄兴柏，石家庄曙光，浙江海正，浙江慧光。

参考文献

[1] The Pesticide Manual. 15 th edition：3-4.
[2] US 4310519.
[3] 新编农药手册. 北京：中国农业出版社，1989：190-192.
[4] 国外农药品种手册. 北京：化工部农药信息总站，1996：403-404.

[5] 进口农药应用手册. 北京：中国农业出版社，2000：64-67.
[6] 精细化学品大全——农药卷. 杭州：浙江科学技术出版社，2000：244-248.

艾氏剂（aldrin）

$C_{12}H_8C_{16}$，364.9，309-00-2

由 C. W. Kearns 等报道，J. Hyman & Co. 和 Shell International Chemical Co.，Ltd 开发。

其他名称 Compound 118，HHDN，aldrine

化学名称 ($1R$,$4S$,$4aS$,$5S$,$8R$,$8aR$)-1,2,3,4,10,10-六氯-1,4,4a,5,8,8a-六氢-1,4：5,8-二亚甲基萘；($1R$,$4S$,$4aS$,$5S$,$8R$,$8aR$)-1,2,3,4,10,10-hexachloro-1,4,4a,5,8,8a-hexahydro-1,4:5,8-dimethanonaphthalene

CAS 名称 ($1R$,$4S$,$4aS$,$5S$,$8R$,$8aR$)-rel-1,2,3,4,10,10-hexachloro-1,4,4a,5,8,8a-hexahydro-1,4:5,8-dimethanonaphthalene

理化性质 纯品为无色晶体，aldrin 为棕褐色至深褐色蜡状固体。熔点 104～104.5℃（HHDN）。蒸气压 8.6mPa（20℃）。溶解度：水 0.027mg/L（27℃）；丙酮、苯和二甲苯＞600g/L（27℃）。200℃稳定，pH 4～8 稳定。

毒性 急性经口 LD_{50}：美洲鹑 6.59mg/kg，野鸭 52mg/kg。鱼类 LC_{50}（24h）0.018～0.089mg/L。对蜜蜂有毒。

制剂 DP，EC，WP，GR。

应用 防治土壤害虫，如白蚁、蚂蚁；也用于保护木材。根据农业部公告第 199 号（2002.6.5），因系持久有机污染物被禁止使用。

分析方法 制剂分析采用红外光谱法、游离氯离子电位滴定法。

参考文献

[1] US 2635977.
[2] CIPAC Handbook，1983，1B：1706.
[3] CIPAC Handbook，1994，F：190.
[4] Anal Methods Pestic. Plant Growth Regul，1972，6：268.
[5] AOAC Methods. 18th ed.

安硫磷（formothion）

$C_6H_{12}NO_4PS_2$，257.3，2540-82-1

1961 年 C. Klotzsche 介绍其杀虫性能。由 Sandoz AG（Novartis Crop Protection AG）开发。

其他名称 Anthio，Aflix，J-38，SAN 69131

化学名称 S-[甲酰（甲基）氨基甲酰甲基]-O,O-二甲基二硫代磷酸酯；S-[formyl (methyl) carbamoylmethyl] O,O-dimethyl phosphorodithioate

CAS 名称 S-[2-(formylmethylamino)-2-oxoethyl] O,O-dimethyl phosphorodithioate

理化性质 纯品为无味、黄色黏稠油状物或结晶体，不能蒸馏，否则分解。熔点 25～26℃，20℃蒸气压为 0.113mPa，相对密度 1.361（20℃）。溶解度（24℃）：水 2.6g/L，与丙酮、氯仿、乙醇、甲醇、二甲苯完全混溶，稍溶于己烷。遇水迅速分解，在 pH 3～9、23℃条件下 $DT_{50} \leqslant 1d$，纯品不稳定，在非极性溶剂中的稀溶液稳定，加稳定剂的制剂稳定。

毒性 急性经口 LD_{50}（mg/kg）：大鼠 365～500，小鼠 190～195，兔 570，猫 213。雄大白鼠急性经皮 $LD_{50} > 1000$mg/kg。对兔皮肤有轻微刺激作用。以 80mg/kg 饲料饲喂大白鼠和狗 2 年，未见有害影响。鲤鱼 LC_{50}（72h）>10mg/L。水蚤 LC_{50}（24h）16.1mg/L。蜜蜂 LD_{50}（μg/g）：1.537（经口），1.789（局部），28.447（接触）。蚯蚓 LC_{50}（14d）157.7mg/kg 土壤。

应用 触杀、内吸性杀虫和杀螨剂。对刺吸口器害虫、果蝇、甜菜蝇和螨类有效。在植物中代谢成乐果、氧乐果、（二甲氧基膦酰硫代）醋酸、双（二甲基硫代膦酰）二硫化物。在动物体内代谢成（二甲氧基膦酰硫代）醋酸和极性代谢物。在土壤中的半衰期为 14d。

参考文献

[1] US 3176035.
[2] US 3178337.
[3] GB 900557.

胺丙畏 （propetamphos）

$C_{10}H_{20}NO_4PS$，281.3，31218-83-4

由 J. P. Leber 报道，1969 年由 Sandoz AG（现 Syngenta AG）引入市场，1997 年销售给 Novartis Animalhealth Inc；2002 年，除了在欧盟的兽药使用权，已转让给 Nippon Kayaku。

其他名称 烯虫磷，巴胺磷，赛福丁，SAN 52 139I，Safrotin

化学名称 (E)-O-2-异丙氧羰基-1-甲基乙烯基-O-甲基乙基膦酰氨基硫代磷酸酯；(E)-O-2-isopropoxycarbonyl-1-methylvinyl O-methyl ethylphosphoramidothioate

CAS 名称 1-methylethyl(E)-3-[[(ethylamino)methoxyphosphinothioyl]oxy]-2-butenoate

理化性质 淡黄色油状液体（原药），沸点 87～89℃（0.005mmHg，1mmHg＝133.322Pa）。蒸气压 1.9mPa（20℃）。相对密度 1.1294（20℃）。$K_{ow}lgP$ 3.82。水中溶解度（24℃）110mg/L，与丙酮、乙醇、甲醇、正己烷、乙醚、二甲基亚砜、氯仿和二甲苯互溶。在正常贮存条件下稳定 2 年以上（20℃），其水溶液（5mg/L）光照 70h 不分解。水解 DT_{50}（25℃）：11d（pH 3），1 年（pH 6），41d （pH 9）。pK_a 13.67（23℃）。

毒性 雄大鼠急性经口 LD_{50} 119mg/kg，雌大鼠 59.5mg/kg。雄大鼠急性经皮 LD_{50} 2825mg/kg，雌大鼠>2260mg/kg。雄大鼠吸入 LC_{50}（4h）>1.5mg/L 空气，雌大鼠 0.69mg/L 空气。大鼠无作用剂量（2 年）6mg/kg 饲料。野鸭急性经口 LD_{50} 197mg/kg。鲤鱼 LC_{50}（96h）7.0mg/L，虹鳟鱼 4.6mg/L。水蚤 LC_{50}（48h）14.5μg/L。绿藻 LC_{50}（96h）2.9mg/L。

制剂 CS，DP，EC，EW，LA，WP，AE。

应用 胆碱酯酶的直接抑制剂，是具有触杀和胃毒作用的杀虫剂，还有使雄蜱不育的作用。具有长残留活性。防治蟑螂、苍蝇、跳蚤、蚂蚁、蚊子等家庭、家畜害虫以及公共卫生害虫，也能防治虱蜱等家畜体外寄生螨虫类，还可以用于防治棉花蚜虫等。

合成路线

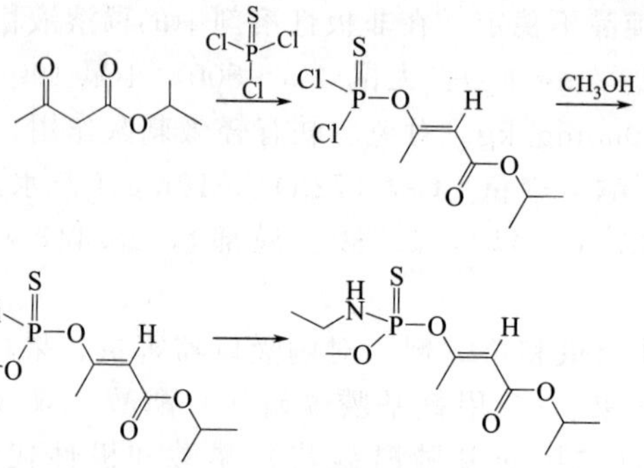

分析方法 产品用 GLC/FID 分析；或者通过纸色谱，然后用标准比色法测定磷的含量来分析。

参考文献

[1] The Pesticide Manual. 16th ed.
[2] US 4999346.

胺甲威（formparanate）

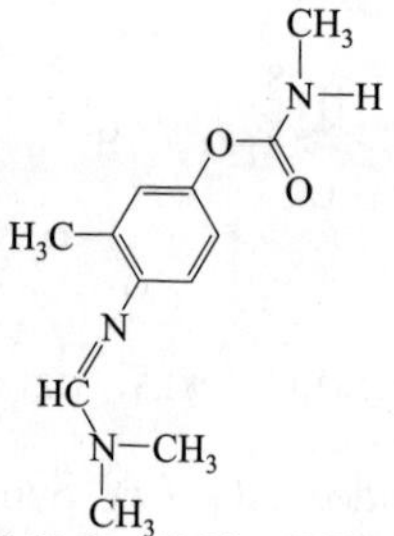

$C_{12}H_{17}N_3O_2$，235.3，17702-57-7

由 Union Carbide 推出的杀虫杀螨剂。

化学名称 4-二甲氨基亚甲基氨基间甲苯基甲氨基甲酸酯；4-dimethylaminomethylene-amino-*m*-tolyl methylcarbamate

CAS 名称 *N*,*N*-dimethyl-*N*′-[2-methyl-4-[[(methylamino)carbonyl]oxy]phenyl]methanimidamide

应用 杀虫杀螨剂。

胺菊酯（tetramethrin）

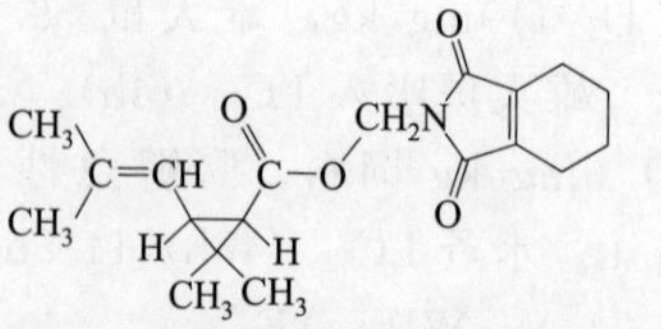

$C_{19}H_{25}NO_4$，331.4，7696-12-0

由日本住友化学株式会社开发的拟除虫菊酯类杀虫剂。

其他名称 四甲菊酯，似菊酯，酞菊酯，酞胺菊酯，拟虫菊，诺毕那命，FMC9260，SP1103，OMS1011，Butamin，Duracide，Ecothrin，Mulhcide，Neopynamin

化学名称 (1,3,4,5,6,7-六氢-1,3-二氧代-2H-异吲哚-2-基)甲基(1RS)-顺反-2,2-二甲基-3-(2-甲基丙-1-烯基)环丙烷羧酸酯；(1,3,4,5,6,7-hexahydro-1,3-dioxo-2H-isoindol-2-yl)methyl(1RS,3RS;1RS,3SR)-2,2-dimethyl-3-(2-methylprop-1-enyl)cyclopropanecarboxylate；(1,3,4,5,6,7-hexahydro-1,3-dioxo-2H-isoindol-2-yl) methyl (1RS)-cis-$trans$-2,2-dimethyl-3-(2-methylprop-1-enyl)cyclopropanecarboxylate

CAS名称 (1,3,4,5,6,7-hexahydro-1,3-dioxo-2H-isoindol-2-yl)methyl 2,2-dimethyl-3-(2-methyl-1-propen-1-yl)cyclopropanecarboxylate

理化性质 无色晶体（工业品为无色到浅黄棕色液体），有淡除虫菊的气味，熔点68~70℃（工业品60~80℃），闪点200℃。蒸气压为2.1mPa（25℃）。K_{ow}lg$P$ 4.6（25℃）。相对密度1.1（20℃）。Henry常数0.38Pa·m³/mol（25℃，计算值）。溶解度：水1.83mg/L（25℃），在丙酮、乙醇、甲醇、正己烷和正辛醇>2g/100mL。对碱和强酸敏感，DT_{50} 16~20d（pH 5），1d（pH7），<1h（pH 9），约50℃下贮藏稳定，在丙酮、氯仿、二甲苯、一般喷雾剂等溶剂中稳定，无机载体中的稳定性随载体不同而有所不同。

毒性 急性经口LD_{50}：大鼠>5000mg/kg。急性经皮LD_{50}：兔>2000mg/kg。对兔皮肤无刺激作用。毒性吸入LC_{50}（4h）：大鼠>2.73mg/L。NOEL：在剂量为5000mg/kg情况下对狗进行饲喂试验13周无不良反应，用大鼠做同样的试验在剂量1500mg/kg下饲喂6个月无不良反应，无致癌作用。急性经口LD_{50}：北美鹑>2250mg/kg。膳食LC_{50}：北美鹑和绿头鸭>5620mg/L。鱼LC_{50}（96h）：虹鳟鱼3.7μg/L，大翻车鱼16μg/L。水蚤EC_{50}（48h）0.11mg/L。对蜜蜂有毒。

制剂 AE，DP，EC，EW，UL，Oil。

应用 为触杀性杀虫剂，对蝇、蚊和其他卫生害虫具有强的击倒活性，但致死性能差，有复苏现象，对蟑螂有驱赶作用。

合成路线

分析方法 产品可用GLC/UV进行分析。

主要生产商 Agro-Chemie，Sumitomo，Endura，Killgerm，常州康美化工，广东立威化工，江门大光明农化，中山凯达石岐农药厂，扬农化工，日本住友化学。

参考文献

[1] JP 453929.
[2] JP 462108.
[3] US 3268398.
[4] US 3634023.

胺吸磷 (amiton)

$C_{10}H_{24}NO_3PS$, 269.3, 78-53-5

由 Plant Protection Ltd（后 ICI Agrochemicals）开发的杀螨剂、杀虫剂。

其他名称　R 5158
化学名称　S-2-二乙氨基乙基-O,O-二乙基硫代磷酸酯；S-2-diethylaminoethyl O,O-diethyl phosphorothioate
CAS 名称　S-[2-(diethylamino) ethyl]-O,O-diethyl phosphorothioate
应用　杀螨剂、杀虫剂。胆碱酯酶抑制剂。
主要生产商　ICI 公司。
参考文献
[1] Ghosh R, Newman J F. London: Chem Ind, 1955: 118.
[2] Baldit G L. J Sci Food Agric, 1958, 9: 516.

八甲磷 (schradan)

$C_8H_{24}N_4O_3P_2$, 286.25, 152-16-9

其他名称　希拉登，Octamethyl pyrophosphoramine，OMP
化学名称　八甲基焦磷酰胺；octamethyldiphosphoric tetraamide
CAS 名称　octamethyldiphosphoramide
理化性质　蒸气压 0.13Pa，熔点 20～21℃，沸点 137℃（0.27kPa）；溶解性：与水混溶，溶于醇、酮等多数有机溶剂；相对密度 1.14。
毒性　大鼠急性经口 LD_{50}：雄性 9.1mg/kg，雌性 42mg/kg。大鼠经皮 50～100mg/kg。
应用　杀虫剂。

八氯二丙醚 (octachlorodipropyl ether)

$CCl_3CHClCH_2OCH_2CHClCCl_3$
$C_6H_6Cl_8O$, 377.7, 127-90-2

最早由 BASF AG（现为 BASF SE）作为一种特殊溶剂开发，后作为增效剂使用。1972 年由 Sankyo Chemical Industries 与 Ltd 经许可后生产、销售。

化学名称　双（2,3,3,3-四氯丙基）醚；bis (2,3,3,3-tetrachloropropyl) ether
CAS 名称　1,1'-oxybis [2,3,3,3-tetrachloropropane]
理化性质　无色至浅黄色液体。熔点 -50℃ 时仍黏稠。沸点 144～150℃（1mmHg）。闪点 177℃（Pensky-Martens）。蒸气压高。相对密度 1.64～1.66（20℃）。几乎不溶于水；

与普通有机溶剂，如乙醚、苯、氯仿、三氯乙烯、二氯甲烷、二噁烷、甲基乙基酮、石油溶剂、柴油等混溶。稳定性：遇碱不稳定。为防止贮存过程中氯化氢的损失，可加入1％的稳定剂（表氯醇）溶液。DT_{50} 7d（pH 4），8h（pH 10）。

毒性 急性经口 LD_{50}：雄大鼠 5.49mg/kg，雌大鼠 4.75mg/kg，雄小鼠 4.45mg/kg，雌小鼠 4.25mg/kg。急性经皮 LD_{50}：雄大鼠 23.3mg/kg，雌大鼠 21.0mg/kg。对皮肤有轻微刺激性，对眼睛无刺激性。大鼠吸入 LC_{50}＞5500mg/m³。NOEL 雄大鼠 0.400mg/(kg·d)，雌大鼠 0.494mg/(kg·d)。试验条件下无致突变、致畸或致癌性。LC_{50}（48h）鲤鱼 4.2mg/L。对蜉蝣（双翼二翅蜉）TLm（48h）3.2mg/L。

应用 作为增效剂，提高除虫菊酯、丙烯菊酯和甲萘威的杀虫活性。

分析方法 产品采用通常的方法测定总氯含量来测定，因为S421含有挥发性含氯副产物，可在真空、约80℃下加热至恒重后测定。

主要生产商 浙江中山。

巴毒磷（crotoxyphos）

$C_{14}H_{19}O_6P$，314.3，7700-17-6

1962年由 C. P. Weidenback 和 R. L. Younger 报道，由 Shelldevelopment Co. 研发。

化学名称 （E）-1-甲基-2-(1-苯基乙氧羰基）乙烯基磷酸二甲酯；dimethyl（E）-1-methyl-2-(1-phenylethoxycarbonyl）vinyl phosphate

CAS 名称 （E）-1-phenylethyl 3-[(dimethoxyphosphinyl) oxy]-2-butenoate

理化性质 含量80％，浅黄色液体。沸点135℃（0.03mmHg）。蒸气压 1.9mPa（20℃）。Henry 常数 5.97×10^{-4}Pa·m³/mol（计算值）。相对密度1.2（20℃，原药）。溶解度：水中溶解度1g/L（室温）；易溶于丙酮、乙醇、异丙醇、二甲苯。稳定性：DT_{50} 87h（pH 1），35h（pH 9）（38℃）。

毒性 经口急性毒性 LD_{50}：大鼠 52.8mg/kg，小鼠 90mg/kg。兔急性经皮 LD_{50} 384mg/kg。NOEL90d 饲喂试验，雄性大鼠 900mg/kg 饲料，雌性大鼠 300mg/kg 饲料，均未发现致畸或病理组织改变。

应用 巴毒磷为胆碱酯酶抑制剂。巴毒磷对牲畜，尤其是牛和猪的蝇、螨、蜱作用效果迅速，并且具有一定的持效性。

分析方法 产品分析采用红外光谱或 GLC。

参考文献
US 3068268.

百治磷（dicrotophos）

$C_8H_{16}NO_5P$，237.2，141-66-2

1965年R. A. Corey报道。由Ciba AG（现Syngenta AG，已不再生产、销售该品种）开发。

其他名称 必特灵，双特松，C-709，SD 3562，Bidrin，Dicron

化学名称 (E)-2-二甲基氨基甲酰-1-甲基乙烯基二甲基磷酸酯；(E)-2-dimethylcarbamoyl-1-methylvinyldimethyl phosphate，3-dimethoxyphosphinoyloxy-N,N-dimethylisocrotonamide

CAS名称 (E)-3-(dimethylamino)-1-methyl-3-oxo-1-propenyldimethyl phosphate

理化性质 黄色液体。工业品为琥珀色液体，含量85%。沸点400℃（760 mmHg）、130℃（0.1mmHg）。蒸气压 9.3×10^{-3} Pa（20℃）。$K_{ow}\lg P$ −0.5（21℃），相对密度（20℃）1.216。与水、丙酮、乙醇、乙腈、氯仿和二甲苯混溶，微溶入柴油、煤油（<10g/kg）。在酸性和碱性介质中相对稳定，DT_{50}（20℃）88d（pH 5），23d（pH 9），受热分解。

毒性 急性经口 LD_{50}（mg/kg）：大鼠为17~22，小鼠为15。大鼠急性经皮 LD_{50} 在110~180mg/kg之间（取决于载体和测试环境），兔224mg/kg，对兔皮肤和眼睛轻微刺激。大鼠吸入 LC_{50}（4h）为0.09mg/L空气。NOEL（2年，mg/kg饲料）：大鼠为1.0[0.05mg/(kg·d)]，狗1.6[0.04mg/(kg·d)]。大鼠NOEL为2mg/(kg·d)(0.1mg/kg)。ADI/RfD（EPA）aRfD：0.0017mg/kg；cRfD：0.00007mg/kg［2002］。禽类急性经口 LD_{50} 1.2~12.5mg/kg。对母鸡无神经刺激。食蚊鱼 LC_{50}（24h，mg/L）200。对蜜蜂有毒，但由于表面残留的快速下降，在应用中出现的影响不大。

制剂 EC，SL，UL。

应用 胆碱酯酶抑制剂，内吸性杀虫、杀螨剂，具有触杀和胃毒作用，持效性中等。用于棉花、咖啡、水稻、山核桃、甘蔗、柑橘树、烟草、谷物、马铃薯、棕榈树等，防治刺吸式、咀嚼式及钻蛀式害虫和螨类，同时也可作为动物的杀外寄生虫药使用。

合成路线

分析方法 产品分析采用红外光谱法、气相色谱法。

主要生产商 Amvac，惠光股份。

参考文献

[1] BE 552284.
[2] GB 829576.
[3] US 2956073.
[4] US 3068268.

保棉磷（azinphos-methyl）

$C_{10}H_{12}N_3O_3PS_2$，317.3，86-50-0

E. E. Lvy 与 W. Lorenz 等报道其活性，为 Bayer AG 开发的有机磷类杀虫剂。

其他名称 谷硫磷，甲基谷硫磷，谷赛昂，甲基谷赛昂，Bayer 17 147，R 1582，E1582，ENT 23 233，OMS 186，Gusathion，Guthion，azinphosmethyl

化学名称 O,O-二甲基-S-(3,4-二氢-4-氧代苯并[d]-[1,2,3]-三氮苯-3-基甲基)二硫代磷酸酯；S-3,4-dihydro-4-oxo-1,2,3-benzotriazin-3-ylmethyl O,O-dimethyl phosphorodithioate

CAS 名称 O,O-dimethyl S-[(4-oxo-1,2,3-benzotriazin-3 (4H)-yl) methyl] phosphorodithioate

理化性质 纯品为淡黄色结晶固体。熔点 73℃，蒸气压 5×10^{-4} mPa（20℃）、1×10^{-3} mPa（25℃），K_{ow} lg$P$ 2.96，Henry 常数 5.7×10^{-6} Pa·m³/mol（计算值，20℃），相对密度 1.518（21℃）。水中溶解度（20℃）28mg/L；其他溶剂中溶解度（g/L，20℃）：二氯乙烷、丙酮、乙腈、乙酸乙酯、二甲基亚砜中＞250，正庚烷 1.2，二甲苯 170。碱性和酸性介质中很快分解，DT$_{50}$（22℃）：87d（pH 4），50d（pH 7），4d（pH 9）。土壤表面和水溶液中光降解。200℃以上分解。

毒性 急性经口 LD$_{50}$（mg/kg）：大鼠约 9，雄性豚鼠 80，小鼠 11～20，狗＞10。大鼠急性经皮 LD$_{50}$（24h）：150～200mg/kg。对兔皮肤无刺激，对兔眼睛中度刺激。大鼠急性吸入 LC$_{50}$（4h）：0.15mg/L 空气（喷雾）。无作用剂量：大鼠和小鼠（2 年）5mg/kg 饲料，狗（1 年）5mg/kg 饲料。山齿鹑急性经口 LD$_{50}$ 约 32mg/kg，日本鹌鹑 LC$_{50}$（5d）为 935mg/kg 饲料。鱼毒 LC$_{50}$（96h，mg/L）：虹鳟鱼 0.02，金雅罗鱼 0.12。水蚤 LC$_{50}$（48h）为 0.0011mg/L。海藻 E$_r$C$_{50}$（96h）为 7.15mg/L。对蜜蜂有毒。蚯蚓 LC$_{50}$（14d）为 59mg/kg。保棉磷是高效杀虫剂，因此不能排除对非靶标节肢动物的影响，尤其是这些生物体被直接喷雾时影响更大。

制剂 EC，WP。

应用 二硫代磷酸酯类杀虫杀螨剂。胆碱酯酶的直接抑制剂，具有触杀和胃毒作用的非内吸性杀虫剂。防治鞘翅目、双翅目、同翅亚目、半翅目、鳞翅目和螨类等刺吸口器和咀嚼口器害虫，如棉铃虫、棉蜻象、棉红铃虫、黏虫、棉铃象虫、介壳虫等。适用果树、草莓、蔬菜、马铃薯、玉米、棉花、小麦、观赏植物、豌豆、烟草、水稻、咖啡、甜菜等。可用于防治棉花后期害虫，对棉铃虫有良好效果，也能杀螨。乳油制品可能会使某些果树枯叶。但由于其有剧毒，在一些国家和地区已限制使用。

合成路线

分析方法 产品可用 HPLC-UV、RPLC 或分光光度法分析。

主要生产商 Bayer，General Quimica，Makhteshim-Agan，Isagro，Chemia，Papaeconomou。

参考文献

[1] The Pesticide Manual. 15 th edition：60-61.
[2] US 200350194.
[3] GB 19660043133.

保幼醚 (epofenonane)

$C_{20}H_{32}O_2$, 304.5, 57342-02-6

由 Hoffman-LaRoche&Co. 进行了本品的昆虫生长调节性质评价。

其他名称 Ro 10-3108

化学名称 6,7-环氧-3-乙基-7-甲基壬基-4-乙基苯基醚；6,7-epoxy-3-ethyl-7-methylnonyl-4-ethylphenyl ether

CAS 名称 2-ethyl-3-[3-ethyl-5-(4-ethylphenoxy) pentyl]-2-methyloxirane

毒性 大鼠急性经口 LD_{50} > 32000mg/kg。

应用 昆虫生长调节剂，可用来防治果树害虫、贮藏谷物害虫和土壤螨类，对西方云杉卷叶蛾、橘粉蚧、卷叶虫、茶小卷叶蛾都有较好的抑制效果。

保幼炔 (JH-286)

$C_{17}H_{15}ClO_2$, 286.7, 74706-17-5

化学名称 1-[(5-氯-4-戊炔基) 氧]-4-苯氧基苯；1-[(5-chloro-4-pentynyl) oxy]-4-phenoxybenzene

CAS 名称 1-[(5-chloro-4-pentynyl) oxy]-4-phenoxybenzene

应用 具有保幼激素活性的昆虫生长调节剂，可用于家蝇、蚊子、同翅目害虫、双翅目害虫的防治，尤其对大黄粉虫、杂拟谷盗、普通红叶螨、大蚁等有特效，对温血动物无任何毒性和诱变作用。

倍硫磷 (fenthion)

$C_{10}H_{15}O_3PS_2$, 278.3, 55-38-9

1963 年由 G. Schrader 报道，由 Bayer AG 开发的有机磷类杀虫剂。

其他名称 百治屠，Bayer 29493，S1752，E1752，OMS2，ENT 25540，Baycid，Baytex，Lebaycid，Tiguvon

化学名称 O,O-二甲基-O-4-甲硫基间甲苯基硫逐磷酸酯；O,O-dimethyl O-4-methylthio-*m*-tolyl phosphorothioate

CAS 名称 *O*,*O*-dimethyl *O*-[3-methyl-4-(methylthio) phenyl] phosphorothioate

理化性质 纯品为无色油状液体（原药为有硫醇气味的棕色油状液体）。低至－80℃仍无凝固点，沸点90℃（1Pa）（计算值），117℃（10Pa）（计算值），284℃（计算值）。蒸气压 7.4×10^{-4} Pa（20℃）、1.4×10^{-3} Pa（25℃）。K_{ow} lg$P$ 4.84。Henry 常数 5×10^{-2} Pa·m³/mol（20℃）。相对密度 1.25（20℃）。水中溶解度 4.2mg/L（20℃）；其他溶剂中溶解度（20℃）：二氯甲烷、甲苯、异丙醇均大于 250g/L，正己烷 100g/L。对光稳定。210℃以上分解。酸性条件下稳定，碱性条件下比较稳定；DT_{50}（22℃）：223d（pH 4），200d（pH 7），151d（pH 9）。闪点 170℃（原药）。

毒性 雄、雌性大鼠急性经口 LD_{50} 约 250mg/kg。大鼠急性经皮 LD_{50}（24h）：586mg/kg（雄），800mg/kg（雌）；对兔眼睛和皮肤无刺激。雄、雌性大鼠急性吸入 LC_{50}（4h）约 0.5mg/L 空气（喷雾）。无作用剂量：大鼠（2年）<5mg/kg 饲料，小鼠（2年）0.1mg/kg 饲料，狗（1年）2mg/kg 饲料。山齿鹑急性经口 LD_{50}：7.2mg/kg。LC_{50}（5d）：山齿鹑 60mg/kg，野鸭 1259mg/kg。鱼毒 LC_{50}（96h，mg/L）：大翻车鱼 1.7，金枪鱼 2.7，虹鳟鱼 0.83。水蚤 EC_{50}（48h）0.0057mg/L。海藻 E_rC_{50}：1.79mg/L。蜜蜂 LC_{50} 0.16μg/只（接触）。蚯蚓 LC_{50} 375mg/kg 干土。

制剂 DP，EC，GR，HN，PO，UL，WP。

应用 有机磷神经毒剂，主要抑制乙酰胆碱酯酶，使害虫中毒死亡。对作物有一定渗透作用，但无内吸传导作用。为广谱性杀虫剂，对螨类也有效，残效期达 40d 左右。在植物体内氧化成亚砜和砜，均有较高的杀虫活性。主要以乳油对水喷雾，用于防治大豆、棉花、果树、蔬菜、水稻等作物上的鳞翅目幼虫、蚜虫、叶蝉、飞虱、蓟马、果实蝇、潜叶蝇及一些介壳虫。对叶螨类有一定药效。也可用于防治蚊、蝇、臭虫、虱子、蜚蠊等卫生害虫。不能与碱性药剂混用。果树收获前 14d、蔬菜收获前 10d 禁止使用。对蜜蜂毒性大，作物开花期间不宜使用。倍硫磷对十字花科蔬菜的幼苗、梨树、樱桃、高粱、啤酒花易引起药害。

合成路线

分析方法 可用 GC-MSD/HPLC-UV 进行分析。

主要生产商 新沂泰松，浙江嘉化，黄岩永宁，Bayer CropScience，Pilarquim。

参考文献

[1] US 5462938.
[2] DE 1116656.
[3] US 3042703.

苯虫醚（diofenolan）

$C_{18}H_{20}O_4$，300.3，63837-33-2

1994 年 H. P. Streibert 等报道。由 Ciba-Geigy AG（后为 Novartis Crop Protection AG）开发。

其他名称　Arbor，Aware，Context

化学名称　混合物：（2RS,4SR）-4-(2-乙基-1,3-二氧戊烷-4-基甲氧基）苯基苯基醚（50%～80%）和（2RS,4R）-4-(2-乙基-1,3-二氧戊烷-4-基甲氧基）苯基苯基醚（50%～20%）；a mixture of（2RS,4SR）-4-(2-ethyl-1,3-dioxolan-4-ylmethoxy）phenyl phenyl ether（50%～80%）and（2RS,4RS）-4-(2-ethyl-1,3-dioxolan-4-ylmethoxy）phenyl phenyl ether（50%～20%）

CAS 名称　a mixture of（2RS,4SR）-2-ethyl-4-[(4-phenoxyphenoxy)methyl]-1,3-dioxolane and（2RS,4RS）-2-ethyl-4-[(4-phenoxyphenoxy)methyl]-1,3-dioxolane

理化性质　透明、浅黄色黏稠液体。蒸气压 $1.1×10^{-1}$ mPa（25℃）（OECD 104）。K_{ow} lg$P$ 4.8，4.4（cis-异构体），4.3（trans-异构体）（25℃）。Henry 常数 $6.74×10^{-3}$ Pa·m³/mol（计算值）。相对密度 1.141（20℃）。溶解度：水中 4.9mg/L（25℃）（OECD 105）；与甲醇、丙酮、甲苯、己烷、正辛醇互溶。pH≥7 水解稳定，见光迅速分解，在 pH 值 1～11 无解离。

毒性　大鼠急性经口 LD_{50}>5000mg/kg。大鼠急性经皮 LD_{50}（24h）>2000mg/kg，对兔皮肤和眼睛无刺激。对皮肤不敏感。大鼠吸入毒性 LC_{50}（4h）>3100mg/m³。NOEL 大鼠（3 个月）12mg/kg，NOAEL 狗（3 个月）12mg/kg。

制剂　EC。

分析方法　HPLC 配 UV 检测器。

苯丁锡（fenbutatin oxide）

$C_{60}H_{78}OSn_2$，1052.7，13356-08-6

在美国由 Shell Chemical Co.（现 DuPont Agricultural Products）开发，在别处由 Shell Interational Chemical Company Ltd（现 BASF SE）开发。

其他名称　螨完锡，克螨锡，托尔克，SD 14 114（Shell），Azom，Benamon，Eagle

化学名称　双［三（2-甲基-2-苯基丙基）锡］氧化物；bis[tris(2-methyl-2-phenylpropyl)tin] oxide

CAS 名称　hexakis(2-methyl-2-phenylpropyl) distannoxane

理化性质　原药为无色晶体，有效成分含量为 97%。熔点 140～145℃，沸点 230～310℃。（降解）蒸气压 $3.9×10^{-8}$ mPa（20℃）。K_{ow} lg$P$ 5.2。相对密度 1290～1330kg/m³（20℃）。Henry 常数 $3.23×10^{-3}$ Pa·m³/mol。蒸馏水中溶解度（pH 4.7～5.0，20℃）0.0152mg/L；其他溶剂中溶解度（20℃，g/L）：己烷 3.49，甲苯 70.1，二氯甲烷 310，甲醇 182，异丙醇 25.3，丙酮 4.92，乙酸乙酯 11.4。对光、热、氧气都很稳定；光稳定性 DT_{50} 55d（pH 7，25℃）；水可使苯丁锡转化为三（2-甲基-2-苯基丙基）锡氢氧化物，该产物在室温下慢慢地、在 98℃迅速地再转化为母体化合物。不能自燃，但在尘雾中点燃可爆炸。

毒性　据中国农药毒性分级标准，苯丁锡属低毒性杀螨剂。急性经口 LD_{50}（mg/kg）：

大鼠 3000～4400，小鼠 1450，狗＞1500。兔急性经皮 LD$_{50}$＞1000mg/kg；对皮肤有刺激作用，对眼睛有严重刺激作用。大鼠吸入 LC$_{50}$ 0.46～0.072mg/kg。在试验剂量范围内对动物未见蓄积毒性及致畸、致突变、致癌作用。在 3 代繁殖试验和神经试验中未见异常。2 年饲喂试验，无作用剂量（mg/kg）：大鼠为 100，狗为 30。NOEL（2 年）：大鼠 50mg/(kg·d)，狗 15mg/(kg·d)。苯丁锡对鱼类高毒，大多数鱼类 LC$_{50}$ 为 0.002～0.540mg/L，虹鳟鱼 LC$_{50}$（48h）0.27mg（a.i.）/L（WP）。对蜜蜂和鸟低毒，蜜蜂急性毒性（接触或经口）LD$_{50}$＞200mg/只。LC$_{50}$（8d，mg/kg）：野鸭＞2000，山齿鹑 5065。水蚤 LC$_{50}$（24h）0.05～0.08mg/L。月牙藻 LC$_{50}$（72h）＞0.005mg/L。对食肉和寄生的节肢动物无副作用。

制剂 SC，WP。

应用 氧化磷酰化抑制剂，阻止 ATP 的形成。对害螨以触杀和胃杀为主，非内吸性。苯丁锡是一种长效专性杀螨剂，对有机磷和有机氯有抗性的害螨不产生交互抗性。该药持效期是杀螨剂中较长的一种，可达 2～5 个月。对幼螨、成螨、若螨的杀伤力比较强，但对卵的杀伤力不大。在作物各生长期使用都很安全，使用超过有效杀螨浓度 1 倍均未见药害发生，对害螨天敌如捕食螨、瓢虫和草蛉等影响甚小。苯丁锡为感温型杀螨剂，当气温在 22℃以上时药效提高，22℃以下活性降低，低于 15℃药效较差，在冬季不宜使用。苯丁锡开始时作用较慢，一般在施药后 2～3d 才能较好发挥药效，故应在害螨盛发期前，虫口密度较低时施用。最后 1 次施药距收获期时间为：柑橘 14d 以上，番茄 10d。对橘子和某些葡萄品种易产生药害。

合成路线

$$\text{SnCl}_4 + \text{Cl-Mg-H}_2\text{C-C(CH}_3)_2\text{-C}_6\text{H}_5 \longrightarrow [\text{C}_6\text{H}_5\text{-C(CH}_3)_2\text{-CH}_2\text{-}]_3\text{SnCl} \xrightarrow{\text{NaOH}}$$

$$[\text{C}_6\text{H}_5\text{-C(CH}_3)_2\text{-CH}_2\text{-}]_3\text{Sn-O-Sn}[\text{-CH}_2\text{-C(CH}_3)_2\text{-C}_6\text{H}_5]_3$$

分析方法 非水电位滴定法。

主要生产商 佛山大兴，无锡稼宝，上海禾本，浙江禾本，浙江华兴，巴斯夫欧洲公司。

参考文献

US 3657451.

苯腈膦（cyanofenphos）

$C_{15}H_{14}NO_2PS$，303.3，13067-93-1

1962 年由日本住友化学公司试制，1960 年由 Y. Nishizawa 报道，Sumitomo Chemical Co.，Ltd. 开发。

其他名称 S-4087，Surecide，CYP

化学名称　 O-4-氰基苯基-O-乙基苯基硫代磷酸酯；O-4-cyanophenyl-O-ethyl phenylphosphonothioate

CAS 名称　 O-(4-cyanophenyl)-O-ethyl phenylphosphonothioate

理化性质　 原药为一种白色或微黄色固体。熔点 71～78℃（原药）。蒸气压 0.00137mPa（20℃）。溶解度：水中 0.6mg/L（30℃），甲醇 89g/kg（30℃），二甲苯 515g/kg（27℃）。

毒性　 大鼠急性经口 LD_{50} 89mg/kg。雄鼠急性经皮 LD_{50}＞1000，雌鼠急性经皮 LD_{50} 640mg/kg。

制剂　 EC。

应用　 胆碱酯酶抑制剂。药剂通过渗透或取食进入虫体，能够有效防治水果和蔬菜上的棉铃虫、瘿蚊、水稻螟虫等害虫。

分析方法　 产品分析 GLC。

参考文献

[1]　JP 410930.
[2]　JP 410925.
[3]　GB 929738.

苯硫膦（EPN）

$C_{14}H_{14}NO_4PS$，323.3，2104-64-5

本品相继由 E. I. du Pontde Nemours & Co.（已不再生产和销售）和 Nissan Chemical Industries Ltd. 开发。

其他名称　 OMS219，ENT17298

化学名称　 O-乙基 O-(4-硝基苯基)苯基硫代磷酸酯；O-ethyl-O-4-nitrophenyl phenylphosphonothioate

CAS 名称　 O-ethyl-O-(4-nitrophenyl) phenylphosphonothioate

理化性质　 黄色结晶固体（原药为琥珀色液体）。熔点 34.5℃，沸点 215℃（5mmHg）。蒸气压＜4.1×10^{-5}Pa（23℃）。相对密度 1.270（20℃）。K_{ow} lg$P$＞5.02。水中溶解度（24℃）0.92mg/L，溶于大多数有机溶剂，如苯、甲苯、二甲苯、丙酮、异丙醇、甲醇。在中性、酸性介质中稳定，遇碱分解释放出对硝基苯酚。DT_{50}：70d（pH 4）、22d（pH 7）、3.5d（碱）。在封管中受热转化为 S-乙基异构体。

毒性　 急性经口 LD_{50}：雄大鼠 36mg/kg，雌大鼠 24mg/kg，雄小鼠 94.8mg/kg，雌小鼠 59.4mg/kg。急性经皮 LD_{50}：雄大鼠 2850mg/kg，雌大鼠 538mg/kg。大鼠 NOEL 值（104 周）：0.73mg/(kg·d)。对母鸡有慢性神经毒性。急性经口 LD_{50}：野鸡＞165mg/kg，山齿鹑 220mg/kg。鱼类 LC_{50}（48h）：鲤鱼 0.20mg/L，大翻车鱼 0.37mg/L，虹鳟鱼 0.21mg/L。水蚤 LC_{50}（3h）0.0071mg/L。

制剂　 DP，EC。

应用　 胆碱酯酶的直接抑制剂，具有触杀和胃毒作用的非内吸性杀虫、杀螨剂。适用作物为棉花、水稻、蔬菜、水果。对鳞翅目幼虫有广谱杀虫活性,尤其对棉花作物上的棉铃虫、棉红铃虫,水稻上的二化螟,蔬菜和果树上的其他食叶幼虫有活性。

合成路线

分析方法　可用 GC-MSD/HPLC-UV 进行分析。

主要生产商　DooYang,Nissan。

参考文献

US 2503390.

苯硫威(fenothiocarb)

$C_{13}H_{19}NO_2S$,253.4,62850-32-2

1987年由日本组合化学工业株式会社开发的氨基甲酸酯类杀螨剂。

其他名称　排螨净,KCO-3001,B1-5452,Panocon

化学名称　S-(4-苯氧基丁基)二甲基硫代氨基甲酸酯;S-4-phenoxybutyl dimethyl-thiocarbamate

CAS名称　S-(4-phenoxybutyl) dimethylcarbamothioate

理化性质　原药含量大于96%。纯品为无色晶体。熔点39.5℃,沸点155℃(0.02mmHg),248.4℃(3990Pa)。蒸气压0.268mPa(25℃)。K_{ow} lg$P$ 3.51(pH 7.1,20℃)。相对密度1.227(20℃)。水中溶解度(20℃):0.0338mg/L;其他溶剂中溶解度(mg/L,20℃):环己酮3800,乙腈3120,丙酮2530,二甲苯2464,甲醇1426,煤油80,正己烷47.1,甲苯、二氯甲烷、乙酸乙酯>500。150℃时对热稳定;水解DT_{50}>1年(pH 4、7、9,25℃);光解DT_{50}:天然水6.3d,蒸馏水6.8d(25℃,50W/m²,300~400nm)。

毒性　急性经口LD_{50}(mg/kg):大鼠(雄)1150,大鼠(雌)1200,小鼠(雄)7000,小鼠(雌)4875。急性经皮LD_{50}(mg/kg):大鼠(雄)2425,大鼠(雌)2075,小鼠>8000。急性吸入LD_{50}(4h):大鼠>1.79mg/L。NOEL值[2年,mg/(kg·d)]:大鼠(雄)1.86,大鼠(雌)1.94;狗(雄)1.5,狗(雌)3.0。ADI值0.0075mg/kg。禽类急性经口LD_{50}(mg/kg):野鸭>2000;鹌鹑(雌)878,鹌鹑(雄)1013。鲤鱼LC_{50}(96h)0.0903mg/L。水蚤LC_{50}(48h)2.4mg/L。羊角月牙藻E_bC_{50}(72h)0.197mg/L。对蜜蜂点滴处理LD_{50} 0.2~0.4mg/只。其他有益生物NOEL值(μg/只):家蚕(7d)1,七星瓢虫(48h)10。对智利小植绥螨有毒,LC_{50}<30g/1000m²,绿草蛉成虫LC_{50}<10g/1000m²。

制剂　EC。

应用　触杀,有强的杀卵活性,对雌成螨活性不高,但在低浓度时能明显降低雌螨的繁殖能力,并进一步降低卵的孵化。施用于柑橘果实上,可防治全爪螨的卵和幼虫。不能与强碱物质混配。对螨的各生长期有效,亦能杀卵。对柑橘、梨、茶树、番茄、青椒、黄瓜、甘蓝、大豆、菜豆可能略有轻微的药害。

合成路线

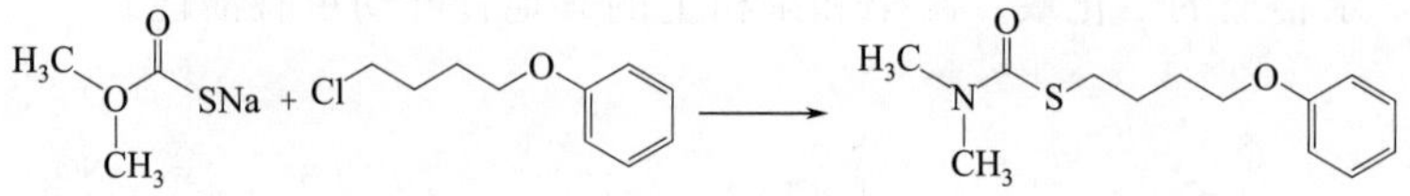

分析方法　可用气液色谱对产品进行分析。
主要生产商　Kumiai 公司。
参考文献
[1]　US 4101670.
[2]　GB 1508250.
[3]　JP 1192876.

苯螨醚（phenproxide）

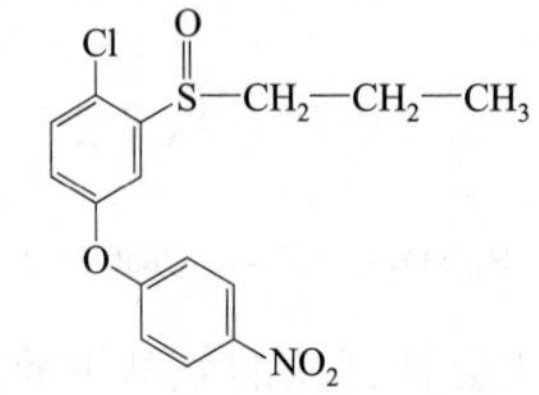

$C_{15}H_{14}ClNO_4S$，339.8，49828-75-3

其他名称　NK-493，Kayacide

化学名称　4-氯-3-(丙基亚磺酰基)苯基-4′-硝基苯基醚；4-chloro-3-(propylsulfinyl) phenyl 4′-nitrophenylether

CAS 名称　3-propylthiophenyl-4′-nitrophenylether

理化性质　黄色结晶。熔点 86～86.5℃。不溶于水，溶于有机溶剂。

毒性　急性经口 LD_{50}：大鼠 1180mg/kg，小鼠 6900mg/kg。大鼠急性经皮 LD_{50}＞4000mg/kg。鱼毒 LC_{50}：鲤鱼 6mg/L（48h），金鱼 3.8mg/L。水蚤属 LC_{50} 14.0mg/L。

应用　防治橘类、苹果和其他果树的螨类害虫。

苯螨特（benzoximate）

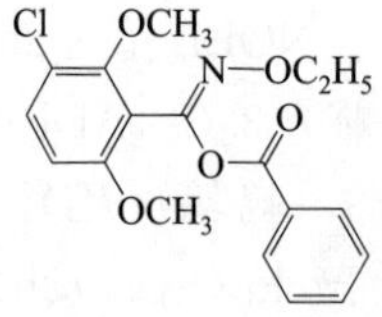

$C_{18}H_{18}ClNO_5$，363.8，29104-30-1

日本曹达公司 1972 年推广。

其他名称　西斗星，NA-53M，Mitrazon，benzomate

化学名称　3-氯-α-(EZ)-乙氧亚氨基-2,6-二甲氧基苄基苯甲酸酯；3-chloro-α-(EZ)-ethoxyimino-2,6-dimethoxybenzyl benzoate；ethyl O-benzoyl-3-chloro-2,6-dimethoxybenzohydroximate

CAS 名称　benzoic acid anhydride with 3-chloro-N-ethoxy-2,6-dimethoxybenzenecarboximidic acid

理化性质　纯品为无色结晶固体。熔点 73℃。蒸气压为 0.45mPa（25℃）。$K_{ow} \lg P$ 2.4。相对密度 1.30（20℃）。Henry 常数 $5.46×10^{-3}$ Pa·m³/mol（计算值）。水中溶解度（25℃）30mg/L；其他溶剂中溶解度（g/L，20℃）：苯 650，二甲基甲酰胺 1460，己烷 80，二甲苯 710。稳定性：对水和光比较稳定，在酸性介质中稳定，在强碱性介质中分解。

毒性　急性经口 LD_{50}：大鼠＞15000mg/kg，wistar 大鼠＞5000mg/kg，雄小鼠 12000mg/kg，雌小鼠 14500mg/kg。大鼠和小鼠急性经皮 LD_{50}＞15000mg/kg。在试验剂量内对动物无致突变、致畸和致癌作用。3 代繁殖试验未见异常。90d 亚慢性毒性无作用剂量 150mg/(kg·d)。NOEL 值：400mg/kg 饲料饲喂大鼠 2 年无危害。苯螨特为低毒杀螨剂。鲤鱼 LC_{50}（48h）1.75mg/L。对鸟类毒性低，日本鹌鹑急性经口 LD_{50}＞15000mg/kg。在正常条件下，对蜜蜂无毒害作用。对天敌安全。

制剂　EC。

应用　主要用于防治柑橘红蜘蛛和桑树红蜘蛛，也能防治对其他杀螨剂产生抗性的螨、红蜘蛛，但对锈螨无效。能防治各个发育阶段的螨，对卵和成螨都有作用。适用于仁果类作物、核果类作物、葡萄、苹果、柑橘和观赏植物。具有触杀和胃毒作用，无内吸和渗透传导作用。具有较强的速效性和较长的残效性，药后 5～30d 内能及时有效地控制虫口增长，对天敌和作物安全。不能与苯硫磷和波尔多液混用。

合成路线

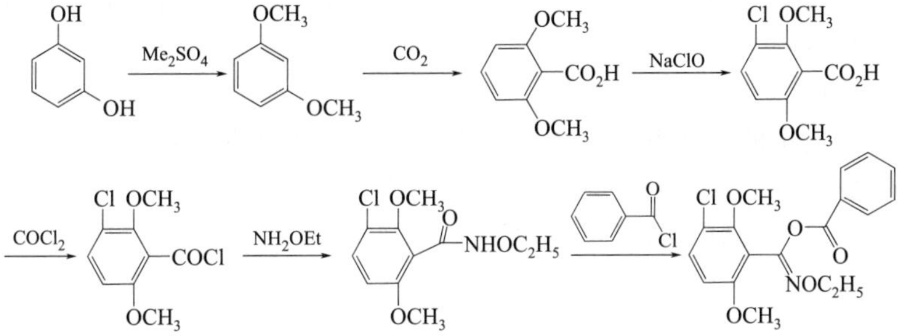

分析方法　产品分析用紫外光谱法。

主要生产商　Nippon Soda。

参考文献

[1]　Jpn Pestic Inf，1972，9：41.
[2]　GB 1247817.
[3]　The Pesticide Manual. 15th ed.

苯醚菊酯（phenothrin）

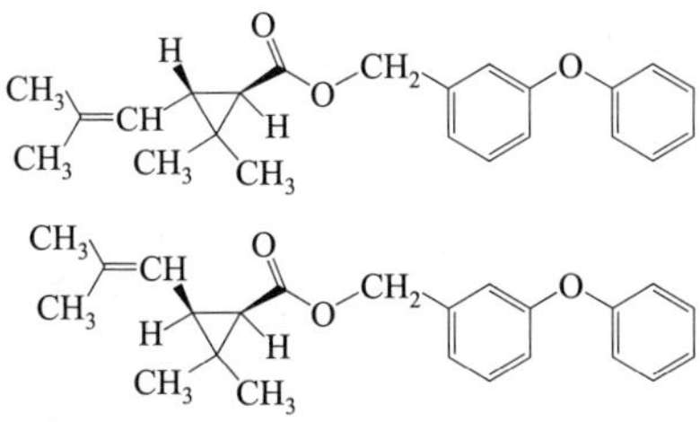

$C_{23}H_{26}O_3$，350.5，26046-85-5 [(1R)-*trans*- isomer]；51186-88-0 [(1R)-*cis*- isomer]；26002-80-2 [(1RS)-*cis-trans*- isomers]

苯醚菊酯（1R）-顺反异构体的杀虫活性由 K. Fujimoto 等报道，由 Sumitomo Chemical Co., Ltd. 推出。1976 年在日本首次登记。

其他名称　S-2539，Sumithrin

化学名称　3-苯氧苄基（1RS，3RS；1RS，3SR)-2,2-二甲基-3-(2-甲基丙烯-1-基）环丙烷羧酸酯；3-phenoxybenzyl (1RS, 3RS; 1RS, 3SR)-2,2-dimethyl-3-(2-methylprop-1-enyl) cyclopropanecarboxylate (see Composition); *Alt*: 3-phenoxybenzyl (±)-*cis-trans*-chrysanthemate; *Roth*: 3-phenoxybenzyl (1RS)-*cis-trans*-2,2-dimethyl-3-(2-methylprop-1-enyl) cyclopropanecar-boxylate

CAS 名称　(3-phenoxyphenyl) methyl 2,2-dimethyl-3-(2-methyl-1-propenyl) cyclo-propanecarboxylate

理化性质　苯醚菊酯是（1RS)-顺反异构体的混合物，d-苯醚菌酯包括≥95%（1R)-异构体、≥75% 反式异构体。淡黄色至棕黄色透明液体，有微弱的香味。沸点＞301℃(760mmHg)。闪点 107℃（闭杯）。蒸气压 $1.9×10^{-2}$ mPa（21.4℃）。K_{ow} lg$P$ 6.8（20℃）。Henry 常数＞$6.75×10^{-1}$ Pa·m³/mol（计算值）。相对密度 1.06（20℃）。溶解度：水＜9.7μg/L（25℃）；甲醇＞5.0，己烷＞4.96（g/mL，25℃）。在正常贮存条件下稳定，在碱性条件下水解。

毒性　大鼠急性经口 LD_{50}＞5000mg/kg。大鼠急性经皮 LD_{50}＞2000mg/kg。大鼠吸入 LC_{50}（4h)＞2100mg/m³。狗（1 年）无作用剂量 300mg/kg（7.1mg/kg)。山齿鹑急性经口 LD_{50}＞2500mg/kg。虹鳟 LC_{50}（96h) 2.7μg/L，大翻车鱼 16μg/L。水蚤 EC_{50}（48h) 0.0043mg/L。对蜜蜂有毒。

制剂　AE，EC，OL。

应用　作用于昆虫的神经系统，通过与钠离子通道之间的相互作用，干扰神经元功能。无内吸性，具有触杀和胃毒作用，能快速击倒昆虫。用于防治卫生害虫（壁虱、臭虫、蚊科、蝇科、跳蚤和虱)。也用于保护存储粮食。

合成路线

分析方法　拟除虫菊酯类产品用 HPLC 或 GLC/FID 分析。

主要生产商　Sumitomo Chemical，Endura，扬农化工，宁波中化。

参考文献

[1]　JP 1027088.

[2]　US 3934028.

苯醚氰菊酯（cyphenothrin）

(1R)-*trans*-　　　　　　(1R)-*cis*-

$C_{24}H_{25}NO_3$，375.5，39515-40-7

1976年由T. Matsuo等报道。是由日本住友化学工业公司开发的拟除虫菊酯类杀虫剂。1986年首次在日本登记。

其他名称 右旋苯氰菊酯，赛灭灵，苯氰菊酯，右旋苯醚氰菊酯，S-2703 Forte，OMS 3032，Gokilaht

化学名称 (RS)-α-氰基-3-苯氧苄基 (1RS，3RS；1RS，3SR)-2,2-二甲基-3-(2-甲基-1-丙烯基)环丙烷羧酸酯；(RS)-α-氰基-3-苯氧苄基(1R)-顺反-2,2-二甲基-3-(2-甲基-1-丙烯基)环丙烷羧酸酯；(RS)-α-cyano-3-phenoxybenzyl (1RS，3RS；1RS，3SR)-2,2-dimethyl-3-(2-methylprop-1-enyl) cyclopropanecarboxylate；(RS)-α-cyano-3-phenoxybenzyl (1R)-cis-trans-2,2-dimethyl-3-(2-methylprop-1-enyl) cyclopropanecarboxylate

CAS名称 cyano (3-phenoxyphenyl) methyl 2,2-dimethyl-3-(2-methyl-1-propenyl) cyclopropanecarboxylate

理化性质 工业品为黏稠黄色液体，有微弱的特殊气味。沸点为154℃（0.1mmHg）。闪点130℃。蒸气压为0.12mPa（20℃），0.4mPa（30℃）。相对密度1.08（25℃）。K_{ow} lg$P$ 6.29。水中溶解度（25℃）(9.01±0.8) μg/L；其他溶剂中溶解度（20℃）：正己烷4.84g/100g，甲醇9.27g/100g。常温下可稳定保存至少2年。对热相对稳定。

毒性 急性经口LD_{50}：雄大鼠318mg/kg，雌大鼠419mg/kg（在玉米油中）。大鼠急性经皮LD_{50}>5000mg/kg。对眼睛有轻微的刺激作用。对皮肤无刺激作用。大鼠吸入LC_{50}（3h）>1850mg/m³。北美鹑LC_{50}>5620mg/L。虹鳟鱼LC_{50}（96h）0.00034mg/L。本品的降解包括酯的水解和氧化。

制剂 AE，EC，HN，UL，WP。

应用 钠通道抑制剂。主要是阻断害虫神经细胞中的钠离子通道，使神经细胞丧失功能，导致靶标害虫麻痹、协调差，最终死亡。药剂通过接触和摄食进入虫体，有快速击倒的性能和拒食性。适用于木材、织物、住宅、工业区、非食品加工地带，防治木材和织物的卫生害虫，以及家庭、公共卫生和工业的苍蝇、蚊虫、蟑螂等害虫。

合成路线

分析方法 产品可用GLC进行分析。

主要生产商 扬农化工，Sumitomo Chemical。

参考文献

US 3652652.

苯赛螨（triarathene）

$C_{22}H_{15}ClS$，346.9，65961-00-1

由 D. I. Relyea 等报道，由 Uniroyal Inc. 进行了评价。

其他名称　Micromite，UBI-T930

化学名称　5-(4-氯苯基)-2,3-二苯基噻吩；5-(4-chlorophenyl)-2,3-diphenylthiophene

CAS 名称　5-(4-chlorophenyl)-2,3-diphenylthiophene

理化性质　纯品为无色结晶固体，熔点 127℃，沸点 462℃，蒸气压在 25℃时为 1×10^{-11} mmHg，辛醇-水中的 $K_{ow}\lg P$ 8。该药剂在它的熔点温度以下对热稳定。阳光照射几个月后表面变黄。

毒性　工业品对大鼠的急性经口 $LD_{50}>10000$mg/kg，急性吸入 $LC_{50}>5.1$mg/L，对兔的经皮 $LD_{50}>2000$mg/L，50%WP 对兔眼睛有中等刺激作用，对皮肤无刺激作用。对硬头鳟 $LC_{50}>100$mg/L（96h），水蚤为 64mg/L（48h），野鸭和北美鹌鹑 >5620mg/L（192h）。

制剂　WP。

应用　触杀性叶用杀螨剂，控制橘锈螨；防治普通红叶螨、橘全爪螨和斑氏真叶螨。对植物安全，可与其他喷施药剂混用。

参考文献

Proc Int Congr Plant Prot 10th. 1983，1：355.

苯线磷（fenamiphos）

$C_{13}H_{22}NO_3PS$，303.4，22224-92-6

1968 年由拜耳公司推出的杀虫、杀线虫剂。

其他名称　克线磷，力满库，BAY68138，SRA3886，Nemacur，phenamiphos

化学名称　O-乙基-O-(3-甲基-4-甲硫基) 苯基-N-异丙基磷酰胺；ethyl 4-methylthio-m-tolyl isopropylphosphoramidate

CAS 名称　ethyl 3-methyl-4-(methylthio) phenyl (1-methylethyl) phosphoramidate

理化性质　纯品为无色结晶固体（原药棕褐色蜡状固体）。熔点 49.2℃（原药 46℃）。蒸气压 1.2×10^{-4}Pa（20℃），4.8×10^{-3}Pa（50℃）。$K_{ow}\lg P$ 3.30（20℃）。Henry 常数 9.1×10^{-5}Pa·m³/mol（20℃）。相对密度 1.191（23℃）。水中溶解度 0.4g/L（20℃）；其他溶剂中溶解度（20℃）：二氯甲烷、异丙醇、甲苯 >200g/L，正己烷 $10\sim20$g/L。22℃水解 DT_{50}：1 年（pH 4），8 年（pH 7），3 年（pH 9）。闪点约 200℃。

毒性 急性经口 LD_{50}：大鼠约 6mg/kg，小鼠、狗、猫约 10mg/kg。大鼠急性经皮 LD_{50} 约 80mg/kg；对兔眼睛和皮肤有轻微刺激。大鼠急性吸入毒性 LC_{50}（4h）约 0.12mg/L 空气（喷雾）。大鼠 2 年饲喂无作用剂量 0.56mg/(kg·d)。急性经口 LD_{50}：山齿鹑 0.7～1.6mg/kg，野鸭 0.9～1.2mg/kg。LC_{50}（5d）：山齿鹑 38mg/kg，野鸭 316mg/kg（饲料）。鱼毒 LC_{50}（96h）：大翻车鱼 0.0096mg/L，虹鳟鱼 0.0721mg/L。水蚤 LC_{50}（48h）0.0019mg/L。蜜蜂 LD_{50}：0.45μg/只（经口），0.28μg/只（接触）。蚯蚓 LC_{50} 795mg/kg 干土（400g/L 乳油）。

制剂 CS，EC，EW，GR。

应用 触杀性、内吸性有机磷杀线虫剂。残效期长，药剂进入植物体内可上下传导，防治多种线虫，主要用于防治根瘤线虫、结节线虫和自由生活线虫，也可防治蚜虫、红蜘蛛等刺吸口器害虫。属高毒农药，不得用于蔬菜、果树、茶叶、中药材上。自 2013 年 10 月 31 日起，停止销售和使用。

苯氧炔螨（dofenapyn）

$C_{17}H_{16}O_2$，252.3，42873-80-3

由 Ciba-Geigy AG 发现。

其他名称 CGA 29 170，Acaban

化学名称 4-(戊-4-炔基氧基)苯基苯基醚；4-(pent-4-ynyloxy) phenyl phenyl ether

CAS 名称 1-(4-pentynyloxy)-4-phenoxybenzene

应用 杀螨剂。

苯氧威（fenoxycarb）

$C_{17}H_{19}NO_4$，301.3，72490-01-8

由 Dr R. MaagLtd.（现 Syngenta AG）开发，1985 年商品化。

其他名称 双氧威，苯醚威，RO 135223，ACR-2907B，ACR-2913A，NRK 121，CGA 114597，OMS 3010，Insegar，Logic，Torus，Pictyl

化学名称 2-(4-苯氧基苯氧基)乙基氨基甲酸乙酯；ethyl 2-(4-phenoxyphenoxy) ethylcarbamate

CAS 名称 ethyl [2-(4-phenoxyphenoxy) ethyl] carbamate

理化性质 无色至白色结晶，熔点 53～54℃，蒸气压 8.67×10^{-4} mPa（25℃），K_{ow} lg$P$ 4.07（25℃），Henry 常数 3.3×10^{-5} Pa·m³/mol（计算值）。相对密度 1.23（20℃）。溶解度：水 7.9mg/L（pH 7.55～7.84，25℃）；乙醇 510g/L，丙酮 770g/L，甲苯 630g/L，正己烷 5.3g/L，正辛醇 130g/L。稳定性：在光中稳定，pH 3、7、9 在 50℃水溶液中水解。

毒性 大鼠急性经口 $LD_{50}>$ 10000mg/kg，大鼠急性经皮 $LD_{50}>$ 2000mg/kg，对皮肤和

眼睛无刺激性，大鼠吸入 $LC_{50}>4400mg/m^3$。NOEL 值：大鼠为 5.5mg/kg（18 个月），小鼠为 8.1mg/kg（2 年）。日本鹌鹑急性经口 $LD_{50}>7000mg/kg$。三齿鹑 LC_{50}（8d）>25000mg/L。鱼 LC_{50}（96h）：鲤鱼 10.3mg/L，虹鳟鱼 1.6mg/L。水蚤 LC_{50}（48h）0.4mg/L。海藻 EC_{50}（96h）1.10mg/L。蜜蜂 LC_{50}（24h）>1000mg/L。土壤中蚯蚓 LC_{50}（14d）850mg/kg。在田间条件下，该化合物对食肉动物及膜翅目害虫的体内寄生虫安全。

制剂 EC，RB，WG，WP。

应用 该药是一种萜烯类昆虫生长调节剂。对害虫具有触杀及胃毒作用，对害虫表现出强烈的保幼激素活性，可使卵不孵化、抑制成虫期变态及幼虫期的锐皮，造成幼虫后期或蛹死亡。主要用于仓库，防治仓储害虫。喷洒谷仓，防止鞘翅目、鳞翅目类害虫和繁殖；室内裂缝喷粉防治蟑螂、跳蚤等。可制成饵料防治火蚁、白蚁等多种蚁群。

合成路线

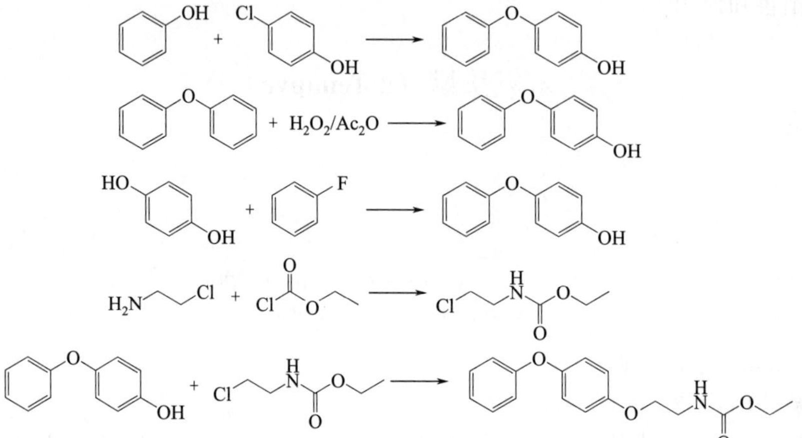

分析方法 产品分析用 HPLC 方法。

主要生产商 湖北沙隆达，先正达公司。

参考文献

[1] EP 4334.
[2] US 4215139.
[3] CN 1597665.

吡丙醚（pyriproxyfen）

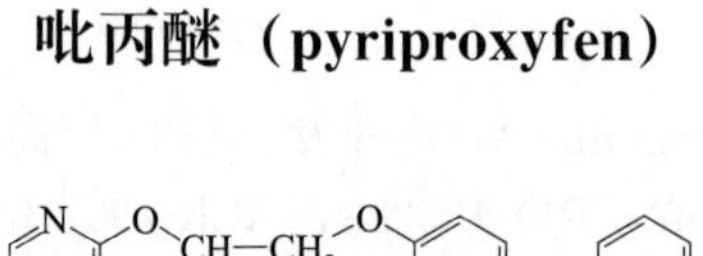

$C_{20}H_{19}NO_3$, 321.4, 95737-68-1

由 Sumitomo Chemical Co., Ltd 开发。1989 年在日本作为卫生用药首次登记，1995 年在日本作为农用化学品首次登记。

其他名称 灭幼宝，蚊蝇醚，S-9318，S-31183，S-71639，V-71639，Sumilarv，Nyguard

化学名称 4-苯氧基苯基（RS）-[2-(2-吡啶基氧)丙基]醚；4-phenoxyphenyl（RS）-2-(2-pyridyloxy) propyl ether

CAS 名称 2-[1-methyl-2-(4-phenoxyphenoxy) ethoxy] pyridine

理化性质　白色颗粒状固体（原药为带微弱臭味的淡黄色蜡状固体）。熔点47℃，蒸气压<0.013mPa（23℃）。K_{ow} lg$P$ 4.86（pH 7）。相对密度1.14（20℃）。溶解度（20～25℃）：己烷400，甲醇200，二甲苯500（g/kg）。水解DT_{50}（22℃）：1年（pH 4）、8年（pH 7）、3年（pH 9）。闪点119℃（闭杯法）。

毒性　大鼠急性经口LD_{50}>5000mg/kg。大鼠急性经皮LD_{50}>2000mg/kg。对兔的眼睛和皮肤无刺激作用，对豚鼠皮肤无过敏性，大鼠吸入LC_{50}（4h）>1300mg/m³。无作用剂量大鼠（2年）600mg/L（35.1mg/kg）。野鸭子和山齿鹑的急性经口LD_{50}>2000mg/kg，饲喂LC_{50}>5200mg/L。鲑鱼LC_{50}（96h）>0.325mg/L。水蚤EC_{50}（48h）0.40mg/L。海藻EC_{50}（72h）0.064mg/L。

制剂　EC，GR，WG。

应用　吡丙醚是一种新型昆虫生长调节剂，同于昆虫的保幼激素，属苯醚类杀虫剂。具有抑制蚊、蝇幼虫化蛹和羽化作用。该药剂持效期长达1个月左右，且使用方便，无异味。是可防治蟑螂的昆虫生长调节剂，主要用来防治公共卫生害虫，如蟑螂、蚊、蝇、毛蠓、蚤等。蚊、蝇幼虫接触该药剂，基本上都在蛹期死亡，不能羽化。

合成路线

主要生产商　Sumitomo Chemical，Fertiagro，华通（常州），汇力化工，上海生农。

参考文献

The Pesticide Manual. 15th edition.

吡虫啉（imidacloprid）

$C_9H_{10}ClN_5O_2$，255.7，138261-41-3

1991年由拜耳和日本特殊农药制造公司联合推出的第一个烟碱类（neonicotinoid）杀虫剂。

其他名称　高巧，咪蚜胺，BAY NTN33893，Admire，Confidor，Gaucho，Confidate，Couraze，Mantra，Midas，Mogambo，Parrymida，Picador，Suncloprid，Tiddo，Warrant

化学名称　1-(6-氯-3-吡啶基甲基)-N-硝基亚咪唑烷-2-胺；(E)-1-(6-chloro-3-pyridylmethyl)-N-nitroimidazolidin-2-ylideneamine

CAS名称　(2E)-1-[(6-chloro-3-pyridinyl) methyl]-N-nitro-2-imidazolidinimine

理化性质　无色晶体，具有轻微特殊气味。熔点144℃。蒸气压：$4×10^{-7}$ mPa（20℃），$9×10^{-7}$ mPa（25℃）。K_{ow} lg$P$ 0.57（21℃）。Henry常数$1.7×10^{-10}$Pa·m³/mol（20℃，计算值）。相对密度1.54（23℃）。溶解度（20℃，g/L）：水0.61；二氯甲烷67，异丙醇2.3，甲苯0.69；正己烷<0.1（室温）。稳定性：pH 5～11稳定。

毒性　雄、雌性大鼠急性经口LD_{50} 450mg/kg。大鼠急性经皮LD_{50}（24h）>5000mg/kg；对兔眼睛和皮肤无刺激，无致敏性。大鼠吸入LC_{50}（4 h）>5323mg/m³粉尘、69mg/

m³ 空气（气雾）。NOEL 值 [2 年，mg/(kg·d)]：雄性大鼠 5.7，雌性大鼠 24.9，雄性小鼠 65.6，雌性小鼠 103.6；雄性、雌性狗（52 周）15。无突变和致畸作用。急性经口 LD_{50}（mg/kg）：日本鹌鹑 31，山齿鹑 152。饲喂 LC_{50}（5d, mg/kg）：山齿鹑 2225，野鸭 >5000。虹鳟鱼 LC_{50}（96h）211mg/L。水蚤 LC_{50}（48h）85mg/L。羊角月牙藻 E_rC_{50} >100mg/L。直接接触对蜜蜂有害，不在谷物开花期用药或作为种子处理时对蜜蜂无害。蚯蚓 LC_{50} 为 10.7mg/kg 干土。

制剂 DP，EC，FS，GR，OD，SC，SL，WG，WP，WS。

应用 属硝基亚甲基类内吸杀虫剂，是烟酸乙酰胆碱酯酶受体的作用体，干扰害虫运动神经系统使化学信号传递失灵，无交互抗性问题。该药对天敌毒性低。在推荐剂量下使用安全，能和多数农药或肥料混用。用于防治刺吸式口器害虫及其抗性品系，如蚜虫、叶蝉、飞虱、蓟马、粉虱及其抗性品系。对鞘翅目、双翅目和鳞翅目也有效。对线虫和红蜘蛛无活性。由于其优良的内吸性，特别适于种子处理和以颗粒剂施用。在禾谷类作物、马铃薯、甜菜和棉花上可早期持续防治害虫，上述作物及柑橘、落叶果树、蔬菜等生长后期的害虫可叶面喷雾防治。叶面喷雾对黑尾叶蝉、飞虱类（稻褐飞虱、灰飞虱、白背飞虱）、蚜虫类（桃蚜、棉蚜）和蓟马类（温室条篲蓟马）有优异的防效，对粉虱、稻螟虫、稻负泥虫、稻象甲也有防效，优于噻嗪酮、醚菊酯、抗蚜威和杀螟丹。

合成路线

分析方法 可用 HPLC 进行分析。

主要生产商 Bayer CropScience，Aimco，Astec，Bhagiradha，Bharat，Bilag，Cheminova，Dongbu Fine，Fertiagro，Meghmani，Rotam，Sharda，Sudarshan，Tagros，安徽华星，河北威远，江苏长青，江苏丰山，江苏省激素研究所，扬农化工，优士化学，南京红太阳，青岛海利尔，浙江海正。

参考文献

[1] EP 0192060.
[2] The Pesticide Manual. 15 th edition.
[3] 农药，1998，10：11-14.
[4] 农药，2009，7：17-19.

吡啶氟虫胺（flupyradifurone）

$C_{12}H_{11}ClF_2N_2O_2$，288.7，951659-40-8

由 Bayer CropScience 开发。

其他名称 BYI02960

化学名称 4-[(6-氯-3-吡啶甲基)(2,2-二氟乙基)氨基]呋喃-2(5H)-酮；4-[(6-chloro-3-pyridylmethyl)(2,2-difluoroethyl)amino]furan-2(5H)-one

CAS 名称 4-[[(6-chloro-3-pyridinyl)methyl](2,2-difluoroethyl)amino]-2(5H)-furanone

应用 新烟碱类杀虫剂，具有内吸活性，对刺吸式害虫有效。通过吸入和接触产生效果，在害虫的蛹和卵阶段发挥效用。能从根部进入或从枝叶渗入发挥药性，对益虫伤害较低。对蜜蜂无害，并不受开花应用限制。用于防除蔬菜、果树、坚果、葡萄及一些大田作物中的蚜虫、粉虱、叶蝉、西花蓟马等。

合成路线

主要生产商 Bayer Crop Science。

吡氟喹虫唑（pyrifluquinazon）

$C_{19}H_{15}F_7N_4O_2$，464.3，337458-27-2

日本农药公司开发的新喹唑啉类杀虫剂。

其他名称 NNI-0101，R-40598，Colt

化学名称 1-乙酰基-1,2,3,4-四氢-3-[(3-吡啶甲基)氨基]-6-[1,2,2,2-四氟-1-(三氟甲基)乙基]喹唑啉-2-酮；1-acetyl-1,2,3,4-tetrahydro-3-[(3-pyridylmethyl)amino]-6-[1,2,2,2-tetrafluoro-1-(trifluoromethyl)ethyl]quinazolin-2-one

CAS 名称 1-acetyl-3,4-dihydro-3-[(3-pyridinylmethyl)amino]-6-[1,2,2,2-tetrafluoro-1-(trifluoromethyl)ethyl]-2(1H)-quinazolinone

理化性质 纯品为白色粉末。熔点 138～139℃。蒸气压 51mPa（20℃）。K_{ow} lg$P$（25℃）3.12。相对密度 1.56。在水中溶解度 0.0121g/L（20℃）；有机溶剂中溶解度（g/L，20℃）：庚烷 0.215，二甲苯 20.2，甲醇 111，乙酸乙酯 170。稳定性：光照下稳定，在碱性条件下迅速水解（pH 7、9，DT_{50} 分别为 34.9d、0.78d）。

毒性 雌大鼠急性经口 LD_{50} 300～2000mg/kg。雌、雄大鼠急性经皮 LD_{50} >2000mg/kg。对兔眼睛和皮肤无刺激作用。大鼠吸入 LC_{50}（4h，暴露）1.2～2.4mg/L。ADI/RfD（FSC）0.005mg/(kg·d)[2010]。山齿鹑急性经口 LD_{50} 1360mg/kg。鲤鱼 LC_{50}（96h）4.4mg/L。水蚤 EC_{50}（48h）0.0027mg/L。藻类 E_rC_{50}（0～72h）11.8mg/L。蜜蜂 LD_{50}（接触）>100μg/只。

制剂 WG。

应用 通过接触和摄入起作用，叶面施用后显示有传导作用。麻痹昆虫，使其停止取食。主要用于防治蔬菜、果树和茶叶上半翅目、缨翅目害虫。

合成路线

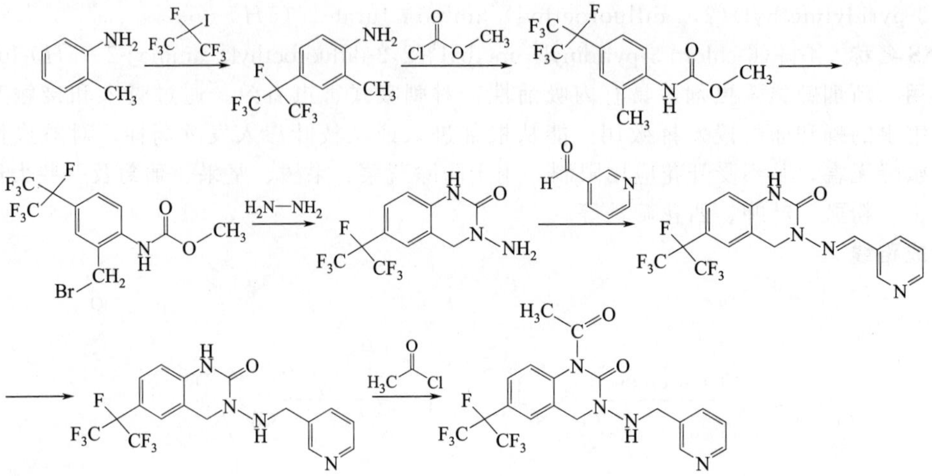

主要生产商 Nihon Nohyaku。

参考文献

[1] US 6455535
[2] EP 1097932.
[3] The Pesticide Manual. 16 th ed.

吡硫磷（pyrazothion）

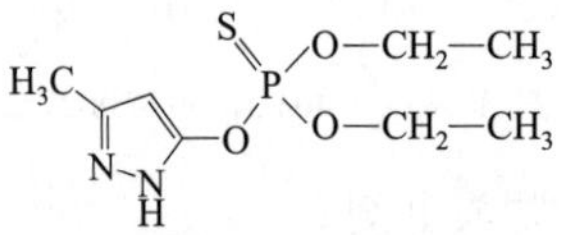

$C_8H_{15}N_2O_3PS$，250.3，108-35-0

1952年由瑞士嘉基公司合成，作为试验性杀虫剂。

其他名称 G-23027

化学名称 O,O-二乙基-O-(3-甲基-$1H$-5-吡唑基)硫逐磷酸酯；O,O-diethyl-O-3-methylpyrazol-5-yl phosphorothioate

CAS名称 O,O-diethyl-O-(3-methyl-$1H$-pyrazol-5-yl) phosphorothioate

理化性质 原药为黄棕色液体。微溶于水，不溶于凡士林油，易溶于乙醇，能与二甲苯混溶。蒸馏时分解。

毒性 小白鼠急性经口 LD_{50} 为 12mg/kg，大白鼠急性经口 LD_{50} 为 36mg/kg。

应用 内吸性杀虫剂、杀螨剂，杀虫谱广，高效。

吡氯氰菊酯（fenpirithrin）

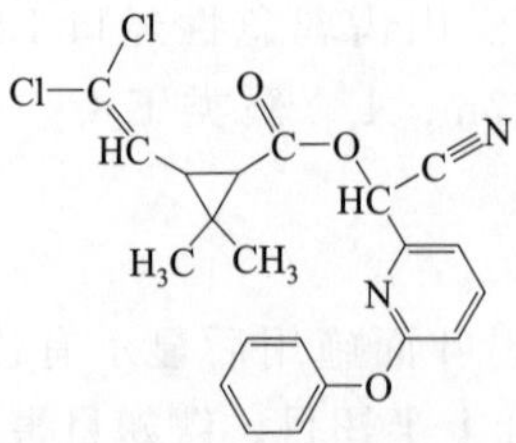

$C_{21}H_{18}Cl_2N_2O_3$，417.3，68523-18-2

由 Dow Chemical Co. 开发的拟除虫菊酯杀虫剂。

化学名称　（RS）-氰基（6-苯氧基-2-吡啶基）甲基（1RS）-顺反-3-（2,2-二氯乙烯基）-2,2-二甲基环丙烷羧酸酯；（RS）-氰基（6-苯氧基-2-吡啶基）甲基（1RS,3RS；1RS,3SR）-3-（2,2-二氯乙烯基）-2,2-二甲基环丙烷羧酸酯；（RS）-cyano（6-phenoxy-2-pyridyl）methyl（1RS）-cis-trans-3-（2,2-dichlorovinyl）-2,2-dimethylcyclopropanecarboxylate；（RS）-cyano（6-phenoxy-2-pyridyl）methyl（1RS,3RS；1RS,3SR）-3-（2,2-dichlorovinyl）-2,2-dimethylcyclopropanecarboxylate

CAS 名称　cyano（6-phenoxy-2-pyridinyl）methyl 3-（2,2-dichloroethenyl）-2,2-dimethyl-cyclopropanecarboxylate

应用　拟除虫菊酯杀虫剂。

吡螨胺（tebufenpyrad）

$C_{18}H_{24}ClN_3O$，333.9，119168-77-3

由 Mitsubishi Kasei（现属 Mitsubishi Chemical Corp.）发现，与 American Cyanamid Co.（现属 BASF AG）共同开发。

其他名称　必螨立克，Pyranica，Fenpyrad，Masai，AC 801757，MK-239，SAN 831A，BAS 318I，Comanché，Oscar，Pyranica

化学名称　N-（4-叔丁苯甲基）-4-氯-3-乙基-1-甲基-5-吡唑甲酰胺；N-（4-tert-butylbenzyl）-4-chloro-3-ethyl-1-methylpyrazole-5-carboxamide；N-[（4-tert-butylphenyl）methyl]-4-chloro-3-ethyl-1-methyl-1H-pyrazole-5-carboxamide

CAS 名称　4-chloro-N-[[4-（1,1-dimethylethyl）phenyl]methyl]-3-ethyl-1-methyl-1H-pyrazole-5-carboxamide

理化性质　无色晶体。熔点 64～66℃（TC61～62℃）。蒸气压<$1×10^{-2}$ mPa（25℃）。$K_{ow}lgP$ 4.93（25℃）。Henry 常数<$1.25×10^{-3}$ Pa·m³/mol（计算值）。相对密度 1.0214。水中溶解度：2.61mg/L（25℃）；其他溶剂中溶解度（g/L，25℃）：正己烷 255，甲苯 772，二氯甲烷 1044，丙酮 819，甲醇 818，乙腈 785。稳定性 pH 4、7、9 不能水解；水溶液光解 DT_{50} 187d（pH 7，25℃）。

毒性　急性经口 LD_{50}（mg/kg）：雄大鼠 595，雌大鼠 997，雄小鼠 224，雌小鼠 210。急性经皮 LD_{50}：雌雄大鼠>2000mg/kg；对兔皮肤和眼睛没有刺激作用；豚鼠皮肤对其敏感。吸入毒性 LC_{50}（mg/m³）：雄大鼠 2660，雌大鼠>3090。NOEL 值：NOAEL 狗 1mg/（kg·d），大鼠 20mg/L [雄/雌 0.82mg/（kg·d）/1.01mg/（kg·d）]，小鼠 30mg/L [雄/雌 3.6mg/（kg·d）/4.2mg/（kg·d）]。其他：没有诱导有机体突变的物质。山齿鹑急性经口 LD_{50}>2000mg/kg。野鸭和山齿鹑饲喂 LC_{50}（8d）>5000mg/kg 饲料。鲤鱼 LC_{50}（96h）0.018mg/L；虹鳟鱼 LC_{50}（96h，流过）0.030mg/L。水蚤 EC_{50}（48h）0.046mg/L。藻类 E_bC_{50}（72h）0.54mg/L。对蜜蜂低毒。蚯蚓 LC_{50}（14d）：赤子爱胜蚓 68mg/kg。

应用　属酰胺类杀螨剂。对各种螨类和螨的发育全期均有速效和高效，持效期长，毒性低，无内吸性，但具有渗透性。通过接触和取食作用。施用在叶片上引诱害螨移动到叶面，因此抑制害螨在叶背面产卵。与三氯杀螨醇、苯丁锡、噻唑螨酮等无交互抗性。可防治叶螨科（苹果全爪螨、橘全爪螨、棉叶螨、朱砂叶螨等）、跗线螨科（侧多跗线螨）、瘿螨科（苹果刺锈螨、葡萄锈螨等）、细须螨科（葡萄短须螨）、蚜科（桃蚜、棉蚜、苹果蚜）、粉虱科（木薯粉虱）。

合成路线

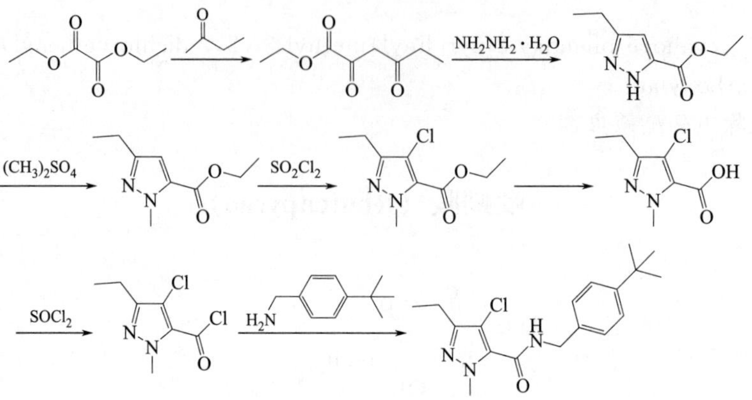

主要生产商　Nihon Nohyaku。

参考文献

[1] EP 289879.

[2] US 4950668.

[3] 世界农药, 2001, 23 (6): 18-23.

吡蚜酮（pymetrozine）

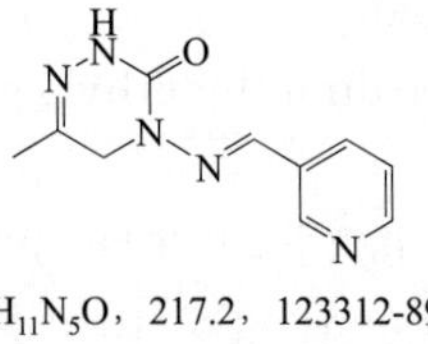

$C_{10}H_{11}N_5O$，217.2，123312-89-0

该杀虫剂由 C. R. Flückiger 等报道，1993 年由 Ciba-Geigy（现在的 Syngenta AG）引入市场。

其他名称　吡嗪酮，CGA 215944，Chess，Plenum，Sun-Cheer

化学名称　(*E*)-4,5-二氢-6-甲基-4-(3-吡啶亚甲基氨基)-1,2,4-三嗪-3 (2*H*)-酮；(*E*)-4,5-dihydro-6-methyl-4-(3-pyridylmethyleneamino)-1,2,4-triazin-3 (2*H*)-one

CAS 名称　(*E*)-4,5-dihydro-6-methyl-4-[(3-pyridinylmethylene) amino]-1,2,4-triazin-3 (2*H*)-one

理化性质　原药纯度≥95%，纯品为无色结晶体。熔点 217℃。相对密度 1.36 (20℃)。蒸气压 $<4\times10^{-6}$ Pa (25℃)。K_{ow} lg$P$ -0.18 (25℃)。水中溶解度 0.29g/L (25℃，pH 6)；其他溶剂中溶解度 (25℃，g/L)：乙醇 2.4，己烷<0.001，甲苯 0.034，二氯甲烷 1.2，正辛醇 0.45，丙酮 0.94，乙酸乙酯 0.26。稳定性：在空气中稳定；水解 DT_{50} (d) 为 5~12 (pH 5)，616~800 (pH 7)，510~1212 (pH 9, 25℃)。pK_a 4.06。

毒性 大鼠急性经口 LD_{50} 5820mg/kg。大鼠急性经皮 $LD_{50}>$2000mg/kg。对兔皮肤和眼睛无刺激作用；对豚鼠眼睛无致敏性。大鼠急性吸入 LC_{50}（4h）$>$1800mg/m^3 空气。无作用剂量大鼠（2年）3.7mg/(kg·d)。ADI：0.03mg/kg。无致畸性（Ames试验、哺乳动物细胞）。鹌鹑、野鸭急性经口 $LD_{50}>$2000mg/kg；鹌鹑 LC_{50}（8d）$>$5200mg/L。虹鳟鱼、鲤鱼 LC_{50}（96h）$>$100mg/L。水蚤 EC_{50}（48h）：87mg/L。藻类 LC_{50}（mg/L）：淡水藻（72h）47.1，羊角月牙藻（5d）21.7。蜜蜂 LD_{50}（48h，μg/只）：经口117，接触$>$200。赤子爱胜蚓 LC_{50}（14d）1098mg/kg 土壤。

制剂 DP，GR，WG，WP。

应用 选择性杀虫剂，用于防治同翅目害虫，使它们停止取食。用于蔬菜、观赏植物、棉花、柑橘、落叶果树、烟草和啤酒花，防治蚜虫和白粉虱，对幼虫和成虫都有效，还可用于水稻防治稻飞虱。

合成路线

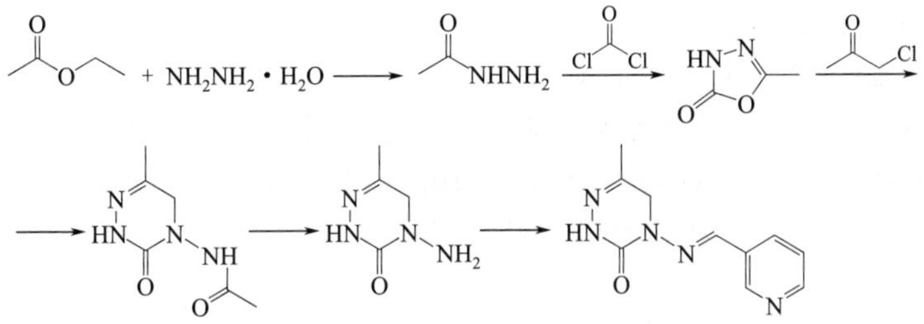

分析方法 残留用 HPLC/UV 分析。

主要生产商 Syngenta。

参考文献

[1] 刘长令. 国外新品农药手册（增补本）. 全国农药信息站.

[2] The Pesticide Manual. 16th ed.

吡唑虫啶（pyriprole）

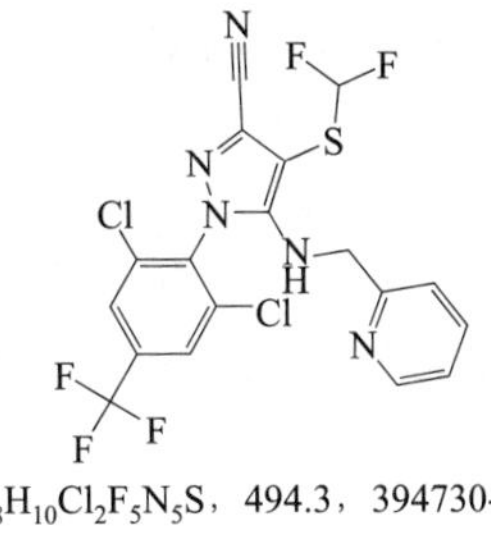

$C_{18}H_{10}Cl_2F_5N_5S$，494.3，394730-71-3

其他名称 V3086

化学名称 1-(2,6-二氯-α,α,α-三氟对甲苯基)-4-(二氟甲硫)-5-[(2-吡啶基甲基)氨基]-3-氰基吡唑；1-(2,6-dichloro-α,α,α-trifluoro-p-tolyl)-4-(difluoromethylthio)-5-[(2-pyridyl-methyl) amino] pyrazole-3-carbonitrile

CAS名称 1-[2,6-dichloro-4-(trifluoromethyl) phenyl]-4-[(difluoromethyl) thio]-5-[(2-pyridinylmethyl) amino]-1H-pyrazole-3-carbonitrile

应用 防治鳞翅目和鞘翅目害虫。

参考文献

[1] EP 1310497.
[2] US 7371768.

吡唑硫磷（pyraclofos）

$C_{14}H_{18}ClN_2O_3PS$，360.8，89784-60-1

由 Y. Kono 等报道。1989 年由 Takeda Chemical Industries Ltd（现在的 Sumitomo Chemical Co. Ltd）在日本上市。

其他名称　TIA-230，SC-1069，Voltage

化学名称　(RS)-[O-1-(4-氯苯基) 吡唑-4-基]-O-乙基-S-丙基硫赶磷酸酯；(RS)-[O-1-(4-chlorophenyl) pyrazol-4-yl] O-ethyl S-propyl phosphorothioate

CAS 名称　(±)-O-[1-(4-chlorophenyl)-1H-pyrazol-4-yl] O-ethyl S-propyl phosphorothioate

理化性质　浅黄色油状物。沸点 164℃（0.01mmHg）。蒸气压 $1.6×10^{-3}$ mPa（20℃）。K_{ow} lg$P$ 3.77（20℃）。Henry 常数 $1.75×10^{-5}$ Pa·m³/mol（计算值）。相对密度 1.271（28℃）。水中溶解度 33mg/L（20℃）；有机溶剂中溶解度：与大多数有机溶剂混溶。稳定性：水解，DT_{50}（25℃，pH 7）29d。

毒性　雄和雌大鼠急性经口 LD_{50} 均为 237mg/kg，雄小鼠 575mg/kg，雌小鼠 420mg/kg。大鼠急性经皮 LD_{50}＞2000mg/kg。本品对兔眼睛和皮肤无刺激，对豚鼠皮肤无致敏现象。大鼠吸入 LC_{50}（mg/L）：雄大鼠 1.69，雌大鼠 1.46。无作用剂量 [2 年，mg/(kg·d)]：雄大鼠 0.101，雌大鼠 0.120，雄小鼠 1.03，雌小鼠 1.28。对大鼠和小鼠无致癌作用，对大鼠和兔无致畸作用。急性经口 LC_{50}（mg/kg 饲料）：山齿鹑 164，绿头鸭 384。LC_{50}（72h，mg/L）：鲤鱼 0.028，日本鳉鱼 1.9。刺裸腹溞 LC_{50}（3h）0.052mg/L。蜜蜂 LD_{50}（接触）0.953μg/只。

制剂　EC，GR，WP。

应用　胆碱酯酶的直接抑制剂。具有触杀、胃毒及熏蒸作用，几乎没有内吸活性。用于果树、蔬菜、大田作物、观赏植物和林业防治鳞翅目夜蛾（灰翅夜蛾属和草地夜蛾属）、鞘翅目害虫、蜱螨和线虫，也用于公共卫生。

合成路线

$$n\text{-}C_3H_7OH \xrightarrow{PSCl_3} n\text{-}C_3H_7O\text{-}P(S)Cl_2 \longrightarrow n\text{-}C_3H_7S\text{-}P(O)Cl_2 \xrightarrow{C_2H_5OH}$$

$$n\text{-}C_3H_7S\text{-}P(O)(OC_2H_5)Cl \xrightarrow{\text{Cl-}C_6H_4\text{-pyrazol-4-OH}} n\text{-}C_3H_7S\text{-}P(O)(OC_2H_5)\text{-O-pyrazol-}C_6H_4\text{-Cl}$$

分析方法　产品和残留用 HPLC 分析。

主要生产商　Sumitomo Chemical。

参考文献

US 4474775.

吡唑威（pyrolan）

$C_{13}H_{15}N_3O_2$，245.3，87-47-8

由 J. R. Geigy AG（现 Ciba-Geigy AG）开发。

其他名称　G 22008

化学名称　3-甲基-1-苯基吡唑-5-二甲氨基甲酸酯；3-methyl-1-phenylpyrazol-5-yl dimethylcarbamate

CAS 名称　3-methyl-1-phenyl-1H-pyrazol-5-yl-N,N-dimethylcarbamate

理化性质　原药为无色结晶，熔点 50℃，沸点 145℃（0.1mmHg）。微溶于水（在 120℃时溶解 0.1％），溶于乙醇、丙酮、苯，难溶于煤油。在蒸汽中挥发，遇强酸、强碱水解。

毒性　急性经口 LD_{50}：大鼠为 62～90mg/kg，鼷鼠为 46～90mg/kg。

制剂　WP。

应用　内吸性杀虫剂，防治蝇、蚊和蚜虫。

分析方法　产品分析可采用极谱法、带火焰离子检测器（或电子捕获检测器）的气相色谱法、酸碱滴定法。

避虫醇〔2-(octylthio) ethanol〕

$CH_3(CH_2)_7SCH_2CH_2OH$

$C_{10}H_{22}OS$，190.3，3547-33-9

由 L. d. Goodhue 报道其对昆虫的驱避活性。由 Phillips Petroleum Co. 和 McLaughlin Gormley King Co 开发。

其他名称　Phillips R-874

化学名称　2-羟乙基正辛基硫醚；2-(octylthio) ethanol

CAS 名称　2-(octylthio) etha

理化性质　纯品为淡琥珀色液体，伴有温和硫醇气味。熔点 0℃，蒸气压 79mPa（25℃），K_{ow} lg$P$ 0.561，相对密度 0.925～0.935（24℃）。微溶于水，与大多数有机溶剂包括精炼煤油混溶，但是共溶剂如异丙醇只有在低温下才能维持溶解。pH 6～8，对光和热稳定。

毒性　大鼠急性经口 LD_{50} 8530mg/kg。兔急性经皮 LD_{50} 13590mg/kg，0.05mg 处理兔角膜，5 例试验中有 2 例产生角膜坏死，但是均无浑浊现象。大鼠吸入 LC_{50}（4h）6.12mg/L。饲喂 90d，大鼠 20000mg/kg 无不良反应。野鸭和山齿鹑饲喂 LC_{50}（8d）>8000mg/kg，虹鳟鱼 LC_{50}（96h）2.9，大翻车鱼 2.7mg/L。蚤 LC_{50}（48h）0.38mg/L。

制剂　EC，OL。

应用　避虫醇是一种高效的昆虫驱避剂，对蚊、蝇、爬虫、蚂蚁、臭虫等有高效驱避作用。

分析方法　产品分析采用 GLC。

参考文献

US 2863799.

避蚊胺（diethyltoluamide）

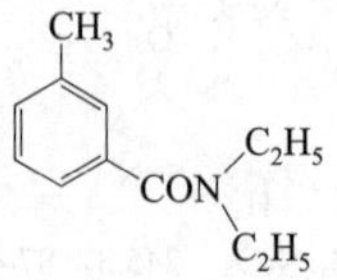

$C_{12}H_{17}NO$，191.3，134-62-3

I. H. Gilbert 等报道了本品的昆虫驱避活性，HerculesAgrochemicalsInc. 开发，该公司已不再生产或销售本品。

其他名称　蚊怕水，雪梨驱蚊油，傲敌蚊怕水，Metadelphene

化学名称　N,N-二乙基-3-甲基苯甲酰胺；N,N-diethyl-m-toluamide

理化性质　无色至琥珀色液体。熔点-45℃，沸点160℃（19mmHg）、111℃（1mmHg）。相对密度 0.996（20℃/4℃）。折射率 1.5206（25℃）。不溶于水，可与乙醇、异丙醇、苯、棉籽油等有机溶剂混溶。

毒性　大鼠急性经口 LD_{50} 约为 2000mg/kg。大鼠 200d 饲喂试验的无作用剂量为 10000mg/kg。未稀释的化合物能刺激黏膜，但每天使用驱避浓度的避蚊胺涂在脸和手臂上，只能引起轻微的刺激。

应用　雌性蚊子需要吸食血液来产卵、育卵，而人类呼吸系统工作的时候所产生的二氧化碳以及乳酸等人体表面挥发物可以帮助蚊子找到人体，蚊虫对人体表面的挥发物是如此敏感，使它可以从 30m 开外的地方直接冲向吸血对象。将含避蚊胺的驱避剂涂抹在皮肤上，避蚊胺通过挥发在皮肤周围形成汽状屏障，这个屏障干扰了蚊虫触角的化学感应器对人体表面挥发物的感应。从而使人避开蚊虫的叮咬。邻位和对位异构体的驱避作用不如间位异构体。持效期可达 4h 左右，属低毒物质，有芳香气味，对环境无污染。

合成路线

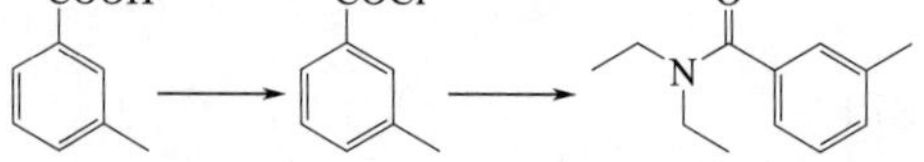

参考文献

[1]　US 2932665.
[2]　US 2408389.

避蚊酮（butopyronoxyl）

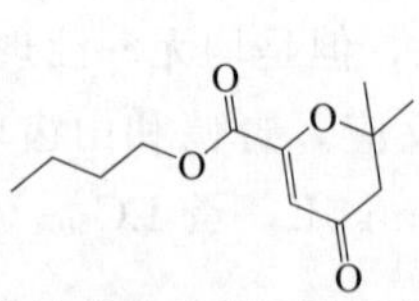

$C_{12}H_{18}O_4$，226.3，532-34-3

化学名称 3,4-二氢-2,2-二甲基-4-氧代-2*H*-吡喃-6-羧酸丁酯；butyl 3,4-dihydro-2,2-dimethyl-4-oxo-2*H*-pyran-6-carboxylate

CAS 名称 butyl 3,4-dihydro-2,2-dimethyl-4-oxo-2*H*-pyran-6-carboxylate

理化性质 工业品含量在 90% 以上，具有芳香气味，黄色至暗红色液体。在 256～270℃可以蒸馏，不溶于水，可溶于醇、氯仿、醚等有机溶剂，跟冰醋酸混溶。

毒性 急性经口 LD_{50}：大鼠为 7840mg/kg，豚鼠为 3400mg/kg。对兔的急性经皮 LD_{50} 值大于 10000mg/kg。用含 8% 避蚊酮的饲料喂大鼠 2 年，发现对其生长有一定影响。

应用 昆虫驱避剂。

苄呋菊酯（resmethrin）

$C_{22}H_{26}O_3$，338.4，10453-86-8

1967 年由 M. Elliott 等报道。由 FMC Corp.，Mitchell Cotts Chemicals，Penick Corp. 和 Sumitomo 公司推出。1971 年在日本首次登记。

其他名称 灭虫菊，OMS 1206，OMS 1800，Chrysron

化学名称 5-苄基-3-呋喃甲基(1*RS*,3*RS*;1*RS*,3*SR*)-2,2-二甲基-3-(2-甲基丙-1-烯基)环丙烷羧酸酯；5-benzyl-3-furylmethyl(1*RS*,3*RS*;1*RS*,3*SR*)-2,2-dimethyl-3-(2-methylprop-1-enyl) cyclopropanecarboxylate；Alt：5-benzyl-3-furylmethyl (±)-*cis-trans*-chrysanthemate；Roth：5-benzyl-3-furylmethyl (1*RS*)-*cis-trans*-2,2-dimethyl-3-(2-methylprop-1-enyl) cyclopropanecarboxylate

CAS 名称 [5-(phenylmethyl)-3-furanyl]methyl 2,2-dimethyl-3-(2-methyl-1-propenyl)cyclopropanecarboxylate

理化性质 其为 2 个异构体的混合物，其中含 20%～30%（1*R*,*S*）-顺式异构体和 80%～70%（1*R*,*S*）-反式异构体。原药两异构体总含量 84.5%。纯品为无色晶体（原药为黄色至褐色的蜡状固体），熔点为 56.5℃[纯 (1*RS*)-反式异构体]，分解温度＞180℃，蒸气压＜0.01mPa（25℃），K_{ow} lg$P$ 5.43（25℃），Henry 常数＜8.93×10^{-2} Pa·m³/mol，相对密度 0.958～0.968（20℃）、1.035（30℃）。溶解度：水中 37.9μg/L（25℃）；丙酮约 30%，氯仿、二氯甲烷、乙酸乙酯、甲苯中＞50%，二甲苯＞40%，乙醇、正辛醇约 6%，正己烷约 10%，异丙醚约 25%，甲醇约 3%（质量浓度，20℃）。耐高温、耐氧化，但暴露在空气和阳光下会迅速分解（比除虫菊酯分解慢）。闪点 129℃。

毒性 大鼠急性经口 LD_{50}＞2500mg/kg。大鼠急性经皮 LD_{50}＞3000mg/kg；对皮肤和眼睛没有刺激性；对豚鼠皮肤测试无致敏现象。大鼠急性吸入 LC_{50}（4h）＞9.49g/m³ 空气。无作用剂量（90d）：大鼠＞3000mg/kg 饲料，兔 100mg/(kg·d)，小鼠 50mg/(kg·d)、大鼠 80mg/(kg·d) 进行饲喂，没有发现产生畸形。对大鼠进行 112 周高达 5000mg/kg 的饲喂试验，没有发现致癌作用；对小鼠进行 85 周高达 1000mg/kg 的试验，没有发现致癌作用。禽类急性经口 LD_{50}：加利福尼亚鹌鹑＞2000mg/kg。对鱼有毒，LC_{50}（96h，μg/L）：黄鲈 2.36，红鲈 11，大翻车鱼 17。水蚤 LC_{50}（48h）3.7μg/L；基围虾 LC_{50}（96h）1.3μg/L。对蜜蜂有毒，LD_{50} 0.069μg/只（经口），0.015μg/只（接触）。

制剂　AE，EC，UL，WP。

应用　作用于害虫的神经系统，通过作用于钠离子通道来干扰神经作用。有强烈触杀作用，杀虫谱广，杀虫活性高，例如：对家蝇的毒力，比除虫菊素约高 2.5 倍；对淡色库蚊的毒力比丙烯菊酯约高 3 倍；对德国小蠊的毒力比胺菊酯约高 6 倍。对哺乳动物的毒性比除虫菊素低。但对天然除虫菊素有效的增效剂对这些化合物则无效。

合成路线

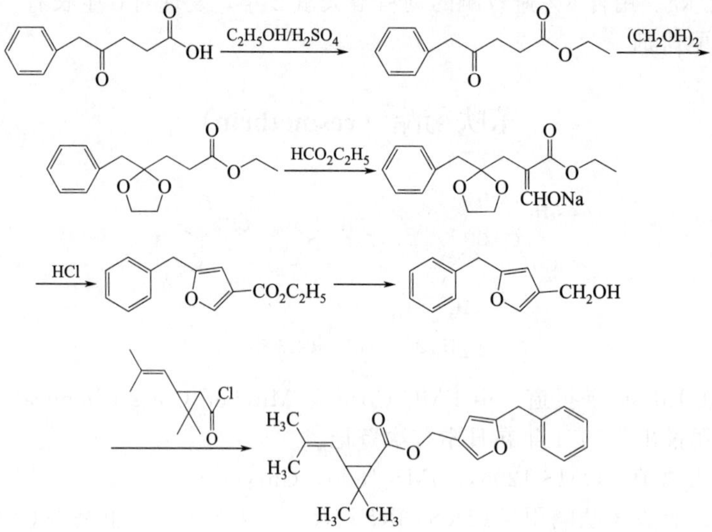

分析方法　用 GLC/FID 分析。顺反异构体可用 HPLC 或用 GLC 分离及分析。

主要生产商　Sumitomo Chemical，Agro-Chemie，Bharat。

参考文献

［1］　GB 1168797.
［2］　GB 1168798.
［3］　GB 1168799.

苄菊酯（dimethrin）

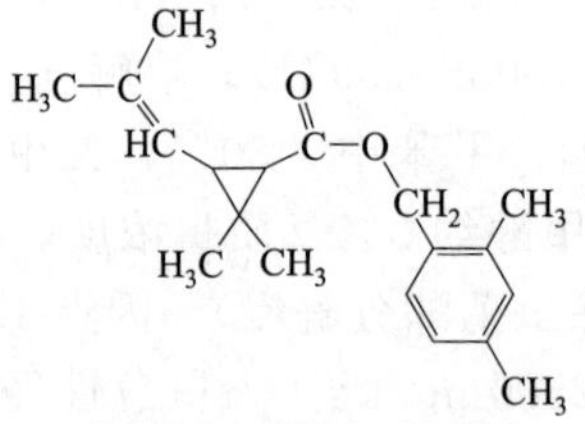

$C_{19}H_{26}O_2$，286.4，70-38-2

1958 年 W. F. Barthel 报道了其合成方法，P. G. Piquett 和 W. A. gersdorff 报道了其活性。

其他名称　dimethrine

化学名称　2,4-二甲基苄基-2,2-二甲基-3-(2-甲基丙烯基)环丙烷羧酸酯；2,4-dimethylbenzyl（1RS）-cis，trans-2,2-dimethyl-3-(2-methylprop-1-enyl) cyclopropanecarboxylate；2,4-dimethylbenzyl（1RS，3RS；1RS，3SR)-2,2-dimethyl-3-(2-methylprop-1-enyl) cyclopropanecarboxylate；2,4-dimethylbenzyl（±）-*cis*-*trans*-chrysanthemate

CAS 名称 （2,4-dimethylphenyl）methyl 2,2-dimethyl-3-(2-methyl-1-propenyl) cyclopropanecarboxylic acid

理化性质 原药为液体。沸点 167～170℃（2mmHg）。可与大多数有机溶剂混溶，包括煤油和液化气体。

毒性 大白鼠急性经口 LD_{50} 为 40g/kg。

制剂 GR。

应用 防治孑孓、牛蝇。

苄螨醚（halfenprox）

$C_{24}H_{23}BrF_2O_3$，477.3，111872-58-3

1994 年由 Mitsui Toatsu Chemicals，Inc.（现 Mitsui Chemicals Inc.）推出。

其他名称 溴氧螨醚，Sirbon，Aniverse，Cyprene，Danibon

化学名称 2-(4-溴二氟甲氧苯基)-2-甲基丙基-3-苯氧基苄基醚；2-(4-bromodifluoromethoxyphenyl)-2-methylpropyl 3-phenoxybenzyl ether

CAS 名称 1-[［2-[4-(bromodifluoromethoxy) phenyl]-2-methylpropoxy］methyl]-3-phenoxybenzene

理化性质 原药为无色透明液体。291.2℃ 分解，蒸气压 7.79×10^{-4} mPa（25℃），K_{ow} lg$P$ 7.7，相对密度 1.318（20℃）。水中溶解度：0.007mg/L（pH 5，20℃）；其他溶剂中溶解度（g/L，20℃）：正己烷＞600，庚烷＞585，二甲苯＞560，甲苯＞622，二氯甲烷＞587，丙酮＞513，甲醇＞288，乙醇＞555，乙酸乙酯＞544。55℃ 降解＜10%，稳定性高达 150℃（DSC）。水解 DT_{50}（25℃）：＞1 年（pH 5、7），230d（pH 9）。光降解 DT_{50}（25℃）：4d（无菌水），3d（天然水）。闪点 272℃。

毒性 急性经口 LD_{50}（mg/kg）：雄大鼠 132，雌大鼠 159，雄小鼠 146，雌小鼠 121。大鼠急性经皮 LD_{50}＞2000mg/kg。无作用剂量［mg/(kg·d)］：狗 3（1 年）；雄、雌大鼠分别为 1.414、1.708（2 年）。无致突变、致癌、致畸性。禽类急性经口 LD_{50}（mg/kg）：山齿鹑 1884，绿头鸭＞2000。鲤鱼 TL_m（96h）为 0.0035mg/L。水蚤 LC_{50}（48h）为 0.031μg/L。对蜜蜂有剧毒。蠕虫 LC_{50}（7d）218mg/kg。

制剂 CS，EC。

应用 对各种叶螨具有显著的活性，包括对常规杀螨剂具抗性的品系。除螨类外，还对蓟马、叶蝉等其他危害农作物的害虫有效。

主要生产商 Mitsui Chemicals Inc.。

参考文献

[1] DE 3708231.

[2] GB 2189240.

苄烯菊酯（butethrin）

$C_{20}H_{25}ClO_2$，332.8，28288-05-3

化学名称 3-氯-4-苯基-2-丁烯-1-基（±）(1RS) 顺、反菊酸酯；(EZ)-3-chloro-4-phenylbut-2-en-1-yl (1RS, 3RS; 1RS, 3SR)-2,2-dimethyl-3-(2-methyl-1-propenyl) cyclopropanecarboxylate；(EZ)-3-chloro-4-phenylbut-2-en-1-yl (1RS)-cis-trans-2,2-dimethyl-3-(2-methyl-1-propenyl) cyclopropanecarboxylate；3-chloro-4-phenylbut-2-en-1-yl (±)-cis-trans-chrysanthemate

CAS 名称 3-chloro-4-phenyl-2-buten-1-yl-2,2-dimethyl-3-(2-methyl-1-propen-1-yl) cyclopropanecarboxylate

毒性 大鼠急性经口 $LD_{50}>20000$ mg/kg。对家蝇、麻蝇、铜绿蝇的 LD_{50} 比丙烯菊酯低，对家蝇的击倒能力比丙烯菊酯低，对蚊子幼虫的击倒时间（0.62mg/kg）为 23min。对尖音库蚊、埃及伊蚊、德国蠊的 LD_{50} 介于丙烯菊酯和除虫菊之间。

应用 在对烟草甲和药材甲的击倒和致死活性方面是有效的拟除虫菊酯药剂。

冰晶石（cryolite）

AlF_6Na_3，209.9，15096-52-3

其他名称 fluoaluminate, sodium aluminofluoride

化学名称 六氟铝酸钠；trisodium hexafluoroaluminate

CAS 名称 cryolite (for the mineral)；trisodiumhexafluoroaluminate (for the chemical)

理化性质 精细，白色，无臭粉末。熔点 1000℃。未检测到蒸气压。相对密度 0.890。水中溶解度 0.25g/L（20℃）；不溶于有机溶剂。遇热碱分解。

毒性 大鼠急性经口 $LD_{50}>5000$ mg/kg。兔急性经皮 $LD_{50}>2000$ mg/kg，不刺激皮肤。大鼠吸入毒性 $LC_{50}>2$ mg/L 空气。NOEL：大鼠 LOEL（28d）250mg/kg（25mg/kg）；氟化钠，大鼠 LOEL（2 年）25mg/kg（1.3mg/kg）；狗无作用剂量（1 年）3000mg/kg。没有致畸毒性。鹌鹑急性经口 $LD_{50}>2000$ mg/kg，野鸭 LC_{50}（8d）>10000 mg/kg。

制剂 DP，RB，WP。

应用 冰晶石主要为胃毒。可防治某些蔬菜和水果上的鳞翅目和鞘翅目害虫。

参考文献
ICSC 2005（1565）.

冰片丹 (chlorbicyclen)

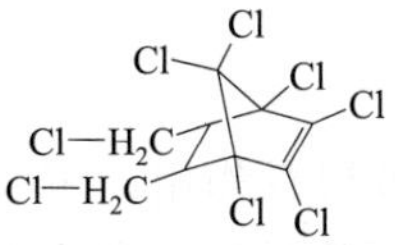

$C_9H_6Cl_8$, 397.8, 2550-75-6

由 Hercules Inc. Agrochemicals（后 Nor-Am）推出。

其他名称 Hercules 426

化学名称 1,2,3,4,7,7-六氯-5,6-二（氯甲基）降冰片-2-烯；1,2,3,4,7,7-hexachloro-5,6-bis (chloromethyl)-8,9,10-trinorborn-2-ene

CAS 名称 1,2,3,4,7,7-hexachloro-5,6-bis (chloromethyl) bicyclo [2.2.1] hept-2-ene

应用 杀虫剂。

主要生产商 Hercules Inc. Agrochemicals。

丙胺氟磷 (mipafox)

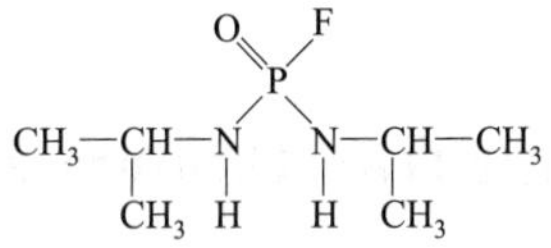

$C_6H_{16}FN_2OP$, 182.2, 371-86-8

由 Pest Control Ltd. 开发的杀虫杀螨剂。

其他名称 Isopestox

化学名称 N,N'-二异丙氨基磷酰氟；N,N'-diisopropylphosphorodiamidic fluoride

CAS 名称 N,N'-bis (1-methylethyl) phosphorodiamidic fluoride

主要生产商 Schering Agrochemicals。

丙虫磷 (propaphos)

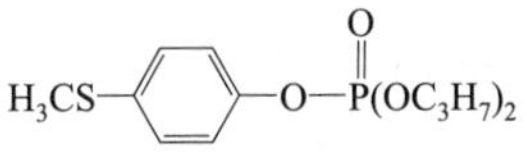

$C_{13}H_{21}O_4PS$, 304.3, 7292-16-2

由 Nippon Kayaku Co., Ltd. 开发, 1973 年在日本首次上市。

其他名称 NK-1158, DPMP, Kayaphos

化学名称 4-(甲硫基) 苯基二丙基磷酸酯；4-(methylthio) phenyldipropyl phosphate

CAS 名称 4-(methylthio) phenyldipropyl phosphate

理化性质 纯品为无色液体，熔点 175~177℃（0.85mmHg）。蒸气压 $1.2×10^{-4}$ Pa (25℃)。相对密度 1.1504（20℃）。K_{ow} lg$P$ 3.67。Henry 常数 $2.92×10^{-4}$ Pa·m³/mol（计算值）。水中溶解度 (25℃) 125mg/L；溶解于大多数有机溶剂。在 230℃ 以下稳定存在，能在中性或是酸性介质中稳定存在，但是在碱性介质中缓慢分解。

毒性 急性经口 LD_{50}：大鼠 70mg/kg，小鼠 90mg/kg，兔 82.5mg/kg。大鼠急性经皮 LD_{50} 88.5mg/kg。大鼠吸入 LD_{50} 39.2mg/m³ 空气。大鼠（2年）饲喂试验的无作用剂量为 0.08mg/kg，小鼠 0.05mg/kg。鸡急性经口 LD_{50} 2.5～5.0mg/kg。鲤鱼 LC_{50}（48h）4.8mg/L。对蜜蜂和水蚤有毒性。

制剂 DP，GR。

应用 内吸性杀虫剂，具有触杀及胃毒作用。主要用于防治水稻黑尾叶蝉、灰飞虱、二化螟（也可有效防治对其他有机磷及氨基甲酸酯类杀虫剂有抗性的种系）。

合成路线

分析方法 产品和残留分析采用 GLC。

主要生产商 Nippon Kayaku。

参考文献

[1] JP 482500.

[2] JP 462729.

丙硫克百威（benfuracarb）

$C_{20}H_{30}N_2O_5S$，410.5，82560-54-1

由日本大冢株式会社开发。

其他名称 安克力，丙硫威，呋喃威，OK-174，Oncol，Furacon，Oncol，Nakar，Judge，Ondia

化学名称 2,3-二氢-2,2-二甲基苯并呋喃-7-基-N-[N'-(2-(乙氧碳基)乙基)-N'-异丙基氨基硫基]-N-甲基氨基甲酸酯；ethyl N-[2,3-dihydro-2,2-dimethylbenzofuran-7-yloxy-carbonyl (methyl) aminothio]-N-isopropyl-β-alaninate

CAS 名称 2,3-dihydro-2,2-dimethyl-7-benzofuranyl-2-methyl-4-(1-methylethyl)-7-oxo-8-oxa-3-thia-2,4-diazadecanoate

理化性质 原药为红褐色黏滞液体，有效成分含量为 94%，沸点＞190℃。蒸气压＜1×10^{-2}mPa（20℃，气体饱和法）。相对密度 1.1493（20℃）。K_{ow} lg$P$ 4.22（25℃）。Henry 常数＜5×10^{-4}Pa·m³/mol（20℃，计算值）。水中溶解度（pH7，20℃）：8.4mg/L；其他溶剂中溶解度（20℃）：苯、二甲苯、乙醇、丙酮、二氯甲烷、正己烷、乙酸乙酯＞1000g/L。在 54℃ 条件下 30d 分解 0.5%～2.0%，在中性或弱碱性介质中稳定，在酸或强碱性介质中不稳定。闪点 154.4℃。

毒性 急性经口 LD_{50}（mg/kg）：雄大鼠 222.6，雌大鼠 205.4，小鼠 175，狗 300。大鼠急性经皮 LD_{50}＞2000mg/kg。对兔皮肤无刺激作用，对眼睛有轻微刺激。大鼠 2 年饲喂试验无作用剂量：25mg/kg。无诱变性。无致突变、致畸和致癌性。母鸡急性经口 LD_{50} 92mg/kg。鲤鱼 LC_{50}（48h）0.65mg/L。水蚤 EC_{50}（48h）9.9μg/L。蜜蜂 LD_{50}（局部）0.16μg/只。

制剂 种子处理乳剂。

应用 氨基甲酸酯类杀虫剂。具有广谱、内吸作用，对害虫以胃毒作用为主，防治跳甲、马铃薯甲虫、金针虫、小菜蛾及蚜虫等多种害虫。适用于水稻、玉米、大豆、马铃薯、甘蔗、棉花、蔬菜、果树等作物。

主要生产商 Otsuka，北农（海利）涿州种衣剂，湖南海利。

丙硫磷（prothiofos）

$C_{11}H_{15}Cl_2O_2PS_2$，345.2，34643-46-4

由 A. Kudamatsu 报道。由 Nihon Tokushu Noyaku Seizo K. K.（现 Nihon Bayer Agrochem K. K.）和 Bayer AG 开发，1978 年首次上市。2005 年出售给 Arysta LifeScience。

其他名称 NTN 8629，Tokuthion

化学名称 O-(2,4-二氯苯基)-O-乙基-S-丙基二硫代磷酸酯；O-2,4-dichlorophenyl O-ethyl S-propyl phosphorodithioate

CAS 名称 O-(2,4-dichlorophenyl) O-ethyl S-propyl phosphorodithioate

理化性质 无色液体，有微弱的、特殊的气味。沸点 125~128℃（13Pa）。蒸气压 $3.0×10^{-4}$Pa（20℃）；$6.0×10^{-4}$Pa（25℃）。相对密度 1.31（20℃）。K_{ow} lg$P$ 5.67（20℃）。Henry 常数 1.48Pa·m³/mol（20℃，计算值）。水中溶解度（20℃）0.07mg/L；其他溶剂中溶解度（20℃，g/L）：二氯甲烷、异丙醇、甲苯＞200。缓冲溶液 DT_{50}（22℃）：120d（pH 4），280d（pH 7），12d（pH 9）。光降解 DT_{50}：13h。闪点＞110℃。

毒性 急性经口 LD_{50}：雄大鼠 1569mg/kg，雌大鼠 1390mg/kg，小鼠约 2200mg/kg。大鼠急性经皮 LD_{50}（24h）＞5000mg/kg。对兔皮肤和眼睛无刺激作用，对皮肤有致敏性。大鼠吸入 LC_{50}（4h）＞2.7mg/L 空气（气溶胶）。大鼠（2 年）无作用剂量 5mg/kg 饲料，小鼠 1mg/kg 饲料，狗 0.4mg/kg 饲料。日本鹌鹑急性经口 LD_{50} 100~200mg/kg。金圆腹雅罗鱼 LC_{50}（96h）4~8mg/L，虹鳟 0.5~1mg/L（500g/L 乳油制剂）。水蚤 LC_{50}（48h）0.014mg/L。近具刺链带藻 E_rC_{50} 2.3mg/L。按推荐剂量使用对蜜蜂没有危害。

制剂 EC，WP。

应用 胆碱酯酶抑制剂。具有触杀和胃毒作用的非内吸性杀虫剂。用于蔬菜、果树、玉米、甘蔗、甜菜、茶树、烟草和观赏植物等许多作物，防治食叶毛虫、蚧属、蓟马、金龟子幼虫、地老虎等。

合成路线

分析方法　产品用GLC分析。
主要生产商　Arysta LifeScience。
参考文献
DE 2111414.

丙硝酚（dinoprop）

$C_{10}H_{12}N_2O_5$，240.2，7257-41-2

化学名称　2-异丙基-3-甲基-4,6-二硝基酚；4,6-dinitro-o-cymen-3-ol
CAS 名称　3-methyl-2-(1-methylethyl)-4,6-dinitrophenol
应用　杀虫剂。

丙溴磷（profenofos）

$C_{11}H_{15}BrClO_3PS$，373.6，41198-08-7

该杀虫剂由 F. Buholzer 报道。20 世纪 80 年代初由 Ciba-Geigy AG（现在的 Syngenta AG）引入市场。

其他名称　溴氯磷，Ajanta，Curacron，Mardo，Profex，Progress，Selecron，Soldier
化学名称　O-乙基-O-(4-溴-2-氯苯基)-S-丙基硫代磷酸酯；O-4-bromo-2-chlorophenyl O-ethyl S-propyl phosphorothioate
CAS 名称　O-(4-bromo-2-chlorophenyl) O-ethyl S-propyl phosphorothioate
理化性质　原药含量≥89%，Q级含量（Syngenta）>93%。淡黄色液体，具有大蒜气味。熔点-76℃。沸点100℃（1.80Pa）。蒸气压 1.24×10^{-1} mPa（25℃）（OECD104）。$K_{ow}\lg P$ 4.44（OECD 107）。Henry 常数 2.8×10^{-3} Pa·m³/mol（计算值）。相对密度 1.455（20℃）（OECD109）。水中溶解度为 28mg/L（25℃）；有机溶剂中溶解度：与多数有机溶剂混溶。在中性和弱酸性条件下相对稳定，在碱性条件下不稳定；水解 DT_{50}（20℃）（计算值）：93d（pH 5），14.6d（pH 7），5.7h（pH 9）。在 0.6~12 之间无解离常数。闪点 124℃（EEC A9）。
毒性　大鼠急性经口 LD_{50} 358mg/kg，兔 700mg/kg。大鼠急性经皮 LD_{50} 约 3300mg/kg，兔 472mg/kg；对兔眼睛和皮肤无刺激。大鼠吸入 LC_{50}（4h）约 3mg/L 空气。无作用剂量：狗（6个月）0.005mg/kg，大鼠（2年）0.3mg（a.i.）/kg 饲料，小鼠 1.0mg/kg。LC_{50}（8d，mg/kg）：山齿鹑 70~200，日本鹌鹑>1000，野鸭 150~612。大翻车鱼 LC_{50}（96h）0.3mg/L，鲫鱼 0.09mg/L，虹鳟鱼 0.08mg/L。水蚤 EC_{50}（48h）1.06μg/L。海藻 EC_{50}（72h）1.16mg/L。蜜蜂 LD_{50}（接触，48h）0.102μg/只。蠕虫 LC_{50}（14d）372mg/kg。

制剂 EC, UL。

应用 高渗透型广谱有机磷杀虫剂,有触杀、胃毒、熏蒸、直渗透作用,可直接渗透于叶片和虫体内,彻底杀灭潜伏在叶片内(背面)、水田里、果实中和钻入秸秆内的害虫。杀虫谱广,易生物降解,对抗性害虫表现出高的生物活性。可用于防治水稻、棉花、果树、蔬菜等作物上的棉铃虫、二三化螟(钻心虫)、草地螟、稻水象甲、潜叶蝇、灰飞虱、负泥虫、食心虫、蚜虫等害虫。作用迅速,对其他有机磷、拟除虫菊酯产生抗性的棉花害虫仍有效,是防治抗性棉铃虫的有效药剂。适用于防治棉花、蔬菜和粮食作物上的有害昆虫和螨虫类。丙溴磷在棉花上的安全间隔期为5~12d。果园中不宜用。该药对苜蓿和高粱有药害。

合成路线

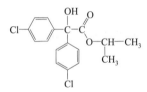

分析方法 产品用 GLC/FID 分析。

主要生产商 Syngenta, Agrochem, Aimco, Bharat, Coromandel, Excel Crop Care, Excel Crop Care, Meghmani, Nagarjuna Agrichem, Sharda, 鹤岗禾友、浙江嘉华、浙江永农、湖北蕲农、江苏宝灵、连云港立本、一帆生物科技。

参考文献

[1] BE 789937.
[2] GB 1417116.

丙酯杀螨醇 (chloropropylate)

$C_{17}H_{16}Cl_2O_3$, 339.2, 5836-10-2

由 F. Chabousson 于 1956 年报道,由 J. R. Geigy S. A. (后 Ciba-Geigy AG) 推出。

其他名称 G 24 163

化学名称 4,4′-二氯二苯基乙醇酸异丙酯;isopropyl 4,4′-dichlorobenzilate

CAS 名称 1-methylethyl 4-chloro-α-(4-chlorophenyl)-α-hydroxybenzeneacetate

理化性质 无色晶体,熔点73℃,蒸气压0.044mPa(20℃)。Henry 常数 $9.95×10^{-3}$ Pa·m³/mol(计算值)。相对密度1.35(20℃)。溶解度:水1.5mg/L(20℃);丙酮、二氯甲烷700,己烷50,甲醇300,正辛醇130,甲苯500(均为g/L,20℃)。

毒性 大鼠急性经口 LD_{50}>5000mg 原药/kg。对兔皮肤和眼睛无刺激。NOEL(2年):大鼠40mg/kg 饲料,狗500mg/kg 饲料。LC_{50}(96h):大翻车鱼0.66mg/L,金鱼0.6mg/L,虹鳟鱼0.45mg/L。对鸟类几乎无毒,对蜜蜂微毒。

制剂 EC。

应用 适用于棉花、水果、坚果、观赏植物、甜菜、茶和蔬菜。氧化磷酸化作用抑制剂,干扰 ATP 形成。具有触杀作用,无内吸性。

分析方法 产品分析采用 GLC-FID。

主要生产商　Ciba-Geigy AG。
参考文献
[1] Bartsch E, et al. Residue Rev, 1971, 39: 1.
[2] CIPAC Handbook, 1998, H: 85.
[3] Chabousson F. Phytiatr-Phytopharm, 1956, 5: 203.
[4] BE 511234.

不育胺（metepa）

$C_9H_{18}N_3OP$，215.2，57-39-6

1960 年开始试制。
化学名称　三［1-(2-甲基) 氮杂环丙烯］氧化磷；tris (2-methyl-1-aziridinyl) phosphine oxide
CAS 名称　$1,1',1''$-phosphinylidynetris [2-methylaziridine]
理化性质　液体。
毒性　对大鼠的急性经口 LD_{50} 为 136～313mg/kg；通过皮肤可以吸收。
制剂　AS。
应用　化学不育剂、杀虫剂。另外，还可处理纺织品及作黏着剂和塑料、纸张、橡胶用的处理剂。

不育特（apholate）

$C_{12}H_{24}N_9P_3$，387.3，52-46-0

化学名称　2,2,4,4,6,6-六（1-氮杂环丙烯)-2,4,6-三磷-1,3,5-三氮苯；2,2,4,4,6,6-hexakis (aziridin-1-yl)-1,3,5,2λ^5,4λ^5,6λ^5-triazatriphosphinine
CAS 名称　2,2,4,4,6,6-hexakis (1-aziridinyl)-2,2,4,4,6,6-hexahydro-1,3,5,2,4,6-triazatriphosphorine
应用　化学不育剂，用于控制害虫繁殖。

残杀威（propoxur）

$C_{11}H_{15}NO_3$，209.2，114-26-1

由 G. Unterstenhöfer 报道，1964 年由 Bayer AG（已不再销售）引入市场。

其他名称　残杀畏，Bayer 39007，BOQ 5812315，Baygon，Bingo，Insectape，Kerux，Mitoxur，No-Bay，Sunsindo，Vector

化学名称　2-异丙氧基苯基甲氨基甲酸酯；2-isopropoxyphenyl methylcarbamate

CAS 名称　2-(1-methylethoxy) phenyl methylcarbamate

理化性质　纯品为无色结晶（原药为白色至有色膏状晶体）。熔点 90℃（晶型Ⅰ）、87.5℃（晶型Ⅱ，不稳定），蒸馏时分解。蒸气压 1.3×10^{-3} Pa（20℃），2.8×10^{-3} Pa（25℃）。K_{ow}lg$P$ 1.56。Henry 常数 1.5×10^{-4} Pa·m³/mol（20℃）。相对密度 1.17（20℃）。水中溶解度 1.75g/L（20℃）；其他溶剂中溶解度（g/L，20℃）：异丙醇＞200，甲苯 94，正己烷 1.3。在水中当 pH＝7 时稳定，强碱条件下水解；DT_{50}（22℃）：1 年（pH 4），93d（pH 7），30h（pH 9）；DT_{50}（20℃）：40min（pH 10）。环境中残杀威的整个消除过程中光降解不是主要的因素（DT_{50} 5～10d）；间接的光解（添加腐植酸）速度更快（DT_{50} 88h）。

毒性　大鼠急性经口 LD_{50} 约为 50mg/kg，急性经皮 LD_{50}＞5000mg/kg（24h）。对兔皮肤无刺激；对兔眼睛有轻微刺激。大鼠急性吸入 LD_{50}（4h）：0.5mg/L（喷雾）。2 年饲养试验无作用剂量：大鼠 200mg/(kg·d)，小鼠 500mg/(kg·d)。LC_{50}（5d）：山齿鹑 2828mg/kg，野鸭＞5000mg/kg 饲料。鱼毒 LC_{50}（96h，mg/L）：大翻车鱼 6.2～6.6，虹鳟鱼 3.7～13.6，金雅罗鱼 12.4。水蚤 LC_{50}（48h）为 0.15mg/L。对蜜蜂高毒。

制剂　AE，DP，EC，FU，GR，RB，SL，UL，WP。

应用　为强触杀能力的非内吸性杀虫剂，具有胃毒、熏杀和快速击倒作用。主要通过抑制害虫体内乙酰胆碱酯酶活性，使害虫中毒死亡。常用于牲畜体外寄生虫、仓库害虫及蚊、蝇、蜚蠊、蚂蚁、臭虫等害虫防治。不可与碱性农药混用。

合成路线

$$\text{HO-C}_6\text{H}_4\text{-OCH(CH}_3\text{)}_2 + \text{CH}_3\text{NCO} \xrightarrow{\text{Et}_3\text{N}} \text{H}_3\text{CHNCOO-C}_6\text{H}_4\text{-OCH(CH}_3\text{)}_2$$

$$\text{HO-C}_6\text{H}_4\text{-OCH(CH}_3\text{)}_2 + \text{Na}_2\text{CO}_3 + \text{COCl}_2 \xrightarrow[\text{NaOH}]{\text{苯}} \text{ClCOO-C}_6\text{H}_4\text{-OCH(CH}_3\text{)}_2 \xrightarrow[\text{苯}]{\text{MeNH}_2} \text{H}_3\text{CHNCOO-C}_6\text{H}_4\text{-OCH(CH}_3\text{)}_2$$

分析方法　产品用 HPLC 或红外光谱法分析。

主要生产商　Crystal，Dow AgroSciences，Kuo Ching，Pilarquim，Sharda，Sundat，Taiwan Tainan Giant，湖北沙隆达，湖南海利，宁波中化。

参考文献

[1]　US 3111539.
[2]　DE 1108202.

虫螨磷（chlorthiophos）

$C_{11}H_{15}Cl_2O_3PS_2$，361.2，60238-56-4（混合物）

H. Holtmann 和 E. Raddatz 于 1971 年报道，C. H. Boehringer Sohn/Cela GmbH（后 Shell Agrar GmbH）推出。

其他名称　S 2957

化学名称　O-2,5-二氯-4-甲硫基苯基-O,O-二乙基硫代磷酸酯（主要成分）；O-4,5-二氯-2-甲硫基苯基-O,O-二乙基硫代磷酸酯（次要成分）；O-2,4-二氯-5-甲硫基苯基 O,O-二乙基硫代磷酸酯（微量成分）。O-2,5-dichloro-4-methylthiophenyl O,O-diethyl phosphorothioate（主要成分）；O-4,5-dichloro-2-methylthiophenyl O,O-diethyl phosphorothioate（次要成分）；O-2,4-dichloro-5-methylthiophenyl O,O-diethyl phosphorothioate（微量成分）

CAS 名称　O-[2,5-dichloro-4-(methylthio) phenyl] O,O-diethyl phosphorothioate（主要成分）；O-[4,5-dichloro-2-(methylthio) phenyl] O,O-diethyl phosphorothioate（次要成分）；O-[2,4-dichloro-5-(methylthio) phenyl] O,O-diethyl phosphorothioate（微量成分）

理化性质　黄棕色液体，蒸气压 0.53mPa（25℃）。相对密度 1.345（20℃）。溶解度：水约 0.3mg/L（20℃）；与常见有机溶剂混溶。稳定性：DT_{50} 42d（pH<9）。

毒性　急性经口 LD_{50}：雄大鼠 10.7mg/kg，雌大鼠 7.8mg/kg，小鼠 91.4mg/kg。急性经皮 LD_{50}：雄大鼠 153mg/kg，雌大鼠 121mg/kg，兔 50～58mg/kg。鸟类 LC_{50}（8d）：美洲鹑 213，野鸭 0.198mg/kg 饲料。鱼类 LC_{50}（96h）：大翻车鱼 1.3，虹鳟鱼 0.019mg/L。

制剂　DP，EC，GR，WP。

应用　属胆碱酯酶抑制剂。用于防治双翅目、半翅类、鳞翅类害虫和螨虫。

分析方法　产品分析采用溴量滴定法。

主要生产商　Shell Agrar。

参考文献

[1]　Holtmann H，Raddatz E. Proc Br Insectic Fungic Conf 6th，1971，2：485.

[2]　DE 1298990.

[3]　GB 1210826.

虫螨畏（methacrifos）

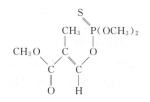

$C_7H_{13}O_5PS$，240.2，62610-77-9

1977 年由 R. Wyniger 等报道其杀虫活性，由 Ciba-Geigy AG（Novartis Crop Protection AG）开发。

其他名称　CGA 20 168，Damfin

化学名称　(E)-3-(二甲氧基硫膦氧基)-2-甲基丙烯酸甲酯；methyl (E)-3-(dimethoxyphosphinothioyloxy)-2-methacrylate

CAS 名称　(E)-methyl 3-[(dimethoxyphosphinothioyl) oxy]-2-methyl-2-propenoate

理化性质　纯品无色液体。蒸气压 160mPa（20℃），$K_{ow}\lg P \geqslant 3.0$，Henry 常数 $9.61 \times 10^2 Pa \cdot m^3/mol$（计算值），相对密度 1.225（20℃）。水中溶解度 400mg/L（20℃）；易溶于有机溶剂，如甲醇、甲苯、己烷和二氯甲烷。碱性条件下相对不稳定；水解 DT_{50}（20℃，

计算值）：66d（pH 1），29d（pH 7），9.5d（pH 9）。约200℃分解。闪点69～73℃。

毒性　大鼠急性经口 LD_{50} 678mg/kg。大鼠急性经皮 $LD_{50}>3100$mg/kg，对兔皮肤中度刺激，对眼睛无刺激性。大鼠吸入 LC_{50}（6h）2.2mg/L（空气）。大鼠（2年）无作用剂量 0.6mg/(kg·d)。日本鹌鹑 LD_{50} 116mg/kg。LC_{50}（96h）：鲤鱼30.0mg/L，虹鳟鱼 0.4mg/L。

制剂　DP，EC。

应用　杀虫、杀螨剂，具有吸入、触杀、胃毒活性。可迅速击倒害虫，具有长残效期。主要用于仓储物品表面处理防治节肢动物。

分析方法　产品采用GLC分析。

参考文献

[1]　BE 766000.

[2]　GB 1342630.

虫酰肼（tebufenozide）

$C_{22}H_{28}N_2O_2$，352.5，112410-23-8

1990年由Rohm Hass（现属Dow AgroSciences）公司推出的双酰肼类杀虫剂。

其他名称　米满，RH-5992，RH-75922，Mimic，Confirm，Fimic，Conidan，Romdan，Terfeno，Applaud Romdan Moncut

化学名称　N-叔丁基-N'-(4-乙基苯甲酰基)-3,5-二甲基苯甲酰肼；N-tert-butyl-N'-(4-ethylbenzoyl)-3,5-dimethylbenzohydrazide

CAS名称　3,5-dimethylbenzoic acid 1-(1,1-dimethylethyl)-2-(4-ethylbenzoyl) hydrazide

理化性质　无色粉末。熔点191℃。蒸气压 $<1.56\times10^{-4}$ mPa（25℃，气体饱和度法）。相对密度1.03（20℃，比重瓶法）。K_{ow} lg$P$ 4.25（pH 7）。Henry常数（计算值）$<6.59\times10^{-5}$ Pa·m³/mol。溶解度：水中0.83mg/L（25℃）；有机溶剂中微溶。94℃下稳定期7d；pH 7的水溶液下对光稳定（25℃）；在无光无菌的水中稳定期30d（25℃）；池塘水中 DT_{50} 67d；光存在下30d（25℃）。

毒性　大小鼠急性经口 $LD_{50}>5000$mg/kg。大鼠急性经皮 $LD_{50}>5000$mg/kg；对兔眼和皮肤无刺激，对豚鼠皮肤无致敏性。吸入 LC_{50}（4h，mg/L）：雄鼠>4.3，雌鼠>4.5。NOEL数据[mg/(kg·d)]：大鼠（24个月）5.5，小鼠（18个月）8.1，狗（12个月）1.9。其他：Ames实验、哺乳动物点突变、活体和离体细胞遗传学检测和离体DNA合成实验，均呈阴性。鹌鹑急性经口 $LD_{50}>2150$mg/kg；摄入（8d）：鹌鹑和野鸭 $LC_{50}>5000$mg/kg。鱼类 LC_{50}（96h，mg/L）：虹鳟鱼5.7，大翻车鱼>3.0。蚤类 LC_{50}（48h）3.8mg/L。藻类 EC_{50}（mg/L）：月牙藻（120 h）>0.64，栅藻（96h）0.23。水生生物 EC_{50}（96h，mg/L）：糠虾1.4，东方牡蛎（巨蛎属）0.64。蜜蜂 LD_{50}（96h，接触）$>234\mu g$/只。蠕虫：蚯蚓 $LC_{50}>1000$mg/kg。

制剂　DP，GR，SC，SU，WP。

应用　促进鳞翅目幼虫蜕皮的新型仿生杀虫剂，对昆虫蜕皮激素受体（EoR）具有刺激活性。虫酰肼对高龄和低龄的幼虫均有效。具胃毒作用，为非固醇类新型昆虫生长调节剂，对鳞翅目幼虫有极高的选择性和药效。对作物保护效果更好。无药害，对作物安全，无残留药斑。主要用于防治柑橘、棉花、观赏作物、马铃薯、大豆、烟草、果树和蔬菜上的蚜科、叶蝉科、鳞翅目、斑潜蝇属、叶螨科、缨翅目、根疣线虫属、鳞翅目幼虫，如梨小食心虫、葡萄小卷蛾、甜菜夜蛾等害虫。该药剂对卵的效果较差，施用时应注意掌握在卵发育末期或幼虫发生初期喷施。

合成路线

分析方法 产品分析主要利用 HPLC。

主要生产商 Dow AgroSciences，Bayer CropScience，Hokko，Nihon Nohyaku，Hui Kwang，Nihon Nohyaku，中山凯达，沧州天和，沙隆达，宝灵化工，快达农化，京博农化，科信生物，青岛海利尔，潍坊双星，西大华特，威敌生化（南昌），永农化工。

参考文献

[1] WO 9211249.
[2] 农药. 1994, 33 (2)：33.

除虫菊素（pyrethrins）

R = —CH_3 (chrysanthemates) 或 —CO_2CH_3 (pyrethrates)
R^1 = —CH=CH_2 (pyrethrin) 或 —CH_3 (cinerin) 或 —CH_2CH_3 (jasmolin)

除虫菊素Ⅰ（pyrethrin Ⅰ）：$C_{21}H_{28}O_3$，328.4，瓜菊素Ⅰ（cinerin Ⅰ）：$C_{20}H_{28}O_3$，316.4，茉莉菊素Ⅰ（jasmolin Ⅰ）：$C_{21}H_{30}O_3$，330.5，8003-34-7

除虫菊是从艾菊 *Tanacetum* 中提取的。提取物用甲醇或二氧化碳精制而成。晒干研粉后被称为"波斯昆虫粉"。本种原产于达尔马提亚，并作为农作物引入法国、美国和日本。目前生产产品仅为 *T. cinerariifolium*，主要来自东非（1930）和澳大利亚（1980）。

化学名称 除虫菊素（pyrethrins）是由除虫菊花（Pyreyhrum cineriifoliun Trebr）中分离萃取的具有杀虫效果的活性成分，它包括除虫菊素Ⅰ（pyrethrins Ⅰ）、除虫菊素Ⅱ（pyrethrins Ⅱ）、瓜菊素Ⅰ（cinerin Ⅰ）、瓜菊素Ⅱ（cinerin Ⅱ）、茉莉菊素Ⅰ（jasmolin Ⅰ）、茉莉菊素Ⅱ（jasmolin Ⅱ）。

理化性质 精制的提取物为浅黄色油状物，带有微弱的花香味；未精制提取物为棕绿色黏稠液体；粉末为棕褐色。相对密度 0.80～0.90（25% 灰白色提取物），0.90～0.95（50% 灰白色提取物），0.9（油性树脂粗提物）。不溶于水；易溶于大多数有机溶剂，如醇、碳氢化合物、芳香烃、酯等。避光、常温下保存＞10年；在日光下不稳定，遇光快速氧化，光照DT_{50}10～12h；遇碱和黏土迅速分解，并失去杀虫效力；＞200℃加热导致异构体形成，活性降低。闪点76℃。对光敏感，在光照下的稳定性是：瓜菊素＞茉莉菊素＞除虫菊素；而Ⅱ的光稳定性又稍大于它们相应的Ⅰ。除虫菊素在空气中会出现氧化，遇热能分解，在碱性溶液中能水解，均将失去活性，一些抗氧剂对它有稳定作用。

毒性 雄大鼠急性经口LD_{50} 2370mg/kg，雌大鼠1030mg/kg，小鼠273～796mg/kg。急性经皮LD_{50}＞1500mg/kg，兔5000mg/kg。兔对皮肤、眼睛轻度刺激。虽然除虫菊素在制作和使用中容易引起皮炎，甚至特殊的过敏，但在商品制备过程中可消除此影响。大鼠吸入毒性LC_{50}（4h）3.4mg/L。野鸭急性经口LD_{50}＞5620mg/kg。大翻车鱼LC_{50} 10μg/L，虹鳟鱼5.2μg/L。水蚤LC_{50} 12μg/L。藻类EC_{50}≥1.27μg/L。对蜜蜂有毒，LD_{50}：22ng/只（经口），130～290ng/只（接触）。蠕虫LC_{50} 47mg/kg土壤。

制剂 AE，DP，EC，HN，UL，WP。

应用 本品具有高效、广谱、低毒、对害虫有拒食和驱避作用、害虫不易产生抗性等特点，广泛应用 于卫生杀虫领域。在食品工业中，杀空间或罐盒害虫；家庭用杀蚊蝇、蟑螂；在畜牧业中除厩蝇、角蝇；飞机座舱杀虫；仓库杀虫等。由于除虫菊素由除虫菊花中萃取的具有杀虫活性的六种物质组成，因此杀虫效果好，昆虫不易产生抗药性，可用于制造杀灭抗性很强的害虫的农药。

分析方法 产品和花中的提取物用GLC/FID或者比色法分析。

主要生产商 AGBM，Agropharm，Botanical Resources，MGK，Pyrethrum Board of Kenya，云南南宝植化，云南红河森菊，云南中植生物科技。

参考文献

［1］ The Pesticide Manual. 16 th edition.
［2］ 农药，2004，43（7）：289-293.
［3］ 农药，2005，44（9）：391-394.

除虫脲（diflubenzuron）

$C_{14}H_9ClF_2N_2O_2$，310.7，35367-38-5

1975年由Philips-Duphar B. V.（现Chemtura Corp.）开发。

其他名称 敌灭灵，DU 112307，PH 60-40，PDD60-40-I，TH 6040，DFB，difluron

化学名称 1-(4-氯苯基)-3-(2,6-二氟苯甲酰基)脲；1-(4-chlorophenyl)-3-(2,6-difluorobenzoyl) urea

CAS名称 N-[[(4-chlorophenyl) amino] carbonyl]-2,6-difluorobenzamide

理化性质 纯品为无色晶体（工业品为无色或黄色晶体）。熔点228℃，沸点257℃（40.0kPa）（工业品）。蒸气压$1.2×10^{-4}$ mPa（25℃，气体饱和法）。相对密度1.57（20℃）。K_{ow}lg$P$ 3.89。Henry常数≤$4.7×10^{-4}$ Pa·m³/mol（计算值）。水中溶解度：0.08mg/L（25℃，pH 7）；有机溶剂中溶解度（20℃，g/L）：正己烷0.063，甲苯0.29，二氯甲烷1.8，丙酮6.98，乙酸乙酯4.26，甲醇1.1。溶液对光敏感，但是固体在光下稳定。100℃下贮存1d分解量＜0.5%，50℃下7d分解量＜0.5%。水溶液（20℃）在pH 5

和 7 时稳定，DT_{50}＞180d，pH9 时 DT_{50} 32.5d。

毒性 大、小鼠急性经口 LD_{50}＞4640mg/kg。急性经皮 LD_{50}（mg/kg）：兔＞2000，大鼠＞10000。本品对皮肤无刺激，对眼无刺激。大鼠吸入 LC_{50}≥2.88mg/L。NOEL（1 年）：大鼠、小鼠和狗 2mg/(kg·d)。无"三致"。山齿鹑和野鸭急性经口 LD_{50}（14d）＞5000mg/kg，山齿鹑和野鸭饲喂 LC_{50}（8d）＞1206mg/(kg·d)。鱼类 LC_{50}（96h，mg/L）：斑马鱼＞64.8，虹鳟鱼＞106.4（基于除虫脲 WG-80）。水蚤 LC_{50}（48h）0.0026mg/L（基于除虫脲 WG-80）。羊角月牙藻 NOEC 100mg/L（基于除虫脲 WG-80）。对蜜蜂和食肉动物无害，LD_{50}（经口和接触）＞100μg/只。蚯蚓 NOEC≥780mg/kg 土壤。

制剂 DT，GR，OF，SC，UL，WG，WP。

应用 除虫脲为几丁质合成抑制剂，阻碍昆虫表皮的形成，这一抑制行为非常专一，对一些生化过程，比如，真菌几丁质的合成，鸡、小鼠和大鼠体内透明质酸和其他黏多糖的形成均无影响。除虫脲是非系统性的触杀和胃毒行动的昆虫生长调节剂，昆虫蜕皮或卵孵化时起作用。对有害昆虫天敌影响较小。适用于棉花、大豆、柑橘、茶叶、薯类作物、蔬菜、蘑菇、苹果和玉米等，防治黏虫、棉铃虫、棉红铃虫、菜青虫、苹果小卷蛾、墨西哥棉铃象、松异舟蛾、舞毒蛾、梨豆液蛾、木虱、橘芸锈螨，残效 12～15d。水面施药可防治蚊幼虫。也可用于防治家蝇、厩螫蝇，以及羊身上的虱子。

合成路线

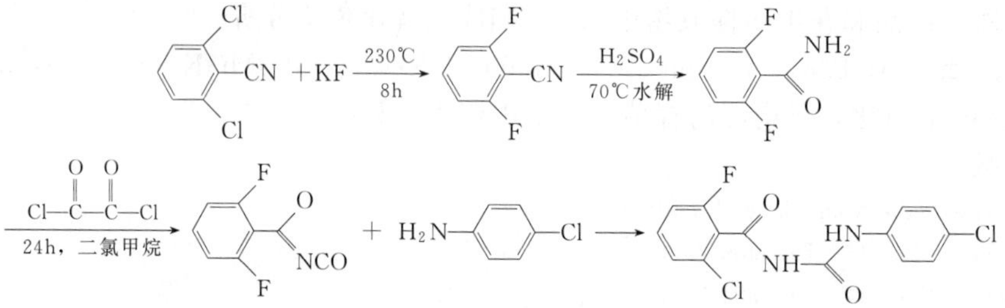

分析方法 产品分析用 HPLC，残留物用 HPLC，或者水解成 4-氯苯胺后，该水解产物转化成衍生物用 GLC 测定。

主要生产商 Chemtura，Agria，Dongbu Fine，Laboratorios Agrochem，Sharda，Sinon，Sundat，浙江一同，丰荣精化，威远生化，江苏苏利，江苏省激素研究所，上海生农。

参考文献

[1] GB 1324293.
[2] US 3748356.
[3] US 3989842.

除害威（allyxycarb）

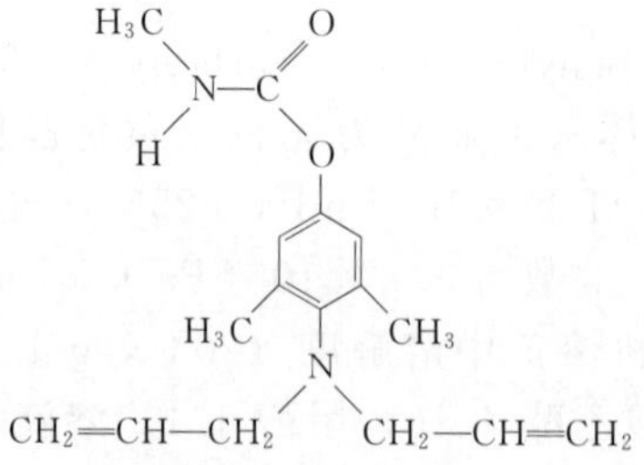

$C_{16}H_{22}N_2O_2$，274.4，6392-46-7

由 Bayer AG 开发。

其他名称 Bayer 50282，A 546，allyxycarbe，APC

化学名称 4-二烯丙氨基-3,5-二甲苯基甲氨基甲酸酯；4-diallylamino-3,5-xylyl methyl carbamate

CAS 名称 4-(di-2-propen-1-ylamino)-3,5-dimethylphenyl N-methylcarbamate

应用 氨基甲酸酯类杀虫剂，胆碱酯酶抑制剂。

除螨灵（dienochlor）

$C_{10}Cl_{10}$，474.6，2227-17-0

1964 年由 W. W. Allen 等报道。相继由 Hooker Chemical Corp.，Zoecon Corp.，Sandoz AG（后来为 Novartis Crop Protection AG）开发。

化学名称 全氯-1,1'-双环戊-2,4-二烯；perchloro-1,1'-bicyclopenta-2,4-diene

CAS 名称 1,1',2,2',3,3',4,4',5,5'-decachlorobi-2,4-cyclopentadien-1-yl

理化性质 灰色晶体（原药：淡黄色粉末，有时有隐隐的洋葱或大蒜的气味）。熔点 122～123℃（原药 111～128℃）。蒸气压 0.29mPa（25℃）。K_{ow} lg$P$ 3.23（平均值，25℃）。相对密度 1.923（原药，25℃）。溶解度：几乎不溶于水（25μg/L）；异辛烷 7.89，甲苯 59.00，乙腈 1.16，正辛醇 4.77，四氢呋喃 98.32（全部为 g 原药/100mL）中。稳定性：原药贮存（54℃，14d；42℃，2 年）稳定。水解 DT_{50}（25℃）：30.5d（pH 9），93d（pH 7），184d（pH 5）。

毒性 雄性大白鼠急性经口 LD_{50}>3160mg 原药/kg。急性经皮 LD_{50}：兔>3160mg/kg，大鼠>2000mg/kg。对兔眼睛和皮肤有轻度刺激。吸入毒性：大鼠 LC_{50}（4h）0.08mg/L 空气。鹌鹑急性经口 LD_{50} 4319mg/kg。饲喂毒性：绿头鸭 LC_{50}（8d）3966mg/kg 饲料，鹌鹑>5620mg/kg 饲料。虹鳟鱼 LC_{50}（96h）0.050mg/L，大翻车鱼 0.6mg/L。水蚤 LC_{50}（48h）1.2mg/L。藻类 NOEC（96h）：$Scenedesmus\ subspicatus$>30mg/L。蜜蜂 LD_{50}（接触）>36μg/只。蚯蚓 LC_{50}（7d 和 14d）>1000mg/kg 干土。

制剂 WP，EW。

应用 主要为触杀型杀螨剂，干扰害螨产卵。温室条件下的残效期长。温室条件下用于玫瑰、菊花和其他观赏植物。

分析方法 采用 HPLC 分析光谱。

参考文献

[1] US 2732409.

[2] US 2934470.

除线磷（dichlofenthion）

$C_{10}H_{13}Cl_2O_3PS$，315.2，97-17-6

1955 年由 Virginia-Carolina Chem. Corp. 开发。

其他名称　酚线磷，氯线磷，VC-13，ENT17470，VC，Pair-kasumin，Mobilawn

化学名称　O,O-二乙基-O-(2,4-二氯苯基)硫逐磷酸酯；O-2,4-dichlorophenyl-O,O-diethyl phosphorothioate

CAS 名称　O-(2,4-dichlorophenyl)-O,O-diethyl phosphorothioate

理化性质　无色液体。沸点 120～123℃（0.2mmHg）。蒸气压 12.7mPa（25℃）。K_{ow} lg$P$ 5.27（23℃）。相对密度 1.321（20℃）。水中溶解度（20℃）0.085mg/100mL；易溶于煤油和大多数有机溶剂中。对热稳定，在 175℃加热 7h 后，有 42%转化为 S-乙基异构体，除强碱外，化学性质稳定。

毒性　急性经口 LD_{50}（mg/kg）：雄鼠 247，雌鼠 136，雄小鼠 272，雌小鼠 259。急性经皮 LD_{50}（mg/kg）：雄鼠 259，雌鼠 333；对兔眼睛和皮肤轻微刺激；对豚鼠皮肤有轻微致敏。大鼠吸入 LD_{50}（mg/L）：雄鼠 3.36，雌鼠 1.75。NOEL 值：以 0.75mg/(kg·d)饲料饲喂狗 90d，乙酰胆碱酯酶的活性不受影响，也不产生其他病变或烦躁。禽类急性经口 LD_{50}（mg/kg）：雄日本鹌鹑 4060，雌日本鹌鹑>5000。鱼类：鲤鱼 LC_{50}（96h）>25mg/L，大翻车鱼 EC_{50}（48h）0.00012mg/L。藻类 E_bC_{50}（72h）0.42mg/L。

制剂　EC，GR。

应用　除线磷是一种作用于神经系统的神经毒剂，抑制乙酰胆碱酯酶的活性。无内吸性，具有触杀作用。用于防治大豆、芸豆、豌豆、小豆、黄瓜的瓜种蝇，萝卜的黄条跳甲，葱、洋葱的洋葱蝇，柑橘线虫等。

合成路线

$(C_2H_5O)_2\overset{S}{P}-Cl + Cl-\underset{Cl}{\underset{|}{C_6H_3}}-OH \longrightarrow Cl-\underset{Cl}{\underset{|}{C_6H_3}}-O\overset{S}{P}(OC_2H_5)_2$

主要生产商　Hokko。

参考文献
US 2761806.

除线威（cloethocarb）

$C_{11}H_{14}ClNO_4$，259.7，51487-69-5

由 V. Harries 等于 1978 年报道，BASF AG 推出。

其他名称　BAS 263I

化学名称　2-(2-氯-1-甲氧基乙氧基)苯基甲氨基甲酸酯；2-(2-chloro-1-methoxyethoxy) phenyl methylcarbamate

CAS 名称　2-(2-chloro-1-methoxyethoxy) phenyl methylcarbamate

理化性质　无色晶体，熔点 80℃（原药 69～75℃）。蒸气压 0.01mPa（20℃）。Henry 常数 $2.00×10^{-6}$ Pa·m³/mol（计算值）。溶解度：水 1.3g/kg（20℃）；丙酮、三氯甲烷>1000，乙醇 153（均为 g/kg，20℃）。稳定性：不吸湿，遇强酸或强碱水解。

毒性　急性经口 LD_{50}：大鼠 35.4mg/kg，小鼠 70.4mg/kg。大鼠急性经皮 LD_{50}

4000mg/kg。NOEL（1年）：狗 0.5mg/(kg·d)（胶囊剂）；大鼠 25mg/kg 饲料［约 1mg/(kg·d)］；小鼠 10mg/kg 饲料［约 1mg/(kg·d)］。对鱼类中等毒性，对蜜蜂有毒。

制剂 GR，FS，BR。

应用 具有内吸、触杀和胃杀作用的杀虫剂、杀线虫剂。属胆碱酯酶抑制剂。用于防治玉米根虫、马铃薯科罗拉多甲虫以及花生、水稻、甘蔗、烟草、高粱、咖啡、小麦、油菜、苜蓿等作物的蚜虫、线虫等。由植物根系吸收，并迁移至叶片。

分析方法 产品分析采用 HPLC。

生产商 BASF AG。

参考文献

[1] Harries V, et al. Meded Fac Landbouwwet Rijksuniv Gent，1978，45：739.
[2] DE 2231249.
[3] GB 1426233.
[4] US 3962316.

除幼脲 (dichlorbenzuron)

$C_{14}H_9Cl_3N_2O_2$，343.6，35409-97-3

化学名称 2,6-二氯-*N*-[(4-氯苯基)氨基甲酰基]苯甲酰胺；2,6-dichloro-*N*-[(4-chlorophenyl) carbamoyl] benzamide；1-(4-chlorophenyl)-3-(2,6-dichlorobenzoyl) urea；2,6-dichloro-*N*-[(4-chlorophenyl) carbamoyl] benzamide

CAS 名称 2,6-dichloro-*N*-[[(4-chlorophenyl) amino] carbonyl] benzamide

应用 杀虫剂。

雌舞毒蛾引诱剂 (disparlure)

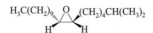

$C_{19}H_{38}O$，282.5，29804-22-6[(±)-disparlure]；54910-51-9[(+)-disparlure]；54910-52-0[(-)-disparlure]

1998年开发。

其他名称 disrupt IIgM

化学名称 (*Z*)-7,8-环氧-2-甲基十八烷；(*Z*)-7,8-epoxy-2-methyloctadecane

CAS 名称 rel-(2*R*,3*S*)-2-decyl-3-(5-methylhexyl) oxirane；*cis*-2-methyl-7,8-epoxyoctadecane；(2*S*,3*R*)-2-decyl-3-(5-methylhexyl) oxirane [for (+)-isomer]

理化性质 无色黏稠状液体。沸点 146~148℃（0.25 mmHg）。

毒性 大鼠急性经口 LD_{50}＞34600mg/kg。兔急性经皮 LD_{50}＞2025mg/kg。对兔皮肤有刺激，对眼有少许刺激。大鼠吸入 LC_{50}（1h）＞5.0mg/L（空气）。野鸭及鹌鹑急性经口 LC_{50}（8d）＞5000mg/kg。虹鳟及大翻车鱼 LC_{50}（96h）＞100mg/L。

制剂 可塑薄片，可塑压片。

应用 吸引害虫，干扰其正常的交配。防治森林中的舞毒蛾。

合成路线

$$C_{10}H_{21}Br \longrightarrow C_{10}H_{21}{\equiv} \longrightarrow C_{10}H_{21}{\equiv}(CH_2)_4CH(CH_3)_2 \longrightarrow$$

$$C_{10}H_{21}CH{=}CH(CH_2)_4CH(CH_3)_2 \longrightarrow H_3C(CH_2)_9\overset{O}{\triangle}(CH_2)_4CH(CH_3)_2$$

主要生产商 Interchem，International Specialty。

参考文献
US3975409。

哒螨灵（pyridaben）

$C_{19}H_{25}ClN_2OS$，364.9，96489-71-3

由 K. hirata 等报道。由 Nissan Chemical Industries Ltd 发现并引进，1990 年在比利时首次上市。

其他名称 哒螨酮、速螨酮、哒螨净、NC-129、NCI-129、BAS-300I、Agrimit、Dinomite、Pyromite、Sanmite、Tarantula

化学名称 2-叔丁基-5-(4-叔丁基苄硫基)-4-氯哒嗪-3（2H)-酮；2-*tert*-butyl-5-(4-*tert*-butylbenzylthio)-4-chloropyridazin-3（2H)-one

CAS 名称 4-chloro-2-(1,1-dimethylethyl)-5-[[[4-(1,1-dimethylethyl) phenyl] methyl] thio]-3（2H)-pyridazinone

理化性质 本品为无色晶体。熔点 111～112℃，蒸气压＜ 0.01mPa（25℃），K_{ow} lg$P$ 6.37 [(23±1)℃]，Henry 常数＜0.3Pa·m³/mol（计算值），相对密度（20℃）1.2。水中溶解度（24℃）0.012mg/L；其他溶剂中溶解度（g/L，20℃）：丙酮 460，苯 110，环己烷 320，乙醇 57，正辛醇 63，己烷 10，二甲苯 390。在 50℃稳定 90d；对光不稳定。pH 5、7、9，25℃时，黑暗条件下 30d 不水解。

毒性 急性经口 LD_{50}：雄大鼠 1350mg/kg，雌大鼠 820mg/kg，雄小鼠 424mg/kg，雌小鼠 383mg/kg。大鼠急性经皮 LD_{50}＞2000mg/kg。不刺激兔眼睛和皮肤。非豚鼠皮肤致敏剂。雄大鼠吸入 LC_{50} 0.66mg/L 空气，雌大鼠 0.62mg/L 空气。无作用剂量（78 周）：小鼠 0.81mg/(kg·d)；(104 周) 大鼠 1.1mg/(kg·d)。ADI/RfD（BfR）0.008mg/kg [1992]，(EPA) 0.05mg/kg [1995]。在 Ames、DNA 修复、活体外染色体（中国仓鼠）和小鼠微核试验中无致突变性，对大鼠和家兔无致畸性。山齿鹑急性经口 LD_{50}＞2250mg/kg，野鸭＞2500mg/kg。虹鳟 LC_{50}（96h）1.1～3.1mg/L，大翻车鱼 1.8～3.3mg/L；鲤鱼（48h）8.3μg/L。水蚤 EC_{50}（48h）0.59μg/L。对羊角月牙藻的平均特定生长率无显著影响。蜜蜂 LD_{50}（经口）0.55μg/只。蚯蚓 LC_{50}（14d）38mg/kg 土。

制剂 EC，SC，WP。

应用 非系统性杀虫杀螨剂。对各阶段害虫都有活性，尤其适用于幼虫和蛹时期。对害螨具有很强的触杀作用，但无内吸作用。对叶螨、全爪螨、小爪螨、瘿螨等食植性害螨均具有明显防治效果,对螨的各生育期(卵、幼螨、若螨、成螨)都有效。速效性好,在害螨接触药液 1h 内即被麻痹击倒,停止爬行或为害;而且持效期较长,在幼螨及第 1 若螨期使用,一般药效期可达 1 个月,甚至达 50d。药效不受温度影响,在 20~30℃时使用,都有良好防效。防治对噻螨酮、苯丁锡、三唑锡、三氯杀螨醇已产生耐药性的害螨种群,仍有高效。适用于柑橘、苹果、梨、山楂、棉花、烟草、蔬菜(茄子除外)及观赏植物。如用于防治柑橘和苹果红蜘蛛、梨和山楂等锈壁虱时,在害螨发生期均可施用(为提高防治效果最好在平均每叶 2~3 头时使用),安全间隔期为 15d。花期使用对蜜蜂有不良影响。可与大多数杀虫剂混用,但不能与石硫合剂、波尔多液等强碱性药剂混用。

合成路线

分析方法 产品用 HPLC 分析。

主要生产商 Nissan,Sundat,江苏百灵,湖北沙隆达,江苏扬农,蓝丰生化,浙江嘉华,连云港立本,南京红太阳,郑州沙隆达,新安化工,盐城利民。

参考文献
US 4877787.

哒嗪硫磷(pyridaphenthion)

$C_{14}H_{17}N_2O_4PS$,340.3,119-12-0

1973 年由日本 Mitsui Toatsu Chemicals(现在为 Mitsui Chemicals,Inc.)推出。

其他名称 哒净松,打杀磷,苯哒嗪硫磷,NC-250,CL 12503,Ofunack

化学名称 O-(1,6-二氢-6-氧代-1-苯基-3-哒嗪基)-O,O-二乙基硫代磷酸酯;O-(1,6-dihydro-6-oxo-1-phenylpyridazin-3-yl)-O,O-diethyl phosphorothioate

CAS 名称 O-(1,6-dihydro-6-oxo-1-phenyl-3-pyridazinyl)-O,O-diethyl phosphorothioate

理化性质 白色固体。熔点 55.7~56.7℃,沸点 180℃,蒸气压 1.47×10^{-6} Pa(20℃),$<6.14 \times 10^{-2}$ mPa(80℃),K_{ow} lg$P$ 3.2(20℃),Henry 常数 5.00×10^{-6} Pa·m³/mol(计算值),相对密度 1.334(20℃)。溶解度(20℃):水中 55.2mg/L;环己烷 3.88g/L,甲苯 812g/L,二氯甲烷>1000g/L,丙酮 930g/L,甲醇>1000g/L,乙酸乙酯 785g/L。稳定性可达 150℃(DSC)。水解 DT_{50}(25℃):72d(pH 5),46d(pH 7),27d(pH 9)。降解 DT_{50}(25℃):19d(无菌水),7d(中性水中)。

毒性 急性经口 LD_{50}:雄性大鼠 769mg/kg,雌性大鼠 850mg/kg,雄性小鼠 459mg/kg,雌性小鼠 555mg/kg,狗>12000mg/kg。雄性大鼠急性经皮 LD_{50} 2300mg/kg,雌性大鼠 2100mg/kg;对兔皮肤与眼睛无刺激,对豚鼠皮肤无致敏现象。大鼠急性吸入 LC_{50}(4h)>1133.3mg/m³ 空气。对大鼠多代进行慢性毒性研究显示不会造成致畸、致突变、致癌性不良影响的变化。日本鹌鹑急性经口 LD_{50} 为 68mg/kg。鲤鱼 TL_m（48h）11mg/L。水蚤 TL_m（3h）0.02mg/L。对蜜蜂高毒。

制剂 DP，EC，FL，GR，UL，WP。

应用 对害虫害螨具有触杀和胃毒作用，且有一定杀卵作用。具有低毒、低残留、不易诱发害虫抗药性等特点。哒嗪硫磷对多种咀嚼式口器和刺吸式口器害虫均有较好效果。此药剂对水稻害虫药效突出，对水稻害虫的天敌捕食螨较安全，对鱼类低毒，在稻谷中残留量低，特别适合用于水稻，可防治螟虫、纵卷叶螟、稻苞虫、飞虱、叶蝉、蓟马、稻瘿蚊等。对棉叶螨特效，对成螨、若螨、螨卵都有显著抑制作用，还可防治棉蚜、棉铃虫、红铃虫。用于小麦、杂粮、油料、蔬菜、果树等作物及林木，可防治多种咀嚼式口器、刺吸式口器害虫及叶螨。一般使用下无药害，但注意不可与2,4-滴除草剂同时或近时使用，以免造成药害。

合成路线

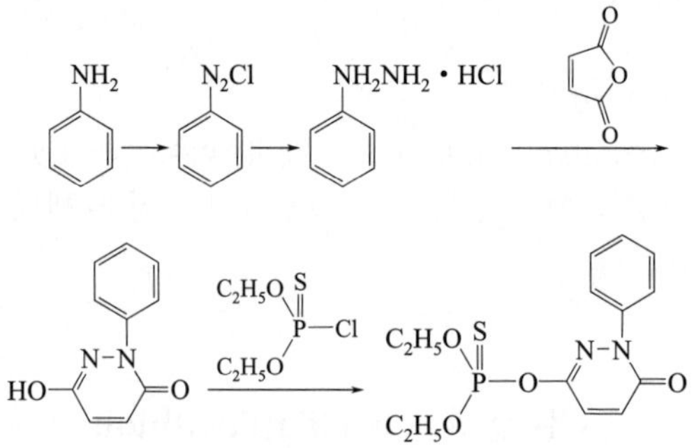

分析方法 产品和残留通过 GLC 分析。

主要生产商 池州新赛德化工有限公司。

参考文献

[1] 世界农药大全：杀虫剂卷．北京：化学工业出版社．

[2] GB 2113092．

哒幼酮（NC-170）

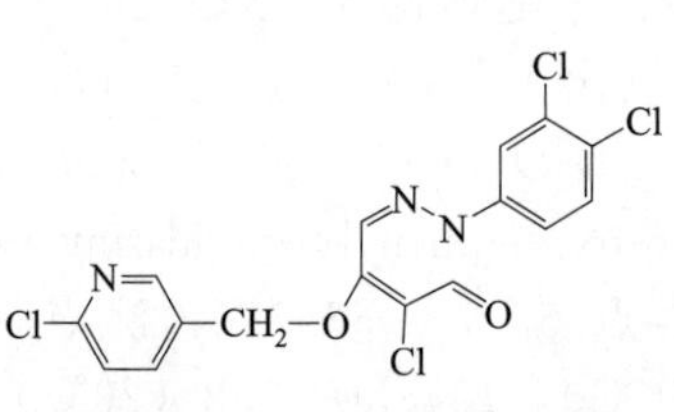

$C_{16}H_9Cl_4N_3O_2$，417.1，107360-34-9

其他名称 NC-170

化学名称 4-氯-5-(6-氯-3-吡啶甲氧基)-2-(3,4-二氯苯基)-哒嗪-3-($2H$)-酮；4-chloro-5-(6-chloro-3-pyridinylmethoxy)-2-(3,4-dichlorophenyl)-pyridazin-3-($2H$)-one

CAS 名称 4-chloro-5-[(6-chloro-3-pyridinyl) methoxy]-2-(3,4-dichlorophenyl)-3($2H$)-pyridazinone

理化性质 熔点 180~181℃。

毒性 大鼠急性经口 LD_{50}＞10000mg/kg，小鼠急性经口 LD_{50}＞10000mg/kg，兔急性

经皮 $LD_{50}>2000mg/kg$，对兔眼睛和皮肤无刺激作用。鱼毒 LC_{50}（48h）：鲤鱼>40mg/L，虹鳟>40mg/L。Ames 试验和微核试验均为阴性。

应用 本品呈类保幼激素活性，选择性抑制叶蝉和飞虱的变态，能抑制昆虫发育，使昆虫不能完成由若虫至成虫的变态和影响中间的蜕皮，导致昆虫逐渐死亡。以水溶液喷雾盆栽水稻，其活性可维持 40d 以上，故可用来防治水稻的主要害虫，如抑制黑尾叶蝉和褐飞虱变态。其他生理作用有抑制胚胎发生、促进色素合成、防止和终止若虫发育、刺激卵巢发育、产生短翅型。

参考文献

[1] 农药，1991，30（4）：39-40.
[2] EU 210647.

单甲脒（semiamitraz）

$C_{10}H_{14}N_2$，198.7，33089-74-6

其他名称 杀螨脒

化学名称 N-(2,4-二甲基苯基)-N'-甲基甲脒；(EZ)-N-methylaminomethylene-2,4-xylidine

CAS 名称 N-(2,4-dimethylphenyl)-N'-methylmethanimidamide

理化性质 纯品为白色针状结晶，熔点为 163～165℃，易溶于水，微溶于低分子量的醇，难溶于苯和石油醚等有机溶剂。对金属有腐蚀性。

毒性 大鼠急性经口 LD_{50} 215mg/kg，急性经皮 $LD_{50}>2000mg/kg$。

制剂 AS。

应用 抑制单胺氧化酶，对昆虫中枢神经系统的非胆碱能突触会诱发直接兴奋作用。该药具触杀作用，对螨卵、幼若螨均有杀伤力。为感温型杀螨剂，气温 22℃ 以上防效好，可防治柑橘全爪螨、柑橘锈螨、兼治橘蚜、木虱，对天敌安全。对鱼有毒，勿使药剂污染河流和池塘等。该药剂渗透性强，喷药后 2h 降雨，不影响药效。该药剂与有机磷和菊酯类农药混用有增效作用，不能与碱性农药混用，配药时不能用硬质碱性大的井水，否则药效下降。

主要生产商 天津人农药业。

滴滴滴（TDE）

$C_{14}H_{10}Cl_4$，320.0，72-54-8

其他名称 p,p'-滴滴滴，p,p'-DDD

化学名称 1,1-二氯-2,2-双（对氯苯基）乙烷；2,2-双（4-氯苯基）-1,1-二氯乙烷；1,1-dichloro-2,2-bis（p-chlorophenyl）ethane

CAS 名称 1,1'-(2,2-dichloroethylidene) bis [4-chlorobenzene]

应用 杀虫剂。

滴滴涕 (pp'-DDT)

$C_{14}H_9Cl_5$，354.5，50-29-3

1944 年 P. Müller 发现本品的杀虫活性。1944 年由 J. R. geigy S. A.（后成为 Novartis Crop Protection AG）开发。

化学名称 1,1,1-三氯-2,2-二（4-氯苯基）乙烷；1,1,1-trichloro-2,2-bis（4-chlorophenyl）ethane

CAS 名称 1,1'-(2,2,2-trichloroethylidene) bis [4-chlorobenzene]

理化性质 无色晶体。熔点 108.5～109℃（原药不确定）。沸点 185～187℃（0.05mmHg）（分解）。蒸气压 0.025mPa（20℃）。相对密度 1.56（15℃）。几乎不溶于水，易溶于芳烃和氯化溶剂，适度溶于极性有机溶剂和石油润滑油。

毒性 急性经口 LD_{50}（mg/kg）：大鼠 113～118，小鼠 150～300，兔 300～750，绵羊和山羊＞1000。雌性大鼠急性经皮 LD_{50} 2510mg/kg。无吸入毒性。

制剂 DP，EC，GR，WP，Aerosol。

应用 该药已禁用。具有触杀和胃毒作用。

主要生产商 Hindustan，PHP Santé。

狄氏剂（HEOD）

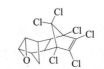

$C_{12}H_8Cl_6O$，380.9，60-57-1

1949 年由 W. Kearns 等报道。先后由 J. Hyman & Co. 和 Shell International Chemical Co., Ltd. 开发。

其他名称 Dieldrin

化学名称 1,2,3,4,10,10-六氯-1,4,4a,5,6,7,8,8a-八氢-6,7-环氧-1,4-挂-5,8-挂-二亚甲基萘；(1R,4S,4aS,5R,6R,7S,8S,8aR)-1,2,3,4,10,10-hexachloro-1,4,4a,5,6,7,8,8a-octahydro-6,7-epoxy-1,4：5,8-dimethanonaphthalene

CAS 名称 (1$a\alpha$,2β,2$a\alpha$,3β,6β,6$a\alpha$,7β,7$a\alpha$)-3,4,5,6,9,9-hexachloro-1a,2,2a,3,6,6a,7,7a-octahydro-2,7：3,6-dimethanonaphth [2,3-b] oxirene

理化性质 工业品为褐色固体。熔点 175～176℃，蒸气压 0.4mPa（20℃），Henry 常数 8.19×10^{-1}Pa·m³/mol（计算值），相对密度 1.62（20℃）。溶解度：水中 0.186mg/L（20℃）。对酸或碱都稳定。

毒性 急性经口 LD_{50}：大鼠 37～87mg/kg，兔 45～50mg/kg。大鼠急性经皮 LD_{50} 60～90mg/kg。

应用 狄氏剂主要用于防治蝼蛄、蛴螬、金针虫等地下害虫，也用于防治黏虫、玉米螟、蝗虫及棉花害虫。对白蚁有特效，对蚜、螨效果很差。其急性毒性高，在环境中不易代谢分解。

分析方法 产品分析用 GLC 法。

参考文献

US 2676547.

敌百虫（trichlorfon）

$$Cl_3CCHP(OCH_3)_2$$
$$\underset{OH}{\overset{\overset{\displaystyle O}{\|}}{}}$$

$C_4H_8Cl_3O_4P$，257.4，52-68-6

由 G. Unterstenhofer 报道其活性，首先由 W. Lorenz 制备，由 Bayer AG 开发的有机磷类杀虫剂。

其他名称 毒霸，三氯松，Bayer15922，BayerL13/59，OMS800，ENT19763，Dipterex，Saprofon，Susperex，Cekufon，Danex，Dipagrex，Diplox，Dipsol，Lepidex，Neguvon，Neguvon

化学名称 O,O-二甲基（2,2,2-三氯-1-羟基乙基）磷酸酯；rac-dimethyl [(1R)-2,2,2-trichloro-1-hydroxyethyl] phosphonate；dimethyl（RS）-2,2,2-trichloro-1-hydroxyethylphosphonate；(RS)-2,2,2-trichloro-1-(dimethoxyphosphinoyl) ethanol

CAS 名称 dimethyl（P）-(2,2,2-trichloro-1-hydroxyethyl) phosphonate

理化性质 纯品为较淡特殊气味的无色晶体。熔点 78.5～84℃，沸点 100℃（13.33kPa），蒸气压 $2.1×10^{-4}$Pa（20℃）、$5.0×10^{-4}$Pa（25℃），K_{ow}lg$P$ 0.43（20℃），Henry 常数 $4.4×10^{-7}$Pa·m³/mol（20℃），相对密度 1.73（20℃）。溶解度（20℃）：水中 120g/L；易溶于常用有机溶剂（脂肪烃和石油醚除外），如正己烷 0.1～1g/L，二氯甲烷、异丙醇＞200g/L，甲苯 20～50g/L。易发生水解和脱氯化氢反应，在加热、pH＞6 时分解迅速，遇碱很快转化为敌敌畏。DT_{50}（22℃）：510d（pH 4），46h（pH 7），＜30min（pH 9）。光解缓慢。

毒性 大鼠急性经口 LD_{50} 约 250mg/kg。大鼠急性经皮 LD_{50}（24h）＞5000mg/kg；对兔眼睛和皮肤无刺激。大鼠急性吸入 LC_{50}（4h）＞2.3mg/L 空气（喷雾）。无作用剂量：猴子 0.2mg/kg，大鼠（2 年）100mg/kg 饲料，小鼠（2 年）300mg/kg 饲料，狗（4 年）50mg/kg 饲料。鱼毒 LC_{50}（96h）：虹鳟鱼 0.7mg/L，金雅罗鱼 0.52mg/L。水蚤 LC_{50}（48h）0.00096mg/L。对蜜蜂和其他益虫低毒。

制剂 TC，AF，EC，GR。

应用 一种毒性低、杀虫谱广的有机磷杀虫剂。在弱碱液中可变成敌敌畏，但不稳定，很快分解失效。对害虫有很强的胃毒作用，兼有触杀作用，对植物具有渗透性，但无内吸传导作用。主要以 TC 或 AF 等剂型对水喷雾，用于蔬菜、果树、谷物、棉花、大豆、茶树、桑树等作物，防治双翅目、鳞翅目、鞘翅目等咀嚼式口器害虫，但对蚜虫、甘蓝夜蛾、螨类效果较差。敌百虫可配制毒饵或小麦拌种，防治地老虎或蝼蛄等土壤害虫。药液浸秧，可防治稻瘿蚊。药液灌根或浇灌苗床，可防治蔬菜根蛆。粪坑施药，可杀蝇蛆。水田施药，可杀蚂蟥。也能对家畜体表施药或用精制敌百虫饲喂，防治家畜体内外寄生虫，如体虱类、蝇类、体内蛔虫、胃虫等。直接施用或加糖配成毒饵，可防治果蝇、家蝇、厩蝇、蜚蠊等卫生害虫。

合成路线

$$\text{Cl}_2\text{P(Cl)} \xrightarrow{\text{CH}_3\text{OH}} \text{(CH}_3\text{O)P(OH)} \xrightarrow{\text{Cl}_3\text{CCHO}} \text{(CH}_3\text{O)}_2\text{P(O)CH(OH)CCl}_3$$

主要生产商　United Phosphorus, Cequisa, Makhteshim-Agan, Cequisa, Dongbu HiTek, LUQSA, Nufarm Ltd, Bayer Animal Health, 潍坊润丰, 合肥农药厂, 佛山大兴生物, 江门大光明农化, 南宁化工, 新丰农化, 丰源农药, 南天实业, 安邦电化, 南通江山, 托球农化。

参考文献

[1]　The Pesticide Manual. 15th ed: 1159-1160.
[2]　农药商品大全. 北京：中国商业出版社，1996：88.
[3]　US 2701225.

敌敌畏 (dichlorvos)

$C_4H_7Cl_2O_4P$，221.0，62-73-7

由 Ciba AG, Shell Chemical Co.（现 BASF SE）和 Bayer AG 开发。1959 年由 Ciba 首次引入市场。

其他名称　DDV，DDVP
化学名称　2,2-二氯乙烯基二甲基磷酸酯；2,2-dichlorovinyldimethyl phosphate
CAS 名称　2,2-dichloroethenyldimethyl phosphate
理化性质　纯品为无色液体（原药为有芳香气味的无色或琥珀色液体），有挥发性。熔点 <-80℃，沸点 234.1℃（1×10^5 Pa），74℃（1.3×10^2 Pa）。蒸气压 2.1Pa（25℃）。$K_{ow}\lg P$ 1.9。相对密度 1.425（20℃）。水中溶解度 18g/L（25℃）；完全溶解于芳香烃、氯代烃、乙醇中，不完全溶解于柴油、煤油、异构烷烃、矿物油中。185~280℃之间发生吸热反应，315℃时剧烈分解。水和酸性介质中缓慢水解；碱性条件下急剧水解成二甲基磷酸氢盐和二氯乙醛；DT_{50}：31.9d（pH 4），2.9d（pH 7），2.0d（pH 9）。闪点>100℃，172℃（彭斯克-马丁闪点测定仪，1×10^5 Pa）。

毒性　大鼠急性经口 LD_{50} 约 50mg/kg。大鼠急性经皮 LD_{50} 为 224mg/kg；对兔眼睛和皮肤轻微刺激。大鼠急性吸入 LC_{50}（4h）230mg/m³。无作用剂量：大鼠（2 年）10mg/kg 饲料，狗（1 年）0.1mg/kg。山齿鹑急性经口 LD_{50} 24mg/kg，日本鹌鹑亚急性经口 LD_{50}（8d）300mg/kg。鱼毒 LC_{50}（96h）：虹鳟 0.2mg/L，金雅罗鱼 0.45mg/L（0.5μg/L EC）。水蚤 LC_{50}（48h）：0.00019mg/L。海藻 EC_{50}（5d）：52.8mg/L。对蜜蜂有毒，LD_{50}：0.29μg/只。蚯蚓 LC_{50}：15mg/kg 土壤（7d），14mg/kg 土壤（14d）。

制剂　AE，EC，GR，HN，KN，OL，SL。

应用　高效、速效、广谱有机磷杀虫剂，胆碱酯酶抑制剂。对咀嚼式和刺吸式口器害虫防效好。其蒸气压高，对同翅目、鳞翅目昆虫有极强击倒力。施药后易分解，残效期短，无残留，适于茶、桑、烟草、蔬菜、收获前果树、仓库、卫生害虫防治。敌敌畏乳油对高粱、月季花易产生药害，不宜使用。对玉米、豆类、瓜类幼苗及柳树也较敏感，稀释不能低于 800 倍液，最好先进行试验再用。不宜与碱性农药混用。用于室内必须注意安全。

主要生产商 ACA，Agro Chemicals India，AgroDragon，Amvac，Bharat，Agrochemical，Denka，Devidayal，Gujarat Agrochem，Gujarat Pesticides，Heranba，Hubei Sanonda，India Pesticides，AGROFINA，Lucava，Makhteshim-Agan，Nagarjuna Agrichem，Reposo，Sabero，Saeryung，Sharda，Sundat，United Phosphorus，中国化工集团，山东大成，兰溪，南通江山，宁波保税区汇力化工，郑州兰博尔。

参考文献

[1] GB 775085.

[2] US 2956073.

敌噁磷（dioxathion）

$C_{12}H_{26}O_6P_2S_4$，456.5，78-34-2

1959 年由 W. R. diveley 等报道的杀虫、杀螨剂。由 Hercules Inc.（后来为 Nor-Am Chemical Co.）开发。

其他名称 delnav

化学名称 S,S'-(1,4-二噁烷-2,3-二基)-O,O,O',O'-四乙基双(二硫代磷酸酯)；S,S'-(1,4-dioxane-2,3-diyl)-O,O,O',O'-tetraethyl bis(phosphorodithioate)

CAS 名称 S,S'-1,4-dioxane-2,3-diyl bis(O,O-diethyl phosphorodithioate)

理化性质 原药为棕色液体。纯度 68%～75%，含 24% 顺式异构体，48% 反式异构体，约 30% 相关化合物。溶解度：不溶于水，己烷、煤油中 10g/kg，溶于大多数有机溶剂。在中性水中稳定，但遇碱和加热时水解；当遇铁和锡表面接触和与某些载体混合时，本品是不稳定的。

毒性 急性经口 LD_{50}：雄大白鼠 43mg/kg，雌大白鼠 23mg/kg。急性经皮 LD_{50}：雄大白鼠 235mg/kg，雌大白鼠 63mg/kg。每天以 10mg/kg 饲料喂雌大白鼠，对胆碱酯酶有抑制作用。对蜜蜂相对无害。对人的 AID 为 0.0015mg/kg。

制剂 EC。

应用 非内吸性杀虫剂和杀螨剂，特别适用于处理家畜，以防治包括蜱类的体外害虫。也可用于果树和观赏植物，防治食植性螨类，包括柑橘螨类。无药害，对传粉昆虫无害。顺式异构体对蝇类和大鼠的毒性略高于反式异构体。

分析方法 通过红外分析谱分析。

参考文献

[1] US 2725328.

[2] US 2815350.

敌螨特（chlorfensulphide）

$C_{12}H_6Cl_4N_2S$，352.1，2274-74-0

由 Nippon Soda Co.，Ltd. 推出。

其他名称 CPAS，chlorfensulfide

化学名称 4-氯苯基-2,4,5-三氯苯重氮基硫化物；4-chlorophenyl-2,4,5-trichloro-benzenediazosulfide

CAS 名称 [(4-chlorophenyl) thio](2,4,5-trichlorophenyl) diazene

理化性质 熔点 123.5℃。蒸气压：室温下很低。溶解度：几乎不溶于水；易溶于丙酮，溶于苯。对酸和碱非常稳定。

毒性 大鼠急性经口 LD_{50} 4000mg/kg。对蜜蜂无毒。

应用 同杀螨醇混用，用于防治绝大多数食植性螨类，从卵到成虫，均可防治。对天敌，如捕食生物昆虫和寄生昆虫无害。该药可以渗透到植物叶组织里，并保持较长的时间。混剂在通常情况下对植物不产生药害，但能伤害梨和桃。混剂不可同有机磷类药剂合用，特别是对某些苹果树，该混剂适用于对有机磷产生抗性螨类的防治。

分析方法 利用氧化铝色谱柱色谱将敌螨特从产品中分离，在 460nm 分光光度法测定。

主要生产商 Nippon Soda Co.，Ltd.。

敌蝇威（dimetilan）

$C_{10}H_{16}N_4O_3$，240.3，644-64-4

1954 年由 H. Gysin 报道，由 J. R. Geigy S. A.（现为 Ciba-Geigy AG）开发。

其他名称 G 22870，GS 13332，Snip

化学名称 1-二甲氨基甲酰基-5-甲基吡唑-3-基二甲氨基甲酸酯；1-dimethylcarbamoyl-5-methylpyrazol-3-yldimethylcarbamate

CAS 名称 1-[(dimethylamino) carbonyl]-5-methyl-1H-pyrazol-3-yldimethylcarbamate

理化性质 原药为无色固体。熔点为 68～71℃，沸点为 200～210℃（13mmHg）。蒸气压为 $1×10^{-4}$ mmHg（20℃）。易溶于水、氯仿、二甲基甲酰胺；溶于乙醇、丙酮、二甲苯和其他有机溶剂中。工业品为淡黄色至红棕色结晶（纯度不低于 96%），熔点为 55～65℃。遇酸和碱水解。

毒性 急性经口 LD_{50}：大鼠 47～64mg/kg，小鼠 60～65mg/kg。大鼠的急性经皮 LD_{50} 值大于 4000mg/kg。在亚慢性试验中，测得对狗的无作用剂量为 200mg/kg。对家畜较敏感,对牛的急性经口 LD_{50} 值约为 5mg/kg。

应用 胃毒农药,用于防治果蝇和橄榄实蝇。

分析方法 采用 GLC。

参考文献

[1] CH 281946.
[2] CH 282655.
[3] GB 681376.
[4] US 2681879.

地安磷 (mephosfolan)

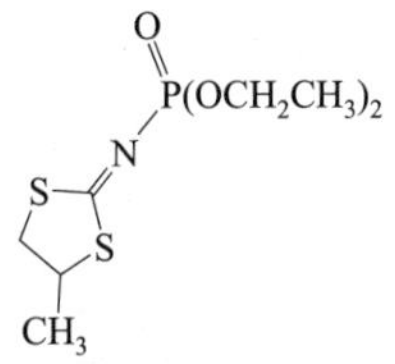

$C_8H_{16}NO_3PS_2$,269.3,950-10-7

1963 年由 American Cyanamid Co. 开发。

其他名称 EI 47 470,Cytro-Lane

化学名称 二乙基-4-甲基-1,3-二硫戊环-2-亚基氨基磷酸酯;diethyl 4-methyl-1,3-dithiolan-2-ylidenephosphoramidate;2-(diethoxyphosphinylimino)-4-methyl-1,3-dithiolane

CAS 名称 diethyl(4-methyl-1,3-dithiolan-2-ylidene) phosphoramidate

理化性质 原药为黄色至琥珀色液体,$K_{ow}\lg P$ 1.045。溶解度(25℃):水 57mg/L,溶于丙酮、苯、1,2-二氯乙烷、乙醇。在中性水中稳定,在 pH<2 与 pH>9 条件下水解。

毒性 急性经口 LD_{50}:大白鼠 3.9~8.9mg 原药/kg,小白鼠 11.3mg/kg,日本鹌鹑 12.8mg/kg。雄白兔急性经皮 LD_{50}(24h)为 28.7mg 原药/kg,>5000mg(2%颗粒剂)/kg。以≤15mg/kg 饲料饲喂雄大白鼠 90d,对其体重增加无明显的影响,但其红血球和脑胆碱酯酶有所降低。LC_{50}(96h):鳟鱼 2.12mg/L,鲤鱼 54.5mg/L。蜜蜂 LC_{50}(局部施药)为 0.0035mg/蜜蜂。

制剂 EC,GR。

应用 触杀性和胃毒性杀虫剂,通过植物的根和叶吸收,具有内吸活性。它用于一些较主要的作物上,如棉花、玉米、蔬菜、果树和其他大田作物,防治夜蛾类、茎钻孔虫、棉铃虫、粉虱科、螨类和蚜类。

分析方法 产品分析采用紫外光谱法。

参考文献

GB 974138.

地虫硫磷 (fonofos)

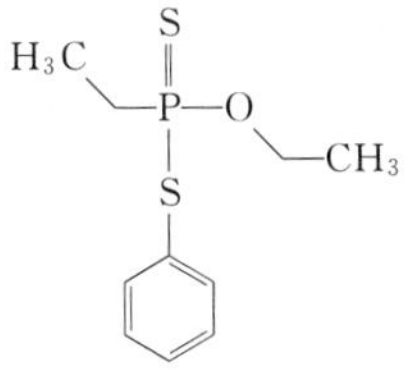

$C_{10}H_{15}OPS_2$,246.3,944-22-9

1967年J.J.Menn和K.Szabo介绍其杀虫剂活性。由Stauffer Chemical Co.（Zeneca Agrochemicals）开发。

其他名称 大风雷，地虫磷，Dyfonate，Captos N-2790

化学名称 (R,S)-O-乙基-S-苯基乙基二硫代磷酸酯；O-ethyl S-phenyl (RS)-ethylphosphonodithioate

CAS名称 (±)-O-ethyl S-phenyl ethylphosphonodithioate

理化性质 有芳香味无色透明液体。沸点约130℃（0.013kPa，25℃），蒸气压28mPa（25℃），K_{ow}lg$P$ 3.94，相对密度1.16（25℃）。水中溶解度13mg/L（22℃）；可与有机溶剂混溶，如丙酮、乙醇、甲基异丁酮、二甲苯、煤油。酸碱介质中水解。＜100℃稳定。手性体已分离，其在四氯化碳、环己烷、甲醇中发生旋光性逆转。（R）-异构体与（S）-异构体相比，对害虫和小白鼠毒力最高，对胆碱酯酶的抑制作用也高。

毒性 大鼠急性经口LD_{50}：雄11.5mg/kg，雌5.5mg/kg。急性经皮LD_{50}（mg/kg）：大鼠147，兔32～261，豚鼠278；对兔皮肤和眼睛无刺激；对豚鼠皮肤有轻微致敏性。大鼠LC_{50}（4h）：雄51μg/L，雌17μg/L。2年无作用剂量：大鼠10mg/kg饲料［0.5mg/(kg·d)］，狗0.2mg/(kg·d)。无致畸、致癌作用。野鸭急性经口LD_{50} 128mg/kg。鱼LC_{50}（96h）：虹鳟鱼0.05mg/L，大翻车鱼0.028mg/L。水蚤LC_{50}（48h）1μg/L。对蜜蜂有毒，LD_{50} 0.0087mg/只。

应用 一种触杀性二硫磷酸酯类杀虫剂，胆碱酯酶的抑制剂，该药毒性较大。由于硫逐磷酸酯类比磷酸酯类结构容易穿透昆虫的角质层，因此防除害虫效果较佳。防治小麦、大豆、花生等作物地下害虫，在播种前将颗粒剂撒施于播种沟或播种穴，播种后覆土。防治甘蔗地蛴螬和蔗龟，可以种植前施药或在蔗旁开浅沟施药后覆土。禁止在蔬菜、果树、茶叶、中药材上使用。应避免和种子邻近存放。在土壤中有中度持效，其持效期约56d。高毒农药，自2013年10月31日起，停止销售和使用。

地麦威（dimetan）

$C_{11}H_{17}NO_3$，211.3，122-15-6

由J.R.Geigy S.A.（现Ciba-Geigy AG）开发。

其他名称 G19258

化学名称 5,5-二甲基-3-氧代环己-1-烯基二甲氨基甲酸酯；5,5-dimethyl-3-oxocyclohex-1-enyl dimethylcarbamate

CAS名称 5,5-dimethyl-3-oxo-1-cyclohexen-1-yl N,N-dimethylcarbamate

理化性质 原药为淡黄色结晶。熔点43～45℃，经过重结晶熔点45～46℃。在20℃时，在水中溶解3.15%，溶于丙酮、乙醇、二氯乙烷、氯仿。沸点122～124℃（0.35mmHg）。遇酸、碱水解。

毒性 大鼠的急性经口LD_{50}约为150mg/kg，鼹鼠约为120mg/kg。

制剂 DP，GR，WP，OL。

应用 杀蚜虫和爪螨。在美国没有该药的商品出售，是停产品种。

分析方法 酸碱滴定法，比色测定法，气相色谱法，薄层气相色谱-酶抑制检测器。

碘硫磷（jodofenphos）

$C_8H_8Cl_2IO_3PS$，413.0，18181-70-9

1969 年由 B. C. Haddow，T. G. Marks 报道的杀虫杀螨剂。由 Ciba AG（Ciba-Geigy AG）开发。

其他名称 C 9491

化学名称 O-2,5-二氯-4-碘苯基-O,O-二甲基硫代磷酸酯；O-2,5-dichloro-4-iodophenyl O,O-dimethyl phosphorothioate

CAS 名称 O-(2,5-dichloro-4-iodophenyl) O,O-dimethyl phosphorothioate

理化性质 无色晶体。熔点 76℃，蒸气压 0.106mPa（20℃），Henry 常数 $<2.19\times10^{-2}$ Pa·m³/mol（计算值），相对密度 2.0（20℃）。溶解度：水$<$2mg/L（20℃）；丙酮、甲苯 450，二氯甲烷 810，苯 610，异丙醇 230，己烷 33，甲醇、正辛醇 30（g/L，20℃）。中性、弱酸性和弱碱性介质中极其稳定。遇强酸、强碱水解。

毒性 急性经口 LD_{50}：大鼠 2100mg/kg，小鼠 3000mg/kg，兔 2000mg/kg，狗 3000mg/kg。急性经皮 LD_{50}：大鼠$>$2000mg/kg，兔$>$500mg/kg。对兔皮肤有轻微刺激，对眼睛有刺激作用。大鼠急性吸入 LC_{50}（6h）$>$0.246mg/L。NOEL（90d，饲喂）：大鼠 5mg/kg [0.38mg/(kg·d)]，狗 15mg/kg [0.45mg/(kg·d)]。鱼毒 LC_{50}（96h）：虹鳟鱼 0.06~0.10mg/L，金鱼 1.00~1.33mg/L，翻车鱼 0.42~0.75mg/L。对蜜蜂有毒。

制剂 WP，SC，EC，DP。

应用 有机磷类杀虫剂。

分析方法 产品可用 GLC 分析。

主要生产商 Ciba-Geigy。

参考文献

[1] BE 672431.

[2] GB 1057609.

叠氮磷（mazidox）

$C_4H_{12}N_5OP$，177.1，7219-78-5

由 Pest Control Ltd.（后来的 Schering Agrochemicals）开发。

其他名称 NC 7

化学名称 四甲基叠氮膦酰胺；tetramethylazidophosphonic diamide

CAS 名称　tetramethylphosphorodiamidic azide
应用　胆碱酯酶抑制剂。

丁苯硫磷（fosmethilan）

$C_{13}H_{19}ClNO_3PS_2$，367.8，83733-82-8

1983 年 K. Sagi 等报道。
其他名称　Nevifos，NE-79168
化学名称　S-[N-(2-氯苯基)丁酰氨基甲基]-O,O-二甲基二硫代磷酸酯；S-[N-(2-chlorophenyl) butyramidomethyl] O,O-dimethyl phosphorodithioate
CAS 名称　S-[[(2-chlorophenyl)(1-oxobutyl) amino] methyl] O,O-dimethyl phosphorodithioate
理化性质　无色晶体，熔点 42℃，蒸气压 12mPa，K_{ow} lg$P$ 0.56。溶解度（20℃）：水中 2.3mg/L。水解（20℃）DT_{50}：12.7d（pH 4.5），13.1d（pH 7），11.4d（pH 8.3）。
毒性　大鼠急性经口 LD_{50}：雄 110mg/kg，雌 49mg/kg。大鼠急性经皮 LD_{50}：雄＞11000mg/kg，雌 6000mg/kg。对兔眼睛和皮肤有轻微刺激作用。雄大鼠急性吸入 LC_{50}＞15mg/L。野鸡急性经口 LD_{50} 92mg/kg，日本鹌鹑急性经口 LD_{50} 68～74mg/kg。野鸡 LC_{50}（8d）1330mg/kg 饲料，鹌鹑 LC_{50}（8d）11250mg/kg 饲料。鱼毒 LC_{50}（96h）：鲤鱼 6mg/L，金鱼 12mg/L。
制剂　EC。
应用　有机磷类杀虫剂，胆碱酯酶抑制剂。其可有效地防治仁果、核果、蔬菜和其他田间作物上的鞘翅目、双翅目、半翅目、膜翅目、鳞翅目和缨翅目害虫。
主要生产商　Neviki，Chemolimpex。

丁氟螨酯（cyflumetofen）

$C_{24}H_{24}F_3NO_4$，447.4，400882-07-7

2004 年由大冢化学公司报道。2010 年上市。
其他名称　Danisaraba
化学名称　2-甲氧基乙基-(RS)-2-(4-叔丁基苯基)-2-氰基-3-氧-3-(2-三氟甲基苯基)丙酸酯；2-methoxyethyl (RS)-2-(4-tert-butylphenyl)-2-cyano-3-oxo-3-(α,α,α-trifluoro-o-tolyl) propionate

CAS 名称　2-methoxyethyl α-cyano-α-[4-(1,1-dimethylethyl)phenyl]-β-oxo-2-(trifluoromethyl)benzenepropanoate

理化性质　白色无味固体。熔点 77.9～81.7℃，沸点 269.2℃（2.2kPa）。蒸气压<5.9×10^{-3}mPa（25℃，含气饱和度方法，OECD 104）。K_{ow} lg$P$ 4.3（HPLC，OECD 117）。相对密度 1.229（20℃）。水中溶解度：0.0281mg/L（pH 7，20℃）；其他溶剂中溶解度（g/L，20℃）：正己烷 5.23，甲醇 99.9，丙酮、二氯甲烷、乙酸乙酯和甲苯>500。稳定性：弱酸条件下稳定；水中 DT_{50}：9d（pH 4），5h（pH 7），12 min（pH 9）（25℃）；直到 293℃ 稳定。

毒性　雌鼠急性经口 LD_{50}>2000mg/kg。大鼠急性经皮 LD_{50}>5000mg/kg；对兔眼睛和皮肤没有刺激；对豚鼠皮肤致敏（最大化方法）。大鼠吸入 LC_{50}>2.65mg/L。NOEL 值：大鼠 500mg/kg 饲料；狗 30mg/(kg·d)。对大鼠和兔没有致畸性；对大鼠没有生殖毒性；对大鼠和小鼠没有致癌性；没有诱导有机体突变的物质。鸟类：鹌鹑急性经口 LD_{50}>2000mg/kg；鹌鹑 LC_{50}（5d）>5000mg/kg 饲料。鱼类 LC_{50}（96h，mg/L）：鲤鱼>0.54，虹鳟鱼>0.63。水蚤 EC_{50}（48h）>0.063mg/L。水藻 E_bC_{50}（72h）>0.037mg/L。蜜蜂：经口 LD_{50}>591μg 制剂/只；接触>102μg/只。蚯蚓 LC_{50}>1020mg/kg 土壤。

制剂　SC。

应用　非内吸性杀螨剂，主要为触杀作用。对成螨 24h 内完全麻痹。对部分虫卵有作用，刚孵化的若螨能被全部杀死。

合成路线

主要生产商　Otsuka。

参考文献

CN 1446196.

丁环硫磷（fosthietan）

$C_6H_{12}NO_3PS_2$，241.3，21548-32-3

1975 年由 W. K. Whitney 和 J. L. Aston 报道。由 American Cyanamid Co. 推出的杀虫、杀线虫剂。

其他名称　代线丹，AC64475，CL64475，ENT27873，Nematak，Acconem，Geofos

化学名称　2-(二乙氧基膦基亚氨基)-1,3-二噻丁烷；diethyl 1,3-dithietan-2-ylidenephosphoramidate

CAS 名称 diethyl 1,3-dithietan-2-ylidenephosphoramidate

理化性质 纯品为黄色液体（原药具有硫醇味）。蒸气压 0.86mPa（25℃）。Henry 常数 $4.15×10^{-6}$ Pa·m³/mol（计算值）。相对密度 1.3（25℃）。25℃水中溶解度 50g/L；溶于丙酮、氯仿、甲醇和甲苯中。土壤中 DT_{50} 10～20d。

毒性 大鼠急性经口 LD_{50} 5.7mg/kg（原药）。兔急性经皮 LD_{50}（24h）：54mg/kg（原药），3124mg/kg（5%颗粒剂）。对细菌无诱变活性。

制剂 GR，SL。

应用 广谱、内吸、触杀性杀虫、杀线虫剂。用于花生、甜瓜、草莓、马铃薯、大豆、玉米、烟草、甜菜和浆果等防治根结线虫、土壤害虫等。

合成路线

$$(CH_3CH_2O)_2\overset{O}{\overset{\|}{P}}-Cl \xrightarrow{NH_4NCS} (CH_3CH_2O)_2\overset{O}{\overset{\|}{P}}-NCS \xrightarrow{NaSH} (CH_3CH_2O)_2\overset{O}{\overset{\|}{P}}-NHC\overset{S}{\overset{\|}{}}-SNa \xrightarrow[NaHCO_3]{CH_3Br} \underset{S}{\overset{S}{\diagdown}}\!=\!N-\overset{O}{\overset{\|}{P}}\overset{OCH_2CH_3}{\underset{OCH_2CH_3}{}}$$

参考文献

US 3476837.

丁基嘧啶磷（tebupirimfos）

$$(H_3C)_3C-\text{pyrimidine}-O-\overset{S}{\overset{\|}{P}}\overset{OCH_2CH_3}{\underset{OCH(CH_3)_2}{}}$$

$C_{13}H_{23}N_2O_3PS$，314.8，96182-53-5

J. Hartwig 等报道其活性，1995 年由 Bayer Crop 公司开发的有机磷类杀虫剂。

其他名称 丁嘧硫磷，BAYMAT7484，HM-0446，Aztec，Defcon

化学名称 O-(2-叔丁基嘧啶-5-基)-O-乙基-O-异丙基硫逐磷酸酯；O-(2-*tert*-butylpyrimidin-5-yl) O-ethyl O-isopropyl phosphorothioate

CAS 名称 O-[2-(1,1-dimethylethyl)-5-pyrimidinyl]，O-ethyl，O-(1-methylethyl)-phosphorothioate

理化性质 其纯品为无色结晶体。沸点 135℃（1.5mmHg），152℃（760mmHg）。20℃时蒸气压 5mPa。水中溶解度（20℃，pH7）5.5mg/L；溶于苯、氯仿、己烷和甲醇。在碱性条件下可快速分解。

毒性 大鼠急性经口 LD_{50}：雄 2.9～3.6mg/kg，雌 1.3～1.8mg/kg；小鼠急性经口 LD_{50}：雄 14.0mg/kg，雌 9.3mg/kg。大鼠急性经皮 LD_{50}：雄 31.0mg/kg，雌 9.4mg/kg。大鼠吸入 LC_{50}（4h）：雄 82mg/L，雌 36mg/L。无致畸、致突变、致癌作用。毒性分类：Ia 剧毒。但若与拟除虫菊酯类混配，毒性则大大降低。

制剂 GR。

应用 本品主要用于防治地下害虫，持效期长达 4 周，且不受温度影响。使用浓度为 0.15mg (a.i.)/L 可有效防治叶甲属害虫、金针虫及双翅目害虫。2%丁基嘧啶磷与 0.1%氟氯氰菊酯混用不仅可有效防治叶甲属害虫、金针虫及双翅目害虫，而且对地老虎、切根虫、金龟幼虫有很好的防效。

合成路线

$$PSCl_3 \xrightarrow{C_2H_5OH} \text{乙基硫代磷酰二氯} \xrightarrow{(CH_3)_2CHOH} \text{异丙基乙基硫代磷酰氯}$$

$$\text{羟基嘧啶} + \text{异丙基乙基硫代磷酰氯} \longrightarrow \text{目标产物}$$

主要生产商 Bayer CropScience，Amvac，Makhteshim-Agan。

参考文献

[1] The Pesticide Manual. 11th Ed. PP. 1997：1150.

[2] Proc Br Crop Prot Conf-Pests Dis，1992，1：35.

[3] US 5189166.

丁硫克百威（carbosulfan）

$C_{20}H_{32}N_2O_3S$，380.6，55285-14-8

由富美实公司开发。

其他名称 丁硫威，好年冬，FMC35001，Advantage，Marshal，Bright，Sunsulfan

化学名称 2,3-二氢-2,2-二甲基-7-苯并呋喃-N-(二正丁氨基硫基)-N-甲基氨基甲酸酯；2,3-dihydro-2,2-dimethylbenzofuran-7-yl (dibutylaminothio) methylcarbamate

CAS 名称 2,3-dihydro-2,2-dimethyl-7-benzofuranyl N-[(dibutylamino) thio]-N-methyl-carbamate

理化性质 橙色到亮褐色黏稠液体，减压蒸馏时热分解（8.65kPa）。蒸气压 3.58×10^{-2} mPa（25℃）。相对密度 1.054（20℃）。K_{ow} lg$P$ 5.4。Henry 常数 4.66×10^{-3} Pa·m³/mol（计算值）。水中溶解度：3mg/L（25℃）；其他溶剂中溶解度：与多数有机溶剂，如二甲苯、己烷、氯仿、二氯甲烷、甲醇、乙醇、丙酮互溶。稳定性：在水介质中易水解；在纯水中的 DT_{50}：0.2h（pH 5），11.4h（pH 7），173.3h（pH 9）。闪点40℃（闭式）。

毒性 大鼠急性经口 LD_{50}（mg/kg）：雄 250，雌 185。兔急性经皮 LD_{50}＞2000mg/kg，对眼睛无刺激作用，对皮肤具有中等的刺激作用。大鼠 LC_{50}（1h）：雄 1.53mg/L 空气，雌 0.61mg/L 空气。禽类急性经口 LD_{50}（mg/kg）：野鸭 10，鹌鹑 82，野鸡 20。LC_{50}（96h）：大翻车鱼 0.015mg/L，虹鳟鱼 0.042mg/L。水蚤 LC_{50}（48h）：1.5μg/L。水藻 EC_{50}（96h）：20mg/L。对蜜蜂有毒，LD_{50}（24h，经口）1.046μg/只，（24h，接触）0.28μg/只。对蠕虫无毒。对其他益虫有潜在危害。

制剂 DP，EC，GR，UL，WP，SC。

应用 氨基甲酸酯类杀虫剂。用于防治蚜虫、螨、金针虫、甜菜隐食甲、甜菜跳甲、马铃薯甲虫、果树卷叶蛾、苹瘿蚊、苹果蠹蛾、茶微叶蝉、梨小食心虫和介壳虫等。做土壤处理，可防治地下害虫（倍足亚纲、叩甲科、综合纲）和叶面害虫（蚜科、马铃薯甲虫），适用于柑橘、马铃薯、水稻、棉花、甜菜等。丁硫克百威系克百威低毒化衍生物，胆碱酯酶抑制剂，杀虫谱广。

合成路线

分析方法 原药采用高效液相色谱进行分离，以正辛基苯基酮作内标物定量分析。

主要生产商 冀州凯明，湖北沙隆达（荆州），湖南海利，江苏常隆，江苏嘉隆，大连凯飞，浙江禾田，美国富美实。

参考文献

［1］ US 43292931.
［2］ CN 102786503.
［3］ JP 5916756.

丁醚脲（diafenthiuron）

$C_{23}H_{32}N_2OS$，384.6，80060-09-9

1988 年 H. P. Streibert 等报道该杀虫剂和杀螨剂，Ciba-Geigy AG（现 Syngenta AG）开发，1990 年首次进入市场。

其他名称 宝路，杀螨脲，Pegasus，Polo

化学名称 1-叔丁基-3-(2,6-二异丙基-4-苯氧基苯基)硫脲；1-*tert*-butyl-3-(2,6-diisopropyl-4-phenoxyphenyl)thiourea

CAS 名称 N-[2,6-bis(1-methylethyl)-4-phenoxyphenyl]-N'-(1,1-dimethylethyl)thiourea

理化性质 白色粉末。熔点 144.6～147.7℃（OECD 102）。蒸气压 $<2\times10^{-3}$ mPa（25℃）（OECD 104）。K_{ow} lg$P$ 5.76（OECD 107）。Henry 常数 $<1.28\times10^{-2}$ Pa・m³/mol（计算值）。相对密度 1.09（20℃）（OECD 109）。水中溶解度（25℃）：0.06mg/L；有机溶剂中溶解度（g/L）：乙醇 43，丙酮 320，甲苯 330，正己烷 9.6，辛醇 26。对于空气、水和光稳定；水解 DT_{50}（20℃）：4.1 年（pH 5），451d（pH 7），796d （pH 9）。

毒性 大鼠急性经口 LD_{50} 2068mg/kg。大鼠急性经皮 $LD_{50}>$2000mg/kg；对大鼠皮肤和眼睛均无刺激作用；对豚鼠皮肤不致敏。大鼠急性吸入 LC_{50}（4h）0.558mg/L 空气。NOEL 值 [90d, mg/(kg・d)]：大鼠 4，狗 1.5。在 Ames 实验、DNA 修复和核异常测试中不致畸。山齿鹑和野鸭：急性经口 $LD_{50}>$1500mg/kg；饲喂 LC_{50}（8d）$>$1500mg/kg；在田间条件下无急性危害。鱼类 LC_{50}（96h，mg/L）：鲤鱼 0.0038，虹鳟鱼 0.0007，大翻车鱼 0.0013；在田间条件下，由于迅速降解成无毒代谢物，无明显危害。水蚤 LC_{50}（48h）0.15μg/L。淡水藻 IC_{50}（72h）$>$50mg/L。对蜜蜂有毒，经口 LD_{50}（48h）2.1μg/只，局部施药 1.5μg/只；田间条件下没有明显的危害。蠕虫 LC_{50}（14d）约 2600mg/kg。

制剂 SC，WP。

应用 属硫脲类杀虫杀螨剂，在体内转化为线粒体呼吸抑制剂。具有触杀、胃毒、内吸和熏蒸作用。低毒，但对鱼、蜜蜂高毒。可以控制蚜虫的敏感品系及对氨基甲酸酯、有机磷和拟除虫菊酯类产生抗性的蚜虫、大叶蝉和椰粉虱等，还可以控制小菜蛾、菜粉蝶和夜蛾为害。该药可以和大多数杀虫剂和杀菌剂混用。是防治棉花等多种田间作物、果树、观赏植物和蔬菜上植食性螨类（叶螨科、跗线螨科）、粉虱、蚜虫和叶蝉等害虫的有效杀虫剂和杀螨剂。也可以防治甘蓝上的菜蛾、大豆上的梨豆夜蛾和棉花上的棉叶夜蛾等某些害虫。对所有益虫（花蝽科、瓢虫科、盲蝽科）的成虫和捕食性螨、蜘蛛、普通虫蛉的成虫和处于未成熟阶段的幼虫均安全，对未成熟阶段的半翅目昆虫无选择性。在室内防治粉虱和螨类时，可同生物防治一同实施，即有相容性。注意事项：对蜜蜂、鱼有毒，使用时应注意。

主要生产商　Syngenta，Rotam，江苏绿利来。

参考文献

[1] GB 2060626.

[2] DE 3034905.

丁酮砜威（butoxycarboxim）

$C_7H_{14}N_2O_4S$，222.3，34681-23-7

由 M. Vulic 和 H. Bräunling 报道其活性，由 Wacher Chemie GmbH 开发。

其他名称　Co 859

化学名称　3-甲磺酰基丁酮-O-甲基氨基甲酰肟；3-methylsulfonylbutanone O-methyl-carbamoyloxime

CAS 名称　3-(methylsulfonyl)-2-butanone-O-[(methylamino) carbonyl] oxime

理化性质　丁酮砜威含（E)-异构体和（Z)-异构体（85～90）：（15～10），无色晶体。熔点85～89℃，纯（E)-异构体83℃。蒸气压 $0.266×10^{-3}$ Pa（20℃）。相对密度 1.21（20℃）。Henry 常数 $2.83×10^{-7}$ Pa·m³/mol。水中溶解度：209g/L（20℃）；其他溶剂中溶解度（g/L，20℃）：丙酮172，四氯化碳5.3，氯仿186，环己烷0.9，庚烷0.1，异丙醇101，甲苯29，易溶于极性有机溶剂，微溶于非极性溶剂。对光稳定，≤100℃热稳定。水溶液水解 DT_{50}：501d（pH 5)，18d（pH 7)，16d（pH 9)。对紫外线稳定。

毒性　急性经口 LD_{50}（mg/kg）：大鼠458，兔275。大鼠急性经皮 LD_{50}>2000mg/kg。NOEL 值（90d）：饲喂大鼠300mg/kg；而饲喂1000mg/kg 对红细胞和血浆胆碱酯酶有轻微抑制作用。胶纸板黏着制剂对大鼠的经口 LD_{50}>5000mg/kg，雌鼠急性经皮 LD_{50} 288mg/kg。丁酮砜威是丁酮威在动植物组织中的代谢产物，因此对后者的毒性试验包括部分丁酮砜威。母鸡急性经口 LD_{50} 367mg/kg。鱼 LC_{50}（96h，mg/L）：鲤鱼1750，虹鳟鱼170。水蚤 LC_{50}（96h）500μg/L。对蜜蜂无毒。

制剂　特等纸板黏着剂。

应用　胆碱酯酶抑制剂。具有内吸性、触杀和胃毒作用。黏着剂附着在生长着观赏植物的土壤中（盆或容器）。用于防治蚜虫、叶螨等。适用于观赏性植物。根部吸收后向顶部迁移，施用后 2～5d 见效，持效期 35～42d。

合成路线

分析方法 产品分析用红外光谱或高效液相色谱法。

主要生产商 Wacker。

参考文献

[1] The Pesticide Manual. 15 th edition.
[2] US 3816532.
[3] GB 2353202.
[4] DE 2036493.

丁酮威（butocarboxim）

$C_7H_{14}N_2O_2S$, 190.3, 34681-10-2

由 M. Vulic 等于 1973 年报道，由 Wacker-Chemie GmbH 推出。

其他名称 Co 755

化学名称 3-(甲硫基) 丁酮-O-甲基氨基甲酰肟；(EZ)-3-(methylthio) butanone O-methylcarbamoyloxime

CAS 名称 3-(methylthio)-2-butanone O-[(methylamino) carbonyl] oxime

理化性质 工业级为液体，贮存在二甲苯中，含量为 85％，由 (E)-和 (Z)-两种异构体组成，比例大约为 (85～90)∶(15～10)。淡棕色黏稠性液体，低温下结晶。(E)-异构体熔点为 37℃，(Z)-异构体室温下为油状。异构体混合物的蒸气压为 10.6×10^{-3} Pa（20℃）。相对密度 1.12（20℃）。$K_{ow}\lg P$ 1.1。Henry 常数 5.76×10^{-5}Pa·m³/mol。水中溶解度：35g/L（20℃）；其他溶剂中溶解度：脂肪烃溶解度较低，为 11g/L，可与芳烃、酯、酮类混合。日光下在 pH 5～7（直到 50℃）下稳定，强酸和碱性条件下水解，在光照和氧气存在下稳定，100℃以下对热稳定。

毒性 大鼠急性经口 LD_{50} 153～215mg/kg。兔急性经皮 LD_{50} 360mg/kg，对眼睛有刺激作用。大鼠吸入 LC_{50}（4h）1mg/L 空气。NOEL：大鼠 2 年和狗 90d 饲喂试验无作用剂量均为 100mg/kg。在大鼠 2 年的饲喂试验中，高剂量（300mg/kg 饲料）无致癌作用，对生育力、生长速度或死亡率无任何影响。Ames 试验结果表明无诱变性。野鸭 LD_{50} 64mg/kg，日本鹌鹑 LC_{50}（8d）1180mg/kg 饲料。鱼类 LC_{50}（24h，mg/L）：虹鳟鱼 35，太阳鱼 55，虹鳉 70。水蚤 LC_{50}（24h）3.2～5.6mg/L。藻类 LC_{50} 62.5mg/L。对蜜蜂无毒，LD_{50} 1μg/只。

制剂 AE，EC，SL。

应用 用于防治蚜虫、牧草虫、粉虱、粉蚧以及一些吸啜昆虫等。适用于果树、蔬菜、谷物、棉花、烟草和观赏性植物。通过叶子和根部吸收,具有内吸性、触杀和胃毒作用。

合成路线

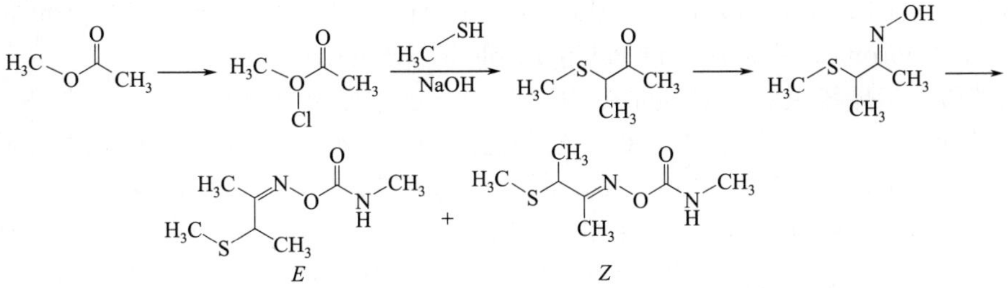

分析方法 产品分析用红外光谱或高效液相色谱法。

主要生产商 Wacker。

参考文献

[1] The Pesticide Manual. 15 th edition.
[2] US 3816532.
[3] GB 1353202.
[4] DE 2036491.

丁烯胺磷 (methocrotophos)

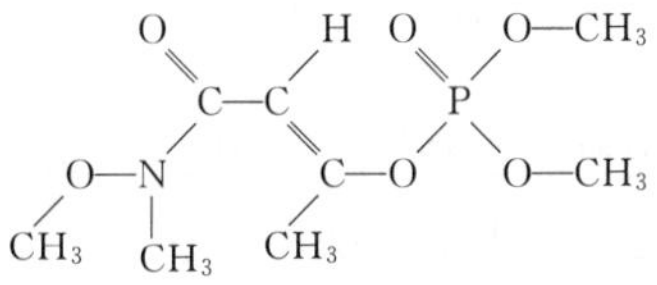

$C_8H_{16}NO_6P$,253.2,25601-84-7

由 Ciba AG(后来的 Ciba-Geigy AG)评估。

其他名称 C 2307

化学名称 (E)-2-(N-甲氧基-N-甲基氨基甲酰基)-1-甲基乙烯基二甲基磷酸酯;(E)-2-(N-methoxy-N-methylcarbamoyl)-1-methylvinyl dimethyl phosphate

CAS 名称 (E)-3-(methoxymethylamino)-1-methyl-3-oxo-1-propenyl dimethyl phosphate

应用 胆碱酯酶抑制剂。

丁烯氟虫腈 (flufiprole)

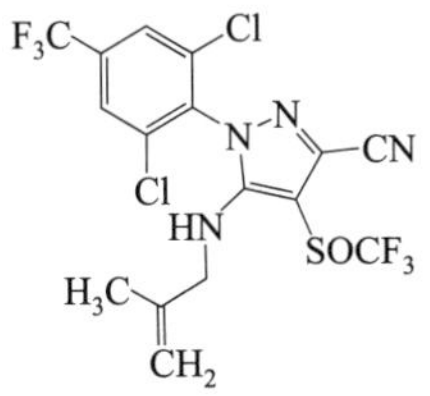

$C_{16}H_{10}Cl_2F_6N_4OS$,491.2,704886-18-0

由大连瑞泽农药股份有限公司开发。

其他名称 butane-fipronil,butene-fipronil,butylene-fipronil,rizazole

化学名称 1-(2,6-二氯-α,α,α-三氟对甲苯基)-5-甲代烯丙基氨基-4-(三氟甲基亚磺酰基)-3-氰基吡唑；1-(2,6-dichloro-α,α,α-trifluoro-p-tolyl)-5-(2-methylallylamino)-4-(trifluoromethylsulfinyl) pyrazole-3-carbonitrile

CAS 名称 1-[2,6-dichloro-4-(trifluoromethyl)phenyl]-5-[(2-methyl-2-propen-1-yl)amino]-4-[(trifluoromethyl)sulfinyl]-1H-pyrazole-3-carbonitrile

理化性质 丁烯氟虫腈原药质量分数≥96.0%；外观为白色疏松粉末。熔点为172～174℃。溶解度（25℃，g/L）：水 0.02；乙酸乙酯 260，微溶于石油醚、正己烷，易溶于乙醚、丙酮、三氯甲烷、乙醇、DMF。K_{ow} lg$P$（正辛醇/水）3.7。常温下稳定，水及有机溶剂中稳定，弱酸、弱碱及中性介质中稳定。丁烯氟虫腈 5%乳油外观为均相透明液体，无可见悬浮物和沉淀。乳液稳定性（稀释 200 倍）合格。产品质量保证期为 2 年。

毒性 丁烯氟虫腈原药和 5%乳油：大鼠急性经口 LD_{50}＞4640mg/kg，急性经皮 LD_{50}＞2150mg/kg。原药对大耳白兔皮肤、眼睛均无刺激性，对豚鼠皮肤变态反应（致敏）试验结果为弱致敏物（致敏率为 0）。5%乳油对大耳白兔皮肤无刺激性，眼睛为中度刺激性；对豚鼠皮肤变态反应（致敏）试验结果为弱致敏物（致敏率为 0）。原药大鼠 13 周亚慢性毒性试验最大无作用剂量：雄为 11mg/(kg·d)，雌为 40mg/(kg·d)；3 项致突变试验（Ames 试验、小鼠骨髓细胞微核试验、小鼠显性致死试验）均为阴性，未见致突变作用。丁烯氟虫腈原药和 5%乳油均为低毒杀虫剂。

丁烯氟虫腈 5%乳油对斑马鱼 96h 的 LC_{50} 为 19.62mg/L；鹌鹑急性经口 LD_{50}＞2000mg/kg；蜜蜂接触染毒 LD_{50} 为 0.56μg/只；家蚕食下毒叶法 LC_{50}＞5000mg/L。该药对鱼、家蚕低毒；对鸟中等毒或低毒（以有效成分的量计算值）；对蜜蜂高毒，高风险性。

制剂 EC。

应用 防治稻纵卷叶螟、稻飞虱、二化螟、三化螟、蜻象、蔬菜小菜蛾、甜菜夜蛾、蓟马等鳞翅目、蝇类和鞘翅目害虫。适用于水稻和蔬菜等作物。对甘蓝小菜蛾的防治效果较好，对菜青虫、小菜蛾、螟虫、黏虫、褐飞虱、叶甲等具有高活性，但对桃蚜、二斑叶螨无效。药剂兼有胃毒、触杀及内吸等多种杀虫方式，主要是阻碍昆虫 γ-氨基丁酸控制的氟化物代谢。与其他杀虫剂没有交互抗性，可以混合使用。丁烯氟虫腈对作物安全，未见药害发生。

合成路线

主要生产商 大连瑞泽。

参考文献

[1] 农药科学与管理，2008，29（9）：58.
[2] 世界农药，2005，27（5）：49.
[3] 上海化工，2007，32（7）：17-19.
[4] 农药大典. 北京：中国三峡出版社，2006：379-380.

丁酯膦（butonate）

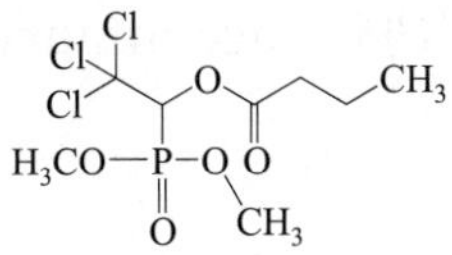

$C_8H_{14}Cl_3O_5P$，327.5，126-22-7

由 B. W. Arthur 和 J. E. Casida 于 1958 年报道，Prentiss Drug & Chemical Co. 推出。

化学名称　2,2,2-三氯-1-(二甲氧基膦酰)乙基丁酸酯；(RS)-2,2,2-trichloro-1-(dimethoxyphosphinoyl) ethyl butyrate

CAS 名称　2,2,2-trichloro-1-(dimethoxyphosphinyl) ethyl butanoate

应用　胆碱酯酶抑制剂。

啶吡唑虫胺（pyrafluprole）

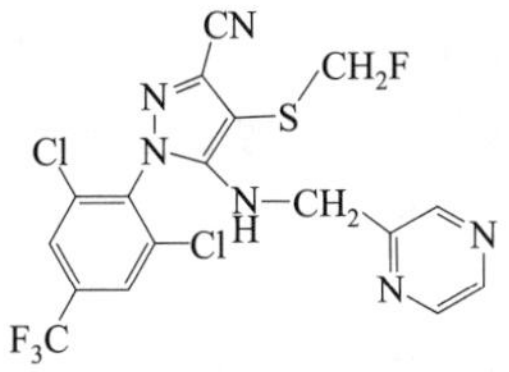

$C_{17}H_{10}Cl_2F_4N_6S$，477.3，315208-17-4

其他名称　V3039

化学名称　1-(2,6-二氯-α,α,α-三氟对甲苯基)-4-氟甲基硫基-5-[(吡嗪基甲基) 氨基]吡唑-3-甲腈；1-(2,6-dichloro-α,α,α-trifluoro-p-tolyl)-4-(fluoromethylthio)-5-[(pyrazinylmethyl) amino] pyrazole-3-carbonitrile

CAS 名称　1-[2,6-dichloro-4-(trifluoromethyl) phenyl]-4-[(fluoromethyl) thio]-5-[(pyrazinylmethyl) amino]-1H-pyrazole-3-carbonitrile

理化性质　熔点 119～120℃。

应用　通过阻碍 γ-氨基丁酸（GABA）调控的氯化物传递而破坏中枢神经系统内的中枢传导。防治鳞翅目和鞘翅目害虫。

啶虫磷（lirimfos）

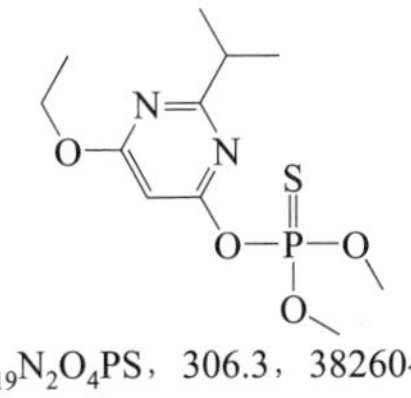

$C_{11}H_{19}N_2O_4PS$，306.3，38260-63-8

由 Sandoz AG. 开发。

其他名称　SAN 201I

化学名称　O-6-乙氧基-2-异丙基嘧啶-4-基-O,O-二甲基硫代磷酸酯；O-6-ethoxy-2-isopropylpyrimidin-4-yl O,O-dimethyl phosphorothioate

CAS 名称 O-[6-ethoxy-2-(1-methylethyl)-4-pyrimidinyl] O,O-dimethyl phosphorothioate

啶虫脒（acetamiprid）

$C_{10}H_{11}ClN_4$, 222.7, 135410-20-7

由日本曹达公司于 20 世纪 80 年代末期开发的新烟碱类杀虫剂。

其他名称 莫比朗，NI-25，EXP60707B，Mospilan

化学名称 (E)-N-[(6-氯-3-吡啶基)甲基]-N'-氰基-N-甲基乙酰胺；(E)-N^1-[(6-chloro-3-pyridyl)methyl]-N^2-cyano-N^1-methylacetamidine

CAS 名称 (E)-N-[(6-chloro-3-pyridinyl)methyl]-N'-cyano-N-methylethanimidamide

理化性质 白色晶体。熔点 98.9℃。蒸气压 $<1×10^{-3}$ mPa（25℃）。K_{ow} lg$P$ 0.80（25℃）。Henry 常数 $<5.3×10^{-8}$ Pa·m³/mol（计算值）。相对密度 1.330（20℃）。溶解度：水 4250mg/L（25℃）；易溶于丙酮、甲醇、乙醇、二氯甲烷、氯仿、乙腈和四氢呋喃等有机溶剂。在 pH 4、5、7 的缓冲溶液中稳定，在 pH 9、45℃条件下缓慢分解；光照下稳定。pK_a 0.7，弱碱性。

毒性 急性经口 LD_{50}（mg/kg）：雄性大鼠 217，雌性大鼠 146，雄性小鼠 198，雌性小鼠 184。雄性和雌性大鼠急性经皮 LD_{50} $>$2000mg/kg；对兔眼睛和皮肤无刺激；对豚鼠无致敏性。雄性和雌性大鼠吸入 LC_{50}（4h）$>$0.29mg/L。NOEL 值（mg/kg）：大鼠（2 年）7.1，小鼠（18 个月）20.3，狗（1 年）20。Ames 试验显阴性。禽类 LD_{50}（mg/kg）：野鸭 98，山齿鹑 180；山齿鹑 LC_{50} $>$5000mg/L。鲤鱼 LC_{50}（24～96h）$>$100mg/L。水蚤 LC_{50}（24h）$>$200mg/L，EC_{50}（48h）49.8mg/L。水藻：淡水藻 EC_{50}（72h）$>$98.3mg/L。NOEC（72h）98.3mg/L。浮萍 EC_{50}（14d）1.0mg/L。蜜蜂 LD_{50}（μg/只）：14.5（经口），8.1（接触）。对一些有益的节肢动物种类有害。

制剂 TC, ME, EW, WG, EC, PP, WP, SL, SP, FU, GR。

应用 用于防治水稻、蔬菜、果树、茶叶的蚜虫、飞虱、蓟马、鳞翅目等害虫，也可防治果树、蔬菜的半翅目害虫。啶虫脒属硝基亚甲基杂环、吡啶类化合物，是一种新型杀虫剂，除了具有触杀和胃毒作用之外，还具有较强的渗透作用。由于作用机制独特，能防治对现有药剂有抗性的蚜虫。用颗粒剂做土壤处理，可防治地下害虫。对人、畜低毒，对天敌杀伤力小，对鱼毒性较低，对蜜蜂影响小。对桑蚕有毒性，切勿喷洒到桑叶上。不可与强碱性药液混用。

合成路线

分析方法　产物可经 HPLC-UV 进行分析。

主要生产商　Aimco，Astec，Meghmani，Sharda，Sudarshan，Nippon Soda，艾农国际，安徽华星，江苏丰山，江苏快达，江苏扬农，青岛凯源祥，南京红太阳，郑州沙隆达，浙江世佳，上海生农，中化宁波，江苏腾龙，新沂中凯，盐城利民，宁波汇力化工，浙江海正。

参考文献

[1] The Pesticide Manual. 15 th edition：9-10.
[2] Nippon Noyaku Gakkaishi，1998，23（2）：193-200.
[3] 农药，1999，38（11）：12-14.
[4] 潍坊教育学院学报，2006，2：17-18.
[5] US 5304566.

啶喃环丙虫酯（afidopyropen）

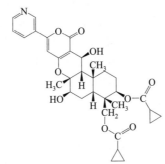

$C_{33}H_{39}NO_9$，593.7，915972-17-7

2013 年正在研发的杀虫剂，由日本 Meiji Seika Kaisha 与 BASF 合作开发。

其他名称　ME5343

化学名称　[(3S,4R,4aR,6S,6aS,12R,12aS,12bS)-3-(cyclopropylcarbonyloxy)-1,2,3,4,4a,5,6,6a,12a,12b-decahydro-6,12-dihydroxy-4,6a,12b-trimethyl-11-oxo-9-(3-pyridyl)-11H,12H-benzo[f]pyrano[4,3-b]chromen-4-yl] methyl cyclopropanecarboxylate

CAS 名称　[(3S,4R,4aR,6S,6aS,12R,12aS,12bS)-3-[(cyclopropylcarbonyl)oxy]-1,3,4,4a,5,6,6a,12,12a,12b-decahydro-6,12-dihydroxy-4,6a,12b-trimethyl-11-oxo-9-(3-pyridinyl)-2H,11H-naphtho[2,1-b]pyrano[3,4-e]pyran-4-yl] methyl cyclopropanecarboxylate

毒性　低毒。

应用　防治吸吮性害虫（蚜虫、粉虱、介壳虫、叶蝉）。用于蔬菜、水果、葡萄、水稻、棉花、中耕作物、观赏作物。施用方式为叶面、种子和土壤。

啶蜱脲（fluazuron）

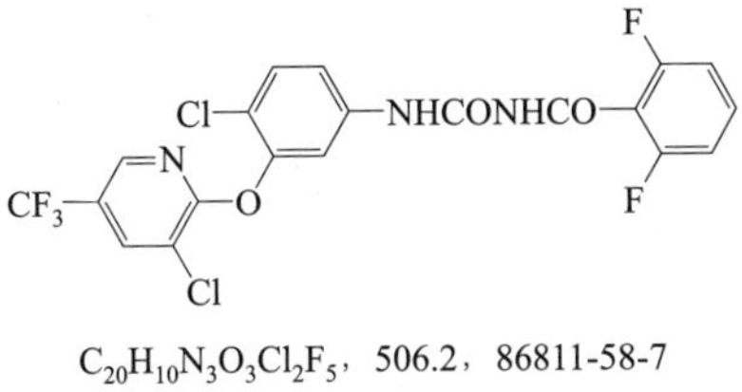

$C_{20}H_{10}N_3O_3Cl_2F_5$，506.2，86811-58-7

由先正达公司开发的一种苯甲酰脲类杀虫、杀螨剂。

其他名称　吡虫隆，CGA 157 419

化学名称　1-[4-氯-3-(3-氯-5-三氟甲基-2-吡啶氧基)苯基]-3-(2,6-二氟苯甲酰)脲；1-[4-chloro-3-(3-chloro-5-trifluoromethyl-2-pyridyloxy) phenyl]-3-(2,6-difluorobenzoyl) urea

CAS 名称　N-[[[4-chloro-3-[[3-chloro-5-(trifluoromethyl)-2-pyridinyl] oxy] phenyl] amino] carbonyl]-2,6-difluorobenzamide

理化性质　本品为灰白色至白色、无味、良好的晶型粉末。熔点为219℃，蒸气压为 1.2×10^{-7} mPa（20℃）。水中溶解度（20℃）：＜0.02mg/L；其他溶剂中溶解度（20℃）：甲醇2.4g/L，异丙醇0.9g/L。稳定性：219℃以下稳定。DT_{50}（25℃）：14d（pH 3），7d（pH 5），20h（pH 7），0.5h（pH 9）。

毒性　大鼠急性经口 LD_{50}＞5000mg/kg，大鼠急性经皮 LD_{50}＞2000mg/kg，大鼠吸入 LC_{50}（4h）＞5994mg/L。在试验剂量内无致畸、致突变、致癌作用。NOEL（1年）值：狗7.5mg/(kg·d)，雌、雄小鼠4.5mg/(kg·d)。在大鼠的2代繁殖试验中 NOEL 100mg/L，无致癌、致畸、致突变作用。山齿鹑和野鸭急性经口 LD_{50}＞2000mg/kg，LC_{50}（8d）＞5200mg/L。鱼类 LC_{50}（96h）：虹鳟＞15mg/L，鲤鱼＞9.1mg/L。水蚤 LC_{50} 0.0006mg/L。藻类 NOEC 27.9mg/L。对蜜蜂无毒。蚯蚓 LC_{50}（14d）＞1000mg/kg 土壤。

应用　主要是胃毒及触杀作用，抑制昆虫几丁质合成，使幼虫蜕皮时不能形成新表皮，虫体成畸形而死亡。具有高效、低毒及广谱的特点。适用玉米、棉花、森林、水果和大豆等作物。防治鞘翅目、双翅目、鳞翅目等害虫。

合成路线

分析方法　高效液相色谱法。

主要生产商　Syngenta.

参考文献

[1]　JP 58072566.

[2]　US 5416102.

毒虫畏（chlorfenvinphos）

(Z)-　　　　(E)-

$C_{12}H_{14}Cl_3O_4P$，359.6，470-90-6(Z)+(E)，曾用2701-86-2。18708-87-7(Z)；18708-86-6(E)

1962 年由 W. F. Chamberlain 等报道，由 Shell International Chemical Company Ltd（现 BASF SE），Ciba AG（现 Novartis Crop Protection AG）和 Allied Chemical Corp. 推出。

其他名称　OMS 166，OMS 1328，ENT 24 969，SD 7859，C 8949，GC 4072，CGA 26351，AC 58085，BAS 188 I，Birlane，Supona，Vinylphate，APachlor

化学名称　(ZE)-2-氯-1-(2,4-二氯苯基)乙烯基二乙基磷酸酯；(ZE)-2-chloro-1-(2,4-dichlorophenyl) vinyl diethyl phosphate

CAS 名称　2-chloro-1-(2,4-dichlorophenyl) ethenyl diethyl phosphate

组成　毒虫畏为顺式和反式几何异构体混合物（工业品 Z 和 E 体总含量≥90%），Z、E 体含量比为 8.6∶1。

理化性质　纯品为无色液体（原药为琥珀色液体），熔点 $-23\sim-19$℃，沸点 $167\sim170$℃（0.5mmHg）。蒸气压：1mPa（25℃），0.53mPa（外推至 20℃）。$K_{ow}\lg P$ 3.85（Z 体），4.22（E 体）。相对密度 1.36（20℃）。水中溶解度 145mg/L（23℃）；易溶于大多数有机溶剂，如丙酮、己烷、乙醇、二氯甲烷、煤油、丙二醇、二甲苯。在中性、酸性和弱碱性水溶液中缓慢分解；遇强碱溶液分解更快；DT_{50}（38℃）：>700h（pH 1.1），>400h（pH 9.1），1.28h（pH 13, 20℃）。闪点大于 285℃。

毒性　急性经口 LD_{50}（mg/kg）：大鼠 10，小鼠 117～200，兔 300～1000，狗>12000。急性经皮 LD_{50}（mg/kg）：大鼠 31～108，兔 400～4700。对兔眼睛和皮肤无刺激。大鼠吸入 LC_{50}（4h）约 0.05mg/L 空气。大鼠和狗 NOEL（2 年）为 1mg/kg 饲料 [0.05mg/(kg·d)]。ADI 值 0.0005mg/kg。禽类急性经口 LD_{50}（mg/kg）：雉 107，鸽子 16。鱼类 LC_{50}（96h, mg/L）：丑角鱼<0.32，古比鱼 0.3～1.6，罗非鱼 0.04。水蚤 EC_{50}（48h）0.3μg/L。羊角月牙藻 EC_{50}（96h）1.6mg/L。蜜蜂 LD_{50}（24h, μg/只）：0.55（经口），4.1（接触）。蚯蚓 LC_{50}（14d）217mg/kg 土壤。

制剂　EC，DP，GR，WP。

应用　胆碱酯酶的直接抑制剂。用于防治二化螟、黑尾叶蝉、飞虱、稻根蛆、种蝇、萝卜蝇、葱蝇、菜青虫、小菜蛾、菜螟、黄条跳甲、二十八星瓢虫、柑橘卷叶虫、红圆疥、梨园钝疥、粉疥、矢尖疥、蚜虫、蓟马、茶卷叶蛾、茶绿叶蝉、马铃薯甲虫、地老虎等以及家畜的蜱螨、疥癣虫、蝇、虱、跳蚤、羊蜱蝇等。适用于水稻、小麦、玉米、蔬菜、苹果、柑橘、甘蔗、棉花、大豆等。作为土壤杀虫剂，防治根蝇、根蛆和地老虎。作为茎叶杀虫剂，用于果树和蔬菜，例如：防治马铃薯上的马铃薯甲虫和柑橘上的介壳虫；防治玉米、水稻和甘蔗上的钻蛀性害虫；防治棉花上的白蝇，但对其寄生虫无效。可防治牛、羊体外寄生虫。此外，还可用于公共卫生方面，防治蚊幼虫。

合成路线

分析方法　产品可用 GC-MSD/HPLC-UV、红外光谱法进行分析。

主要生产商　Azot，上海 MCC。

参考文献

[1] The Pesticide Manual. 13 th ed. 2002：155-157.
[2] US 3116201.
[3] US 2956075.
[4] Chamberlain W E, et al. J Econ Entomol，1962，55：86.

毒壤膦（trichloronat）

$C_{10}H_{12}Cl_3O_2PS$，333.6，327-98-0

R. O. Drummond 介绍其杀虫性能，1960 年由 BayerAG 开发。

其他名称 毒壤磷，Bayer37289，S4400，Agrisil，Agritox，Phytosol

化学名称 O-乙基-O-2,4,5-三氯苯基乙基硫代磷酸酯；O-ethyl O-2,4,5-trichlorophenylethyl phosphonothioate；(RS)-(O-ethyl O-2,4,5-trichlorophenyl ethylphosphonothioate)

CAS 名称 O-ethyl O-(2,4,5-trichlorophenyl) ethylphosphonothioate

理化性质 琥珀色液体，沸点 108℃（0.01mmHg），相对密度 1.365。溶解度（20℃）：水 50mg/L；二氯甲烷、异丙醇＞1.2kg/kg。遇碱水解。

毒性 急性经口 LD_{50}：大白鼠 16～37.5mg/kg，兔 25～50mg/kg，小鸡 45mg/kg。雄大白鼠急性经皮 LD_{50} 135～341mg/kg。以 3mg/kg 饲料饲喂大白鼠 2 年，未见中毒症状。虹鳟 LC_{50}（96h）0.2mg/L，金鱼 LC_{50}（24h）＞10mg/L。

制剂 GR，EC，ZC。

应用 本品是一种非内吸性杀虫剂，被推荐用于防治根蛆、金针虫和其他土壤害虫。

分析方法 产品分析用紫外光谱法。残留分析用气液色谱法。

参考文献

[1] J Econ Entomol，1963，56：831.
[2] DE 1099530.

毒杀芬（camphechlor）

$C_{10}H_8Cl_8$，411.8，8001-35-2

其他名称 Hercules 3956，polychlorcamphene，toxaphene

化学名称 八氯莰烯；a reaction mixture of chlorinated camphenes containing 67%～69% chlorine

CAS 名称 toxaphene

理化性质 软化温度 70～95℃。蒸气压 27～53Pa（25℃）。相对密度 1.65（25℃）。水中溶解度：3mg/L（室温）。易溶于矿物油等有机溶剂。

应用 杀虫剂。因系持久性有机污染物、致癌致畸物，被禁止使用。

参考文献

[1] US 2565471.
[2] US 2657164.

毒死蜱（chlorpyrifos）

$C_9H_{11}Cl_3NO_3PS$，350.6，2921-88-2

由 E. E. Kenaga 等于 1965 年报道，由 Dow Chemical Co.（现 Dow AgroSciences）于 1965 年商业化。

其他名称 乐斯本，杀死虫，蓝珠，氯蜱硫磷，氯吡硫磷，白蚁清，泰乐凯，Dowco179，OMS971，ENT27311，Dursban，Lorsban，Equity，Empire，Lock-On，Warhawk，Yuma，Agroban，Ballad，Blaze，Cannon，Chlorguard，Fantom，Kloroban，Kribon，Krishan，Maraud，Megaban，Navigator，Nongsili，Nufos，Pestban，Pilot

化学名称 O,O-二乙基-O-(3,5,6-三氯-2-吡啶基) 硫代磷酸酯；O,O-diethyl O-3,5,6-trichloro-2-pyridyl phosphorothioate

CAS 名称 O,O-diethyl O-(3,5,6-trichloro-2-pyridinyl) phosphorothioate

理化性质 工业品纯度≥97%，无色结晶固体，具有轻微硫醇气味，熔点 42～43.5℃，蒸气压 2.7mPa (25℃)，相对密度 1.44 (20℃)，K_{ow} lg$P$ 4.7，Henry 常数 0.676Pa·m³/mol（计算值）。水中溶解度 (25℃)，约 1.4mg/L；其他溶剂中溶解度 (25℃，g/kg)：苯 7900，丙酮 6500，三氯甲烷 6300，二硫化碳 5900，乙醚 5100，二甲苯 5000，异辛醇 790，甲醇 450。其水解速率与 pH 值有关，在铜和其他金属存在时生成螯合物，DT_{50} 1.5d（水，pH 8，25℃）～100d（磷酸盐缓冲溶液，pH 7，15℃）。

毒性 急性经口 LD_{50} (mg/kg)：大鼠 135～163，豚鼠 504，兔 1000～2000。急性经皮 LD_{50} (mg/kg)：兔>5000，大鼠>2000（工业品）。对兔皮肤、眼睛有较轻刺激，对豚鼠皮肤无刺激。大鼠吸入 LC_{50} (4～6h)>0.2mg/L (14μg/L)。NOEL 值 [mg/(kg·d)]：大鼠（2 年）1，小鼠（1.5 年）0.7，狗（2 年）1。ADI 值（JMPR）0.01mg/kg。无致畸作用，无遗传毒性。鸟急性经口 LD_{50} (mg/kg)：野鸭 490，麻雀 122，鸡 32～102。饲喂 LC_{50} (8d, mg/L)：野鸭 180，山齿鹑 423。鱼类 LC_{50} (96h, mg/L)：大翻车鱼 0.002～0.010，虹鳟鱼 0.007～0.051，斜齿鳊 0.25，黑头呆鱼 0.12～0.54。水蚤 LC_{50} (48h) 1.7μg/L。巨指长臂虾 LC_{50} 0.05μg/L。蜜蜂 LD_{50}：经口 360mg/只，接触 70μg/只。蚯蚓 LC_{50} (14d) 210mg/kg 土壤。其他有益的昆虫：对步行虫科和隐翅虫科有害，对拟步行虫科约 60μg/kg，对弹尾目虫有毒害。

制剂 WP，EC，GR。

应用 用于防治茶尺蠖、茶短须螨、茶毛虫、小绿叶蝉、茶橙瘿螨、棉蚜、棉红蜘蛛、稻飞虱、稻叶蝉、稻纵卷叶螟、菜蚜、菜青虫、豆野螟、大豆食心虫、柑橘潜叶蛾、黏虫、介壳虫、蚊、蝇、小麦黏虫以及牛、羊体外寄生虫和地下害虫。适用于水稻、玉米、棉花、小麦、蔬菜、大豆、果树、茶树、甘蔗、烟草、观赏植物、向日葵等。广谱，具有触杀、胃毒和熏蒸作用，无内吸性，在叶片上残留期短，在土壤中残留期长。属胆碱酯酶的直接抑制剂。

合成路线

分析方法 可用 GLC-FID 或 GLC-FTD 进行分析。

主要生产商 Amico，Agriphar，Cheminova，Crystal，DE-NOCIL，Dow AgroScience，EXCEL，lUXEMBOURG，Makhteshim-Agan，Mitsu，Rallis，Sinon，Tagros，Tantech，仙居农药厂，湖北沙隆达，江苏苏州化工。

参考文献

[1] The Pesticide Manual. 15 th edition：203-205.
[2] US 3244586.

对硫磷（parathion）

$C_{10}H_{14}NO_5PS$，291.3，56-38-2

由 G. Schrader 发现，由 American Cyanamid Co.（现 BASF SE），ICI Plant Protection Ltd（现 Zeneca Agrochemicals），Monsanto Co. 和 Bayer AG 在市场推出。

其他名称 巴拉松，一六〇五，乙基对硫磷，乙基 1605，ACC 3422，BAY 9491，E-605，OMS 19，ENT 15 108，Chimac Parh

化学名称 O,O-二乙基-O-(4-硝基苯基)硫逐磷酸酯；O,O-diethyl O-4-nitrophenyl phosphorothioate

CAS 名称 O,O-diethyl O-(4-nitrophenyl) phosphorothioate

理化性质 原药含量 96%～98%。淡黄色液体并带有类苯酚气味。熔点 6.1℃。沸点 150℃（80Pa）。蒸气压 0.89mPa（20℃）。K_{ow} lg$P$ 3.83。相对密度 1.2694。水中溶解度 11mg/L（20℃）；能与大多数有机溶剂混溶，例如二氯甲烷＞200，异丙醇、甲苯、己烷 50～100（g/L，20℃）。在酸性介质中水解很慢（pH 1～6），在碱性介质中水解加快；DT_{50}（22℃）：272d（pH 4），260d（pH 7），130d（pH 9）。加热到 130℃以上会出现异构化，形成 O,S-二乙基类似物。闪点 174℃（原药）。

毒性 急性经口 LD_{50}：大鼠约 2mg/kg，小鼠约 12mg/kg，豚鼠约 10mg/kg。雄大鼠急性经皮 LD_{50} 71mg/kg，雌大鼠 76mg/kg。对兔眼睛和皮肤无刺激作用。对皮肤无致敏性。雄、雌大鼠吸入 LC_{50}（4h）0.03mg/L（气溶胶）。大鼠（2 年）无作用剂量 2mg/kg 饲料；小鼠（18 个月）＜60mg/kg 饲料。最小作用剂量：狗（12 个月）0.01mg/(kg·d)。虹鳟鱼 LC_{50}（96h）1.5mg/L，金圆腹雅罗鱼 0.58mg/L。水蚤 EC_{50}（48h）0.0025mg/L。近具刺链带藻 E_rC_{50} 0.5mg/L。对蜜蜂有毒。赤子爱胜蚓 LC_{50} 267mg/kg 干土。

制剂 CS，DP，EC，GR，WP，气雾剂。

应用 高毒农药，2007 年起已停止销售和使用。胆碱酯酶抑制剂，是具有触杀、胃毒和一定熏蒸作用的广谱性杀虫、杀螨剂。无内吸性，但有强烈的渗透性。施于叶表面的药剂可渗入叶内杀死在叶背吸食的蚜、螨及叶蝉。施于稻田水中的药剂，能渗入叶鞘内及心叶中杀死已侵入叶鞘和心叶的 1 龄螟虫幼虫。本品在植物体表及体内，由于阳光和酶的作用分解较快，残效期一般 4～5d。本品进入昆虫体内后，在多功能氧化酶的作用下，先氧化成毒力比对硫磷更大的对氧磷（E600），然后与胆碱酯酶结合，破坏神经系统的传导作用，而使昆虫死亡。

合成路线

$$PSCl_3 \xrightarrow{C_2H_5OH} \underset{C_2H_5O}{\overset{C_2H_5O}{\underset{\|}{P}}}\overset{S}{-}Cl \xrightarrow{NaO-\!\!\!\!\bigcirc\!\!\!\!-NO_2} \underset{C_2H_5O}{\overset{C_2H_5O}{\underset{\|}{P}}}\overset{S}{-}O-\!\!\!\!\bigcirc\!\!\!\!-NO_2$$

分析方法　产品分析用 GLC/FID 或 HPLC。

参考文献

[1]　AOAC Methods. 18th Ed. 978.06，980.11.
[2]　CIPAC handbook，1985，1C：2169；1983，1B：1875.
[3]　DE 814152.
[4]　US 1893018.
[5]　US 2842063.

对氯硫磷（phosnichlor）

$C_8H_9ClNO_5PS$，297.7，5826-76-6

由 Bayer AG 开发。

其他名称　Isochlorthion

化学名称　O-4-氯-3-硝基苯基-O,O-二甲基硫代磷酸酯；O-4-chloro-3-nitrophenyl O,O-dimethyl phosphorothioate

CAS 名称　O-(4-chloro-3-nitrophenyl) O,O-dimethyl phosphorothioate

应用　胆碱酯酶抑制剂。

多氟脲（noviflumuron）

$C_{17}H_7Cl_2F_9N_2O_3$，529.1，121451-02-3

由 Dow AgroSciences 开发，2003 年在美国登记。

其他名称　Recruit Ⅲ，Recruit Ⅳ

化学名称　(RS)-1-[3,5-二氯-2-氟-4-(1,1,2,3,3,3-六氟丙氧基)苯基]-3-(2,6-二氟苯甲酰基)脲；(RS)-1-[3,5-dichloro-2-fluoro-4-(1,1,2,3,3,3-hexafluoropropoxy) phenyl]-3-(2,6-difluorobenzoyl) urea

CAS 名称　N-[[[3,5-dichloro-2-fluoro-4-(1,1,2,3,3,3-hexafluoropropoxy) phenyl] amino] carbonyl]-2,6-difluorobenzamide

理化性质　无味白色粉末。熔点156.2℃。沸点约250℃（分解）。蒸气压$7.19×10^{-8}$mPa（25℃）(Knudsen effusion方法)。$K_{ow}\lg P$（20℃）4.94。相对密度1.88（比重计）。水中溶解度：0.194mg/L（pH 6.65，无缓冲，20℃）；有机溶剂中溶解度（g/L，19℃）：丙酮425，乙腈44.9，1,2-二氯乙烷20.7，乙酸乙酯290，庚烷0.068，甲醇48.9，正辛醇8.1，对二甲苯93.3。50℃存放16d分解＜3％，pH 5～9稳定。不易燃易爆，不氧化，对容器材质无反应性。

毒性　大鼠急性经口LD_{50}＞5000mg/kg。兔急性经皮LD_{50}＞5000mg/kg。大鼠吸入LC_{50}＞5.24mg/L。NOEL：雄比格犬1年饲喂0.003％（每日饲喂0.74mg/kg），雌比格犬1年饲喂0.03％（每日饲喂8.7mg/kg）；大鼠2年饲喂1.0mg/(kg·d)，小鼠18个月饲喂0.5mg/(kg·d)。NOAEL：雄小鼠3mg/(kg·d)，雌小鼠30mg/(kg·d)。山齿鹑急性经口LD_{50}（14d）＞2000mg/kg。山齿鹑饲喂LC_{50}（10d）4100mg/kg饲料，野鸭（8d）＞5300mg/kg饲料。LC_{50}（96h）：虹鳟＞1.77mg/L，大翻车鱼＞1.63mg/L。NOEC 虹鳟≥1.77mg/L，大翻车鱼≥1.63mg/L。水蚤EC_{50}（48h）311ng/L。淡水绿藻EC_{50}（96h）＞0.75mg/L。对蜜蜂无毒，LD_{50}和LC_{50}（48h，经口及接触）＞100μg/只。对蚯蚓无毒，LC_{50}（14d）＞1000mg/kg。

制剂　GB。

应用　防治白蚁。

合成路线

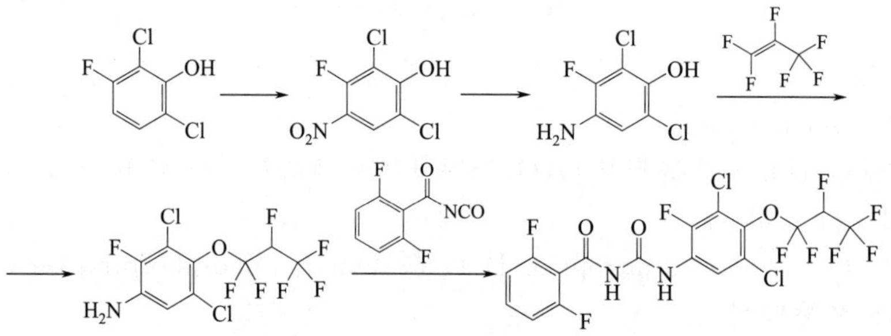

主要生产商　Dow AgroSciences。

参考文献

[1]　The Pesticide Manual. 16th edition.

[2]　WO 9819542.

多拉菌素（doramectin）

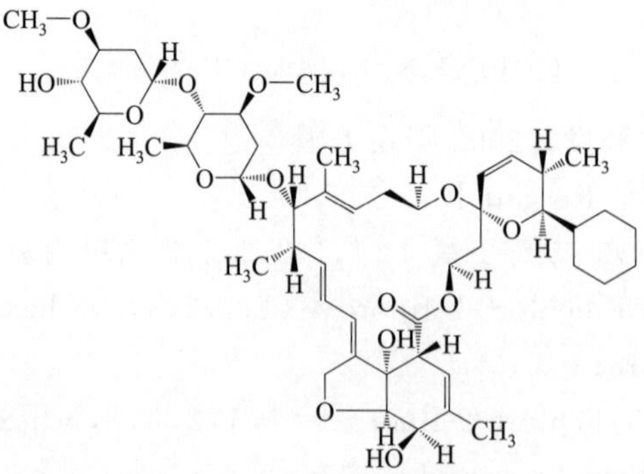

$C_{50}H_{74}O_{14}$，899.1，117704-25-3

化学名称 (10E,14E,16E)-(1R,4S,5′S,6S,6′R,8R,12S,13S,20R,21R,24S)-6′-cyclohexyl-21,24-dihydroxy-5′,11,13,22-tetramethyl-2-oxo-(3,7,19-trioxatetracyclo[15.6.1.1^{4,8}.0^{20,24}]pentacosa-10,14,16,22-tetraene)-6-spiro-2′-(5′,6′-dihydro-2′H-pyran)-12-yl 2,6-dideoxy-4-O-(2,6-dideoxy-3-O-methyl-α-L-*arabino*-hexopyranosyl)-3-O-methyl-α-L-*arabino*-hexopyranoside 或 bridged fused ring systems nomenclature: (2aE,4E,8E)-(5′S,6S,6′R,7S,11R,13S,15S,17aR,20R,20aR,20bS)-6′-cyclohexyl-5′,6,6′,7,10,11,14,15,17a,20,20a,20b-dodecahydro-20,20b-dihydroxy-5′,6,8,19-tetramethyl-17-oxospiro[11,15-methano-2H,13H,17H-furo[4,3,2-*pq*][2,6]benzodioxacyclooctadecin-13,2′-[2H]pyran]-7-yl 2,6-dideoxy-4-O-(2,6-dideoxy-3-O-methyl-α-L-*arabino*-hexopyranosyl)-3-O-methyl-α-L-*arabino*-hexopyranoside

CAS 名称 25-cyclohexyl-5-O-demethyl-25-de(1-methylpropyl)avermectin A$_{1a}$

应用 杀虫杀螨剂。

多噻烷 (polythialan)

$C_5H_{11}NS_5$, 245.5, 114067-78-6

化学名称 N,N-二甲基-1,2,3,4,5-五硫环辛-7-胺; N,N-dimethyl-1,2,3,4,5-pentathiocan-7-amine

CAS 名称 N,N-dimethyl-1,2,3,4,5-pentathiocan-7-amine

应用 杀虫剂。

多杀霉素 (spinosad)

spinosyn A, R=H-
spinosyn D, R=CH$_3$-

$C_{41}H_{65}NO_{10}$(A), 732.0, $C_{42}H_{67}NO_{10}$(D), 746.0, 168316-95-8(131929-60-7 + 131929-63-0)

由道农业科学公司开发的大环内酯类抗生素杀虫剂。

其他名称 菜喜, 催杀, DE-105, GF-120, XDE-105, Conserve, SpinTor, Entrust, Success, Justice, Tracer, Laser, Naturalyte, Spinoace。

化学名称 mixture of 50%～95%(2R,3aS,5aR,5bS,9S,13S,14R,16aS,16bR)-2-(6-deoxy-2,3,4-tri-O-methyl-α-L-mannopyranosyloxy)-13-(4-dimethylamino-2,3,4,6-tetradeoxy-β-D-erythropyranosyloxy)-9-ethyl-2,3,3a,5a,5b,6,7,9,10,11,12,13,14,15,16a,16b-hexadecahydro-14-methyl-1H-*as*-indaceno[3,2-*d*]oxacyclododecine-7,15-dione and 50%～5%

($2S$,$3aR$,$5aS$,$5bS$,$9S$,$13S$,$14R$,$16aS$,$16bS$)-2-(6-deoxy-2,3,4-tri-O-methyl-α-L-mannopyranosyloxy)-13-(4-dimethylamino-2,3,4,6-tetradeoxy-β-D-erythropyranosyloxy)-9-ethyl-2,3,3a,5a,5b,6,7,9,10,11,12,13,14,15,16a,16b-hexadecahydro-4,14-dimethyl-1H-as-indaceno[3,2-d]oxacyclododecine-7,15-dione

CAS 名称 ($2R$,$3aS$,$5aR$,$5bS$,$9S$,$13S$,$14R$,$16aS$,$16bR$)-2-[(6-deoxy-2,3,4-tri-O-methyl-α-L-mannopyranosyl) oxy]-13-[[($2R$,$5S$,$6R$)-5-(dimethylamino) tetrahydro-6-methyl-2H-pyran-2-yl]oxy]-9-ethyl-2,3,3a,5a,5b,6,9,10,11,12,13,14,16a,16b-tetradecahydro-14-methyl-1H-as-indaceno[3,2-d]oxacyclododecin-7,15-dione mixture with ($2S$,$3aR$,$5aS$,$5bS$,$9S$,$13S$,$14R$,$16aS$,$16bS$)-2-[(6-deoxy-2,3,4-tri-O-methyl-α-L-mannopyranosyl) oxy]-13-[[($2R$,$5S$,$6R$)-5-(dimethylamino) tetrahydro-6-methyl-2H-pyran-2-yl]oxy]-9-ethyl-2,3,3a,5a,5b,6,9,10,11,12,13,14,16a,16b-tetradecahydro-4,14-dimethyl-1H-as-indaceno[3,2-d]oxacyclododecin-7,15-dione

理化性质 TC 为灰白色或白色晶体。熔点：spinosyn A 为 84～99.5℃，spinosyn D 为 161.5～170℃。相对密度 0.512（20℃）。蒸气压（25℃）：spinosyn A 为 $3.0×10^{-5}$ mPa，spinosyn D 为 $2.0×10^{-5}$ mPa。K_{ow}：spinosyn A lg$P$2.8（pH 5），4.0（pH 7），5.2（pH 9）；spinosyn D lg$P$3.2（pH 5），4.5（pH 7），5.2（pH 9）。溶解度 spinosyn A：蒸馏水（20℃）89mg/L，水（20℃）235mg/L（pH 7）；二氯甲烷 52.5，丙酮 16.8，甲苯 45.7，乙腈 13.4，甲醇 19.0，正辛醇 0.926，正己烷 0.448（g/L，20℃）。spinosyn D：水（20℃）：0.5mg/L（蒸馏水），0.33mg/L（pH 7）；二氯甲烷 44.8，丙酮 1.01，甲苯 15.2，乙腈 0.255，甲醇 0.252，正辛醇 0.127，正己烷 0.743（g/L，20℃）。pH 5 和 pH 7 时不易水解，DT_{50}（pH 9）spinosyn A 为 200d，spinosyn D 为 259d；水相光降解 DT_{50}（pH 7）spinosyn A 为 0.93d，spinosyn D 为 0.82d。

毒性 多杀霉素属低毒杀虫剂（中国农药毒性分级标准）。大鼠急性经口 LD_{50}：3783mg/kg（雄），＞5000mg/kg（雌）。兔急性经皮 LD_{50}≥2000mg/kg；对兔皮肤无刺激，对兔眼睛轻度刺激；对豚鼠皮肤无致敏性。大鼠急性吸入 LC_{50}（4h）＞5.18mg/L。最大无作用剂量［mg/(kg·d)］：狗 5，小鼠 6～8，大鼠 9～10。在试验剂量内对动物无致畸、致突变、致癌作用。制剂大鼠急性经口 LD_{50}＞2000mg/kg。禽类急性经口 LD_{50}：野鸭＞2000mg/kg，山齿鹑＞2000mg/kg。急性吸入 LC_{50}：野鸭、山齿鹑＞5156mg/kg。对水生动物毒性较低，LC_{50}（96h，mg/L）：虹鳟鱼 30，大翻车鱼 5.9，鲤鱼 5。水蚤 EC_{50}（48h）：14mg/L。

制剂 SC，WG，RB。

应用 多杀霉素的作用机制新颖、独特，不同于一般的大环内酯类化合物。通过刺激昆虫的神经系统，增加其自发活性，导致非功能性的肌收缩、衰竭，并伴随颤抖和麻痹，显示出烟碱型乙酰胆碱受体（nChR）被持续激活引起乙酰胆碱（Ach）延长释放反应。多杀霉素同时也作用于 γ-氨基丁酸（GAGB）受体，改变 GABA 门控氯通道的功能，进一步促进其杀虫活性的提高。对害虫具有快速的触杀和胃毒作用，对叶片有较强的渗透作用，可杀死表皮下的害虫，残效期较长，对一些害虫具有一定的杀卵作用。无内吸作用。能有效防治鳞翅目、双翅目和缨翅目害虫，也能很好地防治鞘翅目和直翅目中某些大量取食叶片的害虫种类，对刺吸式害虫和螨类的防治效果较差。对捕食性天敌昆虫比较安全。适合于蔬菜、果树、园艺、农作物上使用。杀虫效果受下雨影响较小。可能对鱼或其他水生生物有毒，应避免污染水源和池塘等。

主要生产商 美国陶氏益农公司。

参考文献

[1] US 5202242.
[2] EP 375316.

多杀威（EMPC）

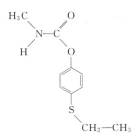

$C_{10}H_{13}NO_2S$，211.3，18809-57-9

由 Nippon Kayaku Co.，Ltd. 开发。1974 年取消在日本登记。

其他名称　Toxamate

化学名称　4-乙硫基苯基甲氨基甲酸酯；4-ethylthiophenyl methylcarbamate

CAS 名称　4-(ethylthio) phenyl methylcarbamate

理化性质　原药为无色结晶，稍带特殊气味，含量为 95% 以上。熔点 83~84℃。难溶于水，可溶于丙酮有机溶剂。对酸稳定，对强碱不稳定。

毒性　鼹鼠的急性经口 LD_{50} 为 109mg/kg，急性经皮 LD_{50} 为 2600mg/kg。

应用　防治苹果的桑粉蚧、蚜虫、柿粉蚧、橘粉蚧、橘黄粉虱、橘蚜。

蛾蝇腈（thiapronil）

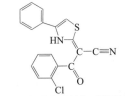

$C_{18}H_{11}ClN_2OS$，338.8，77768-58-2

由 H. Joppien 等报道，由 Schering AG 进行了评价。

其他名称　噻丙腈，噻唑腈，SN72129

化学名称　(2E)-3-(2-氯苯基)-3-氧代-2-[4-苯基-1,3-噻唑-2(3H)-亚基]丙腈；(2E)-3-(2-chlorophenyl)-3-oxo-2-[4-phenyl-1,3-thiazol-2(3H)-ylidene] propiononitrile

CAS 名称　(αE)-2-chloro-β-oxo-α-[4-phenyl-2(3H)-thiazolylidene] benzenepropanenitrile

理化性质　纯品为白色晶体，熔点 182~183℃。溶解度（室温）：丙酮中 1.5mg/100mL，异丙醇中 190mg/100mL，甲醇中 420mg/100mL，水中 6.9g/100mL。在酸性和碱性溶液中都稳定。

毒性　鼠急性经口 LD_{50} 大于 5000mg/kg，新西兰的白兔急性经皮 LD_{50} > 2000mg/kg。Ames 法试验结果无诱变活性。对鱼毒性较低。

制剂　WP，DP。

应用 可用于防治马铃薯甲虫、梨木虱、菜蛾等害虫，对抗性菜蛾等亦有效。无内吸活性，杀虫谱窄。

合成路线 可用 2-氰基甲基-4-苯基噻唑与 2-氯苯甲酰氯反应制取。

参考文献

US 4320125。

噁虫酮（metoxadiazone）

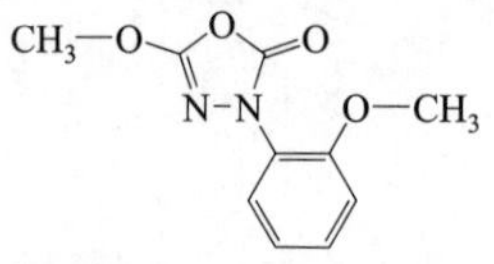

$C_{10}H_{10}N_2O_4$，222.2，60589-06-2

由 Rhone-Poulenc 公司于 1979 年开发。

其他名称 RP-32861，Elemic

化学名称 5-甲氧基-3-(2-甲氧基苯基)-1,3,4-噁二唑-2（3H）-酮；5-methoxy-3-(2-methoxyphenyl)-1,3,4-oxadiazol-2（3H）-one

理化性质 纯品为米色结晶固体。熔点 79.5℃。蒸气压极低（25℃，10.787mPa），20℃、133.32Pa 下挥发不明显。相对密度 1.401～1.410。水中溶解度（20℃）1g/L，二甲苯 100g/L，环己酮 500g/L；溶于乙醇、异丙醇、三甲苯、烷基苯，较易溶于甲醇、二甲苯，易溶于丙酮、氯仿、乙酸乙酯、氯甲烷、苯甲醚。常温下稳定，高于 50℃不稳定；甲醇中较易分解（40℃，6 个月分解 14.7%），其他溶剂中稳定。光照下逐渐分解。湿度对本品影响大。

毒性 雄大鼠急性经口 LD_{50} 190mg/kg，雌大鼠 175mg/kg；大鼠急性经皮＞2500mg/kg。

应用 具有抑制乙酰胆碱酯酶和对神经轴索作用的双重特性，是防治对拟除虫菊酯类具抗性蜚蠊的有效药剂。

合成路线

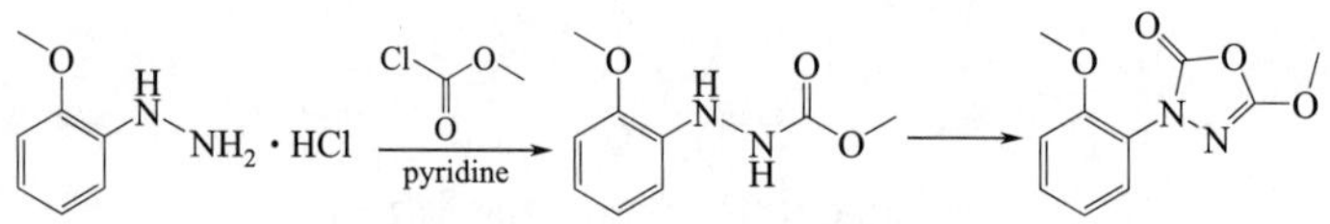

主要生产商 江苏优士化学。

噁虫威（bendiocarb）

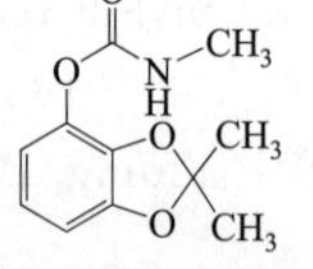

$C_{11}H_{13}NO_4$，223.2，22781-23-3

R. W. Lemon 和 P. J. Brooker 报道，由 Fisons 开发，并由 Schering Agrochemicals 在作物保护、动物及公共卫生的应用上推广使用，现由拜耳公司开发和销售。

其他名称　苯噁威，高卫士，快康，NC 6897，OMS 1394，Ficam，Seedox，Garvox，Multamat，Turcam

化学名称　2,2-二甲基-1,3-苯并二氧戊环-4-基甲基氨基甲酸酯；2,3-isopropylidenedioxyphenyl methylcarbamate；2,2-dimethyl-1,3-benzodioxol-4-yl methylcarbamate

CAS 名称　2,2-dimethyl-1,3-benzodioxol-4-yl N-methylcarbamate

理化性质　纯品外观为无色结晶固体，无味。纯度＞99%。熔点 129℃，蒸气压 4.6mPa（25℃）。K_{ow} lg$P$ 1.72（pH 6.55）。相对密度 1.29（20℃）。水中溶解度：0.28g/L（pH 7，20℃）；其他溶剂中溶解度（g/L，20℃）：二氯甲烷 200～300，丙酮 150～200，甲醇 75～100，乙酸乙酯 60～75，对二甲苯 11.7，正己烷 0.225。在碱性介质中快速水解，在中性和酸性介质中水解缓慢。DT_{50} 为 2d（25℃，pH 7），形成 2,2-二异丙基二氧苯酚、甲胺和二氧化碳。对光和热稳定。pK_a 8.8，弱酸。

毒性　急性经口 LD_{50}（mg/kg）：大鼠 25～156，小鼠 28～45，豚鼠 35，兔 35～40。大鼠急性经皮 LD_{50} 为 566～800mg/kg，对皮肤和眼睛无刺激。大鼠急性吸入 LC_{50}（4h）0.55mg/L 空气。大鼠 90d 和 2 年饲喂试验的无作用剂量为 10mg/kg 饲料，在 90d 的试验中，大鼠进行 250mg/kg 饲料饲喂，除胆碱酯酶不可逆抑制外无致病作用。禽类急性经口 LD_{50}：野鸭 3.1mg/kg，山齿鹑 19mg/kg，家母鸡 137mg/kg。LC_{50}（96h）：红鲈鱼 0.86mg/L，大翻车鱼 1.65mg/L，虹鳟鱼 1.55mg/L。水蚤 EC_{50}（48h）0.038mg/L。对蜜蜂有毒。蚯蚓 LC_{50} 188mg/kg 土壤（14d）。

制剂　TC，WP。

应用　氨基甲酸酯类杀虫剂，为胆碱酯酶抑制剂，具有触杀和胃毒作用，并且在作物中有一些内吸活性。用于防治公共卫生、工业和贮藏害虫，如蚁科、蜚蠊目、蚊科、蝇科、蚤目。由于本品有气味小、无腐蚀性和着色的特点，特别适用于建筑物内部。在农业上用作种子处理剂、颗粒剂用于防治土壤害虫和叶面害虫（叩头虫、甜菜隐食甲、瑞典麦秆蝇），特别适用于玉米和甜菜。在其他作物上茎叶喷雾可防治缨翅目和其他害虫。

合成路线

主要生产商　Bayer。

参考文献

[1]　GB 1220056.
[2]　The Pesticide Manual. 15 th edition：79-80.
[3]　新编农药手册（续）. 北京：中国农业出版社，1997：27-29.

噁唑虫磷（zolaprofos）

$C_{10}H_{18}NO_3PS_2$，295.4，63771-69-7

化学名称 O-乙基-S-[(3-甲基-1,2-噁唑-5-基)甲基]S-丙基二硫代磷酸酯；O-ethyl S-[(3-methyl-1,2-oxazol-5-yl) methyl] S-propyl phosphorodithioate

CAS 名称 O-ethyl S-[(3-methyl-5-isoxazolyl) methyl] S-propyl phosphorodithioate

应用 杀虫剂。

噁唑磷（isoxathion）

$C_{13}H_{16}NO_4PS$, 313.3, 18854-01-8

由 N. Sampei 等报道其活性，1972 年由日本 Sankyo Co. Ltd 开发的有机磷类杀虫剂。

其他名称 异噁唑磷，Karphos

化学名称 O,O-二乙基-O-5-苯基异噁唑-3-基硫代磷酸酯；O,O-diethyl O-5-phenylisoxazol-3-yl phosphorothioate

CAS 名称 O,O-diethyl O-(5-phenyl-3-isoxazolyl) phosphorothioate

理化性质 淡黄色液体（工业品含量＞93%），具有类似酯的气味，沸点 160℃（0.15mmHg），闪点 210℃，蒸气压＜0.133 mPa（25℃），K_{ow} lg$P$ 3.88 （pH 6.3），Henry 常数＜$2.19×10^{-2}$ Pa·m³/mol（计算值），相对密度约 1.23。水中溶解度（25℃）1.9mg/L，易溶于有机溶剂。遇碱分解，在 160℃ 以上分解。

毒性 急性经口 LD_{50}（mg/kg）：雄大鼠 242，雌大鼠 180，雄小鼠 112，雌小鼠 137。大鼠急性经皮 LD_{50}＞2000mg/kg。本品对皮肤无刺激。大鼠吸入 LC_{50}（4h，g/m³）：雄大鼠 4.2，雌大鼠 2.0。NOEL 值：大鼠（2 年）1.2mg/(kg·d)。无致癌、致突变、致畸作用。鲤鱼 LC_{50}（48h）1.7mg/L。水蚤 LC_{50}（3h）0.0052mg/L。蜜蜂 LC_{50}（接触）0.082μg/只。

制剂 DP，EC，MG，WP。

应用 胆碱酯酶的直接抑制剂。具有触杀和胃毒作用的广谱性杀虫剂。适用柑橘、观赏植物、水稻、烟草、草皮、林木、果树、蔬菜等作物。防治蚜虫、蚧壳虫、二化螟、稻瘿蚊、稻飞虱等。

合成路线

分析方法 产品可用 GLC-FID 进行分析。

主要生产商 Sankyo Agro 公司。

参考文献

[1] The Pesticide Manual. 15 th edition：681-682.

[2] EP 0596316.

二氯嗪虫脲（EL 494）

$C_{19}H_{13}BrCl_2N_4O_2$，840.1，59489-59-7

其他名称 EL494

化学名称 N-[[[5-(4-溴苯基)-6-甲基-2-吡嗪基]氨基]羰基]2,6-二氯苯甲酰胺；N-[[[5-(4-bromophenyl)-6-methyl-2-pyrazinyl]amino]-carbonyl]-2,6-dichlorobenzamide

CAS 名称 N-[[[5-(4-bromophenyl)-6-methylpyrazin-yl]amino]carbonyl]-2,6-dichlorobenzamide

应用 本品为昆虫生长调节剂，对几丁质合成有抑制作用，可用来防治棉红铃虫、云杉卷叶蛾和舞毒蛾幼虫。

分析方法 用 HPLC 分析。

二嗪磷（diazinon）

$C_{12}H_{21}N_2O_3PS$，304.3，333-41-5

1953 年由 R. gasser 报道其活性。1953 年由 J. R. geigy S. A.（现 Syngenta AG）开发。

其他名称 二嗪农，地亚农，大亚仙农，大利松，G 24 480，OMS 469，ENT 19 507，Basudin，Neocidol，Nucidol，Agrozon，D-264，Dart，Diasol，Geofosd，Granudin，Kayazinon，Metazon，Vetazon，Cekuzinon，Dianon，Dianozyl，Diazol，Efdiazon，Knox-out

化学名称 O,O-二乙基-O-(2-异丙基-6-甲基嘧啶-4-基) 硫逐磷酸酯；O,O-diethyl O-2-isopropyl-6-methylpyrimidin-4-yl phosphorothioate

CAS 名称 O,O-diethyl O-[6-methyl-2-(1-methylethyl)-4-pyrimidinyl] phosphorothioate

理化性质 工业品纯度≥95%，无色液体（工业品为黄色液体）。沸点 83～84℃（0.0002 mmHg），125℃（1mmHg）。蒸气压 1.2mPa（25℃）。相对密度 1.11（20℃）。K_{ow}lg$P$ 3.30。Henry 常数 $6.09×10^{-2}$ Pa·m³/mol（计算值）。水中溶解度（20℃）60mg/L；与常用有机溶剂，如酯类、醇类、苯、甲苯、正己烷、环己烷、二氯甲烷、丙酮、石油醚互溶。100℃以上易被氧化，在中性介质中稳定，在碱性介质中缓慢分解，在酸性介质中分解较快；DT_{50}（20℃）：11.77h（pH 3.1），185d（pH 7.4），6.0d（pH 10.4）。120℃以上分解，pK_a2.6，闪点≥62℃。

毒性 急性经口 LD_{50}（mg/kg）：大鼠 1250，小鼠 80～135，豚鼠 250～355。急性经皮 LD_{50}（mg/kg）：大鼠＞2150，兔 540～650。本品对兔无刺激。大鼠吸入 LC_{50}（4h）＞2330mg/m³。NOEL 值 [mg/(kg·d)]：大鼠（2 年）0.06，狗（1 年）0.015。ADI/RfD（mg/kg）：（EFSA）0.0002 [2006]，（JMPR）0.005 [2006]，（EPA）aRfD 0.0025，cRfD

0.0002 [2002]。鸟急性经口 LD_{50}（mg/kg）：野鸭 2.7，雏鸡 4.3。鱼 LC_{50}（96h，mg/L）：大翻车鱼 16，虹鳟鱼 2.6～3.2，鲤鱼 7.6～23.4。水蚤 LC_{50}（48h）0.96μg/L。水藻 LC_{50} ＞1mg/L。本品对蜜蜂高毒。对蚯蚓轻微毒。

制剂 EC，GR。

应用 胆碱酯酶的直接抑制剂。具有触杀、胃毒和熏蒸作用的非内吸性杀虫、杀螨剂。适用于水稻、果树、甜菜、葡萄园、甘蔗、玉米、烟草、马铃薯、咖啡、茶、棉花、园艺作物等。主要用于防治刺吸式和咀嚼式昆虫和螨类。本品不可与碱性农药和敌稗混合使用，在施用敌稗前后 2 周内不能使用本品，本品不能用铜罐、铜合金罐、塑料瓶盛装，贮存时应放置在阴凉干燥处。

合成路线

分析方法 产品用 GLC/FID 分析，残留物用 GLC/TID 或 FPD 或 MCD 分析，饮用水用 GLC/NPD（AOAC）法分析。

主要生产商 Aako，Agrochem，Cerexagri，Chizhou Sincerity，Dongbu Fine，Drexel，E-tong，Makhteshim-Agan，Nippon Kayaku，Sundat，江苏丰山，浙江禾本，鹤岗禾友，湖南海利，南通江山，浙江永农。

参考文献

[1] BE 510817.
[2] GB 713278.

二硝酚（DNOC）

$C_7H_6N_2O_5$，198.1，534-52-1；5787-96-2（钾盐）；2312-76-7（钠盐）

1892 年由 Fr Bayer & Co.（现为 Bayer AG，已不再生产、销售该品种）公司作为杀虫剂开发。1932 年由 G. Truffaut et Cie 作为除草剂使用。

其他名称 二硝甲酚，4,6-二硝基邻甲酚，4,6-二硝基邻甲苯酚，DNC

化学名称 4,6-二硝基邻甲酚；4,6-dinitro-o-cresol

CAS 名称 2-methyl-4,6-dinitrophenol

理化性质 纯品为黄色结晶（非工业品），干燥时具有爆炸性。工业品纯度 95%～98%。熔点 88.2～89.9℃（工业品 83～85℃）。蒸气压（25℃）为 $1.6×10^{-2}$Pa。相对密度 1.58（20℃）。K_{ow}lg$P$ 0.08（pH 7）。Henry 常数 $2.41×10^{-7}$Pa·m³/mol（计算值）。水中溶解度（20℃）：6.94g/L（pH7）；其他溶剂中溶解度（g/L，20℃）：甲苯 251，甲醇 58.4，己烷 4.03，乙酸乙酯 338，丙酮 514，二氯甲烷 503。其钠盐、钾盐、钙盐和铵盐均易溶于水。在水中降解很慢，DT_{50}＞1 年，光解 DT_{50} 253h（20℃）。在干燥的条件下，其

钠盐易爆炸，一般向其成品中加入10%的水分，以便降低爆炸的风险。pK_a 4.48（20℃）。

毒性 急性经口 LD_{50}（mg/kg）：大鼠 25～40，小鼠 16～47，猫 50，绵羊 200。急性经皮 LD_{50}（mg/kg）：大鼠 200～600，兔 1000，小鼠 187。对皮肤有刺激，可通过皮肤吸收致命剂量。NOEL 值（mg/kg 饲料）：大鼠和兔（6个月）>100，狗（6个月）20，大鼠（28d）13。对人具有强的累积毒性，通过不断地吸收产生慢性中毒。禽类急性经口 LD_{50}（mg/kg）：日本鹌鹑 15.7（14d），鸭 23，鹧鸪 20～25，野鸡 6～85。日本鹌鹑 LC_{50} 为 637mg/kg 饲料。鱼毒 LC_{50}（mg/L）：鲤鱼 6～13，鲑鱼 0.45，大翻车鱼 0.95。水蚤 LC_{50}（24h）5.7mg/L。水藻 LC_{50}（96h）6mg/L。蜜蜂 LD_{50} 1.79～2.29mg/只。在农田中呈中等到低毒。蚯蚓 LC_{50}（14d）15mg/kg 土壤。

制剂 PA，SC，SL，WP。

应用 具有触杀和胃毒作用的非内吸性杀虫剂和杀螨剂，通过氧化磷酸化的解偶联导致膜破坏而起作用。用于果树、玉米、谷物、马铃薯、亚麻、豆类等防治蚜虫（包括虫卵）、介壳虫螨类、真菌（如拟茎点霉）、病毒的传媒及其他吸食性害虫、瘿螨类（如葡萄瘿螨 *Colomerus vitis*）以及其他病害。

合成路线

分析方法 产品可以转化为铵盐通过比色法测定，或用三氯化钛在惰性气氛下进行滴定。残留物可在碱性溶液中用比色法测定。

主要生产商 Cerexagri。

参考文献

[1] GB 3301.
[2] GB 425295.

二溴磷（naled）

$C_4H_7Br_2Cl_2O_4P$，380.8，300-76-5

由 J. M. Grayson 和 B. d. Perkins 报道，由 Chevron Chemical Company LLC 开发。

其他名称 万丰灵，RE-4355，Dibrom

化学名称 O,O-二甲基-O-(1,2-二溴-2,2-二氯乙基）磷酸酯；1,2-dibromo-2,2-dichloroethyldimethyl phosphate

CAS 名称 1,2-dibromo-2,2-dichloroethyldimethyl phosphate

理化性质 原药含量约 93%，无色液体（原药为黄色），具有轻微的刺激气味。熔点 26～7.5℃，沸点 110℃（0.5mmHg）。蒸气压 266mPa（20℃）。相对密度 1.96（20℃）。几乎不溶于水，易溶于芳香烃和氯化溶剂，微溶于脂肪族溶剂和矿物油。稳定性：干燥条件下稳定，但水溶液快速水解（室温条件下，48h 水解率大于 90%），在酸性或碱性条件下水解速率更快。光照降解。在有金属或还原剂存在的条件下，失去溴，生成敌敌畏。

毒性 大鼠急性经口 LD_{50} 430mg/kg。兔皮肤和眼睛急性经皮 LD_{50} 1100mg/kg。对皮肤有刺激性，会引起眼睛灼伤。小鼠暴露在 1.5mg/L 空气中 6h 没有吸入危害。大鼠 NOEL（2年）0.2mg/(kg·d)。ADI/RfD（EPA）aRfD 0.01，cRfD 0.002mg/kg [1995，2006]。野鸭、尖尾松鸡、加拿大鹅 LD_{50} 27～111mg/kg。金鱼 LC_{50}（24h）2～4mg/L，使用剂量为 560g/hm^2 时对食蚊鱼无死亡病例。螃蟹 LC_{50} 0.33mg/L，使用剂量为 560g/hm^2 时对蝌蚪无害。对蜜蜂有毒。

制剂 DP，EC，UL。

应用 胆碱酯酶抑制剂，其活性可能是由于在体内脱溴而形成敌敌畏。具有触杀和胃毒作用的杀虫杀螨剂，有一些内吸作用，作用迅速。用于许多作物上防治红蜘蛛、蚜虫和其他害虫，包括水果、蔬菜、观赏植物、啤酒花、棉花、水稻、苜蓿、大豆、烟草、香菇、温室作物和林业。也可用于动物的屋舍和公共健康领域，防治苍蝇、蚂蚁、跳蚤、蟑螂、蠹虫等昆虫，还可用于蚊子的防治。可能会引起苹果、梨、瓜、樱桃、李子、桃子、油桃、豆类、棉花和一些观赏植物的药害。不能与碱性药剂混用。

合成路线

$$\text{(H}_3\text{CO)}_2\text{P(O)OCH=CCl}_2 + \text{Br}_2 \longrightarrow \text{(H}_3\text{CO)}_2\text{P(O)OCHBrCCl}_2\text{Br}$$

分析方法 产品用 GLC 分析。

主要生产商 Amvac，Lucava，陕西恒田。

参考文献

[1] GB 855157.
[2] US 2971882.
[3] The Pesticide Manual. 16 th edition.

二氧威（dioxacarb）

$C_{11}H_{13}NO_4$，223.2，6988-21-2

1968 年由 F. Bachmann 和 J. B. Legge 报道。由 Ciba AG（later Ciba-Geigy AG）开发。

其他名称 dioxacarbe，Elocron，Famid

化学名称 2-(1,3-二氧戊环-2-基)苯基甲氨基甲酸酯；2-(1,3-dioxolan-2-yl) phenyl methylcarbamate

CAS 名称 2-(1,3-dioxolan-2-yl) phenyl methylcarbamate

理化性质 纯品为无色结晶。熔点 114～115℃。蒸气压 0.04mPa（20℃）。溶解度（20℃）：水 6g/L，丙酮 280g/L，环己酮 235g/L，二甲基甲酰胺 550g/L，乙醇 80g/L，二甲苯 9g/L。稳定性：在水中（20℃）DT_{50}（计算值）为 85h（pH 5）。24.6d（pH 7）。15h（pH 9）。在土壤中迅速分解。

毒性 大鼠急性经口 LD_{50} 为 72mg TC/kg。大鼠急性经皮 LD_{50} 约 3000mg/kg，对兔皮肤和眼有轻微刺激。大鼠吸入 LC_{50} 约为 0.16mg/L 空气。90d 饲喂试验的无作用剂量：大鼠为 10mg/(kg·d)，狗为 2mg/(kg·d)。鱼毒 LC_{50}（96h）：虹鳟鱼为 29mg/L，鲤鱼为

32mg/L。实验室试验表明：对蜜蜂有毒，对鸟类毒性低。

制剂 WP，EC。

应用 一种触杀性和胃毒性杀虫剂，用于防治蠊科（包括抗有机氯和有机磷杀虫剂的品系）和广泛的卫生害虫和贮粮害虫。本品可有效地防治广泛的刺吸性和咀嚼性食叶害虫，包括抗有机磷的蚜科、马铃薯叶甲、水稻的叶蝉科和飞虱科、可可树上的盲蝽科等害虫。具有快的击倒活性。在叶上的持效性为5～7d，在墙表面上约为0.5年。

分析方法 产品分析用酸量滴定法。

参考文献

[1] BE 670630.

[2] GB 1122633.

发硫磷 (prothoate)

$C_9H_{20}NO_3PS_2$，285.4，2275-18-5

1948年美国Cyanamid Co.发表了专利。1956年由意大利Montecatini Co. S. p. A.（现在Montedison S. p. A.）开发。

其他名称 E. I. 18 682，L 343，Fac

化学名称 O,O-二乙基-S-异丙基氨基甲酰甲基二硫代磷酸酯；O,O-diethyl S-isopropyl-carbamoylmethyl phosphorodithioate；2-diethoxyphosphinothioylthio-N-isopropylacetamide

CAS名称 O,O-diethyl S-[2-[(1-methylethyl) amino]-2-oxoethyl] phosphorodithioate

理化性质 纯品为无色结晶固体，带有樟脑气味，熔点28.5℃，相对密度（32℃）1.151，40℃蒸气压为13mPa。溶解度（20℃）：水2.5g/L。原药为琥珀色至黄色半固体物，凝固点21～24℃。溶解度（20℃）：环己烷、己烷和石油英＜30g/kg，甘油（丙三醇）＜10g/kg，石油醚＜20g/kg，与大多数有机溶剂混溶。4.0＜pH＜8.2稳定，但是pH 9.2，约48h，50℃分解，≤60℃的环境下，制剂对光稳定。

毒性 急性经口LD_{50}：雄大鼠8.0mg/kg，雌大鼠8.9mg/kg，小鼠19.8～20.3mg/kg。急性经皮LD_{50}：大鼠655mg/kg，兔100～200mg/kg。大鼠吸入LC_{50}（4h）0.0029mg/L空气。大鼠（90d）无作用剂量0.5mg/(kg·d)，小鼠1mg/(kg·d)。急性经口LD_{50}：山齿鹑22.5mg/kg，野鸡18.8mg/kg，野鸭11.9mg/kg。金鱼LC_{50}（96h）33mg/L，鳟鱼20mg/L，孔雀鱼14mg/L。对蜜蜂有风险。

制剂 EC，WP，SL，DP，GR。

应用 内吸性杀虫剂和杀螨剂，能保护水果和蔬菜不受叶螨科、瘿螨科和一些害虫的危害，尤其是蚜虫类、缨翅目、跳甲的危害。

分析方法 产品分析可采用亚砷酸滴定法、气相色谱法、比色法。

参考文献

[1] US 2494283.

[2] GB 791824.

伐虫脒 (formetanate)

$C_{11}H_{15}N_3O_2$，221.3，22259-30-9；23422-53-9（伐虫脒盐酸盐）

1968 年由 W.R.Steinhausen 报道其杀螨活性。由 Schering AG（现 Bayer AG）推出，2000 年转让给 Margarita Internacional 公司。

其他名称　威螨脒，敌克螨，敌螨脒，灭虫威，杀螨脒（伐虫脒盐酸盐），SN 36056，ZK 10970，EP-332

化学名称　3-[(*EZ*)-二甲氨基亚甲基亚氨基]苯基甲氨基甲酸酯；3-二甲氨基亚甲基亚氨基苯基甲基氨基甲酸酯盐酸盐（伐虫脒盐酸盐）；3-[(*EZ*)-dimethylaminomethyleneamino] phenyl methylcarbamate；3-dimethylaminomethyleneaminophenyl methylcarbamate hydrochloride

CAS 名称　N,N-dimethyl-N'-[3-[[(methylamino)carbonyl]oxy]phenyl]methanimidamide

理化性质　伐虫脒 pK_a 为 8.0（25℃），弱碱性。伐虫脒盐酸盐相对分子质量为 257.8，纯品为无色晶体粉末，熔点 200～202℃（分解），蒸气压 0.0016mPa（25℃）。$K_{ow}\lg P$ －2.7（pH 7～9），Henry 常数 5.0×10^{-10} Pa·m³/mol（22℃）。密度 0.5g/mL。水中溶解度为：822g/L（25℃）；其他溶剂中溶解度（g/L，20℃）：甲醇 283，丙酮 0.074，甲苯 0.01，二氯甲烷 0.303，乙酸乙酯 0.001，正己烷 ＜0.0005。室温下至少可稳定存在 8 年，200℃左右分解。水解 DT_{50}（22℃）：62.5d（pH 5），23h（pH 7），2h（pH 9）。在水溶液中光解，DT_{50}：1333h（pH 5），17h（pH 7），2.9h（pH 9）。不可燃。

毒性　急性经口 LD_{50}：大鼠 14.8～26.4mg/kg，小鼠 13～25mg/kg，狗 19mg/kg。急性经皮 LD_{50}：大鼠＞5600mg/kg，兔＞10200mg/kg；对眼睛有刺激，豚鼠对其敏感。大鼠吸入 LC_{50}（4h）0.15mg/L。NOEL 值为：（2 年）大鼠 10mg/kg [0.52mg/(kg·d)]，小鼠 50mg/kg [8.2mg/(kg·d)]，（1 年）狗 10mg/kg [0.37mg/(kg·d)]。禽类急性经口 LD_{50}：母鸡 21.5mg/kg，鸭 12mg/kg，鹌鹑 42mg/kg。LC_{50}：山齿鹑 3963mg/kg，鸭子 2086mg/kg。鱼 LC_{50}（96h）：虹鳟鱼 4.42mg/L，大翻车鱼 2.76mg/L。水蚤 LC_{50}（48h）0.093mg/L。海藻 E_bC_{50}（96h）1.5mg/L。蜜蜂 LD_{50}：14μg/只（接触），9.21μg/只（经口）。蚯蚓 LC_{50}（14d）1048mg/kg 土壤。

制剂　SP（为盐酸盐制剂）。

应用　胆碱酯酶抑制剂，作为一种杀虫和杀螨剂对虫害进行触杀和胃毒作用。适用于观赏植物、梨果、核果类、柑橘类水果、蔬菜和苜蓿以及豌豆、蚕豆、大豆、花生、茄子、黄瓜。防治叶螨，以及双翅目害虫、半翅目害虫、鳞翅目害虫、缨翅目害虫，尤其是西花蓟马。

合成路线

分析方法 采用 HPLC 法。

主要生产商 Gowan Co.，Gowan Intl。

参考文献

[1] DE 1169194.

[2] GB 987381.

伐灭磷（famphur）

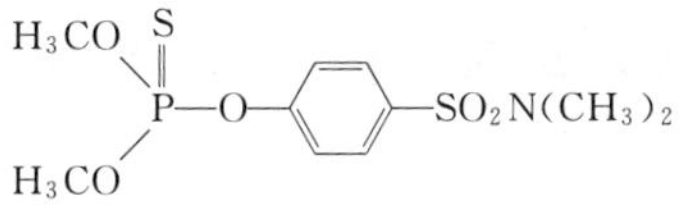

$C_{10}H_{16}NO_5PS_2$，325.3，52-85-7

是美国 American Cyanamid Co.（现属 BASF SE）开发的有机磷类杀虫剂。

其他名称 氨磺磷，伐灭硫磷，CL 38023，AC 38023，OMS 584，Bo-Ana，Warbex

化学名称 O-[4-[（二甲基氨基）磺酰基]苯基]-O,O-二甲基硫逐磷酸酯；O-4-dimethylsulfamoylphenyl O,O-dimethyl phosphorothioate

CAS 名称 O-[4-[(dimethylamino) sulfonyl] phenyl] O,O-dimethyl phosphorothioate

理化性质 无色结晶粉末，熔点 52.5～53.5℃。溶解度：45% 异丙醇水溶液 23g/kg（20℃），二甲苯 300g/kg（5℃），溶于丙酮、四氯化碳、氯仿、环己酮、二氯甲烷、甲苯，难溶于水和脂肪烃化合物。室温条件下贮存稳定 19 个月以上。

毒性 急性经口 LD_{50}（mg/kg）：雄大鼠 35，雌大鼠 62，雄小鼠 27。兔急性经皮 LD_{50} 2730mg/kg。制剂（家畜泼浇剂）对兔眼睛和皮肤有刺激性。大鼠暴露在 24mg/L 空气的环境中 7.5h，无死亡现象。大鼠 NOEL（90d）1mg/L（0.05mg/kg）。ADI/RfD 值 0.0005mg/kg。

制剂 DP，PO。

应用 胆碱酯酶的直接抑制剂，具有内吸性。适用于蔬菜作物。主要用于防治牲畜害虫，如肉蝇；蔬菜害虫，如螨类；减少虱的浸染。

合成路线

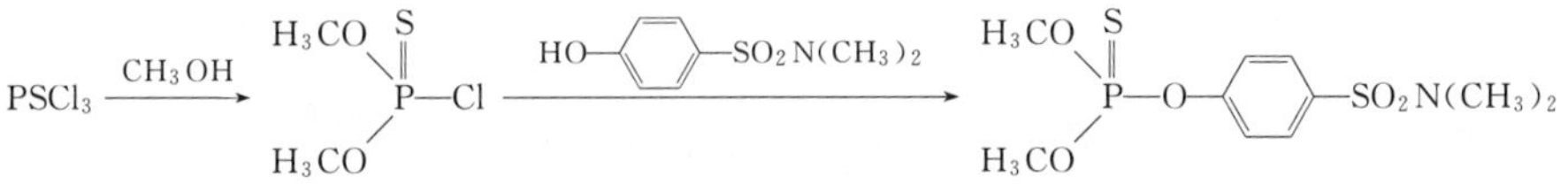

分析方法 可用 GC-MSD/HPLC-UV 进行分析。

主要生产商 Schering-Plough。

参考文献

US 4272398.

反氯菊酯（transpermethrin）

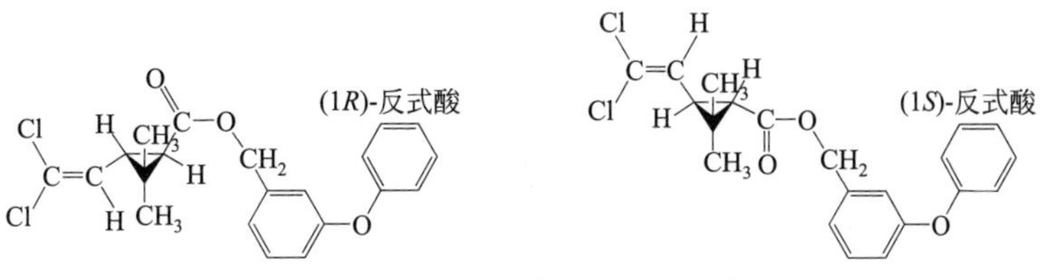

$C_{21}H_{20}Cl_2O_3$，391.3，52341-32-9

其他名称　permethrin-G，NRDC 146，RU 22090

化学名称　3-苯氧基苄基（1RS,3SR）-3-(2,2-二氯乙烯基)-2,2-二甲基环丙烷羧酯；3-phenoxybenzyl (1RS,3SR)-3-(2,2-dichlorovinyl)-2,2-dimethylcyclopropanecarboxylate；3-phenoxybenzyl (1RS)-trans-3-(2,2-dichlorovinyl)-2,2-dimethylcyclopropanecarboxylate

CAS 名称　(3-phenoxyphenyl) methyl (1R,3S)-rel-3-(2,2-dichloroethenyl)-2,2-dimethylcyclopropanecarboxylate

应用　杀虫剂。

反灭虫菊（pyresmethrin）

$C_{23}H_{26}O_5$，382.5，24624-58-6 (formerly 56194-68-4 and 20425-39-2)

由 M. Elliott 等发现。

化学名称　5-苄基-3-呋喃甲基-(E)-(1R)-反式-3-(2-甲氧基羰基丙-1-烯基)-2,2-二甲基环丙烷羧酸酯；5-benzyl-3-furylmethyl (E)-(1R)-trans-3-(2-methoxycarbonylprop-1-enyl)-2,2-dimethylcyclopropanecarboxylate；

CAS 名称　[1R-[1α,3β (E)]]-[5-(phenylmethyl)-3-furanyl] methyl 3-(3-methoxy-2-methyl-3-oxo-1-propenyl)-2,2-dimethylcyclopropanecarboxylate

应用　作用于昆虫的神经系统，作用于神经元和钠离子通道。

芬硫磷（phenkapton）

$C_{11}H_{15}Cl_2O_2PS_3$，377.3，2275-14-1

由 J. R. Geigy S. A.（后来的 Ciba-Geigy AG）推出的杀虫杀螨剂。

化学名称　O,O-二乙基-S-(2,5-二氯苯基硫代甲基) 二硫代磷酸酯；S-2,5-dichlorophenylthiomethyl O,O-diethyl phosphorodithioate

CAS 名称　S-[[(2,5-dichlorophenyl) thio] methyl] O,O-diethyl phosphorodithioate

应用　杀虫、杀螨剂，乙酰胆碱酯酶抑制剂。

丰丙磷（IPSP）

$C_9H_{21}O_3PS_3$，304.4，5827-05-4

1963年由日本北兴化工有限公司开发。

其他名称 Aphidan，PSP-204

化学名称 S-乙基亚磺酰甲基-O,O-二异丙基二硫代磷酸酯；S-ethylsulfinylmethyl O,O-diisopropyl phosphorodithioate

CAS 名称 S-[(ethylsulfinyl) methyl] O,O-bis (1-methylethyl) phosphorodithioate

理化性质 原药为黄色液体，蒸气压 2mPa（27℃），相对密度 1.1696（20℃）。溶解度：水中 1.5g/L（15℃）；己烷 71g/L（20℃），易溶于丙酮、二甲苯。稳定性：DT_{50}（25℃）4d（pH 7）、3d（pH 9）。100℃以下稳定。无腐蚀性。

毒性 急性经口 LD_{50}：雄大鼠 25mg/kg，雄小鼠 320mg/kg。急性经皮 LD_{50}：雄大鼠 28mg/kg，雌小鼠 1300mg/kg。鲤鱼 LC_{50}（48h）为 20mg/L。

制剂 GR。

应用 内吸性杀虫剂，通过土壤处理能有效地防治马铃薯和蔬菜上的蚜虫。

主要生产商 Hokko 公司。

参考文献

[1] 日本特許公報 531126.
[2] US 3408426.
[3] GB 1068628.

砜拌磷（oxydisulfoton）

$C_8H_{19}O_3PS_3$，290.4，2497-07-6

由 Bayer AG. 开发的杀虫杀螨剂。

其他名称 Disyston S

化学名称 O,O-二乙基-S-2-乙基亚磺酰基乙基二硫代磷酸酯；O,O-diethyl S-2-ethyl-sulfinylethyl phosphorodithioate

CAS 名称 O,O-diethyl S-[2-(ethylsulfinyl)ethyl] phosphorodithioate

应用 胆碱酯酶抑制剂，杀虫杀螨剂。

砜吸磷（demeton-S-methylsulphone）

$C_6H_{15}O_5PS_2$，262.3，17040-19-6

1965 年由 Bayer AG 开发。

其他名称 Metaisosystoxsulfon，Bayer 20315，E158，M3/158

化学名称 S-2-乙基磺酰乙基-O,O-二甲基硫赶磷酸酯；S-2-ethylsulfonylethyl O,O-dimethyl phosphorothioate

CAS 名称　S-[2-(ethylsulfonyl) ethyl] O,O-dimethyl phosphorothioate

理化性质　纯品为无色至黄色结晶固体。熔点 60℃，沸点 120℃（0.03mmHg）。20℃蒸气压为 0.66mPa。溶解度（20℃）：二氯甲烷＞600g/kg，甲苯＜10g/kg。在 pH＞7.0 时，易水解。

毒性　大白鼠急性经口 LD_{50} 约 37.5mg（a.i.）/kg，大白鼠急性经皮 LD_{50} 约 500mg/kg，大白鼠急性腹腔注射 LD_{50} 约 20.8mg/kg。

应用　内吸性杀虫剂，对刺吸性害虫、叶蜂科和螨类有效、防治范围与甲基内吸磷同、甲基内吸磷在动植物体内代谢为砜吸磷、通常与其他杀虫剂混用（如保棉磷）。

分析方法　样品在 0.5mol/L NaOH 中，于室温下水解，回滴过量的碱，用 1 mol/L NaOH 滴定第 2 个样品，为测定游离酸和校正。

参考文献

DE 948241.

呋虫胺（dinotefuran）

$C_7H_{14}N_4O_3$，202.2，165252-70-0

1998 年由 K. Kodaka 等报道其活性。2002 年 Mitsui Chemicals Inc. 在日本首次登记。

其他名称　MTI-446，Albarin，Oshin，Starkle

化学名称　(RS)-1-甲基-2-硝基-3-(3-四氢呋喃甲基) 胍；(RS)-1-methyl-2-nitro-3-(tetrahydro-3-furylmethyl) guanidine

CAS 名称　N-methyl-N′-nitro-N″-[(tetrahydro-3-furanyl) methyl] guanidine

理化性质　白色结晶固体。熔点 107.5℃，沸点 208℃分解。蒸气压＜1.7×10^{-3} mPa（30℃）。$K_{ow}\lg P$ －0.549（25℃）。Henry 常数 8.7×10^{-9} Pa·m³/mol（计算值）。相对密度：1.40。水中溶解度、39.8g/L（20℃）；有机溶剂中溶解度（g/L，20℃）：正己烷 9.0×10^{-6}，庚烷 11×10^{-6}，二甲苯 72×10^{-3}，甲苯 150×10^{-3}，二氯甲烷 11，丙酮 58，甲醇 57，乙醇 19，乙酸乙酯 5.2。在 150℃稳定，水解 DT_{50}＞1 年（pH4、7、9），光降解 DT_{50} 3.8h（蒸馏水/天然水）。pK_a 12.5（20℃）。

毒性　急性经口 LD_{50}（mg/kg）：雄大鼠 2804，雌大鼠 2000；雄小鼠 2450，雌小鼠 2275。雄和雌大鼠急性经皮 LD_{50}＞2000mg/kg；对兔眼和皮肤无刺激性，对豚鼠无致敏性。大鼠吸入 LD_{50}（4h）：＞4.09mg/L；NOAEL：雄狗 559mg/(kg·d)，雌狗 22mg/(kg·d)。ADI/RfD（EPA，mg/kg）：aRfD 1.25，cRfD 0.02。无致畸、致癌和致突变性，对神经和繁殖性能没有影响。日本鹌鹑急性经口 LD_{50}＞2000mg/kg，野鸭 LC_{50}（5d）＞5000mg/L，日本鹌鹑 LC_{50}（5d）＞5000mg/L。鲤鱼、虹鳟和大翻车鱼 LC_{50}（96h）＞100mg/L。水蚤 EC_{50}（48h）＞1000mg/L。海藻 E_bC_{50}（72h）＞100mg/L。虾 LC_{50}（48h）4.84mg/L，东方牡蛎 LC_{50}（96h）141mg/L，糠虾 0.79mg/L，浮萍 EC_{50}＞110mg/L。对蜜蜂高毒，LD_{50} 0.023μg/只（经口），0.047μg/只（接触）。对蚕高毒。

制剂　DL，DP，FL，GR，SG，SL，WP。

应用　呋虫胺是目前唯一的含四氢呋喃环的烟碱类杀虫剂，其结构特征是用四氢呋喃环取代了噻虫胺中的氯代吡啶环。主要作用于昆虫神经结合部后膜，阻断昆虫正常的神经传递，通过与乙酰胆碱受体结合使昆虫异常兴奋，全身痉挛、麻痹而死，对刺吸口器害虫有优异的防效，不仅具有触杀、胃毒和根部内吸活性，而且具有内吸性强、用量少、速效好、活性高、持效期长、杀虫谱广等特点，能被水稻、蔬菜等各种作物的根部和茎叶部迅速吸收。采用茎叶喷雾、土壤处理、粒剂本田处理和育苗箱处理等方法。与常规杀虫剂没有交互抗性，因而对抗性害虫有特效。对哺乳动物、鸟类及水生生物低毒。适用于水稻、茄子、黄瓜、番茄、卷心菜、棉花、茶叶、家庭、花园观赏植物、草坪、甜菜、果树、花卉等。主要用于防治吮吸性害虫蜡象、蚜虫、飞虱、叶蝉类半翅目、重要的菜蛾及双翅目、甲虫目和总翅目害虫，以及难防除的豆桃潜蝇等双翅目害虫等。

合成路线

$H_2N-C(=NNO_2)-NH_2 \xrightarrow{CH_3NH_2} H_2N-C(=NNO_2)-NHCH_3 \xrightarrow{CH_3NH_2, HCHO} \text{triazine-NNO}_2 \xrightarrow{\text{tetrahydrofurfuryl-OSO}_2CH_3} \text{tetrahydrofurfuryl-NH-C(=NNO}_2\text{)-NHCH}_3$

分析方法 可用 HPLC 进行分析。
主要生产商 Mitsui Chemicals Agro。
参考文献
EP 0649845.

呋喃虫酰肼 (furan tebufenozide)

$C_{24}H_{30}N_2O_3$，394.5，467427-81-1

由江苏省农药研究所股份有限公司创制的双酰肼类杀虫剂。

其他名称 福先，忠臣，JS118
化学名称 N'-叔丁基-N'-(3,5-二甲基苯甲酰基)-2,7-二甲基-2,3-二氢苯并呋喃-6-甲酰肼；N-(2,3-二氢-2,7-二甲基苯并呋喃-6-酰基)-N'-叔丁基-N'-(3,5 二甲基苯甲酰基) 肼；N'-tert-butyl-N'-(3,5-dimethylbenzoyl)-2,7-dimethyl-2,3-dihydrobenzofuran-6-carbohydrazide；(2RS)-N'-tert-butyl-2,3-dihydro-2,7-dimethyl-N'-3,5-xyloyl-1-benzofuran-6-carbohydrazide

理化性质 白色粉末状固体，熔点 146.0～148.0℃。蒸气压＜$9.7×10^{-8}$ Pa（20℃）。溶于有机溶剂，不溶于水。
毒性 大鼠急性经口 LD_{50}＞5000mg/kg（雄、雌），大鼠急性经皮 LD_{50}＞5000mg/kg（雄、雌）。属微毒类农药。眼刺激试验为 1.5（1h），对眼无刺激（1∶100 稀释）。皮肤刺激试验为 0（4h），对皮肤无刺激性。Ames 试验无致基因突变作用。斑马鱼 LC_{50}（96h）48mg/L；鹌鹑 LC_{50}（7d）＞5000mg/kg 体重；家蚕 LC_{50}（2 龄）：0.7mg/kg 桑叶（10% 呋喃虫酰肼悬浮剂）。
制剂 SC。
应用 呋喃虫酰肼为酰肼类化合物，具有胃毒、触杀、拒食等活性，其作用方式以胃毒为主，其次为触杀活性，但在胃毒和触杀活性同时存在时，综合毒力均高于 2 种分毒力。属于昆虫生长调节剂。该药通过模拟昆虫蜕皮激素，甜菜夜蛾等幼虫取食后 4~16h 开始停止取食，随后开始蜕皮。24h 后中毒幼虫的头壳早熟开裂，蜕皮过程停止，幼虫头部与胸部之间具有淡色间隔，引起早熟、不完全的蜕皮。适用于十字花科蔬菜、茶树等。对甜菜夜蛾、斜纹夜蛾、小菜蛾、茶尺蠖和各类螟虫等鳞翅目害虫有优异的防治效果。

合成路线

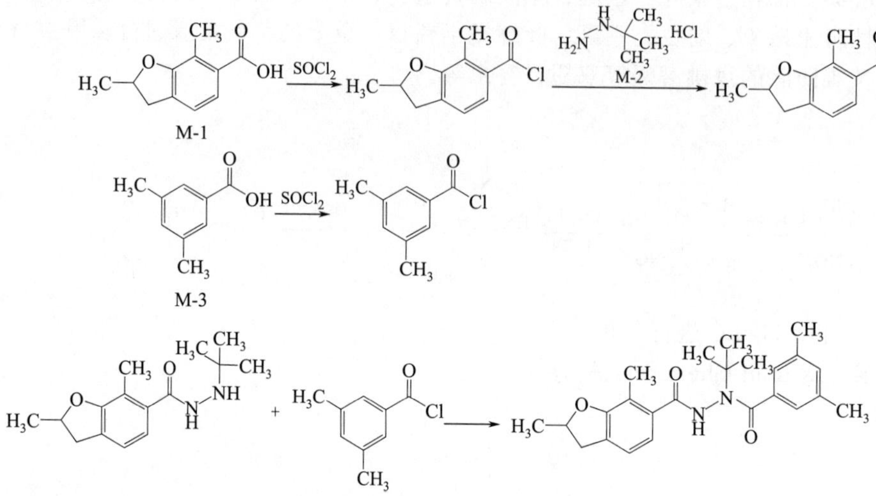

分析方法 可用 GC-MSD/HPLC-UV 方法分析。

主要生产商 江苏农药研究所。

参考文献

CN 1313276.

呋炔菊酯（proparthrin）

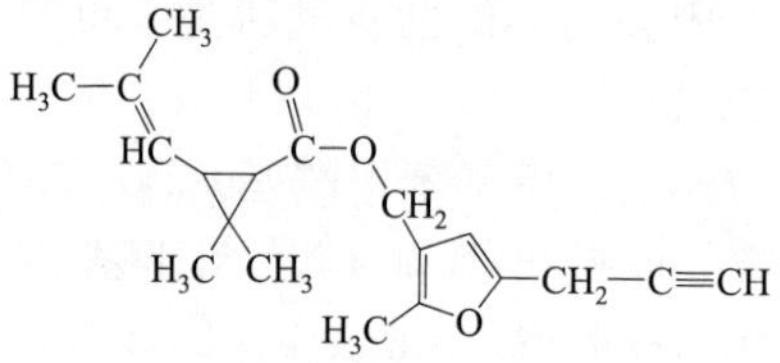

$C_{19}H_{24}O_3$，300.4，27223-49-0

其他名称 Kikuthrin

化学名称 （2-甲基-5-丙炔基-3-呋喃基）甲基（±）-*cis-trans*-菊酸酯；(2-methyl-5-propargyl-3-furyl) methyl (±)-*cis-trans*-chrysanthemate

CAS 名称 [2-methyl-5-(2-propyn-1-yl)-3-furanyl] methyl 2,2-dimethyl-3-(2-methyl-1-propen-1-yl) cyclopropanecarboxylate

毒性 急性经口 LD_{50}：大鼠 14000mg/kg；小鼠 8000mg/kg。对受孕小鼠或大鼠饲喂 0.25~5g/(kg·d)，6d 没有或有微小的致畸作用。尽管有时增加了胎鼠的死亡率，对兔、狗、小鼠呼吸循环和中枢神经系统药剂效应比丙烯除虫菊小，对兔皮肤无刺激，对敏感豚鼠也无抗原性作用。

应用 防治家蝇、蚊子幼虫和蟑螂。

呋线威（furathiocarb）

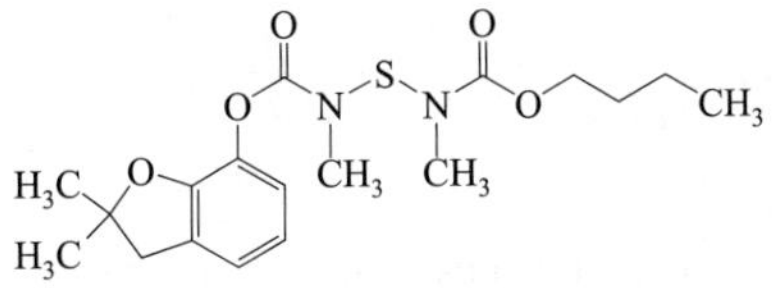

$C_{18}H_{26}N_2O_5S$，382.5，65907-30-4

1981 年由 Ciba-Geigy AG（现 Syngenta AG）推出。

其他名称　保苗，CGA73102，Deltanet

化学名称　2,3-二氢-2,2-二甲基苯并呋喃-7-基 N,N'-二甲基-N,N'-硫代二氨基甲酸丁酯；butyl 2,3-dihydro-2,2-dimethylbenzofuran-7-yl N,N'-dimethyl-N,N'-thiodicarbamate

CAS 名称　2,3-dihydro-2,2-dimethyl-7-benzofuranyl 2,4-dimethyl-5-oxo-6-oxa-3-thia-2,4-diazadecanoat

理化性质　纯品为黄色液体，沸点＞250℃。蒸气压 $3.9×10^{-6}$ Pa（25℃）。K_{ow} lg$P$ 4.6（25℃）。Henry 常数 $1.36×10^{-4}$ Pa·m^3/mol。相对密度 1.148（20℃）。水中溶解度（25℃）11mg/L，易溶解于常见的有机溶剂，如丙酮、甲醇、异丙醇、正己烷、甲苯等。稳定性达 400℃，水中 DT$_{50}$（pH 9）为 4d。

毒性　急性经口 LD$_{50}$（mg/kg）：大鼠 53，小鼠 327。大鼠急性经皮 LD$_{50}$＞2000mg/kg。对兔皮肤和眼睛有轻微刺激。大鼠吸入 LC$_{50}$（4h）0.214mg/L 空气。大鼠 NOEL 0.35mg/(kg·d)。野鸭和鹌鹑急性经口 LD$_{50}$＜25mg/kg。虹鳟、大翻车鱼及鲤鱼 LC$_{50}$（96h）为 0.03～0.12mg/L。水蚤 LC$_{50}$（48h）1.8μg/L。对蜜蜂有毒。

制剂　CS，DS，EC，GR，LS。

应用　内吸性杀虫剂，具有触杀和胃毒作用。用于玉米、油菜、高粱、甜菜、向日葵和蔬菜等防治土壤栖息害虫。

合成路线

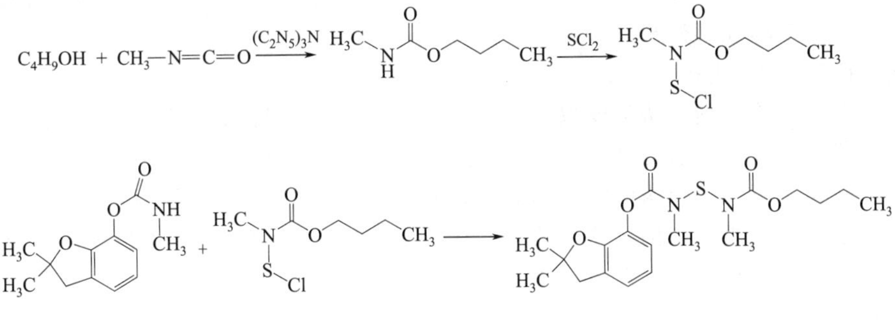

分析方法　采用 GC 法。

主要生产商　Mitsubishi Chemical，Saeryung。

参考文献

[1] BE 865290.
[2] GB 1583713.

伏杀硫磷（phosalone）

$C_{12}H_{15}ClNO_4PS_2$, 367.8, 2310-17-0

1963 年由 J. Desmoras 等报道，由 Rhǒne-Poulenc Agrochimie（现 Bayer AG）开发的杀虫、杀螨剂。

其他名称 伏杀磷，佐罗纳，11 974 RP，benzphos，benzophosphate

化学名称 S-6-氯-2,3-二氢-2-氧代-1,3-苯并噁唑-3-基甲基-O,O-二乙基二硫代磷酸酯；S-6-chloro-2,3-dihydro-2-oxo-1,3-benzoxazol-3-ylmethyl O,O-diethyl phosphorodithioate

CAS 名称 S-[(6-chloro-2-oxo-3 (2H)-benzoxazolyl) methyl] O,O-diethyl phosphorodithioate

理化性质 组成：930g/kg（FAO Spec.），工业品为 940g/kg。无色晶体，有大蒜味，熔点 46.9℃（99.5%）（工业品 42～48℃），蒸气压 7.77×10^{-3}mPa（20℃，计算值），相对密度 1.338（20℃），K_{ow} lg$P$ 4.01（20℃），Henry 常数 2.04×10^{-3} Pa·m³/mol（计算值）。溶解度：水 1.4mg/L（20℃）；丙酮、乙酸乙酯、二氯甲烷、甲苯、甲醇均>1000g/L（20℃），正己烷 26.3g/L（20℃），正辛醇 266.8g/L（20℃）。在强碱和酸性介质中分解，DT_{50} 9d（pH 9）。

毒性 大鼠急性经口 LD_{50} 120mg/kg，大鼠急性经皮 LD_{50} 1530mg/kg。对豚鼠眼睛和皮肤中等刺激，对其皮肤有致敏现象。大鼠吸入 LC_{50}（4h，mg/L）：雄大鼠 1.4，雌大鼠 0.7。NOEL 值（mg/kg）：大鼠（1 年）0.2，狗（1 年）0.9。ADI 值：（EFSA）0.01mg/kg [2006]，（JMPR）0.02mg/kg [1997, 2001]。禽类急性经口 LD_{50}（mg/kg）：家鸡 503，绿头鸭>2150。饲喂 LC_{50}（8d, mg/L 饲料）：山齿鹑 2033（约 233mg/kg），绿头鸭 1659。鱼类 LC_{50}（96h, mg/L）：虹鳟鱼 0.63，鲤鱼 2.1。水蚤 EC_{50}（48h）0.74μg/L。近具刺栅藻 E_bC_{50}（72h）1.1mg/L。蜜蜂 LD_{50}：103μg/只（经口），4.4μg/只（接触）。蚯蚓 LC_{50}（14d）22.5mg/kg 土壤。

制剂 EC，WP，DP。

应用 杀虫、杀螨剂。防治蚜虫、叶螨、木虱、叶蝉、蓟马及鳞翅目、鞘翅目害虫等，如卷叶蛾、苹果蝇、梨小食心虫、棉铃虫、油菜花露尾甲和象虫。适用于果树、棉花、水稻、蔬菜、茶树。属胆碱酯酶的直接抑制剂，具有触杀作用，无内吸作用，杀虫谱广，速效性好，残留量低，代谢产物仍具杀虫活性。在植物上持效期为 2 周，对叶螨的持效期较短。正常使用下无药害。对作物有渗透作用。

合成路线

分析方法　产品和残留物均可用 GLC 进行分析。

主要生产商　Cheminova，Kajo，捷马集团。

参考文献

［1］The Pesticide Manual. 15 th edition：893-894.

［2］US 3922281.

［3］Phytiatr Phytopharm，1963，12：199.

氟胺氰菊酯（tau-fluvalinate）

$C_{26}H_{22}ClF_3N_2O_3$，502.9，102851-06-9

美国 Zoecon（现属先正达公司）公司开发的拟除虫菊酯类（pyrethroids）杀虫剂。

其他名称　SAN527I，MK128，Mavrik，Mavrik Aqnaflow，Spur，Klartan，Apistan，福化利，马扑立克。

化学名称　(RS)-α-氰基-3-苯氧基苄基-N-(2-氯-4-三氟甲基苯基)-D-缬氨酸酯；(RS)-α-cyano-3-phenoxybenzyl N-(2-chloro-α,α,α-trifluoro-p-tolyl)-D-valinate 氟胺氰菊酯产品为 (R)-α-氰基-,2-(R)-和(S)-α-氰基-,2-(R)-非对映异构体 1∶1 的混合物。

CAS 名称　cyano(3-phenoxyphenyl) methyl N-[2-chloro-4-(trifluoromethyl)phenyl]-D-valinate

理化性质　原药为黏稠的琥珀色油状液体，工业品略带甜味。沸点 164℃（0.07mmHg，工业品），蒸气压 $9×10^{-8}$ mPa (20℃)。K_{ow} lg$P$ 4.26 (25℃)。Henry 常数 $4.04×10^{-5}$ Pa·m³/mol。相对密度 1.262 (25℃)。水中溶解度 1.03μg/L (pH 7，20℃)；易溶于甲苯、乙腈、异丙醇、二甲基甲酰胺、正辛醇等有机溶剂中，在异辛烷中溶解度为 108 g/L。工业品在室温（20～28℃）条件下，稳定期为 2 年。日光暴晒降解，DT_{50}：9.3～10.7min（水溶液，缓冲至 pH 5），1d（玻璃薄膜），13d（油表面）。9μg/L 水溶液的水解 DT_{50} 为 48d (pH 5)，38.5d (pH 7)，1.1d (pH 9)。闪点 90℃（工业品）(潘-马氏闭杯式法)。

毒性　大鼠急性经口 LD_{50}：雌 261mg/kg，雄 282mg/kg（在玉米油中）。兔急性经皮 LD_{50}>2000mg/kg，对兔皮肤有轻微刺激作用，对兔眼中等刺激。大鼠吸入 LC_{50} (4h)>0.56mg/L 空气。大鼠 NOEL 0.5mg/(kg·d)。ADI 值 0.005mg/kg。山齿鹑急性经口 LD_{50}>2510mg/kg，山齿鹑和野鸭饲喂毒性 LC_{50} (8d)>5620mg/kg 饲料。鱼 LC_{50} (96h)：大翻车鱼 0.0062mg/L，虹鳟鱼 0.0027mg/L，鲤鱼 0.0048mg/L。水蚤 LC_{50} (48h) 0.001mg/L。淡水藻 LC_{50}>2.2mg/L，在推荐剂量下使用对蜜蜂无毒。LD_{50} (24h，局部触杀) 6.7μg 原药/只；（摄取）163μg 原药/只。蚯蚓 LC_{50} (14d)>1000mg/L。通常除了对蜘蛛、捕食螨、一些瓢虫和蠕虫毒性较强外，对有益昆虫显示中等毒性，基本安全。

制剂　EC，EW，UL，VP，VP，WP。

分析方法　产品 GC（FID 检测器），残留物 GC（ECD 检测器）。

应用　具有触杀和胃毒作用的杀虫、杀螨剂。该药剂杀虫谱广，还有拒食和驱避活性，除具有一般拟除虫菊酯农药的特点外,并能歼除多数菊酯类农药所不能防止的螨类。即使在田间高温条件下,仍能保持其原杀虫活性,且有较长残效。对许多农作物没有药害。适用于棉花、烟草、果树、观赏植物、蔬菜、树木和葡萄。防治对象为蚜虫、叶蝉、鳞翅目害虫、缨翅目害虫、温室粉虱和叶螨等,如:烟芽夜蛾、棉铃虫、棉红铃虫、波纹夜蛾、蚜虫、盲蝽、叶蝉、烟天蛾、烟草跳甲、菜粉蝶、菜蛾、甜菜夜蛾、玉米螟、苜蓿叶象甲等。

合成路线

主要生产商　Makhteshim-Agan,Wellmark,日本农药株式会社。

参考文献

[1]　农药商品大全. 北京:中国商业出版社,1996:146.
[2]　The Pesticide Manual. 15th edition:562-563.
[3]　US 4243819.
[4]　US 4260633.

氟苯脲（teflubenzuron）

$C_{14}H_6Cl_2F_4N_2O_2$,381.1,83121-18-0

由 Celamerck（现属 BASF）公司开发的苯甲酰脲类杀虫剂。

其他名称　农梦特,伏虫隆,特氟脲,四氟脲,CME-134,MK-139,CME-13406,Dart,Nemolt,Nomolt,Nobelroc,Teflurate,Calicide,Diaract,Gospel,Mago

化学名称　1-(3,5-二氯-2,4-二氟苯基)-3-(2,6-二氟苯甲酰基)脲;N-[(3,5-dichloro-2,4-difluorophenyl)carbamoyl]-2,6-difluorobenzamide;1-(3,5-dichloro-2,4-difluorophenyl)-3-(2,6-difluorobenzoyl)urea

CAS 名称　N-[[(3,5-dichloro-2,4-difluorophenyl)amino]carbonyl]-2,6-difluorobenzamide

理化性质　白色至淡黄色结晶。熔点 218.8℃,蒸气压 $1.3×10^{-5}$ mPa（25℃）,K_{ow} lgP 4.3（20℃）,相对密度 1.662（22.7℃）。水中溶解度（mg/L,20℃）:<0.01（pH 5）,<0.01（pH 7）,0.11（pH 9）;其他溶剂中溶解度（g/L,20℃）:丙酮 10,乙醇 1.4,二甲基亚砜 66,二氯甲烷 1.8,环己酮 20,己烷 0.05,甲苯 0.85。室温下稳定至少 2 年。水解 DT_{50}（25℃）:30d（pH5）,10d（pH 9）。

毒性　大、小鼠急性经口 LD_{50}>5000mg/kg。大鼠急性经皮 LD_{50}>2000mg/kg;对兔皮肤和眼睛无刺激性;对皮肤无致敏性。大鼠急性吸入 LC_{50}（4h）>5058mg（粉尘）/m^3。无作用剂量（90d）:大鼠 8mg/(kg·d),狗 4.1mg/(kg·d)。无致畸、致突变性。鹌鹑急性经口 LD_{50}>2250mg/kg。饲喂鹌鹑和鸭 LC_{50}>5000mg/kg。鱼毒 LC_{50}（96h）:鳟鱼>

4mg/L，鲤鱼＞24mg/L。水蚤 LC$_{50}$（28d）0.001mg/L。在推荐剂量下使用对蜜蜂无毒，LD$_{50}$（局部）＞100μg/只。

应用 几丁质合成抑制剂。虫体接触后，破坏昆虫几丁质的形成。影响内表皮生成，使昆虫蜕皮变态时不能顺利蜕皮致死，但是作用缓慢。作用于对有机磷、拟除虫菊酯等产生抗性的鳞翅目和鞘翅目害虫有特效，宜在卵期和低龄幼虫期应用，对叶蝉、飞虱、蚜虫等刺吸式害虫无效。本品还可用于防治大多数幼龄期的飞蝗。

参考文献

[1] The Pesticide Manual. 15 th edition：1082-1083.
[2] EP 52833.
[3] 农药，2005，44（6）：263-268.

氟吡唑虫（vaniliprole）

$C_{20}H_{10}Cl_2F_6N_4O_2S$，555.3，145767-97-1

化学名称 (E)-1-(2,6-二氯-α,α,α-三氟对甲苯基)-5-(4-羟基-3-甲氧基苄基氨基)-4-三氟甲硫-3-氰基吡唑；(E)-1-(2,6-dichloro-α,α,α-trifluoro-p-tolyl)-5-(4-hydroxy-3-methoxy-benzylideneamino)-4-trifluoromethylthiopyrazole-3-carbonitrile

CAS 名称 1-[2,6-dichloro-4-(trifluoromethyl)phenyl]-5-[[(E)-(4-hydroxy-3-methoxyphenyl)methylene]amino]-4-[(trifluoromethyl)thio]-1H-pyrazole-3-carbonitrile

应用 杀虫杀螨剂。

氟丙菊酯（acrinathrin）

$C_{26}H_{21}F_6NO_5$，541.4，101007-06-1

由 Roussel Uclaf（现属 Bayer CropScience）公司开发的拟除虫菊酯类杀虫剂。

其他名称 氟酯菊酯，罗速，罗速发，杀螨菊酯，RU 38702，HOE 07600，AEF 076003，NU 702，Orytis，Rufast，Ardent

化学名称 (S)-α-氰基-3-苯氧基苄基(Z)-(1R,cis)-2,2-二甲基-3-[2-(2,2,2-三氟-1-三氟甲基乙氧基羰基)乙烯基]环丙烷羧酸酯；(S)-α-氰基-3-苯氧基苄基(Z)-(1R,3S)-2,2-二甲基-3-[2-(2,2,2-三氟-1-三氟甲基乙氧基羰基)乙烯基]环丙烷羧酸酯；(S)-α-cyano-3-phenoxybenzyl(Z)-(1R,3S)-2,2-dimethyl-3-[2-(2,2,2-trifluoro-1-trifluoromethylethoxycarbonyl)vinyl]cyclopropanecarboxylate；(S)-α-cyano-3-phenoxybenzyl(Z)-(1R-cis)-2,2-dimethyl 3-[2-(2,2,2-trifluoro-1-trifluoromethylethoxycarbonyl)vinyl]cyclopropanecarboxylate

CAS 名称 (S)-cyano(3-phenoxyphenyl)methyl(1R,3S)-2,2-dimethyl-3-[(1Z)-3-oxo-3-[2,2,2-trifluoro-1-(trifluoromethyl)ethoxy]-1-propenyl]cyclopropanecarboxylate

理化性质 白色粉状固体（工业品）。熔点：81.5℃（纯品），82℃（工业品）。蒸气压 $4.4×10^{-5}$ mPa（20℃）。K_{ow} lg$P$ 5.6（25℃）。Henry 常数 $4.8×10^{-2}$ Pa·m^3/mol（计算值）。水中溶解度：≤0.02mg（a.i.）/L（25℃）；其他溶剂中溶解度（25℃，g/L）：丙酮、氯仿、二氯甲烷、乙酸乙酯和DMF>500，二异丙醚170，乙醇40，正己烷和正辛醇10。稳定性：在酸性介质中稳定，但在 pH>7 时，水解和差向异构更明显。DT_{50}>1年（pH 5，50℃），30d（pH 7，30℃），15d（pH 9，20℃），1.6d（pH 9，37℃）。在100W的灯光下可稳定存在7d。

毒性 大鼠和小鼠急性经口 LD_{50} 均为>5000mg/kg（工业品，在玉米油中）；大鼠急性经皮 LD_{50}>2000mg/kg。本品对兔眼睛和皮肤无刺激。豚鼠对本品无皮肤过敏现象。大鼠吸入 LC_{50}（4h）为 1.6mg/L。NOEL 值：雄大鼠（90d）为 2.4mg/kg，雌大鼠（90d）为 3.1mg/kg，狗（1年）3mg/kg。无致突变性和致畸作用量：大鼠 2mg/(kg·d)，兔 15mg/(kg·d)。ADI/RfD（BfR）0.016mg/kg [2006]。在水中溶解度低、土壤中吸收值高，所以在实验室条件下 LC_{50} 或 LD_{50} 值低并不能说明田间不会有危险。鸟类急性经口 LD_{50}：山齿鹑>2250mg/kg，野鸭>1000mg/kg；LC_{50}（8d）：山齿鹑 3275mg/kg，野鸭 4175mg/kg。鱼类 LC_{50}：虹鳟鱼为 5.66mg/L，镜鲤鱼为 0.12mg/L。水蚤 EC_{50}（48h）22mg/L。绿藻 EC_{50}（72h）>35μg/L。蜜蜂 LC_{50}（48h）：150~200mg/只（经口），200~500mg/只（接触）。蚯蚓 LC_{50}（14d）>1000mg/kg 土壤。生物质 NOEC 值 1.6mg/kg。有益物种梨盲走螨 LR_{50}（48h）0.006g/hm^2。

制剂 EC，WP。

应用 防治叶螨科和细须螨的幼螨、若螨和成螨以及蛀果害虫初孵幼虫、刺吸式口器的害虫及鳞翅目害虫。适用于大豆、玉米、棉花、梨果、葡萄、核果类、柑橘类、其他果树、茶树、蔬菜、观赏植物等。钠通道抑制剂，主要是阻断害虫神经细胞中的钠离子通道，使神经细胞丧失功能，导致靶标害虫麻痹、协调差，最终死亡。对害螨害虫的作用方式主要是触杀和胃杀作用，并能兼治某些害虫，无内吸及传导作用。触杀作用迅速，具有极好的击倒作用。属于低毒农药，对人、畜十分安全。

合成路线

分析方法 产品可用 HPLC 进行分析。

主要生产商 Cheminova，Bilag。

参考文献

[1] The Pesticide Manual. 15 th edition：17-18.
[2] FR 2486073.
[3] US 4542142.
[4] EP 48186.

氟虫胺（sulfluramid）

$$CF_3(CF_2)_7SO_2NHCH_2CH_3$$
$C_{10}H_6F_{17}NO_2S$, 527.2, 4151-50-2

由 Griffin LLC（现属 Du Pont）研制的杀虫剂。

其他名称 废蚁蟑，GX 071，Finitron，Fluramim，Mirex-S，Raid-Max，Fluorgard

化学名称 N-乙基全氟辛烷磺酰胺；N-ethylperfluorooctane-1-sulfonamide

CAS 名称 N-ethyl-1,1,2,2,3,3,4,4,5,5,6,6,7,7,8,8,8-heptadecafluoro-1-octanesulfonamide

理化性质 无色晶体。熔点 96℃（TC 87～93℃），沸点 196℃；蒸气压（25℃）5.7×10^{-5}Pa。$K_{ow}\lg P>6.8$（未离子化）。溶解度：不溶于水（25℃）；其他溶剂中溶解度（g/L）：二氯甲烷 18.6，己烷 1.4，甲醇 833。50℃稳定性＞90d；在密闭罐中，对光稳定＞90d。pK_a 为 9.5，呈极弱酸性。闪点＞93℃。

毒性 大鼠急性经口 $LD_{50}>5000$mg/kg。兔急性经皮 $LD_{50}>2000$mg/kg；对皮肤有轻微的刺激作用；对兔眼睛几乎无刺激作用。大鼠急性吸入 LC_{50}（4h）＞4.4mg/L。NOEL 值（90d，mg/L）：雄狗 33，雌狗 100，大鼠 10。山齿鹑急性经口 LD_{50} 45mg/kg；鸟类 LC_{50}（8d，mg/L 饲料）：山齿鹑 300，野鸭 165。鱼毒 LC_{50}（96h，mg/L）：黑头呆鱼＞9.9，虹鳟鱼＞7.99。水蚤 LC_{50}（48h）0.39mg/L。

制剂 TC，RJ，RB。

应用 通过在氧化磷酸化的解偶联导致膜破坏而起作用。对鱼、野生生物和水生无脊椎动物有毒害作用，对兔的皮肤有中等刺激作用。主要用于防治蚂蚁、蟑螂等卫生害虫。

主要生产商 FMC，Makhteshim-Agan，Milenia，Chemiplant，Raid-Max，常州晔康化学制品。

参考文献

[1] US 4921696.
[2] US 3380943.
[3] 化工，1997，25：18-19.

氟虫腈（fipronil）

$C_{12}H_4Cl_2F_6N_4OS$，437.2，120068-37-3

Rhone-Poulenc 于 1987 年发现，F. Colliot 等报道其活性，由 Rhône-Poulenc Agrochimie（现属 Bayer AG）商品化。

其他名称 锐劲特，氟苯唑，MB 46030，RPA-030，Regent

化学名称 (±)-5-氨基-1-(2,6-二氯-α,α,α,-三氟对甲苯基)-4-三氟甲基亚磺酰基吡唑-3-腈；(±)-5-amino-1-(2,6-dichloro-α,α,α-trifluoro-p-tolyl)-4-trifluoromethylsulfinylpyrazole-3-carbonitrile

CAS 名称 5-amino-[2,6-dichloro-4-(trifluoromethyl) phenyl]-4-(trifluoromethylsulfinyl)-1H-pyrazole-3-carbonitrile

理化性质 纯品为白色固体，熔点 200～201℃（原药 195.5～203℃）。蒸气压 $3.7×10^{-7}$ Pa（25℃）。相对密度 1.477～1.626（20℃）。K_{ow} lg$P$ 4.0。Henry 常数 $3.7×10^{-5}$ Pa·m³/mol（计算值）。水中溶解度（20℃，mg/L）：1.9（蒸馏水），1.9（pH 5），2.4（pH 9）。有机溶剂中溶解度（20℃，g/L）：丙酮 545.9，二氯甲烷 22.3，甲苯 3.0，己烷 0.028。在 pH 5、7 的水中稳定，在 pH 9 时缓慢水解（DT_{50} 约 28d）。加热仍很稳定。在阳光照射下缓慢降解（持续光照 12d，分解 3%左右），但在水溶液中经光照可快速分解（DT_{50} 约 0.33d）。

毒性 急性经口 LD_{50}（mg/kg）：大鼠 97，小鼠 95。急性经皮 LD_{50}（mg/kg）：大鼠＞2000，兔 354；对兔眼和皮肤无刺激（OECD 标准）。大鼠吸入 LC_{50}（4h）0.682mg/L（原药，仅限于鼻子）。NOEL 值：大鼠（2 年）0.5mg/kg 饲料（0.019mg/kg），小鼠（18 个月）0.5mg/kg 饲料，狗（52 周）0.2mg/(kg·d)。禽类急性经口 LD_{50}（mg/kg）：山齿鹑 11.3，野鸭＞2000，鸽子＞2000，野鸡 31，红腿松鸡 34，麻雀 1120；LC_{50}（5d，mg/kg）：野鸭＞5000，山齿鹑 49。鱼 LC_{50}（96h，μg/L）：大翻车鱼 85，虹鳟 248，欧洲鲤鱼 430。水蚤 LC_{50}（48h）0.19mg/L。栅藻 EC_{50}（96h）0.068，羊角月牙藻 EC_{50}（120h）＞0.16，鱼腥藻 EC_{50}（96h）＞0.17。对蜜蜂高毒（触杀和胃毒），但用于种子处理或土壤处理对蜜蜂无害。对蚯蚓无毒。

制剂 EC，FS，GR，SC，UL，WG。

应用 氟虫腈是一种苯基吡唑类杀虫剂，杀虫广谱，对害虫以胃毒作用为主，兼有触杀和一定的内吸作用。其杀虫机制在于通过阻碍 γ-氨基丁酸（GABA）调控的氯化物传递而破坏中枢神经系统内的中枢传导。因此对蚜虫、叶蝉、飞虱、鳞翅目幼虫、蝇类和鞘翅目等重要害虫有很高的杀虫活性，对作物无药害。与现有杀虫剂无交互抗性，作用于对有机磷、环戊二烯类杀虫剂、氨基甲酸酯、拟除虫菊酯等有抗性的或敏感的害虫均有效。在水稻上有较强的内吸活性，击倒活性为中等。该药剂可施于土壤，也可叶面喷雾。施于土壤能有效地防治玉米根叶甲、金针虫和地老虎。叶面喷洒时，对小菜蛾、菜粉蝶、稻蓟马等均有高水平防效，且持效期长。用于水稻、蔬菜、棉花、烟草、马铃薯、甜菜、大豆、油菜、茶叶、苜蓿、甘蔗、高粱、玉米、果树、森林、观赏植物、公共卫生、畜牧业、贮存产品及地面建筑等防除各类作物害虫和卫生害虫。氟虫腈是一种对许多种类害虫都具有杰出防效的广谱性杀虫剂，对半翅目、鳞翅目、缨翅目、鞘翅目等害虫以及对环戊二烯类、菊酯类、氨基甲酸酯类杀虫剂已产生抗药性的害虫都具有极高的敏感性。氟虫腈对虾、蟹、蜜蜂高毒，饲养上述动物的地区应谨慎使用。

合成路线

分析方法　可用 GC-MSD/HPLC-UV 进行分析。
主要生产商　安徽华星，安徽丰乐，深圳易普乐，涟水永安，BASF 公司。
参考文献
US 5232940.

氟虫脲（flufenoxuron）

$C_{21}H_{11}ClF_6N_2O_3$，488.8，101463-69-8

1986 年由 M. Anderson 等人报道，由壳牌（现属巴斯夫）公司开发。

其他名称　卡死克，WL 115 110，SKI-8503，AC 811 678，CL 811 678，BAS 307I，Cascade

化学名称　1-[4-(2-氯-α,α,α-三氟对甲苯氧基)-2-氟苯基]-3-(2,6-二氟苯甲酰)脲；1-[4-(2-chloro-α,α,α-trifluoro-p-tolyloxy)-2-fluorophenyl]-3-(2,6-difluorobenzoyl)urea

CAS 名称　N-[[[4-[2-chloro-4-(trifluoromethyl)phenoxy]-2-fluorophenyl]amino]carbonyl]-2,6-difluorobenzamide

理化性质　原药为无色固体，纯度 95%；纯品为白色晶体。熔点 169～172℃，蒸气压 6.52×10^{-9} mPa（20℃）。$K_{ow}\lg P$ 4.0（pH 7）。相对密度 0.62。Henry 常数 7.46×10^{-6} Pa·m³/mol。水中溶解度（25℃，mg/L）：0.0186（pH 4），0.00152（pH 7），0.00373（pH 9）；其他有机溶剂中溶解度（25℃，g/L）：丙酮 73.8，二甲苯 6，二氯甲烷 24，正己烷 0.11，环己烷 95，三氯甲烷 18.8，甲醇 3.5。在土壤中强烈地吸附，DT_{50}（d）：11（水中），112（pH 5），104（pH 7），36.7（pH 9），2.7（pH 12）。低于 190℃时可稳定存在，水解半衰期为 288d（20℃，pH 7.0 的水溶液中）；薄膜在模拟日光条件下（100h）对光稳定；在 190～285℃加热下损失 80%。

毒性　属低毒杀虫杀螨剂。大鼠急性经口 $LD_{50}>3000$ mg/kg，大小鼠急性经皮 $LD_{50}>2000$ mg/kg。大鼠急性吸入 LC_{50}（4h）>5.1 mg/L，对兔眼睛、皮肤无刺激作用，对豚鼠皮肤无致敏作用。动物试验表明，未见致畸致突变作用。NOEL 值[mg/(kg·d)]：（52 周）狗 3.5；（104 周）大鼠 22，小鼠 56。山齿鹑急性经口 $LD_{50}>2000$ mg/kg，饲喂 LC_{50}（8d）>5243 mg/kg 饲料。虹鳟鱼 LC_{50}（96h）$>4.9\mu$g/L。水蚤 EC_{50}（48h）为 0.04μg/L。羊角月牙藻 EC_{50}（96h）为 24.6mg/L。蜜蜂：急性经口 $LD_{50}>109.1\mu$g/只，经皮 $LD_{50}>100\mu$g/只。蚯蚓 $LC_{50}>1000$ mg/kg。

制剂　DC，EC。

应用　苯甲酰脲类杀虫杀螨剂，具有触杀和胃毒作用。氟虫脲对叶螨属和全爪螨属多种害螨的幼螨杀伤效果好，虽不能直接杀死成螨，但接触药的雌成螨产卵量减少，并可导致不育。对叶螨天敌安全。同时具有明显的拒食作用。氟虫脲杀螨、杀虫初始作用较慢，但施药后 2～3h 害虫、害螨停止取食，3～5d 左右死亡达到高峰。防治红蜘蛛、锈螨、潜叶蛾、棉铃虫、棉红铃虫、小菜蛾、菜青虫、桃小食心虫等。适用于柑橘、苹果、棉花、蔬菜。一个生长季节最多只能用药 2 次。施药时间应较一般杀虫剂提前 2～3d。对钻蛀性害虫宜在卵孵化盛期施药，对害螨宜在幼若螨盛期施药。苹果上应在收获前 70d 用药，柑橘上应在收获前 50d 用药。不可与碱性农药混用。对甲壳纲水生生物毒性较高，避免污染自然水源。

合成路线

分析方法 采用高效液相色谱法。
主要生产商 BASF 公司，江苏中旗，韩孚生化药业。
参考文献
EP 161019.

氟虫酰胺（flubendiamide）

$C_{23}H_{22}F_7IN_2O_2S$，650.4，272451-65-7

由 Nihon Nohyaku 和 Bayer CropScience 共同开发的新型邻苯二甲酰类杀虫剂，2007 年在日本和泰国注册。

其他名称 氟虫双酰胺，氟苯虫酰胺，NNI-0001，AMSI 0085，R-41576，Takumi，Phoenix，Belt，Fame，Fenos，Amoli，Synthase

化学名称 3-碘-N'-(2-甲磺酰基-1,1-二甲基乙基)-N-{4-[1,2,2,2-四氟-1-(三氟甲基)乙基]邻甲苯基}邻苯二酰胺；3-iodo-N'-(2-mesyl-1,1-dimethylethyl)-N-{4-[1,2,2,2-tetrafluoro-1-(trifluoromethyl)ethyl]-o-tolyl}phthalamide

CAS 名称 N^2-[1,1-dimethyl-2-(methylsulfonyl)ethyl]-3-iodo-N^1-[2-methyl-4-[1,2,2,2-tetrafluoro-1-(trifluoromethyl)ethyl]phenyl]-1,2-benzenedicarboxamide

理化性质 纯品为白色结晶粉末。熔点 217.5～220.7℃，蒸气压＜0.1mPa（25℃），K_{ow}lg$P$ 4.2（25℃），相对密度 1.659（20℃）。水中溶解度：29.9μg/L（20℃）；其他溶剂中溶解度（g/L）：二甲苯 0.488，正己烷 0.000835，甲醇 26.0，1,2-二氯乙烷 8.12，丙酮 102，乙酸乙酯 29.4。酸性和碱性介质中稳定（pH 4～9）。DT_{50}：5.5d（蒸馏水，25℃）。

毒性 大鼠急性经口 LD_{50}＞2000mg/kg（雌、雄）。大鼠急性经皮 LD_{50}＞2000mg/kg（雌、雄）；对兔眼睛轻微刺激，对兔皮肤无刺激；对豚鼠皮肤无致敏性。大鼠吸入 LC_{50}＞0.0685mg/L。无作用剂量（1 年）：雄鼠 1.95mg/(kg·d)，雌鼠 2.40mg/(kg·d)。Ames 试验呈阴性。山齿鹑急性经口 LD_{50}＞2000mg/kg。鲤鱼 LC_{50}（96h）＞548 μg/L，大翻车鱼 LC_{50}（48h）＞60μg/L。水蚤 LC_{50}（48h）＞60μg/L。月牙藻 E_bC_{50}（72h）69.3 μg/L。

蜜蜂经口或接触 LD_{50}（48h）＞200μg/只。

制剂 SC，WG。

应用 具有独特的作用方式，高效广谱，残效期长，毒性低，用于防治鳞翅目害虫，是一种 Ryanodine（鱼尼汀类）受体，即类似于位于细胞内肌质网膜上的钙释放通道的调节剂。Ryanodine 是一种肌肉毒剂，主要作用于钙离子通道，影响肌肉收缩，使昆虫肌肉松弛性麻痹，从而杀死害虫。氟虫双酰胺作用于对除虫菊酯类、苯甲酰脲类、有机磷类、氨基甲酸酯类已产生抗性的小菜蛾 3 龄幼虫具有很好的活性，对几乎所有的鳞翅目类害虫具有很好的活性。作用速度快、持效期长。渗透植株体内后通过木质部略有传导。耐雨水冲刷。桑树上禁止使用。

合成路线

分析方法 高效液相色谱法。

主要生产商 Bayer CropScience，Nihon Nohyaku。

参考文献

[1] 农药，2006（10）：697-699.

[2] The Pesticide Manual. 15 th edition：514-515.

氟啶虫胺腈（sulfoxaflor）

$C_{10}H_{10}F_3N_3OS$，277.3，946578-00-3

美国陶氏益农公司（DowAgroSciences）研制的第 1 个新颖 Sulfoximine 类农用杀虫剂。

其他名称 XDE-208，Closer，Transform

化学名称 ［甲基（氧）{1-[6-(三氟甲基)-3-吡啶基]乙基}-λ^6-硫酮］氰基氨；[methyl(oxo){1-[6-(trifluoromethyl)-3-pyridyl]ethyl}-λ^6-sulfanylidene]cyanamide

CAS 名称 N-[methyloxido[1-[6-(trifluoromethyl)-3-pyridinyl]ethyl-λ^4-sulfanylidene]cyanamid

理化性质 氟啶虫胺腈水分散粒剂外观为白色颗粒状固体，稍有味道。密度 1.5378g/cm³（19.7℃），熔点 112.9℃，沸点 363.8℃（760mmHg），闪点 173.8℃。蒸气压：25℃时，2.5×10^{-6}Pa（1.9×10^{-8}mmHg）；20℃时 1.4×10^{-6}Pa（1.1×10^{-8}mmHg）。水中溶解度（20℃，99.7％纯度）：pH5 时，1380mg/L；pH7 时，570mg/L；pH 9 时，550mg/L。有机溶剂中溶解度（g/L，20℃）：甲醇 93.1，丙酮 217，对二甲苯 0.743，1,2-二氯乙

烷 39，乙酸乙酯 95.2，正庚烷 0.000242，正辛醇 1.66。有机溶剂中的光降解速率大小顺序：乙腈＞甲醇＞正己烷＞丙酮。54℃下热贮 14d 稳定。

毒性　氟啶虫胺腈原药急性经口 LD_{50}：雌大鼠 1000mg/kg，雄大鼠 1405mg/kg。原药急性经皮 LD_{50}：大鼠（雌/雄）＞5000mg/kg。制剂急性经口 LD_{50}＞2000mg/kg。

制剂　SC。

应用　主要针对取食树液的昆虫，对绝大部分的刺吸式害虫（如：蚜虫、粉虱、稻飞虱、缘蝽科等）有优异的活性，研究表明其能在较低剂量下很快杀死害虫，且与其他杀虫剂无交互抗性，可以用于害虫的综合防治。2009 年在加利福尼亚州、亚利桑那州、德克萨斯州进行田间、小区试验表明对豆荚盲蝽（*Lyg ushesperus*）害虫有很好的效果。

合成路线

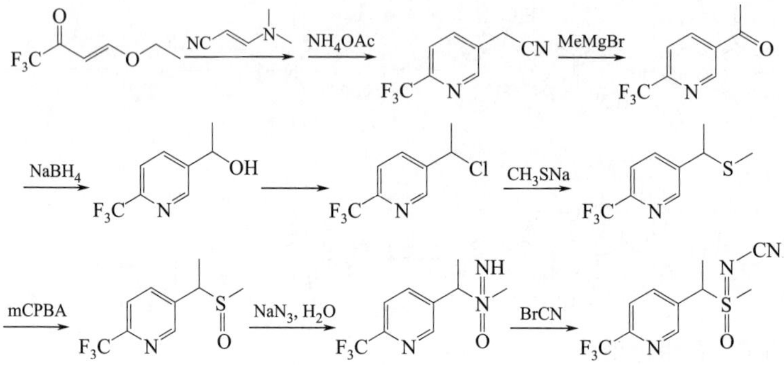

主要生产商　Dow AgroSciences。

参考文献

［1］　WO 2007095229.

［2］　农药市场信息，2010，23：35.

氟啶虫酰胺（flonicamid）

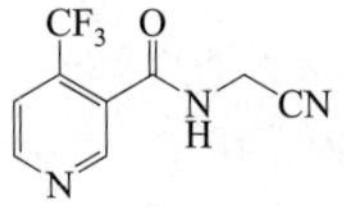

$C_9H_6F_3N_3O$, 229.2, 158062-67-0

2000 年由 M. Morita 等报道。由 Ishihara Sangyo Kaisha，Ltd 开发，2005 年入市。

其他名称　IKI-220（Ishihara Sangyo），F1785（FMC），Teppeki（Ishihara Sangyo），Ulala（Ishihara Sangyo），Carbine（FMC）

化学名称　N-氰基甲基-4-(三氟甲基)烟酰胺；*N*-cyanomethyl-4-(trifluoromethyl) nicotinamid

CAS 名称　*N*-(cyanomethyl)-4-(trifluoromethyl)-3-pyridinecarboxamid

理化性质　纯品为白色无味结晶粉末。熔点 157.5℃，蒸气压 $9.43×10^{-4}$ mPa（20℃），$K_{ow}lgP$ 0.3，Henry 常数 $4.2×10^{-8}$ Pa·m³/mol（计算值），相对密度 1.531（20℃）。水中溶解度（20℃）：5.2g/L。pK_a：11.6。

毒性　大鼠急性经口 LD_{50}：雄 884mg/kg，雌 1768mg/kg。大鼠急性经皮 LD_{50}＞5000mg/kg；对兔眼睛和皮肤无刺激；对豚鼠皮肤无致敏性。雄性和雌性大鼠急性吸入

LC_{50}（4h）>4.9mg/L。大鼠（2年）无作用剂量：7.32mg/(kg·d)。Ames试验显阴性。雄、雌鹌鹑 LD_{50}>2000mg/kg。鲤鱼和虹鳟 LC_{50}（96h）>100mg/L。水蚤 EC_{50}（48h）>100mg/L。海藻 E_rC_{50}（96h）>119mg/L。蜜蜂 LD_{50}：>60.5μg/只（经口），>100μg/只（接触）。蚯蚓 LC_{50}>1000mg/kg 土壤。对有益节肢动物无害。

制剂 WG。

应用 一种吡啶酰胺类杀虫剂，其对靶标具有新的作用机制，对乙酰胆碱酯酶和烟酰乙酰胆碱受体无作用，对蚜虫有很好的神经作用和快速拒食活性，具有内吸性强和较好的传导活性、用量少、活性高、持效期长等特点，与有机磷、氨基甲酸酯和除虫菊酯类农药无交互抗性，并有很好的生态环境相容性。对抗有机磷、氨基甲酸酯和拟除虫菊酯的棉蚜也有较高的活性。对其他一些刺吸式口器害虫同样有效。适用于谷物、马铃薯、果树、水稻、棉花和蔬菜等作物。主要用于防治刺吸式口器害虫，如蚜虫、叶蝉、粉虱等。在推荐剂量下，对蚜虫的幼虫和成虫均有效，同时可兼治温室粉虱、茶黄蓟马、茶绿叶蝉和褐飞虱，对鞘翅目、双翅目和鳞翅目昆虫和螨类无活性。对大多数有益节肢动物（如家蚕、蜜蜂、异色瓢虫和小钝绥螨）安全。

合成路线

分析方法 可用 HPLC 进行分析。

主要生产商 Ishihara Sangyo。

参考文献

EP 0580374.

氟啶脲（chlorfluazuron）

$C_{20}H_9Cl_3F_5N_3O_3$，540.7，71422-67-8

由 T. Haga 等于 1982 年报道，由 Ishihara Sangyo Kaisha, Ltd 发现，1988 年在日本登记。

其他名称 抑太保，啶虫隆，克福隆，控幼脲，啶虫脲，IKI-7899，CGA112913，PP145，UC64644，Atabron，Jupiter

化学名称 1-[3,5-二氯-4-(3-氯-5-三氟甲基-2-吡啶氧基)苯基]-3-(2,6-二氟苯甲酰基)脲；1-[3,5-dichloro-4-(3-chloro-5-trifluoromethyl-2-pyridyloxy)phenyl]-3-(2,6-difluorobenzoyl)urea

CAS 名称 N-[[[3,5-dichloro-4-[[3-chloro-5-(trifluoromethyl)-2-pyridinyl]oxy]phenyl]amino]carbonyl]-2,6-difluorobenzamide

理化性质 白色结晶固体，相对密度 1.663（20℃），闪点 224～225℃，pH 6.7。熔点

221.2~223.9℃（分解），蒸气压＜1.559×10^{-3} mPa（20℃）。K_{ow} lg$P$ 5.9，Henry 常数＜7.2×10^{-2} Pa·m^3/mol。水中溶解度（20℃）：＜0.012mg/L；有机溶剂中溶解度（g/L）：正己烷＜0.00639，正辛醇 1，二甲苯 4.67，甲醇 2.68，甲苯 6.6，异丙醇 7，二氯甲烷 20，丙酮 55.9，环己酮 110。对光和热稳定，在正常条件下存放稳定。

毒性 氟啶脲属低毒杀虫剂。原药大鼠急性经口 LD$_{50}$＞8500mg/kg；小鼠急性经口 LD$_{50}$ 为 7000mg/kg，急性经皮 LD$_{50}$＞1000mg/kg；兔急性经皮 LD$_{50}$＞2000mg/kg；大鼠吸入 LC$_{50}$＞2.4mg/L。对家兔皮肤、眼睛无刺激性，豚鼠致敏试验阴性。大鼠亚慢性经口无作用剂量为 3mg/(kg·d)，家兔亚慢性（21d）经皮无作用剂量为 1000mg/(kg·d)，大鼠慢性经口无作用剂量为 50mg/L。在实验室条件下，未见致畸、致突变、致癌现象。对鲤鱼 LC$_{50}$（96h）为 300mg/L。100mg/L 条件下对蜂蜜无害。50mg/kg 条件下对家蚕部分危害。鸟 LD$_{50}$ 大于 2500mg/kg。制剂：大鼠急性经口 LD$_{50}$ 为 1763~3013mg/kg，急性经皮 LD$_{50}$ 大于 2000mg/kg；大鼠吸入 LC$_{50}$ 4.11~4.99mg/L。对家兔皮肤、眼睛有轻度刺激作用。鹌鹑和野鸭急性经口 LD$_{50}$＞2510mg/kg，饲喂 LC$_{50}$（8d）＞5620mg/kg。大翻车鱼 LC$_{50}$（96h）为 1071μg/L。水蚤 LC$_{50}$（48h）0.908μg/L。海藻 EC$_{50}$ 0.39mg/L。蜜蜂经口 LD$_{50}$＞100μg/L。蚯蚓 LC$_{50}$（28d）＞1000mg/kg。

制剂 EC，SC。

应用 主要是抑制几丁质合成，阻碍昆虫正常蜕皮，使卵的孵化、幼虫蜕皮以及蛹发育畸形，成虫羽化受阻而发挥杀虫作用。以胃毒作用为主，兼有触杀作用，无内吸性。用于防治鳞翅目、直翅目、鞘翅目、膜翅目、双翅目害虫。适用于棉花、蔬菜、水果、马铃薯、茶以及观赏植物等。氟啶脲是一种苯甲酰脲类新型杀虫剂，对蚜虫、叶蝉、飞虱等类害虫无效，作用于对有机磷、氨基甲酸酯、拟除虫菊酯等其他杀虫剂已产生抗性的害虫有良好防治效果。本剂与有机磷类杀虫剂混用可同时发挥速效性作用。

合成路线

分析方法 产品用高效液相或气相色谱分析。

主要生产商 Ishihara Sangyo, E-tong, Fertiagro, Golden Harvest, Luba, 江苏扬农, 浙江华兴。

参考文献

[1] Japan Pesticide Information, 1988, 53：32-34.
[2] The Pesticide Manual. 15 th edition：183-184.
[3] Haga T, et al. Abstr 5 th IUPAC Congr Pestic Chem, 1982, Ⅱd-7.

氟硅菊酯（silafluofen）

$C_{25}H_{29}FO_2Si$, 408.6, 105024-66-6

1986 年在日本申请专利,并通过赫斯特(现 Bayer CropScience)于 1987 年在欧洲作为杀虫剂、Dainihon Jochugiku Co., Ltd. 于 1996 年在日本作为杀白蚁剂介绍。

其他名称　硅白灵,施乐宝,Mr Joker,Joker,Silatop,Silonen

化学名称　(4-乙氧基苯基)[3-(4-氟-3-苯氧基苯基)丙基](二甲基)硅烷;(4-ethoxyphenyl)[3-(4-fluoro-3-phenoxyphenyl) propyl](dimethyl) silane

理化性质　液体。沸点 400℃以上分解,蒸气压 2.5×10^{-3} mPa(20℃)。K_{ow} lg$P$ 8.2。Henry 常数 1.02Pa·m³/mol(计算值,20℃)。相对密度 1.08(20℃);溶解度:水 0.001mg/L(20℃),溶于大多数有机溶剂。20℃稳定;容器未经开封,可保存 2 年多。闪点>100℃(闭杯)。

毒性　大鼠急性经口 LD_{50}>5000mg/kg,大鼠急性经皮 LD_{50}>5000mg/kg。大鼠吸入 LC_{50}(4h)>6.61mg/L 空气。无致畸毒性,无诱导有机体突变物质。日本鹌鹑、野鸭急性 LD_{50}>2000mg/kg。鲤鱼、虹鳟鱼 LC_{50}(96h)>1000mg/L。水蚤 LC_{50}(3h)7.7mg/L,(24h)1.7mg/L。蜜蜂经口 LD_{50}(24h)0.5μg/只。蚯蚓 LD_{50}>1000mg/kg。

制剂　DP,EC,EO,EW,GR,WP。

应用　具胃毒和触杀作用,对白蚁表现出良好的驱避作用。

主要生产商　Bayer CropScience,Hokko,Ishihara Sangyo,扬农化工,优士化学。

参考文献

EP 224024.

氟磺酰胺(flursulamid)

$C_{12}H_{10}F_{17}NO_2S$,555.3,

化学名称　N-丁基-1,1,2,2,3,3,4,4,5,5,6,6,7,7,8,8,8-十七氟辛烷-1-磺酰胺;N-butyl-1,1,2,2,3,3,4,4,5,5,6,6,7,7,8,8,8-heptadecafluorooctane-1-sulfonamide

CAS 名称　N-butyl-1,1,2,2,3,3,4,4,5,5,6,6,7,7,8,8,8-heptadecafluoro-1-octane-sulfonamide

理化性质　溶于丙酮、甲醇、乙醇,不溶于水。在弱酸、弱碱性和光照下不分解,低于 70℃加热不降解。

毒性　大鼠(雌)急性经口:2000mg/kg;大鼠(雌)急性经皮:>2000mg/kg。

应用　杀虫剂。昆虫慢性胃毒剂。

氟铃脲(hexaflumuron)

$C_{16}H_8Cl_2F_6N_2O_3$,461.1,86479-06-3

由 Dow AgroSciences 公司开发的苯甲酰脲杀虫剂。

其他名称　盖虫散，XRD-473，DE-473，Consult，Trueno，Sentrichon，Sentricon

化学名称　1-[3,5-二氯-4-(1,1,2,2-四氟乙氧基)苯基]-3-(2,6-二氟苯甲酰基)脲；1-[3,5-dichloro-4-(1,1,2,2-tetrafluoroethoxy)phenyl]-3-(2,6-difluorobenzoyl)urea

CAS 名称　N-[[3,5-dichloro-4-(1,1,2,2-tetrafluoroethoxy)phenyl]amino]carbonyl]-2,6-difluorobenzamide

理化性质　白色晶体粉末。熔点 202~205℃，沸点＞300℃。蒸气压 5.9×10^{-6} mPa（25℃）。$K_{ow}\lg P$ 5.64。Henry 常数 1.01×10^{-4} Pa·m³/mol（计算值）。相对密度 1.68（20℃）。水中溶解度（18℃，pH 9.7）：0.027mg/L；其他溶剂中溶解度（g/L，20℃）：丙酮 162，乙酸乙酯 100，甲醇 9.9，二甲苯 5.2，庚烷 0.005，乙腈 15，辛醇 2，二氯甲烷 14.6，甲苯 6.4，异丙醇 3.0。33d 内，pH 5 时稳定，pH 7 水解量＜6%，pH 9 时水解 60%；光解 DT_{50} 6.3d（pH 5.0，25℃）。

毒性　大鼠急性经口 LD_{50}＞5000mg/kg。兔急性经皮 LD_{50}＞2000mg/kg（24h），对兔眼和皮肤轻微刺激；对豚鼠皮肤无刺激。大鼠急性吸入 LC_{50}（4h）＞2.5mg/L。NOEL 值（2 年）：大鼠 75mg/(kg·d)；狗（1 年）0.5mg/(kg·d)；小鼠（1.5 年）25mg/(kg·d)。山齿鹑、野鸭急性经口 LD_{50}＞2000mg/kg；饲喂 LC_{50}（mg/L）：山齿鹑 4786，野鸭＞5200。鱼类 LC_{50}（96h，mg/L）：虹鳟鱼＞0.5，大翻车鱼＞500。水蚤：LC_{50}（48h）0.0001mg/L，在野外条件下只对水蚤有毒性。羊角月牙藻 EC_{50}（96h）＞3.2mg/L。蜜蜂 LD_{50}（48h，经口和接触）＞0.1mg/只。蚯蚓 LC_{50}（14d）＞880mg/kg 土壤。

制剂　EC，GB，SC。

应用　几丁质合成抑制剂。是具有内吸活性的昆虫生长调节剂，通过接触影响昆虫蜕皮和化蛹。对叶片用药，表现出很强的传导性；用于土壤时，能被根吸收并向顶部传输。从室内结果来看，氟铃脲对幼虫活性很高，并且有较高的杀卵活性。另外，氟铃脲对幼虫具有一定的抑制取食作用。用于棉花、马铃薯及果树防治多种鞘翅目、双翅目、同翅目和鳞翅目昆虫。田间作物虫、螨并发时，应加杀螨剂使用。不要在桑园、鱼塘等地及其附近使用。防治叶面害虫宜在低龄（1~2 龄）幼虫盛发期施药，防治钻蛀性害虫宜在卵孵盛期施药。

合成路线

分析方法　可用 GLC、HPLC 或 LC-MS-MS 分析。

主要生产商　Dow AgroSciences，河北威远，河北赞峰，江苏扬农，大连瑞泽，山东田丰。

参考文献

[1] The Pesticide Manual. 15th edition.

[2] 农药，2001，40（11）：16-17.

[3] CN 1580042.

[4] 农药，1996，35（3）：12.

[5] 农药，1996，35（9）：10-14.

氟氯苯菊酯（flumethrin）

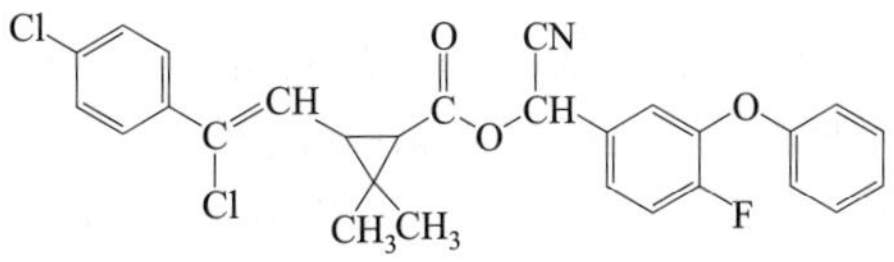

$C_{28}H_{22}Cl_2FNO_3$，510.4，69770-45-2

由德国 Bayer AG 开发的杀虫杀螨剂。

其他名称　氯苯百治菊酯，氟氯苯氰菊酯，BAY V1 6045，BAY Vq1950，Bayticol

化学名称　α-氰基-4-氟-3-苯氧基苄基-3-[2-氯-2-(4-氯苯基)乙烯基]-2,2-二甲基环丙烷羧酸酯；α-cyano-4-fluoro-3-phenoxybenzyl 3-(β,4-dichlorostyryl)-2,2-dimethylcyclopropanecarboxylate

CAS 名称　cyano(4-fluoro-3-phenoxyphenyl)methyl 3-[2-chloro-2-(4-chlorophenyl)ethenyl]-2,2-dimethylcyclopropanecarboxylate

理化性质　原药外观为淡黄色黏稠液体，沸点＞250℃。在水中及其他羟基溶剂中的溶解度很小，能溶于甲苯、丙酮、环己烷等大多数有机溶剂。对光、热稳定，在中性及微酸性介质中稳定，碱性条件下易分解。工业品为澄清的棕色液体，有轻微的特殊气味。相对密度1.013，蒸气压 1.33×10^{-8} Pa（20℃）。不溶于水，可溶于甲醇、丙酮、二甲苯等有机溶剂。常温贮存 2 年无变化。

毒性　大鼠急性经口 LD_{50} 为 584mg/kg（雌），大鼠急性经皮 LD_{50} 为 2000mg/kg（雌），中等毒。对动物皮肤和黏膜无刺激作用。

制剂　SF。

应用　本品高效安全，适用于牲畜体外寄生动物的防治。用于防治扁虱、刺吸式虱子、痒螨病、皮螨病，也用于治理疥虫，如微小牛蜱、具环方头蜱、卡延花蜱、扇头蜱属、玻眼蜱属的防治。

合成路线

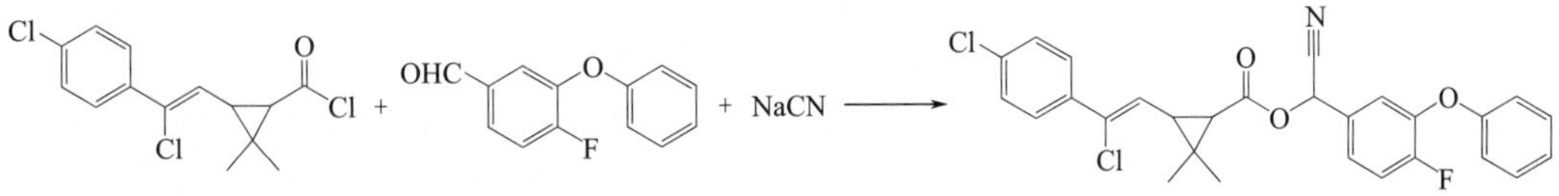

分析方法　高效液相色谱法。

主要生产商　Bayer CropScience，扬农化工。

参考文献

DE 2932920.

氟氯氰菊酯（cyfluthrin）

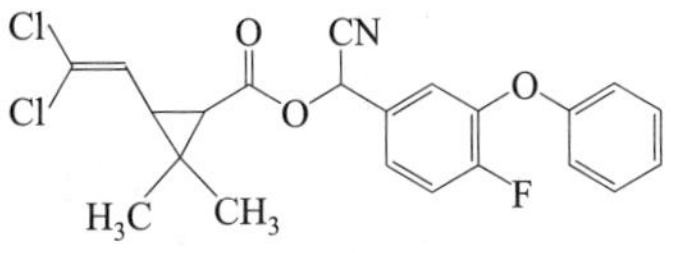

$C_{22}H_{18}Cl_2FNO_3$，434.3，混合异构体[68359-37-5]，非对映异构体Ⅰ[86560-92-1]，非对映异构体Ⅱ[86560-93-2]，非对映异构体Ⅲ[86560-94-3]，非对映异构体Ⅳ[86560-95-4]

1983年由拜耳公司开发的拟除虫菊酯类杀虫剂。

其他名称　百树德，百树菊酯，氟氯氰醚菊酯，赛扶宁，百治菊酯，BAY FCR 1272，OMS 2012，Baygon aerosol，Baythroid，Luthrate，Suncyflu，Renounce，Bayofly，Solfac，Tempo

化学名称　(RS)-氰基-4-氟-3-苯氧基苄基(1RS,3RS;1RS,3SR)-3-(2,2-二氯乙烯基)-2,2-二甲基环丙烷羧酸酯；(RS)-α-cyano-4-fluoro-3-phenoxybenzyl(1RS,3RS;1RS,3SR)-3-(2,2-dichlorovinyl)-2,2-dimethylcyclopropanecarboxylate；Roth：(RS)-α-cyano-4-fluoro-3-phenoxybenzyl(1RS)-cis-trans-3-(2,2-dichlorovinyl)-2,2-dimethylcyclopropanecarboxylate

组成　氟氯氰菊酯由4种非对映异构体组成，分别为Ⅰ(R)-cyano-4-fluoro-3-phenoxybenzyl(1R)-cis-3-(2,2-dichlorovinyl)-2,2-dimethylcyclopropanecarboxylate＋(S)-,(1S)-cis-,Ⅱ(S)-,(1R)-cis-＋(R)-,(1S)-cis-,Ⅲ(R)-,(1R)-trans-＋(S)-,(1S)-trans-,Ⅳ(S)-,(1R)-trans-＋(R)-,(1S)-trans-。其中非对映异构体Ⅰ为23%～27%，Ⅱ为17%～21%，Ⅲ为32%～36%，Ⅳ为21%～25%。

CAS名称　cyano(4-fluoro-3-phenoxyphenyl)methyl 3-(2,2-dichloroethenyl)-2,2-dimethyl-cyclopropanecarboxylate(unstated stereochemistry)1-(4-chlorophenoxy)

理化性质　无色晶体（工业品为棕色油状物或含有部分晶体的黏稠物）。熔点：（Ⅰ）64℃，（Ⅱ）81℃，（Ⅲ）65℃，（Ⅳ）106℃（工业品为60℃）。温度＞220℃时分解。蒸气压：（Ⅰ）$9.6×10^{-4}$，（Ⅱ）$1.4×10^{-5}$，（Ⅲ）$2.1×10^{-5}$，（Ⅳ）$8.5×10^{-5}$（单位均为mPa，20℃）。$K_{ow}lgP$：（Ⅰ）6.0，（Ⅱ）5.9，（Ⅲ）6.0，（Ⅳ）5.9（均在20℃）。Henry常数：（Ⅰ）$1.9×10^{-1}$，（Ⅱ）$2.9×10^{-3}$，（Ⅲ）$4.2×10^{-3}$，（Ⅳ）$1.3×10^{-2}$（均为Pa·m³/mol，20℃）。相对密度1.28（20℃）。溶解度：非对映异构体Ⅰ在水中为2.5（pH 3）、2.2（pH 7）(均为g/L，20℃)，二氯甲烷、甲苯＞200，正己烷10～20，异丙醇20～50（均为g/L，20℃）；非对映异构体Ⅱ在水中为2.1（pH 3）、1.9（pH 7）(均为g/L，20℃)，二氯甲烷、甲苯＞200，正己烷10～20，异丙醇5～10（均为g/L，20℃）；非对映异构体Ⅲ在水中为3.2（pH 3）、2.2（pH 7）(均为g/L，20℃)，二氯甲烷、甲苯＞200，正己烷、异丙醇10～20（均为g/L，20℃）；非对映异构体Ⅳ在水中为4.3（pH 3）、2.9（pH 7），二氯甲烷＞200，甲苯100～200，正己烷1～2，异丙醇2～5（均为g/L，20℃）。室温热力学稳定。在水中DT_{50}，非对映异构体Ⅰ：36，17，7；Ⅱ：117，20，6；Ⅲ：30，11，3；Ⅳ：25，11，5（均为d，22℃，pH分别为4、7、9）。闪点107℃（工业品）。

毒性　大鼠急性经口LD_{50}：约500mg/kg（二甲苯），约900mg/kg（PEG400），约20mg/kg（水/聚氧乙基代蓖麻油）；狗急性经口LD_{50}＞100mg/kg。雌和雄大鼠急性经皮LD_{50}（24h）＞5000mg/kg。本品对兔皮肤无刺激作用，对兔眼睛有略微刺激作用。雌和雄大鼠吸入LD_{50}（4h）为0.5mg/L空气（烟雾剂）。NOEL：大鼠（2年）50mg/kg（2.5mg/kg），小鼠（2年）200mg/kg，狗（1年）160mg/kg。山齿鹑急性经口LD_{50}＞2000mg/kg。鱼类LD_{50}（96h）：金黄圆腹雅罗鱼0.0032mg/L，虹鳟鱼0.00047mg/L，大鳍鳞鳃大翻车鱼0.0015mg/L。水蚤LC_{50}（48h）0.00016mg/L。海藻EC_{50}＞10mg/L。对蜜蜂有毒。蚯蚓LC_{50}（14d）＞1000mg/kg土。

制剂　AE，EC，EO，ES，EW，GR，UL，WP。

应用　神经轴突毒剂，通过与钠离子通道作用可引起昆虫极度兴奋、痉挛、麻痹，最终可导致神经传导完全阻断，也可以引起神经系统以外的其他组织产生病变而死亡。药剂以触杀和胃毒作用为主，无内吸及熏蒸作用。杀虫谱广，作用迅速，持效期长。具有一定的杀卵活性，并对某些成虫有拒避作用。适用于棉花、小麦、玉米、蔬菜、苹果、柑橘、葡萄、油菜、大豆、烟草、甘薯、马铃薯、草莓、啤酒花、咖啡、茶、苜蓿、橄榄、观赏植物等。防治棉铃虫、红铃虫、棉蚜、菜青虫、桃小食心虫、金纹细蛾、小麦蚜虫、黏虫、玉米螟、葡萄果蠹蛾、马铃薯甲虫、蚜虫、尺蠖、烟青虫等。

合成路线

分析方法　可用 GLC/HPLC-UV 进行分析。

主要生产商　Bayer CropScience，AgroDragon，Bilag，Sundat，江苏扬农，汇力化工，郑州兰博尔。

参考文献
DE 2709264.

氟氯双苯隆（flucofuron）

$C_{15}H_8Cl_2F_6N_2O$，417.1，370-50-3

由 Ciba-Geigy AG 开发。

化学名称　1,3-二（4-氯-α,α,α-三氟-间甲苯基）脲；1,3-bis（4-chloro-α,α,α-trifluoro-m-tolyl）urea

CAS 名称　N,N'-bis [4-chloro-3-(trifluoromethyl) phenyl] urea

应用　杀虫剂。

氟螨脲（flucycloxuron）

$C_{25}H_{20}ClF_2N_3O_3$，483.9，94050-52-9 [(E)-异构体]；94050-53-0 [(Z)-异构体]；113036-88-7 (未标明立体构型)

1998 年由 Duphar B.V.（现属科聚亚公司）推出的苯甲酰脲类杀虫杀螨剂。

其他名称　氟环脲，PH-7023，DU-319722，UBI-A1335，OMS-3041，Andalin

化学名称　1-[（4-氯-环丙基苯亚甲基胺氧）对甲苯基]-3-(2,6-二氟苯甲酰基）脲]；1-

[α-(4-chloro-α-cyclopropylbenzylideneamino-oxy)-p-tolyl]-3-(2,6-difluorobenzoyl) urea

CAS 名称　N-[[[4-[[[[(4-chlorophenyl) cyclopropylmethylene]amino]oxy]methyl]phenyl]amino]carbonyl]-2,6-difluorobenzamide

理化性质　50%～80%（E）-异构体，50%～20%（Z）-异构体。白色或淡黄色晶体，熔点 143.6℃（E-, Z-混合物）。蒸气压 5.4×10^{-5} mPa（25℃）[（E）-,（Z）-混合物]。K_{ow} lg$P$: 6.97[（E）-异构体]，6.90[（Z）-异构体]。Henry 常数 2.6×10^{-2} Pa·m³/mol（25℃）。(E)-,(Z)-异构体混合物的溶解度：水<1μg/L（20℃）；有机溶剂（20℃，g/L）：环己烷 0.2，二甲苯 3.3，乙醇 3.8，N-甲基吡咯烷酮 940。50℃时 24h 后分解<2%；pH 5、7、9 时不分解；光下稳定性 DT_{50} 为 18d。

毒性　大鼠急性经口 LD_{50}>5000mg/kg，大鼠急性经皮 LD_{50}>2000mg/kg，对兔皮肤没有刺激，对眼睛有轻微刺激。空气中大鼠吸入 LC_{50}（4h）>3.3mg/L。2年的喂养试验中，对大鼠无明显副作用剂量为 120mg/kg。两代的繁殖试验中，对大鼠无明显副作用剂量为 200mg/(kg·d)，无"三致"。野鸭急性经口 LD_{50}>2000mg/kg，对野鸭和山齿鹑饲喂 8d LC_{50}>6000mg/kg。鱼类：大翻车鱼和虹鳟鱼 LC_{50}（96h）>100mg/L。水蚤 LC_{50}（48h）0.27μg/L。羊角月牙藻>2.2μg/L。对蜜蜂低毒，LD_{50}>0.1mg/只（接触）。土壤中蚯蚓 EC_{50}（14d）>1000mg/kg。对捕食性螨类有轻微毒力。

制剂　DC。

应用　几丁质合成抑制剂，非内吸性的杀螨杀虫剂，能阻止螨类、昆虫的蜕皮过程。只对卵和幼虫有活性，对成螨、成虫无活性。适用于苹果、甘蓝等作物。可有效防治各种水果作物、蔬菜和观赏性植物上的苹刺瘿螨、榆全爪螨和麦氏红叶螨的卵和幼虫（对成虫无效），以及普通红叶螨若虫，也可以防治某些害虫的幼虫，其中有大豆夜蛾、菜粉蛾和甘蓝小菜蛾。还能很好防治梨果作物上的苹果小卷叶蛾、潜叶蛾和某些卷叶虫及观赏性植物上的害虫。

合成路线

分析方法　产品分析用高效液相色谱法（HPLC）。

参考文献

[1]　EP 117320.

[2]　US 4550202.

[3]　US 4609676.

氟螨嗪（diflovidazin）

$C_{14}H_7ClF_2N_4$，304.7，162320-67-4

匈牙利 Chinion 公司于 20 世纪 90 年代初开发的四嗪类杀螨剂。

其他名称　SZI-121，Flumite

化学名称　3-(2-氯苯基)-6-(2,6-二氟苯基)-1,2,4,5-四嗪；3-(2-chlorophenyl)-6-(2,6-difluorophenyl)-1,2,4,5-tetrazine

CAS 名称　3-(2-chlorophenyl)-6-(2,6-difluorophenyl)-1,2,4,5-tetrazine

理化性质　纯品为洋红色结晶。熔点（185.4±0.1）℃，沸点（211.2±0.05）℃。蒸气压小于 $1×10^{-2}$ mPa（25℃）。$K_{ow}\lg P$ 3.7±0.07（20℃）。相对密度 1.574±0.010。水中溶解度：(0.2±0.03) mg/L；其他溶剂中溶解度（g/L，20℃）：丙酮 24，甲醇 1.3，正己烷 168。在光或空气中稳定，高于熔点时会分解。在酸性条件下稳定，但 pH＞7 时水解。DT_{50} 60h（pH 9，25℃，40%乙腈）。甲醇、丙酮、正己烷中稳定。闪点为 425℃（封闭）。

毒性　大鼠急性经口 LD_{50}：雄鼠为 979mg/kg，雌鼠为 594mg/kg。雌、雄大鼠急性经皮 LD_{50}＞2000mg/kg。大鼠吸入 LC_{50}＞5000mg/L。对兔皮肤无刺激，对兔眼睛轻微刺激。NOAEL：大鼠 9.18mg/(kg·d)（2 年，致癌性，喂食），狗 10mg/(kg·d)（3 月，致癌性，喂食），狗 500mg/(kg·d)（28d 皮肤注射）。在 Ames、CHO 以及微核实验中无突变。鹌鹑急性经口 LD_{50}＞2000mg/kg，鹌鹑饲喂毒性 LC_{50}（8d）＞5118mg/L，野鸭饲喂毒性 LC_{50}＞5093mg/kg。虹鳟 LC_{50}（96h）＞400mg/L。大型蚤 LC_{50}（48h）0.14mg/L，对海藻无毒性。蚯蚓 LC_{50}＞1000mg/kg 土壤。蜜蜂 LD_{50}＞25g/只（经口或接触）。对丽蚜小蜂和捕食性螨虫无伤害。

制剂　SC。

应用　该化合物作用机理独特，是一种具有转移活性的接触性杀卵剂，不仅对卵及成螨有优异的活性，而且使害螨在蛹期不能正常发育，使雌螨产生不健全的卵，导致螨的灭迹，对其天敌及环境安全。适用于果树、蔬菜，防治柑橘全爪螨、锈壁虱、茶黄螨、朱砂叶螨和二斑叶螨等害螨。

合成路线

分析方法　主要用高效液相色谱和紫外分析。

主要生产商　Agro-Chemie。

参考文献

[1] US 5455237.
[2] EP 635499.
[3] HU 212613.

氟螨噻 (flubenzimine)

$C_{17}H_{10}F_6N_4S$, 416.4, 37893-02-0 (未说明立体化学)

本品杀螨活性由 G. Zoebelein 等报道, 由 BayerAG 开发。

化学名称 (2Z,4E,5Z)-N^2,3-diphenyl-N^4,N^5-bis (trifluoromethyl)-1,3-thiazolidine-2,4,5-triylidenetriamine

CAS 名称 N-[3-phenyl-4,5-bis[(trifluoromethyl) imino]-2-thiazolidinylidene] benzenamine

理化性质 橙黄色粉末。熔点 118.7℃, 20℃蒸气压＜1mPa。20℃时溶解度: 水 1.6mg/L; 二氯甲烷、甲苯＞200g/L, 己烷、异丙醇 5～10g/L。22℃水解半衰期: 29.9h (pH 4), 30min (pH 7), 10min (pH 9)。

毒性 急性经口 LD_{50}: 雄大鼠＞5000mg (丙酮+油)/kg, 雌大鼠 3700～5000mg (丙酮+油)/kg; 雄小鼠＞2500mg/kg; 雌兔约 360mg/kg; 雌狗＞500mg/kg。大鼠急性经皮 LD_{50} (24h) ＞5000mg/kg; 对兔皮肤无刺激作用, 可引起中等至严重的节间膜刺激作用。大鼠急性吸入 LD_{50} (4h) ＞0.357mg (a.i.) (50% WP)/L 空气。90d 饲喂试验的无作用剂量: 雄狗 100mg (a.i.)/kg 饲料, 大鼠 500mg/kg 饲料。对兔无胎毒和致畸作用。LC_{50} (96h): 雌禽＞5000mg/kg, 日本鹌鹑 4500～5000mg/kg, 金丝雀＞1000mg/kg。

应用 主要用于防治螨类, 对辣根猿叶甲幼虫 100% 有效。本品还显示一定的杀菌活性。

氟氰戊菊酯 (flucythrinate)

$C_{26}H_{23}F_2NO_4$, 451.5, 70124-77-5

由美国氰氨公司 (现属巴斯夫) 开发的拟除虫菊酯类杀虫剂, 1982 年生产。

其他名称 保好鸿, 氟氰菊酯, 中西氟氰菊酯, 氟氰戊菊酯, 护赛宁, 甲氟菊酯, AC222705, CL222705, OMS2007, AI3-29391, Cybolt, Cythrin, Pay-Off

化学名称 (R,S)-α-氰基-3-苯氧基苄基 (S)-2-(4-二氟甲氧基苯基)-3-甲基丁酸酯; (RS)-α-cyano-3-phenoxybenzyl (S)-2-(4-difluoromethoxyphenyl)-3-methylbutyrate

CAS 名称 cyano (3-phenoxyphenyl) methyl 4-(difluoromethoxy)-α-(1-methylethyl) benzeneacetate

理化性质 原药为深琥珀色黏稠液体，具有微弱的酯类气味。沸点 108℃（0.35mmHg）。蒸气压 0.0012mPa（25℃）。K_{ow} lg$P$ 4.74（25℃）。Henry 常数 $1.08×10^{-3}$ Pa·m^3/mol（计算值）。相对密度：1.19（20℃）。水中溶解度：0.096mg/L（20℃）；其他溶剂中溶解度（20℃，g/L）：丙酮、甲醇、甲苯>250，二氯甲烷 250，乙酸乙酯 200~250，正己烷 67~80（20℃，g/L）。碱性水溶液中迅速降解，但中性或酸性条件下降解较慢；DT_{50}（27℃，d）：约 40（pH 3），52（pH 5），6.3（pH 9）；37℃条件下稳定 1 年以上，25℃稳定 2 年以上；土壤中光照条件下 DT_{50} 约为 21d，其水溶液的 DT_{50} 约为 4d。闪点 45℃（闭杯）。

毒性 急性经口 LD_{50}（mg/kg）：雄性大鼠 81，雌性大鼠 67，雌性小鼠 76。急性经皮 LD_{50}（24h）：兔>1000mg/kg；对兔皮肤和眼睛无刺激作用，但是未稀释的制剂对兔皮肤和眼睛有刺激作用，无皮肤致敏性。吸入毒性 LC_{50}（4h）：大鼠为 4.85mg/L（烟雾剂）。NOEL 数值（2 年）：大鼠为 60mg/kg 饲料。其他：在大鼠的 3 代繁殖试验中，以 30mg/kg 饲料饲喂，对其繁殖无影响。对大鼠和兔无致畸作用，对大鼠无致突变作用。禽类急性经口 LD_{50}（mg/kg）：野鸭>2510，山齿鹑>2708；饲喂 LC_{50}（14d，mg/kg 饲料）：野鸭>4885，山齿鹑>3443。鱼类 LC_{50}（96h，μg/L）：大翻车鱼 0.71，叉尾鮈 0.51，虹鳟鱼 0.32，红鲈鱼 1.6；因用药量低且在土壤中移动性小，故对鱼的危险很小。水蚤 LC_{50}（48h）为 8.3μg/L。对蜜蜂有毒，但也有趋避作用；LD_{50}（局部施药，粉剂）0.078μg/只，（触杀）0.3μg/只。

制剂 EC，WG，WP。

应用 改变昆虫神经膜的渗透性，影响离子的通道，因而抑制神经传导，使害虫运动失调、痉挛、麻痹以至死亡。对害虫主要是触杀作用，也有胃毒和杀卵作用，在致死浓度下有忌避作用，但无熏蒸和内吸作用。持效期比氰戊菊酯和氯菊酯长，杀虫活性受温度影响小，对作物安全。可与一般的杀虫剂、杀菌剂混用，其生物活性受温度的影响低于杀灭菊酯和二氯苯醚菊酯。对叶螨有一定抑制作用。防治甘蓝、棉花、豇豆、玉米、仁果、核果、马铃薯、大豆、甜菜、烟草和蔬菜上的蚜虫、鳞翅目害虫，如棉花棉铃虫、棉红铃虫、蚜虫、烟芽夜蛾、粉纹夜蛾、棉铃象甲、蜡象、叶蝉等。不能在桑园、鱼塘、养蜂场所使用。防治钻蛀性害虫时，应在卵期或孵化前 1~2d 施药。不能与碱性农药混用，不能作土壤处理使用。不宜作为专用杀螨剂使用。

合成路线

分析方法 可用 GPLC 或 GLC 进行分析。

主要生产商 BASF 公司。

参考文献

[1] US 4178308.
[2] GB 1582775.

氟酰脲（novaluron）

$C_{17}H_9ClF_8N_2O_4$，492.7，116714-46-6

该杀虫剂由 Isagro S. p. A. 开发，后来出售给 Makhteshim Chemical Works Ltd.。

其他名称　GR 572，MCW-275，SB-7242，Rimon

化学名称　(±)-1-[3-氯-4-(1,1,2-三氟-2-三氟甲氧基乙氧基)苯基]-3-(2,6-二氟苯酰基)脲；(±)-1-[3-chloro-4-(1,1,2-trifluoro-2-trifluoromethoxyethoxy) phenyl]-3-(2,6-difluorobenzoyl) urea

CAS 名称　(±)-N-[[[3-chloro-4-[1,1,2-trifluoro-2-(trifluoromethoxy) ethoxy] phenyl] amino] carbonyl]-2,6-difluorobenzamide

理化性质　原药含量 96%。纯品为白色固体。熔点 176.5~178℃。闪点 202℃（闭口杯）。蒸气压 $1.6×10^{-2}$ mPa（25℃）。K_{ow} lg$P$ 4.3。Henry 常数 2Pa·m³/mol（计算值）。相对密度 1.56（22℃）。水中溶解度：3μg/L（25℃）；有机溶剂中溶解度（g/L，20℃）：乙酸乙酯 113，丙酮 198，甲醇 14.5，1,2-二氯乙烷 2.85，二甲苯 1.88，正庚烷 0.00839。25℃，pH 4、7 时水解稳定。DT_{50} 101d（pH 9，25℃）。

毒性　大鼠急性经口 LD_{50}>5000mg/kg。大鼠急性经皮 LD_{50}>2000mg/kg。对兔皮肤和眼睛无刺激作用，对豚鼠皮肤无致敏性。大鼠吸入 LC_{50}(4h)>5.15mg/L 空气。大鼠（2年）NOEL 1.1mg/(kg·d)。野鸭和山齿鹑急性经口 LD_{50}>2000mg/kg。野鸭和山齿鹑饲喂 LC_{50}（5d）>5200mg/L。虹鳟和大翻车鱼 LC_{50}（96h）>1mg/L。水蚤 LC_{50}（48h）0.259μg/L。羊角月牙藻 E_bC_{50}（96h）9.68mg/L。蜜蜂 LC_{50}（经口和接触）>100μg/只。对蚯蚓无毒，LC_{50}（14d）>1000mg/kg 土壤。对其他有益生物无毒。

制剂　EC，SC。

应用　几丁质合成抑制剂，主要通过皮肤接触，进入虫体后干扰蜕皮机制。主要作用于幼虫，对卵也有作用，同时可减少成虫的繁殖能力。用于棉花、马铃薯、柑橘、顶果、蔬菜和玉米，防治鳞翅目害虫（夜蛾属、小菜蛾、苹果蠹属等）、鞘翅目害虫（马铃薯甲虫）、双翅目害虫、粉虱和潜叶虫。

合成路线

分析方法　产品用 RPhPLC/UV 分析。

主要生产商　江苏建农。

参考文献

[1] Proc Br Crop Prot Conf—Pestsdis, 1996, 3: 1013.
[2] The Pesticide Manual. 16 th edition.
[3] US 4980376.

氟蚁灵（nifluridide）

$C_{10}H_6F_7N_3O_3$，349.2，61444-62-0

由 Eli Lilly & Co 开发。

其他名称　Bant

化学名称　6′-氨基-α,α,α,2,2,3,3-七氟-5′-硝基丙酰替间甲苯胺；6′-amino-α,α,α,2,2,3,3-heptafluoro-5′-nitropropion-m-toluidide

CAS 名称　N-[2-amino-3-nitro-5-(trifluoromethyl) phenyl]-2,2,3,3-tetrafluoropropanamide

参考文献

The Pesticide Manual. 16 th edition.

氟蚁腙（hydramethylnon）

$C_{25}H_{24}F_6N_4$，494.5，67485-29-4

1980 年由氰胺公司（现属 BASF SE）推出。

其他名称　猛力杀蟑饵剂，威灭，AC 217300，CL 217300 (both Cyanamid)，Amdro PRO（火蚁）(BASF)，Siege Gel（蟑螂），Subterfuge（白蚁）

化学名称　5,5-二甲基全氢化嘧啶-2-酮-4-三氟甲基-α-(4-三氟甲基苯乙烯基)肉桂亚基腙；5,5-dimethylperhydropyrimidin-2-one 4-trifluoromethyl-α-(4-trifluoromethylstyryl) cinnamylidenehydrazone

CAS 名称　tetrahydro-5,5-dimethyl-2(1H)-pyrimidinone [3-[4-(trifluoromethyl)phenyl]-1-[2-[4-(trifluoromethyl)phenyl]ethenyl]-2-propenylidene]hydrazone

理化性质　纯品为黄色至棕褐色晶体。熔点 189～191℃。蒸气压＜0.0027mPa（25℃），也有报道＜0.0008mPa（45℃）。K_{ow} lg$P$ 2.31，Henry 常数 0.781Pa·m³/mol（25℃，计算值），相对密度 0.299（25℃）。水中溶解度（25℃）：0.005～0.007mg/L；其他溶剂中溶解度（g/L，20℃）：丙酮 360，乙醇 72，1,2-二氯乙烷 170，甲醇 230，异丙醇

12，二甲苯 94，氯苯 390。25℃原药在原装未开封容器中稳定 24 个月以上，37℃ 12 个月，45℃ 3 个月。见光分解。水悬浮液 DT_{50}（25℃）：24～33d（pH 4.9），10～11d（pH 7.03），11～12d（pH 8.87）。

毒性 大鼠急性经口 LD_{50}（mg/kg）：1131（雄），1300（雌）。兔急性经皮 LD_{50}＞5000mg/kg；对兔或豚鼠皮肤无刺激，对兔眼睛有可逆性刺激；对豚鼠无皮肤致敏性。大鼠急性吸入 LC_{50}（4h）＞5mg/L 空气（喷雾或粉尘）。无作用剂量：大鼠（28d）75mg/kg 饲料，大鼠（90d）50mg/kg 饲料，大鼠（2年）50mg/kg 饲料，小鼠（18个月）25mg/kg 饲料；小猎犬（90d）3.0mg/(kg·d)，小猎犬（6个月）3.0mg/(kg·d)。对大鼠和兔无致畸、诱变性。禽类急性经口 LD_{50}（mg/kg）：野鸭＞2510，山齿鹑 1828。鱼毒：在实验室条件下使用溶剂有毒，由于水中溶解度低和见光快速分解，在正常的野外条件下对鱼无毒。LC_{50}（96h，mg/L）：大翻车鱼 1.70，虹鳟鱼 0.16，斑点叉尾鮰 0.10；鲤鱼 0.67、0.39、0.34（分别为 24h、48h、72h）。水蚤 LC_{50}（48h）1.14mg/L；由于水中溶解度低，在田间条件下没有危害。粉尘在 0.03mg/只时对蜜蜂局部无毒。

制剂 PA，RB。

应用 胃毒作用，非系统性杀虫剂。线粒体复合物Ⅲ的电子转移抑制剂（耦合位点Ⅱ），抑制细胞呼吸。也就是有效抑制蟑螂体内的代谢系统，抑制线粒体内 ADP 转换成 ATP 的电子交换过程，从而使得能量无法转换，造成心跳变慢、呼吸系统衰弱、耗氧量减小，因细胞得不到足够的能量，最终因弛缓性麻痹而死亡。用于牧场、草地、草坪和非作物区。选择性地用于控制农业蚁和家蚁（尤其弓背蚁属、虹臭蚁属、小家蚁属、火蚁属、农蚁属以及黑褐大头蚁），中华拟歪尾蠊（尤其蠊属、小蠊属、大蠊属以及夏柏拉蟑螂属），木白蚁科（尤其楹白蚁属）和鼻白蚁科（尤其散白蚁属、乳白蚁属以及异白蚁属）的诱饵。

合成路线

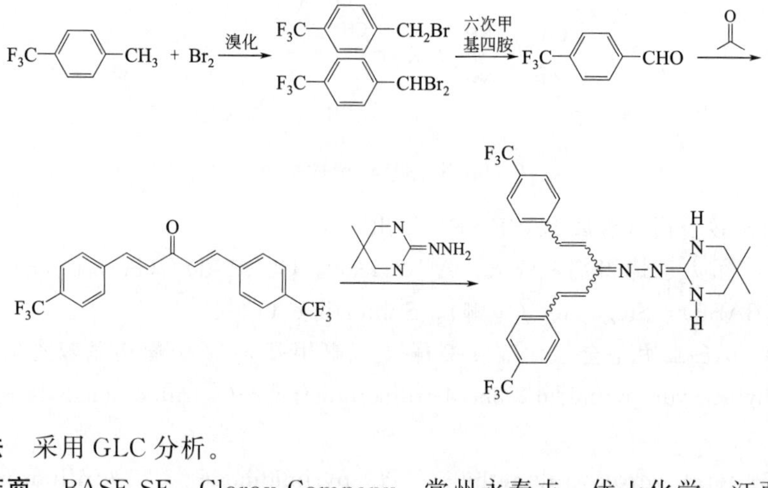

分析方法 采用 GLC 分析。

主要生产商 BASF SE，Clorox Company，常州永泰丰，优士化学，江西安利达，浙江天丰。

参考文献

[1] The Pesticide Manual. 15th edition.

[2] US 4163102.

[3] US 4213988.

氟幼脲（penfluron）

$C_{15}H_9F_5N_2O_2$，287.2，35367-31-8

由 Duphar B. V. 和 Thompson-Hayward Chemical Co. 开发，1983 年获 EUP 授权。

其他名称　PH-60-44，TH-60-44

化学名称　1-(4-三氟甲基苯基)-3-(2,6-二氟苯甲酰基) 脲；1-(2,6-difluorobenzoyl)-3-(α,α,α-trifluoro-p-tolyl) urea

CAS 名称　2,6-difluoro-N-[[[4-(trifluoromethyl)phenyl]amino]carbonyl]benzamide

应用　蚊、蝇类的几丁质合成抑制剂，并具有化学不孕作用，防治棉铃象虫的繁殖，对橘锈螨也有一定防效，使家蝇卵的成活力下降，对伊蚊属蚊具有昆虫生长调节作用。

分析方法　用 GLC 或 HPLC 分析。

富右旋反式胺菊酯（rich-d-t-tetramethrin）

(1R)-$trans$-
$C_{19}H_{25}NO_4$，331.4

化学名称　富右旋-顺反式-2,2-二甲基-3-(2-甲基-1-丙烯基) 环丙烷羧酸-3,4,5,6-四氢酞酰亚氨基甲基酯

理化性质　无色晶体（工业品为无色到浅黄棕色液体），有淡淡的除虫菊的气味，熔点 68~70℃（工业品 60~80℃）。蒸气压为 2.1mPa（25℃）。K_{ow}lg$P$ 4.6（25℃）。相对密度 1.1（20℃）。Henry 常数 0.38Pa·m³/mol（25℃，计算值）。溶解度：水 1.83mg/L（25℃）；丙酮、乙醇、甲醇、正己烷和正辛醇＞2g/100mL。对碱和强酸敏感，DT$_{50}$ 16~20d（pH 5），1d（pH7），＜1h（pH 9），约 50℃下贮藏稳定，丙酮、氯仿、二甲苯、一般喷雾剂等溶剂中稳定，在无机载体中的稳定性随载体不同而有所不同。闪点 200℃。

毒性　大鼠急性经口 LD$_{50}$＞5000mg/kg。兔急性经皮 LD$_{50}$＞2000mg/kg。对兔皮肤无刺激作用。大鼠吸入 LC$_{50}$（4h）＞2.73mg/L。NOEL：在剂量为 5000mg/kg 情况下对狗进行饲喂试验 13 周无不良反应，用大鼠作同样的试验在剂量 1500mg/kg 下饲喂 6 个月无不良反应，无致癌作用。急性经口 LD$_{50}$：北美鹑＞2250mg/kg。膳食 LC$_{50}$：北美鹑和绿头鸭＞5620mg/L。鱼 LC$_{50}$（96h）：虹鳟鱼 3.7μg/L，大翻车鱼 16μg/L。水蚤 EC$_{50}$（48h）0.11mg/L。对蜜蜂有毒。

应用　本品对蚊、蝇等卫生昆虫击倒速度极快，但致死性能差，对蟑螂具有驱赶作用，常与其他杀死能力强的药剂复配使用，适合制作喷雾剂、气雾剂等。对蜜蜂、鱼虾、蚕等毒性高，用药时不要污染河流、池塘、桑园和养蜂场等。

甘氨硫磷（phosglycin）

$C_{14}H_{31}N_2O_3PS$，338.4，105084-66-0

由 K. Balogh 和 G. Tarpai 报道，1987 年 Északmagyarországi Vegyimüvek 在匈牙利推出。

其他名称　RA-17，Alkatox，phosglycin

化学名称　N^2-二乙氧基二硫代磷酰基-N^2-乙基-N^1,N^1-二丙基甘氨酰胺；N^2-diethoxyphosphinothioyl-N^2-ethyl-N^1,N^1-dipropylglycinamide

CAS 名称　O,O-diethyl [2-(dipropylamino)-2-oxoethyl] ethylphosphororamidothioate

理化性质　纯品固体。熔点 34℃，蒸气压 1.8mPa（25℃），K_{ow} lg$P$ 3.9。水中溶解度 140mg/L（20℃）；丙酮、苯、氯仿、二氯甲烷、乙醇、己烷＞200mg/L（20℃）。180℃ 稳定，在硅胶板上光降解（DT_{50} 18h）。

毒性　急性经口 LD_{50}（mg/kg）：大鼠 2081，雄小鼠 1800，雌小鼠 1550。大鼠急性经皮 LD_{50}＞5000mg/kg。大鼠吸入无毒性剂量 0.59mg/L（空气）。鲤鱼 LC_{50} 9.47，草鱼 12.5mg/L，鲶鱼 12mg（a.i.）/L。

制剂　EC，WP。

应用　防治苹果、柑橘、葡萄上的成螨和幼螨。

分析方法　产品分析采用 GLC。

参考文献

[1] BE 903304.
[2] HU 2164940.

高效反式氯氰菊酯（theta-cypermethrin）

$C_{22}H_{19}Cl_2NO_3$，416.3，71697-59-1

20 世纪 80 年代初期开发的拟除虫菊酯类杀虫剂。

其他名称　SK80，Neostomosan

化学名称　(S)-α-氰基-3-苯氧基苄基 (1R)-反式-3-(2,2-二氯乙烯基)-2,2-二甲基环丙烷羧酸酯和 (R)-α-氰基-3-苯氧基苄基 (1S)-反式-3-(2,2-二氯乙烯基)-2,2-二甲基环丙烷羧酸酯的外消旋混合物；1∶1 mixture of the two enantiomers (R)-α-cyano-3-phenoxybenzyl (1S,3R)-3-(2,2-dichlorovinyl)-2,2-dimethylcyclopropanecarboxylate and (S)-α-cyano-3-phenoxybenzyl (1R,3S)-3-(2,2-dichlorovinyl)-2,2-dimethylcyclopropanecarboxylate or 1∶1 mixture of the two enantiomers (R)-α-cyano-3-phenoxybenzyl (1S)-trans-3-(2,2-dichlorovinyl)-2,2-dimethylcyclopropanecarboxylate and (S)-α-cyano-3-phenoxybenzyl (1R)-

trans-3-(2,2-dichlorovinyl)-2,2-dimethylcyclopropanecarboxylate

CAS 名称 (*R*)-cyano(3-phenoxyphenyl)methyl(1*S*,3*R*)-*rel*-3-(2,2-dichloroethenyl)-2,2-dimethylcyclopropanecarboxylate

理化性质 白色结晶粉状固体，熔点 81～87℃（峰值 83.3℃）。蒸气压为 1.8×10^{-4} mPa（20℃）。密度（20℃）：1.33g/mL（理论），0.66g/mL（晶体粉末）。溶解度：水 114.6μg/L（pH 7，25℃）；异丙醇 18.0mg/mL（20℃），二异丙醚 55.0mg/mL（20℃），正己烷 8.5mg/mL（20℃）。稳定度高达 150℃；水中 DT_{50}（25℃，外推法）：50d（pH 3、5、6），20d（pH 7），18d（pH 8），10d（pH 9）。

毒性 急性经口 LD_{50}（g/kg）：雄性大鼠 7700，雌性大鼠 3200～7700，雄性小鼠 36，雌性小鼠 106；兔急性经皮 LD_{50}＞5000mg/kg。本品对兔眼睛和皮肤有轻微的刺激，对豚鼠皮肤无致敏现象。无致突变作用。禽类急性经口 LD_{50}：山齿鹑 98mg/kg，野鸭 5620mg/kg。山齿鹑 LC_{50}（5d）：808mg/kg。虹鳟鱼 LC_{50}（96h）为 0.65mg/L。蜜蜂 LD_{50}（48h）：23.33μg/只（经口），1.34μg/只（接触）。蚯蚓 LC_{50}（14d）＞1250mg/kg 土壤。30～50g（a.i.）/hm² 剂量下对有益生物、动物等很少或无副作用。

制剂 TC，EC。

应用 高效反式氯氰菊酯是氯氰菊酯的高效反式异构体，毒性低，杀虫效力高。加工 EC 或其他剂型，主要用于对大田作物、经济作物、蔬菜、果树等农林害虫和蚊类臭虫等家庭卫生害虫的防治，具有杀毒高效、广谱、对人畜低毒、作用迅速、持效长等特点，有触杀、胃毒和杀卵活性，对害虫有拒食活性。对光、热稳定。耐雨水冲刷，特别对抗有机磷农药的害虫有特效。

分析方法 可以用高效液相色谱、毛细管色谱或气相色谱法与薄板色谱相结合的改进色谱法等。

主要生产商 Agro-Chemie，南京红太阳。

参考文献

[1] US 4845126.
[2] EP 0215010.
[3] HU 198373.

高效氟氯氰菊酯（*beta*-cyfluthrin）

$C_{22}H_{18}Cl_2NO_3F$，434.3，68359-37-5(未具体说明立体异构)。详细：86560-92-1(Ⅰ)；86560-93-2(Ⅱ)；86560-94-3(Ⅲ)；86560-95-4(Ⅳ)。

拜耳公司开发的拟除虫菊酯类杀虫剂。

其他名称 FCR 4545，OMS 3051，Bulldock，Responsar，Baythroid XL，Beta-Baythroid，Cajun，Ducat，Full

化学名称 （S)-α-氰基-4-氟-3-苯氧苄基 (1R)-cis-3-(2,2-二氯乙烯基)-2,2-二甲基环丙烷羧酸酯（Ⅰ）、(R)-α-氰基-4-氟-3-苯氧苄基 (1S)-cis-3-(2,2-二氯乙烯基)-2,2-二甲基环丙烷羧酸酯（Ⅱ）、(S)-α-氰基-4-氟-3-苯氧苄基 (1R)-trans-3-(2,2-二氯乙烯基)-2,2-二甲基环丙烷羧酸酯（Ⅲ）和 (R)-α-氰基-4-氟-3-苯氧苄基 (1S)-trans-3-(2,2-二氯乙烯基)-2,2-二甲基环丙烷羧酸酯（Ⅳ）。

高效氟氯氰菊酯含有两对对应异构体。工业品中Ⅰ含量<2%，Ⅱ含量为30%～40%，Ⅲ含量<3%，Ⅳ含量为53%～67%。

CAS 名称 cyano(4-fluoro-3-phenoxyphenyl)methyl 3-(2,2-dichloroethenyl)-2,2-dimethylcyclopropanecarboxylate

理化性质 纯品外观为无色无臭晶体，工业品为有轻微气味的白色粉末。熔点（Ⅱ）81℃，（Ⅳ）106℃。分解温度>210℃。蒸气压（Ⅱ）$1.4×10^{-5}$ mPa，（Ⅳ）$8.5×10^{-5}$ mPa（均在20℃）。K_{ow}（Ⅱ）lg$P$ 5.9，（Ⅳ）lg$P$ 5.9（均在20℃）。Henry 常数（Pa·m³/mol，20℃）：$3.2×10^{-3}$（Ⅱ），$1.3×10^{-2}$（Ⅳ）。相对密度 1.34（22℃）。溶解度（μg/L，20℃）：在水中（Ⅱ）为 1.9（pH 7），（Ⅳ）为 2.9（pH 7）；（Ⅱ）在正己烷中为10～20，异丙醇中为5～10（均为 g/L，20℃）。pH 4、7 时稳定，pH 9 时，迅速分解。

毒性 急性经口 LD_{50}（mg/kg）：大鼠 380（在聚乙二醇中），211（在二甲苯中）；雄小鼠 91，雌小鼠 165。大鼠急性经皮 LD_{50}（24h）>5000mg/kg。对皮肤无刺激，对兔眼睛有轻微刺激，对豚鼠无致敏作用。大鼠吸入 LC_{50}（4h）大约 0.1mg/L（气雾），0.53mg/L（粉尘）。NOEL（90d）：大鼠 125mg/kg，狗 60mg/kg。日本鹌鹑急性经口 LD_{50}>2000mg/kg。鱼类 LC_{50}（96h）：虹鳟鱼 89μg/L，大翻车鱼 280μg/L。水蚤 EC_{50}（48h）0.3μg/L。蜜蜂 LD_{50}<0.1μg/只。蠕虫 LC_{50}：蚯蚓>1000mg/kg 土壤。

制剂 EC，FS，GR，SC，UL。

应用 高效氟氯氰菊酯是一种合成的拟除虫菊酯类杀虫剂，具有触杀和胃毒作用，无内吸作用和渗透性。本品杀虫谱广，击倒迅速，持效期长，除对咀嚼式口器害虫如鳞翅目幼虫或鞘翅目的部分甲虫有效外，还可用于刺吸式口器害虫，如梨木虱的防治。若将药液直接喷洒在害虫虫体上，防效更佳。植物对高效氟氯氰菊酯有良好的耐药性。该药为神经轴突毒剂，可以引起昆虫极度兴奋、痉挛与麻痹，还能诱导产生神经毒素，最终导致神经传导阻断，也能引起其他组织产生病变。用于棉花、小麦、玉米、蔬菜、番茄、苹果、柑橘、葡萄、油菜、大豆、烟草、观赏植物等，防治棉铃虫、棉红铃虫、菜青虫、桃小食心虫、金纹细蛾、小麦蚜虫、甜菜夜蛾、黏虫、玉米螟、葡萄果蠹蛾、马铃薯甲虫、蚜虫、烟青虫等。

合成路线

分析方法 产品分析可用高效液相色谱法，残留量分析可用气相色谱法。

主要生产商 Bayer CropScience, AgroDragon, 安徽华星，江苏扬农，宁波汇力化工。

高效氯氟氰菊酯（*lambda*-cyhalothrin）

$C_{23}H_{19}ClF_3NO_3$，449.9，91465-08-6

1984 年由 A. R. Jutsum 等报道，是英国 ICI 公司（现 Syngenta AG）开发的拟除虫菊酯类杀虫剂。

其他名称　功夫，γ-三氟氯氰菊酯，PP321，ICIA0321，OMS3021，Icon，Karate，Warrior，Cyhalosun，Phoenix，SFK，Demand，Hallmark，Impasse，Kung Fu，Matador，Scimitar，Aakash，JudoDoḡal，Katron，Pyrister，Tornado

化学名称　本品是一个混合物,含等量的(S)-α-氰基-3-苯氧基苄基(Z)-(1R,3R)-3-(2-氯-3,3,3-三氟丙烯基)-2,2-二甲基环丙烷羧酸酯和(R)-α-氰基-3-苯氧基苄基(Z)-(1S,3S)-3-(2-氯-3,3,3-三氟丙烯基)-2,2-二甲基环丙烷羧酸酯，或者含等量的(S)-α-氰基-3-苯氧基苄基(Z)-(1R)-*cis*-3-(2-氯-3,3,3-三氟丙烯基)-2,2-二甲基环丙烷羧酸酯和(R)-α-氰基-3-苯氧基苄基(Z)-(1S)-*cis*-3-(2-氯-3,3,3-三氟丙烯基)-2,2-二甲基环丙烷羧酸酯。(S)-α-cyano-3-phenoxybenzyl(Z)-(1R,3R)-3-(2-chloro-3,3,3-trifluoroprop-1-enyl)-2,2-dimethylcyclopropanecarboxylate 和 (R)-α-cyano-3-phenoxybenzyl (Z)-(1S,3S)-3-(2-chloro-3,3,3-trifluoroprop-1-enyl)-2,2-dimethylcyclopropanecarboxylate 或 (S)-α-cyano-3-phenoxybenzyl(Z)-(1R)-*cis*-3-(2-chloro-3,3,3-trifluoropropenyl)-2,2-dimethylcyclopropanecarboxylate 和 (R)-α-cyano-3-phenoxybenzyl(Z)-(1S)-*cis*-3-(2-chloro-3,3,3-trifluoropropenyl)-2,2-dimethylcyclopropanecarboxylate(1∶1)

CAS 名称　[1α(S*),3α(Z)]-(±)-cyano(3-phenoxyphenyl)methyl 3-(2-chloro-3,3,3-trifluoro-1-propenyl)-2,2-dimethylcyclopropanecarboxylate

理化性质　该药剂为无色固体（工业品为深棕或深绿色含固体黏稠物）。熔点 49.2℃（工业品为 47.5～48.5℃）。在常压下不会沸腾。蒸气压 $2×10^{-4}$ mPa（20℃），$2×10^{-1}$ mPa（60℃，内插法计算值）。K_{ow}lg$P$ 7（20℃）。Henry 常数 $2×10^{-2}$ Pa·m³/mol。相对密度 1.33（25℃）。水中溶解度：0.005mg/L（pH 6.5，20℃）；其他溶剂中溶解度（20℃）：在丙酮、甲醇、甲苯、正己烷、乙酸乙酯中溶解度均大于 500g/L。对光稳定。15～25℃条件下贮藏，至少可稳定存在 6 个月。pK_a＞9 可防止水解。闪点 83℃（工业品，Pensky-Martens 闭杯）。

毒性　急性经口 LD_{50}：雄大鼠 79mg/kg，雌大鼠 56mg/kg。大鼠急性经皮 LD_{50}（24h）632～696mg/kg。对兔皮肤无刺激作用，对兔眼睛有一定的刺激作用；对狗皮肤无致敏作用。大鼠吸入 LD_{50}（4h）0.06mg/L 空气（完全呈小颗粒）。NOEL 数值（1 年），对狗为 0.5mg/(kg·d)。在 Ames 试验中无致突变作用。野鸭急性经口 LD_{50}＞3950mg/kg。山齿鹑饲喂 LC_{50}＞5300mg/kg。在卵或组织中无残留。鱼类 LC_{50}（96h）：大翻车鱼 0.21μg/L，虹鳟鱼 0.36μg/L。水蚤 EC_{50}（48h）0.36μg/L。羊角月牙藻 E_rC_{50}（96h）＞1000μg/L。由于该药剂在水中能够被快速地吸附、降解，所以使它对水生生物的毒性大为降低。蜜蜂 LD_{50}（经口）38mg/只；对一些非靶标生物有毒性。田间条件下毒性降低，并能快速恢复正常。

制剂　CS，EC，EW，UL，WG，WP。

应用　高效氯氟氰菊酯为拟除虫菊酯类杀虫剂。该药剂作用于昆虫神经系统，通过与钠离子通道作用破坏神经元功能，杀死害虫。其具有触杀和胃毒作用，无内吸作用，对害虫具有趋避作用，且能够快速击倒害虫，持效期长。用于谷物、啤酒花、观赏植物、土豆、蔬菜、大麦、白菜、马铃薯、棉花等，防治蚜虫、科罗拉多甲虫、蓟马、鳞翅目幼虫、鞘翅目幼虫和成虫、公共卫生害虫等。本品对鱼和蜜蜂剧毒，应远离河塘等水域施药，周围蜜源作物花期禁用，蚕室及桑园附近禁用，天敌放飞区域禁用。

分析方法　GC（FID检测器），残留物GC（ECD检测器）。

主要生产商　Syngenta, Agrochem, Astec, Bharat, Bioquest, Coromandel, Gujarat Agrochem, Heranba, Meghmani, Rotam，安徽华星，华通（常州）生化，江苏春江农化，江苏丰登，江苏丰山，丰荣精细化工，江苏瑞东，江苏扬农，江苏激素研究所，宁波汇力化工，郑州兰博尔，苏州恒泰。

参考文献

[1] EP 107296；EP106469.
[2] 农药，2009，9：680-682.
[3] 农药，2008，12：893-895.
[4] EP 0132392.
[5] CN 101434562.
[6] DE 2802962.
[7] US 4299776.

高效氯氰菊酯（*beta*-cypermethrin）

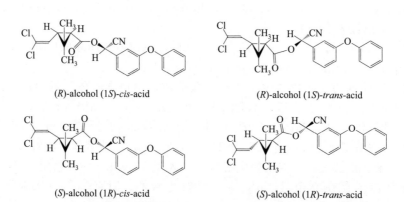

(R)-alcohol (1S)-*cis*-acid　　　(R)-alcohol (1S)-*trans*-acid

(S)-alcohol (1R)-*cis*-acid　　　(S)-alcohol (1R)-*trans*-acid

$C_{22}H_{19}Cl_2NO_3$，416.3，52315-07-8（没有指明立体化学，也适用于cypermethrin）；72204-43-4 [(1S)-1α(R*),3α]异构体，或(S)(1R)-顺式异构体；65731-84-2 [(1R)-1α(S*),3α]异构体，或(R)(1S)-顺式异构体；83860-31-5 [(1S)-1α(R*),3β]异构体，或(S)(1R)-反式异构体；65732-07-2[(1R)-1α(S*),3β]异构体，或(R)(1S)-反式异构体

1989年Chinoin Pharmaceutical & Chemical Works Co.，Ltd（现Agro-Chemie Pesticide Manufacturing Trading anddistributing Ltd）开发的拟除虫菊酯类杀虫剂。

其他名称　高灭灵，三敌粉，无敌粉，卫害净，乙体氯氰菊酯，OMS3068，Chinmix，Beta-methrate

化学名称　对映体(R)-α-氰基-3-苯氧苄基-(1S,3S)-3-(2,2-二氯乙烯基)-2,2-二甲基环丙烷羧酸酯和(S)-α-氰基-3-苯氧苄基-(1R,3R)-3-(2,2-二氯乙烯基)-2,2-二甲基环丙烷羧酸酯以及对映体(R)-α-氰基-3-苯氧苄基-(1S,3R)-3-(2,2-二氯乙烯基)-2,2-二甲基环丙烷羧酸酯和(S)-α-氰基-3-苯氧苄基-(1R,3S)-3-(2,2-二氯乙烯基)-2,2-二甲基环丙烷羧酸酯按 2∶3 组成的混合物；对映体(S)-α-氰基-3-苯氧苄基-(1R)-顺-3-(2,2-二氯乙烯基)-2,2-二甲基环丙烷羧酸酯和(R)-α-氰基-3-苯氧苄基-(1S)-顺-3-(2,2-二氯乙烯基)-2,2-二甲基环丙烷羧酸酯以及(S)-α-氰基-3-苯氧苄基-(1R)-反-3-(2,2-二氯乙烯基)-2,2-二甲基环丙烷羧酸酯和(R)-α-氰基-3-苯氧苄基-(1S)-反-3-(2,2-二氯乙烯基)-2,2-二甲基环丙烷羧酸酯按 2∶3 组成的混合物。对映体(R)-α-cyano-3-phenoxybenzyl(1S,3S)-3-(2,2-dichlorovinyl)-2,2-dimethylcyclopropanecarboxylate 和(S)-α-cyano-3-phenoxybenzyl(1R,3R)-3-(2,2-dichlorovinyl)-2,2-dimethylcyclopropanecarboxylate 以及对映体(R)-α-cyano-3-phenoxybenzyl(1Sα,3R)-3-(2,2-dichlorovinyl)-2,2-dimethylcyclopropanecarboxylate 和(S)-α-cyano-3-phenoxybenzyl(1R,3S)-3-(2,2-dichlorovinyl)-2,2-dimethylcyclopropanecarboxylate,比例为 2∶3 或对映体(S)-α-cyano-3-phenoxybenzyl(1R)-cis-3-(2,2-dichlorovinyl)-2,2-dimethylcyclopropanecarboxylate 和(R)-α-cyano-3-phenoxybenzyl(1S)-cis-3-(2,2-dichlorovinyl)-2,2-dimethylcyclopropanecarboxylate 以及对映体(S)-α-cyano-3-phenoxybenzyl(1R)-trans-3-(2,2-dichlorovinyl)-2,2-dimethylcyclopropanecarboxylate 和(R)-α-cyano-3-phenoxybenzyl(1S)-trans-3-(2,2-dichlorovinyl)-2,2-dimethyl-cyclopropanecarboxylate 比例为 2∶3

CAS 名称 cyano(3-phenoxyphenyl)methyl 3-(2,2-dichloroethenyl)-2,2-dimethylcyclopropanecarboxylate, 2 Parts of enantiomerPair [(1R)-1α(S^*),3α] and [(1S)-1α(R^*),3α] with 3 Parts of enantiomerPair [(1R)-1α(S^*),3β] and [(1S)-1α(R^*),3β]

理化性质 工业品为白色到浅黄色晶体。熔点 63.1～69.2℃（异构体比例即使变化 1%，熔点都有所不同）。沸点（286.1±0.06）℃（97.4kPa）。蒸气压 1.8×10^{-4} mPa（20℃）。$K_{ow}\lg P$ 4.7±0.04。相对密度 1.336±0.0050（20℃）。水中溶解度（μg/L，pH 7）：51.5（5℃），93.4（25℃），276.0（35℃）；其他溶剂中溶解度（g/L，20℃）：异丙醇 11.5，二甲苯 349.8，二氯甲烷 3878，丙酮 2102，乙酸乙酯 1427，石油醚 13.1。150℃对空气和太阳光稳定，中性和弱酸性介质中稳定，强碱性介质中水解。DT_{50}（25℃，外推法）：50d（pH 3,5,6），40d（pH 7），20d（pH 8），15d（pH 9）。

毒性 急性经口 LD_{50}：雌大鼠 166mg/kg，雄大鼠 178mg/kg，雌小鼠 48mg/kg，雄小鼠 43mg/kg。大鼠急性经皮 LD_{50}>5000mg/kg，对皮肤和眼睛有轻微刺激，对皮肤无致敏性。大鼠吸入 LC_{50}（4h）1.97mg/L。大鼠的 NOEL 数值：250mg/kg 饲料（2 年），100mg/kg 饲料（90d）。对大鼠无致畸性，对 3 代繁殖的大鼠的 NOEL 数值 350mg/kg，在 2 年的致癌性研究中，大鼠 NOEL 数值 500mg/kg。急性经口 LD_{50}：山齿鹑 8030mg/kg（5%制剂），野鸡 3515mg/kg（5%制剂）。用 5%制剂饲喂野鸡和山齿鹑，其 LC_{50}（8d）>5000mg/kg 饲料。鱼毒 LC_{50}（96h）：鲤鱼 0.028mg/L（5%制剂），鲇鱼 0.015mg/L（5%制剂），草鲤 0.035mg/L（5%制剂）。在正常田间条件下，对鱼没有危害。水蚤 LC_{50}（96h）0.00026mg/kg（5%制剂）。羊角月牙藻 LC_{50} 56.2mg/L。蜜蜂经口 LD_{50}（48h）0.0018mg（a.i.）/只（5%制剂），接触 LD_{50}（24h）0.085L/hm²（5%制剂），但在田间条件下，采用正常剂量，对蜜蜂无伤害。土壤 DT_{50} 10d。水中 DT_{50} 1.2d。

制剂 CS，EC，GL，ME，SC，UL。

应用 作用于神经系统的杀虫剂，通过作用于钠离子通道扰乱神经的功能。作用方式为非内吸性的触杀和胃毒。用于公共卫生杀虫剂和兽用杀虫剂。在植物保护中，能有效地防治鞘翅目和鳞翅目，对直翅目、双翅目、半翅目和同翅目也有较好的防效。主要用于苜蓿、谷物、棉花、葡萄、玉米、油菜、仁果类作物、土豆、大豆、甜菜、烟叶和蔬菜。对棉花、蔬菜、果树等作物上的鳞翅目、半翅目害虫等有极好的作用。杀虫谱广，击倒速度快，杀虫活性较氯氰菊酯高。适用于防治棉花、蔬菜、果树、茶树、森林等多种植物上的害虫及卫生害虫。防治各种松毛虫、杨树舟蛾和美国白蛾。可防治成蚊、家蝇成虫、蟑螂、蚂蚁。高效氯氰菊酯中毒后无特效解毒药，应对症治疗。对鱼及其他水生生物高毒，应避免污染河流、湖泊、水源和鱼塘等水体。对家蚕高毒，禁止用于桑树上。

合成路线

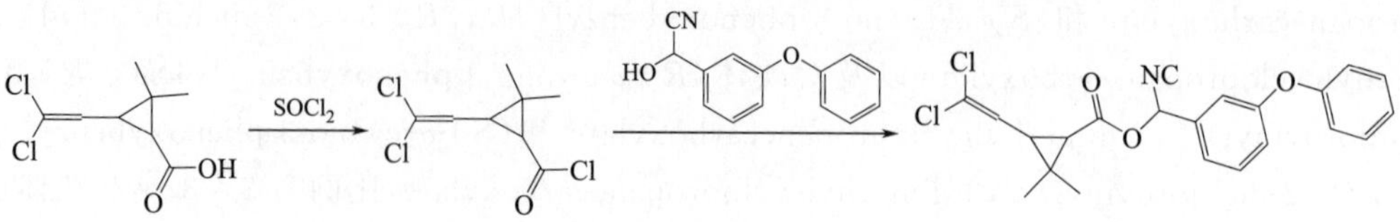

分析方法 可以用高效液相色谱、毛细管色谱或气相色谱法与薄板色谱相结合的改进色谱法等。

主要生产商 Agro-Chemie，安徽华星，山东大成，安徽丰乐，江苏丰山，江苏扬农，广西田园。

参考文献

[1] US 4845126.
[2] EP 0215010.
[3] HU 198373.

格螨酯（genite）

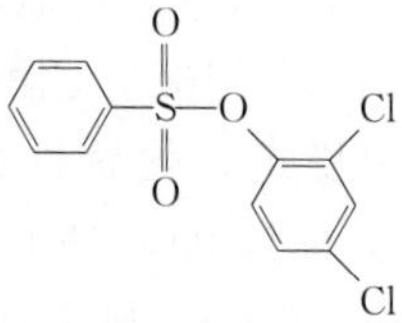

$C_{12}H_8Cl_2O_3S$，303.2，97-16-5

由 Allied Chemical Corp.，Agrochemical Division（现 Hopkins Agricultural Chemical Co.）推出。

其他名称 EM-293，DCPBS

化学名称 2,4-二氯苯基苯磺酸酯；2,4-dichlorophenyl benzenesulfonate（Ⅰ）

CAS 名称 2,4-dichlorophenyl benzenesulfonate（Ⅰ）

理化性质 原药为黄褐色蜡状固体，稍带苯酚气味，工业品纯度至少为97%。凝固点为42℃（纯品凝固点为45~47℃）。蒸气压为 2.7×10^{-4} mmHg（30℃）。几乎不溶于水，易溶于大多数有机溶剂。对热稳定，在酸性和中性介质中稳定，遇碱水解成2,4-二氯酚盐和苯磺酸盐。

毒性 急性经口 LD_{50} 值：雄大鼠为（1400±420）mg/kg，雌大鼠为（1900±240）mg/kg。对兔的急性经皮 LD_{50} 值大于940mg/kg。

应用 本品为非内吸性杀螨剂，具有低杀虫活性，用于防治食植物性的螨类。

参考文献

US 2618583.

庚烯磷（heptenophos）

$C_9H_{12}ClO_4P$，250.6，23560-59-0

由 Hoechst AG（现属 Bayer AG）开发。

其他名称　蚜螨磷，二环庚磷，Hoe 02982（Hoechst），AE F002982（AgrEvo），Ragadan，Hostaquick

化学名称　7-氯双环[3.2.0]庚-2,6-二烯-6-基二甲基磷酸酯；7-chlorobicyclo[3.2.0]hepta-2,6-dien-6-yl dimethyl phosphate

CAS 名称　7-chlorobicyclo [3.2.0] hepta-2,6-dien-6-yl dimethyl phosphate

理化性质　浅褐色液体，工业级纯度≥93%，伴有磷酸酯的味道。沸点64℃（0.075mmHg）。蒸气压为 $6.5×10^{-2}$ Pa（15℃），0.17Pa（25℃）。K_{ow} lg$P$ 2.32。Henry 常数 $5.73×10^{-5}$ Pa·m³/mol（20℃），$2.33×10^{-4}$ Pa·m³/mol（25℃）。相对密度 1.28（20℃）。水中溶解度（20℃）2.2g/L；与大多数有机溶剂互溶，如丙酮、甲醇、二甲苯中溶解度＞1kg/L（25℃），正己烷 0.13kg/L。在酸性和碱性介质中水解。闪点 165℃。

毒性　急性经口 LD_{50}（mg/kg）：大鼠 96～121，狗 500～1000。大鼠急性经皮 LD_{50}＞2000mg/kg。对眼睛有轻微刺激。大鼠吸入 LC_{50}（4h）0.95mg/L 空气。无作用剂量（2年，mg/kg）：狗 12，大鼠 15。日本鹌鹑急性经口 LD_{50} 17～55mg/kg 饲料。鱼毒 LC_{50}（96h，mg/L）：鳟鱼 0.056，鲤鱼 24。水蚤 LC_{50}（48h）2.2μg/L。水藻 EC_{50}（72h）20mg/L。对蜜蜂有毒。蚯蚓 LC_{50}（14d）98mg/kg 土壤。

制剂　EC。

应用　胆碱酯酶抑制剂，内吸兼具胃毒、触杀和呼吸系统抑制作用，能快速穿透植物组织，并能在植物体内快速传导，尤其是向顶传导作用明显。用于防治豆蚜，还用于果树、蔬菜蚜虫的防治。突出的特点是高效、持效短、残留量低，所以最适用于临近收获期防治害虫。用于农林牧业、温室作物、果树、蔬菜、观赏植物、谷物等防治害虫、害螨、线虫、病原菌、杂草及鼠类。主要用来防治刺吸口器害虫的某些双翅目害虫。对猫、狗、羊、猪的体外寄生虫（如虱、蝇、螨和蜱）也有效。

合成路线

主要生产商　Bayer AG。

参考文献

The Pesticide Manual. 15 th edition.

果虫磷 (cyanthoate)

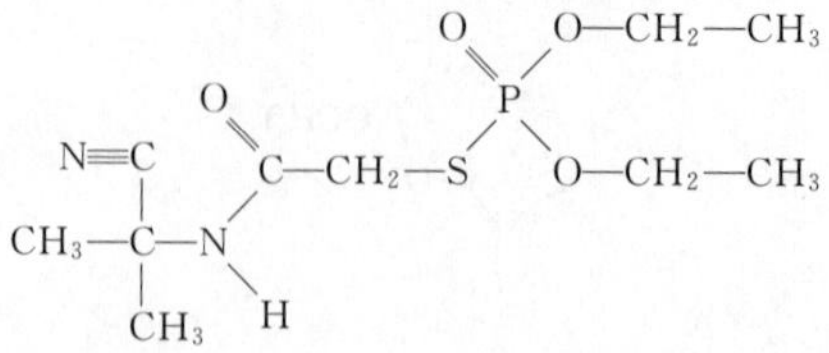

$C_{10}H_{19}N_2O_4PS$, 294.3, 3734-95-0

1961 年由 F. Galbaiti 报道的杀虫、杀螨剂。由 Montecatini S. p. A. 开发（现 Montedison S. p. A.）。

其他名称 Tartan

化学名称 S-[N-(1-氰基-1-甲乙基）氨基甲酰甲基]-O,O-二乙基硫赶磷酸酯；S-[N-(1-cyano-1-methylethyl) carbamoylmethyl] O,O-diethyl phosphorothioate

CAS 名称 S-[2-[(1-cyano-1-methylethyl) amino]-2-oxoethyl] O,O-diethyl phosphorothioate

应用 胆碱酯酶抑制剂。触杀、胃毒、内吸性杀虫剂。

果乃胺 (MNFA)

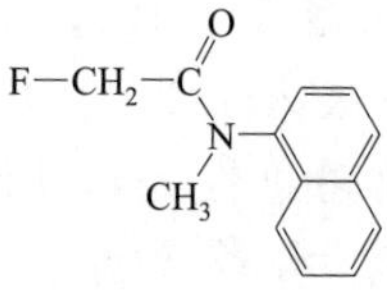

$C_{13}H_{12}FNO$, 217.2, 5903-13-9

由 Nippon Soda Co., Ltd. 开发。

其他名称 NA-26，Nissol

化学名称 2-氟-N-甲基-N-1-萘基乙酰胺；2-fluoro-N-methyl-N-1-naphthylacetamide

CAS 名称 2-fluoro-N-methyl-N-(1-naphthalenyl) acetamide

应用 杀螨剂。

害扑威 (CPMC)

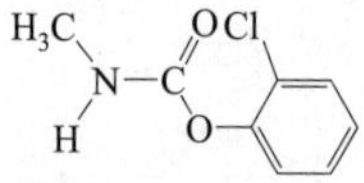

$C_8H_8ClNO_2$, 185.6, 3942-54-9

1965 年由日本东亚农药公司开发。

其他名称 Etrofol，Hopcide

化学名称 2-氯苯基-N-甲基氨基甲酸酯；2-chlorophenyl-N-methylcarbamate

CAS 名称 2-chlorophenyl methylcarbamate

理化性质　纯品为白色结晶。熔点 90～91℃。具有轻微的苯酚味、溶于丙酮、甲醇，水中只溶解 0.1%。

毒性　大鼠急性经口 LD_{50} 为 648mg/kg。大鼠急性经皮 LD_{50}＞500mg/kg。鲤鱼 TLm (48h) 710mg/L。解毒剂为阿托品（Atropine）。

制剂　WP，DP，EO。

应用　本品具有速效作用，对稻叶蝉、稻飞虱等有效。残效期短，降温不影响效果。

分析方法　薄层色谱法。

合杀威（bufencarb）

$C_{13}H_{19}NO_2$，221.3，8065-36-9(bufencarb)；2282-34-0(Ⅰ)；672-04-8(Ⅱ)

由 Chevron Chemical Company LLC 推出。

其他名称　Ortho 5353

化学名称　主要化合物为 3-(1-甲丁基)苯基甲氨基甲酸酯(Ⅰ)；3-(1-乙基丙基)苯基甲氨基甲酸酯(Ⅱ)。(RS)-3-(1-methylbutyl)phenyl methylcarbamate 和 3-(1-ethylpropyl)phenyl methylcarbamate

CAS 名称　3-(1-methylbutyl)phenyl methylcarbamate(Ⅰ)；3-(1-ethylpropyl)phenyl methylcarbamate(Ⅱ)

理化性质　原药组成：约 65% 的（Ⅰ）和（Ⅱ）3∶1 混合物以及 35% 的无杀虫活性同分异构体（主要是 2-烷基和 4-烷基类似物）。原药混合物为黄色至琥珀色固体。熔点 26～39℃（原药）。蒸气压 4.0mPa（30℃）。相对密度 1.024（26℃，原药）。溶解度：水＜50mg/L（室温）。极易溶于甲醇、二甲苯，在己烷中溶解度相对小。稳定性：在酸性或中性溶液中稳定，但随着温度或 pH 的提高而水解。

毒性　大鼠急性经口 LD_{50} 87mg 原药/kg。兔急性经皮 LD_{50} 680mg/kg。对眼睛刺激很小（兔）。NOEL 90d 饲喂试验，比格犬和白鼠≤500mg/kg 饲料条件下未发现影响。规定饮食 LC_{50} (8d)：野鸡和鸭＞27000mg/kg。鱼类 LC_{50} (96h)：金鱼 0.56，鲶鱼 1.95，鳟鱼 0.064mg/L。

制剂　DP，EC，GR。

应用　属胆碱酯酶抑制剂，具有触杀和胃杀作用。用于防治土壤和叶片的害虫，特别是粉蚧壳虫（*Dysmicoccus brevipes*）、稻象甲（*Lissorhoptrus oryzophilus*）、黑尾叶蝉（*Nephotettix nigropictus*）、稻飞虱。适用于水稻。

分析方法　产品采用 GLC 分析。

主要生产商　Chevron Chemical Company LLC。

参考文献

[1] US 3062864.

[2] US 3062867.

[3] Tucker B. Anal Methods Pestic Plant Growth Regul，1973，7：179.

红铃虫性诱素（gossyplure）

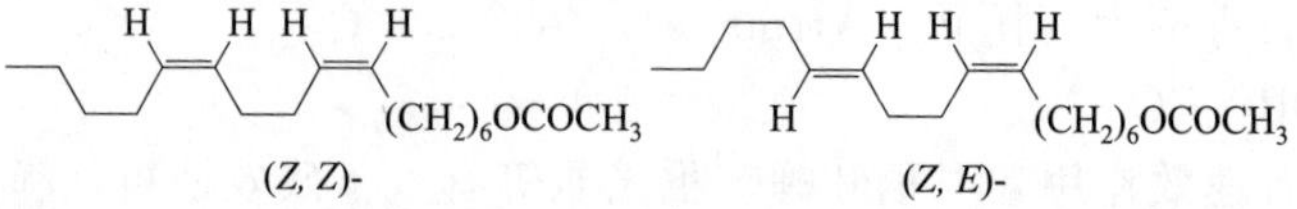

$C_{18}H_{32}O_2$，280.5，50933-33-0；53042-79-8 (7Z,11E)-异构体；52207-99-5 (Z,Z)-异构体

红铃虫性诱素是棉铃虫蛾（bollworm moth）的交配信息素，1985年商品化。

其他名称 信优灵，PP761，Checkmate PBW-F，Disrupt PBW，Frustrate PBW，No-Mate PBW，PB Rope-L

化学名称 (顺,顺)和(顺,反)-7,11-十六碳二烯基乙酸酯1∶1混合物；1∶1 mixture of (Z,Z)-and(Z,E)-hexadeca-7,11-dien-1-yl acetate

CAS名称 1∶1 mixture of(Z,Z)-and(Z,E)-7,11-hexadecadien-1-ol acetate

理化性质 温和而且具有甜味的无色或淡黄色液体，沸点170～175℃（3mmHg）；191～195℃（4.5mmHg）；146℃（1mmHg）。蒸气压11mPa。K_{ow} lg$P$＞4。相对密度0.885（20℃）。水中溶解度（25℃）0.2mg/L，能溶于常见有机溶剂。稳定性：在pH值为5～7范围内稳定。闪点167℃。

毒性 大鼠急性经口LD_{50}＞5mg/kg。大鼠急性经皮LD_{50}＞2g/kg，有轻微红斑。大鼠吸入LC_{50}(4h)＞2.5mg/L空气。山齿鹑急性经口LD_{50}＞2000mg/kg，LC_{50}(8d)＞5620mg/L。虹鳟鱼LC_{50}（96h）＞120mg/L。水蚤LC_{50}（48h）0.70mg/L。对蜜蜂无毒。

应用 红铃虫性诱素是一种外激素类杀虫剂，通过对棉红铃虫成虫的交配活动进行干扰迷向，使其不能交配从而控制害虫数量的增长，达到防治的目的。用于防治棉花上棉红铃虫。既可单独使用，也可与杀虫剂混合使用。在棉红铃虫密度大的情况下，由于自然交配机会增多，该药的干扰效果即防治效果尚不理想，因此该药宜作为防治棉红铃虫的辅助药剂使用。

合成路线

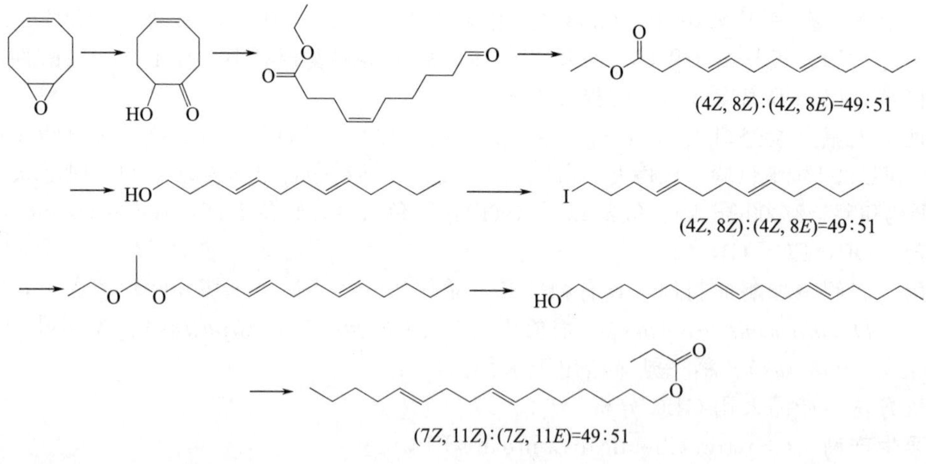

主要生产商 Bedoukian，Certis，Shin-Etsu。

参考文献

US 3919329.

华光霉素 (nikkomycins)

$C_{20}H_{25}N_5O_{10}$,495.44,86003-55-6

19 世纪 70 年代，由西德人发现。

化学名称 2-(2-氨基-4-羟基-4-(5-羟基-2-吡啶)3-甲基乙酰)氨基-6-(3-甲酰-4-咪唑啉-5-酮)已糖醛酸盐酸盐

理化性质 原粉为白色至浅黄色无定形粉末。熔点 166～168℃。溶于水，微溶于醇，在 pH 3～5 酸性溶液中稳定。本品为由 Streptover ticiliumendae S-9 产生的代谢产物，其有效成分结构属核苷肽类。在干燥状态下稳定，在酸性 pH 2～4 溶液中较稳定，在碱性溶液中不稳定。

毒性 大白鼠急性经口大于 5g/kg。大白鼠急性经皮大于 10g/kg。无致突变、致畸、遗传效应，无蓄积毒性，无药害，无残留，对天敌无影响，对人、畜安全。

应用 适用于苹果、柑橘、山楂叶螨、蔬菜、茄子、菜豆、黄瓜二点叶螨等的防治，防效 80% 以上。还可以防治西瓜枯萎病、炭疽病、韭菜灰霉病、苹果枝叶腐烂病、水稻穗颈病、番茄早疫病、白菜黑斑病、大葱紫斑病、黄瓜炭疽病、棉苗立枯病等。

合成路线 由糖德轮枝链霉素 S-9 深层发酵，经提取制得。大致工艺流程：沙土孢子→茄子瓶菌种→种子罐种子→发酵罐发酵→板框压滤→滤液浓缩→喷雾干燥→调配→成品。

主要生产商 华北制药。

环虫腈 (dicyclanil)

$C_8H_{10}N_6$,190.2,112636-83-6

1994 年由 H. Kristinsson 报道。由 Ciba-Geigy AG（后为 Novartis Crop Protection AG）

开发，转让给 Novartis Animalhealth Inc.。

其他名称　CGA 183893，Clik

化学名称　4,6-二氨基-2-环丙胺嘧啶基-5-甲腈；4,6-diamino-2-cyclopropylaminopyrimidine-5-carbonitrile

CAS 名称　4,6-diamino-2-(cyclopropylamino)-5-pyrimidinecarbonitrile

理化性质　白色或淡黄色晶体。熔点为 86~88℃。蒸气压 $<2\times10^{-8}$ mPa（20℃）。$K_{ow}\lg P$ 2.9。相对密度 1.57（21℃）。溶解度（25℃）：水 50g/L（pH 7.2），甲醇 4.9g/L。水溶液稳定性 DT_{50}：331d（pH 3.8，25℃），$DT_{50}>1$ 年（pH 6.9，25℃）。

毒性　大鼠急性经口 $LD_{50}>2000$mg/kg。大鼠急性经皮 $LD_{50}>2000$mg/kg。对大鼠眼睛无刺激性。大鼠吸入 LD_{50}（4h）>5020mg/m³。对鸟类安全，对鱼、水藻有害。

制剂　PO。

应用　环虫腈进入虫体内后，可减少害虫产卵量或降低孵化率，阻止幼虫化蛹及变成成虫，是一种干扰昆虫表皮形成的昆虫生长调节剂。该药剂具有很强的附着力，并对体外寄生虫具有良好的持效性。对双翅目、蚤目类害虫有好的专一性。能有效地防治棉花、水稻、玉米、蔬菜等作物的绿盲蝽象、烟芽夜蛾、棉铃象、稻褐飞虱、黄瓜条叶甲、黑尾叶蝉等害虫，并可有效地防治家蝇和埃及伊蚊。还用于防治寄生在羊身上的绿头苍蝇（如丝光绿蝇、巴浦绿蝇、黑须污蝇等）。

合成路线

分析方法　可用 GC-MSD/HPLC-UV 进行分析。

主要生产商　Novartis Ah。

环虫菊酯（cyclethrin）

$C_{21}H_{28}O_3$，328.5

其他名称　American Cyanamid-43064

化学名称　消旋顺反菊酸的消旋 2-(2-环戊烯基)-4-羟基-3-甲基-2-环戊烯-1-酮酯；DL-2-(2-cyclopentenyl)-4-hydroxy-3-meth-yl-2-cyclopenten-1-oneesterofDL-*cis*，*trans*-chrysanthemummonocarboxylicacid

CAS 名称　3-(2-cyclopenten-1-yl)-2-methyl-4-oxo-2-cyclopenten-1-yl2,2-dimethyl-3-(2-methyl-1-propenyl) cyclopropanecarboxylate

理化性质　原药为黄色黏稠液体，纯度 95%。相对密度（20℃）1.020。折射率（n_d^{25}）1.517。溶于煤油和二氯二氟甲烷。温度高时分解。

毒性 对哺乳动物毒性低。雄大鼠急性经口 LD_{50} 为 1420～2800mg/kg。

制剂 AE。

应用 触杀性杀虫剂。杀家蝇、蚊蠊较丙烯菊酯强；添加增效醚、增效酯、增效砜后，药效比除虫菊酯高。

环虫酰肼（chromafenozide）

$C_{24}H_{30}N_2O_3$，394.5，143807-66-3

由 Nippon Kayaku Co., Ltd 和 Sankyo Co., Ltd（现 Mitsui Chemicals Inc.）联合开发，1999年在日本首次登记，由 M. Yanagi 等于 2000 年报道。

其他名称 ANS-118，CM-001

化学名称 2'-叔丁基-5-甲基-2'-(3,5-二甲基苯甲酰基) 色满-6-甲酰肼；2'-*tert*-butyl-5-methyl-2'-(3,5-xyloyl) chromane-6-carbohydrazide

CAS 名称 3,4-dihydro-5-methyl-2*H*-1-benzopyran-6-carboxylic acid；2-(3,5-dimethylbenzoyl)-2-(1,1-dimethylethyl)-hydrazide

理化性质 含量≥91%；纯品为白色结晶粉末，熔点 186.4℃，沸点 205～207℃ (66.7Pa)，蒸气压≤$4×10^{-6}$mPa (25℃)。相对密度 1.173 (20℃)，K_{ow} lg$P$ 2.7。Henry 常数 $1.41×10^{-6}$ Pa·m³/mol。水中溶解度（20℃）1.12mg/L，极性溶剂中溶解度适中。150℃以下稳定，在缓冲溶液中稳定时间为 5d（pH 4.0、7.0、9.0，50℃），水溶液光解 DT_{50} 5.6～26.1d。

毒性 大鼠和小鼠急性经口 LD_{50}＞5000mg/kg。雌、雄大鼠急性经皮 LD_{50}＞2000mg/kg。对兔眼睛轻度刺激，对皮肤无刺激。对豚鼠皮肤有轻微刺激。大鼠吸入 LC_{50}（4h）＞4.68mg/L 空气。在饲喂试验中，对大鼠 2 年无作用剂量为 44.0mg/(kg·d)，对小鼠 87 周无作用剂量为 484.8mg/(kg·d)，对狗 12 月无作用剂量为 27.2mg/(kg·d)，无"三致"作用。对大鼠、兔的生殖能力无影响。山齿鹑急性经口 LD_{50}＞2000mg/kg。山齿鹑和野鸭急性饲喂 LC_{50} 为 5620mg/kg。NOEC 值为 1000mg/L。鱼类 LC_{50}（96h，mg/L）：虹鳟鱼＞20，斑马鱼＞100。水蚤 LC_{50}（48h）516.71mg/L。其他水生生物：多刺裸腹溞 LC_{50}（3h）＞100mg/L，多齿新米虾 LC_{50}（96h）＞200mg/L。蜜蜂 LD_{50}（48h）：＞100μg/只（接触），＞133.2μg/只（经口）。蚯蚓 LC_{50}（14d）＞1000mg/kg 土壤。对捕食性螨、黄蜂等有益物种安全。环虫酰肼作用于大鼠后，在 48h 后被快速排泄，并且在组织和器官内失去作用。主要排泄成分是原化合物环虫酰肼。在苹果、水稻和大豆中，发现了许多少量的代谢物，但主要排泄物是原化合物环虫酰肼。土壤降解 DT_{50} 为 44～113d（旱地土壤，2 点试验），22～136d（水稻土，2 点试验）。K_{oc} 236～3780。

制剂 DP，EC，SC，WP。

应用 主要用于防治水稻、水果、蔬菜、茶叶、棉花、大豆和森林的鳞翅目幼虫。属蜕皮激素激动剂，能阻止昆虫蜕皮激素蛋白的结合位点，使其不能蜕皮而死亡。

合成路线

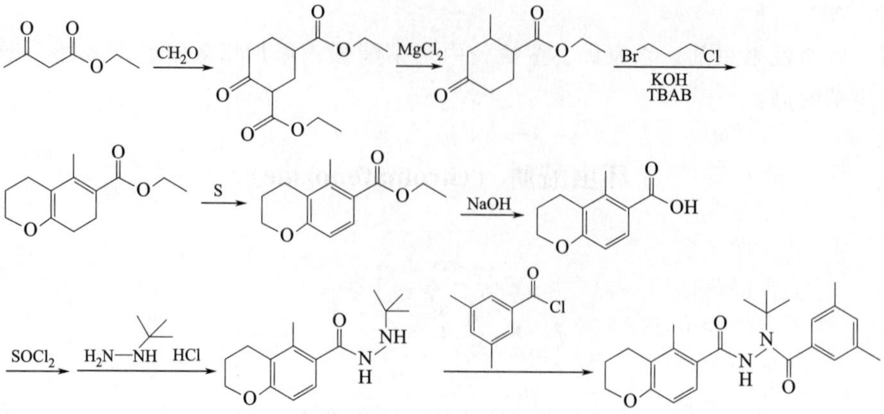

分析方法 产品可用 HPLC 分析。

主要生产商 日本化药，日本三井。

参考文献

[1] The Pesticide Manual. 15 th edition：210-212.
[2] US 5378726.
[3] 世界农药，2000，22（6）：20-22.
[4] 世界农药，2007，29（1）：12-17.
[5] The BCPC Conference- Pests & Diseases，2000，1：27-32.

环羧螨（cycloprate）

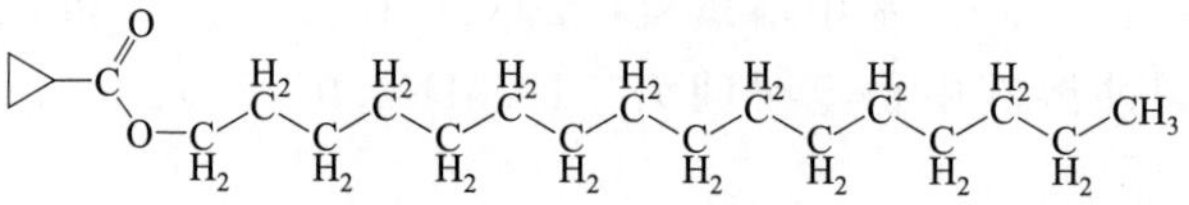

$C_{20}H_{38}O_2$，310.5，54460-46-7

由 Zoecon Corp. 进行了杀螨试验评价。

其他名称 Zardex，ZR856，Cycloprate

化学名称 环丙烷羧酸十六烷酯；hexadecylcyclopropanecarboxylate

毒性 大鼠急性经口 LD_{50} 12200mg/kg，大鼠急性经皮 LD_{50} 6270mg/kg。

制剂 WP，EC。

应用 能很好地防治苹果上的榆全爪螨（苹果红蜘蛛）、苹果刺锈螨。棉叶螨（棉红蜘蛛），以及橘全爪螨，杀卵活性也很高。

合成路线 环丙烷甲酰氯与十六烷醇反应可制得环羧螨。

分析方法 产品用液相色谱法分析。

环戊烯丙菊酯（terallethrin）

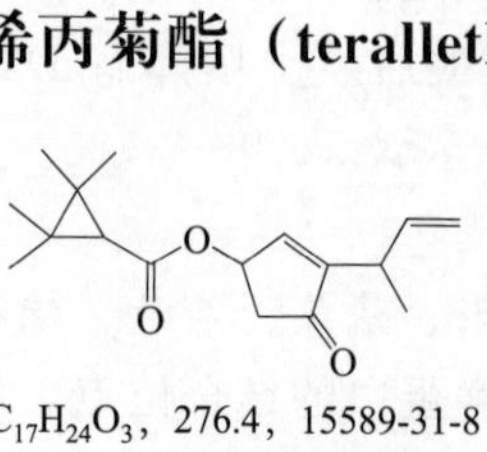

$C_{17}H_{24}O_3$，276.4，15589-31-8

其他名称　甲烯菊酯

化学名称　(RS)-3-烯丙基-2-甲基-4-氧代环戊-2-烯基-2,2,3,3-四甲基环丙烷羧酸酯；(RS)-3-allyl-2-methyl-4-oxocyclopent-2-enyl 2,2,3,3-tetramethylcyclopropanecarboxylate

CAS 名称　2-methyl-4-oxo-3-(2-propen-1-yl)-2-cyclopenten-1-yl；2,2,3,3-tetramethyl-cyclopropanecarboxylate

理化性质　淡黄色油状液体，20℃时的蒸气压为 0.027Pa。不溶于水（在水中溶解度计算值为 15mg/L），能溶于多种有机溶剂。在日光照射下不稳定，在碱性条件下易分解。

毒性　大鼠急性经皮 LD_{50} 174～224mg/kg。

应用　触杀、熏蒸作用。本品比丙烯菊酯容易挥发，用作热熏蒸防治蚊虫时特别有效。它对家蝇和淡色库蚊的击倒活性高于丙烯菊酯和天然菊素。对德国小蠊的击倒活性亦优于丙烯菊酯。本品加工为 MC 使用，对蚊成虫高效。当与丙烯菊酯混合制剂后，有相互增效作用，对蚊蝇的击倒活性和杀死力，均有较大提高。

参考文献

[1] US 3636059.
[2] DE 1618925.

磺胺螨酯（amidoflumet）

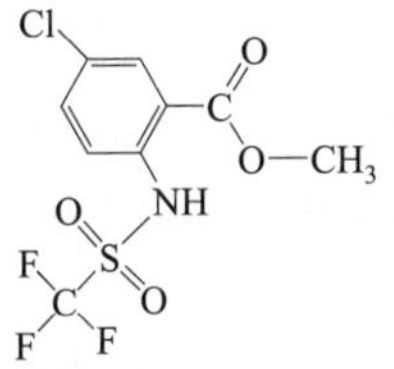

$C_9H_7ClF_3NO_4S$，317.7，84466-05-7

住友化学公司研制的新型磺酰胺类非农用杀螨剂。

其他名称　S-1955

化学名称　5-氯-2-(三氟甲磺酰氨基)苯甲酸甲酯；methyl 5-chloro-2-{[(trifluoromethyl)sulfonyl]amino}benzoate

CAS 名称　methyl 5-chloro-2-[[(trifluoromethyl) sulfonyl] amino] benzoate

应用　新型磺酰胺类非农用杀螨剂。主要用于工业或公共卫生中防除螨害。防治肉食螨和普通灰色家鼠，也可用于防治毛毯、床垫、沙发、床单、壁橱等场所的南瓜螨。

合成路线

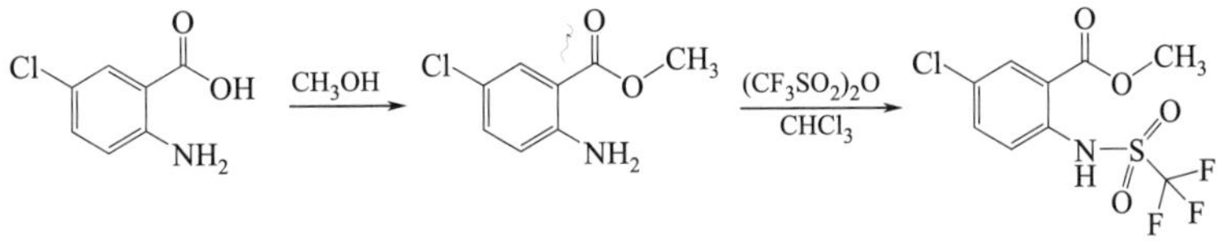

主要生产商　Sumitomo Chemical。

参考文献

[1] JP 57156407.
[2] 农药学学报，2010，12 (4)：423-428.

混灭威（dimethacarb）

$C_{11}H_{15}NO_2$, 193.3

化学名称　混二甲基苯基-N-甲氨基甲酸酯

理化性质　含有灭杀威和灭除威2种异构体。原药为微臭、淡黄色至棕红色油状液体。相对密度约1.0885。当温度低于10℃时有结晶析出。不溶于水，微溶于石油醚、汽油，易溶于甲醇、乙醇、丙酮、苯和甲苯等有机溶剂。遇碱易分解。

毒性　混合物对雄性大鼠急性经口毒性LD_{50}为441～1050mg/kg，雌性大鼠急性经口毒性LD_{50}为295～626mg/kg。原油对小鼠急性经口毒性LD_{50}为214mg/kg，原药对小鼠急性经口毒性LD_{50}为130～180mg/kg。小鼠急性经皮毒性大于400mg/kg。红鲤鱼TLm（48h）为30.2mg/kg。

制剂　EC。

应用　由2种同分异构体混合而成的氨基甲酸酯类杀虫剂。具强触杀作用，速效性好，残效期短，只有2～3d。药效不受温度变化影响。主要用于防治稻叶蝉和稻飞虱，在若虫高峰使用，击倒速度快、药效好。对稻蓟马、甘蔗蓟马也有良好防治效果。也可用于防治棉叶蝉、棉造桥虫、棉铃虫、棉蚜、大豆食心虫、茶长白蚧若虫。混灭威不能与碱性农药混用，不能在烟草上使用，以免引起药害。该药有疏果作用，在花期后2～3周使用最好。

混杀威（trimethacarb）

$C_{11}H_{15}NO_2$，193.2，12407-86-2，混灭威；2686-99-9（Ⅰ）；2655-15-4（Ⅱ）

最初由壳牌化学开发，后由Union Carbide Agrochemicals（现属Bayer CropScience）开发。

其他名称　Landrin，Broot

化学名称　反应产物含有3,4,5-三甲苯基甲氨基甲酸酯（Ⅰ）和2,3,5-三甲苯基甲氨基甲酸酯（Ⅱ），比例在（3.5～5.0）∶1之间；3,4,5-trimethylphenyl methylcarbamate（Ⅰ）和2,3,5-trimethylphenyl methylcarbamate（Ⅱ）

CAS名称　2,3,5 (or 3,4,5)-trimethylphenyl methylcarbamate

理化性质　浅黄色到褐色结晶固体，熔点105～114℃，蒸气压6.8×10^{-3} Pa（25℃），Henry常数2.27×10^{-2} Pa·m³/mol（计算值）。水中溶解度（23℃）>58mg/kg，不易溶于有机溶剂。强酸性和强碱性条件下分解，对光稳定。

毒性　大鼠急性经口LD_{50} 130mg/kg。大鼠急性经皮LD_{50}>2000mg/kg。大鼠NOEL值（2年）50mg/L（2.5mg/kg）。对鱼有毒。对蜜蜂有毒（喷雾剂）。

制剂 WP，GR。

分析方法 残留物用配有 ECD 的 GLC 分析。

应用 防治玉米食心虫幼虫、软体害虫，如叶蝉、飞虱、蓟马等。在我国主要用于防治地下害虫，对玉米根长角叶甲幼虫十分有效，持效期可达 3 个月。可替代氯制剂防治地下害虫，在土壤中比较稳定。亦可用于卫生害虫的防治。

合成路线

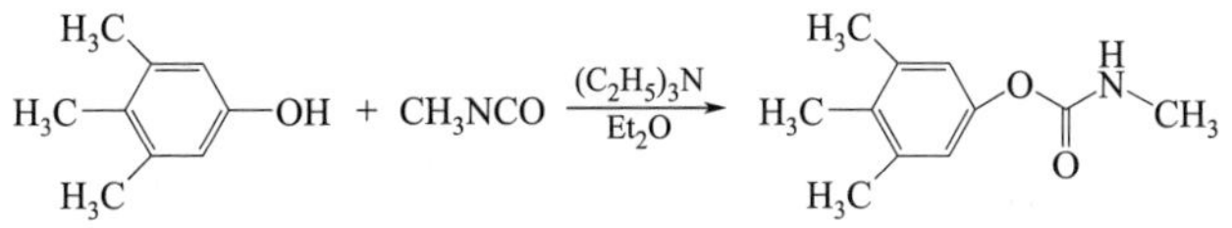

参考文献

[1] BE 633282.
[2] US 3130122.

几噻唑（L-1215）

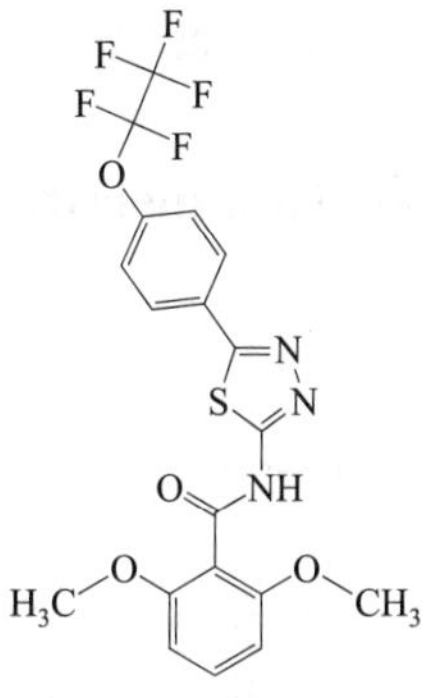

$C_{19}H_{14}O_4F_5N_3S$，475.4，70057-62-4

其他名称 L-1215，EL-1215

化学名称 [2,6-二甲氧基-N-[5-(4-五氟乙氧基)苯基]-1,3,4-噻二唑-2-基]苯甲酰胺；{2,6-dimethoxy-N-[5-(4-pentafluoroethoxy)phenyl]-1,3,4-thiadiazol-2-yl}benzamide

CAS 名称 2,6-dimethoxy-N-{5-[4-(phentafluoroethoxy)phenyl]-1,3,4-thiadiazol-2-yl}benzamide

应用 本品为几丁质合成抑制剂，用于防治卫生害虫，对甜菜夜蛾有中等毒力。

家蝇磷（acethion）

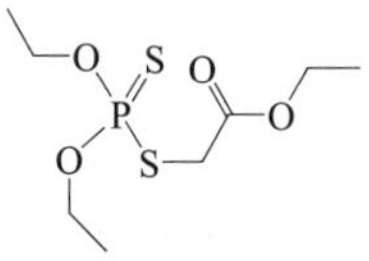

$C_8H_{17}O_4PS_2$，272.3，919-54-0

由法国开发的有机磷类杀虫剂。

化学名称 O,O-二乙基-S-(羧乙氧基甲基) 二硫代磷酸酯；S-(ethoxycarbonylmethyl)

O,O-diethyl phosphorodithioate; ethyl (diethoxyphosphinothioylthio) acetate

CAS 名称　ethyl [(diethoxyphosphinothioyl) thio] acetate

理化性质　淡黄色黏稠液体，沸点 92℃（0.01mmHg）。相对密度 1.176。难溶于水，易溶于大多数有机溶剂。

毒性　大鼠急性经口 LD_{50} 1050~1100mg/kg，对温血动物低毒。

应用　选择性杀虫剂。用于防治家蝇。对家蝇有良好的作用，杀蝇效果及选择性均比马拉硫磷好。

合成路线

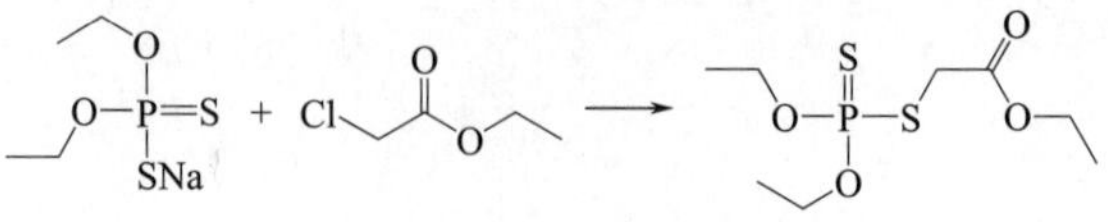

参考文献

[1]　FR 1133785.
[2]　CN 1389113.
[3]　US 3047459.
[4]　昆虫学报，1965，14（4）：339-46.
[5]　Zhurnal Obshchei Khimii，1993，63（6）：1254-1258.

甲氨基阿维菌素（abamectin-aminomethyl）

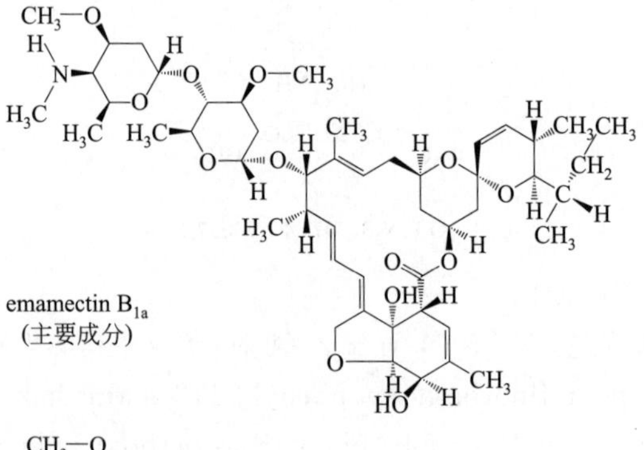

emamectin B_{1a}
（主要成分）

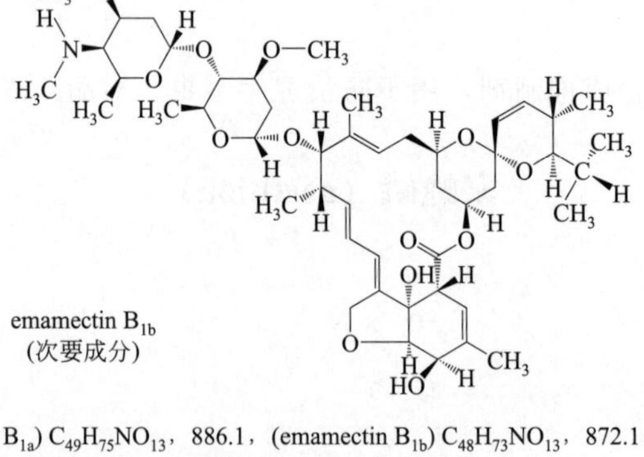

emamectin B_{1b}
（次要成分）

(emamectin B_{1a}) $C_{49}H_{75}NO_{13}$，886.1，(emamectin B_{1b}) $C_{48}H_{73}NO_{13}$，872.1，119791-41-2

由美国默克化学公司开发的生物源杀虫剂。

其他名称　Proclaim

化学名称　≥90%(10E,14E,16E)-(1R,4S,5′S,6S,6′R,8R,12S,13S,20R,21R,

24S)-6′-[(S)-sec-butyl]-21,24-dihydroxy-5′,11,13,22-tetramethyl-2-oxo-(3,7,19-trioxatetracyclo[15.6.1.1^{4,8}.0^{20,24}]pentacosa-10,14,16,22-tetraene)-6-spiro-2′-(5′,6′-dihydro-2′H-pyran)-12-yl 2,6-dideoxy-3-O-methyl-4-O-(2,4,6-trideoxy-3-O-methyl-4-methylamino-α-L-lyxo-hexapyranosyl)-α-L-arabino-hexapyranoside 和≤10%(10E,14E,16E)-(1R,4S,5′S,6S,6′R,8R,12S,13S,20R,21R,24S)-21,24-dihydroxy-6′-isopropyl-5′,11,13,22-tetramethyl-2-oxo-(3,7,19-trioxatetracyclo[15.6.1.1^{4,8}.0^{20,24}]pentacosa-10,14,16,22-tetraene)-6-spiro-2′-(5′,6′-dihydro-2′H-pyran)-12-yl 2,6-dideoxy-3-O-methyl-4-O-(2,4,6-trideoxy-3-O-methyl-4-methylamino-α-L-lyxo-hexapyranosyl)-α-L-arabino-hexapyranoside

CAS 名称　(4″R)-4″-deoxy-4″-(methylamino) avermectin B$_1$

应用　生物源杀虫剂，用于蔬菜、棉花，是阿维菌素的衍生产品。

制剂　EC，WG。

主要生产商　Syngenta，石家庄兴柏。

参考文献

US5299717.

甲氨基阿维菌素苯甲酸盐（emamectin benzoate）

B$_{1a}$: R=—CH$_2$CH$_3$
B$_{1b}$: R=—CH$_3$

C$_{56}$H$_{81}$NO$_{15}$(B$_{1a}$)，1008.3(B$_{1a}$)，C$_{55}$H$_{79}$NO$_{15}$(B$_{1b}$)，994.2(B$_{1b}$)，155569-91-8，原为137512-74-4

由 Merck & Co., Inc.（现 Syngenta AG）发现并开发该品种。1997 年首次在以色列和日本销售。

其他名称　MK 244，Banlep，Denim，Proclaim

化学名称　(10E,14E,16E)-(1R,4S,5′S,6S,6′R,8R,12S,13S,20R,21R,24S)-6′-[(S)-仲丁基]-21,24-二羟基-5′,11,13,22-四甲基-2-氧-3,7,19-三氧四环[15.6.1.1^{4,8}.0^{20,24}]二十五烷-10,14,16,22-四烯-6-螺-2′-(5′,6′-二氢-2′H-吡喃)-12-基-2,6-二脱氧-3-O-甲基-4-O-(2,4,6-脱氧-3-O-甲基-4-甲基胺-α-L-来苏己吡喃糖基)-α-L-阿拉伯己吡喃糖苷苯甲酸盐 和 (10E,14E,16E)-(1R,4S,5′S,6S,6′R,8R,12S,13S,20R,21R,24S)-21,24-二羟基-6′-异丙基-5′,11,13,22-四甲基-2-氧-3,7,19-三噁四环[15.6.1.1^{4,8}.0^{20,24}]二十五烷-10,14,16,22-四烯-6-螺-2′-(5′,6′-二氢-2′H-吡喃)-12-基-2,6-二脱氧-3-O-甲基-4-O-(2,4,6-三脱氧-3-O-甲基-4-甲基胺-α-L-来苏-己吡喃糖基)-α-L-阿拉伯己吡喃糖苷苯甲酸盐。

extended von Baeyer nomenclature：mixture of (10E,14E,16E)-(1R,4S,5′S,6S,6′R,8R,12S,13S,20R,21R,24S)-6′-[(S)-sec-butyl]-21,24-dihydroxy-5′,11,13,22-tetramethyl-2-oxo-(3,7,19-trioxatetracyclo[15.6.1.1^{4,8}.0^{20,24}]pentacosa-10,14,16,22-tetraene)-6-spiro-2′-(5′,6′-dihydro-2′H-pyran)-12-yl 2,6-dideoxy-3-O-methyl-4-O-(2,4,6-trideoxy-3-O-methyl-4-methylamino-α-L-*lyxo*-hexapyranosyl)-α-L-*arabino*-hexapyranoside benzoate and (10E,14E,16E)-(1R,4S,5′S,6S,6′R,8R,12S,13S,20R,21R,24S)-21,24-dihydroxy-6′-isopropyl-5′,11,13,22-tetramethyl-2-oxo-(3,7,19-trioxatetracyclo[15.6.1.1^{4,8}.0^{20,24}]pentacosa-10,14,16,22-tetraene)-6-spiro-2′-(5′,6′-dihydro-2′H-pyran)-12-yl 2,6-dideoxy-3-O-methyl-4-O-(2,4,6-trideoxy-3-O-methyl-4-methylamino-α-L-*lyxo*-hexapyranosyl)-α-L-*arabino*-hexapyranoside benzoate;or bridged fused ring systems nomenclature:mixture of(2aE,4E,8E)-(5′S,6S,6′R,7S,11R,13S,15S,17aR,20R,20aR,20bS)-6′-[(S)-*sec*-butyl]-5′,6,6′,7,10,11,14,15,17a,20,20a,20b-dodecahydro-20,20b-dihydroxy-5′,6,8,19-tetramethyl-17-oxospiro[11,15-methano-2H,13H,17H-furo[4,3,2-*pq*][2,6]benzodioxacyclooctadecin-13,2′-[2H]pyran]-7-yl 2,6-dideoxy-3-O-methyl-4-O-(2,4,6-trideoxy-3-O-methyl-4-methylamino-α-L-*lyxo*-hexapyranosyl)-α-L-*arabino*-hexapyranoside benzoate and(2aE,4E,8E)-(5′S,6S,6′R,7S,11R,13S,15S,17aR,20R,20aR,20bS)-5′,6,6′,7,10,11,14,15,17a,20,20a,20b-dodecahydro-20,20b-dihydroxy-6′-isopropyl-5′,6,8,19-tetramethyl-17-oxospiro[11,15-methano-2H,13H,17H-furo[4,3,2-*pq*][2,6]benzodioxacyclooctadecin-13,2′-[2H]pyran]-7-yl 2,6-dideoxy-3-O-methyl-4-O-(2,4,6-trideoxy-3-O-methyl-4-methylamino-α-L-*lyxo*-hexapyranosyl)-α-L-*arabino*-hexapyranoside benzoate

CAS 名称 (4″R)-5-O-demethyl-4″-deoxy-4″-(methylamino) avermectin A$_{1a}$ + (4″R)-5-O-demethyl-25-de(1-methylpropyl)-4″-deoxy-4″-(methylamino)-25-(1-methylethyl) avermectin A$_{1a}$(9∶1),4″-deoxy-4″-(methylamino)avermectin B$_1$

理化性质 甲氨基阿维菌素苯甲酸盐组成,由 emamectin B$_{1a}$ 和 emamectin B$_{1b}$ 的苯甲酸盐组成,其中 emamectin B$_{1a}$≥90%, emamectin B$_{1b}$≤10%。纯品为白色粉末。熔点 141~146℃。相对密度 1.20(23℃)。蒸气压 4×10^{-6} Pa(21℃)。K_{ow} lg$P$ 5.0(pH 7,25℃)。Henry 常数 1.7×10^{-4}Pa·m^3/mol(pH 7)。水中溶解度(pH 7,25℃)0.024g/L。稳定性:在 25℃时,pH5、6、7、8 时不发生水解;遇光快速降解;pK_a 4.18(酸性条件,苯甲酸离子),8.71(碱性条件,甲氨基阿维菌素离子)。

毒性 大鼠(雄、雌)急性经口 LD$_{50}$ 56~63mg/kg。大鼠(雄、雌)急性经皮 LD$_{50}$>2000mg/kg,对皮肤无刺激,对眼睛有严重致敏性,无潜在致敏性。(雄、雌)大鼠吸入 LC$_{50}$(4h) 1.05~0.66mg/L。最大无作用剂量(1 年)狗 0.25mg/(kg·d)。ADI 0.0025mg/kg。无致突变性。急性经口 LD$_{50}$(mg/kg):野鸭 76,山齿鹑 264。饲喂 LC$_{50}$(8d, mg/L):野鸭 570,山齿鹑 1318。鱼毒性 LC$_{50}$(μg/L,96h):虹鳟 174,红鲈鱼 1430。水蚤 LC$_{50}$(48h) 0.99μg/L。对蜜蜂有毒性。其他生物:由于其快速降解,对大部分益虫无害,接触活性时效<48h。蚯蚓 LC$_{50}$>1000mg/kg 土壤。

制剂 EC,SG。

应用 高效、广谱、持效期长,为优良的杀虫杀螨剂,以胃毒为主,兼有触杀作用,无内吸性能,但能有效渗入施用作物表皮组织,因而具有较长持效期。甲维盐可以增强神经质如谷氨酸和 γ-氨基丁酸(GABA)的作用,从而使大量氯离子进入神经细胞,使细胞功能丧失,扰乱神经传导。幼虫在接触后马上停止进食,发生不可逆转的麻痹,在 3~4d 内达到最高致死率。由于它和土壤结合紧密、不淋溶,在环境中也不积累,可以运动转移,极易被作物吸收并渗透到表皮,对施药作物具有长期持效性,在 10d 以上又出现第 2 个杀虫致死率高峰,同时很少受环境因素(如风、雨等)影响。用于蔬菜、果树、烟草、茶树、花卉及大田作物(水稻、棉花、玉米、小麦、大豆等)。甲维盐对很多害虫具有其他农药无法比拟的活性,尤其对鳞翅目、双翅目、蓟马类超高效,如红带卷叶蛾、烟蚜夜蛾、棉铃虫、烟草天蛾、小菜蛾黏虫、甜菜夜蛾、旱地贪夜蛾、粉纹夜蛾、甘蓝银纹夜蛾、菜粉蝶、菜心螟、甘蓝横条螟、番茄天蛾、马铃薯甲虫、墨西哥瓢虫、红蜘蛛、食心虫等。

合成路线 从一种天然的土壤放射菌——链霉菌的发酵分离得到。

分析方法 产品与残留物利用高效液相色谱分析。

主要生产商 Syngenta，泰禾集团，宏宝集团，惠光股份，江苏七州，易普乐，山东京博，浙江世佳，海正化工，大连瑞泽，丰荣精细化工，海利尔，威远生化。

甲胺磷（methamidophos）

$$CH_3OPSCH_3 \text{ （含 } O \text{ 和 } NH_2\text{）}$$

$C_2H_8NO_2PS$，141.1，10265-92-6

I. Hammann 介绍其杀虫活性，1969 年由 Chevron Chemical Co. 和 Bayer AG 开发。

其他名称 多灭磷，达马松，科螨隆，Ortho 9006，Bayer 71 628，SRA 5172

化学名称 O,S-二甲基硫代磷酰胺；O,S-dimethyl phosphoramidothioate

CAS 名称 O,S-dimethyl phosphoramidothioate

理化性质 无色晶体，有似硫醇气味。熔点 45℃（纯的原药）。沸点＞160℃分解。蒸气压 2.3mPa（20℃），4.7mPa（25℃）。$K_{ow} \lg P$ －0.8（20℃）。Henry 常数＜1.6×10^{-6} Pa·m³/mol（20℃，计算值）。相对密度 1.27（20℃）。水中溶解度＞200g/L（20℃）。有机溶剂中溶解度（g/L，20℃）：异丙醇、二氯甲烷＞200，己烷 0.1～1，甲苯 2～5。室温条件下稳定，加热水溶液时在沸腾前即分解，pH 3～8 下稳定，遇酸或碱分解，DT_{50}（22℃）：1.8 年（pH 4），110h（pH 7），72h （pH 9）。光解缓慢。闪点约 42℃。

毒性 雄大鼠急性经口 LD_{50} 15.6mg/kg，雌大鼠 13.0mg/kg。雄兔急性经皮 LD_{50} 122mg/kg，雌兔 69mg/kg；对兔皮肤无刺激，对兔眼睛有轻微刺激；对豚鼠皮肤无刺激。雄、雌性大鼠急性吸入（仅限于鼻子）LC_{50}（4h）213mg/m³。无作用剂量：狗（1 年）0.06mg/(kg·d)，大鼠（2 年）0.1mg/(kg·d)，小鼠（2 年）0.7～0.8mg/(kg·d)。山齿鹑急性经口 LD_{50} 10mg/kg。饲喂 LC_{50}（5d，mg/kg）：山齿鹑 42，日本鹌鹑 92，野鸭 1302。鱼毒 LC_{50}（96h，mg/L，静态）：大翻车鱼 34，虹鳟鱼 25，红鲈鱼 5.6。水蚤 EC_{50}（48h）0.27mg/L。对蜜蜂有毒。蚯蚓 LC_{50}（14d）44mg/kg 干土。

制剂 SL。

应用 胆碱酯酶抑制剂。内吸性杀虫剂和杀螨剂，具有触杀、胃毒作用，通过根部和叶片吸收。用于观赏植物、马铃薯、梨果、核果、柑橘类果树、葡萄、啤酒花、甘蓝、甜菜、棉花、玉米、烟草和其他作物，防治咀嚼式和刺吸式害虫和螨。高毒农药，2007 年起已停止销售和使用。

合成路线

$$H_3CO\underset{H_3CO}{\overset{S}{\diagup}}P-Cl \xrightarrow{NH_4OH} H_2N-\underset{OCH_3}{\overset{S}{\diagup}}P\diagdown OCH_3 \xrightarrow[CH_3I]{Me_2SO_4} H_3CO\underset{H_3CS}{\overset{O}{\diagup}}P-NH_2$$

分析方法 产品用 RP HPLC、红外光谱法或 GLC 分析。

主要生产商 Arysta LifeScience，Bayer CropScience，ACA，Crystal，Pilarquim，Reposo，Saeryung，Sinon，Sundat，Tekchem，Westrade，杭州庆丰，河北威远，湖北沙隆达，蓝丰生化，浙江兰溪，宁波中化，郑州沙隆达，山东华阳，浙江菱化。

参考文献

[1] US 3309266.
[2] DE 1210835.

甲胺嘧磷（pirimetaphos）

$C_{11}H_{21}N_4O_3P$，288.3，31377-69-2

由 Sandoz AG 开发。

其他名称 SAN I 52 135

化学名称 2-二乙氨基-6-甲基嘧啶-4-基甲基甲氨基磷酸酯；2-diethylamino-6-methylpyrimidin-4-yl methyl methylphosphoramidate

CAS 名称 2-(diethylamino)-6-methyl-4-pyrimidinyl methyl methylphosphoramidate

应用 胆碱酯酶抑制剂。

甲拌磷（phorate）

$C_7H_{17}O_2PS_3$，260.4，298-02-2

由 American Cyanamid Co.（已变成 BASF AG，2005 年将专利权转让给 Amvac Chemical Corp.）推出，于 1954 年首次上市。

其他名称 EI 3911，AC 3911，Dhan，Hermit，Thimet，Umet

化学名称 O,O-二乙基-S-乙硫基甲基二硫代磷酸酯；O,O-diethyl S-ethylthiomethyl phosphorodithioate

CAS 名称 O,O-diethyl S-[(ethylthio) methyl] phosphorodithioate

理化性质 原药含量＞90%。原药为无色液体。熔点＜-15℃（原药）。沸点118～120℃（0.8mmHg）（原药）。闪点＞110℃（Setaflash 闭杯）。蒸气压 85mPa（25℃）。K_{ow} lg$P$ 3.92。Henry 常数 $5.9×10^{-1}$Pa·m³/mol（计算值）。相对密度 1.167（原药，25℃）。水中溶解度：50mg/L（25℃）；有机溶剂中溶解度：与醇类、酮类、醚类、酯类、芳烃、脂肪烃、氯代烃类、二噁烷、植物油和其他有机溶剂互溶。在正常存储条件下至少稳定 2 年。水溶液光解（DT_{50} 1.1d）；最佳的水解稳定性范围 pH 5～7，DT_{50} 3.2d（pH 7），3.9d（pH 9）。

毒性 雄大鼠急性经口 LD_{50} 3.7，雌大鼠 1.6，小鼠约 6mg/kg。雄大鼠急性经皮 LD_{50}

6.2，雌大鼠 2.5，豚鼠 20～30，雄兔 5.6，雌兔 2.9mg/kg。根据颗粒剂有效成分的浓度、载体类型、实验方法和动物种类，雄大鼠急性经皮 LD_{50} 98～137（颗粒剂），雌大鼠 93～245（颗粒剂）mg（a.i.）/kg。雄大鼠吸入 LC_{50}（1h）0.06，雌大鼠 0.011mg/L。狗无作用剂量 0.05mg/kg。ADI/RfD（JMPR）0.0007mg/kg［2005］；（EPA）aRfD 0.0025，cRfD 0.0005mg/kg［2006］。无致畸、致癌、致突变。野鸭急性经口 LD_{50} 0.62，环颈雉鸡 7.1mg/kg。虹鳟 LC_{50}（96h）0.013mg/L，斑点叉尾鮰 0.28mg/L。对蜜蜂有毒，LD_{50}（局部）10μg/只。

制剂 GR。

应用 高毒、高效、广谱的内吸性杀虫、杀螨剂，有触杀、胃毒、熏蒸作用。用于作物保护，尤其适用于根用作物、大田作物、棉花、十字花科植物和咖啡，使其不受刺吸性害虫、咀嚼害虫、螨类和某些线虫的危害，也可用来防治玉米和甜菜的土壤害虫。该药对人畜剧毒，只能用于某些作物拌种，不准用于蔬菜、茶叶、瓜果、桑树、中药材等作物，严禁喷雾使用；长期使用会使害虫产生抗药性，应注意与别的拌种药交替使用；在肥水过大条件下，若甲拌磷用量过大，会推迟棉花的成熟期。

合成路线

$$P \xrightarrow{S} P_4S_{10} \xrightarrow{C_2H_5OH} (C_2H_5O)_2P(=S)SNa$$

$$(CH_3O)_2P(=S)SNa + C_2H_5SH \xrightarrow{HCHO} (CH_3O)_2P(=S)SCH_2SC_2H_5$$

分析方法 产品用红外光谱测定法分析。

主要生产商 Amvac，Gujarat Pesticides，Ralchem，Sharda，United Phosphorus。

参考文献

［1］ US 2586655.
［2］ US 2596076.
［3］ US 2970080（Cyanamid）.
［4］ US 2759010（Bayer）.

甲氟磷（dimefox）

$C_4H_{12}FN_2OP$，154.1，115-26-4

1946 年由 H. Kukenthal 和 G. Schrader 介绍其杀虫、杀螨活性，由 Fissons Pest Control Ltd（现 Schering Agrochemicals）开发。

其他名称 Pestox XIV，Terra Sytam

化学名称 双（二甲氨基）磷酰氟；tetramethylphosphorodiamidic fluoride

CAS 名称 tetramethylphosphorodiamidic fluoride

理化性质 无色液体。沸点 67℃（4mmHg）。相对密度（20℃）1.115。蒸气压 48Pa。

可与水和大多数有机溶剂混溶。遇碱不水解，遇酸水解，强氧化剂能使其缓慢氧化，氯能使其迅速氧化。先用酸处理，然后用漂白粉处理能消除甲氟磷引起的污染。

毒性　大鼠急性经口 LD_{50} 为 1～2mg/kg。大鼠急性经皮 LD_{50} 为 5mg/kg。其蒸气高毒。

应用　本品是一种内吸性的杀虫剂和杀螨剂，主要用于蛇麻栽培中，进行土壤处理，防治蚜类和红蜘蛛，在无药害的浓度范围内，持效期为 42～56d。

分析方法　产品分析在不同温度下，进行选择性酸性水解后，测定胺。

参考文献

[1]　GB 688760.

[2]　GB 741662.

甲基吡噁磷（azamethiphos）

$C_9H_{10}ClN_2O_5PS$，324.7，35575-96-3

1977 年由 R. Wyniger 等报道，Ciba-Geigy AG（后 Novartis Crop Protection AG）推出的有机磷杀虫、杀螨剂。

其他名称　蟑螂宁，氯吡噁唑磷，CGA 18 809，GS 40 616，Alfracron，SNIP RBI

化学名称　O,O-二甲基-S-[（6-氯-2,3-二氢-2-氧-1,3-噁唑[4,5-b]吡啶-3-基）甲基]硫代磷酸酯；S-6-chloro-2,3-dihydro-2-oxo-1,3-oxazolo [4,5-b] pyridin-3-ylmethyl O,O-dimethyl phosphorothioate

CAS 名称　S-[[6-chloro-2-oxooxazolo [4,5-b] pyridin-3 (2H)-yl] methyl] O,O-dimethyl phosphorothioate

理化性质　纯品为无色晶体。熔点 89℃，20℃ 蒸气压为 0.0049mPa，$K_{ow}\lg P$ 1.05，Henry 常数 1.45×10^{-6} Pa·m³/mol（计算值），相对密度 1.60（20℃）。溶解度（20℃）：水 1.1g/L；苯 130g/kg，二氯甲烷 610g/kg，甲醇 100g/kg，正辛醇 5.8g/kg。酸、碱性介质中不稳定，DT_{50}（20℃，计算值）：800h（pH 5），260h（pH 7），4.3h（pH 9）。闪点 >150℃。

毒性　大鼠急性经口 LD_{50}：1180mg/kg。急性经皮 LD_{50}≥2150mg/kg。对兔皮肤无刺激作用，但对眼睛有轻微刺激作用。大鼠 LC_{50}（4h）>560mg/m³ 空气。90d 无作用剂量：大鼠 20mg/kg 饲料 [2mg/(kg·d)]，狗 10mg/kg 饲料 [0.3mg/(kg·d)]。山齿鹑 LD_{50}：30.2mg/kg；野鸭 LD_{50}：48.4mg/kg。饲喂 LC_{50}（8d，mg/kg）：山齿鹑 860，日本鹌鹑>1000，野鸭 700。基于急性试验结果，甲基吡噁磷对鸟类高毒，然而亚致死剂量对鸟类有驱避作用，因此对鸟类的风险已大幅降低。LC_{50}（96h，mg/L）：鲶鱼 3，鲫鱼 6，孔雀鱼 8，虹鳟鱼 0.115～0.2，红鲈 2.22。水蚤 LC_{50}（48h）：0.67μg/L。对蜜蜂有毒，LD_{50}（24h）：<0.1μg/只（经口），10μg/只（接触）。

制剂　TC，WP，RG。

应用　有机磷杀虫、杀螨剂。主要用于杀灭厩舍、鸡舍等处的成蝇，也用于居室、餐厅、食品工厂等地灭蝇、灭蟑螂。具有触杀和胃毒作用，其击倒作用快，持效期长。

分析方法　产品和残留分析采用 HPLC 法。

主要生产商　Ciba，河北安霖制药。

参考文献

［1］　BE 769051.
［2］　GB 1347373.
［3］　Wyniger R, et al. Proc Br Crop Prot Conf—Pests Dis，1977，3：1025.

甲基丁香酚（methyl eugenol）

$C_{11}H_{14}O_2$，178.2，93-15-2

1955 年引入市场。

其他名称　eugenol methyl ether，4-allylveratrole
化学名称　4-烯丙基-1,2-甲氧基苯；4-allyl-1,2-dimethoxy-benzene
CAS 名称　1,2-dimethoxy-4-(2-propenyl) benzene
理化性质　原药纯度≥95%，纯品为无色到淡黄色液体，在空气中转变为棕色，并变成黏稠状。熔点 -4℃，沸点 254～255℃（760mmHg），相对密度 1.032～1.035（20℃）。不溶于水，溶于醇和碳氢化合物。在空气中稳定，加热光照稳定。闪点＞110℃。
应用　作为柑橘小实蝇引诱剂，干扰交配，也可作为其他果蝇引诱剂。
分析方法　采用 GLC 配 FID 检测器。
主要生产商　CCA Biochemical，Certis UK，Hui Kwang，Interchem。

甲基毒虫畏（dimethylvinphos）

$C_{10}H_{10}Cl_3O_4P$，331.5，2274-67-1

由 Shell Kagaku KK（现 BASF SE）开发。

其他名称　毒虫畏，杀螟畏，SD 8280，SKI-13
化学名称　(Z)-2-氯-1-(2,4-二氯苯基) 乙烯基 二甲基磷酸酯；(Z)-2-chloro-1-(2,4-dichlorophenyl) vinyldimethyl phosphate
CAS 名称　2-chloro-1-(2,4-dichlorophenyl) ethenyldimethyl phosphate
理化性质　由＞95.0%的 Z 式异构体和＜2.0%的 E 式异构体组成。灰白色的结晶固体。熔点 69～70℃。蒸气压 1.3×10^{-3} Pa（25℃）。相对密度（25℃）1.26。$K_{ow}\lg P$ 3.12（25℃）。水中溶解度（20℃）：0.13g/L；其他溶剂中溶解度（20℃，g/L）：二甲苯 300～350，丙酮 350～400，正己烷 450～500。稳定性 DT_{50} 40d（pH7.0，25℃）。遇光不稳定。
毒性　急性经口 LD_{50}（mg/kg）：大鼠为 155～210，小鼠为 200～220。大鼠急性经皮 LD_{50} 1360～2300mg/kg。大鼠吸入 LD_{50}（4h，mg/m³）：雄大鼠为 970～1186，雌大鼠＞4900。鱼毒 LC_{50}（24h，mg/L）：鲤鱼 2.3，水蚤 0.002。
制剂　DP。

应用 胆碱酯酶抑制剂,具触杀和胃毒作用,持效中等。作为土壤杀虫剂,用于土壤防治根蝇、根蛆和地老虎,还可以防治牛、羊体外寄生虫,以及用于公共卫生方面,防治蚊幼虫。用于水稻、玉米、甘蔗、蔬菜、柑橘、茶树等防治二化螟、黑尾叶蝉、飞虱、稻根蛆、种蝇、萝卜蝇、葱蝇、菜青虫、小菜蛾、菜螟、黄条跳甲、二十八星瓢虫、柑橘卷叶虫、红圆蚧等。

合成路线

$$(CH_3O)_3P + Cl-\underset{O}{\underset{\|}{\overset{Cl}{\underset{|}{C_6H_3}}}}-\overset{Cl}{C}-CHCl_2 \longrightarrow Cl-\underset{CHCl}{\underset{\|}{C_6H_3(Cl)}}-C-O-P(OCH_3)_2$$

分析方法 产品分析用气相色谱法。

参考文献

JP7720.1966.

甲基毒死蜱 (chlorpyrifos-methyl)

$C_7H_7Cl_3NO_3PS$, 322.5, 5598-13-0

由 R. H. Rigterink 和 E. E. Kenaga 报道其活性,由 Dow Chemical Co.(现属 Dow AgroSciences)开发的有机磷类杀虫、杀螨剂。

其他名称 甲基氯蜱硫磷,氯吡磷,Dowco214,OMS1155,ENT27520,Reldan

化学名称 O,O-二甲基-O-3,5,6-三氯-2-吡啶基硫逐磷酸酯;O,O-dimethyl O-3,5,6-trichloro-2-pyridyl phosphorothioate

CAS 名称 O,O-dimethyl O-(3,5,6-trichloro-2-pyridinyl) phosphorothioate

理化性质 纯品含量为97%,白色结晶固体,具有轻微硫醇气味,熔点45.5~46.5℃。蒸气压3mPa(25℃)。相对密度1.64(23℃)。$K_{ow}\lg P$ 4.24。Henry 常数 0.372Pa·m³/mol(计算值)。水中溶解度(20℃)2.6mg/L。其他溶剂中溶解度(20℃,g/kg):丙酮>400,甲醇190,正己烷120。水解 DT_{50}:27d(pH 4),21d(pH 7),13d(pH 9)。水溶液光解 DT_{50}:1.8d(6月份),3.8d(12月份)。闪点182℃。

毒性 急性经口 LD_{50}(mg/kg):大鼠>3000,小鼠1100~2250,豚鼠2250,兔2000。急性经皮 LD_{50}(mg/kg):大鼠>3700,兔>2000。本品对眼睛和皮肤无刺激。大鼠吸入 LC_{50}(4h)>0.67mg/L。根据血浆胆碱酯酶含量,对狗和大鼠两年饲喂试验的无作用剂量为 0.1mg/(kg·d)。ADI 值(mg/kg):(JMPR)0.01[2001,1992],(EC)0.01[2005],(EPA)aRfD 0.01,cRfD 0.001[2001]。禽类急性经口 LD_{50}(mg/kg):野鸭>1590,山齿鹑923。野鸭饲喂 LC_{50}(8d)2500~5000mg/kg。鱼类 LC_{50}(96h,mg/L):大翻车鱼0.88,虹鳟鱼0.41。水蚤 LC_{50}(24h)0.016~0.025mg/L。羊角月牙藻 EC_{50}(72h)0.57mg/L,小龙虾 LC_{50}(36h)0.004mg/L。本品对蜜蜂毒性很大,LD_{50} 0.38μg/只(接触)。蚯蚓 LC_{50}(15d)182mg/kg 土壤。

制剂 EC,HN,UL。

应用 杀虫、杀螨剂。用于防治作物害虫,适用于果树、观赏植物、蔬菜、马铃薯、茶、水稻、棉花、葡萄、草莓等。用于处理仓库储粮，能有效控制米象、玉米象、咖啡豆象、拟谷盗、锯谷盗、长角扁谷盗、土耳其扁谷盗、麦蛾、印度谷蛾等10多种常见害虫。但鉴于甲基毒死蜱对谷蠹效果不佳，因此，对易发生谷蠹的场合还应加入诸如菊酯类等对谷蠹有效的药剂，用混用的办法，来增加防治效果。也用于工业和公共卫生，防治蚊、蝇和蠕虫，也可以用于防治疟疾等疾病。广谱，具有触杀、胃毒和熏蒸作用，无内吸性。属胆碱酯酶的直接抑制剂。

合成路线

分析方法　产品采用 HPLC 分析。

主要生产商　Aimco，Dow AgroSciences，Bharat Rasayan，Sharda，苏州化工农药，四川化工研究设计院，新安化工。

参考文献

[1]　The Pesticide Manual. 15 th edition：205-206.
[2]　US3244586.
[3]　CN1293897.

甲基对硫磷（parathion-methyl）

$C_8H_{10}NO_5PS$，263.2，298-00-0

杀虫活性由 G. Schrader 报道，1949 年由 Bayer AG 引入（已不再销售此品种）。

其他名称　E-120，BAY 11405

化学名称　O,O-二甲基-O-4-硝基苯基硫逐磷酸酯；O,O-dimethyl O-4-nitrophenyl phosphorothioate

CAS 名称　O,O-dimethyl O-(4-nitrophenyl) phosphorothioate

理化性质　无色无味晶体（原药为浅至深棕黄色液体）。熔点 35～36℃。沸点 154℃（136Pa）。蒸气压 0.2mPa（20℃），0.41mPa（25℃）。K_{ow} lg$P$ 3.0。相对密度 1.358（20℃）（原药，1.20～1.22）。水中溶解度 55mg/L（20℃）。易溶于常见有机溶剂，如二氯甲烷、甲苯＞200，己烷 10～20（20℃，g/L）；难溶于石油醚和矿物油。在碱性和酸性介质中易水解，水解比对硫磷快五倍，DT_{50}（25℃）：68d（pH 5），40d（pH 7），33d（pH 9）。在加热时异构化，生成 O,S-二甲酯类似物。在水中光解。

毒性　大鼠急性经口 LD_{50} 约 3mg/kg，雄小鼠约 30mg/kg，雄、雌兔 19mg/kg。雄、雌大鼠的急性经皮 LD_{50}（24h）约 45mg/kg。对兔眼睛和皮肤无刺激作用。非皮肤致敏剂。大鼠吸入 LC_{50}（4h）约 0.17mg/L 空气（气溶胶）。无作用剂量：大鼠（2 年）2mg/kg，小鼠（2 年）1mg/kg 饲料；狗（12 个月）0.3mg/(kg·d)。野鸭 LC_{50}（5d）1044mg/kg。虹鳟 LC_{50}（96h）2.7mg/L，圆腹雅罗鱼 6.9mg/L。水蚤 LC_{50}（48h）0.0073mg/L。近具刺链带藻 E_rC_{50} 3mg/L。对蜜蜂有毒。赤子爱胜蚓 LC_{50} 40mg/kg 干土。

制剂　CS，DP，EC，UL，WP。

应用 高毒农药，2007年起已停止销售和使用。胆碱酯酶抑制剂，具有触杀、胃毒和熏蒸作用，广谱、非内吸性杀虫、杀螨剂。

合成路线

$$PSCl_3 \xrightarrow{CH_3OH} (H_3CO)_2P(S)Cl \xrightarrow{NaO-C_6H_4-NO_2} (H_3CO)_2P(S)O-C_6H_4-NO_2$$

分析方法 产品用 GLC/FID 或 HPLC 分析。

主要生产商 Agro Chemicals India，Cheminova，Gujarat Pesticides，Tekchem，杭州庆丰，湖北沙隆达，深圳易普乐，宁波明日化学，山东华阳，湖北仙隆。

参考文献
DE 814142.

甲基喹噁磷（quinalphos-methyl）

$C_{10}H_{11}N_2O_3PS$，270.2，13593-08-3

由 Sandoz AG. 评估。

其他名称 SAN 52 056I

化学名称 O,O-二甲基-O-喹噁啉-2-基硫代磷酸酯；O,O-dimethyl O-quinoxalin-2-yl phosphorothioate

CAS名称 O,O-dimethyl O-2-quinoxalinyl phosphorothioate

应用 胆碱酯酶抑制剂。

甲基硫环磷（phosfolan-methyl）

$C_5H_{10}NO_3PS_2$，227.3，5120-23-0

化学名称 O,O-二甲基-N-(1,3-二硫戊环-2-亚基)磷酰胺；dimethyl 1,3-dithiolan-2-ylidenephosphoramidate

CAS名称 dimethyl N-1,3-dithiolan-2-ylidenephosphoramidate

理化性质 原油为浅黄色透明油状液体。相对密度 1.39，沸点 $100\sim105$℃（1.33×10^{-3} kPa）。溶于水及丙酮、苯、乙醇等有机溶剂。常温下贮存较稳定，遇碱易分解，光和热也能加速其分解。

毒性 大鼠急性经口 LD_{50} $27\sim50$ mg/kg。

应用 一种内吸性杀虫剂。具有高效、广谱、残效期长、残留量低的特点。其作用机制是抑制乙酰胆碱酯酶。对刺吸式口器和咀嚼式口器的多种害虫，如蚜虫、红蜘蛛、蓟马、甜菜象甲、尺蠖、地老虎、蝼蛄、蛴螬、黑绒金龟子等均有良好的防治效果。可以用于棉花、大豆、花生等作物上。拌种时应严格掌握药量，拌种均匀，以免引起药害。棉花拌种后，出苗偏晚，但对棉花生长有促进作用,产量不受影响。本品属高毒农药,必须严格遵守农药安全使用规定,不得用于蔬菜、果树、茶叶、草药材上。自 2013 年 10 月 31 日起,停止销售和使用。

甲基嘧啶磷(pirimiphos-methyl)

$C_{11}H_{20}N_3O_3PS$,305.3,29232-93-7

由 ICI 植物保护公司(现在的 Syngenta AG)引入市场。

其他名称 安得利,安定磷,PP511,OMS1424,Actellic,Silo-San,Stomophos

化学名称 O,O-二甲基-O-(2-二乙氨基-6-甲基嘧啶-4-基)硫逐磷酸酯;O-2-diethyl-amino-6-methylpyrimidin-4-yl O,O-dimethyl phosphorothioate

CAS 名称 O-[2-(diethylamino)-6-methyl-4-pyrimidinyl] O,O-dimethyl phosphorothioate

理化性质 工业品含量为 88%,稻草色液体,熔点 15~18℃(工业品)。在蒸馏时分解。蒸气压 2mPa(20℃)、6.9mPa(30℃)、22mPa(40℃)。相对密度 1.17(20℃)、1.157(30℃)。$K_{ow}\lg P$ 4.2(20℃)。Henry 常数 6×10^{-2}Pa·m³/mol(计算值)。水中溶解度(20℃,mg/L):11(pH 5),10(pH 7),9.7(pH 9);与大多数有机溶剂如醇类、酮类、卤代烃互溶。在强酸和碱性中分解,DT_{50} 2~117d(pH 4~9,pH 7 时最稳定)。其水溶液遇光 DT_{50}<1h,pK_a 4.30,闪点>46℃。

毒性 急性经口 LD_{50}:大鼠 1414mg/kg,小鼠 1180mg/kg。大鼠急性经皮 LD_{50}>2000mg/kg。对兔皮肤有轻微刺激作用,对兔眼睛有中等刺激作用,对豚鼠皮肤有中度致敏性(M&K)。大鼠吸入 LC_{50}(4h)>5.04mg/L(重量测定)。无作用剂量:大鼠(2 年)0.4mg/(kg·d),狗 0.5mg/(kg·d)。无致畸作用,在脂肪中无积累。ADI/RfD(JMPR)0.03mg/kg [1992,2006],(EFSA)0.004mg/kg [2005],(EPA)aRfD 0.015,cRfD 0.0002mg/kg [2006]。急性经口 LD_{50}:山齿鹑 40mg/kg,日本鹌鹑 140mg/kg,野鸭 1695mg/kg。虹鳟 LC_{50}(96h)0.64mg/L,镜鲤(48h)1.4mg/L。水蚤 EC_{50}(48h)0.21μg/L,(21d)0.08μg/L。藻类 EC_{50} 1.0mg/L。蜜蜂 LD_{50}:0.22μg/只(经口),0.12μg/只(接触)。蚯蚓 LC_{50}(14d)419mg/kg。

制剂 AE,DP,EC,FU,HN,KN,LS,SG,UL。

应用 一种对储粮害虫、害螨毒力较大的有机磷杀虫剂。作用机理是胆碱酯酶抑制剂,具有触杀和熏蒸作用的广谱性杀虫、杀螨剂,作用迅速,渗透力强,用量低,持效期长;也能浸入叶片组织,具有叶面输导作用。对防治甲虫和蛾类有较好的效果,尤其是对贮粮害螨药效较高。该药有毒,易燃,乳剂加水稀释后应一次用完,不能贮存,以防药剂分解失效。

合成路线

分析方法 产品用 GLC/FID 分析，也可用 GLC、TLC、I.R. 或者 NMR 分析。

主要生产商 Syngenta，Sharda，Sundat，中化宁波，湖南海利，浙江永农，山东华阳，一帆生物。

参考文献

[1] GB 1019227.
[2] GB 1204552.

甲基内吸磷（demeton-S-methyl）

$$CH_3CH_2SCH_2CH_2S-P(OCH_3)_2$$
$$\parallel$$
$$O$$

$C_6H_{15}O_3PS_2$，230.3，919-86-8

1954 年由 Farbenfabriken Bayer AG（现为 Bayer AG）开发，demeton-methyl（为含 demeton-S-methyl 和 demeton-O-methyl 的混合物)(O-2-乙硫基乙基-O,O-二甲基硫逐磷酸酯），另一改进工艺制得 demeton-S-methyl，由 Bayer AG 在 1957 年开发。

其他名称 Metasystoxi，Bayer 18436，Bayer 25/154

化学名称 S-2-乙硫基乙基-O,O-二甲基硫赶磷酸酯；S-2-ethylthioethyl O,O-dimethyl phosphorothioate

CAS 名称 S-[2-(ethylthio) ethyl] O,O-dimethyl phosphorothioate

理化性质 原药为浅黄色油状物。沸点 89℃（0.15mmHg）。相对密度（20℃）1.207。20℃蒸气压为 48mPa。溶解度（20℃）：水 3.3g/kg；二氯甲烷、异丙醇 600g/kg。

毒性 急性经口 LD_{50}：大白鼠 57~106mg/kg，雄豚鼠 110mg/kg。雄大白鼠急性经皮 LD_{50} 302mg/kg，鲤鱼和日本河鱼 LC_{50}（48h）为 10~40mg/L。

制剂 EC。

应用 内吸性触杀杀虫剂。用于大多数农作物和园艺作物。喷雾时，对某些观赏植物有药害，尤其某些菊花品种。在植株内代谢为亚砜（oxydemeton-methyl）和砜。

分析方法 产品分析，碱水解后测定释放出的酸或者用碘滴定硫醇。

主要生产商 DooYang。

参考文献

[1] DE 836349.
[2] US 2571989.

甲基辛硫磷（phoxim-methyl）

$C_{10}H_{11}N_2O_3PS$，270.2，14816-16-1

由 Bayer AG 开发。

其他名称 SRA 7760

化学名称 O,O-二甲基-O-[(α-氰基亚苄氨基）氧] 硫代磷酸酯；O,O-dimethyl α-cyano-benzylideneamino-oxyphosphonothioate；dimethoxyphosphinothioyloxyimino (phenyl) acetonitrile

CAS 名称 3-methoxy-6-phenyl-2,4-dioxa-5-aza-3-phosphapept-5-ene-7-nitrile 3-sulfide，α-[[(dimethoxyphosphinothioyl) oxy] imino] benzeneacetonitrile

理化性质 棕色油状液体或黄色结晶，熔点 45~46℃，易溶于乙醇、丙酮、甲苯等有机溶剂，在水中溶解度很小。

毒性 大鼠急性经口 LD_{50} 4065mg/kg，大鼠急性经皮 LD_{50} >4000mg/kg。

应用 具有杀虫谱广、持效期长的特点。毒性较辛硫磷更低。对害虫具有胃毒和触杀作用，无内吸性。可用于防治多种作物上的害虫及地下害虫。勿与碱性农药混用，使用时应现配现用。本品易光解，施用时应选择光线较暗时喷雾，避光贮存。

参考文献
农药品种手册精编. 北京：化学工业出版社，2006.

甲基乙拌磷（thiometon）

$C_6H_{15}O_2PS_3$，246.3，640-15-3

1953 年由 Bayer AG 和 Sandoz AG（现属于先正达公司）分别开发。

其他名称 Bayer 23 129，SAN 1831，Ekatin

化学名称 S-2-乙硫基乙基-O,O-二甲基二硫代磷酸酯；S-2-ethylthioethyl O,O-dimethyl phosphorodithioate

CAS 名称 S-[2-(ethylthio) ethyl] O,O-dimethyl phosphorodithioate

理化性质 无色油状液体，具有特殊、含硫的有机磷酸酯气味，沸点 110℃（0.1mmHg）。蒸气压 39.9mPa（20℃）。相对密度 1.209（20℃）。K_{ow} lg$P$ 3.15（平均，20℃），Henry 常数 2.840×10^{-2} Pa·m³/mol.（计算值）。水中溶解度 200mg/L（25℃），易溶于通用的有机溶剂，微溶于石油醚和矿物油。纯品不稳定，在非极性溶剂中非常稳定，在碱性介质中比在酸性介质中更不稳定，DT_{50} 90d（pH 3）、83d（pH 6）、43d（pH 9）（5℃）、25d（pH 3）、27d（pH 6）、17d（pH 9）（25℃），贮存寿命大约 2 年（25℃）。

毒性 大鼠急性经口 LD_{50}（mg/kg）：雄 73，雌 136。大鼠急性经皮 LD_{50}（mg/kg）：雄 1429，雌 1997。本品对豚鼠皮肤无刺激。大鼠吸入 LC_{50}（4h）1.93mg/L 空气。NOEL 值（2 年，mg/kg 饲料）：狗 6，大鼠 2.5。ADI/RfD（JMPR）0.003mg/kg [1979]。急性经口 LD_{50}（14d，mg/kg）：雄野鸭 95，雌野鸭 53；雄日本鹌鹑 46，雌日本鹌鹑 60。鱼 LC_{50}（96h，mg/L）：鲤鱼 13.2，虹鳟 8.0（均在静态条件下）。水蚤 LC_{50}（24h）8.2mg/L。绿藻 EC_{50}（96h）12.8mg/L。本品对蜜蜂有毒，LD_{50}（经口）0.56μg/只。蚯蚓 LC_{50}（7d）43.94mg/kg 土壤，（14d）19.92mg/kg 土壤。

制剂 EC，UL。

应用 用于观赏植物、草莓、果树、芦笋、蔬菜、橄榄、葡萄、甜菜、烟草、棉花等防治刺吸性害虫，主要是蚜类和螨类，如蚜虫、蓟马和红蜘蛛等。

合成路线

P $\xrightarrow{S}$ P_4S_{10} $\xrightarrow{CH_3OH}$ (H₃CO)₂P(S)SH $\longrightarrow$ (H₃CO)₂P(S)SNa $\xrightarrow{ClCH_2CH_2SCH_2CH_3}$ (H₃CO)₂P(S)SCH₂CH₂SCH₂CH₃

分析方法 用 GLC 或用红外光谱进行产品分析。残留分析用 GLC。

参考文献

[1] The Pesticide Manual. 15 th edition：1127-1128.
[2] DE 917668.

甲基乙酯磷（methylacetophos）

$C_6H_{13}O_5PS$，228，2088-72-4

化学名称 S-乙氧羰基甲基-O,O-二甲基硫赶磷酸酯；S-(ethoxycarbonylmethyl)O,O-dimethyl phosphorothioate ethyl(dimethoxyphosphinoylthio)acetate

CAS 名称 ethyl 2-[(dimethoxyphosphinyl)thio]acetate

应用 杀虫剂。

甲基异柳磷（isofenphos-methyl）

$C_{14}H_{22}NO_4PS$，331.4，99675-03-3

化学名称 O-甲基-O-(2-异丙氧基羰基苯基)-N-异丙基硫代磷酰胺；O-methyl O-2-isopropoxycarbonylphenyl N-isopropylphosphoramidothioate

CAS 名称 1-methylethyl 2-[[methoxy[(1-methylethyl)amino]phosphinothioyl]oxy]benzoate

理化性质 纯品为淡黄色油状液体，原油为棕色油状液体。相对密度 1.5221（20℃）。微溶于水，易溶于有机溶剂。常温贮存稳定，遇强酸、碱、热、光易分解。

毒性 大鼠急性经口 LD_{50} 为 21.52mg/kg。大鼠急性经皮 LD_{50} 为 76.72mg/kg。

制剂 EC，GR。

应用 一种土壤杀虫剂，对害虫具有较强的触杀和胃毒作用。杀虫广谱、残效期长。主要用于小麦、花生、大豆、玉米、地瓜、甜菜、苹果等作物防治蛴螬、蝼蛄、金针虫等地下害虫，也可用于防治黏虫、蚜虫、烟青虫、桃小食心虫、红蜘蛛等。蔬菜、果树、茶叶、草药材上限用。严禁在施药区内放牲畜，以免引起中毒。

主要生产商 湖北仙隆，青岛双收。

甲硫威（methiocarb）

$C_{11}H_{15}NO_2S$，225.3，2032-65-7

1962 年由 Bayer AG 开发。

其他名称　灭旱螺，灭赐克，灭虫威，Bayer37334，H 321（Bayer），Mesurol

化学名称　4-甲硫基-3,5-二甲苯基甲氨基甲酸酯；4-methylthio-3,5-xylyl methylcarbamate

CAS 名称　3,5-dimethyl-4-(methylthio) phenyl methylcarbamate

理化性质　纯品为有苯酚气味的无色结晶。熔点 119℃。蒸气压 1.5×10^{-5} Pa（20℃），3.6×10^{-5} Pa（25℃）。$K_{ow} \lg P$ 3.08（20℃）。Henry 常数 1.2×10^{-4} Pa·m³/mol（20℃）。相对密度 1.236（20℃）。水中溶解度：27mg/L（20℃）；其他溶剂中溶解度（g/L，20℃）：二氯甲烷＞200，异丙醇 53，甲苯 33，己烷 1.3。强碱介质中不稳定，水解 DT_{50}（22℃）＞1 年（pH 4），＜35d（pH 7），6h（pH 9）。光照可完全降解，DT_{50} 为 6~16d。

毒性　雄大鼠急性经口 LD_{50} 约 33mg/kg，雌大鼠约 47mg/kg，小鼠 52~58mg/kg，豚鼠约 40mg/kg，狗 25mg/kg。大鼠急性经皮 LD_{50}＞2000mg/kg；对兔的皮肤和眼睛无刺激。大鼠急性吸入 LD_{50}（4h）＞0.3mg/L 空气（喷雾），约 0.5mg/L（粉尘）。2 年无作用剂量：狗 60mg/kg 饲料（1.5mg/kg），大鼠 200mg/kg，小鼠 67mg/kg 饲料。禽类急性经口 LD_{50}：雄性野鸭 7.1~9.4mg/kg，日本鹌鹑 5~10mg/kg。LC_{50}（7d）：对山齿鹑无中毒迹象。鱼毒 LC_{50}（96h，mg/L）：大翻车鱼 0.754，虹鳟鱼 0.436~4.7，金雅罗鱼 3.8。水蚤 LC_{50}（48h）0.019mg/L。淡水藻 E_rC_{50} 1.15mg/L。对蜜蜂无毒（依应用方法而定）。蚯蚓 LC_{50}＞200mg/kg 干土。

应用　有灭螺和神经毒性作用的杀软体动物剂，具有触杀、胃毒作用的非内吸性杀虫杀螨剂。在广阔的农业区域，用于防治蛞蝓和蜗牛；适用于梨果、核果、柑橘类果树、草莓、啤酒花、马铃薯、甜菜、玉米、油菜、蔬菜和观赏植物，防治鳞翅目、鞘翅目、双翅目、缨翅目、同翅目（包括土壤昆虫）害虫和叶螨；种子处理，用于玉米防治小蝇，用于油菜防治跳甲，用于甜菜防治潜叶蝇；也可用作驱鸟剂。

合成路线

分析方法　产品用 RP HPLC 分析。

主要生产商　Bayer Crop Science，浙江禾田。

参考文献

[1]　FR 1275658.

[2]　DE 1162352.

甲醚菊酯（methothrin）

$C_{19}H_{26}O_3$，302.4，34388-29-9

于 1968 年在日本注册。

其他名称　甲苄菊酯

化学名称　(1R,S)-顺，反式-2,2-二甲基-3-(2-甲基-1-丙烯基)环丙烷羧酸-4-(甲氧甲基)-苄基酯；4-(methoxymethyl) benzyl (1RS)-cis, trans-2,2-dimethyl-3-(2-methylprop-1-enyl) cyclopropanecarboxylate

理化性质 原药纯度≥90%，为淡黄色透明液体，有微弱特殊气味。沸点130℃ [(0.4~0.5)×10^3Pa]。蒸气压 3.4×10^1mPa (30℃)。相对密度0.98。微溶于水，溶于乙醇、丙酮、二甲苯。在常规贮存条件下稳定；遇碱水解，紫外线下分解。

毒性 大鼠急性经口 LD_{50} 为 4040mg/kg。大鼠无作用剂量 53.88mg/L。

制剂 AE，EC，MC，MV。

应用 作用于昆虫的神经系统，通过与钠离子通道相互作用扰乱神经元功能。无残留杀虫剂，有快速击倒作用。击倒型杀虫剂，具有高蒸气压，可有效防治蚊子和苍蝇。

甲萘威 (carbaryl)

$C_{12}H_{11}NO_2$, 201.2, 63-25-2

由 H. L. Haynes 于 1957 年报道，由 Union Carbide Corp (现属 Bayer CropScience) 开发。

其他名称 胺甲萘，加保利，巴利，胺甲苯，胺苯萘，UC7744，OMS 29，OMS 629，ENT 23 969，carbaril，Laivin，Parasin-G，Raid，Sevin

化学名称 1-萘基甲基氨基甲酸酯；1-naphthyl methylcarbamate

CAS 名称 1-naphthalenyl methylcarbamate 或 1-naphthalenol methylcarbamate

理化性质 纯度＞99%。无色至浅棕褐色结晶体，熔点142℃，蒸气压 4.1×10^{-5}Pa (23.5℃)，K_{ow}lg$P$ 1.85，Henry 常数 7.39×10^{-5}Pa·m^3/mol，相对密度 1.232 (20℃)；水中溶解度 (20℃) 120mg/L；其他溶剂中溶解度 (g/kg, 25℃)：二甲基甲酰胺、二甲基亚砜 400~450，丙酮 200~300，环己酮 200~250，异丙醇 100，二甲苯 100。在中性和弱酸性条件下稳定，碱性介质中分解为 1-萘酚，DT_{50}：约 12d (pH 7)，3.2h (pH 9)。对光和热稳定。闪点 193℃。

毒性 急性经口 LD_{50} (mg/kg)：雄大鼠 264，雌大鼠 500，兔 710。急性经皮 LD_{50} (mg/kg)：大鼠＞4000，兔＞2000。对兔眼睛有轻微的刺激，对兔皮肤有中等刺激性。大鼠吸入 LC_{50} (4h) ＞3.28mg/L 空气。大鼠 NOEL (2 年) 为 200mg/kg 饲料。禽类急性经口 LD_{50} (mg/kg)：雏野鸭＞2179，雏野鸡＞2000，日本鹌鹑 2230，鸽子 1000~3000。LC_{50} (96h, mg/L)：大翻车鱼 10，虹鳟鱼 1.3。水蚤 LC_{50} (48h) 0.006mg/L。海藻 EC_{50} (5d) 1.1mg/L。其他水生生物 LC_{50} (mg/L)：糠虾 (96h) 0.0057，牡蛎 LC_{50} (48h) 2.7。对蜜蜂有毒，LD_{50}：(接触) 1μg/只，(经口) 0.18μg/只。蚯蚓 LC_{50} (28d) 106~176mg/kg 土壤。对有益的昆虫有毒。

制剂 DP，GR，OF，RB，SC，TK，WP。

应用 防治鳞翅目、鞘翅目、跳甲亚科、叶蝉科、革翅目、盲蝽科、大蚊属等害虫。适用范围极广，适用作物在 120 种以上，包括芒果、香蕉、草莓、坚果、葡萄树、橄榄树、黄秋葵、葫芦、花生、大豆、棉花、烟草、谷类、甜菜、苜蓿、马铃薯、观赏植物、树木等。具有触杀性、胃毒性和轻微的内吸特征。也可防治蚯蚓和动物体外的寄生虫，用作苹果的生长调节剂。

合成路线

分析方法　产品分析用红外光谱法或用 HPLC。

主要生产商　Agrochem，Bayer CropScience，Crystal，Drexel，Jin Hung，Sundat，海利贵溪化工，湖北沙隆达，湖南海利。

参考文献

[1]　US 2903478.
[2]　The Pesticide Manual. 15 th edition.
[3]　新编农药手册. 北京：农业出版社，1989：90-93.

甲氰菊酯（fenpropathrin）

$C_{22}H_{23}NO_3$，349.4，64257-84-7

由日本住友化学工业公司开发的拟除虫菊酯类杀虫剂。

其他名称　灭扫利，杀螨菊酯，S-3206，OMS 1999，Herald，Meothrin，Danitol

化学名称　(RS)-α-氰基-3-苯氧苄基-2,2,3,3-四甲基环丙烷羧酸酯；(RS)-α-cyano-3-phenoxybenzyl 2,2,3,3-tetramethylcyclopropanecarboxylate

CAS 名称　cyano(3-phenoxyphenyl)methyl 2,2,3,3-tetramethylcyclopropanecarboxylate

理化性质　工业品为黄色到棕色固体，熔点 45～50℃。蒸气压为 0.730mPa（20℃）。$K_{ow}lgP$ 6（20℃）。相对密度 1.15（25℃）。溶解度（25℃）：水 14.1μg/L；二甲苯、环己酮 1000g/kg，甲醇 337g/kg。在碱性溶液中分解，暴露在阳光和空气中容易导致氧化和失去活性。

毒性　急性经口 LD_{50}：雄性大鼠 70.6mg/kg，雌性大鼠 66.7mg/kg（玉米油中）；急性经皮 LD_{50}：雄性大鼠 1000mg/kg，雌性大鼠 870mg/kg，兔＞2000mg/kg。对兔皮肤无刺激作用，对其眼睛有中等刺激作用。对皮肤无致敏现象。大鼠急性吸入 LC_{50}（4h）＞96mg/m³。无致畸性。野鸭急性经口 LD_{50} 1089mg/kg；饲喂 LC_{50}（8d）：山齿鹑和野鸭＞10000mg/kg 饲料。大翻车鱼 LC_{50}（48h）1.95μg/L。

制剂　EC，SC，UL，WP。

应用　高效、广谱拟除虫菊酯类杀虫、杀螨剂，属神经毒剂，具有触杀和胃毒作用，有一定的驱避作用，无内吸传导和熏蒸作用。残效期较长，对防治对象有致敏刺激作用，驱避其取食和产卵，低温下也能发挥较好的防治效果。杀虫谱广，对鳞翅目、同翅目、半翅目、双翅目、鞘翅目等多种害虫有效，对多种害螨的成螨、若螨和螨卵有一定的防治效果，可用于虫、螨兼治。主要用于棉花、蔬菜、果树、茶树、花卉等作物，防治各种蚜虫、棉铃虫、棉红铃虫、菜青虫、甘蓝夜蛾、桃小食心虫、柑橘潜叶蛾、茶尺蠖、茶毛虫、茶小绿叶蝉、花卉介壳虫、毒蛾等。可兼治多种害螨，因易产生抗药性，不作为专用杀螨剂使用。施药时喷雾要均匀，对钻蛀性害虫应在幼虫蛀入作物前施药。

合成路线

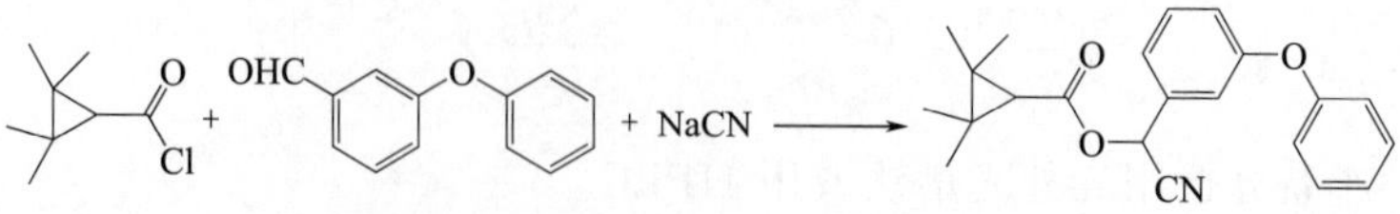

分析方法 采用 GLC-FID/HPLC 进行分析。

主要生产商 Sumitomo Chemical，Agrochem，Agrochem，中山凯达，江苏耕耘，江苏皇马，大连瑞泽，南京红太阳，山东大成，金鑫化学。

参考文献

[1] GB 1356087.
[2] US 3835176.

甲亚砜磷（mesulfenfos）

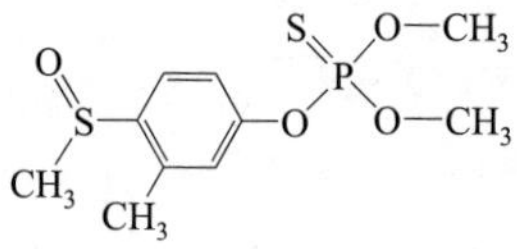

$C_{10}H_{15}O_4PS_2$，294.3，3761-41-9

由 Bayer AG. 开发。

其他名称 BAY S 2281，Baycid SO

化学名称 O,O-二甲基-O-(3-甲基-4-甲基亚硫酰基苯基) 硫代磷酸酯；O,O-dimethyl O-4-methylsulfinyl-m-tolyl phosphorothioate

CAS 名称 O,O-dimethyl O-[3-methyl-4-(methylsulfinyl) phenyl] phosphorothioate

应用 胆碱酯酶抑制剂。

甲氧苄氟菊酯（metofluthrin）

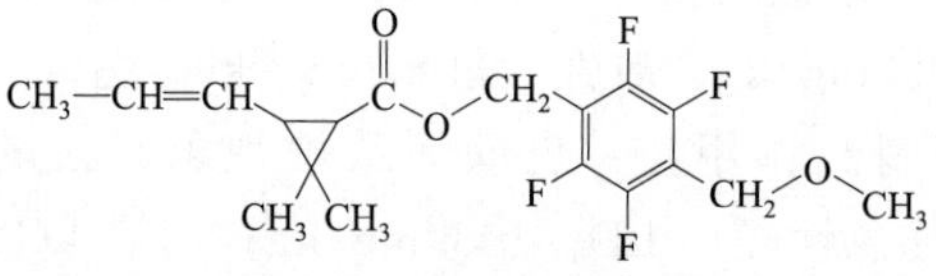

$C_{18}H_{20}F_4O_3$，360.4，240494-70-6

该杀虫剂 2004 年由 Sumitomo Chemical 有限公司在日本首次登记。

其他名称 S-1264，SumiOne，Eminence，Deckmate

化学名称 2,3,5,6-四氟-4-(甲氧基甲基)苄基-3-(1-丙烯基)-2,2-二甲基环丙烷羧酸酯；2,3,5,6-tetrafluoro-4-(methoxymethyl)benzyl(EZ)-(1RS,3RS;1RS,3SR)-2,2-dimethyl-3-prop-1-enylcyclopropanecarboxylate, but see Composition

CAS 名称 [2,3,5,6-tetrafluoro-4-(methoxymethyl)phenyl]methyl 2,2-dimethyl-3-(1-propenyl)cyclopropanecarboxylate

理化性质 原药为浅黄色透明油状液体。沸点 334℃，蒸气压 1.96mPa（25℃），K_{ow} lg$P$ 5.0（25℃），相对密度 1.21（20℃）。水中溶解度 0.73mg/L（pH 7，20℃），乙腈、二甲基亚砜、甲醇、乙醇、丙酮、正己烷中能快速溶解。紫外线下分解。碱性溶液中水解。闪点>110℃。

毒性 雄（雌）性大鼠急性经口 LD_{50}>2000mg/kg，急性经皮 LD_{50}>2000mg/kg。无刺激，无致敏性。雄（雌）性大鼠急性吸入毒性 LC_{50} 1000~2000mg/m³。山齿鹑和野鸭急性经口 LD_{50}>2250mg/kg。野鸭和山齿鹑饲喂 LD_{50}（8d）>5620mg（a.i.）/kg。鲤鱼 LC_{50}（96h）3.06μg/L。水蚤 EC_{50}（48h）4.7μg/L。藻类 E_rC_{50}（72h）0.37mg/L。

制剂 蚊香液，RWQ。

应用 新型拟除虫菊酯类化合物。钠通道抑制剂，主要是通过与钠离子通道作用，使神经细胞丧失功能，导致靶标害虫死亡。对媒介昆虫具有紊乱神经的作用。对蚊虫生物活性高以及具备击倒速度快的特点，适用于制造电热蚊香液、驱虫片等制剂产品。

合成路线

分析方法 产品采用 GC 分析。

主要生产商 Sumitomo Chemical。

参考文献

[1] CN 1229791.
[2] CN 1354166.
[3] JP 2005082501.

甲氧虫酰肼（methoxyfenozide）

$C_{22}H_{28}N_2O_3$，368.5，161050-58-4

由 Rohm & Haas Co.（现 Dow AgroSciences）于 1990 年发现，1996 年报道。

其他名称 雷通，RH-2485，RH-112，485，Intrepid，Prodigy，Runner

化学名称 N-叔丁基-N'-(3-甲氧基-2-甲苯甲酰基)-3,5-二甲基苯甲酰肼；N-tert-butyl-N'-(3-methoxy-o-toluoyl)-3,5-xylohydrazide

CAS 名称 3-methoxy-2-methylbenzoic acid 2-(3,5-dimethylbenzoyl)-2-(1,1-dimethylethyl)hydrazide

理化性质 纯品为白色粉末。熔点 206.2~208℃（原药 204~206.6℃）。蒸气压<1.48×10^{-3}mPa（20℃），K_{ow}lg$P$ 3.7（摇瓶法）。Henry 常数<1.64×10^{-4}Pa·m³/mol（计算值）。水中溶解度：3.3mg/L；其他溶剂中溶解度（20℃，g/100g）：DMSO 11，环己酮 9.9，丙酮 9。稳定性：在 25℃下贮存稳定；在 25℃ pH 5、7、9 下水解。

毒性 大小鼠急性经口 $LD_{50}>5000mg/kg$，大鼠急性经皮 $LD_{50}>5000mg/kg$。对眼无刺激；对兔皮肤有轻微刺激；对豚鼠皮肤无致敏性。大鼠饲喂 LC_{50}（4h）$>4.3mg/L$。NOEL 值[mg/(kg·d)]：（24个月）大鼠10，（18个月）小鼠1020，（1年）狗9.8。Ames 试验和一系列诱变和基因毒性试验中呈阴性。山齿鹑急性经口 $LD_{50}>2250mg/kg$；野鸭和山齿鹑饲喂 LC_{50}（8d）$>5620mg/(kg·d)$。鱼毒 LC_{50}（96h，mg/L）：大翻车鱼>4.3，虹鳟鱼>4.2。水蚤 LC_{50}（48h）3.7mg/L。月牙藻 EC_{50}（96h，120h）$>3.4mg/L$。蜜蜂 100μg/只（经口和接触）均无毒。蚯蚓 LC_{50}（14d）$>1213mg/kg$ 土壤。

制剂 SC。

应用 一种非固醇型结构的蜕皮激素，激活并附着蜕皮激素受体蛋白，促使鳞翅目幼虫在成熟前提早进入蜕皮过程而又不能形成健康的新表皮，从而导致幼虫提早停止取食，最终死亡。鳞翅目幼虫摄食甲氧虫酰肼后的反应是快速的，一般摄食4～16h后幼虫即停止取食，出现中毒症状。施药时期掌握在卵孵化盛期或害虫发生初期。为防止抗药性产生，害虫多代重复发生时建议与其他作用机理不同的药剂交替使用。

合成路线

分析方法 在土壤中的残留用 HPLC/UV 分析。

主要生产商 Dow AgroSciences。

参考文献
US 5344958。

甲氧滴滴涕（methoxychlor）

$C_{16}H_{15}Cl_3O_2$，345.7，72-43-5

1944 年由 P. Läuger 报道其杀虫活性。由 J. R. Geigy AG（现 Syngenta AG）和 E. I. du Pont de Nemours & Co. 推出。

其他名称 DMDT，Marlate，Sixanol

化学名称 1,1,1-三氯-2,2-双(4-甲氧基苯基)乙烷；1,1,1-trichloro-2,2-bis(4-methoxyphenyl)ethane

CAS 名称 1,1'-(2,2,2-trichloroethylidene)bis(4-methoxybenzene)

理化性质 纯品无色晶体（原药灰色粉末）。熔点89℃（原药77℃）。蒸气压很低，相对密度1.41（25℃）。水中溶解度0.1mg/L（25℃）。易溶于芳烃、植物油；氯仿和二甲苯440，甲醇50（g/kg，22℃）。对氧化剂和紫外线稳定。与碱金属反应，尤其是在活跃度催化金属存在下，氯化氢损失，但是慢于滴滴涕。阳光照射下颜色变成粉色或者棕褐色。

毒性 大鼠急性经口 LD_{50} 6000mg/kg。兔急性经皮 $LD_{50}>2000mg/kg$，对皮肤无刺激

性。1年饲喂试验，300mg/(kg·d)，对狗无不良影响；大鼠2年试验，200mg/kg无影响，但是1600mg/kg生长迟缓。绿头鸭 LD_{50} ＞2000mg/kg。北美鹑 LC_{50}（8d）＞5000mg/kg 饲料。鱼毒 LC_{50}（24h）：虹鳟鱼0.052mg/L，大翻车鱼0.067mg/L。水蚤 LC_{50}（48h）0.00078mg/L。

制剂 AE，DP，EC，GR，WP。

应用 具有触杀和胃毒作用。防除作物田、果树、花卉、蔬菜和森林大多数咀嚼式害虫。

分析方法 产品分析通过总氯含量分析。

参考文献

[1] CH 226180.
[2] GB 547871.
[3] US 2420928.

甲乙嘧啶硫磷（pyrimitate）

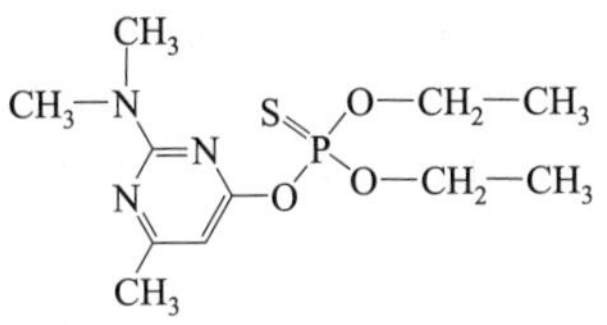

$C_{11}H_{20}N_3O_3PS$，305.3，5221-49-8

由 ICI Pharmaceuticals division 开发的杀虫杀螨剂。

其他名称 ICI 29 661，Diothyl

化学名称 O-(2-二甲基氨基-6-甲基嘧啶-4-基)-O,O-二乙基硫代磷酸酯；O-2-dimethyl-amino-6-methylpyrimidin-4-yl O,O-diethyl phosphorothioate

CAS名称 O-[2-(dimethylamino)-6-methyl-4-pyrimidinyl] O,O-diethyl phosphorothioate

应用 胆碱酯酶抑制剂。杀虫杀螨剂，常用于牲畜。

椒菊酯（barthrin）

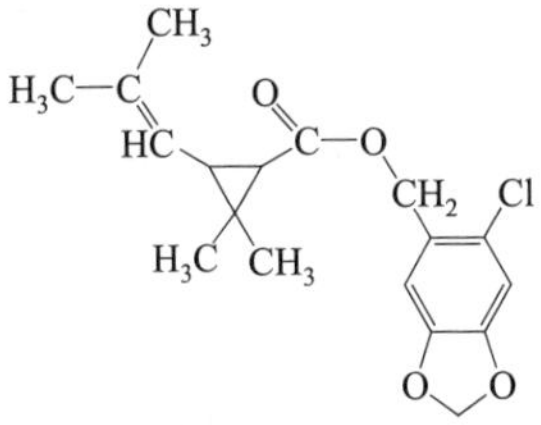

$C_{18}H_{21}ClO_4$，336.8，70-43-9

其他名称 barthrine

化学名称 （6-氯-1,3-苯并二氧-5-基）甲基(1*RS*,3*RS*；1*RS*,3*SR*)-2,2-二甲基-3-(2-甲基-1-丙烯基)环丙烷羧酸酯；(6-chloro-1,3-benzodioxol-5-yl)methyl(1*RS*,3*RS*；1*RS*,3*SR*)-2,2-dimethyl-3-(2-methylprop-1-enyl)cyclopropanecarboxylate or(6-chloro-1,3-benzodioxol-5-yl)methyl(±)-*cis-trans*-chrysanthemate

CAS 名称 (6-chloro-1,3-benzodioxol-5-yl)methyl 2,2-dimethyl-3-(2-methyl-1-propen-1-yl)cyclopropanecarboxylate

应用 杀虫剂。

腈吡螨酯（cyenopyrafen）

$C_{24}H_{31}N_3O_2$，393.5，560121-52-0

日产化学公司研制。2008年首次在日本和韩国登记，2009年进入市场。

其他名称 NC-512, Starmite

化学名称 (E)-2-(4-叔丁基苯基)-2-氰基-1-(1,3,4-三甲基吡唑-5-基)烯基 2,2-二甲基丙酸酯；(E)-2-(4-*tert*-butylphenyl)-2-cyano-1-(1,3,4-trimethylPyrazol-5-yl)vinyl 2,2-dimethylpropionate

CAS 名称 (1E)-2-cyano-2-[4-(1,1-dimethylethyl)phenyl]-1-(1,3,4-trimethyl-1*H*-pyrazol-5-yl)ethenyl 2,2-dimethylpropanoate

理化性质 白色固体。熔点106.7～108.2℃。蒸气压5.2×10^{-4} mPa（25℃）。$K_{ow}\lg P$ 5.6。Henry常数3.8×10^{-5} Pa·m³/mol（计算值）。相对密度1.11（20℃）。水中溶解度（20℃）0.30mg/L。54℃下14d内稳定。水溶液DT_{50} 0.9d（pH 9，25℃）。

毒性 大鼠急性经口$LD_{50}>$5000mg/kg。大鼠急性经皮$LD_{50}>$5000mg/kg。大鼠吸入LC_{50}（4h）>5.01mg/L。大鼠NOEL 5.1mg/(kg·d)。大鼠ADI/RfD 0.05mg/kg。山齿鹑急性经口$LD_{50}>$2000mg/kg。虹鳟LC_{50}（96h）18.3μg/L。水蚤LC_{50}（48h）2.94μg/L（极限溶解度）。绿藻E_bC_{50}（72h）>0.03mg/L。蜜蜂LD_{50}（48h）>100μg（a.i.）/只（经口和接触）。蚯蚓LD_{50}（14d）>1000mg/kg土壤。在动物体内主要通过粪便迅速降解（大约120h内降解95%～99%），没有生物富集作用。在植物体内缓慢降解。在土壤和水中迅速降解，田地土壤中的DT_{50} 2～5d，DT_{90} 5～15d。

制剂 SC。

应用 为新型吡唑类触杀型杀螨剂，与现有杀虫剂无交互抗性。通过代谢成羟基形式活化，产生药性。这种羟基形式在呼吸电子传递链上通过扰乱复合物Ⅱ（琥珀酸脱氢酶）达到抑制线粒体的效能。可有效控制水果、柑橘、茶叶、蔬菜上的各种害螨，叶面喷施。

合成路线 4-叔丁基苯乙腈和1,3,4-三甲基吡唑-5-甲酸酯在醇钠的作用下发生缩合反应，然后在三乙胺的作用下再与新戊酰氯反应生成产品。

中间体的制备方法如下：

主要生产商 Nissan。

参考文献

[1] CN 1768042.
[2] JP 2008007503.
[3] WO 2006048761.

精高效氯氟氰菊酯（gamma-cyhalothrin）

$C_{23}H_{19}ClF_3NO_3$，449.9，76703-62-3

20 世纪 80 年代初期 Pytech Chemicals GmbH 开发的拟除虫菊酯类杀虫剂。2009 年转让给 Cheminova。

其他名称 普乐斯，GCH，XR-225，XDE-225，DE-225，Fentrol，Nexide，Proaxis，Prolex，Vantex，Declare，Archer Plus，Fighter Plus，Rapid，Stallion，Trojan

化学名称 (S)-α-氰基-3-苯氧基苄基(Z)-(1R,3R)-3-(2-氯-3,3,3-三氟丙烯基)-2,2-二甲基环丙烷羧酸酯；(S)-α-cyano-3-phenoxybenzyl(Z)-(1R,3R)-3-(2-chloro-3,3,3-trifluoro-prop-1-enyl)-2,2-dimethylcyclopropanecarboxylate

CAS 名称 [1R-[1α(S*),3α(Z)]]-cyano(3-phenoxyphenyl)methyl 3-(2-chloro-3,3,3-trifluoro-1-propenyl)-2,2-dimethylcyclopropanecarboxylate

理化性质 白色晶体。熔点为 55.5℃。蒸气压为 3.45×10^{-4} mPa（20℃）。K_{ow} lgP 4.96（19℃）。相对密度 1.32。在水中溶解度（20℃）2.1×10^{-3} mg/L。245℃时分解。DT_{50} 1155d（pH 5），136d（pH 7），1.1d（pH 9）。水解 DT_{50} 10.6d（北纬 40°夏季）。

毒性 急性经口 LD_{50}：雄大鼠＞50mg/kg，雌大鼠 55mg/kg。急性经皮 LD_{50}：雄大鼠＞1500mg/kg，雌大鼠 1643mg/kg，对豚鼠皮肤有致敏现象。大鼠吸入 LC_{50}：雄大鼠 0.040mg/L，雌大鼠 0.028mg/L。山齿鹑急性经口 LD_{50}＞2000mg/kg；饲喂 LC_{50}：野鸭 4430mg/kg，山齿鹑 2644mg/kg 饲料。鱼 LC_{50}（96h）：虹鳟鱼 72.1～170mg/L，大翻车鱼 35.4～63.1mg/L。水蚤 EC_{50}（48h）45～99mg/L。羊角月牙藻 EC_{50}（96h）＞285mg/L。蜜蜂 LD_{50}（接触）0.005μg/只。蚯蚓 LC_{50}（14d）60g/L 制剂＞1300mg/kg 土壤，150g/L 制剂＞1000mg/kg 土壤。

应用 精高效氯氟氰菊酯为钠通道抑制剂。主要是阻断害虫神经细胞中的钠离子通道，使神经细胞丧失功能，导致靶标害虫麻痹、协调差，最终死亡。具有触杀和胃杀作用，无内吸作用。防治多种作物上的多种害虫，特别是咀嚼式和内吸式昆虫如控制鳞翅目幼虫、鞘翅目幼虫和成虫、蚜虫和蓟马；也可防治动物身上的寄生虫。

合成路线

主要生产商　Cheminova公司。

参考文献

农药商品大全. 北京：中国商业出版社，1996：148-151.

久效磷（monocrotophos）

$C_7H_{14}NO_5P$，223.2，6923-22-4

由 Ciba AG 和 Shell Chemical Co.（现 BASF）开发的有机磷类杀虫剂。

其他名称　铃杀，纽瓦克，亚素灵，C1414，SD9129，Apadrin，Azobane，Azodrin，Crotos，Monocron，Nuvacron，Phoskill

化学名称　二甲基(E)-1-甲基-3-(甲氨基)-3-氧代-1-丙烯磷酸酯；dimethyl(E)-1-methyl-2-(methylcarbamoyl)vinyl phosphate；3-dimethoxyphosphinoyloxy-N-methylisocrotonamide

CAS名称　(E)-dimethyl 1-methyl-3-(methylamino)-3-oxo-1-propenyl phosphate

理化性质　纯品为无色、吸湿晶体。熔点 54～55℃（原药 25～35℃），蒸气压 2.9×10^{-4} Pa（20℃），K_{ow} lg$P$－0.22（计算值），密度 1.22kg/L（20℃）。溶解度（20℃）：水中 100% 溶解，甲醇 100%，丙酮 70%，正辛醇 25%，甲苯 6%，难溶于煤油和柴油。大于 38℃时分解，大于 55℃发生热分解反应。20℃水解，DT_{50}（计算值）：96d（pH 5），66d（pH 7），17d（pH 9），在短链醇溶剂中不稳定。遇惰性材料分解（进行色谱分析时应注意）。

毒性　大鼠急性经口 LD_{50} 18mg/kg（雄），20mg/kg（雌）。兔急性经皮 LD_{50} 130～250mg/kg，雄性大鼠 126mg/kg，雌性大鼠 112mg/kg；对兔眼睛和皮肤无刺激。大鼠急性吸入 LC_{50}（4h）0.08mg/L 空气。大鼠（2 年）无作用剂量 0.5mg/kg 饲料 [0.025mg/(kg·d)]，狗 0.5mg/kg 饲料 [0.0125mg/(kg·d)]。野鸭急性经口 LD_{50}（14d）4.8mg/kg，雄性日本鹌鹑 3.7mg/kg，雄性山齿鹑 0.94mg/kg，鸡 6.7mg/kg，雏野鸡 2.8mg/kg，鸸鹋 6.5mg/kg，鸽子 2.8mg/kg，麻雀 1.5mg/kg。虹鳟鱼毒 LC_{50}（48h）7mg/L，虹鳟（24h）12mg/L，大翻车鱼 23mg/L。水蚤 LC_{50}（24h）0.24μg/L。对蜜蜂有较高毒性，LD_{50} 0.028～0.033mg/只（经口），0.025～0.35mg/只（局部）。

制剂　SL，UL。

应用　高毒农药，2007 年起已停止销售和使用。

合成路线

$(CH_3O)_3P$ + H_3C-CO-CHCl-CO-NH-CH$_3$ $\xrightarrow{\triangle}$ (CH$_3$O)$_2$P(O)-O-C(CH$_3$)=CH-CO-NH-CH$_3$

分析方法 产品分析采用反相 HPLC/UV 或 GLC。

主要生产商 ACA，Agro Chemicals India，Comlets，Coromandel，Crystal，Gujarat Pesticides，Hindustan，Hui Kwang，India Pesticides，Makhteshim-Agan，Nagarjuna Agrichem，Ralchem，Sabero，Sharda，Taiwan Tainan Giant，United Phosphorus，南通江山。

参考文献

[1] CIPAC handbook，1992，E：145-150.
[2] BE 552284.
[3] GB 829576.

久效威（thiofanox）

$C_9H_{18}N_2O_2S$，218.3，39196-18-4

由 R. L. Schauer 报道，T. A. Magee 和 L. E. Limpel 报道化学结构和生物活性之间的关系，由 Diamond Shamrock Chemical Co. 开发。

其他名称 虫螨肟，DS 15647，Dacamox

化学名称 (EZ)-1-(2,2-二甲基-1-甲硫基甲基亚丙基氨基氧)-N-甲基甲酰胺；(EZ)-3,3-dimethyl-1-methylthiobutanone O-methylcarbamoyloxime；(EZ)-1-(2,2-dimethyl-1-methylthiomethylpropylideneaminooxy)-N-methylformamide

CAS 名称 3,3-dimethyl-1-(methylthio)-2-butanone O-[(methylamino)carbonyl]oxime

理化性质 无色固体，有刺激味。熔点 56.5～57.5℃。蒸气压 2.26×10^{-2} Pa（25℃）。水中溶解度（22℃）5.2g/L，易溶于氯化物、芳香烃、酮类和非极性溶剂，微溶于脂肪烃。在正常温度下贮藏稳定，在 pH 5～9（<30℃）时适当水解，强酸和碱性条件下分解。

毒性 大鼠急性经口 LD$_{50}$ 为 8.5mg/kg。兔急性经皮 LD$_{50}$ 为 39mg/kg。大鼠和猎犬 90d 饲喂试验的无作用剂量分别为 1.0mg/(kg·d)、4.0mg/(kg·d)，胆碱酯酶抑制作用临床症状持续 3～4h。大鼠摄食 100mg/kg，对体重增加无影响。禽类急性经口 LD$_{50}$（mg/kg）：野鸭为 109，鹌鹑 43。鱼毒 LC$_{50}$（96h，mg/L）：虹鳟鱼 0.13，大翻车鱼 0.33。直接应用对蜜蜂无毒。

制剂 GR，ST，ZC。

应用 适用于棉花、马铃薯、花生、油菜、甜菜、谷类作物、烟草及观赏植物等，防治多种食叶害虫和螨类。

合成路线

参考文献

[1] J Agric Food Chem, 1977, 25: 1376.
[2] J Agric Food Chem, 1975, 23: 963.

拒食胺（DTA）

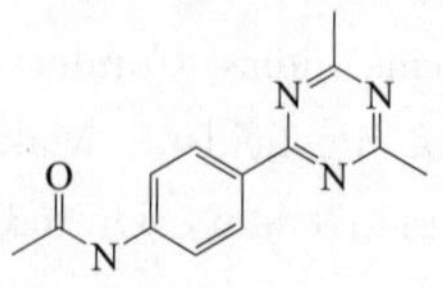

$C_{10}H_{14}ON_4$，201

本品为美国氰胺公司 1962 年发展的品种。

其他名称　DTA

化学名称　4-(二甲基三氮烯基)乙酰替苯胺；4-(dimethyltriazino)acetanilide

理化性质　原药为黄褐色粉末，在酸性条件下很快分解。

毒性　对温血动物低毒，对大鼠的急性经口 LD_{50} 为 510mg/kg。

制剂　DP，WP。

应用　本品对防治某些鳞翅目幼虫极其有效，对苜蓿草尺蠖、甘蓝尺蠖、莴苣尺蠖和黄蚊夜蛾、黏虫的防治很有效。对防治棉铃象、墨西哥豆瓢虫、十二星黄瓜瓢虫和棉铃虫亦有效。但对螨类、叶蝉和蚜虫无效。

绝育磷（tepa）

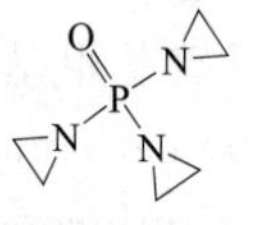

$C_6H_{12}N_3OP$，173.2，545-55-1

1952 年美国化学公司与西德 CarbicHoechst 公司发展品种。

其他名称　NSC-9717，SK-3818，TEF，APO，Aphoxide

化学名称　三-(1-氮杂环丙烯)氧化磷；tri-(1-aziridinyl)phosphineoxide

CAS 名称　1,1′,1′-phosphinylidynetris [aziridine]

理化性质　本品为白色固体。

毒性　对大鼠的急性经口 LD_{50} 为 37mg/kg；对皮肤有刺激作用。

应用　有机磷酸酯化学不育剂。

抗虫菊（furethrin）

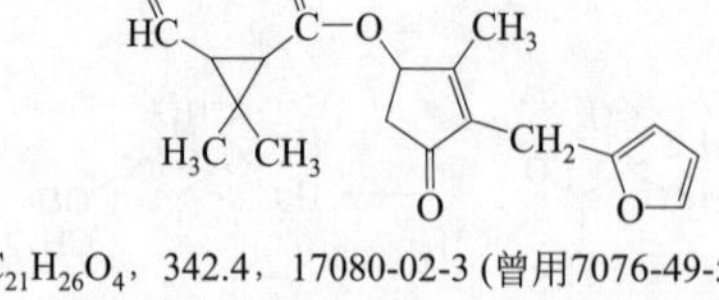

$C_{21}H_{26}O_4$，342.4，17080-02-3 (曾用7076-49-5)

1952 年由 M. Matsui 等报道。

化学名称 （RS)-3-糠基-2-甲基-4-氧代环戊-2-烯基(1RS,2RS；1RS,2SR)-2,2-二甲基-3-(2-甲基丙-1-烯基)环丙烷羧酸酯；(RS)-3-furfuryl-2-methyl-4-oxocyclopent-2-enyl(1RS,2RS；1RS,2SR)-2,2-dimethyl-3-(2-methylprop-1-enyl)cyclopropanecarboxylate(RS)-3-furfuryl-2-methyl-4-oxocyclopent-2-enyl(1RS)-cis-trans-2,2-dimethyl-3-(2-methylprop-1-enyl)cyclopropanecarboxylate；3-furfuryl-2-methyl-4-oxycyclopent-2-enyl (±)-cis-trans-chrysanthemate

CAS 名称 （±)-3-(2-furanylmethyl)-2-methyl-4-oxo-2-cyclopenten-1-yl 2,2-dimethyl-3-(2-methyl-1-propenyl)cyclopropanecarboxylate

理化性质 工业品为浅黄色油状液体，沸点 187～188℃（5.33Pa），折射率 1.5202，不溶于水，可溶于精制煤油中。

毒性 大鼠急性经口 LD_{50} 为 700mg/kg。

应用 菊酯类杀虫剂。

抗虫威（thiocarboxime）

$C_7H_{11}N_3O_2S$, 201.2, 25171-63-5

化学名称 （EZ)-3-[1-(甲氨基甲酰基氧亚氨基)乙硫基]丙腈；(EZ)-3-[1-(methylcarbamoyloxyimino)ethylthio]propiononitrile

CAS 名称 2-cyanoethyl N-[[(methylamino)carbonyl]oxy]ethanimidothioate

应用 杀虫、杀螨剂。

抗螨唑（fenazaflor）

$C_{15}H_7Cl_2F_3N_2O_2$, 375.1, 14255-88-0

1967 年由 D. T. Saggers 和 M. L. Clark 报道。由 Fisons Pest Control Ltd（Schering Agriculture）开发。

其他名称 NC 5016

化学名称 5,6-二氯-2-三氟甲基苯并咪唑基-1-羧酸苯酯；phenyl 5,6-dichloro-2-trifluoromethylbenzi-midazole-1-carboxylate

CAS 名称 phenyl 5,6-dichloro-2-(trifluoromethyl)-1H-benzimidazole-1-carboxylate

理化性质 本品为白色针状结晶。熔点 106℃，蒸气压 $1.1×10^{-4}$ mmHg（25℃）。工业品为灰黄色结晶粉末，熔点约 103℃。难溶于水，25℃时小于 1mg/L。除丙酮、苯、二氧六环和三氯乙烯外，仅微溶于一般有机溶剂。水/环己烷的分配比为 1/15000。干燥条件下稳定，但在碱性的悬浮液中将慢慢分解。在喷雾桶里不可放置过夜。

毒性　急性经口 LD_{50}：大鼠 283mg/kg，小鼠 1600mg/kg，鼹鼠 59mg/kg，兔 28mg/kg，鸡 50mg/kg。大鼠急性经皮 $LD_{50}>4000$mg/kg。鱼的 LC_{50}（24h）为 0.2mg/L。

制剂　WP。

应用　本品为非内吸性杀螨剂，对所有食植物性螨类的各个时期，包括卵，都具有良好的防治效果，并有一定的残效期。在作物上可使控制期达 24d 以上，尤其对有机磷产生抗性的螨类，更显出良好的效果。对一般的昆虫和动物无害，可用于某些果树、蔬菜和经济作物的虫害防治。

分析方法　产品水解成 5,6-二氯-2-三氟甲基苯并咪唑，以电子捕获检测器的气液色谱测定。

参考文献

[1] GB 1221787.
[2] GB 1087561.

抗蚜威（pirimicarb）

$C_{11}H_{18}N_4O_2$，238.3，23103-98-2

由 F.L.C.Baranyovits 和 R.Ghosh 报道，1970 年 ICI 植物保护公司（现在的 Syngenta AG）引入市场。

其他名称　辟蚜雾，PP062，Aphox，Pirimor

化学名称　2-二甲氨基-5,6-二甲基嘧啶-4-基二甲氨基甲酸酯；2-dimethylamino-5,6-dimethylpyrimidin-4-yldimethylcarbamate

CAS 名称　2-(dimethylamino)-5,6-dimethyl-4-pyrimidinyldimethylcarbamate

理化性质　原药为白色无臭结晶体，熔点 91.6℃。蒸气压 4×10^{-4}Pa（20℃）。相对密度 1.18（25℃)/工业品，1.21（25℃）。K_{ow}lg$P$ 1.7（未电离的）。Henry 常数（Pa·m³/mol）：2.9×10^{-5}（pH 5.2），3.3×10^{-5}（pH 7.4）。水中溶解度（20℃，g/L）：3.6（pH 5.2）、3.1（pH 7.4）、3.1（pH 9.3），丙酮、甲醇、二甲苯中溶解度$>$200g/L（20℃）。在一般的贮藏条件下稳定性$>$2 年，pH 4～9（25℃）不发生水解，水溶液对紫外线不稳定，$DT_{50}<$1d（pH 5、7 或 9），溶液暴露在日光下 $DT_{50}<$1d（pH 5、7 或 9），pK_a 为 4.44（20℃），弱碱性。

毒性　急性经口 LD_{50}（mg/kg）：雌大鼠 142，小鼠 107，狗 100～200。急性经皮 LD_{50}（mg/kg）：大鼠$>$2000，兔$>$500。对兔皮肤无刺激，对兔眼睛有微弱刺激。对豚鼠有中等的皮肤致敏性。雌大鼠吸入 LC_{50}（4h）0.86mg/L。NOEL：狗 3.5mg/(kg·d)，大鼠 75mg/kg 饲料 [3.7～4.7mg/(kg·d)]。无致癌性，对生殖系统无副作用。禽类急性经口 LD_{50}（mg/kg）：家禽 25～50，野鸭 28.5，山齿鹑 20.9。鱼毒 LC_{50}（96h，mg/L）：虹鳟鱼 79，蓝鳃 55，黑头呆鱼$>$100。水蚤 EC_{50}（48h）0.017mg/L。水藻 EC_{50}（96h）140mg/L。其他水生生物 EC_{50}（48h，mg/L）：静水椎实螺 19，对钩虾 48，摇蚊 60。对蜜蜂无毒性，

LD$_{50}$（24h）：4μg/只（经口），53μg/只（经皮）。蚯蚓 LC$_{50}$（14d）＞60mg/kg。

制剂　AE，DP，EC，FU，WG，WP。

应用　胆碱酯酶抑制剂。具有触杀、胃毒作用和吸入毒性的选择性、内吸性杀虫剂。由根部吸收，在木质部传导。能渗透进入叶片，但是不会大范围传导。选择性杀蚜剂，可用于很多作物，包括谷物和油料种子、马铃薯和其他蔬菜、果树、观赏植物和其他非食用作物。可有效防治抗有机磷杀虫剂的桃（烟）蚜。

合成路线

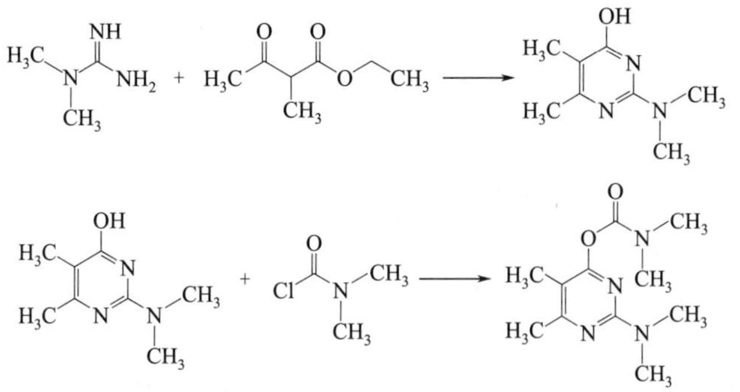

分析方法　产品用 GLC/FID 分析，也可通过 GLC、TLC、红外光谱或 NMR 定性。

主要生产商　Syngenta，大连瑞泽，江苏永联，江阴凯江。

参考文献

[1]　GB 1181657.

[2]　Bagness J E, Sharples W G. Analyst (London)，1974，99：225.

抗幼烯（R-20458）

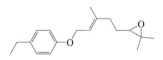

C$_{18}$H$_{26}$O$_2$，274.4，32766-80-6

其他名称　JTC-1，ACR2022，R-20458

化学名称　1-(4'-乙基苯氧基)-6,7-环氧-3,7-二甲基-2-辛烯；1-(4'-ethylphenoxy)-6,7-epoxy-3,7-dimethyl-2-octene

CAS 名称　(E)-3-[5-(4-ethylphenoxy)-3-methyl-3-pentenyl]-2,2-dimethyloxirane

理化性质　本品为琥珀色油状液体，在沸点以下分解。溶解度：水中 8.3mg/L（25℃），溶于丙酮、二甲苯、甲醇、乙醇、煤油。

毒性　大鼠急性经口 LD$_{50}$＞4000mg/kg，大鼠急性经皮 LD$_{50}$＞4000mg/kg。

制剂　EC。

应用　本品为具抗保幼激素作用的昆虫生长调节剂。对黄粉虫的蛹最有效；能阻止萤蟌的 1 龄雌若虫蜕皮；对厩螫蝇蛹的形态形成有作用，对幼虫、成虫均有效，对卵无效，并能抑制新孵化成虫的繁殖和发育；对棉红铃虫的幼虫也效。

合成路线　对羟基苯氧乙烷加到含 NaH 的 MeOCH$_2$CH$_2$OMe 中，于 10℃反应，混合物再用牻牛儿（香叶）溴在 25℃反应 18h，即得产品。

克百威（carbofuran）

$C_{12}H_{15}NO_3$，221.3，1563-66-2

由 F. L. McEwen 和 A. C. Davis 于 1965 年报道，由 FMC 和拜耳公司共同开发的一种杀螨、杀虫、杀线虫剂。

其他名称　大扶农，呋喃丹，FMC10242，BAY70143，D1221，Furadan，Diafuran，Agrofuran，Carbosip，Kunfu，Sunfuran

化学名称　2,3-二氢-2,2-二甲基-7-苯并呋喃基-N-甲基氨基甲酸酯；2,3-dihydro-2,2-dimethylbenzofuran-7-yl methylcarbamate

CAS 名称　2,3-dihydro-2,2-dimethyl-7-benzofuranyl N-methylcarbamate

理化性质　纯品为无色结晶，熔点 153～154℃（原药 150～152℃）。相对密度（20℃）1.18。蒸气压 0.031mPa（20℃），0.072mPa（25℃）。K_{ow}lg$P$ 1.52（20℃）。水中溶解度：320mg/L（20℃），351mg/L（25℃）。有机溶剂中溶解度（g/L，20℃）：二氯甲烷＞200，异丙醇 20～50，甲苯 10～20。稳定性：在碱性介质中不稳定，在酸性、中性介质中稳定，150℃以下稳定，水解 DT_{50}（22℃）：＞1 年（pH 4），121d（pH 7），31h（pH 9）。

毒性　急性经口 LD_{50}（mg/kg）：雄性、雌性大鼠8，狗15，小鼠14.4。雄、雌性大鼠急性经皮 LD_{50}（24h）＞2000mg/kg，对兔皮肤和眼睛具有中等程度刺激性。雄、雌性大鼠急性吸入 LC_{50}（4h）：0.075mg/L。日本鹌鹑急性经口 LD_{50} 2.5～5mg/kg，日本鹌鹑急性经皮 LC_{50} 60～240mg/kg。鱼类 LC_{50}（96h）：虹鳟鱼 22～29mg/L。水蚤类 LC_{50}（48h）38.6μg/L。对蜜蜂有毒（GR 除外）。

制剂　TC，TKP，TK，FS，GR。

应用　氨基甲酸酯类广谱性内吸杀虫、杀线虫剂。用于防治叶蝉科、叶甲科、叩甲科和螟蛾科土壤害虫和食叶性害虫，也用于防治线虫。主要适用于苜蓿、甜菜、谷物、柑橘、咖啡、棉花、葡萄、果树、玉米、马铃薯、水稻、大豆、甘蔗、烟草和蔬菜。具有触杀和胃毒作用。其毒理机制为抑制乙酰胆碱酯酶，但与其他氨基甲酸酯类杀虫剂不同的是，它与胆碱酯酶的结合不可逆，因此毒性高。能被植物根系吸收，并能输送到植株各器官，以叶部积累较多，特别是叶缘，在果实中含量较少。当害虫咀嚼和刺吸带毒植物的叶汁或咬食带毒组织时，害虫体内乙酰胆碱酯酶受到抑制，引起害虫神经中毒死亡。在土壤中半衰期为 30～60d。稻田水面撒药，残效期较短，施于土壤中残效期较长，在棉花和甘蔗田药效可维持 40d 左右。

合成路线

分析方法 产品分析采用 RPLC 法。

主要生产商 湖北沙隆达（荆州），湖南国发，湖南海利，江苏常隆，江苏嘉隆，太仓大塚化学，山东华阳。

参考文献

[1] The Pesticide Manual. 15 th edition：161-162.
[2] US 3474170.
[3] US 3474171.
[4] DE 1493646.
[5] CIPAC Handbook, 1988, D：20.

克仑吡林（clenpirin）

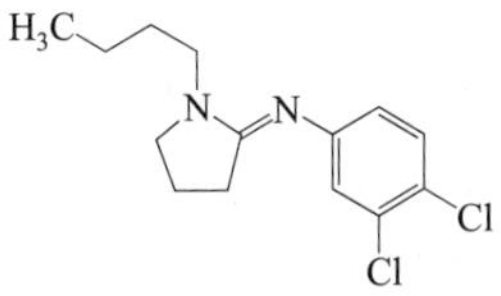

$C_{14}H_{18}Cl_2N_2$，285.2，27050-41-5

其他名称 clenpyrin

化学名称 N-[(2EZ)-1-丁基-2-吡咯烷亚基]-3,4-二氯苯胺；N-[(2EZ)-1-butylpyrrolidin-2-ylidene]-3,4-dichloroaniline

CAS 名称 N-(1-butyl-2-pyrrolidinylidene)-3,4-dichlorobenzenamine

应用 杀螨剂。

克杀螨（thioquinox）

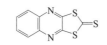

$C_9H_4N_2S_3$，236.3，93-75-4

由 G. Unterstenhfer 和由 K. Sasse 报道，由 BayerAG 开发的杀螨剂和杀菌剂。

其他名称 Eradex，Bayer30686

化学名称 1,3-二硫戊环并[4,5-b]喹喔啉-2-硫酮；1,3-dithiolo[4,5-b]quinoxaline-2-thione

CAS 名称 1,3-dithiolo[4,5-b]quinoxaline-2-thione

理化性质 本品为棕色无味粉末，熔点 180℃，蒸气压为 1×10^{-7} mmHg（20℃）。它几乎不溶于水和大多数有机溶剂，微溶于丙酮、乙醇。工业品的熔点为 165℃。200℃ 时稳定，对光稳定。耐水解，但对氧化敏感。氧化生成的 S-氧化物的生物活性未降低。

毒性 对大鼠的急性经口 LD_{50} 值为 3400mg/kg，大鼠的腹腔注射 LD_{50} 值为 231.5mg/kg，经皮施用 3000mg/kg 不影响大鼠，但工业品在 8 个人的试验中，有 2 个人的前臂引起刺激作用。

制剂 WP。

应用 本品为非内吸性杀螨剂，对卵也有效。还是一个防止白粉病有特效的杀菌剂。用于防治蔬菜、果树、茶树的螨成虫、幼虫及卵。有速效性，残效期长。作用于抗有机磷杀螨剂和杀螨酯的螨亦有效。兼治白粉病。

参考文献
US 3141886.

苦参碱（matrine）

$C_{15}H_{24}N_2O$，248.4，519-02-8

理化性质　深褐色液体，酸碱度≤1.0（以 H_2SO_4 计）。热贮存在（54±2）℃，14d 分解率≤5.0%，（在 0±1）℃冰水溶液放置 1h 无结晶，无分层。

毒性　急性经口：10000mg/kg（制剂）；急性经皮：10000mg/kg（制剂）。

制剂　SL，AS，EW，EC。

应用　为天然植物性农药。害虫一旦接触药剂，即麻痹神经中枢，继而使虫体蛋白凝固，堵死虫体气孔，使虫体窒息死亡。对人畜低毒，杀虫广谱，具有触杀、胃毒作用，对多种作物上的菜青虫、蚜虫、红蜘蛛等有较好的防效。不可与碱性物质混用。

主要生产商　三浦百草，中农大生化，南通神雨，赤峰帅旗。

喹啉威（hyquincarb）

$C_{13}H_{18}N_2O_2$，234.3，56716-21-3

1977 年由 K-D. Bock 报道。由 Hoechst AG. 开发。

其他名称　Hoe 25 682

化学名称　5,6,7,8-四氢-2-甲基-4-喹啉基二甲氨基甲酸酯；5,6,7,8-tetrahydro-2-methyl-4-quinolyl dimethylcarbamate

CAS 名称　5,6,7,8-tetrahydro-2-methyl-4-quinolinyl dimethylcarbamate

应用　二甲基氨基甲酸酯类杀虫剂。

喹硫磷（quinalphos）

$C_{12}H_{15}N_2O_3PS$，298.3，13593-03-8

由 K-J. Schmidt 和 L. Hammann 报道。由 Bayer AG 和 Sandoz AG（后为 Novartis Crop Protective AG）引入，这两家公司均已停止生产和销售该产品。

其他名称　爱卡士，喹噁磷，克铃死，ENT 27394，Deviquin，Hilquin，Max，Quinaal，Quinatox，Quinguard，Rambalux，Starlux，Vazra

化学名称　O,O-二乙基-O-喹喔啉-2-基硫代磷酸酯；O,O-diethyl O-quinoxalin-2-yl phosphorothioate

CAS 名称　O,O-diethyl O-2-quinoxalinyl phosphorothioate

理化性质　无色结晶固体。熔点 31～32℃。沸点 142℃（0.0003mmHg）（分解）。蒸气压 0.346mPa（20℃）。相对密度 1.235（20℃）。$K_{ow}\lg P$ 4.44（23℃，10～100mg/kg）。水中溶解度（20～23℃）：17.8mg/L；有机溶剂中溶解度：正己烷 250g/L（20℃）；易溶于甲苯、二甲苯、乙醚、乙酸乙酯、丙酮、乙腈、甲醇和乙醇。微溶于石油醚（23℃）。有效成分于室温内放置 14d 稳定。液态原药不太稳定，但当稀释于非极性有机溶剂中并在稳定剂存在的条件下，在贮存环境中稳定。制剂是稳定的（在年平均温度≤25℃下，保质期 2 年）。对水解敏感；水解 DT_{50}（25℃，17mg/L 和 2.5mg/L）：23d（pH 3）、39d（pH 6）、26d（pH 9）。

毒性　雄大鼠急性经口 LD_{50} 71mg/kg。雄大鼠急性经皮 LD_{50} 1750mg/kg。对兔眼睛和皮肤无刺激性。大鼠吸入 LC_{50}（4h）约 0.45mg/L 空气。大鼠 NOEL（2 年）3mg/(kg·d)（基于胆碱酯酶抑制）。ADI/RfD（EPA）cRfD 0.0005mg/kg [1992]。对大鼠和兔无致畸性。无潜在致突变性。在大鼠、小鼠和狗体内具有胆碱酯酶抑制剂的作用。日本鹌鹑急性经口 LD_{50}（14d）4.3mg/kg，野鸭 37mg/kg。鹌鹑饲喂 LC_{50}（8d）66mg/kg，野鸭 220mg/kg。鲤鱼 LC_{50}（96h）3.63mg/L，虹鳟 0.005mg/L。水蚤 LC_{50}（48h）0.66μg/L。对蜜蜂高毒。蜜蜂急性 LD_{50}（经口）0.07μg/只；（局部）0.17μg/只。蚯蚓 LC_{50}：188mg/kg 土（7d），118.4mg/kg 土（14d）。

制剂　DP，EC，EW，GR，UL。

应用　胆碱酯酶抑制剂。具有触杀和胃毒作用的杀虫、杀螨剂。可防治多种鳞翅目、鞘翅目、双翅目、半翅目等害虫。例如，用于果树、棉花、蔬菜和花生防治毛虫；用于果树防治介壳虫；用于水稻防治各种害虫。也可用于甜菜、葡萄、观赏植物、马铃薯、大豆、茶树、咖啡、可可等作物，防治蚜虫、棉铃虫、螟虫、叶蝉、粉蚧、螨虫、稻飞虱、牧草虫等。

合成路线

分析方法　产品用 GLC 分析；或先用 TLC，随后用紫外分光光度法测定洗脱化合物。

主要生产商　Bharat，Dooyang，Ficom，Gharda，Gujarat，Gujarat Pesticides，Hikal，India Pesticides，Sharda，United Phosphorus。

参考文献

[1] BE 681443.
[2] DE 1545817（Bayer）.

喹螨醚（fenazaquin）

$C_{20}H_{22}N_2O$，306.4，120928-09-8

1993 年由 DowElanco（现属 Dow AgroSciences）公司开发。

其他名称　螨即死，EL-436，lilly 193136，XDE436，DE436（Dow），Totem，Boramae，Demitan，Magister，Magus，Matador

化学名称　4-叔丁基苯乙基喹唑啉-4-基醚；4-*tert*-butylphenethyl quinazolin-4-yl ether

CAS 名称　4-[[4-(1,1-dimethylethyl)phenyl]ethoxy]quinazoline

理化性质　纯品为无色晶体。熔点 77.5~80℃。蒸气压 $3.4×10^{-6}$ Pa（25℃）。相对密度 1.16。K_{ow}lg$P$ 5.51（20℃）。Henry 常数 $4.74×10^{-3}$ Pa·m³/mol（计算值）。水中溶解度（mg/L，20℃）：0.102（pH 5、7），0.135（pH 9）；其他溶剂中溶解度（g/L，20℃）：三氯甲烷＞500，甲苯 500，丙酮 400，甲醇 50，异丙醇 50，乙腈 33，正己烷 33。水溶液中稳定性 DT_{50} 15 d（pH 7，25℃）。

毒性　急性经口 LD_{50}（mg/kg）：大鼠雄 134，雌 138；小鼠雄 2449，雌 1480。兔急性经皮 LD_{50}＞5000mg/kg；对兔眼睛轻度刺激；对皮肤无刺激、致敏。大鼠吸入 LC_{50}（4h）1.9mg/L 空气。NOEL：0.5mg/kg。无明显致突变、致畸、致癌性。禽急性经口 LD_{50}（mg/kg）：山齿鹑 1747，野鸭＞2000。急性饲喂 LC_{50}：山齿鹑、野鸭＞5000mg/L。鱼类 LC_{50}（96h，μg/L）：鳟鱼 3.8，大翻车鱼 34.1。水蚤 LC_{50}（48h）4.1μg/L。蜜蜂 LD_{50}（接触）8.18μg/只。蚯蚓 LC_{50}（14d）1.93mg/kg 土壤。

制剂　EC，SC。

应用　具有触杀及胃毒作用，可作为电子传递体取代线粒体中呼吸链的复合体Ⅰ，从而占据其与辅酶 Q 的结合位点导致害螨中毒。对成虫具有很好的活性，也具有杀卵活性，可阻止若虫的羽化。在中国试验证明，喹螨醚对苹果害螨、柑橘红蜘蛛等害螨的各种螨态如夏卵、幼若螨和成螨都有很高的活性。药效发挥迅速，控制期长。适用于果园、蔬菜等。可防治近年为害上升的苹果二斑叶螨（白蜘蛛），尤其对卵效果更好。可防治多种害螨，尤其对苹果害螨防效卓越。目前已知可用来防治苹果红蜘蛛、山楂叶螨、柑橘红蜘蛛等，在台湾等地喹螨醚主要用来防治二斑叶螨等。

合成路线

分析方法　可用 HPLC 进行分析。

主要生产商　Gowan，Gowan Intl，Sapec。

参考文献

EP 0326329.

乐果（dimethoate）

$$CH_3NHCOCH_2\overset{\overset{S}{\|}}{S}P(OCH_3)_2$$

$C_5H_{12}NO_3PS_2$，229.3，60-51-5

1951 年 E. I. hoegberg 和 J. T. Cassaday 介绍其杀虫性能。由 American Cyanamid Co.（转让给 Wilbur-Ellis Co.），BASF AG，Boehringer Sohn（现 BASF SE），Montecatini S. p. A.（现 Isagro S. p. A.）开发。

其他名称　fosfamid，Rogor，Cyqon，Roxion，Fostion MM，Perfkthion

化学名称　O,O-二甲基-S-(甲基氨基甲酰甲基)二硫代磷酸酯；O,O-dimethyl S-methyl-carbamoylmethyl phosphorodithioate；2-dimethoxyphosphinothioylthio-N-methylacetamide

CAS 名称　O,O-dimethyl S-[2-(methylamino)-2-oxoethyl] phosphorodithioate

理化性质　纯品为无色结晶固体。熔点 49～52℃，沸点 117℃（0.013kPa）。蒸气压 0.25mPa（25℃）。$K_{ow}\lg P$ 0.704。Henry 常数 $1.42×10^{-6}$ Pa·m³/mol。相对密度 1.31（20℃，纯度 99.1%）。水中溶解度 39.8g/L（pH 7，25℃）；易溶于大多数有机溶剂，如醇类、酮类、甲苯、苯、氯仿、二氯甲烷等溶解度＞300g/kg，四氯化碳、饱和烷烃、正辛醇等溶解度＞50g/kg（20℃）。pH 2～7 介质中稳定。碱性介质中分解，DT_{50}：4.4d（pH 9）。光稳定性 DT_{50}＞175d（pH 5）。受热分解为 O，S-二甲基类似物。

毒性　急性经口 LD_{50}：大鼠 387mg/kg，小鼠 160mg/kg，兔 300mg/kg，豚鼠 350mg/kg。大鼠急性经皮 LD_{50}＞2000mg/kg；对兔眼睛和皮肤无刺激。大鼠吸入 LC_{50}（4h）＞1.6mg/L 空气。无作用剂量：大鼠（2 年）0.23mg/(kg·d)，狗（1 年）0.2mg/(kg·d)，人（39d）0.2mg/(kg·d)。禽类急性经口 LD_{50}（mg/kg）：野鸭 42，山齿鹑 10.5，日本鹌鹑 84，雉鸡 14.1。LC_{50}（mg/kg）：野鸭 1011，山齿鹑 154，日本鹌鹑 346，雉鸡 396。鱼毒 LC_{50}（96h）：虹鳟鱼 30.2mg/L，大翻车鱼 17.6mg/L。水蚤 EC_{50}（48h）：2mg/L。对蜜蜂有毒，LD_{50} 0.15μg/只（经口），0.2μg/只（接触）。蠕虫 LC_{50} 31mg/kg 干土。

制剂　EC，GR，WP。

应用　内吸性有机磷杀虫、杀螨剂。杀虫范围广，对害虫和螨类有强烈的触杀和一定的胃毒作用。在昆虫体内能氧化成活性更高的氧乐果，其作用机制是抑制昆虫体内的乙酰胆碱酯酶，阻碍神经传导而导致死亡。适用于防治多种作物上的刺吸式口器害虫，如蚜虫、叶蝉、粉虱、潜叶性害虫及某些蚧类，有良好的防治效果，对螨也有一定的防效。啤酒花、菊科植物、高粱有些品种、烟草、枣树、桃、杏、梅树、橄榄、无花果、柑橘等作物对稀释倍数在 1500 倍以下的乐果乳剂敏感，使用前应先作药害实验。乐果对牛、羊的胃毒性大，喷过药的绿肥、杂草在 1 个月内不可喂牛、羊。施过药的地方 7～10d 内不能放牧牛、羊。对家禽胃毒更大，使用时要注意。蔬菜在收获前不要使用该药。

分析方法　采用 GLC 或 HPLC。

主要生产商　Agrochem，Cheminova，Drexel，Lucava，Mico，Nortox，Rallis，Sundat，United Phosphorus，池州新赛德化工，湖北沙隆达，湖南海利，三农化工，郑州兰博尔，江苏腾龙，浙江华兴。

参考文献

[1] US 2494283.
[2] DE 1076662.
[3] GB 791824.

乐杀螨（binapacryl）

$C_{15}H_{18}N_2O_6$，322.3，485-31-4

由 L. Emmel 和 M. Czech 于 1960 年报道，由 Hoechst AG 推出的杀螨剂和杀菌剂。

其他名称　Hoe 02 784，Acricid，Morocide，Endosan

化学名称　2-仲丁基-4,6-二硝基苯基-3-甲基丁烯 2-酸酯；2-sec-butyl-4,6-dinitrophenyl 3-methylbut-2-enoate

CAS 名称　2-(1-methylpropyl)-4,6-dinitrophenyl 3-methyl-2-butenoate

理化性质　无色晶体粉末。熔点 66～67℃（原药 65～69℃）。蒸气压 13mPa(60℃)。相对密度 1.2(20℃)[原药 1.25～1.28(20℃)]。水中溶解度：约 1mg/L(pH 5,20℃)；其他溶剂中溶解度(g/L,20℃)：正己烷约 0.4，二氯甲烷、乙酸乙酯、甲苯＞500，甲醇约 21。紫外线照射下缓慢分解；碱性和浓酸条件下不稳定；长期接触水会有微弱水解。

毒性　急性经口 LD_{50}(mg/kg)：大鼠 150～225，雄小鼠 1600～3200，雌豚鼠 300，狗 450～640。兔和小鼠急性经皮 LD_{50}（丙酮溶液）750mg/kg；对眼睛有轻微的刺激。NOEL 值：2 年饲喂试验，大鼠 500mg/kg 饲料、狗 50mg/kg 饲料条件下没有致病影响。鸡急性经口 LD_{50} 800mg/kg。鱼类最大耐受剂量(mg/L)：孔雀鱼 0.5，鲤鱼 1.0，鲑鱼 2.0。对蜜蜂没有毒性。

制剂　EC,WP,SC。

应用　非内吸性杀螨剂、杀菌剂。主要用于防治果树叶螨和白粉病，也可防治柑橘红蜘蛛。对各时期的螨都有效。也作为触杀型杀菌剂，抑制孢子萌发，从而阻止其再侵染。有触杀作用和选择性。高温使用时易产生药害，须使用低浓度；茶的新梢嫩叶、番茄幼苗和葡萄幼苗易产生药害，不宜使用。可与杀虫剂和酸性杀菌剂混用，但与有机磷化合物混用有药害。在印度禁用，禁用原因：1995 年 3 月确定被列入 PIC 名单。

分析方法　产品先水解为酚，之后采用三氯化钛滴定法或比色法测定。

主要生产商　Hoechst。

参考文献

[1] GB 855736.
[2] DE 1099787.
[3] Farrington D S. et al. Analyst(London),1983,108:353.
[4] Emmel L, Czech M. Anz Schaedlingskd,1960,33:145.

雷复沙奈(rafoxanide)

$C_{19}H_{11}Cl_2I_2NO_3$，626.0，22662-39-1

化学名称　3′-氯-4′-(4-氯苯氧基)-3,5-二碘水杨酰苯胺；3′-chloro-4′-(4-chlorophenoxy)-3,5-diiodosalicylanilide

CAS 名称　N-[3-chloro-4-(4-chlorophenoxy)phenyl]-2-hydroxy-3,5-diiodobenzamide

应用　杀虫剂。

雷公藤甲素（triptolide）

$C_{20}H_{24}O_6$，360.4，38748-32-2

化学名称　(3bS,4aS,5aS,6R,6aR,7aS,7bS,8aS,8bS)-3b,4,4a,6,6a,7a,7b,8b,9,10-十氢-6-羟基-6a-异丙基-8b-甲基三环氧并[6,7:8a,9:4b,5]菲并[1,2-c]呋喃-1(3H)-酮；(3bS,4aS,5aS,6R,6aR,7aS,7bS,8aS,8bS)-3b,4,4a,6,6a,7a,7b,8b,9,10-decahydro-6-hydroxy-6a-isopropyl-8b-methyltrisoxireno[6,7:8a,9:4b,5]phenanthro[1,2-c]furan-1(3H)-one

CAS 名称　(3bS,4aS,5aS,6R,6aR,7aS,7bS,8aS,8bS)-3b,4,4a,6,6a,7a,7b,8b,9,10-decahydro-6-hydroxy-8b-methyl-6a-(1-methylethyl)trisoxireno[4b,5:6,7:8a,9]phenanthro[1,2-c]furan-1(3H)-one

理化性质　纯度≥98.0%（HPLC），熔点 227～228℃，无色针状结晶。溶解在氯仿、乙酸乙酯、乙醇和甲醇中，不溶于水。

毒性　大鼠急性经口 LD_{50}：3160mg/kg（雌），4640mg/kg（雄）；大鼠急性经皮 LD_{50}>3000mg/kg。

制剂　TK，GR。

应用　雷公藤甲素是一个具有多种生物活性的二萜内酯，来源于雷公藤的根，可干扰黏虫胆碱能突触部位乙酰胆碱递质的释放，抑制 Na^+，K^+-ATP 酶活性，并对中肠肠壁细胞的内膜系统有一定影响。可广泛应用于菜青虫、小菜蛾、黏虫等农业、蔬菜害虫治理，在大田、保护地均可使用。

主要生产商　无锡开立达。

雷皮菌素（lepimectin）

R = CH_3，CH_2CH_3

$C_{40}H_{51}NO_{10}$ (methyl)，705.8，171249-10-8；$C_{41}H_{53}NO_{10}$ (ethyl)，719.9，171249-05-1

日本三共农药公司开发的抗生素类杀虫剂。

其他名称 Aniki

化学名称 ($10E,14E,16E$)-($1R,4S,5'S,6R,6'R,8R,12R,13S,20R,21R,24S$)-6'-乙基-21,24-二羟基-5',11,13,22-四甲基-2-氧代-(3,7,19-三噁四环[15.6.1.1^{4,8}.0^{20,24}]二十五烷-10,14,16,22-四烯)-6-螺-2'-(四氢吡喃)-12-基(Z)-2-甲氧亚胺-2-苯乙酸酯 和($10E,14E,16E$)-($1R,4S,5'S,6R,6'R,8R,12R,13S,20R,21R,24S$)-21,24-二羟基-5',6',11,13,22-五甲基-2-氧代-(3,7,19-三噁四环[15.6.1.1^{4,8}.0^{20,24}]二十五烷-10,14,16,22-四烯)-6-螺-2'-四氢吡喃-12-基(Z)-2-甲氧亚胺-2-苯乙酸酯,或($2aE,4E,8E$)-($5'S,6S,6'R,7R,11R,13R,15S,17aR,20R,20aR,20bS$)-6'-乙基-3',4',5',6,6',7,10,11,14,15,17a,20,20a,20b-十四氢-20,20b-二氢-5',6,8,19-四甲基-17-氧代螺[11,15-亚甲基-2H,13H,17H-糠[4,3,2-pq][2,6]苯并二噁环十八英-13,2'-[2H]吡喃]-7-基(Z)-2-甲氧亚胺-2-苯乙酸酯和($2aE,4E,8E$)-($5'S,6S,6'R,7R,11R,13R,15S,17aR,20R,20aR,20bS$)-3',4',5',6,6',7,10,11,14,15,17a,20,20a,20b-十四氢-20,20b-二羟基-5',6,6',8,19-五甲基-17-氧代螺[11,15-亚甲基-2H,13H,17H-糠[4,3,2-pq][2,6]苯并二噁环十八英-13,2'-[2H]吡喃]-7-基(Z)-2-甲氧亚胺-2-苯乙酸酯。

mixture of 80%～100%($10E,14E,16E$)-($1R,4S,5'S,6R,6'R,8R,12R,13S,20R,21R,24S$)-6'-ethyl-21,24-dihydroxy-5',11,13,22-tetramethyl-2-oxo-(3,7,19-trioxatetracyclo[15.6.1.1^{4,8}.0^{20,24}]pentacosa-10,14,16,22-tetraene)-6-spiro-2'-(tetrahydropyran)-12-yl(Z)-2-methoxyimino-2-phenylacetate 和 20%～0($10E,14E,16E$)-($1R,4S,5'S,6R,6'R,8R,12R,13S,20R,21R,24S$)-21,24-dihydroxy-5',6',11,13,22-pentamethyl-2-oxo-(3,7,19-trioxatetracyclo[15.6.1.1^{4,8}.0^{20,24}]pentacosa-10,14,16,22-tetraene)-6-spiro-2'-(tetrahydropyran)-12-yl(Z)-2-methoxyimino-2-phenylacetate 或 bridged fused ring systems nomenclature: mixture of 80%～100%($2aE,4E,8E$)-($5'S,6S,6'R,7R,11R,13R,15S,17aR,20R,20aR,20bS$)-6'-ethyl-3',4',5',6,6',7,10,11,14,15,17a,20,20a,20b-tetradecahydro-20,20b-dihydroxy-5',6,8,19-tetramethyl-17-oxospiro[11,15-methano-2H,13H,17H-furo[4,3,2-pq][2,6]benzodioxacyclooctadecin-13,2'-[2H]pyran]-7-yl(Z)-2-methoxyimino-2-phenylacetate and 20%～0($2aE,4E,8E$)-($5'S,6S,6'R,7R,11R,13R,15S,17aR,20R,20aR,20bS$)-3',4',5',6,6',7,10,11,14,15,17a,20,20a,20b-tetradecahydro-20,20b-dihydroxy-5',6,6',8,19-pentamethyl-17-oxospiro[11,15-methano-2H,13H,17H-furo[4,3,2-pq][2,6]benzodioxacyclooctadecin-13,2'-[2H]pyran]-7-yl(Z)-2-methoxyimino-2-phenylacetate

CAS名称 a mixture of ($6R,13R,25R$)-5-O-demethyl-28-deoxy-6,28-epoxy-13-[[(methoxyimino)phenylacetyl]oxy]-25-methylmilbemycin B and ($6R,13R,25R$)-5-O-demethyl-28-deoxy-6,28-epoxy-25-ethyl-13-[[(methoxyimino)phenylacetyl]oxy]milbemycin B in the ratio ≤2 to≥8

理化性质 ethyl取代物含量为80%～100%,methyl取代物含量为0～20%。白色结晶粉末。熔点:154～156℃(methyl),152～154℃(ethyl)。蒸气压:(methyl)<2.97×10^{-3}mPa,(ethyl)<4.78×10^{-3}mPa(80℃)。K_{ow}(methyl) lg$P$ 6.5,(ethyl) lg$P$ 7.0(25℃)。相对密度:(methyl)<1.068,(ethyl)<1.173 [(20±1)℃]。溶解度(methyl):水中0.10347mg/L[(20±0.5)℃];甲苯>250,二氯甲烷>250,丙酮>250,甲醇>250,乙酸乙酯>250,正己烷4.43(g/L,20℃);溶解度(ethyl):水中0.04679mg/L[(20±0.5)℃];甲苯>250,二氯甲烷>250,丙酮>250,甲醇>250,乙酸乙酯226.9,正己烷0.89(g/L,20℃)。水解DT_{50}(methyl,25℃):71.6d (pH 4),71.6d (pH 7),56.8d (pH 9);(ethyl,25℃):75.2d (pH 4),86.0d (pH 7),97.1d (pH 9)。

毒性 （methyl）急性经口 LD_{50} （mg/kg）：大鼠雄 506，雌＞506；（ethyl）急性经口 LD_{50} （mg/kg）：大鼠雄＞2000，雌＞2000。雄、雌鼠急性经皮 LD_{50} （mg/kg）＞2000。大鼠吸入 LC_{50} （mg/kg）：雄、雌＞5.15。最大无作用剂量（mg/kg·d）：大鼠 200。每日允许摄取量（日本）0.02mg/kg。无致畸、致突变、致癌作用。

制剂 EC，SC。

应用 抗生素类杀虫剂。适用于柑橘、草莓、番茄、茶、葡萄、苹果、梨、萝卜、葱、莴苣、白菜、卷心菜、茄子等。防治燕尾蝶、夜盗虫、桃毛兽、卷叶虫等。

分析方法 产品可用 HPLC 或 LC/MS 分析。

主要生产商 三共农用化学品公司。

参考文献

JP 2008143818.

联苯肼酯（bifenazate）

$C_{17}H_{20}N_2O_3$，300.4，149877-41-8

由 M. A. Dekeyser 等于 1996 年报道，由 Uniroyal 公司发现并由 Uniroyal 公司和 Nissan 公司联合开发，是于 2000 年上市的联苯肼类杀螨剂。

其他名称 D2341，NC-1111，Mito-kohne，Acramite，Enviromite，Floramite

化学名称 3-(4-甲氧基联苯基-3-基)肼基甲酸异丙酯；isopropyl 3-(4-methoxybiphenyl-3-yl)carbazate

CAS 名称 1-methylethyl 2-[4-methoxy[1,1'-biphenyl]-3-yl]hydrazinecarboxylate

理化性质 工业品纯度＞95%。纯品为白色、无味晶体。熔点 123~125℃。蒸气压 3.8×10^{-4} mPa（25℃）。相对密度 1.31。K_{ow} lg$P$ 3.4（25℃，pH 7）。Henry 常数 1×10^{-3} Pa·m³/mol。水中溶解度（20℃，pH 值不确定）：2.06mg/L；其他溶剂中溶解度（g/L，25℃）：甲醇 44.7，乙腈 95.6，乙酸乙酯 102，甲苯 24.7，正己烷 0.232。在 20℃ 下稳定（贮存期大于 1 年）；水溶液中 DT_{50}（25℃）：9.10d（pH 4），5.40d（pH 5），0.80d（pH 7），0.08d（pH 9）；光照 DT_{50} 17h（25℃，pH 5）。pK_a 12.94（23℃）。闪点≥110℃。表面张力（22℃）64.9mN/m。

毒性 大鼠急性经口 LD_{50}＞5000mg/kg。大鼠急性经皮 LD_{50}（24h）＞5000mg/kg；大鼠吸入 LC_{50}（4h）＞4.4mg/L。本品对兔眼睛和皮肤轻微刺激。NOEL [90d，mg/(kg·d)]：雄大鼠 2.7，雌大鼠 3.2，雄狗 0.9，雌狗 1.3；NOEL [1 年，mg/(kg·d)]：雄狗 1.014，雌狗 1.051；NOEL [2 年，mg/(kg·d)]：雄大鼠 1.0，雌大鼠 1.2；NOEL [78 周，mg/(kg·d)]：雄小鼠 1.5，雌小鼠 1.9。ADI/RfD（JMPR）0.01mg/kg；（EC）0.01mg/kg；（FSC）0.01mg/kg。Ames 阴性，对大鼠、兔无致突变性、致畸性，对大鼠、小鼠无致癌性。山齿鹑急性经口 LD_{50} 1142mg/kg；饲喂 LC_{50}（5d）：山齿鹑 2298mg/kg，野鸭 726mg/kg。鱼类 LC_{50}（96h）：虹鳟 0.76mg/L，大翻车鱼 0.58mg/L。水蚤 EC_{50}（48h）0.50mg/L，海藻 E_bC_{50}（96h）0.90mg/L。东方牡蛎 EC_{50}（96h）0.42mg/L。蜜蜂 LD_{50}（48h）：＞100μg/只（经口），8.5μg/只（接触）。蚯蚓 LC_{50}（14d）＞1250mg/kg 土

壤。对淡水鱼和软体动物高急性毒性。对捕食螨如钝绥螨属、静走螨属无药害。对草蛉、丽蚜小蜂和步行虫无药害。

制剂 SC，WG，WP。

应用 主要防治活动期食叶类螨虫，如全爪螨、二点叶螨的各个阶段。对一些其他螨类，尤其对二斑叶螨具有杀卵作用。适用于柑橘、葡萄及其他果树、蔬菜、棉花、玉米和观赏植物等。无内吸性，与其他杀虫剂无交互抗性。对螨的各个发育阶段有效，具有杀卵活性和对成螨的击倒活性（48～72h）。用药后 3d 内对于靶标害螨有击倒效用，并能持续 30d。实验室研究表明，联苯肼酯对捕食性益螨没有负面影响。其作用机理为对螨类的中枢神经传导系统的一种 γ-氨基丁酸（GABA）受体的独特作用。对植物无毒，效力持久。本品不宜连续使用，建议与其他类型药剂轮换使用。

合成路线

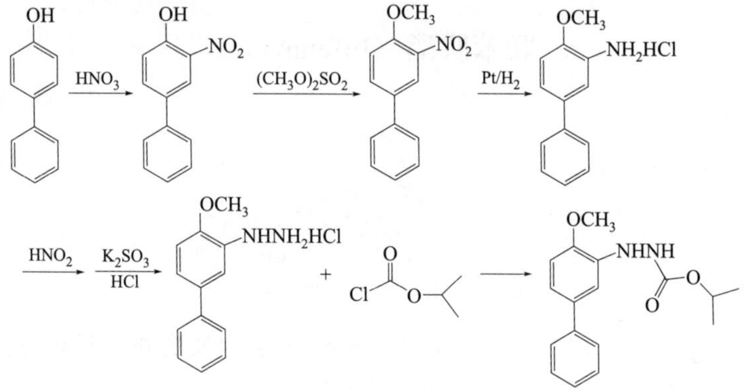

分析方法 产品采用 HPLC-UV 分析。

主要生产商 Chemtura。

参考文献

[1] US 5367093.
[2] US 5438123.
[3] CN 107595.
[4] WO 0132599.
[5] The Pesticide Manual. 15th ed：101-102.

联苯菊酯（bifenthrin）

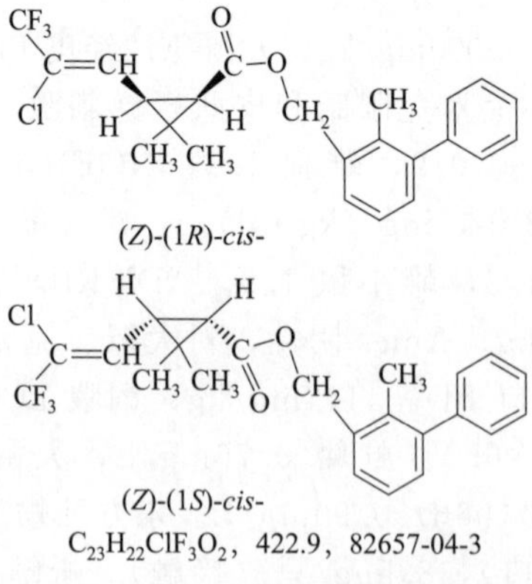

(Z)-(1R)-cis-

(Z)-(1S)-cis-

$C_{23}H_{22}ClF_3O_2$，422.9，82657-04-3

由 FMC 公司开发的拟除虫菊酯类杀虫剂。

其他名称　毕芳宁，虫螨灵，氟氯菊酯，天王星，FMC 54800，OMS 3024，Annex，Biphenthrin，Milord，Talstar，Capture，Onyx

化学名称　2-甲基联苯基-3-基甲基(Z)-($1R$,$3R$;$1S$,$3S$)-3-(2-氯-3,3,3-三氟丙-1-烯基)-2,2-二甲基环丙烷羧酸酯;2-methylbiphenyl-3-ylmethyl(Z)-($1RS$,$3RS$)-3-(2-chloro-3,3,3-trifluoroprop-1-enyl)-2,2-dimethylcyclopropanecarboxylate; 2-methylbiphenyl-3-ylmethyl or (Z)-($1RS$)-cis-3-(2-chloro-3,3,3-trifluoroprop-1-enyl)-2,2-dimethylcyclopropanecarboxylate

CAS 名称　[2-methyl[1,1′-biphenyl]-3-yl]methyl 3-(2-chloro-3,3,3-trifluoro-1-propenyl)-2,2-dimethylcyclopropanecarboxylate

理化性质　黏稠液体、结晶或蜡状固体。熔点 68～70.6℃，沸点 320～350℃。蒸气压 $1.78×10^{-3}$ mPa（20℃）。K_{ow} lg$P$＞6。相对密度 1.210（25℃）。溶解度：水＜1μg/L（20℃），溶于丙酮、氯仿、二氯甲烷、乙醚和甲苯，微溶于己烷和甲醇。在 25℃ 和 50℃ 可稳定贮存 2 年（原药）。在自然光下，DT_{50} 为 255d。pH 5～9（21℃）条件下，可稳定贮存 21d。闪点：165℃（敞口杯），151℃（Pensky-Martens 闭口杯）。

毒性　大鼠急性经口 LD_{50} 为 54.5mg/kg。兔急性经皮 LD_{50}≥2000mg/kg；对兔皮肤和眼睛无刺激作用；对豚鼠皮肤不致敏。NOEL（1 年）：狗 1.5mg/(kg·d)，对大鼠[≤2mg/(kg·d)]和兔[8mg/(kg·d)]无致畸作用。1d 饲喂试验无作用剂量[mg/(kg·d)]：狗 1，大鼠小于 2，兔 8。无致畸作用。8d 饲喂 LC_{50}（mg/kg 饲料）：鹌鹑 4450，野鸭 1280。鱼类：LC_{50}（96h，mg/L）：大翻车鱼 0.0035，虹鳟鱼 0.0015。水蚤 LC_{50}（48h）0.00016mg/L。海藻 EC_{50} 和 E_rC_{50}＞8mg/L。其他水生物种：摇蚊 NOEC（28d）0.00032mg/L。因其在水中的溶解度低和对土壤的高亲和力，使其在田间条件下实际使用时对水生系统影响很小。在试验剂量下对动物无致畸、致突变、致癌作用。联苯菊酯对鱿类、水生昆虫等水生生物高毒。对蜜蜂毒性中等，对鸟类低毒。世界卫生组织农药残留联合会议规定其每日允许摄入量为 0.02mg/kg。鸟类急性经口 LD_{50}（mg/kg）：山齿鹑为 1800，野鸭为 2150。蜜蜂 LD_{50}（μg/只）：（经口）0.1，（接触）0.01462。蠕虫 LC_{50}＞16mg/kg 干燥土壤。其他有益物种 LR_{50}（g/hm²）：蚜茧蜂为 8.1，草蜻蛉 5.1。

制剂　TC，SC，ME，CS，EW，EC，GR。

应用　适用于棉花、果树、蔬菜、茶叶等作物上防治鳞翅目幼虫、粉虱、蚜虫、潜叶蛾、叶蝉、叶螨等害虫、害螨，用于虫、螨并发时。具有触杀、胃毒作用，无内吸、熏蒸作用。作用于害虫的神经系统，通过作用于钠离子通道来干扰神经作用。杀虫谱广，作用迅速，在土壤中不移动，对环境较为安全，持效期较长。不要与碱性物质混用，以免分解。对蜜蜂、家蚕、天敌、水生生物毒性高，使用时应注意不要污染水源、桑园等。

合成路线

分析方法　产品采用 GLC 分析。

主要生产商　常州康美化工，阜宁宁翔化工，邯郸瑞田农药，江苏常隆，江苏春江农化，江苏皇马农化，江苏辉丰，江苏联化，江苏润泽农化，南通功成精细化工，南通正达农化，江苏农用激素工程技术研究中心，盐城南方化工，宜兴兴农化工，江苏天容集团，江苏扬农，江苏优士，山东省联合农药，陕西西大华特，上海威敌生化（南昌），上海易施特农药（郑州），天津人农药业，上虞银邦化工，郑州中港万象作物科学，美国富美实，印度联合磷化物。

参考文献

[1] The Pesticide Manual. 15 th edition：104-105.
[2] GB 2085005.

联氟螨（fluenetil）

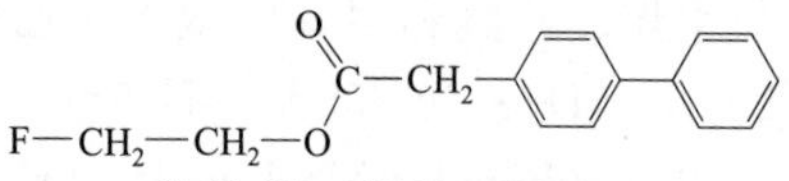

$C_{16}H_{15}FO_2$，258.3，4301-50-2

化学名称　联苯-4-基乙酸-2-氟乙基酯；2-fluoroethyl biphenyl-4-yl acetate
CAS 名称　2-fluoroethyl [1,1′-biphenyl]-4-acetate
理化性质　无色晶体。熔点 60.5℃，相对密度 1.139（68℃）。25℃溶解度：水 2.5mg/L；丙酮＞850，乙腈 810，苯 760，乙醇 630，己烷 10，甲醇 80，橄榄油＜0.7（g/L）。pH 4 时稳定，pH 7 时水解。
毒性　急性经口 LD_{50}：大鼠 8.7mg/kg，小鼠 57mg/kg。兔急性经皮 LD_{50}（10d）：7.5mg/kg。NOEL（90d）大鼠 0.3mg/kg 饲料。
应用　杀虫、杀螨剂。

参考文献

[1] IT 710046.
[2] US 3436418.

邻敌螨消（dinocton）

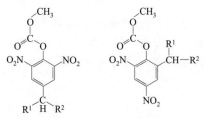

R^1 = methyl, ethyl or propyl; R^2 = hexyl, pentyl or butyl
$C_{16}H_{22}N_2O_7$，354.4，104078-12-8

1966 年由 M. Pianka 报道的杀菌、杀螨剂。由 Murphy Chemical Co.（后来为 DowElanco）评估。

化学名称　二硝基（辛烷基）苯基甲基碳酸酯的反应混合物，其中"辛烷基"为 1-甲基庚基、1-乙基己基和 1-丙基戊基的混合物：(ⅰ) 2,4-二硝基-6-(1-丙基戊基)苯基甲基碳酸酯（Ⅰ）、(ⅱ) 2-(1-乙基己基)-4,6-二硝基苯基甲基碳酸酯（Ⅱ）、(ⅲ) 2,6-硝基-4-(1-丙基戊基)苯基甲基碳酸酯（Ⅲ）、(ⅳ) 4-(1-乙基己基)-2,6-二硝基苯基甲基碳酸酯（Ⅳ）。

（ⅰ）2,4-dinitro-6-(1-propylpentyl)phenyl methyl carbonate（Ⅰ），（ⅱ）2-(1-ethylhexyl)-4,6-dinitrophenyl methyl carbonate（Ⅱ），（ⅲ）2,6-dinitro-4-(1-propylpentyl)phenyl methyl carbonate（Ⅲ），（ⅳ）4-(1-ethylhexyl)-2,6-dinitrophenyl methyl carbonate（Ⅳ）

CAS 名称 （ⅰ）2,4-dinitro-6-(1-propylpentyl)phenyl methyl carbonate（Ⅰ），（ⅱ）2-(1-ethylhexyl)-4,6-dinitrophenyl methyl carbonate（Ⅱ），（ⅲ）2,6-dinitro-4-(1-propylpentyl)phenyl methyl carbonate（Ⅲ），（ⅳ）4-(1-ethylhexyl)-2,6-dinitrophenyl methyl carbonate（Ⅳ）

应用 杀螨剂、杀菌剂。

林丹（gamma-HCH）

$C_6H_6Cl_6$, 290.8, 58-89-9

1942 年由 A. Dupire 和 M. Racourt 报道其杀虫活性。由 ICI Plant Protection Ltd（现 Syngenta AG）推出。

其他名称 高丙体六六六，灵丹，*gamma*-BHC

化学名称 丙体-1,2,3,4,5,6-六氯环己烷；$1\alpha,2\alpha,3\beta,4\alpha,5\alpha,6\beta$-hexachlorocyclohexane

CAS 名称 $1\alpha,2\alpha,3\beta,4\alpha,5\alpha,6\beta$-hexachlorocyclohexane

理化性质 无色晶体。熔点 112.86℃，蒸气压 4.4mPa（24℃），K_{ow} lg$P$ 3.5，相对密度 1.88（20℃）。水中溶解度：8.52mg/L（25℃），8.35mg/L（pH 5，25℃）；其他溶剂中溶解度（g/L，20℃）：丙酮中＞200，甲醇中 29～40，二甲苯中＞250，乙酸乙酯中＜200，正己烷中 10～14。180℃以下对光、空气、酸极其稳定。

毒性 急性经口 LD_{50} 值随着试验条件，尤其是载体的改变而改变，大鼠为 88～270mg/kg，小鼠为 59～246mg/kg。动物幼崽尤其敏感。大鼠急性经皮 LD_{50}：900～1000mg/kg。对皮肤和眼睛有刺激。大鼠急性吸入 LC_{50}（4h）：1.56mg/L（喷雾）。无作用剂量（2 年）：大鼠为 25mg/kg 饲料，狗为 50mg/kg 饲料。山齿鹑急性经口 LD_{50}：120～130mg/kg。LC_{50}：山齿鹑 919mg/kg 饲料，野鸭 695mg/kg 饲料。鱼毒 LC_{50}（96h，mg/L）：虹鳟鱼 0.022～0.028，大翻车鱼 0.05～0.063。水蚤 LC_{50}（48h）：1.6～2.6mg/L（静态）。藻类 EC_{50}（120h）：0.78mg/L。蜜蜂 LD_{50}：0.011μg/只（经口），0.23μg/只（接触）。蚯蚓 LC_{50}：68mg/kg 土壤。

应用 含丙体六六六在 99％以上者称为林丹，而丙体六六六是六六六原粉中具有杀虫活性最强的异构体，故林丹具有强烈的胃毒和触杀作用，并有一定的熏蒸作用和微弱的内吸作用，杀虫谱广。现已禁用。

磷胺（phosphamidon）

$C_{10}H_{19}ClNO_5P$, 299.7, 13171-21-6[(*E*)-+(*Z*)-异构体], 23783-98-4[(*Z*)-异构体], 297-99-4[(*E*)-异构体]

由 F. Bachmann 和 J. Meierhans 报道，由 Ciba AG（后改为 Novartis Crop Protection AG，此公司已经停止生产和销售该产品）引入市场。

其他名称　迪莫克，大灭虫，C 570，Don，Kinadon，Mashidon，Midon，Phosron

化学名称　2-氯-2-二乙氨基甲酰基-1-甲基乙烯基二甲基磷酸酯；2-chloro-2-diethylcarbamoyl-1-methylvinyldimethyl phosphate；2-chloro-3-dimethoxyphosphinoyloxy-N,N-diethylbut-2-enamide

CAS 名称　2-chloro-3-(diethylamino)-1-methyl-3-oxo-1-propenyldimethyl phosphate

理化性质　商品含有 70%（质量分数）(Z)-异构物（β-异构体）（具有更高的杀虫活性）和 30%（E)-异构体（α-异构体）。纯品为淡黄色液体。沸点 162℃（1.5mmHg），94℃（0.04mmHg）。蒸气压 2.2mPa（25℃）。K_{ow} lg$P$ 0.79。相对密度 1.21（25℃）。溶解度：易溶于水、丙酮、二氯甲烷、甲苯及其他常用有机溶剂（脂肪族烃类化合物除外），如正己烷 32g/L（25℃）。碱性条件下快速水解，DT_{50}（计算值，20℃）：60d（pH 5）、54d（pH 7）、12d（pH 9）。

毒性　大鼠急性经口 LD_{50}：17.9～30mg/kg。急性经皮 LD_{50}：大鼠 374～530mg/kg，兔 267mg/kg；对兔皮肤、眼睛有轻微刺激。急性吸入 LC_{50}（4h）：大鼠 0.18mg/L 空气，小鼠 0.033mg/L 空气。2 年无作用剂量：大鼠 1.25mg/(kg·d)，狗 0.1mg/(kg·d)。禽类急性经口 LD_{50}：日本鹌鹑 3.6～7.5mg/kg，野鸭 3.8mg/kg。日本鹌鹑 LC_{50}（8d）：90～250mg/kg。鱼毒 LC_{50}（96h）：虹鳟 7.8mg/L，黑头呆鱼 100mg/L。水蚤 LC_{50}（48h）：0.01～0.22mg/L。对蜜蜂和甲壳纲动物有较高毒性。

制剂　EC，SC，SL，UL。

应用　高毒农药，2007 年起已停止销售和使用。

合成路线

分析方法　产品用 RPLC/UV 检测或用 GLC 分析。

参考文献

[1]　BE 552284.
[2]　GB 829576.

磷吡酯（fospirate）

$C_7H_7Cl_3NO_4P$，306.5，5598-52-7

由 Dow Chemical Co. 开发。

其他名称　Dowco 217

化学名称　3,5,6-三氯-2-吡啶基磷酸二甲酯；dimethyl 3,5,6-trichloro-2-pyridyl phosphate

CAS 名称　dimethyl 3,4,5-trichloro-2-pyridinyl phosphate

应用　杀虫、杀螨剂。

磷虫威 (phosphocarb)

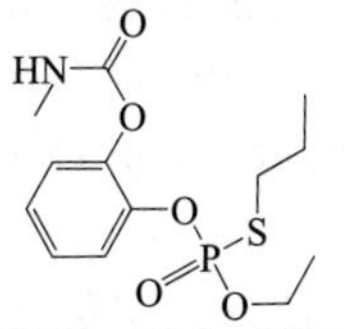

$C_{13}H_{20}NO_5PS$, 333.3, 126069-54-3

由 BASF 公司开发的一种有机磷类杀虫剂。

其他名称　BAS-301

化学名称　(RS)-{O-乙基-O-[2-(甲基氨基甲酰基氧)苯基]-S-丙基硫代磷酸酯} 或 (RS)-2-[乙氧基(丙硫基)磷酸氧基]苯基甲基氨基甲酸酯；(RS)-{O-ethyl-O-[2-(methylcarbamoyloxy)phenyl] S-propyl phosphorothioate} 或 (RS)-2-[ethoxy(propylthio)phosphinoyloxy]phenyl methylcarbamate

CAS 名称　phosphorothioic acid, esters O-ethyl-O-[2-[[(methylamino) carbonyl]oxy] phenyl] S-propyl ester

理化性质　洋红色晶体，熔点 182.3℃。蒸气压 1.3×10^{-4} mPa (25℃)。$K_{ow}\lg P$ 4.1 (25℃)。Henry 常数 1.97×10^{-4} Pa·m³/mol (计算值)。相对密度 1.51 (20℃)。水中溶解度 (pH5, 22℃)：2.5μg/L；其他溶剂中溶解度 (g/L, 25℃)：二氯甲烷 37，丙酮 9.3，己烷 1，乙醇 0.5。稳定性：对光、热、空气、酸碱稳定。水溶液 DT_{50}：248h (pH 5)，34h (pH 7)，4h (pH9)。不易燃。

应用　广谱、内吸性杀虫剂。主要用于水稻、蔬菜、果树及其他作物，防治半翅目、鞘翅目、双翅目和某些鳞翅目害虫。

合成路线

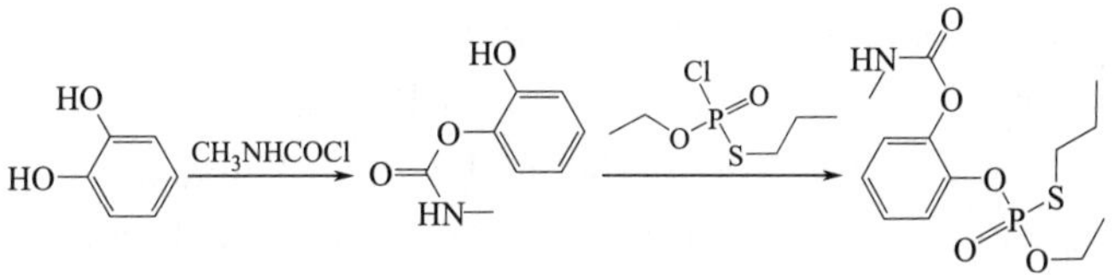

参考文献

DE 3732527.

硫丙磷 (sulprofos)

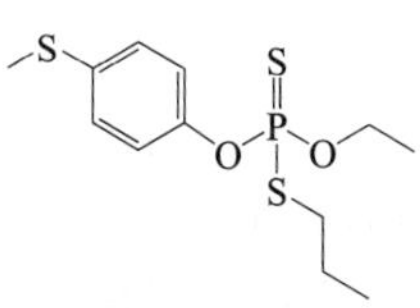

$C_{12}H_{19}O_2PS_3$, 322.4, 35400-43-2

由 Bayer CropScience (BayerAG) 开发。

其他名称　保达，棉铃磷，NTN-9306，Bolstar，Helothion

化学名称 （RS）-[O-乙基 O-4-(甲硫基)苯基-S-丙基二硫代磷酸酯]；(RS)-[O-ethyl O-4-(methylthio)phenyl S-propyl phosphorodithioate]

CAS 名称 O-ethyl O-[4-(methylthio) phenyl] S-propyl phosphorodithioate

理化性质 纯品为具硫醇气味的无色油状物。熔点-15℃（TC），沸点125℃（1Pa）。蒸气压 $8.4×10^{-4}$ Pa (20℃)，$1.6×10^{-4}$ Pa (25℃)。K_{ow} lg$P$ 5.48，Henry 常数 $8.74×10^{-2}$ Pa·m^3/mol（20℃，TC），相对密度1.20（20℃）。水中溶解度：0.31mg/L（20℃）；其他溶剂中溶解度（20℃）：异丙醇400～600g/L，二氯甲烷、正己烷、甲苯中＞1200g/L。缓冲溶液 DT$_{50}$（22℃）：26d（pH 4），151d（pH 7），51d（pH 9）。本品在水中及土壤表面遇光分解，光照下2天内分解50%。闪点64℃。

毒性 急性经口 LD$_{50}$（mg/kg）：雄性大鼠304，雌性大鼠176，雄、雌性小鼠约1700。大鼠急性经皮 LD$_{50}$：雄 5491mg/kg，雌 1064mg/kg；对兔皮肤无刺激，对兔眼睛轻微刺激；对豚鼠皮肤无刺激。雄、雌性大鼠急性吸入 LC$_{50}$（4h）＞4130μg/L空气。2年无作用剂量：大鼠 6mg/kg 饲料，小鼠 2.5mg/kg 饲料，狗 10mg/kg 饲料。山齿鹑急性经口 LD$_{50}$ 47mg/kg。山齿鹑 LC$_{50}$（5d）99mg/kg 饲料。鱼毒 LC$_{50}$（96h，mg/L）：大翻车鱼11～14，虹鳟鱼23～38。水蚤 LC$_{50}$（48h）0.83～1μg/L。羊角月牙藻 E$_r$C$_{50}$ 64mg/L。

应用 具有触杀和胃毒作用的非内吸性杀虫、杀螨剂，杀虫谱广。用于棉花、玉米、烟草等作物上防治棉铃虫、棉铃象甲、烟青虫、蓟马等害虫，对黏虫、斜纹夜蛾、蚜虫、蚧类、螨类也有效。

硫丹（endosulfan）

$C_9H_6Cl_6O_3S$，406.9，115-29-7 (endosulfan)；959-98-8 (alpha-endosulfan)

1956年由 W. Finkenbrink 报道，在美国由 Hoechst AG（现属 Bayer AG）和 FMC Corp 开发的有机氯类杀螨剂。1955年首次进入美国市场。

其他名称 Hoe 02671，FMC 5462，Malix，Phaser，Thiodan

化学名称 （1,4,5,6,7,7-六氯-8,9,10-三降冰片-5-烯-2,3-亚基双亚甲基）亚硫酸酯；6,7,8,9,10,10-六氯-1,5,5a,6,9,9a-六氢-6,9-亚甲基-2,4,3-苯并二氧硫庚-3-氧化物；(1,4,5,6,7,7-hexachloro-8,9,10-trinorborn-5-en-2,3-ylenebismethylene) sulfite，6,7,8,9,10,10-hexachloro-1,5,5a,6,9,9a-hexahydro-6,9-methano-2,4,3-benzodioxathiepine 3-oxide endosulfan 是两种立体异构体的混合物：α-endosulfan，endosulfan（Ⅰ），立体化学 3α,5aβ,6α,9α,9aβ-，含量64%～67%；β-endosulfan，endosulfan（Ⅱ），立体化学 3α,5aα,6β,9β,9aα，含量9%～32%。

CAS 名称 6,7,8,9,10,10-hexachloro-1,5,5a,6,9,9a-hexahydro-6,9-methano-2,4,3-benzodioxathiepine 3-oxide,3α,5aβ,6α,9α,9aβ-6,7,8,9,10,10-hexachloro-1,5,5a,6,9,9a-hexahydro-6,9-methano-2,4,3-benzodioxathiepine 3-oxide(for alpha isomer)

理化性质 无色晶体，原药颜色为奶油色到棕色，多数为米色。原药熔点≥80℃，α-硫丹 109.2℃，β-硫丹 213.3℃。α-异构体与β-异构体的比例为2:1时，蒸气压为 0.83mPa（20℃）。K_{ow} lg$P$ α-硫丹 4.74，β-硫丹 4.79（两者 pH 均为5）。Henry 常数 α-硫丹 1.48，β-硫丹 0.07（均为 Pa·m^3/mol，22℃，计算值）。原药相对密度 1.8（20℃）。原药水中溶解度（22℃）：α-硫丹为 0.32mg/L，β-硫丹为 0.33mg/L；其他溶剂中溶解度（20℃）：二氯甲烷、乙酸乙酯、甲苯中均为 200mg/L，乙醇中约为 65mg/L，己烷中约为 24mg/L。对日光稳定，在酸和碱的水溶液中缓慢水解为二醇和二氧化硫。

毒性 大鼠急性经口 LD_{50}：70mg/kg（水相悬浮剂），110mg/kg（原药油剂），76mg/kg（原药 α-异构体），240mg/kg（β-异构体）；狗急性经口 LD_{50} 为 77mg/kg（原药）。急性经皮 LD_{50}（油剂）：兔 359mg/kg，雄大鼠＞4000mg/kg，雌大鼠 500mg/kg。大鼠吸入 LC_{50}（4h）：雄大鼠为 0.0345mg/L，雌大鼠为 0.0126mg/L。NOEL 值：大鼠（2 年）0.6mg/(kg·d)，狗（1 年）0.57mg/(kg·d)。ADI（JMPR）0.006mg/kg，（EPA）aRfD 0.015mg/kg，cRfD 0.006mg/kg。禽类急性经口 LD_{50}：野鸭为 205～245mg/kg，环颈雉为 620～1000mg/kg。金色圆腹雅鱼 LC_{50}（96h）0.002mg/L。对野生生物无害。水蚤 LC_{50}（48h）75～750μg/L。绿藻 EC_{50}（72h）＞0.56mg/L。在田间施用时，剂量为 $1.6L/hm^2$（560g 硫丹/hm^2）对蜜蜂无害。蚯蚓 NOEC 0.1mg/kg 土壤。

制剂 CS，DP，EC，GR，SC，UL，WP。

应用 GABA 受体氯通道复合物的拮抗剂。具触杀、胃毒和熏蒸多种作用的非系统性杀虫剂。适用于柑橘、苹果、梨树及其他果树、藤、橄榄、蔬菜（含土豆）、观赏植物、葫芦、棉花、茶树、咖啡、水稻、谷物、玉米和高粱、油菜作物、榛子和甘蔗、番茄、紫花苜蓿、蘑菇、森林、温室作物。可控制吸吮、咀嚼和钻孔的害虫以及许多作物上的螨虫，如棉蚜、食心虫、瘤蚜、潜叶蛾、梨木虱、介壳虫、梨二叉蚜、毛虫、蜡象、蚜虫、尺蠖、卷叶蛾、叶蝉、毒蛾、天牛、瘿蚊、多种螨类、茶尺蠖、茶细蛾、小绿叶蝉、蓟马、茶蚜、棉蚜、棉铃虫、斜纹夜蛾、造桥虫、菜青虫、小菜蛾、菜蚜、甘蓝夜蛾、瓢虫。还控制舌蝇。该 2 种立体异构体对家蝇的 LD_{50} 类似。

合成路线

分析方法 产品分析用红外光谱法，残留物用具 MCD 的 GC 测定。饮用水中的硫丹异构体通过带有 ECD 的 GC 分析。

主要生产商 Aako，Anpon，Bharat，Coromandel，Drexel，Excel，Gujarat Pesticides，Hindustan，Lucava，Makhteshim-Agan，Milenia，Nortox，Sharda，江苏快达。

参考文献

[1] DE 1015797.
[2] US 2799685.
[3] GB 810602.

硫氟肟醚（thiofluoximate）

$C_{23}H_{21}ClFNOS$，413.9

湖南化工研究院开发的肟醚非酯拟除虫菊酯类杀虫剂。

其他名称　HNPC-A2005

化学名称　1-(4-氯-3-氟苯基)-2-(甲硫基)乙酮(EZ)-O-[(2-甲基联苯-3-基)甲基]肟；1-(4-chloro-3-fluorophenyl)-2-(methylthio) ethanone (EZ)-O-[(2-methylbiphenyl-3-yl) methyl]oxime

CAS 名称　1-(4-chloro-3-fluorophenyl)-2-(methylthio) ethanone O-[(2-methyl-[1,1'-biphenyl]-3-yl)methyl]oxime

应用　杀虫剂。能有效防治茶树害虫茶毛虫、茶小绿叶蝉、茶尺蠖，柑橘害虫潜夜蛾和蔬菜害虫菜青虫等。

硫环磷 (phosfolan)

$C_7H_{14}NO_3PS_2$，255.3，947-02-4

由 American Cyanamid Co. 开发。

其他名称　棉安磷，乙基硫环磷，Cyalane，Cylan，Cyolan，Cyolane

化学名称　O,O-二乙基-N-(1,3-二硫戊环-2-亚基)磷酰胺；diethyl 1,3-dithiolan-2-ylidenephosphoramidate；2-(diethoxyphosphinylimino)-1,3-dithiolane

CAS 名称　diethyl 1,3-dithiolan-2-ylidenephosphoramidate

理化性质　纯品为无色至黄色固体。熔点 36.5℃（原药 37~45℃），蒸气压 0.031mPa (20℃)。可溶于水（650g/L）、丙酮、苯、乙醇、环己烷、甲苯，微溶于乙醚，很难溶于己烷。在中性和弱酸条件下，其水溶液稳定，但遇碱和酸（pH>9 或 <2）水解。

毒性　急性经口 LD_{50}：雄大鼠 8.9mg/kg，雄小鼠 12.1mg/kg。急性经皮 LD_{50}：雄兔 23mg/kg，雄豚鼠 54mg/kg。90d 喂养试验中，狗接受 1mg/kg 每日无临床症状。

制剂　EC，GR。

应用　一种内吸性杀虫剂，用于防治刺吸口器害虫、螨和鳞翅目幼虫。具有高效、广谱、持效期长、残留量低的特点。该药毒性很高，我国仅批准登记用于防治棉花害虫及小麦地下害虫。

参考文献

[1] GB 974138.

[2] FR 1327386.

硫氰酸钾 (potassium thiocyanate)

$N \equiv C-S^- K^+$

CKNS，97.2，333-20-0

化学名称　potassium thiocyanate

CAS 名称　potassium thiocyanate

应用　杀虫剂。

硫双威（thiodicarb）

$C_{10}H_{18}N_4O_4S_3$，354.5，59669-26-0

1977 年由 A. A. Sousa 等报道，Union Carbide Agricultural Products Co., Inc. 和 Giba-Geigy AG. 几乎同时发现，由 Union Carbide（现属 Bayer CropScience）开发。

其他名称　拉维因，硫双灭多威，双灭多威，硫敌克，灭索双，CGA 45156，UC 80502，UC 51762，RPA 80600 M，UC51769，* UC80502，AI3-29311，Larvin，Lepicron，Nivral，Larvin，Skipper，Sundicarb，EXP3，Fluxol，Futur，Larbate，Minavin，Securex，Semevin，Spiro，Toro

化学名称　(3EZ,12EZ)-3,7,9,13-四甲基-5,11-二氧杂-2,8,14-三硫杂-4,7,9,12-四氮杂十五烷-3,12-二烯-6,10-二酮；(3EZ,12EZ)-3,7,9,13-tetramethyl-5,11-dioxa-2,8,14-trithia-4,7,9,12-tetraazapentadeca-3,12-diene-6,10-dione

CAS 名称　dimethyl N,N'-[thiobis[(methylimino)carbonyloxy]]bis[ethanimidothioate]

理化性质　无色结晶，熔点 172.6℃，蒸气压 2.7×10^{-6} Pa（25℃），密度 1.47g/mL（20℃），$K_{ow}\lg P$ 1.62（25℃），Henry 常数 4.31×10^{-2} Pa·m³/mol（25℃）。水中溶解度（25℃）22.19μg/L。其他溶剂中溶解度（25℃）：丙酮 5.33g/L，甲苯 0.92g/L，乙醇 0.97g/L，二氯甲烷 200~300g/L。稳定性：60℃以下稳定，其水悬液在日照下分解，pH 6 稳定，pH 9 迅速水解，pH 3 缓慢水解（DT_{50} 为 9d）。

毒性　急性经口 LD_{50}（mg/kg）：大鼠（水中）66，（玉米油中）120；狗>800；猴子>467。兔急性经皮 LD_{50}>2000mg/kg；对兔的皮肤和眼睛有轻微刺激。大鼠吸入 LC_{50}（4h）：0.32mg/L 空气。大、小鼠 2 年饲喂试验的无作用剂量分别为 3.75mg/(kg·d)、5.0mg/(kg·d)。禽类急性经口 LD_{50}：日本鹌鹑 2023mg/kg。野鸭 LC_{50} 5620mg/kg 饲料。鱼毒 LC_{50}（96h）：大翻车鱼 1.4mg/L，虹鳟鱼>3.3mg/L。水蚤 LC_{50}（48h）0.027mg/L。若直接喷到蜜蜂上稍有毒性，但喷药残渣干后无危险。

制剂　TC，FS，SC，WG。

应用　属氨基甲酰肟类杀虫剂，为胆碱酯酶抑制剂。主要是胃毒作用，几乎没有触杀作用，无熏蒸和内吸作用，有较强的选择性。杀虫活性与灭多威相近，毒性较灭多威低。以茎叶喷雾和种子处理用于许多作物，在土壤中残效期很短，对主要的鳞翅目、鞘翅目和双翅目害虫有效，对鳞翅目的卵和成虫也有较高的活性。

合成路线

主要生产商　Bayer CropScience，Fertiagro，Saeryung，宣化农药，金鹏化工，常隆农化，绿叶农化，瑞邦农药，南通施壮，南龙（连云港）化学，华阳科技，力邦化工，科龙生物，宁波中化。

参考文献

[1] US 4382957.

[2] CIPAC-handbook，H：279-282.

[3] CIPAC-handbook，H：284.

硫肟醚（sulfoxime）

$C_{23}H_{22}ClNO_2S$，412.0

其他名称 硫肟醚菊酯，A9908

化学名称 (E)-4-氯苯基-(1-甲硫基)乙基酮肟-O-(3-苯氧基苯基甲基)醚

理化性质 硫肟醚纯品为无色结晶，熔点 27.3~27.7℃，相对密度 $d\,|_4^{20}|$：1.094。工业品为淡黄色固体。溶解度（20℃）：甲醇 54.65g/L，乙醇 133.50g/L，异丙醇 56.78g/L，与 N,N-二甲基甲酰胺、三氯甲烷、二甲苯、丙酮和环己酮互溶，难溶于水。对光和热稳定。

毒性 大鼠急性经口 LD_{50}＞4640mg/kg。大鼠急性经皮 LD_{50}＞2000mg/kg；对家兔皮肤和眼睛无刺激。豚鼠皮肤变态反应试验和 Ames 试验结果均为阴性，小鼠睾丸精母细胞染色体畸变实验和小鼠骨髓嗜多染红细胞微核试验均未见致畸变作用。大鼠亚慢性（90d）经口毒性试验最大无作用剂量为 46.6mg/(kg·d)。对蛋白核小球藻属于低毒（96h-EC_{50}＞3.0mg/L）。斑马鱼 LC_{50}（96h）：96.8mg/L。蜜蜂 LC_{50}（48h）：34.2mg/L。鹌鹑 LC_{50}（7d）＞500mg/kg。家蚕 LC_{50}（2龄）：1.15mg/kg 桑叶。

制剂 EW，EC。

应用 该化合物具有杀虫效果显著、杀虫谱广、作用迅速、毒性低、对作物安全和环境相容性好等特点，能有效防治茶毛虫、茶尺蠖、茶小绿叶蝉等主要害虫。

硫线磷（cadusafos）

$C_{10}H_{23}O_2PS_2$，270.4，95465-99-9

美国 FMC Corp 发现并开发的新型有机磷类杀虫剂。

其他名称 克线丹，FMC67825，Ebufos，Taredan，Apache

化学名称 S,S-二仲丁基-O-乙基二硫代磷酸酯；S,S-di-sec-butyl O-ethyl phosphorodithioate

CAS 名称 O-ethyl S,S-bis (1-methylpropyl) phosphorodithioate

理化性质 无色至淡黄色液体，沸点 112~114℃（0.8mmHg），蒸气压 0.12Pa（25℃），K_{ow}lg$P$ 3.9。相对密度 1.054（20℃）。溶解度：水 248mg/L，与丙酮、乙腈、二

氯甲烷、乙酸乙酯、甲苯、甲醇、异丙醇和庚烷互溶。在50℃以下稳定，在光照条件下DT_{50}＜115d。闪点129.4℃。

毒性 急性经口LD_{50}（mg/kg）：大鼠37.1，小鼠71.4。急性经皮LD_{50}（mg/kg）：雄兔24.4，雌兔41.8。对兔眼睛和皮肤无刺激。大鼠吸入LC_{50}（4h）0.026mg/L空气。NOEL（mg/kg饲料）：大鼠（2年）1，雄狗（1年）0.001，雌狗（1年）0.005，雄小鼠（2年）0.5，雌小鼠（2年）1。ADI值0.0003mg/kg。禽类急性经口LD_{50}（mg/kg）：山齿鹑16，野鸭230。鱼类LC_{50}（96h，mg/L）：虹鳟鱼0.13，大翻车鱼0.17。水蚤LC_{50}（48h）1.6μg/L。海藻EC_{50}（96h）5.3mg/L。蚯蚓LC_{50}（14d）72mg/kg土壤。

制剂 CS，GR，ME。

应用 属胆碱酯酶的直接抑制剂，具有触杀作用，无熏蒸作用，施用方便，毒性低。用于防治植物寄生性线虫和土壤害虫，可有效防治根结线虫、穿孔线虫、短体线虫、纽带线虫、螺旋线虫、刺线虫、拟环线虫等，对孢囊线虫效果较差。此外，对鞘翅目的许多昆虫如金针虫、马铃薯麦蛾也有防治效果。适用于香蕉、咖啡、玉米、花生、甘蔗、柑橘、烟草、马铃薯、大豆、菠萝、葫芦科植物和麻类作物。

合成路线

$$CH_3CH_2OH \xrightarrow{PCl_3} \text{(乙基膦酰二氯)} \xrightarrow{SH} \text{(产物)}$$

分析方法 可用GLC进行分析。

主要生产商 FMC，江苏省苏州富美实。

参考文献

[1] CN 1137526A.
[2] CN 87100525.
[3] US 6440443.

六六六（HCH）

$C_6H_6Cl_6$，290.8，608-73-1

A. Dupire & M. Racourt 于1942年报道其杀虫作用。

其他名称 BHC，hexachloran

化学名称 1,2,3,4,5,6-六氯环己烷；1,2,3,4,5,6-hexachlorocyclohexane

CAS名称 1,2,3,4,5,6-hexachlorocyclohexane

理化性质 无色晶体。熔点112.86℃，蒸气压4.4mPa（24℃）（蒸气饱和法）。$K_{ow}\lg P$ 3.5。Henry常数0.15Pa·m³/mol（计算值）。相对密度1.88（20℃）。溶解度：水8.52mg/L（25℃），8.35mg/L（pH 5，25℃）；丙酮＞200，甲醇29～40，二甲苯＞250，乙酸乙酯＜200，正庚烷10～14（均为g/L，20℃）。在180℃空气中，对光极其稳定。对酸稳定。遇碱脱去氯化氢。

毒性 大鼠急性经皮LD_{50} 900～1000mg/kg，对皮肤和眼睛有刺激。大鼠吸入LC_{50}

(4h) 1.56mg/L。NOEL（2年）：大鼠 25mg/kg 饲料，狗 50mg/kg 饲料。美洲鹑急性经口 LD_{50} 120～130mg/kg。规定饮食 LC_{50}：美洲鹑 919mg/kg 饲料，野鸭 695mg/kg 饲料。LC_{50}（96h）：虹鳟鱼 0.022～0.028mg/L，大翻车鱼 0.05～0.063mg/L。水蚤 LC_{50}（48h）1.6～2.6mg/L（静态）。藻类 EC_{50}（120h）0.78mg/L。蜜蜂 LD_{50}：经口 0.011μg/只，接触 0.23μg/只。蚯蚓 LC_{50} 68mg/kg 土壤。

制剂 DP，EC，FU，GR，LS，SC，UL，WP。

应用 根据农业部公告第 199 号（2002.6.5），因系持久性有机污染物，已禁止使用。

主要生产商 Agro Chemicals India，India Pesticides，Inquinosa，Sharda。

参考文献

[1] Dupire A，Racourt M，Hebd C R. Seances Acad Agric Fr，1942，20：470.
[2] US 2502258.

氯胺磷（chloramine phosphorus）

$C_4H_9Cl_3NO_3PS$，288.5

其他名称 乐斯灵

化学名称 O,S-二甲基-N-(2,2,2-三氯-1-羟基乙基)硫代磷酰胺

CAS 名称 O,S-dimethyl N-(2,2,2-trichloro-1-hydroxyethyl)phosphoramidothioate

理化性质 纯品为白色针状结晶。熔点 99.2～101℃，30℃蒸气压 21mPa。溶解度（g/L，20℃）：水中<8；苯、甲苯、二甲苯中<300，氯化烃、甲醇、DMF 等极性溶剂中 40～50，煤油 15。常温下稳定，40℃半衰期为 145h（pH 2），37℃半衰期为 115h（pH 9）。

毒性 大鼠急性经口 LD_{50}：316mg/kg（雄、雌）。大鼠急性经皮 LD_{50}＞2000mg/kg（雄、雌）；对家兔眼睛轻度刺激，对家兔皮肤无刺激性。

制剂 EC。

应用 有机磷杀虫、杀螨剂。主要用于水稻、棉花、果树、甘蔗等作物，对稻纵卷叶螟有特效，能杀死稻纵卷叶螟高龄幼虫。其药效相当或略优于乙酰甲胺磷。属胆碱酯酶抑制剂。对害虫具有触杀、胃毒和熏蒸作用，并有一定内吸传导作用，杀虫谱广，残效期较长；熏杀毒力强，是速效型杀虫剂，对螨类还有杀卵作用。

主要生产商 江苏嘉隆，上海宜邦生物工程（信阳）。

氯苯乙丙磷（trifenofos）

$C_{11}H_{14}Cl_3O_3PS$，363.6，38524-82-2

化学名称 (RS)-(O-乙基-S-丙基-O-2,4,6-三氯磷酸酯）；(RS)-(O-ethyl S-propyl O-2,4,6-trichlorophenyl phosphorothioate）

CAS 名称　*O*-ethyl *S*-propyl *O*-(2,4,6-trichlorophenyl)phosphorothioate

应用　杀虫杀螨剂。

氯吡唑磷（chlorprazophos）

$C_{11}H_{15}ClN_3O_3PS$，335.8，36145-08-1

chlorprazophos 是由 Bayer AG 开发的。

其他名称　HOX 2709

化学名称　*O*-(3-氯-7-甲基吡唑并[1,5-*a*]嘧啶-2-基)-*O*,*O*-二乙基硫代磷酸酯；*O*-(3-chloro-7-methylpyrazolo[1,5-*a*]pyrimidin-2-yl)*O*,*O*-diethyl phosphorothioate

CAS 名称　*O*-(3-chloro-7-methylpyrazolo[1,5-*a*]pyrimidin-2-yl)*O*,*O*-diethyl phosphorothioate

应用　胆碱酯酶抑制剂。

主要生产商　Bayer AG。

氯虫苯甲酰胺（chlorantraniliprole）

$C_{18}H_{14}BrCl_2N_5O_2$，483.2，500008-45-7

氯虫苯甲酰胺是由杜邦研制并与先正达共同开发的新型作用机制的双酰胺类杀虫剂。

其他名称　康宽，普尊，奥德腾，氯虫酰胺，DPX-E2Y45，Rynaxypyr，Coragen，Altacor，Prevathon，Acelepryn，Ferterra，Prevathon

化学名称　3-溴-4′-氯-1-(3-氯-2-吡啶基)-2′-甲基-6′-(甲基氨基甲酰基)吡唑-5-甲酰胺；3-bromo-4′-chloro-1-(3-chloro-2-pyridyl)-2′-methyl-6′-(methylcarbamoyl)pyrazole-5-carboxanilide

CAS 名称　3-bromo-*N*-[4-chloro-2-methyl-6-[(methylamino)-carbonyl]phenyl]-1-(3-chloro-2-pyridinyl)-1*H*-pyrazole-5-carboxamide

理化性质　纯品为精细白色结晶粉末。熔点 208～210℃（原药 200～202℃）。蒸气压：$2.1×10^{-8}$ mPa（25℃，原药），$6.3×10^{-9}$ mPa（20℃）。K_{ow} lg$P$ 2.76（pH 7）。Henry 常数 $3.2×10^{-9}$ Pa·m³/mol（20℃，原药）。溶解度：水 0.9～1.0mg/L（pH 4～9，20℃）；丙酮 3.4，乙腈 0.71，二氯甲烷 2.48，乙酸乙酯 1.14，甲醇 1.71（g/L）。水中 DT_{50}：10d（pH 9，25℃）。pK_a：10.88±0.71。

毒性　大鼠急性经口、经皮 LD_{50} 均大于 5000mg/kg，急性吸入 LC_{50}>5.1mg/L。对兔皮肤、眼睛无刺激性；对豚鼠皮肤无致敏性。大鼠 90d 慢性饲喂试验最大无作用剂量：雄性为 1188mg/kg 原药，雌性为 1526mg/kg 原药；4 项致突变试验：Ames 试验、小鼠骨髓细胞微核试验、人体外周血淋巴细胞染色体畸变试验、体外哺乳动物细胞基因突变试验结果均为阴性，未见致突变作用。山齿鹑急性经口 LD_{50} ＞2250mg/kg。山齿鹑、野鸭饲喂 LC_{50}（5d）＞5620mg/kg。鱼毒 LC_{50}（96h）：虹鳟鱼＞13.8mg/L，大翻车鱼＞15.1mg/L。水蚤 EC_{50}：0.0116mg/L。羊角月牙藻 EC_{50}＞2mg/L。蜜蜂 LD_{50}：＞104μg/只（经口），＞4μg/只（接触）。蠕虫 LC_{50}＞1000mg/kg。氯虫苯甲酰胺对鸟和蜜蜂低毒，对家蚕剧毒。禁止在蚕室及桑园附近使用，禁止在河塘等水域中清洗施药器具。

制剂 TC，SC，WG。

应用 邻甲酰氨基苯甲酰胺类杀虫剂。用于防治鳞翅目的夜蛾科、螟蛾科、蛀果蛾科、卷叶蛾科、粉蛾科、菜蛾科、麦蛾科、细蛾科等害虫，也可用于防治鞘翅目象甲科、叶甲科，双翅目潜蝇科、烟粉虱等多种非鳞翅目害虫。适用于水稻、玉米和甘蔗。氯虫苯甲酰胺高效广谱，在低剂量下就有可靠和稳定的防效，施用后害虫立即停止取食，药效期长，防雨水冲洗，在作物生长的任何时期提供即刻和长久的保护。由于该药具有较强的渗透性，药剂能穿过茎部表皮细胞层进入木质部，从而沿木质部传导至未施药的其他部位，因此在田间作业中，用弥雾或细喷雾喷雾效果更好；但当气温高、田间蒸发量大时，一般选择早10点前，下午4点后用药，这样不仅可以减少用药液量，也可以更好地增加作物的受药液量和渗透性，有利于提高防治效果。氯虫苯甲酰胺的化学结构具有其他任何杀虫剂不具备的全新杀虫原理，可高效激活昆虫细胞内的鱼尼丁（兰尼碱）受体，从而过度释放平滑肌和横纹肌细胞内的钙离子，导致昆虫肌肉麻痹，最后瘫痪死亡。该有效成分表现出对哺乳动物和害虫鱼尼丁受体极显著的选择性差异，大大提高了对哺乳动物和其他脊椎动物的安全性。

合成路线 以2,3-二氯吡啶、马来酸二甲酯为起始原料，制得中间体吡唑羧酸，再与邻氨基苯甲酸反应制得噁嗪酮，进一步与甲胺开环即可制得氯虫酰胺。

分析方法 原药采用高效液相色谱分析，梯度分离，紫外检测，外标法定量。

主要生产商 上海杜邦农化，美国杜邦公司。

参考文献

[1] WO 2003015518.
[2] WO 2009121288.
[3] CN 101717395.
[4] 农药，2010，49（3）：170-173.

氯虫酰肼 （halofenozide）

$C_{18}H_{19}ClN_2O_2$，330.8，112226-61-6

由美国氰胺公司（现 BASF SE 公司）和罗门哈斯公司（现属 Dow AgroSciences 公司）于 1998 年联合开发的双酰肼类杀虫剂。

其他名称　RH-0345，CL 290816，MACH2，Grub Stop，Raster

化学名称　N-叔丁基-N'-(4-氯苯甲酰基)苯甲酰肼；N-$tert$-butyl-N'-(4-chlorobenzoyl) benzohydrazide

CAS 名称　4-chlorobenzoate 2-benzoyl-2-(1,1-dimethylethyl)hydrazide

理化性质　白色固体。熔点＞200℃，蒸气压＜$1.3×10^{-2}$ mPa（25℃），K_{ow}lg$P$ 3.22，相对密度 0.38。溶解度：水中 12.3mg/L（25℃）；异丙醇 3.1%，环己酮 15.4%，芳烃溶剂 0.01%～1%。对热、光、水稳定。水解 DT_{50}：310d（pH 5），481d（pH 7），226d（pH 9）。

毒性　急性经口 LD_{50}：大鼠 2850mg/kg，小鼠 2214mg/kg。大鼠、兔急性经皮 LD_{50}＞2000mg/kg；对兔眼睛中度刺激，不刺激皮肤；对豚鼠皮肤有致敏性（仅原药）。大鼠吸入 LC_{50}＞2.7mg/L。鹌鹑急性经口 LD_{50}＞2250mg/kg。饲喂 LC_{50}：大鼠 4522mg/L，野鸭＞5000mg/L。鱼毒 LC_{50}（mg/L）：大翻车鱼＞8.4，鳟鱼＞8.6，红鲈鱼＞8.8。水蚤 LC_{50} 3.6mg/L。藻类 EC_{50} 0.82mg/L。蜜蜂 LD_{50}＞100μg/只（接触）。蠕虫 LC_{50}＞980mg/kg。

制剂　GR，SC。

应用　蜕皮激素类似物，使昆虫不能正常蜕皮而死亡，主要影响昆虫的幼体阶段。具有一定的杀卵性能。控制草坪和观赏植物的鞘翅目和鳞翅目害虫。适用于蔬菜、茶树、果树、观赏植物及水稻等作物，防治日本甲虫、欧洲金龟子、东方甲虫以及鳞翅目幼虫，如地老虎、棉铃虫、菜青虫、小菜蛾等。

合成路线

主要生产商　Dow AgroSciences。

参考文献

[1] The Pesticide Manual. 15th edition.
[2] WO 9211249.

氯丹（chlordane）

$C_{10}H_6Cl_8$，409.8，57-74-9，12789-03-6(原药)，5103-71-9(顺式异构体)，5103-74-2(反式异构体)

由 C. W. Kearns 等于 1945 年报道，由 Velsicol Chemical Corp. 于 1945 年推出。

其他名称　Compound K，Velsicol 1068，M 410

化学名称　1,2,4,5,6,7,8,8-八氯-2,3,3a,4,7,7a-六氢化-4,7-甲桥茚；1,2,4,5,6,7,8,8-octachloro-2,3,3a,4,7,7a-hexahydro-4,7-methanoindene

CAS 名称　1,2,4,5,6,7,8,8-octachloro-2,3,3a,4,7,7a-hexahydro-4,7-methano-

1*H*-indene

理化性质 原药为黏性琥珀色液体。熔点：顺式异构体 106～107℃，反式异构体 104～105℃。沸点 175℃（1mmHg）（纯品）。蒸气压 1.3mPa（25℃，纯品）。K_{ow} lg$P$ 6.0。Henry 常数 5.33Pa·m^3/mol（计算值）。相对密度 1.59～1.63（25℃，原药）。水中溶解度 0.1mg/L（25℃）。易溶于脂肪族和芳香族有机溶剂，如丙酮、环己酮、乙醇、异丙醇和三氯乙烯。遇碱分解并失去氯。紫外线照射下，碳架结构和氯含量发生变化。

毒性 急性经口 LD$_{50}$：大鼠 133～649mg/kg，小鼠 430mg/kg，兔 300mg/kg。急性经皮 LD$_{50}$：兔 200～2000mg/kg，大鼠 217mg/kg。对兔眼睛有强烈刺激和腐蚀，对皮肤无刺激。大鼠吸入 LC$_{50}$（4h）0.56mg/L（质量）～>200mg/L（名义）。NOAEL：（2 年）小鼠 0.15mg/(kg·d)，（2 年）狗 3mg/kg 饲料。具有慢性累积毒性，如肝脏损害。NOEL：3 代大鼠 60mg/kg 饲料。兔 15mg/(kg·d) 条件下不致畸。美洲鹑急性经口 LD$_{50}$ 83mg/kg。规定饮食 LC$_{50}$（8d）：美洲鹑 421，野鸭 795mg/kg 饲料。LC$_{50}$（96h）：虹鳟鱼 0.09，大翻车鱼 0.07mg/L。水蚤 LC$_{50}$（48h）0.59mg/L。对蜜蜂有毒。

制剂 DP，EC，GR，WP。

应用 非内吸性杀虫剂。具有触杀和胃毒作用，残效期长。可用作熏蒸剂，通过呼吸作用进入害虫体内。用于防治蚁科、鞘翅目、夜蛾科幼虫、跳跃目、地栖白蚁（含家白蚁）等害虫。也用于防治室内害虫、防治草坪蚯蚓及保护地下电缆。可施用于土壤和作物，也可种子处理。

参考文献

[1] US 2598561.
[2] GB 618432.
[3] Kearns C W, et al. J Econ Entomol, 1945, 38: 661.
[4] Riemschneider R. Chim Ind (Paris), 1950, 64: 695.

氯氟醚菊酯（meperfluthrin）

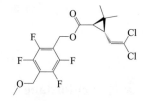

$C_{17}H_{16}Cl_2F_4O_3$，415.2，915288-13-0

由江苏扬农和优士化学共同开发的拟除虫菊酯类杀虫剂。

化学名称 2,3,5,6-四氟-4-甲氧甲基苄基(1*R*,3*S*)-3-(2,2-二氯乙烯基)-2,2-二甲基环丙烷羧酸酯；2,3,5,6-tetrafluoro-4-(methoxymethyl)benzyl(1*R*,3*S*)-3-(2,2-dichlorovinyl)-2,2-dimethylcyclopropanecarboxylate

CAS 名称 [2,3,5,6-tetrafluoro-4-(methoxymethyl)phenyl]methyl(1*R*,3*S*)-3-(2,2-dichloroethenyl)-2,2-dimethylcyclopropanecarboxylate

理化性质 纯品为淡灰色至淡棕色固体。熔点 72～75℃。蒸气压 4.75×10^{-5} Pa（25℃），686.2Pa（200℃）。难溶于水，易溶于甲苯、氯仿、丙酮、二氯甲烷、二甲基甲酰胺等有机溶剂。酸性和中性条件下稳定，碱性条件下水解较快。在常温下可稳定贮存 2 年。

毒性 大鼠急性经口 LD$_{50}$>5000mg/kg，急性经皮 LD$_{50}$>2000mg/kg，低毒。

制剂 MC，AE，EL，VM。

应用 吸入和触杀型杀虫剂，对昆虫的中枢神经系统、周围神经系统起作用，具有很强的击倒和杀死活性，昆虫接触到药剂后几秒钟即有反应，呈昏迷状态、痉挛而跌倒，从而导致杀死。对蚊、蝇等卫生害虫具有卓越的击倒和杀死活性。广泛应用于蚊香、灭蚊片、液体蚊香等杀虫剂产品中。其对蚊虫的杀虫毒力约为目前常用的富右旋反式烯丙菊酯的10倍以上。

合成路线

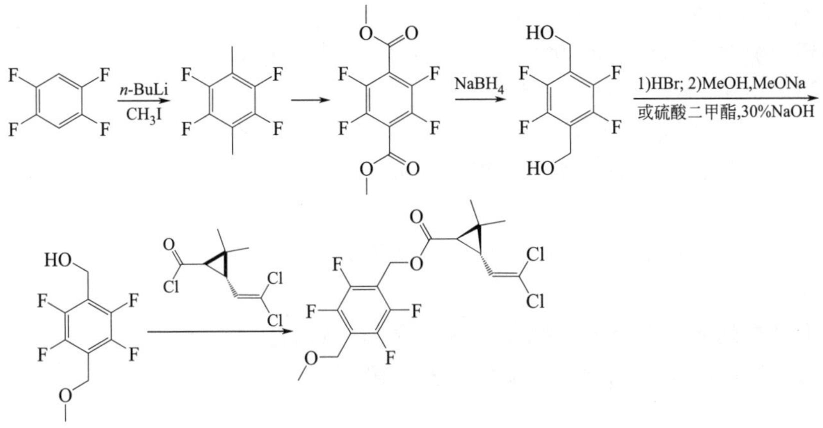

主要生产商 江苏优士化学。

参考文献

CN 1631868.

氯氟氰虫酰胺（cyhalodiamide）

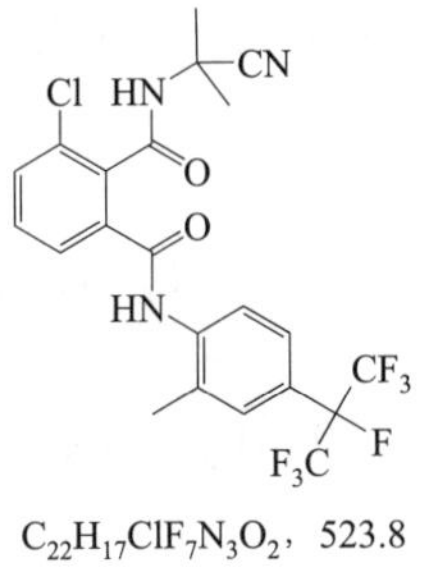

$C_{22}H_{17}ClF_7N_3O_2$，523.8

浙江省化工研究院有限公司2010年自主开发的杀虫剂。

其他名称 ZJ4042

化学名称 3-氯-N^1-(2-甲基-4-七氟异丙基苯基)-N^2-(1-甲基-1-氰基乙基)邻苯二甲酰胺

理化性质 白色固体粉末。熔点215.6~218.8℃。松密度0.198g/mL，堆密度0.338g/mL。溶解度：水中（20℃，pH 6，g/L）2.76×10^{-4}；其他溶剂中乙酸乙酯19.875，正己烷4.0902×10^{-3}，三氯甲烷2.3921，乙醇9.4141，丙酮39.644，甲醇34.987（20℃，g/L）。

应用 邻苯二甲酰胺类新型杀虫剂。作用机制为鱼尼丁受体抑制。主要防治鳞翅目害虫（尤其是水稻螟虫）。防治菜青虫、小菜蛾、甜菜夜蛾、斜纹夜蛾、二化螟、三化螟、稻纵卷叶螟、棉铃虫，尤其是针对水稻螟虫的防治。

制剂 EC，SC。

氯化亚汞（mercurous chloride）

$$Hg_2Cl_2$$
Cl_2Hg_2，472.1，10112-91-1

一直被用作杀虫剂，对哺乳动物毒性较低，在很大程度上取代了氯化汞，由 H. Glasgow 推荐。

其他名称　Cyclosan

化学名称　氯化亚汞；mercury（Ⅰ）chloride；dimercury dichloride

CAS 名称　mercury chloride（Hg_2Cl_2）

理化性质　纯品白色粉末，400～500℃升华。相对密度 7.15。水中溶解度 2mg/L（25℃），溶于大多数有机溶剂。光照下缓慢分解，在水环境中，缓慢水解成氯化汞和汞，在碱性条件下迅速分解。

毒性　大鼠急性经口 LD_{50} 210mg/kg，对鱼有毒。

制剂　DP。

应用　土壤处理防治芸薹属植物根肿病、大蒜白腐病。

分析方法　产品分析采用比色、滴定或重力测定方法。

氯甲硫磷（chlormephos）

$C_5H_{12}ClO_2PS_2$，234.7，24934-91-6

由 F. Colliot 等于 1973 年报道，Murphy Chemical Ltd 推出，Rhône-Poulenc Agrochimie（后 Aventis CropScience）开发。

其他名称　MC2188，Dotan

化学名称　S-氯甲基-O,O-二甲基二硫代磷酸酯；S-chloromethyl O,O-diethyl phosphorodithioate

CAS 名称　S-(chloromethyl) O,O-diethyl phosphorodithioate

理化性质　工业品纯度 90%～93%。无色液体，沸点 81～85℃（0.1mmHg）。蒸气压 7.6Pa（30℃）。相对密度 1.260（20℃）。水中溶解度 60mg/L（20℃）。与大多数有机溶剂互溶。室温条件下，在中性、弱酸性介质中稳定，但在 80℃ 条件下于稀酸、稀碱中分解。在碱性介质中迅速分解。

毒性　雌大鼠急性经口 LD_{50} 7mg/kg。急性经皮 LD_{50}（mg/kg）：大鼠 27，兔＞1600。大鼠 NOEL（90d）0.39mg/kg 饲料。鹌鹑急性经口 LD_{50} 260mg/kg。对鱼有毒，小丑鱼 LC_{50} 1.5mg/L。对蜜蜂有毒。

制剂　GR。

应用　胆碱酯酶的直接抑制剂。用于防治金针虫、蛴螬及倍足亚纲害虫等。适用于玉米、甘蔗、马铃薯、烟草、甜菜。作土壤处理，撒施。具有触杀兼胃毒作用，无内吸活性。

合成路线

分析方法 可用 GLC 进行分析。

主要生产商 Aventis CropScience, Arysta LifeScience Corporation。

参考文献

[1] GB 1258922.
[2] GB 817360.
[3] CS 215477.

氯菊酯（permethrin）

$C_{21}H_{20}Cl_2O_3$，391.3，52645-53-1（曾用57608-04-5和63364-00-1）；61949-77-7 [反式氯菊酯(q.v.)]；51877-74-8 [生物氯菊酯(q.v.)]；54774-47-9 [(1S)-反式异构体]；61949-76-6 [顺式氯菊酯(q.v.)]；54774-45-7 [(1R)-cis-同分异构体]；54774-46-8 [(1S)-cis-同分异构体]

该杀虫剂由 M. Elliott 等报道，由 FMC Corp.，ICI Agrochemicals（现 Syngenta AG，2007 年已将其 NAFTA 权转让给 Amvac Chemical Corp.），Mitchell Cotts Chemicals，Penick Corp.，Shell International Chemical Co.，Ltd（现 BASF SE），Sumitomo Chemical Co.，Ltd 和 the Wellcome Foundation 开发。

其他名称 NRDC 143, FMC 33 297, PP557, WL 43 479, LE 79-519, Agniban, Ambush

化学名称 3-苯氧基苄基甲基(1RS,3RS;1RS,3SR)-3-(2,2-二氯乙烯基)-2,2-二甲基环丙烷羧酸酯；3-phenoxybenzyl(1RS,3RS;1RS,3SR)-3-(2,2-dichlorovinyl)-2,2-dimethyl-cyclopropanecarboxylate $Roth$；3-phenoxybenzyl(1RS)-cis-$trans$-3-(2,2-dichlorovinyl)-2,2-permethrindimethylcyclopropan-ecarboxylate

CAS 名称 （3-phenoxyphenyl）methyl 3-（2,2-dichloroethenyl）-2,2-dimethylcyclopropanecarboxylate

理化性质 原药为棕黄色至棕色液体，在室温下偶尔有部分转化成结晶。熔点 34~35℃，顺式异构体 63~65℃，反式异构体 44~47℃。沸点 200℃（0.1mmHg）；>290℃（760mmHg）。蒸气压：顺式异构体 $2.9×10^{-3}$ mPa（25℃）；反式异构体 $9.2×10^{-4}$ Pa（25℃）。K_{ow} lg$P$ 6.1（20℃）。Henry 常数：顺式异构体 $5.8×10^{-3}$ Pa·m³/mol（25℃，计算值），反式异构体 $2.8×10^{-3}$ Pa·m³/mol（25℃，计算值）。相对密度 1.29（20℃）。水中溶解度 $6×10^{-3}$ mg/L（pH 7，20℃）；顺式异构体 0.20mg/L（未说明 pH，25℃）；反式异构体 0.13mg/L（未说明 pH，25℃）。二甲苯、己烷 >1000g/kg，甲醇 258g/kg（25℃）。50℃对热稳定 2 年。酸性介质中比碱性介质中稳定，pH4 时稳定性最佳，25℃、pH 9 时 DT_{50} 50d，pH 5、7 时稳定。在实验室研究时发现有化学降解，但大田实验数据显示并不影响它的生物活性。闪点 >100℃（Perigen），131℃（闭杯）。

毒性 氯菊酯的经口 LD_{50} 值取决于以下因素：载体、样品的顺/反式比例，测试物种，其性别、年龄和禁食的程度；有时报告的 LD_{50} 值明显不同。顺/反式比例为 40:60 时 LD_{50}

值：大鼠 430～4000mg/kg，小鼠 540～2690mg/kg；比例为 20：80 时 LD_{50} 约 6000mg/kg。大鼠急性经皮 $LD_{50}>$ 2500mg/kg，兔＞2000mg/kg。对兔眼睛和皮肤有轻微刺激。对皮肤中等致敏。小鼠、大鼠吸入 LC_{50}（3h）＞685mg/m³ 空气（分别研究给出＞13800mg/m³）。NOEL（2 年）大鼠 100mg/kg 饲料 [5mg/(kg·d)]。鸟类顺/反异构体比例约为 40：60 时的经口 LD_{50}（mg/kg）：鸡＞3000，野鸭＞9800，日本鹌鹑＞13500。鱼类 LC_{50}（μg/L）：虹鳟鱼 2.55（96h），虹鳟鱼 5.4（48h），大翻车鱼 1.8（96h）。水蚤 LC_{50}（48h）0.6μg/L。对蜜蜂有毒，LD_{50}（24h）：（经口）0.098μg/只，（接触）0.029μg/只。

制剂 DP，EC，UL，WG，WP，GR，AE，VP。

应用 作用于昆虫的神经系统。通过扰乱钠离子通道影响神经元功能。无内吸性，具有触杀、胃毒作用，有一定的驱避作用。广谱的触杀性杀虫剂。防治棉花上食叶性和食果性鳞翅目和鞘翅目害虫。具有长持效期。可有效防治各种动物寄生虫。

合成路线

分析方法 产品用 RPLC/UV 分析。

主要生产商 FMC，Sumitomo Chemical，Syngenta，Agriphar，Agrochem，Agro-Chemie，Aimco，Atabay，Bharat，Bilag，Bioquest，Coromandel，Devidayal，Gujarat Agrochem，Heranba，Meghmani，PHP Santé，Sharda，Sundat，Tagros，United Phosphorus，江苏扬农。

参考文献

[1] The Pesticide Manual. 16th edition.
[2] GB 1413491.
[3] 农药商品大全．北京：中国商业出版社，1996：184-188.

氯灭杀威（carbanolate）

$C_{10}H_{12}ClNO_2$，213.7，671-04-5

是由 Upjohn Co.（后 Nor-Am）推出的杀虫剂、杀螨剂。

其他名称 U 12927

化学名称 6-氯-3,4-二甲苯基甲氨基甲酸酯；6-chloro-3,4-xylyl methylcarbamate

CAS 名称 2-chloro-4,5-dimethylphenyl methylcarbamate

应用 杀虫剂，杀螨剂，胆碱酯酶抑制剂。

氯氰菊酯（cypermethrin）

$C_{22}H_{19}Cl_2NO_3$，416.3，52315-07-8

1975 年由 M. E. Elliott 报道。由 Ciba-Geigy，ICI Agrochemicals（现均为 Syngenta AG），Mitchell Cotts 和 Shell International Chemical Co.（现 BASF SE）开发。

其他名称　灭百可，兴棉宝，安绿宝，赛波凯，保尔青，轰敌，多虫清，百家安，Z-氯氰菊酯，zeta-氯氰菊酯，NRDC149，PP383，WL43467，LE79-600，FMC30980，OMS2002，Barricard，cymbush，Ambush C Imperator，Kafil Super，CCN52，Ammo，Flectron，Folcord，Ripcord，Stokcde，Cyperkill，Afrothrin

化学名称　(RS)-α-氰基-(3-苯氧苄基)(1RS,3RS；1RS,3SR)-3-(2,2-二氯乙烯基)-1,1-二甲基环丙烷羧酸酯；(RS)-α-氰基-(3-苯氧苄基)(1RS)-顺反-3-(2,2-二氯乙烯基)-1,1-二甲基环丙烷羧酸酯；(RS)-α-cyano-3-phenoxybenzyl-(1RS,3RS；1RS,3SR)-3-(2,2-dichlorovinyl)-2,2-dimethylcyclopropanecarboxylate 或 (RS)-α-cyano-3-phenoxybenzyl-(1RS)-cis-trans-3-(2,2-dichlorovinyl)-2,2-dimethylcyclopropanecarboxylate

CAS 名称　cyano(3-phenoxyphenyl)methyl 3-(2,2-dichloroethenyl)-2,2-dimethylcyclopropanecarboxylate

理化性质　该产品为无味晶体（工业品室温条件下为棕黄色的黏稠液体）。熔点 61～83℃（根据异构体的比例）。蒸气压 2.0×10^{-4} mPa（20℃）。K_{ow} lgP 6.6。Henry 常数 2.0×10^{-2} Pa·m³/mol。相对密度 1.24（20℃）。水中溶解度：0.004mg/L（pH 7）；其他溶剂中溶解度（g/L，20℃）：丙酮、氯仿、环己酮、二甲苯>450，乙醇 337，己烷 103。中性和弱酸性条件下相对稳定，pH 4 条件下相对最稳定。碱性条件下分解。DT_{50} 1.8d（pH 9，25℃），pH 5～7（20℃）稳定。光照条件下相对稳定。220℃以下热力学稳定。

毒性　急性经口 LD_{50}：大鼠 250～4150mg/kg（工业品 7180mg/kg），小鼠 138mg/kg。急性经皮 LD_{50}：大鼠>4920mg/kg，兔>2460mg/kg。对兔皮肤和眼睛有轻微的刺激性。大鼠吸入 LC_{50}（4h）2.5mg/L。NOEL 数值（2 年）：狗 5mg/kg，大鼠 7.5mg/kg。禽类急性经口 LD_{50}：野鸭>10000mg/kg，野鸡>2000mg/kg。鱼类 LC_{50}：虹鳟鱼 0.69μg/L，红鲈鱼 2.37μg/L；正常的农药用量对鱼不存在危害。水蚤 LC_{50}（48h）0.15μg/L。实验室测试对蜜蜂高毒，但是在推荐使用剂量下不存在对蜜蜂危害；LD_{50}（24h）：（经口）0.035μg/只；（接触）0.02μg/只。对跳虫无毒。

制剂　EC，GR，UL，WP。

应用　作用于昆虫的神经系统，通过阻断钠离子通道来干扰神经系统的功能。杀虫方式为触杀和胃杀，也有拒食作用。在处理过的作物上降解物也有好的活性。杀虫谱广，药效迅速，对光、热稳定，对某些害虫的卵具有杀伤作用。用此药防治对有机磷产生抗性的害虫效果良好，但对螨类和盲蝽防治效果差。该药残效期长，正确使用时对作物安全。作为杀虫剂应用范围较广，特别是用来防治水果（葡萄）、蔬菜（土豆、黄瓜、莴苣、辣椒、番茄）、谷物（玉米、大豆）、棉花、咖啡、观赏性植物、树木等作物类的鳞翅目、鞘翅目、双翅目、半翅目和其他类的害虫。也用来防治蚊子、蟑螂、家蝇和其他的公共卫生害虫。也用作动物体外杀虫剂，用来防治甲虫、蚜虫。

合成路线

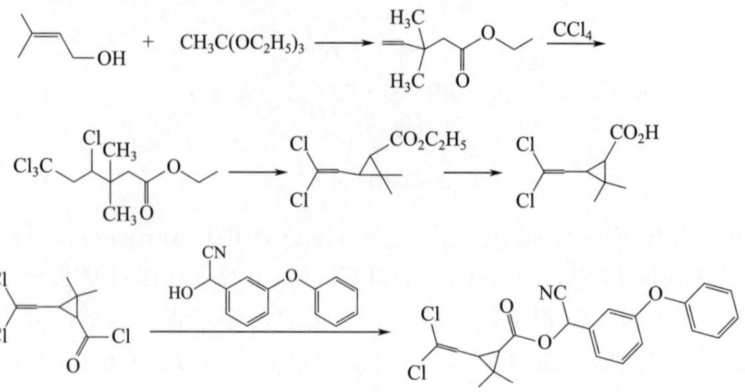

分析方法　可用 GC-MSD/HPLC-UV 进行分析。

主要生产商　BASF，Syngenta，Agriphar，Agrochem，Agro-Chemie，Aimco，Ankur，Atabay，Bharat，Bilag，Bioquest，Coromandel，Devidayal，Dhanuka，Ficom，FMC，Gharda，Gujarat Agrochem，Gujarat Pesticides，Hailir，Heranba，Krishi Rasayan，Lucava，Meghmani，Punjab，Rallis，Rotam，Sabero，Sharda，Sundat，Tagros，United Phosphorus，Isagro，安徽华星，江苏丰山，杭州庆丰，湖北沙隆达，江苏扬农，红太阳，郑州兰博尔（原沙隆达郑州农药有限公司），广西田园，上海中西药业。

参考文献

[1] CN 1508124.
[2] CN 1244524.
[3] US 4424168.
[4] US 4889872.
[5] US 5128497.
[6] US 4261920.

zeta-氯氰菊酯（*zeta*-cypermethrin）

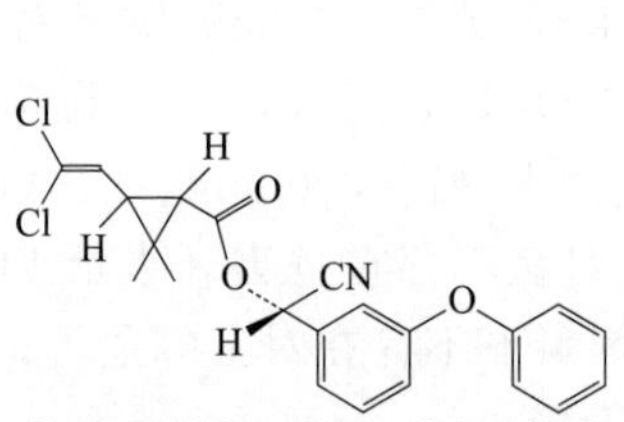

$C_{22}H_{19}Cl_2NO_3$，416.3，52315-07-8

富美实公司开发的拟除虫菊酯类杀虫剂。1992 年首次进入美国市场。

其他名称　百家安，Z-氯氰菊酯，FMC 56701，F56701，F701，Fury

化学名称　（S）-α-氰基-3-苯氧苄基（1RS,3RS；1RS,3SR）-3-(2,2-二氯乙烯基)-2,2-二甲基环丙烷羧酸酯立体异构体的混合物，S-(1RS,3RS)异构体与 S-(1RS,3SR)异构体的组成比从 45～55 变化到 55～45。或者（S）-α-氰基-3-苯氧苄基（1RS）-顺反-3-(2,2-二氯乙烯基)-2,2-二甲基环丙烷羧酸酯（异构体的比例同前）立体异构体的混合物。（S）-α-cyano-3-phenoxybenzyl(1RS,3RS；1RS,3SR)-3-(2,2-dichlorovinyl)-2,2-dimethylcyclopropanecarboxylate,S-(1RS,3RS)异构体与S-(1RS,3SR)异构体的组成比从45～55变化到55～45，或立体异构体的混合物(S)-α-cyano-3-phenoxybenzyl(1RS)-cis-trans-3-(2,2-dichlorovinyl)-2,2-dimethylcyclopropanecarboxylate(异构体的比例同前)

CAS 名称 (S)-cyano(3-phenoxyphenyl)methyl(±)-cis-trans-3-(2,2-dichloroethenyl)-2,2-dimethylcyclopropanecarboxylate

理化性质 深棕色黏稠液体。熔点−3℃，在分解之前沸腾，沸点＞360℃(760mmHg)。闪点181℃(密闭环境下)。蒸气压为 2.5×10^{-4} mPa(25℃)。K_{ow} lgP 5～6。Henry 常数为 2.31×10^{-3} Pa·m³/mol。相对密度为1.219(25℃)。溶解度：水 0.045mg/L(25℃)，易溶于大多数的有机溶剂。50℃可稳定保存1年。光解 DT_{50}（水溶液）20.2～36.1d(pH 7)。水解 DT_{50}：稳定(pH 5)，25d(pH 7，25℃)，1.5h(pH9，50℃)。

毒性 大鼠急性经口 LD_{50} 269～1264mg/kg；兔急性经皮 LD_{50}＞2000mg/kg。雌大鼠吸入 LC_{50}(4h) 1.26mg/L。狗 NOEL 值(1年) 5mg/(kg·d)。鸭子急性经口 LD_{50}＞10248mg/kg，鱼 LC_{50} 0.69～2.37μg/L(与鱼的种类有关)。水蚤 LC_{50}(48h) 0.14μg/L，伪蹄形藻 E_rC_{50}＞0.248mg/L。摇蚊幼虫 NOEC 值(28d) 0.0001mg/L。野外条件下对蜜蜂无毒。正常条件下对蚯蚓无毒，蚯蚓 LC_{50}(14d) 750mg/kg土壤。

制剂 EC，WP。

应用 作用于昆虫的神经系统，通过阻断钠离子通道来干扰神经系统的功能。此药具有触杀和胃毒作用。杀虫谱广，药效迅速，对光、热稳定，对某些害虫的卵具有杀伤作用。用此药防治对有机磷产生抗性的害虫效果良好，但对螨类和盲蝽防治效果差。该药残效期长，正确使用时对作物安全。适用于棉花、果树、茶树、大豆、甜菜等作物和森林及公共健康方面。防治鞘翅目、蚜虫和小菜蛾等害虫，以及森林和卫生害虫。

主要生产商 FMC，蓝丰生物，大连凯飞，美国富美实公司。

参考文献

[1] US 4845126.
[2] EP 0215010.
[3] HU 198373.

氯噻啉 (imidaclothiz)

$C_7H_8ClN_5O_2S$，261.7，105843-36-5

江苏南通江山农药化工股份有限公司开发的一种新烟碱类杀虫剂。1999年初开始试验，2002年10月获得氯噻啉原药和10%可湿性粉剂登记。

其他名称 JS-125

化学名称 (EZ)-1-(2-氯-1,3-噻唑-5-基甲基)-N-硝基亚咪唑-2-基胺；(EZ)-1-(2-chloro-1,3-thiazol-5-ylmethyl)-N-nitroimidazolidin-2-ylideneamine

CAS 名称 1-[(2-chloro-5-thiazolyl)methyl]-4,5-dihydro-N-nitro-1H-imidazol-2-amine

理化性质 原药外观为黄褐色粉状固体。熔点 146.8～147.8℃。溶解度(g/L，25℃)：水中 5；乙腈中 50，二氯甲烷中 20～30，甲苯中 0.6～1.5，二甲基亚砜中 260。常温贮存稳定。

毒性 原药对雄、雌性大鼠急性经口 LD_{50} 分别为 1470mg/kg、1620mg/kg。雄、雌性大鼠急性经皮 $LD_{50}>2000$mg/kg；对皮肤、眼睛无刺激性；无致敏性。大鼠饲喂 90d 亚慢性试验最大无作用剂量为 1.5mg/(kg·d)。10％氯噻啉可湿性粉剂对雄、雌性大鼠急性经口 LD_{50} 分别为 3690mg/kg、2710mg/kg，急性经皮 $LD_{50}>2000$mg/kg，对皮肤和眼睛无刺激性，无致敏性。10％氯噻啉可湿性粉剂对斑马鱼 LC_{50}（48h）为 72.16mg/L，鹌鹑 LD_{50}（7d）为 28.87mg/kg，蜜蜂 LC_{50}（48h）为 10.65mg/L，家蚕 LC_{50}（2龄）为 0.32mg/kg 桑叶。该药对鱼低毒，对鸟中等毒，对蜜蜂、家蚕为高毒。

制剂 WG，WP。

应用 一种新烟碱类强内吸性杀虫剂，其作用机理是对害虫的突触受体具有神经传导阻断作用，与烟碱的作用机理相同。对十字花科蔬菜蚜虫、水稻飞虱、番茄（大棚）白粉虱、柑橘树蚜虫、茶树小绿叶蝉等作物害虫有较好的防效。该药速效和持效性均较好，一般于低龄若虫高峰期施药，持效期在 7 天以上。在常规用药剂量范围内对作物安全，对有益生物如瓢虫等天敌杀伤力较小。使用该药时注意防止对蜜蜂、家蚕的危害，在桑田附近及作物开花期不宜使用。

合成路线

分析方法 可用 HPLC 进行分析。

主要生产商 南通江山。

参考文献

[1] 世界农药，2005，27（6）：46-47.
[2] 江苏化工，2004，32（3）：19-21.

氯杀螨（chlorbenside）

$C_{13}H_{10}Cl_2S$，269.2，103-17-3

由 J. E. Cranham 等于 1953 年报道，是由 Boots Co., Ltd（后 Schering Agrochemicals）推出的杀虫剂。

其他名称 HRS860，RD2195，Chlorparacide，Chlorsulphacide

化学名称 4-氯苄基-4-氯苯基硫醚；4-chlorobenzyl 4-chlorophenylsulfide

CAS 名称 1-chloro-4-[[(4-chlorophenyl)methyl]thio]benzene

理化性质 本品为白色结晶，工业品有杏仁味。熔点 72℃，相对密度 1.4210（25℃）。蒸气压：$2.59×10^{-6}$mmHg（20℃），1.6mPa（30℃）。不溶于水，微溶于矿物油和醇，溶于酮和芳香烃。对酸碱稳定，但易氧化成砜或亚砜。可与各种农药混用。

毒性 对温血动物毒性极低。对大鼠以 10000mg/(kg·d) 饲喂 3 周能容忍或以含 1000mg/kg 氯杀螨饲料饲喂大鼠 2 年无害；以 5mg/(kg·d) 剂量饲喂狗 1 年，未观察到有影响。对蜜蜂无毒。

制剂 WP，FK，DP。

应用 对红蜘蛛的卵和幼虫有高效，但杀虫活性低，没有内吸性。

主要生产商 Schering Agrochemicals。

参考文献

[1] Cranham J E, et al. Chem Ind (London), 1953：1206.

[2] Martin J T, Batt Annu R F. Rep Long Ashton Res Stat, 1955：106-110.

[3] Hardon H J, et al. J Sci Food Agric, 1957, 8：368-370.

氯生太尔（closantel）

$C_{22}H_{14}Cl_2I_2N_2O_2$，663.1，57808-65-8

其他名称 氯氰碘柳胺

化学名称 5′-氯-4′-(4-氯-α-氰基苄基)-3,5-二碘水杨酰邻甲苯胺；(RS)-5′-chloro-4′-(4-chloro-α-cyanobenzyl)-3,5-diiodosalicyl-o-toluidide

CAS 名称 N-[5-chloro-4-[(4-chlorophenyl)cyanomethyl]-2-methylphenyl]-2-hydroxy-3,5-diiodobenzamide

应用 杀虫剂、杀螨剂。

氯戊环（kelevan）

$C_{17}H_{12}Cl_{10}O_4$，634.8，4234-79-1

1966 年由 E. E. Gilbert 等报道。由 Allied Chemical Corp. 创制，由 C. F. Spiess & Sohn. 开发。

其他名称 GC-9160（Allied）

化学名称 5-(1,2,3,4,6,7,8,9,10,10-十氯-5-羟基五环[5.3.0.0^{2,6}.0^{3,9}.0^{4,8}]癸-5-基)-4-氧戊酸乙酯；ethyl 5-(1,2,3,4,6,7,8,9,10,10-decachloro-5-hydroxypentacyclo [5.3.0.0^{2,6}.0^{3,9}.0^{4,8}]dec-5-yl)-4-oxovalerate；ethyl 5-(1,2,4,5,6,7,8,8,9,10-decachloro-3-hydroxypentacyclo[5.3.0.0^{2,6}.0^{4,10}.0^{5,9}]dec-3-yl)-4-oxovalerate

CAS 名称 ethyl 1,1a,3,3a,4,5,5,5a,5b,6-decachlorooctahydro-2-hydroxy-γ-oxo-1,3,4-metheno-1H-cyclobuta[cd]pentalene-2-pentanoate

应用 杀虫剂。

氯烯炔菊酯 (chlorempenthrin)

$C_{16}H_{20}Cl_2O_2$, 315.2, 54407-47-5

其他名称 中西气雾菊酯,二氯炔戊菊酯

化学名称 1-乙炔基-2-甲基-2-戊烯-1-基-(RS)-2,2-二甲基-3-(2,2-二氯乙烯基)环丙烷羧酸酯;(3,4E)-4-methylhept-4-en-1-yn-3-yl(1,3)-3-(2,2-dichloroethenyl)-2,2-dimethylcyclopropane-1-carboxylate;(1RS,2EZ)-1-ethynyl-2-methylpent-2-enyl(1RS,3RS;1RS,3SR)-3-(2,2-dichlorovinyl)-2,2-dimethylcyclopropanecarboxylate;(1RS,2EZ)-1-ethynyl-2-methylpent-2-enyl(1RS)-cis-trans-3-(2,2-dichlorovinyl)-2,2-dimethylcyclopropanecarboxylate

CAS 名称 1-ethynyl-2-methyl-2-penten-1-yl 3-(2,2-dichloroethenyl)-2,2-dimethylcyclopropanecarboxylate

理化性质 淡黄色至棕黄色油状液体,相对密度1.12,蒸气压4.12×10^{-5}Pa(25℃),沸点128～130℃(40Pa),易溶于丙酮、乙醇、苯等有机溶剂,难溶于水。在碱性条件下易水解。

毒性 急性经口LD_{50}:大鼠340mg/kg,小鼠790mg/kg。

制剂 TC,YC。

应用 拟除虫菊酯杀虫剂。用于防治蚊、蝇、蟑螂等卫生害虫,亦可用于防治仓储害虫。具有胃毒和触杀活性,并有一定的熏蒸作用。本品具有蒸气压高、挥发度好、杀灭力强的特点,对害虫击倒速度快,特别在喷雾及熏蒸时的击倒效果更为显著。稳定性好,无残留。

主要生产商 河北三农,江苏优士化学,上海生农。

氯辛硫磷 (chlorphoxim)

$C_{12}H_{14}ClN_2O_3PS$, 332.7, 14816-20-7

由 J. E. Hudson 和 W. O. Obudho 于 1972 年报道,由 Bayer AG 推出。

其他名称 BAY SRA 7747,Bayer 78182

化学名称 O,O-二乙基-2-氯-α-氰基苄基氨基氧基硫代磷酸酯;O,O-diethyl 2-chloro-α-cyanobenzylideneamino-oxyphosphonothioate

CAS 名称 7-(2-chlorophenyl)-4-ethoxy-3,5-dioxa-6-aza-4-phosphaoct-6-ene-8-nitrile 4-sulfide

理化性质 无色固体,熔点66.5℃,蒸气压<1mPa(20℃)。Henry常数<0.196Pa·m^3/mol(计算值)。溶解度:水1.7mg/kg(20℃);环己烷、甲苯400～600g/kg(20℃)。

毒性 大鼠急性经口 $LD_{50}>2500mg/kg$。大鼠急性经皮 $LD_{50}>500mg/kg$。NOEL：90d 饲喂试验，小鼠 50mg/kg 饲料条件下无不良反应。对鸟类低毒。鱼类 LC_{50}：虹鳟鱼（96h）$0.1\sim1.0mg/L$，鲤鱼（48h）$8.5mg/L$。

制剂 UL，WP。

应用 用于杀灭蚊子和蚋属（*Simulium*）苍蝇。具有触杀作用，残效期长。属胆碱酯酶抑制剂。

分析方法 产品采用 HPLC 法分析。

主要生产商 Bayer。

参考文献

[1] DE 1238902.

[2] CIPAC Handbook, 1988, D: 42.

[3] Hudson J E, Obudho W O. Mosq News, 1972, 32: 37.

氯亚胺硫磷（dialifos）

$C_{14}H_{17}ClNO_4PS_2$, 393.8, 10311-84-9

1967 年 W. R. Cothran 等报道了其杀虫活性，由 Hercules Inc.（后来为 Nor-Am Chemical Co.）开发。

其他名称 dialiphos，dialifor，Torak

化学名称 S-2-氯-1-酞酰亚氨基乙基-O,O-二乙基二硫代磷酸酯；S-2-chloro-1-phthalimidoethyl O,O-diethyl phosphorodithioate；N-[2-chloro-1-(diethoxyphosphinothioylthio)ethyl]phthalimide

CAS 名称 S-[2-chloro-1-(1,3-dihydro-1,3-dioxo-2H-isoindol-2-yl)ethyl] O,O-diethyl phosphorodithioate

理化性质 纯品为无色结晶固体。熔点 $67\sim69℃$。35℃蒸气压为 133mPa。溶解性：不溶于水，稍溶于脂肪烃和醇类，易溶于丙酮、环己酮、3,5,5-三甲基环己-2-烯酮、二甲苯。原药及其制剂在一般贮存条件下能稳定 2 年以上，但遇强碱迅速分解。在室温下、pH＝8 时半衰期为 2.5h。无腐蚀性，能与大多数农药混用。

毒性 急性经口 LD_{50}（mg/kg）：雄大白鼠 $43\sim53$，雌大白鼠 5；雄小白鼠 39，雌小白鼠 65；雄狗 97；野鸭 940。兔急性经皮 LD_{50} 145mg/kg。虹鳟 LC_{50}（24h）$0.55\sim1.08mg/L$。对蜜蜂低毒，LD_{50} $0.034\sim0.038mg$/只。

制剂 EC。

应用 本品是一种非内吸性杀虫剂和杀螨剂，能有效地防治苹果、柑橘、葡萄、坚果树、马铃薯和蔬菜上的许多害虫和螨类。预计对家畜的扁虱也有效。

分析方法 产品分析采用 GLC 和紫外分光光度法。

参考文献

[1] GB 1091738.

[2] US 3355353.

氯氧磷（chlorethoxyfos）

$C_6H_{11}Cl_4O_3PS$，336.0，54593-83-8

由 I. A. Watkinson 和 D. W. Sherrod 于 1986 年报道，由 E. I. du Pont de Nemours and Co. 于 1995 年在美国登记。

其他名称　土虫磷，地虫磷，SD208304，WL208304，DPX43898，Fortress

化学名称　O,O-二乙基-O-1,2,2,2-四氯乙基硫逐磷酸酯；($\pm$)O,O-diethyl(RS)-O-(1,2,2,2-tetrachloroethyl)phosphorothioate

CAS 名称　O,O-diethyl O-(1,2,2,2-tetrachloroethyl)phosphorothioate

理化性质　原药含量 88%，沸点 110～115℃（0.8mmHg）。蒸气压约 106mPa（20℃）。$K_{ow}\lg P$ 4.59（25℃）。Henry 常数 35Pa·m³/mol。相对密度 1.41（20℃）。水中溶解度<1mg/L［工业品 3mg/L（20℃）］，溶于乙腈、氯仿、乙醇、正己烷、二甲苯。室温稳定 18 个月以上，55℃稳定 2 周（在含 504mg/L Fe_2O_3 的洁净不锈钢贮存）。DT_{50}（25℃）：4.3d（pH5），59d（pH7），72d（pH9）。闪点>230℃。

毒性　急性经口 LD_{50}（mg/kg）：雌大鼠 1.8，雄大鼠 4.8。急性经皮 LD_{50}（mg/kg）：雌兔 12.5，雄兔 18.5。本品对兔眼中度刺激，但眼睛接触为高毒。对兔、豚鼠皮肤均无刺激。大鼠吸入 LC_{50}（4h）0.58mg/L（8mg/m³），属于剧毒。NOEL［mg/(kg·d)］：雄小鼠 0.18，雌小鼠 0.21，雄大鼠 0.18，雌大鼠 0.25，雄狗 0.063，雌狗 0.065。无致畸性、致突变性和致癌性。山齿鹑急性经口 LD_{50} 28mg/kg。鱼类 LC_{50}（96h，mg/L）：虹鳟鱼 0.10，大翻车鱼 0.0023，食蚊鱼 0.00047。水蚤 LC_{50}（48h）0.00041mg/L。

制剂　GR。

应用　土壤杀虫剂。适用于玉米、蔬菜。用于防治玉米的所有害虫，对叶甲、叶蛾、叩甲特别有效。也用于防治南瓜十二星叶甲幼虫、小地老虎及金针虫。对蔬菜的各种蝇科有极好的活性。广谱，具有熏蒸作用。

合成路线

分析方法　可用 GLC 进行分析。

主要生产商　Amvac。

参考文献

[1]　The Pesticide Manual. 15 th ed：178-179.
[2]　EP 160344.

氯唑磷（isazofos）

$C_9H_{17}ClN_3O_3PS$，313.7，42509-80-8

由 Ciba-Geigy AG（现为先正达公司）开发的有机磷杀虫剂、杀线虫剂。

其他名称　米乐尔，异丙三唑磷，异丙三唑硫磷，异唑磷，CGA 12223，Miral，Brace，Triumph，Victor

化学名称　O-(5-氯-1-异丙基-1H-1,2,4-三唑-3-基)-O,O-二乙基硫代磷酸酯；O-5-chloro-1-isopropyl-1H-1,2,4-triazol-3-yl O,O-diethyl phosphorothioate

CAS 名称　O-[5-chloro-1-(1-methylethyl)-1H-1,2,4-triazol-3-yl] O,O-diethyl phosphorothioate

理化性质　纯品为黄色液体。熔点 120℃（36Pa），蒸气压 7.45mPa（20℃），K_{ow} lg$P$ 2.99，Henry 常数 1.39×10^{-2} Pa·m³/mol，相对密度 1.23（20℃）。水中溶解度（20℃）：168mg/L。与有机溶剂如苯、氯仿、己烷、甲醇等互溶。中性和弱酸性介质中稳定，碱性介质中不稳定；水解 DT_{50}（20℃）：85d（pH 5），48d（pH 7），19d（pH 9）。200℃以上分解。

毒性　大鼠急性经口 LD_{50}：40～60mg/kg（原药）。大鼠急性经皮 LD_{50}（mg/kg）：>3100（雄），118（雌）；对兔皮肤有中等刺激性，对兔眼睛有轻微刺激作用。大鼠急性吸入 LC_{50}（4h）：0.24mg/L 空气。90d 饲喂试验的无作用剂量：大鼠 2mg/kg 饲料 [0.2mg/(kg·d)]，狗 2mg/kg 饲料 [0.05mg/(kg·d)]。对禽类有毒，急性经口 LD_{50}：野鸭 61mg/kg，山齿鹑 11.1mg/kg。山齿鹑 LC_{50}（8d）81mg/L。鱼毒 LC_{50}（96h，mg/L）：大翻车鱼 0.01，鲤鱼 0.22，鳟鱼 0.008～0.019。水蚤 LC_{50}（48h）为 0.0014mg/L。对蜜蜂有毒。

制剂　EC，GR。

应用　一种广谱、内吸、低毒的杀虫、杀线虫剂，具有胃毒、触杀和一定的内吸作用，其杀虫机理是抑制胆碱酯酶的活性，干扰昆虫神经系统的协调作用而导致死亡。主要用于防治地下害虫和线虫。对刺吸式、咀嚼式口器害虫和钻蛀性害虫也有较好的防治效果。该药在土壤中的残效期较长，对多数害虫有快速击倒作用。不能在烟草和马铃薯地施用，以防出药害。禁止在蔬菜、果树、茶叶、草药上使用。

合成路线

$$CH_3NHCOCl \longrightarrow CH_3NCO \xrightarrow{Cl_2} ClCONCCl_2 \xrightarrow{(CH_3)_2CHNHNH_2}$$

分析方法　采用 GLC 分析方法。

主要生产商　Ciba-Geigy，Novartis。

参考文献

[1]　The Pesticide Manual. 15th ed.

[2]　BE 792452.

[3]　GB 1419131.

[4]　GB 1419132.

螺虫乙酯（spirotetramat）

$C_{21}H_{27}NO_5$，373.5，382608-10-8

由 Bayer CropScience 开发的季酮酸衍生物类杀虫剂。

其他名称　亩旺特，BYI 8330，Movento，Ultor

化学名称　顺-4-(乙氧基羰基氧基)-8-甲氧基-3-(2,5-二甲苯基)-1-氮杂螺[4.5]癸-3-烯-2-酮；cis-4-(ethoxycarbonyloxy)-8-methoxy-3-(2,5-xylyl)-1-azaspiro[4.5]dec-3-en-2-one

CAS 名称　cis-3-(2,5-dimethylphenyl)-8-methoxy-2-oxo-1-azaspiro[4.5]dec-3-en-4-yl ethylcarbonate

理化性质　TC 外观为白色粉末，无特别气味，制剂为具芳香味白色悬浮液。熔点 142℃，235℃分解，无沸点。蒸气压 $5.6×10^{-9}$ Pa（20℃），$1.5×10^{-8}$ Pa（25℃），$1.5×10^{-6}$ Pa（50℃）。$K_{ow}\lg P$ 2.51（pH 4 和 pH 7），$K_{ow}\lg P$ 2.50（pH 9）。相对密度 1.22。水中溶解度（20℃）：33.5mg/L（pH 4），29.9mg/L（pH 7），19.1mg/L（pH 9）。其他溶剂中溶解度（g/L，20℃）：正己烷 0.055，二氯甲烷＞600，二甲基亚砜 200～300，甲苯 60，丙酮 100～120，乙酸乙酯 67，乙醇 44。稳定性较好，在 30℃稳定性≥1 年。水解半衰期（25℃）为 32.5d（pH 4），8.6d（pH 7），0.32d（pH 9），形成相应的烯醇，稳定不进一步水解。水溶液光解半衰期为 14.4d（pH 5），天然水（pH 7.9）中半衰期为 0.74d。在潮湿土壤中难于测量光解速率，因为主要是由微生物作用的，在黑暗条件下微生物分解活性更高。

毒性　TC 大鼠急性经口 LD_{50}＞2000mg/kg。大鼠急性经皮 LD_{50}＞2000mg/kg。大鼠吸入 LC_{50}＞4183mg/m³。对兔皮肤无刺激作用，对兔眼睛有轻微刺激作用。对荷兰猪无皮肤致敏性，对小鼠皮肤具有潜在致敏性。小鼠 28d 经口为 1415mg/(kg·d)(雄)，小鼠 90d 经口 1305/1515mg/(kg·d)(雄/雌)；大鼠 28d 经口为 501.8mg/(kg·d)(雌)，大鼠 90d 经口 148/188mg/(kg·d)(雄/雌)；狗 28d 经口为 42/70mg/(kg·d)(雄/雌)，狗 90d 经口 81/32mg/(kg·d)(雄/雌)；大鼠 28d 经皮为 1000mg/(kg·d)。

制剂　SC，EC。

应用　一种新型季酮酸衍生物类杀虫剂，杀虫谱广，持效期长。它是通过干扰昆虫的脂肪生物合成导致幼虫死亡，降低成虫的繁殖能力。螺虫乙酯是迄今唯一具有在木质部和韧皮部双向内吸传导性能的现代杀虫剂。该化合物可以在整个植物体内向上向下移动，抵达叶面和树皮，从而防治如生菜和白菜内叶上隐藏及果树皮上的害虫。这种独特的内吸性可以保护新生芽、叶和根部，防止害虫的卵和幼虫生长。双向内吸传导性意味着害虫没有安全的可以隐藏的地方，防治作用更加彻底。螺虫乙酯 240g/L SC 经田间药效试验对柑橘介壳虫有较好的防效。

合成路线

主要生产商　Bayer Crop Science。

参考文献

[1]　农药，2009，48（6）：445-447.
[2]　农药，2010，49（4）：250-251.
[3]　US 7638547.

螺虫酯 (spiromesifen)

$C_{23}H_{30}O_4$,370.5,283594-90-1

R. Nauen 等报道其活性,由 Bayer CropScience 开发。

其他名称 Oberon,Forbid,Danigetter,Judo,BSN2060

化学名称 3-(2,4,6-三甲苯基)-2-氧代-1-氧杂螺[4.4]壬-3-烯-4-基-3,3-二甲基丁酸酯;3-mesityl-2-oxo-1-oxaspiro[4.4]non-3-en-4-yl 3,3-dimethylbutyrate

CAS 名称 2-oxo-3-(2,4,6-trimethylphenyl-1-oxaspiro[4.4]non-3-en-4-yl)3,3-dimethylbutanoate

理化性质 工业品纯度≥96.5%,外观为无色粉末,熔点96.7~98.7℃。蒸气压7×10^{-3} mPa(20℃)。K_{ow} lg$P$ 4.55(无缓冲,20℃)。Henry 常数2×10^{-2} Pa·m^3/mol(20℃,计算值)。相对密度1.13(20℃)。水中溶解度:0.13mg/L(pH 4~9,20℃);其他溶剂中溶解度(20℃,g/L):正庚烷23,异丙醇115,正辛醇60,聚乙二醇22,二甲亚砜55,二甲苯、1,2-二氯乙烷、丙酮、乙酸乙酯和乙腈中均>250。水解 DT$_{50}$:53.3d(pH 4),24.8d(pH 7),4.3d(pH 9)(25℃);2.2d(pH 4),1.7d(pH 7),2.6h(pH 9)(50℃)。

毒性 大鼠急性经口 LD$_{50}$:雄鼠、雌鼠均>2500mg/kg。大鼠急性经皮 LD$_{50}$:雄鼠、雌鼠均>2000mg/kg。本品对兔皮肤、眼睛无刺激。大鼠吸入 LC$_{50}$(4h)>4.87mg/L。NOEL 值:小鼠(90d 和 18 个月)3.2mg/(kg·d)和3.3mg/(kg·d)。研究表明对二代鼠没有潜在的生殖毒性,也没有潜在的基因毒性和致畸作用。

制剂 SC。

应用 类酯生物合成抑制剂。抑制白粉虱、螨类发育和繁殖的非内吸性杀虫、杀螨剂,同时具有杀卵作用。螺虫酯能有效地防治对吡丙醚产生抗性的粉虱,与灭虫威复配能有效地防治具有抗性的粉虱。与任何常用的杀虫剂、杀螨剂无交互抗性。通过室内和田间试验证明螺虫酯对有益生物是安全的,并且适合害虫综合防治,残效优异,植物相容性好,对环境安全。

合成路线

主要生产商 Bayer Crop Science。
参考文献
[1] The Pesticide Manual. 15th edition：1046-1047.
[2] 农药，2007，46（12）：800-805.

螺螨酯（spirodiclofen）

$C_{21}H_{24}Cl_2O_4$，411.3，148477-71-8

由 Bayer Crop Science 研制并开发。

其他名称 螨威多，螨危，BAJ2740，Envidor，Daniemon，Ecomite

化学名称 3-(2,4-二氯苯基)-2-氧-1-氧螺[4.5]癸-3-烯-4-基-2,2-二甲基丁酸酯；3-(2,4-dichlorophenyl)-2-oxo-1-oxaspiro[4.5]dec-3-en-4-yl 2,2-dimethylbutanoate

CAS 名称 3-(2,4-dichlorophenyl)-2-oxo-1-oxaspiro[4.5]dec-3-en-4-yl 2,2-dimethylbutanoate

理化性质 纯品为白色粉末，无特殊气味。熔点 94.8℃。蒸气压 3×10^{-10} Pa（20℃）。$K_{ow}\lg P$：5.8（pH 4，20℃），5.1（pH 7，20℃）。Henry 常数 2×10^{-3} Pa·m^3/mol。相对密度 1.29。水中溶解度（20℃，μg/L）：（pH 4）50，（pH 7）190；其他溶剂中溶解度（20℃，g/L）：正庚烷 20，聚乙二醇 24，正辛醇 44，异丙醇 47，DMSO 75，丙酮、二氯甲烷、乙酸乙酯、乙腈和二甲苯＞250。稳定性（20℃，d）：水解 DT_{50} 119.6（pH 4），52.1（pH 7），2.5（pH 9）。

毒性 大鼠急性经口 LD_{50}＞2500mg/kg（雌、雄）。大鼠急性经皮 LD_{50}＞2000mg/kg（雌、雄）。对兔眼、皮肤无刺激；SC 对豚鼠无皮肤致敏性。大鼠急性吸入 LC_{50}（4h）＞5000mg/L。对狗 12 个月无作用剂量为 50mg/kg。对大鼠和兔无致畸作用。大鼠 2 代繁殖试验，表明无生殖毒性、基因毒性和致畸性。对鸟类低毒；山齿鹑急性经口 LD_{50}＞2000mg/kg；山齿鹑和野鸭饲喂 LC_{50}（5d）＞5000mg/kg。虹鳟鱼 LC_{50}（96h）＞0.035mg/L。水蚤 EC_{50}（48h）＞0.051mg/L。对月牙藻 E_bC_{50} 和 E_rC_{50}（96h）＞0.06mg/L。对摇蚊幼虫最低无抑制质量浓度（28d）为 0.032mg/L。蜜蜂 LD_{50}（μg/只）：经口＞196，接触＞200。对蚯蚓 LC_{50}＞1000mg/kg 干土。在 300g/hm^2 对瓢虫无毒性。SC 在田间条件下对捕食螨有轻微毒性作用。对微生物矿化无副作用。

制剂 TC，SC。

应用 具有触杀作用，没有内吸性。主要抑制螨的脂肪合成，阻断螨的能量代谢，对螨的各个发育阶段都有效，杀卵效果特别优异，同时对幼若螨也有良好的触杀作用。虽然不能较快地杀死雌成螨，但对雌成螨有很好的绝育作用。雌成螨触药后所产的卵有 96% 不能孵化，死于胚胎后期。它与现有杀螨剂之间无交互抗性，适用于用来防治对现有杀螨剂产生抗性的有害螨类。建议与速效性好、残效短的杀螨剂（如阿维菌素等）混合使用，既能快速杀死成螨，又能长时间控制害螨虫口数量的恢复。考虑到抗性治理，建议在一个生长季（春季、秋季），螺螨酯的使用次数最多不超过 2 次。螺螨酯的主要作用方式为触杀和胃毒，无内吸性，因此喷药要全株均匀喷雾，特别是叶背。建议避开果树开花时用药。

合成路线

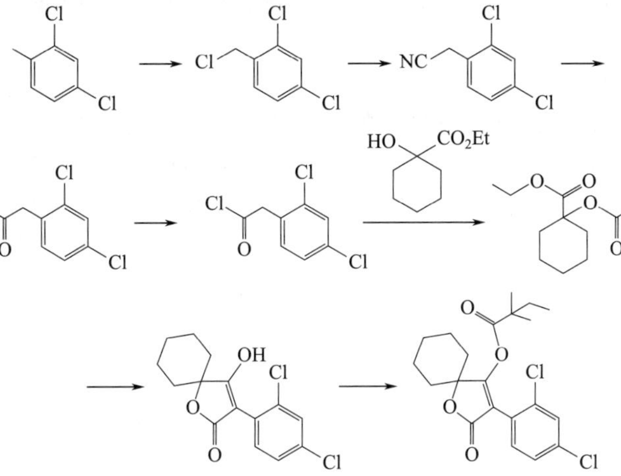

主要生产商　Bayer CropScience。

参考文献

[1]　US 6476251.
[2]　US 5262383.
[3]　精细化工中间体，2009，39（02）：19-21.
[4]　现代农药，2007，6（5）：49-50.

马拉硫磷（malathion）

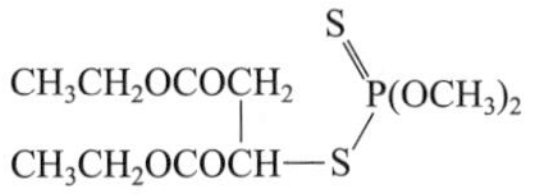

$C_{10}H_{19}O_6PS_2$，330.4，121-75-5

由 G. A. Johnson 等报道其活性，是由 American Cyanamid Co. 开发的有机磷类杀虫剂。

其他名称　防虫磷，粮泰安，马拉松，EI 4049，Devimal，Dustrin，Eagle

化学名称　（二甲氧基硫代磷酰硫）琥珀酸二乙酯；S-1,2-双（乙氧基甲酰基）乙基-O,O-二甲基二硫代磷酸酯；diethyl(dimethoxythiophosphorylthio)succinate；S-1,2-bis(ethoxycarbonyl)ethyl O,O-dimethyl phosphorodithioate

CAS 名称　diethyl [(dimethoxyphosphinothioyl)thio]butanedioate

理化性质　原药纯度 95%。清澈、琥珀色液体。熔点 2.85℃。沸点 156～157℃（0.7mmHg）。蒸气压 5.3mPa（30℃）。K_{ow} lg$P$ 2.75。Henry 常数 1.21×10^{-2} Pa·m^3/mol（计算值）。相对密度 1.23（25℃）；水中溶解度 145mg/L（25℃）；与大多数有机溶剂混溶，如醇、酯、酮、醚、芳香烃；微溶于石油醚和某些类型的矿物油。正庚烷中溶解度 65～93g/L。在中性水溶液中相对稳定。遇强酸和强碱分解，25℃时水解 DT_{50}：107d（pH 5），6d（pH 7），0.5d（pH 9）。闪点 63℃（Pensky-Martens 闭杯）。

毒性　大鼠急性经口 LD_{50} 1375～5500mg/kg（纯品），小鼠 775～3320mg/kg。兔急性经皮 LD_{50}（24h）4100～8800mg/kg，大鼠＞2000mg/kg。大鼠吸入 LC_{50}（4h）＞5.2mg/

L。NOEL：大鼠饲喂 2 年，当在 500mg/kg［29mg/(kg·d)］时只有血浆和红细胞中的胆碱酯酶被抑制。山齿鹑急性经口 LD_{50} 359mg/kg。饲喂 LC_{50}（5d）：山齿鹑 3500，环颈雉鸡 4320（mg/kg 饲料）。鱼毒 LC_{50}（96h）：大翻车鱼 54μg/L，虹鳟 180μg/L。水蚤 EC_{50}（48h）1.0μg/L。藻类 EC_{50}（72h）13mg/L。对蜜蜂有毒，LD_{50}（局部）0.27μg/只。蚯蚓 LC_{50} 613mg/kg 土。

制剂 DP，EC，EW，UL，WP。

应用 非内吸的广谱性杀虫剂，有良好的触杀和一定的熏蒸作用，进入虫体后首先被氧化成毒力更强的马拉氧磷，从而发挥强大的毒杀作用，而当进入温血动物体时，则被在昆虫体内所没有的羧酸酯酶水解，因而失去毒性。马拉硫磷毒性低，残效期短，对刺吸式口器和咀嚼式口器的害虫有效，适用于防治烟草、茶和桑树等的害虫，也可用于防治仓库害虫。

合成路线

分析方法 产品采用 GLC/FID 或毛细管 GC/FID 分析。

主要生产商 Cheminova，Agro Chemicals India，Agrochem，Bharat，Devidayal，Ficom，Gujarat Pesticides，Hindustan，Lucava，Sharda，Tekchem，江苏好收成，宁波汇力，宁波明日，中化宁波。

参考文献
US 2578652.

螨蜱胺（cymiazole）

$C_{12}H_{14}N_2S$，218.3，61676-87-7

化学名称 N-［(2EZ)-3-甲基-1,3-噻唑-2(3H)-亚基］-2,4-二甲代苯胺；N-［(2EZ)-3-methyl-1,3-thiazol-2(3H)-ylidene］-2,4-xylidine

CAS 名称 2,4-dimethyl-N-［3-methyl-2(3H)-thiazolylidene］benzenamine

应用 杀螨剂。

茂硫磷（morphothion）

$C_8H_{16}NO_4PS_2$，285.3，144-41-2

由 Sandoz AG 开发的内吸性杀虫剂。

其他名称　Ekatin M

化学名称　O,O-二甲基-S-吗啉代羰甲基二硫代磷酸酯；O,O-dimethyl S-morpholinocarbonylmethyl phosphorodithioate

CAS 名称　O,O-dimethyl S-[2-(4-morpholinyl)-2-oxoethyl] phosphorodithioate

应用　杀虫剂。

猛杀威（promecarb）

$C_{12}H_{17}NO_2$，207.3，2631-37-0

由 A. Formigoni 和 G. P. Bellini 报道，由 Schering AG（后来的 AgrEvo GmbH）推出。

其他名称　SN 34 615，SSI 0792，Carbamult

化学名称　3-异丙基-5-甲基苯基甲氨基甲酸酯；5-methyl-m-cumenyl methylcarbamate；3-isopropyl-5-methylphenyl methylcarbamate

CAS 名称　3-methyl-5-(1-methylethyl)phenyl methylcarbamate

理化性质　原药外观为白色至黄色粉末。沸点 117℃。熔点 87～85℃。蒸气压（25℃）1.4mPa。K_{ow}lg$P$ 3.189（pH 4）。水中溶解度（25℃）91mg/L（pH 4～5）；四氯化碳、二甲苯 100～200g/L，环乙醇、环乙酮、甲醇、异丙醇 200～400g/L，丙酮、二氯甲烷、二甲基甲酰胺 400～600g/L。稳定性：在强酸或强碱作用下水解；DT_{50}（22℃）：103d（pH 7），36h（pH 9）；250℃和 pH 5 时稳定。50℃时＞140h。

毒性　大鼠急性经口 LD_{50} 60～140mg/kg，小鼠 23～40mg/kg。兔急性经皮 LD_{50}＞2025mg/kg；大鼠和兔＞1000mg/kg（50%可湿性粉剂制剂）。大鼠 LD_{50}（4h）＞0.16mg/L 空气。对大鼠无作用剂量（1.5 年）＞20mg/kg。禽类急性经口 LD_{50}：山齿鹑 78mg/kg，野鸭 3.5mg/kg。虹鳟鱼 LD_{50}（96h）0.3mg/L，大翻车鱼（96h）0.64mg/L，鲤鱼（72h）4.3mg/L，欧洲鳟鱼（120h）1.2mg/L。对蜜蜂有毒，LD_{50} 0.0011mg/只。

制剂　EC，WP。

应用　为非内吸性触杀性杀虫剂，并有胃毒和吸入杀虫作用。在进入动物体内后，即能抑制胆碱酯酶的活性。对水稻稻飞虱、白背飞虱、稻叶蝉、灰飞虱、稻蓟马、棉蚜虫、刺粉蚧、柑橘潜叶蛾、锈壁虱、茶树蚧壳虫、小绿叶蝉以及马铃薯甲虫等均有防效。

分析方法　产品分析采用 HPLC。

参考文献

[1] DE 1156272.
[2] The Pesticide Manual. 16 th ed.

弥拜菌素 (milbemectin)

$C_{31}H_{44}O_7(A_3)$,528.7,51596-10-2;$C_{32}H_{46}O_7(A_4)$,542.7,51596-11-3

由日本三共化学公司开发的抗生素类杀虫、杀螨剂。

其他名称 密灭汀,B-41,E-187,SI-8601,Milbeknock,Ultiflora,Koromite,Matsuguard,Mesa

化学名称 ($10E,14E,16E,22Z$)-($1R,4S,5'S,6R,6'R,8R,13R,20R,21R,24S$)-21,24-二氢-5′,6′11,13,22-五甲基-3,7,19-三氧四环[15.6.1.1^{4,8}.0^{20,24}]二十五烷-10,14,16,22-四烯-6-螺-2′-四氢吡喃-2-酮(milbemectin A_3),($10E,14E,16E,22Z$)-($1R,4S,5'S,6R,6'R,8R,13R,20R,21R,24S$)-6′-乙基-21,24-二氢-5′,11,13,22-四甲基-3,7,19-三氧四环[15.6.1.1^{4,8}.0^{20,24}]二十五烷-10,14,16,22-四烯-6-螺-2′-四氢吡喃-2-酮(milbemectin A_4)

a mixture of:($10E,14E,16E,22Z$)-($1R,4S,5'S,6R,6'R,8R,13R,20R,21R,24S$)-21,24-dihydroxy-5′,6′,11,13,22-pentamethyl-3,7,19-trioxatetracyclo[15.6.1.1^{4,8}.0^{20,24}]pentacosa-10,14,16,22-tetraene-6-spiro-2′-tetrahydropyran-2-one and($10E,14E,16E,22Z$)-($1R,4S,5'S,6R,6'R,8R,13R,20R,21R,24S$)-6′-ethyl-21,24-dihydroxy-5′,11,13,22-tetramethyl-3,7,19-trioxatetracyclo[15.6.1.1^{4,8}.0^{20,24}]pentacosa-10,14,16,22-tetraene-6-spiro-2′-tetrahydropyran-2-one in the ratio 3 to 7

CAS 名称 A_3:($6R,25R$)-5-O-demethyl-28-deoxy-6,28-epoxy-25-methylmilbemycin B;A_4:($6R,25R$)-5-O-demethyl-28-deoxy-6,28-epoxy-25-ethylmilbemycin B

理化性质 弥拜菌素由同系物 milbemectin A_3 和 milbemectin A_4 以 3∶7 组合而成。纯品为白色粉末。熔点:A_3 212~215℃,A_4 212~215℃。相对密度(25℃):A_3 1.1270,A_4 1.265。蒸气压(25℃):A_3<1.3×10^{-8}Pa,A_4<1.3×10^{-8}Pa。A_3 K_{ow}lg$P$ 5.3,A_4 K_{ow}lg$P$ 5.9。Henry 常数<9.93×10^{-4} Pa·m^3/mol。A_3 溶解度(20℃):水 0.88mg/L;甲醇 64.8,乙醇 41.9,丙酮 66.1,乙酸乙酯 69.5,苯 143.1,正己烷 1.4 (g/L)。A_4 溶解度:水 7.2mg/L;甲醇 458.8,乙醇 234.0,丙酮 365.3,乙酸乙酯 320.4,苯 524.2,正己烷 6.5 (g/L)。对碱不稳定。

毒性 雄大鼠急性经口 LD$_{50}$ 762mg/kg,雌大鼠 456mg/kg;雄小鼠急性经口 LD$_{50}$ 324mg/kg,雌 313mg/kg。大、小鼠急性经皮 LD$_{50}$>5000mg/kg;无皮肤致敏性。雄大鼠吸入 LC$_{50}$(mg/kg,4h)1.90,雌 2.80。雄大鼠无作用剂量 6.81mg/(kg·d),雌 8.77mg/(kg·d),雄小鼠无作用剂量 18.9mg/(kg·d),雌 19.6mg/(kg·d)。每日允许摄取量(日本)0.03mg/kg。无致畸、致突变、致癌作用。雄鸡 LD$_{50}$ 660mg/kg,雌鸡 650mg/kg,日本雄鹌鹑 1005mg/kg,日本雌鹌鹑 968mg/kg。鱼 LC$_{50}$(96h):虹鳟 4.5mg/L,鲤鱼 17μg/L。水蚤 EC$_{50}$(4h)0.011mg/L。羊角月牙藻 E_bC$_{50}$(120h)>2mg/L。

海藻最大无作用剂量（72h）≥7.30mg/L。蜜蜂经口 LD_{50} 0.46μg/只，接触 0.025μg/只。蚯蚓 LC_{50}（14d）61mg/L。

制剂 EC，WP。

应用 γ-氨基丁酸抑制剂，作用于外围神经系统。通过提高弥拜菌素与γ-氨基丁酸的结合力，使氯离子流量增加，从而发挥杀菌、杀螨活性。对各个生长阶段的害虫均有效，作用方式为触杀和胃杀，虽内吸性较差，但具有很好的传导活性。对作物安全，对节肢动物影响小，和现有杀螨剂无交互抗性，是对害虫进行综合防治和降低抗性风险的理想选择。用于蔬菜（茄子等），水果（苹果、梨、草莓、柑橘等），茶叶、松树等，防治朱砂叶螨、二斑叶螨、神泽氏叶螨、柑橘红蜘蛛、苹果红蜘蛛、柑橘锈壁虱，对线虫如松材线虫也有效。

合成路线 弥拜菌素是从土壤微生物——链霉菌（*Streptomyceshygroscopicus* subsp. *Aureolacrimosus*）的发酵物中提取而得到的。

分析方法 采用 HPLC/FLD。

参考文献

[1] The Pesticide Manual. 16th edition.
[2] JP 49014624.
[3] J Pesticide Sci，1994，19：245-247.

醚菊酯（etofenprox）

$C_{25}H_{28}O_3$，376.5，80844-07-1

1987 年由 Mitsui Toatsu Chemicals，Inc.（现 Mitsui Chemicals Agro，Inc.）开发。

其他名称 多来宝，利来多，Ethofenprox，Lenatop，MTI-500，Trebon

化学名称 2-(4-乙氧基苯基)-2-甲基丙基-3-苯氧基苄基醚；2-(4-ethoxyphenyl)-2-methylpropyl 3-phenoxybenzyl ether

CAS 名称 1-[[2-(4-ethoxyphenyl)-2-methylpropoxy]methyl]-3-phenoxybenzene

理化性质 白色晶体。熔点（37.4±0.1）℃，沸点 200℃。蒸气压 8.13×10^{-4} mPa（25℃）。K_{ow} lg$P$ 6.9（20℃）。Henry 常数 0.0136Pa·m³/mol（计算值）。相对密度 1.172（20℃）。溶解度：水 22.5μg/L（25℃）；（20℃，g/L）正己烷 667，庚烷 621，二甲苯 856，甲苯 862，二氯甲烷 924，丙酮 877，甲醇 49，乙醇 98，醋酸乙酯 837。150℃ 时稳定（DSC）；水解 DT_{50}（25℃）>1 年（pH 4、7、9）；光解 DT_{50}（25℃）2d；pH 3～10 稳定。闪点 110℃。

毒性 急性经口（mg/kg）：雌、雄大鼠 LD_{50}>42880，小鼠>107200，狗>5000。急性经皮（mg/kg）：大鼠、小鼠 LD_{50}>2140mg/kg；对兔皮肤、眼睛无刺激。吸入毒性：大鼠 LC_{50}（4h）5900mg/m³。NOEL 值（mg/kg 饲料）：（1 年）狗 32；（2 年）雄大鼠 3.7，雌大鼠 4.8，雄小鼠 3.1，雌小鼠 3.6。其他：无诱导有机体物质，不能产生畸形，不产生毒素，

无神经毒性。禽类急性经口：野鸭 LD_{50}＞2000mg/kg，野鸭、山齿鹑 LC_{50}（5d）＞5000mg/L。鲤鱼 LC_{50}（96h）0.140mg/L。水蚤 LC_{50}（3h）＞40mg/L。对蜜蜂高毒。蚯蚓 LC_{50}（mg/L）：43.1（7d），24.6（14d）。对家蚕高毒。

制剂 AE，CS，DP，EC，EW，GR，ME，SL，UL，WP。

应用 具有触杀和胃毒的特性。为内吸性杀虫剂，具有杀虫谱广、杀虫活性高、击倒速度快、持效期较长的特性，对稻田蜘蛛等天敌杀伤力较小，对作物安全等优点。对害虫无内吸传导作用，对螨虫防治无效。对水生物、作物及天敌安全。与波尔多液混用后杀虫效力变化很小，活性稳定或稍有提高。用于水稻、蔬菜、棉花对鳞翅目、半翅目、直翅目、鞘翅目、双翅目和等翅目等多种害虫的防治。尤其对水稻稻飞虱的防治效果显著，同时也是国家禁止高毒类农药在水稻上应用后的指定产品。使用时避免污染鱼塘、蜂场。

分析方法 采用 GLC、GC、HPLC。

主要生产商 Mitsui Chemicals Agro，Isagro，安徽华星，华通（常州）生化，池州新赛德化工，江苏辉丰农化，江苏七洲，宁波汇力化工。

参考文献

[1] GB 2118167.

[2] US 4570005.

嘧虫胺（flufenerim）

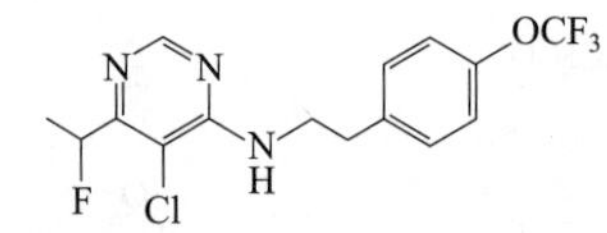

$C_{15}H_{14}ClF_4N_3O$，363.7，170015-32-4

日本宇部兴产推出的新型嘧啶类杀虫剂，现由住友化学开发。

其他名称 UR-50701，S-1560，Miteclean

化学名称 (RS)-[5-氯-6-(1-氟乙基)嘧啶-4-基][4-(三氟甲氧基)苯乙基]胺；(RS)-[5-chloro-6-(1-fluoroethyl)pyrimidin-4-yl][4-(trifluoromethoxy)phenethyl]amine

CAS 名 称 5-chloro-6-(1-fluoroethyl)-N-[2-[4-(trifluoromethoxy)phenyl]ethyl]-4-pyrimidinamine

应用 用于胡椒、菠萝、番茄及蔬菜等作物，防治象甲、蚧类害虫。

合成路线

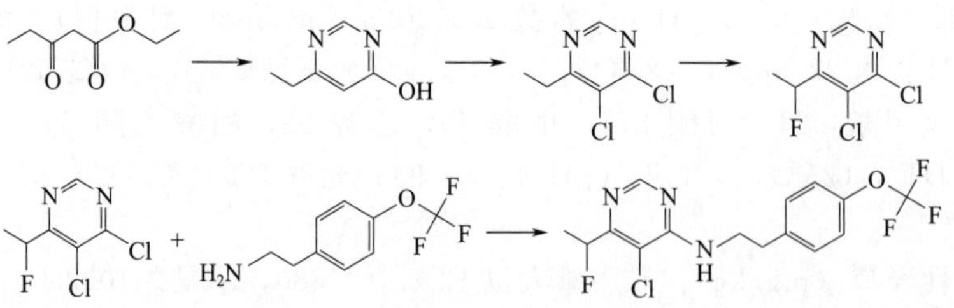

参考文献

[1] EP 665225.

[2] US 5498612.

嘧啶磷 (pirimiphos-ethyl)

$C_{13}H_{24}N_3O_3PS$, 333.4, 23505-41-1

由 ICI Plant Protectiondivision（后来的 Zeneca Agrochemicals）开发。

其他名称 派灭赛，乙基虫螨磷，PP211，Fernex，Primicid，Solgard

化学名称 O,O-二乙基-O-(2-二乙氨基-6-甲基嘧啶-4-基)硫代磷酸酯；O,O-diethyl O-2-diethylamino-6-methylpyrimidin-4-yl phosphorothioate

CAS 名称 O-[2-(diethylamino)-6-methyl-4-pyrimidinyl] O,O-diethyl phosphorothioate

理化性质 纯品为淡黄色液体（原药为有硫醇味的透明红棕色液体）。熔点 15～18℃（原药），超过 194℃ 分解，蒸气压 0.68mPa（20℃）、39mPa（25℃），相对密度 1.14（20℃）。水中溶解度 2.3mg/L（pH 7），与许多有机溶剂混溶。室温下存放稳定至少 1 年，遇酸、碱水解。闪点＞60℃。

毒性 大鼠急性经口 LD_{50} 140～200mg/kg。雄大鼠急性经皮 LD_{50} 1000～2000mg/kg；对兔皮肤无刺激，对眼睛有刺激；对豚鼠皮肤无致敏性。大鼠吸入 LC_{50}（6h）＞5mg/L。大鼠（90d）无作用剂量 1.6mg/kg 饲料 [0.08mg/(kg·d)]，狗 0.2mg/(kg·d)。野鸭急性经口 LD_{50} 2.5mg/kg，山齿鹑 10～20mg/kg。鲤鱼 LC_{50}（96h）0.22mg/L，虹鳟鱼 0.02mg/L。水蚤 LC_{50}（48h）0.3μg/L。对蜜蜂有毒。

制剂 DS，EC，GR，CG。

应用 广谱性杀虫剂，具有触杀、胃毒、熏蒸和一定的内吸作用，其作用机理为抑制乙酰胆碱酯酶，它对鳞翅目、同翅目等多种害虫均有较好的防治效果，亦可拌种防治多种作物的地下害虫。

分析方法 产品分析采用 GLC/FID。

参考文献

[1] GB 1019227.
[2] GB 1205000.

嘧啶威 (pyramat)

$C_{11}H_{17}N_3O_2$, 223.3, 2532-49-2

瑞士汽巴-嘉基公司开发。

其他名称 G23330

化学名称 6-甲基-2-正丙基-4-嘧啶基二甲氨基甲酸酯；6-methyl-2-propylpyrimidin-4-

yl dimethylcarbamate

CAS 名称 6-methyl-2-propyl-4-pyrimidinyl N, N-dimethylcarbamate

理化性质 原药为淡黄色油状液体，沸点为 108~109℃（60.25mmHg）。

毒性 对鼹鼠的急性经口 LD_{50} 为 225mg/kg。

制剂 WP，SL。

应用 触杀性杀虫剂。对家蝇高效，此外还能防治蔬菜、果树、谷物（如小麦）上的豆象。

分析方法 质谱法测定。

嘧啶氧磷（pirimioxyphos）

$C_{10}H_{17}N_2O_4PS$，292.3

化学名称 O,O-二乙基-O-（2-甲氧基-6-甲基嘧啶-4-基）硫代磷酸酯；O,O-diethyl O-2-methoxy-6-methylpyrimidin-4-yl phosphorothioate

CAS 名称 O,O-diethyl O-(2-methoxy-6-methyl-4-pyrimidinyl)phosphorothioate

应用 杀虫剂。

嘧螨胺（pyriminostrobin）

$C_{23}H_{18}Cl_2F_3N_3O_4$，528.3，1257598-43-8

沈阳化工研究院基于巴斯夫公司开发的甲氧丙烯酸酯类杀螨剂嘧螨酯（fluacrypyrim）的基础上利用中间体衍生化方法开发。

其他名称 SYP-11277

化学名称 (E)-2-[2-[[2-(2,4-二氯苯氨基)-6-三氟甲基 4-嘧啶氧基]甲基]苯基]-3-甲氧基丙烯酸甲酯；(E)-methyl 2-[2-[[2-(2,4-dichlorophenylamino)-6-(trifluoromethyl) pyrimidin-4-yloxy]methyl]phenyl]-3-methoxyacrylate

CAS 名称 methyl(αE)-2-[[[2-[(2,4-dichlorophenyl) amino]-6-(trifluoromethyl)-4-pyrimidinyl]oxy]methy]-α-(methoxymethylene)benzeneacetate

理化性质 原药为白色固体。熔点 120~121℃。

毒性 雌、雄大鼠急性经口 LD_{50}＞5000mg 原药/kg。雌、雄大鼠急性经皮 LD_{50}＞2000mg/kg。对兔皮肤、眼睛无刺激作用。Ames 试验为阴性。

制剂 可湿性液剂。

应用　主要用于防治果树（如苹果、柑橘等）中的多种螨类，如苹果红蜘蛛、柑橘红蜘蛛等。

合成路线

分析方法　产品可用 HPLC 进行分析。

参考文献
CN 101906075.

嘧螨醚 （pyrimidifen）

$C_{20}H_{28}ClN_3O_2$，377.9，105779-78-0

由 Sankyo Co., Ltd 和 Ube Industries 共同开发，1995 年上市。

其他名称　E-787，SU-8801，SU-9118，Miteclean

化学名称　5-氯-N-{2-[4-(2-乙氧基乙基)-2,3-二甲基苯氧基]乙基}-6-乙基嘧啶-4-胺；5-chloro-N-{2-[4-(2-ethoxyethyl)-2,3-dimethylphenoxy]ethyl}-6-ethylpyrimidin-4-amine

CAS 名称　5-chloro-N-[2-[4-(2-ethoxyethyl)-2,3-dimethylphenoxy]ethyl]-6-ethyl-4-pyrimidinamine

理化性质　无色晶体。熔点 69.4～70.9℃。蒸气压 1.6×10^{-4} mPa（25℃）。K_{ow} lgP 4.59 [（23±1）℃]。Henry 常数 2.79×10^{-5} Pa·m³/mol（25℃，计算值）。相对密度 1.22（20℃）。水中溶解度 2.17mg/L（25℃）。在酸和碱中稳定。

毒性　急性经口 LD_{50}（mg/kg）：雄大鼠 148，雌大鼠 115，雄小鼠 245，雌小鼠 229。雄、雌大鼠急性经皮 LD_{50}＞2000mg/kg。野鸭 LD_{50} 445mg/kg。野鸭 LC_{50}＞5200mg/L。鲤鱼 LC_{50}（48h） 0.093mg/L（SC）。蜜蜂 LD_{50}：（经口） 0.638μg/只；（接触） 0.660μg/只。

制剂　SC，WP。

应用　抑制线粒体复合物Ⅰ的电子传递。防治苹果、梨、蔬菜和茶树所有阶段的害螨，以及柑橘类果树上的害螨和锈螨、蔬菜上的菜蛾。

合成路线

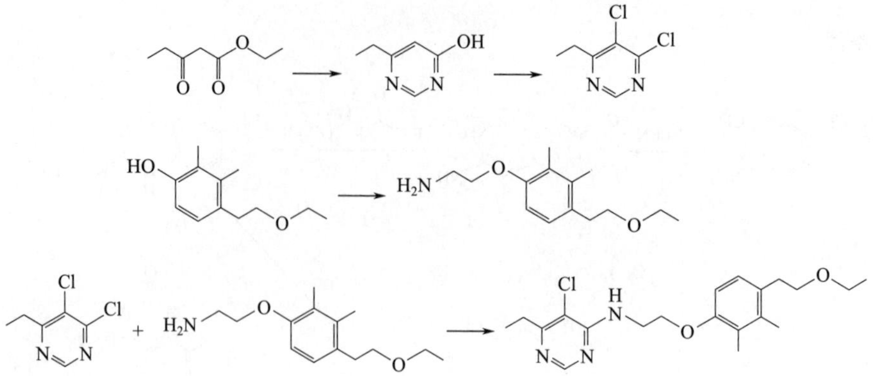

主要生产商　UBE，江苏绿利来。

参考文献

[1]　US 4845097.

[2]　EP 196524.

嘧螨酯（fluacrypyrim）

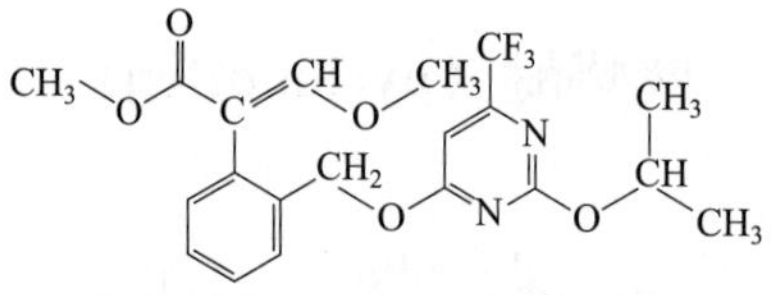

$C_{20}H_{21}F_3N_2O_5$，426.4，229977-93-9

由 Nippon Soda Co. Ltd 开发的第一个甲氧基丙烯酸酯类杀螨剂。2001 年注册，2002 年推出。

其他名称　天达农，NA-83，Titaron，Oonata

化学名称　(E)-2-{α-[2-异丙氧基-6-(三氟甲基)嘧啶-4-苯氧基]邻甲苯基}-3-甲氧丙烯酸甲酯；methyl (E)-2-{α-[2-isopropoxy-6-(trifluoromethyl) pyrimidin-4-yloxy]-o-tolyl}-3-methoxyacrylate

CAS 名称　methyl (αE)-α-(methoxymethylene)-2-[[[2-(1-methylethoxy)-6-(trifluoromethyl)-4-pyrimidinyl]oxy]methyl]benzeneacetate

理化性质　原药为白色无味固体。熔点 107.2～108.6℃。蒸气压 2.69×10^{-3} mPa（20℃）。$K_{ow}\lg P$ 4.51（pH 6.8，25℃）。Henry 常数 3.33×10^{-3} Pa·m³/mol（20℃，计算值）。相对密度 1.276。溶解度（g/L，20℃）：水中（pH 6.8）3.44×10^{-4}；二氯甲烷 579，丙酮 278，二甲苯 119，乙腈 287，甲醇 27.1，乙醇 15.1，乙酸乙酯 232，正己烷 1.84，正庚烷 1.60。在 pH 4、7 稳定；DT_{50} 574d（pH 9）；水溶液光解 DT_{50} 26d。

毒性　原药大鼠急性经口 $LD_{50}>5000$mg/kg（雌、雄）。大鼠急性经皮 $LD_{50}>2000$mg/kg（雌、雄）；对兔皮肤无刺激作用，对兔眼睛有轻微刺激作用。大鼠急性吸入 LC_{50}（4h）>5.09mg/L（雌、雄）。无作用剂量（mg/kg）：（24 月）雄性大鼠 5.9，雌性大鼠 61.7；（18 月）雄性小鼠 20，雌性小鼠 30；（12 月）雌、雄性狗 10。允许摄入量（日本）为 0.059mg/(kg·d)。对鸟类低毒，山齿鹑急性经口 $LD_{50}>2250$mg/kg，山齿鹑喂食急性

毒性 $LC_{50} > 5620mg/L$。鲤鱼 LC_{50} 为 $0.195mg/L$（96h）。水蚤 LC_{50} 为 $0.094mg/L$（48h）。羊角月牙藻 E_bC_{50} 为 $0.0173mg/L$（72h），E_rC_{50} 为 $0.14mg/L$（72h）。蜜蜂 $LC_{50} > 300mg/L$（经口），$LD_{50} > 10\mu g/$只（接触）。蚯蚓 LC_{50} 23mg/kg 土壤。

制剂　SC。

应用　线粒体呼吸抑制剂。兼具触杀和胃毒作用，作用机理与目前常用的杀螨剂不同，与目前市场上常用的杀螨剂无交互抗性。对红蜘蛛、白蜘蛛都有很高的活性；对害螨的各个虫态，包括卵、若螨、成螨均有防治效果。主要用于防治果树（如苹果、柑橘、梨等）中的多种螨类，如苹果红蜘蛛、柑橘红蜘蛛等。在柑橘和苹果收获前 7d 禁止使用，在梨收获前 3d 禁止使用。嘧螨酯除对螨类有效外，对部分病害也有较好的活性。嘧螨酯虽属低毒产品，但对鱼类毒性较大，因此应用时要特别注意，勿将药液扩散至江河湖泊以及鱼塘。

合成路线

分析方法　产品可用 HPLC 进行分析。

主要生产商　Nippon Soda。

棉铃威（alanycarb）

$C_{17}H_{25}N_3O_4S_2$，399.5，83130-01-2

由 Otsuka Chemical Co.，Ltd. 于 1991 年在日本上市。

其他名称　农虫威，OK-135，Aphox，Pirimor，Onic，Rumbline

化学名称　(Z)-N-苄基-N-[[甲基(1-甲硫基亚乙基氨基氧羰基)氨基]硫]-β-丙氨酸乙酯；ethyl(Z)-N-benzyl-N-[[methyl(1-methylthioethylideneaminooxycarbonyl)amino]thio]-β-alaninate

CAS 名称　(Z)-ethyl 3,7-dimethyl-6-oxo-9-(phenylmethyl)-5-oxa-2,8-dithia-4,7,9-tri-azadodec-3-en-12-oate

理化性质　纯品为晶体，熔点 46.6～47.0℃。蒸气压 $< 4.7 \times 10^{-6}$ Pa（20℃）。相对密度 1.29（20℃）。K_{ow} lg$P$（3.57±0.06）。溶解度（20℃）：水 29.6mg/L，甲苯、二氯甲烷、甲醇、丙酮、乙酸乙酯 > 1000g/L。100℃ 以下稳定，54℃ 时 30d 分解 0.2%～1.0%，

中性和弱碱条件下稳定，酸性和强碱性下不稳定，在日光下的玻璃板上的 DT_{50} 为 6h。

毒性 雄大鼠急性经口 LD_{50} 440mg/kg。雄大鼠急性经皮 $LD_{50}>2000$ mg/kg，对眼睛微弱刺激，对皮肤无刺激性（兔）。大鼠吸入 LC_{50}（4h）>205 mg/m^3 空气。无致癌、致畸和致突变作用。鸟类 LC_{50}（8d，mg/L）：山齿鹑 3553，野鸭 >5000。鲤鱼 LC_{50}（48h）1.1mg/L。水蚤 EC_{50}（48h）0.05mg/L。蜜蜂 LD_{50} 0.674μg/只。

制剂 EC，WP。

应用 具有触杀、胃毒作用。适用于蔬菜、葡萄、棉花、烟草、蔓生植物、柑橘。防治鞘翅目、缨翅目、半翅目和鳞翅目害虫。

合成路线

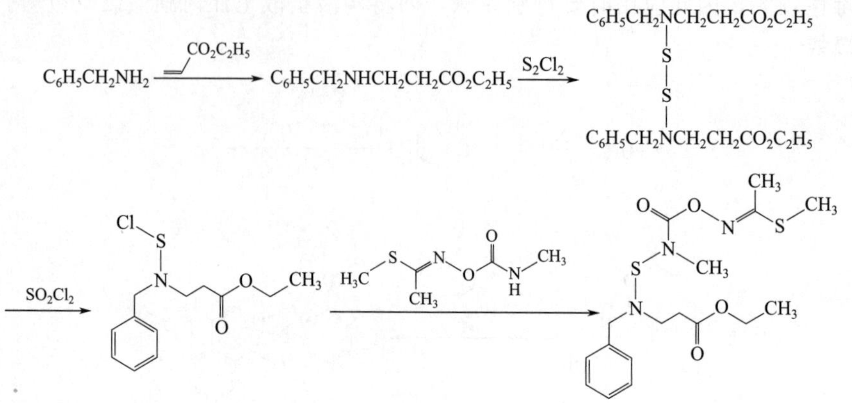

分析方法 产品分析用 HPLC。

主要生产商 Otsuka。

参考文献

[1] The Pesticide Manual. 15 th edition：23-24.
[2] GB 2110206.
[3] US 4444768.
[4] JP 8924144.
[5] 精细化工中间体，2006，36（2）：36-37.

灭虫隆（chloromethiuron）

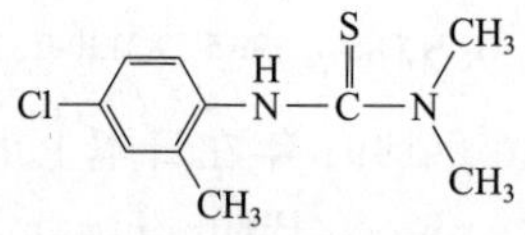

$C_{10}H_{13}ClN_2S$，228.7，28217-97-2

由 M. von Orelli 等于 1975 年报道，Ciba-Geigy AG 推出的杀虫、杀螨剂。

其他名称 螟蛉畏，灭虫脲，CGA13 444，C-9140，Dipofene

化学名称 3-(4-氯邻甲苯基)-1,1-二甲基(硫脲)；3-(4-chloro-o-tolyl)-1,1-dimethyl(thiourea)

CAS 名称 N'-(4-chloro-2-methylphenyl)-N,N-dimethylthiourea

理化性质 纯品为无色晶体。熔点 175℃。蒸气压 1.1×10^{-6}Pa（20℃）。Henry 常数 5.03×10^{-6}Pa·m^3/mol（计算值）。相对密度 1.34（20℃）。水中溶解度 50mg/L（20℃）。

其他溶剂中溶解度（20℃，g/kg）：丙酮 37，二氯甲烷 40，己烷 0.05，异丙醇 5。水溶液中稳定性：DT_{50} 1 年（$5 < pH < 9$）。

毒性 大鼠急性经口 LD_{50} 2500mg/kg；大鼠急性经皮 $LD_{50} > 2150$mg/kg。对兔皮肤无刺激，对眼睛有轻微刺激。NOEL（90d）：大鼠 10mg/kg[1mg/(kg·d)]，狗 50mg/kg[2mg/(kg·d)]。虹鳟鱼、大翻车鱼、鲤鱼 LC_{50}（96h）>49mg/L。

制剂 SC。

应用 杀虫、杀螨剂。主要用于防治家畜身上的扁虱，包括对其他杀螨剂产生抗性的扁虱。也用于防治蜱螨、水稻二化螟、棉铃虫、红铃虫。灭虫隆高效、低毒、杀虫谱广。属几丁质抑制剂，通过干扰几丁质的合成进而影响真菌的生长。

合成路线

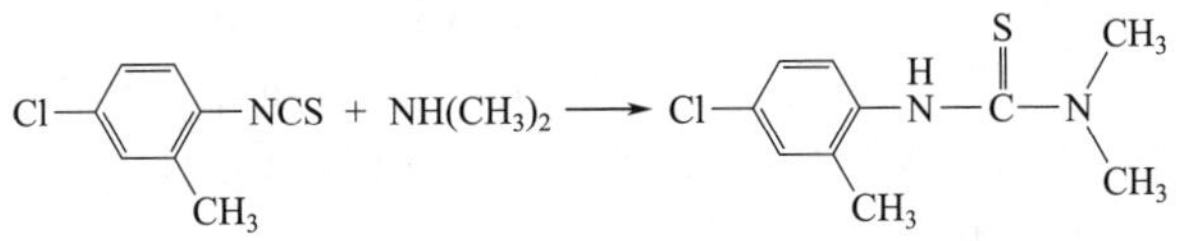

分析方法 产品分析用酸碱滴定法。

主要生产商 Ciba-Geigy 公司。

参考文献

[1] Proc World Vet Congr 20 th. 1975：659.
[2] EP 678543.
[3] GB 1138714.
[4] 农药，1987，(3)：31-33.

灭虫唑（PH 6041）

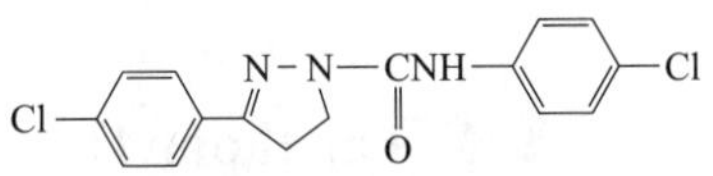

$C_{16}H_{13}Cl_2N_3O$，334.2，50799-78-5

其他名称 PH 6041

化学名称 3-(对氯苯基)-1-(对氯苯基氨基甲酰)-4,5-二氢吡唑；3-(p-chlorophenyl)-1-(p-chlorophenyl carbomoyl)-4,5-dihydropyrazole

CAS 名称 3-bis(4-chlorophenyl)-4,5-dihydro-1H-pyrazole-1-carboxamide

应用 对米象、谷象、锯谷盗、谷蠹、海滨夜蛾、切叶蚁、马铃薯甲虫有很好的防效，可有效地防治马铃薯甲虫的幼虫、海滨夜蛾幼虫。

灭除威（XMC）

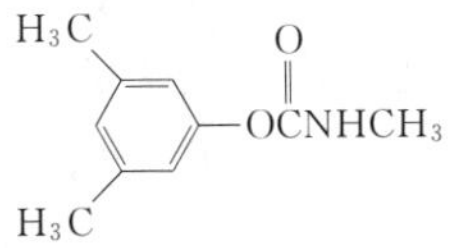

$C_{10}H_{13}NO_2$，179.2，2655-14-3

由日本北兴化学工业株式会社和日本保土谷化学工业株式会社开发。

其他名称　二甲威，Macbal
化学名称　3,5-二甲基苯基甲氨基甲酸酯；3,5-xylyl methylcarbamate
CAS 名称　3,5-dimethylphenyl N-methylcarbamate
理化性质　无色晶体，熔点 99℃（工业品），沸点 239.7℃，蒸气压 $6.88×10^{-3}$ Pa（25℃），相对密度 1.16（20℃），K_{ow} lg$P$ 2.3（25℃），Henry 常数 $2.33×10^{-3}$ Pa·m³/mol（25℃，计算值）。水中溶解度（25℃）：0.53g/L；溶于大部分有机溶剂（25℃，g/L）：丙酮和乙醇>100，二甲苯 67，也溶于环己酮和 3,5,5-三甲基环己-2-烯酮。在碱性介质中快速水解，在中性和弱酸水溶液条件下相对稳定，对光和小于 90℃稳定。
毒性　急性经口 LD_{50}（mg/kg）：大鼠 542，兔 445，小鼠 245。对皮肤无刺激（兔）。大鼠吸入 LC_{50} 1.02mg/L。大鼠和小鼠 NOEL（90d）值 230mg/(kg·d)。禽类急性经口 LD_{50}（14d，mg/kg）：鹌鹑 188，野鸭 1637。鲤鱼 LC_{50}（48h）>40mg/L。蚤类（Daphnia pulex）EC_{50}（3h）0.055mg/L。藻类 EC_{50}（72h）12.3mg/L。蜜蜂 LD_{50}：（48h，经口）0.095μg/只，（48h，接触）0.53μg/只。蚯蚓 LD_{50}（14d）45.4mg/kg 土壤。
制剂　EC，WP，DP，MG。
应用　防治水稻叶蝉、稻飞虱及茶树青大叶蝉。
分析方法　水解为 3,5-二甲苯酚，用紫外光谱测定。
合成路线

参考文献
[1]　JP 6816937.
[2]　The Pesticide Manual. 15 th edition：1194-1195.

灭多威（methomyl）

$C_5H_{10}N_2O_2S$，162.2，16752-77-5

1968 年 G. A. Roodhans & N. B. Joy 报道其杀虫活性，由 E. I. du Pont de Nemours & Co. 推出。
其他名称　灭多虫，乙肟威，灭索威，DPX-X1179，Agrinate，Astra，Avance，Dunet
化学名称　S-甲基-N-(甲氨基甲酰氧基)硫代乙酰亚胺酯；S-methyl N-(methylcarbamoyloxy)thioacetimidate
CAS 名称　methyl N-[[(methylamino)carbonyl]oxy]ethanimidothioate
理化性质　(Z)和(E)-异构体的混合物（前者占优势），无色结晶，稍带硫黄臭味。熔点 78～79℃，蒸气压 $7.2×10^{-4}$ Pa（25℃），K_{ow} lg$P$ 0.093，Henry 常数 $2.1×10^{-6}$ Pa·m³/mol，相对密度 1.2946（25℃）。水中溶解度：57.9g/L（25℃）；其他溶剂中溶解度（g/kg，25℃）：丙酮 730，乙醇 420，甲醇 1000，甲苯 30，异丙醇 220。水溶液中稳定 30d（pH 5、7，25℃）；DT_{50}：30d（pH 9，25℃）。140℃下稳定。光照下暴露 120d 稳定。

毒性 大鼠急性经口 LD_{50}：雄性 34mg/kg，雌性 30mg/kg。雄兔和雌兔急性经皮 LD_{50} >2000mg/kg；对兔眼有轻微的刺激；对豚鼠皮肤无刺激。大鼠吸入 LC_{50}（4h）0.258mg/kg 空气。无作用剂量（2年）：大鼠 100mg/kg 饲料，小鼠 50mg/kg，狗 100mg/kg。鹌鹑急性经口 LD_{50} 24.2mg/kg。LC_{50}（8d）：鹌鹑 5620mg/L 饲料，野鸭 1780mg/L 饲料。鱼毒 LC_{50}（96h）：虹鳟鱼 2.49mg/L，大翻车鱼 0.63mg/L。水蚤 LC_{50}（48h）17μg/L。藻类 EC_{50}（72h）>100mg/L。对蜜蜂有毒；LD_{50}：0.28μg/只（经口），0.16μg/只（接触），但药干后对蜜蜂无害。蚯蚓 LC_{50}（14d）21mg/kg 干土。直接使用时对无节肢动物无危害。

制剂 SL，SP，WP。

应用 杀虫谱广，具有内吸、触杀和胃毒作用。尽管急性经口毒性高，但经皮毒性低，仍可作叶面喷洒使用。可防治蚜虫、蓟马、黏虫、甘蓝银纹夜蛾、烟草卷虫、苜蓿叶象甲、烟草夜蛾、棉叶潜蛾、苹果蠹蛾、棉铃虫等。土壤处理，通过植物内吸可防治叶部刺吸式口器害虫。作用于对拟除虫菊酯或有机磷已产生抗药性的害虫亦有良好防治效果。灭多威只能在我国已经批准登记的作物上使用，禁止在柑橘树、苹果树、茶树、十字花科蔬菜上使用。不能与波尔多液、石硫合剂及含铁、锡的农药混用。

合成路线

分析方法 产品用 RPLC/UV 分析。

主要生产商 Arysta LifeScience，Bayer CropScience，Crystal，Dongbu Fine，Dow Agro-Sciences，Hesenta，Kuo Ching，Makhteshim-Agan，Rotam，Saeryung，Sinon，安徽华星，沙隆达（荆州），江苏常隆，盐城利民，南龙（连云港）化学，山东华阳，西安近代。

参考文献

[1] US 3576834.
[2] US 3639633.

灭害威（aminocarb）

$C_{11}H_{16}N_2O_2$，208.3，2032-59-9

由 Bayer AG 开发。

其他名称 Bayer 44 646，A 363，Matacil，aminocarb，DTMC

化学名称 4-二甲氨基间甲苯基甲氨基甲酸酯；4-dimethylamino-m-tolyl methylcarbamate

CAS 名称 4-(dimethylamino)-3-methylphenyl methylcarbamate

理化性质 无色结晶固体，熔点 93~94℃，蒸气压 2.3mPa。水中溶解度 915mg/kg（20℃），中度溶于芳烃溶剂，溶于极性有机溶剂。

毒性 大鼠急性经口 LD_{50}：30~50mg/kg。大鼠急性经皮 LD_{50}：275mg/kg。对蜜蜂有毒。

制剂　WP。

应用　无内吸作用，有胃毒和触杀作用的杀虫剂。阻碍昆虫体内乙酰胆碱酯酶分解乙酰胆碱，从而使乙酰胆碱积聚，导致昆虫过度兴奋、剧烈动作、麻痹致死。防治鳞翅目幼虫和其他咀嚼式口器的害虫，主要用于棉花、番茄、烟草和果树。也可防治森林害虫。对软体动物有效，也有一定的杀螨作用。

分析方法　产品分析采用 RPLC、LC 或紫外光谱。

参考文献

[1] DE 1145162.
[2] CIPAC Handbook, 1988, D: 7.
[3] Niessen H, Frehse H. Pflanz-Nachr Bayer (Engl Ed), 1963, 16: 205.

灭螨醌（acequinocyl）

$C_{24}H_{32}O_4$，384.5，57960-19-7

E. I. du Pont de Nemours 与 Agro-Kanesho Co. Ltd. 于 1999 年在日本和韩国登记。

其他名称　灭螨醌，亚醌螨，AKD-2023，AC-145，DPX-3792，DPX-T3792，Kanemite，Piton，Shuttle

化学名称　3-十二烷基-1,4-二氢-1,4-二氧-2-乙酸萘酯；3-dodecyl-1,4-dihydro-1,4-dioxo-2-naphthyl acetate

CAS 名称　2-(acetyloxy)-3-dodecyl-1,4-naphthalenedione

理化性质　纯品为黄色粉末，熔点 59.6℃。蒸气压 5.1×10^{-2} Pa（40℃）。相对密度 1.15（25℃）。$K_{ow} \lg P > 6.2$（25℃）。Henry 常数 9.7×10^{-2} Pa·m³/mol。水中溶解度（20℃）：6.69μg/L；其他溶剂中溶解度（g/L，20℃）：正己烷 44，甲苯 450，二氯甲烷 620，丙酮 220，甲醇 7.8，DMF 190，乙酸乙酯 290，异丙醇 29，乙腈 28，DMSO 25，辛醇 31，乙醇 23，二甲苯 730。稳定性：在 200℃ 时分解。水解 DT_{50}（暗处）：74d（pH 4，25℃），53h（pH 7，25℃），76min（pH 9，25℃）。水中光解 DT_{50} 14min（pH 5，25℃）。

毒性　急性经口 LD_{50}：大鼠 >5000mg/kg，小鼠 >5000mg/kg。大鼠急性经皮 LD_{50} >2000mg/kg。大鼠吸入 LC_{50} >0.84mg/L。对兔眼睛和皮肤有轻微刺激性，对豚鼠无皮肤致敏性。NOEL 值：大鼠 9.0mg/(kg·d)，小鼠 2.7mg/(kg·d)，狗 5mg/(kg·d)。无生殖毒性（大鼠），无发育影响（大鼠、兔），无致癌性（大鼠、小鼠），无致突变性（Ames 试验、DNA 修复与染色体实验）。野鸭和日本鹌鹑急性经口 $LD_{50} \geqslant 2000$mg/kg。野鸭和日本鹌鹑饲喂 LD_{50}（5d）>5000mg/L。鱼类 LC_{50}（96h）：鲤鱼 >100mg/L，虹鳟鱼 >33mg/L，红鲈鱼 >10mg/L，大翻车鱼 >3.3mg/L，斑马鱼 >6.3mg/L。水蚤 LC_{50}（48h）0.0039mg/L。藻类 EC_{50}（72h）抑制细胞增长 >100mg/L，EC_{50}（72h）增长率减慢 >100mg/L。LC_{50}（96h）：糠虾 0.93μg/L，蚊 >100mg/L。蜜蜂 LD_{50}（48h）>100μg/只（接触）。蚯蚓 LC_{50} >1000mg/kg 土壤。对草蛉、蜘蛛、隐翅虫、甲壳虫、寄生蜂均无害。

制剂　SC，EC。

应用　防治柑橘全爪螨、叶螨、瘿螨。适用于柑橘、苹果、梨、桃、樱桃、甜瓜、黄瓜、茶、观赏性植物、蔬菜。该杀螨剂无内吸性，对多种螨的卵、幼虫、若虫有效。为避免抗性的产生，不推荐连续用药。

合成路线

分析方法　产品由 HPLC-UV 进行分析。

主要生产商　Agro-Kanesho，Arysta LifeScience N. America，Bayer。

参考文献

[1]　GB 1518750.

[2]　US 2553647.

[3]　The Pesticide Manual. 15th ed. : 7-8.

灭螨猛（chinomethionat）

$C_{10}H_6N_2OS_2$，234.3，2439-01-2

由 K. Sasse 等于 1960 年报道，由拜耳公司开发的杀菌、杀螨剂。

其他名称　菌螨啉，螨离丹，甲基克杀螨，ENT25606，Bayer 36205，Bayer SAS2074，Morestan，chinomethionate，oxythioquinox，quinomethionate

化学名称　6-甲基-1,3-二硫戊环并[4,5-b]喹喔啉-2-酮或 S,S-(6-甲基喹喔啉-2,3-二基)二硫代碳酸酯；6-methyl-1,3-dithiolo[4,5-b]quinoxalin-2-one 或 S,S-(6-methylquinoxaline-2,3-diyl)dithiocarbonate

CAS 名称　6-methyl-1,3-dithiolo[4,5-b]quinoxalin-2-one

理化性质　纯品为淡黄色结晶状固体。熔点 170℃。蒸气压 0.026mPa（20℃）。K_{ow} lg$P$ 3.78（20℃），Henry 常数 $6.09×10^{-3}$ Pa·m^3/mol。相对密度 1.556。水中溶解度（25℃）：1mg/L；其他溶剂中溶解度（g/L，20℃）：甲苯 25，二氯甲烷 40，己烷 1.8，异丙醇 0.9，环己酮 18，DMF 10，石油醚 4。在常温下相对稳定；在酸碱性介质中分解，DT_{50}（22℃）：10d（pH 4），80h（pH 7），225min（pH 9）。

毒性　急性经口 LD_{50}：雄大鼠 2541mg/kg，雌大鼠 1095mg/kg。大鼠急性经皮 LD_{50}＞5000mg/kg。对兔皮肤有轻度刺激，对眼睛有强烈刺激。大鼠吸入 LC_{50}（4h）：雄大鼠＞4.7mg/L 空气，雌大鼠＞2.2mg/L 空气。NOEL 值：大鼠（2 年）40mg/(kg·d)，雄小鼠（2 年）270mg/(kg·d)，雌小鼠（2 年）＜90mg/(kg·d)，狗（1 年）25mg/(kg·d)。ADI 值 0.006mg/kg。山齿鹑急性经口 LD_{50} 196mg/kg。饲喂 LC_{50}（5d）：山齿鹑 2409mg/kg 饲料，野鸭＞5000mg/kg 饲料。鱼类 LC_{50}（96h，mg/L）：金色圆腹雅罗鱼 0.24，虹鳟鱼

0.131，大翻车鱼 0.0334。LC_{50}（48h）0.12mg/L。藻类 E_rC_{50}（96h）0.14mg/L。蜜蜂 LD_{50}（48h）>100μg/只（经口和接触）。蚯蚓 LC_{50}（14d）>1000mg/kg 土壤。

制剂 DP，FU，SC，WP，VP，EC。

应用 保护性杀菌剂，选择性杀螨剂。主要用于防治苹果、柑橘的螨类（对成螨和卵均有效）及仁果、核果、草莓、瓜类等的霜霉病、白粉病。无内吸活性。

合成路线 以对甲苯胺为原料，经硝化反应，由2-硝基-4-甲基苯胺在50℃与二氯化锡、盐酸还原反应，生成 2-氨基-4-甲基苯胺，然后与乙二酸二乙酯关环、三氯氧磷氯化、硫氢化钠巯基化合成灭螨猛中间体 2,3-巯基-6-甲基喹喔啉，再经过三光气的作用合成灭螨猛。

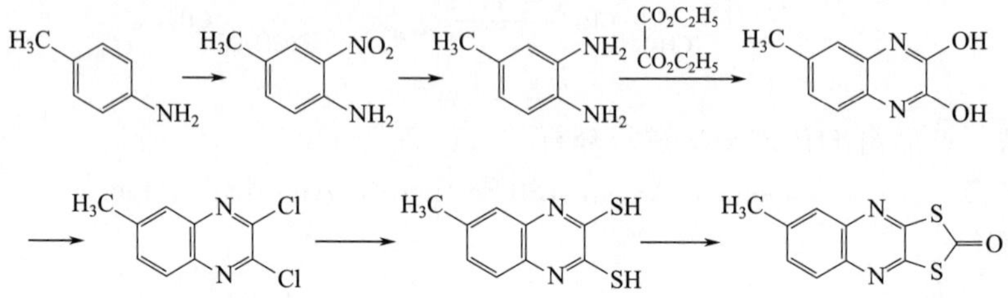

分析方法 产品采用 HPLC 或者紫外光谱分析。

主要生产商 Bayer CropScience。

参考文献

[1] DE 1100372.
[2] BE 580478.
[3] 世界农药大全：杀菌剂卷．北京：化学工业出版社，2006：247-248.
[4] 化工中间体，2008，8：16-18.

灭螨脒（chloromebuform）

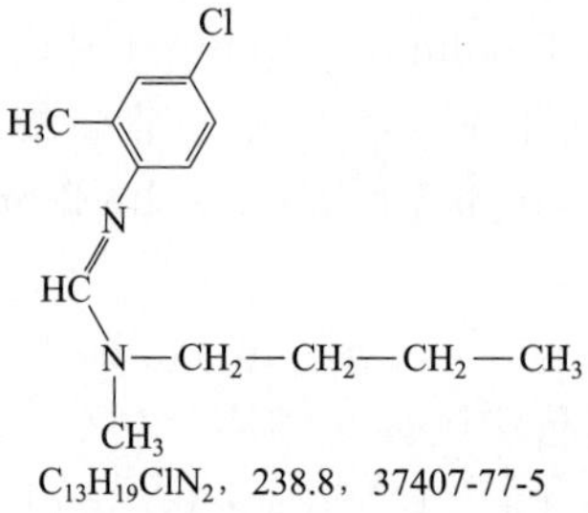

$C_{13}H_{19}ClN_2$，238.8，37407-77-5

由 Ciba-Geigy AG 开发。

其他名称 CGA 22598

化学名称 N^1-丁基-N^2-(4-氯邻甲苯基)-N^1-甲基甲脒；N^1-butyl-N^2-(4-chloro-o-tolyl)-N^1-methylformamidine

CAS 名称 N-butyl-N'-(4-chloro-2-methylphenyl)-N-methylmethanimidamide；N-butyl-N'-(4-chloro-o-tolyl)-N'-methylformamidine

应用 杀螨剂。

主要生产商 Ciba-Geigy AG。

灭杀威（xylylcarb）

$C_{10}H_{13}NO_2$，179.2，2425-10-7

该杀虫剂由 R. L. Metcalf 等报道，由住友化学公司开发。

其他名称　Meobal，S-1046

化学名称　3,4-二甲苯基甲氨基甲酸酯；3,4-xylyl methylcarbamate

CAS 名称　3,4-dimethylphenyl methylcarbamate

理化性质　TC 为无色固体，熔点 71.5～76.0℃，蒸气压（20℃）为 70mPa。溶解度（20℃）：水中 580mg/L；（室温）乙腈中 930g/kg，环己酮中 770g/kg，二甲苯中 134g/kg。在碱性介质中水解。

毒性　急性经口 LD_{50}：对雄大鼠为 375mg/kg，对雌大鼠为 325mg/kg；对大鼠急性经皮 LD_{50} 为＞1000mg/kg。鱼毒 LC_{50}（48h）：对鲤鱼为 10mg/L。

制剂　EC，WP，DP，MG。

应用　本品用于防治水稻和茶叶上的叶蝉科、飞虱科和果树上的蚧科。

合成路线

$CH_3NCO + HO\text{-}C_6H_3(CH_3)_2 \longrightarrow H_3CHNCOO\text{-}C_6H_3(CH_3)_2$

分析方法　产品分析用 HPLC，残留物用具 ECD 的 GC 测定。

参考文献

［1］ The Pesticide Manual. 13 th ed. 2000：1031-1032.
［2］ 日本农药学会志，1981，55：1237.
［3］ 日本农药学会志，1978，3：119.
［4］ J Econ Entomol，1963，56：862.

灭蚜磷（mecarbam）

$C_{10}H_{20}NO_5PS_2$，329.4，2595-54-2

M. Pianka 于 1961 年报道其活性，由 Murphy Chemical Ltd（现属 Dow AgroSciences）开发的有机磷类杀虫剂。

其他名称　灭蚜蜱，P 474，MC 474

化学名称　S-(N-乙氧羰基-N-甲基氨基甲酰甲基)-O,O-二乙基二硫代磷酸酯；S-(N-ethoxycarbonyl-N-methylcarbamoylmethyl) O,O-diethyl phosphorodithioate

CAS 名称　ethyl 6-ethoxy-2-methyl-3-oxo-7-oxa-5-thia-2-aza-6-phosphanonanoate 6-sulfide

理化性质 淡黄色至浅棕色油状物（工业品是浅黄色到棕色油状物）。沸点 144℃（0.02mmHg）。室温条件蒸气压可忽略不计，相对密度 1.222（20℃）。水中溶解度<1g/L（室温），芳烃化合物<50g/kg（室温），易溶于醇类、酯类、酮类和芳烃、卤代烃溶剂中（室温）。pH 3 以下水解。

毒性 大鼠急性经口 LD_{50} 36～53mg/kg，小鼠 106mg/kg。大鼠急性经皮 LD_{50} >1220mg/kg。大鼠急性吸入 LC_{50}（6h）0.7mg/L 空气。NOEL：大鼠饲喂（0.5 年）1.6mg/(kg·d) 没有副作用，但是在饲喂 4.56mg/(kg·d) 时对生长速度有轻微影响。对蜜蜂有毒。

制剂 EC。

应用 胆碱酯酶的直接抑制剂。略有内吸性的杀虫、杀螨剂，具有触杀和胃毒作用，持效期长。用于果树、水稻、棉花、蔬菜、橄榄、柑橘、洋葱和胡萝卜等防治蚜蝉科、半翅目害虫等。

合成路线

分析方法 产品采用 GLC/FID 分析。

参考文献
GB 867780.

灭蚜硫磷（menazon）

$C_6H_{12}N_5O_2PS_2$，281.3，78-57-9

1961 年由 A.Calderbank 介绍其杀虫性能。由 ICI Plant Protection Division（现 ICI Agrochemicals）公司开发。

其他名称 PP175，azidithion，Saphicol，Saphizon，Sayfos

化学名称 S-4,6-二氨基-1,3,5-三嗪-2-基甲基-O,O-二甲基硫代磷酸酯；S-4,6-diamino-1,3,5-triazin-2-ylmethyl O,O-dimethyl phosphorodithioate

CAS 名称 S-[(4,6-diamino-1,3,5-triazin-2-yl)methyl] O,O-dimethyl phosphorodithioate

理化性质 原药含量 90%～95%。无色无臭晶体，形成晶体盐酸。熔点 160～162℃（分解），蒸气压 0.13mPa（25℃）。水中溶解度：240mg/L（20℃）；其他溶剂中：2-乙氧基乙醇 200，2-甲氧基乙醇 250，四氢糠醇 150，乙二醇 100（g/kg，室温）。固体≤50℃稳定，酸性（pH<4）或碱性（pH>8）条件下不稳定。

毒性 雌大鼠急性经口 LD_{50} 1950mg/kg，500～800mg/kg 在兔背部处理 24h，没有发现局部和全身性毒性作用。无作用剂量：（90d）大鼠 30mg/kg 饲料；2 年试验，大鼠接受

4000mg/kg、1000mg/kg 或 250mg/kg 饲料，无明显胆碱酯酶抑制作用。

制剂 SC，WP。

应用 内吸性杀虫剂。主要用于种子处理保护幼苗，也可叶面施用、土壤淋溶或者灌根。

分析方法 产品测定通过氧化成磷酸，通过比色法测定。

参考文献
GB 899701.

灭蚁灵（mirex）

$C_{10}Cl_{12}$，545.5，2385-85-5

由 Allied Chemical Corp. 和 Agriculturaldiv. 开发。

其他名称 Dechlorane、Mirex

化学名称 十二氯代八氢亚甲基环丁并[cd]戊搭烯；dodecachloropentacyclo[5.3.0.$0^{2,6}$.$0^{3,9}$.$0^{4,8}$]decane；perchloropentacyclo[5.3.0.$0^{2,6}$.$0^{3,9}$.$0^{4,8}$]decane；dodecachloropentacyclo[5.2.1.$0^{2,6}$.$0^{3,9}$.$0^{5,8}$]decane

CAS 名称 1,1a,2,2,3,3a,4,5,5,5a,5b,6-dodecachlorooctahydro-1,3,4-metheno-1H-cyclobuta[cd]pentalene

理化性质 蒸气压 0.1mPa。水中溶解度 7×10^{-5} mg/L（22℃）；二氧六环 1.53×10^5，苯 1.22×10^5，四氯化碳 7.2×10^4，甲基乙基 5.6×10^4（mg/L，室温）。

分析方法 产品分析采用 GLC/ECD、TLC 或纸色谱法。

主要生产商 Allied，Seppic。

灭蝇胺（cyromazine）

$C_6H_{10}N_6$，166.2，66215-27-8

1980 年 R.d.hall 等、R.E.Williams 等均有报道。由 Ciba-Geigy AG（现 Syngenta AG）开发。

其他名称 CGA 72662，Armor，Betrazin，Larvadex，Neporex，Trigard，Vetraxine

化学名称 N-环丙基-1,3,5-三嗪-2,4,6-三胺；N-cyclopropyl-1,3,5-triazine-2,4,6-triamine

CAS 名称 N-cyclopropyl-1,3,5-triazine-2,4,6-triamine

理化性质 无色晶体。熔点 224.9℃。蒸气压 4.48×10^{-4} mPa（25℃）。K_{ow} lg$P$ -0.061（pH 7.0）。Henry 常数 5.8×10^{-9} Pa·m³/mol（25℃）。密度 1.35g/cm³（20℃）。水中溶解度：13g/L（pH 7.1，25℃）；其他溶剂溶解度（g/kg，20℃）：甲醇 22，异丙醇

2.5，丙酮 1.7，正辛醇 1.2，二氯甲烷 0.25，甲苯 0.015，已烷 0.0002。310℃以下稳定，pH 5～9 时，水解不明显，70℃以下 28d 内未观察到水解。pK_a 5.22，弱碱性。

毒性 大鼠急性经口 LD_{50} ＞3387mg/kg。大鼠急性经皮 LD_{50} ＞3100mg/kg。大鼠吸入 LC_{50}（4h）为 2.720mg/L。对兔眼睛无刺激，对兔皮肤有轻微刺激。NOEL（2 年）：大鼠 300mg/(kg·d)，小鼠 1000mg/(kg·d)。禽类急性经口 LD_{50}（mg/kg）：山齿鹑 1785，日本鹌鹑 2338，北京鸭＞1000，绿头鸭＞2510。大翻车鱼 LC_{50}（96h）＞90mg/L，鲤鱼、鲶鱼和虹鳟 LC_{50}＞100mg/L。水蚤 LC_{50}（48h）＞9.1mg/L。藻类 LC_{50} 为 124mg/L。对成年蜜蜂无毒，无作用接触量为 5μg/只。蚯蚓 LC_{50}＞1000mg/kg。对其他有益的生物安全。

制剂 SL，WP。

应用 灭蝇胺有强内吸传导作用，为几丁质合成抑制剂，能诱使双翅目幼虫和蛹在形态上发生畸变，成虫羽化不全，或受抑制，这说明是干扰了蜕皮和化蛹。无论是经口还是局部施药对成虫均无致死作用，但经口摄入后观察到卵的孵化率降低。所涉及的生物化学过程还在研究中。在植物体上，灭蝇胺有内吸作用，施到叶部有很强的传导作用，施到土壤中由根部吸收，向顶传导。在田间使用剂量下，对推荐使用的任何一种作物及品种均无药害。灭蝇胺能够有效控制种植业和养殖业中双翅目昆虫及部分其他昆虫，也有用来灭蚊或杀螨的报道，养殖业中的使用原理是将这种几乎不能够被动物器官吸收利用降解的药物通过动物的排泄系统排泄到动物粪尿中，抑制杀灭蝇蛆等养殖业害虫在粪尿中的繁殖存活。适用于芹菜、瓜类、番茄、莴苣、蘑菇、土豆、观赏植物。防治双翅目幼虫、苍蝇、叶虫（潜蝇）、美洲斑潜蝇等。

合成路线

分析方法 产品分析用 HPLC，残留物用 GC 或 HPLC 测定。

主要生产商 Syngenta，Gilmore，大连瑞泽，丰荣精化，沈阳化工研究院，浙江禾益。

参考文献

[1] GB 1587573.
[2] BE 857896.

灭幼脲（chlorbenzuron）

$C_{14}H_{10}N_2O_2Cl_2$，309.1，57160-47-1

由国内厂家生产，国外没有开发。

其他名称 灭幼脲 3 号，苏脲一号，一氯苯隆

化学名称 1-(2-氯苯甲酰基)-3-(4-氯苯基)脲 或 1-邻氯苯甲酰基-3-(4-氯苯基)脲；1-(2-chlorobenzoyl)-3-(4-chlorophenyl)urea 或 2-chloro-N-[(4-chlorophenyl)carbamoyl]benzamide

CAS 名称 2-chloro-N-[[(4-chlorophenyl) amino] carbonyl] benzamide

理化性质 纯品为白色结晶，熔点 199～201℃。不溶于水，100mL 丙酮中能溶解 1g，易

溶于 DMF 和吡啶等有机溶剂。遇碱和较强的酸易分解，常温下贮存稳定，对光热较稳定。

毒性 灭幼脲属低毒杀虫剂。大鼠急性经口 LD_{50}＞20000mg/kg，小鼠急性经口 LD_{50}＞2000mg/kg，对鱼类低毒，对天敌安全。对益虫和蜜蜂等膜翅目昆虫和森林鸟类几乎无害，但对赤眼蜂有影响。对虾、蟹等甲壳动物和蚕的生长发育有害。灭幼脲在环境中能降解，在人体内不积累，对哺乳动物、鸟类、鱼类无毒害。

制剂 DP，SC，WP，RJ，RB。

应用 昆虫表皮几丁质合成抑制剂。主要通过抑制昆虫的蜕皮而杀死昆虫，对大多数需经蜕皮的昆虫均有效。主要表现属胃毒作用，兼有一定的触杀作用，无内吸性。适用于小麦、谷子、高粱、玉米、大豆、水稻、蔬菜、棉花和果树等。用于防治松毛虫、舞毒蛾、美国白蛾等森林害虫以及桃树潜叶蛾、桃小食心虫、梨小食心虫、梨木虱、柑橘木虱、苹果舟蛾、卷叶蛾、茶尺蠖、棉铃虫、小菜蛾、菜青虫、潜叶蝇、小麦黏虫、玉米螟、蝗虫及毒蛾类、夜蛾类等鳞翅目害虫。也用于防治地蛆、蝇蛆、蚊子幼虫，对鳞翅目幼虫表现出很好的杀虫活性，以昆虫孵化至 3 龄前幼虫为好，尤以 1～2 龄幼虫防效最佳，虫龄越大，防效越差。灭幼脲的残效期较长，一次用药有 30d 的防效，所以使用时，宜早不宜迟，尽可能将害虫消灭在幼小状态。本药于施药 3～5d 后药效才明显，7d 左右出现死亡高峰。灭幼脲类药剂不能与碱性物质混用，以免降低药效，和一般酸性或中性的药剂混用药效不会降低。

合成路线

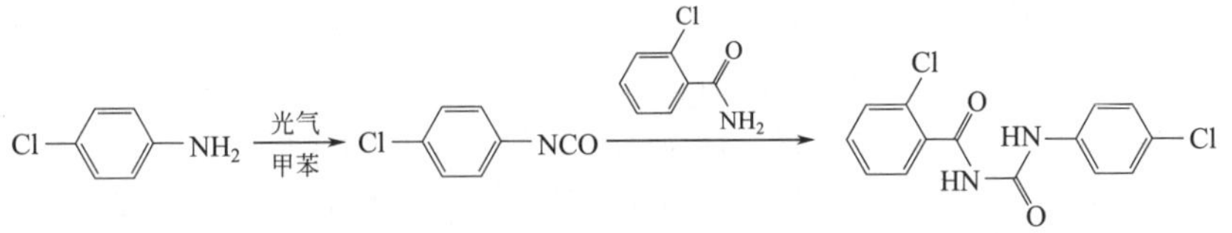

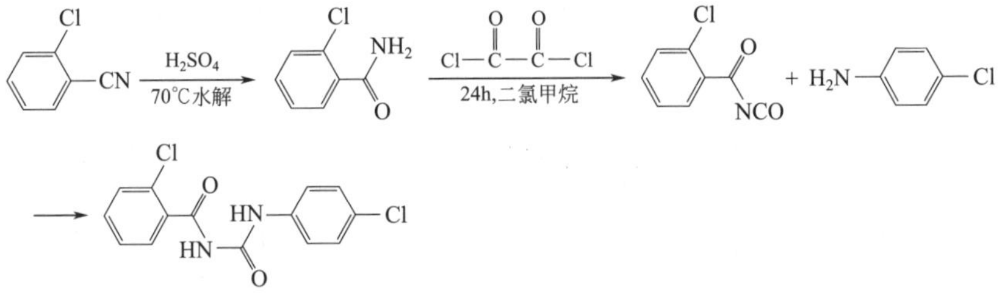

参考文献

[1] 国外农药品种手册. 化工部农药信息总站，1996：304.
[2] 新编农药商品手册. 北京：化学工业出版社，2006：38.
[3] CN 101293858.

灭幼唑（PH 6042）

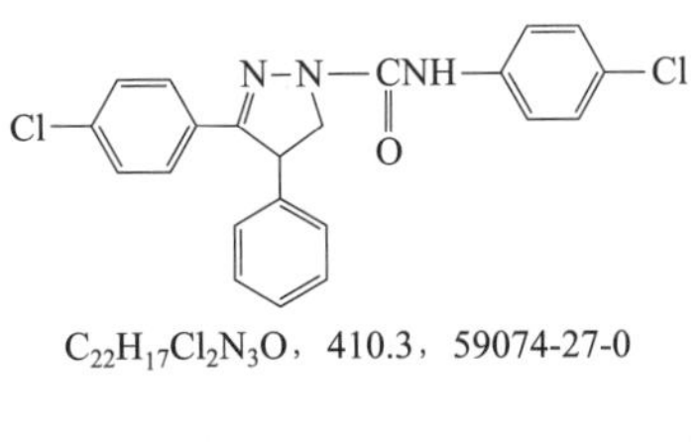

$C_{22}H_{17}Cl_2N_3O$，410.3，59074-27-0

其他名称 PH 6042
化学名称 1-(4-氯苯基氨基甲酰基)-3-(4-氯苯基)-4-苯基-2-吡唑啉；1-(4-chlorophenyl-

carbamoyl)-3-(4-chlorophenyl)-4-phenyl-2-pyrazoline

CAS 名称 3-bis(4-chlorophenyl)-4,5-dihydro-4-pheny-l-1H-pyrazole-1-carboxamide

应用 对埃及伊蚊、甘蓝粉蝶、马铃薯甲虫的幼虫有优异的防效。

莫西菌素（moxidectin）

$C_{37}H_{53}NO_8$，639.8，113507-06-5

其他名称 莫昔克丁

化学名称 （10E,14E,16E)-(1R,4S,5$'S$,6R,6$'S$,8R,13R,20R,21R,24S)-6$'$-[(1E)-1,3-dimethylbut-1-enyl]-21,24-dihydroxy-5$'$,11,13,22-tetramethyl-(3,7,19-trioxatetracyclo[15.6.1.1^{4,8}.0^{20,24}]pentacosa-10,14,16,22-tetraene)-6-spiro-2$'$-(tetrahydropyran)-2,4$'$-dione 4$'$-(E)-(O-methyloxime)；(2aE,4E,8E)-(5$'S$,6R,6$'S$,11R,13R,15S,17aR,20R,20aR,20bS)-6$'$-[(1E)-1,3-dimethylbut-1-enyl]-5$'$,6$'$,10,11,14,15,17a,20,20a,20b-decahydro-20,20b-dihydroxy-5$'$,6,8,19-tetramethylspiro[11,15-methano-2H,13H,17H-furo[4,3,2-pq][2,6]benzodioxacyclooctadecin-13,2$'$-[2H]pyran]-4$'$,17(3$'H$,6H)-dione 4$'$-(E)-(O-methyloxime)

CAS 名称 (6R,23E,25S)-5-O-demethyl-28-deoxy-25-[(1E)-1,3-dimethyl-1-butenyl]-6,28-epoxy-23-(methoxyimino)milbemycin B

理化性质 白色或类白色无定形粉末。几乎不溶于水，极易溶于乙醇（96%），微溶于己烷。

应用 杀虫、杀螨剂。

内吸磷（demeton）

$C_8H_{19}O_3PS_2$，258.3，298-03-3(demeton-O)；126-75-0(demeton-S)；8065-48-3(demeton)

1952 年 G. Unterstenhöfer 首次报道其杀虫活性，由 Farbenfabriken Bayer AG（现为 Bayer AG）合成。

其他名称　Systox，Bayer 10756，E-1059

化学名称　O,O-二乙基-O-2-乙硫基乙基硫逐磷酸酯（ⅰ）；O,O-二乙基-S-2-乙硫基乙基硫赶磷酸酯（ⅱ）。

（ⅰ）O,O-diethyl O-2-ethylthioethyl phosphorothioate；（ⅱ）O,O-diethyl S-2-ethylthioethyl phosphorothioate

CAS 名称　（ⅰ）O,O-diethyl O-[2-(ethylthio)ethyl] phosphorothioate；（ⅱ）O,O-diethyl S-[2-(ethylthio)ethyl] phosphorothioate

理化性质　本品系 ⅰ 和 ⅱ 混合物（约 65∶35）。原油为浅黄色油状物，具硫醇气味，遇浓碱水解，但与大多数非碱性农药（除不溶于水汞化合物）配伍。

纯品（ⅰ）是无色油状物，沸点 123℃（1mmHg）。相对密度（21℃）1.119。折射率（18℃）1.4900。20℃蒸气压为 38mPa。室温下溶解度：水 60mg/L，溶于大多数有机溶剂。

纯品（ⅱ）是无色油状物，沸点 128℃（1mmHg），相对密度（21℃）为 1.132。折射率 1.5000。20℃蒸气压为 35mPa。室温下溶解度：水 2g/L，溶于大多数有机溶剂。

毒性　急性经口 LD_{50}：雄大白鼠 6～12mg（demeton）/kg，雌大白鼠 2.5～4.0mg（demeton）/kg；雄大白鼠 30mg（demeton-O）/kg，1.5mg（demeton-S）/kg，2.3mg（ⅰ-亚砜）/kg，1.9mg（ⅱ-砜）/kg。雄大白鼠急性经皮 LD_{50} 为 14mg（demeton）/kg。对大白鼠饲喂 1.83 年的无作用剂量为 2mg/kg 饲料（每天 0.1mg/kg）。虹鳟 LC_{50}（24h）为 1～10mg（demeton）/L，鲤鱼 LC_{50}（48h）为 15.2mg/L。

制剂　EC。

应用　高毒农药。内吸磷为内吸性杀虫剂和杀螨剂，具有一定的熏蒸活性，对刺吸性害虫和螨类有效。Demeton-S 较易透入植物中。在 2 个异构体中，硫醚上的硫原子可经代谢氧化成亚砜和砜，在大田施药浓度下，没有明显的药害。

萘肽磷（naftalofos）

$C_{16}H_{16}NO_6P$，349.3，1491-41-4

化学名称　萘二甲酰亚氨氧基磷酸二乙酯；diethyl naphthalimidooxyphosphonate

CAS 名称　2-[(diethoxyphosphinyl)oxy]-1H-benz[de]isoquinoline-1,3(2H)-dione

理化性质　白色至类白色结晶，熔点 177～181℃。不溶于水，微溶于乙腈和多数有机溶剂，可溶于二氯甲烷。

毒性　急性经口 LD_{50}（mg/kg）：雄大鼠 75，雌大鼠 70，小鼠 50，鸡 43。大鼠急性经皮 LD_{50} 140mg/kg。

应用　内吸性杀虫剂。萘肽磷属中等驱虫谱的有机磷类化合物。主要对牛、羊皱胃和小肠寄生线虫有效，对大肠寄生虫通常无效。

合成路线

喃烯菊酯 (japothrins)

$C_{16}H_{24}O_3$, 286.4, 10597-73-6

化学名称 5-(2-丙烯基)-2-呋喃基甲基-(1RS)-顺,反菊酸酯;5-(2-propenyl)-2-furylmethyl(1RS)cis,trans-chrysanthemate

CAS 名称 2,2,-dimetyl-3-(2-methyl-1-propenyl)-[5-(2-propenyl)-2-furanyl]methylcyclopropanecarboxylate

应用 菊酯类杀虫剂。因具有高蒸气压和高扩散速率而具有很高的杀蚊活性,可制蚊香。也具有一定杀蝇活性,还可用于防治芥菜甲虫。

参考文献

[1] US 3968238.
[2] US 3982013.

闹羊花素-Ⅲ (rhodojaponin-Ⅲ)

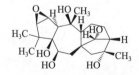

$C_{20}H_{32}O_6$, 368.5, 26342-66-5

化学名称 (2β,3β,6β,14R)-2,3-epoxygrayanotoxane-5,6,10,14,16-pentol

CAS 名称 (2β,3β,6β,14R)-2,3-epoxygrayanotoxane-5,6,10,14,16-pentol

应用 杀虫剂。

d-柠檬烯 (d-limonene)

$C_{10}H_{16}$, 136.2, 5989-27-5

化学名称 (R)-4-异丙烯基-1-甲基环己烯；对薄荷-1,8-二烯；(R)-4-isopropenyl-1-methylcyclohexene；p-mentha-1,8-diene

CAS 名称 (4R)-1-methyl-4-(1-methylethenyl)cyclohexene

应用 杀虫剂。

牛蝇畏（MGK Repellent 11）

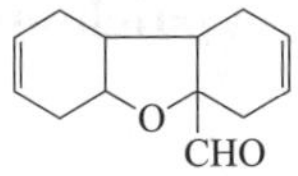

$C_{13}H_{16}O_2$，204.3，126-15-8

由 L. D. Goodhue 和 C. Linnaid 报道了对蜚蠊的驱避活性，由 Phillips Petroleum Co. 和 McLaughlin Gormley King Co. 开发。

化学名称 1,4,4a,5a,6,9,9a,9b-八氢二苯并呋喃-4a-甲醛；1,4,4a,5a,6,9,9a,9b-octahydrodibenzofuran-4a-carbaldehyde

CAS 名称 1,5a,6,9,9a,9b-hexahydro-4a(4H)-dibenzofuran carboxaldehyde

理化性质 本品为浅黄色液体，有水果气味，沸点为307℃，折射率为1.5240。不溶于水和稀碱，可与乙醇、矿物油、甲苯、二甲苯混溶。在铁筒里长时期存放稳定。

毒性 大鼠急性经口 LD_{50} 为 2500mg/kg，兔急性经皮 LD_{50} 为＞2000mg/kg。每天用 20000mg/kg 饲料喂大鼠 90d，没有严重的有害影响。对野鸭和鹌鸭的 LC_{50}（8d）为 ＞5000mg/kg 饲料。鱼毒 LC_{50}（96h）：虹鳟鱼为22.8mg/L，大翻车鱼为18.1mg/L。

制剂 SL，AE。

应用 昆虫驱避剂，对蜚蠊科、蚊科、蝇科有驱避作用。与其他物质混合，主要用于喷玩赏动物和用在人身上。

合成路线 可用呋喃甲醛与丁二烯的双烯加成反应得到。

分析方法 产品分析用 GLC。

偶氮苯（azobenzene）

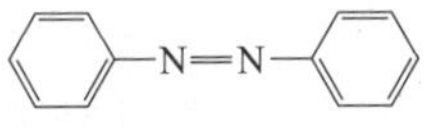

$C_{12}H_{10}N_2$，182.2，103-33-3

W. E. Blauvelt 于 1945 年报道其活性。

化学名称 偶氮苯；azobenzene

CAS 名称 diphenyldiazene

应用 杀螨剂，主要在温室用作烟雾剂。

偶氮磷（azothoate）

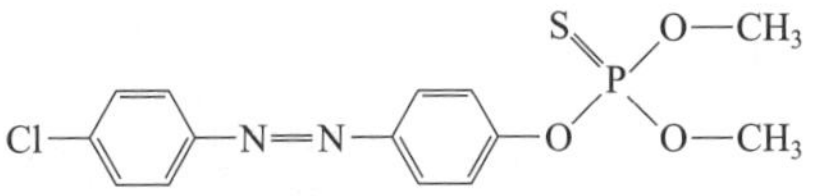

$C_{14}H_{14}ClN_2O_3PS$，356.8，5834-96-8

由 Montecatini S. p. A.（后 Agrimont S. p. A.）推出的杀虫剂、杀螨剂。
其他名称　L 1058
化学名称　O-4-[(EZ)-(4-氯苯基)偶氮]苯基-O,O-二甲基硫代磷酸酯；O-4-[(EZ)-(4-chlorophenyl)azo]phenyl O,O-dimethyl phosphorothioate
CAS 名称　O-[4-[(4-chlorophenyl)azo]phenyl] O,O-dimethyl phosphorothioate
应用　杀虫剂、杀螨剂。胆碱酯酶抑制剂。

哌虫啶（paichongding）

$C_{17}H_{23}ClN_4O_3$，366.8，948994-16-9

克胜集团和华东理工大学共同开发的新烟碱类杀虫剂。
其他名称　吡咪虫啶，啶咪虫醚，IPP-4
化学名称　(5RS,7RS;5RS,7SR)-1-(6-氯-3-吡啶基甲基)-1,2,3,5,6,7-六氢-7-甲基-8-硝基-5-丙氧基咪唑并[1,2-a]吡啶；(5RS,7RS;5RS,7SR)-1-(6-chloro-3-pyridylmethyl)-1,2,3,5,6,7-hexahydro-7-methyl-8-nitro-5-propoxyimidazo[1,2-a]pyridine
CAS 名称　1-[(6-chloro-3-pyridinyl)methyl]-1,2,3,5,6,7-hexahydro-7-methyl-8-nitro-5-propoxyimidazo[1,2-a]pyridine
理化性质　淡黄色粉末，熔点 130.2～131.9℃。蒸气压 200mPa（20℃）。水中溶解度 0.6g/L（25℃）。其他溶剂中溶解度（25℃）：乙腈 50g/L，二氯甲烷 55g/L。
毒性　雌、雄大鼠急性经口 LD_{50}＞5000mg/kg；雌、雄大鼠急性经皮 LD_{50}＞5150mg/kg；经试验对家兔眼睛、皮肤均无刺激性，对豚鼠皮肤有弱致敏性。对大鼠亚慢性（91d）经口毒性试验表明：最大无作用剂量为 30mg/(kg·d)，对雌、雄小鼠微核或骨髓细胞染色体无影响，对骨髓细胞的分裂也未见明显的抑制作用，显性致死或生殖细胞染色体畸变结果是阴性，Ames 试验结果为阴性。对鸟类低毒。对斑马鱼急性毒性为低毒；对家蚕急性毒性为低毒；对蜜蜂低毒，其风险性为中风险，使用中注意对蜜蜂的影响。
制剂　SC。
应用　烟碱类杀虫剂，主要是作用于昆虫神经轴突触受体，阻断神经传导作用。哌虫啶具有很好的内吸传导功能，施药后药剂能很快传导到植株各个部位。对各种刺吸式害虫具有杀虫速度快、防治效果好、持效期长、广谱、低毒等特点。主要用于防治同翅目害虫，对稻飞虱有良好的防治效果。
合成路线

主要生产商 江苏克胜。

参考文献

CN 101045728.

硼砂 (borax)

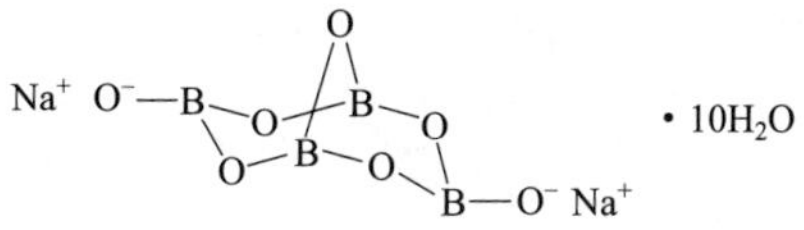

$B_4H_{20}Na_2O_{17}$ ($Na_2B_4O_7 \cdot 10H_2O$), 381.4, 1303-96-4

化学名称 十水合四硼酸二钠; disodium tetraborate decahydrate

CAS 名称 borax

理化性质 无色晶体,空气相对湿度低时易风化。熔点75℃,相对密度1.71(20℃)。在水中溶解度47.1g/L(pH 9.3,20℃)。溶于丙三醇和乙二醇,不溶于乙醇。常温下稳定,加热至100℃失水得到五水合物,150℃时形成一水合物,320℃时形成无水物。

毒性 大鼠急性经口 LD_{50} 4500～6000mg/kg。兔急性经皮 LD_{50}>10000mg/kg。对皮肤和眼睛无刺激。NOEL(2年):大鼠154mg/(kg·d),狗78mg/(kg·d)。不致癌,不致突变。未发现生殖发育毒性。虹鳟鱼 LC_{50}(24d)88mg 硼元素/L。水蚤 EC_{50}(24h)242mg 硼元素/L。淡水藻(*Scenedesmus subspicatus*)EC_{10}(96h)24mg 硼元素/L。对蜜蜂无危害。

应用 杀虫剂。原用作非选择性除草剂,现不再用作除草剂。

分析方法 产品分析采用酸碱滴定法。

参考文献

CIPAC Handbook, 1992, E: 376.

硼酸 (boric acid)

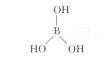

H_3BO_3, 61.8, 10043-35-3

化学名称 硼酸

CAS 名称 boric acid

理化性质 硼酸实际上是氧化硼的水合物($B_2O_3 \cdot 3H_2O$),无色鳞片或白色粉末。熔点185℃(分解),沸点300℃,相对密度1.43。可溶于水、乙醇、酸类,微溶于丙酮。硼酸是一种稳定结晶体,通常保存下不会发生化学反应。温、湿度发生剧变时会发生重结晶而结块。

毒性 急性经口 LD_{50}:大鼠2660mg/kg,小鼠3450mg/kg。经口致死最低量:婴儿934mg/kg,狗1780mg/kg,兔4000mg/kg。人经皮中毒最低量143mg/kg。经皮致死最低量:小孩1500mg/kg,成人2430mg/kg。

制剂 RJ,RG,PS,AS。

应用 杀虫剂。曾被美国国家环境保护局当作控制蟑螂、白蚁、火蚁、跳蚤、蠹鱼和其他爬行害虫的杀虫剂，硼酸会影响它们的新陈代谢和腐蚀掉其外骨骼。硼酸可以做成含有引诱剂（砂糖等）的食物饵杀死害虫，直接用干燥的硼酸也有同样的效果。

主要生产商 福建科丰农药，福州金川生物，天津阿斯，天津汉邦。

皮蝇磷（fenchlorphos）

$C_8H_8Cl_3O_3PS$，321.5，299-84-3

由 Dow Chemical Co. 开发。

其他名称 Dow ET-14，Dow ET-57

化学名称 O,O-二甲基-O-(2,4,5-三氯苯基)硫逐磷酸酯；O,O-dimethyl O-2,4,5-trichlorophenyl phosphorothioate

CAS 名称 O,O-dimethyl O-(2,4,5-trichlorophenyl)phosphorothioate

理化性质 白色结晶粉末，熔点 40～42℃，蒸气压 110mPa（25℃）。难溶于水，易溶于多数有机溶剂。60℃下中性或酸性介质中稳定，遇稀碱水解。

毒性 急性经口 LD_{50}：大鼠 1740mg/kg，小鼠 2000mg/kg，兔 420mg/kg，豚鼠 1400mg/kg，鸡 6500mg/kg，鸭 3500mg/kg，鸟 80mg/kg。腹腔注射 LD_{50}：大鼠 2823mg/kg，小鼠 118mg/kg。急性经皮 LD_{50}：大鼠 2000mg/kg，兔 1000mg/kg。

制剂 AE，EC，PO，SA。

应用 内吸性杀虫剂，具有触杀作用。防治居屋害虫，如家蝇、蜚蠊、跳蚤、臭虫、蚂蚁以及蟋蟀。家畜浸渍或喷雾，可防治牛皮蝇、纹皮蝇及马和羊的跳蚤、壁虱、虱、扁虱、螺旋蝇、丽蝇、羊虱蝇、虻蝇等。

参考文献

[1] US 2599516.
[2] GB 699064.

蜱虱威（promacyl）

$C_{16}H_{23}NO_3$，277.4，34264-24-9

由 ICI Australia（后来 Crop Care Australasia Pty Ltd）开发的杀虫、杀螨剂。

其他名称 CRC 7320，Promicide

化学名称 5-甲基间异丙苯基丁酰基（甲基）氨基甲酸酯；5-methyl-m-cumenyl butyryl (methyl) carbamate

CAS 名称 3-methyl-5-(1-methylethyl) phenyl methyl (1-oxobutyl) carbamate

理化性质 原药琥珀色至深褐色液体。蒸气压 400Pa（149℃），相对密度 0.996

(20℃)。微溶于水，与脂肪族和芳香族的碳氢化合物、醇类、酯类、醚类、酮类混溶。≤200℃稳定，50℃可保存 300d。

毒性 雌大鼠急性经口 LD_{50} 1220mg/kg，雌小鼠 2000～4000mg/kg，雌豚鼠 250mg/kg，雌兔 8000mg/kg。雌大鼠急性经皮 LD_{50}＞4000mg/kg，对大鼠皮肤有轻微刺激。大鼠在大气饱和度 6h/d 每周 5d 暴露 3 周，无毒性。大鼠（2 年）无作用剂量 500mg/kg（饲料）。

制剂 EC。

应用 胆碱酯酶抑制剂，通过喷洒或者浸泡可有效防除牛身上的蜱虫。也可防除牛和马身上的长角血蜱、角蝇和全环硬蜱。

分析方法 产品分析采用 GLC。

参考文献

[1] AU 441004.

[2] AU 454280.

[3] The Pesticide Manual. 16 th ed.

七氟菊酯（tefluthrin）

$C_{17}H_{14}ClF_7O_2$，418.7，79538-32-2

由 A. R. Jutsum 等报道，由 ICI 公司（现属先正达）开发的菊酯类杀虫剂。

其他名称 PP993，ICIA0993，Force，Fireban，Forca，Forza，Evict，Force ST

化学名称 2，3，5，6-四氟-4-甲基苄基(1RS,3RS)-3-[(Z)-2-氯-3,3,3-三氟丙-1-烯基]-2,2-二甲基环丙烷羧酸酯；2,3,5,6-tetrafluoro-4-methylbenzyl(1RS,3RS)-3-[(Z)-2-chloro-3,3,3-trifluoroprop-1-enyl]-2,2-dimethylcyclopropanecarboxylat；2,3,5,6-tetrafluoro-4-methylbenzyl(1RS)-cis-3-[(Z)-2-chloro-3,3,3-trifluoroprop-1-enyl]-2,2-dimethylcyclopropanecarboxylate

CAS 名称 (2,3,5,6-tetrafluoro-4-methylphenyl) methyl (1R,3R)-rel-3-[(1Z)-2-chloro-3,3,3-trifluoro-1-propen-1-yl]-2,2-dimethylcyclopropanecarboxylate

理化性质 纯品为无色固体（TC 为白色）。熔点 44.6℃（TC 熔点 39～43℃），沸点 156℃（0.133kPa），蒸气压 8.4mPa（20℃）、50mPa（40℃），K_{ow} lg$P$ 6（20℃），Henry 常数 $2×10^2$Pa·m³/mol（计算值），密度 1.48g/mL（25℃）。20℃水中溶解度 0.02mg/L（纯水，缓冲水，pH5.0、9.2），其他溶剂中溶解度：丙酮、二氯甲烷、乙酸乙酯、正己烷、甲苯＞500g/L（21℃），甲醇 263mg/L。15～25℃稳定 9 个月以上，50℃稳定 84d 以上；其水溶液（pH 7）暴露在日光下，31d 损失 27%～30%。在 pH5、7 水解＞30d；pH9，30d 水解 7%。pK_a＞9。闪点 124℃。

毒性 大鼠急性经口 LD_{50}：雄 22mg/kg，雌 22mg/kg（玉米油载体）。大鼠急性经皮 LD_{50}：雄 316mg/kg，雌 177mg/kg；对兔眼睛和皮肤有轻微刺激；对豚鼠皮肤无刺激。急性吸入 LC_{50}（4h）：雄大鼠 0.05mg/L，雌大鼠 0.04mg/L。无作用剂量：大鼠（2 年）25mg/kg 饲料，狗（1 年）0.5mg/(kg·d)。禽类急性经口 LD_{50}：野鸭＞3960mg/kg，山齿鹑 730mg/kg；亚急性经口 LC_{50}（5d）：野鸭 2317mg/kg，山齿鹑 10500mg/kg 饲料。鱼毒 LC_{50}（96h）：虹鳟鱼 60ng/L，大翻车鱼 130ng/L。水蚤 EC_{50}（48h）：70ng/L。羊角月牙藻＞1.05mg/L。蜜蜂 LD_{50}：280ng/只（接触），1880ng/只（经口）。蚯蚓 LC_{50}：1.0mg/kg 土壤。

应用 拟除虫菊酯类杀虫剂，对鞘翅目、鳞翅目和双翅目昆虫高效，可以 GR、土壤喷洒或种子处理的方式施用。它的挥发性好，可在气相中充分移行以防治土壤害虫。在大田中的半衰期约 1 个月，它既能对害虫保持较长残效，而又不致在土壤中造成长期残留。可广谱地防治土壤节肢动物，包括南瓜十二星甲、金针虫、跳甲、金龟子、甜菜隐食甲、地老虎、玉米螟、瑞典麦秆蝇等。

合成路线

分析方法 产品分析和残留物测定均用 GLC。

主要生产商 Amvac，Syngenta，Bayer CropScience，Sopra，Chemtura，七洲绿色化工。

参考文献

[1] WO 2009138373.
[2] CN 1760168.
[3] WO 2005035474.
[4] WO 0234707.
[5] WO 2002034706.

七氯（heptachlor）

$C_{10}H_5Cl_7$, 373.3, 76-44-8

1951 年由 W. M. Rogoff & R. L. Metcalf 报道其杀虫活性。由 Velsicol Chemical Corp. 开发。

化学名称 1,4,5,6,7,8,8-七氯-3a,4,7,7a-四氢-4,7-亚甲基茚；1,4,5,6,7,8,8-heptachloro-3a,4,7,7a-tetrahydro-4,7-methanoindene

CAS 名称 1,4,5,6,7,8,8-heptachloro-3a,4,7,7a-tetrahydro-4,7-methano-1H-indene

理化性质 纯品为有樟脑气味的无色晶体，挥发性较强。工业品为软蜡状固体，含七氯约 72%。熔点 95～96℃，沸点 135～145℃（133～200Pa），蒸气压 53mPa（25℃，纯品），$K_{ow}\lg P$ 4.4～5.5，Henry 常数 $3.53×10^2 Pa·m^3/mol$（计算值），相对密度 1.58（20℃）（工业品）。不溶于水，溶于一些有机溶剂如乙醇、醚类、芳烃。对光、湿氯、酸、碱氧化剂均很稳定。

毒性 急性经口 LD_{50} 40mg/kg（大鼠）；急性经皮 LD_{50} 2000mg/kg（兔）。野鸭急性经口＞2000mg/kg。饲喂 LC_{50}（8d）：鹌鹑 450～700mg/kg 饲料，日本鹌鹑 80～95mg/kg 饲料，野鸡 250～275mg/kg 饲料。

应用 非内吸性触杀、胃毒性杀虫剂，有一定熏蒸作用。

参考文献
US 3437664.

嗪虫脲（L-7063）

$C_{19}H_{14}BrClN_4O_2$，445.7，69816-57-5

其他名称 L-7063，EL-127063，Ly-127063，Lilly-7063

化学名称 N-[[[5-(4-溴苯基)-6-甲基-2-吡嗪基]氨基]羰基]-2-氯苯甲酰胺；N-[[[5-(4-bromophenyl)-6-methylpyrazinyl]amino]carbonyl]-2-chlorobenzamide

CAS 名称 N-[[[5-(4-bromophenyl)-6-methylpyrazinyl]amino]carbonyl]-2-chlorobenzamide

应用 本品为几丁质合成抑制剂，用于防治卫生害虫及农业害虫。对高温、高压、日光、紫外线稳定，对非目标生物、水生生物安全。

氰虫酰胺（cyantraniliprole）

$C_{19}H_{14}BrClN_6O_2$，473.7，736994-63-1

美国杜邦开发。

化学名称 3-溴-1-(3-氯-2-吡啶基)-4′-氰基-2′-甲基-6′-(甲氨基甲酰基)吡唑-5-甲酰胺；3-bromo-1-(3-chloro-2-pyridyl)-4′-cyano-2′-methyl-6′-(methylcarbamoyl)pyrazole-5-carboxanilide

理化性质 外观为白色粉末。熔点 168～173℃。密度 1.387g/cm³。不易挥发。水中溶解度：0～20mg/L；其他溶剂中的溶解度 [(20±0.5)℃，g/L]：甲醇 2.383±0.172，丙酮 5.965±0.29，甲苯 0.576±0.05，二氯甲烷 5.338±0.395，乙腈 1.728±0.135。

毒性 大鼠急性经口 LD_{50}（雄、雌）＞5000mg/kg。大鼠急性经皮 LD_{50}（雄、雌）＞5000mg/kg。

制剂 OD，SE，SC。

应用 氰虫酰胺是美国杜邦开发的第二代鱼尼丁受体抑制剂类杀虫剂，除了具有氯虫苯甲酰胺的渗透性、传导性、化学稳定性、高杀虫活性，另外还具有很强的内吸活性，杀虫更彻底。该产品与氯虫苯甲酰胺相比，使用作物更为广泛，杀虫范围更广，对蓟马和跳甲也有高效的防治效果，同时对蚜虫和霜霉病也有一定的防治效果。防治小菜蛾、斜纹夜蛾、甘蓝夜蛾、棉铃虫、棉蚜、蚜虫、蓟马、跳甲、飞虱、盲椿象、二化螟、三化螟、稻纵卷叶螟、食心虫等。

合成路线

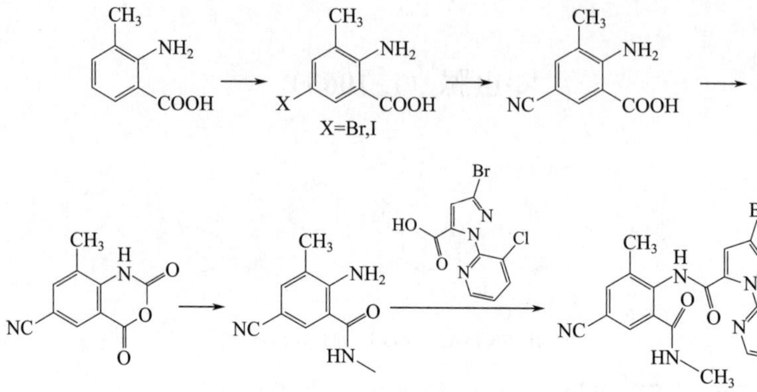

主要生产商 DuPont。

参考文献

[1] US 6747047.
[2] US 7247647.

氰氟虫腙（metaflumizone）

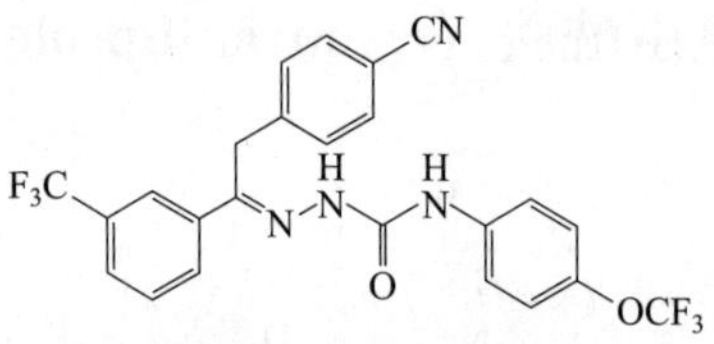

$C_{24}H_{16}F_6N_4O_2$，506.4，139968-49-3

由德国巴斯夫公司和日本农药公司联合开发的缩氨基脲类杀虫剂。

其他名称 艾杀特，BAS 320I，R-28153，NNI-0250，Alverde，Siesta，Verismo

化学名称 90%～100%（E)-2′-[2-(4-氰基苯基)-1-(α,α,α-三氟间甲苯基)亚乙基]-4-(三氟甲氧基)氨基羰基肼和10%～0%（Z)-2′-[2-(4-氰基苯基)-1-(α,α,α-三氟间甲苯基)亚乙基]-4-(三氟甲氧基)氨基羰基肼的混合物；A mixture of 90%～100%（E)-2′-[2-(4-cyanophenyl)-1-(α,α,α-trifluoro-m-tolyl)ethylidene]-4-(trifluoromethoxy)carbanilohydrazide and 10%～0%（Z)-2′-[2-(4-cyanophenyl)-1-(α,α,α-trifluoro-m-tolyl)ethylidene]-4-(trifluoromethoxy)carbanilohydrazide

CAS名称 2-[2-(4-cyanophenyl)-1-[3-(trifluoromethyl)phenyl]ethylidene]-N-[4-(trifluoromethoxy)phenyl]hydrazinecarboxamide

理化性质 原药含量中E型异构体≥90%，Z型异构体≤10%。纯品为白色晶体粉末状。熔点：E型异构体197℃，Z型异构体154℃，E型、Z型异构体的混合物熔程介于133～188℃之间。蒸气压：(EZ)-异构体$1.24×10^{-5}$，(E)-异构体$7.94×10^{-7}$，(Z)-异构

体 2.42×10^{-4}（均为 mPa，20℃），(EZ)-异构体 3.41×10^{-5} （mPa，25℃）。$K_{ow}\lg P$ 5.1（E 型异构体），4.4（Z 型异构体）。Henry 常数 (EZ)-异构体 3.5×10^{-3} Pa·m³/mol（计算值）。相对密度（20℃）：(EZ)-异构体 1.433，(E)-异构体 1.446，(Z)-型异构体 1.461。水中溶解度（mg/L，20℃）：(EZ)-异构体 1.79×10^{-3}，(E)-异构体 1.07×10^{-3}，(Z)-型异构体 1.87×10^{-3}；其他溶剂中溶解度（g/L，20℃）：正己烷 0.085，甲苯 4.0，二氯甲烷 98.8，丙酮 153.3，甲醇 14.1，乙酸乙酯 179.8，乙腈 63.0。稳定性（25℃）：水解 DT_{50} 为 6.1d（pH 4），29.3d（pH 5），pH7～9 稳定。水中光解 DT_{50} 3.7～7.1d（蒸馏水，25℃）。

毒性 大鼠急性经口 $LD_{50}>5000$mg/kg，急性经皮 $LD_{50}>5000$mg/kg。对兔眼睛、皮肤无刺激性；对豚鼠皮肤无致敏性。大鼠急性吸入 LC_{50}（M，F）>5.2mg/L。（2 年）大鼠无作用剂量 30mg/kg。无诱变、致畸、致癌作用。山齿鹑和野鸭急性经口 LD_{50} >2025mg/kg。山齿鹑 LC_{50}（5d）997mg/L，野鸭 1281mg/L。鱼毒 LC_{50}（96h，只有水）：虹鳟>343，大翻车鱼$>349\mu$g/L；斑点叉尾鮰和鲤鱼 LC_{50}（96h，暴露于水/沉积物）$>300\mu$g/L（水），>1mg/L（沉积物）。水蚤 EC_{50}（48h）$>331\mu$g/L。蜜蜂 LD_{50}：（96h，经口）$\geqslant2.43\mu$g/只，（48h，接触）$>106\mu$g/只，（96h，接触）$\geqslant1.65\mu$g/只。蚯蚓 LC_{50}（14d）>1000mg/kg 土壤。

制剂 GB，SC，WP。

应用 一种全新作用机制的杀虫剂，通过附着在钠离子通道的受体上，阻碍钠离子通行，与菊酯类或其他种类的化合物无交互抗性。该药主要是通过害虫取食进入其体内发生胃毒杀死害虫，触杀作用较小，无内吸作用。该药对于各龄期的靶标害虫都有较好的防治效果。具有很好的持效性，持效在 7～10d。在一般的侵害情况下，氰氟虫腙一次施药就能较好地控制田间已有的害虫种群，在严重及持续的害虫侵害压力下，在第 1 次施药 7～10d 后，需要进行第 2 次施药以保证对害虫的彻底防治。可以有效地防治鳞翅目害虫及某些鞘翅目的幼虫、成虫，还可以用于防治蚂蚁、白蚁、蝇类、蝉螂等害虫。

合成路线

分析方法 产品采用 HPLC/UV 分析。

主要生产商 BASF，Nihon Nohyaku。

参考文献

[1] US 5543573.
[2] EP 0462456B1.

氰戊菊酯（fenvalerate）

$C_{25}H_{22}ClNO_3$，419.9，51630-58-1

由日本住友公司1976年开发的拟除虫菊酯类（pyrethroids）杀虫剂。

其他名称 速灭杀丁，杀灭菊酯，敌虫菊酯，百虫灵，速灭菊酯，S-5602，WL 43775，OMS2000，Sumicidin，Devifen，Fenkill，Fenny，Fenrate，Fenval，Newfen，Sanvalerate

化学名称 (R,S)-α-氰基-3-苯氧苄基(R,S)-2-(4-氯苯基)-3-甲基丁酸酯；(RS)-α-cyano-3-phenoxybenzyl(RS)-2-(4-chlorophenyl)-3-methylbutyrate

CAS 名称 cyano(3-phenoxyphenyl)methyl 4-chloro-α-(1-methylethyl)benzeneacetate

理化性质 氰戊菊酯原药为黏稠黄色或棕色液体，在室温条件下，有时会出现部分晶体。熔点 39.5～53.7℃（纯品）。蒸馏时分解。蒸气压 1.92×10^{-2} mPa（20℃）。K_{ow} lg$P$ 5.01（23℃）。密度 1.175g/mL（25℃）。水中溶解度：＜10μg/L（25℃）；其他溶剂中溶解度（20℃，g/L）：正己烷 53，二甲苯≥200，甲醇 84。对水和热稳定。在酸性介质中相对稳定，但在碱性介质中迅速水解。闪点 230℃。

毒性 急性经口 LD_{50}：大鼠 451mg/kg；急性经皮 LD_{50}：兔 1000～3200mg/kg，大鼠＞5000mg/kg。对兔的皮肤和眼睛有轻微刺激作用。大鼠急性吸入 LC_{50}＞101mg/m³。NOEL 值（2年）：大鼠 250mg/kg 饲料。急性经口 LD_{50}（mg/kg）：家禽＞1600，野鸭 9932。饲喂 LC_{50}（mg/kg）：山齿鹑＞10000，野鸭 5500。虹鳟鱼 LC_{50}（96h）0.0036mg/L。对蜜蜂有毒，LD_{50}（触杀）0.23μg/只。其他有益生物：对一些非靶标生物有毒性。

制剂 EC，SC，UL，WP。

应用 氰戊菊酯杀虫谱广，对天敌无选择性，以触杀和胃毒作用为主，无内吸和熏蒸作用。适用于棉花、果树、蔬菜和其他作物的害虫防治。防治鞘翅目、双翅目、单翅目、半翅目、鳞翅目和直翅目害虫，如玉米螟、蚜虫、油菜花露尾甲、甘蓝夜蛾、菜粉蝶、苹果蠹蛾、苹蚜、棉蚜、桃小食心虫等。也可用来防治公共卫生害虫和动物饲养中的害虫。驱杀畜禽体表寄生虫，如各类螨、蜱、虱、虻等。尤其对有机氯、有机磷化合物敏感的畜禽，使用较安全。杀灭环境、畜禽棚舍卫生昆虫，如蚊、蝇等。

合成路线

分析方法 可用 HPLC 进行分析。

主要生产商 Sumitomo Chemica，Devidayal，United Phosphorus，Nagarjuna Agrichem，Mobedco，RPG，Gharda，Dow AgroSciences，桂林依柯诺、江苏常隆、江苏耕农、江苏耕耘、江苏皇马、江苏润泽、江苏农用激素、博凯生物、南京保丰、南京红太阳、山东大成、杭州庆丰、中山凯中、重庆农药化工。

参考文献

[1] WO 9211249.
[2] US 4016179.
[3] US 4503071.
[4] US 4312816.
[5] DE 2903057.
[6] US 4273727.
[7] US 4422978.
[8] US 4432908.

S-氰戊菊酯（esfenvalerate）

$C_{25}H_{22}ClNO_3$，419.9，66230-04-4

1979 年 I. Nakayama 等报道其杀虫活性高于氰戊菊酯，1985 年由 H. Oo'uchi 审查其属性。由 Sumitomo Chemical Co., Ltd，Shell International Chemical Co., Ltd 研发，1986 年由 E. I. du Pontde Nemours & Co. 'Asana' 登记，1987 年进入市场。

其他名称 白蚁灵，顺式氰戊菊酯，高效氰戊菊酯，来福灵，强力农，fenvalerate-U，alpha-fenvalerate

化学名称 （S）-α-氰基-3-苯氧基苄基（S）-2-（4-氯苯基）-3-甲基丁酸酯；（S）-α-cyano-3-phenoxybenzyl(S)-2-(4-chlorophenyl)-3-methylbutyrate

CAS 名称 [S-(R^*,R^*)]-cyano(3-phenoxyphenyl)methyl 4-chloro-2-(1-methylethyl) benzeneacetate

理化性质 无色晶体，原药为黄棕色黏稠状液体或固体（23℃）。熔点 38～54℃（原药），沸点＞200℃（大气压）。闪点 256℃。蒸气压为 0.067mPa（25℃）。$K_{ow}\lg P$ 6.5（pH 7，25℃）。相对密度 1.26（4～26℃）。Henry 常数 4.20×10^{-2} Pa·m^3/mol（计算值）。溶解度（20℃）：水 0.002mg/L；二甲苯、丙酮、氯仿、甲醇、乙醇、N,N-二甲基甲酰胺、己烯乙二醇＞450g/L，正己烷 77g/L。对光和热较稳定，pH 5、7、9 时水解（25℃）。

毒性 急性经口 LD_{50}：大鼠 75～88mg/kg。急性经皮 LD_{50}（mg/kg）：兔＞2000，大鼠＞5000；对兔眼睛中等刺激，对兔皮肤轻微刺激。对皮肤无致敏现象。NOEL 值 2mg/kg。急性 LD_{50} 值随工具、浓度、路线以及物种种类等的不同而有所不同，有时 LD_{50} 值差异显著。动物实验测试，无致癌性、发育和生殖毒性。急性经口 LD_{50}：山齿鹑 381mg/kg；LC_{50}（8d，mg/kg）：山齿鹑＞5620，绿头鸭 5247。鱼：对水生动物剧毒。LC_{50}（96h，μg/L）：黑头呆鱼 0.690，大翻车鱼 0.26，虹鳟鱼 0.26。水蚤 LC_{50}（48h）0.24μg/L。蜜蜂 LD_{50}（接触）0.017μg/只。

制剂 EC，SC，UL。

应用 钠通道抑制剂。具有触杀和胃毒作用的杀虫剂，无内吸、熏蒸作用。与氰戊菊酯不同的是它仅含顺式异构体，但它是氰戊菊酯所含 4 个异构体中最高效的一个，杀虫活性比氰戊菊酯高出约 4 倍，因而使用剂量要低。作用于对有机氯、有机磷和氨基甲酸酯类杀虫剂产生抗性的品系也有效。在阳光下较稳定，且耐雨水淋洗。适用于棉花、柑橘、苹果、大豆、小麦、森林、甘蓝、茶、甜菜、烟草、玉米等。防治潜叶蛾、桃小食心虫、大豆食心虫、大豆蚜虫、麦蚜、黏虫、松毛虫、菜粉蝶、小绿叶蝉、尺蠖、甘蓝夜蛾、烟青虫、烟蚜。由于该药对螨无效，在害虫、螨并发的作物上要配合杀螨剂使用，以免螨害猖獗发生。除不要与碱性物质（如波尔多液、石硫合剂等）混合使用外，几乎可以与各种农药混合使用，应随配随用。使用时注意不要污染河流、池塘、桑园、养蜂场所。

分析方法 采用 GLC 或 HPLC。

主要生产商 Sumitomo Chemical，Bharat，Sharda，Isagro，江苏快达，江苏省激素研究所。

驱虫特（tabatrex）

$C_{12}H_{22}O_4$，230.3，141-03-7

Glenn Chemical Co. 开发的驱虫剂。

其他名称 Tabatrex，Tabutrex
化学名称 琥珀酸二丁酯；dibutyl butanedioate
CAS 名称 dibutyl butanedioate
理化性质 纯品为无色液体。工业品熔点为－29℃，沸点108℃（4mmHg）。密度0.98g/cm^3。不溶于水，可与大多数有机溶剂（包括石油醚在内）混溶。闪点275℃。遇碱水解，无腐蚀性。
毒性 对大鼠的急性经口 LD$_{50}$ 为 8000mg/kg，用含有 5％驱虫特的饲料喂大鼠 90d，未发现有害影响。以推荐剂量每天喷母牛几次，共喷 3 周，在奶中未检出驱虫特。
制剂 EW。
应用 作昆虫驱避剂，驱除牛虻、蠓蠛和蚊。

驱虫威

$C_{14}H_{26}O_4$，258.4，105-99-7

该昆虫驱避剂由 UnionCarbideCorp.（现 Rhône Poulenc Ag.）开发。

化学名称 己二酸二丁酯；dibutyl adipate（Ⅰ）
CAS 名称 dibutyl hexanedioate
理化性质 本品为无色液体。沸点为 183℃（14mmHg）。不溶于水，与乙醇、乙醚可混溶。遇碱水解。
毒性 对大鼠的急性经口 LD$_{50}$ 为 12900mg/kg。
制剂 乳剂，AE。
应用 作昆虫驱避剂。驱除变异矩头蜱、钝眼蜱、人体寄生恙螨和蚊以及牲畜寄生虫。用乳剂 1∶16 的水溶液泡衣服或刷畜体。

驱蚊醇 (ethyl hexanediol)

$C_8H_{18}O_2$, 146.2, 94-96-2

该昆虫驱避剂由 P. granett 和 H. L. haynes、W. V. King 及 B. V. Travis 和 C. N. Smith 报道，由 RutgersCo. 开发。

其他名称　ethohexadiol
化学名称　2-乙基己-1,3-二醇；2-ethylhexane-1,3-diol
CAS 名称　2-ethyl-1,3-hexanediol
理化性质　纯品为无色液体。凝固点 $-40℃$ 以下，沸点 $244℃$。工业品微带金缕梅的气味，沸点 $240\sim250℃$。蒸气压小于 $0.01mmHg$ ($20℃$)。黏度 $323mPa·s$ ($20℃$)。$20℃$ 时在水中的溶解度为 0.6%。可与乙醇、三氯甲烷、乙醚混溶，不溶解尼龙黏液丝、塑料和纺织品。
毒性　对兔的急性经口 LD_{50} 为 $2600mg/kg$。急性经皮 LD_{50} 值（暴露 90d）为 $2000mg/kg$。
应用　本药为昆虫驱避剂，对大多数咀嚼口器昆虫有效，驱除叮人体的害虫。主要用作与避蚊酮和驱蚊油的混剂。

驱蚊叮 (dibutyl phthalate)

$C_{16}H_{22}O_4$, 278.4, 84-74-2

1947 年由 F. M. Snyder 和 F. A. Morton 报道其作为驱虫剂的活性。

其他名称　DBP
化学名称　邻苯二甲酸二丁酯；dibutyl phthalate
CAS 名称　dibutyl 1,2-benzenedicarboxylate
理化性质　本品为无色至淡黄色油状液体。熔点约 $-35℃$，沸点为 $330℃$ 以上。蒸气压低于 $0.01mmHg$ ($20℃$)，$1.1mmHg$ ($150℃$)。$20℃$ 相对密度 1.0484。折射率（$20℃$）1.4926。$20.3mPa·s$ ($20℃$)。在室温于水中溶解度约为 $400mg/L$，能与乙醇和大多数有机溶剂混溶。遇碱水解。
毒性　对大鼠的急性经口 LD_{50} 大于 $20000mg/kg$。对人无毒、无刺激性。
应用　本品是一种昆虫驱避剂，除对恙螨类外，一般不如酞酸二甲酯有效。挥发度较酞酸二甲酯略小，耐洗涤，主要用于浸渍衣服。

驱蚊灵 (dimethyl carbate)

$C_{11}H_{14}O_4$, 210.2, 5826-73-3

其他名称 Dimelone，NISY，Compound-3916

化学名称 顺双环(2,2,1)庚烯(5)-2,3-二甲酸二甲酯；*cis*-bicyclo(2,2,1)heptene(5)-2,3-dimethyldicarboxylate

CAS 名称 dimethyl(1R,2S,3R,4S)-*rel*-bicyclo[2.2.1]hept-5-ene-2,3-dicarboxylate

理化性质 纯品为无色结晶或无色油状液体。熔点 38℃，工业品熔点 32℃。沸点 115℃（1.5mmHg），129～130℃（9mmHg）。30℃时黏度为 $150×10^{-3}$ mPa·s；35℃时，表面张力为 37dyn/cm（1dyn/cm=10^{-3}N/m）；在水中，35℃时的溶解度为 1.32g/100mL，可溶于甲醇、乙醇、苯、二甲苯等有机溶剂，溶于酯类。

毒性 对大鼠的急性经口 LD_{50} 值为 1000mg/kg。对大鼠作 90d 的经皮试验，其 LD_{50} >4.0mg/kg，对黏膜只有轻微的刺激性。

应用 驱避蚊类，特别是伊蚊。

驱蚊油（dimethyl phthalate）

$C_{10}H_{10}O_4$，194.2，131-11-3

在 1939～1945 年期间作为昆虫驱避剂开发，有很长时间曾用作增塑剂。

其他名称 避蚊剂，避蚊酯，DMP

化学名称 邻苯二甲酸二甲酯；dimethyl phthalate

CAS 名称 1,2-dimethyl 1,2-benzenedicarboxylate

理化性质 无色黏性液体。沸点 282～285℃，147.6℃（10mmHg）。20℃蒸气压 1.3Pa。室温下水中溶解度为 4.3g/kg，溶于乙醚、乙醇、矿物油和大多数有机溶剂。遇碱水解。

毒性 大鼠急性经口 LD_{50} 为 8200mg/kg。大鼠急性经皮 LD_{50}（9d）为 >4800mg/kg。如果应用到眼睛或黏膜上，能引起刺痛。用含 20000mg/kg 的饲料饲喂大鼠 2 年，不影响生长速度。

制剂 单独或掺入到乳油中使用。

应用 本品为昆虫驱避剂，保护身体不受害虫的刺激。

分析方法 产品分析用 GLC 或碱性水解和用标准方法测定邻苯二酸或用标准方法测定甲氧基。

驱蝇定（MGK Repellent 326）

$C_{13}H_{17}NO_4$，251.3，136-45-8

该昆虫驱避剂由 L.D.Goodhue 和 R.E.Stansbury 报道，由 MclaughlinGormleyCo. 开发。

化学名称 吡啶-2,5-二羧酸二丙酯；dipropyl pyridine-2,5-dicarboxylate；dipropyl iso-cinchomeronate

CAS 名称 dipropyl 2,5-pyridinedicarboxylate

理化性质 本品为琥珀色液体，带轻度的芳香气味，沸点为150℃（1mmHg）。不溶于水，与乙醇、煤油、甲醇、异丙醇混溶。在日光下分解，遇碱水解。在高湿度情况下为短效，通过加7-羟基-4-甲基香豆素来克服这个缺点。

毒性 大鼠急性经口 LD_{50} 为 5230～7230mg/kg，大鼠急性经皮 LD_{50} 为 9400mg/kg。大鼠 90d 饲喂试验的无作用剂量为 ≤20000mg/kg 饲料。对野鸭和鹌鹑的 LC_{50}（8d）为 >5000mg/kg 饲料。鱼毒 LC_{50}（96h）：虹鳟为 1.59mg/L，蓝鳃为 1.77mg/L。

应用 主要用作蝇的驱避剂，对家蝇、斑虻属和虻属有效。

分析方法 产品分析用 GLC 或水解成吡啶-2,5-二羧酸，用紫外光谱测定。

炔丙菊酯（prallethrin）

$C_{19}H_{24}O_3$, 300.4, 23031-36-9

由 T. Mutsunaga 等报道，由 Sumitomo Chemical Co., Ltd 引入市场，1988 年在日本获得首次登记。

其他名称 S-4068SF，Etoc

化学名称 (S)-2-甲基-4-氧代-3-丙-2-炔基环戊-2-烯基(1R,3R;1R,3S)-2,2-二甲基-3-(2-甲基丙-1-烯基)环丙烷羧酸酯；(S)-2-methyl-4-oxo-3-prop-2-ynylcyclopent-2-enyl (1R)-cis-trans-2,2-dimethyl-3-(2-methylprop-1-enyl)cyclopropanecarboxylate；(RS)-2-methyl-4-oxo-3-prop-2-ynylcyclopent-2-enyl 1RS,3RS;1RS,3SR-2,2-dimethyl-3-(2-methylprop-1-enyl)cyclopropanecarboxylate，(RS)-2-methyl-4-oxo-3-prop-2-ynylcyclopent-2-enyl (±)-cis-trans-chrysanthemate

CAS 名称 (S)-2-methyl-4-oxo-3-(2-propynyl)-2-cyclopenten-1-yl 2,2-dimethyl-3-(2-methyl-1-propenyl)cyclopropanecarboxylate

理化性质 产品为黄色至黄棕色的液体，沸点为 313.5℃（760mmHg），蒸气压 <0.013mPa（23.1℃），相对密度 1.03（20℃），K_{ow} lg$P$ 4.49（25℃），Henry 常数 <4.9×10^{-4}Pa·m³/mol。溶解度：水 8mg/L（25℃），正己烷、甲醇、二甲苯 >500g/kg（20～25℃）。在通常的贮存条件下能稳定存在至少 2 年。闪点 139℃。

毒性 雄大鼠急性经口 LD_{50} 640mg/kg，雌大鼠 460mg/kg。大鼠急性经皮 LD_{50} >5000mg/kg，对兔眼和皮肤无刺激作用，对豚鼠皮肤无致敏性。大鼠吸入 LC_{50}（4h，mg/m³）：雄大鼠 855，雌大鼠 658。狗 NOEL（1年）5mg/kg。山齿鹑急性经口 LD_{50}：1171mg/kg，野鸭 >2000mg/kg。山齿鹑、野鸭 LC_{50} >5620mg/L。虹鳟鱼 LC_{50}（96h）0.012mg/L，大翻车鱼 0.022mg/L。水蚤 EC_{50}（48h）0.0062mg/L。

制剂 AE，EC，EW，KN，MV，OL。

应用 具有强烈的触杀作用，击倒和杀死性能是富右旋丙烯菊酯的 4 倍，主要用于制作蚊香、电热蚊香和液体蚊香，用于防治蚊子、苍蝇等卫生害虫。

合成路线

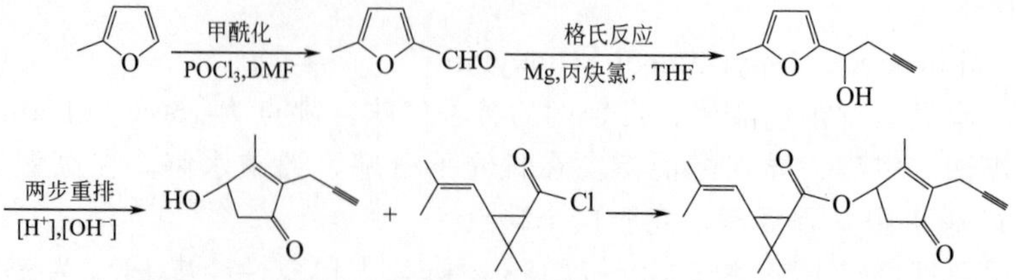

[合成路线反应式：糠醛经POCl₃,DMF甲酰化得到5-醛基呋喃，再经Mg、丙炔氯、THF的格氏反应得到炔基呋喃醇；随后经[H⁺],[OH⁻]两步重排得到羟基环戊烯酮中间体，与2-甲基-1-丙烯基-2,2-二甲基环丙烷甲酰氯反应生成目标酯。]

分析方法　产品用毛细管 GLC/FID 分析。
主要生产商　Sumitomo Chemical，Endura，江苏扬农。
参考文献
The Pesticide Manual. 16th edition.

炔呋菊酯（furamethrin）

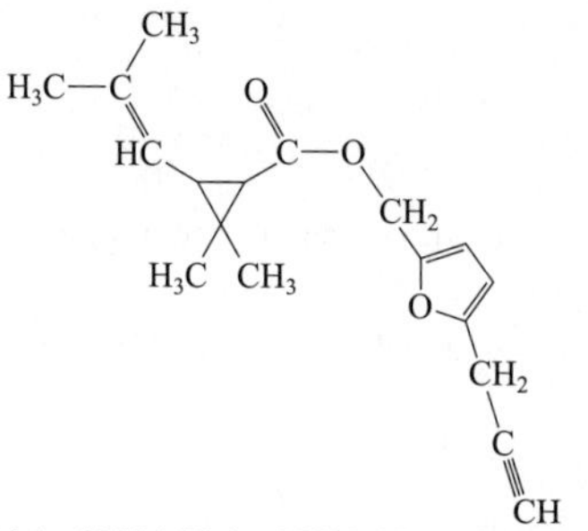

[结构式图]

$C_{18}H_{22}O_3$，286.4，23031-38-1；23031-15-4；24909-66-8(反式体)

1969 年由大日本除虫菊公司所开发。

其他名称　呋喃菊酯，消虫菊，D-1201，DK-5 液，Prothrin，Pynamin-D

化学名称　5-(2-丙炔基)-2-呋喃甲基-(1RS)-顺,反-2,2-二甲基-3-(2-甲基-1-丙烯基)环丙烷羧酸酯；5-prop-2-ynylfurfuryl(1RS,3RS；1RS,3SR)-2,2-dimethyl-3-(2-methylprop-1-enyl)cyclopropanecarboxylate

CAS 名称　[5-(2-propynyl)-2-furanyl]methyl-2,2-dimethyl-3-(2-methyl-1-propenyl)cyclopropanecarboxylate

理化性质　沸点 120～122℃（0.2mmHg），蒸气压 1.89kPa（200℃）。易溶于丙酮等有机溶剂，难溶于水。对光和碱性介质不稳定。加入 α-巯基苯并咪唑（1%）或三甲基二氢喹啉（0.5%～1%）或乙氧基三甲基二氢喹啉可以增加其贮存稳定性。加入二乙基甲苯酰胺可以控制其有效成分挥发。

毒性　炔呋菊酯对人畜低毒。对大鼠急性经口 LD_{50} 大于 10000mg/kg；对大鼠急性经皮 LD_{50} 大于 75000mg/kg。对皮肤和眼睛无明显刺激性，无致癌、致畸、致突变活性。鱼毒性 TLm（48h）：青鱼 0.18mg/L，鲤鱼 0.45mg/L。

应用　具有较强的触杀作用，主要用于防治室内卫生害虫，效果优于丙烯菊酯、胺菊酯，尤宜作为加热熏蒸用，是一种室内专用的有机磷杀虫剂。

合成路线　炔呋菊酯可由菊酸加工成菊酰氯，再与 5-(2-丙炔基)-2-呋喃甲醇（丙炔呋喃）进行酯化而得。

分析方法　气液色谱法、高效液相色谱法。

参考文献

[1] 特公昭 45-18859.
[2] 特公昭 50-160426.
[3] US 3968238.
[4] US 3992526.
[5] US 3982013.

炔螨特（propargite）

$C_{19}H_{26}O_4S$，350.5，2312-35-8

1969 年由 Uniroyal Inc.（现在的 Chemtura Corp.）引入市场。

其他名称 克螨特，DO 14，Akbar，Allmite，Dictator，Omite，SunGite

化学名称 2-(4-叔丁基苯氧基)环己基丙炔-2-基亚硫酸酯；2-(4-*tert*-butylphenoxy)cyclohexyl prop-2-ynyl sulfite

CAS 名称 2-[4-(1,1-dimethylethyl)phenoxy]cyclohexyl 2-propynyl sulfite

理化性质 纯度＞87%。为深琥珀色油状黏性液体。常压下 210℃ 分解。蒸气压 0.04mPa（25℃）。相对密度 1.12（20℃）。K_{ow} lg$P$ 5.70。Henry 常数 $6.4×10^{-2}$ Pa·m³/mol（计算值）。溶解度：水中（25℃）0.215mg/L；易溶于甲苯、己烷、二氯甲烷、甲醇、丙酮等有机溶剂，不能与强酸、强碱相混。水解 DT_{50}（d）：66.30（25℃）、9.0（40℃）(pH 7)；1.10（25℃）、0.2（40℃）(pH 9)；pH 4 稳定；光解 DT_{50} 6d（pH 5）；在空气中 DT_{50} 2.155h。pK_a＞12。闪点 71.4℃。

毒性 大鼠急性经口 LD_{50} 2843mg/kg。兔急性经皮 LD_{50}＞4000mg/kg。大鼠急性吸入 LC_{50}（4h）为 0.05mg/L。对兔眼睛和皮肤有严重刺激性；对豚鼠无皮肤致敏。无作用剂量（mg/kg）：大鼠亚急性经口 40，大鼠慢性经口 300，狗慢性吸入 900。无诱变性和致癌作用。无作用剂量（1 年）狗 4mg/(kg·d)；基于空肠肿瘤发生率，SD 大鼠（2 年）3mg/(kg·d)，大、小鼠未见肿瘤发生。SD 大鼠（28d）2mg/kg，表明细胞增殖是致癌的原因，而且有极限剂量。无基因毒性；急性 i.p. LC_{50}：雄大鼠 260mg/kg、雌大鼠 172mg/kg。野鸭急性经口 LD_{50}＞4640mg/kg。饲喂 LC_{50}（5d，mg/kg）：野鸭＞4640，山齿鹑 3401。虹鳟鱼 LC_{50}（96h）0.043mg/L，大翻车鱼 0.081mg/L。水蚤 LC_{50}（48h）0.014mg/L。月牙藻 LC_{50}（96h）＞1.08mg/L（在测试最高浓度下没有影响）。其他水生生物：草虾（96h）LC_{50} 0.101mg/L。蜜蜂 LD_{50}（μg/只）：（接触，48h）47.92，（经口）＞100。蠕虫 LC_{50}（14d）：赤子爱胜蚓 378mg/kg 土壤。

制剂 EC，EW，WP。

应用 线粒体 ATPase 抑制剂，通过破坏正常的新陈代谢和修复从而达到杀螨目的。有机硫杀螨剂，具有触杀和胃毒作用，无内吸和渗透传导作用。对成螨、若螨有效，杀卵的效果差。炔螨特在世界各地没有发现抗药性，这是由于螨类对炔螨特的抗性为隐性多基因遗传,故很难表现。炔螨特在任何温度下都有效,而且在炎热的天气下效果更为显著,因为气温高于27℃时,炔螨特有触杀和熏蒸双重作用。炔螨特还具有良好的选择性,对蜜蜂和天敌安全,而且药效持久,是综合防治的首选良药。炔螨特无组织渗透作用,对作物生长安全。适用于苜蓿、棉花、薄荷、马铃薯、苹果、黄瓜、柑橘、杏、茄、园艺作物、大豆、无花果、桃、高粱、樱桃、花生、辣椒、葡萄、梨、草莓、茶、梅、番茄、柠檬、胡桃、谷物、瓜类等。防治各种螨类,对其他杀螨剂较难防治的二斑叶螨(苹果白蜘蛛)、棉花红蜘蛛、山楂叶螨等有特效,可控制30多种害螨。在炎热潮湿的天气下,幼嫩作物喷洒高浓度的炔螨特后可能会有轻微的药害,使叶片皱曲或起斑点,但这对作物的生长没有影响。炔螨特除不能与波尔多液及强碱性药剂混用外,可与一般的其他农药混合使用。收获前21d(棉)、30d(柑橘)停止用药。

合成路线

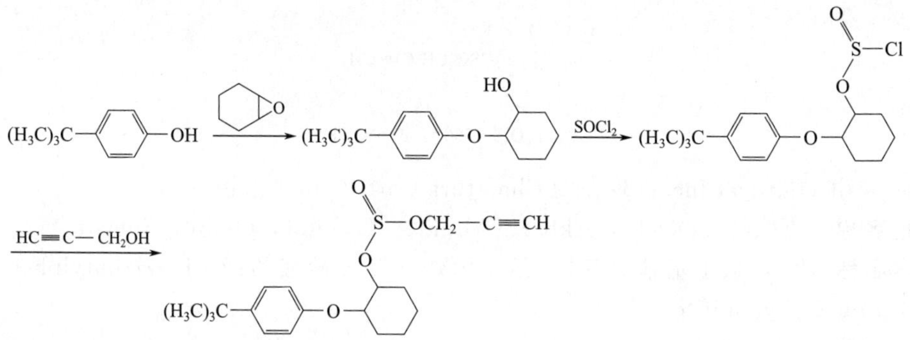

分析方法 产品用红外光谱分析。

主要生产商 Chemtura,Donbu Fine,DooYang,AGROFINA,Sunda,大连瑞泽,江苏丰山,青岛瀚生,鹤岗禾友,浙江东风,浙江禾田,浙江永农。

参考文献

[1] US 3272854.
[2] US 3463859.

炔咪菊酯(imiprothrin)

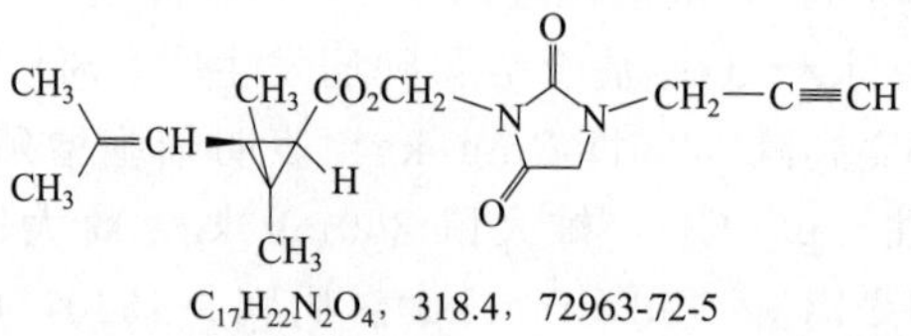

$C_{17}H_{22}N_2O_4$,318.4,72963-72-5

日本住友化学开发的拟除虫菊酯类杀虫剂,1996年在日本注册。

其他名称 捕杀雷,强力,S-41311,Pralle

化学名称 [2,5-二氧代-3-(2-丙炔基)-1-咪唑啉基]甲基(±)顺反式菊酸酯;2,5-dioxo-3-prop-2-ynylimidazolidin-1-ylmethyl(1R,3S)-2,2-dimethyl-3-(2-methylprop-1-enyl)cyclopropane-carboxylate(20%)和 2,5-dioxo-3-prop-2-ynylimidazolidin-1-ylmethyl(1R,3R)-2,2-dimethyl-3-(2-methylprop-1-enyl)cyclopropanecarboxylate(80%)

CAS名称 [2,5-dioxo-3-(2-propynyl)-1-imidazolidinyl]methyl 2,2-dimethyl-3-(2-methyl-1-propenyl)cyclopropanecarboxylate

理化性质 琥珀色黏稠液体，略微有甜味。蒸气压 1.8×10^{-3} mPa（25℃）。K_{ow} lg$P$ 2.9（25℃）。Henry 常数 6.33×10^{-6} Pa·m³/mol。相对密度 1.1（20℃）。水中溶解度 93.5mg/L（25℃）。稳定性：水解 DT_{50}<1d（pH 9），59d（pH 7），稳定（pH 5）。闪点 141℃。

毒性 急性经口 LD_{50}：雄性大鼠 1800mg/kg，雌性大鼠 900mg/kg；急性经皮 LD_{50}：雄性大鼠和雌性大鼠>2000mg/kg。对兔皮肤和眼睛无刺激作用。对豚鼠皮肤无致敏性；吸入毒性 LC_{50}（4h）：雄性大鼠和雌性大鼠>1200mg/m³；NOEL 数值（13 周）：大鼠 100mg/kg。野鸭和山齿鹑饲喂毒性 LC_{50}（8d）>5620mg/L。鱼 LC_{50}（96h）：大翻车鱼 0.07mg/L，虹鳟鱼 0.038mg/L。水蚤 EC_{50}（48h）0.051mg/L。

制剂 AE。

应用 属神经毒剂，主要用于防治蟑螂、蚂蚁、蠹虫、蟋蟀、蜘蛛等害虫，对蟑螂有特效。

合成路线

主要生产商 Sumitomo Chemical Co. Ltd，江苏扬农。

参考文献

[1] The Pesticide Manual. 15 th edition.
[2] US 4176189.
[3] Pesticide Science，1998，52（1）：21-28.

噻虫胺（clothianidin）

$C_6H_8ClN_5O_2S$，249.7，210880-92-5（曾用 205510-53-8）

日本武田公司发现，由武田（现属住友化学株式会社）和拜耳公司共同开发的内吸性、广谱性新烟碱类（neonicotinoid）杀虫剂。

其他名称 可尼丁，TI-435，Dantotsu，Poncho，Clutch

化学名称 （E）-1-[（2-氯-1,3-噻唑-5-基）甲基]-3-甲基-2-硝基胍；（E）-1-(2-chloro-1,3-thiazol-5-ylmethyl)-3-methyl-2-nitroguanidine

CAS 名称 （E）-N-[(2-chloro-5-thiazolyl)methyl]-N'-methyl-N''-nitroguanidine

理化性质 原药含量不低于 96%。纯品为无色、无味粉末，熔点 176.8℃。蒸气压：3.8×10^{-8} mPa（20℃），1.3×10^{-7} mPa（25℃）。相对密度 1.61（20℃）。K_{ow} lg$P$ 0.7（25℃），Henry 常数 2.9×10^{-11} Pa·m³/mol（20℃）。水中溶解度（g/L，20℃）：0.304（pH4），0.340（pH10）。有机溶剂中溶解度（g/L，25℃）：庚烷<0.00104，二甲苯

0.0128，二氯甲烷 1.32，甲醇 6.26，辛醇 0.938，丙酮 15.2，乙酸乙酯 2.03。稳定性：在 pH5 和 7（50℃）条件下稳定，不易水解；DT_{50} 1401d（pH9，20℃），水中光解 DT_{50} 3.3h（pH7，25℃）。pK_a（20℃）11.09。

毒性 急性经口 LD_{50}（mg/kg）：雄、雌大鼠＞5000，小鼠 425。雄、雌大鼠急性经皮 LD_{50}＞2000mg/kg。本品对兔皮肤无刺激，对眼睛有轻微刺激，对豚鼠皮肤无刺激。雄、雌大鼠吸入 LC_{50}（4h）＞6141mg/m³。NOEL 值：雄大鼠（2 年）27.4mg/(kg·d)，雌大鼠（2 年）9.7mg/(kg·d)，雄狗（1 年）36.3mg/(kg·d)，雌狗（1 年）15.0mg/(kg·d)。ADI/RfD（EC，FSC）0.097mg/kg。对大鼠和小鼠无致突变和致癌作用，对大鼠和兔无致畸作用。急性经口 LD_{50}（mg/kg）：山齿鹑＞2000，日本鹌鹑 430。山齿鹑和野鸭饲喂 LC_{50}（5d）＞5200mg/L。鱼类 LC_{50}（96h，mg/L）：虹鳟鱼＞100，鲤鱼＞100，大翻车鱼＞120。水蚤 EC_{50}（48h）＞120mg/L。海藻：淡水藻 $E_r C_{50}$（72h）＞270mg/L，月牙藻 $E_b C_{50}$（96h）55mg/L。虾 LC_{50}（9h）0.053mg/L。东方牡蛎 EC_{50}（96h）129.1mg/L。摇蚊幼虫 EC_{50}（48h）0.029mg/L。蜜蜂直接接触有毒，LD_{50}：（经口）0.00379μg/只，（接触）＞0.0439μg/只。蚯蚓 LC_{50}（14d）13.2mg/kg 土。

制剂 FS，GR，WG，SC。

应用 用于防治半翅目、鞘翅目和某些鳞翅目等害虫，如蚜虫、叶蝉、蓟马、白蝇、马铃薯科罗拉多甲虫、水稻跳甲、玉米跳甲、小地老虎、种蝇、金针虫及蛴螬等害虫，对刺吸式口器害虫和其他害虫均有效。适用于水稻、蔬菜、果树、玉米、油菜籽、马铃薯、烟草、甜菜、棉花、茶叶、草皮和观赏植物等。噻虫胺可用于茎叶处理、水田处理、土壤处理和种子处理。种子处理剂 PonchoBeta（噻虫胺＋beta-氟氯氰菊酯）主要用于甜菜防治土传害虫和病毒媒介。噻虫胺属新烟碱类广谱杀虫剂，活性高，具有内吸性、触杀和胃毒作用。其作用机理是结合位于神经后突触的烟碱乙酰胆碱受体。

合成路线

分析方法 产品可用 HPLC 进行分析。

主要生产商 Bayer CropScience，Sumitomo Chemical，Arysta lifeScience EAME，Valent，BASF。

参考文献

[1] Proc BCPC Conf Dis，2002，1：51.
[2] The Pesticide Manual. 13 th ed. 2003：198.
[3] 农药科学与管理，2009，30（10）：64.
[4] 世界农药，2004，26（6）：1-3，22.
[5] 农药，2003，42（9）：15-16.

噻虫啉（thiacloprid）

$C_{10}H_9ClN_4S$，252.7，111988-49-9

A. Elber 等人报道其活性,由德国 Bayer CropScience 和日本 Bayer CropScience 公司合作开发,1999 年在 Brazil 首先登记的另一个广谱、内吸性新烟碱类杀虫剂。

其他名称 YRC2894,Alanto,Bariard,Calypso

化学名称 (Z)-3-(6-氯-3-吡啶基甲基)-1,3-噻唑啉-2-亚基氰胺;(Z)-3-(6-chloro-3-pyridylmethyl)-1,3-thiazolidin-2-ylidenecyanamide

CAS 名称 (Z)-[3-[(6-chloro-3-pyridinyl)methyl]-2-thiazolidinylidene]cyanamide

理化性质 纯品为黄色结晶粉末,熔点 136℃,沸点>270℃(分解),蒸气压 3.0×10^{-7} mPa(20℃)。K_{ow} lg$P$:0.74(未缓冲的水),0.73(pH 4),0.73(pH 7),0.74(pH 9)。Henry 常数 4.1×10^{-10} Pa·m^3/mol(计算值),相对密度 1.46。水中溶解度(20℃):185mg/L;有机溶剂中溶解度(g/L,20℃):正己烷<0.1,二甲苯 0.30,二氯甲烷 160,正辛醇 1.4,正丙醇 3.0,丙酮 64,乙酸乙酯 9.4,聚乙二醇 42,乙腈 52,二甲基亚砜 150。25℃,pH 5~9 时稳定。

毒性 大鼠急性经口 LD$_{50}$:雄 621~836mg/kg,雌 396~444mg/kg。雄、雌性大鼠急性经皮 LD$_{50}$>2000mg/kg;对兔眼睛和皮肤无刺激;对豚鼠皮肤无致敏性。大鼠急性吸入 LC$_{50}$(4h,鼻吸入):雄>2535mg/m^3 空气,雌约 1223mg/m^3 空气(喷雾)。大鼠 2 年无作用剂量:1.23mg/(kg·d)。无致癌性,对大鼠和兔无生长发育毒性,无遗传或潜在致突变性。日本鹌鹑 LD$_{50}$49mg/kg,山齿鹑 LD$_{50}$ 2716mg/kg。LC$_{50}$(8d):山齿鹑 5459mg/kg,日本鹌鹑 2500mg/kg。鱼毒 LC$_{50}$(96h):虹鳟鱼 30.5mg/L,大翻车鱼 25.2mg/L。水蚤 EC$_{50}$(48h,20℃)≥85.1mg/L。淡水藻 E$_r$C$_{50}$(72h,20℃)97mg/L,月牙藻 EC$_{50}$>100mg/L。蜜蜂 LD$_{50}$:17.32μg/只(经口),38.83μg/只(接触)。蚯蚓 LC$_{50}$(14d,20℃)105mg/kg。

制剂 TC,GR,OD,SC,SE,WG。

应用 噻虫啉为氯代烟碱类杀虫剂。作用机理与其他传统杀虫剂有所不同,它主要作用于昆虫神经接合后膜,通过与烟碱乙酰胆碱受体结合,干扰昆虫神经系统正常传导,引起神经通道的阻塞,造成乙酰胆碱的大量积累,从而使昆虫异常兴奋、全身痉挛、麻痹而死。具有较强的内吸、触杀和胃毒作用,与常规杀虫剂如拟除虫菊酯类、有机磷类和氨基甲酸酯类没有交互抗性,因而可用于抗性治理。是防治刺吸式和咀嚼式口器害虫的高效药剂。

合成路线

主要生产商 Bayer CropScience,比德生化科技,中旗化工,利民化工,联合农药,天津兴光农药,天人生态工业。

参考文献

[1] US 4849432
[2] US 4285878.
[3] EP 350805.
[4] CN 1269363

噻虫嗪（thiamethoxam）

$C_8H_{10}ClN_5O_3S$，291.7，153719-23-4

由汽巴-嘉基公司（现属先正达）发现，R. Senn 等人报道其活性，1997 年由 New Zealand 开发的新烟碱类（neonicotinoid）杀虫剂。

其他名称 阿克泰，快胜，CGA 293343，Actara，Anant，Click，Maxima，Renova，Spora，T-Moxx，Gammon，Agita，Cruiser，Sun-Vicor，Adage，Anant，Centric，Click，Flagship，Maxima，Meridian，Platinum，Renova，Spora，T-Moxx，Digital Flare

化学名称 3-(2-氯-1,3-噻唑-5-基甲基)-5-甲基-1,3,5-噁二嗪-4-基亚乙基(硝基)胺；(EZ)-3-(2-chloro-1,3-thiazol-5-ylmethyl)-5-methyl-1,3,5-oxadiazinan-4-ylidene(nitro)amine

CAS 名称 3-[(2-chloro-5-thiazolyl)methyl]tetrahydro-5-methyl-N-nitro-4H-1,3,5-oxadiazin-4-imine

理化性质 结晶粉末。熔点 139.1℃，蒸气压 $6.6×10^{-6}$ mPa (25℃)。K_{ow} lg$P$ —0.13 (25℃)。Henry 常数 $4.70×10^{-10}$ Pa·m³/mol (计算值)。相对密度 1.57 (20℃)。水中溶解度 (25℃)：4.1g/L；有机溶剂中溶解度 (g/L)：丙酮 48，乙酸乙酯 7.0，二氯甲烷 110，甲苯 0.680，甲醇 13，正辛醇 0.620，正己烷<0.001。在 pH5 条件下稳定；DT_{50} (d)：640 (pH7)，8.4 (pH9)。

毒性 大鼠急性经口 LD_{50} 1563mg/kg。大鼠急性经皮 LD_{50}>2000mg/kg；对兔眼睛和皮肤无刺激；对豚鼠皮肤无致敏性。大鼠吸入 LC_{50} (4h) >3720mg/m³。NOAEL 小鼠 (90d) 10mg/L [1.4mg/(kg·d)]，狗 (1 年) 150mg/L [4.05mg/(kg·d)]。急性经口 LD_{50} (mg/kg)：山齿鹑 1552，野鸭 576。山齿鹑和野鸭饲喂 (5d) LC_{50}>5200mg/kg。鱼类 LC_{50} (96h，mg/L)：虹鳟>100，大翻车鱼>114mg/L，红鲈>111mg/L。水蚤 LC_{50} (48h) >100mg/L。水藻 EC_{50} (96h) >100mg/L。糠虾 LC_{50} (96h) 6.9mg/L。东方牡蛎 EC_{50}>119mg/L。蜜蜂 LD_{50} (μg/只)：0.005 (经口)，0.024 (接触)。蚯蚓 LC_{50} (14d) >1000mg/kg 土壤。

制剂 TC, PA, ZF, SC, WG, RJ。

应用 该药是一种新型的高效低毒广谱杀虫剂。是第二代新烟碱类杀虫剂，其作用机理与吡虫啉相似，高效、低毒、杀虫谱广，由于更新的化学结构及独特的生理生化活性，可选择性抑制昆虫神经系统烟酸乙酰胆碱酯酶受体，进而阻断昆虫中枢神经系统的正常传导，造成害虫出现麻痹而死亡。不仅具有良好的胃毒、触杀活性、强内吸传导性和渗透性，而且具有更高的活性、更好的安全性、更广的杀虫谱及作用速度快，持效期长等特点，而且与第一代新烟碱类杀虫剂如吡虫啉、啶虫脒、烯啶虫胺等无交互抗性，可取代那些对哺乳动物毒性高、有残留和环境问题的有机磷、氨基甲酸酯类、拟除虫菊酯类、有机氯类杀虫剂的品种。

既能防治地下害虫，又能防治地上害虫。既可用于茎叶处理和土壤处理，又可用于种子处理。对刺吸式害虫如蚜虫、飞虱、叶蝉、粉虱等防效较好。

合成路线

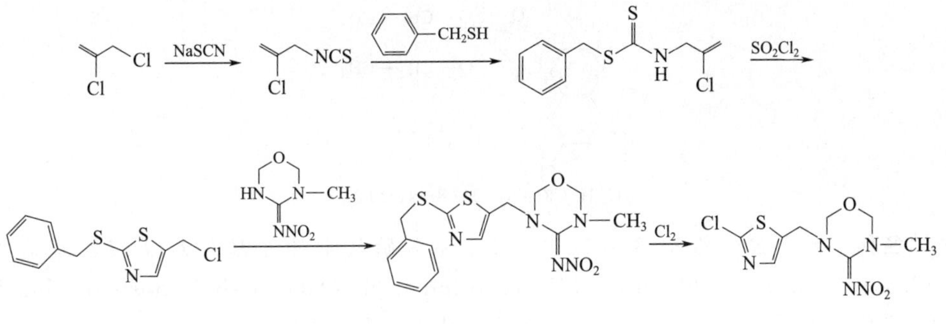

分析方法 可用 GC-MSD/HPLC-UV 进行分析。

主要生产商 Syngenta。

参考文献

[1] Pest Manag Sci, 2001, 57 (10): 906-913.
[2] Pest Manag Sci, 2001, 57 (2): 165-176.
[3] 农药, 1999, 38 (6): 42-43.

噻恩菊酯（kadethrin）

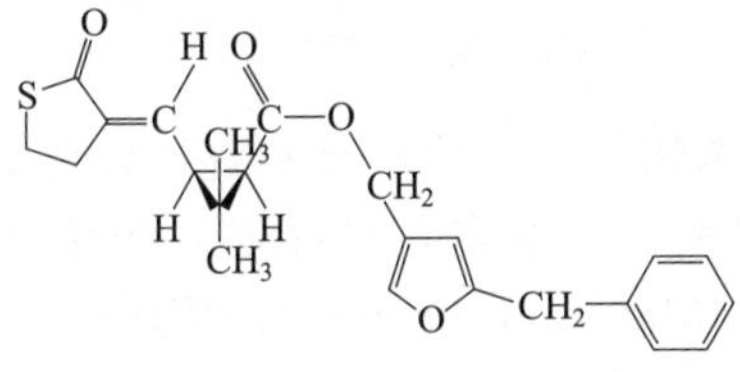

$C_{23}H_{24}O_4S$, 396.5, 58769-20-3

化学名称 (E)-5-苄基-3-呋喃甲基(1R,3S)-3-(二氢-2-氧代-3-亚噻嗯甲基)-2,2-二甲基环丙烷羧酸酯；5-benzyl-3-furylmethyl(1R,3S)-3-[(E)-(dihydro-2-oxo-3(2H)-thienylidene)methyl]-2,2-dimethylcyclopropanecarboxylate；5-benzyl-3-furylmethyl(1R)-cis-3-[(E)-(dihydro-2-oxo-3(2H)-thienylidene)methyl]-2,2-dimethylcyclopropanecarboxylate

CAS 名称 [5-(phenylmethyl)-3-furanyl]methyl(1R,3S)-3-[(E)-(dihydro-2-oxo-3(2H)-thienylidene)methyl]-2,2-dimethylcyclopropanecarboxylate

理化性质 棕黄色黏稠油状液体，蒸气压 5.33μPa（20℃），工业品含量≥93%。能溶于乙醇、二氯甲烷、苯、丙酮、二甲苯和增效醚，微溶于煤油，不溶于水。对光、热不稳定，在碱液中水解，在矿物油中分解较慢。

毒性 急性经口 LD_{50}：雄大鼠 1324mg/kg，雌大鼠 650mg/kg，狗＞1000mg/kg。雌大鼠急性经皮 LD_{50}＞3200mg/kg。

应用 触杀型杀虫剂，对昆虫主要有较高的击倒作用，亦有一定的杀死活性，常和生物苄呋菊酯混用，以增进其杀死效力。此外对蚊虫有驱赶和拒食作用。但热稳定性差，不宜用以加工蚊香或电热蚊香片。

噻氯磷 (thicrofos)

$C_{13}H_{18}ClO_3PS_2$, 352.8, 41219-32-3

化学名称 S-[(RS)-6-氯-3,4-二氢-2H-1-苯并硫代吡喃-4-基]-O,O-二乙基硫代磷酸酯; S-[(RS)-6-chloro-3,4-dihydro-2H-1-benzothiin-4-yl] O,O-diethyl phosphorothioate

CAS 名称 S-(6-chloro-3,4-dihydro-2H-1-benzothiopyran-4-yl) O,O-diethyl phosphorothioate

应用 杀虫剂。

噻螨酮 (hexythiazox)

$C_{17}H_{21}ClN_2O_2S$, 352.9, 78587-05-0

最初由 T. Yamada 报道其杀螨活性,后由日本曹达公司引进,1985 年在日本注册。

其他名称 塞螨酮,除螨威,合赛多,己噻唑,尼索朗,NA-73,Nissorun,Savey,César,Ferthiazox,Hexygon,Matacar,Ordoval,Vittoria

化学名称 (4RS,5RS)-5-(4-氯苯基)-N-环己基-4-甲基-2-氧代-1,3-噻唑烷-3-基甲酰胺;(4RS,5RS)-5-(4-chlorophenyl)-N-cyclohexyl-4-methyl-2-oxo-1,3-thiazolidine-3-carboxamide

CAS 名称 $trans$-5-(4-chlorophenyl)-N-cyclohexyl-4-methyl-2-oxo-3-thiazolidinecarboxamide

理化性质 无色晶体。熔点 108.0~108.5℃。蒸气压 0.0034mPa(20℃)。K_{ow} lg P 2.53。Henry 常数 $2.40×10^{-3}$ Pa·m³/mol(计算值)。溶解度(20℃):水 0.5mg/L;氯仿 1379,二甲苯 362,甲醇 206,丙酮 160,乙腈 28.6,己烷 4 (g/L)。对光、热、空气、酸碱稳定;温度低于 300℃时稳定;水溶液 pH 5、7、9 时稳定。

毒性 大鼠、小鼠急性经口 LD_{50}>5000mg/kg。大鼠急性经皮 LD_{50}>5000mg/kg;对兔眼有轻微刺激,对兔皮肤无刺激;对豚鼠皮肤无刺激。大鼠吸入 LC_{50}(4h)>2mg/L 空气。NOEL:大鼠(2 年)23.1mg/kg,狗(1 年)2.87mg/kg,大鼠(90d)70mg/kg 饲料。无致畸、致突变作用。急性经口 LD_{50}(mg/kg):野鸭>2510,日本鹌鹑>5000。野鸭和山齿鹑经口 LC_{50}(8d)>5620mg/kg。虹鳟鱼 LC_{50}(96h)>300mg/L,大翻车鱼 LC_{50}(96h) 11.6mg/L,鲤鱼 LC_{50}(48h) 3.7mg/L。水蚤 LC_{50}(48 h) 1.2mg/L。月牙藻 E_rC_{50}(72h)>72mg/L。对蜜蜂无毒,局部施用 LD_{50}>200μg/只。

制剂 EC,FU,WP。

应用 一种噻唑烷酮类新型杀螨剂,对植物表皮层具有较好的穿透性,但无内吸传导作用。对多种植物害螨具有强烈的杀卵、杀幼若螨的特性,对成螨无效,但对接触到药液的雌成虫所产的卵具有抑制孵化的作用。该药属于非感温型杀螨剂,在高温或低温时使用的效果无显著差异,持效期长,药效可保持50d左右。由于没有杀成螨活性,故药效发挥较迟缓。该药对叶螨防效好,对锈螨、瘿螨防效较差。在常用浓度下使用对作物安全,对天敌、蜜蜂及捕食螨影响很小。可与波尔多液、石硫合剂等多种农药混用,不宜与拟除虫菊酯、二嗪磷、甲噻硫磷混用。适用于柑橘、苹果、棉花、山楂,防治红蜘蛛。噻螨酮对成螨无杀伤作用,要掌握好防治适期,应比其他杀螨剂要稍早些使用。对柑橘锈螨无效,在用该药防治红蜘蛛时应注意锈螨的发生为害。

合成路线

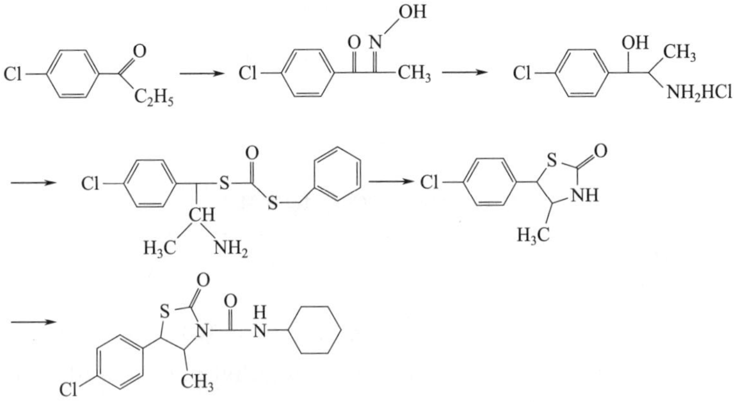

分析方法 用高效液相色谱法分析。

主要生产商 Nippon Soda,Fertiagro,江苏克胜,江苏润泽,科大创业,浙江禾本,湖州荣盛。

参考文献

[1] The Pesticide Manual. 15th edition.
[2] GB 2059961.
[3] US 4442116.

噻螨威(tazimcarb)

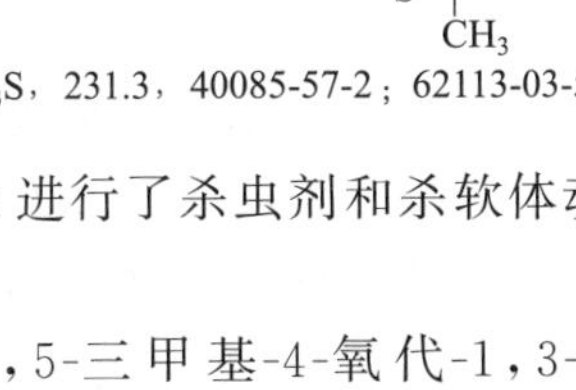

$C_8H_{13}N_3O_3S$,231.3,40085-57-2;62113-03-5(前CAS号)

ICI Plant Protection Division 进行了杀虫剂和杀软体动物剂试验评价。

其他名称 PP505

化学名称 N-甲基-1-(3,5,5-三甲基-4-氧代-1,3-噻唑烷-2-亚基氨基氧)甲酰胺;N-methyl-1-(3,5,5-trimethyl-4-oxo-1,3-thiazolidin-2-ylideneamino-oxy) formamide;3,5,5-三甲基-2-甲基氨基甲酰基氧亚氨基-1,3-噻唑烷-4-酮;3,5,5-trimethyl-2-methylcarbamoyloxyimi-no-1,3-thiazolidin-4-one

CAS 名称 3,5,5-trimethyl-2,4-thiazolidinedione2-[O-[(methylamino)carbonyl]oxime]；2-[[[(aminocarbonyl)oxy]methyl]imino]-3,5,5-trimethyl-4-thiazolidinone(前 CAS 名)

毒性 大鼠急性经口 LD_{50} 87mg/kg。

应用 杀虫杀螨剂。

参考文献

[1] DE 2222464.
[2] US 3666953.

噻喃磷（dithicrofos）

$C_{13}H_{18}ClO_2PS_3$，368.9，41219-31-2

由 Hoechst AG 评价。

其他名称 Hoe 19510

化学名称 S-(6-氯-3,4-二氢-2H-1-苯并硫代吡喃-4-基)-O,O-二乙基二硫代磷酸酯；S-(6-chloro-3,4-dihydro-2H-1-benzothiin-4-yl)O,O-diethyl phosphorodithioate

CAS 名称 S-(6-chloro-3,4-dihydro-2H-1-benzothiopyran-4-yl)O,O-diethyl phosphorodithioate

应用 杀虫剂。

噻嗪酮（buprofezin）

$C_{16}H_{23}N_3OS$，305.4，953030-84-7

由日本农药株式会社开发的噻二嗪酮类杀虫剂。

其他名称 布洛飞，布芬净，稻虱净，扑虱灵，噻唑酮，稻虱灵，优乐得，NNI750，PP618，Applaud，Aproad

化学名称 2-叔丁亚氨基-3-异丙基-5-苯基-3,4,5,6-四氢-2H-1,3,5-噻二嗪-4-酮；2-tert-buthyllimino-3-isopropyl-5-phenyl-3,4,5,6-tetrahydro-2H-1,3,5-thiadiazinan-4-one

CAS 名称 (Z)-2-[(1,1-dimethylethyl)imino]tetrahydro-3-(1-methylethyl)-5-phenyl-4H-1,3,5-thiadiazin-4-one

理化性质 白色结晶固体，熔点 104.6～105.6℃。相对密度 1.18 (20℃)，蒸气压 4.2×10^{-2} mPa (20℃)，K_{ow} lg$P$ 4.93 (pH 7)，Henry 常数 2.80×10^{-2} Pa·m³/mol。水中溶解度：0.387mg/L (20℃)，0.46mg/L (pH 7，25℃)；有机溶剂中溶解度 (g/L)：丙酮

0.25，苯 370，二氯甲烷 586.9，甲苯 336.2，乙醇 80，氯仿 520，甲醇 86.6，正庚烷 17.9，乙酸乙酯 240.8，正辛醇 25.1，己烷 20。对酸、碱、光、热稳定。

毒性 噻嗪酮属低毒杀虫剂。原药急性经口 LD_{50}（mg/kg）：雄大鼠 2198，雌大鼠 2355，小鼠＞10000。大鼠急性经皮 LD_{50}＞5000mg/kg。对眼睛无刺激作用，对皮肤有轻微刺激。大鼠吸入 LC_{50}＞4.57mg/L（在空气中），在试验剂量内无致畸、致突变、致癌作用，两代繁殖试验中未见异常。NOEL 数据：雄大鼠 0.9mg/kg（1d），雌大鼠 1.12mg/kg（1d）。山齿鹑急性经口 LD_{50}＞2000mg/kg。LC_{50}（96h）：鲤鱼 0.527mg/L，虹鳟鱼＞0.33mg/L。水蚤 EC_{50}（48h）＞0.42mg/L。海藻 E_bC_{50}（72h）＞2.1mg/L。蜜蜂 LD_{50}（48h）＞163.5μg/只，对其他食肉动物无直接影响。在反刍动物体内发现低剂量残留；在多数植物体内可进行有限的新陈代谢，如羟基化作用；在黏性土壤中（pH＞6.4），DT_{50}（25℃）为 104d。

制剂 WP。

应用 噻嗪酮是一种抑制昆虫生长发育的新型选择性杀虫剂，触杀作用强，也有胃毒作用，抑制昆虫几丁质合成和干扰新陈代谢，致使若虫蜕皮畸形或翅畸形而缓慢死亡。适用于水稻、小麦、茶、柑橘、黄瓜、马铃薯、番茄及其他蔬菜等，不能用于白菜、萝卜。对同翅目的飞虱、叶蝉、粉虱、棉粉虱、稻褐飞虱、橘粉蚧、红圆蚧、油橄黑盔蚧等有良好的防治效果，对某些鞘翅目害虫和害螨具有持久的杀幼虫活性。对天敌较安全，综合效应好。该药使用时应先对水稀释后均匀喷雾，不可用毒土法。药液不宜直接接触白菜、萝卜，否则将出现褐斑及绿叶白化等药害。该药持效期为 35～40d，当虫口密度高时，应与速效杀虫剂混用。

合成路线

分析方法 试样用氯仿萃取，以邻苯二甲酸二环己酯或二十三烷为内标物，使用 5% OV-101/Gas Chrom Q 为填充物的不锈钢柱和氢火焰离子化检测器，对噻嗪酮进行气相色谱分离和测定。

参考文献

[1] Proc Br Crop Prot Conf—Pests Dis，1981，1：59.
[2] JP 1048643.
[3] Japan Pesticide Information，1984，44：17-21.
[4] US 4159328.
[5] DE 2824126.
[6] The Pesticide Manual. 15 th edition：138-139.

噻唑硫磷 (colophonate)

$C_6H_9ClNO_2PS_3$, 289.8, 50398-69-1

化学名称　S-(5-氯-1,3-噻唑-2-基)甲基-O,O-二甲基二硫代磷酸酯；S-5-chloro-1,3-thiazol-2-ylmethyl O,O-dimethyl phosphorodithioate

CAS 名称　S-[(5-chloro-2-thiazolyl)methyl]O,O-dimethyl phosphorodithioate

理化性质　黄褐色油状液体，凝固点 －65℃，180℃蒸气压为 693Pa。

毒性　大鼠急性经口 LD_{50}：760mg/kg（雄），830mg/kg（雌）。大鼠（雄、雌）急性经皮 LD_{50}＞2000mg/kg。鲤鱼 LC_{50}（48h）7.8mg/L。

应用　杀虫、杀螨剂。

参考文献
DE 2309422.

赛拉菌素 (selamectin)

$C_{43}H_{63}NO_{11}$, 770.0, 220119-17-5

其他名称　司拉克丁，Selamectin；hypnocarpic acid

化学名称　$(2aE,4E,8E,20Z)$-$(5'S,6S,6'S,7S,11R,13R,15S,17aR,20aR,20bS)$-6'-cyclohexyl-3',4',5',6,6',7,10,11,14,15,17a,20,20a,20b-tetradecahydro-20b-hydroxy-20-hydroxyimino-5',6,8,19-tetramethyl-17-oxospiro[11,15-methano-2H,13H,17H-furo[4,3,2-pq][2,6]benzodioxacyclooctadecin-13,2'-[2H]pyran]-7-yl 2,6-dideoxy-3-O-methyl-α-L-$arabino$-hexopyranoside

CAS 名称　$(5Z,25S)$-25-cyclohexyl-4'-O-de(2,6-dideoxy-3-O-methyl-α-L-arabino-hexopyranosyl)-5-demethoxy-25-de(1-methylpropyl)-22,23-dihydro-5-(hydroxyimino) avermectin A1a

应用　杀虫杀螨剂。预防和控制猫的跳蚤感染。预防猫心丝虫疾病。治疗及控制猫的耳螨、疥螨感染。治疗猫的肠钩虫和蛔虫感染。对绦虫无效，不可代替驱虫药。

主要生产商　Ciba-Geigy。

赛硫磷 (amidithion)

$C_7H_{16}NO_4PS_2$, 273.3, 919-76-6

其他名称 amidiphos

化学名称 S-2-甲氧基乙基氨基甲酰甲基-O,O-二甲基二硫代磷酸酯；S-2-methoxyethylcarbamoylmethyl O,O-dimethyl phosphorodithioate

CAS名称 S-[2-[(2-methoxyethyl) amino]-2-oxoethyl] O,O-dimethyl phosphorodithioate

应用 杀螨剂、杀虫剂。属胆碱酯酶抑制剂。

参考文献
Proc Br Insectic Fungic Conf 2nd. 1963：421.

三氟甲吡醚 (pyridalyl)

$C_{18}H_{14}Cl_4F_3NO_3$, 491.1, 179101-81-6

由 S. Saito 等报道，2004 年 Sumitomo Chemical Co. Ltd 在日本获得登记。

其他名称 S-1812

化学名称 2,6-二氯-4-(3,3-二氯烯丙氧基)苯基 3-[5-(三氟甲基)-2-吡啶氧基]丙醚；2,6-dichloro-4-(3,3-dichloroallyloxy)phenyl 3-[5-(trifluoromethyl)-2-pyridyloxy]propyl ether

CAS名称 2-[3-[2,6-dichloro-4-[(3,3-dichloro-2-propenyl)oxy]phenoxy]propoxy]-5-(trifluoromethyl)pyridine

理化性质 液体。熔点<-17℃。沸点227℃（分解）。闪点111℃（759mmHg）。蒸气压 $6.24×10^{-5}$ mPa（20℃）。K_{ow} lg$P$ 8.1（20℃）。相对密度 1.44（20℃）。水中溶解度：0.15μg/L（20℃）；有机溶剂中溶解度（20℃）：在丙酮、乙腈、三氯甲烷、二甲基甲酰胺（DMF）、乙酸乙酯、己烷、正辛醇和二甲苯中均 1000g/L，甲醇>500g/L。

毒性 雌、雄大鼠急性经口 LD_{50}>5000mg/kg，急性经皮 LD_{50}>5000mg/kg。对兔皮肤无刺激性，对兔眼睛有轻微刺激性，对豚鼠皮肤有致敏反应。大鼠吸入 LC_{50}>2.01mg/L。2 代大鼠无作用剂量 2.80mg/(kg·d)。山齿鹑饲喂 LC_{50} 1133mg/L，野鸭饲喂 LC_{50}>5620mg/L。虹鳟急性 LC_{50}（96h）0.50mg/L。水蚤 EC_{50}（48h）3.8mg/L。中肋骨条藻 EC_{50}（72h）>150μg/L。蜜蜂 LD_{50}（48h，经口和接触）>100μg/只。蚯蚓 LC_{50}>2000mg/kg土。

制剂 EC, SC, WP。

应用 其化学结构独特，属二卤丙烯类杀虫剂。不同于现有的其他任何类型的杀虫剂，对蔬菜和棉花上广泛存在的鳞翅目害虫具有卓效活性。同时，它对许多有益的节肢动物影响最小。该化合物对小菜蛾的敏感品系和抗性品系也表现出高的杀虫活性。此外，对蓟马和双翅目的潜叶蝇也具有杀虫活性。

合成路线

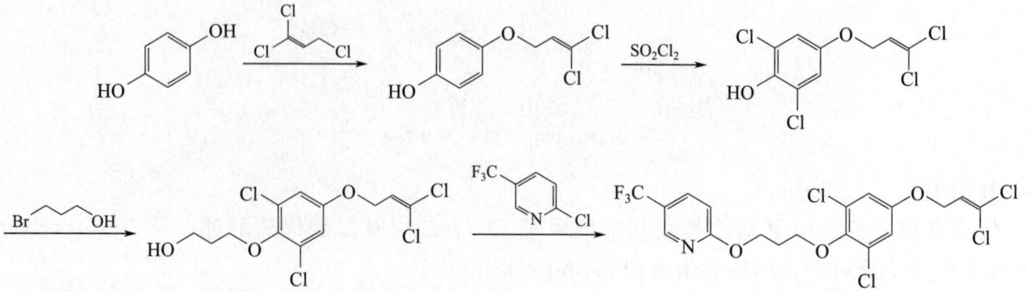

主要生产商　Sumitomo Chemical。

参考文献

[1]　WO 9611909.

[2]　The Pesticide Manual. 15 th edition.

三氟氯氰菊酯（cyhalothrin）

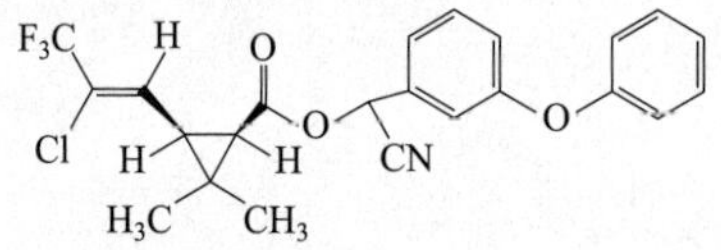

$C_{23}H_{19}ClF_3NO_3$，449.9，68085-85-8

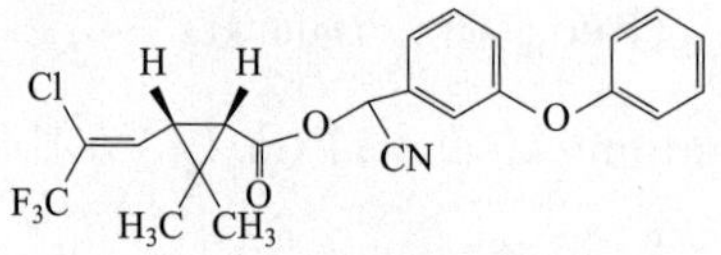

20 世纪 80 年代先正达公司开发的拟除虫菊酯类杀虫剂。

其他名称　功夫，功夫菊酯，空手道，氯氟氰菊酯，PP563，ICI 146814，OMS 2011，Cyhalon，Grenade

化学名称　(RS)-α-氰基-3-苯氧苄基(Z)-(1RS,3RS)-3-(2-氯-3,3,3-三氟丙烯基)-2,2-二甲基环丙烷羧酸酯或(Z)-(1RS,3RS)-3-(2-氯-3,3,3-三氟丙烯基)-2,2-二甲基环丙烷羧酸-[(RS)-α-氰基-3-苯氧苄基]酯；(RS)-α-氰基-3-苯氧苄基(Z)-(1RS)-cis-3-(2-氯-3,3,3-三氟丙烯基)-2,2-二甲基环丙烷羧酸酯或(Z)-(1RS)-cis-3-(2-氯-3,3,3-三氟丙烯基)-2,2-二甲基环丙烷羧酸-[(RS)-α-氰基-3-苯氧苄基]酯。(RS)-α-cyano-3-phenoxybenzyl(Z)-(1RS,3RS)-3-(2-chloro-3,3,3-trifluoroprop-1-enyl)-2,2-dimethylcyclopropanecarboxylate；(RS)-α-cyano-3-phenoxybenzyl(Z)-(1RS)-cis-3-(2-chloro-3,3,3-trifluoropropenyl)-2,2-dimethyl-cyclopropanecarboxylate

CAS 名称　[1α,3α(Z)]-(±)-cyano(3-phenoxyphenyl) methyl 3-(2-chloro-3,3,3-trifluoro-1-propenyl)-2,2-dimethylcyclopropanecarboxylate

理化性质　黄色到褐色黏稠液体（工业品）。大气压条件下不能沸腾，蒸气压

0.0012mPa（20℃）。K_{ow}lg$P$ 6.9（20℃）。Henry 常数 $1×10^{-1}$Pa·m^3/mol（20℃，计算值）。相对密度 1.25（25℃）。溶解度：水中为 0.0042mg/L（pH 5.0，20℃），丙酮、二氯甲烷、甲醇、乙醚、乙酸乙酯、正己烷、甲苯中＞500g/L（20℃）。黑暗中 50℃条件下，贮存 4 年不会变质，不发生构型转变。对光稳定，光下贮存 20 个月损失小于 10％。275℃下分解。光照下在 pH 7～9 的水中会缓慢水解，pH＞9 时，水解更快。闪点为 204℃（工业品，Pensky-Martens 闭口杯）。

毒性 急性经口 LD$_{50}$：雄大鼠 166mg/kg，雌大鼠 144mg/kg，豚鼠＞5000mg/kg，兔＞1000mg/kg。急性经皮 LD$_{50}$：雄大鼠 1000～2500mg/kg，雌大鼠 200～2500mg/kg，兔＞2500mg/kg。对眼睛有中度刺激作用。对兔的皮肤无刺激作用，对豚鼠皮肤中度致敏。大鼠吸入 LC$_{50}$（4h）＞0.086mg/L。NOEL：2.5mg/(kg·d) 剂量下饲喂大白鼠 2 年，饲喂狗 0.5 年，没有发现明显的中毒现象。其他：无证据表明其有致癌、诱变或干扰生殖作用。没有发现其对胎儿有影响。可能会引起使用者面部过敏，但是暂时的，可以完全治愈。野鸭急性经口 LD$_{50}$＞5000mg/kg。虹鳟鱼 LC$_{50}$（96h）0.00054mg/L。水蚤 LC$_{50}$（48h）0.38μg/L。

制剂 EC，WP。

应用 三氟氯氰菊酯是新一代低毒高效拟除虫菊酯类杀虫剂，具有触杀、胃毒作用，无内吸作用。同其他拟除虫菊酯类杀虫剂相比，其化学结构式中增添了 3 个氟原子，使三氟氯氰菊酯杀虫谱更广，活性更高，药效更为迅速，并且具有强烈的渗透作用，增强了耐雨性，延长了持效期。三氟氯氰菊酯药效迅速，用量少，击倒力强，低残留，并且能杀灭那些对常规农药如有机磷产生抗性的害虫。对人、畜及有益生物毒性低，对作物安全，对环境安全。害虫对三氟氯氰菊酯产生抗性缓慢。适用于大豆、小麦、玉米、水稻、甜菜、油菜、烟草、瓜类、棉花等多种作物，果树、蔬菜、林业等。三氟氯氰菊酯可防治鳞翅目、双翅目、鞘翅目、缨翅目、半翅目、直翅目的麦蚜、大豆蚜、棉蚜、瓜蚜、菜蚜、烟蚜、烟青虫、菜青虫、小菜蛾、魏虫、草地螟、大豆食心虫、棉铃虫、棉红铃虫、桃小食心虫、苹果卷叶蛾、柑橘潜叶蛾、茶尺蠖、茶小绿叶蝉、水稻潜叶蝇等 30 余种主要害虫，对害螨也有较好的防效。

合成路线

分析方法　产品分析可用气相色谱法,残留分析可用气相色谱法(电子俘获检测器)。

主要生产商　Syngenta,湖北沙隆达。

参考文献

[1]　US 4183948.

[2]　农药商品大全. 北京：中国商业出版社,1996：149-151.

[3]　GB 2000764.

三氟醚菊酯(flufenprox)

$C_{24}H_{22}ClF_3O_3$,450.9,107713-58-6

1992 年由 R. F. S. Gordon 等人作为杀虫剂报道。

其他名称　ICIA5682

化学名称　3-(4-氯苯氧基)苄基-(RS)-2-(4-乙氧基苯基)-3,3,3-三氟丙基醚;3-(4-chlorophenoxy)benzyl(RS)-2-(4-ethoxyphenyl)-3,3,3-trifluoropropyl ether

CAS 名称　1-(4-chlorophenoxy)-3-[[2-(4-ethoxyphenyl)-3,3,3-trifluoropropoxy]methyl]benzene

理化性质　无味、透明浅黄绿色液体。蒸气压 $1.3×10^{-4}$ mPa(20℃),相对密度 1.25(25℃)。溶解度：水中 2.5μg/L(pH 7)、己烷、甲苯、丙酮、二氯甲烷、乙酸乙酯、正辛醇、乙腈和甲醇中可溶性>500g/L。

毒性　大鼠急性经口 LD_{50}>5000mg/kg,急性经皮 LD_{50}>2000mg/kg。对兔眼睛、皮肤有轻度刺激作用,对豚鼠皮肤有致敏性。鲤鱼 LC_{50} (96h)>10mg/L。蚯蚓 LD_{50}>1000mg/kg。蜜蜂 LD_{50} 为 0.03μg/只。

应用　神经毒剂。适用于水稻作物,用于防治同翅目、异翅目、鞘翅目和鳞翅目等害虫。

三环锡(cyhexatin)

$C_{18}H_{34}OSn$,385.2,13121-70-5

1968 年由 W. E. Allison 等报道其具杀螨活性,随后由 Dow Chemical Co. 和 M & T Chemicals Inc. 联合开发。由 Dow Chemical Co. 推广。

其他名称　杀螨锡,普特丹,Dowco 213,Acarstin,Guaraní,Mitacid,Oxotin,Sipcatin,Sunxatin,Triran Fa

化学名称　三环己基锡氢氧化物；tricyclohexyltinhydroxide

CAS 名称　tricyclohexylhydroxystannane

理化性质　纯品为无色晶体。蒸气压可忽略（25℃）。水中溶解度（25℃）：<1mg/L；其他溶剂中溶解度（g/kg，25℃）：氯仿 216，甲醇 37，二氯甲烷 34，四氯化碳 28，苯 1，甲苯 10，二甲苯 3.6，丙酮 1.3。稳定性：水溶液在 100℃内的弱酸性（pH6）至碱性条件下稳定；在紫外线作用下分解。

毒性　急性经口 LD_{50}：大鼠 540mg/kg，兔 500～1000mg/kg，豚鼠 780mg/kg。兔急性经皮 LD_{50}＞2000mg/kg。本品对兔眼睛有刺激性。NOEL 值（2 年）：狗 0.75mg/(kg·d)，小鼠 3mg/(kg·d)，大鼠 1mg/(kg·d)。ADI/RfD（JMPR）0.003mg/kg；（EPA）aRfD 0.005，cRfD 0.0025mg/kg。小鸡急性经口 LD_{50} 650mg/kg。野鸭饲喂 LC_{50}（8d）3189mg/kg，山齿鹑饲喂 LC_{50}（8d）520mg/kg 饲料。鱼类 LC_{50}（24h）：大口鲈鱼 0.06mg/kg，金鱼 0.55mg/L。在推荐剂量下对蜜蜂无毒（经皮 LD_{50} 0.032mg/只）。在推荐剂量下对大部分捕食性螨和天敌昆虫以及蜜蜂无害。

制剂　WP，SC。

应用　氧化磷酸化抑制剂，通过干扰 ATP 的形成而起作用。无内吸性的触杀性杀螨剂。用于防治仁果、核果、葡萄、坚果、草莓、番茄及其他蔬菜、葫芦及观赏植物等作物上的叶螨。对大多植食性螨类的不同阶段（成幼螨）均有优异防效。对落叶果树、藤类、蔬菜及户外观赏植物无药害；对柑橘类（不成熟的果实和嫩叶）、温室观赏植物和蔬菜有轻微药害（通常形成局部斑点）。

合成路线

$$3 \; C_6H_{11}-Cl \xrightarrow[Na]{SnCl_4} (C_6H_{11})_3Sn-Cl \xrightarrow{OH^-} (C_6H_{11})_3Sn-OH$$

分析方法　产品分析用 GLC。残留分析用 GLC 或原子吸收光谱。

主要生产商　Cerexagri，Chemia，Fertiagro，Oxon，Sundat，浙江禾本，浙江华兴。

参考文献

[1]　US 3264177.
[2]　US 3389048.

三磷锡（phostin）

$C_{22}H_{43}O_2S_2PSn$，553.4

化学名称　三环己基锡-O,O-二乙基二硫代磷酸酯；tricyclohexyl(diethoxyphosphinothioylthio)stannane；O,O-diethyl S-tricyclohexylstannyl phosphorodithioate

CAS 名称　1,1,1-tricyclohexyl-3-ethoxy-4-oxa-2-thia-3-phospha-1-stannahexane 3-sulfide

理化性质　纯品为无色黏稠液体，原药为棕黄色黏稠液体。溶于一般有机溶剂，不溶于水。

毒性　大鼠急性经口 LD_{50} 2285mg/kg。急性经皮 LD_{50} 2000.5mg/kg。

制剂　EC。

应用　触杀型高效低毒的有机锡杀螨剂，作用于对有机磷或其他药剂产生抗性的成螨、若螨、幼螨及卵都有很好的杀灭效果。该药持效期长，与其他同类药剂交互抗性小。使用该产品前 1 周或后 1 周，不可使用波尔多液等碱性农药。收获前安全间隔期 21d。

参考文献

农药品种手册精编. 北京：化学工业出版社，2006.

三硫磷（carbophenothion）

$C_{11}H_{16}ClO_2PS_3$，342.9，786-19-6

1955 年由 Stauffer Chemical Co. 开发。

其他名称　Trithion，R-1303

化学名称　S-4-氯苯基硫代甲基-O,O-二乙基二硫代磷酸酯；S-4-chlorophenylthiomethyl O,O-diethyl phosphorodithioate

CAS 名称　S-[[(4-chlorophenyl)thio]methyl] O,O-diethyl phosphorodithioate

理化性质　无色液体，微有硫醇气味。相对密度（25℃）1.271。25℃蒸气压为 1.07mPa。K_{ow}lg$P$ 4.75。室温溶解度：水<1mg/L；易溶于大多数有机溶剂，如醇类、酯类、酮类、二甲苯、矿物油和植物油。原药（纯度 95%）为浅琥珀色液体，相对密度（20℃）1.285。对水解和热（<80℃）相对稳定。

毒性　急性经口 LD_{50}：雄大鼠 79.4mg/kg，雌大鼠 20.0mg/kg。急性经皮 LD_{50}：兔 1850mg/kg，雄大鼠 54mg/kg，雌大鼠 27mg/kg。狗 LOEL（2 年）5mg/kg（0.125mg/kg）。对鱼毒性大，对蜜蜂中等毒性。

制剂　EC，WP，DP，GR。

应用　非内吸性杀虫剂和杀螨剂，胆碱酯酶抑制剂。用于防治柑橘和棉花的蚜虫和红蜘蛛，果树、坚果、葡萄、橄榄、无花果、蔬菜、甜菜、玉米、高粱、苜蓿、葫芦、大豆、观赏植物和草皮的蚜虫、红蜘蛛和鳞翅目害虫。也用作小麦种子处理剂，防治麦种蝇。与石油混合后，可用于防治休眠落叶果树的越冬螨类、蚜虫和介壳虫。具有胃毒和触杀作用，且持效期长。

分析方法　产品采用 GLC-FID 分析。

参考文献

[1] Agric Chem，1956，11（11）：91.

[2] US 2793224.

[3] Anal Methods Pestic Plant Growth Regul，1972，6：519-521.

三氯杀虫酯（plifenate）

$C_{10}H_7Cl_5O_2$，336.4，21757-82-4

由拜耳公司开发的有机氯杀虫剂。

其他名称 蚊蝇净，蚊蝇灵，Baygon MEB，Penfenate

化学名称 2,2,2-三氯-1-(3,4-二氯苯基)乙基乙酸酯；2,2,2-trichloro-1-(3,4-dichlorophenyl)ethyl acetate

CAS 名称 3,4-dichloro-α-(trichloromethyl)benzenemethyl acetate

理化性质 纯品为无色结晶。熔点 84.5℃，20℃时的蒸气压为 0.014mPa。溶解度 (20℃)：水中为 50mg/kg，环己酮中＞600g/kg，异丙醇中＜10g/kg。

毒性 大鼠急性经口 LD_{50}＞10000mg/kg。大鼠急性经皮 LD_{50}＞1000mg/kg。大鼠急性吸入 LC_{50} (4h)＞0.7mg/L 空气。大鼠 90d 无作用剂量 1000mg/kg 饲料。母鸡急性经口 LD_{50}＞2500mg/kg。金雅罗鱼 LC_{50} (96h) 0.5～1.0mg/L。

制剂 AE，DP，UL

应用 有机氯杀虫剂，有触杀和熏蒸作用。高效、低毒，对人畜安全。主要用于防治卫生害虫，杀灭蚊蝇效力高，是比较理想的家庭用杀虫剂。可制成喷雾剂、烟剂、电热熏蒸片、气雾剂、喷洒剂等使用。

分析方法 产品及残留分析可采用 GLC/ECD。

参考文献
DE 2110056.

三氯杀螨醇 (dicofol)

$C_{14}H_9Cl_5O$，370.5，115-32-2

1956 年由 J. S. Barker 和 F. B. Manugham 报道。由 Rohm & haas Co.（现 Dow AgroSciences）开发，1957 年进入美国市场。

其他名称 开乐散，FW-293，Kelthane，Acarin，AK 20，Cekudifol，Dimite，Hilfol，Lairaña，Might，Mitigan，Acarfen，Agrothane，Aracnold，Callifol，Colonel-S，Dicocid，Dicophyt，Difol，Ditranil，Festan，Hekthane，Kelteran，Klin，Spyder，Tiktok

化学名称 2,2,2-三氯-1,1-双(4-氯苯基)乙醇；2,2,2-trichloro-1,1-bis(4-chlorophenyl)ethanol

CAS 名称 4-chloro-α-(4-chlorophenyl)-α-(trichloromethyl)benzenemethanol

理化性质 纯品为无色固体（工业品为棕色黏稠油状物）。熔点 78.5～79.5℃，沸点 193℃ (360mmHg)（工业品）。蒸气压 0.053mPa (25℃)（工业品）。K_{ow}lg P 4.30。Henry 常数 2.45×10^{-2} Pa·m³/mol（计算值）。相对密度 1.45 (25℃)（工业品）。水中溶解度 (25℃)：0.8mg/L；其他溶剂中溶解度 (g/L, 25℃)：丙酮、乙酸乙酯、甲苯 400，甲醇 36，己烷、异丙醇中 30。对酸稳定，但在碱性介质中不稳定，水解为 4,4'-二氯二苯酮和氯仿。DT_{50}：pH 5 为 85d，pH 7 为 64～99h，pH 9 为 26min。其 2,4'-异构体水解得更快。光照下降解为 4,4'-二氯二苯酮。在温度为 80℃时稳定。可湿性粉剂对溶剂和表面活性剂敏感，这些也许会影响其杀螨活性及产生药害。闪点 193℃（敞口杯）。

毒性 急性经口 LD_{50}：雄大鼠为 595mg/kg，雌大鼠为 578mg/kg，兔为 1810mg/kg。急性经皮 LD_{50}：大鼠＞5000mg/kg，兔＞2500mg/kg。大鼠吸入 LC_{50} (4h)＞5mg/L 空气。大鼠 NOEL 为 5mg/kg 饲料［雄 0.22mg/(kg·d)，雌 0.27mg/(kg·d)］；2 代繁殖

研究表明，对大鼠的 NOEL 为 5mg/kg 饲料［0.5mg/(kg·d)］。狗 1 年饲喂试验的 NOEL 为 30mg/kg 饲料［0.82mg/(kg·d)］；小鼠 13 周试用的 NOEL 为 10mg/L ［2.1mg/(kg·d)］。ADI 值 0.002mg/kg。鸟类 LC_{50} (5d)：山齿鹑为 3010mg/L，日本鹌鹑为 1418mg/L，环颈雉为 2126mg/L，野鸭为 1651mg/L。蛋壳质量和繁殖研究表明，美国茶隼的无作用剂量为 2mg/kg 饲料，野鸭为 2.5mg/kg 饲料，山齿鹑为 110mg/kg 饲料。鱼 LC_{50}（96h）：斑点叉尾鮰 0.30mg/L，大翻车鱼 0.51mg/L，黑头呆鱼 0.183mg/L，红鲈 0.37mg/L，虹鳟鱼 LC_{50}（24h）0.12mg/L。NOEL 值：黑头呆鱼 0.0045mg/L，虹鳟鱼 0.0044mg/L。水蚤 LC_{50}（48h）0.14mg/L。栅藻 EC_{50}（96h）0.075mg/L。其他水生生物：糠虾 LC_{50}（96h）0.06mg/L，牡蛎 EC_{50} 0.15mg/L，招潮蟹 EC_{50} 64mg/L，无脊椎动物 EC_{50} 0.19mg/L。对蜜蜂无毒，LD_{50}（接触）＞50μg/只，LD_{50}（经口）＞10μg/只。蚯蚓 LC_{50}：（7d）43.1mg/L，（14d）24.6mg/L。

制剂 DP，EC，SC，WP。

应用 一种杀螨谱广、杀虫活性较高，对天敌和作物表现安全的有机氯杀螨剂。该药为神经毒剂，对害螨具有较强的触杀作用，无内吸性，对成、若螨和卵均有效，是我国目前常用的杀螨剂品种。该药分解较慢，作物重施药 1 年后仍有少量残留。可用于棉花、果树、花卉等作物防治多种害螨。由于多年使用，在一些地区害螨对其已产生不同程度的抗药性，在这些地区要适当提高使用浓度。可控制许多农作物（包括水果、花卉、蔬菜和大田作物）的多种植食性螨（包括柑橘全爪螨、锈螨、叶螨，和伪叶螨），按说明使用时无药害，但用于茄子和梨可能使其受到损害。

合成路线

$$2\,Cl\text{-}\phi\text{-}Cl \xrightarrow[CCl_3CO_2Et]{Mg} Cl\text{-}\phi\text{-}C(OH)(CCl_3)\text{-}\phi\text{-}Cl$$

分析方法 产品分析用 HPLC（UV 检测器），可水解的氯化物用电位滴定法或 GLC，残留物用 GLC 测定，在土壤中用 GC/ECD。

主要生产商 Dow AgroSciences，Hindustan，Makhteshim-Agan，山东大成，江苏扬农。

参考文献

[1] US 2812280.
[2] US 2812362.
[3] US 3102070.
[4] US 3194730.

三氯杀螨砜 (tetradifon)

$C_{12}H_6Cl_4O_2S$, 356.0, 116-29-0

1955 年由 H. O. Huisman 报道，后由 N. V. Philips-Roxane（现 Chemtura Corp.）开发。

其他名称 涕滴恩、天地红、太地安、退得完、Tedion，V-18，TON，Chlorodifon，Suntradifon，Tedone，Tetrasit，Tetrafon。

化学名称 4-氯苯基-2,4,5-三氯苯基砜;4-chlorophenyl 2,4,5-trichlorophenyl sulfone; 1,2,4-trichloro-5-(4-chlorobenzene-1-sulfonyl)benzene

CAS 名称 1,2,4-trichloro-5-[(4-chlorophenyl)sulfonyl]benzene

理化性质 无色晶体（TC 为接近白色的粉末，有弱芳香气味）。熔点 146℃（纯品，TC≥144℃）。蒸气压 9.4×10^{-7} mPa（25℃）。$K_{ow}\lg P$ 4.61。Henry 常数 1.46×10^{-4} Pa·m³/mol。相对密度 1.68（20℃）。溶解度（20℃）：水 0.078mg/L；丙酮 67.3，甲醇 3.46，乙酸乙酯 67.3，己烷 1.52，二氯甲烷 297，二甲苯 105（均为 g/L）。稳定性：非常稳定，即使在强酸、强碱中，对光和热也稳定，耐强氧化剂。

毒性 雄大鼠急性经口 $LD_{50}>14700$mg/kg。兔急性经皮 LD_{50} 为 >10000mg/kg；对兔皮肤无刺激，对眼睛有轻微刺激。大鼠吸入 LC_{50}（4h）>3mg/L 空气。NOEL 数值：2 年饲喂研究表明，大鼠的 NOAEL 为 300mg/kg 饲料。2 代研究表明，大鼠繁殖 NOEL 为 200mg/kg 饲料。对大鼠和兔无致畸作用。不会诱导有机体突变。急性腹腔注射 LD_{50}（mg/kg）：大鼠 >2500，小鼠 >500。鸟类饲喂 LC_{50}（8d）：山齿鹑、日本鹌鹑、野鸡、野鸭 >5000mg/kg 饲料。鱼类 LC_{50}（9h, μg/L）：大翻车鱼为 880，河鲶为 2100，虹鳟鱼为 1200。水蚤：LC_{50}（48h）>2mg/L。海藻：羊角月牙藻 EC_{50}（96h）>100mg/L。蜜蜂：按说明使用对蜜蜂不会有危险；LD_{50}（接触）>1250μg/只。蠕虫：$LD_{50}>5000$mg/kg 底物。其他有益物种：正常含量下对红蜘蛛的天敌无害。

制剂 TC，EC。

应用 氧化磷酸化抑制剂，ATP 形成的干扰物。非内吸性杀螨剂。通过植物组织渗入，持效期长。对卵和各阶段的非成螨均有触杀活性，也能通过使雌螨不育或导致卵不孵化而间接的发挥作用。WP 推荐用于柑橘类、咖啡树、灌木性果树、果树树冠、葡萄、苗木、观赏植物和蔬菜，EC 推荐用于棉花、花生、茶叶。不能用三氯杀螨砜杀冬卵。当红蜘蛛为害重，成螨数量多时，必须与其他药剂混用效果才好。该药剂对柑橘锈螨无效。

主要生产商 Crompton Corporation，高密绿洲化工。

三唑磷（triazophos）

$C_{12}H_{16}N_3O_3PS$，313.3，24017-47-8

由 M. Vulic 等报道其活性，是由 Hoechst AG（现属 Bayer CropScience）开发，并于 1973 年商品化的有机磷类杀虫剂。

其他名称 三唑硫磷，特力克，Hostathion，Hoe 002960，AE F002960，Current，March，Rider，Triumph，Try，Fulstop，Ghatak，Hilazophos，Jane，Josh，Kranti，Tarzan，Trail，Triaceo，Triazofil，Trihero，Tritox，Trizocel，Trizor

化学名称 O,O-二乙基-O-(1-苯基-1,2,4-三唑-3-基)硫代磷酸酯；O,O-diethyl O-1-phenyl-1H-1,2,4-triazol-3-yl phosphorothioate

CAS 名称 O,O-diethyl O-(1-phenyl-1H-1,2,4-triazol-3-yl)phosphorothioate

理化性质 纯品为有典型磷酸酯气味的淡黄色至深棕色液体。熔点 0~5℃，沸点 140℃（分解）。蒸气压 0.39mPa（30℃），13mPa（55℃）。$K_{ow}\lg P$ 3.34，相对密度 1.24（20℃）。水中溶解度：39mg/L（pH7，20℃）；其他溶剂中溶解度（g/L，20℃）：丙酮、二氯甲烷、甲醇、异丙醇、乙酸乙酯、聚乙烯醇中>500，正己烷11.1。对光稳定，酸性和碱性介质中水解，140℃以上分解。

毒性 大鼠急性经口 LD_{50}：57～59mg/(kg·d)。大鼠急性经皮 LD_{50}＞2000mg/kg；对兔眼睛和皮肤无刺激。大鼠急性吸入 LC_{50}（4h）：0.531mg/L 空气。2 年饲喂的无作用剂量：大鼠 1mg/kg 饲料，狗 0.3mg/kg 饲料，但对胆碱酯酶有些抑制作用。山齿鹑急性经口 LD_{50}：8.3mg/kg。山齿鹑 LC_{50}（8d）：152mg/kg 饲料，鲤鱼 LC_{50}（96h）：5.5mg/L。水蚤 EC_{50}（48h）：0.003mg/L。海藻 LC_{50}（96h）：1.43mg/L。对蜜蜂有毒，急性经口 LD_{50} 0.055μg/只。蚯蚓 LC_{50}（14d）：187mg/kg 干土。

制剂 TC，EC，EW，ME。

应用 有机磷杀虫、杀螨剂，兼有杀线虫作用，具有强烈的触杀和胃毒作用，渗透性较强，无内吸作用。主要用于防治果树、棉花、粮食类作物上的鳞翅目害虫、害螨、蝇类幼虫及地下害虫等。对粮、棉、果、蔬菜等主要农作物上的许多重要害虫，如螟虫、稻飞虱、蚜虫、红蜘蛛、棉铃虫、菜青虫、线虫等，都有优良的防效；其杀卵作用明显，对鳞翅目昆虫卵的杀灭作用尤为突出。高毒农药，施药时应特别注意安全防护措施，以免污染皮肤和眼睛，甚至中毒；运输时应注意使用专门车辆，贮存在远离食物、饲料和儿童接触不到的地方；对人、畜毒性较大，使用时必须遵守高毒农药安全操作规程；对蜜蜂有毒，果树花期不能使用。

合成路线

主要生产商 Bayer CropScience，Meghmani，Sharda，Sudarshan，Biostadt，Dhanuka，Hindustan，Krishi Rasayan，United Phosphorus，Coromandel，Krishi Rasayan，Jubilant Organosys，Sulphur Mills，Indofil，Sabero，Rallis，Excel，Ramcides，繁农化工科技，池州新赛德化工，生力农化，三农集团，建瓯福农化工，沙隆达，仙隆化工，海利化工，衡阳莱德生物药业，宝灵化工，长青农化，好收成韦恩，粮满仓农化，射阳黄海农药化工，安利达化工，劲农化工，农喜作物科学，葫芦岛凌云集团农药化工，胜邦鲁南农药，上海农药厂，一帆生物科技集团，东风化工，新农化工，永农化工。

参考文献

[1] US 3907815.

[2] DE 311439.

[3] 农药，2001，40（2）：14-16.

[4] 农药，1994，33（1）：14-15.

三唑锡（azocyclotin）

$C_{20}H_{35}N_3Sn$，436.2，41083-11-8

由 W. Kolbe 报道，Bayer AG 公司开发。

其他名称　倍乐霸，三唑环锡；BAY BUE 1452，Peropal，Clermait，Clairmait，Mulino，Caligur

化学名称　三[(环己基)-1,2,4-三唑-1-基]锡；tri(cyclohexyl)-1H-1,2,4-triazol-1-yltin；1-tricyclohexylstannanyl-1H-[1,2,4]triazole

CAS 名称　1-(tricyclohexylstannyl)-1H-1,2,4-triazole

理化性质　纯品为无色晶体。熔点 210℃（分解）。相对密度 1.335（21℃）。蒸气压：2×10^{-8} mPa（20℃），6.0×10^{-8} mPa（25℃）。K_{ow} lg$P$ 5.3（20℃）。Henry 常数 3×10^{-7} Pa·m^3/mol（20℃，计算值）。溶解度（20℃）：水 0.12mg/L；二氯甲烷 20～50，异丙醇 10～50，正己烷 0.1～1，甲苯 2～5（均为 g/L）。DT$_{90}$（20℃）<10min（pH 4、7、9）。pK_a 5.36，弱碱性。

毒性　急性经口 LD$_{50}$（mg/kg）：雄大鼠 209，雌大鼠 363，豚鼠 261，小鼠 870～980。大鼠急性经皮 LD$_{50}$>5000mg/kg。对兔皮肤强刺激，对眼睛腐蚀性刺激。大鼠（雄、雌）急性吸入 LC$_{50}$（4h）：0.02mg/L 空气。NOEL（2 年，mg/kg 饲料）：大鼠 5，小鼠 15，狗 10。日本鹌鹑急性经口 LD$_{50}$（mg/kg）：雄 144，雌 195。鱼类 LC$_{50}$（96h，mg/L）：虹鳟鱼 0.004，金雅罗鱼 0.0093。水蚤 LC$_{50}$（48h）0.04mg/L。栅藻 EC$_{50}$（96h）0.16mg/L。对蜜蜂无毒性，LD$_{50}$>100μg/只（500g/L SC）。蠕虫 LC$_{50}$（28h）806mg/kg（25% WP）。

制剂　TC，SC，WG，EC，WP。

应用　氧化磷酰化抑制剂，阻止 ATP 的形成。适用于苹果、柑橘、葡萄、蔬菜，防治苹果全爪螨、山楂红蜘蛛、柑橘全爪螨、柑橘锈壁虱、二点叶螨、棉花红蜘蛛。三唑锡为触杀作用较强的广谱性杀螨剂，对食植性螨类的所有活动时期，幼虫和成虫均有防效，可杀灭若螨、成螨和夏卵，对冬卵无效。对光和雨水有较好的稳定性，持效期较长。在常用浓度下对作物安全。不可与碱性药剂如波尔多液或石硫合剂等药剂混用。亦不宜与百树菊酯混用。

合成路线

主要生产商　无锡稼宝药业，招远三联化工，山都丽化工，沈阳民友农化，浙江禾本，浙江华兴化学农药，黄岩鼎正化工。

参考文献

[1]　DE 2143252.
[2]　黑龙江大学自然科学学报，1997，2：90-91.

杀虫单（thiosultap-monosodium）

C$_5$H$_{13}$NO$_6$S$_4$Na，351.3，29547-00-0

贵州化工研究院等开发的沙蚕毒素类杀虫剂。

其他名称　monosultap

化学名称　S,S'-[2-(二甲氨基)三亚甲基]双硫代硫酸单钠盐;sodium hydrogen S,S'-[2-(dimethylamino)trimethylene]di(thiosulfate)

CAS名称　thiosulfuric acid($H_2S_2O_3$)S,S'-[2-(dimethylamino)-1,3-propanediyl] ester monosodium salt

理化性质　白色针状结晶，熔点 142~143℃，工业品为无定形颗粒状固体，或白色、淡黄色粉末，有吸湿性。溶解度：水 1335mg/L（20℃），易溶于乙醇，微溶于甲醇、DMF、DMSO 等有机溶剂，不溶于苯、丙酮、乙醚、氯仿、乙酸乙酯等溶剂。稳定性：常温下稳定，在 pH 5~9 时能稳定存在，遇铁降解；在强酸、强碱下容易分解，分解为杀蚕毒素。

毒性　按我国农药毒性分级标准，杀虫单属中等毒性杀虫剂。原药大鼠、小鼠急性经口 LD_{50} 为 68mg/kg，大鼠急性经皮 LD_{50}＞10000mg/kg。对兔眼和皮肤无明显刺激作用。在试验条件下，未见致突变作用，无致癌、致畸作用。杀虫单对鱼低毒，白鲢鱼（48h）LC_{50} 21.38mg/L。对鸟类、蜜蜂无毒。

制剂　GR。

应用　杀虫单是人工合成的沙蚕毒素的类似物，进入昆虫体内迅速转化为沙蚕毒素或二氢沙蚕毒素。该药为乙酰胆碱竞争性抑制剂，具有较强的触杀、胃毒和内吸传导作用，对鳞翅目害虫的幼虫有较好的防治效果。该药主要用于防治甘蔗、水稻等作物上的害虫。适用作物为甘蔗、蔬菜、水稻等。防治对象为甘蔗螟虫、水稻二化螟、三化螟、稻纵卷叶螟、稻蓟马、飞虱、叶蝉、菜青虫、小菜蛾等。

合成路线

分析方法　采用 HPLC。

参考文献

[1]　农药商品大全. 北京：中国商业出版社，1996：290.

[2]　CN 1273240.

[3]　新编农药手册. 北京：中国农业出版社，1998：65-67.

杀虫环（thiocyclam）

$C_5H_{11}NS_2$, 181.3, 31895-22-4

瑞士山道士公司（现属先正达公司）开发。

其他名称　虫噻烷，甲硫环，易卫杀，硫环杀，杀螟环，SAN 155I，Evisect，Evisekt tri-thialan

化学名称　N,N-二甲基-1,2,3-三硫杂己-5-胺；N,N-dimethyl-1,2,3-trithian-5-ylamine

CAS名称　N,N-dimethyl-1,2,3-trithian-5-amine

理化性质　杀虫环草酸盐：无色无味固体。熔点 125～128℃。蒸气压 0.545mPa (20℃)。相对密度 0.6。$K_{ow}\lg P$ －0.07（pH 不明确）。Henry 常数 1.8×10^{-6}Pa·m³/mol。水中溶解度（g/L）：84（pH<3.3，23℃），44.1（pH 3.6，20℃），16.3（pH 6.8，20℃）；有机溶剂中溶解度（23℃，g/L）：DMSO 92，甲醇 17，乙醇 1.9，乙腈 1.2，丙酮 0.5，乙酸乙酯、氯仿<1，甲苯、正己烷<0.01。稳定性：贮存期间稳定，20℃保质期>2年，见光分解；地表水 DT_{50} 2～3d；水解 DT_{50}（25℃）：0.5 年（pH 5），5～7d（pH 7～9）。pK_{a_1} 3.95，pK_{a_2} 7.00。

毒性　杀虫环草酸盐：急性经口 LD_{50}（mg/kg）：雄大鼠 399，雌大鼠 370，雄性小鼠 273。大鼠急性经皮 LD_{50}（mg/kg）：雄 1000，雌 880。对皮肤和眼睛无刺激。大鼠急性吸入 LC_{50}（1 h）>4.5mg/L 空气。NOEL 值（2 年，mg/kg 饲料）：老鼠 100，狗 75。鸟类：鹌鹑急性经口 LD_{50} 3.45mg/kg；鹌鹑饲喂 LC_{50}（8d）340mg/kg 饲料。鱼类 LC_{50}（96h，mg/L）：鲤鱼 0.32，鳟鱼 0.04。水蚤 LC_{50}（48h）0.02mg/L。藻类 EC_{50}（72h）：绿藻 0.9mg/L。对蜜蜂有中等毒性，LD_{50}（96h）：经口 2.86μg/只，局部 40.9μg/只。

制剂　SP。

应用　杀虫环是沙蚕毒素类衍生物，属神经毒剂，对害虫具有较强的胃毒作用、触杀作用和内吸作用，也有显著的杀卵作用。且防治效果稳定，即使在低温条件下也能保持较高的杀虫活性。杀虫环对鳞翅目和鞘翅目害虫有特效，常用于防治二化螟、三化螟、大螟、稻纵卷叶螟、玉米螟、菜青虫、小菜蛾、菜蚜、马铃薯甲虫、柑橘潜叶蛾、苹果潜叶蛾、梨星毛虫等水稻、蔬菜、果树、茶树等作物的害虫。也可用于防治寄生线虫，如水稻白尖线虫。对一些作物的锈病和白穗也有一定的防治效果。杀虫环对家蚕毒性大，蚕桑地区使用应谨慎。棉花、苹果、豆类的某些品种对杀虫环表现敏感，不宜使用。水田施药后应注意避免让田水流入鱼塘，以防鱼类中毒。

合成路线　以杀虫单（单内盐）为中间体生产，其主要原料有杀虫单、硫化钠、草酸、甲醛、甲苯、氯化钠、无水乙醇等。

主要生产商　Sundat，天容集团，苏州联合伟业，日本化药株式会社。

参考文献

[1] The Pesticide Manual. 15 th edition：1123-1124.

[2] 农药大典.中国三峡出版社，361-363.

[3] 国外农药品种手册，化工部农药信息总站.1996：320-321.

[4] DE 2039555.

[5] Proc Br Insectic Fungic Conf 8th，1975，2：683.

杀虫磺（bensultap）

$C_{17}H_{21}NO_4S_4$，431.6，17606-31-4

由日本武田化学工业公司（现属住友化学公司）1979年开发的沙蚕毒素类杀虫剂，是代替有机氯农药杀虫剂六六六、滴滴涕停产后很有发展前途的杀虫剂。

其他名称 TI-78，TI-1671，Bancol，Victenon，Ruban

化学名称 1,3-二(苯磺酰硫基)-2-二甲氨基丙烷；S,S'-2-dimethylaminotrimethylene di(benzenethiosulfonate)

CAS名称 S,S'-[2-(dimethylamino)-1,3-propanediyl] di(benzenesulfothioate)

理化性质 纯品为淡黄色结晶粉末，略有特殊气味。熔点 81.5～82.9℃，蒸气压 $<1\times10^{-2}$ mPa（20℃），K_{ow} lg$P$ 2.28（25℃），Henry 常数 $<9.6\times10^{-3}$ Pa·m³/mol（20℃，计算值），相对密度 0.791（20℃）。水中溶解度：0.448mg/L（20℃）；其他溶剂中溶解度（g/L，20℃）：正己烷 0.319，甲苯 83.3，二氯甲烷>1000，甲醇 10.48，乙酸乙酯 149。弥散光、pH<5（室温）、150℃下稳定。中性或碱性溶液中水解（DT_{50} ≤15min，pH 5～9）。

毒性 大鼠急性经口 LD_{50}（mg/kg）：雄 1105，雌 1120；小鼠急性经口 LD_{50}（mg/kg）：雄 516，雌 484。兔急性经皮 LD_{50}>2000mg/kg；对兔眼轻微刺激，对兔皮肤无刺激。大鼠急性吸入 LC_{50}（4h）>0.47mg/L 空气。无作用剂量（90d）：大鼠 250mg/kg，雄性小鼠 40mg/kg，雌性小鼠 300mg/kg；（2年）大鼠 10mg/(kg·d)，小鼠 3.4～3.6mg/(kg·d)。山齿鹑急性经口 LD_{50}：311mg/kg。饲喂 LC_{50}：山齿鹑 1784mg/kg，野鸭 3112mg/kg。鱼毒 LC_{50}（48h，mg/L）：鲤鱼 15，孔雀鱼 17，金鱼 11，虹鳟鱼 0.76；LC_{50}（72h，mg/L）：鲤鱼 8.2，孔雀鱼 16，金鱼 7.4，虹鳟鱼 0.76。蚤类 LC_{50}（6h）：40mg（a.i.）（制剂）/L。对蜜蜂低毒，LC_{50}（48h）：25.9μg/只。

制剂 WP，WC，DP，GR。

应用 杀虫磺为触杀和胃毒型。模拟天然沙蚕毒素，抑制昆虫神经系统突触，通过占据产生乙酰胆碱的突出膜的位置来阻止突出发射信息，能从根部吸收。可用于防治马铃薯、玉米、水稻的多种害虫，对水稻螟虫、马铃薯甲虫、小菜蛾等鳞翅目和鞘翅目害虫有很强的杀灭作用。

合成路线

分析方法 产品采用 RPLC-UV 分析。

主要生产商 日本住友化学株式会社。

参考文献

[1] J Am Chem Soc，1955，77：1568.
[2] DE 1917346.
[3] The Pesticide Manual. 15 th edition：91-92.
[4] 浙江工业大学学报，2006，34（1）：62-64.

杀虫脒 （chlordimeform）

$C_{10}H_{13}ClN_2$，196.7，6164-98-3；盐酸盐 $C_{10}H_{14}Cl_2N_2$，233.1，19750-95-9

由 V. Dittrich 于 1966 年报道，Ciba AG（后 Ciba-Geigy AG）和 Schering AG 推出的杀螨剂。

其他名称　单甲脒，C8514，Schering36268，Fundal，Spanone，Galecron，chlordimeform，chlorophenamidine，chlorodimeform

化学名称　N'-(2-甲基 4-氯苯基)-N,N-二甲基甲脒；N^2-(4-氯邻甲苯基)-N^1,N^1-二甲基甲脒；N^2-(4-chloro-o-tolyl)-N^1,N^1-dimethylformamidine

CAS 名称　N'-(4-chloro-2-methylphenyl)-N,N-dimethylmethanimidamide

理化性质　无色结晶，熔点 32℃，沸点 163～165℃（14mmHg），蒸气压为 3.5×10^{-4} mmHg（20℃），相对密度 1.10（30℃）。Henry 常数 3.78×10^{-2} Pa·m³/mol（20℃，计算值）。20℃水中溶解度为 250mg/L，在丙酮、苯、氯仿、乙酸乙酯、乙烷、甲醇中的溶解度大于 20%。工业品纯度在 96% 以上。在中性和酸性介质中，首先水解成 4-N-甲酰邻甲苯胺，然后水解成 4-氯邻甲苯胺。在酸性介质中水解很慢，但形成盐，例如盐酸盐，熔点为 225～227℃（分解），在水中的溶解度大于 5%，在甲醇中的溶解度大于 30%，在氯仿中为 1%～2%，在苯或己烷中为 0.1%。盐酸盐（pH3～4）的 0.5% 溶液在 20℃能稳定几天。

毒性　急性经口 LD_{50}：原药对大鼠为 340mg/kg，兔为 625mg/kg；盐酸盐对大鼠为 355mg/kg；盐酸盐对兔的急性经皮 LD_{50} 值大于 4000mg/kg，对兔的刺激轻微。本药对蜜蜂无毒。

制剂　EC，SP。

应用　对卵和幼龄期的螨最有效，通常用作杀卵剂，防治鳞翅目（胡桃小蠹蛾、二化螟、海滨夜蛾、甘蓝银纹夜蛾、棉铃虫）的卵和早龄幼虫。对一些观赏植物有药害。

分析方法　产品分析采用酸滴定法或气相色谱法。

主要生产商　Schering，Ciba-Geigy，Nihon Nohyaku。

参考文献

[1]　CIPAC Handbook，1988，D：28.
[2]　J Assoc Off Anal Chem，1985，68：371.
[3]　US 3378437.
[4]　BE 629317.
[5]　CA 6014443.

杀虫双（thiosultap-disodium）

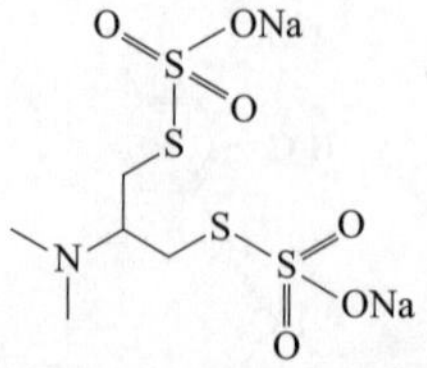

$C_5H_{11}O_6S_4Na_2$，355.3，52207-48-4

贵州省化工研究院在试制杀螟丹基础上与有关单位协作研究的，具有链状结构的人工合成沙蚕毒素类杀虫剂。

化学名称 S,S'-[2-(二甲氨基)三亚甲基]双硫代硫酸双钠盐；disodium S,S'-[2-(dimethylamino)trimethylene]di(thiosulfate)

CAS 名称 thiosulfuric acid($H_2S_2O_3$)S,S'-[2-(dimethylamino)-1,3-propanediyl] ester disodium salt

理化性质 纯品为白色结晶（含两分子结晶水），易吸湿，易溶于水，能溶于95％和无水热乙醇中，溶于甲醇、二甲基甲酰胺、二甲基亚砜等有机溶剂，微溶于丙酮，不溶于乙酸乙酯、乙醚。相对密度（d_4^{20}）1.30～1.35，熔点142～143℃（分解），有奇异臭味，在强碱性条件下易分解，常温下稳定。原油为棕褐色水溶液，呈微酸性或中性。

毒性 急性经口 LD_{50}（mg/kg）：雄大白鼠1021，雌大白鼠995.9，雄小白鼠316，雌小白鼠271；雌小白鼠急性经皮致死量为2062mg/kg。对黏膜和皮肤无明显刺激作用。其水剂（pH 6.5～7）急性经口毒性 LD_{50}（mg/kg）：小白鼠200～235，大白鼠520～680。红鲤鱼 TLm（24h、48h、96h）分别为 41.11mg/L、27.86mg/L、27.35mg/L。ADI 为 0.025mg/kg。在试验条件下，未见致突变、致癌、致畸作用。

制剂 GR

应用 属神经毒剂，对害虫具有较强的触杀和胃毒作用，并兼有一定的熏蒸作用。杀虫双有很强的内吸作用，能被作物的叶、根等吸收和传导。对水稻、小麦、玉米、豆类、蔬菜、柑橘、果树、茶叶、森林等多种作物的主要害虫均有优良的防治效果。杀虫谱较广，对水稻大螟、二化螟、三化螟、稻纵卷叶螟、稻苞虫、叶蝉、稻蓟马、负泥虫、菜螟、菜青虫、黄条跳甲、桃蚜、梨星毛虫、柑橘潜叶蛾等鳞翅目、鞘翅目、半翅目、缨翅目等多种咀嚼式口器害虫、刺吸式口器害虫、叶面害虫和钻蛀性害虫有效。

制备方法

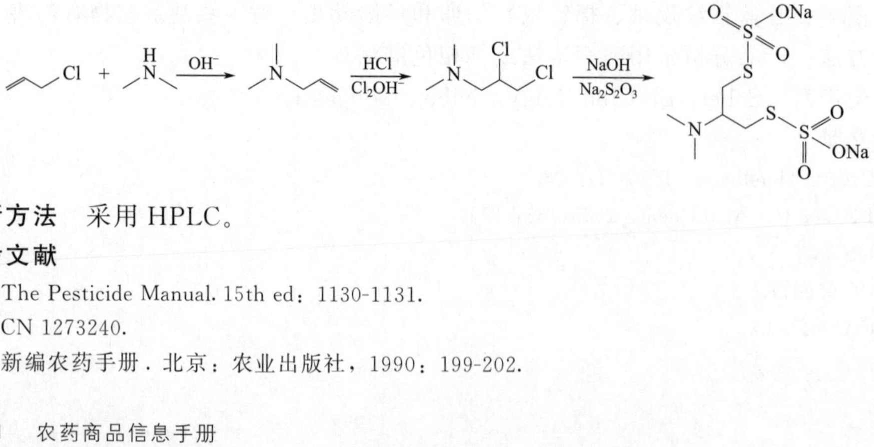

分析方法 采用 HPLC。

参考文献

[1] The Pesticide Manual. 15th ed：1130-1131.
[2] CN 1273240.
[3] 新编农药手册. 北京：农业出版社，1990：199-202.

杀虫畏 （tetrachlorvinphos）

$C_{10}H_9Cl_4O_4P$，366.0，22248-79-9

R. R. Whetsone 报道，由美国 Shell Chemical Co.（现属 BASF 公司）开发的有机磷（organophosphorus）类杀虫剂。

其他名称　甲基杀螟威，杀虫威，SD 8447，OMS 595，ENT 25841，Gardona，Rabon，Appex，Debantic，Gardcide，Rabond

化学名称　(Z)-2-氯-1-(2,4,5-三氯苯基)乙烯基二甲基磷酸酯；(Z)-2-chloro-1-(2,4,5-trichlorophenyl)vinyl dimethyl phosphate

CAS 名称　(1Z)-2-chloro-1-(2,4,5-trichlorophenyl)ethenyl dimethyl phosphate

理化性质　纯品为无色结晶固体。熔点 94～97℃，蒸气压 5.6×10^{-6} Pa（20℃），Henry 常数 1.86×10^{-4} Pa·m³/mol（计算值）。溶解度（20℃）：水中 11mg/L；丙酮 <200g/kg，氯仿、二氯甲烷 400g/kg，二甲苯 <150g/kg。稳定性：<100℃稳定，50℃缓慢氢解；DT_{50}：54d（pH 3），44d（pH 7），80h（pH 10.5）。

毒性　急性经口 LD_{50}：大鼠 4000～5000mg/kg，小鼠 2500～5000mg/kg。兔急性经皮 $LD_{50}>2500$mg/kg。2 年无作用剂量：大鼠 125mg/kg 饲料[1000mg/(kg·d)]，狗 200mg/kg 饲料。野鸭急性经口 $LD_{50}>2000$mg/kg，其他鸟类 1500～2600mg/kg。鱼毒 LC_{50}（24h）：0.3～6.0mg/L（不同种类的鱼）。NOEL 值（2 年，mg/kg 饲料）：大鼠 125，狗 200。大鼠以 1000mg/(kg·d) 饲料，繁殖研究没有负面作用。禽类急性经口 LD_{50}（mg/kg）：石鸡鹧鸪和绿头鸭>2000，其他鸟类 1500～2600。对蜜蜂有毒。

制剂　EC，WP，SC，GR。

应用　胆碱酯酶的直接抑制剂，系触杀和胃毒作用的杀虫、杀螨剂，击倒速度快，无内吸性。对鳞翅目、双翅目贮多种鞘翅目害虫有效，对温血动物毒性低。可用于粮、棉、果、茶、蔬菜和林业上，也可防治仓贮粮、织物害虫。

合成路线

分析方法　可用 GC-MSD/HPLC-UV 进行分析。
主要生产商　杜邦，巴斯夫。
参考文献
[1]　US 3102842.
[2]　CN 101195636.

杀铃脲（triflumuron）

$C_{15}H_{10}ClF_3N_2O_3$，358.7，64628-44-0

由 Bayer CropScience 公司开发的苯甲酰脲类杀虫剂。

其他名称　氟幼灵，杀虫脲，SIR 8514，Alsystin，Mascot，Baycidal，Starycide
化学名称　1-(2-氯苯甲酰基)-3-(4-三氟甲氧基苯基)脲；1-(2-chlorobenzoyl)-3-(4-trifluoromethoxyphenyl)urea
CAS 名称　2-chloro-N-[[[4-(trifluoromethoxy)phenyl]amino]carbonyl]benzamide
理化性质　无色粉末。熔点 195℃。蒸气压 $4×10^{-5}$ mPa（20℃）。相对密度 1.445（20℃）。K_{ow}lg$P$ 4.91（20℃）。水中溶解度（20℃）：0.025mg/L；其他溶剂中溶解度（g/L）：二氯甲烷 20～50，异丙醇 1～2，甲苯 2～5，正己烷<0.1。中性和酸性溶液中稳定，碱性溶液中水解；DT_{50}（22℃，d）：960（pH4），580（pH 7），11（pH9）。
毒性　雄、雌大鼠和小鼠急性经口 LD_{50}>5000mg/kg；狗>5000mg/kg。急性经皮：雄、雌大鼠>5000mg/kg；对兔的皮肤和眼睛没有刺激性；无皮肤致敏性。吸入 LC_{50}（mg/L 空气）：雄、雌大鼠>0.12（FK）；>1.6（粉末）。NOEL：（2 年）大鼠和小鼠 20mg/(kg·d)；（1 年）狗 20mg/(kg·d)。鹌鹑急性经口 LD_{50} 561mg/kg。鱼类 LC_{50}（96h，mg/L）：虹鳟鱼>320，圆腹雅罗鱼>100。蚤类 LC_{50}（48h）0.225mg/L。藻类 E_rC_{50}（96h）：斜生栅藻>25mg/L。对蜜蜂有毒。蚯蚓 LC_{50}（14d）>1000mg/kg。其他有益种群：对成虫无影响，对幼虫有轻微影响，对食肉螨安全。
制剂　SC，EC。
应用　苯甲酰脲类昆虫生长调节剂，具有触杀作用的非内吸性胃毒作用杀虫剂，仅适用于防治咀嚼式口器昆虫。杀铃脲阻碍幼虫蜕皮时外骨骼的形成。幼虫的不同龄期对杀铃脲的敏感性未发现有大的差异，所以它可在幼虫所有龄期应用。杀铃脲还有杀卵活性，在用药剂直接接触新产下的卵或将药剂施入处理的表面时，发现幼虫的孵化变得缓慢。杀铃脲作用的专一性在于其有缓慢的初始作用，但其具长效性。对绝大多数动物和人类无毒害作用，且能被微生物所分解。用于防治棉花、森林树木、水果和大豆上的鞘翅目、双翅目、鳞翅目和木虱科，如金纹细蛾、菜青虫、小菜蛾、小麦黏虫、松毛虫等。该药贮存有沉淀现象，摇匀后使用，不影响药效。为迅速显效可同菊酯类农药配合使用，比例为 2∶1。对虾、蟹幼体有害，对成体无害。
合成路线

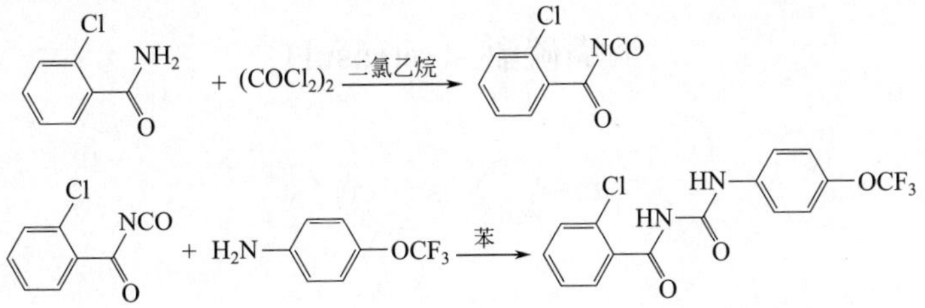

[反应式: 邻氯苯甲酰胺 + (COCl₂)₂ →(二氯乙烷) 邻氯苯甲酰异氰酸酯]

[反应式: 邻氯苯甲酰异氰酸酯 + H₂N-C₆H₄-OCF₃ →(苯) 目标脲类化合物]

主要生产商　Bayer CropScience，E-tong，Rotam，Sundat，通化农化。

参考文献

[1] Pflanzenschutz-Nachr (Eng ed)，1980，33：1.
[2] The Pesticide Manual. 15 th edition：1172-1173.
[3] 国外农药品种手册. 化工部农药信息总站，1996：13.

杀螨醇（chlorfenethol）

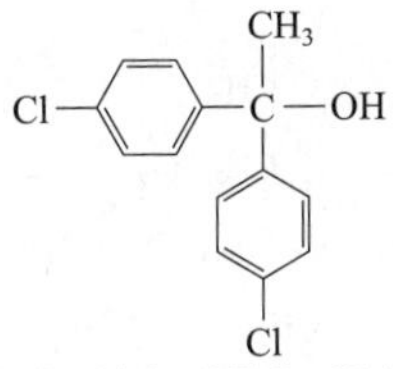

$C_{14}H_{12}Cl_2O$，267.2，80-06-8

由 O. Grummitt 于 1950 年报道，由 Sherwin-Williams & Co.，后由 Nippon Soda Co. Ltd. 推出。

其他名称　DMC，DCPC，BCPE

化学名称　1,1-双(4-氯苯基)乙醇；1,1-bis(4-chlorophenyl)ethanol

CAS 名称　4-chloro-α-(4-chlorophenyl)-α-methylbenzenemethanol

理化性质　可能含有 2,4′-同分异构体。本品为无色结晶，熔点 69.5～70℃。不溶于水，可溶于多数有机溶剂，特别是极性溶剂。加热脱水变成 1,1-双（对氯苯基）乙烯。在强碱中稳定，在强酸中不稳定。可与常用农药混用。

毒性　大鼠急性经口 LD_{50} 值为 926～1391mg/kg，用含 0.1% 杀螨醇的饲料喂大鼠 10 周，能忍受。对蜜蜂无毒。

制剂　WP。

应用　非内吸性杀螨剂。用作滴滴涕的增效剂，能防治对滴滴涕产生抗性的害虫。可以和螨卵酯混用，增强药效，残效期也较长。有明显的杀卵效果。

分析方法　①用直接称量或 KarlFischer 方法测定脱水反应的水量（脱水的方法能得到异构体的总含量，因此与它的杀螨特性没有直接关系）。②用铬酸在醋酸中氧化成二氯二苯甲酮，其中 4,4′-异构体含量可由凝固点来测定。③根据杀螨醇在异辛烷中在 240nm 和 260nm 处的吸光度，其脱水物在异辛烷中在 260nm 处的吸光度，可计算出杀螨醇在其他衍生物中的含量。

主要生产商　Nippon Soda Co. Ltd。

参考文献

[1] Science，1950，111：361.
[2] US 2430586.

杀螨硫醚 (tetrasul)

$C_{12}H_6Cl_4S$, 324.1, 2227-13-6

其他名称　Tetradisul, diphenylsulphide
化学名称　4-氯苯基-2,4,5-三氯苯基硫醚；4-chlorophenyl-2,4,5-trichlorophenyl sulfide
CAS 名称　1,2,4-trichloro-5-[(4-chlorophenyl)thio]benzene
应用　杀螨剂。

杀螨霉素 (tetranactin)

$C_{44}H_{72}O_{12}$, 793.0, 33956-61-5

其他名称　杀螨素，四抗生素，杀螨抗生素，C06764，S-3466-C，tetranactin
化学名称　($1R,2R,5R,7R,10S,11S,14S,16S,19R,20R,23R,25R,28S,29S,32S,34S$)-5,14,23,32-tetraethyl-2,11,20,29-tetramethyl-4,13,22,31,37,38,39,40-octaoxapentacyclo[32.2.1.1^{7,10}.1^{16,19}.1^{25,28}]tetracontane-3,12,21,30-tetrone

CAS 名称　($1R,2R,5R,7R,10S,11S,14S,16S,19R,20R,23R,25R,28S,29S,32S,34S$)-5,14,23,32-tetraethyl-2,11,20,29-tetramethyl-4,13,22,31,37,38,39,40-octaoxapentacyclo[32.2.1.1^{7,10}.1^{16,19}.1^{25,28}]tetracontane-3,12,21,30-tetrone

理化性质　熔点 111~112℃。水中溶解度（25℃）：0.02g/L；其他溶剂中溶解度（g/L，25℃）：丙酮 56，甲醇 17，苯 387，二甲苯 243，己烷 8。稳定性：在 pH 2~13 范围内，室温下稳定，对紫外线不稳定。

毒性　小鼠急性经口 LD_{50} > 15000mg/kg。小鼠急性经皮 LD_{50} > 10000mg/kg。对兔皮肤和眼睛具有轻微刺激。

应用　为微生物发酵的产物，是一种抗生素类的杀螨剂。利用微生物来合成有杀虫活性的抗生素农药，世界上还不多见，迄今已知的第一个商品化的杀虫抗生素就是杀螨霉素。通过穿透线粒体膜脂肪层的阳离子的渗透起作用，具触杀作用。可控制果树上的蜘蛛幼虫。适用于苹果、柑橘、梨、棉花、茶、蔬菜、花卉等防治多种螨类。对捕食螨和其他益虫无影响。与巴沙和有机磷混用，能提高杀螨素的杀螨效力，而且改进其残留杀卵的效果。

参考文献
Synthesis, 1986, (12): 986-992.

杀螨脒 (medimeform)

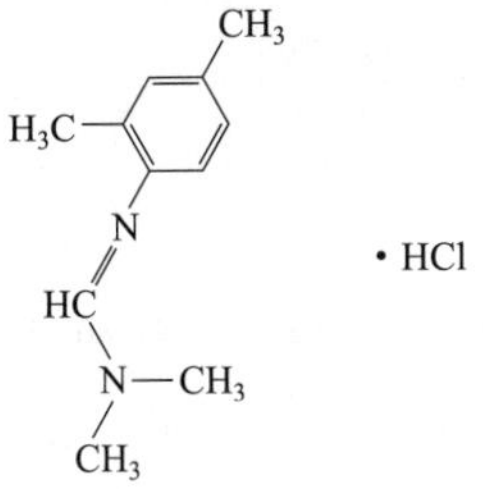

$C_{11}H_{17}ClN_2$, 212.7, 69618-84-4

化学名称 N-(2,4-二甲苯基)-N',N'-二甲基甲脒；(EZ)-N-dimethylaminomethylene-2,4-xylidine hydrochloride；(EZ)-N^1,N^1-dimethyl-N^2-(2,4-xylyl)formamidine hydrochloride

CAS 名称 N'-(2,4-dimethylphenyl)-N,N-dimethylmethanimidamide monohydrochloride

毒性 98%纯度的原药大、小鼠急性经口 LD_{50} (mg/kg)：104（雌），129（雄）；145（雄），151（雌）；雄大鼠经皮 MLD 2g/kg，药剂对家兔皮肤和眼无刺激、腐蚀作用；对豚鼠皮肤无致敏作用。大鼠蓄积毒性属弱蓄积性；大鼠致畸试验未发现胚胎毒性和致畸作用。由 Ames 试验、小鼠骨髓细胞微核试验和染色体畸变试验及睾丸初级精母细胞染色体畸变试验所组成的致突变测试系统，检测结果未发现诱变作用。

应用 杀虫、杀螨剂。

杀螨特 (aramite)

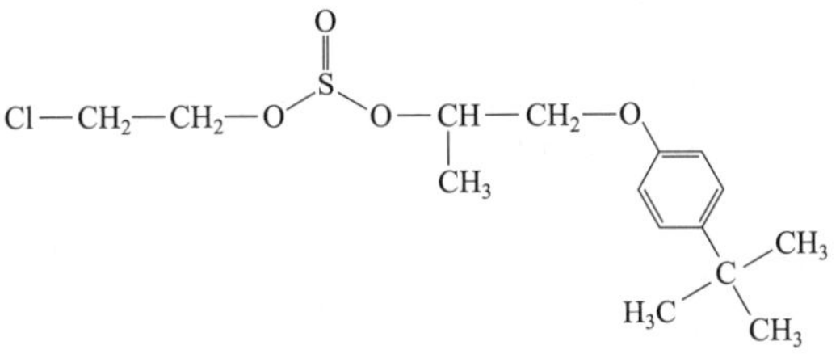

$C_{15}H_{23}ClO_4S$, 334.9, 140-57-8

由 W. D. Harris 和 J. W. Zukel 报道，Uniroyal Chemical Co., Inc. 推出。

其他名称 88-R

化学名称 2-(4-叔丁基苯氧基)-1-甲基乙基-2-氯乙基亚硫酸酯；(RS)-2-(4-tert-butylphenoxy)-1-methylethyl 2-chloroethyl sulfite

CAS 名称 2-chloroethyl 2-[4-(1,1-dimethylethyl) phenoxy]-1-methylethyl sulfite

应用 磺酸酯杀螨剂。

主要生产商 FMC Corp。

参考文献

J Agric Food Chem, 1954, 2: 140.

杀螨酯（chlorfenson）

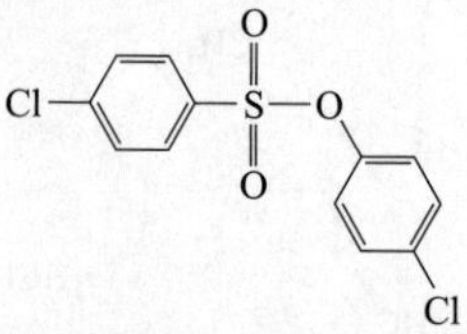

$C_{12}H_8Cl_2O_3S$，303.2，80-33-1

由 E. E. Kenaga 和 R. W. Hummer 于 1949 年报道，Dow Chemical Co.（后 DowElanco）推出。

其他名称　K 6451，ovex，chlorfenizon

化学名称　4-氯苯基 4-氯苯磺酸酯；4-chlorophenyl 4-chlorobenzenesulfonate

CAS 名称　4-chlorophenyl 4-chlorobenzenesulfonate

理化性质　本品为无色晶体，有特殊气味（原药无色至棕褐色固体）。熔点 86.5℃，工业品熔点 80℃。蒸气压低（25℃）；溶解度：不溶于水（25℃）；丙酮 1300，乙醇 10，二甲苯 780（均为 g/kg，25℃）。遇强碱水解。

毒性　大鼠急性经口 LD_{50} 值约为 2000mg/kg；大鼠急性经皮 $LD_{50}>$10000mg/kg，可能引起皮肤刺激。以含 300mg/kg 杀螨酯的饲料喂大鼠 130d，没有明显的影响。急性经口 LD_{50}：日本鹌鹑 4600，鸡 3780mg/kg。鲤鱼 LC_{50}（48h）3.2mg/L。对蜜蜂无毒。

制剂　WP，DP。

应用　用于防治多种食植性螨卵，有显著的残留杀卵活性，微有杀虫活性，一般无药害。本品适于在春季使用，它与杀螨醇和对氯苯氧甲烷混合使用更好，可以弥补杀螨幼虫和成虫之不足。

分析方法　用苯解吸，用氢氧化钾的醇溶液进行水解，用 4-氨基安替比林将 4-氯苯酚转化成红色衍生物（在铁氰酸钾的存在下）进行比色测定。

主要生产商　Dow。

参考文献

[1] Kenaga E E，Hummer R W. J Econ Entomol，1949，42：996.
[2] US 2528310.
[3] GB 747368.

杀螟丹（cartap）

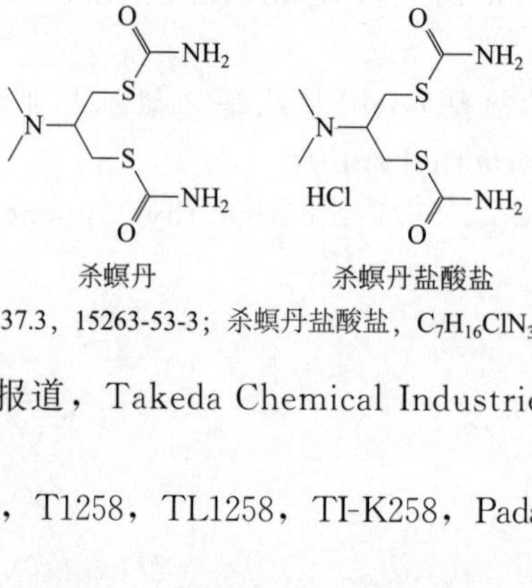

杀螟丹　　　杀螟丹盐酸盐

杀螟丹，$C_7H_{15}N_3O_2S_2$，237.3，15263-53-3；杀螟丹盐酸盐，$C_7H_{16}ClN_3O_2S_2$，273.8，15263-52-2

由 M. Sakai 等于 1967 年报道，Takeda Chemical Industries（现属住友化学公司）开发的沙蚕毒素类杀虫剂。

其他名称　巴丹，杀螟单，T1258，TL1258，TI-K258，Padan，Sanvex，Thiobel，Vegetox，

Caldan，Sunta

杀螟丹

化学名称 1,3-二(氨基甲酰硫基)-2-二甲氨基丙烷；1,3-di-(carbamoylthio)-2-dimethyl-aminopropane；S,S'-(2-dimethylaminotrimethylene)bis(thiocarbamate)。

CAS 名称 S,S'-[2-(dimethylamino)-1,3-propanediyl] dicarbamothioate

杀螟丹盐酸盐

化学名称 1,3-二(氨基甲酰硫基)-2-二甲氨基丙烷盐酸盐；1,3-di-(carbamoylthio)-2-dimethylaminopropane hydrochloride；S,S'-(2-dimethylaminotrimethylene)bis(thiocarbamate) hydrochloride

CAS 名称 S,S'-[2-(dimethylamino)-1,3-propanediyl] dicarbamothioate hydrochloride (1:1)

理化性质

杀螟丹：白色粉末，熔点 187～188℃，蒸气压（25℃）$2.5×10^{-2}$ mPa。在正己烷，甲苯、氯仿、丙酮和乙酸乙酯中的溶解度<0.01g/L，在甲醇中溶解度为 16g/L。在 150℃ 时可以稳定存在。

杀螟丹盐酸盐：白色晶体，有特殊臭味，具有吸湿性，熔点 179～181℃，蒸气压可以忽略。在水中的溶解度为 200g/L（25℃）；微溶于甲醇、乙醇，不溶于丙酮、乙醚、乙酸乙酯、氯仿、苯和正己烷等。在酸性条件下稳定，在中性及碱性条件下水解。

毒性 杀螟丹盐酸盐：急性经口 LD_{50}（mg/kg）：雄大鼠 345，雌大鼠 325，雄小鼠 150，雌小鼠 154。小鼠急性经皮 LD_{50}>1000mg/kg，对皮肤和眼睛无刺激。小鼠大鼠吸入 LC_{50}（6h）>0.54mg/L，大鼠以 10mg/kg 饲料饲喂 2 年，小鼠以 20mg/kg 饲料饲喂 1.5 年，均安全。NOEL 数据：大鼠 10mg/(kg·d)(2 年)，小鼠 20mg/(kg·d)(1.5 年)。杀螟丹盐酸盐对鲤鱼的 LC_{50}（mg/L）：1.6（24h），1.0（48h）。对蜜蜂有中等毒性，没有持效性，对鸟低毒，对蜘蛛等天敌无不良影响。

制剂 SPX，DP，GR。

应用 用于防治梨小食心虫、潜叶蛾、茶小绿叶蝉、茶尺蠖、茶细蛾、稻飞虱、叶蝉、稻瘿蚊、二化螟、三化螟、稻纵卷叶螟、小菜蛾、菜青虫、跳甲、玉米螟、甘蔗螟、蝼蛄、马铃薯块茎蛾。适用于水稻、茶树、柑橘、白菜及其他蔬菜、甘蔗、玉米、马铃薯、小麦、甜菜、棉花、生姜、板栗、葡萄、柑橘类水果等。在实际中主要使用的是杀螟丹盐酸盐可溶性粉剂。杀螟丹是沙蚕毒素的一种衍生物，胃毒作用强，同时具有触杀和一定的拒食和杀卵作用，杀虫谱广，能用于防治鳞翅目、鞘翅目、半翅目、双翅目等多种害虫和线虫。对捕食性螨类影响小。其毒理机制是阻滞神经细胞点在中枢神经系统中的传递冲动作用，使昆虫麻痹，对害虫击倒较快，有较长的残效期。沙蚕毒素是存在于海生环节动物异足索沙蚕（*Lumbriconereis heteropoda* Marenz）体内的一种有杀虫活性的有毒物质。

合成路线

分析方法　常用定性定量分析方法有极谱法、碘量法、比色法。

主要生产商　Sumitomo Chemical，Anpon，Fertiagro，Hodak，Punjab，Saeryung，Sharda，Sundat，华北沙隆达，安徽华星。

参考文献

[1]　The Pesticide Manual. 15 th ed：168-170.

[2]　农药商品大全. 北京：中国商业出版社，1996：2.

[3]　Sakai M，et al. Jpn J Appl Entomol Zool，1967，11：125.

杀螟腈（cyanophos）

$C_9H_{10}NO_3PS$，243.2，2636-26-2

1960 年 Y. Nishizawa 报道其活性，由 Sumitomo Chemical Co.，Ltd 开发的有机磷类杀虫剂。

其他名称　Cyanox，S-4084

化学名称　O-(4-氰基苯基)-O,O-二甲基硫逐磷酸酯；O-4-cyanophenyl O,O-dimethyl phosphorothioate；4-(dimethoxyphosphinothioyloxy)benzonitrile

理化性质　纯品为黄色至略带红色液体。沸点 119～120℃（分解）。蒸气压 3.63mPa（20℃）。相对密度 1.255～1.265（25℃）。K_{ow} lg$P$ 2.65（室温）。水中溶解度：46mg/L（30℃）；其他溶剂中溶解度（20℃）：甲醇、丙酮、氯仿均>50%。闪点 104℃。

毒性　大鼠急性经口 LD_{50}：710mg/kg（雄），730mg/kg（雌）。大鼠急性经皮 LD_{50}>2000mg/kg。大鼠急性吸入 LC_{50}（4h）>1500mg/m^3。鲤鱼 LC_{50}（96h）8.2mg/L。水蚤 EC_{50}（48h）97μg/L。海藻 EC_{50}（72h）4.8mg/L。对蜜蜂有毒。

制剂　DP，EC，UL，WP。

应用　胆碱酯酶抑制剂，有机磷类广谱、低毒杀虫剂，具有触杀、胃毒和内吸作用。杀虫作用速度快，残效期长。特别对水稻螟虫、稻苞虫、稻飞虱、稻纵卷叶虫、叶蝉、黏虫等防治效果更为显著。可有效地防治果树、蔬菜和观赏植物上的鳞翅目害虫，也可防治蟑螂、苍蝇和蚊子之类的卫生害虫。对瓜类易产生药害，不宜使用。

合成路线

分析方法　可用 GC-MSD/HPLC-UV 进行分析。

主要生产商　Sumitomo Chemical，Fertiagro。

参考文献

[1]　JP 405852.

[2]　JP 415199.

[3]　US 3150040.

[4]　US 3792132.

杀螟硫磷 (fenitrothion)

$C_9H_{12}NO_5PS$, 277.2, 122-14-5

1960 年由 Y. Nishizawa 等报道其活性,由 Sumitomo Chemical Co., Ltd 于 1962 年推出。

其他名称 杀螟松,速灭松,灭蟑百特,杀虫松,OMS 43,OMS 223,ENT 25715,Bayer 41831,S-5660,S-1102A,AC 47 300,Fenitox,Novathion,Sumithion,Accothrin,Folthion

化学名称 O,O-二甲基-O-(4-硝基-3-甲基苯基)硫代磷酸酯;O,O-dimethyl O-4-nitro-m-tolyl phosphorothioate

CAS 名称 O,O-dimethyl O-(3-methyl-4-nitrophenyl)phosphorothioate

理化性质 纯品为黄棕色液体。熔点 0.3℃,沸点 140~145℃ (0.013kPa)(分解),蒸气压 18mPa (20℃),K_{ow} lg$P$ 3.43 (20℃),相对密度 1.328 (25℃)。溶解度:水中 14mg/L (30℃);正己烷 24g/L (20℃),异丙醇 138g/L (20℃),易溶于醇类、酯类、酮类、芳香烃类、氯化烃类等有机溶剂。正常贮存稳定,DT_{50} (22℃):108.8d (pH 4),84.3d (pH 7),75d (pH 9)。闪点 157℃。

毒性 大鼠急性经口 LD_{50}:1700mg/kg (雄),1720mg/kg (雌)。大鼠急性经皮 LD_{50}:810mg/kg (雄),840mg/kg (雌);对兔眼睛和皮肤无刺激。大鼠急性吸入 LC_{50} (4h) > 2210mg/m³ (喷雾)。无作用剂量:大鼠和小鼠 (2 年) 10mg/kg 饲料,狗 (1 年) 50mg/kg 饲料。禽类急性经口 LD_{50}:鹌鹑 23.6mg/kg,野鸭 1190mg/kg。鱼毒 LC_{50}:鲤鱼 (48h) 4.1mg/L,大翻车鱼 (96h) 2.5mg/L,虹鳟鱼 (96h) 1.3mg/L。水蚤 EC_{50} (48h) 0.0086mg/L。海藻 EC_{50} (96h) 1.3mg/L。对蜜蜂有毒。对非目标节肢动物有高毒。

制剂 AE,DP,EC,GR,UL,WP。

应用 有机磷杀虫剂,具触杀、胃毒作用,无内吸和熏蒸作用。残效期中等,杀虫谱广,对三化螟等鳞翅目有特效,但杀卵活性低。用于水稻、大豆、棉花、蔬菜、果树、茶树、油料作物和林木上。还可防治苍蝇、蚊子、蟑螂等卫生害虫和仓库害虫。对十字花科蔬菜和高粱作物较敏感,不宜使用。不能与碱性药剂混用。水果、蔬菜在收获前 10~15d 停止使用。

合成路线

分析方法 可用 GC-MSD/HPLC-UV 进行分析。

主要生产商 Sumitomo Chemical,Agrochem,Sundat,宁波保税区汇力化工,宁波农药,中化宁波。

参考文献

[1] BE 594669.
[2] BE 596091.

杀扑磷 (methidathion)

$C_6H_{11}N_2O_4PS_3$,302.3,950-37-8

1965 年 H. Grob 等人报道其杀虫活性。由 J. R. Geigy S. A.（现属 Syngenta AG）开发。

其他名称　速扑杀，甲噻硫磷，灭达松，速蚧克，GS 13 005，OMS844，ENT27193，Sunmeda，Supracide，Supradate，Suprathion

化学名称　O,O-二甲基-S-(2,3-二氢-5-甲氧基-2-氧代-1,3,4-噻二唑-3-基甲基)二硫代磷酸酯；S-2,3-dihydro-5-methoxy-2-oxo-1,3,4-thiadiazol-3-ylmethyl O,O-dimethyl phosphorodithioate

CAS 名称　S-[(5-methoxy-2-oxo-1,3,4-thiadiazol-3($2H$)-yl)methyl] O,O-dimethyl phosphorodithioate

理化性质　纯品为无色结晶固体。熔点 39~40℃，沸点 99.9℃（1.3Pa），蒸气压 2.5×10^{-4}Pa（20℃），K_{ow} lg$P$ 2.2，Henry 常数 3.3×10^{-4} Pa·m³/mol（计算值），相对密度 1.51（20℃）。25℃水中溶解度 200mg/L；其他溶剂中的溶解度（g/L，20℃）：乙醇 150，丙酮 670，甲苯 720，正己烷 11，正辛醇 14。在碱性和强酸介质中迅速分解；DT_{50}（25℃）30min（pH 13）。在中性和弱酸性介质中相对稳定。

毒性　急性经口 LD_{50}（mg/kg）：大鼠 25~54，小鼠 25~70，兔 63~80，豚鼠 25。急性经皮 LD_{50}：兔 200mg/kg，大鼠 297~1663mg/kg；对兔眼睛及皮肤无刺激作用。大鼠急性吸入 LC_{50}（4h）：140 mg/m³ 空气。2 年饲养无作用剂量：大鼠 4mg/kg 饲料 0.2 [mg/(kg·d)]，狗 0.25mg/(kg·d)。野鸭急性经口 LD_{50} 23.6~28mg/kg。山齿鹑 LC_{50}（8d）224mg/kg。鱼毒 LC_{50}（96h）：虹鳟鱼 0.01mg/L，大翻车鱼 0.002mg/L。水蚤 EC_{50}（48h）7.2μg/L。藻类 EC_{50}（72h）22mg/L。蜜蜂 LD_{50}：190ng/只（经口），150ng/只（接触）。蚯蚓 LC_{50}（14d）5.6mg/kg 土壤。

制剂　EC，UL，WP。

应用　一种广谱的有机磷杀虫剂，具有触杀、胃毒和渗透作用，能渗入植物组织内，对咀嚼式和刺吸式口器害虫均有杀灭效力。尤其对介壳虫有特效。具有一定杀螨活性。适用于果树、棉花、茶树、蔬菜等作物上防治多种害虫，如矢尖蚧、糠片蚧、蜡蚧、褐圆蚧、粉蚧、棉蚜、棉红蜘蛛、棉铃虫、苜蓿象虫等害虫、害螨，残效期 10~20d。不可与碱性农药混用。对核果类应避免在花后期施用，在果园中喷药浓度不可太高，否则会引起褐色叶斑。该药为高毒农药，按有关规定操作。

合成路线

分析方法　产品用 GLC 分析。

主要生产商　青岛翰生，泰达，浙江世佳，浙江永农，Makhteshim-Agan，Sharda，Sundat，Syngenta，Fertiagro。

参考文献

[1] BE 623246.
[2] GB 1008451.

杀线威（oxamyl）

$C_7H_{13}N_3O_3S$，219.3，23135-22-0

由 E. I. du Pontde Nemours & Co. 开发，1974 年 Vydate 首次销售。

其他名称　DPX-D1410，Fertiamyl，Oxamate，Sunxamyl，Vacillate，Vydate

化学名称　N,N-二甲基-2-甲基氨基甲酰基氧亚氨基-2-(甲硫基)乙酰胺；N,N-dimethyl-2-methylcarbamoyloxyimino-2-(methylthio)acetamide

CAS 名称　methyl 2-(dimethylamino)-N-[[(methylamino)carbonyl]oxy]-2-oxoethanimidothioate

理化性质　伴有大蒜味的无色晶体。熔点 100~102℃，双晶状态的熔点变为 108~110℃。沸点：蒸馏时分解。蒸气压 0.051mPa（25℃）。$K_{ow}\lg P$－0.44（pH 5）。Henry 常数 $3.9×10^{-8}Pa·m^3/mol$。相对密度 0.97（25℃）。水中溶解度 280g/L（25℃）。有机溶剂中溶解度（g/kg，25℃）：甲醇 1440，酒精 330，丙酮 670，甲苯 10。稳定性：固体和制剂稳定；水溶液缓慢分解；DT_{50}：＞31d（pH 5），8d（pH 7），3h（pH 9），通风和光照加快分解。

毒性　雄大鼠急性经口 LD_{50} 3.1mg/kg，雌大鼠 2.5mg/kg。雄兔急性经皮 LD_{50} 5027mg/kg，雌兔＞2000mg/kg。对兔皮肤无刺激，对豚鼠皮肤无致敏性。大鼠吸入 LC_{50}（4h）0.056mg/L 空气（颗粒悬浮在空气中）。NOEL（2 年）大鼠 50mg（a.i.）/kg 饲料 [2.5mg/(kg·d)]，狗 50mg/kg 饲料。雄野鸭急性经口 LD_{50} 3.83mg/kg，雌野鸭 3.16mg/kg，北方山齿鹑 9.5mg/kg。山齿鹑饲喂 LC_{50}（8d）340mg/L，野鸭 766mg/L。大翻车鱼 LC_{50}（96h）5.6mg/L，虹鳟 4.2mg/L。水蚤 LC_{50}：（48h）0.319mg/L。藻类 EC_{50}（72h）3.3mg/L。对蜜蜂有毒，LD_{50}：（48h，经口）0.38μg/只，（48h，接触）0.47μg/只。蚯蚓 LC_{50}（14d）112mg/L。

制剂　SL，GR。

应用　具有内吸触杀性的杀虫、杀螨和杀线虫剂，能通过根或叶部吸收；在作物叶面喷药可向下输导至根部，可防治多种线虫的危害。和其他氨基甲酸酯类杀虫剂一样，它的杀虫作用是由于抑制了昆虫体内的胆碱酯酶所致的。适用于棉花、马铃薯、柑橘、花生、烟草、苹果等作物及某些观赏植物，防治蓟马、蚜虫、跳甲、马铃薯瓢虫、棉斜纹夜蛾、螨等。防治线虫宜早期施药，不可在结实期应用。本品急性毒性较高，使用时要小心。

分析方法　产品分析采用 HPLC。

主要生产商　DuPont，EastSun，Fertiagro，上海泰禾，汇力化工，中化宁波。

参考文献

[1] US 3530220.
[2] US 3658870.

砷酸钙（calcium arsenate）

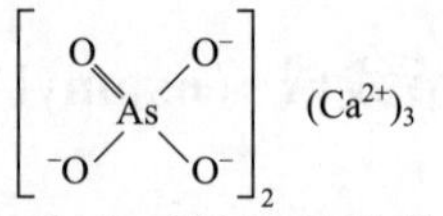

$As_2Ca_3O_8$, 398.1, 7778-44-1

化学名称　砷酸钙；calcium arsenate；calcium orthoarsenate；tricalcium arsenate；tricalcium orthoarsenate

CAS 名称　arsenic acid（H_3AsO_4）calcium salt（2∶3）

理化性质　微溶于水，不溶于有机溶剂。

应用　杀虫剂。

砷酸铅（lead arsenate）

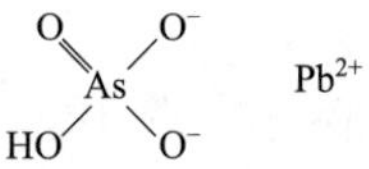

$AsHO_4Pb$, 347.1, 7784-40-9

化学名称　砷酸铅，lead arsenate；lead hydrogen arsenate

CAS 名称　arsenic acid（H_3AsO_4）lead（2+）salt（1∶1）

理化性质　白色固体。密度 7.80g/cm³。不纯的工业品呈粉色。微溶于水，溶于硝酸。剧毒。

应用　杀虫剂。

生物苄呋菊酯（bioresmethrin）

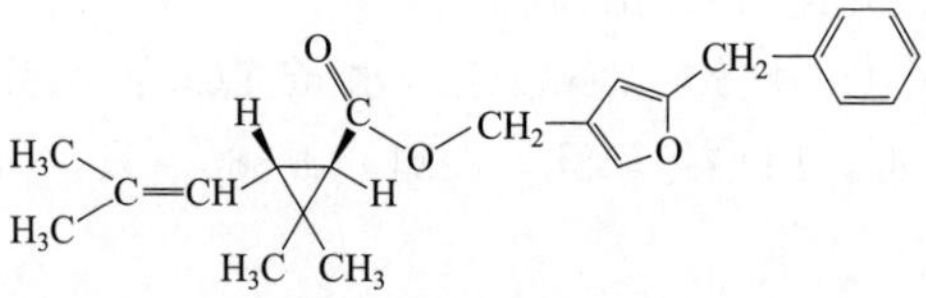

$C_{22}H_{26}O_3$, 338.4, 28434-01-7

由 M. Elliott 等报道，Fisons Ltd、FMC Corp、Roussel Uclaf（现属 Bayer CropScience）及 Wellcome Foundation 开发的拟除虫菊酯类杀虫剂。

其他名称　右旋反式苄呋菊酯，右旋反式灭菊酯，右旋反灭虫菊酯，NRDC 107，FMC 18 739，RU11 484，OMS 3043，ENT 27 622，AI3-27 622，Isathrine，Isatrin，Biobenzyfuroline

化学名称　($1R,3R$)2,2-二甲基-3-(2-甲基-1-丙烯基)环丙烷羧酸-5-苄基-3-呋喃甲基酯；5-benzyl-3-furylmethyl($1R,3R$)-2,2-dimethyl-3-(2-methylprop-1-enyl)cyclopropanecarboxylate 或 5-benzyl-3-furylmethyl（＋）-trans-chrysanthemate；5-benzyl-3-furylmethyl（1R）-trans-2,2-dimethyl-3-(2-methylprop-1-enyl)cyclopropanecarboxylate

CAS 名称 ［5-(phenylmethyl)-3-furanyl］methyl(1R,3R)-2,2-dimethyl-3-(2-methyl-1-propen-1-yl)cyclopropanecarboxylate

理化性质 工业品是一种黏性的黄褐色液体，经静置后变成固体。工业右旋苄呋菊酯是无色至黄色液体，室温下部分为晶体。固体熔点为32℃，沸点＞180℃，25℃时蒸气压为18.6mPa。20℃时相对密度为1.050。K_{ow} lg$P$＞4.7。溶解度：水＜0.3mg/L（25℃），乙二醇＜10g/L；可溶于乙醇、丙酮、氯仿、二氯甲烷、乙酸乙酯、甲苯和正己烷。d-苄呋菊酯溶解度：水 1.2mg/L（30℃），二甲苯50％（25℃）。180℃以上且在紫外线照射线下分解，在碱性条件下容易水解，易被氧化。d-苄呋菊酯在紫外线下分解，在碱性条件下水解。闪点约 92℃。

毒性 急性经口 LD_{50}：大鼠 7070～8000mg/kg，大鼠≥5000mg/kg（溶解在玉米油中）。工业品 d-苄呋菊酯急性经口 LD_{50}：雄大鼠 450mg/kg，雌大鼠 680mg/kg。急性经皮 LD_{50}：雌性大鼠＞10000mg/kg，兔＞2000mg/kg。大鼠吸入 LC_{50}：（4h）5.28mg/L，（24h）0.87mg/L，（4h）1.56mg 工业品 d-苄呋菊酯/L。NOEL：（90d）大鼠 1200mg/kg 饲料，狗＞500mg/kg 饲料；（2年）大鼠 50mg/L 饲料［3mg/(kg·d)］。在 4000mg/kg 饲料条件下，大鼠耐受 60d。在每天 200mg/kg 剂量下，喂养妊娠的大鼠 6～15d，没有发现有畸形和胎儿毒死现象；同样在每天 240mg/kg 剂量下，喂养妊娠的白兔 6～18d，也没有发现上述现象。没有致癌、致突变、致畸作用。禽类急性经口 LD_{50}：鸡＞10000mg/kg。LC_{50}（96h）：虹鳟鱼 0.00062mg/L，大翻车鱼 0.0024mg/L，哈利鱼 0.014mg/L，古比鱼 0.5～1.0mg/L；LC_{50}（48h）：哈利鱼 0.018mg/L，古比鱼 0.5～1.0mg/L。尽管实验室测试表明对鱼类高毒，但在一定剂量下没有表现出对环境的伤害，这归功于在土壤中其能迅速降解。水蚤 LC_{50}（48h）0.0008mg/L。对蜜蜂高毒，LD_{50} 为：2ng/只（经口），6.2ng/只（接触）。

制剂 AE，EC，OL，SL。

应用 用于家庭卫生和储粮。有胃毒、触杀作用。本品杀虫高效，而对哺乳动物极低毒。

合成路线

主要生产商 Bayer CropScience，日本住友。

参考文献

[1] The Pesticide Manual. 15 th edition：110-112.
[2] GB 1168797.
[3] GB 1168798.
[4] GB 1168799.
[5] 农药商品大全. 北京：中国商业出版社，1996：158-159.
[6] Elliott M, et al. Nature (London)，1967，213：493.

生物氯菊酯（biopermethrin）

$C_{21}H_{20}Cl_2O_3$，391.3，51877-74-8

其他名称　NRDC 147，RU 22090，permethrin-B，1R-*trans*-permethrin

化学名称　3-苯氧苄基-(1R)-反式-3-(2,2-二氯乙烯基)-2,2-二甲基环丙烷羧酸酯；3-phenoxybenzyl（1R）-trans-3-（2,2-dichlorovinyl）-2,2-dimethylcyclopropanecarboxylate；3-phenoxybenzyl(1R,3S)-3-(2,2-dichlorovinyl)-2,2-dimethylcyclopropanecarboxylate

CAS 名称　（1R-*trans*）-(3-phenoxyphenyl)methyl 3-(2,2-dichloroethenyl)-2,2-dimethylcyclopropanecarboxylate；(3-phenoxyphenyl)methyl（1R,3S）-3-(2,2-dichloroethenyl)-2,2-dimethylcyclopropanecarboxylate

应用　杀虫剂，作用于害虫的神经系统。

生物烯丙菊酯（bioallethrin）

$C_{19}H_{26}O_3$，302.4，584-79-2

1967 年由 J. Lhoste 等报道，由 Roussel Uclaf（现 Bayer AG）和 McLaughlin Gormley King Co. 开发，1969 年首次生产。

其他名称　右旋反式丙烯菊酯，反式丙烯除虫菊，EA 3054，RU 11705，D-*trans* allethrin，*d*-allethrin，Pynamin Forte

化学名称　(RS)-3-烯丙基-2-甲基-4-氧代环戊-2-烯基-(1R,3R)-2,2-二甲基-3-(2-甲基丙-1-烯基)环丙烷羧酸酯；(RS)-3-allyl-2-methyl-4-oxocyclopent-2-enyl（1R,3R）-2,2-dimethyl-3-(2-methylprop-1-enyl)cyclopropanecarboxylate *Alt*：(RS)-3-allyl-2-methyl-4-oxocyclopent-2-enyl(＋)-*trans*-chrysanthemate *Roth*：(RS)-3-allyl-2-methyl-4-oxocyclopent-2-enyl(1R)-*trans*-2,2-dimethyl-3-(2-methylprop-1-enyl)cyclopropanecarboxylate

CAS 名称　2-methyl-4-oxo-3-(2-propen-1-yl)-2-cyclopenten-1-yl(1R,3R)-2,2-dimethyl-3-(2-methyl-1-propen-1-yl)cyclopropanecarboxylate

理化性质　生物烯丙菊酯是一种橙黄色黏稠液体，在－40℃未观察到结晶，沸点 165～170℃（0.02kPa）。蒸气压为 43.9mPa（25℃）。K_{ow} lg$P$ 4.68（25℃）。Henry 常数为 2.89Pa·m³/mol（计算值）。相对密度 1.012（20℃）。水中溶解度为 4.6mg/L（25℃），能与丙酮、乙醇、氯仿、乙酸乙酯、己烷、甲苯、二氯甲烷完全互溶（20℃）。遇紫外线分解。

在水溶液中 DT_{50}：1410.7d（pH 5），547.3d（pH 7），4.3d（pH 9）。闪点为 87℃。

毒性 急性经口 LD_{50}：雄性大鼠 709mg/kg，雌性大鼠 1042mg/kg；雄性大鼠 425～575mg d-trans/kg，雌性大鼠 845～875mg d-trans/kg。兔急性经皮 LD_{50}＞3000mg/kg。大鼠吸入 LC_{50}（4h）2.5mg/L。无致突变、致癌、致胚胎中毒或致畸作用。山齿鹑急性经口 LD_{50} 2030mg/kg。对鱼类高毒，LC_{50}（96h，静态和动态）：银鲑 22.2μg/L，9.40μg/L；硬头鳟 17.5μg/L，9.70μg/L；叉尾鲖＞30.1μg/L，27.0μg/L；黄金鲈鱼（动态）9.90μg/L。水蚤 LC_{50}（96h）：0.0356mg/L。

制剂 AE，EC，MC，MV，OL，TC，VP。

应用 主要用于防治蚊、蝇等飞翔害虫。作用方式为触杀、胃毒。具有强烈触杀作用，击倒快。作用于昆虫引起激烈的麻痹作用，倾仰落下，直至死亡。本药剂为扰乱轴突传导的神经毒剂。

主要生产商 Agro-Chemie，Endura，石岐农药厂，江苏扬农。

参考文献

[1] US 3159535

[2] Lhoste J，et al. C R Seances Acad Agric Fr，1967，53：686.

S-生物烯丙菊酯（*S*-bioallethrin）

$C_{19}H_{26}O_3$，302.4，28434-00-6

由 F. Rauch 等人于 1972 年报道，由 Roussel Uclaf（现 Bayer AG）推出。

其他名称 RU 3054，RU 16 121，RU 27 436

化学名称 （S）-3-烯丙基-2-甲基-4-氧代环戊-2-烯基-(1R,3R)-2,2-二甲基-3-(2-甲基丙-1-烯基)环丙烷羧酸酯；（S）-3-allyl-2-methyl-4-oxocyclopent-2-enyl(1R,3R)-2,2-dimethyl-3-(2-methylprop-1-enyl) cyclopropanecarboxylate *Alt*：（S）-3-allyl-2-methyl-4-oxocyclopent-2-enyl（＋）-*trans*-chrysanthemate *Roth*：（S）-3-allyl-2-methyl-4-oxocyclopent-2-enyl（1R）-*trans*-2,2-dimethyl-3-(2-methylprop-1-enyl)cyclopropanecarboxylate

CAS 名称 (1S)-2-methyl-4-oxo-3-(2-propen-1-yl)-2-cyclopenten-1-yl(1R,3R)-2,2-dimethyl-3-(2-methyl-1-propen-1-yl)cyclopropanecarboxylate

理化性质 具有轻微芳香气味的黄色黏稠液体。本品不溶于水，可与丙酮、苯、正己烷、甲苯、氯仿、精制煤油、异石蜡族溶剂、发射剂 F11（三氯一氟甲烷）和 F12（二氯二氟甲烷）以及其他有机溶剂相混。在中性和微酸性介质中稳定，但遇强酸和碱能分解。对紫外线敏感，需密闭贮存在铝罐、棕色玻璃瓶或不透明的塑料容器中，在一般贮藏温度下经 2 年以上，含量无变化。

毒性 大鼠急性经口 LD_{50}：784mg/kg（雄），1545mg/kg（雌）（另有文献为 680mg/kg），兔急性经皮 LD_{50} 545mg/kg。

制剂 TC，VM。

应用 主要用于防治蚊、蝇等飞翔害虫，对蚊、蝇、黄蜂、蟑螂、跳蚤、蚂蚁有特别的功效。杀虫谱广，广泛用来生产电热蚊香片、蚊香、液体蚊香，也经常与生物苄呋菊酯、氯菊酯、溴氰菊酯，加增效剂复配成杀虫气雾剂、喷射剂或浓缩液等。

主要生产商　康泰化工，江苏扬农，日本住友。

参考文献

Meded Fac Landbouwwet Rijksuniv Gent，1972，37：755.

虱螨脲（lufenuron）

$C_{17}H_8Cl_2F_8N_2O_3$，511.2，103055-07-8

由 Ciba-Geigy（现属 Syngenta AG）开发的苯甲酰脲类杀虫杀螨剂。

其他名称　CGA 184699，Match，Axor，Program，Zyrox，美除

化学名称　(RS)-1-[2,5-二氯-4-(1,1,2,3,3,3-六氟丙氧基)苯基]-3-(2,6-二氟苯甲酰基)脲；(RS)-1-[2,5-dichloro-4-(1,1,2,3,3,3-hexafluoropropoxy)phenyl]-3-(2,6-difluorobenzoyl)urea

CAS 名称　N-[[[2,5-dichloro-4-(1,1,2,3,3,3-hexafluoropropoxy)phenyl]amino]carbonyl]-2,6-difluorobenzamide

理化性质　纯品为无色晶体。熔点 168.7～169.4℃，蒸气压＜$4×10^{-3}$ mPa（25℃）。相对密度 1.66（20℃）。K_{ow}lg$P$ 5.12（25℃）。Henry 常数＜$3.41×10^{-2}$ Pa·m³/mol。水中溶解度（25℃）：＜0.06mg/L；其他溶剂中溶解度（25℃，g/L）：乙醇 41，丙酮 460，甲苯 72，正己烷 0.13，正辛醇 8.9。空气和光中稳定；水中稳定性 DT_{50}（d）：32（pH 9），70（pH 7），160（pH 5）。pK_a＞8.0。

毒性　大鼠急性经口 LD_{50}＞2000mg/kg。大鼠急性经皮 LD_{50}＞2000mg/kg；对兔眼睛和皮肤无刺激；对豚鼠皮肤无致敏性。大鼠吸入 LC_{50}（4h，20℃）＞2.35mg/L。NOEL 值：大鼠（2 年）2.0mg/(kg·d)。山齿鹑和野鸭急性经口 LD_{50}＞2000mg/kg；山齿鹑和野鸭饲喂 LC_{50}（8d）＞5200mg/kg。鱼类 LC_{50}（96h，mg/L）：虹鳟鱼＞73，鲤鱼＞63，大翻车鱼＞29，鲶鱼 45。对水蚤有毒。对扁藻等海藻微毒。蜜蜂：经口 LC_{50}＞197μg/只；涂抹 LD_{50}＞20μg/只。对蚯蚓无不良影响。

制剂　EC。

应用　几丁质合成抑制剂。有胃毒作用，能使幼虫蜕皮受阻，并且停止取食致死。用药后，首次作用缓慢，有杀卵功能，可杀灭新产虫卵，施药后 2～3d 可以看到效果。对蜜蜂和大黄蜂低毒，对哺乳动物虱螨低毒，蜜蜂采蜜时可以使用。比有机磷、氨基甲酸酯类农药相对更安全，可作为良好的混配剂使用，对鳞翅目害虫有良好的防效。低剂量使用，对花蓟马幼虫有良好防效；可阻止病毒传播，可有效控制对菊酯类和有机磷有抗性的鳞翅目害虫。药剂有选择性、长持效性，对后期土豆蛀茎虫有良好的防治效果。虱螨脲减少喷施次数，能显著增产。防治棉花、蔬菜、果树上的鳞翅目幼虫等；也可作为卫生用药；还可用于防治动物，如牛等身上的寄生虫，包括抗性品系。

合成路线

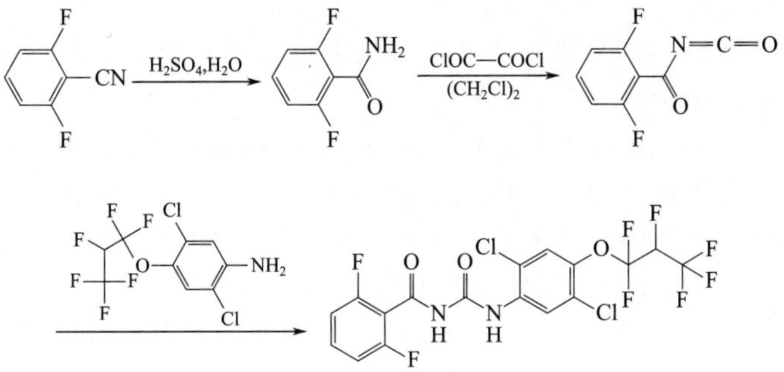

分析方法 可用 HPLC 进行分析。

主要生产商 江苏中旗，Syngenta AG。

参考文献

［1］ The Pesticide Manual. 15 th edition：695-696.

［2］ EP 0179022.

十氯酮（chlordecone）

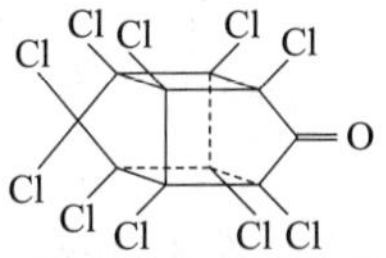

$C_{10}Cl_{10}O$，490.6，143-50-0

由 Allied Chemical Corp.，Agricultural Div.（后 Hopkins Ltd）推出。

其他名称 开蓬，GC-1189，Kepone

化学名称 全氯五环[5.3.0.0^{2,6}.0^{3,9}.0^{4,8}]癸-5-酮；perchloropentacyclo[5.3.0.0^{2,6}.0^{3,9}.0^{4,8}]decan-5-one

CAS 名称 1，1*a*，3，3*a*，4，5，5，5*a*，5*b*，6-decachlorooctahydro-1，3，4-metheno-2*H*-cyclobuta[*cd*]pentalen-2-one

理化性质 350℃分解。蒸气压 4×10^{-2}mPa（25℃）。对碱稳定，遇强酸分解。

毒性 急性经口 LD_{50}：大白鼠 126～132mg/kg，兔 71mg/kg，狗 250mg/kg（5%玉米油溶液）。雄兔经皮 LD_{50} 450mg/kg。长期饲喂 LD_{50} 14mg/(kg·d)。对鱼类有毒。

制剂 RB，WP。

应用 用于防治蟑螂。具有胃毒作用和弱的触杀作用。阻碍氧化磷酸化过程。

分析方法 产品采用 GC 或 IR 分析。

参考文献

Gilbert E E，et al. J Agric Food Chem，1966，14：115-116.

蔬果磷（dioxabenzofos）

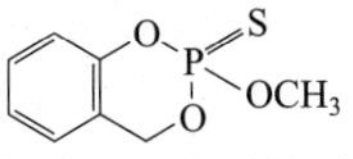

$C_8H_9O_3PS$，216.2，3811-49-2

1962 年 M. Eto 和 Y. Oshima 报道。Sumitomo Chemical Co.，Ltd. 开发。

其他名称　水杨硫磷

化学名称　2-甲氧基-4H-苯并-1,3,2-二氧磷杂苯-2-硫化物；(RS)-2-methoxy-4H-1,3,2λ^5-benzodioxaphosphinine 2-sulfide

CAS 名称　(±)-2-methoxy-4H-1,3,2-benzodioxaphosphorin 2-sulfide

理化性质　原药为浅黄色粉末。熔点 52.5～54℃。蒸气压 420mPa（20℃）。Henry 常数 2.11Pa·m³/mol（计算值）。溶解度：水中 43mg/L（20℃）；乙腈、环己酮、二甲苯＞1 (kg/kg, 21～23℃)。在酸性至弱碱性介质中稳定（pH 2～8）。

毒性　急性经口 LD_{50}：雄性大鼠 125mg/kg，雌性大鼠 180mg/kg，雄性小鼠 125mg/kg。急性经皮 LD_{50}：雄性大鼠 400mg/kg，小鼠＞1250mg/kg。

制剂　MG，EC，WP，GR，GP。

应用　非内吸性杀虫剂，具有触杀、胃毒和吸入毒性作用。能够广泛防治水果、大米、茶叶、烟草和蔬菜中的蛀干害虫、咀嚼式口器害虫、刺吸式口器害虫。

分析方法　采用 GLC。

双甲脒（amitraz）

$C_{19}H_{23}N_3$，293.4，33089-61-1

双甲脒是 1973 年由 Boots Company Ltd（现属拜耳公司）开发的。

其他名称　螨克，胺三氮螨，阿米德拉兹，果螨杀，杀伐螨，BTS-27419，ENT-27967，RD-27419，JA119，Mitac，Azaform，Baam，Danicut，MITAC，Taktic

化学名称　N,N-双(2,4-二甲基苯基亚氨基甲基)甲胺；N-methylbis(2,4-xylyliminomethyl)amine

CAS 名称　N'-(2,4-dimethylphenyl)-N-[[(2,4-dimethylphenyl)imino]methyl]-N-methyl-methanimidamide

理化性质　白色或淡黄色晶体。熔点为 86～88℃。蒸气压 0.34mPa（25℃）。$K_{ow}\lg P$ 5.5（25℃，pH 5.8）。Henry 常数 1.0Pa·m³/mol（测定值）。相对密度 1.128（20℃）。溶解度：水＜1mg/L（20℃）；溶于大多数有机溶剂，丙酮、甲苯、二甲苯中＞300g/L。水解 DT_{50}（25℃，h）：2.1（pH 5），22.1（pH 7），25.5（pH 9）。紫外线对稳定性几乎无影响。pK_a 4.2，呈弱碱性。

毒性　急性经口 LD_{50}（mg/kg）：大鼠 650，小鼠＞1600。急性经皮 LD_{50}（mg/kg）：兔＞200，大鼠＞1600。大鼠吸入 LD_{50}（6h）＞65mg/L 空气。NOEL 值：在 2 年的饲喂试验中，大鼠无害作用剂量为 50～200mg/L 饲料，狗为 0.25mg/(kg·d)。对人的 NOEL 值＞0.125mg/(kg·d)。在环境中迅速降解，但在饮用水中在可测量浓度下不会降解。山齿鹑 LD_{50} 788mg/kg。LC_{50}（8d, mg/kg）：野鸭 7000，日本鹌鹑 1800。LC_{50}（96h, mg/L）：虹鳟鱼 0.74，大翻车鱼 0.45。由于双甲脒很容易水解，在水体系中毒性很低。水蚤 LC_{50}（48h）0.035mg/L。羊角月牙藻 EC_{50}＞12mg/L。对蜜蜂和肉食性昆虫低毒；蜜蜂 LD_{50}（接触）50μg/只（制剂）。蚯蚓 LC_{50}（14d）＞1000mg 原药/kg。

制剂 TC，EC。

应用 广谱性杀螨剂。对叶螨科各个发育阶段的虫态均有良好防效，但对越冬的螨卵药效差，用于防治对其他杀螨剂有抗性的害螨有较好药效。同时，可兼治同翅目及鳞翅目多种害虫。通过触杀和呼吸作用，对广泛的食植物的螨类和昆虫有防效。对瘿螨科和叶螨科以及许多同翅目害虫（蚜科、粉虱科、蚧科、盾蚧科、绵蚧科、粉蚧科、木虱科）的所有生育阶段均有效果。对各种鳞翅目害虫（棉铃虫和黏虫）的卵也有活性。对捕食性昆虫相对无毒。主要用于柑橘、棉花、葫芦、啤酒花、观赏植物和番茄。在兽用方面主要用于防治家畜、狗、山羊和绵羊的蛛形纲、蠕形螨科、蚤目、兽羽虱科和蜜蜂的大蜂螨，包括对其他兽用杀蜱螨剂产生抗性的蜱螨也十分有效。该药在毛发中可保持很长时间，可防治所有生育期的寄生虫。具有多种毒杀机理，主要抑制单胺氧化酶的活性，对昆虫中枢神经系统的非胆碱能突触会诱发直接兴奋作用。并有触杀、拒食、驱避作用，亦有一定的胃毒、熏蒸和内吸作用。双甲脒在高温晴朗天气使用防效高；气温低于 25℃时，杀螨效果较差。不宜和碱性农药（如波尔多液、石硫合剂等）混用，以免降低药效。在温度较高时使用，对辣椒和梨可能产生药害。不要与对硫磷混合用于苹果或梨树，以免发生药害。

合成路线

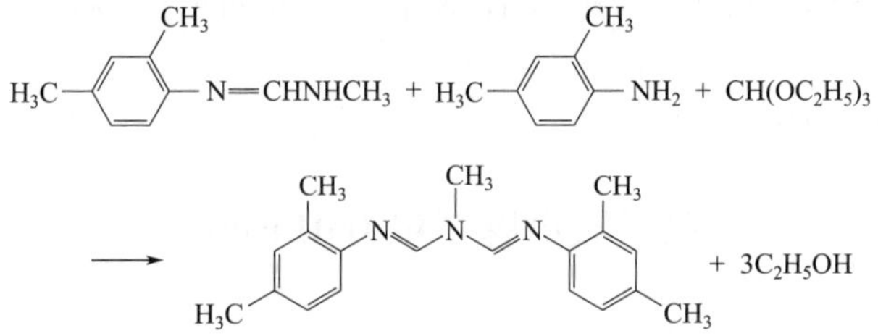

分析方法 可用 GC-MSD/HPLC-UV 进行分析。

主要生产商 河北新兴，江苏百灵，江苏绿利来，常州华夏，常州武进恒隆，上虞颖泰。

参考文献

[1] The Pesticide Manual. 15th edition：37-38.
[2] GB 1327935.
[3] 浙江工业大学学报，1995，23（1）：8-15.
[4] 农药，1999，38（2）：9-11.

双硫磷（temephos）

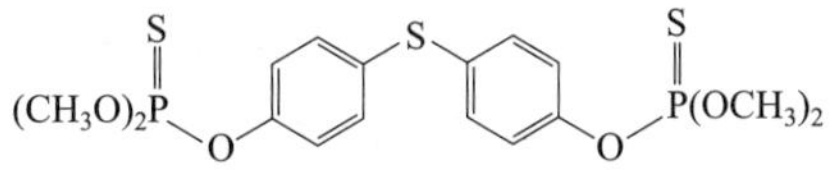

$C_{16}H_{20}O_6P_2S_3$，466.5，3383-96-8

由 American Cyanamid Co.（现属 BASF）开发的有机磷类杀虫剂。

其他名称 硫甲双磷，替美福司，硫双苯硫磷，AC52160，OMS786，ENT27165，Abate，Sunmephos，Temeguard，Temetox，TIOK

化学名称 O,O,O',O'-四甲基-O,O'-硫代二对亚苯基双（硫代磷酸酯）；O,O,O',O'-tetramethyl O,O'-thiodi-p-phenylene bis(phosphorothioate)；O,O,O',O'-tetramethyl O,O'-thiodi-p-phenylene diphosphorothioate

CAS 名称 O,O'-(thiodi-4,1-phenylene)bis(O,O-dimethyl phosphorothioate)

理化性质 纯品为无色结晶固体（TC 棕色黏稠液体）。熔点 30.0～30.5℃，沸点 120～125℃，蒸气压 8×10^{-4} Pa (25℃)，K_{ow} lg$P$ 4.91，相对密度 1.32 (TC)。水中溶解度 0.03mg/L (25℃)；溶于常用的有机溶剂，如乙醚、芳香烃和卤代烃化合物，正己烷 9.6g/L。强酸和碱性条件下分解，pH5～7 稳定，49℃以上分解。

毒性 大鼠急性经口 LD_{50}：4204mg/kg（雄），＞10000mg/kg（雌）。急性经皮 LD_{50} (24h)：兔 2181mg/kg，大鼠＞4000mg/kg；不刺激眼睛和皮肤。大鼠急性吸入毒性 LC_{50} (4h) 4.79mg/L。大鼠 2 年饲喂无作用剂量 300mg/kg 饲料。急性经口 LD_{50} (5d)：野鸭 1200mg/kg，野鸡 170mg/kg（饲料）。鱼毒 LC_{50}：虹鳟鱼 9.6mg/L (96h)，31.8mg/L (24h)。蜜蜂直接接触高毒，LD_{50} 1.55μg/只（接触）。

制剂 DP，EC，GR，KN，MG，RB，SG。

应用 双硫磷低毒，杀虫作用广谱，作用方式以触杀作用为主，无内吸性。可用于公共卫生，防治孑孓、摇蚊、蛾和毛蠓科幼虫；也能防治人体上的虱子、狗和猫身上的跳蚤；也可用来防治地老虎、柑橘上的蓟马和牧草上的盲蝽属害虫，对蚊及其幼虫有特效。使用时避免接触蜜蜂。

主要生产商 BASF，Sundat，Gharda，Kemio，Bayer CropScience，欧亚化学。

参考文献

J Agric Food Chem，1969，17：118-122.

双三氟虫脲（bistrifluron）

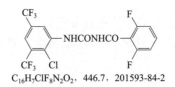

$C_{16}H_7ClF_8N_2O_2$，446.7，201593-84-2

韩国东宝化学公司从 2000 多个苯甲酰脲衍生物中筛选出的高活性几丁质合成抑制剂。

其他名称 DBI-3204，Hanaro

化学名称 1-[2-氯-3,5-二(三氟甲基)苯基]-3-(2,6-二氟苯甲基)脲；1-[2-chloro-3,5-bis(trifluoromethyl)phenyl]-3-(2,6-difluorobenzoyl)urea

CAS 名称 N-[[[2-chloro-3,5-bis(trifluoromethyl)phenyl]amino]carbonyl]-2,6-difluorobenzamide

理化性质 纯品为白色粉状固体。熔点 172～175℃，蒸气压 2.7×10^{-3} mPa (25℃)，K_{ow} lg$P$ 5.74，Henry 常数＜4.0×10^{-2} Pa·m³/mol（计算值）。水中溶解度＜0.03mg/L (25℃)；其他溶剂中溶解度 (g/L，25℃)：甲醇 33.0，二氯甲烷 64.0，正己烷 3.5。室温，pH 5～9 时稳定。pK_a (25℃)：9.58±0.46。

毒性 雄、雌大鼠急性经口 LD_{50}＞5000mg/kg。雄、雌大鼠急性经皮 LD_{50}＞2000mg/kg；本品对皮肤无刺激，对眼睛轻微刺激。大鼠无作用剂量：(13 周) 亚急性毒性 220mg/kg，(4 周) 亚急性皮肤毒性 1000mg/kg，致畸＞1000mg/kg。Ames 试验：染色体畸变和微核测试中呈阴性。山齿鹑和野鸭急性经口 LD_{50}＞2250mg/kg。鱼毒 LC_{50} (48h)：鲤鱼＞0.5mg/L，鳉鱼＞10mg/L。蜜蜂 LD_{50} (48h，接触)＞100μg/只。蚯蚓 LC_{50} (14d) 32.84mg/kg。

制剂 EC，SC。

应用　苯甲酰脲衍生物中筛选出的高活性昆虫生长调节剂。双三氟虫脲对昆虫具有显著的生长发育抑制作用，抑制昆虫几丁质形成，影响内表皮生成，使昆虫不能顺利蜕皮而死亡。用于防治蔬菜、茶叶、棉花等多种植物的大多数鳞翅目害虫，对小菜蛾幼虫具有优良的活性，对白粉虱有特效。

合成路线

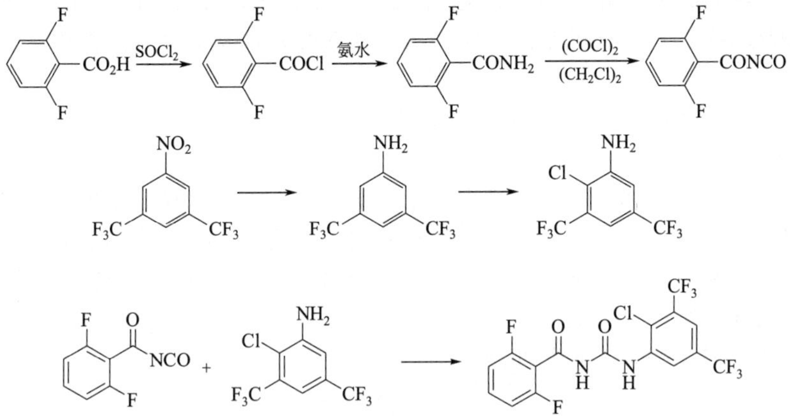

分析方法　采用 HPLC 分析。

主要生产商　Dongbu HiTek。

参考文献

[1]　WO 800394.

[2]　The Pesticide Manual. 15 th edition.

[3]　The BCPC Conference—Pests and Diseases，2000：41-44.

双氧硫威（RO13-7744）

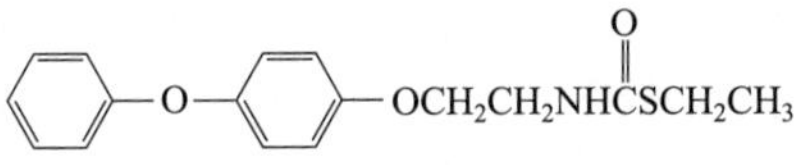

$C_{17}H_{19}NO_3S$，317.4，72489-99-7

其他名称　RO13-7744

化学名称　S-乙基[2-(对苯氧基苯氧基)乙基]硫赶氨基甲酸酯；S-ethyl[2-(p-phenoxyphenoxy)ethyl]thiocarbamate

CAS 名称　S-ethyl[2-(4-phenoxyphenoxy)ethyl]carbamothioate

应用　用于仓储害虫的防治，具有保幼激素作用。

水胺硫磷（isocarbophos）

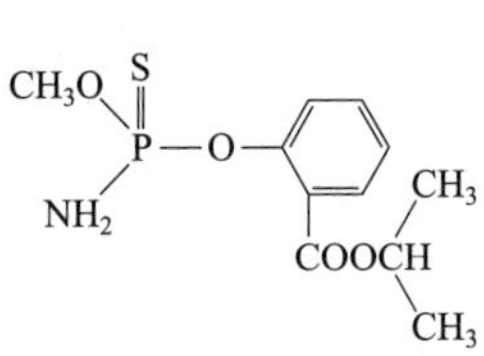

$C_{11}H_{16}NO_4PS$，288.0，24353-61-5

1967 由 Bayer AG 开发。

其他名称　羧胺磷，Optunal

化学名称　O-甲基-O-(2-异丙氧基羰基苯基)硫代磷酰胺；O-methyl-O-(2-isopropylsalicylate)phosphoroamidothioate

CAS 名称　1-methylethyl 2-[[amino(methoxy)phosphinothioyl]oxy]benzoate

理化性质　纯品为无色片状结晶，熔点 45～46℃。不溶于水和石油醚，溶于乙醇、乙醚、苯、丙酮及乙酸乙酯等有机溶剂。原药为茶褐色黏稠油状液体，呈酸性，在放置过程中能逐渐析出结晶。

毒性　大鼠急性经口 LD_{50} 28.5mg/kg。大鼠急性经皮 LD_{50} 447mg/kg。对蜜蜂毒性高。

制剂　GR。

应用　本品是一种广谱性有机磷杀虫、杀螨剂，兼有杀卵作用。对蛛形纲中的螨类、昆虫纲中的鳞翅目、同翅目昆虫具有很好的防治作用。主要用于防治水稻、棉花害虫，如红蜘蛛、介壳虫、香蕉象鼻虫、花蓟马、卷叶螟、斜纹夜蛾等。其为高毒农药，禁止用于水果、蔬菜、烟草、茶叶、草药植物上。

主要生产商　河北威远，湖北仙隆。

顺式苄呋菊酯（cismethrin）

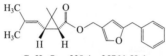

$C_{22}H_{26}O_3$，338.4，35764-59-1

由 M. Elliott 报道的具有很好杀虫活性的拟除虫菊酯类杀虫剂。

其他名称　NRDC 119，OMS 1800

化学名称　5-苄基-3-呋喃甲基-(1R,3S)-2,2-二甲基-3-(2-甲基丙-1-烯基)环丙烷羧酸酯或(1R,3S)-2,2-二甲基-3-(2-甲基丙-1-烯基)环丙烷羧酸-5-苄基-3-呋喃甲酯；5-苄基-3-呋喃甲基-(1R)-cis-2,2-二甲基-3-(2-甲基丙-1-烯基)环丙烷羧酸酯或(1R)-cis-2,2-2,2-二甲基-3-(2-甲基丙-1-烯基)环丙烷羧酸-5-苄基-3-呋喃甲酯。

5-benzyl-3-furylmethyl(1R,3S)-2,2-dimethyl-3-(2-methylprop-1-enyl)cyclopropanecarboxylate；5-benzyl-3-furylmethyl(1R)-cis-2,2-dimethyl-3-(2-methylprop-1-enyl)cyclopropanecarboxylate

CAS 名称　[5-(phenylmethyl)-3-furanyl]methyl(1R,3S)-2,2-dimethyl-3-(2-methyl-1-propen-1-yl)cyclopropanecarboxylate

理化性质　纯品为无色晶体，工业品为黄褐色蜡状固体。熔点 56.5℃［纯(1RS)-反式异构体］，分解温度＞180℃。蒸气压＜0.01mPa（25℃）。K_{ow}lg$P$ 5.43（25℃）。Henry 常数＜$8.93×10^{-2}$ Pa·m³/mol（计算值）。相对密度：0.958～0.968（20℃），1.035（30℃）。溶解度：水 37.9μg/L（25℃）；丙酮约 30%，氯仿、二氯甲烷、乙酸乙酯、甲苯＞50%，二甲苯＞40%，乙醇、正辛醇约 6%，正己烷约 10%，异丙醚约 25%，甲醇约 3%。耐高温，耐氧化，暴露在空气中、光照下会迅速分解，比除虫菊酯分解慢。碱性条件下不稳定。

毒性　大鼠急性经口 LD_{50}＞2500mg/kg。大鼠急性经皮 LD_{50}＞3000mg/kg。对皮肤和眼睛无刺激性。对豚鼠皮肤无致敏现象。大鼠吸入 LC_{50}（4h）＞9.49g/m³ 空气。大鼠

NOEL 值＞3000mg/kg（90d）。按 100mg/（kg·d）剂量饲喂兔，50mg/（kg·d）剂量饲喂小鼠或 80mg/（kg·d）剂量饲喂大鼠，没有发现致畸现象。对大鼠进行 112 周高达 5000mg/kg 的实验，没有发现致癌作用；对小鼠进行 85 周高达 1000mg/kg 的实验，没有发现致癌作用。加利福尼亚鹌鹑急性经口 LD_{50}＞2000mg/kg。对鱼类有毒，LC_{50}（96h，μg/L）：黄鲈鱼 2.36，红鲈鱼 11，大翻车鱼 17。基围虾 LC_{50}（96h）为 1.3μg/L，水蚤 LC_{50}（48h）3.7μg/L。对蜜蜂有毒，LD_{50}：0.069μg/只（经口），0.015μg/只（接触）。顺式苄呋菊酯在母鸡体内的新陈代谢主要是酯水解、氧化作用及其螯合作用，^{14}C 标记的顺式苄呋菊酯在温室番茄、温室莴苣及大田小麦体内的新陈代谢表明其可快速降解，施药 5d 后无残留，多数代谢产物残留量很低。

制剂 AE，EC，UL，WP。

应用 用于防治黑斑伊蚊成虫、埃及伊蚊、尖音库蚊和淡色按蚊的 4 龄幼虫，也用于在大田水池中防治环喙库蚊的幼虫和蛹。本品和氯菊酯对狗血红扇蜱若虫最为有效，药效高于氯菊酯。顺式苄呋菊酯和生物苄呋菊酯作为触杀气雾剂，对带喙伊蚊、埃及伊蚊、尖音库蚊、四斑按蚊和淡色按蚊雌虫成虫的毒力，一般要高出有机磷类杀虫剂 1~2 个数量级。本品通过作用于钠离子通道来干扰神经作用，作用方式为触杀，无内吸作用。

合成路线

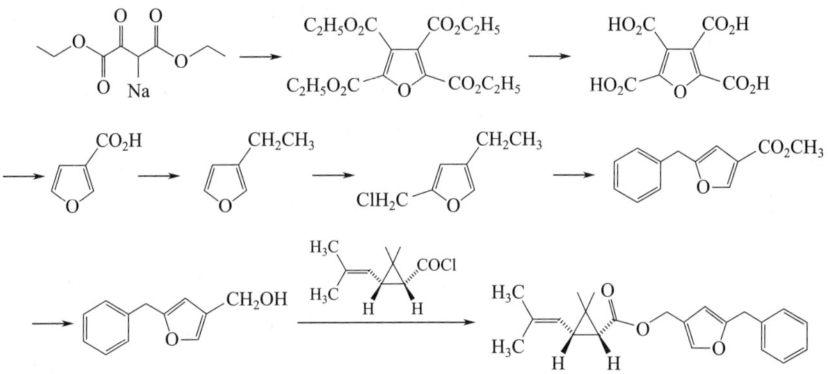

分析方法 产品可用气相、液相色谱法分析。

主要生产商 Sumitomo Chemical，Agro-Chemie，Bharat。

参考文献

[1] The Pesticide Manual. 13th ed. 2003；878-880.
[2] GB 1168797.
[3] 农药商品大全. 北京：中国商业出版社，1996；121.

顺式氯氰菊酯（*alpha*-cypermethrin）

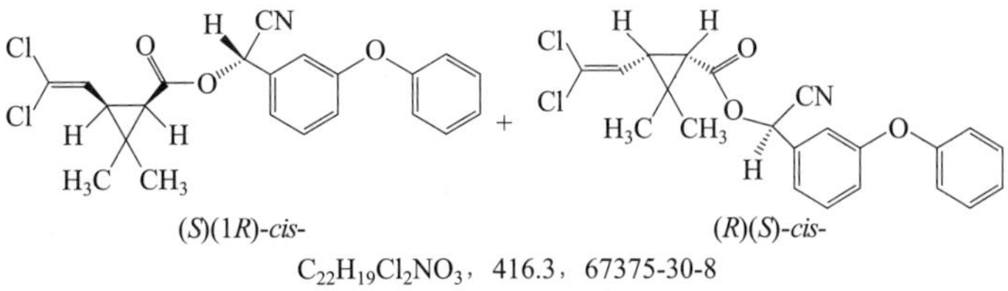

(S)(1R)-cis-   (R)(S)-cis-
$C_{22}H_{19}Cl_2NO_3$，416.3，67375-30-8

1983 年 J. P. Fisher 等报道。Shell International Chemical Co.（现 BASF SE）开发。

其他名称 快杀敌，高效安绿宝，奋斗呐，高效灭百可，虫毙王，奥灵，高效氯氰菊酯，百事达，WL85871，FMC63318，FMC39391，BAS 310 I，OMS3004，Fastac，Fendona，Renegade，Concord，Bestox

化学名称 由消旋体(S)-α-氰基-3-苯氧苄基-$(1R,3R)$-3-$(2,2$-二氯乙烯基$)$-2,2-二甲基环丙烷羧酸酯和(R)-α-氰基-3-苯氧苄基-$(1S,3S)$-3-$(2,2$-二氯乙烯基$)$-2,2-二甲基环丙烷羧酸酯组成，或者由消旋体(S)-α-氰基-3-苯氧苄基-$(1R)$-顺-3-$(2,2$-二氯乙烯基$)$-2,2-二甲基环丙烷羧酸酯和(R)-α-氰基-3-苯氧苄基-$(1S)$-顺-3-$(2,2$-二氯乙烯基$)$-2,2-二甲基环丙烷羧酸酯组成。

(S)-α-cyano-3-phenoxybenzyl$(1R,3R)$-3-$(2,2$-dichlorovinyl$)$-2,2-dimethylcyclopropanecarboxylate 和 (R)-α-cyano-3-phenoxybenzyl$(1S,3S)$-3-$(2,2$-dichlorovinyl$)$-2,2-dimethyl-cyclopropanecarboxylate 或 (S)-α-cyano-3-phenoxybenzyl$(1R)$-cis-3-$(2,2$-dichlorovinyl$)$-2,2-dimethylcyclopropanecarboxylate 和 (R)-α-cyano-3-phenoxybenzyl$(1S)$-cis-3-$(2,2$-dichlorovinyl$)$-2,2-dimethylcyclopropanecarboxylate

CAS名称 $[1\alpha(S^*),3\alpha]$-$(\pm)$-cyano(3-phenoxyphenyl)methyl 3-$(2,2$-dichloroethenyl$)$-2,2-dimethylcyclopropanecarboxylate

理化性质 无色晶体（工业品白色至灰色粉末，具有微弱的芳香气味）。熔点 81.5℃（97.3%），沸点 200℃（9.3Pa）。蒸气压 2.3×10^{-2} mPa（20℃）。$K_{ow}\lg P$ 6.94（pH7）。Henry常数 6.9×10^{-2} Pa·m³/mol（计算值）。相对密度 1.28（22℃）。水中溶解度（20℃）：$0.67\mu g/L$（pH 4），$3.97\mu g/L$（pH 7），$4.54\mu g/L$（pH 9），$1.25\mu g/L$（2倍水稀释）；其他溶剂中溶解度（21℃，g/L）：正己烷6.5，甲苯596，甲醇21.3，异丙醇9.6，乙酸乙酯584，正辛烷>0.5g/L，与二氯甲烷、丙酮互溶（$>10^3$g/L）。中性或酸性介质中非常稳定，强碱性介质中水解；DT_{50}：（pH 4，50℃）稳定性超过10d，（pH 7，20℃）101d，（pH 9，20℃）7.3d。高于220℃分解。田间数据表明实际上对空气稳定。

毒性 大鼠急性经口 LD_{50} 57mg/kg（在玉米油中）。急性经皮 LD_{50}：大鼠$>$2000mg/kg，兔$>$2000mg/kg；对兔眼睛有极小的刺激作用。大鼠吸入 LC_{50}（4h，经鼻呼吸）$>$0.593mg/L（最高浓度下）。狗 NOEL 数值（1年）$>$60mg/kg [1.5mg/(kg·d)]。其他，无诱变作用。对中枢神经系统和周围神经运动有毒性。3d内在一定剂量下引起的神经行为改变是可逆的。急性大鼠实验中 NOAEL 为 4mg/kg（玉米油中）；4周大鼠经口实验中 NOAEL 数值 10mg/kg（DMSO中）。该药剂可能导致感觉异常。山齿鹑急性经口 $LD_{50}>$2025mg/kg。对山齿鹑的生殖毒性 NOEC（20周）150mg/kg 饲料。虹鳟鱼 LC_{50}（96h）$2.8\mu g/L$。田间条件下由于在水中快速分解，对鱼类无毒害的影响。早期生命阶段测试中 NOEC（34d）为 $0.03\mu g/L$；水蚤 EC_{50}（48h）为 $0.1\sim0.3\mu g/L$；水藻 EC_{50}（96h）$>100\mu g/L$；摇蚊属幼虫 NOEC（28d）$0.024\mu g/L$。小鼠艾氏腹水癌（EAC）为 $0.015\mu g/L$。蜜蜂 LD_{50}（24h）$0.059\mu g$/只，LC_{50}（24h）$0.033\mu g$/只，在田间条件下，对蜜蜂无毒。蚯蚓 LD_{50}（14d）$>$100mg/kg。300g/hm² 处理剂量下对蚯蚓繁殖无影响。

制剂 EC，SC，TB，UL，WP。

应用 通过阻断在神经末梢的钠离子通道的钠离子信号传递到神经冲动，从而阻断蛋白运动到轴突。通常这种中毒导致快速击倒和导致死亡。非内吸性的具有触杀和胃毒作用的杀虫剂。以非常低的剂量作用于中央和周边的神经系统。神经轴突毒剂，可引起昆虫极度兴奋、痉挛、麻痹，并产生神经毒素，最终可导致神经传导完全阻断，也可引起神经系统以外的其他细胞组织产生病变而死亡。具有杀卵活性。在植物上有良好的稳定性，能耐雨水冲刷，顺式氯氰菊酯为一种生物活性较高的拟除虫菊酯类杀虫剂，它是有氯氰菊酯的高效异构体组成。其杀虫活性约为氯氰菊酯的$1\sim3$倍，因此单位面积用量更少，效果更高。适用于棉花、大豆、玉米、甜菜、小麦、果树、蔬菜、茶树、花卉、烟草等。防治刺吸式和咀嚼式害虫特别是鳞翅目、同翅目、半翅目、鞘翅目等多种害虫，也用于公共卫生害虫蟑螂、蚊子等，还用作动物体外杀虫剂。

合成路线

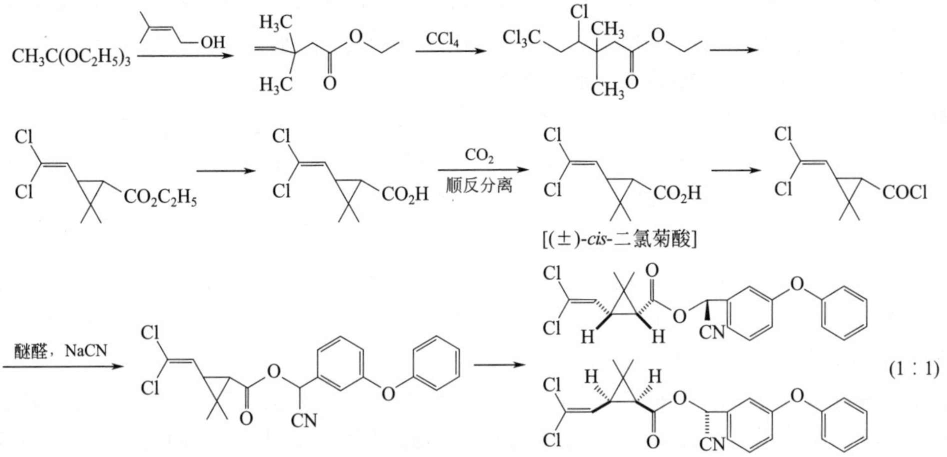

分析方法 可利用 GC（FID 检测器）。残留物用 GC（ECD 检测器）。

主要生产商 BASF, Agrochem, AgroDragon, Aimco, Bharat, Bilag, Bioquest, Coromandel, Devidayal, FMC, Gharda, Gujarat Agrochem, Hailir, Heranba, Meghmani, Rotam, Sharda, Sundat, Tagros, 湖北沙隆达。

参考文献

[1] 农药, 1999, 38（2）: 24-25.
[2] CN 1244524.
[3] US 4261920.
[4] US 4424168.
[5] US 4889872.
[6] US 5128497.

四氟苯菊酯（transfluthrin）

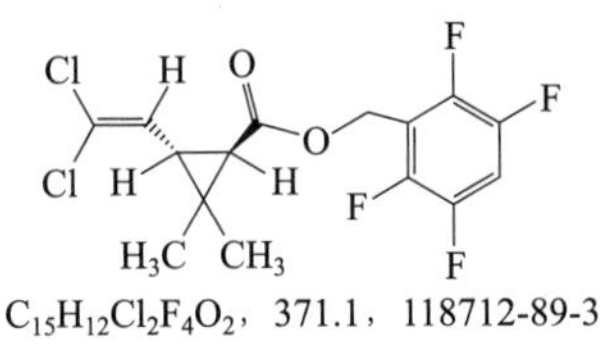

$C_{15}H_{12}Cl_2F_4O_2$，371.1，118712-89-3

Bayer CropScience 开发的拟除虫菊酯类杀虫剂。

其他名称 NAK4455, Bayothrin, Baygon

化学名称 2,3,5,6-四氟苄基-(1R,3S)-3-(2,2-二氯乙烯基)-2,2-二甲基环丙烷羧酸酯或(1R,3S)-3-(2,2-二氯乙烯基)-2,2-二甲基环丙烷羧酸-2,3,5,6-四氟苄酯；2,3,5,6-四氟苄基(1R)-trans-3-(2,2-二氯乙烯基)-2,2-二甲基环丙烷羧酸酯或(1R)-trans-3-(2,2-二氯乙烯基)-2,2-二甲基环丙烷羧酸-2,3,5,6-四氟苄酯；2,3,5,6-tetrafluorobenzyl(1R,3S)-3-(2,2-dichlorovinyl)-2,2-dimethylcyclopropanecarboxylate；2,3,5,6-tetrafluorobenzyl(1R)-trans-

3-(2,2-dichlorovinyl)-2,2-dimethylcyclopropanecarboxylat

CAS 名称 (2,3,5,6-tetrafluorophenyl)methyl(1R,3S)-3-(2,2-dichloroethenyl)-2,2-dimethylcyclopropanecarboxylate

理化性质 产品为无色晶体,纯品纯度 92%,熔点为 32℃,沸点为 135℃(0.1mbar,1mbar=10^5 mPa),蒸气压 0.4mPa(20℃),K_{ow} lg$P$ 5.46(20℃),Henry 常数 2.60Pa·m³/mol(计算值)。密度为 1.5072g/cm³(23℃)。溶解度:水 $5.7×10^{-5}$ g/L(20℃),有机溶剂>200g/L。在 200℃加热 5h 没有分解。

毒性 急性经口 LD_{50}(mg/kg):雄、雌大鼠>5000,雄小鼠 583,雌小鼠 688。雄、雌大鼠急性经皮 LD_{50}(24h)>5000mg/kg。NOEL(2 年,mg/L):雄、雌大鼠 20,雄、雌小鼠 100。家兔皮肤接触和眼黏膜试验均无刺激性。亚急性、亚慢性、慢性毒性试验均未测见任何影响。胚胎毒性、致畸性、致突变性和致癌性试验均阴性。禽类急性经口 LD_{50}(mg/kg):鹌鹑和金丝雀>2000,母鸡>5000。鱼类 LC_{50}(96h,μg/L):圆腹雅罗鱼 1.25,虹鳟 0.7。水蚤 LC_{50}(48h)0.0017mg/L,对藻类 EC_{50}(96h)>0.1mg/L。

制剂 AL、FU、LV、MC、VP、XX。

应用 四氟苯菊酯属于广谱杀虫剂,能有效地防治卫生害虫和贮藏害虫,对双翅目昆虫如蚊类有快速击倒作用,且对蟑螂、臭虫有很好的残留效果。可用于 MC、气雾杀虫剂、电热片 MC 等多种制剂中。

合成路线

分析方法 产品可用带 FID 检测器的 GC 检测,(1S)-*trans*-异构体可用带 FID 检测器的受性毛细管气象色谱法检测。

主要生产商 Bayer CropScience,扬农化工。

参考文献

[1] The Pesticide Manual. 15 th edition:1143-1144.
[2] DE 3705224.
[3] 农药,2005,44(7):312-313.
[4] 中国拟除虫菊酯发展 30 年学术研讨会,2003:105-107.

四氟甲醚菊酯(dimefluthrin)

$C_{19}H_{22}F_4O_3$,374.37,271241-14-6

化学名称 2,3,5,6-四氟-4-(甲氧甲基)苄基-(1RS,3RS;1RS,3SR)-2,2-二甲基-3-(2-甲基丙-1-烯基)环丙烷羧酸酯;2,3,5,6-tetrafluoro-4-(methoxymethyl)benzyl(1RS,3RS;1RS,3SR)-2,2-dimethyl-3-(2-methylprop-1-enyl)cyclopropanecarboxylate Roth:2,3,5,6-tetrafluoro-4-(methoxymethyl)benzyl(1RS)-cis,trans-2,2-dimethyl-3-(2-methylprop-1-enyl)cyclopropanecarboxylate

CAS 名称 [2,3,5,6-tetrafluoro-4-(methoxymethyl)phenyl]methyl 2,2-dimethyl-3-(2-methyl-1-propenyl)cyclopropanecarboxylate

理化性质 原药外观为淡黄色透明液体,具有特异气味。沸点为 134～140℃ (26.7Pa)。密度为 1.18g/mL。蒸气压为 0.91mPa (25℃)。易与丙酮、乙醇、己烷、二甲基亚砜混合。

毒性 急性经口 LD_{50}:雄性 2036mg/kg,雌性 2295mg/kg。急性经皮 LD_{50} 2000mg/kg。对于鱼类、蜂和蚕毒性高,蚕室及其附近禁用。

应用 该药剂为拟除虫菊酯类杀虫剂。主要作用于神经系统,为神经毒剂,通过与钠离子通道作用,破坏神经元的功能。

四氟醚菊酯(tetramethylfluthrin)

$C_{17}H_{20}F_4O_3$,348.3,84937-88-2

最早由英国帝国化学报道,我国扬农公司开发的一种菊酯类杀虫剂。

其他名称 优士菊酯

化学名称 2,2,3,3-四甲基环丙烷羧酸-2,3,5,6-四氟-4-甲氧甲基苄基酯;2,3,5,6-tetrafluoro-4-(methoxymethyl)benzyl 2,2,3,3-tetramethylcyclopropanecarboxylate

CAS 名称 [2,3,5,6-tetrafluoro-4-(methoxymethyl)phenyl]methyl 2,2,3,3-tetramethylcyclopropanecarboxylate

理化性质 工业品为淡黄色透明液体,沸点为 110℃ (0.1mPa),闪点为 138.8℃,熔点为 10℃,相对密度 d_4^{28} 为 1.5072,难溶于水,易溶于有机溶剂。中性、弱酸性介质中稳定,遇强酸和强碱能分解,对紫外线敏感。

制剂 TC,MC,RWQ,TK,LV。

应用 该产品为吸入和触杀型杀虫剂,也用作驱避剂,是速效杀虫剂,对蚊虫有卓越的击倒效果,其杀虫毒力是右旋烯丙菊酯的 17 倍以上。可防治蚊子、苍蝇、蟑螂和白粉虱。建议用量:在盘式 MC 中的含量为 0.02%～0.05%。

合成路线

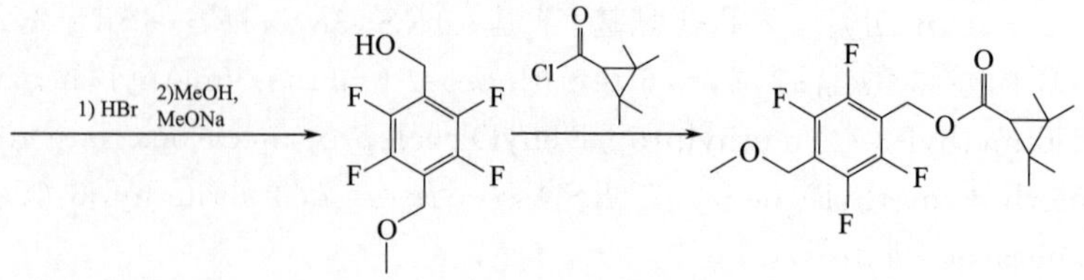

参考文献

[1] CN 1631868.

[2] EP 0054360.

四甲磷（mecarphon）

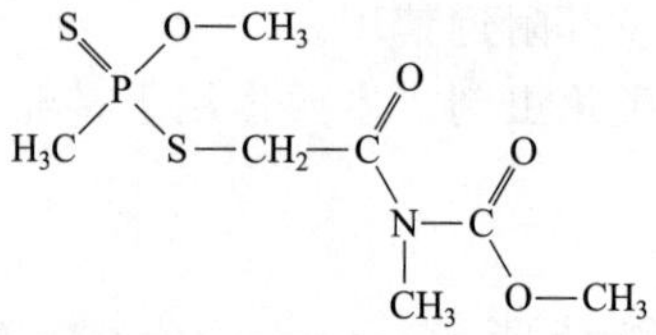

$C_7H_{14}NO_4PS_2$，271.3，29173-31-7

M. Pianka 和 W. S. Catling 介绍其杀虫活性，1968 年由 Murphy Chemical Ltd.（现 DowElanco）开发。

其他名称 MC 2420

化学名称 S-(N-甲氧羰基-N-甲基氨基甲酰甲基)-O-甲基甲基二硫代磷酸酯；S-(N-methoxycarbonyl-N-methylcarbamoylmethyl)-O-methyl methylphosphonodithioate

CAS 名称 methyl 3,7-dimethyl-6-oxo-2-oxa-4-thia-7-aza-3-phosphaoctan-8-oate 3-sulfide

理化性质 无色固体，熔点 36℃。20℃水中溶解度 300mg/L，溶于芳烃、氯化烃、乙醇，不溶于己烷。

毒性 大鼠急性经口 LD_{50} 57mg/kg。大鼠急性经皮 LD_{50} 720mg/kg。

制剂 EC，WP。

应用 胆碱酯酶抑制剂。具有触杀作用。用于防治梨果、核果、柑橘、橄榄等半翅目害虫（包括介壳虫、果蝇等）。

分析方法 产品分析采用 GLC。

参考文献

GB 1268199.

四螨嗪（clofentezine）

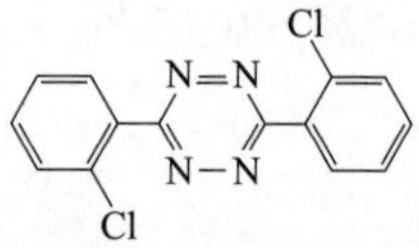

$C_{14}H_8Cl_2N_4$，303.1，74115-24-5

由 K. M. G. Bryan 等于 1981 年报道，FBC Ltd（今 Bayer AG）推出。

其他名称 NC-21314

化学名称 3,6-双(2-氯苯基)-1,2,4,5-四嗪；3,6-bis(2-chlorophenyl)-1,2,4,5-tetrazine

CAS 名称 3,6-bis(2-chlorophenyl)-1,2,4,5-tetrazine

理化性质 洋红色晶体。熔点 183.0℃。蒸气压 1.4×10^{-4} mPa (25℃)。$K_{ow}\lg P$ 4.1 (25℃)。相对密度 1.52 (20℃)。水中溶解度（pH 5,22℃）：2.5μg/L；其他溶剂中溶解度（g/L, 25℃）：二氯甲烷 37，丙酮 9.3，二甲苯 5，乙醇 0.5，乙酸乙酯 5.7。稳定性：有效成分和制剂对光和热稳定。22℃水溶液中水解 DT_{50} 为：248h（pH 5），34h（pH 7），4h（pH 9）。水溶液暴露在自然光下 1 周内即可完全光解。不易燃。

毒性 大鼠急性经口 $LD_{50}>5200$mg/kg。大鼠急性经皮 $LD_{50}>2100$mg/kg。对皮肤及眼睛无刺激。大鼠吸入 LC_{50}（4h）>9mg/L 空气。NOEL 值：大鼠（2 年）40mg/kg 饲料（2mg/kg）；狗（1 年）50mg/kg 饲料（1.25mg/kg）。ADI/RfD（JMPR）0.02mg/kg；(EC) 0.02mg/kg；(EPA) cRfD 0.013mg/kg。野鸭急性经口 $LD_{50}>3000$mg/kg，山齿鹑 $LD_{50}>7500$mg/kg。野鸭和山齿鹑饲喂 LC_{50}（8d）>4000mg/kg。鱼类 LC_{50}（96h）：虹鳟鱼>0.015mg/L，大翻车鱼>0.25mg/L。水蚤 LC_{50}（48h）>1.45μg/L。藻类：在溶解度范围内对毯毛栅藻及其他水生生物无毒。蜜蜂 $LD_{50}>252.6μg$（a.i.）/只（经口），$LC_{50}>84.5μg$（a.i.）/只（接触）。对蚯蚓无毒，$LC_{50}>439$mg（a.i.）/kg 土壤。

制剂 SC，WP。

应用 适用于果树、瓜类、棉花、茶树、观赏植物和豌豆等作物防治害螨。对榆全爪螨（苹果红蜘蛛）有特效，主要用作杀卵剂，对幼龄期有一定的防效，对成螨效果差。本品为触杀型有机氮杂环类杀螨剂，对人、畜低毒，对鸟类、鱼虾、蜜蜂及捕食性天敌和益虫较为安全。该药持效期长，但作用较慢，一般用药 2 周后才能达到最高杀螨活性，因此使用该药时应做好螨害的预测预报。

合成路线

分析方法 产品可用反相高效液相色谱法或可见光谱法分析。

主要生产商 Makhteshim-Agan，杭州庆丰，江苏宝灵，山东华阳。

参考文献

[1] The Pesticide Manual. 15th ed.：219-220.
[2] 新编农药手册（续）. 北京：中国农业出版社，1998：72-74.
[3] 农药，2003，42（2）：13-14.
[4] Bryan K M G, et al. Proc Br Crop Prot Conf—Pests Dis，1981：1，67

四溴菊酯（tralomethrin）

$C_{22}H_{19}Br_4NO_3$，665.0，66841-25-6

由 RousselUclaf 发现和开发。

其他名称　RU-25474，NU831，HAG107，Saga，Scout，Tralox，Tralate，Tracker

化学名称　(S)-α-氰基-3-苯氧苄基-(1R,3S)-2,2-二甲基-3-[(RS)-1,2,2,2-四溴乙基]环丙烷羧酸酯；(S)-α-cyano-3-phenoxybenzyl(1R,3S)-2,2-dimethyl-3-[(RS)-1,2,2,2-tetrabromoethyl] cyclopropanecarboxylate；(S)-α-cyano-3-phenoxybenzyl (1R)-cis-2,2-dimethyl-3-[(RS)-1,2,2,2-tetrabromoethyl]cyclopropanecarboxylate

CAS 名称　(S)-cyano(3-phenoxyphenyl)methyl(1R,3S)-2,2-dimethyl-3-(1,2,2,2-tetrabromoethyl)cyclopropanecarboxylate

理化性质　工业品为黄色至米黄色树脂状固体。熔点为 138～148℃，25℃时蒸气压为 4.8×10^{-6} mPa，20℃相对密度为 1.70，$K_{ow}\lg P$ 4.6 (25℃)。溶解度：水 80μg/L，丙酮、二氯甲烷、甲苯、二甲苯＞1000g/L，二甲基亚砜＞500g/L，乙醇＞180g/L。50℃时能稳定存在 6 个月，在酸性介质中能减少水解和差向异构化。

毒性　急性经口 LD_{50} (mg/kg)：大鼠 99～3000，狗＞500。兔急性经皮 LD_{50}＞2000mg/kg，对兔的皮肤刺激适中，眼睛轻微刺激。对豚鼠无致敏作用。大鼠吸入 LC_{50} (4h)＞0.40mg/L 空气。NOEL (2 年，mg/kg 饲料)：大鼠 0.75，小鼠 3，狗 1。对大鼠和兔无致诱变性和致畸性。鹌鹑急性经口 LD_{50}＞2510mg/kg。饲喂 LC_{50} (8d, mg/kg 饲料)：野鸭 7716，鹌鹑 4300。鱼类 LC_{50} (96h, mg/L)：虹鳟 0.0016，大翻车鱼 0.0043。水蚤 LC_{50} (48h) 38mg/L。蜜蜂 LD_{50} (接触) 0.12μg/只。

制剂　EC，SC，WP。

应用　适用于大麦、小麦、大豆、咖啡、棉花、果树（苹果、梨、桃树等）、玉米、油菜、水稻、烟草、蔬菜（茄子、白菜、黄瓜等），防治鞘翅目、同翅目、直翅目及鳞翅目等害虫，如草地夜蛾、棉叶夜蛾、玉米螟、梨豆夜蛾、烟蚜、菜蚜、菜青虫、黄地老虎、温室粉虱、苹果小卷蛾、蚜虫、灰翅夜蛾等害虫。

合成路线

$$Br_3CCHO + \underset{H_3C}{\overset{H_3C}{>}}C=CH_2 \longrightarrow \underset{CH_3\ CH_3}{H_2C=C-CBr_3} \xrightarrow{N_2} \underset{H_3C\ OH}{\overset{H_3C}{>}}C-CBr_3 \longrightarrow$$

$$\text{EtO}_2C-C(CH_3)_2-CHBrCH=CBr_2 \longrightarrow \text{(dibromovinyl cyclopropane CO}_2\text{CH}_2\text{CH}_3) \longrightarrow \text{(dibromovinyl cyclopropane CO}_2\text{H)}$$

$$\xrightarrow{Br_2} \text{(tetrabromoethyl cyclopropane COOH)} \longrightarrow \text{(tetrabromoethyl cyclopropane COCl)} + \text{(3-phenoxy mandelonitrile)}$$

$$\longrightarrow \text{(final product: tralomethrin structure)}$$

分析方法　产品可用高效液相色谱分析，残留分析可用气相色谱。

主要生产商　Bayer CropScience，扬农化工，南京红太阳。

参考文献

[1] The Pesticide Manual. 15 th edition：1142-1143.

[2] FR 2364884.

[3] 农药商品大全. 北京：中国商业出版社，1996：194-195.

苏硫磷（sophamide）

$C_6H_{14}NO_4PS_2$，259.3，37032-15-8

化学名称 S-甲氧基甲基氨基甲酰甲基-O,O-二甲基二硫代磷酸酯；S-methoxymethyl-carbamoylmethyl O,O-dimethyl phosphorodithioate

CAS 名称 S-[2-[(methoxymethyl)amino]-2-oxoethyl] O,O-dimethyl phosphorodithioate

应用 杀虫剂。

苏云金素（thuringiensin）

$C_{22}H_{32}N_5O_{19}P$，701.5，23526-02-5

化学名称 2-[(2R,3R,4R,5S,6R)-5-[[(2S,3R,4S,5S)-5-(6-氨基-9H-嘌呤-9-基)-3,4-二羟基四氢呋喃-2-基]甲氧基]-3,4-二羟基-6-(羟甲基)四氢-2H-吡喃-2-基氧]-3,5-二羟基-4-(磷酰基氧基)己二酸；2-[(2R,3R,4R,5S,6R)-5-[[(2S,3R,4S,5S)-5-(6-amino-9H-purin-9-yl)-3,4-dihydroxytetrahydrofuran-2-yl]methoxy]-3,4-dihydroxy-6-(hydroxymethyl)tetrahydro-2H-pyran-2-yloxy]-3,5-dihydroxy-4-(phosphonooxy)hexanedioic aci

CAS 名称 O-5′-deoxyadenosin-5′-yl-(5′→4)-O-α-D-glucopyranosyl-(1→2)-D-allaric acid 4-dihydrogen phosphate

理化性质 对紫外线、酸、碱稳定。

毒性 小鼠急性经口 LD_{50} 18mg/kg。对哺乳动物有较强的毒性，可能致突变。在环境中可能有较长的残留期。清水 DT_{50} 433h，水稻 DT_{50} 182h，白菜 DT_{50} 330h。产品或残留可用 HPLC 检测。

应用 适用于蔬菜、果树、棉花等防治脉翅目、双翅目、膜翅目、等翅目、鳞翅目、直翅目、半翅目等。

合成路线 苏云金素是苏云金杆菌（*Bacillus thuringiensis*）部分血清型的菌株在生长过程中分泌到体细胞外的一种次生代谢产物。

参考文献

［1］ 中国生物防治，1995，11（3）：97-100.
［2］ 生物防治通报，1993，9（4）：151-155.

速灭磷 (mevinphos)

$C_7H_{13}O_6P$,224.1,7786-34-7

由 R. A. Corey 等报道，由 Shell Chemical Co., USA（现 BASF SE）引入市场，2001 年被 Amvac Chemical Corp. 收购。

其他名称 磷君，OS-2046，Phosdrin

化学名称 2-甲氧羰基-1-甲基乙烯基二甲基磷酸酯；2-methoxycarbonyl-1-methylvinyldimethyl phosphate；methyl 3-(dimethoxyphosphinoyloxy)but-2-enoate

CAS 名称 methyl 3-[(dimethoxyphosphinyl)oxy]-2-butenoate

理化性质 纯品为无色液体[原药含大于 60%（E)-异构体和大约 20%（Z)-异构体]。熔点（E）式 21℃，（Z）式 6.9℃。沸点 99～103℃（0.04kPa）。蒸气压 $1.7×10^{-2}$ Pa（20℃）。$K_{ow}\lg P$ 0.127。相对密度 1.24（20℃）[（E）式 1.235，（Z）式 1.245]。几乎与水和大多数有机溶剂混溶，如乙醇、酮类、芳香烷烃、氯化烷烃，微溶于脂肪烷烃、石油醚、轻石油和二硫化碳。室温下稳定，但在碱性溶液中分解，DT_{50}：120d（pH 6），35d（pH 7），3d（pH 9），1.4h（pH 11）。

毒性 大鼠急性经口 LD_{50} 3～12mg/kg，小鼠 7～18mg/kg。大鼠急性经皮 LD_{50} 4～90mg/kg，兔 16～33mg/kg；对兔的眼睛和皮肤有轻微的刺激性。大鼠急性吸入 LC_{50}（1h）0.125mg/L 空气。2 年饲喂大鼠无作用剂量 4mg/kg 饲料，狗 5mg/kg 饲料。野鸭急性经口 LD_{50} 4.63mg/kg，鸡 7.52mg/kg，野鸡 1.37mg/kg。虹鳟鱼 LC_{50}（48h）0.017mg/L，大翻车鱼 0.037mg/L。对蜜蜂有毒，LD_{50} 0.027μg/只。

应用 胆碱酯酶抑制剂，水溶性触杀兼内吸的有机磷杀虫杀螨剂。杀虫谱广，残效期短。对棉蚜、棉铃虫、苹果蚜、苹果红蜘蛛、玉米蚜、大豆蚜、菜青虫有较好的防效。烟草禁用。剧毒。

合成路线

分析方法 产品分析采用 RPLC。

主要生产商 Amvac，Comlets，惠光化学。

参考文献

[1] US 2685552.
[2] CIPAChandbook, 1998, H: 212.

速灭威（metolcarb）

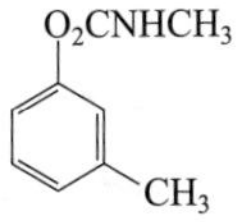

$C_9H_{11}NO_2$，165.2，1129-41-5

由日本农药公司（已不再生产或销售该杀虫剂）和住友化学公司开发。

其他名称　MTMC，Tsumacide，C-3

化学名称　3-甲基苯基甲氨基甲酸酯；*m*-tolyl methylcarbamate

CAS 名称　3-methylphenyl methylcarbamate

理化性质　原药为无色固体。熔点 76～77℃，74～75℃（原药），蒸气压 $1.45×10^{-3}$ Pa（20℃）。水中溶解度 2.6g/L（30℃）；溶于极性有机溶剂，其他溶剂中溶解度（g/kg）：环己酮 790（30℃），二甲苯 100（30℃），甲醇 880（室温）；在非极性溶剂中溶解度较小。

毒性　雄大鼠急性经口 LD_{50} 580mg/kg，雌大鼠 498mg/kg，小鼠 109mg/kg。大鼠急性经皮 LD_{50}＞2000mg/kg。大鼠 LC_{50} 值为 0.475mg/L 空气。对鱼低毒。

制剂　DP，EC，MG，WP。

应用　具有触杀和熏蒸作用，也有一定内吸作用。击倒力强，持效期短，一般只有 3～4d。主要用于防治对马拉硫磷产生抗药性的稻飞虱、黑尾叶蝉，对其成虫和若虫都有优良防治效果，速效性尤佳。也可用于防治稻纵卷叶螟、茶树蚜虫、小绿叶蝉、长白介壳虫和龟甲介壳虫、黑粉虱一龄若虫、柑橘瘿螨、棉花蚜虫、棉铃虫等。不得与碱性农药混用或混放，应放在阴凉、干燥处。由于对蜜蜂的杀伤力大，不宜在花期使用。某些水稻品种对速灭威敏感，应在分蘖末期使用，浓度不宜高。下雨前不宜施药，食用作物在收获前 10 天应停止用药。

合成路线

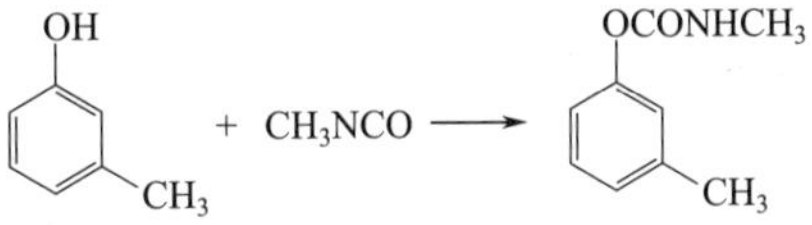

分析方法　产品分析采用 GLC 或 HPLC。

主要生产商　湖南国发，湖南海利，江苏常隆，山东华阳，浙江泰达。

参考文献

[1] The Pesticide Manual. 16 th ed.

[2] 新编农药手册. 北京：中国农业出版社，1989：109-110.

速杀硫磷（heterophos）

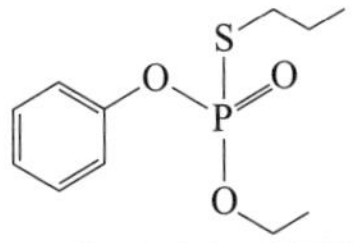

$C_{11}H_{17}O_3PS$，260.3，40626-35-5

化学名称　*O*-乙基-*O*-苯基-*S*-丙基硫代磷酸酯；(*RS*)-(*O*-ethyl *O*-phenyl *S*-propyl phosphorothioate)

CAS 名称 O-ethyl O-phenyl S-propyl phosphorothioate

理化性质 棕黄色均相液体，密度 1.2673g/mL，沸点 111～112℃。

毒性 大鼠急性经口 LD_{50} 为 92.6mg/kg，大鼠经皮 LD_{50} 为 392mg/kg。

制剂 EC。

应用 有机硫代磷酸酯类杀线虫剂。具有触杀、胃毒作用，药效迅速，保棉铃效果好。用于防治棉花上的棉铃虫。不能与碱性农药混用。

碳氯灵（isobenzan）

$C_9H_4Cl_8O$，411.8，297-78-9

由 Shell International Chemical Co. 开发，1958～1965 年在荷兰生产。

其他名称 SD 4402，WL 1650，CP 14957，Telodrin

化学名称 1,3,4,5,6,7,8,8-八氯代-1,3,3,4,7,7-六氢化-4,7-亚甲基异苯并呋喃；1,3,4,5,6,7,8,8-octachloro-1,3,3a,4,7,7a-hexahydro-4,7-methanoisobenzofuran

CAS 名称 1,3,4,5,6,7,8,8-octachloro-1,3,3a,4,7,7a-hexahydro-4,7-methanoisobenzofuran

理化性质 白色结晶，熔点 120～125℃。蒸气压 $3×10^{-6}$（20℃），$2.8×10^{-4}$ mmHg（55℃）。相对密度 1.87。不溶于水，可溶于丙酮、苯等有机溶剂。对酸、碱和空气中氧气较稳定。

毒性 急性经口 LD_{50}：大鼠 4.8mg/kg，小鼠 12.8mg/kg，狗 1mg/kg，兔 4mg/kg，豚鼠 2mg/kg，鸡 2mg/kg。急性经皮 LD_{50}：大鼠 5mg/kg，小鼠 52.3mg/kg，兔 12mg/kg，豚鼠 2mg/kg。腹腔注射 LD_{50}：大鼠 3.6mg/kg，小鼠 8.17mg/kg。大鼠静脉注射 LD_{50} 1.8mg/kg。

应用 具有触杀、胃毒和熏蒸作用的杀虫剂。

特丁硫磷（terbufos）

$(CH_3)_3CSCH_2SP(OCH_2CH_3)_2$ 带 $\overset{S}{\|}$

$C_9H_{21}O_2PS_3$，288.4，13071-79-9

本品杀虫活性首先由 E. B. Fagan 介绍，由美国氰胺公司（American Cyanamid Co.）开发。

其他名称 抗虫得，叔丁硫磷，特丁磷，特福松，AC 92100，Counter

化学名称 S-叔丁基硫甲基-O,O-二乙基二硫代磷酸酯；S-$tert$-butylthiomethyl O,O-diethyl phosphorodithioate

CAS 名称 S-[[(1,1-dimethylethyl)thio]methyl] O,O-diethyl phosphorodithioate

理化性质 具有硫醇气味的淡黄色液体。熔点 -29.2℃，沸点 69℃/$1.33×10^{-3}$ kPa，蒸气压 34.6mPa（25℃），K_{ow} lg$P$ 2.77，相对密度 1.11（20℃）。水中溶解度 4.5mg/L（27℃）；易溶于丙酮、醇类、卤代烃、芳香烃等大多数有机溶剂，溶解度约 300g/L。常温贮存稳定性 2 年以上，120℃以上分解；TC DT_{50}：2～3d（pH 4～9）。闪点 88℃。

毒性　急性经口 LD_{50}：雄性大鼠 1.6 mgTC/kg，雌性大鼠 5.4mg/kg。急性经皮 LD_{50}：大鼠 9.8mg/kg，兔 1.0mg/kg；对眼睛和皮肤有刺激。急性吸入 LC_{50}（4h）：雄性大鼠 0.0061mg（a.i.）/L 空气，雌性大鼠 0.0012mg/L 空气。无作用剂量（1 年，对胆碱酯酶的抑制）：雄性大鼠 0.028mg/(kg·d)，雌性大鼠 0.036mg/(kg·d)。鹌鹑急性经口 LD_{50}：15mg/kg。饲喂 LC_{50}（8d）：野鸭 185mg/kg 饲料，野鸡 145mg/kg 饲料。鱼毒 LC_{50}（96h）：虹鳟鱼 0.01mg/L，大翻车鱼 0.004mg/L。对蜜蜂有毒，LD_{50} 4.1μg/只（局部）。当为 GR 时，应限制其暴露。

应用　高效、内吸、广谱性杀虫剂。该药剂持效期长。主要用于制成 GR。因毒性高，只作土壤处理剂。在花生作物田施药时，先将药剂施入播种沟内，覆盖少量土后再播入花生种，使药剂与种子隔离。禁止在蔬菜、果树、茶叶、草药材上使用。自 2013 年 10 月 31 日起，停止销售和使用。

分析方法　制剂和残留可用气相色谱法测定。

参考文献

[1]　DE 2258528.
[2]　US 2586655.
[3]　US 4065558.
[4]　FR 2718719.

特螨腈（malonoben）

$C_{18}H_{22}N_2O$，282.4，10537-47-0

由 H. Fukashi 等报道，由 Gulf Oil Chemicals Co. 进行了评价。

其他名称　GCP-5126，S 15126，丙螨氰

化学名称　2-(3,5-二叔丁基-4-羟基亚苄基)丙二腈；2-(3,5-di-*tert*-butyl-4-hydroxybenzylidene)malononitrile

CAS 名称　[[3,5-bis(1,1-dimethylethyl)-4-hydroxyphenyl]methylene]propanedinitrile

理化性质　结晶固体。熔点 140～141℃。

毒性　大鼠急性经口 LD_{50} 87 mg（原药）/kg。兔急性经皮 LD_{50} 2000mg/kg。

制剂　EC，SC，WP。

应用　防治豆类、柑橘、棉花、坚果树和观赏植物各种螨。

特嘧硫磷（butathiofos）

$C_{12}H_{21}N_2O_3PS$，304.4，90338-20-8

由 DowElanco 开发。

其他名称　Dowco 429，XRD 429

化学名称　O-2-叔丁基嘧啶-5-基-O,O-二乙基硫代磷酸酯；O-2-*tert*-butylpyrimidin-5-yl O,O-diethyl phosphorothioate

CAS 名称　O-[2-(1,1-dimethylethyl)-5-pyrimidinyl] O,O-diethyl phosphorothioate

理化性质　无色油状物质。蒸气压 22mPa（25℃）。K_{ow} lg$P$ 4（pH 7）。溶解度：水 19.4mg/L（20℃）；丙酮、环己酮、DMF、甲醇、二甲苯＞500g/L（20℃）。

毒性　急性经口 LD_{50}：小鼠 15mg/kg，大鼠 3.2mg/kg。大鼠急性经皮 LD_{50} 12.6～25.2mg/kg。NOEL（2 年）：大鼠 0.01mg/(kg·d)。水蚤 LC_{50} 0.30mg/L。蜜蜂急性毒性 7.7ng/只。

制剂　GR。

应用　杀虫剂，胆碱酯酶抑制剂。用于防治玉米根虫及玉米田其他土壤害虫，播种前使用。

分析方法　产品采用 HPLC 分析。

主要生产商　Dow。

特普（TEPP）

$C_8H_{20}O_7P_2$，290.2，107-49-3

化学名称　焦磷酸四乙酯；tetraethyl pyrophosphate

CAS 名称　tetraethyl diphosphate

理化性质　无色无味吸湿性液体。沸点（℃）：124（0.133kPa）；相对密度：1.185；饱和蒸气压（kPa）：0.206×10^{-4}（20℃）；溶解性：与水混溶，可混溶于多数有机溶剂。

毒性　大鼠经口 LD_{50} 为 500μg/kg。

应用　农用杀蚜、杀螨剂。

涕灭砜威（aldoxycarb）

$C_7H_{14}N_2O_4S$，222.3，1646-88-4

由 M. H. J. Weiden 报道，Union Carbide Corp（后 Rhône-Poulenc Agrochimie）开发。

其他名称　得灭克，涕灭威砜，UC 21 865，aldicarb sulfone

化学名称　2-甲磺酰基-2-甲基丙醛-O-甲基氨基甲酰基肟；2-mesyl-2-methylpropionaldehyde

O-methylcarbamoyloxime；2-甲基-2-甲磺酰基丙醛-O-甲基氨基甲酰基肟；2-methyl-2-methylsulfonylpropionaldehyde O-methylcarbamoyloxime

CAS 名称　2-methyl-2-(methylsulfonyl) propanal O-[(methylamino) carbonyl] oxime

理化性质　白色晶体粉末，有硫黄气味。熔点 140～142℃，蒸气压 12mPa（25℃），Henry 常数 $2.67×10^{-4}$ Pa·m³/mol（计算值）。溶解度：水约 10g/L（25℃）；三氯甲烷 32，乙腈 74，甲醇 30，二氯甲烷 41，丙酮 50（均为 g/L）。140℃以上分解，酸性或碱性条件下迅速水解。

毒性　雄大鼠急性经口 LD_{50} 21.4mg/kg。急性经皮 LD_{50}：大鼠 1000，兔 200mg/kg。在标准测试中，对皮肤和眼睛无刺激。大鼠 LC_{50}（4h）0.14mg/L 空气（粉尘）。野鸭急性经口 LD_{50} 33.5mg/kg。规定饮食 LC_{50}（5d）：野鸭＞10000mg/kg 饲料，美洲鹌 5706mg/kg 饲料。LC_{50}（96h）：鳟鱼 40mg/L，大翻车鱼 55.5mg/L。对蜜蜂低毒。

制剂　WP，GR，SC，FS。

应用　内吸性杀虫剂。属于胆碱酯酶抑制剂。用于防治棉花、烟草、花生、玉米、马铃薯及其他蔬菜等的蚜虫、牧草虫、螨虫、线虫、叶蝉和其他害虫，可土壤处理、叶面喷施、种子包衣。

分析方法　产品分析采用红外光谱法。

参考文献

US 3217037.

涕灭威（aldicarb）

$C_7H_{14}N_2O_2S$，190.3，116-06-3

由 Union Carbide Corp（现 Bayer AG）于 1970 年在美国上市。

其他名称　铁灭克，UC 21 149，Temik，Sanacarb

化学名称　O-甲基氨基甲酰基-2-甲基-2-(甲硫基) 丙醛肟；2-methyl-2-(methylthio) propionaldehyde O-methylcarbamoyloxime

CAS 名称　2-methyl-2-(methylthio) propanal O-[(methylamino) carbonyl] oxime

理化性质　纯品为无色结晶固体，稍微伴有硫黄味道。熔点 98～100℃（原药），蒸气压（3.87±0.28）mPa（24℃），$K_{ow}\lg P$ 1.15（25℃），Henry 常数 $1.23×10^{-4}$ Pa·m³/mol（25℃，计算值），相对密度（20℃）1.2。水中溶解度（pH 7，20℃）：4.93g/L；有机溶剂中溶解度（g/L，25℃）：易溶于大多数有机溶剂，丙酮 350，二氯甲烷 300，苯 150，二甲苯 50；几乎不溶于庚烷和矿物油中。中性、酸性和弱碱性介质中稳定。遇强碱分解，100℃以下稳定，遇氧化剂迅速转变为亚砜，而再进一步氧化为砜很慢。

毒性　大鼠急性经口 LD_{50} 0.93mg/kg。雄兔急性经皮 LD_{50} 20mg/kg。大鼠吸入 LD_{50}（4h）0.0039mg/L。野鸭急性经口 LD_{50} 1.0mg/kg，山齿鹑 LC_{50}（8d）71mg/kg。LC_{50}（96h）：虹鳟鱼＞0.56mg/L，大翻车鱼 72μg/L。水蚤 LC_{50}（21h）0.18mg/L，其 NOAEC 的几何平均数为 35μg/L。藻类 E_rC_{50}（96h）1.4mg/L（生长抑制）。对蜜蜂高毒（有效接触），LD_{50} 0.285μg/只，但是在使用时由于该化合物做成产品后剂型为粒剂，和土壤混在一起，不会和蜜蜂接触，因此不会对蜜蜂造成伤害。蠕虫 LC_{50}（14d）16mg/kg 土壤。

制剂 GR。

应用 具有触杀、胃毒和内吸作用。用于防治蚜虫、螨类、蓟马等刺吸式口器害虫和食叶性害虫，对作物各个生长期的线虫有良好防治效果。涕灭威土壤施用，能被植物根系吸收，传导到植物地上部各组织器官。速效性好，持效期长。撒药量过多或集中撒布在种子及根部附近时，易出现药害。涕灭威在土壤中易被代谢和水解，在碱性条件下易被分解。可播种沟、带或全面处理（种植前或种植时均可）以及芽后旁施处理。要从颗粒剂中释放出有效成分，要有一定的土壤湿度，因此施用后要灌溉或下雨。只准在棉花、花生上使用，并限于地下水位低的地方。且不能用于棉花种子拌种。

合成路线

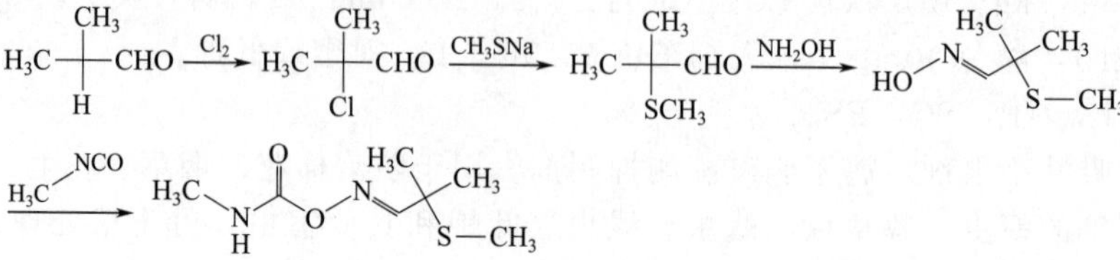

分析方法 采用正相高效液相色谱外标法测定颗粒剂中涕灭威的含量。

主要生产商 Bayer，Dow，华阳科技。

参考文献

[1] 农药，1996，35（6）：25-27.
[2] The Pesticide Manual. 15 th edition.
[3] US 3217037.

田乐磷（demephion）

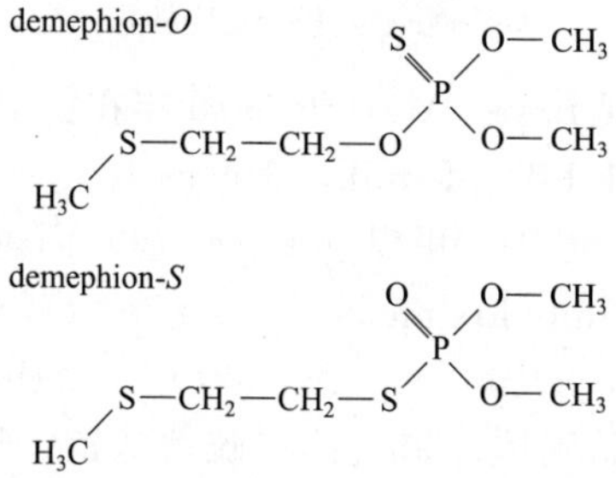

$C_5H_{13}O_3PS_2$，216.3，682-80-4(ⅰ)；2587-90-8(ⅱ)；8065-62-1(ⅰ)+(ⅱ)

1955 年 H. Rueppold 报道的内吸性杀虫、杀螨剂。最初由 VEB Farbenfabrik Wolfen 推出。

其他名称 Tinox，Cymetox，Pyracide，Atlasetox

化学名称 （ⅰ）O,O-二甲基-O-2-甲硫基乙基硫逐磷酸酯；（ⅱ）O,O-二甲基-S-2-甲硫基乙基硫赶磷酸酯

（ⅰ）O,O-dimethyl O-2-methylthioethyl phosphorothioate；（ⅱ）O,O-dimethyl S-2-methylthioethyl phosphorothioate

CAS 名称 （ⅰ）O,O-dimethyl O-[2-(methylthio)ethyl] phosphorothioate；（ⅱ）O,O-dimethyl S-[2-(methylthio)ethyl] phosphorothioate

理化性质 稻草色液体。（ⅰ）沸点 107℃（分解）(0.1mmHg)，相对密度（20℃）

1.198，折射率（25℃）1.488。（ⅱ）沸点 65℃（分解）(0.1mmHg)，相对密度（25℃）1.218，折射率（25℃）1.508。室温条件下的溶解度：水 300mg/L（ⅰ）、3g/L（ⅱ），混合物（ⅰ＋ⅱ）与大多数芳烃溶剂、氯苯和酮互溶，与大多数脂肪烃不互溶。一般无腐蚀性；除强碱外，可与大多数农药配伍。

毒性 大白鼠急性经口 LD_{50}（30％乳油）为 0.046mL/kg，大白鼠急性经皮 LD_{50} 为 0.207mL/kg，大白鼠 90d 饲喂试验的无作用剂量为 5mg（a.i.）/kg，对鱼和蜜蜂有毒。

应用 已禁用。为内吸性杀虫剂和杀螨剂，对刺吸式昆虫有效，适量使用对大多数作物无药害。对果树、啤酒花上蚜螨、叶蜂有效。在植物体内代谢为亚砜，然后缓慢地变为砜和变为磷酸盐。

α-桐酸甲酯（bollex）

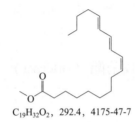

$C_{19}H_{32}O_2$，292.4，4175-47-7

1979 年由美国土壤有限公司开发的品种。

化学名称 α-桐酸甲酯；methyl alpha-eleostearate；9(Z),11(E),13(E)-octadecatrienoic acid methylester；9,11,13-octadecatrienoic acid,methyl ester,(9Z,11E,13E)-；9 顺,11 反,13 反-十八碳三烯酸甲酯

CAS 名称 9(Z),11(E),13(E)-octadecatrienoicacid methylester

理化性质 原药为黄色油状物，不溶于水，易溶于有机溶剂。沸点 160～165℃（1mmHg）。

毒性 大鼠急性经口 LD_{50} 为 5000mg/kg。对豚鼠皮肤有中度致敏性。对兔眼睛有暂时性中度刺激。

应用 棉铃象甲拒食剂，用于棉田，防止棉铃象甲危害棉花，但不能杀死象甲。

参考文献

[1] Agricultural Chemicals book 1. insecticides. 1982～1983：61.
[2] Farm Chemicals Handbook，1981，C223.
[3] US 4297291.
[4] US 140911.
[5] CA 93232738.

五氟苯菊酯（fenfluthrin）

$C_{15}H_{11}Cl_2F_5O_2$，389.2，75867-00-4

1982 年由 W. Behrenz & K. Naumann 报道的拟除虫菊酯杀虫剂。由 Bayer AG 开发。

其他名称　NAK 1654

化学名称　2,3,4,5,6-五氟苄基-(1R)-反-3-(2,2-二氯乙烯基)-2,2-二甲基环丙烷羧酸酯；2,3,4,5,6-pentafluorobenzyl(1R)-trans-3-(2,2-dichlorovinyl)-2,2-dimethylcyclopropanecarboxylate；2,3,4,5,6-pentafluorobenzyl(1R,3S)-3-(2,2-dichlorovinyl)-2,2-dimethylcyclopropanecarboxylate

CAS 名称　(1R-trans)-(pentafluorophenyl)methyl 3-(2,2-dichloroethenyl)-2,2-dimethylcyclopropanecarboxylate

理化性质　无色晶体。熔点 44.7℃，蒸气压 1mPa（20℃），相对密度 1.38（20℃）。

毒性　急性经口 LD_{50}（mg/kg）：雄大鼠 90～105，雌大鼠 85～120，雄小鼠 119，雌小鼠 150。急性经皮 LD_{50}（24h）：雄大鼠 2500mg/kg，雌大鼠 1535mg/kg。对豚鼠无皮肤致敏性。NOEL：（90d 饲喂）大鼠 200mg/kg，狗 100mg/kg。

应用　本品为低剂量高效广谱杀虫剂，对家蝇、伊蚊属、斯氏按蚊具快速击倒作用，主要用于食草动物体外寄生虫的防治。

戊菊酯（valerate）

$C_{24}H_{23}ClO_3$，399.9，51630-33-2

住友化学公司 1972 年合成。

其他名称　S-5439

化学名称　(RS)-2-(4-氯苯基)-3-甲基丁酸间苯氧基苄酯；3-phenoxybenzyl (RS)-2-(4-chloropenyl)-3-methylbutyrate

CAS 名称　(3-phenoxyphenyl) methyl 4-chloro-α-(1-methylethyl) benzeneacetate

理化性质　棕黄色黏稠液体，沸点 248～250℃（2mmHg）。易溶于乙醇、己烷、丙酮、二甲苯等有机溶剂，不溶于水。对光和热稳定。在碱性介质中分解，在酸性介质中稳定。

毒性　急性经口 LD_{50}：对雄大白鼠为 2416mg/kg，对小白鼠为 1081.6mg/kg。急性经皮 LD_{50} 值对小白鼠为 1081.6mg/kg。以 60～480mg/kg 剂量喂大鼠 7 周，对肝、肾、脾、睾丸有毒性作用，胎鼠未见畸形。对皮肤及黏膜无明显刺激作用。

制剂　EC。

应用　可防治水稻、棉花、旱粮作物、蔬菜上的稻蓟马、稻褐飞虱、二化螟、三化螟、棉蚜、棉铃虫、棉红铃虫、盲蝽、造桥虫、黏虫、麦蚜、山芋卷叶虫、玉米螟、菜青虫、小菜蛾、茄子红蜘蛛等害虫。

参考文献

[1] DE 2335347.
[2] DE 2437882.
[3] DE 2365555.

戊氰威 (nitrilacarb)

$C_9H_{15}N_3O_2$,197.2,29672-19-3 (nitrilacarb); $C_9H_{15}Cl_2N_3O_2Zn$,333.5,58270-08-9(zinc chloride complex; formerly 61332-32-9)

由 W. K. Whitney 和 J. L. Aston 报道,1∶1 与氯化锌的络合物由 American Cyanamid Co. 开发。

其他名称　AC 82 258,CL 72 613,Accotril(1∶1 zinc chloride complex.),Cyanotril

化学名称　4,4-二甲基-5-(甲基氨基甲酰氧基亚氨基)戊腈;4,4-dimethyl-5-(methylcarbamoyloxyimino)valeronitrile;4,4-dimethyl-5-(methylcarbamoyloxyimino)pentanenitrile

CAS 名称　4,4-dimethyl-5-[[[(methylamino)carbonyl]oxy]imino]pentanenitrile

理化性质　二氯化锌络合物工业品是几乎无色粉状物,熔点 120～125℃。能溶于水、丙酮、乙腈和乙醇中,微溶于氯仿,不溶于苯、乙醚、己烷、甲苯和二甲苯。它吸湿性强,必须保存在密闭容器中。在 25℃ 以下于原包装容器中贮存 1.5 年以上,产品无变化。

毒性　戊氰威二氯化锌络合物工业品的急性经口 LD_{50}:对雄大鼠为 9mg/kg,对小鼠为 6～8mg/kg。对兔的急性经皮 LD_{50} 持续接触工业品 24h 时为 857mg/kg,接触 4h 时大于 5000mg/kg。接触可湿性粉剂 24h 时(以有效成分计)大于 500mg/kg,接触 4h 时大于 1250mg/kg。每升含 10g 戊氰威的水溶液对兔的眼睛和皮肤没有刺激作用,但没有稀释的二氯化锌络合物对眼睛有腐蚀性,对皮肤有刺激作用。喂养大鼠和狗的亚急性试验研究表明,动物能耐受的剂量比由急性 LD_{50} 值推算的剂量要高得多。

应用　能有效地防治植食性螨、蚜虫、粉虱、蓟马、叶蝉、马铃薯甲虫等害虫。能防治抗有机磷杀虫剂的蚜虫和螨类。

参考文献

[1] US 3681505.
[2] US 3621049.

戊烯氰氯菊酯 (pentmethrin)

$C_{15}H_{19}Cl_2NO_2$,316.2,79302-84-4

其他名称　灭蚊菊酯,氰戊烯氯菊酯

化学名称　(1R,S)-顺,反-2,2-二甲基-3-(2,2-二氯乙烯基)环丙烷羧酸-1-氰基-2-甲基-戊 2-烯基酯;(1RS,2EZ)-1-cyano-2-methylpent-2-en-1-yl (1RS,3RS;1RS,3SR)-3-(2,2-dichlorovinyl)-2,2-dimethylcyclopropanecarboxylate;(1RS,2EZ)-1-cyano-2-methylpent-2-en-1-yl(1RS)-cis-$trans$-3-(2,2-dichlorovinyl)-2,2-dimethylcyclopropanecarboxylate

CAS 名称　1-cyano-2-methyl-2-penten-1-yl 3-(2,2-dichloroethenyl)-2,2-dimethylcyclopropanecarboxylate

理化性质　工业品为棕褐色油状液,相对密度1.138,沸点150~152℃。不溶于水,能溶于苯、乙醇、甲苯等有机溶剂。

毒性　大白鼠急性经口 LD_{50} 大于4000mg/kg,大白鼠急性经皮 LD_{50} 大于11000mg/kg。对蜜蜂、鱼虾、家禽等毒性高。

制剂　蚊香。

应用　拟除虫菊酯类卫生杀虫剂,杀虫谱广,药效迅速,本品为防治成蚊用的卫生杀虫剂原药,用于家庭防治蚊、蝇、蟑螂等害虫。

主要生产商　上海中西药业。

烯丙菊酯（allethrin）

$C_{19}H_{26}O_3$, 302.4, 584-79-2

由 Sumitomo 公司开发的拟除虫菊酯类杀虫剂。

其他名称　毕那命,丙烯除虫菊,亚烈宁,Pynamin

化学名称　(R,S)-2-甲基-3-烯丙基-4-氧代环戊-2-烯基-(1R,3R;1R,3S)-2,2-二甲基-3-(2-甲基丙-1-烯基)-环丙烷羧酸酯;(RS)-3-allyl-2-methyll-4-oxocyclopent-2-enyl(1R,3R;1R,3S)-2,2-dimethyl-3-(2-methylprop-1-enyl)cyclopropanecarboxylate;(RS)-3-allyl-2-methyl-4-oxocyclopent-2-enyl(+)-cis-$trans$-chrysanthemat;(RS)-3-allyl-2-methyl-4-oxocyclopent-2-enyl (1R)-cis-$trans$-2,2-dimethyl-3-(2-methylprop-1-enyl)cyclopropanecarboxylate

CAS 名称　2-methyl-4-oxo-3-(2-propenyl)-2-cyclopenten-1-yl 2,2-dimethyl-3-(2-methyl-1-propen-1-yl)cyclopropanecarboxylate

理化性质　工业品是淡黄色液体,沸点为281.5℃（760mmHg）。蒸气压为0.16mPa（21℃）。K_{ow}lg$P$ 4.96（室温）。相对密度1.01（20℃）。溶解度：难溶解于水,正己烷中0.655g/mL,甲醇中72.0mL/mL（均在20℃）。稳定性：在紫外灯下分解,在碱性介质中易水解。闪点为87℃。

毒性　急性经口 LD_{50}：雄大鼠为2150mg/kg,雌大鼠为900mg/kg；急性经皮 LD_{50}：雄兔2660mg/kg,雌兔4390mg/kg。大鼠吸入 LC_{50}＞3875mg/m³ 空气。野鸭和山齿鹑 LC_{50}（8d）均为5620mg/kg。鲤鱼 LC_{50}（96h）0.134mg/L。

制剂　AE,DP,WP,EC。

应用　用于防治家蝇、蚊虫、蟑螂、臭虫、虱子等家庭害虫,也可与其他药剂混配作为农场、畜舍和奶牛喷射剂,以及防治飞翔和爬行昆虫,还适用于防治猫、狗等寄生在体外的跳蚤和体虱。具有触杀、胃杀和内吸作用,击倒快。通过扰乱昆虫体内的神经元与钠通道之间的相互作用而作用于昆虫的神经系统,因而引起激烈的麻痹作用,倾仰落下,直至死亡。

合成路线

分析方法 产品可用 GC-FID/GLC 进行分析。
主要生产商 Sumitomo Chemical，Bilag，Endura，江苏扬农，上海中西药业。
参考文献
[1] The Pesticide Manual. 15 th edition：26-27.
[2] 农药品种大全.1996：114-117.

烯虫硫酯（triprene）

$C_{18}H_{32}O_2S$，312.5，40596-80-3

该昆虫生长调节剂由 Zoecon Corp. 开发。
其他名称 ZR519，Altorick
化学名称 S-乙基-(E,E)-(RS)-11-甲氧基-3,7,11-三甲基硫代十二碳-2,4-二烯酸酯；S-ethyl(E,E)-(RS)-11-methoxy-3,7,11-trimethyldodeca-2,4-dienethioate
CAS 名称 S-ethyl(2E,4E)-11-methoxy-3,7,11-trimethyl-2,4-dodecadienethioate
理化性质 琥珀色液体，20℃时密度为 0.9609g/mL。
毒性 对大鼠的急性经口 LD_{50} 为 10000mg/kg。
应用 昆虫生长调节剂。

烯虫炔酯（kinoprene）

$C_{18}H_{28}O_2$，276.4，42588-37-4；65733-20-2 (S)-烯虫炔酯

由 Zoecon Corp. 开发。
烯虫炔酯
其他名称 抑虫灵，ZR777，SB716，ENT 70531，Altodel（Zoecon），Enstar（Wellmark）
化学名称 丙-2-炔基-(E,E)-(RS)-3,7,11-三甲基十二碳-2,4-二烯酸酯；prop-2-ynyl (E,E)-(RS)-3,7,11-trimethyldodeca-2,4-dienoate
CAS 名称 (E,E)-2-propynyl 3,7,11-trimethyl-2,4-dodecadienoate

(S)-烯虫炔酯

化学名称 丙-2-炔基-(E,E)-(S)-3,7,11-三甲基十二碳-2,4-二烯酸酯；prop-2-ynyl(E,E)-(S)-3,7,11-trimethyldodeca-2,4-dienoate

CAS 名称 (2E,4E,7S)-2-propynyl 3,7,11-trimethyl-2,4-dodecadienoate

理化性质 烯虫炔酯含量93%。产品为琥珀色液体，带有淡淡的水果味。沸点134℃ (0.1mmHg)，蒸气压0.96mPa (20℃)，$K_{ow}\lg P$ 5.38，Henry常数3.43Pa·m^3/mol，相对密度0.918 (25℃)。溶解度：水0.211g/L (25℃)，能溶于大部分有机溶剂。无光条件下贮存稳定，闪点40.5℃。

(S)-烯虫炔酯含量93%。产品为琥珀色液体，带有淡淡的水果味。沸点134℃ (0.1mmHg)，蒸气压0.96 mPa (20℃)，$K_{ow}\lg P$ 5.38，Henry常数3.43Pa·m^3/mol，相对密度0.918 (25℃)。水中的溶解度0.515g/L (25℃)，能溶于大部分有机溶剂。无光条件下贮存稳定，闪点0.5℃。

毒性 烯虫炔酯：对大鼠急性经口LD_{50}>5000mg/kg，兔急性经皮和眼睛LD_{50}>9000mg/kg，对大鼠吸入LC_{50} (4h) >5.36mg/L。山齿鹑急性经口LD_{50}>2250mg/L，虹鳟鱼（96h）LD_{50}>20mg/L，对水蚤LC_{50} (48h) >0.11mg/L，对蜜蜂LD_{50}为35mg/只。

(S)-烯虫炔酯：对大鼠急性经口LD_{50}为1649mg/kg，兔急性经皮和眼睛LD_{50}>2000mg/kg，本品对兔的眼睛和皮肤有中度刺激，对豚鼠皮肤致敏。对大鼠吸入LC_{50} (4h) >5.36mg/L。NOEL (90d, mg/L)：大鼠1000，狗900。生态效应数据与烯虫炔酯相同。

制剂 EC。

应用 本品作为保幼激素类似物，可以抑制害虫的生长发育，是一种昆虫生长调节剂，能阻止害虫的正常生长，影响害虫器官的形成、卵的孵化和导致雌虫不育。昆虫生长调节剂通过接触和吸收起作用。保幼激素的作用方式：抑制昆虫正常的生长导致不完全蛹化，以及成虫不育和卵不能孵化。外消旋的烯虫炔酯已被停用，(S)-烯虫炔酯主要用于控制温室里的木质和草本类观赏性植物和花坛花草上的同翅目和双翅目害虫，特别是一品红上的害虫。防治同翅目、双翅目害虫，如蚜虫、粉虱、柑橘小粉蚧、水蜡虫、甲虫、蚊科害虫等。

合成路线

分析方法 产品用GC或HPLC-MS分析。

主要生产商 Wellmark。

参考文献

[1] 国外农药品种书册.化工部农药信息总站，1996：293.

[2] US 4021461.

烯虫乙酯（hydroprene）

$C_{17}H_{30}O_2$，266.4，41205-09-8 [(E,E)-(±)-form]；41096-46-2 [(E,E)-isomers]；65733-18-8 [(2E,4E,7S)-isomer (烯虫乙酯)]；65733-19-9 [(E,E)-(R)- isomer (S-烯虫乙酯)]

由 ZoeconCorp.（现在为 SandozAG 的一部分）开发。

其他名称　增丝素，ZR512，SAN814，ENT-70459，OMS1696，Altozar，Gencor

化学名称　(E,E)-(RS)-3,7,11-三甲基十二碳-2,4-二烯酸乙酯；ethyl(E,E)-(RS)-3,7,11-trimethyldodeca-2,4-dienoate（烯虫乙酯）；ethyl(E,E)-(S)-3,7,11-trimethyl-dodeca-2,4-dienoate(S-烯虫乙酯)

CAS 名称　ethyl$(2E,4E)$-3,7,11-trimethyl-2,4-dodecadienoate

理化性质　烯虫乙酯：琥珀色液体。沸点 174℃（19mmHg），138～140℃（1.25mmHg）。蒸气压 40mPa（25℃）。K_{ow} lg$P$ 3.06。相对密度为 0.892（25℃）。水中溶解度为 2.5mg/L（25℃），溶于普通有机溶剂，在普通贮存条件下至少稳定 3 年以上。闪点 148℃。

(S)-烯虫乙酯：沸点 282.3℃，蒸气压 40mPa（25℃），K_{ow} lg$P$ 6.5，相对密度为 0.889（20℃）。溶解度：水中 2.5mg/L（25℃），丙酮、正己烷、甲醇中溶解度＞500g/L（20℃）。正常贮存条件下，至少稳定 3 年以上。闪点 148℃。

毒性　烯虫乙酯：急性经口 LD_{50}：大鼠＞5000mg/kg，狗＞10000mg/kg。急性经皮 LD_{50}：大鼠＞5000mg/kg，兔＞5100mg/kg，对皮肤无刺激，对眼睛有轻微刺激。大鼠吸入 LC_{50}＞5.5mg/L（空气）。NOEL 大鼠（90d）50mg/(kg·d)。虹鳟鱼 LC_{50}（96h）＞0.50mg/L，EC_{50}（48h）为 0.13mg/L。藻类 EC_{50}（24～72h）为 6.35mg/mL。蜜蜂成虫（经口和接触）LD_{50}＞1000μg/只，幼虫为 0.1μg/只。

(S)-烯虫乙酯：大鼠急性经口 LD_{50}＞5050mg/kg。急性经皮 LD_{50}（mg/kg）：大鼠＞2100，兔＞5050；对皮肤和眼睛无刺激作用。大鼠吸入 LC_{50}＞2.14mg/L（空气）。NOEL 大鼠（90d）50mg/(kg·d)。虹鳟鱼 LC_{50}（96h）＞0.50mg/L。水蚤 EC_{50}（48h）0.49mg/L。

制剂　AE，AL，EC，EC。

应用　作为一种保幼激素抑制剂，抑制幼虫的发育成熟。适用于棉花、果树、蔬菜等作物。防治鞘翅目、半翅目、同翅目、鳞翅目害虫，对防治蛴螬有极好的效果。作为昆虫保幼激素类似物，对高等动物无害。对靶标对象有高度的选择性，在使用前做好有效浓度实验。最好在低龄时期使用。

合成路线

分析方法　用 GC-MS 分析。

参考文献

[1]　J Agric Food Chem, 1973, 21: 354.

[2]　The Pesticide Manual. 15 th edition.

烯虫酯（methoprene）

$C_{19}H_{34}O_3$，310.5，40596-69-8

由 ZoeconCrop 开发的昆虫生长调节剂。1975 年在美国注册。

其他名称　可保特，阿托塞得，控虫素，甲氧保幼素，ZR 515，SAN 800，Biopren BM

化学名称　(E,E)-(RS)-11-甲氧基-3,7,11-三甲基十二碳-2,4-二烯酸异丙酯；isopropyl(E,E)-(RS)-11-methoxy-3,7,11-trimethyldodeca-2,4-dienoate

CAS 名称　(E,E)-(±)-1-methylethyl 11-methoxy-3,7,11-trimethyl-2,4-dodecadienoate

理化性质　有水果气味的淡黄色液体。沸点 256℃，100℃（6.65×10^{-3} kPa）。$K_{ow}\lg P>6$。相对密度 0.924（20℃），0.921（25℃）。溶于所有有机溶剂。在水、有机溶剂、酸或碱中稳定，对紫外线敏感。闪点 136℃。

毒性　大鼠急性经口 $LD_{50}>10000$ mg/kg。兔急性经皮 $LD_{50}>2000$ mg/kg；对兔眼睛无刺激，对兔皮肤轻微刺激；对豚鼠皮肤无致敏性。无作用剂量：大鼠（2年）1000mg/kg，小鼠（18个月）1000mg/kg。小鼠 600mg/kg 或兔 200mg/kg 时后代无畸形现象。鸡饲喂 LC_{50}（8d）>4640mg/kg。大翻车鱼 LC_{50}（96h）：370μg/L。淡水藻 EC_{50}（48～96h）：1.33mg/mL。其他水生生物：对水生双翅目昆虫有毒。对成年蜜蜂无毒，$LD_{50}>1000$μg/只（经口或接触），蜜蜂幼虫致敏感量 0.2μg/只。

制剂　AE，AL，AP，CS，EC，GR，RB，SL。

应用　保幼激素类似物，抑制昆虫成熟过程。当用于卵或幼虫，抑制其蜕变为成虫。可用作烟叶保护剂，干扰昆虫的蜕皮过程。它能干扰烟草甲虫、烟草粉螟的生长发育过程，使成虫失去生育能力，从而有效地控制贮存烟叶害虫种群增长。用于公共卫生、食品处理、加工及贮存场所，以及植物（包括温室植物）、蘑菇房、温室菊花、仓库烟草和烟草工厂。防治双翅目害虫、鞘翅目害虫、同翅目害虫和鳞翅目害虫，如蚊子幼虫、苍蝇、甲虫、烟草飞蛾、菊花叶虫等。也用于防治蚂蚁和蚤类。

合成路线

分析方法　产品和残留用 GL-MS 分析。

主要生产商　Wellmark，Bábolna Bio。

参考文献

[1]　US 3904662.
[2]　US 3912815.

烯啶虫胺（nitenpyram）

$C_{11}H_{15}ClN_4O_2$，270.7，150824-47-8

由 Minamida 等报道，1989 年开始作为作物保护产品，由 Takeda Chemical Industries Ltd（现在的 Sumitomo Chemical Company Ltd）开发，1995 年首次投放市场。

其他名称　Bestguard

化学名称 （E）-N-(6-氯-3-吡啶基甲基)-N-乙基-N′-甲基-2-硝基亚乙烯基二胺；（E）-N-(6-chloro-3-pyridylmethyl)-N-ethyl-N′-methyl-2-nitrovinylidenediamine

CAS 名称 N-[(6-chloro-3-pyridinyl)methyl]-N-ethyl-N′-methyl-2-nitro-1,1-ethenediamine

理化性质 纯品为浅黄色晶体。熔点 82.0℃，蒸气压 1.1×10^{-6} mPa（20℃），$K_{ow}\lg P$ -0.66（25℃），相对密度 1.40（26℃）。水中溶解度：>590g/L（20℃，pH 7.0）；有机溶剂中溶解度（g/L，20℃）：二氯甲烷、甲醇>1000，氯仿 700，丙酮 290，乙酸乙酯 34.7，甲苯 10.6，二甲苯 4.5，正己烷 0.00470。150℃稳定。pH 3、5、7 稳定；DT_{50}：69h（pH 9，25℃）。pK_{a_1} 3.1，pK_{a_2} 11.5。

毒性 急性经口 LD_{50}（mg/kg）：雄性大鼠 1680，雌性大鼠 1575，雄性小鼠 867，雌性小鼠 1281。大鼠急性经皮 LD_{50}≥2000mg/kg；对兔眼睛轻微刺激，对兔皮肤无刺激；对豚鼠无致敏性。大鼠急性吸入 LC_{50}（4h）>5.8g/m³ 空气。无作用剂量：雄性大鼠（2 年）129mg/(kg•d)，雌性大鼠（2 年）53.7mg/(kg•d)；雄性、雌性狗（1 年）60mg/(kg•d)。对大鼠和小鼠无致癌、致畸性，对大鼠繁殖性能没有影响，无致突变性（4 次试验）。禽类急性经口 LD_{50}：山齿鹑>2250mg/kg，野鸭 1124mg/kg。山齿鹑、野鸭饲喂 LC_{50}（5d）>5620mg/kg。鱼毒：鲤鱼 LC_{50}（96h）>1000mg/L，虹鳟鱼 LC_{50}（48h）>10mg/L。水蚤 LC_{50}（24h）>10000mg/L。羊角月牙藻 E_bC_{50}（72h）：26mg/L。蚯蚓 LC_{50}（14d）：32.2mg/kg。

制剂 DP，GR，SP。

应用 属烟酰亚胺类杀虫剂，具有卓越的内吸性、渗透作用，杀虫谱广。广泛用于水稻、果树、蔬菜和茶叶，是防治刺吸式口器害虫（如白粉虱、蚜虫、梨木虱、叶蝉、蓟马）的换代产品。安全间隔期为 7~14d，每个作物周期最多使用次数为 4 次；对蜜蜂、鱼类、水生物、家蚕有毒，用药时远离；不可与碱性物质混用；为延缓抗性，要与其他不同作用机制的药剂交替使用。

合成路线

分析方法 可用 HPLC 进行分析。

主要生产商 Sumitomo Chemical，连云港立本，河北吴桥，湖北仙隆化工，江苏常隆，南通江山，山东澳得利，山东京蓬，山东联合农药，青岛凯源祥。

参考文献

[1] J Pestic Sci，1993，18：41.
[2] The Pesticide Manual. 16 th edition.

酰胺嘧啶磷（primidophos）

$C_{13}H_{22}N_3O_4PS$，347.4，39247-96-6

由 ICI Plant Protection Division（后来的 ICI Agrochemicals）开发。

其他名称　PP484

化学名称　O,O-二乙基 O-(2-N-乙基乙酰氨基-6-甲基嘧啶-4-基)硫代磷酸酯；O,O-diethyl O-(2-N-ethylacetamino-6-methylpyrimidin-4-yl) phosphorothioate

CAS 名称　O-[2-(acetylethylamino)-6-methyl-4-pyrimidinyl] O,O-diethyl phosphorothioate

应用　胆碱酯酶抑制剂。

消螨多 (dinopenton)

$C_{15}H_{20}N_2O_7$，340.3，5386-57-2

化学名称　2-(1-甲基丁基)-4,6-二硝基苯基碳酸异丙基酯；isopropyl 2-(1-methylbutyl)-4,6-dinitrophenyl carbonate

CAS 名称　2-(1 methylbutyl)-4,6-dinitrophenyl 1-methylethyl carbonate

理化性质　原药为结晶体。熔点 62～64℃。含量 89%。蒸气压低。可溶于丙酮、苯。对酸稳定，遇 0.1mol/L 碱水解。

毒性　大鼠急性经口 LD_{50} 为 3500mg/kg。

应用　对螨类具有快速触杀作用，防治抗有机磷的红蜘蛛。

消螨酚 (dinex)

$C_{12}H_{14}N_2O_5$，266.3，131-89-5 (dinex)；317-83-9 (dinex-diclexine)

dinex 作为杀螨剂和杀虫剂由 DowChemicalCo. Ltd（现 DowElanco）开发，它的二环乙基铵盐（dinexdiclexine）由 FisonsLtd（现 ScheringAgriculture）开发。

其他名称　DynoneⅡ，DN1（dinex），DN111（dinex-diclexine），DNOCHP（dinex）

化学名称　2-环己基-4,6-二硝基苯酚；2-cyclohexyl-4,6-dinitrophenol

CAS 名称　2-cyclohexyl-4,6-dinitrophenol

理化性质　原药为浅黄色结晶，熔点 106℃。在室温下蒸气压低。几乎不溶于水，溶于有机溶剂和醋酸中。可与胺类或碱金属离子生成水溶性盐。

毒性　对小鼠和豚鼠急性经口 LD_{50} 值 50～125mg/kg。皮下注射 LD_{50} 值为 20～

45mg/kg。

应用 为胃毒和触杀性杀虫剂，也有杀卵作用。它虽比 DNOC 药害小，但仍只能在休眠期喷药。

消螨通（dinobuton）

$C_{14}H_{18}N_2O_7$，326.3，973-21-7

1965 年该杀螨剂和杀菌剂由 M. Pianka 和 C. B. F. Smith 报道。由 Murphy Chemical Ltd 开发，以后由 KenoGard AB（现为 Bayer AG）生产。

其他名称 MC 1053（Murphy），Acarelte

化学名称 2-仲丁基-4,6-二硝基苯基异丙基碳酸酯；2-sec-butyl-4,6-dinitrophenyl isopropyl carbonate

CAS 名称 1-methylethyl 2-(1-methylpropyl)-4,6-dinitrophenyl carbonate

理化性质 原药含量 97%。为淡黄色结晶，熔点为 61～62℃（原药 58～60℃），蒸气压＜1mPa（20℃）。$K_{ow}\lg P$ 3.038。Henry 常数＜3Pa·m³/mol（20℃，计算值）。相对密度 0.9（20℃）。水中溶解度（20℃）0.1mg/L，溶于脂肪烃、乙醇和脂肪油，极易溶于低碳脂肪酮类和芳香烃。中性和酸性环境中稳定存在，碱性环境中水解。600℃以下稳定存在，不易燃。

毒性 急性经口 LD_{50}：小鼠 2540mg/kg，大鼠 140mg/kg。大鼠急性经皮 LD_{50}＞5000mg/kg，兔急性经皮 LD_{50}＞3200mg/kg。NOEL 值：狗 4.5mg/(kg·d)，大鼠 3～6mg/(kg·d)。作为代谢刺激剂而起作用，高剂量能引起体重的减轻。母鸡急性经口 LD_{50} 150mg/kg。土壤中残留时间短。

制剂 EC。

应用 对螨作用迅速，接触性杀螨剂、杀菌剂。适用于苹果、梨、核果、葡萄、棉花、蔬菜（温室和外地的使用）、观赏植物、草莓等作物。为非内吸性杀螨剂，也是防治白粉病的杀真菌剂。推荐用于温室和大田，防治红蜘蛛和白粉病，在一定浓度下对温室的番茄、某些品种的蔷薇和菊花有药害。可防治柑橘、落叶果树、棉花、胡瓜、蔬菜等植食性螨类；还可防治棉花、苹果和蔬菜的白粉病。

合成路线

分析方法　产品分析测定用硫酸亚钛还原的硝基量。
参考文献
GB 1019451.

硝虫硫磷（xiaochongliulin）

$C_{10}H_{12}Cl_2NO_5PS$，360.1

化学名称　O,O-二乙基-O-(2,4-二氯-6-硝基苯基) 硫代磷酸酯

理化性质　纯品为无色晶体（TC 为棕色油状液体）。熔点 31℃，相对密度 1.4377。几乎不溶于水，在水中溶解度为 60mg/kg（24℃），易溶于有机溶剂，如醇、酮、芳烃、卤代烷烃、乙酸乙酯及乙醚等溶剂。

毒性　TC 大鼠急性经口 LD_{50}：212mg/kg。30％硝虫硫磷 EC 对大鼠急性经口 LD_{50}＞198mg/kg，30％硝虫硫磷 EC 对大鼠急性经皮 LD_{50}＞1000mg/kg。

制剂　EC。

应用　广谱性杀虫杀螨剂，对水稻、小麦、棉花及蔬菜等作物的十余种害虫都有很好的防治效果，尤其对柑橘和茶叶等作物的害虫（如红蜘蛛、矢尖蚧）效果突出，对棉花棉铃虫、棉蚜虫也有一定的防治效果。

主要生产商　四川省化学工业研究设计院。

硝虫噻嗪（nithiazine）

$C_5H_8N_2O_2S$，160.2，58842-20-9

化学名称　2-硝基亚甲基-1,3-噻嗪烷；2-nitromethylene-1,3-thiazinane
CAS 名称　tetrahydro-2-(nitromethylene)-2H-1,3-thiazine
应用　杀虫剂。

硝丁酯（dinoterbon）

$C_{13}H_{16}N_2O_7$，312.3，6073-72-9

1966 年在 5th Int. Pestic. Congr., London，1963 上报道的杀螨、杀菌剂。由 Murphy Chemical Co.（后来为 DowElanco）评价。

化学名称 2-叔丁基-4,6-二硝基苯基碳酸乙酯；2-*tert*-butyl-4,6-dinitrophenyl ethyl carbonate

CAS 名称 2-(1,1-dimethylethyl)-4,6-dinitrophenyl ethyl carbonate

应用 杀螨、杀菌剂。

硝辛酯（dinosulfon）

$C_{16}H_{22}N_2O_6S$, 370.4, 5386-77-6

1968 年 M. Pianka 等报道的杀螨、杀菌剂。由 Murphy Chemical Co.（后来为 DowElanco）评价。

化学名称 *S*-甲基-*O*-2-(1-甲基庚基)-6-二硝基苯基硫代碳酸酯；*S*-methyl *O*-2-(1-methylheptyl)-4,6-dinitrophenyl thiocarbonate

CAS 名称 *S*-methyl *O*-[2-(1-methylheptyl)-4,6-dinitrophenyl] carbonothioate

应用 杀螨、杀菌剂。

辛硫磷（phoxim）

$C_{12}H_{15}N_2O_3PS$, 298.3, 14816-18-3

由 A. Wybou 和 I. hammann 报道。1970 年由 Bayer AG 引入市场。

其他名称 倍腈松，腈肟磷，肟硫磷，BAY 5621，Bayer 77 488，BAY SRA 7502，Baythion，Volaton

化学名称 *O*,*O*-二乙基-[(α-氰基亚苄氨基）氧]硫代磷酸酯；*O*,*O*-diethyl α-cyano-benzylideneamino-oxyphosphonothioate；2-(diethoxyphosphinothioyloxyimino)-2-phenylacetonitrile

CAS 名称 4-ethoxy-7-phenyl-3,5-dioxa-6-aza-4-phosphaoct-6-ene-8-nitrile 4-sulfide

理化性质 纯品为黄色液体（原药为红褐色油状物）。熔点 <-23℃。沸点：蒸馏时分解。蒸气压 1.80×10^{-1} mPa（20℃）。$K_{ow}\lg P$ 4.104（非缓冲水）。Henry 常数 1.58×10^{-2} Pa·m³/mol（计算值）。相对密度 1.18（20℃）。水中的溶解度：3.4mg/L（20℃）；有机溶剂中溶解度（g/L）：二甲苯、异丙醇、聚乙二醇、正辛醇、乙酸乙酯、二甲基亚砜、二氯甲烷、乙腈和丙酮中>250，正庚烷 136。稳定性：相对缓慢水解；DT_{50}（估计值）：26.7d（pH 4），7.2d（pH 7），3.1d（pH 9）（22℃）。在紫外线照射下逐渐分解。

毒性 大鼠急性经口 $LD_{50}>2000$mg/kg。大鼠急性经皮 $LD_{50}>5000$μL/kg。对兔眼睛

和皮肤无刺激作用。大鼠吸入 LC_{50}（4h）＞4.0mg/L 空气（气溶胶）。NOEL：（2年）大鼠 15mg/kg，小鼠 1mg/kg；（1年）雄狗 0.3mg/kg，雌狗 0.1mg/kg 饲料。ADI/RfD（JECFA）0.004mg/kg [1999]。母鸡 LD_{50} 40mg/kg。虹鳟 LC_{50}（96h）0.53mg/L，大翻车鱼 0.22mg/L。水蚤 LC_{50}（48h）0.00081mg/L（80%预混物）。通过接触和呼吸对蜜蜂有毒。

制剂 DP，EC，GR，KN，UL，WP，种子处理剂。

应用 生物化学胆碱酯酶抑制剂，高效、低毒、低残留、广谱硫逐式一硫代磷酸酯类杀虫杀螨剂。当害虫接触药液后，神经系统麻痹中毒停食导致死亡。对害虫具有强烈的触杀和胃毒作用，对卵也有一定的杀伤作用，无内吸作用，击倒力强，药效时间不持久，对鳞翅目幼虫很有效。用于粮仓、磨坊、筒仓、船舶等防治贮存产品害虫；用于家庭和公共卫生，防治蚂蚁和其他昆虫；用于玉米、蔬菜、马铃薯、甜菜和谷物防治毛虫（主要是斜纹夜蛾属）和土壤害虫；也用于防治迁飞性的蝗虫。可能对棉花产生药害。不能与碱性药剂混用。

合成路线

$$\underset{}{\bigcirc}-NH_2 \xrightarrow[C_2H_5ONO]{C_2H_5ONa} \underset{}{\bigcirc}-\overset{CN}{\underset{}{C}}=N-ONa \xrightarrow{(C_2H_5O)_2\overset{S}{P}Cl} \underset{}{\bigcirc}-\overset{CN}{\underset{}{C}}=N-O-\overset{S}{\underset{OC_2H_5}{P}}-OC_2H_5$$

分析方法 产品用 HPLC 分析。

主要生产商 大连瑞泽，江苏宝灵，连云港立本，山东华阳，上海中西。

参考文献

[1] BE 678139.

[2] DE 1238902.

新烟碱（anabasine）

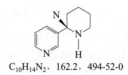

$C_{10}H_{14}N_2$，162.2，494-52-0

1931 年从 *Anabasis aphylla* 分离出的杀虫剂。

其他名称 假木贼碱，灭虫碱，毒藜碱，阿拉巴新碱，Neonicotine，β-piperidyl-pyridine

化学名称 (S)-3-(哌啶-2-基)吡啶；(S)-3-(piperidin-2-yl) pyridine

CAS 名称 (S)-3-(2-piperidinyl)pyridine

理化性质 无色黏稠状液体，沸点 281℃，相对密度 1.0481。易溶于水，可溶于有机溶剂。遇空气和光变为暗色。

毒性 急性经口 LD_{50}：大白鼠 563mg/kg，哺乳动物 10mg/kg。经口致死最低量：人 5mg/kg，大白鼠 50mg/kg。静脉注射致死最低量：兔 1mg/kg，狗 3mg/kg。豚鼠皮下注射 LD_{50} 约 22mg/kg。

应用 植物源杀虫剂。用于防治果树的潜叶虫、粉虱、蚜虫、康氏粉蚧、桃小食心虫以及蔬菜蚜虫，速效而药效短。同烟碱一样为神经毒剂。

溴苯磷（leptophos）

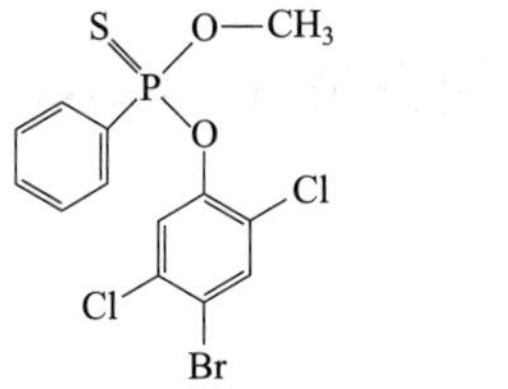

$C_{13}H_{10}BrCl_2O_2PS$，412.1，21609-90-5

1969 年 A. K. Azab 报道其杀虫活性，由 Velsicol Chemical Corp. 开发。

其他名称 对溴磷，苯溴硝硫磷，Leptofos，Phosrel，VCS 506（Velsicol）

化学名称 O-(4-溴-2,5-二氯苯基)-O-甲基苯基硫代磷酸酯；O-4-bromo-2,5-dichlorophenyl O-methyl phenylphosphonothioate

CAS 名称 O-(4-bromo-2,5-dichlorophenyl) O-methyl phenylphosphonothioate

理化性质 白色粉末，熔点 70.2~70.6℃，相对密度 1.53（25℃）。25℃溶解度：水 2.4mg/L；丙酮 470g/L，苯 1.3kg/L，环己烷 142g/L，庚烷 29g/L，丙醇 24g/L。遇酸稳定，遇强碱缓慢分解。

毒性 急性经口 LD_{50}：大鼠 42mg/kg，兔 124mg/kg。急性经皮 LD_{50}：雄大鼠＞10000mg/kg，兔＞800mg/kg。

制剂 DP，EC，GR，WP。

应用 对鳞翅目幼虫有优良的防治效果。

分析方法 产品分析用 GLC。

参考文献

US 3459836.

溴苄呋菊酯（bromethrin）

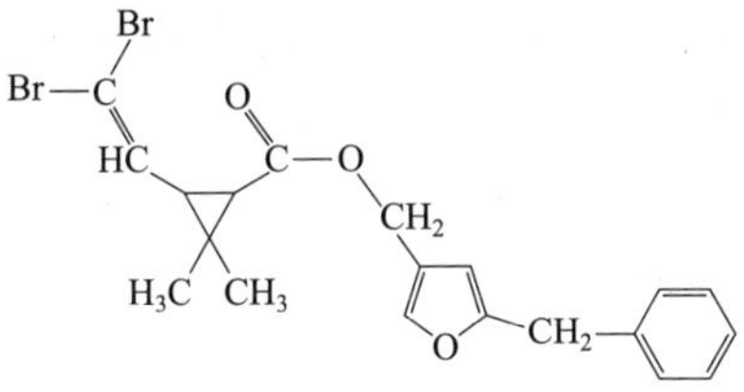

$C_{20}H_{20}Br_2O_3$，468.2，42789-03-7

其他名称 二溴苄呋菊酯

化学名称 5-苄基-3-呋喃甲基-(1RS)-顺，反-3-(2,2-二溴乙烯基)-2,2-二甲基环丙烷羧酸酯；5-benzyl-3-furylmethyl(1RS,3RS;1RS,3SR)-3-(2,2-dibromovinyl)-2,2-dimethylcyclopropanecarboxylate

CAS 名称 [5-(phenylmethyl)-3-furanyl]methyl 3-(2,2-dibromoethenyl)-2,2-dimethyl-cyclopropanecarboxylate

理化性质 淡黄色结晶固体，熔点 65℃。不溶于水，能溶于多种有机溶剂，对光较稳定。

应用 对德国小蠊、家蝇、埃及伊蚊、辣根猿叶甲等有效。

分析方法 产品采用高效液相色谱法测定。

溴虫腈（chlorfenapyr）

$C_{15}H_{11}BrClF_3N_2O$，407.6，122453-73-0

由美国 American Cyanamid Co.（现属 BASF SE）公司开发的新型杂环类杀虫、杀螨、杀线虫剂。

其他名称 除尽，虫螨腈，氟唑虫清，AC 303630，CL 303630，MK-242，Pylon，PHantom

化学名称 4-溴-2-(4-氯苯基)-1-(乙氧基甲基)-5-三氟甲基吡咯-3-腈；4-bromo-2-(4-chlorophenyl)-1-ethoxymethyl-5-trifluoromethylpyrrole-3-carbonitrile

CAS 名称 4-bromo-2-(4-chlorophenyl)-1-(ethoxymethyl)-5-(trifluoromethyl)-1H-pyrrole-3-carbonitrile

理化性质 白色固体。熔点为 101～102℃，蒸气压<$1.2×10^{-2}$ mPa（20℃）。K_{ow} lg$P$ 4.83。相对密度 0.355（24℃）。水中溶解度（pH7，25℃）：0.14mg/L；其他溶剂中溶解度（g/100mL，25℃）：己烷 0.89，甲醇 7.09，乙腈 68.4，甲苯 75.4，丙酮 114，二氯甲烷 141。空气中 DT_{50}：0.88d（10.6h，计算值）；水中（直接光降解）DT_{50}：4.8～7.5d；水中稳定（pH4、7、9）。

毒性 原药急性经口 LD_{50}（mg/kg）：雄性大鼠 441，雌性大鼠 1152，雄性小鼠 45，雌性小鼠 1152。兔急性经皮 LD_{50}>2000mg/kg；对兔眼睛有中等刺激，对兔皮肤无刺激。大鼠吸入 LC_{50} 1.9mg/L 空气。NOEL 值：雄性小鼠慢性胃毒和致癌（80 周）2.8mg/(kg·d)（20mg/L）；大鼠饮食中毒 NOAEL（52 周）2.6mg/(kg·d)（60mg/L）。无致畸作用。急性经口 LD_{50}（mg/kg）：野鸭 10，美洲鹑 34。LC_{50}（8d，mg/L）：野鸭 9.4，美洲鹑 132。LC_{50}（μg/L）：鲤鱼（48h）500，虹鳟鱼（96h）7.44，大翻车鱼（96h）11.6。水蚤 LC_{50}（96h）6.11μg/L。羊角月牙藻 EC_{50} 132μg/L。蜜蜂 LD_{50} 0.2μg/只。蚯蚓 NOEC（14d）8.4mg/kg。

制剂 SC。

应用 杀虫、杀螨、杀线虫剂。用于防治小菜蛾、菜青虫、甜菜夜蛾、斜纹夜蛾、菜螟、菜蚜、斑潜蝇、蓟马等多种蔬菜害虫。具有胃毒和触杀作用。在植物中表现出良好的传导性，但是内吸性较差。溴虫腈是一种杀虫剂前体，其本身对昆虫无毒杀作用。昆虫取食或接触溴虫腈后，在昆虫体内，溴虫腈在多功能氧化酶的作用下转变为具体杀虫活性化合物，其靶标是昆虫体细胞中的线粒体，使细胞合成因缺少能量而停止生命功能。药后害虫活动变弱，出现斑点，颜色发生变化，活动停止，昏迷，瘫软，最终导致死亡。不要与其他杀虫剂混用，在作物收获前 14d 禁用。

合成路线

$$\text{Cl-C}_6\text{H}_4\text{-CHO} \xrightarrow[\text{CH}_3\text{NH}_2]{\text{NaCN}} \text{Cl-C}_6\text{H}_4\text{-CH(COOH)(NHCH}_3\text{)} \xrightarrow{(\text{CF}_3\text{CO})_2\text{O}} \text{Cl-C}_6\text{H}_4\text{-CH(COOH)(N(CH}_3\text{)COCF}_3\text{)} \xrightarrow{\text{CH}_2=\text{CHCN}}$$

$$\xrightarrow{\text{Br}_2} \xrightarrow{\text{CH}_3\text{CH}_2\text{ONa}}$$

分析方法 可用 GC-MSD/HPLC-UV 进行分析。

主要生产商 巴斯夫欧洲公司。

参考文献

[1] The Pesticide Manual. 15 th edition：180-181.
[2] US 19870112904.
[3] 第二届农药交流会论文集．2002：165-168.
[4] 科技与开发，2006，45（6）：385-391.
[5] 南京农业大学学报，2004，27（2）：105-108.

溴芬松（bromfenvinfos）

$C_{12}H_{14}BrCl_2O_4P$，404.0，33399-00-7(未声明立体化学)；58580-14-6(E)；58580-13-5(Z)

化学名称 (EZ)-溴-1-(2,4-二氯苯基) 乙烯基磷酸二乙酯；(EZ)-2-bromo-1-(2,4-dichlorophenyl) vinyl diethyl phosphate

CAS 名称 2-bromo-1-(2,4-dichlorophenyl)ethenyl diethyl phosphate

应用 胆碱酯酶抑制剂。

溴氟菊酯（brofluthrinate）

$C_{26}H_{22}BrF_2NO_4$，530.4，160791-64-0

由 W-G. Jin 等于 1996 年报道的拟除虫菊酯类杀虫剂、杀螨剂。

其他名称 中西溴氟菊酯，ZXI 8901

化学名称 (R,S)-α-氰基-3-(4-溴苯氧基) 苄基-(R,S)-2-(4-二氟甲氧基苯基)-3-甲基丁酸酯；3-(4-bromophenoxy)-α-cyanobenzyl 2-[4-(difluoromethoxy) phenyl]-3-methylbutanoate

CAS 名称 [3-(4-bromophenoxy)phenyl]cyanomethyl 4-(difluoromethoxy)-α-(1-methylethyl）benzeneacetate

理化性质 原药为淡黄色至深棕色浓稠油状液体。蒸气压 1.6×10^{-4} mPa（20℃）。K_{ow}lg$P$ 4.35。溶于苯、醚、醇等有机溶剂，不溶于水。水解 DT_{50}：15.6d（pH 5），8.3d（pH 7），4.2d（pH 9）。

毒性 大鼠急性经口 $LD_{50}>$1000mg/kg，大鼠急性经皮 $LD_{50}>$2000mg/kg。对家蚕、鱼类毒性较大，对皮肤有刺激，对蜜蜂低毒。对白鲢鱼高毒，TLm：0.41mg/L（24h），0.22mg/L（48h），0.08mg/L（96h）。

制剂 单剂，与辛硫磷混剂。

应用 防治鳞翅目、半翅目、同翅目、直翅目等多种害虫和螨类，对蜂螨也有效。适用于棉花、果树、蔬菜、茶树、粮食作物。具有触杀和胃毒作用，是一个高效、广谱、残效期长的拟除虫菊酯类杀虫剂、杀螨剂。不能与碱性农药混用。蔬菜收获前10d停止使用。

参考文献

Jin W G，et al. Proc Br Crop Prot Conf—Pests Dis，1996，2：455.

溴硫磷（bromophos）

$C_8H_8BrCl_2O_3PS$，366.0，2104-96-3

其他名称 bromofos

化学名称 O-(4-溴-2,5-二氯苯)-O,O-二甲基硫代磷酸酯；O-4-bromo-2,5-dichlorophenyl O,O-dimethyl phosphorothioate

CAS 名称 O-(4-bromo-2,5-dichlorophenyl) O,O-dimethyl phosphorothioate

应用 杀螨剂、杀虫剂。

溴氯丹（bromocyclen）

$C_8H_5BrCl_6$，393.8，1715-40-8

其他名称 溴西克林，bromociclen

化学名称 5-溴甲基-1,2,3,4,7,7-六氯二环[2.2.1]庚-2-烯；5-bromomethyl-1,2,3,4,7,7-hexachlorobicyclo[2.2.1]hept-2-ene

CAS 名称 5-(bromomethyl)-1,2,3,4,7,7-hexachlorobicyclo[2.2.1]hept-2-ene

理化性质 原药纯度90%。

毒性 大鼠急性经口 LD_{50} 12500mg/kg。

制剂 AE，DP，WP。

应用 杀虫剂、杀螨剂。用于防治猫、狗、牛、马、羊等动物及鸟类的皮外寄生物，如螨类。

主要生产商 Hoechst。

溴氯氰菊酯（tralocythrin）

$C_{22}H_{19}Br_2Cl_2NO_3$，576.1，66841-26-7

其他名称 CGA74055，Rou-HR-475-V，HAG-106

化学名称 (RS)-α-氰基-3-苯氧基苄基-(1RS)-顺反-3-[(RS)-1,2-二溴-2,2-二氯乙基]-2,2-二甲基环丙烷羧酸盐；(RS)-α-cyano-3-phenoxybenzyl(1RS)-cis-trans-3-[(RS)-1,2-dibromo-2,2-dichloroethyl]-2,2-dimethylcyclopropanecarboxyate；(RS)-α-cyano-3-phenoxybenzyl(1RS,3RS;1RS,3SR)-3-[(RS)-1,2-dibromo-2,2-dichloroethyl]-2,2-dimethylcyclopropanecarboxyate

CAS 名称 cyano(3-phenoxyphenyl) methyl 3-(1,2-dibromo-2,2-dichloroethyl)-2,2-dimethylcyclopropanecarboxyate

应用 拟除虫菊酯杀虫剂，氯氰菊酯的溴化衍生物，可用氯氰菊酯溴化制取。产品为 16 种立体异构体的混合物。用于防治羊毛织物的蛀蛾幼虫、羊毛虫和地毯圆皮蠹，也用于防治微小牛蜱对牛体的危害。

溴螨酯（bromopropylate）

$C_{17}H_{16}Br_2O_3$，428.1，18181-80-1

1967 年 H. Grob 等报道了其杀螨活性，J. R. Geigy S. A.（现属 Syngenta AG）将其商品化。

其他名称 螨代治，GS 19851，Bromolate，SunPropylate，Acarol，Folbex VA，Mitene

化学名称 4,4′-二溴二苯乙醇酸异丙酯；isopropyl 4,4′-dibromobenzilate

CAS 名称 1-methylethyl 4-bromo-α-(4-bromophenyl)-hydroxybenzene- acetate

理化性质 纯品为白色晶体。熔点 77℃。蒸气压 6.8×10^{-3} mPa（20℃）。K_{ow} lgP 5.4，Henry 常数 $<5.82\times10^{-3}$ Pa·m³/mol（计算值）。相对密度 1.59（20℃）。水中溶解度（20℃）：<0.5 mg/L；其他溶剂中溶解度（g/kg）：丙酮 850，二氯甲烷 970，二噁烷 870，苯 750，甲醇 280，二甲苯 530，异丙醇 90。稳定性：在中性或弱酸性介质中稳定。DT_{50} 为 34d（pH 9）。

毒性 大鼠急性经口 $LD_{50}>5000$ mg/kg。大鼠急性经皮 $LD_{50}>4000$ mg/kg；对兔皮肤有轻微刺激，但对兔眼睛无刺激。大鼠吸入 $LC_{50}>4000$ mg/kg。NOEL 值：大鼠（2 年）为 500mg/kg [约 25mg/(kg·d)]，小鼠（1 年）为 1000mg/kg [约 143mg/(kg·d)]。

ADI 值：0.03mg/kg。日本鹌鹑急性经口 LD_{50} ＞2000mg/kg。饲喂 LC_{50}（8d）：北京鸭 600mg/kg，日本鹌鹑 1000mg/kg。鱼类 LC_{50}（96h）：虹鳟鱼 0.35mg/L，大翻车鱼 0.5mg/L，鲤鱼 2.4mg/L。水蚤 LC_{50}（48h）0.17mg/L。海藻 EC_{50}（72h）＞52mg/L。对蜜蜂无毒，LC_{50}（24h）为 183μg/只。蚯蚓 LC_{50}（14d）＞1000mg/kg 土壤。对落叶果树、柑橘属果树和啤酒花上的花椿、盲蝽、瓢虫、草蛉、褐蛉、隐翅虫、步甲、食蚜蝇和长足虻的成虫和若虫安全。对肉食性螨的潜在危害可通过避免早季喷药来降到最低。

制剂 EC。

应用 非系统性杀螨剂。用于控制仁果、核果、柑橘类的水果、葡萄、草莓、啤酒花、棉花、大豆、瓜类、蔬菜和花卉上的各个时期的叶螨、瘿螨。也可以用于控制蜂箱中的寄生螨。杀螨谱广，持效期长，对成、若螨和卵均有较好的触杀作用，无内吸作用。属氧化磷酸化作用抑制剂，干扰 ATP 的形成（ATP 合成抑制剂）。对一些苹果、李子和观赏植物有轻微药害。

合成路线

主要生产商 浙江禾本，中化宁波。

参考文献

[1] The Pesticide Manual. 15th ed.：129-130.
[2] Abstr Int Congr Plant Prot，6th，1967：198.
[3] GB 1178850.
[4] DE 691105.
[5] 农药商品大全. 中国商业出版社：294-295.

溴灭菊酯（brofenvalerate）

$C_{25}H_{21}BrClNO_3$，498.8，65295-49-0

其他名称 溴氰戊菊酯，溴敌虫菊酯。

化学名称 （R，S）-2-氰基-3-(4-溴苯氧基) 苄基-（R，S）-2-(4-氯苯基）异戊酸酯；($αRS$)-3-(4-bromophenoxy)-α-cyanobenzyl (2RS)-2-(4-chlorophenyl)-3-methylbutyrate

CAS 名称 [3-(4-bromophenoxy)phenyl]cyanomethyl 4-chloro-α-(1-methylethyl)benzeneacetate

理化性质 原药外观为暗琥珀色黏稠液体，相对密度 1.367。不溶于水，易溶于芳香烃类溶剂。对光、热、氧化等稳定性高，在酸性条件下稳定，碱性介质中易分解。制剂为红棕色透明液体，pH 6～7。可与有机磷农药混合。

毒性 大鼠急性经口 $LD_{50}>10000mg/kg$。大鼠急性经皮 $LD_{50}>10000mg/kg$；对兔眼睛、皮肤无刺激性。亚慢性毒性大鼠 90d 饲喂，无作用剂量为 $5000mg/kg$。Ames 试验、小鼠骨髓细胞微核试验，小鼠生殖细胞染色体畸变试验均为阴性，无致突变作用，属低毒农药。对鱼毒性低，鲤鱼 TLM（58h）为 $3.60mg/kg$。

应用 杀虫剂。用于防治棉蚜、红铃虫、棉铃虫、苹果树蚜虫、红蜘蛛、柑橘树潜叶蛾以及蔬菜蚜虫、菜青虫等害虫。属取代苯乙酸酯含溴化合物的新型拟除虫菊酯类杀虫剂，其有氰戊菊酯相同的杀虫作用，对害虫击倒快，杀虫谱广，具有用药量低，毒性低等优点。不宜在蚕区使用。不能与碱性农药混用。

溴氰菊酯（deltamethrin）

$C_{22}H_{19}Br_2NO_3$，505.2，52918-63-5

1974 年 M. Elliott 等首先介绍该单一异构体，J. Tessier 作了综述，由 RousselUclaf（现 Bayer CropScience AG）开发。

其他名称 敌杀死，凯安保，凯素灵，天马，谷虫净，增效百虫灵

化学名称 (S)-α-氰基-3-苯氧基苄基-(1R,3R)-3-(2,2-二溴乙烯基)-2,2-二甲基环丙烷羧酸酯；(S)-α-cyano-3-phenoxybenzyl(1R,3R)-3-(2,2-dibromovinyl)-2,2-dimethylcyclopropanecarboxylate；(S)-α-cyano-3-phenoxybenzyl(1R)-cis-3-(2,2-dibromovinyl)-2,2-dimethylcyclopropanecarboxylate

CAS 名称 [1R-[1α(S*),3α]]-cyano(3-phenoxyphenyl)methyl 3-(2,2-dibromoethenyl)-2,2-dimethylcyclopropanecarboxylate

理化性质 原药含量 98.5%，只有 1 个异构体。纯品为无色晶体。熔点 $100\sim102℃$。25℃ 时蒸气压为 $1.24\times10^{-5}mPa$。Henry 常数 $3.13\times10^{-2}Pa\cdot m^3/mol$。相对密度 0.55（25℃）。$K_{ow}$ lg$P$ 4.6（25℃）。水中溶解度：$<0.2\mu g/L$（25℃）；有机溶剂中溶解度(g/L，20℃)：1,4-二氧六环 900，环己酮 750，二氯甲烷 700，丙酮 500，苯 450，二甲基亚砜 450，二甲苯 250，乙醇 15，异丙醇 6。在空气中稳定（温度 <190℃ 稳定存在），在紫外线和日光照射下酯键发生断裂并且脱去溴；其在酸性介质中比在碱性介质中稳定；DT_{50} 2.5d（pH 9，25℃）。

毒性 大鼠急性经口 LD_{50} $87\sim5000mg/kg$，取决于载体及研究条件；狗急性经口 LD_{50} $>300mg/kg$。大鼠和兔的急性经皮 $LD_{50}\geq2000mg/kg$，对皮肤无刺激性，对兔的眼睛有轻微刺激性。大鼠急性吸入 LC_{50}（6h）为 $0.6mg/L$。NOEL 值（2 年，mg/kg）：小鼠 16，大鼠 1，狗 1。对小白鼠、大白鼠、兔无致畸、致突变作用。山齿鹑急性经口 LD_{50}：$>2250mg/kg$；山齿鹑饲喂 LC_{50}（8d）：$>5620mg/kg$ 饲料。NOEL 值：野鸭 $70mg/(kg\cdot d)$，山齿鹑 $55mg/(kg\cdot d)$。实验室条件下对鱼有毒，LC_{50}（96h，$\mu g/L$）：虹鳟鱼 0.91，大翻车鱼 1.41；自然条件下对鱼无毒。水蚤 LC_{50}（48h）$0.56\mu g/L$。羊角月牙藻 EC_{50}（96h）$>9.1mg/L$。对蜜蜂有毒，LD_{50}（ng/只）：(经口) 23，(接触) 12。蚯蚓 LC_{50}（14d）$>1290mg/kg$ 土壤。在实验室得出的低 LD_{50} 和 LC_{50} 值，不能代表对野外系统没有毒害。

制剂 DP，EC，EG，EW，GR，HN，OD，PO，SC，SL，TB，UL，WG，WP。

应用 阻碍钠离子通道，使不能传导神经冲动。非内吸性杀虫剂，有触杀和胃毒作用，

作用迅速。对害虫有一定驱避与拒食作用，尤其对鳞翅目幼虫及蚜虫杀伤力大，但对螨类无效，作用部位在神经系统，为神经毒剂，使昆虫过度兴奋、麻痹而死。用于谷物、柑橘、棉花、葡萄、玉米、油菜、大豆、其他水果和蔬菜防治鞘翅目、半翅目、同翅目、鳞翅目和缨翅目害虫。防治蝗科，推荐用于防治蝗虫。土壤表面喷洒控制夜蛾。防治室内卫生害虫、储粮害虫、木材害虫（蜚蠊目、蚊科、蝇科）。浸渍或喷洒用于控制牛、羊、猪等的蝇、虻、硬蜱科、螨。不能在桑园、鱼塘、河流、养蜂场等处及其周围使用，以免对蚕、蜂、水生生物等有益生物产生毒害。溴氰菊酯不可与碱性物质混用，以免分解失效。但为了提高药效，减少用量，延缓抗性的产生，可以与马拉硫磷、双甲脒、乐果等非碱性物质随混随用。对螨蚧效果不好，因此在虫、螨并发的作物上使用此药，要配合专用杀螨剂，以免害螨猖獗。最好不要用于防治棉铃虫、棉蚜等抗性发展快的昆虫。

主要生产商 Bayer CropScience，Agrochem，Bharat，Bilag，Bioquest，Devidayal，Gharda，Heranba，Meghmani，PHP Santé，Rotam，Sharda，Sundat，Tagros，Isagro，大连瑞泽，江苏扬农，南京红太阳，郑州兰博尔。

畜虫磷（coumithoate）

$C_{17}H_{21}O_5PS$，368.4，572-48-5

由 Montecatini S. p. A. 公司（现 Agrimont S. p. A.）开发。

其他名称 Chromaphon，Dition，Dithion
化学名称 O,O-二乙基-O-(7,8,9,10-四氢-6-氧代苯并二氢吡喃-3-基)硫逐磷酸酯；O,O-diethyl O-(7,8,9,10-tetrahydro-6-oxo-6H-benzo[c]chromen-3-yl) phosphorothioate
CAS 名称 O,O-diethyl O-(7,8,9,10-tetrahydro-6-oxo-6H-dibenzo[b,d]pyran-3-yl) phosphorothioate
理化性质 结晶，熔点88～89℃，不溶于水，易溶于有机溶剂。
毒性 急性经口 LD_{50}（mg/kg）：大鼠300，小鼠380，兔500，狗400。
应用 家畜寄生虫驱虫剂，杀螨剂。

畜虫威（butacarb）

$C_{16}H_{25}NO_2$，263.4，2655-19-8

J. Fraser 等于1967年报道，由 Boots Co., Ltd.（后 Schering Agrochemicals）推出的

杀螨剂。

其他名称　RD 14 639，BTS 14 639，butacarbe

化学名称　3,5-二叔丁基苯基甲氨基甲酸酯；3,5-di-*tert*-butylphenyl methylcarbamate

CAS 名称　3,5-bis(1,1-dimethylethyl)phenyl *N*-methylcarbamate

应用　胆碱酯酶抑制剂。与 Gamma-HCH 混剂用于防治动物皮外寄生物。

参考文献

Fraser J, et al. J Sci Food Agric, 1967, 18: 372.

畜宁磷（quinothion）

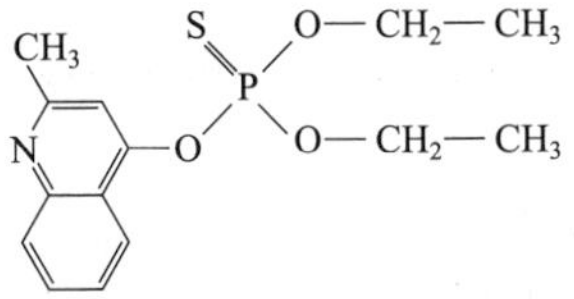

$C_{14}H_{18}NO_3PS$，311.3，22439-40-3

由 Bayer AG 开发。

化学名称　*O*,*O*-二乙基-*O*-2-甲基-4-喹啉基硫代磷酸酯；*O*,*O*-diethyl *O*-2-methyl-4-quinolyl phosphorothioate

CAS 名称　*O*,*O*-diethyl *O*-(2-methyl-4-quinolinyl) phosphorothioate

应用　胆碱酯酶抑制剂。

畜蜱磷（cythioate）

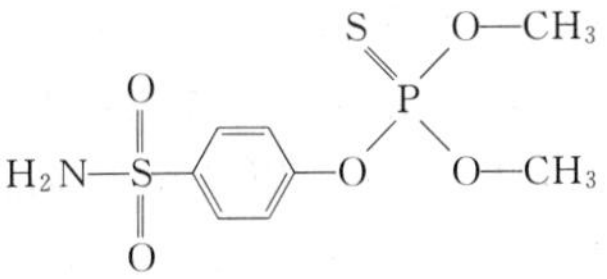

$C_8H_{12}NO_5PS_2$，297.29，115-93-5

其他名称　赛灭磷，畜蜱磷，萨硫苯磺胺

化学名称　*O*-[4-(磺酰氨基)苯基]硫代磷酸二甲酯；*O*,*O*-dimethyl *O*-4-sulfamoyl-phenyl phosphorothioate

CAS 名称　*O*-[4-(aminosulfonyl)phenyl]*O*,*O*-dimethyl phosphorothioate

理化性质　密度 1.459g/cm³。沸点 407.7℃（760mmHg）。闪点 200.3℃。

应用　有机氯杀虫剂。

血根碱（sanguinarine）

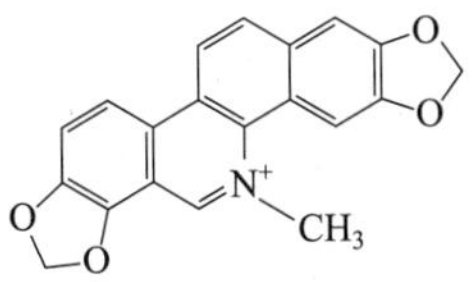

$C_{20}H_{14}NO_4$，332.3，5578-73-4

化学名称　13-methyl[1,3]benzodioxolo[5,6-*c*]-1,3-dioxolo[4,5-*i*]phenanthridin-13-ium

CAS 名称 13-methyl[1,3]benzodioxolo[5,6-c]-1,3-dioxolo[4,5-i]phenanthridinium

应用 1‰血根碱可湿性粉剂对苹果二斑叶螨有良好的灭杀效果。二氢血根碱对黏虫3龄幼虫具有较高的毒杀作用。

蚜灭磷（vamidothion）

$C_8H_{18}NO_4PS_2$，287.3，2275-23-2

J. Desmoras 报道其活性，由法国 Rhone-Poulenc Agrochimie（现属 Bayer CropScience）开发的有机磷类杀虫剂。

其他名称 Kilval，Trucidor，Vamidoate，Asystin Z

化学名称 O,O-二甲基-S-2-(1-甲基氨基甲酰基乙硫基)乙基硫赶磷酸酯；O,O-dimethyl S-(1-methylcarbamoylethylthio) ethylphosphorothioate；2-(2-dimethoxyphosphinoylthioethylthio)-N-methylpropionamide

CAS 名称 O,O-dimethyl S-[2-[[1-methyl-2-(methylamino)-2-oxoethyl]thio]ethyl]phosphorothioate

理化性质 无色针状结晶（工业品为白色蜡状固体），熔点约43℃（工业品40℃）。蒸气压可忽略不计（20℃）。水中溶解度4kg/L，苯、甲苯、甲乙酮、乙酸乙酯、乙腈、二氯甲烷、环己酮、氯仿中溶解度约1kg/L，几乎不溶于环己烷和石油醚。室温下轻微分解，但在有机溶剂（如甲乙酮、环己酮）中稳定，在强酸或碱性介质中分解。

毒性 急性经口 LD_{50}（mg/kg）：雄大鼠 100～105，雌大鼠 64～67，小鼠 34～37。急性经口 LD_{50}（mg/kg）：雄大鼠 160，小鼠 80。急性经皮 LD_{50}（mg/kg）：小鼠 1460，兔 1160。大鼠吸入 LC_{50}（4h）1.73mg/L 空气。以 50mg/kg 饲料或 100mg/kg 饲料喂养大鼠90d，对其生长无影响。ADI（JMPR）值 0.008mg/kg [1988]。山鸡急性经口 LD_{50} 35mg/kg。斑马鱼 LC_{50}（96h）590mg/L。金鱼在10mg/L浓度中活14d无影响。水蚤 EC_{50}（48h）0.19mg/L。本品对蜜蜂有毒性。

制剂 EC，SL。

应用 用于苹果、柑橘、葡萄、栗、桃、李、蔬菜、茶、水稻、棉花、桑、蔷薇、菊花、石竹等防治刺吸式口器害虫，如蓟马、飞虱、水稻黑蝽象、康氏粉蚧、螨、欧洲红螨、桃蚜、甘蓝蚜、马铃薯蚜、二斑叶螨、苹果绵蚜等。

合成路线

$POCl_3 \xrightarrow{CH_3OH}$ (CH_3O)_2P(O)-SH → (CH_3O)_2P(O)-SNa $\xrightarrow{ClCH_2CH_2SCHCONHCH_3 (CH_3)}$ (CH_3O)_2P(O)-SCH_2CH_2SCHCNHCH_3

分析方法 产品可用 HPLC/GLC 进行分析，残留物可用 GLC 进行分析。

主要生产商 Bayer CropScience。

参考文献

[1] The Pesticide Manual. 13th ed. 2003：1025-1026.
[2] CN 1097092.

亚胺硫磷 (phosmet)

$C_{11}H_{12}NO_4PS_2$,317.3,732-11-6

由 B. A. Butt 和 J. C. Keller 报道,由 Stauffer Chemical Co. (后来变成 Zeneca Agrochemicals) 引入市场,现在由 Gowan Co. 和其他公司销售。

化学名称 O,O-二甲基-S-酞酰亚氨基甲基二硫代磷酸酯;O,O-dimethyl S-phthalimidomethyl phosphorodithioate;N-(dimethoxyphosphinothioylthiomethyl) phthalimide

CAS 名称 S-[(1,3-dihydro-1,3-dioxo-2H-isoindol-2-yl) methyl]O,O-dimethyl phosphorodithioate

理化性质 原药含量92%。无色结晶(原药为白色或粉红色蜡状固体)。熔点 72.0~72.7℃ (原药 66~69℃)。闪点>106℃。蒸汽压 0.065mPa (25℃)。K_{ow} lg$P$ 2.95。Henry 常数 8.25× 10^{-4} Pa·m³/mol(计算值)。水中溶解度:25mg/L (25℃);有机溶剂中溶解度 (g/L, 25℃): 丙酮650,苯600,甲苯与甲基异丁基酮300,二甲苯250,甲醇50,煤油5。稳定性:在碱性介质中迅速水解,在酸性条件下相对稳定;DT_{50} (20℃):13d (pH 4.5),<12h (pH 7),<4h (pH 8.3)。在100℃以上迅速分解。在阳光下的水溶液中或玻璃盘中分解。

毒性 雄大鼠急性经口 LD_{50} 113mg/kg,雌大鼠 160mg/kg。白兔急性经皮 LD_{50}> 5000mg/kg;对兔眼睛和皮肤有轻微刺激作用,对豚鼠皮肤无致敏性。雌雄大鼠吸入 LC_{50} (4h) 1.6mg 70% WP/L 空气。无作用剂量(2年):大鼠 40mg/kg 饲料(2.0mg/kg),狗 40mg/kg 饲料。无致癌和致畸作用。ADI/RfD (JMPR) 0.01mg/kg [1998,2003,2007], (EC) 0.003mg/kg [2007],(EPA) aRfD 0.045mg/kg,cRfD 0.011mg/kg [2006]。急性毒性LC_{50}:山齿鹑 507mg/kg 饲料,野鸭>5000mg/kg 饲料。大翻车鱼 LC_{50} (96h) 0.07mg/L,虹鳟 0.23mg/L。水蚤 LC_{50} (48h) 8.5μg/L。蜜蜂 LD_{50} 0.001mg/只。

制剂 DP,EC,SL,WP。

应用 一种非内吸性杀虫、杀螨剂。用于棉花、水稻、蔬菜、茶树、果树、林木等作物,防治蚜虫、叶蝉、飞虱、粉虱、蓟马、潜蝇、盲蝽象、一些介壳虫、鳞翅目害虫等多种刺吸式口器和咀嚼式口器害虫及叶螨类,对叶螨类的天敌安全。此外,还可用药液喷涂体表,防治羊虱、角蝇、牛皮蝇等家畜寄生虫。对农作物正常使用下无药害。茶树收获前禁用期 10d,其他作物 20d。

合成路线

分析方法　产品用毛细管 GC 分析。
主要生产商　General Química，湖北仙隆。
参考文献
[1]　US 5134131.
[2]　US 2767194.

亚砜磷（oxydemeton-methyl）

$$\text{H}_3\text{CO} \quad \overset{\text{O}}{\underset{}{\text{P}}} - \text{SCH}_2\text{CH}_2\overset{\text{O}}{\underset{}{\text{S}}}\text{C}_2\text{H}_5$$
$$\text{H}_3\text{CO}$$

$C_6H_{15}O_4PS_2$，246.3，301-12-2

由 G. Schrader 报道，Bayer 公司推出。2002 年欧洲权利转让给 MAI 公司。

其他名称　Bayer 21 097，R 2170，Aimcosystox，Dhanusystox

化学名称　S-2-乙基亚砜基乙基-O,O-二甲基硫代磷酸酯；S-2-ethylsulfinylethyl O,O-dimethyl phosphorothioate

CAS 名称　S-[2-(ethylsulfinyl)ethyl]O,O-dimethyl phosphorothioate

理化性质　无色液体。熔点<－20℃。沸点 106℃（0.01mmHg）。蒸气压 3.8mPa（20℃）。$K_{ow}\lg P$ －0.74（21℃）。Henry 常数≪1×10^{-5} Pa·m³/mol。相对密度 1.289（20℃）。易溶于水，溶于有机溶剂（除了石油醚）。稳定性：在酸性条件下缓慢水解，在碱性条件下迅速水解。22℃，DT_{50}（估计）107d（pH 4）、46d（pH 7）、2d（pH 9）。闪点 113℃。

毒性　大鼠急性经口 LC_{50} 约 50mg/kg。大鼠急性经皮 LD_{50} 约 130mg/kg。对兔皮肤轻微刺激，对兔眼睛有刺激（50% in MIBK）。雌大鼠吸入 LC_{50}（4h）427mg/m³（50% in MIBK）。无作用剂量大鼠（2 年）1mg/kg 饲料，小鼠 mg/kg 饲料；狗（1 年）0.25mg/kg。山齿鹑 LD_{50} 34～37mg/kg。野鸭（5d）LC_{50}>5000mg/kg 饲料，山齿鹑（5d）LC_{50} 434mg/kg 饲料。虹鳟鱼 LC_{50}（96h）17mg/L，金枪鱼 447.3mg/L，大翻车鱼 1.9mg/L。水蚤 LC_{50}（48h）0.19mg/L。海藻 E_rC_{50} 49mg/L。对蜜蜂有毒。蚯蚓 LC_{50} 115mg/kg 土壤。

制剂　EC，SL。

应用　胆碱酯酶抑制剂。具有触杀、胃毒作用的内吸性杀虫剂，有快速击倒作用。用于果树、葡萄、蔬菜、谷物和观赏植物防治蚜虫、叶蜂和其他刺吸式害虫。对一些观赏植物有药害，特别是与其他农药混用时。

合成路线

$$C_2H_5SCH_2CH_2Cl + NH_4S-\underset{OCH_3}{\overset{O}{\underset{}{P}}}-OCH_3 \longrightarrow C_2H_5SCH_2CH_2-S-\underset{OCH_3}{\overset{O}{\underset{}{P}}}-OCH_3$$

$$H_3CO-\underset{H_3CO}{\overset{O}{\underset{}{P}}}-SCH_2CH_2SC_2H_5 \xrightarrow{H_2O_2} H_3CO-\underset{H_3CO}{\overset{O}{\underset{}{P}}}-SCH_2CH_2\overset{O}{\underset{}{S}}C_2H_5$$

分析方法　产品分析用 RPHPLC/UV。
主要生产商　DooYang。
参考文献

[1] DE 947368.
[2] US 2963505.

亚砷酸钾 (potassium arsenite)

$$O=As-O^-K^+$$

$AsKO_2$, 146, 10124-50-2

化学名称 亚砷酸钾；potassium arsenite

CAS 名称 potassium arsenenite

应用 除草剂，杀虫剂。

烟碱 (nicotine)

$C_{10}H_{14}N_2$, 162.1, 54-11-5

1690 年用烟草萃取液来杀虫，1828 年首次从烟草中分离出来，1843 年提出其化学式并于 1893 年确定其结构，1904 年 A. Pictet 和 Crepieux 成功利用合成的方式得到烟碱。

其他名称 No-Fid (Hortichem), Stalwart, XL-All Insecticide (Vitax)

化学名称 (S)-3-(1-甲基吡咯烷-2-基)吡啶；(S)-3-(1-methylpyrrolidin-2-yl) pyridine

CAS 名称 (S)-3-(1-methyl-2-pyrrolidinyl)pyridine

理化性质 纯品为无色液体（在光照和空气中迅速变黑）。熔点 -80℃，沸点 246~247℃，蒸气压 5.65Pa (25℃)，K_{ow} lg$P$ 0.93 (25℃)，相对密度 1.01 (20℃)。60℃ 以下与水互溶形成水合物，210℃ 以上时易溶于乙醚、乙醇和大多数有机溶剂。在空气中迅速变为黑色黏稠状物质。遇酸成盐。

毒性 大鼠急性经口 LD_{50} 50~60mg/kg。兔急性经皮 LD_{50} 50mg/kg；皮肤接触和吸入对人均有毒性。经口致死剂量为 40~60mg。对鸟类中等毒性。虹鳟鱼幼鱼 LC_{50} 4mg/L。水蚤 LC_{50} 0.24mg/L。对蜜蜂中等毒性，但有趋避效果。

制剂 DP，SL。

应用 一种吡啶型生物碱，对害虫有胃毒、触杀、熏蒸作用，并有杀卵作用。其主要作用机理是麻痹神经，烟碱的蒸气可从虫体任何部分侵入体内而发挥毒杀作用。烟碱易挥发，故残效期短。主要用于蔬菜、果树、茶树、水稻等作物，防治蚜虫、甘蓝夜蛾、蓟马、蜡象、叶跳虫、大豆食心虫、菜青虫、潜叶蝇、潜叶蛾、桃小食心虫、梨小食心虫、螨、黄条跳甲、稻螟、叶蝉、飞虱等。施药要均匀，残效期约 7d 左右。不要与碱性条件下易分解的药剂混用。

合成路线 将烟叶磨成细粉，加入石灰乳，使呈碱性，烟碱则游离出来，然后再加煤油过滤。硫酸烟碱则是将烟草细粉加入石油，再加硫酸，充分搅拌，滤去残物，用石油析出，即得硫酸烟碱。

分析方法 采用水蒸气蒸馏和硅钨酸盐沉降法。

主要生产商 赤峰帅旗农药。

参考文献

[1] The Pesticide Manual. 16 th edition.
[2] Pestic Sci, 1996, 47: 265.

氧化苦参碱 (oxymatrine)

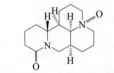

$C_{15}H_{24}N_2O_2$, 264.4, 16837-52-8

化学名称 ($7aS$,$13aR$,$13bR$,$13cS$)-dodecahydro-1H,5H,10H-dipyrido[2,1-f:3′,2′,1′-ij][1,6]naphthyridin-10-one 4-oxide

CAS 名称 ($4R$,$7aS$,$13aR$,$13bR$,$13cS$)-dodecahydro-1H,5H,10H-dipyrido[2,1-f:3′,2′,1′-ij][1,6]naphthyridin-10-one 4-oxide

应用 天然植物源杀虫剂。

氧乐果 (omethoate)

$$\begin{array}{c} O \\ \| \\ CH_3NHCOCH_2-S-P(OCH_3)_2 \end{array}$$

$C_5H_{12}NO_4PS$, 213.3, 1113-02-6

由 R. Santi 和 P. de Pietri-Tonelli 报道,由 Bayer AG 引进,2005 年该权利被 Arysta LifeScience Corp. 收购。

其他名称 欧灭松（台），华果，克蚜灵，Folimat

化学名称 O,O-二甲基-S-甲基甲酰氨基甲基硫代磷酸酯；O,O-dimethyl S-methylcarbamoylmethyl phosphorothioate；2-dimethoxyphosphinoylthio-N-methylacetamide

CAS 名称 O,O-dimethyl S-[2-(methylamino)-2-oxoethyl]phosphorothioate

理化性质 伴有硫醇味的无色液体。－28℃下凝固（原药）。蒸气压 3.3mPa（20℃）。K_{ow}lg$P$ －0.74（20℃）。相对密度 1.32（20℃）。溶解度：易溶于水、醇、丙酮和多种烃类，微溶于乙醚，几乎不溶于石油醚。稳定性：在碱性条件下易水解,22℃酸性条件下水解缓慢；DT_{50}（估计）：102d（pH 4）,17d（pH 7）,28h（pH 9）。分解温度 135℃。闪点 128℃（原药）。

毒性 大鼠急性经口 LD_{50} 约 25mg/kg。雄大鼠急性经皮 LD_{50}（24h）232mg/kg,雌大鼠约 145mg/kg。对兔皮肤无刺激,对兔眼睛有轻微刺激。大鼠吸入（气雾剂）LC_{50}（4h）约 0.3mg/L。大鼠（2 年）无作用剂量 0.3mg/kg、小鼠 10mg/kg；狗（1 年）0.025mg/kg。雄性日本鹌鹑急性经口 LD_{50} 79.7mg/kg,雌性日本鹌鹑 83.4mg/kg。金圆腹雅罗鱼 LC_{50}（90h）30mg/L,虹鳟 9.1mg/L。水蚤 LC_{50}（48h）0.022mg/L。近具刺链带藻 E_rC_{50} 167.5mg/L。对蜜蜂有毒。蚯蚓 LC_{50} 46mg/kg 干土。

制剂 AE, EC, SL, UL。

应用 属高毒有机磷杀虫剂,胆碱酯酶抑制剂。具有触杀、胃毒作用的内吸性杀虫剂和杀螨剂。用于果树、啤酒花、谷物、水稻、马铃薯、观赏植物和其他作物，防治害螨、蚜虫（包括长毛蚜虫）、甲虫、毛毛虫、鳞翅目害虫、蓟马、刺吸式口器害虫、秆蝇等。根据作物、害虫、害虫生长阶段以及使用方法不同，施用量不同，可能对一些品种的桃子产生药害。与碱性物质不相容。

合成路线

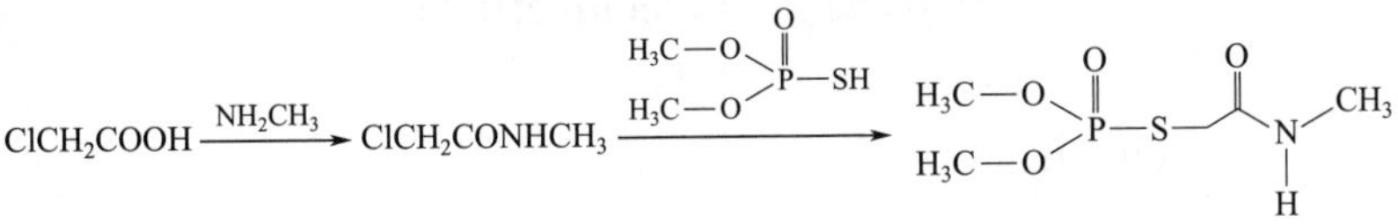

$$ClCH_2COOH \xrightarrow{NH_2CH_3} ClCH_2CONHCH_3 \xrightarrow{(H_3CO)_2P(O)SH} (H_3CO)_2P(O)SCH_2C(O)NHCH_3$$

分析方法　产品分析采用反相 HPLC 或 GLC/FPD。

主要生产商　ChemChina Agrochemical，山东大成，杭州庆丰，湖北沙隆达，郑州沙隆达。

参考文献

[1]　The Pesticide Manual. 16 th edition.
[2]　DE 1251304.

氧嘧酰胺（fenoxacrim）

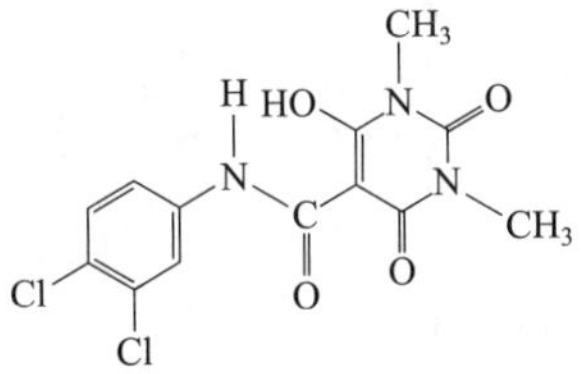

$C_{13}H_{11}Cl_2N_3O_4$，344.2，65400-98-8

由 Ciba-Geigy AG 开发。

其他名称　HHP

化学名称　3′,4′-二氯-1,2,3,4-四氢-6-羟基-1,3-二甲基-2,4-二氧代嘧啶-5-酰替苯胺；3′,4′-dichloro-1,2,3,4-tetrahydro-6-hydroxy-1,3-dimethyl-2,4-dioxopyrimidine-5-carboxanilide

CAS 名称　N-(3,4-dichlorophenyl)hexahydro-1,3-dimethyl-2,4,6-trioxo-5-pyrimidine-carboxamide

应用　杀虫剂。

一甲呋喃丹（decarbofuran）

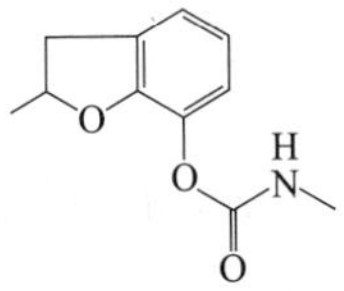

$C_{11}H_{13}NO_3$，207.2，1563-67-3

由 Bayer AG 评价。

化学名称 2,3-二氢-2-甲基苯并呋喃-7-基甲氨基甲酸酯；2,3-dihydro-2-methylbenzofuran-7-yl methylcarbamate

CAS 名称 2,3-dihydro-2-methyl-7-benzofuranyl methylcarbamate

应用 杀虫剂。

伊维菌素（ivermectin）

22,23-dihydroavermectin B_{1a}

22,23-dihydroavermectin B_{1b}

$C_{48}H_{74}O_{14}(B_{1a})$，875.1；$C_{47}H_{72}O_{14}(B_{1b})$，861.1；70288-86-7；70161-11-4 (B_{1a})；70209-81-3 (B_{1b})

由 Merk 公司开发的抗生素类杀虫剂。

其他名称 Cardomec，Cardotek-30，Eqvalan，Heartgard-30，Ivomec，Ivomec-F，Ivomec-P，Mectizan，MK-933，Oramec

化学名称 (10E,14E,16E)-(1R,4S,5′S,6R,6′R,8R,12S,13S,20R,21R,24S)-6′-[(S)-异丁基]-21,24-二羟基-5′,11,13,22-四甲基-2-氧-3,7,19-三氧四环[15.6.1.1^{4,8}.0^{20,24}]二十五-10,14,16,22-四烯-6-螺-2′-(四氢吡喃)-12-基2,6-二脱氧-4-氧-(2,6-二脱氧-3-氧甲基-α-L-阿拉伯糖己吡喃糖)-3-氧甲基-α-L-阿拉伯糖己吡喃糖苷和(10E,14E,16E)-(1R,4S,5′S,6R,6′R,8R,12S,13S,20R,21R,24S)-21,24-二羟基-6′-异丙基-5′,11,13,22-四甲基-2-氧-3,7,19-三氧四环[15.6.1.1^{4,8}.0^{20,24}]二十五-10,14,16,22-四烯-6-螺-2′-(5′,6′-二烯-2′H-吡喃)-12-基-2,6-二脱氧-4-氧-(2,6-二脱氧-3-氧甲基-α-L-阿拉伯糖己吡喃糖)-3-氧甲基-α-L-阿拉伯糖己吡喃糖苷的混合物。

mixture of (10E,14E,16E)-(1R,4S,5′S,6R,6′R,8R,12S,13S,20R,21R,24S)-6′-[(S)-sec-butyl]-21,24-dihydroxy-5′,11,13,22-tetramethyl-2-oxo-(3,7,19-trioxatetracyclo[15.6.1.1^{4,8}.0^{20,24}]pentacosa-10,14,16,22-tetraene)-6-spiro-2′-(tetrahydropyran)-12-yl 2,6-dideoxy-4-O-(2,6-dideoxy-3-O-methyl-α-L-$arabino$-hexopyranosyl)-3-O-methyl-α-L-ara-

bino-hexopyranoside and (10E,14E,16E)-(1R,4S,5′S,6R,6′R,8R,12S,13S,20R,21R,24S)-21,24-dihydroxy-6′-isopropyl-5′,11,13,22-tetramethyl-2-oxo-(3,7,19-trioxatetracyclo[15.6.1.1^{4,8}.0^{20,24}]pentacosa-10,14,16,22-tetraene)-6-spiro-2′-(tetrahydropyran)-12-yl 2,6-dideoxy-4-O-(2,6-dideoxy-3-O-methyl-α-L-$arabino$ hexopyranosyl)-3-O-methyl-α-L-$arabino$-hexopyranoside or bridged fused ring systems nomenclature: mixture of(2aE,4E,8E)-(5′S,6S,6′R,7S,11R,13R,15S,17aR,20R,20aR,20bS)-6′-[(S)-sec-butyl]-3′,4′,5′,6,6′,7,10,11,14,15,17a,20,20a,20b-tetradecahydro-20,20b-dihydroxy-5′,6,8,19-tetramethyl-17-oxospiro[11,15-methano-2H,13H,17H-furo[4,3,2-pq][2,6]benzodioxacyclooctadecin-13,2′-[2H]pyran]-7-yl 2,6-dideoxy-4-O-(2,6-dideoxy-3-O-methyl-α-L-$arabino$-hexopyranosyl)-3-O-methyl-α-L-$arabino$-hexopyranoside and (2aE,4E,8E)-(5′S,6S,6′R,7S,11R,13R,15S,17aR,20R,20aR,20bS)-3′,4′,5′,6,6′,7,10,11,14,15,17a,20,20a,20b-tetradecahydro-20,20b-dihydroxy-6′-isopropyl-5′,6,8,19-tetramethyl-17-oxospiro[11,15-methano-2H,13H,17H-furo[4,3,2-pq][2,6]benzodioxacyclooctadecin-13,2′-[2H]pyran]-7-yl 2,6-dideoxy-4-O-(2,6-dideoxy-3-O-methyl-α-L-$arabino$-hexopyranosyl)-3-O-methyl-α-L-$arabino$-hexopyranoside

CAS 名称 ivermectin

理化性质 原药为 B_{1a}($C_{48}H_{74}O_{14}$) 和 B_{1b}($C_{47}H_{72}O_{14}$) 的混合物，含至少 80% 的 22,23-dihydroavermectin B_{1a} 和不多于 20% 的 22,23-dihydroavermectin B_{1b}。白色或微黄色结晶粉末。熔点 145～150℃。难溶于水，易溶于甲苯、二氯甲烷、乙酸乙酯、苯等有机溶剂。对热比较稳定，对紫外线敏感。

毒性 大鼠急性经口 LD_{50}：82.5mg/kg（雄），68.1mg/kg（雌）；大鼠急性经皮 LD_{50}：464mg/kg（雄），562mg/kg（雌）。

制剂 RB。

应用 以阿维菌素为先导化合物，通过双键氢化，结构优化而开发成功的新型合成农药。作为农用抗生素的结构优化产物，与母体阿维菌素相比，不但保留了其驱虫和杀螨活性，而且安全性更高，不易产生抗性，为蔬菜、水果、棉花等的生产提供了一个高效、高安全性及与环境相容性好的生物源杀虫剂。

合成路线 伊维菌素由阿维菌素（Avermectin B_1）以威尔金森均相催化剂经过选择性加氢制得。

分析方法 产品可用 HPLC 进行分析。

主要生产商 揭阳和壬环保清洁剂有限公司，杭州庆丰。

参考文献

US 4333925.

伊蚊避（TMPD）

$$HO-CH_2-\underset{\underset{CH_3}{|}}{\overset{\overset{CH_3}{|}}{C}}-\underset{}{\overset{OH}{\underset{|}{CH}}}-\underset{}{\overset{CH_3}{\underset{|}{CH}}}-CH_3$$

$C_8H_{18}O_2$，146.2

Carbide and Carbon Chem. Co. 和 Eastman Kodak Co. 开发的品种，从 1940 年开始试用。

化学名称 2,2,4-三甲基-1,3-戊二醇；2,2,4-trimethyl-1,3-pentanediol

理化性质 纯品为白色结晶，熔点 64～65℃，沸点 215℃。微溶于水和煤油，溶于醇类和丙酮等有机溶剂。

毒性 对大鼠的急性经口 LD_{50} 为 3200mg/kg。

应用 驱避伊蚊。

参考文献

US 2407205.

乙拌磷（disulfoton）

$C_8H_{19}O_2PS_3$，274.4，298-04-4

由 W. Lorenz 和 G. Schrader 发明，G. Schrader 报道。Bayer AG 和 by Sandoz AG（后来为 Novartis Crop Protection AG，已停止生产、销售该品种）相继报道。1956 年首次进入市场。

其他名称 Bayer 19639，S 276，ENT 23347，Disyston，Di-Syston，Bayfidan Triple，Baysiston，Mocap Plus，Repulse，Dot-Son，Stead，dithiosystox，Dithiodemeton，oxydisulfoton，disulfoton sulfone，Thiodemeton

化学名称 O,O-二乙基-S-2-乙硫基乙基二硫代磷酸酯；O,O-diethyl S-2-ethylthioethyl phosphorodithioate

CAS 名称 O,O-diethyl S-[2-(ethylthio)ethyl] phosphorodithioate

理化性质 无色油状物，带有特殊气味，工业品为淡黄色油状物，熔点＜−25℃，沸点 128℃（1mmHg）。蒸气压 7.2mPa（20℃），13mPa（25℃），22mPa（30℃）。K_{ow} lg$P$ 3.95。Henry 常数 0.24Pa·m³/mol（计算值）。相对密度 1.144（20℃）。水中溶解度 25mg/L（20℃），与正己烷、二氯甲烷、异丙醇、甲苯互溶。正常贮存稳定，在酸性、中性介质中很稳定，在碱性介质中分解；DT_{50}（22℃）：133d（pH4），169d（pH7），131d（pH9）。光照 DT_{50} 1～4d。闪点 133℃（工业品）。

毒性 急性经口 LD_{50}（mg/kg）：雄和雌大鼠 2～12，雄和雌小鼠 7.5，雌狗约 5。急性经皮 LD_{50}（mg/kg）：雄大鼠 15.9，雌大鼠 3.6。对兔眼睛和皮肤无刺激。大鼠吸入 LC_{50}（4h，mg/L）：雄大鼠约 0.06，雌大鼠约 0.015（气溶胶）。NOEL（2 年，mg/kg 饲料）：大鼠和狗 1，小鼠 4。ADI 值 0.0003mg/kg。山齿鹑急性经口 LD_{50} 39mg/kg，野鸭 LC_{50}（5d）692mg/kg 饲料，山齿鹑 LC_{50}（5d）544mg/kg 饲料。鱼 LC_{50}（96h，mg/L）：翻车鱼 0.039，虹鳟 3。水蚤 LC_{50}（48h）0.013～0.064mg/L。

制剂 DS，EC，GR。

应用 胆碱酯酶的直接抑制剂。具有内吸活性的杀虫、杀螨剂，通过根部吸收，传导到植物各部分，持效期长。适用于马铃薯、蔬菜、玉米、水稻、烟草、果树、高粱、观赏植物、坚果。防治蚜虫、蓟马、介壳虫、黄蜂等。

合成路线

分析方法　可用 GLC 进行分析。
主要生产商　Bayer CropScience，Fertiagro。
参考文献

[1]　DE 917668.
[2]　DE 947369.
[3]　US 2759010.

乙苯威（fenethacarb）

$C_{12}H_{17}NO_2$，207.3，30087-47-9

由 BASF AG 推出。

其他名称　BAS 235I（BASF）
化学名称　3,5-二乙基苯基甲氨基甲酸酯；3,5-diethylphenyl methylcarbamate
CAS 名称　3,5-diethylphenyl methylcarbamate
应用　杀虫剂。

乙虫腈（ethiprole）

$C_{13}H_9Cl_2F_3N_4OS$，397.2，181587-01-9

最初由 Rhône-Poulenc（现 Bayer AG）研发。2001 年在印尼首次登记。2003 年 BASF AG（现 BASF SE）收购了其在欧洲的市场。

其他名称　RPA 107382，Kirappu，Curbix
化学名称　5-氨基-1-(2,6-二氯-4-三氟甲基苯基)-4-乙基亚硫酰基吡唑-3-腈；5-amino-1-(2,6-dichloro-α,α,α-trifluoro-p-tolyl)-4-ethylsulfinylpyrazole-3-carbonitrile
CAS 名称　5-amino-1-[2,6-dichloro-4-(trifluoromethyl)phenyl]-4-(ethylsulfinyl)-1H-pyrazole-3-carbonitrile
理化性质　纯品为无特殊气味的白色晶体粉末。蒸气压 9.1×10^{-8} Pa（25℃）。K_{ow}（20℃）：正辛醇/水 $\lg P$ 2.9。水中溶解度 9.2mg/L（20℃）。中性和酸性条件下稳定。原药外观为浅褐色结晶粉末。在有机溶剂中的溶解度（g/L，20℃）：丙酮 90.7，甲醇 47.2，乙腈 24.5，乙酸乙酯 24.0，二氯甲烷 19.9，正辛醇 2.4，甲苯 1.0，正庚烷 0.004。
毒性　原药大鼠急性经口 $LD_{50}>7080$mg/kg。急性经皮 $LD_{50}>2000$mg/kg；对兔皮肤

和眼睛无刺激性；对豚鼠皮肤无致敏性。急性吸入 LC_{50} > 5.21mg/L。大鼠 90d 亚慢性喂养毒性试验最大无作用剂量：雄性大鼠为 1.2mg/(kg·d)，雌性大鼠为 1.5mg/(kg·d)。Ames 试验、小鼠骨髓细胞微核试验、体外哺乳动物细胞基因突变试验、体外哺乳动物细胞染色体畸变试验等 4 项致突变试验结果均为阴性，未见致突变作用。100g/L 悬浮剂大鼠急性经口和经皮 LD_{50} 均大于 5000mg/kg，急性吸入 LC_{50} > 4.65mg/L，对兔皮肤和眼睛均无刺激性，对豚鼠皮肤无致敏性。乙虫腈原药和 100g/L 悬浮剂均为低毒性杀虫剂。无作用剂量：兔（23d）0.5mg/(kg·d)。乙虫腈 100g/L 悬浮剂对虹鳟鱼 LC_{50}（96h）2.4mg/L；鹌鹑 LD_{50} > 1000mg/kg；蜜蜂 LD_{50}（48h）：0.067μg（a.i.）/只（接触），0.0151μg（a.i.）/只（经口）。家蚕 LD_{50}（2 龄，96h）：21.7mg/L。蚯蚓 LC_{50}（14d）> 1000mg 制剂/kg 土壤。该制剂对鱼中等毒，有一定风险，对鸟低毒，对蜜蜂接触和经口均为高毒，高风险，对家蚕中等毒，中等风险。

制剂 GR，SC。

应用 广谱杀虫剂，其杀虫机制在于阻碍昆虫 γ-氨基丁酸（GABA）控制的氯化物代谢，干扰氯离子通道，从而破坏中枢神经系统（CNS）正常活动，使昆虫致死。低用量下对多种咀嚼式和刺吸式害虫有效，可用于种子处理和叶面喷雾，持效期长达 21～28d。主要用于防治蓟马、蟓、象虫、甜菜麦蛾、蚜虫、飞虱和蝗虫等，对某些粉虱也表现出活性。对某些品系的白蝇也有效，对螨类害虫有很强的活性（特别是对极难防治的水稻害虫稻绿螨有很强的活性）。乙虫腈与主要产品没有交互抗性。在害虫抗性管理中，可把它作为锐劲特和其他杀虫剂的配伍品种。可用于种子处理或叶面喷洒。使用时应注意蜜源作物花期禁用，养鱼稻田禁用，施药后田水不得直接排入水体，不得在河塘等水域清洗施药器具。

主要生产商 Bayer CropScience。

乙滴涕（ethyl-DDD）

$C_{18}H_{20}Cl_2$，307.3，72-56-0

其他名称 乙滴滴

化学名称 1,1-双-(4-乙基苯)-2,2-二氯乙烷；1,1'-(2,2-dichloroethane-1,1-diyl)bis(4-ethylbenzene)；1,1-dichloro-2,2-bis(4-ethylphenyl)ethane

CAS 名称 1,1'-(2,2-dichloroethylidene)bis[4-ethylbenzene]

毒性 大鼠急性经口 LD_{50} 6600 mg/kg。

应用 杀虫剂。

乙基倍硫磷（fenthion-ethyl）

$C_{12}H_{19}O_3PS_2$，306.4，1716-09-2

化学名称　O,O-二乙基-O-4-甲硫基间甲苯基硫代磷酸酯；O,O-diethyl O-4-methylthio-m-tolyl phosphorothioate

CAS 名称　O,O-diethyl O-[3-methyl-4-(methylthio)phenyl] phosphorothioate

应用　有机磷类杀虫剂。

乙基多杀菌素（spinetoram）

主要成分XDE-175-J　　　　　　次要成分XDE-175-L

XDE-175-J，$C_{42}H_{69}NO_{10}$，748.0，187166-40-1；XDE-175-L，$C_{43}H_{69}NO_{10}$，760.0，187166-15-0

由 Dow AgroSciences 开发。

其他名称　XR-175，XDE-175，Delegate，Radiant，Exalt，Palgus

化学名称　主要成分：($2R,3aR,5aR,5bS,9S,13S,14R,16aS,16bR$)-2-(6-脱氧-3-$O$-乙基-2,4-二-$O$-甲基-$\alpha$-L-吡喃甘露糖苷氧)-13-[($2R,5S,6R$)-5-(二甲氨基)四氢-6-甲基吡喃-2-基氧]-9-乙基- -2,3,3a,4,5,5a,5b,6,9,10,11,12,13,14,16a,16b-十六氢-14-甲基-1H-不对称吲丹烯基[3,2-d]氧杂环十二烷-7,15-二酮；次要成分：($2S,3aR,5aS,5bS,9S,13S,14R,16aS,16bS$)-2-(6-脱氧-3-$O$-乙基-2,4-二-$O$-甲基-$\alpha$-L-吡喃甘露糖苷氧)-13-[($2R,5S,6R$)-5-(二甲氨基)四氢-6-甲基吡喃-2-基氧]-9-乙基-2,3,3a,5a,5b,6,9,10,11,12,13,14,16a,16b-十四氢-4,14-二甲基-1H-不对称吲丹烯基[3,2-d]氧杂环十二烷-7,15-二酮。

mixture of 50%～90%($2R,3aR,5aR,5bS,9S,13S,14R,16aS,16bR$)-2-(6-deoxy-3-$O$-ethyl-2,4-di-$O$-methyl-$\alpha$-L-mannopyranosyloxy)-13-[($2R,5S,6R$)-5-(dimethylamino)tetrahydro-6-methylpyran-2-yloxy]-9-ethyl-2,3,3a,4,5,5a,5b,6,9,10,11,12,13,14,16a,16b-hexadecahydro-14-methyl-1H-as-indaceno[3,2-d]oxacyclododecine-7,15-dione and 50%～10%($2R,3aR,5aS,5bS,9S,13S,14R,16aS,16bS$)-2-(6-deoxy-3-$O$-ethyl-2,4-di-$O$-methyl-$\alpha$-L-mannopyranosyloxy)-13-[($2R,5S,6R$)-5-(dimethylamino)tetrahydro-6-methylpyran-2-yloxy]-9-ethyl-2,3,3a,5a,5b,6,9,10,11,12,13,14,16a,16b-tetradecahydro-4,14-dimethyl-1H-as-indaceno[3,2-d]oxacyclododecine-7,15-dione；或 mixture of 50%～90%($1S,2R,5R,7R,9R,10S,14R,15S,19S$)-7-(6-deoxy-3-$O$-ethyl-2,4-di-$O$-methyl-$\alpha$-L-mannopyranosyloxy)-15-[($2R,5S,6R$)-5-(dimethylamino)tetrahydro-6-methylpyran-2-yloxy]-19-ethyl-14-methyl-20-oxatetracyclo[10.10.0.0^{2,10}.0^{5,9}]docos-11-ene-13,21-dione and 50%～10%($1S,2S,5R,7R,9S,10S,14R,15S,19S$)-7-(6-deoxy-3-$O$-ethyl-2,4-di-$O$-methyl-$\alpha$-L-mannopyranosyloxy)-15-[($2R,5S,6R$)-5-(dimethylamino)tetrahydro-6-methylpyran-2-yloxy]-19-ethyl-4,14-dimethyl-20-oxatetracyclo[10.10.0.0^{2,10}.0^{5,9}]docosa-3,11-diene-13,21-dione

CAS 名称　($2R,3aR,5aR,5bS,9S,13S,14R,16aS,16bR$)-2-[(6-deoxy-3-$O$-ethyl-2,4-di-$O$-methyl-$\alpha$-L-mannopyranosyl)oxy]-13-[[($2R,5S,6R$)-5-(dimethylamino)tetrahydro-6-methyl-2H-pyran-2-yl]oxy]-9-ethyl-2,3,3a,4,5,5a,5b,6,9,10,11,12,13,14,16a,16bhexadecahydro-14-methyl-1H-as-indaceno[3,2-d]oxacyclododecin-7,15-dione mixture with (2S,3aR,5aS,5bS,9S,13S,14R,16aS,16bS)-2-[(6-deoxy-3-O-ethyl-2,4-di-O-methyl-α-L-mannopyranosyl)oxy]-13-[[(2R,5S,6R)-5-(dimethylamino)tetrahydro-6-methyl-2H-pyran-2-yl]oxy]-9-ethyl-2,3,3a,5a,5b,6,9,10,11,12,13,14,16a,16b-tetradecahydro-4,14-dimethyl-1H-as-indaceno[3,2-d]oxacyclododecin-7,15-dione

理化性质 灰白色固体。熔点：XDE-175-J 为 143.4℃，XDE-175-L 为 70.8℃。相对密度 1.1485 (20.2℃)。蒸气压 (20℃)：XDE-175-J 为 5.3×10^{-5} Pa，XDE-175-L 为 2.1×10^{-5} Pa。XDE-175-J (19℃)：$K_{ow}\lg P$ 2.44 (pH5)，4.09 (pH7)，4.22 (pH9)；XDE-175-L (19℃)：$K_{ow}\lg P$ 2.94 (pH5)，4.49 (pH7)，4.82 (pH9)。XDE-175-J 水中溶解度 (mg/L, 20℃)：水：423 (pH5)，11.3 (pH7)，8 (pH9)，6.27 (pH10)；XDE-175-L 水中溶解度 (mg/L, 20℃)：1630 (pH5)，4670 (pH7)，1.98 (pH9)，0.706 (pH10)。有机溶剂中溶解度 (g/L, 20℃)：甲醇＞250，丙酮＞250，二甲苯＞250，1,2-二氯乙烷＞250，乙酸乙酯＞250，正己烷61.0，正辛醇132.0。稳定性 (25℃)：XDE-175-J pH5、7、9 时不易水解；XDE-175-L pH5、7 时不易水解，pH9 时 DT_{50} 为 154d。光稳定性：XDE-175-J DT_{50} (pH7, 40℃) 为 0.5d，XDE-175-L DT_{50} (pH7, 40℃) 为 0.3d。pK_a (20℃)：XDE-175-J 为 7.86；XDE-175-L 为 7.59。

毒性 大鼠急性经口 LD_{50}＞5000mg/kg，急性经皮 LD_{50}＞5000mg/kg，大鼠吸入 LC_{50}＞5.44mg/L。本品对兔皮肤无刺激，对兔眼睛轻微刺激，对小鼠皮肤中度刺激。最大无作用剂量 [mg/(kg·d)]：大鼠经口 48 (4周)，大鼠经皮注射 1000。毒性作用最小剂量 [mg/(kg·d)]：小鼠 37.5，大鼠 21.6，狗 5.4。狗每日允许摄取量 0.05mg/kg，0.024mg/kg（澳大利亚）。Ames 试验：阴性。染色体畸变：阴性。大鼠微核试验（体内）：阴性。大鼠急性神经毒性试验无作用剂量＞2000mg/kg。

制剂 WG，SC。

应用 烟碱乙酰胆碱受体，通过改变氨基丁酸离子通道和烟碱的作用功能进而刺激害虫神经系统。持效期长，杀虫谱广，用量少。但作用部位不同于烟碱或阿维菌素。通过触杀或口食，引起系统瘫痪。杀虫速度可与化学农药相媲美，非一般的生物杀虫剂可比。

合成路线 从放射杆菌（*Saccharopolyspora spinosa*）发酵产品中分离得到 Spinosyn J 和 Spinosyn L。后经催化加氢得到产品 Spinetoram。

分析方法 产品或残留可用 HPLC、LC/MS 进行分析。

主要生产商 Dow AgroSciences。

参考文献

Proc XVI Int Plant Prot Congr Glasgow, 2007, 1：68.

乙基杀扑磷 (athidathion)

$C_8H_{15}N_2O_4PS_3$，330.4，19691-80-6

由 K. Rüfenacht 于 1968 年报道，J. R. Geigy S. A.（后 Ciba-Geigy AG）推出。

其他名称 G 13 006

化学名称 O,O-二乙基-S-(2,3-二氢-5-甲氧基-2-氧代-1,3,4-噻二唑-3-基甲基)二硫代磷酸酯;O,O-diethyl S-2,3-dihydro-5-methoxy-2-oxo-1,3,4-thiadiazol-3-ylmethyl phosphorodithioate

CAS 名称 O,O-diethyl S-[[5-methoxy-2-oxo-1,3,4-thiadiazol-3(2H)-yl]methyl] phosphorodithioate

应用 噻二唑类有机磷杀虫剂。胆碱酯酶抑制剂。

主要生产商 Geigy。

参考文献

Helv Chim Acta,1968,51:518.

乙基溴硫磷 (bromophos-ethyl)

$C_{10}H_{12}BrCl_2O_3PS$, 394.0, 4824-78-6

化学名称 O-(4-溴-2,5-二氯苯)-O,O-二乙基硫代磷酸酯;O-4-bromo-2,5-dichlorophenyl O,O-diethyl phosphorothioate

CAS 名称 O-(4-bromo-2,5-dichlorophenyl) O,O-diethyl phosphorothioate

应用 杀螨剂、杀虫剂。

乙硫苯威 (ethiofencarb)

$C_{11}H_{15}NO_2S$, 225.3, 29973-13-5

1974 年由 J. hammann 和 H. hoffmann 报道。1974 年 Bayer AG 开发。

其他名称 除蚜威,蔬蚜威,苯虫威,Croneton,ethiophencarbe

化学名称 α-乙硫基邻甲苯基甲氨基甲酸酯;α-ethylthio-o-tolyl methylcarbamate

CAS 名称 2-[(ethylthio)methyl]phenyl methylcarbamate

理化性质 纯品为无色结晶固体(原药为有类似硫醇气味黄色油状物)。熔点 33.4℃,蒸馏时分解。蒸气压 4.5×10^{-4} Pa(20℃),9.4×10^{-4} Pa(25℃),2.6×10^{-4} Pa(50℃)。$K_{ow}\lg P$ 2.04。相对密度 1.231(20℃)。水中溶解度:1.8g/L(20℃);其他溶剂中溶解度(g/L,20℃):二氯甲烷、异丙醇、甲苯>200,正己烷 5~10。中性和酸性介质中稳定,碱性条件下水解。在异丙醇-水(1:1)体系中,DT_{50}(37~40℃):330d(pH 2),450h(pH 7),5min(pH 11.4)。水溶液在光照下快速光解。闪点 123℃。

毒性 急性经口 LD_{50}(mg/kg):大鼠约 200,小鼠约 240,雌狗>50。大鼠急性经皮 LD_{50}>1000mg/kg;对兔的皮肤和眼睛无刺激;豚鼠未见皮肤过敏。大鼠急性吸入 LC_{50}(4h)>0.2mg/L 空气(喷雾)。2 年饲喂试验的无作用剂量:大鼠 330mg/kg 饲料,小鼠 600mg/kg 饲料,狗 1000mg/kg 饲料。急性经口 LD_{50}:日本鹌鹑 155mg/kg,野鸭 140~

275mg/kg。鱼毒 LC_{50}（96h）：虹鳟鱼 12.8mg/L，金雅罗鱼 61.8mg/L。水蚤 LC_{50}（48h）0.22mg/L。淡水藻 E_rC_{50} 43mg/L。对蜜蜂无毒。蚯蚓 LC_{50} 262mg/kg 干土。

制剂 EC，EW，GR。

应用 胆碱酯酶抑制剂，具有触杀和胃毒作用的内吸性杀虫剂，可被叶片和根部吸收。具有高效、低毒、使用安全等优点（对蚜虫以外的其他农作物害虫防效不好），是选择性杀蚜剂。

分析方法 高效液相色谱-紫外分光光度法测定分析。

参考文献

[1] DE 1910588.

[2] BE 746649.

乙硫磷（ethion）

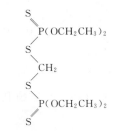

$C_9H_{22}O_4P_2S_4$，384.5，563-12-2

1957 年报道。FMC Corp. 开发。

其他名称 益赛昂，易赛昂，乙赛昂，蚜螨立死，Diethion，Ethanox，Acithion，Et

化学名称 O,O,O',O'-四乙基-S,S'-亚甲基双（二硫代磷酸酯）；O,O,O',O'-tetraethyl S,S'-methylene bis(phosphorodithioate)

CAS 名称 S,S'-methylene bis(O,O-diethyl) phosphorodithioate

理化性质 纯品为无色至琥珀色液体。熔点 $-15\sim-12℃$，沸点 $164\sim165℃$（0.04kPa）。蒸气压 0.2mPa（25℃）。$K_{ow}\lg P$ 4.28。Henry 常数 $3.85×10^{-2}$Pa·m³/mol（计算值）。20℃相对密度 1.22（原药 1.215~1.230）。水中溶解度 2mg/L（25℃）；溶于大多数有机溶剂，如丙酮、甲醇、乙醇、二甲苯、煤油、石油。在酸性、碱性溶液中分解，DT_{50} 为 390d（pH 9），暴露在空气中慢慢氧化。闪点 176℃。

毒性 急性经口 LD_{50}：大鼠 208mg/kg（纯品），21mg/kg（原药）；小鼠和豚鼠 40~45mg/kg。豚鼠和兔急性经皮 LD_{50}：915mg/kg（原药，兔 1084mg/kg）。大鼠急性吸入 LC_{50}（4h）：0.45mg/L（原药）。2 年无作用剂量：大鼠 0.2mg/kg 饲料 [0.3mg/(kg·d)]，狗 2.5mg/kg 饲料 [0.06mg/(kg·d)]。禽类急性经口 LD_{50}：鹌鹑 128mg/kg（原药），鸭>2000mg/kg（原药）。对鱼有毒，平均致死浓度：0.72mg/L（24h），0.52mg/L（48h）。水蚤 EC_{50}（48h）0.056μg/L。对蜜蜂有毒。

制剂 DP，EC，GR，WP。

应用 有机磷杀虫、杀螨剂，对多种害虫及叶螨有良好效果，对螨卵也有一定杀伤作用。可作为轮换药剂在棉花、水稻上使用。

主要生产商 Bharat，Hikal，Krishi Rasayan，Ralchem，Sharda，United Phosphorus。

参考文献

[1] GB 872221.

[2] US 2873228.

乙螨唑（etoxazole）

$C_{21}H_{23}F_2NO_2$, 359.4, 153233-91-1

其他名称　来福禄，依杀螨，YI 5301，S-1283，Baroque，Bornéo，Paramite，Secure，Swing，Tetrasan，Zeal，Zoom

化学名称　(RS)-5-叔丁基-2-[2-(2,6-二氟苯基)-4,5-二氢-1,3-噁唑-4-基]苯乙醚；(RS)-5-*tert*-butyl-2-[2-(2,6-difluorophenyl)-4,5-dihydro-1,3-oxazol-4-yl]phenetole

CAS 名称　2-(2,6-difluorophenyl)-4-[4-(1,1-dimethylethyl)-2-ethoxyphenyl]-4,5-dihydrooxazole

理化性质　工业纯为 93%～98%。纯品为白色晶体粉末。熔点 101～102℃。蒸气压 $7.0×10^{-3}$ mPa（25℃）。相对密度 1.24（20℃）。K_{ow}lg$P$ 5.59（25℃）。Henry 常数 $3.6×10^{-2}$ Pa·m³/mol（计算值）。水中溶解度（20℃）：75.4μg/L；其他溶剂中溶解度（g/L，20℃）：甲醇 90，乙醇 90，丙酮 300，环己酮 500，乙酸乙酯 250，二甲苯 250，正己烷、正庚烷 13，乙腈 80，四氢呋喃 750。稳定性：DT_{50}（20℃）9.6d（pH 4），约 150d（pH 7），约 190d（pH 9）。在 50℃下贮存 30d 不分解。闪点 457℃。

毒性　大鼠急性经口 LD_{50}＞5000mg/kg，小鼠急性经口 LD_{50}＞5000mg/kg。大鼠急性经皮 LD_{50}＞2000mg/kg。本品对兔眼睛和皮肤无刺激。对豚鼠无皮肤致敏。大鼠吸入 LC_{50}＞1.09mg/L。NOEL 值：大鼠（2 年）4.01mg/(kg·d)。无致突变性。野鸭急性经口 LD_{50}＞2000mg/kg。山齿鹑亚急性经口 LD_{50}（5d）＞5200mg/L。鱼类 LC_{50}：大翻车鱼 1.4g/L，日本鲤鱼（96h）＞0.89g/L，日本鲤鱼（48h）＞20mg/L，虹鳟鱼＞40mg/L。水蚤 LC_{50}（3h）＞40mg/L。海藻 EC_{50}＞1.0mg/L。蜜蜂 LD_{50}＞200μg/只（经口和接触）。对水生节肢动物的蜕皮有破坏作用。蚯蚓 NOEL（14d）＞1000mg/L。

制剂　SC，WG。

应用　触杀型杀螨剂。几丁质抑制剂。属于 2,4-二苯基噁唑衍生物类化合物，是一种选择性杀螨剂。主要是抑制螨卵的胚胎形成以及从幼螨到成螨的蜕皮过程，从而对螨从卵、幼虫到蛹不同阶段都有优异的触杀性，对成虫的防治效果不是很好，但能阻止成螨产卵。乙螨唑对柑橘、棉花、苹果、花卉、蔬菜等作物的叶螨、始叶螨、全爪螨、二斑叶螨、朱砂叶螨等螨类有卓越防效。具有内吸性。最佳的防治时间是害螨危害初期。本药剂耐雨性强，持效期长达 50d。对环境安全，对有益昆虫及益螨无危害或危害极小。由于在碱性条件下易分解，不能和波尔多液混用。

合成路线

分析方法　产品与残留用 HPLC 分析。

主要生产商　Kyoyu。

参考文献

[1]　EP 0639572.
[2]　US 5478855.
[3]　JP 3189011.

乙嘧硫磷（etrimfos）

$C_{10}H_{17}N_2O_4PS$，292.3，38260-54-7

1975 年 H. J. Knutti 和 F. W. Reisser 报道。由 Sandoz Agro AG（后来为 Novartis Crop Protection AG）开发。

其他名称　Ekamet，Satisfar

化学名称　O-6-乙氧基-2-乙基嘧啶-4-基-O,O-二甲基硫逐磷酸酯；O-6-ethoxy-2-ethylpyrimidin-4-yl O,O-dimethyl phosphorothioate

CAS 名称　O-(6-ethoxy-2-ethyl-4-pyrimidinyl) O,O-dimethyl phosphorothioate

理化性质　纯品为无色油状物。熔点－3.4℃。相对密度 1.195（20℃）。20℃蒸气压为 8.6mPa。溶解度（23℃）：水 40mg/L，与丙酮、氯仿、二甲亚砜、乙醇、己烷、甲醇、二甲苯完全互溶。25℃时水解半衰期：pH3 为 0.4d，pH6 为 16d，pH9 为 14d。其纯品是不稳定的，但在非极性溶剂中的稀溶液稳定，其制剂的货架寿命（仓储期限）约 2 年。

毒性　雄大白鼠急性经口 LD_{50} 为 1800mg/kg。急性经皮 LD_{50}：雄大白鼠＞2000mg/kg，雄兔＞500mg/kg。狗 180d 饲喂试验的无作用剂量为 12mg/kg 饲料，大白鼠 90d 饲喂试验的无作用剂量为 9mg/kg 饲料。鲤鱼 LC_{50}（96h）为 13.3mg/L。蜜蜂接触本品有毒。对人的 ADI 为 0.003mg/kg。

制剂　DP，EC，GR，LS，UL。

应用　广谱、非内吸性触杀和胃毒杀虫剂，主要用于果树（包括葡萄）、蔬菜、稻田、马铃薯、玉米、橄榄和苜蓿上防治鳞翅目、鞘翅目、双翅目、半翅目害虫。以颗粒剂防治水稻螟虫，有一定持效期。可保护仓储物品不受鞘翅目、鳞翅目、螨类和啮虫目害虫的危害，有效期达 1 年。本品在植物、动物和土壤中迅速代谢为 6-乙氧基-2-乙基嘧啶-4-醇、少量的 2-乙基嘧啶-4,6-二醇和其他羟基化衍生物，在植株中还有痕量的相应的磷酸酯。在土壤中生成二氧化碳，半衰期为 3～8d。

分析方法　采用 GLC。

乙氰菊酯（cycloprothrin）

$C_{26}H_{21}Cl_2NO_4$，482.4，63935-38-6

由澳大利亚联邦科学和工业研究组织研究开发的拟除虫菊酯类杀虫剂。

其他名称　赛乐收，杀螟菊酯，稻虫菊酯，GH-414，NK-8116，OMS 3049，Cyclosal，Phencyclate，Fencyclate

化学名称　(RS)-α-氰基-3-苯氧苄基-(RS)-2,2-二氯-1-(4-乙氧基苯基)环丙烷羧酸酯；(RS)-α-cyano-3-phenoxybenzyl(RS)-2,2-dichloro-1-(4-ethoxyphenyl)cyclopropanecarboxylate

CAS 名称　(RS)-α-cyano-3-phenoxybenzyl(RS)-2,2-dichloro-1-(4-ethoxyphenyl)cyclopropanecarboxylate

理化性质　原药为黄色至棕色黏稠液体。熔点 1.8℃，沸点 140～145℃（1.33×10^{-4} kPa）。蒸气压 3.11×10^{-2} mPa（80℃）。K_{ow} lg$P$ 4.19。相对密度 1.3419（25℃）。水中溶解度 0.32mg/L（20℃），易溶解于大多数有机溶剂，只适度溶于脂肪烃。≤150℃时可稳定存在，对光稳定。

毒性　大鼠和小鼠急性经口 LD$_{50}$＞5000mg/kg。大鼠急性经皮 LD$_{50}$＞2000mg/kg。原药对眼睛和皮肤无刺激作用，颗粒剂和粉剂刺激性中等。大鼠急性吸入 LC$_{50}$（4h）＞1.5mg/L 空气。大鼠无作用剂量（101 周）20mg/L。无致畸、致癌、致突变作用。禽类急性经口 LD$_{50}$：日本鹌鹑＞5000mg/kg，母鸡＞2000mg/kg。鲤鱼 LC$_{50}$（96h）＞7.7mg/L。水蚤 LC$_{50}$（48h）0.27mg/L。海藻 EC$_{50}$（72h）2.38mg/L。蜜蜂 LD$_{50}$（48h）：0.321μg/只（经口），0.432μg/只（接触）。

制剂　EW，DP，GR，EC。

应用　钠通道抑制剂。主要是阻断害虫神经细胞中的钠离子通道，使神经细胞丧失功能，导致靶标害虫麻痹、协调差，最终死亡。是一种低毒拟除虫菊酯类杀虫剂，以触杀作用为主，有一定的胃毒作用，无内吸和熏蒸作用。本品杀虫谱广，除主要用于水稻害虫的防治外，还可用于其他旱地作物、蔬菜和果树等害虫的防治，具有驱避和拒食作用，对植物安全。

合成路线

分析方法　产品和残留物均可用 GLC 进行分析。

主要生产商　Nippon Kayaku，安徽华星。

乙噻唑磷 (prothidathion)

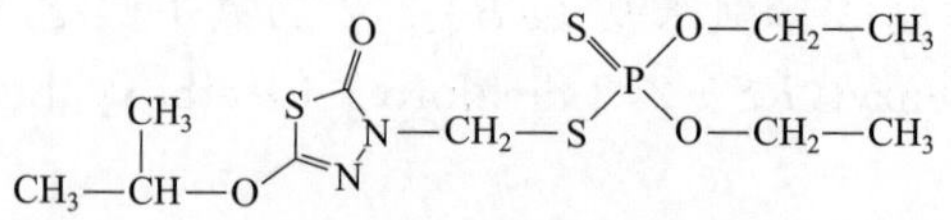

$C_{10}H_{19}N_2O_4PS_3$, 358.4, 20276-83-9

由 J. R. Geigy S. A. (后来的 Ciba-Geigy AG) 开发的杀螨剂。

其他名称　GS 13010

化学名称　S-2,3-二氢-5-异丙氧基-2-氧代-1,3,4-噻二唑-3-基甲基-O,O-二乙基硫代磷酸酯; S-2,3-dihydro-5-isopropoxy-2-oxo-1,3,4-thiadiazol-3-ylmethyl O,O-diethyl phosphorodithioate; 3-diethoxyphosphinothioylthiomethyl-5-isopropoxy-1,3,4-thiadiazol-2(3H)-one

CAS 名称　O,O-diethyl S-[[5-(1-methylethoxy)-2-oxo-1,3,4-thiadiazol-3(2H)-yl]methyl] phosphorodithioate

应用　胆碱酯酶抑制剂。

乙酰氨基阿维菌素 (eprinomectin)

eprinomectin B_{1a}
(主要成分)

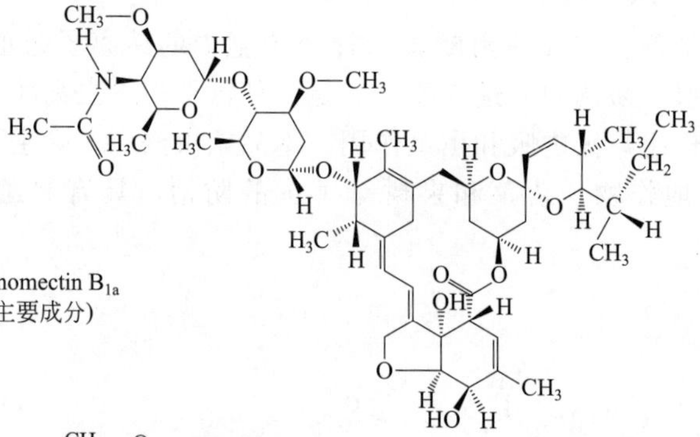

eprinomectin B_{1b}
(主要成分)

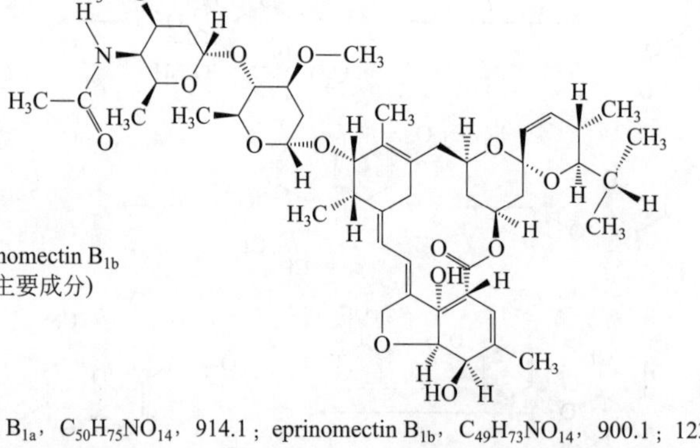

eprinomectin B_{1a}, $C_{50}H_{75}NO_{14}$, 914.1; eprinomectin B_{1b}, $C_{49}H_{73}NO_{14}$, 900.1; 123997-26-2
(eprinomectin B_{1a} 133305-88-1, eprinomectin B_{1b} 133305-89-2)

化学名称　mixture of (10E,14E,16E)-(1R,4S,5$'S$,6S,6$'R$,8R,12S,13S,20R,21R,24S)-6'-[(S)-sec-butyl]-21,24-dihydroxy-5',11,13,22-tetramethyl-2-oxo-(3,7,19-trioxatetracyclo[15.6.1.1^{4,8}.0^{20,24}]pentacosa-10,14,16,22-tetraene)-6-spiro-2'-(5',6'-dihydro-2'H-

pyran)-12-yl 4-O-(4-acetamido-2,4,6-trideoxy-3-O-methyl-α-L-*lyxo*-hexopyranosyl)-2,6-dideoxy-3-O-methyl-α-L-*arabino*-hexopyranoside (major component) and (10E,14E,16E)-(1R,4S,5′S,6S,6′R,8R,12S,13S,20R,21R,24S)-21,24-dihydroxy-6′-isopropyl-5′,11,13,22-tetramethyl-2-oxo-(3,7,19-trioxatetracyclo[15.6.1.1^{4,8}.0^{20,24}]pentacosa-10,14,16,22-tetraene)-6-spiro-2′-(5′,6′-dihydro-2′H-pyran)-12-yl 4-O-(4-acetamido-2,4,6-trideoxy-3-O-methyl-α-L-*lyxo*-hexopyranosyl)-2, 6-dideoxy-3-O-methyl-α-L-*arabino*-hexopyranoside (minor component)或 mixture of (2aE,4E,8E)-(5′S,6S,6′R,7S,11R,13S,15S,17aR,20R,20aR,20bS)-6′-[(S)-*sec*-butyl]-5′,6,6′,7,10,11,14,15,17a,20,20a,20b-dodecahydro-20,20b-dihydroxy-5′,6,8,19-tetramethyl-17-oxospiro[11,15-methano-2H,13H,17H-furo[4,3,2-*pq*][2,6]benzodioxacyclooctadecin-13,2′-[2H]pyran]-7-yl 4-O-(4-acetamido-2,4,6-trideoxy-3-O-methyl-α-L-*lyxo*-hexopyranosyl)-2,6-dideoxy-3-O-methyl-α-L-*arabino*-hexopyranoside (major component) and (2aE,4E,8E)-(5′S,6S,6′R,7S,11R,13S,15S,17aR,20R,20aR,20bS)-5′,6,6′,7,10,11,14,15,17a,20,20a,20b-dodecahydro-20,20b-dihydroxy-6′-isopropyl-5′,6,8,19-tetramethyl-17-oxospiro[11,15-methano-2H,13H,17H-furo[4,3,2-*pq*][2,6]benzodioxacyclooctadecin-13,2′-[2H]pyran]-7-yl 4-O-(4-acetamido-2,4,6-trideoxy-3-O-methyl-α-L-*lyxo*-hexopyranosyl)-2,6-dideoxy-3-O-methyl-α-L-*arabino*-hexopyranoside (minor component)

CAS 名称　(4″R)-4″-(acetylamino)-4″-deoxyavermectin B$_1$

应用　杀虫剂。

乙酰虫腈（acetoprole）

$C_{13}H_{10}Cl_2F_3N_3O_2S$，400.2，209861-58-5

由法国罗纳-普朗克公司开发的新型吡唑类杀虫剂。

其他名称　RPA-115782

化学名称　1-[5-氨基-1-(2,6-二氯-α,α,α-三氟对甲苯基)-4-(甲基亚磺酰基)-吡唑-3-基]乙酮；1-[5-amino-1-(2,6-dichloro-α,α,α-trifluoro-*p*-tolyl)-4-(methylsulfinyl)pyrazol-3-yl]ethanone

CAS 名称　1-[5-amino-1-[2,6-dichloro-4-(trifluoromethyl)phenyl]-4-methylsulfinyl-1H-pyrazol-3-yl]ethanone

应用　防治鳞翅目（蝴蝶和蛾）的成虫、幼虫和虫卵，如烟蚜夜蛾等；防治鞘翅目（甲虫）的成虫和幼虫，如棉铃象甲、马铃薯甲虫等；防治异翅目（半翅目和同翅目），如木虱、粉虱、蚜、根瘤蚜、叶蝉等。适用于葡萄园、观赏植物、人造林、树木、谷物、棉花、蔬菜、甜菜、大豆、油菜、玉米、高粱、核果、柑橘类果园等。在公共卫生区域，用于防治许多昆虫（特别是家蝇或其他双翅目害虫，如螯蝇、水虻、骚扰角蝇、斑虻、马绳、蠓、墨蚊或蚊子）。在保护贮存物品方面，可用于防治节足害虫（尤其是甲虫，包括象鼻虫、蛀虫或螨）的侵害。其杀虫机制在于阻碍昆虫 γ-氨基丁酸（GABA）控制的氯化物代谢。

合成路线

分析方法 主要产品或制剂可用 GC-MSD/HPLC-UV 进行分析。

参考文献

[1] WO 9828277.
[2] CN 1242002.

乙酰甲胺磷（acephate）

$C_4H_{10}NO_3PS$，183.2，30560-19-1

由 J. M. Grayson 介绍其杀虫活性，P. S. Magee 总结此类化合物构效关系，由 Chevron Chemical Co. 开发。

其他名称 高灭磷，盖土磷，Ortho 12 420，Orthene，Ortran

化学名称 O,S-二甲基-N-乙酰基硫代磷酰胺；O,S-dimethyl acetylphosphoramidothioate

CAS 名称 N-[methoxy(methylthio)phosphinoyl]acetamide

理化性质 纯品为无色结晶（原药为无色固体）。熔点 88～90℃（原药 82～89℃），蒸气压 $2.26×10^{-4}$ Pa（24℃），K_{ow} lg$P$ －0.89，相对密度 1.35。水中溶解度：790g/L（20℃）；其他溶剂中溶解度（g/L，20℃）：丙酮 151，乙醇＞100，乙酸乙酯 35，甲苯 16，正己烷 0.1。光解 DT_{50} 55h（λ=253.7nm）。

毒性 大鼠急性经口 LD_{50}：雄 1447mg/kg，雌 1030mg/kg。兔急性经皮 LD_{50}＞10000mg/kg；对兔皮肤有轻微刺激；对豚鼠皮肤无刺激。大鼠吸入 LC_{50}（4h）＞15mg/L 空气。无作用剂量（2 年）：大鼠 0.25mg/(kg·d)，狗 0.75mg/(kg·d)。急性经口 LD_{50}（mg/kg）：野鸭 350，鸡 852，野鸡 140。鱼毒 LC_{50}（96h）：大翻车鱼 2050mg/L，虹鳟鱼＞1000mg/L。水蚤 EC_{50}（48h）67.2mg/L。海藻 E_rC_{50}（72h）＞980mg/L。蜜蜂 LD_{50} 1.2μg/只（接触）。蠕虫 LC_{50}（14d）22974mg/kg。

制剂 TC，EC，SG，SS，RJ，RG，RB，EB，AE。

应用 内吸杀虫剂。防治多种咀嚼式、刺吸式口器害虫和害螨，适用于蔬菜、烟草、果树、棉花、水稻、小麦、油菜等作物。具体包括蔬菜的小菜蛾、菜青虫、蚜虫等；棉花的蚜虫、棉铃虫等；水稻的稻纵卷叶螟、二化螟、三化螟、稻飞虱、叶蝉等；茶树的茶尺蠖等；烟草的烟青虫等；苹果、梨的食心虫等；柑橘的螨、介壳虫等；玉米、小麦的玉米螟、黏虫等。具有胃毒和触杀作用，并可杀卵，有一定的熏蒸作用，是缓效型杀虫剂。在施药后初效作用缓慢，2～3d 效果显著，后效作用强。如果与西维因、乐果等农药混用，有增效作用并可延长持效期。其基本杀虫原理是抑制昆虫乙酰胆碱酯酶。不能与碱性农药混用，不宜在桑、茶树上使用。

合成路线

$$\underset{\underset{Cl}{|}}{\overset{\overset{S}{\|}}{P}}Cl_3 \xrightarrow{CH_3OH} \underset{\underset{O}{|}}{\overset{\overset{S}{\|}}{P}}Cl \xrightarrow{NH_4OH} \underset{\underset{O}{|}}{\overset{\overset{S}{\|}}{P}}NH_2 \xrightarrow{CH_3COOH} \underset{\underset{O}{|}}{\overset{\overset{S}{\|}}{P}}NH-\overset{O}{\overset{\|}{C}}$$

分析方法 产品可用 GLC 进行分析。

主要生产商 重庆农化，福建三农，广州益农，江门大光明，河北科润，河北威远，湖北沙隆达，湖北仙隆，湖南莱德，江苏蓝丰，南通维立科，山东华阳，山东绿洲，沪联生物药业（夏邑），上海农药厂，信阳信化，兴农药业（上海），浙江嘉化，浙江菱化，庆丰农化，印度禾润保，印度联合磷化物，印度瑞利。

参考文献

[1] The Pesticide Manual. 15th ed.
[2] US 3845172.
[3] 农药商品大全. 北京：中国商业出版社，1996：108.

乙酯磷（acetophos）

$C_8H_{17}O_5PS$，266.1，2425-25-4

1959 年由原联邦德国 Bayer AG 合成。

其他名称 Acetoxon

化学名称 O,O-二乙基-S-乙氧羰基甲基硫代磷酸酯；S-(ethoxycarbonylmethyl) O,O-diethyl phosphorothioate；ethyl (diethoxyphosphinoylthio) acetate

CAS 名称 ethyl 2-[(diethoxyphosphinyl)thio]acetate

理化性质 沸点 120℃（0.15mmHg）。相对密度（20℃）1.1840。折射率（20℃）1.4624。

毒性 大白鼠急性经口 LD_{50} 为 300～700mg/kg。

应用 触杀性杀虫和杀螨剂。用于防治谷象、蚜虫、红蜘蛛、家蝇等。

参考文献

[1] US 3047459.
[2] US 3168436.
[3] DE 1083809.

乙酯杀螨醇（chlorobenzilate）

$C_{16}H_{14}Cl_2O_3$，325.2，510-15-6

由 R. Gasser 于 1952 年报道，J. R. Geigy S. A.（后 Ciba-Geigy AG）推出。

其他名称　G23992，Akar，Folbex，Acaraben

化学名称　4,4'-二氯二苯乙醇酸乙酯；ethyl 4,4'-dichlorobenzilate

CAS 名称　ethyl 4-chloro-α-(4-chlorophenyl)-α-hydroxybenzeneacetate

理化性质　本品为无色固体。熔点 36~37.5℃，蒸气压 0.12mPa（20℃），沸点 156~158℃（0.07mmHg）。$K_{ow}\lg P$ 4.58。Henry 常数 3.90×10^{-3} Pa·m³/mol（计算值）。相对密度 1.2816（20℃）。溶解度（20℃）：水 10mg/L；丙酮、二氯甲烷、甲醇、甲苯 1kg/kg，乙烷 600g/kg，正辛醇 700g/kg。

毒性　大鼠急性经口 LD_{50} 为 2784~3880mg 原药/kg；大鼠急性经皮 $LD_{50}>$10000mg/kg。对兔皮肤无刺激。2 年饲喂试验的无作用剂量：大鼠为 40mg/kg 饲料［约 2.7mg/(kg·d)］，狗为 500mg/kg 饲料［约 16.0mg/(kg·d)］。对人的 ADI 为 0.02mg/kg。鱼毒 LC_{50}：虹鳟鱼 0.60mg/L，大翻车鱼 1.80mg/L。对鸟类和蜜蜂几乎无毒。

制剂　EC，WP。

应用　用于防治柑橘、棉花、葡萄、大豆、茶叶和蔬菜的食植性螨类。无内吸性。略有杀虫活性。

分析方法　产品用 GLC-FID 测定。

主要生产商　Ciba-Geigy。

参考文献

［1］　Bartsch E. Residue Rev，1971，39：1.

［2］　BE 511234.

［3］　GB 705037.

［4］　AOAC Methods. 18th ed：971.08.

［5］　Gasser R. Experientia，1952，8：65.

异艾氏剂（isodrin）

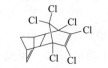

$C_{12}H_8Cl_6$，364.9，465-73-6

由 Shell International Chemical Co. 开发。

其他名称　SD-3418

化学名称　(1R,4S,5R,8S)-1,2,3,4,10,10-六氯-6,7-环氧-1,4,4a,5,8,8a-六氢-1,4:5,8-二甲桥萘；(1R,4S,5R,8S)-1,2,3,4,10,10-hexachloro-1,4,4a,5,8,8a-hexahydro-1,4:5,8-dimethanonaphthalene

CAS 名称　(1R,4S,4aS,5R,8S,8aR)-rel-1,2,3,4,10,10-hexachloro-1,4,4a,5,8,8a-hexahydro-1,4:5,8-dimethanonaphthalene

理化性质　白色结晶，熔点 240~242℃。不溶于水，溶于有机溶剂。对酸、碱稳定，但较艾氏剂稍差。

毒性　大鼠经口 LD_{50} 12~17mg/kg。剧毒。

应用　对菜粉蝶、甘蓝夜蛾、鳞翅目昆虫等有效。

异拌磷 (isothioate)

$C_7H_{17}O_2PS_3$, 260.4, 36614-38-7

1972年由日本农药公司开发。

其他名称　MITP, Z-7272

化学名称　S-2-异丙硫基乙基-O,O-二甲基二硫代磷酸酯；S-2-isopropylthioethyl O,O-dimethyl phosphorodithioate

CAS名称　O,O-dimethyl S-[2-[(1-methylethyl)thio]ethyl] phosphorodithioate

理化性质　纯品为淡黄色液体，具芳香气味，沸点53～56℃ (0.1mmHg)，20℃蒸气压为293mPa。25℃水中溶解度为97mg/L，可溶于丙酮、乙醚等有机溶剂。

毒性　急性经口 LD_{50}：大鼠150～170mg/kg，小鼠50～80mg/kg。雄小鼠急性经皮 LD_{50} 为240mg/kg。

制剂　ZC，GR。

应用　内吸性杀虫剂，兼有熏蒸作用。拌种或叶面施用，对蚜虫类有防效。

主要生产商　Nihon Nohyaku Co. Ltd。

参考文献

[1]　JP 624714.

[2]　US 2983644.

异丙威 (isoprocarb)

$C_{11}H_{15}NO_2$, 193.2, 2631-40-5

由拜耳公司和日本三菱化学株式会社开发。

其他名称　灭扑散，叶蝉散，异灭威，MIPC, Mipcin, Entrofolan, KHE 0145, BAY 105807

化学名称　2-异丙基苯基甲氨基甲酸酯；O-cumenyl methylcarbamate；2-isopropylphenyl methylcarbamate

CAS名称　2-(1-methylethyl)phenyl methylcarbamate

理化性质　纯品为无色结晶固体。熔点92.2℃，沸点128～129℃ (2.66kPa)，蒸气压 $2.8×10^{-3}$Pa (20℃)，$K_{ow}lgP$ 2.32 (25℃)，Henry常数 $2.0×10^{-3}$Pa·m³/mol (20℃)，相对密度0.62。水中溶解度：270mg/L (20℃)；其他溶剂中溶解度 (g/L, 20℃)：正己烷1.50，甲苯65，二氯甲烷400，丙酮290，甲醇250，乙酸乙酯180。碱性介质中水解。

毒性　急性经口 LD_{50} (mg/kg)：雄大鼠188，雌大鼠178，雄小鼠193，雌小鼠128。大鼠急性经皮 LD_{50}>2000mg/kg；对兔眼睛和皮肤有轻微的刺激作用；对豚鼠皮肤无致敏性。大鼠急性吸入 LD_{50}（4h）＞2090mg/kg（喷雾）。2年无作用剂量 [mg/(kg·d)]：雄大鼠0.4，雌大鼠0.5，雄狗8.7，雌狗9.7。野鸭急性经口 LD_{50} 834mg/kg。鱼毒 LC_{50}（96h）：鲤鱼22mg/L，金雅罗鱼20～40mg/L。水蚤 EC_{50}（48h）0.024mg/L。月牙藻 E_bC_{50}（72h）21mg/L。对蜜蜂有毒。

制剂 DP，EC，GR，HN，WP。

应用 触杀性杀虫剂。对昆虫主要是抑制乙酰胆碱酯酶，致使昆虫麻痹至死亡。主要用于防治水稻飞虱和叶蝉科害虫，击倒力强、药效迅速，但残效期较短，一般只有3～5d。可兼治蓟马和蚜螨，对稻飞虱天敌蜘蛛类安全。对甘蔗扁飞虱、马铃薯甲虫、厩蝇等也有良好防治效果。应按登记作物施药，不应在薯类作物上使用，会产生药害。施用本品前后10d不能用敌稗。

合成路线

<chemical reaction scheme: 2-isopropylphenol + CH₃NCO, NaOH/H₂O → 2-isopropylphenyl N-methylcarbamate>

分析方法 产品分析用 HPLC 方法。

主要生产商 Bayer AG，Nihon Nohyaku，Dongbu Fine，Saeryung，Sinon，Taiwan Tainan Giant，Vipesco，海利贵溪，湖北沙隆达，湖南海利，江苏常隆，江苏辉丰，江苏嘉隆。

参考文献
The Pesticide Manual. 15 th edition.

异狄氏剂（endrin）

<structure of endrin>

$C_{12}H_8Cl_6O$，380.9，72-20-8

由 J. Hyman & Co 引入市场后，由 Shell International Chemical Co. 开发。

其他名称 nendrin

化学名称 1,2,3,4,10,10-六氯-6,7-环氧-1,4,4a,5,6,7,8,8a-八氢-1,4-挂-5,8-挂-二亚甲基萘；(1R,4S,4aS,5S,6S,7R,8R,8aR)-1,2,3,4,10,10-hexachloro-1,4,4a,5,6,7,8,8a-octahydro-6,7-epoxy-1,4:5,8-dimethanonaphthalene

CAS 名称 (1aα,2β,2aβ,3α,6α,6aβ,7β,7aα)-3,4,5,6,9,9-hexachloro-1a,2,2a,3,6,6a,7,7a-octahydro-2,7:3,6-dimethanonaphth[2,3-b]oxirene

理化性质 原药含量≥92%。无色结晶固体（原药为浅棕色固体）。熔点226～230℃（分解），原药＞200℃，分解。蒸汽压 2×10^{-5} mPa（20℃）。相对密度1.64（20℃）。溶解度：几乎不溶于水，适度溶于丙酮、苯，微溶于醇、石油烃。

毒性 鸟类急性经口 LD_{50} 0.75～5.64mg/kg。鱼 LD_{50}（24h）0.75～5.6mg/L。

制剂 EC，GR，WP。

应用 触杀型杀虫剂。为叶面施用杀虫剂，有广谱的杀虫活性，尤其对鳞翅目昆虫。可用于棉花、玉米、甘蔗、旱稻等作物。

参考文献
US 2676132.

异柳磷（isofenphos）

$C_{15}H_{24}NO_4PS$，345.4，25311-71-1

由 B. Homeyer 报道，Bayer AG 开发的有机磷类杀虫剂。

其他名称 异丙胺磷，BAY SRA 12869，BAY92114

化学名称 O-乙基-O-2-异丙氧基羰基苯基-N-异丙基硫代磷酰胺；O-ethyl O-2-isopropoxycarbonylphenyl N-isopropylphosphoramidothioate

CAS 名称 1-methylethyl 2-[[ethoxy[(1-methylethyl)amino]phosphinothioyl]oxy]benzoate

理化性质 无色油状液体（原药具有特征气味）。蒸气压 2.2×10^{-4} Pa（20℃），4.4×10^{-4} Pa（25℃）。相对密度 1.313（20℃）。$K_{ow}\lg P$ 4.04（21℃）。Henry 常数 4.2×10^{-3} Pa·m³/mol（20℃）。水中溶解度：（20℃）18mg/L；其他溶剂中溶解度（g/L）：异丙醇、正己烷、二氯甲烷、甲苯＞200。稳定性 DT_{50}（22℃）：2.8 年（pH 4），＞1 年（pH7），＞1 年（pH 9）。本品在实验室中土壤表面光解速度很快，在自然光下光解速度相对较慢。闪点＞115℃。

毒性 急性经口 LD_{50}：雄和雌大鼠约 20mg/kg，小鼠约 125mg/kg。雄和雌大鼠急性经皮 LD_{50} 约 70mg/kg。本品对兔眼睛和皮肤轻微刺激。大鼠吸入 LC_{50}（4h）：雄约 0.5mg/L 空气（气溶胶），雌约 0.3mg/L 空气（气溶胶）。NOEL（2 年）：大鼠 1mg/kg 饲料，狗 2mg/kg 饲料，小鼠 1mg/kg 饲料。禽类急性经口 LD_{50}：山齿鹑 8.7mg/kg，野鸭 32～36mg/kg。LC_{50}（5d）：野鸭 4908mg/kg，山齿鹑 145mg/kg。鱼类 LC_{50}（96h）：金枪鱼 6.49mg/L，大翻车鱼 2.2mg/L，虹鳟鱼 3.3mg/L。水蚤 LC_{50}（48h）0.0039～0.0073mg/L。藻类 E_rC_{50} 6.8mg/L。本品对蜜蜂无害。蚯蚓 LC_{50} 404mg/kg 土壤。

应用 胆碱酯酶的直接抑制剂，具有触杀和胃毒作用的内吸、传导性杀虫剂，在一定程度上可以经根部向植物体内输导。用于玉米、蔬菜、油菜、花生、香蕉、甜菜、柑橘等作物。防治地下害虫，如蝼蛄、蛴螬、地老虎、金针虫、根蛆等；以及水稻害虫，如螟虫、稻飞虱、稻叶蝉和线虫等。

主要生产商 Bayer CropScience。

参考文献
［1］ The Pesticide Manual. 15th ed.
［2］ DE 1668047.

异氯磷（dicapthon）

$C_8H_9ClNO_5PS$，297.7，2463-84-5

1951 年由 T. B. davich，J. W. Apple 和 J. C. gaines 报道了其杀虫活性，American Cyanamid Co 开发。

其他名称 异氯硫磷

化学名称 O-(2-氯-4-硝基苯基)-O,O-二甲基硫代磷酸酯；O-2-chloro-4-nitrophenyl O,O-dimethyl phosphorothioate

CAS 名称 O-(2-chloro-4-nitrophenyl) O,O-dimethyl phosphorothioate

应用 杀虫剂。

异索威（isolan）

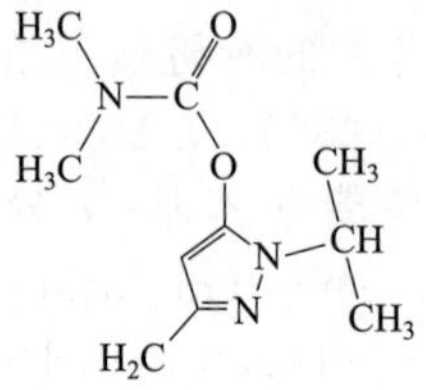

$C_{10}H_{17}N_3O_2$，211.3，119-38-0

由 Ciba-Geigy AG 开发。

其他名称 G 23611

化学名称 1-异丙基-3-甲基吡唑-5-基二甲氨基甲酸酯；1-isopropyl-3-methylpyrazol-5-yl dimethylcarbamate

CAS 名称 3-methyl-1-(1-methylethyl)-1H-pyrazol-5-yl dimethylcarbamate

理化性质 纯品为无色液体，沸点 105～107℃（0.33mmHg），蒸气压 133mPa（20℃），相对密度 1.07（20℃）。溶于水和大多数有机溶剂。本品遇酸、碱分解。

毒性 急性经口 LD_{50}：大鼠 11～50mg/kg（水溶液中），小鼠为 9～18mg/kg。

应用 异索威具有内吸性，能防治蚜类和一些刺吸性害虫。如防治谷物、棉花、饲料等作物害虫。可喷叶、涂茎、土壤处理或拌种。

参考文献

[1] CH 279533.
[2] CH 281967.
[3] CH 282655.

异亚砜磷（oxydeprofos）

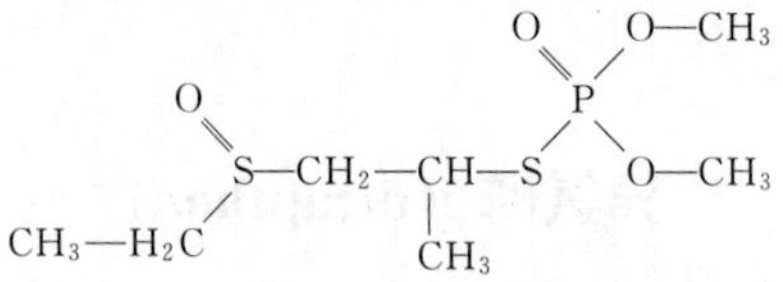

$C_7H_{17}O_4PS_2$，260.3，2674-91-1

由 G. Schrader 报道其杀虫活性。由 Bayer AG. 推出。

其他名称 Bayer 23 655，S 410，Estox，Metasystox S

化学名称 S-2-乙基亚磺酰基-1-甲基乙基-O,O-二甲基硫赶磷酸酯；S-2-ethylsulfinyl-1-methylethyl O,O-dimethyl phosphorothioate

CAS 名称 S-[2-(ethylsulfinyl)-1-methylethyl] O,O-dimethyl phosphorothioate

理化性质　纯品黄色油状，蒸气压 0.625mPa（20℃）。相对密度 1.257（20℃）。溶于水、氯代烃类、醇类、酮类化合物；难溶于石油醚。

毒性　大鼠急性经口 LD_{50} 105mg/kg，雄大鼠急性经皮 LD_{50} 800mg/kg。50d 饲喂试验，每天饲喂 10mg/kg 无不良影响。鲤鱼和日本鳉 LC_{50}（48h）＞40mg/L。

制剂　EC。

应用　内吸性和触杀型杀虫杀螨剂。有效防除刺吸式口器害虫和害螨。

分析方法　产品分析采用硫酸钛还原后滴定法。

参考文献

[1] DE 1035958.
[2] US 2952700.

抑食肼（RH-5849）

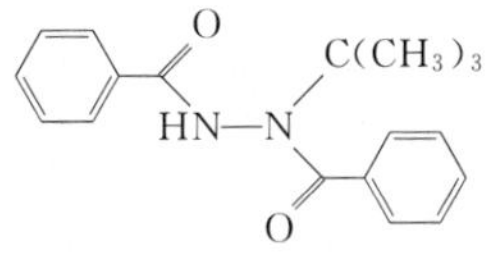

$C_{18}H_{20}N_2O_2$，296.4，112225-87-3

由 K. D. Wing 报道的第一个非类固醇蜕皮激素类昆虫生长调节剂。Rohm & Haas Co. 公司开发。

其他名称　虫死净，RH-5849

化学名称　N-苯甲酰基-N'-叔丁基苯甲酰肼；$2'$-benzoyl-$1'$-tert-butylbenzohydrazide

理化性质　TC 外观为白色结晶固体。熔点 168～174℃。蒸气压 $1.8×10^{-6}$ mmHg（25℃）。溶解度（g/L）：水 $5×10^{-2}$，环己酮 50，异亚丙基酮 150。

毒性　大鼠急性经口 LD_{50} 258.3mg/kg，大鼠急性经皮 LD_{50}＞5000mg/kg。对兔眼睛和皮肤无刺激作用。

制剂　DP。

应用　昆虫生长调节剂，对鳞翅目、鞘翅目、双翅目幼虫具有抑制进食、加速蜕皮和减少产卵的作用。对害虫以胃毒作用为主，施药后 2～3d 见效，持效期长，无残留。适用于蔬菜上防治多种害虫，如菜青虫、斜纹夜蛾、小菜蛾等，对水稻稻纵卷叶螟、稻黏虫也有很好的效果。室内和田间试验表明：对鳞翅目及某些同翅目和双翅目害虫有高效，如二化螟、苹果蠹蛾、舞毒蛾、卷叶蛾。对有抗性的马铃薯甲虫防效优异。

主要生产商　耕农化工，生花农药，百纳生物科技，台州市大鹏药业，威海韩孚生化药业。

参考文献

EP 236618.

益硫磷（ethoate-methyl）

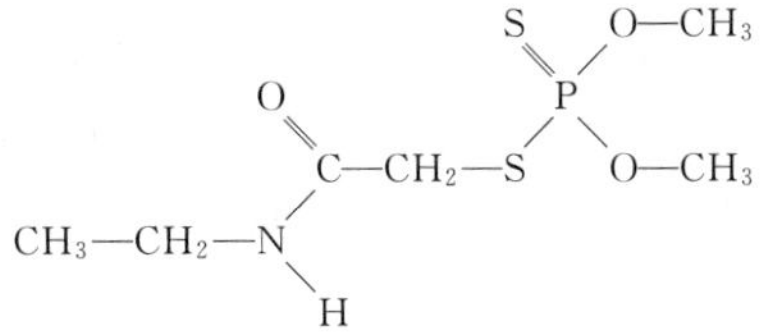

$C_6H_{14}NO_3PS_2$，243.3，116-01-8

1963 年由 G. Lemetre 等报道的杀虫、杀螨剂。由 BombriniParodi-Delfino（后来为 Snia Viscosa）研发。

其他名称 益果，Fitios

化学名称 S-乙基氨基甲酰甲基-O,O-二甲基二硫代磷酸酯；S-ethylcarbamoylmethyl O,O-dimethyl phosphorodithioate；2-dimethoxyphosphinothioylthio-N-ethylacetamide

CAS 名称 S-[2-(ethylamino)-2-oxoethyl] O,O-dimethyl phosphorodithioate

理化性质 纯品为白色结晶固体，微带芳香气味。熔点 65.5～66.7℃。相对密度 1.1640。溶解度（25℃）：水中 8.5g/L，橄榄油中 9.50g/kg，苯中 630g/kg，氯仿中 830g/kg，乙醚中 430g/kg，二甲苯中 60g/kg，易溶于丙酮、乙醇，本品在水溶液中是稳定的，但在室温下遇碱则分解。

毒性 急性经口 LD_{50}：雄大白鼠 340mg/kg，小白鼠 350mg/kg。急性经皮 LD_{50}：大白鼠 1000mg/kg，兔＞2000mg/kg。无刺激性。以含 300mg/kg 饲料饲喂大白鼠 50d，无中毒症状。

应用 内吸性杀虫剂和杀螨剂，具有触杀活性。可防治橄榄蝇、果蝇。用于果树、栽培作物和蔬菜作物上，防治蚜类和红蜘蛛。

益棉磷（azinphos-ethyl）

$C_{12}H_{16}N_3O_3PS_2$，345.4，2642-71-9

由 E. E. Lvy 等报道其活性，由 W. Lorenz 发现，Bayer AG 开发的有机磷类杀虫剂。

其他名称 乙基谷硫磷，谷硫磷-A，乙基谷赛昂，Bayer 16 259，R1513，E1513，ENT22 014，azinphosethyl，Benthiona，Ethyj Guthion，Gusathion A，Crysthion

化学名称 S-3,4-二氢-4-氧代-1,2,3-苯并三嗪-3-基甲基-O,O-二乙基二硫代磷酸酯；S-3,4-dihydro-4-oxo-1,2,3-benzotriazin-3-ylmethyl O,O-diethyl phosphorodithioate

CAS 名称 O,O-diethyl S-[(4-oxo-1,2,3-benzotriazin-3(4H)-yl)methyl] phosphorodithioate

理化性质 无色针状结晶，熔点 50℃，沸点 147℃（1.3Pa），蒸气压 0.32mPa（20℃），相对密度 1.284（20℃），K_{ow} lg$P$ 3.18，Henry 常数 $2.5×10^{-2}$ Pa·m³/mol（20℃，计算值）。水中溶解度（20℃）：4～5mg/L，其他溶剂中溶解度（20℃，g/L）：正己烷 2～5，异丙醇 20～50，二氯甲烷＞1000，甲苯＞1000。在碱性介质中迅速水解，在酸性介质中相对稳定。DT_{50}（22℃）：约 3h（pH4），270d（pH7），11d （pH9）。

毒性 大鼠急性经口 LD_{50} 约 12mg/kg，大鼠急性经皮 LD_{50}（24h）约 500mg/kg。对兔眼睛和皮肤无刺激。大鼠吸入 LC_{50}（4h）约 0.15mg/L 空气。NOEL 值（2 年，mg/kg 饲料）：大鼠 2，狗 0.1，小鼠 1.4，猴 0.02。大鼠急性经腹腔＞7.5mg/kg。日本鹌鹑急性经口 LD_{50} 12.5～20mg/kg。鱼 LC_{50}（96h，mg/L）：金枪鱼 0.03，虹鳟鱼 0.08。水蚤 LC_{50}（48h）0.0002mg/L。对蜜蜂无毒（基于本品应用的方法）。

制剂 WP，EC。

应用 杀虫、杀螨剂。胆碱酯酶的直接抑制剂。主要防治咀嚼式和刺吸式害虫、害螨，对抗性螨也有效,对棉红蜘蛛的防效比保棉磷稍高。适用于果树、蔬菜、马铃薯、玉米、烟草、棉花、咖啡、水稻、观赏植物、甜菜、油菜、麦类等,按说明用药时对作物没有损害,但一些乳剂制品可能会使某些果树枯叶。具有触杀、胃毒作用,无内吸作用。具有很好的杀卵特效和持效性。

合成路线

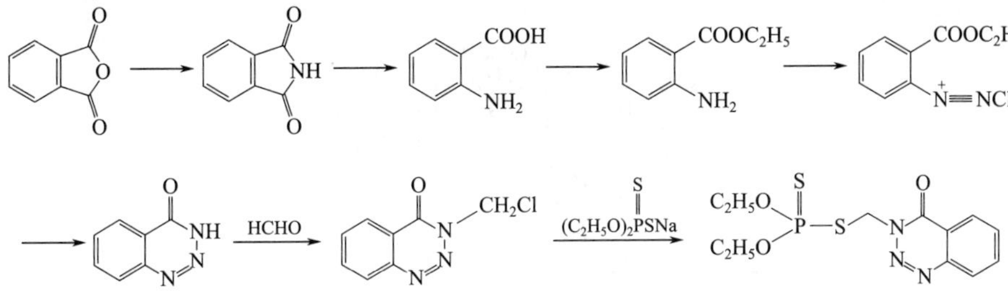

分析方法 益棉磷用碱水解,得到二烷基二硫代磷酸,然后与铜离子络合,萃取后,在420nm 处测定。

主要生产商 Sipcam Phyteurop,Bayer CropScience,Crystal。

参考文献

[1] The Pesticide Manual. 15 th edition:58-59.
[2] US 2003198659.
[3] DE 927270.
[4] 农药商品大全. 北京:中国商业出版社,1996:102.

因毒磷(endothion)

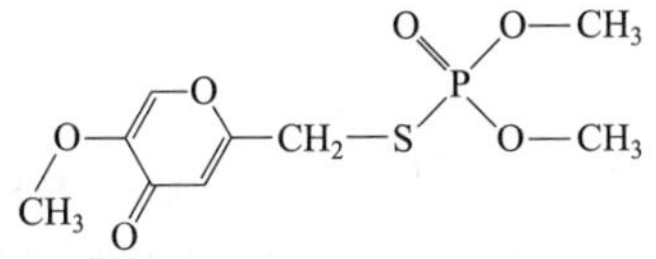

$C_9H_{13}O_6PS$, 280.2, 2778-04-3

1957 年由 F. Chaboussou & P. Ramadier 报道。由 Rhône-Poulenc Phytosanitaire、American Cyanamid Co. 和 FMC Corp. 相继开发的品种。

其他名称 Endocide,RP7175,AC18737,FMC5767

化学名称 S-5-甲氧基-4-氧代-4H-吡喃-2-基甲基-O,O-二甲基硫赶磷酸酯;S-5-methoxy-4-oxo-4H-pyran-2-ylmethyl O,O-dimethyl phosphorothioate;2-dimethoxyphosphinoylthiomethyl-5-methoxypyran-4-one

CAS 名称 S-[(5-methoxy-4-oxo-4H-pyran-2-yl)methyl] O,O-dimethyl phosphorothioate

理化性质 因毒磷为白色结晶,有轻微气味。熔点 96℃。易溶于水(于水中的溶解度为 1.5kg/L)、氯仿和橄榄油;不溶于石油醚和环己烷。原药熔点 91~93℃。

毒性 大白鼠急性经口 LD_{50} 30~50mg/kg,大白鼠急性经皮 LD_{50} 400~1000mg/kg。以 50mg/kg 饲料喂大白鼠 49d,无有害影响。将金鱼放在含 10mg/L 本品的水中,能生存 14d。

应用 内吸性杀虫剂，能有效防治园艺、大田作物及经济作物上的刺吸口器害虫和各种螨类。

印楝素（azadirachtin）

$C_{35}H_{44}O_{16}$, 720.7, 11141-17-6

由 Cyclo 研制，Certis 开发。1968 年 Butterworth 和 Morgan 成功地分离印楝素；Broughton 等确定了印楝素的主体化学结构；稍后，印楝素分子结构的立体化学得以详细描述。

其他名称 azad，N-3101

化学名称 二甲基-(3S,3aR,4S,5S,5aR,5a¹R,7aS,8R,10S,10aS)-8-乙酰氧-3,3a,4,5,5a,5a¹,7a,8,9,10-十氢-3,5-二羟基-4-{(1S,3S,7S,8R,9S,11R)-7-羟基-9-甲基-2,4,10-三噁四环[6.3.1.0³,⁷.0⁹,¹¹]十二-5-烯-11-基}-4-甲基-10[(E)-2-甲基丁-2-烯酰氧基]-1H,7H-萘并[1,8a,8-bc；4,4a-c′]二呋喃-3,7a-二羧酸酯；dimethyl(3S,3aR,4S,5S,5aR,5a¹R,7aS,8R,10S,10aS)-8-acetoxy-3,3a,4,5,5a,5a¹,7a,8,9,10-decahydro-3,5-dihydroxy-4-{(1S,3S,7S,8R,9S,11R)-7-hydroxy-9-methyl-2,4,10-trioxatetracyclo[6.3.1.0³,⁷.0⁹,¹¹]dodec-5-en-11-yl}-4-methyl-10[(E)-2-methylbut-2-enoyloxy]-1H,7H-naphtho[1,8a,8-bc：4,4a-c′]difuran-3,7a-dicarboxylate

CAS 名称 dimethyl(2aR,3S,4S,4aR,5S,7aS,8S,10R,10aS,10bR)-10-(acetyloxy)octahydro-3,5-dihydroxy-4-methyl-8-[[(2E)-2-methyl-1-oxo-2-butenyl]oxy]-4-[(1aR,2S,3aS,6aS,7S,7aS)-3a,6a,7,7a-tetrahydro-6a-hydroxy-7a-methyl-2,7-methanofuro[2,3-b]oxireno[e]oxepin-1a(2H)-yl]-1H,7H-naphtho[1,8-bc：4,4a-c′]difuran-5,10a(8H)-dicarboxylate

理化性质 纯品为具有大蒜/硫黄味的黄绿色粉末。印楝树油为具有刺激大蒜味的深黄色液体。熔点 155～158℃，蒸气压 3.6×10^{-6} mPa（20℃），相对密度 1.276（20℃）。水中溶解度（g/L，20℃）：0.26；能溶于乙醇、乙醚、丙酮和三氯甲烷，难溶于正己烷。避光保存，DT_{50}：50d（pH 5，室温），高温、碱性、强酸介质下易分解。闪点＞60℃。

毒性 大鼠急性经口 LD_{50}＞5000mg/kg。兔急性经皮 LD_{50}＞2000mg/kg；无皮肤刺激性，对兔眼有轻度刺激；豚鼠轻度皮肤过敏。大鼠吸入 LC_{50} 0.72mg/L。

制剂 TK，EC。

应用 植物源杀虫剂。用于防治棉铃虫、毛虫、舞毒蛾、日本金龟甲、烟芽夜蛾、谷实夜蛾、斜纹夜蛾、菜蛾、潜叶蝇、草地夜蛾、沙漠蝗、非洲飞蝗、玉米螟、稻褐飞虱、蓟马、钻背虫、果蝇、黏虫等害虫，广泛用于粮食、棉花、林木、花卉、瓜果、蔬菜、烟草、茶叶、咖啡等作物，不会使害虫对其产生抗药性。印楝素杀虫剂施于土壤，可被棉花、水稻、玉米、小麦、蚕豆等作物根系吸收，输送到茎叶，从而使整株植物具有抗虫性。印楝素具有拒食、忌避、内吸和抑制生长发育作用。主要作用于昆虫的内分泌系统，降低蜕皮激素的释放量；也可以直接破坏表皮结构或阻止表皮几丁质的形成，或干扰呼吸代谢，影响生殖系统发育等。从印楝树中提取的生物农药，药效较慢，但持效期长；不能与碱性农药混用。

合成路线　以印楝树种子、树叶等为原料，经萃取，处理而得。

分析方法　采用高效液相色谱分析。

主要生产商　AGBM，Certis，Fortune，Interchem，Sharda，Tagros，陶英陶生物科技，绿金生物科技，建元生物，中科生物产业。

参考文献

[1] The Pesticide Manual. 15 th edition：54-55.

[2] 世界农药，2003，25（4）：29-34.

茚虫威（indoxacarb）

$C_{22}H_{17}ClF_3N_3O_7$，527.8，173584-44-6

美国杜邦公司开发的新型噁二嗪类（oxadiazine）杀虫剂，2000年上市。

其他名称　安打，安美，DPX-JW062，DPX-MP062，DPX-KN128，DPX-KN127，Ammat，Vatar，Avaunt，Steward

化学名称　(S)-N-[7-氯-2,3,4a,5-四氢-4a-(甲氧基羰基)茚并[1,2-e][1,3,4-]噁二嗪-2-羰基]-4′-(三氟甲氧基)苯氨基甲酸甲酯；methyl(S)-N-[7-chloro-2,3,4a,5-tetrahydro-4a-(methoxycarbonyl)indeno[1,2-e][1,3,4]oxadiazin-2-ylcarbonyl]-4′-(trifluoromethoxy)carbanilate

CAS名称　methyl(4aS)-7-chloro-2,5-dihydro-2-[[(methoxycarbonyl)[4-(trifluoromethoxy)phenyl]amino]carbonyl]indeno[1,2-e][1,3,4]oxadiazine-4a(3H)-carboxylate

理化性质　茚虫威结构中仅S异构体有活性，R异构体没有活性。其中DPX-JW062：S异构体和R异构体比例为1∶1；DPX-MP062：S异构体和R异构体比例为3∶1；DPX-KN127：R异构体；DPX-KN128：S异构体。实际应用的组分为DPX-MP062，有效成分以DPX-KN128计。白色粉状固体。熔点88.1℃（DPX-KN128），140～141℃（DPX-JW062），87.1～141.5℃（DPX-MP062）。蒸气压$2.5×10^{-5}$mPa（25℃），$K_{ow}lgP$ 4.65，Henry常数$6.0×10^{-5}$Pa·m³/mol，相对密度1.44（20℃）。水中溶解度：0.20mg/L（25℃，DPX-KN128），15mg/L（25℃，DPX-JW062），22.5μg/L（20℃，DPX-MP062）。其他溶剂中溶解度（25℃）：正辛醇14.5g/L，甲醇103g/L，乙腈139g/L，丙酮＞250g/kg（DPX-KN128）；正庚烷1.72mg/mL，正辛醇14.5mg/mL，甲醇103mg/mL，邻二甲苯117mg/mL，二氯甲烷、丙酮和N,N-二甲基甲酰胺中均＞250g/kg（DPX-MP062）。水溶液稳定性DT_{50}：1年（pH 5），22d（pH 7），0.3h（pH 9）（25℃，DPX-KN128、DPX-MP062）。

毒性　大鼠急性经口LD_{50}：雄1732mg/kg，雌268mg/kg（DPX-MP062）。兔急性经皮LD_{50}＞5000mg/kg；对兔眼睛和皮肤无刺激；对豚鼠无致敏（DPX-MP062）。大鼠吸入LC_{50}＞2mg/L（DPX-KN128）。无作用剂量：大鼠（90d）10mg/kg［0.6mg/(kg·d)］；

（2年）雄性大鼠 60mg/kg，雌性大鼠 40mg/kg；小鼠（18个月）20mg/kg；狗（1年）40mg/kg（DPX-JW062）。Ames 试验均为阴性。

DPX-MP062：山齿鹑急性经口 LD_{50} 98mg/kg。LC_{50}（5d）：野鸭饲养＞5620mg/kg，山齿鹑 808mg/kg。鱼毒 LC_{50}（96h）：大翻车鱼 0.9mg/L，虹鳟鱼 0.65mg/L。水蚤 LC_{50}（48h）：0.60mg/L。藻类 EC_{50}（96h）＞0.11mg/L。蜜蜂 LD_{50}：0.26μg/只（经口），0.094μg/只（接触）。蚯蚓 LC_{50}（14d）＞1250mg/kg。

DPX-KN128 在 30～50 g/hm² 剂量下对 4 类生物研究表明具有很少或无副作用。

制剂　EC，SC，WG。

应用　钠通道抑制剂。主要是阻断害虫神经细胞中的钠离子通道，使神经细胞丧失功能，导致靶标害虫麻痹、协调差，最终死亡。用于甘蓝、芥蓝、花椰类、番茄、茄子、辣椒、黄瓜、莴苣、苹果、梨树、桃树、杏、葡萄、棉花、甜玉米、马铃薯等防治几乎所有鳞翅目害虫，如棉铃虫、菜青虫、烟青虫、小菜蛾、甜菜夜蛾、斜纹夜蛾、甘蓝夜蛾、油菜银纹夜蛾、棉花金刚钻翠纹、李小食心虫、棉花棉大卷叶螟、苹果蠹蛾、葡萄卷叶蛾、马铃薯块茎蛾等。

合成路线

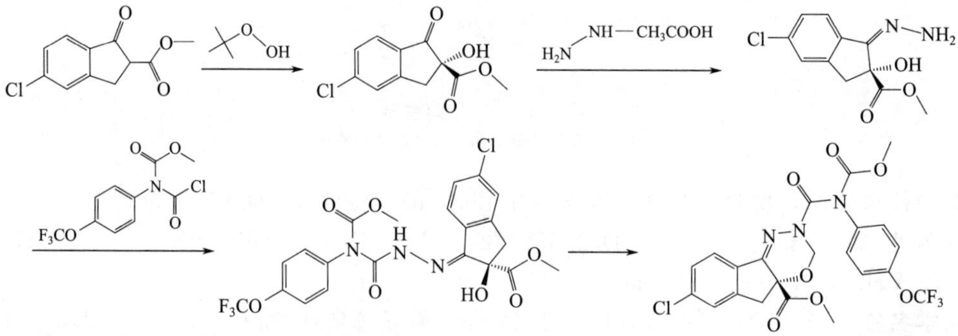

分析方法　可用 GC-MSD/HPLC-UV 进行分析。

主要生产商　DuPont。

参考文献

[1]　The Pesticide Manual. 15th edition.
[2]　US 5462938.

蝇毒磷（coumaphos）

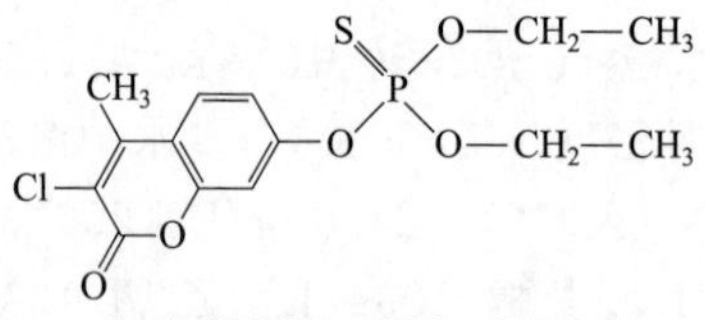

$C_{14}H_{16}ClO_5PS$，362.8，56-72-4

Bayer AG 公司开发的有机磷类杀虫剂。1958 年在加拿大首次登记。

其他名称　蝇毒硫磷，Asuntol，Baymix，Muscatox，Perizin，Resitox，Co-Ral

化学名称　O,O-二乙基-O-(3-氯-4-甲基香豆素-7)硫逐磷酸酯；O-3-chloro-4-methyl-2-oxo-2H-chromen-7-yl O,O-diethyl phosphorothioate

CAS 名称　O-(3-chloro-4-methyl-2-oxo-2H-1-benzopyran-7-yl) O,O-diethyl phosphorothioate

理化性质 纯品为无色晶体。熔点 95℃（原药 90～92℃）。20℃ 蒸气压 0.013mPa。$K_{ow}\lg P$ 4.13。Henry 常数 $3.14×10^{-3}$ Pa·m³/mol（计算值）。相对密度 1.474。20℃水中溶解度为 1.5mg/L，有机溶剂中溶解度有限。水溶液水解稳定。

毒性 急性经口 LD_{50}：小鼠 55mg/kg（雄），59mg/kg（雌）。雄大鼠急性经皮 LD_{50}：860mg/kg（二甲苯中），＞5000mg/kg（氯化钠中）；雌大鼠 144mg/kg。雄大鼠 LC_{50}（1h）＞1081mg/m³，雌大鼠 341mg/m³ 空气。最低慢性无毒性反应剂量：雄狗 0.00253mg/kg，雌狗 0.00237mg/kg。鸟类 LD_{50}（mg/kg）：山齿鹑 4.3，野鸭 29.8。鱼类 LC_{50}（μg/L，96h）：大翻车鱼 340，水渠鲶鱼 840。水蚤 LC_{50}（48h）1.0μg/L。

制剂 EC，WP。

应用 乙酰胆碱酯酶抑制剂，无内吸作用。对双翅目昆虫有显著的毒杀作用，是防治家畜体外寄生虫如蜱和疥螨的特效药。该药残效期长。禁止在蔬菜等上防治蝇蛆和种蛆。不得用于蔬菜、果树、茶叶、草药材上。自 2013 年 10 月 31 日起，停止销售和使用。

合成路线

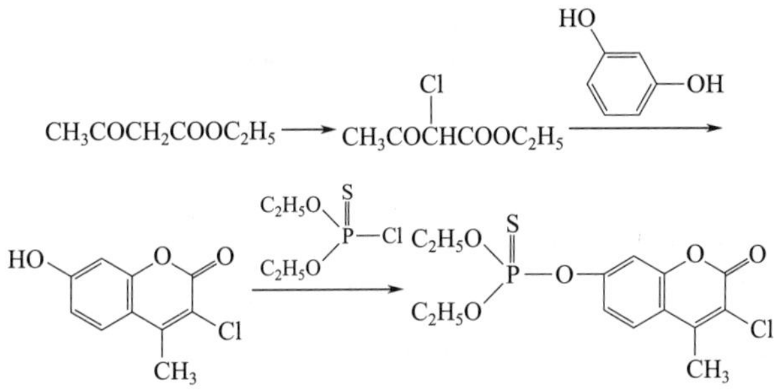

分析方法 可用 GC-MSD/HPLC-UV 进行分析。

参考文献

[1] US 2748146.
[2] DE 881194.

右旋胺菊酯（d-tetramethrin）

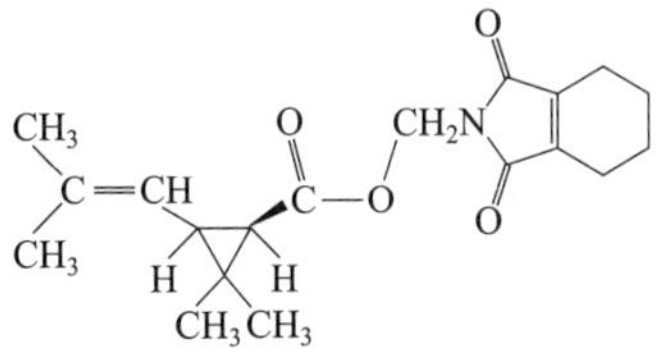

$C_{19}H_{25}NO_4$，331.4，7696-12-0

其他名称 强力诺毕那命

化学名称 环己-1-烯-1,2-二羧酰亚氨基甲基(1R,3R;1R,3S)-2,2-二甲基-3-(2-甲基丙-1-烯基)环丙烷羧酸酯

理化性质 TC 为黄色或褐色黏性固体，熔点 40～60℃，蒸气压 $3.2×10^{-4}$ mPa（20℃）。$K_{ow}\lg P$ 4.35，相对密度 1.11（25℃）。溶解度（23℃）：水 2～4mg/L，己烷、甲醇、二甲苯＞500g/kg。

毒性　大鼠急性经口 LD_{50}＞5000mg/kg，大鼠急性经皮 LD_{50} 5000mg/kg。大鼠吸入 LC_{50}（3h）＞1180mg/m³。虹鳟鱼 LC_{50}（96h）0.010mg/L。

制剂　TC。

应用　本品属拟除虫菊酯类杀虫剂，是触杀性杀虫剂，对蚊、蝇等卫生昆虫具有卓越的击倒力，对蟑螂有较强的驱赶作用，可将栖居在黑暗裂隙处的蟑螂赶出来，但致死性能差，有复苏现象，故常与其他杀死力高的药剂复配使用。加工成气雾剂或喷射剂，以防治家庭和畜舍的蚊、蝇和蟑螂等。还可以防治庭园害虫和食品仓库害虫。

主要生产商　常州康美化工，中山凯达石岐农药厂，扬农化工，日本住友化学。

右旋反式胺菊酯（*d-trans*-tetramethrin）

(1*R-trans*)-form
$C_{19}H_{25}NO_4$，331.4，1166-46-7

化学名称　环己-1-烯-1,2-二羧酰亚氨基甲基-(1*R*,3*R*)-2,2-二甲基-3-(2-甲基丙-1-烯基)环丙烷羧酸酯

理化性质　TC 为黄色或褐色黏性固体，熔点 65～80℃，相对密度 1.11，蒸气压 0.32mPa（20℃）。溶解度（23℃）：水 2～4mg/L，己烷、甲醇、二甲苯＞500g/kg。

毒性　大鼠急性经口 LD_{50}＞5000mg/kg，大鼠急性经皮 LD_{50}＞5000mg/kg。

应用　对蟑螂、蚊子、苍蝇以及其他卫生害虫有效，且对蟑螂有较强的驱赶作用，但其杀死力和残效性都较差。

右旋反式氯丙炔菊酯（chloroprallethrin）

$C_{17}H_{18}Cl_2O_3$，341.2，399572-87-3

江苏扬农研发的全新的单一光学异构体的拟除虫菊酯类杀虫剂。

其他名称　倍速菊酯

化学名称　右旋-2,2-二甲基-3-反式-(2,2-二氯乙烯基)环丙烷羧酸-(*S*)-2-甲基-3-(2-炔丙基)-4-氧代-环戊-2-烯基酯；(1*S*)-2-methyl-4-oxo-3-prop-2-ynylcyclopent-2-enyl (1*R*,3*S*)-3-(2,2-dichlorovinyl)-2,2-dimethylcyclopropanecarboxylate；(1*S*)-2-methyl-4-oxo-3-prop-2-ynylcyclopent-2-enyl；(1*R-trans*)-3-(2,2-dichlorovinyl)-2,2-dimethylcyclopropanecarboxylate

CAS 名称　(1*S*)-2-methyl-4-oxo-3-(2-propyn-1-yl)-2-cyclopenten-1-yl (1*R*,3*S*)-3-(2,2-dichloroethenyl)-2,2-dimethylcyclopropanecarboxylate

理化性质　外观为浅黄色晶体，熔点 90℃。在水中及其他羟基溶剂中溶解度很小，能溶于甲苯、丙酮、环己烷等大多数有机溶剂。对光、热稳定，在中性及微酸性介质中稳定，

碱性条件下易分解。

毒性 大鼠急性经口 LD_{50}：（雌）794mg/kg，（雄）1470mg/kg；雌、雄大鼠急性经皮 LD_{50}：>5000mg/kg。对兔眼睛和皮肤均无刺激性。雄、雌大鼠急性吸入 LC_{50} 为 4300mg/m³。

制剂 TC。

应用 拟除虫菊酯类杀虫剂。用于杀灭蚊子、苍蝇和蟑螂等卫生害虫，高效广谱，有很好的击倒和杀死活性。

合成路线

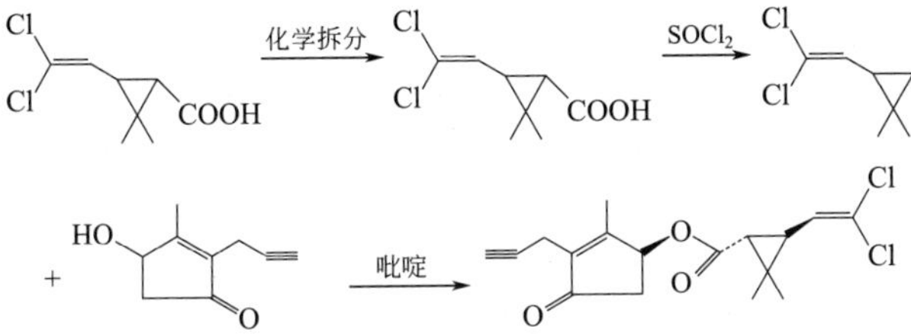

主要生产商 江苏扬农。

参考文献

[1] 周景梅. 新颖卫生杀虫剂——右旋反式氯丙炔菊酯. 世界农药, 2006, (2): 51.
[2] 林彬. 右旋反式氯丙炔菊酯的合成及其药效研究. 中华卫生杀虫药械, 2004, (4): 211.

右旋七氟甲醚菊酯（heptafluthrin）

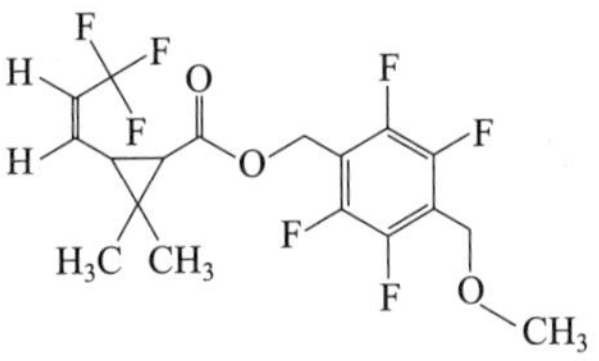

$C_{18}H_{17}F_7O_3$，414.3，1130296-65-9

化学名称 2,3,5,6-四氟-4-(甲氧甲基)苄基-(1RS,3RS;1RS,3SR)-2,2-二甲基-3-[(1Z)-3,3,3-三氟丙-1-烯基]环丙烷羧酸酯；2,3,5,6-tetrafluoro-4-(methoxymethyl)benzyl (1RS,3RS;1RS,3SR)-2,2-dimethyl-3-[(1Z)-3,3,3-trifluoroprop-1-enyl]cyclopropanecarboxylate

CAS 名称 [2,3,5,6-tetrafluoro-4-(methoxymethyl)phenyl]methyl 2,2-dimethyl-3-[(1Z)-3,3,3-trifluoro-1-propen-1-yl]cyclopropanecarboxylate

应用 菊酯类杀虫剂。

主要生产商 江苏优士化学。

右旋烯炔菊酯（empenthrin）

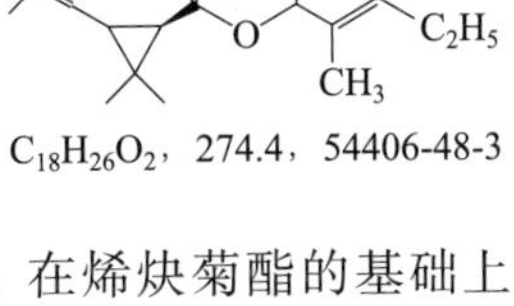

$C_{18}H_{26}O_2$，274.4，54406-48-3

Sumitomo Chemical Co., Ltd. 在烯炔菊酯的基础上开发的拟除虫菊酯类杀虫剂。1993 年在日本首次登记。

其他名称　百扑灵，烯炔菊酯，S-2852，Vaporthrin

化学名称　(E)-(RS)-1-乙炔基-2-甲基-2-戊烯基-(1R,3RS;1R,3SR)-2,2-二甲基-3-(2-甲基-1-丙烯基)环丙烷羧酸酯；(E)-(RS)-1-乙炔基-2-甲基-2-戊烯基-(1R)-顺反-2,2-二甲基-3-(2-甲基-1-丙烯基)环丙烷羧酸酯；(E)-(RS)-1-ethynyl-2-methylpent-2-enyl(1R,3RS;1R,3SR)-2,2-dimethyl-3-(2-methylprop-1-enyl)cyclopropanecarboxylate；(E)-(RS)-1-ethynyl-2-methylpent-2-enyl(1R)-*cis-trans*-2,2-dimethyl-3-(2-methylprop-1-enyl)cyclopropanecarboxylate

CAS 名称　1-ethynyl-2-methyl-2-pentenyl(1R)-*cis-trans*-2,2-dimethyl-3-(2-methyl-1-propenyl)cyclopropanecarboxylate

理化性质　右旋烯炔菊酯是(E)-(RS)(1RS)-顺反-异构体的混合物，但是实际上使用的右旋烯炔菊酯是(EZ)-(RS)(1R)-顺反-异构体的混合物。右旋烯炔菊酯为黄色液体。沸点295.5℃（760mmHg）。蒸气压14mPa（23.6℃）。相对密度0.927（20℃）。水中溶解度：0.111mg/L（25℃）；其他溶剂中的溶解度：与己烷、丙酮、甲醇以任何比例互溶。稳定性：在通常条件下至少可以稳定保存2年。闪点107℃。

毒性　急性经口 LD_{50}：雄大鼠>5000mg/kg，雌大鼠>3500mg/kg。大鼠急性经皮 LD_{50}>2000mg/kg。对兔皮肤无刺激作用，但对兔眼睛有极小刺激作用。大鼠吸入 LC_{50} (4h)>4610mg/m³。山齿鹑、野鸭急性经口 LD_{50}>2250mg/kg。山齿鹑、野鸭饲喂毒性 LC_{50}>5620mg/L。虹鳟鱼 LC_{50} (96h) 0.0017mg/L。水蚤 EC_{50} (48h) 0.02mg/L。

制剂　Aerosol，Impregnated material。

应用　该药剂为神经毒剂，主要通过与钠离子通道作用，破坏神经元的功能。该药剂具有触杀作用，在高温下具有很高的蒸气压，因此对飞行类昆虫也有很好的活性，且对昆虫具有高杀死活性与拒避作用。对袋谷蛾的杀伤力可与敌敌畏相当，且对多种皮蠹科甲虫有突出的阻止取食作用。用作防治室内害虫，特别是飞蛾、毛毛虫和其他的破坏纤维的害虫。还用于防治蝇、黑皮蠹等卫生害虫。

合成路线

分析方法　产品通过GLC分析。

主要生产商　Sumitomo Chemical，江苏扬农。

参考文献

US 4003945.

诱虫烯（muscalure）

$C_{23}H_{46}$，322.6，27519-02-4 [(Z)-isomer]

雌性家蝇的性信息素，由 D. A. Carlson 等分离得到。由 Zoecon Industries Ltd（后来被 Sandoz AG 收购，成为 Novartis Crop Protection AG，已经不再生产和销售）开发为昆虫引诱剂。1975 年在美国首次登记。

化学名称 Z-二十三-9-烯；(Z)-tricos-9-ene

CAS 名称 (Z)-9-tricosene

理化性质 原药包含 85% 的 Z 型异构体和 25% 的 E 型异构体，含有少量的 C_{23} 和 C_{21} 的烃类。无色至淡黄色油状物，有轻微的甜的芳香气味。熔点 <0℃；沸点 378℃，190℃（0.5mmHg），174~178℃（0.1mmHg）。蒸气压 $6.4×10^{-2}$ mPa（20℃），4.7mPa（27℃）。K_{ow}lg$P$ 4.09，Henry 常数 $>5.2×10^3$ Pa·m^3/mol（20℃，计算值），相对密度 0.80（20℃）。水中溶解度 $<4×10^{-6}$mg/L（pH 值约 8.5，20℃）；易溶于烃类、醇类、酮类、酯类。对光稳定。50℃以下至少稳定 1 年。闪点 >1130（闭口杯）。黏度 7.74mPa·s（20℃）。

毒性 大鼠急性经口 LD_{50} >10000mg/kg。对大鼠和兔皮肤和眼睛的急性经皮 LD_{50} >2000mg/kg。对兔眼睛或皮肤无刺激作用，对豚鼠皮肤有中度致敏性。大鼠吸入 LC_{50}（4h）>5.71g/m^3（原药，诱虫烯含量 85%）。对有孕和处于生长阶段的大鼠 NOAEL>5g/(kg·d)。在 Ames 试验中，无致突变作用；大鼠大于 5g/kg 无致畸作用。野鸭急性经口 LD_{50} >4640mg/kg。野鸭和鹌鹑 LC_{50}>4640mg/kg。在 1 代繁殖试验中，NOEL：鹌鹑为 >20mg/kg，野鸭为 0.1mg/kg，2mg/kg 时对繁殖有害。虹鳟鱼和大翻车鱼 LC_{50}（96h）：溶解于水中无毒。水蚤 LC_{50}（48h）：溶解于水中无毒。

制剂 GB。

应用 可用作苍蝇、螟蛾类害虫的引诱剂，与杀虫剂配合使用将显著提高杀虫剂的杀虫效率。该产品对常见家用蝇、玉米螟和其他螟虫都有很好的引诱效果，可有效减少杀虫剂的使用量。

主要生产商 Bedoukian，CCA Biochemical，Denka，Interchem，International Specialty，Denka，武汉楚强。

参考文献

[1] Ko J. J Assoc Off Anal Chem Int，1992，75（5）：878-882.
[2] The Pesticide Manual. 16 th edition.

诱杀烯混剂（grandlure）

grandlure I C$_{10}$H$_{18}$O 154.3
grandlure II C$_{10}$H$_{18}$O 154.3
grandlure III C$_{10}$H$_{16}$O 152.2
grandlure IV C$_{10}$H$_{16}$O 152.2

11104-05-5(grandlure I、II 和 IV 的混合物)；26532-22-9 (grandlure I)；30820-22-5 (外消旋的 grandlure I)；26532-23-0 (grandlure II)；26532-24-1 (grandlure III)；26532-22-2 (grandlure IV)

Grandlure I～IV 是棉籽象鼻虫（BOll WEEVIL）性信息素的成分。其中 Grandlure I 为主要的成分。

其他名称 Tubo Mata Bicudo，Tubo Mata Picudo

化学名称 2-[(1R,2S)-1-methyl-2-(1-methylvinyl)cyclobutyl]ethanol（grandlure I）；2-[(Z)-3,3-dimethylcyclohexylidene]ethanol（grandlure II）；2-[(Z)-3,3-dimethylcyclohexylidene]acetaldehyde（grandlure III）；2-[(E)-3,3-dimethylcyclohexylidene]acetaldehyde（grandlure IV）

CAS 名称 (1R,2S)-1-methyl-2-(1-methylethenyl)-cyclobutaneethanol（grandlure I）；(Z)-2-

(3,3-dimethylcyclohexylidene)ethanol(grandlure Ⅱ);(Z)-(3,3-dimethylcyclohexylidene)acetaldehyde(grandlure Ⅲ);(E)-(3,3-dimethylcyclohexylidene)acetaldehyde(grandlure Ⅳ)

理化性质 相对密度:0.930(25℃,grandlure Ⅰ);0.910~0.930(25℃,grandlure Ⅱ);0.920~0.940(25℃,grandlure Ⅲ和grandlure Ⅳ)。闪点:90℃(封口杯,grandlure Ⅰ~Ⅳ)。

应用 Grandlure Ⅰ~Ⅳ是棉籽象鼻虫(BOll WEEVIL)性信息素的成分。其中Grandlure Ⅰ是主要的成分。能够吸引害虫。与杀虫剂混合使用,可防止棉花棉籽象鼻虫。

主要生产商 Bedoukian,International Specialty。

参考文献

The Pesticide Manual. 15th ed.

诱蝇羧酯(trimedlure)

$C_{12}H_{21}ClO_2$, 232.8, 12002-53-8

化学名称 (±)-4(或5)-氯-2-甲基环己酸叔丁基酯;*tert*-butyl (±)-4(or 5)-chloro-2-methylcyclohexanecarboxylate

CAS 名称 1,1-dimethylethyl 4(or 5)-chloro-2-methylcyclohexanecarboxylate

理化性质 由合成的4-和5-氯叔丁基反式-2-甲基环己烷羧酸酯异构体组成。通常由25%的异构体A、8%的异构体B_1、22%的B_2、38%~45%的C组成。带水果味的液体。沸点107~113℃(原药104~134℃)。水中溶解度<1%(质量分数)。闪点37℃。

毒性 大鼠急性经口LD_{50} 4556mg/kg。兔急性经皮LD_{50}>2025mg/kg。对皮肤或眼睛无刺激性。大鼠吸入LD_{50}>2.9mg/L。虹鳟LC_{50}(96h)9.6,蓝鳃翻车鱼12.1mg/L。

应用 作为引诱剂,异构体C活性最高。混在杀虫剂或黏纸中,引诱并杀灭果树和其他农作物上的地中海果蝇。

主要生产商 Certis UK,Interchem,International Specialty。

诱蝇酮(cuelure)

$C_{12}H_{14}O_3$, 206.2, 3572-06-3

1995年由Cyclo International S. de R. L. de C. V.作为诱饵引入市场,后来作为防控药剂使用。

化学名称 4-(3-氧代丁基)苯基乙酸酯;4-(3-oxobutyl)phenyl acetate

CAS 名称 4-[4-(acetyloxy)phenyl]-2-butanone

理化性质　原药含量≥97%。无色至淡黄色液体，略带酚气味。沸点 123～124℃（0.2mmHg）。相对密度 1.099。溶解度：不溶于水，溶于醇、烃和醚。闪点＞110℃。

毒性　大鼠急性经口 LD_{50} 3038mg/kg。兔急性经皮 LD_{50}＞2025mg/kg。虹鳟鱼 LC_{50}（24h）21mg/L，大翻车鱼 18mg/L。

应用　引诱剂。可与杀虫剂或黏条混用，防控瓜实蝇（*Dacus cucurbitae*）。

分析方法　采用 GLC 分析。

主要生产商　Interchem，International Specialty，Laboratorios Agrochem，华通（常州）生化。

鱼尼汀（ryania）

$C_{25}H_{35}NO_9$，493.6，8047-13-0

B. E. Pepper & L. A. Carruth 报道其杀虫活性，由 S. B. Penick & Co. 推出产品。

其他名称　Natur-Gro R-50＊，Natur-Gro Triple Plus＊，Ryan 50＊，Ryania＊，Rynotox

CAS 名称　(3*S*,4*R*,4a*R*,6*S*,6a*S*,7*S*,8*R*,8a*S*,8b*R*,9*S*,9a*S*)-dodecahydro-4,6,7,8*a*,8*b*,9*a*-hexahydroxy-3,6*a*,9-trimethyl-7-(1-methylethyl)-6,9-methanobenzo[1,2]pentaleno[1,6-*bc*]furan-8-yl 1*H*-pyrrole-2-carboxylate

理化性质　是从南美大枫子科灌木尼亚那（*Ryania speciosa*）中提取出来的。熔点 219～220℃（分解）。溶于水、乙醇、丙酮、乙醚、氯仿，几乎不溶于苯、石油醚。在光照下和空气中相对稳定。

毒性　大鼠急性经口 LD_{50} 1200mg/kg，小鼠 650mg/kg。狗致死剂量 0.4mg（ryanodine）/kg。150d 饲喂试验，豚鼠和鸡的无作用剂量 10g/kg，无不良反应。对鱼有毒。

制剂　WP。

应用　通过摄入和接触发挥活性。防治苹果蠹蛾、玉米螟，也可防治柑橘和玉米蓟马等。

分析方法　液-液萃取后，通过紫外光谱分析。

参考文献

US 2400295.

鱼藤酮（rotenone）

$C_{23}H_{22}O_6$，394.4，83-79-4

鱼藤酮及相关的鱼藤酮类化合物从鱼藤、合生果和山毛豆属植物的根获得，用作鱼毒剂。现从鱼藤根中提取生产。鱼藤根一直被用作鱼毒剂，在 E. Geoffrey 分离前，中国人已知其杀虫活性。1932 年本品结构式被确定。1999 年 Hoechst Schering AgrEvo GmbH 公司将鱼藤酮的商业权益转卖给 Prentiss Incorporated 公司。

其他名称　鱼藤，毒鱼藤，ENT 133，Chem-Fish，ChemFish Cube，Prenfish，Vironone

化学名称　($2R,6aS,12aS$)-1,2,6,6a,12,12a-六氢-2-异丙烯基-8,9-二甲氧基苯并吡喃[3,4-b]呋喃并[2,3-h]吡喃-6-酮；($2R,6aS,12aS$)-1,2,6,6a,12,12a-hexahydro-2-isopropenyl-8,9-dimethoxychromeno[3,4-b]furo[2,3-h]chromen-6-one

CAS 名称　[$2R$-($2\alpha,6a\alpha,12a\alpha$)]-1,2,12,12a-tetrahydro-8,9-dimethoxy-2-(1-methylethenyl)[1]benzopyrano[3,4-b]furo[2,3-h][1]benzopyran-6($6aH$)-one

理化性质　纯品为无色六角板状结晶。熔点 163℃（同质二晶型熔点 181℃），蒸气压＜1mPa（20℃），K_{ow} lg$P$ 4.16，Henry 常数＜2.8Pa·m³/mol（20℃，计算值）。水中溶解度 0.142mg/L（20℃）；微溶于乙醚、醇、石油醚和四氯化碳，易溶于丙酮、二硫化碳、乙酸乙酯、氯仿。遇碱消旋，易氧化，尤其在光或碱存在下氧化快而失去杀虫活性。外消旋体杀虫活性减弱，在干燥情况下，比较稳定。

毒性　大鼠急性经口 LD_{50} 132～1500mg/kg，小鼠 350mg/kg。兔急性经皮 LD_{50}＞5.0g/kg。雄大鼠急性吸入 LC_{50} 0.0235mg/L，雌大鼠 0.0194mg/L。大鼠 2 年无作用剂量 0.38mg/kg。虹鳟鱼 LC_{50}（96h）1.9μg/L，大翻车鱼 4.9μg/L。对蜜蜂无毒，当和除虫菊杀虫剂混用时对蜜蜂有毒。

制剂　DP，EC，WP。

应用　鱼藤酮的作用机制主要是影响昆虫的呼吸作用，使心脏搏动缓慢，行动迟滞，麻痹而缓慢死亡。其为植物性杀虫剂，有选择性，无内吸性。见光易分解，在空气中易氧化。在作物上残留时间短，对环境无污染，对天敌安全。该药剂杀虫谱广，对害虫有触杀和胃毒作用。本品进入虫体后迅即妨碍呼吸，抑制各胺酸的氧化，使害虫死亡。该药剂能有效地防治蔬菜等多种作物上的蚜虫，安全间隔期为 3d。本品遇光、空气、水和碱性物质会加速氧化，失去药效，不要与碱性农药混用，密闭存放在阴凉、干燥、通风处；对家畜、鱼和家蚕高毒，施药时要注意避免药液飘移到附近水池、桑树上。

分析方法　产品用红外光谱或 HPLC/UV 分析。

主要生产商　Prentiss，Tifa。

参考文献

The Pesticide Manual. 15 th ed.

育畜磷（crufomate）

$C_{12}H_{19}ClNO_3P$，291.7，299-86-5

J. F. Landram 和 R. J. Shaver 报道其杀虫性能和用来驱除牛体内寄生虫，1959 年由 Dow Chemical Co. 开发。

其他名称　Ruelene，Dowco 132

化学名称　4-叔丁基-2-氯苯基甲基甲基氨基磷酸酯；4-*tert*-butyl-2-chlorophenyl methyl methylphosphoramidate

CAS 名称　2-chloro-4-(1,1-dimethylethyl)phenyl methyl methylphosphoramidate

理化性质　本品是白色结晶。熔点 60℃。原药亦为白色结晶，加热到沸点以前就分解。它不溶于水和石油醚，但易溶于丙酮、乙腈、苯和四氯化碳。在 pH 7.0 或低于 7.0 时稳定，但在强酸介质中不稳定，不能与碱性农药混用。

毒性　急性经口 LD_{50}：雄大白鼠为 950mg/kg，雌大白鼠为 770mg/kg，兔为 400～600mg/kg。家畜以 100mg/kg 剂量经口摄入育畜磷，观察到轻度到中度抑制胆碱酯酶的症状。在体内脂肪中无积累，对野生动物无危险。

应用　育畜磷是一种内吸性杀虫剂和打虫药，主要用于处理家畜，以防皮蝇。体外寄生虫和肠虫。不能用于作物保护。

分析方法　产品分析用二硫化碳溶液的红外吸收与标准进行比较测定。

参考文献

[1]　BE 579237.
[2]　JMPR Evaln, 1968 (11), 1972 (19)；ICSC, 1995 (1143).

原烟碱（nornicotine）

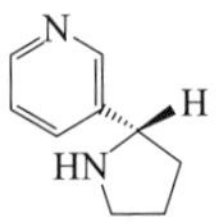

$C_9H_{12}N_2$，148.2，494-97-3

化学名称　2-(吡啶-3)-吡咯烷；(S)-3-(pyrrolidin-2-yl)pyridine

CAS 名称　(S)-3-(2-pyrrolidinyl)pyridine

应用　杀虫剂。

早熟素Ⅰ（precocene Ⅰ）

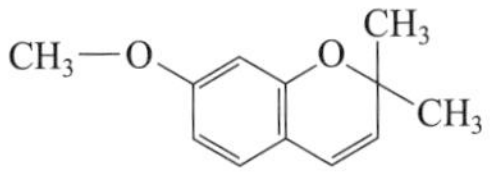

$C_{12}H_{14}O_2$，190.2，17598-02-6

化学名称　7-甲氧基-2,2-二甲基-3-色烯；7-甲氧基-2,2-二甲基-2*H*-1-苯并吡喃；7-methoxy-2,2-dimethylchromene

CAS 名称　7-methoxy-2,2-dimethyl-2*H*-1-benzopyran

应用　一种昆虫激素，抑制昆虫内分泌器官的正常功能，导致过早变态，形成不正常虫体而导致死亡。

早熟素Ⅱ (precocene Ⅱ)

$C_{13}H_{16}O_3$, 220.3, 644-06-4

化学名称 6,7-二甲氧基-2,2-二甲基-3-色烯;6,7-二甲氧基-2,2-二甲基-2H-1-苯并吡喃;6,7-dimethoxy-2,2-dimethylchromene

CAS 名称 6,7-dimethoxy-2,2-dimethyl-2H-1-benzopyran

应用 一种昆虫激素,抑制昆虫内分泌器官的正常功能,导致过早变态,形成不正常虫体而导致死亡。

早熟素Ⅲ (precocene Ⅲ)

$C_{14}H_{18}O_3$, 234.3, 65383-73-5

化学名称 7-乙氧基-6-甲氧基-2,2-二甲基-3-色烯;7-乙氧基-6-甲氧基-2,2-二甲基-2H-1-苯并吡喃;7-ethoxy-6-methoxy-2,2-dimethylchromene

CAS 名称 7-ethoxy-6-methoxy-2,2-dimethyl-2H-1-benzopyran

应用 一种昆虫激素,抑制昆虫内分泌器官的正常功能,导致过早变态,形成不正常虫体而导致死亡。

增效胺 (ENT 8184)

$C_{17}H_{25}NO_2$, 275.4, 113-48-4

其他名称 协力克

化学名称 N-(2-乙基己基)-双环[2.2.1]-5-庚烯-2,3-二甲酰亚胺;N-(2-ethylhexyl)bicyclo[2.2.1]hept-5-ene-2,3-dicarboximide

CAS 名称 2-(2-ethylhexyl)-3a,4,7,7a-tetrahydro-4,7-methano-1H-isoindole-1,3(2H)-dione

理化性质 纯品为液体,凝固点<-20℃。不溶于水,可与大多数有机溶剂混合(石油类产品和氟化烃类)。对光、热稳定,在 pH 6~8 时不水解。

毒性 雄大鼠急性经口 LD_{50} 值为 4990mg/kg,雌大鼠为 4220mg/kg。兔急性经皮 LD_{50} 值为 470mg/kg。大鼠急性吸入 LC_{50} (4h) 大于 4.08mg/L。大鼠饲喂无作用剂量为 50mg/

(kg·d)，无致瘤性剂量为 450mg/(kg·d)。对野鸭和鹌鹑的 LC_{50}（8d）>5620mg/kg 饲料。鱼毒 LC_{50}（96h）：虹鳟 1.4mg/L，蓝鳃 2.4mg/L。水蚤 LC_{50}（48h）2.3mg/L。

制剂 主要用作拟除虫菊酯（包括除虫菊素）和氨基甲酸酯类杀虫剂的增效剂，可以加工成气雾剂、油喷射剂、WT、DP 等多种制剂使用。

应用 可用作除虫菊素、丙烯菊酯和鱼藤酮的增效剂；在气雾剂和喷射剂中，还常与增效醚合用。可以保护小麦和玉米在贮藏期免受虫害，增效作用和同量的增效醚或增效砜相当。对拒避西方角蝇和厩螫蝇对牛体的侵害，均可获得满意的效果。可防治白菜粉纹夜蛾。本品在 MC 中虽对丙烯菊酯或除虫菊素没有拮抗作用，但亦不能增效。

参考文献
US 2476512.

增效砜（sulfoxide）

$C_{18}H_{28}O_3S$，324.5，120-62-7

化学名称 5-[2-(辛基亚磺酰)丙基]-1,3-苯并二噁茂；5-[2-(octylsulfinyl)propyl]-1,3-benzodioxole

CAS 名称 5-[2-(octylsulfinyl)propyl]-1,3-benzodioxole

理化性质 棕色黏稠液体，低温下有晶体析出，有轻微异味。蒸馏时易分解。相对密度 1.06～1.09。折射率 1.528～1.532。难溶于水，溶于乙醇、丙酮、二甲苯、二氯甲烷等有机溶剂，室温下稳定。

毒性 大鼠急性经口 LD_{50} 2000～2500mg/kg，兔急性经皮 LD_{50} >9000mg/kg。对皮肤稍有刺激。

应用 农药增效剂。除虫菊素和丙烯菊酯的增效剂。

增效环（piperonyl cyclonene）

$R=CH_2(CH_2)_4CH_3$

$C_{19}H_{24}O_3$（Ⅰ），302.4，$C_{22}H_{28}O_5$（Ⅱ），372.5，8066-12-4

化学名称 5-(1,3-苯并间二噁茂-5-基)-3-己基环己-2-烯酮；5-(1,3-benzodioxol-5-yl)-3-hexylcyclohex-2-enone

CAS 名称　5-(5-benzo-1,3-dioxolyl)-3-hexyl-2-cyclohexen-1-one
理化性质　红色的稠厚油，含Ⅰ和Ⅱ（80％）。Ⅰ为白色结晶，熔点50℃；Ⅱ在－30℃不结晶。不溶于水、链烷烃和二氯二氟甲烷。Ⅱ蒸馏即分解。
毒性　对哺乳动物的毒性很低。
制剂　DP。
应用　用作拟除虫菊酯类农药的增效剂。

增效磷（dietholate）

$C_{10}H_{15}O_3PS$，246.3，32345-29-2

化学名称　O,O-二乙基-O-苯基硫代磷酸酯；O,O-diethyl O-phenyl phosphorothioate
CAS 名称　O,O-diethyl O-phenyl phosphorothioate
应用　能够抑制硫代氨基甲酸酯除草剂分解。还作为杀虫剂增效剂。

增效醚（piperonyl butoxide）

$C_{19}H_{30}O_5$，338.4，51-03-6

由 H. Wachs 发现作为除虫菊酯的活性增效剂。
其他名称　ENT 14 250，Butacide
化学名称　2-(2-丁氧基乙氧基)乙基-6-丙基胡椒基丁醚；5-[2-(2-butoxyethoxy)ethoxymethyl]-6-propyl-1,3-benzodioxole；2-(2-butoxyethoxy)ethyl 6-propylpiperonyl ether
CAS 名称　5-[[2-(2-butoxyethoxy)ethoxy]methyl]-6-propyl-1,3-benzodioxole
理化性质　纯品为无色液体（原药为黄色油状物）。沸点180℃（1mmHg）（原药）。蒸气压$2.0×10^{-2}$mPa（60℃，气体饱和法）。K_{ow}lg$P$ 4.75。Henry 常数$<2.3×10^{-6}$Pa·m^3/mol（计算值）。相对密度1.060（20℃）。水中溶解度：14.3mg/L（25℃）；有机溶剂中溶解度：易溶于所有常用有机溶剂，包括矿物油和含氟脂肪烃（喷雾剂）。在25℃黑暗条件下的无菌缓冲液中，pH 5、7和9时水解稳定。阳光下水溶液（pH 7）中迅速水解（DT_{50}8.4h）。闪点140℃（ASTMd93）。黏度40mPa·s（25℃）。
毒性　大鼠和兔急性经口 LD_{50} 约7500mg/kg。大鼠急性经皮 $LD_{50}>$7950mg/kg，兔1880mg/kg。对眼睛和皮肤无刺激作用。对皮肤无致敏性。大鼠吸入 $LC_{50}>$5.9mg/L。无作用剂量大鼠和小鼠（2年）30mg/(kg·d)，狗（1年）16mg/kg。ADI/RfD（JMPR）0.2mg/(kg·d)［1995，2001］，（EPA）aRfD 6.3mg/(kg·d)，cRfD 0.16mg/(kg·d)［2006］。无致癌、致畸和致突变性。山齿鹑急性经口 $LD_{50}>$2250mg/kg。鲤鱼 LC_{50}（24h）5.3mg/L。水蚤 LC_{50}（24h）2.95mg/L。小球藻 EC_{50}（细胞体积）44μmol/L。蜜蜂 $LD_{50}>$25μg/只。
制剂　气雾剂，乳液，油剂。
应用　除虫菊酯类杀虫剂的增效剂。

合成路线

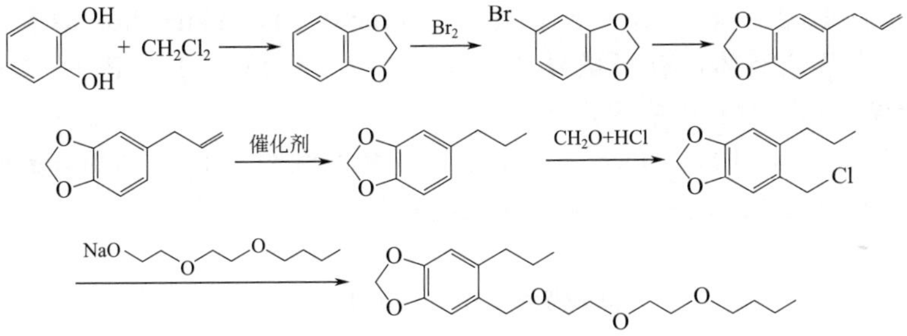

[reaction scheme]

分析方法 产品用 GLC/FID 分析。

主要生产商 Endura，Prentiss，宁波保税区汇力化工。

参考文献

[1] US 2485681.
[2] US 2550737.

增效敏（sesamin）

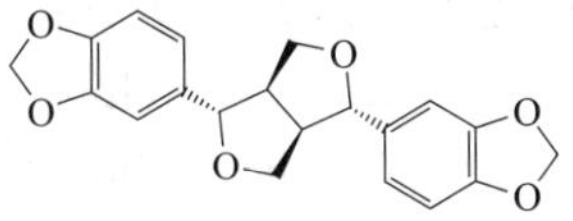

$C_{20}H_{18}O_6$，354.1，607-80-7

其他名称 Sesamin，Asarinin，芝麻脂素，芝麻素，脂麻素

化学名称 2,6-双(3,4-亚甲基二氧苯基)-3,7-二氧代双环[3,3,0]辛烷；2,6-bis(3,4-methylenedioxyphenyl)-3,7-dioxabicyclo[3,3,0]octane

CAS 名称 5,5′-(tetrahydro-1H,3H-furo[3,4-c]-furan-1,4-diyl)bis-1,3-benzodioxole

理化性质 本品为结晶固体。熔点 122.5℃。

应用 增效敏虽然本身没有杀虫活性，但能增强除虫菊酯和有关化合物的杀虫活性，但作用不如 Sesamolin 强烈，与除虫菊酯配成气雾剂使用。

合成路线 从芝麻油中分离。

分析方法 色谱法测定。

参考文献

US 2202145.

增效散（sesamex）

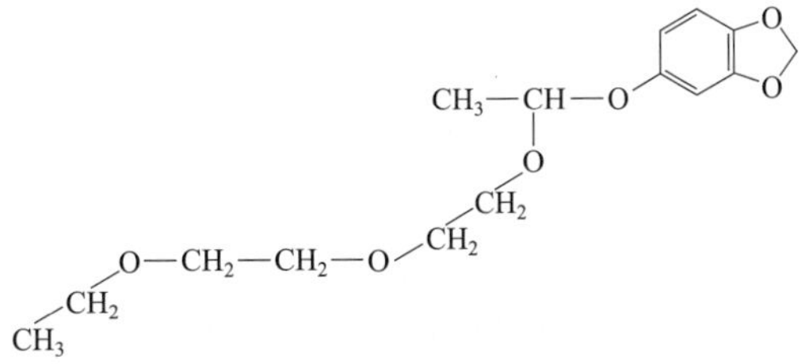

$C_{15}H_{22}O_6$，298.3，51-14-9

化学名称 (RS)-5-{1-[2-(2-乙氧基乙氧基)乙氧基]乙氧基}-1,3-苯并二噁茂；(RS)-5-

{1-[2-(2-ethoxyethoxy)ethoxy]ethoxy}-1,3-benzodioxole

CAS 名称 5-[1-[2-(2-ethoxyethoxy)ethoxy]ethoxy]-1,3-benzodioxole

理化性质 淡黄色液体，有轻微异味。沸点 137～141℃（1.07Pa）。折射率 1.491～1.493。易溶于煤油和一般有机溶剂，难溶于水。

毒性 大鼠急性经口 LD_{50} 2000～2270mg/kg，兔急性经皮 LD_{50} 9000mg/kg。

应用 除虫菊酯类杀虫剂和甲氧滴滴涕的增效剂。

增效特（bucarpolate）

$C_{16}H_{22}O_6$，310.3，136-63-0

增效特是由 Bush Boake & Allen 推出的除虫菊酯杀虫剂增效剂。

其他名称 BCP。

化学名称 2-(2-丁氧基乙氧基)乙基-1,3-苯并-5-羧酸酯；2-(2-butoxyethoxy)ethyl 1,3-benzodioxole-5-carboxylate；2-(2-butoxyethoxy)ethylpiperonylate

CAS 名称 2-(2-butoxyethoxy)ethyl 1,3-benzodioxole-5-carboxylate

应用 除虫菊酯杀虫剂增效剂。

主要生产商 Bush Boake & Allen。

增效酯（propyl isome）

$C_{20}H_{26}O_6$，362.4，83-59-0

由 M. E. Synerholm 和 A. hartzell 报道的除虫菊酯类杀虫剂的增效剂，由 I S. B. Penick & Co 引入市场。

化学名称 5,6,7,8-四氢-7-甲基萘并[2,3-d]-1,3-二噁茂-5,6-二羧酸二丙酯；或 1,2,3,4-四氢-3-甲基-6,7-亚甲基二氧萘-1,2-二羧酸二丙酯；dipropyl-5,6,7,8-tetrahydro-7-methyl-naphtho[2,3-d]-1,3-dioxole-5,6-dicarboxylate；dipropyl 1,2,3,4-tetrahydro-3-methyl-6,7-methylenedioxynaphthalene-1,2-dicarboxylate

CAS 名称 dipropyl-5,6,7,8-tetrahydro-7-methylnaphtho[2,3-d]-1,3-dioxole-5,6-dicarboxylate

理化性质 本品为橙色黏稠液体。沸点 170～275℃（1mmHg）。相对密度 1.14，折射率 n_D^{20} 1.51～1.52。不溶于水，微溶于链烷烃溶剂，易溶于醇、醚、芳烃和甘油酯类。对热稳定，在强碱中水解。

毒性 大鼠急性经口 LD_{50} 为 1500mg/kg，大鼠急性经皮 LD_{50} >375mg/kg。以含

5000mg/L 的饲料饲喂大鼠 17 周，没有发现组织损伤。

制剂 与拟除虫菊酯一起配成油剂、气雾剂、乳油、粉剂等。

应用 既对拟除虫菊酯（包括除虫菊素）有增效活性，亦可作为鱼藤酮、鱼尼丁等的增效剂使用。制剂可用于家庭和肉类食品包装车间防治害虫。

合成路线

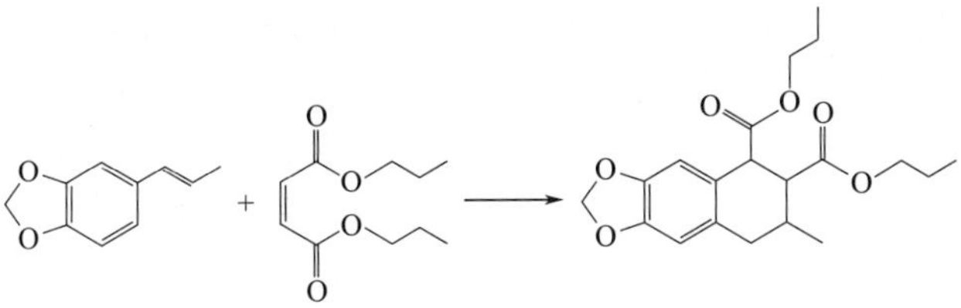

参考文献

世界农药大全：杀虫剂卷. 北京：化学工业出版社.

樟脑（camphor）

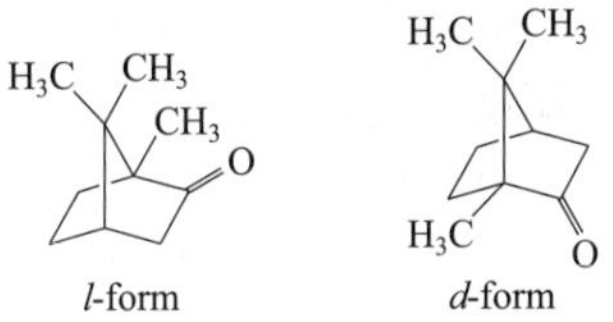

$C_{10}H_{16}O$, 152.2, 76-22-2(L); 464-49-3(D)

其他名称 莰酮，Camphora

化学名称 1,7,7-三甲基二环[2.2.1]庚烷-2-酮；(1RS,4RS)-1,7,7-trimethylbicyclo[2.2.1]heptan-2-one。

d-camphor：(1R,4R)-1,7,7-三甲基二环[2.2.1]庚烷-2-酮；(1R,4R)-1,7,7-trimethyl-bicyclo[2.2.1]heptan-2-one

CAS 名称 1,7,7-trimethylbicyclo[2.2.1]heptan-2-one

理化性质 具有特殊的辛辣芬芳气味的白色粉状结晶。易溶于乙醇、乙醚、氯仿等有机溶剂，微溶于水。相对密度 0.99。纯品熔点 179℃，沸点 209℃。

毒性 急性经口 LD_{50}：1710mg/kg（抗虫灵制剂）。经口致死最低量：人 50mg/kg，婴儿 70mg/kg，兔 2000mg/kg。大白鼠腹腔注射致死最低量 900mg/kg。小白鼠腹腔注射 LD_{50}：3000mg/kg。皮下注射致死最低量：小白鼠 2200mg/kg，蛙 240mg/kg。大剂量对中枢神经系统有兴奋作用，对黏膜有刺激作用，对皮肤有刺激和致敏作用。

制剂 QJ。

应用 昆虫驱避剂。广泛用于硝化纤维、聚氯乙烯、塑料制品的生产，也可用作医药、防腐剂、杀虫剂，还应用于家庭防霉、防蛀等方面。

主要生产商 建阳青松化工，广州黄埔化工，江西长荣，上海金鹿化工，苏州东沙。

治螟磷（sulfotep）

$(CH_3CH_2O)_2P(S)-O-P(S)(OCH_2CH_3)_2$

$C_8H_{20}O_5P_2S_2$, 322.3, 3689-24-5

由 G. Schrader 和 H. Kükenthal 发现于 1944 年。拜耳公司开发。

其他名称　硫特普，苏化 203，双 1605，治螟灵，sulfotepp，Bladafum，STEPP，BayerE393，ASP-47

化学名称　O,O,O',O'-四乙基二硫代焦磷酸酯；O^1,O^1,O^3,O^3-tetraethyl 1,3-dithiodiphosphate；O,O,O',O'-tetraethyl dithiopyrophosphate

CAS 名称　thiodiphosphoric acid([(HO)$_2$P(S)]$_2$O) tetraethyl ester

理化性质　纯品为淡黄色液体。沸点 136～139℃（0.266kPa），92℃（0.013kPa）。蒸气压 14mPa（20℃），K_{ow}lg$P$ 3.99（20℃），Henry 常数 0.45Pa·m^3/mol（20℃），相对密度 1.196（20℃）。水中溶解度 10mg/L；与大多数有机溶剂互溶，不溶于轻石油和石油醚。室温下缓慢分解，DT$_{50}$（22℃）：10.7d（pH 4），8.2d（pH 7），9.1d（pH 9）。闪点 102℃。

毒性　大鼠急性经口 LD$_{50}$ 约 10mg/kg。大鼠急性经皮 LD$_{50}$：65mg/kg（7d），262mg/kg（4h）；对兔眼睛和皮肤无刺激。大鼠急性吸入 LC$_{50}$（4h）约 0.05mg/L 空气（喷雾）。无作用剂量：大鼠（2 年）10mg/kg 饲料，小鼠（2 年）50mg/kg 饲料，狗（13 周）0.5mg/kg 饲料。鸟类：仅作为温室 VP。鱼毒 LC$_{50}$（96h）：金枪鱼 0.071mg/L，虹鳟鱼 0.00361mg/L。水蚤 LC$_{50}$（48h）0.002mg/L。海藻 E$_r$C$_{50}$ 7.2mg/L。

应用　为高毒有机磷杀虫剂，有较强的触杀作用，杀虫谱较广，在叶面持效期短，因此多用来混制毒土撒施。可防治水稻多种害虫，也可杀灭蚂蟥以及传播血吸虫的钉螺。禁止在蔬菜、果树、茶叶、草药材上使用。自 2013 年 10 月 31 日起，国内停止销售和使用。

参考文献

DE 848812.

仲丁威（fenobucarb）

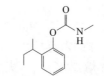

C$_{12}$H$_{17}$NO$_2$，207.3，3766-81-2

1962 年 R. L. Metcalf 等报道其杀虫活性，由住友化学公司、组合化学公司、三菱化成工业公司和拜耳公司联合开发，在日本注册并于 1968 年首次推出。

其他名称　巴沙，扑杀威，丁苯威，巴杀，叔丁威，捕杀威，Bayer 41 367c，Osbac，Bassa，Baycarb，Merlin，Sunocarb，Vibasa

化学名称　2-仲丁基苯基-N-甲氨基甲酸酯；2-sec-butylphenyl methylcarbamate

CAS 名称　2-(1-methylpropyl)phenyl methylcarbamate

理化性质　纯品为无色固体（原药为无色至黄褐色液体或固体）。熔点 31.4℃（原药 26.5～31℃），沸点 115～116℃（2.66×10^{-3}kPa），蒸气压 9.9×10^{-3}Pa（20℃），K_{ow}lg$P$ 2.67（25℃），Henry 常数 4.9×10^{-3}Pa·m^3/mol（计算值），相对密度 1.088（20℃）。水中溶解度：420mg/L（20℃），610mg/L（30℃）；其他溶剂中溶解度（kg/L，20℃）：丙酮 930，正己烯 74，甲苯 880，二氯甲烷 890，乙酸乙酯 890。一般贮藏条件下稳定。热稳定＜150℃。碱性条件下水解，DT$_{50}$：7.8d（pH 9，25℃）。闪点 142℃（密闭体系）。

毒性 急性经口 LD_{50}（mg/kg）：雄大鼠 524，雌大鼠 425，雄小鼠 505，雌小鼠 333。急性经皮 LD_{50}：雌、雄大鼠均＞2000mg/kg；对兔的眼睛和皮肤有轻微的刺激作用；对豚鼠皮肤无致敏性。大鼠急性吸入 LD_{50}（14d）＞2500mg/m³ 空气。无作用剂量（2 年）：大鼠为 4.1mg/(kg·d)（100mg/kg 饲料）。禽类急性经口 LD_{50}：雄野鸭 226mg/kg，雌野鸭 491mg/kg。野鸭 LC_{50}（5d）＞5500mg/kg 饲料，山齿鹑为 5417mg/kg 饲料。鲤鱼 LC_{50}（96h）25.4mg/L。水蚤 EC_{50}（48h）0.0103mg/L。羊角月牙藻 E_bC_{50}（72h）28.1mg/L。

制剂 DP，EC，UL。

应用 氨基甲酸酯类杀虫剂，具有较强的触杀作用，兼有胃毒、熏蒸、杀卵作用。速效，但残效期较短。主要防治稻飞虱、稻叶蝉、稻蓟马，对稻纵卷叶螟、蜻象、三化螟及蚜虫也有良好防效。在水稻上使用的前后 10d 要避免使用除草剂敌稗；一季水稻最多使用 4 次，安全间隔期 21d，每次施药间隔 7～10d；不能与碱性农药混用，不能在鱼塘附近使用。

合成路线

分析方法 产品分析用紫外光谱法测定其衍生物或用 HPLC。

主要生产商 Nihon Nohyaku，Sumitomo Chemical，Dongbu Fine，Kuo Ching，Saeryung，Sinon，undat，Taiwan Tainan Giant，湖南国发，湖南海利，沙隆达（荆州），江苏常隆，江苏辉丰，山东华阳。

参考文献

DE 1159929.

兹克威（mexacarbate）

$C_{12}H_{18}N_2O_2$，222.3，315-18-4

由 Dow Chemical Co. 开发。

其他名称 Dowco 139，Zectran

化学名称 4-二甲氨基-3,5-二甲苯基甲氨基甲酸酯；4-dimethylamino-3,5-xylyl methylcarbamate

CAS 名称 4-(dimethylamino)-3,5-dimethylphenyl methylcarbamate

理化性质 熔点 85℃，蒸气压 $1.33×10^4$ mPa。水中溶解度：1000mg/L（25℃）；有机溶剂中溶解度（25℃，mg/L）：二甲苯 $5.1×10^4$，苯 $1.02×10^5$，乙醇 $1.16×10^5$，丙酮 $1.16×10^5$。

主要生产商 DowElanco。

唑虫酰胺（tolfenpyrad）

$C_{21}H_{22}ClN_3O_2$，383.9，129558-76-5

由 Mitsubishi Chemical Corporation 发现，T. Kukuchi 等人报道其活性，由 Mitsubishi 和 Otsuka Chemical Co. 共同开发的新型吡唑类杀虫杀螨剂。

其他名称 OMI-88，Hachi-hachi

化学名称 4-氯-3-乙基-1-甲基-N-[4-(对甲基苯氧基)苄基]-1H-吡唑-5-酰胺；4-chloro-3-ethyl-1-methyl-N-[4-(p-tolyloxy)benzyl]-1H-pyrazole-5-carboxamide

CAS 名称 4-chloro-3-ethyl-1-methyl-N-[[4-(4-methylphenoxy)phenyl]methyl]-1H-pyrazole-5-carboxamide

理化性质 白色粉末，熔点 87.8～88.2℃，蒸气压 $<5\times10^{-4}$ mPa（25℃）。相对密度 1.18（25℃）。K_{ow}lg$P$ 5.61（25℃）。Henry 常数 2.2×10^{-3} Pa·m^3/mol（计算值）。水中溶解度（25℃）：0.087mg/L。其他溶剂中溶解度（25℃，g/L）：正己烷 7.41，甲苯 366，甲醇 59.6，丙酮 368，乙酸乙酯 339。在 pH 4～9（50℃）能存在 5d。

毒性 急性经口 LD$_{50}$（mg/kg）：雄大鼠 260～386，雌大鼠 113～150，雄小鼠 114，雌小鼠 107；急性经皮 LD$_{50}$：雄大鼠$>$2000mg/kg，雌大鼠$>$3000mg/kg。本品对兔皮肤和眼睛有轻微刺激，对豚鼠皮肤无刺激。大鼠吸入 LC$_{50}$：雄 2.21mg/L，雌 1.50mg/L。NOEL 值：雄大鼠（2 年）0.516mg/kg，雌大鼠（2 年）0.686mg/kg，雄小鼠（2 年）2.2mg/kg，雌小鼠（2 年）2.8mg/kg，狗（1 年）1mg/(kg·d)。无致畸、致癌、致突变性。对水生生物毒性较高，鲤鱼 LC$_{50}$（96h）0.0029mg/L。水蚤 LC$_{50}$（48h）0.0010mg/L。绿藻 E_bC$_{50}$（72h）$>$0.75mg/L。对天敌的影响：以 1000 倍的 15%EC 稀释液喷洒于野外桑园中，隔一定时间采集后喂饲 4 龄蚕幼虫，结果发现影响时间在 50d 以上。该药剂对有益蜂、有益螨等多种有益昆虫均有一定的影响，影响时间从 1～59d 不同。

制剂 EC，SC。

应用 适用作物为甘蓝、大白菜、黄瓜、茄子、番茄等蔬菜，以及水果、观赏植物等。对鳞翅目、半翅目、甲虫目、膜翅目、双翅目、缨翅目、蓟马及螨类等害虫均有效。此外，该药剂对黄瓜的白粉病等真菌病害也有相当的效果。

合成路线

分析方法 可用 GC-MSD/HPLC-UV 进行分析。

参考文献

[1] The Pesticide Manual. 15 th edition：1136-1137.
[2] EP 365925.
[3] 世界农药，2003，25（6）：45.
[4] 现代农药，2005，02：9-11.

唑螨酯（fenpyroximate）

$C_{24}H_{27}N_3O_4$，421.5，134098-61-6

1991 年由 by Nihon Nohyaku Co.，Ltd 推出。

其他名称　霸螨灵，杀螨王，NNI-850，Kiron，Ortus

化学名称　（E）-α-(1,3-二甲基-5-苯氧基吡唑-4-基亚甲基氨基氧)对甲苯甲酸叔丁酯；$tert$-butyl (E)-α-(1,3-dimethyl-5-phenoxypyrazol-4-ylmethyleneamino-oxy)-p-toluate

CAS 名称　1,1-dimethylethyl（E）-4-[[[[(1,3-dimethyl-5-phenoxy-1H-pyrazol-4-yl)methylene]amino]oxy]methyl]benzoate

理化性质　原药含量≥96%。白色结晶状粉末。熔点 101.1～102.4℃。蒸气压 0.0075mPa（25℃）。K_{ow}lg$P$ 5.01（20℃）。相对密度 1.25（20℃）。溶解度：水中溶解度为 $1.46×10^{-2}$mg/L（20℃）；甲醇 15g/L，丙酮 150g/L，二氯甲烷 1307g/L，氯仿 1197g/L，四氢呋喃 737g/L（均为 25℃）。在酸和碱中稳定。

毒性　急性经口 LD_{50}：雄性大鼠为 480mg/kg，雌性大鼠为 245mg/kg。雄、雌大鼠急性经皮 LD_{50}＞2000mg/kg。对兔皮肤无刺激性；对兔眼睛稍有刺激。吸入 LC_{50}（4h）：雄性大鼠为 0.33mg/L，雌性大鼠为 0.36mg/L。NOEL：雄性大鼠为 0.97mg/kg，雌性大鼠为 1.21mg/kg。无致癌、致畸和致突变作用。鹌鹑和野鸭 LD_{50}＞2000mg 原药/kg。鹌鹑和野鸭饲喂 LD_{50}（8d）＞5000mg/kg。鲤鱼 LC_{50}（48h）为 0.006mg/L。水蚤 LC_{50}（3h）为 0.085mg/L。对蜜蜂的无作用剂量为 250mg/kg（5 倍推荐剂量）。

制剂　SC，EW，EC。

应用　唑螨酯为复合体Ⅰ上线粒体电子传递抑制剂。该产品主要通过触杀和胃毒作用，对幼虫、若虫和成虫具有快速击倒活性。对幼虫蜕皮具有一定的抑制作用。唑螨酯可以控制重要的捕食性螨类。可有效防治柑橘、苹果、梨、桃子和葡萄等的叶螨科、跗线螨科、细须螨科和瘿螨科等害螨。

合成路线

分析方法　产品用高效液相色谱法（HPLC）分析。

主要生产商　Nihon Nohyaku，Isagro 公司。
参考文献
[1]　EP 0234045.
[2]　US 4843068.

唑蚜威（triazamate）

$C_{13}H_{22}N_4O_3S$，314.4，112143-82-5

由 Dow AgroSciences 推广的三唑类杀虫剂。

其他名称　RH-7988，RH-5798，WL145158，CL900050，AC900050，BAS 323I，Aztec，Doctus

化学名称　（3-叔丁基-1-N，N-二甲氨基甲酰-1H-1，2，4-三唑-5-基硫）乙酸乙酯；ethyl (3-*tert*-butyl-1-dimethylcarbamoyl-1H-1,2,4-triazol-5-ylthio)acetate

CAS 名称　ethyl 2-[[1-[(dimethylamino)carbonyl]-3-(1,1-dimethylethyl)-1H-1,2,4-triazol-5-yl]thio]acetate

理化性质　白色至浅棕色固体。熔点 52.1~53.3℃，蒸气压 0.13mPa（25℃）。K_{ow} lg$P$ 2.15（pH 7，25℃），另一研究给出 lg$P$ 2.69。Henry 常数 $1.26×10^{-4}$ Pa·m³/mol（25℃，计算值）。相对密度：1.222（20.5℃）。溶解度：水中 399mg/L（pH 7，25℃）；溶于二氯甲烷和乙酸乙酯。pH≤7.0 及正常贮存条件下稳定；DT_{50}：220d（pH 5），49h（pH 7），1h（pH 9）。pK_a：pH 2.7~10.2 不电离。闪点 189℃（EEC A9）。

毒性　急性经口 LD_{50}（mgTC/kg）：雄性大鼠 100~200，雌性大鼠 50~100。大鼠急性经皮 LD_{50}＞5000mg/kg；对兔皮肤没有刺激，对兔眼睛有中等强度的刺激；豚鼠（最大化测试）有皮肤致敏性。大鼠急性吸入 LC_{50} 0.47mg/L 空气。NOEL 值［mg/(kg·d)］：狗（雄）（1 年）0.023，狗（雌）0.025；雄性大鼠（2 年）0.45，雌性大鼠 0.58；雄性小鼠（18 个月）0.13，雌性小鼠 0.17。无致突变性，无遗传毒性，无致畸和致癌性。山齿鹑急性经口 LD_{50}（单一剂量）8mg/kg；饲喂 LC_{50}（8d，mg/L）：绿头鸭 292，鹌鹑 411。鱼类 LC_{50}（96h，mg/L）：大翻车鱼 0.74，虹鳟鱼 0.53，羊头鱼 5.9。水蚤 LC_{50}（48h）0.014mg/L。藻类：羊角月牙藻 EC_{50}（72h）240mg/L；NOEC（72h）38mg/L。其他水生种群：糠虾 LC_{50}（120h）190μg/L。对蜜蜂无毒；LD_{50}（96h，经口）41μg/只，LD_{50}（96h，接触 TC）27μg/只。蠕虫 LC_{50}：蚯蚓（14d）350mg/kg，NOEC＜95mg/kg。

制剂　EW，WP。

应用　具有较强的内吸性和双向传导作用，其对胆碱酯酶有快速抑制作用。通过蚜虫内脏壁的吸附作用和接触作用，对多种作物上的各种蚜虫均有效。用常规防治蚜虫的剂量对双翅目和鳞翅目害虫无效，对有益昆虫和蜜蜂安全。室内和田间试验表明，可防治抗性品系的桃蚜。土壤用药可防治食叶性蚜虫，叶面施药可防治食根性蚜虫。由于在作物脉管中能形成向上、向下的迁移，因此能保护整个植物。持效期可达 5~10d。在推荐剂量下未见药害。对天敌较安全。

合成路线

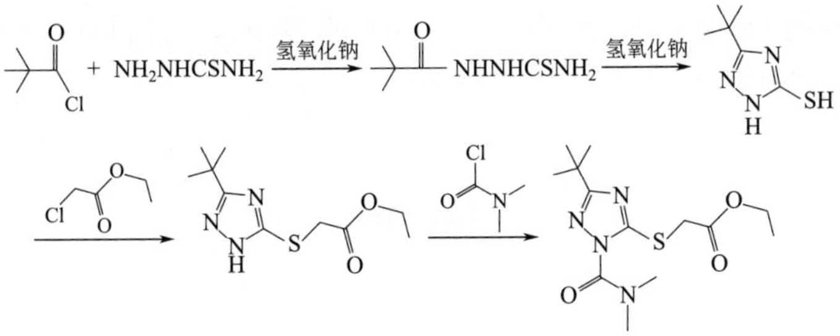

主要生产商　Dow AgroSciences。

参考文献

[1]　The Pesticide Manual. 15th ed.：1151-1152.
[2]　EP 338685.
[3]　国外农药品种手册新版合订本. 北京：化工部农药信息总站，1996：327.
[4]　农药商品大全. 北京：中国商业出版社，1996：262.
[5]　大豆通报，2001，(2)：10.
[6]　植物保护，1997，23 (4)：41.

barium hexafluorosilicate

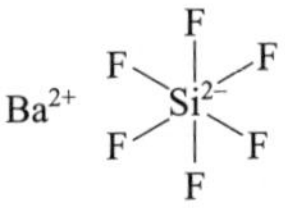

BaF_6Si，279.4，17125-80-3

其他名称　barium silicofluoride
化学名称　六氟硅酸钡；barium hexafluorosilicate(2−)
CAS 名称　barium hexafluorosilicate(2−)(1∶1)
应用　杀虫剂。

benoxafos

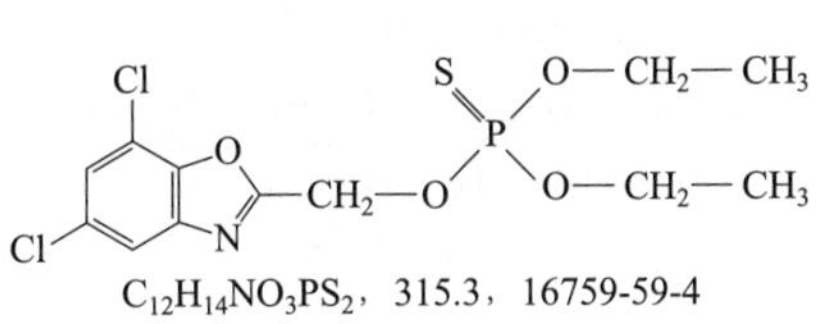

$C_{12}H_{14}NO_3PS_2$，315.3，16759-59-4

化学名称　S-5,7-二氯-1,3-苯并噁唑-2-基甲基-O,O-二乙基硫代磷酸酯；S-5,7-dichloro-1,3-benzoxazol-2-ylmethyl O,O-diethyl phosphorodithioate
CAS 名称　S-[(5,7-dichloro-2-benzoxazolyl)methyl] O,O-diethyl phosphorodithioate
应用　杀螨剂。

benzimine

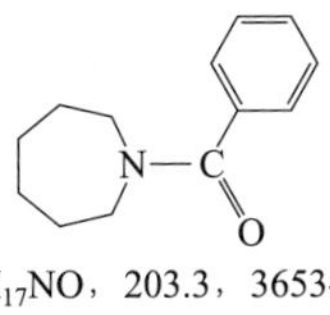

$C_{13}H_{17}NO$，203.3，3653-39-2

其他名称 hexamide
化学名称 perhydroazepin-1-yl phenyl ketone 或 azepan-1-yl phenyl ketone
CAS 名称 1-benzoylhexahydro-1H-azepine
应用 驱虫剂。

bisazir

$C_5H_{12}N_3PS$，177.2，13687-09-7

化学名称 P,P-双(氮丙啶-1-基)-N-甲基硫代磷酰胺；P,P-bis(aziridin-1-yl)-N-methylphosphinothioic amide
CAS 名称 P,P-bis(1-aziridinyl)-N-methylphosphinothioic amide
应用 化学不孕剂，用于控制害虫繁殖。

broflanilide

$C_{25}H_{14}BrF_{11}N_2O_2$，663.2，1207727-04-5

2014 年由日本三井农业化学公司开发，现已与巴斯夫共同合作开发。

其他名称 MCI-8007
化学名称 6′-溴-α,α,α,2-四氟-3-(N-甲基苯甲酰氨基)-4′-[1,2,2,2-四氟-1-(三氟甲基)乙基]邻苯酰基甲苯胺；6′-bromo-α,α,α,2-tetrafluoro-3-(N-methylbenzamido)-4′-[1,2,2,2-tetrafluoro-1-(trifluoromethyl)ethyl]benz-o-toluidide
CAS 名称 3-(benzoylmethylamino)-N-[2-bromo-4-[1,2,2,2-tetrafluoro-1-(trifluoromethyl)ethyl]-6-(trifluoromethyl)phenyl]-2-fluorobenzamide
应用 二酰胺杀虫剂。主要用于防除绿叶蔬菜、多年生作物和谷物等作物上的鳞翅目、鞘翅目、白蚁以及蚊蝇等害虫。

合成路线

cyclaniliprole

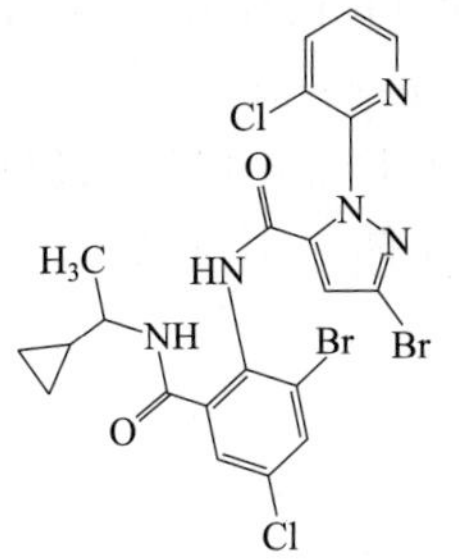

$C_{21}H_{17}Br_2Cl_2N_5O_2$，602.1，1031756-98-5

日本石原产业株式会社研发。

其他名称　IKI-3106

化学名称　3-溴-N-(2-溴-4-氯-6-{[(1R)-1-环丙基乙基]氨基甲酰基}苯基)-1-(3-氯吡啶-2-基)-1H-吡唑-5-甲酰胺；rac-3-bromo-N-(2-bromo-4-chloro-6-{[(1R)-1-cyclopropylethyl]carbamoyl}phenyl)-1-(3-chloropyridin-2-yl)-1H-pyrazole-5-carboxamide

CAS 名称　3-bromo-N-[2-bromo-4-chloro-6-[[(1-cyclopropylethyl)amino]carbonyl]phenyl]-1-(3-chloro-2-pyridinyl)-1H-pyrazole-5-carboxamide

应用　为双酰胺类杀虫剂，具备鱼尼丁受体抑制剂的双酰胺结构，但是据报道其具有不同的作用机制。具有广谱的杀虫活性，对小菜蛾、斜纹夜蛾、粉虱、蚜虫、蓟马、家蝇、斑潜蝇、白蚁等具有很好的杀死效果，且具有很好的内吸活性。

合成路线

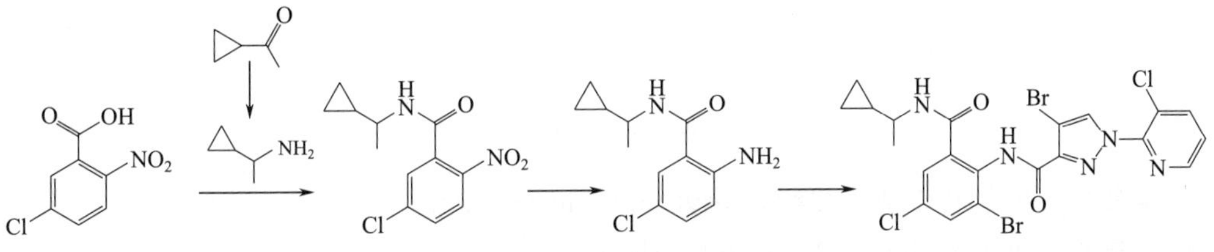

dicloromezotiaz

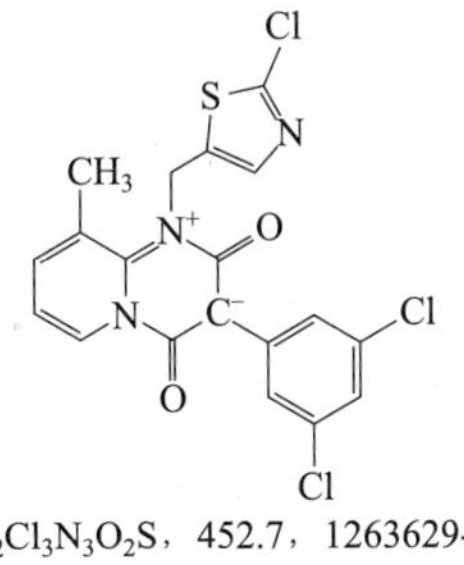

$C_{19}H_{12}Cl_3N_3O_2S$，452.7，1263629-39-5

杜邦公司开发的介离子杀虫剂。

其他名称　DPX-RDS63

化学名称 1-[(2-氯-1,3-噻唑-5-基)甲基]-3-(3,5-二氯苯基)-9-甲基-2,4-二氧代-3,4-二氢-2H-吡啶并[1,2-a]嘧啶-1-鎓-3-内盐；1-[(2-chloro-1,3-thiazol-5-yl)methyl]-3-(3,5-dichlorophenyl)-9-methyl-2,4-dioxo-3,4-dihydro-2H-pyrido[1,2-a]pyrimidin-1-ium-3-ide

CAS 名称 1-[(2-chloro-5-thiazolyl)methyl]-3-(3,5-dichlorophenyl)-9-methyl-2,4-dioxo-2H-pyrido[1,2-a]pyrimidinium inner salt

应用 介离子杀虫剂。作用机理可能是与乙酰胆碱位点相互作用，可为烟碱乙酰胆碱受体抑制剂或者其他受体激动剂。主要用于防治稻飞虱。

合成路线

dicresyl

$C_9H_{11}NO_2$，165.2，58481-70-2

化学名称 甲苯基氨基甲酸酯；cresyl methylcarbamate
CAS 名称 methylphenyl N-methylcarbamate
应用 杀虫剂。

dilor

$C_{10}H_7Cl_7$，375.3，14168-01-5

化学名称 2,4,5,6,7,8,8-七氯-2,3,3a,4,7,7a-六氢-4,7-甲桥茚；2,4,5,6,7,8,8-heptachloro-2,3,3a,4,7,7a-hexahydro-4,7-methanoindene

CAS 名称 (2α,3aα,4β,7β,7aα)-2,4,5,6,7,8,8-heptachloro-2,3,3a,4,7,7a-hexahydro-4,7-methano-1H-indene

应用 环戊二烯类杀虫剂。

epsilon-metofluthrin

$C_{18}H_{20}F_4O_3$, 360.3, 240494-71-7

日本住友化学研发。

化学名称 2,3,5,6-四氟-4-(甲氧基甲基)苄基-(1R,3R)-2,2-二甲基-3-[(Z)1-丙烯基]环丙烷羧酸酯;2,3,5,6-tetrafluoro-4-(methoxymethyl)benzyl(1R,3R)-2,2-dimethyl-3-[(Z)-prop-1-enyl]cyclopropanecarboxylate or 2,3,5,6-tetrafluoro-4-(methoxymethyl)benzyl(1R)-trans-2,2-dimethyl-3-[(Z)-prop-1-enyl]cyclopropanecarboxylate

CAS 名称 [2,3,5,6-tetrafluoro-4-(methoxymethyl)phenyl]methyl(1R,3R)-2,2-dimethyl-3-[(Z)-1-propen-1-yl]cyclopropanecarboxylate

应用 拟除虫菊酯杀虫剂,一种甲氧苄氟菊酯单体。

epsilon-momfluorothrin

$C_{19}H_{19}F_4NO_3$, 385.4, 1065124-65-3

日本住友化学研发。

其他名称 S-1563

化学名称 2,3,5,6-四氟-4-(甲氧基甲基)苄基-(1R,3R)-3-[(Z)-2-氰基丙-1-烯基]-2,2-二甲基环丙烷羧酸酯;2,3,5,6-tetrafluoro-4-(methoxymethyl)benzyl(1R,3R)-3-[(Z)-2-cyanoprop-1-enyl]-2,2-dimethylcyclopropanecarboxylate or 2,3,5,6-tetrafluoro-4-(methoxymethyl)benzyl(1R)-trans-3-[(Z)-2-cyanoprop-1-enyl]-2,2-dimethylcyclopropanecarboxylate

CAS 名称 [2,3,5,6-tetrafluoro-4-(methoxymethyl)phenyl]methyl(1R,3R)-3-[(Z)-2-cyano-1-propen-1-yl]-2,2-dimethylcyclopropanecarboxylate

应用 拟除虫菊酯杀虫剂,一种甲氧苄氟菊酯单体。

etaphos

$C_{11}H_{15}Cl_2O_3PS$, 329.2, 38527-91-2

化学名称 O-2,4-二氯苯基-O-乙基-S-丙基硫代磷酸酯;(RS)-[O-2,4-dichlorophenyl

O-ethyl *S*-propyl phosphorothioate]

CAS 名称　*O*-(2,4-dichlorophenyl) *O*-ethyl *S*-propyl phosphorothioate

应用　杀虫剂。

flometoquin

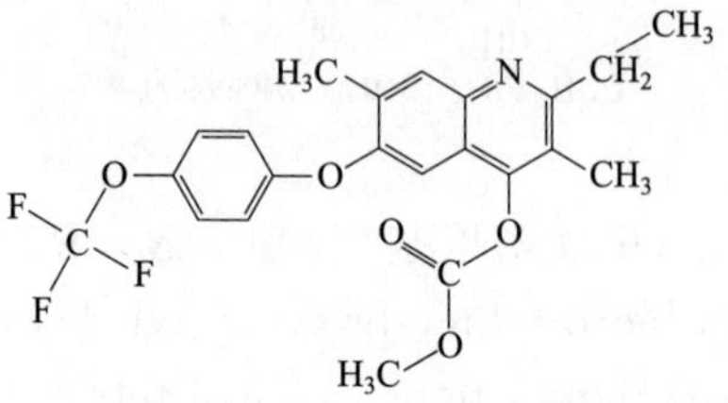

$C_{22}H_{20}F_3NO_5$, 435.4, 875775-74-9

由日本明治制药株式会社与日本化药共同开发的新型喹啉类杀虫剂。

其他名称　ANM-138

化学名称　2-乙基-3,7-二甲基-6-[4-(三氟甲氧基)苯氧基]-4-喹啉基甲基碳酸酯；2-ethyl-3,7-dimethyl-6-[4-(trifluoromethoxy)phenoxy]-4-quinolyl methyl carbonate

CAS 名称　2-ethyl-3,7-dimethyl-6-[4-(trifluoromethoxy) phenoxy]-4-quinolinyl methyl carbonate

应用　新型喹啉类杀虫剂。对如牧草虫之类非常细小、难处理的害虫有着显著作用，对于菱形斑纹蛾和其他的鳞翅目害虫同样有效。

合成路线

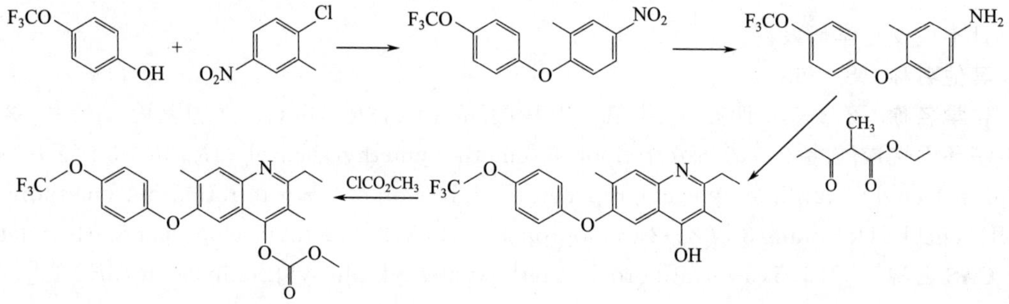

主要生产商　Meiji Seika。

fluazaindolizine

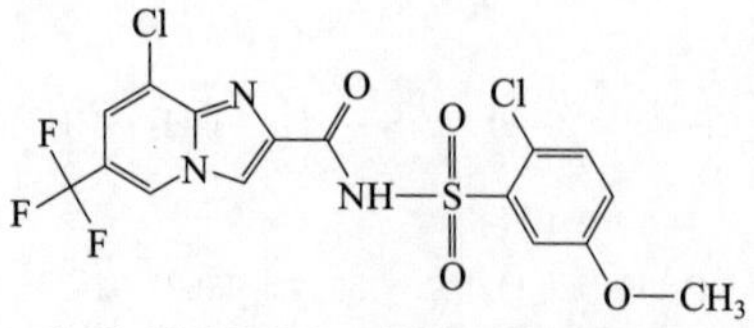

$C_{16}H_{10}Cl_2F_3N_3O_4S$, 468.2, 1254304-22-7

美国杜邦公司研发的一种新型杀线虫剂。

其他名称 DPX-Q8U80

化学名称 8-氯-N-[(2-氯-5-甲氧基苯基)磺酰基]-6-(三氟甲基)咪唑并[1,2-a]吡啶-2-甲酰胺；8-chloro-N-[(2-chloro-5-methoxyphenyl)sulfonyl]-6-(trifluoromethyl)imidazo[1,2-a]pyridine-2-carboxamide

CAS 名称 8-chloro-N-[(2-chloro-5-methoxyphenyl)sulfonyl]-6-(trifluoromethyl)imidazo[1,2-a]pyridine-2-carboxamide

应用 新型杀线虫剂。

主要生产商 杜邦公司。

fluhexafon

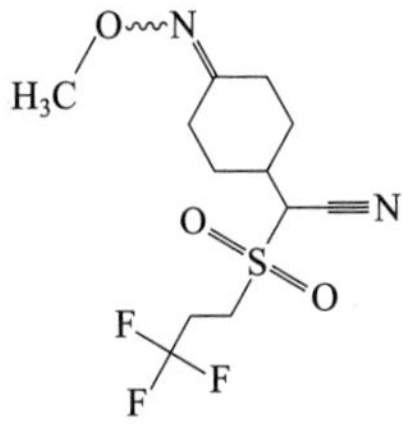

$C_{12}H_{17}F_3N_2O_3S$, 326.3, 1097630-26-6

2014 年由住友化学株式会社公开的结构新颖的氰基硫醚类杀虫剂。

其他名称 S-1871

化学名称 (2RS)-{[1(4)-EZ]-4-(甲氧基亚氨基)环己基}-(3,3,3-三氟丙基磺酰基)乙腈；(2RS)-{[1(4)-EZ]-4-(methoxyimino)cyclohexyl}(3,3,3-trifluoropropylsulfonyl)acetonitrile

CAS 名称 4-(methoxyimino)-α-[(3,3,3-trifluoropropyl)sulfonyl]cyclohexaneacetonitrile

应用 氰基硫醚类杀虫剂。对褐飞虱、棉蚜等具有较好的防治效果。

合成路线

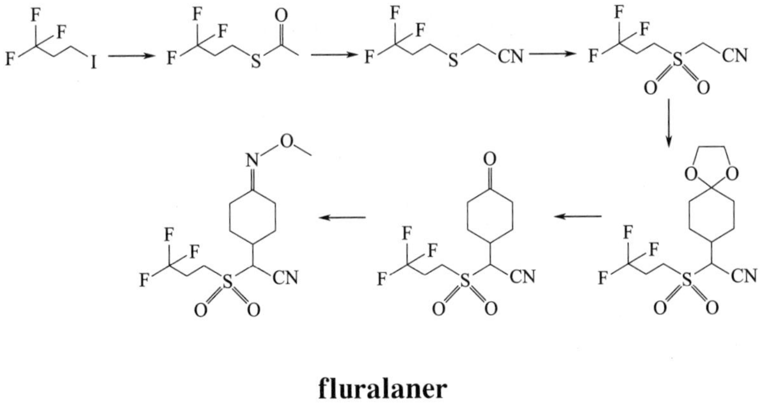

fluralaner

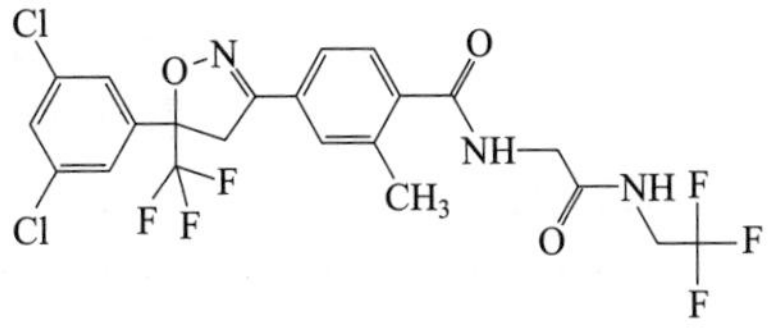

$C_{22}H_{17}Cl_2F_6N_3O_3$, 556.3, 864731-61-3

化学名称 4-[(5RS)-5-(3,5-二氯苯基)-4,5-二氢-5-三氟甲基-1,2-噁唑-3-基]-N-[2-氧代-2-(2,2,2-三氟乙氨基)乙基]邻甲苯酰胺；4-[(5RS)-5-(3,5-dichlorophenyl)-4,5-dihydro-5-(trifluoromethyl)-1,2-oxazol-3-yl]-N-[2-oxo-2-(2,2,2-trifluoroethylamino)ethyl]-*o*-toluamide

CAS 名称 4-[5-(3,5-dichlorophenyl)-4,5-dihydro-5-(trifluoromethyl)-3-isoxazolyl]-2-methyl-N-[2-oxo-2-[(2,2,2-trifluoroethyl)amino]ethyl]benzamide

应用 杀虫杀螨剂。

fluxametamide

$C_{20}H_{16}Cl_2F_3N_3O_3$，474.3，928783-29-3

日本日产化学研发的一种新型杀虫剂。

其他名称 NC-515，A253

化学名称 4-[(5RS)-5-(3,5-二氯苯基)-4,5-二氢-5-(三氟甲基)-1,2-噁唑-3-基]-N-[(EZ)-(甲氧基亚氨基)甲基]邻甲苯甲酰胺；4-[(5RS)-5-(3,5-dichlorophenyl)-4,5-dihydro-5-(trifluoromethyl)-1,2-oxazol-3-yl]-N-[(EZ)-(methoxyimino)methyl]-*o*-toluamide

CAS 名称 4-[5-(3,5-dichlorophenyl)-4,5-dihydro-5-(trifluoromethyl)-3-isoxazolyl]-N-[(methoxyamino)methylene]-2-methylbenzamide

应用 新型杀虫剂。

主要生产商 日本日产化学公司。

Juvenile hormone Ⅰ

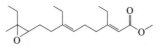

$C_{18}H_{30}O_3$，294.4，13804-51-8

化学名称 （2E,6E,10Z）-10,11-环氧-7-乙基-3,11-二甲基-2,6-十三碳二烯酸甲酯；methyl (2E,6E,10Z)-10,11-epoxy-7-ethyl-3,11-dimethyl-2,6-tridecadienoate

CAS 名称 methyl（2E,6E）-7-ethyl-9-[(2R,3S)-3-ethyl-3-methyl-2-oxiranyl]-3-methyl-2,6-nonadienoate

应用 保幼激素（juvenile hormone），又称返幼激素，是一类保持昆虫幼虫性状和促进成虫卵巢发育的激素。保幼激素主要由3组分组成，该3个化合物存在于鳞翅目昆虫体内，其他一些昆虫仅产生 juvenile hormone Ⅲ，保幼激素在昆虫蜕皮和变形过程中起着至关重要的调节作用。因为只有当昆虫体内保幼激素降至零时，才能蜕皮，而后变为成虫。控制昆虫体内有足够量的保幼激素，昆虫就不能蜕皮变为成虫，甚至死亡，尽可能减少对农业造成的损失。

Juvenile hormone II

$C_{17}H_{28}O_3$, 280.4, 34218-61-6

化学名称 （2E,6E,10Z）-10,11-环氧-3,7,11-三甲基-2,6-十三碳二烯酸甲酯；methyl (2E,6E,10Z)-10,11-epoxy-3,7,11-trimethyl-2,6-tridecadienoate

CAS 名称 methyl (2E,6E)-9-[(2R,3S)-3-ethyl-3-methyl-2-oxiranyl]-3,7-dimethyl-2,6-nonadienoate

应用 保幼激素。

Juvenile hormone III

$C_{16}H_{26}O_3$, 266.4, 22963-93-5

化学名称 （2E,6E,10R）-10,11-环氧-3,7,11-三甲基-2,6-十二碳二烯酸甲酯；methyl (2E,6E,10R)-10,11-epoxy-3,7,11-trimethyl-2,6-dodecadienoate

CAS 名称 methyl (2E,6E)-9-[(2R)-3,3-dimethyl-2-oxiranyl]-3,7-dimethyl-2,6-nonadienoate

应用 保幼激素。

kappa-bifenthrin

$C_{23}H_{22}ClF_3O_2$, 422.9, 439680-76-9

科麦农公司开发的拟除虫菊酯杀虫剂联苯菊酯的单一异构体。

化学名称 2-甲基联苯基-3-基甲基-(1R,3R)-3-[(Z)-2-氯-3,3,3-三氟丙-1-烯基]-2,2-二甲基环丙烷羧酸酯；2-甲基联苯基-3-基甲基-(1R)-cis-3-[(Z)-2-氯-3,3,3-三氟丙-1-烯基]-2,2-二甲基环丙烷羧酸酯；2-methylbiphenyl-3-ylmethyl (1R,3R)-3-[(Z)-2-chloro-3,3,3-trifluoroprop-1-enyl]-2,2-dimethylcyclopropanecarboxylate；2-methylbiphenyl-3-ylmethyl (1R)-cis-3-[(Z)-2-chloro-3,3,3-trifluoroprop-1-enyl]-2,2-dimethylcyclopropanecarboxylate

CAS 名称 (2-methyl[1,1'-biphenyl]-3-yl)methyl (1R,3R)-3-[(1Z)-2-chloro-3,3,3-trifluoro-1-propen-1-yl]-2,2-dimethylcyclopropanecarboxylate

应用 拟除虫菊酯类杀虫剂。

kappa-tefluthrin

$C_{17}H_{14}ClF_7O_2$,418.7,391634-71-2

科麦农公司开发的拟除虫菊酯杀虫剂七氟菊酯的单一异构体。

化学名称　2,3,5,6-四氟-4-甲基苄基-(1R,3R)-3-[(Z)-2-氯-3,3,3-三氟丙-1-烯基]-2,2-二甲基环丙烷羧酸酯；2,3,5,6-tetrafluoro-4-methylbenzyl (1R,3R)-3-[(Z)-2-chloro-3,3,3-trifluoroprop-1-enyl]-2,2-dimethylcyclopropanecarboxylate；2,3,5,6-tetrafluoro-4-methylbenzyl (1R)-cis-3-[(Z)-2-chloro-3,3,3-trifluoroprop-1-enyl]-2,2-dimethylcyclopropanecarboxylate

CAS 名称　(2,3,5,6-tetrafluoro-4-methylphenyl)methyl (1R,3R)-3-[(1Z)-2-chloro-3,3,3-trifluoro-1-propen-1-yl]-2,2-dimethylcyclopropanecarboxylate

应用　拟除虫菊酯类杀虫剂。

lythidathion

$C_7H_{13}N_2O_4PS_3$,316.4,2669-32-1

由 J. R. Geigy S. A.（Ciba-Geigy AG）开发。

其他名称　GS 12 968 (Ciba-Geigy)，NC 2962 (FBC)

化学名称　S-5-乙氧基-2,3-二氢-2-氧代-1,3,4-噻二唑-3-基甲基-O,O-二甲基二硫代磷酸酯；S-5-ethoxy-2,3-dihydro-2-oxo-1,3,4-thiadiazol-3-ylmethyl O,O-dimethyl phosphorodithioate；3-dimethoxyphosphinothioylthiomethyl-5-ethoxy-1,3,4-thiadiazol-2(3H)-one

CAS 名称　S-[5-ethoxy-2-oxo-1,3,4-thiadiazol-3(2H)-ylmethyl] O,O-dimethyl phosphorodithioate

应用　有机磷类杀虫剂。

methylneodecanamide

$C_{11}H_{23}NO$,185.3,105726-67-8

其他名称　M-9011

化学名称　2,2-二甲基-N-甲基辛酰胺；2,2,2-trialkyl-N-methylacetamide

CAS 名称　N-methylneodecanamide

理化性质　有果味浅灰色液体，pH 值 7.8，密度 0.76g/cm³。
毒性　大鼠急性经口：450mg/kg＜LD_{50}＜1800mg/kg。大鼠急性经皮 LD_{50}＞1800mg/kg。大鼠吸入 LC_{50}＞2.4mg/L。对兔眼睛无刺激，无急性神经毒性。亚慢性毒性，90d 经口：大鼠 30mg/(kg·d)，狗 4.5mg/(kg·d)；90d 经皮 1000mg/(kg·d)。
应用　昆虫驱避剂。
合成路线

参考文献
[1]　http://www.alanwood.net/pesticides/methylneodecanamide.html.
[2]　EP 0367257.

momfluorothrin

$C_{19}H_{19}F_4NO_3$，385.4，609346-29-4

2014 年日本住友化学推出的拟除虫菊酯类杀虫剂。
其他名称　R-4572
化学名称　2,3,5,6-四氟-4-(甲氧基甲基)苄基-(*EZ*)-(1*RS*,3*RS*;1*RS*,3*SR*)-3-(2-氰基丙-1-烯基)-2,2-二甲基环丙烷羧酸酯；2,3,5,6-tetrafluoro-4-(methoxymethyl)benzyl(*EZ*)-(1*RS*,3*RS*;1*RS*,3*SR*)-3-(2-cyanoprop-1-enyl)-2,2-dimethylcyclopropanecarboxylate
CAS 名称　[2,3,5,6-tetrafluoro-4-(methoxymethyl)phenyl]methyl 3-(2-cyano-1-propen-1-yl)-2,2-dimethylcyclopropanecarboxylate
应用　拟除虫菊酯类杀虫剂。杀虫谱广，对飞行、爬行、叮咬和其他节肢类昆虫都有防除功效。产品的登记用途包括室内、室外点状区域、住宅及商业房屋的缝隙除虫。

α-multistriatin

$C_{10}H_{18}O_2$，170.3，59014-03-8

化学名称　(1*S*,2*R*,4*S*,5*R*)-5-乙基-2,4-二甲基-6,8-二氧杂双环[3.2.1]辛烷；(1*S*,2*R*,4*S*,5*R*)-5-ethyl-2,4-dimethyl-6,8-dioxabicyclo[3.2.1]octane
CAS 名称　(1*S*,2*R*,4*S*,5*R*)-5-ethyl-2,4-dimethyl-6,8-dioxabicyclo[3.2.1]octane
应用　昆虫引诱剂。

orfralure

$CH_3(CH_2)_2$ $(CH_2)_7OCOCH_3$
 \\C=C/
 H   H
 (Z)-isomer

H $(CH_2)_7OCOCH_3$
 \\C=C/
$CH_3(CH_2)_2$ H
 (E)-isomer

$C_{14}H_{26}O_2$，226.4，28079-04-1[(Z)-异构体]；38363-29-0[(E)-异构体]；37338-40-2[(Z/E)-混合物]

1985 年开始应用。

其他名称 十二碳-8-烯基乙酸酯，BAS 284

化学名称 十二碳-8-烯-1-基乙酸酯；dodec-8-en-1-yl acetate

CAS 名称 8-dodecen-1-ol acetate

理化性质 (Z)-异构体与 (E)-异构体及 (Z)-十二碳-8-烯醇的比例为 100∶7∶30 时具有最大引诱效力。Isomate-M 包含上述 3 种成分的比例为 93∶6∶1；RAK 5 包含 9∶1 的 (Z)-十二碳-8-烯基乙酸酯和 (E)-十二碳-8-烯基乙酸酯。Bedoukian 公司销售的产品有效成分含量为 93% 的 (Z)-异构体、6% 的 (E)-异构体和 1% (Z)-十二碳-8-烯醇。SEDQ 公司销售的产品有效成分含量为 97% 的 (Z)-异构体和 1% 的 (E)-异构体。无色或浅黄色液体，有特征气味。熔点<0℃。沸点 115～125℃（3mmHg）；74～76℃（0.5mmHg）。蒸气压约 70mPa（20℃，蒸发平衡法）；688mPa（20℃，计算值）；708mPa（20℃，计算值，用于干扰交配的混合物）。$K_{ow}\lg P>4$。相对密度 0.879（20℃）。不溶于水；易溶于有机溶剂。pH5～7 时稳定。闪点 108℃（闭杯法）。

毒性 大鼠急性经口 $LD_{50}>5000mg/kg$。最高测试剂量水平下对皮肤和眼睛无毒性作用。最高测试吸入剂量水平下对大鼠无毒性作用。

制剂 AE，CS，VP（手工式控释分散器），药管。

应用 有干扰交配的作用，可用于引诱或迷向。常与其他信息素混用，防治梨小食心虫、李小食心虫、相思子异形小卷蛾和荔枝异形小卷蛾。

分析方法 产品分析采用 GLC。

主要生产商 Bedoukian，Isagro，SEDQ，Shin-Etsu。

参考文献

The Pesticide Manual. 16 th edition.

oryctalure

$CH_3(CH_2)_3CH(CH_3)(CH_2)_2CO_2CH_2CH_3$
$C_{11}H_{22}O_2$，186.3，56196-53-3

由 R. h. hallett 报道。1994 年由 ChemTica Internacional S. A 首次在马来西亚上市。

其他名称 Sime RB Pheromone

化学名称 4-甲基辛酸乙酯；ethyl 4-methyloctanoate

CAS 名称 ethyl 4-methyloctanoate

理化性质 应用的是外消旋异构体，不用存在于天然信息素中的庚酸酯。原药含量 95%～99%。无色或浅黄色液体，具有特色气味。沸点 70℃（1mmHg）。相对密度 0.86（25℃）。与水轻微混溶。与正庚烷、乙醇和苯完全混溶。闪点 102℃。

制剂 塑料袋（其中的有效成分缓慢挥发）。

应用 聚集信息素，用作引诱剂。用于大量诱捕，防治椰子犀牛甲虫。
分析方法 产品分析采用 GLC/FID。
主要生产商 ChemTica，SEDQ。
参考文献
MY113487-A（30 March 2002）.

ostramone

$C_{16}H_{30}O_2$，254.4，20711-10-8[(Z)-异构体]；33189-72-9[(E)-异构体]；26532-95-6（未说明立体化学）；34010-15-6[对应(Z)-醇]；35153-18-5[对应(E)-醇]

一种交配干扰药剂，包括信息素，1983 年在日本登记，1985 年开始应用。
其他名称 BAS 280 I
化学名称 十四碳-11-烯-1-基乙酸酯；tetradec-11-en-1-yl acetate
CAS 名称 11-tetradecen-1-ol acetate
理化性质 物化性质数据是关于（Z）-异构体的。无色液体。沸点 117℃（1mmHg）。$K_{ow}\lg P>4$。相对密度 0.875（20℃）。可溶于一般有机溶剂。稳定性：遇碱不稳定。
毒性 大鼠和小鼠急性经口 $LD_{50}>5000$mg/kg。急性经皮 $LD_{50}>2000$mg/kg。对兔皮肤和眼睛无刺激性，对豚鼠皮肤无致敏性。吸入 $LC_{50}>5$mg/L。虹鳟 LC_{50}（96h）>10mg/L。水蚤 EC_{50}（48h）>10mg/L。其他水生生物 $LD_{50}>10$mg/L。细菌 EC_{50}/LC_{50}（16h）>1000mg/L。
制剂 CS，Spiral，Tube。
应用 干扰昆虫交配。(E)-异构体用于防治欧洲玉米钻心虫（玉米螟）、茶长卷蛾、褐带卷蛾属，以及卷叶虫；也用于防治小红莓上的苹黑痣小卷蛾。(E)-异构体也用于防治苹果芽小卷蛾。(Z)-异构体是次要组分，与（Z）-异构体的十二碳-9-烯基乙酸酯混用防治葡萄浆果蛾。
主要生产商 Bedoukian，Shin-Etsu。
参考文献
The Pesticide Manual. 16 th edition.

profluthrin

$C_{17}H_{18}F_4O_2$ 330.3

住友化学公司开发，2004 年上市。非作物保护用。
化学名称 2,3,5,6-四氟-4-甲基苄基-(1RS,3RS;1RS,3SR)-2,2-二甲基-3-[(EZ)-丙-1-烯基]环丙烷羧酸酯；2,3,5,6-tetrafluoro-4-methylbenzyl (1RS,3RS;1RS,3SR)-2,2-dim-

ethyl-3-[(EZ)-prop-1-enyl]cyclopropanecarboxylate

CAS 名称　(2,3,5,6-tetrafluoro-4-methylphenyl)methyl 2,2-dimethyl-3-(1-propen-1-yl)cyclopropanecarboxylate

CAS 登录号　223419-20-3

应用　拟除虫菊酯类杀虫剂。

protrifenbute

$C_{25}H_{24}ClFO$，394.9，119544-94-4

化学名称　(RS)-5-[4-(4-氯苯基)-4-环丙基丁基]-2-氟苯基苯基醚；(RS)-5-[4-(4-chlorophenyl)-4-cyclopropylbutyl]-2-fluorophenyl phenyl ether

CAS 名称　4-[4-(4-chlorophenyl)-4-cyclopropylbutyl]-1-fluoro-2-phenoxybenzene

应用　杀虫剂。

sulcofuron-sodium

$C_{19}H_{11}Cl_4N_2NaO_5S$，544.2，3567-25-7

其他名称　Mitin

化学名称　5-氯-2-[4-氯-2-[3-(3,4-二氯苯基)脲]苯氧基]苯磺酸钠；sodium 5-chloro-2-[4-chloro-2-[3-(3,4-dichlorophenyl)ureido]phenoxy]benzenesulfonate

CAS 名称　sodium 5-chloro-2-[4-chloro-2-[[[(3,4-dichlorophenyl)amino]carbonyl]amino]phenoxy]benzenesulfonate

理化性质　白色无味粉末。熔点 216～231℃（OECD102）。蒸气压 1.9×10^{-6} mPa（25℃）。$K_{ow}\lg P$ 1.89（未指明 pH 值）。相对密度 1.69（20℃）。水中溶解度 1.24g/L（pH6.9，20℃）。水中稳定性：25℃稳定（$DT_{50}>31d$，pH5，7 和 9）。闪点>150℃。

毒性　大鼠急性经口 LD_{50} 645mg/kg。雌和雄大鼠急性经皮 $LD_{50}>2000$mg/kg。对兔皮肤和眼睛没有刺激，对豚鼠不致敏。大鼠吸入 LC_{50}（4h）4.82mg/L。NOEL 值大鼠 3.1mg/kg，大鼠饲喂（90d）剂量在 3.1mg/kg 以上时导致轻微的溶血性贫血，灌胃使用剂量 50mg/kg 及以上导致胃肠道溃疡和出血性炎症。皮肤 NOEL 值（90d）100mg/kg。经口用量达 80mg/kg（OECD 414）对大鼠不致畸或不影响胚胎，一些 Ames 测试中无遗传毒性或诱变效应，在点突变的细胞培养测试中染色体畸变。体内微核和人外周血淋巴细胞姐妹染色单体互换（SCE）测试试验中不发生致断或 DNA 损坏，无诱变性。

应用　防蛀剂。防治能破坏羊毛和毛混织品的谷蛾科和皮蠹科幼虫。

合成路线

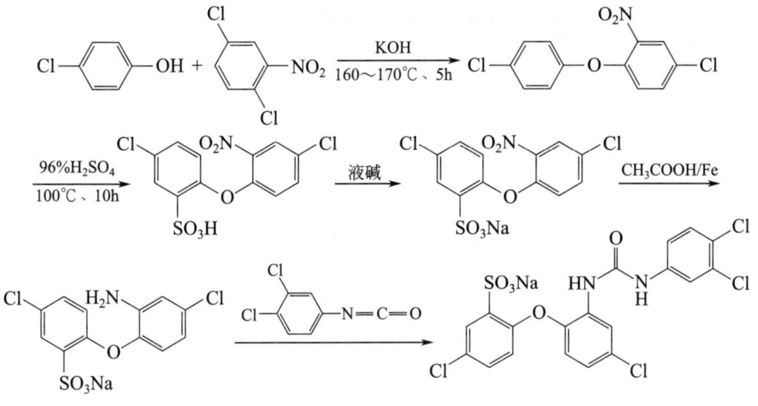

参考文献
GB 941269.

tetraniliprole

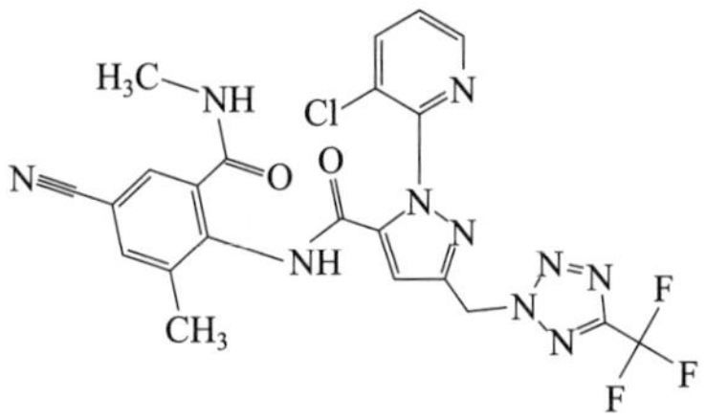

$C_{22}H_{16}ClF_3N_{10}O_2$，544.9，1229654-66-3

2014年由拜耳作物科学开发的双酰胺杀虫剂。

其他名称 BCS-CL73507

化学名称 1-(3-氯吡啶-2-基)-N-[4-氰基-2-甲基-6-(甲氨基甲酰基)苯基]-3-{[5-(三氟甲基)-2H-四唑-2-基]甲基}-1H-吡唑-5-甲酰胺；1-(3-chloropyridin-2-yl)-N-[4-cyano-2-methyl-6-(methylcarbamoyl)phenyl]-3-{[5-(trifluoromethyl)-2H-tetrazol-2-yl]methyl}-1H-pyrazole-5-carboxamide；1-(3-chloro-2-pyridyl)-4′-cyano-2′-methyl-6′-methylcarbamoyl-3-{[5-(trifluoromethyl)-2H-tetrazol-2-yl]methyl}pyrazole-5-carboxanilide

CAS名称 1-(3-chloro-2-pyridinyl)-N-[4-cyano-2-methyl-6-[(methylamino)carbonyl]phenyl]-3-[[5-(trifluoromethyl)-2H-tetrazol-2-yl]methyl]-1H-pyrazole-5-carboxamide

应用 在低剂量下对鳞翅目、鞘翅目及双翅目害虫有很好的防治效果。

合成路线

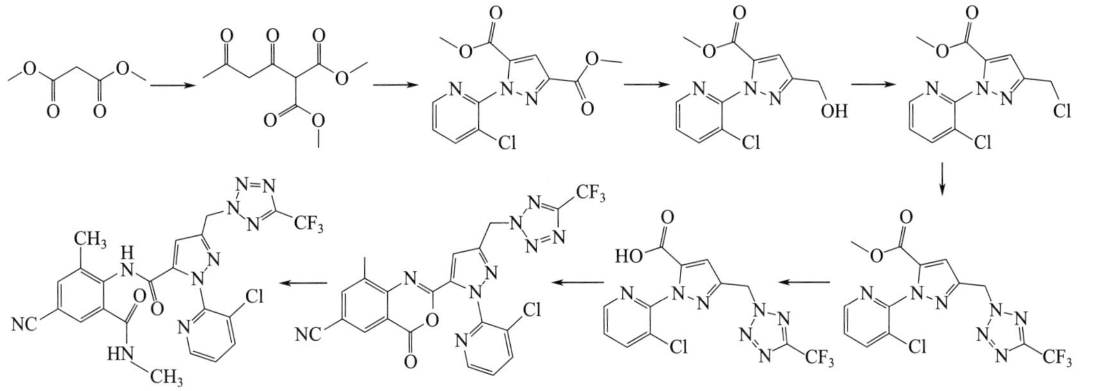

trichlormetaphos-3

$C_9H_{10}Cl_3O_3PS$, 335.6, 2633-54-7

化学名称 O-乙基-O-甲基-O-(2,4,5-三氯苯基)硫逐磷酸酯；O-ethyl O-methyl O-(2,4,5-trichlorophenyl) phosphorothioate

CAS 名称 O-ethyl O-methyl O-(2,4,5-trichlorophenyl) phosphorothioate

应用 杀虫剂。

triflumezopyrim

$C_{20}H_{13}F_3N_4O_2$, 398.3, 1263133-33-0

2013 年由杜邦公司开发的介离子类杀虫剂。

化学名称 3,4-二氢-2,4-二氧代-1-(嘧啶-5-基甲基)-3-(α,α,α-三氟间甲苯基)-2H-吡啶并[1,2-a]嘧啶-1-鎓-3-内盐；3,4-dihydro-2,4-dioxo-1-(pyrimidin-5-ylmethyl)-3-(α,α,α-trifluoro-m-tolyl)-2H-pyrido[1,2-a]pyrimidin-1-ium-3-ide

CAS 名称 2,4-dioxo-1-(5-pyrimidinylmethyl)-3-[3-(trifluoromethyl)phenyl]-2H-pyrido[1,2-a]pyrimidinium inner salt

应用 杀虫剂。主要用于防治水稻田的稻飞虱。

合成路线

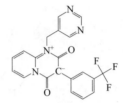

第 2 部分 杀菌剂

氨丙磷酸（ampropylfos）

$$\text{HO-P(=O)(OH)-CH(NH}_2\text{)CH}_2\text{CH}_3$$

$C_3H_{10}NO_3P$，139.1，16606-64-7

由 KenoGard AB 发现。

其他名称　PNL-62

化学名称　(RS)-1-氨基丙基磷酸；(RS)-1-aminopropylphosphonic acid

CAS 名称　$(\pm)$-(1-aminopropyl)phosphonic acid

理化性质　白色固体。熔点 264～270℃。蒸气压 3.7×10^{-3} mPa（90℃）。$K_{ow}\lg P$ 3。相对密度 0.5。溶解度（g/L，21℃）：水 139，甲醇 0.46，异丙醇 0.003，己烷、甲苯、二氯甲烷、乙酸乙酯、丙酮≤0.0001。稳定时间：≥2 年（pH 4～7，20℃）；＞31d（pH 9，25℃）；≥3d（pH 4，100℃）。pK_{a_2} 5.9，pK_{a_3} 10.4。

毒性　大鼠急性经口 LD_{50}＞5000mg/kg，大鼠急性经皮 LD_{50}＞2000mg/kg。对皮肤无刺激（兔）。大鼠吸入 LC_{50}＞4mg/L 空气。最大无作用剂量（90d）：大鼠 100mg/(kg·d)[300mg/(kg·d) 有微小变化]。1000mg/(kg·d) 未导致大鼠畸形，10mg/(kg·d) 未导致兔畸形。美洲鹑和野鸭急性经口 LD_{50}＞2000mg/kg，美洲鹑和野鸭 LC_{50}＞5000mg/kg。未发现对母鸡有神经毒性。虹鳟鱼、大翻车鱼、镜鲤 LC_{50}（96h）＞135mg/L。水蚤 LC_{50}（24、48h）＞100mg/L。羊角月牙藻 EC_{50} 54mg/L。蚯蚓 LC_{50}＞1000mg/kg。

制剂　SC。

应用　用于防治大麦坚黑穗病、散黑穗病、叶条纹病、网斑病和燕麦散黑穗病、叶条纹病。

分析方法　产品采用 HPLC-UV 分析，波长 220nm。

主要生产商　Bayer。

2-氨基丁烷（butylamine）

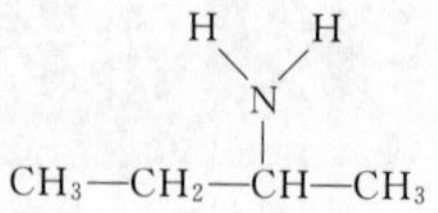

$C_4H_{11}N$，73.1，13952-84-6

化学名称 仲丁胺；(RS)-sec-butylamine；2-氨基丁烷；(RS)-2-aminobutane
CAS 名称 2-butanamine
应用 杀菌剂。

八氯酮（OCH）

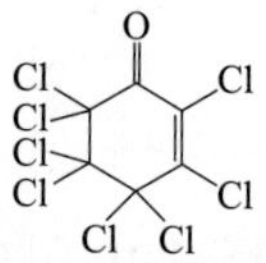

C_6Cl_8O，371.7，4024-81-1

由 Goodrich Chemical Co. 开发的杀菌剂和除草剂。
其他名称 Oktone
化学名称 八氯环己-2-烯酮；octachlorocyclohex-2-enone
CAS 名称 2,3,4,4,5,5,6,6-octachloro-2-cyclohexen-1-one
应用 具有杀菌和除草作用。

百菌清（chlorothalonil）

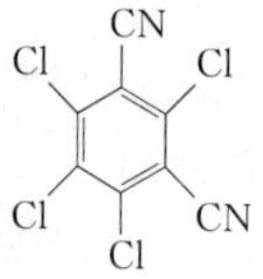

$C_8Cl_4N_2$，265.9，1897-45-6

由 Diamond Alkali Co. 研制，后售给日本 ISK Biosciences Corp. 公司，现为先正达公司开发的腈类杀菌剂。
其他名称 达科宁，大克灵，DS-2787，Bravo，Daconil，Bombardier，Clortocaffaro，Clortosip，Equus，Fungiless，Gilonil，Mycoguard，Repulse，Teren，Visclor
化学名称 四氯间苯二腈(四氯-1,3-苯二甲腈)；tetrachloroisophthalonitrile
CAS 名称 2,4,5,6-tetrachloro-1,3-benzenedicarbonitrile
理化性质 纯品为无色、无味结晶固体（原药略带刺激臭味，纯度为97%）。熔点252.1℃，沸点350℃（760mmHg）。蒸气压0.076mPa（25℃）。K_{ow} lg$P$ 2.92（25℃）。Henry常数 2.50×10^{-2} Pa·m³/mol（25℃）。相对密度2.0。水中溶解度（25℃）：0.81mg/L；有机溶剂中溶解度（g/kg，25℃）：二甲苯80，环己酮、二甲基甲酰胺30，丙酮、二甲基亚砜20，煤油<10。稳定性：室温贮存稳定，弱碱性和酸性水溶液对紫外线的

照射均稳定，pH＞9时缓慢水解。

毒性　大鼠急性经口 LD_{50}＞5000mg/kg。兔急性经皮 LD_{50}＞10000mg/kg；对兔眼睛具有严重刺激性，对兔皮肤有中等刺激性。大鼠吸入 LC_{50}（1h）＞4.7mg/L 空气。NOEL 数据（mg/kg）：大鼠 1.8，小鼠 1.6，狗 3。野鸭急性经口 LD_{50}＞4640mg/(kg·d)，野鸭和山齿鹑饲喂 LC_{50}（8d）＞10000mg/kg 饲料。鱼毒 LC_{50}（96h，μg/L）：大翻车鱼 60，鲶鱼 43，虹鳟鱼 47。水蚤 LC_{50}（48h）70μg/L，海藻 EC_{50}（120h）0.21mg/L。对蜜蜂无害。蚯蚓 LC_{50}（14d）＞1000mg/kg 土壤。

制剂　SC，WP，FU，OL，GR。

应用　用于防治各种真菌性病害，如：甘蓝黑斑病、霜霉病，菜豆锈病、灰霉病及炭疽病，芹菜叶斑病，马铃薯晚疫病、早疫病及灰霉病，番茄早疫病、晚疫病、叶霉病、斑枯病、炭疽病，茄、甜椒炭疽病、早疫病等，各种瓜类上的炭疽病、霜霉病，草莓灰霉病、叶枯病、叶焦病及白粉病，玉米大斑病，花生锈病、褐斑病、黑斑病，葡萄炭疽病、白粉病、霜霉病、黑痘病、果腐病，苹果白粉病、黑星病、早期落叶病、炭疽病、轮纹病，梨黑星病、桃褐腐病、疮痂病、缩叶病、穿孔病，柑橘疮痂病、沙皮病等。适用于番茄、瓜类（黄瓜、西瓜等）、甘蓝、花椰菜、扁豆、菜豆、芹菜、甜菜、洋葱、莴苣、胡萝卜、辣椒、蘑菇、草莓、花生、马铃薯、小麦、水稻、玉米、棉花、香蕉、苹果、茶树、柑橘、桃、烟草、草坪、橡胶树等。主要用作茎叶处理，也可作种子处理，可防治棉苗根病。对某些苹果、葡萄品种有药害。

合成路线

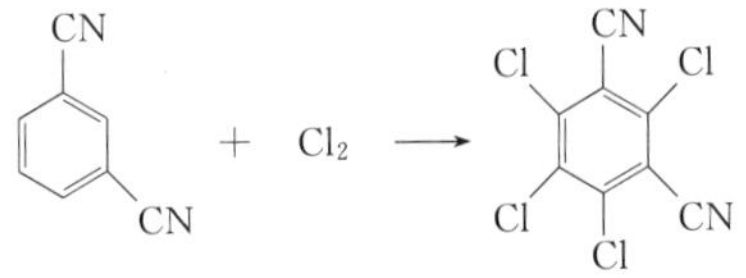

分析方法　采用毛细管气相色谱测定百菌清原药含量。

主要生产商　SDS Biotech K.K.，安徽中山，郑州志信，湖南南天，临湘化学农药厂，沅江赤蜂农化，江苏百灵，江苏新河农用化工，江苏维尤纳特，江阴苏利，利民化工，山东大成，潍坊润丰，泰州百力，云南天丰，允发化工（上海），瑞士先正达，新加坡利农私人有限公司。

参考文献

[1]　US 3290353.
[2]　US 3331735.

拌种胺（furmecyclox）

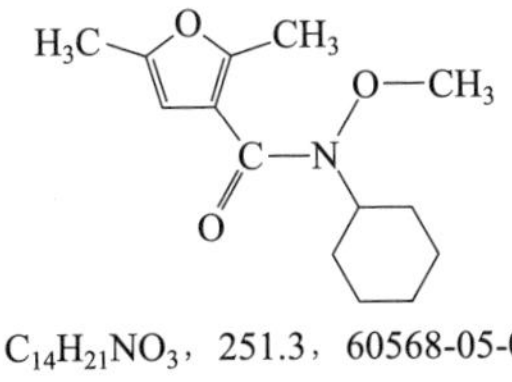

$C_{14}H_{21}NO_3$，251.3，60568-05-0

1977 年由 E-H. Pommer 和 B. Zeeh 报道。BASF AG 开发。

其他名称　Campogram，BAS 389F

化学名称　N-环己基-N-甲氧基-2,5-二甲基-3-糠酰胺；methyl N-cyclohexyl-2,5-dimethyl-3-furohydroxamate

CAS 名称　N-cyclohexyl-N-methoxy-2,5-dimethyl-3-furancarboxamide

理化性质　本品为结晶固体。熔点 33℃，蒸气压 8.4mPa（20℃）。溶解度（20℃）：水中 1.3mg/kg，丙酮、氯仿、乙醇≥1kg/kg。在日光下分解，在强酸或强碱条件下水解。

毒性　大鼠急性经口 LD_{50} 3780mg/kg。大鼠急性经皮 LD_{50} ≥5000mg/kg。对皮肤可能有刺激性。

制剂　DS。

应用　本品对担子菌纲真菌具有特殊活性，用作种衣剂可防治蔬菜腐烂病、棉花立枯病、麦类散黑穗病，还可防治腥黑粉菌和立枯丝核菌引起的病害。还用作木材防腐剂。

主要生产商　BASF。

拌种灵（amicarthiazol）

$C_{11}H_{11}N_3OS$，233.3，21452-14-2

其他名称　Sidvax，F-849

化学名称　2-氨基-4-甲基-5-甲酰苯氨基噻唑；2-amino-4-methyl-1,3-thiazole-5-carboxanilide

CAS 名称　2-amino-4-methyl-N-phenyl-5-thiazolecarboxamide

理化性质　无色无味结晶，熔点 222～224℃，易溶于二甲基甲酰胺、乙醇、甲醇。不溶于水和非极性溶剂。遇碱分解，遇酸生成相应的盐，270～285℃分解。

毒性　大鼠急性经口 LD_{50} 817mg/kg，急性经皮 LD_{50} ≥3200mg/kg。

制剂　WP。

应用　防治禾谷类作物黑穗病，棉花角斑病，棉花、豆类苗期病害，红麻炭疽病，也可防治水稻白叶枯病，花生锈病。具有内吸性，拌种后可进入种皮或种胚，杀死种子表面及潜伏在种子内部的病原菌；同时也可在种子发芽后进入幼芽和幼根，从而保护幼苗免受土壤病原菌的侵染。

主要生产商　南通江山。

拌种咯（fenpiclonil）

$C_{11}H_6Cl_2N_2$，237.1，74738-17-3

1988 年由 Ciba-Geigy AG（现 Syngenta AG）推出的吡咯类杀菌剂。

其他名称　Beret，CGA 142705，Electer P，Gambit

化学名称　4-(2,3-二氯苯基)吡咯-3-腈；4-(2,3-dichlorophenyl)pyrrole-3-carbonitrile

CAS 名称　4-(2,3-dichlorophenyl)-1H-pyrrole-3-carbonitrile

理化性质　纯品为无色晶体，熔点 144.9～151.1℃。蒸气压 $1.1×10^{-2}$ Pa（25℃），$K_{ow}lgP$ 3.86（25℃），Henry 常数 $5.4×10^{-4}$ Pa·m³/mol（计算值）。相对密度 1.53（20℃）。溶解度（25℃）：水 4.8mg/L；乙醇 73g/L，丙酮 360g/L，甲苯 7.2g/L，正己烷 0.026g/L，正辛醇 41g/L。250℃以下稳定，100℃、pH3～9，6h 不水解。在土壤中移动性小，DT_{50} 150～250d。

毒性　大鼠、小鼠和兔的急性经口 LD_{50}＞5000mg/kg，大鼠急性经皮 LD_{50}＞2000mg/kg，对兔眼睛和皮肤均无刺激作用。大鼠急性吸入 LC_{50}（4h）1.5mg/L 空气。无作用剂量 [mg/(kg·d)]：大鼠 1.25，小鼠 20，狗 100。无致畸、致突变、胚胎毒性。山齿鹑急性经口 LD_{50}＞2510mg/kg。野鸭急性经皮 LC_{50}＞5620mg/L，山齿鹑急性经皮 LC_{50}＞3976mg/L。鱼毒 LC_{50}（96h，mg/L）：虹鳟 0.8，鲤鱼 1.2，大翻车鱼 0.76，鲶鱼 1.3。水蚤 LC_{50}（48h）1.3mg/L。对蜜蜂无毒，LD_{50}（经口、接触）＞5μg/只。蚯蚓 LC_{50}（14d）67mg/kg 干土。

制剂　DS，FS，WS。

应用　拌种咯属保护性杀菌剂，主要抑制葡萄糖磷酰化有关的转移，并抑制真菌菌丝体的生长，最终导致病菌死亡。有效成分在土壤中不移动，因而在种子周围形成一个稳定而持久的保护圈。持效期可长达 4 个月以上。主要用于防治小麦、大麦、玉米、棉花、大豆、花生、水稻、油菜、马铃薯、蔬菜等的许多病害。种子处理对禾谷类作物种传病原菌有特效，尤其是雪腐镰孢菌（包括对多菌灵等杀菌剂产生抗性的雪腐镰孢菌）和小麦网腥黑粉菌。对非禾谷类作物的种传和土传病菌（链格孢属、壳二孢属、曲霉属、镰孢霉属、长蠕孢属、丝核菌属和青霉属菌）亦有良好的防治效果。

合成路线

分析方法　液相色谱法。

主要生产商　Syngenta，Novartis。

参考文献

EP 236272.

保果鲜（dehydroacetic acid）

$C_8H_8O_4$，168.15，520-45-6（ⅰ），771-03-9（ⅱ），16807-48-0（ⅲ）

1950 年道化学公司（现在的 Dow Elanco）开发。

化学名称　2-乙酰基-5-甲基-3-氧代戊-4-烯-5-交酯；3-乙酰基-6-甲基吡喃-2,4-二酮；2-acetyl-5-methyl-3-oxopent-4-en-5-olide；3-acetyl-6-methylpyran-2,4-dione

CAS 名称　3-acetyl-6-methyl-2H-pyran-2,4(3H)-dione（Ⅰ）；3-acetyl-4-hydroxy-6-methyl-2H-pyran-2-one（Ⅱ）；3-acetyl-2-hydroxy-6-methyl-4H-pyran-4-one（Ⅲ）

理化性质　工业品为无色无味的粉末。熔点109～111℃（升华），沸点269℃。蒸气压1.9mmHg（100℃），可随水蒸气蒸出。它不溶于水，稍溶于醇、醚，中度溶于苯、丙酮。

毒性　大鼠急性经口 LD_{50} 为1000mg/kg，对大鼠用300mg/(kg·d)的药剂喂34d后，鼠的体重减轻，但用100mg/(kg·d)的药剂喂大鼠2年后没发现不利影响。人体每日吸收10mg/kg，180d后没出现不利影响。对皮肤无刺激，也无显著的过敏现象。

应用　主要用于防止新鲜水果以及干果和蔬菜上霉菌的生长，也可用于浸泡食品包装纸。

分析方法　残留量采用比色法测定。

苯并威（mecarbinzid）

$C_{13}H_{16}N_4O_3S$，308.4，27386-64-7

由 BASF AG 开发。

其他名称　BAS 3201F

化学名称　1-(2-甲基硫乙基氨基甲酰基)苯并咪唑-2-基氨基甲酸甲酯；methyl 1-(2-methylthioethylcarbamoyl)benzimidazol-2-ylcarbamate

CAS 名称　methyl 1-[[[2-(methylthio)ethyl]amino]carbonyl]-1H-benzimidazol-2-ylcarbamate

应用　内吸性杀菌剂。

苯并烯氟菌唑（benzovindiflupyr）

$C_{18}H_{15}Cl_2F_2N_3O$，398.2，1072957-71-1

化学名称　N-[(1RS,4SR)-9-(二氯亚甲基)-1,2,3,4-四氢-1,4-亚甲基萘-5-基]-3-(二氟甲基)-1-甲基吡唑-4-甲酰胺；N-[(1RS,4SR)-9-(dichloromethylene)-1,2,3,4-tetrahydro-

1,4-methanonaphthalen-5-yl]-3-(difluoromethyl)-1-methylpyrazole-4-carboxamide

CAS 名称　　N-[9-(dichloromethylene)-1,2,3,4-tetrahydro-1,4-methanonaphthalen-5-yl]-3-(difluoromethyl)-1-methyl-1H-pyrazole-4-carboxamide

应用　　杀菌剂。

主要生产商　　Syngenta。

苯稻瘟净（inezin）

$C_{15}H_{17}O_2PS$，292.3，21722-85-0

由 Nissan Chemical Industries Ltd. 推出。

其他名称　　ESBP

化学名称　　S-苄基-O-乙基硫逐磷酸苯酯；S-benzyl O-ethyl phenylphosphonothioate

CAS 名称　　O-ethyl S-(phenylmethyl) phenylphosphonothioate

应用　　杀菌剂。

苯啶菌酮（pyriofenone）

$C_{18}H_{20}ClNO_5$，365.8，688046-61-9

其他名称　　IKF-309

化学名称　　5-氯-2-甲氧基-4-甲基吡啶基-3-基-2,3,4-三甲氧基-6-甲基苯基酮；5-chloro-2-methoxy-4-methylpyridin-3-yl 2,3,4-trimethoxy-6-methylphenyl ketone

CAS 名称　　(5-chloro-2-methoxy-4-methyl-3-pyridinyl)(2,3,4-trimethoxy-6-methylphenyl)methanone

理化性质　　原药含量≥96.5%。白色无味结晶固体。熔点 93～95℃。蒸气压 1.9×10^{-3} mPa（25℃）。K_{ow} lg$P$ 3.2。Henry 常数 1.9×10^{-4} Pa·m³/mol。相对密度 1.33（20℃）。水中溶解度：1.56mg/L（pH 6.6，20℃）；有机溶剂中溶解度（g/L，20℃）：丙酮＞250，二甲苯＞250，二氯乙烷＞250，乙酸乙酯＞250，甲醇 22.3，正庚烷 8.8，正辛醇 16.0。稳定性：对热稳定，pH 4～9，50℃发生水解。

毒性　　雌大鼠急性经口 LD_{50}＞2000mg/kg。雌雄大鼠急性经皮 LD_{50}＞2000mg/kg。对兔眼睛或皮肤无刺激作用。对小鼠局部淋巴结实验结果为阴性。大鼠吸入 LC_{50}（4h）＞5.18mg/L 空气。大鼠（2年）无作用剂量 7.25mg/(kg·d)。鹌鹑急性经口 LD_{50}＞2000mg/kg。鹌鹑饲喂 LC_{50}＞5000mg/kg。鲤鱼 LC_{50}（96h）＞1.36mg/L。水蚤 EC_{50}（48h）＞2.0mg/L。蜜蜂 LD_{50}：（48h，经口）＞100μg/只；（接触）＞100μg/只。

制剂　　SC。

应用 用于防控葡萄白粉病。
主要生产商 Ishihara Sangyo。
参考文献
The Pesticide Manual. 16th ed.

苯磺菌胺（dichlofluanid）

$C_9H_{11}Cl_2FN_2O_2S_2$，333.23，1085-98-9

1964～1965 年 Bayer AG 开发该产品并首次引入市场。
其他名称 Bayer 47531，KUE 1303c，dichlofluanide，Elvaron，Euparen
化学名称 N-二氯氟甲硫基-N'，N'-二甲基-N-苯基(氨基)磺酰胺；N-dichlorofluoromethylthio-N'，N'-dimethyl-N-phenylsulfamide
CAS 名称 1,1-dichloro-N-[(dimethylamino)sulfonyl]-1-fluoro-N-phenylmethanesulfenamide
理化性质 纯品无色无味结晶状固体。熔点 106℃。蒸气压 0.014mPa（20℃）。K_{ow} lg$P$ 3.7（21℃）。Henry 常数 $3.6×10^{-3}$ Pa·m^3/mol（计算值）。水中溶解度：1.3mg/L（20℃）；有机溶剂中溶解度（g/L，20℃）：二氯甲烷＞200，甲苯 145，异丙醇 10.8，己烷 2.6。对碱不稳定。
毒性 大鼠急性经口 LD$_{50}$＞5000。大鼠急性经皮 LD$_{50}$＞5000mg/kg。大鼠急性吸入 LC$_{50}$（4h）1.2mg/L。对兔眼睛有中度刺激，对兔皮肤有轻微刺激。饲喂试验无作用剂量[mg/(kg·d)]：大鼠＜180（2 年），狗 1.25（1 年）。日本鹌鹑急性经口 LD$_{50}$＞5000mg/kg。鱼毒 LC$_{50}$（96h，mg/L）：虹鳟鱼 0.01，大翻车鱼 0.03，金鱼 0.12。水蚤 LC$_{50}$（48h）1.8mg/L。对蜜蜂无毒。蚯蚓 LC$_{50}$（14d）890mg/kg 土壤。
制剂 DP，WG，WP。
应用 非特定的硫醇反应物，抑制呼吸作用。保护性杀菌剂，主要用于防治果树（如葡萄、柑橘）、蔬菜（如番茄、黄瓜等）、啤酒花、观赏植物及大田作物的各种灰霉病、黑斑病、腐烂病、黑星病、苗枯病、霜霉病以及仓储病害等众多病害。对某些螨类也有一定的活性，对益螨安全。
参考文献
DE 1193498.

苯甲羟肟酸（benzohydroxamic acid）

$C_7H_7NO_2$，137.13，495-18-1

化学名称 N-羟基苯甲酰胺；N-hydroxybenzamide
CAS 名称 N-hydroxybenzamide
应用 杀菌剂。

苯菌灵（benomyl）

$C_{14}H_{18}N_4O_3$，290.3，17804-35-2

由杜邦公司开发。

其他名称 T1991，Benlate，Benor，Fundozol，Gilomyl，Pilarben，Romyl

化学名称 1-(丁氨基甲酰)苯并咪唑-2-基氨基甲酸甲酯；methyl 1-(butylcarbamoyl)benzimidazol-2-ylcarbamate

CAS 名称 methyl[1-[(butylamino)carbonyl]-1H-benzimidazol-2-yl]carbamate

理化性质 纯品为无色结晶，熔点 140℃（分解）。蒸气压 $<5.0\times10^{-3}$ mPa（25℃）。K_{ow} lg$P$ 1.37。Henry 常数 [Pa·m^3/mol（计算值）]：$<4.0\times10^{-4}$（pH5），$<5.0\times10^{-4}$（pH7），$<7.7\times10^{-4}$（pH9）。相对密度 0.38。水中溶解度（μg/L，室温）：3.6（pH5），2.9（pH7），1.9（pH9）；有机溶剂中溶解度（g/kg，25℃）：氯仿 94，二甲基甲酰胺 53，丙酮 18，二甲苯 10，乙醇 4，庚烷 0.4。水解 DT$_{50}$：3.5h（pH 5），1.5h（pH 7），<1h（pH 9）。在某些溶剂中离解形成多菌灵和异氰酸酯。在水中溶解，并在各种 pH 值下稳定，对光稳定，遇水及在潮湿土壤中分解。

毒性 大鼠急性经口 LD$_{50}$ >5000mg（a.i.）/kg。兔急性经皮 LD$_{50}$ >5000mg/kg，对兔皮肤轻微刺激，对兔眼睛暂时刺激。大鼠急性吸入 LC$_{50}$（4h）>2mg/L 空气。NOEL（2年）：大鼠 >2500mg/kg 饲料（最大试验剂量），狗 500mg/kg 饲料。野鸭和山齿鹑饲喂 LC$_{50}$（8d）>10000mg/kg 饲料（50% 制剂）。鱼毒 LC$_{50}$（96h，mg/L）：虹鳟鱼 0.27，金鱼 4.2。水蚤 LC$_{50}$（48h）640μg/L。海藻 E$_b$C$_{50}$（mg/L）：2.0（72h），3.1（120h）。对蜜蜂无毒，LD$_{50}$（接触）>50μg/只。蚯蚓 LC$_{50}$（14d）10.5mg/kg 土壤。

制剂 WP。

应用 适用于柑橘、苹果、梨、葡萄、大豆、花生、瓜类、茄子、番茄、葱类、芹菜、小麦、水稻等。高效、广谱，具有内吸性，具有保护、治疗和铲除等作用，对子囊菌纲、半知菌纲及某些担子菌纲的真菌引起的病害有防效。用于防治苹果、梨、葡萄白粉病，苹果、梨黑星病，小麦赤霉病，水稻稻瘟病，瓜类疮痂病、炭疽病，茄子灰老病，番茄叶老病，葱类灰色腐败病，芹菜灰斑病，柑橘疮痂病、灰霉病，大豆菌核病，花生褐斑病，红薯黑斑病和腐烂病等。可用于喷洒、拌种和土壤处理。苯菌灵除了具有杀菌活性外，还具有杀螨、杀线虫活性。苯菌灵目前尽管已在美国等停止销售，但仍在多个国家使用。

合成路线

分析方法 产品采用红外光谱或 RPLC 分析。

主要生产商 Agro-Chemie，Anpon，Aragro，Gilmore，AGROFINA，Kajo，Saeryung，Sharda，Sinon，Sundat。

参考文献

[1] NL 6706331.
[2] US 3631176.

苯菌酮（metrafenone）

$C_{19}H_{21}BrO_5$，409.3，220899-03-6

2004 年由 H. Köhle 等报道。2004 年由德国 BASF AG（现 BASF SE）在英国上市。

其他名称　AC 375839，BAS 560 F，Flexity，Vivando

化学名称　3′-溴-2,3,4,6′-四甲氧基-2′,6-二甲基二苯甲酮；3′-bromo-2,3,4,6′-tetramethoxy-2′,6-dimethylbenzophenone

CAS 名称　(3-bromo-6-methoxy-2-methylphenyl)(2,3,4-trimethoxy-6-methylphenyl)methanone

理化性质　纯品白色结晶固体。熔点 99.2～100.8℃。蒸气压 $1.53×10^{-1}$ mPa（20℃）；0.256mPa（25℃）（99.7%）。K_{ow} lg$P$ 4.3（pH 4.0，25℃）。Henry 常数 0.132Pa·m^3/mol（计算值，20℃）。相对密度 1.45（20℃，99.4%）。水中溶解度（mg/L，20℃）：0.552（pH 5），0.492（pH 7），0.457（pH 9）；有机溶剂中溶解度：（g/L，20℃）丙酮 403，乙腈 165，二氯甲烷 1950，乙酸乙酯 261，正己烷 4.8，甲醇 26.1，甲苯 363。在 pH 4、7、9（50℃）的缓冲液中 5d，在黑暗中水解稳定。pH 7（22℃）条件下，模拟阳光照射 15d 广泛降解，DT_{50} 3.1d。

毒性　大鼠急性经口 LD_{50}＞5000mg/kg。大鼠急性经皮 LD_{50}＞5000mg/kg，对皮肤和眼睛无刺激性。无皮肤致敏性。大鼠吸入 LC_{50}＞5.0mg/L。大鼠（13 周）无作用剂量 43mg/(kg·d)；大鼠（2 年）25mg/(kg·d)。山齿鹑急性经口 LD_{50}＞2025mg/kg，山齿鹑饲喂无作用剂量 5314 mg/kg [＞948.4mg/(kg·d)]。虹鳟鱼 LC_{50}（96h）＞0.82mg/L。水蚤 EC_{50}（48h）＞0.92mg/L。羊角月牙藻 E_bC_{50}（72h）0.71mg/L。蜜蜂 LD_{50}：（经口）＞114μg/只；（接触）＞100μg/只。蚯蚓 LC_{50}＞1000mg/kg。

制剂　SC。

应用　具有预防、治疗活性的杀菌剂。作用于芽管和菌丝的生长。干扰肌动蛋白组织的形成和维持。用于防除冬春小麦和大麦的白粉病和眼纹病，葡萄白粉病。

分析方法　产品分析采用 HPLC/UV。

主要生产商　BASF。

参考文献

Opalski K. Pest Manag Sci，2006，62：393-401.

苯咪唑菌（chlorfenazole）

$C_{13}H_9ClN_2$，228.7，3574-96-7

由 Celamerck GmbH & Co., KG（后 Shell Agrar GmbH）推出。

其他名称 CUR 616

化学名称 2-(2-氯苯基)苯并咪唑；2-(2-chlorophenyl)benzimidazole

CAS 名称 2-(2-chlorophenyl)-1H-benzimidazole

应用 杀菌剂。

主要生产商 Shell Agrar GmbH。

苯醚甲环唑 （difenoconazole）

$C_{19}H_{17}Cl_2N_3O_3$，406.3，119446-68-3

1988 年由 W. Ruess 等报道。1989 年由 Ciba-Geigy（现 Syngenta AG）开发。

其他名称 噁醚唑，敌萎丹，世高，CGA169 374，Dividend，Score

化学名称 顺反-3-氯-4-[4-甲基-2-(1H-1,2,4-三唑-1-基甲基)-1,3-二氧戊烷-2-基]苯基-4-氯苯基醚；*cis-trans*-3-chloro-4-[4-methyl-2-(1H-1,2,4-triazol-1-ylmethyl)-1,3-dioxolan-2-yl]phenyl 4-chlorophenyl ether

CAS 名称 1-[2-[2-chloro-4-(4-chlorophenoxy)phenyl]-4-methyl-1,3-dioxolan-2-ylmethyl]-1H-1,2,4-triazole

理化性质 纯品为白色至米色结晶状固体，顺、反异构体比例为 0.7～1.5 之间。熔点 78.6℃。蒸气压 3.3×10^{-5} mPa（25℃）。K_{ow} lg$P$ 4.20（25℃）。Henry 常数 1.5×10^{-6} Pa·m³/mol。相对密度 1.40（20℃）。水中溶解度：15mg/L（25℃）；其他溶剂中溶解度（g/L，25℃）：乙醇 330，丙酮 610，甲苯 490，正己烷 3.4，正辛醇 95。150℃以下稳定。

毒性 急性经口 LD_{50}：大鼠 1453mg/kg，小鼠＞2000mg/kg。兔急性经皮 LD_{50}＞2010mg/kg。对兔皮肤和眼睛无刺激作用，对豚鼠无皮肤致敏现象。大鼠急性吸入 LC_{50}（4h）≥3300mg/L 空气。大鼠 2 年饲喂试验无作用剂量为 1.0mg/(kg·d)，小鼠 1.5 年饲喂试验无作用剂量为 4.7mg/(kg·d)，狗 1 年饲喂试验无作用剂量为 3.4mg/(kg·d)。无致畸、致突变性。野鸭急性经口 LD_{50}（9～11d）＞2150mg/kg。山齿鹑饲喂 LC_{50}（8d）＞4760mg/L，野鸭饲喂 LC_{50}（8d）＞5000mg/L。鱼毒 LC_{50}（96h，mg/L）：虹鳟 0.8，大翻车鱼 1.2。水蚤 LC_{50}（48h）为 0.77mg/L。对蜜蜂无毒，LD_{50}（经口）＞187μg/只，LC_{50}（接触）＞100μg/只。蚯蚓 LC_{50}（14d）＞610mg/kg 土壤。

制剂 DS，EC，FS，SC，WG。

应用 具有保护、治疗和内吸活性，是类固醇脱甲基化抑制剂，抑制细胞壁类固醇的生物合成，阻止真菌的生长。杀菌谱广，叶面处理或种子处理可提高作物的产量和保证品质。适宜作物与安全性：番茄、甜菜、香蕉、禾谷类作物、大豆、园艺作物及其他各种蔬菜等。对小麦、大麦进行茎叶（小麦株高 24～42cm）处理时，有时叶片会出现变色现象，但不会影响产量。防治对子囊亚门，担子菌亚门，包括链格孢属、壳二孢属、尾孢霉属、刺盘孢属、球座菌属、茎点霉属、柱隔孢属、壳针孢属、黑星菌属在内的半知菌，白粉菌科，锈菌目和某些种传病原菌有持久的保护和治疗活性。同时对甜菜褐斑病，小麦颖枯病、叶枯病、锈病和由几种致病菌引起的霉病，苹果黑星病、白粉病，葡萄白粉病，马铃薯早疫病，花生叶斑病、网斑病等均有较好的治疗效果。

合成路线

分析方法　GLC 或 HPLC。

主要生产商　Syngenta，Astec，Dongbu Fine，AGROFINA，亿嘉农化，安徽华星，新赛德化工，江苏丰登，丰荣精细化工，浙江禾本，江苏瑞东，江苏七州，江苏省激素研究所，利民化工，汇力化工，浙江世佳，美林康精细化工，上海生农，中化江苏，中化宁波，泰达集团，一帆生物科技，浙江华兴，惠光股份。

参考文献
EP 65485.

苯噻噁唑嗪（bethoxazin）

$C_{11}H_9NO_2S_2$，251.3，163269-30-5

由 Uniroyal 化学公司（现康普敦公司）研制的杀菌剂和杀藻剂。

其他名称　bethoxazine
化学名称　3-苯并[b]噻吩-2-基-5,6-二氢-1,4,2-噁噻嗪-4-氧；3-benzo[b]thien-2-yl-5,6-dihydro-1,4,2-oxathiazine 4-oxide
CAS 名称　3-benzo[b]thien-2-yl-5,6-dihydro-1,4,2-oxathiazine 4-oxide
应用　杀菌剂和杀藻剂。

参考文献
WO 9506043.

苯噻菌胺（benthiavalicarb-isopropyl）

$C_{18}H_{24}FN_3O_5S$，381.46，177406-68-7

日本组合化学公司研制，与拜尔公司共同开发的氨基酸酰胺类杀菌剂。

其他名称 KIF-230

化学名称 [(S)-1-[(R)-1-(6-氟苯并噻唑-2-基)乙基氨基甲酰基]-2-甲基丙基]氨基甲酸异丙酯；isopropyl [(S)-1-[(R)-1-(6-fluorobenzothiazol-2-yl) ethylcarbamoyl]-2-methylpropyl]carbamate

CAS 名称 1-methylethyl[(S)-1-[(R)-1-[(6-fluorobenzothiazol-2-yl)ethyl]carbamoyl]-2-methylpropyl]carbamate

理化性质 纯品白色粉状固体，熔点 152℃。蒸气压<0.3mPa（25℃）。相对密度 1.25（20.5℃）。K_{ow}lg$P$ 2.52。Henry 常数 $8.72×10^{-3}$ Pa·m³/mol（计算值）。水中溶解度（20℃）13.14mg/L。

毒性 大鼠急性经口 LD_{50}>5000mg/kg，小鼠急性经口 LD_{50}>5000mg/kg。大鼠急性经皮 LD_{50}>2000mg/kg。大鼠吸入 LC_{50}（4h）>4.6mg/L。对兔皮肤及眼睛无刺激作用，对豚鼠皮肤无致敏性，诱发性 Ames 试验为阴性，对大鼠和兔无致畸性，无致癌性。NOEL [2 年，mg/(kg·d)]：雄大鼠 9.9，雌大鼠 12.5。山齿鹑和野鸭急性经口 LD_{50}>2000mg/kg。鱼毒 LC_{50}（96h，mg/L）：虹鳟鱼>10，大翻车鱼>10，鲤鱼>10。水蚤 LC_{50}（96h）>10mg/L。蜜蜂 LD_{50}（48h）100μg/只（经口和接触）。蚯蚓 LC_{50}（14d）>1000mg/kg 土壤。

制剂 SC，WG。

应用 作用于对苯酰胺类杀菌剂有抗性的马铃薯晚疫病菌以及对甲氧基丙烯酸酯类杀菌剂有抗性的瓜类霜霉病都有杀菌活性，对疫霉病具有很好的杀菌活性，对其孢子囊的形成、孢子囊的萌发，在低浓度下有很好的抑制作用，但对游动孢子的释放和游动孢子的移动没有作用。具有很强的预防、治疗、渗透活性，而且有很好的持效性和耐雨水冲刷性。

合成路线

分析方法 产品采用手性异构体 HPLC-UV 分析。

主要生产商 Kumiai Chemical Industry Co. Ltd。

参考文献

[1] The Pesticide Manual. 16th ed.
[2] WO 9604252.
[3] DE 10021412.
[4] JP 08325235.

苯噻硫氰（benthiazole）

$C_9H_6N_2S_3$，238.4，21564-17-0

由美国贝克曼公司（Buckman Laboratories Inc）研制的噻唑类杀菌剂。

其他名称　倍生，苯噻清，苯噻氰，BL-1280，Busan，TCMTB，TCMT

化学名称　2-(硫氰基甲基硫代)苯并噻唑；2-thiocyanatomethylsulfanyl-benzothiazole

CAS 名称　(2-benzothiazolylthio)methyl thiocyanate

理化性质　原药为棕红色液体，有效成分含量为80%。相对密度1.38。130℃以上会分解，闪点不低于120.7℃，蒸气压小于0.01mmHg。在碱性条件下会分解，贮存有效期在1年以上。

毒性　原药大鼠急性经口LD_{50}为2664mg/kg，兔急性经皮LD_{50}为2000mg/kg，对兔眼睛、皮肤有刺激性。狗亚急性经口无作用剂量为333mg/L；大鼠亚急性经口无作用剂量为500mg/L。在试验剂量下，未见对动物有致畸、致突变、致癌作用。虹鳟鱼LC_{50}（96h）为0.029mg/L，野鸭经口LD_{50}为10g/kg。

制剂　EC。

应用　广谱性种子保护剂，可以预防及治疗经由土壤及种子传播的真菌或细菌性病害。防治瓜类猝倒病、蔓割病、立枯病等；水稻稻瘟病、苗期叶瘟病、胡麻叶斑病、白叶枯病、纹枯病等；甘蔗凤梨病；蔬菜炭疽病、立枯病；柑橘溃疡病等。适用于水稻、小麦、瓜类、甜菜、棉花等。既可用于茎叶喷雾、种子处理，还可土壤处理如根部灌根等。

合成路线

$$\text{苯并噻唑-SH} \xrightarrow{BrBr} \text{苯并噻唑-SCH}_2\text{Br} \longrightarrow \text{苯并噻唑-SCH}_2\text{SCN}$$

主要生产商　Buckman Laboratories Inc，U.S.A.。

参考文献

农业部农药检定所主编，新编农药手册，1989：353.

苯霜灵（benalaxyl）

$C_{20}H_{23}NO_3$，325.4，71626-11-4

由意大利Isagro公司开发的酰胺类杀菌剂。

其他名称　IR 6141，Galben，Fobeci，Tairel，Trecatol

化学名称　N-苯乙酰基-N-2,6-二甲苯基-DL-丙氨酸甲酯；methyl N-phenylacetyl-N-2,6-xylyl-DL-alaninate

CAS 名称　methyl N-(2,6-dimethylphenyl)-N-(phenylacetyl)-DL-alaninate

理化性质　纯品为白色固体。熔点78～80℃，蒸气压0.66mPa（25℃），$K_{ow}\lg P$ 3.54（20℃），Henry常数$6.5×10^{-3}$ Pa·m³/mol（20℃，计算值），相对密度1.181（20℃）。溶解度：水28.6mg/L（20℃）；丙酮、甲醇、乙酸乙酯、二氯乙烷、二甲苯>250，庚烷<20（均为g/kg，22℃）。浓碱介质中水解，pH 4～9水溶液中稳定；DT_{50} 86d（pH 9, 25℃）；氮气气氛下250℃稳定；水溶液中对太阳光稳定。

毒性 急性经口 LD_{50}：大鼠 4200mg/kg，小鼠 680mg/kg。大鼠急性经皮 LD_{50} > 5000mg/kg。对皮肤和眼睛无刺激性（兔），对豚鼠皮肤无致敏性。大鼠吸入 LC_{50}（4h）> 4.2mg/L 空气。无作用剂量：（2 年）大鼠 100mg/kg，（1.5 年）小鼠 250mg/kg；（1 年）狗 200mg/kg。无致癌作用，没有致突变作用，未见致畸作用。禽类急性经口 LD_{50}：野鸭 > 4500mg/kg，山齿鹑 > 5000mg/kg。鱼类 LC_{50}（96h，mg/L）：虹鳟鱼 3.75，金鱼 7.6，孔雀鱼 7.0，鲤鱼 6.0。水蚤 LC_{50}（48h）0.59mg/L。羊角月牙藻 EC_{50}（96h）2.4mg/L。对蜜蜂无毒，LD_{50} > 100μg/只。蚯蚓 LC_{50}（48h）0.0053mg/cm^2。

制剂 EC，GR，WP。

应用 本品属 2,6-二甲代苯胺类杀菌剂。主要用于防治葡萄霜霉病，马铃薯、草莓和番茄的疫霉菌，烟草、洋葱和大豆的霜霉菌，瓜类霜霉病，莴苣盘梗霉，以及观赏植物的丝囊菌和腐霉菌等。常与其他杀菌剂混用。

分析方法 产品采用 HPLC 或 GLC 分析。

主要生产商 浙江禾本，浙江一帆。

参考文献

[1] BE 873908.
[2] DE 2903612.

苯酰菌胺（zoxamide）

$C_{14}H_{16}Cl_3NO_2$，336.6，156052-68-5

由罗门哈斯（现为道农业科学）公司开发的酰胺类杀菌剂。

其他名称 Zoxium，RH-7281

化学名称 (RS)-3,5-二氯-N-(3-氯-1-乙基-1-甲基-2-氧代丙基)对甲基苯甲酰胺；(RS)-3,5-dichloro-N-(3-chloro-1-ethyl-1-methyl-2-oxopropyl)-p-toluamide

CAS 名称 3,5-dichloro-N-(3-chloro-1-ethyl-1-methyl-2-oxopropyl)-4-methylbenzamide

理化性质 纯品熔点 159.5~160.5℃，蒸气压 $<1×10^{-2}$ mPa（45℃），K_{ow} lg$P$ 3.76（20℃），在水中的溶解度 0.681mg/L（20℃）。水解半衰期为 15d（pH4、7），8d（pH 9），水中光解半衰期为 7.8d。土壤中半衰期为 2~10d。

毒性 大鼠急性经口 LD_{50} > 5000mg/kg，大鼠急性经皮 LD_{50} > 2000mg/kg。大鼠吸入 LC_{50}（4h）> 5.3mg/L。对兔皮肤和眼睛均无刺激作用，对豚鼠皮肤有刺激性。诱变试验（4 种试验）：阴性。致畸试验（兔、大鼠）：无致畸性。繁殖试验（兔、大鼠）：无副作用。慢性毒性/致癌试验：无致癌性。野鸭和山齿鹑急性经口 LC_{50} > 5250mg/kg。鳟鱼急性 LC_{50}（96h）160μg/L。蜜蜂 LD_{50} > 100μg/只（经口和接触）。蚯蚓 LC_{50}（14d）> 1070mg/kg 土壤。

制剂 SC，WP。

应用 用于马铃薯、葡萄、黄瓜、胡椒、辣椒、菠菜等。在推荐剂量下对多种作物都很安全，对哺乳动物低毒，对环境安全。防治卵菌纲病害，如马铃薯和番茄晚疫病、黄瓜霜霉病和葡萄霜霉病等；对葡萄霜霉病有特效。离体试验表明苯酰菌胺对其他真菌病原体也有一定活性，推测对甘薯灰霉病、莴苣盘梗霉、花生褐斑病、白粉病等有一定的活性。

合成路线

分析方法 采用 HPLC。

参考文献

[1] The Pesticide Manual. 12 th ed. 2000：964.
[2] US 5304572.
[3] EP 816328.

苯锈啶（fenpropidin）

$C_{19}H_{31}N$，273.5，67306-00-7

由先正达公司开发的哌啶类杀菌剂，1986年首次推出。

其他名称 Ro 123049/000，CGA114900，Tern，Columbia

化学名称 (RS)-1-[3-(4-叔丁基苯基)-2-甲基丙基]哌啶；(RS)-1-[3-(4-*tert*-butylphenyl)-2-methylpropyl]piperidine

CAS 名称 1-[3-[4-(1,1-dimethylethyl)phenyl]-2-methylpropyl]piperidine

理化性质 纯品为淡黄色、黏稠、无味液体。沸点＞250℃，70.2℃（1.1Pa）。蒸气压 17mPa（25℃），$K_{ow}\lg P$ 2.9（22℃，pH7），Henry 常数 10.7Pa·m³/mol（25℃，计算值）。相对密度 0.91（20℃）。水中溶解度（25℃）：0.53g/L（pH7），0.0062g/L（pH9）；易溶于丙酮、乙醇、甲苯、正辛醇、正己烷等有机溶剂。在室温下密闭容器中稳定至少 3 年，其水溶液对紫外线稳定。强碱，pK_a 10.1，闪点 156℃。

毒性 大鼠急性经口 LD_{50}＞1447mg/kg，大鼠急性经皮 LD_{50}＞4000mg/kg。对兔皮肤和眼睛有刺激性，对豚鼠皮肤无致敏性。大鼠吸入 LC_{50}（4h）1220mg/L 空气。NOEL 值：大鼠（2 年）0.5mg/(kg·d)，小鼠（1.5 年）4.5mg/(kg·d)，狗（1 年）2mg/(kg·d)。ADI 值 0.005mg/kg。无致畸、致癌、致突变作用，对繁殖无影响。禽类急性经口 LD_{50}：野鸭 1900mg/kg，野鸡 370mg/kg。鱼毒 LC_{50}（96h，mg/L）：虹鳟 2.6，鲤鱼 3.6，大翻车鱼 1.9。水蚤 LC_{50}（48h）0.5mg/L。对蜜蜂无害，LD_{50}（48h）：＞0.01mg/只（经口），0.046mg/只（接触）。蚯蚓 LC_{50}（14d）＞1000μg/kg 土壤。

制剂 EC。

应用 麦角菌生物合成抑制剂，在还原和异构化阶段起抑制作用。具有保护、治疗和铲除活性的内吸性杀菌剂，在木质部还具有传导作用。主要用于防治禾谷类作物的白粉病、锈病。

合成路线

分析方法　产品可用 GLC-FID 进行分析。
主要生产商　Syngenta，Cheminova。
参考文献
[1]　DE 2952096.
[2]　US 4202894.
[3]　GB 1584290.
[4]　EP 2752135.

苯氧菌胺（metominostrobin）

$C_{16}H_{16}N_2O_3$，313.35，133408-50-1

1989 年由 Shionogi Co.，Ltd（现 Bayer AG）发现。1998 年在日本登记。

其他名称　SSF-126，Oribright

化学名称　(E)-2-甲氧亚氨基-N-甲基-2-(2-苯氧苯基)乙酰胺；(E)-2-methoxyimino-N-methyl-2-(2-phenoxyphenyl)acetamide

CAS 名称　(E)-α-methoxyimino-N-methyl-2-phenoxybenzeneacetamide

理化性质　纯品为白色结晶状固体，熔点 87～89℃。相对密度 1.27～1.30（20℃）。蒸气压 0.018mPa（25℃，气溶胶法），K_{ow} lg$P$ 2.32（20℃）。水中溶解度：0.128g/L（20℃）；有机溶剂中溶解度（g/L，25℃）：二氯甲烷 1380，氯仿 1280，二甲亚砜 940。对热、酸、碱稳定，遇光稍有分解。

毒性　雄大鼠急性经口 LD_{50} 776mg/kg，雌大鼠 708mg/kg。大鼠急性经皮 LD_{50}＞2000mg/kg；对兔皮肤无刺激性，对眼睛有轻微刺激性（15% GR）；无皮肤致敏性。大鼠吸入 LC_{50}（4h）＞1880mg/L。雄大鼠无作用剂量 1.6mg/(kg·d)，雌大鼠 1.9mg/(kg·d)，雄小鼠 2.9mg/(kg·d)，雌小鼠 2.7mg/(kg·d)，雌雄狗 2mg/(kg·d)。野鸭急性经口 LC_{50}＞5200mg/L。鲤鱼 LC_{50}（96h）18.1mg/L。水蚤 EC_{50}：(48h) 14.0mg/L，(24h) 22.3mg/L。普通小球藻 EC_{50}（72h）51.0mg/L，无作用剂量（72h）10mg/L。蜜蜂 LC_{50}（48h，接触）＞100μg/只。蚯蚓 LC_{50}（14d）114mg/kg；无作用剂量（14d）56.2mg/kg。

制剂　GR。

应用　线粒体呼吸抑制剂，即通过在细胞色素 b 和 c_1 间电子转移抑制线粒体的呼吸。作用于对 14-脱甲基化酶抑制剂、苯甲酰胺类、二羧酰胺类和苯并咪唑类产生抗性的菌株有效。具有保护、治疗、铲除、渗透、内吸活性。苯氧菌胺是一种新型的广谱、保护和治疗活性兼有的内吸性杀菌剂。防治水稻稻瘟病有特效，在稻瘟病未感染或发病初期施用。

分析方法　产品分析采用 GC/HPLC。

主要生产商　Junsei（委托生产）。

参考文献

[1] EP 398692.
[2] WO 951330.
[3] The Pesticide Manual. 16 th ed.
[4] WO 951329.

苯氧喹啉 （quinoxyfen）

$C_{15}H_8Cl_2FNO$，308.1，124495-18-7

由 C. Longhurst 等报道。由 DowElanco（现为 Dow AgroSciences）引入。1996 年在欧洲获得首次临时登记。

其他名称　DE-795，XDE-795，LY211795

化学名称　5,7-二氯-4-喹啉基-4-氟苯基醚；5,7-dichloro-4-quinolyl 4-fluorophenyl ether

CAS 名称　5,7-dichloro-4-(4-fluorophenoxy)quinoline

理化性质　原药含量≥97%。类白色固体。熔点 106～107.5℃（原药 100～106℃）。蒸气压 $1.2×10^{-2}$ mPa（20℃），$2.0×10^{-2}$ mPa（25℃）。相对密度 1.56。K_{ow} lg$P$ 4.66（pH 6.6，20℃）。Henry 常数 $3.19×10^{-2}$ Pa·m³/mol（计算值）。水中溶解度（20℃，mg/L）：0.128（pH 5），0.116（pH 6.45），0.047（pH 7），0.036（pH 9）；其他溶剂中溶解度（20℃，g/L）：丙酮 116，二氯甲烷 589，乙酸乙酯 179，甲醇 21.5，正辛醇 37.9，甲苯 272，己烷 9.64，二甲苯 200。稳定性：在避光环境中，25℃、pH 7 或 9 时，对水解稳定；水解 DT_{50} 75d（pH 4）。光照时降解更迅速。pK_a 3.56，弱碱。闪点＞100℃。

毒性　大鼠急性经口 LD_{50}＞5000mg/kg。兔急性经皮 LD_{50}＞2000mg/kg。对兔眼睛中度刺激，对兔皮肤无刺激；对豚鼠皮肤的致敏性取决于试验。大鼠吸入 LC_{50}＞3.38mg/L。根据对狗 52 周、大鼠 2 年致癌性和大鼠繁殖试验结果，无作用剂量 20mg/(kg·d)。无致突变、致畸或致癌性。山齿鹑急性经口 LD_{50}＞2250mg/kg。山齿鹑和野鸭饲喂 LC_{50}（8d）＞5620mg/kg 饲料。虹鳟 LC_{50}（96h）0.27mg/L，大翻车鱼＞0.28mg/L，鲤鱼 0.41mg/L。水蚤 EC_{50}（48h）0.08mg/L。羊角月牙藻 E_bC_{50}（72h）0.058mg/L。蜜蜂急性 LD_{50}（经口或接触）＞100μg/只。蚯蚓 LC_{50}（14d）＞923mg/kg 土壤。

制剂　SC。

应用　生长信息干扰剂。是一种移动性、保护性杀菌剂，作用机理是抑制附着胞的发育；不是有效的根除剂。施药后，本品通过植株组织向顶和基部传导，并通过蒸气传输。用于谷物防治白粉病，持效期长达 70d。与现有的杀菌剂如三唑类、吗啉类或甲氧基丙烯酸酯类无交互抗性。用于葡萄防治白粉病，本品也用于特定的蔬菜作物、啤酒花和甜菜，防治白粉病。

分析方法　植物、动物和土壤基质中的残留用 GC/MS 分析。

主要生产商　Dow AgroSciences。

参考文献

The Pesticide Manual. 15 th ed.

苯扎氯铵（benzalkonium chloride）

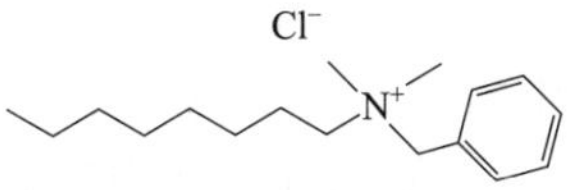

$C_{17}H_{30}ClN$，283.9，8001-54-5

其他名称　杀藻胺

化学名称　烷基苄基二甲铵氯化物；alkylbenzyldimethylammonium chlorides

CAS 名称　quaternary ammonium compounds；alkylbenzyldimethyl，chlorides

应用　杀菌剂。

吡氟菌酯（bifujunzhi）

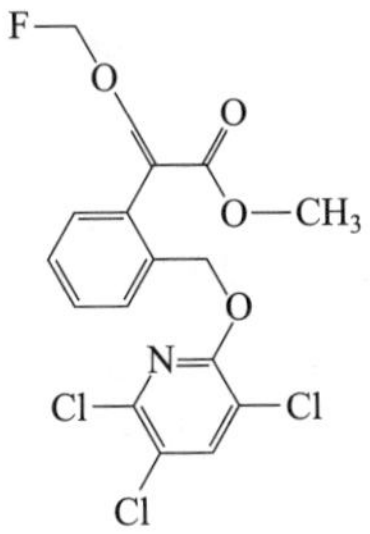

其他名称　ZJ2211

化学名称　3-氟甲氧基-2-[2-(3,5,6-三氯吡啶基-2-氧基甲基)-苯基]-丙烯酸甲酯；methyl(*EZ*)-3-(fluoromethoxy)-2-[2-(3,5,6-trichloro-2-pyridyloxymethyl)phenyl]acrylate

CAS 名称　methyl α-[(fluoromethoxy)methylene]-2-[[(3,5,6-trichloro-2-pyridinyl)oxy]methyl]benzeneacetate

应用　甲氧基丙烯酸酯类杀菌剂。对黄瓜霜霉病、白粉病有很好的预防效果，但治疗效果较差，因此该药剂需在发病初期使用才能达到理想的防治效果。也用作杀螨剂。

吡菌磷（pyrazophos）

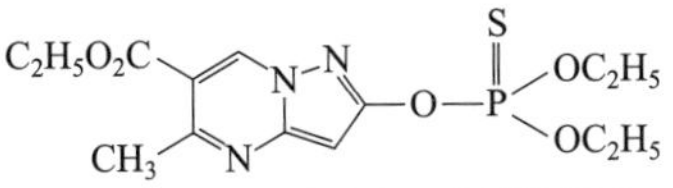

$C_{14}H_{20}N_3O_5PS$，373.39，13457-18-6

由 F. M. Smit 报道。由 Hoechst AG（现 Bayer AG）引进。

其他名称　Hoe 02 873，Afugan

化学名称　2-二乙氧基硫代磷氧基-5-甲基吡唑[1,5-a]嘧啶-6-羧酸乙酯；O-6-乙氧羰基-5-甲基吡唑[1,5-a]嘧啶-2-基-O,O-二乙氧基硫代磷酸酯；ethyl 2-diethoxyphosphinothioyloxy-5-methylpyrazolo[1,5-a]pyrimidine-6-carboxylate ;O-6-ethoxycarbonyl-5-methylpyrazolo[1,5-a]pyrimidin-2-yl O,O-diethyl phosphorothioate

CAS 名称　ethyl 2-[(diethoxyphosphinothioyl)oxy]-5-methylpyrazolo[1,5-a]pyrimidine-6-carboxylate

理化性质　原药含量≥94%。无色晶体。熔点 51～52℃。沸点 160℃ 开始分解。蒸气压 0.22mPa（50℃）（Antoine）。K_{ow} lg$P$ 3.8。Henry 常数 $2.578×10^{-4}$ Pa·m^3/mol（计算值）。相对密度 1.348（25℃）。水中溶解度 4.2mg/L（25℃）。易溶于大多数有机溶剂，如二甲苯、苯、四氯化碳、二氯甲烷、三氯乙烯；在丙酮、甲苯、乙酸乙酯中＞400g/L，己烷中 16.6g/L（20℃）。稳定性：在酸性、碱性介质中水解。未稀释时不稳定。闪点（34±2）℃（闭杯）。

毒性　大鼠急性经口 LD_{50} 151～778mg/kg（根据性别和载体）。大鼠急性经皮＞2000mg/kg。对兔皮肤无刺激性，对眼睛有轻微刺激性。大鼠吸入 LC_{50}（4h）1220mg/m^3。NOEL（2 年）大鼠 5mg/kg 饲料，大鼠 3 代试验显示在 5mg/kg 饲料无影响。鹌鹑急性经口 LD_{50} 118～480mg 原药/kg（根据性别和载体）。野鸭饲喂 LC_{50}（14d）约 340mg/kg，山齿鹑约 300mg/kg。鲤鱼 LC_{50}（96h）2.8～6.1mg/L，虹鳟 0.48～1.14mg/L，大翻车鱼 0.28mg/L。水蚤 LC_{50}（48h）0.36μg/L（软水），0.63μg/L（硬水）。NOEL 0.18μg/L（在软、硬水中）。近具刺链带藻 LC_{50}（72h）65.5mg/L。蜜蜂接触 LD_{50} 0.25μg/只。赤子爱胜蚓 LC_{50}（14d）＞1000mg/kg 土。

制剂　EC，WP。

应用　抑制黑色素生物合成。是具有保护和治疗活性的内吸性杀菌剂。通过叶、茎吸收并在植物体内传导。用于禾谷类作物、蔬菜、水果（如黄瓜、番茄、草莓等），果树（如苹果、核桃、葡萄等），防治各种白粉病，还可防治禾谷类作物的根腐病和云纹病等。

合成路线

分析方法　产品分析用 HPLC 或 GLC。

主要生产商　Bayer CropScience。

参考文献

[1] DE 1545790.

[2] GB 1145306.

[3] The Pesticide Manual. 16th ed.

吡菌硫 (dipyrithione)

$C_{10}H_8N_2O_2S_2$,252.3,3696-28-4

由 Olin Chemicals 发现，Yashima Chemical Industry Co. Ltd 和 Sankyo Co., Ltd. 研发。

其他名称　Omadinedisulfide，Omadine-DS
化学名称　1,1′-二氧代双-2-吡啶基二硫化物；di-2-pyridyldisulfide 1,1′-dioxide
CAS 名称　2,2′-dithiobis[pyridine] 1,1′-dioxide
应用　杀菌剂。

吡氯灵 (pyroxychlor)

$C_7H_5Cl_4NO$,260.9,7159-34-4

由 Dow Chemical Co.（后来的 DowElanco）开发。

其他名称　Dowco 269，Lorvek，Nurelle
化学名称　2-氯-6-甲氧基-4-三氯甲基吡啶；6-氯-4-三氯甲基-2-吡啶基甲基醚；2-chloro-6-methoxy-4-trichloromethylpyridine；6-chloro-4-trichloromethyl-2-pyridyl methyl ether
CAS 名称　2-chloro-6-methoxy-4-(trichloromethyl)pyridine
应用　内吸性取代吡啶类杀菌剂，且是第一个具强向基部传导性杀菌剂。在水中稳定，残效期长，虽然在土壤中容易降解，但在一般作物的整个生长期仍然有效。无论喷叶、土壤处理或浇灌一般都具有较好效果。它可用于防治大豆根腐病、烟草黑茎病、观赏植物杜鹃花根病和万年青茎腐病。

吡咪唑 (rabenzazole)

$C_{12}H_{12}N_4$,212.3,40341-04-6

由 W. Specht & M. Tillkes 报道，Bayer AG 开发。

其他名称　Ciriom

化学名称 2-(3,5-二甲基吡唑-1-基)苯并咪唑；2-(3,5-dimethylpyrazol-1-yl)benzimidazole

CAS 名称 2-(3,5-dimethyl-1H-pyrazol-1-yl)-1H-benzimidazole

应用 杀菌剂。

吡喃灵（pyracarbolid）

$C_{13}H_{15}NO_2$，217.3，24691-76-7

由 H. Stingle 等和 B. Jank & F. Grossman 报道，由 Hoechst AG 开发。

其他名称 Hoe 13 764，Hoe 02 989，Hoe 6052，Hoe 6053，Sicarol

化学名称 3,4-二氢-6-甲基-2H-吡喃-5-酰替苯胺；3,4-dihydro-6-methyl-2H-pyran-5-carboxanilide

CAS 名称 3,4-dihydro-6-methyl-N-phenyl-2H-pyran-5-carboxamide

理化性质 原药含量≥98%。纯品无色固体。熔点 110～111℃，蒸气压 0.016mPa（25℃）。水中溶解度 0.6g/L（40℃）；三氯甲烷 366，乙醇 89，乙酸乙酯 86，正己烷 0.1，二甲苯 13（g/L，25℃）。在碱性条件下对光和热稳定，但是在酸性条件下分解。

毒性 雌大鼠急性经口 LD_{50} > 15000mg（淀粉浆）/kg。雌大鼠急性经皮 LD_{50} > 1000mg/kg。大鼠（2 年）无作用剂量 400mg/kg（饲料），狗 1600mg/kg（饲料）。鲤鱼 LC_{50}（96h）42.3mg/L，虹鳟鱼 45.5mg/L。

制剂 SC，WP，ZC。

应用 内吸性杀菌剂，通过根和叶片吸收。对担子菌有效，防治锈病、煤污病、腐烂病。用于豆类、谷物、咖啡、茶作物田。

参考文献

[1] DE 1668899.
[2] GB 1194526.

吡噻菌胺（penthiopyrad）

$C_{16}H_{20}F_3N_3OS$，359.4，183675-82-3

2003 年由 K. Tomiya 和 Y. Yanase 报道。日本 Mitsui Chemicals Inc. 开发，并将美洲、欧盟和大洋洲的市场权力售予 E. I. du Pontde Nemours Inc.。

其他名称 MTF-753，Fontelis，Vertisan

化学名称 (RS)-N-[2-(1,3-二甲基丁基)-3-噻吩基]-1-甲基-3-(三氟甲基)吡唑-4-酰胺；

(RS)-N-[2-(1,3-dimethylbutyl)-3-thienyl]-1-methyl-3-(trifluoromethyl)pyrazole-4-carboxamide

CAS 名称　N-[2-(1,3-dimethylbutyl)-3-thienyl]-1-methyl-3-(trifluoromethyl)-1H-pyrazole-4-carboxamide

理化性质　白色粉末，蒸气压 6.43×10^{-3} mPa（25℃）。水中溶解度 7.53mg/L（20℃）。

毒性　大鼠急性经口 $LD_{50} > 2000$ mg/kg。大鼠急性经皮 $LD_{50} > 2000$ mg/kg。对兔眼睛有轻微刺激作用，对兔皮肤无刺激作用、无致敏性。大鼠吸入 LC_{50}（4h）> 5669 mg/kg。Ames 试验和染色体畸变试验为阴性。鲤鱼 LC_{50}（96h）1.17mg/L。水蚤 LC_{50}（24h）40mg/L。近具刺链带藻 E_rC_{50}（72h）2.72mg/L。

制剂　SC。

应用　通过扰乱呼吸系统电子传递链里的复合物Ⅱ（琥珀酸脱氢酶）抑制线粒体功能。用于防治锈病和丝核菌病。不同于早期的甲酰胺杀菌剂，该杀菌剂也可防治灰霉病、白粉病（$Podosphaera\ leucotricha$）和苹果黑星病（$Venturia\ inaequalis$）。

合成路线

主要生产商　Mitsui Chemicals Agro。

参考文献

[1]　EP 737682.
[2]　US 6331639.

吡唑氨酯（fenpyrazamine）

$C_{17}H_{21}N_3O_2S$，331.4，473798-59-3

由住友化学株式会社开发。

化学名称　S-烯丙基-5-氨基-2,3-二氢-2-异丙基-3-氧代-4-(邻甲苯基)吡唑-1-硫代羧酸酯；S-allyl 5-amino-2,3-dihydro-2-isopropyl-3-oxo-4-(o-tolyl)pyrazole-1-carbothioate

CAS 名称　S-2-propen-1-yl 5-amino-2,3-dihydro-2-(1-methylethyl)-4-(2-methylphenyl)-3-oxo-1H-pyrazole-1-carbothioate

理化性质　淡黄色固体。熔点 116.4℃，沸点 239.8℃（745mmHg），蒸气压 $< 10^{-2}$

mPa，K_{ow} lgP 3.52（25℃），Henry 常数 $1.62×10^{-4}$ Pa·m^3/mol（计算值）。溶解度（20℃）：水 20.4mg/L（20℃）；正己烷 902mg/L，甲醇＞250g/L。

毒性 NOAEL 0.2mg/(kg·d)（EU）。ADI（EU）0.13mg/(kg·d)。

制剂 SC。

应用 主要用于防治灰霉病。2013 年住友化学美国分公司 Valent 推出的 480g/L 的悬浮剂在美国获得批准用于杏仁、莴苣、某些小水果和观赏植物。

主要生产商 Sumitomo Chemical.

吡唑醚菌酯（pyraclostrobin）

$C_{19}H_{18}ClN_3O_4$，387.8，175013-18-0

由 E. Ammermann 等报道。是巴斯夫公司继醚菌酯（BAS 490F）之后于 1993 年发现的另一种新型广谱甲氧基丙烯酸酯类杀菌剂。

其他名称 唑菌胺酯，百克敏，凯润，BAS 500 F，Vivarus，Headline

化学名称 N-{2-[1-(4-氯苯基)-1H-吡唑-3-基氧甲基]苯基}(N-甲氧基)氨基甲酸甲酯；methyl N-{2-[1-(4-chlorophenyl)pyrazol-3-yloxymethyl]phenyl}(N-methoxy)carbamate

CAS 名称 methyl[2-[[[1-(4-chlorophenyl)-1H-pyrazol-3-yl]oxy]methyl]phenyl]methoxycarbamate

理化性质 纯品为白色或灰白色固化熔体。熔点 63.7～65.2℃。沸点 200℃（分解）。蒸气压 $2.6×10^{-5}$ mPa（20℃）。K_{ow}lgP 3.99（20℃）。Henry 常数 $5.3×10^{-6}$ Pa·m^3/mol（计算值）。相对密度 1.367（20℃）。20℃水中溶解度：1.9mg/L；有机溶剂中溶解度（g/L，20℃）：正庚烷 3.7，异丙醇 30.0，辛醇 24.2，橄榄油 28.0，甲醇 100.8，丙酮、乙酸乙酯、乙腈、二氯甲烷和甲苯中均＞500。在 pH 5～7、25℃的水溶液中稳定期大于 30d；水中光解 DT_{50} 1.7d。

毒性 大鼠急性经口 LD_{50}＞5000mg/kg。大鼠急性经皮 LD_{50}＞2000mg/kg。对兔眼睛无刺激作用，对兔皮肤有刺激性。大鼠吸入 LC_{50}（4h）0.58mg/L。NOEL 值：大鼠（2 年）75mg/kg [3mg/(kg·d)]，兔（28d，产前）3mg/(kg·d)，小鼠（90d）30mg/kg [4mg/(kg·d)]。无致突变作用（5 次试验），对兔、大鼠无致畸性，对兔和小鼠无致癌作用，对大鼠无繁殖毒性。山齿鹑急性经口 LD_{50}＞2000mg/kg，饲喂 LC_{50}（5d）＞1176mg a.s./(kg·d)。虹鳟 LC_{50}（96h）0.006mg/L。水蚤 EC_{50}（48h）0.016mg/L。近头状伪蹄形藻 E_rC_{50}（72h）＞0.843mg/L，E_bC_{50}（72h）0.152mg/L。其他水生生物：中型实验生态系统 NOEC 0.008mg/L。蜜蜂 LD_{50}：（经口）＞73.1μg/只，（接触）＞100μg/只。蚯蚓 LC_{50} 567mg/kg 土壤。

制剂 EC，SE，WG，SC，FS。

应用 吡唑醚菌酯为新型广谱杀菌剂，线粒体呼吸抑制剂，使线粒体不能产生和提供细胞正常代谢所需能量，最终导致细胞死亡。它能控制子囊菌纲、担子菌纲、半知菌纲、卵菌纲等大多数病菌。对孢子萌发及叶内菌丝体的生长有很强的抑制作用，具有保护和治疗活性。具有渗透性及局部内吸活性，持效期长，耐雨水冲刷。被广泛用于防治小麦、水稻、花生、葡萄、蔬菜、马铃薯、香蕉、柠檬及其他果树、咖啡、核桃、茶树、烟草、观赏植物、草坪及其他大田作物上的病害。

合成路线

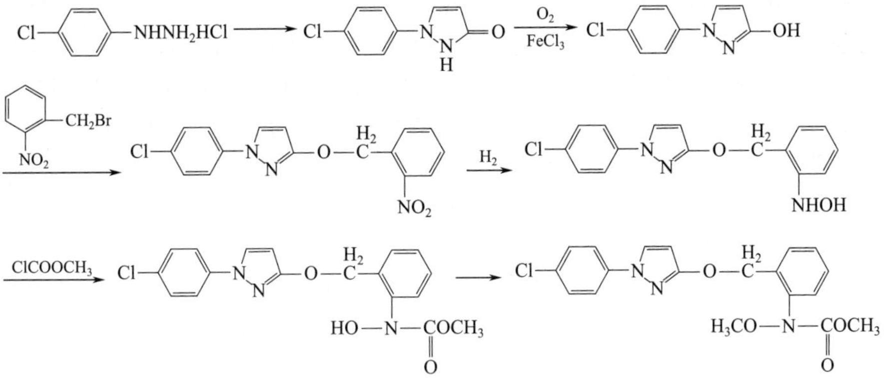

主要生产商　BASF。

参考文献

[1]　US 5869517.
[2]　EP 0804421.

吡唑萘菌胺（isopyrazam）

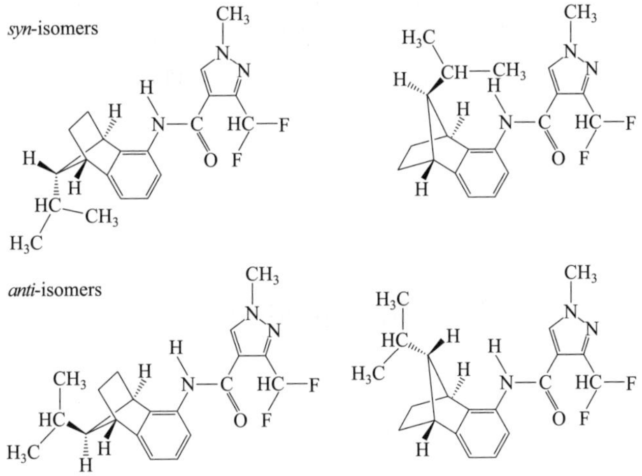

$C_{20}H_{23}F_2N_3O$，359.4

683777-13-1（*syn*-异构体），683777-14-2（*anti*-异构体），881685-58-1（未指明立体结构）

由先正达公司2008年研制，2010年推出的呼吸抑制类杀菌剂。

其他名称　IZM，SYN520453，SYN534969（*syn*-isomer），SYN534968（*anti*-isomer）

化学名称　3-(二氟甲基)-1-甲基-N-[(1RS,4SR,9RS)-1,2,3,4-四氢-9-异丙基-1,4-亚甲基萘-5-基]吡唑-4-甲酰胺2个顺式异构体；3-(二氟甲基)-1-甲基-N-[(1RS,4SR,9SR)-1,2,3,4-四氢-9-异丙基-1,4-亚甲基萘-5-基]吡唑-4-甲酰胺2个反式异构体的混合物。

a mixture of 2 *syn*- isomers：3-(difluoromethyl)-1-methyl-N-[(1RS,4SR,9RS)-1,2,3,4-tetrahydro-9-isopropyl-1,4-methanonaphthalen-5-yl]pyrazole-4-carboxamide and 2 *anti*- i-somers：3-(difluoromethyl)-1-methyl-N-[(1RS,4SR,9SR)-1,2,3,4-tetrahydro-9-isopropyl-

1,4-methanonaphthalen-5-yl]pyrazole-4-carboxamide

CAS 名称 3-(difluoromethyl)-1-methyl-N-[1,2,3,4-tetrahydro-9-(1-methylethyl)-1,4-methanonaphthalen-5-yl]-1H-pyrazole-4-carboxamide

理化性质 灰白色粉末。熔点：130.2℃（SYN534969），144.5℃（SYN534968）。沸点：SYN534969＞261℃（分解），SYN534968＞274℃（分解）。蒸气压：SYN534969 $2.4×10^{-7}$ mPa（20℃），$5.6×10^{-7}$ mPa（25℃）；SYN534968 $2.2×10^{-7}$ mPa（20℃），$5.7×10^{-7}$ mPa（25℃）。K_{ow}：SYN534969 lg$P$ 4.1（25℃），SYN534968 lg$P$ 4.4（25℃）。两者都是中性分子，pH 值不影响其 lg$P$ 值。Henry 常数：SYN534969 $1.9×10^{-4}$ Pa·m³/mol，SYN534968 $3.7×10^{-5}$ Pa·m³/mol。相对密度：SYN520453 1.332（25℃）。SYN534969 水中溶解度：1.05mg/L（25℃）；SYN534698：0.55mg/L（25℃）。其他溶剂中：二氯甲烷 330，己烷 17，甲醇 119，甲苯 77.1（g/L，SYN520453）。pH 4、5、7、9 时对水解稳定（50℃，5d）。

毒性 大鼠急性经口 LD_{50} 2000mg/kg。大鼠急性经皮 LD_{50}＞5000mg/kg。大鼠急性吸入 LC_{50}（4h）＞5.28mg/L。无作用剂量：（2 年）大鼠 5.5mg/(kg·d)，（1 年）狗 25mg/(kg·d)。北美鹌鹑急性经口 LD_{50}＞2000mg/kg。北美鹌鹑 LC_{50}＞5620mg/kg 饲料。鱼 LC_{50}（96h）：虹鳟鱼 0.066mg/L，鲤鱼 0.026mg/L。水蚤 EC_{50}（48h）0.044mg/L。羊角月牙藻 E_bC_{50}（72h）2.2mg/L。蜜蜂 LD_{50}：（经口，48h）＞192μg/只，（接触，48h）＞200μg/只。蚯蚓 LC_{50} 1000mg/kg 干土。

制剂 EC，SC。

应用 吡唑萘菌胺是一种兼具预防和治疗性的杀菌剂活性成分，属于 SDHI 类杀菌剂，能长效防控作物疾病，低毒。该成分的作用机理为抑制病原菌线粒体膜中的呼吸酶。可用于防治谷物作物中常见的叶斑病、褐锈病、黄锈病、大麦网斑病。

主要生产商 Syngenta AG。

参考文献

[1] EP 1556385B1.
[2] US 7598395.

苄啶菌酯（pyribencarb）

$C_{18}H_{20}ClN_3O_3$，361.8，799247-52-2

正在研发的杀菌剂。

其他名称 KIF-7767，KUF-1204

化学名称 {2-氯-5-[(E)-1-(6-甲基-2-吡啶基甲氧基亚氨基)乙基]苄基}氨基甲酸甲酯；methyl {2-chloro-5-[(E)-1-(6-methyl-2-pyridylmethoxyimino)ethyl]benzyl}carbamate

CAS 名称 methyl [[2-chloro-5-[(1E)-1-[[(6-methyl-2-pyridinyl)methoxy]imino]ethyl]phenyl]methyl]carbamate

应用 正在开发的新型杀菌剂。醌外抑制剂，抑制电子传递系统的复合体Ⅲ。

参考文献

The Pesticide Manual. 16 th edition.

苄氯三唑醇（diclobutrazol）

$C_{15}H_{19}Cl_2N_3O$，328.2，75736-33-3

1979 年由 K.J.Bent 和 A.M.Skidmore 报道。由英国 ICIAgrochemicals（后为 Syngenta AG）开发。

化学名称 （2RS,3RS)-1-(2,4-二氯苯基)-4,4-二甲基-2-(1H,1,2,4-三唑-1-基)戊-3-醇；(2RS,3RS)-1-(2,4-dichlorophenyl)-4,4-dimethyl-2-(1H-1,2,4-triazol-1-yl)pentan-3-ol

CAS 名称 (R*,R*)-(±)-β-[(2,4-dichlorophenyl)methyl]-α-(1,1-dimethylethyl)-1H-1,2,4-triazole-1-ethanol

理化性质 本品为近于白色结晶。熔点 147~149℃。密度 1.25g/cm³。蒸气压约 0.0027mPa（20℃）。溶解度（室温）：水 9mg/L，丙酮、氯仿、乙醇、甲醇≤50g/L。K_{ow} lg$P$ 3.81。碱性，pK_a<2。对酸、碱、热及潮湿空气均稳定；50℃下>90d，37℃下>0.5 年；其水溶液（pH4~9）对自然日光稳定 33d 以上，在 pH 0 和 pH 14，80℃，其水解 DT_{50}>5d。

毒性 大鼠急性经口 LD_{50} 4000mg(a.i.)/kg，小鼠急性经口 LD_{50}>1000mg/kg，豚鼠、兔急性经口 LD_{50} 4000mg/kg，大鼠和兔急性经皮 LD_{50}>1000mg/kg。对大鼠皮肤无刺激作用，对兔皮肤有轻微刺激作用，对兔眼睛有中等刺激性。大鼠 90d 饲喂试验的无作用剂量为 2.5mg/(kg·d)，狗半年饲喂试验的无作用剂量为 15mg/(kg·d)。野鸭急性经口 LD_{50}>9461mg/kg。鱼毒 LC_{50}（96h）：在 15℃，对虹鳟为 9.6mg/L。蜜蜂的经口 LD_{50} 和接触 LD_{50} 均为 0.05mg/只，对蚯蚓无不良影响，或者以 0.2kg/hm²、2.0kg/hm² 喷雾后 30~245d，对土壤微节肢动物无不良影响。

应用 三唑类杀菌剂，是类固醇脱甲基化抑制剂，具有杀菌谱广、用药量低、内吸性强等特点。其可防治苹果、禾谷类、南瓜、葡萄上的白粉菌，禾谷类的柄锈菌，咖啡上的咖啡驼孢锈菌和苹果上的苹果黑星菌。可完全抑制隐匿柄锈菌和大麦白粉菌。对番茄、香蕉和柑橘上的真菌病害也有防效。

参考文献

GB 1595698.

丙环唑（propiconazole）

$C_{15}H_{17}Cl_2N_3O_2$，342.2，60207-90-1

由 Janssen Pharmaceutica 评述。由 Ciba-Geigy AG（现 Syngenta AG）开发用于农业，P. A. Urech 等报道，1980 年首次上市。

其他名称　敌力脱，必扑尔，CGA 64 250，Bumper，Propensity，Propicosun，Propivap

化学名称　(±)-1-[2-(2,4-二氯苯基)-4-丙基-1,3-二氧戊环-2-基甲基]-1H-1,2,4-三唑；(±)-1-[2-(2,4-dichlorophenyl)-4-propyl-1,3-dioxolan-2-ylmethyl]-1H-1,2,4-triazole

CAS 名称　1-[[2-(2,4-dichlorophenyl)-4-propyl-1,3-dioxolan-2-yl]methyl]-1H-1,2,4-triazole

理化性质　其纯品为淡黄色无味黏稠液体。沸点 120℃（1.9Pa），＞250℃（101KPa）。蒸气压 2.7×10^{-2} mPa（20℃），5.6×10^{-2} mPa（25℃）。相对密度 1.29（20℃）。$K_{ow}\lg P$ 3.72（pH 6.6，25℃），Henry 常数 9.2×10^{-5} Pa·m^3/mol（20℃）。水中溶解度 100mg/L（20℃）；正己烷 47g/L（25℃），与丙酮、乙醇、甲苯和正丁醇互溶。320℃以下稳定，水解不明显。pK_a 1.09，弱碱性。

毒性　大鼠急性经口 LD$_{50}$ 1517mg/kg，小鼠 1490mg/kg。大鼠急性经皮 LD$_{50}$＞4000mg/kg，兔＞6000mg/kg，对兔皮肤和眼睛无刺激性。大鼠空气吸入 LC$_{50}$（4h）＞5800 mg/m^3。2 年毒性饲喂试验，大鼠无作用剂量 3.6mg/(kg·d)，小鼠 10mg/(kg·d)；1 年饲喂试验，狗的无作用剂量 1.9mg/(kg·d)。无致畸、致癌作用。日本鹌鹑急性经口 LD$_{50}$ 2223mg/kg，山齿鹑 2825mg/kg，野鸭＞2510mg/kg，北京鸭＞6000mg/kg。日本鹌鹑 LC$_{50}$（5d）＞10000mg/kg 饲料，山齿鹑＞5620mg/kg 饲料，野鸭＞5620mg/kg 饲料，北京鸭＞10000mg/kg 饲料。鲤鱼 LC$_{50}$（96h）6.8mg/L，虹鳟 4.3mg/L，金圆腹雅罗鱼 5.1mg/L，鲱鱼 2.6mg/L。水蚤 EC$_{50}$（48h）10.2mg/L。近头状伪蹄形藻 EC$_{50}$（3d，250 EC 单剂）2.05mg/L。其他水生生物：维吉尼亚美东牡蛎 EC$_{50}$（48h）1.7mg/L，糠虾 EC$_{50}$（96h）0.51mg/L，浮萍 EC$_{50}$（14d）5.3mg/L。蜜蜂 LD$_{50}$（接触和经口）＞100μg/只。赤子爱胜蚓 LC$_{50}$（14d）686mg/kg 干土。

制剂　EC，GL，SC。

应用　一种具有保护和治疗作用的内吸性三唑类杀菌剂，属麦角固醇生物合成的抑制剂。丙环唑可以防治子囊菌、担子菌和半知菌所引起的病害，特别是对小麦根腐病、白粉病、水稻恶苗病具有较好的防治效果，但对卵菌病害无效。丙环唑残效期在 1 个月左右。适用于香蕉、小麦作物。可有效地防治大多数高等真菌引起的病害，如对香蕉叶斑病有特效，对小麦纹枯病、叶枯病、白粉病、锈病都有良好的防治效果。茎叶喷雾。

合成路线

分析方法　产品用 GC/FID 分析。

主要生产商　Syngenta，A&Fine，AgroDragon，Bharat，Dow AgroSciences，Milenia，Nagarjuna Agrichem，Sundat，Tagros，Sharda，Nortox，安徽华星，池州新赛德，江苏丰登，安徽丰乐，浙江禾本，江苏瑞东，江苏七洲，江苏省激素研究所，盐城利民，宁波中化，浙江世佳，

上海生农，中化江苏，中化宁波，泰达集团，浙江华兴。

参考文献

[1] GB 1522657.
[2] BE 835579.

丙硫多菌灵（albendazole）

$C_{12}H_{15}N_3O_2S$，265.3，54965-21-8

其他名称　施宝灵，丙硫咪唑

化学名称　5-(丙硫基)-1H-苯并咪唑-2-基氨基甲酸甲酯；methyl [5-(propylsulfanyl)-1H-1,3-benzimidazol-2-yl]carbamate

CAS 名称　methyl N-[5-(propylthio)-1H-benzimidazol-2-yl]carbamate

理化性质　纯品外观为白色粉末，无臭无味，熔点 206～212℃，熔融时分解。微溶于乙醇、氯仿、热稀盐酸和稀硫酸，溶于冰醋酸，不溶于水。

毒性　大鼠急性经口 LD_{50} 为 4287mg/kg，大鼠急性经皮 LD_{50} 为 608mg/kg。对眼睛有轻微刺激作用。

制剂　SC。

应用　内吸性苯并咪唑类杀菌剂。具有保护和治疗作用，对病原菌孢子萌发有较强的抑制作用，可有效地防治霜霉科、白粉科和腐霉科引起的病害。

丙硫菌唑（prothioconazole）

$C_{14}H_{15}Cl_2N_3OS$，344.3，178928-70-6

由 A. Mauler-Machnik 等报道，2004 年 Bayer CropScience 在德国和英国取得登记。

其他名称　JAU 6476，AMS 21619，Proline，Redigo

化学名称　2-[(2RS)-2-(1-氯环丙基)-3-(2-氯苯基)-2-羟丙基]-2H-1,2,4-三唑-3(4H)-硫酮；2-[(2RS)-2-(1-chlorocyclopropyl)-3-(2-chlorophenyl)-2-hydroxypropyl]-2H-1,2,4-triazole-3(4H)-thione

CAS 名称　2-[2-(1-chlorocyclopropyl)-3-(2-chlorophenyl)-2-hydroxypropyl]-1,2-dihydro-3H-1,2,4-triazole-3-thione

理化性质　原药纯度≥97%。纯品为白色或浅米色粉末状结晶。熔点 139.1～144.5℃。沸点（487±50）℃（计算值）。蒸气压≪4×10^{-4} mPa（20℃）。K_{ow} lg$P$ 4.05（无缓冲液，20℃），4.16（pH 4），3.82（pH 7），2.00（pH 9）。Henry 常数≪3×10^{-5} Pa·m^3/mol。

相对密度 1.36（20℃）。水中溶解度（20℃，g/L）：0.005（pH 4），0.3（pH 8），2.0（pH 9）；有机溶剂中溶解度（20℃，g/L）：正庚烷<0.1，二甲苯8，正辛醇58，异丙醇87，乙腈69，二甲基亚砜126，二氯甲烷88，乙酸乙酯、聚乙二醇、丙酮中均>250。室温下稳定，在pH 4～9的水溶液中稳定，在水中迅速光解为脱硫丙硫菌唑。pK_a 6.9。

毒性 大鼠急性经口 LD_{50}>6200mg/kg。大鼠急性经皮 LD_{50}>2000mg/kg。对兔皮肤和眼睛无刺激，对豚鼠皮肤无致敏现象。大鼠急性吸入（LD_{50}）>4990mg/L 空气。无致畸、致突变性，对胚胎无毒性。鹌鹑急性经口 LD_{50}>2000mg/kg。虹鳟鱼 LC_{50}（96h）1.83mg/L。藻类慢性 EC_{50}（72h）2.18mg/L。蚯蚓急性 LC_{50}（14d）>1000mg/kg 干土。对蜜蜂无毒，对非靶标生物、土壤有机体无影响。

制剂 EC，FS，SC。

应用 麦角固醇生物合成抑制剂。具有保护、治疗和铲除活性的内吸性杀菌剂，而且持效期长。用于小麦、大麦等作物，叶面喷施防治多种病害如眼斑病（小麦眼斑病）、镰刀菌枯萎病（镰刀菌属、雪霉叶枯菌）、叶斑病（小麦壳针孢、球腔菌属、核腔菌属和黑麦喙孢等）、锈病（柄锈属）和白粉病（小麦白粉病菌）等。种子处理，用于防治黑粉菌、腥黑粉菌、镰刀菌和雪霉叶枯菌引起的病害。

合成路线

分析方法 产品用 HPLC/UV 分析。

参考文献

The Pesticide Manual. 16th ed.

丙森锌（propineb）

$(C_5H_8N_2S_4Zn)_x$，289.8(单体)，12071-83-9

由 H. Goeldner 报道，F. Grewe（ibid.，1967，20，581）对其进行了综述。1965 年 Bayer AG 开发并推广。

其他名称 安泰生，Bayer 46 131，LH 30/Z，Antracol

化学名称 丙烯基双二硫代氨基甲酸锌；polymeric zinc 1,2-propylenebis(dithiocarbamate)

CAS 名称 [[(1-methyl-1,2-ethanediyl)bis[carbamodithioato]](2—)]zinchomopolymer

理化性质 丙森锌为白色或微黄色粉末，在150℃以上分解，在300℃左右仅有少量残渣留下，蒸气压<1.6×10^{-7} mPa（20℃），相对密度1.813g/mL（23℃）。水中溶解度为<0.01g/L（20℃）；甲苯、己烷、二氯甲烷<0.1g/L。在干燥低温条件下贮存时稳定；水解（22℃）半衰期（估算值）：1d（pH 4），约1d（pH 7），大于2d（pH 9）。

毒性 大鼠急性经口 LD_{50}＞5000mg/kg，兔＞2500mg/kg。大鼠急性经皮 LD_{50}＞5000mg/kg；对兔眼睛和皮肤无刺激作用。大鼠吸入毒性 LC_{50}（4h）2420mg/m³ 空气。2年无作用剂量：大鼠 2.5mg/(kg·d)，小鼠 106mg/(kg·d)，狗 25mg/(kg·d)。日本鹌鹑 LD_{50}＞5000mg/kg。虹鳟鱼 LC_{50}（96h）0.4mg/L，高体雅罗鱼 133mg/L。水蚤 LC_{50}（48h）4.7mg/L。藻类 E_rC_{50}（96h）2.7mg/L。对蜜蜂无毒，LD_{50}（接触）＞164μg/只。

制剂 WG，WP。

应用 丙森锌是一种速效、长残留、广谱的保护性杀菌剂。其杀菌机制为抑制病原菌体内丙酮酸的氧化。该药剂对蔬菜、葡萄、烟草和啤酒花等作物的霜霉病以及番茄和马铃薯的早、晚疫病均有优良的保护性作用，并且对白粉病、锈病和葡萄孢属的病害也有一定的抑制作用。在推荐剂量下对作物安全。

合成路线 由1,2-丙基二胺与二硫化碳在NaOH存在下反应，生成物再加硝酸锌即制得丙森锌。

分析方法 产品水解后，释放的二硫化碳转化为二硫代碳酸盐，再用碘滴定法测定。

主要生产商 Bayer CropScience，盐城利民。

参考文献

[1] BE 611960.
[2] GB 00935981.

丙烷脒（propamidine）

$C_{17}H_{20}N_4O_2$，312.4，104-32-5

化学名称 1,3-二(4-脒基苯氧基)丙烷；4,4′-(trimethylenedioxy)dibenzamidine；α,ω-(4,4′-diamidinodiphenoxy)propane

CAS名称 4,4′-[1,3-propanediylbis(oxy)]bis[benzenecarboximidamide]

理化性质 原药外观为白色到微黄色固体。溶点 188～189℃，蒸气压＜1.0×10^{-6}Pa。20℃时溶解度：水 100g/L，甲醇 150g/L。

应用 内吸性杀菌剂，可在植物体内吸收、分布和代谢，具有保护和治疗双重功效。主要用于防治田间和大棚内蔬菜、果树和经济作物上由灰霉病菌引起的多种植物病害。

丙烯酸喹啉酯（halacrinate）

$C_{12}H_7BrClNO_2$，312.6，34462-96-9

由 Ciba-Geigy AG 开发。

其他名称　烯菌酯，CGA 30 599
化学名称　7-溴-5-氯-8-喹啉基丙烯酸酯；7-bromo-5-chloro-8-quinolyl acrylate
CAS 名称　7-bromo-5-chloro-8-quinolinyl 2-propenoate
理化性质　本品为无色结晶，熔点 100~101℃，20℃时蒸气压为 0.08mPa，Henry 常数 $4.17×10^{-3}$Pa·m³/mol（计算值）。在 20℃水中溶解度为 6mg/L，甲醇中为 2.7%，苯中为 37%，二氯甲烷中为 61%。在中性和弱酸性介质中相当稳定，但在碱性条件下缓慢水解。
毒性　大鼠急性经口 LD_{50}>10000mg/kg；急性经皮 LD_{50}>3170mg/kg。
应用　喹啉类非内吸的保护和治疗性谷物杀菌剂。

丙氧喹啉（proquinazid）

$C_{14}H_{17}IN_2O_2$, 372.2, 189278-12-4

由 E. I. du Pontde Nemours & Co. 开发，2005 年在欧洲上市。
其他名称　DPX-KQ926，IN-KQ926，Talendo，Talius
化学名称　6-碘-2-丙氧基-3-丙基喹唑啉-4(3H)-酮；6-iodo-2-propoxy-3-propylquinazolin-4(3H)-one
CAS 名称　6-iodo-2-propoxy-3-propyl-4(3H)-quinazolinone
理化性质　原药纯度>95%。纯品为白色结晶体。熔点 61.5~62℃。蒸气压 $9×10^{-2}$mPa（25℃）。K_{ow}lg$P$ 5.5。Henry 常数 $3×10^{-2}$Pa·m³/mol（25℃，计算值）。相对密度 1.57（20℃）。水中溶解度（pH 7，25℃）：0.93mg/L；有机溶剂中溶解度（25℃）：丙酮、二氯甲烷、二甲基甲酰胺、乙酸乙酯、正己烷、正辛醇、邻二甲苯中均>250 g/kg，乙腈 154g/L，甲醇 136g/L。稳定性：20℃在 pH 4、7 和 9 的水溶液中稳定，水中光解 DT_{50} 0.03d（pH 7 缓冲液，20℃）。pK_a：在 pH 2.4~11.6 之间不解离。
毒性　雄大鼠急性经口 LD_{50}>4846mg/kg。大鼠急性经皮 LD_{50}>5000mg/kg；对兔眼睛和皮肤无刺激作用，对豚鼠皮肤无致敏性。大鼠吸入 LC_{50}（4h）>5.2mg/L。NOAEL 值（2 年）：大鼠 1.2mg/kg。北方鹌鹑急性经口 LD_{50}>2250mg/kg，山齿鹑和野鸭饲喂 LC_{50}（5d）>5620mg/L。大翻车鱼 LC_{50}（96h）0.454mg/L，虹鳟 0.349mg/L，羊头原鲷>0.58mg/L。水蚤 EC_{50}（96h）0.287mg/L。羊角月牙藻 EC_{50}（72h）>0.684mg/L。其他水生生物：维吉尼亚美东生蚝 LC_{50}（96h）0.219mg/L，糠虾 LC_{50}（96h）0.11mg/L，浮萍 E_bC_{50}（14d）>0.2mg/L。蜜蜂 LD_{50}：（72h，经口）125μg/只，（72h，接触）197μg/只，蚯蚓 LC_{50}（14d）>1000mg/kg 土。
应用　主要用于谷物和葡萄，防治白粉病。
合成路线

主要生产商　Dupont。

参考文献

[1]　WO 9748684.

[2]　WO 9426722.

病氰硝

$C_{13}H_{13}N_3O_4S$, 307.3

化学名称　（2EZ）-2-氰基-3-甲硫基-3-(2-硝基苯氨基)丙烯酸乙酯；ethyl（2EZ）-2-cyano-3-methylthio-3-(2-nitroanilino)acrylate

CAS 名称　ethyl 2-cyano-3-(methylthio)-3-[(2-nitrophenyl)amino]-2-propenoate

理化性质　在中性和碱性条件下易水解。

制剂　WP。

应用　氰基丙烯酸酯类抗病毒剂。对烟草花叶病毒病有防效。

参考文献

农药，2012，51（8）.

波尔多液（bordeaux mixture）

$CuSO_4 \cdot xCu(OH)_2 \cdot yCa(OH)_2 \cdot zH_2O$

8011-63-0

由 A. Millardet 于 1885 年报道。

其他名称　Bordo mixture，tribasic copper sulfate

CAS 名称　bordeaux mixture

理化性质　由硫酸铜和生石灰与适量的水配制成，为一种硫酸钙复合体，其碱式硫酸铜是杀菌的主要有效成分。浅绿色，非常精细的粉末，不能自由流动。熔点：110～190℃分解。相对密度 3.12（20℃）。水中溶解度：2.20×10^{-3} g/L（pH 6.8，20℃）；有机溶剂中溶解度（mg/L）：甲苯＜9.6，二氯甲烷＜8.8，正己烷＜9.8，乙酸乙酯＜8.4，甲醇＜9.0，丙酮＜8.8。稳定性：Cu^{2+} 为单原子，在常规的以碳为基础的农药溶液中，不能转化成相关的降解产物。

毒性　大鼠急性经口 LD_{50}＞2302mg/kg，大鼠急性经皮 LD_{50}＞2000mg/kg，没有刺激性。吸入毒性：雄鼠 LC_{50}（4h）3.98mg/L，雌鼠＞4.88mg/L。无作用剂量 16～17mg Cu/(kg·d)。山齿鹑急性经口 LD_{50} 616mg Cu/kg。山齿鹑饲喂 LC_{50}（8d）＞1369mg Cu/kg。虹鳟鱼 LC_{50}（96h）＞21.39mg Cu/L。水蚤 EC_{50}（48h）1.87mg Cu/(kg·d)。藻类 E_bC_{50} 0.011mg Cu/(kg·d)；E_rC_{50} 0.041mg Cu/(kg·d)。蜜蜂 LD_{50}：（经口）23.3μg Cu/只，（接触）＞25.2μg Cu/只。蚯蚓 LC_{50}（14d）＞195.5mg Cu/kg 土壤。

制剂　WP，SC。

应用　用于防治疫病、炭疽病及霜霉病，如黄瓜炭疽病、细菌性角斑病、霜霉病、疫病、蔓枯病，马铃薯晚疫病，番茄早疫病、晚疫病、灰霉病，辣椒炭疽病、软腐病，茄子绵疫病，菜豆炭疽病、细菌性疫病，莴苣霜霉病、葱类霜霉病、紫斑病，芹菜斑枯病、斑点病等。适用于大田作物、蔬菜、果树和经济作物病害，在病原菌侵入寄主前施用最为适宜。属广谱性保护剂，治疗作用较差。药液喷在植物表面形成一层薄膜，黏着力强，不易被雨水冲刷。保护膜在一定温度下，释放出铜离子，破坏病菌细胞的蛋白质而起到杀菌作用。对铜敏感的作物如李、桃、鸭梨、白菜、小麦、苹果、大豆等在潮湿多雨条件下，因铜的解离度增大和对叶表面渗透力增强，易产生药害。对石灰敏感的作物如茄科、葫芦科、葡萄、黄瓜、西瓜等，在高温干燥条件下易产生药害。

分析方法 产品以硫酸溶解，采用容量分析法、重量分析法、电解法、比色法、原子吸收光谱法测定铜含量。

主要生产商 英德广农康盛，天津阿格罗帕克，通州正大，江苏龙灯，井上石灰，美国仙农。

参考文献

[1] The Pesticide Manual. 15th ed.
[2] Millardet A. J Agric Prat (Paris), 1885, 49: 513.

春雷霉素 (kasugamycin)

kasugamycin $C_{14}H_{25}N_3O_9$, 379.4
kasugamycin hydrochloride hydrate $C_{14}H_{26}ClN_3O_{10}$, 433.8
6980-18-3

北兴化学工业公司开发的抗菌素类杀细菌和杀真菌剂。

其他名称 春日霉素，加收米，加收热必，加瑞农，嘉赐霉素，Kasugamin, Kasumin, Kasum, Kasurabcide, Kasum-Bordeaux

化学名称 1-L-1,3,4/2,5,6-1-脱氧-2,3,4,5,6-五羟基环己基-2-氨基-2,3,4,6-四脱氧-4-(α-亚氨基甘氨酸基)-α-D-阿拉伯糖己吡喃糖苷或[5-氨基-2-甲基-6-(2,3,4,5,6-五羟基环己基氧)四氢吡喃-3-基]氨基-α-亚氨乙酸;1L-1,3,4/2,5,6-1-deoxy-2,3,4,5,6-pentahydroxycyclohexyl 2-amino-2,3,4,6-tetradeoxy-4-(α-iminoglycino)-α-D-*arabino*-hexopyranoside 或 [5-amino-2-methyl-6-(2,3,4,5,6-pentahydroxycyclohexyloxy) tetrahydropyran-3-yl] amino-α-iminoacetic acid

CAS名称 3-O-[2-amino-4-[(carboxyiminomethyl)amino]-2,3,4,6-tetradeoxy-α-D-*arabino*-hexopyranosyl]-D-*chiro*-inositol

理化性质 其盐酸盐为白色结晶，熔点202～204℃（分解），蒸气压<1.3×10^{-2} mPa（25℃），$K_{ow}\lg P$<1.96（pH 5, 23℃），Henry常数<2.9×10^{-8} Pa·m³/mol（计算值），密度0.43g/cm³（25℃）。溶解度：水207（pH 5），228（pH 7），438（pH 9）（g/L, 25℃）；甲醇2.76，丙酮、二甲苯<1（mg/kg, 25℃）。室温下非常稳定。弱酸稳定，强酸和碱中不稳定。半衰期（50℃）：47d（pH 5），14d（pH 9）。

毒性 春雷霉素盐酸盐水合物雄大鼠急性经口 LD_{50}>5000mg/kg。兔急性经皮 LD_{50}>

2000mg/kg。对兔眼睛无刺激。对皮肤没有致敏性。大鼠吸入毒性 LC_{50} (4h)＞2.4mg/L。大鼠（2年）无作用剂量 300mg/L（11.3mg/kg）。在试验剂量内对动物无致畸、致癌、致突变作用。对生殖无影响。雄性日本鹌鹑急性经口 LD_{50}＞4000mg/kg。鱼类 LC_{50} (48h)：鲤鱼和金鱼＞40mg/L。水蚤 LC_{50} (6h)＞40mg/L。蜜蜂 LD_{50}（接触）＞40μg/只。

制剂 WP，SC，AS。

应用 对水稻上的稻瘟病有优异防效；还可用于防治甜菜上的甜菜生尾孢，马铃薯上的胡萝卜软欧文氏菌，菜豆上的栖菜豆假单胞菌，黄瓜上的流泪假单胞菌，与氧氯化铜混用可防治柠檬上的柑橘黄单胞菌。

主要生产商 河北博嘉，华北制药，绩溪农华，延边春雷生物药业，烟台博瑞特生物科技，陕西绿盾生物制品，陕西美邦农药，日本北兴化学。

醋酸苯汞（phenylmercury acetate）

$C_8H_8HgO_2$，336.7，62-38-4

相应氯化物的杀菌特性由 E. Riehm 报道，1932 年其醋酸盐由 I. G. Farbenindustrie 公司（现 Bayer AG）作为种子处理剂（Ceresan）上市，并由 J. A. de France 报道了它对马唐的毒性。

其他名称 PMA

化学名称 醋酸苯汞；phenylmercury acetate

CAS 名称 (acetato-O) phenylmercury

理化性质 无色晶体。熔点 149～153℃（不分解）。蒸气压 1.2mPa (35℃)。水中溶解度 4.37g/L (15℃)；丙酮 48，甲醇 34，95％的乙醇 17，苯 15 (g/L，15℃)。对稀酸很稳定。在碱金属存在下，形成氢氧化苯基汞。

毒性 大鼠经口急性 LD_{50} 24mg/kg，小鼠 70mg/kg。通过皮肤吸收；可能导致皮炎或过敏。因为蒸气有害，因此要控制种子处理的条件。NOAEL（2 年）大鼠 0.1mg/kg Hg (0.0084mg 醋酸苯汞/kg)。对大鼠有致畸性。鸡急性经口 LD_{50} 60mg/kg。按照规定使用时对蜜蜂没有毒性。

制剂 DS，LS，WS。

应用 具有铲除作用，也有一些除草活性，主要作为种子处理剂用于防治谷物的种传病害小麦腥黑穗病，雪霉病，大麦的叶片条斑病，燕麦的散黑穗病，以及甜菜、棉花、亚麻、水稻、高粱、草皮和观赏植物的种传病害。也用于防治郁金香的镰刀菌属病害（通过鳞茎浸泡）。也用作选择性除草剂，防除草坪杂草。用于山楂上时，会产生落叶。

分析方法 产品通过滴定法或者重量法进行分析。

哒菌酮（diclomezine）

$C_{11}H_8Cl_2N_2O$，255.10，62865-36-5

1988 年由 Y. Takahi 报道。1988 年 Sankyo Co., Ltd（农药部分现归属 Mitsui Chemicals Inc.）在日本开发该产品。

其他名称　F-850，SF-7531，Monguard

化学名称　6-(3,5-二氯对甲基苯基)哒嗪-3(2H)-酮；6-(3,5-dichloro-4-methylphenyl)pyridazin-3(2H)-one

CAS 名称　6-(3,5-dichloro-4-methylphenyl)-3(2H)-pyridazinone

理化性质　纯品为无色结晶状固体。熔点 250.5～253.5℃。蒸气压＜1.3×10^{-2} mPa（60℃）。溶解度：水 0.74mg/L（25℃）；甲醇 2.0g/L（23℃），丙酮 3.4g/L（23℃）。在光照下缓慢分解。在酸、碱和中性环境下稳定。可被土壤颗粒稳定吸收。

毒性　大鼠急性经口 LD_{50}＞12000mg/kg。大鼠急性经皮 LD_{50}＞5000mg/kg；对兔皮肤无刺激作用。大鼠急性吸入 LC_{50}（4h）0.82mg/L。2 年饲喂试验无作用剂量：雄性大鼠为 98.9mg/(kg·d)，雌性大鼠为 99.5mg/(kg·d)。无致突变和致畸作用。山齿鹑和野鸭饲喂 LC_{50}（8d）＞7000mg/L。山齿鹑急性经口 LD_{50}＞3000mg/kg。鲤鱼 LC_{50}（48h）＞300mg/L。水蚤 LC_{50}（5h）＞300mg/L。蜜蜂 LD_{50}（经口和接触）＞100μg/只。

制剂　DP，SC，WP。

应用　一种具有治疗和保护性的杀菌剂。通过抑制隔膜形成和菌丝生长，从而达到杀菌目的。尽管哒菌酮的主要作用方式尚不清楚，但在含有 1mg/L 哒菌酮的马铃薯葡萄糖琼脂培养基上，立枯丝核菌、稻小核菌和灰色小核菌分枝菌丝的隔膜形成会受到抑制，并引起细胞内容物泄漏，此现象甚至在培养开始后 2～3h 便可发现。如此迅速的作用是哒菌酮特有的，其他水稻纹枯病防治药剂如戊菌隆和氟酰胺等均没有这么快。适宜用于水稻、花生、草坪等，在推荐剂量下对作物安全。防治水稻纹枯病和各种菌核病、花生的白霉病和菌核病、草坪纹枯病等。

合成路线

分析方法　采用 HPLC。

参考文献

[1]　US 4052395.
[2]　GB 1533010.
[3]　JP 1170243.

大蒜素（allicin）

$CH_2=CH-CH_2-S(=O)-S-CH_2-CH=CH_2$

$C_6H_{10}OS_2$，162.3，539-86-6

化学名称　S-烯丙基丙-2-烯-1-亚磺酸硫代酸酯；S-allylprop-2-ene-1-sulfinothioate
CAS 名称　S-2-propen-1-yl 2-propene-1-sulfinothioate
应用　杀菌剂、杀虫剂、杀软体动物剂。

代森铵（amobam）

$$\begin{array}{c} CH_2NHCSSNH_4 \\ | \\ CH_2NHCSSNH_4 \end{array}$$

$C_4H_{14}N_4S_4$，246.4，3566-10-7

主要在中国生产和销售。

其他名称　铵乃浦，Staless，Chem-O-bam，Dithane staless，Ambam
化学名称　亚乙基双二硫代氨基甲酸铵；diammonium ethylenebis(dithiocarbamate)
CAS 名称　diammonium 1,2-ethanediylbis[carbamodithioate]
理化性质　熔点 72.5～72.8℃。易溶于水，不溶于二甲苯。
毒性　代森铵不污染作物，对人畜低毒且无刺激性。大白鼠急性经口 LD_{50} 为 450mg/kg。
制剂　SL。
应用　用于防治棉花苗期炭疽病、立枯病、黄萎病；黄瓜霜霉病、梨黑星病、烟草黑胫病、菊黑锈病、白锈病等；也可用作马铃薯、番茄、蔬菜的叶用杀菌剂。
主要生产商　河北双吉。

代森福美锌（polycarbamate）

$C_{10}H_{18}N_4S_8Zn_2$，581.6，64440-88-6

化学名称　双(二甲基二硫代氨基甲基)锌乙烯二硫代氨基甲酸酯；1,2-双-S-(二硫代二甲氨基甲酸锌基)二硫代甲酰氨基乙烷；dizinc bis(dimethyldithiocarbamate)ethylenebis(dithiocarbamate)(polymeric)
CAS 名称　bis(dimethylcarbamodithioato-κS,κS')[μ-[[1,2-ethanediylbis[carbamodithioato-κS,κS']](2−)]]di[zinc]
应用　杀菌剂。

代森环（milneb）

$C_{12}H_{22}N_4S_4$，350.6，3773-49-7

由 E. I. du Pontde Nemours & Co. 报道。

其他名称　Banlate

化学名称　4,4′,6,6′-四甲基-3,3′-亚乙基二氧基-1,3,5-噻二唑-2-硫酮；4,4′,6,6′-tetramethyl-3,3′-ethylenedi-1,3,5-thiadiazinane-2-thione

CAS 名称　3,3′-(1,2-ethanediyl)bis[tetrahydro-4,6-dimethyl-2H-1,3,5-thiadiazine-2-thione]

理化性质　工业品为白色晶体。不溶于水和乙醇，可溶于硝基苯和硝基甲烷等。对光、热较稳定，可燃烧，遇碱性物质易分解失效。

毒性　大鼠急性经口 LD_{50} 为 4640mg/kg，经皮 LD_{50} 大于 10000mg/kg（雌雄性别无差异），代森环有较强的蓄积毒性作用，但对兔皮肤和眼黏膜无明显刺激作用。Ames 试验、小鼠骨髓嗜多染红细胞微核实验和大鼠睾丸精母细胞染色体畸变实验结果均为阴性，说明代森环无明显的致突变作用。亚慢性（90d）实验 63mg/kg 剂量对动物生长发育、血常规、肝、肾功能和病理学均无明显改变，代森环的无作用剂量为 63mg/kg。

制剂　WP。

应用　主要用于蔬菜、果树上多种病害的防治，防治瓜类和白菜的霜霉病及小麦锈病效果也较显著。

参考文献

The Pesticide Manual. 16 th ed.

代森联（metiram）

$[C_{16}H_{33}N_{11}S_{16}Zn_3]_x$，$(1088.8)_x$，9006-42-2

1958 年由 BASF AG（现 BASF SE）开发。

其他名称　品润，Polyram，FMC 9102，BAS 222 F

化学名称　亚乙基双二硫代氨基甲酸锌聚（亚乙基秋拉姆二硫化物）；zinc ammoniate ethylenebis(dithiocarbamate)-poly(ethylenethiuram disulfide)

CAS 名称　metiram(composition not specified)

理化性质　原药为黄色的粉末，156℃下分解，工业品含量达 95% 以上，蒸气压 <0.010mPa（20℃），K_{ow}lg$P$ 0.3（pH 7），Henry 常数 <$5.4×10^{-3}$ Pa·m³/mol（计算值），相对密度 1.860（20℃）。不溶于水和大多数有机溶剂（例如乙醇、丙酮、苯），溶于吡啶中并分解。在 30℃ 以下稳定；水解 DT_{50} 17.4h（pH 7）。

毒性　大鼠急性经口 LD_{50} >5000mg/kg。大鼠急性经皮 LD_{50} >2000mg/kg。大鼠吸入毒性 LC_{50}（4h）>5.7mg/L 空气。大鼠（2 年）无作用剂量 3.1mg/kg。鹌鹑 LD_{50} >2150mg/kg。虹鳟鱼 LC_{50}（96h）0.33mg/L（测量平均值）。水蚤 EC_{50}（48h）0.11mg/L（测量平均值）。绿藻 EC_{50}（96h）0.3mg/L。蜜蜂 LD_{50}（经口，接触）>80μg/只。蚯蚓

LC_{50} (14d)＞1000mg/L。

制剂 WG，WP。

应用 可以防治棉花苗期炭疽病、立枯病、黄萎病；黄瓜霜霉病、梨黑星病、烟草黑胫病、菊黑锈病、白锈病等；也可用作马铃薯、番茄、蔬菜的叶用杀菌剂。

分析方法 产品通过酸水解成二硫化碳，然后采用滴定法（CIPAC 61/1/M/1.2）。ETU 成分通过 HPLC 和紫外检测或采用纸色谱法。

主要生产商 BASF，Limin，南通宝叶。

参考文献

[1] GB 840211.
[2] US 3248400.
[3] DE 1085709.

代森硫（etem）

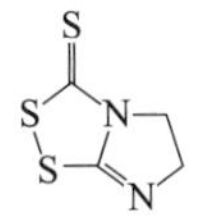

$C_4H_4N_2S_3$, 176.3；$C_4H_6N_2S_3$, 178.3；33813-20-6

由 Universal Crop Protection Ltd 评价。

化学名称 5,6-二氢-3H-咪唑并[2,1-c][1,2,4]二噻唑-3-硫酮；5,6-dihydro-3H-imidazo[2,1-c][1,2,4]dithiazole-3-thione

CAS 名称 5,6-dihydro-3H-imidazo[2,1-c]-1,2,4-dithiazole-3-thione

理化性质 黄色结晶粉末。熔点 121～124℃。

应用 具有保护功能的杀菌剂。

代森锰（maneb）

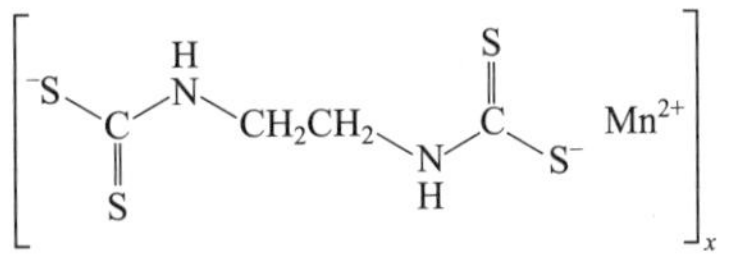

$(C_4H_6MnN_2S_4)_x$, 265.3, 12427-38-2

由 E. I. du Pont de Nemours & Co.（不再生产或销售）和 Rohm & Haas Co.（现 Dow AgroSciences）开发。

其他名称 MEB

化学名称 亚乙基双(二硫代氨基甲酸)锰(聚合的)；manganese ethylenebis(dithiocarbamate)(polymeric)

CAS 名称 [1,2-ethanediylbis[carbamodithioato](2—)]manganese

理化性质 黄色结晶固体。熔点 192～204℃分解，不熔化。20℃时蒸气压可忽略。相对密度 1.92。几乎不溶于水和一般有机溶剂。溶于螯合剂（如 EDTA 钠盐），形成络合物。对光稳定。长期暴露在空气或湿气中分解。水解 DT_{50}＜24h（pH 5、7、9）。

毒性 大鼠急性经口 $LD_{50}>5000mg/kg$。大鼠和兔急性经皮 $LD_{50}>5000mg/kg$。对兔眼睛有中等刺激，对皮肤无刺激，对鼻子和咽喉产生刺激。大鼠吸入 LC_{50}（4h）$>3.8mg/L$ 空气。NOEL 值：大鼠饲喂 250mg/kg 2 年无致病作用，但饲喂 2500mg/kg 饲料有中毒迹象；狗饲喂 20mg/(kg·d)，1 年试验无影响，饲喂 75mg/(kg·d) 有中毒迹象。野鸭和山齿鹑饲喂 LC_{50}（8d）$>10000mg/kg$ 饲料。鲤鱼 LC_{50}（48h）1.8mg/L。对蜜蜂无毒。

制剂 SC，WG，WP，ZC。

应用 具有保护功能的杀菌剂。防治大田作物、果树、坚果、蔬菜、观赏植物和草皮等作物的多种真菌病害。特别适用于防治番茄和马铃薯的早疫病和晚疫病，马铃薯种子的立枯丝核菌病和链霉菌疥疮，芹菜、甜菜和无核葡萄的叶斑病，谷物、玫瑰、康乃馨、芦笋、豆类、苹果、李子和葡萄的锈病，啤酒花、葡萄、洋葱、观赏植物和烟草的霜霉病，苹果污斑病、炭疽病、蝇屎斑病，苹果和梨的痂病，香蕉黄条叶斑病，豆炭疽病，郁金香疫病，森林落针病以及许多谷物种子病害。可叶面喷施或作为种子处理剂使用。

分析方法 产品分析，用酸分解产品，然后测量释放出来的二硫化碳，或者采用 GLC 或衍生物比色法。

主要生产商 Cerexagri，Crystal，Drexel，盐城利民。

参考文献

[1] US 2504404.

[2] US 2710822.

代森锰铜（mancopper）

由 Rohm & Haas Co.（现 Dow AgroSciences）开发。

其他名称 Dithane C-90

化学名称 亚乙基双二硫代氨基甲酸锰与铜盐的多元配位化合物（锰约 13.7%，铜约 4%）；ethylenebis(dithiocarbamate) mixed metal complex containing c. 13.7% manganese and c. 4% copper

CAS 名称 [[1,2-ethanediylbis[carbamodithioato]](2−)]manganese mixture with [[1,2-ethanediylbis[carbamodithioato]](2−)]copper

毒性 大鼠急性经口 LD_{50} 为 9600mg/kg。

制剂 WP，ZC。

应用 呼吸抑制剂，具有杀菌、保护作用，用于防治葡萄霜霉病。也可用于种子处理防治谷物壳针孢菌和镰刀菌。

代森锰锌（mancozeb）

$$\left[\begin{array}{c}\text{S}\\\|\\\text{S}-\text{C}-\text{N}-\text{CH}_2\text{CH}_2-\text{N}-\text{C}-\text{S}\\\quad\quad\text{H}\quad\quad\quad\quad\quad\text{H}\quad\|\\\quad\quad\quad\quad\quad\quad\quad\quad\quad\quad\text{S}\end{array}\text{Mn}^{2+}\right]_x(\text{Zn})_y$$

$x:y=1:0.091$

$[C_4H_6MnN_2S_4]_xZn_y$，271.2（基于结构），8018-01-7

由 Rohm & Haas（现 Dow AgroScience Co）和 E. I. Du Pont de Nemours and Co. 开发。

其他名称 大生，Aimcozeb，Caiman，Defend M 45，Devidayal M-45，Dithane

化学名称 亚乙基双（二硫代氨基甲酸）锰（聚合）与锌盐络合物；manganese ethylenebis(dithiocarbamate)(polymeric) complex with zinc salt

CAS 名称 [[1,2-ethanediylbis[carbamodithioato]](2−)]manganese mixture with [[1,2-ethanediylbis[carbamodithioato]](2−)]zinc

理化性质 代森锰锌活性成分不稳定，原药不进行分离，直接做成各种制剂。原药为灰黄色粉末，约172℃时分解，无熔点，蒸气压$<1.33\times10^{-2}$ mPa（20℃，估计值），$K_{ow}\lg P$ 0.26，Henry 常数$<5.9\times10^{-4}$ Pa·m³/mol（计算值），相对密度 1.99（20℃）。水中溶解度为 6.2mg/L（pH 7.5，25℃）；在大多数有机溶剂中不溶解；可溶于强螯合剂溶液中，但不能回收。在密闭容器中及隔热条件下可稳定存放 2 年以上。亚乙基双（二硫代氨基甲酸盐）在环境中可迅速水解、氧化、光解及代谢。

毒性 大鼠急性经口 $LD_{50}>5000$mg/kg。急性经皮 LD_{50}：大鼠>10000mg/kg，兔>5000mg/kg。连续接触对皮肤有刺激性。在极高剂量下，会引起试验动物生育有障碍；产品中的微量杂质及代森锰锌降解产物亚乙基硫脲，会引起试验动物甲状腺肿大、肿瘤和生育缺失。大鼠吸入毒性 LC_{50}（4h）>5.14mg/L。大鼠（2 年）无作用剂量：4.8mg/(kg·d)。禽类急性经口 LD_{50}（10d）：野鸭>5500mg/kg，日本鹌鹑 5500mg/kg。鱼毒 LC_{50}（96h）：虹鳟鱼 1.0mg/L，大翻车鱼>3.6mg/L。水蚤 EC_{50}（48h）3.8mg/L。羊角月牙藻 EC_{50}（120h）0.044mg/L。蜜蜂 LD_{50}：（经口）$>209\mu g$/只，（接触）$>400\mu g$/只。蚯蚓 LC_{50}（14d）>1000mg/kg 土壤。

制剂 DP，DS，OD，SC，WG，WP。

应用 一种广谱保护性杀菌剂。代森锰锌的杀菌机制是多方面的，但其主要为抑制菌体内丙酮酸的氧化，和参与丙酮酸氧化过程的二硫辛酸脱氢酶中的巯基结合，代森类化合物先转化为异硫氰酯，其后再与巯基结合，主要的是异硫氰甲酯和二硫化亚乙基双胺硫代甲酰基，这些产物的最重要毒性反应也是蛋白质体（主要是酶）上的—SH 基，反应最快最明显的是辅酶 A 分子上的—SH 基与复合物中的金属键结合。对藻菌纲的疫菌属、半知菌类的尾孢属，壳二孢属等引起的多种作物病害，如对花生云纹斑病、棉花铃疫病、甜菜褐斑病、橡胶炭疽病、人参叶斑病、蚕豆赤斑病等均有很好的防治效果。

合成路线

$$\begin{array}{c}\text{H}_2\text{C}-\text{NH}_2\\|\\\text{H}_2\text{C}-\text{NH}_2\end{array}+\text{CS}_2\xrightarrow{\text{NH}_4\text{OH}}\begin{array}{c}\text{H}\quad\text{S}\\|\quad\|\\\text{H}_2\text{C}-\text{N}-\text{C}-\text{S}-\text{NH}_4\\|\\\text{H}_2\text{C}-\text{N}-\text{C}-\text{S}-\text{NH}_4\\|\quad\|\\\text{H}\quad\text{S}\end{array}\xrightarrow{\text{MnSO}_4}\begin{array}{c}\text{H}\quad\text{S}\\|\quad\|\\\text{H}_2\text{C}-\text{N}-\text{C}-\text{S}\\|\quad\quad\quad\text{Mn}\\\text{H}_2\text{C}-\text{N}-\text{C}-\text{S}\\|\quad\|\\\text{H}\quad\text{S}\end{array}\xrightarrow{\text{ZnSO}_4}\begin{array}{c}\text{H}\quad\text{S}\\|\quad\|\\\text{H}_2\text{C}-\text{N}-\text{C}-\text{S}\\|\quad\quad\quad\text{Mn(Zn)}\\\text{H}_2\text{C}-\text{N}-\text{C}-\text{S}\\|\quad\|\\\text{H}\quad\text{S}\end{array}$$

分析方法 在与铜化合物的混合物中,采用碘滴定法测定释放的二硫化碳;采用滴定法测定锰;ETU 含量测定采用 HPLC 或纸色谱法。

主要生产商 Dow AgroSciences, DuPont, A&Fine, Agria, Agrochem, Cerexagri, Crystal, Gujarat Pesticides, Hindustan, Indofil, Sabero, United Phosphorus, 艾农国际, 深圳宝诚, 上海泰禾, 湖北沙隆达, 深圳易普乐, 江苏宝灵, 盐城利民, 南通江山, 沈阳丰收。

参考文献

[1] GB 996264.
[2] US 3379610.
[3] US 2974156.

代森钠 (nabam)

$C_4H_6N_2Na_2S_4$, 256.3, 142-59-6

由 A. E. dimond 等报道,由纳幕尔杜邦公司和罗门哈斯引入市场(这两家公司现均已停产)。

化学名称 亚乙基(二硫代氨基甲酸钠);disodium ethylenebis(dithiocarbamate)

CAS 名称 disodium 1,2-ethanediylbis(carbamodithioate)

理化性质 无色晶体(六水合物)。熔点:遇热分解而不熔化。蒸气压:非常低。水中溶解度约 200g/L(室温);不溶于普通有机溶剂。在曝气的水溶液中沉淀为淡黄色混合物,主要的杀菌成分是硫和 etem(伊特姆)。

毒性 大鼠急性经口 LD_{50} 395mg/kg,小鼠 580mg/kg。对皮肤和黏膜有刺激性。大鼠连续 10d 接受 1000～2500mg/kg 显示有甲状腺肿大现象。对鱼类有中等毒性,对蜜蜂无毒。

制剂 SL。

应用 非特定的硫醇反应,抑制呼吸。具有保护性的杀菌剂、杀藻剂。用于水稻田控制藻类,土壤处理用于棉花、辣椒和洋葱防治一些真菌病害。常与硫酸锌(形成代森锌)或硫酸锰(形成代森锰)混用。也用于非农业领域防治真菌和藻类。还用于谷物、马铃薯、蔬菜、甜菜、水果、葡萄树、烟草、草皮、观赏植物等,防治担子菌(如丝核菌、柄锈菌、核蝴菌属等)引起的病害。而且,当用于种子或土壤处理时,可以防治蔬菜和烟草的猝倒病。

分析方法 产品先水解为二硫化碳,再转化成二硫代碳酸酯,再用碘滴定法来测定。

主要生产商 Dow AgroSciences。

参考文献

[1] US 2317765.
[2] The Pesticide Manual. 16 th ed.

代森锌 (zineb)

$(C_4H_6N_2S_4Zn)_x$, 275.8, 12122-67-7

Rohm & Haas Co.（现 Dow AgroSciences）和 E. I. du Pont de Nemours & Co. 开发。

其他名称　ZEB，Amitan，Indofil Z-78，AAphytora，Aspor，Azzurro，Bianco，Dhanuthane，Dithane Z-78，Peran，Perocin，Polyram-Z，Radocineb，Zinagro，Zinfez

化学名称　亚乙基双(二硫代氨基甲酸锌)(聚合物)；zinc ethylenebis(dithiocarbamate)(polymeric)

CAS 名称　[2-[(dithiocarboxy)amino]ethyl]carbamodithioato(2-)-$\kappa S,\kappa S'$]zinc

理化性质　TC 为白色至淡黄色的粉末，157℃下分解。工业品含量达 95% 以上。闪点：90℃。溶解度：在水中仅溶解 10mg/L，不溶于大多数有机溶剂，微溶于吡啶中。稳定性：自燃温度 149℃；对光、热、湿气不稳定，容易分解，放出二硫化碳，故代森锌不宜放在潮湿和高温地方。代森锌分解产物中有亚乙基硫脲，其毒性较大。

毒性　大鼠急性经口 $LD_{50}>5200mg/kg$。大鼠急性经皮 $LD_{50}>6000mg/kg$。对皮肤和黏膜有刺激性。制剂中的杂质及分解产物亚乙基硫脲在极高剂量下会使试验动物出现甲状腺病变，产生肿瘤及生育缺失等症状。鱼类 LC_{50}：河鲈鱼 2mg/L。蜜蜂 LD_{50}（经口、接触）：100μg/只。

制剂　WG，WP。

应用　代森锌对多种作物都具有保护性杀菌作用，是用于叶部的保护性杀菌剂。除对代森锌敏感的品系外，一般是无植物毒性的。主要用于防治麦类、水稻、果树、蔬菜和烟草等多种作物的病害。如麦类锈病、赤霉病；水稻稻瘟病、纹枯病、白叶枯病；玉米大斑病；苹果和梨的赤星病、黑点病、花腐病、褐斑病、黑星病；桃树炭疽病、缩叶病、穿孔病；杏和李树的菌核病、枯梗病、细菌性穿孔病；葡萄霜霉病、黑痘病；茶树赤星病、白星病、炭疽病；烟草立枯病、野大病、赤星病、炭疽病；花生及甜菜褐斑病；马铃薯疫病、疮痂病、黑肿病、轮腐病；番茄疫病、褐纹病、炭疽病、斑点病；黄瓜霜霉病；以及白菜、萝卜、芜菁、花椰菜等软腐病、黑斑病、白斑病、炭疽病等。对橘锈螨也有效。

主要生产商　Bayer CropScience，Isagro，Chemiplant，Chemiplant，Dhanuka，Dow AgroSciences，Efthymiadis，Agria，BASF，Radonja，Agropharm，Zagro，双吉化工，利民化工，沈阳丰收，四川福达，四川国光，天津京津，天津绿宝，天津施普乐。

稻瘟净（EBP）

$C_{11}H_{17}O_3PS$，260.3，13286-32-3

Kumiai Chemical Industry Co., Ltd. 开发。

其他名称　Kitazin

化学名称　S-苄基-O,O-二乙基硫代磷酸酯；S-benzyl O,O-diethyl phosphorothioate

CAS 名称　O,O-diethyl S-(phenylmethyl) phosphorothioate

理化性质　纯品为无色透明液体，原药为淡黄色液体，略带有特殊臭味。沸点 120～130℃（0.1～0.15mmHg）。蒸气压 0.0099mPa（20℃）。相对密度 1.5258。难溶于水，易溶于乙醇、乙醚、二甲苯、环己酮等有机溶剂。对光照稳定，温度过高或在高温情况下时间过长时引起分解，对酸稳定，但对碱不稳定。

毒性　大鼠急性经口 LD_{50}（mg/kg）：237.7（原药），791（乳油），>12000（粉剂）。

大鼠急性经皮 LD$_{50}$ 570mg/kg。对温血动物毒性较低，对人畜的急性胃毒毒性属中等。对鱼、贝类毒性较低，对兔眼及皮肤无刺激性。大鼠饲喂 90d 无作用剂量 5mg/kg。

制剂 DP，EC。

应用 通过内吸渗透传导作用，抑制稻瘟病菌乙酰氨基葡萄糖的聚合，使组成细胞壁的壳层无法形成，达到阻止菌丝生长和形成孢子的目的，对水稻各生育期的稻病均具有保护和治疗作用。主要用于防治水稻稻瘟病、小粒菌核病、纹枯病、枯穗病等。并能兼治稻叶蝉、稻飞虱、黑尾叶蝉等。

合成路线

$$C_2H_5OH \xrightarrow{PCl_3} (C_2H_5O)_2POH \xrightarrow[Na_2CO_3]{S} (C_2H_5O)_2P(O)-SNa \xrightarrow{\text{PhCH}_2Cl} \text{PhCH}_2SP(O)(OC_2H_5)_2$$

主要生产商 Kumiai。

稻瘟灵（isoprothiolane）

$C_{12}H_{18}O_4S_2$，290.4，50512-35-1

日本农药公司开发的二硫类杀菌剂。

其他名称 富士一号，Fuji one，IPT，SS 11 946，NNF-109

化学名称 1,3-二硫-2-亚戊环基丙二酸二异丙酯；diisopropyl 1,3-dithiolan-2-ylidenemalonate

CAS 名称 bis(1-methylethyl)-1,3-dithiolan-2-ylidenepropanedioate

理化性质 无色无味晶体（原药为黄色固体，有刺激性气味）。熔点 54.6～55.2℃，沸点 175～177℃（0.4kPa），蒸气压 4.93×10^{-1} mPa（25℃），K_{ow} lg$P$ 2.8（40℃），Henry 常数 2.95×10^{-3} Pa·m^3/mol（计算值），相对密度 1.252（20℃）。溶解度：水中 48.5mg/L（20℃）；甲醇 1512，乙醇 761，丙酮 4061，三氯甲烷 4126，苯 2765，正己烷 10，乙腈 3932（g/L，25℃）。pH 5.0～9.0 在酸碱环境下稳定，对光热稳定。

毒性 急性经口 LD$_{50}$（mg/kg）：雄大鼠 1190，雌大鼠 1340，雄小鼠 1350，雌小鼠 1520。雌雄大鼠急性经皮 LD$_{50}$＞10250mg/kg；对兔眼睛有轻微刺激性，对皮肤无刺激性。大鼠吸入毒性 LC$_{50}$（4h）＞2.77mg/L。NOEL 数据：（2 年）雄大鼠 10.9mg/(kg·d)，雌大鼠 12.6mg/(kg·d)。Ames 试验无致突变作用。禽类急性经口 LD$_{50}$：雄性日本鹌鹑 4710mg/kg，雌性日本鹌鹑 4180mg/kg。鱼类 LC$_{50}$：虹鳟鱼（48h）6.8mg/L，鲤鱼（96h）11.4mg/L。水蚤 EC$_{50}$（48h）19.0mg/L。藻类：近头状伪蹄形藻 E$_b$C$_{50}$（72h）4.58mg/L。蜜蜂：急性经口和接触毒性 LD$_{50}$＞100μg/只。蚯蚓 LC$_{50}$（14d）440mg/kg。

制剂 DP，EC，GR，WP。

应用 本品为内吸杀菌剂，对稻瘟病有特效。水稻植株吸收药剂后累积于叶组织，特别集中于穗轴与枝梗，从而抑制病菌侵入，阻碍病菌脂质代谢，抑制病菌生长，起到预防与治疗作用。持效期长，耐雨水冲刷，大面积使用还可兼治稻飞虱。对人、畜安全，对作物无药害。

合成路线

$$\text{丙二酸二异丙酯} + CS_2 \xrightarrow{NaOH} \text{NaS-二硫代中间体} \xrightarrow{BrCH_2CH_2Br} \text{二硫杂环戊烷产物}$$

分析方法　产品用带 FID 的 GC 分析。
主要生产商　Nihon Nohyaku，Dongbu Fine，Saeryung，浙江菱化。
参考文献

[1] JP 47034126.
[2] The Pesticide Manual. 15th ed.

稻瘟酰胺（fenoxanil）

$C_{15}H_{18}Cl_2N_2O_2$，329.2，115852-48-7

由 Shell 公司研制，由巴斯夫（原氰胺公司）和日本农药公司共同开发并于 2000 年推出。

其他名称　氰菌胺，AC 382042，AC 901216，NNF-9425，CL 382042，WL 378309，Achieve，Helmet

化学名称　N-(1-氰基-1,2-二甲基丙基)-2-(2,4-二氯苯氧基)丙酰胺；由 85%(R)-N-[(RS)-1-氰基-1,2-二甲基丙基]-2-(2,4-二氯苯氧基)丙酰胺和 15%(S)-N-[(RS)-1-氰基-1,2-二甲基丙基]-2-(2,4-二氯苯氧基)丙酰胺组成；a mixture of 85%(R)-N-[(RS)-1-cyano-1,2-dimethylpropyl]-2-(2,4-dichlorophenoxy)propionamide and 15%(S)-N-[(RS)-1-cyano-1,2-dimethylpropyl]-2-(2,4-dichlorophenoxy)propionamide

CAS 名称　N-(1-cyano-1,2-dimethylpropyl)-2-(2,4-dichlorophenoxy)propanamide

理化性质　纯品为白色固体。熔点 69.0～71.5℃，蒸气压 $(0.21±0.021)×10^{-4}$ mPa（25℃），$K_{ow}lgP$ 3.53±0.02（25℃），相对密度 1.23（20℃）。水中溶解度为 $(30.7±0.3)×10^{-3}$ g/L（20℃），易溶于大多数有机溶剂。

毒性　急性经口 LD_{50}（mg/kg）：雄大鼠>5000，雌大鼠 4211，小鼠>5000。大鼠急性经皮 LD_{50}>2000mg/kg。对皮肤和眼睛无刺激性（兔）。对豚鼠皮肤无致敏性。大鼠吸入毒性 LC_{50}（4h）>5.18mg/L。无作用剂量：（1年）狗 1mg/kg；（2年）雄大鼠 0.698mg/kg，雌大鼠 0.857mg/kg。没有致突变作用，未见致畸作用。鹌鹑急性经口 LD_{50}>2000mg/kg。鲤鱼 LC_{50}（96h）10.2mg/L。水蚤 EC_{50}（48h）6.0mg/L。羊角月牙藻 EC_{50}（72h）>7.0mg/L。蚯蚓 LC_{50}（14d）71mg/kg 土壤。

制剂　GR，SC。

应用　主要用于防治水稻稻瘟病,包括叶瘟和穗瘟。对水稻穗瘟病防效优异。茎叶处理,耐雨水冲刷性能佳,持效期长,这都源于氰菌胺良好的内吸活性,用药后14d仍可保护新叶免受病害侵染。抑制继发性感染,在水稻抽穗前5~30d水中施药,施药后氰菌胺的活性可持续50~60d,或持续到水稻抽穗后30~40d。药效不受环境和土壤如渗水田的影响。适用范围广,且使用方便,既可撒施,也可灌施,还可茎叶喷雾。

合成路线

分析方法　可采用手性高效液相色谱法分析。

主要生产商　BASF,Nihon Nohyaku,江苏丰登。

参考文献

[1] EP 262393.
[2] CN 1019485B.

稻瘟酯 (pefurazoate)

$C_{18}H_{23}N_3O_4$, 345.4, 101903-30-4

由 M. Takenaka 和 I. yamane 报道,由 Hokko Chemical Industry Co., Ltd 和 Ube Industries Ltd 开发,1989 年由 Hokko 和 Ube 推出,2003 年权利转给 SDS Biotech K. K.。

其他名称　净种灵,UR-0003,UHF-8615,Healthied

化学名称　N-糠基-N-咪唑-1-基羰基-DL-高丙氨酸戊-4-烯基酯;pent-4-enyl N-furfuryl-N-imidazol-1-ylcarbonyl-DL-homoalaninate

CAS 名称　4-pentenyl 2-[(2-furanylmethyl)(1H-imidazol-1-ylcarbonyl)amino butanoate]

理化性质　纯品为淡棕色液体。沸点235℃。蒸气压0.648mPa(23℃)。K_{ow} lg$P$ 3。Henry 常数 5.0×10^{-4} Pa·m³/mol (计算值)。相对密度 1.152 (20℃)。水中溶解度:443mg/L(25℃);有机溶剂中溶解度:己烷12.0,环己烷36.9,二甲基亚砜、乙醇、丙酮、乙腈、氯仿、乙酸乙酯、甲苯>1000(g/L,25℃)。稳定性:在酸性介质中稳定,在碱性介质中稍不稳定,在日光下也不稳定,在40℃下,90d后分解率约1%。

毒性　雄大鼠急性经口 LD_{50} 981mg/kg,雌大鼠1051mg/kg,雄小鼠1299mg/kg,雌小鼠946mg/kg。大鼠急性经皮 LD_{50} (24h)>2000mg/kg;对兔眼睛和皮肤无刺激性,对豚鼠皮肤无致敏性。大鼠吸入 LC_{50} >3450mg/m³。大鼠(90d)无作用剂量 50mg/kg 饲料。对大鼠和兔无致畸作用。成年日本鹌鹑急性经口 LD_{50} 2380mg/kg,鸡 4220mg/kg。虹鳟

LC$_{50}$（48h）4.0mg/L，大翻车鱼 12.0mg/L，鲤鱼 16.9mg/L，鳟鱼 12.0mg/L，金鱼 20.0mg/L，泥鳅 15.0mg/L。水蚤 LC$_{50}$（6h）＞100mg/L。蜜蜂 LD$_{50}$（局部）＞100μg/只。

制剂 EC，SC，WP。

应用 作为种子处理剂，防治水稻种传病害，如恶苗病、褐斑病和稻瘟病。还能防治育苗箱中由土传病原菌如木霉属和镰刀菌属引起的水稻幼苗枯萎病等病害。也用来防治谷物上的条纹病、网斑病以及雪腐病，同时也可以防治郁金香球茎上的镰刀菌。

合成路线

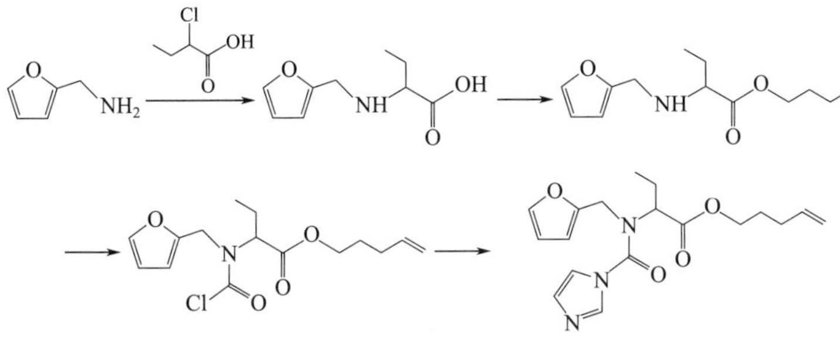

分析方法 产品分析采用 HPLC。

主要生产商 SDS Biotech K.K.。

参考文献

JP 60260572.

敌磺钠（fenaminosulf）

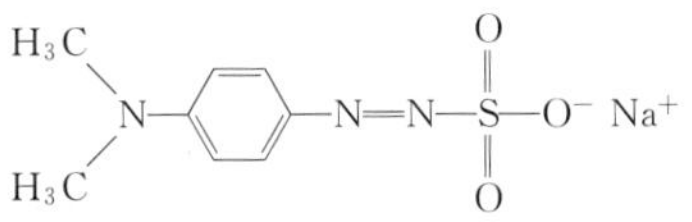

C$_8$H$_{10}$N$_3$NaO$_3$S，251.2，140-56-7

1960 年由 E. Urbschat 报道其杀菌活性。由 Bayer AG 开发。

其他名称 敌克松，地克松，地爽，Lesan，Dexon，Bayer 22555，Bayer 5072

化学名称 4-二甲基氨基苯重氮磺酸钠；sodium 4-dimethylaminobenzenediazosulfonate

CAS 名称 sodium [4-(dimethylamino)phenyl]diazenesulfonate

理化性质 原药是黄棕色无味的粉末，200℃以上分解。20℃时在水中的溶解度为 40g/kg。溶于二甲基甲酰胺、乙醇，但不溶于乙醚、苯、石油醚。其水溶液遇光分解。

毒性 大鼠急性经口 LD$_{50}$ 为 60mg/kg；豚鼠 LD$_{50}$ 为 150mg/kg；大鼠经皮 LD$_{50}$＞100mg/kg。

制剂 WP，SP。

应用 敌磺钠是一种选择性种子处理剂和土壤处理剂，对多种土传和种传病害有良好防治效果。对病害防治以保护作用为主，兼有治疗作用。可防治甜菜、蔬菜、菠萝、果树等的子苗猝倒病，根腐和茎腐病，粮食作物的小麦网腥及小麦光腥黑穗病。施用后经根、茎吸收并传导。药剂遇光易分解，使用时应注意。

分析方法 极谱法（Bayer AG），比色法。

主要生产商 Bayer，丹东农药总厂。

参考文献
DE 1028828.

敌菌丹（captafol）

$C_{10}H_9Cl_4NO_2S$，376.2，2425-06-1

1962年由W. D. Thomas等报道，由Chevron Chemical Company LLC. 推出。

其他名称 Ortho-5865，Difoltan，Foltaf

化学名称 N-(1,1,2,2,-四氯乙硫基)环己-4-烯-1,2-二羧酰亚胺；N-(1,1,2,2-tetrachloroethylthio)cyclohex-4-ene-1,2-dicarboximide；3a,4,7,7a-tetrahydro-N-(1,1,2,2-tetrachloroethanesulfenyl)phthalimide

CAS名称 3a,4,7,7a-tetrahydro-2-[(1,1,2,2-tetrachloroethyl)thio]-1H-isoindole-1,3(2H)-dione

理化性质 纯品为无色或淡黄色固体（工业品为具有特殊气味的亮黄褐色粉末），熔点160~161℃。蒸气压可忽略不计。$K_{ow}\lg P$ 3.8。溶解度（20℃，g/L）：水0.0014，异丙醇13，苯25，甲苯17，二甲苯100，丙酮43，甲乙酮44，二甲亚砜170。在乳状液或悬浮液中缓慢分解，在酸性和碱性介质中迅速分解，温度达到熔点时缓慢分解。

毒性 大鼠急性经口LD_{50} 5000~6200mg/kg，兔急性经皮LD_{50}>15400mg/kg。对兔皮肤中度刺激，对眼睛重度损伤。吸入毒性LC_{50}（4h，mg/L）：雄大鼠>0.72，雌大鼠0.87（工业品）；粉尘能引起呼吸系统损伤。每日用500mg/L剂量对大鼠或以10mg/kg剂量对狗经2年饲喂试验均未发生中毒现象。饲喂LC_{50}[10d，mg/(kg·d)]：家鸭>23070，野鸭>101700。鱼毒LC_{50}（96h，mg/L）：大翻车鱼0.15，虹鳟鱼0.5，金鱼3.0。水蚤LC_{50}（48h）3.34mg/L。对蜜蜂无害。

制剂 WP，SC。

应用 用于防治果树、蔬菜和经济作物的根腐病、立枯病、霜霉病、疫病和炭疽病，可防治番茄叶和果实的病害，马铃薯枯萎病、咖啡仁果病害以及其他农业、园艺和森林作物的病害。可茎叶处理、土壤处理和种子处理。还能作为木材防腐剂。是一种多作用点的广谱、保护性杀菌剂。

主要生产商 英德广农康盛。

参考文献
The Pesticide Manual. 15th ed.

敌菌灵（anilazine）

$C_9H_5Cl_3N_4$，275.5，101-05-3

由 C. N. Wolf 等发现，Ethyl Corp 上市。

其他名称　B-622，Dyrene，Kemate，Triazine，Triazin Jet

化学名称　4,6-二氯-N-(2-氯代苯基)-1,3,5-三嗪-2-胺；4,6-dichloro-N-(2-chlorophenyl)-1,3,5-triazine-2-amine；2-chloro-N-(4,6-dichloro-1,3,5-triazin-2-yl)aniline

CAS 名称　4,6-dichloro-N-(2-chlorophenyl)-1,3,5-triazin-2-amine

理化性质　无色至棕褐色晶体。熔点 159℃。蒸气压 8.2×10^{-4} mPa（20℃）。K_{ow} lg$P$ 3.02（20℃）。Henry 常数 2.82×10^{-5} Pa·m³/mol（计算值）。相对密度 1.8（20℃）。水中溶解度：8mg/L（20℃）。有机溶剂中溶解度：丙酮 100，氯苯 60，甲苯 50，二甲苯 40（均为 g/L，30℃）；二氯甲烷 90，异丙醇 8，己烷 1.7（均为 g/L，20℃）。中性和微酸性介质中稳定，碱性条件下加热水解；DT_{50}（22℃）：730h（pH 4），790h（pH 7），22h（pH 9）。

毒性　大鼠急性经口 $LD_{50}>$4000mg/kg。大鼠急性经皮 $LD_{50}>$5000mg/kg。对眼睛刺激严重，对皮肤刺激轻微（兔）。大鼠吸入 LC_{50}：（4h）$>$0.25mg/L 空气（喷雾），（1h）$>$0.7mg/L 空气（粉尘）。最大无作用剂量：大鼠（2 年）2000mg/kg 饲料，老鼠（2 年）1250mg/kg 饲料，狗（18 个月）40mg/kg。弗吉尼亚鹌鹑急性经口 $LD_{50}>$2000mg/kg。野鸭 LC_{50}（5d）$>$5000mg/kg。虹鳟鱼和金色圆腹雅罗鱼 LC_{50}（96h）0.15mg/L。水蚤 LC_{50}（48h）0.07mg/L。推荐施用量对蜜蜂无毒。

制剂　WP，SC。

应用　主要用于防治小麦壳针孢属病害。也用于防治马铃薯和番茄早、晚疫病，葫芦炭疽病，多种作物叶斑病，小麦和大麦蠕孢菌病害，草皮褐斑病、币斑病、雪霉病等病害，多种作物灰霉病、炭疽病、黑胫病、核腔菌属病害。用于蔬菜、观赏植物、浆果、瓜类植物、咖啡和烟草。

分析方法　产品分析采用 LC 法，或水解后测定游离氯离子含量。

主要生产商　Bayer，Nippon Soda。

参考文献

US 2720480.

敌瘟磷（edifenphos）

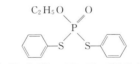

$C_{14}H_{15}O_2PS_2$，310.36，17109-49-8

1968 年由 H. Scheinpflug 和 H. F. Jung 报道，1966 年 Farbenfabriken Bayer AG（现 Bayer CropScience）开发。

其他名称　稻瘟光，克瘟散，Bayer 78 418，SRA 7847，Hinosan

化学名称　O-乙基-S,S-二苯基二硫代磷酸酯；O-ethyl S,S-diphenyl phosphorodithioate

CAS 名称　O-ethyl S,S-diphenyl phosphorodithioate

理化性质　纯品为黄色接近浅褐色液体，带有特殊的臭味。熔点 $-$25℃，沸点 154℃（1Pa）。蒸气压 3.2×10^{-2} mPa（20℃）。K_{ow} lg$P$ 3.83（20℃），Henry 常数 2×10^{-4} Pa·m³/mol（20℃）。相对密度 1.251g/L（20℃）。水中溶解度：56mg/L（20℃）。有机溶剂中溶解度（g/L，20℃）：正己烷 20～50，二氯甲烷、异丙醇和甲苯 200；易溶于甲醇、丙酮、苯、二甲苯、四氯化碳和二氧六环，在庚烷中溶解度较小。在中性介质中稳定存在，强酸强碱中易水解。25℃水解半衰期19d（pH7），2d（pH9）。易光解，凝固点115℃。

毒性 急性经口 LD_{50}（mg/kg）：大鼠100～260，小鼠220～670，豚鼠和兔350～1000。大鼠急性经皮 LD_{50} 700～800mg/kg；对兔皮肤有轻微刺激，对兔眼睛无刺激作用。大鼠急性吸入 LC_{50}（4h）0.32～0.36mg/L空气。2年饲喂试验无作用剂量为：雄性大鼠5mg/kg，雌性大鼠15mg/kg，狗20mg/kg。小鼠18个月饲喂试验无作用剂量2mg/kg。山齿鹑急性经口 LD_{50} 290mg/kg，野鸭2700mg/kg。鱼 LC_{50} ［96h，mg（a.i.）/L］：虹鳟0.43，大翻车鱼0.49，鲤鱼2.5。水蚤 LC_{50}（48h）0.032μg/L。推荐剂量下对蜜蜂无毒。

制剂 DP，EC。

应用 抑制病菌的几丁质合成和脂质代谢。一是影响细胞壁的形成，二是破坏细胞的结构。其中以后者为主，前者是间接的。对稻瘟病有良好的预防和治疗作用。适宜用于水稻、谷子、玉米及麦类等。在使用敌稗后10d内，不得使用敌瘟磷，也不可与碱性药剂混用。敌瘟磷乳油最好不与沙蚕毒素类沙虫剂混用。主要用于防治水稻稻瘟病。对水稻纹枯病、胡麻斑病、小球菌核病、粟瘟病、玉米大斑病、小斑病及麦类赤霉病等也有很好的防治效果。

合成路线

$$POCl_3 \xrightarrow{C_2H_5OH} \underset{Cl}{\underset{|}{\overset{O}{\overset{\|}{P}}}}(Cl)(OC_2H_5) \xrightarrow{\text{SH}} (C_2H_5O)(O)P(S\text{-}Ph)_2$$

分析方法 采用GC/HPLC。

主要生产商 Bayer CropScience，DooYang。

参考文献

［1］ BE 686048.
［2］ DE 1493736.

地茂散（chloroneb）

$C_8H_8Cl_2O_2$，207.1，2675-77-6

由M. J. Fielding & R. C. Rhodes于1967年报道，E. I. du Pont de Nemours and Co推出。

其他名称 氯苯甲醚，Soil Fungicide 1823

化学名称 1,4-二氯-2,5-二甲氧基苯；1,4-dichloro-2,5-dimethoxybenzene

CAS名称 1,4-dichloro-2,5-dimethoxybenzene

理化性质 无色晶体，有发霉气味。熔点133～135℃，沸点268℃（760mmHg）。蒸气压400mPa（25℃）。Henry常数10.4Pa·m³/mol（计算值）。溶解度：水8mg/L（25℃）；丙酮115，DMF 118，二甲苯89，二氯甲烷133（均为g/kg，25℃）。稳定至沸点。在水、常见有机溶剂、稀酸和碱中稳定。

毒性 大鼠急性经口 LD_{50}＞11000mg/kg。兔急性经皮 LD_{50}＞5000mg/kg，对皮肤和眼睛无刺激。LOAEL（2年）大鼠2500mg/kg饲料。NOAEL（2年）狗12.5mg/kg。无致

畸、致突变作用。野鸭和日本鹌鹑急性经口 LD_{50} ＞5000mg/kg。大翻车鱼 LC_{50} （46h）＞4200mg/L。

制剂 WP。

应用 内吸性土壤和种子处理杀菌剂。用于棉花、大豆等豆类，防治秧苗病害。用作种子处理剂，防治甜菜秧苗病害。也可防治草坪雪疫病、褐斑病和菌核病。由根吸收，富集于根和茎的低位，作用机理为脂类的过氧化反应。

分析方法 产品分析采用 GLC。

参考文献

[1] Fielding M J, Rhodes R C. Proc Cotton Dis Counc，1967，27：56.

[2] US 3265564.

丁苯吗啉 （fenpropimorph）

$C_{20}H_{33}NO$，303.5，67564-91-4

1983 年由 BASFAG（现 BASF SE）和 Dr R. Maag Ltd（现 Bayer AG）推出的吗啉类杀菌剂。

其他名称 Ro14-3169，ACR-3320，BAS421F，CGA101031，Corbel

化学名称 (RS)-cis-4-[3-(4-叔丁基苯基)-2-甲基丙基]-2,6-二甲基吗啉；(±)-cis-4-[3-(4-$tert$-butylphenyl)-2-methylpropyl]-2,6-dimethylmorpholine

CAS 名称 cis-4-[3-[4-(1,1-dimethylethyl)phenyl]-2-methylpropyl]-2,6-dimethylmorpholine

理化性质 纯品为无色无味油状液体，原药为淡黄色、具芳香味的油状液体，沸点＞300℃（101.3kPa），蒸气压 3.5mPa（20℃）。K_{ow} lg$P$ 3.3（pH5，25℃），4.2（pH7，25℃），（pH9，25℃）。Henry 常数 0.3Pa·m³/mol（计算值），相对密度 0.933。溶解度（20℃）：水 4.3mg/kg（pH7），丙酮、氯仿、乙酸乙酯、环己烷、甲苯、乙醇、乙醚＞1kg/kg。在室温下、密闭容器中可稳定 3 年以上，对光稳定。50℃时，在 pH3、7、9 条件下不水解。

毒性 大鼠急性经口 LD_{50}＞3000mg/kg，大鼠急性经皮 LD_{50}＞4000mg/kg。对兔有刺激作用，对兔眼睛无刺激性，对豚鼠皮肤无刺激性。大鼠急性吸入 LC_{50}（4h）＞3580mg/m³ 空气，对兔呼吸器官有中等程度刺激性。饲喂试验的无作用剂量：大鼠 0.3mg/(kg·d)，小鼠 3.0mg/(kg·d)，狗 3.2mg/(kg·d)。对人类无致突变、致畸、致癌作用。禽类急性经口 LD_{50}：野鸭＞17776mg/kg，野鸡 3900mg/kg；饲喂 LC_{50}（5d）：野鸭 5000mg/kg，山齿鹑＞5000mg/kg。鱼毒 LC_{50}（96h）：虹鳟 9.5mg/L，大翻车鱼 3.2～4.6mg/L，鲤鱼 3.2mg/L。水蚤 LC_{50}（48h）2.4mg/L。蜜蜂经口 LD_{50}＞100μg/只。蚯蚓 LD_{50}（14d）≥562mg/kg 土壤。

制剂 EC，SC。

应用 本品为吗啉类内吸杀菌剂，是类固醇生物合成抑制剂。具有保护和治疗作用，并可向顶传导，对新生叶的保护达 3～4 周。适宜禾谷类作物、豆科、甜菜、棉花和向日葵等作物。对大麦、小麦、棉花等作物安全。可防治白粉病、叶锈病、条锈病、黑穗病、立枯病等。

合成路线

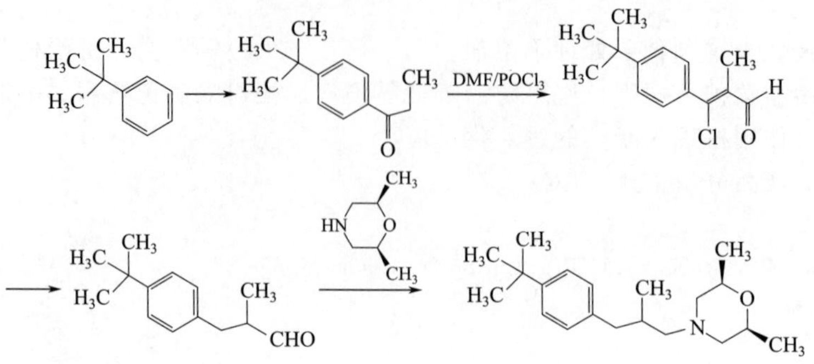

分析方法　产品可用 GLC-FID 进行分析。

主要生产商　BASF，Syngent。

参考文献

[1]　DE 2656747，2752135.
[2]　GB 1584290.
[3]　US 4241058.

丁硫啶（buthiobate）

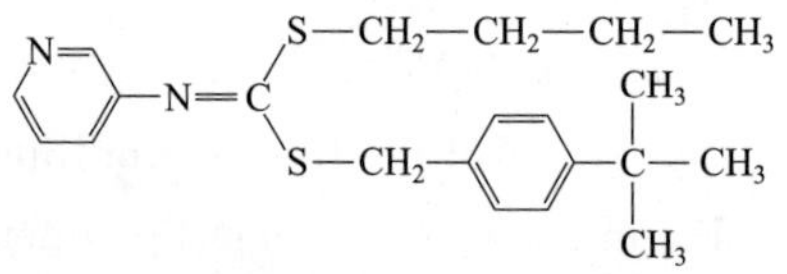

$C_{21}H_{28}N_2S_2$，372.6，51308-54-4

1975 年由 T. Kato 等报道。Sumitomo Chemical Co.，Ltd. 推出。

其他名称　S-1358

化学名称　4-叔丁基苄基-N-(3-吡啶基)亚胺逐二硫代碳酸丁酯；butyl 4-tert-butylbenzyl-N-(3-pyridyl) dithiocarbonimidate

CAS 名称　butyl [4-(1,1-dimethylethyl) phenyl] methyl N-3-pyridinylcarbonimidodithioate

理化性质　原药为红棕色黏稠液体，熔点 31～33℃。蒸气压 0.06mPa（20℃）。相对密度 1.0865（25℃，原药）。溶解度：水 1mg/L（25℃），甲醇和二甲苯＞1kg/kg（23℃）。

毒性　大鼠急性经口 LD_{50}：雄 4400mg/kg，雌 3200mg/kg。大鼠急性经皮 LD_{50}＞5000mg/kg。急性经口 LD_{50}：野鸭＞10000mg/kg，美洲鹑 21800mg/kg。

制剂　EC，WP。

应用　杀菌剂。

主要生产商　Sumitomo Chemical。

参考文献

[1]　Kato T，et al. Agric Biol Chem，1975，39：169.
[2]　GB 1335617.
[3]　US 3832351.

丁香菌酯 (coumoxystrobin)

$C_{26}H_{28}O_6$, 436.5, 850881-70-8

由沈阳化工研究院有限公司研制。

其他名称　SYP-3375

化学名称　(E)-2-[2-[(3-丁基-4-甲基香豆素-7-基氧基]甲基]苯基)-3-甲氧基丙烯酸甲酯；methyl (2E)-2-{2-[(3-butyl-4-methyl-2-oxo-2H-chromen-7-yl) oxymethyl] phenyl}-3-methoxyacrylate

CAS 名称　methyl(αE)-2-[[(3-butyl-4-methyl-2-oxo-2H-1-benzopyran-7-yl)oxy]methyl]-α-(methoxymethylene)benzeneacetate

理化性质　96％原药外观为乳白色或淡黄色固体。熔点109～111℃。pH6.5～8.5。溶解性：易溶于二甲基甲酰胺、丙酮、乙酸乙酯、甲醇，微溶于石油醚，几乎不溶于水。常温条件不易分解。20％丁香菌酯悬浮剂外观为可流动、易测量的悬浮液体，pH6.0～8.0，悬浮率≥90％。

毒性　丁香菌酯原药大鼠急性经口：雄 LD_{50} 1260mg/kg，雌 LD_{50} 926mg/kg。经皮（雌、雄）LD_{50} 均＞2150mg/kg；对兔皮肤单次刺激强度为中度刺激性，对眼睛刺激分级为中度刺激性；对豚鼠皮肤无致敏作用，属弱致敏物。亚慢性毒性试验临床观察未见异常表现，血常规检查、血液生化、大体解剖和病理组织学检查未见异常表现。根据试验结果，丁香菌酯原药的最大无作用剂量组雌雄均为500mg/kg饲料；平均化学品摄入为雄性（45.1±3.6）mg/(kg·d)，雌性（62.8±8.0）mg/(kg·d)。Ames试验均为阴性，未见致突变作用。丁香菌酯悬浮剂对大鼠（雄、雌）急性经口 LD_{50} 均＞2330mg/kg。经皮（雌、雄）LD_{50} 均＞2150mg/kg；对兔皮肤单次刺激为轻度刺激性，对眼睛刺激分级为中度刺激性；对豚鼠皮肤无致敏作用，属弱致敏物。该药属低毒杀菌剂。

制剂　SC。

应用　甲氧基丙烯酸酯类杀菌剂，主要作用机理是通过锁住细胞色素 b 和 c_1 之间的电子传递而阻止 ATP 的合成，从而抑制其线粒体呼吸而发挥抑菌作用。该产品杀虫谱广、杀菌活性高，对由鞭毛菌、接合菌、子囊菌、担子菌及半知菌引起的植物病害具有良好的防效。对苹果树腐烂病有较好的防治效果，在苹果树发芽前和落叶后进行药剂处理。杀菌谱广，对瓜果、蔬菜、果树霜霉病、晚疫病、黑星病、炭疽病、叶霉病有效；同时对苹果树腐烂病、轮纹病、炭疽病，棉花枯萎病，水稻瘟疫病、枯纹病，小麦根腐病，玉米小斑病亦有效。

合成路线

主要生产商　沈阳化工研究院有限公司。

丁子香酚（eugenol）

$C_{10}H_{12}O_2$，164.2，97-53-0

化学名称　4-烯丙基-2-甲氧基苯酚

理化性质　原药外观为无色到淡黄色液体，在空气中转变为棕色，并变成黏稠状。相对密度 1.0664（20℃）。沸点 253～254℃。微溶于水（0.427g/L），溶于乙醇、乙醚、氯仿、冰醋酸、丙二醇。制剂外观为稳定均相液体，无可见的悬浮物和沉淀物，pH 5.0～7.0。

毒性　大鼠急性经口 LD_{50}＞5000mg/kg（制剂）。大鼠急性经皮 LD_{50}＞10000mg/kg（制剂）。

制剂　AS，SL。

应用　该药是从丁香等植物中提取的杀菌成分，用于防治番茄灰霉病。

啶斑肟（pyrifenox）

$C_{14}H_{12}Cl_2N_2O$，295.2，88283-41-4

由 P. Zobrist 等报道，由 Dr R Maag Ltd 开发，1986 年首次上市。

其他名称　Ro 15-1297，ACR 3651A，CGA 179945，NRK-297，Corado，Corona，Curado，Dorado，Podigrol

化学名称　2′,4′-二氯-2-(3-吡啶基)苯乙酮-O-甲基肟；2′,4′-dichloro-2-(3-pyridyl)acetophenone(E,Z)-O-methyloxime

CAS 名称　1-(2,4-dichlorophenyl)-2-(3-pyridinyl)ethanone O-methyloxime

理化性质　啶斑肟为（E）、（Z）异构体混合物，纯品为略带芳香气味的褐色液体，闪点 106℃（1013mbar），沸点 212.1℃，蒸气压 1.7mPa（25℃）。K_{ow} lg$P$（25℃）：3.4（pH 5.0），3.7（pH 7.0），3.7（pH 9.0）。Henry 常数 5.8×10^{-3}Pa·m^3/mol。相对密度 1.28。水中溶解度（25℃，mg/L）：300（pH 5.0），150（pH 6.7），130（pH 9.0）；有机溶剂中溶解度（25℃）：正己烷 210g/L，易溶于乙醇、丙酮、甲苯、正辛醇。室温下在密闭容器中稳定 3 年以上，对光稳定，在 pH 3、7、9 条件下于 50℃水解。pK_a 4.61，弱碱性。

毒性　大鼠急性经口 LD_{50} 2912mg/kg，小鼠＞2000mg/kg。大鼠急性经皮 LD_{50}＞5000mg/kg。大鼠急性吸入 LC_{50}（4h）2048mg/m^3 空气。对兔皮肤有轻微刺激，对兔眼睛无刺激，对豚鼠皮肤有轻微刺激，但对豚鼠皮肤无致敏性，无致突变、致畸或胚胎毒性作用。大鼠（2 年）无作用剂量 15mg/(kg·d)，小鼠（1.5 年）45mg/(kg·d)，狗（1 年）10mg/(kg·d)。野鸭急性经口 LD_{50}（14d）＞2000mg/kg，山齿鹑急性经口 LD_{50}（14d）＞

2000mg/kg。鱼类 LC$_{50}$ (96h, mg/L): 虹鳟鱼 7.1, 太阳鱼 6.6, 鲤鱼 12.2。水蚤 EC$_{50}$ (48h) 3.6mg/L。蜜蜂 LD$_{50}$ (48h): 59μg/只(经口), 70μg/只(接触), 蚯蚓 LC$_{50}$ (14d) 733mg/kg 干土。

制剂 EC, WG, WP。

应用 属肟类杀菌剂, 是具有保护和治疗作用的内吸杀菌剂, 可有效地防治香蕉、葡萄、花生、观赏植物、仁果、核果和蔬菜上或果实上的病原菌(尾孢属菌、丛梗孢属菌和黑星菌属菌)。能有效防治苹果黑星病和白粉病, 可防治葡萄白粉病和花生早期叶斑病和晚期叶斑病。

合成路线

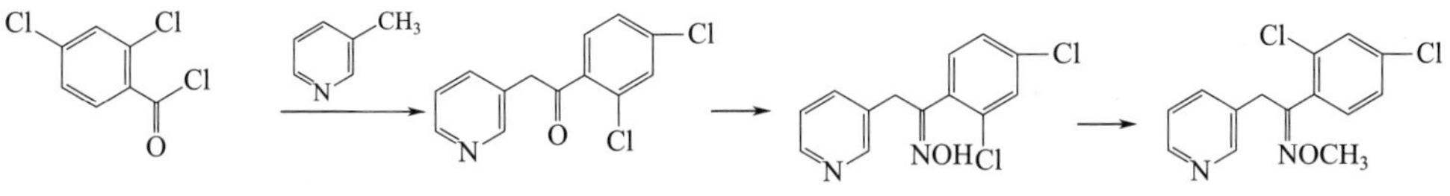

分析方法 产品分析采用 TLC、GLC 或 HPLC、GLC/FID。

参考文献

[1] EP 49854.
[2] The Pesticide Manual. 16th ed.

啶菌噁唑 (pyrisoxazole)

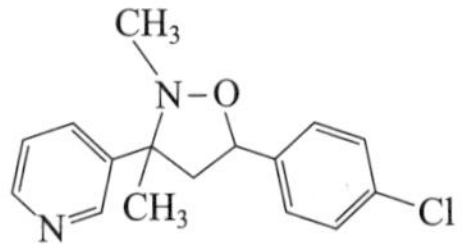

$C_{16}H_{17}ClN_2O$, 288.8, 847749-37-5

1996 年由沈阳化工研究院开发, 2002 年在中国获得登记。

其他名称 SYP-Z048

化学名称 N-甲基-3-(4-氯苯基)-5-甲基-5-吡啶-3 基-噁唑啉; 3-[(3R,5RS)-5-(4-chlorophenyl)-2,3-dimethyl-1,2-oxazolidin-3-yl]pyridine

CAS 名称 3-[5-(4-chlorophenyl)-2,3-dimethyl-3-isoxazolidinyl]pyridine

理化性质 纯品为浅黄色黏稠油状物, 低温时有固体析出。易溶于丙酮、乙酸乙酯、氯仿、乙醚, 微溶于石油醚, 不溶于水。

毒性 低毒杀菌剂。原药大鼠急性经口 LD$_{50}$: 雄性为 2000mg/kg, 雌性为 1700mg/kg。大鼠急性经皮 LD$_{50}$: 雄雌性均大于 2000mg/kg; 对皮肤、眼睛无刺激性。Ames 试验呈阴性, 无致畸、致突变作用, 与环境有良好的相容性。

制剂 EC。

应用 类固醇合成抑制剂。在离体情况下, 对植物病原菌有极强的杀菌活性。杀菌谱广、杀菌活性高, 对黄瓜黑星病、小麦根腐病、番茄灰霉病、番茄叶霉病、棉花枯萎病、小麦赤霉病、葡萄白粉病等有很高的活性。

主要生产商 沈阳科创。

参考文献

The Pesticide Manual. 15 th edition.

啶菌腈（pyridinitril）

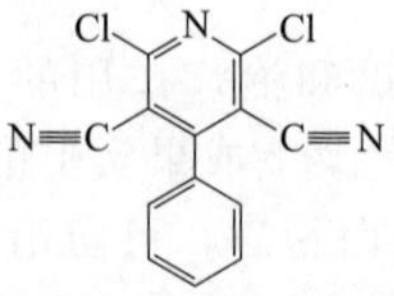

$C_{13}H_5Cl_2N_3$，274.1，1086-02-8

1968 年由 E. Merck（现在的 Celamerck GmbH & Co）开发。

其他名称　IT 3296

化学名称　2,6-二氯-4-苯基吡啶-3,5-二腈；2,6-dichloro-4-phenylpyridine-3,5-dicarbonitrile

CAS 名称　2,6-dichloro-4-phenyl-3,5-pyridinedicarbonitrile

理化性质　本品为无色结晶，熔点 208～210℃，在 0.1mmHg 下的沸点为 218℃，20℃ 下的蒸气压为 $8×10^{-7}$ mmHg。难溶于水，微溶于丙酮、苯、氯仿、二氯甲烷、乙酸乙酯。工业品纯度在 97% 以上。常温下对酸稳定。

制剂　WP。

应用　保护性杀菌剂，能防治仁果、核果、葡萄、啤酒花和蔬菜上的多种病害，也能防治苹果的黑星病和白粉病。对作物无药害。

参考文献

DE 1182896.

啶酰菌胺（boscalid）

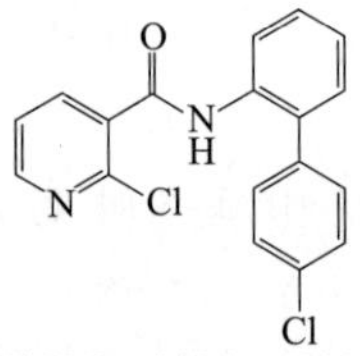

$C_{18}H_{12}Cl_2N_2O$，343.2，188425-85-6

由巴斯夫公司开发的吡啶酰胺类杀菌剂。

其他名称　BAS 510 F，nicobifen，Cantus，Emerald，Endura，Signum

化学名称　2-氯-N-(4′-氯联苯-2-基) 烟酰胺；2-chloro-N-(4′-chlorobiphenyl-2-yl) nicotinamide

CAS 名称　2-chloro-N-[4′-chloro(1,1′-biphenyl)-2-yl]-3-pyridinecarboxamide

理化性质　纯品为白色无味晶体，熔点 142.8～143.8℃。蒸气压（20℃）$<7.2×10^{-4}$ mPa，K_{ow} lg$P$ 2.96 (pH 7，20℃)。水中溶解度：4.6mg/L（20℃）；其他溶剂中的溶解度（20℃，g/L）：正庚烷<10，甲醇 40～50，丙酮 160～200。啶酰菌胺在室温下的空气中稳定，54℃可放置 14d，水中不光解。

毒性　大鼠急性经口 LD_{50}>5000mg/kg，大鼠急性经皮 LD_{50}>2000mg/kg。对兔皮肤和眼睛无刺激性。大鼠急性吸入 LC_{50}（4h）>6.7mg/L。大鼠 NOEL 数据 5mg/kg（2 年）。

山齿鹑急性经口 $LD_{50}>2000mg/kg$。虹鳟鱼 LC_{50}（96h）2.7mg/L。水蚤 EC_{50}（48h）5.33mg/L。藻类 EC_{50}（96h）3.75mg/L。其他水生藻类 NOEC 2.0mg/L。蜜蜂 NOEC：166μg/只（经口），200μg/只（接触）。蚯蚓 LC_{50}（14d）>1000mg/kg 干土。

制剂 SC，SE，WG，WP。

应用 属线粒体呼吸链中琥珀酸辅酶 Q 还原酶抑制剂。用于防治白粉病、灰霉病、各种腐烂病（如根腐病）。适用于油菜、豆类、球茎蔬菜、芥菜、胡萝卜、菜果、莴苣、花生、乳香黄连、马铃薯、核果、草莓、坚果、甘蓝、黄瓜、薄荷、豌豆、根类蔬菜、向日葵、葡萄、草坪、果树等。其与其他杀菌剂无交互抗性。

合成路线

分析方法 啶酰菌胺原药采用高效液相色谱分析，紫外检测，外标法定量。

主要生产商 BASF。

参考文献

[1] The Pesticide Manual. 11th ed. 2000：240.
[2] EP 0545099.
[3] 农药，2006，45（11）：758-759.

啶氧菌酯（picoxystrobin）

$C_{18}H_{16}F_3NO_4$，367.3，117428-22-5

2000 年由 J. R. Godwin 等报道。由 Zeneca Agrochemicals（现 Syngenta AG）开发并引入市场，于 2001 年首次登记。2006 年授权给 E. I. du Pont 公司。

其他名称 ZA 1963，DPX-YT669，Acanto，Acapela，Aproach

化学名称 （E）-3-甲氧基-2-[2-(6-三氟甲基-2-吡啶氧甲基)苯]丙烯酸甲酯；methyl (E)-3-methoxy-2-[2-(6-trifluoromethyl-2-pyridyloxymethyl)phenyl]acrylate

CAS 名称 (E)-α-(methoxymethylene)-2-[[[6-(trifluoromethyl)-2-pyridinyl]oxy]methyl]benzeneacetate

理化性质 原药含量≥95%。无色粉末（原药为乳白色固体）。熔点 75℃。蒸气压 5.5×10^{-3} mPa（20℃）。K_{ow} lgP 3.6。Henry 常数 6.5×10^{-4} Pa·m³/mol（计算值）。相对密度 1.4（20℃）。水中溶解度：3.1mg/L（20℃）；有机溶剂中溶解度（g/L，20℃）：甲醇 96；1,2-二氯乙烷、丙酮、二甲苯和乙酸乙酯≥250。pH5 和 7 时稳定，DT_{50} 约 15d（pH 9，50℃）。

毒性 大鼠急性经口 $LD_{50}>5000mg/kg$。大鼠急性经皮 $LD_{50}>2000mg/kg$。对兔眼睛或皮肤无刺激作用，对豚鼠皮肤无致敏现象。大鼠吸入 $LC_{50}>2.12mg/L$，在 MMAD>4μL。狗（1 年和 90d）无作用剂量 4.3mg/(kg·d)。无遗传毒性、无发育毒性可能性（大鼠和兔），无生殖毒性可能性（大鼠），无致癌可能性（大鼠和小鼠）。山齿鹑 LD_{50}＞2250mg/kg。山齿鹑饲喂 LD_{50}（8d）＞5200mg/kg。野鸭 NOEC（21周）1350mg/kg。鱼 LC_{50}（96h，2种物种）65～75μg/L。水蚤 EC_{50}（48h）18μg/L。羊角月牙藻 E_bC_{50}（72h）56μg/L。其他水生生物：摇蚊幼虫 EC_{50} 19mg/kg（28d，沉积物用药），140μg/L（25d，水中用药）。蜜蜂 LD_{50}（48h，经口和接触）＞200μg/只。赤子爱胜蚓 LC_{50}（14d）6.7mg/kg土壤。

制剂 SC。

应用 醌外抑制剂，通过阻断细胞色素 bc_1 Qo 中心的电子转移，抑制线粒体呼吸。广谱，可防治小麦的叶枯病、颖枯壳针孢、叶锈病（褐锈病）、褐斑长蠕孢霉（黄褐斑病）、小麦白粉病，特别是甲氧基丙烯酸酯类敏感的白粉病；大麦中的大麦网斑长蠕孢（网斑病）、叶枯病、叶锈病（褐锈病）和白粉病，特别是大麦的对甲氧基丙烯酸酯类敏感的白粉病；燕麦中的冠锈病和黄瓜角斑长蠕孢；以及黑麦中的叶锈病和叶枯病。

合成路线

分析方法 产品分析采用 GC/HPLC。

参考文献

[1] WO 9840355.
[2] EP 278595.

毒氟磷

$C_{19}H_{22}FN_2O_3PS$，408.4

毒氟磷最早由贵州大学教育部绿色农药与农业生物工程重点实验室、贵州大学精细化工研究开发中心研发的品种，目前专利权归属于广西田园生化股份有限公司。

化学名称 N-[2-(4-甲基苯并噻唑基)]-2-氨基-2-氟代苯基-O,O-二乙基磷酸酯；rac-diethyl {(R)-(2-fluorophenyl)[(4-methyl-1,3-benzothiazol-2-yl)amino]methyl}phosphonate

CAS 名称 diethyl P-[(2-fluorophenyl)[(4-methyl-2-benzothiazolyl)amino]methyl]phosphonate

理化性质 纯品为无色晶体。其熔点为143～145℃。易溶于丙酮、四氢呋喃、二甲基亚砜等有机溶剂；22℃在水、丙酮、环己烷、环己酮和二甲苯中的溶解度（g/L）分别为0.04、147.8、17.28、329.00、73.30。毒氟磷对光、热和潮湿均较稳定。遇酸和碱时逐渐分解。30%毒氟磷可湿性粉剂有效成分含量为30%，硅藻土60%，木质素磺酸钠5%，LS洗净剂5%，水分含量≤0.5%，pH值为7.62。

毒性 毒氟磷原药（≥98%）急性经口经皮毒性试验提示为微毒农药；家兔皮肤刺激、

眼刺激试验表明无刺激性；豚鼠皮肤变态试验提示为弱致敏物；细菌回复突变试验、小鼠睾丸精母细胞染色体畸变试验和小鼠骨髓多染红细胞微核试验皆为阴性。亚慢性经口毒性试验未见雌雄性 Wistar 大鼠的各脏器存在明显病理改变。30%毒氟磷可湿性粉剂急性经口、经皮毒性试验提示为低毒农药；家兔皮肤刺激、眼刺激试验表明无刺激性；豚鼠皮肤变态试验提示为弱致敏物。30%毒氟磷可湿性粉剂对蜂、鸟、鱼、蚕等环境生物的毒性为低毒，对蜜蜂、家蚕实际风险性低。毒氟磷原粉光解、水解和土壤吸附等环境行为试验表明：毒氟磷光解半衰期为 1980min，大于 24h；毒氟磷在 pH 三级缓冲液中水解率均小于 10，其性质较稳定。毒氟磷在黑土中的吸附常数为 45.8。按照《化学农药环境安全评价试验准则》对农药土壤吸附性等级划分毒氟磷在黑土中为"Ⅲ级（中等吸附）"。

制剂　WP。

应用　毒氟磷抗烟草病毒病的作用靶点尚不完全清楚，但毒氟磷可通过激活烟草水杨酸信号传导通路，提高信号分子水杨酸的含量，从而促进下游病程相关蛋白的表达；通过诱导烟草 PAL、POD、SOD 防御酶活性而获得抗病毒能力；通过聚集 TMV 粒子减少病毒对寄主的入侵。

合成路线　以 2-氨-4-甲基苯并噻唑、邻氟苯甲醛、亚磷酸二乙酯为原料，在催化剂条件下经 2 步加热反应得到毒氟磷。

分析方法　产品分析采用 HPLC。

主要生产商　广西田园。

多敌菌（dodicin）

$C_{18}H_{39}N_3O_2$，329.5，6843-97-6

化学名称　N-[2-(2-十二烷基氨基乙氨基)乙基]甘氨酸；N-[2-(2-dodecylaminoethyl-amino)ethyl]glycine

CAS 名称　N-[2-[[2-(dodecylamino)ethyl]amino]ethyl]glycine

应用　杀菌剂。

多果定（dodine）

$C_{15}H_{33}N_3O_2$，287.4，2439-10-3

1947 年 B. Cation 报道。1956 年 American Cyanamid Co.（现 BASF SE）开发。

其他名称　Bas 365F，CL 7521，AC5223，Cyprex，Melprex，Venturol，Dodene，Efuzin，Guanidol，Sulgan

化学名称　1-十二烷基胍乙酸盐；1-dodecylguanidinium acetate

CAS 名称　dodecylguanidine monoacetate

理化性质　纯品为无色结晶固体。熔点 136℃。蒸气压 $<1\times10^{-2}$ mPa（50℃）。水中溶解度 630mg/L（25℃）。在大多数极性有机溶剂中溶解度 $>$250g/L（25℃）。

毒性　大鼠急性经口 LD_{50} 100mg/kg。急性经皮 LD_{50}（mg/kg）：兔$>$1500，大鼠$>$6000。雄、雌大鼠 2 年饲喂试验无作用剂量 800mg/(kg·d)。日本鹌鹑急性经口 LD_{50} 788mg/kg，野鸭急性经口 LD_{50} 1142mg/kg。

制剂　SC，SL，WP。

应用　茎叶处理用保护性杀菌剂，也有一定的治疗活性。主要用于防治果树（如苹果、梨、桃、橄榄等）、蔬菜、观赏植物等的黑星病、叶斑病、软腐病等多种病害。

分析方法　在非水介质中滴定分析。

主要生产商　Agriphar，Agrokémia，Chemia，Hermania，Sharda，江苏飞翔，上海生农。

参考文献

US 2867562.

多菌灵（carbendazim）

$C_9H_9N_3O_2$，191.2，10605-21-7

H. Hampel 和 F. Löcher 于 1973 年报道。由 BASF AG，Hoeschst AG 和杜邦公司开发。

其他名称　苯骈咪唑 44 号，棉萎灵，枯萎立克，贝芬替，BAS 346F，Hoe 17411，DPX-E965，MBC，BMC，Bavist，Derosal，carbendazol

化学名称　苯并咪唑-2-基氨基甲酸甲酯；methyl benzimidazol-2-ylcarbamate

CAS 名称　methyl N-1H-benzimidazol-2-ylcarbamate

理化性质　纯品为无色固体。熔点 302～307℃（分解）。蒸气压 0.09mPa（20℃），0.15mPa（25℃），1.3mPa（50℃）。K_{ow} lg$P$：1.38（pH 5），1.51（pH 7），1.49（pH 9）。Henry 常数 3.6×10^{-3} Pa·m³/mol（pH 7，计算值）。相对密度 1.45（20℃）。水中溶解度（24℃）：29mg/L（pH 4），8mg/L（pH 7），7mg/L（pH 8）；其他溶剂中溶解度：二甲基甲酰胺 5，丙酮 0.3，乙醇 0.3，三氯甲烷 0.1，乙酸乙酯 0.135，二氯甲烷 0.068，苯 0.036，环己烷$<$0.01，乙醚$<$0.01，己烷 0.0005（均为 g/L，24℃）。

毒性　急性经口 LD_{50}：大鼠 6400mg/kg，狗$>$2500mg/kg。急性经皮 LD_{50}：兔$>$10000mg/kg，大鼠$>$2000mg/kg。对皮肤和眼睛无刺激性（兔），对豚鼠皮肤无致敏性。吸入试验（4h）：悬浮剂（10g/L 水）对大鼠、兔、豚鼠及猫均无不良作用。无作用剂量：（2 年）狗 300mg/kg（6～7mg/kg）。急性经口 LD_{50}：5826～15595mg/kg。鱼类 LC_{50}（96h，mg/L）：鲤鱼 0.61，虹鳟鱼 0.83，大翻车鱼$>$17.25，孔雀鱼$>$8。水蚤 LC_{50}（48h）

0.13～0.22mg/L。藻类 EC_{50}（72h）：淡水藻 419mg/L，羊角月牙藻 1.3mg/L。蜜蜂 LD_{50} >50μg/只（接触）。蚯蚓 LC_{50}（4 周）6mg/kg 土壤。

制剂 SC，WG，WP。

应用 广谱内吸性杀真菌剂。用于防治由立枯丝核菌引起的棉花苗期立枯病，黑根霉引起的棉花烂铃病，花生黑斑病，小麦网腥黑粉病、散黑粉病，燕麦散黑粉病，小麦颖枯病，谷类胫腐病，麦类白粉病，苹果、梨、葡萄、桃的白粉病，烟草炭疽病，番茄褐斑病、灰霉病，葡萄灰霉病，甘蔗凤梨病，甜菜褐斑病，水稻稻瘟病、纹枯病、胡麻斑病。对子囊菌纲的某些病原菌和半知菌类中的大多数病原真菌有效。作用机制是干扰细胞的有丝分裂过程。

合成路线

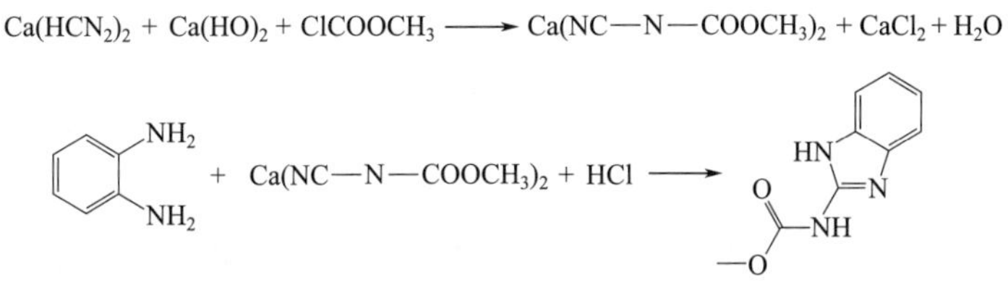

Ca(HCN2)2 + Ca(HO)2 + ClCOOCH3 ⟶ Ca(NC—N—COOCH3)2 + CaCl2 + H2O
NH2
NH2
+ Ca(NC—N—COOCH3)2 + HCl ⟶
HN
N
O
NH
—O

分析方法 原药以甲醇-硫酸溶液为流动相，进行高效液相色谱分离，外标法定量。

主要生产商 铜陵化工，安徽广信，蕲农化工，湖南国发，江苏百灵，江苏辉丰，江苏蓝丰，江苏瑞邦，凯江农化，江阴二农药，太仓农药厂，江苏扬农，连云港金囤农化，宁夏三喜，山东华阳，潍坊润丰，允发化工（上海）。

参考文献

［1］ CIPAC-handbook，H：61-66.

［2］ GB 10501—2000.

［3］ 农药，2003，42（4）：17-18.

［4］ CN 102070535.

［5］ Hampel H，Löcher F. Proc Br Insectic Fungic Conf，1973：1，127，301.

多抗霉素（polyoxins）

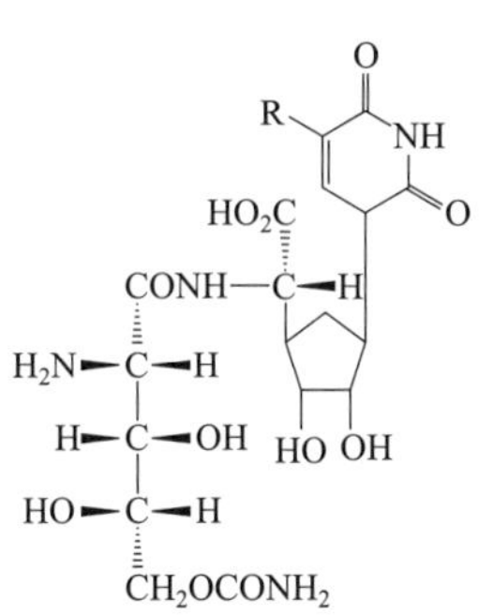

O
R
NH
O
HO2C
CONH—C—H
H2N—C—H
H—C—OH
HO—C—H
HO OH
CH2OCONH2

polyoxin B：R=—CH₂OH

$C_{17}H_{25}N_5O_{13}$，507.4

11113-80-7(多抗霉素polyoxins)；19396-06-6(polyoxin B)

多抗霉素是通过链霉菌阿索变种发酵产生的。多抗霉素 B 被分离提纯出来，其结构由 K. Isono 等阐明。杀菌活性由 J. Eguchi 等报道。由 Hokko Chemical Industry Co.，Ltd，Kaken Pharmaceutical Co.，Ltd，Kumiai Chemical Industry Co.，Ltd 和 Nihon Nohyaku

Co.，Ltd 引入市场。

其他名称 Polyoxin AL，Greenwork；多抗霉素 B（polyoxin B）

化学名称 5-(2-氨基-5-O-氨基甲酰基-2-脱氧-L-木质酰氨基)-1,5-二脱氧-1-(1,2,3,4-四氢-5-羟基甲基-2,4-二氧代嘧啶-1-基)-β-D-别呋喃糖醛酸；5-(2-amino-5-O-carbamoyl-2-deoxy-L-xylonamido)-1,5-dideoxy-1-(1,2,3,4-tetrahydro-5-hydroxymethyl-2,4-dioxopyrimidin-1-yl)-β-D-allofuranuronic acid

CAS 名称 5-[[2-amino-5-O-(aminocarbonyl)-2-deoxy-L-xylonoyl]amino]-1,5-dideoxy-1-[3,4-dihydro-5-(hydroxymethyl)-2,4-dioxo-1(2H)-pyrimidinyl]-β-D-allofuranuronic acid

理化性质 多抗霉素是由多抗霉素 B 和其他几个活性较低的多抗霉素组成的复合体。

多抗霉素 B：灰白色粉末。熔点＞188℃（分解）。蒸气压＜1.33×10^5 mPa（20℃、30℃、40℃）。K_{ow}lg$P$ －1.21。相对密度 0.536（23℃）。水中溶解度：＞1kg/L（20℃）；有机溶剂中溶解度（mg/L，20℃）：丙酮 13.5，甲醇 2250，甲苯、二氯甲烷和乙酸乙酯＜0.65。稳定性：有吸湿性，因此需要在干燥条件下贮存于密闭容器中。在 pH 1 和 pH 8 之间稳定。pK_{a_1}（羧基）2.65，pK_{a_2}（氨基）7.25，pK_{a_3}（尿嘧啶）9.52。

毒性 多抗霉素：急性经口 LD$_{50}$：雄大鼠 21000mg/kg，雌大鼠 21200mg/kg，雄小鼠 27300mg/kg，雌小鼠 22500mg/kg。大鼠急性经皮 LD$_{50}$＞2000mg/kg。对大鼠黏膜和皮肤无刺激作用。大鼠吸入 LC$_{50}$（6h）10mg/L 空气。野鸭急性经口 LD$_{50}$＞2000mg/kg。鲤鱼 LC$_{50}$（96h）＞100mg/L。青鳉 100mg/L 处理 72h 不受影响。水蚤 LC$_{50}$（48h）0.257mg/L。羊角月牙藻 E$_b$C$_{50}$（72h）＞100mg/L。蜜蜂 LD$_{50}$（48h，经口）＞149.543μg/只。家蚕 LC$_{50}$＞500mg/L。

多抗霉素 B：雄大鼠吸入 LC$_{50}$ 2.44mg/L 空气，雌大鼠 2.17mg/L 空气。

制剂 EC，SG，WP。

应用 多抗霉素 B 用于苹果和梨树，防治链格孢属和白粉病；用于葡萄和茄子，防治灰霉病；用于玫瑰、菊花、辣椒和瓜类，防治白粉病；用于康乃馨，防治枯萎病；用于烟草，防治白粉病、褐斑病和灰霉病；用于草莓，防治白粉病和灰霉病；用于番茄，防治叶霉病、早疫病和灰霉病；用于葫芦科，防治白粉病、灰霉病、菌核病和棒孢霉菌；用于胡萝卜，防治链格孢属枯萎病；用于韭菜，防治紫斑病等。

分析方法 多抗霉素 B：产品用孢马里·罗伯茨 ACI-1157 族生物测定法分析。

主要生产商 Kaken（多抗霉素 B）。

参考文献

JP 493008.

多硫化钡（barium polysulfide）

$$BaS_x$$
50864-67-0

其他名称 polysulfure de baryum

化学名称 多硫化钡；barium polysulfide

CAS 名称 barium sulfide

应用 杀菌剂、杀虫剂。

主要生产商 Bayer。

多氧霉素（polyoxorim）

$C_{17}H_{23}N_5O_{14}$，521.39，22976-86-9；146659-78-1(锌盐)

多氧霉素（多抗霉素 D）由 S. Suzuki 等分离提纯出来，其结构由 K. Isono 等确定。杀菌活性由 S. Sasaki 等报道。多氧霉素锌盐于 1967 年由 Kaken，Kumiai 和 Nihon Nohyaku 作为杀菌剂开发。

其他名称 EndorSE，Polyoxin Z

化学名称 5-(2-氨基-5-O-氨基甲酰基-2-脱氧-L-木质酰氨基)-1-(5-羧基-1,2,3,4-四氢-2,4-二氧代嘧啶-1-基)-1,5-二脱氧-β-D-别呋喃糖醛酸；5-(2-amino-5-O-carbamoyl-2-deoxy-L-xylonamido)-1-(5-carboxy-1,2,3,4-tetrahydro-2,4-dioxopyrimidin-1-yl)-1,5-dideoxy-β-D-allofuranuronic acid

CAS 名称 5-[[2-amino-5-O-(aminocarbonyl)-2-deoxy-L-xylonoyl] amino]-1-[5-carboxy-3,4-dihydro-2,4-dioxo-1-(2H)-pyrimidinyl]-1,5-dideoxy-β-D-allofuranuronic acid

理化性质 无色晶体。熔点＞180℃（分解）。蒸气压＜1.33×10^5 mPa（20℃、30℃、40℃）。K_{ow}lg$P$ －1.45。Henry 常数约 2Pa·m³/mol（30℃，计算值）。相对密度 0.838（23℃）。水中溶解度：35.4g/L（pH 3.5，30℃）；有机溶剂中溶解度（g/L，20℃）：丙酮 0.011，甲醇 0.175，甲苯、二氯甲烷＜0.0011。有吸湿性，因此需要在干燥条件下贮存于密闭容器中。pK_{a_1}（羧基）2.66，pK_{a_2}（羧基）3.69，pK_{a_3}（氨基）7.89，pK_{a_4}（尿嘧啶）10.20。

毒性 雌雄大鼠急性经口 LD_{50}＞9600mg/kg。大鼠急性经皮 LD_{50}＞750mg/kg。雄大鼠吸入 LC_{50}（4h）2.44mg/L 空气，雌大鼠 2.17mg/L 空气。无作用剂量 50mg/(kg·d)。野鸭 LD_{50}＞2150mg/kg。鲤鱼 LC_{50}（96h）＞100mg/L，虹鳟 5.06mg/L。水蚤 LC_{50}（48h）4.08mg/L。羊角月牙藻 E_bC_{50}（72h）＞100mg/L。

制剂 PA，WP。

应用 多氧霉素（多抗霉素 D）锌盐用于水稻防治水稻纹枯病（立枯丝核菌）；用于苹果和梨防治溃疡病；用于草坪防治立枯丝核菌、*Curvularia geniculata*、内脐蠕孢属和德斯霉菌等引起的病害。不能与碱性药剂混用。

分析方法 产品用水稻纹枯病菌（＝薄膜革桃小食心虫）菌株 ACI-1134 的生物测定法分析。

主要生产商 Kaken。

参考文献

JP 577960.

噁霉灵（hymexazol）

$C_4H_5NO_2$, 99.1, 10004-44-1

1969 年由 Sankyo Co., Ltd 推出的内吸性杀菌剂，同时具有植物生长调节作用。

其他名称　土菌消，立枯灵，F-319，SF-6505，Tachigaren，hydroxy-isoxazcle

化学名称　5-甲基异噁唑-3-醇；5-methylisoxazol-3-ol

CAS 名称　5-methyl-3(2H)-isoxazolone

理化性质　原药为无色晶体。熔点 86～87℃，沸点（202±2）℃，蒸气压 182mPa（25℃），$K_{ow}\lg P$ 0.480（不确定 pH），Henry 常数 $2.77×10^{-4}$ Pa·m³/mol（20℃，计算值），相对密度 0.551。水中溶解度（g/L，20℃）：65.1（纯水），58.2（pH 3），67.8（pH 9）；其他溶剂中溶解度（g/L，20℃）：丙酮 730，二氯甲烷 602，正己烷 12.2，甲苯、甲醇 176，乙酸乙酯 437。碱性条件下稳定，酸性条件下相对稳定，对光和热稳定。pK_a 5.92（20℃）。闪点：(205±2)℃。

毒性　急性经口 LD_{50}（mg/kg）：雄大鼠 4678，雌大鼠 3909，雄小鼠 2148，雌小鼠 1968。雌雄大鼠急性经皮 LD_{50}＞10000mg/kg，雌雄兔子急性经皮 LD_{50}＞2000mg/kg，对眼睛和黏膜有刺激性，对皮肤无刺激性。大鼠吸入毒性 LC_{50}（4h，14d）＞2.47mg/L。2 年毒性试验，雄大鼠无作用剂量 19mg/(kg·d)，雌大鼠无用作用剂量 20mg/(kg·d)，狗 15mg/(kg·d)。无致畸、致癌、致突变作用。禽类急性经口 LD_{50}：日本鹌鹑 1085mg/kg，野鸭＞2000mg/kg。虹鳟鱼 LC_{50}（96h）460mg/L。水蚤 EC_{50}（48h）28mg/L。藻类无作用剂量为 29mg/L。对蜜蜂无毒，急性经口和接触毒性 LD_{50}＞100μg/只。蠕虫 LC_{50}（14d）＞15.7mg/L。

制剂　DP，SL，WP，WS。

应用　一种内吸性杀菌剂，同时又是一种土壤消毒剂，对腐霉病、镰刀菌等引起的猝倒病有较好的预防效果。作为土壤消毒剂，噁霉灵与土壤中的铁、铝离子结合，抑制孢子的萌发。噁霉灵能被植物的根吸收及在根系内移动，在植株内代谢产生两种糖苷，对作物有提高生理活性的效果，从而能促进植株生长，根的分蘖，根毛的增加和根的活性提高。对水稻生理病害亦有好的药效。因对土壤中病原菌以外的细菌、放线菌的影响很小，所以对土壤中微生物的生态不产生影响，在土壤中能分解成毒性很低的化合物，对环境安全。噁霉灵常与福美双混配，用于种子消毒和土壤处理。用于甜菜、水稻防治立枯病。

合成路线

分析方法　采用 GLC 分析。

主要生产商　CAC，Dongbu Fine，Fertiagro，东方润博农化（山东），河北冠龙，黑龙江企达，山东亿尔，天津迎新，韩孚生化，上虞银邦。

参考文献

[1] JP 518249.
[2] JP 532202.
[3] The Pesticide Manual. 15 thed.

噁咪唑（oxpoconazole）

$C_{19}H_{24}ClN_3O_2$，361.9，134074-64-9 (oxpoconazole)

$C_{42}H_{52}Cl_2N_6O_8$，839.8，174212-12-5 (oxpoconazle fumarate)

由 Otsuka Chemical Co., Ltd 和 Ube Industries Ltd. 共同开发。于 2000 年在日本首次登记。

其他名称 UR-50302，UBF-910

化学名称 (RS)-2-[3-(4-氯苯基)丙基]-2,4,4-三甲基-1,3-噁唑啉-3-基咪唑-1-基酮；双[(RS)-1-[2-[3-(4-氯苯基)丙基]-2,4,4-三甲基-1,3-噁唑啉-3-羰基]咪唑鎓]富马酸盐

(RS)-2-[3-(4-chlorophenyl)propyl]-2,4,4-trimethyl-1,3-oxazolidin-3-yl imidazol-1-yl ketone；bis[(RS)-1-[2-[3-(4-chlorophenyl)propyl]-2,4,4-trimethyl-1,3-oxazolidin-3-ylcarbonyl]imidazolium] fumarate

CAS 名称 2-[3-(4-chlorophenyl)propyl]-3-(1H-imidazol-1-ylcarbonyl)-2,4,4-trimethyloxazolidine

理化性质 噁咪唑富马酸盐（oxpoconazle fumarate）为无色结晶状固体。熔点 123.6～124.5℃。蒸气压 5.42×10^{-3} mPa（25℃）。K_{ow} lg$P$ 3.69（pH 7.5，25℃）。相对密度 1.328（25℃）。水中溶解度：噁咪唑富马酸盐 0.0895g/L（pH 4，25℃）；噁咪唑 0.0373g/L（pH 7，25℃）。碱和中性介质中稳定；在酸性介质中稍不稳定。光解 DT_{50}（光照，薄层）10.6h。pK_a 4.08。

毒性 噁咪唑富马酸盐：雄大鼠急性经口 LD_{50}：1424mg/kg，雌大鼠 1035mg/kg，雄小鼠 1073mg/kg，雌小鼠 702mg/kg。大鼠急性经皮 LD_{50} >2000mg/kg。对兔眼睛有轻微刺激作用，对兔皮肤无刺激作用，对豚鼠皮肤无致敏现象。大鼠吸入 LC_{50} >4398mg/m³。雄山齿鹑急性经口 LD_{50} 1125.6mg/kg，雌山齿鹑 1791.3mg/kg。鲤鱼 LC_{50}（96h）7.2mg/L，（48h）虹鳟 15.8mg/L（WP）。月牙藻 E_bC_{50} 0.81mg/L。

制剂 WP。

应用 麦角固醇生物合成抑制剂。抑制芽管和菌丝的生长。具有残留活性的治疗性杀菌剂。抑制除了孢子萌发阶段的葡萄孢菌生命周期的所有阶段防治植物病原体，如黑星菌属、

交链孢属、灰葡萄孢属、核盘菌属和褐腐菌属引起的病害。

合成路线

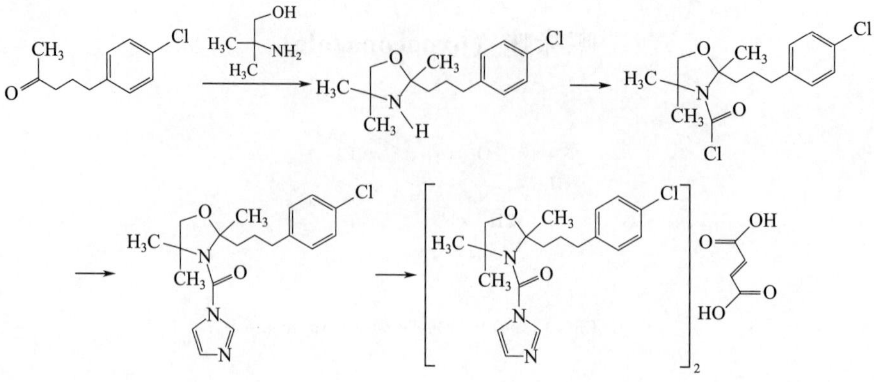

参考文献

The Pesticide Manual. 16th ed.

噁噻哌菌灵（oxathiapiprolin）

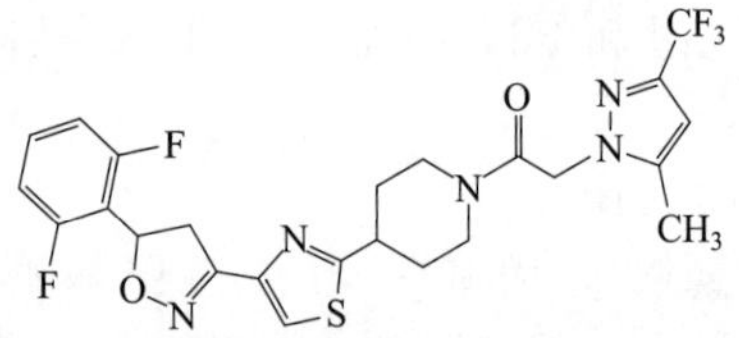

$C_{24}H_{22}F_5N_5O_2S$，539.52，1003318-67-9

其他名称　DPX-QGU42

化学名称　1-[4-[4-[(5RS)-5-(2,6-二氟苯基)-4,5-二氢-1,2-噁唑-3-基]-1,3-噻唑-2-基]-1-哌啶基]-2-[5-甲基-3-(三氟甲基)-1H-吡唑-1-基]乙酮；1-[4-[4-[(5RS)-5-(2,6-difluorophenyl)-4,5-dihydro-1,2-oxazol-3-yl]-1,3-thiazol-2-yl]-1-piperidyl]-2-[5-methyl-3-(trifluoromethyl)-1H-pyrazol-1-yl]ethanone

CAS名称　1-[4-[4-[5-(2,6-difluorophenyl)-4,5-dihydro-3-isoxazolyl]-2-thiazolyl]-1-piperidinyl]-2-[5-methyl-3-(trifluoromethyl)-1H-pyrazol-1-yl]ethanone

应用　杀菌剂。

噁霜灵（oxadixyl）

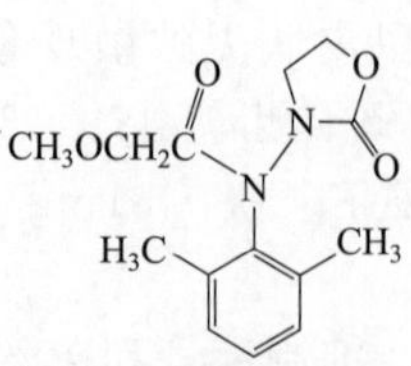

$C_{14}H_{18}N_2O_4$，278.3，77732-09-3

该内吸性杀菌剂由 U. Gisi 等报道。由 Sandoz AG（现 Syngenta AG）开发，1984 年首次上市。

其他名称　SAN 371F

化学名称　2-甲氧基-N-(2-氧代-1,3-噁唑啉-3-基)乙酰-2′,6′-二甲苯胺；2-methoxy-N-(2-oxo-1,3-oxazolidin-3-yl)aceto-2′,6′-xylidide

CAS 名称　N-(2,6-dimethylphenyl)-2-methoxy-N-(2-oxo-3-oxazolidinyl)acetamide

理化性质　无色无味晶体。熔点 104～105℃。蒸气压 0.0033mPa（20℃）。K_{ow} lg$P$ 0.65～0.8（22～24℃）。Henry 常数 $2.70×10^{-7}$ Pa·m³/mol（计算值）。堆积密度 0.5kg/L。水中溶解度：3.4g/kg（25℃）；有机溶剂中溶解度（g/kg，25℃）：丙酮 344，二甲基亚砜 390，甲醇 112，酒精 50，二甲苯 17，乙醚 6。正常情况和 70℃，2～4 周内稳定；20% 在室温 pH 5、7、9 的缓冲液中，阳光下稳定。

毒性　雄大鼠急性经口 LD_{50} 3480mg/kg，雌大鼠 1860mg/kg。大鼠和兔急性经皮 LD_{50} ＞2000mg/kg。对兔眼睛和皮肤无刺激，对豚鼠皮肤不致敏。雄、雌大鼠吸入 LC_{50}（6h）＞6.1mg/L 空气。NOEL（1 年）狗 12.3mg/(kg·d)（500mg/kg 饲料），（2 年）大鼠 10.9mg/(kg·d)（250mg/kg 饲料），（2 年）小鼠 18mg/(kg·d)（100mg/kg 饲料）。对兔［剂量高达 200mg/(kg·d)］和大鼠［剂量高达 1000mg/(kg·d)］不致畸，对大鼠［剂量高达 1000mg/(kg·d)］生殖无重大影响。野鸭急性经口 LD_{50}＞2510mg/kg，山齿鹑＞2000mg/kg。野鸭和山齿鹑饲喂 LC_{50}（8d）＞5620mg/kg。鲤鱼 LC_{50}＞300mg/L，虹鳟＞300mg/L，大翻车鱼 360mg/L。鱼体内没有生物积累（大翻车鱼 BCF1.2）。水蚤 EC_{50}（48h）530mg/L。近具刺链带藻 E_bC_{50} 46mg/L。蜜蜂 LD_{50}：（经口，24h）＞200μg/只，（接触）＞100μg/只。蚯蚓 LC_{50}（14d）＞1000mg/kg 干土。

制剂　FG，WG，WP。

应用　假设是在真菌内通过 r-RNA 抑制蛋白质的合成。具有治疗和保护作用的内吸性杀菌剂。能快速被叶片和根部吸收并向上传导，但也向下传导和层间传导。显示对触杀性杀菌剂有增效作用。与触杀性杀菌剂混用，防治葡萄、玉米、马铃薯、烟草、啤酒花、向日葵、柑橘、果树和蔬菜上的霜霉病、晚疫病和锈病，也可给棉花、梨和向日葵作种子包衣处理。

合成路线

分析方法　产品用 HPLC/UV 分析。

主要生产商　Syngenta，JIE，Kajo，江阴凯江，天津施普乐，江苏中旗，江苏常隆，西安近代。

参考文献

GB 2058059.

噁唑菌酮（famoxadone）

$C_{22}H_{18}N_2O_4$，374.4，131807-57-3

1998年由杜邦公司推出的新颖噁唑烷二酮杀菌剂。

其他名称 易保，DPX-JE874，JE874，IN-JE874，Famoxate

化学名称 3-苯氨基-5-甲基-5-(4-苯氧基苯基)-1,3-噁唑啉-2,4-二酮；3-anilino-5-methyl-5-(4-phenoxyphenyl)-1,3-oxazolidine-2,4-dione

CAS名称 5-methyl-5-(4-phenoxyphenyl)-3-(phenylamino)-2,4-oxazolidinedione

理化性质 乳白色粉末。熔点141.3～142.3℃，蒸气压$6.4×10^{-4}$ mPa（20℃），K_{ow} lg$P$ 4.65（pH 7），Henry常数$4.61×10^{-3}$ Pa·m³/mol（计算值，20℃），相对密度1.31（22℃）。溶解度：水52（pH 7.8～8.9），243（pH 5），111（pH 7），38（pH 9）（均为μg/L，20℃）；丙酮274，甲苯13.3，二氯甲烷239，己烷0.048，甲醇10，乙酸乙酯125.0，正辛醇1.78，乙腈125（均为g/L，25℃）。固体原药在25℃或54℃避光条件下14d稳定。避光条件下水中DT_{50}为：41d（pH 5），2d（pH 7），0.0646d（pH 9）（25℃）；日光下水中DT_{50}为：4.6d（pH 5，25℃）。

毒性 大鼠急性经口LD_{50}＞5000mg/kg。大鼠急性经皮LD_{50}＞2000mg/kg。本品对兔眼睛和皮肤轻微刺激，对豚鼠皮肤无致敏性。大鼠吸入毒性LC_{50}（4 h）＞5.3mg/L。无作用剂量[mg/(kg·d)]：雄大鼠1.62，雌大鼠2.15，雄性小鼠95.6，雌性小鼠130，雄性狗1.2，雌性狗1.2。山齿鹑急性经口LD_{50}＞2250mg/kg。鱼类LC_{50}（96h）：虹鳟鱼0.011mg/L，鲤鱼0.17mg/L。水蚤EC_{50}（48h）0.012mg/L。羊角月牙藻E_bC_{50}（72h）0.022mg/L。蜜蜂LD_{50}＞25μg/只；LC_{50}（48h）＞1000mg/L。蚯蚓LC_{50}（14d）470mg/kg土壤。

制剂 EC，WG。

应用 新型高效、广谱杀菌剂。适宜作物：小麦、大麦、豌豆、甜菜、油菜、葡萄、马铃薯、瓜类、辣椒、番茄等。主要用于防治子囊菌纲、担子菌纲、卵菌亚纲中的重要病害，如白粉病、锈病、颖枯病、网斑病、霜霉病、晚疫病等。与氟硅唑混用对防治小麦颖枯病、网斑病、白粉病、锈病效果更好。具有亲脂性，喷施于作物叶片上后，易黏附，具有不被雨水冲刷特效。

合成路线

分析方法 以气相色谱法（GC）或液相色谱法（HPLC）分析。

主要生产商   DuPont 公司。
参考文献
[1] US 4957933.
[2] EP 0393911.

二苯胺（diphenylamine）

$C_{12}H_{11}N$，169.2，122-39-4

化学名称   diphenylamine
CAS 名称 N-phenylbenzenamine
理化性质   奶油色，有刺鼻的杂酚油的气味。熔点 53～54℃，沸点 302℃。K_{ow} lg$P$ 3.5。相对密度 1.177（25℃）。溶解度：微溶于水，易溶于有机溶剂。暴露在阳光下颜色变暗。二苯胺是一种弱碱，与浓酸形成盐。闪点 153℃（闭杯）。
毒性   大鼠急性经口 LD_{50} 2960～3330mg/kg。兔急性经皮 LD_{50}＞2000mg/kg；几乎不刺激皮肤，轻微刺激眼睛（兔）。NOEL 狗（2 年）2.5mg/(kg·d)。黑头呆鱼 LC_{50}（96h）3.79mg/L，青鳉 LC_{50}（48h）2.2mg/L。水蚤 EC_{50}（24h）2.3mg/L。NOEC（21d）0.16mg/L。藻类 EC_{50}（72h）0.048mg/L。
制剂   EC。
应用   在收获后作为杀菌防护剂使用。
分析方法   采用 GLC。
主要生产商   Reposo。

二甲呋酰胺（furcarbanil）

$C_{13}H_{13}NO_2$，215.3，28562-70-1

由 BASF AG 开发。
其他名称   BAS 319F（BASF）
化学名称   2,5-二甲基-3-呋喃酰替苯胺；2,5-dimethyl-3-furanilide
CAS 名称   2,5-dimethyl-N-phenyl-3-furancarboxamide
应用   呋酰基苯胺类杀菌剂。

二甲嘧酚（dimethirimol）

$C_{11}H_{19}N_3O$，209.29，5221-53-4

1968年R. S. Elias等报道了该内吸性杀菌剂。由ICI Plant Protectiondivision（后来为Syngenta AG）开发，并于1970年进入市场。

其他名称　PP675，Milcurb

化学名称　5-丁基-2-二甲氨基-6-甲基嘧啶-4-醇；5-butyl-2-dimethylamino-6-methylpyrimidin-4-ol

CAS名称　5-butyl-2-(dimethylamino)-6-methyl-4(1H)-pyrimidinone

理化性质　纯品为无色针状结晶状固体。熔点102℃。相对密度1.2。蒸气压1.46mPa（25℃）。K_{ow}lg$P$ 1.9。Henry常数＜$2.55×10^{-4}$Pa·m³/mol（25℃，计算值）。水中溶解度：1.2g/L（20℃）；有机溶剂中溶解度（g/kg，20℃）：氯仿1200，二甲苯360，乙醇65，丙酮45。土壤降解DT_{50} 120d。

毒性　急性经口LD_{50}（mg/kg）：大鼠2350，小鼠800～1600。大鼠急性经皮LD_{50}＞400mg/kg，对兔皮肤和兔眼睛无刺激性。NOEL数据［2年，mg/(kg·d)］：大鼠300，狗25。母鸡急性经口LD_{50} 4000mg/kg。虹鳟鱼LC_{50}（96h）28mg/L。

制剂　SL。

应用　为腺嘌呤核苷脱氨酶抑制剂。内吸性杀菌剂，具有保护和治疗作用。可被植物根、茎、叶迅速吸收，并在植物体内运转到各个部位。主要用于防治烟草、番茄、观赏植物的白粉病。

合成路线

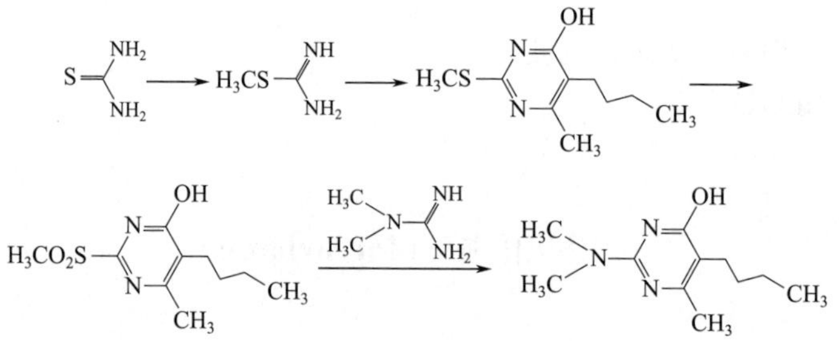

分析方法　采用GLC。

参考文献

GB 1182584.

二氯萘醌（dichlone）

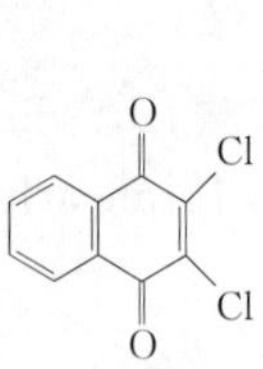

$C_{10}H_4Cl_2O_2$，227.0，117-80-6

1943年由W. P. terhorst和E. L. Felix报道了其杀菌活性。Uniroyal Chemical Co., Inc.和FMC Corp开发该产品。

其他名称　phygon，USR604

化学名称　2,3-二氯-1,4-萘醌；2,3-dichloro-1,4-naphthoquinone

CAS名称　2,3-dichloro-1,4-naphthalenedione

理化性质 纯品为黄色结晶。熔点 193℃，在 32℃以上时缓慢升华，工业品纯度约为 95%，熔点不低于 188℃。在 25℃水中溶解度为 0.1mg/L，微溶于丙酮和苯，溶于二甲苯和二氯苯。对光和酸稳定，遇碱水解，不能与矿物油、二硝基甲酚和石硫合剂混用，无腐蚀性。

毒性 大鼠急性经口 LD_{50} 1300mg/kg。在温暖条件下对皮肤有刺激性。

制剂 WP。

应用 二氯萘醌是非内吸性杀菌剂。主要用于种子处理和叶面喷洒，但不能用于豆科植物种子处理，据说它对固氮细菌有毒。叶面喷洒对苹果的黑星病、核果棕腐病、豆的炭疽病、番茄晚疫病有效。

参考文献

[1] US 2302384.
[2] US 2349772.

二噻农（dithianon）

$C_{14}H_4N_2O_2S_2$，296.32，3347-22-6

1963 年由 J. Berker 等报道。E. Merck 和 Shell Agrar GmbH（现 BASF Agro BV）相继开发该品种。

其他名称 二氰蒽醌，IT 931，MV 119A，CME107，SAG 107，CL37114，BAS 216F，Delan，Ditianroc，Aktuan

化学名称 5,10-二氢-5,10-二氧代萘并[2,3-b]-1,4-二硫杂苯-2,3-二腈；5,10-dihydro-5,10-dioxonaphtho[2,3-b]-1,4-dithiine-2,3-dicarbonitrile；2,3-dicyano-1,4-dithia-anthraquinone

CAS 名称 5,10-dihydro-5,10-dioxonaphtho[2,3-b]-1,4-dithi-in-2,3-dicarbonitrile

理化性质 纯品为深棕色结晶状固体，熔点 225℃。蒸气压 2.7×10^{-6} mPa（25℃）。K_{ow} lg$P$ 3.2（25℃）。Henry 常数 5.71×10^{-6} Pa·m³/mol。相对密度 1.576。水中溶解度（pH 7，25℃）：0.14mg/L；有机溶剂中溶解度（g/L，20℃）：甲苯 8，二氯甲烷 12，丙酮 10。

毒性 大鼠急性经口 LD_{50} 678mg/kg。大鼠急性经皮 LD_{50}>2000mg/kg，对兔皮肤和兔眼睛有中度刺激性。大鼠吸入（4h）2.1mg/L 空气。NOEL 数据 [2 年，mg/(kg·d)]：大鼠 20，小鼠 2.8，狗 40。山齿鹑和野鸭急性经口 LD_{50} 分别为 430mg/kg、290mg/kg。鲤鱼 LC_{50}（96h）0.1mg/L。蜜蜂 LD_{50}（48h）>0.1mg/只（接触）。蚯蚓 LC_{50}（mg/kg 土）：588.4（7d），578.4（14d）。

制剂 SC，WG，WP。

应用 具有多作用机理。通过与含硫基团反应和干扰细胞呼吸而抑制一系列真菌酶，最后导致病菌死亡。具很好的保护活性的同时，也有一定的治疗活性。适用于果树（包括仁果和核果），如苹果、梨、桃、杏、樱桃、柑橘、咖啡、葡萄、草莓、啤酒花等。在推荐剂量下尽管对大多数果树安全，但对某些苹果树有药害。除了对白粉病无效外，几乎可以防止所有果树病害，如黑星病、霉点病、叶斑病、锈病、炭疽病、疮痂病、霜霉病、褐腐病等。

合成路线

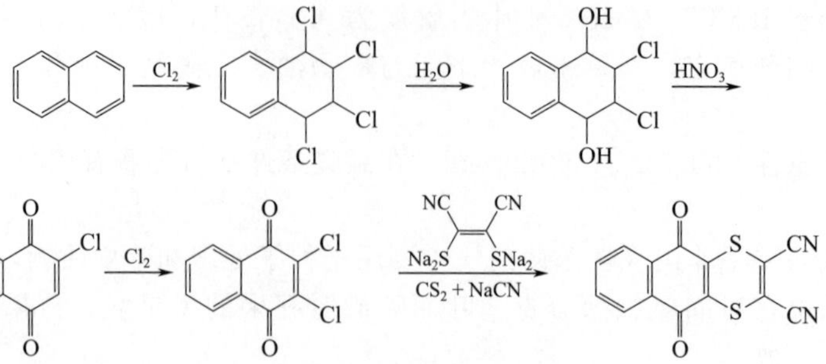

分析方法 通过高效液相色谱法配 UV 检测，或通过比色法。
主要生产商 BASF，Punjab，Sundat，浙江禾益。
参考文献
GB 857383.

二硝巴豆酸酯（dinocap）

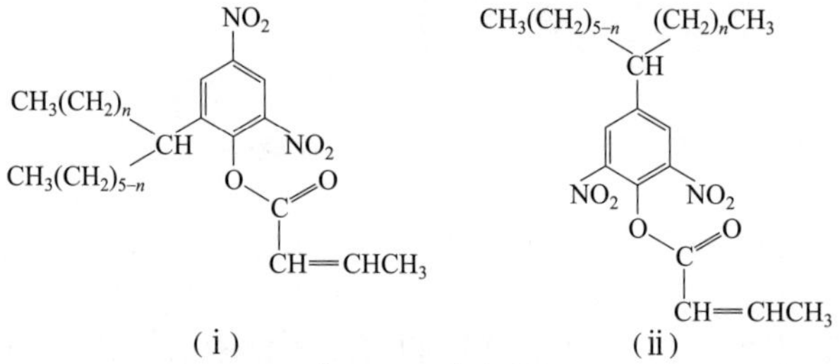

dinocap, $n=0, 1, 2$

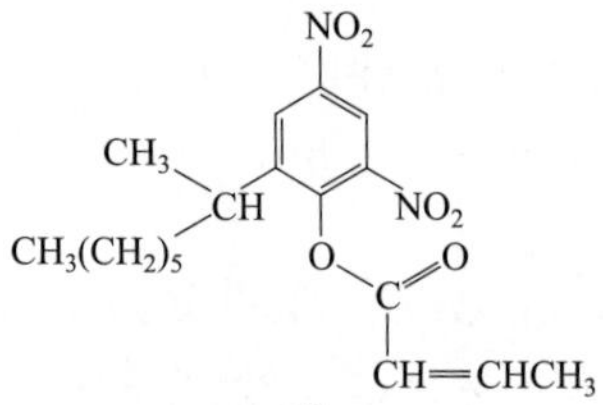

meptyldinocap
$C_{18}H_{24}N_2O_6$，364.4，39300-45-3

由 Rohm & haas Co.（现 Dow AgroSciences）开发。
其他名称 DPC
化学名称 2,6-二硝基-4-辛基苯基巴豆酸酯和 2,4-二硝基-6-辛基苯基巴豆酸酯，辛基是辛-2-基、辛-3-基和辛-4-基的混合物。
2,6-dinitro-4-octylphenyl crotonates and 2,4-dinitro-6-octylphenyl crotonates
CAS 名称 2(or 4)-isooctyl-4,6(or 2,6)-dinitrophenyl(2E)-2-butenoate
理化性质 暗红色的黏稠液体，有刺激性气味。熔点 $-22.5℃$。沸点 $138\sim140℃$（0.05mmHg）。200℃以上在环境压力下分解。蒸气压 3.33×10^{-3} mPa（25℃，蒸气压平衡）。$K_{ow}\lg P$ 4.54（20℃）。Henry 常数 1.36×10^{-3} Pa·m³/mol（计算值）。相对密度 1.10（20℃）。水中溶解度：0.151mg/L。有机溶剂中溶解度：丙酮、1,2-二氯乙烷、乙酸乙酯、正庚烷、甲醇和二甲苯>250g/L（2,4-异构体）；丙酮、1,2-二氯乙烷、乙酸乙酯和

二甲苯>250，正庚烷8.5～10.2，甲醇20.4～25.3（g/L，2,6-异构体）。见光迅速分解，>32℃分解，酸性介质中稳定，碱性介质中酯基发生水解。闪点67℃。

毒性　急性经口LD_{50}：雄性大鼠990mg/kg，雌性大鼠1212mg/kg。皮肤和眼睛：兔急性经皮$LD_{50} \geqslant$2000mg/kg；对兔皮肤有刺激性，对于天竺鼠是皮肤致敏物。大鼠吸入毒性LC_{50}（4h）$\geqslant$3mg/L空气。NOEL 雌性小鼠（18个月）2.7mg/(kg·d)，雄性小鼠14.6mg/(kg·d)，大鼠（2年）6～8mg/(kg·d)，狗0.4mg/(kg·d)。对啮齿类动物没有致癌作用。NOAEL 小鼠4mg/(kg·d)产生3种致畸效应。

制剂　DP，EC，WP。

应用　触杀型杀菌剂，具有保护和治疗作用，也可辅助作为非内吸性杀螨剂。用于控制各种作物的白粉病，包括水果、核果、葫芦、蔬菜、烟草、啤酒花和观赏植物。

分析方法　分光光度法分析或LC。

主要生产商　Dow AgroSciences。

参考文献

[1]　US 2526660.

[2]　US 2810767.

放线菌酮（cycloheximide）

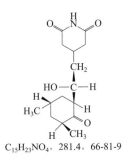

$C_{15}H_{23}NO_4$，281.4，66-81-9

由A. Whiffen等于1946年分离，由Upjohn Co.（后Nor-Am.）在植物保护领域推出的抗真菌抗生素。

化学名称　3-[(2R)-2-[(1S,3S,5S)-二甲基-2-氧代环己基]-2-羟乙基]戊二酰亚胺；3-[(2R)-2-[(1S,3S,5S)-3,5-dimethyl-2-oxocyclohexyl]-2-hydroxyethyl]glutarimide

CAS名称　[1S-[1α(S*),3α,5β]]-4-[2-(3,5-dimethyl-2-oxocyclohexyl)-2-hydroxyethyl]-2,6-piperidinedione

理化性质　无色晶体，熔点115.5～117℃。水中溶解度21g/L（2℃）；溶于三氯甲烷、异丙醇等常见有机溶剂，微溶于饱和烃。中性或酸性溶液中稳定，室温下遇碱快速分解为2,4-dimethylcyclohexanone（2,4-二甲基环己酮）。旋光度$[\alpha]_D^{25} -6.8°$（20g/L水）。

毒性　急性经口LD_{50}：大鼠2mg/kg，小鼠133mg/kg，豚鼠65mg/kg，猴60mg/kg。

制剂　WP。

应用　抗真菌抗生素，植物生长调节剂。用于防治观赏植物白粉病、禾本科植物锈病和叶斑病，抑制病原真菌的生长。具有植物生长调节剂的作用，用于促进橄榄和橘子等作物的落果。本品系链霉素生产过程的副产物。

分析方法　产品分析采用生物测定法。

主要生产商　Upjohn。

参考文献

[1] Whiffen A, et al. J Bacteriol, 1946, 52: 610.
[2] Ford J H, et al. Plant Dis Rep, 1958, 42: 680.
[3] Prescott G C, et al. J Agric Food Chem, 1956, 4: 343.

酚菌酮（fenjuntong）

$C_{10}H_{12}O_2$，164.2，2887-61-8

由江苏腾龙生物药业有限公司开发。

化学名称　2′-羟基丙基苯基甲酮；2′-hydroxybutyrophenone

CAS 名称　1-(2-hydroxyphenyl)-1-butanone

理化性质　原药为浅黄色透明液体，味苦，无爆炸性。熔点106.9℃（102.7kPa），沸点111.4℃（102.4kPa），相对密度（20℃，相对湿度22%）1.040 6g/mL。

毒性　大鼠急性经口 LD_{50} 为4300mg/kg。大鼠急性经皮 LD_{50} 为2150mg/kg。

制剂　EW。

应用　丁酮类杀菌剂。酚菌酮对半知菌、担子菌和半知菌真菌具有很好的控制效果。

分析方法　气相色谱法。

主要生产商　江苏腾龙生物药业。

粉病灵（piperalin）

$C_{16}H_{21}Cl_2NO_2$，330.3，3478-94-2

1964年在美国首次登记。

其他名称　Pipron

化学名称　3-(2-甲基哌啶基)丙基-3,4-二氯苯甲酸酯；3-(2-methylpiperidino)propyl 3,4-dichlorobenzoate

CAS 名称　3-(2-methylpiperidino)propyl 3,4-dichlorobenzoate

理化性质　琥珀色黏稠液体。沸点156～157℃（20mmHg）。蒸气压：据报道为 3.99×10^5 mPa（25℃），ARS PPD 给出的是<0.13mPa（25℃）。K_{ow} lg$P$ 4.31（pH 5、7、9，21℃）。相对密度1.18。在水中溶解度200mg/L（非特定的pH，25℃）。稳定性：水解 DT_{50} 2年（pH 5），16d（pH 7），5h（pH 9）（25℃）。pK_a 8.9。闪点71.1℃。

毒性　雄大鼠急性经口 LD_{50} 800mg/kg，雌大鼠1419mg/kg。兔急性经皮 LD_{50} >5850mg/kg，对兔眼睛有轻微刺激作用，对兔皮肤有严重刺激作用，对豚鼠皮肤无致敏性。大鼠吸入 LC_{50} >0.5mg/L。在大鼠发育研究中，母系的 NOEL 20mg/(kg·d)，LOEL 100mg/(kg·d)；发育的 NOEL 100mg/(kg·d)，最低作用剂量500mg/(kg·d)。无致癌、致畸、致突变作用。山齿鹑 LC_{50}（5d）>5380mg/L。大翻车鱼 LC_{50}（96h）0.77mg/L。水

蚤 EC_{50}（48h）1.89mg/L。

制剂 SC。

应用 通过抑制类固醇的还原（类固醇-Δ^{14}-还原酶）和异构化（Δ^8到Δ^7异构酶）来抑制细胞膜中类固醇的生物合成。用于玫瑰、丁香、大丽花、百日草、菊花、夹竹桃及温室的其他观赏植物，防治白粉病。

主要生产商 SePRO。

参考文献
The Pesticide Manual. 16th edition.

粉净胺（chloraniformethan）

$C_9H_7Cl_5N_2O$，336.4，20856-57-9

由 A. O. Paulus 等于 1968 年报道，由 Bayer AG 推出。

其他名称 Bayer 79 770

化学名称 N-[2,2,2-三氯-1-(3,4-二氯苯氨基)乙基]甲酰胺；N-[2,2,2-trichloro-1-(3,4-dichloroanilino)ethyl]formamide

CAS 名称 N-[2,2,2-trichloro-1-[(3,4-dichlorophenyl)amino]ethyl]formamide

理化性质 熔点 134～136℃。蒸气压：<1mPa（20℃），约 1.3mPa（40℃）。Henry 常数<2×10^{-3} Pa·m³/mol（20℃，计算值）。溶解度：水 0.016g/100mL（20℃）；甲醇 40，甲基异丁基甲酮 40.2，环己酮 45，DMF 55，甲苯 1.33，正庚烷 0.008（均为 g/100g，20℃）。遇强酸或强碱转化为 3，4-二氯苯胺。

毒性 急性经口 LD_{50}：雄大鼠>2500mg/kg，雌小鼠>1000mg/kg，猫>500mg/kg，豚鼠 250～500mg/kg。大鼠急性经皮 LD_{50}>500mg/kg，14d 作用于兔皮肤未发生有害作用。NOEL：在 10mg/kg，30mg/kg，100mg/kg 饲喂 14 周未引发中毒症状。金鱼 LC_{50} 1～10mg/L。

应用 用于防治霉菌，特别是白粉菌属（*Erysiphe*）。适用于谷物和观赏植物（玫瑰、菊花、秋海棠）。

分析方法 产品采用 GC 分析。

主要生产商 Bayer AG。

粉唑醇（flutriafol）

$C_{16}H_{13}F_2N_3O$，301.3，76674-21-0

由 ICI Plant Protection Division（现 Syngenta AG）公司开发，1983 年上市。

其他名称　PP450，Impact

化学名称　2,4'-二氟-α-(1H-1,2,4-三唑-1 基甲基)二苯基甲醇；(RS)-2,4'-difluoro-α-(1H-1,2,4-triazol-1-ylmethyl)benzhydryl alcohol

CAS 名称　(RS)-2,4'-二氟-α-(1H-1,2,4-三唑-1-基甲基)二苯基乙醇

理化性质　纯品为白色晶状固体。熔点 130℃。蒸气压 7.1×10^{-6} mPa（20℃）。K_{ow} lg$P$ 2.3（20℃），Henry 常数 1.65×10^{-8} Pa·m³/mol（计算值）。水中溶解度：130mg/L（pH 7，20℃）；有机溶剂中溶解度（g/L）：丙酮 190，甲醇 69，二氯甲烷 150，二甲苯 12，己烷 0.3（g/L，20℃）。

毒性　大鼠急性经口 LD_{50}：雄鼠 1140mg/kg，雌鼠 1480mg/kg。大鼠急性经皮 $LD_{50}>$1000mg/kg，对兔眼睛轻微刺激。在哺乳动物细胞中进行的试验表明，无诱变性。雌性野鸭急性经口 $LD_{50}>$5000mg/kg。野鸭饲喂 LC_{50}（5d）3940mg/kg，日本鹌鹑 6350mg/kg。鱼 LC_{50}（96h）虹鳟鱼 61mg/L，镜鲤 77mg/L。水蚤 LC_{50}（48h）78mg/L。对蜜蜂低毒，急性经口 $LD_{50}>$5μg/只。蠕虫 LC_{50}（14d）>1000mg/kg。

制剂　SC。

应用　抑制麦角类固醇的生物合成，能引起真菌细胞壁破裂和菌丝的生长。粉唑醇是具有铲除、保护、触杀和内吸活性的杀菌剂。对担子菌和子囊菌引起的许多病害具有良好的预防和治疗作用，并兼有一定的熏蒸作用，但对卵菌和细菌无活性。用于禾谷类作物，如小麦、大麦、黑麦、玉米等，在推荐计量下对作物安全。防治禾谷类作物茎叶、穗病害，还可防治禾谷类作物土传和种传病害，如白粉病、锈病、云纹病、叶斑病、网斑病、黑穗病等。对谷物白粉病有特效。

合成路线

分析方法　HPLC/GC。

主要生产商　江苏瑞邦，江苏七洲，江苏丰登，江苏建农，盐城利民，Cheminova 公司。

参考文献

EP 15756.

呋吡菌胺（furametpyr）

$C_{17}H_{20}ClN_3O_2$，333.8，123572-88-3

1989 年由 Sumitomo Chemical Co.，Ltd 开发，1996 年在日本注册。

其他名称 S-82658，S-658，Limber

化学名称 (RS)-5-氯-N-(1,3-二氢-1,1,3-三甲基异苯并呋喃-4-基)-1,3-二甲基吡唑-4-甲酰胺；(RS)-5-chloro-N-(1,3-dihydro-1,1,3-trimethylisobenzofuran-4-yl)-1,3-dimethylpyrazole-4-carboxamide

CAS 名称 5-chloro-N-(1,3-dihydro-1,1,3-trimethyl-4-isobenzofuranyl)-1,3-dimethyl-1H-pyrazole-4-carboxamide

理化性质 纯品为无色或浅棕色固体。熔点 150.2℃。蒸气压 $4.7×10^{-3}$ mPa（25℃），K_{ow}lg$P$ 2.36（25℃），Henry 常数 $6.97×10^{-6}$ Pa·m³/mol。水中溶解度（25℃）225mg/L，在大多数有机溶剂中稳定。原药在 40℃ 放置 6 个月仍较稳定，60℃ 放置 1 个月几乎无分解，太阳光下分解较迅速。原药在 pH 为 3~11 水中（100mg/L 溶液，黑暗环境）较稳定，14d 后分解率低于 2%。在加热条件下，原药于碳酸钠中易分解，在其他填料中均较稳定。

毒性 大鼠急性经口 LD_{50}：雄 640mg/kg，雌 590mg/kg。大鼠急性经皮 LD_{50}＞2000mg/kg（雄、雌）；对兔眼睛有轻微刺激，对皮肤无刺激作用，对豚鼠有轻微皮肤致敏现象。无致癌、致畸性，对繁殖无影响。在环境中对非靶标生物影响小，较为安全。

制剂 GP，GR，WP。

应用 呋吡酰胺具有内吸活性，且传导性能优良，因此具有优异的预防和治疗效果。主要用于水稻等。呋吡酰胺在推荐剂量下对作物安全，无药害，环境中对非靶标生物影响小，较为安全，对哺乳动物、水生生物和有益昆虫低毒。由于呋吡酰胺在水中、土表遇光照即迅速分解，土壤中的微生物也能使之分解，故对环境安全。对担子菌纲的大多数病菌具有优良的活性，特别是对丝核菌属、伏革菌属引起的植物病害（如水稻纹枯病、多种水稻菌核病、白绢病等）有特效。对稻纹枯病具有适度的长持效活性。

合成路线

分析方法 GLC 或 HPLC。

主要生产商 Sumitomo Chemical。

参考文献

[1] US 4877441.
[2] EP 315502.

呋甲硫菌灵（furophanate）

$C_{14}H_{13}N_3O_3S$，303.3，53878-17-4

由 Rohm & Haas Co 评价其杀菌活性。

其他名称 RH-3928

化学名称 4-(2-呋喃亚甲基氨基苯基)-3-硫代脲基甲酸甲酯；methyl 4-(2-furfurylide-neaminophenyl)-3-thioallophanate

CAS 名称 methyl [[[2-[(2-furanylmethylene)amino]phenyl]amino]thioxomethyl]carbamate

毒性 大鼠急性经口 LD_{50} 为 10000mg/kg。

应用 本品可用于防治苹果黑星病及甜瓜白粉病等。

呋菌胺（methfuroxam）

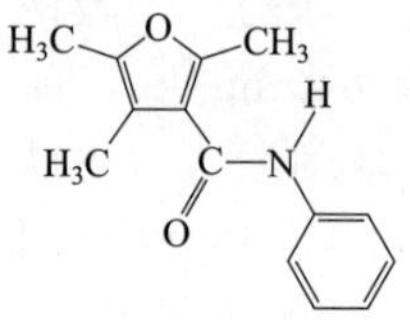

$C_{14}H_{15}NO_2$，229.3，28730-17-8

1978 年 K. T. Alcock 报道其杀菌活性。由 Uniroyal Chemical Co., Inc. 推出。

其他名称 H719，Trivax

化学名称 2,4,5-三甲基-3-呋喃基酰苯胺；2,4,5-trimethyl-3-furanilide

CAS 名称 2,4,5-trimethyl-N-phenyl-3-furancarboxamide

理化性质 无色晶体，伴有轻微气味。熔点 138～142℃，蒸气压<13Pa（20℃）。溶解度（25℃）：水中 10mg/L；DMF 412，丙酮 125，甲醇 64，甲苯 36（g/kg）。强酸强碱条件下水解。

毒性 急性经口 LD_{50}（mg/kg）：雄大鼠 4300，雌大鼠 1470，小鼠 620～880，狗 10000。兔急性经皮 LD_{50}：3160mg/kg；对豚鼠皮肤无刺激性，对黏膜有轻微刺激性。大鼠吸入 LC_{50}：17.39mg/L（空气）。90d 饲喂试验，大鼠 300mg/kg、狗 1000mg/kg 未发现致病影响。鱼毒 LC_{50}：大翻车鱼 0.18mg/L，虹鳟鱼 0.26mg/L。对蜜蜂有毒。

制剂 DS，FS，LS，WS。

应用 内吸性杀菌剂，谷物田防治黑粉病菌。

分析方法 产品分析采用 GC。

参考文献

DE 2006471.

呋菌唑（furconazole）

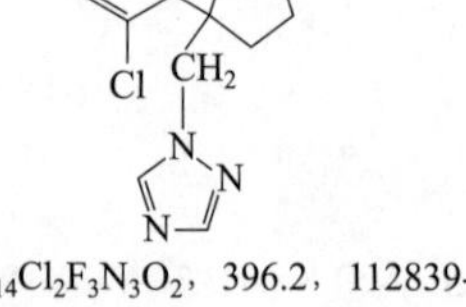

$C_{15}H_{14}Cl_2F_3N_3O_2$，396.2，112839-33-5

由 Rhône-Poulenc Agrochimie 报道。

其他名称　LS840608

化学名称　(2RS,5RS;2RS,5SR)-5-(2,4-dichlorophenyl)tetrahydro-5-(1H-1,2,4-triazol-1-ylmethyl)-2-furyl 2,2,2-trifluoroethyl ether

CAS 名称　1-[[2-(2,4-dichlorophenyl)tetrahydro-5-(2,2,2-trifluoroethoxy)-2-furanyl]methyl]-1H-1,2,4-triazole

理化性质　本品为无色晶体，熔点 86℃，蒸气压 0.0145mPa（25℃）。溶解度：水 21mg/L，有机溶剂 370～1400g/L。

应用　类固醇脱甲基化抑制剂。内吸性杀菌剂，具有保护和治疗作用。控制水果和葡萄真菌病害。

呋醚唑（furconazole-*cis*）

$C_{15}H_{14}Cl_2F_3N_3O_2$，396.2，112839-32-4

1988 年由 B. Zech 等报道。由 Rhône-Poulenc Agrochimie 推出。

其他名称　LS840606

化学名称　(2RS,5RS)-5-(2,4-二氯苯基)四氢-5-(1H-1,2,4-三唑-1-基甲基)-2-呋喃基-2,2,2-三氟乙基醚；(2RS,5RS)-5-(2,4-dichlorophenyl)tetrahydro-5-(1H-1,2,4-triazol-1-ylmethyl)-2-furyl 2,2,2-trifluoroethyl ether

CAS 名称　*cis*-1-[[2-(2,4-dichlorophenyl)tetrahydro-5-(2,2,2-trifluoroethoxy)-2-furanyl]methyl]-1H-1,2,4-triazole

理化性质　本品为无色晶体，熔点 86℃，蒸气压 0.0145mPa（25℃）。溶解度：水 21mg/L，有机溶剂 370～1400g/L。

毒性　大鼠急性经口 LD_{50} 450～900mg/kg，大鼠急性经皮 LD_{50}＞2000mg/kg，对兔眼睛和皮肤无刺激作用，在 Ames 试验和微核试验中无致突变性。

制剂　WP，EC，SC。

应用　本品为三唑类杀菌剂，是类固醇脱甲基化抑制剂。对子囊菌纲、担子菌纲和半知菌类的致病真菌有优异的活性，对禾谷类作物、葡萄、果树和热带作物的主要病害有保护和治疗作用，如白粉病、锈病、疮痂病、叶斑病和其他叶部病害。

呋霜灵（furalaxyl）

$C_{17}H_{19}NO_4$，301.3，57646-30-7

由 Ciba-Geigy AG（现 Syngenta AG）开发，1977 年上市。

其他名称　CGA 38140，Fongarid

化学名称　N-(2-呋喃基)-N-(2,6-二甲苯基)-DL-丙氨酸甲酯；methyl N-2-furoyl-N-2,6-xylyl-DL-alaninate

CAS 名称　N-(2,6-dimethylphenyl)-N-(2-furanylcarbonyl)-DL-alaninate

理化性质　纯品为白色无味结晶状固体，熔点 84℃。蒸气压 0.07mPa（20℃）。K_{ow} lg$P$ 2.7（25℃）。Henry 常数 $9.3×10^{-5}$ Pa·m³/mol（计算值）。相对密度 1.22（20℃）。水中溶解度（20℃）：230mg/L；有机溶剂中溶解度（g/kg，20℃）：二氯甲烷 600，丙酮 520，甲醇 500，己烷 4。在中性或弱酸性介质中相对稳定，在碱性介质中稳定性差。水解 DT_{50}（20℃，计算值）：>200 d（pH1~9），22 d（pH10）。稳定性高达 300℃。土壤降解 DT_{50} 为 31~65d（20~25℃）。

毒性　急性经口 LD_{50}（mg/kg）：大鼠 940，小鼠 603。急性经皮 LD_{50}（mg/kg）：大鼠>3100，兔 5508。对兔皮肤和兔眼睛有轻微刺激作用，对豚鼠皮肤无致敏性。NOEL 数据 [90d，mg/(kg·d)]：82，狗 1.8。日本鹌鹑急性经口 LD_{50}（8d）>6000mg/kg。日本鹌鹑饲喂 LC_{50}（8d）>6000mg/L。虹鳟鱼 LC_{50}（96h）32.5mg/L。水蚤 LC_{50}（48h）27mg/L。对蜜蜂无毒，LD_{50}（24h）>200μg/只（经口）。蚯蚓 LC_{50}（14d）510mg/kg 土壤。

制剂　GR，WP。

应用　内吸性杀菌剂，具有保护和治疗作用。可被植物根、茎、叶迅速吸收，并在植物体内运转到各个部位，因而耐雨水冲刷。主要用于防治观赏植物、蔬菜、果树等的土传病害，如腐霉属、疫霉属等卵菌纲病原菌引起的病害（如瓜果蔬菜的猝倒病、腐烂病、疫病等）。

合成路线

分析方法　采用气相色谱分析法。

参考文献

[1]　BE 827419.
[2]　GB 1448810.

呋酰胺（ofurace）

$C_{14}H_{16}ClNO_3$，281.73，58810-48-3

由 Chevron Chemical Company 引进的内吸性杀菌剂。1992 年授权予 Schering AG（现 Bayer AG）。

其他名称　RE 20615，AE F057623

化学名称 (±)-α-(2-氯-N-2,6-二甲苯基乙酰氨基)-γ-丁内酯;(±)-α-(2-chloro-N-2,6-xylylacetamido)-γ-butyrolactone

CAS 名称 (±)-2-chloro-N-(2,6-dimethylphenyl)-N-(tetrahydro-2-oxo-3-furanyl)acetamide

理化性质 原药含量≥97%。无色晶体(原药为米色透明粉状物)。熔点 145~146℃。蒸气压 2×10^{-2} mPa (20℃)。$K_{ow}\lg P$ 1.39 (20℃)。Henry 常数 3.9×10^{-5} Pa·m³/mol(计算值)。相对密度 1.43 (20℃)。在水中的溶解度 146mg/L (20℃);有机溶剂中溶解度 (g/L):丙酮 60~75,1,2-二氯乙烷 300~600,乙酸乙酯和甲醇均为 25~30,对二甲苯 8.6,庚烷 0.0322。在碱性环境中快速水解,DT_{50} 7h (pH 9,35℃),但在酸性和高温环境下稳定。水中光解 DT_{50} 7d。

毒性 雄大鼠急性经口 LD_{50} 3500mg/kg,雌大鼠 2600mg/kg,小鼠>5000mg/kg,兔>5000mg/kg。兔急性经皮 LD_{50}>5000mg/kg;对兔眼睛有温和刺激,对皮肤有中等刺激;对豚鼠皮肤无致敏性。大鼠吸入 LC_{50} 2060mg/m³。大鼠长期 NOEL 2.5mg/(kg·d)。红腿石鸡急性经口 LD_{50}>5000mg/kg。虹鳟 LC_{50} (96h) 29,金圆腹雅罗鱼 57mg/L。水蚤 EC_{50} (48h) 46mg/L。对蜜蜂无毒,经口 LD_{50}>58μg/只。

制剂 SC,WP。

应用 具有保护、治疗活性的内吸性杀菌剂。通过叶和根快速吸收,并向上和向下传导。通过抑制孢子萌发或阻止菌丝形成起作用。主要用于防治观赏植物、蔬菜、果树等由卵菌纲病原菌引起的病害,如马铃薯晚疫病、葡萄霜霉病、黄瓜霜霉病、番茄疫病等。

合成路线

分析方法 产品用 HPLC 分析。

主要生产商 Bayer CropScience。

氟苯嘧啶醇 (nuarimol)

$C_{17}H_{12}ClFN_2O$,314.7,63284-71-9

由 Eli Lilly & Co.(现为 Dow Elanco)1980 年在希腊投产,后销售权转给 Gowan Co.。

其他名称 EL-228 (Lilly),Trimidal

化学名称 (RS)-2-氯-4'-氟-α-(嘧啶-5-基)苯基苄醇;(±)-2-chloro-4'-fluoro-α-(pyrimidin-5-yl)benzhydryl alcohol

CAS 名称 (±)-α-(2-chlorophenyl)-α-(4-fluorophenyl)-5-pyrimidinemethanol

理化性质 纯品为无色结晶状固体,熔点 126~127℃。蒸气压<0.0027mPa (25℃),$K_{ow}\lg P$ 3.18 (pH 7),Henry 常数<3.27×10^{-5} Pa·m³/mol。相对密度 0.6~0.8。水中

溶解度：26mg/L（pH 7，25℃）；有机溶剂中溶解度（g/L，25℃）：丙酮 170，甲醇 55，二甲苯 20。极易溶解在乙腈、苯和氯仿中，微溶于己烷。紫外线下迅速分解，52℃稳定。

毒性 急性经口 LD_{50}（mg/kg）：雄大鼠 1250，雌大鼠 2500，雄小鼠 2500，雌小鼠 3000，小猎犬 500。兔急性经皮 $LD_{50}>2000$mg/kg；对兔皮肤无刺激，对眼睛有轻度刺激；对豚鼠皮肤无致敏现象。大鼠吸入 0.37mg/L 空气 1h 无严重的影响。大鼠和小鼠 2 年饲喂无作用剂量为 50mg/kg。山齿鹑急性经口 LD_{50} 200mg/kg。大翻车鱼 LC_{50}（96h）12.1mg/L。水蚤 LC_{50}（48h）>25mg/L。对蜜蜂无毒性，LC_{50}（接触）>1g/L。蚯蚓 14d 饲喂无作用剂量为 100g/kg 土。

制剂 EC，SC，SL，WP。

应用 麦角固醇生物合成抑制剂，通过抑制担孢子的分裂的完成而起作用。具有保护、治疗和内吸性活性。对禾谷类作物由病原真菌所引起的病害（如斑点病、叶枯病、黑穗病、白粉病、黑星菌等）有广谱的抑制作用；对石榴、核果、葡萄、蛇麻草、葫芦和其他作物的白粉病，以及苹果的疮痂病等也有抑制作用。

合成路线

分析方法 产品分析采用 GLC/FID。

主要生产商 Dow AgroSciences，BASF Española。

参考文献

[1] The Pesticide Manual. 16th ed.

[2] GB 1218623.

氟吡菌胺（fluopicolide）

$C_{14}H_8Cl_3F_3N_2O$，383.6，239110-15-7

2006 年由 Bayer AG 推出的新型吡啶酰胺类杀菌剂。

其他名称 银法利，AE C638206，Presidio

化学名称 2,6-二氯-N-[3-氯-5-(三氟甲基)-2-吡啶甲基]苯甲酰胺；2,6-dichloro-N-[3-chloro-5-(trifluoromethyl)-2-pyridylmethyl]benzamide

CAS 名称 2,6-dichloro-N-[[3-chloro-5-(trifluoromethyl)-2-pyridinyl]methyl]benzamide

理化性质 氟吡菌胺为苯甲酰胺类化合物。纯品为米色粉末状微细晶体，工业原药是米色粉末。相对密度（30℃）1.65，在常压下沸点不可测，熔点 150℃，分解温度 320℃。蒸气压：3.03×10^{-4} Pa（20℃），8.03×10^{-7} Pa（25℃）。K_{ow} lg$P$ 3.26（pH 7.8，22℃），2.9（pH 4.0、7.3 和 9.1，40℃）。室温下，水中溶解度约 4mg/L；有机溶剂中溶解度（20℃，mg/L）：乙醇 19.2，正己烷 0.20，甲苯 20.5，二氯甲烷 126，丙酮 74.7，乙酸乙酯

37.7，二甲基亚砜 183。氟吡菌胺在水中稳定，对光照也较稳定（pH 4～9）。

毒性　氟吡菌胺原药大鼠急性经口、经皮 $LD_{50} > 5000mg/kg$；对兔皮肤无刺激性，对兔眼睛有轻度刺激性；对豚鼠皮肤无致敏性。大鼠 90d 亚慢性饲喂试验最大无作用剂量为 100mg/kg（饲料浓度）。3 项致突变试验：Ames 试验、小鼠骨髓细胞微核试验、染色体畸变试验结果均为阴性；未见致突变性；在试验剂量内大鼠未见致畸、致癌作用。

制剂　SC，WG，WP。

应用　酰胺类广谱杀菌剂，对卵菌纲真菌病菌有很高的生物活性，具有保护和治疗作用。氟吡菌胺有较强的渗透性。能从叶片上表面向下面渗透，从叶基向叶尖方向传导。对幼芽处理后能够保护叶片不受病菌侵染。还能从根部沿植株木质部向整株分布，但不能沿韧皮部传导。主要用于防治卵菌纲病害，如霜霉病、疫病等，除此之外还对稻瘟病、灰霉病、白粉病等有一定的防效。

合成路线

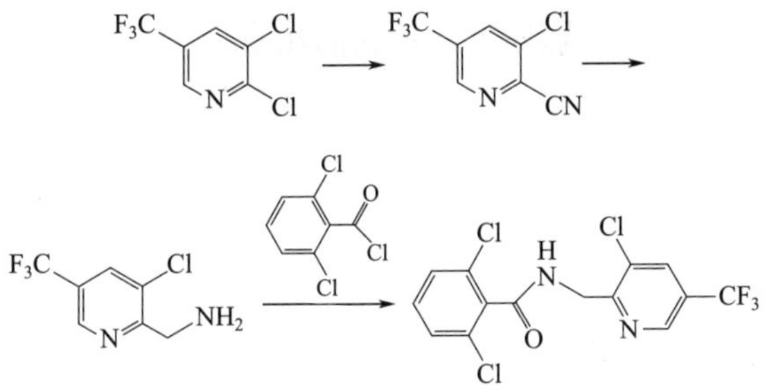

分析方法　反相液相色谱法。

主要生产商　Bayer CropScience。

参考文献

[1]　WO 9942447.
[2]　EP 1311483.

氟吡菌酰胺（fluopyram）

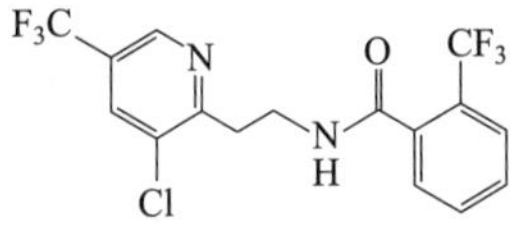

$C_{16}H_{11}ClF_6N_2O$，396.7，658066-35-4

原药于 2010 年在美国登记。

其他名称　AE C656948，Luna Privilege，Verango

化学名称　N-[2-[3-氯-5-(三氟甲基)-2-吡啶基]乙基]-α,α,α-三氟-o-甲苯酰胺；N-{2-[3-chloro-5-(trifluoromethyl)-2-pyridyl]ethyl}-α,α,α-trifluoro-o-toluamide

CAS 名称　N-[2-[3-chloro-5-(trifluoromethyl)-2-pyridinyl]ethyl]-2-(trifluoromethyl)benzamide

理化性质　白色粉末。熔点 118℃，沸点 319℃，蒸气压 $1.2×10^{-3}$ mPa（20℃），K_{ow} lg$P$ 3.3（20℃）（pH 6.5），Henry 常数 $2.98×10^{-5}$ Pa·m³/mol（20℃），相对密度 1.53（20℃）。水中溶解度 16mg/L（20℃）。对热稳定，在酸性、中性和碱性条件下稳定。

毒性　大鼠急性经口 $LD_{50} > 5000mg/kg$，急性经皮 $LD_{50} > 2000mg/kg$。鹌急性经口

LD_{50} 为 3119mg/kg。鱼毒 LC_{50} 1.82mg/L。水蚤 LC_{50}（48h）>17mg/L。蜜蜂 LD_{50}：（经口，48h）>102.3μg/只，（接触，48h）>100μg/只。藻类 $E_r C_{50}$ 8.90mg/L。蠕虫 EC_{50}（14d）>1000mg/kg 土壤。

制剂 SC，SE，FS。

应用 一种广谱型杀菌剂。可用于防治 70 多种作物如葡萄树、鲜食葡萄、梨果、核果、蔬菜以及大田作物等的多种病害，包括灰霉病、白粉病、菌核病、褐腐病。

分析方法 产品分析采用 HPLC/UV 方法。

主要生产商 Bayer CropScience。

参考文献

[1] WO 2004/016088.
[2] EP 1531673.
[3] US 7582818.

氟啶胺（fluazinam）

$C_{13}H_4Cl_2F_6N_4O_4$，465.1，79622-59-6

由 Ishihara Sangyo Kaisha，Ltd 开发，1990 年上市。

其他名称 福农帅，B1216，IKF1216，ICIA0912，Frowncide，Shirlan

化学名称 3-氯-N-(3-氯-5-三氟甲基-2-吡啶基)-α,α,α-三氟-2,6-二硝基对甲基苯胺；3-chloro-N-(3-chloro-5-trifluoromethyl-2-pyridyl)-α,α,α-trifluoro-2,6-dinitro-p-toluidine

CAS 名称 3-chloro-N-[3-chloro-2,6-dinitro-4-(trifluoromethyl)phenyl]-5-(trifluoromethyl)-2-pyridinamine

理化性质 为黄色结晶固体。熔点：生产标准 117℃（99.8%），119℃（96.6%）。蒸气压 7.5mPa（20℃）。K_{ow} lg$P$ 4.03。Henry 常数 0.671Pa·m³/mol（计算值）。相对密度 1.81（20℃）。溶解度：正己烷 8，丙酮 853，甲苯 451，二氯甲烷 675，乙酸乙酯 722，甲醇 192（g/L，25℃）。稳定性：在酸碱环境下稳定，对热稳定；水解 DT_{50} 42d（pH 7），6d（pH 9）；光解 DT_{50} 2.5d（pH 5）。pK_a 7.34（20℃）。

毒性 急性经口 LD_{50}（mg/kg）：雄大鼠 4500，雌大鼠 4100。大鼠急性经皮 LD_{50}>2000mg/kg；对兔眼睛有刺激性，对皮肤有轻微刺激性。原药对豚鼠皮肤有刺激性。大鼠吸入毒性 LC_{50}：0.463mg/L。狗的无作用剂量为 1.0mg/(kg·d)，雄大鼠 1.9mg/kg；对雄小鼠致癌剂量为 1.1mg/(kg·d)。禽类急性经口 LD_{50}：山齿鹑 1782mg/kg，野鸭>4190mg/kg。虹鳟鱼 LC_{50}（96h）0.036mg/L。水蚤 LC_{50}（48h）0.22mg/L。羊角月牙藻 EC_{50}（96h）0.16mg/L。蜜蜂急性经口 LD_{50}>100μg/只，接触毒性>200μg/只。蠕虫 LC_{50}（28d）>1000mg/kg。

制剂 DP，SC，WP。

应用 线粒体氧化磷酰化解偶联剂。通过抑制孢子的萌发、菌丝突破、生长和孢子形成而抑制所有阶段的感染过程。氟啶胺的杀菌谱广，其效果优于常规保护性杀菌剂，例如对交链孢属、葡萄孢属、疫霉属、单轴霉属、核盘菌属和黑星菌属非常有效，对抗苯并咪唑类和二甲酰亚胺类杀菌剂的灰葡萄孢菌也有良好的效果。耐雨水冲刷，持效期长，兼有优良的控制植食性螨类的作用，对十字花科植物根肿病有卓越的防效，对根霉菌引起的水稻猝倒病有很好的防效。适用于葡萄、苹果、梨、柑橘、小麦、大豆、马铃薯、番茄、黄瓜、水稻、茶、草坪等作物。氟啶胺有广谱的杀菌活性，对疫霉病、腐菌核病、黑斑病、黑星病和其他病原体病害有良好的防治效果。除了杀菌活性外，氟啶胺还显示出对红蜘蛛等的杀螨活性。具体病害如黄瓜灰霉病、腐烂病、霜霉病、炭疽病、白粉病、茎部腐烂病，番茄晚疫病，苹果黑星病、叶斑病、梨黑斑病、锈病、水稻稻瘟病、纹枯病、燕麦冠锈病、葡萄灰霉病、霜霉病、柑橘疮痂病、灰霉病、马铃薯晚疫病、草莓斑点病。具体螨类如柑橘红蜘蛛、石竹锈螨、神泽叶螨等。

合成路线

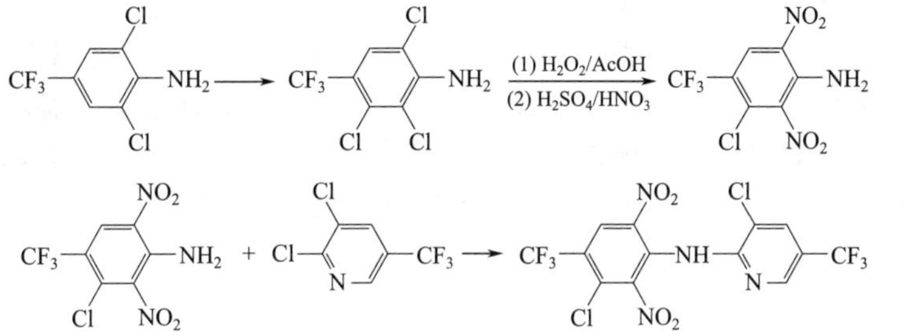

分析方法　气相色谱/电子捕获检测法。

主要生产商　Ishihara Sangyo，Cheminova，AGROFINA，优士化学，山东绿霸，浙江禾田。

参考文献

［1］　EP 31257.

［2］　US 4331670.

氟硅唑（flusilazole）

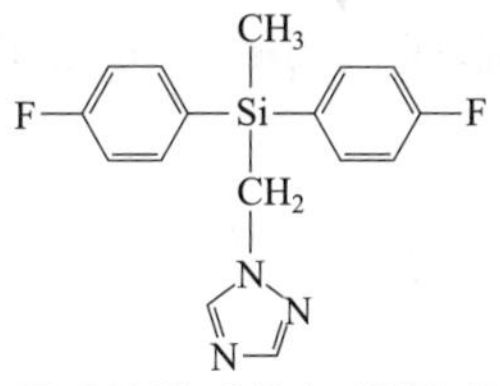

$C_{16}H_{15}F_2N_3Si$，315.4，85509-19-9

1985 年由 E. I. du Pont de Nemours & Co. 推出。

其他名称　克菌星，新星，福星，DPX-H 6573，Nustar，Olymp

化学名称　双(4-氟苯基)甲基(1H-1,2,4-三唑-1-基亚甲基)硅烷；bis(4-fluorophenyl)(methyl)(1H-1,2,4-triazol-1-ylmethyl)silane

CAS 名称　1-［［bis(4-fluorophenyl)methylsilyl］methyl］-1H-1,2,4-triazole

理化性质　白色无味晶体。熔点 53～55℃，蒸气压 3.9×10^{-2} mPa（25℃）（饱和气体），K_{ow} lg$P$ 3.74（pH 7，25℃），Henry 常数 2.7×10^{-4} Pa·m³/mol（pH 8，25℃，计算），相对密度 1.30（20℃）。水中溶解度（mg/L，20℃）：45（pH 7.8），54（pH 7.2），

900(pH 1.1);易溶于(>2kg/L)有机溶剂。一般条件下稳定性超过 2 年,对光和高温(温度达 310℃)稳定。pK_a 2.5(弱碱)。

毒性 雄大鼠急性经口 LD_{50} 1100mg/kg,雌大鼠 674mg/kg。兔急性经皮 LD_{50}>2000mg/kg,对皮肤和眼睛有轻微刺激性。吸入毒性 LC_{50}(4h):雄大鼠 27mg/L,雌大鼠 3.7mg/L。2 年饲喂试验,大鼠无作用剂量 10mg/kg;1 年饲喂试验,狗无作用剂量 5mg/kg(0.2mg/kg);1.5 年饲喂试验,小鼠无作用剂量为 25mg/kg。无致畸作用。野鸭急性经口 LD_{50}>1590mg/kg。鱼 LC_{50}(96h):虹鳟鱼 1.2mg/L,大翻车鱼 1.7mg/L。水蚤 LC_{50}(48h):3.4mg/L。对蜜蜂无毒,急性经口和接触 LD_{50}>150μg/只。

制剂 EC,EW,SC,SE,WG。

应用 属于类固醇脱甲基化抑制剂,破坏和阻止病菌的细胞膜重要组成成分麦角类固醇的生物合成,导致细胞膜不能形成,使病菌死亡。具有内吸、保护和治疗活性。适于苹果、梨、黄瓜、番茄和禾谷类作物等作物。用于防治子囊菌纲、担子菌纲和半知菌类真菌引起的多种病害,如苹果黑星病、白粉病,禾谷类的麦类核腔菌、壳针孢菌、葡萄钩丝壳菌、葡萄球座菌引起的病害(如眼点病、颖枯病、白粉病、锈病和叶斑病等),以及甜菜上的多种病害。对梨、黄瓜黑星病,花生叶斑病,番茄叶霉病也有效。

合成路线

分析方法 采用 GLC-FID 方法。

主要生产商 DuPont 公司,安徽华星,海南正业,中农高科,江苏建农,江苏中旗,江西禾益,山东澳得利,山东禾宜,陕西恒润,天津久日,浙江一帆。

参考文献

EP 0068813.

氟环唑(epoxiconazole)

$C_{17}H_{13}ClFN_3O$,329.76,106325-08-0

由 BASF AG(现 BASF SE)公司研发,1993 年首次登记。

其他名称 环氧菌唑,欧霸,BAS 480F,Opus

化学名称 (2RS,3RS)-1-[3-(2-氯苯基)-2,3-环氧-2-(4-氟苯基)丙基]-1H-1,2,4-三唑;(2RS,3SR)-1-[3-(2-chlorophenyl)-2,3-epoxy-2-(4-fluorophenyl)propyl]-1H-1,2,4-triazole

CAS 名称 cis-1-[[3-(2-chlorophenyl)-2-(4-fluorophenyl)oxiranyl]methyl]-1H-1,2,4-triazole

理化性质 纯品为无色结晶状固体。熔点 136.2℃。相对密度 1.384(25℃)。蒸气压<

1.0×10^{-5} Pa（25℃）。K_{ow} lg$P$ 3.1（pH 7）。溶解度（20℃，mg/L）：水 6.63，丙酮 14.4，二氯甲烷 29.1。在 pH 7 和 9 条件下 12d 不水解。

毒性　大鼠急性经口 LD_{50}＞5000mg/kg。大鼠急性经皮 LD_{50}＞2000mg/kg。大鼠吸入 LC_{50}（4h）＞5.3mg/L 空气。本品对兔眼睛和皮肤无刺激。鹌鹑急性经口 LD_{50}＞2000mg/kg；鹌鹑饲喂 LC_{50}（8d）5000mg/kg。鱼 LC_{50}（96h，mg/L）：虹鳟 2.2～2.4，大翻车鱼 4.6～6.8。水蚤 LC_{50}（48h）8.7mg/L。

制剂　EC，SC，SE。

应用　类固醇生物合成中 C_{14} 脱甲基化酶抑制剂，兼具保护和治疗作用。适宜用于禾谷类作物、糖用甜菜、花生、油菜、草坪、咖啡及果树等。推荐剂量下对作物安全、无药害。防治立枯病、白粉病、眼纹病等 10 多种病害。

合成路线

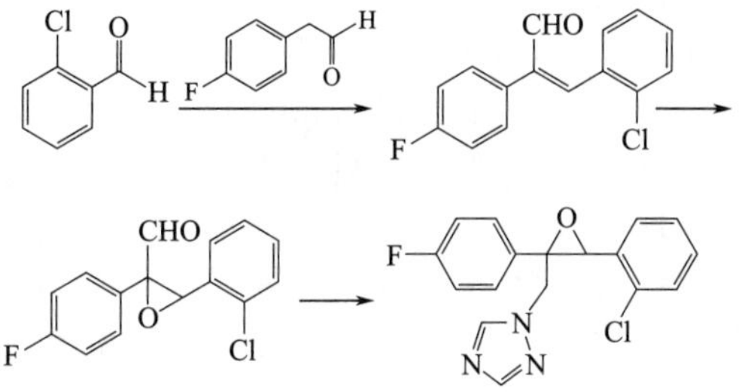

分析方法　采用毛细管气相色谱分析配 FID 检测器。

主要生产商　BASF，Astec，Cheminova，Fertiagro，Flagchem，Sinon，江苏飞翔，江苏辉丰，上海生农。

参考文献

[1]　EP 94564.
[2]　US 4464381.

氟菌螨酯（flufenoxystrobin）

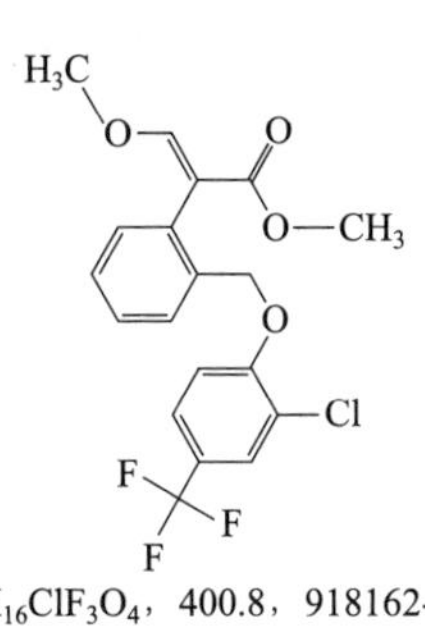

$C_{19}H_{16}ClF_3O_4$，400.8，918162-02-4

沈阳化工研究院开发的 strobilurins 类杀菌剂。

化学名称　(2E)-2-{2-[(2-氯-α,α,α-三氟对甲苯氧基)甲基]苯基}-3-甲氧基丙烯酸甲酯；methyl (2E)-2-{2-[(2-chloro-α,α,α-trifluoro-p-tolyloxy)methyl]phenyl}-3-methoxyacrylate

CAS 名称　methyl (αE)-2-[[2-chloro-4-(trifluoromethyl)phenoxy]methyl]-α-(methoxymethylene)benzeneacetate

应用　Strobilurins 类杀菌剂，氟菌螨酯兼具保护活性和治疗活性，对白粉病有特效。

氟菌唑（triflumizole）

$C_{15}H_{15}ClF_3N_3O$，345.7，99387-89-0

由日本曹达公司开发的咪唑类杀菌剂。

其他名称　特富灵，三氟咪唑，NF114，Condor，Duotop，Trifmine，Procure，Trifme，NF114

化学名称　(E)-4-氯-α,α,α-三氟-N-(1-咪唑-1-基-2-丙氧亚乙基)邻甲苯胺；(E)-4-chloro-α,α,α-trifluoro-N-(1-imidazol-1-yl-2-propoxyethylidene)-o-toluidine

CAS 名称　[$N(E)$]-4-chloro-N-[1-(1H-imidazol-1-yl)-2-propoxyethylidene]-2-(trifluoromethyl)benzenamine；formerly：1-[(1E)-1-[[4-chloro-2-(trifluoromethyl)phenyl]imino]-2-propoxyethyl]-1H-imidazole

理化性质　纯品为无色结晶。熔点63.5℃。蒸气压0.191mPa（25℃）。K_{ow} lg$P$ 5.06（pH 6.5），5.10（pH 6.9），5.12（pH 7.9）。Henry 常数 6.29×10^{-3} Pa·m³/mol（25℃，计算值）。溶解度：水 0.0102g/L（pH 7，20℃）；三氯甲烷 2220，己烷 17.6，二甲苯 639，丙酮 1440，甲醇 496（均为 g/L，20℃）。pK_a 3.7（25℃）。

毒性　急性经口 LD_{50}：雄大鼠 715mg/kg，雌大鼠 695mg/kg。大鼠急性经皮 LD_{50} > 5000mg/kg。对眼轻度刺激，对皮肤无刺激作用。大鼠吸入毒性 LC_{50}（4h）> 3.2mg/L 空气。大鼠（2年）无作用剂量 3.7mg/kg。禽类急性经口 LD_{50}：雄日本鹌鹑 2467mg/kg，雌日本鹌鹑 4308mg/kg。鲤鱼 LC_{50}（96h）0.869mg/L。水蚤 LC_{50}（48h）1.71mg/L。藻类 E_rC_{50}（72h）1.29mg/L。蜜蜂 LD_{50} 0.14mg/只。

制剂　WP。

应用　本品为类固醇脱甲基化抑制剂，具有保护和治疗作用的内吸性杀菌剂。可防治仁果上的胶锈菌属和黑星菌属菌，果实和蔬菜上的白粉菌科、镰孢霉属、煤绒菌属和链核盘菌属菌；也可有效地防治禾谷类上的长蠕孢属、腥黑粉菌属和黑粉菌属菌。如拌麦类种子可防治黑穗病、白粉病和条纹病。

合成路线

主要生产商　禾本农药，上海生农生化，日本曹达。

参考文献

[1]　The Pesticide Manual. 15th ed.
[2]　US 4208411.

[3] DE 2814041.

氟喹唑 (fluquinconazole)

$C_{16}H_8Cl_2FN_5O$,376.2,136426-54-5

1992 年由 P. E. Russell 等报道。由 Bayer CropScience 公司开发的三唑类杀菌剂。

其他名称 A484，SN 597265，Castellan，Flamenco，Jockey，Palisade，Vista

化学名称 3-(2,4-二氯苯基)-6-氟-2-(1H-1,2,4-三唑-1-基)喹唑啉-4(3H)-酮；3-(2,4-dichlorophenyl)-6-fluoro-2-(1H-1,2,4-triazol-1-yl)quinazolin-4(3H)-one

CAS 名称 3-(2,4-dichlorophenyl)-6-fluoro-2-[(1H)-1,2,4-triazol-1-yl]-4(3H)-quinazolinone

理化性质 纯品为灰白色颗粒状固体。熔点 191.9~193℃（原药 184~192℃），蒸气压 $6.4×10^{-9}$Pa（20℃），K_{ow} lg$P$ 3.24（pH 5.6），相对密度 1.58（20℃）。溶解度（20℃，g/L）：水 0.001（pH 6.6），乙醇 3，丙酮 50，甲苯 10，二甲亚砜 200。对光稳定，在水中（25℃，pH 7）半衰期为 21.8d。

毒性 急性经口 LD_{50}（mg/kg）：雄或雌大鼠 112，小雄鼠 325，小雌鼠 180。大鼠急性经皮 LD_{50}（mg/kg）：雄 2679，雌 625。大鼠吸入 LC_{50}（4h）0.754mg/L。本品对兔皮肤和眼睛无刺激。Ames 及其他试验呈阴性。NOEL 数据 [1 年，mg/(kg·d)]：大鼠 0.31，小鼠 1.1，狗 0.5。山齿鹑和野鸭急性经口 LD_{50}>2000mg/kg。鱼毒 LC_{50}（96h，mg/L）：虹鳟 1.9，大翻车鱼 1.34。水蚤 LC_{50}（48h）5.0mg/L。蚯蚓 LC_{50}（14d）>1000mg/kg 土壤。

制剂 FS，SC，SE，WG，WP。

应用 类固醇脱甲基化抑制剂，破坏和阻止病菌的细胞膜重要组成成分麦角固醇的生物合成，导致细胞膜不能形成，使病菌死亡。具有内吸性、保护和治疗活性。适宜于小麦、大麦、水稻、甜菜、油菜、豆科作物、蔬菜、葡萄和苹果等作物。推荐剂量下对作物安全、无药害。防治由担子菌纲、半知菌类和子囊菌纲真菌引起的多种病害，如可有效地防治苹果上的主要病害如苹果黑星病和苹果白粉病），对白粉病菌、链核盘菌、尾孢霉属、茎点霉属、壳针孢属、埋核盘菌属、柄锈菌属、驼孢锈菌属和核盘菌属等真菌引起的病害均有良好的防治效果。

合成路线

分析方法 GLC 或 HPLC。

主要生产商 Bayer CropScience，BASF。

氟氯菌核利 (fluoroimide)

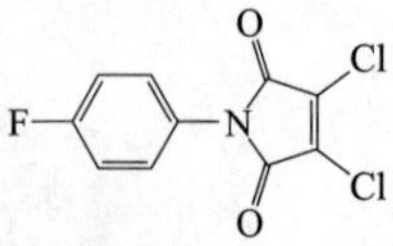

$C_{10}H_4Cl_2FNO_2$,260.1,41205-21-4

1978年由Mitsubishi Chemical Industries Ltd（现Mitsubishi Chemical Corp.）和Kumiai Chemical Industry Co.，Ltd开发的二甲酰亚胺类杀菌剂。

其他名称　MK-23，fluoromide，Spartcide

化学名称　2,3-二氯-N-4-氟苯基马来酰亚胺；2,3-dichloro-N-4-fluorophenylmaleimid

CAS名称　3,4-dichloro-1-(4-fluorophenyl)-1H-pyrrole-2,5-dione

理化性质　纯品为淡黄色结晶，熔点240.5～241.8℃。蒸气压：3.4mPa（25℃），8.1mPa（40℃）。K_{ow}lg$P$ 2.3。相对密度1.59。水中溶解度5.9mg/L（20℃）；丙酮中溶解度19.2g/L（20℃）。温度达50℃能稳定存在。对光稳定。水解DT_{50}：52.9min（pH 3），7.5min（pH 7），1.4min（pH 8）。

毒性　大鼠和小鼠急性经口LD_{50}＞15000mg/kg。大鼠急性经皮LD_{50}＞5000mg/kg。大鼠吸入LC_{50}（4h，mg/L空气）：雄＞0.57，雌0.72。大鼠2年饲喂试验无作用剂量600～2000mg/kg。鲤鱼LC_{50}（48h）5.6mg/L。水蚤LC_{50}（3h）13.5mg/L。

制剂　WG，WP。

应用　叶面使用杀菌剂，具有保护作用。抑制孢子的萌发。防治苹果花腐病和苹果黑星病、柑橘黑星病和疮痂病、橡胶赤衣病（伏革菌属 Corticiun sp.）、洋葱灰霉病和霜霉病、茶树炭疽病和茶饼病、马铃薯晚疫病；防治柿子的柿尾孢和柿叶球腔菌引起的病害。对于某些品种的梨树可能有药害。

合成路线

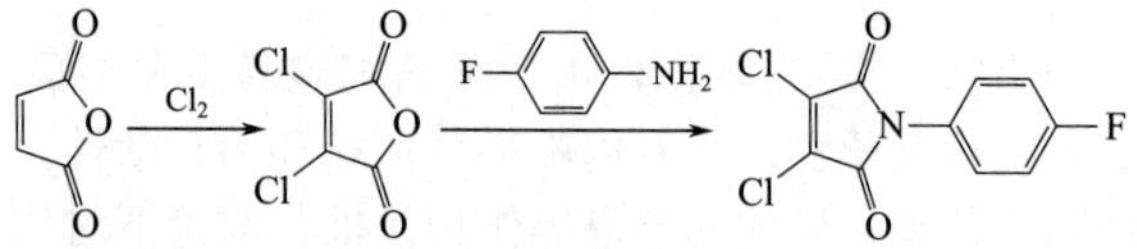

分析方法　气相色谱法。

主要生产商　Agro-Kanesho，Kumiai，Nihon Nohyaku。

参考文献

[1]　JP 712681.

[2]　US 3734927.

氟吗啉 (flumorph)

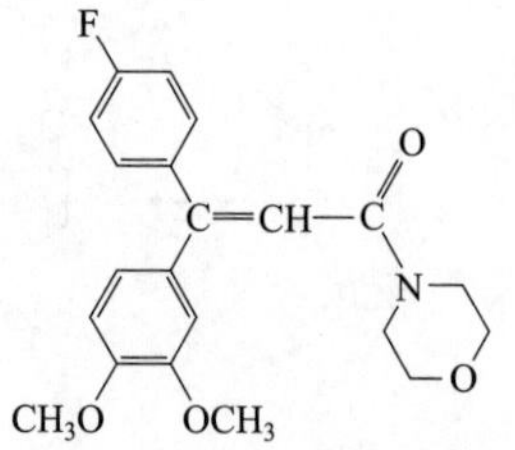

$C_{21}H_{22}FNO_4$,371.4,211867-47-9

1994年沈阳化工研究院创制、开发的肉桂酰胺类杀菌剂。

其他名称 SYP-L190

化学名称 (E,Z)-4-[3-(4-氟苯基)-3-(3,4-二甲氧基苯基)丙烯酰]吗啉；(E,Z)-4-[3-(4-fluorophenyl)-3-(3,4-dimethoxyphenyl)acryloyl]morpholine

CAS 名称 4-[3-(3,4-dimethoxyphenyl)-3-(4-fluorophenyl)-1-oxo-2-propenyl]morpholine

理化性质 (Z)-和 (E)-异构体的混合物（50:50）。无色晶体。熔点 105~110℃。$K_{ow}lgP$ 2.20。易溶于丙酮和乙酸乙酯。一般条件下，水解、光解、热稳定（20~40℃）。

毒性 急性经口 LD_{50}：雄大鼠>2710mg/kg，雌大鼠>3160mg/kg。雌、雄大鼠急性经皮 LD_{50}：2150mg/kg；对兔眼睛和皮肤无刺激性。无作用剂量（2年）：雄大鼠 63.64mg/(kg·d)，雌大鼠 16.65mg/(kg·d)。无致畸、致癌、致突变作用。日本鹌鹑急性经口 LD_{50}（7d）>5000mg/kg。鲤鱼 LC_{50}（96h）45.12mg/L。蜜蜂 LD_{50}（24h，接触）>170μg/只。

制剂 EC，WG，WP。

应用 具体作用机理还在研究中。因氟原子特有的性能，如模拟效应、电子效应、阻碍效应、渗透效应，因此使含有氟原子的氟吗啉的防病杀菌效果倍增，活性显著高于同类产品。适用于葡萄、板蓝根、烟草、啤酒花、谷子、甜菜、花生、大豆、马铃薯、番茄、黄瓜、白菜、南瓜、甘蓝、大蒜、大葱、辣椒及其他蔬菜、橡胶、柑橘、鳄梨、菠萝、荔枝、可可、玫瑰、麝香，推荐剂量下对作物安全，无药害。对地下水、环境安全。主要用于防治卵菌纲病菌引起的病害（如霜霉病、晚疫病、霜疫病等），如黄瓜霜霉病、葡萄霜霉病、白菜霜霉病、番茄晚疫病、马铃薯晚疫病、辣椒疫病、荔枝霜疫霉病、大豆疫霉根腐病等。具有很好的保护、治疗、铲除、渗透、内吸活性，治疗活性显著。主要用于茎叶喷雾。

合成路线

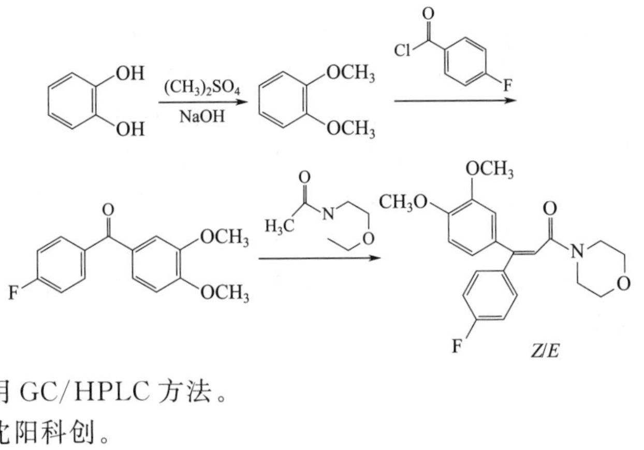

分析方法 可用 GC/HPLC 方法。

主要生产商 沈阳科创。

参考文献

[1] US 6020332.
[2] CN 1314083.
[3] CN 1385070.

氟嘧菌胺（diflumetorim）

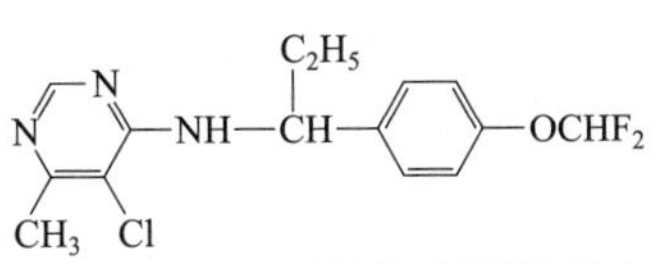

$C_{15}H_{16}ClF_2N_3O$，327.8，130339-07-0

由 Ube Industries Ltd 发明，与 Nissan Chemical Industries Ltd. 联合开发。1997 年在日本登记用于观赏植物。2003 年被 SDS Biotech K. K. 收购。

其他名称　UBF-002，Pyricut

化学名称　(RS)-5-氯-N-[1-(4-二氟甲氧基苯基)丙基]-6-甲基嘧啶-4-胺；(RS)-5-chloro-N-[1-(4-difluoromethoxyphenyl)propyl]-6-methylpyrimidin-4-ylamine

CAS 名称　($\pm$)-5-chloro-N-[1-[4-(difluoromethoxy)phenyl]propyl]-6-methyl-4-pyrimidinamine

理化性质　纯品为淡黄色结晶状固体。熔点 46.9～48.7℃。相对密度 0.49（20℃）。蒸气压 0.321mPa（25℃）。K_{ow} lg$P$ 4.17（pH6.86）。Henry 常数为 3.19×10^{-3} Pa·m³/mol（计算值）。水中溶解度为 33mg/L（25℃），易溶于大部分有机溶剂。pH4～9 范围内稳定，解离常数 pK_a 4.5，闪点 201.3℃。

毒性　大鼠急性经口 LD_{50}：雄 448mg/kg，雌 534mg/kg；小鼠急性经口 LD_{50}：雄 468mg/kg，雌 387mg/kg。大鼠急性经皮 LD_{50}：雄＞2000mg/kg，雌＞2000mg/kg。大鼠急性吸入 LC_{50}（4h）：雄 0.61mg/L，雌 0.61mg/L。本品对兔眼睛和皮肤有轻微刺激，对豚鼠皮肤有轻微刺激。日本鹌鹑急性经口 LD_{50} 881mg/kg，野鸭急性经口 LD_{50} 1979mg/kg。鱼毒 LC_{50}：虹鳟 0.25mg/L，鲤鱼 0.098mg/L。水蚤 LC_{50}（3h）0.96mg/L。蜜蜂 LD_{50}：（经口）＞10μg/只，（接触）29μg/只。Ames 试验呈阴性，微核及细胞体外试验呈阴性。

制剂　EC。

应用　氟嘧菌胺从分生孢子萌发至分生孢子梗形成任何真菌生长期，都能立即抑制生长。实验室试验，处理皮氏培养器上 5 种不同生长期麦类白粉病，结果表明，在每种生长期都能抑制真菌生长。这与已进入观赏植物杀菌剂市场的 SBI 作用方式有很大不同。分生孢子萌发前用药抑制率 100%；播种 10h，分生孢子萌发后用药抑制率 76%；接种 24h 附着胞形成后用药抑制率 55.6%；接种 48h，菌丝体茂盛生长后用药抑制率 35.2%；接种 96h，分生孢子梗形成后用药抑制率 11.2%。更具体的作用机理在研究中。其化学结构有别于现有的杀菌剂，同三唑类、二硫代氨基甲酸酯类、苯并咪唑类及其他类包括抗生素等无交互抗性，因此其对敏感或抗性病原菌均有优异的活性。适用于禾谷类作物、观赏植物（如玫瑰、菊花等），防治白粉病和锈病等。

合成路线

主要生产商　SDS Biotech K. K.。

参考文献

[1] US 5141941.

[2] EP 0370704.

氟嘧菌酯（fluoxastrobin）

$C_{21}H_{16}ClFN_4O_5$，458.8，193740-76-0

1994 年由 Bayer AG 研发，2005 年授权给 Arysta LifeScience 公司。

其他名称　BAY HEC 5725，HEC 5725，Fandango

化学名称　{2-[6-(2-氯苯氧基)-5-氟嘧啶-4-基氧]苯基}(5,6-二氢-1,4,2-二噁嗪-3-基)甲酮-O-甲基肟；(E)-{2-[6-(2-chlorophenoxy)-5-fluoropyrimidin-4-yloxy] phenyl}(5,6-dihydro-1,4,2-dioxazin-3-yl)methanone O-methyloxime

CAS 名称　[2-[[6-(2-chlorophenoxy)-5-fluoro-4-pyrimidinyl]oxy]phenyl](5,6-dihydro-1,4,2-dioxazin-3-yl)methanone O-methyloxime

理化性质　纯品为白色结晶固体，熔点 75℃。蒸气压 6×10^{-10} Pa（20℃）。K_{ow} lg$P$ 2.86（20℃）。水中溶解度 2.29mg/L（20℃，pH7）。土壤中的降解半衰期为 16～119d。

毒性　大鼠急性经口 LD_{50}＞2500mg（a.i.）/kg，大鼠急性经皮 LD_{50}＞2000mg（a.i.）/kg。对兔眼有刺激性，对兔皮肤无刺激作用，对豚鼠皮肤无敏感作用。对大鼠或兔未发现胚胎毒性、繁殖毒性和致畸作用，无致癌作用和神经毒性。鹌鹑急性经口 LD_{50}＞2000mg/kg。鳟鱼 LC_{50}（96h）＞0.44mg/L。水藻 EC_{50}（48h）0.48mg/L。蜜蜂 LD_{50}：＞843μg/只（经口），＞200μg/只（接触）。蚯蚓 LC_{50}（14d）＞1000mg/kg 土壤。

制剂　EC，FS。

应用　适宜于禾谷类作物、马铃薯、蔬菜和咖啡等作物，推荐剂量下对作物安全，对地下水、环境安全。氟嘧菌酯具有广谱的杀菌活性，对几乎所有真菌纲（子囊菌纲、担子菌纲、卵菌纲和半知菌类）病害（如锈病、颖枯病、网斑病、白粉病、霜霉病等数十种病害）均有很好的活性。氟嘧菌酯主要用于茎叶处理。具有快速击杀和持效期长双重特性，对作物具有很好的相容性。

合成路线

分析方法　采用 HPLC-UV 法。

主要生产商　Bayer CropScience。

参考文献

DE 19602095.

氟噻唑菌腈（flutianil）

$C_{19}H_{14}F_4N_2OS_2$，426.5
958647-10-4 [(Z)- isomer]，304900-25-2(未说明立体化学)

日本大塚化学公司开发的噻唑类杀菌剂。2000 年申请专利。

其他名称 OK-5203

化学名称 （Z）-[3-(2-甲氧基苯基)-1,3-噻唑烷-2-亚基]（α,α,α,4-四氟间甲苯基硫代）乙腈；（Z）-[3-(2-methoxyphenyl)-1,3-thiazolidin-2-ylidene]（α,α,α,4-tetrafluoro-m-tolylthio)acetonitrile

CAS 名称 (2Z)-2-[[2-fluoro-5-(trifluoromethyl)phenyl]thio]-2-[3-(2-methoxyphenyl)-2-thiazolidinylidene]acetonitrile

理化性质 无味、白色结晶粉末，熔点 178～179℃，沸点 299.1℃（2.53kPa），蒸气压 $<1.3\times10^{-2}$ mPa (25℃)，K_{ow} lg$P$ 2.9，相对密度 1.45 (30℃)。水中溶解度 0.0079mg/L (20℃)。280℃以下稳定。50℃时 pH 4、7、9 对水解稳定。光解 DT_{50} 3～4d。

毒性 大鼠急性经口 $LD_{50}>$2000mg/kg。大鼠急性经皮 $LD_{50}>$2000mg/kg；对兔皮肤无刺激性，对眼睛有轻微刺激性。大鼠急性吸入 LC_{50}（4 h）$>$5.17mg/L 空气。NOEL（2 年）大鼠 6000mg/kg 饲料。鹌鹑急性经口 $LD_{50}>$2250mg/kg。鱼毒 LC_{50}（96h）：鲤鱼$>$0.80mg/L，虹鳟鱼$>$0.83mg/L。水蚤 EC_{50}（48h）$>$0.91mg/L。蜜蜂 LD_{50}（经口、接触）$>$100μg/只。蠕虫 $LC_{50}>$1000mg/kg 土壤。

制剂 EC，SC。

应用 噻唑类杀菌剂，用于防治白粉病，可用于果树、蔬菜、向日葵等。

主要生产商 Otsuka。

参考文献

[1] WO 01/47902.

[2] JP 2000/319270.

氟酰胺（flutolanil）

$C_{17}H_{16}F_3NO_2$，323.3，66332-96-5

1986 年由 Nihon Nohyaku 公司推出的酰胺类杀菌剂。

其他名称 氟纹胺，望佳多，福多宁，NNF-136，Moncut

化学名称 α,α,α-三氟-3′-异丙氧基邻苯甲酰苯胺；α,α,α-trifluoro-3′-isopropoxy-*o*-toluanilide

CAS 名称 *N*-[3-(1-methylethoxy)phenyl]-2-(trifluoromethyl)benzamide

理化性质 本品为无色晶体。熔点 104.7～106.8℃，蒸气压 $4.1×10^{-4}$ mPa（20℃），K_{ow}lg$P$ 3.17，Henry 常数 $1.65×10^{-5}$ Pa·m^3/mol（计算值），相对密度 1.32（20℃）。溶解度：水中为 8.01mg/L（20℃）；丙酮 606.2，乙腈 333.8，二氯甲烷 377.6，乙酸乙酯 364.7，正己烷 0.395，甲醇 322.2，正辛醇 42.3，甲苯 35.4（均为 g/L，20℃）。在酸、碱性介质中稳定（pH 5～9）。光解 DT_{50} 为 277d（pH 7，25℃）。

毒性 急性经口 LD_{50}：大、小鼠>10000mg/kg。急性经皮 LD_{50}：大、小鼠>5000mg/kg。对皮肤和眼睛无刺激性（兔），对豚鼠皮肤无致敏性。大鼠吸入毒性 LC_{50}>5.98mg/L。2 年无作用剂量：雄大鼠 8.7mg/(kg·d)，雌大鼠 10.0mg/(kg·d)。没有致突变作用。山齿鹑、野鸭急性经口 LD_{50}>2000mg/kg。鱼类 LC_{50}（96h，mg/L）：大翻车鱼>5.4，虹鳟鱼 5.4，鲤鱼 3.21。水蚤 EC_{50}（48h）>6.8mg/L。对蜜蜂无毒，LD_{50}（48h）：>208.7μg/只（经口），>200μg/只（接触）。蚯蚓 LC_{50}（14d）>1000mg/kg 土壤。

制剂 DP，GR，SC，UL，WP。

应用 琥珀酸脱氢酶抑制剂，抑制天门冬氨酸盐和谷氨酸盐的合成。是一种具有保护和治疗活性的内吸性杀菌剂，阻碍受感染体上菌的生长和穿透，引起菌丝和被感染体的消失。适宜于谷类、马铃薯、甜菜、蔬菜、花生、水果、观赏作物等。推荐剂量下对谷类、蔬菜和水果安全。主要用于防治各种立枯病、纹枯病、雪腐病等。对水稻纹枯病有特效。

合成路线

分析方法 气-液色谱法。

主要生产商 Bayer CropScience，Nihon Nohyaku，禾田化工，百力化学。

参考文献

[1] JP 1104514.

[2] US 4093743.

氟唑环菌胺（sedaxane）

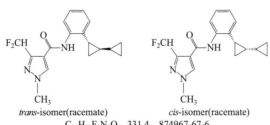

trans-isomer(racemate)　　　*cis*-isomer(racemate)

$C_{18}H_{19}F_2N_3O$，331.4，874967-67-6

化学名称 外消旋-N-[2-[(1R,2R)-1,1′-双(环丙烷)]-2-基苯基]-3-(二氟甲基)-1-甲基-1H-吡唑-4-甲酰胺顺式异构体和外消旋-N-[2-[(1R,2S)-1,1′-双(环丙烷)]-2-基苯基]-3-(二氟甲基)-1-甲基-1H-吡唑-4-甲酰胺反式异构体的混合物;mixture of 2 cis-isomers rac-N-(2-[(1R,2R)-1,1′-bi(cyclopropan)]-2-ylphenyl)-3-(difluoromethyl)-1-methyl-1H-pyrazole-4-carboxamide and 2 trans-isomers rac-N-(2-[(1R,2S)-1,1′-bi(cyclopropan)]-2-ylphenyl)-3-(difluoromethyl)-1-methyl-1H-pyrazole-4-carboxamide

CAS 名称 N-[2-[1,1′-bicyclopropyl]-2-ylphenyl]-3-(difluoromethyl)-1-methyl-1H-pyrazole-4-carboxamid

应用 呼吸抑制类(SDHI)杀菌剂。通过破坏呼吸链电子传递复合物Ⅱ(琥珀酸脱氢酶)抑制线粒体的功能。

主要生产商 Syngenta。

氟唑菌酰胺(fluxapyroxad)

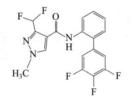

$C_{18}H_{12}F_5N_3O$,381.3,907204-31-3

2011年由BASF公司在英国首次推出。

其他名称 Xemium,BAS 700 F,5094351

化学名称 3-(二氟甲基)-1-甲基-N-(3′,4′,5′-三氟联苯-2-基)吡唑-4-甲酰胺;3-(difluoromethyl)-1-methyl-N-(3′,4′,5′-trifluorobiphenyl-2-yl)pyrazole-4-carboxamide

CAS 名称 3-(difluoromethyl)-1-methyl-N-(3′,4′,5′-trifluoro[1,1′-biphenyl]-2-yl)-1H-pyrazole-4-carboxamide

理化性质 熔点157℃。蒸气压:8.1×10^{-6} mPa(25℃),2.7×10^{-6} mPa(20℃)。$K_{ow}lgP$ 3.08(20℃),Henry 常数 3.028×10^{-7} Pa·m³/mol(计算值),相对密度1.42(室温)。水中溶解度(20℃):3.88mg/L(pH 5.8,未缓冲),3.78mg/L(pH 4),3.44mg/L(pH 7),3.84mg/L(pH 9)。有机溶剂中的溶解度(g/L,20℃):丙酮>250,乙腈168,二氯甲烷146,乙酸乙酯123,甲醇53.4,正庚烷0.106。pH4~9时水解稳定。pK_a 12.58(计算值)。

毒性 急性经口 LD_{50}:大鼠和小鼠>2000mg/kg。急性经皮 LD_{50}:大鼠和小鼠>2000mg/kg。对皮肤和眼睛无刺激性。大鼠吸入 LC_{50}>5.5mg/L。无作用剂量(90d):大鼠6.1mg/(kg·d)。山齿鹑急性经口 LD_{50}>2000mg/kg。鱼 LC_{50}(96h,mg/L):虹鳟鱼0.546,鲤鱼0.29。水蚤 EC_{50}(48h)6.78mg/L。蜜蜂 LD_{50}(48h):>110.9μg/只(经口),>100μg/只(接触)。蚯蚓 LC_{50}(14d)>1000mg/kg 土壤。

制剂 EC,SC,FS。

应用 对线粒体呼吸链的复合物Ⅱ中的琥珀酸脱氢酶起抑制作用,从而抑制靶标真菌的种孢子萌发、芽管和菌丝体生长。氟唑菌酰胺用于多种作物(谷物、豆类蔬菜、油料种子作物、花生、梨果、核果、根和块茎类蔬菜、果类蔬菜和棉花）的叶面喷施及种子处理。

分析方法 采用 HPLC 法。

主要生产商 BASF。

福代硫（tecoram）

$C_{10}H_{18}N_4S_8$，450.8，5836-23-7

化学名称 N^1,N^1,N^{12},N^{12}-四甲基-4,9-二硫酮-2,3,10,11-四硫-5,8-二氮杂十二烷二硫代酰胺；N^1,N^1,N^{12},N^{12}-tetramethyl-4,9-disulfanylidene-2,3,10,11-tetrathia-5,8-diazadodecanedithioamide；N',N',N''',N'''-tetramethyl-N,N''-ethylenedi(thiuram disulfide)；N,N,N',N'-tetramethyl-4,9-dithioxo-2,3,10,11-tetrathia-5,8-diazadodecanedithioamide

CAS 名称 N,N,N',N'-tetramethyl-4,9-dithioxo-2,3,10,11-tetrathia-5,8-diazadodecanedithioamide

应用 保护性杀菌剂。

福美甲胂（urbacide）

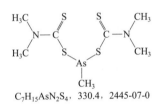

$C_7H_{15}AsN_2S_4$，330.4，2445-07-0

其他名称 退菌特，Methylarsine bis-dimethyl dithiocarbaraate，Monzet

化学名称 N,N-二甲基二硫代氨基甲酸甲胂；bis(dimethylthiocarbamoylthio)methylarsine；methylarsinediyl bis(dimethyldithiocarbamate)

CAS 名称 $N,N,3,6$-tetramethyl-1,5-dithioxo-2,4-dithia-6-aza-3-arsaheptan-1-amine；formerly：N,N-dimethylcarbamodithioic acid bis(anhydrosulfide) with methylarsonodithious acid

理化性质 白色固体。熔点 144℃。不溶于水，易溶于丙酮、乙醇等有机溶剂。农业上能防治水稻纹枯病。

应用 有机砷类有机合成保护性杀菌剂，可防治多种农作物真菌性病害，适用于果树、蔬菜、苗圃及其他经济作物。通常与福美锌和福美双复配成可湿性粉剂销售使用，商品名为退菌特。对皮肤和黏膜有刺激作用。对多种作物病害有良好效果。

福美胂（asomate）

$C_9H_{18}AsN_3S_6$，435.5，3586-60-5

其他名称 阿苏妙，三福胂，TDDA，TTCA

化学名称 三(N-二甲基二硫代氨基甲酸)胂；arsinetriyl tris(dimethyldithiocarbamate)；1-{[bis(dimethylthiocarbamoylsulfanyl)arsanyl]sulfanyl}-N,N-dimethylmethanethioamide；tris(dimethylthiocarbamoylthio)arsine

CAS 名称 N,N-dimethylcarbamodithioic acid anhydrosulfide with arsenotrithious acid (3:1)；tris(dimethyldithiocarbamato)arsenic

理化性质 原药为黄绿色棱柱状结晶，熔点 224~226℃。不溶于水，微溶于丙酮、甲醇，在沸腾的苯中可溶解 60%。

毒性 大鼠急性经口 LD_{50} 335~370mg/kg。对皮肤有强烈刺激性。

应用 有预防和治疗作用。对黄瓜、甜瓜和草莓的白粉病有效，对稻瘟病也有预防作用。不能与砷酸钙、砷酸铬、波尔多液混用。因在生产和使用过程中对人畜和环境存在风险，杂质致癌，根据农业部公告第 2032 号（2013.12.9），2015 年 12 月 31 日起禁止在国内销售和使用。

主要生产商 天津施普乐，天津农药研究所，山东德州大成。

福美双（thiram）

$C_6H_{12}N_2S_4$，240.4，137-26-8

由杜邦公司和 Bayer CropScience 开发。

其他名称 秋兰姆，赛欧散，阿锐生，ENT987，Arasan，Tersan，Pomarsol，Fernasan，TMTD，Rhurante，Thiram Granuflo，Thiram，Thiratox，Tiurante

化学名称 四甲基秋兰姆二硫化物；tetramethylthiuram disulfide；bis(dimethylthiocarbamoyl)disulfide

CAS 名称 tetramethylthioperoxydicarbonic diamide

理化性质 无色结晶。熔点 155~156℃，蒸气压 2.3mPa（25℃），K_{ow} lg$P$ 1.73，Henry 常数 $3.3×10^{-2}$Pa·m³/mol。相对密度 1.29（20℃）。溶解度：水中为 18mg/L（室温）；乙醇<10，丙酮 80，氯仿 230（均为 g/L，室温）；正己烷 0.04，二氯甲烷 170，甲苯

18，异丙醇 0.7（均为 g/L，20℃）。在酸性介质下或长时间暴露在湿热环境或空气中会降解。DT_{50}（估算值）（22℃）：128d（pH 4），18d（pH 7），9h（pH 9）。

毒性 急性经口 LD_{50}（mg/kg）：大鼠 2600，小鼠 1500～2000，兔 210。大鼠急性经皮 $LD_{50}>2000mg/kg$。轻度刺激皮肤，对眼睛有中度刺激。对豚鼠皮肤有致敏性。吸入毒性 LC_{50}（4h）大鼠 4.42mg/L 空气。无作用剂量：大鼠（2 年）1.5mg/(kg·d)，狗（1 年）0.75mg/(kg·d)。禽类急性经口 LD_{50}（mg/kg）：雄环颈雉 673，野鸭>2800，星椋鸟>100。鱼类 LC_{50}（96h）：大翻车鱼 0.13mg/L，虹鳟鱼 0.046mg/L。水蚤 LC_{50}（48h）0.011mg/L。羊角月牙藻 EC_{50}（72h）0.065mg/L。蜜蜂 LD_{50}（经口、接触）>100μg/只。蚯蚓 LC_{50}（14d）540mg/kg 土壤。

制剂 WG，WP。

应用 用于叶部或种子处理的保护性杀菌剂，对植物无药害。用于防治麦类条纹病、腥黑穗病、坚黑穗病；玉米、亚麻、蔬菜、糖萝卜、针叶树立枯病、烟草根腐病；蚕豆褐色斑点病、黄瓜霜霉病、炭疽病；梨黑星病、苹果黑点病、桃棕腐病。浸种后拌种可防甘蓝黑胫病、茄子炭疽病等。此外，它对甲虫还有忌避作用。

合成路线

$$(CH_3)_2NH \xrightarrow[NaOH]{CS_2} (CH_3)_2NCSNa \xrightarrow[H_2SO_4]{O_2} \text{二甲基二硫代氨基甲酸盐二聚体}$$

主要生产商 冠龙农化，绿丰化工，赞峰生物，南通宝叶，镇江振邦，营口雷克，烟台鑫润，天津捷康，天津农药研究所，天津兴果，美国科聚亚，比利时特胺，新加坡利农。

参考文献

[1] DE 642532.
[2] US 1972961.

福美铁（ferbam）

$C_9H_{18}FeN_3S_6$，416.5，14484-64-1

由 E. I. du Pont de Nemours & Co. 开发。

其他名称 福美特，fermate，ferbame

化学名称 N,N-二甲基二硫代氨基甲酸铁；二甲氨基磺酸铁；iron tris(dimethyldithiocarbamate); iron(Ⅲ) dimethyldithiocarbamate; ferric dimethyldithiocarbamate

理化性质 黑色粉末。180℃以上分解，室温下几乎不挥发。微溶于水，在水中湿润性较好。室温水中溶解度 130mg/L；溶于乙腈、氯仿、吡啶，易溶于二氯乙烷等多种有机溶剂。遇热、潮湿分解。

毒性 大鼠急性经口 $LD_{50}>4000mg/kg$。兔急性经皮 $LD_{50}>4000mg/kg$。对兔眼有轻

微刺激，对皮肤有刺激。大鼠急性吸入 LC_{50}（4h）0.4mg/L。NOEL（2年）：大鼠 250mg/kg 饲料，狗 5mg/(kg·d)。鹌鹑 LD_{50}＞2000mg/kg。斑马鱼 LC_{50}（96h）10.02mg/L。水蚤 LC_{50}（48h）0.09mg/L。藻类 0.216mg/L。对蜜蜂无毒。蠕虫 LC_{50}（14d）625.48mg/kg 土壤。

制剂 WG

应用 用作果园的杀菌喷射剂，可防治果树病害和蔬菜病害，如苹果锈病、疮痂病，梨疮痂病，葡萄霜霉病，芹菜疫病和菠菜霜霉病等。但不能与铜剂接触，防止发生药害。

主要生产商 India Pesticides，Taminco。

参考文献
US 1972961。

福美铜氯（cuprobam）

$C_3H_6Cl_2Cu_3NS_2$，381.7，7076-63-3

化学名称 二甲二硫氨甲酸亚铜氯化亚铜络合物；tricopper dichloride dimethyldithiocarbamate

CAS 名称 dichloro(dimethylcarbamodithioato)tricopper

应用 杀菌剂。

福美锌（ziram）

$[(CH_3)_2NCS_2]_2Zn$

$C_6H_{12}N_2S_4Zn$，305.8，137-30-4

由 E. I. du Pont de Nemours & Co. 开发。

其他名称 Crittam，Mezene，Miram，Thionic，Ziram Granuflo，AAprotect，Dhanuka Z-27，Diziram，Drupasan-G，Fruttene，Fuclasin，Korit，Pomarsol Z，Triscabol（Cerexagri），Ziraflo，Ziraluq' Milbam，Zerlate，Fuklas Aaprotect

化学名称 双(二甲基二硫代氨基甲酸)锌；zinc bis(dimethyldithiocarbamate)

CAS 名称 (T-4)-bis(dimethylcarbamodithioato-$\kappa S,\kappa S'$)zinc

理化性质 灰白色粉末。熔点 246℃，蒸气压 1.8×10^{-2} mPa（99%，25℃），$K_{ow}\lg P$ 1.65（20℃），相对密度 1.66（25℃）。溶解度：水中为 0.97～18.3mg/L（20℃）；丙酮 2.3，甲醇 0.11，甲苯 2.33，正己烷 0.07（均为 g/L，20℃）。稳定性：遇酸分解。水解 DT_{50}：<1h（pH 5），18h（pH 7）。

毒性 大鼠急性经口 LD_{50}：2068mg/kg。兔急性经皮 LD_{50}＞2000mg/kg，对皮肤和黏膜有刺激性。对眼睛有强刺激性；对皮肤有致敏性（豚鼠）。大鼠吸入毒性 LC_{50}（4h）0.07mg/L。大鼠（1年）无作用剂量 5mg (a.i.)/(kg·d)。山齿鹑 LD_{50} 97mg/kg。虹鳟鱼 LC_{50}（96h）1.9mg/L。水蚤 EC_{50}（48h）0.048mg/L。藻类 0.066mg/L。对蜜蜂无毒，LD_{50}＞100μg/只。蚯蚓 LC_{50}（7d）190mg/kg 土壤。

制剂 WG，WP。

应用 防治苹果花腐病、黑点病、白粉病、柑橘溃疡病、疮痂病、梨黑斑病、赤星病、黑星病、葡萄脱腐病、褐斑病、白粉病、番茄褐色斑点病。

主要生产商 Cerexagri，FMC，India Pesticides，Sharda，Taminco，Siapa，Isagro，

Crop Health，Taminco，Bayer CropScience，Dhanuka，Sipcam S.p.A.，Chemia，Kwizda，Cerexagri，Doğal，冠龙农化，天津捷康。

参考文献

Pestic Anal Man，II，180.116.

腐霉利（procymidone）

$C_{13}H_{11}Cl_2NO_2$，284.1，32809-16-8

由 Y.hisada 等报道。1977 年由 Sumitomo Chemical Co.，Ltd 引入市场。

其他名称 速克灵，二甲菌核利，扑灭宁，杀霉利，S-7131，Cymodin，Prolex，Proroc，Sideral，Sumilex，Sumisclex，Suncymidone

化学名称 N-(3,5-二氯苯基)-1,2-二甲基环丙烷-1,2-二羧酰亚胺；N-(3,5-dichlorophenyl)-1,2-dimethylcyclopropane-1,2-dicarboximide

CAS 名称 3-(3,5-dichlorophenyl)-1,5-dimethyl-3-azabicyclo[3.1.0]hexane-2,4-dione

理化性质 无色晶体（原药，浅棕色固体）。熔点 166～166.5℃（原药，164～166℃）。蒸气压 18mPa（25℃），10.5mPa（20℃）。K_{ow} lg$P$ 3.14（26℃）。相对密度 1.452（25℃）。水中溶解度 4.5mg/L（25℃）；有机溶剂中溶解度（g/L，25℃）：微溶于醇，丙酮 180，二甲苯 43，氯仿 210，二甲基甲酰胺 230，甲醇 16。稳定性：在正常贮存条件下稳定。对光、热和湿气稳定。

毒性 急性经口 LD_{50}：雄大鼠 6800mg/kg，雌大鼠 7700mg/kg。大鼠急性经皮 LD_{50}＞2500mg/kg。对兔眼睛或皮肤无刺激作用。大鼠吸入 LC_{50}（4h）＞1500mg/m^3。NOEL：(90d) 狗 3000mg/kg，(2 年) 雄大鼠 1000mg/kg，雌大鼠 300mg/kg。无致突变和致癌作用。大翻车鱼 LC_{50}（96h）10.3mg/L，虹鳟 7.2mg/L。对蜜蜂无毒。

制剂 DP，HN，SC，SP，WG，WP。

应用 内吸性杀真菌剂，对葡萄孢属和核盘菌属真菌有特效，能防治果树、蔬菜作物的灰霉病、菌核病，作用于对苯丙咪唑产生抗性的真菌亦有效。使用后保护效果好、持效期长，能阻止病斑发展蔓延。在作物发病前或发病初期使用，可取得满意效果。适用于果树、蔬菜、花卉等的菌核病、灰霉病、黑星病、褐腐病、大斑病的防治。

合成路线

分析方法 产品用 GLC 或带 FID 检测器的毛细管气相色谱分析。

主要生产商 Sumitomo Chemical，Sharda，Sundat，江西禾益，如东华盛，亿农高科，川安高科，温州农药厂。

参考文献

[1] GB 1298261.
[2] US 3903090.

高效苯霜灵（benalaxyl-M）

$C_{20}H_{23}NO_3$，325.4，98243-83-5

由意大利 Isagro-Ricerca 公司开发的酰胺类杀菌剂。

其他名称　IR 6141，chiralaxyl，kiralaxyl

化学名称　N-(苯乙酰基)-N-(2,6-二甲苯基)-D-丙氨酸甲酯；methyl N-(phenylacetyl)-N-(2,6-xylyl)-D-alaninate

CAS 名称　methyl N-(2,6-dimethylphenyl)-N-(phenylacetyl)-D-alaninate

理化性质　苯霜灵的（R）-对映异构体，原药含量≥96%。白色无味微晶固体。熔点 (76.0±0.5)℃。沸点 280~290℃（分解）。蒸气压 5.95×10^{-2} mPa（25℃，推测值）。K_{ow} lg$P$ 3.67。Henry 常数 2.33×10^{-4} Pa·m^3/mol（20℃，计算值）。相对密度 1.1731 [(20±1)℃]。溶解度：水 33.00mg/L（pH 7，20℃）；丙酮、甲醇、乙酸乙酯、1,2-二氯乙烷、二甲苯>45%，正庚烷 18682mg/L（均为 20℃）。pH 4~7 水溶液中稳定。DT_{50}：11d（pH 9，50℃），301.3d（计算值，pH 9，25℃）。水溶液中对阳光稳定。

毒性　大鼠急性经口 LD_{50}>2000mg/kg。大鼠急性经皮 LD_{50}>2000mg/kg，对皮肤和眼睛无刺激。NOAEL（2 年）大鼠 4.42mg/(kg·d)。不致癌、致畸、致突变。美洲鹑急性经口 LD_{50}>2000mg/kg，LC_{50}>5000mg/kg。虹鳟鱼 LC_{50}（96h）4.9mg/L。水蚤 EC_{50}（48h）17.0mg/L。栅列藻：E_rC_{50}（72h）16.5mg/L，E_bC_{50}（72h）17.0mg/L。蜜蜂 LD_{50}（经口和接触）>104μg/只。蚯蚓 LC_{50}（14d）472.7mg/kg 土壤。

制剂　WG，WP。

应用　主要用于防治各种卵菌病原菌引起的病害，如葡萄霜霉病，观赏植物、马铃薯、草莓和番茄上的疫霉菌引起的晚疫病，烟草、洋葱和大豆上的霜霉菌引起的霜霉病，黄瓜和观赏植物上的瓜类霜霉病，莴苣盘梗霉引起的病害，以及观赏植物上的丝囊菌和腐霉菌等引起的病害。

合成路线　L-乳酸甲酯与对甲苯磺酰氯反应，再与 2,6-二甲苯胺反应，最后酰化即得目的物。

分析方法　产品采用 GLC-FID 或 HPLC-UV 分析。

主要生产商　Isagro。

参考文献

[1] WO 9826654.
[2] WO 9601559.
[3] WO 2000076960.

高效烯唑醇（diniconazole-M）

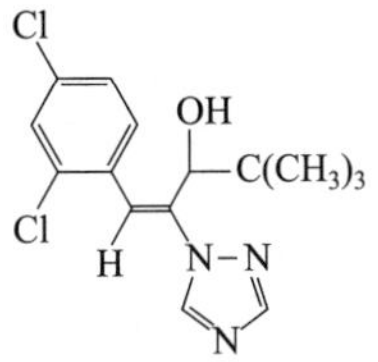

$C_{15}H_{17}Cl_2N_3O$，326.22，83657-18-5；83657-19-6 [(E)-(S)- isomer]

化学名称　　(E)-(R)-1-(2,4-二氯苯基)-4,4-二甲基-2-(1H-1,2,4-三唑-1-基)戊-1-烯-3-醇；(E)-(R)-1-(2,4-dichlorophenyl)-4,4-dimethyl-2-(1H-1,2,4-triazol-1-yl)pent-1-en-3-ol

理化性质　　原药为无色结晶状固体，熔点169～170℃。

应用　　与烯唑醇一样为麦角固醇生物合成抑制剂。与烯唑醇一样，但活性高于烯唑醇。

合成路线　　以烯唑醇中间体酮为原料，在手性试剂如（+）-2-N, N-dimethylamino-1-phenylethanol、（+）-N-methylephedrine、（+）-2-N-benzyl-N-methylamino-1-phenylethanol 存在下，经对称还原反应后即可制得高收率（如98％）的高效烯唑醇。

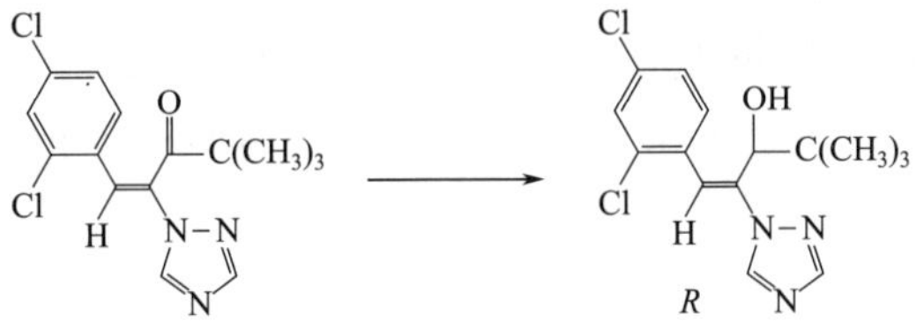

主要生产商　　Sumitomo Chemical。

参考文献

[1] US 4435203.
[2] EP 54431.

汞加芬（hydrargaphen）

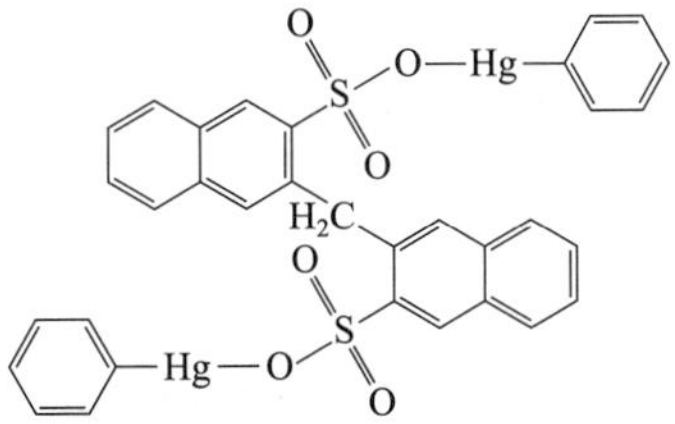

$C_{33}H_{24}Hg_2O_6S_2$，981.8，14235-86-0

其他名称　　bisphenylmercury methylenedi

化学名称　　μ-(2,2'-联萘-3-磺酰氧基)双(苯基汞)；μ-(2,2'-binaphthalene-3-sulfonyloxy)bis

(phenylmercury)

CAS 名称　　［μ-［［3,3′-methylenebis［2-naphthalenesulfonato-κO］］(2－)］］diphenyldimercury

应用　杀菌剂。

硅氟唑（simeconazole）

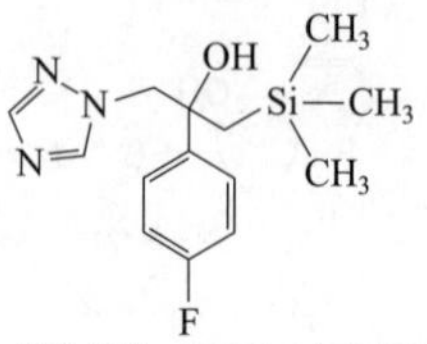

$C_{14}H_{20}FN_3OSi$，293.4，149508-90-7

日本三共化学开发的新型含硅、含氟三唑类杀菌剂。

其他名称　sipconazole，F-155，SF-9607，SF-9701，Mongarit，Sanlit，Patchikoron，Sanritto Suiwazai

化学名称　(RS)-2-(4-氟苯基)-1-(1H-1,2,4-三唑-1-基)-3-(三甲基硅)丙-2-醇；(RS)-2-(4-fluorophenyl)-1-(1H-1,2,4-triazol-1-yl)-3-(trimethylsilyl)propan-2-ol

CAS 名称　α-(4-fluorophenyl)-α-[(trimethylsilyl)methyl]-1H-1,2,4-triazole-1-ethanol

理化性质　纯品为白色结晶状固体。熔点 118.5～120.5℃。水中溶解度为 57.5mg/L (20℃)，溶于大多数有机溶剂。

毒性　急性经口 LD_{50}（mg/kg）：雄大鼠 611，雌大鼠 682；雄小鼠 1178，雌小鼠 1018。大鼠急性经皮 LD_{50}＞5000mg/kg。对兔皮肤和兔眼睛无刺激作用。大鼠吸入 LC_{50} (4h)＞5.17mg/L。ADI 值 0.0085mg/kg。

制剂　GR，WP。

应用　用于水稻、小麦、苹果、梨、桃、茶、蔬菜、草坪等。在推荐剂量下使用，对环境、作物安全，能有效地防治众多子囊菌、担子菌和半知菌所致病害，尤其对各类白粉病、黑星病、锈病、立枯病、纹枯病等具有优异的防效。

合成路线

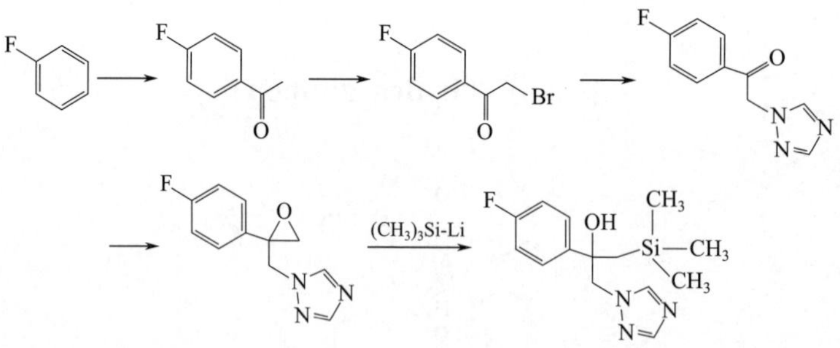

主要生产商　Mitsui Chemicals Agro，Sankyo Agro。

参考文献

[1] EP 537957.
[2] JP 06329636.
[3] JP 07101961.

硅噻菌胺（silthiofam）

$C_{13}H_{21}NOSSi$，267.5，175217-20-6

由 R. E. Beale 等于 1993 年报道除草活性，孟山都公司开发。

其他名称　全食净，ilthiopham

化学名称　N-烯丙基-4,5-二甲基-2-三甲基硅烷基噻吩-3-羧酰胺；N-allyl-4,5-dimethyl-2-(trimethylsilyl)thiophene-3-carboxamide

CAS 名称　4,5-dimethyl-N-2-propenyl-2-(trimethylsilyl)-3-thiophenecarboxamide

理化性质　白色结晶粉末。熔点 86.1～88.3℃，蒸气压 81mPa（20℃），$K_{ow}\lg P$ 3.72（20℃），Henry 常数 0.54Pa·m³/mol，相对密度 1.07（20℃）。溶解度：水 39.9mg/L（20℃）；正庚烷 15.5，对二甲苯、1,2-二氯乙烷、甲醇、丙酮和乙酸乙酯＞250（g/L，20℃）。稳定性（25℃）：DT_{50} 61d（pH 5），448d（pH 7），314d（pH 9）。

毒性　大鼠急性经口 LD_{50}＞5000mg/kg。大鼠急性经皮 LD_{50}＞5000mg/kg，对兔眼睛和皮肤无刺激性。大鼠吸入毒性 LC_{50}＞2.8mg/L。无作用剂量：大鼠（2 年饲喂）6.42mg/(kg·d)，小鼠（18 月）141mg/(kg·d)，狗（90d）10mg/(kg·d)。禽类三齿鹑急性经口 LD_{50}＞2250mg/kg。LC_{50}（5d）：三齿鹑＞5670，野鸭＞5400mg/kg。鱼类 LC_{50}（96h）：大翻车鱼 11mg/L，虹鳟鱼 14mg/L。水蚤 LC_{50}（48h）：14mg/L。绿藻 $E_b C_{50}$（120h）6.7mg/L，$E_r C_{50}$（120h）16mg/L。蜜蜂 LD_{50}：＞104μg/只（经口），＞100μg/只（接触）。蠕虫 LC_{50}（14d）66.5mg/kg 土壤。

制剂　SC。

应用　具体作用机理尚不清楚，与三唑类、甲氧丙烯酸酯类的作用机理不同，研究表明其是能量抑制剂；可能是 ATP 抑制剂。具有良好的保护活性，残效期长。适宜用于小麦。对作物、哺乳动物、环境安全。防治小麦全蚀病。主要作种子处理。

主要生产商　美国孟山都。

参考文献

[1] Proc Br Crop Prot Conf— Pests Dis，1998，2：343.
[2] EP 538231.

硅酸铜（copper silicate）

CuO_3Si，139.6，1344-72-5

化学名称　硅酸铜；copper(Ⅱ) silicate

CAS 名称　copper silicate

应用　杀菌剂。

癸磷锡 (decafentin)

$C_{46}H_{51}BrClPSn$,869.0,15652-38-7

由 Celamerck GmbH&Co. (后来为 Shell Agrar) 引入。

化学名称 癸三苯磷溴氯三苯锡酸盐；decyltriphenylphosphonium bromochlorotriphenylstannate

CAS 名称 (TB-5-12)-decyltriphenylphosphonium bromochlorotriphenylstannate(1-)

应用 杀菌剂。

果绿啶 (glyodin)

$C_{22}H_{44}N_2O_2$,368.6,556-22-9

1946 年由 R. H. Wellman 和 S. E. A. McCallan 报道其杀菌活性。由 Union Carbide Corp 公司开发。

其他名称 Crag Fruit Fungicide 341

化学名称 2-十七烷基-2-咪唑啉乙酸盐；醋酸-2-十七烷基-2-咪唑啉(1:1)。2-heptadecyl-2-imidazolineacetate；aceticacid-2-heptadecyl-2-imidazoline(1:1)

CAS 名称 2-heptadecyl-4,5-dihydro-1H-imidazolyl monoacetate

理化性质 浅橙色结晶，熔点 62~68℃，相对密度 1.035 (20℃)。不溶于水，几乎不溶丙酮、甲苯，异丙醇中溶解度为 390 g/kg。在强碱下分解成硬脂酰胺。

毒性 大鼠急性经口 LD_{50} 为 372mg/kg。

应用 属于保护性的杀菌剂，应用在水果和蔬菜上，如防治苹果的黑星病、斑点病、黑腐病，樱桃的叶斑病，菊科作物的斑枯病等。另外对植物寄生螨类亦有效。

合成路线 硬脂酸与乙醇生成硬脂酸乙酯，后者与乙二胺反应，得到 N-(2-氨基乙基)硬脂酰胺，将该酰胺加热环合得到果绿定。

参考文献

[1] GB 598927.
[2] US 2540170.
[3] US 2540171.

环丙特丁嗪（cybutryne）

$C_{11}H_{19}N_5S$，253.4，28159-98-0

其他名称 Irgarol

化学名称 2-叔丁氨基-4-环丙氨基-6-甲硫基三嗪；N^2-*tert*-butyl-N^4-cyclopropyl-6-methylthio-1,3,5-triazine-2,4-diamine

CAS 名称 *N*-cyclopropyl-*N*′-(1,1-dimethylethyl)-6-(methylthio)-1,3,5-triazine-2,4-diamine

应用 防腐剂。

环丙酰菌胺（carpropamid）

$C_{15}H_{18}Cl_3NO$，334.7

由 T. Hattori 等于 1994 年报道，由拜耳公司开发的酰胺类杀菌剂。

其他名称 KTU 3616，Arcado，Cleaness，Protega，Win，Seed One

化学名称 主要由以下 4 种结构组成，其中前 2 种含量超过 95%：(1*R*,3*S*)-2,2-二氯-*N*-[(*R*)-1-(4-氯苯基)乙基]-1-乙基-3-甲基环丙酰胺、(1*S*,3*R*)-2,2-二氯-*N*-[(*R*)-1-(4-氯苯基)乙基]-1-乙基-3-甲基环丙酰胺、(1*S*,3*R*)-2,2-二氯-*N*-[(*S*)-1-(4-氯苯基)乙基]-1-乙基-3-甲基环丙酰胺和(1*R*,3*S*)-2,2-二氯-*N*-[(*S*)-1-(4-氯苯基)乙基]-1-乙基-3-甲基环丙酰胺。

(1*R*,3*S*)-2,2-dichloro-*N*-[(*R*)-1-(4-chlorophenyl)ethyl]-1-ethyl-3-methylcyclopropanecarboxamide、(1*S*,3*R*)-2,2-dichloro-*N*-[(*R*)-1-(4-chlorophenyl)ethyl]-1-ethyl-3-methylcyclopropanecarboxamide、(1*S*,3*R*)-2,2-dichloro-*N*-[(*S*)-1-(4-chlorophenyl)ethyl]-1-ethyl-3-methylcyclopropanecarboxamide 和 (1*R*,3*S*)-2,2-dichloro-*N*-[(*S*)-1-(4-chlorophenyl)ethyl]-1-ethyl-3-methylcyclopropanecarboxamide

CAS 名称 [1*R*-[1α(*R**),3β]]-2,2-dichloro-*N*-[1-(4-chlorophenyl)ethyl]-1-ethyl-3-methylcyclopropanecarboxamide、[1*S*-[1α(*S**),3β]]-2,2-dichloro-*N*-[1-(4-chlorophenyl)ethyl]-1-ethyl-3-methylcyclopropanecarboxamide、[1*S*-[1α(*R**),3β]]-2,2-dichloro-*N*-[1-(4-chlorophenyl)ethyl]-1-ethyl-3-methylcyclopropanecarboxamide 和 [1*R*-[1α(*S**),3β]]-2,2-dichloro-*N*-[1-(4-chlorophenyl)ethyl]-1-ethyl-3-methylcyclopropanecarboxamide

理化性质 环丙酰菌胺为非对映异构体的混合物（A∶B 大约为 1∶1，*R*∶*S* 大约为 95∶5）。纯品为无色结晶状固体（原药为淡黄色粉末）。熔点 147~149℃。蒸气压：AR 为 $2×10^{-3}$ mPa，

BR 为 3×10^{-3} mPa（均在 20℃，气体饱和法，OECD 104）。K_{ow}：AR lg$P$4.23；BR lg$P$4.28（均在 22℃）。Henry 常数：AR 为 4×10^{-4} Pa·m³/mol，BR 为 5×10^{-4} Pa·m³/mol（均在 20℃）。相对密度 1.17。水中溶解度（mg/L，pH 7，20℃）：1.7（AR），1.9（BR）。有机溶剂中溶解度（g/L，20℃）：丙酮 153，甲醇 106，甲苯 38，己烷 0.9。

毒性 雄、雌大鼠急性经口 LD_{50}＞5000mg/kg，雄、雌小鼠急性经口 LD_{50}＞5000mg/kg。雄、雌大鼠急性经皮 LD_{50}＞5000mg/kg；对兔皮肤和眼睛无刺激，对豚鼠皮肤无致敏现象。雄、雌大鼠吸入 LC_{50}（4h）＞5000mg/L（粉尘）。大鼠和小鼠 2 年饲喂试验无作用剂量为 400mg/kg；狗 1 年饲喂试验无作用剂量为 200mg/kg。体内和体外试验均无致突变性。日本鹌鹑饲喂 LD_{50}（5d）＞2000mg/kg。鲤鱼 LC_{50}（48/72h）5.6mg/L，虹鳟 LC_{50}（96h）10mg/L。水蚤 LC_{50}（3h）410mg/L。蚯蚓 LC_{50}（14d）＞1000mg/kg 干土。

制剂 FS，GR，SC，WS。

应用 主要用于防治稻瘟病，适用于水稻。推荐剂量下对作物安全、无药害。环丙酰菌胺是内吸、保护性杀菌剂，酰胺类杀菌剂，以预防为主，几乎没有治疗活性。与现有杀菌剂不同，环丙酰菌胺无杀菌活性，不抑制病原菌菌丝的生长。其具有 2 种作用方式：抑制黑色素生物合成和在感染病菌后可加速植物抗生素如 momilactone A 和 sakuranetin 的产生，这种抗性机理预示环丙酰菌胺可能对其他病害亦有活性。也即在稻瘟病中，通过抑制从 scytalone 到 1,3,8-三羟基萘和从 vermelone 到 1,8-二羟基萘的脱氢反应，从而抑制黑色素的形成，也通过增加伴随水稻疫病感染产生的植物抗毒素而提高作物抵抗力。

合成路线 以丁酸乙酯为起始原料制得中间体取代的环丙酰氯与以对氯苯乙酮为起始原料制备的取代苄胺反应，即得目的物。

主要生产商 Bayer CropScience。

参考文献

[1] The Pesticide Manual. 15th ed.
[2] Pestic Sci，1996，47：199.
[3] Agrochemical Japan，1997，72：17.
[4] EP 0170842.

环丙唑醇（cyproconazole）

$C_{15}H_{18}ClN_3O$，291.8，94361-06-5

1986 年由 U. gisi 等报道。1989 年由 Sandoz AG（现 Syngenta AG）开发。

其他名称　环唑醇，SAN 619F，Alto，Shandon

化学名称　(2RS,3RS;2RS,3SR)-2-(4-氯苯基)-3-环丙基-1-(1H-1,2,4-三唑-1-基)丁-2-醇；(2RS,3RS;2RS,3SR)-2-(4-chlorophenyl)-3-cyclopropyl-1-(1H-1,2,4-triazol-1-yl)butan-2-ol

CAS 名称　α-(4-chlorophenyl)-α-(1-cyclopropylethyl)-1H-1,2,4-triazol-1-ethanol

理化性质　环丙唑醇为外消旋混合物，纯品为无色晶体。熔点 106～109℃，沸点＞250℃。蒸气压 3.46×10^{-2} mPa（20℃）。K_{ow} lg$P$ 2.91（pH 7）。相对密度 1.259。水中溶解度（25℃）：140mg/kg；有机溶剂中溶解度（g/kg，25℃）：丙酮 230，三甲基亚砜 180，乙醇 230，二甲苯 120。贮存 2 年分解率低于 5%，在 pH 1～9、52℃水溶液中放置 35d 或 pH 1～9、80℃水溶液中放置 14d 稳定。在 1mol/L 盐酸和氢氧化钠溶液中慢慢水解。直接加热到 360℃稳定。

毒性　急性经口 LD_{50}（mg/kg）：雄大鼠 1020，雌大鼠 1333，雄小鼠 200，雌小鼠 218。大鼠急性经皮 LD_{50} 为＞2000mg/kg。大鼠急性吸入 LC_{50}（4h）＞5.65mg/L 空气。对兔皮肤和眼睛无刺激作用，无致突变作用，对豚鼠无皮肤致敏现象。饲喂无作用剂量 [mg/(kg·d)]：大鼠 1（2 年），狗 1（1 年）。对鸟类低毒，日本鹌鹑急性经口 LD_{50} 150mg/kg。野鸭饲喂 8d 试验的 LC_{50} 为 1197mg/kg，而日本鹌鹑为 816mg/kg。鱼毒 LC_{50}（96h，mg/L）：鲤鱼 18.9，虹鳟 19，大翻车鱼 21。水蚤 LC_{50}（48h）26mg/L。蜜蜂 LD_{50}＞0.1mg/只（经口），1mg/只（接触）。在禾谷类中的残留量为 0.03mg/kg，在土壤中较稳定。

制剂　SC，SL，WG。

应用　为类固醇脱甲基化（麦角固醇生物合成）抑制剂。能迅速被植物有生长力的部分吸收并主要向顶部转移。适用于小麦、大麦、燕麦、黑麦、玉米、高粱、甜菜、苹果、梨、咖啡、草坪等。可以防治白粉菌属、柄锈菌属、喙孢属、核腔菌属和壳针孢属菌引起的病害，如小麦白粉病、小麦散黑穗病、小麦纹枯病、小麦雪腐病、小麦全蚀病、小麦腥黑穗病、大麦云纹病、大麦散黑穗病、大麦纹枯病、玉米丝黑穗病、高粱丝黑穗病、甜菜菌核病、咖啡锈病、苹果斑点落叶病、梨黑星病等。

合成路线

分析方法　采用 GC/HPLC。

主要生产商　Syngenta，Fertiagro，苏州恒泰。

参考文献

US 4664696.

环氟菌胺 （cyflufenamid）

$C_{20}H_{17}F_5N_2O_2$，412.35，180409-60-3

由日本曹达公司开发。

其他名称　NF 149，Pancho

化学名称　(Z)-N-[α-(环丙基甲氧基)-2,3-二氟-6-(三氟甲基)苄基]-2-苯乙酰胺；(Z)-N-[α-(cyclopropylmethoxyimino)-2,3-difluoro-6-(trifluoromethyl)benzyl]-2-phenylacetamide

CAS 名称　(Z)-N-[[(cyclopropylmethoxy)amino][2,3-difluoro-6-(trifluoromethyl)phenyl]methylene]benzeneacetamide

理化性质　具芳香味的白色固体。熔点 61.5～62.5℃，沸点 256.8℃。相对密度 1.347 (20℃)。蒸气压 $3.54×10^{-5}$ Pa (20℃)。K_{ow} lg$P$ 4.70 (20℃, pH6.75)。Henry 常数 $2.81×10^{-2}$ Pa·m³/mol (20℃，计算)。溶解度 (g/L, 20℃): 水 $5.20×10^{-4}$ (pH6.5)，二氯甲烷 902，丙酮 920，二甲苯 658，乙腈 943，甲醇 653，乙醇 500，乙酸乙酯 808，正己烷 18.6。pH5～7 的水溶液稳定，pH9 的水溶液半衰期为 288d；水溶液光解半衰期为 594d。pK_a 为 12.08。

毒性　大（小）鼠急性经口 LD_{50}＞5000mg/kg。大鼠急性经皮 LD_{50}＞2000mg/kg。大鼠急性吸入 LC_{50} (4h)＞4.76mg/L。对兔皮肤无刺激性，对兔眼睛有轻微刺激性，对豚鼠皮肤无致敏性。ADI 值 0.041mg/kg。山齿鹑急性经口 LD_{50}＞2000mg/kg。山齿鹑饲喂 LC_{50} (5d)＞2000mg/kg。虹鳟鱼 LC_{50} (96h)＞320mg/L。蜜蜂急性经口 LD_{50}＞1000μg/只。蚯蚓 LC_{50} (14d)＞1000mg/kg 干土。

制剂　EW。

应用　用于防治各种作物白粉病的酰胺类杀菌剂。通过抑制白粉病菌生活史（也即发病过程）中菌丝上分生的吸器的形成、吸器的生长、次生菌丝的生长和附着器的形成。但对孢子萌发、芽管的延长和附着器形成均无作用。尽管如此，其生物化学方面的作用机理还不清楚。试验结果表明环氟菌胺与吗啉类、三唑类、苯并咪唑类、嘧啶胺类杀菌剂，线粒体呼吸抑制剂，苯氧喹啉等无交互抗性。大量的生物活性测定结果表明，环氟菌胺对众多的白粉病不仅具有优异的保护和治疗活性，而且具有很好的持效活性和耐雨水冲刷活性。尽管其具有很好的蒸气活性和叶面扩散活性，但在植物体内的移动活性则比较差，即内吸活性差。环氟菌胺对作物安全。

合成路线

主要生产商　Nippon Soda。

参考文献

[1] EP 0805148.
[2] JP 09235262.
[3] JP 10273480.

环己硫磷（hexylthiofos）

$C_{10}H_{21}O_3PS$，252.3，41495-67-4

由 Bayer AG 开发。

其他名称　NTN 3318

化学名称　O-环己基-O,S-二乙基硫代磷酸酯；O-cyclohexyl O,S-diethyl phosphorothioate

CAS 名称　O-cyclohexyl O,S-diethyl phosphorothioate

应用　杀菌剂。

环菌胺（cyclafuramid）

$C_{13}H_{19}NO_2$，221.3，34849-42-8

由 BASF AG 引入市场。

其他名称　cyclafuramide，BAS-327F

化学名称　N-环己基-2,5-二甲基-3-糠酰胺；N-cyclohexyl-2,5-dimethyl-3-furamide

CAS 名称　N-cyclohexyl-2,5-dimethyl-3-furancarboxamide

理化性质　熔点 104～105℃。不溶于水，溶于有机溶剂。

毒性　急性经口 LD_{50}：大鼠＞6400mg/kg，兔＞8000mg/kg。

应用　本品为内吸性杀菌剂。用于种子处理可有效地防治立枯丝核菌、小麦散黑粉菌、裸黑粉菌、雪腐镰孢、禾长蠕孢引起的病害及葱黑粉病。

环菌唑（huanjunzuo）

$C_{15}H_{18}ClN_3O$，291.8，129586-32-9

化学名称 顺式-1-(4-氯苯基)-2-(1H-1,2,4-三唑-1-基)环庚醇；cis-1-(4-chlorophenyl)-2-(1H-1,2,4-triazol-1-yl)cycloheptanol

CAS 名称 (1R,2R)-rel-1-(4-chlorophenyl)-2-(1H-1,2,4-triazol-1-yl)cycloheptanol

应用 杀菌剂。

环烷酸铜（copper naphthenate）

$C_{22}H_{14}O_4Cu$，405.9，1338-02-9

化学名称 环烷酸铜；copper naphthenate

CAS 名称 copper naphthenates

应用 杀菌剂、杀虫剂。

环酰菌胺（fenhexamid）

$C_{14}H_{17}Cl_2NO_2$，302.2，126833-17-8

1989 年由 Bayer AG 研制，1998 年商品化。

其他名称 KBR 2738，TM 402，Decree，Elevate，Password，Teldor

化学名称 N-(2,3-二氯-4-羟基苯基)-1-甲基环己基甲酰胺；N-(2,3-dichloro-4-hydroxyphenyl)-1-methylcyclohexanecarboxamide

CAS 名称 N-(2,3-dichloro-4-hydroxyphenyl)-1-methylcyclohexanecarboxamide

理化性质 纯品为白色粉状固体，熔点 153℃，沸点 320℃（计算值）。相对密度 1.34（20℃），蒸气压 1.1×10^{-4} mPa（20℃，计算值）。K_{ow} lg$P$ 3.51（pH 7，20℃），Henry 常数 5×10^{-6} Pa·m³/mol（pH 7，20℃）。水中溶解度 20mg/L（pH 5～7，20℃）。在 25℃，pH 为 5、7、9 水溶液中放置 30d 稳定。

毒性 大鼠急性经口 $LD_{50}>$5000mg/kg。大鼠急性经皮 $LD_{50}>$5000mg/kg。大鼠急性吸入 LC_{50}（4h）$>$5057mg/kg 空气。本品对兔眼睛和皮肤无刺激性。NOEL 数据：大鼠（2年）500mg/kg，小鼠（2年）800mg/kg，狗（1年）500mg/kg。无致畸、致癌、致突变作用。山齿鹑急性经口 $LD_{50}>$2000mg/kg。鱼毒 LC_{50}（96h，mg/L）：虹鳟鱼 1.34，大翻车鱼 3.42。蜜蜂 LD_{50}（48h）$>$100μg/只（经口和接触）。蚯蚓 LC_{50}（14d）$>$1000mg/kg 土壤。

制剂 WG，SC，WP。

应用 具有独特的作用机理，与已有杀菌剂苯并咪唑类、二羧酰亚胺类、三唑类、苯胺嘧啶类、N-苯基氨基甲酸酯类等无交互抗性。适宜作物有葡萄、草莓、蔬菜、柑橘、观赏植物等。对作物、人类、环境安全，是理想的综合害物治理用药。防治各种灰霉病以及相关的菌核病、黑斑病等。

合成路线

主要生产商　Bayer CropScience。

参考文献

[1]　EP 339418.

[2]　DD 295623.

磺菌胺（flusulfamide）

$C_{13}H_7Cl_2F_3N_2O_4S$，415.2，106917-52-6

1986 年由 Mitsui Toatsu Chemicals，Inc.（现 Mitsui Chemicals Agro，Inc.）公司开发的土壤杀菌剂。

其他名称　MTF-651，Nebijin

化学名称　2′,4-二氯-α,α,α-三氟-4′-硝基间甲苯基磺酰苯胺；2′,4-dichloro-α,α,α-trifluoro-4′-nitro-m-toluenesulfonanilide

CAS 名称　4-chloro-N-(2-chloro-4-nitrophenyl)-3-(trifluoromethyl)benzenesulfonamide

理化性质　纯品为浅黄色结晶状固体。熔点 169.7～171.0℃，蒸气压 9.9×10^{-7} mPa（40℃），$K_{ow}\lg P$ 2.80，相对密度 1.75（20℃）。水中溶解度（mg/L，20℃）：501.0（pH 9.0），1.25（pH 6.3），0.12（pH 4.0）；有机溶剂中溶解度（g/L，20℃）：己烷和庚烷 0.06，二甲苯 5.7，甲苯 6.0，二氯甲烷 40.4，丙酮 189.9，甲醇 16.3，乙醇 12.0，乙酸乙酯 105.0。在黑暗环境中于 35～80℃能稳定存在 90d。在酸、碱介质中稳定存在。pK_a 4.89±0.01。

毒性　大鼠急性经口 LD_{50}：雄性 180mg/kg，雌性 132mg/kg。雄雌大鼠急性经皮 LD_{50}＞2000mg/kg；对兔有轻微眼睛刺激，无皮肤刺激；无皮肤致敏现象。雄雌大鼠急性吸入 LC_{50}（4h）0.47mg/L。鹌鹑急性经口 LD_{50} 66mg/kg。蜜蜂 LD_{50}＞200μg/只（经口和接触）。

制剂　DP，SC，WG。

应用　抑制孢子萌发。适宜于萝卜、甘蓝、花椰菜、硬花甘蓝、甜菜、大麦、小麦、黑麦、番茄、茄子、黄瓜、菠菜、水稻、大豆等作物。多数作物对推荐剂量（即 0.3% 粉剂与 1200kg 土/hm² 混）的磺菌胺有很好的耐药性。磺菌胺能有效地防治土传病害，包括腐霉病菌、螺壳状丝囊霉、疮痂病菌及环腐病菌等引起的病害。对根肿病如白菜根肿病具有显著的效果。

合成路线

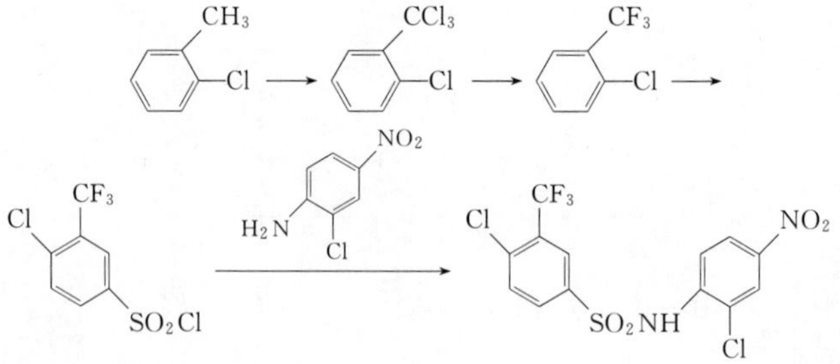

分析方法 采用 HPLC 法。

主要生产商 Mitsui Chemicals Agro。

参考文献

[1] US 4851445.

[2] JP 6363652.

磺菌威（methasulfocarb）

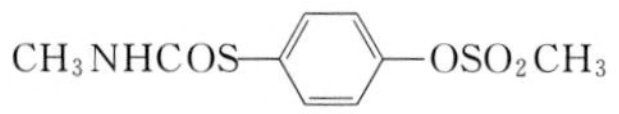

$C_9H_{11}NO_4S_2$，261.3，66952-49-6

1984 年由 Nippon Kayaku Co., Ltd. 推出。

其他名称 NK-191，Kayabest

化学名称 甲基硫代氨基甲酸-S-(4-甲基磺酰氧苯基)酯；S-4-methylsulfonyloxyphenyl methylthiocarbamate

CAS 名称 S-[4-[(methylsulfonyl)oxy]phenyl] methylcarbamothioate

理化性质 纯品为无色晶体，熔点 137.5~138.5℃。水中溶解度 480mg/L，易溶于苯、乙醇和丙酮。对日光稳定。

毒性 大鼠急性经口 LD_{50}（mg/kg）：雄 119，雌 112。小鼠急性经口 LD_{50}（mg/kg）：雄 342，雌 262。大鼠急性吸入 LC_{50}（4h）＞0.44mg/L 空气。大、小鼠急性经皮 LD_{50}＞5000mg/kg。鲤鱼 LC_{50}（48h）1.95mg/L，水蚤 LC_{50}（3h）24mg/L。

制剂 DP。

应用 为育苗箱使用的广谱土壤杀菌剂，主要用于防治根腐菌属、镰刀菌属、腐霉属、木霉属、伏革菌属、毛霉属、丝核菌属和极毛杆菌属等病原菌引起的水稻枯萎病。磺菌威还能很有效地控制稻苗急性萎蔫症病害的发生。磺菌威能促进稻苗根系生长和控制植株徒长，因而可以提供高质量的壮苗。用磺菌威处理的秧苗根系生长好，移植后还可以增加新生根的长度，保证稻苗在水田早期阶段继续健康地生长和发育。

合成路线

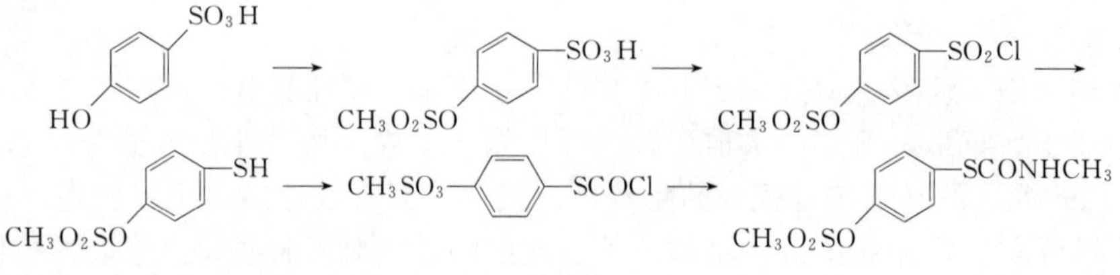

分析方法 产品分析采用 GLC。

参考文献

[1] US 4126696.
[2] DE 2745229.
[3] JP 5347527.

灰黄霉素（griseofulvin）

$C_{17}H_{17}ClO_6$，352.8，126-07-8

化学名称 $(2S,6'R)$-7-chloro-2′,4,6-trimethoxy-6′-methylspiro[benzofuran-2($3H$), 1′-cyclohex-2′-ene]-3,4′-dione；7-chloro-2′,4,6-trimethoxybenzofuran-2($3H$)-spiro-1′-cyclohex-2′-ene-3,4′-dione

CAS 名称 $(1'S)$-*trans*-7-chloro-2′,4,6-trimethoxy-6′-methylspiro[benzofuran-2($3H$), 1′-[2]cyclohexene]-3,4′-dione

理化性质 无色晶体。熔点 222℃，221℃ 时升华但无分解。不溶于水和石油；在多数有机溶剂中溶解度低，溶于二甲基亚砜 12%～14%，丙酮 5%，甲基乙基甲酮 4%。pH 3.0～8.8 的范围内稳定。

应用 兽药，杀菌剂。兽医临床上主要用于马、牛、犬、猫等动物浅部（如毛发、趾甲、爪等）真菌感染，对家禽毛癣效果差，外用几乎无效。

茴蒿素（santonin）

$C_{15}H_{18}O_3$，246.3，481-06-1

化学名称 $(3S,3aS,5aS,9bS)$-3a,5,5a,9b-tetrahydro-3,5a,9-trimethylnaphtho[1,2-b]furan-2,8($3H$,$4H$)-dione

CAS 名称 $(3S,3aS,5aS,9bS)$-3a,5,5a,9b-tetrahydro-3,5a,9-trimethylnaphtho[1,2-b]furan-2,8($3H$,$4H$)-dione

应用 杀虫剂、杀菌剂。

活化酯（acibenzolar）

$C_8H_6N_2OS_2$，210.28，135158-54-2；126448-41-7(酸)

由先正达公司开发的苯并噻二唑羧酸酯类植物活化剂。

其他名称 acibenzolar-S-methyl，benzothiadiazole，Actigard，Boost，Bion，Unix Bion，BTH

化学名称 苯并[1,2,3]噻二唑-7-硫代羧酸甲酯；S-methyl benzo[1,2,3]thiadiazole-7-carbothioate

CAS 名称 S-methyl benzo[1,2,3]thiadiazole-7-carbothioate

理化性质 原药纯度为 98.6%。纯品为白色至米色粉状固体，且具有似烧焦的气味，熔点 132.9℃，沸点约 267℃。蒸气压 0.46mPa（25℃），K_{ow} lg$P$ 3.1（25℃），Henry 常数 $1.3×10^{-2}$ Pa·m³/mol（计算值）。相对密度 1.54（22℃）。溶解度（25℃，g/L）：水 $7.7×10^{-3}$，甲醇 4.2，乙酸乙酯 25，正己烷 1.3，甲苯 36，正辛醇 5.4，丙酮 28，二氯甲烷 160。水解半衰期（20℃）：3.8 年（pH5），23 周（pH 7），19.4h（pH 9）。

毒性 大鼠急性经口 LD_{50}>2000mg/kg，大鼠急性经皮 LD_{50}>2000mg/kg。对兔眼睛和皮肤无刺激性，对豚鼠皮肤有刺激性。大鼠吸入 LC_{50}（4h）>5000mg/L 空气。NOEL 值：大鼠（2 年）8.5mg/(kg·d)，小鼠（1.5 年）11mg/(kg·d)，狗（1 年）5mg/(kg·d)。ADI 值 0.05mg/kg，无致畸、致突变、致癌作用。野鸭和山齿鹑 LD_{50}（14d）>2000mg/kg，野鸭和山齿鹑饲喂 LC_{50}（8d）>5200mg/kg。LC_{50}（96h）：虹鳟鱼 0.4mg/L，大翻车鱼 2.8mg/L。水蚤 LC_{50}（48h）2.4mg/L。蜜蜂 LD_{50}：128.3μg/只（经口），100μg/只（接触），蚯蚓 LC_{50}（14d）>1000mg/kg 土壤。

制剂 WP。

应用 植物抗病活化剂，几乎没有杀菌活性。防治白粉病、锈病、霜霉病等。适用于水稻、小麦、蔬菜、香蕉、烟草等，作为保护剂使用。可激活植物自身的防卫反应即"系统活化抗性"，从而使植物对多种真菌和细菌产生自我保护作用。同其他常规药剂（如甲霜灵、代森锰锌、烯酰吗啉等）混用，不仅可提高活化酯的防治效果，而且还能扩大其防病范围。

合成路线

分析方法 产品分析一般采用气-液色谱法（GLC），火焰离子化检测器。

主要生产商 Syngenta。

参考文献

[1] EP 0313512.
[2] BR 8804264.
[3] EP 780372.
[4] 农药，2004，43（4）：190.

几丁聚糖（chitosan）

$(C_6H_{11}O_4N)_n$，9012-76-4

其他名称 甲壳素

化学名称 随机分布的 β-(1-4)-连接的 D-葡糖胺（脱乙酰单元）和 N-乙酰基-D-葡糖胺（乙酰化单元）

CAS 名称 chitosan

理化性质 白色，略有珍珠光泽，呈半透明片状固体。几丁聚糖为阳离子聚合物，化学稳定性好，约 185℃分解，无毒。不溶于水和碱液，可溶解于硫酸、有机酸（如 1%醋酸溶液）及弱酸水溶液。

毒性 大鼠急性经口 LD_{50}＞5000mg/kg（制剂），大鼠急性经皮 LD_{50}＞5000mg/kg（制剂）。

制剂 AS，FS。

应用 从海洋甲壳类动物中提取的一种具有抗病作用的杀菌剂，同时还能刺激作物生长。

主要生产商 成都特普，青岛中达。

己唑醇（hexaconazole）

$C_{14}H_{17}Cl_2N_3O$，314.2，79983-71-4

由 ICI Agrochemicals 公司（现 Syngenta AG）于 1986 年推出的三唑类杀菌剂。

其他名称 PP523，ICIA0523，Anvil，Canvil，Contaf，Elexa，Force，Planete

化学名称 (RS)-2-(2,4-二氯苯基)-1-(1H-1,2,4-三唑-1-基)-己-2-醇；(RS)-2-(2,4-dichlorophenyl)-1-(1H-1,2,4-triazol-1-yl)hexan-2-ol

CAS 名称 ($\pm$)-α-butyl-α-(2,4-dichlorophenyl)-1H-1,2,4-triazole-1-ethanol

理化性质 原药＞85%，白色结晶固体。熔点 110～112℃，蒸气压 0.018mPa（20℃），K_{ow} lg$P$ 3.9（20℃），Henry 常数 3.33×10^{-4} Pa·m^3/mol（计算值），密度约 1.29g/cm^3（25℃）。溶解度（20℃）：水中 0.017mg/L；甲醇 246g/L，丙酮 164g/L，乙醇 120g/L，甲苯 59g/L，己烷 0.8g/L。常温下可以保存 6 年，对光解、水解稳定。

毒性 急性经口 LD_{50}：雄大鼠 2189mg/kg，雌大鼠 6071mg/kg。大鼠急性经皮 LD_{50}＞2g/kg；对兔眼有轻微刺激作用，对皮肤无刺激作用。大鼠 4h 吸入 LC_{50}＞5.9mg/L。进行 2 年吸入毒性研究，大鼠未见不良反应的剂量为 10mg/kg，小鼠为 40mg/kg。无致畸作用。野鸭急性经口 LD_{50}＞4000mg/kg。鱼类 LD_{50}（96h，mg/L）：虹鳟鱼 3.4，镜鲤 5.94，红鲈 5.4。水蚤 LC_{50}

(48h) 2.9mg/L。蜜蜂 LD_{50}＞0.1mg/只（经口和接触）。蠕虫 LC_{50}（14d）414mg/kg。

制剂 OL，SC，SG。

应用 属三唑类杀菌剂，类固醇脱甲基化抑制剂，对真菌尤其是担子菌门和子囊菌门引起的病害有广谱性的保护和治疗作用。破坏和阻止病菌的细胞膜重要组成成分麦角固醇的生物合成，导致细胞膜不能形成，使病菌死亡。具有内吸、保护和治疗活性。适宜于果树（如苹果、葡萄、香蕉），蔬菜（瓜果、辣椒等），花生，咖啡，禾谷类作物和观赏植物等作物。在推荐剂量下使用，对环境、作物安全，但有时对某些苹果品种有药害。可有效地防治子囊菌、担子菌和半知菌所致病害，尤其是对担子菌纲和子囊菌纲引起的病害如白粉病、锈病、黑星病、褐斑病、炭疽病等有优异的保护和铲除作用。对水稻纹枯病有良好防效。

合成路线

分析方法 采用 GLC 或 HPLC 法。

主要生产商 Syngenta，Astec，Bharat，Devidayal，Dongbu Fine，Punjab，Rallis，江苏丰登，连云港立本，江苏七洲，盐城利民，浙江威尔达。

参考文献

[1] The Pesticide Manual. 15th ed.
[2] GB 2064520.

甲苯磺菌胺（tolylfluanid）

$C_{10}H_{13}Cl_2FN_2O_2S_2$，347.2，731-27-1

由 Bayer CropScience 开发的磺酰胺类杀菌剂、杀螨剂。

其他名称 Bayer 49854，KUE 13183b，Elvaron M，Euparen M，Euparen Multi，Talat

化学名称 N-二氯氟甲硫基-N'，N'-二甲基-N-甲苯基（氨基）磺酰胺；N-dichlorofluoromethylthio-N',N'-dimethyl-N-p-tolylsulfamide

CAS 名称 1,1-dichloro-N-[(dimethylamino)sulfonyl]-1-fluoro-N-(4-methylphenyl)methanesulfenamide

理化性质 纯品为无色无味结晶状固体，熔点 93℃。蒸气压 0.2mPa（20℃）。相对密度 1.52。$K_{ow}\lg P$ 3.9（20℃）。Henry 常数 $7.7×10^{-2}$ Pa·m³/mol（计算值）。水中溶解度：0.9mg/L（20℃）；有机溶剂中溶解度（g/L，20℃）：二氯甲烷＞250，二甲苯 190，异丙醇 22。对碱不稳定。

毒性 大鼠急性经口 LD_{50}＞5000mg/kg。大鼠急性经皮 LD_{50}＞5000mg/kg。大鼠急性吸入 LC_{50}（4h）383mg/L。对兔眼睛有中度刺激，对兔皮肤有严重刺激。大鼠饲喂试验无作用剂量（2年）300mg/(kg·d)。日本鹌鹑急性经口 LD_{50}＞5000mg/kg。山齿鹑饲喂 LC_{50}（5d）＞

5000mg/kg。虹鳟鱼 LC_{50}（96h）0.045mg/L。水蚤 LC_{50}（48h）1.8mg/L。蜜蜂 LD_{50}（48h）：>197μg/只（经口），>196μg/只（接触）。蚯蚓 LC_{50}（14d）>1000mg/kg 土壤。

制剂 WG。

应用 主要用于防治葡萄、苹果、草莓、棉花、蔬菜、豆棵作物及观赏植物等各种白粉病、锈病、软腐病、褐斑病、灰霉病、黑星病等病害。对某些螨类也有一定的活性，对益螨安全。

主要生产商 Bayer CropScience。

参考文献

The Pesticide Manual. 16th ed.

甲呋酰胺（fenfuram）

$C_{12}H_{11}NO_2$，201.2，24691-80-3

由 Shell 公司研制、安万特公司（现为拜耳公司）开发的呋喃酰胺类杀菌剂。

其他名称 WL 22 361，Pano-ram

化学名称 2-甲基呋喃-3-甲酰替苯胺；2-methyl-3-furanilide

CAS 名称 2-methyl-N-phenyl-3-furancarboxamide

理化性质 原药为乳白色固体，有效成分含量98%，熔点109～110℃。纯品为无色结晶状固体，蒸气压 0.020mPa（20℃），Henry 常数 $4.02×10^{-5}$ Pa·m³/mol。水中溶解度：0.1g/L（20℃）；有机溶剂中溶解度（g/L，20℃）：丙酮300，环己酮340，甲醇145，二甲苯20。对热和光稳定，中性介质中稳定，但在强酸和强碱中易分解。土壤中半衰期为42d。

毒性 大鼠急性经口 LD_{50} 为12900mg/kg，小鼠急性经口 LD_{50} 为2450mg/kg。大鼠急性吸入 LC_{50}（4h）>10.3mg/L 空气。对皮肤有轻度刺激作用，对眼睛有严重刺激作用。大鼠 2 年饲喂试验无作用剂量为10mg/(kg·d)；狗90d 饲喂试验无作用剂量为300mg/(kg·d)。推荐剂量下对蜜蜂无毒害作用。大鼠经口摄入药剂 16h 内 83% 经尿排除。

制剂 DS，LS。

应用 甲呋酰胺是一种具有内吸作用的新的代替汞制剂的拌种剂，可用于防治种子胚内带菌的麦类散黑穗病，也可用于防治高粱丝黑穗病。但对侵染期较长的玉米丝黑穗病菌的防治效果差。适宜作物有小麦、大麦、高粱和谷子等作物。防治小麦、大麦散黑穗病，小麦光腥黑穗病和网腥黑穗病，高粱丝黑穗病和谷子粒黑穗病。

合成路线

分析方法 分析采用 GC/HPLC 方法。

主要生产商　Bayer CropScience。
参考文献
GB 1215066.

甲基立枯磷（tolclofos methyl）

$C_9H_{11}Cl_2O_3PS$，301.1，57018-04-9

由日本住友化学公司开发的有机磷类杀菌剂。

其他名称　利克菌，立枯磷，Rizolex，S-3349

化学名称　O-2,6-二氯对甲苯基-O,O-二甲基硫代磷酸酯；O-2,6-dichloro-p-tolyl O,O-dimethyl phosphorothioate

CAS 名称　O-(2,6-dichloro-4-methylphenyl) O,O-dimethyl phosphorothioate

理化性质　纯品为无色结晶（TC 为无色至浅棕色固体），熔点 78～80℃，蒸气压 57mPa（20℃），K_{ow} lg$P$ 4.56（25℃）。溶解度：水中为 1.10mg/L（25℃）；正己烷 3.8%，二甲苯 36.0%，甲醇 5.9%。对光、热和潮湿均较稳定。

毒性　大鼠急性经口 LD_{50} 5000mg/kg。大鼠急性经皮 $LD_{50}>$5000mg/kg。对兔皮肤和眼睛无刺激性。大鼠吸入毒性 $LC_{50}>$3320 mg/m³。野鸭和山齿鹑急性经口 $LD_{50}>$5000mg/kg。大翻车鱼 LC_{50}（96h）$>$720 μg/L。

制剂　EC。

应用　适用于防治土传病害的广谱内吸性杀菌剂，主要起保护作用，其吸附作用较强，不易流失，持效期较长。对半知菌类、担子菌纲和子囊菌纲等各种病原菌均有很强的杀菌活性，如棉花、马铃薯、甜菜和观赏植物上的立枯丝核菌、齐整小核菌、伏革菌属和核瑚菌属等病菌。对苗立枯病菌、菌核病菌、雪腐病菌等有卓越的杀菌作用，作用于对五氯硝基苯产生抗性的苗立枯病菌也有效。施药方法有毒土、拌种、浸渍、土壤洒施。本品对马铃薯茎腐病和黑斑病有特效。

合成路线

主要生产商　连云港东金化工。

参考文献
[1]　The Pesticide Manua. 16th ed.
[2]　US 4039635.

甲基硫菌灵（thiophanate methyl）

$C_{12}H_{14}N_4O_4S_2$，342.4，23564-05-8

由日本曹达公司开发。

其他名称　甲基托布津，托布津 M，甲基流扑净，桑菲钠，Tops M，Cercob M，Mildothane，Cycos，NF44，Aimthyl，Alert，Cekufanato，Cycosin，Do，Hilnate，Roko

化学名称　4,4′-(邻苯基)二(3-硫代脲基甲酸二甲酯)；diethyl 4,4′-(o-phenylene)bis(3-thioallophanate)

CAS 名称　diethyl N,N'-[1,2-phenylenebis(iminocarbonothioyl)]bis[carbamate]

理化性质　纯品为无色结晶固体，熔点 195℃（分解）。不溶于水，难溶于大多数有机溶剂。

毒性　雄性和雌性大鼠急性经口 $LD_{50}>15000mg/kg$。雄性和雌性大鼠急性经皮 $LD_{50}>15000mg/kg$。

制剂　WG，WP，PA，SC。

应用　甲基硫菌灵是一种广谱杀菌剂，具有向顶传导功能，对多种病害有预防和治疗作用。用于禾谷类、蔬菜、果树和某些经济作物病害的防治，喷洒防治麦类赤霉病、白粉病，水稻稻瘟病和纹枯病，油菜菌核病，甜菜褐斑病，瓜类白粉病、炭疽病和灰霉病，豌豆白粉病和褐斑病。

合成路线

$$ClCOOCH_3 \xrightarrow{KSCN} SCNCOOCH_3 \longrightarrow$$

含邻苯二胺与两个 NHCSNHCOOCH₃ 基团的结构

主要生产商　广信农化，志信农化，湖南国发，百灵农化，蓝丰生物，凯江农化，太仓农药厂，海利贵溪化工，三喜科技，华阳科技，亿农高科，泰达作物科技，美国默赛，日本曹达，新加坡利农。

参考文献

[1]　US 3852278.
[2]　US 3860586.

甲菌利（myclozolin）

$C_{12}H_{11}Cl_2NO_4$，304.1，54864-61-8

由 E-H. Pommer 和 B. Zeeh 报道，由巴斯夫公司开发。

其他名称　BAS 436F

化学名称　(RS)-3-(3,5-二氯苯基)-5-甲氧基甲基-5-甲基-1,3-噁唑烷-2,4-二酮；(RS)-3-(3,5-dichlorophenyl)-5-methoxymethyl-5-methyl-1,3-oxazolidine-2,4-dione

CAS 名称　3-(3,5-dichlorophenyl)-5-(methoxymethyl)-5-methyl-2,4-oxazolidinedione

理化性质　纯品为无色结晶固体。熔点 111℃，蒸气压 0.059mPa（20℃），Henry 常数

$2.68×10^{-3}$ Pa·m³/mol（计算值）。水中溶解度：6.7mg/kg（20℃）；有机溶剂中溶解度：氯仿400，乙醇20（g/kg，20℃）。碱性条件下水解稳定。

毒性 大鼠急性经口 $LD_{50}>5000$ mg/kg。大鼠急性经皮 $LD_{50}>2000$ mg/kg。

制剂 SC，WP。

应用 触杀型除草剂，防治大豆、黄瓜、花生、生菜、观赏植物、水果、向日葵、番茄等由灰葡萄孢属、丛梗霉属和核盘霉属引起的病害。

分析方法 产品分析采用 GLC/FID。

参考文献

［1］ DE 2324591.

［2］ The Pesticide Manual. 16 th ed.

甲醛 （formaldehyde）

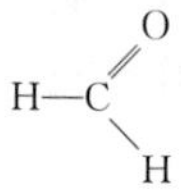

CH_2O，30.0，50-00-0

1888年由Loew作为消毒剂开发，1896年由Geuther作为种子消毒剂使用。

其他名称 福尔马林

化学名称 formaldehyde

CAS 名称 formaldehyde

理化性质 甲醛溶液为无色或几乎无色的澄明液体，有刺激性臭味。熔点-92℃，沸点-19.5℃，蒸气压101.3kPa（-18℃）。相对密度0.815（-20℃），1.081～1.085（25℃）（福尔马林）。能与水或乙醇任意混合。本品中含有10%～12%甲醇以防止聚合。在冷处久贮，易生成聚甲醛而发生浑浊。

毒性 大鼠急性经口 LD_{50} 550～800mg/kg（福尔马林）。兔急性经皮 LD_{50} 270mg/kg（福尔马林）。急性吸入 LC_{50}：大鼠（0.5h）0.82mg/L，（4h）0.48mg/L；小鼠（4h）0.414mg/L。

制剂 HN，SL。

应用 不仅能杀死细菌的繁殖型，也能杀死芽孢（如炭疽芽孢），以及抵抗力强的结核杆菌、病毒及真菌等。主要用于厩舍、仓库、孵化室、皮毛、衣物、器具等的熏蒸消毒，标本、尸体防腐；亦用于胃肠道制酵。消毒温度应在20℃以上。甲醛对皮肤和黏膜的刺激性很强，但不会损坏金属、皮毛、纺织物和橡胶等。甲醛的穿透力差，不易透入物品深部发挥作用。具滞留性，消毒结束后即应通风或用水冲洗。甲醛的刺激性气味不易散失，故消毒空间仅需相对密闭。

甲霜灵 （metalaxyl）

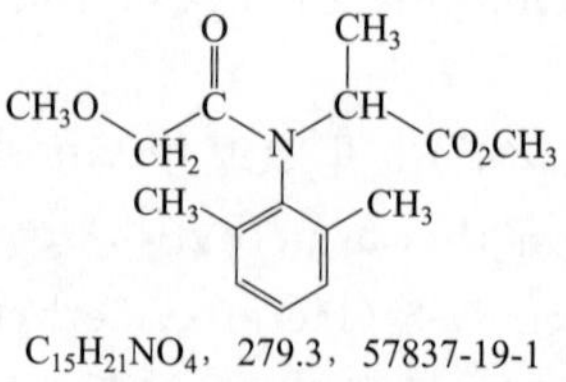

$C_{15}H_{21}NO_4$，279.3，57837-19-1

由 Ciba-Geigy AG（现 Syngenta AG）开发，1979 年上市。

其他名称　雷多米尔，阿普隆，甲霜安，灭达乐，Metalasun，Metamix，Ridomil，Vacomil-5，Vilaxyl，Belmont

化学名称　N-(甲氧基乙酰基)-N-(2,6-二甲苯基)-DL-丙氨酸甲酯；methyl N-(methoxyacetyl)-N-(2,6-xylyl)-DL-alaninate

CAS 名称　methyl N-(2,6-dimethylphenyl)-N-(methoxyacetyl)-DL-alaninate

理化性质　细小白色粉末。熔点 63.5～72.3℃。沸点 295.9℃（101kPa）。蒸气压 0.75mPa（25℃）。K_{ow} lg$P$ 1.75（25℃）。Henry 常数 $1.6×10^{-5}$ Pa·m^3/mol（计算值）。相对密度 1.20（20℃）。溶解度：水中 8.4g/L（22℃）；乙醇 400，丙酮 450，甲苯 340，正己烷 11，辛醇 68（g/L，25℃）。高于 300℃稳定。室温下在中性和酸性介质中稳定；水解 DT$_{50}$（计算值）（20℃）：＞200d（pH 1），115d（pH 9），12d（pH 10）。pK_a≪0。

毒性　急性经口 LD$_{50}$（mg/kg）：大鼠 633，小鼠 788，兔 697。大鼠急性经皮 LD$_{50}$＞3100mg/kg。对兔眼及皮肤有轻度刺激性。大鼠吸入毒性 LC$_{50}$（4h）＞3600mg/m^3。无作用剂量：（6 个月）狗 7.8mg/(kg·d)。禽类 LD$_{50}$：日本鹌鹑（7d）923mg/kg，野鸭（8d）1466mg/kg。日本鹌鹑、山齿鹑、野鸭 LC$_{50}$（8d）＞10000mg/kg。虹鳟鱼、鲤鱼、大翻车鱼 LC$_{50}$（96h）＞100mg/L。水蚤 LC$_{50}$（48h）＞28mg/L。对蜜蜂无毒；LD$_{50}$（48h）：＞200μg/只（接触），269.3μg/只（经口）。蚯蚓 LC$_{50}$（14d）＞1000mg/kg 土壤。

制剂　DS，FS，GR，WP。

应用　内吸性杀菌剂，适用于由空气和土壤带菌病害的预防和治疗，特别适合于防治各种气候条件下由霜霉目真菌引起的病害，如马铃薯晚疫病、葡萄霜霉病、烟草霜霉病、啤酒花霜霉病和莴苣霜霉病。

合成路线

分析方法　用 GLC 方法进行产品分析。

主要生产商　Syngenta，Agrochem，Astec，Bharat，Punjab，Rallis，Saeryung，Sharda，Fertiagro Pte，浙江一同，浙江禾本，湖北沙隆达，深圳易普乐，江苏宝灵，浙江一帆。

参考文献

[1]　BE 827671.
[2]　GB 1500581.
[3]　US 4151299.

甲香菌酯

$C_{23}H_{22}O_6$，394.4，850881-30-0

化学名称　(E)-2-{2-[(3,4-二甲基香豆素-7-基氧基)甲基]苯基}-3-甲氧基丙烯酸甲酯　methyl (2E)-2-{2-[(3,4-dimethyl-2-oxo-2H-chromen-7-yl)oxymethyl]phenyl}-3-methoxyacrylate

CAS 名称　methyl (αE)-2-[[(3,4-dimethyl-2-oxo-2H-1-benzopyran-7-yl)oxy]methyl]-α-(methoxymethylene)benzeneacetate

理化性质　外观为乳白色或淡黄色固体。易溶于二甲基甲酰胺、丙酮、乙酸乙酯、甲醇，微溶于石油醚，几乎不溶于水。在常温下贮存稳定。

毒性　大鼠急性经口 LD_{50} 2330mg/kg；急性经皮 LD_{50} 2150mg/kg。

应用　杀菌剂。

间氯敌菌酮（metazoxolon）

$C_{10}H_8ClN_3O_2$，237.6，5707-73-3

由 T. J. Purnell 等报道，由 ICI Agrochemicals 开发。

其他名称　PP395

化学名称　4-(3-氯苯基亚联氨基)-3-甲基-5-异噁唑酮；4-(3-氯苯基肼基)-3-甲基-1,2-噁唑-5(4H)-酮；4-(3-氯苯基肼基)-3-甲基异噁唑-5(4H)-酮；4-(3-chlorophenylhydrazono)-3-methyl-1,2-oxazol-5(4H)-one；4-(3-chlorophenylhydrazono)-3-methylisoxazol-5(4H)-one；

CAS 名称　3-methyl-4,5-isoxazoledione 4-[(3-chlorophenyl)hydrazone]

毒性　雌大鼠急性经口 LD_{50} 3340mg/kg。大鼠急性经皮 LD_{50} >1000mg/kg，对皮肤和眼睛无刺激性。

应用　防治观赏植物、花生、豌豆上的腐霉病，棉花立枯病，辣椒疫霉病，小麦和黑麦的腥黑穗病。也可用于种子处理剂。

碱式硫酸铜 [copper sulfate (tribasic)]

$Cu_4(OH)_6SO_4$

$Cu_4H_6O_{10}S$，452.3，1344-73-6

其他名称　绿得保，保果灵，杀菌特，basic copper sulfate

化学名称　cupric sulfate-tricupric hydroxide

CAS 名称　copper hydroxide sulfate

理化性质　淡蓝色粉末，熔点>360℃。相对密度 3.89（20℃）。水中溶解度 1.06mg/L（20℃），不溶于有机溶剂，可溶于稀酸类。150℃以下稳定。

毒性　大鼠急性经口 LD_{50} 100mg/kg。兔急性经皮 LD_{50} >8000mg/kg。大鼠吸入 LC_{50} 2.56mg/kg。山齿鹑急性经口 LD_{50} 1150mg/kg。鱼类 LC_{50}（96h）：虹鳟鱼 0.18mg/L，鲤鱼>6.79mg/L。水蚤 LC_{50}（48h）17.4μg/L。藻类 E_bC_{50}（72h）0.29mg/L。对蜜蜂有毒。

制剂　WG，SC。

应用　保护性杀菌剂。用于防治马铃薯和番茄晚疫病，甜菜和芹菜叶斑病，葡萄、啤酒花、菠菜和观赏植物霜霉病，梨黑星病，黄瓜和瓜类植物叶斑病和霜霉病。因其粒度细小，分散性好，耐雨水冲刷，悬浮剂还加有黏着剂，因此能牢固地黏附在植物表面形成一层保护膜，用药后果面光洁。不能与强碱性农药、氰戊菊酯、对硫磷、毒死蜱或氯硝胺混用。

主要生产商　山东科大创业，保定农药厂。

碱式碳酸铜（basic copper carbonate）

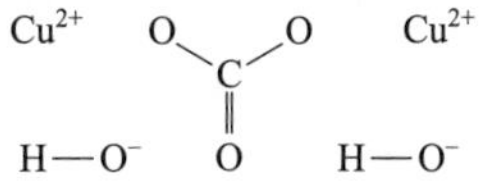

$CH_2Cu_2O_5$，221.1，12069-69-1

化学名称　碱式碳酸铜，copper carbonate，basic

应用　杀菌剂。

金色制霉素（aureofungin）

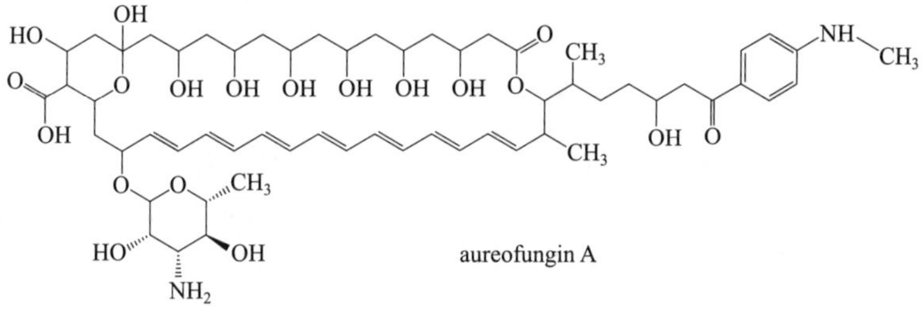

aureofungin A

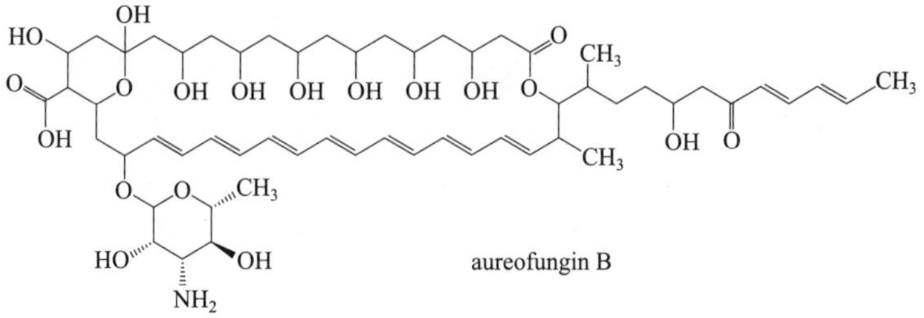

aureofungin B

aureofungin A $C_{59}H_{88}N_2O_{19}$，1129.4；aureofungin B $C_{57}H_{87}NO_{19}$，1090.3
8065-41-6 (aureofungin A：63278-45-5； aureofungin B：63278-44-4)

化学名称　aureofungin A：33-[(3-amino-3,6-dideoxy-D-mannopyranosyl)oxy]-1,3,5,7,9,11,13,15,37-nonahydroxy-17-{4-hydroxy-1-methyl-6-[4-(methylamino)phenyl]-6-oxohexyl}-18-methyl-15-oxo-16,39-dioxabicyclo[33.3.1]nonatriaconta-19,21,23,25,27,29,31-heptaene-36-carboxylic acid；aureofungin B：33-[(3-amino-3,6-dideoxy-D-mannopyranosyl)oxy]-1,3,5,7,9,11,13,15,37-nonahydroxy-17-(4-hydroxy-1-methyl-6-oxoundeca-7,9-dienyl)-18-methyl-15-oxo-16,39-dioxabicyclo[33.3.1]nonatriaconta-19,21,23,25,27,29,31-heptaene-36-carboxylic acid

应用　杀菌剂。

浸种磷（izopamfos）

$H_3C-CH_2-CH_2-CH_2-CH_2-CH_2-CH_2-CH_2-CH_2-O-CH_2-CH_2-CH_2-NH_3^+$

$C_{13}H_{32}NO_4P$，297.4，83327-52-0

化学名称　［3-(壬氧基)丙基］铵甲基磷酸酯；［3-(nonyloxy) propyl］ammonium methyl phosphonate

CAS 名称　methyl hydrogen phosphonate compound with 3-(isononyloxy)-1-propanamine (1∶1)

应用　杀菌剂。

腈苯唑（fenbuconazole）

$C_{19}H_{17}ClN_4$，336.8，114369-43-6

1992 年由 Rohm & Haas（现 Dow AgroSciences）公司开发的三唑类杀菌剂。

其他名称　应得，唑菌腈，RH-7592，RH-57592，Enable，Impala，Indar

化学名称　4-(4-氯苯基)-2-苯基-2-(1H-1,2,4-三唑-1-甲基)丁腈；4-(4-chlorophenyl)-2-phenyl-2-(1H-1,2,4-triazol-1-ylmethyl)butyronitrile

CAS 名称　α-［2-(4-chlorophenyl)ethyl］-α-phenyl-1H-1,2,4-triazole-1-propanenitrile

理化性质　白色固体，伴有微弱硫黄臭味。熔点 126.5～127℃，沸点 300℃ 以上不稳定，蒸气压 0.34mPa（25℃），K_{ow} lg$P$ 3.23（25℃），Henry 常数 13.01×10^{-5} Pa·m^3/mol，密度 1.27g/cm^3（20℃）。溶解度：水 3.77mg/L（25℃）；丙酮和 1，2-二氯乙烷＞250，乙酸乙酯 132，甲醇 60.9，辛醇 8.43，二甲苯 26.0，正庚烷 0.0677（均为 g/L，20℃）。无菌条件下，氙气灯照射，不易光解，可保存 30d（pH 7，25℃），pH 5、7、9 在无菌条件下不易水解，热稳定性达到 300℃。

毒性　大鼠急性经口 LD$_{50}$ 为 2000mg/kg。大鼠急性经皮 LD$_{50}$＞5000mg/kg，对眼睛和皮肤无刺激性（原药），但乳油对兔的眼睛和皮肤有强烈的刺激作用。大鼠空气吸入毒性 LC$_{50}$（4h）＞2.1mg/L（原药），每日摄入 6.3mg/kg 对生殖无影响，每日摄入 30mg/kg 对生长无影响。通过实验，对大鼠生殖和胎儿的毒性剂量小于母体的毒性剂量。通过长期胃毒试验，对生殖和致癌未见不良反应剂量为 3mg/kg。在其他试验中未见致畸作用。禽类饲喂毒性 LC$_{50}$：山齿鹑（8d）4050mg/kg，野鸭（8d）2110mg/kg；山齿鹑（21d）2150mg/kg。鱼类 LC$_{50}$（96h）：虹鳟鱼 1.5mg/L，大翻车鱼 1.68mg/L。长期饲喂，虹鳟鱼的无作用剂量为 0.33mg/L。水蚤 EC$_{50}$（急性）2.2mg/L，无作用剂量为 0.078mg/L。羊角月牙藻 EC$_{50}$（5d）0.47mg/L。其他水生动植物：对摇蚊属昆虫进行沉积物毒性测试无作用剂量为

1.73mg/L。蜜蜂急性经口 LC_{50}（96h，粉剂）＞0.29mg/只。蚯蚓 LC_{50}（14d）98mg/kg。

制剂 EC，EW，EW，SC，WP。

应用 属麦角固醇生物合成抑制剂（EBI）。内吸传导型杀菌剂，能抑制病原菌菌丝的伸长，阻止已发芽的病菌孢子侵入作物组织。在病菌潜伏期使用，能阻止病菌的发育，在发病后使用，能使下一代孢子变形，失去继续传染能力，对病害既有预防作用又有治疗作用。为兼具保护、治病和杀灭作用的内吸性广谱杀菌剂。适宜于禾谷类作物、甜菜、葡萄、香蕉、桃、苹果等作物。腈苯唑对禾谷类作物的壳针孢属、柄锈菌属和黑麦喙孢，甜菜上的甜菜生尾孢，葡萄上的葡萄孢属、葡萄球座菌和葡萄钩丝壳，核果上的丛梗孢属，果树上如苹果黑星菌等，以及对大田作物、水稻、香蕉、蔬菜和园艺作物的许多病害均有效。腈苯唑既可作叶面喷施，也可作种子处理剂。

合成路线

分析方法 产品采用气相色谱法（GC）分析。

主要生产商 Dow AgroSciences，Fertiagro，广东德利。

参考文献

US 5087635.

腈菌唑（myclobutanil）

$C_{15}H_{17}ClN_4$，288.8，88671-89-0

由 C. Orpin 等报道，由 Rohm & haas Co.（现 Dow AgroSciences）开发，1989 年首次引入市场。

其他名称 Laredo，Mytonil，Nova，Pudong，Rally，Sun-Ally，Systhane

化学名称 2-(4-氯苯基)-2-(1H-1,2,4-三唑-1-甲基)己腈；2-p-chlorophenyl-2-(1H-1,2,4-triazol-1-ylmethyl)hexanenitrile

CAS 名称 α-butyl-α-(4-chlorophenyl)-1H-1,2,4-triazole-1-propanenitrile

理化性质 纯品为白色无味结晶固体，原药为浅黄色固体。熔点 70.9℃（原药），沸点 390.8℃（97.6kPa），蒸气压 0.198mPa（20℃）。$K_{ow} \lg P$ 2.94（pH 7～8，25℃）。Henry 常数 $4.33×10^{-4}$ Pa·m³/mol（pH 7，计算值）。水中溶解度（mg/L，20℃）：124（pH 3），132（pH 7），115（pH 9～11）。有机溶剂中溶解度（g/L，20℃）：丙酮、乙酸乙酯、甲醇、1,2-二氯乙烷、正庚烷 1.02。在 25℃的水中（pH 4～9）稳定，光解稳定。

毒性 雄大鼠急性经口 LD_{50} 1600mg/kg，雌大鼠 1800mg/kg。兔皮肤和眼睛急性经皮

LD$_{50}$＞5000mg/kg；对兔皮肤无刺激作用，对兔眼睛有刺激作用，对豚鼠皮肤无致敏性。大鼠吸入 LC$_{50}$ 5.1mg/L。狗饲喂 NOEL（90d）56mg/(kg·d)，大鼠生殖 NOEL16mg/(kg·d)，基于致癌性和生殖影响研究的长期饲喂 NOAEL 2.5mg/(kg·d)。对大鼠和兔子无致畸性，各种致突变试验显示为阴性，Ames 试验显示无致突变性。鹌鹑急性经口 LD$_{50}$ 510mg/kg。鹌鹑和野鸭饲喂 LC$_{50}$（8d）＞5000mg/kg。大翻车鱼 LC$_{50}$（96h）4.4mg/L，虹鳟鱼 2.0mg/L。黑头呆鱼 ELS NOEC 1.0mg/L。水蚤 LC$_{50}$（48h）17mg/L。淡水藻 EC$_{50}$（96h）0.91mg/L。其他水生生物：沉积物栖息生物（摇蚊属）NOEC 5.0mg/L。对蜜蜂无毒，LD$_{50}$：（经口）＞171μg "Systhane 20EW"/只（＞33.9μg active/只）；（接触）200μg "Systhane 20EW"/只（＞39.6μg/只）。赤子爱胜蚓急性 LC$_{50}$ 99mg/kg，繁殖 NOEC＞10.3mg/kg。

制剂　EC，EW，FS，SC，WP。

应用　抑制麦角固醇的生物合成（类固醇脱甲基化抑制剂）。具有保护性和治疗性的内吸性杀菌剂，在植物中向顶部传输。用于多种作物防治子囊菌纲、半知菌和担子菌病害。主要用于葡萄防治白粉病，用于苹果防治叶黑星病和白粉病，使用剂量有所不同。也登记用于多种作物防治子囊菌或担子菌纲病害，包括其他梨果、核果、葫芦、草莓、杏仁、番茄、大豆、蔬菜、啤酒花、棉花、谷物种子处理、草坪和观赏植物。叶面处理，用于对梨果和核果白粉病、穿孔病、花腐病、炭疽病和锈病的控制，对瓜类白粉病的控制，对观赏植物白粉病和锈病的控制，对多年生牧草种植种子锈病的控制；种子处理用于对大麦、玉米、棉花、水稻和小麦种子土壤传播疾病的控制；用于香蕉等收获后处理。

合成路线

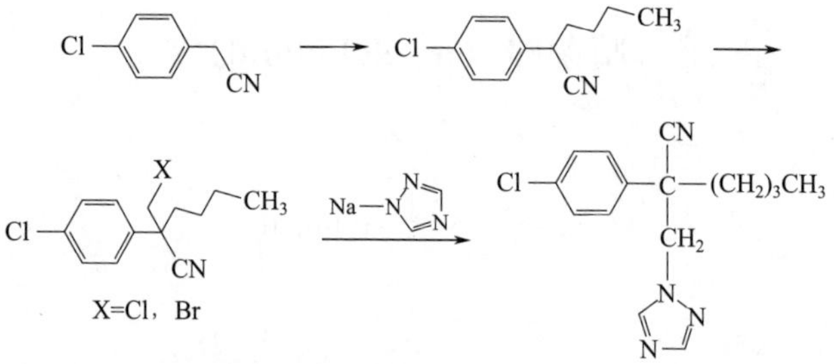

分析方法　产品和残留用 GC/FID 分析。

主要生产商　Dow AgroSciences，Nagarjuna Agrichem，沈阳化工研究院，天津泰达，浙江一帆。

参考文献

US 4920139.

精甲霜灵（metalaxyl-M）

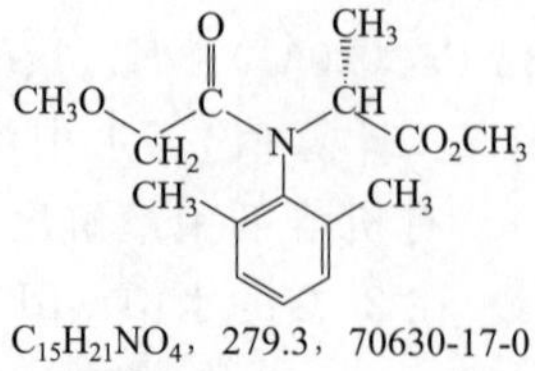

C$_{15}$H$_{21}$NO$_4$，279.3，70630-17-0

由 Ciba-Geigy AG（现 Syngenta AG）开发，1996 年上市。

其他名称 高效甲霜灵，CGA 329351，R-metalaxyl，CGA 76539，mefenoxam

化学名称 N-(甲氧基乙酰基)-N-(2,6-二甲苯基)-D-丙氨酸甲酯；methyl N-(methoxyacetyl)-N-(2,6-xylyl)-D-alaninate

CAS 名称 methyl N-(2,6-dimethylphenyl)-N-(methoxyacetyl)-D-alaninate

理化性质 浅棕色黏稠透明液体。纯品在 270℃ 左右时热分解。熔点 －38.7℃，沸点 270℃（分解）。蒸气压 3.3mPa（25℃）。K_{ow} lg$P$ 1.71（25℃）。Henry 常数 $3.5×10^{-5}$ Pa·m³/mol（计算值）。相对密度 1.125（20℃）。溶解度：水中为 26g/L（25℃），正己烷 59g/L；可与丙酮、乙酸乙酯、甲醇、二氯甲烷、甲苯、正辛醇溶混。

毒性 大鼠急性经口 LD_{50}：雄 953mg/kg，雌 375mg/kg。大鼠急性经皮 LD_{50} >2000mg/kg；对兔皮肤无刺激作用，对兔眼睛有严重危害的风险；对豚鼠皮肤无致敏现象。大鼠吸入 LC_{50}（4h）>2290mg/m³。狗饲喂无作用剂量（6 个月）7.4mg/(kg·d)。大鼠 2 年饲喂无作用剂量 13mg/(kg·d)。无致癌、致突变、致畸性，对繁殖没有影响。山齿鹑 LD_{50}（14d）981～1419mg/kg，LC_{50}（8d）>5620mg/kg。虹鳟 LC_{50}（96h）>100mg/L。水蚤 LC_{50}（48h）>100mg/L。蜜蜂 LD_{50}（48h，触杀）>100μg/只。蚯蚓 LC_{50}（14d）830mg/kg 土。

制剂 DS，EC，FS，GR，SC，WG，WP。

应用 通过阻断核糖核酸合成来抑制真菌的蛋白质合成。是一种通过植物叶、茎和根吸收的内吸性杀菌剂，具有保护和治疗活性。叶面喷洒，防治由啤酒花上的葎草假霜霉，土豆和番茄上的致病疫霉，烟叶上的烟草霜霉菌，葡萄树上的霜霉菌，蔬菜上的霜霉以及莴苣上的莴苣盘梗霉所引起的经空气传播的病害。单独用于土壤，可用来防治经土壤传播的鳄梨和柑橘根与较低茎的茎腐病、烟草黑胫病、胡椒的疫霉病以及很多作物（包括观赏植物）的腐霉病。将其用于种子处理可以防治玉米、豌豆、高粱和向日葵的系统性霜霉病以及不同作物的猝倒病（腐霉菌类）。

合成路线

主要生产商 Syngenta，江苏宝灵，浙江禾本。

参考文献

[1] WO 96/01559.

[2] ZA-P. 95/5708.

井冈霉素（validamycin）

$C_{20}H_{35}O_{13}N$，497.5，37248-47-8

由日本武田制药公司（现为住友化学公司）开发的水溶性抗生素——葡萄糖苷类杀菌剂。

其他名称　validac，Valimon，Validacin，Mycin，Rhizocin，Solacol

化学名称　(1R,2R,3S,4S,6R)-2,3-二羟基-6-羟甲基-4-[(1S,4R,5S,6S)-4,5,6-三羟基-3-羟基甲基环己-2-烯基氨基]环己基-β-D-吡喃葡糖苷；(1R,2R,3S,4S,6R)-2,3-dihydroxy-6-hydroxymethyl-4-[(1S,4R,5S,6S)-4,5,6-trihydroxy-3-hydroxymethylcyclohex-2-enylamino]cyclohexyl β-D-glucopyranoside

CAS 名称　1,5,6-trideoxy-4-O-β-D-glucopyranosyl-5-(hydroxymethyl)-1-[[(1S,4R,5S,6S)-4,5,6-trihydroxy-3-(hydroxymethyl)-2-cyclohexen-1-yl]amino]-D-$chiro$-inositol

理化性质　由水链霉菌井冈变种产生的水溶性抗生素——葡萄糖苷类化合物。纯品为无色无味吸湿性粉末。熔点125.9℃；蒸气压<2.6×10^{-3}mPa（25℃）。$K_{ow}\lg P$ －4.21（计算值）。溶解度：很快溶于水，溶于甲醇、二甲基甲酰胺、二甲基亚砜，微溶于乙醇和丙酮，难溶于乙醚和乙酸乙酯。室温下中性和碱性介质中稳定，酸性介质中不太稳定。

毒性　大鼠急性经口 LD_{50}>20000mg/kg，大鼠急性经皮 LD_{50}>5000mg/kg。不刺激皮肤（兔）。无皮肤致敏性（豚鼠）。吸入毒性 LC_{50}（4h，大鼠）>5mg/L 空气。90d 饲喂试验，大鼠接受1000mg/kg饲料和小鼠接受2000mg/kg饲料无不良影响。在2年饲喂试验中，大鼠接受40.4mg饲料/(kg体重·d) 无不良影响。无致畸性。水生生物：LC_{50}（72h）鲤鱼>40mg/L，水蚤 LC_{50}（24h淡水枝角水蚤）>40mg/L。对蜜蜂无毒。

制剂　AS，AF，DP，DS，SL。

应用　内吸作用很强的农用抗生素，具有保护、治疗作用。当水稻纹枯病菌的菌丝接触到井冈霉素后，能很快被菌体细胞吸收并在菌体内传导，干扰和抑制菌体细胞正常生长发育，从而起到治疗作用。也可用于防治小麦纹枯病、稻曲病等。

合成路线

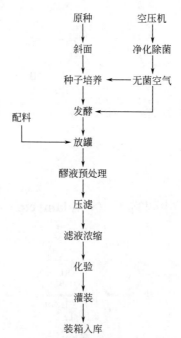

主要生产商　Sumitomo Chemical，绿叶农化，武汉科诺，钱江生物，桐庐汇丰。

参考文献

The Pesticide Manual. 15th ed.

菌核净 (dimetachlone)

$C_{10}H_7Cl_2NO_2$,251.1,24096-53-5

其他名称 纹枯利,dimethachlon,Ohric,S-47127

化学名称 N-3,5-二氯苯基丁二酰亚胺;N-3,5-dichlorophenylsuccinimide

理化性质 纯品为白色结晶粉末。熔点136.5～138℃。易溶于丙酮、环己酮,稍溶于二甲苯,难溶于水。

毒性 小鼠急性经口 LD_{50} 为1250mg/kg。

制剂 WP。

应用 保护性杀菌剂,有一定内吸治疗作用。主要用于防治水稻纹枯病、油菜菌核病、烟草赤星病。

菌核利 (dichlozoline)

$C_{11}H_9Cl_2NO_3$,274.1,24201-58-9

由 Chevron Chemical Company LLC 对其杀菌活性进行评估。

其他名称 CS8890,Ortho8890,DDOD

化学名称 3-(3,5-二氯苯基)-5,5-二甲基-1,3-噁唑啉-2,4-二酮;3-(3,5-dichlorophenyl)-5,5-dimethyl-1,3-oxazolidine-2,4-dione

CAS 名称 3-(3,5-dichlorophenyl)-5,5-dimethyl-2,4-oxazolidinedione

理化性质 白色结晶。熔点167～168℃。难溶于水,可溶于 $CHCl_3$、丙酮、苯和甲醇。对酸、碱稳定。

毒性 小鼠急性经口 LD_{50}>9000mg/kg,大鼠急性经口 LD_{50}>3000mg/kg。小鼠急性经皮 LD_{50}>3700mg/kg。鲤鱼苗耐药中量>40mg/L(48h)原药。大鼠经口摄入 C^{14} 标记化物 100～3000mg/kg,绝大部分在24h内经由粪便排出,2周内排尽。大鼠经口摄入 20～2000mg/(kg·d),90d 后看出 70mg/(kg·d) 以下的试验组无明显变化,而高剂量组明显出现肝脏病变、白内障和肾脏中毒。

制剂 WP,FO。

应用 能防止由核盘菌和灰葡萄孢菌引起的菌核病和灰霉病,对已进入植株组织的菌丝体亦能阻止其发育。能防治菜豆菌核病,黄瓜、茄子和番茄的灰霉病。避免和碱性强的农药混用。对桃树、黄瓜、茄子、番茄等作物收藏前禁用期为1d。

分析方法 产品用 GC 分析。

糠菌唑（bromuconazole）

$C_{13}H_{12}BrCl_2N_3O$，277.06，116255-48-2

糠菌唑是由拜耳公司开发的三唑类杀菌剂。

其他名称 LS 860263，Condor，Granit，Vectra

化学名称 1-[(2RS,4RS：2RS,4SR)-4-溴-2-(2,4-二氯苯基)四氢呋喃-2-基]-1H-1,2,4-triazole；1-[(2RS,4RS：2RS,4SR)-4-bromo-2-(2,4-dichlorophenyl) tetrahydrofurfuryl]-1H-1,2,4-triazole

CAS 名称 1-[[4-bromo-2-(2,4-dichlorophenyl)tetrahydro-2-furanyl]methyl]-1H-1,2,4-triazole

理化性质 原药由 2 个异构体（2RS,4RS；2RS,4SR）组成，比例为 54：46。原药纯度≥98%。纯品为无色粉状固体，熔点 84℃。蒸气压 4.0×10^{-3} mPa（20℃）。$K_{ow}\lg P$ 3.24（20℃）。Henry 常数 $0.83\times10^{-5}\sim0.97\times10^{-5}$ Pa·m^3/mol（计算值）。相对密度 1.72。水中溶解度（20℃）50mg/L，在大多数有机溶剂中有较好的溶解性。在水中或酸性、碱性或中性溶液中在暗处稳定；光照情况下降解，降解与酸碱度有关。在酸性条件下降解半衰期 DT_{50} 18d。

毒性 急性经口 LD_{50}（mg/kg）：大鼠 365，小鼠 1151。大鼠急性经皮 $LD_{50}>2000$mg/kg。大鼠急性吸入 LC_{50}（4h）>5mg/L 空气。对兔皮肤和眼睛无刺激作用，对豚鼠无皮肤致敏现象，无致突变作用。山齿鹑和野鸭急性经口 $LD_{50}>2100$mg/kg。山齿鹑和野鸭饲喂 LC_{50}（8d）>5000mg/kg 饲料。鱼毒 LC_{50}（96h，mg/L）：虹鳟鱼 1.7，大翻车鱼 3.1。水蚤 LC_{50}（96h）2.1mg/L。在 100μg/只（经口和接触）和 500μg/只（接触）剂量下对蜜蜂安全。对蚯蚓无影响。

制剂 EC，GR，SC。

应用 具有预防、治疗、内吸作用的杀菌剂，能迅速被植物有生长力的部分吸收并主要向顶部转移。用于防治由子囊菌纲、担子菌纲和半知菌类病原菌引起的大多数病害，尤其是对链格孢属或交链孢属、镰刀菌属、假尾孢属、尾孢属和球腔菌属引起的病害如白粉病、黑星病等有特效。适用于小麦、大麦、燕麦、黑麦、玉米、葡萄、蔬菜、果树、草坪、观赏植物等。主要用作茎叶处理。属类固醇脱甲基化（麦角甾醇生物合成）抑制剂。

合成路线

分析方法 产品采用 HPLC-UV 分析。

主要生产商 Sumitomo Europe。

参考文献

[1] The Pesticide Manual. 15th ed.
[2] EP 258161.

糠醛（furfural）

$C_5H_4O_2$，96.1，98-01-1

1995 年由 Illovo Sugar Ltd 开发，2006 年由 Agriguard Company，LLC 在美国登记。

化学名称 糠醛；furfural

CAS 名称 2-furancarboxaldehyde

理化性质 沸点 161.7℃，蒸气压 3.47×10^5 mPa（20℃），相对密度 1.16。溶解度：水中 7.81g/100mL，溶于乙醇、甲醇、乙醚、丙酮、二甲苯、正辛醇、乙酸乙酯。pH 值 5、7、9 时稳定。

毒性 大鼠急性经口 LD_{50} ＞102mg/kg。大鼠急性经皮 LD_{50} 92mg/kg。LD_{50}：野鸭 360.5mg/kg，鹌鹑 278.5mg/kg。LC_{50}：虹鳟鱼 3.06mg/L，大翻车鱼 5.8mg/L。蜜蜂 LD_{50}：（经口）＞100μg/只，（接触）＞81μg/只。蠕虫 LC_{50} 406.18mg/kg。

制剂 EC。

应用 杀菌剂。

克菌丹（captan）

$C_9H_8Cl_3NO_2S$，300.6，133-06-2

由 A. R. Kittleston 于 1952 年报道，Standard Oil Development Co. 推出。

其他名称 SR 406，ENT 26538，Captaf，Dhanutan，Lucaptan，Merpan，Rondo

化学名称 N-(三氯甲硫基)环己-4-基-1,2-二甲酰亚胺；N-(trichloromethylthio)cyclohex-4-ene-1,2-dicarboximide

CAS 名称 $3a,4,7,7a$-tetrahydro-2-[(trichloromethyl)thio]-1H-isoindole-1,3(2H)-dione

理化性质 工业品为无色到米色无定形固体，带有刺激性气味。纯品为白色结晶固体，熔点 178℃（原药 175～178℃）。相对密度 1.74（26℃），蒸气压 ＜1.3×10^{-3} Pa（25℃），K_{ow} lg$P$ 2.8（25℃），Henry 常数 ＜0.118Pa·m³/mol（计算值）。溶解度（g/L）：水 0.0033（25℃）；丙酮 21，二甲苯 20，氯仿 70，环己烷 23，二氧六环 47，苯 21，甲苯 6.9，异丙醇 1.7，乙醇 2.9，乙醚 2.5；不溶于石油醚。在中性介质中分解缓慢，在碱性介质中分解迅速。DT_{50}：＞4 年（80℃），14.2d（120℃）。

毒性 大鼠急性经口 LD_{50} 9000mg/kg。兔急性经皮 $LD_{50}>4500$ mg/kg；对兔皮肤中度刺激，对兔眼睛重度损伤。吸入毒性 LC_{50}（4h，mg/L）：雄大鼠>0.72，雌大鼠 0.87（工业品）；粉尘能引起呼吸系统损伤。NOEL 数据 [2 年，mg/(kg·d)]：大鼠 2000，狗 4000。无致畸、致突变、致癌作用。急性经口 LD_{50}（mg/kg）：家鸭和野鸭>5000，北美鹌鹑 $2000\sim4000$。大翻车鱼 LC_{50}（96h）0.072mg/L。水蚤 LC_{50}（48h）$7\sim10$ mg/L。蜜蜂 LD_{50}（μg/只）：91（经口），788（接触）。

制剂 WP。

应用 用于防治番茄、马铃薯疫病、菜豆炭疽病、黄瓜霜霉病、瓜类炭疽病、白粉病、洋葱灰霉病、芹菜叶枯病、白菜黑斑病、白斑病、蔬菜幼苗立枯病、苹果疮痂病、苦腐病、黑星病、飞斑病、梨黑星病、柑橘棕腐病、葡萄霜霉病、黑腐病、褐斑病、麦类锈病、赤霉病、水稻苗立枯病、稻瘟病、烟草疫病等。此外，拌种可防治苹果黑星病、梨黑星病、葡萄白粉病和玉米病害。与五氯硝基苯混用，可防治棉花苗期病害。适用于果树、番茄、马铃薯、蔬菜、玉米、水稻、麦类和棉花等。主要用于茎叶喷雾。

参考文献
[1] The Pesticide Manual. 15th ed.
[2] US 2553770.
[3] US 2553771.
[4] US 2553776.

克菌磷（kejunlin）

$C_4H_{14}NO_2PS_2$，203.3，1068-22-0

化学名称 O,O-二乙基二硫代磷酸铵；ammonium O,O-diethyl phosphorodithioate
CAS 名称 ammonium O,O-diethyl phosphorodithioate
应用 有机磷杀菌剂。

克霉唑（clotrimazole）

$C_{22}H_{17}ClN_2$，344.82，3593-75-1

化学名称 1-[(2-氯苯基)二苯甲基]-1H-咪唑；1-[(2-chlorophenyl)diphenylmethyl]-1H-imidazole；1-(2-chlorotrityl)imidazole
CAS 名称 1-[(2-chlorophenyl)diphenylmethyl]-1H-imidazole
应用 杀菌剂。

喹菌酮（oxolinic acid）

$C_{13}H_{11}NO_5$，261.2，14698-29-4

该杀细菌剂由 D. Kaminksy 和 R. I. Meltzer 报道。由 Warner-Lambert 介绍了针对尿路感染的相关问题，由 Y. hikichi 等报道了对植物致病性细菌的活性。于 1989 年由日本 Sumitomo Chemical Co., Ltd 作为种子处理剂引入。

其他名称　S-0208，Starner

化学名称　5-乙基-5,8-二氢-8-氧代-1,3-二氧杂环戊烯并[4,5-g]喹啉-7-羧酸；5-ethyl-5,8-dihydro-8-oxo[1,3]dioxolo[4,5-g]quinoline-7-carboxylic acid

CAS 名称　5-ethyl-5,8-dihydro-8-oxo-1,3-dioxolo[4,5-g]quinoline-7-carboxylic acid

理化性质　无色晶体，原药为浅棕色晶体。熔点 >250℃。蒸气压 <0.147mPa（100℃）。相对密度 1.5～1.6（23℃）。水中溶解度 3.2mg/L（25℃）；有机溶剂中溶解度（g/kg，20℃）：己烷、二甲苯、甲醇<10。

毒性　雄大鼠急性经口 LD_{50} 630mg/kg，雌大鼠 570mg/kg。雄、雌大鼠急性经皮 LD_{50} >2000mg/kg，不刺激兔眼睛和皮肤。雄大鼠吸入 LC_{50}（4h）2.45mg/L，雌大鼠 1.70mg/L。鲤鱼 LC_{50}（48h）>10mg/L。

制剂　DP，SD，WP。

应用　DNA 拓扑异构酶 II 型（旋转酶）抑制剂。内吸性杀菌剂。用于水稻种子处理，防治极毛杆菌和欧氏植病杆菌，如水稻颖枯细菌病菌、内颖褐变病菌、叶鞘褐条病菌、软腐病菌、苗立枯细菌病菌。还可防治马铃薯黑胫病、软腐病、火疫病，苹果和梨的火疫病、软腐病，白菜软腐病。

主要生产商　Sumitomo Chemical。

参考文献

US 3287458.

喹啉铜（oxine-copper）

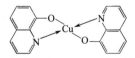

$C_{18}H_{12}CuN_2O_2$，351.8，10380-28-6

由 D. Powell 报道了与 8-羟基喹啉的铜复合物的杀菌特性。

其他名称　Ro 17-0099/000，Dokirin，Oxin-doh，Quinondo，Seed Guard

化学名称　双(喹啉-8-羟基-O,N)铜；bis(quinolin-8-olato-O,N)copper；cupric 8-quinolinoxide

CAS 名称　bis(8-quinolinato-N^1,O^8)copper

理化性质 原药含量≥95%。橄榄绿色的粉末。熔点：70℃以上分解。蒸气压 4.6×10^{-5} mPa（25℃）（EEC A4）。K_{ow} lg$P$ 2.46（蒸馏水，25℃）。Henry 常数 1.56×10^{-5} Pa·m^3/mol（计算值）。相对密度 1.687（20℃）。水中溶解度 1.04mg/L（20℃）；有机溶剂中溶解度（mg/L，20℃）：己烷 0.17，甲苯 45.9，二氯甲烷 410，丙酮 27.6，乙醇 150，乙酸乙酯 28.6。稳定性：在酸性和碱性溶液中稳定（pH 5～9）。pK_a 4.29（24.5℃）。

毒性 雄大鼠急性经口 LD_{50} 585mg/kg，雌大鼠 550mg/kg，雄小鼠 1491mg/kg，雌小鼠 2724mg/kg。大鼠急性经皮 LD_{50}＞5000mg/kg；对兔皮肤无刺激性，对兔眼睛有刺激性。大鼠吸入 LC_{50}（4h）＞0.94mg/L。无作用剂量：雄大鼠（2年）9.7mg/(kg·d)，雌大鼠 12.5mg/(kg·d)；雄、雌狗（1年）1mg/(kg·d)；雄小鼠（78周）50.3mg/(kg·d)，雌小鼠 10.2mg/(kg·d)。雄山齿鹑 LD_{50}（8d）1249mg/kg，雌山齿鹑 809mg/kg。野鸭 LD_{50}＞2000mg/kg。山齿鹑 LC_{50}（8d）3428mg/kg，野鸭＞2000mg/kg。大翻车鱼 LC_{50}（96h）21.6μg/L，虹鳟 8.94μg/L，鲤鱼 19.3μg/L。水蚤 LC_{50}（48h）240μg/L。藻类 E_bC_{50}（0～72h）94.2μg/L。对蜜蜂无毒。蚯蚓 LC_{50}（14d）200～1000mg/kg 土壤。

制剂 DS，PA，SC，WP。

应用 种子处理，防治小麦的颖斑枯病、腥黑穗病和雪霉病，甜菜的尾孢属、茎点霉属和腐霉属病害，亚麻的链格孢属和葡萄孢属病害，油菜的链格孢属和茎点霉属病害，向日葵的核菌属病害，豆类和梨的叶斑病。也可以用于防治芹菜叶斑病以及梨果类的疮痂病和溃疡病。也可用于处理密封的伤口和修剪枝条留下的伤口，也可用于处理水果和马铃薯的加工设备。直接使用没有药害，不能用在对铜敏感的植物上。

分析方法 产品用碘量法测定；或先转变成硫酸盐，然后用电解法测定。

主要生产商 Agro-Kanesho，Nihon Nohyaku，浙江海正。

醌菌腙（quinazamid）

$C_7H_7N_3O_2$，165.2，61566-21-0

由 Boots Co.，Ltd（后来的 Schering Agrochemicals）开发。

其他名称 RD 8684，BTS 8684
化学名称 对苯醌单缩氨基脲；*p*-benzoquinone monosemicarbazone
CAS 名称 2-(4-oxo-2,5-cyclohexadien-1-ylidene)hydrazinecarboxamide
应用 杀菌剂。

醌肟腙（benquinox）

$C_{13}H_{11}N_3O_2$，241.3，495-73-8

由 P. E. Frohberger 于 1956 年报道，Bayer AG 开发。

其他名称　敌菌腙，Bayer 15 080，tserenox，cerenox

化学名称　$2'$-(4-羟基亚氨亚环己-2,5-二烯基)苯酰肼；1,4-苯醌-1-苯甲酰腙-4-肟；$2'$-(4-hydroxyiminocyclohexa-2,5-dienylidene) benzohydrazide；1,4-benzoquinone1-benzoylhydrazone4-oxime

CAS 名称　benzoic acid[4-(hydroxyimino)-2,5-cyclohexadien-1-ylidene]hydrazide

理化性质　黄色至棕色晶体。熔点 195℃（分解），不易挥发。在水中溶解度 5mg/L（室温），在碱溶液中以盐的形式溶解，溶于常见有机溶剂，易溶于甲酰胺。通常条件下稳定，在强酸或强碱中水解。

毒性　大鼠急性经口 LD_{50} 100mg/kg。对鱼有毒，鲤鱼 LC_{50}（48h）0.048mg/L。

应用　用于种子包衣，防止种子和籽苗受土传病害。不用于防治谷物的种传病害。不能叶面施用。

主要生产商　Bayer。

参考文献

Frohberger P E. Phytopath Z, 1956, 37: 427.

联氨噁唑酮 （drazoxolon）

$C_{10}H_8ClN_3O_2$, 237.6, 5707-69-7

1967 年由 M. J. geoghegan 报道。由 ICI Plant Protectiondivision（后来 Zeneca Agrochemicals）研发。

其他名称　Mil-Col，SAIsan，PP781

化学名称　4-(2-氯苯基亚肼基)-3-甲基-1,2-噁唑-5(4H)酮；4-(2-氯苯基亚肼基)-3-甲基异噁唑-5(4H)-酮；4-(2-chlorophenylhydrazono)-3-methyl-1,2-oxazol-5(4H)-one；4-(2-chlorophenylhydrazono)-3-methylisoxazol-5(4H)-one

CAS 名称　3-methyl-4,5-isoxazoledione 4-[(2-chlorophenyl)hydrazone]

理化性质　原药为黄色结晶，有轻微臭味。熔点 167℃，30℃下蒸气压为 0.53mPa。几乎不溶于水、酸和链烃，溶于碱后生成稳定的可溶性盐。可溶于三氯甲烷、芳烃、酮类和乙醇。对酸稳定。不腐蚀包装材料和喷雾器械，如长时期贮存时，贮罐要用聚乙烯衬里。水溶液不能贮存在金属容器中。

毒性　大鼠急性经口 LD_{50} 为 126mg/kg，小鼠急性经口 LD_{50} 129mg/kg，鸡急性经口 LD_{50} 100mg/kg，兔急性经口 LD_{50} 100～200mg/kg。雌大鼠腹腔注射中毒 LD_{50} 26mg/kg。对眼和皮肤没有明显刺激，但有时会发生过敏反应，应避免长期接触，对肺部有刺激，因此操作环境中药剂蒸气浓度不得超过 0.5mg/m³。在 90d 饲喂试验无作用剂量：大鼠 30mg/kg 饲料，狗 2mg/kg。

制剂　SC，FS。

应用　广谱保护性杀菌剂。对禾本科作物的白粉病菌有铲除作用。能防治小麦、大麦、苹果、黄瓜的白粉病，咖啡锈病，马铃薯疮痂病，小麦苗期立枯病。

分析方法 产品及残留分析用比色法。
参考文献
GB 999097.

联苯 (biphenyl)

$C_{12}H_{10}$,154.2,92-52-4

由 G. B. Ramsey 报道其活性。

其他名称 diphenyl

化学名称 联苯;biphenyl

CAS 名称 $1,1'$-biphenyl

理化性质 无色晶体。熔点 70.5℃,蒸气压 4Pa(20℃)。$K_{ow}\lg P$ 3.88~4.04。相对密度 1.041。水中溶解度 4.45mg/L(20℃);易溶于乙醇、乙醚和其他有机溶剂。在酸和碱中稳定。

毒性 急性经口 LD_{50}:大鼠 3280mg/kg,兔 2400mg/kg,猫>2600mg/kg。人体暴露于蒸气浓度>0.005mg/L 空气时危险。大鼠 NOAEL 50mg/(kg·d)。鱼 LC_{50} (96h) 1.5~4.7mg/L,虹鳟鱼和黑头呆鱼为高度敏感物种。水蚤 LC_{50} (8h) 0.36mg/L。

应用 用于柑橘,杀真菌,抑制孢子形成。作用机理为脂类的过氧化反应。

参考文献

[1] Ramsey G B et al. Bot Gaz,1944,106:74.

[2] Deichmann J et al. J Ind Hyg Toxicol,1947,29:1.

联苯吡菌胺 (bixafen)

$C_{18}H_{12}Cl_2F_3N_3O$,414.2,581809-46-3

由 Bayer CropScience 发现,2011 年首次在英国、德国、爱尔兰、法国上市。

其他名称 BYF 00587

化学名称 N-[$3',4'$-二氯-5-氟(1,1'-联苯)-2-基]-3-(二氟甲基)-1-甲基-1H-吡唑-4-甲酰胺;N-[$3',4'$-dichloro-5-fluoro(1,1'-biphenyl)-2-yl]-3-(difluoromethyl)-1-methyl-1H-pyrazole-4-carboxamide

CAS 名称 N-($3',4'$-dichloro-5-fluorobiphenyl-2-yl)-3-(difluoromethyl)-1-methyl-1H-pyrazole-4-carboxamide

理化性质 粉末。熔点 142.9℃。蒸气压 4.6×10^{-5} mPa(20℃)。$K_{ow}\lg P$ 3.3(20℃)。相对密度 1.51(20℃)。溶解度:水 0.49mg/L(pH 7,20℃)。对光稳定,pH 4~9 时不易水解。

毒性 大鼠急性经口 LD_{50} > 5000mg/kg。大鼠急性经皮 LD_{50} > 2000mg/kg，对皮肤和眼睛无刺激（兔）。大鼠吸入 LC_{50} > 5.383mg/L。NOAEL：大鼠 2mg/(kg·d)，小鼠 6.7mg/(kg·d)（欧共体）。ADI（欧共体）0.02mg/kg。美洲鹑急性经口 LD_{50} > 2000mg/kg。LC_{50}（96h）：虹鳟鱼 0.095，黑头呆鱼 0.105mg/L。水蚤 EC_{50}（48h）1.2mg/L。月牙藻 E_rC_{50}（72h）0.0965mg/L。蜜蜂 LD_{50}：（经口）> 121.4μg/只，（接触）> 100μg/只。

制剂 与丙硫菌唑的混剂 Aviator 235 Xpro。

应用 吡唑类杀菌剂，杀菌谱广，对谷类作物的多种致病菌有杀菌活性。琥珀酸脱氢酶抑制剂，抑制线粒体功能。

主要生产商 Bayer CropScience。

联苯三唑醇（bitertanol）

$C_{20}H_{23}N_3O_2$，337.4
70585-36-3 (非对映异构体 A)，70585-38-5 (非对映异构体 B)，55179-31-2 (未说明异构体)

1979 年由 W. Brandes 等报道，拜耳公司开发，1980 年上市。

其他名称 双苯三唑醇，灭菌醇，百科灵，KWG 0599，biloxazol，Sibutol，Proclaim，Baycor

化学名称 $(1RS,2RS;1RS,2RS)$-1-(联苯-4-基氧)-3,3-二甲基-1-$(1H$-1,2,4-三唑-1-基)-2-丁醇；1-(biphenyl-4-yloxy)-3,3-dimethyl-1-$(1H$-1,2,4-triazol-1-yl)butan-2-ol

CAS 名称 β-[(1,1'-biphenyl)-4-yloxy]-α-(1,1-dimethylethyl)-1H-1,2,4-triazole-1-ethanol

理化性质 白色粉末（原药，白色至黄褐色晶体，有轻微臭味）。熔点：138.6℃（A），147.1℃（B），118℃（A 和 B 共溶物）。蒸气压 $2.2×10^{-7}$ mPa（A），$2.5×10^{-6}$ mPa（B）（20℃）。$K_{ow}lgP$ 4.1（A），4.15（B）（20℃）。Henry 常数 $2×10^{-8}$ Pa·m³/mol（A），$5×10^{-7}$ Pa·m³/mol（B）（20℃）。相对密度 1.16（20℃）。水中溶解度：2.7（A），1.1（B），3.8（A 和 B 共溶物）（mg/L，20℃，不受 pH 值影响）；其他溶剂中溶解度：二氯甲烷 > 250，异丙醇 67，二甲苯 18，正辛醇 53（均为共溶物，g/L，20℃）。DT_{50}（25℃）> 1 年（pH 4、7 和 9）。

毒性 急性经口 LD_{50}（mg/kg）：大鼠 > 5000，小鼠 4300，狗 > 5000。大鼠急性经皮 LD_{50} > 5000mg/kg，对兔眼睛和皮肤有轻微刺激。大鼠空气吸入 LC_{50}（4h）：> 0.55mg/L（气雾剂），> 1.2mg/L（粉剂）。2 年饲喂毒性研究，未见不良反应的剂量：大鼠和小鼠为 100mg/kg。禽类急性经口 LD_{50}：山齿鹑 776mg/kg，野鸭 > 2000mg/kg；LC_{50}（5d）：野鸭 > 5000，山齿鹑 808mg/kg。鱼类 LC_{50}（96h）：虹鳟鱼 2.14mg/L，大翻车鱼 3.54mg/L。水蚤 LC_{50}（48h）1.8～7mg/L。铜在淡水藻 EC_{50}（5d）6.52mg/L。蜜蜂：急性经口 LD_{50} > 104.4μg/只，接触 > 200μg/只。蠕虫 LC_{50}（14d）> 1000mg/kg 干土。

制剂 AE、DC、DS、EC、FS、LS、PA、SC、WP、WS。

应用 用于防治锈病、白粉病、黑星病、叶斑病，适用于花生、香蕉、叶菜、瓜类、豆类、茄果、观赏作物等。为广谱、内吸、渗透性杀菌剂，具有很好的保护、治疗和铲除作用。主要是抑制构成真菌膜所必需的成分麦角固醇，使受害真菌体内出现类固醇中间体的积累，而麦角固醇则逐渐下降并耗尽，从而干扰细胞膜的合成，使细胞变形、菌丝膨大、分枝畸形、生长受抑制。

合成路线

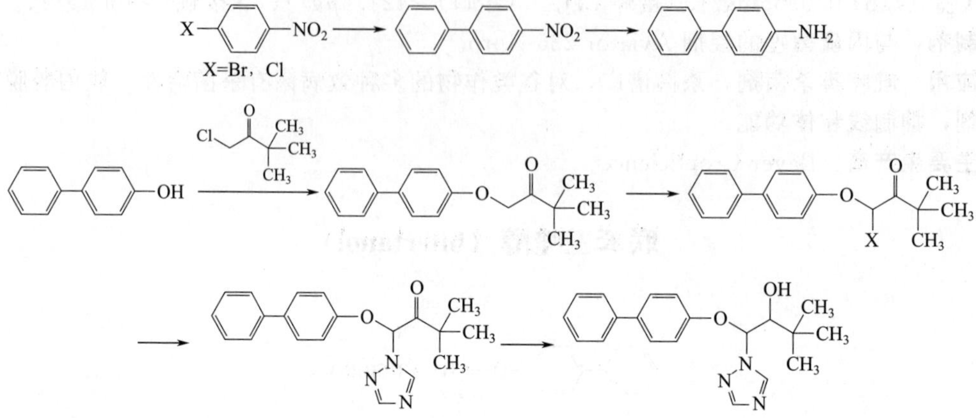

分析方法　采用 GC/HPLC 分析。

主要生产商　Bayer，江苏剑牌。

参考文献

[1] Brandes W, et al. Pflanz-Nachr Bayer (Engl Ed), 1979, 32: 1.
[2] DE 2324010.
[3] US 3952002.

链霉素 (streptomycin)

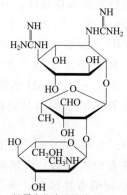

链霉素 $C_{21}H_{39}N_7O_{12}$, 581.6; 链霉素倍半硫酸盐 $C_{42}H_{84}N_{14}O_{36}S_3$, 1457.3; 3810-74-0

其他名称　农用硫酸链霉素

化学名称　O-2-去氧-2-甲氨基-α-L-吡喃葡萄糖基-(1→2)-O-5-去氧-3-C-甲酰基-α-L-来苏呋喃糖基(1→4)-N-3,N-3-二氨基-D-链霉胺；1,1-[1-L-(1,3,5/2,4,6)-4-[5-去氧-2-O-(2-去氧-2-甲氨基-α-L-吡喃葡萄糖基)-3-C-甲酰基 α-L-来苏呋喃糖基氧]-2,5,6-三羟基亚环己-1,3-基]二胍；O-2-deoxy-2-methylamino-α-L-glucopyranosyl-(1→2)-O-5-deoxy-3-C-formyl-α-L-lyxofuranosyl-(1→4)-N^1,N^3-diamidino-D-streptamine;1,1′-{1-D-(1,3,5/2,4,6)-4-[5-deoxy-2-O-(2-deoxy-2-methylamino-α-L-glucopyranosyl)-3-C-formyl-α-L-lyxofuranosyloxy]-2,5,6-trihydroxycyclohex-1,3-ylene}diguanidine

CAS 名称 N,N-[(1R,2R,3S,4R,5R,6S)-4-[[5-deoxy-2-O-[2-deoxy-2-(methylamino)-α-L-glucopyranosyl]-3-C-formyl-α-L-lyxofuranosyl]oxy]-2,5,6-trihydroxy-1,3-cyclohexanediyl]bisguanidine];formerly：O-2-deoxy-2-(methylamino)-α-L-glucopyranosyl-(1→2)-O-5-deoxy-3-C-formyl-α-L-lyxofuranosyl-(1→4)-N,N'-bis(aminoiminomethyl)-D-streptamine

理化性质 链霉素是从 *Streptomyces griseus* 发酵得到的,以倍半硫酸盐的形式分离出来,为灰白色粉末。溶解度：水>20g/L(pH 7,28℃);乙醇 0.9,甲醇>20,石油醚 0.02(g/L)。对光稳定,在浓酸碱下分解。

毒性 链霉素：小鼠急性经口 LD_{50}>10000mg/kg。急性经皮 LD_{50}：雄性小鼠 400mg/kg,雌性小鼠 325mg/kg。可能会引起过敏性皮肤反应。

链霉素倍半硫酸盐：急性经口 LD_{50}：大鼠 9000mg/kg,小鼠 9000mg/kg,仓鼠 400mg/kg。对禽类无毒。对鱼类轻微毒性。对蜜蜂无毒。

制剂 AF。

应用 链霉素为杀细菌剂。可有效地防治植物的细菌病害,例如苹果、梨火疫病;烟草野火病、蓝霉病;白菜软腐病;番茄细菌性斑腐病、晚疫病;马铃薯种薯腐烂病、黑胫病、黄瓜角斑病、霜霉病、菜豆霜霉病、细菌性疫病;芹菜细菌性疫病;芝麻细菌性叶斑病。

主要生产商 三农农用化工。

邻苯基苯酚钠 (sodium orthophenylphenoxide)

$C_{12}H_9NaO$,192.2,132-27-4

化学名称 邻苯基苯酚钠;sodium biphenyl-2-olate
CAS 名称 [1,1′-biphenyl]-2-ol sodium salt
应用 杀菌剂。

邻苯基酚 (2-phenylphenol)

$C_{12}H_{10}O$,170.2,90-43-7

由 R. G. Tomkins 报道了其杀菌活性。

其他名称 Deccosol
化学名称 联苯-2-醇;biphenyl-2-ol
CAS 名称 [1,1′-biphenyl]-2-ol
理化性质 无色至浅桃色晶体。熔点 57℃。沸点为 286℃。蒸气压 0.9kPa(140℃)。相对密度 1.217(25℃)。水中溶解度 0.7g/L(25℃);溶于大部分有机溶剂,包括乙醇、乙二醇、异丙醇、乙二醇乙醚和聚乙二醇。

毒性 雄大鼠急性经口 LD_{50} 2700mg/kg，小鼠 2000mg/kg。对皮肤有轻微刺激性。在 2 年饲喂试验中，大鼠达到 2g/kg 饲料，没有致病作用。对鱼有毒。

制剂 PI。

应用 邻苯基苯酚及其钠盐有广谱的杀菌除霉能力，而且低毒无味，是较好的防腐剂。可用于水果蔬菜的防霉保鲜，特别适用于柑橘类的防霉，也可用于处理柠檬、菠萝、瓜、果、梨、桃、番茄、黄瓜等，可使腐烂降到最低限度。英、美、加拿大等国被允许使用的水果范围更大，包括苹果等。邻苯基苯酚及其钠盐作为防腐杀菌剂还可用于化妆品、木材、皮革、纤维和纸张等。

分析方法 水果包装或是柑橘果皮中的残留用其衍生物的比色法、HPLC 或 GLC 测定。

参考文献

农药品种手册精编. 北京：化学工业出版社，2006.

邻碘酰苯胺（benodanil）

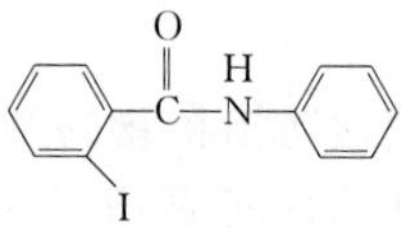

$C_{13}H_{10}INO$, 323.1, 15310-01-7

1973 年由 E. H. Pommer 等报道，BASF AG 开发。

其他名称 BAS 3170F，Calirus

化学名称 2-碘代苯甲酰苯胺；2-iodobenzanilide

CAS 名称 2-iodo-N-phenylbenzamide

理化性质 无色晶体，熔点 137℃，蒸气压＜0.010mPa（20℃）。Henry 常数＜$1.6×10^{-4}$ Pa·m³/mol（20℃，计算值）。溶解度（20℃）：水 20mg/L；丙酮 401，乙酸乙酯 120，乙醇 93，三氯甲烷 77（g/kg）。≤50℃稳定，pH 1 或 13 时不水解（20℃）。

毒性 大鼠和豚鼠急性经口 LD_{50}＞6400mg/kg。大鼠急性经皮 LD_{50}＞2000mg/kg。对皮肤和眼睛无刺激（兔）。NOEL（90d）大鼠＞100mg/kg 饲料。鳟鱼 LC_{50}（96h）6.4mg/L。对蜜蜂无毒。

制剂 WP。

应用 琥珀酸脱氢酶抑制剂（SDHI）。用于防治谷物、咖啡、蔬菜、观赏植物锈病。

分析方法 产品采用 HPLC 分析。

主要生产商 BASF。

邻酰胺（mebenil）

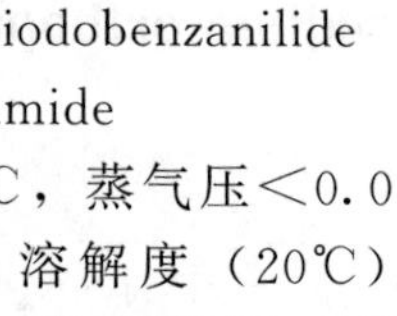

$C_{14}H_{13}NO$, 211.3, 7055-03-0

由 E-H. Pommer and J. Kradel 于 1969 年报道其杀菌活性，由 BASF AG 开发。

其他名称 苯菱灵，灭菱灵，BAS 305F，BAS 3050F，BAS 3053F

化学名称 邻甲基苯酰替苯胺；o-toluanilide

CAS 名称 2-methyl-N-phenylbenzamide

理化性质 纯品为结晶固体。熔点 125℃，蒸气压 4.4×10^3 mPa（20℃）。溶于大多数有机溶剂中，如丙酮、二甲基甲酰胺、二甲基亚砜、乙醇、甲醇；难溶于水。对酸、碱、热均较稳定。

毒性 大鼠急性经口 LD_{50} 为 6000mg/kg；对皮肤无明显刺激。

制剂 ZC，WP。

应用 对担子菌纲有抑制效果，特别是对谷物锈病、马铃薯立枯病、小麦菌核性根腐病及丝核菌引起的其他根部病害均有防治效果。还能用于防治水稻纹枯病。

硫黄（sulfur）

S

S_x, $(32.1)x$, 7704-34-9

其他名称 磺黄粉，Cabritol，Cosan，Kumulus，Lainzufre，Sulfex，Sulphotox，Sulphy，That，Thiovit，Actiol，Agri-Sul，Bago de Ouro，Balwan，Bensul，Bull，Cabridust，Cosavet，Protex，Sulphur Mills，Zagro，Crittovit，Dhanusul，Elosal，Fluidosoufre，Golclair，Gold，Golden Dew，Highcrop，Insuf，Kénkol，Kolodust，UAP，Kolospray，UAP，Kolthior，Krisulf，Luqsazufre，Micronite，Micro Sulf，Microthiol，Microthiol Special，Mitex，Necator，Share，Sofreval，Solfa Soufrugec，Sphere，Zagro，Stulln，Suffa，Efal，Sulfapron，Sulfil，Sulflox，Sulfolac，Sulfostar，Sumpor，Super-Sul，Thiolux，Tiolene，Tiosol，Uni-Shield，Ventiflor，Wettasul

化学名称 硫

理化性质 黄色粉末，以多种同素异形体形式存在。熔点 114.5℃（菱形 112℃，单斜晶 119℃），沸点 444.6℃，蒸气压 9.8×10^{-2} mPa（20℃），K_{ow} lg$P$ 5.68（pH 7），Henry 常数 0.05Pa·m³/mol，相对密度 2.07（菱形）。溶解度：水 0.063g/m³（pH 7，20℃）；晶体溶于二硫化碳，非晶体不溶；微溶于乙醚和石油醚，易溶于热苯和丙酮。稳定性：常温下菱形硫稳定，在强碱中可形成硫化物，94～119℃形成同素异形体。

毒性 大鼠急性经口 LD_{50}＞5000mg/kg。大鼠急性经皮 LD_{50}＞2000mg/kg，对皮肤和黏膜有刺激作用。大鼠吸入 LD_{50}（4h）＞5430mg/m³。对人和动物几乎无毒。山齿鹑急性经口 LC_{50}（8d）＞5000mg/L。对鱼无毒。水蚤 LC_{50}（48h，static）＞665mg/L。藻类 Ankistrodesmus bibraianus EC_{50}（72h）＞232mg/L。对蜜蜂无毒。蚯蚓 LC_{50}（14d）＞1600mg/L。

制剂 DP，SC，WG。

应用 硫黄有杀虫、杀螨和杀菌作用。它对白粉菌科真菌孢子具有选择性，因此，多年来用作该科病害的保护性杀菌剂；同时，它对螨类也有选择毒性，因此也可以用于杀螨。其杀菌机制是作用于氧化还原体系细胞色素 b 和 c 之间电子传递过程，夺取电子，干扰正常的氧化-还原。其杀虫杀菌效力与粉粒大小有着密切关系，粉粒越细，杀菌效力越大；但粉粒过细，容易聚结成团，不能很好分散，因而也影响喷粉质量和效力。除了某些对硫敏感的作物外，一般无植物药害。在温室气化用于防治白粉病时，应避免燃烧生成对植物有毒的二氧化硫。DP：主要用于防治小麦锈病、白粉病，花生黑涩病、褐斑病，葡萄、黄瓜白粉病，苹果白粉病、黑星病等。但对小麦锈病的效力不如石硫合剂。此外，还可防治马铃薯叶跳虫、蟓象、蓟马、介壳虫和螨类等。不宜与硫酸铜等金属盐药剂混用。对黄瓜、大豆、马铃薯、桃、李、梨、葡萄敏感，使用时应适当降低浓度及使用次数。

主要生产商 Mobedco，Bayer CropScience，BASF，Lainco，Excel Crop Care，Aimco，Heranba，Stoller，Syngenta，Phyteurop，Sapec，Gujarat Pesticides，Wilbur-Ellis，Doğal，Agrochem，Efthymiadis，Siapa，Dhanuka，Cerexagri，DuPont，Devidayal，Wilbur-Ellis，Iharabras，United Phosphorus，Agroterm，Loveland，双吉化工，三峡农药厂，山东科大创业生物。

硫菌灵（thiophanate）

$C_{14}H_{18}N_4O_4S_2$，370.5，23564-06-9

1969 年由日本曹达公司推广应用。

其他名称 托布津，Topsin，Cercobin，Nemafax，NF35

化学名称 1,2-二(3-乙氧羰基-2-硫代脲基)苯；二乙基-4,4′-(邻亚苯基)双(3-硫代脲基甲酸酯)；1,2-di-(3-ethoxycarbonyl-2-thioureido)benzene；diethyl 4,4′-(o-phenylene)bis(3-thioallophanate)

CAS 名称 diethyl N,N'-[1,2-phenylenebis(iminocarbonothioyl)]bis[carbamate]

理化性质 硫菌灵是结晶固体，熔点 195℃（同时分解）。几乎不溶于水，微溶于有机溶剂。遇碱性水溶液形成不稳定的盐，与两价铜离子形成络合物。

毒性 大鼠急性经口 $LD_{50}>15000$ mg/kg，大鼠急性经皮 $LD_{50}>15000$ mg/kg。大鼠和小鼠 2 年饲喂试验未见有毒副作用。鱼毒性 LC_{50}（48h）：鲤鱼 20mg（a.i.)/L。

制剂 WP。

应用 广谱内吸性杀菌剂。可有效地防治苹果和梨的黑星病、白粉病以及各种作物上的花腐病和菌核病。

参考文献
DE 9930540．

硫菌威（prothiocarb）

$C_8H_{18}N_2OS$，190.3；盐酸盐 $C_8H_{19}ClN_2OS$，226.8；19622-08-3

由 M. G. Bastiaansen 等报道，其盐酸盐由 Schering AG 引入市场。

其他名称　SN 41 703，Dynone，Previcur

化学名称　S-乙基(3-二甲基氨基丙基)硫代氨基甲酸酯；S-ethyl(3-dimethylaminopropyl)thiocarbamate

CAS 名称　S-ethyl[3-(dimethylamino)propyl]carbamothioate

理化性质　原药含量 95％。硫菌威盐酸盐纯品具有吸湿性，为无色无臭结晶固体（原药有强烈臭味）。熔点 120～121℃（盐酸盐），蒸气压 0.0019mPa（25℃，盐酸盐）。盐酸盐 Henry 常数：4×10^{-10}Pa·m^3/mol（计算值）。盐酸盐：水中溶解度 890g/L（23℃）；苯、己烷<0.15，三氯甲烷 100，甲醇 680（g/L，23℃）。

毒性　盐酸盐：大鼠急性经口 LD_{50} 1300mg/kg，小鼠 660～1200mg/kg。制剂对大鼠急性经皮 LD_{50}>1470，兔>980［mg(a.i.)/kg］，大鼠（90d）无作用剂量 0.5mg/kg（饲料），狗 1.8mg/kg（饲料）。

制剂　SL。

应用　内吸性杀菌剂，通过根吸收，传导至植物气生组织。硫菌威盐酸盐可作为土壤处理剂，防治疫霉属和腐霉属病害，主要用于观赏作物作为保护性杀菌剂。

参考文献

DE 1567169.

硫氯苯亚胺（thiochlorfenphim）

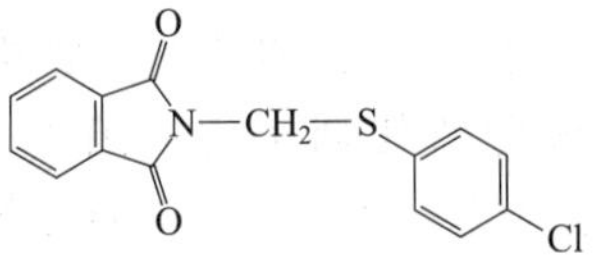

$C_{15}H_{10}ClNO_2S$，303.5，19738-58-6

化学名称　N-(4-氯苯基硫代甲基)苯二甲酰亚胺；N-(4-chlorophenylthiomethyl)phthalimide

CAS 名称　N-(4-chlorophenylthiomethyl)phthalimide

理化性质　熔点 102℃。

毒性　对植物和哺乳动物毒性很低。

应用　本品可用于防治苹果、黄瓜和蔷薇白粉病。

参考文献

[1]　GB 1113370.
[2]　DE 1944700.

硫氰苯甲酰胺（tioxymid）

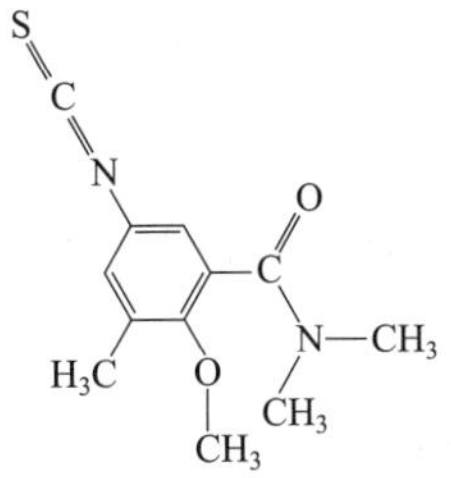

$C_{12}H_{14}N_2O_2S$，250.3，70751-94-9

化学名称 5-异硫氰基-2-甲氧基-$N,N,3$-三甲基苯甲酰胺；5-isothiocyanato-2-methoxy-$N,N,3$-trimethylbenzamide

CAS 名称 5-isothiocyanato-2-methoxy-$N,N,3$-trimethylbenzamide

应用 杀菌剂。

硫酸铜（copper sulfate）

$$CuSO_4 \cdot 5H_2O$$

$CuH_{10}O_9S$，249.7，7758-99-8

其他名称 蓝矾，胆矾，五水硫酸铜，Ebenso，Triangle，Vitrol，Sulfacop，blue vitriol，copper vitriol，blue stone，blue copperas，copper sulphate，cupric sulphate

化学名称 硫酸铜；copper sulfate

CAS 名称 copper(2+) sulfate(1∶1)

理化性质 本品为蓝色结晶，含杂质多时呈黄色或绿色，无气味。熔点147℃（脱水），相对密度 2.286（15℃）。在水中的溶解度（g/kg）：148（0℃），230.5（25℃），335（50℃），736（100℃）；在甲醇中的溶解度为156g/L（18 ℃），不溶于大多数其他溶剂。硫酸铜结晶在空气中缓慢风化。本品对铁有很强的腐蚀性。

毒性 大鼠急性经口 LD_{50} 难以确定，因为进食会导致恶心。可造成严重的皮肤刺激。大鼠吸入 LC_{50} 为 1.48mg/kg。饲喂试验，大鼠接受 500mg 饲料/kg 体重会造成体重下降，接受 1000mg 饲料/kg 体重会造成肝脏、肾脏和其他器官损害。由于其鱼毒性高，应用受到一定的限制。对鸟类毒性较低，最低致死剂量为：鸽子 1000mg/kg，鸭 600mg/kg。水蚤 EC_{50}（14d）：2.3mg/L；无抑制浓度为 0.10mg/L。对蜜蜂有毒。

制剂 SC。

应用 用于种子处理以防治小麦腥黑穗病和马铃薯晚疫病。硫酸铜具有较高的杀菌活性，并能抑制孢子的萌发，由于它的毒性高，使用时要特别注意。目前，硫酸铜主要用来制备波尔多液。另外可用作水稻田除藻剂。

分析方法 产品采用碘滴定法分析或转化为硫酸盐后采用电解法分析。

主要生产商 铜业集团（贵溪）新材料，莱芜钢铁集团新泰铜业，沈阳丰收，青岛奥迪斯，四川国光，天津市津绿宝。

参考文献
CIPAC Handbook，1992，E：42.

六氯苯（hexachlorobenzene）

C_6Cl_6，284.8，118-74-1

其他名称 HCB

化学名称 六氯苯；hexachlorobenzene

CAS 名称 hexachlorobenzene

理化性质　纯品为无色晶体，熔点226℃，沸点323～326℃，蒸气压1.45mPa（20℃），相对密度2.044（25℃）。几乎不溶于水，溶于热苯、氯仿、二硫化碳、乙醚，微溶于四氯化碳，几乎不溶于冷醇中。极稳定，酸碱环境中稳定。

毒性　急性经口 LD_{50}：大鼠10000mg/kg，豚鼠＞3000mg/kg。有轻微的皮肤刺激。NOAEL：大鼠0.08mg/kg。对蜜蜂无毒。

应用　选择性有机氯抗真菌剂。

六氯丁二烯（hexachlorobutadiene）

C_4Cl_6，260.8，87-68-3

化学名称　全氯丁-1,3-二烯；perchlorobuta-1,3-diene
CAS名称　1,1,2,3,4,4-hexachloro-1,3-butadiene
应用　杀菌剂。

六氯酚（hexachlorophene）

$C_{13}H_6Cl_6O_2$，406.9，70-30-04

日本农药公司开发。

其他名称　亚甲基三氯酚，毒菌酚
化学名称　2,2'-亚甲双(3,4,6-三氯苯酚)；2,2'-methylenebis(3,4,6-trichlorophenol)
CAS名称　2,2'-methylenebis(3,4,6-trichlorophenol)
理化性质　白色结晶，熔点164～165℃。不溶于水，其钠盐易溶于水；可溶于多数有机溶剂、稀碱和若干植物油中。
毒性　急性经口 LD_{50}：大鼠60mg/kg，小鼠67mg/kg。腹腔注射致死最低量：小鼠10mg/kg，豚鼠25mg/kg。
应用　杀菌剂和消毒剂。

咯菌腈（fludioxonil）

$C_{12}H_6F_2N_2O_2$，248.2，131341-86-1

由原 Ciba-Geigy AG（现 Syngenta AG）开发的吡咯类杀菌剂。1993 年作为种子处理剂推出。

其他名称 氟咯菌腈，适乐时，CGA173506，Saphire，Celest

化学名称 4-(2,2-二氟-1,3-苯并二氧戊环-4-基)吡咯-3-腈；4-(2,2-difluoro-1,3-benzodioxol-4-yl)pyrrole-3-carbonitrile

CAS 名称 4-(2,2-difluoro-1,3-benzodioxol-4-yl)-1H-pyrrole-3-carbonitrile

理化性质 浅黄色晶体。熔点 199.8℃，蒸气压 3.9×10^{-4} mPa（25℃），K_{ow} lg$P$ 4.12（25℃），Henry 常数 5.4×10^{-5} Pa·m³/mol（计算值），相对密度 1.54（20℃）。溶解度：水 1.8mg/L（25℃）；丙酮 190，乙醇 44，甲苯 2.7，正辛醇 20，正己烷 0.01（g/L，25℃）。25℃、pH 5～9 条件下不易发生水解。pK_{a_1}＜0，pK_{a_2} 14.1。

毒性 大鼠和小鼠急性经口 LD_{50}＞5000mg/kg。大鼠急性经皮 LD_{50}＞2000mg/kg，对兔眼睛和皮肤无刺激性。大鼠吸入毒性 LC_{50}（4h）＞2600mg/m³。饲喂无作用剂量：(2 年) 大鼠 40mg/(kg·d)，(1.5 年) 小鼠 112mg/(kg·d)，(1 年) 狗 3.3mg/(kg·d)。野鸭和山齿鹑急性经口 LD_{50}＞2000mg/kg，野鸭和山齿鹑 LC_{50}＞5200mg/L。鱼类 LC_{50}（96h，mg/L）：大翻车鱼 0.74，鲶鱼 0.63，鲤鱼 1.5，虹鳟鱼 0.23。水蚤 LC_{50}（48h）0.40mg/L。海藻 EC_{50}（72h）0.93mg/L。对蜜蜂无毒，LD_{50}（48h，经口和接触）＞100μg/只。蚯蚓 LC_{50}（14d）＞1000mg/kg 土壤。

制剂 DS，FS，SC，WG，WP。

应用 信号传导中的蛋白激酶细胞分裂抑制剂。非内吸性杀菌剂，残效期长。植物组织吸收后，治疗活性受到限制。主要是抑制孢子的萌发、芽管的伸长和菌丝的生长。作为种子处理剂：主要用于谷物和非谷物类作物防治种传和土传病害，如链格孢属、壳二孢属、曲霉属、镰孢菌属、长蠕孢属、丝核菌属及青霉属真菌引起的病害。作为叶面喷洒杀菌剂，可用于葡萄、核果、浆果、蔬菜和观赏植物防治雪腐镰孢菌、小麦网腥黑腐菌、立枯病菌等引起的病害，对灰霉病有特效。

合成路线

分析方法 采用 HPLC/UV 方法。

主要生产商 Syngenta。

参考文献

[1] US 4705800.
[2] EP 378046.
[3] EP 505742.

咯喹酮 (pyroquilon)

$C_{11}H_{11}NO$，173.2，57369-32-1

由 F. J. Schwinn 等报道，由 Ciba-Geigy（现 Syngenta AG）作为农用杀菌剂开发，1987 年首次上市。

其他名称　CGA 49 104，Coratop，Fongarene

化学名称　1,2,5,6-四氢吡咯并[3,2,1-ij]喹啉-4-酮；1,2,5,6-tetrahydropyrrolo[3,2,1-ij]quinolin-4-one

CAS 名称　1,2,5,6-tetrahydro-4H-pyrrolo[3,2,1-ij]quinolin-4-one

理化性质　纯品为白色结晶状固体。熔点 112℃，蒸气压 0.16mPa（20℃），$K_{ow} \lg P$ 1.57。Henry 常数 6.93×10^{-6} Pa·m^3/mol。相对密度 1.29（20℃）。水中溶解度：4g/L（20℃）；有机溶剂中溶角度（g/L，20℃）：丙酮 125，苯 200，二氯甲烷 580，异丙醇 85，甲醇 240。对水解稳定，320℃高温下也能稳定存在。在泥土中半衰期为 2 周，在沙地中半衰期为 18 周。流动性小，水中光解半衰期为 10d。

毒性　大鼠急性经口 LD$_{50}$ 321mg/kg，小鼠 581mg/kg。大鼠急性经皮 LD$_{50}$ >3100mg/kg；对兔皮肤无刺激性，对兔眼睛有轻微刺激性；对豚鼠皮肤无致敏性。大鼠吸入 LC$_{50}$（4h）>5100mg/m^3。无作用剂量：（2 年）大鼠 22.5mg/(kg·d)，小鼠 1.5mg/(kg·d)；狗（1 年）60.5mg/(kg·d)。无致畸、致突变、致癌作用，对繁殖无影响。日本鹌鹑 LD$_{50}$（8d）794mg/kg，鸡 431mg/kg。鲶鱼 LC$_{50}$（96h）21mg/L，虹鳟 13mg/L，鲈鱼 21mg/L，孔雀鱼 30mg/L。水蚤 LC$_{50}$（48h）60mg/L。对蜜蜂几乎无毒，LD$_{50}$：（经口）>20μg/只；（接触）>1000μg/只。

制剂　GR，WP。

应用　黑色素生物合成抑制剂（还原 1,3,8-三羟基萘）。内吸性杀菌剂。作为内吸性杀菌剂能有效预防水稻稻瘟病；作为叶面喷雾或种子处理施用。

合成路线

分析方法　产品用 GLC 分析。

主要生产商　Syngenta。

参考文献

GB 1394373.

氯苯吡啶（parinol）

C$_{18}$H$_{13}$Cl$_2$NO，330.2，17781-31-6

由 Eli Lilly Co 开发的品种。

其他名称　帕里醇，Parnon，EL-241

化学名称　双(4-氯苯基)-3-吡啶甲醇；bis(4-chlorophenyl)-3-pyridylmethanol

CAS 名称　α,α-bis(4-chlorophenyl)-3-pyridinemethanol

理化性质　淡黄色结晶固体，熔点 169～170℃。

毒性　大鼠急性经口中毒 LD_{50} 5000mg/kg。

应用　用于防治豆类、坐果前的苹果树和葡萄藤，以及玫瑰花和百日草上的白粉病。

分析方法　产品用 GC 分析。

参考文献

US 3396224.

氯苯咪菌酮（isovaledione）

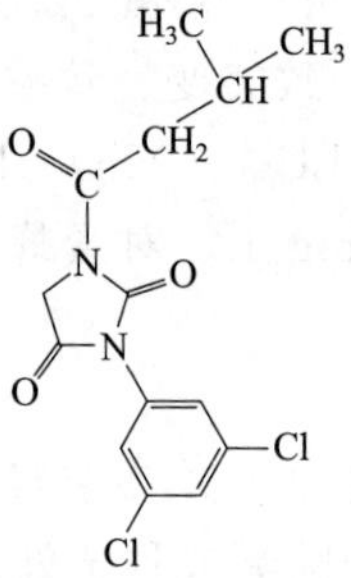

$C_{14}H_{14}Cl_2N_2O_3$，329.2，70017-93-5

由 Sumitomo Chemical Co., Ltd. 开发。

其他名称　S-9373

化学名称　3-(3,5-二氯苯基)-1-异戊酰基乙内酰脲；3-(3,5-dichlorophenyl)-1-isovalerylhydantoin

CAS 名称　3-(3,5-dichlorophenyl)-1-(3-methyl-1-oxobutyl)-2,4-imidazolidinedione

应用　杀菌剂。

氯苯嘧啶醇（fenarimol）

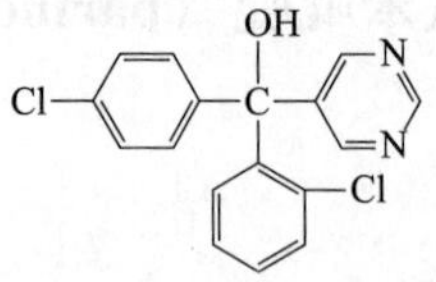

$C_{17}H_{12}Cl_2N_2O$，331.2，60168-88-9

1977 年由 Eli Lilly & Co.（现 Dow AgroSciences）开发，2002 年出售给 Margarita Internacional。

其他名称　乐必耕，EL-222，Rubigan，dode，Rimid，Fenzol

化学名称　(±)-2,4'-二氯-α-(嘧啶-5-基)-二苯甲基醇；(±)-2,4'-dichloro-α-(pyrimidin-5-yl)benzhydryl alcohol

CAS 名称 (±)-α-(2-chlorophenyl)-α-(4-chlorophenyl)-5-pyrimidinemethanol

理化性质 原药纯度 98%。纯品为白色结晶状固体，熔点 117~119℃。蒸气压 0.065mPa（25℃），$K_{ow}\lg P$ 3.69（pH 7，25℃），Henry 常数 1.57×10^{-3} Pa·m³/mol。相对密度 1.40。水中溶解度 13.7mg/L（pH 7，25℃）。有机溶剂中溶解度（g/L，20℃）：丙酮 151，甲醇 98.0，二甲苯 33.3；易溶于大多数有机溶剂中，但仅微溶于己烷。阳光下迅速分解，水溶液中 DT_{50} 12h。大于或等于 52℃（pH 3~9）时水解稳定。

毒性 急性经口 LD_{50}（mg/kg）：大鼠 2500，小鼠 4500，狗>200。兔急性经皮 LD_{50}>2000mg/kg，对兔眼睛有轻微刺激性，对皮肤无刺激性。吸入毒性：大鼠暴露在含原药 2.04mg/L 的空气中 1h 未见不良反应。2 年饲喂毒性试验，大鼠的无作用剂量 25mg/kg，小鼠的无作用剂量 600mg/kg。山齿鹑急性经口 LD_{50}>2000mg/kg。鱼类 LC_{50}（96h）：虹鳟鱼 4.1mg/L，大翻车鱼 5.7mg/L。水蚤 EC_{50}（48h）0.82mg/L，无作用剂量 0.30mg/L。蜜蜂 LD_{50}（48h）：经口>10μg/只，接触>100μg/只。对蚯蚓无毒性。

制剂 EC，SC，WP。

应用 氯苯嘧啶醇是一种用于叶面喷洒的具有预防、治疗作用的杀菌剂，通过干扰病原菌类固醇及麦角固醇的形成，从而影响正常生长发育。氯苯嘧啶醇不能抑制病原菌的萌发，但是能抑制病原菌菌丝的生长、发育，致使不能浸染植物组织。氯苯嘧啶醇可以防治苹果白粉病、梨黑星病等多种病害，并可以与一些杀菌剂、杀虫剂、生长调节剂混合使用。用于果树（如石榴、核果、板栗、梨、苹果、梅、芒果等），以及葡萄、草莓、葫芦、茄子、辣椒、番茄、甜菜、花生、玫瑰和其他园艺作物等防治白粉病、黑星病、炭疽病、黑斑病、褐斑病、锈病、轮纹病等多种病害。

合成路线

分析方法 可用 GC/HPLC 进行分析。

主要生产商 Margarita，Rigby Taylor，Gowan。

参考文献

GB 1218623.

氯吡呋醚（pyroxyfur）

$C_{11}H_7Cl_4NO_2$，327.0，70166-48-2

1981 年由 Dow Chemical Co.（现 Dow Elanco）开发。

其他名称 Dowco 444，Grandstand

化学名称 6-氯-4-三氯甲基-2-吡啶基呋喃甲基醚；6-chloro-4-trichloromethyl-2-pyridyl furfuryl ether

CAS 名称 2-chloro-6-(2-furanylmethoxy)-4-(trichloromethyl)pyridine

毒性　LD_{50} 2000mg/kg。
制剂　EC。
应用　杀菌剂。

氯啶菌酯（triclopyricarb）

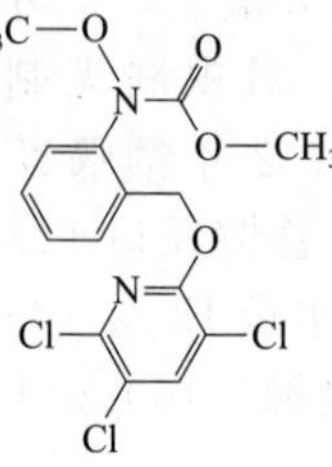

$C_{15}H_{13}Cl_3N_2O_4$，391.6，902760-40-1

2004年由沈阳化工研究院开发的甲氧亚氨基乙酰胺类杀菌剂。

其他名称　SYP-7017，tricyclopyricarb

化学名称　N-甲氧基-2-(3,5,6-三氯-2-吡啶氧基甲基)苯氨基甲酸甲酯；methyl N-methoxy-2-(3,5,6-trichloro-2-pyridyloxymethyl)carbanilate

CAS名称　methyl N-methoxy-N-[2-[[(3,5,6-trichloro-2-pyridinyl)oxy]methyl]phenyl]carbamate

理化性质　原药（>95%）为灰白色无味粉末，熔点94～96℃，酸度<0.04%（以硫酸计）。辛醇/水 K_{ow} lg$P$ 3.99（25℃）。溶解度（20℃）：甲醇13g/L，甲苯310g/L，易溶于丙酮、乙酸乙酯、二甲基甲酰胺、氯仿等有机溶剂；几乎不溶于水。

毒性　大鼠急性经口 LD_{50}（雄、雌）：5840mg/kg，低毒级。大鼠急性经皮 LD_{50}（雌、雄）：>2150mg/kg，低毒级；对兔眼有轻度刺激性，对兔皮肤有轻度刺激性。Ames试验：阴性；小鼠嗜多染红细胞微核试验：阴性；小鼠染色体畸变试验：阴性；豚鼠皮肤致敏试验：弱致敏。

应用　对玉米小斑病、稻瘟病、稻曲病、水稻纹枯病、小麦根腐病、番茄灰霉病、油菜菌核病、荔枝霜疫霉病等都表现了较好的抑制活性。

合成路线

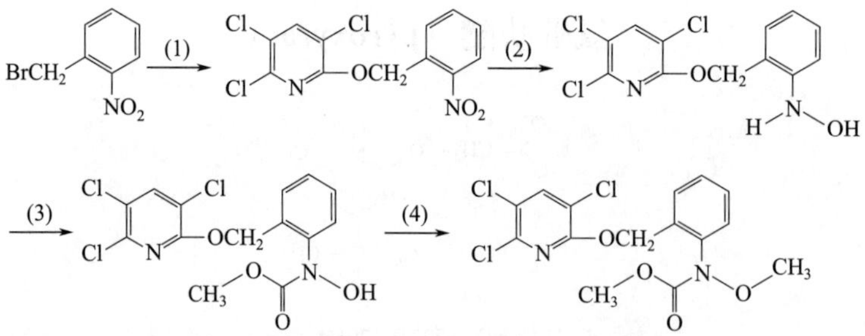

主要生产商　宝灵化工。

参考文献

[1] GB 2004540.
[2] DE 2837819.
[3] US 4200632.

氯咪巴唑（climbazole）

$C_{15}H_{17}ClN_2O_2$，292.8，38083-17-9

由 Bayer AG 推出。

其他名称　BAY MEB 6401

化学名称　1-(4-氯代苯氧基)-1-(咪唑-1-基)-3,3-二甲基丁酮；1-(4-chlorophenoxy)-1-(imidazol-1-yl)-3,3-dimethylbutanone

CAS 名称　1-(4-chlorophenoxy)-1-(1H-imidazol-1-yl)-3,3-dimethyl-2-butanone

理化性质　无色晶体，熔点 95.5℃，蒸气压 1.0mPa（外推至 50℃）。溶解度：水 5.5mg/L（20℃）；环己酮 400～600g/kg，异丙醇 100～200g/kg（20℃）。

毒性　雄大鼠急性经口 LD_{50} 400mg/kg。

应用　用于防治室内曲霉属（*Aspergillus*）、念珠菌属（*Candida*）、拟青霉属（*Paecilomyces*）和青霉菌属（*Penicillium* spp.）真菌。属类固醇脱甲基酶抑制剂。

分析方法　产品分析采用 GLC。

主要生产商　Bayer。

参考文献

BE 2600800.

氯瘟磷（phosdiphen）

$C_{14}H_{11}Cl_4O_4P$，416.0，36519-00-3

由 M. hamada 等报道，由 Hokko Chemical Industry Co.，Ltd 和 Mitsui Toatsu Chemicals Inc.（后来 Mitsui Chemicals Inc.）开发。

其他名称　MTO-460

化学名称　双(2,4-二氯苯基)乙基磷酸酯；bis(2,4-dichlorophenyl) ethyl phosphate

CAS 名称　bis(2,4-dichlorophenyl) ethyl phosphate

理化性质　原药浅黄色液体。蒸气压 66mPa（20℃）（原药）。Henry 常数 39.2Pa·m³/mol（计算值）。相对密度 1.405（25℃，原药）。水中溶解度 0.7mg/L（20℃）；溶于正己烷、丙酮和二甲苯。酸性环境下稳定，但是碱性环境下不稳定。水解 DT_{50}（25℃）：7d（pH 7），4d（pH 9）。热稳定达到 200℃。

毒性　雄大鼠急性经口 LD_{50} 6200mg/kg，雌大鼠 5300mg/kg。大鼠急性经皮 LD_{50}＞5000mg/kg，小鼠 9000～9600mg/kg，原药处理 24h 对兔皮肤和眼睛无刺激性。大鼠和小鼠（90d）无作用剂量 200mg/kg 饲料；大鼠和小鼠（2 年）30mg/kg 饲料。无致畸、致癌、致突变作用。鲤鱼 LC$_{50}$ （48h）1.7mg/L。
制剂 EC。
应用 防治水稻稻瘟病。
分析方法 产品分析采用 GLC。
参考文献
JP 634549（Hokko）.

氯硝胺（dicloran）

$C_6H_4Cl_2N_2O_2$，207.0，99-30-9

1960 年由 N. G. Clark 等报道。由 Boots Co.，Ltd（现 Bayer AG，已不再生产、销售该品种）研发。1993 年 Gowan Co. 引入市场。
其他名称 RD 6584，U-2069，SN 107682，Allisan，Botran，Dicloroc，DCNA，ditranil
化学名称 2,6-二氯-4-硝基苯胺；2,6-dichloro-4-nitroaniline
CAS 名称 2,6-dichloro-4-nitrobenzenamine
理化性质 纯品为黄色结晶固体。熔点 195℃。蒸气压 0.16mPa（20℃），0.26mPa（25℃）。K_{ow}lg$P$ 2.8（25℃）。Henry 常数 8.4×10^{-3}Pa·m^3/mol（计算值）。相对密度 0.28（堆积）。水中溶解度：6.3mg/L（20℃）；有机溶剂中溶解度（g/L，20℃）：丙酮 34，二氧六环 40，氯仿 12，乙酸乙酯 19，苯 4.6，二甲苯 3.6，环己烷 0.06。
毒性 急性经口 LD$_{50}$（mg/kg）：大鼠 4040，小鼠 1500～2500。急性经皮 LD$_{50}$（mg/kg）：兔＞2000，小鼠＞5000。大鼠急性吸入 LC$_{50}$（1h）＞21.6mg/L。2 年饲喂试验无作用剂量［mg/(kg·d)］：大鼠 1000，小鼠 175，狗 100。急性经口 LD$_{50}$（mg/kg）：山齿鹑 900，野鸭＞2000。饲喂 LC$_{50}$（5d，mg/kg）：山齿鹑 1435，野鸭 5960。鱼毒 LC$_{50}$（96h，mg/L）：虹鳟鱼 1.6，大翻车鱼 37，金鱼 32。水蚤 LC$_{50}$（48h）2.07mg/L。蜜蜂 LC$_{50}$（48h）0.18mg/只（接触）。蚯蚓 LC$_{50}$（14d）885mg/kg 土壤。
制剂 DP，SC，WP。
应用 脂质过氧化剂。主要用于防治果树、蔬菜、观赏植物及大田作物的各种灰霉病、软腐病、菌核病等。
分析方法 采用 GLC。
主要生产商 Kuo Ching, Laboratorios Agrochem, Luosen。
参考文献
GB 845916.

螺环菌胺（spiroxamine）

$C_{18}H_{35}NO_2$，297.5，118134-30-8

由 Bayer CropScience 公司开发成功的取代胺类杀菌剂。

其他名称　KWG 4168，Impulse，Prosper，Pronto

化学名称　8-叔丁基-1,4-二氧螺[4.5]癸烷-2-基甲基(乙基)(丙基)胺；8-*tert*-butyl-1,4-dioxaspiro[4.5]decan-2-ylmethyl(ethyl)(propyl)amine

CAS 名称　8-(1,1-dimethylethyl)-*N*-ethyl-*N*-propyl-1,4-dioxaspiro[4.5]decane-2-methanamine

理化性质　螺环菌胺是异构体 A (49%~56%) 和 B (51%~44%) 组成的混合物。TC 为棕色液体。纯品为淡黄色液体，熔点<-170℃，沸点 120℃（分解）。蒸气压：A (20℃) 9.7mPa，B (25℃) 1.7mPa。$K_{ow}\lg P$ 2.79 (A)，2.92 (B)。Henry 常数 (mPa·m³/mol，20℃，计算值)：2.5 (A)，5.0 (B)。相对密度 0.930 (20℃)。水中溶解度 (20℃，mg/L)：A 和 B 混合物>2×10^5 (pH 3)；A 470 (pH 7)，A 14 (pH 9)；B 340 (pH 7)，B 10 (pH 9)。对光稳定性 DT_{50} 50.5 d (25℃)。pK_a 6.9，闪点 147℃。

毒性　大鼠急性经口 LD_{50} (mg/kg)：雄大约 595，雌 550~560。大鼠急性经皮 LD_{50} (mg/kg)：雄>1600，雌大约 1068；对兔眼睛无刺激，对兔皮肤有严重的刺激。大鼠吸入 LC_{50} (4h) (mg/m³)：雄大约 2772，雌大约 1982。NOEL 值 (mg/kg 饲喂)：大鼠 (2 年) 70，小鼠 (2 年) 160，狗 (1 年) 75。ADI 值 0.025mg/kg。无致畸作用，对遗传无影响。山齿鹑急性经口 LD_{50} 565mg/kg。虹鳟 LC_{50} (96h) 18.5mg/L。对蜜蜂无害，LD_{50} (48h)：>100μg/只 (经口)，4.2μg/只 (接触)。蚯蚓 LC_{50} (14d)>1000μg/kg 干土。

制剂　EC，EW。

应用　类固醇生物合成抑制剂，主要抑制 C_{14} 脱甲基化酶的合成。防治小麦白粉病和各种锈病；大麦云纹病和条纹病。螺环菌胺是一种新型、内吸性的叶面杀菌剂，对白粉病特别有效。作用速度快且持效期长，兼具保护和治疗作用。既可以单独使用，又可以和其他杀菌剂混配以扩大杀菌谱。

合成路线

主要生产商　Bayer CropScience。

参考文献

[1]　Proc Br Crop Prot Conf—Pests Dis，1996，1：47.

[2]　DE 3735555.

吗菌威 （carbamorph）

$C_8H_{16}N_2OS_2$，220.4，31848-11-0

化学名称　吗啉基甲基二甲基二硫代氨基甲酸酯；morpholinomethyl dimethyldithiocarbamate

CAS 名称　4-morpholinylmethyl *N*,*N*-dimethylcarbamodithioate

应用　吗啉类杀菌剂。

麦穗宁（fuberidazole）

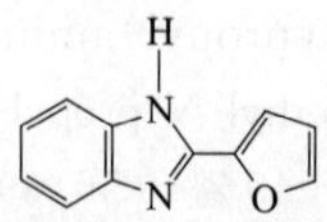

$C_{11}H_8N_2O$，184.2，3878-19-1

由 Bayer AG 开发生产的一种苯并咪唑类内吸性杀菌剂。

其他名称　Bayer 33172，W VII/117，furidazol，furidazole

化学名称　2-(2-呋喃基)苯并咪唑；2-(2-furyl)benzimidazole

CAS 名称　2-(2-furanyl)-1H-benzimidazole

理化性质　纯品为浅棕色无味结晶状固体，熔点 292℃（分解）。蒸气压 9×10^{-4} mPa（20℃），2×10^{-3} mPa（25℃）。K_{ow}lg$P$ 2.67（22℃），Henry 常数 2×10^{-6} Pa·m³/mol（20℃）。溶解度（g/L，20℃）：水中 0.22（pH4），0.07（pH7）；1,2-二氯乙烷 6.6，甲苯 0.35，异丙醇 31。

毒性　急性经口 LD_{50}（mg/kg）：大鼠约 336，小鼠约 650。大鼠急性经皮 LD_{50} > 2000mg/kg；对兔眼睛和皮肤无刺激，对豚鼠皮肤无刺激。大鼠急性吸入 LC_{50}（4h）> 0.3mg/kg。2 年饲喂试验无作用剂量 [mg/(kg·d)]：雄大鼠 80，雌大鼠 400，狗 20，小鼠 100。日本鹌鹑急性经口 LD_{50} > 2250mg/kg，日本鹌鹑 LC_{50}（5d）> 5620mg/kg。鱼毒 LC_{50}（96h）：大翻车鱼 4.3mg/L，虹鳟 0.91mg/L。水蚤 EC_{50}（48h）12.1mg/L。蜜蜂 LD_{50}：> 187.2μg/只（经口），> 200μg/只（经口）。蚯蚓 LC_{50} > 1000mg/kg 土壤。

制剂　DS，FS，LS，WS。

应用　内吸性杀菌剂。主要用作种子处理，用于防治镰刀菌属病害，如小麦黑穗病、大麦条纹病等。

合成路线

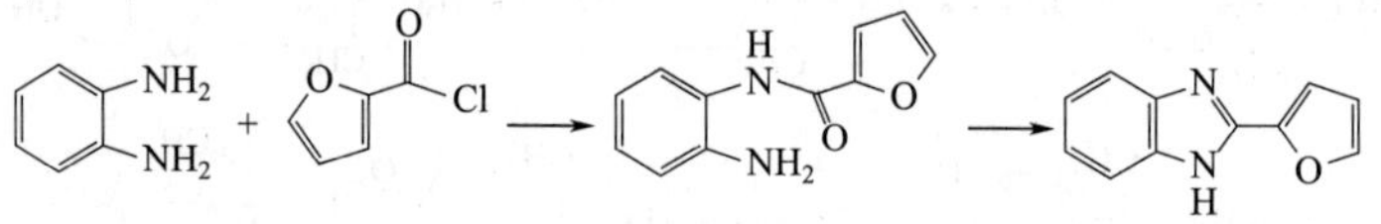

分析方法　采取紫外光谱分析法。

主要生产商　Bayer CropScience。

参考文献

DE 1209799.

咪菌腈（fenapanil）

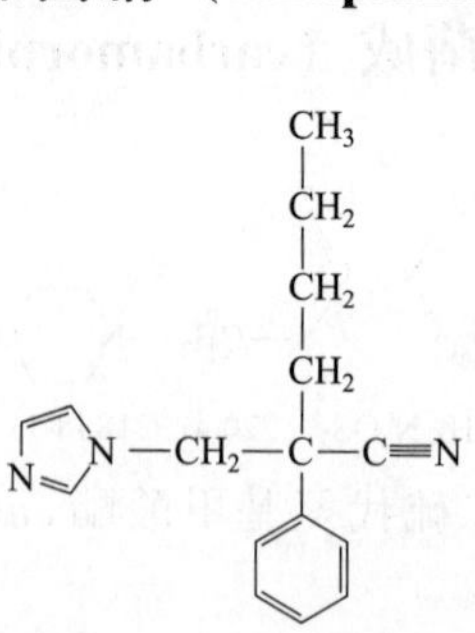

$C_{16}H_{19}N_3$，253.3，61019-78-1

由 Rohm & Haas Co. 开发。

其他名称 RH-2161

化学名称 2-(咪唑-1-基甲基)-2-苯基己腈；(±)-2-(imidazol-1-ylmethyl)-2-phenylhexanenitrile；(±)-α-butyl-α-phenylimidazole-1-propanenitrile

CAS 名称 α-butyl-α-phenyl-1H-imidazole-1-propanenitrile

理化性质 深褐色黏稠液体。沸点 200℃（93.3Pa）。溶解度：水 10g/L；乙二醇 250g/kg，丙酮、二甲苯 500g/kg。酸、碱性介质中稳定。

毒性 大鼠急性经口 LD_{50} 为 1590mg/kg。兔急性经皮 LD_{50}＞5000mg/kg。

应用 咪唑类杀菌剂。可防治某些作物的白粉病，苹果轮纹病和黑星病，水稻稻瘟病和胡麻斑病，谷物黑穗病等。

咪菌威 (debacarb)

$C_{14}H_{19}N_3O_4$，293.3，62732-91-6

化学名称 2-(乙氧基乙氧基)乙基苯并咪唑-2-基氨基甲酸酯；2-(2-ethoxyethoxy)ethyl benzimidazol-2-ylcarbamate

CAS 名称 2-(2-ethoxyethoxy)ethyl 1H-benzimidazol-2-ylcarbamate

应用 通过注射，控制树木各种真菌病害。

主要生产商 Mauget。

咪鲜胺 (prochloraz)

$C_{15}H_{16}Cl_3N_3O_2$，376.7
67747-09-5，曾用 68444-81-5；75747-77-2(与氯化锰的络合物)

由 R. J. Birchmore 等报道。由 The Boots Co., Ltd. 公司发现并开发，现为 Bayer CropScience 拥有，2003 年欧洲市场剥离给 BASF AG（现 BASF SE）公司。2011 年 FMC 收购欧洲以外的农业应用权。

其他名称 施保克，施保功，BTS 40 542，Eyetak 40，Gladio，Master，Sportak，Sunchloraz

化学名称 N-丙基-N-[2-(2,4,6-三氯苯氧基)乙基]咪唑-1-甲酰胺；N-propyl-N-[2-(2,4,6-trichlorophenoxy)ethyl]imidazole-1-carboxamide

CAS 名称 N-propyl-N-[2-(2,4,6-trichlorophenoxy)ethyl]-1H-imidazole-1-carboxamide

理化性质 原药纯度 95%。纯品为无味白色结晶粉末（原药为带温和芳香味的浅棕色半固体）。熔点 46.3～50.3℃（纯度＞99%）。未达到沸点就分解。蒸气压 0.15mPa（25℃），$9.0×10^{-2}$mPa（20℃）。K_{ow}lg$P$ 3.53（pH 6.7，25℃）。Henry 常数 $1.64×10^{-3}$ Pa·m³/mol（计算值）。相对密度 1.42（20℃）。水中溶解度：34.4mg/L（25℃）；有机溶剂中溶解度：易溶于多数有机溶剂，甲苯、二氯甲烷、二甲基亚砜、丙酮、乙酸乙酯、甲醇和异丙醇＞600，正己烷 7.5（g/L，25℃）。稳定性：在水中 30d 不发生降解（pH 5～7，

22℃)。在强酸和强碱条件下、光照下和长时间高温加热（200℃）条件下分解。pK_a 3.8，弱碱性。闪点 160℃（闭口杯）。

毒性　大鼠急性经口 LD_{50} 1023mg/kg，小鼠 1600～2400mg/kg。大鼠急性经皮 LD_{50}＞2100mg/kg，对兔皮肤和眼睛有轻微刺激作用。大鼠吸入 LC_{50}（4h）＞2.16mg/L 空气。NOEL：狗（2年）4mg/(kg·d)。山齿鹑急性经口 LD_{50} 662mg/kg，野鸭＞1954mg/kg。山齿鹑和野鸭饲喂 LC_{50}（5d）＞5200mg/kg。虹鳟 LC_{50}（96h）1.5mg/L，大翻车鱼 2.2mg/L。水蚤 LC_{50}（48h）4.3mg/L。羊角月牙藻 E_bC_{50}（72h）0.1mg/L，E_rC_{50} 1.54mg/L。蜜蜂 LD_{50}：(96h，接触) 141μg/只，(48h，经口) ＞101μg/只。赤子爱胜蚓 LC_{50}＞1000mg/kg 土壤。

制剂　EC，EW，FS，LS，SC，WP。

应用　咪鲜胺是一种广谱杀菌剂，对大田作物、水果、蔬菜、草皮及观赏植物上的多种病害具有治疗和铲除作用。用于谷类作物可防治假尾孢属、核腔菌属、喙孢属及壳针孢属真菌，对早期的眼点病、叶斑病和白粉病有效。用于油籽葡萄可防治链格孢属、葡萄孢属、假尾孢属、埋核盘菌属、核盘菌属真菌。防治豆科植物上的壳二孢属、葡萄孢属，甜菜上的生尾孢属和白粉菌属。种子处理对于禾谷类作物上旋孢腔菌属、镰孢属、核腔菌属、壳针孢属菌引起的病有防治作用。对于水果、蔬菜在收获前喷施或收获后用咪鲜胺溶液浸渍以防贮存期的腐烂。此外可防治花椰菜叶斑病、水稻稻瘟病。

合成路线

分析方法　产品用 HPLC 和 GLC 分析。

主要生产商　Fertiagro，Sundat，杭州庆丰，辉丰农化，南通江山，南京红太阳，沈阳化工研究院。

参考文献

[1] GB 1469772.
[2] US 3991071.
[3] US 4080462.

咪唑菌酮（fenamidone）

$C_{17}H_{17}N_3OS$，311.4，161326-34-7

由安万特（现为拜耳）公司发现的新颖咪唑啉酮类杀菌剂，2001年首次登记。

其他名称　RPA-407213，RPA 405803，RYF 319，Censor，Fenomen，Reason

化学名称　(S)-1-苯氨基-4-甲基-2-甲硫基-4-苯基咪唑啉-5-酮；(S)-1-anilino-4-methyl-2-methylthio-4-phenylimidazolin-5-one

CAS 名称 (S)-3,5-dihydro-5-methyl-2-(methylthio)-5-phenyl-3-(phenylamino)-4H-imidazol-4-one

理化性质 纯品为白色羊毛状粉末。熔点 137℃，蒸气压 3.4×10^{-4} mPa（25℃），K_{ow} lg$P$ 2.8（20℃），相对密度 1.285。20℃溶解度：水 7.8mg/L；丙酮 250，乙腈 86.1，二氯甲烷 330，甲醇 43，正辛醇 9.7（g/L）。25℃无菌条件下水解 DT_{50}：41.7d（pH 4），411d（pH 7），27.6d（pH 9）。

毒性 大鼠急性经口 LD_{50}：雄＞5000mg/kg，雌 2028mg/kg。大鼠急性经皮 LD_{50}＜2000mg/kg，对兔皮肤和眼睛无刺激，对豚鼠皮肤无刺激。Ames 和微核试验测试为阴性，对大鼠和兔无致畸性。山齿鹑急性经口 LD_{50}＞2000mg/kg（体重），山齿鹑（饲料）LC_{50}（8d）＜5200mg/kg，野鸭（饲料）LC_{50}（8d）＜5200mg/kg。鱼 LC_{50}（96h）0.74mg/L。

制剂 SC，WG。

应用 适用于小麦、棉花、葡萄、烟草、草坪、向日葵、玫瑰、马铃薯、番茄及其他各种蔬菜等。防治各种霜霉病、晚疫病、疫霉病、猝倒病、黑斑病、斑腐病等。主要用于叶面处理。同乙膦铝等一起使用具有增效作用。

合成路线

分析方法 可用 HPLC 进行分析。

主要生产商 Bayer CropScience。

参考文献

[1] US 5906986.
[2] EP 00629616.

咪唑嗪（triazoxide）

$C_{10}H_6ClN_5O$，247.6，72459-58-6

由 Bayer CropScience 开发。

其他名称 BAY SAS 9244，benztrimidazole

化学名称 7-氯-3-咪唑-1-基-1,2,4-苯并三嗪-1-氧化物；7-chloro-3-imidazol-1-yl-1,2,4-benzotriazine 1-oxide

CAS 名称 7-chloro-3-(1H-imidazol-1-yl)-1,2,4-benzotriazine 1-oxide

理化性质 本品为固体，熔点 182℃，蒸气压 0.15nPa（外推至 20℃）。水中溶解度（20℃）30mg/L。

制剂 WS，FS。

应用 本品属苯并三嗪类杀菌剂，是触杀型杀菌剂。对长蠕孢属（*Helminthosporium* spp.）有效，多与其他杀菌剂混用，作种子处理剂。

主要生产商 Bayer CropScience。

醚菌胺（dimoxystrobin）

$C_{19}H_{22}N_2O_3$，326.39，149961-52-4

BASF AG（现 BASF SE）研发，2003 首次进入英国市场。

其他名称 SSF-129，BAS 505F，BAS 505，BAS 505 03F，Honor

化学名称 (*E*)-2-(甲氧亚氨基)-*N*-甲基-2-[α-(2,5-二甲基苯氧基)-*o*-甲苯基]乙酰胺；(*E*)-2-(methoxyimino)-*N*-methyl-2-[α-(2,5-xylyloxy)-*o*-tolyl]acetamide

CAS 名称 (α*E*)-2-[(2,5-dimethylphenoxy)methyl]-α-(methoxyimino)-*N*-methyl-benzeneacetamide

理化性质 纯品为白色结晶固体。熔点 138.1～139.7℃。相对密度 1.235（25℃）。蒸气压 $6×10^{-4}$ mPa（25℃）。K_{ow} lg*P* 3.59。水中溶解度（20℃，mg/L）：4.3（pH 5.7），3.5（pH 8）。土壤半衰期 DT_{50} 2～39d。

毒性 大鼠急性经口 LD_{50}＞5000mg/kg。兔急性经皮 LD_{50}＞2000mg/kg；对兔眼睛有刺激性，对兔皮肤无刺激性。山齿鹑急性经口 LD_{50}＞2000mg/kg。山齿鹑和野鸭饲喂 LC_{50}（5d）＞5000mg/kg 饲料。虹鳟鱼 LC_{50}（96h）＞0.04mg/L。蜜蜂 LD_{50}（48h，μg/只）：＞79（经口），＞100（接触）。

制剂 SC。

应用 线粒体呼吸抑制剂，即通过在细胞色素 b 和 c_1 间电子转移抑制线粒体的呼吸。作用于对 14-脱甲基化酶抑制剂、苯甲酰胺类、二羧酰胺类和苯并咪唑类产生抗性的菌株有效。具有保护、治疗、铲除、渗透、内吸活性，为广谱、内吸性杀菌剂，主要用于防治白粉病、霜霉病、稻瘟病、纹枯病等。

合成路线

分析方法 采用 GC/HPLC。

主要生产商　BASF。

醚菌酯（kresoxim-methyl）

$C_{18}H_{19}NO_4$，313.35，143390-89-0

德国巴斯夫公司开发的甲氧基丙烯酸酯类（β-methoxyacrylates）杀菌剂。

其他名称　BAS 490F，Allegro，Candit，Cygnus，Discus，Kenbyo，Mentor，Sovran，Stroby，翠贝，苯氧菌酯

化学名称　(E)-2-甲氧亚氨基-[2-(邻甲基苯氧基甲基)苯基]乙酸甲酯；methyl (E)-2-methoxyimino-[2-(o-tolyloxymethyl)phenyl]acetate

CAS 名称　methyl (E)-α-(methoxyimino)-2-[(2-methylphenoxy)methyl]benzeneacetate

理化性质　白色晶体，有芳香气味。熔点 101.6～102.5℃，蒸气压 2.3×10^{-3} mPa (20℃)，K_{ow}lg$P$ 3.4 (pH 7，25℃)，Henry 常数 3.6×10^{-4} Pa·m³/mol (20℃)，密度 1.258 kg/L (20℃)。溶解度：水中 2mg/L (20℃)；正庚烷 1.72，甲醇 14.9，丙酮 217，乙酸乙酯 123，二氯甲烷 939 (g/L，20℃)。水解半衰期 DT_{50}：34d (pH 7)，7h (pH 9)；pH 5 相对稳定。

毒性　急性经口 LD_{50}：大鼠和小鼠＞5000mg/kg。大鼠急性经皮 LD_{50}＞2000mg/kg，对兔眼睛和皮肤有轻微刺激性。大鼠吸入毒性 LC_{50} (4h)＞5.6mg/L。3 个月慢性毒性饲喂试验，雄大鼠无作用剂量 2000mg/kg [146mg/(kg·d)]，雌大鼠 500mg/kg [43mg/(kg·d)]；2 年慢性毒性试验，雄大鼠 36mg/(kg·d)，雌大鼠 48mg/(kg·d)。鹌鹑急性经口 LD_{50} (14d)＞2150mg/kg；野鸭和三齿鹑 LC_{50} (8d)＞5000mg/L。鱼类 LC_{50} (96h)：蓝鳃太阳鱼 0.499mg/L，虹鳟鱼 190μg/L。水蚤 EC_{50} (48h)：0.186mg/L。蜜蜂 LD_{50} (48h)：＞14μg/只（经口），＞20μg/只（接触）。蠕虫 LC_{50}＞937mg/kg。

制剂　SC，WG，SE。

应用　属线粒体呼吸抑制剂，可作用于细胞色素 bc_1 复合体上，其位于线粒体膜上，线粒体是细胞能量供应的"电站"，以 ATP 的形式提供能量，它是细胞新陈代谢一个极其重要的过程。醚菌酯阻断病菌线粒体呼吸链的电子传递过程，从而抑制病菌细胞能的供应，病菌细胞因缺乏能量而死亡。适宜禾谷类作物、马铃薯、苹果、梨、南瓜、葡萄等。推荐剂量下对作物安全、无药害，对环境安全。对子囊菌纲、担子菌纲、半知菌和卵菌纲等致病真菌引起的大多数病害具有保护、治疗和铲除活性。

合成路线　以邻甲基苯甲酸为起始原料，经一系列反应制得中间体苄溴，再与邻甲酚反应，处理即得醚菌酯。

分析方法 可用 GC 或 HPLC。

主要生产商 安徽华星，江苏耘农，山东京博，巴斯夫欧洲公司。

参考文献

[1] DE 3917352.
[2] EP 0253213.
[3] US 4829085.

嘧菌胺（mepanipyrim）

$C_{14}H_{13}N_3$，223.3，110235-47-7

1995 年由日本组合化学工业公司和庵原化学工业公司共同开发的嘧啶类杀菌剂。

其他名称 KUF-6201，KIF-3535，Cockpit，Frupica，Japica

化学名称 N-(4-甲基-6-丙-1-炔基嘧啶-2-基)苯胺；N-(4-methyl-6-prop-1-ynylpyrimidin-2-yl)aniline

CAS 名称 4-methyl-N-phenyl-6-(1-propynyl)-2-pyrimidinamine

理化性质 原药含量>96%。灰白色/浅黄色、无臭晶体/粉末。熔点 132.8℃。蒸气压 $2.32×10^{-2}$ mPa（25℃）。K_{ow} lg$P$ 3.28（20℃）。Henry 常数 $1.67×10^{-3}$ Pa·m³/mol（计算值）。相对密度 1.205（20℃）。20℃ 水中溶解度（mg/L）：3.10（蒸馏水），4.60（pH4），2.08（pH7），1.94（pH）。20℃ 有机溶剂中溶解度（g/L）：丙酮 139，甲醇 15.4，正己烷 2.06，乙酸乙酯 102，甲苯 55.4，二氯甲烷 277，乙腈 38.5。180℃ 以下稳定。水中稳定，DT_{50}>1 年（pH 4、7 和 9，25℃）。水溶液光解 DT_{50}：天然水 18.8d，蒸馏水 12.9d（均为 25℃，8.24W/m²，310~400nm）。pK_a 2.7。

毒性 大鼠、小鼠急性经口 LD_{50}>5000mg/kg。大鼠急性经皮 LD_{50}>2000mg/kg，对兔皮肤和眼睛无刺激作用，对豚鼠皮肤无致敏性。Ames 试验无诱变。大鼠急性吸入 LC_{50}（4h）>0.59mg/L。无作用剂量 [1 年，mg/(kg·d)]：雄大鼠 2.45，雌大鼠 3.07，雄小鼠 56，雌小鼠 58。山齿鹑和野鸭急性经口 LD_{50}>2250mg/kg，山齿鹑和野鸭饲喂 LC_{50}（5d）>5620mg/kg。鱼毒 LC_{50}（96h，mg/L）：虹鳟鱼 3.1，大翻车鱼 3.8。水蚤 LC_{50}（24h）5.0mg/L。蜜蜂 LC_{50}：>1000mg/L（经口），>100μg/只（接触）。蚯蚓 LC_{50}（14d）>1320mg/kg 土壤。

制剂 FT，SC，WP。

应用 具有独特的作用机理，即抑制病原菌蛋白质分泌，包括降低一些水解酶水平，据推测这些酶与病原菌进入寄主植物并引起寄主组织的坏死有关。嘧菌胺同三唑类、二硫代氨基甲酸酯类、苯并咪唑类及乙霉威等无交互抗性，因此其对敏感或抗性病原菌均有优异的活性。用于观赏植物、蔬菜、果树、葡萄等，防治黑腥病、白粉病及各种灰霉病。对作物安全，无药害。

合成路线

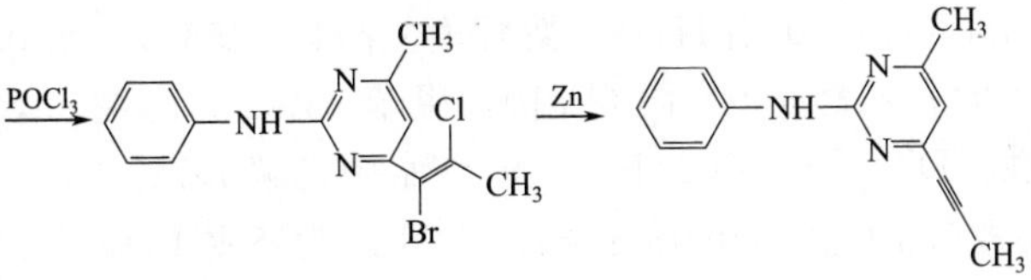

分析方法　产品采用 HPLC 分析。

主要生产商　Kumiai。

参考文献

[1] US 4814338.

[2] EP 224339.

[3] JP 63208581.

嘧菌醇（triarimol）

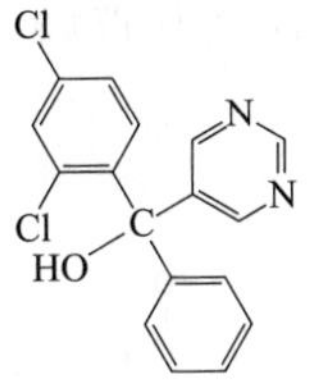

$C_{17}H_{12}Cl_2N_2O$，331.2，26766-27-8

J. V. Gramlich 等报道，由 Eli Lilly & Co. 进行了评价。

其他名称　Trimidal，EL 273

化学名称　(RS)-2,4-二氯-α-(嘧啶-5-基)二苯甲基醇；rac-(R)-(2,4-dichlorophenyl) phenyl(pyrimidin-5-yl)methanol；(RS)-2,4-dichloro-α-(pyrimidin-5-yl)benzhydryl alcohol

CAS 名称　α-(2,4-dichlorophenyl)-α-phenyl-5-pyrimidinemethanol

应用　杀菌剂。

嘧菌环胺（cyprodinil）

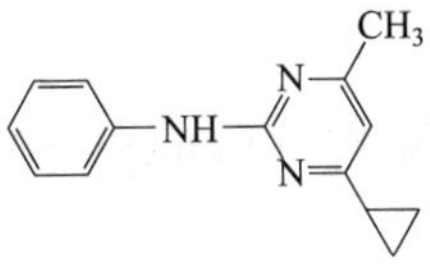

$C_{14}H_{15}N_3$，225.3，121552-61-2

1994 年由 U. J. heye 等报道。由 Ciba-Geigy AG（现 Syngenta AG）研发并推出，1994 年首次进入市场。

其他名称　环丙嘧菌胺，CGA219417，Chorus，Unix

化学名称　4-环丙基-6-甲基-N-苯基嘧啶-2-胺；4-cyclopropyl-6-methyl-N-phenylpyrimidin-2-aminee

CAS 名称　4-cyclopropyl-6-methyl-N-phenyl-2-pyrimidinamine

理化性质　纯品为粉状固体，有轻微气味。熔点 75.9℃。相对密度 1.21。蒸气压 (25℃)：$5.1×10^{-4}$ Pa（结晶状固体 A），$4.7×10^{-4}$ Pa（结晶状固体 B）。K_{ow} lg$P$（25℃）：

3.9 (pH 5), 4.0 (pH 7), 4.0 (pH 9)。溶解度 (g/L, 25℃)：水 0.020 (pH 5), 0.013 (pH 7), 0.015 (pH 9)；乙醇 160，丙酮 610，甲苯 460，正己烷 30，正辛醇 160。解离常数 pK_a 4.44。稳定性：$DT_{50} \gg 1$ 年（pH 4~9），水中光解 DT_{50} 0.4~13.5d。

毒性 大鼠急性经口 $LD_{50}>2000mg/kg$。大鼠急性经皮 $LD_{50}>2000mg/kg$。大鼠急性吸入 LC_{50} (4h)$>1200mg/L$ 空气。本品对兔眼睛和皮肤无刺激。NOEL 数据：大鼠（2 年）3mg/(kg·d)，小鼠（1.5 年）196mg/(kg·d)，狗（2 年）65mg/(kg·d)。野鸭和山齿鹑急性经口 $LD_{50}>2000mg/kg$，野鸭和山齿鹑饲喂 LC_{50} (8d)$>5200mg/L$。鱼毒 LC_{50} (mg/L)：虹鳟 0.98~2.41，鲤鱼 1.17，大翻车鱼 1.07~2.17。水蚤 LC_{50} (48h) 0.033~0.10mg/L。Ames 试验呈阴性，微核及细胞体外试验呈阴性，无"三致"。蜜蜂 LD_{50} （48h，经口）$>316\mu g$/只，LC_{50} （48h，接触）$>101mg/L$。蚯蚓 LC_{50} (14d)$>192mg/kg$ 土。

制剂 EC，WG。

应用 抑制真菌水解酶分泌和蛋氨酸的生物合成。同三唑类、咪唑类、吗啉类、二羧酰亚胺类、苯基吡咯类等无交互抗性。适用于小麦、大麦、葡萄、草莓、果树、蔬菜、观赏植物等。对作物安全、无药害。主要用于防治灰霉病、白粉病、黑星病、网斑病、颖枯病以及小麦眼纹病等。

合成路线

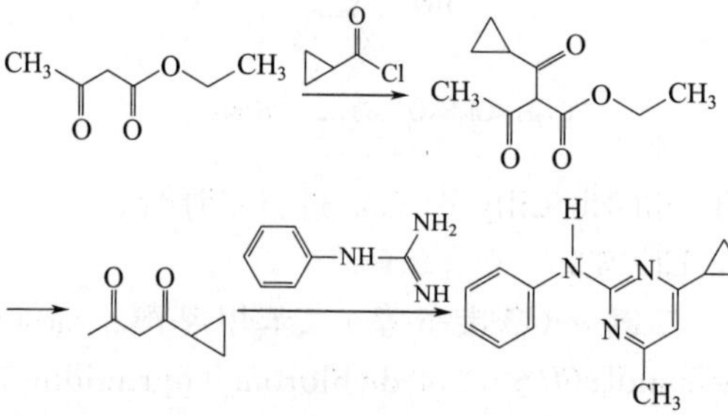

分析方法 HPLC 法。

主要生产商 Syngenta。

参考文献

[1] EP 310550.
[2] US 4931560.

嘧菌酯（azoxystrobin）

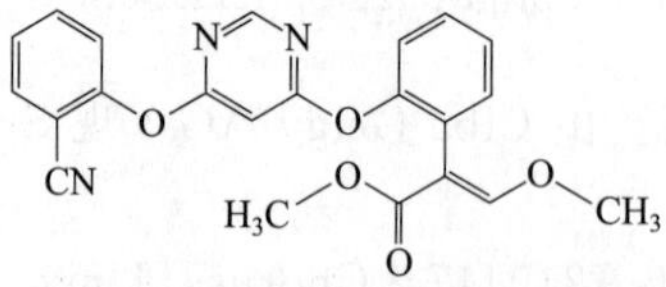

$C_{22}H_{17}N_3O_5$，403.4，131860-33-8

先正达公司开发的甲氧基丙烯酸酯类（β-methoxyacrylates）杀菌剂或 strobilurins 类似物，为第一个登记注册的 strobilurins 类似物。

其他名称 阿米西达，安灭达，ICI-A5504，Abound，Amistar，Heritage，Quadris，Amistar Admire，Amistar

化学名称　　(E)-2-[2-[6-(2-氰基苯氧基)嘧啶-4-基氧]苯基]-3-甲氧基丙烯酸甲酯；methyl (E)-2-{2-[6-(2-cyanophenoxy)pyrimidin-4-yloxy] phenyl}-3-metoxyacrylate

CAS 名称　　methyl(αE)-2-[[6-(2-cyanophenoxy)-4-pyrimidinyl]oxy]-α-(methoxymethylene)benzeneacetate

理化性质　　白色固体。熔点 116℃（原药 114～116℃），蒸气压 1.1×10^{-7} mPa (20℃)，$K_{ow}\lg P$ 2.5 (20℃)，Henry 常数 7.3×10^{-9} Pa·m³/mol（计算值），相对密度 1.34 (20℃)。溶解度：水 6mg/L (20℃)；正己烷 0.057，正辛醇 1.4，甲醇 20，甲苯 86，乙酸乙酯 130，乙腈 340，二氯甲烷 400 (g/L, 20℃)。水溶液中光解半衰期为 2 周，pH 5～7，室温下水解稳定。

毒性　　大鼠和小鼠急性经口 $LD_{50}>5000$mg/kg。大鼠急性经皮 $LD_{50}>2000$mg/kg，对兔眼睛和皮肤有轻微刺激性。吸入毒性 LC_{50} (4h)：雄大鼠 0.96mg/L，雌大鼠 0.69mg/L。大鼠（2 年饲喂）无作用剂量：每日 18mg/kg。野鸭和山齿鹑急性经口 $LD_{50}>2000$mg/kg。野鸭和山齿鹑 LC_{50} (5d) >5200mg/kg。鱼类 LC_{50} (96h, mg/L)：大翻车鱼 1.1，虹鳟鱼 0.47，鲤鱼 1.6。水蚤 EC_{50} (48h)：0.28mg/L。羊角月牙藻 EC_{50} (120h)：0.12mg/L。蜜蜂 LD_{50}：$>25\mu g$/只（经口），$>200\mu g$/只（接触）。蚯蚓 LC_{50} (14d) 283mg/kg 土壤。

制剂　　SC，WG。

应用　　嘧菌酯为线粒体呼吸抑制剂，即通过在细胞色素 b 和 c_1 间电子转移抑制线粒体的呼吸。细胞核外的线粒体主要通过呼吸为细胞提供能量（ATP），若线粒体呼吸受阻，不能产生 ATP，细胞就会死亡。适宜于禾谷类作物、花生、葡萄、马铃薯、蔬菜、咖啡、果树（柑橘、苹果、香蕉、桃、梨等）、草坪等。对几乎所有真菌纲（子囊菌纲、担子菌纲、卵菌纲和半知菌类）引起的病害（如白粉病、锈病、颖枯病、网斑病、黑星病、霜霉病、稻瘟病等数十种病害）均有很好的活性。嘧菌酯为新型高效杀菌剂，具有保护、治疗、铲除、渗透、内吸活性和广谱的杀菌活性。可用于茎叶喷雾、种子处理，也可进行土壤处理。推荐剂量下对作物安全、无药害，但对某些苹果品种有药害，对地下水、环境安全。

合成路线

分析方法　　原药采用气相色谱分析，内标法定量；或采用反相高效液相色谱法对嘧菌酯进行定量分析。

主要生产商　　Syngenta，Cheminova，上海禾本，上虞颖泰，泰州百力。

参考文献

[1]　US 5760250.

[2]　US 4870075.

嘧菌腙 (ferimzone)

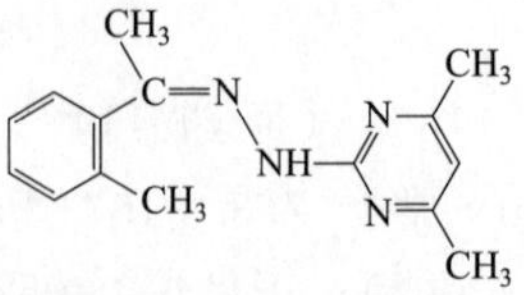

$C_{15}H_{18}N_4$, 254.3, 89269-64-7

由日本武田药品工业公司开发的嘧啶腙类杀菌剂，1992年上市。

其他名称　TF 164，Blasin

化学名称　(Z)-2'-甲基乙酰苯-4,6-二甲基嘧啶-2-基腙；(Z)-2'-methylacetophenone 4,6-dimethylpyrimidin-2-ylhydrazone

CAS 名称　(Z)-4,6-dimethyl-2(1H)-pyrimidinone[1-(2-methylphenyl)ethylidene]hydrazone

理化性质　纯品为无色晶体，熔点 175～176℃，蒸气压 $4.11×10^{-3}$ mPa（20℃），相对密度 1.185。$K_{ow}\lg P$ 2.89（25℃），Henry 常数 $6.45×10^{-6}$ Pa·m³/mol（计算值）。溶解度：水 162mg/L（30℃），溶于乙腈、氯仿、乙醇、乙酸乙酯、二甲苯。对日光稳定，在中性和碱性溶液中稳定。

毒性　大鼠急性经口 LD_{50}：雄 725mg/kg，雌 642mg/kg；小鼠急性经口 LD_{50}：雄 590mg/kg，雌 542mg/kg。大鼠急性经皮 $LD_{50}>2000$mg/kg，大鼠急性吸入 LC_{50}（4h）3.8mg/L，鹌鹑急性经口 $LD_{50}>2250$mg/kg，野鸭急性经口 $LD_{50}>292$mg/kg，鲤鱼 LC_{50}（72h）10mg/L，蜜蜂 LD_{50}（经口）$>140\mu$g/只。

制剂　DL，SC，WP。

应用　主要用于防治水稻上的稻尾孢、稻长蠕孢和稻梨孢等病原菌引起的病害，如稻瘟病。

合成路线

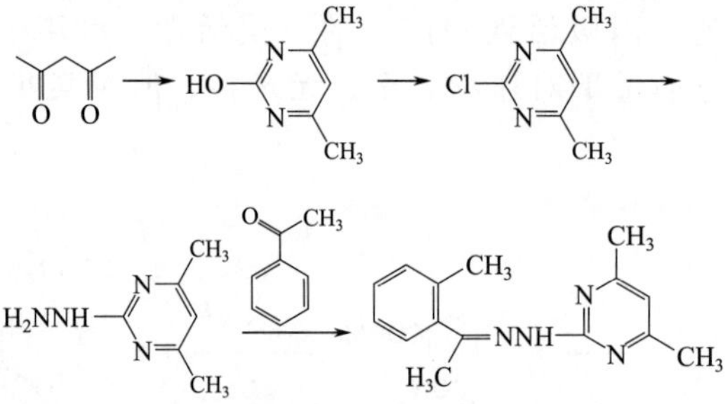

分析方法　可用 HPLC 进行分析。

主要生产商　Sumitomo Chemical，DongbuFine Chemicals。

参考文献

EP 19450.

嘧霉胺 (pyrimethanil)

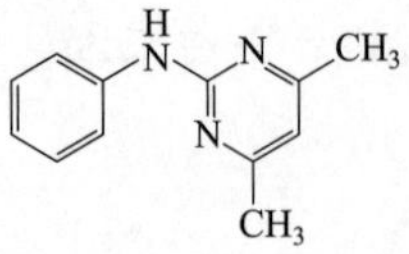

$C_{12}H_{13}N_3$, 199.3, 53112-28-0

由 G. L. Neumann 等报道。Schering AG 和 Hoechst Schering AgrEvo 开发，现归 Bayer CropScience 拥有。在欧洲，2003 年剥离给 BASF AG（现在 BASF SE）。

其他名称　施佳乐，SN 100309，ZK 100309，AE B100309，Assors，Mythos，Scala

化学名称　N-(4,6-二甲基嘧啶-2-基)苯胺；N-(4,6-dimethylpyrimidin-2-yl)aniline

CAS 名称　4,6-dimethyl-N-phenyl-2-pyrimidinamine

理化性质　原药含量≥97.5%，包括不超过 0.05% 的氨腈。无色晶体。熔点 96.3℃。蒸气压 2.2mPa（25℃）。K_{ow} lg$P$ 2.84（pH 6.1，25℃）。Henry 常数 3.6×10^{-3}Pa·m³/mol（计算值）。相对密度 1.15（20℃）。水中溶解度：0.121g/L（pH 6.1，25℃）；有机溶剂中溶解度：丙酮 389，乙酸乙酯 617，甲醇 176，二氯甲烷 1000，正己烷 23.7，甲苯 412（g/L，20℃）。在水中一定 pH 范围内稳定。在 54℃稳定 14d。pK_a 3.52，弱碱（20℃）。

毒性　大鼠急性经口 LD$_{50}$ 4159～5971mg/kg。小鼠急性经口 LD$_{50}$ 4665～5359mg/kg。大鼠急性经皮 LD$_{50}$>5000mg/kg，大鼠急性吸入 LC$_{50}$（4h）>1.98mg/L。对兔眼睛和皮肤无刺激性，对豚鼠皮肤无刺激性。Ames 试验呈阴性，微核及细胞体外试验呈阴性。无作用剂量数据（2 年）大鼠 20mg/(kg·d)。野鸭和山齿鹑急性经口 LD$_{50}$>2000mg/kg。野鸭和山齿鹑饲喂 LC$_{50}$>5200mg/kg。鱼毒 LC$_{50}$（mg/L）：虹鳟 10.6，鲤鱼 35.4。水蚤 LC$_{50}$（48h）2.9mg/L。蜜蜂 LD$_{50}$（48h）>100μg/只（经口和接触）。蚯蚓 LC$_{50}$（14d）625mg/kg 土。

制剂　SC。

应用　蛋氨酸生物合成抑制剂，导致对于传染必需的分泌酶的抑制。触杀性杀菌剂，具有层间传导活性，既有保护作用又有治疗作用。适用于番茄、黄瓜、韭菜等蔬菜以及葡萄、草莓、豆类、苹果、梨等作物。对灰霉病有特效。可防治黄瓜灰霉病、番茄灰霉病、葡萄灰霉病、草霉灰霉病、豌豆灰霉病、韭菜灰霉病等。还用于防治梨黑星病、苹果黑星病和斑点落叶病。

合成路线

尿素 → 4,6-二甲基-2-羟基嘧啶 → 2-氯-4,6-二甲基嘧啶 →（苯胺）→ N-苯基-4,6-二甲基-2-嘧啶胺

分析方法　产品通过 HPLC 分析。

主要生产商　Bayer CropScience，A&Fine，Agriphar，BASF，池州新赛德，江苏丰登，江苏快达，连云港金囤，山东京博，盐城利民。

参考文献

[1] The Pesticide Manual. 16th ed.
[2] 农药品种手册精编. 北京：化学工业出版社.

灭菌丹（folpet）

$C_9H_4Cl_3NO_2S$，296.6，133-07-3

由 Chevron 化学公司开发。现由以色列马克西姆公司生产和销售。

其他名称　Folpan，Cuprofal，Fobeci，Sygan PM，Syphal PM

化学名称　N-(三氯甲硫基)邻苯二甲酰亚胺；N-(trichloromethylthio)phthalimide 或

N-(trichloromethanesulfenyl)phthalimide

CAS 名称 2-[(trichloromethyl)thio]-1H-isoindole-1,3(2H)-dione

理化性质 纯品为无色结晶固体（工业品为黄色粉末）。熔点 178～179℃，蒸气压 $2.1×10^{-5}$Pa（25℃），K_{ow}lg$P$ 3.11。Henry 常数 $7.8×10^{-3}$Pa·m³/mol（计算值），相对密度 1.72（20℃）。水中溶解度（室温）：0.8mg/L；有机溶剂中溶解度（g/L，25℃）：四氯化碳 6，甲苯 26，甲醇 3。在干燥贮存条件下稳定，在室温、潮湿条件下缓慢分解，在浓碱、高温条件下迅速分解。

毒性 大鼠急性经口 LD_{50}＞9000mg/kg，兔急性经皮 LD_{50}＞4500mg/kg；对兔黏膜有刺激作用，其粉尘或雾滴接触到眼睛、皮肤或吸入均能使局部受到刺激；对豚鼠皮肤有刺激。大鼠吸入 LC_{50}（4h）1.89mg/L。在大鼠的饲料中拌入 800mg/kg 饲料，饲喂 1 年，在组织病理上或肿瘤发病率上与对照组比均无明显差别。饲喂 1 年无作用剂量 [mg/(kg·d)]：狗 325，小鼠 450。野鸭急性经口 LD_{50}＞2000mg/kg。对鱼、水蚤、海藻无伤害。对蜜蜂无伤害，LD_{50}（μg/只）：＞236（经口），＞200（接触）。对蚯蚓无伤害。

制剂 SC，WG，WP。

应用 适宜于马铃薯、齐墩果属植物、观赏植物、葫芦、葡萄等多种作物。在推荐剂量下对作物安全、无药害。防治马铃薯晚疫病、白粉病、叶锈病和叶斑点病以及葡萄的一些病害等。

分析方法 采用 HPLC-UV 方法。

主要生产商 India Pesticides，Makhteshim-Agan，浙江禾本。

参考文献

[1] US 2553770.

[2] US 2553776.

灭菌磷（ditalimfos）

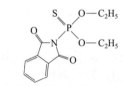

$C_{12}H_{14}NO_4PS$，299.3，5131-24-8

1966 年由 H. Tolkmith 报道。Dow Chemical Co.（后来为 Dowelanco）开发。

其他名称 Plondrel

化学名称 O,O-二乙基邻苯二甲酰亚氨二硫代磷酸酯；O,O-diethyl phthalimidophosphonothioate；N-diethoxyphosphinothioylphthalimide

CAS 名称 O,O-diethyl(1,3-dihydro-1,3-dioxo-2H-isoindol-2-yl)phosphonothioate

理化性质 熔点 83～84℃。蒸气压 0.193mPa（25℃）。溶解度：水 133mg/L（室温）；溶于己烷、环己烷、乙醇，易溶于苯、四氯化碳、乙酸乙酯、二甲苯等。紫外线下稳定；pH＞8 或高于其熔点时稳定性降低。

毒性 急性经口 LD_{50}：大鼠 4930～5660mg/kg，雄性豚鼠 5660mg/kg。对皮肤有刺激性，致敏。鸡急性经口 LD_{50} 4500mg/kg。

应用 非内吸性叶面杀菌剂，具有保护和治疗作用。用于防治温室观赏植物（主要是玫瑰）、蔬菜（葫芦）白粉病，大田中也可使用，可用于苹果、谷物。

分析方法 通过紫外光谱分析。

参考文献

[1] BE 661891.

[2] GB 103449.3

灭菌唑（triticonazole）

$C_{17}H_{20}ClN_3O$，317.8，131983-72-7

由罗纳-普朗克公司（现 Bayer CropScience）研制和开发的三唑类杀菌剂，目前授权 BASF 公司在欧洲等地销售。

其他名称 扑力猛，FR 2641277，Alios，Concept，Premis B，Rral

化学名称 (RS)-(E)-5-(4-氯亚苄基)-2,2-二甲基-1-(1H-1,2,4-三唑-1-基甲基)环戊醇；(RS)-(E)-5-(4-chlorobenzylidene)-2,2-dimethyl-1-(1H-1,2,4-triazol-1-ylmethyl)cyclopentanol

CAS 名称 (5E)-5-[(4-chlorophenyl)methylene]-2,2-dimethyl-1-(1H-1,2,4-triazol-1-ylmethyl)cyclopentanol

理化性质 外消旋混合物，95%纯品。白色粉末，无味（22℃）。熔点 139～140.5℃。蒸气压<$1×10^{-5}$ mPa（50℃）。K_{ow} lg$P$ 3.29（20℃）。Henry 常数 $3×10^{-5}$ Pa·m³/mol（计算值）。相对密度 1.326～1.369（20℃）。溶解度：水 9.3mg/L（20℃），不受 pH 影响。温度达到 180℃稍微分解。

毒性 大鼠急性经口 LD_{50}>2000mg/kg。大鼠急性经皮 LD_{50}>2000mg/kg，对皮肤和眼睛无刺激性。大鼠吸入毒性 LC_{50}>5.6mg/L。大鼠无作用剂量 750mg/L（雄大鼠和雌大鼠每天分别为 29.4mg/kg、38.3mg/kg）；狗 2.5mg/kg。禽类急性经口 LD_{50}：山齿鹑>2000mg/kg。对虹鳟鱼低毒，LC_{50}>3.6mg/L。水蚤 LC_{50}（48h）9mg/L。对蜜蜂急性经口和接触毒性 LD_{50}>100μg/只。蠕虫 LC_{50}（14d）>1000mg/kg。

制剂 FS。

应用 类固醇生物合成中 C_{14} 脱甲基化酶抑制剂。主要用作种子处理剂。推荐剂量下对作物安全、无药害。防治镰孢（霉）属、柄锈菌属、麦类核腔菌属、黑粉菌属、腥黑粉菌属、白粉菌属、圆核腔菌、壳针孢属、柱隔孢属等引起的病害，如白粉病、锈病、黑腥病、网斑病等。主要用于防治禾谷类作物、豆科作物、果树病害，对种传病害有特效。可种子处理，也可茎叶喷雾，持效期长达 4～6 周。

合成路线

主要生产商　BASF。

参考文献

[1]　The Pesticide Manual. 13 th ed. 2003：1021.

[2]　EP 378953.

灭瘟素（blasticidin-S）

$C_{17}H_{26}N_8O_5$，422.4，2079-00-7

由 Kaken Chemical Co.，Ltd，Kumiai Chemical Industry Co.，Ltd 和 Nihon Nohyaku Co.，Ltd 开发的核苷酸类杀菌剂。

其他名称　勃拉益斯，稻瘟散，杀稻瘟菌素，保米霉素，BcS-3，BAB，BABS，Bla-S

化学名称　1-(4-氨基-1,2-二氢-2-氧代嘧啶-1-基)-4-[(S)-3-氨基-5-(1-甲基胍基)戊酰氨基]-1,2,3,4-四脱氧-β-D-别呋喃糖醛酸；1-(4-amino-1,2-dihydro-2-oxopyrimidin-1-yl)-4-[(S)-3-amino-5-(1-methylguanidino) valeramido]-1,2,3,4-tetradeoxy-β-D-erythro-hex-2-enopyranuronic acid

CAS 名称　(S)-4-[[3-amino-5-[(aminoiminomethyl) methylamino]-1-oxopentyl] amino]-1-[4-amino-2-oxo-1(2H)-pyrimidinyl]-1,2,3,4-tetradeoxy-β-D-*erythro*-hex-2-enopyranuronic acid

理化性质　纯品为无色、无定形粉末（工业品为浅棕色固体），熔点 235～236℃（分解）。溶解度(g/L，20℃)：水>30，乙酸>30；不溶于丙酮、苯、四氯化碳、氯仿、环己烷、二氧六环、乙醚、乙酸乙酯、甲醇、吡啶和二甲苯。pH 5～7 稳定；pH <4 或碱中不稳定。对光稳定。pK_{a_1} 2.4（羧基），pK_{a_2} 4.6，pK_{a_3} 8.0，pK_{a_4} >12.5（三个碱基）。

毒性　急性经口 LD_{50} (mg/kg)：雄性大鼠 56.8，雌性大鼠 55.9，雄性小鼠 51.9，雌性小鼠 60.1。大鼠急性经皮 LD_{50}>500mg/kg，对兔眼睛有重度刺激。NOEL 数据：大鼠 1mg/kg 饲料（1 年）。无致突变性。鲤鱼 LC_{50} (96h)>40mg/L。水蚤 LC_{50} (3h)>40mg/L。

制剂　WP，EC。

应用　属蛋白质合成抑制剂，具有保护、治疗及内吸活性。主要用于防治水稻稻瘟病、叶瘟、稻头瘟、谷瘟等，还能降低水稻条纹病毒的感染率，对水稻胡麻叶斑病、小粒菌核病及烟草花叶病有一定的防治效果，可以破坏病毒体核酸的形成。对细菌、酵母以及植物真菌均有活性，尤其对真菌选择毒力特别强，对水稻稻瘟病菌和啤酒酵母（孢子萌发菌丝生长和孢子形成）均有抑制氨基酸进入蛋白质的作用。

分析方法　产品采用 *Bacillus cereus* IAM-1729 进行生物测定。

主要生产商　Nihon Nohyaku Co.，Ltd。

参考文献

[1]　The Pesticide Manual. 16th ed.

[2]　Fukunaga K, et al. Bull Agric Chem Soc Jpn, 1955, 19：18.

灭瘟唑 (chlobenthiazone)

C_8H_6ClNOS, 199.7, 63755-05-5

由 S. Inoue 等于 1981 年报道，由 Sumitomo Chemical Co., Ltd. 开发。

其他名称 S-1901

化学名称 4-氯-3-甲基苯并噻唑-2(3H)-酮；4-chloro-3-methylbenzothiazol-2(3H)-one

CAS 名称 4-chloro-3-methyl-2(3H)-benzothiazolone

理化性质 无色晶体。熔点 131~132℃。蒸气压 172mPa（20℃）。Henry 常数约 0.747Pa·m³/mol（计算值）。溶解度：水 46mg/kg（21.5℃）；丙酮、甲醇、二甲苯 330，三氯甲烷、环己酮 500，乙酸乙酯 200（均为 g/kg，21.5℃）。稳定性：在酸和碱中稳定。

毒性 急性经口 LD_{50}（mg/kg）：雄大鼠 1940，雌大鼠 2170，雄小鼠 1430，雌小鼠 1250。急性经皮 LD_{50}：大鼠和小鼠＞2500mg/kg。对兔皮肤无刺激，对兔眼睛刺激程度极低。NOEL：0.5 年大鼠饲喂试验，100mg/kg 饲料条件下未发现不良反应。

制剂 DP，GR。

应用 用于防治水稻稻瘟病（*Pyricularia oryzae*）。

灭锈胺 (mepronil)

$C_{17}H_{19}NO_2$, 269.3, 55814-41-0

1981 年由 Kumiai 公司推出。

其他名称 纹达克，灭普宁，担菌宁，B1-2459，KCO-1

化学名称 3′-异丙氧基邻甲苯甲酰苯胺；3′-isopropoxy-*o*-toluanilide

CAS 名称 2-methyl-*N*-[3-(1-methylethoxy)phenyl]benzamide

理化性质 原药含量＞94%。无色结晶。熔点 91.4℃。沸点 276.5℃（3990Pa）。闪点 225℃。蒸气压 2.23×10^{-2} mPa（25℃）。K_{ow}lg$P$ 3.66（pH 7.0, 20℃）。相对密度 1.138（20℃）。水中溶解度：8.23mg/L（20℃）；有机溶剂中溶解度（g/L，20℃）：丙酮＞500，甲醇 380，正己烷 1.37，甲苯 160，二氯甲烷＞500，乙酸乙酯 379。150℃以下稳定。水解 DT_{50}＞1 年（pH 4、7、9，25℃）。水性光解 DT_{50}：天然水 6.6d，蒸馏水 4.5d（25℃，50W/m²，300~400nm）。

毒性 大鼠和小鼠急性经口 LD_{50}＞10000mg/kg。大鼠和小鼠急性经皮 LD_{50}＞10 000mg/kg；对皮肤和眼睛无刺激性（兔），对豚鼠皮肤无致敏性。大鼠吸入毒性 LC_{50}（6h）＞1.32mg/L。2 年无作用剂量[mg/(kg·d)]：雄大鼠 5.9，雌大鼠 72.9，雄性小鼠 13.7，雌性小鼠 17.8。没有致突变作用，未见致畸作用（大鼠和兔）。山齿鹑和野鸭急性经口 LD_{50}＞2000mg/kg。鱼毒 LC_{50}（96h）：鲤鱼 7.48mg/L，虹鳟鱼 10mg/L。水蚤 EC_{50}（48h）4.27mg/L。羊角月牙藻 E_bC_{50}（72h）2.64mg/L。蜜蜂 LD_{50}：（经口）＞0.1mg/只，（接触）＞1mg/只。

制剂 DP，SC，WP。

应用 对由担子菌纲菌引起的病害有高效，尤其防治水稻、黄瓜和马铃薯上的立枯丝核菌。对小麦上的隐匿柄锈菌和肉孢核瑚菌也有较好防效，如水稻纹枯病、小麦根腐病和锈病、梨树锈病、棉花立枯病。本品持效期长，无药害，可水面、土壤中施用，也可用于种子处理。本品也是良好的木材防腐、防霉剂。

合成路线

分析方法 产品用 HPLC 分析。

主要生产商 Kumiai，浙江新农。

参考文献

[1] US 3937840.
[2] GB 1421112.
[3] JP 906789.

那他霉素（natamycin）

$C_{33}H_{47}NO_{13}$, 665.7, 7681-93-8

由 Gist-Brocades N. V. 开发的杀菌剂。

其他名称 myprozine, Delvolan

化学名称 (8E,14E,16E,18E,20E)-(1R,3S,5R,7R,12R,22R,24S,25R,26S)-22-(3-amino-3,6-dideoxy-β-D-mannopyranosyloxy)-1,3,26-trihydroxy-12-methyl-10-oxo-6,11,28-trioxatricyclo[22.3.1.0^{5,7}]octacosa-8,14,16,18,20-pentaene-25-carboxylic acid

CAS 名称 [1R-(1R^*,3S^*,5R^*,7R^*,8E,12R^*,14E,16E,18E,20E,22R^*,24S^*,25R^*,26S^*)]-22-[(3-amino-3,6-dideoxy-β-D-mannopyranosyl)oxy]-1,3,26-trihydroxy-12-methyl-10-oxo-6,11,28-trioxatricyclo[22.3.1.0^{5,7}]octacosa-8,14,16,18,20-pentaene-25-carboxylic acid

理化性质 原药纯度＞87%，白色晶体，熔点 280～300℃（分解）。水中溶解度：4.1g/L（20～22℃）；水中溶解度：DMSO＞200，甲醇 97，乙醇 5.5，丙酮 0.85，汽油 0.1，苯 0.05（g/L，20～22℃）。干燥条件下稳定，对光敏感。与酸和碱形成水溶性盐。

毒性 大鼠急性经口 LD_{50} 2730～4670mg/kg。高剂量下无急性毒性。对兔皮肤和眼睛无刺激性，无皮肤致敏性。对鱼无毒。

制剂 WP

应用 防治水仙花腐烂病，与热水混合使用效果更好。

分析方法 产品分析通过检测相应的微生物，或采用紫外检测。

参考文献

[1] GB 712547.

[2] GB 844289.
[3] US 3892850.

切欣特混合液 (Cheshunt mixture)

55632-67-2

化学组成 硫酸铜与碳酸铵混合液（1∶1）
CAS 名称 diammonium carbonate mixture with copper(2+) sulfate(1∶1)
应用 杀菌剂。

8-羟基喹啉盐 (8-hydroxyquinoline sulfate)

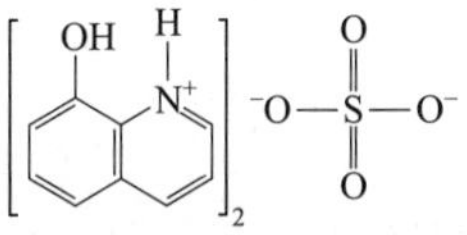

$C_{18}H_{16}N_2O_6S$, 388.4, 134-31-6(用于羟基喹啉盐), 12557-04-9(用于其一水合物)

1936 年由 G.Fron 首先发表了其内吸杀菌作用，最初由 Gamma 化学公司和 Benzol products 公司进行了生产。

其他名称 Chinosol W (Hoechst AG), Cryptonol (LaQuinoleine)
化学名称 双(8-羟基喹啉)硫酸盐；bis(8-hydroxyquinolinium)sulfate
CAS 名称 8-quinolinol sulfate(2∶1)（盐）
理化性质 羟基喹啉盐为固体。熔点 175~178℃。水中溶解度（20℃）300g/L。羟基喹啉硫酸钾盐为浅黄色固体；在 172~184℃ 部分熔解。易溶于水；热乙醇能溶解双（8-羟基喹啉）硫酸盐，但不能溶解硫酸钾；不溶于二乙醚中。在碱性下释放出 8-羟基喹啉，它是一种强有力的螯合剂，能沉淀重金属。
毒性 急性经口 LD_{50}：大鼠 1250mg/kg；小鼠 500mg/kg。
应用 防治维管束性枯萎病、荷兰榆树病和多种细菌性病害。
分析方法 用 HCl 酸化，加标准溴溶液和碘化钾，用标准硫代硫酸钠滴定析出的碘。

参考文献

[1] FR 977687.
[2] US 2489530.
[3] GB 301545.
[4] GB 383920.

嗪胺灵 (triforine)

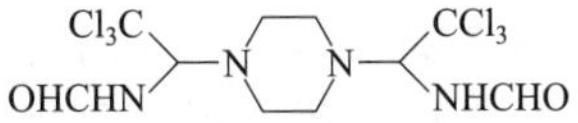

$C_{10}H_{14}Cl_6N_4O_2$, 435.0, 26644-46-2

由 BASF 开发的哌嗪类杀菌剂。
其他名称 Funginex, Saprol

化学名称 N,N'-{哌嗪-1,4-二双[(三氯甲基)亚甲基]}二甲酰胺;N,N'-{piperazine-1,4-diylbis[(trichloromethyl)methylene]}diformamide

CAS 名称 N,N'-[1,4-piperazinediylbis(2,2,2-trichloroethylidene)]bisformamide

理化性质 纯品为白色至浅棕色结晶固体，熔点155℃。K_{ow} lg$P$ 2.2（20℃），0.67（pH7）。Henry 常数 2.5Pa·m³/mol。相对密度 1.55。水中溶解度：9mg/L（20℃）；有机溶剂中溶解度（g/L，20℃）：DMF 330，DMSO 476，丙酮11，甲醇10，二氯甲烷1。

毒性 急性经口（mg/kg）LD_{50}：大鼠>16000，小鼠>6000，狗>2000。兔和大鼠急性经皮 LD_{50}>2000mg/kg。大鼠急性吸入 LC_{50}（4h）>4.5mg/L。雄、雌 2 年饲喂试验无作用剂量[mg/(kg·d)]：大鼠200，狗100。山齿鹑急性经口 LD_{50}>5000mg/kg，野鸭饲喂 LC_{50}（5d）>4640mg/kg。虹鳟鱼、大翻车鱼 LC_{50}（96h）>1000mg/L。水蚤 LC_{50}（48h）117mg/L。

应用 主要用于防治禾谷类作物、蔬菜、果树、草坪、花卉等的白粉病、锈病、黑星病等。

主要生产商 Sumitomo Corp。

氢氧化铜（copper hydroxide）

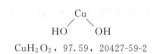

CuH_2O_2，97.59，20427-59-2

由 Kennecott Corp 于 1968 年在美国推出。

其他名称 可杀得 2000，丰护安，Cuproxyde，Rameazzurro

化学名称 氢氧化铜；copper(Ⅱ) hydroxide

CAS 名称 copper hydroxide

理化性质 纯品为蓝绿色固体。水中溶解度为 2.9mg/L（pH7，25℃）；易溶于氨水溶液，不溶于有机溶剂。稳定性：50℃以上脱水，140℃分解。

毒性 大鼠急性经口 LD_{50} 489mg/kg（原药）。兔急性经皮 LD_{50}>3160mg/kg，对眼睛刺激严重，对皮肤刺激中等。大鼠吸入 LC_{50}>2mg/L 空气。急性经口 LD_{50}（mg/kg）：山齿鹑3400，野鸭>5000。山齿鹑和野鸭饲喂 LC_{50}（8d）>10000mg/L。鱼毒 LC_{50}（mg/L）：虹鳟鱼（24h）0.08，大翻车鱼（96h）>180。水蚤 LC_{50} 6.5μg/L，对蜜蜂无毒。

制剂 SC，WG，WP。

应用 用于防治柑橘疮痂病、树脂病、溃疡病、脚腐病、水稻白叶枯病、细菌性条斑病、稻瘟病、纹枯病，马铃薯早疫病、晚疫病、十字花科蔬菜黑斑病、黑腐病，胡萝卜叶斑病，芹菜细菌性斑点病、早疫病、斑枯病，茄子早疫病、炭疽病、褐斑病，菜豆细菌性疫病，葱类紫斑病、霜霉病，辣椒细菌性斑点病，黄瓜细菌性角斑病，香瓜霜霉病、网纹病，葡萄黑痘病、白粉病、霜霉病，花生叶斑病，茶树炭疽病、网纹病等。适用于柑橘、水稻、花生、十字花科蔬菜、胡萝卜、番茄、马铃薯、芹菜、葱类、辣椒、茶树、菜豆、黄瓜、茄子、葡萄、西瓜、香瓜等。杀菌作用主要靠铜离子，铜离子被萌发的孢子吸收，当达到一定浓度时，就可以杀死孢子细胞，从而起到杀菌作用；但此作用仅限于阻止孢子萌发，也即仅有保护作用。

分析方法 产品分析采用碘量法，或将产物转化为硫酸盐后采用电解法测定。

主要生产商 Agri-Estrella，DuPont，Erachem Comilg，Heben，IQV，Isagro，Nufarm

SAS，Spiess-Urania，Sulcosa。

参考文献

[1] The Pesticide Manual. 15th ed.
[2] CIPAC Handbook，1992，E：42.
[3] AOAC Methods. 18th ed：922.05.

氰菌胺（zarilamid）

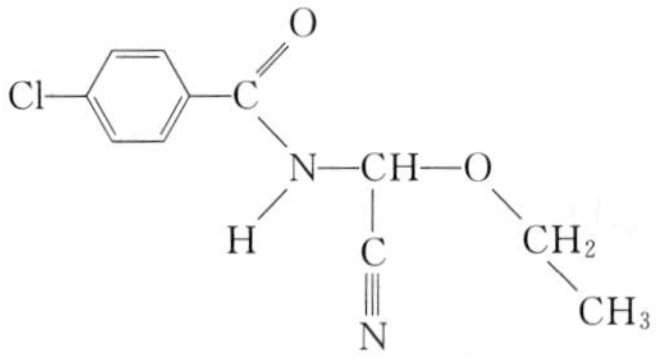

$C_{11}H_{11}ClN_2O_2$，238.7，84527-51-5

化学名称　（RS)-4-氯-N-［氰基（乙氧基）甲基］苯甲酰胺；(RS)-4-chloro-N-[cyano(ethoxy)methyl]benzamide

CAS 名称　4-chloro-N-(cyanoethoxymethyl)benzamide

应用　杀菌剂。

氰菌灵（cypendazole）

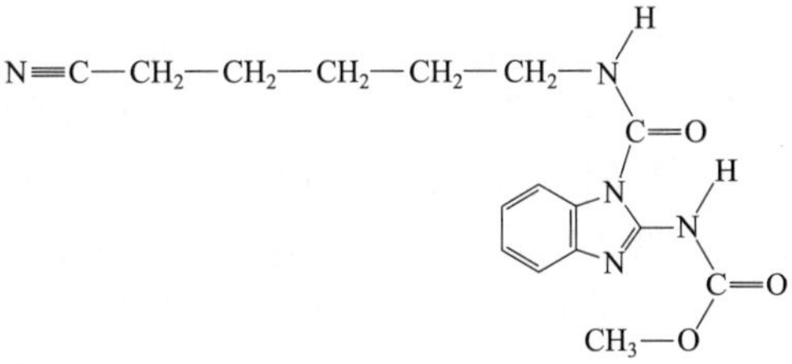

$C_{16}H_{19}N_5O_3$，329.4，28559-00-4

Bayer AG 开发的内吸性杀菌剂。

其他名称　Folicidin

化学名称　1-(5-氰基戊氨基甲酰基)-苯并咪唑-2-基氨基甲酸甲酯；methyl 1-(5-cyanopentylcarbamoyl)benzimidazol-2-ylcarbamate

CAS 名称　methyl [1-[[(5-cyanopentyl)amino]carbonyl]-1H-benzimidazol-2-yl]carbamate

应用　杀菌剂。

氰霜唑(cyazofamid)

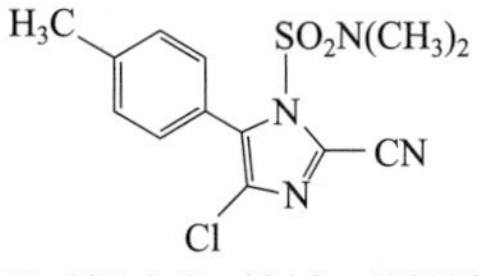

$C_{13}H_{13}ClN_4O_2S$，324.8，120116-88-3

1987 年由 Ishihara Sangyo Kaisha Ltd 开发，S. Mitani 等报道。Ishihara Sangyo 公司 2001 年首次在英国、日本和韩国登记。

其他名称　氰唑磺菌胺，IKF-916，BAS 545F，Docious，Mildicut，Ranman，cyamidazosulfamid

化学名称　4-氯-2-氰基-5-对甲基苯基咪唑-1-N,N-二甲基磺酰胺；4-chloro-2-cyano-N,N-dimethyl-5-p-tolylimidazole-1-sulfonamide

CAS 名称　4-chloro-2-cyano-N,N-dimethyl-5-(4-methylphenyl)-1H-imidazole-1-sulfonamide

理化性质　白色无味粉末。熔点 152.7℃。蒸气压＜$1.3×10^{-2}$ mPa（35℃）。K_{ow} lg$P$ 3.2（25℃）。Henry 常数常数＜$4.03×10^{-2}$ Pa·m³/mol（20℃，计算值）。相对密度 1.446（20℃）。水中溶解度：0.121（pH 5），0.107（pH 7），0.109（pH 9）（均为 mg/L，20℃）；有机溶剂中溶解度：丙酮 41.9，甲苯 5.3，二氯甲烷 101.8，己烷 0.03，乙醇 1.54，乙酸乙酯 15.63，乙腈 29.4，异丙醇 0.39（均为 g/L，20℃）。水中 DT_{50}：24.6d（pH 4），27.2d（pH 5），24.8d（pH 7）。

毒性　大鼠、小鼠急性经口 LD_{50}＞5000mg/kg。大鼠急性经皮 LD_{50}＞2000mg/kg，对兔眼睛、皮肤无刺激，对豚鼠皮肤无致敏性。大鼠吸入毒性 LC_{50}＞5.5mg/L。雄大鼠无作用剂量：500mg/L [17mg/(kg·d)]。鹌鹑、野鸭急性经口 LD_{50}＞2000mg/kg。鱼类 LC_{50}（96h）：虹鳟鱼＞0.510mg/L，鲤鱼＞0.14mg/L。水蚤 EC_{50}（48h）＞0.14mg/L。羊角月牙藻 E_bC_{50}（72h）0.025mg/L。蜜蜂 LD_{50}：＞151.7μg/只（经口），＞100μg/只（接触）。蚯蚓 LC_{50}（14d）＞1000mg/kg 土壤。

制剂　SC，GR。

应用　保护性杀菌剂，对卵菌纲病原菌（如疫霉菌、霜霉菌、假霜霉菌、腐霉菌等）以及根肿菌纲的芸薹根肿菌具有很高的活性。作用机制是阻断卵菌纲病菌体内线粒体细胞色素 bc_1 复合体的电子传递来干扰能量的供应，其结合部位为酶的 Q_i 中心，与其他杀菌剂无交叉抗性。其对病原菌的高选择活性可能是由于靶标酶对药剂的敏感程度差异造成的。于发病前或发病初期使用，具有较好的保护作用，耐雨水冲刷，对作物安全未见药害。

合成路线　以对甲基苯乙酮为起始原料，经氯化，再与羟胺缩合、与乙二醛合环制得中间体取代的咪唑；然后经氯化脱水制得中间体取代的氰基咪唑，最后与二甲氨基磺酰氯反应即得目的物。

主要生产商　Ishihara Sangyo。

参考文献

[1] EP 705823.
[2] US 4995898.

氰烯菌酯（phenamacril）

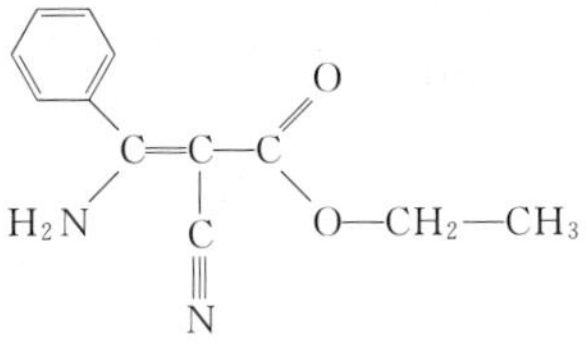

$C_{12}H_{12}N_2O_2$，216.2

由江苏省农药研究所股份有限公司研发。

化学名称　（2EZ）-3-氨基-2-氰基-3-苯基丙烯酸乙酯；ethyl（2EZ）-3-amino-2-cyano-3-phenylacrylate

CAS 名称　ethyl 3-amino-2-cyano-3-phenyl-2-propenoate

理化性质　原药外观为白色固体粉末。熔点 123～124℃，蒸气压（25℃）4.5×10^{-5} Pa。溶解度（20℃）：难溶于水、石油醚、甲苯，易溶于氯仿、丙酮、二甲基亚砜、N,N-二甲基甲酰胺。稳定性：在酸性、碱性介质中稳定，对光稳定。

毒性　原药大鼠急性经口 LD_{50}＞5000mg/kg，急性经皮 LD_{50}＞5000mg/kg，对大耳白兔皮肤、眼睛均无刺激性，豚鼠皮态反应（致敏）试验结果为弱致敏物（致敏率为 0）；原药大鼠 13 周亚慢性饲喂试验最大无作用剂量：雄性 44mg/(kg·d)，雌性为 47mg/(kg·d)；Ames 试验、小鼠骨髓细胞微核试验、小鼠骨髓细胞染色体畸变试验结果均为阴性，未见致突变作用。该药对鱼、鸟为中毒，对蜜蜂和家蚕低毒。在鸟类保护区禁用本品；使用时注意对蜜蜂的保护。

应用　氰烯菌酯属 2-氰基丙烯酸酯类杀菌剂，对镰刀菌类引起的病害有效，具有保护作用和治疗作用。通过根部被吸收，在叶片上有向上输导性，而向叶片下部及叶间的输导性较差。氰烯菌酯对小麦赤霉病有较好的防治效果。对作物安全。

噻二呋（thiadifluor）

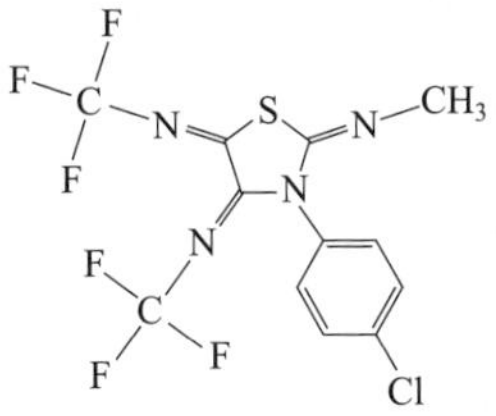

$C_{12}H_7ClF_6N_4S$，388.7，80228-93-9

化学名称　3-(4-氯苯基)-N^2-甲基-N^4,N^5-双(三氟甲基)-1,3-噻唑烷-2,4,5-三亚胺；3-(4-chlorophenyl)-N^2-methyl-N^4,N^5-bis(trifluoromethyl)-1,3-thiazolidine-2,4,5-triimine

CAS 名称　N,N'-[3-(4-chlorophenyl)-2-(methylimino)-4,5-thiazolidinediylidene]bis[1,1,1-trifluoromethanamine]

应用　杀菌剂。

噻吩酰菌酮（isofetamid）

$C_{20}H_{25}NO_3S$，359.5，875915-78-9

由日本石原产业公司发明并予以开发，于 2007 年申请专利。
其他名称　KF-5411
化学名称　N-[1,1-二甲基-2-(4-异丙氧基邻甲苯基)-2-氧代乙基]-3-甲基噻吩-2-甲酰胺；N-[1,1-dimethyl-2-(4-isopropoxy-o-tolyl)-2-oxoethyl]-3-methylthiophene-2-carboxamide
CAS 名称　N-[1,1-dimethyl-2-[2-methyl-4-(1-methylethoxy)phenyl]-2-oxoethyl]-3-methyl-2-thiophenecarboxamide
应用　一种 SDHI（琥珀酸脱氢酶抑制剂）类广谱杀菌剂，作用于病原菌琥珀酸脱氢酶而抑制其呼吸。isofetamid 是一种局部内吸杀菌剂，能有效地控制子囊菌纲和半知菌纲真菌，具有预防和治疗活性。用于防治葡萄、莴苣、油菜籽、矮生浆果、高尔夫球场及草皮农场上草坪草的多种灰霉病和菌核病害。

噻氟菌胺（thifluzamide）

$C_{13}H_6Br_2F_6N_2O_2S$，528.1，130000-40-7

美国孟山都公司研制，现为陶氏益农公司开发的噻唑酰胺类杀菌剂。
其他名称　噻呋酰胺，满穗，MON 24000，RH-130 753
化学名称　N-[2,6-二溴-4-(三氟甲氧基)苯基]-2-甲基-4-(三氟甲基)-5-噻唑甲酰胺；N-[2,6-dibromo-4-(trifluoromethoxy)phenyl]-2-methyl-4-(trifluoromethyl)-1,3-thiazole-5-carboxamide
CAS 名称　N-[2,6-dibromo-4-(trifluoromethoxy)phenyl]-2-methyl-4-(trifluoromethyl)-5-thiazolecarboxamide
理化性质　白色或浅褐色粉末。熔点 177.9～178.6℃，蒸气压 $1.008×10^{-6}$ mPa（20℃），$K_{ow}lgP$ 4.16（pH 7），Henry 常数 $3.3×10^{-7}$ Pa·m³/mol（pH 5.7，20℃，计算值），相对密度 2.0（26℃）。20℃水中溶解度：1.6mg/L（pH 5.7），7.6mg/L（pH 9）。稳定性：pH 5.0～9.0 不易水解。pK_a 11.0～11.5（20℃）。闪点＞177℃。
毒性　大鼠及小鼠急性经口 LD_{50}＞6500mg/kg。兔急性经皮 LD_{50}＞5000mg/kg，对兔眼睛和皮肤有轻微刺激性。大鼠吸入毒性 LC_{50}（4h）＞5g/L。无作用剂量：大鼠 1.4mg/

(kg·d)，狗 10mg/(kg·d)。山齿鹑和野鸭急性经口 $LD_{50}>2250mg/kg$。山齿鹑和野鸭饲喂毒性 $LC_{50}>5620mg/kg$。鱼类 LC_{50}（96h，mg/L）：大翻车鱼 1.2，虹鳟鱼 1.3，鲤鱼 2.9。水蚤 EC_{50}（48h）1.4mg/L。海藻、绿藻 EC_{50} 1.3mg/L。蜜蜂：急性经口 $LD_{50}>1000mg/L$，接触毒性 $>100\mu g/$只。蠕虫 $LC_{50}>1250mg/kg$。

制剂 SC。

应用 一种新的噻唑羧基-N-苯酰胺类杀菌剂，可防治多种植物病害，特别是担子菌、丝核菌属真菌所引起的病害。它具有很强的内吸传导性，适用于叶面喷雾、种子处理和土壤处理等多种施药方法，成为防治水稻、花生、棉花、甜菜、马铃薯和草坪等多种作物病害的优秀杀菌剂。防治水稻纹枯病，于水稻分蘖末期至孕穗初期对水喷雾。

合成路线

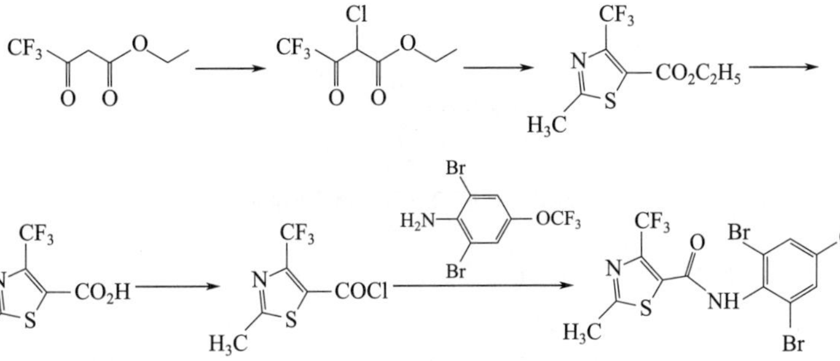

主要生产商 美国陶氏益农公司。

参考文献

[1] The Pesticide Manual. 15th ed.
[2] 世界农药，2000，5：55.
[3] EP 0371950.

噻菌胺（metsulfovax）

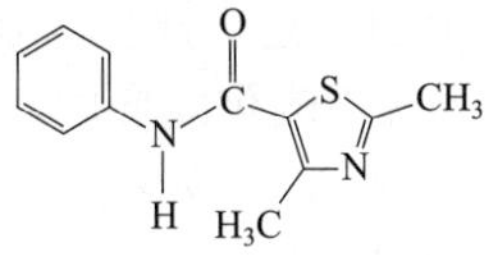

$C_{12}H_{12}N_2OS$，232.3，21452-18-6

由 Uniroyal Chemical Co.，Inc 开发。

其他名称 G696，Provax

化学名称 2,4-二甲基-1,3-噻唑-5-酰苯胺；2,4-dimethyl-1,3-thiazole-5-carboxanilide；2,4-dimethylthiazole-5-carboxanilide

CAS 名称 2,4-dimethyl-N-phenyl-5-thiazolecarboxamide

理化性质 纯品为晶体，熔点 140～142℃，蒸气压 0.0017mPa（25℃），相对密度 1.27。水中溶解度：342mg/L；有机溶剂中溶解度（g/L）：己烷 0.32，甲醇 171，甲苯 12.9。pK_a 2.05。

毒性 大鼠急性经口 LD_{50} 3929mg/kg，兔急性经皮 $LD_{50}>2000mg/kg$，大鼠吸入 LC_{50}（4h）$>5.7mg/L$ 空气。雌大鼠（2 年）无作用剂量 50mg/kg 饲料，雄大鼠 400mg/kg 饲料。

野鸭饲喂 LC$_{50}$（8d）＞5620mg/kg 饲料。大翻车鱼 LC$_{50}$（96h）34mg/L。水蚤 LC$_{50}$（48h）＞97mg/L。

制剂 FS，SC，WS。

应用 内吸性杀菌剂，防除谷物、棉花、马铃薯和观赏植物的柄锈菌、黑粉菌、立枯丝核菌、腥黑粉菌和其他担子菌。叶面施用或种子处理。

主要生产商 Uniroyal。

参考文献

The Pesticide Manual. 16 th ed.

噻菌腈（thicyofen）

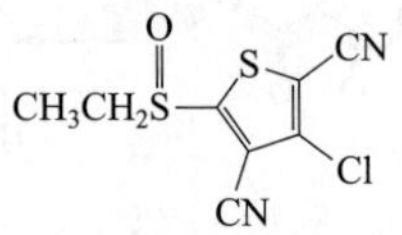

$C_8H_5ClN_2OS_2$，244.7，116170-30-0

由 T. W. Hofman 等报道，由 Duphar B. V. 开发。

其他名称 PH 51-07，Du 510311

化学名称 （±）-3-氯-5-乙基亚磺酰噻吩-2,4-二腈；（±）-3-chloro-5-ethylsulfinylthiophene-2,4-dicar bonitrile

CAS 名称 （±）-3-chloro-5-(ethylsulfinyl)-2,4-thiophenedicarbonitrile

理化性质 本品为固体，熔点 130℃，蒸气压＜1mPa（20℃）。溶解度（20℃）：水 240mg/L。土壤 DT$_{50}$＜30d。

毒性 雄大鼠急性经口 LD$_{50}$ 395mg/kg，雌大鼠 368mg/kg。大鼠急性经皮 LD$_{50}$＞2000mg/kg。鹌鹑急性经口 LD$_{50}$ 216mg/kg，鹌鹑和野鸭的 LC$_{50}$＞5620mg/kg 饲料。在离体试验中无诱变性。

制剂 SC。

应用 本品属噻吩类非内吸性杀菌剂，是多部位抑制剂。

合成路线 在 0~10℃下，丙二腈与二硫化碳反应，反应产物与氯代乙腈及氯乙烷依次反应，生成 2-乙硫基-3,5-二氰基-4-氨基噻吩，该化合物经重氮化及氯化反应，生成 4-氯代噻吩衍生物，最后用过氧化氢氧化，制得产品。

噻菌灵（thiabendazole）

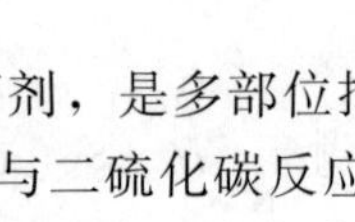

$C_{10}H_7N_3S$，201.3，148-79-8

由 Merck Chemical Div 1968 年作为农用杀菌剂推广。

其他名称 特克多，涕灭灵，硫苯唑，腐绝，Mertect，Tecto，Storite，TBZ，MK360

化学名称 2-(1,3-噻唑-4-基)苯并咪唑；2-(thiazol-4-yl)benzimidazole；2-(1,3-thiazol-4-

yl）benzimidazole

CAS 名称 2-(4-thiazolyl)-1H-benzimidazole

理化性质 白色无味粉末。熔点 297~298℃，蒸气压 5.3×10^{-4} mPa（25℃），K_{ow} lg$P$ 2.39（pH 7，25℃），Henry 常数 3.7×10^{-6} Pa·m³/mol，相对密度 1.3989。水中溶解度：0.16（pH 4），0.03（pH 7），0.03（pH 10）（均为 g/L，20℃）；有机溶剂中溶解度：庚烷＜0.01，二甲苯 0.13，甲醇 8.28，二氯乙烷 0.81，丙酮 2.43，乙酸乙酯 1.49，正辛醇 3.91（均为 g/L，20℃）。在水、酸、碱性溶液中均稳定。

毒性 急性经口 LD_{50}（mg/kg）：小鼠 3600，大鼠 3100，兔≥3800。兔急性经皮 LD_{50}＞2000mg/kg；对兔眼睛无刺激，对豚鼠皮肤无致敏性。大鼠吸入 LC_{50}＞0.5mg/L。大鼠（2 年）无作用剂量：10mg/(kg·d)。山齿鹑急性经口 LD_{50}＞2250mg/kg。鱼类 LC_{50}（96h）：大翻车鱼 19mg/L，虹鳟鱼 0.55mg/L。水蚤 EC_{50}（48h）0.81mg/L。对蜜蜂无毒。蚯蚓 LC_{50}＞500mg/kg 土壤。

制剂 SC，WP。

应用 内吸性杀菌剂，对多种作物的真菌病害，如水稻、小麦、大豆、甘蓝、马铃薯、番茄、烟草、葡萄、香蕉、仁果类、蘑菇、观赏植物、草坪上的曲霉属、葡萄孢属、长喙壳属、尾孢属、刺盘孢属、间座壳属、镰孢属、赤霉病、盘长孢属、节卵孢属、青霉属、茎点霉属、丝核菌属、核盘菌属、壳针孢属、轮枝孢属等真菌病害有效。还可防治水果及蔬菜的贮藏病害。还可用于医药及兽药作驱虫剂。

合成路线

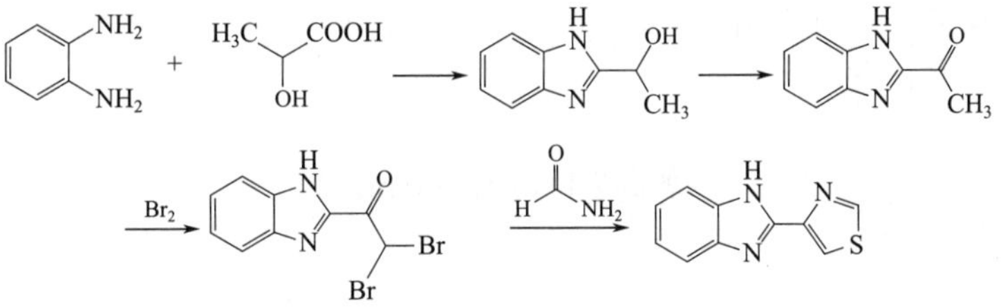

主要生产商 安阳红旗药业，百灵农化，嘉隆化工，常隆农化，徐州诺恩农化，徐州诺特化工，上虞颖泰，台湾隽农实业。

参考文献

[1] US 3017415.
[2] CN 101712677.
[3] CN 1121516.

噻菌茂（saijunmao）

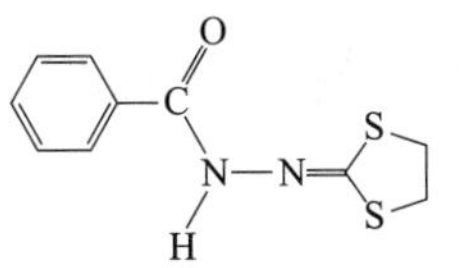

$C_{10}H_{10}N_2OS_2$，238.2

其他名称 青枯灵
化学名称 2-苯甲酰肼-1,3-二噻茂烷

理化性质　熔点 145~146℃，易溶于二甲亚砜，溶于三氯甲烷、丙酮、二氯甲烷，能溶于甲醇，难溶于石油醚、正己烷、水等。

应用　杀菌剂。

噻菌铜（thiodiazole-copper）

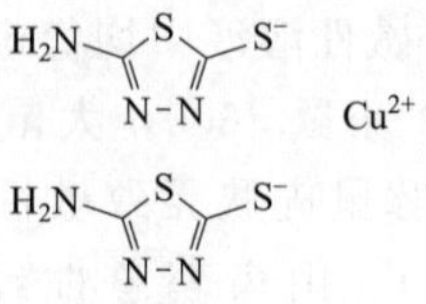

$C_4H_4CuN_6S_4$，327.9

其他名称　龙克菌

化学名称　5-氨基-2-巯基-1,3,4-噻二唑铜；5-amino-1,3,4-thiadiazole-2-thiol copper salt

毒性　TC 雄性大鼠急性经口 LD_{50}＞2150mg/kg；TC 大鼠急性经皮 LD_{50}＞2000mg/kg；无致生殖细胞突变作用；AMES 实验，TC 的致突变作用为阴性；在实验所使用剂量下，无致微核作用；亚慢性经口毒性的最大无作用剂量为 20.16mg/(kg·d)；TC 对皮肤无刺激性，对眼睛有轻度刺激。对人、畜、鱼、鸟、蜜蜂、青蛙、有益生物、天敌和农作物安全。

制剂　SC。

应用　主要防治植物细菌性病害，已经试验示范推广登记的作物病害包括水稻白叶枯病、水稻细菌性条斑病、柑橘溃疡病、柑橘疮痂病、白菜软腐病、黄瓜细菌性角斑病、西瓜枯萎病、香蕉叶斑病、茄科青枯病。

主要生产商　龙湾化工。

噻森铜（saisentong）

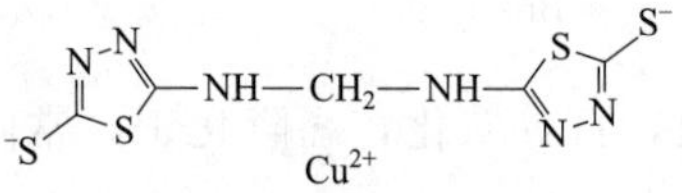

$C_5H_4CuN_6S_4$，339.9

化学名称　N,N'-亚甲基-双(2-氨基-5-巯基-1,3,4-噻二唑)铜

毒性　大鼠急性经口 LD_{50} 大于 200mg/kg，大鼠急性经皮 LD_{50} 大于 5000mg/kg，对兔子眼睛有轻度刺激，对兔皮肤无刺激。

制剂　SC。

应用　主要防治水稻白叶枯病、水稻细菌性条斑病、白菜软腐病、茄科青枯病、柑橘疮痂病。

主要生产商　东风化工。

噻酰菌胺（tiadinil）

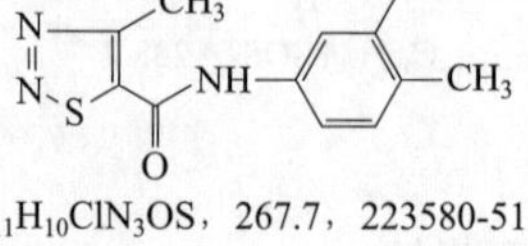

$C_{11}H_{10}ClN_3OS$，267.7，223580-51-6

日本农药公司开发的噻二唑酰胺类杀菌剂。

其他名称 NNF 9850

化学名称 3′-氯-4,4′-二甲基-1,2,3-噻二唑-5-甲酰苯胺；3′-chloro-4,4′-dimethyl-1,2,3-thiadiazole-5-carboxanilide

CAS 名称 N-(3-chloro-4-methylphenyl)-4-methyl-1,2,3-thiadiazole-5-carboxamide

理化性质 原药为棕色固体，熔点 114～116℃。纯品为白色结晶固体，熔点 116℃。

毒性 大鼠急性经口毒性 $LD_{50}>6147mg/kg$，大鼠急性经皮毒性 $LD_{50}>2000mg/kg$。大鼠急性吸入 LD_{50}（4h）$>7mg/L$。对兔眼睛无刺激性，对兔、大鼠无致畸性，对大鼠无繁殖毒性，对小鼠无变异性。对家蚕（幼虫）的急性毒性 $LC_{50}>400mg/L$，对蜜蜂（成虫）$LC_{50}>1000mg/L$。

应用 主要用于稻田防治稻瘟病。对其他病害如褐斑病、白叶枯病、纹枯病以及芝麻叶枯病等也有较好的防治效果。此外，对白粉病、锈病、晚疫病或疫病、霜霉病等也有一定的效果。该药剂有很好的内吸性，可以通过根部吸收，并迅速传导到其他部位，适于水面使用，持效期长，对叶稻瘟病和穗稻瘟病都有较好的防治效果。在稻瘟病发病初期使用，使用时间越早效果越明显。在移植当日处理对叶稻瘟病的防除率都在 90% 以上，移植 100d 后，防除率仍可维持在原水平。此外，该药剂受环境因素影响较小，如移植深度、水深、气温、水温、土壤、光照、施肥和漏水条件等。用药期较长，在发病前 7～20d 均可。

合成路线

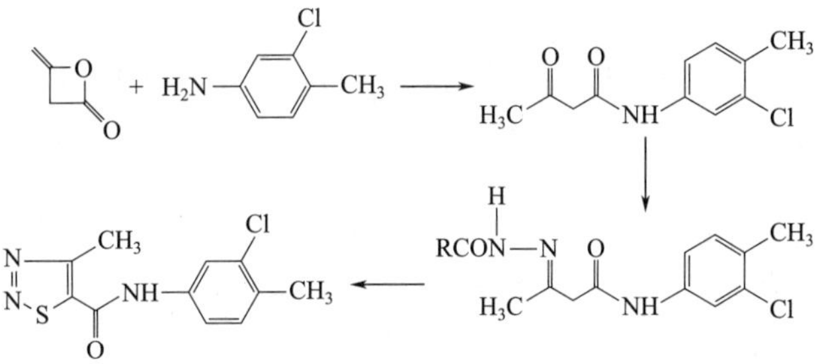

参考文献

[1] JP 8325110.

[2] EP 0930305.

[3] WO 9923084.

噻唑菌胺（ethaboxam）

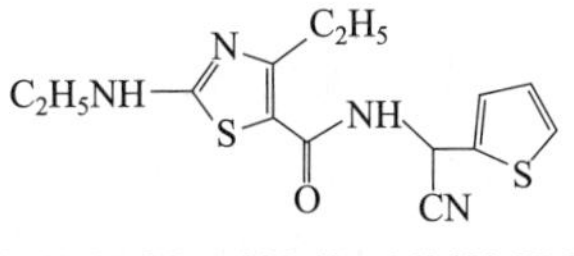

$C_{14}H_{16}N_4OS_2$，320.42，162650-77-3

LG 生命科学公司（原 LG 化学有限公司）开发的噻唑酰胺类杀菌剂。1995 年由 C. S. Ra 等报道，2002 年由 D. S. Kim 等报道。1999 年首次进入韩国市场。2011 年被 Sumitomo Chemical 收购。

其他名称 LGC-30473，Guardian

化学名称 （RS）-N-（α-氰基-2-噻吩甲基）-4-乙基-2-（乙氨基）噻唑-5-甲酰胺；（RS）-（α-cyano-2-thenyl)-4-ethyl-2-(ethylamino)-5-thiazolecarboxamide

CAS 名称 N-(cyano-2-thienylmethyl)-4-ethyl-2-(ethylamino)-5-thiazolecarboxamide

理化性质 纯品为白色晶体粉末。无固定熔点，在185℃熔化过程已分解。蒸气压为 8.1×10^{-5} Pa（25℃）。水中溶解度4.8mg/L（20℃）。在室温，pH 7 条件下的水溶液稳定，pH 4 和 9 时半衰期分别为89d、46d。

毒性 大、小鼠（雄/雌）急性经口 LD_{50} >5000mg/kg。大鼠（雄/雌）急性经皮 LD_{50} >5000mg/kg。大鼠（雄/雌）急性吸入 LC_{50}（4h）>4.89mg/L。对兔眼睛无刺激性，对兔皮肤无刺激性，对豚鼠皮肤无致敏性。无潜在诱变性，对兔、大鼠无潜在致畸性。山齿鹑急性经口 LD_{50} >5000mg/kg。大翻车鱼 LC_{50} >2.9mg/L（96h），黑头呆鱼 LC_{50} >4.6mg/L（96h），虹鳟 LC_{50} 2.0mg/L（96h）。蚤状水蚤属 EC_{50} 0.33mg/L（48h）。藻类 EC_{50} >3.6mg/L（120h）。蜜蜂 LD_{50} >100μg（a.i.)/只。蚯蚓 LD_{50} >1000mg/L 干土。

制剂 SC，WP。

应用 对疫霉菌生活史中菌丝体生长和孢子的形成2个阶段有很高的抑制效果，但对疫霉菌孢子囊萌发、孢囊的生长以及游动孢子几乎没有任何活性，这种作用机制区别于同类其他杀菌剂，进一步阐明其生化作用机理的研究在进行中。适宜葡萄、马铃薯以及瓜类等作物。主要用于防治卵菌纲病原菌引起的病害，如葡萄霜霉病和马铃薯晚疫病等。

合成路线

主要生产商 LG，Sumitomo Chemical。

噻唑锌（zinc thiazole）

$C_4H_4N_6S_4Zn$，329.8

化学名称 双(2-氨基-1,3,4-噻二唑-5-硫醇)锌

CAS 名称 5-amino-1,3,4-thiadiazole-2-thiol zinc salt(2∶1)

理化性质 灰白色粉末，熔点>300℃，不溶于水和有机溶剂，在中性、弱碱性条件下稳定。

毒性 大鼠急性经口 LD_{50} >5000mg/kg（制剂），大鼠急性经皮 LD_{50} >5000mg/kg（制剂）。

制剂 SC。

应用 噻唑锌的结构由2个基团组成。一是噻唑基团，在植物体外对细菌无抑制力，但在植物体内却是高效的治疗剂，药剂在植株的孔纹导管中，细菌受到严重损害，其细胞壁变

薄继而瓦解，导致细菌的死亡。二是锌离子，具有既杀真菌又杀细菌的作用。药剂中的锌离子与病原菌细胞膜表面上的阳离子（H^+，K^+等）交换，导致病菌细胞膜上的蛋白质凝固杀死病菌；部分锌离子渗透进入病原菌细胞内，与某些酶结合，影响其活性，导致机能失调，病菌因而衰竭死亡。在2个基团的共同作用下，杀病菌更彻底，防治效果更好，防治对象更广泛。用于白菜防治软腐细菌性病害，以及黑斑病、炭疽病、锈病、白粉病、缺锌老化叶，用于花生防治花生青枯病、死棵烂根病、花生叶斑病，用于水稻防治僵苗、黄秧烂秧、细菌性条斑病、白叶枯病、纹枯病、稻瘟病、缺锌火烧苗，用于黄瓜防治细菌性角斑病、溃疡病、霜霉病、靶标病、黄点病、缺锌黄化叶，用于番茄防治细菌性溃疡病、晚疫病、褐斑病、炭疽病、缺锌小叶病。可钝化病毒。

主要生产商　新农化工。

三苯锡（fentin）

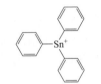

$C_{18}H_{15}Sn$，350.0，668-34-8

fentin acetate 由 Hoechst AG（现 Bayer AG）于1959年推出，fentin hydroxide 由 N. V. Philips-Duphar（现 Chemtura Corp.）于1960年推出。

其他名称　毒菌锡，三苯羟基锡

化学名称　三苯基锡；triphenyltin

CAS 名称　stannylium-triphenyl

三苯基乙酸锡(fentin acetate)：中文化学名称为三苯基锡乙酸盐，英文化学名称为 triphenyltin(Ⅵ)acetate。CAS 名称为 stannane(acetyloxy)triphenyl，CAS 登录号为 900-95-8。

三苯基氢氧化锡(fentin hydroxide)：中文化学名称为羟基三苯锡，英文化学名称为 triphenyltin(Ⅵ) hydroxide。CAS 名称为 stannane hydroxytriphenyl，CAS 登录号为 76-87-9。

理化性质

三苯基乙酸锡：工业品含量不低于94%。无色结晶体，熔点121~123℃（工业品为118~125℃），蒸气压 1.9mPa（50℃）。$K_{ow} \lg P$ 3.54。Henry 常数 $2.96×10^{-4} Pa·m^3/mol$（20℃）。相对密度1.5（20℃）。水中溶解度（pH 5，20℃）：9mg/L；其他溶剂中溶解度（g/L，20℃）：乙醇 22，乙酸乙酯 82，己烷 5，二氯甲烷 460，甲苯 89。干燥时稳定，有水时转化为羟基三苯锡。对酸碱不稳定（22℃），DT_{50}<3h（pH 5，7 或 9）。在日光或氧气作用下分解。闪点（185±5）℃（敞口杯）。

三苯基氢氧化锡：工业品含量不低于95%。无色结晶体，熔点123℃，蒸气压 $3.8×10^{-6}$ mPa（20℃）。$K_{ow}\lg P$ 3.54。Henry 常数 $6.28×10^{-7} Pa·m^3/mol$（20℃）。相对密度 1.54（20℃）。水中溶解度（pH 7，20℃）：1mg/L；随 pH 值减小溶解度增大；其他溶剂中溶解度（g/L，20℃）：乙醇 32，异丙醇 48，丙酮 46，聚乙烯乙二醇 41。室温下黑暗处稳定。超过45℃开始分子间脱水，生成二三苯锡基醚（在低于250℃稳定）。在光照条件下缓慢分解为无机锡及一或二苯基锡的化合物，在紫外线下分解速度加快。闪点 174℃（敞口杯）。

毒性

三苯锡：每日允许摄入量（JMPR）0.0005mg/kg。

三苯基乙酸锡：大鼠急性经口 LD_{50} 140～298mg/kg。兔急性经皮 LD_{50} 127mg/kg；对皮肤及黏膜有刺激。大鼠吸入 LC_{50}（4h）：雄 0.044mg/L 空气；雌 0.069mg/L 空气。NOEL（2年）：狗 4mg/kg。每日允许摄入量（JMPR）0.0004mg/kg。鹌鹑 LD_{50} 77.4mg/kg。呆鲦鱼 LC_{50}（48h）0.071mg/L。水蚤 LC_{50}（48h）10μg/L。水藻 LC_{50}（72h）32μg/L。制剂对蜜蜂无毒。蚯蚓 LD_{50}（14d）128mg/kg 土壤。

三苯基氢氧化锡：大鼠急性经口 LD_{50} 150～165mg/kg。兔急性经皮 LD_{50} 127mg/kg；对皮肤及黏膜有刺激。大鼠吸入 LC_{50}（4h）0.06mg/L 空气。大鼠 NOEL（2年）4mg/kg。每日允许摄入量（JMPR）0.0004mg/kg。山齿鹑 LC_{50}（8d）38.5mg/kg。呆鲦鱼 LC_{50}（48h）0.071mg/L。水蚤 LC_{50}（48h）10μg/L。水藻 LC_{50}（72h）32μg/L。对蜜蜂无毒。蚯蚓 LD_{50}（14d）128mg/kg 土壤。

制剂 三苯基乙酸锡：WP；三苯基氢氧化锡：SC，WP。

应用

三苯基乙酸锡：多靶点抑制剂，能够阻止孢子成长，抑制真菌的代谢。

三苯基氢氧化锡：非内吸性具有保护治疗作用的杀菌剂。本品可作拒食剂，也可用作杀菌剂。防治马铃薯早、晚疫病，甜菜叶斑病以及大豆炭疽病。

合成路线

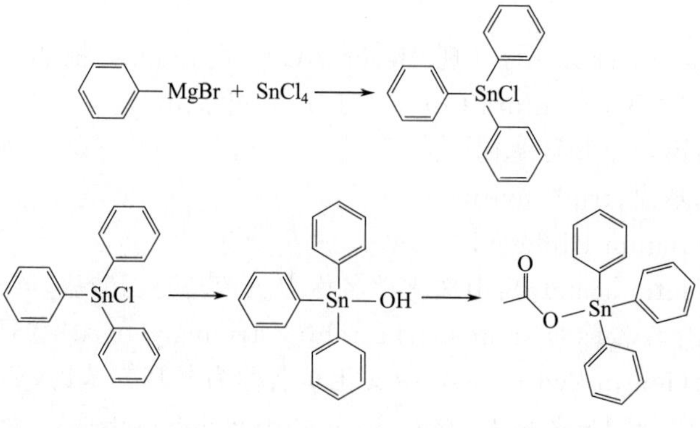

分析方法 高效液相色谱定量分析方法。

主要生产商 Bayer，浙江禾本。

参考文献

[1] DE 950970.
[2] US 3499086.

三氮唑核苷 (ribavirin)

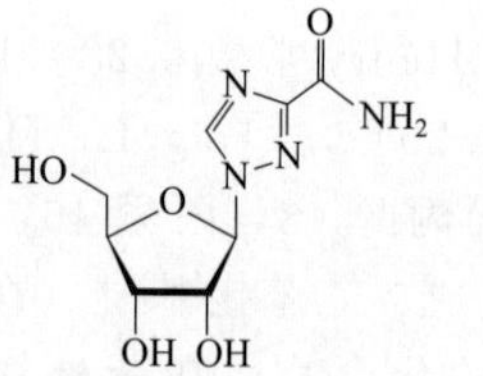

$C_8H_{12}N_4O_5$，244.2，36791-04-5

其他名称　病毒必克

化学名称　1-β-D 呋喃核糖-1,2,4-三唑-3-酰胺；1-β-D-ribofuranosyl-1H-1,2,4-triazole-3-carboxamide

CAS 名称　1-β-D-ribofuranosyl-1H-1,2,4-triazole-3-carboxamide

理化性质　原药为白色结晶粉末，无臭无味。易溶于水，微溶于乙醇。熔点 205℃。对水、光、空气弱酸弱碱均稳定。

毒性　大鼠急性经口 LD_{50}＞10000mg/kg。大鼠急性经皮 LD_{50}＞10000mg/kg。

应用　三氮唑核苷主要用于番茄、黄瓜、西瓜、水稻、烟草等多种作物病毒病的防治。

三丁基氧化锡（tributyltin oxide）

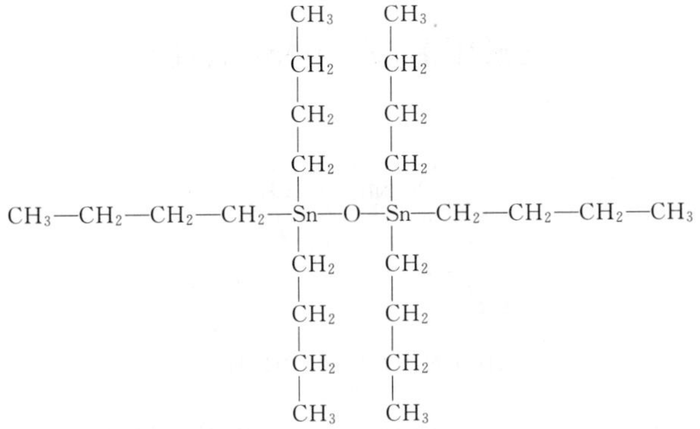

$C_{24}H_{54}OSn_2$，596.1，56-35-9

化学名称　氧化双三丁基锡，bis(tributyltin) oxide

CAS 名称　hexabutyldistannoxane

理化性质　微黄色液体。沸点（266.6Pa）180℃。熔点低于－45℃。相对密度 1.17。闪点大于 100℃。黏度（25℃）4.8mPa·s。实际上不溶于水，可与有机溶剂混溶。与含纤维质和木质的材料混合形成的化合物不易分解。

应用　本品用以合成有机锡高分子树脂，用于制取防腐漆和农药，如熏蒸剂和杀菌剂。

三氟苯唑（fluotrimazole）

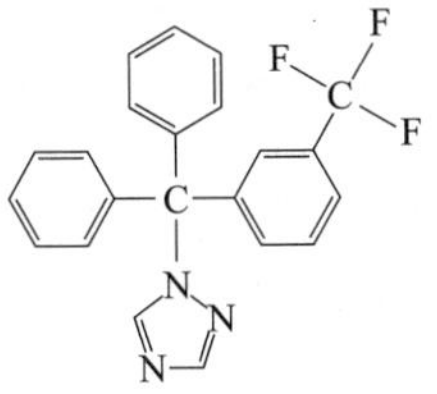

$C_{22}H_{16}F_3N_3$，379.4，31251-03-3

1973 年由 F. Grewe ＆ K. H. Büchel 报道。由 Bayer AG 开发。

其他名称　BAY BUE 0620

化学名称　1-(3-三氟甲基三苯甲基)-1H-1,2,4-三唑；1-(3-trifluoromethyltrityl)-1H-1,2,4-triazole

CAS 名称　1-[diphenyl[3-(trifluoromethyl)phenyl]methyl]-1H-1,2,4-triazole

理化性质　无色结晶固体。熔点 132℃。溶解度：水 0.0015mg/L（20℃）；环己酮 200，二氯甲烷 400，异丙醇 50，甲苯 100（g/kg，20℃）。

毒性　大鼠急性经口 LD_{50}＞5000mg/kg。大鼠急性经皮 LD_{50}＞1000mg/kg。NOEL（2年）：大鼠 50mg/kg 饲料；（90d）大鼠 800mg/kg 饲料，狗＞5000mg/kg 饲料。

制剂　EC，WP。

应用　类固醇脱甲基化抑制剂。防治大麦、黄瓜、葡萄、甜瓜、桃等作物的白粉病。

主要生产商　Bayer。

参考文献

[1]　DE 1795249.
[2]　US 3682950.

三氟甲氧威（tolprocarb）

$C_{16}H_{21}F_3N_2O_3$，346.4，911499-62-2

化学名称　2,2,2-三氟乙基(S)-[2-甲基-1-(对甲苯甲酰氨基甲基)丙基]氨基甲酸酯；2,2,2-trifluoroethyl (S)-[2-methyl-1-(p-toluoylaminomethyl)propyl]carbamate

CAS 名称　2,2,2-trifluoroethyl N-[(1S)-2-methyl-1-[[(4-methylbenzoyl)amino]methyl]propyl]carbamate

应用　杀菌剂。

主要生产商　日本三井。

三环唑（tricyclazole）

$C_9H_7N_3S$，189.2，41814-78-2

美国陶氏益农公司开发生产的一种三唑类内吸保护性杀菌剂。

其他名称　克瘟唑，克瘟灵，三唑苯噻，三赛唑，EL-291，Beam，Bim，Sazole，Blascide

化学名称　5-甲基-[1,2,4]-三唑并[3,4-b][1,3]苯并噻唑；5-methyl[1,2,4]triazolo[3,4-b][1,3]benzothiazole

CAS 名称　5-methyl-1,2,4-triazolo[3,4-b]benzothiazole

理化性质　结晶固体。熔点 184.6～187.2℃，沸点 275℃，蒸气压 $5.86×10^{-4}$ mPa（20℃），K_{ow}lg$P$ 1.42，Henry 常数 $1.86×10^{-7}$ Pa·m³/mol（20℃，计算值），相对密度

1.4（20℃）。溶解度：纯水 0.596g/L（20℃）；丙酮 13.8，甲醇 26.5，二甲苯 4.9（g/L，20℃）。52℃（试验最高贮存温度）稳定存在，对紫外线照射相对稳定。

毒性 急性经口 LD_{50}（mg/kg）：大鼠 314，小鼠 245，狗＞50。兔急性经皮 LD_{50}＞2000mg/kg，对兔眼睛有轻微刺激，对皮肤无刺激性。大鼠吸入 LC_{50}（1h）：0.146mg/L。大鼠无作用剂量（2 年饲喂）9.6mg/kg，小鼠 6.7mg/kg；狗（1 年饲喂）5mg/kg。野鸭和山齿鹑急性经口 LD_{50}＞100mg/kg。鱼类 LC_{50}（96h，mg/L）：大翻车鱼 16.0，虹鳟鱼 7.3。水蚤 LC_{50}（48h）＞20mg/L。

制剂 SC，WG，WP。

应用 一种具有较强内吸性的保护性三唑类杀菌剂，能迅速被水稻根、茎、叶吸收，并输送到植株各部。三环唑抗冲刷力强，喷药 1h 后遇雨不需补喷药。主要是抑制孢子萌发和附着胞形成，从而有效地阻止病菌侵入和减少稻瘟病菌孢子的产生。适用于水稻，防治稻瘟病。叶瘟应力求在稻瘟病初发阶段普遍蔓延之前施药。一般地块如发病点较多，有急性型病斑出现，或进入田间检查比较容易见到病斑，则应全田施药。对生育过旺、土地过肥、排水不良以及品种为高度易感病型的地块，在症状初发时（有病斑出现）应立即全田施药。

合成路线

主要生产商 Dow AgroSciences，Ihara，Nagarjuna Agrichem，Sharda，Sudarshan，Tagros，杭州禾新，长青农化，江苏丰登，耕耘化学，粮满仓农化，润鸿生化，四川迪美特，四川省化学工业研究设计院，东阳东农化工，杭州南郊化学。

参考文献

[1] WO 2004060897.
[2] CN 86104926.

三氯甲基吡啶（nitrapyrin）

$C_6H_3Cl_4N$，230.9，1929-82-4

由 Dow Chemical Co.（现 Dow AgroSciences）开发为土壤杀菌剂，1974 年首次上市。

其他名称 Dowco 163，N-Serve

化学名称 2-氯-6-三氯甲基吡啶；2-chloro-6-trichloromethylpyridine

CAS 名称 2-chloro-6-(trichloromethyl)pyridine

理化性质 白色结晶固体，有温和的甜味。熔点 62.5～62.9℃。沸点 136～137.5℃（11mmHg）。蒸气压 $4.5×10^2$ mPa（25℃）。K_{ow}lg$P$ 3.32。Henry 常数 1.42 Pa·m³/mol（25℃，计算值）。相对密度 1.55（20℃）。水中溶解度：72mg/L（25℃）；有机溶剂中溶解

度：无水氨 540g/kg（22℃），乙醇 300g/kg（20℃），丙酮 1.98kg/kg（20℃），二氯甲烷 1.85kg/kg（20℃），二甲苯 1.04kg/kg（26℃）。在正常条件下稳定。水溶液 DT_{50} 7.4d（无菌的，pH 5、7、9）。光解 DT_{50} 9.4d（pH 7）。闪点＞93℃（泰格闭杯）。

毒性　大鼠急性经口 LD_{50} 1072～1231mg/kg，小鼠 713mg/kg。兔急性经皮 LD_{50} 2830mg/kg（固体），848mg/kg（溶液）。大鼠吸入 LC_{50}（4h）＞2.75mg/L 蒸气（时间加权平均值）。狗（2年）无作用剂量 3mg/kg。对于代谢物 6-氯吡啶-2-羧酸，大鼠（2年）无作用剂量 15mg/(kg·d)，狗 50mg/(kg·d)。无致突变性。急性经口 LD_{50}（mg/kg）：鸡 235，火鸡 118，野鸭 2708。山齿鹑饲喂 LC_{50}（8d）2135mg/kg，野鸭 1466mg/kg，日本鹌鹑 820mg/kg。虹鳟鱼 LC_{50} 6.5～9.1mg/L，金鱼 7.6mg/L，黑头呆鱼 9.6～10.2mg/L、斑点叉尾鮰 8.0mg/L，大翻车鱼 3.4～7.9mg/L。水蚤 LC_{50} 2.2～5.8mg/L。羊角月牙藻 E_rC_{50} 0.92～1.7mg/L。

应用　由于是一个高选择性的土壤杀细菌剂，所以可杀灭土壤中氧化氨离子的硝化菌，成为一个氮稳定剂。

分析方法　产品用 GLC 分析。

主要生产商　Dow AgroSciences。

参考文献

[1]　US 3135594.

[2]　GB 960109.

[3]　The Pesticide Manual. 16 th edition.

三乙膦酸铝（fosetyl-aluminium）

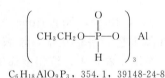

$C_6H_{18}AlO_9P_3$，354.1，39148-24-8

由罗纳-普朗克公司（现拜耳公司）开发。

其他名称　乙磷铝，疫霉灵，疫霜克霉，霉菌灵，LS74783，RP32545，efosite

化学名称　三(乙基膦酸)铝；aluminium tris-O-ethylphosphonate

理化性质　纯品为白色无味结晶。熔点 215℃。K_{ow} lg$P$ －2.7～－2.1（23℃）。相对密度 1.529（99.1%），1.54（97.6%）（均为 20℃）。溶解度：水 111.3g/L（pH 6，20℃）；甲醇 807，丙酮 6，乙酸乙酯＜1（mg/L，20℃）。遇强酸、强碱分解。一般条件下稳定。pK_a 4.7（20℃）。

毒性　大鼠急性经口 LD_{50}＞7080mg/kg。大鼠和兔急性经皮 LD_{50}＞2000mg/kg。对皮肤无刺激性。大鼠吸入毒性 LC_{50}（4h）＞5.11mg/L 空气。狗（2年）无作用剂量：300mg/(kg·d)。未见致畸作用，没有致突变作用，无致癌作用。山齿鹑急性经口 LD_{50}＞8000mg/kg。鱼类 LC_{50}（96h）：虹鳟鱼＞122mg/L，大翻车鱼＞60mg/L。水蚤 LC_{50}（48h）＞100mg/L。毯毛栅藻 EC_{50}（90 h）21.9mg/L。蜜蜂 LD_{50}（96h）：（经口）＞461.8μg/只，（接触）＞1000μg/只。蚯蚓 LC_{50}（14d）＞1000mg/kg。

制剂　WG，WP。

应用　三乙膦酸铝是一种磷酸盐类内吸性杀菌剂，其作用机理是抑制病原真菌的孢子的萌发或阻止孢子的菌丝体的生长。该产品是广谱杀菌剂，能够迅速地被植被的根、叶吸收，在植物体内双向传导，既能通过根部和基部茎叶吸收后向上输导，也能从上部叶片吸收后向基部叶片输导。药剂只有在植株体内才能发挥防病作用，离体条件下对病菌的抑制作用很小，其防病原理认为是药剂刺激寄主植物的防御系统而防病。对藻菌亚门中的霜霉属、疫霉属病原真菌、单轴病菌引起的病害（如蔬菜、果树霜霉病、疫病，菠萝心腐病，柑橘根腐病、茎溃病、草莓茎腐病、红髓病）有效。专门保护和治疗蔬菜、花卉、棉花和橡胶上的霜霉病、疫病，也常用来治疗烟草黑胫病。

合成路线

分析方法 采用碘量法、离子色谱法测定。

主要生产商 Cheminova，石家庄深泰，金坛兴达，江南化工，利民化工，海城农药一厂，山东大成，上海艾科思，人农药业，天津施普乐，浙江嘉华，兰溪巨化，湖州荣盛。

三唑醇（triadimenol）

$C_{14}H_{18}ClN_3O_2$，295.8，55219-65-3

由 Bayer CropScience 开发的三唑类杀菌剂。

其他名称 百坦，羟锈宁，三泰隆，Baytan，BAY KWG 0519，Bayfidan，Baytan，Noidio

化学名称 （$1RS,2RS;1RS,2SR$）-1-(4-氯苯氧基)-3,3-二甲基-1-(1H-1,2,4-三唑-1-基)丁-2-醇；（$1RS,2RS;1RS,2SR$）-1-(4-chlorophenoxy)-3,3-dimethyl-1-(1H-1,2,4-triazol-1-yl)butan-2-ol

CAS 名称 β-(4-chlorophenoxy)-α-(1,1-dimethylethyl)-1H-1,2,4-triazole-1-ethanol

理化性质 纯品为无色结晶。熔点：非对映异构体 A 138.2℃，非对映异构体 B 133.5℃，共晶体 A+B 110℃（TC103～120℃）。蒸气压：A 为 6×10^{-4} mPa；B 为 4×10^{-4} mPa（20℃）。K_{ow}：lg$P$ 3.08（A）；lg$P$ 3.28（B）（25℃）。Henry 常数：A 为 3×10^{-6}；B 为 4×10^{-6}（Pa·m³/mol，20℃）。相对密度：A 为 1.237；B 为 1.299（22℃）。水中溶解度：A 为 56mg/L；B 为 27mg/L（20℃）。有机溶剂中溶解度：异丙醇 140，己烷 0.45，庚烷 0.45，二甲苯 18，甲苯 20～50（均为 g/L，20℃）。非对映异构体水解 DT_{50}（20℃）＞1 年（pH 4、7、9）。

毒性 急性经口 LD_{50}：大鼠约 700mg/kg，小鼠约 1300mg/kg。大鼠急性经皮 LD_{50}＞5000mg/kg；对兔眼睛无刺激，对兔皮肤没有致敏性。大鼠吸入毒性 LC_{50}（4h）＞0.95mg/L 空气（喷雾）。无作用剂量（2 年）：大鼠 125mg/kg [5mg/(kg·d)]，狗 600mg/kg [15mg/(kg·d)]，雄性小鼠 80mg/kg [11mg/(kg·d)]，雌性小鼠 400mg/kg [91mg/(kg·d)]。山齿鹑急性经口 LD_{50}＞2000mg/kg。鱼类 LC_{50}（96h）：高体雅罗鱼 17.4mg/L，虹鳟鱼 21.3mg/L。水蚤 LC_{50}（48h）51mg/L。对蜜蜂无毒。蚯蚓 LC_{50} 774mg/kg 干土。

制剂 GB，EC，WP。

应用 广谱性拌种杀菌剂，具有内吸性，能杀灭附于种子表面和内部的病原菌。其杀菌作用是影响真菌麦角固醇的生物合成。用于防治禾谷类作物的白粉病和黑粉病，如防治小麦散黑穗病、网腥黑穗病、根腐病、大麦散黑穗病、锈病、叶条纹病、网斑病等，兼有保护和治疗作用。处理禾谷类作物种子，对种子上带有的黑粉菌，如小麦网腥黑粉菌和大麦坚黑粉菌的效果良好。能有效地防治春大麦散黑穗病、燕麦散黑穗病、小麦网腥黑穗病、大麦网斑病、小麦根腐病、燕麦叶斑病和苗期凋萎病。

主要生产商 Bayer CropScience，Makhteshim-Agan，Sharda，Tide，剑牌农药，盐城利民，七洲绿色化工，滨农科技。

参考文献

[1] US 4232033.
[2] US 3952002.
[3] DE 2720949.
[4] DE 3007079.
[5] CN 85102944.
[6] CN 87104783.7.

三唑酮（triadimefon）

$C_{14}H_{16}ClN_3O_2$，293.8，43121-43-3

由 Bayer CropScience 开发的三唑类杀菌剂。

其他名称 百里通，百菌酮，粉锈宁，BAY MEB6447，BAY129128，Bayleton，Tilitone，Amiral，Rofon

化学名称 (RS)-1-(4-氯苯氧基)-3,3-二甲基-1-(1H-1,2,4-三氮唑-1-基)丁酮；(RS)-1-(4-chlorophenoxy)-3,3-dimethyl-1-(1H-1,2,4-triazol-1-yl)butan-2-one

CAS 名称 1-(4-chlorophenoxy)-3,3-dimethyl-1-(1H-1,2,4-triazol-1-yl)-2-butanone

理化性质 本品为无色固体。熔点 82.3℃。蒸气压 0.02mPa（20℃），0.06mPa（25℃）。K_{ow} lg$P$ 3.11，Henry 常数 $9×10^{-5}$ Pa·m³/mol（20℃），相对密度 1.283（21.5℃）。溶解度：水中为 64mg/L（20℃）；溶于大多数有机溶剂，二氯甲烷、甲苯>200，异丙醇 99，己烷 6.3（均为 g/L，20℃）。水解 DT_{50}（25℃）>30 d（pH 5、7 和 9）。

毒性 急性经口 LD_{50}（mg/kg）：大鼠和小鼠约 1000，兔 250~500，狗>500。大鼠急性经皮 LD_{50}>5000mg/kg；对眼睛有中度刺激性，对皮肤没有刺激性（兔）。大鼠吸入 LC_{50}（4h）>3.27mg/L 空气（粉尘），>0.46mg/L 空气（喷雾）。无作用剂量（2 年）：大鼠 300mg/kg [16.4mg/(kg·d)]，小鼠 50mg/kg [13.5mg/(kg·d)]，狗 330mg/kg [11.4mg/(kg·d)]。山齿鹑急性经口 LD_{50}>2000mg/kg。鱼类 LC_{50}（96h）：大翻车鱼 10.0mg/L，虹鳟鱼 4.08mg/L。水蚤 LC_{50}（48h）7.16mg/L。

制剂 DC，DP，EC，FS，GR，PA，SC，WG，WP。

应用 内吸性杀菌剂，杀菌机制原理极为复杂，主要是抑制菌体麦角固醇的生物合成，因而抑制或干扰菌体附着胞及吸器的发育、菌丝的生长和孢子的形成。三唑酮对某些病菌在活体中活性很强，但离体效果很差。对菌丝的活性比对孢子强。防治蔬菜、谷物、咖啡、苹果、梨、柑橘、葡萄和花卉等的白粉病和锈病。药剂拌种能防治春、冬小麦和春大麦的白粉病，春大麦散黑粉病，小麦茎枯病和大麦条纹病。施入土壤中能防治由香草黑粉菌引起的六月禾条黑粉病和由水草条黑粉菌引起的秆黑粉病。还能防治甜菜白粉病。

合成路线

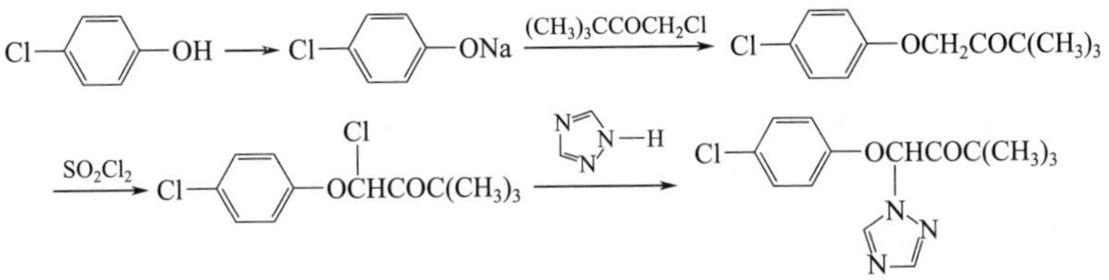

主要生产商 Bayer CropScience，AGROFINA，Tide，建农农药，剑牌农药，七洲绿色化工，盐城利民，张家港二农，四川省化学工业研究设计院。

参考文献

[1] BE 793867.
[2] US 3912752.

蛇床子素（osthol）

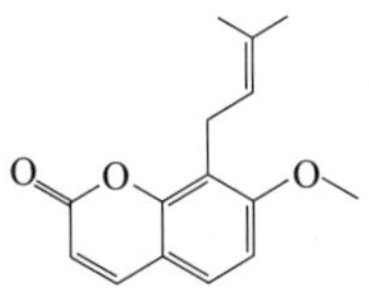

$C_{15}H_{16}O_3$，244.3，484-12-8

化学名称 7-甲氧基-8-异戊烯基香豆素；7-methoxy-8-(3-methylbut-2-enyl)-2H-chromen-2-one

CAS 名称 7-methoxy-8-(3-methyl-2-buten-1-yl)-2H-1-benzopyran-2-one

理化性质 棕色粉末至白色粉末。熔点 83～84℃，沸点 145～150℃。不溶于水和冷石油醚，易溶于丙酮、甲醇、乙醇、三氯甲烷。在普遍贮存条件稳定，在 pH 值 5～9 溶液中无分解现象。

毒性 大鼠急性经口 3687mg/kg。大鼠急性经皮 2000mg/kg。

制剂 WP，EC，DP。

应用 蛇床子素大量存在于蛇床子提取物，属天然植物中的提取物，蛇床子素抑制昆虫体壁和真菌细胞壁上的几丁质沉积，表现杀虫抑菌活性，还可作用于害虫的神经系统，为杀虫、杀菌剂，杀虫谱、抑菌谱广。蛇床子素对多种害虫，如菜白蝶、茶尺蠖、棉铃虫、甜菜夜蛾、稻纵卷叶螟、二十八星瓢虫、大猿叶甲、各种蚜虫有较好的触杀效果，而对人畜及其他哺乳动物安全。蛇床子素与多种生物农药和/或化学农药复配有明显的增效作用。

主要生产商 武汉天慧生物工程。

十二环吗啉（dodemorph）

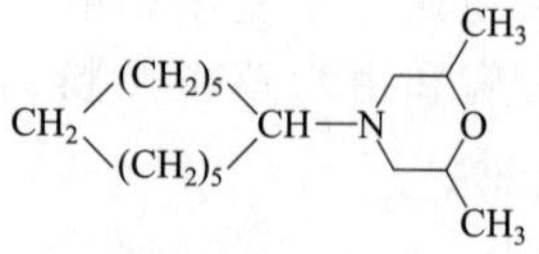

$C_{18}H_{35}NO$，281.5，31717-87-0；1593-77-7(十二环吗啉乙酸盐)

1967 年由 BASF AG 生产。

其他名称　BAS 238F，Meltatox，Meltaumittel，Milban

化学名称　4-环十二烷基-2,6-二甲基吗啉；4-cyclododecyl-2,6-dimethylmorpholine

CAS 名称　4-cyclododecyl-2,6-dimethylmorpholine

理化性质

（1）十二环吗啉　含有顺式-2,6-二甲基吗啉的异构体约60%，反式-2,6-二甲基吗啉的异构体约40%。反式异构体为无色油状物，以顺式为主的产品为带有特殊气味的无色固体。熔点 71℃，沸点 190℃（1mmHg）。蒸气压：顺式 0.48mPa（20℃）。K_{ow} lg$P$ 4.14（pH7）。顺式溶解度（20℃）：水<100mg/kg；氯仿>1000g/L，乙醇 50g/L，丙酮 57g/L，乙酸乙酯 185g/L。稳定性：对热、光、水稳定。

（2）十二环吗啉乙酸盐　无色固体。熔点 63~64℃，沸点 315℃（101.3kPa）。蒸气压 2.5mPa（20℃）。K_{ow}lg$P$ 2.52（pH5），4.23（pH9）。Henry 常数 0.77Pa·m³/mol。相对密度 0.93。溶解度：水中 1.1mg/kg（20℃）；苯、氯仿>1000g/kg，环己烷 846g/kg，乙酸乙酯 205g/kg，乙醇 66g/kg，丙酮 22g/kg。在密闭容器中稳定期 1 年以上，在 50℃稳定 2 年以上；中性、中等强度碱或酸中稳定。

毒性　大鼠急性经口 LD_{50}：雄 3944mg/kg，雌 2465mg/kg。大鼠急性经皮 LD_{50}>4000mg/kg（42.6%乳油）。对兔皮肤与眼睛有很强的刺激性。大鼠急性吸入（4h）LC_{50} 5mg/L 空气（乳油）。水蚤 LC_{50}（48h）3.34mg/L，对蜜蜂无害。

制剂　EC。

应用　属类固醇还原（麦角固醇生物合成）抑制剂，十二环吗啉乙酸盐为具有保护和治疗活性的内吸性杀菌剂，通过叶和根以传导的方式被吸收。主要用于玫瑰及其他观赏植物、黄瓜以及其他作物等的白粉病。它对瓜叶菊和秋海棠有药害。

合成路线

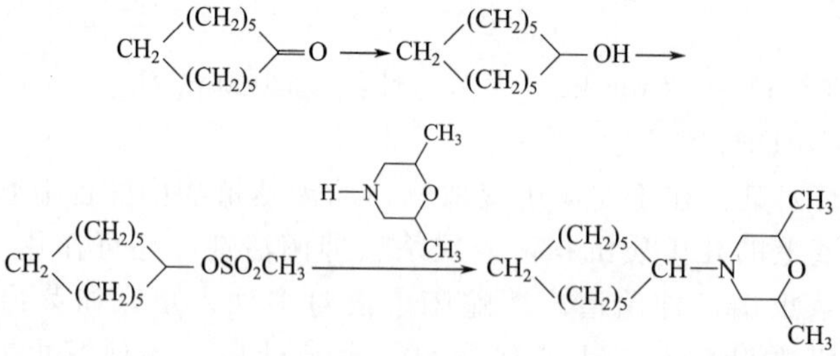

主要生产商　BASF。

参考文献

DE 1198125.

4-十二烷基-2,6-二甲基吗啉 (aldimorph)

主要成分：4-十二烷基-2,6-二甲基吗啉
(主要成分) $C_{18}H_{37}NO$，283.5，91315-15-0

其他名称 B 8243
化学名称 4-十二烷基-2,5(或 2,6)-二甲基吗啉；4-alkyl-2,5(or 2,6)-dimethylmorpholines
CAS 名称 aldimorph
应用 吗啉类杀菌剂。

十三吗啉 (tridemorph)

$n=10$，11，12(60%～70%)或13
$C_{19}H_{39}NO$(约)，297.5(约)，81412-43-3

由德国 BASF 开发的广谱性内吸杀菌剂。
其他名称 克啉菌，克力星，BASF220F，Calix，Calixin，Tridecyldimethyl morphole
化学名称 2,6-二甲基-4-十三烷基吗啉；2,6-dimethyl-4-tridecylmorpholine
本品主要为 4-C_{11}～C_{14} 烷基-2,6-二甲基吗啉同系物所组成，其中 4-十三烷基异构体含量为 60%～70%，另外 C_9 和 C_{15} 同系物含量为 0.2%，2,5-二甲基异构体含量为 5%。
CAS 名称 2,6-dimethyl-4-tridecylmorpholine
理化性质 黄色油状液体，有类似胺的臭味。沸点 134℃（0.4mmHg）（TC），蒸气压 12mPa（20℃），K_{ow} lg$P$ 4.20（pH 7，22℃），Henry 常数 3.2Pa·m³/mol（计算值），相对密度 0.86（TC，20℃）。溶解度：水中 1.1mg/L（pH 7，20℃）；易溶于乙醇、丙酮、乙酸乙酯、环己烷、乙醚、苯、三氯甲烷和橄榄油。稳定性：温度≤50℃稳定。
毒性 大鼠急性经口 LD_{50} 480mg/kg。大鼠急性经皮 LD_{50} >4000mg/kg，对兔眼睛无刺激性，对皮肤有刺激性。大鼠吸入毒性 LC_{50}（4h）4.5mg/L。2 年饲喂毒性试验，雌大鼠无作用剂量 2mg/kg，雄大鼠 4.5mg/kg，狗 1.6mg/kg。禽类急性经口 LD_{50}：鹌鹑 1388mg/kg，鸭>2000mg/kg。鳟鱼 LC_{50}（96h）3.4mg/L。水蚤 LC_{50}（48h）1.3mg/L。海藻 EC_{50}（96h）0.28mg/L。蜜蜂 LD_{50}（24h）>200μg/只。蚯蚓 LC_{50}（14d）880mg/kg。
制剂 OL，EC。
应用 十三吗啉是一种具有保护和治疗作用的广谱性内吸杀菌剂，能被植物的根、茎、叶吸收，对担子菌、子囊菌和半知菌引起的多种植物病害有效，主要是抑制病菌的麦角固醇的生物合成。适用于小麦、大麦、黄瓜、马铃薯、豌豆、香蕉、茶树、橡胶树等作物。防治小麦、大麦白粉病、叶锈病和条锈病；黄瓜、马铃薯、豌豆白粉病；橡胶树白粉病；香蕉叶斑病。
合成路线

$$CH_3-(C_nH_{2n})-Cl(Br)/ \atop CH_3-(C_nH_{2n})-OSO_2CH_3} + H-N\diagdown O \longrightarrow CH_3-(C_nH_{2n})-N\diagdown O$$

主要生产商　BASF，Fertiagro，Hermania，Rotam，Sega，联合农用化学，世佳科技，飞翔化工，上海生农生化，南通维立科。

参考文献
DE 1164152.

石硫合剂（calcium polysulfide）

$$CaS_x$$
$$CaS_x，1344-81-6$$

19 世纪作为杀菌剂推出。

其他名称　多硫化钙，石灰硫黄合剂，可隆，lime sulphur，polysulfure de calcium，lime sulfur，Eau Grison

化学名称　多硫化钙；calcium polysulfide

CAS 名称　calcium polysulfide

理化性质　深橙色液体，有硫化氢的难闻气味。相对密度＞1.28（15.6℃）。溶于水。
稳定性：遇酸和二氧化碳易分解，在空气中易氧化。

毒性　对眼睛和皮肤有刺激作用。

制剂　AS。

应用　用作杀虫剂、杀螨剂，可软化介壳虫的蜡质，防治落叶果树介壳虫、赤螨、柑橘螨、矢尖蚧、梨叶螨、黄粉虫、茶赤螨、桑蚧、蔬菜赤螨以及棉花、小麦作物上的红蜘蛛等，还能用于防治家畜寄生螨等。也用作保护性杀菌剂，防治小麦锈病、白粉病、赤霉病，苹果炭疽病、白粉病、花腐病、黑星病，梨白粉病、黑斑病、黑星病，葡萄白粉病、黑痘病、褐斑病、毛毡病，柑橘疮痂病、黑点病、溃疡病，桃叶缩病、胴枯病、黑星病，柿黑星病、白粉病，栗锈病、芽枯病，蔬菜白粉病等。施药时应按标签说明用药，因为不同植物对石硫合剂的敏感性差异很大，尤其是叶组织脆弱的植物，最易发生药害，温度越高药害越大。

主要生产商　Chemia，毕节闽黔化工，保定科绿丰生化科技，川东农药化工，宜宾川安高科农药，河北双吉化工，宜昌三峡农药厂，青岛农冠，遂宁川宁农药，瓦房店无机化工厂。

双胍辛胺（iminoctadine）

$$NH_2C\overset{NH}{\|}NH(CH_2)_8NH(CH_2)_8NHC\overset{NH}{\|}NH_2 \quad iminoctadine$$

$$NH_2C\overset{\overset{+}{NH_2}}{\|}NH(CH_2)_8\overset{+}{NH_2}(CH_2)_8NHC\overset{\overset{+}{NH_2}}{\|}NH_2 \cdot 3A$$

$$A=CH_3CO_2^- \quad iminoctadine\ triacetate$$

$$A = C_nH_{2n+1}-\!\!\!\bigcirc\!\!\!-SO_3^- \quad iminoctadine\ tris(albensilate)$$

$$n=10\sim13,\text{平均为 }12$$

iminoctadine　$C_{18}H_{41}N_7$，355.6，13516-27-3
iminoctadine triacetate　$C_{24}H_{53}N_7O_6$，535.7，39202-40-9
iminoctadine tris(albensilate)　$C_{72}H_{131}N_7O_9S_3$（平均），1335（平均），99257-43-9

由大日本油墨公司开发的新型胍类杀菌剂。

其他名称　双胍辛胺三乙酸盐（培福朗，派克定，谷种定，DF-125，Befran，Panoctine）；双胍辛胺三苯磺酸盐（百可得，DF-250，TM 417，Bellkute）

化学名称　1,1′-亚氨基二(辛基亚甲基)双胍或双(8-胍基辛基)胺；1,1′-iminodi(octamethylene) diguanidine；1,1′-亚氨基二（辛基亚甲基）双胍三乙酸盐；1,1′-iminodi(octamethylene)diguanidinium triacetate；双胍辛胺三苯磺酸盐 iminoctadine tris(albensilate)

1,1′-亚氨基二(辛基亚甲基)双胍三(烷基苯磺酸盐)；1,1′-iminodi(octamethylene)diguanidinium tris(alkybenzenesulfonate)

CAS 名称　N,N''''-(iminodi-8,1-octanediyl)bisguanidine；双胍辛胺三乙酸盐 iminoctadine triacetate

理化性质

双胍辛胺三乙酸盐：无色晶体，熔点 143.0～144.2℃，蒸气压<0.4mPa(23℃)，$K_{ow}\lg P$ −2.33(pH7)。溶解度(g/L,25℃)：水中 764,乙醇 117,甲醇 777。

双胍辛胺三苯磺酸盐：负电荷离子是 C_{10}～C_{13} 烷基苯磺酸盐的混合物，平均质量相当于 C_{12}。浅褐色蜡质固体，熔点 92～96℃。蒸气压<0.16mPa(60℃)。$K_{ow}\lg P$ 2.05(pH7)。20℃水中溶解度：6mg/L；有机溶剂中溶解度(g/L,20℃)：甲醇 5660,乙醇 3280,苯 0.22,异丙醇 1800,丙酮 0.55；不溶于乙腈、二氯甲烷、正己烷、二甲苯、二硫化碳和乙酸乙酯。室温于酸、碱性介质中稳定。旱地土壤中半衰期 80～140d,水中半衰期 2～8d。

毒性

双胍辛胺三乙酸盐：急性经口 LD_{50} (mg/kg)：大鼠 300,小鼠 400。大鼠急性经皮 LD_{50} 1500mg/kg。对兔眼睛和皮肤有严重刺激作用，但无皮肤过敏现象。大鼠吸入 LC_{50} (4h) 0.073mg/L 空气（25% 液体药剂）。大鼠饲喂无作用剂量每天 0.356mg/kg。8mg/kg 浓度对胚胎无毒。Ames 试验无致突变作用。野鸭急性经口 LD_{50} 985mg/kg。鱼 LC_{50} (96h, mg/L)：鲤鱼 200,虹鳟 36。水蚤 LC_{50} (48h) 2.1mg/L,蜜蜂 LD_{50} >0.1mg/只（经口和接触）。

双胍辛胺三苯磺酸盐：雄、雌大鼠急性经口 LD_{50} 1400mg/kg,雄性小鼠急性经口 LD_{50} 4300mg/kg,雌性小鼠急性经口 LD_{50} 3200mg/kg。雄、雌大鼠急性经皮 LD_{50} >2000mg/kg；对兔眼睛和皮肤有轻微刺激作用，对豚鼠无致敏作用。大鼠吸入 LC_{50} (4h) 1.0mg/L。日本鹌鹑急性经口 LD_{50} 1827mg/kg。鱼毒 LC_{50} (96h, mg/L)：虹鳟 4.5,鲤鱼 14.4。水蚤 LC_{50} (3h) >100mg/L。蚯蚓 LC_{50} (14d) >1000mg/L。对豚鼠无致畸作用，试验条件下无致畸、致癌和致突变作用。

制剂　WP, AS, LD, PA。

应用　主要对真菌的类脂化合物的生物合成和细胞膜机能起作用，抑制孢子萌发、芽管伸长、附着胞和菌丝的形成。具有触杀和预防活性。用于番茄、茄子、芦苇、黄瓜、草莓、西瓜、生菜、菜豆、洋葱等蔬菜类作物以及苹果、柑橘、梨、桃、葡萄、柿子、猕猴桃等果树。防治大多数由子囊菌和半知菌引起的灰霉病、白粉病、菌核病、茎枯病、蔓枯病、炭疽病、轮纹病、黑星病、叶斑病、斑点落叶病、果实软腐病、青霉病、绿霉病。还能有效地防治苹果花腐病和苹果腐烂病以及小麦雪腐病等。此外，还被推荐作为野兔、鼠类和鸟类的驱避剂。

分析方法　可用 HPLC 进行分析。

主要生产商　Nippon Soda Co. Ltd.。

参考文献

[1] US 4659739.

[2] EP 155509.

双胍辛盐（guazatine）

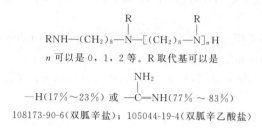

108173-90-6（双胍辛盐）；105044-19-4（双胍辛乙酸盐）

由 KenoGard VT AB（现 Bayer AG）开发的胍类杀菌剂。1974 年上市。

其他名称 谷种定（双胍辛盐）；谷种定醋酸盐，EM 379，MC 25，Kenopel，Panoctine（双胍辛乙酸盐）

双胍辛盐（通用名称：guazatine）、双胍辛乙酸盐（通用名称：guazatine acetate），是由安万特公司（现拜耳公司）开发的胍类杀菌剂。

双胍辛盐来自于聚合胺反应的混合物，主要是由 octamethylenediamine 和 iminodi（octamethylene）diamine、octamethylenebis（iminooctamethylene）diamine 以及 carbamonitrile 反应制得的化合物，没有固定的组成，但均有活性。实际应用的是双胍辛乙酸盐。

理化性质（双胍辛乙酸盐） 原药为黄棕色液体，蒸气压 $<1\times10^{-5}$ mPa（50℃）。$K_{ow}\lg P$ -1.2（pH 3），-0.9（pH 10）。相对密度 1.09（20℃）。水中溶解度：>3kg/L（室温）；有机溶剂中溶解度（g/L，20℃）：甲醇 510，N-甲基吡咯 1000，二甲亚砜，N,N-二甲基甲酰胺 500，乙醇 200，在二甲苯和其他的烃类溶剂中溶解度很小。25℃，pH 7、9 条件下 1 个月后无明显水解现象。中性和酸性介质中稳定，强碱中极易分解。本品对光稳定。

毒性 大鼠急性经口 LD_{50} 360mg/kg。大鼠急性经皮 $LD_{50}>1000$mg/kg，兔急性经皮 LD_{50} 1176mg/kg。对兔眼睛有刺激作用。大鼠急性吸入 LC_{50}（4h）225mg/L。大鼠 2 年饲喂试验无作用剂量为 17.5mg/(kg·d)，狗 1 年饲喂试验无作用剂量为 0.9mg/(kg·d)。对大鼠无致畸和致癌作用。虹鳟鱼 LC_{50}（96h）1.41mg/L，水蚤 LC_{50}（48h）0.15mg/L。推荐剂量下对蜜蜂无毒，$LD_{50}>200\mu$g/只（接触）。蚯蚓 LC_{50}（14d）>1000mg/kg 干土。

制剂 DS，LS，SL。

应用 兼具预防和治疗作用的内吸杀菌剂，能抑制病菌孢子萌发和附着器的形成，同时可抑制侵入菌丝的伸长。用于小麦、大麦、黑麦、玉米、水稻、花生、大豆、菠萝、甘蔗、马铃薯等防治小麦颖枯病、小麦叶枯病、小麦黑穗病、黑麦网斑病、稻苗立枯病、稻瘟病、花生和大豆圆斑病，也可用于防治收获后马铃薯、水果常发病害。还可作鸟类驱避剂、木材防腐剂等。

分析方法 采用电位滴定法分析。

主要生产商 Makhteshim-Agan，Nufarm Ltd。

参考文献

US 4092432.

双氯酚 (dichlorophen)

$C_{13}H_{10}Cl_2O_2$,269.1,97-23-4

1946 年 P. B. Marsh 和 M. L. Butler 报道了其对棉织物的防霉活性。Sindar Corp. 和 BDH Ltd. 引入市场。

其他名称 dichlorophène, antiphen

化学名称 5,5′-二氯-2,2′-二羟基苯甲烷;5,5′-dichloro-2,2′-dihydroxydiphenylmethane

CAS 名称 2,2′-methylenebis[4-chlorophenol]

理化性质 无色无味晶体(原药浅棕色粉末,略有酚味)。熔点 177~178℃(原药≥164℃)。蒸气压 1.3×10^{-5} mPa(25℃)。Henry 常数 1.17×10^{-7} Pa·m³/mol(计算值)。水中溶解度:30mg/L(25℃);有机溶剂中溶解度:乙醇 530,异丙醇 540,丙酮 800,丙二醇 450(g/L,25℃);溶于甲醇、异丙醚和石油醚,微溶于甲苯。在空气中低速氧化。

毒性 大鼠急性经口 LD_{50} 2690mg/kg,小鼠 1000mg/kg,豚鼠 1250mg/kg,狗 2000mg/kg。大鼠 90d 饲喂试验,饲喂 2000mg/kg 饲料,无不良影响。对鱼有毒。

制剂 EC,SL。

应用 可用于非耕地杀菌剂使用。

参考文献

US 2334408.

双氯氰菌胺 (diclocymet)

$C_{15}H_{18}Cl_2N_2O$,313.22,139920-32-4

1998 年由 A. Manabe 等报道。由 Sumitomo Chemical Co.,Ltd 开发,2000 年在日本登记。

其他名称 S-2900,Delaus

化学名称 (RS)-2-氰基-N-[(R)-1-(2,4-二氯苯基)乙基]-3,3-二甲基丁酰胺;(RS)-2-cyano-N-[(R)-1-(2,4-dichlorophenyl)ethyl]-3,3-dimethylbutyramide

CAS 名称 2-cyano-N-[(1R)-(2,4-dichlorophenyl)ethyl]-3,3-dimethylbutanamide

理化性质 其纯品为淡黄色晶体。熔点 154.4~156.6℃。相对密度 1.24。蒸气压 0.26mPa(25℃)。水中溶解度(25℃)6.38μg/mL。

毒性 大鼠(雄、雌)急性经口 LD_{50} >5000mg/kg。大鼠(雄、雌)急性经皮 LD_{50} >2000mg/kg。虹鳟(48h)LC_{50} 8.8mg/L。水蚤 LC_{50}(48h)>100mg/L。蜜蜂 LD_{50} >25μg/

只（接触）。

制剂 GR，DP，SC。

应用 黑色素生物合成抑制剂。内吸性杀菌剂，主要用于防治稻瘟病。

合成路线

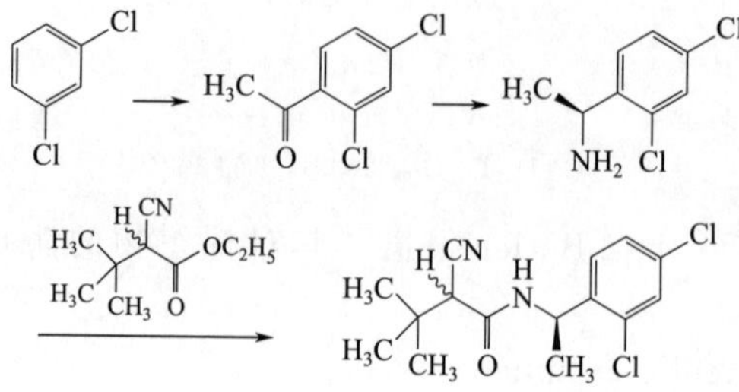

主要生产商 Sumitomo Chemical。

参考文献

JPH 0276846.

双炔酰菌胺（mandipropamid）

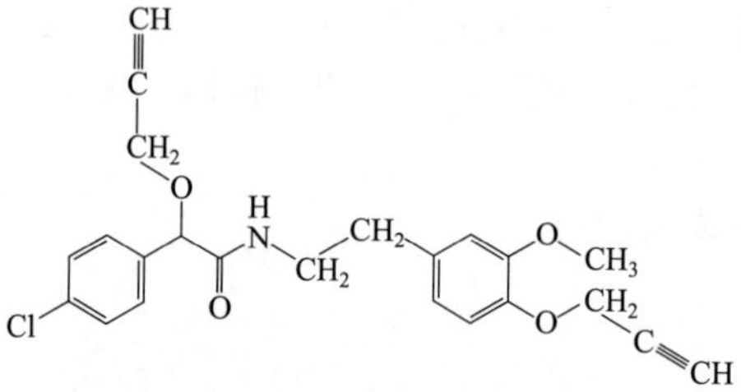

$C_{23}H_{22}ClNO_4$，411.9，374726-62-2

1999 年由 Syngenta AG 开发。

其他名称 瑞凡，NOA 446510，Revus

化学名称 （RS）-2-(4-氯苯基)-N-[3-甲氧基-4-(丙基-2-炔氧基)苯乙基]-2-(丙基-2-炔氧基)乙酰胺；（RS）-2-(4-chlorophenyl)-N-[3-methoxy-4-(prop-2-ynyloxy)phenethyl]-2-(prop-2-ynyloxy)acetamide

CAS 名称 4-chloro-N-[2-[3-methoxy-4-(2-propynyloxy)phenyl]ethyl]-α-(2-propynyloxy)benzeneacetamide

理化性质 浅米色粉末。熔点 96.4～97.3℃。蒸气压 $<9.4×10^{-4}$ mPa（25～50℃）。K_{ow} lg$P$ 3.2。Henry 常数 $<9.2×10^{-5}$ Pa·m³/mol（25℃，计算值）。相对密度 1.24（22℃）。25℃水中溶解度：4.2mg/L；有机溶剂中溶解度：正己烷 0.042，正辛醇 4.8，甲苯 29，甲醇 66，乙酸乙酯 120，丙酮 300，二氯甲烷 400。pH 4～9 时对水解稳定。

毒性 大鼠急性经口 LD$_{50}$>5000mg/kg，大鼠急性经皮 LD$_{50}$>5050mg/kg，大鼠急性吸入 LC$_{50}$>5000mg/kg。对兔眼睛有轻微刺激，对兔皮肤有中度刺激。狗（1 年）无作用剂量 5mg/(kg·d)，大鼠慢性无作用剂量 15mg/(kg·d)。通过大鼠试验无致突变、致畸、致癌作用，亦无神经毒害，对大鼠的繁殖无影响，大鼠体内代谢可快速吸收和排出。山齿鹑急性经口 LD$_{50}$>5000mg/kg。虹鳟鱼 LC$_{50}$>2.9mg/L。蜜蜂 LD$_{50}$（接触、经口）>200μg/只。

蚯蚓 $LC_{50}>1000mg/kg$。

制剂 SC，WG。

应用 磷脂生物合成和细胞壁合成抑制剂。预防性叶面杀菌剂，具有某些治疗功能，可有效地抑制孢子萌发，也可抑制菌丝生长和产孢。吸附于植物蜡层，可抗雨水冲洗。用于防治卵菌纲病害，如葡萄霜霉病、马铃薯和番茄的晚疫病、瓜类霜霉病。

合成路线

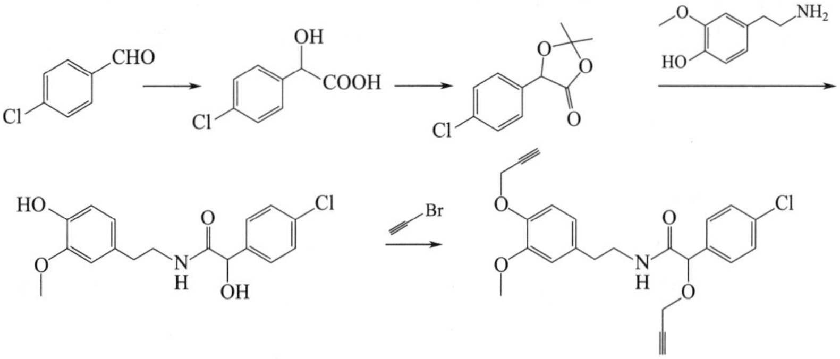

分析方法 产品分析采用 HPLC/UV。

主要生产商 Syngenta。

参考文献

[1] US 66683211.

[2] EP 1282595.

霜霉威（propamocarb）

$(CH_3)_2N(CH_2)_3NHCO_2(CH_2)_2CH_3 \cdot HCl$

propamocarb $C_9H_{20}N_2O_2$，188.3，24579-73-5

propamocarbhydrochloride $C_9H_{21}ClN_2O_2$，224.7，25606-41-1

由 E. A. Pieroh 等报道。由 Schering AG 开发，1978 年引入市场，现在由 Bayer CropScience 拥有和销售。

其他名称 SN 66752，AE B066752（霜霉威盐酸盐）；SN 39744（霜霉威）

霜霉威

化学名称 3-(二甲基氨基)丙基氨基甲酸丙酯;propyl 3-(dimethylamino)propylcarbamate

CAS 名称 propyl[3-(dimethylamino)propyl]carbamate

霜霉威盐酸盐

化学名称 丙基-3-(二甲基氨基)丙基氨基甲酸酯盐酸盐；propyl 3-(dimethylamino)propylcarbamatehydrochloride

CAS 名称 propyl[3-(dimethylamino)propyl]carbamatehydrochloride

理化性质

霜霉威：蒸气压 730mPa（25℃）。$K_{ow}\lg P$ 0.84（20℃）。Henry 常数 1.5×10^{-4} Pa·m^3/mol（25℃）。相对密度 0.963（20℃）。水中溶解度：>900g/L（pH 7.0，20℃）；有机溶剂中溶解度（g/L，20℃）：己烷>883，甲醇>933，二氯甲烷>937，甲苯>852，丙酮>921，乙酸乙酯>856。

霜霉威盐酸盐：水浓缩液中含 780g/L 霜霉威盐酸盐。无色淡芳香味吸湿性晶体。熔点 64.2℃。蒸气压 $3.8×10^{-2}$ mPa（20℃），K_{ow} lg$P$ 1.21（pH 7）。Henry 常数 $<1.7×10^{-8}$ Pa·m³/mol（20℃，计算值）。相对密度 1.085（20℃，水浓缩液）。水中溶解度：>500g/L（pH 1.6～9.6，20℃）；有机溶剂中溶解度（g/L，20℃）：甲醇 656，二氯甲烷>626，丙酮 560.3，乙酸乙酯 4.34，甲苯 0.14，己烷<0.01。稳定性：对水解和光解稳定。pK_a 9.3（20℃）。闪点：400℃自燃。

毒性（霜霉威盐酸盐） 大鼠急性经口 LD_{50} 2000～2900mg/kg，小鼠 2650～2800mg/kg，狗 1450mg/kg。大鼠和小鼠急性经皮 $LD_{50}>3000$mg/kg。对兔皮肤或眼睛无刺激作用，对豚鼠皮肤有致敏性。大鼠吸入 LC_{50}（4h）>5.54mg/L 空气。NOEL（2 年）大鼠 26～32mg/kg，LOEL（2 年）狗 1000mg/kg（33.3mg/kg）。Ames 试验和微核试验显示阴性。对大鼠和兔无致畸性，对生殖、发育无影响，无致癌作用。山齿鹑和野鸭急性经口 $LD_{50}>1842$mg/kg。山齿鹑和野鸭饲喂 $LC_{50}>962$mg/kg。大翻车鱼 LC_{50}（96h）>92mg/L，虹鳟>99mg/L。水蚤 LC_{50}（48h）106mg/L。羊角月牙藻 E_rC_{50}（72h）>85mg/L，$E_bC_{50}>120$mg/L。蜜蜂 LD_{50}：（经口）$>84μg$/只，（接触）$>100μg$/只。蚯蚓 LC_{50}（14d）>660mg/kg 土壤。

制剂 SC，SL（霜霉威盐酸盐）。

应用 霜霉威盐酸盐是一种施用于土壤的内吸性杀菌剂，但也适合用于浸渍处理（对球茎和根茎）和种子保护剂。对丝囊霉、盘梗霉、霜霉、疫霉、假霜霉、腐霉有效。有阻止病菌产生和形成孢子的效果，在植物根部处理能迅速进入根部，不仅防治根部病害，同时能迅速上移到顶部，对地面植物的病害也能进行有效快速防治。与其他杀菌剂无交互抗性，作用机制独特，不易产生抗药性。对农作物（特别是蔬菜、果树）的霜霉病、疫病、晚疫病、猝倒病、黑胫病有优异的防治效果。可叶面喷雾和土壤处理。

合成路线

分析方法 霜霉威产品用 HPLC/UV 分析。

主要生产商 Bayer CropScience，Agria，Agriphar，Synthesia，重庆双丰，大连瑞泽，浙江禾本，江苏宝灵，蓝丰生化，浙江一帆，上海中西。

参考文献
DE 1567169.

霜脲氰（cymoxanil）

$$CH_3CH_2NHCONHCOC(CN)=NOCH_3$$
$C_7H_{10}N_4O_3$，198.2，57966-95-7

由杜邦公司开发的一种脲类杀菌剂。20 世纪 70 年代中期首次进入市场。

其他名称 清菌脲，菌疫清，霜疫清，Curzate，DPX-3217

化学名称 1-(2-氰基-2-甲氧基亚氨基)-3-乙基脲；1-(2-cyano-2-methoxyiminoacetyl)-3-ethylurea

CAS 名称 2-cyano-N-[(ethylamino)carbonyl]-2-(methoxyimino)acetamide

理化性质　纯品为无色结晶固体。熔点 160~161℃。蒸气压 0.15mPa（20℃）。K_{ow} lg$P$ 0.59（pH 5），0.67（pH 7）。Henry 常数 $3.8×10^{-5}$（pH 7），$3.3×10^{-5}$（pH 5）（Pa·m³/mol，计算值）。相对密度 1.32（25℃）。溶解度：水 890mg/kg（pH 5，20℃）；正己烷 0.037，甲苯 5.29，乙腈 57，乙酸乙酯 28，正辛醇 1.43，甲醇 22.9，丙酮 62.4，二氯甲烷 133.0（均为 g/L，20℃）。水解 DT_{50}：148d（pH 5），34h（pH 7），31min（pH 9）。水中光解半衰期 DT_{50}：1.8d（pH 5）。pK_a 9.7（分解）。

毒性　大鼠急性经口 LD_{50}：雄 760mg/kg，雌 1200mg/kg。大白兔、大鼠急性经皮 LD_{50}＞2000mg/kg。不刺激眼睛，对皮肤有轻微刺激（豚鼠）。对皮肤没有致敏性。大鼠吸入毒性 LC_{50}（4h）：雄、雌＞5.06mg/L 空气。在 2 年饲喂试验中，雄大鼠 4.1mg/kg、雌大鼠 5.4mg/kg，雄小鼠 4.2mg/kg、雌小鼠 5.8mg/kg，狗 3.0mg/kg 无不良影响。野鸭和鹌鹑急性经口 LD_{50}＞2250mg/kg。鱼毒性 LC_{50}（96h，mg/L）：虹鳟鱼 61，大翻车鱼 29，鲤鱼 91。水蚤 LC_{50}（48h）：27mg/L。其他水生生物 LC_{50}（96h）：牡蛎＞46.9mg/L，糠虾＞44.4mg/L。对蜜蜂无毒性，LD_{50}（48h）：＞25μg/只（接触），＞1000mg/L（经口）。蚯蚓 LC_{50}（14d）＞2208mg/kg 土壤。

制剂　WP。

应用　主要是阻止病原菌孢子萌发，对侵入寄主内的病菌也有杀伤作用。具有保护、治疗和内吸作用，对霜霉病和疫病有效。单独使用霜脲氰药效期短，与保护性杀菌剂混用能提高残留活性。如防治马铃薯晚疫病和葡萄霜霉病。

分析方法　采用 GC/HPLC。

主要生产商　DuPont，Agria，Oxon，Sharda，河北凯迪，利民化工，苏州恒泰，中西药业。

参考文献
US 3957847.

水杨菌胺（trichlamide）

$C_{13}H_{16}Cl_3NO_3$，340.6，70193-21-4

由 T. Ohmori 等报道杀菌作用，1985 年由 Nippon Kayaku Co.，Ltd. 开发。

其他名称　酰菌胺，Hataclean

化学名称　(RS)-N-(1-丁氧基-2,2,2-三氯乙基)水杨酰胺；(RS)-N-(1-butoxy-2,2,2-trichloroethyl)salicylamide

CAS 名称　N-(1-butoxy-2,2,2-trichloroethyl)-2-hydroxybenzamide

理化性质　无色晶体，熔点 73~74℃。相对密度 1.43。蒸气压＜10mPa（20℃）。溶解度（25℃）：水 6.5mg/L；丙酮、甲醇、氯仿＞2000g/L，己烷 55g/L，苯 803g/L。≤70℃

稳定，对光、酸、碱均稳定。

毒性　大鼠急性经口 $LD_{50}>7000mg/kg$。

制剂　DP。

应用　防治白菜、甘蓝、芜菁等的根肿病，青豌豆根腐病，马铃薯疮痂病和粉痂病，黄瓜苗猝倒病。

合成路线　由邻羟基苯甲酰胺与三氯乙醛水合物混合后加热反应，生成 N-(2,2,2-三氯-1-羟乙基)酰胺，再与氯化亚砜在苯中回流反应，生成 N-(2,2,2-三氯-1-氯乙基)酰胺，最后与正丁醇回流反应，制得本品。

主要生产商　Nippon Kayaku。

参考文献

[1]　Plant Dis, 1986, 70：51.
[2]　GB 2004540.
[3]　DE 2837819.
[4]　US 4200632.

水杨酰苯胺 (salicylanilide)

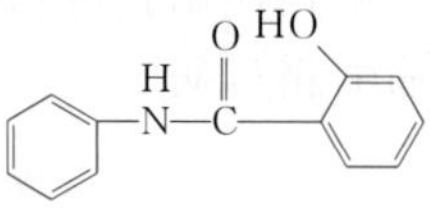

$C_{13}H_{11}NO_2$，213.2，87-17-2

其他名称　Shirlan

化学名称　2-羟基-N-苯基苯酰胺；2-hydoxy-N-phenyl benzamide

理化性质　白色叶片状结晶。熔点 135.8～136.2℃（136～138℃）。易溶于醇、醚、苯和氯仿，微溶于水。在空气中稳定，遇光颜色变深。

毒性　小鼠经口 LD_{50} 为 2400mg/kg。

应用　用于肥皂和化妆品中的杀菌剂。抗真菌作用较强，对小孢子菌和某些毛癣菌有效。

四氟醚唑 (tetraconazole)

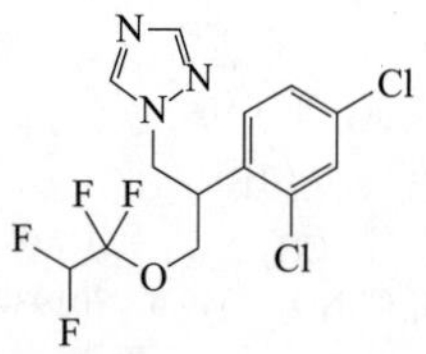

$C_{13}H_{11}Cl_2F_4N_3O$，372.1，112281-77-3

由 Montedision S. p. A 现为 Isagro S. p. A 公司开发的三唑类杀菌剂。

其他名称　氟醚唑，朵麦克，M 14360，TM 415，Domark，Eminent，Lospel，Arpège，Buonjiorno，Concorde，Defender，Domark，Emerald，Eminent，Gréman，Hokuguard，Juggler，Lospel，Soltiz，Thor，Timbal

化学名称　(RS)-2-(2,4-二氯苯基)-3-(1H-1,2,4-三唑-1-基)丙基-1,1,2,2,-四氟乙基醚；(RS)-2-(2,4-dichlorophenyl)-3-(1H-1,2,4-triazol-1-yl) propyl 1,1,2,2-

tetrafluoroethyl ether

CAS 名称 1-[2-(2,4-dichlorophenyl)-3-(1,1,2,2-tetrafluoroethoxy)propyl]-1H-1,2,4-triazole

理化性质 黏稠油状物。240℃分解，蒸气压 1.6mPa（20℃），密度 201.4328g/mL。溶解度（20℃）：水 150mg/L；易溶于丙酮、二氯甲烷、甲醇。其水溶液对日光稳定，稀溶液在 pH 值 5~9 条件下稳定，对铜有轻微腐蚀性。

毒性 雄大鼠急性经口 LD_{50} 为 1250mg/kg，雌大鼠急性经口 LD_{50} 为 1031mg/kg，大鼠急性经皮 LD_{50} > 2g/kg。无致突变性，Ames 试验无诱变性。鹌鹑 LC_{50}（8d）650mg/kg 饲料，野鸭 LD_{50}（8h）为 422mg/kg 饲料。鱼毒 LC_{50}（96h）：蓝鳃 4.0mg/L，虹鳟 4.8mg/L。水蚤 LC_{50}（48h）3.0mg/L。蜜蜂 LD_{50}（经口）> 130μg/只。

制剂 EW。

应用 可以防治白粉菌属、柄锈菌属、喙孢属、核腔菌属和壳针孢属菌引起的病害，如小麦白粉病、小麦散黑穗病、小麦锈病、小麦腥黑穗病、小麦颖枯病、大麦云纹病、大麦散黑穗病、大麦纹枯病、玉米丝黑穗病、高粱丝黑穗病、瓜果白粉病、香蕉叶斑病、苹果斑点落叶病、梨黑星病和葡萄白粉病等。既可茎叶处理，也可作种子处理使用。适宜于禾谷类作物，如小麦、大麦、燕麦、黑麦等；果树，如香蕉、葡萄、梨、苹果等，蔬菜，如瓜类、甜菜，观赏植物等。

合成路线

主要生产商 杭州宇龙，意大利意赛格。

参考文献

The Pesticide Manual. 15th ed.

四氯苯酞 (phthalide)

$C_8H_2Cl_4O_2$，271.9，27355-22-2

由 K. Nambu 和 K. Wagner、H. Scheinflug 报道。1971 年由 Kureha Chemical Co., Ltd 引入市场，并从 Bayer AG 获得生产许可，2008 年转给 Sumitomo Chemical Co. Ltd。

其他名称 热必斯，稻瘟酞，氯百杀，KF-32，Rabcide，TCP

化学名称 4,5,6,7-四氯苯酞；4,5,6,7-tetrachlorophthalide

CAS 名称 4,5,6,7-tetrachloro-1(3H)-isobenzofuranone

理化性质 纯品为无色结晶固体，熔点 209~210℃。蒸气压 $3×10^{-3}$ mPa（25℃）。

$K_{ow}\lg P$ 3.01。水中溶解度：2.5mg/L（25℃）；有机溶剂中溶解度（25℃，g/L）：四氢呋喃 19.3，苯 16.8，二氧六环 14.1，丙酮 8.3，乙醇 1.1。在 pH 2（2.5mg/L 溶液）稳定 12h，弱酸中 DT_{50} 约 10d（pH6.8，5～10℃，2.0mg/L 溶液），12h 有 15% 开环（pH10，25℃，2.5mg/L 溶液），对热和光稳定。

毒性 大鼠和小鼠急性经口 $LD_{50}>$10000mg/kg。大鼠和小鼠急性经皮 $LD_{50}>$10000mg/kg，对兔眼及皮肤无刺激性。大鼠急性吸入 LC_{50}（4h）$>$4.1mg/L。2 年饲喂试验无作用剂量：大鼠 2000mg/kg，小鼠 100mg/kg。对蜜蜂无害，LD_{50}（接触）$>$0.4mg/只。蚯蚓 LC_{50}（14d）$>$2000mg/kg 干土。

制剂 DP，SC，WP。

应用 用于防治水稻白叶枯病，也可用于预防稻瘟病。

合成路线

分析方法 产品用 GLC/TCD 分析。

主要生产商 Sumitomo Chemical，江苏扬农。

参考文献

［1］ JP 575584（Kureha）.
［2］ DE 1643347（Bayer）.

四氯对醌（chloranil）

$C_6Cl_4O_2$，245.9，118-75-2

由 H. S. Cunningham & E. G. Shavelle 于 1940 年报道，由 Uniroyal Chemical Co.，Inc 推出。

其他名称 chloranile，Spergon

化学名称 四氯对苯醌；2,3,5,6-四氯-1,4-苯醌；tetrachloro-p-benzoquinone；2,3,5,6-tetrachloro-1,4-benzoquinone

CAS 名称 2,3,5,6-tetrachloro-2,5-cyclohexadiene-1,4-dione

理化性质 黄色叶状或棱形晶体。熔点 292℃（密闭管内）。蒸气压 1.300Pa（70.7℃）。相对密度 1.97。溶解度：丙酮 33，乙醚 16，DMF 5.4，溶剂油 5.4，苯 1.3，甲醇约 0.1，四氯化碳约 0.1，邻苯二甲酸二丁酯约 0.1（均为 g/100g）；几乎不溶于水。密闭容器内稳定，光照下缓慢分解。在酸性条件下稳定，遇碱分解。

毒性 大鼠急性经口 LD_{50} 4g/kg。通过皮肤轻微吸收，产生局部刺激。对蜜蜂无毒。

制剂　WP，DP，DS。

应用　非内吸性杀菌剂，是具有杀虫和杀菌作用的种子保护剂。主要用于蔬菜和观赏植物种子处理，也用于防治豆类猝倒病。

合成路线　以 2,3,4,6-四氯苯酚为原料，用 H_2CrO_4 氧化；或以苯酚为原料，用 HCl 及 $KClO_3$ 氯氧化，可制得四氯对醌。

分析方法　先用 KI 将四氯对醌还原为四氯氢醌，同时析出碘；再用硫代硫酸钠滴定析出的碘。

主要生产商　Uniroyal。

参考文献

US 2349771.

四氯喹噁啉（chlorquinox）

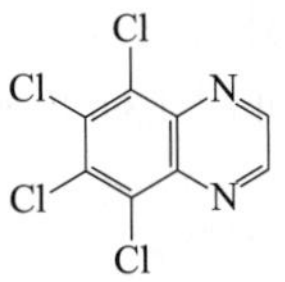

$C_8H_2Cl_4N_2$，267.9，3495-42-9

1968 年由 Fisons Ltd（现 Schering AG）开发。

其他名称　Lucel

化学名称　5,6,7,8-四氯喹喔啉；5,6,7,8-tetrachloroquinoxaline

CAS 名称　5,6,7,8-tetrachloroquinoxaline

应用　杀菌剂。

主要生产商　Schering Agrochemicals Ltd。

四氯硝基苯（tecnazene）

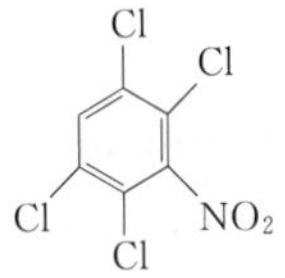

$C_6HCl_4NO_2$，260.9，117-18-0

化学名称　1,2,4,5-四氯-3-硝基苯；1,2,4,5-tetrachloro-3-nitrobenzene

CAS 名称　1,2,4,5-tetrachloro-3-nitrobenzene

应用　杀菌剂。

酞菌酯(nitrothal-isopropyl)

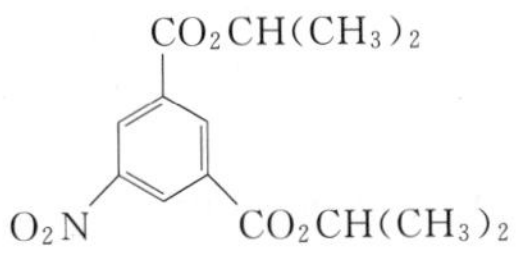

$C_{14}H_{17}NO_6$，295.3，10552-74-6

由 W. h. Phillips 等报道。由 BASF AG（现 BASF SE）引入市场，现不再生产和销售。

其他名称　BAS 300 00F

化学名称　5-硝基间苯二甲酸二异丙酯；diisopropyl 5-nitroisophthalate

CAS 名称　bis(1-methylethyl) 5-nitro-1,3-benzenedicarboxylate

理化性质　黄色晶体。熔点 65℃。蒸气压＜0.01mPa（20℃）。$K_{ow}\lg P$ 2.04（pH 7）。Henry 常数＜$1.09×10^{-3}$Pa·m³/mol（20℃，计算值）。水中溶解度：2.7mg/L（20℃）；有机溶剂中溶解度（g/100g，20℃）：丙酮、苯、氯仿、乙酸乙酯＞100，乙醚 86.5，乙醇 6.6。正常贮存条件下稳定，在强碱中水解。闪点 400℃。

毒性　大鼠急性经口 LD_{50}＞6400mg 原药/kg。大鼠急性经皮 LD_{50}＞2500mg/kg，兔＞4000mg/kg；对兔眼睛和黏膜有轻微刺激作用。大鼠吸入 LC_{50}（8h）≫2.8mg/L。大鼠 NOEL 4.4mg/kg。鲤鱼 LC_{50}（96h）0.56mg/L。水蚤 LC_{50}（48h）2.84mg/L。藻类 EC_{50}（96h）1.72mg/L。蜜蜂 LD_{50}（经口）＞100μg/只。蚯蚓 LC_{50}（14d）1200mg/kg 土。

制剂　WP。

应用　具有保护性的非内吸性触杀型杀菌剂。常与其他杀菌剂混用，防治苹果、葡萄、啤酒花、蔬菜和观赏植物的白粉病，也可用于防止苹果结痂。

分析方法　产品用 GLC/FID 分析。

参考文献

The Pesticide Manual. 16 th edition.

碳酸钠波尔多液（burgundy mixture）

11125-96-5

CAS 名称　disodium carbonate mixture with copper sulfate(1∶1)

应用　杀菌剂。

铜锌铬酸盐（copper zinc chromate）

Cr_2CuO_8Zn，360.9，1336-14-7

其他名称　Crag Fungicide 658，Experimental Fungicide 658

化学名称　铜锌铬酸盐；copper zinc chromate

CAS 名称　chromium copper zinc oxide

应用　杀菌剂。

主要生产商　Rhône-Poulenc Agrochimie。

土菌灵（etridiazole）

$C_5H_5Cl_3N_2OS$，247.5，2593-15-9

1972 年由 Olin Chemicals（现已不再生产和销售该产品）和 Uniroyal Chemical Co., Inc.（现 Chemtura Corp.）开发。

其他名称　OM2424，Terrazole，echlomezol，ethazol，ethazole

化学名称　5-乙氧基-3-三氯甲基-1,2,4-噻二唑；ethyl 3-trichloromethyl-1,2,4-thiadiazol-5-yl ether

CAS 名称　5-ethoxy-3-(trichloromethyl)-1,2,4-thiadiazole

理化性质　纯品呈淡黄色液体，具有微弱的持续性臭味，原药为暗红色液体。熔点 19.9℃，沸点 95℃（1mmHg）。蒸气压 1430mPa（25℃）。相对密度 1.503。$K_{ow}\lg P$ 3.37。Henry 常数 3.03Pa·m³/mol（计算值）。溶解度：水 117mg/L（25℃），溶于乙醇、甲醇、芳香族碳氢化合物、乙腈、正己烷、二甲苯。稳定性：55℃下稳定 14d；在日光、20℃下，连续暴露 7d，分解 5.5%~7.5%。水解 DT_{50}：12d（pH 6，45℃），103d（pH 6，25℃）。pK_a 2.77，弱碱，闪点 66℃。

毒性　大鼠急性经口 LD_{50} 1100mg/kg，兔急性经口 LD_{50} 799mg/kg。兔急性经皮 LD_{50} >5000mg/kg，对兔皮肤无刺激，对兔眼有轻微刺激。大鼠急性吸入（4h）LC_{50} >200mg/L。饲喂无作用剂量 NOEL：大鼠（2年）4mg/(kg·d)，狗 2.5mg/(kg·d)。山齿鹑急性经口 LD_{50} 560mg/kg。饲喂 LC_{50}（8d）：山齿鹑>5000mg/L，野鸭 1650mg/kg。鱼毒 LC_{50}（216h）：虹鳟 1.21mg/L，大翻车鱼 3.27mg/L。水蚤 LC_{50}（48h）4.9mg/L。

制剂　DP，EC，ME，WP，ZC。

应用　具有保护和治疗作用的触杀性杀菌剂。适用于棉花、果树、花生、观赏植物、草坪。防治镰孢属、疫霉属、腐霉属和丝核菌属真菌引起的病害。

合成路线

$$CH_3CN \xrightarrow{Cl_2} CCl_3CN \longrightarrow CCl_3\underset{NH_2}{\overset{NH}{C}} \xrightarrow{HCl} \xrightarrow{CCl_3SCl} \text{(thiadiazole-Cl)} \longrightarrow \text{(ethoxy-thiadiazole)}$$

分析方法　采用 GC。

主要生产商　Chemtura。

参考文献

[1]　US 3260588.
[2]　US 3260725.

王铜（copper oxychloride）

$$3Cu(OH)_2 \cdot CuCl_2$$

$Cl_2Cu_4H_6O_6$，427.1，1332-40-7

其他名称　氧氯化铜，碱式氯化铜，Blitox，Cekucobre，Cobox，Ciprantol，basic copper chloride，oxychlorure de cuivre，copper chloride hydroxide

化学名称　氧氯化铜；dicopper chloride trihydroxide

CAS 名称　copper chloride oxide hydrate

理化性质　绿色或蓝绿色粉末。熔点 240℃（分解），蒸气压（20℃）可以忽略，相对密度 3.64（20℃）。水中溶解度：1.19×10^{-3} g/L（pH 6.6）；有机溶剂中溶解度（mg/L）：甲苯<11，二氯甲烷<10，正己烷<9.8，乙酸乙酯<11，甲醇<8.2，丙酮<8.4。稳定性：Cu^{2+} 为单原子，在常规的以碳为基础的农药溶液中，不能转化成相关的降解产物，在这方面，铜不会发生水解和光解作用。在碱性条件下氧氯化铜加热分解，失去氯化氢，形成氧化铜。

毒性 大鼠急性经口 LD_{50} 950～1862mg/kg，大鼠急性经皮 LD_{50}＞2000mg/kg，吸入 LC_{50}（4h）2.83mg/L。无作用剂量 16～17mg Cu/(kg·d)。山齿鹑 LC_{50}（8d）167.3mg Cu/(kg·d)。虹鳟鱼 LC_{50}（96h）0.217mg Cu/L。水藻 LC_{50}（48h）0.29mg Cu/L。藻类 E_bC_{50} 56.3mg Cu/L；E_rC_{50}＞187.5mg Cu/L。蜜蜂 LD_{50}：（经口）18.1μg Cu/只，（接触）109.9μg Cu/只。蚯蚓 LC_{50}（14d）＞489.6mg/kg 土壤。

制剂 WP，SC。

应用 用于防治水稻纹枯病、小麦褐色雪腐病、马铃薯疫病、夏疫病、番茄疫病、鳞纹病、瓜类霜霉病、炭疽病、苹果黑点病、柑橘黑点病、疮痂病、溃疡病、白粉病等。适用于麦类、瓜类、水稻、马铃薯、番茄、苹果、柑橘等。本品与波尔多液相同，对于不耐石灰碱性的作物亦能使用。它与波尔多液相比较不仅可以喷洒，还可以撒粉；在喷洒时将熏蒸剂同水简单混合即可。喷到作物上后能黏附在植物体表面，形成一层保护膜，不易被雨水冲刷。在一定湿度条件下释放出可溶性碱式氯化铜离子起杀菌作用。与春雷霉素的混剂对苹果、葡萄、大豆和藕等作物的嫩叶敏感，因此一定要注意浓度。不能与含汞化合物、硫代氨基甲酸酯杀菌剂混用。

分析方法 产品采用碘滴定法分析或转化为硫酸盐后采用电解法分析。

主要生产商 浙江禾益。

参考文献

[1] The Pesticide Manual. 15th ed.
[2] CIPAC Handbook，1992，E：42。

威菌磷（triamiphos）

$C_{12}H_{19}N_6OP$，294.3，1031-47-6

由 B. G. van den Bos 等报道，由 Philips-Duphar B. V. 开发。

其他名称 WP 155（Philips-Duphar）

化学名称 P-(5-氨基-3-苯基-1H-1,2,4-三唑-1-基)-N,N,N',N'-四甲基膦二酰胺；P-(5-amino-3-phenyl-1H-1,2,4-triazol-1-yl)-N,N,N',N'-tetramethylphosphonic diamide；P-5-amino-3-phenyl-1H-1,2,4-triazol-1-yl-N,N,N',N'-tetramethylphosphonic diamide

CAS 名称 P-(5-amino-3-phenyl-1H-1,2,4-triazol-1-yl)-N,N,N',N'-tetramethylphosphonic diamide

理化性质 白色固体，无味。熔点 167～168℃。20℃水中溶解度 0.25g/L，溶于大多数有机溶剂。室温下，在中性、弱碱性条件下稳定，遇强酸则迅速水解。

毒性 雄大鼠急性经口 LD_{50} 20mg/kg。

制剂 EC，WP。

应用 农用杀菌剂，还具有杀螨作用。

合成路线 由苯甲酰氯与氰基胩反应，生成物与肼盐酸盐反应，再与二甲氨基磷酰二氯反应，即制得本品。
   参考文献
   [1] NL 109510.
   [2] US 3121090.
   [3] US 3220922.

萎锈灵（carboxin）

$C_{12}H_{13}NO_2S$，235.3，5234-68-4

由美国 Uniroyal 公司开发的内吸性酰胺类杀菌剂。
其他名称 D 735，Vitavax，Hiltavax，Kemikar
化学名称 5,6-二氢-2-甲基-1,4-氧硫杂环己二烯-3-甲酰苯胺；5,6-dihydro-2-methyl-1,4-oxathiine-3-carboxanilide
CAS 名称 5,6-dihydro-2-methyl-N-phenyl-1,4-oxathiin-3-carboxamide
理化性质 白色晶体（原药为浅黄色粉末，有轻微硫黄臭味）。熔点 91～92℃，蒸气压 0.020mPa（25℃），K_{ow}lg$P$2.3，Henry 常数 $3.24×10^{-5}$Pa·m³/mol（计算值），相对密度 1.45。溶解度（g/L，20℃）：水 0.147，丙酮 221.2，甲醇 89.3，乙酸乙酯 107.7。稳定性：pH 5、7、9（25℃）稳定，不易水解。光照条件下水溶液中 DT_{50} 1.54h（pH 7，25℃）。pK_a＜0.5。
毒性 大鼠急性经口 LD_{50} 2864mg/kg。对兔眼睛和皮肤无刺激性。大鼠吸入毒性 LC_{50}（4h）＞4.7mg/L。大鼠（2 年）无作用剂量 1mg/(kg·d)。山齿鹑急性经口 LD_{50}：3302mg/kg。野鸭和山齿鹑 LC_{50}（8d）＞5000mg/L。鱼类 LC_{50}（96h）：大翻车鱼 3.6mg/L，虹鳟鱼 2.3mg/L。水蚤 LC_{50}（48h）＞57mg/L。近头状伪蹄形藻 EC_{50}（5d）：0.48mg/L。蜜蜂 LD_{50}（急性经口和接触）＞100μg/只。蚯蚓 LC_{50}（14d）500～1000mg/L。
制剂 SC，FS，WP。
应用 用于处理小麦和大麦种子，防治小麦散黑穗病或大麦真散黑穗病。也用于防治丝核菌，因此适用于作棉花、花生、蔬菜和甜菜的种子处理剂，防治小麦叶锈病、豆锈病、棉花立枯病与黄萎病。适用于小麦、大麦、燕麦、水稻、棉花、花生、大豆、蔬菜、玉米、高粱等多种作物以及草坪等。萎锈灵对植物生长有刺激作用，并能使小麦增产。萎锈灵为选择性内吸杀菌剂，它能渗入萌芽的种子而杀死种子内的病菌。20%萎锈灵乳油 100 倍液对麦类可能有轻微危害。勿与碱性和酸性药品接触。主要用于拌种。药剂处理过的种子不可食用或作饲料。亦可作为木材防腐剂。
合成路线

分析方法　产品采用 HPLC 分析。

主要生产商　安徽丰乐，英德广农康盛，西安文远，陕西恒田，江苏辉丰，新沂永诚，美国科聚亚。

参考文献

[1] The Pesticide Manual，2000，140.

[2] US 3249499.

肟菌酯（trifloxystrobin）

$C_{20}H_{19}F_3N_2O_4$，408.4，141517-21-7

由先正达公司研制、德国 Bayer CropScience 开发的甲氧基丙烯酸酯类杀菌剂。

其他名称　CGA 279202，A 9360B，Aprix，Compass，Consist，Dexter，Éclair，Flint，Flint J，Gem，Natchez，Swift，Tega，Twist，Zato，Zest

化学名称　(E)-甲氧基亚氨基-[(E)-α-[[1-[3-(三氟甲基)苯基]亚乙基氨基]氧甲基]苯基]乙酸甲酯；methyl(E)-methoxyimino-{(E)-α-[1-($α,α,α$-trifluoro-m-tolyl)ethylideneaminooxy]-o-tolyl}acetate

CAS 名称　methyl($αE$)-α-(methoxyimino)-2-[[[[(1E)-1-[3-(trifluoromethyl)phenyl]ethylene]amino]oxy]methyl]benzeneacetate

理化性质　白色固体。熔点 72.9℃，沸点 312℃（在 285℃时开始分解），蒸气压 $3.4×10^{-3}$ mPa（25℃），K_{ow}lg$P$ 4.5（25℃），Henry 常数 $2.3×10^{-3}$ Pa·m³/mol（25℃，计算值），相对密度 1.36（21℃）。水中溶解度为 610μg（25℃），易溶于丙酮、二氯甲烷、乙酸乙酯。水解 DT_{50}：27.1h（pH 9），11.4 周（pH 7）；在 pH 5 稳定（20℃）。

毒性　大鼠急性经口 LD_{50}＞5000mg/kg。大鼠急性经皮 LD_{50}＞2000mg/kg。对皮肤和眼睛无刺激性（兔）。可能引起皮肤接触过敏。老鼠吸入 LC_{50}＞4650mg/m³。2 年大鼠无作用剂量：9.8mg/(kg·d)，无致突变、致畸、致癌性，没有对生殖产生不利影响。鸟类急性 LD_{50}：山齿鹑＞2000mg/kg（经口），野鸭＞2250mg/kg。山齿鹑和野鸭膳食 LC_{50}＞5050mg/kg。LC_{50}（96h）：虹鳟鱼 0.015mg/L，大翻车鱼 0.054mg/L。水蚤 LC_{50}（48h）0.016mg/L。蜜蜂 LD_{50}（经口和接触）＞200μg/只。蚯蚓 LC_{50}（14d）＞1000mg/kg 土壤。

制剂　EC，FS，SC，WG。

应用　甲氧基丙烯酸酯类杀菌剂，是一种呼吸抑制剂，通过锁住细胞色素 b 与 c_1 之间的电子传递而阻止细胞 ATP 合成，从而抑制其线粒体呼吸而发挥抑菌作用。对子囊菌类、半知菌类、担子菌类和卵菌纲等真菌都有良好的活性。是具有化学动力学特性的杀菌剂，它能被植物蜡质层强烈吸附，对植物表面提供优异的保护活性。肟菌酯对几乎所有真菌纲（子囊菌纲、担子菌纲、卵菌纲和半知菌类）病害如白粉病、锈病、颖枯病、网斑病、稻瘟病等有良好的活性。其特点除具有高效、广谱、保护、治疗、铲除、渗透、内吸活性外，还具有耐冲刷、持效期长等特性；主要用于葡萄、苹果、小麦、花生、香蕉、蔬菜等进行茎叶处理。

合成路线

主要生产商　Bayer CropScience。
参考文献
[1]　EP 0600835.
[2]　EP 0400417.
[3]　US 5145980.
[4]　CN 1049426.
[5]　CN 1093355.
[6]　WO 2010089267.

肟醚菌胺（orysastrobin）

$C_{18}H_{25}N_5O_5$，391.42，248593-16-0

由 A. Watanabe、G. Stammler 和 T. Grote 等报道。2006 年在日本由 BASF AG（现为 BASF SE）登记，并于 2007 年在日本和韩国上市。

其他名称　BAS 520 F，Arashi

化学名称　2［(E)-甲氧亚氨基］-2-［(3E,6E)-2-［5-［(E)-甲氧亚氨基］-4,6-二甲基-2,8-二氧杂-3,7-二氧杂壬-3,6-二烯基］苯基］-N-甲基乙酰胺；2［(E)-methoxyimino］-2-［(3E,6E)-2-{5-［(E)-methoxyimino］-4,6-dimethyl-2,8-dioxa-3,7-diazanona-3,6-dienyl} phenyl］-N-methylacetamide

CAS 名称　(αE)-α-(methoxyimino)-2-［(3E,5E,6E)-5-(methoxyimino)-4,6-dimethyl-2,8-dioxa-3,7-diaza-3,6-nonadienyl］-N-methylbenzeneacetamide

理化性质　白色结晶固体。熔点 98.4~99.0℃。蒸气压：$2×10^{-6}$ mPa（25℃），$7×10^{-7}$ m Pa（20℃）。K_{ow} lg$P$（20℃）2.36。相对密度 1.296。水中溶解度 80.6mg/L（20℃）。

毒性　大鼠急性经口 LD_{50} 356mg/kg。大鼠急性经皮 LD_{50}＞2000mg/kg；对眼睛或皮肤无刺激作用，对豚鼠皮肤无致敏现象。雄大鼠吸入 LC_{50} 4.12mg/L，雌大鼠 1.04mg/L。大鼠 2 年饲喂无作用剂量为 5.2mg/(kg·d)。山齿鹑急性经口 LD_{50}＞2000mg/kg。虹鳟 LC_{50}（96h）0.89mg/L。水蚤 LC_{50}（24h）1.3mg/L。羊角月牙藻 E_bC_{50}（72h）7.1mg/L。蜜蜂 LD_{50}＞95.2μg/只。蚯蚓 LC_{50}＞1000mg/kg。

制剂　GR。

应用　线粒体呼吸抑制剂，即通过在细胞色素 b 和 c_1 间电子转移抑制线粒体的呼吸。用于防治水稻叶、穗颈瘟和纹枯病。

合成路线

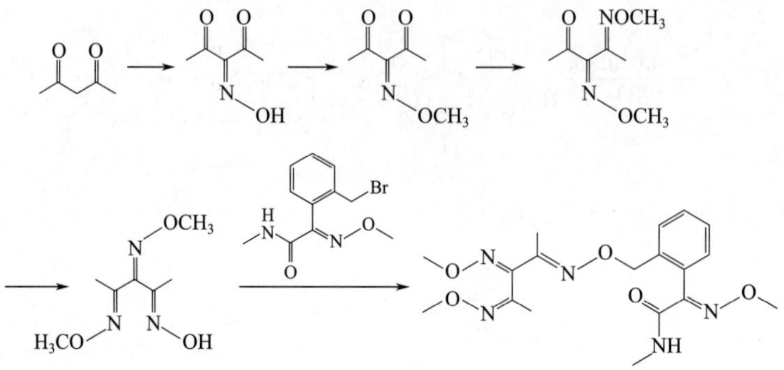

主要生产商　BASF。

参考文献

The Pesticide Manual. 16 th edition.

五氯苯酚（pentachlorophenol）

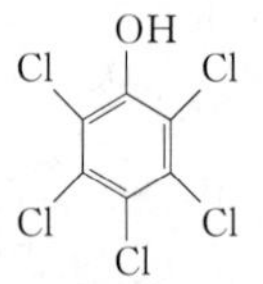

C_6HCl_5O，266.3，87-86-5

于 1936 年作为木材防腐剂引进，后来用作普通消毒剂。

其他名称　Biocel SP 85

化学名称　五氯苯酚；pentachlorophenol

CAS 名称　pentachlorophenol

月桂酸五氯苯基酯：

化学名称　月桂酸五氯苯基酯；pentachlorophenyl laurate

CAS 名称　pentachlorophenyldodecanoate

CAS 登录号　3772-94-9，分子式 $C_{18}H_{23}Cl_5O_2$，分子量 448.6

理化性质　具有酚气味的无色晶体（原药为深灰色）。熔点 191℃（原药 187～189℃）。沸点 309～310℃（分解）。蒸气压 16Pa（100℃）。$K_{ow}lgP$（25℃，非离子化）5.1。相对密度 1.98（22℃）。水中溶解度为 80mg/L（30℃）；溶于多数有机溶剂，如丙酮 215g/L（20℃），微溶于四氯化碳和石蜡烃。钠盐、钙盐和镁盐均溶于水。相对稳定，不吸潮。pK_a 4.71。不易燃。

五氯酚钠：分子量 288.3。作为一水合物遇水结晶，水中溶解度为 330g/L（25℃），不溶于石油。

毒性　大鼠急性经口 LD_{50} 210mg/kg。（固体和水溶液＞10g/L）。对皮肤、眼睛和黏膜有刺激作用。NOEL 每天摄入 3.9～10mg，70～190d，在狗和大鼠中无死亡。鱼类急性

LC$_{50}$＜1mg/L（HSG）。

制剂 GR，OL，WP。

应用 杀虫剂、杀菌剂及非选择性的接触除草剂。五氯苯酚用于防治白蚁。经常用其酯，例如月桂酸五氯苯酯，保护树木免受真菌腐烂和蛀木虫的危害。也用作通用除草剂。

分析方法 产品用碱滴定法分析。

主要生产商 Excel Crop Care。

参考文献

The Pesticide Manual. 16th ed.

五氯硝基苯（quintozene）

$C_6Cl_5NO_2$，295.3，82-68-8

由 I. G. Farbenindustrie AG（现 Bayer AG，该公司已不再生产或销售该产品）引入市场。

其他名称 土粒散，掘地坐，Blocker，Terraclor

化学名称 五氯硝基苯；pentachloronitrobenzene

CAS 名称 pentachloronitrobenzene

理化性质 原药为无色针状结晶。熔点 143～144℃，沸点 328℃（稍有分解），蒸气压 12.7mPa（25℃），K_{ow} lg$P$ 5.1，密度 1907kg/m³（21℃）。水中溶解度为 0.1mg/L（20℃）；有机溶剂中溶解度：甲苯 1140，甲醇 20，庚烷 30（均为 g/L）。

毒性 大鼠急性经口 LD$_{50}$＞5000mg/kg。兔急性经皮 LD$_{50}$＞5000mg/kg；对皮肤没有刺激性，对眼睛有轻微刺激性（兔）。大鼠吸入毒性 LC$_{50}$（4h）＞1.7mg/L。大鼠（2 年）无作用剂量 1mg/(kg·d)，（1 年）狗 3.75mg/(kg·d)。野鸭 LD$_{50}$ 2000mg/kg。虹鳟鱼 LC$_{50}$（96h）0.55mg/L，大翻车鱼 0.1mg/L。水蚤 LC$_{50}$（48h）0.77mg/L。蜜蜂 LD$_{50}$（接触）＞100μg/只。

制剂 DP，EC，GR，SC，WP，ZC。

应用 用作拌种剂或进行土壤处理，可以防治棉花立枯病、猝倒病、炭疽病、褐腐病、红腐病，小麦腥黑穗病，秆黑粉病，高粱腥黑穗病，马铃薯疮痂病、菌核病、甘蓝根肿病、莴苣灰霉病、菌核病、基腐病、褐腐病，胡萝卜、糖萝卜和黄瓜立枯病，菜豆猝倒病、丝菌核病，四季豆种子腐烂病、根腐病，大蒜白腐病，番茄及胡椒的南方疫病，葡萄黑豆病，桃、梨、褐腐病等，对水稻纹枯病也有很好的防治效果。

合成路线

分析方法 产品用 GLC/FID 分析。

主要生产商 Amvac。

参考文献

DE 682048.

戊苯吡菌胺（penflufen）

$C_{18}H_{24}FN_3O$，317.41，494793-67-8

2011 年在英国首次登记，2012 年在加拿大和美国登记，并于 2012 年由 Bayer CropScience 上市。

其他名称　BYF14182，EVERGOL Prime

化学名称　2′-[(RS)-1,3-二甲基丁基]-5-氟-1,3-二甲基吡唑-4-甲酰胺；2′-[(RS)-1,3-dimethylbutyl]-5-fluoro-1,3-dimethylpyrazole-4-carboxanilide

CAS 名称　N-[2-(1,3-dimethylbutyl)phenyl]-5-fluoro-1,3-dimethyl-1H-pyrazole-4-carboxamide

理化性质　白色粉状晶体。熔点 111.1℃。蒸气压 4.1×10^{-4} mPa（20℃）。K_{ow} lg$P$ 3.3（pH 7，25℃）。Henry 常数 1.05×10^{-5} Pa·m³/mol（pH 6.5，计算值）。相对密度 1.21（20℃）。水中溶解度 10.9mg/L（pH 7，20℃）。酸性、中性、碱性介质中稳定。

毒性　大鼠急性经口 $LD_{50}>$2000mg/kg。兔急性经皮 $LD_{50}>$2000mg/kg。对皮肤无刺激作用（OECD 404）。大鼠吸入 $LC_{50}>$2.022mg/L。山齿鹑 $LD_{50}>$4000mg/kg，金丝雀$>$2000mg/kg。山齿鹑饲喂 $LC_{50}>$8962mg/kg，野鸭$>$9923mg/kg 饲料。虹鳟 LC_{50}（96h）$>$0.31mg/L，大翻车鱼$>$0.45mg/L，普通鲤鱼$>$0.103mg/L，羊头原鲷$>$1.15mg/L，黑头呆鱼$>$0.116mg/L。水蚤 EC_{50}（48h）$\gg$4.7mg/L，淡水绿藻$>$5.1mg/L。其他水生生物如美国糠虾 EC_{50}（96h）2.5mg/L。蜜蜂经口 LD_{50}：（24h，48h）$>$100μg/只，接触（24h，48h）$>$100μg/只。

制剂　FS，GR，DS。

应用　种子处理剂，应用后渗透到发芽种子内，并通过幼苗的木质部显示系统性分布，实现对生长中幼苗的高水平保护。琥珀酸脱氢酶抑制剂（复合物 Ⅱ-SDH 抑制剂）。在低剂量下即对担子菌和子囊菌纲真菌具有广谱的防治作用。作为正在开发的种子处理剂，马铃薯块茎/种子处理和土壤应用，可对籽苗提供高水平的保护；用于玉米、大豆、油菜、马铃薯、棉花、地面坚果、洋葱、多汁豌豆和豆类，防治担子菌类引起的种传和土传病害。也可以有效防治谷物的腥黑粉菌属、黑粉菌属、丝核菌和旋孢腔菌属引起的病害。在实验室研究中它已经显示出对丝核菌水稻纹枯病和稻曲病的防效。

主要生产商　Bayer CropScience。

参考文献

The Pesticide Manual. 16th ed.

戊苯砜（sultropen）

$C_{11}H_{14}N_2O_6S$，302.3，963-22-4

化学名称 2,4-二硝基-1-(戊烷-1-磺酰基)苯；2,4-dinitro-1-(pentane-1-sulfonyl)benzene；2,4-dinitrophenyl pentyl sulfone

CAS 名称 2,4-dinitro-1-(pentylsulfonyl)benzene

应用 杀菌剂。

戊菌隆 (pencycuron)

$C_{19}H_{21}ClN_2O_3$，328.8，66063-05-6

由 P-E. Frohberger 和 F. K. Grossman 报道，由 Bayer AG、ICI 推出，于 1984 年首次上市。

其他名称 禾穗宁，万菌宁，NTN 19 701，Monceren，Vicuron

化学名称 1-(4-氯苄基)-1-环戊基-3-苯基脲；1-(4-chlorobenzyl)-1-cyclopentyl-3-phenylurea

CAS 名称 N-[(4-chlorophenyl)methyl]-N-cyclopentyl-N'-phenylurea

理化性质 原药含量>98%。无色无味晶体。熔点 128℃（修订 A）；132℃（修订 B）。蒸气压 5×10^{-7} mPa（20℃，推测值）。K_{ow}lg$P$ 4.7（20℃）。Henry 常数 5×10^{-7} Pa·m³/mol（20℃）。相对密度 1.22（20℃）。水中溶解度：0.3mg/L（20℃）。有机溶剂中溶解度：二氯甲烷>250g/L（20℃），正辛醇 16.7g/L（20℃），正庚烷 0.23g/L（20℃）。降解 DT_{50} 64～302d（25℃）。在水中、在地表光解。

毒性 大鼠急性经口 LD_{50}>5000mg/kg。小鼠和大鼠急性经皮 LD_{50}（24h）>2000mg/kg；对兔眼睛和皮肤无刺激作用，非皮肤致敏剂。大鼠吸入 LC_{50}（4h）>268mg/m³ 空气（气溶胶），>5130mg/m³ 空气（粉尘）。大鼠（2 年）无作用剂量 1.8mg/kg。ADI/RfD 为 0.018mg/kg。无致畸、致癌、致突变性。山齿鹑 LD_{50}>2000mg/kg。虹鳟 LC_{50}（96h）>690mg/L（11℃），大翻车鱼 127mg/L（19℃）。水蚤 EC_{50}（48h）0.27mg/L。近具刺链带藻 E_rC_{50}（72h）1.0mg/L。对蜜蜂无毒，经口 LD_{50}>98.5μg/只，接触>100μg/只。蚯蚓 LC_{50}（14d）>1000mg/kg 干土。

制剂 DL，DP，DS，FS，SC，WG，WP。

应用 细胞分裂抑制剂，非内吸性保护杀菌剂。可以用于叶面喷雾和喷粉、种子处理或拌土。用于马铃薯、水稻（叶面施药）、棉花、甜菜（叶面施用）、蔬菜（在移植时混土和浸液）、观赏植物和草坪，防治立枯丝核菌和薄膜革菌属引起的病害。尤其对防治马铃薯黑斑病、水稻纹枯病和观赏植物的腐烂病有特效。

合成路线

分析方法 产品分析用 LC。

主要生产商 Bayer CropScience，江苏飞翔，浙江禾益。

参考文献

[1] BE 856922.

[2] DE 2732257.

戊菌唑（penconazole）

$C_{13}H_{15}Cl_2N_3$，284.18，66246-88-6

由 J. Eberle 等报道，由 Ciba-Geigy AG（现 Syngenta AG）作为农业杀菌剂引进。由 Janssen Pharmaceutica，N. V. 开发，1983 年进入市场。

其他名称 配那唑，果壮，笔菌唑，CGA 71818，Dallas，Pentos，Topas

化学名称 1-(2,4-二氯-β-丙基苯乙基)-$1H$-1,2,4-三唑；1-(2,4-dichloro-β-propylphenethyl)-$1H$-1,2,4-triazole

CAS 名称 1-[2-(2,4-dichlorophenyl)pentyl]-$1H$-1,2,4-triazole

理化性质 白色粉末。熔点 60.3~61.0℃。沸点＞360℃，99.2℃（1.9Pa）。蒸气压 0.37mPa（25℃）。K_{ow} lg$P$ 3.1（pH 5.7，25℃）。Henry 常数 6.6×10^{-4} Pa·m³/mol（20℃，计算值）。相对密度 1.30（20℃）。水中溶解度：73mg/L（25℃）；有机溶剂中溶解度（g/L，25℃）：甲醇＞500，丙酮＞500，甲苯＞500，正己烷 24，正辛醇 400。水中稳定（pH4~9），温度至 350℃仍稳定。pK_a 1.51，弱碱。

毒性 急性经口 LD_{50}：大鼠 2125mg/kg，小鼠 2444mg/kg。大鼠急性经皮 LD_{50}＞3000mg/kg；对兔皮肤、眼睛没有刺激性，对豚鼠皮肤没有刺激性。大鼠吸入 LC_{50}（4h）＞4.046mg/m³。大鼠（2 年）无作用剂量 7.3mg/(kg·d)，小鼠 0.71mg/(kg·d)；狗（1 年）无作用剂量 3.0mg/(kg·d)。无致畸、致癌、致突变作用。野鸭和山齿鹑急性经口 LD_{50}＞1590mg/kg，LC_{50}（5d）＞5620mg/kg 饲料。虹鳟 LC_{50}（96h）1.3mg/L，鲤鱼 3.8mg/L。水蚤 EC_{50}（48h）6.7mg/L。近头状伪蹄形藻 EC_{50}（3d）1.7mg/L。蜜蜂 LD_{50}（局部，经口）＞200μg/只（500EW 制剂）。蚯蚓（14d）LC_{50}＞1000mg/kg。

制剂 EC，EW，WP。

应用 一种兼具保护、治疗和铲除作用的内吸性三唑类杀菌剂，主要作用机理是类固醇脱甲基化抑制剂，破坏和阻止病菌的细胞膜重要组成成分麦角固醇的生物合成，导致细胞膜不能形成，使病菌死亡。由于具有很好的内吸性，因此可迅速地被植物吸收，并在内部传导；具有很好的保护和治疗活性。适宜用于果树如苹果、葡萄、梨、香蕉、蔬菜和观赏植物等。能有效地防治子囊菌、担子菌和半知菌所致病害，尤其对白粉病、黑星病等具有优异的防效。

合成路线

分析方法　产品分析用 GLC。

主要生产商　Syngenta，浙江禾本，江苏七洲，宁波汇力化工，上海 MCC，中化江苏，苏州恒泰，泰达集团。

参考文献

[1]　GB 1589852.
[2]　BE 857570.
[3]　Pestic Sci，1991，31（2）：185.

戊唑醇（tebuconazole）

$C_{16}H_{22}ClN_3O$，307.8，107534-96-3

由 Bayer CropScience 开发研制的三唑类杀菌剂。

其他名称　立克秀，fenetrazole，terbuconazole，terbutrazole，ethyltrianol，Lynx，Elite，Eraliscur，Folicur，Horizon，Metacil，Orius，Raxil，Riza，Sparta，Tomcat

化学名称　(RS)-1-对-氯苯基-4,4-二甲基-3-(1H-1,2,4-三唑-1-基甲基)戊-3-醇；(RS)-1-p-chlorophenyl-4,4-dimethyl-3-(1H-1,2,4-triazol-1-ylmethyl)pentan-3-ol

CAS 名称　α-[2-(4-chlorophenyl)ethyl]-α-(1,1-dimethylethyl)-1H-1,2,4-triazole-1-ethanol

理化性质　外消旋化合物，无色晶体。熔点 105℃，蒸气压 1.7×10^{-3} mPa（20℃），K_{ow} lg$P$ 3.7（20℃），Henry 常数 1×10^{-5} Pa·m³/mol（20℃），密度 1.25g/cm³（26℃）。溶解度：水 36mg/L（pH 5～9，20℃）；二氯甲烷＞200g/L，正己烷＜0.1g/L，异丙醇、甲苯 50～100g/L（20℃）。高温下稳定，在无菌条件下，纯水中易光解和水解，水解 DT_{50} ＞1年（pH 4～9，22℃）。

毒性　雄性大鼠急性经口 LD_{50} 为 4000mg/kg，雌大鼠急性经口 LD_{50} 为 1700mg/kg，小鼠急性经口 LD_{50} 约为 3000mg/kg。大鼠急性经皮 LD_{50} 为＞5000mg/kg，对兔皮肤无刺激，对眼有轻微刺激。大鼠吸入毒性 LC_{50}（4h）：0.37mg/L 空气（气雾剂），＞5.1mg/L（DP）。2 年饲喂毒性研究，未见不良反应的剂量大鼠为 300mg/kg，狗 100mg/kg，小鼠 20mg/kg（饲料喂食）。禽类急性经口 LD_{50}：雄性日本鹌鹑 4438mg/kg，雌性日本鹌鹑 2912mg/kg，山齿鹑 1988mg/kg。LC_{50}（5d）：野鸭＞4816mg/kg，山齿鹑＞5000mg/kg。鱼毒 LD_{50}（96h）：虹鳟鱼 4.4mg/L，大翻车鱼 5.7mg/L。水蚤 LC_{50}（48h）4.2mg/L。羊角月牙藻 E_rC_{50}（72h，静止）3.80mg/L。蜜蜂 LD_{50}（48h）：83μg/只（经口），＞200μg/只（接触）。蚯蚓 LC_{50}（14d）1381mg/kg。

制剂　DS，EC，ES，EW，FS，GF，SC，SE，WG，WP，WS。

应用　三唑类杀菌剂，是类固醇脱甲基化抑制剂。戊唑醇具有内吸性，既可杀灭附着在种子和植物叶部表面的病菌，也可在植物内向顶传导杀灭作物内部的病菌。是用于重要经济作物的种子处理或叶面喷洒的高效杀菌剂。适宜于小麦、大麦、燕麦、黑麦、玉米、高粱、花生、香蕉、葡萄、茶、果树等作物。可以防治白粉菌属、柄锈菌属、喙孢属、核腔菌属和壳针孢属引起的病害，如小麦白粉病、小麦散黑穗病、小麦纹枯病、小麦雪腐病、小麦全蚀病、小麦腥黑穗病、大麦云纹病、大麦散黑穗病、大麦纹枯病、玉米丝黑穗病、高粱丝黑穗病、大豆锈病、油菜菌核病、香蕉叶斑病、茶饼病、苹果斑点落叶病、梨黑星病、葡萄灰霉病等。

合成路线

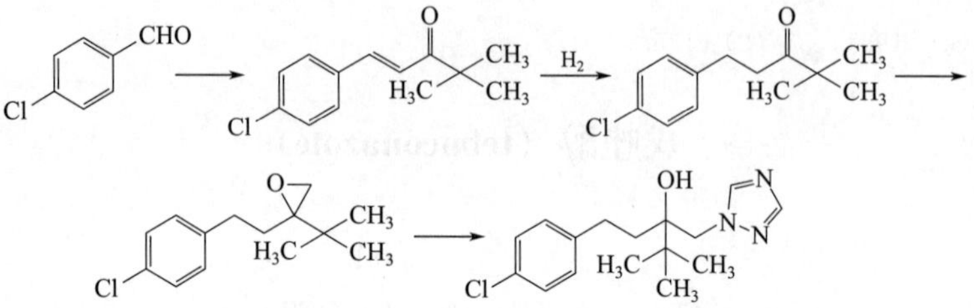

主要生产商 Bayer CropScience，AgroDragon，Astec，Cheminova，Dongbu Fine，Fertiagro，Hui Kwang，AGROFINA，JIE，Milenia，Nagarjuna Agrichem，Nortox，Punjab，Rotam，Sundat，Tagros，华星化工，海南正业中农高科，吉化集团，江苏百灵，江苏常隆，江苏丰登，好收成韦恩，建农农化，江苏剑牌，克胜集团，绿叶农化，南京常丰，南通派斯第农化，农用激素工程技术研究中心，盐城利民，张家港二农，中旗化工，滨农科技，禾宜生物，华阳科技，联合农药工业，潍坊润丰，潍坊双星，中石药业，淄博新农基，美邦农药，西大华特，上海禾本药业，上海生农生化，上虞颖泰，沈阳科创，泰州百力，天津人农药业，杭州宇龙，宁波中化，上虞银邦，浙江威尔达。

参考文献

[1] US 2003018201.
[2] DE 3733754.
[3] CN 1760187.
[4] CN 101130522.

烯丙苯噻唑（probenazole）

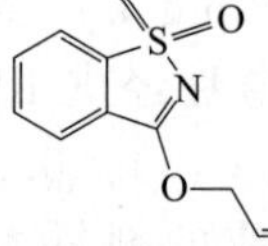

$C_{10}H_9NO_3S$，223.2，27605-76-1

由 M. Uchiyama 等报道，由 T. Ohashi 综述。由 Meiji Seika Kaisha Ltd 与 Hokko Chemical Industry Co.，Ltd. 合作开发引入市场，1975 年获得首次登记。

其他名称 Oryzemate

化学名称 3-烯丙氧基-1,2-苯并异噻唑-1,1-二氧化物；3-allyloxy-1,2-benz[d]isothiazole 1,1-dioxide

CAS 名称 3-(2-propenyloxy)-1,2-benzisothiazole 1,1-dioxide

理化性质 无色晶体。熔点 138～139℃。水中溶解度约 150mg/L；有机溶剂中溶解度：易溶于丙酮、二甲基甲酰胺和氯仿，微溶于甲醇、乙醇、乙醚和苯，难溶于石油挥发油和正己烷。

毒性 急性经口 LD_{50} （mg/kg）：大鼠 2030，小鼠 2750～3000。大鼠急性经皮 $LD_{50}>$ 5000mg/kg。NOEL 数据：大鼠 110mg/kg。无致突变作用，600mg/kg 饲料饲喂大鼠无致畸作用。鲤鱼 LC_{50} （48h）6.3mg/L。

制剂 GR。

应用 水杨酸免疫系统促进剂。在离体试验中，稍有抗微生物活性。处理水稻，促进根系的吸收，保护作物不受稻瘟病病菌和稻白叶枯病菌的侵染。用于水稻防治水稻稻瘟病、细菌性白叶枯病和细菌性谷枯病；也用于防治蔬菜的细菌性病害，如生菜的细菌性腐烂病、白菜的黑腐病、中国白菜黏滑软腐病、威尔士洋葱的软腐病和黄瓜角斑病。

合成路线

分析方法 产品用 GLC 分析。

主要生产商 Meiji Seika，Saeryung。

参考文献

The Pesticide Manual. 16th ed.

烯肟菌胺（fenaminstrobin）

$C_{21}H_{21}Cl_2N_3O_3$，434.3，1257598-43-8

由沈阳化工研究院开发的甲氧基丙烯酸酯类杀菌剂。

其他名称 SYP-1620

化学名称 N-甲基-2-[[[[1-甲基-3-(2′,6′-二氯苯基)-2-丙烯基]亚氨基]氧基]甲基]苯基]-2-甲氧基亚氨基乙酰胺；methyl(E)-2-{α-[2-(2,4-dichloroanilino)-6-(trifluoromethyl)pyrimidin-4-yloxy]-o-tolyl}-3-methoxyacrylate

CAS 名称 methyl(αE)-2-[[[2-[(2,4-dichlorophenyl)amino]-6-(trifluoromethyl)-4-pyrimidinyl]oxy]methyl]-α-(methoxymethylene)benzeneacetate

毒性 大鼠急性经口 $LD_{50}>$4640mg/kg。大鼠急性经皮 $LD_{50}>$2000mg/kg。

制剂 EC。

应用 杀菌谱广、活性高，具有保护和治疗作用。与环境相容性好，低毒，无致癌、致畸作用。适宜于麦类、瓜类、水稻、蔬菜等作物。烯肟菌胺对由鞭毛菌、结核菌、子囊菌、担子菌及半知菌引起的多种病害有良好的防治作用。如对黄瓜白粉病及小麦白粉病、叶锈病、条锈病，具有非常优异的防治效果；能有效控制黄瓜霜霉病、葡萄霜霉病等植物病害的发生与危害。此外，对水稻稻瘟病、玉米小斑病、棉花黄萎病、油菜菌核病、番茄叶霉病、黄瓜灰霉病、黄瓜黑星病具有很高的离体杀菌活性。对水稻纹枯病、水稻恶苗病、小麦赤霉病、小麦根腐病、辣椒疫病、苹果树斑点落叶病也有一定防效。

合成路线

分析方法　高效液相色谱法。
主要生产商　沈阳科创。
参考文献
[1]　US 6303818.
[2]　CN 1309897.

烯肟菌酯（enestroburin）

$C_{22}H_{22}ClNO_4$，399.87，238410-11-2

沈阳化工研究院研制的甲氧基丙烯酸酯类杀菌剂。

其他名称　SYP-Z071，enoxastrobin
化学名称　(E)-2-[2-[[[[3-(4-氯苯基)-1-甲基丙烯-2-基亚]氨基]氧]甲基]苯基]-3-甲氧基丙烯酸甲酯；methyl 2-[2-[[[[3-(4-chlorophenyl)-1-methylprop-2-enylidene]amino]oxy]methyl]phenyl]-3-methoxyacrylate
CAS 名称　methyl 2-[[[[3-(4-chlorophenyl)-1-methyl-2-propen-1-ylidene]amino]oxy]methyl]-α-(methoxymethylene)benzeneaceate
理化性质　白色晶体，TC 为浅黄色油状物，不溶于水，易溶于丙酮、三氯甲烷、乙酸乙酯。
毒性　急性经口 LD_{50}：雄大鼠 926mg/kg，雌大鼠 749mg/kg。兔急性经皮 LD_{50}＞2000mg/kg，对眼睛有轻微刺激作用，对皮肤无刺激作用。
制剂　EC。
应用　该品种具有杀菌谱广、活性高、毒性低、与环境相容性好等特点。对由鞭毛菌、结核菌、子囊菌、担子菌及半知菌引起的病害均有很好的防治作用。能有效地控制黄瓜霜霉病、葡萄霜霉病、番茄晚疫病、小麦白粉病、马铃薯晚疫病及苹果斑点落叶病的发生与危害，与苯基酰胺杀菌剂无交互抗性。
合成路线

主要生产商 沈阳科创。

参考文献

[1] EP 936213.

[2] CN 1191670.

烯酰吗啉（dimethomorph）

$C_{21}H_{22}ClNO_4$, 387.9, 110488-70-5

1988 年由 G. Albert 等报道。1993 年由 Shell（现 BASF SE）开发。

其他名称 安克，CME 151，WL 127 294，Acrobat，Forum，Festival，Paraat，Solide

化学名称 (E,Z)-4-[3-(4-氯苯基)-3-(3,4-二甲氧基苯基)丙烯酰]吗啉；(E,Z)-4-[3-(4-chlorophenyl)-3-(3,4-dimethoxyphenyl)acryloyl]morpholine

CAS 名称 (E,Z)-4-[3-(4-chlorophenyl)-3-(3,4-dimethoxyphenyl)-1-oxo-2-propenyl]morpholine

理化性质 该产品顺、反 2 种异构体的比例大约为 1∶1，为无色结晶状固体，熔点127～148℃。(E)-型异构体熔点 135.7～137.5℃，(Z)-型异构体熔点 169.2～170.2℃。(E)-型异构体蒸气压 $9.7×10^{-4}$ mPa（25℃），(Z)-型异构体蒸气压 $1.0×10^{-3}$ mPa（25℃）。K_{ow} lg$P$：(E)-型异构体（20℃）2.63，(Z)-型异构体（20℃）2.73。相对密度 1.318。水中溶解度（mg/L，20℃）：19（pH 5），18（pH 7），16（pH 9）。有机溶剂中溶解度（g/L，20～23℃）：丙酮 88（E）、15（Z），环己酮 27（Z），二氯甲烷 315（Z），N,N-二甲基甲酰胺 272（E）、40（Z），己烷 0.04（E）、0.02（Z），甲醇 7（Z），甲苯 7（Z）。混合异构体在有机溶剂中的溶解度（mg/L，20～23℃）：正己烷 0.11，甲醇 39，乙酸乙酯 48.3，甲苯 49.5，丙酮 100，二氯甲烷 461。稳定性：正常情况下，耐水解，对热稳定。暗处可稳定存放 5 年以上。光照条件下，顺、反 2 种异构体可互相转变。

毒性 急性经口 LD$_{50}$（mg/kg）：雄大鼠 4300，雌大鼠 3500，雄小鼠＞5000，雌小鼠

3700。大鼠急性经皮 $LD_{50}>5000mg/kg$；对兔眼睛或皮肤无刺激作用，对豚鼠皮肤无致敏现象。大鼠 LC_{50} (4h) $>4.2mg/L$ 空气。大鼠 2 年饲喂无作用剂量为 $200mg/kg$。狗 1 年饲喂无作用剂量为 $450mg/kg$。在大鼠和小鼠 2 年研究试验中无致癌性。野鸭急性经口 $LD_{50}>2000mg/kg$。野鸭饲喂 LC_{50} (5d) $>5300mg/L$。鱼毒 LC_{50} (mg/L，96h)：大翻车鱼 >25，鲤鱼 14，虹鳟 3.4。水蚤 EC_{50} (48h) $49mg/L$。藻类 EC_{50} (96h) $>20mg/L$。在 0.1mg/只（接触或经口，最高剂量试验）试验条件下对蜜蜂无毒。蚯蚓 EC_{50} (14d) $>1000mg/kg$ 土壤。

制剂 DC，WG，WP。

应用 烯酰吗啉是一种具有好的保护和抑制孢子萌发活性的内吸性杀菌剂。通过抑制卵菌细胞壁的形成而起作用。只有 Z 型异构体有活性，但是，由于在光照下两异构体间可迅速相互转变，平衡点 80%。尽管 Z 型异构体在应用上与 E 型异构体是一样的，但烯酰吗啉在田间总有效体仅为总量的 80%。适用于黄瓜、葡萄、马铃薯、荔枝、辣椒、十字花科蔬菜、烟草、苦瓜等，防治黄瓜霜霉病、辣椒疫病、马铃薯晚疫病、葡萄霜霉病、烟草黑胫病、十字花科蔬菜霜霉病、荔枝霜疫霉病等。

合成路线

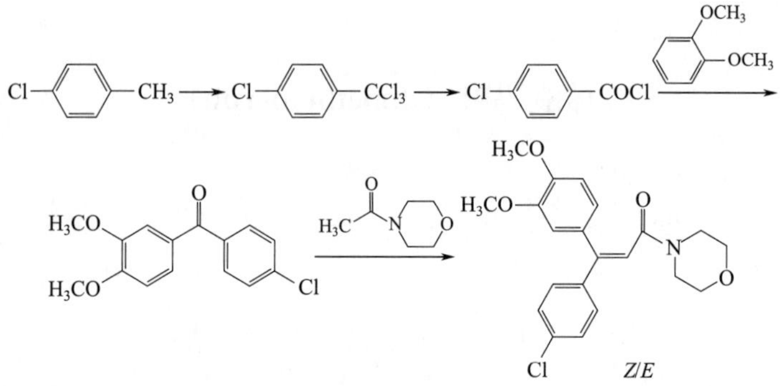

分析方法 GC 或 HPLC。

主要生产商 BASF，山东亿嘉，山东先达，安徽丰乐，丰荣精化，江苏长青，山东京博，沈阳丰收。

参考文献

[1] EP 120321.
[2] US 5952496.

烯唑醇（diniconazole）

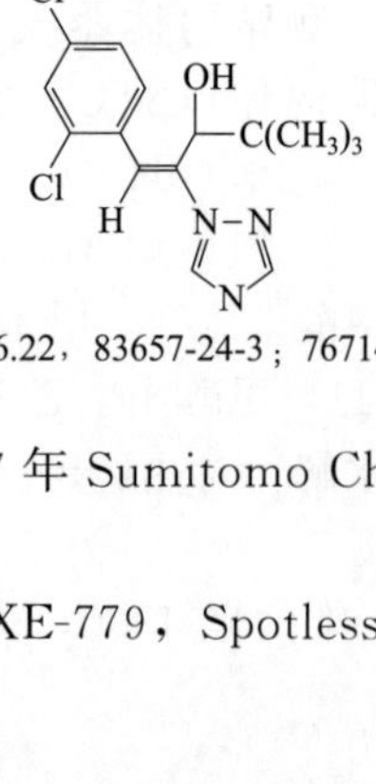

$C_{15}H_{17}Cl_2N_3O$，326.22；83657-24-3；76714-88-0 [(E)-isomers]

1983 年 H. Takano 等报道。1987 年 Sumitomo Chemical Co.，Ltd 和 Valent U. S. A. Corporation 开发。

其他名称 速保利，S-3308 L，XE-779，Spotless，Sumi-8

化学名称　(E)-(RS)-1-(2,4-二氯苯基)-4,4-二甲基-2-(1H-1,2,4-三唑-1-基)戊-1-烯-3-醇；(E)-(RS)-1-(2,4-dichlorophenyl)-4,4-dimethyl-2-(1H-1,2,4-triazol-1-yl)pent-1-en-3-ol

CAS 名称　(E)-(±)-β-[(2,4-dichlorophenyl)methylene]-α-(1,1-dimethylethyl)-1H-1,2,4-triazole-1-ethanol

理化性质　原药为无色结晶状固体。熔点大约 134～156℃。蒸气压 2.93mPa（20℃），4.9mPa（25℃）。$K_{ow}\lg P$ 4.3（25℃）。相对密度 1.32。水中溶解度：4mg/L（25℃）；有机溶剂中溶解度（g/kg，25℃）：丙酮 95，甲醇 95，二甲苯 14，正己烷 0.7。对光、热和潮湿稳定。

毒性　急性经口 LD_{50}：雄大鼠 639mg/kg，雌大鼠 474mg/kg。大鼠急性经皮 LD_{50}＞5000mg/kg；对兔眼睛严重刺激，无皮肤刺激性，对豚鼠无皮肤致敏现象。大鼠吸入 LC_{50}（4h）＞2770mg/L。鹌鹑急性经口 LD_{50} 1490mg/kg，野鸭＞2000mg/kg。野鸭 8d 饲喂试验无作用剂量为 5075mg/kg。虹鳟鱼 LC_{50}（96h）＞1.58mg/L，鲤鱼 4.0mg/L。蜜蜂急性接触 LD_{50}＞20μg/只。

制剂　EC，SC，WG，WP。

应用　烯唑醇对病菌的作用机制为抑制菌体麦角固醇生物合成，特别强烈抑制 24-亚甲基二氢羊毛固醇碳 14 位的脱甲基作用，导致病菌死亡。用于玉米、小麦、花生、苹果、梨、黑穗醋栗、咖啡、蔬菜、花卉等。推荐剂量下对作物安全。本品不可与碱性农药混用。可防治子囊菌、担子菌和半知菌引起的许多真菌病害。对子囊菌和担子菌有特效，适用于防治麦类散黑穗病、腥黑穗病、坚黑穗病、白粉病、条锈病、叶锈病、秆锈病、云纹病、叶枯病，玉米、高粱丝黑穗病，花生褐斑病、黑斑病，苹果白粉病、锈病，梨黑星病，黑穗醋栗白粉病以及咖啡、蔬菜等的白粉病、锈病等病害。

合成路线

分析方法　分析采用 GC/HPLC。

主要生产商　Sumitomo Chemical，艾农国际，湖北沙隆达，江苏七洲，沈阳丰收，泰达集团，盐城利民。

参考文献

[1]　US 4203995.
[2]　GB 2004276.

香芹酚（carvacrol）

$C_{10}H_{14}O$，150.2，499-75-2

其他名称　　真菌净
化学名称　　2-甲基-5-异丙基苯酚；5-isopropyl-2-methylphenol
CAS 名称　　2-methyl-5-(1-methylethyl)phenol
理化性质　　外观为绿色液体，沸点为 237～238 ℃，微溶于乙醚、乙醇和碱性溶剂。制剂为稳定的均相液体，无可见悬浮物和沉淀物。相对密度 1.1，pH 值 4.0～6.5。可与酸性农药混用。
毒性　　大鼠急性经口 LD_{50}>5000mg/kg（制剂），大鼠急性经皮 LD_{50}>5000mg/kg（制剂）。
应用　　用于预防和治疗黄瓜灰霉病、水稻稻瘟病。是由多种草药经提取加工而成的植物源农药。
主要生产商　　大连永丰农药厂。

香芹酮（carvone）

$C_{10}H_{14}O$，150.2，99-49-0

其他名称　　L 91105D
化学名称　　5-异丙烯基-2-甲基环己-2-烯-1-酮；5-isopropenyl-2-methylcyclohex-2-en-1-one；p-mentha-6,8-dien-2-one
CAS 名称　　2-methyl-5-(1-methylethenyl)-2-cyclohexen-1-one
理化性质　　2 种光学异构体的外消旋混合物：S(or d, or ＋)-carvone 和 R(or l, or －)-carvone。淡黄色至无色液体，有特殊气味。沸点 227～230℃，相对密度 0.96（20℃）。不溶于水、丙三醇，溶于乙醇、乙醚、三氯甲烷、丙二醇、矿物油。
毒性　　carvone 急性经口 LD_{50}：豚鼠 766mg/kg，大鼠 1640mg/kg。(S)-carvone 急性经口 LD_{50}：大鼠 3710mg/kg。NOEL（3 个月）：大鼠 93mg/kg。
应用　　杀菌剂、植物生长调节剂。用于抑制马铃薯发芽。

硝苯菌酯（meptyldinocap）

$C_{18}H_{24}N_2O_6$，364.4，131-72-6

由 A. E. Hufnagl 等报道。由 Dow AgroSciences 于 2007 年上市。
其他名称　　RH-23，163；DE-126

化学名称　2-(1-甲基庚基)-4,6-二硝基苯基巴豆酸酯；2-(1-methylheptyl)-4,6-dinitrophenyl crotonate

CAS 名称　2-(1-methylheptyl)-4,6-dinitrophenyl (2E)-2-butenoate

理化性质　反式和顺式异构体比例为 22∶1～25∶1，基于原料巴豆酸的异构体比例。黄棕色液体。熔点 －22.5℃。蒸气压 $7.92×10^{-3}$ mPa（25℃）。K_{ow} lg$P$ 6.55（pH 7，20℃）。相对密度 1.11（20℃）。溶解度：水 0.248mg/L（pH 7，20℃）。在甲醇/水混合溶剂中分解；DT$_{50}$：229d（pH 5），56h（pH 7），17h（pH 9）（25℃）。在水中稳定（pH 4），DT$_{50}$：31d（pH 7），9d（pH 9）；DT$_{50}$（避光）4～7d（平均 6d）。

毒性　大鼠、小鼠急性经口 LD$_{50}$＞2000mg/kg。兔急性经皮 LD$_{50}$＞2000mg/kg。轻微刺激兔皮肤和眼睛。对豚鼠皮肤有致敏性。无致突变性和致畸性潜在危险；无致癌性。虹鳟 LC$_{50}$（96h）0.071mg/L，蓝鳃翻车鱼 0.062mg/L。多蚤溞 EC$_{50}$（48h）0.0041mg/L。近头状伪蹄形藻 E$_b$C$_{50}$（72h）4.6mg/L。蜜蜂 LD$_{50}$（72h）：（经口）90.0μg/只，（接触）84.8μg/只。赤子爱胜蚓 LC$_{50}$（14d）302mg/kg 土。梨盲走螨，实验室 LR$_{50}$ 40.7g/hm^2；840g/hm^2 剂量下烟蚜茧蜂死亡率 16.7%（对寄生的影响率 28.8%）。田间条件下对有益螨无害或轻微毒害（IOBC）。

应用　线粒体氧化磷酸化去偶联作用。触杀型杀菌剂，渗透活性有限，通过抑制孢子萌发、真菌呼吸和导致真菌细胞代谢紊乱而具有保护、治疗和铲除作用。特别用于葡萄，也用于草莓和瓜类，防治霜霉病。

合成路线

分析方法　产品用分光光度法分析。

主要生产商　Dow AgroSciences。

参考文献

The Pesticide Manual. 15th ed.

小檗碱（berberine）

$C_{20}H_{18}NO_4$，336.3，2086-83-1

其他名称　黄连素

化学名称　9,10-二甲氧基-5,6-二氢[1,3]二氧杂环戊烯并[4,5-g]异奎诺[3,2-a]异喹啉-7-镓；9,10-dimethoxy-5,6-dihydro[1,3]dioxolo[4,5-g]isoquino[3,2-a]isoquinolin-7-ium

CAS 名称　5,6-dihydro-9,10-dimethoxy-1,3-benzodioxolo[5,6-a]benzo[g]quinolizinium

应用　杀菌剂。

缬氨菌酯（valifenalate）

$C_{19}H_{27}ClN_2O_5$，398.9，283159-90-0

1994 年由 Isargo Ricerca S. r. l. 公司发现，由 Isargo SpA 引入市场，自 2011 年起业务归入 ISEM Srl。

其他名称　IR-5885

化学名称　N-(异丙氧基羰基)-L-缬氨酰基-(3RS)-3-(4-氯苯基)-β 丙氨酸甲酯；methyl N-(isopropoxycarbonyl)-L-valyl-(3RS)-3-(4-chlorophenyl)-β-alaninate

CAS 名称　methyl N-[(1-methylethoxy)carbonyl]-L-valyl-3-(4-chlorophenyl)-β-alaninate

理化性质　无味，白色细粉。熔点 147℃；沸点（367±0.5）℃（101.83～102.16 kPa），轻微分解。蒸气压 $9.6×10^{-5}$ mPa（20℃），$2.3×10^{-4}$ mPa（25℃）（均 EEC A4）。K_{ow} lg$P$ 3.0～3.1（pH 4～9）。水中的溶解度 $2.41×10^{-2}$ g/L（pH 4.9～5.9），$4.55×10^{-2}$ g/L（pH 9.5～9.8）[均在（20±0.5）℃]；有机溶剂中溶解度：正庚烷 $2.55×10^{-2}$，二甲苯 2.31，丙酮 29.3，乙酸乙酯 25.4，1,2-二氯乙烷 14.4，甲醇 28.8 [均为 g/L，（20±0.5）℃]。水溶液中稳定（pH 为 4）；DT_{50}：7.62d（pH 7, 50℃），4.15d（pH 9, 25℃）（计算值）。阳光下在水溶液中稳定。

毒性　大鼠急性经口 LD_{50}>5000mg/kg。皮肤和大鼠眼睛的急性经皮 LD_{50}>2000mg/kg，对皮肤和眼睛无刺激（兔）。大鼠吸入 LC_{50}>3.118mg/L。非致癌性，无致突变和无致畸性。禽类 LD_{50}（14d）：北方鹑和野鸭>2250mg/kg。鱼 LC_{50}（96h）：虹鳟鱼和斑马鱼>100mg/L。水蚤 LC_{50}（48h）>100mg/L。蜜蜂 LD_{50}（48h）：蜜蜂（接触）>100μg/只，（经口）>106.6μg/只。赤子爱胜蚓>1000mg/kg。

制剂　WG。

应用　具有预防、治疗、铲除作用和抗孢子活性的杀菌剂。通过干扰细胞壁的合成，在植物的外部（在孢子上）或内部（在菌丝体上），影响病原体所有的生长阶段。用于防治卵菌纲，尤其是霜霉菌科、疫霉菌属和单轴霉属，但不包括腐霉病菌引起的病害。对马铃薯和番茄枯萎病的后期防治有特效，也可用于防治葡萄树、生菜、洋葱、烟草和其他作物的霜霉病，以及花卉和观赏植物的多种病害。

主要生产商　Isagro, FMC, Belchim Crop Protection。

参考文献

EP 1028125.

缬霉威 (iprovalicarb)

$C_{18}H_{28}N_2O_3$, 320.4, 140923-17-7

1999 年由拜耳公司推出。

其他名称　异丙菌胺，Melody，Positon，Invento

化学名称　[2-甲基-1-[1-(对甲基苯基)乙基氨基甲酰基]丙基]氨基甲酸异丙酯(SR/SS)；isopropyl 2-methyl-1-[(1-p-tolylethyl)carbamoyl]-(S)-propylcarbamate

CAS 名称　1-methylethyl [(1S)-2-methyl-1-[[[1-(4-methylphenyl)ethyl]amino]carbonyl]propyl]carbamate

理化性质　(S,S)-和(S,R)-非对映异构体的混合物。白色至黄色粉末。熔点：183℃(SR)，199℃(SS)，163～165℃（混合物）。蒸气压（mPa，20℃）：$4.4×10^{-5}$（SR），$3.5×10^{-5}$（SS），$7.7×10^{-5}$（混合物）。K_{ow}lg$P$ 3.2［(SR)和(SS)非对映异构体］(25℃)。Henry 常数：$1.3×10^{-6}$（SR），$1.6×10^{-6}$（SS）(Pa·m³/mol，20℃，计算)。相对密度 1.11 (20℃)。水中溶解度（mg/L，20℃）：11.0（SR），6.8（SS）；其他溶剂中溶解度（g/L，20℃）：二氯甲烷 97（SR）、35（SS），甲苯 2.9（SR）、2.4（SS），丙酮 22（SR）、19（SS），正己烷 0.06（SR）、0.04（SS），异丙醇 15（SR）、13（SS）。pH 5～9 (25℃) 水解稳定。

毒性　大鼠急性经口 LD_{50}＞5000mg/kg。大鼠急性经皮 LD_{50} (24h)＞5000mg/kg；本品对兔眼睛和皮肤无刺激，无皮肤致敏性（豚鼠）。大鼠吸入 LC_{50}＞4977mg/m³ 空气（粉尘）。NOEL 数值：(2 年) 大鼠 26mg/(kg·d)，小鼠 58.5mg/(kg·d)。北美鹑急性经口 LD_{50}＞2000mg/kg。鱼 LC_{50} (96h)：虹鳟鱼＞22.7，翻车鱼＞20.7mg/L。水蚤 EC_{50} 值 (48h)＞19.8mg/L。羊角月牙藻 $E_{b/r}C_{50}$ (72h)＞10.0mg/L。蜜蜂 LD_{50} (48h)：（经口）＞199μg/只，（接触）＞200μg/只。蚯蚓 LC_{50} (14d)＞1000mg/kg 干土。

制剂　WG，WP。

应用　缬霉威为氨基酸酯类衍生物，具有独特的全新仿生结构使其作用机理区别于其他防治卵菌纲的杀菌剂。其作用机理为作用于真菌细胞壁和蛋白质的合成，能抑制孢子的侵染和萌发，同时能抑制菌丝体的生长，导致其变形、死亡。针对霜霉科和疫霉属真菌引起的病害具有很好的治疗和铲除作用。用于葡萄、马铃薯、番茄、黄瓜、柑橘、烟草等防治霜霉病、疫病。对作物、人类、环境安全。本品既可用于茎叶处理，也可用于土壤处理（防治土传病害）。

合成路线

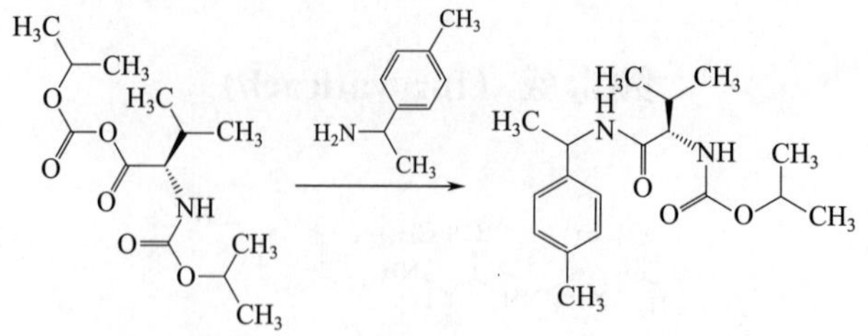

主要生产商 Bayer。

参考文献

[1] The Pesticide Manual. 15th ed.

[2] DE 04026966.

辛菌胺

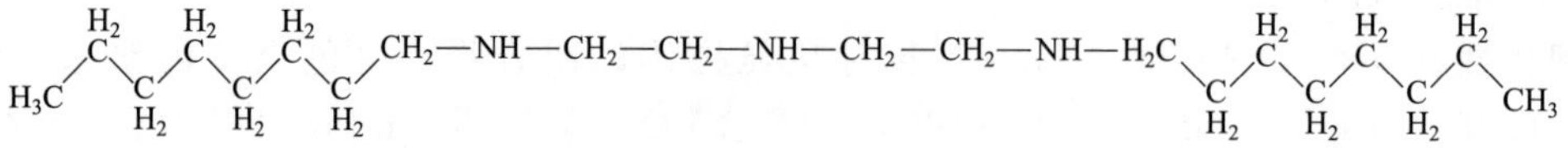

$C_{20}H_{45}N_3$，327.6，57413-95-3

理化性质 主要成分为二正辛基二乙烯三胺，具有 3 个同分异构体，其中以 N,N'''-二正辛基二乙烯三胺为主。

制剂 TK，AS。

应用 可用于果树、蔬菜、瓜类、棉花、水稻、小麦、玉米、大豆、油菜、药材、生姜等多种作物由细菌、病毒、真菌引起的多种病害的防治。

主要生产商 西安嘉科农化，胜邦绿野化学。

辛噻酮（octhilinone）

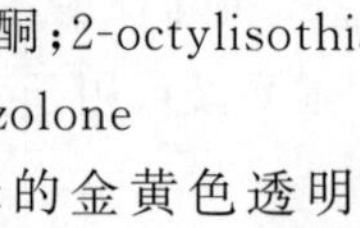

$C_{11}H_{19}NOS$，213.3，26530-20-1

该杀真菌剂由 Rohm & haas 股份有限公司（现 Dow AgroSciences）引进。

其他名称 Pancil-T，RH893

化学名称 2-辛基异噻唑-3(2H)-酮；2-octylisothiazol-3(2H)-one

CAS 名称 2-octyl-3(2H)-isothiazolone

理化性质 带有轻微刺激性气味的金黄色透明液体。沸点 120℃（1.3Pa）。蒸气压 4.9mPa（25℃）。K_{ow}lg$P$ 2.45（24℃）。Henry 常数 2.09×10^{-3}Pa·m^3/mol。蒸馏水中溶解度 0.05%（25℃）；有机溶剂中溶解度（g/L）：甲醇>800，甲苯>800，乙酸乙酯>900，己烷 64。光照下稳定。

毒性 大鼠急性经口 LD$_{50}$ 1470mg/kg。兔急性经皮 LD$_{50}$ 4.22mL/kg。对兔眼睛或皮肤无刺激性。大鼠吸入 LC$_{50}$（4h）0.58mg/L。NOEL：在 18 个月饲喂试验中，887mg/kg [150mg/(kg·d)] 的浓度下对小鼠无致癌性。山齿鹑 LD$_{50}$ 346mg/kg，野鸭 LD$_{50}$>887mg/kg。山齿

鹑、野鸭 LC$_{50}$（8d）＞5620mg/L。大翻车鱼 LC$_{50}$（96h）0.196mg/L，黑头呆鱼 0.140mg/L，虹鳟 0.065mg/L，斑点叉尾鲖 0.177mg/L。水蚤 LC$_{50}$（48h）0.180mg/L。

制剂 PA，SD。

应用 本品主要用作杀真菌剂、杀细菌剂和伤口保护剂。如用于苹果、梨及柑橘类树木作伤口涂擦剂，可防治各种疫霉、黑斑等真菌及细菌的侵染。目前主要用于木材、涂料防腐等。

分析方法 产品分析采用 HPLC。

主要生产商 Dow AgroSciences。

溴菌腈（bromothalonil）

$$Br-CH_2-\underset{\underset{Br}{|}}{\overset{\overset{CN}{|}}{C}}-CH_2-CH_2-CN$$

C$_6$H$_6$Br$_2$N$_2$，265.9，35691-65-7

其他名称 休菌清

化学名称 2-溴-2-(溴甲基)戊二腈

CAS 名称 2-bromo-2-(bromomethyl)pentanedinitrile

理化性质 原药外观为白色或浅黄色晶体，熔点 52.5～54.5℃，难溶于水，易溶于醇、苯等有机溶剂。

毒性 大鼠急性经口 LD$_{50}$ 681mg/kg，大鼠急性经皮 LD$_{50}$＞10000mg/kg。水生生物 LC$_{50}$：大翻车鱼 4.09mg/L，虹鳟鱼 1.75mg/L。野鸭 LC$_{50}$＞1000mg/L。本品对皮肤和黏膜有刺激作用，无全身中毒报道。

制剂 WP，EC。

应用 用于防治农作物病害，对炭疽病有特效，适用于柑橘和香蕉等。也用于抑制和铲除细菌、真菌和藻类的生长，适用于纺织品、皮革等防腐、防霉，工业用水灭藻。广谱、低毒。

主要生产商 江苏托球农化，天津中科益农。

溴硝醇（bronopol）

$$HOCH_2-\underset{\underset{NO_2}{|}}{\overset{\overset{Br}{|}}{C}}-CH_2OH$$

C$_3$H$_6$BrNO$_4$，200.0，52-51-7

溴硝醇是由 Boots 公司（现拜耳公司）开发的杀细菌剂。

其他名称 拌棉醇，溴硝丙二醇，Bronotak，Bronocot

化学名称 2-溴-2-硝基-1,3-丙二醇；2-bromo-2-nitropropane-1,3-diol

CAS 名称 2-bromo-2-nitro-1,3-propanediol

理化性质 溴硝醇为无色至淡黄棕色无味的结晶固体，熔点 130℃，蒸气压 1.68mPa（20℃）。溶解度：水 250g/L（22℃）；乙醇 500，异丙醇 250，丙二醇 143，丙三醇 10，液状石蜡＜5（均为 g/L，23～24℃）；易溶于丙酮、乙酸乙酯，微溶于三氯甲烷、乙醚和苯，不溶于石油醚。工业品纯度高于 90%，具有轻微的吸湿性，在一般条件下贮存稳定。对铝容器有腐蚀性。

毒性 急性经口 LD_{50}（mg/kg）：大鼠 180～400，小鼠 250～500，狗 250。大鼠急性经皮 $LD_{50}>1600$mg/kg；中度皮肤刺激性，轻度眼刺激性（兔）。大鼠吸入 LC_{50}（6h）>5mg/L 空气。大鼠（72d）无作用剂量 1000mg/kg 饲料。野鸭急性经口 LD_{50} 510mg/kg。鳟鱼 LC_{50}（96h）：20.0mg/L。水蚤 LC_{50}（48h）1.4mg/L。

制剂 WP。

应用 用于防治多种植物的细菌性病害。用作棉花种子处理剂，可防治因甘蓝黑腐病黄杆菌所引起的棉花黑臂病或细菌性凋枯病，具有特效。具有广泛的杀菌和抑菌作用，对棉花无药害。也可用作工业杀细菌剂，如冷却塔用杀细菌剂。本品氧化细菌酶中的巯基，抑制脱氢酶的活性，从而导致细胞膜不可逆转的损害。

主要生产商 丹东农药总厂。

参考文献

[1] The Pesticide Manual. 15th ed.
[2] GB 1193954.

亚胺唑（imibenconazole）

$C_{17}H_{13}Cl_3N_4S$，411.7，86598-92-7

由日本北兴化学工业公司开发的三唑类杀菌剂，1994 年注册。

其他名称 霉能灵，酰胺唑，Manage，HF-6305，HF-8505

化学名称 S-(4-氯苄基)-N-2,4-二氯苯基-2-(1H-1,2,4-三唑-1-基)硫代乙酰亚胺酯；S-(4-chlorobenzyl) N-(2,4-dichlorophenyl)-2-(1H-1,2,4-triazol-1-yl)acetimidothioate

CAS 名称 (4-chlorophenyl)methyl N-(2,4-dichlorophenyl)-1H-1,2,4-triazole-1-ethanimidothioate

理化性质 浅黄色晶体。熔点 89.5～90℃，蒸气压 8.5×10^{-5}mPa（25℃），K_{ow} lg$P$ 4.94。溶解度（25℃）：水中 1.7mg/L；丙酮 1063，苯 580，二甲苯 250，甲醇 120（均为 g/L，25℃）。弱碱性条件下稳定，酸性和强碱条件下不稳定。DT_{50}（25℃）：< 1d（pH 1），6d（pH 5），88d（pH 7），92d（pH 9），< 1d（pH 13）。

毒性 急性经口 LD_{50}：雄性大鼠>2800mg/kg，雌性大鼠 3000mg/kg，雌雄小鼠>5000mg/kg。雌雄大鼠急性经皮 $LD_{50}>2000$mg/kg；对兔眼睛有轻微刺激，对皮肤无刺激，对豚鼠皮肤有轻微刺激。大鼠空气吸入 LC_{50}（4h）>1020mg/m³。2 年饲喂毒性研究，未见不良反应的剂量大鼠为 100mg/kg。无致畸作用。山齿鹑和野鸭急性经口 $LD_{50}>2250$g/kg。鱼类 LC_{50}（96h，mg/L）：虹鳟鱼 0.67，大翻车鱼 1.0，鲤鱼 0.84。水蚤 LC_{50}（6h）>100mg/L。藻类 $EC_{50}>1000$mg/L。蜜蜂 LD_{50}：急性经口$>125\mu$g/只，接触毒性$>200\mu$g/只。蠕虫 $LC_{50}>1000$mg/kg 土壤。

制剂 EC，WG，WP。

应用 广谱新型杀菌剂，具有保护和治疗作用。喷到作物上后能快速渗透到植物体内，耐雨水冲刷。主要作用机理是破坏和阻止病菌的细胞膜重要组成成分麦角甾醇的生物合成，从而破坏细胞膜的形成，导致病菌死亡。能有效地防治子囊菌、担子菌和半知菌所致病害。对藻状菌真菌无效。防治果树、蔬菜等作物的多种真菌性病害，尤其对柑橘疮痂病、葡萄黑痘病、梨黑星病具有显著的防治效果。

合成路线

分析方法 采用 HPLC 法。
主要生产商 Hokko Chemical Industry Co. Ltd，江门植保。
参考文献
[1] JP 85026391.
[2] US 4512989.
[3] GB 2109371.

盐酸吗啉胍（moroxydine hydrochloride）

$C_6H_{14}ClN_5O$，207.7，3160-91-6

化学名称 盐酸吗啉胍
理化性质 白色结晶状粉末，熔点 206～212℃，易溶于水。
毒性 急性经口 LD_{50}＞5000mg/kg，急性经皮 LD_{50}＞10000mg/kg。对人体未见毒性反应。
制剂 WG，ST，WP，SC，SP。
应用 一种广谱、低毒病毒防治剂。稀释后的药液喷施到植物叶面后，药剂可通过水气孔进入植物体内，抑制或破坏核酸和脂蛋白的形成，阻止病毒的复制过程，起到防治病毒的作用。
主要生产商 陕西美邦，江西劲农，上海惠光。

氧化福美双（azithiram）

$C_6H_{14}N_4S_4$，270.5，5834-94-6

由 ICI Plant Protection Division（后 ICI Agrochemicals）开发。

其他名称　PP447，azithirame

化学名称　双(3,3-二甲基硫代氨基甲酰基)二硫醚；bis(3,3-dimethylthiocarbazoyl) disulfide

CAS 名称　2,2,2′,2′-tetramethylthioperoxydicarbonic dihydrazide

应用　杀菌剂。

氧化萎锈灵（oxycarboxin）

$C_{12}H_{13}NO_4S$，267.32，5259-88-1

由 B. von Schmeling 和 M. Kulka 报道。由 Uniroyal Inc.（现 Chemtura 集团）于 1975 年推出。

其他名称　F 461，Plantvax

化学名称　5,6-二氢-2-甲基-1,4-氧硫杂䓬-3-甲酰替苯胺-4,4-二氧化物；5,6-dihydro-2-methyl-1,4-oxathi-ine-3-carboxanilide 4,4-dioxide

CAS 名称　5,6-dihydro-2-methyl-N-phenyl-1,4-oxathiin-3-carboxamide 4,4-dioxide

理化性质　原药含量＞97%。白色固体，原药为棕灰色固体。熔点 127.5～130℃。蒸气压＜$5.6×10^{-3}$ mPa（25℃）。K_{ow}lg$P$ 0.772。Henry 常数＜$1.07×10^{-6}$ Pa·m³/mol（计算值）。相对密度 1.41。水中的溶解度 1.4g/L（25℃）；丙酮中溶解度 83.7g/L，已烷 8.8mg/L（25℃）。55℃稳定 18d。水解 DT_{50} 44d（pH 6，25℃）。

毒性　雄大鼠急性经口 LD_{50} 5816mg/kg，雌大鼠 1632mg/kg。兔急性经皮 LD_{50}＞5000mg/kg；对兔眼睛有轻微刺激性，对皮肤无刺激性。大鼠吸入 LC_{50}＞5000mg/L。NOEL（2 年）：大鼠 15mg/(kg·d)，狗 75mg/(kg·d)。野鸭 LD_{50} 1250mg/kg。野鸭饲喂 LC_{50}（8d）＞4640mg/L，山齿鹑＞10000mg/L。虹鳟鱼 LC_{50}（96h）19.9mg/L，大翻车鱼 28.1mg/L。水蚤 LC_{50}（48h）69.1mg/L。近具刺链带藻 EC_{50}（96h）19.0mg/L。蜜蜂 LD_{50}（接触）＞181μg/只。

制剂　EC，WP。

应用　通过干扰在呼吸电子传递链中的复合体 Ⅱ（琥珀酸脱氢酶）抑制线粒体功能。具有铲除作用的内吸性杀菌剂。防治观赏植物（特别是天竺葵、菊花、石竹和玫瑰）的锈病。

分析方法　产品分析采用 HPLC 或 IR 光谱。

主要生产商　Chemtura。

参考文献

[1]　US 3399214.
[2]　US 3402241.
[3]　US 3454391.

氧化亚铜（cuprous oxide）

Cu—O—Cu

Cu_2O，143.1，1317-39-1

1943 年由 Sandoz AG 推出。

其他名称　氧化低铜，Caocobre，Copper-Sandox，Perenox，Yellow Cuprocide

化学名称　氧化亚铜

理化性质　本品为黄色至红色无定形粉末。熔点 1235℃，沸点约 1800℃（失氧）。不溶于水和有机溶剂，溶于稀无机酸、氨水和氨盐水溶液中。化学性质稳定。氧化亚铜易被氧化生成氧化铜。对铝有腐蚀作用。

毒性　大鼠急性经口 LD_{50} 1500mg/kg。大鼠急性经皮 LD_{50} >2000mg/kg，对皮肤有轻微到中度刺激作用。大鼠吸入 LC_{50} 5.0mg/L 空气。对狗无作用剂量（1 年）15mg Cu/kg 饲料。绵羊和牛对铜敏感，用药后的地块不允许放牧牲畜。对鸟类无毒。鱼毒性 LC_{50}（48h）：幼年金鱼 60mg/L，成年金鱼 150mg/L，幼年孔雀鱼 60mg/L。水蚤毒性 LC_{50}（48h）18.9μg/L。蜜蜂毒性 LD_{50} >25μg/只。在正常使用条件下，对蚯蚓的危害和对土壤结构的影响可忽略不计。

制剂　WG，WP。

应用　保护性杀菌剂，用于种子处理和叶面喷雾。拌种防治白粉病、叶斑病、枯萎病、疮痂病及瘤烂病，能用于菠菜、甜菜、番茄、胡椒、豌豆、南瓜、菜豆和甜瓜种子的浸种，也可喷洒防治果树病害。

主要生产商　Chemet，Ingeniería Industrial，Nordox，Sulcosa。

参考文献　ICSC，1997（0421）；EFSA Sci Rep，2008，187：1-101。

氧环唑（azaconazole）

$C_{12}H_{11}Cl_2N_3O_2$，300.14，60207-31-0

由 J. van Gestel 和 E. Demoen 于 1983 年报道，由 Janssen Pharmaceutica，N.V. 于 1983 年在 Belgium 上市。

其他名称　戊环唑，R028644，Rodewod，Safetray SL

化学名称　1-[[2-(2,4-二氯苯基)-1,3-二氧环戊-2-基]甲基]-1H-1,2,4-三唑；1-[[2-(2,4-dichlorophenyl)-1,3-dioxolan-2-yl]methyl]-1H-1,2,4-triazole

CAS 名称　1-[[2-(2,4-dichlorophenyl)-1,3-dioxolan-2-yl]methyl]-1H-1,2,4-triazole

理化性质　纯品为棕色粉状固体。熔点 112.6℃。蒸气压 $8.6×10^{-3}$ mPa（20℃）。K_{ow} lg$P$ 2.17 [pH 6.4，(23±1)℃]。Henry 常数 $8.60×10^{-6}$ Pa·m³/mol（计算值）。相对密度 1.511。水中溶解度（20℃）：300mg/L。有机溶剂中溶解度（g/L，20℃）：丙酮 160，己烷 0.8，甲醇 150，甲苯 79。在 pH 4～9 条件下水解不明显。正常贮存条件下对光稳定，但溶于丙酮的溶液不稳定。加热到≤220℃稳定。pK_a<3。

毒性　急性经口 LD_{50}（mg/kg）：大鼠 308，小鼠 1123，狗 114～136。大鼠急性经皮 LD_{50} >2560mg/kg。大鼠急性吸入 LC_{50}（4h）>0.64mg/L 空气。对兔皮肤和眼睛有轻微刺激作用，对豚鼠无皮肤致敏现象。大鼠饲喂无作用剂量（2 年）2.5mg/(kg·d)。ADI 值 0.03mg/kg。虹鳟鱼 LC_{50}（96h）42mg/L。水蚤 LC_{50}（96h）86mg/L。

制剂　EC，OL，SL。

应用 内吸性杀菌剂。主要用于木材防腐，也可用作蘑菇消毒剂和果树或蔬菜贮存时杀灭有害病菌。类固醇脱甲基化（麦角固醇生物合成）抑制剂。能迅速被植物有生长力的部分吸收并主要向顶部转移。

合成路线

分析方法 产品采用 GLC 或 HPLC 分析。

主要生产商 Janssen Pharmaceutica，N. V. 。

参考文献

[1] The Pesticide Manual. 13 ed th. 2003：43.
[2] van Gestel J，Demoen E. Symp Wood Pres，1983.

氧四环素（oxytetracycline）

$C_{22}H_{24}N_2O_9$，460.4，79-57-2；2058-46-0（盐酸盐）；13303-91-8（钙盐）(2∶1)

氧四环素通过龟裂链霉菌（*Streptomyces rimosus*）发酵生产。

其他名称 Cuprimicina Agrícola

化学名称 (4S,4aR,5S,5aR,6S,12aS)-4-二甲氨基-1,4,4a,5,5a,6,11,12a-八氢-3,5,6,10,12,12a-六羟基-6-甲基-1,11-二氧并四苯-2-基甲酰胺；(4S,4aR,5S,5aR,6S,12aS)-4-dimethylamino-1,4,4a,5,5a,6,11,12a-octahydro-3,5,6,10,12,12a-hexahydroxy-6-methyl-1,11-dioxonaphthacene-2-carboxamide

CAS 名称 [4S-(4α,4aα,5α,5aα,6β,12aα)]-4-(dimethylamino)-1,4,4a,5,5a,6,11,12a-octahydro-3,5,6,10,12,12a-hexahydroxy-6-methyl-1,11-dioxo-2-naphthacenecarboxamide

毒性 无作用剂量（狗的微生物研究）0.05mg/kg。

应用 迅速被植物吸收，迅速输导。防治核果、梨果和草皮上的细菌性疾病，如火疫病（*Erwinia amylovora*）以及由假单胞菌属（*Pseudomonas* spp.）和黄单胞菌属（*Xanthomonas* spp.）引起的病害。也可有效防治由支原体类生物所引起的病害。

参考文献

The Pesticide Manual. 16th ed.

叶菌唑（metconazole）

$C_{17}H_{22}ClN_3O$，319.8，125116-23-6

由日本吴羽化学工业公司 1986 年研制,并与美国氰胺(现为 BASF)公司共同开发,1994 年推出。

其他名称　羟菌唑,KNF-S-474(Kureha),WL 148271(Shell),AC 900,768(Cyanamid),BAS 555 F(BASF),CL 354,801(*cis*-异构体),CL 354,802(*trans*-异构体)

化学名称　(1*RS*,5*RS*;1*RS*,5*SR*)-5-(4-氯苄基)-2,2-二甲基-1-(1*H*-1,2,4-三唑-1-基甲基)环戊醇;(1*RS*,5*RS*;1*RS*,5*SR*)-5-(4-chlorobenzyl)-2,2-dimethyl-1-(1*H*-1,2,4-triazol-1-ylmethyl)cyclopentanol

CAS 名称　5-[(4-chlorophenyl)methyl]-2,2-dimethyl-1-(1*H*-1,2,4-triazol-1-ylmethyl)cyclopentanol

理化性质　其纯品(*cis*-和 *trans*-异构体混合物)为白色、无味结晶状固体,*cis*-异构体活性高。熔点 110～113℃(原药 100.0～108.4℃),沸点大约 285℃。相对密度 1.307(20℃),蒸气压 1.23×10^{-5} Pa(20℃)。K_{ow}lg$P$ 3.85(25℃)。溶解度(20℃):水 15mg/L;甲醇 235g/L,丙酮 238.9g/L。有很好的热稳定性和水解稳定性。

毒性　大鼠急性经口 LD_{50} 660mg/kg。大鼠急性经皮 LD_{50}≥2000mg/kg;不刺激兔皮肤,轻微刺激兔眼睛,对皮肤无致敏性。大鼠急性吸入 LC_{50}(4h)>5.6mg/L。无作用剂量:大鼠(104 周)4.8mg/(kg·d),狗(52 周)11.1mg/(kg·d);小鼠(90d)5.5mg/(kg·d),大鼠(90d)6.8mg/(kg·d),狗(90d)2.5mg/(kg·d)。山齿鹑急性经口 LD_{50} 790mg/kg。鱼类 LC_{50}(96h):虹鳟 2.2mg/L,普通鲤鱼 3.9mg/L。水蚤 LC_{50}(48h)4.2mg/L。对蜜蜂无毒,经口 LD_{50}(24h)97μg/只。对蚯蚓无毒。

制剂　SC,SL,WG。

应用　麦角固醇生物合成中 C_{14} 脱甲基化酶抑制剂。虽然作用机理与其他三唑类杀菌剂一样,但活性谱则差别较大。两种异构体都有杀菌活性,但顺式活性高于反式。叶菌唑杀真菌谱非常广泛,且活性极佳。叶菌唑田间施用对谷类作物壳针孢、镰孢霉和柄锈菌植病有卓越效果。叶菌唑同传统杀菌剂相比,剂量极低而防治谷类植病范围却很广。

合成路线

分析方法　产品用 HRGC-FID 分析。

主要生产商　Kureha。

参考文献

EP 267778.

叶枯酞(tecloftalam)

$C_{14}H_5Cl_6NO_3$,447.9,76280-91-6

由日本三井化学株式会社开发的一种防治水稻细菌性病害的内吸性杀菌剂。

其他名称　Shirahagen-S，F-370，SF-7306，SF-7402，酞枯酸

化学名称　2,3,4,5-四氯-N-(2,3-二氯苯基)酞氨酸或 $2',3,3'4,5,6$-六氯酞氨酸；3,4,5,6-tetrachloro-N-(2,3-dichlorophenyl)phthalamic acid

CAS 名称　2,3,4,5-tetrachloro-6-[[(2,3-dichlorophenyl)amino]carbonyl]benzoic acid

理化性质　纯品为白色粉末，熔点 198～199℃。蒸气压 $8.16×10^{-3}$ mPa（20℃）。K_{ow} lg$P$ 2.17。水中溶解度：14mg/L（26℃）；有机溶剂中溶解度（g/L）：丙酮25.6，苯0.95，二甲基甲酰胺162，二氧六环64.8，乙醇19.2，乙酸乙酯8.7，甲醇5.4，二甲苯0.16。见光或紫外线分解，强酸性介质中水解，碱性或中性环境中稳定。

毒性　雄大鼠急性经口 LD_{50} 2340mg/kg，雌大鼠急性经口 LD_{50} 2400mg/kg，雄小鼠2010mg/kg，雌小鼠2220mg/kg。大鼠急性经皮 $LD_{50}>$ 1500mg/kg，小鼠急性经皮 $LD_{50}>$ 1000mg/kg。无"三致"。大鼠吸入 LC_{50}（4h）$>$1.53mg/L。鲤鱼 LC_{50}（48h）30mg/L。

制剂　WP，DP。

应用　叶枯酞不能灭杀水稻白叶枯病的病原菌，但能抑制病原菌在植株中繁殖，阻碍这些细菌在导管内转移，并减弱细菌的致病力。茎叶枯酞处理过的水稻较未处理的，细菌造成的损害要小得多。细菌接触药剂的时间越长，损害越小。适宜作物为水稻。叶枯酞是一种高效、低毒、低残留的防治水稻白叶枯病的杀菌剂。它可抑制细菌在稻体上的繁殖，能有效地控制大面积严重发生的病害。叶枯酞对白叶枯病的防治，通常在抽穗前1～2周施药为宜。而最佳效果的施药时间为：在水稻抽穗前10d首次用药，1周后第2次用药。若预测由于台风、潮水而爆发病害，则应在爆发前或恰在爆发时再增加施药。

合成路线　酞枯酸可以苯酐和2,3-二氯苯胺为起始原料制得。于惰性溶剂中加入四氯苯酐和2,3-二氯苯胺，在室温或稍加热下搅拌，再将反应物从溶剂中析出，即可得酞枯酸。反应式如下：

参考文献
JP 4826213.

叶枯唑（bismerthiazol）

$C_5H_6N_6S_4$，278.4，79319-85-0
铜盐 $C_5H_4CuN_6S_4$，339.9

其他名称　噻枯唑，敌枯宁，叶枯宁，噻森铜（铜盐），MBAMT，bismerthianol

化学名称　N,N'-亚甲基双(2-氨基-5-巯基-1,3,4-噻二唑)

CAS 名称　$5,5'$-(methylenediimino)bis[1,3,4-thiadiazole-2(3H)-thione]

理化性质　白色或浅黄色粉末，熔点为189～191℃。微溶于水，易溶于有机溶剂如甲醇、吡啶等。

毒性 急性经口 LD_{50}：大鼠 3160～8250mg/kg，小鼠 3180～6200mg/kg。大鼠（1年）无作用剂量<0.25mg/kg。水生生物 TLm（鲤鱼）：500mg/L。

铜盐：大鼠急性经口 LD_{50}＞2000mg/kg。大鼠急性经皮 LD_{50}＞5000mg/kg；对皮肤无刺激性，对眼睛有轻微刺激性（兔）。

制剂 WP，SC。

应用 主要用于防治植物细菌性病害，如水稻白叶枯病、水稻细菌性条斑病、柑橘溃疡病。该药剂内吸性强，具有预防和治疗作用，持效期长，药效稳定，对作物无药害。本剂不适宜作毒土使用，最好用弥雾方式施药。不可与碱性农药混用。

主要生产商 铜陵福成，湖北蕲农，湖北天门易普乐，江西禾益，四川迪美特，四川省化学工业研究设计院，德州天邦，陕西上格之路，温州绿佳，温州农药厂，浙江龙湾，浙江东风，一帆生物科技。

叶锈特（triazbutil）

$C_6H_{11}N_3$，125.2，16227-10-4

化学名称 4-丁基-4H-1,2,4-三唑；4-butyl-4H-1,2,4-triazole

CAS 名称 4-butyl-4H-1,2,4-triazole

应用 杀菌剂。

乙环唑（etaconazole）

$C_{14}H_{15}Cl_2N_3O_2$，328.2，60207-93-4

1979 年由 T. Staub 等报道。由 Ciba-GeigyAG 作为农用杀菌剂开发，由 Janssen Pharmaceutica，N. V. 发明。

其他名称 Sonax

化学名称 （±）-1[2-(2,4-二氯苯基)-4-乙基-1,3-二氧戊环-2-甲基]-1H-1,2,4-三唑；（±）-1-[2-(2,4-dichlorophenyl)-4-ethyl-1,3-dioxolan-2-ylmethyl]-1H-1,2,4-triazole

CAS 名称 1-[[2-(2,4-dichlorophenyl)-4-ethyl-1,3-dioxolan-2-yl]methyl]-1H-1,2,4-triazole

理化性质 纯品为无色结晶。熔点 75～95℃（与立体异构体的含量有关）。密度 1.40g/cm³（20℃）。蒸气压 0.031mPa（20℃）。溶解度（20℃）：水 80mg/L；丙酮 300g/kg，二氯甲烷 700g/kg，己烷 7.5g/kg，甲醇 400g/kg，异丙醇 100g/kg，甲苯 250g/kg。不易水解，在 350℃以下稳定。

毒性 大鼠急性经口 LD_{50} 1343mg/kg。大鼠急性经皮 LD_{50}＞3100mg/kg，对兔皮肤和眼睛有轻度刺激。鱼毒性（LC_{50}，96h，实验室结果）：虹鳟鱼 2.5～2.9mg/L，鲤鱼 4mg/L。

制剂 WP。

应用 防治蔷薇白粉病、黄瓜白粉病、秋海棠白粉病有突出效果。一定浓度施用可有效防治苹果黑星病、白粉病、锈病以及桃褐腐病。也能防治小麦腥黑穗病。

分析方法 采用 GLC 配 TID 检测器。

参考文献

[1] GB 1522657.
[2] BE 835579.

乙菌利（chlozolinate）

$C_{13}H_{11}Cl_2NO_5$，332.1，84332-86-5

1980 年由 Di Toro 等报道，由 Agrimont（后 Isagro S. p. A.）推出。

其他名称 M 8164，Manderol，Serinal

化学名称 （RS）-3-(3,5-二氯苯基)-5-甲基-2,4-二氧代-1,3-噁唑烷-5-羧酸乙酯；ethyl (RS)-3-(3,5-dichlorophenyl)-5-methyl-2,4-dioxo-1,3-oxazolidine-5-carboxylate

CAS 名称 ethyl 3-(3,5-dichlorophenyl)-5-methyl-2,4-dioxo-5-oxazolidinecarboxylate

理化性质 纯品为白色无味固体，熔点 113～114℃。相对密度 1.441。蒸气压 0.013mPa (25℃)。水中溶解度：2mg/L (25℃)；有机溶剂中溶解度 (g/L, 22℃)：乙酸乙酯、丙酮、二氯乙烷>250，乙醇 13，二甲苯 60。

毒性 大鼠急性经口 LD_{50}>4500mg/kg，小鼠急性经口 LD_{50}>10000mg/kg。大鼠急性经皮 LD_{50}>5000mg/kg，本品对兔眼睛和皮肤无刺激。无致畸、致突变、致癌作用。大鼠急性吸入 LC_{50} (4h)>10mg/L 空气。NOEL 数据：大鼠（90d）200mg/(kg·d)，狗（1年）200mg/(kg·d)。鹌鹑和野鸭急性经口 LD_{50}>4500mg/kg。虹鳟鱼 LC_{50} (96h)>27.5mg/L。水蚤 LC_{50} (48h) 1.18mg/L。蜜蜂急性经口 LD_{50}>100mg/只。

制剂 SC，WP。

应用 主要用于防治灰葡萄孢和核盘菌属菌以及观赏植物的某些病害。推荐用于葡萄、草莓防治灰葡萄孢，核果和仁果类桃褐腐核盘菌和果产核盘菌，防治蔬菜的灰葡萄孢和核盘菌属。也可用于防治禾谷类叶部病害和种传病害，如小麦腥黑穗病、大麦和燕麦的散黑穗病，还可防治苹果黑星病和玫瑰白粉病等。具有保护和治疗的双重作用。主要作用于细胞膜，阻碍菌丝顶端正常细胞壁合成，抑制菌丝的发育。

合成路线

分析方法 产品分析采用 GLC。

主要生产商 Isagro。

参考文献

[1] The Pesticide Manual. 15th ed.

[2] GB 874406.
[3] DE 2906574.

乙霉威 (diethofencarb)

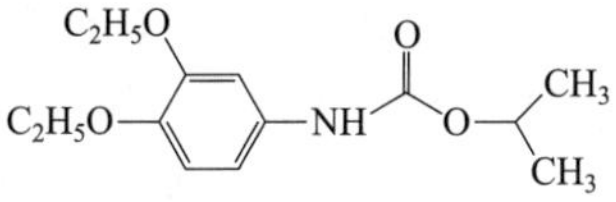

$C_{14}H_{21}NO_4$，267.3，87130-20-9

1986 年由 Sumitomo Chemical Co.，Ltd 开发。

其他名称 S-165，Sumico
化学名称 3,4-二乙氧基苯基氨基甲酸异丙酯；isopropyl 3,4-diethoxycarbanilate
CAS 名称 1-methylethyl(3,4-diethoxyphenyl)carbamate
理化性质 原药为无色至浅褐色固体，纯品为白色结晶。熔点 100.3℃。蒸气压 8.4mPa（20℃）。K_{ow}lgP 3.02（25℃）。Henry 常数 $8.44×10^{-2}$ Pa·m³/mol（计算值）。相对密度 1.19。溶解度（20℃）：水中 26.6mg/L；己烷 1.3g/kg，甲醇 101g/kg，二甲苯 30g/kg。闪点 140℃。
毒性 大鼠急性经口 LD_{50}>5000mg/kg。大鼠急性经皮 LD_{50}>5000mg/kg。大鼠急性吸入 LC_{50}（4h）>1.05mg/L。Ames 试验无诱变作用。山齿鹑和野鸭急性经口 LD_{50}>2250mg/kg。鲤鱼 LC_{50}（96h）>18mg/L，水蚤 LC_{50}（3h）>10mg/L，蜜蜂（接触）LC_{50} 20μg/只。
制剂 WP。
应用 乙霉威通过叶和根被吸收，并通过在胚芽管中抑制细胞的分裂而使灰霉病得到抑制。具有保护和治疗作用。适用于蔬菜如黄瓜、番茄、洋葱、莴苣、草莓、甜菜、葡萄等。能有效地防治对多菌灵产生抗性的灰葡萄孢病菌引起的葡萄和蔬菜灰霉病。

合成路线

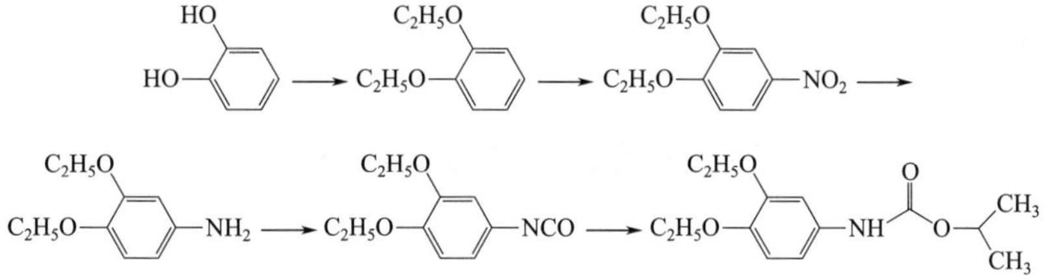

主要生产商 Sumitomo Chemical，亿嘉农化，江苏蓝丰。

参考文献

EP 78663.

乙嘧酚 (ethirimol)

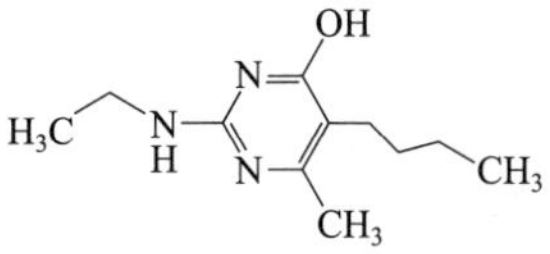

$C_{11}H_{19}N_3O$，209.29，23947-60-6

1969 年由 R. M. Bebbington 等报道的杀菌剂。由 ICI Plant Protectiondivision（后为 Syngenta AG）开发，1970 年首次进入市场。

其他名称 PP149，Milgo

化学名称 5-丁基-2-乙氨基-6-甲基嘧啶-4-醇；5-butyl-2-ethylamino-6-methylpyrimidin-4-ol

CAS 名称 5-butyl-2-(ethylamino)-6-methyl-4(1H)-pyrimidinone

理化性质 原药纯度为 97%。纯品为无色结晶状固体。熔点 150～160℃（大约 140℃ 软化）。相对密度 1.21。蒸气压 0.267mPa（25℃）。K_{ow}lg$P$ 2.3（pH7，25℃）。Henry 常数$\leqslant 2\times 10^{-4}$ Pa·m³/mol（pH 5.2，计算值）。水中溶解度（20℃，mg/L）：253（pH 5.2），150（pH 7.3），153（pH 9.3）；有机溶剂中溶解度（g/kg，20℃）：氯仿 150，乙醇 24，丙酮 5。土壤降解 DT_{50} 14～140d。

毒性 急性经口 LD_{50}（mg/kg）：雌大鼠 6340，小鼠 4000，雄兔 1000～2000。大鼠急性经皮 LD_{50}＞2000mg/kg；对兔皮肤无刺激性，对兔眼睛中度刺激性，对豚鼠皮肤无致敏性。大鼠急性吸入 LC_{50}（4h）＞4.92mg/L。NOEL 数据［2 年，mg/(kg·d)］：大鼠 200，狗 30。母鸡急性经口 LD_{50} 4000mg/kg。虹鳟鱼 LC_{50}（96h）66mg/L。水蚤 LC_{50}（48h）＞7.3mg/L。蜜蜂 LD_{50}（48h）1.6mg/只（经口）。

制剂 EC，LS，SC。

应用 为腺嘌呤核苷脱氨酶抑制剂。内吸性杀菌剂，具有保护和治疗作用。可被植物根、茎、叶迅速吸收，并在植物体内运转到各个部位。主要用于防治禾谷类作物白粉病。

合成路线

参考文献

GB 1182584.

乙嘧酚磺酸酯（bupirimate）

$C_{13}H_{24}N_4O_3S$，316.4，57837-19-1

由先正达公司开发，现由以色列马克西姆生产与销售的嘧啶类杀菌剂。

其他名称 PP588，Nimrod

化学名称 5-丁基-2-乙氨基-6-甲基嘧啶-4-基二甲氨基磺酸酯；5-butyl-2-ethylamino-6-methylpyrimidin-4-yl dimethylsulfamate

CAS 名称 5-butyl-2-(ethylamino)-6-methyl-4-pyrimidinyl dimethylsulfamate

理化性质 原药纯度为 90%，熔点 40～45℃。纯品为棕色蜡状固体，熔点 50～51℃。相对密度 1.2。蒸气压 0.1mPa（25℃）。K_{ow}lg$P$ 3.9（25℃）。Henry 常数 1.4×10^{-3}Pa·

m^3/mol（计算值）。水中溶解度 22mg/L（pH 5.2，22℃），可快速溶解于大多数有机溶剂中。土壤降解 DT$_{50}$ 35～90d。

毒性　大鼠、小鼠、兔急性经口 LD$_{50}$＞4000mg/kg。大鼠急性经皮 LD$_{50}$ 4800mg/kg；对兔皮肤和兔眼睛无刺激性，对豚鼠皮肤有中度致敏性。大鼠急性吸入 LC$_{50}$（4h）＞0.035mg/L。NOEL 数据 [mg/(kg·d)]：大鼠 100（2 年），大鼠 1000（90d），狗 15（90d）。禽类急性经口 LD$_{50}$：鹌鹑＞5200mg/kg，野鸭（8d）1466mg/kg。山齿鹑和野鸭饲喂 LC$_{50}$（5d）＞10000mg/kg。虹鳟鱼 LC$_{50}$（96h）1.4mg/L。水蚤 LC$_{50}$（48h）＞7.3mg/L。蜜蜂 LD$_{50}$（48h）：0.05mg/只（接触），0.2μg/只（经口）。

制剂　EC，WP。

应用　用于防治各种白粉病，如苹果、葡萄、黄瓜、草莓、玫瑰、甜菜白粉病。适用于果树、蔬菜、花卉等观赏植物、大田作物。茎叶处理。属腺嘌呤核苷脱氨酶抑制剂。内吸性杀菌剂，具有保护和治疗作用。可被植物根、茎、叶迅速吸收，并在植物体内运转到各个部位，并耐雨水冲刷。施药后持效期 10～14d。对某些草莓、苹果、玫瑰等品种有药害。

合成路线

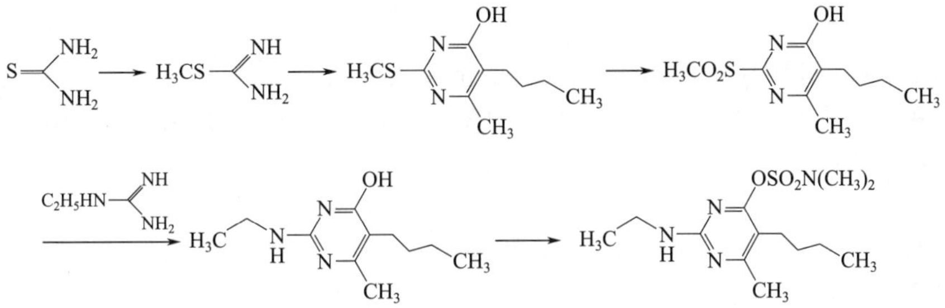

主要生产商　以色列马克西姆。

参考文献

[1]　The Pesticide Manual. 15th ed.
[2]　GB 1400710.

乙酸铜（copper acetate）

$$(CH_3COO)_2Cu$$

$C_4H_6CuO_4$，199.7，142-71-2

其他名称　醋酸铜，cupric acetate

理化性质　暗蓝色结晶或结晶性粉末。相对密度 1.882，熔点 115℃。加热至 240℃分解。溶于水及乙醇，微溶于乙醚及甘油。

制剂　WP。

应用　杀菌剂。

主要生产商　潍坊双星。

乙蒜素（ethylicin）

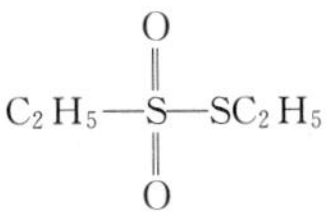

$$C_2H_5-\overset{O}{\underset{O}{S}}-SC_2H_5$$

$C_4H_{10}O_2S_2$，154.2，682-91-7

其他名称　抗菌剂402
化学名称　乙烷硫代磺酸乙酯
理化性质　纯品为无色或微黄色油状液体，有大蒜臭味。可溶于多种有机溶剂。化学性质稳定。
毒性　大鼠急性经口 LD_{50} 为140mg/kg（制剂）。大鼠急性经皮 LD_{50} >80mg/kg（制剂）。
制剂　EC，WP。
应用　广谱性杀菌剂，且能促进作物生长发育。

乙烯菌核利（vinclozolin）

$C_{12}H_9Cl_2NO_3$，286.1，50471-44-8

由BASF AG开发生产的二甲酰亚胺类触杀性杀菌剂。

其他名称　农利灵，烯菌酮，免克宁，BAS 352F，Flotilla，Ronilan，Ornal
化学名称　3-(3,5-二氯苯基)-5-甲基-5-乙烯基-1,3-噁唑烷-2,4-二酮；(RS)-3-(3,5-dichlorophenyl)-5-methyl-5-vinyl-1,3-oxazolidine-2,4-dione
CAS名称　(±)-3-(3,5-dichlorophenyl)-5-ethenyl-5-methyl-2,4-oxazolidinedione
理化性质　白色结晶固体。熔点108℃（TC），沸点131℃（0.05mmHg），蒸气压0.13mPa（20℃），$K_{ow} \lg P$ 3（pH 7），Henry常数 1.43×10^{-2} Pa·m³/mol（计算值），相对密度1.51。溶解度：水2.6mg/L（20℃）；甲醇1.54，丙酮33.4，乙酸乙酯23.3，庚烷0.45，甲苯10.9，二氯甲烷47.5（均为g/100mL，20℃）。在室温水中以及在0.1mol/L的盐酸中稳定，但在碱性溶液中缓慢水解。
毒性　大鼠和小鼠急性经口 LD_{50} >15000mg/kg，豚鼠约8000mg/kg。大鼠急性经皮 LD_{50} >5000mg/kg。大鼠吸入毒性 LC_{50}（4h）>29.1mg/L空气。无作用剂量：（2年）大鼠1.4mg/kg；（1年）狗2.4mg/kg。鹌鹑急性经口 LD_{50} >2510mg/kg。鹌鹑 LC_{50} >5620mg/kg。鱼类 LC_{50}（96h，mg/L）：鳟鱼22～32，孔雀鱼32.5，大翻车鱼50。水蚤 LC_{50}（48h）4.0mg/L。对蜜蜂无毒，LD_{50} >200mg/只。对蚯蚓无毒。
制剂　WG。
应用　广谱的保护性和触杀性杀菌剂，对葡萄等果树、蔬菜、观赏植物等植物上由灰葡萄孢属、核盘菌属、链核盘菌属等病原真菌引致的病害具有显著的预防和治疗作用。乙烯菌核利是一种专用于防治灰霉病、菌核病的杀菌剂。对病害作用是干扰细胞核功能，并对细胞膜和细胞壁有影响，改变膜的渗透性，使细胞破裂。可用于葡萄、蛇麻、观赏植物、草莓、核果及蔬菜。

合成路线

$CH_3CHO + \overset{Br}{\underset{CH_3}{\text{CH}}}-CO-OC_2H_5 \longrightarrow \longrightarrow \longrightarrow$

主要生产商 BASF。

参考文献

[1] The Pesticide Manual. 15th ed.
[2] DE 2207576.

异稻瘟净（iprobenfos）

$$\text{C}_6\text{H}_5\text{CH}_2\text{SP}(\text{O})[\text{OCH}(\text{CH}_3)_2]_2$$

$C_{13}H_{21}O_3PS$，288.3，26087-47-8

1967 年由 Kumiai Chemical Industry Co.，Ltd 推出。

其他名称 丙基喜乐松，异丙稻瘟净，IBP，Kitaz P

化学名称 S-苄基-O,O-二异丙基硫代磷酸酯；S-benzyl O,O-diisopropyl phosphorothioate

CAS 名称 O,O-bis(1-methylethyl) S-(phenylmethyl) phosphorothioate

理化性质 亮黄色液体，沸点 187.6℃（1862Pa），蒸气压 12.2mPa（25℃），$K_{ow}\lg P$ 3.37（pH 7.1，20℃），相对密度 1.100（20℃）。溶解度：水中为 430mg/L（20℃）；正己烷、甲苯、二氯甲烷、丙酮、甲醇、乙酸乙酯＞500g/L（20℃）。150℃稳定。水解 DT_{50}（25℃）：6267h（pH 4），6616h（pH 7），6081h（pH 9）。

毒性 急性经口 LD_{50}（mg/kg）：雄大鼠 790，雌大鼠 680，雄性小鼠 1710，雌性小鼠 1950。小鼠急性经皮 LD_{50}：4000mg/kg。雄性和雌性大鼠吸入 LC_{50}（4h）＞5.15mg/L 空气。2 年无作用剂量：雄大鼠 3.54mg/(kg·d)，雌大鼠 4.35mg/(kg·d)。鸡急性经口 LD_{50} 705mg/kg。鲤鱼 LC_{50}（96h）18.2mg/L。水蚤 EC_{50}（48h）0.815mg/L。羊角月牙藻 E_bC_{50}（72h）6.05mg/L。蜜蜂 LD_{50}（48h）37.34μg/只。

制剂 DP，EC，GR。

应用 主要干扰细胞膜透性，阻止某些亲脂几丁质前体通过细胞质膜，使几丁质的合成受阻碍，细胞壁不能生长，从而抑制菌体的正常发育。具有良好内吸杀菌作用。由根部及水面下的叶鞘吸收，并分散到稻体各部。适宜于水稻、玉米、棉花等作物。除了防治稻瘟病外，对水稻纹枯病、小球菌核病、玉米小斑病、玉米大斑病等也有防效，并兼治稻叶蝉、稻飞虱等害虫。

分析方法 采用 GLC-FID 方法。

主要生产商 Kumiai，Dooyang，Saeryung，浙江嘉化，浙江泰达。

参考文献

The Pesticide Manual. 16th ed.

异丁乙氧喹啉（tebufloquin）

$C_{17}H_{20}FNO_2$，289.4，376645-78-2

明治制药株式会社（Meiji Seika Kaisha）开发的品种。

其他名称 AF-02，SN4524

化学名称 6-叔丁基-8-氟-2,3-二甲基喹唑-4-基乙酸酯；6-*tert*-butyl-8-fluoro-2,3-dimethyl-4-quinolyl acetate

CAS 名称 6-(1,1-dimethylethyl)-8-fluoro-2,3-dimethyl-4-quinolinyl acetate

应用 主要用于防治水稻病害，尤其对稻瘟病具有很好的防效。

异菌脲（iprodione）

$C_{13}H_{13}Cl_2N_3O_3$，330.2，36734-19-7

1976 年入市，由安万特作物科学公司（现为拜耳作物科学公司）开发的羧酰亚胺类杀菌剂。

其他名称 扑海因，依扑同，26 019 RP，Rovral，Kidan，Verisan，Botrix

化学名称 3-(3,5-二氯苯基)-*N*-异丙基-2,4-氧代咪唑啉-1-羧酰胺；3-(3,5-dichlorophenyl)-*N*-isopropyl-2,4-dioxoimidazolidine-1-carboxamide

CAS 名称 3-(3,5-dichlorophenyl)-*N*-(1-methylethyl)-2,4-dioxo-1-imidazolidinecarboxamide

理化性质 纯品为白色无味、无吸湿性结晶。熔点 134℃，蒸气压 $5×10^{-4}$ mPa（25℃），$K_{ow}\lg P$ 3.0（pH 3.5），Henry 常数 $0.7×10^{-5}$ Pa·m³/mol（计算值），相对密度 1.00（20℃）。溶解度：水 13mg/L（20℃）；正辛醇 10，乙腈 168，甲苯 150，乙酸乙酯 225，丙酮 342，二氯甲烷 450，已烷 0.59（均为 g/L，20℃）。在一般条件下贮存稳定，在紫外线下降解，特别是其水溶液。DT_{50}：1～7d（pH 7），<1h（pH 9）。

毒性 大鼠和小鼠急性经口 LD_{50}>2000mg/kg。大鼠和兔急性经皮 LD_{50}>2000mg/kg，对皮肤和眼睛无刺激性（兔）。大鼠吸入 LC_{50}（4h）>5.16mg/L 空气。无作用剂量：（2年）大鼠 150mg/kg；（1年）狗 18mg/kg。禽类急性经口 LD_{50}：山齿鹑>2000mg/kg，野鸭>10400mg/kg。鱼类 LC_{50}（96h）：虹鳟鱼 4.1mg/L，大翻车鱼 3.7mg/L。水蚤 LC_{50}（48h）0.25mg/L。羊角月牙藻 EC_{50}（120h）1.9mg/L。蜜蜂 LD_{50}>0.4 mg/只（接触）。蚯蚓 LC_{50}>1000mg/kg 土壤。

制剂 DP，EC，FS，SC，SU，WG，WP。

应用 杀菌谱广，可以防治对苯并咪唑类内吸杀菌剂有抗性的真菌。主要防治对象为葡萄孢属、丛梗孢属、青霉属、核盘菌属、链格孢属、长蠕孢属、丝核菌属、茎点霉属、球腔菌属、尾孢属等引起的多种作物、果树和果实贮藏期病害，如葡萄灰霉病、核果类果树上的菌核病、苹果斑点落叶病、梨黑斑病、番茄早疫病、草莓与蔬菜的灰霉病等，均具有很好的防治作用。不能与腐霉利、乙烯菌核利等作用方式相同的杀菌剂混用或轮用。不能与强碱性或强酸性的药剂混用。为预防抗性菌株的产生，作物全生育期异菌脲的施用次数控制在 3 次以内，在病害发生初期和高峰期使用，可获得最佳效果。

合成路线

分析方法 采用 RPLC 或 GLC 方法。

主要生产商 Agrimix S.r.l.，BASF，FMC，Bayer CropScience，兴农药业（中国），江苏常隆，江苏快达，江西禾益，江苏蓝丰，江苏辉丰，江苏中旗。

参考文献

[1] GB 1312536.
[2] US 3755350.
[3] FR 2120222.

异噻菌胺（isotianil）

$C_{11}H_5Cl_2N_3OS$，298.2，224049-04-1

由拜耳与住友化学共同研发，2010 年上市。

其他名称 Reliable，Routine，BYF-1047，BCF-051，S-23102

化学名称 3,4-二氯-N-(2-氰基苯基)-1,2-噻唑-5-甲酰胺；3,4-dichloro-N-(2-cyanophenyl)-1,2-thiazole-5-carboxamide

CAS 名称 3,4-dichloro-N-(2-cyanophenyl)-5-isothiazolecarboxamide

理化性质 纯品为白色固体（粉末）。熔点 193.7～195.1℃，沸点 2.36×10^{-4} mPa（25℃，计算值），K_{ow} lg$P$ 2.96（25℃），相对密度 1.110。溶解度：水 0.5mg/L（20℃）；正己烷 0.0594，甲苯 6.87，二氯甲烷 16.6，丙酮 4.96，甲醇 0.775，乙酸乙酯 3.62（g/L，20℃）。pK_a：-8.92 [(20±1)℃]。

毒性 急性经口 LD_{50}：雌大鼠>2000mg/kg。急性经皮 LD_{50}：雄、雌大鼠>2000mg/kg。对兔皮肤无刺激性。急性吸入 LC_{50}（4h）：雄、雌大鼠>4.75mg/L。NOEL 数值 [mg/(kg·d)]：(1 年，慢性) 雄大鼠 2.8，雌大鼠 3.7。对大鼠、小鼠无致癌作用。禽类急性经口 LD_{50}（mg/kg）：北美鹑>2250，日本鹌鹑>2000。LC_{50}（5d，饲喂）：北美鹑>5000mg/kg，野鸭>5620mg/kg。虹鳟鱼 LC_{50}（96h，半静态）>1mg/L。水蚤 EC_{50}（48h）>1.0mg/kg。羊角月牙藻 E_rC_{50}（72h）>1.0mg/L。蜜蜂 LD_{50}>100μg/只（经口，接触）。

制剂 GR。

应用 用来防治稻瘟病。特点在于其并不会对病原菌产生直接的抗菌作用，而是通过激发水稻自身对稻瘟病的天然防御机制，达到抵抗稻瘟病的目的。异噻菌胺是水稻稻瘟病的杀菌剂，也是激活剂，具有诱导活性、杀菌活性，还具有一定的杀虫活性。

主要生产商　Bayer CropScience。

参考文献

LEA 32692.

抑菌啉（benzamorf）

$C_{22}H_{39}NO_4S$，413.6，12068-08-5

由 BASF AG 推出的吗啉类杀菌剂。

化学名称　4-十二烷基苯磺酸吗啉盐；morpholinium 4-dodecylbenzenesulfonate

CAS 名称　4-dodecylbenzenesulfonic acid compound with morpholine（1∶1）

应用　吗啉类杀菌剂。

抑霉胺（cloxylacon）

$C_{15}H_{18}ClNO_4$，311.8，67932-85-8

由 P. Margot 报道其活性，由 Ciba-Geigy AG 评价。

其他名称　CGA 80 000，clozylacon，vangard

化学名称　α-[N-(3-氯-2,6-二甲基苯基)-2-甲氧基乙酰氨基]-γ-丁内酯；(RS)-α-[N-(3-chloro-2,6-xylyl)-2-methoxyacetamido]-γ-butyrolactone

CAS 名 称　N-(3-chloro-2,6-dimethylphenyl)-2-methoxy-N-(tetrahydro-2-oxo-3-furanyl)acetamide

理化性质　固体，熔点 94.9℃，蒸气压 0.0005mPa（20℃）。20℃ 水中溶解度为 680mg/L。在 20℃ 缓冲溶液中的水解 DT_{50}：pH1～5 稳定，154d（pH7），19d（pH9）。

毒性　大鼠急性经口 LD_{50} 808mg/kg。

应用　苯酰胺类杀菌剂，对疫霉属和腐霉属菌有特效，用于防治烟草黑胫病、辣椒和柑橘根腐病。

抑霉唑（imazalil）

$C_{14}H_{14}Cl_2N_2O$，297.2，35554-44-0

1977 年由 Janssen Pharmaceutica 公司开发的三唑类杀菌剂。

其他名称　万得利，戴唑霉，戴寇唑，依灭列，imazalil，chloramizol，enilconazole，Fungaflor，Fungaz，Fecundal，Magnate，Deccozil，R023979（for base），R018531（for nitrate）

化学名称　(±)-1-(β-烯丙氧基-2,4-二氯苯乙基)咪唑；(±)-1-(β-allyloxy-2,4-dichloro-phenylethyl)imidazole

CAS 名称　(±)-1-[2-(2,4-dichlorophenyl)-2-(2-propenyloxy)ethyl]-1H-imidazole

理化性质　抑霉唑为浅黄色结晶固体。熔点 52.7℃，沸点＞340℃，蒸气压 0.158mPa（20℃），K_{ow}lg$P$ 3.82（pH 9.2 缓冲液），Henry 常数 $2.6×10^{-4}$ Pa·m³/mol（计算值），密度 1.348g/mL（26℃）。水中溶解度：0.0951（pH 5），0.0224（pH 7），0.0177（pH 9）（均为 g/100mL）。其他溶剂中溶解度：丙酮、二氯甲烷、乙醇、甲醇、异丙醇、二甲苯、甲苯、苯＞500，已烷 19（均为 g/L，20℃）；易溶于庚烷、石油醚。在正常贮存条件下对光稳定。抑霉唑硫酸氢盐为无色到米色粉末，与水、醇类任意混溶，微溶于非极性有机溶剂。

毒性　急性经口 LD_{50}：大鼠 227～343mg/kg，狗＞640mg/kg。大鼠急性经皮 LD_{50} 4200～4880mg/kg；对眼睛有强烈刺激性，对皮肤无刺激性（兔）。大鼠吸入毒性 LC_{50}（4h）：2.43mg/L。无作用剂量：（2 年）大鼠 2.5mg/(kg·d)，（1 年）狗 2.5mg/kg。禽类 LD_{50}：环颈雉 2000mg/kg，鹌鹑 510mg/kg。野鸭 LC_{50}（8d）＞2510mg/kg。鱼类 LC_{50}（96h）：虹鳟鱼 1.5mg/L，大翻车鱼 4.04mg/L。水蚤 LC_{50}（4h）3.5mg/L。藻类 EC_{50} 0.87mg/L。对蜜蜂无毒，LD_{50} 40μg/只（经口）。蚯蚓 LC_{50} 541mg/kg 土壤。

制剂　EC，LS。

应用　抑霉唑是一种内吸性杀菌剂，对侵袭水果、蔬菜和观赏植物的许多真菌病害都有防效。由于他对长蠕孢属、镰孢属和壳针孢属真菌具有高活性，推荐用作种子处理剂，防治谷物病害。对柑橘、香蕉和其他水果喷施或浸渍（在水或蜡状乳剂中）能防治收获后水果的腐烂。抑霉唑对抗多菌灵的青霉菌品系有高防效。

合成路线

分析方法　产品分析用 GLC - FID。

主要生产商　Janssen，Laboratorios Agrochem，一帆生物科技。

吲哚磺菌胺（amisulbrom）

$C_{13}H_{13}BrFN_5O_4S_2$，466.3，348635-87-0

2007年首次在英国登记。

其他名称 NC-224

化学名称 3-(3-溴-6-氟-2-甲基吲哚-1-基磺酰基)-N,N-二甲基-1H-1,2,4-三唑-1-磺酰胺；3-(3-bromo-6-fluoro-2-methylindol-1-ylsulfonyl)-N,N-dimethyl-1H-1,2,4-triazole-1-sulfonamide

CAS 名称 3-[(3-bromo-6-fluoro-2-methyl-1H-indol-1-yl)sulfonyl]-N,N-dimethyl-1H-1,2,4-triazole-1-sulfonamide

理化性质 熔点 128.6～130.0℃。蒸气压 $1.8×10^{-5}$ mPa（25℃）。K_{ow} lg$P$ 4.4。Henry 常数 $2.8×10^{-5}$ Pa·m³/mol。相对密度 1.61（20℃）。在水中溶解度 0.11mg/L（20℃，pH 6.9）。水解 DT_{50} 5d（pH 9，25℃）。

毒性 大鼠急性经口 LD_{50}＞5000mg/kg，大鼠急性经皮 LD_{50}＞5000mg/kg。大鼠吸入 LD_{50}＞2.85mg/L（最大可行浓度）。对水生生物毒性大。美洲鹑急性经口 LD_{50}＞2000mg/kg，饲喂 LD_{50}（5d）＞5000mg/kg。鲤鱼 LC_{50}（96h）22.9μg/L。水蚤 EC_{50}（48h，静态）36.8μg/L。月牙藻 E_bC_{50}（96h）22.5μg/L。摇蚊属 EC_{50}＞111.4μg/L。蜜蜂 LD_{50}（经口和接触）＞100μg/只。蚯蚓 LC_{50}（14d）＞1000mg/kg。烟蚜茧 LR_{50}（48h）＞1000g/hm²。

制剂 SC，WG。

应用 用于防治马铃薯晚疫病、葡萄霜霉病、葫芦霜霉病、芸薹属蔬菜作物根肿病。渗透性高，耐雨水冲刷能力强。

主要生产商 Nissan。

参考文献
WO 9921851.

油酸铜（copper oleate）

$C_{36}H_{66}CuO_4$，626.3，1120-44-1

其他名称 copper（Ⅱ）oleate，copper（2+）oleate，cupric oleate

化学名称 油酸铜

CAS 名称 （9Z）-9-octadecenoic acid copper(2+) salt(2∶1)

应用 杀菌剂、杀虫剂。

愈创木酚（cresol）

C_7H_8O，108.1，1319-77-3

化学名称 愈创木酚 cresol，由 2-甲基苯酚、3-甲基苯酚和 4-甲基苯酚组成的混合物。
CAS 名称 methylphenol
应用 杀菌剂，除草剂。

酯菌胺（cyprofuram）

$C_{14}H_{14}ClNO_3$，279.7，69581-33-5

1982 年 d. Baumert & h. Buschhaus 报道的杀菌剂。由 Schering AG 公司开发。

其他名称 SN 78314，Vinicur

化学名称 2-[N-(3-氯苯基)环丙基酰胺]-γ-丁内酯；($\pm$)-α-[N-(3-chlorophenyl)cyclopropanecarboxamido]-γ-butyrolactone

CAS 名称 N-(3-chlorophenyl)-N-(tetrahydro-2-oxo-3-furanyl)cyclopropanecarboxamide

理化性质 无色晶体。熔点 95~96℃。蒸气压 0.0066mPa（25℃）。溶解度：水 574mg/L（室温）；丙酮、二氯甲烷 500，环己酮 330，乙醇 50，正辛醇 17，二甲苯 60（g/kg，室温）。在酸性介质中稳定，在碱性条件下水解。DT_{50}：37d（pH 7），12h（pH 9）（25℃）。

应用 酯菌胺为内吸性杀菌剂。防治卵菌纲病害。建议与触杀型杀菌剂混配使用，防治 *Plasmopara viticola* 和 *Phytophthora infestans* 病害。

种菌唑（ipconazole）

$C_{18}H_{24}ClN_3O$，333.9，125225-28-7

1987 年由 Kumiai Chemical Industry Co.，Ltd 开发。

其他名称 环戊菌唑，Techlead，KNF-317

化学名称 （1RS,2SR,5RS；1RS,2SR,5SR）-2-(4-氯苄基)-5-异丙基-1-(1H-1,2,4-三唑-1-基甲基)环戊醇；（1RS,2SR,5RS；1RS,2SR,5SR）-2-(4-chlorobenzyl)-5-isopropyl-1-(1H-1,2,4-triazol-1-ylmethyl)cyclopentanol

CAS 名称 2-[(4-chlorophenyl)methyl]-5-(1-methylethyl)-1-(1H-1,2,4-triazol-1-ylmethyl)cyclopentanol

理化性质 外观为白色结晶。熔点 88~90℃。蒸气压 3.58×10^{-6}Pa（1RS,2SR,5RS），6.99×10^{-6}Pa（1RS,2SR,5SR）。K_{ow}lg$P$ 4.24（20℃）。水中溶解度：6.93mg/L（20℃）；其他溶剂中溶解度（g/L）：丙酮 570，1,2-二氯乙烷 420，二氯甲烷 580，乙酸乙酯 430，庚烷 1.9，甲醇 680，正辛醇 230，甲苯 160，二甲苯 150。具有良好的热稳定性

和水解稳定性。

毒性 原药大鼠急性经口 LD_{50} 为 1338mg/kg，急性经皮 $LD_{50}>2000$mg/kg；对兔眼睛有轻微刺激性，对皮肤无刺激性；无致敏性。未见对试验动物致畸、致突变和致癌作用。鲤鱼 LC_{50}（48h）：2.5mg/L。对鸟类、蜜蜂、蚯蚓基本无毒害。

制剂 EC，FS，ME，SC。

应用 麦角固醇生物合成抑制剂。异构体Ⅰ（$1RS,2SR,5RS$）和异构体Ⅱ（$1RS,2SR,5SR$）均有活性。主要用于防治水稻和其他作物的种传病害，如用于防治水稻恶苗病、水稻胡麻斑病、水稻稻瘟病等。

合成路线

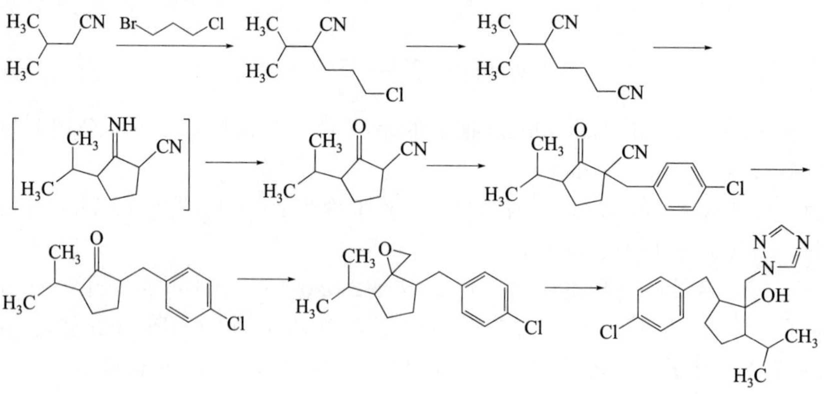

分析方法 采用 GC/HPLC 分析方法。

主要生产商 Kureha Corporation。

参考文献

[1] The Pesticide Manual. 15th ed.
[2] EP 0267778.
[3] US 4938792.

种衣酯（fenitropan）

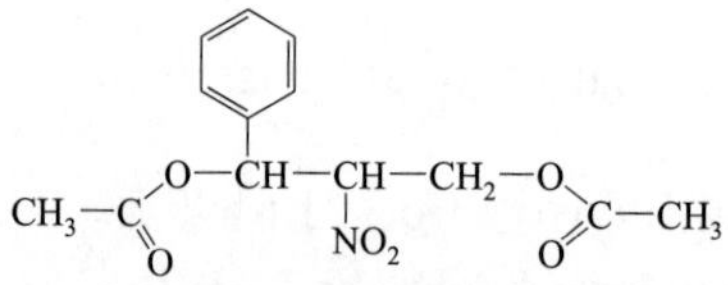

$C_{13}H_{15}NO_{16}$，281.3，65934-94-3

1981 年由 A. Kis-Tamás 等报道。由 EGYT Pharmacochemical Works 开发。

其他名称 EGYT 2248

化学名称 （$1RS,2RS$）-2-硝基-1-苯基三亚甲基二(乙酸酯)；（$1RS,2RS$）-2-nitro-1-phenyltrimethylene di(acetate)

CAS 名称 （$1R^*,2R^*$）-2-nitro-1-phenyl-1,3-propanediyl diacetate

理化性质 无色晶体。熔点 70～72℃。溶解度：水 30mg/L（20℃）；氯仿 1.25，异丙醇 10，二甲苯 350（g/L，20℃）。

毒性 大鼠急性经口 LD_{50}：雄 3237mg/kg，雌 3852mg/kg。NOEL（90d）：大鼠

2000mg/kg 饲料。

制剂 EC，WP，LD。

应用 触杀型杀菌剂，主要抑制病菌 RNA 的合成，作种子处理剂。用于禾谷类作物、甜菜等，也可叶面喷雾防治苹果和葡萄白粉病。

参考文献
[1] GB 1561422.
[2] US 4160035.

唑胺菌酯（pyrametostrobin）

$C_{21}H_{23}N_3O_4$，381.4，915410-70-7

由沈阳化工研究所作为杀菌剂开发。

其他名称 SYP-4155

化学名称 N-[2-[[(1,4-二甲基-3-苯基-1H-5-吡唑)氧基]甲基]苯基]-N-甲氧基甲酸甲酯；methyl{2-[(1,4-dimethyl-3-phenylpyrazol-5-yl)oxymethyl]phenyl}(methoxy)carbamate

CAS 名称 methyl$N$-[2-[[(1,4-dimethyl-3-phenyl-1H-pyrazol-5-yl)oxy]methyl]phenyl]-N-methoxycarbamate

应用 由沈阳化工研究所作为杀菌剂开发，用于防治小麦白粉病、黄瓜霜霉病和黄瓜灰霉病。

主要生产商 沈阳科创。

唑菌酯（pyraoxystrobin）

$C_{22}H_{21}ClN_2O_4$，412.9，862588-11-2

由沈阳化工研究开发，2010 年在中国临时登记。

化学名称 （E）-2-[2-[[3-(4-氯苯基)-1-甲基-1H-吡唑-5-氧基]甲基]苯基]-3-甲氧基丙烯酸甲酯

Methyl(2E)-2-[2-[[3-(4-chlorophenyl)-1-methylpyrazol-5-yl]oxymethyl]phenyl]-3-methoxyacrylate

CAS 名称 methyl（αE）-2-[[[3-(4-chlorophenyl)-1-methyl-1H-pyrazol-5-yl]oxy]methyl]-α-(methoxymethylene)benzeneacetate

应用 甲氧基丙烯酸酯类杀菌剂，具有广谱的杀菌活性，可有效防治黄瓜霜霉病、小麦白粉病；对油菜菌核病菌、葡萄白腐病菌、苹果轮纹病菌、苹果斑点落叶病菌等也具有良好的抑菌活性，是高效低毒杀菌剂。

主要生产商 沈阳科创。

唑嘧菌胺（ametoctradin）

$C_{15}H_{25}N_5$，275.4，865318-97-4

由 BASF 于 2004 年发现。

其他名称 BAS 650 F，Initium

化学名称 5-乙基-6-辛基[1,2,4]三唑并[1,5-a]嘧啶-7-胺；5-ethyl-6-octyl[1,2,4]triazolo[1,5-a]pyrimidin-7-amine

CAS 名称 5-ethyl-6-octyl[1,2,4]triazolo[1,5-a]pyrimidin-7-amine

理化性质 晶体，熔点 197.7～198.7℃，沸点之前分解（234℃）。蒸气压 2.1×10^{-7} mPa（20℃）。$K_{ow}\lg P$ 4.40（中性水，20℃）。Henry 常数 4.13×10^{-7} Pa·m³/mol。相对密度 1.12（20℃）。溶解度：水 0.15mg/L（20℃）；丙酮 1.9，乙腈 0.5，二氯甲烷 3.0，乙酸乙酯 0.8，正庚烷<0.01，甲醇 7.2，甲苯 0.1，二甲亚砜 10.7g/L（20℃）。在 50℃暗处，pH 4～9 无菌水缓冲溶液中至少稳定 7d。光解 DT_{50} 38.4d（pH 7 无菌水）。pK_a 2.78。

毒性 大鼠急性经口 LD_{50}>5000mg/kg。大鼠急性经皮 LD_{50}>2000mg/kg，对皮肤和眼睛无刺激，吸入 LC_{50}（4h）>5.5mg/L。无明显损害作用水平：（经口，大鼠 90d，狗 1年）1000mg/(kg·d)，（经皮，大鼠 28d）1000mg/(kg·d)。每日允许摄入量 10mg/kg。鹌鹑和野鸭急性经口 NOEC>2000mg/kg。鹌鹑 LC_{50}>5000mg/kg 饲料。鹌鹑繁殖 NOEC>1400mg/kg 饲料。LC_{50}（96h）：虹鳟鱼>0.0646mg/L，大翻车鱼>0.129mg/L。水蚤 EC_{50}（48h）>0.59mg/L。藻类 E_rC_{50} 和月牙藻 E_bC_{50}（96h）>0.118mg/L。摇蚊属 NOEC（28d）221.6mg/kg 干沉积物。蜜蜂 LD_{50}（经口）>100μg/只，LD_{50}（接触）>100μg/只。蠕虫 NOEC>1000mg/kg 干土壤。

制剂 WG，SC。

应用 用于防治卵菌亚纲病害，如葡萄霜霉病、番茄和马铃薯晚疫病、蔬菜晚疫病及霜霉病。喷雾施用。属于三唑嘧啶类杀菌剂，线粒体呼吸抑制剂，具有极强的残留活性和耐雨性，对作物安全。

主要生产商 BASF。

参考文献
EP 1725561.

bentaluron

$C_{11}H_{13}N_3OS$，235.3，28956-64-1

由 Ciba AG（后 Ciba-Geigy AG）开发。
其他名称　CGA 18 734
化学名称　1-(1,3-苯并噻唑-2-基)-3-异丙基脲；1-(1,3-benzothiazol-2-yl)-3-isopropylurea
CAS 名称　N-2-benzothiazolyl-N'-(1-methylethyl)urea
应用　杀菌剂。

benzamacril

$C_{12}H_{12}N_2O_2$，216.2，127087-86-9

由 FBC Limited（后 Schering Agriculture）开发。
化学名称　(EZ)-3-[苄基(甲基)氨基]-2-氰基丙烯酸；(EZ)-3-[benzyl(methyl)amino]-2-cyanoacrylic acid
CAS 名称　2-cyano-3-[methyl(phenylmethyl)amino]-2-propenoic acid
应用　杀菌剂。

chlorodinitronaphthalenes

$C_{10}H_5ClN_2O_4$，252.6，2401-85-6

化学名称　1-氯-2,4-二硝基萘；1-chloro-2,4-dinitronaphthalene
CAS 名称　1-chloro-2,4-dinitronaphthalene
应用　杀菌剂。

diethyl pyrocarbonate

$C_6H_{10}O_5$，162.1，1609-47-8

化学名称　二碳酸二乙酯；diethyl dicarbonate
CAS 名称　diethyl dicarbonate
应用　杀菌剂。

dipymetitrone

$C_{10}H_6N_2O_4S_2$, 282.3, 16114-35-5

2014 年拜耳作物科学公司开发。

化学名称 2,6-二甲基-1H,5H-[1,4]-二硫杂[2,3-c:5,6-c']二吡咯-1,3,5,7-(2H,6H)-四酮; 2,6-dimethyl-1H,5H-[1,4]dithiino[2,3-c:5,6-c']dipyrrole-1,3,5,7(2H,6H)-tetrone

CAS 名称 2,6-dimethyl-1H,5H-[1,4]dithiino[2,3-c:5,6-c']dipyrrole-1,3,5,7(2H,6H)-tetrone

应用 杀菌剂。

disulfiram

$C_{10}H_{20}N_2S_4$, 296.5, 97-77-8

化学名称 二硫化四乙基秋兰姆; tetraethylthiuram disulfide

CAS 名称 tetraethylthioperoxydicarbonic diamide

应用 杀菌剂。

flumetover

$C_{19}H_{20}F_3NO_3$, 367.4, 154025-04-4

化学名称 2-(3,4-二甲氧基苯基)-N-乙基-α,α,α-三氟-N-甲基对甲苯甲酰胺; 2-(3,4-dimethoxyphenyl)-N-ethyl-α,α,α-trifluoro-N-methyl-p-toluamide

CAS 名称 N-ethyl-3′,4′-dimethoxy-N-methyl-5-(trifluoromethyl)[1,1′-biphenyl]-2-carboxamide

应用 杀菌剂。

iodocarb

$C_8H_{12}INO_2$, 281.1, 55406-53-6

化学名称 3-碘代-2-丙炔基丁基氨基甲酸酯；3-iodoprop-2-ynyl butylcarbamate
CAS 名称 3-iodo-2-propyn-1-yl N-butylcarbamate
应用 杀菌剂。

mandestrobin

$C_{19}H_{23}NO_3$, 313.4, 173662-97-0

2013 年日本住友化学株式会社开发的甲氧基丙烯酸酯类杀菌剂。
其他名称 S-2200
化学名称 2-[(2,5-二甲基苯氧基)甲基]-α-甲氧基-N-甲基苯乙酰胺；(RS)-2-methoxy-N-methyl-2-[α-(2,5-xylyloxy)-o-tolyl]acetamide
CAS 名称 2-[(2,5-dimethylphenoxy)methyl]-α-methoxy-N-methylbenzeneacetamide
应用 甲氧基丙烯酸酯类杀菌剂。对稻瘟病、白粉病以及霜霉病等具有很好的防治效果。
合成路线

nitrostyrene

$C_{10}H_8N_2O_2S$, 220.3, 950-00-5

由 Nippon Kayaku Co.，Ltd. 开发。

化学名称 4-(2-硝基丙-1-烯基)苯基硫氰酸酯；4-(2-nitroprop-1-enyl)phenyl thiocyanate

CAS 名称 4-(2-nitro-1-propenyl)phenyl thiocyanate

应用 杀菌剂。

picarbutrazox

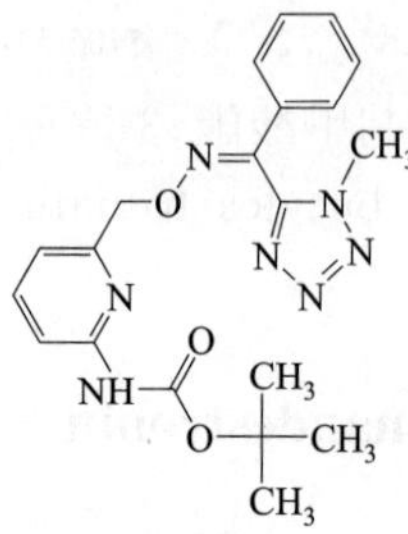

$C_{20}H_{23}N_7O_3$，409.4，500207-04-5

2013 年日本曹达株式会社开发的氨基甲酸酯类杀菌剂。

其他名称 NF-171

化学名称 [6-[[(Z)-(1-甲基-1H-5-四唑基)(苯基)亚甲基]氨基氧甲基]-2-吡啶基]氨基甲酸叔丁酯；tert-butyl [6-[[(Z)-(1-methyl-1H-5-tetrazolyl)(phenyl)methylene]aminooxymethyl]-2-pyridyl]carbamate

CAS 名称 1,1-dimethylethyl N-[6-[[[(Z)-[(1-methyl-1H-tetrazol-5-yl)phenylmethylene]amino]oxy]methyl]-2-pyridinyl]carbamate

应用 对霜霉病和疫病具有较好的防治效果。

合成路线

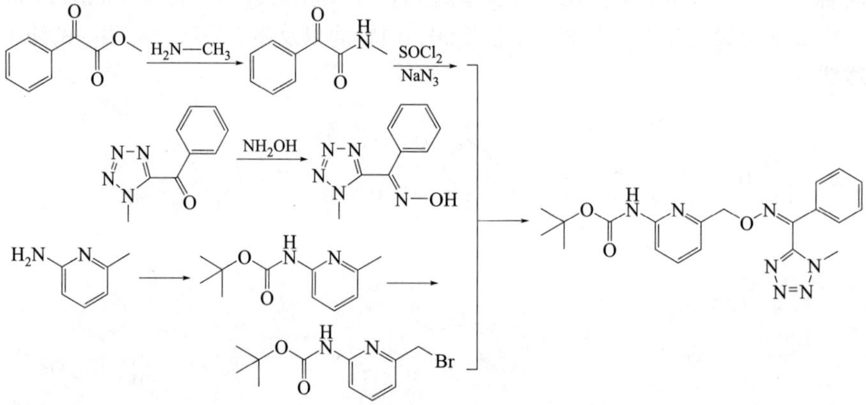

pydiflumetofen

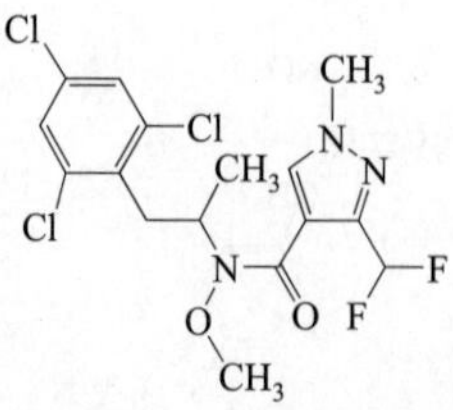

$C_{16}H_{16}Cl_3F_2N_3O_2$，426.7，1228284-64-7

先正达研发的一种吡唑杀菌剂。

其他名称 SYN545974

化学名称 3-(二氟甲基)-N-甲氧基-1-甲基-N -[(RS)-1-甲基-2-(2,4,6-三氯苯基)乙基]吡唑-4-甲酰胺；3-(difluoromethyl)-N-methoxy-1-methyl-N-[(RS)-1-methyl-2-(2,4,6-trichlorophenyl)ethyl]pyrazole-4-carboxamide

CAS 名称 3-(difluoromethyl)-N-methoxy-1-methyl-N-[1-methyl-2-(2,4,6-trichlorophenyl)ethyl]-1H-pyrazole-4-carboxamide

应用 杀菌剂。

pyraziflumid

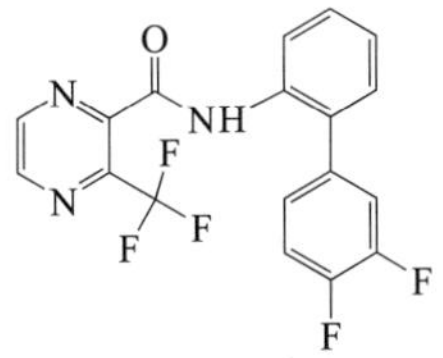

$C_{18}H_{10}F_5N_3O$，379.3，942515-63-1

日本农药株式会社开发的琥珀酸脱氢酶抑制剂（SDHI）类杀菌剂。预计2018年在日本上市。

其他名称 NNF-0721

化学名称 N-(3′,4′-二氟联苯-2-基)-3-(三氟甲基)吡嗪-2-甲酰胺；N-(3′,4′-difluorobiphenyl-2-yl)-3-(trifluoromethyl)pyrazine-2-carboxamide

CAS 名称 N-[3′,4′-difluoro[1,1′-biphenyl]-2-yl]-3-(trifluoromethyl)-2-pyrazinecarboxamide

应用 主要用于防治水稻、水果和蔬菜上的白粉病、黑星病、灰霉病、菌核病、轮纹病、果斑病及钱斑病等。

合成路线

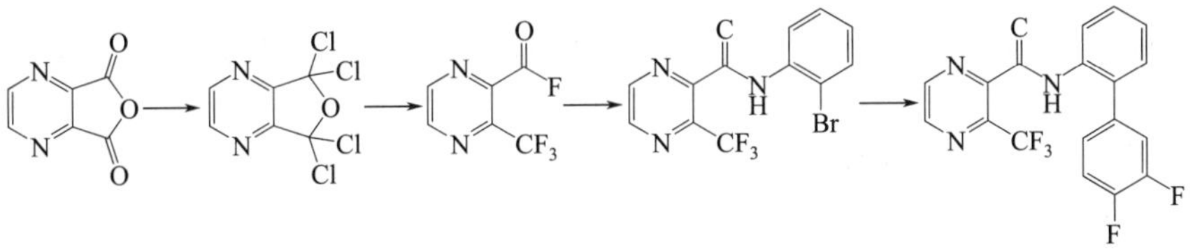

quinacetol

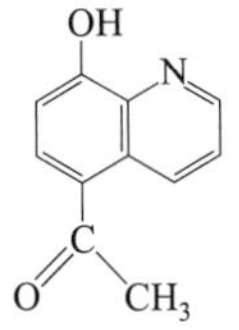

$C_{11}H_9NO_2$，187.2，57130-91-3

化学名称 5-乙酰基-8-羟基喹啉；5-acetyl-8-quinolinol

CAS 名称 1-(8-hydroxy-5-quinolinyl)ethanone

毒性 大鼠急性经口 LD_{50} 1600～2220mg/kg；大鼠急性经皮 LD_{50} 4000mg/kg。

应用 用于防治糖用甜菜的凤梨病、马铃薯褐腐病；种子处理可防治冬小麦上颖枯病菌的侵染。

第 3 部分 除草剂

吖庚磺酯（sulglycapin）

$C_9H_{18}N_2O_4S$，250.3，51068-60-1

化学名称 N,N-二甲基-N'-[3-(1,1,2,2-四氟乙氧基)苯基]脲；azepan-1-ylcarbonylmethyl methylsulfamate

CAS 名称 2-(hexahydro-1H-azepin-1-yl)-2-oxoethyl methylsulfamate

应用 除草剂。

氨氟乐灵（prodiamine）

$C_{13}H_{17}F_3N_4O_4$，350.3，29091-21-2

该除草剂由 US Borax（现在的 Borax）发现，Velsicol Chemical Corp. 进行评估，1987 年由 Sandoz AG（现在的 Syngenta AG）首次引入市场。

其他名称 USB-3153，CN-11-2936，SAN 745H，Barricade，Cavalcade，Kusablock

化学名称 2,6-二硝基-N^1,N^1-二丙基-4-三氟甲基间苯二胺；5-dipropylamino-α,α,α-trifluoro-4,6-dinitro-o-toluidine；2,6-dinitro-N^1,N^1-dipropyl-4-trifluoromethyl-m-phenylenediamine

CAS 名称 2,4-dinitro-N^3,N^3-dipropyl-6-(trifluoromethyl)-1,3-benzenediamine

理化性质 无味橙黄色粉末。熔点 122.5～124℃。蒸气压 2.9×10^{-2} mPa（25℃）。K_{ow}lg$P$ 4.10±0.07（25℃，未说明 pH 值）。Henry 常数 5.5×10^{-2} Pa·m³/mol（计算值）。相对密度 1.41（25℃）。水中溶解度：0.183mg/L（pH 7.0，25℃）；有机溶剂中溶解度（g/L，20℃）：丙酮 226，二甲基甲酰胺 321，二甲苯 35.4，异丙醇 8.52，庚烷 1.00，正辛醇 9.62。对光稳定性中等，在 194℃时分解。pK_a 13.2。

毒性 急性经口 LD_{50} 大鼠＞5000mg/kg。急性经皮 LD_{50} 大鼠＞2000mg/kg；对眼睛中度刺激，对皮肤无刺激性（兔），对豚鼠皮肤不致敏。大鼠空气吸入毒性 LC_{50}（4h）＞0.256mg/m³（最大值）。无作用剂量：狗（1 年）6mg/(kg·d)，小鼠（2 年）60mg/(kg·d)，大鼠（2 年）7.2mg/(kg·d)。山齿鹑急性经口 LD_{50}＞2250mg/kg，山齿鹑和野鸭饲喂 LC_{50}（8d）＞10000mg/(kg·d)。虹鳟鱼 LC_{50}（96h）＞829μg/L，大翻车鱼＞552μg/L。水蚤 LC_{50}（48h）＞658μg/L。海藻 EC_{50}（24～96h）3～10μg/L。蜜蜂 LD_{50}＞100μg/只。

制剂 FL，WG。

应用 选择性芽前土壤处理剂，主要通过杂草的胚芽鞘与胚轴吸收。对已出土杂草无效。对禾本科和部分小粒种子的阔叶杂草有效，持效期长。适用于棉花、大豆、油菜、花生、土豆、冬小麦、大麦、向日葵、胡萝卜、甘蔗、番茄、茄子、辣椒、卷心菜、花菜、芹菜及果园、桑园、瓜类等作物，防除稗草、马唐、牛筋草、石茅高粱、千金子、大画眉草、早熟禾、雀麦、硬草、棒头草、苋、藜、马齿苋、繁缕、蓼、蒿蓄、蒺藜等 1 年生禾本科和部分阔叶杂草。

分析方法 产品用 GLC-FID 分析。

主要生产商 Syngenta。

参考文献

The Pesticide Manual. 16th ed.

氨磺乐灵（oryzalin）

$C_{12}H_{18}N_4O_6S$，346.6，19044-88-3

由 J. V. Gramlich 等报道。1973 年由 Eli Lilly & Co.（农化股权，现 Dow AgroSciences）在保加利亚上市。

其他名称 EL-119（Lilly），Surflan

化学名称 3,5-二硝基-N^4,N^4-二丙基氨基苯磺酰胺；3,5-dinitro-N^4,N^4-dipropylsulfanilamide

CAS 名称 4-(dipropylamino)-3,5-dinitrobenzenesulfonamide

理化性质 原药含量 98.3%。纯品为橙黄色晶体。熔点 141～142℃（原药 138～143℃）。沸点：265℃分解。蒸气压＜0.0013mPa（25℃）。K_{ow}lg$P$ 3.73（pH 7）。Henry 常数＜1.73×10^{-4} Pa·m³/mol（25℃，计算值）。水中溶解度：2.6mg/L（25℃）。有机溶剂中溶解度（g/L，25℃）：丙酮＞500，甲基纤维素 500，乙腈＞150，甲醇 50，二氯甲烷＞30，苯 4，二甲苯 2；在己烷中不溶。稳定性：在普通贮存环境下稳定。在 pH 5、7 或 9 的水溶液中不水解。紫外线下分解，自然阳光下水光解 DT_{50} 1.4h。pK_a 9.4，弱酸性。

毒性 大鼠、沙鼠急性经口 LD_{50}＞10000mg/kg，猫 1000mg/kg，狗＞1000mg/kg。兔急性经皮 LD_{50}＞2000mg/kg；对兔皮肤有轻微刺激，对兔眼睛无刺激，对豚鼠皮肤有致敏性。大

鼠吸入 LC_{50}（4h）＞3.1mg/L 空气（名义上为 4.8mg/L）。NOEL（2 年）大鼠 300mg/kg 饲料［约 12～14mg/(kg·d)］，小鼠 1350mg/kg 饲料［约 100mg/(kg·d)］。ADI/RfD：(EPA) cRfD 0.12mg/kg［1994］。无诱变性。鸡急性经口 LD_{50}＞1000mg/kg，山齿鹑、野鸭＞500mg/kg。山齿鹑、野鸭饲喂 LC_{50}＞5000mg/kg。大翻车鱼 LC_{50} 2.88，虹鳟鱼 3.26mg/L；小金鱼 LC_{50}（96h）＞1.4mg/L。水蚤 LC_{50}（48h）1.4mg/L。NOEC（21d）0.61mg/L。中肋骨条藻 E_rC_{50} 45μg/L，羊角月牙藻 51μg/L，舟形藻 87μg/L，水华鱼腥藻 E_rC_{50} 18mg/L。

制剂 GR，SC，WG，WP。

应用 芽前选择性除草剂。影响种子萌发的生理生长过程。用于棉花、果树、坚果树、藤本植物、观赏植物、大豆、浆果、水稻、观赏性草坪和无作物区域，芽前防除多种一年生禾本科杂草和阔叶杂草。

合成路线

分析方法 产品分析采用分光光度法或 HPLC/UV。

主要生产商 Dow AgroSciences，Punjab。

参考文献

[1] Decker O D, Johnson W S. Anal Methods Pestic Plant Growth Regul, 1976, 8：433.
[2] West S D. Comp Anal Profiles Chapt 9.
[3] US 3367949.

氨基磺酸铵（ammonium sulfamate）

$H_6N_2O_3S$, 114.1, 7773-06-0

起初由 E. I. du Pont de Nemours & Co. 开发，后由 Albright 和 Wilson（Mfg）Ltd 开发。

其他名称 AMS，Amcide，Root-Out

化学名称 氨基磺酸铵；ammonium sulfamidate

CAS 名称 monoammonium sulfamate

理化性质 无色易吸湿晶体。熔点 131～132℃。蒸气压：室温下可忽略不计。水中溶解度：684g/L（25℃），2300g/L（30℃）。可溶于甲酰胺、丙三醇和乙二醇，微溶于乙醇。在常温中性介质中稳定，较高温度或酸性条件下水解，160℃分解。

毒性 大鼠急性经口 LD_{50} 3900mg/kg。将 50%水溶液重复使用于大鼠的皮肤不会引起刺激或中毒。大鼠最大无作用剂量（90d）214mg/kg；饲喂大鼠 105d，在 10000mg/kg 饲料条件下未观察到不利影响；在 20000mg/kg 饲料条件下生长受影响。每日允许摄入量 0.2mg/kg［1991］。鹌鹑急性经口 LD_{50} 3000mg/kg。鲤鱼 LC_{50}（48h）1000～2000mg/L。

制剂 AI，SP。

应用 非选择性除草剂。用于防除木本植物、多年生草本植物、一年生阔叶杂草。用于控制长势不良的树木，防止树桩的新切口生枝。也在仁果园用于防除毒葛。由茎、叶和新的木质部切口表面吸收，并在植物体内迁移。

分析方法 产品分析采用亚硝酸钠电位滴定法。

主要生产商 Battle Hayward & Bower Ltd。

参考文献

[1] US 2277744.

[2] Bowler W W, Arnold E A. Anal Chem, 1947, 19：336.

氨基乙氟灵（dinitramine）

$C_{11}H_{13}F_3N_4O_4$，322.2，29091-05-2

由 US Borax & Chemical Corp 于 1973 年开发（已不再生产、销售），1982 年开始由 Wacker-Chemie GmbH 生产。

其他名称 Cobex，USB 3584

化学名称 N',N'-二乙基-2,6-二硝基-4-三氟甲基-m-苯二胺；N^1,N^1-diethyl-2,6-dinitro-4-trifluoromethyl-m-phenylenediamine

CAS 名称 N^3,N^3-diethyl-2,4-dinitro-6-(trifluoromethyl)-1,3-benzenediamine

理化性质 纯品为黄色结晶固体。熔点 98～99℃。蒸气压 0.479mPa（25℃），$K_{ow}\lg P$ 约 4.3。溶解度（25℃）：水中 1.1mg/L；丙酮中 640g/kg，乙醇中 120g/kg。原药纯度>83%。本品 70℃以上分解，纯品和原药在常温下贮存 2 年均无明显的分解，但易于光分解。土壤中 DT_{50} 10～66d。EC 对铁或铝稍有腐蚀性。本品不能与氯酞酸甲酯混配。

毒性 大鼠急性经口 LD_{50} 为 3000mg（a.i.）/kg。兔急性经皮 LD_{50}>6800mg/kg。90d 喂养试验表明：大鼠和猎犬无作用剂量 2000mg/kg 饲料。以 100mg/kg 或 300mg/kg 饲料饲养大鼠，无致癌作用。野鸭急性经口 LD_{50}>10000mg/kg，鹌鹑>1200mg/kg。鱼毒 LC_{50}（96h）：鳟鱼 6.6mg/L，大翻车鱼 11mg/L，鲤鱼 3.7mg/L。

制剂 EC。

应用 芽前除草剂。土壤混施，用于防除菜豆、胡萝卜、棉花、花生、大豆、向日葵、芜菁、甘蓝、萝卜、移栽辣椒和移栽番茄田中许多一年生禾本科和阔叶杂草。

分析方法 产品分析用气相色谱法。

参考文献

US 3617252.

氨氯吡啶酸（picloram）

$C_6H_3Cl_3N_2O_2$，241.5，1918-02-1

于 1963 年由 J. W. hamaker 等报道。由 Dow Chemical 公司开发，并于 1963 年上市。

其他名称　毒莠定 101，毒莠定，X159868，Tordon，Tordan

化学名称　4-氨基-3,5,6-三氯吡啶-2-羧酸；4-amino-3,5,6-trichloropyridine-2-carboxylic acid；4-amino-3,5,6-trichloropicolinic acid

CAS 名称　4-amino-3,5,6-trichloro-2-pyridinecarboxylic acid

理化性质　原药含量 77.9%。具有类似氯气气味的浅棕色固体。熔融前在 190℃分解。蒸气压 8×10^{-11} mPa（25℃）。K_{ow} lg$P$ 1.9（20℃，0.1mol/L HCl，中性物质）。相对密度：松密度 0.895（25℃）。水中溶解度（20℃）：0.056g/100mL；饱和水溶液 pH 值为 3.0（24.5℃）。有机溶剂中溶解度（g/100mL，20℃）：正己烷<0.004，甲苯 0.013，丙酮 1.82，甲醇 2.32。稳定性：正常情况下对酸碱非常稳定，但在热浓碱中分解，易形成水溶性的碱金属盐和铵盐。在水溶液中，通过紫外线照射分解，DT_{50} 2.6d（25℃）。pK_a 2.3（22℃）。

毒性　雄大鼠急性经口 LD_{50}>5000mg/kg，小鼠 2000～4000mg/kg，兔约 2000mg/kg，豚鼠约 3000mg/kg，绵羊>1000mg/kg，牛>750mg/kg。兔急性经皮 LD_{50}>2000mg/kg；对兔眼睛有中等刺激作用，对兔皮肤有轻微刺激作用，无皮肤致敏现象。大鼠吸入 LC_{50}>0.035mg/L。NOEL（2 年）大鼠 20mg/(kg·d)。ADI/RfD（EC）0.3mg/kg [2008]；（BfR）0.2mg/kg [2006]，（EPA）cRfD 0.2mg/kg [1995]。雏鸡急性经口 LD_{50} 约 6000mg/kg。野鸭和山齿鹑饲喂 LC_{50}>5000mg/kg。虹鳟鱼 LC_{50}（96h）5.5mg/L，大翻车鱼 14.5mg/L。水蚤 LC_{50} 34.4mg/L。月牙藻 EC_{50} 36.9mg/L。紫虾 LC_{50} 10.3mg/L。蜜蜂 LD_{50}>100μg/只。对蚯蚓无毒。对土壤微生物呼吸作用没有影响。

制剂　SL。当氨氯吡啶酸加工成一个单独的产品时，它通常是钾盐。当与其他活性成分组合时，氨氯吡啶酸一般是酯或铵盐。

应用　主要作用于核酸代谢，并且使叶绿体结构及其他细胞器发育畸形，干扰蛋白质合成，作用于分生组织活动等，最后导致植物死亡。主要用来防除森林、荒地等非耕地块防除一年生及多年生阔叶杂草、灌木。

分析方法　产品用 HPLC/UV 分析。

主要生产商　Dow AgroSciences，Aimco，Rotam，华通（常州），河北凯迪，四川利尔，湖北沙隆达，浙江永农。

参考文献

[1]　US 3285925.

[2]　农药品种手册精编. 北京：化学工业出版社，2006.

氨唑草酮（amicarbazone）

$C_{10}H_{19}N_5O_2$，241.3，129909-90-6

由德国拜耳公司开发的氨基三唑啉酮类除草剂。

其他名称　BAY 314666，Dinamic，Battalion

化学名称　4-氨基-N-丁基-4,5-二氢-3-异丙基-5-氧-1H-1,2,4-三唑酮-1-酰亚胺；4-

amino-N-tert-butyl-4,5-dihydro-3-isopropyl-5-oxo-1H-1,2,4-triazole-1-carboxamide

CAS 名称　4-amino-N-(1,1-dimethylethyl)-4,5-dihydro-3-(1-methylethyl)-5-oxo-1H-1,2,4-triazole-1-carboxamide

理化性质　其纯品为无色结晶，熔点 137.5℃。蒸气压：$1.3×10^{-6}$ Pa（20℃），$3.0×10^{-6}$ Pa（25℃）。K_{ow}lg$P$：1.18（pH 4），1.23（pH 7），1.23（pH 9）。Henry 常数 $6.8×10^{-8}$ Pa·m³/mol（20℃）。相对密度 1.12。溶解度（g/L，20℃）：水 4.6（pH 4~9）；正庚烷 0.07，二甲苯 9.2，辛醇 43，聚乙二醇 79，异丙醇 110，乙酸乙酯 140，二甲基亚砜 250，丙酮、乙腈、二氯甲烷＞250。

毒性　雌大鼠急性经口 LD_{50} 1015mg/kg。大鼠急性经皮 LD_{50}＞2000mg/kg，对兔眼睛和皮肤无刺激性作用，对豚鼠皮肤无致敏作用。大鼠吸入 LC_{50}（4h）2.242mg/L 空气。小齿鹑急性经口 LD_{50}＞2000mg/kg，日摄入 LC_{50}＞5000mg/L。鱼毒 LC_{50}（mg/L，96h）：大翻车鱼＞129，虹鳟鱼＞120。蜜蜂 LD_{50}：经口 24.8μg/只，接触＞200μg/只。

制剂　WG。

应用　光合作用抑制剂。主要用于玉米和甘蔗苗前或苗后除草，防除大多数双子叶和一年生单子叶杂草，如苘麻、藜、苋属杂草、苍耳、裂叶牵牛等。

合成路线　以水合肼、碳酸二甲酯、叔丁基胺为起始原料，经如下反应制得：

分析方法　产品采用高效液相色谱法（HPLC）分析。

主要生产商　Arysta LifeScience。

参考文献

[1]　The Pesticide Manual. 12 th ed. 2000：28.
[2]　Proc Br Crop Prot Conf-Weed. 1999：29.
[3]　DE 3839206.

胺苯磺隆（ethametsulfuron-methyl）

$C_{15}H_{18}N_6O_6S$，410.4，97780-06-8

1985 年由 J. R. Stone 等报道。1989 年由 E. I. du Pontde Nemours ＆ Co. 开发。

其他名称　胺苯黄隆，DPX-A7881，Muster

化学名称　2-[(4-乙氧基-6-甲氨基-1,3,5-三嗪-2-基)氨基羰基氨基磺酰基]苯甲酸甲酯；methyl 2-[(4-ethoxy-6-methylamino-1,3,5-triazin-2-yl)carbamoylsulfamoyl]benzoate

CAS 名称　methyl 2-[[[[[4-ethoxy-6-(methylamino)-1,3,5-triazin-2-yl]amino]carbonyl]amino]sulfonyl]benzoate

理化性质　其纯品为无色或粉色结晶体。熔点 194℃。解离常数（pK_a）为 4.6，相对密度 1.6，蒸气压 7.73×10^{-10} mPa。溶解度（mg/L，25℃）：水 50（pH 7），二氯甲烷 3900，丙酮 1600，甲醇 350，乙酸乙酯 680，乙腈 800。pH 7、9 下稳定，在 pH 5 水中快速水解，DT_{50} 45d。

毒性　大鼠急性经口 $LD_{50}>11000mg/kg$，兔急性经口 $LD_{50}>5000mg/kg$。兔急性经皮 $LD_{50}>2000mg/kg$；对兔皮肤无刺激性作用，对兔眼睛有轻微刺激性作用，对豚鼠皮肤无致敏性。大鼠急性吸入 LC_{50}（4h）$>5.7mg/L$ 空气。大、小鼠（90d）饲喂试验无作用剂量为 5000mg/L，大鼠（1 年）饲喂试验无作用剂量为 500mg/L，狗（1 年）饲喂试验无作用剂量为 3000mg/L，小鼠（1.5 年）饲喂试验无作用剂量为 5000mg/L，对雄性和雌性大鼠两年饲喂试验无作用剂量分别为 100mg/L、750mg/L。ADI 值（UK）为 0.05mg/kg。无"三致"。小齿鹑和野鸭急性经口 $LD_{50}>2250mg/kg$，小齿鹑和野鸭饲喂 LC_{50}（5d）5620mg/kg。大翻车鱼和虹鳟鱼 LC_{50}（96h）$>600mg/L$。蜜蜂急性毒性 $LD_{50}>12.5\mu g$/只。蚯蚓 LD_{50}（14d）$>1000mg/kg$。

制剂　WG。

应用　乙酰乳酸合成酶（ALS）抑制剂。胺苯磺隆能被杂草根和叶吸收，在植株体内传导，杂草即停止生长，叶色褪绿，1~3 周后完全枯死。胺苯磺隆施用于油菜，油菜品种不同，其耐药性也有差异，一般甘蓝型油菜抗性较强，芥菜型油菜敏感。油菜秧苗 1~2 叶期茎叶处理有药害，为危险期。秧苗 4~5 叶期始抗性增强，茎叶处理一般无药害，为安全期。该药在土壤中残效长不可超量使用，否则会危害下茬作物。若后作是水稻直播田、小苗机插田或抛秧田，需先试验后用。对后作为水稻秧田或棉花、玉米、瓜豆等旱作物田的安全性差，禁止使用。能防除油菜田许多阔叶杂草和禾本科杂草，如母菊、野芝麻、绒毛蓼、春蓼、野芥菜、黄鹌瓣花、苋菜、繁缕、猪殃殃、碎米荠、大巢菜、泥胡菜、雀舌草和看麦娘等。

合成路线

分析方法　采用 HPLC 法。

主要生产商　DuPont，Repont，安徽华星。

胺草磷 (amiprophos)

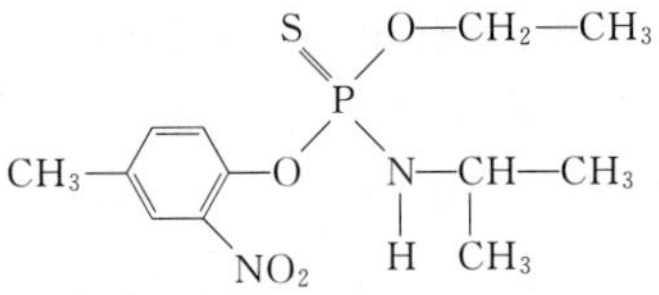

$C_{12}H_{19}N_2O_4PS$, 318.3, 33857-23-7

化学名称 O-(2-硝基-4-甲基苯基)-O-甲基-N-异丙基硫代磷酰胺酯；(RS)-(O-ethyl O-2-nitro-p-tolyl isopropylphosphoramidothioate)

CAS 名称 O-ethyl O-(4-methyl-2-nitrophenyl) N-(1-methylethyl) phosphoramidothioate

应用 除草剂。杀草谱广，可防除婆婆纳、播娘蒿、荠菜、离蕊荠等多种杂草。用于麦田播后苗前进行土壤处理，也可以用于西瓜、黄瓜田。

参考文献

李悦. 植物保护, 1990, (S1): 20.

胺酸杀 (benzadox)

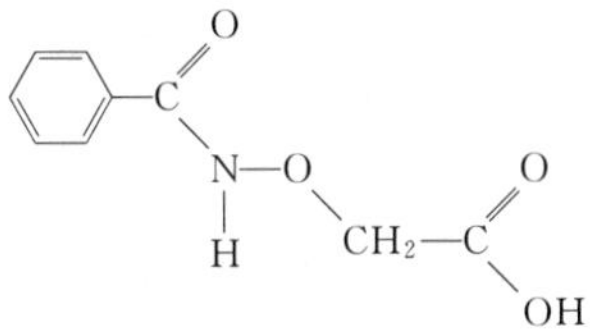

$C_9H_9NO_4$, 195.2, 5251-93-4

由 Gulf Oil Corp 推出。

其他名称 苯草多克死，毒苯胺，草扑净，MC 0035，S 6173

化学名称 苯甲酰氨基氧乙酸；benzamido-oxyacetic acid

CAS 名称 [(benzoylamino)oxy]acetic acid

应用 酰胺类除草剂。

主要生产商 Gulf Oil Corp。

参考文献

Farm Chem, 1967, 130: 86.

百草枯 (paraquat)

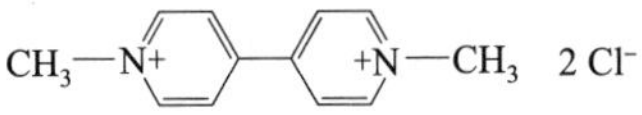

$C_{12}H_{14}Cl_2N_2$, 257.2, 1910-42-5

二氯化合物和双硫酸二甲酯的除草特性由 R. C. Brian 报道并由 A. Calderbank 述评。百草枯的 2 种盐（只有前者是固体）由 ICI Plant Protection division（现 Syngenta AG）推出。百草枯的除草特性在 1955 年被发现，1962 年首次上市。

其他名称 克芜踪，对草快，PP148，Gramoquat Super，Gramoxone，Herbaxon，

Herbikill, Paraqate, Pilarxone, Sunox, Total, Weedless

化学名称 1,1′-二甲基-4,4′-联吡啶二氯化物；1,1′-dimethyl-4,4′-bipyridinediiumdichloride；1,1′-dimethyl-4,4′-bipyridi- niumichloride；1,1′-dimethyl-4,4′-bipyridyliumdichloride

CAS 名称 1,1-dimethyl-4,4′-bipyridinium dichloride

理化性质 原药商品为水溶液（水中最少溶解量 500g/L，20℃，FAO 标准）。无色晶体，容易受潮。熔点 340℃（分解）。蒸气压 $<1\times10^{-2}$ mPa（25℃）。K_{ow} lg$P$ －4.5（20℃）。Henry 常数 $<4\times10^{-9}$ Pa·m³/mol（计算值）。相对密度约 1.5（25℃）。水中溶解度 620g/L（pH 5～9，20℃）；甲醇中 143g/L（20℃），几乎不溶于其他多数有机溶剂。约在 340℃分解，在碱性、中性、酸性介质中稳定，在 pH 7 的水溶液中具有光稳定性。

毒性 大鼠急性经口 LD_{50} 58～113mg paraquat ion/kg，豚鼠 22～80mg paraquat ion/kg。大鼠急性经皮 $LD_{50}>660$mg paraquat ion/kg，对兔眼睛和皮肤有刺激性。通过未损伤的人皮肤吸收量是最少的；暴露可以引起刺激和伤口延迟愈合，造成对指甲的暂时伤害。对豚鼠皮肤无致敏现象。由于蒸气压很低，吸入不会有毒性。极度暴露在喷雾液中可以导致鼻子流血。NOEL（1 年）狗 0.45mg paraquat ion/(kg·d)，（2 年）小鼠 1.0mg paraquat ion/(kg·d)。山齿鹑急性经口 LD_{50} 127mg paraquat ion/kg，野鸭 54mg paraquat ion/kg。山齿鹑 LC_{50}（5+3d）711mg paraquat ion/kg 饲料，日本鹌鹑 698mg paraquat ion/kg 饲料，野鸭 2932mg paraquat ion/kg 饲料，环颈雉鸡 1063mg paraquat ion/kg 饲料。虹鳟 LC_{50}（96h）18.6mg paraquat ion/L，镜鲤 98.3mg paraquat ion/L。水蚤 EC_{50}（48h）>4.4mg paraquat ion/L。绿藻 E_bC_{50}（96h）0.075mg paraquat ion/L。蜜蜂 LD_{50}（120h）：11.2μg paraquat ion/只（经口），50.9μg paraquat ion/只（接触）。蚯蚓 LC_{50}（14d）>1000mg paraquat ion/kg 土。

制剂 SG，SL，SC。

应用 百草枯为速效触杀型灭生性除草剂，对单子叶和双子叶植物的绿色组织均有很强的破坏作用，但无传导作用，只能使着药部位受害，不能穿透栓质化后的树皮。由于百草枯特殊的除草机理，在杂草 10～15cm 高时施药，能迅速杀灭一年生禾本科和阔叶杂草的地上部分及以种子繁殖的多年生杂草的地上部分，而一年生杂草地下部分失去养分供应而逐渐因饥饿萎蔫死亡。适用于果园、桑园、茶园、橡胶园、林业及公共卫生除草；玉米、向日葵、甜菜、瓜类（西瓜、甜瓜、南瓜等）、甘蔗、烟草等作物及蔬菜田行间、株间除草；小麦、水稻、油菜、蔬菜田免耕除草播种下茬作物及换茬除草；水田池埂、田埂除草；公路、铁路两侧路基除草；开荒地、仓库、粮库及其他工业用地除草；棉花、向日葵等作物催枯脱叶。防治稗草、马唐、千金子、狗尾草、狗牙根、牛筋草、双穗雀稗、牛繁缕、凹头苋、反枝苋、马齿苋、空心莲子菜、野燕麦、田旋花、藜、灰绿藜、刺儿菜、大刺儿菜、大蓟、小蓟、鸭跖草、苣荬菜、鳢肠、铁苋菜、香附子、扁秆草、芦苇等大多数禾本科及阔叶杂草。百草枯喷雾应采用高喷液量、低压力、大雾滴，选择早晚无风时施药。避免大风天施药，药液飘移到邻近作物上受害。喷雾时应喷匀喷透，并用洁净水稀释药液，否则会降低药效。对褐色、黑色、灰色的树皮没有防效，在幼树和作物行间作定向喷雾时，切勿将药液溅到叶子和绿色部分，否则会产生药害。光照可加速百草枯药效发挥；蔽荫或阴天虽然延缓药剂显效速度，但最终不降低除草效果。施药后 30min 遇雨时能基本保证药效。

分析方法 用比色法分析，游离的 4,4′-二吡啶与敌草快混剂用比色法分析或用 HPLC/UV 分析。

主要生产商 Syngenta, AgroDragon, Crystal, Hui Kwang, KSA, Kuo Ching, Pilarquim, Sanex, Sinon, Sundat, United Phosphorus, 安徽华星, 上海泰禾, 中化农化, 安徽丰乐, 海利尔, 湖北沙隆达, 深圳易普乐, 济南绿霸, 潍坊润丰, 南京红太阳, 郑州沙

隆达，山东侨昌，浙江永农。

参考文献
GB 813531.

稗草胺（clomeprop）

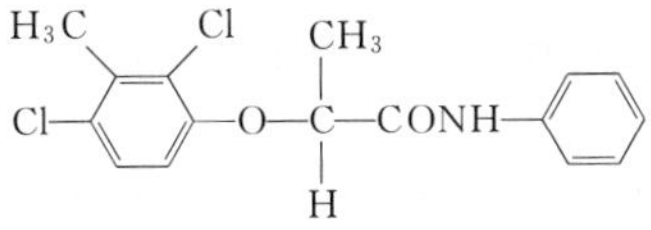

$C_{16}H_{15}Cl_2NO_2$，324.2，84496-56-0

由日本三菱石油公司研制的酰胺类除草剂，由日本三菱石油公司和罗纳普朗克公司共同组建的合资公司开发。

其他名称 MY-15，Yukahope

化学名称 (RS)-2-(2,4-二氯间甲苯氧基)丙酰苯胺；(RS)-2-(2,4-dichloro-m-tolyloxy)propionanilide

CAS 名称 (±)-2-(2,4-dichloro-3-methylphenoxy)-N-phenylpropanamide

理化性质 纯品为无色晶体，熔点 146～147℃，蒸气压＜0.0133mPa。水中溶解度(25℃)：0.032mg/L；其他溶剂中溶解度（g/L，20℃）：丙酮 33，环己烷 9，二甲基甲酰胺 20，二甲苯 17。稻田土壤中 DT_{50} 3～7d。

毒性 大鼠急性经口 LD_{50}：雄＞5000mg/kg，雌 3520mg/kg。小鼠急性经口 LD_{50}＞5000mg/kg。大鼠、小鼠急性经皮 LD_{50}＞5000mg/kg。大鼠急性吸入 LC_{50}（4h）＞1.5mg/L 空气。NOEL：大鼠 2 年饲喂试验无作用剂量为 0.62mg/(kg·d)。ADI 值 0.0062mg/kg（日本）。鲤鱼、泥鳅、虹鳟鱼 LC_{50}（48h）＞10mg/L。

制剂 EC，GR。

应用 选择性苗前和苗后除草剂。主要用于防除稻田的阔叶杂草和莎草科杂草，如萤蔺、节节草、牛毛毡、水三棱、荸荠、异型莎草、陌上菜、鸭舌草、泽泻、矮慈姑等。为达到理想的除草效果，需与丙草胺一起使用。本品与 2,4-滴一样，是植物生长激素型除草剂，具有促进植物体内 RNA 合成，并影响蛋白质的合成、细胞分裂和细胞生长，使杂草扭曲、弯折、畸形、变黄，最终死亡。作用过程缓慢，杂草死亡需要一周以上时间。

合成路线

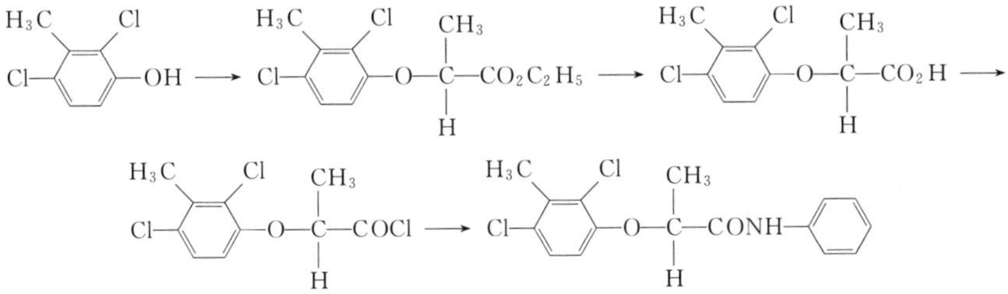

主要生产商 Nihon Nohyaku。

参考文献

[1] The Pesticide Manual. 12 th ed. 2000：191.
[2] 特开昭 57171904. 1982.
[3] US 4465507.

稗草畏（pyributicarb）

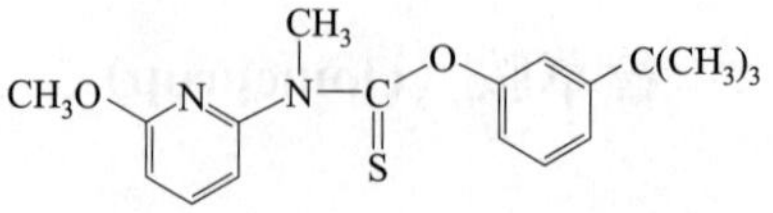

$C_{18}H_{22}N_2O_2S$，330.4，88678-67-5

由 Toyo SodaMfg. Co.，Ltd（现 Tosoh Corporation）推出。1993 年被 Dainippon Ink and Chemicals Inc 收购，2004 年被 Nippon Soda Co.，Ltd 收购。

其他名称　TSH-888，Eigen

化学名称　O-3-叔丁基苯基-6-甲氧基-2-吡啶(甲基)硫代氨基甲酸酯；O-3-*tert*-butyl-phenyl 6-methoxy-2-pyridyl(methyl)thiocarbamate

CAS 名称　O-[3-(1,1-dimethylethyl)phenyl](6-methoxy-2-pyridinyl)methylcarbamothioate

理化性质　白色晶体。熔点 86.3～88.2℃。蒸气压 0.0119mPa（20℃）。$K_{ow}\lg P$ 4.7（25℃）。相对密度 1.20（20℃）。水中溶解度：0.15mg/L（20℃）；有机溶剂中溶解度（g/L，20℃）：甲醇 21，丙酮 454，乙醇 33，二甲苯 355，乙酸乙酯 384。至 273℃稳定。

毒性　大、小鼠急性经口 LD_{50}＞5000mg/kg，大鼠急性经皮 LD_{50}＞5000mg/kg；对兔眼睛无刺激性作用，对兔皮肤有轻微刺激性作用，豚鼠皮肤无致敏性。大鼠急性吸入 LC_{50}（4h）＞6520mg/m³。大鼠饲喂 2 年无作用剂量为 0.753mg/kg。鲤鱼 LC_{50}（48h）11mg/L。

制剂　SC，WP。

应用　内吸性除草剂，由根、叶和茎吸收，并传导到生长活跃部位，抑制根部和地上部分的伸长。作为除草剂，用于水稻，芽前或芽后早期防除一年生和多年生禾本科杂草，尤其是稗、异型莎草和鸭舌草；用于草坪，芽前防除纤毛马唐、狗尾草和早熟禾。作为杀菌剂，芽前或芽后早期防除草坪的菌核病菌、弯孢菌、丝核菌和核瑚菌。

合成路线

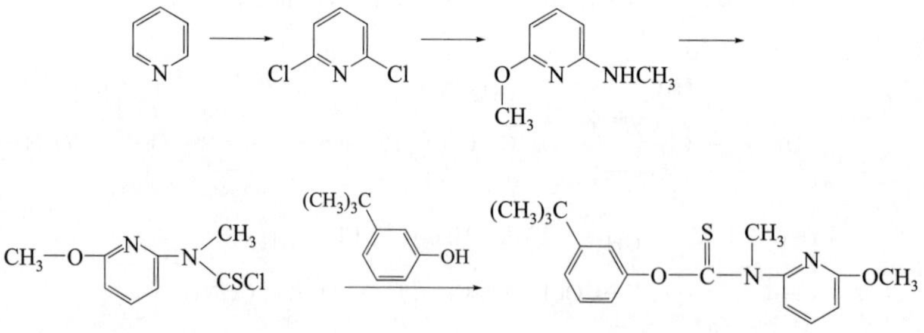

分析方法　产品用 GC 分析。

主要生产商　Nippon Soda。

参考文献

[1]　BE 897021.

[2]　The Pesticide Manual. 16 th ed.

稗草烯 (tavron)

$C_{10}H_9Cl_3$, 235.5, 20057-31-2

其他名称 百草稀

化学名称 （3,3,3-三氯-1-亚甲基丙基）苯；(3,3,3-trichloro-1-methylenepropyl)benzene

CAS 名称 (3,3,3-trichloro-1-methylenepropyl)benzene

理化性质 纯品为无色透明黏稠状液体，工业品为褐色黏稠状液体。难溶于水，易溶于丙酮等有机溶剂，对人畜微毒。

制剂 EC。

应用 稗草烯是一种选择性、内吸传导型低毒除草剂。主要通过作物的茎叶和根部吸收，再传导到体内各部位，从而起杀草作用。双子叶杂草吸收少，传导慢，防除效果差。稗草烯对稗草、狗尾草、马唐、看麦娘、早熟禾等杂草有较好的防除效果。主要用于韭菜、茄科蔬菜、马铃薯等菜田除草。

苯草醚 (aclonifen)

$C_{12}H_9ClN_2O_3$, 264.7, 74070-46-5

由 Celamerk GmbH&Co 研制、罗纳普朗克公司开发的二苯醚类除草剂。

其他名称 CME 127，KUB 3359，LE84493，Challenge

化学名称 2-氯-6-硝基-3-苯氧基苯胺；2-chloro-6-nitro-3-phoxyaniline

CAS 名称 2-chloro-6-nitro-3-phenoxybenzenamine

理化性质 原药纯度为＞95%。纯品为黄色晶体，熔点 81～82℃，蒸气压 $1.6×10^{-2}$ mPa（20℃）。相对密度 1.46，$K_{ow}\lg P$ 4.37。Henry 常数 $3.2×10^{-3}$ Pa·m³/mol（20℃）。水中溶解度（20℃）：1.4mg/L；其他溶剂中溶解度（20℃，g/kg）：己烷 4.5，甲醇 50，甲苯 390。在植物体内 DT_{50} 约 2 周，在土壤中的 DT_{50} 约为 7～12 周。

毒性 大、小鼠急性经口 LD_{50}＞5000mg/kg，大鼠急性经皮 LD_{50}＞5000mg/kg，对兔皮肤有轻微刺激性作用，但对兔眼睛无刺激性作用。大鼠急性吸入 LC_{50}（4h）＞5.06mg/L 空气。NOEL 数据：在饲喂试验中，大鼠 90d 无作用剂量为 28mg/(kg·d)，狗 180d 无作用剂量为 12.5mg/(kg·d)。ADI 值 0.02mg/kg。在 Ames 试验中无诱变性。日本鹌鹑急性经口 LD_{50}＞15000mg/kg。LC_{50}（96h）：虹鳟鱼 0.67mg/L，鲤鱼 1.7mg/L。蜜蜂 LD_{50}（经口）＞100μg/只。蚯蚓 LC_{50}（14d）300mg/kg。

制剂 SC。

应用 原卟啉原氧化酶抑制剂类除草剂。主要用于防除禾本科杂草和阔叶杂草，如鼠尾看麦娘、知风草、猪殃殃、野芝麻、田野勿忘我、繁缕、常春藤叶婆婆纳、波斯水苦荬以及田菫菜等。适用于冬小麦、马铃薯、向日葵、豆类、胡萝卜、玉米等。主要用于苗前除草。对马铃薯、向日葵、豆类安全，高剂量下对禾谷类作物、玉米可能产生药害。

合成路线

分析方法　原药采用气相色谱内标法进行定量分析。
主要生产商　Bayer CropScience。
参考文献

[1]　The Pesticide Manual. 12th ed. 2000：14.
[2]　US 4394159.
[3]　DE 2831262.
[4]　DE 3209878.

苯草灭（bentranil）

$C_{14}H_9NO_2$，223.2，1022-46-4

化学名称　2-苯基-4H-3,1-苯并噁嗪-4-酮；2-phenyl-4H-3,1-benzoxazin-4-one
CAS 名称　2-phenyl-4H-3,1-benzoxazin-4-one
应用　除草剂。
主要生产商　BASF。
参考文献

Meded. Landbouwhogesch. Opzoekingsstn. Staat Gent，1965，30：163.

苯草酮（methoxyphenone）

$C_{16}H_{16}O_2$，240.3，41295-28-7

1973 年报道了本品的除草性质，由日本化药公司开发。
其他名称　甲氧苯酮，NK-049，Kayametone
化学名称　4-甲氧基-3,3'-二甲基二苯酮；4-methoxy-3,3'-dimethylbenzophenone
CAS 名称　(4-methoxy-3-methylphenyl)(3-methylphenyl)methanone

理化性质 无色晶体，熔点 62.0～62.5℃。溶解度（20℃）：水中 2mg/L，溶于大多数有机溶剂。对酸、碱稳定，在阳光下缓慢分解。

毒性 大鼠和小鼠急性经口 LD_{50} ＞4000mg/kg。90d 饲喂试验的无作用剂量：大鼠 1500mg/kg 饲料，小鼠 1000mg/kg 饲料。鱼毒 LC_{50}（48h）：鲤鱼 3.2mg/L，金鱼 10mg/L。

制剂 WP，GR。

应用 选择性苗前除草剂，可有效防除水稻和蔬菜作物中的一年生禾本科杂草和阔叶杂草。可造成植物萎黄，抑制光合作用。可生物降解，无残留问题。

分析方法 产品和残留分析用 GLC。

参考文献

[1] GB 1355926.
[2] US 3873304

苯磺噁唑草（fenoxasulfone）

$C_{14}H_{17}Cl_2NO_4S$，366.3，639826-16-7

由日本组合化学公司作为除草剂开发。

其他名称 KIH-1419，KUH-071（Kumiai）

化学名称 3-[(2,5-二氯-4-乙氧基苯基)甲磺酰]-4,5-二氢-5,5-二甲基异噁唑；3-[(2,5-dichloro-4-ethoxyphenyl)methylsulfonyl]-4,5-dihydro-5,5-dimethylisoxazole

CAS 名称 3-[[(2,5-dichloro-4-ethoxyphenyl)methyl]sulfonyl]-4,5-dihydro-5,5-dimethylisoxazole

应用 异噁唑啉酮类除草剂。当其与苄嘧磺隆混用，可有效防除水稻田里的稗草、鸭舌草、水莎草等；当其与异噁草酮混用，可有效防除水稻田里的稗草、千金子、鸭舌草等。2011 年在日本进行田间试验，对稗草有卓效。

主要生产商 日本组合化学公司。

苯磺隆（tribenuron-methyl）

$C_{15}H_{17}N_5O_6S$，395.4，101200-48-0

由美国杜邦公司开发的磺酰脲类除草剂。

其他名称 阔叶净，巨星，麦磺隆，DPX-L5300，L5300，Express，Granstar，Pointer

化学名称 2-[4-甲氧基-6-甲基-1,3,5-三嗪-2-基(甲基)氨基甲酰氨基磺酰基]苯甲酸甲酯；methyl 2-[4-methoxy-6-methyl-1,3,5-triazin-2-yl(methyl)carbamoylsulfamoyl]benzoate

CAS 名称　methyl 2-[[[[(4-methoxy-6-methyl-1,3,5-triazin-2-yl)methylamino]carbonyl]amino]sulfonyl]benzoate

理化性质　灰白色粉末，伴有刺激性臭味。熔点 142℃。蒸气压 5.2×10^{-5} mPa（25℃）。K_{ow} lg$P$ 0.78（pH 7，25℃）。Henry 常数 1.03×10^{-8} Pa·m³/mol（pH 7，20℃）。相对密度 1.46（20℃）。水中溶解度：0.05（pH 5），2.04（pH 7），18.3（pH 9）（g/L，20℃）；丙酮 3.91×10^4，乙腈 4.64×10^4，乙酸乙酯 1.63×10^4，正庚烷 20.8，甲醇 2.59×10^3（mg/L，20℃）。稳定性：pH 值 5～9，25℃时，无明显光解现象；水解 DT_{50}＜1d（pH 5），15.8d（pH 7），稳定（pH 9）（25℃）。pK_a 4.7。

毒性　急性经口 LD_{50} 大鼠＞5000mg/kg。急性经皮 LD_{50} 兔＞5000mg/kg；对皮肤和眼睛无刺激性（兔），中度皮肤敏感（豚鼠）。吸入毒性：LC_{50}（4 h）大鼠＞5.0mg/L（空气）。无作用剂量：大鼠（2 年）25mg/L，小鼠（18 个月）200 mg/L [25mg/(kg·d)]，狗（1 年）250mg/L [8.2mg/(kg·d)]，大鼠（90d）100mg/kg，小鼠（90d）500mg/kg，狗（90d）500mg/kg。无遗传毒性。急性经口 LD_{50} 山齿鹑＞2250mg/kg；饲喂毒性 LC_{50}（8d）：山齿鹑和野鸭＞5620mg/kg。虹鳟鱼 LC_{50}（96h）738mg/L。水蚤 LC_{50}（48h）894mg/L。绿藻 EC_{50}（120h）20.8μg/L。蜜蜂：LD_{50} 接触＞100μg/只，经口＞9.1μg/只。蚯蚓 LC_{50}＞1000mg/kg。

制剂　TC，WP，AF，WJ，WG。

应用　磺酰脲类内吸传导型芽后选择性除草剂。双子叶杂草繁缕、荠菜、麦瓶草、麦家公、离子草、猪殃殃、碎米荠、雀舌草、卷茎蓼等对苯磺隆敏感，泽漆、婆婆纳等中度敏感。对日旋花、鸭跖草、铁苋菜、萹蓄、刺儿菜等防效差，随剂量升高抑制作用增强。苯磺隆在禾谷类作物春、冬小麦、大麦、燕麦体内迅速代谢为无活性物质，有很好的耐药性。适用于小麦、大麦。防除柳叶刺蓼、酸模叶蓼、东方蓼、萹蓄、节蓼、荠菜、遏蓝菜、繁缕、狼把草、鬼针草、风花菜、藜、小藜、鸭跖草、香薷、水棘针、反枝苋、凹头苋、龙葵、苘麻、播娘蒿、母菊属、波叶糖芥、刺叶莴苣、猪毛菜、野田芥、白芥、水芥菜、向日葵、绿叶泽兰、羽叶播娘蒿、大叶播娘蒿、大巢菜、鼬瓣花、猪殃殃、地肤、雀舌草、卷茎蓼、离子草、碎末荠、麦家公、勿忘草、王不留行、亚麻荠、问荆、苣荬菜等。

合成路线

主要生产商　Agrochem，Cheminova，Fengle，Fertiagro，Repont，Rotam，Sharda，DuPont，丰乐农化，华星化工，宣化农药，合肥久易，常隆农化，金凤凰农化，快达农化，连云港立本，瑞邦农药，江苏激素研究所，南通施壮，镇江先锋，腾龙生物药业，天容集团，扬农化工，日上化工，捷马化工，大连瑞泽，青岛双收，华阳科技，潍坊润丰，上海杜邦，沈阳科创，天津绿农生物技术。

参考文献

[1] CN 86103235.
[2] US 2006004198.
[3] EP 0613896.
[4] CN 1649851.
[5] CN 191984.
[6] US 6342600.
[7] US 4933450.

苯嘧磺草胺（saflufenacil）

$C_{17}H_{17}ClF_4N_4O_5S$，500.9，372137-35-4

由 R. Liebl 报道。

其他名称 BAS 800H，CL433379，Kixor，Heat，Sharpen，Eragon，Treevix

化学名称 N'-{2-氯-4-氟-5-[1,2,3,6-四氢-3-甲基-2,6-二氧-4-三氟甲基嘧啶-1-基]苯甲酰基}-N-异丙基-N-甲基磺酰胺；N'-{2-chloro-4-fluoro-5-[1,2,3,6-tetrahydro-3-methyl-2,6-dioxo-4-(trifluoromethyl)pyrimidin-1-yl]benzoyl}-N-isopropyl-N-methylsulfamide

CAS 名称 2-chloro-5-[3,6-dihydro-3-methyl-2,6-dioxo-4-(trifluoromethyl)-1(2H)-pyrimidinyl]-4-fluoro-N-[[methyl(1-methylethyl)amino]sulfonyl]benzamide

理化性质 白色粉末；熔点 189.9～193.4℃；蒸气压 $4.5×10^{-12}$ mPa（20℃）；K_{ow} lg$P$ 2.6；Henry 常数 $1.07×10^{-15}$ Pa·m^3/mol（20℃）；相对密度 1.595（20℃）。水中溶解度（g/100mL，20℃）：0.0014（pH4），0.0025（pH5），0.21（pH7）；在其他溶剂中的溶解度（g/100mL，20℃）：乙腈 19.4，二氯甲烷 24.4，丙酮 27.5，乙酸乙酯 6.55，四氢呋喃 36.2，丁内酯 35.0，甲醇 2.98，异丙醇 0.25，甲苯 0.23，橄榄油 0.01，正辛醇＜0.01，正己烷＜0.005。在室温下能稳定存在，金属或金属离子存在的情况下在室温或升高温度也稳定。可稳定存在于酸性溶液中，在碱性条件下 DT$_{50}$ 4～6d。pK_a 4.41。

毒性 大鼠急性经口 LD$_{50}$＞2000mg/kg，大鼠急性经皮 LD$_{50}$＞2000mg/kg，对兔眼和皮肤无刺激，对豚鼠皮肤无致敏性。大鼠吸入毒性 LC$_{50}$（4h）＞5.3mg/L，大鼠 NOAEL（18 个月）4.6mg/(kg·d)，ADI/RfD 0.046mg/kg。

制剂 EC，SC，WG。

应用 可快速铲除和防除 70 多种阔叶杂草，包括抗莠去津、草甘膦和 ALS 抑制剂的杂草。对小粒种子的宽叶杂草如苋和藜，以及难治的大粒种子的杂草如向日葵属、苘麻（velvetleaf）和牵牛花（morning-glory）杂草有效。可以用于小粒谷物类、棉花、大豆、干豆、水果和坚果树上。首次玉米苗前使用的 PPO 抑制剂。

合成路线

主要生产商 BASF。

参考文献

[1] Weed Sci Soc Am,2008,120.
[2] WO 01/83459.
[3] US 6534492.

苯嗪草酮（metamitron）

$C_{10}H_{10}N_4O$, 202.2, 41394-05-2

1975 年由 Bayer AG 推出。

其他名称 苯嗪草，苯甲嗪，BAY DRW 1139，BAY 134028，Allitron，Bettix，Bietomix

化学名称 4-氨基-4,5-二氢-3-甲基-6-苯基-1,2,4-三嗪-5-酮；4-amino-4,5-dihydro-3-methyl-6-phenyl-1,2,4-triazin-5-one

CAS 名称 4-amino-3-methyl-6-phenyl-1,2,4-triazin-5(4H)-one

理化性质 纯品为无色无臭晶体。熔点 166.6℃，蒸气压 8.6×10^{-4} mPa（20℃），K_{ow}lg$P$ 0.83，Henry 常数 1×10^{-7} Pa·m³/mol（20℃，计算值），密度 1.35g/cm³（22.5℃）。水中溶解度：1.7g/L（20℃）；其他溶剂中溶解度（g/L，20℃）：二氯甲烷30～50，环己酮10～50，异丙醇5.7，甲苯2.8，己烷＜0.1，甲醇23，乙醇1.1，氯仿29。酸性条件下稳定，遇强碱分解（pH＞10）；DT$_{50}$（22℃）：410d（pH 4），740h（pH 7），230h（pH 9）。土壤表面、水中光解非常迅速。

毒性 急性经口 LD$_{50}$（mg/kg）：大鼠约 2000，小鼠约 1450，狗＞1000。大鼠急性经皮 LD$_{50}$＞4000mg/kg，对兔皮肤和眼睛无刺激性。大鼠急性吸入 LC$_{50}$（4h）0.33mg/L 空气（粉尘）。无作用剂量：狗（2年）100mg/kg 饲料，大鼠（2年）250mg/kg。日本鹌鹑急性经口 LD$_{50}$ 1875～1930mg/kg。鱼毒 LC$_{50}$（96h，mg/L）：虹鳟鱼 326，金雅罗鱼 443。淡

水藻 E_rC_{50}：0.22mg/L。对蜜蜂无毒。蚯蚓 LC_{50}＞1000mg/kg 干土。

制剂　SC，WG，WP。

应用　选择性芽前除草剂，主要通过植物根部吸收，在输送到叶子内。通过抑制光合作用的希尔反应而起到杀草作用。适用于糖用甜菜和饲料甜菜作物，防除单子叶和双子叶杂草，如可防除藜、龙葵、繁缕、荨麻、小野芝麻、早熟禾、看麦娘、猪殃殃等杂草。作播前及播后芽前处理时，若春季干旱、低温、多风，土壤风蚀严重，整地质量不佳而又无灌溉条件时，都会影响这种除草剂的除草效果。苯嗪草酮除草效果不够稳定。

合成路线

分析方法　产品用 HPLC 或红外光谱分析。

主要生产商　Makhteshim-Agan，Feinchemie Schwebda，Gharda，Gujarat Agrochem，Punjab，Sharda，江苏农用激素工程技术研究中心，乐斯化学。

参考文献

[1]　BE 799854.
[2]　GB 1368416.

苯噻草胺（mefenacet）

$C_{16}H_{14}N_2O_2S$，298.4，73250-68-7

由德国拜耳公司开发并于 1987 年在日本投产的酰胺类除草剂。

其他名称　环草胺，FOE 1976，NTN 801，Hinochloa，Rancho

化学名称　2-(1,3-苯并噻唑-2-基氧基)-N-甲基乙酰苯胺；2-(1,3-benzothiazol-2-yloxy)-N-methylacetanilide；2-benzothiazol-2-yloxy-N-methylacetanilide

CAS 名称　2-(2-benzothiazolyloxy)-N-methyl-N-phenylacetamide

理化性质　无色、无味晶体。熔点 134.8℃。蒸气压：$6.4×10^{-4}$ mPa（20℃），11mPa（100℃）。K_{ow} lg$P$ 3.23。Henry 常数 $4.77×10^{-5}$ Pa·m³/mol（20℃，计算值）。溶解度（20℃）：水 4mg/L；二氯甲烷＞200，己烷 0.1～1.0，甲苯 20～50，异丙醇 5～10g/L。对光稳定。在贮存中，30℃、6 个月后有 94.8% 的物质未变化。pH 4～9 时不水解。

毒性　急性经口 LD_{50}：大鼠、小鼠和狗＞5000mg/kg。急性经皮 LD_{50}：大鼠和小鼠＞5000mg/kg。对皮肤和眼睛无刺激性（兔）。大鼠吸入毒性 LC_{50}（4h）＞0.02mg/L。无作用剂量（2 年）：大鼠 100mg/kg，小鼠 300mg/kg。山齿鹑 LC_{50}（5d）＞5000mg/L。鱼毒 LC_{50}（96h）：鲤鱼 6.0mg/L，鳟鱼 6.8mg/L，水生生物 11.5mg/L。水蚤 LC_{50}（48h）1.81mg/L。藻类 EC_{50}（96h）：铜在淡水藻 0.18mg/L。蚯蚓 LC_{50}（28d）＞1000mg/kg。

制剂　GR，SC，WP。

应用　酰苯胺类除草剂，细胞生长和分裂抑制剂。主要用于移栽稻田，防除禾本科杂草，对稗草特效。

合成路线

$$\text{C}_6\text{H}_5\text{-N(CH}_3\text{)-CO-CH}_2\text{-OH} + \text{2-Cl-benzothiazole} \xrightarrow{\text{NaOH}} \text{C}_6\text{H}_5\text{-N(CH}_3\text{)-CO-CH}_2\text{-O-benzothiazol-2-yl}$$

分析方法　产品采用 HPLC 分析。

主要生产商　Bayer CropScience，Dongbu Fine，大连瑞泽，江苏快达，江苏绿利来。

参考文献

[1] DE 2822155.
[2] DE 2903966.
[3] DE 3038636.

苯噻隆（benzthiazuron）

$C_9H_9N_3OS$，207.3，1929-88-0

由 H. Hack 于 1967 年报道，同年由 BayerAG 引入荷兰。

其他名称　Bayer 60 618，Gatnon

化学名称　1-(1,3-苯并噻唑-2-基)-3-甲基脲；1-(1,3-benzothiazol-2-yl)-3-methylurea

CAS 名称　N-2-benzothiazolyl-N'-methylurea

理化性质　无色粉末。305～313℃分解。蒸气压 1.3mPa（92℃，推测值）。溶解度（20℃）：水 15mg/L；丙酮、氯苯、DMF、二甲苯、异丁醇 5～10mg/L，二氯甲烷 3g/L，甲苯 1g/L，异丙醇 4。强酸或强碱中水解。

毒性　急性经口 LD_{50}：雄大鼠＞2500mg/kg，雄小鼠＞1000mg/kg，雄狗＞1000mg/kg。大鼠急性经皮 LD_{50}＞500mg/kg。大鼠 NOEL（90d）1000mg/kg。60d 饲喂试验，大鼠 130mg/(kg·d) 未发现不良反应。对鱼类无毒。

制剂　WP

应用　选择性脲类除草剂。用于苗前防除甜菜和菠菜田一年生阔叶杂草，如甘菊、矢车菊、母菊、罂粟花属、萝卜属和芥属等，主要由根系吸收。不能与五氯硝基苯、乙拌磷混用。作用机理为光合作用电子转移抑制剂。

分析方法　产品采用红外光谱分析。

主要生产商　Bayer 公司。

参考文献

[1] Hack H. International Meeting on Selective Weed Control in Sugar Beet Crops，Marly-le-Roi，9-10 March，1967.
[2] BE 647740.
[3] GB 1004469.

苯唑草酮（topramezone）

$C_{16}H_{17}N_3O_5S$，363.4，210631-68-8

由 BASF 公司和 Amvac Chemical Corp 开发。

其他名称　苯吡唑草酮，苞卫，BAS 670H，Clio，Impact，Convey

化学名称　3-(4,5-二羟基异噁唑基)-4-甲磺酰基-2-甲基苯基-(5-羟基-1-甲基-1H-吡唑-4-基)甲酮；[3-(4,5-dihydro-1,2-oxazol-3-yl)-4-mesyl-o-tolyl](5-hydroxy-1-methylpyrazol-4-yl)methanone

CAS 名称　[3-(4,5-dihydro-3-isoxazolyl)-2-methyl-4-(methylsulfonyl)phenyl](5-hydroxy-1-methyl-1H-pyrazol-4-yl)methanone

理化性质　白色结晶固体，含量为 99.8%；97%TC 外观为白色粉末固体，相关杂质含量≤3%。熔点 220.9~222.2℃，燃点 300℃，pH5.6~5.8。水中溶解度（20℃）：（510±8.3）mg/L（pH3.1）。

毒性　大鼠经口 LD_{50}＞2000mg/kg；大鼠经皮 LD_{50}＞2000mg/kg；大鼠吸入 LC_{50}≥5mg/L。Ames 试验阴性。

制剂　SC。

应用　苗后杀草谱广，可防除一年生夏季型禾本科杂草和阔叶杂草，包括那些已对 ALS 和 Triazine 类除草剂产生了抗药性的杂草。苗后施用苯吡唑草酮后，敏感杂草通过叶片吸收，并很快停止生长。植株地上部分在施药后 2~5d 内出现白化中毒症状，生长点、节间、叶片和叶脉的中毒症状最明显，白化的组织逐渐坏死，少许几周内死亡。杀草谱：主要单子叶杂草，如马唐属、稗属、狗尾草属、臂形草属、牛筋草、野稷、山野狼尾草、蒺藜草、异型莎草、碎米沙草，主要阔叶杂草，如苋属、蓼属、藜属、苍耳属、龙葵、马齿苋、苘麻、曼陀罗、鼬瓣花、母菊属、豚草、野芥、野胡萝卜、刺苍果、硬毛刺苞菊、一年生山靛、南美山蚂蟥、一点红、牛膝菊、假酸浆。

主要生产商　BASF，Amvac。

参考文献

EP 0958291.

苯唑磺隆（bencarbazone）

$C_{13}H_{13}F_4N_5O_3S_2$，427.4，173980-17-1

由 Bayer CropScience 发现，2001 年授权给 Tomen Agro（Arysta LifeScience Corporation）。

其他名称　TM-435，HWH 4991

化学名称　4-[4,5-二氢-4-甲基-5-氧-3-(三氟甲基)-1H-1,2,4-三唑-1-基]-2-[(乙磺酰基)氨基]-5-氟苯硫代酰胺；4-[4,5-dihydro-4-methyl-5-oxo-3-(trifluoromethyl)-1H-1,2,4-triazol-1-yl]-2-[(ethylsulfonyl)amino]-5-fluorobenzenecarbothioamide

CAS 名称　4-[4,5-dihydro-4-methyl-5-oxo-3-(trifluoromethyl)-1H-1,2,4-triazol-1-yl]-2-[(ethylsulfonyl)amino]-5-fluorobenzenecarbothioamide

理化性质　淡黄色至灰色粉末。熔点 202℃。$K_{ow}\lg P$ 0.179（pH 7.5）。水中溶解度 0.105g/L（pH 7）。水解 DT_{50}：＞500h（pH 4），241h（pH 7），174h（pH 9）（均为 50℃）。

毒性　大鼠急性经口 LD_{50}＞2500mg/kg，对皮肤和眼睛无刺激。大鼠吸入 LC_{50}（4h）＞5045mg/L。NOEL（13 周）狗 6mg/kg。美洲鹑 LD_{50}（14d）＞2000mg/(kg·d)。鳟鱼 LC_{50}（96h，静态）＞100mg/L。水蚤 EC_{50}（48h，静态）＞10mg/L。羊角月牙藻 IC_{50}（72h，静态）2mg/L。蚯蚓 LC_{50}（14d）＞1000mg/kg 干土。

应用　用于玉米和谷类田地苗后防除阔叶杂草。

吡草醚（pyraflufen-ethyl）

$C_{15}H_{13}Cl_2F_3N_2O_4$，413.2，129630-19-9；[129630-17-7]acid

该除草剂 1988 年被评估，由 Nihon Nohyaku Co.，Ltd 报道，1999 年引入市场。

其他名称　速草灵，丹妙药，ET-751，NH-9301，OS-159，Desiccan，Ecopart

化学名称　2-氯-5-(4-氯-5-二氟甲氧基-1-甲基吡唑-3-基)-4-氟苯氧乙酸乙酯；ethyl 2-chloro-5-(4-chloro-5-difluoromethoxy-1-methylpyrazol-3-yl)-4-fluorophenoxyacetate

CAS 名称　ethyl 2-chloro-5-[4-chloro-5-(difluoromethoxy)-1-methyl-1H-pyrazol-3-yl]-4-fluorophenoxyacetate

理化性质　奶油色粉末。熔点 126.4～127.2℃。蒸气压：1.6×10^{-5} mPa（25℃），4.3×10^{-6} mPa（20℃）。$K_{ow}\lg P$ 3.49。Henry 常数 8.1×10^{-5} Pa·m³/mol（计算值）。相对密度 1.565（24℃）。水中溶解度：0.082mg/L（20℃）；有机溶剂中溶解度（g/L，20℃）：丙酮 261，甲醇 9.5，乙酸乙酯 155，正己烷 40.3。pH4 时水中稳定，DT_{50} 13d（pH 7，25℃），pH 9 时迅速水解，水溶液光解 DT_{50} 30h。

毒性　大鼠急性经口 LD_{50}＞5000mg/kg。大鼠急性经皮 LD_{50}＞2000mg/kg；对兔皮肤无刺激性，对兔眼睛有轻微刺激作用。大鼠急性吸入 LC_{50}（4h）5.03mg/L 空气。无作用剂量：大鼠（2 年）2000mg/kg 饲料，小鼠（1.5 年）2000mg/kg 饲料，狗（1 年）1000mg/kg 饲料。Ames 试验呈阴性。无致突变性。小齿鹑急性经口 LD_{50}＞2000mg/kg，小齿鹑和野鸭饲喂 LC_{50}＞5000mg/kg。鱼毒 LC_{50}（48h，mg/L）：鲤鱼＞10，虹鳟鱼＞

0.1。蜜蜂 LD_{50}：＞111μg/只（经口），＞100μg/只（接触）。蚯蚓 LC_{50}＞1000mg/kg 土。

制剂 EC，SC。

应用 吡唑类除草剂，原卟啉原氧化酶抑制剂，为触杀型芽后阔叶杂草除草剂，施药于叶面之后，它很容易被植物组织所吸收，经阳光照射，杂草的茎秆和叶片很快坏死或枯死。适用于禾谷类作物田，防治猪殃殃、淡甘菊、小野芝麻、繁缕和其他重要的阔叶杂草。

合成路线

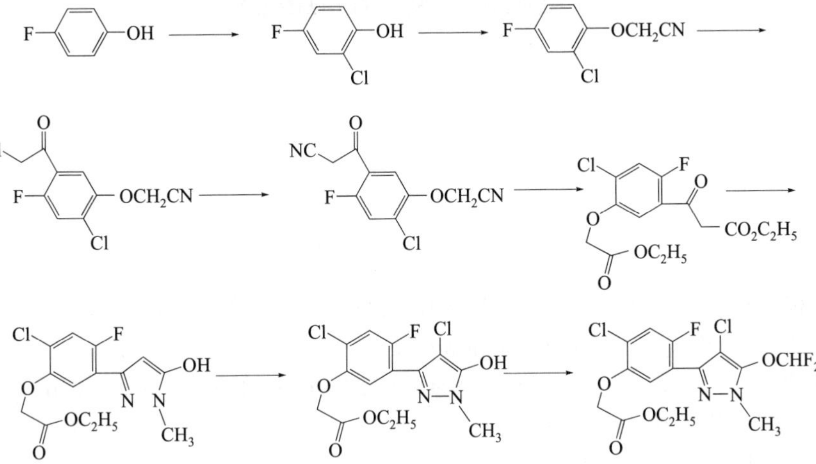

主要生产商 Nihon Nohyaku。

参考文献

[1] EP 0361114.
[2] US 5032165.

吡草酮（benzofenap）

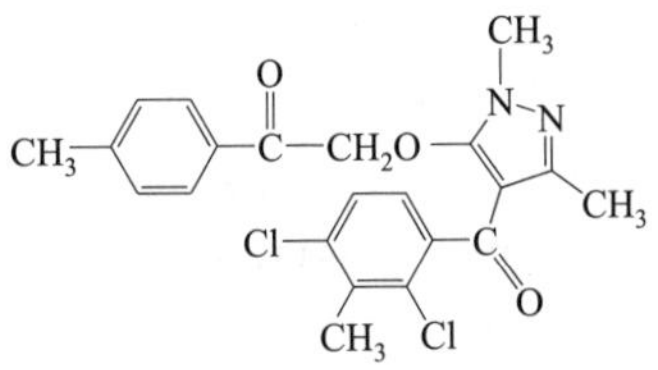

$C_{22}H_{20}Cl_2N_2O_3$，431.3，82692-44-2

由 Mitsubishi Petrochemical Co.，Ltd（今 Mitsubishi Chemical Corp.）推出。

其他名称 MY-71

化学名称 2-[4-(2,4-二氯间甲苯酰基)-1,3-二甲基吡唑-5-基氧]-4′-甲基苯乙酮；2-[4-(2,4-dichloro-*m*-toluoyl)-1,3-dimethylpyrazol-5-yloxy]-4′-methylacetophenone

CAS 名称 2-[[4-(2,4-dichloro-3-methylbenzoyl)-1,3-dimethyl-1*H*-pyrazol-5-yl]oxy]-1-(4-methylphenyl)ethanone

理化性质 白色固体。熔点 133.1～133.5℃。蒸气压 0.013mPa（30℃）。K_{ow} lg$P$ 4.69。溶解度：水 0.13mg/L（25℃）；二甲苯 69，丙酮 73，正己烷 5.6，三氯甲烷 920（均为 g/L，20℃）。

毒性 大鼠急性经口 LD_{50}＞15000mg/kg，大鼠急性经皮 LD_{50}＞5000mg/kg。大鼠吸入

LC_{50} (4h)>1.93mg/L。大鼠 NOEL（2 年）0.15mg/kg。ADI 0.0015mg/kg。虹鳟鱼、鲤鱼、泥鳅 LC_{50} (48h)>10mg/L。水蚤 LC_{50} (3h)>10mg/L。

制剂 GR，SC。

应用 用于防除稻田的阔叶杂草。对水稻植株无毒。

主要生产商 Otsuka 公司。

吡氟禾草灵（fluazifop）

$C_{15}H_{12}F_3NO_4$，327.3，69335-91-7

化学名称 (RS)-2-[4-(5-三氟甲基-2-吡啶氧基)苯氧基]丙酸；(RS)-2-[4-[5-(trifluoromethyl)-2-pyridyloxy]phenoxy]propionic acid

CAS 名称 (±)-2-[4-[[5-(trifluoromethyl)-2-pyridinyl]oxy]phenoxy]propanoic acid

理化性质 蒸气压 9.5×10^{-7} mPa (20℃)。K_{ow} lg$P$ 3.18 (25℃)。水中溶解度 288.5mg/L (pH7, 20℃)。pK_a 3.2。

应用 除草剂。

吡氟酰草胺（diflufenican）

$C_{19}H_{11}F_5N_2O_2$，394.3，83164-33-4

1985 年由 M.C.C.Ramp 等报道。由 May & Baker Ltd（现 Bayer CropScience AG）开发。

其他名称 MB 38544，diflufenicanil，Ardent，Bacara，Carat，Cougar，Fenican，First，Ingot，Javelin，Lazeril，Panther，Quartz，Zodiac

化学名称 2′,4′-二氟-2-(α,α,α-三氟间甲基苯氧基)-3-吡啶酰苯胺；2′,4′-difluoro-2-(α,α,α-trifluoro-m-tolyloxy)nicotinanilide

CAS 名称 N-(2,4-difluorophenyl)-2-[3-(trifluoromethyl)phenoxy]-3-pyridinecarboxamide

理化性质 纯品为无色晶体，熔点 159～161℃。水中溶解度 (25℃)：<0.05mg/L；其他溶剂中溶解度（g/kg，20℃）：丙酮 100，DMF 100，苯乙酮 50，环己酮 50，环己烷、2-乙氧基乙醇和煤油<10，3,5,5-三甲基环己-2-烯酮 35，二甲苯 20。稳定性：pH 5、7、9（20℃）的水溶液中稳定，对光稳定。

毒性 大鼠急性经口 $LD_{50}>2000mg/kg$，小鼠急性经口 $LD_{50}>1000mg/kg$，兔急性经口 $LD_{50}>5000mg/kg$。大鼠急性经皮 $LD_{50}>2000mg/kg$，对兔皮肤、眼睛无刺激性。大鼠急性吸入 LC_{50}（4h）$>2.34mg/L$ 空气。NOEL 数据：14d 亚急性试验，在 1600mg/kg 饲料的高剂量下，对大鼠无不良影响。狗 90d 饲喂试验无作用剂量为 $1000mg/(kg·d)$，大鼠 90d 饲喂试验无作用剂量为 500mg/L。Ames 试验表明无致诱变性。鹌鹑急性经口 $LD_{50}>2150mg/L$，野鸭急性经口 $LD_{50}>4000mg/L$。鱼毒 LC_{50}（96h，mg/L）：鳟鱼 56～100，鲤鱼 105。对蜜蜂、蚯蚓几乎无毒。

制剂 EC，OD，SC，WG。

应用 类胡萝卜素生物合成抑制剂。适用于小麦、大麦、水稻、白羽扁豆、春桥豌豆、胡萝卜、向日葵。水田苗前在保水条件下可很好地防除稗草、鸭舌草、泽泻等。旱田防除早熟禾、小苋、反枝苋、马齿苋、海绿、刺甘菊、金鱼草、野斗篷草、大爪草、似南芥、鹅不食草、蓟罂粟、田芥菜、甘蓝型油菜、芥菜、堇菜、肾果芥、野欧白芥、蔓陀罗、播娘蒿、黄鼬瓣花、地肤、辣子草、宝盖草、勿忘草、小野芝麻、窄叶莴苣、母菊、续断菊、万寿菊、虞美人、酸模叶蓼、滨洲蓼、春蓼、猪毛草、黄花稔、龙葵、田野水葱、繁缕、婆婆纳、常春藤叶婆婆纳、波斯婆婆纳。对鼠尾看麦娘、马唐、稗草、牛筋草、多花黑麦草、狗尾草、金狗尾草、豚草、猩猩草、苘麻、矢车菊、一点红、猪殃殃、麦家公、园叶锦葵、萹蓄、千里光、田菁、野豌豆等杂草亦有活性。对鸭趾草、峨草、三叶鬼针草、飞机草、野燕麦、雀麦、阿拉伯高粱、假毒欧芹、胜红蓟、针果芹、窃衣、苍耳等杂草活性差。若与异丙隆混用可以明显增强药效并可扩大杀草谱，还可延长持效期。

合成路线

分析方法 分析采用 HPLC 法。

主要生产商 Bayer CropScience，Cheminova，AGROFINA，Punjab，河北凯迪，江苏辉丰，捷马集团，上海生农，沈阳化工研究院。

参考文献

EP 53011.

吡嘧磺隆（pyrazosulfuron-ethyl）

$C_{14}H_{18}N_6O_7S$，414.4，93697-74-6

作为除草剂由 S. Kobayashi 报道，1990 年由 Nissan Chemical Industries Ltd 开发。

其他名称 草克星，水星，韩乐星，A-821256，NC-311，Agreen，Sirius

化学名称　5-(4,6-二甲氧基嘧啶-2-基氨基甲酰氨基磺酰基)-1-甲基吡唑-4-甲酸乙酯；ethyl 5-(4,6-dimethoxypyrimidin-2-ylcarbamoylsulfamoyl)-1-methylpyrazole-4-carboxylate

CAS 名称　ethyl 5-[[[[(4,6-dimethoxy-2-pyrimidinyl)amino]carbonyl]amino]sulfonyl]-1-methyl-1H-pyrazole-4-carboxylate

理化性质　无色晶体。熔点 177.8~179.5℃。蒸气压 4.2×10^{-5} mPa (25℃)。K_{ow} lg$P$ 3.16（HPLC 方法）。相对密度 1.46 (20℃)。水中溶解度：9.76mg/L (20℃)；有机溶剂中溶解度（g/L，20℃）：甲醇 4.32，正己烷 0.0185，苯 15.6，三氯甲烷 200，丙酮 33.7 (g/L，20℃)。稳定性：50℃保存 6 个月，pH 7 相对稳定，酸性和碱性条件下不稳定。pK_a 3.7。

毒性　大鼠和小鼠急性经口 LD_{50}＞5000mg/kg。大鼠急性经皮 LD_{50}＞2000mg/kg；对兔皮肤和眼睛无刺激性，对豚鼠无皮肤致敏性。大鼠吸入毒性 LC_{50}＞3.9mg/L（空气）。小鼠（78 周）无作用剂量 4.3mg/(kg·d)。对大鼠和兔无致突变、致畸作用。山齿鹑急性经口 LD_{50}＞2250mg/kg。虹鳟鱼和大翻车鱼 LC_{50} (96h)＞180mg/L；鲤鱼 (48h)＞30mg/L。水蚤 EC_{50} (48h) 700mg/L。蜜蜂接触 LD_{50}＞100μg/只。

制剂　GR，SC，WG，WP。

应用　吡嘧磺隆属磺酰脲类除草剂，可被植物的根和叶片吸收，并在植物体内迅速传导，阻碍缬氨酸、异亮氨酸、亮氨酸合成，抑制细胞分裂和生长，敏感杂草吸收药剂后，幼芽和根迅速停止生长，幼嫩组织发黄，随后整株枯死。杂草吸收药剂到死亡有个过程，一般一年生杂草 5~15d，多年生杂草要长一些；有时施药后杂草仍呈现绿色，多年生杂草不死，但生长已停止，失去与水稻竞争能力。适用于水稻直播田、抛秧田、摆栽田、移栽田防除稗草、牛毛毡、异型莎草、水莎草、萤蔺、日照飘拂草、宽叶谷精草、雨久花、鸭舌草、眼子菜、狼把草、白水八角、浮生水马齿、毋草、轮藻、清萍、小茨藻、节节菜、慈姑、泽泻、三蕊沟繁缕等，对多年生莎草科难治杂草如扁秆藨草、藨草、日本藨草等有较好的抑制作用。对 1.5 叶期以前的稗草低用量有抑制作用，高用量有好的药效。

合成路线

分析方法　产品用 HPLC 分析。

主要生产商　Nissan，Dongbu Fine，Fertiagro，Rotam，湖北沙隆达，江苏绿利来，江苏激素研究所，连云港立本，江苏瑞邦，沈阳丰收，沈阳化工研究院，苏州恒泰，上海中西。

参考文献

[1]　JP 52-68116.
[2]　JP 53-21117.

[3] The Pesticide Manual. 16th ed.

吡喃草酮（tepraloxydim）

$C_{17}H_{24}ClNO_4$，341.8，149979-41-9

由 NissoBASF 研制，德国巴斯夫、日本曹达、三菱公司联合开发的环己烯酮类除草剂。

其他名称　快捕净，BAS 620H，Aramo，Equinox，Hoenest，Neto

化学名称　(EZ)-(RS)-2-{1-[(2E)-3-氯烯丙氧基亚氨基]丙基}-3-羟基-5-四氢吡喃-4-基环己-2-烯-1-酮；(EZ)-(RS)-2-{1-[(2E)-3-chloroallyloxyimino]propyl}-3-hydroxy-5-perhydropyran-4-ylcyclohex-2-en-1-one

CAS 名称　2-[1-[[[(2E)-3-chloro-2-propenyl]oxy]imino]propyl]-3-hydroxy-5-(tetrahydro-2H-pyran-4-yl)-2-cyclohexen-1-one

理化性质　纯品为白色、无味粉末。熔点 74℃，蒸气压 1.1×10^{-2} mPa（20℃），纯水中溶解度 0.43g/L（20℃），pK_a 4.58（20℃）。

毒性　大鼠急性经口 LD_{50} 约 5000mg/kg，急性经皮 LD_{50}＞2000mg/kg。对兔皮肤和黏膜无刺激性，对豚鼠皮肤无致敏性。大鼠急性吸入 LC_{50}（4h）＞5.1mg/L。鹌鹑 LD_{50}＞2000mg/kg。虹鳟鱼 LC_{50}（96h）＞100mg/L。水蚤 EC_{50}（48h）＞100mg/L。藻类 EC_{50}（72h）：绿藻 76mg/L。蜜蜂 LD_{50}＞200 μg/只（经口、接触）。蚯蚓 LC_{50}（14d）＞1000mg/kg 土壤。

制剂　EC，EC。

应用　环己烯酮类苗后茎叶处理剂。用于大豆、棉花、油菜及其他阔叶作物田的苗后除草。对阔叶杂草无效，在阔叶杂草多的田块需与防阔叶杂草的除草剂混用或搭配使用。

合成路线

分析方法　产品采用 GC/HELC 分析。

主要生产商　BASF，Nufarm Ltd，Nippon Soda。

参考文献

[1] The Pesticide Manual. 12th ed. 2000：877.
[2] Proc Br Crop Prot Conf-Weed，1999：59.

吡喃隆（metobenzuron）

$C_{22}H_{28}N_2O_5$，400.5，111578-32-6

由 T. Morimoto 等报道，由三井石油化学（现三井化学株式会社）开发。

其他名称　UMP-488

化学名称　(±)-1-甲氧基-3-[4-(2-甲氧基-2,4,4-三甲基苯并二氢吡喃-7-基氧基)苯基]-1-甲基脲；(±)-1-methoxy-3-[4-(2-methoxy-2,4,4-trimethylchroman-7-yloxy)phenyl]-1-methylurea

CAS 名称　(±)-N'-[4-[(3,4-dihydro-2-methoxy-2,4,4-trimethyl-2H-1-benzopyran-7-yl)oxy]phenyl]-N-methoxy-N-methylurea

理化性质　白色粉末。水中溶解度 0.4mg/L（25℃）。

毒性　大鼠和小鼠急性经口 $LD_{50}>$10000mg/kg。兔急性经皮 $LD_{50}>$2000mg/kg；对兔皮肤无刺激性，对眼睛有轻微刺激性。大鼠（2 年）无作用剂量 75mg/kg（4.4mg/kg）。ADI（EPA）0.04mg/kg [1993]。

应用　主要用于玉米田芽后防除阔叶杂草。

吡唑草胺（metazachlor）

$C_{14}H_{16}ClN_3O$，277.8，67129-08-2

BASFAG（现 BASF SE）开发，1982 年上市。

其他名称　BAS 479 00 H，Butisan S，Colzanet，Sultan

化学名称　2-氯-N-(吡唑-1-基甲基)-乙酰-2′,6′-二甲基苯胺；2-chloro-N-(pyrazol-1-ylmethyl)acet-2′,6′-xylidide

CAS 名称　2-chloro-N-(2,6-dimethylphenyl)-N-(1H-pyrazol-1-ylmethyl)acetamide

理化性质　原药纯度≥94％。黄色晶体（原药，米色固体）。熔点取决于溶剂：约 85℃（环己烷），约 80℃（氯仿和己烷），约 76℃（二异丙醚）。蒸气压 0.093mPa（20℃）。K_{ow} lg$P$ 2.13（pH 7，22℃）。相对密度 1.31（20℃）。水中溶解度：430mg/L（20℃）；有机溶剂中溶解度（g/kg，20℃）：丙酮、三氯甲烷$>$1000，乙酸乙酯 590，乙醇 200。40℃至少可保存 2 年，22℃在 pH 5、7 和 9 时水解稳定。

毒性　大鼠急性经口 LD_{50} 2150mg/kg。大鼠急性经皮 $LD_{50}>$6810mg/kg，对皮肤和眼睛没有刺激性（兔），对皮肤有致敏作用（豚鼠）。大鼠吸入 LC_{50}（4h）$>$34.5mg/L。大鼠（2 年）无作用剂量 17.6mg/kg。无致突变作用。山齿鹑急性经口 $LD_{50}>$2000mg/kg。山齿

鹑和野鸭 $LC_{50} > 5000 mg/L$。虹鳟鱼 LC_{50}（96h）8.5mg/L。水蚤 LC_{50}（48h）33.7mg/L。绿藻 $E_r C_{50}$（72h）0.032mg/L。蜜蜂急性经口 $LD_{50} > 85.3 \mu g/$只。蠕虫 LC_{50}（14d）$>$ 1000mg/kg 干土。

制剂 SC。

应用 选择性除草剂，主要通过胚轴和根部吸收，抑制发芽。芽前和芽后早期用于朝鲜蓟、花椰菜、芦笋、甘蓝、卷心菜、甜玉米、大蒜、山葵、羽衣甘蓝、韭菜、玉米、白芥末、洋葱、花生、仁果类果树、马铃薯、萝卜、油菜、大豆、核果、草莓、甘蔗、向日葵、烟草和大头菜等作物，防除冬季与一年生禾本科杂草（如看麦娘、阿披拉草、野燕麦、马唐、稗草、早熟禾和狗尾草）和阔叶杂草（如苋菜、春黄菊属、母菊属、蓼属、白芥属、茄属、繁缕、荨麻属和婆婆纳属杂草）。

合成路线

分析方法 产品用 RP HPLC/UV 分析。

主要生产商 BASF，EastSun，江苏中旗，河北凯迪，蓝丰生化。

参考文献

[1] The Pesticide Manual. 15th ed.
[2] GB 7800632.

吡唑氟磺草胺（pyrasulfotole）

$C_{14}H_{13}F_3N_2O_4S$，362.3，365400-11-9

由 M. d. Paulsgrove 等报道，2007 年 Bayer CropScience 在美国登记。

其他名称 AE 0317309

化学名称 （5-羟基-1,3-二甲基吡唑-4-基）(α,α,α-三氟-2-甲基磺酰基对甲苯基）甲酮；(5-hydroxy-1,3-dimethylpyrazol-4-yl)(α,α,α-trifluoro-2-mesyl-p-tolyl)methanone

CAS 名称 (5-hydroxy-1,3-dimethyl-1H-pyrazol-4-yl)[2-(methylsulfonyl)-4-(trifluoromethyl)phenyl]methanone

理化性质 原药纯度≥96%。灰色粉末，无特殊气味。熔点201℃。蒸气压2.7×10^{-4} mPa（20℃）。$K_{ow} \lg P$（23℃）：0.276（pH 4），-1.362（pH 7），-1.580（pH 9）。Henry 常数 $1.42 \times 10^{-9} Pa \cdot m^3/mol$（pH 7，20℃）。相对密度1.53（原药）。水中溶解度（20℃，g/L）：4.2（pH 4），69.1（pH 7），49（pH 9）；有机溶剂中溶解度（20℃，g/L）：乙醇21.6，正己烷0.038，甲苯6.86，丙酮89.2，二氯甲烷120～150，乙酸乙酯37.2，二

甲基亚砜>600。稳定性：在 pH 5、7 和 pH 9 抗非生物的水解，在 pH 7 的水溶液中不光解。pK_a 4.2。

毒性 大鼠急性经口 LD_{50}>2000mg/kg。大鼠急性经皮 LD_{50}>2000mg/kg；对兔皮肤无刺激作用，对兔眼睛有轻微刺激作用，对豚鼠皮肤无致敏反应。吸入 LC_{50}（4h）>5.03mg/L 空气。基于亚慢性毒性试验和致癌试验，大鼠无作用剂量为 25mg/kg［雄大鼠 1mg/(kg·d)］。山齿鹑急性经口 LD_{50}>2000mg/kg。山齿鹑亚慢性饲喂 LC_{50}（5d）>4911mg/kg 饲料。大翻车鱼和虹鳟 LC_{50}（96h）>100mg/L。水蚤 EC_{50}>100mg/L。近头状伪蹄形藻 E_rC_{50} 29.8mg/L。蜜蜂急性 LD_{50}：（经口）LD_{50}>120μg/只，（接触）>75μg/只。蚯蚓急性 LC_{50}（14d）>1000mg/kg 土。

制剂 EC。

应用 抑制 4-羟基苯基双加氧酶（4-HPPD）。常与吡唑解草酯、溴苯腈或 2 甲 4 氯酯混用。苗后处理防除谷物田的阔叶杂草。

分析方法 残留用 LC/MS/MS（EPA）分析。

主要生产商 Bayer CropScience。

参考文献

The Pesticide Manual. 16th ed.

吡唑特（pyrazolynate）

$C_{19}H_{16}Cl_2N_2O_4S$，439.3，58011-68-0

由 M. Ishida 等报道，1980 年由日本 Sankyo Co., Ltd 引进（农化股权，现 Mitsui Chemicals Agro, Inc.）。

其他名称 A-544，H-468T，SW-751，Sanbird

化学名称 4-(2,4-二氯苯甲酰基)-1,3-二甲基吡唑-5-基苯-4-磺酸酯；4-(2,4-dichlorobenzoyl)-1,3-dimethylpyrazol-5-yl toluene-4-sulfonate

CAS 名称 (2,4-dichlorophenyl)[1,3-dimethyl-5-[[(4-methylphenyl)sulfonyl]oxy]-1H-pyrazol-4-yl]methanone

理化性质 无色杆状晶体。熔点 117.5～118.5℃。蒸气压<1.3×10^{-2} mPa（20℃）。$K_{ow}\lg P$ 2.58（25℃）。相对密度 1.47（20℃）。水中溶解度：0.056mg/L（25℃）；有机溶剂中溶解度（g/L）：乙醇 1.4，乙酸乙酯 11.8，1,4-二氧六环、己烷 0.06。容易水解。

毒性 雄大鼠急性经口 LD_{50} 9550mg/kg，雌大鼠 10233mg/kg，雄小鼠 10 070mg/kg，雌小鼠 11092mg/kg。大鼠急性经皮 LD_{50}>5000mg/kg。对皮肤无刺激作用。大鼠吸入 LC_{50}（4h）>2.5mg/L。NOEL（长期研究）雄大鼠 9.72mg/kg，雌大鼠 2.14mg/kg，雄小鼠 88.35mg/kg，雌小鼠 123.07mg/kg，雄狗和雌狗 2mg/(kg·d)。三代繁殖试验，雌大鼠 0.6mg/(kg·d)。ADI/RfD（FSC）0.006mg/kg。无诱变性。鲤鱼 LC_{50}（48h）92mg/L。

制剂 GR。

应用 用于防除水稻田禾本科杂草、莎草、眼子菜、慈姑、野慈姑和窄叶泽泻等。

分析方法　产品分析用 HPLC。

主要生产商　Saeryung 公司。

参考文献

[1]　JP 1001829.

[2]　GB 1463473.

[3]　The Pesticide Manual. 16th ed.

苄草胺（benzipram）

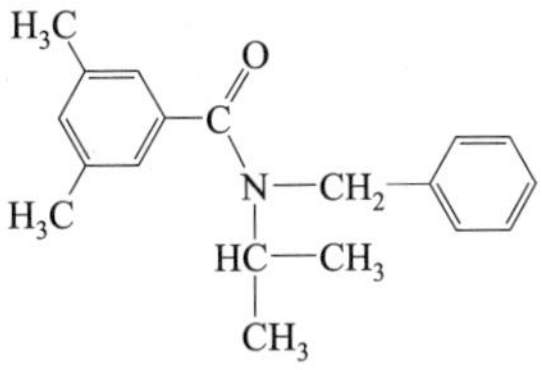

$C_{19}H_{23}NO$，281.4，35256-86-1

由 Gulf Oil Corp 推出。

其他名称　S-18 510，benziprame

化学名称　N-苄基-N-异丙基-3,5-二甲基苯甲酰；N-benzyl-N-isopropyl-3,5-dimethyl-benzamide

CAS 名称　3,5-dimethyl-N-(1-methylethyl)-N-(phenylmethyl)benzamide

应用　用于防除棉花、大豆和谷物田中的禾本科杂草及阔叶杂草，播前或芽前施用。

苄草丹（prosulfocarb）

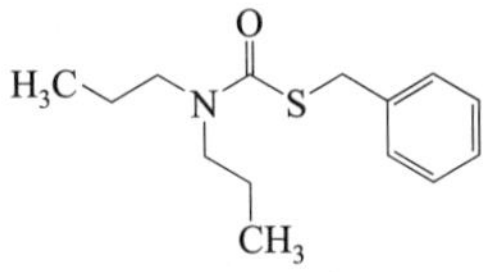

$C_{14}H_{21}NOS$，251.4，52888-80-9

由 J. L. Glasgow 等报道，由 Stauffer Chemical Co.（现 Syngenta AG）开发。1988 年由 ICI Agrochemicals（现 Syngenta AG）在比利时上市。

其他名称　SC-0574，ICIA0574，Boxer，Defi

化学名称　S-苄基二丙基硫代氨基甲酸酯；S-benzyldipropylthiocarbamate

CAS 名称　S-(phenylmethyl)dipropylcarbamothioate

理化性质　原药纯度 95%，纯品为无色液体（原药为淡黄色液体，有轻微的甜味）。沸点 129℃（33Pa）。闪点 132℃（闭杯）。蒸气压 6.9mPa（25℃）。K_{ow} lg$P$ 4.48（25℃）。Henry 常数 1.5×10^{-2} Pa·m³/mol（20℃，计算值）。相对密度 1.042。溶解度：水 13.2mg/L（20℃）；与丙酮、氯苯、乙醇、二甲苯、乙酸乙酯和煤油混溶。在 52℃下，至少 2 个月内稳定。水解 $DT_{50}>$159d（pH 7，25℃）。

毒性　雄大鼠急性经口 LD_{50} 1820mg/kg，雌大鼠 1958mg/kg。兔急性经皮 $LD_{50}>$2000mg/kg；对兔眼睛和皮肤无刺激作用，接触会引起小鼠皮肤过敏。大鼠吸入 LC_{50}（4h）

$>$4.7mg/L。NOAEL：(2年)大鼠1.9mg/(kg·d)，(18个月)小鼠269mg/(kg·d)。大鼠和狗亚慢性毒性NOAEL 9～30mg/(kg·d)。对大鼠和家兔无致畸性。ADI/RfD (EC) 0.005mg/kg [2007]，(BfR) 0.02mg/kg [2004]。Ames试验显示无致突变性。山齿鹑急性经口 $LD_{50}>$2250mg/kg。野鸭 $LC_{50}>$1962mg/kg。野鸭 NOEC$\geqslant$1000mg/kg。大翻车鱼 LC_{50} (96h) 4.2mg/L，虹鳟1.7mg/L。水蚤 LC_{50} (48h) 0.5mg/L。近具刺链带藻 EC_{50} (96h) 0.11mg/L。蜜蜂 LD_{50} (48h)：(接触)$>$79μg/只，(经口)213.08μg/只。蚯蚓 LC_{50} 144mg/kg。

制剂 EC。

应用 选择性除草剂，通过叶片和根部吸收，抑制分生组织的生长。导致杂草失绿、萎缩，抑制芽和根的生长，胚芽鞘停止生长。主要用于冬小麦、冬大麦和黑麦田，苗前或刚出苗后防除阔叶杂草和许多其他杂草。特别适用于防除猪殃殃，也能防除大穗看麦娘、多花黑麦草、早熟禾、野芥、繁缕、婆婆纳属杂草。苗后使用可能会对冬大麦产生一定药害。

合成路线

分析方法 产品和残留用GLC分析。

主要生产商 Syngenta，Aolunda。

参考文献

[1] EP 697402.

[2] DE 69422398.

苄草隆 (cumyluron)

$C_{17}H_{19}ClN_2O$，302.8，99485-76-4

由Japan Carlit Co. Ltd发现。

化学名称 1-[(2-氯苯基)甲基]-3-(1-甲基-1-苯基乙基)脲；1-[(2-chlorophenyl)methyl]-3-(1-methyl-1-phenylethyl)urea

CAS名称 N-[(2-chlorophenyl)methyl]-N'-(1-methyl-1-phenylethyl)urea

理化性质 纯品为无色针状结晶体，熔点166～167℃，相对密度1.22 (20℃)，蒸气压 1.33×10^{-6}mPa。溶解度 (20℃，g/L)：水0.001；甲醇21.5，丙酮14.5，苯1.4，二甲苯0.4，己烷0.8。

毒性 大鼠急性经口 LD_{50}：雄2074mg/kg，雌961mg/kg。小鼠急性经口 LD_{50}：雄、雌$>$5000mg/kg。大鼠、小鼠急性经皮 $LD_{50}>$2000mg/kg，大鼠吸入 LC_{50} (4h) 为6.21mg/L。无致突变性，无致畸性。鹌鹑急性经口 $LC_{50}>$5620mg/L。鲤鱼 $LC_{50}>$50mg/L。

制剂 GR，SC。

应用 主要用于防除重要的一年生和多年生禾本科杂草。适用于水稻 (移栽和直播)，对水稻安全。属细胞分裂与细胞生成抑制剂。

合成路线

$$\underset{CH_3}{\underset{|}{\bigcirc}}-Cl \longrightarrow \underset{CH_2Cl}{\underset{|}{\bigcirc}}-Cl \longrightarrow \underset{CH_2NH_2}{\underset{|}{\bigcirc}}-Cl$$

$$\longrightarrow \underset{CH_2NCO}{\underset{|}{\bigcirc}}-Cl \xrightarrow{} \text{NHCONH-CH}_2\text{-}\bigcirc\text{-Cl}$$

分析方法 产品采用 HPLC 法分析。

参考文献

The Pesticide Manual. 12 th ed. 2000：20.

苄草唑（pyrazoxyfen）

$C_{20}H_{16}Cl_2N_2O_3$，403.3，71561-11-0

由 F. Kimura 报道。由 Ishihara Sangyo Kaisha，Ltd 引进，并于 1985 年在日本上市。

其他名称 SL-49，Paicer

化学名称 2-[4-(2,4-二氯苯甲酰基)-1,3-二甲基吡唑-5-基氧]苯乙酮；2-[4-(2,4-dichlorobenzoyl)-1,3-dimethylpyrazol-5-yloxy]acetophenone

CAS 名称 2-[[4-(2,4-dichlorobenzoyl)-1,3-dimethyl-1H-pyrazol-5-yl]oxy]-1-phenylethanone

理化性质 无色晶体。熔点 108℃。蒸气压：4.8×10^{-2} mPa（25℃），1.04mPa（90℃）。K_{ow} lg$P$ 3.69。相对密度 1.37（20℃）。水中溶解度：0.97mg/L（20℃）；有机溶剂中溶解度（mg/L，20℃）：丙酮 157，苯 325，乙醇 16，氯仿 1068，己烷 0.71，二甲苯 105，甲苯 200。在酸、碱、光和热条件下稳定。pK_a 8.43（20℃）。

毒性 雄大鼠急性经口 LD_{50} 1690mg/kg，雌大鼠 1644mg/kg，小鼠 8450mg/kg。大鼠急性经皮 LD_{50} ＞5000mg/kg。大鼠吸入 LC_{50} ＞0.28mg/L。大鼠无作用剂量 0.17mg/kg。ADI/RfD 0.0017mg/kg。山齿鹑急性经口 LD_{50} ＞1000mg/kg。鲤鱼 LC_{50} (48h) 2.5mg/L，虹鳟 0.79mg/L，将科小鱼 2.7mg/L。水蚤 LC_{50} (3h) 127mg/L。藻 0.043mg/L。蜜蜂 LD_{50} ≫0.1mg/只。

制剂 GR，SC。

应用 选择性内吸性除草剂，通过杂草的嫩茎和根吸收，并传导至整个植株。芽前或芽后用药，防除移栽水稻田的一年生和多年生杂草。不能在旱地作物上使用。35℃以下可用于直播水稻田。

分析方法 产品分析用 HPLC。

主要生产商 Ishihara Sangyo。

参考文献

The Pesticide Manual. 16th ed.

苄嘧磺隆 (bensulfuron-methyl)

$C_{16}H_{18}N_4O_7S$, 410.4, 83055-99-6

由杜邦公司开发的磺酰脲类除草剂。

其他名称 农得时，威农，DPX-84，DPX-F5384，Loudax

化学名称 2-[[[[(4,6-二甲氧基嘧啶-2-基)氨基]碳基]氨基]磺酰基]甲基]苯甲酸甲酯；α-(4,6-二甲氧基嘧啶-2-基氨基甲酰氨基磺酰基)邻甲苯甲酸甲酯；methyl α-(4,6-dimethoxypyrimidin-2-ylcarbamoylsulfamoyl)-o-toluic acid methyl ester

CAS 名称 methyl 2-[[[[(4,6-dimethoxy-2-pyrimidinyl)amino]carbonyl]amino]sulfonyl]methyl]benzoate

理化性质 纯品为白色固体，熔点 185～188℃。蒸气压 2.8×10^{-9} mPa（25℃）。$K_{ow}\lg P$ 2.45（pH 1.5，30℃），0.62（pH 7，30℃）。Henry 常数 1.4×10^{-11} Pa·m³/mol。相对密度 1.41。20℃在各种溶剂中溶解度（g/L）：二氯甲烷 11.7，乙腈 5.38，乙酸乙酯 1.66，丙酮 1.38，二甲苯 0.28，己烷>0.01。25℃在缓冲溶液中的溶解度随 pH 变化而有所不同，pH 5 时为 2.9mg/L，pH 6 时为 12mg/L，pH 7 时为 120mg/L，pH 8 时为 1200mg/L。在乙酸乙酯、二氯甲烷、乙腈和丙酮中稳定，在甲醇中可能分解。在土壤中半衰期因土壤类型不同而不同，为 4～21 周。在水中半衰期因 pH 不同而不同，为 15～30d。在 25℃微碱性水溶液中特别稳定，在 25℃酸性水溶液中缓慢降解，DT_{50} 为 11d（pH 5），143d（pH 7）。

毒性 大鼠急性经口 LD_{50}>5000mg/kg，小鼠急性经口 LD_{50}>10985mg/kg，兔急性经皮 LD_{50}>2000mg/kg。大鼠急性吸入 LC_{50}（4h）>7.5mg/L。大鼠（2年）饲喂试验无作用剂量为 750mg/(kg·d)，大鼠 2 代繁殖无作用剂量为 7500mg/(kg·d)，大鼠和兔致突变饲喂试验无作用剂量分别为 500mg/(kg·d) 和 300mg/(kg·d)（在试验条件下，对动物未发现致畸、致突变、致癌作用）。ADI 值为 0.2mg/kg。绿头鸭经口 LD_{50}>2510mg/kg，绿头鸭和小齿鹑饲喂 LC_{50}（8d）>5620mg/kg。虹鳟鱼和大翻车鱼 LD_{50}（96h）>150mg/L，鲤鱼 LD_{50}（48h）>1000mg/kg。蜜蜂 LD_{50}>12.5μg/只。

10%苄嘧磺隆制剂：大鼠急性经口 LD_{50}>5000mg/kg，兔急性经皮 LD_{50}>2000mg/kg，大鼠急性吸入 LD_{50}（4h）>5.0mg/L。对兔眼睛、皮肤无刺激性作用。

制剂 WP。

应用 选择性内吸传导型磺酰脲类除草剂。适用于水稻移栽田、直播田。主要用于防除阔叶杂草及莎草，如鸭舌草、眼子菜、节节菜、繁缕、雨久花、野慈姑、慈姑、矮慈姑、陌上菜、花蔺、萤蔺、日照飘拂草、牛毛毡、异型莎草、水莎草、碎米莎草、泽泻、窄叶泽泻、茨藻、小茨藻、四叶萍、马齿苋等。对禾本科杂草效果差，但高剂量对稗草、狼把草、稻李氏禾、蔍草、扁秆蔍草、日本蔍草等有一定的抑制作用。可用毒土、毒沙、喷雾、泼浇等方法。通常在水稻苗后、杂草苗前或苗后使用。为了扩大防除对象可与丁草胺等混用。有效成分可在水中迅速扩散，为杂草根部和叶片吸收并转移到杂草各部，阻碍缬基酸、亮氨酸、异亮氨酸的生物合成，阻止细胞的分裂和生长。敏感杂草生长机能受阻，幼嫩组织过早发黄，叶部生长受抑制，根部生长受阻碍而坏死。

合成路线 以邻甲基苯甲酸为起始原料，首先酯化、氯化，再与硫脲反应，经氯磺化制得磺酰氯，再氨化。然后在丁基异氰酸酯存在下与光气反应得到异氰酸酯，最后与二甲氧嘧啶胺缩合，处理即得目的物。

分析方法 分析采用 HPLC 法。

主要生产商 DuPont Crop Protection，江苏快达，沈阳化工研究院。

参考文献

[1] US 4420325
[2] US 456898
[3] EP 051466
[4] Weed Research, 1988, 31 (2): 157-170.
[5] Weed Abstracts, 1986, 35 (9): 3227.

丙苯磺隆（propoxycarbazone-sodium）

$C_{15}H_{17}N_4NaO_7S$，420.4；181274-15-7(sodium salt)；145026-81-9(acid)

该除草剂钠盐由 D. Feucht 等报道，由 Bayer AG 开发，2002 年上市。

其他名称 MKH 6561，Attribut，Attribute，Olympus，Canter R&P

化学名称 2-(4,5-二氢-4-甲基-5-氧代-3-丙氧基-1H-1,2,4-三唑-1-基羰基)(2-甲氧羰基苯基磺酰基)氮烷钠盐；sodium (4,5-dihydro-4-methyl-5-oxo-3-propoxy-1H-1,2,4-triazol-1-ylcarbonyl) (2-methoxycarbonylphenylsulfonyl) azanide；methyl 2-(4,5-dihydro-4-methyl-5-oxo-3-propoxy-1H-1,2,4-triazol-1-yl) carboxamidosulfonylbenzoate(N-酸)

CAS 名称 methyl 2-[[[(4,5-dihydro-4-methyl-5-oxo-3-propoxy-1H-1,2,4-triazol-1-yl) carbonyl]amino]sulfonyl]benzoate, sodium salt

理化性质 原药纯度≥95%，纯品为无色无味晶体。熔点 230～240℃（分解）。蒸气压 $<1\times10^{-5}$ mPa（20℃，计算值）。K_{ow} lg$P$（20℃）：−0.30（pH 4），−1.55（pH 7），−1.59（pH 9）。Henry 常数$<1\times10^{-10}$ Pa·m³/mol（pH 7，20℃，计算值）。相对密度

1.42（20℃）。水中溶解度（20℃，g/L）：2.9（pH 4），42.0（pH 7），42.0（pH 9）；有机溶剂中溶解度（20℃，g/L）：二氯甲烷 1.5，正庚烷、二甲苯、异丙醇均＜0.1。在 25℃、pH 4～9 的水溶液中稳定。pK_a 2.1（N-酸）。

毒性 大鼠急性经口 LD_{50}＞5000mg/kg。大鼠急性经皮 LD_{50}＞5000mg/kg；对兔眼睛和皮肤无刺激作用，对豚鼠皮肤无致敏性。大鼠吸入 LC_{50}（4h）＞5030mg/m³ 空气。NOEL 值［2 年，mg/(kg·d)］：雄大鼠 43，雌大鼠 49。ADI/RfD（EC）0.4mg/kg ［2003］，（EPA）cRfD 0.748mg/kg ［2004］。在全部遗传毒性试验中均显阴性，如沙门氏菌微粒、HGPRT、不定期的 DNA、对哺乳动物细胞和小鼠微核细胞遗传学试验等。无致癌性和神经毒性，无发育和繁殖毒性。山齿鹑急性经口 LD_{50}＞2000mg/kg，饲喂 LC_{50}＞10566mg/kg 饲料。大翻车鱼 LC_{50}（96h）＞94.2mg/L，虹鳟＞77.2mg/L。水蚤 EC_{50}（48h）＞107mg/L。绿藻 EC_{50}（96h）7.36mg/L。浮萍 E_rC_{50}（14h）0.0128mg/L。蜜蜂 LD_{50}：（经口）＞319μg/只，（接触）＞200μg/只。蚯蚓 LC_{50}＞1000mg/kg 干土。

制剂 SG，WG。

应用 支链氨基酸合成（ALS 或 AHAS）抑制剂，通过抑制必需缬氨酸和异亮氨酸的生物合成来阻止细胞分裂和植物生长。通过茎叶和根部吸收，在木质部和韧皮部向顶、向基传导，症状包括发育迟缓、变色和坏死。钠盐苗后用于小麦、黑麦、黑小麦，防除一年生和多年生禾本科杂草，如燕麦、看麦娘、风剪股颖、茅草、鹅观草、阿披拉草、雀麦草以及部分阔叶杂草。

合成路线

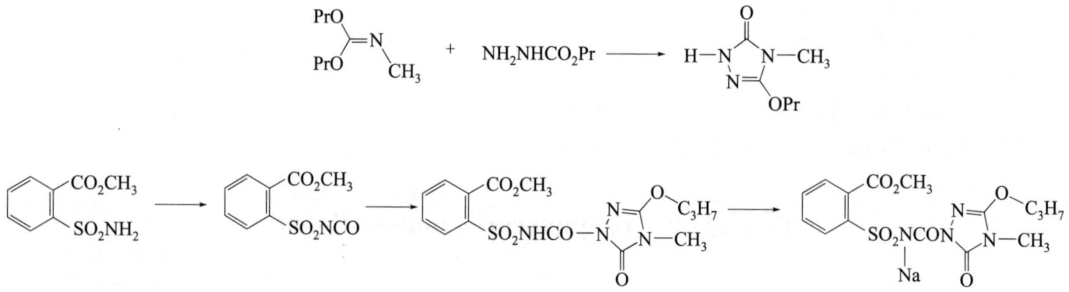

分析方法 产品用 HPLC（内标法）分析。

主要生产商 Bayer CropScience。

参考文献

[1] EP 00507171.
[2] DE 4433967.
[3] EP 703225.
[4] EP 703226.

丙草胺（pretilachlor）

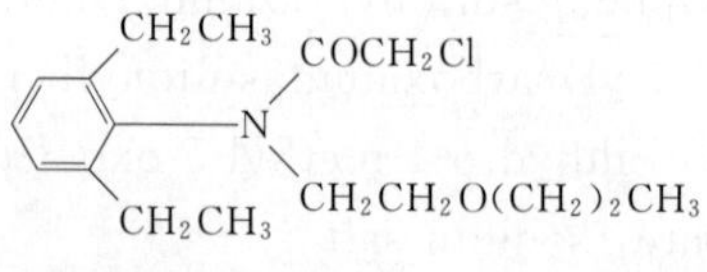

$C_{17}H_{26}ClNO_2$，311.9，51218-49-6

1988 年由 Ciba-Geigy AG（现在的 Syngenta AG）引入市场。

其他名称 扫弗特，CGA 26 423

化学名称 2-氯-2,6-二乙基-N-(2-丙氧基乙基)乙酰苯胺；2-chloro-2′,6′-diethyl-N-(2-propoxyethyl)acetanilide

CAS 名称 2-chloro-N-(2,6-diethylphenyl)-N-(2-propoxyethyl)acetamide

理化性质 淡黄色透明液体。熔点 −72.6℃。沸点 55.0℃（27mPa）（低于沸点就开始分解）。蒸气压 0.65mPa（25℃）。$K_{ow}\lg P$ 3.9（pH 7.0）。Henry 常数 2.7×10^{-3}Pa·m³/mol。相对密度 1.079（20℃）。水中溶解度：74mg/L（25℃）；有机溶剂中溶解度（25℃）：与丙酮、二氯甲烷、乙酸乙酯、正己烷、甲醇、辛醇、甲苯完全混溶。对水解相对稳定，DT_{50}（计算值，30℃）：>200d（pH 1~9），14d（pH 13）。闪点 129℃。

毒性 大鼠急性经口 LD_{50} 6099mg/kg，小鼠 8537mg/kg，兔>10000mg/kg。大鼠急性经皮 LD_{50}>3100mg/kg，对兔眼睛和皮肤无刺激作用。大鼠吸入 LC_{50}（4h）>2853mg/m³ 空气。无作用剂量：大鼠（2 年）30mg/kg[1.85mg/(kg·d)]，小鼠 300mg/kg[52.0mg/(kg·d)]，狗（0.5 年）300mg/kg[12mg/(kg·d)]。ADI/RfD 0.018mg/kg。对鸟类无毒，日本鹌鹑 LD_{50}>2000mg/kg。虹鳟鱼 LC_{50}（96h）1.6mg/L，鲤鱼 1.3mg/L。水蚤 LC_{50}（48h）7.3mg/L。月牙藻 EC_{50} 0.0028mg/L。蜜蜂 LD_{50}（接触）>200μg/只。蚯蚓 LD_{50}（14d）686mg/kg 干土。

制剂 EC，GR。

应用 水稻田专用除草剂，适用于移栽稻田和抛秧田。防除稗草、千金子等一年生禾本科杂草，兼治部分一年生阔叶草和莎草，如鳢肠、陌上菜、鸭舌草、丁香蓼、节节菜、碎米莎草、异型莎草、牛毛毡、萤蔺、四叶萍、尖瓣花等。

合成路线

分析方法 产品用 GLC/FID 分析。

主要生产商 Syngenta，BharatSharda，Sudarshan，山东滨农，杭州庆丰，山东侨昌，苏州恒泰。

参考文献

[1] BE 800471.
[2] GB 1438311.
[3] GB 1438312.

丙草定（iprymidam）

$C_7H_{11}ClN_4$，186.6，30182-24-2

由 Sandoz AG 评估。
其他名称 SAN 52 123H
化学名称 6-氯-N^4-异丙基嘧啶-2,4-二胺;6-chloro-N^4-isopropylpyrimidine-2,4-diamine
CAS 名称 6-chloro-N^4-(1-methylethyl)-2,4-pyrimidinediamine
应用 除草剂。

丙炔草胺 (prynachlor)

$C_{12}H_{12}ClNO$, 221.7, 21267-72-1

由 BASF 公司开发。
其他名称 BAS 290H,Basamaize
化学名称 2-氯-N-(1-甲基-2-丙炔基)-N-苯基乙酰胺;2-chloro-N-(1-methylprop-2-ynyl)acetanilide
CAS 名称 2-chloro-N-(1-methyl-2-propynyl)-N-phenylacetamide
理化性质 20℃时水中溶解度 500mg/L。
毒性 大鼠急性经口 LD_{50} 为 116mg/kg。
应用 可在大豆、高粱、玉米、马铃薯、白菜、十字花科植物田防除稗、马唐、狗尾草、鼬瓣花属、野芝麻属、苋属、大戟属、母菊、马齿苋、繁缕和婆婆纳等杂草,在土壤中的持效期为 6~8 周。

丙炔噁草酮 (oxadiargyl)

$C_{15}H_{14}Cl_2N_2O_3$, 341.2, 39807-15-3

由 R.dickmann 等报道,1996 年进入拉丁美洲市场。
其他名称 RP 020630,Raft,Topstar
化学名称 5-叔丁基-3-[2,4-二氯-5-(丙-2-炔基氧)苯基]-1,3,4-噁二唑-2(3H)-酮;5-tert-butyl-3-[2,4-dichloro-5-(prop-2-ynyloxy)phenyl]-1,3,4-oxadiazol-2(3H)-one
CAS 名称 3-[2,4-dichloro-5-(2-propynyloxy)phenyl]-5-(1,1-dimethylethyl)-1,3,4-oxadiazol-2(3H)-one
理化性质 原药含量≥98%。白色至浅褐色粉末,无特殊气味。熔点 131℃。蒸气压 $2.5×10^{-3}$ mPa(25℃)。K_{ow} lg$P$ 3.95。Henry 常数 $9.1×10^{-4}$ Pa·m³/mol(20℃,计算值)。相对密度 1.484(20℃)。水中溶解度:0.37mg/L(20℃);有机溶剂中溶解度(g/L,20℃):丙酮 250,乙腈 94.6,二氯甲烷>500,乙酸乙酯 121.6,甲醇 14.7,正庚烷 0.9,

正辛醇 3.5，甲苯 77.6。稳定性：对热稳定 15d（54℃），对光稳定，在水中稳定。在 pH4、5 和 7 时对水解稳定，DT_{50} 7.3d（pH 9）。

毒性　大鼠急性经口 LD_{50}＞5000mg/kg。大鼠急性经皮 LD_{50}＞2000mg/kg；对兔皮肤无刺激，对兔眼睛轻微刺激，对豚鼠皮肤无致敏性。大鼠吸入 LC_{50}（4h）＞5.16mg/L。无作用剂量：狗（1 年）1mg/kg，大鼠（2 年）0.8mg/kg。鹌鹑急性经口 LD_{50}（14d）＞2000mg/kg。鹌鹑、野鸭饲喂 LC_{50}＞5200mg/kg。虹鳟 LC_{50}（96h）＞201μg/L。在水溶解度的界限内对水蚤无毒；EC_{50}（48h）＞352μg/L。水华鱼腥藻 EC_{50}（120h）0.71μg/L，羊角月牙藻 1.2μg/L。浮萍 EC_{50}（14d）1.5μg/L。蜜蜂 LD_{50}（经口和接触）＞200μg/只。1000mg/kg 对蚯蚓无毒。

制剂　SC。

应用　噁二唑酮类高效广谱稻田除草剂，主要在杂草出土前后通过稗草等敏感杂草幼芽或幼苗接触吸收而起作用。对一年生禾本科、莎草科、阔叶杂草和某些多年生杂草效果显著，对恶性杂草四叶萍有良好的防效。主要用于水稻、马铃薯、向日葵、蔬菜、甜菜、果园等苗前，防除：阔叶杂草，如苘麻、鬼针草、藜属杂草、苍耳、圆叶锦葵、鸭舌草、蓼属杂草、梅花藻、龙葵、苦苣菜、节节菜等；禾本科杂草，加稗草、千金子、刺蒺藜草、兰马草、马唐、牛筋草、稷属杂草；以及莎草科杂草等。

合成路线

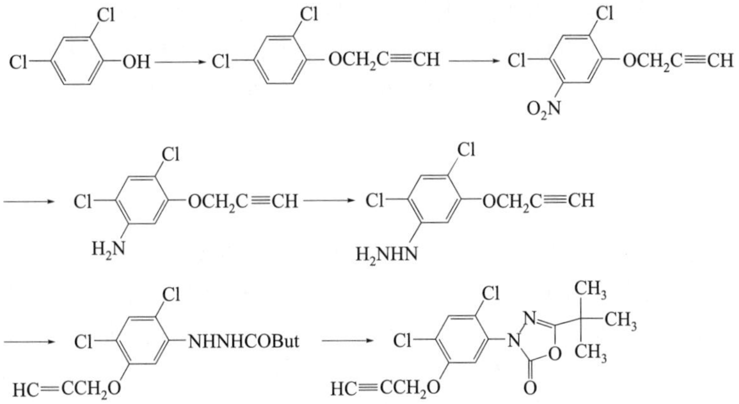

分析方法　产品使用 HPLC/UV 分析。

主要生产商　Bayer CropScience。

参考文献

[1]　Proc Br Crop Prot Conf—Weed，1997，1：51.
[2]　US 3818026.
[3]　DE 2227012.
[4]　GB 1110500.
[5]　CN 87108192.

丙炔氟草胺（flumioxazin）

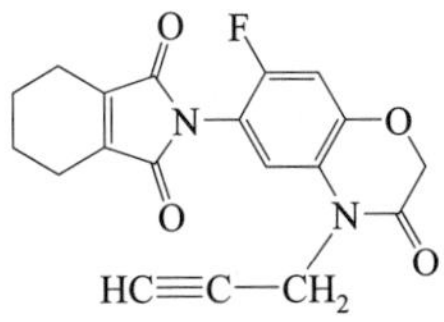

$C_{19}H_{15}FN_2O_4$，354.3，103361-09-7

由 Sumitomo Chemical Co., Ltd 于 1994 年在阿根廷推出。

其他名称　速收，S-53482，V-53482，Sumisoya

化学名称　N-(7-氟-3,4-二氢-3-氧代-4-丙炔-2-基$2H$-1,4-苯并噁嗪-6-基)环己烯-1-基-1,2 二甲酰胺；N-(7-fluoro-3,4-dihydro-3-oxo-4-prop-2-ynyl-$2H$-1,4-benzoxazin-6-yl)cyclohex-1-ene-1,2-dicarboximide

CAS 名称　2-[7-fluoro-3,4-dihydro-3-oxo-4-(2-propynyl)-$2H$-1,4-benzoxazin-6-yl]-4,5,6,7-tetrahydro-1H-isoindole-1,3(2H)-dione

理化性质　黄褐色粉末。熔点 202~204℃。蒸气压 3.2mPa（22℃）。K_{ow} lg$P$ 2.55（20℃）。Henry 常数 6.36×10^{-2} Pa·m³/mol（计算值）。相对密度 1.5136（20℃）。溶解度：水中 1.79mg/L（25℃）；丙酮 17，乙腈 32.3，乙酸乙酯 17.8，二氯甲烷 191，正己烷 0.025，甲醇 1.6，正辛醇 0.16（g/L，25℃）。水解 DT_{50}：3.4d（pH 5），1d（pH 7），0.01d（pH 9）；常规贮存条件下稳定。

毒性　急性经口 LD_{50} 大鼠＞5000mg/kg。急性经皮 LD_{50} 大鼠＞2000mg/kg；对皮肤无刺激性，对眼睛中度刺激（兔），无皮肤敏感性（豚鼠）。大鼠 LC_{50}（4h）＞3930mg/m³（空气）。无作用剂量：大鼠（90d）30mg/L [2.2mg/(kg·d)]；大鼠（2 年）50mg/L [1.8mg/(kg·d)]。无致突变作用。山齿鹑急性经口 LD_{50}＞2250mg/kg。饲喂毒性 LC_{50}（mg/kg）：山齿鹑＞1870，野鸭＞2130。鱼 LC_{50}（96h）：虹鳟鱼 2.3mg/L，大翻车鱼＞21mg/L。水蚤 EC_{50}（48h）5.9mg/L。羊角月牙藻 EC_{50}（72h）1.2μg/L，舟形藻 EC_{50}（120h）1.5μg/L。蜜蜂 LD_{50}：＞100μg/只（经口），＞105μg/只（接触）。蚯蚓 LC_{50}＞982mg/kg 土壤。

制剂　WG，WP。

应用　丙炔氟草胺是触杀型选择性除草剂，可被植物的幼芽和叶片吸收，在植物体内进行传导，抑制叶绿素的合成造成敏感杂草迅速凋萎、白化、坏死及枯死。丙炔氟草胺在拱土期施药或播后苗前施药不混土、大豆幼苗期遇暴雨会造成触杀性药害，是外伤，不向体内传导，短时间内可恢复正常生长，有时药害表现明显，但对产量影响甚小。适用于大豆。用于防治柳叶刺蓼、酸模叶蓼、节蓼、萹蓄、鼬瓣花、龙葵、反枝苋、苘麻、藜、小藜、香薷、水棘针、苍耳、酸模属、荠菜、遏蓝菜、鸭跖草等，有很好的防治效果。对一年生禾本科稗草、狗尾草、金狗尾草、野燕麦及多年生的苣荬菜有一定的抑制作用。大豆播前或播后苗前施药。播后施药，最好在播种后随即施药，施药过晚会影响药效，在低温条件下，大豆拱土期施药对大豆幼苗有抑制作用。

合成路线　以 2,4-二氟硝基苯为原料，经取代、缩合、还原、硝化等反应得到丙炔氟草胺。

分析方法　采用 HPLC 法分析。

主要生产商　Sumitomo Chemical。

参考文献

[1] US 4640707.

[2] EP 170191.

丙烯醛（acrolein）

$$\begin{array}{c} H \\ | \\ C=CH-C \\ | \quad\quad\quad\quad \backslash \\ H \quad\quad\quad\quad H \end{array} \begin{array}{c} O \\ \end{array}$$

C_3H_4O，56.1，107-02-8

早期由 Shell 公司开发，但未长期生产。现在由 Baker Performance Chemicals Inc. 供应市场。

其他名称 Aqualin，Aqualine，Magnacide H，Acrylaldehyde，Biocide，Propenal Slimicide Magnacide

化学名称 2-丙烯醛；prop-2-enal；acrylaldehyde

CAS 名称 2-propenal

理化性质 可流动液体，沸点 52.5℃，凝固点 -87.7℃，蒸气压 29kPa（20℃），相对密度 0.8410，折射率 D1.4017（20℃）。20℃ 水中溶解度为 208g/kg，可溶于大多数有机溶剂。K_{ow}lg$P$1.08。在 ≤80℃ 下稳定。具有较高的化学反应性，遇光会聚合。本品必须在氮气保护下贮存于黑暗处，需在无氧和抗聚合剂存在的条件下运输。水解 DT_{50}：3.5d（pH5），1.5d（pH7），4h（pH10）。闪点（在密闭的杯中）<-17.8℃。土壤中吸附作用低，无明显迁移。

毒性 急性经口 LD_{50}：大鼠 29mg/kg，雄小鼠 13.9mg/kg，雌小鼠 17.7mg/kg。急性经皮 LD_{50}：兔 231mg/kg。对兔皮肤和眼睛有刺激，有催泪作用并能灼烧皮肤；空气中浓度为 1mg/L 时，在 2~3min 内就会刺激黏膜，刺激达 5min 就不可忍耐。大鼠吸入 LC_{50}（4h）8.3mg/L 空气。90d 饲喂试验，大鼠无作用剂量为 5mg/(kg·d)。对二代大鼠以 7.2mg/(kg·d) 饲喂，不再产生毒性。对兔无致畸作用[最高剂量 2mg/(kg·d)]。急性经口 LD_{50}：鹌鹑 19mg/kg，野鸭 30.2mg/kg。鱼毒 LC_{50}（24h）：银鱼 0.04mg/L，虹鳟鱼 0.15mg/L，食蚊鱼 0.39mg/L，大翻车鱼 0.079mg/L。LC_{50}（48h）：牡蛎 0.46mg/L，虾类 0.10mg/L。

制剂 TC。

应用 用于防除灌溉水道和排水沟渠中的水生杂草和藻类。在推荐剂量下对突生杂草作用较小。

合成路线 实验室中使用无水甘油、硫酸氢钾二者加入少量苯氢醌在暗室中蒸馏制备。工业上可用丙烯醇或丙烯氧化来制备。

分析方法 产品可通过与盐酸羟胺的反应释放当量的酸来测定。

主要生产商 Baker Petrolite。

参考文献

[1] US 2042220.

[2] US 2959476.

[3] US 2978475.

丙硝酚（dinoprop）

$C_{10}H_{12}N_2O_5$，240.2，7257-41-2

化学名称 2-异丙基-3-甲基-4,6-二硝基酚；4,6-dinitro-*o*-cymen-3-ol
CAS 名称 3-methyl-2-(1-methylethyl)-4,6-dinitrophenol
应用 除草剂。

丙酯草醚（pyribambenz-propyl）

$C_{23}H_{25}N_3O_5$，423.46，420138-40-5

其他名称 丙草醚
化学名称 4-[2-(4,6-二甲氧基-2-嘧啶氧基)苄氨基]苯甲酸正丙酯；propyl 4-[2-(4,6-dimethoxypyrimidin-2-yloxy)benzylamino]benzoate
CAS 名称 propyl 4-[[[2-[(4,6-dimethoxy-2-pyrimidinyl)oxy]phenyl]methyl]amino]benzoate
理化性质 原药外观为白色固体。熔点 96~97℃。不溶于水，易溶于二氯甲烷、丙酮，部分溶于乙醇。
毒性 大鼠急性经口 $LD_{50}>5000mg/kg$；大鼠急性经皮 $LD_{50}>2000mg/kg$。
应用 丙酯草醚为乙酰乳酸合成酶（ALS）抑制剂，可通过植物的根、茎、叶被吸收，其中以根吸收为主，并在体内双向传导，向上传导性能较好。能有效防除油菜田中主要的单、双子叶杂草，在以看麦娘、日本看麦娘、繁缕、牛繁缕、雀舌草等为主的油菜区，一次性施药可解决油菜田的杂草危害，对当季油菜和后茬作物水稻、棉花、大豆、蔬菜等作物安全。对看麦娘、日本看麦娘、棒头草、繁缕、雀舌草等有较好的防效，但对大巢菜、野老鹳草、稻搓菜、泥糊菜、猪殃殃、婆婆纳等防效差。施药后土壤需保持较高的湿度才能取得较好的防效。丙酯草醚活性发挥相对较慢，药后 10d 杂草开始表现受害症状，药后 20d 杂草出现明显药害症状。该药对甘蓝型油菜较安全，对油菜生长前期有一定的抑制作用，但很快能恢复正常，对产量无明显不良影响。温室试验表明：在一定剂量范围内，对作物幼苗的安全性为棉花＞油菜＞小麦＞大豆＞玉米＞水稻。10%丙酯草醚 EC 对 4 叶以上的油菜安全。在阔叶杂草较多的田块，该药需与防阔叶杂草的除草剂混用或搭配使用，才能取得好的防效。

参考文献

农药品种手册精编. 北京：化学工业出版社.

草铵膦（glufosinate-ammonium）

glufosinate-ammonium，$C_5H_{15}N_2O_4P$，198.2；glufosinate，$C_5H_{12}NO_4P$，181.1；77182-82-2

1981 年由 F. Schwerdtle 等作为除草剂报道，由 Hoechst AG（现 Bayer AG）开发。

其他名称 草丁膦，AE F039866，Hoe 039866，Basta，Buster，Finale，Ignite

化学名称 (RS)-2-氨基-4-(羟基甲基氧膦基)丁酸铵；ammonium(S)-2-amino-4-[hydroxy(methyl)phosphinoyl]butyrate；ammonium DL-homoalanin-4-yl(methyl)phosphinate

CAS 名称 ammonium(±)-2-amino-4-(hydroxymethylphosphinyl)butanoate

理化性质 glufosinate-ammonium 纯品为结晶固体，稍有刺激性气味。熔点 215℃。蒸气压 $<3.1×10^{-2}$ mPa（50℃）。K_{ow}lg$P<0.1$（pH7，22℃）。相对密度 1.4（20℃）。溶解度：水$>$500g/L（pH 值 5～9，20℃）；丙酮 0.16，乙醇 0.65，乙酸乙酯 0.14，甲苯 0.14，正己烷 0.2（g/L，20℃）。对光稳定，pH 值 5、7、9 时不易水解。

毒性 急性经口 LD_{50}（mg/kg）：雄大鼠 2000，雌大鼠 1620，雄小鼠 431，雌小鼠 416，狗 200～400。急性经皮 LD_{50}（mg/kg）：雄大鼠$>$4000，雌大鼠 4000，对皮肤和眼睛无刺激性。空气吸入 LC_{50}（4h，mg/L）：雄大鼠 1.26，雌大鼠 2.60（粉剂）；大鼠$>$0.62（喷雾）。无作用剂量（2 年）大鼠 2mg/(kg·d)。日本鹌鹑饲喂 LC_{50}（8d）$>$5000mg/kg。鱼 LC_{50}（96h，mg/L）：虹鳟鱼 710，鲤鱼、大翻车鱼、金鱼$>$1000。水蚤 LC_{50}（48h）：560～1000mg/L。藻类 LD_{50}（mg/L）：淡水藻$\geq$1000，羊角月牙藻 37。对蜜蜂无毒，$LD_{50}$$>$100μg/只。蚯蚓 $LD_{50}$$>$1000mg/kg 土壤。

制剂 SL。

应用 磷酸类除草剂，是谷氨酰胺合成抑制剂，具有部分内吸作用的非选择性触杀除草剂。施药后短时间内，植物体内铵代谢陷于紊乱，细胞毒剂铵离子在植物体内累积，与此同时，光合作用被严重抑制，达到除草目的。用于果园、非耕地、马铃薯田等防治一年生和多年生双子叶及禾本科杂草，如鼠尾看麦娘、马唐、稗、野生大麦、多花黑麦草、狗尾草、金狗尾草、野小麦、野玉米。

合成路线 以三氯化磷为起始原料，经缩合、水解、氨化等多步反应得到草铵膦。

$$PCl_3 + P(OEt)_3 \longrightarrow Cl_3P(OEt)_2 \xrightarrow{CH_3MgX} CH_3P(OEt)_2 \xrightarrow{BrCH_2CH_2Br} CH_3\underset{OEt}{\overset{O}{P}}CH_2CH_2Br \longrightarrow$$

$$CH_3\underset{OEt}{\overset{O}{P}}CH_2C(CO_2C_2H_5)_2 \xrightarrow{HCl} CH_3\underset{OH}{\overset{O}{P}}CH_2CH_2\underset{NH_2·HCl}{CHCOOH} \xrightarrow{NH_3} CH_3\underset{OH}{\overset{O}{P}}CH_2CH_2\underset{NH_2}{CHCOONH_4}$$
(with NHCOCH₃)

分析方法 采用 HPLC-UV 法。

主要生产商 Bayer CropScience，安徽华星，河北威远，江苏皇马，江苏辉丰，江苏七洲，南京红太阳，江苏农用激素，江苏省研究所，优士化学，江苏中旗，利尔化学，潍坊润丰，石家庄瑞凯，永农生物，浙江永农。

草败死（chlorprocarb）

$C_{13}H_{17}ClN_2O_4$，300.7，23121-99-5

由 BASF AG 开发。

其他名称 BAS 379H，chlorprocarbe

化学名称 3-[1-(氯甲基)丙基氨基甲酰氧基]苯氨基甲酸甲酯；methyl 3-[1-(chloromethyl)propylcarbamoyloxy]carbanilate

CAS 名称 3-[(methoxycarbonyl)amino]phenyl [1-(chloromethyl)propyl]carbamate；methyl m-hydroxycarbanilate [1-(chloromethyl)propyl]carbamate ester

应用 除草剂。

主要生产商 BASF AG。

草不隆（neburon）

$C_{12}H_{16}Cl_2N_2O$，275.2，555-37-3

由 H. C. Bucha 和 C. W. Todd 报道。由 E. I. du Pontde Nemours & Co.（已经不再生产和销售）开发。

化学名称 1-丁基-3-(3,4-二氯苯基)-1-甲基脲；1-butyl-3-(3,4-dichlorophenyl)-1-methylurea

CAS 名称 N-butyl-N'-(3,4-dichlorophenyl)-N-methylurea

理化性质 无色晶体。熔点 102～103℃，K_{ow} lg$P$ 3.80。水中溶解度 5mg/L（25℃），微溶于烃类溶剂。稳定性：在中性介质中对湿度和空气氧化稳定，在酸性和碱性介质中水解。

毒性 大鼠急性经口 LD_{50}＞11000mg/kg。在 15% 的邻苯二甲酸二甲酯悬浮液中对豚鼠皮肤有轻微刺激作用。0.6～0.9mg/L 处理 96h 对 4 种鱼类的致死率为 90%。对蜜蜂低毒。

制剂 WP。

应用 作用于光系统Ⅱ受体部位的光合电子传递抑制剂。选择性除草剂，通过根部吸收。苗前处理用于豆类、苜蓿、大蒜、谷类、甜菜、草莓、观赏植物和林业防除一年生阔叶杂草和禾本科杂草。

参考文献

[1] US 2655444.
[2] US 2655445.

草除灵 (benazolin)

$C_9H_6ClNO_3S$, 243.7, 3813-05-6; 67338-65-2(钾盐)

由 E. L. Leafe 报道的除草剂，Boots（现 Bayer AG，但已不再生产和销售）公司开发上市。

其他名称　RD 7693

化学名称　4-氯-2-氧苯并噻唑啉-3-乙酸；4-氯-2,3-二氢-2-氧苯并噻唑-3-乙酸；4-chloro-2-oxobenzothiazolin-3-ylacetic acid；4-chloro-2,3-dihydro-2-oxobenzothiazol-3-ylacetic acid

CAS 名称　4-chloro-2-oxo-3(2H)-benzothiazoleacetic acid

理化性质　原药纯度 90%，无色无味晶体。熔点 193℃（原药 189℃）。蒸气压 1×10^{-4} mPa（20℃）。K_{ow} lg$P$ 1.34（20℃）。Henry 常数 4.87×10^{-8} Pa·m³/mol（计算值）。水中溶解度：500mg/L（pH 2.94，20℃）；600g（钾盐）/L（20℃）；有机溶剂中溶解度：丙酮 100～120，乙醇 30～38，乙酸乙酯 21～25，异丙醇 25～30，二氯甲烷 3.7，甲苯 0.58，对二甲苯 0.49，己烷＜0.002（均为 g/L，20℃）。中性、酸性和弱碱性介质中稳定，在浓碱中分解。pK_a 3.04（20℃）。

毒性　急性经口 LD_{50}：大鼠＞5000mg/kg，小鼠＞4000mg/kg。大鼠急性经皮 LD_{50}＞5000mg/kg；对皮肤和眼睛有轻微刺激（兔），对皮肤无致敏性。大鼠吸入 LC_{50}（4h）1.43g/m³ 空气。NOEL（90d）：大鼠 300～1000mg/(kg·d)，狗大约 300mg/(kg·d)。鱼类 LC_{50}（96h）：鳟鱼 31.3mg/L，大翻车鱼 27mg/L。对水蚤低毒，LC_{50}（48h）：233.4mg/L（测定值），353.6mg/L（名义值）。对蜜蜂无毒，LD_{50} 480μg/只。

制剂　EC，SC。

应用　合成生长素（作用类似吲哚乙酸）。选择性、内吸性生长调节型除草剂，主要被叶面吸收，最后在韧皮部传导到植株全身。在油菜田苗后施用防除多种阔叶杂草，特别是荞麦蔓、繁缕、猪殃殃、田芥菜。与其他除草剂合用在油菜、谷类（非套种，或与草类或苜蓿套种）、草地、三叶草、苜蓿、亚麻等田中防除更多种类的杂草。与麦草畏有很强的增效作用，可更好地防除杂草（包括狗茴香）。在谷类、油菜、大豆和草地上具有选择性。

分析方法　产品分析采用 GLC 或 HPLC。

主要生产商　AGROFINA，安徽华星，江苏长青，沈阳化工研究院，新安化工。

参考文献

[1] GB 862226.
[2] GB1243006.

草除灵乙酯 (benazolin-ethyl)

$C_{11}H_{10}ClNO_3S$, 271.7, 25059-80-7

其他名称　高特克，Dasun

化学名称　4-氯-2-氧代苯并噻唑-3-基乙酸乙酯；ethyl 4-chloro-2-oxobenzothiazolin-3-yl-acetate

CAS 名称　ethyl 4-chloro-2-oxo-3(2H)-benzothiazoleacetate

理化性质　纯品为白色结晶固体（原药为有特殊气味的浅黄色结晶性粉末）。熔点 79.2℃（原药 77.4℃），蒸气压 0.37mPa（原药，25℃），$K_{ow}\lg P$ 2.50（20℃，蒸馏水），相对密度 1.45（20℃）。水中溶解度：47mg/L（20℃）；其他溶剂中溶解度（g/L，20℃）：丙酮 229，二氯甲烷 603，乙酸乙酯 148，甲醇 28.5，甲苯 198。300℃ 以上分解。在酸和中性溶液中稳定，pH 9 时 DT_{50} 为 7.6d（25℃）。

毒性　急性经口 LD_{50}（mg/kg）：小鼠>4000，大鼠>6000，狗>5000。大鼠急性经皮 LD_{50}>2100mg/kg；对兔皮肤和眼睛无刺激，无皮肤致敏性。急性吸入 LC_{50}（4h）>5.5mg/L。无作用剂量：大鼠（2 年）12.5mg/kg[0.61mg/(kg·d)]，狗（1 年）500mg/kg[18.6mg/(kg·d)]。急性经口 LD_{50}（mg/kg）：山齿鹑>6000，日本鹌鹑>9709，野鸭>3000。山齿鹑、野鸭饲喂 LC_{50}（5d）>20000mg/kg。鱼类 LC_{50}（96h，mg/L）：大翻车鱼 2.8，虹鳟鱼 5.4。水蚤 LC_{50}（48h）：6.2mg/L。羊角月牙藻 EC_{50} 16.0mg/L。10%EC 对蜜蜂无害。蚯蚓>1000mg/kg 干土，低毒。

制剂　SC，EC。

应用　一种选择性芽后茎叶处理剂。防治一年生阔叶杂草，如繁缕、牛繁缕、雀舌草、豚草、苘麻、反枝苋、苍耳、藜、曼陀罗、猪殃殃等。适用于油菜、麦类、苜蓿、大豆、玉米等作物。不推荐用于芥菜型油菜。在耐药性植物体内降解成无活性物质，对油菜、麦类、苜蓿等作物安全。气温高，作用快；气温低，作用慢。草除灵乙酯在土壤中转化成游离酸并很快降解成无活性物，对后茬作物无影响。防除阔叶杂草药效随剂量增加而提高，施药后油菜有时有不同程度的药害症状，叶片皱卷，随剂量增加和施药时间越晚，油菜呈现药害症状越明显，一般情况下 20d 后可恢复。严格按推荐使用方法施药。油菜的耐药性受叶龄、气温、雨水等因素影响，在阔叶杂草出齐后，油菜达 6 叶龄，避开低温天气施药最安全、有效。

合成路线　由邻氯苯胺，先制成 2-氨基-4-氯苯并噻唑，然后转化成苯并噻唑啉酮，再与氯乙酸乙酯缩合而得。

分析方法　产品分析采用 GLC 或 HPLC。

主要生产商　安徽华星，吉化农化，江苏长青，江苏常隆，江苏蓝丰，苏研科创，山西绿海，沈阳科创，四川化学工业研究设计院，天津施普乐，新安化工。

参考文献

[1] The Pesticide Manual. 12 th ed. 2000：65.

[2] GB 862226.

草哒松 (oxapyrazon)

$C_{12}H_8BrN_3O_4$, 338.1, 4489-31-0

由 BASF AG 开发。

化学名称 5-溴-1,6-二氢-6-氧代-1-苯基哒嗪-4-基草氨酸；5-bromo-1,6-dihydro-6-oxo-1-phenylpyridazin-4-yloxamic acid

CAS 名称 [(5-bromo-1,6-dihydro-6-oxo-1-phenyl-4-pyridazinyl)amino]oxoacetic acid

应用 除草剂。

草哒酮 (dimidazon)

$C_{12}H_{12}N_2O_3$, 232.2, 3295-78-1

由 BASF AG 开发。

其他名称 BAS 255H，dimethazone，dimidazone

化学名称 4,5-二甲氧基苯基哒嗪-3(2H)酮；4,5-dimethoxy-2-phenylpyridazin-3(2H)-one

CAS 名称 4,5-dimethoxy-2-phenyl-3(2H)-pyridazinone

应用 除草剂。

草达津 (trietazine)

$C_9H_{16}ClN_5$, 229.7, 1912-26-1

1958 年由 H. Gysin 等报道除草活性，1960 年由 J. R. Geigy S. A. (Ciba-Geigy AG) 研制，1972 年由 Fisons (Schering Agrochemicals Ltd) 公司商品化。

其他名称 Bronox，Ramtal，Aventox，G27901，NC1667

化学名称 6-氯-N^2,N^2,N^4-4-三乙基-1,3,5-三嗪-2,4-二胺；6-chloro-N^2,N^2,N^4-triethyl-1,3,5-triazine-2,4-diamine

CAS 名称 6-chloro-N,N,N'-triethyl-1,3,5-triazine-2,4-diamine

理化性质 结晶固体，熔点 100～101℃。溶解度（25℃）：水 20mg/L；丙酮 170g/L，苯 200g/L，氯仿＞500g/L，二噁烷 100g/L，乙醇 30g/L。对空气和水稳定。

毒性 大鼠急性经口 LD_{50} 2830～4000mg/kg。大鼠皮肤用药，1000mg/kg 24h 无不良影响。以 16mg/kg 饲料饲喂大鼠 90d 无不良影响。鹌鹑急性经口 LD_{50} 800mg/kg。孔雀鱼 LC_{50}（24h）为 5.5mg/L。

制剂 SC。

应用 三嗪类除草剂。与利谷隆混用，用于马铃薯田；与特丁净混用，用于豌豆、马铃薯田；与西玛津一起用于豌豆田。

主要生产商 Bayer CropScience。

参考文献

[1] GB 814947.
[2] US 2819855.

草达克（tritac）

$C_{10}H_{11}Cl_3O_2$，269.6，1861-44-5

化学名称 1-(2,3,6-三氯苄氧基)丙-2-醇；1-(2,3,6-trichlorophenzyloxy)propan-2-ol

CAS 名称 1-[2,3,6-trichlorobenyl)methoxy]-2-propanol

理化性质 本品为黏稠液体，沸点 121～124℃（0.1mmHg）。微溶于水，溶于多数有机溶剂。

毒性 大鼠急性经口 LD_{50} 3160mg/kg。

应用 非选择性灭生除草剂，可防除多年生深根杂草，如田旋花、田蓟、大戟。

合成路线 甲苯在 67～69℃在氯化铁存在下氯化，生成 2,3,6-三氯甲苯，再在 100～200℃氯化，得到的苄氯再与 1,2-丙二醇反应制得本品。

参考文献

[1] US 3006967.
[2] US 3136810.
[3] US 3154399.
[4] GB 981816.

草甘膦（glyphosate）

$HO_2CCH_2NHCH_2P(O)(OH)_2$

Glyphosate, $C_3H_8NO_5P$, 169.1, 1071-83-6;
glyphosate-ammonium, $C_3H_{11}N_2O_5P$, 186.1, 40465-66-5;
glyphosate-diammonium, $C_3H_{14}N_3O_5P$, 203.1, 69254-40-6;
glyphosate-dimethylammonium, $C_5H_{15}N_2O_5P$, 214.2, 34494-04-7;
glyphosate-isopropylammonium, $C_6H_{17}N_2O_5P$, 228.2, 38641-94-0;
glyphosate-potassium, $C_3H_7KNO_5P$, 207.2, 39600-42-5;
glyphosate-sodium, $C_6H_{14}N_2Na_3O_{10}P_2$, 405.2, 70393-85-0;

草甘膦的除草活性于1971年由美国D. D. 贝尔德等发现，由孟山都公司开发生产。

其他名称 农达，镇草宁，Roundup，Spark

化学名称 N-(膦羧甲基)甘氨酸；N-(phosphonomethyl)glycine

CAS名称 N-(phosphonomethyl)glycine

理化性质 草甘膦纯品为无味、白色晶体。熔点189.5℃，蒸气压$1.31×10^{-2}$mPa（25℃），$K_{ow}\lg P < -3.2$（pH 5～9，20℃），Henry常数$<2.1×10^{-7}$Pa·m³/mol（计算值），相对密度1.704（20℃）。水中溶解度10.5g/L（pH 1.9，20℃）；几乎不溶于普通有机溶剂，如丙酮、乙醇、二甲苯。碱金属和铵盐容易溶于水。草甘膦及其盐类为非挥发性的，无光化学降解，在空气中稳定。pH值3、6、9（5～35℃）时的水溶液稳定。pK_a：2.34（20℃），5.73（20℃），10.2（25℃）。不易燃。

草甘膦铵盐纯品为无味、白色晶体。>190℃分解，蒸气压$9×10^{-3}$mPa（25℃），$K_{ow}\lg P < -3.7$，Henry常数$1.16×10^{-8}$Pa·m³/mol（计算值），相对密度1.433（22℃）。水中溶解度（pH 3.2，20℃）：$(144±19)$g/L；几乎不溶于有机溶剂。草甘膦铵盐为非挥发性的。50℃，pH值4、7、9时稳定5d以上，不易燃。

草甘膦异丙胺盐为无味、白色粉末。熔点143～164℃、189～223℃，蒸气压$2.1×10^{-3}$mPa（25℃），$K_{ow}\lg P$ -5.4（20℃），Henry常数$4.6×10^{-10}$Pa·m³/mol（25℃，计算值），相对密度1.482（20℃）。溶解度：水1050g/L（25℃，pH 4.3）；20℃时，乙酸乙酯0.04mg/L，庚烷0.04mg/L，甲醇15.7～28.4g/L。50℃，pH 4、5、9时稳定5d。pK_a：$5.77±0.03$，$2.18±0.02$[$(20±2)$℃]。

草甘膦钾盐熔点219.8℃，$K_{ow}\lg P < -4.0$（20℃），Henry常数$3.38×10^{-7}$Pa·m³/mol（20℃，计算）。溶解度：水中918.7g/L（pH 7，20℃）；甲醇217mg/L（20℃）。pK_a：5.70（20℃）。

草甘膦钠盐为无味、白色粉末。>260℃分解，蒸气压$7.56×10^{-3}$mPa（25℃），$K_{ow}\lg P$ -4.58（原药，25℃），Henry常数$4.27×10^{-9}$Pa·m³/mol（计算值），相对密度1.622（20℃）。溶解度：水中$(335±31.5)$g草甘膦钠盐/L（pH 4.2，20℃）。50℃，pH 4、7、9时稳定5d以上。

毒性 草甘膦急性经口LD_{50}（mg/kg）：大鼠>5000，小鼠>10000。兔急性经皮LD_{50}>5000mg/kg；对兔眼睛有刺激，对兔皮肤无刺激，对豚鼠皮肤无致敏性。大鼠急性吸入LC_{50}（4h）>4.98mg/L空气。无作用剂量：大鼠（2年）饲喂410mg/(kg·d)，狗（1年）饲喂500mg/(kg·d)无不良影响。无致突变、致癌、致畸性，无毒性。山齿鹑急性经口LD_{50}>3851mg/kg。鹌鹑、野鸭LC_{50}（5 d）>4640mg/kg饲料。鱼毒LC_{50}（96h，mg/L）：鳟鱼86，大翻车鱼120，红鲈鱼>1000。水蚤LC_{50}（48h）780mg/L。羊角月牙藻E_bC_{50}（mg/L）：485（72h），13.8（7d）；E_rC_{50}（72h）：460mg/L。蜜蜂LD_{50}（48h）>100μg/只（接触、经口）。

草甘膦铵盐大鼠急性经口LD_{50}：4613mg/kg。兔急性经皮LD_{50}>5000mg/kg；对兔眼睛有轻微刺激，对皮肤无刺激。大鼠吸入LC_{50}>1.9mg/L空气。

草甘膦异丙胺盐急性经口LD_{50}（mg/kg）：大鼠>5000，羊5700。兔急性经皮LD_{50}>5000mg/kg；对兔眼睛有轻微刺激，对皮肤无刺激。大鼠急性吸入LC_{50}（4 h）>1.3mg/L空气。鱼毒LC_{50}（96h，mg/L）：鳟鱼、大翻车鱼>1000。水蚤LC_{50}（48h）930mg/L。蚯蚓LC_{50}（14d）>5000mg/kg土壤。

草甘膦钾盐大鼠急性经口LD_{50}>5000mg/kg，急性经皮LD_{50}>5000mg/kg。对兔眼睛有中等刺激，对皮肤无刺激。大鼠吸入LC_{50}（4h）>5.27mg/L空气。山齿鹑急性经口LD_{50}

>2241mg a.i./kg。鳟鱼 LC_{50}（96h）>1227mg a.i./L。水蚤 LC_{50}（48h）>1227mg a.e./L。蜜蜂 LD_{50}（48h）（接触、经口）>100g a.e./只。

草甘膦钠盐大鼠急性经口 $LD_{50}>5000$mg/kg。对兔眼睛有轻微刺激，对皮肤无刺激。

制剂　AS，SG，SP。

应用　草甘膦为内吸传导型广谱灭生性除草剂。它不仅能通过茎叶传导到地下部分，而且在同一植株的不同分蘖间也能进行传导，对多年生深根杂草的地下组织破坏力很强，能达到一般农业机械无法达到的深度。草甘膦杀草谱很广，对40多科的植物有防除作用，包括单子叶和双子叶、一年生和多年生、草本和灌木等植物。适用于柑橘园、桑、茶、棉田、免耕玉米、橡胶园、水田田埂、免耕直播水稻等作物。可防除一年生、多年生禾本科杂草、莎草科和阔叶杂草。对百合科、旋花科和豆科的一些杂草抗性较强，但只要加大剂量，仍然可以有效防除。

草甘膦入土后很快与铁、铝等金属离子结合而失去活性，对土壤中潜藏的种子和土壤微生物无不良影响。草甘膦对作物的绿色部分会产生药害，喷雾时切勿将药液喷到作物上。桑园一般不宜在高温时喷雾，以防药液蒸腾致使落叶。在矮秆或无秆密植桑园施药，应防止喷到桑树上，否则会出现狭长叶和皱缩叶。

草甘膦难溶于水，其盐易溶于水，可以有钾盐、钠盐、铵盐、异丙胺盐等。草甘膦是草甘膦酸，属酸性，水溶性差，需要成盐，增加其水溶性，一般成铵盐、异丙胺盐、钾盐、钠盐等，最常见的是铵盐和异丙胺盐。在除草效果来说，钾盐稍大于异丙胺盐稍大于铵盐、钠盐。

合成路线　以多聚甲醛、甘氨酸为起始原料，经缩合、氧化反应得到草甘膦。

$(CH_2O)_n + NH_2CH_2COOH \longrightarrow (HOCH_2)_2NCH_2COOH \xrightarrow{(CH_3O)_2P(O)H} (CH_3O)_2P(O)CH_2(OHCH_2)NCH_2COOH \longrightarrow HO_2CCH_2NHCH_2PO_3H_2$

分析方法　HPLC-UV 检测法。

主要生产商　Monsanto，ACA，Agrochem，AgroDragon，Ancom，安徽丰乐，安徽广信，安徽国星，安徽华星，安徽锦邦，皖西益农，安徽中山，北京沃特瑞尔，重庆丰化，重庆农药，重庆双丰，福建三农，张掖大弓，广安诚信，广东立威，广西国泰，广西化工研究院，杭州禾新，河北德农，昊阳化工，河北奇峰，邯郸瑞田，石家庄宝丰，湖北沙隆达，湖北仙隆，莱德生物，永州广丰，株洲邦化，江苏安邦，江苏百灵，江苏长青，江苏常隆，江苏东宝，江苏丰山，江苏好收成，江苏辉丰，江苏克胜，江苏快达，江苏蓝丰，江苏七洲，江苏瑞邦，常熟农药厂，江苏激素研究所，优士化学，江苏中旗，江苏中意，江西金龙，捷马化工，利尔化学，山东滨农，山东大成，山东德浩，山东京博，山东侨昌，胜邦绿野，潍坊润丰，允发化工，拜克开普，浙江嘉化，浙江金帆达，浙江乐吉，长兴第一化工，杭州庆丰，上虞银邦，浙江世佳，新安化工。

参考文献

[1]　US 3799758.

[2]　EP 53871.

[3]　US 4315765.

草克死（sulfallate）

$C_8H_{14}ClNS_2$，223.8，95-06-7

由 Monsanto Co. 开发。

其他名称　草克死，菜草特，Thioallate，Vegedex

化学名称　2-氯丙-2-烯-1-基二硫代甲酸氰乙酯；2-chloroallyl diethyldithiocarbamate

CAS 名称　2-chloro-2-propenyl diethylcarbamodithioate

理化性质　纯品为琥珀油状。蒸气压 293mPa（20℃），相对密度 1.088（25℃）。水中溶解度 92mg/L（25℃），溶于大多数有机溶剂。碱性条件下分解，DT_{50}：47d（pH 5），30d（pH 8）。

毒性　大鼠经口 LD_{50}：850mg/kg；兔经皮 LD_{50}：2200mg/kg。

制剂　EC，GR。

应用　选择性除草剂，容易被根吸收，但是不能被叶片吸收，防除蔬菜作物一年生杂草。

参考文献

[1]　US 2744898.

[2]　US 2919182.

草枯醚（chlornitrofen）

$C_{12}H_6Cl_3NO_3$，318.5，1836-77-7

由 Mitsui Toatsu Chemicals，Inc.（Mitsui Chemicals，Inc.）于 1966 年在日本推出。

其他名称　MO-338，CNP

化学名称　4-硝基苯基-2,4,6-三氯苯基醚；4-nitrophenyl 2,4,6-trichlorophenyl ether

CAS 名称　1,3,5-trichloro-2-(4-nitrophenoxy)benzene

理化性质　淡黄色晶体，熔点 107℃，蒸气压 3.2mPa（20℃）。$K_{ow}\lg P$ 5.09。相对密度 1.623（23℃）。溶解度：水 0.25mg/L（25℃），二甲苯 360g/kg（25℃）。稳定性：中性条件下 250℃ 以下稳定。

毒性　大鼠和小鼠急性经口 LD_{50} 10000mg/kg。大鼠急性经皮 LD_{50}＞10000mg/kg。大鼠吸入 LC_{50}（4h）＞0.52mg/L 空气。NOEL（2 年）：大鼠 0.61mg/kg 饲料，小鼠 9.5mg/kg 饲料。野鸡急性经口 LD_{50} 2680mg/kg。LC_{50}（48h）：鲤鱼＞40mg/L，鲫鱼＞100mg/L。水蚤 LC_{50}（3h）＞40mg/L。

制剂　GR，EC。

应用　选择性除草剂。原卟啉原氧化酶抑制剂。用于水稻田防除一年生杂草。

分析方法　产品采用 GLC-ECD 分析。

主要生产商　Mitsui Chemicals，Inc.。

参考文献

[1]　Noyaku Seisan Gijutsu，1971，23：1-14.

[2]　GB 1016648.

[3]　US 3316080.

[4]　IT 723364.

草灭畏 (chloramben)

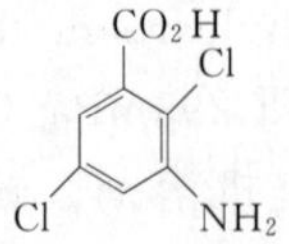

$C_7H_5Cl_2NO_2$, 206.0, 133-90-4

由 Amchem Products, Inc.（现 Bayer AG）推出。

其他名称 amben, ACP M-629

化学名称 3-氨基-2,5-二氯苯甲酸; 3-amino-2,5-dichlorobenzoic acid

CAS 名称 3-amino-2,5-dichlorobenzoic

理化性质 无色晶体。熔点 200～201℃。蒸气压 930mPa（100℃）。溶解度：水 700mg/L（25℃）；DMF 1206，丙酮、甲醇 223，乙醇 173，异丙醇 113，乙醚 70，三氯甲烷 0.9，苯 0.2（均为 g/kg，室温）；不溶于四氯化碳。稳定性：沸点以下对热稳定，对氧化剂、酸、碱稳定，遇次氯酸钠溶液分解，对光敏感。pK_a 3.40。

毒性 大鼠急性经口 LD_{50} ＞5000mg/kg。大鼠急性经皮 LD_{50} ＞3160mg/kg，对眼睛和皮肤有轻微刺激（兔）。NOEL（2 年）：大鼠 10000mg/kg 饲料。规定饮食 LC_{50}（8d）：野鸭 4640mg/kg。对鱼类和蜜蜂无毒。

制剂 DS，GR，SL，SP。

应用 选择性除草剂。用于防治向日葵、海军豆、花生、玉米、甘薯、南瓜、大豆田的阔叶杂草。由种子和根吸收，不易在植物体内迁移，抑制杂草根系发育。

分析方法 产品分析采用紫外分光光度法或容量分析法。

主要生产商 Aventis 公司。

参考文献

[1] US 3014063.

[2] US 3174842.

草特磷 (DMPA)

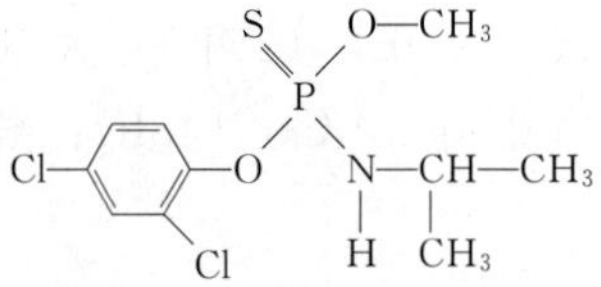

$C_{10}H_{14}Cl_2NO_2PS$, 314.2, 299-85-4

由 Dow Chemical Co. 开发。

其他名称 K22023，Dowco118，Zytron

化学名称 O-2,4-二氯苯基-O-甲基异丙基硫代磷酰胺酯; O-2,4-dichlorophenyl O-methyl isopropylphosphoramidothioate

CAS 名称 O-(2,4-dichlorophenyl) O-methyl(1-methylethyl)phosphoramidothioate

理化性质 固体，熔点 51℃，蒸气压低于 2mmHg（150℃），微溶于水（5mg/L），易溶于多种有机溶剂。

毒性 豚鼠急性经口 LD_{50} 210mg/kg，小鸡急性经口 LD_{50} 2000mg/kg。
制剂 EC，DP，GR。
应用 选择性根部触杀除草剂。芽前处理，防除马唐、看麦娘、龙爪茅属、繁缕、大画眉草、芥、蓼、蟋蟀草、大戟、马齿苋等杂草。

参考文献
US 2855422.

草完隆（noruron）

$C_{13}H_{22}N_2O$，222.3，18530-56-8

由 G. A. Buntin 等报道除草活性，Hercules Inc. Agrochemicaldiv（和后来的 Nor-Am）公司开发。

其他名称 Hercules 7531，Herban
化学名称 （3aRS,4SR,5RS,7SR,7aRS)-1,1-二甲基-3-(全氢化-4,7-亚甲基茚-5-基)脲；(3aRS,4SR,5RS,7SR,7aRS)-1,1-dimethyl-3-(perhydro-4,7-methanoinden-5-yl)urea；(3aRS,4SR,5RS,7SR,7aRS)-3-(hexahydro-4,7-methanoindan-5-yl)-1,1-dimethylurea
CAS 名称 3aα,4α,5α,7α,7aα-N,N-dimethyl-N′-(octahydro-4,7-methano-1H-inden-5-yl)urea
应用 选择性除草剂。

草芽平（2,3,6-TBA）

$C_7H_3Cl_3O_2$，225.5，50-31-7；TBA-sodium，$C_7H_2Cl_3NaO_3$，247.4，2078-42-4

H. J. Miller 于 1952 年报道除草活性，由 Heyden Chemical 公司和 Du Pont 公司开发。

其他名称 草芽畏，Trysben，HC-1281
化学名称 2,3,6-三氯苯甲酸；2,3,6-trichlorobenzoic acid
CAS 名称 2,3,6-trichlorobenzoicacid
理化性质 原药（含量约 60%）是无色至浅黄色结晶粉末，熔点 87～99℃，蒸气压 3.2Pa（100℃）。溶解度（22℃）：水中 7.7g/L，快速溶于大多数有机溶剂。纯品熔点 125～126℃。本品可形成溶于水的碱金属盐和铵盐，25℃下其钠盐在水中溶解度 440g/kg。草芽平对光稳定，温度≤60℃也稳定。
毒性 大鼠急性经口 LD_{50} 1500mg/kg，豚鼠＞1500mg/kg，兔 600mg/kg。大鼠急性经皮 LD_{50}＞1000mg/kg。用含 10000mg/kg 的饲料喂大鼠，64d 后大鼠的水代谢受到轻微影响，但用 1000mg/kg 饲料喂养 69d 未发现上述情况，药物未经变化基本由尿排出体外。

制剂　SL。

应用　激素型除草剂，芽后施用，与其他激素型除草剂混用，防除禾谷类田中阔叶杂草及一年生和多年生杂草，如猪殃殃、萹蓄、春蓼和母菊属等。

分析方法　产品和残留物均可用气相色谱法分析。

参考文献

[1]　US 2848470.

[2]　US 3081162.

除草定（bromacil）

bromacil，$C_9H_{13}BrN_2O_2$，261.1；bromacil-lithium，$C_9H_{12}BrLiN_2O_2$，267.1；314-40-9

由 H. C. Bucha 等于 1962 年报道，由 E. I. du Pont de Nemours & Co. 于 1961 年首次在美国登记。

其他名称　DPX-N0976

化学名称　5-溴-3-仲丁基-6-甲基尿嘧啶；5-bromo-3-sec-butyl-6-methyluracil

CAS 名称　5-bromo-6-methyl-3-(1-methylpropyl)-2,4(1H,3H)-pyrimidinedione

理化性质　bromacil 纯品为白色至浅褐色结晶固体。熔点 158～159℃。蒸气压 $4.1×10^{-2}$ mPa（25℃）。K_{ow}lg$P$ 1.88（pH5）。Henry 常数 $1.53×10^{-5}$ Pa·m^3/mol（pH 值 7，25℃，计算值）。相对密度 1.59（23℃）。水中溶解度（mg/L，25℃）：807（pH5），700（pH7），1287（pH9）；有机溶剂中溶解度（g/100mL，20℃）：正己烷 0.023，甲苯 3.0，乙腈 4.65，丙酮 11.4，二氯甲烷 12.0。在水中稳定，强酸中不稳定。pK_a9.27。

毒性　bromacil 急性经口 LD$_{50}$（mg/kg）：雄大鼠 2000，雌大鼠 1300。兔急性经皮 LD$_{50}$＞5000mg/kg，对皮肤和眼睛中度刺激。大鼠吸入 LC$_{50}$（4h）＞5.6mg/L 空气。无作用剂量：大鼠（2 年）50mg/L；狗（1 年）625mg/L。急性经口 LD$_{50}$：山齿鹑 2250mg/kg；饲喂 LC$_{50}$（8d）：野鸭和山齿鹑＞10000mg/kg。鱼类 LC$_{50}$（96h，mg/L）：虹鳟鱼 36，大翻车鱼 127。无作用剂量（96h）：红鲈鱼 95.6mg/L。水蚤 EC$_{50}$（48h）121mg/L。羊角月牙藻 EC$_{50}$ 6.8μg/L。拟糖虾 LC$_{50}$（96h）112.9mg/L。对蜜蜂无毒，LD$_{50}$ 接触＞193μg/只。bromacil-lithium LD$_{50}$：雄大鼠 3927mg/kg，雌大鼠 1414mg/kg。雄性和雌性大鼠 LD$_{50}$＞5000mg/kg，对皮肤和眼睛中度刺激。雄性和雌性大鼠空气吸入 LC$_{50}$＞5mg/L。

制剂　TC，WP，SL。

应用　光合作用电子转移抑制剂型除草剂。主要用于防除非耕作区杂草，还可用于菠萝田防除禾本科杂草、莎草科杂草、阔叶类杂草。主要由根吸收。

分析方法　产品采用电位滴定法分析。

主要生产商　江苏辉丰，江苏绿叶，江苏中旗，一帆生物科技。

参考文献

[1]　CIPAC Handbook，1985，1C：1986.

[2]　US 3325357.

[3]　US 3352862.

[4]　BE 625897.

[5] 除草定对菠萝田杂草的防除作用. 杂草科学, 2010, (3).

除草隆 (carbasulam)

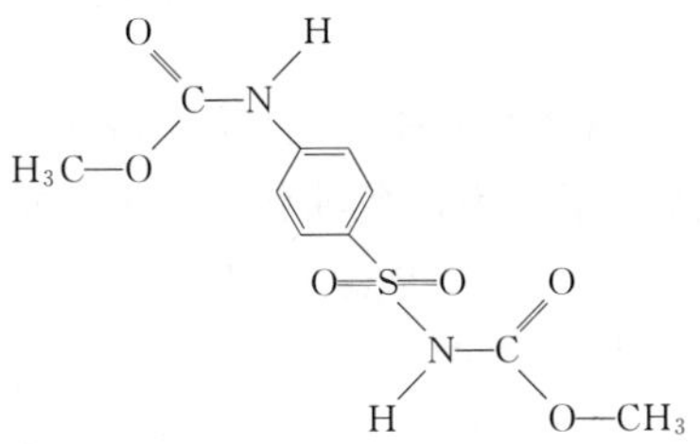

$C_{10}H_{12}N_2O_6S$, 288.3, 1773-37-1

由 May & Baker Ltd (后 Rhône-Poulenc Agrochimie) 开发。

其他名称　M&B 9555, carbasulame

化学名称　4-(甲氧羰基氨磺酰基)苯氨基甲酸甲酯；methyl 4-(methoxycarbonylsulfamoyl)carbanilate

CAS 名称　methyl [[4-[(methoxycarbonyl)amino]phenyl]sulfonyl]carbamate

应用　除草剂。

除草醚 (nitrofen)

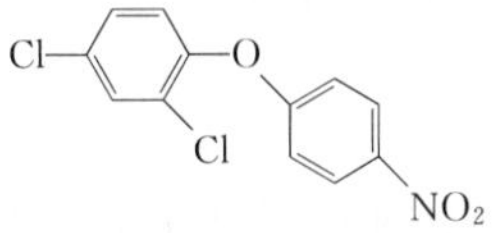

$C_{12}H_7Cl_2NO_3$, 284.1, 1836-75-5

由 Rohm&haas 公司于 1964 年开发。

其他名称　Tok, Tokkorn

化学名称　2,4-二氯苯基-4′-硝基苯基醚；2,4-dichlorophenyl 4-nitrophenyl ether

CAS 名称　2,4-dichloro-1-(4-nitrophenoxy)benzene

理化性质　熔点 70~71℃，蒸气压 1.06mPa (40℃)。水中溶解度 0.7~1.2mg/L (22℃)。

制剂　EC，WP。

分析方法　产品分析采用 GLC/FID。

参考文献

[1]　GB 974475.
[2]　US 3080225.

哒草特 (pyridate)

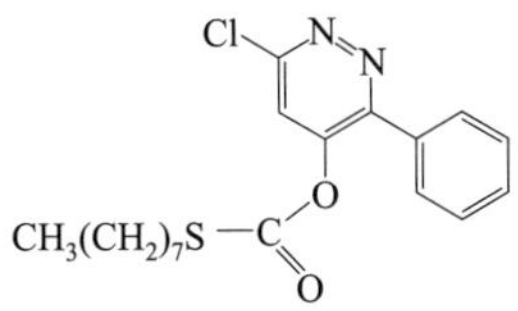

$C_{19}H_{23}ClN_2O_2S$, 378.9, 55512-33-9

由 A. diskus 等报道，由 Chemie Linz AG（现 Nufarm GmbH & Co. KG）引入市场，1994 年该公司（作为 AgrolinzMelamin GmbH）已将产品卖给 Sandoz AG（现在 Syngenta AG）。

其他名称 连达克兰，阔叶枯

化学名称 6-氯-3-苯基哒嗪-4-基-S-辛基硫代碳酸酯；6-chloro-3-phenylpyridazin-4-yl S-octyl thiocarbonate

CAS 名称 O-(6-chloro-3-phenyl-4-pyridazinyl) S-octyl carbonothioate

理化性质 纯品为无色晶体（原药为褐色油状液体）。熔点：26.5～27.8℃（原药 20～25℃）。蒸气压 4.8×10^{-4} mPa（20℃）（原药）。K_{ow} lgP 4.01。Henry 常数 1.21×10^{-4} Pa·m³/mol（20℃）（计算值）。相对密度 1.28（21℃）。水中溶解度：0.33（pH3），1.67（pH5），0.32（pH7）（mg/L，20℃）；易溶于大多数有机溶剂，如丙酮、环己酮、乙酸乙酯、煤油、二甲苯均 >900g/100mL。水解 DT_{50}：117h（pH4），89h（pH5），58.5h（pH7），6.2h（pH9）（25℃），250℃分解。闪点 131℃。

毒性 雄性和雌性大鼠急性经口 LD_{50} >2000mg/kg。大鼠急性经皮 LD_{50} >2000mg/kg；对皮肤中度刺激，对眼睛无刺激（兔），对豚鼠皮肤有显著致敏性，但是对人类致敏性不显著。空气吸入毒性：LC_{50}（4h）大鼠 >4.37mg/L。无作用剂量：大鼠（28 个月）18mg/(kg·d)；狗（12 个月）30mg/(kg·d)。无致畸、致突变和致癌作用。急性经口 LD_{50} 山齿鹑 1269mg/kg；饲喂毒性 LC_{50}（8d）：日本鹌鹑、山齿鹑和野鸭 >5000mg/kg。LC_{50}（96h）：鲶鱼 48mg/L，虹鳟鱼 >1.2～81mg/L，大翻车鱼 >2.12～100mg/L，鲤鱼 >100mg/L。水蚤 LC_{50} 0.83mg/L；模范田间试验为 3.3～7.1mg/L。海藻：IC_{50} 淡水藻 >2.0mg/L，铜在淡水藻 82.1mg/L。对蜜蜂无毒，LD_{50}（经口和接触）>100μg/只。蚯蚓 LC_{50} 799mg/kg 土壤。

制剂 EC，WP。

应用 选择性苗后除草剂。茎叶处理后迅速被叶吸收，阻碍光合作用的希尔反应，使杂草叶片变黄并停止生长，枯萎致死。适用于小麦、水稻、玉米等禾谷类作物防除阔叶杂草，特别对猪殃殃、反枝苋及某些禾本科杂草有良好防除效果。如用于麦田除草，在小麦分叶初期或盛期，杂草 2～4 叶期施药。

合成路线

分析方法 产品通过 HPLC/UV 分析。

参考文献

[1] AT 326409.
[2] The Pesticide Manual. 16th ed.
[3] 世界农药大全：杀虫剂卷. 北京：化学工业出版社.

单嘧磺隆 (monosulfuron)

$C_{13}H_{12}N_4O_5S$, 336.3

其他名称 麦谷宁,谷友,谷草灵

化学名称 2-(4-甲基嘧啶-2-基氨基甲酰氨基磺酰基)苯甲酸;2-[(4-methylpyrimidin-2-yl)carbamoylsulfamoyl]benzoic acid

CAS 名称 2-[[[[(4-methyl-2-pyrimidinyl)amino]carbonyl]amino]sulfonyl]benzoic acid

理化性质 原药外观为淡黄色或白色粉末,熔点 191.0～191.3℃。不溶于大多数有机溶剂,易溶于 N,N-二甲基甲酰胺,微溶于丙酮,碱性条件下可溶于水。制剂外观为均匀疏松的白色粉末,无团块。pH 6.0～8.0。不可与碱性农药混用。

毒性 急性经口 LD_{50}>4640mg/kg,急性经皮 LD_{50} 2000mg/kg。

制剂 WP。

应用 新型磺酰脲类除草剂。药剂由植物初生根及幼嫩茎叶吸收,通过抑制乙酰乳酸合成酶来阻止支链氨基酸的合成导致杂草死亡。具有用量低、毒性低等优点。对双子叶杂草和大部分单子叶杂草均有较好的除草效果,尤其对华北地区的难治杂草碱茅防效很好,对目前尚无很好防除药剂的谷子地杂草也有显著效果。对麦田、玉米田杂草如藜、萹蓄、野芥菜等有良好的防除效果,对小麦后茬作物玉米非常安全,这一特点明显优于其他磺酰脲类除草剂。

主要生产商 天津绿保农化。

单氰胺 (cyanamide)

N≡C—NH₂

CH_2N_2, 42.0, 420-04-2

理化性质 无色,吸湿性晶体。熔点 45～46℃。沸点 83℃ (0.5mmHg)。蒸气压 500mPa (20℃)。$K_{ow}\lg P$ -0.82 (20℃)。Henry 常数 4.58×10^{-6} Pa·m³/mol (计算)。相对密度 1.282 (20℃)。溶解度:水中 4.59kg/L (20℃);易溶于醇、酚、醚;难溶苯、卤代烃;几乎不溶于环己烷;甲基乙基酮 505,乙酸乙酯 424,正丁醇 288,氯仿 2.4 (20℃,g/kg)。稳定性:光照稳定;遇酸、碱分解;加热至 180℃,形成双氰胺并聚合。闪点 207℃。

毒性 大鼠急性经口 LD_{50} 223mg/kg。大鼠急性经皮 LD_{50} 848mg/kg;对皮肤和眼睛有强烈的刺激。吸入毒性 LC_{50} (4h) 大鼠>1mg/L 空气。NOEL (91周) 1mg/(kg·d)。山齿鹑经口 LD_{50} 350mg/kg;山齿鹑和野鸭饲喂 LC_{50} (5d)>5000mg/L。对鱼类有毒,LC_{50} (96h,mg/L):大翻车鱼 44,鲤鱼 87,虹鳟鱼 90。水蚤 LC_{50} (48h) 3.2mg/L。羊角月牙藻 EC_{50} (96h) 13.5mg/L。对蜜蜂有毒。恶臭假单胞菌 EC_{10} (16h) 24mg/L。

制剂　EC。

应用　触杀型除草剂。过量的单氰胺会伤害花芽,如浓度>6%时。过早应用该药能使果实提前成熟2~6周,但产量可能会由于花期低温造成的落花和授粉不良而降低。

主要生产商　Alzchem, Fertiagro, 泰达集团。

敌稗（propanil）

$C_9H_9Cl_2NO$, 218.1, 709-98-8

1961年由Rohm & haas Co.（现Dow AgroSciences）,随后由Bayer AG（1965）和Monsanto Co.引入市场。

其他名称　斯达姆,FW-734,Bayer 30 130,S 10145,Brioso,Ol,Propasint,Riselect,Stam,Sunpanil,Surcopur

化学名称　$3',4'$-二氯丙酰替苯胺;$3',4'$-dichloropropionanilide

CAS名称　N-(3,4-dichlorophenyl)propanamide

理化性质　无色无味晶体（原药为深灰色结晶固体）。熔点91.5℃,沸点351℃。蒸气压:0.02mPa（20℃）;0.05mPa（25℃）。$K_{ow}\lg P$ 3.3（20℃）。密度1.41g/cm³（22℃）。溶解度:水130mg/L（20℃）;异丙醇、二氯甲烷>200,甲苯50~100,正己烷<1（g/L,20℃）;苯$7×10^4$,丙酮$1.7×10^6$,乙醇$1.1×10^6$（mg/L,25℃）。敌稗及其降解物3,4-二氯苯胺在强酸和碱性条件下水解;正常pH值范围内稳定,DT_{50}（22℃）≫1年（pH 4、7、9）。光照条件下水溶液中迅速降解,光解DT_{50} 12~13h。

毒性　急性经口LD_{50}（mg/kg）:大鼠>2500,小鼠1800。大鼠急性经皮LD_{50}（24h）>5000mg/kg;对皮肤和眼睛无刺激性（兔）,无皮肤过敏反应（豚鼠）。大鼠吸入LC_{50}（4h）>1.25mg/L（空气）。无作用剂量（2年,mg/kg）:大鼠400,狗600。急性经口LD_{50}（mg/kg）:野鸭375,山齿鹑196;饲喂毒性LC_{50}（5d,mg/kg）:野鸭5627,山齿鹑2861。鲤鱼LC_{50}（48h）8~11mg/L。水蚤LC_{50}（48h）4.8mg/L。

制剂　EC,SC,UL。

应用　具有高度选择性的触杀型除草剂,作用是破坏植物的光合作用,抑制呼吸作用与氧化磷酸化作用,干扰核酸与蛋白质合成等,使受害植物的生理机能受到影响,加速失水,叶片逐渐干枯,最后死亡。敌稗在水稻体内被酰胺水解酶迅速分解成无毒物质（水稻对敌稗的降解能力比稗草大20倍）,因而对水稻安全。随着水稻叶龄的增加,对敌稗的耐药力也增大,但稻苗超过4叶期容易受害,可能这时稻苗正值离乳期,耐药力减弱。敌稗遇土壤分解失效,宜作茎叶处理剂,以二叶期稗草最为敏感。对稻苗安全而对稗草有很强的触杀作用。主要用于水稻秧田、直播田及本田防除稗草、牛毛毡。也可用于旱田防除马唐、狗尾草、水马齿、鸭舌草、野苋、看麦娘等禾本科杂草幼苗。对四叶萍、眼子菜、野荸荠等基本无效。

合成路线

分析方法　产品用 GLC 分析。

主要生产商　Dow AgroSciences，Bharat，Hermania，Hodogaya，Inquiport，AGROFINA，Milenia，Proficol，Tifa，Westrade，鹤岗旭祥禾友，捷马化工，沈阳丰收，潍坊润丰。

参考文献

[1] DE 1039779.

[2] GB 903766.

敌草胺（napropamide）

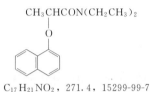

$C_{17}H_{21}NO_2$，271.4，15299-99-7

由 B. J. vandenBrink 等于 1969 年报道除草活性，由 StaufferChemicalCo.（现 ICIAgrochemicals 公司）开发。

其他名称　Devrinol

化学名称　(RS)-N,N-二乙基-2-(1-萘基氧)丙酰胺；(RS)-N,N-diethyl-2-(1-naphthyloxy)propionamide

CAS 名称　N,N-diethyl-2-(1-naphthalenyloxy)propanamide

理化性质　原药含量 92%～96%，无色晶体（原药为棕色固体）。熔点 74.8～75.5℃（原药 68～70℃），沸点 316.7℃（1005.6hPa），闪点＞104℃。蒸气压 0.023mPa（25℃）。K_{ow}lg$P$ 3.3（25℃）。Henry 常数 $8.44×10^{-4}$ Pa·m^3/mol（计算值）。相对密度 1.1826。水中溶解度：7.4mg/L（25℃）；有机溶剂中溶解度（g/L，20℃）：丙酮、乙醇＞1000，二甲苯 555，煤油 45，己烷 15。100℃贮藏 16h 稳定，40℃时 pH 4～10 条件下不水解，将其水溶液暴露于阳光下 DT_{50} 25.7min。

毒性　急性经口 LD_{50}（mg/kg）：雄大鼠＞5000（原药），雌大鼠 4680。急性经皮 LD_{50}（mg/kg）：兔＞4640，豚鼠＞2000；对眼睛中度刺激性，对皮肤没有刺激性（兔），无皮肤过敏反应（豚鼠）。大鼠吸入 LC_{50}（4h）＞5mg/L。无作用剂量：大鼠（2 年）30mg/(kg·d)；狗（90d）40mg/(kg·d)；发育毒性试验大鼠和兔无作用剂量 1000mg/(kg·d)；多代毒性试验大鼠 30mg/(kg·d)。山齿鹑急性经口 LD_{50}＞2250mg/kg。大翻车鱼 LC_{50}（96h）13～15mg/L，虹鳟鱼 9.4mg/L，金鱼＞10mg/L。水蚤 EC_{50}（48h）24mg/L。海藻 EC_{50}（96h）小球藻 4.5mg/L。蜜蜂 LD_{50}＞100μg/只。蚯蚓 LC_{50}＞799mg/kg 土。

制剂　EC，GR，SC，WP。

应用　细胞分裂抑制剂。R(－)异构体对某些杂草的活性是 S(＋)异构体的 8 倍。用于芦笋、白菜、柑橘、葡萄、菜豆、油菜、青椒、向日葵、烟草、番茄、禾谷类作物、果园、树木、葡萄和草坪，豌豆和蚕豆对其亦有较好的耐药性。主要用于防除一年生和多年生禾本科杂草及主要的阔叶杂草（如母菊、繁缕、蓼、婆婆纳和堇菜等杂草），但要防除早熟禾则需要与其他除草剂混用。

合成路线

$$\underset{\text{OH}}{\text{(naphthol)}} \xrightarrow{\text{CH}_3\text{CHClCOOH}} \underset{\text{O-CH(CH}_3)\text{COOH}}{\text{(naphthyl ether)}} \longrightarrow \underset{\text{O-CH(CH}_3)\text{COCl}}{\text{(naphthyl ether)}} \xrightarrow{\text{Et}_2\text{NH}} \underset{\text{O-CH(CH}_3)\text{CON(CH}_2\text{CH}_3)_2}{\text{(naphthyl ether)}}$$

分析方法 产品用 GLC 分析。

主要生产商 江苏快达，宜宾川安高科，印度联合磷化。

参考文献

[1] The Pesticide Manual. 16 th ed.
[2] US 3480671.
[3] US 3718455.

敌草腈（dichlobenil）

结构式：2,6-二氯苯腈

$C_7H_3Cl_2N$，172.0，1194-65-6

1960 年由 H. Koopman 和 J. daams 报道其除草活性。Philips-Duphar B. V.（现 Chemtura Corp.）开发。

其他名称 Casoron（Duphar）

化学名称 2,6-二氯苯腈；2,6-dichlorobenzonitrile

CAS 名称 2,6-dichlorobenzonitrile

理化性质 原药（纯度≥95%）为略带芳香气味的无色至白色结晶体。熔点 139～145℃（纯品 145～146℃），沸点 270℃。蒸气压 0.073mPa（20℃）。溶解度：水中 18mg/L（20℃）；二氯甲烷中 100g/L（20℃），丙酮、二噁烷、二甲苯中 50g/L（8℃）；在非极性溶剂中<10g/L。对光和酸<270℃稳定，在碱性条件下迅速水解为 2,6-二氯苯甲酰胺。

毒性 急性经口 LD_{50}：雄、雌大鼠≥3160mg/kg，雄小鼠 2126mg/kg，雌小鼠 2056mg/kg。兔急性经皮 LD_{50} 1350mg/kg。2 年饲养和 3 代繁殖试验大鼠无作用剂量为 20mg/kg 饲料；84d 饲养大鼠和兔无作用剂量为 50mg/kg 饲料。日本鹌鹑 LC_{50}（8d）5000mg/kg 饲料；野鸡约 1500mg/kg 饲料。鱼毒 LC_{50}（48h）：虹鳟<18mg/L，水蚤 9.8mg/L。

制剂 CS，GR，WP。

应用 芽前芽后防除一年生和多年生芽期杂草，对较高生长阶段杂草也有效。本品为分生组织活性抑制剂。

分析方法 产品和残留分析均采用 GLC 法。

主要生产商 Chemtura，Hodogaya。

参考文献

[1] NL 572662.
[2] US 3027248.

敌草净 (desmetryn)

$C_8H_{15}N_5S$, 213.3, 1014-69-3

1962年由J. g. Elliott等报道除草活性,由J. R. geigy S. A.(后来为Novartis Crop Protection AG)开发。

其他名称 Semeron,HT5SS

化学名称 N^2-异丙基-N^4-甲基-6-甲硫基-1,3,5-三嗪-2,4-二胺;N^2-isopropyl-N^4-methyl-6-methylthio-1,3,5-triazine-2,4-diamine

CAS名称 N-methyl-N′-(1-methylethyl)-6-(methylthio)-1,3,5-triazine-2,4-diamine

理化性质 纯品为无色粉末,熔点84~86℃,蒸气压0.133mPa(20℃),K_{ow} lg$P$ 2.38。溶解度(20℃):水580mg/L;丙酮230g/kg,二氯甲烷200g/kg,己烷2.6g/kg,甲醇300g/kg,辛醇100g/kg,甲苯200g/kg。碱性,pK_a 4.0。在70℃下,5<pH<13时无明显的水解。

毒性 急性经口LD_{50}:大鼠1390mgTC/kg。90d饲喂无作用剂量:大鼠200mg/kg饲料[13mg/(kg·d)],狗200mg/kg[6.6mg/(kg·d)]。对非哺乳动物毒性很小。

制剂 WP。

应用 三嗪类选择性芽后除草剂,通过叶和根输导。可防除藜和其他阔叶和禾本科杂草,适用作物为十字花科作物(花茎甘蓝和花椰菜除外)。

分析方法 采用GLC方法。

参考文献

[1] CH 337019.
[2] GB 814948.

敌草快 (diquat)

diquat,$C_{12}H_{12}Br_2N_2$, 344.1; diquat ion, $C_{12}H_{12}N_2$, 184.2; 85-00-7

1958年由R. C. Brian等报道除草活性。由ICI Plant Protectiondivsion(现为Syngenta AG)公司开发,1962年首次进入市场。

其他名称 利农,Reglone,Pathelear

化学名称 1,1-亚乙基-2,2-双吡啶二盐;1,1′-ethylene-2,2′-bipyridyldiylium

CAS名称 6,7-dihydrodipyrido[1,2-a:2′,1′-c]pyrazinediium dibromide

理化性质 敌草快二溴盐以单水合物形式存在,为无色到黄色结晶。325℃以上分解。

蒸气压<0.01mPa（25℃）。K_{ow} lg$P$ －4.60（20℃）。Henry 常数<$5×10^{-9}$ Pa·m^3/mol（计算值）。相对密度 1.61（25℃）。水中溶解度>700g/L（20℃），微溶于醇类和羟基溶剂，不溶于非极性有机溶剂。中性和酸性条件下稳定，碱性条件下易水解。在 pH 7、模拟阳光下 DT_{50} 约 74d。紫外线照射光化学分解，DT_{50}<1 周。

毒性 大鼠急性经口 LD_{50}：214～222mg（diquat ion）/kg，急性经皮 LD_{50}>424mg（diquat ion）/kg。对兔皮肤和眼睛有刺激。无面部和皮肤防护使用时可引起手指甲变形、鼻出血。大鼠（2 年）无作用剂量 15mg（diquat ion）/(kg·d)。野鸭急性经口 LD_{50}（12d）：71mg（diquat ion）/kg。虹鳟鱼 LC_{50}（96h）：6.1mg（diquat ion）/L。水蚤 LC_{50}（48h）：1.2μg（diquat ion）/L。羊角月牙藻 EC_{50}（96h）：11μg（diquat ion）/L。蜜蜂 LD_{50}（经口，120h）：13μg（diquat ion）/L。蠕虫 LC_{50}（14d）：130mg（diquat ion）/kg 干重。

制剂 TK，AS。

应用 非选择性触杀型除草剂，稍有传导性，绿色植物吸收后抑制光合作用的电子传递，还原状态的联吡啶化合物在光诱导下，有氧存在时很快被氧化，形成活泼的过氧化氢，这种物质的积累使植物细胞膜破坏，受药部位枯黄。适用于阔叶杂草占优势的地块除草；可作为种子植物干燥剂；可用于马铃薯、棉花、大豆、玉米、高粱、亚麻、向日葵等作物的催枯剂；当处理成熟作物时，残余的绿色部分和杂草迅速枯干，可提早收割，种子损失较少；可作为甘蔗形成花序的抑制剂。敌草快由于不能穿透成熟的树皮，对地下根茎基本无破坏作用。切忌对作物幼树进行直接喷雾，因接触作物绿色部分会产生药害。

敌草隆（diuron）

$C_9H_{10}Cl_2N_2O$，233.1，330-54-1

1951 年由 H. C. Bucha 和 C. W. Todd 报道。1967 年由 E. I. du Pontde Nemours & Co 开发。

其他名称 Marmex，Lucenit

化学名称 3-(3,4-二氯苯基)-1,1-二甲基脲；3-(3,4-dichlorophenyl)-1,1-dimethylurea

CAS 名称 N'-(3,4-dichlorophenyl)-N,N-dimethylurea

理化性质 无色晶体。熔点 158～159℃。蒸气压 $1.1×10^{-3}$ mPa（25℃）。K_{ow} lg$P$ 2.85±0.03（25℃）。相对密度 1.48。溶解度：水 37.4mg/L（25℃）；丙酮 53，硬脂酸丁酯 1.4，苯 1.2（g/kg，27℃）；微溶于烃。稳定性：常温中性条件下稳定，温度升高易水解，在酸性和碱性条件下易水解，温度 180～190℃分解。

毒性 大鼠急性经口 LD_{50}>2000mg/kg。兔急性经皮 LD_{50}>2000mg/kg（80%WG）。对兔眼睛中度刺激（WP），对豚鼠皮肤无接触性刺激（50% EC），无皮肤致敏性。吸入毒性：大鼠 LC_{50}（4h）>7mg/L。无作用剂量：狗（2 年）25 mg/L [雄性 1.0mg/(kg·d)，雌性 1.7mg/(kg·d)]。山齿鹑经口 LD_{50}（14d）1104mg/kg；饲喂毒性 LC_{50}（8d，mg/L）：山齿鹑 1730，日本鹌鹑>5000，野鸭 5000，野鸡>5000。虹鳟鱼 LC_{50}（96h）14.714mg/L。水蚤 EC_{50}（48h）1.4mg/L。羊角月牙藻 EC_{50}（120h）0.022mg/L。对蜜蜂无毒，LD_{50}（接触）145mg/kg。蠕虫 LC_{50}（14d）>400mg/kg。

制剂 SC，WG，WP。

应用 可被植物的根叶吸收，以根系吸收为主。杂草根系吸收药剂后，药剂被传到地上叶片中，并沿着叶脉向周围传播。抑制光合作用中的希尔反应，该药杀死植物需光照。使受害杂草从叶尖和边缘开始褪色，终至全叶枯萎，不能制造养分，饥饿而死。

分析方法 采用 HPLC。

主要生产商 DuPont, ÉMV, Ancom, Bharat, Crystal, Drexel, Hermania, Hikal, Hodogaya, Isochem, Makhteshim-Agan, Milenia, Nortox, NufarmgmbH, Nufarm Ltd, Siris, United Phosphorus, 安徽广信农化, 鹤岗禾友, 江苏快达, 江苏省激素研究所, 捷马集团, 潍坊润丰, 潍坊三希化工, 沈阳丰收, 泰达集团。

参考文献
US 2655445.

敌灭生（dimexano）

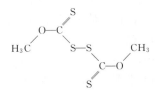

$C_4H_6O_2S_4$，214.0，1468-37-7

由 Vondelingenplaat N. V. 开发。

其他名称 dimexan, dimethylxanthicdisulphide

化学名称 O,O-二甲基二硫代双(硫代甲酸酯)；O,O-dimethyldithiobis(thioformate)

CAS 名称 dimethyl thioperoxydicarbonate

理化性质 熔点 22.5～23℃。工业品纯度约 96%。黄色油状物。蒸气压 3mmHg (21℃)。可与丙酮、苯、乙醇和己烷混溶。

毒性 大鼠急性经口 LD_{50} 340mg 原药/kg。

制剂 EC。

应用 本品是触杀型除草剂。推荐在芽前用于条播作物，防除双子叶杂草草苗。在洋葱、豌豆和其他作物上于收获前施用，使之干化。也可用来控制胡萝卜的生长和开裂。药剂在土壤中无持效性。

2,4-滴（2,4-D）

$C_8H_6Cl_2O_3$，221.0；2,4-D butyl, $C_{12}H_{14}Cl_2O_3$，277.1；94-75-7 (2,4-D)；5742-19-8[2,4-D-双(2-羟基乙基)铵]；2008-39-1 (2,4-D-二铵盐)；3599-58-4[2,4-D-(2-羟基乙基)铵]；2569-10-9[2,4-D-三(2-羟基乙基)铵]；94-11-1[2,4-D-异丙基]；1929-73-3 [2,4-D-(2-丁氧基乙基)]；94-80-4[2,4-D-丁基]；215168-26-7[2,4-D-异辛基(以前 CAS 登录号为 1280-20-2)]

1942 年由美国 Amchem 公司合成，1945 年后许多国家投入生产。

其他名称 杀草快，大豆欢

化学名称 2,4-二氯苯氧乙酸；(2,4-dichlorophenoxy)acetic acid

CAS 名称 2-(2,4-dichlorophenoxy)acetic acid

理化性质 无色粉末，有石炭酸臭味。熔点 140.5℃。蒸气压 $1.86×10^{-2}$ mPa (25℃)。$K_{ow}\lg P$：2.58～2.83 (pH 1)，0.04～0.33 (pH 5)，-0.75 (pH 7)。Henry 常数 $1.32×10^{-5}$ Pa·m³/mol (计算值)。相对密度 1.508 (20℃)。水中溶解度：311 (pH 1)，20031 (pH 5)，23180 (pH 7)，34196 (pH 9) (mg/L, 25℃)。其他溶剂中溶解度：乙醇 1250，乙醚 243，庚烷 1.1，甲苯 6.7，二甲苯 5.8 (g/L, 20℃)；辛醇 120g/L (25℃)；不溶于石油醚。是一种强酸，可形成水溶性碱金属盐和铵盐，遇硬水析出钙盐和镁盐，光解 DT_{50} 7.5d (模拟光照)。pK_a 2.73。

毒性 急性经口 LD_{50} (mg/kg)：大鼠 639～764，小鼠 138。急性经皮 LD_{50} (mg/kg)：大鼠>1600，兔>2400。对兔眼睛有刺激性，对皮肤没有刺激性。吸入 LC_{50} (24h)：大鼠>1.79mg/L。2年慢性毒性饲喂试验，大鼠和小鼠无作用剂量 5mg/kg，狗 (1年) 1mg/kg。急性经口 LD_{50} (mg/kg)：野鸭>1000，日本鹌鹑 668，鸽子 668，野鸡 472；LC_{50} (96h)：野鸭>5620mg/L。虹鳟鱼 LC_{50} (96h)>100mg/L。水蚤 LC_{50} (21d) 235mg/L。海藻 EC_{50} (5d)：羊角月牙藻 33.2mg/L。对蜜蜂无毒，LD_{50} (经口) 104.5μg/只。蚯蚓 LC_{50} (7d) 860mg/kg，无作用剂量 (14d) 100g/kg。

制剂 TC，EC，GR，SL，SP，WP。

应用 2,4-滴及其盐或酯为内吸性除草剂，主要用于苗后茎叶处理，广泛用于防除小麦、大麦、玉米、谷子、燕麦、水稻、高粱、甘蔗、禾本科牧草等作物田中的阔叶杂草，如车前和婆婆纳属等。

合成路线

$$\text{PhOH} \xrightarrow{ClCH_2COOH} \text{PhOCH}_2\text{COOH} \xrightarrow{Cl_2} \text{2,4-Cl}_2\text{C}_6\text{H}_3\text{OCH}_2\text{COOH}$$

分析方法 酸碱滴定分析，GLC，RPLC，HPLC，I.R. 法。

主要生产商 Agrochem，AgroDragon，Ancom，Atanor，Atul，Crystal，Dow AgroSciences，G L Industries，Krishi Rasayan，Lucava，NufarmgmbH，Nufarm Ltd，Nufarm UK，Proficol，Sharda，Sundat，Wintafone，安徽华星，重庆双丰，河北凯迪，易普乐，潍坊润丰，南京红太阳，宁夏三喜，山东侨昌，浙江华兴。

参考文献

[1] CN 101921188.
[2] CN 102180788.
[3] US 4035416.
[4] CIPAC-handbook, 1C: 2060-2062.
[5] 质谱学报, 1995, 16 (2): 52-57.

2,4-滴丙酸（dichlorprop）

$C_9H_8Cl_2O_3$，235.1，7547-66-2 (racemic acid)；120-36-5 (dichlorprop)

1944年由P. W. Zimmerman等作为植物生长调节剂报道，1961年Boots Co. Ltd（现Bayer AG，不做该品种的生产和销售）作为除草剂开发。

其他名称　CornoxRK，RD406，2,4-DP

化学名称　(RS)-2-(2,4-二氯苯氧)丙酸；(RS)-2-(2,4-dichlorophenoxy)propionic acid

CAS名称　($\pm$)-2-(2,4-dichlorophenoxy)propanoic acid

理化性质　工业品2,4-滴丙酸为外消旋体，只有（＋）-异构体有除草活性。2,4-滴丙酸为无色结晶固体。熔点117.5～118.1℃。室温下蒸气压可忽略。20℃下溶解度：水350mg/L；丙酮595g/L，苯85g/L，甲苯69g/L，二甲苯51g/L。原药熔点114℃。2,4-滴丙酸盐类20℃下溶解度：钾盐（900g a.i./L水），钠盐（660g/L）。在水存在下，2,4-滴丙酸对金属有腐蚀性；如果温度＜70℃，pH≥8.6的条件下，浓溶液（480g a.i./L）对马口铁或铁无腐蚀。低级醇的酯类是挥发性液体，2,4-滴丙酸异辛酯和2,4-滴丙酸丁氧乙酯不挥发。

毒性　大鼠急性经口LD_{50} 800mg/kg，小鼠400mg/kg。小鼠急性经皮LD_{50}为1400mg/kg；在10g/L剂量下对眼无刺激，24g/L剂量下对皮肤无刺激。98d饲喂试验表明，大鼠无作用剂量为12.4mg/(kg·d)，以50mg/(kg·d)剂量饲喂，出现轻度肝肥大。对大翻车鱼48h LC_{50}为165mg/L（2,4-滴丙酸二甲铵盐），2,4-滴丙酸异辛酯为16mg/L，2,4-滴丙酸丁氧乙酯为1.1mg/L。

制剂　EC，SL。

应用　2,4-滴丙酸是传导型芽后除草剂，对春蓼、大马蓼等特别有效，也可防除猪殃殃和繁缕，但对藨蓄防效较差。可单独施用，也可与其他除草剂混用。以低剂量施用，可以防止苹果熟前落果。

2,4-滴丁酸（2,4-DB）

$C_{10}H_{10}Cl_2O_3$，249.1，94-82-6

由M. E. Synerholm等于1947年报道植物生长调节剂特性，由May & Baker Ltd（现为Bayer AG）作为除草剂开发。

其他名称　Embutox，M & B 2878

化学名称　4-(2,4-二氯苯氧)丁酸；4-(2,4-dichlorophenoxy)butyric acid

CAS名称　4-(2,4-dichlorophenoxy)butanoic acid

理化性质　纯品为无色晶体。熔点119～119.5℃。溶解度（25℃）：水46mg/L；溶于丙酮、苯、乙醇、乙醚。工业品熔点115～119℃。碱金属盐及铵盐易溶于水，但在硬水中将沉淀出钙盐和镁盐。其酸和酯都是稳定的。在土壤中的DT_{50}＜7d。

毒性　大鼠急性经口LD_{50}：700mg/kg（酸），1500mg/kg（钠盐）；小鼠400mg/kg（钠盐）。

应用　激素型除草剂，用于防除阔叶杂草。因为它的活性取决于其在植物内β-位氧化成2,4-滴的情况，所以具有较大的选择性。可用于苜蓿、播种后的谷物和草地。

分析方法　产品分析，转化为稳定的酯之后用气相色谱分析。残留物用气相色谱分析。

主要生产商　Atanor，Nufarm Ltd。

地乐酚（dinoseb）

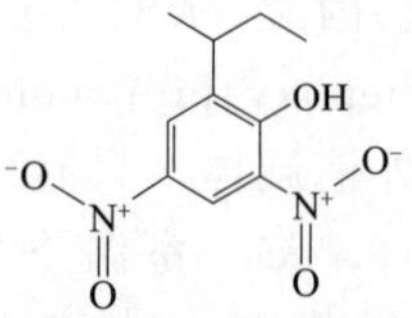

$C_{10}H_{12}N_2O_5$，240.2，88-85-7

1945 年由 A. S. Craffts 报道 dinoseb 的除草活性。由 Dow Chemical Co.（现 DowElanco）开发。

其他名称 Premerge，Aretit，Lvosit

化学名称 2,4-二硝基-6-仲丁基酚；2-*sec*-butyl-4,6-dinitrophenol

CAS 名称 2-(1-methylpropyl)-4,6-dinitrophenol

理化性质 纯品为橘黄色固体（原药，橙棕色固体）。熔点：38～42℃（原药 30～40℃）。蒸气压 0.13mPa（室温）。K_{ow} lg$P$ 2.29。Henry 常数 6.0×10^{-4} Pa·m^3/mol（20℃，计算值）。相对密度 1.265（45℃）。水中溶解度：52mg/L（20℃）；溶于大多数有机溶剂，乙醇 480g/kg，庚烷 270g/kg。pK_a 4.62。闪点 177℃。

毒性 急性经口 LD_{50}（mg/kg）：大鼠 58，豚鼠 25。急性经皮 LD_{50}（mg/kg）：兔 80～200，豚鼠 500。对眼睛和皮肤中度刺激（兔）。6 个月无作用剂量饲喂试验，大鼠饲喂 100mg/kg 无致病影响。急性经口 LD_{50}：鸡 26mg/kg。饲喂毒性 LC_{50}（5d，mg/kg）：日本鹌鹑 409，环颈雉 515。对鱼高毒。对蜜蜂高毒。

制剂 SL，EC，EO。

应用 除草剂。于花生、马铃薯、大麦、小麦、裸麦、燕麦、玉米、大蒜、洋葱、大豆、菜豆、豌豆、亚麻等作物芽前土壤处理，防治马唐、具芒碎米莎草、稗草、宝盖草、马齿苋、繁缕、田旋花、狗尾草、红辣蓼、荠、藜、豚草和野萝卜等一年生杂草。兼具杀虫作用。主要用于防治柑橘、苹果、梨等的蚧类、蚜虫和红蜘蛛，并有良好的杀螨卵效果。对嫩叶易产生药害，宜在果树休眠期内使用。

分析方法 由 Deriviative 滴定，或在碱溶液中比色分析。

参考文献

[1] US 2192197.

[2] DE 1088757.

[3] GB 909732.

地乐灵（dipropalin）

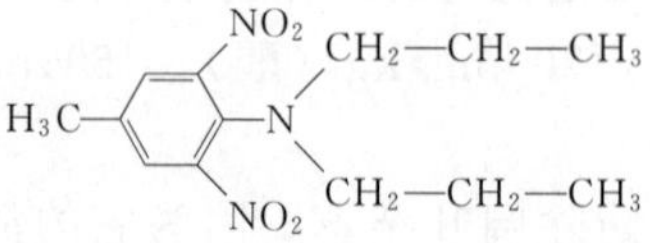

$C_{13}H_{19}N_3O_4$，281.3

1960 年 EliLilly 公司研制。

其他名称 L35455

化学名称 2,6-二硝基-N,N-二正丙基对甲苯胺;2,6-dinitro-N,N-di-n-propyl-p-toluidine

理化性质 原药为黄色固体。熔点 42℃,沸点 118℃(0.1mmHg)。溶于水,在 27℃水中溶解度 304 mg/L。

毒性 小白鼠急性经口 LD_{50} 为 3600mg/kg。

应用 用于草皮,芽前防除草苗。

地乐特(dinofenate)

$C_{17}H_{14}N_4O_{11}$,450.3,61614-62-8

由 Hoechst 公司开发。

其他名称 B377,Tribonate

化学名称 2,4-二硝基苯基-2-(1-甲基丙基)-4,6-二硝基苯基碳酸酯;2-sec-butyl-4,6-dinitrophenyl 2,4-dinitrophenyl carbonate

CAS 名称 2,4-dinitrophenyl 2-(1-methylpropyl)-4,6-dinitrophenyl carbonate

理化性质 原药熔点 129~131℃,溶于苯、丙酮、醇。

毒性 大鼠急性经口 LD_{50} 108mg/kg。

应用 本品具有触杀作用,可用于豌豆、蚕豆、玉米、唐菖蒲、银莲花属和马铃薯田中芽前处理除草。在土壤中有较强的残效期。

地散磷(bensulide)

$C_{14}H_{24}NO_4PS_3$,397.5,741-58-2

由 D. D. Hemphill 于 1962 年报道,由 Stauffer Chemical Co.(Syngenta AG)推出。

其他名称 R-4461,SAP

化学名称 S-2-苯磺酰氨基乙基-O,O-二异丙基二硫代磷酸酯;S-2-benzenesulfonamidoethyl O,O-diisopropyl phosphorodithioate;O,O-diisopropyl S-2-phenylsulfonylaminoethyl phosphorodithioate

CAS 名称 O,O-bis(1-methylethyl) S-[2-[(phenylsulfonyl)amino]ethyl] phosphorodithioate

理化性质 原药纯度 92%,琥珀色固体或过冷液体,有类似樟脑的气味。无色固体,熔点 34.4℃,蒸气压<0.133mPa(20℃)。K_{ow} lg$P$ 4.2。Henry 常数<2.11×10^{-3} Pa·m³/mol(计算值)。相对密度 1.25(22℃)。溶解度:水 25mg/L(25℃);煤油 300mg/L

(20℃)，与丙酮、乙醇、二甲苯互溶。对酸和碱相对稳定，$DT_{50}>200d$（pH 5~9，25℃），光照下缓慢分解。原药155℃分解，闪点>104℃。

毒性　大鼠急性经口 LD_{50}：雄360mg/kg，雌270mg/kg。大鼠急性经皮 $LD_{50}>2000mg/kg$，对皮肤和眼睛有轻微刺激（兔）。大鼠吸入 LC_{50}（4h）>1.75mg/L。NOEL（1~2年）：大鼠和小鼠1mg/kg，狗0.5mg/kg。不致癌致畸。美洲鹑急性经口 LD_{50} 1386mg/kg。LC_{50}：野鸭（5d）>5620mg/kg，鹌鹑（21d）>1000mg/kg。LC_{50}（96h）：虹鳟鱼1.1mg/L，金鱼1~2mg/L，大翻车鱼1.4mg/L。水蚤 LC_{50}（48h）0.58mg/L。蜜蜂 LD_{50} 0.0016mg/只。

制剂　EC，GR。

应用　苗前除草剂，可用于芸薹属植物、葫芦和莴苣栽培前除草。抑制脂类合成，非乙酰辅酶A羧化酶抑制剂。

主要生产商　Gowan。

分析方法　产品采用HPLC分析。

参考文献

[1]　US 3205253.

[2]　Hemphill D D. Res Rep North Cent Weed Control Conf, 1962：104，111.

[3]　Anal Methods Pestic Plant Growth Regul, 1984，13：219.

碘苯腈（ioxynil）

ioxynil, $C_7H_3I_2NO$, 370.9；ioxynil octanoate, $C_{15}H_{17}I_2NO_2$, 497.1；ioxynil-potassium, $C_7H_2I_2KNO$, 409.0；ioxynil-sodium, $C_7H_2I_2NNaO$, 392.9；1689-83-4(ioxynil)；3861-47-0(ioxynil octanoate)；2961-63-9 (ioxynil-potassium)；2961-62-8 (ioxynil-sodium)

R. L. Wain 等1963、1964、1966年分别报道碘苯腈的除草活性，由 May & Baker Ltd 和 Amchem Products Inc（现都属 Bayer AG）公司开发。

其他名称　ACP 63-303（Amchem），M&B 8873（May & Baker）

化学名称　4-羟基-3,5-二碘苄腈；4-hydroxy-3,5-di-iodobenzonitrile

CAS 名称　4-hydroxy-3,5-diiodobenzonitrile

理化性质　纯品为白色结晶粉末。原药为纯度约96%、带有酚味的粉末。熔点208℃。蒸气压 $2.04×10^{-3}$mPa（25℃）。$K_{ow}lgP$：2.5（pH 5），0.23（pH 8.7）。Henry 常数 $1.5×10^{-5}$Pa·m^3/mol（25℃）。相对密度2.72（20℃）。水中溶解度（20℃）：38.9mg/L（pH 5），64.3mg/L（pH 7）；有机溶剂中溶解度：丙酮73.5，乙醇、甲醇22，环己酮140，四氢呋喃340，DMF740，氯仿10，四氯化碳<1（g/L，25℃）。贮存稳定，遇碱易水解。pK_a：4.1±0.1。

辛酰碘苯腈乳蜡状固体。熔点59~60℃。溶解度（20~25℃）：不溶于水；丙酮中100g/L，苯氯仿中650g/L，环己酮、二甲苯中500g/L，二氯甲烷中700g/L，乙醇中150g/L。本品贮存稳定，但在碱性介质中迅速水解。

碘苯腈钾盐溶解度：水中107g a.i./L；丙酮中60g/L，2-甲氧基醇中770g/L，四氢糠醇中750g/L。

碘苯腈钠盐溶解度（20~25℃）：水中140g a.i./L；丙酮中120g/L，2-甲氧基醇中640g/L，四羟基糠醇中650g/L。

毒性 急性经口 LD_{50} (mg/kg):大鼠 114~178,小鼠 230。大鼠急性经皮 LD_{50} 1050mg a.i./kg;对兔皮肤和眼睛无刺激性,对皮肤不致敏。大鼠急性吸入 LC_{50} (6h) 0.38mg/L 空气。日本鹌鹑急性经口 LD_{50} 62mg/kg。鱼毒 LC_{50} (96h):虹鳟鱼 8.5mg/L,大翻车鱼 3.5mg/L。水蚤 EC_{50} (48h) 3.14mg/L。蜜蜂 LD_{50}:(经口)10.1μg/只,(接触)>100μg/只。蚯蚓 LD_{50} (7d、14d)>60mg/kg 土壤。

辛酰碘苯腈急性经口 LD_{50} (mg/kg):大鼠 165~332,小鼠 240。急性经皮 LD_{50} (mg/kg):大鼠>2000,小鼠 1240。对兔皮肤和眼睛无刺激性,对皮肤致敏。禽类急性经口 LD_{50} (mg/kg):日本鹌鹑 677,野鸡 1000,绿头鸭 1200。鱼毒 LC_{50} (96h):虹鳟鱼 0.043mg/L,大翻车鱼 0.024mg/L。水蚤 EC_{50} (48h) 0.068mg/L。蜜蜂 LD_{50}:(经口)>3.27μg/只;(接触)>200μg/只。蠕虫:蚯蚓 LC_{50}>60mg/kg 土壤。

碘苯腈钠盐急性经口 LD_{50} (mg/kg):大鼠 120,小鼠 190。大鼠急性经皮 LD_{50} 210mg/kg。无作用剂量:大鼠(90d)5.5mg/(kg·d)。野鸡急性经口 LD_{50} 为 35mg/kg。小丑鱼 LC_{50} (48h) 3.3mg/L。对蜜蜂无毒性。

制剂 EC,SL(碘苯腈、辛酰碘苯腈)。

应用 碘苯腈为具有内吸活性的触杀型除草剂,可防除谷物、韭葱、洋葱、甘蔗和新播种的草坪田中一年生阔叶杂草。与其他除草剂混用可扩大除草谱。

主要生产商 Bayer CropScience Nufarm,Makhteshim-Agan。

参考文献

[1] GB 1067033.
[2] US 3397054.

碘氯啶酯(cliodinate)

$C_7H_4ClI_2NO_2$,423.4,69148-12-5

由 Celamerck GmbH KG(后 Shell Agrar GmbH)推出。

其他名称 ASD 2288

化学名称 2-氯-3,5-二碘-4-吡啶乙酸;2-chloro-3,5-di-iodo-4-pyridyl acetate

CAS 名称 2-chloro-3,5-di-iodo-4-pyridinyl acetate

应用 除草剂。

主要生产商 Shell Agrar GmbH。

碘嗪磺隆(iofensulfuron)

$C_{12}H_{12}IN_5O_4S$,449.2,1144097-22-2;$C_{12}H_{11}IN_5NaO_4S$(钠盐),471.2,1144007-30-2(钠盐)

拜耳公司开发的三嗪磺酰脲类除草剂。

其他名称 BCS-AA10579

化学名称 1-(2-碘苯基磺酰基)-3-(4-甲氧基-6-甲基-1,3,5-三嗪-2-基)脲；1-(2-iodophenylsulfonyl)-3-(4-methoxy-6-methyl-1,3,5-triazin-2-yl)urea

CAS 名称 2-iodo-N-[[[(4-methoxy-6-methyl-1,3,5-triazin-2-yl)amino]carbonyl]benzenesulfonamide

应用 用于麦稻棉豆田的除草剂。

主要生产商 Bayer CropScience。

叠氮净（aziprotryne）

$C_7H_{11}N_7S$，225.3，4658-28-0

1967 年由 D. H. Green 等人报道其活性，由 Ciba AG（后 Novartis Crop Protection AG）开发。

其他名称 C 7019，aziprotryne

化学名称 4-叠氮基-N-异丙基-6-甲硫基-1,3,5-三嗪-2-基胺；4-azido-N-isopropyl-6-methylthio-1,3,5-triazin-2-ylamine

CAS 名称 4-azido-N-(1-methylethyl)-6-(methylthio)-1,3,5-triazin-2-amine

理化性质 无色晶体粉末。熔点 94.5～95.5℃，蒸气压 0.267mPa（20℃），Henry 常数 $1.09×10^{-3}$ Pa·m³/mol（计算值）。相对密度 1.40（20℃）。溶解度：水 55mg/L（20℃）；丙酮 27，二氯甲烷 37，乙酸乙酯 12，异丙醇 14，苯 4（均为 g/kg，20℃）。中性和弱酸性介质中稳定，弱碱性介质中缓慢水解。

毒性 大鼠急性经口 LD_{50} 3600～5833mg/kg。大鼠急性经皮 LD_{50}＞3000mg/kg；对眼睛有轻微刺激，对皮肤无刺激。大鼠吸入 LC_{50}（6h）＞0.208mg/L。NOEL（90d）：大鼠 50mg/(kg·d)，狗 50mg/(kg·d)。野鸭和鹌鹑饲喂 LC_{50}（8d）＞4000mg/kg。大翻车鱼和大口黑鲈鱼 LC_{50}（96h）＞1mg/L。对蜜蜂无毒。

制剂 WP。

应用 选择性除草剂。光合系统 Ⅱ 受体部位的光合作用电子转移抑制剂。防除多种一年生阔叶杂草以及芸薹属作物（花椰菜除外）、洋葱、韭菜、大蒜、青葱、茴香、豆类、细卷鸦葱、油菜田的杂草，苗前或苗后施用。通过根系和叶面吸收。对花椰菜有药害。

分析方法 产品采用 GLC 分析。

主要生产商 Novartis，Ciba-Geigy。

参考文献

[1] BE 656233.

[2] GB 1093376.

[3] Green D H, et al. C R Journ Etud Herbic Conf Columa 4th, 1967, 1：1.

丁苯草酮（butroxydim）

$C_{24}H_{33}NO_4$，399.5，138164-12-2

由捷利康公司开发的环己烯二酮类除草剂。

其他名称　ICIA 0500，Falcon

化学名称　5-(3-丁酰基-2,4,6-三甲苯基)-2-[1-(乙氧亚氨基)丙基]-3-羟基环己-2-烯-1-酮；5-(3-butyryl-2,4,6-trimethylphenyl)-2-(1-ethoxyiminopropyl)-3-hydroxycyclohex-2-enone

CAS 名称　2-[1-(ethoxyimino)propyl]-3-hydroxy-5-[2,4,6-trimethyl-3-(1-oxobutyl)phenyl]-2-cyclohexen-1-one

理化性质　纯品为粉色固体，熔点 80.8℃。蒸气压 $1×10^{-6}$Pa（20℃）。K_{ow}lg$P$ 1.90（pH 7，25℃）。Henry 常数 $5.79×10^{-5}$Pa·m³/mol。相对密度 1.2（20℃）。水中溶解度：6.9mg/L（20℃）；其他溶剂中溶解度（g/L，20℃）：二氯甲烷＞500，丙酮 450，乙腈 380，甲醇 90，己烷 30。在正常条件下贮存稳定。水中 DT_{50}（25℃）：10.5d（pH 5），＞240d（pH 7），稳定（pH 9）。pK_a 4.36（23℃）。

毒性　大鼠急性经口 LD_{50}：雌性 1635mg/kg，雄性 3476mg/kg。大鼠急性经皮 LD_{50}＞2000mg/kg；对兔皮肤无刺激性，对兔眼睛有中度刺激性。大鼠急性吸入 LC_{50}（4h）＞2.99g/L。NOEL 数据：大鼠（2 年）无作用剂量为 2.5mg/(kg·d)，小鼠（2 年）无作用剂量为 10mg/(kg·d)，狗（1 年）无作用剂量为 5mg/(kg·d)。ADI 值：0.025mg/kg。无致突变性，无致畸性。急性经口 LD_{50}（mg/kg）：野鸭＞2000，小齿鹑 1221。亚急性饲喂 LC_{50}（5d，mg/kg）：野鸭＞5200，小齿鹑 5200。鱼毒 LC_{50}（96h，mg/L）：虹鳟鱼＞6.9，大翻车鱼 8.8。蜜蜂 LD_{50}（接触，24h）＞200μg/只。蚯蚓 LC_{50}（14d）＞1000mg/kg 土。

制剂　WG。

应用　属 ACC 抑制剂。主要用于防除禾本科杂草。适用于阔叶作物，苗后使用。茎叶处理后经叶迅速吸收，传导到分生组织，在敏感植物中抑制支链脂肪酸和黄酮类化合物的生物合成而起作用，使其细胞分裂遭到破坏，抑制植物分生组织的活性，使植株生长延缓，在施药后 1～3 周内植株褪绿坏死，随后叶干枯而死亡。

合成路线

分析方法 分析采用 HPLC 法。

参考文献

[1] US 5264628.

[2] EP 85529.

丁草胺（butachlor）

$C_{17}H_{26}ClNO_2$，311.8，23184-66-9

由 D. D. Baird 和 R. P. Upchurch 于 1970 年报道，孟山都公司开发的氯代乙酰胺类除草剂。

其他名称 马歇特，灭草特，去草胺，丁草锁，CP53，Butanex，butataf，Dhanuchlor，Farmachlor，Hiltaklor，Rasayanchlor，Trapp，Wiper，Machete

化学名称 N-丁氧甲基-2-氯-2′,6′-二乙基乙酰替苯胺；N-butoxymethyl-2-chloro-2′,6′-diethylacetanilide

CAS 名称 N-(butoxymethyl)-2-chloro-N-(2,6-diethylphenyl)acetamide

理化性质 淡黄色或紫色有甜香气味的液体。熔点 $-2.8 \sim 1.7$℃。沸点 156℃（66.5Pa）。蒸气压 0.24mPa（25℃）。Henry 常数 3.74×10^{-3}Pa·m³/mol（计算值）。相对密度 1.07（20℃）。水中溶解度 16mg/L（20℃）；溶于多数有机溶剂，包括二乙醚、丙酮、苯、乙醇、乙酸乙酯和正己烷。稳定性：≥150℃分解，对紫外线稳定。闪点＞135℃（塔格闭杯试验）。

毒性 急性经口 LD_{50}（mg/kg）：大鼠 2620，小鼠 4104，兔＞5010。兔急性经皮 LD_{50}＞13000mg/kg；对皮肤中度刺激，对眼睛无刺激作用（兔），豚鼠皮肤表现敏感。大鼠吸入 LC_{50}（4h）＞5.3mg/L（空气）。无作用剂量：大鼠 20mg/kg 饲料（1.0mg/kg），小鼠 100mg/kg 饲料，狗 3.65mg/(kg·d)。野鸭急性经口 LD_{50}＞4640mg/kg。饲喂毒性 LC_{50}（5d）：野鸭＞10000mg/L，山齿鹑 6597mg/L。LC_{50}（96h）：虹鳟鱼 0.52mg/L，大翻车鱼 0.44mg/L，鲤鱼 0.574mg/L。水蚤 LC_{50}（48h）2.4mg/L。绿藻（羊角月牙藻）：E_rC_{50}（72h）＞2.7μg/L；E_bC_{50}（72h）1.8μg/L。蜜蜂 LD_{50}（48h）：接触＞100μg/只；经口＞90μg/只。

制剂 TC，ME，CS，MG，EW，EC，GR。

应用 用于水田和旱地防除以种子萌发的禾本科杂草。对一年生莎草及一些一年生阔叶杂草，如稗草、千金子、异型莎草、碎米莎草、牛毛毡等有良好的防效。对鸭舌草、节节草、尖瓣花和萤蔺等有较好的预防作用。对水三棱、扁秆藨草、野慈姑等多年生杂草则无明显防效。适用于移栽水稻田、水稻旱育秧田。丁草胺是酰胺类选择性芽期除草剂。主要通过杂草幼芽和幼小的次生根吸收，抑制体内蛋白质合成，使杂草幼株肿大、畸形、色深绿，最终导致死亡。只有少量丁草胺能被稻苗吸收，而且在体内迅速完全分解代谢，因而稻苗有较大的耐药力。丁草胺在土壤中稳定性小，对光稳定，能被土壤微生物分解。持效期为 30～40d，对下茬作物安全。

合成路线

$$\underset{\underset{C_2H_5}{\big|}}{\overset{\overset{C_2H_5}{\big|}}{\bigcirc}}-NH_2 \xrightarrow{HCHO} \underset{\underset{C_2H_5}{\big|}}{\overset{\overset{C_2H_5}{\big|}}{\bigcirc}}-N=CH_2 \xrightarrow{ClCH_2COCl} \underset{\underset{C_2H_5}{\big|}}{\overset{\overset{C_2H_5}{\big|}}{\bigcirc}}-N\underset{CH_2Cl}{\overset{COCH_2Cl}{\big<}}$$

$$\underset{\underset{C_2H_5}{\big|}}{\overset{\overset{C_2H_5}{\big|}}{\bigcirc}}-N\underset{CH_2Cl}{\overset{COCH_2Cl}{\big<}} \xrightarrow{C_4H_9OH} \underset{\underset{C_2H_5}{\big|}}{\overset{\overset{C_2H_5}{\big|}}{\bigcirc}}-N\underset{CH_2OC_4H_9}{\overset{COCH_2Cl}{\big<}}$$

分析方法 原药分析方法：对试样中丁草胺进行气相色谱分离和内标法定量。水乳剂分析方法：采用高效液相色谱法、紫外检测、外标法对丁草胺进行定量分析。

主要生产商 易多收生物科技，河池农药厂，哈尔滨利民农化，吉化农化，江苏常隆，江苏绿利来，南通江山，大连瑞泽，大连润泽，内蒙古宏裕科技，南通维立科，山东滨农，山东德浩，山东侨昌，山东胜邦绿野，潍坊润丰，中石药业，天津绿农生物，无锡禾美，信阳信化，兴农药业（中国），允发化工（上海），杭州庆丰。

参考文献

[1] The pesticide Manual. 12 th ed. 2000：117.
[2] US 3442945.
[3] US 3547620.
[4] Baird D D, Upchurch R P. Proc South Weed Control Conf 23rd，1970：101.

丁草敌（butylate）

$C_{11}H_{23}NOS$，217.4，2008-41-5

1962 年由 R. A. Gray 等报道，Stauffer Chemical Co.（Syngenta AG）推出。

其他名称 R-1910

化学名称 二异丁基硫代氨基甲酸-S-乙酯；S-ethyl diisobutylthiocarbamate

CAS 名称 S-ethylbis(2-methylpropyl)carbamothioate

理化性质 无色液体，有芳香气味（原药为琥珀色液体）。沸点：137.5～138℃（21mmHg），71℃（1mmHg）。蒸气压 1.73×10^3 mPa（25℃）。K_{ow} lg$P$ 4.1（25℃）。Henry 常数≤1.04Pa·m³/mol（20℃，计算值）。相对密度 0.9402（25℃）。水中溶解度 36mg/L（20℃）；易溶于常见有机溶剂，如丙酮、乙醇、二甲苯、甲基异丁基甲酮、煤油。200℃稳定，遇强酸或强碱水解。

毒性 大鼠急性经口 LD_{50}＞3500mg/kg。兔急性经皮 LD_{50}＞5000mg/kg；对皮肤有轻微刺激，对眼睛无刺激（兔）。大鼠吸入 LC_{50}（4h）5.2mg/L 空气。NOEL（90d）：大鼠 32mg/(kg·d)，狗 40mg/(kg·d)。规定饮食 LC_{50}（7d）美洲鹑 40000mg/kg 饲料。LC_{50}（96h）：虹鳟鱼 4.2mg/L，大翻车鱼 6.9mg/L。按规定使用时对蜜蜂无害。

制剂 EC，GR。

应用 选择性除草剂。用于防除玉米和凤梨田一年生杂草和莎草。主要由根和胚芽鞘吸收，并向上输导内吸迁移，作用于分生组织，抑制发芽。

分析方法 产品分析采用 GLC-FID。
主要生产商 ÉMV。
参考文献
[1] Gray R A, et al. Proc North Cent Weed Control Conf, 1962：19.
[2] US 2913327.
[3] CIPAC Handbook, 1983, 1B：1744.

丁噁隆（dimefuron）

$C_{15}H_{19}ClN_4O_3$，338.8，34205-21-5

1974 年由 L. Burgaud 等报道除草活性。由 Rhone-Poulenc Agrochimie 公司开发。

其他名称 噁唑隆，Pradone
化学名称 3-[4-(5-叔丁基-2,3-二氢-2-氧代-1,3,4-噁二唑-3-基)-3-氯苯基]-1,1-二甲基脲；3-[4-(5-*tert*-butyl-2,3-dihydro-2-oxo-1,3,4-oxadiazol-3-yl)-3-chlorophenyl]-1,1-dimethylurea
CAS 名称 N'-[3-chloro-4-[5-(1,1-dimethylethyl)-2-oxo-1,3,4-oxadiazol-3(2H)-yl]phenyl]-N,N-dimethylurea
理化性质 纯品为无色、无味晶体。熔点 193℃，K_{ow}lg$P$ 2.51。蒸气压忽略不计（20℃）。溶解度（20℃）：水中约 16mg/L；相对溶于丙酮、乙腈、苯乙酮、乙醇，不易溶于苯、甲苯、二甲苯，易溶于氯仿。丁噁隆+卡草胺，常温下贮存稳定。土壤中 DT_{50} 约 6 个月。
毒性 急性经口 LD_{50}：大鼠>5000mg/kg，小鼠>10000mg/kg，狗>2000mg/kg。大鼠急性经皮 LD_{50}>2000mg/kg，对兔眼睛和皮肤无刺激。NOEL 大鼠 150mg/kg 饲料（2年），狗 20mg/(kg·d) 饲料（90d）。
制剂 WP。
应用 脲类除草剂，防除蚕豆、主要的禾谷类作物、棉花、花生、油菜和豌豆田中杂草。本品也用于防除冬油菜田中难除的一年生阔叶杂草，如繁缕、母菊属；还可防除鼠尾看麦娘、燕麦属和自生的禾谷类植物。与卡草胺混用，可扩大在油菜田中的除草谱。
分析方法 产品和残留分析均采用 GLC 法。
主要生产商 Feinchemie Schwebda。

丁硫咪唑酮（buthidazole）

$C_{10}H_{16}N_4O_2S$，256.3，55511-98-3

由 R. F. Anderson 于 1974 年报道，Velsicol Chemical Corp.（后 Sandoz AG）推出。

其他名称　Vel-5026

化学名称　3-(5-叔丁基-1,3,4-噻二唑-2-基)-4-羟基-1-甲基-2-咪唑烷酮；3-(5-*tert*-butyl-1,3,4-thiadiazol-2-yl)-4-hydroxy-1-methyl-2-imidazolidone

CAS 名称　3-[5-(1,1-dimethylethyl)-1,3,4-thiadiazol-2-yl]-4-hydroxy-1-methyl-2-imidazolidinone

理化性质　原药组成≥86%。无色晶体（原药为黄褐色粉末）。熔点 133～134℃，蒸气压 0.0053mPa（25℃）。Henry 常数 2.09×10^{-7} Pa·m³/mol（计算值）。相对密度 1.28 (25℃)；溶解度：水 6.5g/kg（25℃）；丙酮 150，DMF 208，甲苯 45，二甲苯 10（均为 g/kg，25℃）。237℃分解，对紫外线稳定。

毒性　大鼠急性经口 LD_{50} 1575～2430mg/kg。兔急性经皮 LD_{50}>20000mg/kg，对皮肤和眼睛无刺激（兔）。大鼠吸入 LC_{50}（4h）>20.8mg/L（粉尘）。NOEL（2 年）大鼠 300mg/kg 饲料，小鼠≥1000mg/kg 饲料产生肝脏肿瘤，兔 90mg/(kg·d) 未发现畸形。NOEL 大鼠（3 代）1500mg/kg 饲料。

制剂　GR，WP。

应用　用于防治玉米和甘蔗田的阔叶杂草和一年生杂草。

分析方法　产品分析采用 HPLC。

参考文献

[1] Anderson R F. Proc Int Velsicol Symp 8th，1974.

[2] US 3904640.

丁脒酰胺（isocarbamid）

$C_8H_{15}N_3O_2$，185.2，30979-48-7

1970 年由 L. Eue 等报道除草活性，Bayer 公司开发。

其他名称　益杀虫磷，草特灵，BAY MNF 0166

化学名称　N-异丁基-2-氧代咪唑啉-1-甲酰胺；N-isobutyl-2-oxoimidazolidine-1-carboxamide

CAS 名称　N-(2-methylpropyl)-2-oxo-1-imidazolidinecarboxamide

理化性质　无色晶体，熔点 95～96℃，50℃下蒸气压<0.1mmHg。20℃时溶解度：水 1.3g/L，环己烷 130g/kg，二氯甲烷 281g/kg。在酸、碱介质中稳定。

毒性　急性经口 LD_{50}：雄鼠>2500mg/kg，雌狗>500mg/kg。雄鼠急性经皮 LD_{50}>500mg/kg。NOEL：（90d）大鼠 800mg/kg 饲料，狗>5000mg/kg 饲料。对鸟、鱼低毒，对蜜蜂无毒。

应用　可选择性地防除糖用甜菜和饲料用甜菜田杂草。

参考文献

[1] DE 1795117.

[2] US 3875180.

丁嗪草酮（isomethiozin）

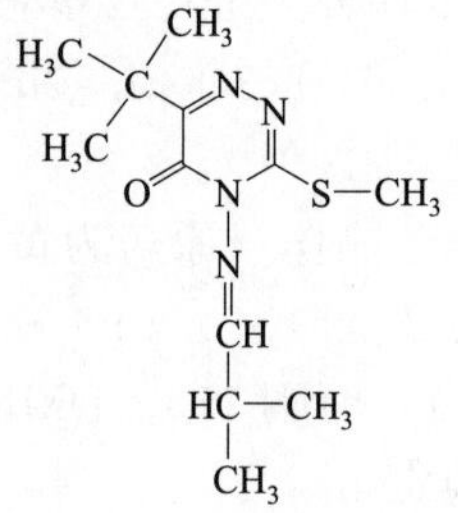

$C_{12}H_{20}N_4OS$，268.4，57052-04-7

由 H. Hack 报道除草活性，Bayer 公司开发。

其他名称 Tantizon，Tantizon Combi，Tantizon，BAY DIC 1577

化学名称 6-叔丁基-4-亚异丁基氨基-3-甲硫基-1,2,4-三嗪-5(4H)-酮；6-*tert*-butyl-4-isobutylideneamino-3-methylthio-1,2,4-triazin-5(4H)-one

CAS 名称 6-*tert*-butyl-4-isobutylideneamino-3-methylthio-1,2,4-triazin-5(4H)-one

理化性质 无色晶体，熔点 159.3℃，蒸气压 0.047mPa（20℃），Henry 常数 $1.26×10^{-3}$ Pa·m³/mol（计算值）。20℃溶解度：水 10mg/kg；环己酮 103g/kg，二氯甲烷 152g/kg。

毒性 急性经口 LD_{50}：大鼠 10000mg/kg，小鼠＞2500mg/kg。NOEL 数据：（90d）大鼠 100mg/kg 饲料，狗 500mg/kg 饲料。

制剂 WP。

应用 芽前芽后除草剂，可用于防除禾本科杂草。在春季施用于冬小麦，并可与 2,4-滴丙酸混用。在土壤中移动性小，残效期中等。

主要生产商 Bayer。

参考文献

[1] GB 1182801.

[2] The Pesticide Manual. 15th ed.

丁噻隆（buthiuron）

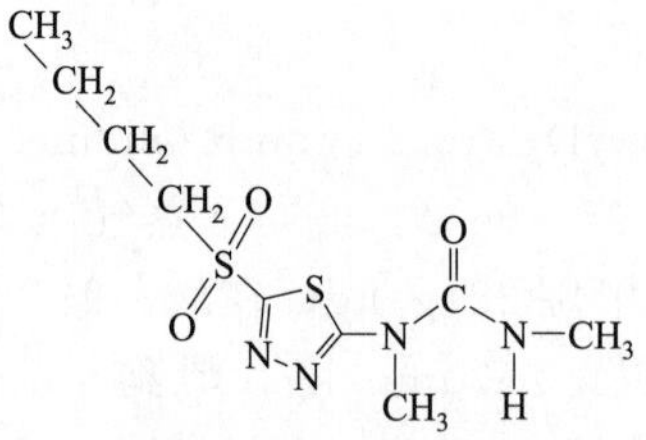

$C_9H_{16}N_4O_3S_2$，292.4，30043-55-1

Bayer AG 推出。

其他名称 MET 1489

化学名称 1-(5-丁基磺酰-1,3,4-噻二唑-2-基)-1,3-二甲基脲；1-(5-butylsulfonyl-1,3,4-thiadiazol-2-yl)-1,3-dimethylurea

CAS 名称 N-[5-(butylsulfonyl)-1,3,4-thiadiazol-2-yl]-N,N'-dimethylurea

应用 选择性除草剂，在大麦、小麦、棉花、甘蔗、胡萝卜田中防除藜、猪殃殃、鼠尾看麦娘、苦瓜和稗草等。

丁烯草胺（butenachlor）

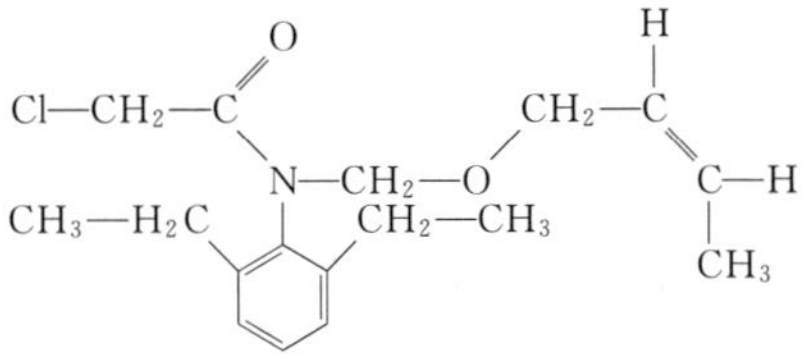

$C_{17}H_{24}ClNO_2$，309.8，87310-56-3

由 Agro-Kanesho Co., Ltd 推出。

其他名称 KH-218

化学名称 (Z)-N-丁-2-烯氧基甲基-2-氯-2′,6′-二乙基乙酰苯胺；(Z)-N-but-2-enyloxymethyl-2-chloro-2′,6′-diethylacetanilide

CAS 名称 (Z)-2-chloro-N-[(2-butenyloxy)methyl]-N-(2,6-diethylphenyl)acetamide

理化性质 淡黄色液体，熔点 12.9℃，蒸气压 0.93mPa（25℃）。K_{ow} lg$P$ 3.51（HPLC 法）。Henry 常数 $1×10^{-2}$ Pa·m³/mol（计算值）。相对密度 1.0998。溶解度：水 29mg/L（27℃）；易溶于丙酮、乙醇、乙酸乙酯、己烷。稳定性：在酸性、中性和弱碱性介质中稳定，太阳光下不稳定。

毒性 急性经口 LD_{50}：雄大鼠 1630mg/kg，雌大鼠 1875mg/kg，雄小鼠 6417mg/kg，雌小鼠 6220mg/kg。大鼠急性经皮 LD_{50}>2000mg/kg，对皮肤和眼睛有轻微刺激。大鼠吸入 LC_{50}（4h）3.34mg/L 空气。NOEL（90d）：大鼠 20mg/kg，狗 25mg/kg。美洲鹑和野鸭急性经口 LD_{50}>2000mg/kg。LC_{50}（96h）：镜鲤 0.48mg/L，日本鳉鱼 0.42mg/L。

制剂 GR。

应用 选择性除草剂。用于苗前防除播种和移栽水稻田的大多数杂草和一些阔叶杂草、水生杂草。主要由发芽的枝吸收，其次由根吸收，在植株内迁移，在茎叶部位的分布浓度较生殖部位高。通过阻塞蛋白质合成抑制细胞分裂。

分析方法 产品分析采用 GLC。

参考文献

[1] US 4798618.
[2] JP 1518580.

丁酰草胺（chloranocryl）

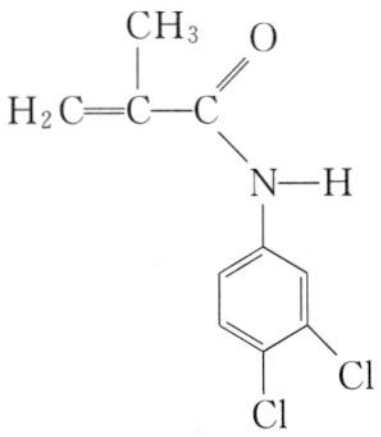

$C_{10}H_9Cl_2NO$，230.1，2164-09-2

由 S. W. Bingham 和 W. K. Porter 于 1961 年报道，由 FMC Corp 推出。

其他名称　FMC 4556，dicryl

化学名称　3′,4′-二氯-2-甲基丙烯酰替苯胺；3′,4′-dichloro-2-methylacrylanilide

CAS 名称　N-(3,4-dichlorophenyl)-2-methyl-2-propenamide

应用　除草剂。

主要生产商　FMC Corp。

参考文献

Bingham S W，Porter W K. Weeds，1961，9：282.

丁硝酚（medinoterb）

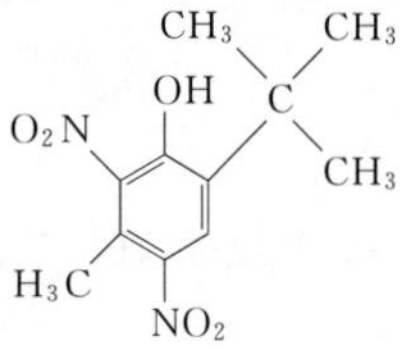

medinoterb，$C_{11}H_{14}N_2O_5$，254.2，3996-59-6；medinoterb acetate，$C_{13}H_{16}N_2O_6$，296.3，2487-01-6

1965 年由 G. A. Emery 等报道除草活性，Murphy Chemical 公司开发。

其他名称　P 1488，MC 1488

化学名称　6-叔丁基-2,4-二硝基间甲酚；6-*tert*-butyl-2,4-dinitro-*m*-cresol；6-*tert*-butyl-3-methyl-2,4-dinitrophenol

CAS 名称　6-(1,1-dimethylethyl)-3-methyl-2,4-dinitrophenol

理化性质　medinoterb acetate 是一种黄色晶体。熔点 86～87℃，蒸气压 53mPa（40℃）。水中溶解度<10mg/L（室温）。微溶于己烷，易溶于丙酮、二甲苯。在碱性（室温）条件下，快速加热后，缓慢水解。

毒性　medinoterb acetate：大鼠急性经口 LD_{50} 42mg/kg，兔 80mg/kg。大鼠急性经皮 LD_{50} 1300mg/kg，豚鼠>200mg/kg。雄大鼠（90d）无作用剂量 1mg/(kg·d)，雌大鼠 1.2mg/(kg·d)。鸡急性经口 LD_{50} 560mg/kg。

制剂　WP。

应用　medinoterb acetate 对幼苗有药害，所以推荐种植前使用，可用于甜菜、棉花和豆科作物。

参考文献

GB 1080282.

啶磺草胺（pyroxsulam）

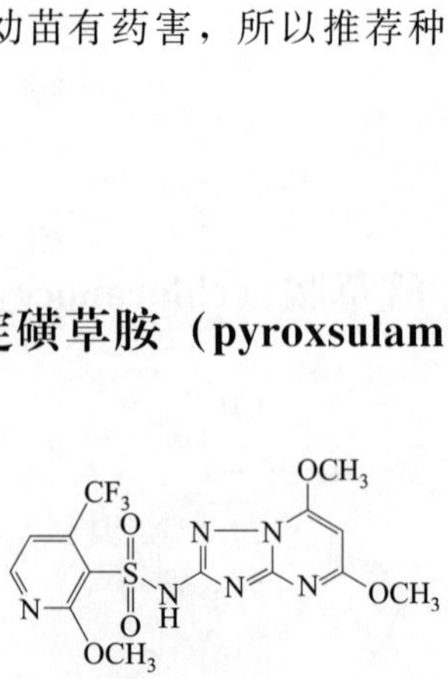

$C_{14}H_{13}F_3N_6O_5S$，434.4，422556-08-9

其他名称　甲氧磺草胺，DE-742，XDE-742，XR-742，X666742，Crusader，Simplicity

化学名称　N-[5,7-二甲氧基[1,2,4]三唑并[1,5-a]嘧啶-2-基]-2-甲氧基-4-(三氟甲基)-3-吡啶磺酰胺；N-[5,7-dimethoxy[1,2,4]triazolo[1,5-a]pyrimidin-2-yl]-2-methoxy-4-(trifluoromethyl)pyridine-3-sulfonamide

CAS名称　N-[5,7-dimethoxy[1,2,4]triazolo[1,5-a]pyrimidin-2-yl]-2-methoxy-4-(trifluoromethyl)-3-pyridinesulfonamide

理化性质　外观为棕褐色粉末，熔点208.3℃，分解温度213℃，蒸气压（20℃）$<1\times10^{-7}$Pa。溶解度（g/L，20℃）：纯净水0.0626，pH值7缓冲液3.20，甲醇1.01，丙酮2.79，正辛醇0.073，乙酸乙酯2.17，二氯乙烷3.94，二甲苯0.0352，庚烷<0.001。

毒性　大鼠急性经口$LD_{50}>$2000mg/kg。大鼠急性经皮$LD_{50}>$2000mg/kg；对兔眼睛和皮肤无刺激性，对豚鼠皮肤有致敏性。大鼠吸入LC_{50}（4h）>5.1mg/L。雄小鼠NOAEL（致癌性）100mg/kg。无致畸、致癌、致突变性，无神经毒性，也无生殖影响。野鸭和山齿鹑急性经口$LD_{50}>$2000mg/kg。野鸭和山齿鹑饲喂$LC_{50}>$5000mg/kg。虹鳟鱼LC_{50}（96h）>87mg/L，黑头呆鱼>94.4mg/L。对黑头呆鱼无影响浓度值NOEC（40d）≥10.1mg/L。水蚤LC_{50}（48h）>100mg/L。羊角月牙藻EC_{50}（96h）0.135mg/L，水华鱼腥藻EC_{50}（120h）11mg/L，中肋骨条藻13.1mg/L，舟形藻6.8mg/L。浮萍EC_{50}（7d）0.00257mg/L。蜜蜂急性LD_{50}：（48h，经口）>107μg/只；（接触）>100μg/只。蚯蚓LC_{50}（14d）>10000mg/kg土。

制剂　OD，WG。

应用　磺酰胺类内吸传导型、选择性冬小麦田苗后除草剂，杀草谱广，除草活性高，药效作用快。该药经由杂草叶片、鞘部、茎部或根部吸收，在生长点累积，抑制乙酰乳酸合成酶，使无法合成支链氨基酸，进而影响蛋白质合成，影响杂草细胞分裂，造成杂草停止生长，黄化，然后死亡。对冬小麦田多种一年生杂草有较高活性和较好防效。

主要生产商　Dow AgroSciences。

参考文献

[1]　The Pesticide Manual. 15 th ed.

[2]　农药品种手册精编. 北京：化学工业出版社.

啶嘧磺隆（flazasulfuron）

$C_{13}H_{12}F_3N_5O_5S$，407.3，104040-78-0

1989年由日本石原产业化学公司开发的磺酰脲类除草剂。

其他名称　啶嘧黄隆，SL-160，OK-1166，Shibagen

化学名称　1-(4,6-二甲氧基嘧啶-2-基)-3-(3-三氟甲基-2-吡啶磺酰)脲；1-(4,6-dimethoxypyrimidin-2-yl)-3-(3-trifluoromethyl-2-pyridylsulfonyl)urea

CAS名称　N-[[(4,6-dimethoxy-2-pyrimidinyl)amino]carbonyl]-3-(trifluoromethyl)-2-pyridinesulfonamide

理化性质　无味、白色结晶粉末。熔点180℃（纯品99.7%）。蒸气压<0.013mPa

(25℃、35℃和45℃)。$K_{ow}\lg P$ 1.30（pH 5），-0.06（pH 7）。Henry 常数 $<2.58\times10^{-6}$ $Pa\cdot m^3/mol$。相对密度 1.606（20℃）。水中溶解度：0.027（pH 5），2.1（pH 7）（g/L，25℃）。有机溶剂中溶解度：辛醇 0.2，甲醇 4.2，丙酮 22.7，二氯甲烷 22.1，乙酸乙酯 6.9，甲苯 0.56，乙腈 8.7（g/L，25℃）；正己烷 0.5mg/L（25℃）。水中 DT_{50}（22℃）：17.4h（pH 4），16.6d（pH 7），13.1d（pH 9）。pK_a 4.37（20℃）。

毒性 大鼠和小鼠急性经口 $LD_{50}>5000mg/kg$。大鼠急性经皮 $LD_{50}>2000mg/kg$；对皮肤和眼睛无刺激性（兔），无皮肤敏感性（豚鼠）。大鼠吸入 LC_{50}（4 h）5.99mg/L。大鼠无作用剂量（2 年）1.313mg/(kg·d)。日本鹌鹑急性经口 $LD_{50}>2000mg/kg$；山齿鹑和野鸭饲喂毒性 $LC_{50}>5620mg/L$。鲤鱼 LC_{50}（48h）$>20mg/L$，虹鳟鱼 LC_{50}（96h）22mg/L。水蚤 EC_{50}（48h）106mg/L。近头状伪蹄形藻 EC_{50}（72h）0.014mg/L。蜜蜂经口和接触 $LD_{50}>100\mu g$/只。蠕虫 $LC_{50}>15.75mg/L$。

制剂 WG。

应用 乙酰乳酸合成酶（ALS）抑制剂。该药剂主要通过叶面吸收并转移至植物各部位。对草坪尤其是暖季型草坪除草安全，尤其对结缕草类和狗牙根等安全性更高，从休眠期到生长期均可使用；冷季型草坪对啶嘧磺隆敏感，故高羊茅、早熟禾、剪股颖等草坪不可使用该除草剂。啶嘧磺隆不仅能极好地防除草坪中一年生阔叶和禾本科杂草，而且还能防除多年生阔叶杂草和莎草科杂草，如稗草、马唐、牛筋草、早熟禾、看麦娘、狗尾草、香附子、水蜈蚣、碎米莎草、异型莎草、扁穗莎草、白车轴、空心莲子草、小飞蓬、黄花草、绿苋、荠菜、繁缕等。对短叶水蜈蚣、马唐和香附子防效极佳。

合成路线

分析方法 分析采用 HPLC 法。

主要生产商 Ishihara Sangyo，浙江海正。

参考文献

[1] CN 85109761.
[2] EP 0184385.
[3] JP 5122371.
[4] JP 61267576.

毒草胺（propachlor）

$C_{11}H_{14}ClNO$, 211.7，1918-16-7

由 D. D. Baird 等报道。1964 年由 Monsanto Co. 引入市场。

其他名称 CP 31393，Prolex，Ramrod，Satecid

化学名称 N-异丙基-N-苯基氯乙酰胺；2-chloro-N-isopropylacetanilide；α-chloro-N-isopropylacetanilide

CAS 名称 2-chloro-N-(1-methylethyl)-N-phenylacetamide

理化性质 纯品为浅棕色固体。熔点 77℃（原药 67~76℃），沸点 110℃（3.99Pa），蒸气压 10mPa（25℃），K_{ow}lg$P$ 1.4~2.3，Henry 常数 $3.65×10^{-3}$Pa·m³/mol（计算值），相对密度 1.134（25℃）。水中溶解度：580mg/L（25℃）；其他溶剂中溶解度（g/kg，25℃）：丙酮 448，苯 737，甲苯 342，乙醇 408，二甲苯 239，氯仿 602，四氯化碳 174，乙醚 219；微溶于脂肪烃。pH 5、7、9，25℃无菌水溶液中对水解稳定。在碱性和强酸性条件下分解。170℃分解。紫外线下稳定。闪点 173.8℃。

毒性 大鼠急性经口 LD_{50} 550~1800mg 原药/kg。兔急性经皮 LD_{50} >20000mg/kg，对兔有轻微的皮肤刺激和中度眼刺激。大鼠急性吸入 LC_{50}（4h）>1.2mg/L。无作用剂量：大鼠（2 年）5.4mg/(kg·d)，小鼠（18 个月）14.6mg/(kg·d)，狗（1 年）8.62mg/(kg·d)。无致突变、致癌、致畸性。山齿鹑急性经口 LD_{50}：91mg/kg。山齿鹑、野鸭 LC_{50}（8d）>5620mg/kg 饲料。鱼毒 LC_{50}（96h，mg/L）：大翻车鱼>1.4，虹鳟鱼 0.17，鲤鱼 0.623。水蚤 LC_{50}（48h）：7.8mg/L。羊角月牙藻（72h，mg/L）：E_bC_{50} 0.015，E_rC_{50} 23；水华鱼腥藻（72h，mg/L）：E_bC_{50} 10，E_rC_{50} 13；硅藻（72h，mg/L）：E_bC_{50} 1.5，E_rC_{50} >3.7；中肋骨条藻（72h，mg/L）：E_bC_{50} 0.048，E_rC_{50} 0.031。蜜蜂 LC_{50}（48h）：>197μg/只（经口），>200μg/只（接触）。蚯蚓 EC_{50}（14d）：217.9mg/kg 土壤。

制剂 GR，SC，WP。

应用 苗前及苗后早期施用的除草剂。可用于防除玉米、棉花、花生、大豆、甘蔗和某些蔬菜（包括十字花科、洋葱、菜豆、豌豆等）作物田中一年生禾本科和某些阔叶杂草。

分析方法 产品用 GLC/FID 分析。

主要生产商 EMV，Makhteshim-Agan。

参考文献

US 2863752.

对氟隆（parafluron）

$C_{10}H_{11}F_3N_2O$，232.2，7159-99-1

由 Ciba AG（现 Ciba-Geigy AG）开发。

其他名称 C 15 935

化学名称 1,1-二甲基-3-(α,α,α-三氟对甲苯基)脲；1,1-dimethyl-3-(α,α,α-trifluoro-p-tolyl)urea

CAS 名称 N,N-dimethyl-N'-[4-(trifluoromethyl)phenyl]urea

应用 旱田除草剂，可防除一年生禾本科及阔叶杂草。土壤处理，在生长初期也可叶面处理，在甜萝卜播种后至生长初期使用。

噁草酮（oxadiazon）

$C_{15}H_{18}Cl_2N_2O_3$，345.2，19666-30-9

由 L. Burgaud 等报道，由 Rhône-Poulenc Agrochimie（现 Bayer AG）开发。

其他名称　农思它，噁草灵，17 623 RP，Herbstar，Oxasun，Romax，Ronstar

化学名称　5-叔丁基-3-(2,4-二氯-5-异丙氧基苯基)-1,3,4-噁二唑-2(3H)-酮；5-*tert*-butyl-3-(2,4-dichloro-5-isopropoxyphenyl)-1,3,4-oxadiazol-2(3H)-one

CAS 名称　3-[2,4-dichloro-5-(1-methylethoxy)phenyl]-5-(1,1-dimethylethyl)-1,3,4-oxadiazol-2(3H)-one

理化性质　原药含量≥94%。无色无味晶体。熔点 87℃。蒸气压 0.1mPa（25℃）。K_{ow}lg$P$ 4.91（20℃）。Henry 常数 3.5×10^{-2}Pa·m³/mol（计算值）。水中溶解度 1.0mg/L（20℃）；有机溶剂中溶解度（g/L，20℃）：甲醇、酒精约 100，环己烷 200，丙酮、异佛尔酮、甲基乙基酮、四氯化碳约 600，苯、甲苯、氯仿约 1000。稳定性：酸性和中性条件下稳定，碱性条件下不稳定，DT$_{50}$38d（pH9，25℃）。

毒性　大鼠急性经口 LD$_{50}$>5000mg/kg。大鼠和兔急性经皮 LD$_{50}$>2000mg/kg；对兔眼睛有轻微刺激，对兔皮肤的刺激可忽略。大鼠吸入 LC$_{50}$（4h）>2.77mg/L。无作用剂量（2 年）大鼠饲喂 10mg/kg [0.5mg/(kg·d)]。野鸭急性经口 LD$_{50}$（24d）>1000mg/kg，山齿鹑>2150mg/kg。虹鳟和大翻车鱼 LC$_{50}$（96h）1.2mg/L。水蚤 EC$_{50}$（48h）>2.4mg/L。藻类 EC$_{50}$ 6~3000μg/L。蜜蜂 LD$_{50}$>400μg/只，伴有驱避作用。直接接触剂量高达 27kg a.i./hm²，死亡率可以忽略不计。对蚯蚓无毒。

制剂　EC，GR，SC。

应用　原卟啉原氧化酶（Ⅸ）抑制剂。用于水稻田和一些旱田作物作土壤处理的选择性触杀型芽期除草剂，主要在杂草出苗前后，通过稗等敏感杂草的幼芽或幼苗接触吸收而起作用。适用于水稻、陆稻、甘蔗、花生、大豆、棉花、向日葵、蒜、葱、韭菜、芦笋、芹菜、马铃薯、茶树、葡萄、仁果和核果、花卉、草坪等作物。噁草酮的杀草谱较广，可有效地防除上述旱作物田和水稻田中的稗、狗尾草、马唐、牛筋草、虎尾草、千金子、看麦娘、雀稗、苋、藜、铁苋菜、马齿苋、荠、蓼、龙葵、苍耳、田旋花、鸭跖草、婆婆纳、酢浆草、鸭舌草、雨久花、泽泻、矮慈姑、节节菜、水苋菜、鳢肠、牛毛毡、萤蔺、异型莎草、日照飘拂草、小茨藻等多种一年生杂草及少部分多年生杂草。用于水稻移栽田，遇到弱苗、施药过量或水层过深淹没稻苗心叶时，容易出现药害。用于旱作物田，遇到土壤过干时，不易发挥药效。

合成路线

分析方法　产品分析用 GLC。

主要生产商　Bayer Crop Science，Jindun，Rotam，Sundat，浙江海正，安徽科立华，河北新兴，河北吴桥，合肥星宇，佳木斯黑龙农化，湖南博瀚，江苏百灵，江苏蓝丰，连云港金囤，宁夏三喜，山东东泰，浙江嘉化。

参考文献

[1]　GB 1110500.
[2]　US 3385862.

噁嗪草酮（oxaziclomefone）

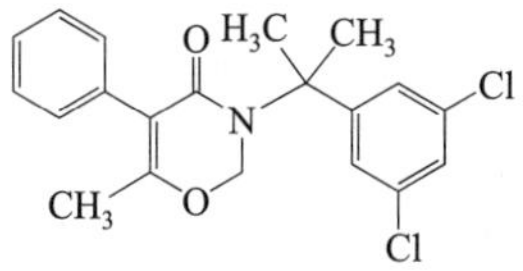

$C_{20}H_{19}Cl_2NO_2$，376.3，153197-14-9

1992 年由 Rhone-Poulenc Agrochimie（现为 Bayer AG）开发。由 K. Jikihara 等报道。

其他名称　去稗安，MY-100

化学名称　3-[1-(3,5-二氯苯基)-1-甲基乙基]-3,4-二氢-6-甲基-5-苯基-2H-1,3-噁嗪-4-酮；3-[1-(3,5-dichlorophenyl)-1-methylethyl]-3,4-dihydro-6-methyl-5-phenyl-2H-1,3-oxazin-4-one

CAS 名称　3-[1-(3,5-dichlorophenyl)-1-methylethyl]-2,3-dihydro-6-methyl-5-phenyl-4H-1,3-oxazin-4-one

理化性质　白色晶体。熔点 149.5～150.5℃。蒸气压≤1.33×10^{-2} mPa（50℃）。K_{ow} lg$P$ 4.01。水中溶解度 0.18mg/L（25℃）。稳定性：DT$_{50}$ 30～60d（50℃）。

毒性　大鼠和小鼠急性经口 LD$_{50}$＞5000mg/kg。大鼠和小鼠急性经皮 LD$_{50}$＞2000mg/kg；对兔眼睛有极轻微的刺激，对皮肤无刺激；对豚鼠皮肤不致敏。Ames 试验阴性。无致畸性。鲤鱼 LC$_{50}$（48h）＞5mg/L。

制剂　GR，SC，WG，WP。

应用　噁嗪草酮类内吸传导型水稻田除草剂，主要由杂草的根部和茎叶基部吸收。杂草接触药剂后茎叶部失绿、停止生长，直至枯死。可防除稗草、沟繁缕、千金子、异型莎草等多种杂草。

合成路线

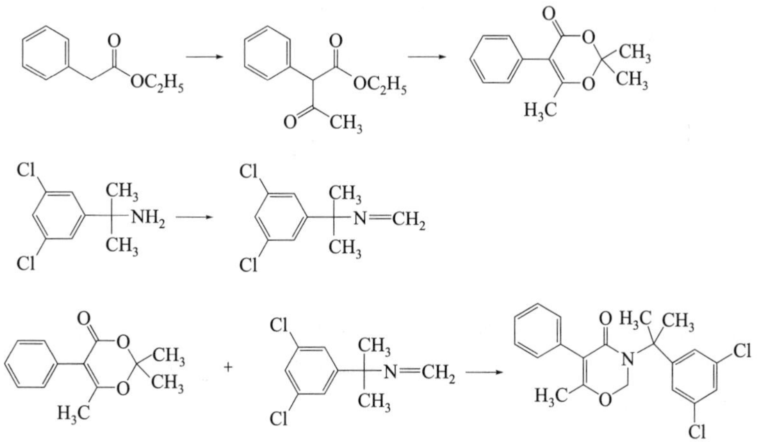

主要生产商 常熟力菱，日本拜耳。

参考文献

[1] Proc Br Crop Prot Conf—Weed, 1997, 1: 73.
[2] WO 9315064.

噁唑禾草灵（fenoxaprop）

$C_{18}H_{16}ClNO_5$，361.8；酸 $C_{16}H_{12}ClNO_5$，333.7
95617-09-7(fenoxaprop，外消旋体)；
73519-55-8(fenoxaprop，未具体说明立体化学)；
82110-72-3(fenoxaprop-ethyl，外消旋体)；
66441-23-4(fenoxaprop-ethyl，未具体说明立体化学)

由 H. Bieringer 等报道，其乙酯（fenoxaprop-ethyl）由 HoechstAG（AgrEvo GmbH）开发。

其他名称 Hoe33171（Hoechst），Acclaim，Furore，PumaSuper（Hoechst），Whip

化学名称 （±)-2-[4-(6-氯-1,3-苯并噁唑-2-基氧)苯氧基]丙酸；(±)-2-[4-(6-氯苯并噁唑-2-基氧)苯氧基]丙酸；(±)-2-[4-(6-chloro-1,3-benzoxazol-2-yloxy)phenoxy]propionicacid；(±)-2-[4-(6-chlorobenzoxazol-2-yloxy)phenoxy]propionicacid

2-[4-(6-氯-2-苯并噁唑氧基)苯氧基]丙酸乙酯；ethyl 2-[4-(6-chloro-2-benzoxazolyloxy)phenoxy]propionate

CAS 名称 (±)-2-[4-[(6-chloro-2-benzoxazolyl)oxy]phenoxy]propanoicacid

理化性质 无色固体，熔点 85～87℃，蒸气压 4.2×10^{-3} mPa (20℃)。K_{ow} lg$P$ 4.12。溶解度（25℃）：水 0.9mg/L (pH 7)；丙酮＞500g/kg，环己烷、乙醇、正辛醇＞10g/kg，乙酸乙酯＞200g/kg，甲苯＞300g/kg。fenoxaprop-ethyl 在 50℃下稳定 6 个月，对光不敏感，因酸、碱分解，土壤中 DT_{50} 为 1～10d。

毒性 急性经口 LD_{50}：雄大鼠 2357mg（TC)/kg，雌大鼠 2500mg/kg，雄小鼠 4670mg/kg，雌小鼠 5490mg/kg。雄大鼠急性经皮 LD_{50}＞2000mg/kg，兔急性经皮 LD_{50}＞1000mg/kg；对鼠、兔皮肤和眼睛有轻微的刺激作用。90d 饲喂试验的无作用剂量：狗 16mg/kg 饲料，大鼠 80mg/kg 饲料。鹌鹑急性经口 LD_{50}＞2510mg/kg。大翻车鱼的 LC_{50} (96h) 0.31mg/L，对蜜蜂 LD_{50}＞0.00002mg/只。

制剂 EC。

应用 本品为 2-(4-芳氧基苯氧基)丙酸类除草剂，是脂肪酸合成抑制剂。芽后施用，防除甜菜、棉花、花生、马铃薯、大豆和蔬菜田一年生和多年生禾本科杂草。少量频施或较高剂量施用，可防除多年生杂草，如宿根高粱和双花狗牙根。秋季至晚春施于小麦田，可防除鼠尾看麦娘、野燕麦和其他禾本科杂草，防效 97% 以上。

合成路线

(1) 4-(6′-氯苯并噁唑-2-氧基)苯酚与 α-溴代丙酸乙酯反应，制得噁唑禾草灵。

(2) 2-(4′-羟基苯氧基)丙酸乙酯与碳酸钾在乙腈中回流 90min，然后向该混合物中滴加 2,6-二氯苯并噁唑，即制得噁唑禾草灵。

分析方法 产品分析用 HPLC。

主要生产商 Hoechst，AgrEvo。

参考文献

[1] GK3210 Proc British Crop Prot Conf—Weed，1982，1：11-17.
[2] Weed Abstracts，1983，32（5）：820.
[3] GK3210 Brighton Crop Prot Conf—Weeds，1991，3：945-952.
[4] GB 2042503. 1981.
[5] BE 873844. 1979.
[6] DE 2640730. 1978.
[7] NL 80-02060. 1981.

噁唑酰草胺（metamifop）

$C_{23}H_{18}ClFN_2O_4$，440.，256412-89-2

2003 年由 T. J. Kim 等报道。由 Korean Research Institute of Chemical Technology (KRICT) 发现，Dongbu Hannong Chemical Co. Ltd（现 Dongbu HiTek）开发。

其他名称 DBH-129，K-12974

化学名称 (R)-2-{(4-氯-1,3-苯并噁唑-2-基氧)苯氧基}-2'-氟-N-甲基丙酰替苯胺；(R)-2-[4-(6-chloro-1,3-benzoxazol-2-yloxy)phenoxy]-2'-fluoro-N-methylpropionanilide

CAS 名称 (R)-2-[4-[(6-chloro-2-benzoxazolyl)oxy]phenoxy]-N-(2-fluorophenyl)-N-methylpropanamide

理化性质 纯品浅褐色，无味粉末。熔点 77.0～78.5℃。蒸气压 0.151mPa（25℃）。$K_{ow}lgP$ 5.45（pH7，20℃）。Henry 常数 $6.35×10^{-2}$ Pa·m³/mol（20℃）。相对密度 1.39。溶解度：水 $6.87×10^{-4}$g/L（pH7，20℃）；丙酮、1,2-二氯乙烷、乙酸乙酯、甲醇和二甲苯>250，正庚烷 2.32，正辛醇 41.9（g/L，20℃）。54℃稳定。

毒性 大鼠急性经口 LD_{50}>2000mg/kg。大鼠急性经皮 LD_{50}>2000mg/kg；对皮肤无刺激作用，对眼睛有轻微刺激，能引起皮肤接触敏感性。大鼠空气吸入毒性 LC_{50}（4h）>2.61mg/L。无致突变、染色体突变、细胞突变作用。虹鳟鱼 LC_{50}（96h）0.307mg/L。水蚤 EC_{50}（48h）0.288mg/L。藻类 EC_{50}（48h）>2.03mg/L。蜜蜂 LD_{50}（接触和经口）>100μg/只。蚯蚓 LC_{50}>1000mg/L。

制剂 EC，GR，ME，WG。

应用 噁唑酰草胺属 ACC 酶抑制剂，能抑制植物脂肪酸的合成。用药后几天内敏感品种出现叶面褪绿，抑制生长，有些品种在施药后 2 周出现干枯，甚至死亡。可防除大多数一年生禾本科杂草。与大多数此类除草剂不同的是，噁唑酰草胺对水稻安全，可有效防除水稻田主要杂草，如稗草、千金子、马唐和牛筋草，主要用于移栽和直播稻田除草。噁唑酰草胺低毒，对环境安全，有广泛的可混性。

主要生产商 江苏联化，韩国东部高科。

参考文献

The Pesticide Manual. 15th ed.

二丙烯草胺（allidochlor）

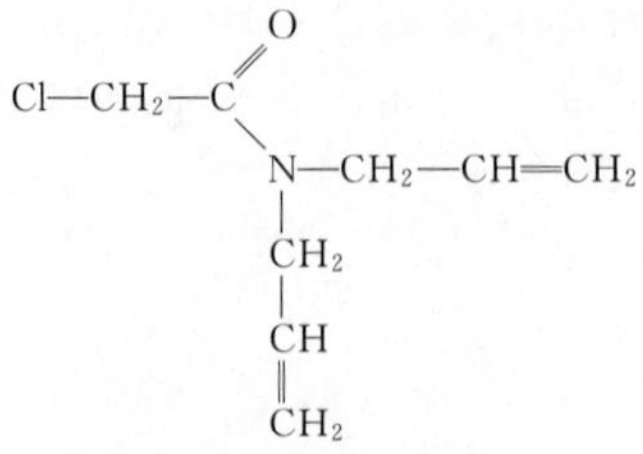

$C_8H_{12}ClNO$，173.6，93-71-0

由 Monsanto 开发。

其他名称 CP 6343，CDAA，alidochlore

化学名称 N,N-二烯丙基-2-氯乙酰胺；N,N-diallyl-2-chloroacetamide

CAS 名称 2-chloro-N,N-di-2-propenylacetamide

理化性质 琥珀色油状液体。蒸气压 1250mPa（20℃），K_{ow} lg$P$ 0.97，相对密度 1.088（25℃）。溶解度：水 20g/kg（25℃）；氯苯、三氯甲烷、环己酮、乙醇和二甲苯＞500g/kg（25℃），己烷＞200g/kg（36℃）。对紫外线稳定，125℃分解。

毒性 大鼠急性经口 LD_{50} 700mg/kg。兔急性经皮 LD_{50} 830mg 原药/kg，对皮肤和眼睛有腐蚀性（兔）。最大无作用剂量（90d）200mg/kg。饲喂未发现对大鼠和狗产生不利影响。虹鳟鱼 LC_{50} 2.0mg/L。按规定使用时对蜜蜂无毒性。

制剂 EC，GR。

应用 酰胺类除草剂，选择性苗前除草剂。防除一年生禾本科和某些阔叶杂草。用于豆类、甘蓝、芹菜、某些水果、玉米、洋葱、某些观赏植物、甘蔗和甘薯。

分析方法 产品分析采用 GLC。

主要生产商 Monsanto 公司。

参考文献

[1] US 2864683.

[2] Hamm P C, Speziale A J. J Agric Food Chem，1956，4：518.

二甲苯草胺（xylachlor）

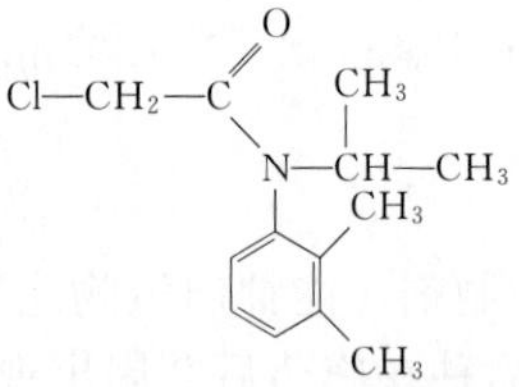

$C_{13}H_{18}ClNO$，239.8，63114-77-2

由 American Cyanamid 公司开发。

其他名称 二甲苯草胺，AC206784，Combat

化学名称 2-氯-N-异丙基乙酰-2′,3′-二甲代苯胺；2-chloro-N-isopropylacet-2′,3′-xylidide

CAS 名称 2-chloro-N-(2,3-dimethylphenyl)-N-(1-methylethyl)acetamide

应用 除草剂。

参考文献

DE 2632437.

二甲丙乙净（dimethametryn）

$C_{11}H_{21}N_5S$，255.4，22936-75-0

由 D. H. Green & L. Ebner 报道，Ciba-Geigy Ltd（现 Syngenta AG）开发，2004 年 Nissan Chemical Industries Ltd 获得日本和韩国授权。

其他名称 威罗生，C 18 898

化学名称 N^2-(1,2-二甲基丙基)-N^4-乙基-6-甲硫基-1,3,5-三嗪-2,4-二胺；N^2-(1,2-dimethylpropyl)-N^4-ethyl-6-methylthio-1,3,5-triazine-2,4-diamine

CAS 名称 N-(1,2-dimethylpropyl)-N'-ethyl-6-(methylthio)-1,3,5-triazine-2,4-diamine

理化性质 纯品为无色晶体。熔点 65℃，沸点 151～153℃（0.05mmHg），蒸气压 0.186mPa（20℃），K_{ow}lg$P$ 3.8，相对密度 1.098（20℃）。溶解度（20℃）：水 50mg/L；丙酮 650g/L，二氯甲烷 800g/L，己烷 60g/L，甲醇 700g/L，辛醇 350g/L，甲苯 600g/L。碱性，pK_a4.1。70℃下 28d（5≤pH≤9）无明显分解。土壤中 DT_{50} 约 140d。

毒性 大鼠急性经口 LD_{50}3000mg 原药/kg。大鼠急性经皮 LD_{50}＞2150mg/kg，对兔皮肤无刺激，对兔眼有轻微刺激。90d 饲喂试验表明：大鼠无作用剂量 300mg/kg 饲料［约 27mg/(kg·d)］，狗＞1000mg/kg 饲料［约 29mg/(kg·d)］。鱼毒 LC_{50}（96h）：虹鳟鱼 5mg/L。

制剂 EC，GR。

应用 三嗪类除草剂。防除稻田中阔叶杂草。与哌草磷混用可防除禾本科杂草。

分析方法 采用 GLC 分析。

主要生产商 Nissan。

参考文献

[1] BE 714992.
[2] GB 1191585.

二甲草胺（dimethachlor）

$C_{13}H_{18}ClNO_2$，255.7，50563-36-5

1977 年由 J. Cortier 等报道。1977 年由 Ciba-Geigy（现 Syngenta AG）开发。

其他名称 dimethachlore，Teridox，CGA17020

化学名称 2-氯-N-(2-甲氧基乙基)乙酰-2′,6′-替二甲苯胺；2-chloro-N-(2-methoxyethyl)

aceto-2′,6′-xylidide

CAS 名称 2-chloro-N-(2,6-dimethylphenyl)-N-(2-methoxyethyl)acetamide

理化性质 纯品为无色结晶体。熔点 45.8~46.7℃。蒸气压 1.5mPa (25℃)。K_{ow} lg$P$ 2.17，Henry 常数 1.7×10^{-4} Pa·m³/mol（计算值），密度 1.23g/cm³ (20℃)。溶解度：水 2.3g/L；苯、二氯甲烷、甲醇＞800g/kg，辛醇 440g/kg。20℃ 水解 DT_{50}＞200d（1＜pH＜9），9.3d (pH13)。土壤中 DT_{50} 14~60d。

毒性 大鼠急性经口 LD_{50} 1600mgTC/kg。大鼠急性经皮 LD_{50}＞3170mg/kg，对兔皮肤和眼睛有轻微刺激。90d 饲喂无作用剂量：大鼠 700mg/kg 饲料 [47mg/(kg·d)]，狗 350mg/kg 饲料 [10.2mg/(kg·d)]。鱼毒 LC_{50}：虹鳟鱼 3.9mg/L，鲫鱼 8mg/L，大翻车鱼 15mg/L。对鸟和蜜蜂微毒。

制剂 EC。

应用 油菜田用选择性除草剂，可防除一年生阔叶和禾本科杂草。施用时间以播种后立即施用为宜。

分析方法 采用 GLC。

主要生产商 Syngenta，浙江禾益农化。

参考文献

[1] BE 795021.
[2] GB 1422473.

二甲哒草伏（metflurazon）

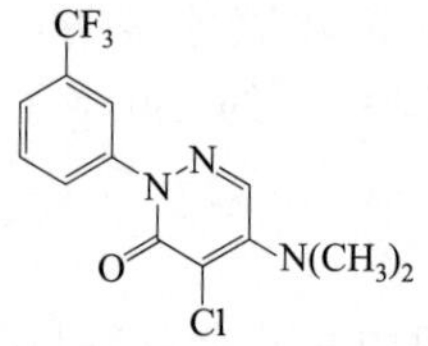

$C_{13}H_{11}ClF_3N_3O$，317.7，23576-23-0

由 Sandoz AG. 公司开发的除草剂。

其他名称 SAN 6706H

化学名称 4-氯-5-二甲氨基-2-(α,α,α-三氟间甲苯基)-3(2H)-哒嗪酮；4-chloro-5-dimethylamino-2-(α,α,α-trifluoro-m-tolyl)pyridazin-3(2H)-one

CAS 名称 4-chloro-5-(dimethylamino)-2-[(3-trifluoromethyl)phenyl]-3(2H)-pyridazinone

理化性质 结晶固体，熔点 153℃。

应用 芽前除草，可抑制希尔反应和光合作用，阻止植物体内的解毒代谢和叶绿体的发育。可用于棉花、大豆、高粱、玉米和花生中防除一年生阔叶和禾本科杂草。

合成路线

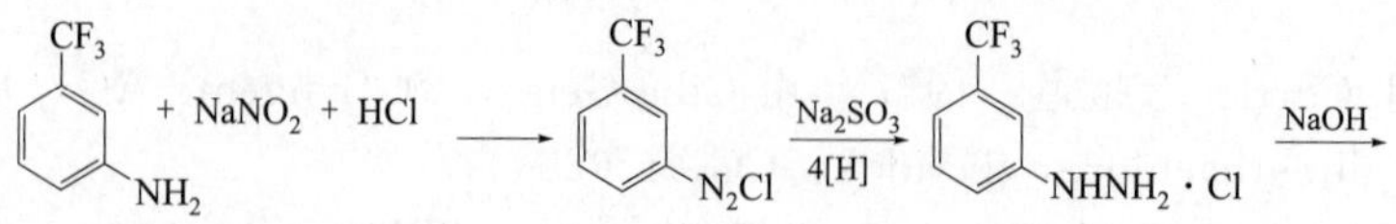

二甲噻草胺 (dimethenamid)

$C_{12}H_{18}ClNO_2S$, 275.8, 87674-68-8

1991年由J. Harr等报道。由Sandoz AG（后来为Novartis Crop Protection AG）开发，1996年出售给BASF AG（现BASF SE）。

其他名称 SAN-582H，Fronier

化学名称 (RS)-2-氯-N-(2,4-二甲基-3-噻吩)-N-(2-甲氧基-1-甲基乙基)乙酰胺；(RS)-2-chloro-N-(2,4-dimethyl-3-thienyl)-N-(2-methoxy-1-methylethyl)acetamide

CAS名称 (RS)-2-chloro-N-(2,4-dimethyl-3-thienyl)-N-(2-methoxy-1-methylethyl)acetamide

理化性质 纯品为黄棕色黏稠液体。沸点127℃（26.7Pa）。相对密度1.187（25℃）。蒸气压$3.67×10^{-2}$Pa（25℃）。溶解度（25℃）：水1.2g/L（pH 7）；正庚烷282g/kg，异辛醇220g/kg，其他溶剂如乙醚、煤油、乙醇等中溶解度＞50%。稳定性：在54℃下可稳定4周以上，在70℃下可稳定2周以上，在20℃下放置2年分解率低于5%，在25℃、pH 5～9条件下放置30d稳定。

毒性 大鼠急性经口LD_{50} 1570mg/kg。大鼠和兔急性经皮LD_{50}＞2000mg/kg；对兔皮肤无刺激性，对兔眼睛有中度刺激性。大鼠急性吸入LC_{50}（4h）＞4990mg/L空气。NOEL数据：大鼠6.0mg/(kg·d)，狗10mg/(kg·d)，小鼠4.3mg/(kg·d)。ADI值0.04mg/kg。无致突变性，无致畸性，无致癌性。小齿鹑急性经口LD_{50} 1908mg/kg。野鸭和小齿鹑饲喂LC_{50}（5d）＞5620mg/L饲料。鱼毒LC_{50}（96h，mg/L）：虹鳟鱼2.6，大翻车鱼6.4。对蜜蜂无毒，LD_{50}（接触）＞1mg/只。蚯蚓LC_{50}＞459.8mg/kg干土。

制剂 EC。

应用 细胞分裂抑制剂。用于玉米、大豆、花生及甜菜田苗前除草，主要防除多种一年生禾本科杂草（如稗草、马唐、牛筋草、稷属杂草、狗尾草等）和多种阔叶杂草（如反枝苋、鬼针草、荠菜、鸭跖草、香甘菊、粟米草及油莎草等）。

合成路线 以甲基丙烯酸、2-巯基丙酸为起始原料，经加成、合环，再与以氯丙酮为原料制得的中间体胺缩合，并与氯化亚砜反应。最后与氯乙酰氯反应即得目的物。反应式为：

$$\text{structure with } H_3C, CH_3, S, N, OCH_3 \xrightarrow{SOCl_2} \text{intermediate} \longrightarrow \text{final product with Cl}$$

主要生产商 BASF。

二甲胂酸（cacodylic acid）

$$(CH_3)_2As\text{—}OH \text{ (with =O)}$$

$C_2H_7AsO_2$，138.0，75-60-5

1959 年由 R. G. Mowev 和 J. F Cornman 报道除草活性，由 Ansul Chemical Co.（现 Ancom Crop Care Sdn Bhd）和 Crystal Chemical Co. 开发。

  其他名称 dimethylarsinic acid，Ansar，Phytar
  化学名称 二甲基次胂酸；dimethylarsinic acid
  CAS 名称 dimethylarsinic acid
  理化性质 纯品为无色晶体，熔点 192～198℃。水中溶解度（25℃）2kg/kg；溶于短链醇，不溶于二乙醚。原药纯度为 65%，氯化钠为其中一种杂质。本品遇强氧化剂或还原剂分解。其水溶液具有中等腐蚀性。pK_a 6.29。易潮解。
  毒性 大鼠急性经口 LD_{50} 1350mg 原药/kg，对兔皮肤和眼睛无刺激。
  制剂 SL。
  应用 非选择性苗后除草剂。用于防除非作物地的杂草，用于草坪更新，也用作棉花干燥剂和脱叶剂；通过注射可杀死不需要的树。本品与土壤接触后无活性。
  合成路线 三氧化二砷与氢氧化钠溶液反应生成亚砷酸钠，再与氯甲烷反应生成甲基胂酸钠，再与二氧化硫反应，生成物与氢氧化钠反应，然后与氯甲烷反应生成二甲基胂酸钠，盐酸酸化即得二甲胂酸。
  分析方法 将产品氧化，氧化产物经酸碱滴定法测定。
  参考文献
US 3056668。

二甲戊灵（pendimethalin）

$C_{13}H_{19}N_3O_4$，281.3，40487-42-1

由 P. L. Sprankle 报道，由 American Cyanamid Co.（现 BASF SE）引进，1975 年开始在玉米上推广。

  其他名称 除草通，除芽通，施田补，AC 92 553，Herbadox，Stomp，Prowl，Accotab
  化学名称 N-(1-乙基丙基)-2,6-二硝基-3,4-二甲基苯胺；N-(1-ethylpropyl)-2,6-dinitro-3,4-xylidine

CAS 名称　　N-(1-ethylpropyl)-3,4-dimethyl-2,6-dinitrobenzenamine

理化性质　　原药含量90%。橙黄色晶体。熔点54~58℃。沸点：蒸馏时分解。蒸气压1.94mPa（25℃）。K_{ow} lg$P$ 5.2。Henry 常数 2.728Pa·m³/mol（25℃）。相对密度1.19（25℃）。水中溶解度0.33mg/L（pH7，20℃）。有机溶剂中溶解度：丙酮、二甲苯、二氯甲烷800g/L（20℃），己烷48.98g/L（20℃）。易溶于苯、甲苯、氯仿，微溶于石油醚和汽油。5℃以上和130℃以下存储非常稳定。在酸和碱中稳定。光照下缓慢水解，水中 DT_{50} <21d。pK_a 2.8。不易燃，不爆炸。

毒性　　急性经口 LD_{50}：大鼠>5000mg/kg，雄小鼠3399mg/kg，雌小鼠2899mg/kg，兔>5000mg/kg，比格犬>5000mg/kg。兔急性经皮 LD_{50}>2000mg/kg，对兔眼睛和皮肤无刺激作用。大鼠吸入 LC_{50}>320mg/L。无作用剂量：狗（2年）12.5mg/kg；大鼠（14d）10mg/kg。ADI/RfD（EC）0.125mg/kg [2003]，（EPA）cRfD 0.1mg/kg [1996]。野鸭急性 LD_{50} 1421mg/kg。山齿鹑饲喂 LC_{50}（8d）4187mg/kg 饲料。虹鳟 LC_{50}（96h）0.890mg/L，鲦鱼（海洋物种）0.707mg/L。水蚤 EC_{50}（48h）0.40mg/L。羊角月牙藻 E_bC_{50}（72h）0.018mg/L。蜜蜂经口 LD_{50}>101.2μg/只，接触 LD_{50}>100μg/只。蚯蚓 EC_{50}（14d）>1000mg/kg 干土。

制剂　　EC，GR，SC，WG，CS。

应用　　分生组织细胞分裂抑制剂。不影响杂草种子的萌发。防除大多数一年生杂草和许多一年生阔叶杂草。用于谷物、洋葱、韭菜、大蒜、茴香、玉米、高粱、水稻、大豆、花生、芸薹、胡萝卜、芹菜、细卷鸦葱、豌豆、羽扇豆、月见草、郁金香、马铃薯、棉花、啤酒花、梨果、核果、浆果（包括草莓）、柑橘类果树、生菜、茄子、辣椒、已建草坪、移栽番茄、向日葵和烟草。播前混土，萌发前、移栽前或早期萌发后应用。

合成路线

$$\text{3,4-二甲基苯胺} + CH_3CH_2COCH_2CH_3 \xrightarrow[CAT]{[H]} \text{NHCH}(C_2H_5)_2 \text{衍生物}$$

分析方法　　产品分析采用 GLC/FID。

主要生产商　　BASF，Bharat，Dongbu Fine，Feinchemie Schwebda，Rallis，Sundat，山东滨农，大连瑞泽，山东华阳，中化宁波，永安化工，浙江新农。

参考文献

[1] BE 816837.
[2] US 4199669.
[3] The Pesticide Manual. 16th ed.

3,4-二氯苯氧基乙酸（3,4-DA）

$C_8H_6Cl_2O_3$，221.04，588-22-7

化学名称　　3,4-二氯苯氧基乙酸；(3,4-dichlorophenoxy)acetic acid

CAS 名称　　2-(3,4-dichlorophenoxy)acetic acid

应用　　除草剂。

二氯吡啶酸 (clopyralid)

$C_6H_3Cl_2NO_2$, 192.0, 1702-17-6

由 T. Haagsma 于 1975 年报道，1977 年由 Dow Chemical Co.（现 Dow AgroSciences）在法国推出。

其他名称　毕克草，Dowco 290，3，6-DCP

化学名称　3,6-二氯吡啶-2-羧酸；3,6-dichloropyridine-2-carboxylic acid

CAS 名称　3,6-dichloro-2-pyridinecarboxylic acid

理化性质　纯品为无色晶体。熔点 151~152℃。蒸气压：1.33mPa（纯品，24℃），1.36mPa（原药，25℃）。$K_{ow}\lg P$：-1.81（pH 5），-2.63（pH 7），-2.55（pH 9），1.07（25℃）。相对密度 1.57（20℃）。纯度 99.2% 的蒸馏水溶解度为 7.85（20℃，g/L）；水中溶解度（20℃，g/L）：118（pH 5），143（pH 7），157（pH 9）；其他溶剂中溶解度（g/kg）：乙腈 121，正己烷 6，甲醇 104。以水溶性盐类形式存在（如钾盐）的溶解度>300g/L（25℃）。稳定性：熔点以上分解，酸性条件下及见光稳定；无菌水中 DT_{50}>30d（pH 5~9，25℃）。pK_{a_2}。

毒性　大鼠急性经口 LD_{50}（mg/kg）：雄 3738，雌 2675。兔急性经皮 LD_{50}>2000mg/kg；对兔眼睛有强烈刺激，对兔皮肤无刺激。大鼠急性吸入 LC_{50}（4h）>0.38mg/L。无作用剂量（2 年）[mg/(kg·d)]：大鼠 15，雄小鼠 500，雌小鼠>2000。急性经口 LD_{50}（mg/kg）：野鸭 1465，山齿鹑>2000。野鸭、山齿鹑饲喂 LC_{50}（5d）>4640mg/kg。鱼毒 LC_{50}（96h，mg/L）：虹鳟鱼 103.5，大翻车鱼 125.4。水蚤 EC_{50}（48h）：225mg/L。羊角月牙藻 EC_{50}（96h，mg/L）：细胞数量 6.9，细胞体积 7.3。蜜蜂 LD_{50}（48h，经口、接触）>100μg/只。蚯蚓 LC_{50}（14d）>1000mg/kg 土壤。

制剂　SG，SL。

应用　内吸性芽后除草剂。用于防除刺儿菜、苣荬菜、稻槎菜、鬼针草等菊科杂草及大巢菜等豆科杂草。适用于春小麦、春油菜。在禾本科作物中有选择性，在多种阔叶作物、甜菜和其他甜菜作物、亚麻、草莓和葱属作物中也有同样的选择性。

分析方法　产品采用 GLC 分析。

主要生产商　安徽丰乐，重庆双丰，万全力华，沅江赤蜂农化，射阳黄海农化，利尔化学，美国陶氏益农。

参考文献

[1]　US 3317549.
[2]　Haagsma T. Down Earth, 1975, 30 (4)：1.

二氯苄草酯 (dichlormate)

$C_9H_9Cl_2NO_2$, 234.1，1966-58-1

1965 年由 R. A. herrett 和 R. V. Berthold 报道其除草活性。由 Union Carbide Corp.（Rhône-Poulenc Ag.）开发。

其他名称　Rowmate，UC22463A，UC22463
化学名称　N-甲基氨基甲酸-3,4-二氯苄基酯；3,4-dichlorobenzyl methylcarbamate
CAS 名称　(3,4-dichlorophenyl)methyl methylcarbamate
理化性质　白色结晶，熔点 52℃。25℃时在水中溶解度为 170mg/L；溶于丙酮、苯、甲苯，不溶于正己烷和石油醚中。
毒性　大鼠急性经口 LD_{50} 为 1870～2140mg/kg。大鼠 90d 饲喂的无作用剂量为 750mg/kg。
制剂　EW，GR。
应用　芽前或芽后除草剂。可用于定植苜蓿、芦笋、菜豆、观赏植物、甜玉米、西瓜、小麦和烟草田除草。防除一年生禾本科杂草和阔叶杂草。在土壤中的持效期为 6～12 周。该品种目前很少生产。

二氯丙烯胺（dichlormid）

$C_8H_{11}Cl_2NO$，208.1，37764-25-3

1972 年由 F. Y. Chang 等报道本品可提高除草剂选择性。由 Stauffer Chemical Co.（现 Syngenta AG）开发。2000 年将该产品剥离给 Dow AgroSciences。

其他名称　R-25788
化学名称　N,N-二烯丙基-2,2-二氯乙酰胺；N,N-diallyl-2,2-dichloroacetamide
CAS 名称　2,2-dichloro-N,N-di-2-propenylacetamide
理化性质　本品（纯度＞99％）为澄清黏性液体，蒸气压 800mPa（25℃）。原药（纯度约 95％）琥珀色至棕色，熔点 5.0～6.5℃。溶解度：水约 5g/L，煤油 15g/L。与丙酮、乙醇、4-甲基戊-2-酮、二甲苯混溶。K_{ow} lg$P$ 1.84±0.03（25℃）。在 100℃ 以上不稳定，在铁存在下迅速分解。本品对光稳定，在 pH7、25℃条件下，每天光照 12h，32d 后损失＜1％。在 27～29℃下土壤中 DT_{50} 约 8d。对碳钢有腐蚀性。
毒性　大鼠急性经口 LD_{50}：雄 2816mg/kg，雌 2146mg/kg。兔急性经皮 LD_{50}＞5000mg/kg，对兔皮肤有轻微刺激，对眼睛无刺激。大鼠急性吸入 LC_{50}（1h）5.5mg/L。90d 饲喂对大鼠无作用剂量 20mg/kg 饲料。野鸭 LD_{50}（5d）14500mg/kg，鹌鹑＞10000mg/kg。虹鳟鱼 LC_{50}（96h）141mg/L。
制剂　CG，CS，EC，GR，AS。
应用　可提高玉米对硫代氨基甲酸酯类除草剂的耐药性。
分析方法　产品和残留分析采用毛细管 GLC 法。
主要生产商　ÉMV，Aolunda，Dow，山东潍坊润丰化工。
参考文献
US 4137070.

二氯喹啉酸（quinclorac）

$C_{10}H_5Cl_2NO_2$，242.1，84087-01-4

由 E. Haden 等报道。1989 年由 BASF AG（现为 BASF SE）引入西班牙和韩国。

其他名称　快杀稗，杀稗灵，神锄，BAS 514h，Accord，Drive，Sunclorac

化学名称　3,7-二氯喹啉-8-羧酸；3,7-dichloroquinoline-8-carboxylic acid

CAS 名称　3,7-dichloro-8-quinolinecarboxylic acid

理化性质　白色/黄色几乎无气味固体。熔点 274℃。蒸气压＜0.01mPa（20℃）。相对密度 1.68。K_{ow} lg$P$ －0.74（pH 7）。水中溶解度（pH 7, 20℃）：0.065mg/kg；有机溶剂中溶解度（20℃）：丙酮＜1g/100mL，几乎不溶于其他有机溶剂。50℃下放置 24 个月稳定。pK_a 4.34（20℃）。

毒性　大鼠急性经口 LD_{50} 2680mg/kg，小鼠＞5000mg/kg。大鼠急性经皮 LD_{50}＞2000mg/kg，对兔眼睛及皮肤无刺激性。大鼠吸入 LC_{50}（4h）＞5.2mg/L。大鼠（2 年）无作用剂量 533mg/kg；小鼠（18 个月）30mg/kg。ADI/RfD（EPA）0.38mg/kg［1992］。无致癌性。山齿鹑急性经口 LD_{50}＞2000mg/kg。野鸭和山齿鹑饲喂 LC_{50}（8d）＞5000mg/kg。虹鳟鱼、大翻车鱼及鲤鱼 LC_{50}（96h）＞100mg/L。水蚤 LC_{50}（48h）113mg/L。对藻类中等至无毒。糠虾 LC_{50}（96h）69.9mg/L，蓝蟹＞100mg/L。圆蛤 LC_{50}（48h）＞100mg/L。对蜜蜂无毒。制剂对蚯蚓无毒。

制剂　SC，WG，WP。

应用　激素型喹啉羧酸类除草剂，稻田杀稗剂。可用于水稻直播田和移栽田，能杀死 1～7 叶期的稗草，对 4～7 叶期的大龄稗草药效突出；对田箐、决明、雨久花、鸭舌草、水芹、茨藻等也有一定防效。具有用药时期长、对 2 叶期以后的水稻安全性高的特点。茄科（番茄、烟草、马铃薯、茄子、辣椒等）、伞形花科（胡萝卜、荷兰芹、芹菜、欧芹、香菜等）、锦葵科（棉花、秋葵）、葫芦科（黄瓜、甜瓜、西瓜、南瓜等）、黎科（菠菜、甜菜等）、豆科（青豆、紫花苜蓿等）、菊科（莴苣、向日葵等）、旋花科（甘薯等）对二氯喹啉酸敏感，用过此药剂的水田的水流到以上作物田中或用水田水浇灌或喷雾时雾滴飘移到以上作物上，会对它们造成药害。

合成路线

分析方法　产品用 RPLC/UV 分析。

主要生产商　BASF，AGROFINA，Sundat，湖北沙隆达，江苏快达，江苏绿利来，江苏如东，江苏激素研究所，江苏瑞邦，上海 MCC，沈阳化工研究院，苏州恒泰，新安，新沂中凯，上海中西。

参考文献

[1]　EP 60429.
[2]　US 4497651.
[3]　US 4632696.
[4]　DE 3108873.

二乙除草双（diethamquat）

$C_{22}H_{32}N_4O_2$，384.5，4029-02-1

化学名称 1,1′双(氨基甲酰甲基二乙酯)4,4′-双吡啶盐;1,1′-bis(diethylcarbamoylmethyl)-4,4′-bipyridinium

CAS 名称 1,1′-bis[2-(diethylamino)-2-oxoethyl]-4,4′-bipyridinium

应用 除草剂。

伐草克 (chlorfenac)

$C_8H_5Cl_3O_2$, 239.5, 85-34-7; 钠盐, $C_8H_4Cl_3NaO_2$, 261.5, 2439-00-1

由 Amchem Products Inc.(后 Rhône-Poulenc Agrochimie)和 Hooker Chemical Corp 推出。

其他名称 fenac

化学名称 (2,3,6-三氯苯基)乙酸;(2,3,6-trichlorophenyl)acetic acid

CAS 名称 2,3,6-trichlorobenzeneacetic acid

理化性质 无色固体,熔点 156℃。蒸气压 1100mPa(100℃)。水中溶解度 200mg/L(28℃),溶于多数有机溶剂。稳定性:被紫外线分解,酸性介质中很稳定,遇碱形成水溶性盐。pK_a 3.70。

毒性 大鼠急性经口 LD_{50} 576～1780mg/kg。兔急性经皮 LD_{50} 1440～3160mg/kg。NOEL:2年饲喂试验,大鼠 2000mg/kg 饲料条件下未发现不良反应。按推荐方法使用时对鱼无毒。对蜜蜂无毒。

制剂 SL。

应用 用于防除一年生禾本科杂草、阔叶杂草、匍匐披碱草(*elymus repens*)、田旋花(*convolvulus arvensis*)和其他多年生杂草。适用于甘蔗田。通常以钠盐的形式施用,有内吸性,主要由根吸收。

分析方法 产品分析采用 GLC。

主要生产商 Rhône-Poulenc Agrochimie, Hooker Chemical Corp。

参考文献

[1] GB 860310.

[2] Yip G. J Assoc Off Anal Chem, 1972, 45: 367.

伐草快 (morfamquat)

Morfamquat, $C_{26}H_{36}N_4O_4$, 468.6; Morfamquatdichloride, $C_{26}H_{36}Cl_2N_4O_4$, 539.5; 4636-83-3

由 ICI Plant Protectiondiv. 开发。

其他名称 PP745, Morfoxone

化学名称 1,1'-双(3,5-二甲基吗啉代羰基甲基)-4,4'-双吡啶鎓；1,1'-bis(3,5-dimethylmorpholinocarbonylmethyl)-4,4'-bipyridinium

CAS 名称 1,1'-bis[2-(3,5-dimethyl-4-morpholinyl)-2-oxoethyl]-4,4'-bipyridinium

参考文献

[1] Fox M. Proc Br Weed Control Conf 7th, 1964:29.
[2] Fox M, Beech C R. ibid, 108.
[3] The Pesticide Manual. 16 th edition.

伐垄磷(2,4-DEP)

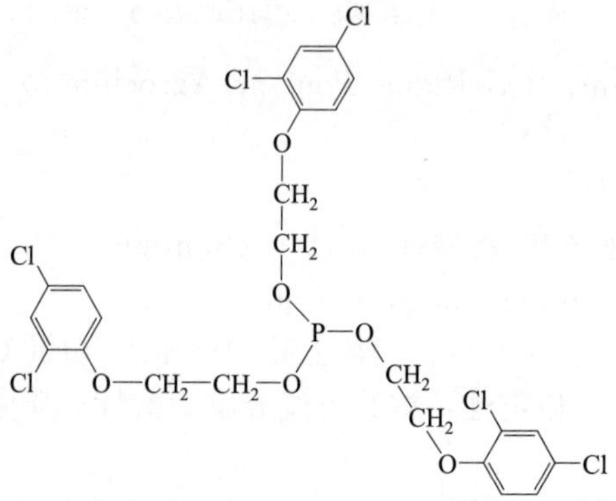

$C_{24}H_{21}Cl_6O_6P$(ⅰ), 649.1；$C_{16}H_{15}Cl_4O_5P$(ⅱ), 460.1；39420-34-3

由 Uniroyal Chemical Co., Inc. 作为除草剂开发。

其他名称 伐草磷

化学名称 (ⅰ)三[2-(2,4 二氯苯氧基)乙基]亚磷酸酯和(ⅱ)双[2-(2,4 二氯苯氧基)乙基]膦酸的混合物。

mixture of (ⅰ) tris[2-(2,4-dichlorophenoxy)ethyl] phosphite and (ⅱ) bis[2-(2,4-dichlorophenoxy)ethyl] phosphonate

理化性质 纯品为蜡状固体，原药为棕色黏稠油。沸点＞200℃（0.1mmHg）。在煤油中的溶解度10000mg/kg，溶于芳烃石脑油，微溶于水。

毒性 大鼠急性经口 LD_{50} 850mg/kg。大鼠 90d 饲喂无作用剂量为 85 mg/kg。

制剂 EC，GR。

应用 芽前除草剂。防除一年生禾本科杂草和阔叶杂草。适用于玉米、花生、草莓。番茄、棉花、烟草和葡萄是敏感作物。该药在土壤中持效期3～8周。

合成路线 2,4-二氯苯酚与环氧乙烷反应，其生成物在缚酸剂存在下与三氯化磷反应即制得伐垄磷。

非草隆（fenuron）

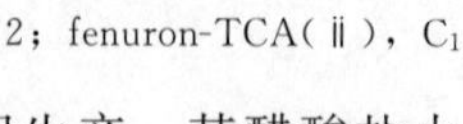

fenuron(ⅰ), $C_9H_{12}N_2O$, 164.2；fenuron-TCA(ⅱ), $C_{11}H_{13}Cl_3N_2O_3$, 327.6；101-42-8

由 du pont 公司开发，但未长期生产。其醋酸盐由 Allied Chemical 公司、Agricultural

Division（现 Hopkins Agricultural Chemical）公司开发。

其他名称　Dybar（Du Pont 用ⅰ），Urab（Hopkins 用ⅱ），HT5SSGC-2603（Allied 用ⅱ）

化学名称　1,1-二甲基-3-苯基脲（ⅰ）；1,1-二甲基-3-苯基糖醛三氯乙酸酯（ⅱ）；1,1-dimethyl-3-phenylurea

CAS 名称　N,N-dimethyl-N'-phenylurea

理化性质　非草隆为无色结晶固体。熔点 133～134℃，蒸气压 21mPa（60℃），相对密度 1.08（20℃）。水中溶解度（25℃）3.85g/L，微溶于烃类。对氧化稳定，但可被土壤中微生物分解。

Fenuron-TCA 为无色结晶固体，熔点 65～68℃。溶解度（室温）：水中 4.8g/L；二氯乙烷 666g/kg，三氯乙烯 567g/kg，不易溶于石油。

毒性　大鼠急性经口 LD_{50} 6400mg fenuron/kg；4000～5700mg fenuron-TCA/kg。33％ fenuron 水溶液对豚鼠皮肤无刺激；fenuron-TCA 对皮肤有刺激性。90d 饲喂试验大鼠无作用剂量为 500mg fenuron/kg 饲料。

制剂　WP。

应用　可抑制光合作用，通过植物根系被吸收。由于其有较大的水溶解度，更适合于防除木本植物、多年生杂草、深根多年生杂草。

参考文献

[1]　US 2655447.
[2]　GB 691403.
[3]　GB 692589.

砜嘧磺隆（rimsulfuron）

$C_{14}H_{17}N_5O_7S_2$，431.4，122931-48-0

由 H. L. Palm 等报道。1991 年由 E. I. du Pontde Nemours & Co. 公司引入并首次在欧洲销售。

其他名称　宝成，玉嘧磺隆，DPX-E9636，Matrix，Solida，Titus

化学名称　1-(4,6-二甲氧基嘧啶-2-基)-3-(3-乙基磺酰基-2-吡啶磺酰基)脲；1-(4,6-dimethoxypyrimidin-2-yl)-3-(3-ethylsulfonyl-2-pyridylsulfonyl)urea

CAS 名称　N-[[(4,6-dimethoxy-2-pyrimidinyl)amino]carbonyl]-3-(ethylsulfonyl)-2-pyridinesulfonamide

理化性质　原药含量 99％。无色晶体。熔点 172～173℃（纯度＞98％）。蒸气压 1.5×10^{-3}（25℃）。K_{ow} lg$P$：0.288（pH 5），－1.47（pH 7）（25℃）。Henry 常数 8.3×10^{-8} Pa·m³/mol（25℃，pH 7）。相对密度 0.784（25℃）。水中溶解度（25℃）：＜10mg/L（非缓冲），7.3g/L（缓冲液，pH 7）。稳定性：水解 DT_{50}（25℃）：4.6d（pH 5），7.2d（pH 7），0.3d（pH 9）。pK_a 4.0。

毒性　大鼠急性经口 LD_{50}＞5000mg/kg。兔急性经皮 LD_{50}＞2000mg/kg；对兔皮肤无刺激性，对兔眼睛中度刺激，对豚鼠皮肤测试无致敏性。大鼠吸入 LC_{50}（4h）＞5.4mg/L

空气。雄大鼠（2年）无作用剂量 300mg/kg，雌大鼠 3000mg/kg；小鼠（18个月）2500mg/kg；狗 50mg/kg（1.6mg/kg）。对大鼠两代 3000mg/kg 生殖饲喂实验，无致畸或致癌性。Ames 试验无致突变性。山齿鹑和野鸭急性经口 LD_{50}＞2250mg/kg。山齿鹑和野鸭饲喂 LC_{50}＞5620mg/L。大翻车鱼和虹鳟 LC_{50}（96h）＞390mg/L，鲤鱼＞900mg/L，羊头原鲷 110mg/L。水蚤 LC_{50}（48h）＞360mg/L。蜜蜂急性 LD_{50}：（接触）＞100μg/只；（经口）＞100μg/只。赤子爱胜蚓 LC_{50}（14d）＞1000mg/kg。

制剂 WG。

应用 砜嘧磺隆为乙酰乳酸合成酶抑制剂，即通过抑制植物的乙酰乳酸合成酶，阻止支链氨基酸的生物合成，从而抑制细胞分裂。可防除玉米田大多数一年生与多年生禾本科杂草和阔叶杂草，如香附子、田蓟、莎草、皱叶酸模等多年生杂草，野燕麦、稗草、止血马唐、狗尾草、轮生狗尾草、千金子属等一年生禾本科杂草，苘麻、藜、繁缕、猪殃殃、反枝苋等一年生阔叶杂草。

合成路线

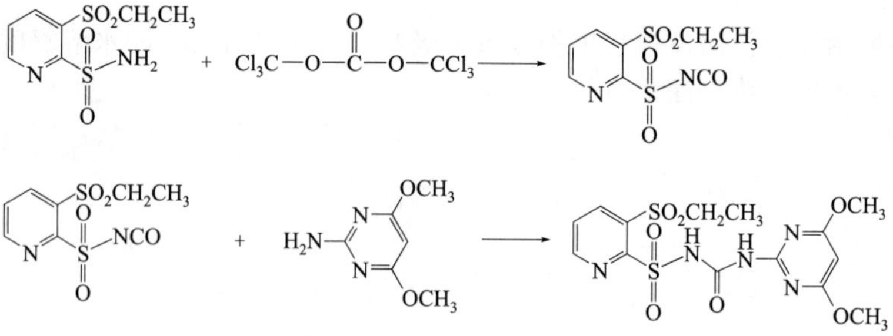

分析方法 产品用 GLC 分析。

主要生产商 DuPont，Fertiagro，华通（常州）。

参考文献

[1] EP 341011.
[2] EP 0273610.

呋草磺（benfuresate）

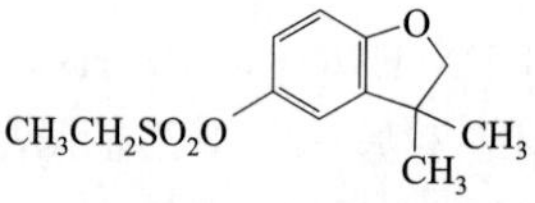

$C_{12}H_{16}O_4S$，256.3，68505-69-1

由安万特公司开发。

其他名称 NC 20484，Cyperal，Morlone

化学名称 2,3-二氢-3,3-二甲苯并呋喃-5-基乙烷磺酸酯；2,3-dihydro-3,3-dimethyl-benzofuran-5-yl ethanesulfonate

CAS 名称 2,3-dihydro-3,3-dimethyl-5-benzofuranyl ethanesulfonate

理化性质 其原药纯度≥95%，熔点 32～35℃。纯品为灰白色晶体，熔点 30.1℃。蒸气压：1.43mPa（20℃），2.78mPa（25℃）。相对密度 0.957。$K_{ow} \lg P$ 2.41（20℃）。溶解度（25℃，g/L）：水 0.261；丙酮＞1050，二氯甲烷＞1220，甲苯＞1040，甲醇＞980，乙

酸乙酯>920，环己烷 51，己烷 15.3。在 37℃，pH5.0、7.0、9.2 的水溶液中放置 31d 稳定。在 0.1mol/L 氢氧化钠水溶液中 DT_{50} 为 12.5d。

毒性 大鼠急性经口 LD_{50}：雄 3536mg/kg，雌 2031mg/kg。小鼠急性经口 LD_{50}：雄 1986mg/kg，雌 2809mg/kg。狗急性经口 LD_{50}>1600mg/kg。大鼠急性经皮 LD_{50}>5000mg/kg，大鼠急性吸入 LC_{50}>5.34mg/L。NOEL：小鼠（90d）无作用剂量为 3000mg/kg。ADI 值为 0.0307mg/kg。小齿鹑急性经口 LD_{50}>32272mg/kg，野鸭急性经口 LD_{50}>10000mg/kg。鱼毒 LC_{50}（96h）：鲤鱼 35mg/L，虹鳟鱼 12.28mg/L。蚯蚓 LC_{50} (14d)>734.1mg/kg 土。

制剂 EC，GR，WG。

应用 苯并呋喃烷基磺酸酯类除草剂。用于防除多种禾本科杂草，包括莎草和木贼状荸荠以及阔叶杂草。也可防除多年生难防除杂草。用于棉花和水稻。持效期长。作物对药剂的选择性主要由施药浓度、次数、移栽深度、土壤类型和温度来决定。推迟用药时间可改善对作物的安全性。

合成路线

分析方法 产品采用 HPLC 分析。

主要生产商 Bayer CropScience，Otsuka。

参考文献

[1] The Pesticide Manual. 12 th ed. 2000：71.
[2] DE 2803991.
[3] GB 8008069.
[4] US 4162154.
[5] US 4222767.

呋草酮（flurtamone）

$C_{18}H_{14}F_3NO_2$，333.3，96525-23-4

1987 年 D. D. Rogers 报道其除草活性。由 Chevron Chemical Co. 研制、Rhône-Poulenc Agrochimie（现 Bayer AG）公司开发。

其他名称 RE-40 885，Benchmark

化学名称 (RS)-5-甲氨基-2-苯基-4-(α,α,α-三氟间甲苯基)呋喃-3(2H)-酮；(RS)-5-methylamino-2-phenyl-4-(α,α,α-trifluoro-m-tolyl)furan-3(2H)-one

CAS 名称 (±)-5-(methylamino)-2-phenyl-4-[3-(trifluoromethyl)phenyl]-3(2H)-furanone

理化性质 原药含量≥960g/kg，乳白色粉末。熔点 (149±1)℃，蒸气压 $1.0×10^{-3}$ mPa (25℃)（OECD 104），K_{ow}lg$P$ 3.24 (21℃)，Henry 常数 $1.3×10^{-5}$ Pa·m³/mol（计算值）。在水中溶解度为 11.5mg/L (20℃)；可溶于丙酮、二氯甲烷和甲醇等有机溶剂，微溶于异丙醇。稳定，但要避开浓酸和浓碱。

毒性　大鼠急性经口 LD_{50} 为 500mg/kg。急性经皮 LD_{50}：兔 500mg/kg，大鼠＞5000mg/kg。对兔皮肤无刺激性，对兔眼睛有短暂的刺激现象。NOEL 约为 50mg/(kg·d)。无致突变作用。禽类经口 LC_{50}：鹌鹑＞6000mg/kg 饲料，野鸭为 2000mg/kg 饲料。鱼类吸入 LC_{50}（96h）：大翻车鱼为 11mg/L，虹鳟为 7mg/L。蜜蜂 LD_{50}（48h，接触）＞100μg/只。

制剂　SC，WG，WP。

应用　类胡萝卜素合成抑制剂。通过植物根和芽吸收而起作用，敏感品种发芽后立即呈现普遍褪绿白化现象。用于棉花、花生、高粱、向日葵及豌豆田。可防除多种禾本科杂草和阔叶杂草，如苘麻、美国豚草、马松子、马齿苋、大果田菁、刺黄花稔、龙葵以及苋、芸薹、山扁豆、蓼等杂草。

合成路线

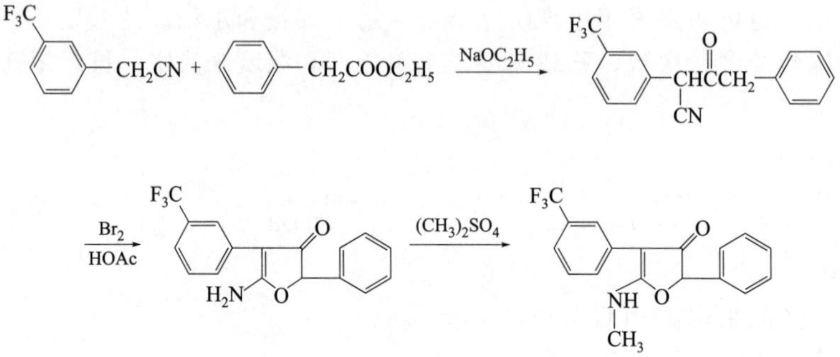

分析方法　采用 HPLC 法。

主要生产商　Bayer CropScience，上海赫腾精细化工。

参考文献

[1]　US 4568376.
[2]　GB 2142629.
[3]　DE 3422346.

呋喃解草唑（furilazole）

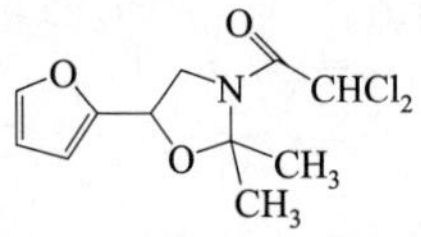

$C_{11}H_{13}Cl_2NO_3$，278.1，121776-33-8

1995 年由 Monsanto Co. 推出。

其他名称　解草噁唑，MON 13900

化学名称　(RS)-3-二氯乙酰基-5-(2-呋喃基)-2,2-二甲基噁唑啉；(RS)-3-dichloroacetyl-5-(2-furyl)-2,2-dimethyloxazolidine

CAS 名称　(±)-3-(dichloroacetyl)-5-(2-furanyl)-2,2-dimethyloxazolidine

理化性质　纯品为浅棕色粉状固体，沸点 96.6～97.6℃。蒸气压 0.88mPa（20℃）。$K_{ow}\lg P$ 2.12（23℃），Henry 常数 1.24×10^{-3} Pa·m³/mol（20℃，计算值）。水中溶解度为 19.7mg/L（20℃）。闪点 135℃。

毒性　大鼠急性经口 LD_{50} 869mg/kg。大鼠急性经皮 LD_{50}＞5000mg/kg；对兔皮肤无刺激性，对兔眼睛有轻微刺激性。大鼠急性吸入 LC_{50}＞2.3mg/L 空气。NOEL 数据：大鼠

(90d) 100mg/kg（5mg/kg），狗（90d）15mg/kg。小齿鹑急性经口 $LD_{50}>$2000mg/kg。小齿鹑和野鸭饲喂 LC_{50}（5d）$>$5620mg/L。鱼 LC_{50}（96h，mg/L）：虹鳟鱼6.2，大翻车鱼4.6。蜜蜂 LD_{50}（8h，接触）$>$100μg/只。

应用 用于玉米等的磺酰脲类、咪唑啉酮类除草剂的安全剂。其作用是基于除草剂可被作物快速的代谢，使作物免于伤害。适宜于玉米、高粱等作物。同磺酰脲类、咪唑啉酮类除草剂一同使用可使作物玉米等免于伤害。对环境安全。可用于多种禾本科作物的除草剂安全剂。特别是与氯吡嘧磺隆一起使用，可减少氯吡嘧磺隆对玉米可能产生的药害。

合成路线 以呋喃甲醛为起始原料，首先与氰化钠反应，生成腈醇。再经还原，并与丙酮合环制得噁唑啉。最后与二氯乙酰氯反应即得目的物。

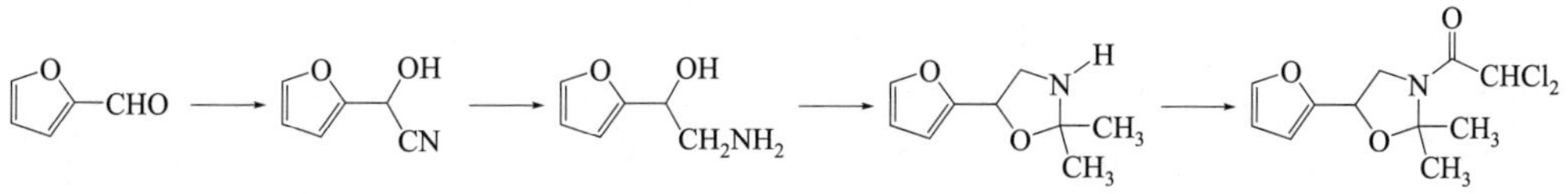

主要生产商 Monsanto。

参考文献

[1] EP 304409.
[2] EP 648768.

呋氧草醚（furyloxyfen）

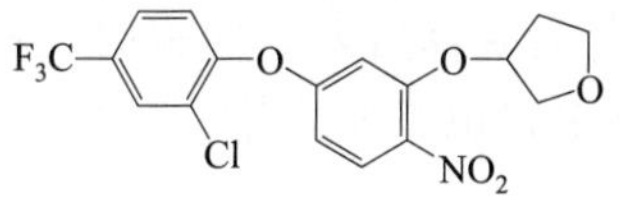

$C_{17}H_{13}ClF_3NO_5$，403.7，80020-41-3

由 Mitsui Toatsu Chemicals, Inc. 开发。

其他名称 MT-124

化学名称 （±）-5-(2-氯-α,α,α-三氟对甲苯氧基)-2-硝基苯基四氢-3-呋喃醚；（±）-5-(2-chloro-α,α,α-trifluoro-p-tolyloxy)-2-nitrophenyl tetrahydro-3-furyl ether

CAS名称 （±）-3-[5-[2-chloro-4-(trifluoromethoxy)phenoxy]-2-nitrophenoxy]tetrahydrofuran

理化性质 本品为黄色晶体，熔点73～75℃，水中溶解度为0.4mg/L。

应用 除草剂。

氟胺草酯（flumiclorac-pentyl）

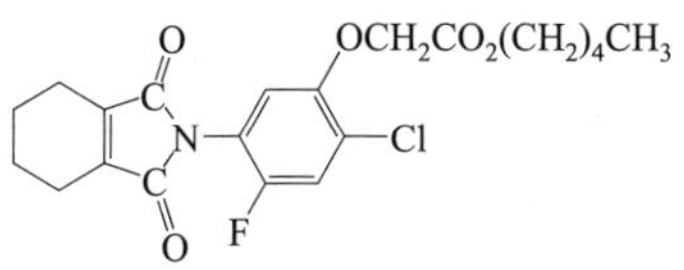

$C_{21}H_{23}ClFNO_5$，423.9；Flumiclorac，$C_{16}H_{13}ClFNO_5$，353.7；87546-18-7

1995年由 Valent U.S.A. Corporation 在美国首次推出。

其他名称 利收，氟亚胺草酯，S-23031，V-23031，Resource，Sumiverde

化学名称 [2-氯-5-(环己-1-烯-1,2-二甲酰亚氨基)-4-氟苯氧基]乙酸戊酯；pentyl [2-

chloro-5-(cyclohex-1-ene-1,2-dicarboxamido)-4-fluorophenoxy]acetate

CAS 名称　pentyl [2-chloro-4-fluoro-5-(1,3,4,5,6,7-hexahydro-1,3-dioxo-2H-isoindol-2-yl)phenoxy]acetate

理化性质　纯品为有卤化物气味的米色固体。熔点 88.9～90.1℃，蒸气压＜0.01mPa (22.4℃)，K_{ow}lg$P$ 4.99 (20℃)，Henry 常数＜2.2×10^{-2}Pa·m^3/mol（计算值），相对密度 1.33 (20℃)。水中溶解度：0.189mg/L (25℃)；其他溶剂中溶解度 (g/L)：甲醇 47.8，正己烷 3.28，正辛醇 16.0，丙酮 590。水解 DT$_{50}$：4.2d (pH 5)，19h (pH 7)，6min (pH 9)。闪点 68℃。

毒性　大鼠急性经口 LD$_{50}$＞5.0g/kg。兔急性经皮 LD$_{50}$＞2.0g (0.86 EC)/kg；对兔皮肤和眼睛有中度刺激，对豚鼠皮肤无致敏性。大鼠急性吸入 LC$_{50}$ 5.51mg (0.86 EC)/L。狗无作用剂量 100mg/kg。山齿鹑急性经口 LD$_{50}$＞2250mg/kg。山齿鹑、野鸭饲喂 LC$_{50}$＞5620mg/kg。鱼毒 LC$_{50}$ (mg/L)：虹鳟鱼 1.1，大翻车鱼 13～21。水蚤 LC$_{50}$ (48h)＞38.0mg/L。蜜蜂 LD$_{50}$＞196μg/只（接触）。

制剂　EC。

应用　酞酰亚胺类除草剂。一种选择性苗后茎叶处理剂，可以被杂草茎叶吸收，药剂在光照条件下才能发挥杀草作用，但并不影响光合作用的希尔反应，是通过对原卟啉原氧化酶的抑制而发挥除草作用。适用于大豆、玉米等，对大豆和玉米安全的选择性是基于药剂在作物和杂草植株中的代谢不同。主要用于防除阔叶杂草，如苍耳、藜、柳叶刺蓼、节蓼、豚草、苋属杂草、苘麻、龙葵、黄花稔等。对铁苋菜、鸭跖草有一定的药效，对多年生的刺儿菜、大蓟等有一定的抑制作用。药剂稀释后要立即施用，不要长时间搁置。在干燥的情况下防效低，不宜施用。如果 8h 内有雨，也不要施用。喷药时应注意避免药液飘移至周围作物上，宜在无风时施药。

合成路线　以对氟苯酚为起始原料，经氯化、酯化、硝化制得中间体取代的硝基苯。经水解制得中间体取代的硝基苯酚。再经还原制成取代的苯胺。然后与四氢苯酐缩合，最后与卤乙酸戊酯反应即得目的物。

分析方法　分析采用 GC/HPLC 法。

主要生产商　Sumitomo Chemical。

参考文献

[1]　EP 83055.
[2]　US 4770695.
[3]　JP 58110566.

[4] EP 0150064.

氟胺草唑（flupoxam）

$C_{19}H_{14}ClF_5N_4O_2$，460.8，119126-15-7

由日本 Kureha 公司发现，并与 Monsant 公司共同开发的三唑酰胺类除草剂。

其他名称　胺草唑，KNW-739，MON18500，Quatatim

化学名称　1-[4-氯-3-(2,2,3,3,3-五氟丙氧基甲基)苯基]-5-苯基-1H-1,2,4-三唑-3-甲酰胺；1-[4-chloro-3-(2,2,3,3,3-pentafluoropropoxymethyl)phenyl]-5-phenyl-1H-1,2,4-triazole-3-carboxamide

CAS 名称　1-[4-chloro-3-[(2,2,3,3,3-pentafluoropropoxy)methyl]phenyl]-5-phenyl-1H-1,2,4-triazole-3-carboxamide

理化性质　纯品为白色无味晶体，熔点 137.7～138.3℃，蒸气压 7.85×10^{-2} mPa（25℃），K_{ow} lg$P$ 3.2，相对密度 1.385（20℃）。溶解度：水 2.42mg/L（20℃）；己烷 3mg/L，甲苯 5.6g/L，甲醇 133g/L，丙酮 267g/L，乙酸乙酯 102g/L。

毒性　大鼠急性经口 $LD_{50}>$5000mg/kg。兔急性经皮 $LD_{50}>$2000mg/kg；对兔眼睛有轻微刺激性作用，对皮肤无刺激性。无致畸、致突变性。

制剂　SC，WG。

应用　有丝分裂抑制剂。苗前施用可使阔叶杂草不发芽。适宜于小麦、大麦等作物。主要用于防除越冬禾谷类作物田中一年生阔叶杂草，如野斗篷草、芥菜、藜、黄鼬瓣花、大马蓼、宝盖草、白芥、繁缕、猪殃殃、野生萝卜、小野芝麻、香甘菊、虞美人、常春藤叶婆婆纳、大婆婆纳、野油菜等。

合成路线　以邻甲基对硝基氯苯为起始原料，经如下反应即得目的物：

主要生产商　Nippon Soda。

参考文献

[1]　ZA 8702720.

[2]　EP 0282303.

氟胺磺隆（triflusulfuron-methyl）

$C_{17}H_{19}F_3N_6O_6S$，492.4，126535-15-7

由杜邦公司开发的磺酰脲类除草剂。

其他名称　氟胺黄隆，DPX 66037，Dubut，Safari，Upbeat

化学名称　2-[4-二甲基氨基-6-(2,2,2-三氟乙氧基)-1,3,5-三嗪-2-氨基甲酰氨基磺酰基]间甲基苯甲酸甲酯；methyl 2-[4-dimethylamino-6-(2,2,2-trifluoroethoxy)-1,3,5-triazin-2-ylcarbamoylsulfamoyl]-m-toluicate

CAS 名称　methyl 2-[[[[4-(dimethylamino)-6-(2,2,2-trifluoroethoxy)-1,3,5-triazin-2-yl]amino]carbonyl]amino]sulfonyl]-3-methylbenzoate

理化性质　TC 纯度＞96%。其纯品为白色结晶体，熔点 160～163℃（TC 155～158℃）。解离常数（pK_a）为 4.4。相对密度 1.6，蒸气压＜$1×10^{-2}$ mPa。水中溶解度（mg/L，25℃）：1（pH 3），3（pH 5），110（pH 7），11000（pH 9）；有机溶剂中溶解度：二氯甲烷 580，丙酮 120，甲醇 7，甲苯 2，乙腈 80。稳定性：在水中快速水解。25℃水中 DT_{50}：3.7d（pH 5），32d（pH 7），36d（pH 9）。

毒性　大鼠急性经口 LD_{50}＞5000mg/kg。兔急性经皮 LD_{50}＞2000mg/kg；对兔眼睛和皮肤无刺激性作用，对豚鼠皮肤无致敏性。大鼠急性吸入 LC_{50}（4h）＞5.1mg/L 空气。狗（1 年）饲喂试验无作用剂量为 875mg/L，小鼠（1.5 年）饲喂试验无作用剂量为 150mg/L，对雄性和雌性大鼠 2 年饲喂试验无作用剂量分别为 100mg/L、750mg/L。小齿鹑和野鸭急性经口 LD_{50}＞2250mg/kg，小齿鹑和野鸭饲喂 LC_{50}（5d）5620mg/kg。蓝色翻车鱼和虹鳟鱼 LC_{50}（96h）分别为 760mg/L、730mg/L。蜜蜂 LD_{50}（48h）＞1000mg/L。蚯蚓 LD_{50}＞1000mg/kg。

制剂　WG。

应用　用于甜菜，在 1～2 叶以上的甜菜中的 DT_{50}＜6h。按 2 倍的推荐用量施用，对甜菜仍极安全。能防除甜菜田许多阔叶杂草和禾本科杂草。

合成路线

分析方法　产品分析采用 HPLC 法。

主要生产商　DuPont。

参考文献

[1] WO 8909214.
[2] EP 0336578.
[3] US 5550238.
[4] US 5157119.
[5] DE 4322067.

氟苯啶草（flufenican）

$C_{19}H_{13}F_3N_2O_2$，358.3，78863-62-4

由 May & Baker Ltd（Rhône-Poulenc Agrochimie）评估。

化学名称 2-(α,α,α-三氟间甲苯氧基)烟酰替苯胺；2-(α,α,α-trifluoro-*m*-tolyloxy)nicotinanilide

CAS 名称 *N*-phenyl-2-[3-(trifluoromethyl)phenoxy]-3-pyridinecarboximide

应用 吡啶类除草剂。

氟苯戊烯酸（difenopenten）

$C_{18}H_{15}F_3O_4$，352.3，81416-44-6(difenopenten)；71101-05-8 (difenopenten-ethyl)

化学名称 (*E*)-(±)4-[4-(α,α,α-三氟对甲苯基氧)苯氧基]戊烯-2-酸；(*E*)-(±)-4-[4-(α,α,α-trifluoro-*p*-tolyloxy)phenoxy]pent-2-enoic acid

CAS 名称 (*E*)-(±)-4-[4-[4-(trifluoromethyl)phenoxy]phenoxy]-2-pentenoic acid

应用 除草剂。

氟吡草酮（bicyclopyrone）

$C_{19}H_{20}F_3NO_5$，399.4，352010-68-5

Syngenta 正在开发。

其他名称 NOA449280

化学名称 4-羟基-3-{2-[(2-甲氧基乙氧基)甲基]-6-(三氟甲基)-3-吡啶羰基}二环[3.2.1]3-辛烯-2-酮;4-hydroxy-3-{2-[(2-methoxyethoxy)methyl]-6-(trifluoromethyl)-3-pyridylcarbonyl}bicyclo[3.2.1]oct-3-en-2-one

CAS 名称 4-hydroxy-3-[[2-[(2-methoxyethoxy)methyl]-6-(trifluoromethyl)-3-pyridinyl]carbonyl]bicyclo[3.2.1]oct-3-en-2-one

应用 用于玉米和甘蔗。通过抑制类胡萝卜素的生物合成,并破坏叶绿素来作用于杂草。

氟吡草腙 (diflufenzopyr)

$C_{15}H_{12}F_2N_4O_3$,394.3,109293-97-2

由山道士(诺化)公司研制,巴斯夫公司开发的氨基脲类除草剂。

其他名称 氟吡酰草腙,BAS 65400H,SAN 835H,Distinct

化学名称 2-{1-[4-(3,5-二氟苯基)氨基羰基腙]乙基}烟酸;2-{1-[4-(3,5-difluorophenyl)semicarbazono]ethyl}nicotinic acid

CAS 名称 2-[1-[[[(3,5-difluorophenyl)amino]carbonyl]hydrazono]ethyl]-3-pyridinecarboxylic acid

理化性质 纯品为灰白色无味固体。熔点135.5℃。蒸气压1×10^{-3}Pa(20℃)。K_{ow} lg$P$ 0.037(pH 7)。Henry常数$<7\times10^{-5}$Pa·m³/mol。相对密度0.24(25℃)。水中溶解度(25℃,mg/L):63(pH 5),5850(pH 7),10546(pH 9)。水解DT_{50}(25℃):13d(pH5),24d(pH7),26d(pH9)。水溶液光解稳定性DT_{50}(25℃):7d(pH5),17d(pH7),13d(pH9)。pK_a3.18。

毒性 雄、雌大鼠急性经口$LD_{50}>$5000mg/kg。雄、雌急性经皮$LD_{50}>$5000mg/kg。大鼠急性吸入LC_{50}(4h)2.93mg/L。对兔皮肤无刺激性,对兔眼睛有轻微刺激性。雄狗(1年)无作用剂量为750mg/L[26mg/(kg·d)],雌狗(1年)无作用剂量为28mg/(kg·d)。ADI值:0.26mg/kg。无致突变作用。小齿鹑急性经口$LD_{50}>$2250mg/kg。野鸭和小齿鹑饲喂LC_{50}(5d)$>$5620mg/kg饲料。虹鳟鱼LC_{50}(96h)106mg/L。蜜蜂$LD_{50}>$90μg/只(接触)。

制剂 WG。

应用 生长素转移抑制剂。适用于禾谷类作物、草坪、非耕地。用于防除众多的阔叶杂草和禾本科杂草,文献报道其除草谱优于目前所有玉米田用除草剂。

合成路线

主要生产商　BASF 公司。

参考文献

US 5098466.

氟吡禾灵（haloxyfop）

haloxyfop，$C_{15}H_{11}ClF_3NO_4$，367.1；haloxyfop-methyl，$C_{16}H_{13}ClF_3NO_4$，375.7；haloxyfop-etotyl，$C_{19}H_{19}ClF_3NO_5$，433.8；69806-34-4

甲酯和乙氧基乙酯由 Dow Chemical Co.（现 Dow AgroSciences）开发。

其他名称　盖草能（酸），Dowco 453 (haloxyfop)，Dowco-453-ME (haloxyfop-methyl)，Dowco-453 EE (haloxyfop-etotyl)

化学名称　(RS)-2-[4-(3-氯-5-三氟甲基-2-吡啶氧基)苯氧基]丙酸；(RS)-2-[4-(3-chloro-5-(trifluoromethyl)-2-pyridyloxy)phenoxy]propionic acid

CAS 名称　(±)-2-[4-[[3-chloro-5-(trifluoromethyl)-2-pyridinyl]oxy]phenoxy]propanoic acid

理化性质　氟吡禾灵：无色晶体。熔点 107～108℃。蒸气压＜1.33×10^{-3} mPa（25℃）。相对密度 1.64。水中溶解度：43.4mg/L（pH 2.6，25℃）；1.590（pH 5），6.980（pH 9）（mg/L，20℃）。其他溶剂中溶解度（g/L）：丙酮、甲醇、异丙醇＞1000，二氯甲烷 459，乙酸乙酯 518，甲苯 118，二甲苯 74，正己烷 0.17。水中 DT_{50}：78d（pH 5），73d（pH 7），51d（pH 9）。pK_a 2.9。

氟吡乙禾灵：无色晶体。熔点 58～61℃。蒸气压 1.64×10^{-5} mPa（20℃）。$K_{ow}\lg P$ 4.33（20℃）。相对密度 1.34。水中溶解度（mg/L，20℃）：0.58，1.91（pH 5），1.28（pH 9.2）；其他溶剂中溶解度（g/L，20℃）：二氯甲烷 2760，二甲苯 1250，丙酮、乙酸乙酯、甲苯＞1000，甲醇 233，异丙醇 52，正己烷 44。酸、碱条件下水解稳定，水中 DT_{50}：33d（pH 5），5d（pH 7），几小时（pH 9）（25℃）。

氟吡甲禾灵：无色晶体。熔点 55～57℃。蒸气压 0.80mPa（25℃）。$K_{ow}\lg P$ 4.07。Henry 常数 3.23×10^{-2}Pa·m³/mol（计算值）。溶解度：水 9.3mg/L（25℃）；乙腈 4.0，丙酮 3.5，二氯甲烷 3.0，二甲苯 1.27（kg/kg，20℃）。

毒性

氟吡禾灵：雄大鼠急性经口 LD_{50} 337mg/kg。兔急性经皮 LD_{50}＞5000mg/kg。无作用剂量（2 年）大鼠 0.065mg/(kg·d)；大鼠饲喂 3 代 0.005mg/kg 剂量下肝肿毒无增长（氟吡禾灵甲酯）。野鸭急性经口 LD_{50}＞2150mg/kg；饲喂毒性 LC_{50}（8d）：野鸭和山齿鹑＞5620mg/L。鱼毒 LC_{50}（96h）：鳟鱼＞800mg/L。水蚤 LC_{50}（48h）96.4mg/L。藻类 EC_{50}（96h）106.5mg/L。

氟吡乙禾灵：急性经口 LD_{50}（mg/kg）：雄大鼠 531，雌大鼠 518。急性经皮 LD_{50}（mg/kg）：大鼠＞2000，兔＞5000。对兔皮肤无刺激性，对眼睛中度刺激性，对豚鼠无皮肤致敏性。无作用剂量：大鼠和小鼠 0.065mg/(kg·d)。野鸭急性经口 LD_{50}＞2150mg/kg；饲喂毒性 LC_{50}（8d）野鸭和山齿鹑＞5620mg/L。鱼毒 LC_{50}（96h，mg/L）：黑头呆鱼 0.54，大翻车鱼 0.28，虹鳟鱼 1.18。水蚤 LC_{50}（48h）4.64mg/L。蜜蜂 LD_{50}（48h，接触和经口）＞100μg/只。蠕虫 LC_{50}（14d）880mg/kg。

氟吡甲禾灵：急性经口 LD$_{50}$（mg/kg）：雄大鼠 393，雌大鼠 599。兔急性经皮 LD$_{50}$>5000mg/kg；对兔皮肤无刺激性，对眼睛中度刺激性。饲喂毒性 LC$_{50}$（8d）：野鸭和山齿鹑>5620mg/L。虹鳟鱼 LC$_{50}$（96h）0.38mg/L。水蚤 LC$_{50}$（48h）4.64mg/L。蜜蜂 LD$_{50}$（接触，48h）>100μg/只。

制剂 EC。

应用 氟吡禾灵是一种苗后选择性除草剂。氟吡禾灵结构中丙酸 α-碳为不对称碳原子，故存在 R 和 S 两种光学异构体，其中 S 体没有除草活性，对从出苗到分蘖、抽穗初期的一年生和多年生禾本科杂草有很好的防除效果，对阔叶草和莎草无效。对阔叶作物安全。适用于大豆、棉花、花生、油菜、甜菜、亚麻、烟草、向日葵、豌豆、茄子、辣椒、甘蓝、胡萝卜、萝卜、白菜、马铃薯、芹菜、胡椒、南瓜、西瓜、黄瓜、莴苣、菠菜、番茄，以及果园、茶园、桑园等。在其他国家登记作物：大豆、油菜、甜菜、亚麻、花生、棉花、豌豆等阔叶作物。防除野燕麦、稗草、马唐、狗尾草、牛筋草、野黍、早熟禾、千金子、看麦娘、黑麦草、旱雀麦、大麦属、匍匐冰草、芦苇、狗牙根、假高粱等一年生和多年生禾本科杂草。从禾本科杂草出苗到抽穗都可以施药。在杂草 3～5 叶，生长旺盛时施药最好，此时杂草对右旋吡氟乙禾灵最为敏感，且杂草地上部分较大，易接受到较多雾滴。在杂草叶龄较大时，适当加大药量也可达到很好防效。应尽量在禾本科杂草出齐后用药。

主要生产商 Dow AgroSciences，扬农化工。

氟吡磺隆（flucetosulfuron）

$C_{18}H_{22}FN_5O_8S$，487.5，412928-75-7

由 LG Life Sciences Ltd. 开发，2004 年在韩国上市。

其他名称 LGC-42153

化学名称 1-(4,6-二甲氧基嘧啶-2-基)-3-[2-氟-1-(甲氧基乙酰氧基)丙基-3-吡啶磺酰基]脲；(1RS,2RS;1RS,2SR)-1-{3-[(4,6-dimethoxypyrimidin-2-ylcarbamoyl)sulfamoyl]-2-pyridyl}-2-fluoropropyl methoxyacetate

CAS 名称 1-[3-[[[[(4,6-dimethoxy-2-pyrimidinyl)amino]carbonyl]amino]sulfonyl]-2-pyridinyl]-2-fluoropropyl methoxyacetate

理化性质 纯品为无味白色固体。熔点 178～182℃。蒸气压<1.86×10^{-2} mPa（25℃）。K_{ow}lg$P$ 1.05。Henry 常数<7.9×10^{-5} Pa·m^3/mol（25℃，计算值）。溶解度：水 114mg/L（25℃）。pK_a3.5。

毒性 雌性大鼠急性经口 LD$_{50}$>5000，雄性和雌性狗>2000mg/kg。大鼠无作用剂量（13 周）200mg/L。鲤鱼 LC$_{50}$>10mg/L。水蚤 LC$_{50}$>10mg/L。海藻 EC$_{50}$>10mg/L。

制剂 GR，WG。

应用 新型磺酰脲类除草剂，可用于移栽和直播水稻田；用于土壤或茎叶处理能有效防除稗草、阔叶和莎草科杂草。

分析方法 反向高效液相色谱仪-紫外检测法。

主要生产商 LG，SDS Biotech K.K.。

氟吡酰草胺（picolinafen）

$C_{19}H_{12}F_4N_2O_2$，376.3，137641-05-5

由 Shell International Research 发现，American Cyanamid Company（现 BASF AG）获得。1999 年由 R. H. White 等报道。2001 年由 BASF AG（现为 BASF SE）引入市场。

其他名称　AC 900001，CL 900001，WL 161616，BAS 700h，Pico

化学名称　4′-氟-6-(α,α,α-三氟间甲苯氧基)吡啶-2-甲酰苯胺；4′-fluoro-6-(α,α,α-trifluoro-m-tolyloxy)pyridine-2-carboxanilide

CAS 名称　N-(4-fluorophenyl)-6-[3-(trifluoromethyl)phenoxy]-2-pyridinecarboxamide

理化性质　原药含量≥97%。白色至白垩色细晶状固体，带有霉味。熔点 107.2～107.6℃。沸点＞230℃分解。蒸气压 $1.7×10^{-4}$ mPa（估计 20℃）。K_{ow} lg$P$ 5.37。Henry 常数 $1.6×10^3$ Pa·m^3/mol（计算值）。相对密度 1.42。水中溶解度（g/L，20℃）：$3.9×10^{-5}$（蒸馏水），$4.7×10^{-5}$（pH 7）；有机溶剂中溶解度（g/100mL）：丙酮 55.7，二氯甲烷 76.4，乙酸乙酯 46.4，甲醇 3.04。在 pH 4、7 和 9（50℃）的条件下耐水解 5d 以上。光降解作用 DT_{50}：25d（pH 5），31d（pH 7），23d（pH 9）。闪点＞180℃。

毒性　大鼠急性经口 LD_{50}＞5000mg/kg。大鼠急性经皮 LD_{50}＞4000mg/kg；对兔眼睛或皮肤无刺激作用，对豚鼠皮肤无致敏现象。大鼠吸入 LC_{50}（4h）＞5.9mg/L。NOAEL（1 年）：狗 1.4mg/(kg·d)，（2 年）大鼠 2.4mg/(kg·d)。野鸭和山齿鹑急性经口 LD_{50}＞2250mg/kg，野鸭和山齿鹑饲喂 LC_{50}＞5314mg/kg。虹鳟鱼 LC_{50}（96h）＞0.68mg/L（饲料）。水蚤 EC_{50}（48h）＞0.45mg/L。羊角月牙藻 EC_{50} 0.18μg/L，叉状毛藻 $E_b C_{50}$ 0.025μg/L。浮萍 EC_{50}（14d）＞0.057mg/L。蜜蜂急性 LD_{50}（经口，接触）＞200μg/只。蚯蚓 LC_{50}（14d）＞1000mg/kg。

制剂　EC，SC，WG。

应用　八氢番茄红素脱氢酶抑制剂，阻断类胡萝卜素的生物合成。选择性似乎是由于有区别地吸收和移动。对易受感染的物种，它是叶面迅速吸收的苗后除草剂，根部很少吸收或不吸收。造成易感染杂草的叶子白化。

主要生产商　BASF 公司。

参考文献

The Pesticide Manual. 16th ed.

氟丙嘧草酯（butafenacil）

$C_{20}H_{18}ClF_3N_2O_6$，474.82，134605-64-4

由 A. Zoschke 等于 1998 年报道。

其他名称　　CGA 276854，fluobutracil，Inspire

化学名称　　2-氯-5-[1,2,3,6-四氢-3-甲基-2,6-二氧-4-(三氟甲基)嘧啶-1-基]苯甲酸-1-(丙烯氧基羰基)-1-甲基乙基酯；1-(allyloxycarbonyl)-1-methylethyl 2-chloro-5-[1,2,3,6-tetrahydro-3-methyl-2,6-dioxo-4-(trifluoromethyl)pyrimidin-1-yl]benzoate

CAS 名称　　1,1-dimethyl-2-oxo-2-(2-propenyloxy) ethyl 2-chloro-5-[3,6-dihydro-3-methyl-2,6-dioxo-4-(trifluoromethyl)-1(2H)-pyrimidinyl]benzoate

理化性质　　纯品为无色粉状固体，熔点 113℃，沸点 270～300℃。相对密度 1.37 (20℃)，蒸气压 7.4×10^{-9} Pa (25℃)。$K_{ow}\lg P$ 3.2。水中溶解度（25℃）：10mg/L。

毒性　　大、小鼠急性经口 LD_{50} >5000mg/kg。大鼠急性经皮 LD_{50} >2000mg/kg。大鼠急性吸入 LC_{50} >5100mg/L。对兔眼睛和兔皮肤无刺激性。小齿鹑和野鸭急性经口 LD_{50} 2250mg/kg，野鸭和小齿鹑饲喂 LC_{50} (5d) >5620mg/L。虹鳟鱼 LC_{50} (96h) 3.9mg/L。对蜜蜂和蚯蚓无毒。蜜蜂 LD_{50}：>20μg/只（经口），>100μg/只（接触）。蚯蚓 LC_{50} >1250mg/kg 土。

制剂　　EC。

应用　　非选择性除草剂。原卟啉原氧化酶抑制剂。主要用于果园、非耕地除草。

合成路线

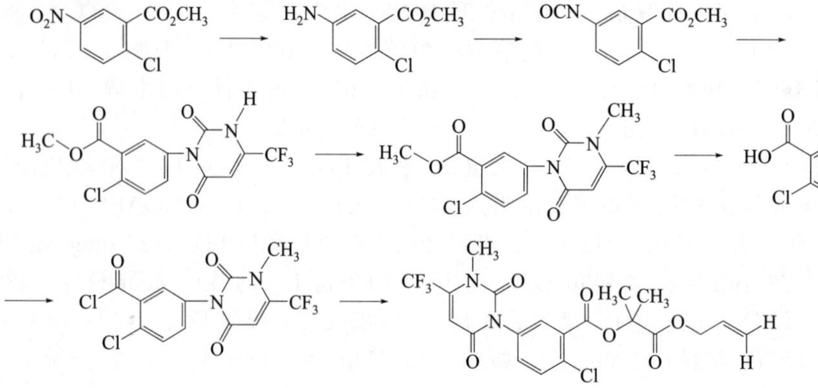

参考文献

[1] The pesticide Manual. 12 th ed. 2000：118.
[2] WO 9100278.
[3] EP 831091.
[4] DE 19741411.
[5] US 5183492.
[6] Zoschke A. Jap J Weed Sci Tech, 1998, 43：126.

氟草磺胺（perfluidone）

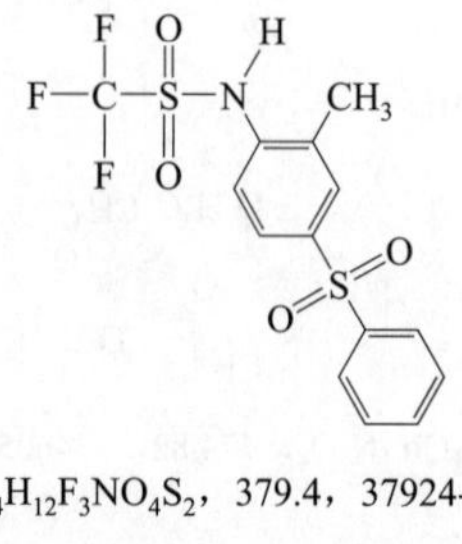

$C_{14}H_{12}F_3NO_4S_2$，379.4，37924-13-3

由 W. A. Gentner 报道，由 3M 公司推出。

化学名称　1,1,1-三氟-N-(4-苯基磺酰基邻甲苯基)甲磺酰胺；1,1,1-trifluoro-N-(4-phenylsulfonyl-o-tolyl)methanesulfonamide；1,1,1-trifluoro-2′-methyl-4′-(phenylsulfonyl)methanesulfonanilide

CAS 名称　1,1,1-trifluoro-N-[2-methyl-4-(phenylsulfonyl)phenyl]methanesulfonamide

理化性质　无色晶体。熔点 142～144℃，蒸气压＜1.3mPa（25℃）。水中溶解度 60mg/L（22℃）；丙酮 750，甲醇 595，乙腈 560，氯仿 175，二氯甲烷 162，乙醚 93，苯 11，己烷 0.03（g/L，22℃）。酸性和碱性条件下水解稳定，对热稳定，在紫外线照射下缓慢降解。pK_a 2.5。

毒性　大鼠急性经口 LD_{50} 633mg/kg，小鼠 920mg/kg。兔急性经皮 LD_{50}＞4000mg/kg，对兔眼睛有严重的刺激性，对皮肤中度刺激。大鼠吸入 LC_{50}（4h）3.2mg/L 空气。90d 饲喂实验，大鼠约 800mg/kg，狗约 200mg/kg 无致病性。ADI（EPA）0.01mg/kg[1989]。鹌鹑饲喂 LC_{50}（8d）7144mg/kg，鸭＞10000mg/kg（WP 制剂）。LC_{50}（96h）：虹鳟鱼 312mg/L，大翻车鱼 318mg/L。

制剂　WP，GR，SL。

应用　干扰蛋白质合成和细胞呼吸，选择性除草剂，通过根吸收。苗前使用防除莎草、多种单子叶植物杂草和棉花、移植烟草、水稻、甘蔗田等阔叶杂草。

分析方法　产品分析采用 GLC 配 FID 检测器。

参考文献

[1]　GB 1306564.

[2]　BE 765558.

氟草隆（fluometuron）

$C_{10}H_{11}F_3N_2O$，232.2，2164-17-2

1964 年由 C. J. Counselman 等报道除草活性。由 Ciba-Geigy AG（现 Syngenta AG）开发，20 世纪 70 年代初首次推出市场。2001 年剥离给 Makhteshim-Agan Industries Ltd.。

其他名称　伏草隆，棉草伏，C 2059，Cotoran

化学名称　1,1-二甲基-3-(α,α,α-三氟间甲苯基)脲；1,1-dimethyl-3-(α,α,α-trifluoro-m-tolyl)urea

CAS 名称　N,N-dimethyl-N'-[3-(trifluoromethyl)phenyl]urea

理化性质　纯品白色晶体。熔点 163～164.5℃。蒸气压：0.125mPa（25℃），0.33mPa（30℃）。$K_{ow}\lg P$ 2.38，相对密度 1.39（20℃）。溶解度：水 110mg/L（20℃）；甲醇 110，丙酮 105，二氯甲烷 23，正辛醇 22，正己烷 0.17（g/L，20℃）。20℃在酸性、中性和碱性条件下稳定，紫外线照射下分解。

毒性　大鼠急性经口 LD_{50}＞6000mg/kg。急性经皮 LD_{50}：大鼠＞2000mg/kg，兔＞10000mg/kg。对兔皮肤和眼睛中度刺激，对皮肤无致敏性。无作用剂量 [mg/(kg·d)]：（2 年）大鼠 19，（2 年）小鼠 1.3；狗（1 年）10。野鸭 LD_{50}：2974mg/kg；饲喂毒性 LC_{50}（8d，mg/kg）：日本鹌鹑 4620，野鸭 4500，环颈雉 3150。鱼 LC_{50}（96h，mg/L）：虹鳟鱼

30，大翻车鱼 48，鲶鱼 55。水蚤 LC_{50}（48h）10mg/L。海藻 EC_{50}（3d）0.16mg/L。蜜蜂 LD_{50}：（经口）>155μg/只，（局部）>190μg/只。蚯蚓 LC_{50}（14d）>1000mg/kg 土壤。

制剂　SC，WP。

应用　内吸传导型旱地除草剂。杂草通过根部吸收，抑制光合作用。用于棉花、玉米、甘蔗、果树防除一年生禾本科杂草和阔叶草，如稗草、蟋蟀草、早熟禾、马唐、苦荬菜、莎草、看麦娘、苋菜、狗尾草、藜、马齿苋、千金子等。

分析方法　采用 GLC-FID 或 HPLC 法。

主要生产商　Makhteshim-Agan，ÉMV，CCA Biochemical，Hermania，Ningbo Finechem，Nufarm GmbH，Rainbow，Sanxi，江苏快达。

参考文献
[1] BE 594227.
[2] GB 914779.

氟草敏（norflurazon）

$C_{12}H_9ClF_3N_3O$，303.7，27314-13-2

1968 年由 Sandoz AG（现在的 Syngenta AG）引入市场。

其他名称　H 52 143，H 9789

化学名称　4-氯-5-甲氨基-2-(α,α,α-三氟间甲苯基)哒嗪-3(2H)-酮；4-chloro-5-methylamino-2-(α,α,α-trifluoro-m-tolyl)pyridazin-3(2H)-one

CAS 名称　4-chloro-5-(methylamino)-2-[3-(trifluoromethyl)phenyl]-3(2H)-pyridazinone

应用　除草剂。

氟草肟（fluxofenim）

$C_{12}H_{11}ClF_3NO_3$，309.7，88485-37-4

1986 年由 T. R. Dill 报道。由 Ciba-Geigy AG（现 Syngenta AG）开发的肟醚类安全剂。

其他名称　CGA 133205，Concep Ⅲ

化学名称　4'-氯-2,2,2-三氟乙酰苯-O-1,3-二噁戊环-2-基甲基肟；4'-chloro-2,2,2-trifluoroacetophenone O-1,3-dioxolan-2-ylmethyloxime

CAS 名称　1-(4-chlorophenyl)-2,2,2-trifluoro-1-ethanone O-(1,3-dioxolan-2-ylmethyl)oxime

理化性质　纯品为油状物，沸点 94℃（0.1mmHg），蒸气压 38mPa（20℃），$K_{ow}\lg P$

2.9，Henry 常数 0.392Pa·m³/mol（计算值）。相对密度 1.36（20℃）。溶解度（20℃）：水 30mg/L，与多数有机溶剂互溶。200℃以下稳定。

毒性 大鼠急性经口 LD_{50} 669mg/kg。大鼠急性经皮 LD_{50} 1544mg/kg。大鼠急性吸入 LC_{50}（4h）>1.2mg/L。对兔皮肤和眼睛无刺激性作用。NOEL 数据：大鼠（90d）10mg/kg [1mg/(kg·d)]，狗（90d）20mg/(kg·d)。日本鹌鹑、绿头鸭急性经口 LD_{50}>2000mg/kg，日本鹌鹑 LC_{50}（8d）>5620mg/L。鱼 LC_{50}（96h）：虹鳟鱼 0.86mg/L，大翻车鱼 2.5mg/L。

制剂 EC。

应用 肟醚类除草剂安全剂。该安全剂保护高粱不受异丙甲草胺的危害，作种子处理，可迅速渗入种子，其作用是加速异丙甲草胺的代谢，可保持高粱对异丙甲草胺的耐药性。若混剂中存在 1,3,5-三嗪类，可提高防除阔叶杂草的活性。

合成路线 4-三氟乙酰基氯苯与盐酸羟胺反应，生成相应的肟化合物，该肟化合物与 2-(溴甲基)-1,3-二噁戊烷反应，即制得目的物。

分析方法 采用 GC/FID 法。

主要生产商 Syngenta。

参考文献

[1] US 4530716.

[2] EP 89313.

氟哒嗪草酯（flufenpyr-ethyl）

$C_{16}H_{13}ClF_4N_2O_4$，408.73，188489-07-8

住友化学公司研制的哒嗪酮类除草剂。

化学名称 2-氯-5-[1,6-二氢-5-甲基-6-氧-4-(三氟甲基)哒嗪-1-基]-4-氟苯氧乙酸乙酯；ethyl 2-chloro-5-[1,6-dihydro-5-methyl-6-oxo-4-(trifluoromethyl)pyridazin-1-yl]-4-fluorophenoxyacetate

CAS 名称 ethyl [2-chloro-4-fluoro-5-[5-methyl-6-oxo-4-(trifluoromethyl)-1(6*H*)-pyridazinyl]phenoxy]acetate

应用 原卟啉原氧化酶抑制剂。旱田（玉米、大豆等）除草剂。

合成路线 以对氟苯酚为起始原料，经如下反应制得目的物：

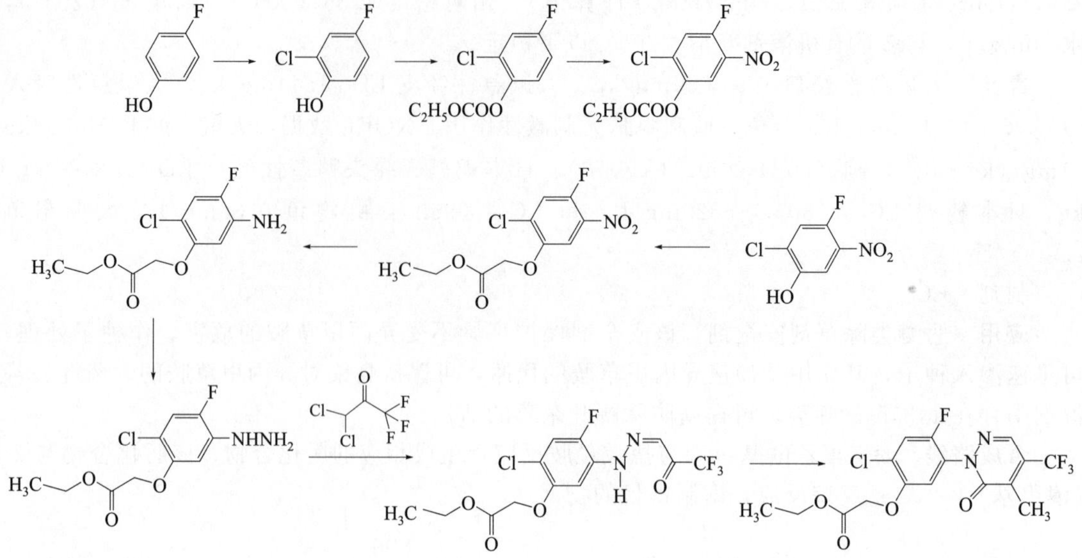

参考文献

[1] WO 9707104.
[2] EP 0934254.
[3] JP 2000229968.
[4] JP 2000229951.

氟丁酰草胺 (beflubutamid)

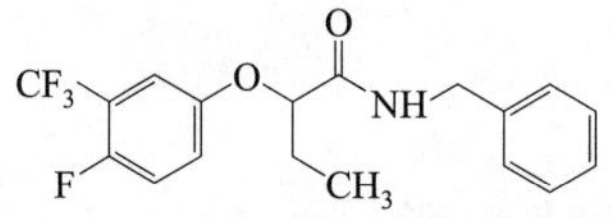

$C_{18}H_{17}F_4NO_2$, 355.33, 113614-08-7

由日本宇部产业公司开发的苯氧酰胺类除草剂。

其他名称 UBH-820, ASU 95510H

化学名称 N-苄基-2-(α,α,α,4-四氟间甲基苯氧基)丁酰胺；(RS)-N-benzyl-2-(α,α,α,4-tetrafluoro-m-tolyloxy)butyramide

CAS 名称 2-[4-fluoro-3-(trifluoromethyl)phenoxy]-N-(phenylmethyl)butanamide

理化性质 原药纯度>97%。纯品为绒毛状白色粉状固体，熔点75℃。相对密度1.33，蒸气压1.1×10^{-2}mPa (25℃)。K_{ow} lg$P$ 4.28。Henry常数1.1×10^{-4}Pa·m³/mol。溶解度(20℃, g/L)：水 0.00329；丙酮>600，二氯甲烷>544，乙酸乙酯>571，正辛烷2.18，二甲苯106。对光稳定。在130℃下可稳定5h以上。在正常贮存条件下稳定。在21℃，pH 5、7、9条件下放置5d稳定。水溶液中光解DT_{50} 48d (pH 7, 25℃)。

毒性 大鼠急性经口LD_{50}>5000mg/kg，大鼠急性经皮LD_{50}>2000mg/kg，对兔皮肤和眼睛无刺激性作用。NOEL 数据：大鼠90d为29mg/(kg·d)。无"三致"。小齿鹑急性经口LD_{50}>2000mg/kg，小齿鹑饲喂LC_{50} (5d)>5000mg/kg。鱼毒LC_{50} (96h, mg/L)：虹鳟鱼>1.86，大翻车鱼2.69。对蜜蜂无毒，LD_{50} (经口、接触)>100μg/只。蚯蚓LC_{50}

(14d)＞732mg/kg。

制剂　SC。

应用　苯氧酰胺类除草剂。胡萝卜素生物合成抑制剂。主要用于防除重要的阔叶杂草，如婆婆纳、宝盖草、田蓳菜、藜、荠菜、大爪草等。适用于小麦、大麦，苗前或苗后早期使用。对小麦、环境安全，由于其持效期适中，对后茬作物无影响。同异丙隆混用，苗后茎叶处理，除草效果佳，几乎可防除麦田所有杂草，而且对麦类很安全。

合成路线

分析方法　分析采用 GC/HPLC 法。

主要生产商　Cheminova 公司。

参考文献

[1] The Pesticide Manual. 12 th ed. 2000：63.
[2] Proc Br Crop Prot Conf—Weed, 1999：41.
[3] 农药通讯，2000，2：1.
[4] EP 0239414.

氟啶草酮（fluridone）

$C_{19}H_{14}F_3NO$，329.3，59756-60-4

1977 年由 Eli Lilly & Co.（现 Dow AgroSciences）推出。

其他名称　EL-171，Compound 112371

化学名称　1-甲基-3-苯基-5-(α,α,α-三氟间甲苯基)-4-吡啶；1-methyl-3-phenyl-5-(α,α,α-trifluoro-m-tolyl)-4-pyridone

CAS 名称　1-methyl-3-phenyl-5-[3-(trifluoromethyl)phenyl]-4(1H)-pyridinone

理化性质　灰白色结晶固体。熔点 154～155℃，蒸气压 0.013mPa（25℃），K_{ow} lg$P$ 1.87（pH 7，25℃），Henry 常数 3.57×10^{-4} Pa·m³/mol（计算值）。溶解度：水（pH 7）约 12mg/L；氯仿、甲醇、二乙醚＞10g/L，乙酸乙酯＞510g/L，已烷＜0.510g/L。200～219℃分解，pH3～9 时对水解稳定。紫外线照射下分解，水中 DT_{50}：23h。pK_a12.3。

毒性　急性经口 LD_{50}：大鼠和小鼠＞10000mg/kg，狗＞500mg/kg，猫＞250mg/kg。兔急性经皮 LD_{50}＞5000mg/kg，对皮肤无刺激，对眼睛有轻微刺激。大鼠以 200mg/kg 饲料饲喂 2 年无不良影响。鹌鹑 LD_{50}＞2000mg/kg。虹鳟鱼 LC_{50} 11.7mg/L。蜜蜂 LD_{50}＞362.6μg/只（经口）。蚯蚓 LC_{50}（14d）＞102.6mg/kg 土壤。

制剂　SC。

应用　吡咯烷酮类除草剂，可用于防除大多数水中或水面杂草，也可作为芽前选择性除草剂，用于防除棉花一年生窄叶、阔叶杂草及某些多年生杂草，还适用于某些对草甘膦产生抗性的杂草，如长芒苋等。

合成路线　采用间三氟甲基苯乙腈、苯乙酸甲酯、固体三光气等为原料制备氟啶草酮。

分析方法　采用 HPLC 分析法。
主要生产商　SePro Corp 公司。
参考文献
GB 1521092.

氟啶嘧磺隆（flupyrsulfuron-methyl-sodium）

$C_{15}H_{13}F_3N_5NaO_7S$，487.3，144740-54-5

1995 年由 S. R. Teaney 等报道。由美国杜邦公司开发的磺酰脲类除草剂。
其他名称　DPX-KE459，JE 138，IN-KE459
化学名称　2-(4,6-二甲氧嘧啶-2-基氨基羰基氨基磺酰基)-3-三氟甲基烟酸甲酯单钠盐；methyl 2-(4,6-dimethoxypyrimidin-2-ylcarbamoylsulfamoyl)-6-trifluoromethylnicotinate monosodium salt
CAS 名称　methyl 2-[[[[(4,6-dimethoxy-2-pyrimidinyl)amino]carbonyl]amino]sulfonyl]-6-(trifluoromethyl)-3-pyridinecarboxylate monosodium salt
理化性质　纯品为具刺激性气味的白色粉状固体，熔点 165～170℃，相对密度 1.48。蒸气压 1.0×10^{-9} Pa（20℃）。K_{ow} lg$P$（20℃）：0.96（pH 5），0.10（pH 6）。溶解度（20℃，mg/L）：乙腈 4332，丙酮 3049，正己烷＞1.0，乙酸乙酯 490，二氯甲烷 600。水中溶解度（25℃，pH 5）为 63g/L。水中稳定性：半衰期为 44d（pH 5），12d（pH 7），0.4d（pH 9）。pK_a 4.9。
毒性　大（小）鼠急性经口 LD_{50}＞5000mg/kg。兔急性经皮 LD_{50}＞2000mg/kg。大鼠急性吸入 LC_{50}（4h）＞2.0mg/L。对兔眼睛和皮肤无刺激性。NOEL 数据：大鼠 2 年为

350mg/kg；狗雄性 16.4mg/kg，雌性 13.6mg/kg。ADI 0.035mg/kg。野鸭和小齿鹑急性经口 $LD_{50}>2250$mg/kg。鱼毒 LC_{50}（96h，mg/L）：鲤鱼 820，虹鳟 470。无致突变性。

制剂 WG。

应用 乙酰乳酸合成酶（ALS）抑制剂。通过杂草根和叶吸收，在植株体内传导，杂草即停止生长，而后枯死。氟啶嘧磺隆为具有广谱活性的苗后除草剂。适用于禾谷类作物，如小麦、大麦等。对禾谷类作物安全。对环境无不良影响。因其降解速度快，无论何时施用，对下茬作物都很安全。主要用于防除部分重要的禾本科杂草和大多数阔叶杂草，如看麦娘等。

合成路线 以 4-丁氧基-1,1,1-三氟-3-丁烯-2-酮和丙二酸甲酯单酰胺为起始原料，经合环、氯化、巯基化、氯磺化、氨化制得中间体磺酰胺，最后与二甲氧基嘧啶氨基甲酸苯酯反应，制得目的物。

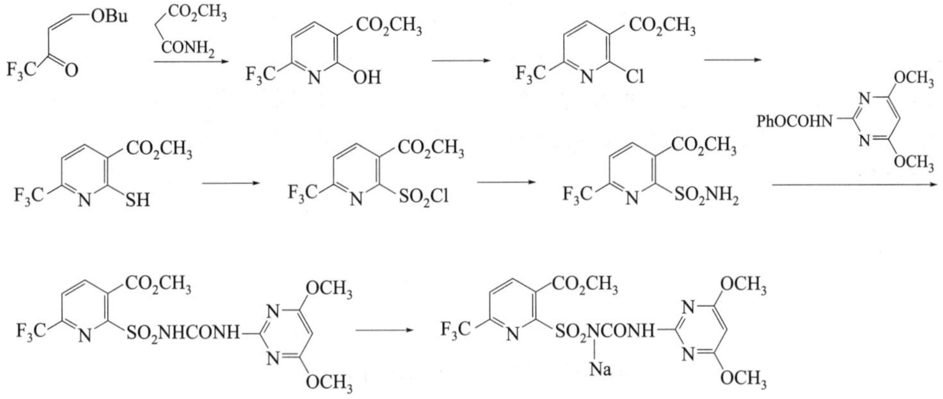

分析方法 采用高效液相色谱/质谱法（HPLC/MS）分析。

主要生产商 DuPont。

参考文献

[1] EP 502740.

[2] US 5393734.

氟禾草灵（trifop）

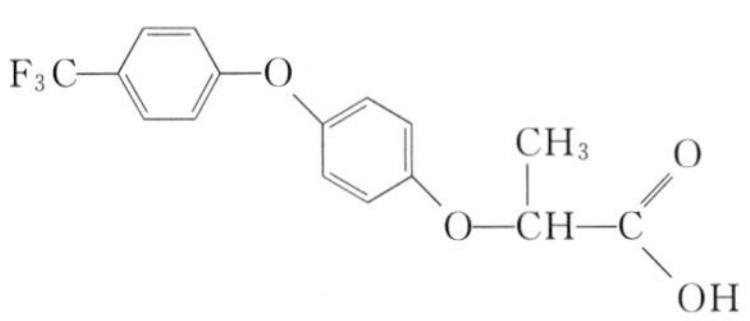

$C_{16}H_{13}F_3O_4$，326.3，58594-74-4

由 Hoechst AG 推出。

其他名称 Hoechst AG

化学名称 (RS)-2-[4-(α,α,α-三氟对甲苯氧基)苯氧基]丙酸；(RS)-2-[4-(α,α,α-trifluoro-p-tolyloxy)phenoxy]propionic acid

CAS 名称 （±）2-[4-[4-(trifluoromethyl)phenoxy]phenoxy]propanoic acid

应用 除草剂。

氟化除草醚（fluoronitrofen）

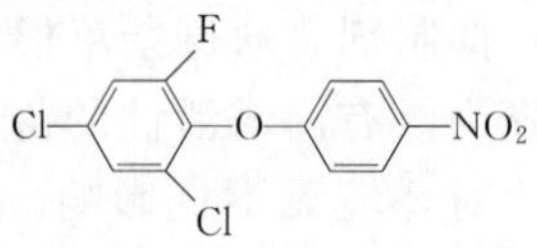

$C_{12}H_6Cl_2FNO_3$，302.1，13738-63-1

1965 年由 Mitsui Toatsu Chemicals，Inc.（Mitsui Chemicals，Inc.）开发。

其他名称 Mo500

化学名称 2,4-二氯-6-氟苯基-4-硝基苯基醚；2,4-dichloro-6-fluorophenyl4-nitrophenyl ether

CAS 名称 1,5-dichloro-3-fluoro-2-(4-nitrophenoxy)benzene

理化性质 熔点 67.1～67.9℃。23℃水中溶解度为 0.66mg/L。

毒性 小鼠急性经口 LD_{50} 为 2500mg/kg。鲤鱼 TLm (48h) 为 0.5mg/L。

应用 可抑制萌发杂草的胚轴和幼芽的生长。本药还可作脲类除草剂的增效剂，用于森林苗木中除草、海边电站冷却水中防除海水浮游生物及稻田除草等。

参考文献

[1] DE 2163551.
[2] CA77114036.
[3] Weed Sci，1975，23（1）：57-60.

氟磺胺草（benzofluor）

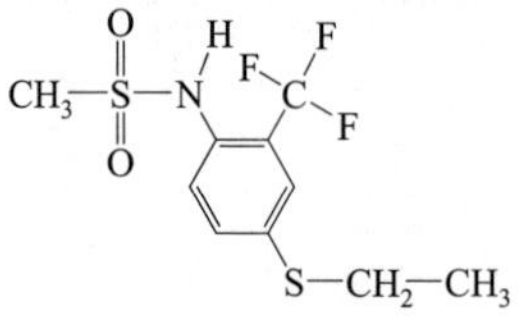

$C_{10}H_{12}F_3NO_2S_2$，299.3，68672-17-3

由 3M Company 推出的除草剂、植物生长调节剂。

其他名称 MBR 18 337

化学名称 4′-ethylthio-2′-(trifluoromethyl)methanesulfonanilide；4′-ethylthio-α′,α′,α′-trifluoromethanesulfon-o-toluidide

CAS 名称 N-[4-(ethylthio)-2-(trifluoromethyl)phenyl]methanesulfonamide

应用 除草剂、植物生长调节剂。

氟磺胺草醚（fomesafen）

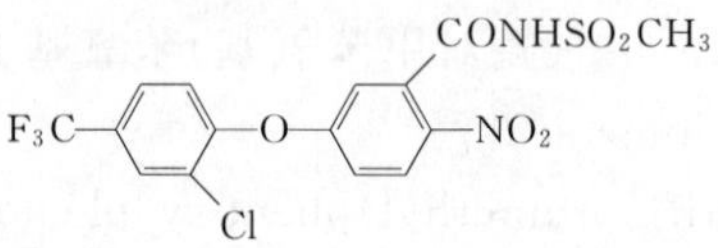

fomesafen，$C_{15}H_{10}ClF_3N_2O_6S$，438.8；fomesafen sodium，$C_{15}H_9ClF_3N_2NaO_6S$，460.9；72178-02-0

1983 年由 S. R. Colby 报道。由 ICI Plant Protection Division（现 Syngenta AG）开发的二苯醚类除草剂。

其他名称　虎威，北极星，氟磺草，除豆莠，PP021，Flex，Reflex

化学名称　5-(2-氯-α,α,α-三氟对甲苯氧基)-N-甲磺酰基-2-硝基苯甲酰胺；5-(2-chloro-α,α,α-trifluoro-p-tolyloxy)-N-methylsulfonyl-2-nitrobenzamide

CAS 名称　5-[2-chloro-4-(trifluoromethyl)phenoxy]-N-(methylsulfonyl)-2-nitro-benzamide

理化性质　白色晶体。熔点 219℃。蒸气压 $<4\times10^{-3}$ mPa（20℃）。K_{ow} lg$P$：2.9（pH 1），$<$2.2（pH 4～10）。Henry 常数 $<2\times10^{-7}$ Pa·m³/mol（pH 7，20℃）。相对密度 1.61（20℃）。溶解度：纯水 50，$<$10（pH 1～2），10000（pH 9）（mg/L，20℃）。50℃至少可保存 6 个月，光照条件下易分解。pK_a 2.83（20℃）。

毒性　大鼠急性经口 LD$_{50}$（mg/kg）：雄 1250～2000，雌 1600。家兔急性经皮 LD$_{50}$ $>$1000mg/kg，对兔皮肤和眼睛有轻度刺激性作用。雄大鼠吸入 LC$_{50}$（4h）4.97mg/L。无作用剂量[mg/(kg·d)]：大鼠（2 年）5，小鼠（1.5 年）1，狗（0.5 年）1。在试验剂量内对动物无致畸、致突变和致癌作用。野鸭急性经口 LD$_{50}$ $>$5000mg/kg，饲喂野鸭和小齿鹑 LC$_{50}$（5d）$>$20000mg/L。鱼毒 LC$_{50}$（mg/L，96h）：虹鳟 170，大翻车鱼 1507。对鸟和蜜蜂低毒，蜜蜂 LD$_{50}$：50μg/只（经口），100μg/只（接触）。蚯蚓 LC$_{50}$（14d）$>$1000mg/kg 土壤。

氟磺胺草醚钠盐大鼠急性经口 LD$_{50}$：雄 1860mg/kg，雌 1500mg/kg。兔急性经皮 LD$_{50}$ $>$780mg/kg。

制剂　ME，SL。

应用　选择性除草剂，具有杀草谱宽、除草效果好、对大豆安全、对环境及后茬作物安全（推荐剂量下）等优点。大豆苗前苗后均可使用。用于大豆田、果树、橡胶种植园、豆科覆盖作物。防除麻、狼把草、鬼针草、铁苋菜、反枝苋、凹头苋、刺苋、豚草、芸薹属、田旋花、荠菜、决明、青葙、藜、小藜、蒿属、刺儿菜、大蓟、柳叶刺蓼、酸模叶蓼、节蓼、卷茎蓼、红蓼、萹蓄、鸭跖草、曼陀罗、辣子草、裂叶牵牛、粟米草、马齿苋、刺黄花稔、野芥、猪殃殃、酸浆属、苍耳、水棘针、香薷、龙葵、高田菁、车轴草属、欧荨麻、鳢肠、自生油菜等一年生和多年生阔叶杂草。在推荐剂量对禾本科杂草防效差。苗后一年生阔叶杂草 2～4 叶期，大多数杂草出齐时茎叶处理。过早施药杂草出苗不齐，后出苗的杂草还需再施一遍药或采取其他灭草措施；过晚施药杂草抗性增强，需增加用药量。

合成路线　三氟羧草醚与氯化亚砜反应，生成酰氯，再与甲基磺酰胺反应得到目的物。

分析方法　采用 HPLC-UV 方法。

主要生产商　Syngenta，福建三农，佳木斯恺乐，江苏百灵，江苏长青，江苏蓝丰，连云港立本，江苏联化，江苏新港，江苏中旗，大连瑞泽，大连松辽，青岛双收，山东京博，山东侨昌，山东神星，青岛丰邦，青岛瀚生，山东先达，中农民昌，上虞颖泰。

参考文献

[1] EP 23100.

[2] EP 3416.

氟磺隆（prosulfuron）

$C_{15}H_{16}F_3N_5O_4S$, 419.4, 94125-34-5

由 M. Schulte 等报道，由 Ciba-Geigy AG（现 Syngenta AG）开发，1994 年上市。

其他名称　顶峰，三氟丙磺隆，CGA 152005，Peak

化学名称　1-(4-甲氧基-6-甲基-1,3,5-三嗪-2-基)-3-[2-(3,3,3-三氟丙基)苯基磺酰基]脲；1-(4-methoxy-6-methyl-1,3,5-triazin-2-yl)-3-[2-(3,3,3-trifluoropropyl)phenylsulfonyl]urea

CAS 名称　N-[[(4-methoxy-6-methyl-1,3,5-triazin-2-yl)amino]carbonyl]-2-(3,3,3-trifluoropropyl)benzene sulfonamide

理化性质　纯品为无色无味结晶体，熔点 155℃（分解）。相对密度 1.5（20℃）。蒸气压 $<3.5\times10^{-6}$ Pa（20℃）。K_{ow} lg$P$（25℃）：1.5（pH 2），-0.21（pH 6.9），-0.76（pH 9.0）。水中溶解度（25℃，g/L）：0.029（pH 4.5），0.087（pH 5.0），4.0（pH 6.8），4.3（pH 7.7）；有机溶剂中溶解度：乙醇 8.4，丙酮 160，甲苯 6.1，正己烷 0.0064，乙酸乙酯 56，二氯甲烷 180。在室温下存放 24 个月稳定，在 pH5 条件下可迅速水解。pK_a 3.76。

毒性　大鼠急性经口 LD_{50} 986mg/kg。小鼠急性经口 LD_{50} 1247mg/kg。兔急性经皮 $LD_{50}>$2000mg/kg。大鼠急性吸入 LC_{50}（4h）>5000mg/L。对兔眼睛和兔皮肤无刺激性。无作用剂量：大鼠（2 年）8.6mg/(kg·d)，狗（1 年）1.9mg/(kg·d)。野鸭和小齿鹑急性经口 LD_{50} 分别为 1300mg/kg 和>2150mg/kg，野鸭和小齿鹑饲喂 LC_{50}（8d）>5620mg/L。虹鳟和鲤鱼 LC_{50}（96h）>100mg/L。蜜蜂 LD_{50}（48h，经口和接触）>100μg/只。蚯蚓 LC_{50}（14d）>1000mg/kg。

制剂　WG。

应用　通过茎叶和根部吸收，在木质部和韧皮部向顶、向基传导到作用位点，在使用后 1～3 周内植株死亡。用于玉米、高粱及其他谷物、牧草地和草坪，苗后处理，防除苋属、白麻属、藜属、蓼属、繁缕属杂草和其他一年生阔叶杂草。

合成路线

分析方法　产品用 LC 分析。
主要生产商　Syngenta。
参考文献
[1] EP 120814.
[2] EP 584043.

氟磺酰草胺（mefluidide）

$C_{11}H_{13}F_3N_2O_3S$，310.3，53780-34-0

1974 年由 3M 公司开发。

其他名称　MBR 12 325，Embark

化学名称　5′-(1,1,1-三氟甲磺酰氨基)乙酰基-2′,4′-二甲基苯胺；5′-(1,1,1-trifluoromethanesulfonamido)aceto-2′,4′-xylidide

CAS 名称　N-[2,4-dimethyl-5-[[(trifluoromethyl)sulfonyl]amino]phenyl]acetamide

理化性质　无色无味结晶状固体。熔点 183～185℃。蒸气压＜10mPa（25℃）。K_{ow} lg$P$2.02（25℃，非离子化）。Henry 常数＜$1.72×10^{-2}$ Pa·m³/mol（计算值）。水中溶解度：180mg/L（23℃）；有机溶剂中溶解度（g/L，23℃）：丙酮 350，甲醇 310，乙腈 64，乙酸乙酯 50，正辛醇 17，二乙醚 3.9，二氯甲烷 2.1，苯 0.31，二甲苯 0.12。高温稳定，但在酸性或碱性溶液中回流氟磺酰草胺，部分乙酰氨基水解，在暴露于紫外线的水溶液中降解。pK_a 4.6。

毒性　大鼠急性经口 LD_{50}＞4000，小鼠 1920mg/kg。兔急性经皮 LD_{50}＞4000mg/kg；对兔眼睛有中度刺激作用，对皮肤无刺激作用。狗 NOAEL 1.5mg/kg（EPA RED）。无诱变性，无致畸性。在鼠伤寒沙门氏菌中没有观察到诱变作用。野鸭和山齿鹑急性经口 LD_{50}＞4620mg/kg，野鸭和山齿鹑饲喂 LC_{50}（5d）＞10000mg/kg 饲料（第 8 天观察）。虹鳟、大翻车鱼 LC_{50}（96h）＞100mg/L。对蜜蜂无毒害。

制剂　SL。

应用　抑制生长，抑制草皮、草坪、草地、工业区、美化市容地带及割草很难的区域（如路边缘和路堤）的多年生牧草种子的产生。抑制观赏性树木和灌木的生长，提高甘蔗的蔗糖含量。防止大豆及其他作物田的杂草生长及种子产生（尤其是假高粱和自生谷类植物）。

分析方法　产品用衍生物 GLC 分析。

主要生产商　PBI/Gordon。

参考文献
US 3894078.

氟乐灵（trifluralin）

$C_{13}H_{16}F_3N_3O_4$，335.5，1582-09-8

由陶氏益农（Dow Elanco Products Company）公司开发的苯胺类除草剂。

其他名称　特福力，氟特力，氟利克，L-36352，EL-152，Treflan，Flutrix，Elfuron，Iperson，Olitref，Premerlin，Sinfluran，Tri-4，Trifluran，Trifluran，Triflurex，Trifsan，Trigard，Trilin，Triplen，Tristar，Zeltoxone

化学名称　α,α,α-三氟-2,6-二硝基-N,N-二丙基对甲苯胺；α,α,α-trifluoro-2,6-dinitro-N,N-dipropyl-p-toluidine

CAS 名称　2,6-dinitro-N,N-dipropyl-4-(trifluoromethyl)benzenamine

理化性质　橘黄色晶体。熔点 48.5～49℃（TC43～47.5℃）。沸点 96～97℃（24Pa）。蒸气压 6.1mPa（25℃）。K_{ow}lg$P$ 4.83（20℃）。Henry 常数 15 Pa·m^3/mol（计算值）。相对密度 1.36（22℃）。水中溶解度：0.184（pH 5），0.221（pH 7），0.189（pH 9）（mg/L）；TC 0.343（pH 5），0.395（pH 7），0.383（pH 9）（mg/L）。有机溶剂中溶解度：丙酮、三氯甲烷、乙腈、甲苯、乙酸乙酯>1000，甲醇 33～40，正己烷 50～67（g/L，25℃）。52℃稳定，pH 3、6 和 9（52℃）水解稳定，紫外线照射下分解。闪点：151℃（闭杯）；TC153℃（开杯）。

毒性　急性经口 LD$_{50}$ 大鼠>5000mg/kg。急性经皮 LD$_{50}$ 兔>5000mg/kg；对皮肤无刺激性，对眼睛有轻微刺激（兔）。吸入毒性：LC$_{50}$（4h）大鼠>4.8mg/L。无作用剂量：2 年饲喂试验，低剂量 813mg/kg 饲喂大鼠可引起肾结石，小鼠 73mg/(kg·d)。急性经口 LD$_{50}$：山齿鹑>2000mg/kg；饲喂毒性 LC$_{50}$（5d）：山齿鹑和野鸭>5000mg/kg。鱼类 LC$_{50}$（96h）：虹鳟鱼 0.088mg/L，大翻车鱼 0.089mg/L。水蚤 LC$_{50}$（48h）0.245mg/L；无作用剂量（21d）0.051mg/L。海藻 EC$_{50}$（7d）：羊角月牙藻 12.2mg/L；无作用剂量 5.37mg/L。蜜蜂 LD$_{50}$（经口和接触）>100μg/只。蠕虫 LC$_{50}$（14d）>1000mg/kg 干土。

制剂　TC，EC，TKL。

应用　通过杂草种子在发芽生长穿过土层过程中被吸收。主要是被禾本科植物的芽鞘、阔叶植物的下胚轴吸收，子叶和幼根也能吸收，但吸收后很少向芽和其他器官传导。出苗后植物的茎和叶不能吸收。进入植物体内影响激素的生成或传递而导致其死亡。药害症状是抑制生长，根尖与胚轴组织显著膨大，幼芽和次生根的形成显著受抑制，受害后植物细胞停止分裂，根尖分生组织细胞变小。厚而扁，皮层薄壁组织中的细胞增大，细胞壁变厚，由于细胞中的液胞增大，使细胞丧失极性，产生畸形，单子叶杂草的幼芽如稗草呈"鹅头"状，双子叶杂草下胚轴变粗变短、脆而易折。受害的杂草有的虽能出土，但胚根及次生根变粗，根尖肿大，呈鸡爪状，没有须根，生长受抑制。用药量过高，在低洼地湿度大、温度低，大豆幼苗下胚轴肿大，生育过程中根瘤受抑制。适用于大豆、向日葵、棉花、花生、油菜、马铃薯、胡萝卜、芹菜、番茄、茄子、辣椒、甘蓝、白菜等蔬菜和果园。防治稗草、野燕麦、狗尾草、金狗尾草、马唐、牛筋草、千金子、大画眉草、早熟禾、雀麦、马齿苋、藜、萹蓄、繁缕、猪毛菜、蒺藜等一年生禾本科和小粒种子的阔叶杂草。

合成路线　以对氯甲苯为起始原料，经氧化、硝化、氟化、氨化反应得到氟乐灵。

主要生产商　ACA，Agrochem，Atanor，Budapest Chemical，Dintec，Drexel，Makhteshim-Agan，Milenia，Nortox，Nufarm Ltd，Westrade，山东滨农，江苏丰山，青岛瀚

生，山东侨昌，江苏腾龙。

参考文献

[1] US 3257190.
[2] US 5728881.
[3] CN 1544414.

氟硫草定（dithiopyr）

$C_{15}H_{16}F_5NO_2S_2$，401.4，97886-45-8

该品种由 Monsanto Co. 开发，随后出售给 Rohm &haas Co.，后来又转让给 Dow AgroSciences。

其他名称　MON 7200，MON15100，Dimension，Dictran

化学名称　S,S'-二甲基-2-二氟甲基-4-异丁基-6-三氟甲基吡啶-3,5-二硫代甲酸酯；S,S'-dimethyl2-difluoromethyl-4-isobutyl-6-trifluoromethylpyridine-3,5-dicarbothioate

CAS 名称　S,S'-dimethyl 2-(difluoromethyl)-4-(2-methylpropyl)-6-(trifluoromethyl)-3,5-pyridinedicarbothioate

理化性质　纯品为无色结晶体。熔点 65℃。蒸气压 0.53mPa（25℃）。$K_{ow}\lg P$ 4.75。Henry 常数 0.153Pa·m³/mol。相对密度 1.41（25℃）。25℃水中溶解度 1.4mg/L。

毒性　大鼠、小鼠急性经口 LD_{50}＞5000mg/kg。大鼠、兔急性经皮 LD_{50}＞5000mg/kg。大鼠急性吸入 LC_{50}（4h）＞5.98mg/L。大鼠 2 年饲喂试验无作用剂量为≤10mg/L，小鼠 1.5 年饲喂试验无作用剂量为 3mg/(L·d)，狗 1 年饲喂试验无作用剂量为≤0.5mg/kg。小齿鹑急性经口 LD_{50}＞2250mg/kg，小齿鹑和野鸭饲喂 LC_{50}（5d）＞5620mg/kg。鱼毒 LC_{50}（96h）：虹鳟 0.5mg/L，鲤鱼 0.7mg/L。蜜蜂点滴 LC_{50} 0.08mg/只。蚯蚓 LC_{50}（14d）＞1000mg/kg。

制剂　EC，EW，GR，WP。

应用　主要用于稻田和草坪除草。可防除稗、鸭舌草、异型莎草、节节菜、窄叶泽泻等一年生杂草，但不能防除萤蔺、水莎草、瓜皮草和野慈姑。该除草剂的除草活性不受环境因素变化的影响，对水稻安全，持效期达 80d。在草坪芽前施用，可防除升马唐、紫马唐等一年生禾本科杂草和球序卷耳、零余子景天、腺漆姑草等一年生阔叶杂草。

主要生产商　Dow AgroSciences。

参考文献

US 4692184.

氟硫隆（fluothiuron）

$C_{10}H_{10}Cl_2F_2N_2OS$，315.2，33439-45-1

由 Bayer AG 开发。

其他名称　BAY KUE 2079A，Clearcide

化学名称　3-[3-氯-4-(氯二氟甲硫基)苯基]-1,1-二甲基脲；3-(3-chloro-4-chlorodifluoromethylthiophenyl)-1,1-dimethylurea

CAS 名称　N'-[3-chloro-4-[(chlorodifluoromethyl)thio]phenyl]-N,N-dimethylurea

理化性质　无色晶体。熔点 113～114℃，蒸气压 $<7.34\times10^{-5}$ Pa。溶解度：水 73g/L (20℃)；环己酮 377，二氯甲烷 316 (g/L, 20℃)。

毒性　小鼠急性经口 LD_{50} 668～770mg/kg，大鼠 336～554mg/kg。大鼠经皮 $LD_{50}>$ 500mg/kg。NOEL (90d)：大鼠 40mg/(kg·d)，小鼠 20mg/(kg·d)。鱼毒 TLm (48h)：鲤鱼 5mg/L。

制剂　EC，GR。

应用　水田防除稗草、一年生杂草和牛毛草。抑制光合作用，抑制发芽、生根等。剂量高时抑制分蘖和生根。气温对药效影响不大。易被土壤吸附，所以排水、溢水对药效影响不大。杂草发芽前处理，对一年生杂草有卓效，生长期处理对阔叶杂草有卓效。

主要生产商　Bayer。

参考文献

[1]　GB 1314864.

[2]　US 3931312.

氟咯草酮（flurochloridone）

$C_{12}H_{10}Cl_2F_3NO$，312.1，61213-25-0

1985 年由美国 Stauffer Chemical Co. 开发的吡咯烷酮类除草剂。2002 年被 Agan Chemical Manufacturers Ltd 收购。

其他名称　R-40244，Racer

化学名称　$(3RS,4RS;3RS,4RS)$-3-氯-4-氯甲基-1-(α,α,α-三氯间甲苯基)-2-吡咯烷酮（比例为 3∶1）；$(3RS,4RS;3RS,4SR)$-3-chloro-4-chloromethyl-1-(α,α,α-trifluoro-m-tolyl)-2-pyrrolidinone

CAS 名称　3-chloro-4-(chloromethyl)-1-[3-(trifluoromethyl)phenyl]-2-pyrrolidinon

理化性质　纯品为棕色固体。熔点：40.9℃ (eutectic)，69.5℃ ($trans$-isomer)。沸点 212.5℃ (10mmHg)，蒸气压 0.44mPa (25℃)，K_{ow}lg$P$ 3.36 (25℃)，Henry 常数 3.9×10^{-3} Pa·m³/mol，相对密度 1.19 (20℃)。水中溶解度 (25℃, mg/L)：35.1 (蒸馏水)，20.4 (pH 9)；其他溶剂中溶解度 (20℃, g/L)：乙醇 100，煤油 <5，易溶于丙酮、氯苯、二甲苯中。稳定性：pH 5、7、9 (25℃) 时水解稳定，在酸性介质和温度升高下，发生分解。DT_{50}：138d (100℃)，15d (120℃)，7d (60℃, pH 4)，18d (60℃, pH 7)。

毒性　大鼠急性经口 LD_{50}：雄 4000mg/kg，雌 3650mg/kg。兔急性经皮 $LD_{50}>$ 5000mg/kg，对兔皮肤和眼睛无刺激性作用。大鼠急性吸入 LC_{50} (4h) 0.121mg/L。雄大鼠 2 年饲喂试验的无作用剂量为 100mg/kg 饲料 [3.9mg/(kg·d)]，雌大鼠为 400mg/kg

饲料[19.3mg/(kg·d)]。无致突变性。小齿鹑急性经口 LD_{50} > 2000mg/kg。虹鳟鱼 LD_{50} (96h) 3mg/L。蜜蜂 LD_{50} > 100μg/只（接触或经口）。

制剂 CS，EC。

应用 类胡萝卜素合成抑制剂。适宜于冬小麦、冬黑麦、棉花、马铃薯、胡萝卜、向日葵等作物。可防除冬麦田、棉田的繁缕、田菫菜、常春藤叶婆婆纳、反枝苋、马齿苋、龙葵、猪秧秧、波斯水苦荬等，并可防除马铃薯和胡萝卜田的各种阔叶杂草，包括难防除的黄木樨草和蓝蓟。

合成路线

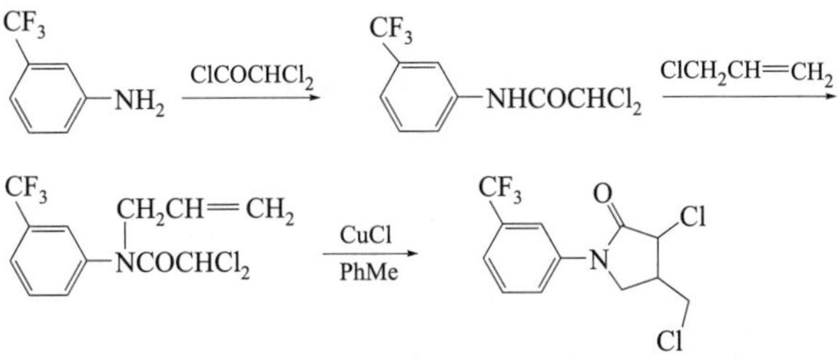

分析方法 采用 GC 法。

主要生产商 Agan，ACA，CAC，AGROFINA。

参考文献

[1] DE 2612731.
[2] US 4132713.

氟氯吡啶酯（halauxifen）

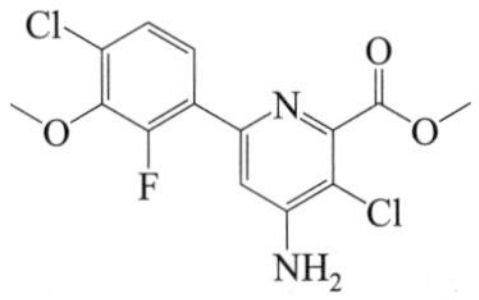

$C_{14}H_{11}Cl_2FN_2O_3$，345.2，943831-98-9

由陶氏益农研发的活性成分，可用作吡啶甲酸类除草剂，该活性成分的 ISO 通用名于 2012 年 11 月获得批准。陶氏益农针对该化合物的甲酯氟氯吡啶酯进行了市场开发，在加拿大谷类作物市场推出，用于芽后阔叶杂草防控。

其他名称 Arylex

化学名称 methyl 4-amino-3-chloro-6-(4-chloro-2-fluoro-3-methoxyphenyl) pyridine-2-carboxylate

应用 吡啶甲酸类除草剂。可应用于谷物田。氟氯吡啶酯是合成生长素类除草剂中芳基吡啶酸新化学类型中的首个产品。它模拟了高剂量天然植物生长激素的作用，引起特定的生长素调节基因的过度刺激，干扰敏感植物的多个生长过程。此外，氟氯吡啶酯可通过微生物在环境中快速降解，为后续作物种植提供较大的灵活性。陶氏益农还看到了它与耐 2,4-D Enlist 一起作为抗性治理工具用于大豆上的机遇。

主要生产商 陶氏益农。

氟氯草胺（nipyraclofen）

$C_{10}H_5Cl_2F_3N_4O_2$，341.1，99662-11-0

由 Bayer AG. 开发。

化学名称 1-(2,6-二氯-α,α,α-三氟对甲苯基)-4-硝基吡唑-5-基胺；1-(2,6-dichloro-α,α,α-trifluoro-p-tolyl)-4-nitropyrazol-5-ylamine

CAS 名称 1-[2,6-dichloro-4-(trifluoromethyl)phenyl]-4-nitro-1H-pyrazol-5-ylamine

应用 除草剂。

氟咪杀（chlorflurazole）

$C_8H_3Cl_2F_3N_2$，255.0，3615-21-2

由 Fisons PLC（后 Schering Agriculture）推出。

其他名称 NC 3363

化学名称 4,5-二氯-2-三氟甲基苯并咪唑；4,5-dichloro-2-trifluoromethylbenzimidazole

CAS 名称 4,5-dichloro-2-(trifluoromethyl)-1H-benzimidazole

应用 除草剂。

主要生产商 Schering Agriculture。

氟嘧苯甲酸（flupropacil）

$C_{16}H_{14}ClF_3N_2O_4$，390.7，120890-70-2

由 Uniroyal Chemical Co., Inc. 评估。

化学名称 2-氯-5-(1,2,3,6-四氢-3-甲基-2,6-二氧代-4-三氟甲基嘧啶-1-基)苯甲酸异丙酯；isopropyl 2-chloro-5-(1,2,3,6-tetrahydro-3-methyl-2,6-dioxo-4-trifluoromethylpyrimidin-1-yl)benzoate

CAS 名称　1-methylethyl 2-chloro-5-[3,6-dihydro-3-methyl-2,6-dioxo-4-(trifluoromethyl)-1(2H)-pyrimidinyl]benzoate

应用　原卟啉原氧化酶抑制剂。防除多种阔叶杂草及一些一年生禾本科杂草。

氟嘧磺隆（primisulfuron-methyl）

$C_{15}H_{12}F_4N_4O_7S$，468.3，86209-51-0

除草活性由 W. Maurer 等报道，1990 年由 Ciba-Geigy AG（现 Syngenta AG）首次引入市场。

其他名称　CGA 136872，Spirit

化学名称　2-[4,6-双(二氟甲氧基)嘧啶-2-基氨基甲酰氨基磺酰基]苯甲酸甲酯；methyl 2-[4,6-bis(difluoromethoxy)pyrimidin-2-ylcarbamoylsulfamoyl]benzoate

CAS 名称　methyl 2-[[[[[4,6-bis(difluoromethoxy)-2-pyrimidinyl]amino]carbonyl]amino]sulfonyl]benzoate

理化性质　白色细粉。熔点 194.8～197.4℃（分解）。蒸气压 $<5\times10^{-3}$ mPa（25℃）（OECD 104）。$K_{ow}\lg P$（25℃）：2.1（pH 5），0.2（pH 7），-0.53（pH 9）。Henry 常数 2.3×10^{-2} Pa·m³/mol（pH 5.6，25℃，计算值）。相对密度 1.64（20℃）。水中溶解度（mg/L）：3.7（pH 5），390（pH 7），11000（pH 8.5）；有机溶剂中溶解度（mg/L，25℃）：丙酮 45000，甲苯 590，正辛醇 130，正己烷<1。室温下稳定至少 3 年。水解 DT_{50} 约 25d（pH 5，25℃）；在 pH 7 和 9 时稳定；150℃仍稳定。pK_a 3.47。

毒性　大鼠急性经口 LD_{50}>5050，小鼠>2000mg/kg；兔急性经皮 LD_{50}>2010，大鼠>2000mg/kg。对兔眼睛有轻微刺激，对兔皮肤无刺激作用，对豚鼠皮肤无致敏性。大鼠吸入 LC_{50}（4h）>4.8mg/L 空气。NOEL [mg/(kg·d)]：大鼠（2 年）13，小鼠（19 个月）45，狗（1 年）25。山齿鹑和野鸭经口 LD_{50}>2150mg/kg，野鸭和山齿鹑饲喂 LC_{50}（8d）>5000mg/kg 饲料。虹鳟 LC_{50}（96h）29mg/L，大翻车鱼>80mg/L，羊头原鲷>160mg/L。水蚤 LC_{50}（48h）260～480mg/L。羊角月牙藻 EC_{50}（7d）24μg/L，水华鱼腥藻 176μg/L，舟形藻>227μg/L，中肋骨条藻>222μg/L。其他水生生物：浮萍 EC_{50}（14d）2.9×10^{-4} mg/L。对蜜蜂无毒，LC_{50}：（48h，经口）>18μg/只，（48h，接触）>100μg/只。蚯蚓 LD_{50}（14d）>100mg/kg 土。

制剂　WG。

应用　侧链氨基酸合成抑制剂。通过根和叶吸收，其吸收的比例取决于植物的生长阶段和环境条件下（如土壤湿度和温度）等。若在喷雾液中添加非离子表面活性剂，则增加叶的摄取量。本药剂可迅速被杂草吸收，并在韧皮部和木质部系统有效地转移，迅速传导到植物分生组织，抑制植物侧链氨基酸的合成。药效发挥是相当缓慢的，在实际条件下，杂草虽立即停止生长，但通常在 10～20d 后发现干枯。选择性内吸性除草剂，通过叶片和根部吸收，在植物体内向顶向基传导。用于玉米田苗后防除禾本科杂草 [如高粱（落叶蔓）、黑高粱、假高粱] 和许多阔叶杂草。

合成路线

分析方法 残留用 HPLC/UV 分析。

主要生产商 Syngenta，江苏省激素研究所。

参考文献

[1] EP 84020.

[2] US 4478635.

氟噻草胺（flufenacet）

$C_{14}H_{13}F_4N_3O_2S$，363.3，142459-58-3

由 Bayer AG 开发的芳氧酰胺类除草剂，1998 年上市。

其他名称 BAY FOE 5043，FOE 5043，fluthiamide，thiadiazolamide

化学名称 4′-氟-N-异丙基-2-(5-三氟甲基-1,3,4-噻二唑-2-基氧)乙酰苯胺；4′-fluoro-N-isopropyl-2-(5-trifluoromethyl-1,3,4-thiadiazol-2-yloxy)acetanilide

CAS 名称 N-(4-fluorophenyl)-N-(1-methylethyl)-2-[[5-(trifluoromethyl)-1,3,4-thiadiazol-2-yl]oxy]acetamide

理化性质 纯品为白色至棕色固体，熔点 75~77℃。蒸气压 9×10^{-5} Pa (25℃)。K_{ow} lg$P$ 3.2。相对密度 1.312 (25℃)。水中溶解度 (mg/L，25℃)：56 (pH 4)，56 (pH 7)，54 (pH 9)；其他溶剂中溶解度 (g/L，25℃)：丙酮、二甲基甲酰胺、二氯甲烷、甲苯、二甲亚砜>200，异丙醇 170，正己烷 8.7。在正常条件下贮存稳定，pH 5 条件下对光稳定，pH 5~9 水溶液中稳定。

毒性 大鼠急性经口 LD_{50}：雄 1617mg/kg，雌 589mg/kg。大鼠急性经皮 LD_{50}>2000mg/kg，对兔皮肤和眼睛无刺激性。大鼠急性吸入 LC_{50} (4h)>3740mg/L。NOEL 数据：狗 (1 年) 饲喂试验无作用剂量为 40mg/kg 饲料，大鼠 (2 年) 饲喂试验无作用剂量为 25mg/kg 饲料。ADI 值 0.011mg/kg。无致突变性，无致畸性。山齿鹑急性经口 LD_{50} 1608mg/kg。饲喂 LC_{50} (6d)：小齿鹑>5317mg/L，野鸭>4970mg/L。鱼毒 LC_{50} (mg/L)：虹鳟鱼 5.84，大翻车鱼 2.13。蜜蜂 LD_{50}>25μg/只 (接触)。蚯蚓 LC_{50} (14d) 226mg/kg 土壤。

制剂 EC，GR，SC，WG，WP。

应用 细胞分裂与生长抑制剂。适用于玉米、小麦、大麦、大豆等作物，对作物和环境安全。主要用于防除多种一年生禾本科杂草（如多花黑麦草等）和某些阔叶杂草。通常与其他除草剂混用。

合成路线　以对氟苯胺为起始原料,首先与丙酮反应,经还原后与氯乙酰氯反应。再与乙酸钠反应,并水解成为羟基化合物。最后与中间体噻二唑氯化物缩合即得目的物。

分析方法　采用 GC/HPLC 法。

主要生产商　Bayer CropScience。

参考文献

EP 00348737.

氟酮磺草胺 (triafamone)

$C_{14}H_{13}F_3N_4O_5S$, 406.3, 874195-61-6

其他名称　AE 1887196,BCS-BX60309

化学名称　2′-[(4,6-二甲氧基-1,3,5-三嗪-2-羰基)]-1,1,6′-三氟-N-甲基甲磺酰胺;2′-[(4,6-dimethoxy-1,3,5-triazin-2-yl)carbonyl]-1,1,6′-trifluoro-N-methylmethanesulfonanilide

CAS 名称　N-[2-[(4,6-dimethoxy-1,3,5-triazin-2-yl)carbonyl]-6-fluorophenyl]-1,1-difluoro-N-methylmethanesulfonamide

应用　水稻田广谱土壤处理选择性除草剂。磺酰胺类除草剂,可经由植物根部和叶面吸收,通过抑制乙酰乳酸合成酶起效(ALS 抑制剂),对禾本科杂草稗、阔叶杂草鳢肠与丁香蓼、莎草科异型莎草均有很好的防除效果。

主要生产商　Bayer CropScience。

氟烯硝草 (methalpropalin)

$C_{14}H_{16}F_3N_3O_4$, 347.3, 57801-46-4

由 Eli Lilly & Co. 开发。

化学名称 α,α,α-三氟-N-(2-甲基烯丙基)-2,6-二硝基-N-丙基对甲苯胺;α,α,α-trifluoro-N-(2-methylallyl)-2,6-dinitro-N-propyl-p-toluidine

CAS 名称 N-(2-methyl-2-propenyl)-2,6-dinitro-N-propyl-4-(trifluoromethyl)benzenamine

应用 除草剂。

氟硝磺酰胺（halosafen）

$C_{16}H_{11}ClF_4N_2O_6S$, 470.8, 77227-69-1

由 ICI Agrochemicals 公司评估。

化学名称 5-(2-氯-α,α,α,6-四氟对甲苯氧基)-N-乙基磺酰基-2-硝基苯甲酰胺;5-(2-chloro-α,α,α,6-tetrafluoro-p-tolyloxy)-N-ethylsulfonyl-2-nitrobenzamide

CAS 名称 5-[2-chloro-6-fluoro-4-(trifluoromethyl)phenoxy]-N-(ethylsulfonyl)-2-nitrobenzamide

应用 除草剂。

氟唑草胺（profluazol）

$C_{13}H_{11}Cl_2F_2N_3O_4S$, 414.2, 190314-43-3

由 E. I. du Pont de Nemours & Co. 开发。

其他名称 IN-TY029，DPX-TY029

化学名称 1,2'-二氯-4'-氟-5'-[(6S,7aR)-6-氟甲基-2,3,5,6,7,7a-六氢-1,3-二氧代-1H-吡咯并[1,2-c]咪唑-2-基]甲磺酰苯胺;1,2'-dichloro-4'-fluoro-5'-[(6S,7aR)-6-fluoro-2,3,5,6,7,7a-hexahydro-1,3-dioxo-1H-pyrrolo[1,2-c]imidazol-2-yl]methanesulfonanilide

CAS 名称 1-chloro-N-[2-chloro-4-fluoro-5-[(6S,7aR)-6-fluorotetrahydro-1,3-dioxo-1H-pyrrolo[1,2-c]imidazol-2(3H)-yl]phenyl]methanesulfonamide

应用 原卟啉原氧化酶抑制剂。

氟唑磺隆（flucarbazone-sodium）

$C_{12}H_{10}F_3N_4NaO_6S$，418.3，181274-17-9

2000 年由 Bayer AG 推出的新型磺酰脲类即磺酰氨基羰基三唑啉酮类除草剂。

其他名称　BAY MKH 6562，SJO 0498，Everest

化学名称　4,5-二氢-3-甲氧基-4-甲基-5-氧-N-[2-(三氟甲氧)苯磺酰基]-1H-1,2,4-三唑-1-甲酰胺钠盐；4,5-dihydro-3-methoxy-4-methyl-5-oxo-N-(2-trifluoromethoxyphenylsulfonyl)-1H-1,2,4-triazole-1-carboxamide sodium salt

CAS 名称　4,5-dihydro-3-methoxy-4-methyl-5-oxo-N-[[2-(trifluoromethoxy)phenyl]sulfonyl]-1H-1,2,4-triazole-1-carboxamide sodium salt

理化性质　纯品为无色无味结晶粉末。熔点 200℃（分解）。蒸气压 $<1\times10^{-6}$ mPa（20℃，计算值）。K_{ow} lg$P$（20℃）：-0.89（pH4），-1.84（pH7），-1.88（pH9），-2.85（无缓冲液）。Henry 常数 $<1\times10^{-11}$ Pa·m^3/mol（20℃，计算值）。相对密度：1.59（20℃）。溶解度：水 44g/L（pH4～9，20℃）。pK_a 1.9。

毒性　急性经口 LD$_{50}$ 大鼠 $>$5000mg/kg。急性经皮 LD$_{50}$ 大鼠 $>$5000mg/kg，对皮肤无刺激性；对眼睛有轻度和中度刺激（兔），对皮肤无致敏性（豚鼠）。空气吸入毒性：LC$_{50}$（急性）大鼠 $>$5.13mg/L。无作用剂量（mg/kg）：大鼠（2 年）125，小鼠（2 年）1000；雌性狗（1 年）200，雄性狗（1 年）1000。山齿鹑急性经口 LD$_{50}$ $>$2000mg/kg，山齿鹑急性饲喂毒性 LC$_{50}$ $>$5000mg/L。鱼毒 LC$_{50}$（96h，mg/L）：大翻车鱼 $>$99.3，虹鳟鱼 $>$96.7。水蚤 EC$_{50}$（48h）$>$109mg/L。羊角月牙藻 EC$_{50}$ 6.4mg/L。蜜蜂：对蜜蜂无毒（LD$_{50}$ $>$200μg/只）。蚯蚓 LC$_{50}$ $>$1000mg/kg。

制剂　WG。

应用　氟唑磺隆属新型磺酰脲类除草剂。其作用机理为乙酰乳酸合成酶抑制剂。通过杂草茎叶和根部吸收，使之脱绿、枯萎，最后死亡。用于苗后防除小麦田禾本科杂草和一些重要的阔叶杂草。也可防治抗性杂草如野燕麦和狗尾草等。

合成路线

分析方法　分析采用 HPLC 法。

主要生产商　Arysta LifeScience。

参考文献

[1]　DE 4433967.
[2]　EP 703225.
[3]　EP 703226.
[4]　DE 4030063.
[5]　EP 507171.
[6]　US 5541337.

甘草津 (eglinazine)

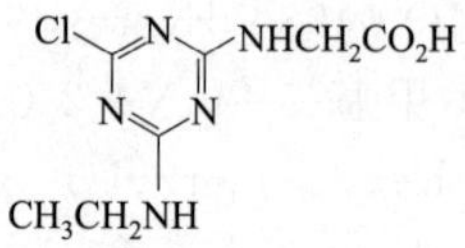

$C_7H_{10}ClN_5O_2$(酸)，231.6，68228-19-3；
$C_9H_{14}ClN_5O_2$(酯)，259.7，6616-80-4

由 Nitrokémia Ipartelepek 开发。

其他名称　MG-06

化学名称　N-(4-氯-6-乙基氨基-1,3,5-三嗪-2-基)甘氨酸；N-(4-chloro-6-ethylamino-1,3,5-triazin-2-yl)glycine(acid)

CAS 名称　N-[4-chloro-6-(ethylamino)-1,3,5-triazin-2-yl]glycine(acid)

理化性质　纯酯为无色结晶。熔点 228~230℃。蒸气压 0.027mPa（20℃）。溶解度（25℃）：水 300mg/L；丙酮 200g/L，己烷 20g/L，甲苯 40g/L。在室温下，pH5~8 时稳定，在加热时被酸、碱水解为对应的无除草活性的羟基三嗪。250℃下分解，对光稳定。土壤中 DT_{50} 为 12~18d。TC 级纯度约 96%。

毒性　急性经口 LD_{50}：大、小鼠＞10000mg/kg，豚鼠＞3375mg/kg。大鼠和兔急性经皮 LD_{50}＞10000mg/kg，对皮肤或眼睛无刺激。无明显的累积毒性。

制剂　WP。

应用　选择性芽前除草剂，防除禾谷类田中杂草，对 *apera spica-venti* 和淡甘菊特效。除草范围窄。

分析方法　产品分析用 GLC 法，残留物分析用带 TID 的 GLC 法。

甘扑津 (proglinazine)

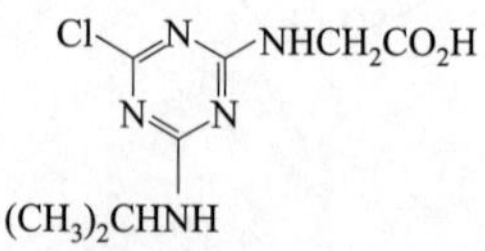

$C_{10}H_{16}ClN_5O_2$(酯)，273.3，68228-18-2；
$C_8H_{12}ClN_5O_2$(酸)，245.7，68228-20-6

其乙酯由 Nitrokémia Ipartelepek 开发。

其他名称　MG-07（acid）

化学名称　　N-(4-氯-6-异丙基氨基-1,3,5-三嗪-2-基)甘氨酸；N-(4-chloro-6-isopropyl-amino-1,3,5-triazin-2-yl)glycine(acid)

CAS 名称　　N-[4-chloro-6-[(1-methylethyl)amino]-1,3,5-triazin-2-yl]glycine(acid)

理化性质　　原药含量约 94%。熔点 110~112℃（酯），蒸气压 0.27mPa（20℃）（酯）。水中溶解度：750mg/L（25℃，酯）；有机溶剂中溶解度：丙酮 500，己烷 35，二甲苯 100（g/L，25℃，酯）。160℃分解，对光稳定，室温下稳定（pH 5~8），但是在酸或碱的条件下加热水解成相应的具有除草活性的物质。

毒性　　急性经口 LD_{50}：大鼠和小鼠＞8000mg/kg，兔＞3000mg/kg，豚鼠 857~923mg/kg。急性经皮 LD_{50}：兔＞4000mg/kg，大鼠＞1500mg/kg；对兔皮肤和眼睛无刺激性，对豚鼠皮肤有中度致敏性。

制剂　　WP。

应用　　光合电子传递抑制剂。选择性除草剂，苗前使用防除玉米田幼苗杂草，尤其是阔叶杂草。

分析方法　　产品分析采用 GLC。

参考文献

The Pesticide Manual. 16 th ed.

高效二甲噻草胺（dimethenamid-P）

$C_{12}H_{18}ClNO_2S$，275.8，163515-14-8

2000 年 BASF AG（现 BASF SE）开发了光学异构体。

其他名称　　SAN-656H，SAN-1289，H 720，Outlook，Fronier X2，S-dimethenamid

化学名称　　(S)-2-氯-N-(2,4-二甲基-3-噻吩)-N-(2-甲氧基-1-甲基乙基)乙酰胺；(S)-2-chloro-N-(2,4-dimethyl-3-thienyl)-N-(2-methoxy-1-methylethyl)acetamide

CAS 名称　　2-chloro-N-(2,4-dimethyl-3-thienyl)-N-[(1S)-2-methoxy-1-methylethyl]acetamide

理化性质　　黄棕色透明液体。熔点＜-50℃，沸点 122.6℃（0.07mmHg）。蒸气压 2.51mPa（25℃）。K_{ow}lgP 1.89（25℃）。Henry 常数 4.80×10^{-4}Pa·m³/mol。相对密度 1.195（25℃）。溶解度：水 1449mg/L（25℃）；正己烷 20.8g/100mL，与丙酮、乙腈、甲苯和正辛醇互溶（25℃）。

毒性　　大鼠急性经口 LD_{50} 429mg/kg。大鼠急性经皮 LD_{50}＞2000mg/kg；对兔皮肤和眼睛无刺激性，皮肤致敏物。大鼠吸入 LC_{50}（4h）＞2200mg/m³空气。大鼠 NOAEL（90d）10mg/kg，小鼠（94 周）3.8mg/kg，狗（1 年）2.0mg/kg。

制剂　　EC。

应用　　高效二甲噻草胺为细胞分裂抑制剂。为玉米、大豆、花生及甜菜田苗前除草剂，主要用于防除多种一年生禾本科杂草（如稗草、马唐、牛筋草、稷属杂草、狗尾草等）和多种阔叶杂草（如反枝苋、鬼针草、荠菜、鸭跖草、香甘菊、粟米草及油莎草等）。

合成路线

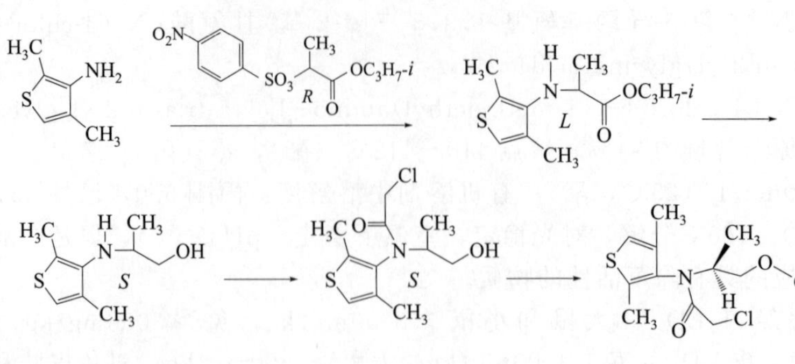

主要生产商 BASF。

高效氟吡甲禾灵（haloxyfop-P-methyl）

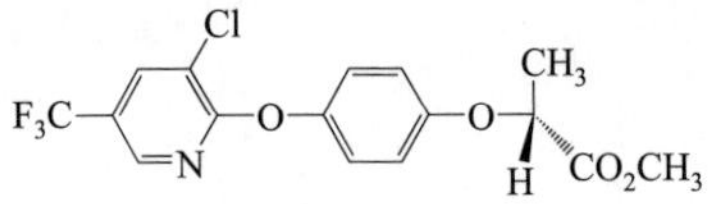

$C_{16}H_{13}ClF_3NO_4$，375.7，72619-32-0

由 Dow Elanco（现 Dow AgroSciences）开发。

其他名称 精盖草能，高效盖草能，DE-535

化学名称 (R)-2-[4-(3-氯-5-三氟甲基-2-吡啶氧基)苯氧基]丙酸甲酯；methyl(R)-2-[4-(3-chloro-5-(trifluoromethyl)-2-pyridyloxy)phenoxy]propionate

CAS 名称 methyl(R)-(＋)-2-[4-[[3-chloro-5-(trifluoromethyl)-2-pyridinyl]oxy]phenoxy]propanoate

理化性质 黏稠液体，沸点＞280℃，蒸气压 $5.5×10^{-2}$ mPa（25℃）。K_{ow} lg$P$ 4.0（20℃），Henry 常数 $1.1×10^{-3}$ Pa·m³/mol（20℃，计算值），相对密度 1.37（20℃）。25℃时水中溶解度（mg/L）：6.9（pH 5），7.9（pH 7）；20℃有机溶剂中溶解度：丙酮、二氯甲烷、二甲苯、甲苯、甲醇、环己酮均＞1kg/L。水溶液 DT_{50}（20℃）为：100d（pH 5），48d（pH 7），52d（pH 9）。闪点 186℃。

毒性 纯品大鼠急性经口 LD_{50}（mg/kg）：雄 300，雌 623。大鼠急性经皮 LD_{50}＞2000mg/kg；对兔眼睛有轻微刺激性，对兔皮肤无刺激性。大鼠 2 年饲喂无作用剂量为 0.065mg/(kg·d)。野鸭和小齿鹑急性经口 LD_{50}＞1159mg/kg。虹鳟鱼 LC_{50}（96h）0.7mg/L。蜜蜂 LD_{50}（48h）＞100μg/只（经口，接触）。蚯蚓 LC_{50}（14d）＞1343mg/kg 土。

制剂 EC。

应用 乙酰辅酶 A 羧化酶（ACCase）抑制剂。有如下突出特点：

① 杀草谱广。对绝大多数禾本科杂草均有很好的防效，特别是在许多禾本科杂草除草剂对大龄一年生禾本科杂草（如 5 叶期以上的大龄稗草、狗尾草、野燕麦、马唐）和多年生禾本科杂草（如狗牙根、芦苇等）防效不好时使用仍能获得很好的防效。

② 施药适期长。禾本科杂草从 3 叶至生长盛期均可施药，最佳施药期是杂草 3～5 叶期。

③ 对作物高度安全。对几乎所有的双子叶植物安全，超过正常用量的数倍也不会产生药害。

④ 吸收迅速。施药后 1h 降雨，不会影响药效。
⑤ 传导性好。
⑥ 对后作安全。适宜于绝大多数阔叶作物，如大豆、棉花、花生、油菜、甜菜、亚麻、烟草、向日葵、豌豆、茄子、辣椒、甘蓝、胡萝卜、萝卜、白菜、马铃薯、芹菜、胡椒、瓜类（南瓜、西瓜等），黄瓜、莴苣、菠菜、番茄、韭菜、大蒜、葱、姜等蔬菜，以及果园、茶园、桑园等。对阔叶作物安全。防除一年生禾本科杂草（如稗草、狗尾草、马唐、野燕麦、牛筋草、野黍、千金子、早熟禾、旱雀麦、大麦属、看麦娘、黑麦草等）和多年生禾本科杂草（如匍匐冰草、堰麦草、假高粱、芦苇、狗牙根等）。对苗后到分蘖、抽穗初期的一年生和多年生禾本科杂草有很好的防除效果，对阔叶草和莎草无效。

合成路线

分析方法　产品分析用 HPLC 法。
主要生产商　Dow AgroSciences，江苏中旗。
参考文献
[1] 特开昭 54 119476.
[2] DE 2812571.
[3] GB 2002368.

高效麦草伏丙酯（flamprop-M-isopropyl）

$C_{19}H_{19}ClFNO_3$，363.8；63782-90-1，D-form；57973-67-8，L-form

由 BASF 公司开发的酰胺类除草剂。
其他名称　WL 43425，CL 901445，AC901445，Suffix BM
化学名称　N-苯甲酰基-N-(3-氯-4-氟苯基)-D-丙氨酸异丙酯；isopropyl N-benzoyl-N-(3-chloro-4-fluorophenyl)-D-alaninate
CAS 名称　1-methylethyl N-benzoyl-N-(3-chloro-4-fluorophenyl)- D -alaninate
理化性质　原药纯度大于 96%，熔点 70~71℃。其纯品为白色至灰色结晶体，熔点 72.5~74.5℃。蒸气压 8.5×10^{-2} mPa（25℃）。K_{ow} lg$P$ 3.69。相对密度 1.315（22℃）。水中溶解度：12mg/L（25℃）；其他溶剂中溶解度（g/L，25℃）：丙酮 1560，环己酮 677，乙醇 147，己烷 16，二甲苯 500。

毒性 大鼠、小鼠急性经口 $LD_{50}>4000mg/kg$，大鼠急性经皮 $LD_{50}>2000mg/kg$。对兔眼睛和皮肤无刺激性。90d 饲喂试验的无作用剂量：大鼠 $50mg/(kg \cdot d)$，狗 $30mg/(kg \cdot d)$。虹鳟鱼 LC_{50} (96h)$>2.4mg/L$。在田间条件下，对蜜蜂、蚯蚓无害。

制剂 EC。

应用 脂肪酸合成抑制剂。主要用于麦田苗后防除野燕麦、看麦娘等杂草。

合成路线

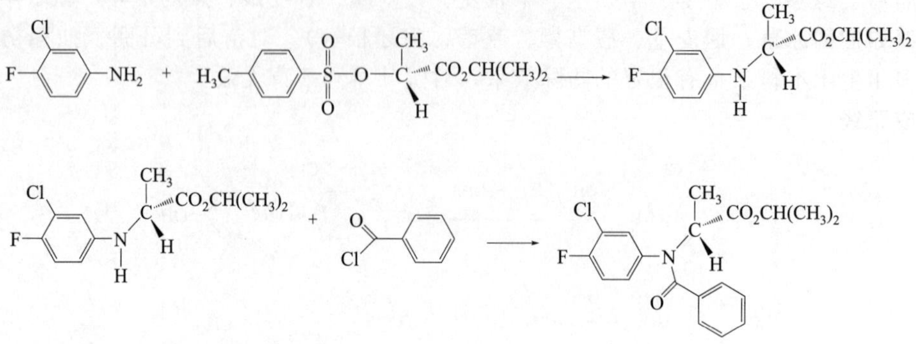

分析方法 产品分析采用 GLC 方法。

主要生产商 BASF。

参考文献

[1] GB 1437711.

[2] GB 1563210.

高效麦草伏甲酯（flamprop-M-methyl）

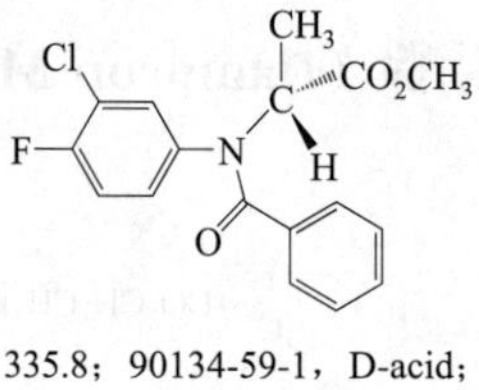

$C_{17}H_{15}ClFNO_3$，335.8；90134-59-1，D-acid；57353-42-1，L-acid

由 Shell Research Ltd（现 BASF SE）开发的酰胺类除草剂。

其他名称 WL 43423，CL 901444，AC901444，Mataven L

化学名称 N-苯甲酰基-N-(3-氯-4-氟苯基)-D-丙氨酸甲酯；N-benzoyl-N-(3-chloro-4-fluorophenyl)-D-alanine

CAS 名称 N-benzoyl-N-(3-chloro-4-fluorophenyl)-D-alanine

理化性质 原药纯度大于 96%，熔点 81~82℃。其纯品为白色至灰色结晶体，熔点 84~86℃。蒸气压 1.0mPa（20℃）。K_{ow} lg$P$ 3.0。相对密度 1.311（22℃）。水中溶解度：0.016mg/L（25℃）；其他溶剂中溶解度（g/L，25℃）：丙酮 406，正己烷 2.3。

毒性 大鼠急性经口 LD_{50} 1210mg/kg，小鼠急性经口 LD_{50} 720mg/kg。对兔眼睛和皮肤无刺激性。90d 饲喂试验的无作用剂量：大鼠 $2.5mg/(kg \cdot d)$，狗 $0.5mg/(kg \cdot d)$。小齿鹑急性经口 LD_{50} 4640mg/kg。虹鳟鱼 LC_{50} (96h)$>4.0mg/L$。在田间条件下，对蜜蜂、蚯蚓无害。

制剂　EC。

应用　脂肪酸合成抑制剂。主要用于麦田苗后防除野燕麦、看麦娘等杂草。

合成路线

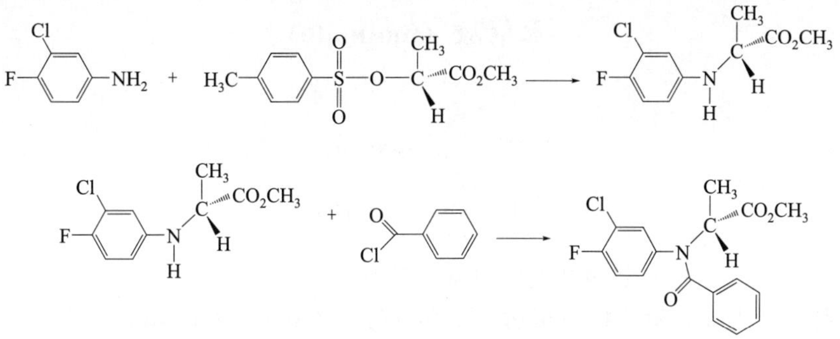

分析方法　产品分析采用GLC方法。

主要生产商　BASF公司。

参考文献

[1] GB 1437711.
[2] GB 1563210.

庚酰草胺（monalide）

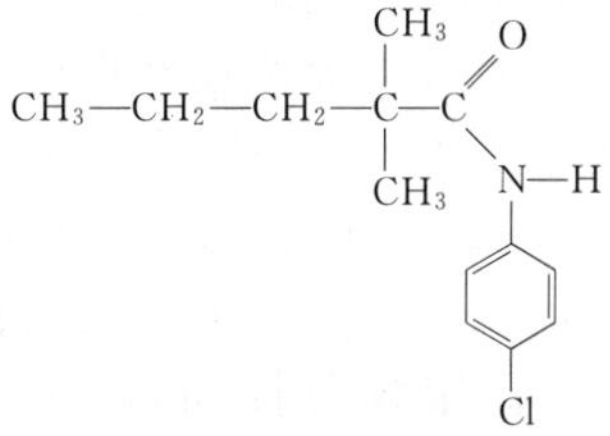

$C_{13}H_{18}ClNO$，239.7，7287-36-7

由F. Arndt报道，由Schering AG（后来的AgrEvo GmbH）开发。

其他名称　Potablan

化学名称　4′-氯-α,α-二甲基戊酰苯胺；N-(4-氯苯基)-2,2-二甲基戊酰胺；4′-chloro-2,2-dimethylvaleranilide；4′-chloro-α,α-dimethylvaleranilide

CAS名称　N-(4-chlorophenyl)-2,2-dimethylpentanamide

理化性质　纯品为无色晶体。熔点87～88℃，蒸气压0.24mPa（25℃），Henry常数约2.52×10^{-3} Pa·m³/mol（计算值）。水中溶解度：22.8mg/L（23℃）；有机溶剂中溶解度：环己酮约500，二甲苯100，石油醚＜10（g/L，23℃）。50℃以下（室温，pH 7）稳定；DT_{50}：154d（pH 5），116d（pH 8.95）。

毒性　大鼠和小鼠急性经口$LD_{50}>$4000mg/kg，大鼠和兔子急性经皮$LD_{50}>$800mg a.i.（EC）/kg。大鼠（28d）无作用剂量150mg/(kg·d)。

制剂　EC。

应用　选择性内吸型除草剂，通过叶片和根吸收。苗后使用防除伞状花科作物（如胡萝卜、芫荽和芹菜）阔叶杂草。

分析方法　产品分析采用HPLC。

参考文献

[1] GB 971819.
[2] The Pesticide Manual. 16 th ed.

禾草敌 (molinate)

$C_9H_{17}NOS$,187.3,2212-67-1

由 Syngenta（先正达）公司开发的氨基甲酸酯类除草剂。

其他名称 禾大壮，禾草特，草达灭，环草丹，杀克尔，Ordram

化学名称 N,N-(1,6-亚己基)硫代氨基甲酸-S-乙酯；S-ethyl azepane-1-carbothioate；S-ethyl perhydroazepin-1-carbothioate；S-ethyl perhydroazepine-1-thiocarboxylate

CAS 名称 S-ethylhexahydro-1H-azepine-1-carbothioate

理化性质 透明液体，伴有芳香气味（原药是琥珀色液体）。熔点<－25℃。沸点 277.5～278.5℃。蒸气压 500mPa（25℃）。K_{ow}lg$P$ 2.86（pH 7.85～7.94，23℃）。Henry 常数 0.687Pa·m³/mol（计算值，25℃）。相对密度 1.0643（20℃）。水中溶解度（无缓冲液）1100mg/L；易溶于多数一般有机溶剂，如丙酮、甲醇、乙醇、煤油、乙酸乙酯、正辛醇、二氯甲烷、正己烷、甲苯、氯苯、二甲苯。稳定性：室温下可保存 2 年，120℃可保存 1 个月。酸性和碱性条件下水解稳定（40℃，pH 5～9），对光不稳定。闪点>100℃。

毒性 大鼠急性经口 LD_{50} 483mg/kg。大鼠急性经皮 LD_{50} 4350mg/kg，对皮肤和眼睛无刺激性（兔）。大鼠吸入毒性 LC_{50}（4h）1.39mg/L。大鼠（90d）无作用剂量和狗（1年）1mg/(kg·d)。野鸭急性经口 LD_{50} 389mg/kg；野鸭饲喂毒性 LC_{50}（12d）2500mg/kg。虹鳟鱼 LC_{50}（96h）16.0mg/L。水蚤 LC_{50}（48h）14.9mg/L。羊角月牙藻 $E_b C_{50}$（96h）0.22mg/L，$E_r C_{50}$（96h）0.5mg/L。蜜蜂急性经口 LD_{50}>11μg/只。蚯蚓 LC_{50}（14d）289mg/kg。

制剂 EC，GR。

应用 防除稻田稗草的选择性除草剂，土壤处理兼茎叶处理。适用于水稻。禾草敌对防除 1～4 叶期的各种生态型稗草都有效，用药早时对牛毛毡及碎米莎草也有效，对阔叶草无效。由于禾草敌杀草谱窄，在同时防除其他种类杂草时，注意与其他除草剂合理混用。由于禾草敌具有防除高龄稗草、施药适期宽、对水稻极好的安全性及促早熟增产等优点，适用于水稻秧田、直播田及插秧本田。同防除阔叶草除草剂混用，易于找到稻田一次性除草的最佳时机，是稻田一次性除草配方中最好的除稗剂。在新改水田、整地不平地块、水层过深弱苗情况下及早春低温冷凉地区（特别是我国北方稻区）对水稻均安全，并且施药时期同水稻栽培管理时期相吻合。施药时无须放水，省工、省水、省时。

合成路线

主要生产商　EMV，Aolunda，Dongbu Fine，Herbex，Oxon，江苏傲伦达，南通泰禾，天津施普乐。

参考文献

[1]　US 3198786.

[2]　US 3573031.

禾草灵（diclofop）

$C_{15}H_{12}Cl_2O_4$，327.2；diclofop-methyl，$C_{16}H_{14}Cl_2O_4$，341.2；40843-25-2

1975 年 P. Langeluddeke 等报道了 diclofop-methyl 的除草性质，由 Hoechst AG（现 Bayer AG）开发。

其他名称　伊洛克桑，麦歌，草扫除，Hoe 23408，Hoe-Grass，Hoegrass，Hoelon，IUoxan

化学名称　(RS)-2-[4-(2,4-二氯苯氧基)苯氧基]丙酸；(RS)-2-[4-(2,4-dichlorophenoxy)phenoxy]propionic acid

CAS 名称　(±)-2-[4-(2,4-dichlorophenoxy)phenoxy]propanoic acid

理化性质　禾草灵甲酯为无色晶体。熔点 39～41℃。蒸气压：0.25mPa（20℃），7.7mPa（50℃）（蒸气压平衡）。$K_{ow}\lg P$ 4.58。Henry 常数 0.219Pa·m³/mol（计算值，20℃）。相对密度 1.30（40℃）。溶解度：水 0.8mg/L（pH 5.7, 20℃）；丙酮、二氯甲烷、二甲基亚砜、乙酸乙酯、甲苯>500g/L，聚乙二醇 148，甲醇 120，异丙醇 51，正己烷 50g/L（20℃）。对光稳定。水中 DT_{50}（25℃）：363d（pH 5），31.7d（pH 7），0.52d（pH 9）。

禾草灵为黄白色固体。熔点 118～122℃。蒸气压：3.1×10^{-6}mPa（20℃），9.7×10^{-6}mPa（25℃），1.7×10^{-3}mPa（50℃）（蒸气压平衡）。$K_{ow}\lg P$：2.81（pH 5），1.61（pH 7）。相对密度 1.4（20℃）。水中溶解度（g/L，20℃）：0.453（pH 5），122.7（pH 7），127.4（pH 9）。pK_a 3.43。

毒性　禾草灵甲酯急性经口 LD_{50}（mg/kg）：大鼠 481～693，狗 1600。大鼠急性经皮 LD_{50}>5000mg/kg。大鼠吸入 LC_{50}>1.36mg/L（空气）。无作用剂量：大鼠（2 年）0.1mg/kg，狗（15 个月）0.44mg/kg。日本鹌鹑急性经口 LD_{50}>10000mg/kg。饲喂 LC_{50}（5d）：山齿鹑>1600mg/L，野鸭>1100mg/L。虹鳟鱼 LC_{50}（96h）0.23mg/L。水蚤 LC_{50}（48h）0.23mg/L。EC_{50}：铜在淡水藻（72h）1.5mg/L，羊角月牙藻（120h）0.53mg/L。田间条件下使用剂量 1.134kg a.i./hm² 时对蜜蜂无毒。蚯蚓 LC_{50}（14d）>1000mg/kg 土壤。

禾草灵雌大鼠急性经口 LD_{50} 586mg/kg。急性经皮 LD_{50} 大鼠 1657mg/kg。虹鳟鱼 LC_{50}（96h）21.9mg/L，其他水生生物 79.9mg/L。

制剂　EC。

应用　为苗后茎叶处理剂，可被植物的根、茎、叶吸收，主要作用于植物的分生组织，具有局部的内吸作用，但传导性差。对双子叶植物和麦类作物安全。可有效防除小麦、大麦、青稞、黑麦、大豆、花生、油菜、马铃薯、甜菜、蚕豆等作物田中的一年生禾本科杂草，如野燕麦、牛筋草、金狗尾草、秋稷、千金子属等。

主要生产商　Bayer CropScience，Sharda，Sundat，鹤岗禾友，捷马集团，泰达集团，一帆生物。

参考文献

[1]　DE 2136828.
[2]　DE 2223894.

禾草灭（alloxydim）

$C_{17}H_{25}NO_5$，323.4，55634-91-8

由 Y. Horono 和 A. Formigoni & Y. Horono 报道。

其他名称　NP-48

化学名称　(E)-(RS)-3-[1-(烯丙氧基亚氨基)丁基]-4-羟基-6,6-二甲基-2-氧代环己-3-烯羧酸甲酯；methyl(E)-(RS)-3-[1-(allyloxyimino)butyl]-4-hydroxy-6,6-dimethyl-2-oxocyclohex-3-enecarboxylate

CAS 名称　methyl 2,2-dimethyl-4,6-dioxo-5-[1-[(2-propenyloxy)amino]butylidene]cyclohexanecarboxylate；methyl 4-hydroxy-6,6-dimethyl-2-oxo-3-[1-[(2-propenyloxy)imino]butyl]-3-cyclohexene-1-carboxylate (actual tautomer)

应用　用于防除大豆和甜菜等旱田的禾本科杂草。属脂肪酸合成抑制剂，抑制乙酰辅酶A羧化酶，抑制有丝分裂。主要通过叶片吸收，根吸收较少。

分析方法　产品采用紫外光谱进行分析。

参考文献

JP 7795636.

禾草畏（esprocarb）

$C_{15}H_{23}NOS$，265.4，85785-20-2

由 Stauffer Chemical Co.（现 Syngenta AG）发现，1988年在日本开发，1990年介绍其除草活性，2004年 Nissan Chemical Industries Ltd 收购其在日本和韩国的市场。

其他名称　ICIA2957，SC-2957

化学名称　S-苄基-1,2-二甲基丙基(乙基)硫代氨基甲酸酯；S-benzyl 1,2-dimethylpropyl(ethyl)thiocarbamate

CAS 名称　S-(phenylmethyl)(1,2-dimethylpropyl)ethylcarbamothioate

理化性质　其纯品为液体。沸点 135℃（35mmHg）。蒸气压 10.1mPa（25℃）。相对密度 1.0353。溶解度：水 4.9mg/L（20℃），丙酮、乙腈、氯苯、乙醇、二甲苯＞1.0g/kg（25℃）。K_{ow}lg$P$ 4.6。Henry 常数不大于 0.547Pa·m³/mol。120℃稳定，其 DT_{50} 21d（pH 7, 25℃）。土壤中 DT_{50} 30～70d。

毒性 雌大鼠急性经口 LD_{50} 3700mg/kg。大鼠急性经皮 LD_{50}＞2000mg/kg，对兔皮肤和眼睛有轻微刺激性作用，对豚鼠皮肤无致敏作用。大鼠吸入 LC_{50}（4h）＞4mg/L。饲喂试验中，狗1年无作用剂量为 1mg/(kg·d)，大鼠2年无作用剂量为 1.1mg/(kg·d)，无致癌作用和致畸作用。日本鹌鹑急性经口 LD_{50}＞2000mg/kg，鲤鱼 LC_{50}（96h）1.52mg/L。

制剂 CS，GR，EC。

应用 类脂合成抑制剂，但不是 ACC 酶抑制剂。禾草畏主要用于水稻田苗前和苗后防除一年生杂草。少用单剂，常与其他除草剂混用。

合成路线

分析方法 采用 GLC/HPLC 法分析。

主要生产商 Nissan。

环苯草酮（profoxydim）

$C_{24}H_{32}ClNO_4S$，466.03，139001-49-3

由 C. Finley 等报道。由 BASF AG（现 BASF SE）开发和引入市场，1988 年首次登记。

其他名称 BAS 625h，Aura，Tetris

化学名称 (EZ)-2-{1-[[(2RS)-2-(4-氯苯氧基)丙氧基亚氨基]丁基}-3-羟基-5-(顺噻喃-3-基)环己基-2-烯-1-酮；(EZ)-2-{1-[(2RS)-2-(4-chlorophenoxy)propoxyimino]butyl}-3-hydroxy-5-(cis-thian-3-yl)cyclohex-2-en-1-one

CAS 名称 2-[1-[[2-(4-chlorophenoxy)propoxy]imino]butyl]-3-hydroxy-5-(tetrahydro-2H-thiopyran-3-yl)-2-cyclohexen-1-one

理化性质 原药纯度≥91%。纯品为无色无味高黏性液体。沸点 150～200℃（分解）。蒸气压 0.17mPa（20℃）（EEC A4）。K_{ow} lg$P$ 3.7（25℃，pH 7）。Henry 常数 $1.76×10^{-2}$ Pa·m³/mol（计算值）。相对密度 1.198（20℃）。溶解度（20℃）：水 5.31mg/L；丙酮＞70g/100g，异丙醇 33g/100g，乙酸乙酯＞70g/100g。在 pH 5 的水溶液中立刻水解；DT_{50}：约 140d（pH 7），＞300d（pH 9）。pK_a 5.91（20℃）。闪点＞100℃（EEC A9）。

毒性 雄、雌大鼠急性经口 LD_{50}＞5000mg/kg。雄、雌大鼠急性经皮 LD_{50}＞4000mg/kg，对兔皮肤和眼睛无刺激作用。大鼠急性吸入 LC_{50}（4h）＞5.2mg/L。大鼠 NOEL 值 5mg/kg。ADI/RfD 0.05mg/kg。无致突变作用。山齿鹑急性经口 LD_{50}＞2000mg/kg，饲喂 LC_{50}（8d）＞5000mg/kg。虹鳟 LC_{50}（96h）13～18mg/L，大翻车鱼 LC_{50}（96h）22～29mg/L。水蚤 LC_{50}（48h）18.1mg/L。水华鱼腥藻 E_rC_{50}（96h）33mg/L。蜜蜂 LD_{50}（48h，经口和接触）＞200μg/只。蚯蚓 LC_{50}（14d）＞1000mg/kg 土。

制剂 EC。

应用 脂肪酸合成酶抑制剂，抑制乙酰辅酶 A 羧化酶（ACCase）。对水稻有选择性，由于在水稻上很快降解，从而转运到作用部位的量减少。在杂草体内传导到分生组织，杂草停止生长，叶子变黄或变红。用于稻田防除禾本科杂草，如稗草、兰马草、马唐、牛筋草、千金子、狗尾草、鸭跖草、筒轴茅等。

分析方法 产品用 HPLC 和带外部校准的紫外检测器来分析。

主要生产商 BASF。

参考文献

[1] EP B456112.
[2] US 5190573.

环丙草磺胺（cyprosulfamide）

$C_{18}H_{18}N_2O_5S$，374.4，221667-31-8

其他名称 AE 0001789

化学名称 N-[(4-环丙基氨甲酰基)苯基磺酰基]-2-甲氧基苯甲酰胺；N-[(4-cyclopropylcarbamoyl)phenylsulfonyl]-o-anisamide

CAS 名称 N-[[4-[(cyclopropylamino)carbonyl]phenyl]sulfonyl]-2-methoxybenzamide

主要生产商 Bayer CropScience。

应用 除草安全剂。

环丙氟灵（profluralin）

$C_{14}H_{16}F_3N_3O_4$，347.3，26399-36-0

由 T. d. Taylor 等报道，由 Ciba-Geigy AG 推出。

其他名称 CGA 10 832，Pregard，Tolban

化学名称 N-(环丙甲基)-α,α,α-三氟-2,6-二硝基-N-丙基对甲苯胺；N-(cyclopropylmethyl)-α,α,α-trifluoro-2,6-dinitro-N-propyl-p-toluidine；N-cyclopropylmethyl-2,6-dinitro-N-propyl-4-trifluoromethylaniline

CAS 名称 N-(cyclopropylmethyl)-2,6-dinitro-N-propyl-4-(trifluoromethyl)benzenamine

理化性质 黄色结晶。熔点 32.1～32.5℃，蒸气压 8.4mPa（20℃），Henry 常数 29.2Pa·m³/mol（计算值），相对密度 1.38（20℃）。溶解度：水中 0.1mg/L（20℃）；正辛醇 220g/L（20℃），易溶于大多数有机溶剂，如乙醇、丙酮、二甲苯和正己烷。在自然贮存条件下，可稳定保存 3 年，100℃缓慢水解，DT_{50} 6h（pH 3、7 和 10）。紫外线下分解，180℃分解。

毒性　大鼠急性经口 LD_{50} 约 10000mg/kg。兔急性经皮 $LD_{50}>4000$mg/kg，大鼠 >3170mg/kg。对兔皮肤无刺激性，对眼睛中度刺激。大鼠吸入 LC_{50}（4h）>3.97mg/L（空气）。大鼠（90d）无作用剂量 200mg/kg 饲料 [13mg/(kg·d)]；狗 600mg/kg 饲料 [20mg/(kg·d)]。山齿鹑和野鸭 LD_{50} 1000mg/kg。LC_{50}（96h）：大翻车鱼 0.023mg/L，鳟鱼 0.015mg/L。对蜜蜂有毒。

制剂　EC。

应用　选择性除草剂，通过根和芽吸收。主要用于棉花、大豆、芸薹属植物、辣椒、番茄和其他作物田防除一年生和多年生阔叶杂草和禾本科杂草。播前土壤处理。

分析方法　产品分析采用 GLC/FID。

参考文献

[1] US 3546295.
[2] The Pesticide Manual. 16th ed.

环丙津（cyprazine）

$C_9H_{14}ClN_5$，227.7，22936-86-3

1969 年由 O. C. Burnside 等报道除草活性，Gulf Oil 公司开发。

其他名称　S6115，Outfox

化学名称　6-氯-N^2-环丙基-N^4-异丙基-1,3,5-三嗪-2,4-二胺；6-chloro-N^2-cyclopropyl-N^4-isopropyl-1,3,5-triazine-2,4-diamine；2-chloro-4-cyclopropylamino-6-isopropylamino-1,3,5-triazine

CAS 名称　6-chloro-N-cyclopropyl-N'-(1-methylethyl)-1,3,5-triazine-2,4-diamine

理化性质　白色无臭结晶。熔点 167～169℃。不溶于水和正己烷，可适量溶于氯仿、甲醇、乙醇和醋酸乙酯，易溶于醋酸、丙酮和二甲基甲酰胺。

毒性　大白鼠急性经口 LD_{50}（1200±200）mg/kg，北美鹌鹑为 1100mg/kg。对虹鳟鱼的 LC_{50}（96h）为 6.2mg/L。

应用　防除玉米田中的禾本科杂草和阔叶杂草。

分析方法　玉米中的残留量可用 Schroeder 法进行测定。

环丙嘧磺隆（cyclosulfamuron）

$C_{17}H_{19}N_5O_6S$，421.4，136849-15-5

1997年由BASF AG（现BASF SE）开发。

其他名称　金秋，AC 322140，Invest，Saviour

化学名称　1-[2-(环丙酰基)苯基氨基磺酰基]-3-(4,6-二甲氧嘧啶-2-基)脲；1-[2-(cyclopropylcarbonyl)phenylsulfamoyl]-3-(4,6-dimethoxypyrimidin-2-yl)urea

CAS名称　N-[[[2-(cyclopropylcarbonyl)phenyl]amino]sulfonyl]-N'-(4,6-dimethoxy-2-pyrimidinyl)urea

理化性质　其纯品为灰色固体。熔点160.9～162.9℃。相对密度0.64（20℃）。蒸气压 2.2×10^{-5} Pa（20℃）。$K_{ow}\lg P$（20℃）：3.36（pH 3），2.045（pH 5），1.69（pH 6），1.41（pH 7），0.7（pH 8）。水中溶解度（mg/L）：0.17（pH 5），6.52（pH 7），549（pH 9）。在室温下存放18个月稳定，36℃存放12个月稳定，45℃存放3个月稳定。在水中半衰期：2.2d（pH 3），2.2d（pH 5），5.1d（pH 6），40d（pH 7），91d（pH 8）。pK_a 5.04。

毒性　大、小鼠急性经口 $LD_{50}>5000$mg/kg。兔急性经皮 $LD_{50}>4000$mg/kg；对兔眼睛有轻微刺激性，对兔皮肤无刺激性。大鼠急性吸入 LC_{50}（4h）>5.2mg/L。NOEL数据：大鼠（2年）无作用剂量为50mg/(kg·d)，狗（1年）无作用剂量为3mg/(kg·d)。Ames试验呈阴性，无致突变性。鹌鹑急性经口 $LD_{50}>1880$mg/kg，鹌鹑饲喂 LC_{50}（5d）>5620mg/kg。鲤鱼 LC_{50}（72h）>50mg/L，虹鳟鱼 LC_{50}（96h）>7.7mg/L。蜜蜂 LD_{50}（24h）：$>106\mu$g/只（接触），$>99\mu$g/只（经口）。在892mg/kg剂量下对蚯蚓无任何副作用。

制剂　WP。

应用　本品为磺酰脲类除草剂，乙酰乳酸合成酶（ALS）抑制剂。适用于水稻、小麦、大麦和草坪。对水稻、小麦安全。苗前处理对春大麦安全，而苗后处理对大麦则有轻至中度药害。对地下水和环境无不良影响。主要用于防除一年生和多年生阔叶杂草和莎草科杂草。对禾本科杂草虽有活性，但不能彻底防除。防除水田多年生杂草，如水三棱、卵穗荸荠、野荸荠、矮慈姑、萤蔺；一年生杂草，如异型莎草、莎草、牛毛毡、碎米莎草、繁缕、陌上草、鸭舌草、节节菜以及毋草属杂草等。对几种重要的杂草（如丁香蓼、稗草、鸭舌草、瓜皮草、日本干屈菜等）活性优于吡嘧磺隆和苄嘧磺隆。小麦、大麦田苗前处理，防除蓝玻璃繁缕、荠菜、药用球果紫堇、一年生山靛、刚毛毛莲菜、阿拉伯婆婆纳等。小麦、大麦田秋季苗后处理，防除虞美人、荠菜、药用球果紫堇、常春藤叶婆婆纳等。春季苗后处理，防除蓝玻璃繁缕、荠菜、药用球果紫堇、猪殃殃、卷茎蓼等。对猪殃殃的防除效果最佳。

合成路线

<chemical structure: 2-amino-4,6-dimethoxypyrimidine + ClSO₂NCO → 4,6-dimethoxypyrimidin-2-yl-NHCONHSO₂Cl>

<chemical structure: 2-aminophenyl cyclopropyl ketone + above → final product with NHSO₂NHCONH-pyrimidine(4,6-dimethoxy)>

分析方法　采用HPLC法。

主要生产商 BASF。

参考文献

[1] US 5009699.
[2] EP 849262.

环丙青津（procyazine）

$C_{10}H_{13}ClN_6$, 252.7, 32889-48-8

1974 年由 Ciba-Geigy 公司开发。

其他名称 CGA 18 762

化学名称 2-(4-氯-6-环丙基氨基-1,3,5-三嗪-2-基氨)-2-甲基丙腈；2-(4-chloro-6-cyclopropylamino-1,3,5-triazin-2-ylamino)-2-methylpropiononitrile

CAS 名称 2-[[4-chloro-6-(cyclopropylamino)-1,3,5-triazin-2-yl]amino]-2-methylpropanenitrile

理化性质 无臭白色结晶，熔点 168℃。20℃溶解度：水 300mg/L；己烷 50mg/L，苯 1.13%，二氯甲烷 10.25%，甲醇 12.5%。

毒性 大鼠急性经口 LD_{50} 290mg/kg，兔急性经皮 LD_{50} >3000mg/kg（80% 可湿性粉剂）。

制剂 WP。

应用 可防除玉米田中大多数一年生禾本科杂草与阔叶杂草，如对多花黑麦草、母菊、谷子、白芥、马唐、西风古都有很好的防效。

环草定（lenacil）

$C_{13}H_{18}N_2O_2$, 234.3, 2164-08-1

1964 年由 G. W. Cussans 报道除草活性。由 E. I. du Pont de Nemours & Co. (Inc.) 开发。

其他名称 Venzar，DPX-B634

化学名称 3-环己基-1,5,6,7-四氢环戊嘧啶-2,4-(3H)-二酮；3-cyclohexyl-1,5,6,7-tetrahydrocyclopentapyrimidine-2,4(3H)-dione

CAS 名称 3-cyclohexyl-6,7-dihydro-1H-cyclopentapyrimidine-2,4(3H,5H)-dione

理化性质 纯品为白色结晶。熔点 >270℃，蒸气压 $1.7×10^{-6}$ mPa（25℃），K_{ow} lg$P$ 2.31，Henry 常数 $1.3×10^{-7}$ Pa·m³/mol（25℃，计算值），相对密度 1.31。溶解度：蒸馏水 3，4（pH 5），3（pH 7），3（pH 9）(mg/L, 20℃)；微溶于大多数有机溶剂，如甲

苯 80，正己烷 1.3，丙酮 500，甲醇 1500，乙酸乙酯 690，二氯甲烷 2000（mg/L，20℃）。在水和酸的水溶液中熔点下稳定。与氢氧化钠少量的溶解形成盐，热碱可分解本品。

毒性 急性经口 LD_{50}（mg/kg）：雄大鼠 3830，雌大鼠 2140，雄小鼠 2860，雌小鼠 3100。大鼠急性经皮 $LD_{50}>2000$mg/kg，对兔皮肤和眼无刺激性。NOEL（2 年）：大鼠 16mg/(kg·d)，小鼠 152mg/(kg·d)。鹌鹑急性经口 $LD_{50}>2000$mg/kg；饲喂 LC_{50}：鹌鹑>5000mg/kg，绿头鸭 4260mg/kg 饲料。鱼毒 LC_{50}（96h，mg/L）：鳟鱼 32～46，大翻车鱼 93。蜜蜂 LC_{50}（48h，接触和经口）>200μg/只。蠕虫蚯蚓 LC_{50}（14d）1000mg/kg 干土。

制剂 SC，WG，WP。

应用 种植前混土或芽前处理，防除饲料萝卜、红萝卜和甜菜田中杂草，浅层拌土可以在干燥情况下改善药效和降低剂量。用于亚麻田芽前处理，也用于菠菜、草莓和多种观赏作物。本品可与其他甜菜用除草剂桶混。

分析方法 采用 RPLC 法。

参考文献

[1] US 3235360.
[2] US 3222159.
[3] US 3210353.
[4] DE 1105232.

环草隆（siduron）

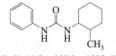

$C_{14}H_{20}N_2O$，232.3，1982-49-6

由 R. W. Varner 等于 1964 年报道除草活性，由 E. I. du Pont de Nemours & Co. 开发。

其他名称 Tupersan，Trey，Du Pont 1318

化学名称 1-(2-甲基环己基)-3-苯基脲；1-(2-methylcyclohexyl)-3-phenylurea

CAS 名称 N-(2-methylcyclohexyl)-N'-phenylurea

理化性质 TC 为白色固体。熔点 133～138℃。25℃时蒸气压 5.3×10^{-4}mPa（25℃），相对密度 1.08。溶解度：25℃时水中溶解度 18mg/L，但在二甲基乙酰胺、二甲基甲酰胺、二氯甲烷和异佛尔酮中均能溶解 10% 以上。在室温及水中稳定，在酸和碱中缓慢分解，无腐蚀性。

毒性 大鼠急性经口 $LD_{50}>7500$mg/kg。大鼠急性吸入 LC_{50}（4h）>5.8mg/L。野鸭和鹌鹑 LC_{50}（8h）>10g/kg（饲料）。鱼毒 LC_{50}（96h）：虹鳟 14mg/L，蓝鳃 16mg/L。水蚤 EC_{50}（48h）18mg/L。

制剂 WP。

应用 主要用于草坪草种播后苗前处理，防除多数一年生阔叶杂草、莎草科杂草与部分一年生禾本科杂草，持效期可达 50d，对杂草的综合防效可达 70% 以上，对马唐、止血马唐、金狗尾草和稗草特别有效。是用在草皮上防除一年生禾本科杂草的专用除草剂。

合成路线 由苯基异氰酸酯与 2-甲基苯胺反应生成。

主要生产商 Raschig，杭州电化集团。

参考文献

[1] Proc Br Weed Control Conf 7th. 1964：38.
[2] US 3309192.

环庚草醚（cinmethylin）

$C_{18}H_{26}O_2$，274.4；87818-31-3 [exo-(±)-异构体]；
87818-61-9 [exo-(+)-异构体]；87819-60-1 [exo-(−)-异构体]

由 J. W. Way 等于 1985 年报道，Shell International Chemical Co. Ltd（今 BASF SE）于 1989 年在中国推出。

其他名称　艾割，仙治，SD 95481，SKH-301，WL 95481，Argold，Cinch

化学名称　(1RS,2SR,4SR)-1,4-桥氧对孟-2-基-2-甲基苄基醚；(1RS,2SR,4SR)-1,4-epoxy-p-menth-2-yl 2-methylbenzyl ether

CAS 名称　exo-（±）-1-methyl-4-(1-methylethyl)-2-[(2-methylphenyl)methoxy]-7-oxabicyclo[2.2.1]heptane

理化性质　纯品外观为深琥珀色液体，相对密度 1.014（20℃），沸点 313℃（760mmHg）。蒸气压 10.1mPa（20℃），K_{ow} lg$P$ 3.84（25℃）。Henry 常数 $4.40×10^{-2}$ Pa·m³/mol。溶解度（20℃）：水 63mg/L，与大多数有机溶剂互溶。稳定性：≤145℃稳定。25℃，pH 5～9 水溶液中稳定。

毒性　大鼠急性经口 LD_{50} 为 3960mg/kg，大鼠和兔急性经皮 LD_{50}＞2000mg/kg，急性吸入 LC_{50}（4h）3.5mg/kg。对兔皮肤有轻度刺激性作用，对兔眼睛有中度刺激性作用，对豚鼠未见致敏作用。NOEL 数据：大鼠、小鼠（2 年）无作用剂量分别为 100g/kg 饲料、30g/kg 饲料。小齿鹑急性经口 LD_{50}＞2150mg/kg。野鸭和小齿鹑饲喂 LC_{50}（5d）＞5620mg/kg 饲料。LC_{50}（96h，mg/L）：鳟鱼 6.6，大翻车鱼 6.4。

制剂　EC，GR。

应用　主要用于防除稗草、鸭舌草、慈姑、萤蔺、碎米莎草、异型莎草等。适用于水稻，水稻对环庚草醚的耐药力较强，药剂进入水稻体内被代谢成羟基衍生物，并与水稻体内的糖苷结合成共轭化合物而失去毒性。另外水稻根插入泥土，生长点在土中还具有位差选择性。当水稻根露在土表或沙质土、漏水田可能受药害。环庚草醚为选择性内吸传导型除草剂，可被敏感植物幼芽和根吸收，经木质部传导到根和芽的生长点，抑制分生组织的生长使植物死亡。

合成路线

分析方法 产品分析采用 GLC 法。

主要生产商 BASF。

参考文献

[1] The Pesticide Manual. 11th ed. 2000: 182.

[2] Weed Sci, 1988, 36 (5): 678-682.

[3] EP 81893.

[4] US 4670041.

[5] Way J W, et al. Proc 1985 Br Crop Prot Conf— Weeds, 1: 265.

环磺酮 (tembotrione)

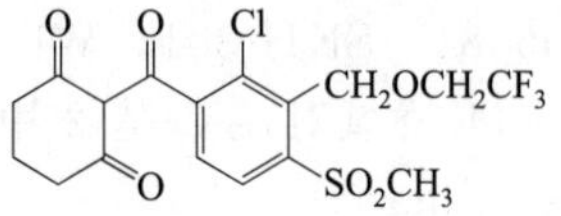

$C_{17}H_{16}ClF_3O_6S$, 440.8, 335104-84-2

由 Bayer CropScience 研发。

其他名称 AE 0172747, Laudis

化学名称 2-{2-氯-4-甲磺酰基-3-[(2,2,2-三氟乙氧基)甲基]苯甲酰基}环己烷-1,3-二酮; 2-{2-chloro-4-mesyl-3-[(2,2,2-trifluoroethoxy)methyl]benzoyl}cyclohexane-1,3-dione

CAS 名称 2-[2-chloro-4-(methylsulfonyl)-3-[(2,2,2-trifluoroethoxy)methyl]benzoyl]-1,3-cyclohexanedione

理化性质 熔点 123℃（纯度 98.9%），相对密度（20℃）1.56。水中溶解度：0.22 (pH 4)，28.3 (pH 7)(g/L, 20℃)；有机溶剂中溶解度：DMSO 和二氯甲烷＞600，丙酮 300～600，乙酸乙酯 180.2，甲苯 75.7，正己烷 47.6，乙醇 8.2 (mg/L, 20℃)。pK_a 3.2。

毒性 急性经口 LD_{50} 大鼠＞2000mg/kg。急性经皮 LD_{50} 大鼠＞2000mg/kg。对皮肤无刺激性，对眼睛有中度刺激（兔）。吸入毒性：LC_{50} (4h) 大鼠＞5.03mg/L。

制剂 OD。

应用 环磺酮是由拜耳公司 2007 年研制的三酮类玉米田除草剂，其活性高于硝磺酮（硝磺草酮、甲基磺草酮），对作物安全。

主要生产商 Bayer。

环己烯草酮 (cloproxydim)

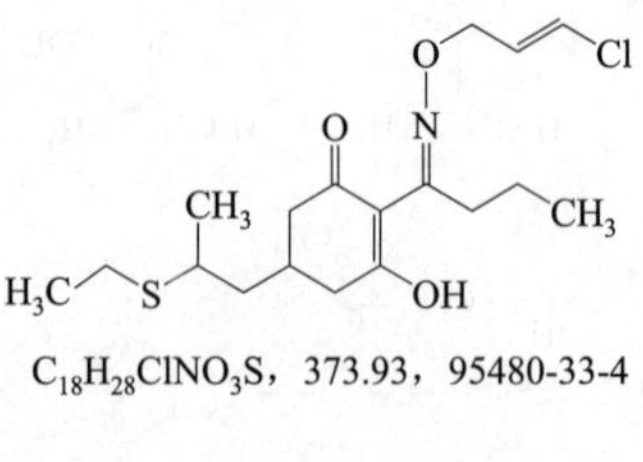

$C_{18}H_{28}ClNO_3S$, 373.93, 95480-33-4

由 Chevron Chemical Company LLC 开发。

其他名称 RE-36 290

化学名称 （±）-2-[(3-氯-1-烯氧基)亚氨基丁基]-5-(2-乙基硫基丙基)-3-羟基环己烯-2-酮；（±）-2-[1-(3-chloroallyloxy)iminobutyl]-5-(2-ethylthiopropyl)-3-hydroxycyclohex-2-enone

CAS 名称 2-1-[[(3-chloro-2-propenyl)oxy]imino]butyl]-5-[2-(ethylthio)propyl]-3-hydroxy-2-cyclohexen-1-one

理化性质 液体，蒸气压<0.013mPa（20℃）。相对密度1.15（20℃）。溶于大多数有机溶剂。在酸性或碱性溶液中不稳定。受热不稳定。

毒性 大鼠急性经口 LD_{50} >500mg 原药/kg。大鼠急性经皮 LD_{50} >500mg/kg。

制剂 EC。

应用 选择性除草剂。用于防除一年生和多年生杂草。适用于豆类、棉花、马铃薯、甜菜和蔬菜。

主要生产商 Chevron。

环嗪酮（hexazinone）

$C_{12}H_{20}N_4O_2$，252.3，51235-04-2

由美国杜邦公司开发的三氮苯类除草剂，1975年在美国注册。

其他名称 威尔柏，DPXA3674，Velpar

化学名称 3-环己基-6-(二甲基氨基)-1-甲基-1,3,5-三嗪-2,4-(1H,3H)-二酮；3-cyclohexyl-6-dimethylamino-1-methyl-1,3,5-triazine-2,4-(1H,3H)-dione

CAS 名称 3-cyclohexyl-6-(dimethylamino)-1-methyl-1,3,5-triazine-2,4-(1H,3H)-dione

理化性质 纯品为无色无臭晶体。熔点113.5℃（纯度>98%），蒸馏分解，蒸气压：0.03mPa（25℃），8.5mPa（86℃）。K_{ow} lg$P$ 1.2（pH 7），Henry常数 2.54×10^{-7} Pa·m³/mol（25℃，计算值），相对密度1.25。水中溶解度29.8g/L（pH 7，25℃）；其他溶剂中溶解度（g/kg，25℃）：氯仿3880，甲醇2650，苯940，DMF 836，丙酮792，甲苯386，正己烷3。稳定性：pH 5~9的水溶液中，温度37℃以下稳定。强酸和强碱条件下分解。对光稳定。pK_a 2.2（25℃）。

毒性 急性经口 LD_{50}（mg/kg）：大鼠1100，豚鼠860。兔急性经皮 LD_{50}>5000mg/kg。对兔眼睛的刺激是可逆的，对豚鼠皮肤无刺激。大鼠吸入 LC_{50}（1h）>7.48mg/kg。无作用剂量：大鼠（2年）200mg/kg（10mg/kg）、小鼠（2年）200mg/kg；狗（1年）5mg/kg。山齿鹑急性经口 LD_{50}：2258mg/kg。山齿鹑、野鸭 LC_{50}（8d）>10000mg/kg饲料。鱼毒 LC_{50}（96h，mg/L）：虹鳟鱼>320，大翻车鱼>370。水蚤 LC_{50}（48h）442mg/L。羊角月牙藻 EC_{50}（120h，mg/L）0.007，鱼腥藻0.210。对蜜蜂无毒，LD_{50}>60μg/只。

制剂 GR，SL，SP，WG。

应用 三嗪酮类除草剂，内吸选择性除草剂，植物根、叶都能吸收，主要通过木质部传导，对松树根部没有伤害，是优良的林用除草剂。可有效防除多种一年生或多年生杂草。用于森林防火道防除杂草和灌木时，不能接近落叶树或其他植株。在土壤中的移动性大，持效期长。药效进程较慢，杂草1个月，灌木2个月，乔木3~10个月。适用于常绿针叶林，如红松、樟子松、云杉、马尾松等幼林抚育；造林前除草灭灌、维护森林防火线及林分改造等，可防除大部分单子叶和双子叶杂草及木本植物黄花忍冬、珍珠梅、榛子、柳叶绣线菊、刺五加、山杨、木桦、椴、水曲柳、黄波罗、核桃楸等。

合成路线

$$NH_2CN + ClCO_2CH_3 \longrightarrow NCNHCO_2CH_3 \xrightarrow{(CH_3)_2SO_4} CH_3OCOCN(CH_3) \xrightarrow{CH_3NHCH_3} (CH_3)_2N-C(=NH)-N(CH_3)-CO_2CH_3$$

分析方法 用高效液相色谱法分析。

主要生产商 DuPont，安徽广信，安徽中山，蓝丰生化，凯江农化，江苏中旗，潍坊润丰，上虞颖泰。

参考文献

［1］ US 3902887.
［2］ GB 1435585.
［3］ US 4178448.

环戊噁草酮（pentoxazone）

$C_{17}H_{17}ClFNO_4$，353.8，110956-75-7

1986年由Sagami Chemical Research Center发现，并由Kaken Pharmaceutical Co., Ltd开发。1997年在日本首次登记。

其他名称 噁嗪酮，KPP-314，Wechser

化学名称 3-(4-氯-5-环戊基氧-2-氟苯基)-5-(1-甲基亚乙基)-2,4-噁唑烷二酮；3-(4-chloro-5-cyclopentyloxy-2-fluorophenyl)-5-isopropylidene-1,3-oxazolidine-2,4-dione

CAS名称 3-[4-chloro-5-(cyclopentyloxy)-2-fluorophenyl]-5-(1-methylethylidene)-2,4-oxazolidinedione

理化性质 无色无味晶体粉末。熔点104℃。蒸气压<1.11×10^{-2} mPa（25℃）。K_{ow}lg$P$ 4.66（25℃）。Henry常数<1.82×10^{-2} Pa·m³/mol（计算值）。相对密度1.418（25℃）。溶解度：水0.216mg/L（25℃），甲醇24.8g/L，己烷5.10g/L。对热、光和酸稳定，在碱中不稳定。

毒性 雄、雌小鼠及雄、雌大鼠急性经口LD_{50}>5000mg/kg。雄、雌大鼠急性经皮LD_{50}>2000mg/kg。对兔眼睛和皮肤无刺激作用，对豚鼠皮肤无致敏性。雄、雌大鼠吸入LC_{50}（4h）>5100mg/m³。NOEL（2年）：雄大鼠6.92mg/(kg·d)、雌大鼠43.8mg/(kg

・d)、雄小鼠 250.9mg/(kg・d)、雌小鼠 190.6mg/(kg・d)、雄狗 23.1mg/(kg・d)、雌狗 25.2mg/(kg・d)。无致癌、致畸、致突变作用。Ames 试验、DNA 修复和微核试验均为阴性。雄、雌山齿鹑急性经口 $LD_{50}>2250mg/kg$。鲤鱼 LC_{50}（96h）21.4mg/L。水蚤 LC_{50}（24h）>38.8mg/L。羊角月牙藻 EC_{50}（72h）1.31μg/L。蜜蜂经口 $LC_{50}>458.5mg/kg$，接触 98.7μg/只。蚯蚓 LC_{50}（14d）>851mg/kg。其他有益生物如桑蚕 LC_{50}（96h）>458.5mg/kg。

制剂 EW，GR，SC，TB，WG。

应用 原卟啉原氧化酶抑制剂。在植物叶绿素生物合成过程中这种酶催化原卟啉原Ⅸ到原卟啉Ⅸ的转换。芽前和芽后防除水稻田稗草和鸭舌草，在移植前、移植期间或移植后施用。

合成路线

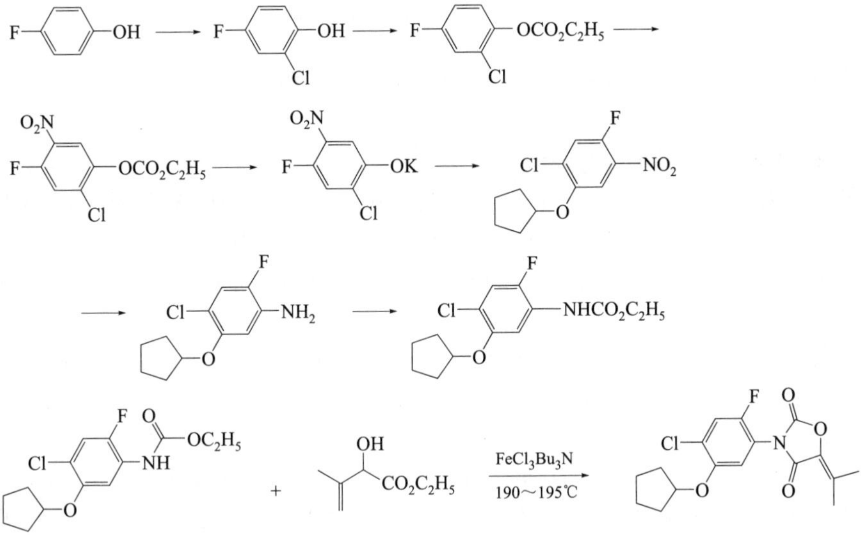

分析方法 产品分析用 HPLC。

主要生产商 Kaken 公司。

参考文献

[1] JP 0285269.
[2] JP 0692913.
[3] JP 0782224.
[4] EP 496347.

环酰草胺（cypromid）

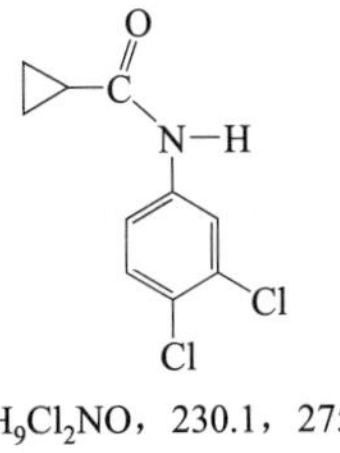

$C_{10}H_9Cl_2NO$，230.1，2759-71-9

1965 年 T. R. Hopkins 等报道，由 Gulf Oil Corp 开发。
其他名称　Clobber
化学名称　3′,4′-二氯环丙烷甲酰苯胺；3′,4′-dichlorocyclopropanecarboxanilide
CAS 名称　N-(3,4-dichlorophenyl)cyclopropanecarboxamide
应用　触杀型除草剂。

环氧嘧磺隆（oxasulfuron）

$C_{17}H_{18}N_4O_6S$，406.4，144651-06-9

由 R. L. Brooks 等报道。1996 年由 Novartis Crop Protection AG（现 Syngenta AG）开发。

其他名称　CGA-277476，Dynam
化学名称　氧代环丁-3-基 2-[(4,6-二甲基嘧啶-2-基)-氨基甲酰基氨基磺酰基]苯甲酸酯；oxetan-3-yl 2-[(4,6-dimethylpyrimidin-2-yl)-carbamoylsulfamoyl]benzoate
CAS 名称　3-oxetanyl 2-[[[[(4,6-dimethyl-2-pyrimidinyl)amino]carbonyl]amino]sulfonyl]benzoate
理化性质　白色无味粉末。熔点 158℃（分解）。蒸气压＜$2×10^{-3}$mPa（25℃）。K_{ow} lg$P$：0.75（pH 5），－0.81（pH 7），－2.2（pH 8.9）。Henry 常数 $2.5×10^{-5}$Pa·m³/mol（计算值）。相对密度 1.41。水中溶解度 52mg/L（pH 5.1），缓冲液中（mg/L，25℃）：63（pH 5.0），1700（pH 6.8），19000（pH 7.8）。有机溶剂中溶解度（mg/L，25℃）：甲醇 1500，丙酮 9300，甲苯 320，正辛醇 99，正己烷 202，乙酸乙酯 2300，二氯甲烷 6900。DT_{50}（d，20℃）：17.2（pH 5），22.7（pH 7），20.0（pH 9）。
毒性　大鼠急性经口 LD_{50}＞5000mg/kg。兔急性经皮 LD_{50}＞2000mg/kg。对兔眼睛、皮肤无刺激性。对豚鼠皮肤无致敏性。大鼠吸入 LC_{50}＞5.08mg/L。无作用剂量大鼠（2 年）8.3mg/(kg·d)，小鼠（18 个月）1.5mg/(kg·d)；狗（1 年）1.3mg/(kg·d)。鹌鹑和野鸭急性经口 LD_{50}＞2250mg/kg。鹌鹑和野鸭饲喂 LC_{50}＞5620mg/L。大翻车鱼 LC_{50}（96h）＞111mg/L，鲑鱼＞116mg/L。水蚤 EC_{50}（48h）＞136mg/L。羊角月牙藻 E_bC_{50}（120h）0.145mg/L，舟形藻＞20mg/L。蜜蜂 LD_{50}＞25μg/只。蚯蚓 LC_{50}＞1000mg/kg。
制剂　WG。
应用　与其他磺酰脲类除草剂一样是乙酰乳酸合成酶（ALS）抑制剂。通过杂草根和叶吸收，在植株体内传导，杂草即停止生长，叶色变黄、变红，而后枯死。
合成路线

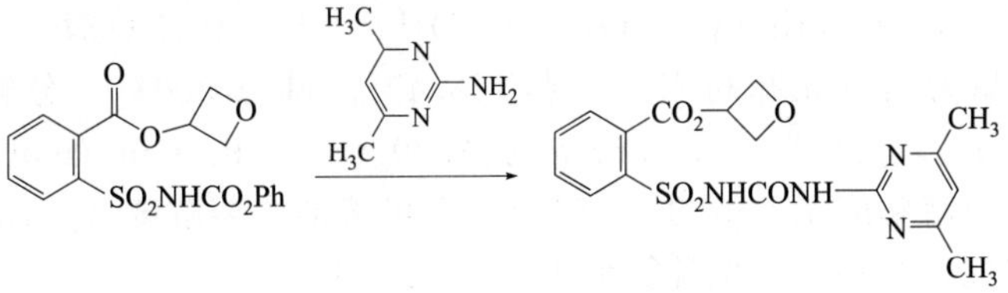

主要生产商 Syngenta。

参考文献

[1] US 5209771.

[2] EP 0496701.

环莠隆（cycluron）

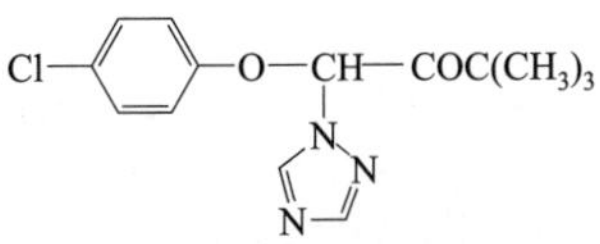

$C_{11}H_{22}N_2O$，198.3，2163-69-1

由 A. Fischer 报道其除草活性，BASF AG 开发。

其他名称 OMU

化学名称 3-环辛基-1,1-二甲基脲；3-cyclooctyl-1,1-dimethylurea

CAS 名称 N'-cyclooctyl-N,N-dimethylurea

理化性质 原药纯度 97%，无色晶体。熔点 138℃（原药 134～138℃）。溶解度：水 1.1g/L（20℃）；丙酮 67，苯 55，甲醇 500（g/kg，20℃）。

毒性 大鼠急性经口 LD_{50} 2600mg/kg。在白兔耳后以 500g/L 浓度试验，对白兔皮肤无刺激性。

应用 环莠隆和氯草灵现配现用，用于防除甜菜杂草和蔬菜杂草。

分析方法 产品通过滴定分析。

环酯草醚（pyriftalid）

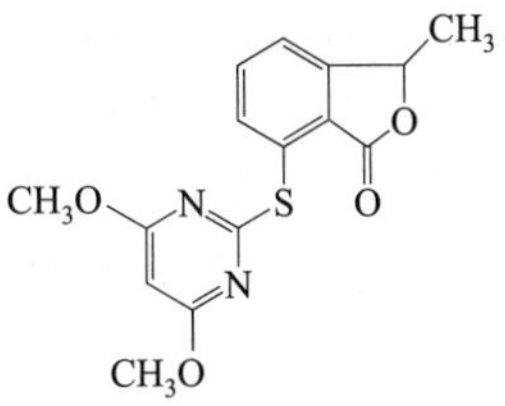

$C_{15}H_{14}N_2O_4S$，318.4，135186-78-6

由 Dr Maag AG（现在 Syngenta AG）发现，C. Lüthy 报道，Syngenta AG 开发，2001 年在韩国获得首次登记。

其他名称 CGA 279233

化学名称 （RS）-7-[（4,6-二甲氧基-2-嘧啶基）硫基]-3-甲基-2-苯并呋喃-1(3H)-酮；(RS)-7-(4,6-dimethoxypyrimidin-2-ylthio)-3-methyl-2-benzofuran-1(3H)-one

CAS 名称 7-[(4,6-dimethoxy-2-pyrimidinyl)thio]-3-methyl-1(3*H*)-isobenzofuranone

理化性质 纯品为白色无味粉末。熔点 163.4℃。沸点 300℃（分解）。蒸气压 2.2×10^{-5} mPa（25℃）。K_{ow} lg$P$ 2.6。Henry 常数 3.89×10^{-6} Pa·m^3/mol（25℃，计算值）。相对密度 1.44。水中溶解度 1.8mg/L（25℃）；有机溶剂中溶解度（g/L，25℃）：丙酮 14，二氯甲烷 99。稳定性：光解半衰期计算值为 1.9~2.0d。

毒性 大鼠急性经口 LD$_{50}$＞5000mg/kg。大鼠急性经皮 LD$_{50}$＞2000mg/kg。大鼠吸入 LC$_{50}$＞5540mg/m^3。山齿鹑急性经口 LD$_{50}$ 1505mg/kg。虹鳟鱼 LC$_{50}$ 81mg/L。水蚤 LC$_{50}$（48h）0.83μg/L。蜜蜂 LD$_{50}$（接触）＞100μg/只。

制剂 GR，SC，WG。

应用 支链氨基酸合成（ALS 或 AHAS）抑制剂，通过水杨酸开环呈现活性。通过敏感杂草的根、茎吸收，在有水条件下施用。主要用于防除水稻田杂草。

合成路线

主要生产商 Syngenta 公司。

参考文献
WO 91/05781.

磺草灵（asulam）

asulam，$C_8H_{10}N_2O_4S$，230.2；asulam-sodium，$C_8H_9N_2NaO_4S$，252.2；3337-71-1

由 H. J. Cottrell 和 B. J. Heywood 于 1965 年报道，May & Baker Ltd（现 Bayer AG）推出。

其他名称 M&B 9057，asulame

化学名称 对氨基苯磺酰氨基甲酸甲酯；methyl sulfanilylcarbamate

CAS 名称 methyl [(4-aminophenyl)sulfonyl]carbamate

理化性质 无色晶体。熔点 142~144℃（分解）。蒸气压＜1mPa（20℃）。Henry 常数 ＜5.8×10^{-5} Pa·m^3/mol（20℃，计算值）。溶解度：水 4g/L（20~25℃）；二甲基甲酰胺 ＞800，丙酮 340，甲醇 280，丁酮 280，乙醇 120，烃和氯代烃＜20（g/L，20~25℃）。沸水中稳定性≥6h；pH 8.5，室温＞4 年。pK_a 4.82（水溶性盐）。

毒性 急性经口 LD$_{50}$：大鼠、小鼠、兔和狗＞4000mg/kg。急性经皮 LD$_{50}$ 大鼠＞1200mg/kg。大鼠吸入 LC$_{50}$（6h）＞1.8mg/L（空气）。无作用剂量：90d 饲喂试验，大鼠 400mg/kg 饲料无明显副作用。无致畸作用。野鸭和鸽子急性经口 LD$_{50}$＞4000mg/kg。LC$_{50}$（96h）：虹鳟鱼和金鱼＞5000mg/L，大翻车鱼＞3000mg/L，小丑鱼＞1700mg/L。＜2%（质量浓度）时对蜜蜂无毒（直接接触或摄入）。

制剂 TC，SL。

应用 用于防除牧场和落叶果园中的酸模、牧场和林地中的欧洲绒毛蕨、亚麻田中的野燕麦；也可防除甘蔗田中的禾本科杂草。通过敏感植株的叶和根吸收，引起缓慢褪绿，妨碍细胞分裂与膨胀。

分析方法 产品分析采用 RPLC 法或水解后比色分析。

主要生产商 CAC，Dow AgroSciences，High Kite，Synthesia，United Phosphorus，南通泰禾。

参考文献

[1] Cottrell H J, Heywood B J. Nature (London), 1965, 207: 655.
[2] GB 1040541.

磺草酮（sulcotrione）

$C_{14}H_{13}ClO_5S$, 328.8, 99105-77-8

由捷利康公司开发的三酮类除草剂。

其他名称 Mikado，ICI A0051，Galleon

化学名称 2-(2-氯-4-甲磺酰苯甲酰基)环己烷-1,3-二酮；2-(2-chloro-4-mesylbenzoyl) cyclohexane-1,3-dione

CAS 名称 2-[2-chloro-4-(methylsulfonyl)benzoyl]-1,3-cyclohexanedione

理化性质 白色固体，熔点 139℃（TC131～139℃）。蒸气压 5×10^{-3} mPa（25℃）。K_{ow}lg$P$<0（pH 7 和 9）。Henry 常数 9.96×10^{-6} Pa·m³/mol（计算值）。溶解度：水中 167mg/L（pH 4.8, 20℃）。溶于二氯甲烷、丙酮和氯苯。水中、日光或避光下稳定，耐热温度达到 80℃。pK_a 3.13（23℃）。

毒性 急性经口 LD_{50} 大鼠>5000mg/kg。兔急性经皮 LD_{50}>4000mg/kg。皮肤吸收率低，对皮肤无刺激性，对眼睛有中度刺激（兔）。对皮肤有强烈刺激（豚鼠）。吸入毒性：LC_{50}（4h）大鼠>1.6mg/L。无作用剂量：大鼠（2 年）100mg/kg [0.5mg/(kg·d)]。对大鼠和兔无致畸作用，无遗传毒性。急性经口 LD_{50} 山齿鹑>2111mg/kg，野鸭>1350mg/kg，饲喂毒性 LC_{50} 山齿鹑和野鸭>5620mg/kg。虹鳟鱼 LC_{50}（96h）227mg/L，镜鲤 240mg/L。水蚤 EC_{50}（48h）>848mg/L。羊角月牙藻 EC_{50}（96h）3.5mg/L。水华鱼腥藻 E_rC_{50}（72h）54mg/L。对蜜蜂低毒，LD_{50}（经口）>50μg/只；接触>200μg/只。蠕虫：LC_{50}（14d）蚯蚓>1000mg/kg 土壤。

制剂 TC，SC，AS。

应用 对羟基苯基丙酮酸酯双氧化酶抑制剂即 HPPD 抑制剂。其作用特点是杂草幼根吸收传导而起作用，敏感杂草吸收了此药之后，通过抑制对羟基苯基丙酮酸酯双氧化酶的合成，导致酪氨酸的积累，使质体醌和生育酚的生物合成受阻，进而影响到类胡萝卜素的生物合成，杂草出现白化后死亡。是一种用于防除玉米田阔叶杂草及禾本科杂草的酮类除草剂。在正常轮作时对冬麦、大麦、冬油菜、马铃薯、甜菜、豌豆和菜豆等安全。防除对象：可防除马唐、学根草、锡兰稗、洋野黍、藜、茄、龙葵、蓼、酸模叶蓼。由于其作用于类胡萝卜素合成，从而排除与三嗪类除草剂的交互抗性，可单用、混用或连续施用防除玉米田杂草。芽后施用，对玉米安全，未发现任何药害，但生长条件较差时，玉米叶会有短暂的脱色症状，对玉米生长和产量无影响。

合成路线

$$CH_3-\text{C}_6H_4-SO_2Cl \longrightarrow CH_3-\text{C}_6H_4-SO_2CH_3 \longrightarrow CH_3-\text{C}_6H_3(Cl)-SO_2CH_3$$

$$HOOC-\text{C}_6H_3(Cl)-SO_2CH_3 \longrightarrow ClOC-\text{C}_6H_3(Cl)-SO_2CH_3 \longrightarrow$$ 环己二酮产物

主要生产商　Bayer Crop Science，Cheminova，Sapec，长青农化，中旗化工，上虞颖泰，沈阳科创化学品。

参考文献

[1] EP 90262.
[2] EP 137963.

磺草唑胺（metosulam）

$C_{14}H_{13}Cl_2N_5O_4S$，418.3，139528-85-1

由 M. Snel 等报道。Sansac（与2,4-滴-2-乙基己基酯的混合物）1994年在土耳其投放市场，2001年销售权由 Dow AgroSciences 转卖给 Bayer CropScience 公司。

其他名称　甲氧磺草胺，XDE 511，DE 511，XRD 511，Eclipse，Pronto，Sansac，Sinal，Uptake

化学名称　$2',6'$-二氯-5,7-二甲氧基-$3'$-甲基[1,2,4]三唑并[1,5-a]嘧啶-2-磺酰苯胺；$2',6'$-dichloro-5,7-dimethoxy-3'-methyl[1,2,4]triazolo[1,5-a]pyrimidine-2-sulfonanilide

CAS 名称　N-(2,6-dichloro-3-methylphenyl)-5,7-dimethoxy[1,2,4]triazolo[1,5-a]pyrimidine-2-sulfonamide

理化性质　纯品为灰白色或棕色固体，熔点 210～211.5℃。相对密度 1.49（20℃），蒸气压 4×10^{-10} mPa（25℃）。$K_{ow}\lg P$：1.8（pH 4），0.2（pH 7），-1.1（pH 9）。Henry 常数 8×10^{-13} Pa·m³/mol。水中溶解度：200（蒸馏水，pH 7.5），100（pH 5.0），700（pH 7.0），5600（pH 9.0）(20℃，mg/L)；丙酮、乙腈、二氯甲烷>5.0g/L，正辛醇、己烷、甲苯≤0.2g/L。在自然条件下贮存，熔点以上分解，少量对光解不稳定（DT_{50} 140d，氙弧）；在正常环境范围内，水解稳定。pK_a 4.8。

毒性　大、小鼠急性经口 LD_{50}>5000mg/kg，兔急性经皮 LD_{50}>2000mg/kg，对豚鼠无皮肤致敏性。大鼠急性吸入 LC_{50}（4h）>1.9mg/L。大鼠（2年）无作用剂量 5mg/(kg·d)，小鼠（18个月）1000mg/(kg·d)。ADI（BfR）0.01mg/kg [1996]。山齿鹑和野鸭急性经口 LD_{50}>2000mg/kg。虹鳟鱼、大翻车鱼和黑头呆鱼 LC_{50}（96h）>有效成分的溶解限度。水蚤 LC_{50}（48h）>有效成分的溶解限度。对蜜蜂无毒，LD_{50}（48h，μg/只）：>50

（经口）、＞100（接触）。蚯蚓 LD_{50}（14d）＞1000mg/kg。

制剂 SC，SE，WG。

应用 乙酰乳酸合成酶（ALS）抑制剂。对小麦安全是基于其快速代谢，生成无活性化合物。磺草唑胺可被杂草通过根部和茎叶快速吸收而发挥作用。甲氧磺草胺主要用于防除玉米、小麦、大麦、黑麦等大多数重要的阔叶杂草如猪殃殃、繁缕、藜、反枝苋、龙葵、蓼等。

合成路线

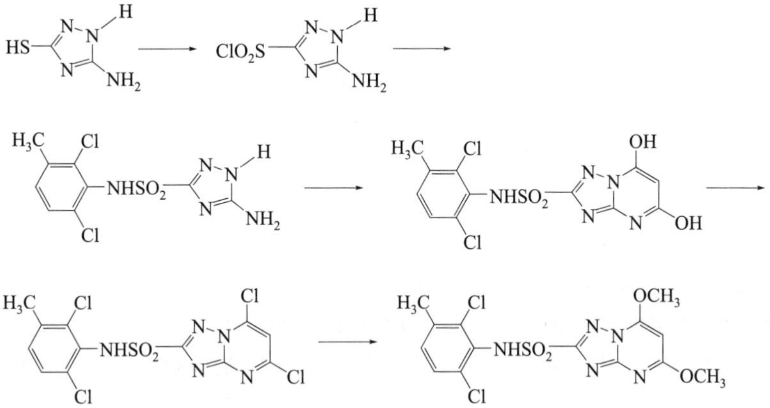

主要生产商 Bayer CropScience。

参考文献

[1] The Pesticide Manual. 16th ed.

[2] US 4818273.

磺噻隆（ethidimuron）

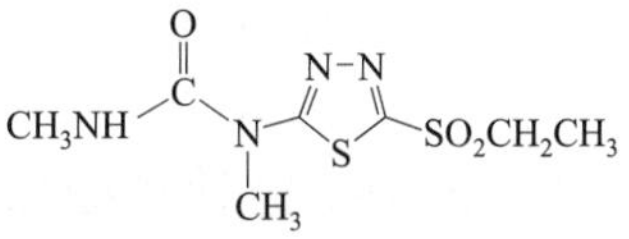

$C_7H_{12}N_4O_3S_2$，264.3，30043-49-3

1973 年由 L. Eue 等报道。Bayer AG. 开发。

其他名称 Ustilan

化学名称 1-(5-乙基磺酰基-1,3,4-噻二唑-2-基)-1,3-二甲基脲；1-(5-ethylsulfonyl-1,3,4-thiadiazol-2-yl)-1,3-dimethylurea

CAS 名称 N-[5-(ethylsulfonyl)-1,3,4-thiadiazol-2-yl]-N,N'-dimethylurea

理化性质 无色结晶体。熔点 156℃。蒸气压 $8×10^{-5}$ mPa（20℃）。溶解度（20℃）：水 3.04g/kg，二氯甲烷 100～200g/L，己烷＜0.1g/L，异丙醇 5～10g/L，甲苯 0.1～1.0g/L。K_{ow}lg$P$ 2.7。在 217℃下分解，对碱不稳定。

毒性 急性经口 LD_{50}：大鼠＞5000mg/kg，小鼠＞2500mg/kg，雄狗＞5000mg/kg。大鼠急性经皮 LD_{50}＞5000mg/kg。90d 饲喂无作用剂量：大鼠＞1000mg/kg 饲料。急性经口 LD_{50}：日本鹌鹑 300～400mg/kg，金丝雀 1000mg/kg。金圆腹雅罗鱼 LC_{50}＞1000mg/L。对蜜蜂无毒。

制剂 WP，SC。

应用 非耕地用除草剂。

分析方法 产品分析采用红外光谱法。

参考文献

BE 743615.

磺酰磺隆（sulfosulfuron）

$C_{16}H_{18}N_6O_7S_2$，470.5，141776-32-1

由日本武田制药公司研制，并与孟山都公司共同开发的磺酰脲类除草剂。

其他名称 MON37500，MON37588，TKM19，Monitor

化学名称 1-(4,6-二甲氧吡啶-2-基)-3-[(2-乙基磺酰基咪唑并[1,2-a]吡啶-3-基)磺酰基]脲；1-(4,6-dimethoxypyrimidin-2-yl)-3-(2-ethylsulfonylimidazo[1,2-a]pyridin-3-yl)sulfonylurea

CAS 名称 N-[[(4,6-dimethoxy-2-pyrimidinyl)amino]carbonyl]-2-(ethylsulfonyl)imidazo[1,2-a]pyridine-3-sulfonamide

理化性质 纯品白色，无味固体。熔点 201.1～201.7℃。蒸气压 3.1×10^{-5} mPa（20℃）；8.8×10^{-5} mPa（25℃）。K_{ow} lg$P$：0.73（pH5），-0.77（pH7），-1.44（pH9）。相对密度 1.5185（20℃）。溶解度：水 17.6（pH5），1627（pH7），482（pH9）（mg/L，20℃）；丙酮 0.71，甲醇 0.33，乙酸乙酯 1.01，二氯甲烷 4.35，二甲苯 0.16，庚烷 < 0.01（g/L，20℃）。温度 < 54℃ 稳定保存 14d，25℃ 水解 DT_{50}：7d（pH4），48d（pH5），168d（pH7），156d（pH9）。pK_a 3.51（20℃）。

毒性 急性经口 LD_{50} 大鼠 > 5000mg/kg。急性经皮 LD_{50} 大鼠 > 5000mg/kg，对皮肤无刺激作用，对眼睛有中度刺激（兔），对皮肤无敏感性（豚鼠）。无空气吸入毒性。无作用剂量：大鼠（2 年）24.4～30.4mg/(kg·d)；狗（90d）100mg/(kg·d)；小鼠（18 个月）93.4～1388.2mg/(kg·d)。急性经口 LD_{50} 山齿鹑和野鸭 > 2250mg/kg；饲喂毒性 LC_{50}（5d）山齿鹑和野鸭 > 5620mg/L。鱼：LC_{50}（96h，mg/L）虹鳟鱼 > 95，鲤鱼 > 91，大翻车鱼 > 96，红鲈鱼 > 101。水蚤 EC_{50}（48h）> 96mg/L。羊角月牙藻 E_bC_{50}（3d）0.221mg/L，E_rC_{50}（3d）0.669mg/L；蓝绿海藻 EC_{50}（5d）0.77mg/L；舟形藻 EC_{50}（5d）> 87mg/L。蜜蜂 LD_{50}：（经口）> 30μg/只；（接触）> 25μg/只。蠕虫 LC_{50}（14d）> 848mg/kg 土壤。

应用 乙酰乳酸合成酶抑制剂。通过杂草根和叶吸收，在植株体内传导，杂草即停止生长，而后枯死。适用小麦。对小麦安全，基于其在小麦植株中快速降解。但对大麦、燕麦有药害。防除一年生和多年生禾本科杂草和部分阔叶杂草如野燕麦、早熟禾、蓼、风剪股颖等。对众所周知的难防除杂草雀麦有很好的防效。

合成路线 以 2-氨基吡啶、溴代乙酸乙酯为起始原料，经合环、脱羧、磺化、氯化、氨化、氧化反应制得中间体磺酰胺，最后与二甲氧基嘧啶氨基甲酸苯酯反应得到磺酰磺隆。

分析方法　分析采用 HPLC 法。

主要生产商　Heranba, Monsanto, Nufarm GmbH, Crop Health, Indofil, Rallis, United Phosphorus。

参考文献

[1] EP 477808.
[2] EP 0238070.
[3] CN 101362755.
[4] 农药, 2012, 51 (10): 717-719.

黄原酸异丙酯 (proxan)

$C_4H_8OS_2$, 136; proxan-sodium, $C_4H_7NaOS_2$, 158

1949 年 L. L. Baumgartner 等报道了本品的除草性质, 由 Goodrich Chemical Co. 开发。

化学名称　O-异丙基氢二硫代碳酸盐; O-isopropyl hydrogen dithiocarbonate; 其钠盐: O-异丙基二硫代碳酸酯钠盐; O-异丙基黄原酸酯钠盐; sodium O-isopropyl dithiocarbonate; sodium O-isopropyl xanthate

CAS 名称　O-(1-methylethyl)carbonodithioic acid; 其钠盐: sodium O-(1-methylethyl)carbonodithioate

应用　除草剂。

甲草胺 (alachlor)

$C_{14}H_{20}ClNO_2$, 269.8, 15972-60-8

由孟山都公司开发的氯代乙酰胺类除草剂。

其他名称　拉索，澳特拉索，草不绿，杂草锁，CP50144，Lasso，Otraxa

化学名称　2-氯-2′,6′-二乙基-N-甲氧甲基-乙酰苯胺；2-chloro-2′,6′-diethyl-N-methoxymethylacetanilide；α-chloro-2′,6′-diethyl-N-methoxymethylacetanilide

CAS 名称　2-chloro-N-(2,6-diethylphenyl)-N-(methoxymethyl)acetamide

理化性质　黄白色至酒红色，无味固体（室温）；黄色至红色液体（>40℃）。熔点 40.5～41.5℃。沸点 100℃/0.0026kPa。蒸气压：2.7mPa（20℃）；5.5mPa（25℃）。K_{ow} lg$P$ 3.09。Henry 常数 $4.3×10^{-3}$ Pa·m³/mol（计算值）。相对密度 1.1330（25℃）。水中溶解度 170.31mg/L（pH 7，20℃），溶于二乙醚、丙酮、苯、三氯甲烷、乙醇和乙酸乙酯；微溶于庚烷。稳定性：pH 5、7 和 9 时，DT_{50}>1 年，对紫外线稳定，105℃分解。闪点：137℃（闭杯），160℃（开杯）。

毒性　大鼠急性经口 LD_{50} 930～1350mg/kg。兔急性经皮 LD_{50} 13300mg/kg。对皮肤和眼睛无刺激性（兔），接触豚鼠皮肤有敏感性反应。大鼠吸入 LC_{50}（4h）>1.04mg/L 空气。无作用剂量：大鼠（2 年）2.5mg/(kg·d)；狗（1 年）≤1mg/(kg·d)。山齿鹑急性经口 LD_{50} 1536mg/kg。LC_{50}（5d）：野鸭和山齿鹑>5620mg/L。LC_{50}（96h）：虹鳟鱼 5.3mg/L，大翻车鱼 5.8mg/L。水蚤 EC_{50}（48h）13mg/L。羊角月牙藻 TL_{50}（72h）12μg/L。蜜蜂 LD_{50}：>100μg/只（48h，接触）；>94μg/只（经口）。蚯蚓 LC_{50}（14d）387mg/kg 土壤。

制剂　TC，EC。

应用　酰胺类选择性芽前除草剂。用于防除各种一年生禾本科杂草，如稗草、狗尾草、马唐、稷、牛筋草、看麦娘、早熟禾、千金子、野黍、画眉草等，也可防除莎草科和阔叶草，如碎米莎草、异型莎草、柳叶刺蓼、酸模叶蓼、荠菜、反枝苋、藜、龙葵、辣子草、豚草、马齿苋、鸭跖草、繁缕、菟丝子等。适用于玉米、花生、大豆、棉花、观赏植物。可被植物幼芽吸收（单子叶植物为胚芽鞘，双子叶植物为下胚轴），吸收后向上传导；种子和根也吸收传导，但吸收量较少，传导速度慢。出苗后主要靠根吸收向上传导。甲草胺进入植物体内抑制蛋白酶活性，使蛋白质无法合成，造成芽和根停止生长，使不定根无法形成。如果土壤水分适宜，杂草幼芽期不出土即被杀死。症状为芽鞘紧包生长点，稍变粗，胚根细而弯曲，无须根，生长点逐渐变褐色至黑色烂掉。如土壤水分少，杂草出土后随着降雨土壤湿度增加，杂草吸收药剂后，禾本科杂草心叶卷曲至整株枯死，阔叶杂草叶皱缩变黄，整株逐渐枯死。

合成路线

分析方法　采用 HPLC 法。

主要生产商　江苏常隆，南通江山，南通维立科，山东滨农，胜利绿野，山东侨昌，潍坊润丰，中石药业，上虞颖泰，信阳信化化工，兴农药业（中国），杭州庆丰。

参考文献

[1]　The pesticide Manual. 12th ed. 2000：19.

[2]　US 3442945.

[3]　US 3547620.

甲磺草胺（sulfentrazone）

$C_{11}H_{10}Cl_2F_2N_4O_3S$，387.2，122836-35-5

由 FMC 公司开发的三唑啉酮类除草剂。

其他名称　磺酰三唑酮，FMC 6285，FMC 97285，Authority，Capaz Authority，Boral，Spartan

化学名称　N-[2,4-二氯-5-(4-二氟甲基-4,5-二氢-3-甲基-5-氧代-1H-1,2,4-三唑-1-基)苯基]甲磺酰胺；2′,4′-dichloro-5′-(4-difluoromethyl-4,5-dihydro-3-methyl-5-oxo-1H-1,2,4-triazol-1-yl)methanesulfonanilide

CAS 名称　N-[2,4-dichloro-5-[4-(difluoromethyl)-4,5-dihydro-3-methyl-5-oxo-1H-1,2,4-triazol-1-yl]phenyl]methanesulfonamide

理化性质　浅棕色固体，熔点 121~123℃，蒸气压 1.3×10^{-4} mPa（25℃），K_{ow} lg$P$ 1.48，相对密度 1.21（20℃）。水中溶解度：0.11（pH 6），0.78（pH 7），16（pH 7.5）（mg/g，25℃），可溶于丙酮等大多数极性有机溶剂。水解稳定，水中易光解。pK_a 6.56。

毒性　急性经口 LD$_{50}$ 大鼠 2855mg/kg。急性经皮 LD$_{50}$ 兔＞2000mg/kg，对皮肤无刺激性，对眼睛有中度刺激（兔），对皮肤无敏感性（豚鼠）。吸入毒性：LC$_{50}$（4h）大鼠＞4.14mg/L。急性经口无作用剂量 25mg/(kg·d)，慢性无作用剂量（生殖试验）14mg/(kg·d)。无致突变作用。急性经口 LD$_{50}$ 野鸭＞2250mg/kg；饲喂毒性 LC$_{50}$（8d）鸭子和鹌鹑＞5620mg/kg。鱼：LC$_{50}$（96h，mg/L）大翻车鱼 93.8，虹鳟鱼＞130。水蚤 LC$_{50}$（48h）60.4mg/L。

制剂　SC，WG，EC。

应用　三唑啉酮类除草剂，原卟啉原氧化酶抑制剂。通过抑制叶绿素生物合成过程中原卟啉原氧化酶而破坏细胞膜，使叶片迅速干枯、死亡。适用于大豆、玉米及高粱、花生、向日葵等作物田内的一年生阔叶杂草、禾本科杂草和莎草，如牵牛、反枝苋、铁苋菜、藜、曼陀罗、宾洲蓼、马唐、狗尾草、苍耳、牛筋草、油莎草、香附子等。对目前较难治的牵牛、藜、苍耳、香附子等杂草有卓效。

合成路线　以 2,4-二氯苯胺为起始原料，经重氮化、成盐、还原、缩合、闭环、氟甲基化、硝化、还原、磺酰胺化、水解得到甲磺草胺。

分析方法 采用 GC 或 HPLC 法。
主要生产商 FMC，宝众宝达药业，联化科技，泸州农化。
参考文献
[1] 农药译丛，1997，3：64.
[2] Proc Br Crop Prot Conf—Weed，1991，1：77.
[3] Synthesis and Chemistry of Agrochemicals Ⅲ，1992：134-146.
[4] Statutry Invent Regist. US 1711. 1998.
[5] US 4818275.
[6] CN 85106905.
[7] WO 8703782.
[8] JP 10306005.

甲磺乐灵（nitralin）

$C_{13}H_{19}N_3O_6S$，345.4，4726-14-1

J. B. Regan 等报道，由 ShellResearchLtd. 开发。

其他名称 SD 11 831，Planavin
化学名称 4-甲磺酰-2,6-二硝基-N,N-二丙基苯胺；4-methylsulfonyl-2,6-dinitro-N,N-dipropylaniline
CAS 名称 4-(methylsulfonyl)-2,6-dinitro-N,N-dipropylbenzenamine
理化性质 原药黄色粉末，熔点 151～152℃（原药），蒸气压 0.002mPa（25℃），相对密度 1.39（20℃，原药）。水中溶解度 0.6mg/L（22℃）；丙酮 360，DMSO 330，2-硝基丙烷 250（g/L，22℃）；微溶于常见的烃、芳香烃溶液和甲醇。＞200℃不稳定。
毒性 大鼠和小鼠急性经口 LD_{50}＞2000mg/kg，兔子急性经皮 LD_{50}＞2000mg/kg。大鼠和狗（2 年）无作用剂量为 2000mg/kg 饲料。
制剂 WP。
应用 选择性除草剂，苗前使用，防除棉花、花生、油菜田和移栽作物田（如芸薹、烟草和番茄）一年生禾本科杂草和一些阔叶杂草。
参考文献
[1] BE 672199.
[2] The Pesticide Manual. 16th ed.

甲磺隆（metsulfuron-methyl）

$C_{14}H_{15}N_5O_6S$，381.4，74223-64-6

R.I.doig 等报道,由 E.I.du Pontde Nemours & Co. 引入市场,1984 年首次获得批准。

其他名称 合力,DPX-T6376,IN-T6376,Accurate

化学名称 2-(4-甲氧基-6-甲基-1,3,5-三嗪-2-基氨基甲酰氨基磺酰基)苯甲酸甲酯;methyl 2-(4-methoxy-6-methyl-1,3,5-triazin-2-ylcarbamoylsulfamoyl)benzoate

CAS 名称 methyl 2-[[[[(4-methoxy-6-methyl-1,3,5-triazin-2-yl)amino]carbonyl]amino]sulfonyl]benzoate

理化性质 无色晶体(原药为灰白色固体)。熔点 162℃。蒸气压 3.3×10^{-7} mPa(25℃)。$K_{ow}\lg P$ 0.018(pH 7,25℃)。Henry 常数 4.5×10^{-11} Pa·m^3/mol(pH 7,25℃)。相对密度 1.447(20℃)。水中溶解度 0.548(pH 5),2.79(pH 7),213(pH 9)(g/L,25℃);正己烷 5.84×10^{-1},乙酸乙酯 1.11×10^4,甲醇 7.63×10^3,丙酮 3.7×10^4,二氯甲烷 1.32×10^5,甲苯 1.24×10^3(mg/L,25℃)。光解稳定,水解 DT$_{50}$(25℃)22d(pH 5),pH 7 和 9 稳定。pK_a3.8(20℃)。

毒性 雌雄大鼠急性经口 LD$_{50}$>5000mg/kg。兔急性经皮 LD$_{50}$>2000mg/kg,对皮肤和眼睛无刺激性(兔),无皮肤过敏反应(豚鼠)。雄和雌大鼠吸入 LC$_{50}$(4h)>5mg/L(空气)。无作用剂量(mg/L):小鼠(18 个月)5000;大鼠(2 年)500 [25mg/(kg·d)];狗(雄性,1 年)500,狗(雌性,1 年)5000。无致畸作用。急性经口 LD$_{50}$ 野鸭>2510mg/kg;饲喂毒性 LC$_{50}$(8d):野鸭和山齿鹑>5620mg/kg。虹鳟鱼和大翻车鱼 LC$_{50}$(96h)>150mg/L。水蚤 EC$_{50}$(48h)>120mg/L。绿藻 EC$_{50}$(72h)0.157mg/L。对蜜蜂无毒,LD$_{50}$经口>44.3μg/只,接触>50μg/只。蠕虫 LC$_{50}$>1000mg/kg。

制剂 SG,TB,WG。

应用 磺酰脲类除草剂,侧链氨基酸合成抑制剂。为高活、广谱、具有选择性的内吸传导型麦田除草剂。被杂草根部和叶片吸收后,在植株体内传导很快,可向顶和向基部传导,在数小时内迅速抑制植物根和新梢顶端的生长,3~14d 植株枯死。被麦苗吸收进入植株内后,被麦株内的酶转化,迅速降解,所以小麦对本品有较大的耐受能力。本剂的使用量小,在水中的溶解度很大,可被土壤吸附,在土壤中的降解速度很慢,特别是在碱性土壤中,降解更慢。防除对象:可有效地防除看麦娘、婆婆纳、繁缕、巢菜、荠菜、碎米荠、播娘蒿、藜、蓼、稻搓菜、水花生等杂草。

分析方法 产品分析采用 HPLC/MS/MS 或 HPLC/UV。

主要生产商 DuPont,AgroDragon,Cheminova,AGROFINA,Repont,Reposo,Rotam,Sharda,Sundat,江苏瑞东,江苏捷马,泰达,江苏常隆,江苏天容,江苏激素研究所,沈阳丰收,沈阳科创。

参考文献

[1] US 4370480.

[2] Resid Analyt Meth,400-410.

[3] CIPAChandbook,1998,h:204,ibid,K:95.

甲基胺草磷(amiprofos-methyl)

$C_{11}H_{17}N_2O_4PS$,304.3,36001-88-4

由 M. Aya 等报道，Bayer AG 开发。

其他名称 BAY NTN 6867，NTN 2925，amiprophos-methyl

化学名称 O-甲基 O-2-硝基-4-甲基苯基二硫代磷酰胺；O-methyl O-2-nitro-p-tolyl isopropylphosphoramidothioate

CAS 名称 O-methyl O-(4-methyl-2-nitrophenyl)(1-methylethyl)phosphoramidothioate

理化性质 淡黄色晶体，有微臭，溶于苯、醇、酯等有机溶剂，在水中的溶解度为 10mg/L。熔点 64~65℃。

毒性 急性经口 LD_{50}：大白鼠 570mg/kg，小白鼠 1200mg/kg。

应用 除草剂。可防除水田及旱田中多种一年生杂草，如稗草、苋、藜、蟋蟀草等，适用于水稻、花生、甘蔗、蔬菜等作物。

参考文献

[1] Aya M, et al. Zasso Kenkyu, 1973, (15): 20.

[2] 周银珍, 刘泽峨. 甲基胺草磷的研究, 1981, (3).

甲基苯噻隆 （methabenzthiazuron）

$C_{10}H_{11}N_3OS$，221.3，18691-97-9

1969 年 H. Hack 报道其除草活性，1968 年由 Bayer AG 开发。

其他名称 Bayer 74 283，S 25128，Tribunil

化学名称 1-(1,3-苯并噻唑-2-基)-1,3-二甲基脲；1-(1,3-benzothiazol-2-yl)-1,3-dimethylurea

CAS 名称 N-2-benzothiazolyl-N,N'-dimethylurea

理化性质 无色无味晶体。熔点 119~121℃。蒸气压：5.9×10^{-3}mPa（20℃），1.5×10^{-2}mPa（25℃）。K_{ow} lg$P$ 2.64。Henry 常数 2.21×10^{-5} Pa·m³/mol（20℃，计算值）。溶解度（20℃）：水 59mg/L；丙酮 115.9、甲醇 65.9、DMF 约 100、二氯甲烷＞200、异丙醇 20~50、甲苯 50~100、己烷 1~2（g/L）。强酸强碱中不稳定；DT_{50}（22℃）＞1 年（pH 4~9）。直接光解速率非常慢（DT_{50}＞1 年）；腐殖质能提高光降解速度。

毒性 急性经口 LD_{50}：大鼠＞5000，小鼠和豚鼠＞2500，兔、猫和狗＞1000(mg/kg)。大鼠急性经皮 LD_{50} 5000mg/kg。不刺激兔皮肤和眼睛。大鼠吸入 LC_{50}（4h）5.12mg/L 空气（粉尘）。2 年无作用剂量：大鼠、小鼠 150mg/kg 饲料，狗 200mg/kg 饲料。虹鳟鱼 LC_{50}（96h）15.9mg/L。水蚤 LC_{50}（4h）30.6mg/L。对蜜蜂无毒。

制剂 WP。

应用 选择性除草剂，主要通过根部吸收，其次通过叶部吸收。用于谷物、豆类蔬菜、玉米、大蒜和洋葱，防除阔叶杂草和禾本科杂草。也与其他物质混用于葡萄园和果园。

分析方法 产品用 HPLC/UV 分析。

参考文献

GB 1085430.

甲基碘磺隆钠盐（iodosulfuron-methyl-sodium）

$C_{14}H_{13}IN_5NaO_6S$，529.2，493.2(酸)，144550-36-7

1991 年由 E. Hacker 报道，AgrEvo GmbH（现属 Bayer AG）公司开发。

其他名称　使阔得，AE F115008

化学名称　4-碘代-2-[3-(4-甲氧基-6-甲基-1,3,5-三嗪-2-基)脲磺酰基]苯甲酸甲酯钠盐；methyl 4-iodo-2-(4-methoxy-6-methyl-1,3,5-triazin-2-ylcarbamosulfamoyl) benzoate, sodium salt

CAS 名称　methyl 4-iodo-2-[[[[(4-methoxy-6-methyl-1,3,5-triazin-2-yl)amino]carbonyl]amino]sulfonyl]benzoate, sodium salt

理化性质　浅米色结晶粉末。熔点 152℃。蒸气压 2.6×10^{-6} mPa（25℃）。$K_{ow} \lg P$：1.07（pH 5），−0.70（pH 7），−1.22（pH 9）。Henry 常数 2.29×10^{-11} Pa·m³/mol（20℃）。相对密度 1.76（20℃）。溶解度：水中 0.16（pH 5）、25（pH 7）、60（无缓冲液，pH 7.6）、65（pH 9）(mg/L，20 ℃)；正庚烷 0.0011，正己烷 0.0012，甲苯 2.1，异丙醇 4.4，甲醇 12，醋酸乙酯 23，乙腈 52（g/L）。稳定性（20℃）：水中 4d（pH 4），31d（pH 5，计算值），≥362d（pH 5～9，计算值）。pK_a 3.22。

毒性　大鼠急性经口 LD_{50} 2678mg/kg。大鼠急性经皮 LD_{50}＞2000mg/kg，对皮肤和眼睛无刺激性（兔），对豚鼠皮肤不敏感。空气吸入毒性：大鼠 LC_{50}＞2.81mg/L。无作用剂量：大鼠（24 个月）70mg/L、（12 个月）200mg/L、（90d）200mg/L。山齿鹑急性经口 LD_{50}＞2000mg/kg。山齿鹑饲喂 LC_{50}＞5000mg/L。鱼 LC_{50}（96h）虹鳟鱼和大翻车鱼＞100mg/L。水蚤 EC_{50}（48h）＞100mg/L。藻类 E_rC_{50}（96h）0.152mg/L。蜜蜂 LD_{50}：（经口）＞80μg/只，（接触）＞150μg/只。蠕虫 LC_{50}＞1000mg/kg。

制剂　EC，OD，WG。

应用　乙酰乳酸合成酶（ALS）抑制剂。适用于禾谷类作物，如小麦、硬质小麦、黑小麦、冬黑麦。不仅对禾谷类作物安全，对后茬作物无影响，而且对环境、生态的相容性和安全性极高。主要用于防除阔叶杂草如猪殃殃和母菊等，以及部分禾本科杂草如风草、野燕麦和早熟禾等。

合成路线

分析方法 采用 HPLC 法。

主要生产商 Bayer AG。

参考文献

[1] DE 19520839.

[2] WO 92 13845.

甲基二磺隆 (mesosulfuron-methyl)

$C_{17}H_{21}N_5O_9S_2$, 503.5, 208465-21-8; 400852-66-6(甲基二磺隆)

其他名称 AE F130060

化学名称 2-[(4,6-二甲氧基嘧啶-2-基氨甲酰基)氨磺酰基]-α-(甲磺酰氨基)-p-甲苯甲酸甲酯; methyl 2-[(4,6-dimethoxypyrimidin-2-ylcarbamoyl)sulfamoyl]-α-(methanesulfonamido)-p-toluate

CAS 名称 methyl 2-[[[[(4,6-dimethoxy-2-pyrimidinyl)amino]carbonyl]amino]sulfonyl]-4-[[(methylsulfonyl)amino]methyl]benzoate

理化性质 原药含量≥93%。纯品为奶油色固体。熔点 195.4℃（原药 189～192℃）。蒸气压 $1.1×10^{-8}$ mPa (25℃)。K_{ow} lg$P$: 1.39 (pH 5)、−0.48 (pH 7)、−2.06 (pH 9)。Henry 常数 $2.434×10^{-10}$ Pa·m³/mol (pH 5, 20℃)。相对密度 1.48。水中溶解度 (g/L, 20℃): $7.24×10^{-3}$ (pH 5)、0.483 (pH 7)、15.39 (pH 9)。有机溶剂中溶解度 (g/L, 20℃): 己烷<0.2、丙酮 13.66、甲苯 0.013、乙酸乙酯 2、二氯甲烷 3.8。稳定性: 对光稳定。非生物水解作用 DT_{50} (d, 25℃): 3.5 (pH 4)、253 (pH 7)、319 (pH 9)。pK_a 4.35。

毒性 大鼠急性经口 LD_{50}>5000mg/kg。大鼠急性经皮 LD_{50}>5000mg/kg。对兔眼睛有轻微刺激作用，对兔皮肤无刺激作用，对豚鼠皮肤无过敏现象。大鼠吸入 LC_{50} (4h)>1.33mg/L 空气。小鼠 NOAEL 值（18 个月）800mg/kg；狗（1 年）16000mg/kg。ADI/RfD (EC) 1.0mg/kg [2003]; (EPA) cRfD 1.55mg/kg [2004]。无诱变性。野鸭和山齿鹑急性经口 LD_{50}>2000mg/kg。野鸭和山齿鹑饲喂 LC_{50}>5000mg/kg 饲料（EU Rev. Rep.）。大翻车鱼、虹鳟鱼、羊头原鲷鱼 LC_{50} (96 h) 100mg/L。水蚤急性 EC_{50}（静态）>100mg/L。藻类 EC_{50} (96h) 0.21mg/L。浮萍 EC_{50} (7d) 0.6μg/L。蜜蜂 LC_{50} (72h, μg/只): 5.6（经口），>13（接触）。蚯蚓 LC_{50} (14d)>1000mg/kg 土。

制剂 OD，WG。

应用 支链氨基酸合成（ALS 或 AHAS）抑制剂。抑制必需氨基酸缬氨酸和异亮氨酸的生物合成，因此使细胞分裂和植物生长停止。吡唑解草酯选择性地提高了谷物中除草剂的代谢。芽后早期到中期，防除冬小麦、春小麦、硬质小麦、黑小麦及黑麦田中的禾本科杂草和一些阔叶杂草。

合成路线

分析方法 水中残留量用 HPLC/UV 测定。

主要生产商 Bayer CropScience。

参考文献

The Pesticide Manual. 15th ed.

甲基磺草酮（mesotrione）

$C_{14}H_{13}NO_7S$，339.3，104206-82-8

由 Syngenta AG 开发，于 2001 年登记。

其他名称 米斯通，ZA 1296（Zeneca）

化学名称 2-(4-甲磺酰基-2-硝基苯甲酰基)环己烷-1,3-二酮；2-(4-mesyl-2-nitrobenzoyl)cyclohexane-1,3-dione

CAS 名称 2-[4-(methylsulfonyl)-2-nitrobenzoyl]-1,3-cyclohexanedione

理化性质 纯品为浅黄色固体。熔点 165℃。蒸气压＜$5.69×10^{-3}$ mPa（20℃）。$K_{ow}\lg P$：0.11（不含缓冲液），0.90（pH5），＜－1.0（pH7，9）。Henry 常数＜$5.1×10^{-7}$Pa·m³/mol（20℃，计算值）。相对密度 1.49（20℃）。溶解度（g/L，20℃）：水中 0.16（无缓冲液），2.2（pH 4.8），15（pH 6.9），22（pH 9）；乙腈 117.0，丙酮 93.3，1,2-二氯乙烷 66.3，乙酸乙酯 18.6，甲醇 4.6，甲苯 3.1，二甲苯 1.6，正庚烷＜0.5。水解稳定（pH 4～9，25℃和 50℃）。pK_a 3.12。

毒性 急性经口 LD_{50} 雄性和雌性大鼠＞5000mg/kg。急性经皮 LD_{50} 雄性和雌性大鼠＞2000mg/kg，对皮肤和眼睛无刺激性（兔），对皮肤无敏感性（豚鼠）。空气吸入毒性：LC_{50}（4h）雄性和雌性大鼠＞5mg/L。无作用剂量 [90d，mg/(kg·d)]：大鼠 0.24，小鼠 61.5；大鼠（2 年）7.7；小鼠（多代繁殖）1472，大鼠 0.3。山齿鹑急性经口 LD_{50}＞2000mg/kg。山齿鹑和野鸭饲喂毒性 LC_{50}＞5200mg/kg。大翻车鱼和虹鳟鱼 LC_{50}（96h）＞120mg/L。水蚤 LC_{50}/EC_{50}（48h）＞900mg/L。羊角月牙藻 LC_{50}/EC_{50}（120h）3.5mg/L。蜜蜂 LD_{50}：（经口）＞11μg/只，（接触）＞9.1μg/只。蠕虫无作用剂量≥1000mg/kg。

制剂 SC。

应用 p-HPPD 酶抑制剂，最终影响类胡萝卜素的生物合成。玉米的选择性源于不同的代谢（代谢为 4-羟基衍生物），也可能源于较慢的叶面吸收。通过叶面和根部吸收，伴随着向顶和向基传导。症状为叶子变白，然后分生组织坏死。用于芽前、芽后防除玉米田阔叶杂草，如苍耳、三裂叶豚草、苘麻和藜、苋、蓼属以及一些禾本科杂草。

合成路线

分析方法 残留物用 HPLC/FLD 和 GC/MS 分析。

主要生产商 Syngenta 公司，丹东农药总厂。

参考文献

The Pesticide Manual. 15th ed.

甲基杀草隆（methyldymron）

$C_{17}H_{20}N_2O$，268.4，42609-73-4

由 T. Takematsu 等报道，1978 年由 Showadenko 公司在日本首次登记。

其他名称 K-1441，SK-41

化学名称 1-甲基-3-(1-甲基-1-苯乙基)-1-苯基脲；3-(α,α-二甲基苄基)-1-甲基-1-苯基脲；1-methyl-3-(1-methyl-1-phenylethyl)-1-phenylurea；3-(α,α-dimethylbenzyl)-1-methyl-1-phenylurea

CAS 名称 N-methyl-N'-(1-methyl-1-phenylethyl)-N-phenylurea

理化性质 纯品为无色无味晶体。熔点 72℃，$K_{ow}\lg P$ 3.01，相对密度 1.1~1.2。溶解度：水 120mg/L（20℃）；丙酮 913，已烷 8.2，甲醇 637（g/L，20℃）。对热和紫外线稳定。

毒性 急性经口 LD_{50}：雄小鼠 5000，雌小鼠 5269，雄大鼠 5852，雌大鼠 3948（mg/kg）。大鼠急性经皮 LD_{50}＞2000mg/kg。大鼠吸入 LC_{50}（14d）＞4.85mg/L。无作用剂量（90d）：雄大鼠 26.4mg/kg 饲料，雌大鼠 25.6mg/kg 饲料。鲤鱼 LC_{50}（48h）14mg/L。水蚤 LC_{50}（3h）＞40mg/L。

制剂 WP。

应用 细胞分裂抑制剂。选择型除草剂，主要通过根吸收，传导至分裂组织。苗前苗后使用防除草坪一年生禾本科杂草。

分析方法 产品分析采用 GLC 和 HPLC。

主要生产商 SDS Biotech K.K.。

参考文献

JP 7242493.

甲基胂酸（MAA）

$$\underset{HO}{\overset{O}{\underset{\|}{\text{As}}}}\underset{OH}{\overset{CH_3}{}}$$

CH_5AsO_3，140.0，124-58-3（MAMA），2163-80-6（MSMA），144-21-8（DSMA）

甲胂一钠和甲胂钠由 Ansul Chemical Co.（现已不存在）、Diamond Shamrock Co. 和 Vineland Chemical Co. 开发。

其他名称　甲胂一钠，甲胂钠，甲胂一铵，甲胂铵，methylarsonic acid，MSMA（单钠盐），DSMA（二钠盐），CMA（钙盐），MAMA（单铵盐），AMA（铵盐），Ansar，Daconate，Bueno（单钠盐或二钠盐），Calcar（钙盐）

化学名称　甲基胂酸；methylarsonate；其盐：甲基胂酸氢钠；sodium hydrogen methylarsonate；甲基胂酸二钠；disodium methylarsonate；甲基胂酸氢铵；ammonium hydrogen methylarsonate

CAS 名称　methylaronic acid；methanearonic acid；其盐：monosodium methylarsonate；monosodium methanearsonate；disodium methylarsonate；disodium methanearsonate

理化性质　甲基胂酸为强二元酸。熔点 161℃。pK_{a_1} —0.44，pK_{a_2} —0.09。可与水混溶，溶于乙醇。甲胂一钠为无色晶体，是带 1.5 倍结晶水的水合物。熔点 113～116℃。溶解度（20℃）：水中 1.4kg（无水盐）/kg，溶于甲醇，不溶于大多数有机溶剂。

甲基二钠为每分子带 6 个结晶水的无色晶体，熔点 132～139℃，升温时失水。溶解度（20℃）：水中 279g（无水盐）/kg，溶于甲醇，实际上不溶于大多数有机溶剂。

这些盐不易水解。甲胂钠在 pH6～7 转化成甲胂一钠。这些盐能被强氧化剂和强还原剂分解，不可燃。

毒性　幼大白鼠急性经口 LD_{50}：900mg 甲胂一钠/kg，1800mg 甲胂钠/kg。甲基胂酸对兔皮肤有轻微刺激。在饲喂试验中狗接受 100mg 甲基胂酸/kg 未见有害影响。大翻车鱼 LC_{50}（48h）>1000mg 甲胂一钠或甲胂钠/L，添加表面活性剂增加毒性。

应用　甲胂一钠和甲胂钠为具有部分内吸作用的接触性苗前选择性除草剂。甲胂一钠可用于防除禾本科杂草。对于非制剂产品应添加表面活性剂（甲胂酸氢辛基铵和癸基铵也应用），气温应>21℃。甲胂钠可防除棉田禾本科杂草，也可用于草坪处理及非耕地杂草控制。

合成路线　三氧化二砷与氢氧化钠反应生成亚砷酸钠，再与氯甲烷反应生成甲胂钠，甲胂钠与硫酸反应生成甲胂一钠。

分析方法　产品分析用酸碱滴定；总砷测定用湿氧化法。残留测定用总砷还原成胂然后用比色法。

甲基胂酸钠（MSMA）

$$\underset{HO}{\overset{O}{\underset{\|}{\text{As}}}}\underset{O^-\ Na^+}{\overset{CH_3}{}}$$

CH_4AsNaO_3，162.0，2163-80-6

甲基胂酸氢钠和甲基胂酸二钠由 Ansul Chemical Co.（现 Ancom Crop Care Sdn Bhd）、Diamond Shamrock Co.（后来的 ISK Biosciences Corp.）和 Vineland Chemical Co. 开发。

其他名称　Bueno，Konate，Puedemas，Target
化学名称　甲基胂酸氢钠；sodium hydrogen methylarsonate
CAS 名称　monosodium methylarsonate
理化性质　纯品为无色晶体（水合物）（原药为浅黄色液体）。熔点 130～140℃（HSDB）；113～116℃（sesquihydrate）。沸点（110±2）℃，蒸气压 1×10^{-2} mPa（25℃），$K_{ow}\lg P<0$，相对密度 1.535（25℃）。水中溶解度 1.4kg/kg（无水盐）(20℃)。溶于甲醇，不溶于大多数有机溶剂。水解稳定，强氧化剂和强还原剂下分解。pK_a 9.02。
毒性　白鼠急性经口 LD_{50} 900mg/kg。对兔皮肤和眼睛有轻微刺激。吸附毒性 LC_{50}（4h）20mg/L。对大鼠最大无作用剂量（2 年）3.2mg/kg。ADI（EPA）0.01mg/kg［1994］。
制剂　SL。
应用　用于防除棉花田禾本科杂草。
分析方法　产品分析采用酸碱滴定法，总砷采用湿法氧化测定。
主要生产商　Ancom，Crystal，Dow AgroSciences，Drexel，KMG-Bernuth，Luxembourg，河北凯迪。

参考文献
［1］US 2678265.
［2］US 2889347.
［3］dietz E A, Moore L O. Anal Methods Pestic Plant Growth Regul, 1978, 10：385.

甲硫苯威（methiobencarb）

$C_{13}H_{19}NO_2S$，253.4，18357-78-3

由 Bayer AG 开发。
其他名称　NTN 5810
化学名称　S-4-甲氧基苄基二乙基硫代氨基甲酸酯；S-4-methoxybenzyl diethylthiocarbamate
CAS 名称　S-[(4-methoxyphenyl)methyl] diethylcarbamothioate
应用　除草剂。

甲硫磺乐灵（prosulfalin）

$C_{14}H_{22}N_4O_6S_2$，406.5，51528-03-1

由 Eli Lilly & Co 开发。

化学名称 N-(4-二丙基氨基-3,5-二硝基苯基)-S,S-二甲基硫酰亚胺；N-(4-dipropyl-amino-3,5-dinitrophenylsulfonyl)-S,S-dimethylsulfimide

CAS 名称 N-[[4-(dipropylamino)-3,5-dinitrophenyl]sulfonyl]-S,S-dimethylsulfilimine

应用 除草剂。

甲硫嘧磺隆（methiopyrisulfuron）

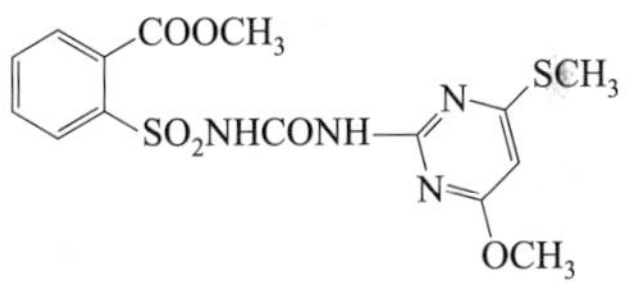

$C_{15}H_{16}N_4O_6S_2$，412.4

其他名称 HNPC-C9908

化学名称 2-(4-甲氧基-6-甲硫基嘧啶-2-氨基甲酰基氨基磺酰基)苯甲酸甲酯；methyl 2-[(4-methoxy-6-methylthiopyrimidin-2-yl)carbamoylsulfamoyl]benzoate

CAS 名称 methyl 2-[[[[4-methoxy-6-(methylthio)-2-pyrimidinyl]amino]carbonyl]amino]sulfonyl]benzoate

理化性质 纯品为白色到浅黄色粉状晶体，熔点 187.8～188.6℃，难溶于水，能溶于二氯甲烷、丙酮等有机溶剂，对光稳定。溶解性（g/L，20℃）：水中 0.129（pH 3）、0.187（pH 8）、2.536（pH 12）；其他有机溶剂中：乙醇 1.198、甲苯 1.719、甲醇 2.228、丙酮 17.84，二氯乙烷 31.064，三氯甲烷 64.792，二氯甲烷 71。

毒性 原药大鼠急性经口 $LD_{50}>4640$mg/kg，大鼠急性经皮 $LD_{50}>2000$mg/kg，小鼠急性经口 $LD_{50}>10000$mg/kg，斑马鱼 LC_{50}（96h）>100mg/L，蜜蜂 LC_{50}（48h）143mg/L，鹌鹑 LC_{50}（7d）79.9mg/kg，家蚕 LC_{50}（2龄）200mg/kg桑叶，对兔皮肤和眼无刺激作用，Ames 试验结果为阴性，在试验条件下未使小鼠骨髓微核率增加，对小鼠睾丸精母细胞染色体畸变率无影响。

应用 可有效地防除麦类作物田中的大多数阔叶杂草和一些禾本科杂草，具有杀草谱广、用量低、毒性低、对作物小麦安全、对环境生物毒性低等特点。

合成路线

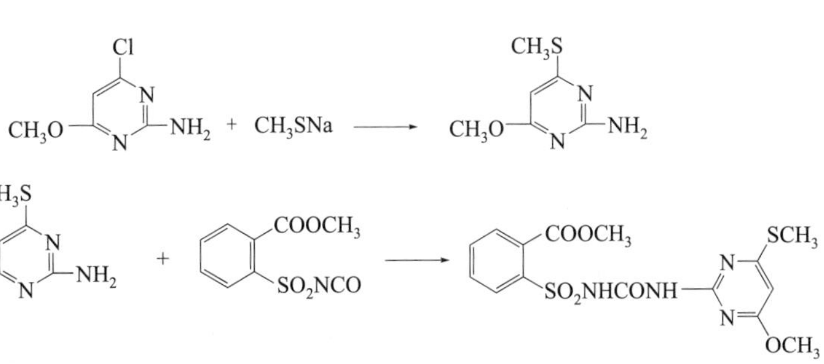

参考文献

农药, 2007, 46（2）：86-89.

甲硫唑草啉（methiozolin）

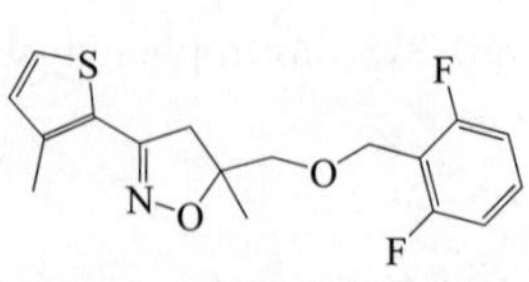

$C_{17}H_{17}F_2NO_2S$，337.4，403640-27-7

由韩国化学技术研究所开发的异唑啉类除草剂。

其他名称　MRC-01，EK-5229，metiozolin

化学名称　(5RS)-5-[(2,6-二氟苄基氧)甲基]-4,5-二氢-5-甲基-3-(3-甲基-2-噻吩基)异噁唑；(5RS)-5-[(2,6-difluorobenzyloxy)methyl]-4,5-dihydro-5-methyl-3-(3-methyl-2-thienyl)-1,2-oxazole

CAS 名称　5-[[(2,6-difluorophenyl)methoxy]methyl]-4,5-dihydro-5-methyl-3-(3-methyl-2-thienyl)isoxazole

应用　作为除草剂在韩国登记。其对芽前至4叶期稗草的活性特别好，杀草谱广，而且低毒、对环境安全，对移栽水稻有良好的选择性。

合成路线

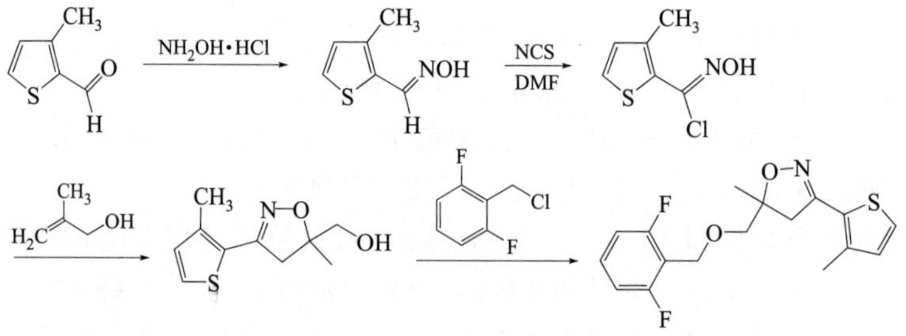

主要生产商　Moghu。

参考文献

农药，2013，52(4): 17-18.

甲氯酰草胺（pentanochlor）

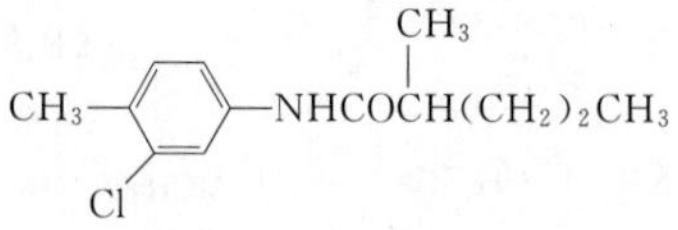

$C_{13}H_{18}ClNO$，239.7，2307-68-8

由 D. H. Moore 报道的除草剂，由 FMC Corp 推出。

其他名称　FMC 4512，Croptex Bronze，Solan

化学名称　3′-氯-2-甲基戊酰对甲苯胺；3′-chloro-2-methylvalero-p-toluidide

CAS 名称　N-(3-chloro-4-methylphenyl)-2-methylpentanamide

理化性质　纯品为无色固体（原药为无色至淡奶油色粉末）。熔点85～86℃（纯品）；82～86℃（原药）。室温下蒸气压很低。相对密度1.106（20℃）。水中溶解度8～9mg/L

(20℃)。二异丁基酮460，异佛尔酮550，甲基异丁基甲酮520，二甲苯200～300，松树油410（g/kg，20℃）。室温下，自然环境中水解稳定。

毒性 对蜜蜂无毒。

制剂 EC。

应用 光合电子传递抑制剂。选择性接触型除草剂，通过叶片吸收。苗前或者苗后使用防除胡萝卜、芹菜、茴香、香菜等田地中的杂草。番茄和一些花卉植物可播种前使用。也可作为喷雾剂用于康乃馨、菊花、果树、观赏树木、玫瑰、番茄等作物。

参考文献

[1] GB 869169.
[2] US 3020142.

2甲4氯（MCPA）

$C_9H_9ClO_3$，200.6；$C_9H_8ClNaO_3$，222.6；94-74-6

1945年由R. E. Slade报道该药剂的植物生长调节活性，后由ICI Plant Protection Division（现Syngenta AG）作为除草剂推出。

其他名称 BAS 009H，BAS 010H，BAS 141H，L065

化学名称 2-甲基-4-氯苯氧乙酸；(4-chloro-2-methylphenoxy)acetic acid

CAS名称 (4-chloro-2-methylphenoxy)acetic acid

理化性质 灰白色晶体，有芳香气味（原药）。熔点：119～120.5℃，115.4～116.8℃（99.5%）。蒸气压：2.3×10^{-2} mPa（20℃），0.4mPa（32℃），4mPa（45℃）。K_{ow} lg$P$（25℃）：2.75（pH 1），0.59（pH 5），-0.71（pH 7）。Henry常数5.5×10^{-5} Pa·m^3/mol（计算值）。相对密度1.41（23.5℃）。溶解度：水0.395（pH 1）、26.2（pH 5）、293.9（pH 7）、320.1（pH 9）（g/L，25℃）；乙醚770、甲苯26.5、二甲苯49、丙酮487.8、正庚烷5、甲醇775.6、二氯甲烷69.2、正辛醇218.3、正己烷0.323（g/L，25℃）。对酸很稳定，可形成水溶性碱金属盐和铵盐，遇硬水析出钙盐和镁盐，光解DT_{50} 24d（25℃）。pK_a 3.73（25℃）。

毒性 大鼠急性经口LD_{50} 962～1470mg/kg。大鼠急性经皮LD_{50}＞4000mg/kg，对兔眼睛有严重的刺激性，对皮肤没有刺激性。大鼠吸入毒性LC_{50}（4h）＞6.36mg/L。2年慢性毒性饲喂试验，大鼠无作用剂量20mg/L[1.25mg/(kg·d)]，小鼠100mg/L[18mg/(kg·d)]。山齿鹑急性经口LD_{50}（14d）377mg/kg。野鸭和山齿鹑LC_{50}（5d）＞5620mg/L。鱼LC_{50}（96h，mg/L，MCPA盐溶液）：大翻车鱼＞150，鲤鱼317，虹鳟鱼50～560。水蚤EC_{50}（48h）＞190mg/L。羊角月牙藻＞392mg/L。蜜蜂LD_{50}（经口和接触）＞200μg/只。蚯蚓LC_{50} 325mg/kg干土。

制剂 EC，SL，SP。

应用 苯氧乙酸类选择性激素型除草剂，易为根部和叶部吸收和传导，主要用于水稻、小麦、豌豆草坪和非耕作区中芽后防除多种一年生和多年生阔叶杂草。

合成路线

分析方法 产品（酸或盐）分析采用红外光谱、HPLC、液/液色谱、衍生物 GLC 或滴定法；酯的测定采用类似方法。

主要生产商 Atanor，BASF，Dow AgroSciences，Istrochem，Nufarm Ltd，Organika-Sarzyna，山东侨昌，常州永泰丰，黑龙农药，江苏联合，盐城利民。

参考文献

[1] US 2766279.
[2] US 2777002.
[3] US 2774788.
[4] US 2740810.
[5] US 2770651.

2甲4氯丙酸 (mecoprop)

$C_{10}H_{11}ClO_3$，214.6，93-65-2

1953 年由 C. H. Fawcett 等报道其植物生长调节活性，1956 由 G. B. Lush 等报道除草用途。由 The Boots Co.，Ltd，Agriculturaldivision（现 Bayer AG，不再生产或销售）开发。

其他名称 CMPP，RD 4593，L143

化学名称 (RS)-2-(4-氯邻甲苯氧基)丙酸；(RS)-2-(4-chloro-o-tolyloxy)propionic acid

CAS 名称 (±)-2-(4-chloro-2-methylphenoxy)propanoic acid

理化性质 无色晶体。熔点 93～95℃（原药≥90℃）。蒸气压 1.6mPa（25℃）。$K_{ow}\lg P$：0.1004（pH 7），3.2（非电离，25℃）。Henry 常数 2.18×10^{-4} Pa·m³/mol（计算值）。水中溶解度 880mg/L（25℃）；丙酮、乙醚、乙醇>1000，乙酸乙酯 825，氯仿 339 (g/kg，20℃)。对热、水解、还原和大气氧化稳定。

毒性 急性经口 LD_{50}：大鼠 930～1166mg/kg，小鼠 650mg/kg。急性经皮 LD_{50}：兔 900mg/kg，大鼠>4000mg/kg；对皮肤有刺激性，对眼睛有高度刺激性。对皮肤无致敏性。大鼠吸入 LC_{50}（4h）>12.5mg/L 空气。无作用剂量：大鼠（21d）65mg/(kg·d)；大鼠（90d）4.5～13.5mg/(kg·d)，狗（90d）4mg/(kg·d)；大鼠（2 年）1.1mg/kg。禽类急性经口 LD_{50}：山齿鹑 500～1000mg/kg，野鸭>486mg/kg。饲喂 LC_{50}：山齿鹑>5000mg/L，野鸭>5620mg/L。鱼毒 LC_{50}（96h）：虹鳟鱼 150～240mg/L，大翻车鱼>100mg/L，鲤鱼 320～560mg/L。水蚤 LC_{50}（48h）420mg/L。羊角月牙藻（96h）532mg/L。对蜜蜂无毒，LD_{50}：（经口）>10μg/只，（接触）>100μg/只。蚯蚓 LC_{50} 988mg/kg 干土。

制剂 EC，SL。

应用 选择性、内吸性、激素型除草剂，通过叶子吸收，然后传输到根部。只有 (R)-(+)-异构体具有除草活性。用于苗后防除阔叶杂草（尤其是猪殃殃、繁缕、苜蓿和大蕉），适用于小麦、大麦、燕麦、牧草种子作物（包括套种）、草原、果树和葡萄。也可防除草地和牧场的酸模。

分析方法 产品采用反相 LC/UV，衍生物采用 GLC 分析或对萃取的酸进行滴定。

主要生产商 Nufarm B. V.，Nufarm UK。

参考文献

[1] GB 820180.
[2] GB 822973.
[3] GB 825875.

2甲4氯丁酸（MCPB）

$C_{11}H_{13}ClO_3$，228.7，94-81-5

由 R. L. Wainetal. 于1955年报道除草活性。由 May & Baker Ltd（现 Bayer AG）推出。

其他名称 MB 3046，L338

化学名称 4-(4-氯邻甲基苯氧基)丁酸；4-(4-chloro-o-tolyloxy)butyric acid

CAS 名称 4-(4-chloro-2-methylphenoxy)butanoic acid

理化性质 原药含量92%。无色结晶（原药为米色至棕色片状固体）。熔点101℃（原药95～100℃）。沸点（623±0.5）℃。蒸气压 $4×10^{-3}$ mPa（25℃）。K_{ow} lg$P$：>2.37（pH5）、1.32（pH7）、−0.17（pH 9）。Henry 常数 $3×10^{-5}$ Pa·m³/mol（计算值）。相对密度1.233（20℃）。20℃时水中溶解度（g/L）：0.11（pH5）、4.4（pH 7）、444（pH 9）。室温下有机溶剂中溶解度（g/L）：丙酮313、二氯甲烷169、乙醇150、正己烷0.26、甲苯8。普通碱金属和铵盐易溶于水（在硬水中可形成钙盐或镁盐沉淀），难溶于有机溶剂。酸的化学性质很稳定，25℃、pH 5～9 不水解。固体对阳光稳定，溶液光解 DT_{50}：2.2d（pH 5）、2.6d（pH 7）、2.4d（pH 9）。150℃对铝、锡、铁稳定。硬水中可形成钙盐或镁盐沉淀，但可形成水溶性碱金属盐和铵盐。pK_a4.5（20℃）。

毒性 大鼠急性经口 LD_{50}：雄 4300mg/kg，雌 5300mg/kg。大鼠急性经皮 LD_{50}>2000mg/kg。对眼睛和皮肤无刺激，无皮肤致敏性。大鼠吸入 LC_{50}（4h）>1.14mg/L 空气。NOEL 值：（90d）大鼠 100mg/kg 饲料 [6.3mg/(kg·d)]。2500mg/kg 下器官或组织无病理学变化。对大鼠和兔无致畸性。鱼毒 LC_{50}（48h）：虹鳟 75mg/L，黑头呆鱼 11mg/L。对蜜蜂无毒。

制剂 SC，SL。

应用 选择性、内吸性、激素型除草剂，通过叶和根吸收并传导。苗后除草，用于谷物、苜蓿、红豆、豌豆、花生和草原，防除一年生和多年生阔叶杂草，还可用于防除森林阔叶杂草和木本杂草。

分析方法 产品采用 GLC 或滴定法分析。游离酚杂质采用 GLC 或 HPLC 测定。

主要生产商 Nufarm B. V.，Nufarm UK。

参考文献

GB 758980.

2甲4氯乙硫酯（MCPA-thioethyl）

$C_{11}H_{13}ClO_2S$，244.7，25319-90-8

由日本北兴化学工业公司开发的苯氧羧酸类除草剂，1973年上市。

其他名称　芳米大，酚硫杀，禾必特，HOK-7501，Herbit，Sulchu-ZeroWan，Zero-one

化学名称　S-乙基 4-氯邻甲苯氧基硫代乙酸酯；S-ethyl 4-chloro-o-tolyloxythioacetate

CAS 名称　S-ethyl(4-chloro-2-methylphenoxy)ethanethioate

理化性质　原药纯度≥92%，为黄色至浅棕色固体。纯品为白色针状结晶，熔点 41～42℃，沸点 165℃（933.25Pa）。20℃时蒸气压 21mPa。K_{ow} lg$P$ 4.05。微溶于水，25℃时水中溶解度 2.3mg/L。易溶于有机溶剂，20℃时有机溶剂中溶解度（g/L）：甲醇＞130，己烷 290，乙醇＞330，丙酮＞1000，氯仿＞1000，二甲苯＞1000，苯＞1000。在弱酸性介质中稳定，在碱性介质中不稳定，遇热易分解。

毒性　急性经口 LD_{50}：雄大鼠 790、雌大鼠 877、雄小鼠 811、雌小鼠 749（mg/kg）。雄小鼠急性经皮 LD_{50}＞1500mg/kg。接触原药 24h 对兔皮肤和眼睛无刺激。大鼠吸入 LC_{50}（4h）＞44mg/m³。无作用剂量：大鼠和小鼠（90d）300mg/kg 饲料；大鼠（2年）100mg/kg 饲料，小鼠 20mg/kg 饲料。对大鼠生殖无影响，无致畸、诱变性。日本鹌鹑急性经口 LD_{50}＞3000mg/kg。鲤鱼 LC_{50}（48h）2.5mg/L。水蚤 LC_{50}（6h）4.5mg/L。蜜蜂 LD_{50}（接触）＞40μg/只。

制剂　EC，GR。

应用　选择性、内吸性、激素型除草剂，通过叶和根吸收后传导。用于水稻田苗后防除一年生和多年生阔叶杂草和莎草科杂草（包括藜、田旋花、香附属杂草、鸭舌草、萹蓄和矮慈姑）。

合成路线

分析方法　产品采用 GLC 分析。

参考文献

[1]　US 3708278.
[2]　GB 1263169.

甲咪唑烟酸（imazapic）

$C_{14}H_{17}N_3O_3$，275.3，104098-48-8

1996 年由美国氰胺（现为 BASF）公司推出的咪唑啉酮类除草剂。

其他名称　甲基咪草烟，百垄通，高原，AC 263222，CL 263222，Cadre，Plateau

化学名称　2-[4,5-二氢-4-甲基-4-(1-甲乙基)-5-氧-1H-咪唑-2-基]-5-甲基-3-吡啶羧酸；

(RS)-2-(4-isopropyl-4-methyl-5-oxo-2-imidazolin-2-yl)-5-methylnicotinic acid

CAS 名称 (±)-2-[4,5-dihydro-4-methyl-4-(1-methylethyl)-5-oxo-1H-imidazol-2-yl]-5-methyl-3-pyridinecarboxylic acid

理化性质 纯品灰白色至黄褐色，无味粉末。熔点 204～206℃。蒸气压 $<1\times10^{-2}$ mPa（60℃）。K_{ow} lg$P$ 0.393（pH4、5、6 缓冲液，25℃）。溶解度：去离子水 2150mg/L（25℃）；丙酮 18.9g/L（25℃）。稳定性：≥24 个月（25℃）。pK_{a_1} 2.0，pK_{a_2} 3.6，pK_{a_3} 11.1。

毒性 大鼠急性经口 $LD_{50}>$5000mg/kg。兔急性经皮 $LD_{50}>$2000mg/kg，对兔眼睛有中度刺激、对皮肤有轻微刺激，对皮肤无敏感性（豚鼠）。空气吸入毒性：LC_{50} 大鼠 4.83mg/L。无作用剂量：（90d）大鼠 20000mg/L [1625mg/(kg·d)]，兔（21d）1000mg/kg，大鼠（21d）1000mg/kg；大鼠（胚胎）1000mg/(kg·d)，兔子 700mg/(kg·d)。无致畸、致癌、致突变作用。野鸭和山齿鹑急性经口 $LD_{50}>$2150mg/kg。野鸭和山齿鹑 LC_{50}（8d）>5000mg/L。虹鳟鱼和大翻车鱼 LC_{50}（96h）>100mg/L。水蚤 LC_{50}（48h）>100mg/L。月牙藻 EC_{50}（120h）>51.7，淡水藻>49.9，硅藻>44.1，舟形藻>46.4（μg/L）。蜜蜂 LD_{50}（接触）>100μg/只。

制剂 SL，WG。

应用 乙酰乳酸合成酶（ALS）或乙酰羟酸合成酶（AHAs）的抑制剂，药物通过根、茎、叶吸收，并在木质部和韧皮部传导，积累于植物分生组织内，抑制植物的乙酰乳酸合成酶，阻止支链氨基酸，如缬氨酸、亮氨酸、异亮氨酸的生物合成，从而破坏蛋白质的合成，干扰 DNA 合成及细胞的分裂与生长，最终造成植株死亡。甲基咪草烟主要用于花生田早期苗后除草，对莎草科杂草、稷属杂草、草决明、播娘蒿等具有很好的活性。

合成路线 以丙醛、草酸二乙酯、甲基异丙基酮为起始原料，经一系列反应制得目的物。

分析方法 采用 HPLC 法。

主要生产商 BASF SE。

参考文献

[1] The Pesticide Manual. 12th ed.

[2] EP 0041623.

[3] EP 0041624.

甲嘧磺隆（sulfometuron-methyl）

$C_{15}H_{16}N_4O_5S$，364.4，74222-97-2

由杜邦公司开发的磺酰脲类除草剂。

其他名称　森草净，傲杀，嘧磺隆，DPX-5648，Oust

化学名称　2-(4,6-二甲基嘧啶-2-基氨基甲酰氨基磺酰基)苯甲酸甲酯；methyl 2-(4,6-dimethylpyrimidin-2-ylcarbamoylsulfamoyl)benzoic acid；2-[3-(4,6-dimethylpyrimidin-2-yl)ureidosulfonyl]benzoate

CAS 名称　methyl 2-[[[[(4,6-dimethyl-2-pyrimidinyl)amino]carbonyl]amino]sulfonyl]benzoate

理化性质　无色固体（TC）。熔点 203～205℃。蒸气压 7.3×10^{-11} mPa（25℃）。K_{ow}lg$P$ 1.18（pH 5），－0.51（pH 7）。Henry 常数 1.2×10^{-13} Pa·m³/mol（25℃）。相对密度 1.48。溶解度：水 244mg/L（pH 7，25℃）；丙酮 3300，乙腈 1800，乙酸乙酯 650，二乙醚 60，正己烷<1，甲醇 550，二氯甲烷 15000，二甲基亚砜 32000，辛醇 140，甲苯 240（mg/kg，25℃）。稳定性：pH 7～9 水解稳定，DT_{50} 18d（pH 5）。pK_a5.2。

毒性　急性经口 LD_{50} 雄大鼠>5000mg/kg。急性经皮 LD_{50} 兔>2000mg/kg。对皮肤和眼睛有轻微刺激性（兔），无皮肤敏感性（豚鼠）。大鼠吸入 LC_{50}（4h）>11mg/L（空气）。无作用剂量：大鼠（2 年）50mg/kg。急性经口 LD_{50}（mg/kg）：野鸭>5000，山齿鹑>5620。虹鳟鱼和大翻车鱼 LC_{50}（96h）>12.5mg/L。水蚤 LC_{50}>12.5 mg/L。蜜蜂接触 LD_{50}>100μg/只。

制剂　TC，WG，SC，WP。

应用　磺酰脲类除草剂，通过抑制乙酰乳酸合成酶活性，使植物体内支链氨基酸合成受阻碍，抑制植物生长端端的细胞分裂，从而阻止植物生长，植株显现显著的紫红色，失绿坏死。除草灭灌谱广，活性高，可使杂草的根、茎、叶彻底坏死。渗入土壤后发挥芽前活性，抑制杂草种子萌发，叶面处理后立即发挥芽后活性。施药量视土壤类型及杂草、灌木种类而异。残效长达数月甚至 1 年以上。用于林地，开辟森林防火隔离带，伐木后林地清理、荒地垦前、休闲非耕地、道路边荒地除草灭灌。针叶苗圃和幼林抚育对短叶松、长叶松、多脂松、沙生松、湿地松、油松等和几种云杉安全，对花旗杉、大冷杉、美国黄松有药害。对针叶树以外的各种植物包括农作物、观赏植物、绿化落叶树木等均可造成药害。适用于林木防除一年生和多年生禾本科杂草以及阔叶杂草，对阿拉伯高粱有特效，防除的杂草有丝叶泽兰、羊茅、柳兰、一枝黄花、小飞蓬、六月禾、油莎草、黍、豚草、荨麻叶泽兰、黄香草木樨等。

合成路线

主要生产商　江苏激素研究所，迈克斯（如东），西安近代，上海杜邦，美国杜邦。

参考文献

[1]　EP 34431.

[2]　US 4394506.

甲羧除草醚（bifenox）

$C_{14}H_9Cl_2NO_5$，342.1，42576-02-3

1973 年由 W. M. Dest 等报道，由 Mobil Chemical Co., Agrochemical Division 推出。

其他名称　茅毒，治草醚，MC-4379，MCTR-1-79，MCTR-12-79，Modown，plodown

化学名称　5-(2,4-二氯苯氧基)-2-硝基苯甲酸甲酯；methyl 5-(2,4-dichlorophenoxy)-2-nitrobenzoate

CAS 名称　methyl 5-(2,4-dichlorophenoxy)-2-nitrobenzoate

理化性质　纯品为黄色晶体，伴有轻微的芳香气味。熔点 84~86℃。蒸气压 0.32mPa（30℃）。$K_{ow}\lg P$ 4.5。Henry 常数 1.14×10^{-2} Pa·m³/mol。堆积密度 0.65g/mL。溶解度：水 0.35mg/L（25℃）；丙酮 400，二甲苯 300，乙醇<50（g/kg，25℃）；微溶于脂肪烃。175℃稳定，290℃以上分解。22℃下 pH 5.0~7.3 水溶液中稳定，pH 9.0 迅速水解。饱和水溶液中 DT_{50} 24min（250~400nm）。

毒性　急性经口 LD_{50}（mg/kg）：大鼠>5000（原药），小鼠 4556。兔急性经皮 LD_{50}>2000mg/kg。对皮肤和眼睛无刺激性。大鼠吸入 LC_{50}>0.91mg/L 空气。无作用剂量（2年）：大鼠 80，狗 145，小鼠 30 [mg/(kg·d)]。无致畸、致突变作用。鸭子饲喂 LC_{50}（8d）>5000mg/L。鱼类 LC_{50}（96h）：虹鳟鱼>0.67，大翻车鱼>0.27（mg/L）。水蚤 LC_{50}（48h）0.66mg/L。蜜蜂 LD_{50}（接触）>1000μg/只。蠕虫：EC_{50} 和无作用剂量>1000mg/kg。

制剂　TC，EC，GR，SC，WP。

应用　触杀型芽前土壤处理剂，具有杀草谱广，施药量少，土壤适应性强，不受气温影响等特点。药剂被杂草幼芽吸收，破坏杂草的光合作用。适用于大豆、水稻、高粱、玉米、小麦等作物防除稗草、千金子、鸭跖草、苋菜、本氏蓼、藜、马齿苋、茼麻、苍耳、鸭舌草、泽泻、龙葵、地肤等杂草。

分析方法　产品采用 RPLC 分析。

主要生产商　Feinchemie Schwebda，江苏辉丰。

参考文献

[1]　GB 1232368.

[2]　US 3652645.

[3]　US 3776715.

[4]　CIPAC Handbook, 1995, G: 11-17.

[5]　Dest W M, et al. Proc Northeast Weed Sci Conf, 1973, 27: 31.

甲酰胺磺隆 (foramsulfuron)

$C_{17}H_{20}N_6O_7S$, 452.4, 173159-57-4

2001年由B.Collins报道。首次合成于1995年，由Aventis CropScience（现Bayer AG）开发。

其他名称 康施他，AEF 130360

化学名称 1-(4,6-二甲氧基嘧啶-2-基)-3-(2-二甲氨基羰基-5-甲酰氨基苯基磺酰基)脲；1-(4,6-dimethoxypyrimidin-2-yl)-3-[2-(dimethylcarbamoyl)-5-formamidophenylsulfonyl]urea

CAS名称 2-[[[[(4,6-dimethoxy-2-pyrimidinyl)amino]carbonyl]amino]sulfonyl]-4-(formylamino)-N,N-dimethylbenzamide

理化性质 纯品为浅褐色固体。熔点199.5℃。蒸气压4.2×10^{-8} mPa（20℃）。$K_{ow}\lg P$：1.44（pH2），0.603（pH5），-0.78（pH7），-1.97（pH9），0.60（蒸馏水，pH5.5～5.7)(20℃）。相对密度1.44（20℃）。溶解度（g/L，20℃）：水0.04（pH5）、3.3（pH7）、94.6（pH8）；丙酮1.925，乙腈1.111，1,2-二氯乙烷0.185，乙酸乙酯0.362，甲醇1.660，庚烷和对二甲苯<0.010。对光解稳定，非生物水解DT_{50}（d，20℃）：10（pH5），128（pH7），130（pH8）。pK_a 4.60（21.5℃）。

毒性 大鼠急性经口$LD_{50}>5000$mg/kg。大鼠急性经皮$LD_{50}>2000$mg/kg，对皮肤无刺激性，对眼睛有中度刺激（兔），对皮肤无敏感性（豚鼠）。大鼠空气吸入LC_{50}（4h）>5.04mg/L。无作用剂量：大鼠（2年）20000mg/kg[雄大鼠849mg/(kg·d)，雌大鼠1135mg/(kg·d)]；雄大鼠（18个月）8000mg/kg[1115mg/(kg·d)]。无致突变作用。禽类LD_{50}：野鸭、山齿鹑>2000mg/kg；饲喂毒性LC_{50}：山齿鹑、野鸭>5000mg/L。鱼EC_{50}（96h）：大翻车鱼和鳟鱼>100mg/L。水蚤EC_{50}（48h）100mg/L。海藻EC_{50}（96h）：绿藻86.2mg/L，蓝绿海藻8.1mg/L。蜜蜂LD_{50}：经口$>163\mu g$/只，接触$>1.9\mu g$/只。蠕虫$LC_{50}>1000$mg/kg土壤。

制剂 OF，SC，WG。

应用 作用机理与其他磺酰脲类除草剂一样，也是乙酰乳酸合成酶（ALS）抑制剂。主要用于玉米田防除禾本科杂草和某些阔叶杂草。在玉米田甲酰胺磺隆经常与碘甲磺隆钠盐混用，以扩大对阔叶杂草的杀草谱，尤其可以增加对苘麻、藜、苍耳、豚草、田蓟、野向日葵等杂草和某些番薯属杂草的防除效果。

合成路线

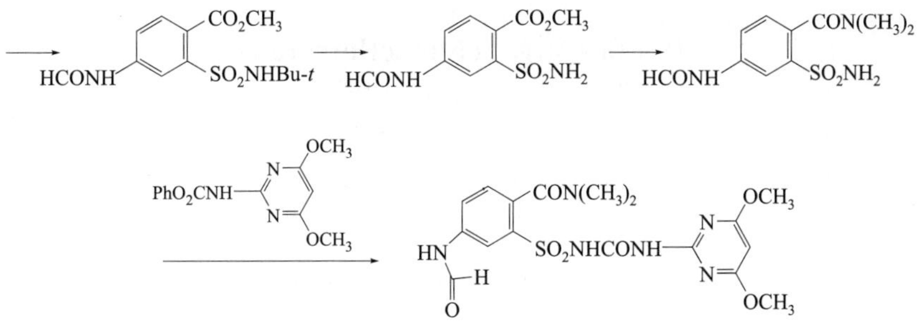

主要生产商 Lonza Ltd，Bayer CropScience，Dow AgroSciences。

参考文献

[1] US 5723409.

[2] DE 4415049.

甲氧丙净（methoprotryne）

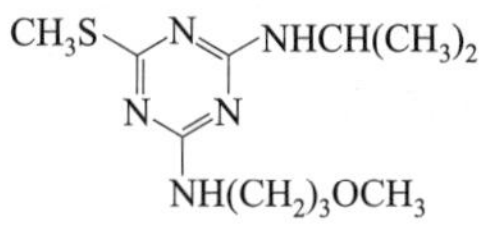

$C_{11}H_{21}N_5OS$，271.4，841-06-5

1965 年由 A. Gast 等报道其除草活性。由 J. R. Geigy S. A.（Ciba-Geigy AG）公司开发。

其他名称 G 36 393，Gesaran

化学名称 N^2-异丙基-N^4-(3-甲氧丙基)-6-甲硫基-1,3,5-三嗪-2,4-二胺；N^2-isopropyl-N^4-(3-methoxypropyl)-6-methylthio-1,3,5-triazine-2,4-diamine

CAS 名称 N-(3-methoxypropyl)-N'-(1-methylethyl)-6-(methylthio)-1,3,5-triazine-2,4-diamine

理化性质 纯品为无色粉末。熔点 68～70℃，蒸气压 0.038mPa（20℃），Henry 常数 3.22×10^{-5} Pa·m³/mol（计算值）。相对密度 1.186（20℃）。溶解度：水 320mg/L（20℃）；丙酮 450，二氯甲烷 650，己烷 5，甲醇 400，辛醇 150，甲苯 380（g/L，20℃）。在碱性和酸性水溶解中水解为惰性的 2-hydroxytriazine。pK_a 4.0（21℃）。

毒性 急性经口 LD_{50}：大鼠＞5000mg/kg，小鼠 2400mg/kg。大鼠急性经皮 LD_{50}＞150mg/kg，对大鼠皮肤无刺激性。无作用剂量：（90d）大鼠 3750mg a.i./kg 饲料[约 250mg a.i./(kg·d)]。鱼毒 LC_{50}（96h，mg/L）：大翻车鱼 9.8，虹鳟鱼 8，鲫鱼 31。对蜜蜂无毒。

制剂 WP。

应用 选择型除草剂，通过根和叶片吸收。苗后使用防除一年生阔叶杂草和冬小麦田禾本科杂草。

分析方法 产品分析采用 GLC。

参考文献

[1] BE 584306.

[2] GB 927348.

甲氧除草醚 (chlomethoxyfen)

$C_{13}H_9Cl_2NO_4$,314.1,32861-85-1

由 Nihon Nohyaku Co., Ltd. 推出。

其他名称 X-52, chlormethoxynil

化学名称 5-(2,4-二氯苯氧基)-2-硝基茴香醚;5-(2,4-dichlorophenoxy)-2-nitroanisole

CAS 名称 4-(2,4-dichlorophenoxy)-2-methoxy-1-nitrobenzene;2,4-dichloro-1-(3-methoxy-4-nitrophenoxy)benzene

理化性质 黄色晶体。熔点 113~114℃。蒸气压 1.87mPa (25℃)。K_{ow} lg$P$ 3.34 (20℃)。相对密度 1.37。溶解度:水 0.3mg/L (15℃);丙酮 200,DMSO 100,苯 150 (g/kg,15℃)。对酸、碱、光稳定。

毒性 急性经口 LD_{50}:大鼠和小鼠>10000mg/kg。大鼠急性经皮 LD_{50}>5000mg/kg。大鼠吸入 LC_{50}>1.767mg/L。鲤鱼 LC_{50} (48h) 11.2mg/L。水蚤 LC_{50} (24h) >47.5mg/L。

制剂 WP,GR。

应用 选择性除草剂。用于苗前防除藨草属 (*Scirpus* spp.)、稗属 (*Echinochloa crusgalli*) 及其他移栽水稻田一年生杂草。属原卟啉原氧化酶抑制剂。由茎叶吸收。可能烧焦老叶。

分析方法 产品采用 GLC-FID 分析。

主要生产商 Nihon Nohyaku Co., Ltd, Ishihara Sangyo。

参考文献

[1] JP 600441.

[2] Yamane F, Tsuchiya K. Anal Methods Pestic Plant Growth Regul, 1978, 10: 267.

甲氧隆 (metoxuron)

$C_{10}H_{13}ClN_2O_2$,228.7,19937-59-8

由 W. Berg 报道,由 Sandoz AG (现 Syngenta AG) 引入市场。

其他名称 SAN 6915H, SAN 7102H

化学名称 3-(3-氯-4-甲氧基苯基)-1,1-二甲基脲;3-(3-chloro-4-methoxyphenyl)-1,1-dimethylurea

CAS 名称 N'-(3-chloro-4-methoxyphenyl)-N,N-dimethylurea

理化性质 纯品为无色晶体。熔点 126~127℃,蒸气压 4.3mPa (20℃),K_{ow} lg$P$ 1.60±0.04 (23℃),堆积密度 0.8 (20℃)。水中溶解度 678mg/L (24℃);溶于丙酮、环己酮、乙腈和热乙醇;微溶于乙醚、苯、甲苯和冷乙醇;几乎不溶于石油醚。自然条件下,

54℃可稳定保存4周。在强酸强碱条件下水解；DT_{50}（50℃）：18d（pH 3），21d（pH 5），24d（pH 7），>30d（pH 9），26d（pH 11）。紫外线下分解。

毒性 大鼠急性经口 LD_{50} 3200mg/kg，大鼠急性经皮 LD_{50}>2000mg/kg，吸入 LC_{50}（2周）>5mg/L 空气。90d 饲喂试验，大鼠 1250mg/kg、狗 2500mg/kg，没有毒副作用。42d 饲喂试验，鸡 1250mg/kg 无显著影响。虹鳟鱼 LC_{50}（96h）18.9mg/L。水蚤 LC_{50}（24h）215.6mg/L。对蜜蜂无毒，LD_{50}（经口）850mg/kg。蚯蚓 LC_{50}>1000mg/kg 干土。

制剂 GR，SC，WG，WP。

应用 光合电子传递抑制剂，通过叶片和根吸收、传导。苗后使用防除冬大麦、冬黑麦、春小麦和胡萝卜等一些禾本科杂草（剪股颖草、大穗看麦娘、野燕麦等）和一些阔叶杂草。

分析方法 产品水解形成二甲胺，然后采用滴定法，通过 TLC 或 HPLC 测定。

主要生产商 Atul，Hikal，Isochem。

参考文献

[1] GB 1165160.
[2] FR 1497868.
[3] AOAC Methods. 18th ed：977.06.
[4] CIPAChandbook，1980，1A：1304.

甲氧咪草烟（imazamox）

$C_{15}H_{19}N_3O_4$，305.3，114311-32-9

由美国氰胺（现为 BASF）公司开发的咪唑啉酮类除草剂。1995 年获得 EUP 认证，2001 年在美国注册。

其他名称 金豆，AC 299263，CL 299263，Raptor，Sweeper，Odyseey

化学名称 (RS)-2-(4-异丙基-4-甲基-5-氧代-2-咪唑啉-2-基)-5-甲氧甲基烟酸；(RS)-2-(4-isopropyl-4-methyl-5-oxo-2-imidazolin-2-yl)-5-methoxymethylnicotinic acid

CAS 名称 (±)-2-[4,5-dihydro-4-methyl-4-(1-methylethyl)-5-oxo-1H-imidazol-2-yl]-5-(methoxymethyl)-3-pyridinecarboxylic acid

理化性质 纯品为无臭白色固体。熔点 165.5～167.2℃（纯品），166.0～166.7℃（原药）。蒸气压<1.3×10^{-2}mPa（25℃）。K_{ow} lg$P$ 0.73（pH 5～6）。Henry 常数<9.76×10^{-7}Pa·m³/mol（计算值）。相对密度 1.39（20℃）。水中溶解度（g/L，25℃）：116（pH 5），>626（pH 7），>628（pH 9）；其他溶剂中溶解度（g/100mL）：丙酮 2.93，乙酸乙酯 1，甲醇 6.7，甲苯 0.22，正己烷 0.0007。pH 4～7 时稳定；DT_{50} 192 d（pH 9，25℃）。光解 DT_{50} 7h。pK_a：2.3，3.3，10.8。不易燃。

毒性 雄、雌大鼠急性经口 LD_{50}>5000mg/kg。雄、雌大鼠急性经皮 LD_{50}>4000mg/kg。对兔皮肤和眼睛有轻微刺激性。对豚鼠皮肤无致敏性。大鼠急性吸入 LC_{50}（4h）>6.3mg/L。狗（1年）无作用剂量 1165mg/(kg·d)。急性经口 LD_{50}（14d，mg/kg）：山齿鹑>1846，野鸭>1950。山齿鹑、野鸭饲喂 LC_{50}>5572mg/kg。虹鳟鱼 LC_{50}（96h）>

122mg/L。大翻车鱼最低无抑制浓度（96h）：119mg/L。水蚤最低无抑制浓度（48h）：122mg/L。藻类 EC_{50}（120h）＞0.037mg/L。蜜蜂 LD_{50}（48h，经口）＞40μg/只，（72h，接触）＞25μg/只。蠕虫 LC_{50}＞901mg/kg 土壤。

制剂 SL。

应用 甲氧咪草烟为咪唑啉酮类除草剂，通过叶片吸收、传导并积累于分生组织，抑制 AHAS 的活性，导致支链氨基酸——缬氨酸、亮氨酸与异亮氨酸生物合成停止，干扰 DNA 合成及细胞有丝分裂与植物生长，最终造成植株死亡。植物根系也能吸收甲氧咪草烟，但吸收能力远不如咪唑啉酮类除草剂其他品种，因此甲氧咪草烟适用于大豆田苗后茎叶处理，不推荐苗前使用。适用于大豆作物，可有效防治大多数一年生禾本科与阔叶杂草，如野燕麦、稗草、狗尾草、金狗尾草、看麦娘、稷、千金子、马唐、鸭跖草（3 叶期前）、龙葵、苘麻、反枝苋、藜、小藜、苍耳、香薷、水棘针、狼把草、繁缕、柳叶刺蓼、鼬瓣花、荠菜等，对多年生的苣荬菜、刺儿菜等有抑制作用。甲氧咪草烟施后 2d 内遇 10℃以下低温，大豆对甲氧咪草烟的代谢能力降低，易造成药害，在北方低洼地及山间冷凉地区不宜使用甲氧咪草烟。

合成路线 以丙醛为起始原料，与甲醛缩合，闭环，经卤化、甲氧基化等一系列反应制得目的物。

分析方法 分析采用 HPLC 法。

主要生产商 BASF SE，江苏农用激素工程技术研究中心。

参考文献

[1] GB 2192877.
[2] EP 254951.
[3] EP 322616.

甲氧噻草胺（thenylchlor）

$C_{16}H_{18}ClNO_2S$，323.8，96491-05-3

由日本 Tokuyama 公司开发的氯乙酰胺类除草剂。

其他名称 NSK-850，Kusamets，Onebest，混剂 Hibikoran：甲氧噻草胺＋benzofenap

+cumyluron

化学名称 2-氯-N-(3-甲氧基-2-噻吩基)-2′,6′-二甲基乙酰苯胺;2-chloro-N-(3-methoxy-2-thienyl)-2′,6′-dimethylacetanilide

CAS 名称 2-chloro-N-(2,6-dimethylphenyl)-N-[(3-methoxy-2-thienyl)methyl]acetamide

理化性质 TC 纯度为95%。纯品为有硫黄味的白色固体,熔点72～74℃,沸点173～175℃ (66.66Pa)。相对密度1.19 (25℃)。蒸气压 2.8×10^{-5} Pa (25℃)。K_{ow} lg$P$ 3.53 (25℃)。水中溶解度为11mg/L (20℃)。在正常条件下贮存稳定,加热到260℃分解。

毒性 大(小)鼠急性经口 LD_{50} >5000mg/kg。大鼠急性经皮 LD_{50} >2000mg/kg。大鼠急性吸入 LC_{50} (4h) >5.67mg/L。小齿鹑急性经口 LD_{50} >2000mg/kg。蜜蜂 LD_{50} (96h) 100μg/只。蚯蚓 LD_{50} (14d) >1000mg/kg。

制剂 EC,GR,WP。

应用 主要用于稻田苗前防除一年生禾本科杂草和多数阔叶杂草,对稗草(二叶期以前,包括二叶期)有特效。

合成路线 以丙烯酸乙酯、巯基乙酸乙酯为起始原料,经加成、合环等一系列反应制得的中间体羟基噻吩羧酸酯。再经烷基化、还原等反应制得取代的苯胺。最后与氯乙酰氯反应即得目的物。

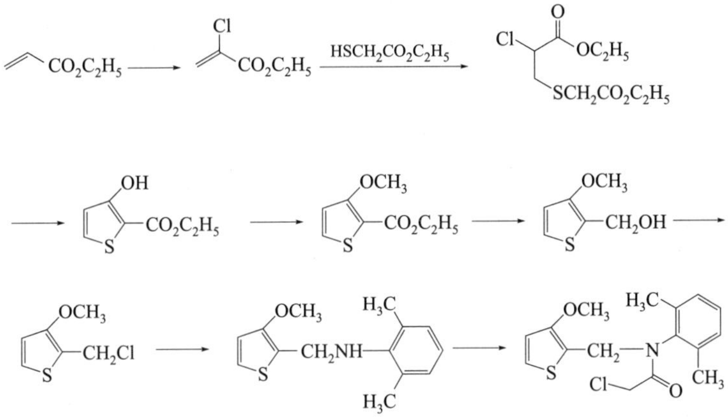

分析方法 分析采用 GLC/HPLC 法。

参考文献

[1] The Pesticide Manual. 15th ed.
[2] US 4802907.

解草安 (flurazole)

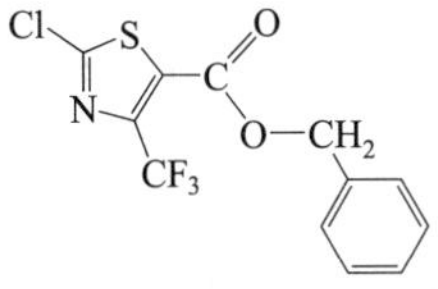

$C_{12}H_7ClF_3NO_2S$,321.7,72850-64-7

1994 年由 Monsanto Co. 开发。

其他名称　Mon 4606，Screen

化学名称　2-氯-4-三氟甲基-1,3-噻唑-5-羧酸苄酯；2-氯-4-三氟甲基噻唑-5-羧酸苄酯；benzyl 2-chloro-4-trifluoromethyl-1,3-thiazole-5-carboxylate

CAS 名称　phenylmethyl 2-chloro-4-(trifluoromethyl)-5-thiazolecarboxylate

理化性质　原药为黄色或棕色固体，纯度为98%。其纯品为无色结晶，熔点51～53℃，相对密度0.96，蒸气压3.9×10^{-2}mPa（25℃）。溶解度（25℃）：水0.5mg/L，溶于酮类、醇类、苯类等。稳定性：93℃以下稳定。

毒性　大鼠急性经口LD_{50}>5000mg/kg，兔急性经皮LD_{50}>5010mg/kg。狗90d饲喂试验的无作用剂量≤300mg/(kg·d)，大鼠90d饲喂试验的无作用剂量≤5000mg/(kg·d)。对兔皮肤无刺激性作用，对眼睛有轻微刺激性作用。小齿鹑急性经口LD_{50}>2510mg/kg，小齿鹑和野鸭饲养饲喂LC_{50}（5d）>5620mg/L。鱼毒LC_{50}（96h）：虹鳟鱼8.5mg/L，大翻车鱼11mg/L。

制剂　ZC，WG。

应用　噻唑羧酸类除草剂安全剂，种子处理，可保护高粱等免受甲草胺、异丙甲草胺损害。

合成路线

参考文献

[1]　DE 2919511.
[2]　US 4251261.

解草胺腈（cyometrinil）

$C_{10}H_7N_3O$，185.2，78370-21-51[(Z)-异构体]；63278-33-1(未说明立体化学)

由Ciba-Geigy AG开发，用作2-chloroacetanilides的除草剂安全剂。

其他名称　Concep，CGA43089

化学名称　(Z)-氰基甲氧亚氨基(苯基)乙腈；(Z)-cyanomethoxyimino(phenyl)acetonitrile

CAS 名称　(Z)-α-[cyanomethoxyimino]benzeneacetonitrile

理化性质　无色晶体。熔点55～56℃。蒸气压0.0465mPa（20℃）。Henry常数9.07×10^{-5}Pa·m³/mol（计算值）。相对密度1.260。溶解度：水95mg/L（20℃）；苯550，二氯甲烷700，甲醇230，异丙醇74（g/kg，20℃）。稳定性：DT_{50}（计算值）>200d（pH 5～7），19.4d（pH 9）

(20℃)。>300℃时分解。

毒性　大鼠急性经口 LD_{50} 2277mg 原药/kg。大鼠急性经皮 LD_{50}>3100mg/kg。对兔皮肤和眼睛没有刺激性。狗 NOEL（90d）>100mg/kg 饲料 [3.1mg/(kg·d)]。在实验室试验对鸟微毒。鱼 LC_{50}（96h）：虹鳟鱼 5.6mg/L，鲤鱼 11.7mg/L，大翻车鱼 10.9mg/L。

分析方法　产品分析采用 GLC。

参考文献
[1]　BE 845827.
[2]　GB 1524596.

解草啶（fenclorim）

$C_{10}H_6Cl_2N_2$，225.1，3740-92-9

1983 年由 J. Rufener & M. Quadranti 报道。由 Ciba-Geigy Ltd（现 Syngenta AG）开发。

其他名称　CGA123407
化学名称　4,6-二氯-2-苯基嘧啶；4,6-dichloro-2-phenylpyrimidine
CAS 名称　4,6-dichloro-2-phenylpyrimidine
理化性质　纯品为无色结晶，熔点 96.9℃，相对密度 1.5，蒸气压 12mPa（20℃）。K_{ow} lg$P$ 4.17。Henry 常数 1.1Pa·m³/mol（计算值）。溶解度（20℃）：水 2.5mg/L，丙酮 14%，环己酮 28%，二氯甲烷 40%，甲苯 35%，二甲苯 30%，己烷 4%，甲醇 1.9%，正辛醇 4.2%，异丙醇 1.8%。稳定性：400℃以下稳定，土壤中 DT_{50} 17~35d。

毒性　大鼠急性经口 LD_{50}>5000mg/kg，大鼠急性经皮 LD_{50}>2000mg/kg，大鼠急性吸入 LC_{50}（4h）2.9mg/L 空气。对兔皮肤有轻微刺激性作用，对眼睛无刺激性作用，对豚鼠无皮肤过敏性。NOEL 数据 [mg/(kg·d)]：大鼠（2 年）10.4，小鼠（2 年）113，狗（1 年）10，大鼠（90d）饲喂 100。日本鹌鹑急性经口 LD_{50}>500mg/kg。虹鳟鱼 LC_{50}（96h）0.6mg/L。对蜜蜂无毒，LD_{50}：>20μg/只（经口），>1000mg/kg（接触）。蚯蚓 LC_{50}（14d）>62.5mg/kg。

制剂　EC。

应用　嘧啶类除草剂安全剂，用来保护湿播水稻不受丙草胺的侵害，一般与丙草胺混合使用。对水稻的生长无影响，将丙草胺施到根茎上，施至枝叶上时，除草作用有些延迟。当施除草剂之前将其施于水稻上也有效。田间试验表明，在安全剂吸收后 2d，施除草剂效果最好，丙草胺施用 1~4d 再施，则在很大程度上影响作物的恢复。

合成路线

分析方法　气-液色谱法。

参考文献

[1] US 4493726.
[2] EP 55693.

解草腈（oxabetrinil）

$C_{12}H_{12}N_2O_3$，232.2，74782-23-3

由 T. R. Dill 等报道。1982 年，由 Ciba-Geigy AG（现 Syngenta AG）开发。

其他名称　CGA 92 194

化学名称　(Z)-1,3-二氧戊环-2-基甲氧亚氨基(苯基)乙腈；(Z)-1,3-dioxolan-2-ylmethoxyimino(phenyl)acetonitrile

CAS 名称　α-[(1,3-dioxolan-2-yl)methoxyimino]benzeneacetonitrile

理化性质　产品包括 (Z)- 和 (E)- 同分异构体。无色晶体。熔点 77.7℃。蒸气压 0.53mPa（20℃）。$K_{ow}\lg P$ 2.76（RP-TLC）。Henry 常数 6.15×10^{-3} Pa·m³/mol（计算值）。相对密度 1.33（20℃）。水中溶解度 20mg/L（20℃）。有机溶剂中溶解度（g/kg，20℃）：丙醇 250、环己酮 300、甲苯 220、甲醇 30、己烷 5.6、正辛醇 12、二甲苯 150、二氯甲烷 450。稳定性：240℃时稳定。在 pH5～9 条件下，30d 内水解不明显。

毒性　急性经口 LD_{50}：大鼠、小鼠＞5000，兔＞2000（mg/kg）。大鼠急性经皮 LD_{50} ＞5000mg/kg。对兔眼或皮肤的刺激性低，没有皮肤致敏性。大鼠吸入 LC_{50}（4h）＞1.42mg/L 空气。无作用剂量（90d）：大鼠 1500mg/L（118mg/kg），狗 250mg/L（9.4mg/kg）。ADI/RfD 0.0047mg/kg。LD_{50}：日本鹌鹑＞2500，山齿鹑、野鸭＞2000，北京鸭＞1000（mg/kg）。LC_{50}（8d）：日本鹌鹑＞3000，野鸭和山齿鹑＞5000，北京鸭＞1000（mg/kg 饲料）。LC_{50}（96h）：鲑鱼 7.1，大翻车鱼 12（mg/L）。水蚤 LC_{50}（48h）8.5mg/L。羊角月牙藻 EC_{50}（96h）10.7mg/L。蜜蜂 LD_{50}（经口，24h）＞20μg/只，（接触）＞1000mg/kg。

制剂　WP。

应用　通过诱导谷胱甘肽转移酶来刺激异丙甲草胺代谢。保护杂交高粱以及各种黄色胚乳、甜高粱和苏丹草品种免受异丙甲草胺的伤害。作为种子处理剂使用，可使异丙甲草胺安全防除多种杂草。

主要生产商　Syngenta。

参考文献

EP 11047.

解草酮（benoxacor）

$C_{11}H_{11}Cl_2NO_2$，260.1，98730-04-2

由诺华公司（现 Syngenta 公司）开发，1987 年上市。

其他名称　CGA 154281，benoxacore

化学名称　(RS)-4-二氯乙酰基-3,4-二氢-3-甲基-2H-1,4-苯并噁嗪；(RS)-4-dichloroacetyl-3,4-dihydro-3-methyl-2H-1,4-benzoxazine；(RS)-2,2-dichloro-1-(3-methyl-2,3-dihydro-4H-1,4-benzoxazin-4-yl)ethanone

CAS 名称　(±)-4-(dichloroacetyl)-3,4-dihydro-3-methyl-2H-1,4-benzoxazine

理化性质　纯品为固体，熔点 104.5℃，蒸气压 1.8mPa（25℃），相对密度 1.49（21℃）。K_{ow} lg$P$ 2.6（25℃）。Henry 常数 1.2×10^{-2}Pa·m³/mol（25℃，计算值）。水中溶解度（25℃）38mg/L。其他溶剂中溶解度（g/L，25℃）：丙酮 270，乙酸乙酯 200，己烷 6.3，二氯甲烷 460，甲醇 45，正辛醇 18，甲苯 120。土壤中 DT_{50} 约 50d（pH 7）。

毒性　大鼠急性经口 LD_{50}＞5000mg/kg，兔急性经皮 LD_{50}＞2010mg/kg，大鼠急性吸入 LC_{50}（4h）＞2.0mg/L 空气。对兔皮肤和眼睛无刺激性。NOEL：大鼠（2 年）无作用剂量为 0.5mg/(kg·d)。ADI 值：0.005mg/kg。小齿鹑急性经口 LD_{50}＞2000mg/kg，野鸭急性经口 LD_{50}＞2150mg/kg。鱼毒 LC_{50}（96h，mg/L）：虹鳟鱼 2.4，鲤鱼 10.0，大翻车鱼 6.5。蜜蜂 LD_{50}（48h）＞100μg/只（经口和接触）。蚯蚓 LC_{50}（14d）＞1000mg/kg。

制剂　EC，FW，SC。

应用　氯代酰胺类除草剂安全剂。用于玉米，在正常和不利环境条件下，能增加玉米对异丙甲草胺的耐药性。

合成路线　在 20～25℃下，将 5.3mL 二氯乙酰氯滴加到 7.5g 2,3-二氢-3-甲基-1,4-苯并噁嗪和 5.8g 碳酸钠的 120mL 苯溶液中，反应混合物在同一温度下搅拌 30min，得到 10.8g 解草酮。

主要生产商　Syngenta 公司。

参考文献

[1]　EP 0149974.

[2]　US 4601745.

解草烷（MG 191）

$C_5H_8Cl_2O_2$，171.0，22052-63-7

由匈牙利科学院化学中心研究院和 Nitrokemia 制药厂研制。

其他名称　MG191

化学名称　2-二氯甲基-2-甲基-1,3-二噁茂烷；2-dichloromethyl-2-methyl-1,3-dioxolane

理化性质　外观为无色液体，沸点 91～92℃/4kPa。溶解度：水 9.75g/L，溶于极性和非极性有机溶剂。光稳定性：在 25℃、10klux 光下，稳定 40 周。化学稳定性：在 pH4、6

和 8 时不易水解。

毒性 原药急性经口 LD_{50}（大鼠）：雄 465mg/kg，雌 492mg/kg，急性经皮 LD_{50}（大鼠）：雄 652mg/kg，雌 654mg/kg。该化合物对鱼类低毒。

应用 MG-191 是玉米用新选择性高效硫代氨基甲酸酯类除草剂的解毒剂，其结构与二氯乙酰胺类完全不同。MG-191 的解毒活性取决于浓度和所研究的玉米品种。当 MG-191 单独施用时，对玉米无药害，直到浓度超过正常用量的 100 倍为止。本品在植株内易传导，茵达灭能促进解毒剂由根向芽传递。MG-191 通过提高谷胱甘肽含量、激活谷胱甘肽 S 转移酶和谷胱甘肽还原酶，来提高玉米对硫代氨基甲酸酯类除草剂的解毒能力。本品在玉米中的半衰期不超过 1 周，在土壤中为 1 周（由土壤类型而定）。

参考文献

Dutka F, et al. Proc Br Crop Prot Conf—Weeds, 1987, 1: 77-84.

解草烯（DKA-24）

$C_{10}H_{14}Cl_2N_2O_2$，265.1，97454-00-7

由 J. Nagy & K. Balogh 报道，由 Eszakmagyarorszagi Vegyimuvek 开发。

化学名称 N^1,N^2-二烯丙基-N^2-二氯乙酰基甘氨酰胺；N^1,N^2-diallyl-N^2-dichloroacetylglycinamide

CAS 名称 2,2-dichloro-N-[2-oxo-2-(2-propenylamino)ethyl]-N-2-propenylacetamide

理化性质 浅黄色液体。溶解度（20℃）：水 24.2g/L，丙酮、氯仿、二甲基甲酰胺＞200g/L。K_{ow} lg$P$1。稳定性：≤140℃ 和 pH4.5～8.3 时稳定。

毒性 大鼠急性经口 LD_{50} 2500～2520mg/kg，雄小鼠急性经口 LD_{50} 1010mg/kg，雌小鼠急性经口 LD_{50} 1660mg/kg，大鼠急性经皮 LD_{50}＞5000mg/kg，对皮肤和眼睛无刺激作用。

制剂 EC。

应用 本品属 2,2-二氯乙酰胺类除草剂安全剂。

参考文献

[1] Proc Br Crop Prot Conf—Weeds, 1985, 1: 107.

[2] DE 3426541.

[3] GB 216101.

解草唑（fenchlorazole-ethyl）

$C_{10}H_4Cl_5N_3O_2$(酸), 375.4, 103112-36-3; $C_{12}H_8Cl_5N_3O_2$(乙酯), 403.5, 103112-35-2

由 Hoechst AG（现 Bayer CropScience）开发，1989 年商品化。

其他名称　Hoe 070542

化学名称　1-(2,4-二氯苯基)-5-三氯甲基-1H-1,2,4-三唑-3-羧酸乙酯；ethyl 1-(2,4-dichlorophenyl)-5-trichloromethyl-1H-1,2,4-trizolle-3-carboxylate

CAS 名称　ethyl 1-(2,4-dichlorophenyl)-5-(trichloromethyl)-1H-1,2,4-triazole-3-carboxylate

理化性质　（乙酯）为固体，熔点 108～112℃，蒸气压 $8.9×10^{-4}$ mPa（20℃）。相对密度 1.7（20℃）。溶解度（20℃）：水 0.9mg/L，丙酮 360g/L，二氯甲烷≥500g/L，正己烷 2.5g/L，甲醇 27g/L，甲苯 270g/L。水溶液中稳定性：DT_{50} 为 115d（pH 5）、5.5d（pH 7）、0.079d（pH 5）。

毒性　大鼠急性经口 LD_{50}＞5000mg/kg，小鼠急性经口 LD_{50}＞2000mg/kg。大鼠和兔急性经皮 LD_{50}＞2000mg/kg。对兔皮肤和眼睛无刺激性作用。大鼠急性吸入 LC_{50}（4h）＞1.52mg/L 空气。90d 饲喂试验的无作用剂量：大鼠 1280mg/kg 饲料，雄小鼠 80mg/kg 饲料，雌小鼠 320mg/kg 饲料，狗 80mg/kg 饲料。狗 1 年饲喂试验的无作用剂量为 80mg/kg 饲料。无致突变、致畸性。野鸭急性经口 LD_{50}＞2400mg/kg。虹鳟鱼 LC_{50}（96h）0.08mg/L。蜜蜂 LD_{50}（48h）＞300μg/只。

制剂　EC。

应用　解草唑加速噁唑禾草灵在植株中的解毒作用，可改善小麦、黑麦等对噁唑禾草灵的耐药性，对禾本科杂草的敏感性无明显影响。其在各种气候条件和农业生产条件下的田间试验证实，对鼠尾看麦娘、燕麦、风草和藕草等许多禾本科杂草有相当高的除草活性。外消旋体异构体和有效异构体的施药时间从禾本科杂草的 3 叶期至 1～2 结节期均可。防除禾本科杂草时，不影响噁唑禾草灵的除草活性。无论苗前或苗后施用，均无除草活性。

合成路线　以 2,4-二氯苯胺为起始原料，先重氮化后与 α-氯代乙酰乙酸乙酯缩合，生成 α-氯-α-(2,4-二氯苯亚联氨基) 乙醛酸甲酯，再在氨水中反应后，与三氯乙酰氯闭环即得目的物。

参考文献

[1]　US 4639266.
[2]　DE 3525205.
[3]　DE 2017761.

解毒喹（cloquintocet-mexyl）

$C_{18}H_{22}ClNO_3$，335.8，99607-70-2

由 J. Amrein 等于 1989 年报道，Ciba-Geigy AG（今 Syngenta AG）推出，1990 年上市。

其他名称　解草喹，CGA 185072，Celio，Topik

化学名称　（5-氯喹啉-8-基氧）乙酸（1-甲基戊）酯；1-methylhexyl（5-chloroquinolin-8-yloxy）acetate

CAS 名称　1-methylhexyl[(5-chloro-8-quinolinyl)oxy]acetate

理化性质　纯品为无色晶体，熔点 69.4℃（原药 61.4～69.0℃），沸点 100.6℃。蒸气压：5.31×10^{-3} mPa（20℃），18mPa（80.5℃）。K_{ow}lg$P$ 5.20（25℃）。Henry 常数 3.02×10^{-3} Pa·m³/mol（计算值）。相对密度 1.05。溶解度（25℃）：水 0.60mg/L，乙醇 190g/L，丙酮 340g/L，甲苯 360g/L，正己烷 11g/L。对酸稳定，在碱中水解。DT_{50}（25℃）133.7d（pH 7）。

毒性　大鼠急性经口 LD_{50}＞5000mg/kg，小鼠急性经口 LD_{50}＞2000mg/kg，大鼠急性经皮 LD_{50}＞2000mg/kg，大鼠急性吸入 LC_{50}（4h）＞0.935mg/L 空气。对兔皮肤和眼睛无刺激性。NOEL 数据：大鼠（2 年）4mg/(kg·d)。ADI 值：0.04mg/kg。小齿鹑和野鸭急性经口 LD_{50}＞2000mg/kg。鱼 LC_{50}（96h，mg/L）：虹鳟鱼和鲤鱼＞76，大翻车鱼＞51。蜜蜂 LD_{50}（48h）＞100μg/只（经口和接触）。蚯蚓 LC_{50}＞1000mg/kg。

制剂　EC，WP。

应用　是炔草酯（clodinafop-propargyl）的安全剂，与炔草酯混用于禾谷类作物中除草。

合成路线

主要生产商　Syngenta。

参考文献

[1]　US 4881966.

[2]　US 4902340.

[3]　US 5102445.

精 2 甲 4 氯丙酸（mecoprop-P）

$C_{10}H_{11}ClO_3$，214.6，16484-77-8

由巴斯夫公司开发的芳氧羧酸类除草剂，为 mecoprop 的旋光活性异构体，1987 年投产。

其他名称　BAS 037H，G750，RP 591066，Nufarm Ltd 042969，CMPP-P，MCPP-P

化学名称　(R)-2-(4-氯邻甲基苯氧基)丙酸；(R)-2-(4-chloro-o-tolyloxy)propionic acid

CAS 名称　（+）-(R)-2-(4-chloro-2-methylphenoxy)propanoic acid

理化性质　纯品为无色晶体，熔点 94.6～96.2℃（原药 84～91℃）。蒸气压 0.4mPa（20℃），$K_{ow}\lg P$ 1.43（pH 5，20℃）。Henry 常数 1.0×10^{-4} Pa·m³/mol。相对密度 1.31（20℃）。溶解度（20℃）：水 860mg/L（pH 7），丙酮、乙醚、乙醇＞1000g/kg，二氯甲烷 968g/kg，己烷 9g/kg，甲苯 330g/kg。pK_a 3.68（20℃），呈酸性。对日光稳定，pH 3～9 条件下稳定。

毒性　大鼠急性经口 LD_{50} 1050mg/kg，大鼠急性经皮 LD_{50}＞4000mg/kg，大鼠急性吸入 LC_{50}（4h）＞5.6mg/L。无致癌作用。鹌鹑急性经口 LD_{50} 497mg/kg。山齿鹑饲喂 LC_{50}（5d）＞4630mg/L。鳟鱼 LC_{50}（96h）150～220mg/L，大翻车鱼＞100mg/L。水蚤 EC_{50}（48h）＞100mg/L。对蜜蜂无毒，LD_{50}（接触和经口）＞100μg/只。蚯蚓 LC_{50}（14d）494mg/kg 土。

制剂　EC，SL。

应用　选择性、内吸性、激素型除草剂，通过叶吸收并传输到根部。苗后处理剂，用于防除小麦、大麦、燕麦、牧草作物和草地的阔叶杂草，特别是猪殃殃、繁缕、苜蓿和大蕉。

合成路线

分析方法　产品采用反相 HPLC 分析。

主要生产商　Nufarm B. V.，Nufarm UK。

参考文献

[1]　The Pesticide Manual. 15th ed.

[2]　US 4310689.

精吡氟禾草灵（fluazifop-P-butyl）

$C_{19}H_{20}F_3NO_4$，383.4，79241-46-6

由 ICI Plant Protection Division（现 Syngenta AG）开发，1981 年上市。

其他名称　精稳杀得，SL-236，ICI A0005，PP005，Fusilade，Fusilade Super，Onecide-P，Venture，Winner

化学名称　(R)-2-[4-(5-三氟甲基-2-吡啶氧基)苯氧基]丙酸丁酯；butyl(R)-2-[4-(5-trifluoromethyl-2-pyridyloxy)phenoxy]propionate

CAS 名称　butyl (R)-2-[4-[[5-(trifluoromethyl)-2-pyridinyl]oxy]phenoxy]propanoate

理化性质　无色液体。熔点 -15℃。沸点 154℃/2.7Pa。蒸气压 0.414mPa（25℃）。$K_{ow}\lg P$ 4.5（20℃）。Henry 常数 1.1×10^{-2} Pa·m³/mol。相对密度 1.22（20℃）。溶解度：水 1.1mg/L（20℃）；易溶于丙酮、正己烷、甲醇、二氯甲烷、乙酸乙酯、甲苯和二甲苯。对紫外线稳定，水解 DT_{50}：78d（pH 7），29h（pH 9）。pK_a＜1。

毒性　急性经口 LD_{50}（mg/kg）：雄大鼠 3680，雌大鼠 2451。兔急性经皮 LD_{50}＞

2000mg/kg。对皮肤有轻微刺激,对眼睛有中度刺激（兔）。无皮肤过敏反应（豚鼠）。吸入毒性：LC_{50}（4h）大鼠>6.06mg/L。无作用剂量：大鼠（2年）1.0mg/(kg·d)（10mg/kg）；狗（1年）25mg/(kg·d)；大鼠（90d）9.0mg/(kg·d)（100mg/kg）。野鸭急性经口LD_{50}>3500mg/kg。虹鳟鱼 LC_{50}（96h）1.3mg/L。水蚤 EC_{50}（48h）>1.0mg/L。舟形藻 E_bC_{50}（72h）0.51mg/L。浮萍 EC_{50}（14d）>1.4mg/L。对蜜蜂低毒,LD_{50}（经口和接触）>0.2mg/只。蠕虫 LC_{50}>1000mg/kg。

制剂 EC。

应用 由于吡氟禾草灵结构中丙酸的 α-碳原子为不对称碳原子,所以有 R-体和 S-体结构型两种光学异构体,其中 S-体没有除草活性。精吡氟禾草灵是除去了非活性部分的精制品（即 R-体）。适用于大豆、甜菜、油菜、马铃薯、亚麻、豌豆、蚕豆、菜豆、烟草、西瓜、棉花、花生、阔叶蔬菜等多种作物及果树、林业苗圃、幼林抚育等。在其他国家登记作物：大豆、棉花、大蒜、洋葱、辣椒、柑橘、甘薯、莴苣、核果类果树、小浆果树、落叶果树、亚热带果树、洋蓟、胡萝卜、萝卜。防除稗草、野燕麦、狗尾草、金色狗尾草、牛筋草、看麦娘、千金子、画眉草、雀麦、大麦属、黑麦属、稷属、早熟禾、狗牙根、双穗雀稗、假高粱、芦苇、野黍、白茅、匍匐冰草等一年生和多年生禾本科杂草。

合成路线

分析方法 采用 HPLC 法。

主要生产商 Syngenta,佳木斯黑龙,江苏东宝,江苏中旗,华洲药业,山东滨农,山东绿霸,山东侨昌,宁波中化,浙江泰达,浙江永农。

参考文献

[1] 特開昭 54-46732, 24879, 22371, 119476.
[2] GB 1599121.
[3] GB 2002368.
[4] 特開昭 52-65238.
[5] 特開昭 55-40317, 76860, 85564.
[6] DE 2812571.
[7] 特開昭 56-92868.
[8] 特開昭 61-280477.

精草铵膦 (glufosinate-P)

$C_5H_{12}NO_4P$, 181.1, 35597-44-5

其他名称 L-phosphinothricin, AH-01

化学名称 (S)-2-氨基 4-[羟基(甲基)膦酰基]丁酸;(S)-2-amino-4-[hydroxy(methyl) phosphinoyl]butyric acid

CAS 名称 (2S)-2-amino-4-(hydroxymethylphosphinyl)butanoic acid

制剂 SL。

应用 防除柑橘园一年生和多年生杂草。

主要生产商 Meiji Seika。

精噁唑禾草灵 (fenoxaprop-P-ethyl)

$C_{18}H_{16}ClNO_5$, 361.8, 71283-80-2

1988 年由 Hoechst AG（现 Bayer AG）开发的芳氧羧酸类除草剂。

其他名称 骠马，威霸，Hoe 046360，AE F046360，Whip，Whip Rice，Puma Ruper

化学名称 (R)-2-[4-(6-氯-1,3-苯并噁唑-2-氧基)苯氧基]丙酸乙酯；ethyl(R)-2-[4-(6-chlorobenzoxazol-2-yloxy)phenoxy]propionate

CAS 名称 ethyl(R)-2-[4-[(6-chloro-2-benzoxazolyl)oxy]phenoxy]propionate

理化性质 白色无味固体。熔点 89~91℃。蒸气压 5.3×10^{-4} mPa（20℃）。K_{ow} lg$P$ 4.58。Henry 常数 2.74×10^{-4} Pa·m³/mol（计算值）。相对密度 1.3（20℃）。溶解度：水 0.7mg/L（pH 5.8，20℃）；丙酮、甲苯和乙酸乙酯＞200，甲醇 43（g/L，20℃）。50℃稳定保存 90d，对光稳定。

毒性 急性经口 LD_{50}（mg/kg）：大鼠 3150~4000，小鼠＞5000。大鼠急性经皮 LD_{50} ＞2000mg/kg。大鼠吸入 LC_{50}（4h）＞1.224mg/L（空气）。无作用剂量（90d）：大鼠 0.75mg/(kg·d)（10mg/L），小鼠 1.4mg/(kg·d)（10mg/L），狗 15.9mg/(kg·d)（400mg/L）。山齿鹑急性经口 LD_{50}＞2000mg/kg。鱼 LC_{50}（96h，mg/L）：大翻车鱼 0.58，虹鳟鱼 0.46。水蚤 LC_{50}（mg/L，48h）：0.56（pH 8.0~8.4），2.7（pH 7.7~7.8）。铜在淡水藻 LC_{50}（72h）0.51mg/L。蜜蜂：LC_{50}（经口）＞199μg/只，（接触）＞200μg/只。蚯蚓 LC_{50}（14d）＞1000mg/kg 土壤。

制剂 EW，EC。

应用 有效成分中除去了非活性部分（S 体）的精制（R 体），精噁唑禾草灵属选择性、内吸传导型苗后茎叶处理剂。有效成分被茎叶吸收后传导到叶基、节间分生组织、根的生长点，迅速转变成苯氧基的游离酸，抑制脂肪酸进行生物合成，损坏杂草生长点、分生组织，作用迅速，施药后 2~3d 内停止生长，5~7d 心叶失绿变紫色，分生组织变褐，然后分蘖基部坏死，叶片变紫逐渐枯死。在耐药性作物中分解成无活性的代谢物而解毒。适用于豆类、小麦、花生、油菜、棉花、亚麻、烟草、甜菜、马铃薯、苜蓿属植物、向日葵、巢菜、甘薯等大田作物；蔬菜：茄子、黄瓜、大蒜、洋葱、胡萝卜、芹菜、甘蓝、花椰菜、香菜、南瓜、菠菜、番茄、芦笋；水果、干果：苹果、梨、李、草莓、扁桃、樱桃、柑橘、可可、咖啡、无花果、榛子、菠萝、覆盆子、红醋栗、茶、葡萄及多种其他作物。精噁唑禾草灵亦可酌量用于各种药用植物、观赏植物、芳香植物、木本植物等。在其他国家登记作物：大豆、棉花、马铃薯、甜菜、花生、油菜、亚麻、水稻、小麦等。防除看麦娘、鼠尾看麦娘、草原看麦娘、风剪股颖、野燕麦、自生燕麦、不实燕麦、被粗伏毛燕麦、具绿毛臂形草、车前状臂形草、阔叶臂形草、褐色蒺藜草、有刺蒺藜草、多指虎尾草、埃及龙爪草、升马唐、淡褐色双稃草、芒稷、稗、非洲蟋蟀草、蟋蟀草、大画眉草、弯叶画眉草、智利画眉草、细野黍、野黍、皱纹鸭嘴草、簇生千金子、虮子草、毛状黍、秋稷、簇生黍、大黍、稷、特克萨斯稷、具刚毛狼尾草、加那利群岛蓖草、怪状蓖草、普通早熟禾、大狗尾草、莠狗尾草、枯死状狗尾草、轮生狗尾草、绿色狗尾草、白绿色粗壮狗尾草、紫绿色粗壮狗尾草、野高粱、种子繁殖的假高粱、轮生花高粱、普通高粱、酸草、芦节状香蒲、自生玉米。

合成路线

分析方法 分析采用 HPLC 法。

主要生产商 Bayer CropScience，安徽丰乐，安徽华星，久易农业，江苏天容，江苏中旗，捷马化工，山东京博，沈阳科创，浙江海正，杭州宇龙。

参考文献

[1] BE 873844.
[2] US 4531969.

精喹禾灵（quizalofop-P-ethyl）

$C_{19}H_{17}ClN_2O_4$，372.8，100646-51-3

由 Nissan 公司引入有除草活性的精喹禾灵乙酯对映异构体。

其他名称 精禾草克、盖草灵、D（+）NC-302、DPX-79376、Assure II、CoPilot、Leopard、Mostar、Pilotd、Pilot Super、Targad+、Targa Super

化学名称 (R)-2-[4-(6-氯喹喔啉-2-氧基)苯氧基]丙酸乙酯；ethyl(R)-2-[4-(6-chloro-quinoxalin-2-yloxy)phenoxy]propionate

理化性质 白色结晶，无味固体。熔点 76.1～77.1℃。沸点 220℃/26.6Pa。蒸气压 1.1×10^{-4}mPa（20℃）。K_{ow}lg$P$ 4.61 [（23±1）℃]。Henry 常数 6.7×10^{-5}Pa·m³/mol（计算值）。密度 1.36g/cm³。水中溶解度 0.61mg/L（20℃）；丙酮、乙酸乙酯和二甲苯＞250，1，2-二氯乙烷＞1000（g/L，22～23℃）；甲醇 34.87，正庚烷 7.168（g/L，20℃）。稳定性：中性和酸性条件下稳定，碱性条件下不稳定；DT_{50}＜1d（pH 9）。高温条件下有机溶剂中稳定。

毒性 雄大鼠急性经口 LD_{50}1210，雌大鼠 1182，雄小鼠 1753，雌小鼠 1805（mg/kg）。大鼠（90d）无作用剂量 7.7mg/(kg·d)。野鸭和山齿鹑急性经口 LD_{50}＞2000mg/kg。虹鳟鱼 LC_{50}（96h）＞0.5mg/L。水蚤 LC_{50}（48h）0.29mg/L。蠕虫 LC_{50}＞1000mg/kg。

制剂 EC，SC。

应用 脂肪酸合成抑制剂（抑制乙酰辅酶 A 羧化酶）。通过抑制乙酸渗入脂肪酸，阻断用于建立细胞生长新膜所需磷脂的生成。选择性苗后除草剂。用于马铃薯、大豆、甜菜、花生、油菜、向日葵、蔬菜、棉花和亚麻，防除一年生和多年生禾本科杂草。大多数非禾本科作物对本品有耐药性。本品可与苗后防除阔叶杂草的除草剂混用。

合成路线

分析方法 产品分析采用 HPLC。

主要生产商 Nissan，AGROFINA，Sharda，KSA，安徽华星，安徽丰乐，江苏丰山，青岛瀚生，湖北沙隆达，江苏长青，江苏瑞东，江苏激素研究所，山东京博，南通江山，江苏腾龙，泰达集团，浙江海正。

参考文献

[1] DE 2804074.
[2] EP 492629.

精异丙甲草胺（S-metolachlor）

$C_{15}H_{22}ClNO_2$，283.8，[87392-12-9]（S）-isomer；[178961-20-1]（R）-isomer

由 T. R. dill 等报道，由 Novartis Crop Protection AG（现 Syngenta AG）引入市场。

其他名称 金都尔，CGA 77102 [（aRS，1S）-isomers]，CGA 77101 [（aRS，1R）-isomers]，Dual Gold，Dual Magnum

化学名称 2-乙基-6-甲基-N-(1′-甲基-2′-甲氧乙基)氯代乙酰替苯胺；(aRS,1S)-2-chloro-6′-ethyl-N-(2-methoxy-1-methylethyl)aceto-o-toluidide 和 (aRS,1R)-2-chloro-6′-ethyl-N-(2-methoxy-1-methylethyl)aceto-o-toluidide 的混合物，比例为 80%～100% 和 20%～0%

CAS 名称 (S)-2-chloro-N-(2-ethyl-6-methylphenyl)-N-(2-methoxy-1-methylethyl)acetamide 和 (R)-2-chloro-N-(2-ethyl-6-methylphenyl)-N-(2-methoxy-1-methylethyl)acetamide 的混合物，比例为 80%～100% 和 20%～0%

理化性质 纯品为浅黄色至褐色液体，伴有非特异性气味。熔点 −61.1℃。蒸气压 3.7mPa（25℃）。K_{ow} lg$P$ 3.05（pH7，25℃）。Henry 常数 2.2×10^{-3} Pa·m³/mol（25℃）。相对密度 1.117（20℃）。水中溶解度 480mg/L（pH 7.3，25℃）。完全溶于正己烷、甲苯、二氯甲烷、甲醇、正辛醇、丙酮和醋酸乙酯。水解稳定（pH4～9，25℃）。闪点 190℃。

毒性 大鼠急性经口 LD_{50} 2600mg/kg。兔急性经皮 LD_{50}＞2000mg/kg。对皮肤和眼睛无刺激性（兔），接触皮肤可引起皮肤过敏（豚鼠）。大鼠空气吸入 LC_{50}（4h）＞2910mg/

m^3。无作用剂量（1年）狗 9.7mg/(kg·d)。山齿鹑和野鸭急性经口 $LD_{50}>2510$mg/kg；山齿鹑和野鸭饲喂毒性 LC_{50} (8d) >5620mg/L。虹鳟鱼 LC_{50} (96h) 1.23，大翻车鱼 3.16 (mg/L)。水蚤 LC_{50} (48h) 11.24～26.00mg/L。蜜蜂 LD_{50}：经口>0.085mg/只，接触>0.2mg/只。蚯蚓 LC_{50} (14d) 570mg/kg 土。

制剂 EC，FW，GR，SC。

应用 选择性芽前除草剂，主要用于玉米、大豆、花生、甘蔗，也可用于非沙性土壤的棉花、油菜、马铃薯和洋葱、辣椒、甘蓝等作物，防除一年生杂草和某些阔叶杂草。在出芽前作土面处理。

合成路线

分析方法 采用 GC/FID，GC/TSD，HPLC/UV 和 HPLC/MS。

主要生产商 Syngenta。

参考文献

[1] US 5002606.
[2] EP 77755.

卡草胺 (carbetamide)

$C_{12}H_{16}N_2O_3$，236.3，16118-49-3

1963 年由 J. Desmoras 等报道。Rhône-Poulenc Agrochimie（现 Bayer AG）推出。

其他名称 11561 RP，Legurame

化学名称 (R)-1-(乙基氨基甲酰)乙基苯氨基甲酸酯；(R)-1-(ethylcarbamoyl) ethyl carbanilate

CAS 名称 (R)-N-ethyl-2-[[(phenylamino)carbonyl]oxy]propanamide

理化性质 无色晶体，熔点 119℃（原药>110℃）。溶解度 (g/L, 20℃)：水 3.5，丙酮 900，DMF 1500，乙醇 850，甲醇 1400，环己烷 0.3。

毒性 急性经口 LD_{50}：大鼠>2000，小鼠 1720，狗 900 (mg/kg)。兔急性经皮 $LD_{50}>500$mg/kg。对眼睛无刺激（兔）。大鼠吸入 LC_{50} (4h) >0.13mg/L 空气。NOEL：90d 饲喂试验，大鼠 3200mg/kg，狗 12800mg/kg 饲料条件下未发现影响。美洲鹑急性经口 $LD_{50}>2000$mg/kg。虹鳟鱼和鲤鱼 LC_{50} (96h) >100mg/L。水蚤 EC_{50} (48h) 36.5mg/L。按规

定使用时对蜜蜂无害。蚯蚓 LC_{50} 600mg/kg 土。

制剂 EC，WP。

应用 选择性除草剂。用于防除一年生杂草和某些阔叶杂草，适用于向日葵、甜菜、豌豆、油菜、扁豆苜蓿、芸薹属作物田。主要由根吸收，也可由叶片吸收。

分析方法 产品分析采用 HPLC。

主要生产商 Feinchemie Schwebda，河北凯迪。

参考文献

[1] CIPAC Handbook，1992，E：28.
[2] GB 959204.
[3] BE 597035.
[4] Desmoras J，et al. C R Journ Etud Herbic Conf COLUMA. 2nd. 1963：14.

糠草腈（bromobonil）

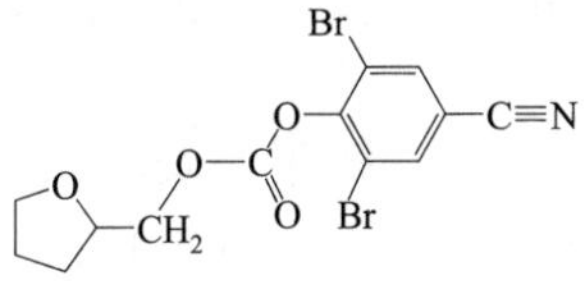

$C_{13}H_{11}Br_2NO_4$，405.1，25671-46-9

由 Boehringer & Sohn（后 Shell Agrar）开发。

化学名称 2,6-二溴-4-氰基苯基四氢呋喃基碳酸酯；2,6-dibromo-4-cyanophenyl tetrahydrofurfuryl carbonate

CAS 名称 2,6-dibromo-4-cyanophenyl(tetrahydro-2-furanyl)methyl carbonate

应用 除草剂。

可乐津（chlorazine）

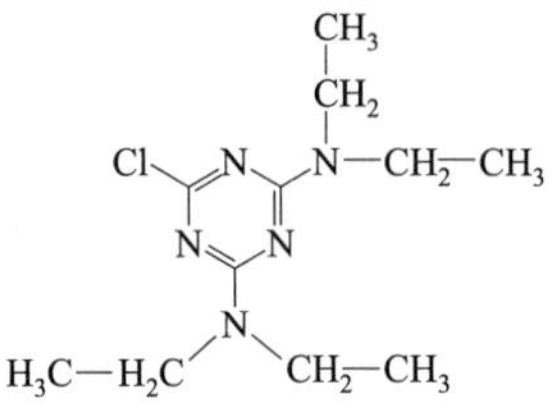

$C_{11}H_{20}ClN_5$，257.8，580-48-3

由 J. R. Geigy S. A.（后 Ciba-Geigy AG）推出。

其他名称 G 25 804

化学名称 6-氯-N^2,N^2,N^4,N^4-四乙基-1,3,5-三嗪-2,4-二胺；6-chloro-N^2,N^2,N^4,N^4-tetraethyl-1,3,5-triazine-2,4-diamine

CAS 名称 6-chloro-N,N,N',N'-tetraethyl-1,3,5-triazine-2,4-diamine

应用 芽前或芽后除草剂，可用于棉花、玉米、马铃薯等。

主要生产商 Ciba-Geigy AG。

克草胺 (ethachlor)

$$C_{13}H_{18}ClNO_2, \ 255.7$$

化学名称　　N-(2-乙基苯基)-N-(乙氧基甲基)-氯乙酰胺；2-chloro-N-ethoxymethyl-2′-ethylacetanilide

CAS 名称　　2-chloro-N-(ethoxymethyl)-N-(2-ethylphenyl)acetamide

理化性质　　原药为红棕色油状液体。相对密度 1.058（35℃）。沸点 200℃（2.67kPa）。不溶于水，可溶于丙烷、二氯丙烷、乙酸、乙醇、苯、二甲苯等有机溶剂。

毒性　　对眼睛和黏膜有刺激作用。Ames 试验和染色体畸变分析试验为阴性。

制剂　　EC。

应用　　选择性芽前土壤处理除草剂，效果与杂草出土前后的土壤湿度有关，持效期 40d 左右。用于水稻插秧田防除稗草、牛毛草等稻田杂草，也可用于覆膜或有灌溉条件的花生、棉花、芝麻、玉米、大豆、油菜、马铃薯及十字花科、茄科、豆科、菊科、伞形花科多种蔬菜用，防除一年生单子叶和部分阔叶杂草。水稻田，水稻插秧后 4～7d 稻秧完全缓秧后施药，与潮湿细土或化肥混合均匀后均匀撒施，施药要及时，否则易产生药害和降低防效。旱田还可以与绿麦隆、扑草净混用。本药剂活性高于丁草胺，安全性低于丁草胺，故应严格掌握施药时间和用药量；不宜在水稻秧田、直播田及小苗、弱苗及漏水本田使用；水稻芽期和黄瓜、菠菜、高粱、谷子等对克草胺敏感，不宜使用。

克草胺酯 (cambendichlor)

$$C_{26}H_{23}Cl_4NO_6, \ 587.3, \ 56141\text{-}00\text{-}5$$

由 Velsicol Chemical Corp.（Sandoz AG）推出。

其他名称　　Vel 4207，cambendichlore

化学名称　　2,2′-(苯基亚氨基)二乙基双(3,6-二氯邻茴香酸酯)；2,2′-(phenylimino)di-ethylene bis(3,6-dichloro-o-anisate)

CAS 名称　　(phenylimino)di-2,1-ethanediyl bis(3,6-dichloro-2-methoxybenzoate)

应用　　除草剂。

克草敌 (pebulate)

$C_{10}H_{21}NOS$, 203.3, 114-71-2

由 E. O. Burt 报道。由 Stauffer Chemical Co.（现 Syngenta AG）推出，2001年转让给 Cedar Chemical Corp。

其他名称　R-2061，Tillam

化学名称　S-丙基丁基(乙基)硫代氨基甲酸酯；S-propyl butyl(ethyl)thiocarbamate

CAS 名称　S-propyl butylethylcarbamothioate

理化性质　纯品为无色或黄色液体，伴有芳香气味。蒸气压：9Pa（30℃）；4.7Pa（25℃）。K_{ow} lg$P$ 3.83，Henry 常数 $\leqslant$ 20Pa·m³/mol（20℃，计算值）。相对密度 0.956（20℃）。水中溶解度 60mg/L（20℃），与大多数有机溶剂可混溶，如丙酮、苯、甲苯、二甲苯、甲醇、异丙醇和煤油。200℃稳定。水中 DT_{50}（40℃）：11d（pH 4 和 10），12d（pH 7）。闪点 124℃。

毒性　大鼠急性经口 LD_{50} 1120，小鼠 1652（mg/kg）。兔子急性经皮 LD_{50} 4640mg/kg，对皮肤、眼睛、黏膜有轻微刺激。对豚鼠皮肤无致敏性。雌大鼠吸入 LC_{50}（4h）$>$ 3.5mg/L。大鼠（2年）无作用剂量 0.74mg/(kg·d)。无致癌和致畸作用。山齿鹑饲喂 LC_{50}（7d）8400mg/kg 饲料。虹鳟鱼和大翻车鱼 LC_{50}（96h）约 7.4mg/L；鲻鱼（48h）6.25mg/L，鲦鱼 7.78mg/L。水蚤 LC_{50}（48h）5.9mg/L。0.011mg/只对蜜蜂无毒。

制剂　EC，GR。

应用　选择性除草剂，通过根吸收，在植株中传导。抑制萌发。防除甜菜、番茄和烟草一年生禾本科杂草和一些阔叶杂草，苗前使用。

分析方法　产品分析采用 GLC/FID。

参考文献

[1]　US 3175897.

[2]　The Pesticide Manual. 16th ed.

克草啶 (fluoromidine)

$C_7H_3ClF_3N_3$, 221.6, 13577-71-4

化学名称　6-氯代-2-三氟甲基-3H-咪唑并[4,5,6-吡啶；6-chloro-2-trifluoromethyl-3H-imidazo[4,5-b]pyridine

CAS 名称　6-chloro-2-(trifluoromethyl)-1H-imidazo[4,5-b]pyridine

应用　除草剂。

枯草隆（chloroxuron）

$C_{15}H_{15}ClN_2O_2$，290.7，1982-47-4

1961 年报道，由 Ciba AG（后 Ciba-Geigy AG）推出。

其他名称　C1983，chloroxifenidim，Tenoran

化学名称　3-[4-(4-氯苯氧)苯基]-1,1-二甲基脲；3-[4-(4-chlorophenoxy)phenyl]-1,1-dimethylurea

CAS 名称　N'-[4-(4-chlorophenoxy)phenyl]-N,N-dimethylurea

理化性质　纯品为无色粉末，熔点 151～152℃，蒸气压 $2.39×10^{-4}$ mPa（20℃），相对密度 1.34（20℃），K_{ow} lg$P$ 3.200。溶解度（20℃）：水 4mg/L，丙酮 44g/kg，二氯甲烷 106g/kg，甲醇 35g/kg，甲苯 4g/kg。稳定性：在 30℃下，pH1 或 13 时无明显水解。土壤中降解 DT_{50} 10～100d。

毒性　大鼠急性经口 LD_{50} 3000mg 原药/kg。大鼠急性经皮 LD_{50}＞3000mg/kg。对兔皮肤和眼睛有轻微刺激。大鼠急性吸入 LC_{50}（6h）＞1.35mg/L 空气。120d 饲喂试验表明：大鼠无作用剂量为 30mg/(kg·d)；90d 饲喂试验结果表明：对狗无作用剂量为 400mg/kg 饲料 [16.7mg/(kg·d)]。鱼毒 LC_{50}：虹鳟鱼＞100mg/L，鲤鱼＞150mg/L，大翻车鱼 28mg/L。对鸟稍有毒性，对蜜蜂无毒。

制剂　WP。

应用　脲类除草剂。芽后用于胡萝卜、芹菜、韭葱、洋葱、观赏植物、草莓、草坪和运动场中除草。通过植物的根和叶吸收。

分析方法　测定水解产生的二甲胺。

主要生产商　Ciba-Geigy 公司。

参考文献

[1] Symp. New Herbic. 3rd. 1961：88.
[2] BE 593743.
[3] GB 913383.

枯莠隆（difenoxuron）

$C_{16}H_{18}N_2O_3$，286.3，14214-32-5

1964 年由 L. Ebner 和 J. Schuler 报道。由 Ciba-Geigy AG 开发。

其他名称　Lironion

化学名称　3-[4-(4-甲氧基苯氧基)苯基]-1,1-二甲基脲；3-[4-(4-methoxyphenoxy)phenyl]-1,1-dimethylurea

CAS 名称　N'-[4-(4-methoxyphenoxy)phenyl]-N,N-dimethylurea

理化性质 纯品为无色晶体。熔点 138~139℃。蒸气压 1.24×10^{-6} mPa（20℃）。密度 $1.30g/cm^3$（30℃），Henry 常数 1.78×10^{-8} Pa·m³/mol（计算值）。溶解度（20℃）：水 20mg/L；丙酮 63g/kg，苯 8g/kg，二氯甲烷 156g/kg，己烷 52mg/kg，丙醇 10g/kg。在 30℃下，pH 1 或 pH 13 条件下无明显水解。

毒性 大鼠急性经口 $LD_{50}>7750$mg 原药/kg。大鼠急性经皮 $LD_{50}>2150$mg/kg，对兔皮肤和眼睛无刺激。大鼠急性吸入 LC_{50}（6h）>0.66mg/L 空气。90d 饲喂无作用剂量：大鼠 50mg/(kg·d)，狗 220mg/(kg·d)。鳟鱼 LC_{50}（48h）5~10mg/L。

制剂 WP。

应用 脲类选择性除草剂。用于洋葱田除草，也可用于韭葱和大蒜田。

分析方法 通过酸量滴定分析。

参考文献

[1] BE 593743.

[2] GB 913383.

喹草酸（quinmerac）

$C_{11}H_8ClNO_2$，221.6，90717-03-6

由 B. Wuerzer 等和 W. Nuyken 等报道。1993 开始由 BASF AG（现为 BASF SE）引入并市场化。

其他名称 BAS 518H，Gavelan

化学名称 7-氯-3-甲基喹啉-8-羧酸；7-chloro-3-methylquinoline-8-carboxylic acid

CAS 名称 7-chloro-3-methyl-8-quinolinecarboxylic acid

理化性质 无色无味固体，熔点 239℃。蒸气压 <0.01mPa（20℃）。$K_{ow}\lg P-1.11$（pH 7）。Henry 常数 $<9.9\times10^{-6}$ Pa·m³/mol。相对密度 1.49。水中溶解度（20℃）：去离子水 223mg/L，（pH 9）240g/L。其他溶剂中溶解度（20℃，g/kg）：丙酮、二氯甲烷 2、乙醇 1、正己烷、甲苯、乙酸乙酯<1。稳定性：pH 3~9 时，对热和光稳定。pK_a 4.32（20℃）。

毒性 大鼠急性经口 $LD_{50}>5000$mg/kg。大鼠急性经皮 $LD_{50}>2000$mg/kg。对兔眼睛和皮肤无刺激性。大鼠吸入 LC_{50}（4h）>5.4mg/L。NOEL 数据：在饲喂试验中，大鼠 NOAEL（12 个月）404mg/kg，狗 8mg/kg，小鼠（78 周）38mg/kg。ADI/RfD0.08mg/kg。无致突变、致畸、致癌性。山齿鹑急性经口 $LD_{50}>2000$mg/kg。虹鳟鱼 LC_{50}（96h）86.8mg/L，鲤鱼$>$100mg/L。水蚤 LC_{50}（48h）148.7mg/L。绿藻（小球藻）E_rC_{50}（72h）48.5mg/L。对蜜蜂无害。蜜蜂急性 LD_{50}（经口或接触）$>200\mu g$/只。赤子爱胜蚓 $LC_{50}>2000$mg/kg 土。

制剂 SC，WP。

应用 合成的植物生长素（作用与吲哚乙酸类似）。诱导形成 1-氨基环丙烷-1-羧酸，导致乙烯生成，后者诱导脱落酸的形成。在苗后施用中，主要通过根部吸收，部分通过叶子吸收。潮湿的环境可以促进有效成分的吸收与药效的迅速发挥。乙烯和脱落酸的产生有促进偏上发育、改变吸收和水的关系等功效。用于谷物、油菜和甜菜，防除猪殃殃、婆婆纳和其他阔叶杂草。

合成路线

$$\text{3-Cl-2-CH}_3\text{-aniline} + \text{CH}_2=\text{C(CH}_3\text{)CHO} \longrightarrow \text{7-chloro-8-methyl-3-methylquinoline} \xrightarrow{\text{HNO}_3} \text{7-chloro-3-methylquinoline-8-carboxylic acid}$$

分析方法 产品用 RP HPLC/UV 分析。
生产厂家 BASF。
参考文献
DE 3233089.

喹禾糠酯（quizalofop-P-tefuryl）

$C_{22}H_{21}ClN_2O_5$，428.9，119738-06-6

由 A. R. Bell 和 A. S. Peddie 报道，并于 1990 年初由 Uniroyal Chemical Co., Inc.（现 Chemtura Corp.）引入欧洲市场。

其他名称 Panarex，Pantera，Rango，Sotus
化学名称 (R)-2-[4-(6-氯喹喔啉-2-氧基)苯氧基]丙酸四氢呋喃甲酯；(±)-tetrahydrofurfuryl-(R)-2-[4-(6-chloroquinoxalin-2-yloxy)phenoxy]propionate
CAS 名称 (RS)-2-tetrahydrofuranylmethyl(R)-2-[4-[(6-chloro-2-quinoxalinyl)oxy]phenoxy]propanoate
理化性质 白色固体粉末；原药是橘黄色蜡状固体。熔点 58.3℃。沸点 213℃，沸腾前分解。蒸气压 7.9×10^{-3} mPa（25℃）。K_{ow} lg$P$ 4.32（25℃）。Henry 常数 $<9.0 \times 10^{-4}$ Pa·m³/mol（计算值，25℃）。相对密度 1.34（20.5℃）。水中溶解度 3.1mg/L（pH 4.4 和 7.0，25℃）；甲苯 652，正己烷 12，甲醇 64（mg/L，25℃）。稳定性 $\geqslant$14d（55℃）；包装产品稳定时间 $\geqslant$2 年（25℃）。光解 DT_{50}：25.3h（氙弧灯），2.4h（氙气灯）。水解 DT_{50}（22℃）：8.2d（pH 5.1），18.2d（pH 7.0），7.2h（pH 9.1）。
毒性 大鼠急性经口 LD_{50} 1012mg/kg。兔急性经皮 $LD_{50}>$2000mg/kg。对眼睛有中度刺激，对皮肤无刺激性（兔）。大鼠吸入 LC_{50}（4h，通过呼吸）$>$3.9mg/L（空气）。慢性毒性饲喂试验，无作用剂量：大鼠（2 年）1.3mg/(kg·d)；小鼠（18 个月）1.7mg/(kg·d)；狗（1 年）25～30mg/(kg·d)。山齿鹑和野鸭急性经口 $LD_{50}>$2150mg/kg。山齿鹑和野鸭 LC_{50}（8d）$>$5000mg/L。鳟鱼 LC_{50}（96h）0.51mg/L，太阳鱼 0.23mg/L。水蚤 LC_{50}（48h）$>$1.5mg/L。羊角月牙藻 E_bC_{50} 和 E_rC_{50}（72h）$>$1.9mg/L。蜜蜂 LD_{50}（经口 48h）16.8μg/只；（接触 48h）$>$100μg/只。蠕虫 LC_{50}（14d）$>$500mg/kg 干土。
制剂 EC。
应用 乙酰辅酶 A 羧化酶抑制剂。茎叶处理后能很快被禾本科杂草的茎叶吸收，传导至整个植株的分生组织，抑制脂肪酸的合成，阻止发芽和根茎生长而杀死杂草。用于油菜、甜菜、饲料甜菜、马铃薯、亚麻子、向日葵、豌豆、蚕豆和其他豆类作物，防除一年生杂草如野燕麦和大穗看麦娘、多年生杂草如假高粱和茅草。

合成路线

分析方法 产品用手性柱的 HPLC/UV 分析。

主要生产商 Chemtura，AGROFINA，苏州恒泰。

参考文献

[1] The Pesticide Manual. 15th ed.
[2] EP 288275.
[3] EP 383613.

喹禾灵 （quizalofop-ethyl）

$C_{19}H_{17}ClN_2O_4$，372.8，76578-14-8

由 G. Sakata 等报道其除草活性。1984 年由 Nissan 公司引入市场。

其他名称 禾草克，NCI-96683，NC-302，FBC-32 197，DPX-Y6202，EXP 3864，Targa

化学名称 (RS)-2-[4-(6-氯喹噁啉-2-氧基)苯氧基]丙酸乙酯；ethyl(RS)-2-[4-(6-chloroquinoxalin-2-yloxy)phenoxy]propionate

理化性质 无色晶体。熔点 91.7~92.1℃。沸点 220℃/2.66Pa。蒸气压 $8.65×10^{-4}$ mPa（20℃）。K_{ow}lg$P$ 4.28 [（23±1）℃，蒸馏水]。Henry 常数 $1.07×10^{-3}$ Pa·m³/mol（20℃）。相对密度 1.35（20℃）。溶解度：水 0.3mg/L（20℃）；苯 290，二甲苯 120，丙酮 111，乙醇 9，正己烷 2.6（g/L，20℃）。50℃保存 90d，有机溶剂 40℃保存 90d，对光不稳定（DT_{50} 10~30d），pH 3~7 稳定。

毒性 急性经口 LD_{50}（mg/kg）：雄大鼠 1670，雌大鼠 1480，雄小鼠 2360，雌小鼠 2350。大鼠和小鼠急性经皮 LD_{50}>5000mg/kg。对兔皮肤和眼睛没有刺激性。大鼠吸入 LC_{50}（4h）5.8mg/L。无作用剂量：大鼠（104 周）0.9mg/(kg·d)；小鼠（78 周）1.55mg/(kg·d)；狗（52 周）13.4mg/(kg·d)。对大鼠和兔无致突变、致畸作用。野鸭和山齿鹑急性经口 LD_{50}>2000mg/kg。虹鳟鱼 LC_{50}（96h）10.7mg/L，大翻车鱼 2.8mg/L。水蚤 LC_{50}（96h）2.1mg/L。绿藻 EC_{50}（96h）>3.2mg/L。蜜蜂 LD_{50}（接触）>50μg/只。

制剂 EC，SC。

应用 芽后除草剂，选择性地防除一年生和多年生杂草，主要用于阔叶作物，而且在任何气候条件下对禾本科杂草有极好的除草活性，对阔叶作物安全。用于棉花、亚麻、油菜、花生、马铃薯、大豆、甜菜、向日葵和蔬菜田中，能有效地防除一年生禾本科杂草和苗期多年生杂草；也能有效地防除多年生禾本科杂草，如宿根高粱、狗牙根、冰草。叶面施药后，杂草植株发黄，2d 内停止生长，施药后 5~7d，嫩叶和节上初生组织变枯，14d 内植株枯死。

分析方法 产品分析采用 HPLC。

主要生产商 Nissan，浙江兰溪，南通江山。

参考文献

GB 2042539.

利谷隆（linuron）

$C_9H_{10}Cl_2N_2O_2$, 249.1, 330-55-2

1962 年由 K. Hartel 报道除草活性。由 E. I. du Pont de Nemours & Co. 和 Hoechst AG（现 Bayer AG）推出。

其他名称　DPX-Z0326（DuPont），AE F002810（AgrEvo），Hoe 02 810（Hoechst），Lorox（du pont），Afalon（Hoechst AG）

化学名称　3-(3,4-二氯苯基)-1-甲氧基-1-甲基；3-(3,4-dichlorophenyl)-1-methoxy-1-methylurea

CAS 名称　N'-(3,4-dichlorophenyl)-N-methoxy-N-methylurea

理化性质　TC 纯度≥94%。纯品为无色结晶体，熔点 93~95℃，蒸气压：0.051mPa（20℃），7.1mPa（50℃）（EC method）。K_{ow}lg$P$3.00，Henry 常数 $2.0×10^{-4}$ Pa·m³/mol（20℃），相对密度 1.49（20℃）。溶解度：水 63.8mg/L（20℃，pH 7）；丙酮 500，苯、乙醇 150，二甲苯 130（g/kg，25℃）。本品在熔点下、中性介质中稳定；在酸或碱性介质及提高温度的条件下水解。

毒性　大鼠急性经口 LD_{50} 1500~5000mg/kg，急性经皮 LD_{50}>2000mg/kg。对兔皮肤有轻度刺激，对豚鼠无致敏性。大鼠急性吸入 LC_{50}（4h）>4.66mg/L 空气。2 年饲喂试验表明大鼠和狗无作用剂量为 125mg/kg 饲料。非哺乳动物 LC_{50}（8d）：野鸭>5000mg/kg 饲料，日本鹌鹑>5000mg/kg 饲料。鱼毒 LC_{50}（96h）：虹鳟鱼 3.15mg/L，鲶鱼>4.9mg/L。蜜蜂 LD_{50}（经口）>1600μg/g 只，蚯蚓 LC_{50}>1000mg/kg 土壤。

制剂　EC，SC，WP。

应用　脲类除草剂，光合作用抑制剂。芽前施于芦笋、菜豆、棉花、豌豆、玉米、马铃薯、大豆及芽前或芽后施于胡萝卜和冬小麦田中。

分析方法　产品分析采用比色法或高效液相色谱法，残留物分析采用高效液相色谱或气相色谱法。

主要生产商　DuPont，Makhteshim-Agan，Drexel，Rainbow，江苏快达。

参考文献

[1] DE 1028986.
[2] GB 852422.
[3] CIPAC Handbook. 1WT6HZA. 1980：1281.
[4] Anal Methods Pestic Plant Growth Regul，1982：12.

另丁津（sebuthylazine）

$C_9H_{16}ClN_5$, 229.7, 7286-69-3

由 J. R. Geigy S. A.（Ciba-Geigy AG）开发。

其他名称　Vorox，Granulat 371

化学名称　N^2-另-丁基-6-氯-N^4-乙基-1,3,5-三嗪-2,4-二胺；N^2-sec-butyl-6-chloro-N^4-ethyl-1,3,5-triazine-2,4-diamine；2-sec-butylamino-4-chloro-6-ethylamino-1,3,5-triazine

CAS 名称　6-chloro-N-ethyl-N'-(1-methylpropyl)-1,3,5-triazine-2,4-diamine

应用　用于玉米、棉花、大豆地中芽前芽后防除一年生禾本科杂草及阔叶杂草。

合成路线　由三聚氯氰分别与乙胺及仲丁胺在缚酸剂的存在下反应生成。

主要生产商　SPIESS。

硫氰苯胺（rhodethanil）

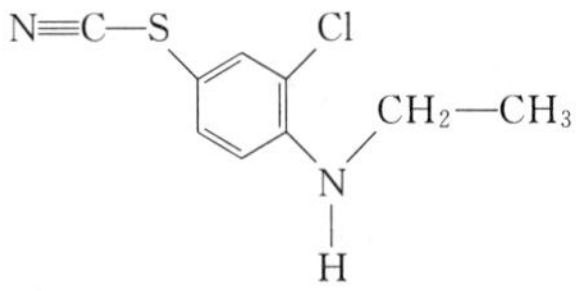

$C_9H_9ClN_2S$，212.7，3703-46-6

由 Bayer AG 开发。

其他名称　BAY 53427

化学名称　3-氯-4-乙基氨基苯基硫氰酸酯；3-chloro-4-ethylaminophenyl thiocyanate

CAS 名称　3-chloro-4-(ethylamino)phenyl thiocyanate

应用　除草剂。

硫酸亚铁（ferrous sulfate）

$FeSO_4$

FeO_4S，151.9，7782-63-0

其他名称　铁矾，绿矾，green vitriol

理化性质　结晶固体，水中溶解度266g/L（10℃）。溶于水、甘油，不溶于乙醇。具有还原性。受高热分解放出有毒的气体。

应用　除草剂。

六氟砷酸钾（hexaflurate）

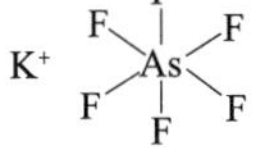

AsF_6K，228.0，17029-22-0

由 Pennwalt Corp. 和 Dow Chemical Co. 作为除草剂开发。

其他名称　Nopalmate

化学名称　六氟砷酸钾；potassium hexafluoroarsenate

CAS 名称　potassium hexafluoroarsenate(1−)

理化性质 本品为白色无味晶体,在436℃熔化并伴随分解。相对密度3.29,不挥发,25℃水中溶解度为21%。稳定,不可燃,有中等腐蚀性。耐紫外线照射。在土壤中被缓慢淋溶,并能抗微生物分解。

毒性 大鼠急性经口 LD_{50} 1200mg/kg,兔急性经皮 $LD_{50}>$ 10000mg/kg。对兔眼睛有中等刺激性,但对皮肤无刺激性。对大鼠以1000mg/kg进行90d饲喂试验表明无毒害作用。

应用 选择性除草剂。可通过根部吸收并在植物体内传导,可用于防除草原上仙人掌及其他仙人掌种。

参考文献

[1] US 3189428.
[2] US 31419382.

六氯酮 (hexachloroacetone)

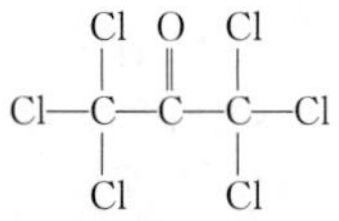

C_3Cl_6O,264.8,116-16-5

由 Allied Chemical Corp.,Agricultural Division (Hopkins Chemical Co.) 推出。

其他名称 GC 1106

化学名称 1,1,1,3,3,3-六氯代-2-丙酮;hexachloroacetone

CAS 名称 1,1,1,3,3,3-hexachloro-2-propanone

理化性质 原药含量85%,无色至淡黄色液体。相对密度1.74。微溶于水(25℃)。可与脂族和芳族烃、氯苯、甲醇、异丙醇、植物油等混溶。与水反应逐渐形成三氯醋酸和氯仿。加碱时,其反应更快。

毒性 雄性大鼠急性口服 LD_{50} 1370~1730mg/kg。雄性大鼠急性经皮 LD_{50} 1900~4060mg/kg。

应用 非选择性除草剂。一般与其他除草剂混用。

参考文献

[1] US 2635117.
[2] US 2764479.

隆草特 (karbutilate)

$C_{14}H_{21}N_3O_3$,279.3,4849-32-5

1967年由 J. H. Dawson 报道除草活性。由 FMC 公司研制,该公司未长期生产,后来由 Ciba-Geigy 公司生产并销售。

其他名称 FMC11092,CGA61837,Tandex (Ciba-Geigy AG 和 FMC Corp)

化学名称 叔丁基氨基甲酸 3-(3,3-二甲基脲基)苯基酯;3-(3,3-dimethylureido)phenyl tert-butylcarbamate

CAS 名称 3-[[(dimethylamino)carbonyl]amino]phenyl (1,1-dimethylethyl)carbamate

理化性质 纯品为白色或灰白色固体。熔点 167.5~168℃，蒸气压 $<2.64\times10^{-2}$ mPa（20℃）。K_{ow} lg$P$ 1.64（22℃），Henry 常数 $<7.8\times10^{-5}$ Pa·m³/mol（20℃，计算值），相对密度 1.188（23℃）。溶解度（20℃）：水中 94.4mg/L；丙酮、丙醇、3,5,5-三甲基环-2-烯醇、二甲苯中 <30g/kg，二甲基甲酰胺或二甲基亚砜中 >250g/kg。在酸性介质中稳定；22℃下水解 DT_{50} 4.6d（pH8）。土壤中降解 DT_{50} 20~120d。

毒性 大鼠急性经口 LD_{50} 5000mg/kg。大鼠急性经皮 >15400mg/kg。对兔眼睛稍有刺激，对皮肤无刺激。90d 饲喂试验无作用剂量：大鼠 1000mg/kg 饲料 [70mg/(kg·d)]，狗 15mg/(kg·d)。

鱼毒 LC_{50}（96 h）：虹鳟鱼 >135mg/L，大翻车鱼 >75mg/L。对蜜蜂无毒。

制剂 GR，SC。

应用 脲类非选择性除草剂。防除大多数一年生和多年生阔叶杂草及禾本科杂草。本品主要通过根吸收。

分析方法 产品与残留分析用 HPLC 法。

主要生产商 SDS Biotech K.K.。

参考文献

[1] US 3801625.
[2] US 3532738.
[3] Lawrence J F. ibid, 12ST6BZ, 196 (1982).
[4] US 3434822.

卤草定（haloxydine）

$C_5HCl_2F_2NO$，200.0，2693-61-0

由 ICI 公司研发。

其他名称 PP493

化学名称 3,5-二氯-2,6-二氟-4-羟基吡啶；3,5-dichloro-2,6-difluoropyridin-4-ol

CAS 名称 3,5-dichloro-2,6-difluoro-4-pyridinol

理化性质 白色结晶，熔点 102℃。

毒性 大鼠急性经口 LD_{50} 为 217mg/kg。

应用 芽前除草剂，适用于马铃薯、油菜、甘蔗等。

落草胺（cisanilide）

$C_{13}H_{18}N_2O$，218.3，34484-77-0

其他名称　咯草隆，C5328，DS5328，Rowtate

化学名称　顺-2,5-二甲基-1-吡咯烷羧酰替苯胺；cis-2,5-dimethyl-1-pyrrolidinecarboxan-ilide

CAS 名称　(2R,5S)-rel-2,5-dimethyl-N-phenyl-1-pyrrolidinecarboxamide

理化性质　结晶固体，熔点 119～120℃，20℃水中溶解度为 600mg/L。

毒性　大鼠急性经口 LD_{50} 4100mg/kg。

应用　Hill 反应抑制剂。主要应用于玉米和苜蓿田中防除阔叶杂草和某些禾本科杂草，芽前使用，对作物的药害小。

参考文献

[1] CA 7839329.
[2] CA 80108360.
[3] CA 8227104.

绿谷隆（monolinuron）

$C_9H_{11}ClN_2O_2$，214.6，1746-81-2

由 Hoechst AG（现 Bayer AG）开发。

其他名称　AE F002747，Aresin

化学名称　3-(对氯苯基)-1-甲氧基-1-甲基脲；3-(4-chlorophenyl)-1-methoxy-1-methyl-urea

CAS 名称　N'-(4-chlorophenyl)-N-methoxy-N-methylurea

理化性质　无色晶体，熔点 80～83℃，蒸气压 1.3mPa（20℃）；100mPa（50℃）。K_{ow}lg$P$ 2.20，Henry 常数 $5.649×10^{-4}$ Pa·m³/mol（22℃）；$7.302×10^{-4}$ Pa·m³/mol（25℃）。相对密度 1.3（20℃）。水中溶解度 735mg/L（25℃）；易溶于有机溶剂，如醇、丙酮、二氧六环、二甲苯、氯仿、乙醚。溶液中稳定，但在酸性和碱性介质中缓慢分解。在干燥的自然环境中非常稳定。紫外照射可加速降解，220℃分解。

毒性　大鼠急性经口 LD_{50} 1430～2490mg/kg，大鼠急性经皮 LD_{50}＞2000mg/kg。大鼠吸入 LC_{50}（4h）＞3.39mg/L 空气。大鼠（2 年）无作用剂量 10mg/kg 饲料 [0.5mg/(kg·d)]。ADI（ECCO）0.003mg/kg [1997]。LD_{50}：山齿鹑 1260mg/kg，日本鹌鹑＞1690mg/kg，野鸭＞500mg/kg。LC_{50}（96h）：鲤鱼 74mg/L，虹鳟鱼 56～75mg/L。水蚤 LC_{50}（48h）32.5mg/L。蜜蜂 LD_{50}（经口）＞296.3μg/g。蚯蚓 LC_{50}（14d）＞1000mg/kg。

制剂　EC，WP。

应用　光合电子传递抑制剂。选择性内吸型除草剂，通过根和叶片吸收传导。苗前或苗后使用防除芦笋、浆果水果、玉米、四季豆、大豆、葡萄、韭菜、洋葱、马铃薯、紫花苜蓿、观赏灌木等一年生阔叶杂草和一些禾本科杂草。

分析方法　产品分析采用薄层色谱分析。

主要生产商　宁夏三喜。

参考文献

[1] DE 1028986.
[2] GB 852422.

[3] The Pesticide Manual. 16th ed.
[4] CIPAChandbook，1994，F：336.

绿麦隆（chlorotoluron）

$C_{10}H_{13}ClN_2O$，212.7，15545-48-9

由 Y. L'Hermite 等于 1969 年报道，Ciba AG（现 Syngenta AG）推出。

其他名称 Dicuran

化学名称 3-(3-氯-4-甲基苯基)-1,1-二甲基脲；3-(3-chloro-p-tolyl)-1,1-dimethylurea

CAS 名称 N'-(3-chloro-4-methylphenyl)-N,N-dimethylurea

理化性质 白色粉末。熔点 148.1℃。蒸气压 0.005mPa（25℃）。K_{ow} lg$P$ 2.5（25℃）。Henry 常数 1.44×10^{-5} Pa·m³/mol（计算值）。相对密度 1.40（20℃）。溶解度：水 74mg/L（25℃），丙酮 54，二氯甲烷 51，乙醇 48，甲苯 3.0，正己烷 0.06，正辛醇 24，乙酸乙酯 21（g/L，25℃）。对热和紫外线稳定，在强酸和强碱条件下缓慢水解，DT_{50}（计算值）>200d（pH 5、7、9，30℃）。

毒性 大鼠急性经口 LD_{50}>5000mg/kg。大鼠急性经皮 LD_{50}>2000mg/kg。对皮肤和眼睛无刺激性（兔），无皮肤过敏反应（豚鼠）。大鼠吸入 LC_{50}（4h）>5.3mg/L。无作用剂量（2 年）：大鼠 100mg/L [4.3mg/(kg·d)]，小鼠 100mg/L [11.3mg/(kg·d)]。饲喂 LC_{50}（8d，mg/L）：野鸭>6800，日本鹌鹑>2150，野鸡>10000。LC_{50}（96h，mg/L）：虹鳟鱼 35，大翻车鱼 50，鲫鱼>100，孔雀鱼>49。水蚤 LC_{50}（48h）67mg/L。淡水藻 EC_{50}（72h）0.024mg/L。蜜蜂 LD_{50}（48h，经口、接触）>100μg/只。蚯蚓 LC_{50}>1000mg/kg。

制剂 TC，WP。

应用 用于防除多种禾本科杂草及阔叶杂草，但对田旋花、问荆、锦葵等杂草无效。对小麦、大麦、青稞等基本安全，施药不均稍有药害，药效受气温、土壤湿度、光照等因素的影响较大。通过植物的根系吸收，并有叶面触杀作用，是植物光合作用电子传递抑制剂。

主要生产商 江苏快达。

参考文献

L'Hermite Y, et al. C R Journ Etud Herbic Conf COLUMA 5th. 1969，Ⅱ：349.

氯氨吡啶酸（aminopyralid）

$C_6H_4Cl_2N_2O_2$，207.0，150114-71-9

由 Dow AgroSciences 开发。

其他名称 DE-750，XDE-750，XR-750，aminopyralide

化学名称 4-氨基-3,6-二氯吡啶-2-羧酸；4-amino-3,6-dichloropyridine-2-carboxylic acid

CAS 名称 4-amino-3,6-dichloro-2-pyridinecarboxylic acid

理化性质 纯品为灰白色粉末。熔点 163.5℃。蒸气压：$2.59×10^{-5}$ mPa（25℃）；$9.52×10^{-6}$ mPa（20℃）。K_{ow} lg$P$：0.201（无缓冲液，19℃），-1.75（pH 5），-2.87（pH 7），-2.96（pH 9）。Henry 常数 $9.61×10^{-12}$ Pa·m^3/mol（pH 7，20℃）。相对密度 1.72（20℃）。溶解度：水 2.48g/L（无缓冲，18℃），205g/L（pH 7）；丙酮 29.2，乙酸乙酯 4，甲醇 52.2，1,2-二氯乙烷 0.189，二甲苯 0.043，庚烷<0.010（g/L）。稳定性：pH 5、7 和 9，20℃稳定 31d。pK_a 2.56。

毒性 大鼠急性经口 LD$_{50}$>5000mg/kg。大鼠急性经皮 LD$_{50}$>5000mg/kg。对眼睛有刺激性，对皮肤无刺激作用（兔），对皮肤无敏感性（豚鼠）。雄大鼠空气吸入 LC$_{50}$>5.5mg/L（原药）。无作用剂量：慢性饲喂试验大鼠 50mg/(kg·d)，饲喂毒性无作用剂量 [90d，mg 原药/(kg·d)]：雌大鼠 1000，雄大鼠 500，雌狗 232，雄狗 282，小鼠 1000。无致畸、致突变作用。山齿鹑急性经口 LD$_{50}$>2250mg/kg。鹌鹑和鸭子饲喂毒性 LC$_{50}$>5620mg/kg。LC$_{50}$（96h，mg/L）：虹鳟鱼>100，红鲈>120。水蚤 EC$_{50}$（48h）>100mg/L。EC$_{50}$（72h）：淡水藻 30mg/L；蓝绿海藻 27mg/L，E$_b$C$_{50}$（72h）舟形藻 18mg/L。蜜蜂：LD$_{50}$（48h）经口>120mg/只；接触>100mg/只。蠕虫 LC$_{50}$（14d）>1000mg 原药/kg 土壤。

制剂 EO。

应用 广泛用于山地、草原、种植地和非耕地的杂草防除，现正被研究开发制剂应用于油菜和禾谷类作物田防除杂草。氯氨吡啶酸及其盐可迅速地通过叶和根吸收与传导，除十字花科作物外，大多数阔叶作物都对该药敏感，大多数禾本科作物是耐药的。

合成路线 以 2-氰基吡啶为原料，经氯化、水解等多步反应得到产品。

主要生产商 Dow。

参考文献

CN 1416419.

氯苯胺灵（chlorpropham）

$C_{10}H_{12}ClNO_2$，213.7，101-21-3

由 E. D. Witman 和 W. F. Newton 于 1951 年报道，1951 年推出。

其他名称 戴科，土豆抑芽粉，CIPC，chloro-IPC，Decco，Sprout，Inhibitor

化学名称　3-氯氨基甲酸异丙基酯；isopropyl 3-chlorocarbanilate；isopropyl 3-chlorophenylcarbamate

CAS 名称　1-methylethyl(3-chlorophenyl)carbamate

理化性质　乳白色晶体。熔点 41.4℃（原药 38.5～40℃）。沸点 256～258℃（>98%）。蒸气压 24mPa（20℃，98%）。K_{ow} lg$P$ 3.79（pH 4，20℃）。Henry 常数 0.047 Pa·m^3/mol（20℃）。相对密度 1.180（30℃）。水中溶解度 89mg/L（25℃）。溶于多数有机溶剂，如乙醇、酮、酯类和氯代烃等。微溶于矿物油（如煤油，溶解度 100g/kg）。稳定性：对紫外线稳定，150℃以上分解，酸碱条件下缓慢水解。

毒性　大鼠急性经口 LD_{50} 4200mg/kg。大鼠急性经皮 LD_{50} >2000mg/kg。对皮肤和眼睛无刺激性。无皮肤过敏反应（豚鼠）。大鼠吸入 LC_{50}（4h）>0.5mg/L（气雾剂通过鼻子呼吸）。无作用剂量（经口）：狗（60 周）5mg/(kg·d)，大鼠（28d）30mg/(kg·d)，小鼠（78 周）33mg/(kg·d)。大鼠（2 年）24mg/(kg·d)。野鸭急性经口 LD_{50}>2000mg/kg；饲喂 LC_{50}>5170mg/kg。鱼类：LC_{50}（48h）大翻车鱼 12mg/L，LC_{50}（96h）虹鳟鱼 7.5mg/L。水蚤 EC_{50}（48h）4mg/L。海藻：EC_{50}（96h）羊角月牙藻 3.3mg/L。E_bC_{50} 舟形藻 1.0mg/L。对蜜蜂无毒，LD_{50}：466μg/只（经口），89μg/只（接触）。蠕虫 LC_{50} 66mg/kg。

制剂　AE，DP，EC，GR，HN。

应用　除草剂，植物生长调节剂。可用于防除禾本科杂草。适用于马铃薯、果树、小麦、玉米、大豆、向日葵、水稻、胡萝卜、菠菜、甜菜等。具有高度选择性，苗前或苗后早期施用，能被禾本科杂草芽鞘吸收，以根部吸收为主，也可以被叶片吸收，在体内可向上、向下双向传导。

分析方法　产品采用 GLC 分析，或通过对水解产物二氧化碳或 3-氯苯胺进行滴定分析。

主要生产商　南通泰禾，四川国光，美国仙农。

参考文献

[1] US 2695225.
[2] Anal. Methods Pestic Plant Growth Regul，1972，6：612.
[3] CIPAC Handbook，1985，1C：2025.
[4] Witman E D, Newton W F. Proc Northeast Weed Control Conf，1951：45.

氯苯哒醇（pyridafol）

$C_{10}H_7ClN_2O$，206.6，40020-01-7

由 Novartis Crop Protection AG. 开发。

其他名称　NOA 402 989，SAN 1367H

化学名称　6-氯-3-苯基哒嗪-4-醇；6-chloro-3-phenylpyridazin-4-ol

CAS 名称　6-chloro-3-phenyl-4-pyridazinol

应用　光合电子传递抑制剂，作用于光合体系Ⅱ受体部位。

氯苯氧乙醇（fenteracol）

$C_8H_7Cl_3O_2$，241.5，2122-77-2

由 Budapest Chemical Works 推出。
其他名称　TCPE
化学名称　2-(2,4,5-三氯苯氧基)乙醇；2-(2,4,5-trichlorophenoxy)ethanol
CAS 名称　2-(2,4,5-trichlorophenoxy)ethanol
应用　苯氧基类除草剂。
主要生产商　Budapest Chemical。

氯吡嘧磺隆（halosulfuron-methyl）

$C_{13}H_{15}ClN_6O_7S$，434.8，100784-20-1

由日产化学公司研制，孟山都公司开发的磺酰脲类除草剂。
其他名称　草枯星，NC-319，A-841101，MON-12000，Battalion，Permit
化学名称　3-氯-5-(4,6-二甲氧基嘧啶-2-基氨基羰基氨基磺酰基)-1-甲基吡唑-4-羧酸甲酯；methyl 3-chloro-5-(4,6-dimethoxypyrimidin-2-ylcarbamoylsulfamoyl)-1-methylpyrazole-4-carboxylate
CAS 名称　methyl 3-chloro-5-[[[[(4,6-dimethoxy-2-pyrimidinyl)amino]carbonyl]amino]sulfonyl]-1-methyl-1H-pyrazole-4-carboxylate
理化性质　halosulfuron-methyl 纯品为白色粉末。熔点 175.5～177.2℃。蒸气压<0.01mPa（25℃）。$K_{ow}lgP$ −0.0186[pH 7，(23±2)℃]。密度 1.618g/mL（25℃）。溶解度（g/L，20℃）：水中 0.015（pH 5）、1.65（pH 7），甲醇 1.62。常规贮存条件下稳定。pK_a 3.44（22℃）。
毒性　halosulfuron-methy 急性经口 LD_{50}（mg/kg）：大鼠 8866，小鼠 11173。大鼠急性经皮 LD_{50}>2000mg/kg。对兔皮肤和眼睛无刺激性，对豚鼠皮肤无敏感性。空气吸入毒性：大鼠 LC_{50}（4h）>6.0mg/L。无作用剂量[mg/(kg·d)]：雄大鼠（104 周）108.3、雌大鼠（104 周）56.3；雄大鼠（18 个月）410、雌大鼠（18 个月）1215；雄性和雌性狗（1 年）10。山齿鹑急性经口 LD_{50}>2250mg/kg；山齿鹑和野鸭饲喂毒性 LC_{50}（5d）>5620mg/L。鱼毒 LC_{50}（96h，mg/L）：大翻车鱼>118，虹鳟鱼>131。水蚤 EC_{50}（48h）>107mg/L。藻类 EC_{50}（5d，mg/L）：羊角月牙藻 0.0053，蓝绿海藻 0.158。蜜蜂 LD_{50}>100μg/只。蚯蚓 LC_{50}>1000mg/kg 土壤。
制剂　WG，WP。
应用　适用于小麦、玉米、水稻、甘蔗、草坪等除草。主要用于防除阔叶杂草和莎草科杂草，如苍耳、曼陀罗、豚草、反枝苋、野西瓜苗、蓼、马齿苋、龙葵、决明、牵牛、香附子等。苗前和苗后均可施用。

合成路线

$$\text{结构式（吡唑甲酯磺酰脲嘧啶 → 氯代产物）}$$

分析方法 产品分析采用 HPLC 法。

主要生产商 Nissan Chemical Industries Ltd，Gowan Co.，Nufarm Ltd，江苏农用激素工程技术研究中心。

参考文献

JP 60208977.

氯丙嘧啶酸（aminocyclopyrachlor）

$C_8H_8ClN_3O_2$，213.6，858956-08-8[858954-83-3]methyl ester；
[858956-35-1]potassium salt

由 E. I. du Pont de Nemours & Co. 开发的嘧啶羧酸类除草剂，2010 年在美国登记。

其他名称 DPX-MAT28，Aptexor

化学名称 6-氨基-5-氯-2-环丙基嘧啶-4-羧酸；6-amino-5-chloro-2-cyclopropylpyrimidine-4-carboxylic acid

CAS 名称 6-amino-5-chloro-2-cyclopropyl-4-pyrimidinecarboxylic acid

理化性质 含量≥92%，白色非晶固体。熔点（140.5±0.1）℃，蒸气压 6.9215×10^{-9} mPa（20℃）。K_{ow} lg$P$（20℃）：-1.12（无缓冲水），-1.01（pH 4），-2.48（pH 7）。Henry 常数 3.51×10^{-7} Pa·m³/mol（pH 7，20℃）。相对密度 1.4732（20℃）。溶解度（g/L，20℃）：水 2.81（无缓冲），3.13（pH 4），4.20（pH 7），3.87（pH 9）；甲醇 36.747，乙酸乙酯 2.008，正辛醇 1.945，丙酮 0.960，乙腈 0.651，二氯甲烷 0.235，邻二甲苯 0.005，正己烷 0.0097mg/L。稳定性：稳定（25℃，pH 4、7、9 时 DT_{50}>1 年）。pK_a 4.65（20℃）。

毒性 大鼠（雌、雄）急性经口 LD_{50}>5000mg/kg，大鼠（雌、雄）急性经皮 LD_{50}>5000mg/kg。对皮肤无刺激（兔）。大鼠吸入 LC_{50}（4h）>5mg/L。最大无作用剂量（2 年）：雄性大鼠 279mg/(kg·d)，雌性大鼠 309mg/(kg·d)。每日允许摄入量 2.79mg/(kg·d)。美洲鹑急性经口 LD_{50}（14d）>2075mg/(kg·d)，美洲鹑急性经口 LD_{50}（8d）>1177mg/(kg·d)，野鸭急性经口 LD_{50}>2423mg/(kg·d)。LC_{50}（96h，mg/L）：大翻车鱼>120，鳟鱼>122，杂色鳉>129；幼鳟鱼 NOEC 11mg/L。水蚤 LC_{50} 43mg/L。生命周期 NOEC 6mg/L。月牙藻 EC_{50}（72h）>122mg/L。EC_{50}（96h，mg/L）：水华鱼腥藻 7.4，中肋骨条藻>120，舟形藻 37。蜜蜂经口 LD_{50}（48h）>112μg/只，接触 LD_{50}（48h）>100μg/只。蠕虫 LC_{50}（14d）>1000mg/kg 干土壤。

制剂 TC。

应用 嘧啶羧酸类除草剂。对阔叶杂草、灌木等有非常好的除草效果，而且针对现在日益严重的抗草甘膦、乙酰乳酸合成酶和三嗪类的杂草有突出的防效。能快速被杂草叶和根部吸收，转移进入分生组织，表现出激素类除草剂作用。

主要生产商　江苏联化。

参考文献

[1] EP 1694651.

[2] US 7863220.

[3] Proc 5th International Weed Science Congress, 2008, 1: 654.

氯草敏（chloridazon）

$C_{10}H_8ClN_3O$, 221.6, 1698-60-8, 以前用58858-18-7

由 A. Fischer 于 1962 年报道，BASF AG（今 BASF SE）于 1964 年推出。

其他名称　BAS119H, pyrazon, PAC, Pyramin

化学名称　5-氨基-4-氯-2-苯基哒嗪-3($2H$)-酮; 5-amino-4-chloro-2-phenylpyridazin-3($2H$)-one

CAS 名称　5-amino-4-chloro-2-phenyl-3($2H$)-pyridazinone

理化性质　淡棕色固体，熔点 198～202℃，相对密度 1.54。蒸气压＜0.01mPa(20℃)。$K_{ow}\lg P$ 1.19（pH 7）。Henry 系数＜$6.52×10^{-10}$Pa·m³/mol（计算值）。溶解度(20℃)：水 400mg/L，丙酮 28g/kg，苯 0.7g/kg，甲醇 34g/kg。

毒性　急性经口 LD_{50}：雄大鼠 3830mg/kg，雌大鼠 2140mg/kg。大鼠急性经皮 LD_{50}＞2000mg/kg。对兔皮肤和眼睛无刺激。

制剂　SC, WP, WG。

应用　用于防除甜菜地中的阔叶杂草，种植前混施，芽前或芽后（子叶期后）施用均可。

分析方法　产品分析用红外光谱或 HPLC 法。

主要生产商　BASF 公司。

参考文献

[1] Fischer A. Weed Res, 1962, 2: 177-184.

[2] US 3222159.

[3] US 3210353.

[4] DE 1105232.

[5] CIPAC Handbook. 1988, D: 31.

氯氟吡氧乙酸（fluroxypyr）

2-butoxy-1-mothylothyl, R=$CH_3(CH_2)_3OCH_2CH(CH_3)$

meptyl(1-methytheptyl), R=$CH_3(CH_2)_3CH(CH_3)$

$C_7H_5Cl_2FN_2O_3$, 255.0; $C_{15}H_{21}Cl_2FN_2O_3$, 367.2; 69377-81-7

1985 年由 Dow Chemical Co.（现 Dow AgroSciences）推出的吡啶氧羧酸类除草剂。

其他名称 使他隆，氟草定，Dowco 433，Hurler，Starane

化学名称 4-氨基-3,5-二氯-6-氟-2-吡啶氧乙酸；4-amino-3,5-dichloro-6-fluoro-2-pyridyloxyacetic acid

CAS 名称 [(4-amino-3,5-dichloro-6-fluoro-2-pyridinyl)oxy]acetic acid

理化性质 氯氟吡氧乙酸纯品为白色结晶固体。熔点 232~233℃，蒸气压：3.784×10^{-6} mPa（20℃），5×10^{-2} mPa（25℃）。$K_{ow} \lg P$ -1.24，相对密度 1.09（24℃）。水中溶解度（mg/L，20℃）：5700（pH 5.0），7300（pH 9.2）；其他溶剂中溶解度（g/L，20℃）：丙酮 51.0，甲醇 34.6，乙酸乙酯 10.6，异丙醇 9.2，二氯甲烷 0.1，甲苯 0.8，二甲苯 0.3。酸性条件下稳定，碱性条件下即成盐。水中 DT_{50}：185d（pH 9，20℃）。高于熔点分解，见光稳定。pK_a 2.94。

氯氟吡氧乙酸异辛酯纯品为白色结晶固体。熔点 58.2~60℃，蒸气压：1.349×10^{-3} mPa（20℃），2×10^{-2} mPa（20℃）。$K_{ow} \lg P$：4.53（pH 5），5.04（pH 7）。Henry 常数 5.5×10^{-3} Pa·m³/mol，相对密度 1.322。水中溶解度（mg/L，20℃）：0.09；其他溶剂中溶解度（g/L，20℃）：丙酮 867，甲醇 469，乙酸乙酯 792，二氯甲烷 896，甲苯 735，二甲苯 642，已烷 45。正常贮存条件下稳定，熔点以上分解，见光稳定。水解 DT_{50}：454d（pH 7），3.2d（pH 9），pH 5 稳定。天然水中 DT_{50} 1~3 d。

毒性 氯氟吡氧乙酸大鼠急性经口 LD_{50}：2405mg/kg。兔急性经皮 $LD_{50}>$5000mg/kg。对兔眼睛有轻微刺激，对兔皮肤无刺激。大鼠急性吸入 LC_{50}（4h）$>$0.296mg/L 空气。无作用剂量：大鼠（2 年）80mg/(kg·d)，小鼠（1.5 年）320mg/(kg·d)。无致癌、致畸、致突变作用。野鸭、山齿鹑急性经口 $LD_{50}>$2000mg/kg。虹鳟鱼、金雅罗鱼 LC_{50}（96h）$>$100mg/L。水蚤 LC_{50}（48h）$>$100mg/L。藻类 EC_{50}（96h）$>$100mg/L。对蜜蜂无毒，LD_{50}（48h，接触）$>25\mu$g/只。

氯氟吡氧乙酸异辛酯大鼠急性经口 LD_{50}：5000mg/kg。兔急性经皮 $LD_{50}>$2000mg/kg。对兔眼睛有轻微刺激，对兔皮肤无刺激。对豚鼠皮肤无致敏性。大鼠急性吸入 LC_{50}（4h）$>$1mg/L 空气。无作用剂量（90d）：雄大鼠 80mg/(kg·d)，雌大鼠 300mg/(kg·d)。野鸭、山齿鹑急性经口 $LD_{50}>$2000mg/kg。虹鳟鱼、金雅罗鱼 LC_{50}（96h）$>$溶解度极限。水蚤 LC_{50}（48h）$>$溶解度极限。藻类 EC_{50}（96h）$>$溶解度极限。对蜜蜂无毒，LD_{50}（48h，接触）$>100\mu$g/只。蚯蚓 LC_{50}（14d）$>$1000mg/kg。

制剂 EC，EW，SE。

应用 吡啶类内吸传导型苗后除草剂。施药后被植物叶片与根迅速吸收，在体内很快传导，敏感作物出现典型的激素类除草剂反应，植株畸形，扭曲。在耐药性植物如小麦体内，药剂可结合成轭合物失去毒性，从而具有选择性。适用小麦、大麦、玉米、棉花、果园、水稻等作物。可用于防除小麦、玉米、棉花、水稻田埂和柑橘果园等多种恶性阔叶杂草，如猪殃殃、泽漆、竹叶草、卷茎蓼、苘麻、田旋花、龙葵、杠板归、飞蓬、蛇莓、曼陀罗、铁苋菜、水花生等阔叶杂草和蕨类杂草。

合成路线 以 4-氨基-3,5-二氯-2,6-二氟吡啶为原料经甲硫基、氧化等反应得到目的物。

分析方法 采用 HPLC 法。

主要生产商 Dow AgroSciences，Aimco，安徽丰乐，重庆双丰，万全力华，开封田威生物，江苏中旗，江苏农用激素，江西安利达，利尔化学，华洲药业，山东绿霸，亿尔化学，浙江永农。

参考文献

[1] US 3830822.
[2] US 4110104.

氯氟草醚（ethoxyfen-ethyl）

$C_{19}H_{15}Cl_2F_3O_5$, 450.1, 131086-42-5

由匈牙利 Budapest 化学公司开发的二苯醚类除草剂。

其他名称 氯氟草醚乙酯，HC-252，Buvirex

化学名称 O-[2-氯-5-(2-氯-$\alpha,\alpha,\alpha,$-三氟对甲苯基氧)苯甲酰基]-L-乳酸乙酯；ethyl O-[2-chloro-5-(2-chloro-$\alpha,\alpha,\alpha,$-trifluoro-p-toyloxy) benzoyl]-L-lactate

CAS 名称 ethyl（S)-[2-chloro-5-[2-chloro-4-(trifluoromethyl) phenoxy] benzoyl] lactate；benzoic acid-, 2-chloro-5-[2-chloro-4-(trifluoromethyl)phenoxy]-,（S)-, 2-ethoxyl-1-methyl-2-oxoethyl ester

理化性质 其纯品为黏稠状液体。易溶于丙酮、甲醇和甲苯等有机溶剂。

毒性 大鼠急性经口 LD_{50}：雄性 843mg/kg、雌性 963mg/kg。小鼠急性经口 LD_{50}：雄性 1269mg/kg、雌性 1113mg/kg。兔急性经皮 $LD_{50}>2000$mg/kg。对兔皮肤无刺激性，对兔眼睛有中度刺激性。大鼠急性吸入 LC_{50}（14d）：雄性 9679mg/L 空气、雌性 9344mg/L 空气。无致突变性，无致畸性。

制剂 EC。

应用 原卟啉原氧化酶抑制剂。触杀型除草剂。施药后 15d 内杂草即可死亡，大龄草即停止生长，最终死亡。氯氟草醚主要用于苗后防除大豆、小麦、大麦、花生、豌豆等田地中的阔叶杂草如猪殃殃、苘麻、反枝苋、苍耳等十多种杂草。

氯磺隆（chlorsulfuron）

$C_{12}H_{12}ClN_5O_4S$, 357.8, 64902-72-3

由 P. G. Jensen 于 1980 年报道，由 E. I. du Pont de Nemours & Co. 于 1982 年在美国上市。

其他名称 嗪磺隆，DPX 4189，W4189，Glean，Telar

化学名称 1-(2-氯苯基磺酰)-3-(4-甲氧基-6-甲基-1,3,5-三嗪-2-基)脲；1-(2-chlorophenylsulfonyl)-3-(4-methoxy-6-methyl-1,3,5-triazin-2-yl)urea

CAS 名称 2-chloro-N-[[(4-methoxy-6-methyl-1,3,5-triazin-2-yl)amino]carbonyl]benzenesulfonamide

理化性质 白色结晶固体。熔点：170～173℃（纯品98%）。蒸气压：1.2×10^{-6} mPa（20℃）；3×10^{-6} mPa（25℃）。$K_{ow}\lg P$ －0.99（pH 7）。Henry常数（Pa·m³/mol，20℃，计算值）：5×10^{-10}（pH 5）；3.5×10^{-11}（pH 7）；3.2×10^{-12}（pH 9）。相对密度1.48。溶解度：水0.876（pH 5），12.5（pH 7），134（pH 9）（g/L，20℃）；0.59（pH 5），31.8（pH 7）（g/L，25℃）；二氯甲烷1.4，丙酮4，甲醇15，甲苯3，正己烷＜0.01（g/L，25℃）。稳定性：干燥条件对光稳定，192℃分解。水解DT_{50}：23d（pH 5，25℃）；＞31d（pH＞7）。pK_a 3.4。

毒性 急性经口LD_{50}（mg/kg）：雄大鼠5545，雌大鼠6293。兔急性经皮LD_{50} 3400mg/kg。对眼睛有中度刺激，对皮肤无刺激性，无皮肤敏感性。大鼠吸入LC_{50}（4h）＞5.9mg/L（空气）。无作用剂量：小鼠（2年）500mg/kg饲料，大鼠100mg/kg饲料（5mg/kg），狗（1年）2000mg/kg饲料。急性经口LD_{50}：野鸭和山齿鹑＞5000mg/kg；饲喂LC_{50}（8d）：野鸭和山齿鹑＞5000mg/L。鱼类LC_{50}（96h，mg/L）：虹鳟鱼＞250，大翻车鱼＞300。水蚤EC_{50}（48h）＞112mg/L。羊角月牙藻EC_{50} 50μg/L。蜜蜂LD_{50}（接触）＞100μg/只。蠕虫LC_{50}＞2000mg/kg。

制剂 TC，WG，WP。

应用 属磺酰脲类除草剂，是侧链氨基酸合成抑制剂，选择性内吸除草剂，通过叶面和根部吸收并迅速传导到顶端和基部，抑制敏感植物根基部和顶芽细胞的分化和生长，阻碍支链氨基酸的合成，在非敏感植物体内迅速代谢为无活性物质。适用于小麦、大麦等作物田，防除小麦、大麦等作物田的阔叶杂草和部分一年生禾本科杂草，可彻底防除藜、蓼、苋、田旋花、田蓟、母菊、珍珠菊、酸模、苘麻、曼陀罗、猪殃殃等阔叶杂草以及狗尾草、黑麦草、早熟禾等禾本科杂草。可在播前、苗前、苗后单独使用。对甘蔗、啤酒花敏感。

分析方法 产品分析采用RPLC-UV。

主要生产商 江苏常隆，江苏天容，江苏激素研究所，沈阳丰收。

参考文献

[1] Jensen P G. Weed Control, 1980：24.
[2] US 4127405.
[3] CIPAC Handbook, 1998, H：89.

氯甲草（clofop）

$C_{15}H_{13}ClO_4$，292.7；isobutyl ester，$C_{19}H_{21}ClO_4$，348.8；59621-49-7（外消旋体）；26129-32-8（未指明立体结构）；51337-71-4（异丁酯，未指明立体结构）

1975年由F. Schwerdtle等报道，其异丁酯由Hoechst AG推出。

其他名称 Hoe 22 870

化学名称 (±)-2-[4-(4-氯苯氧基)苯氧基]丙酸；(±)-2-[4-(4-chlorophenoxy)phenoxy]propionic acid

CAS 名称 (±)-2-[4-(4-chlorophenoxy)phenoxy]propanoic acid

理化性质　异丁酯为无色晶体。熔点 39~40℃。水中溶解度 180mg/L（22℃）。在丙酮和二甲苯中溶解度大。

毒性　雄大鼠急性经口 LD_{50} 1208mg/kg。雄大鼠和狗 NOEL（90d）32mg/kg 饲料。

应用　苗后除草剂。用于双子叶植物和谷物田防除一年生杂草，如鼠尾看麦娘、稗草、龙爪稷和狗尾草。由根和叶吸收，具有选择性。

参考文献

Schwerdtle F，et al. Mitt Biol Bundesanst Land-Forstwirtsch Berlin-Dahlem，1975，165：171.

氯硫酰草胺（chlorthiamid）

$C_7H_5Cl_2NS$, 206.1, 1918-13-4

由 H. Stanford 于 1964 年报道，Shell Research Ltd. 推出。

其他名称　WL5792，Prefix，chlortiamide

化学名称　2,6-二氯硫代苯甲酰胺；2,6-dichlorothiobenzamide

CAS 名称　2,6-dichlorobenzenecarbothioamide

理化性质　灰白色固体，熔点 151~152℃，蒸气压 0.13mPa（20℃）。K_{ow} lg$P$ 1.77。Henry 常数 $2.82×10^{-5}$ Pa·m³/mol（计算值）。相对密度 1.59。21℃时在水中的溶解度是 950mg/L，溶于芳烃或氯代烃（5~10g/100g），在 90℃以下和酸性溶液中稳定，但在碱溶液中转化为敌草腈。

毒性　急性经口 LD_{50}：大鼠＞2000mg/kg，鸭 374mg/kg。大鼠急性经皮 LD_{50}＞1000mg/kg。大鼠 90d 饲喂试验表明其无作用剂量为 100mg/kg 饲料。鲤鱼 LC_{50}（96h）42mg/L。

制剂　GR。

应用　该药对萌发种子有毒，可被根部吸收，在某种程度上被叶吸收，但仅有很小的向下传导能力。药害症状与缺乏元素硼的症状相似。

分析方法　产品分析用电位滴定法。

主要生产商　Shell 公司。

参考文献

[1]　CIPAC Handbook，1980，1A：1158.

[2]　BE 612252.

[3]　Stanford H. Proc Br Weed Control Conf 7th，1964：208.

氯嘧磺隆（chlorimuron-ethyl）

$C_{15}H_{15}N_4O_6S$, 414.8, 90982-32-4

由 E. I. Du Pont de Nemours & Co. 于 1986 年在美国登记。

其他名称 豆磺隆，DPX-F6025，Classic，Darben，Sponsor

化学名称 2-[(4-氯-6-甲氧基嘧啶-2-基)氨基甲酰基氨基磺酰基]苯甲酸乙酯；ethyl 2-(4-chloro-6-methoxypyrimidin-2-ylcarbamoylsulfamoyl) benzoate

CAS 名称 ethyl 2-[[[[(4-chloro-6-methoxy-2-pyrimidinyl)amino]carbonyl]amino]sulfonyl]benzoate

理化性质 原药纯度为 92%。其纯品为无色固体，熔点 181℃，蒸气压 4.9×10^{-7} mPa（25℃），相对密度 1.51（25℃）。K_{ow}lg$P$ 0.11（pH 7）。Henry 常数 1.7×10^{-10} Pa·m³/mol。水中溶解度（mg/L，25℃）：9（pH 5），450（pH 6.5），1200（pH 7）。在其他有机溶剂中溶解度不大。在 pH 5，温度 25℃ 的水溶液中 DT_{50} 为 17~25d。pK_a 4.2。

毒性 大鼠急性经口 LD_{50} 4102mg/kg，兔急性经皮 LD_{50}＞2000mg/kg。对兔眼睛和皮肤无刺激性。大鼠吸入 LD_{50}（4h）＞5mg/L。饲喂试验无作用剂量：大鼠（2 年）250mg/kg 饲料 [12.5mg/(kg·d)]，狗（1 年）250mg/kg 饲料 [6.25mg/(kg·d)]。在试验条件下，对动物未发现致畸、致突变、致癌作用。ADI 值：0.02mg/kg。野鸭急性经口 LD_{50}（14d）＞2510mg/kg，野鸭和小齿鹑饲喂 LC_{50}＞5620mg/kg。虹鳟鱼 LC_{50}（96h）＞1000mg/L。蜜蜂 LD_{50}（48h）＞12.5μg/只。蚯蚓 LC_{50}＞40500mg/kg。

制剂 WP。

应用 氯嘧磺隆属乙酰乳酸合成酶（ALS）抑制剂。主要用于防除阔叶杂草，对幼龄禾本科杂草仅起一定的抑制作用。敏感的杂草有苍耳、狼把草、鼬瓣花、香薷、苘麻、反枝苋、鬼针草、藜、大叶藜、本氏蓼、卷茎蓼、野薄荷、苣荬菜、刺儿菜等。对小叶藜、蓟、问荆及幼龄禾本科杂草有抑制作用。耐药性杂草有繁缕、鸭跖草、龙葵。主要适用于大豆。玉米的耐药性次之，小麦、大麦、棉花、花生、高粱、苜蓿、芥菜的耐药性差，向日葵、水稻、甜菜的耐药性最差。

合成路线

分析方法 分析采用 HPLC 法。

主要生产商 DuPont，Cheminova，AGROFINA，Nortox，Repont，Sharda，大连瑞泽，沈阳化工研究院，苏州恒泰。

参考文献

[1] EP 246984.
[2] JP 0116770.
[3] US 4394506.
[4] US 4547215.
[5] BR 8303322.
[6] DE 4341454.

氯全隆 (dichloralurea)

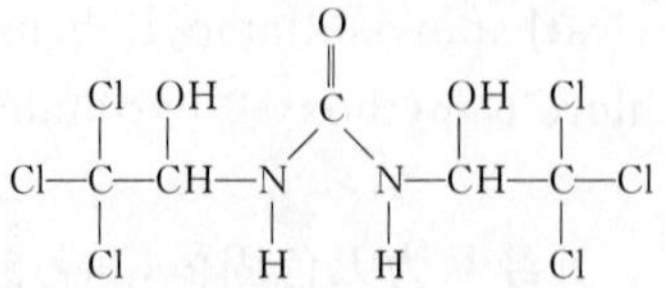

$C_5H_6Cl_6N_2O_3$, 354.8, 116-52-9

由 Union Carbide Corp.（后来为 Rhône-Poulenc Ag.）开发。

其他名称　DCU，dichloralurée

化学名称　1,3-双(2,2,2-三氯-1-羟基乙基)脲；1,3-bis(2,2,2-trichloro-1-hydroxyethyl)urea

CAS 名称　N,N'-bis(2,2,2-trichloro-1-hydroxyethyl)urea

应用　除草剂。

氯炔灵 (chlorbufam)

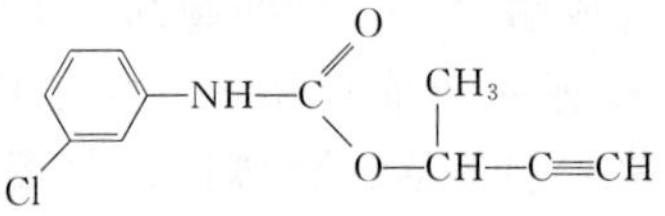

$C_{11}H_{10}ClNO_2$，223.7，1967-16-4

由 A. Fischer 于 1960 年报道，BASF AG 推出。

其他名称　BIPC，chlorbufame

化学名称　1-甲基丙基-2-基-3-氯苯氨基甲酸酯；1-methylprop-2-ynyl-3-chlorocarbanilate；1-methylprop-2-ynyl-3-chlorophenylcarbamate

CAS 名称　1-methyl-2-propynyl(3-chlorophenyl)carbamate

理化性质　本品为无色结晶。熔点 45~46℃。蒸气压 2.1mPa（20℃）。Henry 系数 8.70×10^{-4} Pa·m³/mol（计算值）。原药相对密度 1.22。溶解度（20℃）：水 540mg/L，丙酮 280g/kg，乙醇 95g/kg，甲醇 286g/kg。40℃ 以上稳定。pH>13 和<1 时不稳定。暴露在光下，颜色发生变化。

毒性　大鼠急性经口 LD_{50} 为 2500mg/kg。兔背部涂本品 15min 后引起轻微的红斑，20h 之后症状明显。

制剂　WP。

应用　氨基甲酸酯类除草剂。用于防除风草、野萝卜、田白芥、繁缕、小荨麻、藜、母菊属、早熟禾等。适用于花茎作物、韭葱和洋葱。芽前施用，通常与杀草敏混用。

分析方法　产品分析采用滴定法。

主要生产商　BASF AG。

参考文献

[1] DE 1034912.
[2] DE 1062482.
[3] US 3075835.

氯酸钙 (calcium chlorate)

$CaCl_2O_6$, 207.0, 10137-74-3

化学名称 氯酸钙;calcium chlorate
CAS 名称 calcium chlorate
理化性质 白色至淡黄色结晶。有潮解性。溶于水、乙醇和丙酮。相对密度 2.711。熔点 340℃。加热熔融时生成氯化钙并分解放出氧气。
应用 除草剂和去叶剂。

氯酞酸 (chlorthal)

$C_8H_2Cl_4O_4$, 303.9, 2136-79-0

由 P. H. Schuldt 等于 1960 年报道。
其他名称 DAC893
化学名称 四氯对苯二甲酸;tetrachloroterephthalic acid
CAS 名称 2,3,5,6-tetrachloro-1,4-benzenedicarboxylic acid
毒性 大鼠急性经口 LD_{50}>3000mg/kg,兔急性经皮 LD_{50}>10000mg/kg。一次用药 3mg 对白兔眼睛产生轻微刺激,而在 24h 内即可消失。大鼠和狗用含 1% 的饲料喂养未见不良影响。
制剂 WP,GR。
应用 芽前除草剂。用于防治一年生禾本科杂草和阔叶杂草。适用于多种作物,包括玉米、棉花、大豆、菜豆、洋葱、辣椒、马铃薯、草莓、莴苣、茄子、芜菁等。
主要生产商 Amvac 公司。
参考文献
US 2923634.

氯酰草膦 (clacyfos)

$C_{12}H_{15}Cl_2O_6P$, 357.1, 215655-76-8

氯酰草膦是 2,4-D 的复杂的酯,在 BCPC Congress,Glasgow,2009 报道。
其他名称 HW02
化学名称 [(1RS)-1-(2,4-二氯苯氧乙酰氧基)乙基]膦酸二甲酯;dimethyl [(1RS)-1-

(2,4-dichlorophenoxyacetoxy)ethyl]phosphonate

CAS 名称　1-(dimethoxyphosphoryl)ethyl 2-(2,4-dichlorophenoxy)acetate

应用　植物丙酮酸脱氢酶系抑制剂。用于选择性防除草坪、小麦和玉米田一年生和多年生阔叶杂草和莎草。

主要生产商　DAPT，大连瑞泽。

氯溴隆（chlorbromuron）

$C_9H_{10}BrClN_2O_2$，293.5，13360-45-7

由 D. H. Green 等于 1966 年报道，Ciba AG（后 Syngenta AG）推出。

其他名称　C6313，chlorobromuron，Maloran

化学名称　3-(4-溴-3-氯苯基)-1-甲氧基-1-甲基脲；3-(4-bromo-3-chlorophenyl)-1-methoxy-1-methylurea

CAS 名称　N'-(4-bromo-3-chlorophenyl)-N-methoxy-N-methylurea

理化性质　纯品为无色粉末，熔点 95～97℃，蒸气压 0.053mPa（20℃）。K_{ow} lg$P$ 2.9。Henry 常数 $4×10^{-4}$ Pa·m³/mol（计算值）。相对密度 1.69（20℃）。溶解度（20℃）：水 35mg/L，丙酮 460g/kg，苯 72g/kg，二氯甲烷 170g/kg，己烷 89g/kg，丙醇 12g/kg。在中性、弱酸或弱碱介质中分解缓慢。土壤中 DT_{50} 60～120d。

毒性　大鼠急性经口 LD_{50}＞5000mg 原药/kg。大鼠急性经皮 LD_{50}＞2000mg/kg。对兔皮肤和眼睛稍有刺激。大鼠急性吸入 LC_{50}（6h）＞105mg/L 空气。90 天饲喂试验中无作用剂量为：大鼠 316mg/kg 饲料 [21.0mg/(kg·d)]，狗＞316mg/kg 饲料 [10.5mg/(kg·d)]。LC_{50}：虹鳟鱼和太阳鱼 5mg/L，鲫鱼 8mg/L。对鸟类和蜜蜂无毒。

制剂　WP。

应用　脲类除草剂。芽前用于胡萝卜、豌豆、马铃薯、大豆、向日葵田；芽后用于移栽芹菜、胡萝卜田。

分析方法　产品分析采用 GLC 法。

主要生产商　Syngenta。

参考文献

[1] Green D H. Proc Br Weed Control Conf 8th, 1966, 2: 363.
[2] BE 662268.
[3] GB 965313.

氯乙地乐灵（chlornidine）

$C_{11}H_{13}Cl_2N_3O_4$，322.1，26389-78-6

由 Ausul 公司开发。

其他名称　氯乙灵，AN56477，HOK-717

化学名称　N,N-二(2-氯乙基)-4-甲基-2,6-二硝基苯胺；N,N-bis(2-chloroethyl)-4-methyl-2,6-dinitrobenzenamine

CAS名称　N,N-bis(2-chloroethyl)-4-methyl-2,6-dinitrobenzenamine

理化性质　黄色固体，熔点 42～43℃，蒸气压 $8×10^{-4}$ Pa/20℃/20℃ 时溶解度（g/100g）：苯、乙醚、丙酮、氯仿 100，乙醇 17.7，环己烷 25.1，水 0.007。对光敏感。

毒性　大鼠急性经口 LD_{50}＞2200mg/kg，急性经皮 LD_{50}＞1640mg/kg。亚急性毒性试验中对大鼠和小鼠用 20～1620mg/kg 饲料饲喂 13 周，除雄小鼠死亡率增加和睾丸损害外，无其他明显的毒理变化。

制剂　NE。

应用　用于棉花、大豆、玉米、高粱和花生田中防除禾本科杂草，对阔叶杂草的效果较差。播前土壤处理。

分析方法　产品分析采用气相色谱法。

参考文献

[1]　US 3726922.

[2]　CA 7962458.

氯乙氟灵（fluchloralin）

$C_{12}H_{13}ClF_3N_3O_4$，355.7，33245-39-5

1972 年由 A. Fischer 报道。由 BASF 公司开发。

其他名称　BAS392H，BAS3920，BAS3921，BAS3922，Basalin

化学名称　N-(2-氯乙基)-$α,α,α$-三氟-2,6-二硝基-N-丙基对甲苯胺；N-(2-chloroethyl)-2,6-dinitro-N-propyl-4-(trifluoromethyl)aniline；N-(2-chloroethyl)-$α,α,α$-trifluoro-2,6-dinitro-N-propyl-p-toluidine

CAS名称　N-(2-chloroethyl)-2,6-dinitro-N-propyl-4-(trifluoromethyl)benzenamine

理化性质　原药纯度≥97%。橘黄色固体。熔点 42～43℃，蒸气压 4mPa（20℃）。溶解度（20℃）：水中＜1mg/kg；丙酮、苯、氯仿、乙醚中＞1kg/kg，环己烷中 251g/kg，乙醇中 177g/kg。紫外线下不稳定。

毒性　急性经口 LD_{50}（mg/kg）：大鼠 1550，兔 8000，小鼠 730，狗 6400。兔急性经皮 LD_{50}＞10000mg/kg。大鼠吸入毒性 LC_{50}（4h）8.4mg/L。NOEL（90d）：大鼠 250mg/kg，狗＜750mg/kg。鸭急性经口 LD_{50} 1300mg/kg，白鹑鹑 7000mg/kg。鱼毒 LC_{50}（96h，mg/L）：大翻车鱼 0.016，虹鳟鱼 0.012。对蜜蜂无毒。

制剂　EC。

应用　植前或芽前除草剂。用于防除棉花、花生、黄麻、马铃薯、水稻、大豆和向日葵田中的禾本科杂草和阔叶杂草。持效期 10～12 周。

分析方法　产品和残留物均用气相色谱法。

参考文献

[1]　DE 1643719.

[2] BE 725877.
[3] GB 1241458.
[4] US 3618425.

氯乙酸 (monochloroacetic acid)

$$Cl-CH_2-\overset{O}{\underset{OH}{C}}$$

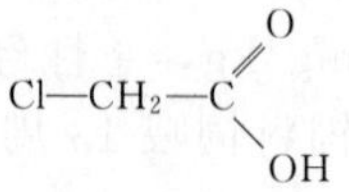

$C_2H_3ClO_2$, 94.5, 79-11-8

A. E. hitchcock 等报道了氯乙酸的除草活性，T. C. Breese 和 A. F. J. Wheeler 报道了氯乙酸钠的活性。氯乙酸钠由 ICI Plant Protectiondivision（现 Zeneca Agrochemicals，已停止生产和销售）开发。

化学名称 氯乙酸；chloroacetic acid

CAS 名称 chloroacetic acid

理化性质 氯乙酸以溶解的固体存在，有 3 种晶体。熔点 63℃（alpha），55～56℃（beta），50℃（gamma）；原药 61～63℃。沸点 189℃。易溶于水，溶于乙醇、苯、氯仿和乙醚。

毒性 对兔的皮肤和眼睛有刺激性。大鼠 700mg/kg 饲喂 7 个月无影响。对家禽有毒，虹鳟鱼（48h）900mg/L。对蜜蜂有毒。

制剂 SP。

应用 触杀型除草剂，防除甘蓝、韭菜、洋葱等苗期一年生杂草，苗后使用。

分析方法 产品氯含量的分析采用碱性水解和硝酸银滴定法，校正氯离子和二氯醋酸钠最初含量。

参考文献
The Pesticide Manual. 16th ed.

氯藻胺 (quinonamid)

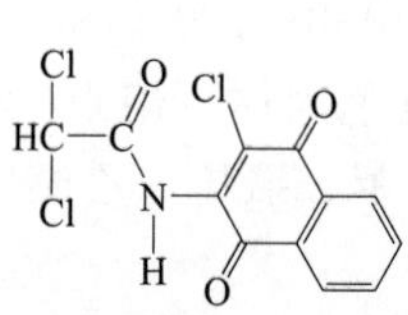

$C_{12}H_6Cl_3NO_3$, 318.5, 27541-88-4

由 P. hartz 等报道的灭藻剂，由 HoechstAG 开发。

其他名称 Hoe 02 997，Alginex，Nosprasit

化学名称 2,2-二氯-N-(3-氯-1,4-萘醌-2-基)乙酸胺；2,2-dichloro-N-(3-chloro-1,4-naphthoquinon-2-yl)acetamide

CAS 名称 2,2-dichloro-N-(3-chloro-1,4-dihydro-1,4-dioxo-2-naphthalenyl)acetamide

理化性质 原药含量97%，熔点214～216℃，蒸气压0.011mPa（20℃）。水中溶解度：3.0（pH 4.6），60（pH 7）(mg/L，23℃)；丙酮约7，乙醇约3，已烷0.04，二甲苯8（g/L，20℃）。碱性或者酸性条件下分解。

毒性 大鼠急性经口 LD_{50} 1700～15000mg/kg。大鼠（90d）无作用剂量 2000mg/kg（饲料）。日本鹌鹑 LD_{50} 11136～15542mg/kg。虹鳟鱼 LC_{50}（96h）0.45mg/L。

制剂 GR，WP。

应用 用于防除玻璃下面或者开放空间的藻类和苔藓。也可用于水稻田种子处理剂。

分析方法 产品分析采用 GLC。

参考文献

[1] DE 1768447.
[2] GB 1263625.

氯酯磺草胺（cloransulam-methyl）

$C_{15}H_{13}ClFN_5O_5S$，429.8，147150-35-4；
$C_{14}H_{11}ClFN_5O_5S$(酸)，415.8，159518-97-5

由道农业科学（Dow Agroscience）公司开发的三唑并嘧啶磺酰胺类除草剂。

其他名称 XDE-565，First Rate，Meta，Pacto

化学名称 3-氯-2-(5-乙氧基-7-氟[1,2,4]三唑并[1,5-c]嘧啶-2-基)磺酰氨基苯甲酸甲酯；methyl 3-chloro-2-(5-ethoxy-7-fluoro[1,2,4]triazolo[1,5-c]pyrimidin-2-ylsulfonamido)benzoate；methyl 3-chloro-N-(5-ethoxy-7-fluoro[1,2,4]triazolo[1,5-c]pyrimidin-2-ylsulfonyl)anthranilate

CAS 名称 methyl 3-chloro-2-[[(5-ethoxy-7-fluoro[1,2,4]triazolo[1,5-c]pyrimidin-2-yl)sulfonyl]amino]benzoate

理化性质 纯品为灰白色粉末。熔点 216～218℃。蒸气压 4.0×10^{-11} mPa（25℃）。K_{ow}lg$P$：1.12（pH5），-0.365（pH7），-1.24（pH8.5），0.268（蒸馏水）。相对密度 1.538（20℃）。溶解度（25℃）：水 3mg/L（pH5），184mg/L（pH7）；丙酮 4360，乙腈 5500，二氯甲烷 6980，乙酸乙酯 980，甲醇 470，正己烷<10，辛醇<10，甲苯 14（mg/L）。稳定性：稳定（pH5），缓慢降解（pH7），迅速水解（pH9），光解 DT_{50} 22min。pK_a 4.81（20℃）。

毒性 大鼠急性经口 LD_{50}>5000mg/kg。兔急性经皮 LD_{50}>2000mg/kg，对皮肤无刺激作用（兔），对皮肤无致敏性（豚鼠）。大鼠吸入 LC_{50}（4h）>3.77mg/L 空气。无作用剂量：狗（1年）5mg/(kg·d)；雄大鼠（90d）50mg/(kg·d)。山齿鹑急性经口 LD_{50}>2250mg/kg。山齿鹑和野鸭饲喂 LC_{50}>5620mg/kg。鱼类 LC_{50}（96h）：大翻车鱼>295mg/L，虹鳟鱼>86mg/L。水蚤 LC_{50}（48h）>163mg/L。羊角月牙藻 EC_{50} 0.00346mg/L。其他水生动植物：草虾 LC_{50}（96h）>121mg/L；东方生蚝 LC_{50}（48h）>111mg/L。蜜蜂 LD_{50}（48h，接触）>25μg/只。蚯蚓：无作用剂量（14d）859mg/kg 土壤。

制剂 WG。

应用 主要用于防除大多数重要的阔叶杂草如苘麻、豚草、三裂豚草、苍耳、裂叶牵牛、向日葵等，苗前苗后土壤处理。适用于大豆等作物。属于乙酰乳酸合成酶抑制剂。氯酯磺草胺在大豆中的半衰期小于 5h，在推荐剂量下使用对大豆安全。在阴冷潮湿的条件下施药有可能会对作物产生药害，通常条件下土壤中的微生物可对其进行降解。施药后 3 个月可种植小麦，9 个月可种植苜蓿、燕麦、棉花、花生，30 个月后可种植甜菜、向日葵、烟草。氯酯磺草胺对作物的安全性非常好，早期药害表现为发育不良，但对产量没有影响，后期没有明显的药害。为扩大杀草谱，还可以与其他除草剂混合使用。

合成路线

主要生产商 Dow AgroSciences。

参考文献
[1] US 5068392.
[2] US 5118832.
[3] US 5163995.
[4] WO 9512595.
[5] US 5163995.
[6] EP 343752.

麦草伏（flamprop）

$C_{16}H_{13}ClFNO_3$，321.7，58667-63-3；
其酯52756-25-9；异丙酯52756-22-6

1974 年 E. Haddock 等报道了麦草伏甲酯的除草性质，其甲酯和异丙酯由 Shell Research Ltd 开发。

其他名称 Mataven，Lancer，WL29671

化学名称 N-苯甲酰基-N-(3-氯-4-氟苯基)-DL-丙氨酸；N-benzoyl-N-(3-chloro-4-fluorophenyl)-DL-alanine；甲酯：N-苯甲酰基-N-(3-氯-4-氟苯基)-DL-丙氨酸甲酯；methyl N-benzoyl-N-(3-chloro-4-fluorophenyl)-DL-alaninate；（±）-N-苯甲酰基-N-(3-氯-4-氟苯基)-2-氨基丙酸甲酯；（±）-N-benzoyl-N-(3-chloro-4-fluorophenyl)-2-aminopropionate

CAS 名称 *N*-benzoyl-*N*-(3-chloro-4-fluorophenyl)-DL-alanine merhyl ester

理化性质 纯麦草伏甲酯为无色结晶固体，熔点 84～86℃，蒸气压 0.047mPa（20℃）。原药（纯度≥93%）为灰白色结晶粉末，熔点 81～82℃。溶解度（20℃）：水约 35mg/L（22℃），丙酮＞500g/L，环己酮 414g/L，乙醇 135g/L，己烷 7g/L。对光、热稳定，2＜pH＜7 不水解，pH＞7 水解为甲醇。

毒性 急性经口 LD_{50}：大鼠 1210mg 麦草伏甲酯/kg，小鼠 720mg/kg，家禽＞1000mg/kg。大鼠急性经皮 LD_{50}＞294mg（a.i.）（乳油）/kg。大鼠接受 2.5mg（a.i.）/kg 饲料及狗接受 10mg/kg 饲料在 2 年饲喂试验中未见毒理学影响。虹鳟鱼 LC_{50}（96h）4.7mg/L。

制剂 EC。

应用 麦草伏甲酯为选择性苗后除草剂。用于冬小麦和春播小麦，对燕麦属的野燕麦、法国野燕麦和其他种的野燕麦的防效＞90%。本品通常还可有效抑制鼠尾看麦娘。麦草伏甲酯的选择性由水解为酸的程度及后来通过在植物体内生成共轭物的解毒作用所决定；其酸可传输至生长点，抑制植物生长。

分析方法 产品分析用 IR 或 GLC。

参考文献
[1] GB 1437711.
[2] GB 1164160.

麦草畏（dicamba）

$C_8H_6Cl_2NO_3$，221.0，1918-00-9，7600-50-2(5-hydroxyderivative)

1961 年由 R. A. darrow 和 R. h. haas 报道除草活性，由 Velsicol Chemical Corp. 公司开发，后来由 Sandoz AG（现 Syngenta AG）生产并销售。现在美国和加拿大的市场由 BASF SE 公司开发，其他地区市场由 Syngenta 开发。

其他名称 百草敌，Velsicol 58-CS-Ⅱ，SAN 837H，Banvel，Banvel SGF，Diptyl，Sivel

化学名称 3,6-二氯-2-甲氧基苯甲酸；3,6-dichloro-*o*-anisic acid；3,6-dichloro-2-methoxybenzoic acid

CAS 名称 3,6-dichloro-2-methoxybenzoic acid

理化性质 原药为淡黄色结晶固体，纯度 85%，其余的 15% 多为 3,5-二氯-邻甲氧基苯甲酸。纯品为白色晶体，相对密度 1.57（25℃）。熔点 114～116℃，沸点＞200℃。蒸气压 1.67mPa（25℃）。$K_{ow}lgP$：-0.55（pH 5）、-1.88（pH 5）、-1.9（pH 5）。在约 200℃ 时分解。溶解度（25℃，g/L）：水 6.5，乙醇 922，丙酮 810，甲苯 130，二氯甲烷 260、二甲苯 78，二氧六环 1180。原药在正常状态下稳定，具有一定的抗氧化和抗水解作用。

毒性 大鼠急性经口 LD_{50} 1707mg/kg，急性经皮 LD_{50}＞2000mg/kg。对兔眼有强烈的刺激性和腐蚀性，对兔皮肤无刺激性作用。NOEL 数据：大鼠（2 年）400mg/kg，狗（1 年）52mg/(kg·d)。野鸭急性经口 LD_{50} 2000mg/kg。野鸭和小齿鹑饲喂 LC_{50}（8d）＞10000mg/kg 饲料。虹鳟鱼和大翻车鱼 LC_{50}（96h）为 135mg/L。蜜蜂 LD_{50}＞100μg/只。

制剂 AS。

应用 激素类除草剂。麦草畏具有内吸传导作用，对一年生和多年生阔叶杂草有显著的防除效果。适用于小麦、玉米、芦苇、谷子、水稻等。麦草畏在土壤中经微生物较快分解后消失。禾本科植物吸收药剂后能很快地进行代谢分解使之失效,故表现较强的抗药性。对小麦、玉米、谷子、水稻等禾本科作物比较安全。防除一年生及多年生阔叶杂草如猪殃殃、大巢菜、卷茎蓼、藜、繁缕、牛繁缕、播娘蒿、苍耳、田旋花、刺儿菜、问荆、萹蓄、香薷、鳢肠、荠菜、蓼等200多种阔叶杂草。

合成路线

分析方法 分析采用 GC/HPLC 法。

参考文献

[1] US 3013045.
[2] US 3345157.

茅草枯（dalapon）

dalapon-sodium, $C_3H_4Cl_2O_2$, 143.0; dalapon-magnesium, $C_6H_6Cl_4MgO_4$, 308.2; 75-99-0

由 Dow Chemical Co.（但未长期生产和销售）和 BASF 公司开发。

其他名称 dowpon, Radapon, Basfapon

化学名称 2,2-二氯丙酸;2,2-dichloropropionic acid

CAS 名称 2,2-dichloropropanoic acid

理化性质 茅草枯为无色液体。沸点 185～190℃。蒸气压 0.01mPa（20℃）。pK_a 1.74～1.84（与溶液的离子强度有关）。易水解,温度≥50℃时水解更快,因此水溶液不宜长期保存。温度超过 120℃时,碱可引起脱氯化氢。茅草枯钠盐是一种吸湿性粉末,熔化前在 166.5℃分解。溶解度（25℃）：水 900g/kg,丙酮 1.4g/kg,苯 20mg/kg,乙醚 160mg/kg,乙醇约 185g/kg,甲醇 179g/kg。其钙盐、镁盐易溶于水。钠盐溶液对铁有腐蚀性。50℃以上分解,土壤微生物可迅速地分解本品。

毒性 大鼠急性经口 LD_{50} 7570～9300mg 钠盐/kg。兔急性经皮 LD_{50}>2000mg/kg（85%钠盐制剂）。固体和浓溶液对眼睛不产生永久性刺激。吸入 LC_{50}>20mg/L（25%制剂,8h）。以 15mg/(kg·d) 剂量喂大鼠无不良影响,以 50mg/(kg·d) 喂大鼠,肾脏重量略有增加。非哺乳动物急性毒性 LC_{50}（5d）野鸡、日本鹌鹑、野鸭>5000mg 钠盐/kg。鱼毒 LC_{50}（96h）：虹鳟鱼、斑点叉尾鲴和金鱼>100mg/L。本品对蜜蜂无危险。

应用 钠盐是一种选择性、触杀型除草剂,可由叶和根部传导。用于非耕作区防除一年生和多年生禾本科杂草；可在柑橘园、咖啡园、橡胶园、甘蔗田、茶园中使用。

分析方法 产品分析采用化学法、GLC 或 HPLC 法。

参考文献

US 2642354.

咪草酸 (imazamethabenz)

$C_{16}H_{20}N_2O_3$, 288.3; 81405-85-8; 69969-22-8(imazethabenz p-toluate); 69969-62-6(imazethaquin m-toluate); 100728-84-5(imazamethabenz acid)

由美国氰胺（现为 BASF SE）公司开发，1988 年在美国注册。

其他名称　AC 222 293，CL 222 293，AC 263 840，CL 263 840

化学名称　6-[(RS)-4-异丙基-4-甲基-5-氧代-2-咪唑啉-2-基]-m-甲基苯甲酸；2-[(RS)-4-异丙基-4-甲基-5-氧代-2-咪唑啉-2-基]-p-甲基苯甲酸；Methyl（±）-6-(4-isopropyl-4-methyl-5-oxo-2-imidazolin-2-yl)-m-toluate；methyl（±）-2-(4-isopropyl-4-methyl-5-oxo-2-imidazolin-2-yl)-p-toluate

CAS 名称　methyl 2-[4,5-dihydro-4-methyl-4-(1-methylethyl)-5-oxo-1H-imidazol-2-yl]-4-methylbenzoate with methyl 2-[4,5-dihydro-4-methyl-4-(1-methylethyl)-5-oxo-1H-imidazol-2-yl]-5-methylbenzoate

理化性质　纯品为灰白色粉末，伴有轻微发霉气味。熔点 108～153℃。蒸气压 2.1×10^{-3} mPa（25℃）。$K_{ow}\lg P$：1.54（p-异构体），1.82（m-异构体），1.9（混合异构体）。Henry 常数 2.7×10^{-5} Pa·m³/mol（计算值）。相对密度 1.04～1.14（20℃）。溶解度：蒸馏水 1370（m-异构体），857（p-异构体），2200（混合异构体，pH6.5，20℃）(mg/kg)。混合异构体丙酮 230，二甲基亚砜 216，异丙醇 183，甲醇 309，甲苯 45，正庚烷 0.6，正己烷 0.4（g/kg，25℃）。稳定性：25℃可稳定保存 24 个月，37℃保存 12 个月，45℃保存 3 个月，pH 9 时迅速水解，pH 5、7 时水解较慢。pK_a3.1（20℃）。闪点＞93℃（闭杯）。

毒性　雄性和雌性大鼠急性经口 LD_{50}＞5000mg/kg。雄性和雌性兔急性经皮 LD_{50}＞2000mg/kg。对皮肤无刺激性，对眼睛有严重刺激性（兔），对皮肤无敏感性（豚鼠）。空气吸入毒性：LC_{50}（4h）雄性和雌性大鼠＞5.8mg/L（正常）；＞1.08mg/L（急性）。无作用剂量：大鼠（2 年）12.5mg/(kg·d)（250mg/kg）；狗（1 年）25mg/(kg·d)（1000mg/kg）。无致突变作用；Ames 试验表明，无诱变性。山齿鹑和野鸭急性经口 LD_{50}＞2150mg/kg；饲喂毒性 LC_{50}（8d）：山齿鹑和野鸭＞5000mg/kg。鱼 LC_{50}（96h）：虹鳟鱼＞100mg/L。大翻车鱼（7d）＞8.4mg/L。水蚤 LC_{50}（48h）＞100mg/L。月牙藻 EC_{50}（72h）100mg/L；淡水藻 EC_{50}（96h）27mg/L。蜜蜂 LD_{50}＞100μg/只（接触）。蠕虫 LC_{50}（14 d）＞123mg/L。

应用　咪唑啉酮类除草剂，为侧链氨基酯合成抑制剂。适用于大麦、小麦、黑麦和向日葵等作物。防治野燕麦、鼠尾看麦娘、凌风草以及卷茎蓼等单、双子叶杂草。

主要生产商　BASF SE。

参考文献

US 4188487.

咪唑喹啉酸（imazaquin）

imazaquin, $C_{17}H_{17}N_3O_3$, 311.3; imazaquin-ammonium, $C_{17}H_{20}N_4O_3$, 328.4; 81335-37-7

由美国氰胺（现为 BASF）公司开发的咪唑啉酮类除草剂。1986 年在美国注册。

其他名称 灭草喹，Imazaqine，Scepter

化学名称 (RS)-2-(4-异丙基-4-甲基-5-氧-2-咪唑啉-2-基)喹啉-3-羧酸；(RS)-2-(4-isopropyl-4-methyl-5-oxo-2-imidazolin-2-yl)quinoline-3-carboxylic acid

CAS 名称 (±)-2-[4,5-dihydro-4-methyl-4-(1-methylethyl)-5-oxo-1H-imidazol-2-yl]-3-quinolinecarboxylic acid

理化性质 纯品为棕色固体，有轻微辛辣气味。熔点 219～224℃（分解）。蒸气压＜0.013mPa（60℃）。K_{ow} lg$P$ 0.34（pH 7，22℃）。Henry 常数 3.7×10^{-12} Pa·m³/mol（20℃，计算值）。相对密度 1.35（20℃）。溶解度：水 60～120mg/L（25℃）；甲苯 0.4，二甲基甲酰胺 68，二甲基亚砜 159，二氯甲烷 14（g/L，25℃）。45℃稳定保存 3 个月，室温黑暗条件下可保存 2 年，紫外线下迅速降解。pK_a 3.8。咪唑喹啉酸铵盐：水中溶解度 160g/L（pH7，20℃）。水解 DT_{50}＞30d。

毒性 急性经口 LD_{50}（mg/kg）：雄性和雌性大鼠＞5000，雌小鼠 2363。急性经皮 LD_{50}：雄性和雌性兔＞2000mg/kg，对眼睛无刺激性，对皮肤中度刺激（兔），对皮肤无敏感性（豚鼠）。空气吸入毒性：LC_{50}（4h）大鼠＞5.7mg/L。无作用剂量：大鼠（90d）10000mg/L（830.6mg/kg）；大鼠（2 年）500mg/kg。无致畸、致癌、致突变作用。禽类急性经口 LD_{50}：山齿鹑和野鸭＞2150mg/kg；饲喂毒性 LC_{50}（8d）：山齿鹑和野鸭＞5000mg/kg。鱼 LC_{50}（96h，mg/L）：鲶鱼 320，大翻车鱼 410，虹鳟鱼 280。水蚤 LC_{50}（48h）280mg/L。EC_{50}（mg/L）：月牙藻 21.5，淡水藻 18.5。蜜蜂 LD_{50}（经口和接触）≥100μg/只。蠕虫 LC_{50}＞23.5mg/kg 土壤。

制剂 WG，SL（imazaquin-ammonium）。

应用 乙酰乳酸合成酶或乙酸羟酸合成酶抑制剂，即通过抑制植物的乙酰乳酸合成酶，阻止支链氨基酸如亮氨酸和异亮氨酸的生物合成，从而破坏蛋白质的合成，干扰 DNA 合成及细胞分裂与生长，最终造成植株死亡。通过植株的叶与根吸收，在木质部与韧皮部传导，积累于分生组织中。茎叶处理后，敏感杂草立即停止生长，经 2～4d 后死亡。土壤处理后，杂草顶端分生组织坏死，生长停止，而后死亡。适用于大豆，也可用于烟草、豌豆和苜蓿。较高剂量会引起大豆叶片皱缩，节间缩短，但很快恢复正常，对产量没有影响。随着大豆的生长，抗性进一步增强，故出苗后晚期处理更为安全。在土壤中吸附作用小，不易水解，持效期较长。主要用于防除阔叶杂草如苘麻、刺苞菊、苋菜、藜、猩猩草、春蓼、马齿苋、苍耳等，禾本科杂草如臂形草、马唐、野黍、狗尾草、止血马唐、西米稗、蟋蟀草等，以及其他杂草如鸭跖草等。

合成路线 以苯胺、丁烯二酸二乙酯、甲基异丙基酮为起始原料，经一系列反应制得目的物。

分析方法 采用 HPLC 法。

主要生产商 BASF，Cynda，Milenia，Nortox，山东先达，沈阳科创。

参考文献

US 4798619.

咪唑烟酸（imazapyr）

$C_{13}H_{15}N_3O_3$，261.3，81334-34-1

1985 年由美国氰胺（现 BASF SE）公司推出。

其他名称 AC 252 925，CL 252 925

化学名称 2-(4-异丙基-4-甲基-5-氧代-2-咪唑啉-2-基)烟酸；2-(4-isopropyl-4-methyl-5-oxo-2-imidazolin-2-yl)nicotinic acid

CAS 名称 (±)-2-[4,5-dihydro-4-methyl-4-(1-methylethyl)-5-oxo-1H-imidazol-2-yl]-3-pyridinecarboxylic acid

理化性质 白色至黄褐色粉末，有轻微的醋酸气味。熔点 169～173℃，蒸气压＜0.013mPa（60℃），K_{ow}lg$P$ 0.11（22℃）。水中溶解度 9.74g/L（15℃），11.3g/L（25℃）；其他溶剂中溶解度：丙酮 3.39，正己烷 0.00095，二甲基亚砜 47.1，甲醇 10.5，二氯甲烷 8.72，甲苯 0.180（g/100mL）。在黑暗中 pH 值 5～9 水介质中稳定，避免贮存温度＞45℃。

毒性 急性经口 LD_{50} 雌、雄大鼠＞5000，雌小鼠＞2000，雌、雄兔 4800（mg/kg）。急性经皮 LD_{50}：雌、雄兔＞2000mg/kg，雌、雄大鼠＞2000mg/kg，对兔眼睛有刺激性，对

皮肤有中等刺激，对豚鼠无皮肤敏感性。雌、雄大鼠吸入 $LC_{50}>5.1mg/L$（空气）。无作用剂量：（1年）狗 250mg/kg（13周），大鼠 10000mg/kg（高剂量试验）。1000mg/kg 饲喂大鼠、400mg/kg 饲喂兔子无致畸作用。山齿鹑和野鸭急性经口 $LD_{50}>2150mg/kg$。山齿鹑和野鸭饲喂毒性 LC_{50}（8d）>5000mg/kg。鱼 LC_{50}（96h）：虹鳟鱼、大翻车鱼>100mg/L。水蚤 LC_{50}（48h）>100mg/L。羊角月牙藻 EC_{50}（120 h）71mg/L，鱼腥藻 11.7mg/L。蜜蜂成蜂 $LD_{50}>100\mu g$/只。

制剂 EC，GR，SL。

应用 咪唑烟酸为灭生性除草剂，因而主要用于林地和非耕地除草，很少用于农田除草，能防除一年生和多年生的禾本科杂草、阔叶杂草、莎草科杂草以及木本植物。能被植物叶片和根吸收，因而可以茎叶喷雾或土壤处理。施药后，草本植物 2~4 周内失绿，组织坏死；1 个月内树木幼龄叶片变红或变褐色，一些树种在 3 个月内全部落叶而死亡。在土壤中持效期可达 1 年，若用于农田要注意安排好后茬作物。采用涂抹或注射法可防止落叶树的树桩萌发而不生萌条。

主要生产商 BASF，Cynda，AGROFINA，江苏中旗，潍坊先达。

咪唑乙烟酸（imazethapyr）

$C_{15}H_{19}N_3O_3$，289.3，81335-77-5

1989 年由美国氰胺（现为 BASF）公司推出的咪唑啉酮类除草剂。

其他名称 普杀特，咪草烟，普施特，AC263499，CL263499，Hammer，Overtop，Pivot，Pursuit Pivot，Pursuit

化学名称 (RS)-5-乙基-2-(4-异丙基-4-甲基-5-氧代-2-咪唑啉-2-基)烟酸；(RS)-5-ethyl-2-(4-isopropyl-4-methyl-5-oxo-2-imidazolin-2-yl)nicotinic acid

CAS 名称 (±)-2-[4,5-dihydro-4-methyl-4-(1-methylethyl)-5-oxo-1H-imidazol-2-yl]-5-ethyl-3-pyridinecarboxylic acid

理化性质 纯品为白色至褐色固体。熔点 169~173℃，180℃ 分解，蒸气压<0.013mPa（60℃），$K_{ow}\lg P$（25℃）：1.04（pH 5）、1.49（pH 7）、1.20（pH 9），Henry 常数 $2.69\times10^{-6}Pa\cdot m^3/mol$，相对密度 1.10~1.12（21℃）。水中溶解度 1.4g/L（25℃）；其他溶剂中溶解度（g/L，25℃）：丙酮 48.2，甲醇 105，甲苯 5，二氯甲烷 185，异丙醇 17，庚烷 0.9。光照下快速分解，DT_{50} 约 2.1d（pH 7，22~24℃）。pK_{a1} 2.1，pK_{a2} 3.9。

毒性 雄、雌大鼠，雌小鼠急性经口 $LD_{50}>5000mg/kg$。兔急性经皮 $LD_{50}>2000mg/kg$。对兔皮肤无刺激作用，对兔眼睛的刺激可逆。大鼠吸入 LC_{50} 3.27mg/L 空气（分析），4.21mg/L（重量）。无作用剂量：大鼠（2年）>500mg/(kg·d)，狗（1年）>25mg/(kg·d)。山齿鹑、野鸭急性经口 $LD_{50}>2150mg/kg$。山齿鹑、野鸭 LC_{50}（8d）>5000mg/kg。鱼毒 LC_{50}（96h，mg/L）：大翻车鱼 420，虹鳟鱼 340，斑点叉尾鮰 240。水蚤 LC_{50}（48h）>1000mg/L。蜜蜂 LD_{50}（48h）>24.6μg/只（经口），>100μg/只（接触）。蠕虫 LC_{50}（14d）>15.7mg/kg 土壤。

制剂 WP，AS，GR。

应用 咪唑啉酮类选择性苗前、苗后早期除草剂。可防治大豆田稗草、狗尾草、金狗尾草、野燕麦（高用量）、马唐、柳叶刺蓼、酸模叶蓼、苍耳、香薷、水棘针、苘麻、龙葵、野西瓜苗、藜、小藜、荠菜、鸭跖草（3叶期以前）、反枝苋、马齿苋、豚草、曼陀罗、地肤、粟米草、野芥、狼把草等一年生禾本科杂草和阔叶杂草，对多年生刺儿菜、蓟、苣荬菜有抑制作用。喷雾飘移不危害柳树、松树、杨树等树木。喷雾飘移可使地边的玉米受害，植株矮化、不孕、穗小、籽粒少，减产；小麦、油菜、高粱、水稻、西瓜、马铃薯、茄子、大葱、辣椒、白菜等受害致死。甜菜特别敏感，微量即可致死。在大豆地块小、周围敏感作物多时，不推荐大豆苗后用飞机喷洒。苗后施时应注意风速风向，不要飘移到敏感作物上造成药害。在土壤中的降解受 pH、温度、水分等条件影响，随 pH 的增大降解加快，在北方高寒地区降解缓慢。

合成路线

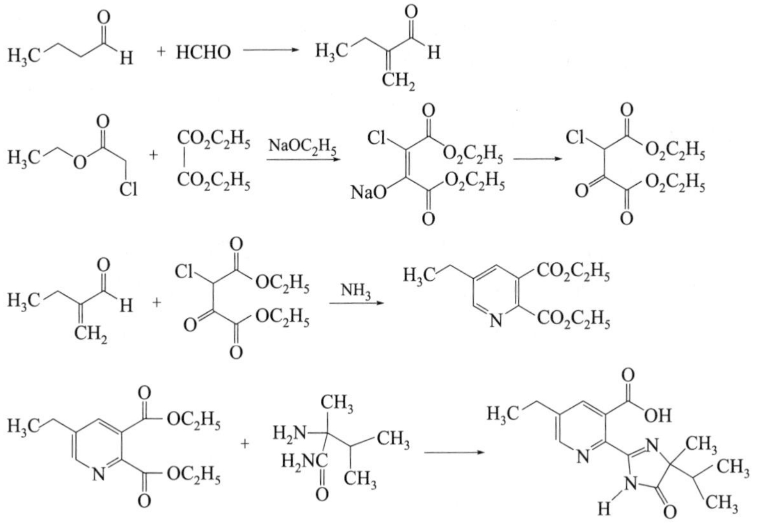

分析方法 采用高效液相色谱法。

主要生产商 BASF, ACA, Cynda, Fertiagro, AGROFINA, Milenia, Nortox, Sharda, 大连瑞泽，衡水景美，江苏宝灵，江苏长青，南通嘉禾，江苏中旗，南通江山，山东先达，淄博新农基，沈阳科创。

参考文献

[1] US 4798619.
[2] The Pesticide Manual. 12th ed.

醚苯磺隆 （triasulfuron）

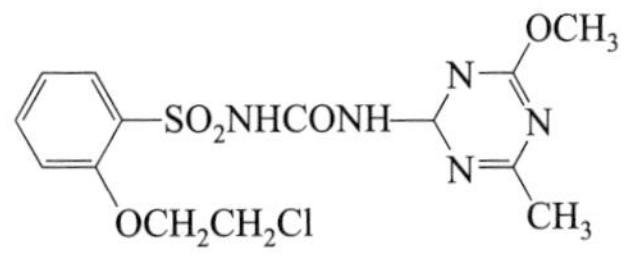

$C_{14}H_{16}ClN_5O_5S$, 401.8, 82097-50-5

由 J. Amrein 和 H. R. Gerber 报道，瑞士汽巴-嘉基公司（Ciba-Geigy Limited）开发。

其他名称 Amber, Logran, CGA 131036

化学名称 1-[2-(2-氯乙氧基)苯基磺酰基]-3-(4-甲氧基-6-甲基-1,3,5-三嗪-2-基)脲;1-[2-(2-chloroethoxy)phenylsulfonyl]-3-(4-methoxy-6-methyl-1,3,5-triazin-2-yl)urea

CAS 名称 2-(2-chloroethoxy)-N-[[(4-methoxy-6-methyl-1,3,5-triazin-2-yl)amino]carbonyl]benzenesulfonamide

理化性质 纯品为亮白色粉末。熔点 178.1℃（分解）。蒸气压 $<2\times10^{-3}$ mPa（25℃）。$K_{ow}\lg P$ 1.1（pH5.0），-0.59（pH6.9），-1.8（pH9.0）（25℃）。Henry 常数 $<8\times10^{-5}$ Pa·m³/mol（pH5.0，25℃，计算值）。密度 1.5g/cm³。溶解度：水 32（pH5），815（pH7），13500（pH8.4）（mg/L，25℃）；丙酮 14，二氯甲烷 36，乙酸乙酯 4.3（g/L，25℃）；乙醇 420，正辛醇 130，正己烷 0.04，甲苯 300（mg/L，25℃）。常规条件下可贮存 2 年以上，20℃水解 DT_{50}：8.2h（pH1），3.1 年（pH7），4.7h（pH10）。pK_a 4.64。

毒性 急性经口 LD_{50} 大鼠和小鼠 $>$5000mg/kg。急性经皮 LD_{50} 大鼠 $>$2000mg/kg。对皮肤中度刺激，对眼睛无刺激性（兔），对皮肤无敏感性（豚鼠）。空气吸入毒性：大鼠 LC_{50}（4 h）$>$5.18mg/L。无作用剂量 [mg/(kg·d)]：大鼠（2 年）32.1，小鼠（2 年）1.2；狗（1 年）33。急性经口 LD_{50} 鹌鹑和鸭 $>$2150mg/kg。虹鳟鱼、鲤鱼、鲶鱼、红鲈鱼和大翻车鱼 LC_{50}（96h）$>$100mg/L。水蚤 LC_{50}（96h）$>$100mg/L。海藻 EC_{50}（5～14d）：月牙藻 0.03，淡水藻 1.7，舟形藻 $>$100（mg/L）。对蜜蜂无毒，LD_{50}（经口和接触）$>$100μg/只。蚯蚓 LC_{50}（14d）$>$1000mg/kg 土壤。

制剂 TC, WG, WP, AF。

应用 乙酰乳酸合成酶抑制剂。施药后被植物叶、根吸收，并迅速传导，在敏感作物体内能抑制亮氨酸和异亮氨酸等的合成而阻止细胞分裂，使敏感作物停止生长，在受药后 1～3 周死亡。用于小粒禾谷类作物如小麦、大麦等防除一年生阔叶杂草和某些禾本科杂草，如三色堇和猪殃殃等。

合成路线

主要生产商 Syngenta, Fertiagro, Hesenta, JIE, Repont, Tide, 常隆农化, 长青农化, 江苏激素研究所。

参考文献

[1] The Pesticide Manual. 12th ed. 2000：922.
[2] Proc Br Crop Prot Conf—Weed, 1985, 1：55.
[3] EP 44808.
[4] EP 44809.
[5] US 4419121.

醚草敏（credazine）

$C_{11}H_{10}N_2O$, 186.2, 14491-59-9

1968 年由 T. Tojima 等报道除草活性，Sankyo Chemicals 公司开发。

其他名称　哒草醚，H722，SW-6701，SW-6721，Kusakira

化学名称　哒嗪-3-基邻甲苯基醚；pyridazin-3-yl-o-tolyl ether

CAS 名称　3-(2-methylphenoxy)pyridazine

理化性质　无色针状晶体。熔点 78～80℃。室温下在水中的溶解度为 2g/L，易溶于有机溶剂。对光、热和水稳定，对铁和不锈钢无腐蚀性。

毒性　急性经口 LD_{50}：大鼠 3090mg/kg，小鼠 569mg/kg。小鼠急性经皮 LD_{50}＞10000mg/kg。对大鼠和小鼠 90d 饲喂，无作用剂量分别为 16.5mg/(kg·d)、42mg/(kg·d)。鲤鱼 TL（48h）62mg/L。

制剂　WP。

应用　该药是选择性土壤施用的除草剂，在日本用于番茄、辣椒和草莓等，防除一年生禾本科杂草和某些阔叶杂草。还可用于稻、棉、大豆、甘蔗等。在甘蔗收获前 4～5 周施药可增加糖产量。

分析方法　产品采用 GLC 分析。

参考文献

JP 509596.

醚草通（methometon）

$C_{12}H_{23}N_5O_3$，285.3，1771-07-9

由 J. R. Geigy SA（Ciba-Geigy）公司开发。

其他名称　NK-049，Kayametone

化学名称　6-甲氧基-N^2,N^4-双(3-甲氧基丙基)-1,3,5-三嗪-2,4-二胺；6-methoxy-N^2,N^4-bis(3-methoxypropyl)-1,3,5-triazine-2,4-diamine

CAS 名称　6-methoxy-N,N'-bis(3-methoxypropyl)-1,3,5-triazine-2,4-diamine

理化性质　纯品为无色晶体。熔点 62.0～62.5℃。水中溶解度 2mg/L（20℃），溶于大多数有机溶剂。在酸和碱条件下稳定，但是在阳光照射下缓慢分解。

毒性　大鼠和小鼠急性经口 LD_{50}＞4000mg/kg。无作用剂量（90d）：大鼠 1500mg/kg 饲料，小鼠 1000mg/kg 饲料。

制剂　WP。

应用　抑制光合作用，选择性除草剂，有效防除水稻和蔬菜的一年生禾本科杂草和阔叶杂草，苗前使用。

参考文献

[1] JP 51005446.

[2] GB 1355926.

[3] US 3873304.

醚磺隆（cinosulfuron）

$C_{15}H_{19}N_5O_7S$，413.4，94593-91-6

1987年由 M. Quadranti 等报道，Ciba-Geigy AG（现 Syngenta AG）推出。

其他名称　莎多伏，甲醚磺隆，耕夫，CGA-142464，Setoff

化学名称　1-(4,6-二甲氧基-1,3,5-三嗪-2-基)-3-[2-(2-甲氧基乙氧基)苯基磺酰]脲；1-(4,6-dimethoxy-1,3,5-triazin-2-yl)-3-[2-(2-methoxyethoxy)phenylsulfonyl]urea

CAS名称　N-[[(4,6-dimethoxy-1,3,5-triazin-2-yl)amino]carbonyl]-2-(2-methoxyethoxy)benzenesulfonamide

理化性质　纯品为无色粉状结晶体，熔点127～132.5℃，相对密度1.47（20℃），蒸气压<0.01mPa（25℃）。K_{ow} lg$P$ 2.04（pH 2.1，25℃）。Henry常数$<1\times10^{-6}$ Pa·m³/mol。在水中的溶解度（mg/L，25℃）：120（pH 5），4000（pH 6.7），19000（pH 8.1）。在有机溶剂中的溶解度（mg/L，25℃）：丙酮36000，乙醇1900，甲苯540。加热至熔点以上即分解，在pH 7～10时无明显分解现象。在pH 3～5时水解。在土壤中半衰期20d，在稻田水中半衰期3～7d，实验室稻田水中半衰期19～48d，光解半衰期80min。

毒性　大鼠（雌、雄）急性经口$LD_{50}>5000$mg/kg，大鼠急性经皮$LD_{50}>2000$mg/kg，大鼠急性吸入LC_{50}（4h）>5mg/L。对兔皮肤和眼睛无刺激性作用，对豚鼠无致敏作用。在试验条件下，无致畸、致癌、致突变作用。NOEL数据：大鼠（2年）400，小鼠（2年）60，狗（1年）2500（mg/kg）。日本鹌鹑$LD_{50}>2000$mg/kg。对鱼类和水生生物低毒，鳟鱼、鲤鱼、大翻车鱼LC_{50}（96h）均大于100mg/L。对蜜蜂低毒，急性经口LD_{50}（48h）$>100\mu$g/只。蚯蚓LC_{50}（14d）1000mg/kg。

制剂　WG。

应用　属乙酰乳酸合成酶抑制剂。主要通过植物根系及茎部吸收，传导至叶部，但植物叶面吸收很少。用于防除异型莎草、鸭舌草、水苋菜、牛毛毡、圆齿尖头草、矮慈姑、野慈姑、萤蔺、花蔺、尖瓣花、雨久花、泽泻、繁缕、鳢肠、丁香蓼、眼子菜、浮叶眼子菜、藨草、仰卧藨草、扁秆藨草等。对单子叶杂草无效。适宜作物为水稻。醚磺隆对水稻安全。但由于醚磺隆的水溶性大于3.7g/L，在漏水田中可能会随水集中到水稻根区，从而对水稻造成药害。

合成路线

分析方法　分析采用HPLC法。

主要生产商　连云港立本，江苏安邦。

参考文献

[1] The Pesticide Manual. 12th ed. 2000：183.
[2] US 4479821.
[3] EP 44807.
[4] US 4419121.
[5] EP 359160.
[6] DE 19501.

嘧苯胺磺隆（orthosulfamuron）

$C_{16}H_{20}N_6O_6S$，424.4，213464-77-8

1996 年由 Isagro Ricerca S.r.l. 发现，由 Isagro SpA 开发，2011 年开始所有权归于 ISEM Srl 公司（Chemtura AgroSolutions 和 Isagro SpA 的合资公司）。

其他名称 IR 5878，Kelion，Pivot，Strada，Flamma，Percutio，Vortex

化学名称 1-(4,6-二甲氧基嘧啶-2-基)-3-[2-(二甲氨基甲酰基)苯基磺酰]脲；1-(4,6-dimethoxypyrimidin-2-yl)-3-[2-(dimethylcarbamoyl)phenylsulfamoyl]urea

CAS 名称 2-[[[[(4,6-dimethoxy-2-pyrimidinyl)amino]carbonyl]amino]sulfonyl]amino]-N,N-dimethylbenzamide

理化性质 原药含量≥98%。非常细的白色粉末，倾向于结块。熔点 157℃。沸点以下已经分解。蒸气压≤$1.116×10^{-1}$ mPa（20℃）。K_{ow} lg$P$：2.02（pH 4），1.31（pH 7），<0.3（pH 9）。Henry 常数<$7.6×10^{-5}$ Pa·m³/mol（pH 7，20℃，计算值）。相对密度 1.48（22.0℃）。水中溶解度（mg/L，20℃）：26.2（pH 4），629（pH 7），38900（pH 8.5）。有机溶剂中溶解度：正庚烷 0.23、二甲苯 129.8（mg/L，20℃）；丙酮 19.5，乙酸乙酯 3.3，1,2-二氯甲烷 56.0，甲醇 8.5（g/L，20℃）。54℃存放≥14d 稳定。水解 DT_{50}（50℃）：0.43h（pH 4），35h（pH 7），8d（pH 9）；DT_{50}（25℃）：8h（pH 5），24d（pH 7），228d（pH 9）。

毒性 大鼠、小鼠和兔急性经口 LD_{50}>5000mg/kg。大鼠急性经皮 LD_{50}>5000mg/kg。对兔眼睛或皮肤无刺激作用，对豚鼠皮肤无过敏现象。大鼠吸入 LC_{50}（4h）>2.190mg/L 空气（原药的最大值）。大鼠 2 年饲喂无作用剂量为 5mg/(kg·d)；饲喂 18 个月无作用剂量为雄小鼠 100mg/(kg·d)，雌小鼠 1000mg/(kg·d)；狗 1 年饲喂无作用剂量为 75mg/(kg·d)。对大鼠和兔无致突变性，无遗传毒性，不致癌，不致畸。野鸭和山齿鹑急性经口 LD_{50}>2000mg/kg。野鸭和山齿鹑饲喂 LC_{50}（5d）>5000mg/L。虹鳟鱼 LC_{50}（96h）>122、大翻车鱼>142、斑马鱼>100（mg/L）。水蚤 EC_{50}（48h）>100mg/L。近具刺链带藻 E_bC_{50}（72h）41.4、水华鱼腥藻 1.9（mg/L）。浮萍 E_bC_{50}（7d）0.327μg/L。蜜蜂 LD_{50}（48h，经口）>109.4μg/只，（48h，接触）>100μg/只。蚯蚓 LC_{50}>1000mg/kg 干土。

制剂 GR，WG。

应用 胺磺酰脲类除草剂．通过抑制杂草的乙酰乳酸合成酶（ALS）．阻止植物的支链氨基酸的合成，从而阻止杂草蛋白质的合成，使杂草细胞分裂停止，最后杂草枯死。该药可经叶、根吸收。经田间药效试验表明对水稻田的稗草、莎草及阔叶杂草有较好的防效。

分析方法 产品用 UV-DAD 的 RPhPLC 分析。

主要生产商 Isagro。

参考文献

[1] EP 97190.
[2] US 6329323.

嘧草胺（tioclorim）

$C_5H_7ClN_4S$，190.7，68925-41-7

化学名称 6-氯-5-(甲硫基)嘧啶-2,4-二胺；6-chloro-5-(methylthio)pyrimidine-2,4-diamine

CAS 名称 6-chloro-5-(methylthio)-2,4-pyrimidinediamine

应用 除草剂。

嘧草硫醚（pyrithiobac-sodium）

$C_{13}H_{10}ClN_2NaO_4S$，348.7，123343-16-8(钠盐)；123342-93-8(酸)

1988 年由 Kumiai Chemical Industry Co., Ltd. 发现其活性，由 S. Takahashi 等报道。由 Kumiai, Ihara Chemical Industry Co., Ltd 和 E. I. du Pontde Nemours and Co. 共同开发，并于 1995 年由 DuPont 在美国上市。

其他名称 KIH-2031，DPX-PE 350，Staple

化学名称 2-氯-6-(4,6-二甲氧基嘧啶-2-基硫基)苯甲酸钠；sodium 2-chloro-6-(4,6-dimethoxypyrimidin-2-ylthio)benzoate

CAS 名称 sodium 2-chloro-6-(4,6-dimethoxypyrimidin-2-ylthio)benzoate

理化性质 原药含量≥93%。室温下为类白色粉末。熔点 233.8~234.2℃（分解）。蒸气压 4.80×10^{-6} mPa（25℃）。相对密度 1.609。K_{ow} lg$P$：0.6（pH 5），−0.84（pH 7）。水中溶解度（20℃，mg/L）：264（pH 5）、705（pH 7）、690（pH 9）、728（无缓冲性）。有机溶剂中溶解度（20℃，g/L）：丙酮 812、甲醇 2.70×10^5、正己烷 10、二氯甲烷 8.38、甲苯 5.05、乙酸乙酯 205。在水中稳定（32d，pH 5~9，27℃），对热稳定（15d，54℃）。光解 DT_{50}（25℃，氙气灯）：11d（pH 5）、13d（pH 7）、15d（pH9）。pK_a 2.34。

毒性 雄大鼠急性经口 LD_{50} 3300，雌大鼠 3200（mg/kg）。兔急性经皮 LD_{50}＞2000mg/kg。对兔皮肤无刺激性，对兔眼睛有刺激性。大鼠吸入 LC_{50}（4h）＞6.9mg/L。NOEL：雄大鼠（2年）无作用剂量 58.7、雌大鼠 278；雄小鼠（78周）217、雌小鼠 319 [mg/(kg·d)]。ADI/RfD（EPA）0.6mg/kg [1995]。对大鼠和兔无致突变性，无致畸性。对大鼠无致癌性。山齿鹑急性经口 LD_{50}＞2250mg/kg。野鸭和山齿鹑饲喂 LC_{50}（5d）＞5620mg/kg 饲料。大翻车鱼 LC_{50}（96h）＞930mg/L，虹鳟鱼＞1000mg/L。水蚤 LC_{50}（48h）＞1100mg/L。羊角月牙藻 E_rC_{50}（5d）107μg/L，无作用剂量 22.8μg/L。蜜蜂接触 LD_{50}（48h）＞25μg/只。

制剂 SL，SP。

应用 支链氨基酸合成（乙酰乳酸合成酶或乙酰羟基酸合成酶）抑制剂。初步症状为生长停止并变黄，接着终端组织坏死，最后死亡。用于棉花，防除多种阔叶杂草。苗后除草，包括番薯属、苍耳属和苋科杂草。苗期除草，包括苋科杂草、刺黄花稔和苘麻。

分析方法 残留用 HPLC/MS/MS 或 HPLC/UV 分析。

主要生产商 Kumiai，Fertiagro。

参考文献

[1] US 4932999.
[2] EP 315889.

嘧草醚（pyriminobac-methyl）

$C_{17}H_{19}N_3O_6$，361.4，136191-64-5(甲酯)；136191-56-5(酸)

由 Kumiai Chemical Industry Co.，Ltd 报道。在 1996 年在日本由 Kumiai 上市。

其他名称 比利必能，KIH-6127，KUH-920，Hieclean

化学名称 2-(4,6-二甲氧基-2-嘧啶氧基)-6-(1-甲氧亚胺乙基)苯甲酸甲酯；methyl 2-(4,6-dimethoxy-2-pyrimidinyloxy)-6-(1-methoxyiminoethyl)benzoate

CAS 名称 methyl 2-[(4,6-dimethoxypyrimidin-2-yl)oxy]-6-[1-(methoxyimino)ethyl]benzoate

理化性质 原药纯度＞93%，顺式占 75%～78%，反式占 21%～11%。纯品为白色粉状固体（原药为浅黄色颗粒状固体），熔点 105℃（纯顺式 70℃，纯反式 107～109℃）。蒸气压（25℃）：顺式为 $2.681×10^{-5}$ Pa，反式为 $3.5×10^{-5}$ Pa。K_{ow} lg$P$：顺式 2.98（21.5℃），反式 2.70（20.6℃）。相对密度（20℃）：顺式 1.3868，反式 1.2734。溶解度（g/L，20℃）：顺式：水 0.00925、甲醇 14.6；反式：水 0.175、甲醇 14.0。在水中（pH 4～9）存放 1 年稳定，55℃贮存 14d 未分解。

毒性 大鼠急性经口 LD_{50}＞5000mg/kg。大鼠急性经皮 LD_{50}＞2000mg/kg。对兔皮肤和眼睛有轻微刺激。豚鼠皮肤致敏剂。大鼠吸入 LC_{50}（4h，14d 观察）＞5.5mg/L 空气。无作用剂量（2 年）：雄大鼠 0.9、雌大鼠 1.2、雄小鼠 8.1、雌小鼠 9.3 [mg/(kg·d)]。

ADI/RfD（FSC）0.02mg/kg［2008］。Ames 试验中，无致诱变作用，无致畸作用（大鼠，兔）。山齿鹑急性经口 $LD_{50}>2000mg/kg$。山齿鹑和野鸭 LC_{50}（5d）$>5200mg/kg$ 饲料。鲤鱼 LC_{50}（96h）>59.8，虹鳟鱼 21.2（mg/L）。蜜蜂 LD_{50}（72h，经口和接触）$>200\mu g$/只。赤子爱胜蚓（14d）无作用剂量$>1000mg/kg$ 土。家蚕无作用剂量$>200\mu g$/只。

制剂 GR，SC，WP。

应用 支链氨基酸合成（ALS 或 AHAS）抑制剂。选择性内吸性除草剂，由叶片吸收。选择性防除水稻田稗草（稗属）；芽后早期应用。

分析方法 产品通过 HPLC 或者 GLC 分析。

主要生产商 Kumiai 公司。

参考文献

US 5118339。

嘧啶肟草醚（pyribenzoxim）

$C_{32}H_{27}N_5O_8$，609.6，168088-61-7

由 J. h. Cho 等报道。1997 年首次在韩国注册，由 LG Life Sciences Ltd. 开发。

其他名称 LGC-40863，Pyanchor

化学名称 O-［2,6-双［(4,6-二甲氧-2-嘧啶基)氧基］苯甲酰基］二苯酮肟；benzophenone O-［2,6-bis(4,6-dimethoxypyrimidin-2-yloxy)benzoyl］oxime

CAS 名称 diphenylmethanone，O-［［2,6-bis（4,6-dimethoxy-2-pyrimidinyl）oxy］benzoyl］oxime

理化性质 白色无味固体。熔点 128～130℃。蒸气压$<0.99mPa$。$K_{ow}lgP\,3.04$。水中溶解度 3.5mg/L（25℃）。

毒性 大鼠和小鼠急性经口 $LD_{50}>5000mg/kg$。大鼠急性经皮 $LD_{50}>2000mg/kg$。不刺激眼睛。非皮肤致敏剂。染色体畸变，致畸性和 Ames 试验为阴性。水蚤 LC_{50}（48h）$>100mg/L$。藻类 EC_{50}（96h）$>100mg/L$。蜜蜂 LD_{50}（24h）$>100mg/L$。

制剂 EC。

应用 嘧啶水杨酸类除草剂，广谱选择性芽后除草剂。作用机理与磺酰脲类及咪唑啉酮类除草剂相似，均属乙酰乳酸合成酶（ALS）抑制剂。对水稻、普通小麦、结缕草具有选择性超高效芽后除草活性，无芽前除草活性，防除稗草、大穗看麦娘、辣蓼等各种禾本科杂草和阔叶杂草效果显著，对恶性杂草双穗雀稗和稻李氏禾有很好的防除效果，对水稻、普通小麦安全。药剂除草速度较慢，施药后能抑制杂草生长，但需在 2 周后枯死。药剂用药适度较宽，对稗草 1.5～6.5 叶期均有效。

合成路线

主要生产商　LG 公司。
参考文献
EP 658549.

嘧氟磺草胺（pyrimisulfan）

$C_{16}H_{19}F_2N_3O_6S$，419.4，221205-90-9

由 Kumiai 发明。

其他名称　HIH-5996，KUH-021，BestPartner

化学名称　(RS)-2′-[(4,6-二甲氧基嘧啶-2-基)羟甲基]-1,1-二氟-6′-(甲氧甲基)甲基苯磺酰胺；(RS)-2′-[(4,6-dimethoxypyrimidin-2-yl)(hydroxyl)methyl]-1,1-difluro-6′-(methoxymethyl)methanesulfonanilide

CAS 名称　N-[2-[(4,6-dimethoxy-2-pyrimidinyl)hydroxylmethyl]-6-(methoxymethyl)phenyl]-1,1-difluromethanesulfonamide

主要生产商　Kumiai 公司。

棉胺宁（phenisopham）

$C_{19}H_{22}N_2O_4$，342.4，57375-63-0

由 Schering AG. 报道和开发。

其他名称　SN 58 132，Diconal，Verdinal

化学名称　3-[乙基(苯基)氨基甲酰氧基]苯氨基甲酸异丙酯；3-(异丙氧基羰基氨基)苯基 *N*-乙基苯氨基甲酸酯；isopropyl 3-[ethyl(phenyl)carbamoyloxy]carbanilate；3-(isopropoxycarbonylamino)phenyl *N*-ethylcarbanilate

CAS 名称　3-[[(1-methylethoxy)carbonyl]amino]phenyl ethylphenylcarbamate

理化性质　熔点 109～110℃，蒸气压 6.65×10^{-4} mPa（25℃）。Henry 常数 7.59×10^{-5} Pa·m³/mol（计算值）。水中溶解度 3mg/L（25℃），二氯甲烷 300、乙醇 98、甲醇 60、异丙醇 26、甲苯 35（g/L，25℃）。碱性条件下不稳定，DT_{50}：35d（pH 9），29d（pH 12），2d（pH 13），7h（pH 14）。

毒性　大鼠急性经口 $LD_{50}>4000$mg/kg，小鼠 >5000mg/kg。兔急性经皮 $LD_{50}>1000$mg/kg。大鼠（90d）无作用剂量 1mg/(kg·d)；狗（182d）3mg/(kg·d)。

制剂　EC。

应用　选择性触杀型除草剂，主要通过接触起作用，也有土壤残留活性。主要用于棉花田防除阔叶杂草。

分析方法　产品分析采用 TLC。

参考文献

[1] DE 2413933.
[2] The Pesticide Manual. 16th ed.

灭草敌（vernolate）

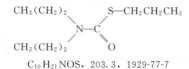

$C_{10}H_{21}NOS$，203.3，1929-77-7

由 Stauffer Chemical 公司开发。

其他名称　灭草猛，卫农，R-1607，Vernam，Surpass

化学名称　*S*-丙基二丙基硫代氨基甲酸酯；*S*-propyl dipropylcarbamothioate

CAS 名称　*S*-propyl dipropylcarbamothioate

理化性质　TC（纯度 99.9%）为透明具有芳香气味的液体，沸点 150℃/3999.66Pa，蒸气压 1.39Pa（25℃），溶解度（20℃）水中 90mg/L。溶于丙酮、乙醇、煤油、4-甲基-2-戊酮、二甲苯。K_{ow} lg$P$（20℃）3.84。<200℃下稳定；在 pH7 的缓冲溶液中，40℃下 13d 损失 50%。光照下分解。27℃下土壤中的 DT_{50} 8～16d，4℃下 >64d。本品会使一些塑料软化或变质。

毒性　大鼠急性经口 LD_{50}：雄大鼠 1500mg/kg，雌大鼠 1550mg/kg。兔急性经皮 $LD_{50}>5000$mg/kg；对皮肤和眼睛无刺激。51 周饲喂试验表明，大鼠无作用剂量 5mg/(kg·d)。鹌鹑 7d 饲喂 LD_{50} 12000mg/kg。鱼毒（96h）LC_{50}：虹鳟鱼 9.6mg/L，太阳鱼 8.4mg/L。0.011mg/只剂量下对蜜蜂无毒。

制剂　EC，GR，GS。

应用　氨基甲酸酯类除草剂。芽前混土施用，防除花生和大豆田中的禾本科杂草和阔叶杂草。

参考文献

US 2913327.

灭草恒（methiuron）

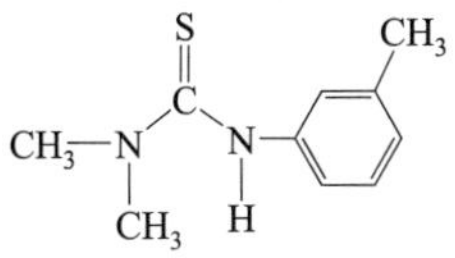

$C_{10}H_{14}N_2S$，194.3，21540-35-2

由 Yorkshire Tar Distillers Ltd. 开发。

其他名称　MH 090

化学名称　1,1-二甲基-3-间甲苯基-2-硫脲；1,1-dimethyl-3-*m*-tolyl-2-thiourea

CAS 名称　N,N-dimethyl-N'-(3-methylphenyl)thiourea

理化性质　无色晶体，熔点 145℃。溶解度：水 400mg/L（25℃）；甲醇 70，吡啶 470（g/L，25℃）。浓酸中水解，对光稳定。

毒性　大鼠急性经口 LD_{50} 约 2200mg/kg。

制剂　EC，GR。

应用　选择性除草剂，苗前使用，防除洋葱、马铃薯和甜菜田杂草。

分析方法　产品分析先通过酸水解，释放间甲苯胺（*m*-toluidine），再通过滴定法测定。

灭草环（tridiphane）

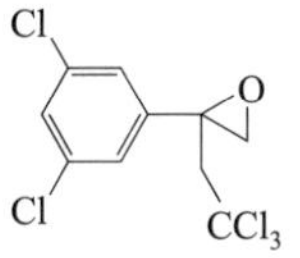

$C_{10}H_7Cl_5O$，320.4，58138-08-2

由道农业科学公司开发。

其他名称　DOWCO356，Nelpon，Tandem

化学名称　(*RS*)-2-(3,5-二氯苯基)-2-(2,2,2-三氯乙基)环氧乙烷；(*RS*)-2-(3,5-dichlorophenyl)-2-(2,2,2-trichloroethyl)oxirane

CAS 名称　(±)-2-(3,5-dichlorophenyl)-2-(2,2,2-trichloroethyl)oxirane

理化性质　纯品为无色晶体，熔点 42.8℃。蒸气压 29mPa（25℃）。水中溶解度（20℃）1.8mg/L，其他溶剂中溶解度（20℃，g/kg）：丙酮 9.1，二氯甲烷 718，甲醇 980，二甲苯 4.6。

毒性　大鼠和小鼠急性经口 LD_{50} 1743～1918mg/kg。兔急性经皮 LD_{50} 3536mg/kg。大鼠 2 年饲喂试验的无作用剂量为 3mg/(kg·d)。鱼毒 LC_{50}（96h）虹鳟鱼 0.53mg/L。

制剂　EC。

应用　内吸性除草剂。主要用于防除玉米、水稻、草坪的禾本科杂草及部分阔叶杂草。施药适期为作物苗期。通常与三嗪类除草剂混用（桶混）。

合成路线

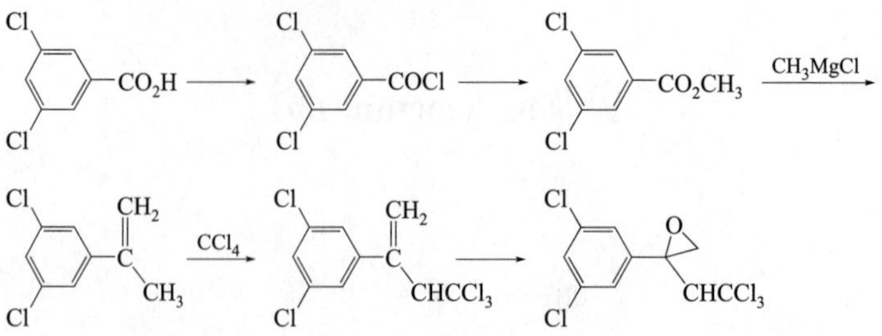

Cl-C6H3(Cl)-CO2H → Cl-C6H3(Cl)-COCl → Cl-C6H3(Cl)-CO2CH3 →[CH3MgCl]

Cl-C6H3(Cl)-C(CH2)(CH3) →[CCl4] Cl-C6H3(Cl)-C(CH2)(CHCCl3) → Cl-C6H3(Cl)-[环氧]-CHCCl3

参考文献

[1] The Pesticide Manual. 15th ed.
[2] US 4211549.

灭草灵（swep）

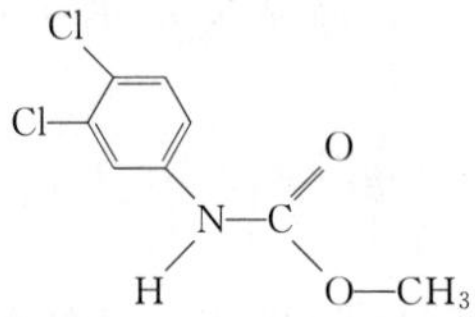

$C_8H_7Cl_2NO_2$，220，1918-18-9

1963 年由 H. R. Hudgins 报道除草活性，FMC 公司开发。

其他名称 FMC2995

化学名称 3,4-二氯苯基氨基甲酸甲酯；methyl 3,4-dichlorocarbanilate

CAS 名称 methyl(3,4-dichlorophenyl)carbamate

理化性质 白色固体，熔点 112~114℃。不溶于水和煤油。室温下溶于丙酮（46%）、二异丁酮（19.2%）、二甲基甲酰胺（64%）、异佛尔酮（33.5%）。工业品熔点为 110~113℃。

毒性 大鼠急性经口 LD_{50} 为 552mg/kg。家兔急性经皮 LD_{50} 高于 2480mg/kg。

制剂 WG。

应用 灭草灵为芽前及芽后早期使用的除草剂。在水稻和大粒种子豆科植物中防除一年生杂草。

分析方法 先转化为 3,4-二氯苯胺，然后再作比色测定。

参考文献

US 3116995.

灭草隆（monuron）

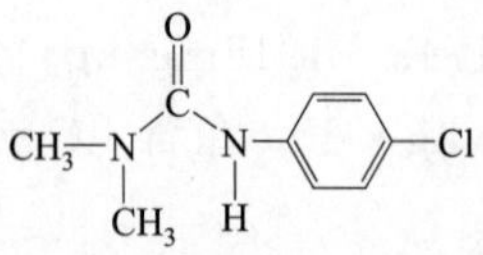

Monuron，$C_9H_{11}ClN_2O$，198.7，150-68-5；
monuron-TCA，$C_{11}H_{12}Cl_4N_2O_3$，362.0，140-41-0

H. C. Bucha 和 C. W. Todd 报道了灭草隆的除草活性，后由纳幕尔杜邦公司开发。

其他名称 GC-2996，Telvar，Urox

化学名称 3-(4-氯苯基)-1,1-二甲基脲(ⅰ)；3-(4-氯苯基)-1,1-二甲基脲三氯乙酸(ⅱ)；3-(4-chlorophenyl)-1,1-dimethylurea(ⅰ)；3-(4-chlorophenyl)-1,1-dimethyluronium trichloroacetate(ⅱ)

CAS 名称 N'-(4-chlorophenyl)-N,N-dimethylurea(ⅰ)；trichloroacetic acid compound with N'-(4-chlorophenyl)-N,N-dimethylurea(1∶1)(ⅱ)；3-(p-chlorophenyl)-1,1-dimethylurea(ⅰ)

理化性质 灭草隆和季草隆纯品为结晶固体。熔点 174~175℃（季草隆 78~81℃），蒸气压 0.067mPa（25℃）（灭草隆）。K_{ow}lg$P$ 1.46，2.12。Henry 常数 5.79×10^{-5} Pa·m³/mol（25℃，计算值）。相对密度 1.27（20℃）。灭草隆溶解度：水 230mg/L（25℃）；丙酮 52g/kg（27℃）；微溶于石油和极性有机溶剂。季草隆溶解度：水 918mg/L（室温）；1,2-二氯乙烷 400，甲醇 177，二甲苯 91（g/kg，室温）。185~200℃分解，pH 7 室温下水解速率可以忽略不计，但是在高温和酸碱环境下，水解速率增大。

毒性 大鼠急性经口 LD$_{50}$ 3600mg/kg。季草隆：大鼠急性经口 LD$_{50}$ 2300~3700mg（玉米油）/kg。使用灭草隆接触或擦拭豚鼠皮肤，无刺激性和敏感性。季草隆对皮肤和黏膜有刺激性。大鼠和狗的无作用剂量为 250~500mg/kg 饲料。

制剂 WP。

应用 光合作用抑制剂，通过根吸收，防除非作物土地总草。

分析方法 灭草隆水解释放胺，然后采用滴定法。季草隆通过红外光谱测定。

主要生产商 DuPont，Allied。

参考文献

[1] US 2655445.
[2] GB 691403.
[3] GB 692589.
[4] US 2782112.
[5] US 2801911.
[6] Hodge M C, et al. AMA Arch Ind health, 1958, 17：45.
[7] CIPAChandbook, 1980, 1A：1310.

灭草松 (bentazone)

$C_{10}H_{12}N_2O_3S$, 240.3, 25057-89-0

由巴斯夫公司开发的苯并噻二嗪酮（benzothiadiazinone）类除草剂。

其他名称 排草丹，苯达松，噻草平，百草克，BAS351H，Bentazone，Basagran，bendioxide，bentazon

化学名称 3-异丙基-1H-2,1,3-苯并噻二嗪-4(3H)-酮-2,2-二氧化物；3-isopropyl-1H-2,1,3-benzothiadiazin-4(3H)-one 2,2-dioxide

CAS 名称 3-(1-methylethyl)-1H-2,1,3-benzothiadiazin-4(3H)-one 2,2-dioxide

理化性质 纯品为无色晶体。熔点 138℃，蒸气压 5.4×10^{-3} mPa（20℃），$K_{ow}\lg P$：0.77（pH 5）、-0.46（pH 7）、-0.55（pH 9）。相对密度 1.41（20℃）。水中溶解度 570mg/L（pH 7，20℃）；其他溶剂中溶解度（g/L，20℃）：丙酮 1387，甲醇 1061，乙酸乙酯 582，二氯甲烷 206，正庚烷 0.5×10^{-3}。酸性和碱性条件下不易水解。光照下分解。pK_a 3.3（24℃）。

毒性 急性经口 LD_{50}（mg/kg）：大鼠>1000，狗>500，兔 750，猫 500。大鼠急性经皮 LD_{50}>2500mg/kg。对兔皮肤和眼睛有中度刺激。对皮肤有致敏性。大鼠急性吸入 LC_{50}（4h）>5.1mg/L 空气。无作用剂量：狗（1 年）13.1mg/kg，大鼠（2 年）10mg/kg，大鼠（90d）25mg/kg，狗（90d）10mg/kg，小鼠（78 周）12mg/kg。山齿鹑急性经口 LD_{50}：1140mg/kg。山齿鹑、野鸭饲喂 LC_{50}>5000mg/kg。鱼类 LC_{50}（96h）：虹鳟鱼、大翻车鱼>100mg/L。水蚤 LC_{50}（48h）125mg/L。纤维藻 EC_{50}（72h）47.3mg/L。对蜜蜂无毒性，LD_{50}>100μg/只（经口）。蠕虫 EC_{50}（14d）>1000mg/kg 土壤。

制剂 TC，AS，SL。

应用 苯并噻二嗪酮类除草剂。适用大豆、玉米、水稻、花生、小麦等作物。防治旱田：苍耳、反枝苋、凹头苋、刺苋、蒿属、刺儿菜、大蓟、狼把草、鬼针草、酸模叶蓼、柳冲刺蓼、节蓼、马齿苋、野西瓜苗、猪殃殃、向日葵、辣子草、野萝卜、猪毛菜、刺黄花稔、苣荬菜、繁缕、曼陀罗、藜、小藜、龙葵、鸭跖草、豚草、遏蓝菜、旋花属、芥菜、苘麻、野芥、芸薹属等多种阔叶杂草；水田：雨久花、鸭舌草、白水八角、牛毛毡、萤蔺、异型莎草、扁秆藨草、日本藨草、荆三棱、狼把草、慈姑、泽泻、水莎草、紧穗莎草、鸭跖草等。对下列杂草有特效：稻田的各类莎草科，如三棱草、野慈如、泽泻、雨久花等 30 多种；旱田的蓼、反枝苋、苍耳、藜、狼把草、香薷、马齿苋等 40 种杂草。触杀型、选择性苗后茎叶处理剂，旱田使用先通过叶面渗透传导到叶绿体内，抑制光合作用。灭草松对棉花、蔬菜等作物较为敏感，应避免接触。

合成路线

分析方法 产品采用 RPLC-UV 分析。

主要生产商 星宇化学，江苏建农，江苏剑牌，江苏绿利来，苏州联合伟业，江苏农用激素工程技术研究中心，江苏瑞邦，山东先达，山东中农民昌，沈阳科创，巴斯夫欧洲公司。

参考文献

[1] The Pesticide Manual. 12th ed. 2000：80.
[2] Pesticide Synthesis Handbook，1997：608.
[3] US 3708277.

灭草特（cycloate）

$C_{11}H_{21}NOS$，215.4，1134-23-2

由 Stauffer Chemical（现 ICI Agrochemicals）公司开发。

其他名称 Ro-Neet，R-2063

化学名称 S-乙基环己基（乙基）硫代氨基甲酸酯；S-ethyl N-cyclohexyl(N-ethyl)thiocarbamate

CAS 名称 S-ethyl cyclohexylethylcarbamothioate

理化性质 本品（纯度 99%）为具有芳香气味的清亮液体。熔点 11.5℃ (supercools readily)，沸点 145℃/1333.22Pa，蒸气压 830mPa（25℃），K_{ow} lg$P$ 3.88，Henry 常数≤$6.12×10^{-3}$Pa·m³/mol（计算值，20℃）。溶解度（20℃）：水 75mg/L，溶于丙酮、苯、乙醇、煤油、4-甲基戊-2-酮、二甲苯。120℃ DT_{50}＞8.5 年。土壤中 DT_{50} 56～180d。50℃下对铝、低碳钢和不锈钢腐蚀＜0.1mg/(L·d)。

毒性 雄、雌大鼠急性经口 LD_{50} 2710mg/kg。兔急性经皮 LD_{50}＞4640mg/kg，对兔眼睛无刺激性。对狗以≤240mg/(kg·d)剂量饲喂 90d 无不良作用。对日本鹌鹑 LD_{50}＞2000mg/kg。虹鳟鱼 LC_{50}（96h）4.5mg/L。0.011mg/只剂量下对蜜蜂无毒。

制剂 EC，GR。

应用 氨基甲酸酯类除草剂。种植前混土施用，防除甜菜和菠菜田中的一年生阔叶杂草、禾本科杂草和莎草科杂草。

分析方法 产品分析 GLC，配 FID 检测器。

主要生产商 ÉMV，Aolunda。

灭草唑（methazole）

$C_9H_6Cl_2N_2O_3$，261.1，20354-26-1

1970 年由 W. Furness 报道除草活性。Velsicol Chemical Corp. 公司开发。

其他名称 VCS-438，Probe，Tunic

化学名称 2-(3,4-二氯苯基)-4-甲基-1,2,4-噁二唑啉-3,5-二酮；2-(3,4-dichlorophenyl)-4-methyl-1,2,4-oxadiazolidine-3,5-dione

CAS 名称 2-(3,4-dichlorophenyl)-4-methyl-1,2,4-oxadiazolidine-3,5-dione

理化性质 原药含量 95%，纯品为无色结晶（原药为浅褐色固体）。熔点 123～124℃，蒸气压 0.133mPa（25℃），K_{ow} lg$P$ 2.59±0.04（25℃），Henry 常数 $2.32×10^{-2}$Pa·m³/mol（计算值），相对密度 1.24（25℃）。25℃溶解度：水 1.5mg/L；DMF 323，二氯甲烷 255，环己酮 171，丙酮 40，二甲苯 5，甲醇 6.5（g/L）。其甲醇溶液暴露在紫外线下发生光解。水悬浮液在太阳光下更稳定。在强酸强碱条件下水解。低于沸点分解。

毒性 大鼠急性经口 LD_{50} 2500mg/kg。兔急性经皮 LD_{50}＞12500mg/kg。对兔皮肤和眼睛有中度刺激，对豚鼠皮肤无刺激性。大鼠吸入 LC_{50}（4h）＞200mg/L（空气）。大、小鼠 2 年饲喂试验：＞100mg/kg 剂量肝脾发现黄褐色素。兔 60mg/(kg·d) 无致畸、致癌性，但是≥30mg/(kg·d)对胎儿有毒性。饲喂 LC_{50}（8d）：绿头鸭 11200mg/kg，北美鹑 1825mg/kg。北美鹑和绿头鸭 1 代饲喂试验，无作用剂量 3mg/kg。鱼毒 LC_{50}（96h）：大翻车鱼 4.47mg/L，虹鳟鱼 4.09mg/L。对蜜蜂有毒。

制剂 WP，GR，WG。

应用 选择型内吸性除草剂，通过根和叶片吸收传导。苗前使用，用于防除大蒜和马铃薯田一些特定的禾本科杂草和大多数阔叶杂草。也可用于柑橘、坚果、核果、茶叶等土壤喷施或者杂草出苗后喷施。

分析方法 产品分析采用 LC 和分光光度法。

参考文献

US 3437664.

灭莠津（mesoprazine）

$C_{10}H_{18}ClN_5O$，259.7，1824-09-5

由 J. R. Geigy S. A.（后来的 Ciba-Geigy AG）开发。

其他名称 G 34 698，CGA 4999

化学名称 6-氯-N^2-异丙基-N^4-(3-甲氧基丙基)-1,3,5-三嗪-2,4-二胺；6-chloro-N^2-isopropyl-N^4-(3-methoxypropyl)-1,3,5-triazine-2,4-diamine

CAS 名称 6-chloro-N-(3-methoxypropyl)-N'-(1-methylethyl)-1,3,5-triazine-2,4-diamine

理化性质 结晶固体，熔点 112～114℃。

应用 选择性除草剂，也用作棉花脱叶剂，通过脱水加速成熟，减低坐果，改善马铃薯的贮存性能和延长收获期等。

灭藻醌（quinoclamine）

$C_{10}H_6ClNO_2$，207.6，2797-51-5

最早由 Uniroyal Inc.（现 Chemtura Corp.，该公司已不再生产或销售该产品）开发作为灭藻剂、杀菌剂及除草剂。1972 年由 Agro-KaneshoCo.，Ltd. 引入日本。

其他名称 06K，Mogeton，ACNQ

化学名称 2-氨基-3-氯-1,4-萘醌；2-amino-3-chloro-1,4-naphthoquinone

CAS 名称 2-amino-3-chloro-1,4-naphthoquinone

理化性质 黄色结晶。熔点 202℃。蒸气压 0.03mPa（20℃）。相对密度 1.56（20℃）。K_{ow}lg$P$ 1.58（25℃）。Henry 常数 $3.11×10^{-4}$Pa·m³/mol（20℃，计算值）。水中溶解度（20℃）0.02g/L；其他溶剂中溶解度（20℃，g/L）：己烷 0.03、甲苯 3.14、二氯甲烷 15.01、丙酮 26.29、甲醇 6.57、乙酸乙酯 15.49、乙腈 12.97、甲基乙基酮 21.32。250℃仍

稳定。水溶液水解 DT_{50}：>1年（pH 4，25℃）、767d（pH 7，25℃）、148d（pH 9，25℃）。光解 DT_{50}：60d（蒸馏水）、31d（天然水）。

毒性 急性经口 LD_{50}：雄大鼠1360、雌大鼠1600、雄小鼠1350、雌小鼠1260（mg/kg）。大鼠急性经皮 LD_{50}>5000mg/kg。对兔眼睛有中等刺激性。对兔皮肤无刺激性。对豚鼠皮肤无致敏性。大鼠吸入 LC_{50}（4h）>0.79mg/L 空气。雄大鼠（2年）无作用剂量 5.7mg/(kg·d)。鲤鱼 LC_{50}（48h）0.7mg/L，斑马鱼 LC_{50}（96h）0.65mg/L。水蚤 LC_{50}（3h）>10mg/L。海藻 E_rC_{50} 22.25mg/L。蜜蜂 LD_{50}（接触）>40μg/只。蚯蚓 LC_{50} 125～250mg/kg 土。

制剂 GR，WP。

应用 用于水稻田防除藻类和杂草。也用于花盆内的观赏植物及草坪，防除苔藓。

分析方法 产品用 GLC 或 HPLC 分析。

主要生产商 Agro-Kanesho。

参考文献

The Pesticide Manual. 15th ed.

牧草胺（tebutam）

$C_{15}H_{23}NO$，233.4，35256-85-0

其他名称 Butam，GPC-5544

化学名称 *N*-苄基-*N*-异丙基三甲基乙酰胺；*N*-benzyl-*N*-isopropylpivalamide

CAS 名称 2,2-dimethyl-*N*-(1-methylethyl)-*N*-(phenylmethyl)propanamide

理化性质 浅棕色液体，沸点95～97℃/13.3322Pa，相对密度0.975（20℃）。在水中溶解度0.79g/L（pH 7，20℃），在有机溶剂如丙酮、己烷、甲醇、甲苯、氯仿中溶解度>500g/L（25℃）。正常贮存条件下稳定，对光稳定。

毒性 大白鼠经口 LD_{50} 6210mg/kg，豚鼠经口 LD_{50} 2025mg/kg，大鼠和白兔经皮 LD_{50}>2000mg/kg，对兔皮肤和眼睛有轻微刺激。对野鸭和鹌鹑 LC_{50}（8d）>5000mg/L，虹鳟鱼 LC_{50}（96h）23mg/L，大翻车鱼 19mg/L，蜜蜂经口 LD_{50} 100μg/只。

应用 选择性芽前除草剂。用于油菜、烟草和十字花科蔬菜等作物中防除禾本科杂草和阔叶杂草。

合成路线 由 2,2-二甲基丙酰氯与 *N*-异丙基苄胺反应生成。

牧草快（cyperquat）

$C_{12}H_{12}N$，170.2，48134-75-4(cyperquat)；
39794-99-5(cyperquat chloride)

1973 年由 Gulf Oil 公司开发。

其他名称 S21634

化学名称 1-甲基-4-苯基吡啶；1-methyl-4-phenylpyridinium

毒性 大鼠急性经口 LD_{50} 为 71.4mg/kg，猴经皮 LD_{50} 高于 3038mg/kg。

应用 用于休耕地和牧场中防除紫莎草和黄莎草。

分析方法 残留物分析使用气相色谱法。

萘丙胺（naproanilide）

$C_{19}H_{17}NO_2$，291.3，52570-16-8

由 S. Fujisawa 报道，日本三井东压化学公司开发。

其他名称 MT-101，Uribest

化学名称 2-(2-萘氧基)丙酰替苯胺；2-(2-naphthyloxy)-N-phenylpropionamide

CAS 名称 2-(2-naphthalenyloxy)-N-phenylpropanamide

理化性质 纯品为白色晶体。熔点 128℃，蒸气压 2.8×10^{-6} mPa（20℃），相对密度 1.256（25℃）。水中溶解度 0.75mg/L（27℃）；丙酮 171，甲苯 42，乙醇 17，苯 46（g/L，27℃）。紫外线下水溶解缓慢降解；光下固体稳定。闪点 110℃。

毒性 急性经口 LD_{50}：大鼠>15000mg/kg，小鼠>20000mg/kg。急性经皮 LD_{50}：大鼠>3000mg/kg，小鼠>5000mg/kg。鱼 TLm（72h）>100mg/L，水蚤 LC_{50}（6h）40mg/L。

制剂 GR。

应用 起活性作用的是羧酸部分。选择性除草剂，通过茎和根吸收。用于防除一年生和一些多年生杂草，但是对稗草无效，对矮慈姑幼苗有很好的防效。

分析方法 产品分析采用 HPLC。

参考文献

[1] Gotoh J Pestic. Sci，1977，(4)：2.

[2] The Pesticide Manual. 16 th ed.

萘草胺（naptalam）

Naptalam，$C_{18}H_{13}NO_3$，291.3，132-66-1；
naptalam-sodium，$C_{18}H_{12}NNaO_3$，313.3，132-67-2

由 O. L. hoffman 和 A. E. Smith 报道了 N-arylphthalamic 酸的植物生长调节剂活性，萘草胺钠盐由 Uniroyal Chemical Co.，Inc. 于 1995 年开发。

其他名称 Aksol，Alanap，Alanap-L，Naptro

化学名称　N-1-萘基酞氨酸;N-1-naphthylphthalamic acid
CAS 名称　2-[(1-naphthalenylamino)carbonyl]benzoic acid
理化性质　结晶固体。熔点 185℃，蒸气压<133Pa（20℃），$K_{ow}\lg P$：0.104（pH 5）、0.004（pH 7）、−0.036（pH 9），$K_{ow}\lg P$ 0.006（萘草胺盐）。Henry 常数<1.94×10^2 Pa·m³/mol（计算值）。相对密度 1.36（20℃）。水中溶解度 200mg/L（20℃）；丙酮 5，DMF 39，DMSO 43，丁酮 4，异丙醇 2，四氯化碳 0.1（g/kg）。几乎不溶于苯、己烷和二甲苯。钠盐：水中溶解度 300 g/kg（20℃）；丙酮 17，DMF 50，丁酮 6，异丙醇 21，苯 0.5，二甲苯 0.4（g/kg）。水解 DT_{50}：7.1d（pH 5），2.4 年（pH 7），pH 9 稳定（20℃）；第二项研究显示 DT_{50} 2.9d（pH 5，25℃）。pK_a 4.6。
毒性　大鼠急性经口 LD_{50} 1770mg/kg。兔急性经皮 LD_{50}>5000mg/kg，对兔眼睛有严重的刺激，对皮肤有中度刺激。大鼠吸入 LC_{50}（4h）>2.07mg/L 空气。慢性饲喂毒性试验，无作用剂量：大鼠 305mg/(kg·d)，狗 5mg/(kg·d)。ADI（EPA）cRfD 0.258mg/kg[2004]。野鸭 LD_{50}>4640mg/kg，野鸭和饲喂山齿鹑 LC_{50}（8d）>10000mg/L。LC_{50}（96h）：虹鳟鱼 76.1mg/L，大翻车鱼 354mg/L。水蚤 LC_{50}（48h）118.5mg/L。对蜜蜂无毒。
制剂　GR，SL，WP。
应用　吲哚乙酸抑制剂，选择性除草剂，主要通过根吸收，叶片也有一定的吸收，在分生组织积累，抑制种子萌发。苗前使用，防除芦笋、花生、大豆和一些观赏植物的阔叶杂草和一些禾本科杂草。
分析方法　产品分析采用紫外检测法。
参考文献
[1]　US 2556664.
[2]　US 2556665.
[3]　The Pesticide Manual. 16th ed.

萘酐（naphthalic anhydride）

$C_{12}H_6O_3$，198.2，81-84-5

1969 年由 O. L. hoffman 等报道，Gulf Oil 公司开发。
其他名称　Protect
化学名称　萘-1,8-二羧酸酐;naphthalene-1,8-dicarboxylic anhydride
CAS 名称　$1H,3H$-naphtho[1,8-cd]pyran-1,3-dione
理化性质　浅棕色结晶固体。熔点 270～274℃，相对不溶于水和大多数非极性溶剂，DMF 中溶解度 13.9g/L。正常贮存条件下稳定，不吸潮。
毒性　大鼠急性经口 LD_{50} 12300mg/kg。兔急性经皮 LD_{50}>2025mg/kg。对兔眼睛有中等刺激。大鼠吸入本品粉尘 4h，820mg/m³ 空气时无明显症状。90d 饲喂试验，500mg/kg 饲料饲喂对大鼠和狗无致病影响。
制剂　TC。

应用　用作种子包衣，使玉米免受 EPTC、灭草猛和氨基甲酸酯类除草剂的药害。

参考文献

[1]　US 3131509.

[2]　US 3564768.

[3]　The Pesticide Manual. 16th ed.

哌草丹（dimepiperate）

$C_{15}H_{21}NOS$，263.4，61432-55-1

1984 年由 M. Tanaka 等报道。由 Mitsubishi Petrochemical Co.，Ltd（现 Mitsubishi Chemical Corp.，2002 年 Nihon Nohyaku Co.，Ltd 收购其农药业务）开发并生产，由 Rhône-Poulenc Yuka Agro KK（现 Bayer AG）销售。

其他名称　优克稗，哌啶酯，MY-93，MUW-1193，Yukamate

化学名称　S-1-甲基-1-苯基乙基哌啶-1-硫代甲酸酯；S-1-methyl-1-phenylethylpiperidine-1-carbothioate

CAS 名称　S-(1-methyl-1-phenylethyl) 1-piperidinecarbothioate

理化性质　蜡状固体。熔点 38.8～39.3℃，沸点 164～168℃/99.99Pa。蒸气压 0.53mPa（30℃）。水中溶解度（25℃）20mg/L；其他溶剂中溶解度（kg/L，25℃）：丙酮 6.2，氯仿 5.8，环己酮 4.9，乙醇 4.1，己烷 2.0。稳定性：30℃下稳定 1 年以上，当干燥时日光下稳定，其水溶液在 pH 1 和 14 时稳定。

毒性　大鼠急性经口 LD_{50}：雄 946mg/kg，雌 959mg/kg；小鼠急性经口 LD_{50}：雄 4677mg/kg，雌 4519mg/kg。大鼠急性经皮 LD_{50}＞5000mg/kg。对兔眼睛和皮肤无刺激性作用，对豚鼠无皮肤过敏性，大鼠和兔未测出致畸活性，大鼠 2 代繁殖试验未见异常。大鼠吸入 LC_{50}（4h）＞1.66mg/L。大鼠饲喂 2 年无作用剂量 0.104mg/L，允许摄入剂量 0.001mg/kg。雄日本鹌鹑急性经皮 LD_{50}＞2000mg/kg，母鸡急性经皮 LD_{50}＞5000mg/kg。鱼毒 LC_{50}（48h）：鲤鱼 5.8mg/L，虹鳟鱼 5.7mg/L。

制剂　EC，GR。

应用　哌草丹为脂质（lipid）合成抑制剂（不是 ACC 酶抑制剂），属内吸传导型稻田选择性除草剂。哌草丹是植物内源生长素的拮抗剂，可打破内源生长素的平衡，进而使细胞内蛋白质合成受到阻碍，破坏细胞的分裂，致使生长发育停止。药剂由根部和茎叶吸收后传导至整个植株，茎叶由浓绿变黄、变褐、枯死，此过程需 1～2 周。适用于水稻秧田、插秧田、直播田、旱直播田。哌草丹在稗草和水稻体内的吸收与传递速度有差异，此外能在稻株内与葡萄糖结成无毒的糖苷化合物，在稻田中迅速分解（7d 内分解 50%），这是形成选择性的生理基础。哌草丹在稻田大部分分布在土壤表层 1cm 之内，这对移植水稻来说，也是安全性高的因素之一。土壤温度、环境条件对药效的影响作用小。由于哌草丹蒸气压低、挥发性小，因此不会对周围的蔬菜作物造成飘移危害。此外，对水层的要求不甚严格，土壤饱和态的水分就可得到较好的除草效果。防除对象：防除稗草及牛毛草，对水田其他杂草无效。对防除二叶期以前的稗草效果突出，应注意不要错过施药适期。当稻田草相复杂时，应与其他除草剂如 2 甲 4 氯、灭草松、苄嘧磺隆等混合使用。

合成路线

分析方法　GC 法分析。

哌草磷（piperophos）

$C_{14}H_{28}NO_3PS_2$，353.5，24151-93-7

由 D. h. Green 和 L. Ebner 报道。由 Ciba-Geigy AG（现在的 Syngenta AG，已经不再生产和销售）引入市场。

其他名称　C 19 490，Rilof

化学名称　S-2-甲基哌啶基甲酰甲基 O,O-二丙基二硫代磷酸酯；S-2-methylpiperidino-carbonylmethyl O,O-dipropyl phosphorodithioate

CAS 名称　S-[2-(2-methyl-1-piperidinyl)-2-oxoethyl]O,O-dipropyl phosphorodithioate

理化性质　淡黄色，稍黏稠透明液体，带有几分甜味。沸点＞250℃，约 190℃开始热分解。蒸气压 0.032mPa（20℃）。K_{ow}lg$P$ 4.3。Henry 常数 $4.5×10^{-4}$ Pa·m³/mol（计算值）。相对密度 1.13（20℃）。在水中溶解度 25mg/L（20℃）；与苯、正己烷、丙酮、二氯甲烷和辛醇混溶。稳定性：在正常贮存条件下稳定；在 pH 9 时缓慢水解，DT_{50}（20℃，计算值）＞200d（pH 5~7）、178d（pH 9）。

毒性　大鼠急性经口 LD_{50} 324mg/kg。大鼠急性经皮 LD_{50}＞2150mg/kg。对兔皮肤无刺激作用，对兔眼睛有轻微刺激作用。大鼠吸入 LC_{50}（1h）＞1.96mg/L 空气。NOEL：大鼠（90d）10mg/kg 饲料 [0.8mg/(kg·d)]；狗 5mg/kg 饲料 [0.15mg/(kg·d)]。日本鹌鹑 LC_{50}（8d）11629mg/kg。虹鳟鱼 LC_{50}（96h）6mg/L，鲫鱼 5mg/L。水蚤 LC_{50}（48h）0.0033mg/L。近具刺链带藻 EC_{50}（5d）0.059mg/L。蜜蜂 LD_{50}：（经口）＞22μg/只，（接触）30μg/只。蚯蚓 LC_{50}（14d）180mg/kg 土。

制剂　EC，WP。

应用　抑制细胞分裂。选择性、内吸性除草剂，被植物幼苗的根、胚芽鞘和叶片吸收。用于直播和移栽水稻田防除一年生禾本科杂草和莎草。

分析方法　产品用 GLC 分析。

主要生产商　Saeryung 公司。

参考文献

[1] BE 725992.
[2] GB 1255946.

坪草丹（orbencarb）

$C_{12}H_{16}ClNOS$，257.8，34622-58-7

该除草剂由 S. Iori 等报道。在日本由 Kumiai Chemical Industry 有限公司引进。

其他名称　B-3356，Boleron，Lanray

化学名称　S-2-氯苄基二乙基硫代氨基甲酸酯；S-2-chlorobenzyldiethylthiocarbamate

CAS 名称　S-[(2-chlorophenyl)methyl]diethylcarbamothioate

理化性质　原药含量＞95%。无色液体，原药为淡黄色液体。熔点＜－20℃。沸点 223.6℃/3990Pa。蒸气压 4.26mPa（25℃）。K_{ow}lg$P$ 4.17（pH 7.1，20℃）。相对密度 1.176（20℃）。水中溶解度 20mg/L（20℃）；有机溶剂中溶解度：丙酮、正己烷、甲苯、二氯甲烷、甲醇＞500g/L（20℃）。稳定性：高达 180℃稳定。水解 DT_{50}＞1 年（pH 4、7、9，25℃）。在天然水中，光解 DT_{50} 1.7d，蒸馏水中 1.2d（25℃，50W/m²，300~400 nm）。

毒性　雄大鼠急性经口 LD_{50} 800、雌大鼠 820、雄小鼠 935、雌小鼠 1010（mg/kg）。大鼠急性经皮 LD_{50}＞3000mg/kg。对兔皮肤或眼睛无刺激。雄大鼠吸入 LC_{50}（4h）4.32，雌大鼠 2.94（mg/L）。NOEL（90d）：雄大鼠 1.7，雌大鼠 1.8 [mg/(kg·d)]。山齿鹑和野鸭急性经口 LD_{50} 均＞2000mg/kg。山齿鹑饲喂 LC_{50}＞2000mg/L。鲤鱼 LC_{50}（48h）3.4mg/L，（96h）虹鳟鱼 1.88mg/L、鲤鱼 1.67mg/L。水蚤 LC_{50}（24h）2.88mg/L。EC_{50}（48h）0.590mg/L。近具刺链带藻 LC_{50} 5mg/L；E_bC_{50}（72h）2.21mg/L。对蜜蜂无毒，急性经口 LD_{50} 103μg/只。

制剂　EC。

应用　抑制脂质合成（不是 ACCase 抑制剂）。内吸性除草剂，通过根、种子、中胚轴吸收，并传导至生长点来抑制已发芽杂草和幼苗的叶子形成和伸长。用于大麦、小麦、黑麦、玉米、大豆、棉花和草坪，芽前防除一年生禾本科杂草（野燕麦除外）和阔叶杂草。

分析方法　产品采用 GLC 分析。

主要生产商　Kumiai。

参考文献

[1]　US 3816500.

[2]　JP 1065662.

[3]　JP 120220.

扑草净（prometryn）

$C_{10}H_{19}N_5S$，241.4，7287-19-6

由 H. Gysin 报道，由 J. R. Geigy S. A.（现 Syngenta AG）引入市场。

其他名称　扑蔓尽，割草佳，扑灭通，Caparol，Gesagard，Prometrex

化学名称　N^2,N^4-二异丙基-6-甲硫基-1,3,5-三嗪-2,4-二胺；N^2,N^4-diisopropyl-6-methylthio-1,3,5-triazine-2,4-diamine

CAS 名称　N,N'-bis(1-methylethyl)-6-(methylthio)-1,3,5-triazine-2,4-diamine

理化性质　纯品为白色粉末。熔点 118~120℃，沸点＞300℃/100kPa，蒸气压 0.165mPa（25℃），K_{ow}lg$P$ 3.1（25℃），Henry 常数 $1.2×10^{-3}$ Pa·m³/mol（计算值），相对密度 1.15（20℃）。水中溶解度 33mg/L（pH 6.7，22℃）；其他溶剂中溶解度（g/L，

25℃）：丙酮 300，乙醇 140，正己烷 6.3，甲苯 200，正辛醇 110。20℃在中性、弱酸或弱碱条件下对水解稳定，热酸、热碱条件下稳定，紫外线照射分解。pK_a 4.1，弱碱性。

毒性　大鼠急性经口 LD_{50}＞2000mg/kg。急性经皮 LD_{50}（mg/kg）：大鼠＞3100，兔＞2020。对兔皮肤和眼睛有轻微刺激。对豚鼠皮肤无致敏性。大鼠急性吸入 LC_{50}（4h）＞2170mg/m³。无作用剂量：狗（2年）3.75mg/kg；大鼠 29.5mg/(kg·d)；小鼠 100mg/kg。饲喂 LC_{50}（8d，mg/kg）：山齿鹑＞5000，野鸭＞4640。鱼毒 LC_{50}（96h，mg/L）：虹鳟鱼 5.5，大翻车鱼 6.3。水蚤 LC_{50}（48h）：12.66mg/L。羊角月牙藻 EC_{50}（5d）：0.035mg/L。对蜜蜂无毒，LD_{50}＞99μg/只（经口），＞130μg/只（接触）。蚯蚓 LC_{50}（14d）153mg/kg 土壤。

制剂　SC，WP。

应用　选择性内吸传导型除草剂。可被根和叶吸收，也可从茎叶渗入体内，输送到绿色叶片内抑制光合作用，逐渐失绿干枯而死，发挥除草作用。高温多湿和土壤含水量多时杀草力强。对刚萌芽的杂草防效最好。土中药效 30～90d，在黏土中有效期长。适用于棉花、大豆、麦类、花生、向日葵、马铃薯、果树、蔬菜、茶树及水稻田防除稗草、马唐、千金子、野苋菜、蓼、藜、马齿苋、看麦娘、繁缕、车前草等一年生禾本科及阔叶草。宜在杂草芽前芽后作土壤处理，扑草净对成株杂草的效果不好。严格掌握施药量和施药时间，否则易产生药害。有机质含量低的沙质和土壤，容易产生药害，不宜使用。施药后半月不要任意松土或耘耥，以免破坏药层，影响药效。

分析方法　产品用 GLC/FID 分析。

主要生产商　Syngenta，KSA，Makhteshim-Agan，Oxon，山东滨农，浙江长兴一化，浙江中山，潍坊润丰。

参考文献

[1] CH 337019.
[2] GB 814948.

扑灭津（propazine）

$C_9H_{16}ClN_5$，229.7，139-40-2

由 H. Gysin 和 E. Knüsli 报道。由 J. R. Geigy S. A.（Novartis Crop Protection AG，已经不再生产和销售此产品）引入市场。

其他名称　G 30028，Prozinex

化学名称　6-氯-N^2,N^4-二异丙基-1,3,5-三嗪-2,4-二胺；6-chloro-N^2,N^4-diisopropyl-1,3,5-triazine-2,4-diamine

CAS 名称　6-chloro-N,N'-bis(1-methylethyl)-1,3,5-triazine-2,4-diamine

理化性质　无色粉末。熔点 212～214℃。蒸气压 0.0039mPa（20℃），K_{ow} lg$P$ 3.01。Henry 常数 $1.79×10^{-4}$ Pa·m³/mol（计算值）。相对密度 1.162（20℃）。水中溶解度 5.0mg/L（20℃）；有机溶剂中溶解度（g/kg，20℃）：苯、甲苯 6.2，乙醚 5.0，四氯化碳 2.5。稳定性：在中性、弱酸性和弱碱性介质中稳定。加热时被酸、碱水解，形成羟基扑灭津。pK_a 1.7（21℃），弱碱性。

毒性 大鼠急性经口 LD_{50}＞7000mg/kg。大鼠急性经皮 LD_{50}＞3100mg/kg，兔＞10200mg/kg。对兔皮肤和眼睛有轻微刺激。兔急性吸入 LC_{50}（4h）＞2.04mg/L 空气。饲喂无作用剂量（130d）：雄、雌大鼠50mg/kg。剂型WP［800g（a.i.）/kg］饲喂试验无作用剂量（90d）：大鼠200mg（a.i.）/kg［13mg/（kg·d）］，狗200［mg（a.i.）/kg］［7mg/（kg·d）］。山齿鹑、野鸭饲喂 LC_{50}（8d）＞10000mg/kg。鱼毒 LC_{50}（96h，mg/L）：虹鳟鱼17.5，大翻车鱼＞100，金鱼＞32.0。对蜜蜂无毒。

制剂 WG，WP，AS。

应用 三嗪类选择性内吸传导型土壤处理除草剂，作用机理与西玛津相似，内吸作用比西玛津迅速，在土壤中的移动性也比西玛津大。有一定的触杀作用。适用谷子、玉米、高粱、甘蔗、胡萝卜、芹菜、豌豆等作物。防除一年生禾本科杂草和阔叶杂草。对双子叶杂草的杀伤力大于单子叶杂草。对一些多年生的杂草也有一定的杀伤力，扑灭津对刚萌发的杂草防除效果显著，对较大的杂草及多年生深根性杂草效果较差。

分析方法 产品用GLC/FID分析。

主要生产商 浙江中山，潍坊润丰。

参考文献

［1］BE 540947.

［2］GB 814947.

扑灭通（prometon）

$C_{10}H_{19}N_5O$，225.3，1610-18-0

由 H. Gysin 和 E. Knüsli 报道，由 J. R. Geigy S. A.（Novartis Crop Protection AG，1998年将专利权卖给 Makhteshim-Agan Industries Ltd）引入市场。

其他名称 G 31 435，Pramitol

化学名称 N^2,N^4-二异丙基-6-甲氧基-1,3,5-三嗪-2,4-二胺；N^2,N^4-diisopropyl-6-methoxy-1,3,5-triazine-2,4-diamine

CAS名称 6-methoxy-N,N'-bis(1-methylethyl)-1,3,5-triazine-2,4-diamine

理化性质 无色粉末。熔点91～92℃。蒸气压0.306mPa（20℃）。K_{ow} lg$P$ 2.69（25℃）。相对密度1.088（20℃）。水中溶解度750mg/L（20℃）；有机溶剂中溶解度（g/L，20℃）：苯＞250，甲醇、丙酮＞500，二氯甲烷350，甲苯250。20℃时在中性、弱酸性或弱碱性介质中水解稳定。加热的酸或碱中则发生水解。紫外线照射下分解。pK_a 4.3（21℃），弱碱性。

毒性 急性经口 LD_{50}：大鼠2980mg/kg，小鼠2160mg/kg。兔急性经皮 LD_{50}＞2000mg/kg。对兔皮肤有轻微刺激作用，对兔眼睛有刺激作用。大鼠吸入 LC_{50}（4h）＞3.26mg/L 空气。NOEL（90d）：大鼠5.4mg/（kg·d）。ADI/RfD（EPA）cRfD0.05mg/kg（2008）。对鸟类有轻微毒性。LC_{50}（96h）：虹鳟鱼12mg/L、鲫鱼70mg/L、大翻车鱼40mg/L。对蜜蜂无毒。

制剂 EC，WP。

应用 非选择性内吸性除草剂，通过叶和根吸收，向顶传导。用于非作物领域防除大多数一年生和许多多年生阔叶杂草、禾本科杂草和灌木丛。可以达到一个完整的季节或更长时间的杂草防除。不能在需要的植物附近使用。

分析方法 产品用 GLC/FID 或用酸量滴定法分析。

主要生产商 Makhteshim-Agan，浙江中山。

参考文献

The Pesticide Manual. 16th ed.

羟敌草腈（chloroxynil）

$C_7H_3Cl_2NO$，188.0，1891-95-8

由 May & Baker Ltd（后 Rhône-Poulenc Agrochimie）推出。

化学名称 3,5-二氯-4-羟基苯甲腈；3,5-dichloro-4-hydroxybenzonitrile

CAS 名称 3,5-dichloro-4-hydroxybenzonitrile

应用 除草剂。

主要生产商 Rhône-Poulenc Agrochimie。

嗪草酸甲酯（fluthiacet-methyl）

$C_{15}H_{15}ClFN_3O_3S_2$，403.9，117337-19-6

1993 年由 Kumiai Chemical Industry Co., Ltd 和 Ciba-Geigy AG（现 Syngenta AG）报道。

其他名称 阔草特，KIH-9201，CGA-248757

化学名称 [[2-氯-4-氟-5-[(5,6,7,8-四氢-3-氧代-1H,3H-(1,3,4)噻二唑[3,4-a]亚哒嗪-1-基}氨基]苯基]硫]乙酸甲酯；methyl [2-chloro-4-fluoro-5-(5,6,7,8-tetrahydro-3-oxo-1H,3H-[1,3,4]thiadiazolo[3,4-a]pyridazin-1-yliden eamino)phenylthio]acetate

CAS 名称 methyl [[2-chloro-4-fluoro-5-[(tetrahydro-3-oxo-1H,3H-[1,3,4]thiadiazolo[3,4-a]pyridazin-1-ylidene)amino]phenyl]thio]acetate

理化性质 纯品为白色粉末。熔点 105.0~106.5℃。蒸气压 $4.41×10^{-4}$ mPa（25℃）。K_{ow}lg$P$ 3.77（25℃）。Henry 常数 $2.1×10^{-4}$ Pa·m³/mol（计算值）。相对密度 0.43（20℃）。水中溶解度（mg/L，25℃）：0.85（蒸馏水），0.78（pH5、7），0.22（pH9）；其他溶剂（g/L，25℃）：甲醇 4.41，丙酮 101，甲苯 84，正辛醇 1.86，乙腈 68.7，乙酸乙酯

73.5，二氯甲烷 531.0，正己烷 0.232。稳定性：150℃稳定。水解 DT_{50}（25℃）：484.8d（pH5），17.7d（pH7），0.2d（pH9）；水溶液光解 DT_{50}（25℃）：5.88h（天然水），4.95d（蒸馏水）。

毒性 大鼠急性经口 $LD_{50}>5000mg/kg$。兔急性经皮 $LD_{50}>2000mg/kg$，对皮肤无刺激性，对眼睛有刺激性（兔）。大鼠吸入 LC_{50}（4h，鼻吸入）$>5.048mg/L$。无作用剂量：大鼠（2年）2.1mg/(kg·d)；小鼠（18个月）0.1mg/(kg·d)；雄狗（1年）2000mg/kg [58mg/(kg·d)]，雌狗（1年）1000mg/kg [30.3mg/(kg·d)]。对大鼠和兔无致畸、致突变作用。禽类急性经口 LD_{50}：山齿鹑和野鸭$>2250mg/kg$。蓝鹑 $LC_{50}>5620mg/L$；饲喂毒性 LC_{50}（5d）：山齿鹑和野鸭$>5620mg/kg$。鱼 LC_{50}（96h，mg/L）：鳟鱼 0.043，鲤鱼 0.60，大翻车鱼 0.14，红鲈鱼 0.16。水蚤 LC_{50}（48h）$>2.3mg/L$。羊角月牙藻 EC_{50}（72h）3.12μg/L。蜜蜂 LD_{50}（接触，48h）$>100μg$/只。蚯蚓 $LC_{50}>948mg/kg$ 干土。

制剂 EC，WP。

应用 原卟啉原氧化酶抑制剂，在敏感杂草叶面作用迅速，引起原卟啉积累，使细胞脂质过氧化作用增强，从而导致敏感杂草的细胞膜结构和细胞功能不可逆损害。适用于大豆和玉米。对大豆和玉米极安全。对后茬作物无不良影响。加之施用剂量低，且土壤处理活性低，对环境安全。主要用于防除大豆、玉米田的阔叶杂草，特别是对一些难防除的阔叶杂草有卓效。

合成路线 以邻氟苯胺为起始原料，经酰化、氯化制得中间体 4-氯-2-氟乙酰苯胺。与氯磺酸反应后经还原、水解制得中间体取代的硫酚。再经醚化，制成硫代异氰酸酯。最后与肼缩合，并与光气合环即得目的物。

分析方法 GLC-NPD 法。

主要生产商 Kumiai，FMC，江苏联化，大连瑞泽。

参考文献

[1] US 4885023.

[2] US 4906279.

[3] EP 0273417.

嗪草酮（metribuzin）

$C_8H_{14}N_4OS$，214.3，21087-64-9

由 Draber 等报道，由美国杜邦公司开发，1971 年首次上市。

其他名称　赛克，立克除，甲草嗪，Bayer 94 337，DIC 1468，Bayer 6159H，Bayer 6443H，DPX-G2504，Sencor，Lexone

化学名称　4-氨基-6-叔丁基-4,5-二氢-3-甲硫基-1,2,4-三嗪-5-酮；4-amino-6-*tert*-butyl-4,5-dihydro-3-methylthio-1,2,4-triazin-5-one；4-amino-6-*tert*-butyl-3-methylthio-1,2,4-triazin-5($4H$)-one

CAS 名称　4-amino-6-(1,1-dimethylethyl)-3-(methylthio)-1,2,4-triazin-5($4H$)-one

理化性质　纯品为微弱气味的白色晶体。熔点 126℃，沸点 132℃/2Pa，蒸气压 0.058mPa（20℃），K_{ow} lg$P$ 1.6（pH 5.6，20℃），Henry 常数 $1×10^{-5}$ Pa·m³/mol（20℃，计算值），相对密度 1.26（20℃）。水中溶解度 1.05g/L（20℃）；其他溶剂中溶解度（g/L，20℃）：DMSO、丙酮、乙酸乙酯、二氯甲烷、乙腈、异丙醇、聚乙二醇＞250，苯 220，二甲苯 60，正辛醇 54。紫外线下相对稳定。20℃在稀释的酸、碱条件下稳定；DT_{50}（37℃）：6.7h（pH 1.2）；DT_{50}（70℃）：569h（pH 4）、47d（pH 7）、191h（pH 9）。水中光解迅速（DT_{50}＜1d）。正常情况下在土壤表面 DT_{50} 为 14～25d。

毒性　急性经口 LD_{50}：雄大鼠 510，雌大鼠 322，小鼠约 700，豚鼠约 250（mg/kg）。大鼠急性经皮 LD_{50}＞20000mg/kg。对兔皮肤和眼睛无刺激性。大鼠急性吸入 LC_{50}（4h）0.65mg/L 空气（粉尘）。无作用剂量（2 年）：狗 100mg/kg 饲料（3.4mg/kg），大鼠 30mg/kg（1.3mg/kg）。ADI（EC）0.013mg/kg［2007］、（EPA）cRfD 0.013mg/kg［1997］。急性经口 LD_{50}：山齿鹑 164，野鸭 460～680（mg/kg）。LC_{50}（96h）：虹鳟鱼 74.6，金雅罗鱼 41.6，红鲈鱼 85（mg/L）。水蚤 LC_{50}（48h）49.6mg/L。淡水藻 E_rC_{50} 0.021mg/L。对蜜蜂无毒，LD_{50} 为 35μg/只。蚯蚓 LC_{50} 为 331.8mg/kg 干土。

制剂　SC，WG，WP。

应用　三嗪酮类选择性除草剂。主要通过抑制敏感植物的光合作用发挥杀草活性，施药后各种敏感杂草萌发出苗不受影响，出苗后叶褪绿，最后营养枯竭而致死。症状为叶缘变黄或火烧状，整个叶可变黄，但叶脉常常残留有淡绿色（间隔失绿）。用药量过大或低洼地排水不良、田间积水、高湿低温、病虫危害造成大豆生长发育不良的条件下，可造成大豆药害，轻者叶片浓绿、皱缩，重者叶片失绿，变黄、变褐坏死，下部叶片先受影响，上部叶一般不受影响。其在土壤中的持效期受气候条件、土壤类型影响，通常半衰期 28d 左右，对后茬作物不会产生药害。适用于大豆、马铃薯、番茄、苜蓿、玉米等作物。可防除早熟禾、看麦娘、反枝苋、鬼针草、狼把草、荠菜、矢车菊、藜、小藜、野芝麻、柳穿鱼、锦葵、蒿蓄、酸模叶蓼、春蓼、红蓼、野芥菜、马齿苋、繁缕、遏蓝菜、马唐、铁苋菜、刺苋、绿苋、三色堇、水棘针、香薷、曼陀罗、鼬瓣花、独行菜、柳叶刺蓼、苣荬菜、鸭跖草、狗尾草、稗草、苘麻、卷茎蓼、苍耳等。

合成路线

$$(CH_3)_3CCCH_3 \xrightarrow[(CH_3)_2NH]{ClSCl} (CH_3)_3CCC-N(CH_3)_2 \xrightarrow{NaOH} (CH_3)_3CCCONa$$

$$\xrightarrow{NH_2NHCSNH_2} \text{(triazine-thione)} \xrightarrow{CH_3I} \text{(triazine-SMe)}$$

分析方法 产品用 GC/HPLC 分析。

主要生产商 Bayer CropScience，DuPont，Bharat，Feinchemie Schwebda，Rallis，Rotam，Tide，安徽亚孚，河北新兴，临湘化学农药厂，江苏剑牌，武进恒隆，昆山瑞泽，南通派斯第，盐城南方化工，大连瑞泽，江苏七州。

参考文献

[1] BE 697083.
[2] DE 1795784.
[3] US 3905801.

嗪咪唑嘧磺隆（propyrisulfuron）

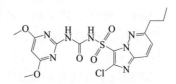

$C_{16}H_{18}ClN_7O_5S$，455.9，570415-88-2

2011 年在日本推出，用于水稻防除稗草和阔叶杂草。

其他名称 TH-547，S-3650

化学名称 1-(2-氯-6-丙基咪唑并[1,2-b]哒嗪-3-基磺酰基)-3-(4,6-二甲氧基嘧啶-2-基)脲；1-(2-chloro-6-propylimidazo[1,2-b]pyridazin-3-ylsulfonyl)-3-(4,6-dimethoxypyrimidin-2-yl)urea

CAS 名称 2-chloro-N-[[(4,6-dimethoxy-2-pyrimidinyl)amino]carbonyl]-6-propylimidazo[1,2-b]pyridazine-3-sulfonamide

理化性质 无色无味结晶固体。熔点＞193.5℃（分解）。沸点 218.9℃（分解）。K_{ow} lg$P$ 2.9（25℃）。相对密度 1.775（20℃）。水中溶解度 0.98mg/L（20℃）；有机溶剂中溶解度（20℃）：己烷＜0.01mg/L，甲苯 0.156、氯仿 28.6、乙酸乙酯 1.61、丙酮 7.03、甲醇 0.434（g/L）。对热稳定。pK_a 4.89（20℃）。

毒性 雌大鼠急性经口 LD_{50}＞2000mg/kg。大鼠急性经皮 LD_{50}＞2000mg/kg。大鼠吸入 LC_{50}（4h）＞4300mg/m³。山齿鹑急性经口 LD_{50}＞2250mg/kg。鲤鱼 LC_{50}（96h）＞10mg/L。水蚤 EC_{50}（48h）＞10mg/L。藻类 E_rC_{50}（0～72h）＞0.011mg/L。蜜蜂 LD_{50}（接触）＞100μg/只。

应用 用于水稻防除稗草和阔叶杂草。

主要生产商 Sumitomo Chemical。

参考文献

The Pesticide Manual. 16th ed.

氰氨化钙 (calcium cyanamide)

$$N\equiv C-N^{2-}Ca^{2+}$$

$CCaN_2$,80.1,156-62-7

1905 年起用作肥料，后来由 American Cyanamid Co. 作为除草剂和脱叶剂开发。

化学名称 氰氨化钙；calcium cyanamide

CAS 名称 calcium cyanamide

理化性质 纯品是闪辉六方体结晶，工业品为 63% 的氰氨化钙的颗粒，其中混有碳、氢氧化钙。在湿气作用下水解成氢氧化钙和酸式盐 $Ca(HCN_2)_2$，其酸式盐在土壤中转变成尿素。

毒性 大鼠急性经口 LD_{50} 1400mg/kg。对皮肤有轻度刺激。大鼠吸入毒性 LC_{50} (4h) >0.15mg/L 空气。对蜜蜂无毒。

制剂 GR。

应用 因其水解产物氰氨氢钙和氰氨对发芽的种子和叶都有很高的毒性，所以在潮湿地区可用作除草剂和脱叶剂。土壤处理不能用粉剂，可苗前防除杂草；油化的粉，可用作脱叶处理，最好在叶面潮湿的情况下使用。其液剂是氰氨化钙的水溶液，这个水溶液用磷酸做了稳定处理，一般用在苗前除草或作脱叶剂。

合成路线 空气中的氮同电石在 1000℃ 的高温下反应，便可制造氰氨化钙。工业上为了降低反应温度和加速反应，往往加入氯化钙或氟化钙。反应剩余的碳化物可以用控制水解的办法加以除掉。

分析方法 以 Kjeldahl 法定氮（AOAC 方法）。

氰草津 (cyanazine)

$C_9H_{13}ClN_6$, 240.7, 21725-46-2

1967 年由 W. J. hughes 等报道。由 Shell Research Ltd 开发（现 BASF SE）。

其他名称 百得斯，草净津，Bladex

化学名称 2-(4-氯-6-乙氨基-1,3,5-三嗪-2-基氨基)-2-甲基丙腈；2-(4-chloro-6-ethylamino-1,3,5-triazin-2-ylamino)-2-methylpropionitrile

CAS 名称 2-[[4-chloro-6-(ethylamino)-1,3,5-triazin-2-yl]amino]-2-methylpropanenitrile

理化性质 原药为白色结晶固体。熔点 167.5～169℃（原药 166.5～167℃）。蒸气压 2×10^{-4} mPa (20℃)。K_{ow} lgP 2.1。相对密度 1.29 (20℃)。水中溶解度 171mg/L (25℃)；其他溶剂中溶解度（g/L，25℃）：甲基环己酮、氯仿 210，丙酮 195，乙醇 45，苯、正己烷 15，四氯化碳<10。对热（75℃，100h 之后分解率 1.8%）、光和水解（5≤pH≤9）稳定，强酸、强碱中分解。pK_a 0.63。

毒性 急性经口 LD_{50}（mg/kg）：大鼠 182～334，小鼠 380，兔 141。急性经皮 LD_{50}（mg/kg）：大鼠＞1200，兔＞2000。对皮肤和眼睛无刺激性。大鼠吸入 LC_{50}＞2460mg/m³ 空气（粉尘）。无作用剂量（2年）：大鼠 12mg/kg 饲料，狗 25mg/kg 饲料。急性经口 LD_{50}（mg/kg）：野鸭＞2000，鹌鹑 400。鱼毒 LC_{50}：小丑鱼（48h）10mg/L，黑头呆鱼（96h）16mg/L。水蚤 LC_{50}（48h）：42～106mg/L。藻类 EC_{50}（96h）＜0.1mg/L。对蜜蜂无毒，LD_{50}（局部）＞100μg/只（原药在丙酮中），（经口）＞190μg/只（原药粉尘）。

制剂 GR，SC，WG，WP。

应用 三嗪类内吸选择性除草剂，主要通过根吸收，叶也能吸收。适用于玉米、豌豆、蚕豆、马铃薯、甘蔗、棉花等作物田防除多种禾本科杂草和阔叶杂草。能防除大多数一年生禾本科杂草及阔叶杂草，如早熟禾、马唐、狗尾草、稗草、蟋蟀草、雀稗草、蓼、田旋花、莎草、马齿苋等。可与莠去津混用扩大杀草谱，施药后遇雨或进行灌溉可提高防效，干旱时用药如无灌溉条件可以浅耙，使药物与土壤充分混合，干旱地区也可苗后施药。茎叶处理时以 15～30℃为宜，低温、湿度大时对玉米不安全。

分析方法 采用 HPLC，GLC。

主要生产商 Feinchemie Schwebda，潍坊润丰，郑州兰博尔。

参考文献
GB 1132306.

氰草净（cyanatryn）

$C_{10}H_{16}N_6S$，252.3，21689-84-9

1972 年由 V. V. dovlatyan 和 F. V. Avetisyan 报道，由 Shell Research Ltd. 评价。

其他名称 WL63611

化学名称 2-(4-乙基氨基-6-甲硫基-1,3,5-三嗪-2-基氨基)-2-甲基丙腈；2-(4-ethylamino-6-methylthio-1,3,5-triazin-2-ylamino)-2-methylpropiononitrile

CAS 名称 2-[[4-(ethylamino)-6-(methylthio)-1,3,5-triazin-2-yl]amino]-2-methylpropanenitrile

应用 用于杀藻和防除各种水生杂草。

氰氟草酯（cyhalofop-butyl）

$C_{20}H_{20}FNO_4$，357.4，122008-85-9

由美国陶氏农业科学公司开发的苯氧羧酸类除草剂。

其他名称　千金，氰氟禾草灵，DEH-112，XDE-573，Clincher，Cleaner

化学名称　(R)-2-[4-(4-氰基-2-氟苯氧基)苯氧基]丙酸丁酯；butyl(R)-2-[4-(4-cyano-2-fluorophenoxy)phenoxy]propionate

CAS 名称　butyl(R)-2-[4-(4-cyano-2-fluorophenoxy)phenoxy]propanoate

理化性质　纯品为白色结晶体。熔点50℃，沸点＞270℃（分解）。相对密度为1.172。蒸气压$1.2×10^{-6}$Pa（20℃）。辛醇/水K_{ow}lg$P$ 3.31（25℃）。水中溶解度（20℃，mg/L）：0.44（水），0.46（pH 5），0.44（pH 7）；其他溶剂中溶解度（mg/L，20℃）：乙腈＞250，正辛醇16.0，二氯甲烷＞250，甲醇＞250，乙酸乙酯＞250，丙酮＞250。pH 4时稳定，pH 7时分解缓慢，在pH为1.2或9时迅速分解。制剂（10%乳油）外观为橙色透明液体。每升含氰氟草酯原药100g，是黄橙色透明液体，相对密度0.989，闪点61℃，pH值在22℃时为8.2，贮存稳定期2年。

毒性　大（小）鼠急性经口LD_{50}雄、雌＞5000mg/kg。大鼠急性经皮LD_{50}雄、雌＞2000mg/kg。对兔眼有刺激性，轻微可恢复，无皮肤刺激性和敏感性。大鼠急性吸入LC_{50}（4h）5.63mg/L空气。NOEL数据：雄、雌大鼠无作用剂量分别为0.8mg/(kg·d)、2.5mg/(kg·d)。无致突变性、无致畸性、无致癌性、无繁殖毒性。对野生动物、无脊椎动物及昆虫低毒，其中小齿鹑和野鸭急性经口LD_{50}＞5620mg/kg，小齿鹑和野鸭饲喂LC_{50}（5d）＞2250mg/L。鱼毒LC_{50}（96h，mg/L）：大翻车鱼0.76，虹鳟鱼＞0.49。蜜蜂（NO-EC）LC_{50}＞100μg/只，蚯蚓LC_{50}（14d）＞1000mg/kg。由于氰氟草酯在水和土壤中降解迅速，且用量很低，在实际应用时一般不会对鱼类产生毒害。

制剂　EC。

应用　氰氟草酯是芳氧苯氧丙酸类除草剂中唯一对水稻具有高度安全性的品种，内吸传导性除草剂。适用于水稻（移栽和直播），对水稻等具有优良的选择性，选择性基于不同的代谢速度，在水稻体内，氰氟草酯可被迅速降解为对乙酰辅酶A羧化酶无活性的二酸态，因而其对水稻具有高度的安全性。因其在土壤中和典型的稻田水中降解迅速，故对后作安全。主要用于防除重要的禾本科杂草。氰氟草酯不仅对各种稗草（包括大龄稗草）高效，还可防除千金子、马唐、双穗雀稗、狗尾草、狼尾草、牛筋草、看麦娘等。对莎草科杂草和阔叶杂草无效。

合成路线

分析方法　分析采用GC/HPLC法。

主要生产商　Dow AgroSciences，AGROFINA，上海生农。

参考文献

[1] 世界农药，2000，3：55.
[2] US 4894085.
[3] US 4897481.
[4] EP 0302203.
[5] EP 344746.

氰酸钾（potassium cyanate）

N≡C—O⁻ K⁺
CKNO，81.12，590-28-3

由 American Cyanamid Co 报道。

其他名称　Aerocyanate

化学名称　氰酸钾；potassium cyanate（Ⅰ）

CAS 名称　potassium cyanate（Ⅰ）

理化性质　纯品为无色晶体。相对密度 2.056（20℃）。水中溶解度：630g/L（10℃），720g/L（70℃）。水溶液中缓慢水解形成氨和碳酸氢钾。

制剂　SP。

分析方法　通过转化成一种不溶物来分析。

炔苯酰草胺（propyzamide）

$C_{12}H_{11}Cl_2NO$，256.1，23950-58-5

1969 年由 Rohm & haas Co.（现在的 Dow AgroSciences）引入市场。

其他名称　拿草特，RH 315，Kerb，Solitaire

化学名称　3,5-二氯-N-(1,1-二甲基丙炔基)苯甲酰胺；3,5-dichloro-N-(1,1-dimethyl-propynyl)benzamide

CAS 名称　3,5-dichloro-N-(1,1-dimethyl-2-propynyl)benzamide

理化性质　纯品为无色无味粉末。熔点 155～156℃。蒸气压 0.058mPa（25℃）。K_{ow} lg$P$ 3.3。Henry 常数 $9.90×10^{-4}$ Pa·m³/mol（计算值）。溶解度：水 15mg/L（25℃），甲醇、异丙醇 150，环己酮、甲基乙基酮 200，二甲基亚砜 330（g/L）。中度溶于苯、二甲苯和四氯化碳，微溶于石油醚。稳定性：熔点以上分解，土壤覆膜易降解，光照条件下 DT_{50} 13～57d，溶液中 28d（pH5～9，20℃）分解率<10%。

毒性　急性经口 LD_{50}（mg/kg）：雄大鼠 8350，雌大鼠 5620，狗>10000。兔急性经皮 LD_{50}>3160mg/kg，对皮肤和眼睛有轻微刺激。大鼠空气吸入毒性 LC_{50}>5.0mg/L。无作用剂量（2 年）：大鼠 8.46mg/kg，狗 300mg/kg；大鼠 200mg/kg，小鼠 13mg/kg。急性经口 LD_{50}（mg/kg）：日本鹌鹑 8770，野鸭>14；饲喂毒性 LC_{50}（8d）山齿鹑和野鸭>10000mg/L。虹鳟鱼 LC_{50}（96h，mg a.i./L）>4.7，鲤鱼>5.1。水蚤 LC_{50}（48h）>5.6mg a.i./L。对蜜蜂没有伤害；LD_{50}>100μg a.i./只。蚯蚓 LC_{50}>346mg/L。

制剂　GR，SC，WP。

应用　内吸传导选择性酰胺类除草剂，其作用机理是通过根系吸收传导，干扰杂草细胞的有丝分裂。主要防除单子叶杂草，对阔叶作物安全。在土壤中的持效期可达 60d 左右。可有效控制杂草的出苗，即使出苗后，仍可通过芽鞘吸收药剂死亡。一般播后芽前比苗后早期用药效果好。

合成路线

分析方法　产品用 GLC 分析。
主要生产商　Dow AgroSciences，Fertiagro，华通（常州）。
参考文献

[1]　GB 1209068.
[2]　US 3534098.
[3]　US 3640699.

炔草胺（flumipropyn）

$C_{18}H_{15}ClFNO_3$，347.8，84478-52-4

1989 年由 T. Hamada 等报道。由住友化学推出的谷物阔叶类杂草除草剂。

化学名称　（±）-N-［4-氯-2-氟-5-(1-甲基-2-丙炔基)氧苯基］环己-1-烯-1,2-二羧酰亚胺；（±）-N-[4-chloro-2-fluoro-5-(1-methyl-2-propynyl)oxyphenyl]cyclohex-1-ene-1,2-dicarboximide

CAS 名称　（±）-2-[4-chloro-2-fluoro-5-[(1-methyl-2-propynyl)oxy]phenyl]-4,5,6,7-tetrahydro-1H-isoindole-1,3(2H)-dione

理化性质　白色至浅棕色液体。熔点 115～116.5℃，蒸气压 0.28mPa（20℃），相对密度 1.39。水中溶解度＜1mg/L（23℃）；其他溶剂中溶解度（23℃）：丙酮 50％，乙酸乙酯 33％～50％，二甲苯 20％～30％，甲醇 5％～10％，己烷＞1％。

毒性　大鼠急性经口＞5000mg/kg。大鼠急性经皮＞2000mg/kg。对兔眼有轻微刺激，对皮肤无刺激。鲤鱼 LC_{50}（48 h）＞1mg/L。

制剂　SC，EC。

应用　原卟啉原氧化酶抑制剂。主要用于防除如猪殃殃、婆婆纳等阔叶杂草。

分析方法　产品用 GLC。

炔草隆（buturon）

$C_{12}H_{13}ClN_2O$，236.7，3766-60-7

由 A. Fischer 报道的除草活性，BASF AG 开发。

化学名称　3-(4-氯苯基)-1-甲基-1-(1-甲基丙炔-2-基)脲 3-(4-chlorophenyl)-1-methyl-1-(1-methylprop-2-ynyl)urea

CAS 名称　N'-(4-chlorophenyl)-N-methyl-N-(1-methyl-2-propyn-1-yl)urea

理化性质　无色固体，熔点 145～146℃。工业品熔点为 132～142℃。蒸气压 0.01mPa (20℃)。Henry 常数 7.89×10^{-5} Pa·m³/mol（计算值）。溶解度：20℃水 30mg/L；丙酮 279，苯 9.8，甲醇 128（g/kg，20℃）。在正常状态下稳定，在沸水中缓慢分解，可与其他除草剂混配，无腐蚀性。

毒性　大鼠急性经口 LD_{50} 3000mg/kg。经皮：家兔背部接触 20h，产生轻微红斑，但对耳部无作用。在 120d 的饲喂试验中，大鼠可耐受 500mg/kg 的剂量而无症状。对蜜蜂无毒。

制剂　WP。

应用　主要由植物根部吸收。防除禾谷类及玉米田中的杂草。

炔草酯（clodinafop-propargyl）

$C_{17}H_{13}ClFNO_4$，349.8，105512-06-9

由诺华公司开发的苯氧羧酸类除草剂。

其他名称　顶尖，CGA 184927，Topic，Celio

化学名称　(R)-2-[4-(5-氯-3-氟-2-吡啶氧基)苯氧基]丙酸丙炔酯；propargyl(R)-2-[4-(5-chloro-3-fluoro-2-pyridyloxy)phenoxy]propionate

CAS 名称　propynyl(R)-2-[4-[(5-chloro-3-fluoro-2-pyridinyl)oxy]phenoxy]propanoate

理化性质　其纯品为白色结晶体，熔点 59.5℃（原药 48.2～57.1℃），相对密度为 1.37（20℃）。蒸气压 3.19×10^{-3} mPa（25℃）。K_{ow} lg$P$ 3.9（25℃）。Henry 常数 2.79×10^{-4} Pa·m³/mol。水中溶解度为 4.0mg/L（25℃）。其他溶剂中溶解度（g/L，25℃）：甲苯 690，丙酮 880，乙醇 97，正己烷 0.0086。在酸性介质中相对稳定，碱性介质中水解，DT_{50}（25℃）：64h（pH 7），2.2h（pH 9）。

毒性　大鼠急性经口 LD_{50} 1829mg/kg，小鼠急性经口 $LD_{50}>$2000mg/kg。大鼠急性经皮 $LD_{50}>$2000mg/kg。对兔眼和皮肤无刺激性。大鼠急性吸入 LC_{50}（4h）3.325mg/L 空气。饲喂试验无作用剂量 [mg/(kg·d)]：大鼠（2 年）0.35，小鼠（18 个月）1.2，狗（1 年）3.3。无致突变性、无致畸性、无致癌性、无繁殖毒性。鱼毒 LC_{50}（96h，mg/L）：鲤鱼 0.46，虹鳟鱼 0.39。对野生动物、无脊椎动物及昆虫低毒，LD_{50}（8d，mg/kg）：小齿鹑 $>$1455，野鸭 $>$2000。蚯蚓 $LC_{50}>$210mg/kg。蜜蜂 LD_{50}（48h，经口和接触）$>$100μg/只。

制剂　TC，ME，EC，WP。

应用　芳氧苯氧丙酸类除草剂，内吸传导型除草剂，乙酰辅酶 A 羧化酶（ACCase）抑制剂。用于防除鼠尾看麦娘、燕麦草、黑麦草、普通早熟禾、狗尾草等禾本科杂草。适用于小麦田。单施时，小粒谷类作物无足够的耐药性，需要专用的作物安全剂。

合成路线

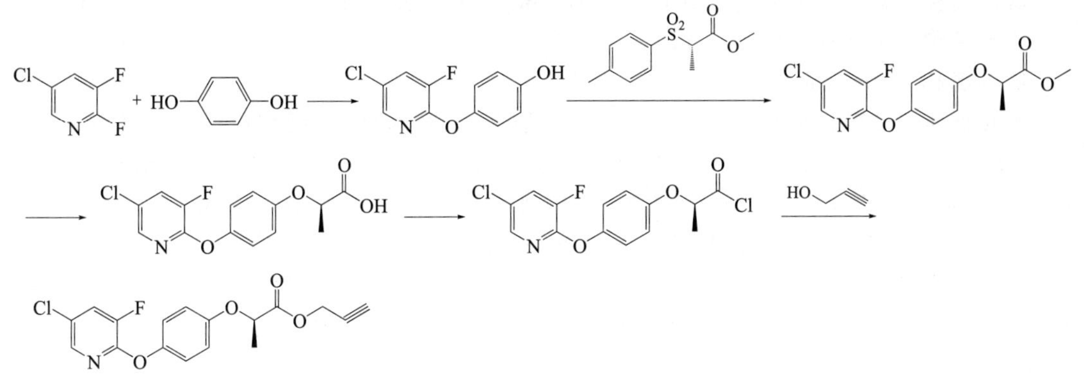

主要生产商　江苏中旗，杭州宇龙化工，浙江永农，岳阳迪普化工，利尔化学，瑞士先正达。

参考文献

[1]　The Pesticide Manual，12th ed. 2000：187.
[2]　Proc Br Crop Prot Conf—Weeds，1989，1：71.
[3]　US 4505743.
[4]　EP 0248968.
[5]　DE 3700779.

炔禾灵（chlorazifop）

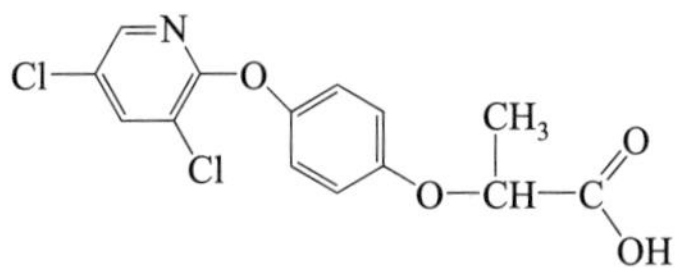

$C_{14}H_{11}Cl_2NO_4$，328.2；propargyl ester，$C_{17}H_{13}Cl_2NO_4$，366.2；60074-25-1 (chlorazifop，未指明立体化学)；74310-70-6 (chlorazifop，外消旋体)；72492-54-7 [chlorazifop，(R)-同分异构体]；72492-55-8 [chlorazifop，(S)-同分异构体]；72280-52-5 (chlorazifop-propargyl，未指明立体化学，原77107-49-4)；74267-69-9 [chlorazifop-propargyl，(R)-同分异构体]

由 Ciba-Geigy AG 开发。

其他名称　CGA 82 725

化学名称　（±）-2-[4-(3,5-二氯-2-吡啶氧基)苯氧基]丙酸；（±）-2-[4-(3,5-dichloro-2-pyridyloxy)phenoxy]propionic acid

CAS 名称　（±）-2-[4-[(3,5-dichloro-2-pyridinyl)oxy]phenoxy]propanoic acid

应用　用于防除狗尾草、鼠尾看麦娘和看麦娘。适用于甜菜和小扁豆等。与甜菜安-甜菜宁或与苯嗪草酮混合，可有效防除藜和龙葵。在双子叶作物栽培时可用于防除单子叶杂草。

主要生产商　Ciba-Geigy AG。

壬酸（nonanoic acid）

$$CH_3(CH_2)_7CO_2H$$

$C_9H_{18}O_2$，158.2，112-05-0；63718-65-0(铵盐)

其他名称 MYX 6121，JT-101，pelargonic acid，nonoic acid，fatty acids，Scythe

化学名称 壬酸；nonanoic acid

CAS 名称 nonanoic acid

理化性质 原药含量 90%～95% 的 C_9 直链酸。白色液体，有脂肪酸气味。熔点 12℃。沸点 230～237℃。闪点 >93℃（宾斯基-马丁闭口杯）。蒸气压 1×10^5 mPa（20℃）。K_{ow} lg$P$ 3.45。相对密度 1.138（20℃）。水中溶解度 0.032g/L（30℃）。pK_a 4.95。

毒性 大鼠和小鼠急性经口 LD_{50} >5000mg/kg。大鼠急性经皮 LD_{50} >2000mg/kg。对眼睛或皮肤有刺激作用。大鼠吸入 LC_{50}（4h）>5.29mg/L。野鸭饲喂 LC_{50} >5620mg/kg。鲤鱼 LC_{50}（48h）59.2mg/L。同形溞 LC_{50}（3h）>100mg/L。蜜蜂急性 LD_{50}（接触）>25μg/只。

制剂 EC，SC，WP。

应用 苗后触杀型除草剂，植物生长调节剂。用于苹果和梨疏花，也用于马铃薯和花生田防除一年生杂草。壬酸及其铵盐都可用作非农业领域的除草剂。

主要生产商 Scythe（Dow AgroSciences）。

参考文献

The Pesticide Manual. 16th ed.

乳氟禾草灵（lactofen）

$C_{19}H_{15}ClF_3NO_7$，461.8，77501-63-4

1987 年由 PPG Industries 公司推出的二苯醚类除草剂。

其他名称 克阔乐，PPG-844，Cobra

化学名称 O-[5-(2-氯-α,α,α-三氟对甲苯氧基)-2-硝基苯甲酰]-DL-乳酸乙酯；ethyl O-[5-(2-chloro-α,α,α-trifluoro-p-tolyloxy)-2-nitrobenzoyl]-DL-lactate

CAS 名称 (±)-2-ethoxy-1-methyl-2-oxoethyl-5-[2-chloro-4-(trifluoromethyl)phenoxy]-2-nitrobenzoate

理化性质 原药纯度 74%～79%。纯品为深红色液体，熔点 44～46℃。20℃时蒸气压 9.3×10^{-3} mPa。Henry 常数 4.56×10^{-3} Pa·m^3/mol（20℃，计算值）。相对密度 1.391（25℃）。几乎不溶于水，20℃水中溶解度 <1mg/L。室温下稳定 6 个月。闪点 93℃。

毒性 大鼠急性经口 LD_{50} >5000mg/kg，兔急性经皮 LD_{50} >2000mg/kg，大鼠急性吸入 LC_{50}（4h）>5.3mg/L。对兔眼睛有中度刺激性作用，但对兔皮肤的刺激性很小。在试验剂量内对动物无致畸、致突变作用，但动物致癌试验高剂量组（500mg/kg），大鼠的肝腺瘤和肝癌的发病率有增高的趋势。3 代繁殖试验中未见异常，2 年饲喂试验无作用剂量：大鼠 2～5mg/(kg·d)，狗 5mg/(kg·d)。对鸟类的毒性较低，鹌鹑急性经口 LD_{50} >2510mg/kg。野鸭和鹌鹑饲喂 LC_{50}（5d）>5620mg/L。对鱼类高毒，虹鳟鱼和大翻车鱼 LC_{50}（96h）>100μg/L。对蜜蜂低毒，蜜蜂 LD_{50} >160μg/只。

制剂 EC。

应用　原卟啉原氧化酶抑制剂。施药后通过植物茎叶吸收，在体内进行有限的传导，通过破坏细胞膜的完整性而导致细胞内含物的流失，最后使杂草干枯死亡。充足光照条件下，施药后 2～3d，敏感的阔叶杂草叶片出现灼伤斑并逐渐扩大，整个叶片变枯，最后全株死亡。适宜大豆、花生等作物。在土壤中易被微生物降解。大豆对乳氟禾草灵有耐药性，但在不利于大豆生长发育的环境条件下，如高温、低洼地排水不良、低温、高湿、病虫危害等，易造成药害，症状为叶片皱缩，有灼伤斑点，一般 1 周后大豆恢复正常生长，对产量影响不大。主要用于防除一年生阔叶杂草如苍耳、苘麻、龙葵、鸭跖草、豚草、狼把草、鬼针草、辣子草、艾叶破布草、粟米草、地锦草、猩猩草、野西瓜苗、水棘针、香薷、铁苋菜、马齿苋、反枝苋、凹头苋、刺苋、地肤、荠菜、田芥菜、遏蓝菜、曼陀罗、藜、小藜、大果田菁、刺黄花稔、鳢肠、节蓼、柳叶刺蓼、卷茎蓼、酸模叶蓼等。在干旱条件下对苘麻、苍耳、藜的药效明显下降。

合成路线

分析方法　分析采用 HPLC 法。

主要生产商　Valent，Milenia，汉森生物，江苏长青，宁波精化。

参考文献

[1]　US 4400530.
[2]　EP 40898.
[3]　FR 2463119.
[4]　EP 19388.

噻草啶（thiazopyr）

$C_{16}H_{17}F_5N_2O_2S$，396.4，117718-60-2

由孟山都公司研制，罗门哈斯公司开发的吡啶类除草剂。

其他名称　MON13200，RH-123652，Visor

化学名称　2-二氟甲基-5-(4,5-二氢-1,3-噻唑-2-基)-4-异丁基-6-三氟甲基烟酸甲酯；methyl 2-difluoromethyl-5-(4,5-dihydro-1,3-thiazol-2-yl)-4-isobutyl-6-trifluoromethylnicotinnate

CAS 名称　methyl 2-(difluoromethyl)-5-(4,5-dihydro-2-thiazolyl)-4-2-methylpropyl-6-(trifluoromethyl)-3-pyridinec arboxylate

理化性质　纯品为具硫黄味的浅棕色固体，熔点 77.3～79.1℃。蒸气压 3×10^{-2} Pa（25℃）。K_{ow}lg$P$ 3.89（21℃）。水中溶解度为 2.5mg/L（20℃）。在正常条件下贮存稳定，干燥条件下对光稳定，水溶液（15℃）半衰期为 50d。

毒性　大鼠急性经口 LD_{50}＞5000mg/kg。兔急性经皮 LD_{50}＞5000mg/kg。对兔皮肤无

刺激性，对兔眼睛有轻微刺激性。大鼠急性吸入 LC_{50}（4h）>1.2mg/L 空气。小齿鹑急性经口 LD_{50} 1913mg/kg。鱼毒 LC_{50}（96h，mg/L）：虹鳟 3.2，大翻车鱼 3.4。无致突变性、无致畸性。

应用　果树、森林、棉花、花生等苗前用除草剂。主要用于防除多种一年生禾本科杂草和某些阔叶杂草。

合成路线　取代的吡啶二羧酸酯经碱解、酸化、酰氯化制得取代的吡啶二酰氯，并与甲醇酯化，生成单酯。然后与乙醇胺制成酰胺，并与五硫化二磷反应生成硫代酰胺。最后闭环得到目的物。

参考文献

[1]　The Pesticide Manual. 16th ed.
[2]　Pesticide Synthesis Handbook，1996：627.
[3]　EP 278944.
[4]　US 4988384.

噻草酮（cycloxydim）

$C_{17}H_{27}NO_3S$，325.5，101205-02-1

由 BASF 公司开发，1989 年首次进入法国市场。

其他名称　BAS 517H，Focus，Laser，Stratos

化学名称　（RS）-2-[1-（乙氧亚氨基）丁基]-3-羟基-5-噻烷-3-环己基-5-烯酮；（RS）-2-[1-(ethoxyimino)butyl]-3-hydroxy-5-thian-3-ylcyclohex-2-enone

CAS 名称　2-[1-(ethoxyimino)butyl]-3-hydroxy-5-(tetrahydro-2H-thiopyran-3-yl)-2-cyclohexene-1-one

理化性质　原药为黄色具芳香气味的固体，熔点以上为深褐色，纯品为无色无味结晶体。熔点约 41℃。蒸气压 0.01mPa（20℃）。相对密度 1.12（20℃）。K_{ow} lg$P$ 约 1.36（pH7，25℃）。Henry 常数<8.14×10^{-5} Pa·m³/mol。溶解度（20℃）：水 40mg/L，丙酮、乙醇、二氯甲烷、乙酸乙酯、甲苯>1000g/kg，正己烷 29g/kg。室温放置 1 年稳定，30℃以上不稳定，127℃分解。pK_a 约 4.17。

毒性　大鼠急性经口 LD_{50}>5000mg/kg。大鼠急性经皮 LD_{50}>2000mg/kg，对兔眼睛和皮肤无刺激性。大鼠急性吸入 LC_{50}（4h）>5.28mg/L。NOEL 数据：大鼠 18 个月饲喂试

验的无作用剂量为 100mg/kg 饲料 [7mg/(kg·d)],小鼠 2 年 240mg/kg 饲料 [32mg/(kg·d)]。无"三致",ADI 值:0.07mg/kg。鹌鹑急性经口 LD_{50}>2000mg/kg。鱼毒 LC_{50} (96h):虹鳟鱼 220mg/L,大翻车鱼>100mg/L。蜜蜂 LD_{50}>100μg/只。

应用 噻草酮为 ACCase 抑制剂。茎叶处理后经叶迅速吸收,传导到分生组织,使其细胞分裂遭到破坏,抑制植物分生组织的活性,使植株生长延缓。在施药后植株褪绿坏死,随后叶干枯而死亡。是选择性苗后除草剂,用于防除阔叶作物棉花、亚麻、油菜、马铃薯、大豆、甜菜、向日葵和蔬菜田中的一年生和多年生禾本科杂草,如野燕麦、鼠尾看麦娘、黑麦草、自生禾谷类、大剪股颖等。

合成路线

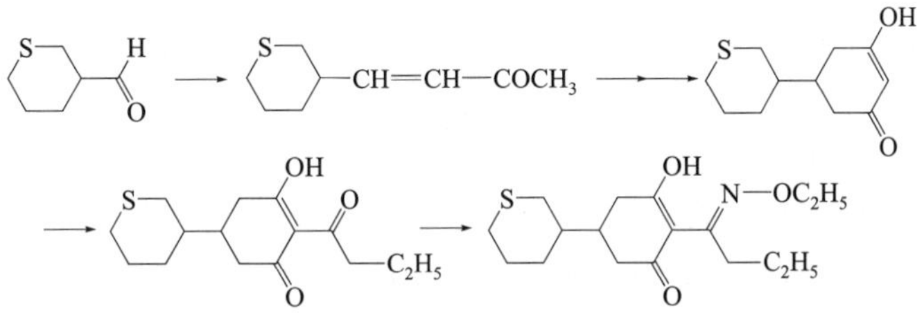

主要生产商 BASF。

参考文献

[1] EP 70370.
[2] EP 71777.
[3] US 4422864.
[4] DE 3121355.

噻二唑草胺 (thidiazimin)

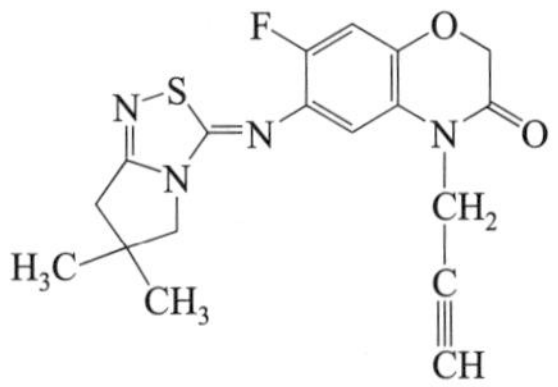

$C_{18}H_{17}FN_4O_2S$,372.4,123249-43-4

化学名称 6-{[(3Z)-6,6-二甲基-6,7-二氢-3H,5H-吡咯并[2,1-c][1,2,4]噻二唑-3-基]亚胺}-7-氟-4-(2-丙炔基)-2H-1,4-苯并噁嗪-3(4H)-酮;(Z)-6-(6,7-dihydro-6,6-dimethyl-3H,5H-pyrrolo[2,1-c][1,2,4]thiadiazol-3-ylideneamino)-7-fluoro-4-(2-propynyl)-2H-1,4-benzoxazin-3(4H)-one

CAS 名称 6-[(6,7-dihydro-6,6-dimethyl-3H,5H-pyrrolo[2,1-c][1,2,4]thiadiazol-3-ylidene)amino]-7-fluoro-4-(2-propynyl)-2H-1,4-benzoxazin-3(4H)-one

理化性质 无色结晶,熔点 158℃。水中溶解度 (25℃,pH 7) 为 (6.6±0.5) mg/L;pK_a 2.6±0.1 (共轭酸)。

毒性 大鼠急性经口 LD_{50} 4000mg/kg,急性经皮 LD_{50}≥5000mg/kg。

应用 触杀型除草剂。用于冬季谷物田防除阔叶杂草,并可与其他谷物用除草剂混用。

噻吩磺隆 (thifensulfuron-methyl)

$C_{12}H_{13}N_5O_6S_2$, 387.4, 79277-27-3

由杜邦公司开发的磺酰脲类除草剂。

其他名称 阔叶散，宝收，噻磺隆，DPX-M6316，Harmony

化学名称 3-(4-甲氧基-6-甲基-1,3,5-三嗪-2-基氨基甲酰氨基磺酰基)噻吩-2-羧酸；3-(4-methoxy-6-methyl-1,3,5-triazin-2-ylcarbamoylsulfamoyl)thiophene-2-carboxylic acid

CAS 名称 3-[[[[(4-methoxy-6-methyl-1,3,5-triazin-2-yl)amino]carbonyl]amino]sulfonyl]-2-thiophenecarboxylic acid

理化性质 thifensulfuron-methyl 纯品为灰白色固体。熔点 176℃（TC，171.1℃）。蒸气压 1.7×10^{-5} mPa（25℃）。K_{ow} lg$P$ 1.06（pH5），0.02（pH7），0.0079（pH9）。Henry 常数 9.7×10^{-10} Pa·m^3/mol（pH7，25℃）。相对密度 1.580（20℃）。溶解度：水 223（pH5），2240（pH7），8830（pH9）(mg/L，25℃)，正己烷<0.1，邻二甲苯 0.212，乙酸乙酯 3.3，甲醇 2.8，乙腈 7.7，丙酮 10.3，二氯甲烷 23.8（g/L，25℃）。水解 DT_{50}：4~6d（pH5），180d（pH7），90d（pH9）(25℃)。pK_a 4.0（25℃）。

毒性 thifensulfuron-methyl 大鼠急性经口 LD_{50}>5000mg/kg。兔急性经皮 LD_{50}>2000mg/kg，对皮肤和眼睛无刺激性，对皮肤无敏感性。空气吸入毒性：LC_{50}（4h）大鼠>7.9mg/L。无作用剂量大鼠（90d）100mg/kg；大鼠（2年）500mg/kg；大鼠 2 代试验研究无作用剂量 2500mg/kg。无致突变作用。野鸭急性经口 LD_{50}>2510mg/kg；野鸭和日本鹌鹑饲喂毒性 LC_{50}（8d）>5620mg/kg。鱼：LC_{50}（96h）虹鳟鱼 410mg/L，大翻车鱼 520mg/L。水蚤：LC_{50}（48h）970mg/L。绿藻无作用剂量（120h）15.7mg/L。对蜜蜂无毒，LD_{50}（48h）>12.5μg/只。蠕虫 LC_{50}>2000mg/kg。

制剂 TC，WG，WP，WG。

应用 噻吩磺隆是一种内吸传导型苗后选择性除草剂，乙酰乳酸合成酶抑制剂。施药后被植物叶、根吸收，并迅速传导，在敏感作物体内能抑制亮氨酸和异亮氨酸等的合成而阻止细胞分裂，使敏感作物停止生长，在受药后 1~3 周死亡。适用冬小麦、春小麦、硬质小麦、大麦、燕麦、玉米、大豆等。由于噻吩磺隆在土壤中有氧条件下能迅速被微生物分解，在处理后 30d 即可播种下茬作物，对下茬作物无害。正常剂量下对作物安全。防除对象：主要用于防除一年生和多年生阔叶杂草如苘麻、龙葵、问荆、反枝苋、马齿苋、藜、荨草、鸭舌草、猪殃殃、婆婆纳、地肤、繁缕等，对田蓟、田旋花、野燕麦、狗尾草、雀麦、刺儿菜及其他禾本科杂草等无效。

合成路线 以中间体 2-羧甲基-3-磺酰氨基噻吩为原料，经酰化与缩合反应得到噻吩磺隆。

主要生产商　DuPont，Cheminova，Fengle，Jiangsu Ruidong，Repont，丰乐农化，天容集团，腾龙生物药业，南京华洲药业，山都丽化工，上海杜邦农化。

参考文献

[1]　US 5153324.
[2]　US 4701535.
[3]　US 4028373.
[4]　US 2007105892.

噻氟隆 （thiazafluron）

$C_6H_7F_3N_4OS$，240.2，25366-23-8

1973 年由 G. Muller 等报道除草活性，Ciba-Geigy 公司开发。

其他名称　GS29696，Erbotan

化学名称　1,3-二甲基-1-(5-三氟甲基-1,3,4-噻二唑-2-基)脲；1,3-dimethyl-1-(5-trifluoromethyl-1,3,4-thiadiazol-2-yl) urea

CAS 名称　N,N'-dimethyl-N-[5-(trifluoromethyl)-1,3,4-thiadiazol-2-yl]urea

理化性质　纯品为无色晶体，熔点 136～137℃，蒸气压 0.27mPa（20℃），密度 1.60g/cm³ （20℃），K_{ow}lg$P$ 1.82。溶解度（20℃）：水 2.1g/L，苯 12g/kg，二氯甲烷 146g/kg，己烷 100mg/L，甲醇 257g/kg，辛醇 60g/kg。pH1、5 或 7 时 28d 内无明显水解。土壤中 DT_{50} 50～200d。

毒性　大鼠急性经口 LD_{50} 278mg 原药/kg，急性经皮 LD_{50}＞2150mg/kg，对兔皮肤和眼睛有轻微刺激。90d 饲喂无作用剂量：大鼠 160mg/kg 饲料 [11mg/(kg·d)]；狗 105d 为 250mg/kg 饲料 [8mg/(kg·d)]。鱼毒 LC_{50}（96h）：虹鳟鱼 82mg/L，太阳鱼和鲤鱼＞100mg/L。对鸟有轻微毒性，对蜜蜂无毒。

制剂　WP，GR。

应用　脲类、非选择性除草剂。主要通过植株的根部吸收，芽前芽后施用，也可用于工业上除草。主要防除大多数一年生和多年生禾本科杂草和阔叶杂草。

分析方法　产品用 HPLC 法，残留物用带 FPD 的 GLC 法。

参考文献

[1]　BE 725984.
[2]　GB 1254468.

噻酮磺隆 （thiencarbazone-methyl）

$C_{12}H_{14}N_4O_7S_2$，390.4，317815-83-1

由 Bayer CropScience 开发。

其他名称　BYH 18636

化学名称　4-[(4,5-二氢-3-甲氧基-4-甲基-5-氧代-1H-1,2,4-三唑-1-基)羰基磺酰胺]-5-甲基噻吩-3-羧酸甲酯；methyl 4-[(4,5-dihydro-3-methoxy-4-methyl-5-oxo-1H-1,2,4-triazol-1-yl)carbonylsulfamoyl]-5-methylthiophene-3-carboxylate

CAS 名称　methyl 4-[[[(4,5-dihydro-3-methoxy-4-methyl-5-oxo-1H-1,2,4-triazol-1-yl)carbonyl]amino]sulfonyl]-5-methyl-3-thiophenecarboxylate

理化性质　白色结晶粉末。熔点 206℃，pH 值 3.8（22.4℃），$K_{ow}\lg P$ −0.13（pH 4，24℃），−1.98（pH 7，24℃），−2.14（pH 9，23℃）。相对密度 1.51（相对于 4℃的水）。水中溶解度（20℃，mg/L）：72（蒸馏水）；172（pH4）；436（pH7）；417（pH9）。溶剂中溶解度（20℃，g/L）：乙醇 0.23，正己烷 0.00015，甲苯 0.19，二氯甲烷 100～120，丙酮 9.54，乙酸乙酯 2.19，二甲基亚砜 29.15。蒸气压 9×10^{-14} Pa（20℃，推断）。pK_a 3.0。

毒性　大鼠急性经口 $LD_{50}>2000$ mg/kg；大鼠急性经皮 $LD_{50}>2000$ mg/kg；大鼠吸入 $LC_{50}>2.018$ mg/L。

制剂　TC，SC，WG，OD。

应用　乙酰乳酸合成酶（ALS）抑制剂，内吸性，能过根和叶吸收，具有触杀及残留除草效果，防除玉米田禾本科杂草和阔叶杂草。噻酮磺隆登记用于玉米（大田，甜玉米，爆花玉米）、小麦以及在住宅区域的草坪和观赏植物。

主要生产商　Bayer CropScience。

噻唑禾草灵（fenthiaprop）

fenthiaprop：$C_{16}H_{12}ClNO_4S$，349.8；fenthiaprop-ethyl：$C_{18}H_{16}ClNO_4S$，377.8；95721-12-3（fenthiaprop，外消旋体）；73519-50-3(fenthiaprop，未具体说明立体化学)；93921-16-5（fenthiaprop-ethyl，外消旋体）；66441-11-0(fenthiaprop-ethyl，未具体说明立体化学)

1982 年由 R. Handte 等报道，其乙酯由原联邦德国赫斯特公司（HoechstAG）开发。

其他名称　Hoe35609（Hoechst），Joker，Taifun，Tornado（Hoechst）

化学名称　(±)-2-[4-(6-氯-1,3-苯并噻唑-2-氧基)苯氧基]丙酸；(±)-2-[4-(6-氯苯并噻唑-2-氧基)苯氧基]丙酸；(±)-2-[4-(6-chloro-1,3-benzothiazol-2-yloxy)phenoxy]propionic acid；(±)-2-[4-(6-chlorobenzothiazol-2-yloxy)phenoxy]propionic acid；2-[4-(6-氯-2-苯并噻唑氧基)苯氧基]丙酸乙酯；ethyl 2-[4-(6-chloro-2-benzothiazoloxy)phenoxy]propionate

CAS 名称　(±)-2-[4-[(6-chloro-2-benzothiazolyl)oxy]phenoxy]propanoic acid

理化性质　fenthiaprop-ethyl 为晶体固体，熔点 56.5～57.5℃，蒸气压 5.10×10^{-4} mPa（20℃）。溶解度（25℃）：水 0.8 mg/L，乙醇、正辛醇＞50 g/L，丙酮、甲苯、乙酸乙酯＞500 g/kg，环己烷＞40 g/kg。

毒性　急性经口 LD_{50}：雄大鼠 977 mg/kg，雌大鼠 917 mg/kg，雄小鼠 1070 mg/kg，雌小鼠 1170 mg/kg。急性经皮 LD_{50}：雌大鼠 2000 mg/kg，兔 628 mg/kg。对鼠、兔皮肤和眼

睛有轻微刺激作用。大鼠和狗 90d 饲喂试验的无作用剂量为 50mg/kg 饲料，125mg/kg 饲料；250mg/kg 饲料时引起狗呕吐。Ames 试验表明无诱变性。日本鹌鹑急性经口 LD_{50} 为 5000mg/kg。硬头鳟在 0.16mg/L 的水中（96h）未发现死亡，金鱼在上述水中也未发现死亡。

制剂 EC。

应用 本品为芽后除草剂，具有触杀和内吸作用。在一年生和多年生禾本科杂草生长旺期施药防效特高，从作物 2 叶期至分蘖后期均可使用。对马唐、臂形草、高粱和狗尾草的防效较差，对双子叶杂草和莎草属无效。

合成路线 4-（6′-氯-苯并噻唑-2-氧基）苯酚与 α-溴代丙酸乙酯反应，即制得噻唑禾草灵。2-（4′-羟基苯氧基）丙酸乙酯与碳酸钾在乙腈中回流 90min 后，向该混合物中滴加 2,6-二氯苯并噻唑，反应混合物回流 30h，即制得噻唑禾草灵。

主要生产商 Hoechst。

参考文献

[1] 特开昭 55-141475.
[2] WeedAbstracts, 1983, 32 (5): 820.
[3] NL 80-02060.
[4] DE 2640730.
[5] US 4130413.

赛松（disul）

$C_8H_8Cl_2O_5S$，287.1；钠盐$C_8H_7Cl_2NaO_5S$，309.1；
149-26-8 (2,4-DES)，136-78-7(2,4-DES-sodium)

由 L. J. King 等于 1950 年报道。Union Carbide Corp.（后来为 Rhône-Poulenc Ag.）引入市场。

其他名称 CragHerbicideI，CragSesone，Herbon，2,4-DES-Sodium，SES

化学名称 2-(2,4-二氯苯氧基)乙基硫酸氢盐；2-(2,4-dichlorophenoxy) ethyl hydrogen sulfate

CAS 名称 2-(2,4-dichlorophenoxy)ethyl hydrogen sulfate

理化性质 钠盐为无色结晶固体。熔点 170℃。蒸气压可略（室温下）。水中溶解度 250g/kg，除甲醇外不溶于常用有机溶剂。钙盐可充分地溶于硬水，但要避免沉淀。钠盐易被碱水解形成 2-(2,4-二氯苯氧基)乙醇和硫酸钠。

毒性 大鼠急性经口 LD_{50} 730mg/kg。2 年的饲喂试验表明，2000mg/kg 饲料无不良影响。本品对鱼有毒。

制剂 WP。

应用 本身对植物无毒，在潮湿的土壤中被微生物分解为 2,4-二氯苯氧乙醇和 2,4-滴，然后发挥作用。可用于玉米、马铃薯、花生、水稻、桑、苗圃中防除阔叶杂草。

分析方法 采用比色分析法。

参考文献

US 2573769.

三氟啶磺隆（trifloxysulfuron）

trifloxysulfuron-sodium：$C_{14}H_{13}F_3N_5NaO_6S$，459.3；
trifloxysulfuron：$C_{14}H_{14}F_3N_5O_6S$，437.4；145099-21-4

由诺华公司开发的新型磺酰脲类除草剂。

其他名称 英飞特，CGA 292230，CGA362622，Enfield

化学名称 1-(4,6-二甲氧基嘧啶-2-基)-3-[3-(2,2,2-三氟乙氧基)-2-吡啶磺酰]脲；1-(4,6-dimethoxypyrimidin-2-yl)-3-[3-(2,2,2-trifluoroethoxy)-2-pyridylsulfonyl]urea

CAS 名称 N-[[(4,6-dimethoxy-2-pyrimidinyl)amino]carbonyl]-3-(2,2,2-trifluoroethoxy)-2-pyridinesulfonamide

理化性质 trifloxysulfuron-sodium 纯品无味，白色至灰白色粉末。熔点 170.2～177.7℃。蒸气压<1.3×10^{-3}mPa（25℃）。K_{ow}lg$P$：1.4（pH5），－0.43（pH7）（25℃）。Henry 常数 2.6×10^{-5} Pa·m³/mol（计算值）。密度 1.63g/cm³（21℃）。溶解度：水 25500mg/L（pH7.6，25℃）；丙酮 17，乙酸乙酯 3.8，甲醇 50，二氯甲烷 0.790，正己烷和甲苯<0.001（g/L，25℃）。稳定性：水解 DT_{50}：6（pH5），20（pH7），21（pH9）（d，25℃）；光解 DT_{50} 14～17d（pH7，25℃）。pK_a 4.76（20℃）。

毒性 大鼠急性经口 LD_{50}>5000mg/kg。大鼠急性经皮 LD_{50}>2000mg/kg，对皮肤和眼睛有轻度刺激性（兔），对皮肤无敏感性（豚鼠）。空气吸入毒性：大鼠 LC_{50}（4h）>5.03mg/L。无作用剂量大鼠（2 年）24mg/(kg·d)；小鼠（1.5 年）112mg/(kg·d)；狗（1 年）15mg/(kg·d)。无致畸、致癌、致突变作用。LD_{50} 野鸭和山齿鹑>2250mg/kg；饲喂毒性：无作用剂量野鸭和山齿鹑 5620mg/L。虹鳟鱼和大翻车鱼 LC_{50}（96h）>103mg/L。水蚤 EC_{50}（48h）>108mg/L。海藻 EC_{50}（120h）：舟形藻>150，硅藻 80，淡水藻 0.28，月牙藻 0.0065（mg/L）。蜜蜂 LD_{50}（48h）：经口和接触>25μg/只。蠕虫 AcuteLC_{50}（14d）>1000mg/kg 土壤。

制剂 WG。

应用 棉花和甘蔗田除草剂，用于生产三氟啶磺隆钠盐，属于磺酰脲除草剂。其作用机理为可抑制杂草中乙酰乳酸合成酶（ALS）的生物活性，从而杀死杂草。杂草表现为停止生长、萎黄、顶点分裂组织死亡，随后在 1～3 周死亡。可防除大多数阔叶杂草和部分乔木科杂草，对莎草科杂草和香附子有特效。

合成路线

主要生产商 Syngenta。

参考文献

[1] WO 2000052006.
[2] CN 102007119.
[3] WO 2001058264.
[4] WO 2003103397.
[5] CN 102007119.
[6] CN 101723884.

三氟䓬嗪（flumezin）

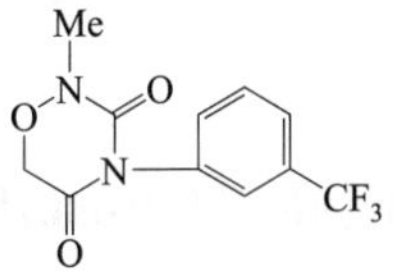

$C_{11}H_9F_3N_2O_3$，274.2，25475-73-4

由 BASF AG 研发。

其他名称 BAS 348H

化学名称 2-甲基-4-(α,α,α-三氟间甲苯基)-1,2,4-䓬二嗪烷-3,5-二酮；2-methyl-4-(α,α,α-trifluoro-m-tolyl)-1,2,4-oxadiazinane-3,5-dione

CAS 名称 2-methyl-4-[3-(trifluoromethyl)phenyl]-2H-1,2,4-oxadiazine-3,5(4H,6H)-dione

应用 除草剂。

三氟禾草肟（trifopsime）

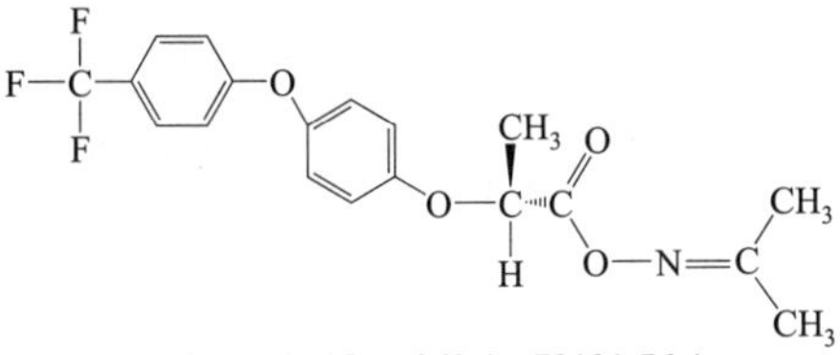

$C_{19}H_{18}F_3NO_4$，362.4，72131-76-1

Hofmamn-LaRoche 公司开发。

其他名称 RO13-8895

化学名称 (R)-O-{2-[4-(α,α,α-三氟对甲苯氧基)苯氧基]丙酰}丙酮肟；acetone(R)-O-{2-[4-(α,α,α-trifluoro-p-tolyloxy)phenoxy]propionyl}oxime

CAS 名称 (R)-2-propanone O-[1-oxo-2-[4-[4-(trifluoromethyl)phenoxy]phenoxy]propyl]oxime

应用 可选择性地防除甜菜地中的稗草、狗尾草、野燕麦。

参考文献

Weed Abstracts, 1983, 32 (7): 1665.

三氟甲草醚（nitrofluorfen）

$C_{13}H_7ClF_3NO_3$，317.7，42874-01-1

由 Rohm&haas 公司开发。
其他名称　RH-2512
化学名称　2-氯-α,α,α-三氟对甲苯基-4-硝基苯基醚；2-chloro-α,α,α-trifluoro-*p*-tolyl-4-nitrophenyl ether
CAS 名称　2-chloro-1-(4-nitrophenoxy)-4-(trifluoromethyl)benzene
应用　除草剂。

三氟甲磺隆（tritosulfuron）

$C_{13}H_9F_6N_5O_4S$，445.3，142469-14-5

由 BASF 开发的新型磺酰脲类除草剂。
其他名称　BAS 635 H，Tooler
化学名称　1-(4-甲氧基-6-三氟甲基-1,3,5-三嗪-2-基)-3-(2-三氟甲基苯基磺酰基)脲；1-(4-methoxy-6-trifluoromethyl-1,3,5-triazin-2-yl)-3-(2-trifluoromethyl benzenesulfonyl)urea
CAS 名称　N-[[[4-methoxy-6-(trifluoromethyl)-1,3,5-triazin-2-yl]amino]carbonyl]-2-(trifluoromethyl)benzenesulfonamide
应用　除草剂。
合成路线

主要生产商　BASF。
参考文献
[1]　DE 4038430.
[2]　US 5478798.
[3]　EP 559814.

三氟羧草醚（acifluorfen-sodium）

acifluorfen：$C_{14}H_7ClF_3NO_5$，361.7，50594-66-6；acifluorfen sodium：$C_{14}H_6ClF_3NNaO_5$，383.6，62476-59-9

由美孚（Mobil Chemical Co.）和罗门哈斯公司（Rohm & Hass Co.）开发的二苯醚类除草剂。

其他名称　杂草焚，达克尔，达克果，Mc 10978，RH-6201，BAS 9048H，Blazer

化学名称　5-(2-氯-α,α,α-三氟对甲苯氧基)-2-硝基苯甲酸钠；sodium 5-(2-chloro-α,α,α-trifluoro-p-tolyloxy)-2-nitrobenzoate

CAS 名称　sodium 5-[2-chloro-4-(trifluoromethyl)phenoxy]-2-nitrobenzoate

理化性质　三氟羧草醚为浅褐色固体。熔点 142～160℃。蒸气压＜0.01mPa（20℃）。相对密度 1.546。溶解度：水 120mg/L（23～25℃）(原药)；丙酮 600，乙醇 500，二氯甲烷 50，二甲苯、煤油＜10 (g/kg, 25℃)。稳定性：235℃分解酸碱条件下稳定（pH 3～9, 40℃），紫外线照射易分解，DT_{50} 110h。三氟羧草醚钠盐固体中三氟羧草醚钠盐一般不能单独存在，但经常在水溶液中存在。白色固体。熔点 274～278℃（分解）。蒸气压＜0.01mPa（25℃）。K_{ow} lg$P$ 1.19（pH 5, 25℃）。Henry 常数＜6.179×10^{-9} Pa·m³/mol（25℃，计算值）。相对密度 0.4～0.5。溶解度：水（无缓冲液）62.07，（pH 7）60.81，（pH 9）60.71 (g/100g, 25℃)；辛醇 5.37，甲醇 64.15，正己烷＜5×10^{-5} (g/100mL, 25℃)。20～25℃水溶液稳定时间＞2 年。pK_a 3.86±0.12。

毒性　三氟羧草醚钠盐急性经口 LD_{50}（mg/kg 液体原药）：大鼠 1540，雌小鼠 1370，兔 1590。兔急性经皮 LD_{50}＞2000mg/kg。对眼睛有严重刺激，对皮肤中等刺激（兔）(液体原药)。大鼠吸入 LC_{50}（4h）＞6.91mg/L 空气（液体制剂）。无作用剂量：大鼠（2代）1.25mg/kg，小鼠 7.5mg/L（液体原药）。无致突变作用。山齿鹑急性经口 LD_{50} 325mg/kg。LC_{50}（8d）：山齿鹑和野鸭＞5620mg/L。LC_{50}（96h）：虹鳟鱼 17mg/L，大翻车鱼 62mg/L。水蚤 EC_{50}（48h）77mg/L。海藻 EC_{50}（μg/L）：羊角月牙藻＞260，水华鱼腥藻＞350。蚯蚓 LC_{50}（14d）＞1800mg/kg。

制剂　TC，ME，AY，AS。

应用　防除龙葵、酸模叶蓼、柳叶刺蓼、节蓼、铁苋菜、反枝苋、凹头苋、刺苋、鸭跖草、水棘针、豚草、苘麻、藜（2 叶期以前）、苍耳（2 叶期以前）、曼陀罗、粟米草、马齿苋、裂叶牵牛、圆叶牵牛、卷茎蓼、香薷、狼把草、鬼针草等一年生阔叶杂草，对多年生的苣荬菜、刺儿菜、大蓟、问荆等有较强的抑制作用。适用于大豆、花生、水稻。苗后早期处理，可被杂草茎、叶吸收，作用方式为触杀，能促使气孔关闭，借助于光发挥除草活性，增高植物体温度引起坏死，并抑制线粒体电子的传递，以引起呼吸系统和能量生产系统的停滞，抑制细胞分裂使杂草死亡。杂草和大豆间的选择性主要是剂量，其次是品种。

分析方法　产品可用 HPLC 进行分析。

主要生产商　江苏长青，松辽化工，大连瑞泽，青岛瀚生，上虞颖泰。

参考文献

[1]　DE 2311638.
[2]　Ray T A, et al.. J Assoc Off Anal Chem, 1983, 66：1319.
[3]　Pestic Anal Man Ⅱ, 180.383.

三氟硝草醚（fluorodifen）

$C_{13}H_7F_3N_2O_5$，328.2，15457-05-3

1968年由 L.Ebner 等报道除草活性,由 CibaAG (Ciba-GeigyAG) 开发。

其他名称　C6989 (Ciba), Preforan

化学名称　4-硝基苯基-α,α,α-三氟-2-硝基对甲苯基醚;4-nitrophenyl-α,α,α-trifluoro-2-nitro-p-tolyl ether

CAS 名称　2-nitro-1-(4-nitrophenoxy)-4-(trifluoromethyl)benzene

理化性质　黄棕色结晶。熔点 94.0～94.5℃,20℃蒸气压 0.0093mPa,Henry 常数 $1.53×10^{-3}$ Pa·m³/mol(计算值),相对密度 1.59 (20℃)。20℃溶解度:水 22mg/L;丙酮 750,二氯甲烷 680,己烷 1.4,甲醇 4.5,正辛醇 10,甲苯 400 (g/L, 20℃)。28d、pH 1～9 (70℃) 时水解不显著。

毒性　对大鼠急性经口 LD_{50} 为 9000mg/kg;急性经皮 LD_{50}＞3000mg/kg。对兔皮肤无刺激,对眼有轻微刺激。NOEL (90d):大鼠 1000mg/(kg·d),狗 316mg/(kg·d)。

制剂　EC。

应用　本药为触杀型芽前芽后除草剂。可在芽前用于大豆。在稻田中可于芽前或芽后以及移植后,杂草的三叶期前使用,有无水均可。不能在芽前施于土表播种的直播稻,但对移栽稻安全。在用于其他作物时,其除草作用可持续 8～12 周,尤其是在干燥的土壤内。

分析方法　产品用气液色谱内标法分析,残留量用带电子俘获检测器的气液色谱测定。

参考文献

[1] GE 2200479.
[2] BU 1033163.
[3] BE 628133.
[4] GB 1033163.

三环赛草胺 (cyprazole)

$C_{10}H_{14}ClN_3OS$, 259.8, 42089-03-2

由 Gulf Oil 化学公司开发。

其他名称　S19073

化学名称　N-[5-(2-氯-1,1-二甲基乙基)-1,3,4-噻二唑-2-基]环丙烷羧酰胺;N-[5-(2-chloro-1,1-dimethylethyl)-1,3,4-thiadiazol-2-yl]cyclopropanecarboxamide

CAS 名称　N-[5-(2-chloro-1,1-dimethylethyl)-1,3,4-thiadiazol-2-yl]cyclopropanecarboxamide

应用　可防除稗、马唐、反枝苋、马齿苋属、藜等。

三甲异脲 (trimeturon)

$C_{10}H_{13}ClN_2O$, 212.7, 3050-27-9

其他名称　BAY40557
化学名称　3-(4-氯苯基)-1,1,2-三甲基异脲；3-(4-chlorophenyl)-1,1,2-trimethylisourea
CAS 名称　methyl N'-(4-chlorophenyl)-N,N-dimethylcarbamimidate
理化性质　熔点 147～148℃，20℃时在水中溶解度为 760mg/L，易溶于丙酮、苯和二甲基甲酰胺。
应用　除草剂。

三氯吡啶酚（pyriclor）

$C_5H_2Cl_3NO$，198.4，1970-40-7

1965 年由 M. J. Huraux 等报道除草活性，Dow Chemical Co.（现 Dow Elanco）公司开发。现已淘汰，无工业化价值。

其他名称　Daxtron
化学名称　2,3,5-三氯-4-吡啶酚；2,3,5-trichloropyridin-4-ol
CAS 名称　2,3,5-trichloro-4-pyridinol
理化性质　固体，熔点 216℃，20℃时在水中的溶解度为 570mg/L。
毒性　大鼠急性经口 LD_{50} 80～130mg/kg。
应用　传导型芽前除草剂。应用于甘蔗、玉米、高粱、亚麻。

三氯吡氧乙酸（triclopyr）

$C_7H_4Cl_3NO_3$，256.5，55335-06-3

由 Dow Chemical Co. 开发的吡啶氧羧酸类除草剂。

其他名称　绿草定，乙氯草定，盖灌能，盖灌林，定草酯，Dowco233，Garlon，Grandstsnd，Grazon，Pathfinder，Redeen，Remedy，Turflon
化学名称　3,5,6-三氯-2-吡啶氧基乙酸；3,5,6-trichloro-2-pyridyloxyacetic acid
CAS 名称　[(3,5,6-trichloro-2-pyridinyl)oxy]acetic acid
理化性质　纯品为无色固体。熔点 150.5℃，208℃分解，蒸气压 0.2mPa（25℃），K_{ow}lg$P$：0.42（pH 5）、−0.45（pH 7）、−0.96（pH 9），Henry 常数 $9.77×10^{-5}$ Pa·m³/mol（计算值），相对密度 1.85（21℃）。水中溶解度（g/L，20℃）：0.408，7.69（pH 5），8.10（pH 7），8.22（pH 9）；其他溶剂中溶解度（g/L）：丙酮 581，乙腈 92.1，正己烷 0.09，甲苯 19.2，二氯甲烷 24.9，甲醇 665，乙酸乙酯 271。正常贮存条件下稳定，光照下分解，DT_{50}＜12 h。pK_a 3.97。
毒性　大鼠急性经口 LD_{50}（mg/kg）：雄 692，雌 577。兔急性经皮 LD_{50}＞2000mg/kg。

对兔眼睛有轻微刺激，对兔皮肤无刺激。大鼠急性吸入 LC_{50}（4h）＞256mg/kg。无作用剂量（2年）：大鼠 3.0mg/(kg·d)，小鼠 35.7mg/(kg·d)。野鸭急性经口 LD_{50}：1698mg/kg。饲喂 LC_{50}（8d，mg/kg）：野鸭＞5000，日本鹌鹑 3278，山齿鹑 2935。鱼毒 LC_{50}（96h，mg/L）：虹鳟鱼 117，大翻车鱼 148。水蚤 LC_{50}（48h）：133mg/L。羊角月牙藻 EC_{50}（5d）：45mg/L。对蜜蜂无毒，LD_{50}＞100μg/只（接触）。

制剂 TC，EC。

应用 吡啶氧羧酸类除草剂。三氯吡氧乙酸是一种传导型除草剂，用来防治针叶树幼林地中的阔叶杂草和灌木，在土壤中能迅速被土壤微生物分解，半衰期为 46d。通常用于造林前除草灭灌，维护防火线，培育松树及林木改造。防治水花生、胡枝子、榛材、蒙古柞、黑桦、椴、山杨、山刺玫、榆、蒿、柴胡、地榆、铁线莲、婆婆纳、唐松草、蕨、槭、柳、珍珠梅、蚊子草、走马芹、玉竹、柳叶绣菊、红丁香、金丝桃、山梅花、山丁子、稠李、山梨、香蒿等。本品为阔叶草除草剂，对禾本科及莎草科杂草无效，用药后 2h 无雨药效较佳。使用时不可喷及阔叶作物如叶菜类、茄科作物等，以免产生药害。喷药后 3～7d 即可看见杂草心叶部发生卷曲现象，此时杂草即已无法生长；顽固阔叶杂草连根完全死亡约需 30d，杂灌木死亡时间较长。杂灌木密集处，可采用低容量喷雾。可用于防除废弃的香蕉、菠萝；不可用于生长季中的茶园、香蕉园及菠萝园附近。

合成路线 以三氯吡啶酚为原料，经醚化、碱解得到绿草定。

主要生产商 Dow AgroSciences，Agriphar，Aimco，Bhagiradha，Bharat，Devidayal，Gharda，万全力华化工，比德生化，利尔化学，迈克斯（如东）化工。

参考文献

[1] US 4110104.
[2] WO 2010023679.
[3] US 3862952.
[4] 农药，2007，46（4）：46-47.
[5] 农药，2001，40（1）：15.
[6] 色谱，2009，27（3）：288-293.
[7] 环境化学，2008，27（1）：127-130.

三氯丙酸（chloropon）

$C_3H_3Cl_3O_2$，177.4，3278-46-4

其他名称 2，2，3-TPA

化学名称 2,2,3-三氯丙酸；2,2,3-trichloropropionic acid

CAS 名称 2,2,3-trichloropropanoic acid

应用 除草剂。

三嗪氟草胺（triaziflam）

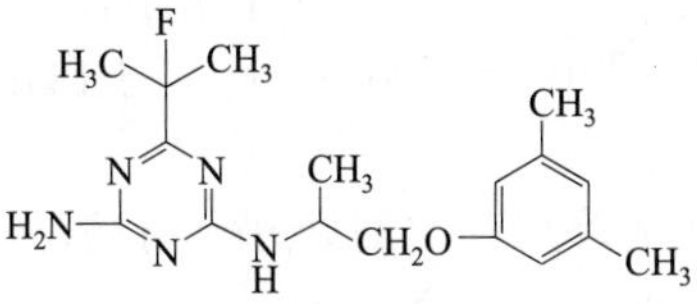

$C_{17}H_{24}FN_5O$，333.4，131475-57-5

由 Idemitsu Kosan 公司开发的三嗪胺类除草剂。

其他名称　IDH-1105

化学名称　(RS)-N-[2-(3,5-二甲基苯氧基)-1-甲基乙基]-6-(1-氟-1-甲基乙基)-1,3,5-三嗪-2,4-二胺；(RS)- N-[2-(3,5-dimethylphenoxy)-1-methylethyl]-6-(1-fluoro-1-methylethyl)-1,3,5-triazine-2,4-diamine

CAS 名称　N-[2-(3,5-dimethylphenoxy)-1-methylethyl]-6-(1-fluoro-1-methylethyl)-1,3,5-triazine-2,4-diamine

应用　主要用于稻田苗前和苗后防除禾本科杂草和阔叶杂草。

合成路线

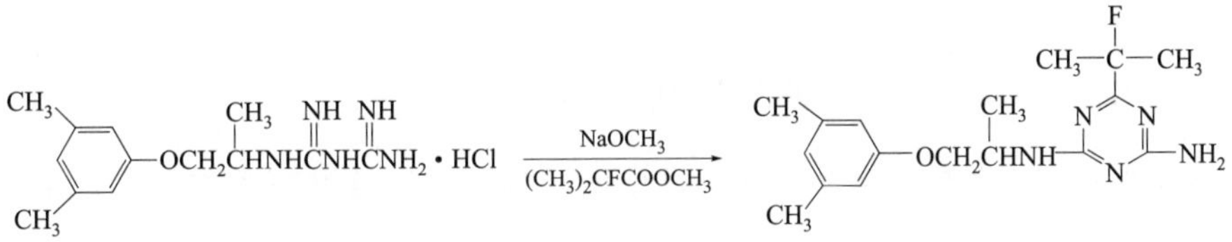

主要生产商　Idemitsu Kosan。

参考文献
US 5250686.

三唑磺（epronaz）

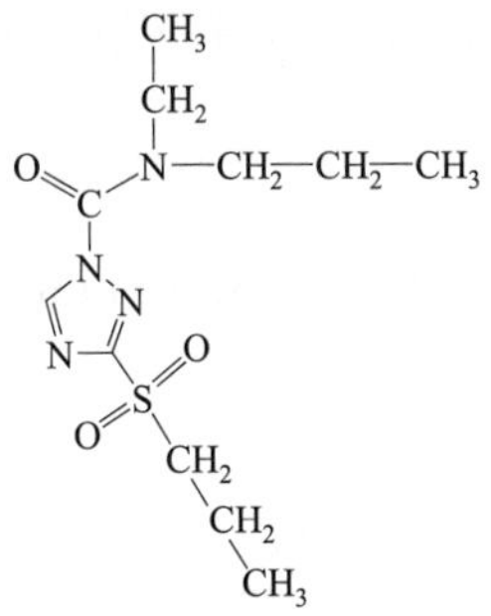

$C_{11}H_{20}N_4O_3S$，288.4，59026-08-3

1974 年由 L. g. Copping 和 R. F. Brookes 报道除草活性。由 Boots Co. Ltd（现为 Schering Agriculture）评价。

其他名称　BTS 30843

化学名称　N-乙基-N-丙基-3-丙基磺酰基-1H-1,2,4-三唑-1-甲酰胺；1-(N-乙基-N-丙基氨基甲酰基)-3-丙基磺酰基-1H-1,2,4-三唑;N-ethyl-N-propyl-3-propylsulfonyl-1H-1,2,4-triazole-1-carboxamide

CAS 名称　N-ethyl-N-propyl-3-(propylsulfonyl)-1H-1,2,4-triazole-1-carboxamide

理化性质　白色晶体。熔点 51~51.6℃。水中溶解度 0.19%。

毒性　急性经口 LD_{50}:大白鼠 100~200mg/kg,小白鼠 400~800mg/kg。大白鼠急性经皮 LD_{50}>200mg/kg。

应用　旱田除草剂,用于土壤及发芽初期处理。可防除一年生禾本科杂草,但对阔叶杂草和多年生杂草的防效较差。在棉花、大豆、花生、玉米播种后或生长初期用药。

三唑酰草胺 (ipfencarbazone)

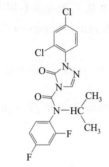

$C_{18}H_{14}Cl_2F_2N_4O_2$, 427.2, 212201-70-2

由日本北兴化学工业株式会社正在开发中的一种新型三唑啉酮类除草剂,于 1998 年申请专利。

其他名称　HOK-201

化学名称　1-(2,4-dichlorophenyl)-N-2′,4′-difluoro-1,5-dihydro-N-isopropyl-5-oxo-4H-1,2,4-triazole-4-carboxanilide

CAS 名称　1-(2,4-dichlorophenyl)-N-(2,4-difluorophenyl)-1,5-dihydro-N-(1-methylethyl)-5-oxo-4H-1,2,4-triazole-4-carboxamide

应用　新型三唑啉酮类除草剂。主要用于防除稻田杂草如稗草等。该除草剂被用于麦类、玉米、大豆、棉花和果树等作物,防除阔叶杂草效果卓著。

主要生产商　Hokko。

杀草胺 (ethaprochlor)

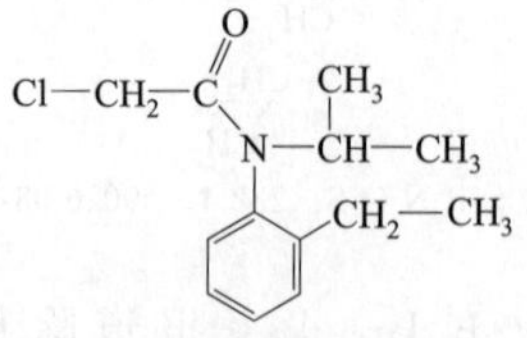

$C_{13}H_{18}ClNO$, 239.7

化学名称　2-乙基-N-异丙基-α-氯代乙酰苯胺;2-chloro-N-(2-ethylphenyl)-N-propan-2-ylacetamide;2-chloro-2′-ethyl-N-isopropylacetanilide

CAS 名称 2-chloro-*N*-(2-ethylphenyl)-*N*-(1-methylethyl)acetamide

理化性质 纯品为白色结晶。熔点 38～40℃，沸点 159～161℃（798Pa）。原粉为棕红色粉末。难溶于水，易溶于乙醇、丙酮、二氯乙烷、苯、甲苯。在一般情况下对稀酸稳定，对强碱不稳定。

毒性 急性经口 LD_{50} 432mg/kg。低毒，对鱼类有毒。

制剂 EC。

应用 选择性芽前土壤处理剂，可杀死萌芽前期的杂草。药剂主要通过杂草幼芽吸收，其次是根吸收。作用原理是抑制蛋白质的合成，使根部受到强烈抑制而产生瘤状畸形，最后枯死。杀草胺不易挥发，不易光解，在土壤中主要被微生物降解，持效期 20d 左右。杀草胺的除草效果与土壤含水量有关，因此该药若在旱田使用，适于地膜覆盖的栽培田、有灌溉条件的田块以及夏季作物及南方的旱田。也可用于大豆、花生、棉花、玉米、油菜和多种蔬菜等旱地作物。可防除一年生单子叶杂草、莎草和部分双子叶杂草，如稗草、鸭舌草、水马齿苋、三棱草、牛毛草、马唐、狗尾草、灰菜等。

杀草丹（thiobencarb）

$C_{12}H_{16}ClNOS$，257.8，28249-77-6

1969 年由日本组合化学公司在日本开发，美国 Chevron Chemical 公司在美国开发。

其他名称 禾草丹，灭草丹，稻草完，稻草丹，B-3015，benthiocarb，Saturn，Bigturn，Bolera，Satarno，Siacarb，Saturn，Bolero

化学名称 *N*,*N*-二乙基硫赶氨基甲酸对氯苄酯；*S*-4-chlorobenzzyl diethylthiocarbamate；*S*-4-chlorobenzyl diethyl(thiocarbamate)

CAS 名称 *S*-[(4-chlorophenyl)methyl] diethylcarbamothioate

理化性质 TC 纯度为 93%。纯品外观为淡黄色液体，相对密度 1.145～1.180（20℃），沸点 126～129℃/1.07Pa，熔点 3.3℃。蒸气压 2.93mPa（23℃），$K_{ow}\lg P$ 3.42。20℃时在水中溶解度为 30mg/L，易溶于二甲苯、醇类、丙酮等有机溶剂。对酸、碱稳定，对热稳定，对光较稳定。制剂为淡黄色或黄褐色液体，相对密度 1.12～1.14。

毒性 大鼠急性经口 LD_{50} 雄 1033mg/kg，雌 1130mg/kg。小鼠急性经口 LD_{50}：雄 1102mg/kg，雌 1402mg/kg。兔、大鼠急性经皮 LD_{50}＞2000mg/kg，对兔皮肤和眼睛有刺激性作用，大鼠急性吸入 LC_{50}（1h）43mg/L。饲喂试验 2 年每日摄入无作用剂量：雄鼠 0.9mg/kg，雌鼠 1.0mg/kg，1 年狗为 1.0mg/kg，无致畸、致癌、致突变作用。鸟类急性经口 LD_{50}（mg/kg）：母鸡 2629、小齿鹑＞7800、野鸭＞10000。小齿鹑、野鸭饲喂 LC_{50}（8d）＞5000mg/kg。鱼毒 LC_{50}（mg/L，48h）：鲤鱼 3.6，大翻车鱼 2.4。蜜蜂急性经口 LC_{50}＞100μg/只。

制剂 EC，GR，AF。

应用 主要用于稻田除草（移栽稻田和秧田），还能用于大麦、油菜、紫云英、蔬菜地除草。主要用于防除稗草、异型莎草、牛毛毡、野慈姑、瓜皮草、萍类等，还能防除看麦娘、马唐、狗尾草、碎米莎草等。稗草二叶前使用效果显著，三叶期效果明显下降，持效期为 25～35d，并随温度和土质而变化。杀草丹在土壤中能随水移动，一般淋溶深度 122cm。

合成路线

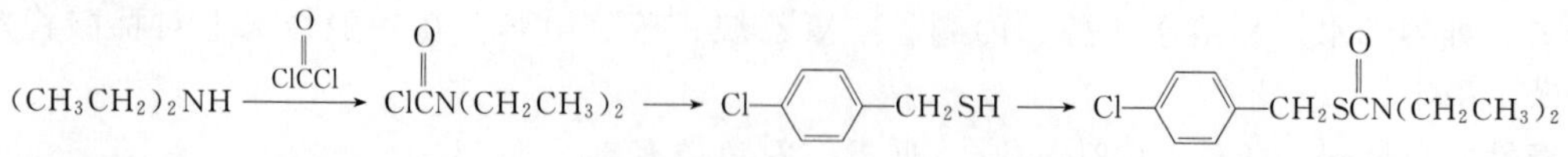

$$(CH_3CH_2)_2NH \xrightarrow{ClCCl\ (O)} ClCN(CH_2CH_3)_2\ (O) \longrightarrow Cl-\bigcirc-CH_2SH \longrightarrow Cl-\bigcirc-CH_2SCN(CH_2CH_3)_2\ (O)$$

分析方法　HPLC 法分析。

主要生产商　Kumiai，傲伦达科技实业连云港分公司。

参考文献

[1]　Pesticide Synthesis Handbook，1997：118.

[2]　US 3914270.

杀草砜（pyroxasulfone）

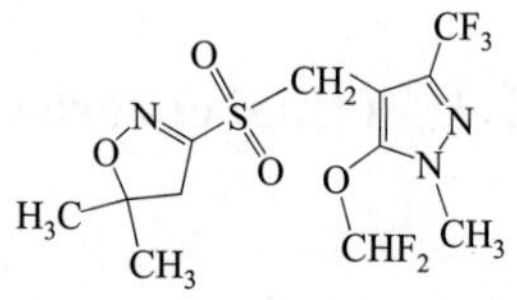

$C_{12}H_{14}F_5N_3O_4S$，391.3，447399-55-5

作为除草剂由 Kumiai 公司发现，并由 Kumiai 与 Bayer 联合开发。

其他名称　KIH-485，KUH-043，Sekura，Zidua，Sakura

化学名称　3-[5-(二氟甲氧基)-1-甲基-3-(三氟甲基)吡唑-4-基甲基磺酰基]-4,5-二氢-5,5-二甲基-1,2-噁唑；3-[5-(difluoromethoxy)-1-methyl-3-(trifluoromethyl)pyrazol-4-ylmethylsulfonyl]-4,5-dihydro-5,5-dimethyl-1,2-oxazole

CAS 名称　3-[[[5-(difluoromethoxy)-1-methyl-3-(trifluoromethyl)-1H-pyrazol-4-yl]methyl]sulfonyl]-4,5-dihydro-5,5-dimethylisoxazole

应用　破坏根尖分生组织和胚芽鞘的生长。用于芽前防除玉米、大豆、小麦和其他作物田的一年生禾本科杂草和一些阔叶杂草。

主要生产商　Kumiai。

参考文献

The Pesticide Manual. 15th ed.

杀草隆（daimuron）

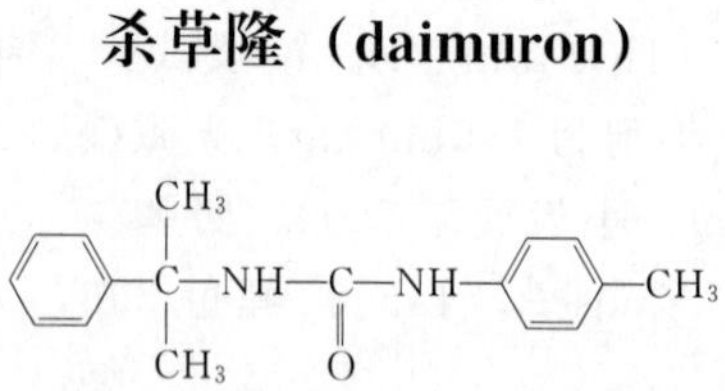

$C_{17}H_{20}N_2O$，268.36，42609-52-9

1979 年由 M. Tashiro 报道。由日本昭和电工公司（现 SDS 生物技术公司）开发的脲类除草剂。

其他名称　莎扑隆，K 223，S-23，SK-23，Showrone，Dymron，Dymrone

化学名称　1-(1-甲基-1-苯基乙基)-3-对甲苯基脲；1-(α,α-二甲基苄基)-3-(对甲苯基)脲

1-(1-methyl-1-phenylethyl)-3-p-tolylurea；1-(α,α-dimethylbenzyl)-3-p-tolylurea

CAS 名称 N-(4-methylphenyl)-N'-(1-methyl-1-phenylethyl)urea

理化性质 纯品为无色针状结晶。熔点 203℃。蒸气压 4.53×10^{-4} mPa（25℃）。相对密度 1.108（20℃）。溶解度（20℃，g/L）：水 0.0012，甲醇 10，丙酮 16，己烷 0.03，苯 0.5。在 pH 4～9 的范围内及在加热和紫外线照射下稳定。

毒性 大鼠、小鼠急性经口 $LD_{50}>5000$ mg/kg，大鼠急性经皮 $LD_{50}>2000$ mg/kg。大鼠吸入 LC_{50}（4h）3250 mg/m³。NOEL 数据：饲喂试验中，雄狗 1 年无作用剂量为 30.6 mg/kg，90d 无作用剂量：雄大鼠为 3118 mg/kg，雌大鼠 3430 mg/kg，雄小鼠 1513 mg/kg，雌小鼠 1336 mg/kg。ADI 值 0.3 mg/kg。小齿鹑急性经口 $LD_{50}>2000$ mg/kg，小齿鹑饲喂 LC_{50}（5d）>5000 mg/kg。鲤鱼 LC_{50}（48h）>40 mg/L。

制剂 WP，GR。

应用 该药不似其他取代脲类除草剂能抑制光合作用，而是细胞分裂抑制剂。抑制根和地下茎的伸长，从而抑制地上部的生长。主要用于水稻，亦可用于棉花、玉米、小麦、大豆、胡萝卜、甘薯、向日葵、桑树、果树等。主要用于防除扁秆蔗草、异型莎草、牛毛草、萤蔺、日照飘拂草、香附子等莎草科杂草，对稻田稗草也有一定的效果，对其他禾本科杂草和阔叶草无效。

合成路线

分析方法 HPLC 法分析。

主要生产商 SDS Biotech K. K.，Kajo。

杀草强（amitrole）

$C_2H_4N_4$, 84.1, 61-82-5

由 Amchem Products, Inc.（今 Bayer AG）开发。

其他名称 氨三唑，aminotriazole, Amerol, Weedazol

化学名称 3-氨基-1H-1,2,4-三唑；1H-1,2,4-triazol-3-ylamine

CAS 名称 1H-1,2,4-triazol-3-amine

理化性质 纯品为无色晶体。熔点 157～159℃（原药 150～153℃）。蒸气压 3.3×10^{-5} mPa（20℃）。$K_{ow}\lg P$ -0.969（pH 7，23℃）。相对密度 1.138（20℃）。溶解度：水 >1384（pH4），264（pH7），261（pH10）(g/L，20℃)；二氯甲烷 0.1，2-丙烯 20～50，甲苯 0.02，异丙醇 27，甲醇 133～160，丙酮 2.9～3.3，乙酸乙酯 1，正己烷 <0.01，庚烷和对二甲苯 $\ll0.1$（g/L，20℃）。稳定性：在中性、酸性和碱性条件下稳定，DT_{50} 35d（pH5，25℃），光解 $DT_{50}>30$d（pH 值 5～9，25℃）。pK_{a1} 4.2，pK_{a2} 10.7。

毒性 大鼠急性经口 $LD_{50}>10000$ mg/kg。急性经皮 LD_{50}（mg/kg）：大鼠 >2000，兔 >10000，对皮肤无刺激作用，对眼睛有中度刺激（兔），对皮肤无敏感性。大鼠空气吸入 $LC_{50}>$

439mg/m³。无作用剂量：大鼠（24个月）10mg/L [0.5mg/(kg·d)]；小鼠（18个月）10mg/L [1.5mg/(kg·d)]，饲喂68周试验；大鼠饲喂50mg/kg对大鼠生长无影响，但是13周后雄大鼠甲状腺增大。山齿鹑 LD_{50} ＞2150mg/kg。山齿鹑和野鸭 LC_{50} ＞5000mg/L。LC_{50}（96h，mg/L）：虹鳟鱼＞1000，金鱼＞6000。无作用剂量（21d）：虹鳟鱼100mg/L。水蚤 LC_{50}（48h）＞18mg/L；EC_{50}（48h）6.1mg/L。铜在淡水藻 E_bC_{50}（72h）2.3mg/L；羊角月牙藻 E_bC_{50}（120h）2.3mg/L，淡水藻3.9mg/L；羊角月牙藻 E_rC_{50}（120h）＞5.1mg/L，淡水藻＞4.8mg/L。无作用剂量（14d）：膨胀浮萍2.5mg/L。对蜜蜂无毒，LD_{50}（48h，经口）＞150μg/只；（48h，经皮）＞100μg/只。蠕虫 LC_{50}（14d）＞488mg/kg土壤。

制剂　SL，SP，WP。

应用　类胡萝卜素合成抑制剂。灭生性内吸传导型茎叶处理除草剂，通过叶片和根吸收并在体内传导，通过干扰叶绿素合成使杂草黄萎，新生叶片几乎完全呈白色，在多年生植物中可持续数月，新芽长出仍为白色。在土壤中持效期2～4周。

分析方法　产品分析采用GLC-FID或酸碱滴定法。

主要生产商　Makhteshim-Agan，Nufarm SAS。

参考文献

[1] US 2670282.

[2] Jacques A. Anal Methods Pestic Plant Growth Regul，1984，13：191.

[3] AOAC Methods. 18th ed. 967.06.

杀草畏（tricamba）

$C_8H_5Cl_3O_3$，255.5，2307-49-5

由Velsicol公司开发。

其他名称　Metriben，Banvel T

化学名称　三氯茴香酸；2,3,5-三氯-6-甲氧基苯甲酸；3,5,6-trichloro-o-anisic acid

CAS名称　2,3,5-trichloro-6-methoxybenzoic acid

理化性质　白色结晶。熔点137～139℃。微溶于水，略溶于二甲苯，可溶于乙醇。钠盐和二甲胺都易溶于水。

毒性　大鼠急性经口 LD_{50} 300～970mg/kg。

制剂　WT。

应用　苯甲酸类激素型芽前芽后除草剂。适用于小麦、大麦田中防除一年生宽叶杂草和禾本科杂草。

杀木膦（fosamine）

$C_3H_8NO_4P$，153.1，59682-52-9；铵盐：$C_3H_{11}N_2O_4P$，170.1，25954-13-6

1974 年由 O. C. Zoebisch 等报道了本品的除草活性，其铵盐由 E. I. du Pont de Nemours & Co. 于 1975 年推出。

其他名称 调节膦，Krenite，DPX1108

化学名称 乙基氢氨基甲酰基磷酸酯；乙基氨基甲酰基磷酸铵（铵盐）；Ethylhydrogen-carbamoylphosphonate

CAS 名称 ethyl hydrogen(aminocarbonyl)phosphonate ammoniumethyl(aminocarbonyl)phosphonate（铵盐）

理化性质 纯 fosamine-ammonium 为白色结晶固体，熔点 173～175℃，蒸气压 0.53mPa（25℃），K_{ow} lg$P$ −2.9（25℃），Henry 常数 $3.61×10^{-8}$ Pa·m³/mol（25℃），相对密度 1.24。溶解度（g/kg，25℃）：水中＞2.5kg/L（未指定 pH 值），甲醇 158，乙醇 12，DMF1.4，苯 0.4，氯仿 0.04，丙酮 0.001，已烷＜0.001。在中性和碱性介质中稳定。pK_a 9.25。

毒性 大鼠急性经口 LD_{50}＞5000mg/kg。兔急性经皮 LD_{50}＞1683mg/kg。对兔眼睛和皮肤无刺激。在 90 天饲喂试验中，大鼠接受 1000mg（a.i.）/kg 饲料未检出有害影响。鱼毒 LC_{50}（96h）：大翻车鱼 590mg/L，虹鳟鱼 300mg/L。水蚤 LC_{50}（48h）1524mg/L。对蜜蜂无毒，LD_{50}＞200μg/只（急性局部）。

制剂 SC，SL。

应用 除草剂，植物生长调节剂。具有整枝、矮化、增糖、保鲜等多种生理作用。使用时，将药液由植物顶端开始自上向下喷洒，施药剂量、时间视施药对象、施药环境而定。因调节膦是铵盐，对黄铜或铜器及喷雾零件有腐蚀，药械施用后应立即冲洗干净。可与草甘膦混用，具有增效作用，也可与少量的萘乙酸或整形素、赤霉素混用，均有一定的增效作用。

主要生产商 DuPont。

参考文献

[1] US 3627507.
[2] US 3846512.

莎稗磷（anilofos）

$C_{13}H_{19}ClNO_3PS_2$，367.8，64249-01-0

由 P. Langeluddeke 等人发现，Hoechst AG（今 Bayer AG）推出。

其他名称 阿罗津，Hoe 30 374，Arozin，Rico

化学名称 S-4-氯-N-异丙基苯基氨基甲酰基甲基-O,O-二甲基二硫代磷酸酯；S-4-chloro-N-isopropylcarbaniloylmethyl-O,O-dimethyl phosphorodithioate；4′-chloro-2-dimethoxyphosphinothioylthio-N-isopropylacetanilide

CAS 名称 S-{2-[(4-chlorophenyl)(1-methylethyl)amino]-2-oxoethyl} O,O-dimethyl phosphorodithioate

理化性质 纯品为白色结晶固体。熔点 50.5～52.5℃，蒸气压 2.2mPa（60℃），K_{ow} lg$P$ 3.81，相对密度 1.27（25℃）。水中溶解度 13.6mg/L（20℃）。其他溶剂中溶解度（g/L）：丙酮、氯仿、甲苯＞1000，苯、乙醇、二氯甲烷、乙酸乙酯＞200，正己烷 12。22℃、

pH 5～9 稳定。150℃分解。对光不敏感。

毒性　急性经口 LD_{50}（mg/kg）：雄大鼠 830，雌大鼠 472。大鼠急性经皮 $LD_{50}>2000$mg/kg。对皮肤和黏膜有轻微刺激性。急性吸入 LC_{50}（4h）：26mg/L 空气。急性经口 LD_{50}（mg/kg）：雄日本鹌鹑 3360，雌日本鹌鹑 2339，雄鸡 1480，雌鸡 1640。鱼毒 LC_{50}（96h，mg/L）：金鱼 4.6，鳟鱼 2.8。水蚤 LC_{50}（3h）>56mg/L。蜜蜂 LD_{50} 0.66μg/只（接触）。

制剂　TC，EC，GR，SC。

应用　属于低毒、具有选择性内吸传导型有机磷类除草剂。防除一年生禾本科杂草和莎草，如稗草、光头稗、千金子、碎米莎草、异型莎草、飘浮草等。适用于移栽稻田作物。主要用于水稻，也可在棉花、油菜、玉米、小麦、大豆、花生、黄瓜中安全使用。可采用毒沙、毒土或喷雾法施药。通过植物的幼芽和地中茎吸收，抑制细胞分裂和伸长，对正在发芽的杂草效果较好，对已长大的杂草效果较差。杂草受药害后生长停止，叶片深绿，有时脱色，叶片变短而厚，极易折断，杂草心叶不易抽出，最后整株枯死。出现稻株叶色浓绿、严重时叶呈筒状或心叶扭曲、抑制分蘖、植株明显矮化等药害症状后要迅速采取洗田措施缓解药害，洗田后再建立水层，施速效氮肥（硫酸铵等）、生物肥，促进水稻生长。

合成路线　以 4-氯苯胺为原料，经如下反应制得目的物：

$$Cl-C_6H_4-NH_2 \xrightarrow{BrCH(CH_3)_2} Cl-C_6H_4-NHCH(CH_3)_2 \xrightarrow{ClCH_2COCl}$$

$$Cl-C_6H_4-N(CH(CH_3)_2)-CO-CH_2Cl \xrightarrow{(CH_3O)_2PSH} Cl-C_6H_4-N(CH(CH_3)_2)-CO-CH_2-S-P(=S)(OCH_3)_2$$

分析方法　产品采用 GC/HPLC 法分析。

主要生产商　Gharda，Bayer AG，湖南国发，大连松辽，山东滨农，上海农药厂，沈阳科创。

参考文献

[1] The Pesticide Manual. 15th ed.
[2] US 4140774.
[3] Langeluddeke P, et al. Proc Asian Pacific Weed Sci Soc Conf 8th, 1981：449.

疏草隆（anisuron）

$C_{17}H_{16}Cl_2N_2O_3$，367.2，2689-43-2

化学名称　1-(3,4-二氯苯基)-(4-甲氧基苯甲酰基)-1,3-二甲基脲；1-(3,4-dichlorophenyl)-1-(4-methoxybenzoyl)-3,3-dimethylurea

CAS 名称　N-(3,4-dichlorophenyl)-N-[(dimethylamino)carbonyl]-4-methoxybenzamide

应用　脲类除草剂。

双苯嘧草酮 (benzfendizone)

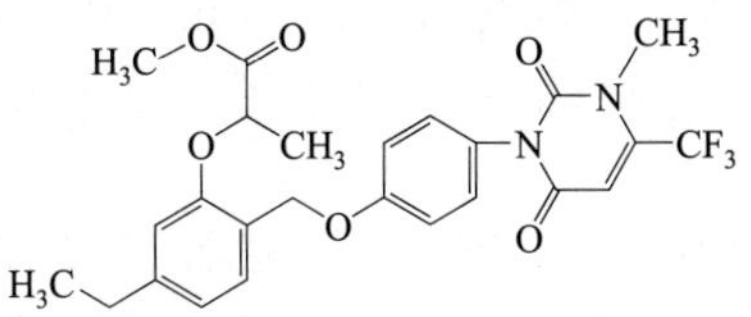

$C_{25}H_{25}F_3N_2O_6$, 506.47, 158755-95-4

由 FMC 公司开发的尿嘧啶类除草剂。

其他名称　F3686

化学名称　2-{5-乙基-2-[4-(1,2,3,6-四氢-3-甲基-2,6-二氧-4-三氟甲基嘧啶-1-基)苯氧基甲基]苯氧基}丙酸甲酯；methyl 2-{5-ethyl-2-[4-(1,2,3,6-tetrahydro-3-methyl-2,6-dioxo-4-trifluoromethylpyrimidin-1-yl)phenoxy methyl] phenoxy}propionate

CAS 名称　methyl 2-[2-[[4-[3,6-dihydro-3-methyl-2,6-dioxo-4-(trifluoromethyl)-1(2H)-pyrimidinyl]phenoxy]methyl]5-ethylphenoxy]propionate

应用　苗后除草剂，用于防治果园的阔叶杂草，也用于棉花脱叶剂。属原卟啉原氧化酶抑制剂。

合成路线

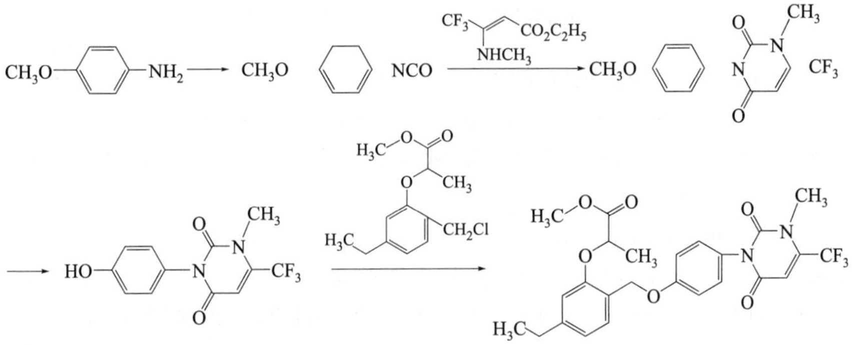

参考文献

[1]　US 5262390.
[2]　US 5344812.

双苯酰草胺 (diphenamid)

$C_{16}H_{17}NO$, 239.3, 957-51-7

1960 年由 E. F. Alder 等报道。Eli Lilly Co. 和 Upjohn Co.（现两公司均已不生产、销售该产品）开发。

其他名称　　Dymid，Enide
化学名称　　N,N-二甲基二苯基乙酰胺；N,N-dimethyldiphenylacetamide
CAS 名称　　N,N-dimethyl-α-phenylbenzeneacetamide
理化性质　　纯品为无色结晶体。熔点 134.5～135.5℃。室温下蒸气压可忽略。溶解度（27℃）：水 260mg/L；极性有机溶剂中溶解度中等。原药为米色固体，熔点 132～134℃。室温下，pH3 和 9 时 7d 内稳定。
毒性　　大鼠急性经口 LD_{50} 1050mg/kg。大鼠急性经皮 LD_{50}＞225mg/kg。犬和大鼠以 2000mg/kg 饲料饲喂 2 年对其生理和繁殖无不良影响。鲤鱼 TLm 为 40mg/L。
制剂　　WP。
应用　　选择性芽前除草剂，用于防除棉花、大豆、马铃薯、果树、观赏作物、烟草和蔬菜田中大多数禾本科杂草和一些阔叶杂草。
参考文献
US 3120434.

双苯唑快（difenzoquat）

$C_{18}H_{20}N_2O_4S$，360.4，43222-48-6

1973 年由 T. R. Ohare 等报道除草活性。由 American Cyanamid 公司开发。
其他名称　　野燕枯，燕麦枯，difenzoquat metilsulfate，Avenge
化学名称　　1,2-二甲基-3,5-二苯基-1H-吡唑硫酸甲酯；1,2-dimethyl-3,5-diphenyl-1H-pyrazolium methyl sulfate
CAS 名称　　1,2-dimethyl-3,5-diphenylpyrazolium methyl sulfate
理化性质　　无色、吸湿性结晶。熔点 156.5～158℃。蒸气压＜1×10^{-2} mPa（25℃）。$K_{ow}\lg P$：0.648（pH 5）、-0.62（pH 7）、-0.32（pH 9）。相对密度 0.8（25℃）。水中溶解度 817g/L（25℃）；其他溶剂中溶解度（g/L，25℃）：二氯甲烷 360，氯仿 500，甲醇 558，1,2-二氯乙烷 71，异丙醇 23，丙酮 9.8，二甲苯、庚烷＜0.01。微溶于石油醚、苯和二噁烷。水溶液对光稳定，DT_{50} 28d。对热稳定，弱酸条件下稳定，在强酸和氧化条件下分解。pK_a 约 7。闪点＞82℃（泰格开杯）。
毒性　　急性经口 LD_{50}（mg/kg）：雄大鼠 617，雌大鼠 373，雄小鼠 31，雌小鼠 44。雄兔急性经皮 LD_{50} 3540mg/kg。对兔皮肤中度刺激、眼睛重度刺激。大鼠急性吸入 LC_{50}（4h）：雌 0.36mg/L，雄 0.62mg/L。狗（1 年）无作用剂量 20mg/kg。山齿鹑 LC_{50}（8d）＞4640mg/kg 饲料，野鸭 LC_{50}（8d）＞10388mg/kg 饲料。鱼毒 LC_{50}（96h，mg/L）：大翻车鱼 696，虹鳟鱼 694。水蚤 LC_{50}（48h）2.63mg/L。对藻类毒性大。蜜蜂 LD_{50} 36μg/只（接触）。
制剂　　SL，SP。
应用　　高效、高选择性的防除小麦、大麦田中的恶性杂草野燕麦。药剂施于野燕麦叶片上后，吸收转移到叶心，作用于生长点，破坏野燕麦的细胞分裂和野燕麦顶端、节间分生组织中细胞的分裂和伸长，从而使其停止生长，最后全株枯死。用于防除大麦、小麦和黑麦田的野燕麦时一般在芽后 3～5 叶期使用。

分析方法　采用比色分析。

主要生产商　BASF。

双丙氨酰膦（bilanafos）

$$\text{H}_3\text{C}-\underset{\underset{\text{OH}}{|}}{\overset{\overset{\text{O}}{||}}{\text{P}}}-\text{CH}_2-\underset{\underset{\text{NH}_2}{|}}{\overset{\overset{\text{H}}{|}}{\text{C}}}-\text{CONH}-\underset{\underset{\text{H}}{|}}{\overset{\overset{\text{CH}_3}{|}}{\text{C}}}-\text{CONH}-\underset{\underset{\text{H}}{|}}{\overset{\overset{\text{CH}_3}{|}}{\text{C}}}-\text{CO}_2\text{H}$$

bilanafos：$C_{11}H_{22}N_3O_6P$，323.3，35599-43-4；
bilanafos-sodium：$C_{11}H_{21}N_3NaO_6P$，345.3，71048-99-2

由 K. Tachibana 等报道该发酵产物的除草活性，并由日本明治制果公司开发的有机磷类除草剂，为生物农药。

其他名称　好必思，SF-1293，MW-801，Meiji Herbiace，bialaphos，bilanafos-sodium

化学名称　4-[羟基（甲基）膦酰基]-L-高氨丙酰-L-丙氨酰-L-丙氨酸；4-[hydroxy (methyl) phosphinoyl]-L-homoalanyl-L-alanyl-L-alanine

CAS 名称　4-(hydroxymethylphosphinyl)-L-2-aminobutanoyl-L-alanyl-L-alanine

理化性质　双丙氨酰膦在发酵过程中由 Streptomyces hygroscopicus 产生，$[\alpha]_D^{25}-34°$（10g/L 水）。bilanapos-sodium 为无色晶体，熔点约 160℃（分解）。溶解度：水 687g/L，甲醇＞620g/L，丙酮、己烷、甲苯、二氯甲烷和乙酸乙酯＜0.01g/L。在 pH 4、7 和 9 的水中稳定。

毒性　bilanafos-sodium 大鼠急性经口 LD_{50}：雄 268mg/kg，雌 404mg/kg。大鼠急性经皮 LD_{50}＞5000mg/kg。对兔眼睛和皮肤无刺激性作用。无致畸作用。Ames 试验和 Rec 试验结果表明，无诱变作用。大鼠 2 年和 90d 饲喂试验结果表明，无致癌作用。鲤鱼 LC_{50}（48h）1000mg/L。

制剂　SL。

应用　属双丙氨酰膦属膦酸酯类除草剂，是谷酰胺合成抑制剂，通过抑制植物体内谷酰胺合成酶，导致氨的积累，从而抑制光合作用中的光合磷酸化。因在植物体内的主要代谢物为草铵膦（glufosinate）的 L-异构体，故显示类似的生物活性。适用于果园、菜园、免耕地及非耕地。主要用于非耕地，防除一年生、某些多年生禾本科杂草和某些阔叶杂草如荠菜、猪殃殃、雀舌草、繁缕、婆婆纳、冰草、看麦娘、野燕麦、藜、莎草、稗草、早熟禾、马齿苋、狗尾草、车前、蒿、田旋花、问荆等。双丙胺酰膦进入土壤中即失去活性，只宜作茎叶处理。除草作用比草甘膦快，比百草枯慢。易代谢和生物降解，因此使用安全。

合成路线　吸水链霉菌（Streptomyces hygroscopicus）SF-1293 在含有丙三醇、麦芽、豆油及痕迹量氯化钴、氯化镍、磷酸二氢钠的培养液中，与 DL-2-氨基-4-甲基膦基丁酸一起在 28℃下振摇 96h，培养物离心后，滤液用活性炭脱色，并经色谱柱分离，即制得双丙氨酰膦。

分析方法　产品采用 NMR 分析。

主要生产商　Meiji Seika。

参考文献

[1] Japan Pesticide Information，1984，45：27-30.

[2] The Pesticid Manual. 12th ed. 2000：90.
[3] 特開昭 55-21754.

双草醚（bispyribac-sodium）

$C_{19}H_{17}N_4NaO_8$，452.4，125401-75-4(酸)，125401-92-5(钠盐)

由组合化学公司开发的嘧啶水杨酸类除草剂。

其他名称 一奇，水杨酸双嘧啶，农美利，双嘧草醚，KIH-2023，Nominee，Grass-short，Short-keep

化学名称 2,6-双[(4,6-二甲氧基嘧啶-2-基)氧基]苯甲酸钠；sodium 2,6-bis(4,6-dimethoxypyrimidin-2-yloxy)benzoate

CAS 名称 sodium 2,6-bis[(4,6-dimethoxy-2-pyrimidinyl)oxy]benzoate

理化性质 纯品为无味白色粉末。熔点 223~224℃，蒸气压 5.05×10^{-6} mPa（25℃），$K_{ow}\lg P$ -1.03（23℃），Henry 常数 3×10^{-11} Pa·m³/mol（计算值），相对密度 1.47。溶解度：水 68.7g/L（20℃，蒸馏水），甲醇 25g/L（20℃）；乙酸乙酯 6.1×10^{-2}，正己烷 8.34×10^{-3}，丙酮 1.4，甲苯<1.0×10^{-6}，二氯甲烷 1.3（mg/L，25℃）。223℃分解。水解 DT_{50}：>1 年（pH 7~9，25℃），88d（pH 4，25℃）。水中光解（25℃，1.53W/m²，260~365nm）DT_{50}：42d，499d（蒸馏水）。pK_a 3.35（20℃）。

毒性 急性经口 LD_{50}（mg/kg）：雄大鼠 4111，雌大鼠 2635，雄、雌小鼠 3524。大鼠急性经皮 LD_{50}>2000mg/kg。对兔皮肤无刺激，对眼睛有轻微刺激。大鼠急性吸入 LC_{50}（4h）>4.48mg/L。无作用剂量（2 年）：雄大鼠 20mg/kg 饲料 [1.1mg/(kg·d)]，雌大鼠 20mg/kg 饲料 [1.4mg/(kg·d)]，雄小鼠 14.1mg/(kg·d)，雌小鼠 1.7mg/(kg·d)。山齿鹑急性经口 LD_{50}>2250mg/kg。山齿鹑、野鸭 LC_{50}（5d）>5620mg/kg 饲料。鱼毒 LC_{50}（96h，mg/L）：虹鳟鱼、大翻车鱼>100，鲤鱼>952。水蚤 LC_{50}（48h）>100mg/L，无抑制浓度（21d）110mg/L。羊角月牙藻 EC_{50}：1.7mg/L（72h），4mg/L（120h），无抑制浓度 0.625mg/L。蜜蜂 LD_{50}（48h）：>200μg/只（经口），>7000mg/L 喷雾（接触）。蚯蚓无作用剂量（14d）>1000mg/kg 土壤。

制剂 TC，WP，SC。

应用 嘧啶水杨酸类除草剂。属乙酰乳酸酶抑制剂，通过阻止支链氨基酸的生物合成而起作用，通过茎、叶和根吸收，并在植株体内传导，杂草即停止生长，而后枯死。主要用于防治水稻田稗草等禾本科杂草和阔叶杂草，可在秧田、直播田、小苗移栽田和抛秧田使用。用于直播水稻的苗后除草，对 1~7 叶期稗草均有效，3~6 叶期防效尤佳。对车前臂形草、芒稷、阿拉伯高粱、紫水苋、鸭跖草、瓜皮草、异型莎草、碎米莎草、大马唐、萤蔺、假马齿苋、粟米草也有良好的防效。本品对大多数土壤和气候环境下效果稳定，可与其他农药混用。

合成路线 以 2,6-二羟基苯甲酸为起始原料，首先酯化，再与 4,6-二甲氧基-2-甲基磺酰基嘧啶进行醚化，最后碱解（或还原后与氢氧化钠等反应）即得目的物。

主要生产商　湖北汇达，江苏农用激素工程技术研究中心，江苏激素研究所，江苏中旗，山东绿霸，日本组合化学。

参考文献

[1] EP 321846.

[2] US 4906285.

双氟磺草胺（florasulam）

$C_{12}H_8F_3N_5O_3S$，359.3，145701-23-1

由 Dow Agroscience 开发，1999 年推出。

其他名称　麦施达，DE-570，XDE-570，Primus，Boxer

化学名称　2′,6′,8-三氟-5-甲氧基[1,2,4]三唑并[1,5-c]嘧啶-2-磺酰苯胺；2′,6′,8-trifluoro-5-methoxy[1,2,4]triazolo[1,5-c]pyrimidine-2-sulfonanilide

CAS 名称　N-(2,6-difluorophenyl)-8-fluoro-5-methoxy[1,2,4]triazolo[1,5-c]pyrimidine-2-sulfonamide

理化性质　纯品为白色晶体。熔点 193.5～230.5℃（分解），蒸气压 $1×10^{-2}$ mPa（25℃），$K_{ow}\lg P$ －1.22 (pH 7.0)，Henry 常数 $4.35×10^{-7}$ Pa·m³/mol (pH 7, 20℃)，相对密度 1.53。水中溶解度 (g/L，20℃)：0.121（纯化，pH 5.6～5.8），0.084 (pH 5.0)，6.36 (pH 7.0)，94.2 (pH 9.0)；其他溶剂中溶解度 (g/L，20℃)：正庚烷 $0.019×10^{-3}$，二甲苯 0.227，正辛醇 0.184，二氯乙烷 3.75，甲醇 9.81，丙酮 123，乙酸乙酯 15.9，乙腈 72.1。对水解稳定时间（25℃）：30d (pH 5～7)；DT_{50}：100d (pH 9)。pK_a 4.54。

毒性　大鼠急性经口 LD_{50}＞6000mg/kg，兔急性经皮 LD_{50}＞2000mg/kg。对兔眼睛有刺激性，对兔皮肤无刺激性。NOEL 数据（90d）：大、小鼠 100mg/(kg·d)。无致畸、致癌、致突变作用，对遗传亦无不良影响。鹌鹑急性经口 LD_{50}＞6000mg/kg。鹌鹑和野鸭饲喂 LC_{50} (5d)＞5000mg/kg 饲料。鱼 LC_{50} (96h，mg/L)：虹鳟鱼＞86，大翻车鱼＞98。蜜

蜂 LD_{50}（48h）＞100μg/只（经口和接触）。蚯蚓 LC_{50}（14d）＞1320mg/kg 土壤。

制剂 SC。

应用 乙酰乳酸合成酶（ALS）抑制剂。双氟磺草胺主要用于苗后防除冬小麦、玉米田阔叶杂草如猪殃殃、繁缕、蓼属杂草、菊科杂草等。

合成路线 以尿嘧啶和2,6-二氟苯胺为起始原料，尿嘧啶与甲醇钠反应生成2,4-二甲氧基嘧啶，然后氟化，再与水合肼反应后用二硫化碳合环，并经重排制得中间体2-巯基-5-乙氧基-8-氟[1,2,4]三唑[1,5-c]嘧啶。最后中间体经氯磺化后与取代苯胺反应，处理即得目的物。

主要生产商 Dow AgroSciences。

参考文献

[1] EP 0343752.
[2] US 5163995.
[3] WO 9512595.

双环磺草酮（benzobicyclon）

$C_{22}H_{19}ClO_4S_2$，446.97，156963-66-5

由 SDS 生物技术公司研制的三酮类除草剂。

其他名称 SAN-1315，SAN-1315H，SB-500，benzobicyclone

化学名称 3-(2-氯-4-甲基磺酰基苯甲酰基)-2-苯硫基双环[3.2.1]辛-2-烯-4-酮；3-(2-chloro-4-mesylbenzoyl)-2-phenylthiobicyclo[3.2.1]oct-2-en-4-one

CAS 名称 3-[2-chloro-4-(methylsulfonyl)benzoyl]-4-(phenylthio)bicyclo[3.2.1]oct-3-en-2-one

理化性质 纯品为浅黄色无味结晶体，熔点187.3℃。相对密度1.45（20℃），蒸气压＜5.6×10^{-5}Pa（25℃）。水中溶解度0.052mg/L（20℃）。

毒性 大鼠急性经口 LD_{50}＞5000mg/kg。大鼠急性经皮 LD_{50}＞2000mg/kg。小齿鹑和野鸭 LD_{50}＞2250mg/kg，小齿鹑和野鸭饲喂 LC_{50}（5d）＞5620mg/kg。鲤鱼 LC_{50}（48h）＞10mg/L。

制剂 SC，GR。

应用 HPPD抑制剂，主要用于水稻（直播或移栽）田防除稗草、阔叶杂草和莎草科杂草，苗前或早期苗后使用。

合成路线

分析方法　分析采用 GC/HPLC 法。
主要生产商　SDS Biotech K. K.。
参考文献

[1]　JP 0625144.
[2]　US 672058.

双环咯酮（dicyclonon）

$C_{12}H_{18}Cl_2N_2O_2$，293.2，79260-71-2，110499-25-7 (R)- isomer，110499-27-9 (S)- isomer

其他名称　BAS 145138
化学名称　(RS)-1-二氯乙酰基-3,3,8a-三甲基吡咯烷并[1,2-a]嘧啶-6-酮；(RS)-1-dichloroacetyl-3,3,8a-trimethylperhydropyrrolo[1,2-a]pyrimidin-6-one
CAS 名称　1-(dichloroacetyl) hexahydro-3,3,8a-trimethylpyrrolo[1,2-a]pyrimidin-6($2H$)-one
应用　可用于玉米除草剂安全剂。

双甲胺草磷

$C_{12}H_{19}N_2O_4PS$，318.3，189517-75-7

由南开大学元素有机化学研究所创制。
其他名称　H9201
化学名称　(RS)-(O-甲基-O-6-硝基-2,4-二甲苯异丙基硫代磷酰胺)；O-甲基-O-(2-硝基-4,6-二甲基苯基)-N-异丙基硫代磷酰胺酯；(RS)-(O-methyl O-6-nitro-2,4-xylyl isopropylphosphoramidothioate)
CAS 名称　O-(2,4-dimethyl-6-nitrophenyl) O-methyl N-(1-methylethyl) phosphoramido-

thioate

制剂 EC。

应用 选择性土壤处理剂，可以水旱两用，它主要通过出土过程中的幼芽、幼根和分蘖节等吸收，抑制植物分生组织的生长而发挥药效，从而达到除草目的。在胡萝卜播后苗前或苗后使用，对正在萌发的杂草幼芽防治效果较好。能有效防除马唐、牛筋草、铁苋菜、马齿苋等杂草，对胡萝卜安全，有明显的增产效果。在推荐使用剂量下，对后茬作物安全。

参考文献

现代农药，2004，3（6）：16-18.

双氯磺草胺（diclosulam）

$C_{13}H_{10}Cl_2FN_5O_3S$，406.2，145701-21-9

其他名称 XDE-564，DE-564，Crosser，Spider，Strongram

化学名称 $2',6'$-二氯-5-乙氧基-7-氟[1,2,4]三唑[1,5-c]嘧啶-2-磺酰苯胺；$2',6'$-dichloro-5-ethoxy-7-fluoro[1,2,4]triazolo[1,5-c]pyrimidine-2-sulfonanilide

CAS 名称 N-(2,6-dichlorophenyl)-5-ethoxy-7-fluoro[1,2,4]triazolo[1,5-c]pyrimidine-2-sulfonamide

理化性质 纯品为灰白色固体。熔点 218～221℃。相对密度 1.77（21℃）。蒸气压 $6.67×10^{-10}$ mPa（25℃）。K_{ow} lg$P$ 0.85（pH 7）。水中溶解度为 6.32μg/L（20℃）。其他溶剂中溶解度（mg/100mL，20℃）：丙酮 797、乙腈 459、二氯甲烷 217、乙酸乙酯 145、甲醇 81.3、辛醇 4.42、甲苯 5.88。pK_a 4.0（20℃）。

毒性 大鼠急性经口 LD_{50}>5000mg/kg。大鼠急性经皮 LD_{50}>2000mg/kg。大鼠吸入 LC_{50}（4h）>5.04mg/L。NOEL 数据：大鼠 5mg/(kg·d)。ADI 值 0.05mg/kg。无致畸、致癌、致突变作用，对遗传亦无不良影响。小齿鹑急性经口 LD_{50}>2250mg/kg。小齿鹑和野鸭饲喂 LC_{50}（5d）>5620mg/L。鱼毒 LC_{50}（96h，mg/L）：虹鳟鱼>110，大翻车鱼>137。蜜蜂 LD_{50}（48h）>25μg/只（接触）。蚯蚓 LC_{50}（14d）>991mg/kg 土。

制剂 WG。

应用 乙酰乳酸合成酶（ALS）抑制剂。可被杂草通过根部和茎叶快速吸收而发挥作用。主要用于大豆、花生田苗前、种植前土壤处理，防除阔叶杂草。对大豆、花生安全是基于其快速代谢，生成无活性化合物。其在大豆植株中的半衰期为 3h。

合成路线

主要生产商 Dow AgroSciences。

双醚氯吡嘧磺隆（metazosulfuron）

$C_{15}H_{18}ClN_7O_7S$，475.9，868680-84-6

2004 年由 Nissan Chemical Industries Ltd. 开发，2011 年在韩国注册。

其他名称　NC-620，Altair

化学名称　3-氯-4-(5,6-二氢-5-甲基-1,4,2-二噁嗪-3-基)-N-[[(4,6-二甲氧基-2-嘧啶基)氨基]羰基]-1-甲基-1H-吡唑-5-磺酰胺；1-{3-chloro-1-methyl-4-[(5RS)-5,6-dihydro-5-methyl-1,4,2-dioxazin-3-yl]pyrazol-5-ylsulfonyl}-3-(4,6-dimethoxypyrimidin-2-yl)urea

CAS 名称　3-chloro-4-(5,6-dihydro-5-methyl-1,4,2-dioxazin-3-yl)-N-[[(4,6-dimethoxy-2-pyrimidinyl)amino]carbonyl]-1-methyl-1H-pyrazole-5-sulfonamide

理化性质　白色固体。熔点 176～178℃。蒸气压 7.0×10^{-5} mPa（25℃）。K_{ow} lg$P$ －0.35（25℃）。Henry 常数 5.1×10^{-7} Pa·m³/mol。水中溶解度（mg/L）：0.015（pH 4）、8.1（pH 7）、7.7（pH 9）；有机溶剂中溶解度（g/L，20℃）：丙酮 62、甲醇 2.5、己烷 0.0067、甲苯 3.2、乙酸乙酯 28、二氯甲烷 177、正辛醇 0.69。稳定性：54℃可保存 14d。水中 DT_{50} 196.2d（pH 7，25℃）。pK_a 3.4（20℃）。

毒性　大鼠急性经口 $LD_{50}>2000$mg/kg。大鼠急性经皮 $LD_{50}>2000$mg/kg。对皮肤无刺激性，对豚鼠皮肤无致敏性。大鼠吸入 LC_{50}（4h）>5.05mg/L。大鼠无作用剂量（2 年）2.75mg/(kg·d)。对水生生物高毒。山齿鹑急性经口 $LD_{50}>2000$mg/kg。鲤鱼 $LC_{50}>95.1$mg/L。水蚤 EC_{50}（48h）>101mg/L。近头状伪蹄形藻 E_bC_{50}（72h）6.34μg/L。蜜蜂 LD_{50}（经口和接触）>100μg/只。蚯蚓 $LC_{50}>1000$mg/kg 干土。

制剂　GR，SC，WG。

应用　支链氨基酸（ALS 或 AHAS）合成抑制剂，通过抑制生物合成所必需的氨基酸（缬氨酸、亮氨酸和异亮氨酸）而停止细胞分裂和植物生长。在作物体内快速代谢产生选择性衍生物。苗前和苗后处理用于防除一年生和多年生杂草。

主要生产商　Nissan。

双唑草腈（pyraclonil）

$C_{15}H_{15}ClN_6$，314.77，158353-15-2

由 Hoechst Schering AgrEvo GmbH 开发。

化学名称　1-(3-氯-4,5,6,7-四氢吡唑并[1,5-a]吡啶-2-基)-5-[甲基(丙-2-炔基)氨基]吡唑-4-腈；1-(3-chloro-4,5,6,7-tetrahydropyrazolo[1,5-a]pyridin-2-yl)-5-[methyl(prop-2-ynyl)amino]pyrazole-4-carbonitrile

CAS 名称 1-(3-chloro-4,5,6,7-tetrahydropyrazolo[1,5-a]pyridin-2-yl)-5-[methyl-2-propynylamino]-1H-pyrazole-4-carbonitrile

应用 原卟啉原氧化酶抑制剂，除草剂。

合成路线

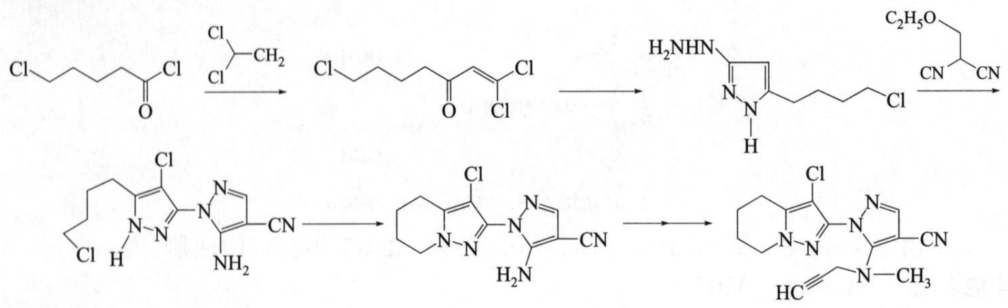

主要生产商 Kyoyu。

参考文献

[1] EP 0542388.
[2] WO 9408999.

四氟丙酸 (flupropanate)

$$CHF_2-CF_2-CO_2H$$

$C_3H_2F_4O_2$, 146.0, 756-09-2; $C_3HF_4NaO_2$, 168.0, 22898-01-7

1969 年由 E. Aelbers 等报道除草活性。

其他名称 Orga 3045, SW-6508

化学名称 2,2,3,3-四氟丙酸; 2,2,3,3-tetrafluoropropionic acid

CAS 名称 2,2,3,3-tetrafluoropropanoic acid

理化性质 钠盐为无色结晶体。熔点 165~167℃（分解）。蒸气压<40mPa (138℃)，$K_{ow}\lg P$<-1.9，相对密度 1.45 (20℃)。溶解度 (20℃)：水中 3.9kg/L，微溶于非极性溶剂。对热、光、水稳定。

毒性 急性经口 LD_{50}：大鼠 11900mg 钠盐原药/kg，小鼠 9600mg/kg。急性经皮 LD_{50}：大鼠>5500mg/kg，兔>4000mg/kg。大鼠吸入 LC_{50} (14d)>1740mg/m³。饲养无作用剂量：大鼠（3 个月）5mg/kg 体重，小鼠（12 个月）6.6mg/kg 体重。鲤鱼 LC_{50} (48h)>100mg 钠盐/L。

制剂 GR，SL。

应用 防除牧场中一年生和多年生禾本科杂草；防除非耕作区杂草。本品对阔叶杂草防效低。主要通过根吸收，有较小的触杀性。

主要生产商 Sumitomo Chemical。

四氟隆 (tetrafluron)

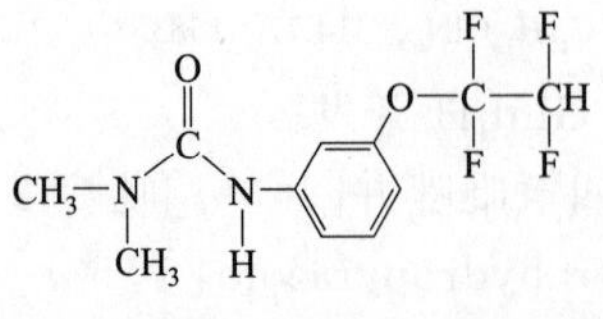

$C_{11}H_{12}F_4N_2O_2$, 280.2, 27954-37-6

化学名称　1,1-二甲基-3-[3-(1,1,2,2-四氟乙氧基)苯基]脲；1,1-dimethyl-3-[3-(1,1,2,2-tetrafluoroethoxy)phenyl]urea

CAS 名称　N,N-dimethyl-N'-[3-(1,1,2,2-tetrafluoroethoxy)phenyl]urea

应用　除草剂。

四唑嘧磺隆（azimsulfuron）

$C_{13}H_{16}N_{10}O_5S$，424.4，120162-55-2

由杜邦公司开发的磺酰脲类除草剂。

其他名称　康宁，康利福，DPXA-8947，IN-A8947，A8947，S-458，Azin，Gulliver

化学名称　1-(4,6-二甲氧基嘧啶-2-基)-3-[1-甲基-4-(2-甲基-2H-四唑-5-基)吡唑-5-基磺酰基]脲；1-(4,6-dimethoxypyrimidin-2-yl)-3-[1-methyl-4-(2-methyl-2H-tetrazol-5-yl)pyrazol-5-ylsulfonyl]urea

CAS 名称　N-[[(4,6-dimethoxy-2-pyrimidinyl)amino]carbonyl]-1-methyl-4-(2-methyl-2H-tetrazol-5-yl)-1H-pyrazole-5-sulfonamide

理化性质　白色固体。熔点170℃。蒸气压4.0×10^{-6} mPa（25℃）。$K_{ow}\lg P$：4.43（pH 5），0.043（pH 7），0.008（pH 9）(25℃)。Henry 常数（Pa·m³/mol，计算值）：8×10^{-9}（pH 5）；5×10^{-10}（pH 7）；9×10^{-11}（pH 9）。相对密度1.12（25℃）。溶解度：水72.3（pH 5），1050（pH 7），6536（pH 9)(mg/L，20℃)；丙酮26.4，乙腈13.9，乙酸乙酯13.0，甲醇2.1，二氯甲烷65.9，甲苯1.8，正己烷<0.2（g/L，25℃）。水解 DT_{50}：89d（pH 5），124d（pH 7），132d（pH 9)(25℃）。pK_a 3.6。

毒性　大鼠急性经口 LD_{50}>5000mg/kg。大鼠急性经皮 LD_{50}>2000mg/kg。对兔皮肤和眼睛无刺激性。无皮肤过敏反应（豚鼠）。大鼠吸入 LC_{50}（4h）>5.84mg/L。无作用剂量：雄大鼠（2年）34.3mg/(kg·d)，雄狗（1年）17.9mg/(kg·d)。山齿鹑和野鸭：急性经口 LD_{50}>2250mg/kg；饲喂 LC_{50}（8d）>5260mg/kg。LC_{50}（96h，mg/L）：鲤鱼>300，大翻车鱼>1000，虹鳟鱼154。水蚤 LC_{50}（48h）>1000mg/L，无作用剂量（21d）>5.4mg/L。羊角月牙藻 EC_{50} 12μg/L。蜜蜂 LD_{50}（48h）：经口>25μg/只，接触>1000μg/只。蠕虫 LC_{50}>1000mg/kg。

制剂　SC。

应用　可有效地防除稗草、北水毛花、异型莎草、紫水苋菜、眼子菜、花蔺、欧泽泻等。适用于水稻苗后施用，在水稻植株内迅速代谢为无毒物，对水稻安全。四唑嘧磺隆与其他磺酰脲类除草剂一样，是乙酰乳酸合成酶（ALS）的抑制剂。通过杂草根和叶吸收，在植株体内传导，杂草即停止生长，而后枯死。四唑嘧磺隆对稗草和莎草的活性高于苄嘧磺隆，若两者混用，增效明显，混用后，即使在遭大水淋洗、低温的情况下，除草效果仍很稳定。

合成路线　以丙二腈为起始原料，与原甲酸三甲酯反应后与甲肼缩合制得中间体吡唑胺，再与叠氮化钠反应，经甲基化、重氮化、磺酰化、胺化，然后与碳酸二苯酯反应，最后与二甲氧基嘧啶胺缩合，处理即得目的物。反应式为：

分析方法　分析采用 HPLC 法。

主要生产商　DuPont。

参考文献

[1] US 4746353.
[2] Proc Br Crop Prot Conf—Weed，1995，1：65.
[3] 农药科学与管理，1997，2：16.
[4] JP 62242679.
[5] JP 63185906.

四唑酰草胺（fentrazamide）

$C_{16}H_{20}ClN_5O_2$，349.8，158237-07-1

由 Bayer AG 开发的四唑啉酮类除草剂。

其他名称　拜田净，四唑草胺，YRC 2388，BAY YRC 2388，NBA 061，Lecs

化学名称　4-[2-氯苯基]-5-氧-4,5-二氢-四唑-1-羧酸环己基-乙基-酰胺；4-(2-chlorophenyl)-N-cyclohexyl-N-ethyl-4,5-dihydro-5-oxo-1H-tetrazole-1-carboxamide

CAS 名称　4-(2-chlorophenyl)-N-cyclohexyl-N-ethyl-4,5-dihydro-5-oxo-1H-tetrazole-1-carboxamide

理化性质　纯品为无色结晶体，熔点 79℃。蒸气压 $5×10^{-5}$ mPa（20℃）。K_{ow} lg$P$ 3.60（20℃）。Henry 常数 $7×10^{-6}$ Pa·m³/mol。水中溶解度 2.3mg/L（20℃），其他溶剂

中溶解度（g/L，20℃）：异丙醇 32，二氯甲烷和二甲苯＞250。水中 DT_{50}（25℃）：＞300d（pH 5），＞500d（pH 7），70d（pH 9）。光解 DT_{50}（25℃）：20d（纯水），10d（天然水）。

毒性　大鼠急性经口 LD_{50}＞5000mg/kg。大鼠急性经皮 LD_{50}＞5000mg/kg。大鼠急性吸入 LC_{50}（4h）＞5000mg/L。对兔眼睛和皮肤无刺激性。NOEL 数据（mg/kg）：大鼠 10.3，小鼠 28.0，狗 0.52。ADI 值：0.005mg/kg。Ames 等试验呈阴性，无致突变性。日本鹌鹑急性经口 LD_{50}（14d）＞2000mg/kg。鱼毒 LC_{50}（96h，mg/L）：鲤鱼 3.2，虹鳟鱼 3.4。蜜蜂 LD_{50}（经皮）＞150μg/只。蚯蚓 LC_{50}（14d）＞1000mg/kg 土。

制剂　GR，SC，WG，WP。

应用　四唑酰草胺为细胞分裂抑制剂，其可被植物的根、茎、叶吸收并传导到根和芽顶端的分生组织，抑制其细胞分裂，生长停止，组织变形，使生长点、节间分生组织坏死，心叶由绿变紫色，基部变褒色而枯死，从而发挥除草作用。适宜作物水稻（移栽田、抛秧田、直播田），不仅对水稻安全，而且具有良好的毒理、环境和生态特性。用于防除禾本科杂草（稗草、千金子）、莎草科杂草（异型莎草、牛毛毡）和阔叶杂草（鸭舌草）等，对主要杂草稗草、莎草有卓效。

合成路线　以邻氯苯胺为起始原料，首先制成异氰酸酯与叠氮化物反应制得中间体四唑啉酮，最后与氨基甲酰氯缩合，处理即得目的物。

分析方法　采用 GC/HPLC 法。

主要生产商　Bayer CropScience。

参考文献

[1] EP 612735.
[2] EP 646577.

碳烯碘草腈（iodobonil）

$C_{11}H_7I_2NO_3$，455.0，25671-45-8

由 C. H. Boehringer Sohn（Shell Agrar GmbH）评估。

化学名称　4-氰基-2,5-二碘苯基碳酸烯丙基酯；4-(烯丙基氧羰基氧)-3,5-二碘苄腈；

allyl 4-cyano-2,5-di-iodophenyl carbonate;4-(allyloxycarbonyloxy)-3,5-di-iodobenzonitrile
CAS 名称 4-cyano-2,6-di-iodophenyl 2-propenyl carbonate
应用 除草剂。

特草定（terbacil）

$C_9H_{13}ClN_2O_2$, 216.7, 5902-51-2

1962 年由 H.C.Bucha 等报道除草活性，E.I.du Pont de Nemours & Co.（Inc.）开发。

其他名称 DPX-D732
化学名称 3-叔丁基-5-氯-6-甲基尿嘧啶；3-*tert*-butyl-5-chloro-6-methyluracil
CAS 名称 5-chloro-3-(1,1-dimethylethyl)-6-methyl-2,4(1H,3H)-pyrimidinedione
理化性质 无色晶体。熔点 175～177℃，蒸气压 0.0625mPa（29.5℃），K_{ow} lg$P$ 1.91；相对密度 1.34（25℃）。溶解度：水中 710mg/L（25℃）；环己酮 220，甲基异丁基酮 121，醋酸丁酯 88，二甲苯 65（g/kg，25℃）。微溶于矿物油和脂肪烃。易溶于强碱。熔点前稳定，在含水碱性介质中室温下稳定。pK_a9.5。
毒性 大鼠急性经口 LD_{50} 为 934mg/kg。兔急性经皮 LD_{50}＞2000mg/kg。对眼、皮肤有轻微刺激性。不是皮肤致敏物。大鼠吸入 LC_{50}（4h）＞4.4mg/L。大鼠和狗 NOEL（2年）250mg/kg 饲料。
制剂 WP。
应用 本品为光合作用抑制剂，主要由植物根部吸收。防除苹果、柑橘、桃、甘蔗田中许多一年生杂草和某些多年生杂草。
分析方法 产品分析采用 HPLC 或红外光谱法。
主要生产商 DuPont。
参考文献
[1] Science，1962，137：537。
[2] US 3235357.
[3] BE 625897.

特草灵（terbucarb）

$C_{17}H_{27}NO_2$, 277.4, 1918-11-2

由 A. H. Haubein 和 J. R. Hansen 报道。由 Hercules Inc.（后来 Nor-Am.）开发。

其他名称　Hercules 9573

化学名称　2,6-二-叔丁基对甲苯基甲基氨基甲酸酯；2,6-di-*tert*-butyl-*p*-tolyl methyl-carbamate

CAS 名称　2,6-bis(1,1-dimethylethyl)-4-methylphenyl methylcarbamate

理化性质　无色结晶，熔点 200~201℃。25℃水中溶解度为 6~7mg/L，不溶于石油醚，微溶于苯和甲苯，溶于丙酮和乙醇。

毒性　大鼠急性经口 LD_{50}＞34600mg/kg，对兔的急性经皮 LD_{50}＞10250mg/kg。

制剂　WP，GR。

应用　选择性芽前除草剂。推荐在定植草皮中防除马唐，也可用于番茄、棉花、玉米等作物。

合成路线　由甲基异氰酸酯与 2,6-二叔丁基对甲苯酚在缚酸剂的作用下反应生成。

特草嗪酮（amibuzin）

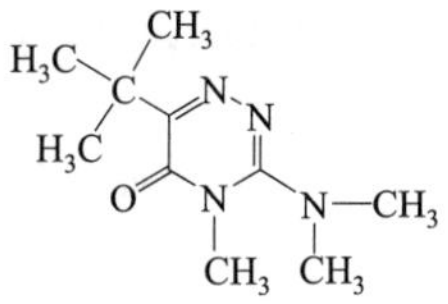

$C_{10}H_{18}N_4O$, 210.3, 76636-10-7

由 Bayer AG 开发。

其他名称　amibuzine，DIC 3202

化学名称　6-叔丁基-3-二甲氨基-4-甲基-1,2,4-三嗪-5(4*H*)酮；6-*tert*-butyl-3-dimethylamino-4-methyl-1,2,4-triazine-5(4*H*)-one

CAS 名称　3-(dimethylamino)-6-(1,1-dimethylethyl)-4-methyl-1,2,4-triazin-5(4*H*)-one

应用　三嗪酮类除草剂。

特丁草胺（terbuchlor）

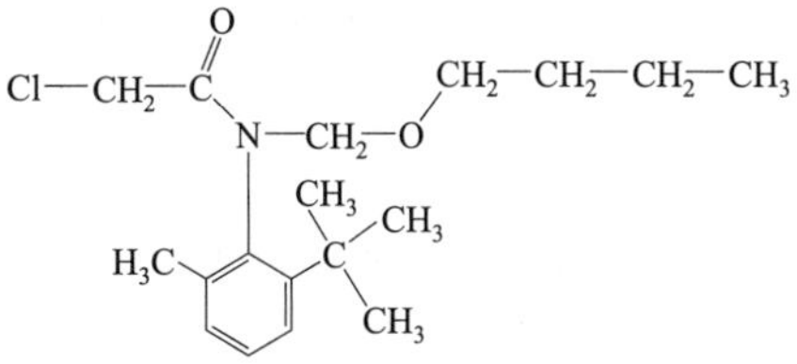

$C_{18}H_{28}ClNO_2$, 325.9, 4212-93-5

由 Monsanto 公司开发。

其他名称　Mon-0358，CP46358

化学名称　*N*-丁氧基-6′-叔丁基-2-氯乙酰邻甲苯胺；*N*-butoxymethyl-6′-*tert*-butyl-2-chloroacet-*o*-toluidide

CAS 名称　*N*-(butoxymethyl)-2-chloro-*N*-[2-(1,1-dimethylethyl)-6-methylphenyl]acetamide

理化性质 水中溶解度 5.3mg/L（25℃）。

毒性 大鼠急性经口 LD_{50} 为 6100mg/kg，鲤鱼 LC_{50} 为 1.8mg/L。

应用 旱田除草剂，土壤处理防除一年生杂草，对多年生杂草的防效较差。除草作用机理与丁草胺类似，在土壤中的移动性小，持效期长。

参考文献

[1] NL 6414212.
[2] US 3955959.

特丁津（terbuthylazine）

$C_9H_{16}ClN_5$，229.7，5915-41-3

1966 年由 A. Gast 等报道除草活性，J. R. Geigy S. A. 公司开发。

其他名称 Gardoprim，GS 13529

化学名称 N^2-叔丁基-6-氯-N^4-乙基-1,3,5-三嗪-2,4-二胺；N^2-*tert*-butyl-6-chloro-N^4-ethyl-1,3,5-triazine-2,4-diamine

CAS 名称 6-chloro-N-(1,1-dimethylethyl)-N'-ethyl-1,3,5-triazine-2,4-diamine

理化性质 纯品为无色粉末，熔点 175.5℃，蒸气压 0.09mPa（25℃），K_{ow} lg$P$ 3.4（25℃），Henry 常数 2.3×10^{-3} Pa·m³/mol（计算值），相对密度 1.22（22℃）。溶解度：水 9mg/L（pH7.4，25℃）；丙酮 41，乙醇 14，正辛醇 12，正己烷 0.36（g/L，25℃）。DT_{50}（25℃）：73d（pH5.0），205d（pH7.0），194d（pH9.0），阳光照射下 $DT_{50}>40d$。

毒性 大鼠急性经口 LD_{50} 1590mg/kg。大鼠急性经皮 $LD_{50}>2000$mg/kg。对皮肤和眼睛无刺激性，对皮肤无敏感性。空气吸入毒性：大鼠 LC_{50}（4h）>5.3mg/L。无作用剂量 [mg/(kg·d)]：狗（1 年）0.4；大鼠（1 年）0.35；小鼠（2 年）15.4。鸭和鹌鹑急性经口 $LD_{50}>1000$mg/kg；鸭和鹌鹑饲喂 LC_{50}（8d）>5620mg/kg。LC_{50}（96h，mg/L）：虹鳟鱼 2.2，大翻车鱼 52，鲤鱼和鲶鱼 7.0。水蚤 LC_{50}（48h）69.3mg/L。铜在淡水藻 EC_{50}（72h）0.016～0.024mg/L。蜜蜂经口和接触 $LD_{50}>200\mu g$/只。蚯蚓 LC_{50}（14d）$>$1000mg/kg 土壤。

制剂 TC，SC。

应用 主要通过植株的根吸收，用于防除大多数杂草。芽前施用，可用于高粱田，也可选择性地防除柑橘、玉米和葡萄园杂草。

合成路线

主要生产商 潍坊润丰化工，中山化工集团。

参考文献

[1] 河南化工，2003，5：41-42.

[2] 世界农药，2011，33（2）：39-41.

[3] 河南农业科学，2011，40（10）：153-155.

特丁净（terbutryn）

$C_{10}H_{19}N_5S$，241.4，886-50-0

1965 年由 A. Gast 等报道除草活性；J. R. Geigy 公司开发。

其他名称 Igran，Clarosan，Prebane，GS14260

化学名称 N^2-叔丁基-N^4-乙基-6-甲硫基-1,3,5-三嗪-2,4-二胺；N^2-*tert*-butyl-N^4-ethyl-6-methylthio-1,3,5-triazine-2,4-diamine

CAS 名称 N-(1,1-dimethylethyl)-N'-ethyl-6-(methylthio)-1,3,5-triazine-2,4-diamine

理化性质 纯品为白色粉末，熔点 104～105℃，蒸气压 0.225mPa（25℃），K_{ow} lg$P$ 3.65（25℃，未电离），Henry 常数 $1.5×10^{-3}$ Pa·m³/mol（计算值，22℃），相对密度 1.12（20℃）。溶解度：水 22mg/L（pH6.8，22℃）；丙酮 220，正己烷 9，正辛醇 130，甲醇 220，甲苯 45（g/L，20℃），易溶于二噁烷、二乙醚、二甲苯、三氯甲烷、四氯化碳和二甲基甲酰胺。微溶于石油醚。常规条件下稳定，强酸强碱条件下容易水解。25℃，pH5、7 或 9 时没有显著水解现象。pK_a 4.3。

毒性 急性经口 LD_{50}（mg/kg）：大鼠 2045，小鼠 3884。急性经皮 LD_{50}（mg/kg）：大鼠＞2000，兔＞20000，对皮肤无刺激性（兔），对皮肤无敏感性（豚鼠）。空气吸入毒性：大鼠 LC_{50}（4h）＞2200mg/m³。无作用剂量：大鼠（2 年）100mg/kg［雄大鼠 4.03mg/(kg·d)，雌大鼠 4.69mg/(kg·d)］；狗（1 年）100mg/kg［雄狗 2.73mg/(kg·d)，雌狗 2.67mg/(kg·d)］。无致突变作用。野鸭 LD_{50}＞4640mg/kg；山齿鹑饲喂 LC_{50}（5d）＞5000mg/kg。鱼 LC_{50}（96h，mg/L）：虹鳟鱼 1.1，大翻车鱼 1.3，鲤鱼 1.4，红鲈鱼 1.5。水蚤 LC_{50}（48h）2.66mg/L。羊角月牙藻 E_bC_{50}（72h）1.7mg/L。对蜜蜂无毒，LD_{50} 经口＞225μg/只；接触＞100μg/只。蠕虫 LC_{50} 170mg/kg。

制剂 TC，FW，GR，MG，SC，WP。

应用 均三氮苯类除草剂，具有内吸性传导作用。属选择性芽前和芽后除草剂。土壤中持效期 3～10 周，可用于冬小麦、大麦、高粱、向日葵、花生、大豆、豌豆、马铃薯等作物田，防除多年生裸麦草、黑麦草及秋季萌发的繁缕、母菊、罂粟、看麦娘、马唐、狗尾草等。

分析方法 产品分析采用 GLC 法。

主要生产商 Makhteshim-Agan，Rainbow，滨农科技，潍坊润丰，中山化工。

参考文献

GB 814948.

特丁噻草隆 (tebuthiuron)

$C_9H_{16}N_4OS$, 228.3, 34014-18-1

J. F. Schewer 于 1974 年报道除草活性，Eli Lilly 公司开发。

其他名称 Brulan, Spike, Perflan

化学名称 1-(5-叔丁基-1,3,4-噻二唑-2-基)-1,3-二甲基脲；1-(5-*tert*-butyl-1,3,4-thiadiazol-2-yl)-1,3-dimethylurea

CAS 名称 N-[5-(1,1-dimethylethyl)-1,3,4-thiadiazol-2-yl]-N,N'-dimethylurea

理化性质 无色无味固体。熔点 162.85℃。蒸气压 0.04mPa (25℃)。K_{ow} lg$P$ 1.82 (20℃)。溶解度：水 2.5g/L (20℃)；苯 3.7, 正己烷 6.1, 乙二醇甲醚 60, 乙腈 60, 丙酮 70, 甲醇 170, 三氯甲烷 250 (g/L, 25℃)。52℃稳定（最高存储试验），pH5~9 水介质中稳定。水解 DT_{50} (25℃) >64d (pH3、6 和 9)。

毒性 急性经口 LD_{50}：雄小鼠 528, 雌小鼠 620, 雄大鼠 477, 雌大鼠 387, 兔 286, 狗 >500, 猫 >200 (mg/kg)。兔急性经皮 LD_{50} >5000mg/kg, 对皮肤和眼睛无刺激性。大鼠空气吸入 LC_{50} 3.696mg/L。无作用剂量：大鼠（2 年）40mg/kg 饲料；大鼠 80mg/(kg·d)。鸡、山齿鹑和野鸭急性经口 LD_{50} >500mg/kg。鱼 (96h)：虹鳟鱼 144, 金鱼和黑头呆鱼 >160, 大翻车鱼 112 (mg/L)。水蚤：LC_{50} 297mg/L。海藻 EC_{50}：鱼腥藻 4.06, 舟形藻 0.081, 羊角月牙藻 0.05 (mg/L)。蜜蜂 LD_{50} >100μg/只。

制剂 TC

应用 可在大麦、小麦、棉花、甘蔗、胡萝卜田中防除一年生杂草。

主要生产商 盐城南方化工，禾田化工。

参考文献

GB 1266172.

特丁通 (terbumeton)

$C_{10}H_{19}N_5O$, 225.3, 33693-04-8

1966 年由 A. Gast 等报道除草活性，J. R. Geigy S. A（后来的 Ciba-Geigy AG）公司开发。

其他名称 特丁通，甲氧去草净，甲氧乙特丁嗪，甲氧去草净，GS14259, karagard, terbutone, terbuthylon, Caragard

化学名称 N^2-叔丁基-N^4-乙基-6-甲氧基-1,3,5-三嗪-2,4-二胺；N^2-*tert*-butyl-N^4-ethyl-6-methoxy-1,3,5-triazine-2,4-diamine

CAS 名称 N-(1,1-dimethylethyl)-N'-ethyl-6-methoxy-1,3,5-triazine-2,4-diamine

理化性质 纯品为无色结晶固体，熔点 123~124℃，蒸气压 0.27mPa (20℃)，密度

1.081g/cm³。溶解度（20℃）：水 130mg/L，丙酮 130g/L，二氯甲烷 360g/L，甲醇 220g/L，辛醇 90g/L，甲苯 110g/L。

毒性 大鼠急性经口 LD_{50} 433mg/kg，大鼠吸入 LC_{50}（4h）＞10g/m³。

应用 通过叶和根部吸收，可有效地防除一年生和多年生禾本科杂草和阔叶杂草，可用于 3 年生柑橘园，与特丁津混用，芽后防除苹果园、柑橘园、葡萄园和森林老草。

参考文献

GB 814948.

特噁唑隆（monisouron）

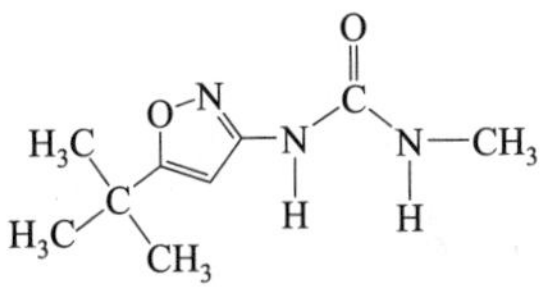

$C_9H_{15}N_3O_2$，197.2，55807-46-0

由 Shionogi & Co., Ltd. 开发。

其他名称 SSH-41

化学名称 1-(5-叔丁基-1,2-噁唑-3-基)-3-甲基脲；1-(5-*tert*-butyl-1,2-oxazol-3-yl)-3-methylurea；1-(5-叔丁基异噁唑-3-基)-3-甲基脲；1-(5-*tert*-butylisoxazol-3-yl)-3-methylurea

CAS 名称 *N*-[5-(1,1-dimethylethyl)-3-isoxazolyl]-*N*′-methylurea

应用 除草剂。

特噁唑威（carboxazole）

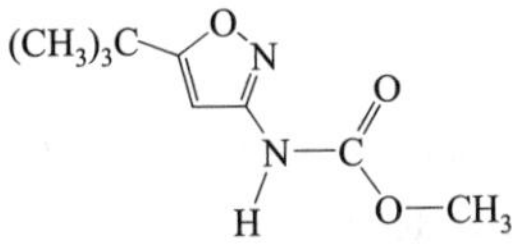

$C_9H_{14}N_2O_3$，198.2，55808-13-4

由 Shionogi & Co. Ltd. 开发。

其他名称 SSH-42

化学名称 5-叔丁基-1,2-噁唑-3-基氨基甲酸甲酯；methyl 5-*tert*-butyl-1,2-oxazol-3-yl-carbamate；methyl 5-*tert*-butylisoxazol-3-ylcarbamate

CAS 名称 methyl [5-(1,1-dimethylethyl)-3-isoxazolyl]carbamate

应用 除草剂。

特津酮（ametridione）

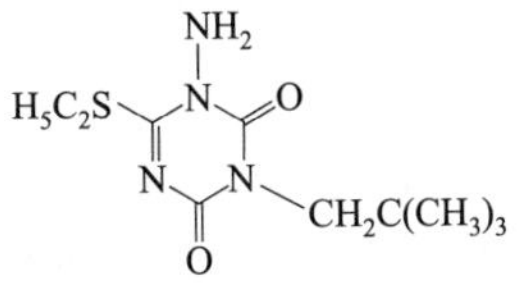

$C_{10}H_{18}N_4O_2S$，258.3，78168-93-1

由 Bayer AG 开发。

其他名称　BAY SSH 0860

化学名称　1-氨基-6-乙硫基-3-新戊基-1,3,5-三嗪-2,4(1H,3H)-二酮；1-amino-6-ethyl-thio-3-neopentyl-1,3,5-triazine-2,4(1H,3H)-dione

CAS 名称　1-amino-3-(2,2-dimethylpropyl)-6-(ethylthio)-1,3,5-triazine-2,4(1H,3H)-dione

应用　除草剂。

特糠酯酮（tefuryltrione）

$C_{20}H_{23}ClO_7S$，442.9，473278-76-1

由 Bayer CropScience、HOKKO（日本北兴化学株式会社）和 Zen-Noh（日本农协经营的国际贸易公司）联合研发的一次性单一有效成分（tefuryltrione）的广谱稻田除草剂。

其他名称　AVH-301

化学名称　2-{2-氯-4-甲磺酰基-3-[(RS)-四氢-2-呋喃甲氧基甲基]苯甲酰基}环己烷-1,3-二酮；2-{2-chloro-4-mesyl-3-[(RS)-tetrahydrofuran-2-ylmethoxymethyl] benzoyl} cyclohexane-1,3-dione

CAS 名称　2-[2-chloro-4-(methylsulfonyl)-3-[[(tetrahydro-2-furanyl)methoxy]methyl]benzoyl]-1,3-cyclohexanedione

理化性质　沸点 686℃，熔点 368.5℃，密度（g/mL）1.362。溶解度：64.2g/L（20℃、pH7）。

制剂　GR。

应用　属苯甲酰基环己二酮类除草剂结构。主要用于水稻田和玉米田除草。广谱除草剂。可抑制植物生长中不可或缺的色素的合成，对具芒碎米莎草属及耐磺酰脲类除草剂的杂草很有效。

主要生产商　Nissan。

特乐酚（dinoterb）

$C_{10}H_{12}N_2O_5$，240.2，1420-07-1

1965 年由 G. A. Emery 等报道除草活性。由 Pépro（现 Bayer AG）和 Murphy Chemical Ltd（已不再生产、销售该品种）开发。

其他名称　herbogil

化学名称　2-叔丁基-4,6-二硝基苯酚；2-$tert$-butyl-4,6-dinitrophenol

CAS 名称　2-(1,1-dimethylethyl)-4,6-dinitrophenol

理化性质　黄色固体。熔点 125.5～126.5℃，蒸气压 20mPa（20℃）。溶解度：水

4.5mg/L；乙醇、乙二醇、脂肪族烃约100g/kg；环己酮、二甲基亚砜、乙酸乙酯约200g/kg。本品为酸性，可形成水溶性盐 dinoterb-ammonium、dinoterb-diolamine（32.8g/L）、dinoterb-sodium（23.8g/L）、dinoterb-dimethyl ammonium（1.8g/L）。低于熔点下稳定，约220℃分解；pH 5～9（22℃）稳定期至少34d。

毒性 小鼠急性经口 LD_{50} 约25mg/kg。豚鼠急性经皮 LD_{50} 150mg/kg。2年饲养试验表明，大鼠无作用剂量为0.375mg/kg饲料。虹鳟鱼 LC_{50}（96h）0.0034mg/L。

制剂 EC，SL。

应用 触杀性芽后除草剂，防除禾谷类、苜蓿、玉米田中的一年生杂草；也可用于豌豆、菜田中芽前除草。

分析方法 产品分析用衍生物GLC法。

参考文献
[1] FR 1475686.
[2] FR 1532332.
[3] GB 1126658.
[4] US 3565601.

2,4,5-涕（2,4,5-T）

$C_{16}H_{21}Cl_3O_3$，367.7，93-76-5；3813-14-7（2,4,5-trolamine）；2008-46-0（2,4,5-T-triethylammonium）；25168-15-4（2,4,5-T-isoctyl）

由 C. L. Hamner 和 H. B. Tukey 报道除草活性，由 AmchemProductsInc. 生产。

其他名称 Weedone

化学名称 2,4,5-三氧苯氧酸；(2,4,5-trichlorophenoxy)aceticacid

CAS名称 (2,4,5-trichlorophenoxy)aceticacid

理化性质 工业品纯度为94%，无色结晶体，熔点153～156℃；蒸气压 7×10^{-4} mPa（25℃）。25℃下溶解度：水150mg/L；二乙酯、乙醇、甲醇、甲苯＞50g/L；庚烷400mg/L。在pH5～9的水溶液中稳定。与碱金属和铵类所成的盐可溶于水，在无悬浮剂存在的硬水中会出现沉淀。三(2-羟乙基)铵盐的熔点为113～115℃；三乙基铵及其他的盐可溶于水，不溶于油类。2,4,5-涕酯类包括2,4,5-涕-butotyl、2,4,5-T-butyl（工业品在20℃固化）、2,4,5-T-isoctyl、2,4,5-T-butometyl，均不溶于水但溶于油。

毒性 急性经口 LD_{50}：大鼠300～700mg/kg（取决于载体和鼠的品系），小鼠389～1380mg/kg。大鼠急性经皮 LD_{50}＞5000mg/kg。90d饲喂试验表明，无作用剂量为30mg/kg饲料；以60mg/kg饲料喂狗90天，无不良影响。在2,4,5-涕合成中温度升得过高时会生成2,3,7,8-四氯二苯并对二噁英（TCDD），该化合物在0.0091mg/kg时导致仓鼠胎儿致死，并使男性发生严重的痤疮，现代制备方法可控制其含量在＜0.01mg/kg。男性每日允许摄入量为0.03mg/kg，产品中含TCDD量≤0.01mg/kg。鹌鹑 LC_{50}（8d）2776mg/kg食物；鸭＞4650mg/kg饲料。虹鳟鱼 LC_{50}（96h）350mg/L；鲤鱼355mg/L。

制剂 EC，SL。

应用 2,4,5-涕与2,4-滴有相似的除草性质,可单独施用或与2,4-滴一起施用,用于防除灌木和木质植物。本品可叶面喷雾或喷于基部茎皮部位。也可用于环状剥皮、注射或切茎处理。可通过茎皮、根、叶部吸收。也可作为植物生长调节剂在苹果收获时使用,防止落果。酯类可用作超低容量喷雾。

分析方法 产品分析采用高效液相色谱法,气相色谱法适用于酯类的分析。残留物分析采用气相色谱法。

参考文献

Lokkeetal H. Pestic. Sci, 1981, 12: 375.

2,4,5-涕丙酸（fenoprop）

$C_9H_7Cl_3O_3$, 269.5; butotyl ester, $C_{15}H_{19}Cl_3O_4$, 369.7; 93-72-1

1945年由M. E. Synerholm等报道该品种的植物生长调节活性。

其他名称 Kuron (Dow), FruitoneT (Amchem)

化学名称 (±)-2-(2,4,5-三氯苯氧)丙酸;(±)-2-(2,4,5-trichlorophenoxy) propionic acid

CAS名称 (±)-2-(2,4,5-trichlorophenoxy)propanoic acid

理化性质 无色粉末。熔点179～181℃。溶解度(25℃):水140mg/L;丙酮180g/kg,甲醇134g/kg,乙醚98g/kg,庚烷860mg/kg。其铵盐及碱金属盐易溶于水、丙酮、低级醇,不溶于芳香族和氯代烃类及大多数非极性有机溶剂。其低烷基酯略有挥发性,其2-丁氧基-1-甲基乙基醚(丙二醇丁基醚酯)不挥发,微溶于水,易溶于大部分有机溶剂。pK_a 2.84。

毒性 大鼠急性经口LD_{50} 650mg/kg,丁基或丙二醇丁基醚酯500～1000mg/kg,约3940mg (a.i.)/kg 三(2-羟乙基)铵盐。兔急性经皮LD_{50}>3200mg (a.i.)/kg 三(2-羟乙基)铵盐。酸、铵盐和未稀释的酯对眼都有刺激。野鸭和鹌鹑LC_{50} (8d) 均>12800mg (a.i.)/L (铵盐)。

制剂 EC(酯),SL(铵盐)。

应用 激素型除草剂,可通过叶和茎吸收。防除灌木;低剂量下可防除玉米和甜菜田中的阔叶杂草;可防除水生杂草。喷施其铵盐可减少苹果收获前落果。

分析方法 通过测总氯量进行产品分析;残留物用带有ECD的气相色谱法测定。

参考文献

CIPACProc, 1981, 3: 250.

2,4,5-涕丁酸（2,4,5-TB）

$C_{10}H_9Cl_3O_3$, 283.5, 93-80-1

化学名称 4-(2,4,5-三氯苯氧基)丁酸;4-(2,4,5-trichlorophenoxy)butanoic acid
CAS 名称 4-(2,4,5-trichlorophenoxy)butanoic acid
应用 除草剂。

甜菜安（desmedipham）

$C_{16}H_{16}N_2O_4$, 300.3, 13684-56-5

1969 年 F. Arndt 和 G. Boroschewski 报道除草活性，Schering AG（现 Bayer AG）开发。

其他名称 Betanal AM, Betanex, SN 38107, ZK 14494, EP 475

化学名称 乙基 3-苯基氨基甲酰氧苯基氨基甲酸酯;乙基 3'-苯基氨基甲酰氧基苯胺甲酸酯;3-乙氧羰基氨基苯基苯基氨基甲酸酯;ethyl 3-phenylcarbamoyloxyphenylcarbamate; ethyl 3'-phenylcarbamoyloxycarbanilate;3-ethoxycarbonylaminophenyl phenylcarbamate

CAS 名称 ethyl [3-[[(phenylamino)carbonyl]oxy]phenyl]carbamate

理化性质 其纯品为无色结晶。熔点 118～119℃。蒸气压 $4×10^{-5}$ mPa（25℃）。水中溶解度（20℃）7mg/L（pH 7），其他溶剂中溶解度（20℃，g/L）：丙酮 400，苯 1.6，氯仿 80，二氯甲烷 17.8，乙酸乙酯 149，己烷 0.5，甲醇 180，甲苯 1.2。

毒性 大鼠急性经口 LD_{50} 10250mg/kg，小鼠急性经口 $LD_{50}>$5000mg/kg。兔急性经皮 $LD_{50}>$4000mg/kg。在 2 年的饲喂试验中，大鼠无作用剂量 60mg/kg 饲料，小鼠 1250mg/kg。野鸭和小齿鹑饲喂 LC_{50}（8d）$>$10000mg/kg 饲料。鱼毒 LC_{50}（96h）：虹鳟鱼 1.7mg/L，大翻车鱼 6.0mg/L。蜜蜂 $LD_{50}>$50μg/只。蚯蚓 LC_{50}（14d）$>$466.5mg/kg 土。

制剂 EC，SC，SE。

应用 光合作用抑制剂。苗后用于甜菜作物，特别是糖甜菜田中除草。

合成路线

分析方法 分析采用 HPLC 法。

主要生产商 Bayer CropScience, Sharda, Synthesia, United Phosphorus, 江苏好收成, 江苏激素研究所, 浙江东风化工, 浙江永农。

参考文献
GB 1127050.

甜菜宁（phenmedipham）

$C_{16}H_{16}N_2O_4$, 300.3, 13684-63-4

由 F. Arndt 和 C. Kötter 报道。1968 年由 Schering AG（现 Bayer AG）推出。

其他名称　SN 38 584，Asket，Beetup

化学名称　3-(3-甲基苯基氨基甲酰氧基)苯基氨基甲酸甲酯；methyl 3-(3-methylcarbaniloyloxy)carbanilate；3-methoxycarbonylaminophenyl 3′-methylcarbanilate

CAS 名称　3-[(methoxycarbonyl)amino]phenyl(3-methylphenyl)carbamate

理化性质　原药含量>97%。纯品为无色晶体。熔点 143～144℃（原药 140～144℃）。蒸气压 7×10^{-7} mPa（25℃）。K_{ow}lg$P$ 3.59（pH3.9）。Henry 常数 5×10^{-8} Pa·m³/mol（计算值）。相对密度 0.34～0.54（20℃）。水中溶解度 4.7mg/L（室温），1.8mg/L（pH 3.4，20℃）。溶于极性有机溶剂。丙酮与环己酮约 200、甲醇约 50、苯 2.5、氯仿 20、己烷约 0.5、二氯甲烷 16.7、乙酸乙酯 56.3、甲苯约 0.97、2,2,4-三甲基戊烷 1.16（g/L，20℃）。稳定性：在 200℃稳定，在酸性介质中非常稳定，但在中性和碱性介质中水解。DT_{50}（22℃）：50d（pH5）、14.5h（pH7）、10 min（pH9）。在溶液（pH 3.8）中，在 280 nm 光照射下，DT_{50} 9.7d。pK_a< 0.1。

毒性　小鼠和大鼠急性经口 LD_{50}>8000mg/kg，豚鼠和狗> 4000mg/kg。兔急性经皮 LD_{50} 1000mg/kg，大鼠 2500mg/kg。对皮肤不致敏。大鼠吸入 LC_{50}（4h）>7.0mg/L。NOAEL（2 年）大鼠 60mg/kg 饲料［3mg/(kg·d)］；(90d) 大鼠 150mg/kg 饲料［13mg/(kg·d)］。鸡急性经口 LD_{50}> 2500mg/kg，野鸭> 2100mg/kg。野鸭和山齿鹑饲喂 LC_{50}（8d）> 6000mg/kg 饲料。虹鳟鱼 LC_{50}（96h）1.4～3.0mg/L，大翻车鱼 3.98mg/L，小丑鱼 LC_{50}（96h）16.5mg/L（15.9%乳油制剂）。水蚤 LC_{50}（72h）3.8mg/L。藻类 LC_{50}（96h）0.13mg/L。对蜜蜂无毒，经口 LD_{50}>23μg/只，接触 50μg/只。蚯蚓 EC_{50}（14d）>156mg/kg 土。

制剂　EC，OD，SC，SL，WG。

应用　选择性、内吸性除草剂，通过叶子吸收，并在质外体传导。在大多数阔叶杂草萌芽后，长出 2～4 片真叶前，用于甜菜，特别是糖甜菜地除草，可与其他防除单子叶杂草的除草剂混用。

合成路线

分析方法　产品用滴定法或用 HPLC 分析。

主要生产商　Bayer CropScience，Sharda，Synthesia，United Phosphorus Ltd，江苏好收成，江苏激素研究所，浙江东风，浙江永农。

参考文献

GB 1127050.

喔草酯（propaquizafop）

$C_{22}H_{22}ClN_3O_5$，443.9，111479-05-1

由 P. F. Bocion 等报道。由 Dr R. Maag Ltd（后来变成 Novartis Crop Protection AG）引入，并在 1991 年首次市场化。在 2000 年卖给 Makhteshim-Agan Industries Ltd。

其他名称　Ro 17-3664/000，CGA 233 380，Agil，Prilan

化学名称　2-异丙基亚氨基-氧乙基(R)-2-[4-(6-氯喹喔啉基-2-基氧基)苯氧基]丙酸乙酯；2-isopropylideneamino-oxyethyl(R)-2-[4-(6-chloroquinoxalin-2-yloxy)phenoxy]propionate

CAS 名称　(R)-2-[[(1-methylethylidene)amino]oxy]ethyl-2-[4-[(6-chloro-2-quinoxalinyl)oxy]phenoxy]propanoate

理化性质　灰白色粉末（原药为橙色至褐色细粉末和颗粒的混合物）。熔点 66.3℃。沸点：260℃分解。蒸气压 4.4×10^{-7} mPa（25℃）。K_{ow}lg$P$ 4.78（25℃）。Henry 常数 9.2×10^{-8} Pa·m³/mol（20℃，计算值）。相对密度 1.35（20℃）。水中溶解度 0.63g/m³（20℃，pH 6.8）；有机溶剂中溶解度（g/L，25℃）：丙酮、二氯甲烷、乙酸乙酯和甲苯>500，正己烷 11，甲醇 76，正辛醇 30。室温下在密闭容器中稳定时间≥2 年。水解 DT_{50}：10.5d（pH 5）、32.0d（pH 7）、12.9h（pH 9）（25℃）。对紫外线稳定。

毒性　大鼠急性经口 LD_{50}>5000mg/kg，小鼠急性经口 LD_{50} 3009mg/kg。大鼠急性经皮 LD_{50}>2000mg/kg，大鼠急性吸入 LC_{50}（4h）2.5mg/L 空气。对兔皮肤无刺激性，对其眼睛有轻微刺激性，无诱变性，无致畸和胚胎毒性。大、小鼠 2 年饲喂试验无作用剂量为 1.5mg/(kg·d)，狗 1 年饲喂试验无作用剂量为 20mg/(kg·d)。ADI 值：0.015mg/kg。饲喂 LC_{50}：野鸭（10d）与小齿鹑（14d）>6593mg/L。LC_{50}（96h）：虹鳟鱼 1.2、鲤鱼 0.19、大翻车鱼 0.34（mg/L）。蜜蜂 LD_{50}（48h）：>20μg/只（经口），>200μg/只（接触）。蚯蚓 LC_{50}（14d）>1000mg/kg 土。

制剂　EC。

应用　乙酰辅酶 A 羧化酶（ACCase）抑制剂，用于大豆、棉花、油菜、甜菜、马铃薯、花生和蔬菜等。高剂量下对大豆叶有退绿或灼烧斑点，但对产量不会产生影响。主要用于防除一年生和多年生禾本科杂草如阿拉伯高粱、匍匐冰草、狗牙根等。

合成路线

分析方法　产品分析采用 HPLC。

主要生产商　Makhteshim-Agan，AGROFINA。

参考文献

[1] EP 52798.

[2] US 4545807.

肟草酮（tralkoxydim）

$C_{20}H_{27}NO_3$，329.4，87820-88-0

由捷利康公司开发的环己烯酮类除草剂。

其他名称 三甲苯草酮，Achieve，Grasp，Splendor

化学名称 2-[1-(乙氧基亚氨基)丙基]-3-羟基-5-(2,4,6-三甲苯基)环己烯-2-酮；2-[1-(ethoxyimino)propyl]-3-hydroxy-5-mesitylcyclohex-2-enone

CAS 名称 2-[1-(ethoxyimino)propyl]-3-hydroxy-5-(2,4,6-trimethylphenyl)-2-cyclohexen-1-one

理化性质 原药纯度 92%~95%，熔点 99~104℃。纯品为无色无味固体，熔点 106℃，相对密度 2.1（20℃）。蒸气压 $3.7×10^{-4}$ mPa（20℃）。K_{ow} lg$P$ 2.1（20℃，纯水）；Henry 常数 $2×10^{-5}$ Pa·m³/mol（纯水）。水中溶解度（20℃，mg/L）：6（pH 5.0）、6.7（pH 6.5）、9800（pH 9），其他溶剂溶解度（24℃，g/L）：正己烷 18、甲苯 213、二氯甲烷＞500、甲醇 25、丙酮 89、乙酸乙酯 110。pK_a 4.3（25℃）。在 15~25℃下稳定期超过 1.5 年。DT_{50}（25℃）：6d（pH 5），114d（pH 7），pH 9 时 28d 后 87% 未分解。在土壤中 DT_{50} 约 3d（20℃），灌水土壤中 DT_{50} 约 25d。

毒性 大鼠急性经口 LD_{50}：雄 1258mg/kg，雌 934mg/kg。小鼠急性经口 LD_{50}：雄 1231mg/kg，雌为 1100mg/kg。大鼠急性经皮 LD_{50}＞2000mg/kg（试验最高剂量下）。大鼠急性吸入 LC_{50}（4h）＞3.5mg/L 空气。兔急性经口 LD_{50}＞519mg/kg，对兔皮肤用药 4h 后有轻微刺激性，对兔眼睛有极其轻微的刺激性，对豚鼠皮肤无过敏性。大鼠（90d）饲喂试验的无作用剂量为 20.5mg/kg 饲料，狗（1 年）为 5mg/kg 饲料。在一系列毒理学试验中，无致突变、致畸作用。野鸭经口 LD_{50}＞3020mg/kg。野鸭饲喂 LC_{50}（5d）＞7400mg/L，鹌鹑饲喂 LC_{50}（5d）6237mg/L。鱼毒 LC_{50}（96h，mg/L）：鲤鱼＞8.2、虹鳟鱼＞7.2、大翻车鱼＞6.1。蜜蜂 LD_{50}＞0.1mg/只（接触）、0.054mg/只（经口）。蚯蚓 LC_{50}（14d）87mg/kg 土。

制剂 EC，SC，WG。

应用 适用于小麦和大麦。即使在 2 倍于推荐剂量下应用，对小麦、大麦亦安全，包括硬粒小麦。防除鼠尾看麦娘、看麦娘、风草、野燕麦、燕麦、瑞士黑麦草、狗尾草等。

合成路线

分析方法 产品采用 HPLC 分析。

参考文献

[1] EP 128642.

[2] GB 2124198.

[3] EP 80301.

五氟磺草胺（penoxsulam）

$C_{16}H_{14}F_5N_5O_5S$，483.4，219714-96-2

由 Dow AgroSciences LLC 用作稻田除草剂开发。2003 年由 R. K. Mann 等报道。2004 年首次在土耳其登记、上市。

其他名称 DE-638，XDE-638，XR-638，X638177，DASH-001，DASH-1100，Granite，Viper

化学名称 3-(2,2-二氟乙氧基)-N-(5,8-二甲氧基[1,2,4]三唑[1,5-c]嘧啶-2-基)-α,α,α-三氟甲苯-2-磺酰胺；2-(2,2-二氟乙氧基)-N-(5,8-二甲氧基[1,2,4]三唑[1,5-c]嘧啶-2-基)-6-(三氟甲基)苯磺酰胺；3-(2,2-difluoroethoxy)-N-(5,8-dimethoxy[1,2,4]triazolo[1,5-c]pyrimidin-2-yl)-α,α,α-trifluorotoluene-2-sulfonamide；2-(2,2-difluoroethoxy)-N-(5,8-dimethoxy[1,2,4]triazolo[1,5-c]pyrimidin-2-yl)-6-(trifluoromethyl)benzenesulfonamide

CAS 名称 2-(2,2-difluoroethoxy)-N-(5,8-dimethoxy[1,2,4]triazolo[1,5-c]pyrimidin-2-yl)-6-(trifluoromethyl)benzenesulfonamide

理化性质 原药纯度 98%，具有臭味的灰白色固体。熔点 212℃。蒸气压 9.55×10^{-11} mPa（25℃）。K_{ow} lg$P$（20℃）-0.354（无缓冲水，19℃）。相对密度 1.61（20℃）。水中溶解度（g/L，19℃）：0.0049（蒸馏水），0.00566（pH 5），0.408（pH 7），1.46（pH 9）。有机溶剂中溶解度（g/L，19℃）：丙酮 20.3，甲醇 1.48，辛醇 0.035，二甲基亚砜 78.4，NMP 40.3，1,2-二氯乙烷 1.99，乙腈 15.3。不易水解，光解 DT_{50} 2d，贮存稳定性 >2 年。pK_a 5.1。不易燃易爆。

毒性 大鼠急性经口 LD_{50}>5000mg/kg。兔急性经皮 LD_{50}>5000mg/kg。对兔眼睛有轻度、短暂的刺激；对兔皮肤有非常轻微、短暂的刺激，对豚鼠皮肤无过敏现象。大鼠吸入 LC_{50}>3.50mg/L（最大可达浓度）。NOEL：大鼠为 500mg/(kg·d)（雌）、1000mg/(kg·d)（胚胎-胎儿）。对鱼、鸟类、陆生和水生无脊椎动物低毒，对水生植物的毒性为低到中等。野鸭 LD_{50}>2000mg/kg、山齿鹑>2025mg/kg。饲喂 LC_{50}（8d）：野鸭>4310mg/kg、山齿鹑>4411mg/kg。鲤鱼 LC_{50}（96h）>101、大翻车鱼>103、虹鳟鱼>102、银汉鱼>129（mg/L）。NOEC（36d）黑头呆鱼 10.2mg/L。水蚤 EC_{50}（24h 及 48h）>98.3mg/L。淡水硅藻 EC_{50}（120h）>49.6mg/L、蓝绿藻 0.49mg/L、淡水绿藻（96h）0.086mg/L。膨胀浮萍 EC_{50}（14d）0.003mg/L。蜜蜂 LD_{50}（48h）：>110μg/只（经口），>100μg/只（接触）。

蚯蚓 LC$_{50}$（7d、14d）＞1000mg/kg。

制剂 GR，OD，SC。

应用 支链氨基酸（亮氨酸，异亮氨酸和缬氨酸）合成（ALS 或 AHAS）抑制剂。选择性是基于不同的代谢转变为无活性的代谢物。主要通过叶片吸收，其次通过根吸收，并在韧皮部和木质部传导。症状包括几乎是立竿见影的生长抑制、一个具有顶芽坏死的萎黄增长点，导致植株在 2 至 4 周内死亡。芽前、芽后和水期使用。用于稻田防除稗属和许多阔叶莎草科的水生杂草（如泽泻苁菜类、水苋菜属、异型莎草和北水毛花）。五氟磺草胺可根据土壤类型和使用剂量提供杂草防除，使用后 1 小时内耐雨淋。主要用途是旱播、水播和移栽稻田芽后除草。

合成路线

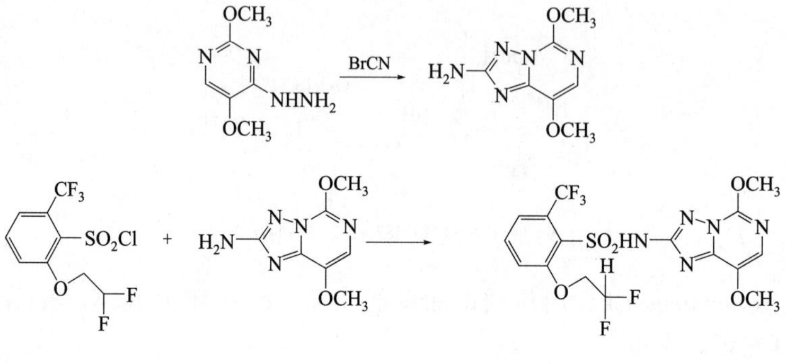

主要生产商 Dow AgroSciences。

参考文献

US 5828924.

五氯酚钠（PCP-Na）

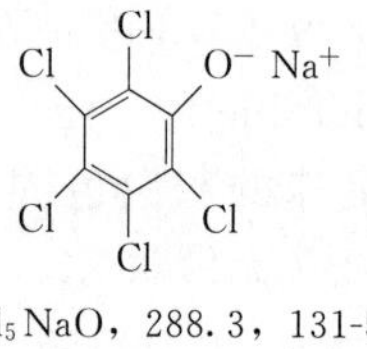

C_6Cl_5NaO，288.3，131-52-2

化学名称 五氯酚钠

理化性质 纯品为白色针状结晶，熔点 170～174℃。易溶于水（水中溶解度 33g/100g）和甲醇。水溶液呈碱性，光下易分解，易吸潮。

毒性 急性经口（126±40）mg/kg；急性经皮 250mg/kg。五氯酚钠的毒性主要是刺激呼吸道黏膜或对皮肤的刺激，可引起皮炎及支气管炎、哮喘等疾病。使用不当可自皮肤吸收中毒致死。对鱼类的毒性大，水中 0.1～0.5mg/L 鱼即死亡。

制剂 AF。

应用 属非选择性接触型除草剂，收获前的脱叶剂、木材防腐剂，还可用于杀灭血吸虫的中间宿主钉螺，防治血吸虫病。对农作物的毒性较大，水田用药 2～3d 后方可插秧。

主要生产商 京西祥隆化工。

五氯戊酮酸（alorac）

$C_5HCl_5O_3$，286.3，19360-02-2

化学名称　（Z）-全氯-4-氧代戊-2-烯酸；（Z）-perchloro-4-oxopent-2-enoic acid；（Z）-2,3,5,5,5-pentachloro-4-oxopent-2-enoic acid

CAS名称　（Z）-2,3,5,5,5-pentachloro-4-oxo-2-pentenoic acid

应用　除草剂，植物生长调节剂。

戊硝酚（dinosam）

$C_{11}H_{14}N_2O_5$，254.2，4097-36-3

1946年 A. S. Crafts 报道，Standard Agricultural Chemicals Inc. 开发。

其他名称　DNAP，DINOSAP，Sinox General

化学名称　2-(1-甲基丁基)-4,6-二硝基酚；2-(1-methylbutyl)-4,6-dinitrophenol

CAS名称　2-(1-methylbutyl)-4,6-dinitrophenol

应用　作为一般除草剂使用和在收获前施用，可防除荠菜、藜、千里光属、繁缕、酸模等，并具有杀螨活性。

西草净（simetryn）

$C_8H_{15}N_5S$，213.3，1014-70-6

1955年由 J. R. Geigy S. A. 公司报道除草活性，由日本 Nibon Nohyaku Co Ltd，Nippon Kayaku Co. 公司开发。

其他名称　simetryne，G 32 911

化学名称　N^2,N^4-二乙基-6-甲硫基-1,3,5-三嗪-2,4-二胺；N^2,N^4-diethyl-6-methylthio-1,3,5-triazine-2,4-diamine；2,4-bis(ethylamino)-6-methylthio-1,3,5-triazine

CAS 名称　N,N'-diethyl-6-(methylthio)-1,3,5-triazine-2,4-diamine

理化性质　纯品为白色晶体。熔点 82~83℃，蒸气压 9.5×10^{-2} mPa（20℃），$K_{ow}\lg P$ 2.6（计算值），Henry 常数 5.07×10^{-5} Pa·m^3/mol（计算值），相对密度 1.02。水中溶解度 400mg/L（20℃）；其他溶剂中溶解度（g/L，20℃）：甲醇 380，丙酮 400，甲苯 300，正己烷 4，正辛醇 160。pK_a 4.0，弱碱性。

毒性　大鼠急性经口 LD_{50}：750~1195mg/kg。大鼠急性经皮 LD_{50}>3200mg/kg。对兔眼睛和皮肤无刺激性。无作用剂量 [2 年，mg/(kg·d)]：大鼠 1.2（2.5mg/kg），小鼠 56，狗 10.5。鱼毒 LC_{50}（96h，mg/L）：鳟鱼 7，孔雀鱼 5.2。对藻类有毒。对蜜蜂无毒。

制剂　TC，WP。

应用　内吸选择性除草剂。能通过杂草的根和叶吸收，并传导全株，抑制光合作用，使叶片变黄形成缺绿症而死亡。主要用于防除稻田眼子菜，对稗草、牛毛毡、鸭舌草、野慈姑、瓜皮草等杂草均有显著效果。也可用于玉米、棉花、大豆、花生等作物除草。应采用毒土法，撒药要均匀。有机质含量低的沙质土不宜使用。避免高温时施药，气温超过 30℃ 时容易产生药害。不同水稻品种对西草净的耐药性不同，在新品种稻田使用西草净时，应注意水稻的敏感性。

主要生产商　Nippon Kayaku，Kyoyu，Bayer CropScience，吉化农化，营口三征农化，长兴第一化工，中山化工。

西玛津（simazine）

$C_7H_{12}ClN_5$，201.7，122-34-9

1956 年由 A. Gast 等报道除草活性。J. R. Geigy S. A. 公司开发。

其他名称　西玛嗪，田保净，Gesatop，Weedex，Simanex，Simaxin

化学名称　6-氯-N^2,N^4-二乙基-1,3,5-三嗪-2,4-二胺；6-chloro-N^2,N^4-diethyl-1,3,5-triazine-2,4-diamine

CAS 名称　6-chloro-N,N'-diethyl-1,3,5-triazine-2,4-diamine

理化性质　纯品为无色粉末。225.2℃ 分解，蒸气压 2.94×10^{-3} mPa（25℃），$K_{ow}\lg P$ 2.1（25℃），Henry 常数 5.6×10^{-5} Pa·m^3/mol（计算值），相对密度 1.33（22℃）。水中溶解度 6.2mg/L（pH 7，20℃）；其他溶剂中溶解度（mg/L，25℃）：乙醇 570，丙酮 1500，甲苯 130，正辛醇 390，正己烷 3.1。中性、弱酸性和弱碱性条件下相对稳定。强酸强碱条件下快速水解，DT_{50}（20℃，计算值）：8.8d（pH 1），96d（pH 5），3.7d（pH 13）。紫外线照射分解（约 90%，96h）。pK_a 1.62（20℃）。

毒性　大、小鼠急性经口 LD_{50}>5000mg/kg。大鼠急性经皮 LD_{50}>3100mg/kg。对兔皮肤和眼睛无刺激性。无致敏性。大鼠急性吸入 LC_{50}（4h）>5.5mg/L。无作用剂量：大鼠（2 年）0.5mg/(kg·d)，狗（1 年）0.7mg/(kg·d)，小鼠（95 周）5.7mg/(kg·d)。急性经口 LD_{50}（mg/kg）：野鸭>2000，日本鹌鹑 4513。饲喂 LC_{50}（mg/kg）：野鸭（8d）>10000，日本鹌鹑（5d）>5000。鱼毒 LC_{50}（96h，mg/L）：大翻车鱼 90，虹鳟鱼>100，鲫鱼>100，孔雀鱼>49。水蚤 LC_{50}（mg/L）：>100（48h），0.29（21d）。藻类 EC_{50}（mg/

L）；淡水藻 0.042（72h），羊角月牙藻 0.26（5d）。蜜蜂 LD_{50}（48h，经口、局部）＞99μg/只。蚯蚓 LC_{50}（14d）＞1000mg/kg。

制剂 TC，WG，WP，SC。

应用 均三嗪类除草剂。易被土壤吸附在表层，形成毒土层，浅根性杂草幼苗根系吸收到药剂即被杀死。对根系较深的多年生或深根杂草效果较差。用于玉米、甘蔗、高粱、茶树、橡胶及果园、苗圃除防由种子繁殖的一年生或越年生阔叶杂草和多数单子叶杂草；对由根茎或根芽繁殖的多年生杂草有明显的抑制作用；适当增大剂量也作森林防火道、铁路路基沿线、庭院、仓库存区、油罐区、贮木场等灭生性除草剂。本制剂禁用于豆类作物和玉米自交系新品种。瓜类也是敏感作物。对小麦、大麦、棉花、大豆、水稻、十字花科蔬菜等有药害。

主要生产商 中山化工，吉化农化，胜邦绿野，潍坊润丰，长兴第一化工，中山化工。

参考文献

[1] GB 894947.
[2] BE 540590.

西玛通（simeton）

$C_8H_{15}N_5O$，197.2，673-04-1

由 J. R. Geigy S. A.（后来的 Ciba-Geigy AG）开发。

其他名称 G 30 044

化学名称 N^2,N^4-二乙基-6-甲氧基-1,3,5-三嗪-2,4-二胺；N^2,N^4-diethyl-6-methoxy-1,3,5-triazine-2,4-diamine；2,4-bis(ethylamino)-6-methoxy-1,3,5-triazine

CAS 名称 N,N'-diethyl-6-methoxy-1,3,5-triazine-2,4-diamine

应用 除草剂。

烯丙醇（allyl alcohol）

$CH_2=CH-CH_2-OH$

C_3H_6O，58.1，107-18-6

1950 年报道。

化学名称 1-丙烯-3-醇；2-丙烯-1-醇；allyl alcohol；prop-2-en-1-ol

CAS 名称 2-propen-1-ol

理化性质 无色液体，有刺激性臭味。-190℃时形成玻璃状物质。沸点 96.9℃。蒸气压 $2.31×10^6$ mPa（20℃）。相对密度 0.8535（20℃）。易溶于水和常见有机溶剂。可与水相混合，在 88.9℃有共沸物，内含丙烯醇 72.3%（质量分数）。贮存过程中容易聚合，因此需加入稳定剂。对紫外线稳定。闪点 32℃（开口杯）。

毒性 急性经口 LD_{50}：大鼠 64mg/kg，小鼠 85mg/kg。兔急性经皮 LD_{50} 89mg/kg，迅

速通过皮肤吸收，对皮肤和黏膜产生强烈刺激，引起流泪。吸入毒性强。雄、雌大鼠 NOEL 分别为 4.8mg/(kg·d) 和 6.2mg/(kg·d)（15 周）。ADI（EPA）cRfD 0.005mg/kg [1989]。对鱼有毒，按规定使用时对蜜蜂无毒。

制剂　TC。

应用　用于防除杂草，抑制杂草发芽。适用于苗圃、树林、蔬菜、烟草和苗床灭生性除草。大部分可通过蒸发作用而消散。药效持续 3～10d。也用于温室土壤的局部灭菌。

分析方法　产品分析采用极谱分析法，也可采用化学法：在吡啶存在的条件下，向样品中加入溴，与羟基作用，通过溴的消耗量计算烯丙醇的含量。

参考文献

US 3238264.

烯草胺（pethoxamid）

$C_{16}H_{22}ClNO_2$, 295.8, 106700-29-2

由 S Kato 等报道，由 Tokuyama Corp 发现，由 Tokuyama 和 Stähler International GmbH & Co. KG 开发。

其他名称　TKC-94，ASU 96 520h

化学名称　2-氯-N-(2-乙氧乙基)-N-(2-甲基-1-苯基丙烯-1-基)乙酰胺；2-chloro-N-(2-ethoxyethyl)-N-(2-methyl-1-phenylprop-1-enyl)acetamide

CAS 名称　2-chloro-N-(2-ethoxyethyl)-N-(2-methyl-1-phenyl-1-propenyl)acetamide

理化性质　原药含量≥94%。纯品为白色无味晶状固体（原药为红棕色晶状固体）。熔点 37～38℃。沸点 141℃/19.998Pa。蒸气压 0.34mPa（25℃）。K_{ow}lg$P$ 2.96。Henry 常数 $7.6×10^{-6}$Pa·m³/mol（25℃）。相对密度 1.19。水中溶解度 0.401g/L（20℃）。在丙酮、1,2-二氯乙烷、乙酸乙酯、甲醇和二甲苯中＞250g/kg，正庚烷 117g/kg（20℃）。在 pH 4、5、7、9（50℃）时稳定。闪点，自动可燃性 182℃（$1.015×10^8$mPa）。

毒性　大鼠急性经口 LD_{50} 983mg/kg。小鼠急性经皮 LD_{50}＞2000mg/kg。对兔皮肤和眼睛无刺激作用。对豚鼠皮肤有刺激性。小鼠吸入 LC_{50}（4h）＞4.16mg/L。大鼠无作用剂量（90d）7.5mg/(kg·d)，（2 年）25mg/kg [1mg/(kg·d)]。无致癌、致畸、致突变作用。山齿鹑急性经口 LD_{50} 1800mg/kg。山齿鹑饲喂 LC_{50}＞5000mg/L。LC_{50}（96h）：虹鳟鱼 2.2mg/L，大翻车鱼 6.6mg/L。水蚤 EC_{50}（48h）23mg/L。E_bC_{50}：羊角月牙藻（72h）1.95μg/L；水华鱼腥藻（96h）10μg/L；羊角月牙藻 E_rC_{50}（72h）3.96μg/L。浮萍 E_bC_{50}（14d，静态）7.9μg/L。蜜蜂经口和接触（48h）LD_{50}＞200μg/只。蚯蚓 LC_{50}（14d）435mg/kg。

应用　内吸性除草剂，由根和嫩芽吸收。用于芽前和芽后早期防除草坪禾本科杂草，如稗属稗草、马唐和狗尾草等，阔叶杂草，如反枝苋、藜等，在玉米、油菜和大豆田也可以混合使用，更好地防除阔叶杂草。

合成路线

主要生产商　Tokuyama，Cheminova。

参考文献

The Pesticide Manual. 16th ed.

烯草酮（clethodim）

$C_{17}H_{26}ClNO_3S$, 359.9, 99129-21-2

1987 年由 R. T. Kincade 等报道。Chevron Chemical Company LLC. 推出。

其他名称　赛乐特，收乐通，RE-45601，Select，Selectone

化学名称　(5RS)-2-[(E)-1-[(E)-3-氯烯丙氧基亚氨基]丙基]-5-[(2RS)-2-(乙硫基)丙基]-3-羟基环己-2-烯-1-酮；(5RS)-2-{(E)-1-[(2E)-3-chloroallyloxyimino] propyl}-5-[(2RS)-2-(ethylthio)propyl]-3-hydroxycyclohex-2-en-1-one

CAS 名称　2-[(1E)-1-[[[(2E)-3-chloro-2-propen-1-yl]oxy]imino]propyl]-5-[2-(ethylthio)propyl]-3-hydroxy-2-cyclohexen-1-one

理化性质　原药外观为淡黄色黏稠液体，在加热至沸点即分解。纯品为透明、琥珀色液体，沸点下分解，相对密度 1.14（20℃）。蒸气压小于 $1×10^{-2}$ mPa（20℃）。溶于大多数有机溶剂。紫外线、高温及强酸、碱条件下不稳定。DT_{50}（25℃）：1.7～9.6d（pH 5、7、9，无光敏剂），0.5～1.2d（pH 5、7、9，光敏剂存在下）。制剂外观为淡黄色油状液体，相对密度 0.9，pH 5，闪点 28℃。50℃ 条件下，原药半衰期 0.7 个月，在玻璃容器中 21℃ 条件贮存一年后有效成分分解率小于 1%。原药在土壤中半衰期 3～26d。

毒性　大鼠急性经口 LD_{50} 为 1630mg/kg（雄）和 1360mg/kg（雌），兔急性经皮 LD_{50} >5000mg/kg。对兔眼睛和皮肤有轻微刺激性。大鼠急性吸入 LC_{50}（4h）>3.9mg/L。NOEL 数据：大鼠、小鼠和狗的无作用剂量分别为 16mg/(kg·d)、30mg/(kg·d)、1mg/(kg·d)。ADI 值：0.01mg/kg。在试验剂量内，对试验动物无致畸、致癌和致突变作用。小齿鹑急性经口 LD_{50}>2000mg/kg。野鸭和小齿鹑饲喂 LC_{50}(8d)>6000mg/kg。鱼毒 LC_{50}

(96h，mg/L)：虹鳟鱼 67，大翻车鱼 120。蜜蜂 LD_{50}（接触）＞100μg/只。蚯蚓 LC_{50} (14d) 454mg/kg 土。

制剂 EC。

应用 ACC 抑制剂，内吸传导型茎叶处理除草剂，有优良的选择性。对禾本科杂草具有很强的杀伤作用，对双子叶作物安全。主要用于防除一年生和多年生禾本科杂草及阔叶作物田中自生的禾谷类作物如稗草、芒稗、马唐、生马唐、止血马唐、早熟禾、野燕麦、狗尾草、金狗尾草、大狗尾草、多花千金子、狗牙根、龙牙茅、看麦娘、洋野黍、蓼、特克萨斯稷、宽叶臂形草、牛筋草、蟋蟀草、罗氏草、红稻、毒麦、野高粱、假高粱、野黍、自生玉米、芦苇等。对双子叶植物、莎草的活性很小或无活性。适用于大豆、油菜、棉花、烟草、甜菜、花生、亚麻、马铃薯、向日葵、甘薯、红花、油棕、紫花苜蓿、白三叶草、洋葱、辣椒、番茄、菠菜、芹菜、韭菜、莴苣、大蒜、胡萝卜、萝卜、南瓜、黄瓜、西瓜、草莓、豆类、葡萄、柑橘、苹果、梨、桃、菠萝等。对禾本科作物如大麦、小麦、玉米、水稻、高粱等不安全。在抗性植物体内可迅速降解而丧失活性。

合成路线

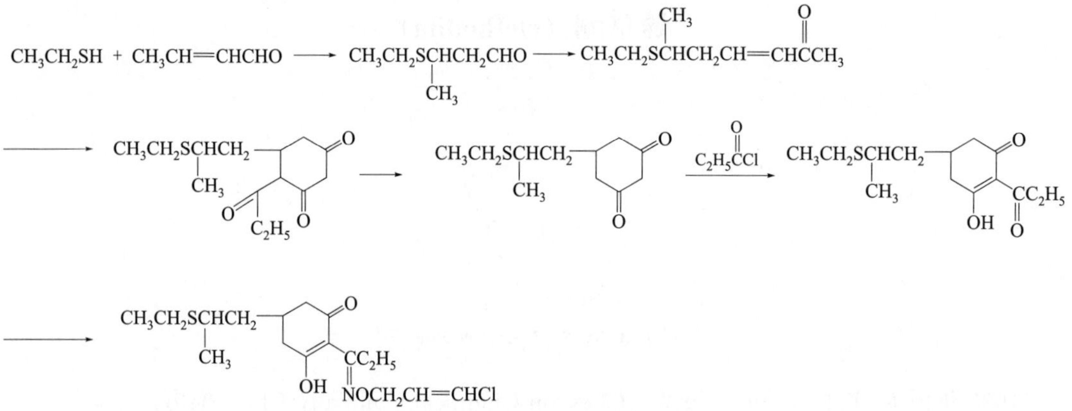

$$CH_3CH_2SH + CH_3CH=CHCHO \longrightarrow CH_3CH_2SCH_2CH_2CHO \longrightarrow CH_3CH_2SCHCH_2CH=CCH_3$$

（合成路线图示）

分析方法 对产品试样中的烯草酮进行正相高效液相色谱分离，外标法定量。

主要生产商 Arysta LifeScience，Hesenta，大连瑞泽，江苏长青，江苏激素研究所，沈阳化工研究院，浙江一帆，浙江海正，山东先达。

参考文献

[1] US 4923989.
[2] US 4952722.
[3] EP 381291.
[4] GB 2090246.

稀禾定（sethoxydim）

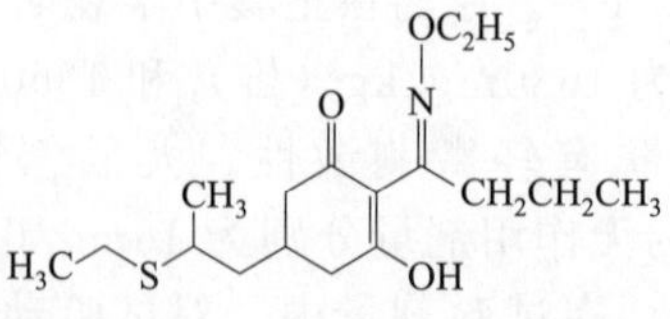

$C_{17}H_{29}NO_3S$，327.5，74051-80-2 (i)，71441-80-0 (ii)

由日本曹达公司开发的环己烯酮类除草剂。

其他名称 拿捕净，稀禾啶，硫乙草丁，硫乙草灭，乙草丁，西杀草，NP-55，BAS 90520H，SN 81742，Nabu，Fervial，Poast，Alloxall S，Checkmate，Expand，Nabugram，Sertin，Super Monolox

化学名称 (±)-(EZ)-2-(乙氧基亚氨基丁基)-5-[2-(乙硫基)丙基]-3-羟基环己-2-烯酮；(±)-(EZ)-2-(ethoxyiminobutyl)-5-[2-(ethylthio)propyl]-3-hydroxycyclohex-2-enone

CAS 名称 (±)-2-[1-(ethoxyimino)butyl]-5-[2-(ethylthio)propyl]-3-hydroxycyclohexen-1-one (i)；2-[1-(ethoxyamino)butylidene]-5-[2-(ethylthio)propyl]-1,3-cyclohexanedione (ii)

理化性质 纯品为油状无味液体，相对密度 1.043（25℃），沸点＞90℃/399.966×10^{-5}Pa，蒸气压＜0.013mPa。K_{ow}lg$P$4.51（pH5）。水中溶解度（mg/L，20℃）：25（pH 4），4700（pH 7）。可与甲醇、己烷、乙酸乙酯、甲苯、辛醇、二甲苯、橄榄油等有机溶剂互溶，溶解度大于 1kg/kg（25℃）。稳定性：在 pH 8.7、25℃、10mg/L 浓度和 12h/d（用氙灯照）条件下，DT_{50}5.5d。土壤中 DT_{50}＜1d（15℃）。与无机或有机铜化合物不能混配。

毒性 大鼠急性经口 LD_{50}（mg/kg）：雄 3200、雌 2676，小鼠急性经口 LD_{50}（mg/kg）：雄 5600、雌 6300。大、小鼠急性经皮 LD_{50}＞5000mg/kg，急性吸入 LC_{50}（4h）＞6.28mg/L。对兔皮肤和眼睛无刺激性作用。NOEL 数据：大、小鼠（2 年）经口无作用剂量分别为 17.2mg/(kg·d)、13.7mg/(kg·d)。在试验条件下，未见致畸、致突变和致癌作用。对鱼类低毒，鲤鱼 LC_{50}（48h）153mg/L，虹鳟鱼 LC_{50}（48h）38mg/L，日本鹌鹑急性经口 LD_{50}＞5000mg/kg，在常用剂量下，对蜜蜂低毒。

制剂 EC。

应用 ACCase 抑制剂。稀禾定为选择性强的内吸传导型茎叶处理剂，能被禾本科杂草茎叶迅速吸收，并传导到顶端和节间分生组织，使其细胞分裂遭到破坏。适宜作物大豆、棉花、油菜、甜菜、花生、马铃薯、亚麻、阔叶蔬菜、果园、苗圃等。稀禾定在禾本科与双子叶植物间的选择很高，对几乎所有的阔叶作物安全，但对大多数单子叶作物（除圆葱、大蒜等外）有药害。主要用于防除稗草、野燕麦、马唐、牛筋草、狗尾草、臂形草、黑麦草、看麦娘、野黍、稷属、旱雀麦、自生玉米、自生小麦、假高粱、狗牙根、芦苇、冰草、白茅等一年生和多年生禾本科杂草。

合成路线

$$CH_3CH=CHCHO + EtSH \longrightarrow CH_3CHCH_2CHO\ (SEt)$$

$$CH_3COCH_2COOEt \xrightarrow{NaOH} CH_3COCH_2COONa$$

$$CH_3COCH_2COONa + CH_3CHCH_2CHO\ (SEt) \longrightarrow CH_3CHCH_2CH=CHCOCH_3\ (SEt)$$

$$CH_2(COOEt)_2 + CH_3CHCH_2CH=CHCOCH_3\ (SEt) \xrightarrow{NaOMe} \cdots \longrightarrow \text{(final product)}$$

参考文献

[1] JP 52 112945.
[2] DE 2822304.
[3] EP 233117.
[4] US 4249937.
[5] US 4952722.

酰苯磺威 (fenasulam)

$C_{17}H_{17}ClN_2O_6S$, 412.9, 78357-48-9

由 Shionogi and Co. Ltd. 评估。

化学名称　4-[2-(4-氯邻甲苯氧基)乙酰氨基]苯基磺酰基氨基甲酸甲酯; methyl 4-[2-(4-chloro-*o*-tolyloxy) acetamido] phenylsulfonylcarbamate; methyl (*N*-4-chloro-*o*-tolyloxyacetylsulfanilyl)carbamate

CAS 名称　methyl [[4-[[(4-chloro-2-methylphenoxy) acetyl] amino] phenyl] sulfonyl]carbamate

应用　除草剂。

酰草隆 (phenobenzuron)

$C_{16}H_{14}Cl_2N_2O_2$, 337.2, 3134-12-1

由 P. Poignant 等报道了其除草活性，Pechiney-Progil（后来的 Rhône-Poulenc Agrochimie）推出。

其他名称　PP 65-25，Benzomarc

化学名称　1-苯甲酰基-1-(3,4-二氯苯基)-3,3-二甲基脲；1-benzoyl-1-(3,4-dichlorophenyl)-3,3-dimethylurea

CAS 名称　*N*-(3,4-dichlorophenyl)-*N*-[(dimethylamino)carbonyl]benzamide

理化性质　白色固体，熔点 119℃。在 22℃水中的溶解度为 16mg/L，20℃时在丙酮中的溶解度为 315g/L，苯中为 105mg/L，乙醇中为 28g/L。

毒性　大鼠急性经口 LD_{50} 5000mg/kg，豚鼠急性经皮 LD_{50}＞4000mg/kg。

制剂　WP。

应用　可用于大麦、水稻、豌豆、亚麻等作物中，防除一年生杂草。

酰嘧磺隆 (amidosulfuron)

$C_9H_{15}N_5O_7S_2$, 369.4, 120923-37-7

由安万特公司开发的磺酰脲类除草剂。

其他名称　好事达，AE F075032，Hoe 075032，Hoestar

化学名称　1-(4,6-二甲氧基嘧啶-2-基)-3-(N-甲基甲磺酰胺磺酰基)脲；1-(4,6-dimethoxypyrimidin-2-yl)-3-mesyl(methyl)sulfamoylurea

CAS 名称　N-[[[[(4,6-dimethoxy-2-pyrimidinyl)amino]carbonyl]amino]sulfonyl]-N-methylmethanesulfonamide

理化性质　纯品为白色结晶粉末。熔点 160~163℃，蒸气压 2.2×10^{-2} mPa（25℃），$K_{ow}\lg P$ 1.63（pH 2，20℃），Henry 常数 5.34×10^{-4} P·am³/mol（20℃），相对密度 1.5。水中溶解度（mg/L，20℃）：3.3（pH 3），9（pH 5.8），13500（pH 10）；其他溶剂中溶解度（g/L，20℃）：异丙醇 0.099，甲醇 0.872，丙酮 8.1。在原装未开封容器中，(25±5)℃ 稳定 2 年。水解 DT_{50}（25℃）：33.9d（pH 5），365d（pH 7），365d（pH 9）。pK_a 3.58。

毒性　大、小鼠急性经口 $LD_{50} \geqslant 5000$mg/kg。大鼠急性经皮 $LD_{50} > 5000$mg/kg。大鼠急性吸入 LC_{50}（4h）>1.8mg/L 空气。雄大鼠（2 年）无作用剂量：400mg/kg 饲料[19.45mg/(kg·d)]。野鸭、山齿鹑 $LD_{50} > 2000$mg/kg。虹鳟鱼 LC_{50}（96h）>320mg/L。水蚤 LC_{50}（48h）36mg/L。淡水藻 E_bC_{50}（72h）47mg/L。蜜蜂急性经口 $LD_{50} > 1000\mu$g/只。蚯蚓 LC_{50}（14d）>1000mg/kg。

制剂　TC，WG。

应用　具有广谱除草活性，可有效防除麦田多种恶性阔叶杂草如猪殃殃、播娘蒿、荠菜、苋、苣荬菜、田旋花、独行菜、野萝卜、本氏蓼、皱叶酸模等。对猪殃殃有特效。适用于禾谷类作物如春小麦、冬小麦、硬质小麦、大麦、裸麦、燕麦等，以及草坪和牧场。属乙酰乳酸合成酶（ALS）抑制剂。通过杂草根和叶吸收，在植株体内传导，杂草即停止生长、叶色褪绿，而后枯死。施药后的除草效果不受天气影响，效果稳定。低毒、低残留、对环境安全。因其在作物中迅速代谢为无害物，故对禾谷类作物安全，对后茬作物如玉米等安全。因该药剂不影响一般轮作，施药后若作物遭到意外毁坏（如霜冻），可在 15d 后改种任何一种春季谷类作物如大麦、燕麦等或其他替代作物如马铃薯、玉米、水稻等。

合成路线

分析方法　采用 HPLC 法分析。

主要生产商　德国拜耳作物科学。

参考文献

[1]　The Pesticide Manual. 15th ed.

[2]　Proc Br Crop Prot Conf—Weed，1995，2：707.

[3]　EP 467251.

硝草酚（etinofen）

$C_9H_{10}N_2O_6$，242.2，2544-94-7

由 C. H. Boehringer Sohn (Shell Agrar) 开发。

其他名称　Dinethon

化学名称　α-乙氧基-4,6-二硝基邻甲酚；α-ethoxy-4,6-dinitro-o-cresol

CAS 名称　2-(ethoxymethyl)-4,6-dinitrophenol

应用　除草剂。

新燕灵 (benzoylprop)

benzoylprop: $C_{16}H_{13}Cl_2NO_3$, 338.2, 22212-56-2;
benzoylprop-ethyl: $C_{18}H_{17}Cl_2NO$, 366.2, 22212-55-1

其他名称　WL 17 731

benzoylprop 由 T. Chapman 等于 1969 年报道，Shell Research Ltd. 推出。

化学名称　N-苯甲酰-N-(3,4-二氯苯基)-DL-氨基丙酸；N-benzoyl-N-(3,4-dichlorophenyl)-DL-alanine

CAS 名称　N-benzoyl-N-(3,4-dichlorophenyl)-DL-alanine

理化性质　原药含量≥93%。乙酯原药：灰白色晶体粉末，熔点 70～71℃，蒸气压 0.0047mPa (20℃)。溶解度：水 20mg/L (25℃)，丙酮 700～750g/L (25℃)。pH 3～6 以上时水解。

毒性　急性经口 LD_{50}：大鼠 1555mg/kg，小鼠 716mg/kg。大鼠急性经皮 LD_{50}>1000mg/kg。NOEL：90d 饲喂试验，大鼠 1000mg/kg 饲料或狗 300mg/kg 饲料均无明显中毒现象。

制剂　EC。

应用　选择性除草剂。用于防除野燕麦，适用于小麦。对蚕豆、油菜和芥末可安全施用。

分析方法　乙酯产品采用 GLC 或 IR 分析。

主要生产商　Shell Research Ltd。

参考文献

[1] GB 1164160.

[2] Chapman T, et al. Symp New Herbic. 3rd. 1969：40.

[3] CIPAC Handbook, 1983, 1B：1732.

[4] Wright A N, Mathews B L. Pestic. Sci, 1976, 7：339.

溴苯腈 (bromoxynil)

$C_7H_3Br_2NO$, 276.9, 1689-84-5

其他名称　伴地农，M&B 10 064，16272RP，Pardner，Brominil，Buctril，Brominal，Bronate，Butilchlorofos

化学名称 3,5-二溴-4-羟基苯腈；3,5-dibromo-4-hydroxybenzonitrile；3,5-dibromo-4-hydroxyphenyl cyanide

CAS 名称 3,5-dibromo-4-hydroxybenzonitrile

理化性质 纯品为白色晶体粉末。熔点 194～195℃（135℃/20Pa 升华）；原药 188～192℃。约 270℃分解，蒸气压 $1.7×10^{-1}$ mPa（25℃），K_{ow}lg$P$ 1.04（pH 7），Henry 常数 $5.3×10^{-4}$ Pa·m³/mol（计算值），相对密度 2.31。水中溶解度 89～90mg/L（pH 7，25℃）；其他溶剂中溶解度（g/L，25℃）：二甲基甲酰胺 610，四氢呋喃 410，丙酮、环己酮 170，甲醇 90，乙醇 70，矿物油＜20，苯 10。稀释的碱、酸条件下非常稳定。对紫外线稳定。低于熔点热稳定。pK_a 3.86。

毒性 急性经口 LD_{50}（mg/kg）：大鼠 81～177，小鼠 110，兔 260，狗约 100。急性经皮 LD_{50}（mg/kg）：大鼠＞2000，兔 3660。对兔皮肤和眼睛无刺激性。对豚鼠皮肤有致敏性。大鼠急性吸入 LC_{50}（4h）：0.15～0.38g/L。无作用剂量：大鼠（2 年）20mg/kg，狗（1 年）1.5mg/kg，小鼠（1 年）1.3mg/kg。山齿鹑急性经口 LD_{50}：217mg/kg。饲喂 LC_{50}（5d，mg/kg）：山齿鹑 2080，野鸭 1380。鱼毒 LC_{50}（96h）：大翻车鱼 29.2mg/L。水蚤 LC_{50}（48h）：12.5mg/L。藻类 EC_{50}（96h，mg/L）：淡水藻 44，羊角月牙藻 0.65。蜜蜂 LD_{50}（48h）：150μg/只（接触），5μg/只（经口）。蠕虫 LD_{50}（14d）：45mg/kg。

制剂 TC，SP。

应用 苯腈类除草剂。专用于防除阔叶杂草，可有效防除旱田的藜、猪毛菜、地肤、播娘蒿、荠、葶苈、遏蓝菜、蓼、蒿蓄、卷茎蓼、龙葵、母菊、矢车菊、豚草、千里光、婆婆纳、苍耳、鸭跖草、野罂粟、麦家公、麦瓶草和水稻田的疣草、水竹叶等。适用于小麦、大麦、黑麦、玉米、高粱、甘蔗、水稻、陆稻、亚麻、葱、蒜、韭菜、草坪及禾本科牧草等作物。具有选择性和触杀作用，苗后茎叶处理，主要由叶片吸收，在植物体内进行极有限的传导，通过抑制光合作用的各个过程使植物组织迅速坏死，从而达到除草目的，气温较高时加速叶片枯死。溴苯腈已被广泛地单独使用或与 2,4-滴丁酯、2 甲 4 氯、百草敌、禾草灵、野燕枯及阿特拉津、烟嘧磺隆等一些除草剂混合使用。实际制剂应用的多为辛酰溴苯腈，使用同上。勿在高温天气或气温低于 8℃或在近期内有严重霜冻的情况下用药，施药后需 6h 内无雨。不宜与碱性农药混用，不能与肥料混用。

合成路线

HO—C₆H₄—CHO $\xrightarrow{NH_2OH·HCl}$ HO—C₆H₄—CN $\xrightarrow[H_2O_2]{Br_2}$ 3,5-二溴-4-羟基苯腈

分析方法 采用液相色谱外标法，对溴苯腈进行定量分析测定。或采用气相色谱法，以正十五烷为内标测定溴苯腈含量。

主要生产商 江苏辉丰，江苏联合。

参考文献

[1] CIPAC-handbook，1C：515-520.
[2] 浙江化工，2002，33（3）：55-56.
[3] 农药，1997，36（5）：20-22.

溴丁酰草胺（bromobutide）

$C_{15}H_{22}BrNO$，312.3，74712-19-9

由日本住友公司开发的酰胺类除草剂。

其他名称　S-4347，S-47，Sumiherb

化学名称　2-溴-N-(α,α-二甲基苄基)-3,3-二甲基丁酰胺；2-bromo-N-(α,α-dimethylbenzyl)-3,3-dimethylbutyramide

CAS 名称　2-bromo-3,3-dimethyl-N-(1-methyl-1-phenylethyl) butanamide

理化性质　原药为无色至黄色晶体。纯品为无色晶体，熔点 180.1℃，蒸气压 74mPa (25℃)。溶解度（25℃，mg/L）：水 3.54，己烷 500，甲醇 35000，二甲苯 4700。稳定性：在可见光下稳定。在 60℃下可稳定 6 个月以上。在正常贮存条件下稳定。

毒性　大鼠和小鼠急性经口 LD_{50} > 5000mg/kg，大鼠和小鼠急性经皮 LD_{50} > 5000mg/kg，对兔皮肤无刺激性，对兔眼有轻微的刺激性，通过清洗可以消除。大、小鼠 2 年饲喂试验的结果表明，无明显的毒害作用。Ames 试验和 Rec 检定表明，无致突变作用；两代以上的繁殖研究结果表明，对繁殖无异常影响。鲤鱼 LC_{50}（48h）> 10mg/L。

制剂　主要与其他药剂混用。混剂：Knock-Wan（溴丁酰草胺+苄草唑）；Sario（溴丁酰草胺+吡唑特）；Sinzan（溴丁酰草胺+苯噻酰草胺+萘丙胺）；Leedzon（溴丁酰草胺+吡唑特+苯噻酰草胺）。

应用　主要用于防除一年生和多年生禾本科杂草、莎草科杂草如稗草、鸭舌草、节节菜、细杆萤蔺、牛毛毡、铁荸荠、水莎草和瓜皮草等，对细杆萤蔺有很高的防效，对部分阔叶杂草亦有效。适用于水稻等，在水稻和杂草间有极好的选择性。苗前或苗后施用，能有效防除上述杂草。若与某些除草剂如苯噻酰草胺等混用对稗草、瓜皮草的防除效果极佳。属细胞分裂抑制剂，对光合作用和呼吸作用稍有影响。

合成路线

分析方法　产品采用 GLC-FID 分析。

主要生产商　Sumitomo Chemical。

参考文献

[1] The Pesticide Manual. 12th ed. 2000：108.
[2] 日本农药学会志, 1983, 8（3）：301-313.
[3] 日本农药学会志, 1983, 8（4）：429-433.
[4] Agric Biol Chem, 1981, 11：2669-2670.
[5] US 4288244.
[6] GB 2031420.

溴酚肟（bromofenoxim）

$C_{13}H_7Br_2N_3O_6$，461.0，13181-17-4

由 D. H. Green 等于 1969 年报道，Ciba AG（后 Novartis Crop Protection AG）推出的选择性除草剂。

其他名称　C 9122

化学名称　3,5-二溴-4-羟基苯甲醛-2,4-二硝基苯基肟；3,5-dibromo-4-hydroxybenzaldehyde-2,4-dinitrophenyloxime

CAS 名称　3,5-dibromo-4-hydroxybenzaldehyde O-(2,4-dinitrophenyl)oxime

理化性质　奶油色晶体。熔点 196～197℃。蒸气压 $<1\times10^{-5}$ mPa（20℃）。K_{ow} lg$P$ 3.17（pH 7.0）。Henry 系数 7.68×10^{-6} Pa·m³/mol（pH 3.8，20℃，计算值）。相对密度 2.15（20℃）。水中溶解度（mg/L，20℃）：0.6（pH 3.8），9.0（pH 10）。其他溶剂中溶解度（mg/L，20℃）：己烷 200，异丙醇 400，丙酮 9900，正辛醇 200。水解 DT_{50}（70℃）：41.4h（pH 1），9.6h（pH 5），0.76h（pH 9）。pK_a 5.46，弱酸。

毒性　急性经口 LD_{50}：大鼠 1217，狗 >1000，小鼠 940（mg/kg）。大鼠急性经皮 LD_{50} >3000mg/kg。对皮肤和眼睛有轻微刺激（兔）。大鼠吸入 LC_{50}（6h）>0.242mg/L 空气。NOEL：（2 年）大鼠 100mg/kg 饲料[3.8mg/(kg·d)]；（3 个月）狗 100mg/kg 饲料[3mg/(kg·d)]，小鼠 10mg/kg 饲料[0.63mg/(kg·d)]。ADI（BfR）0.0015mg/kg[1989]。规定食物 LC_{50}（8d）：日本鹌鹑 5560，美洲鹑 4000，野鸭 2800（mg/L）。鱼类 LC_{50}（96h）：虹鳟鱼 0.18，鲤鱼 0.088（mg/L）。水蚤 LC_{50}（48h）1.2mg/L。藻类 EC_{50}（96h）2.2mg/L。蜜蜂：WP 无毒，SC 有毒。蚯蚓 LC_{50}（14d）1300mg/kg。

制剂　WP，SC。

应用　选择性除草剂。用于苗后防除玉米、谷物、牧草地的一年生阔叶杂草。与其他除草剂混用，以扩大除草谱，延长活性周期。由茎和叶片吸收。

分析方法　产品分析采用 HPLC。

主要生产商　Ciba-Geigy，Novartis。

参考文献

[1] Green D H, et al. Symp New Herbic. 3rd. 1969：77.
[2] BE 675444.
[3] GB 1096037.

溴谷隆（metobromuron）

$C_9H_{11}BrN_2O_2$，259.1，3060-89-7

由 J. Schuler 和 L. Ebner 报道，由 Ciba AG（后来的 Syngenta AG）引入市场。

其他名称　C 3126

化学名称　3-(4-溴苯基)-1-甲氧基-1-甲基脲；3-(4-bromophenyl)-1-methoxy-1-methyl-urea

CAS 名称　N'-(4-bromophenyl)-N-methoxy-N-methylurea

理化性质　纯品为无色晶体。熔点 95.5～96℃，蒸气压 0.40mPa（20℃），K_{ow} lg$P$ 2.41，Henry 常数 3.1×10^{-4} Pa·m³/mol（计算值）。相对密度 1.60（20℃）。溶解度：水 330mg/L（20℃）；丙酮 500，二氯甲烷 550，甲醇 240，甲苯 100，辛醇 70，氯仿 62.5，己

烷 2.6（g/L，20℃）。在自然条件、稀酸和稀碱中稳定，强酸、强碱条件下水解。DT_{50}（20℃）：150d（pH 1），>200d（pH 9），83d（pH 13）。

毒性 大鼠急性经口 LD_{50} 2603mg/kg。急性经皮 LD_{50}：大鼠>3000，兔>10200（mg/kg），对兔皮肤和眼睛无刺激性。大鼠吸入 LC_{50}（4h）>1.1mg/L 空气。无作用剂量（2年）：大鼠 250mg/kg 饲料 [17mg/(kg·d)]，狗 100mg/kg 饲料 [3mg/(kg·d)]。ADI 0.008mg/kg。LD_{50}：日本鹌鹑 565，北京鸭 6643（mg/kg）。LC_{50}（7d）：日本鹌鹑>10000，野鸭>24300，山齿鹑 18100（mg/kg 饲料）。LC_{50}（96h）：虹鳟鱼 36，大翻车鱼 40，鲫鱼 40（mg/L）。水蚤 LC_{50}（48h）44mg/L。水藻 EC_{50}（5d）0.26mg/L。对蜜蜂无毒，LC_{50}：（经口）>325μg/只；（接触）>130μg/只。蚯蚓 LC_{50}（14d）467mg/kg（几乎无毒）。

制剂 SC，WP。

应用 光合电子传递抑制剂，作用于光合体系Ⅱ受体。选择型内吸性除草剂，通过根和叶片吸收。苗前使用防除豆类植物、马铃薯、番茄、烟草、大豆、玉米等一年生阔叶杂草和禾本科杂草。

分析方法 产品分析采用 GLC。

主要生产商 Syngenta AG。

参考文献

[1] BE 662268.

[2] GB 965313.

溴莠敏（brompyrazon）

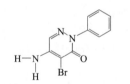

$C_{10}H_8BrN_3O$，266.1，3042-84-0

由 A. Fischer 于 1962 年报道，BASF AG 推出。

其他名称 BAS 2430H，brompyrazone

化学名称 5-氨基-4-溴-2-苯基哒嗪-3-(2H)酮；5-amino-4-bromo-2-phenylpyridazin-3(2H)-one

CAS 名称 5-amino-4-bromo-2-phenyl-3(2H)-pyridazinone

理化性质 淡黄色晶体粉末。熔点 223～224℃。溶解度：水 200mg/L（20℃），苯 0.3，三氯甲烷 2，乙醇 11（g/kg，20℃）。

毒性 混剂 Basanor：大鼠急性经口 LD_{50}>6400mg/kg。兔皮肤接触制剂 24h 后仅轻微变红。古比鱼 LC_{50} 10～20mg/L。

应用 选择性除草剂，其与异草完隆的混剂 Basanor 用于在谷物田苗前或苗后防除阿披拉草（Apera spica-venti）和一年生阔叶杂草。

主要生产商 BASF。

参考文献

Fischer A. Weed Res，1962，2：177.

烟嘧磺隆 (nicosulfuron)

$C_{15}H_{18}N_6O_6S$, 410.4, 111991-09-4

由 F. Kimura 等报道。由 Ishihara Sangyo Kaisha, Ltd 和 E. I. du Pontde Nemours and Co. 开发。1990 年 6 月由 DuPont 在美国首次登记, 1992 年由 Ishihara Sangyo 引入法国市场。

其他名称 玉农乐, 烟磺隆, Accent, SL-950, Nisshin

化学名称 2-(4,6-二甲氧基嘧啶-2-基氨基甲酰氨基磺酰)-N,N-二甲基烟酰胺; 2-(4,6-dimethoxypyrimidin-2-ylcarbamoylsulfamoyl)-N,N-dimethylnicotinamide; 1-(4,6-dimethoxypyrimidin-2-yl)-3-(3-dimethylcarbamoyl-2-pyridylsulfonyl)urea

CAS 名称 2-[[[[(4,6-dimethoxy-2-pyrimidinyl)amino]carbonyl]amino]sulfonyl]-N,N-dimethyl-3-pyridinecarboxamide

理化性质 无色晶体。熔点 169～172℃ (原药 140～161℃)。蒸气压 $<8\times10^{-7}$ mPa (25℃)。$K_{ow}\lg P$: -0.36 (pH 5), -1.8 (pH 7), -2 (pH 9)。相对密度 0.313。水中溶解度 7.4g/L (pH 7); 丙酮 18, 乙醇 4.5, 三氯甲烷、二甲基甲酰胺 64, 乙腈 23, 甲苯 0.370, 正己烷<0.02, 二氯甲烷 160 (g/kg, 25℃)。水解 DT_{50} 15d (pH 5); pH 7 和 9 稳定。pK_a 4.6 (25℃)。闪点>200℃。

毒性 雌雄大鼠和小鼠急性经口 $LD_{50}>5000$mg/kg。雌雄大鼠急性经皮 $LD_{50}>2000$mg/kg。对眼睛有中度刺激性, 对皮肤无刺激性 (兔), 无皮肤过敏反应 (豚鼠)。大鼠吸入 LC_{50} (4h) 5.47mg/L。无作用剂量 (1年): 狗 141mg/kg。无致突变作用。饲喂毒性: 山齿鹑经口 $LD_{50}>2250$mg/kg, 野鸭和山齿鹑 $LC_{50}>5620$mg/L。水蚤 LC_{50} (48h) 90mg/L。绿藻无作用剂量 (96h) 100mg/L。蜜蜂 LD_{50} (接触)>76μg/只; 饲喂 LC_{50} (48h)>1000mg/L。蚯蚓 LC_{50} (14d)>1000mg/kg。

制剂 OD, SC, WG。

应用 内吸传导型除草剂。防除稗草、野燕麦、狗尾草、金狗尾草、马唐、牛筋草、野黍、柳叶刺蓼、酸模叶蓼、卷茎蓼、反枝苋、龙葵、香薷、水棘针、苍耳、苘麻、鸭跖草、狼把草、风花菜、遏蓝菜、问荆、蒿属、刺儿菜、大蓟、苣荬菜等一年生杂草和多年生阔叶杂草。对葵、小葵、地肤、芦苇等有较好的药效。使用时期: 玉米苗后 3～5 叶期, 一年生杂草 2～4 叶期, 多年生杂草 6 叶期以前, 大多数杂草出齐时施药, 除草效果最好, 对玉米也安全。烟嘧磺隆不但有好的草叶处理活性, 而且有土壤封闭杀草作用, 因此施药不能过晚, 过晚杂草大, 抗性增强。

合成路线

分析方法 产品分析采用 HPLC。

主要生产商 DuPont，Ishihara Sangyo，Cheminova，Fertiagro，AGROFINA，Nortox，Rotam，Sharda，Sundat，江苏瑞东，安徽丰乐，沈阳化工研究院，泰达集团，江苏丰山。

参考文献

US 4789393.

燕麦敌（di-allate）

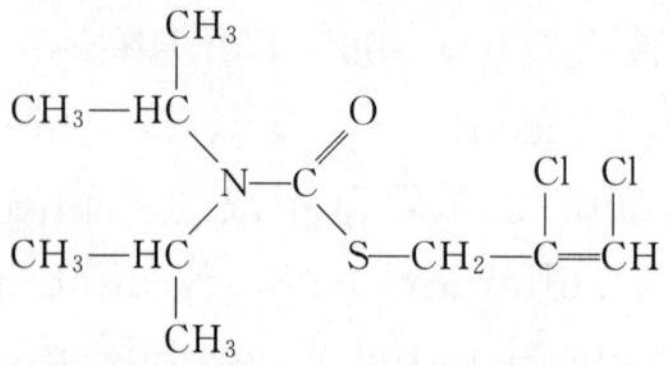

$C_{10}H_{17}Cl_2NOS$，270.2，2303-16-4

1959 年由 L. H. Hannah 报道除草活性，Monsanto 公司开发。

其他名称 diallate，Avadex，CP15336

化学名称 S-2,3-二氯烯丙基二-异丙基(硫代氨基甲酸酯)；S-2,3-dichloroallyldiisopropylthiocarbamate

CAS 名称 S-(2,3-dichloro-2-propenyl) bis(1-methylethyl)carbamothioate

理化性质 琥珀色液体。沸点 150℃/1199.898Pa。凝固点 -8～-15℃。25℃时在水中的溶解度为 14mg/L；可与乙醇和其他有机溶剂混溶。存在（E）和（Z）两种异构体。

毒性 急性口服 LD_{50}：大鼠 395mg/kg，犬 510mg/kg。兔的急性经皮 LD_{50} 2000～2500mg/kg。浓溶液对皮肤、眼睛和黏膜有刺激。

制剂 EC，GR。

应用 条播前施用的除草剂，在十字花科作物、红萝卜和甜菜等作物中对防除野燕麦和黑草特别有效。与其相关的药剂野麦畏适用于谷物。由于药剂具有挥发性，因此需要立即拌入土壤内。在施药的下一年不要种植燕麦。该药在土壤中的半衰期约为 30d。

分析方法 产品分析采用 GLC。

参考文献

[1] US 3330643.
[2] US 3330821.

燕麦灵（barban）

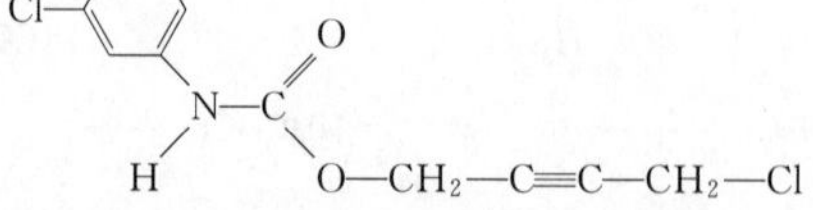

$C_{11}H_9Cl_2NO_2$，258.1，101-27-9

1958 年由 A. D. Brown 报道其活性。Spencer Chemical Co. 开发。

其他名称 巴尔板，氯炔草灵，CS-847，Neoban，Carbyne，Oatax，barbanate，barbane，chlorinate

化学名称 4-氯-2-丁炔基-N-(3-氯苯基)氨基甲酸酯；4-chlorobut-2-ynyl-3-chlorocarbanilate

CAS 名称　4-chloro-2-butynyl(3-chlorophenyl)carbamate

理化性质　纯品为透明固体。熔点 75~76℃（原药 60℃）。蒸气压 0.05mPa（25℃）。Henry 常数 1.17×10^{-3} Pa·m³/mol（计算值）。相对密度 1.403（25℃，原药）。溶解度：水 11mg/L（25℃）；苯 327，1,2-二氯乙烷 546，正己烷 1.4，煤油 3.9，二甲苯 279（g/L，25℃）。原药 224℃分解。常规条件下使用稳定。

毒性　大鼠急性经口 LD_{50} 1376~1429mg/kg。急性经皮 LD_{50}（mg/kg）：兔>20000，大鼠>1600，对兔皮肤有中度刺激。大鼠吸入 LC_{50}（4h）>28mg/L 空气。无作用剂量（2年，mg/kg）：大鼠 150，狗 5。饲喂 LC_{50}（8d）：野鸭和山齿鹑>10000mg/kg。LC_{50}（96h，mg/L）：虹鳟鱼 0.6，大翻车鱼 1.2，金鱼和孔雀鱼 1.3。对蜜蜂无毒。

制剂　EC。

应用　内吸选择性芽后除草剂，对禾本科杂草有选择性。主要用于小麦、大麦、青稞田防除野燕麦、看麦娘、早熟禾等，防除野燕麦有高效，对蓼科杂草也有效。一般对阔叶杂草无效。

分析方法　产品分析采用 UV 光谱。

主要生产商　Spencer Chemicals。

参考文献

[1]　Bombaugh K J, Bull W C. J Agric Food Chem，1961，9：386.

[2]　US 2906614.

[3]　Brown A D. Proc North Cent Weed Control Conf，1958，15：98.

燕麦酯（chlorfenprop-methyl）

Chlorfenprop：$C_9H_8Cl_2O_2$，219.1，14437-20-8（外消旋体，原59604-11-4）；
chlorfenprop-methyl：$C_{10}H_{10}Cl_2O_2$，233.1，59604-10-3（外消旋体）

由 L. Eue 于 1968 年报道，仅（-）-enantiomer 具有除草活性。

其他名称　Bayer 70 533

化学名称　(±)-2-氯-3-(4-氯苯基)丙酸甲酯；rac-methyl(2R)-2-chloro-3-(4-chlorophenyl)propanoate

CAS 名称　methyl α,4-dichlorobenzenepropanoate

理化性质　无色液体（酯），浅棕色液体（原药，酯），熔点>-20℃（酯）。蒸气压 930mPa（50℃，酯）。相对密度 1.30（20℃，原药，酯）。水中溶解度：40mg/L（20℃，酯）。溶于丙酮、芳香烃、乙醚、脂肪油。

毒性　急性经口 LD_{50}：大鼠约 1190mg/kg，豚鼠和兔 500~1000mg/kg，狗>500mg/kg，小鸡约 1500mg/kg。大鼠急性经皮 LD_{50}>2000mg/kg。在 90d 饲喂试验中大鼠接受 1000mg/kg 饲料未见有害影响。金鱼 LC_{50}（96h）1~10mg/L。

制剂　EC。

应用　触杀除草剂。用于苗后防除谷物（非燕麦）、饲料作物、豌豆、甜菜田的野生燕麦。仅（-）-异构体具有除草活性。

合成路线　对氯苯胺重氮化，重氮化物再与丙烯酸甲酯在氯化铜的存在下在 10~60℃ 于丙酮中反应即制得燕麦酯。

分析方法　产品采用 GLC 分析。

主要生产商　Bayer AG。

参考文献

[1] Eue L, Pflanzenkr Z. Pflanzenpathol Pflanzenschutz, 1968, Sonderheft Ⅳ: 211.
[2] GB 1077194.
[3] FR 1476247.
[4] Schmidt T, et al. Z Naturforsch C Biosci, 1976, 31C: 252.

野燕畏（tri-allate）

$$(CH_3)_2CH\text{-}N(CH(CH_3)_2)\text{-}C(O)\text{-}SCH_2\text{-}C(Cl)=CCl_2$$

$C_{10}H_{16}Cl_3NOS$, 304.7, 2303-17-5

1960 年由 G. Friesen 报道除草活性，Monsanto 公司开发。

其他名称　阿畏达，三氯烯丹，CP23426，triallate，Avadex BW，Far-Go

化学名称　S-2,3,3-三氯烯丙基二异丙基硫赶氨基甲酸酯；S-2,3,3-trichloroallyl diisopropyl(thiocarbamate)；S-2,3,3-trichloroallyl diisopropylthiocarbamate

CAS 名称　S-(2,3,3-trichloro-2-propenyl) bis(1-methylethyl)carbamothioate

理化性质　纯品为深黄或棕色固体，熔点 29～30℃。相对密度 1.273（25℃），沸点 117℃/40mPa，分解温度大于 200℃。蒸气压（25℃）为 16mPa。K_{ow}lg$P$ 4.6。Henry 常数 1.22Pa·m³/mol。25℃时在水中溶解度为 4mg/L，难溶于水，可溶于乙醚、丙酮、苯等大多数有机溶剂，不易燃、不爆炸，无腐蚀性，紫外线辐射不易分解。常温条件下稳定，分解温度大于 200℃。

毒性　大鼠急性经口 LD_{50} 1100mg/kg，兔急性经皮 LD_{50} 8200mg/kg，大鼠急性吸入 LC_{50}（12h）＞5.3mg/L。对兔皮肤和眼睛有轻度刺激性作用。大鼠 2 年饲喂试验，无作用剂量 50mg/kg 饲料（约 2.5mg/kg），小鼠 2 年饲喂试验，无作用剂量 20mg/kg 饲料（约 3.9mg/kg），狗 1 年饲喂试验，无作用剂量为 2.5mg/kg。Ames 试验为阴性，无致突变、致癌作用。小齿鹑急性经口 LD_{50} 为 2251mg/kg。对鱼类的毒性较大，虹鳟鱼 LC_{50}（96h）为 1.2mg/L，大翻车鱼 LC_{50} 为 1.3mg/L。对鸟类低毒，对蜜蜂几乎无毒。

制剂　EC。

应用　适宜小麦、大麦、青稞、油菜、豌豆、蚕豆、亚麻、甜菜、大豆等，防除野燕麦、看麦娘、黑麦草等杂草。野麦畏挥发性强，其蒸气对野燕麦也有作用，施后要及时混土。野麦畏主要用于防除野燕麦类的选择性土壤处理剂。

合成路线

$$(CH_3)_2CH\text{-}NH\text{-}CH(CH_3)_2 + COS \xrightarrow{NaOH} (CH_3)_2CH\text{-}N(CH(CH_3)_2)\text{-}COSNa \xrightarrow{ClCH_2CCl=CCl_2} (CH_3)_2CH\text{-}N(CH(CH_3)_2)\text{-}C(O)SCH_2\text{-}C(Cl)=CCl_2$$

分析方法　产品用 GC 法，残留物用 ECD 的 GC 法。

主要生产商　Monsanto。

参考文献

[1] The Pesticide Manual. 12th ed. 2000: 921.

[2] US 3330821.
[3] US 3330642.

乙胺草醚 (etnipromid)

$C_{17}H_{16}Cl_2N_2O_5$, 399.2, 76120-02-0

由 Hoechst AG. 评价。

其他名称 Hoe 39 106, etnipromide

化学名称 (RS)-2-[5-(2,4-二氯苯氧基)-2-硝基苯氧基]-N-乙基丙酰胺; (RS)-2-[5-(2,4-dichlorophenoxy)-2-nitrophenoxy]-N-ethylpropionamide

CAS 名称 (±)-2-[5-(2,4-dichlorophenoxy)-2-nitrophenoxy]-N-ethylpropanamide

应用 除草剂。

乙草胺 (acetochlor)

$C_{14}H_{20}ClNO_2$, 269.8, 34256-82-1

由 Monsanto 公司开发的氯代乙酰胺类除草剂。

其他名称 乙基乙草安,禾耐斯,消草安,MON 097,Harness

化学名称 2-氯-N-乙氧甲基-6′-乙酰邻替苯胺; 2-chloro-N-ethoxymethyl-6′-ethylaceto-o-toluidide

CAS 名称 2-chloro-N-(ethoxymethyl)-N-(2-ethyl-6-methylphenyl)acetamide

理化性质 纯品为透明黏稠液体（原药为红葡萄酒色或黄色至琥珀色）。熔点 10.6℃。沸点 172℃/665Pa。蒸气压: $2.2×10^{-2}$ mPa (20℃),$4.6×10^{-2}$ mPa (25℃)。K_{ow} lgP 4.14 (20℃)。相对密度 1.1221 (20℃)。水中溶解度 282mg/L (20℃)。溶于甲醇,1,2-二氯乙烷,对二甲苯,正庚烷,丙酮和乙酸乙酯。20℃稳定性超过 2 年。闪点 160℃（塔格闭杯试验）。

毒性 大鼠急性经口 LD_{50} 2148mg/kg。兔急性经皮 LD_{50} 4166mg/kg。对皮肤和眼睛无刺激性（兔）。大鼠吸入 LC_{50} (4h) >3.0mg/L 空气。无作用剂量: 大鼠 (2 年) 11mg/(kg·d), 狗 (1 年) 2mg/(kg·d)。急性经口 LD_{50} (mg/kg): 山齿鹑 928, 野鸭 >2000。饲喂 LC_{50} (5d): 山齿鹑和野鸭 >5620mg/kg。LC_{50} (96h, mg/L) 虹鳟鱼 0.36, 大翻车鱼 1.3。水蚤 LC_{50} (48h) 8.6mg/L。海藻: E_rC_{50} (72h) 绿藻（羊角月牙藻）0.52μg/L, E_rC_{50} (5d) 蓝藻（水华鱼腥藻）110mg/L。蜜蜂: LD_{50} (48h): 接触 >200μg/只, 经口 >100μg/只。蚯蚓 LC_{50} (14d) 211mg/kg。

制剂 TC,ME,EW,EC,WP。

应用 防除稗草、狗尾草、马唐、牛筋草、稷、看麦娘、早熟禾、千金子、硬草、野燕麦、臂形草、金狗尾草、棒头草等一年生禾本科杂草和一些小粒种子的阔叶杂草，如藜、反枝苋、酸模叶蓼、柳叶刺蓼、小藜、鸭跖草、菟丝子、蒿蓄、节蓼、卷茎蓼、铁苋菜、繁缕、野西瓜苗、香薷、水棘针、狼把草、鬼针草、鼬瓣花等。适用于大豆、玉米、花生、移栽油菜、棉花和甘蔗。

合成路线

分析方法 原药分析方法：对试样中的乙草胺采用气相色谱进行分离和内标法定量。悬浮乳剂分析方法采用反相高效液相色谱法对乙草胺有效成分进行定量分析。

主要生产商 安徽中山化工，河南颍泰，吉林金秋农药，吉化农药化工，江苏百灵，江苏常隆，连云港立本，江苏绿利来，南通江山，新沂中凯，江苏腾龙，大连瑞泽，大连松辽，内蒙古宏裕科技，南通维立科，山东滨农，山东大成，山东德浩，山东华阳，山东侨昌，胜邦绿野，潍坊润丰，中石药业，上虞颖泰，天津绿农生物，无锡禾美，信阳信化，杭州庆丰，郑州兰博尔。

参考文献

[1] The pesticide Manual. 12th ed. 2000：10.
[2] US 3442945.
[3] US 4511736.
[4] CN 86100282.

乙丁氟灵（benfluralin）

$C_{13}H_{16}F_3N_3O_4$，335.3，1861-40-1

J. F. Schwer 于 1965 年报道，Eli Lilly & Co. 于 1963 年在美国推出。

其他名称 EL-110，benefin，benfluraline，bethrodine

化学名称 N-丁基-N-乙基-α,α,α-三氟-2,6-二硝基对甲苯胺；N-butyl-N-ethyl-α,α,α-trifluoro-2,6-dinitro-p-toluidine

CAS 名称 N-butyl-N-ethyl-2,6-dinitro-4-(trifluoromethyl)benzenamine

理化性质 黄色至橙色晶体，熔点 65～66.5℃，沸点：121～122℃/66.661Pa；148～149℃/933.254Pa。蒸气压 8.76mPa（25℃）。K_{ow} lg$P$ 5.29（20℃，pH 7）。Henry 常数 29.4Pa·m³/mol（25℃，计算值）。相对密度 1.28（20℃，计算值）。溶解度：水 0.1mg/L（25℃），丙酮、乙酸乙酯、二氯甲烷、三氯甲烷＞1000，甲苯 330～500，乙腈 170～200，己烷 18～20，甲醇 17～18（g/L，25℃）。紫外线下分解，pH 5～9 时稳定 30d（26℃）。闪点 151℃（Setaflash 闭杯法；ASTM D-3278）。

毒性 急性经口 LD_{50}：大鼠＞10000，小鼠＞5000，狗和兔＞2000（mg/kg）。兔急性

经皮 LD$_{50}$＞5000mg/kg。对皮肤有轻微刺激，对眼睛的刺激程度中等（兔）。对皮肤有感光作用（豚鼠）。大鼠吸入 LC$_{50}$（4h）＞2.31mg/L 空气。NOEL（2年）大鼠 0.5mg/(kg·d)，小鼠 6.5mg/(kg·d)。ADI（欧共体）0.005mg/kg [2008]。急性经口 LD$_{50}$：野鸭、美洲鹑、鸡＞2000mg/kg。LC$_{50}$（96h）：大翻车鱼 0.065mg/L，虹鳟鱼 0.081mg/L。水蚤 LC$_{50}$（48h）2.18mg/L。3.86mg/L 处理 7d：羊角月牙藻的比生长速率和最终生物量分别减少 16.6% 和 34.3%。东方牡蛎 EC$_{50}$＞1.1mg/L，虾 LC$_{50}$ 0.043mg/L。对蜜蜂低毒。

制剂 EC，GR，WG。

应用 选择性苗前除草剂。用于防除花生、莴苣、黄瓜、菊苣、蚕豆、四季豆、扁豆、苜蓿、三叶草和烟草田的一年生禾本科杂草和部分一年生阔叶杂草。施用于土壤，由杂草根系吸收，影响杂草种子萌发和根系生长。

分析方法 产品采用紫外光谱法或 GLC-FID 分析。

主要生产商 Dintec，Makhteshim-Agan。

参考文献

US 3257190.

乙丁烯氟灵（ethalfluralin）

$C_{13}H_{14}F_3N_3O_4$，333.3，55283-68-6

1974 年由 G.Skylakakis 等报道。1974 年由 Eli Lilly & Co.（现在农药部分归 Dow AgroSciences）在土耳其开发。

其他名称 Sonalan，Sonalen，EL-161

化学名称 N-乙基-α,α,α-三氟-N-(2-甲基烯丙基)-2,6-二硝基对甲基苯胺；N-ethyl-α,α,α-trifluoro-N-(2-methylallyl)-2,6-dinitro-p-toluidine

CAS 名称 N-ethyl-N-(2-methyl-2-propenyl)-2,6-dinitro-4-(trifluoromethyl)benzenamine

理化性质 纯品为黄至橘黄色结晶固体。熔点 55～56℃。蒸气压 0.11mPa（25℃）。溶解度（25℃）：水中 0.2mg/L（pH7），丙酮＞500g/L，甲醇＞82g/L，二甲苯＞500g/L。K_{ow}lg$P$ 5.11（pH7，25℃）。52℃下稳定，pH 3、6、9（51℃）时稳定期≥33d，紫外线下分解。土壤中 DT$_{50}$ 为 25～46d。

毒性 大、小鼠急性经口 LD$_{50}$＞10000mg/kg，猫、狗＞200mg/kg。兔急性经皮 LD$_{50}$＞2000mg/kg，对皮肤和眼有轻微刺激。2 年饲喂试验，对大、小鼠无作用剂量均为 100mg/kg 饲料。鹌鹑和野鸭急性经口 LD$_{50}$＞200mg/kg。大翻车鱼 LC$_{50}$ 0.012mg/L，虹鳟鱼 0.0075mg/L，金鱼 0.1mg/L。

制剂 EC，GR，WG。

应用 苗前除草剂。混土施用防除棉花、大豆田中的大多数阔叶杂草和一年生禾本科杂草。

分析方法 产品分析用带 FID 的 GC 或分光光度法。

主要生产商 Dintec。

参考文献

US 3257190.

乙呋草磺 （ethofumesate）

$C_{13}H_{18}O_5S$，286.3，26225-79-6

由 AgrEvo Co. 开发。

其他名称　AE BO 49913，NC8483，SN49913，ZK49913，Betanal Tandem，Betanal Progress，Nortron，Progress，Tramat，Ethosat，Ethosin，Keeper，Primassan

化学名称　（±）-2-乙氧基-2,3-二氢-3,3-二甲基苯并呋喃-5-基甲磺酸；（±）-2-ethoxy-2,3-dihydro-3,3-dimethylbenzofuran-5-yl methanesulfonate

CAS 名称　（±）-2-ethoxy-2,3-dihydro-3,3-dimethyl-5-benzofuranyl methanesulfonate

理化性质　其纯品为无色结晶固体。熔点 70～72℃（原药 69～71℃）。蒸气压 0.12～0.65mPa（25℃）。相对密度 1.29。$K_{ow}\lg P 2.7$（pH 6.5～7.6，25℃）。溶解度（25℃，g/L）：水中 0.05，丙酮、二氯甲烷、二甲基亚砜、乙酸乙酯＞600，甲苯、二甲苯 300～600，甲醇 120～150，乙醇 60～75，异丙醇 25～30，己烷 4.67。稳定性：在 pH7.0、9.0 的水溶液中稳定，在 pH5.0 DT_{50} 为 940d。水溶液光解 DT_{50} 为 31d。空气中 DT_{50} 为 4.1d。

毒性　大鼠急性经口 LD_{50}＞6400mg/kg，小鼠急性经口 LD_{50}＞5000mg/kg。大鼠急性经皮 LD_{50}＞2000mg/kg。对兔眼睛、皮肤无刺激性。大鼠急性吸入 LC_{50}（4h）：＞3.97mg/L 空气。2 年饲养大鼠无作用剂量＞1000mg/kg 饲料。非哺乳动物急性经口 LD_{50} 小齿鹑＞8743mg/kg，日本鹌鹑＞1600mg/kg，野鸭＞3552mg/kg。鱼毒 LC_{50}（96h）：大翻车鱼 12.37～21.2mg/L，虹鳟鱼＞11.92～20.2mg/L。蜜蜂 LC_{50} 50μg/只。

制剂　EC，SC，SE。

应用　乙呋草磺为选择性内吸除草剂。苗前和苗后均可使用的除草剂，可有效地防除许多重要的禾本科杂草和阔叶杂草，土壤中的持效期较长。草莓、向日葵和烟草基于不同的施药时期对该药有较好的耐受性，洋葱的耐药性中等。

合成路线　以苯醌和异丁醛为原料，经如下反应制得目的物：

分析方法　采用 RP-HPLC 分析。

主要生产商　Bayer CropScience，Feinchemie Schwebda，Gujarat Agrochem，Punjab，Sharda，United Phosphorus，江苏好收成，江苏激素研究所，浙江永农。

参考文献
GB 1271659.

乙硫草特（ethiolate）

$$\text{CH}_3-\text{H}_2\text{C} \overset{\displaystyle \quad\quad\quad O}{\underset{\text{CH}_3-\text{H}_2\text{C}}{\diagdown}} N-\overset{\|}{C}-\text{S}-\text{CH}_2-\text{CH}_3$$

$C_7H_{15}NOS$，161.3，2941-55-1

1972 年由 Gulf Oil Chemicals Co. 开发。

化学名称　S-乙基二乙基硫赶氨基甲酸酯；S-ethyldiethylthiocarbamate

CAS 名称　S-ethyldiethylcarbamothioate

理化性质　浅黄色液体，带有氨味。凝固点＜-75℃，沸点 206℃。蒸气压 199.983Pa/57～59℃，11599.014Pa/142～143℃。25℃时在水中溶解度为 0.3%（质量分数），可与大多数有机溶剂混溶。工业品纯度＞97%。

毒性　大鼠急性口服 LD_{50} 为 400mg/kg。家兔急性经皮 LD_{50} 为 542mg/kg。对家兔眼睛有刺激性。大鼠在每升空气含 15.9mg 气雾中接触 4h 出现痛苦症状，但能很快复原。大鼠和犬分别以 60mg/(kg·d)、15mg/(kg·d) 的剂量饲喂 90d，未发现明显的中毒症状。对湖鸭和北美鹑的急性口服 LD_{50} 分别为 530mg/kg、780mg/kg，对虹鳟鱼和青鳃翻车鱼的 TL_{50} 分别为 32mg/L、58mg/L。

应用　选择性植前除草剂。用于玉米田中防除杂草，玉米植前喷药或拌土使用。

乙嗪草酮（ethiozin）

$C_9H_{16}N_4OS$，228.2，64529-56-2

由 H. hack 和 L. Eue 报道，德国拜耳公司（Bayer AG）开发，1989 年在以色列投产。

其他名称　Tycor，Lektan，SMY 1500

化学名称　4-氨基-6-叔丁基-3-乙硫基-1,2,4-三嗪-5(4H)-酮；4-amino-6-*tert*-butyl-3-ethylthio-1,2,4-triazin-5(4H)-one

理化性质　无色晶体。熔点 95～96.4℃，蒸气压 0.0075mPa（20℃），$K_{ow}\lg P$ 2.08，Henry 常数 5.04×10^{-3} Pa·m³/mol（计算值）。溶解度（20℃）：水 0.34mg/L，正己烷 2.5g/L，二氯甲烷＞200g/kg，异丙醇、甲苯 100～200g/kg。

毒性　雄、雌大鼠急性经口 LD_{50} 分别为 2740mg/kg 和 1280mg/kg，原药约 2000mg/kg。小鼠急性经口 LD_{50} 约 1000mg/kg，狗急性经口 LD_{50}＞5000mg/kg。大鼠急性经皮 LD_{50}＞5000mg/kg。大鼠 2 年饲喂试验的无作用剂量为 25mg/kg 饲料。

应用　三嗪酮类除草剂，是光合作用抑制剂。芽前施用，主要防除禾谷类作物（小麦等）和番茄田的禾本科杂草（尤其是雀麦）和某些阔叶杂草。芽前和秋季芽后施用，对鼠尾看麦娘的防效优异；分蘖前施用，可防除野燕麦、繁缕、波斯水苦荬。可与嗪草酮混用，提高对雀麦的防效。

乙羧氟草醚 (fluoroglycofen)

fluoroglycofen-ethyl: $C_{18}H_{13}ClF_3NO_7$, 447.8, 77501-90-7;
fluoroglycofen: $C_{16}H_9ClF_3NO_7$, 419.7, 77501-60-1

1989 年由 P. H. Maigrot 等报道。由 Rohm & Haas Co. 开发的二苯醚类除草剂。

其他名称　克草特，RH 0265，Compete

化学名称　O-[5-(2-氯-4-三氟甲基苯氧基)-2-硝基苯甲酰基]羟基乙酸；O-[5-(2-chloro-α,α,α-trifluoro-p-tolyloxy)-2-nitrobenzoyl]glycolic acid

CAS 名称　carboxymethyl 5-[2-chloro-4-(trifluoromethyl)phenoxy]-2-nitrobenzoate

理化性质　(fluoroglycofen-ethyl) 纯品为深琥珀色固体。熔点 65℃。K_{ow} lg$P$ 3.65。相对密度 1.01 (25℃)。溶解度：水中 0.6mg/L (25℃)。易溶于有机溶剂（正己烷除外）。0.25mg/L 水溶液中，22℃时 DT_{50}：231d (pH5)，15d (pH7)，0.15d (pH9)；紫外线条件下水悬浮液迅速分解。

毒性　(fluoroglycofen-ethyl) 急性经口 LD_{50} 大鼠 1500mg/kg。急性经皮 LD_{50} 兔 >5000mg/kg。对皮肤和眼睛有轻微刺激 (兔)。大鼠吸入 LC_{50} (4h) >7.5mg EC/L 空气。无作用剂量：(1 年) 狗 320mg/kg。无致畸作用。山齿鹑急性经口 LD_{50} >3160mg/kg；饲喂毒性 LC_{50} (8d)：野鸭和山齿鹑 >5000mg a.i./L。鱼 LC_{50} (96h, mg/L)：大翻车鱼 1.6, 鳟鱼 23。水蚤 LC_{50} (48h) 30mg/L。蜜蜂 LD_{50} (接触) >100μg/只。

制剂　EC, WP。

应用　原卟啉原氧化酶抑制剂。一旦被植物吸收，只有在光照条件下，才发挥效力。该化合物同分子氯反应，生成对植物细胞具有毒性的四吡咯化合物，积聚而发生作用。积聚过程中，使植物细胞膜完全消失，然后引起细胞内含物渗漏。最终导致杂草死亡。适用于小麦、大麦、花生、大豆和水稻。可防除阔叶杂草和禾本科杂草如猪殃殃、婆婆纳、堇菜、苍耳属和甘蓝属杂草等。该药剂对多年生杂草无效。苗后使用防除阔叶杂草，所需剂量相对较低。虽然该药剂苗前施用对敏感的双子叶杂草也有一些活性，但剂量必须高于苗后剂量的 2~10 倍。

合成路线

分析方法　采用 HPLC 方法。

主要生产商　Dow AgroSciences，江苏长青，连云港立本，江苏农药研究所，内蒙古宏裕，青岛瀚生。

参考文献

[1] DE 2311638.
[2] EP 20052.

乙酰甲草胺（diethatyl）

diethatyl: $C_{14}H_{18}ClNO_3$, 283.8, 38725-95-0;
diethatyl-ethyl: $C_{16}H_{22}ClNO_3$, 311.8, 38727-55-8

1972 年由 S. K. Lehman 报道了乙酯的除草活性。由 Hercules Inc. Agrochemicals (Nor-Am Chemical Co.) 开发。

其他名称 Antor，Hercules22234

化学名称 N-氯乙酰基-N-(2,6-二乙基苯基)甘氨酸；N-chloroacetyl-N-(2,6-diethylphenyl)glycine；N-氯乙酰基-N-(2,6-二乙基苯基)甘氨酸乙酯；N-chloroacetyl-N-(2,6-diethylphenyl)glycine ethyl ester

CAS 名称 N-(chloroacetyl)-N-(2,6-diethylphenyl)glycine(酸)

理化性质 乙酯为结晶体。熔点 49～50℃。25℃下水中溶解度为 105mg/L，溶于普通有机溶剂，如二甲苯、异佛尔酮、氯苯、环己酮。在 5＞pH 或 pH＞12 时水解。工业品和制剂在常温条件下稳定期＞2 年。0℃下有结晶析出。

毒性 大鼠急性经口 LD_{50} 2300～3700mg/kg。兔急性经皮 LD_{50} 4000mg/kg。2 年饲喂无作用剂量：大鼠 1000mg/kg 饲料，狗 50mg/kg，小鼠 1000mg/kg。3 代繁殖研究表明，大鼠无作用剂量 200mg/kg。鱼毒 LC_{50}（24h）：大翻车鱼 7.14mg/L（无作用剂量 2.4mg/L），虹鳟鱼 10.3mg/L（无作用剂量 1.0mg/L）。0.044mg/只剂量对蜜蜂无毒。

制剂 EC。

应用 Diethatyl-ethyl 可用于花生、马铃薯、甜菜、大豆、冬小麦等田间除草，可防除稗草、毛地黄属、看麦娘属和狗尾草等。本品可与防除阔叶杂草的除草剂混用，防除阔叶杂草，如龙葵、母菊属、苋属。

分析方法 采用 GLC 或 HPLC。

乙氧苯草胺（etobenzanid）

$C_{16}H_{15}Cl_2NO_3$，340，79540-50-4

其他名称 HW-52，Hodocide

化学名称 2′,3′-二氯-4-乙氧基甲氧基苯酰苯胺；2′,3′-dichloro-4-ethoxymethoxybenzanilide

CAS 名称　N-(2,3-dichlorophenyl)-4-(ethoxymethoxy)benzamide

理化性质　纯品为无色晶体。熔点 92～93℃。蒸气压 2.1×10^{-2} mPa（40℃）。水中溶解度（25℃）0.92mg/L；其他溶剂中溶解度（g/L，25℃）：丙酮＞100，正己烷 2.42，甲醇 22.4。

毒性　小鼠急性经口 LD_{50}＞5000mg/kg。雄、雌大鼠急性经皮 LD_{50}＞4000mg/kg。对兔皮肤、眼睛有轻微刺激性。大鼠急性吸入 LC_{50}（4h）1503mg/L 空气。NOEL 数据：大鼠饲喂试验无作用剂量为 4.4mg/(kg·d)。ADI 值 0.044mg/kg。鹌鹑急性经口 LD_{50}＞2000mg/kg。鲤鱼 LC_{50}（72h）＞1000mg/L。对蜜蜂、蚯蚓几乎无毒。蜜蜂 LD_{50}＞160mg/kg，蚯蚓 LC_{50}＞1000mg/kg 土。

制剂　GR，WP。

应用　主要用于水稻田苗前或苗后除草。

合成路线　以 2,3-二氯苯胺为原料，与对羟基苯甲酸反应，生成中间体酰胺，在催化剂作用下与 $CH_3CH_2OCH_2Cl$ 反应，制得乙氧苯草胺。

分析方法　采用 GC/HPLC 法。

主要生产商　Hodogaya。

乙氧氟草醚（oxyfluorfen）

$C_{15}H_{11}ClF_3NO_4$，361.7，42874-03-3

由 R. y. yih 和 C. Swithenbank 报道。1976 年由 Rohm & haas Co.（现 Dow AgroSciences）推出并上市。

其他名称　氟硝草醚，果尔，割草醚，RH-2915

化学名称　2-氯-α,α,α-三氟对甲苯基-3-乙氧基-4-硝基苯基醚；2-chloro-α,α,α-trifluoro-p-tolyl-3-ethoxy-4-nitrophenyl ether

CAS 名称　2-chloro-1-(3-ethoxy-4-nitrophenoxy)-4-(trifluoromethyl)benzene

理化性质　橙色晶体。熔点 85～95℃（原药 65～84℃）。沸点 358.2℃（分解）。蒸气压（纯有效成分）0.0267mPa（25℃）。Henry 常数 8.33×10^{-2} Pa·m³/mol（25℃，计算值）。$K_{ow}\lg P$ 4.47。相对密度 1.35（73℃）。水中溶解度 0.116mg/L（25℃）。易溶于大多数有机溶剂，如丙酮 72.5、环己酮与异佛尔酮 61.5、二甲基甲酰胺＞50、氯仿 50～55、2,4,6-三甲苯基氧化物 40～50（g/100g，25℃）。在 pH 5～9（25℃），28d 内无明显水解。在紫外光照射下迅速分解。DT_{50} 3d（室温），50℃以下稳定。

毒性　鼠和狗急性经口 LD_{50}＞5000mg/kg。兔急性经皮 LD_{50}＞10000mg/kg。对兔眼睛

有轻度至中度刺激，对皮肤有中度刺激。大鼠吸入 LC_{50}（4h）＞5.4mg/L。无作用剂量：小鼠（20 个月）2mg/kg 饲料 [0.3mg/(kg·d)]，大鼠 40mg/kg 饲料，狗 100mg/kg 饲料。山齿鹑急性 LD_{50}＞2150mg/kg。山齿鹑、野鸭 LC_{50}（8d）＞5000mg/L。LC_{50}（96h）：大翻车鱼 0.2mg/L，鳟鱼 0.41mg/L，通道鲶鱼 0.4mg/L。水蚤 LC_{50}（48h）1.5mg/L。对蜜蜂无毒，LC_{50} 0.025mg（a.i.）/只。对蚯蚓几乎无毒，急性 LC_{50}＞1000mg/kg 土。

制剂　EC，GR，SC。

应用　原卟啉原氧化酶抑制剂。选择性触杀型除草剂，迅速被叶子（特别是芽）吸收，然后由根吸收，很少传导。用于多种生长在热带和亚热带的作物，防除一年生阔叶杂草与禾本科杂草。芽前或芽后使用。包括果树（含柑橘类）、葡萄、坚果、谷物、玉米、大豆、花生、水稻、棉花、香蕉、薄荷、洋葱、大蒜、观赏树木、灌木和松柏苗木。对大豆、棉花可能产生药害。

合成路线

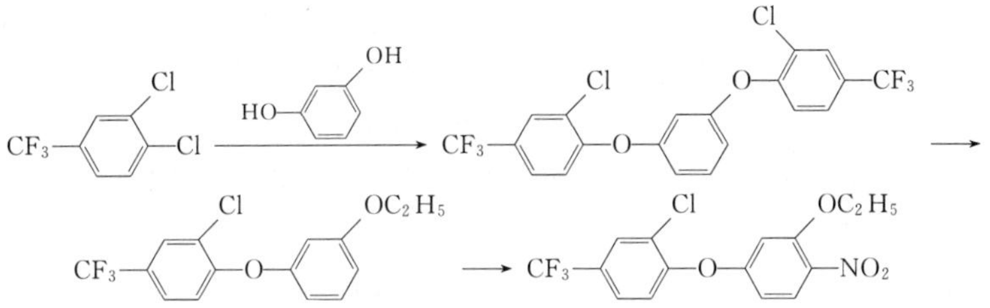

分析方法　产品分析采用 GLC。

主要生产商　Dow AgroSciences，Hui Kwang，Makhteshim-Agan，深圳易普乐，浙江兰溪，宁波保税区汇力化工，山东侨昌，泰达，浙江一帆，浙江禾田。

参考文献

[1]　US 3798276.
[2]　CN 1068106.
[3]　US 4419124.

乙氧隆（chloreturon）

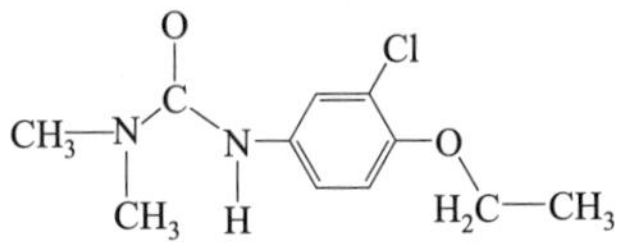

$C_{11}H_{15}ClN_2O_2$，242.7，20782-58-5

由 A. Aamisepp 于 1977 年报道，Hoechst AG 开发。

化学名称　3-(3-氯-4-乙氧基苯基)-1,1-二甲基脲；3-(3-chloro-4-ethoxyphenyl)-1,1-dimethylurea

CAS 名称　N'-(3-chloro-4-ethoxyphenyl)-N,N-dimethylurea

应用　除草剂。

主要生产商　Hoechst AG。

参考文献

Aamisepp A. Proc Swed Weed Conf，1977，18：F9-F13.

乙氧嘧磺隆 (ethoxysulfuron)

$C_{15}H_{18}N_4O_7S$, 398.4, 126801-58-9

1955 年由 E. Hacker 报道。

其他名称　太阳星，Hoe 095404，Hoe 404，Sunrice

化学名称　1-(4,6-二甲氧基嘧啶-2-基)-3-(2-乙氧苯氧磺酰基)脲；1-(4,6-dimethoxy-pyrimidin-2-yl)-3-(2-ethoxyphenoxysulfonyl)urea

CAS 名称　2-ethoxyphenyl [[(4,6-dimethoxy-2-pyrimidinyl)amino]carbonyl]sulfamate

理化性质　纯品为白色至粉色粉状固体。熔点 144～147℃。蒸气压 $6.6×10^{-5}$ Pa (25℃)。$K_{ow}lgP$ (20℃)：2.89 (pH 3)，0.004 (pH 7)，-1.2 (pH 9)。水中溶解度 (20℃，mg/L) 为：26 (pH 5)，1353 (pH7)，7628 (pH9)。稳定性 DT_{50}：65d (pH 5)，259d (pH 7)，331d (pH 9)。

毒性　大鼠急性经口 LD_{50}＞3270mg/kg。大鼠急性经皮 LD_{50}＜4000mg/kg。大鼠急性吸入 LC_{50} (4h)＞6.0mg/L。对兔眼睛和皮肤无刺激性。无致突变性。

制剂　OD，SC，WG。

应用　乙酰乳酸合成酶 (ALS) 抑制剂。通过杂草根和叶吸收，在植株体内传导，杂草即停止生长，而后枯死。适用于小麦、水稻 (插秧稻、抛秧稻、直播稻、秧田)、甘蔗等。对小麦、水稻、甘蔗等安全，且对后茬作物无影响。主要用于防除阔叶杂草、莎草科杂草及藻类如鸭舌草、青葙、雨久花、水绵、飘拂草、牛毛毡、水莎草、异型莎草、碎米莎草、萤蔺、泽泻、鳢肠、野荸荠、眼子菜、水苋菜、丁香蓼、四叶萍、狼把草、鬼针草、草龙、节节菜、矮慈姑等。

合成路线

分析方法　采用 HPLC 法。

主要生产商　Bayer CropScience，泰达集团。

异丙吡草酯 (fluazolate)

$C_{15}H_{12}BrClF_4N_2O_2$, 443.6, 174514-07-9

1997 年由 S. D. Prosch 等人报道。孟山都公司研制,并与 Bayer 公司共同开发。

其他名称 JV 485,MON 48500

化学名称 5-[4-溴-1-甲基-5-三氟甲基吡唑-3-基]-2-氯-4-氟苯甲酸丙酯;isopropyl 5-[4-bromo-1-methyl-5-trifluoromethylpyrazol-3-yl]-2-chloro-4-fluorobenzoate

CAS 名称 1-methylethyl 5-[4-bromo-1-methyl-5-(trifluoromethyl)-1H-pyrazol-3-yl]-2-chloro-4-fluorobenzoate

理化性质 纯品为绒毛状的白色结晶体,熔点 79.5～80.5℃。蒸气压 9.43×10^{-6} Pa(20℃)。$K_{ow} \lg P$ 5.44。Henry 常数 7.89×10^{-2} Pa·m³/mol。20℃水中溶解度为 53μg/L。在 20℃,pH 4～5 稳定,pH7 时半衰期为 4201d,pH 9 时半衰期为 48.8d。

毒性 大鼠急性经口 LD_{50} >5000mg/kg。大鼠急性经皮 LD_{50} >5000mg/kg。对兔眼睛有轻微刺激性,对兔皮肤无刺激性。大鼠急性吸入 LC_{50}(4h)>1.7mg/L。野鸭和小齿鹑急性经口 LD_{50} >2130mg/kg,野鸭和小齿鹑饲喂 LC_{50}(5d)>5330mg/kg。鳟鱼 LC_{50}(96h)>0.045mg/L。Ames 试验呈阴性。小鼠淋巴瘤和活体小鼠微核试验呈阴性。蚯蚓 LC_{50}(14d)>1170mg/kg 土壤。

制剂 EC。

应用 原卟啉原氧化酶抑制剂,是一种新型的触杀型除草剂。通过植物细胞中原卟啉原氧化酶积累而发挥药效。茎叶处理后,迅速被敏感植物或杂草吸收到组织中,使植株迅速坏死,或在阳光照射下,使茎叶脱水干枯而死。适宜冬小麦等作物,对小麦具有很好的选择性。在麦秸和麦粒上没有发现残留,其淋溶物对地表和地下水不会构成污染,因此对环境安全。残效适中,对后茬作物如亚麻、玉米、大豆、油菜、大麦、豌豆等无影响。主要用于防除阔叶杂草如猪殃殃、老鹳草、野芝麻、麦家公、虞美人、繁缕、苣荬菜、田野勿忘草、婆婆纳、荠菜、野萝卜等,禾本科杂草如看麦娘、早熟禾、风剪股颖、黑麦草、不实雀麦等以及莎草科杂草。对猪殃殃和看麦娘有特效。

合成路线 以邻氯对氟甲苯为起始原料,经一系列反应制得中间体吡唑。再经甲基化、氧化制得含吡唑环的苯甲酸。最后经溴化、酰氯化和酯化,处理即得目的物。

分析方法 采用 GC 或 HPLC 法。

参考文献

[1] US 5698708.

[2] WO 9602515.

异丙草胺（propisochlor）

$C_{15}H_{22}ClNO_2$，283.8，86763-47-5

由匈牙利氮化股份公司开发的氯代乙酰胺类除草剂。2006年Arysta LifeScience从匈牙利氮化股份公司购得该品种业务。

其他名称　普乐宝，扑草胺

化学名称　2-氯-6'-乙基-N-异丙氧甲基乙酰邻甲苯胺；2-chloro-6'-ethyl-N-isopropoxy-methylaceto-o-toluidide

CAS名称　2-chloro-N-(2-ethyl-6-methylphenyl)-N-[(1-methylethoxy)methyl]acetamide

理化性质　淡棕色至紫色芳香油状物。熔点21.6℃。沸点：243℃以上分解。蒸气压4mPa（20℃）。K_{ow} lg$P$ 3.50（20℃）。Henry常数$6.17×10^{-3}$Pa·m^3/mol（计算值）。相对密度1.097（20℃）。水中溶解度184mg/L（20℃）。溶于多数有机溶剂。不水解；50℃时pH 4、7、9中，5d后分解率<10%。闪点175℃（Marcusson开杯法），110℃（闭杯法）。

毒性　急性经口LD_{50}：雄大鼠3433，雌大鼠2088（mg/kg）。雄、雌大鼠急性经皮LD_{50}>2000mg/kg。雄、雌大鼠吸入LC_{50}>5000mg/m^3。大鼠（90d）无作用剂量250mg/(kg·d)（25mg/kg）。ADI/RfD 2.5mg/kg。绿头野鸭急性经口LD_{50} 2000，日本鹌鹑688（mg/kg）。绿头野鸭、日本鹌鹑LC_{50}（8d）5000mg/kg。LC_{50}（96h）：鲤鱼7.94，虹鳟鱼0.25（mg/L）。水蚤LC_{50}（96h）6.19mg/L。羊角月牙藻EC_{50} 2.8μg/L。对蜜蜂无毒；LD_{50}（经口与接触）100μg/只。对其他有益生物无危害。对土壤微生物无危害。

制剂　EC。

应用　异丙草胺是酰胺类除草剂，植物幼芽吸收，进入植物体内抑制蛋白酶合成，芽和根停止生长，不定根无法形成。单子叶植物通过胚芽鞘，双子叶植物则经下胚轴吸收，然后向上传导，种子和根也吸收传导，但吸收量较少，传导速度慢，出苗后要靠根吸收向上传导。如果土壤水分适宜，杂草幼芽期不出土即被杀死。症状为芽鞘紧包生长点，稍变粗，胚根细而弯曲，无须根，生长点逐渐变褐至黑色腐烂，如土壤水分少，杂草出土后随着降雨土壤湿度增加，杂草吸收异丙草胺后禾本科杂草心叶扭曲、萎缩，其他叶子皱缩，整株枯死；阔叶杂草叶皱缩变黄，整株枯死。适用于大豆、玉米、甜菜、花生、马铃薯、向日葵、豌豆、洋葱、苹果、葡萄等。

合成路线

分析方法　用GLC和HPLC分析。

主要生产商　KSA，江苏绿利来，山东潍坊润丰，山东侨昌，新沂中凯。
参考文献
[1]　HU 208224.
[2]　The Pesticide Manual. 16th ed.

异丙甲草胺（metolachlor）

$C_{15}H_{22}ClNO_2$，283.8，51218-45-2

由 H. R. Gerber 等报道，1976 年由 Ciba-Geigy AG（现 Syngenta AG）引入市场。

其他名称　都尔，稻乐思，DualDual，BicepBicep，Milocep，CGA 24 705

化学名称　2-氯-6′-乙基-N-(2-甲氧基-1-甲基乙基)乙酰邻替苯胺；2-chloro-6′-ethyl-N-(2-methoxy-1-methylethyl)aceto-o-toluidide

CAS 名称　2-chloro-N-(2-ethyl-6-methylphenyl)-N-(2-methoxy-1-methylethyl)acetamide

理化性质　(1S)-和 (1R)-同分异构体的外消旋混合物，无色至浅棕色液体。熔点 −62.1℃。沸点 100℃/0.133Pa。蒸气压 4.2mPa（25℃）。K_{ow} lg$P$ 2.9（25℃）。Henry 常数 2.4×10^{-3}Pa·m^3/mol（计算值）。相对密度 1.12（20℃）。水中溶解度 488mg/L（25℃）。易溶于苯，甲苯，乙醇，丙酮，二甲苯，正己烷，二甲基甲酰胺，二氯乙烷，环己酮，甲醇，辛醇和二氯甲烷。溶于乙二醇、丙二醇和石油醚。275℃稳定，强碱和强酸条件下水解，DT_{50}（计算值）＞200d（2≤pH≤10）。闪点 190℃。

毒性　急性经口 LD_{50}：雌大鼠 1063，雄大鼠 1936（mg/kg）。大鼠急性经皮 LD_{50}＞5050mg/kg。对皮肤和眼睛有中度刺激（兔）。可引起豚鼠皮肤敏感。大鼠吸入毒性 LC_{50}（4h）＞2.02mg/L（空气）。无作用剂量（90d）：大鼠 300mg/kg[15mg/(kg·d)]，小鼠 100mg/kg[100mg/(kg·d)]，狗 300mg/kg[9.7mg/(kg·d)]。野鸭和山齿鹑急性经口 LD_{50}＞2150mg/kg；山齿鹑和野鸭饲喂毒性 LC_{50}（8d）＞10000mg/kg。虹鳟鱼 LC_{50}（96h）3.9，鲤鱼 4.9，大翻车鱼 10（mg/L）。水蚤 LC_{50}（48h）25mg/L。铜在淡水藻 EC_{50} 0.1mg/L。蜜蜂 LD_{50}（经口和接触）＞110μg/只。蚯蚓 LC_{50}（14d）140mg/kg 土壤。

制剂　EC，FW，GR，SC。

应用　异丙甲草胺主要通过植物的幼芽即单子叶植物的胚芽鞘、双子叶植物的下胚轴吸收向上传导，种子和根也吸收传导，但吸收量较少，传导速度慢。出苗后主要靠根吸收向上传导，抑制幼芽与根的生长。敏感杂草在发芽后出土前或刚刚出土即中毒死亡，表现为芽鞘紧包着生长点，稍变粗，胚根细而弯曲，无须根，生长点逐渐变褐色、黑色烂掉。如果土壤墒情好，杂草被杀死在幼芽期；如果土壤水分少，杂草出土后随着降雨土壤湿度增加，杂草吸收异丙甲草胺，禾本科草心叶扭曲、萎缩，其他叶皱缩后整株枯死。阔叶杂草叶皱缩变黄整株枯死。因此施药应在杂草发芽前进行。适用于大豆、玉米、花生、马铃薯、棉花、甜菜、油菜、向日葵、亚麻、红麻、芝麻、甘蔗等旱田作物，也可在姜和白菜等十字花科、茄科蔬菜和果园、苗圃使用。防除稗草、狗尾草、金狗尾草、牛筋草、早熟禾、野黍、画眉草、黑麦草、稷、虎尾草、鸭跖草、芥菜、小野芝麻、油莎草（在沙质土和壤质土中）、水棘针、香薷、菟丝子等，对柳叶刺蓼、酸模叶蓼、蒿蓄、鼠尾看麦娘、宝盖草、马齿苋、繁缕、藜、小藜、反枝苋、猪毛菜、辣子草。

合成路线

$$\text{2,6-(CH}_3\text{)(C}_2\text{H}_5\text{)C}_6\text{H}_3\text{NH}_2 + \text{CH}_3\text{CH}_2\text{OCH}_3 \xrightarrow{\text{H}_2} \text{2,6-(CH}_3\text{)(C}_2\text{H}_5\text{)C}_6\text{H}_3\text{NHCH(CH}_3\text{)CH}_2\text{OCH}_3 + \text{H}_2\text{O}$$

$$\text{2,6-(CH}_3\text{)(C}_2\text{H}_5\text{)C}_6\text{H}_3\text{NHCH(CH}_3\text{)CH}_2\text{OCH}_3 + \text{ClCOCH}_2\text{Cl} \longrightarrow \text{2,6-(CH}_3\text{)(C}_2\text{H}_5\text{)C}_6\text{H}_3\text{N(CH(CH}_3\text{)CH}_2\text{OCH}_3\text{)(COCH}_2\text{Cl)}$$

分析方法 产品分析采用 GLC/FID。

主要生产商 山东滨农，杭州庆丰，辉丰农化，科赛基农，南通江山，潍坊润丰，山东侨昌。

参考文献

[1] BE 800471.
[2] GB 1438311.
[3] GB 1438312.

异丙净 (dipropetryn)

$C_{11}H_{21}N_5S$, 255.4, 4147-51-7

1968 年 G. A. Buchanan &d. L. Thurlow 报道除草活性。J. R. geigy S. A.（Ciba-Geigy AG）公司开发。

其他名称 Sancap，Cotofor

化学名称 6-乙硫基-N^2,N^4-二-异丙基-1,3,5-三嗪-2,4-二胺；6-ethylthio-N^2,N^4-diisopropyl-1,3,5-triazine-2,4-diamine

CAS 名称 6-(ethylthio)-N,N'-bis(1-methylethyl)-1,3,5-triazine-2,4-diamine

理化性质 纯品为无色粉末，熔点 104~106℃，蒸气压 0.097mPa（20℃），密度 1.120g/cm³（20℃），K_{ow}lg$P$ 3.810，Henry 常数 1.55×10^{-3} Pa·m³/mol（计算值）。溶解度（20℃）：水 16mg/L，丙酮 270g/L，二氯甲烷 300g/L，己烷 9g/L，甲醇 190g/L，辛醇 130g/L，甲苯中 220g/L。25℃下，水解 DT_{50} 24~28d（pH1），>2.5 年（7<pH<13）。土壤中降解，DT_{50} 约 100d。

毒性 大鼠急性经口 LD_{50} 3900~4200mg/kg。兔急性经皮>1000mg/kg，对兔皮肤和眼睛有轻微刺激。98d 饲喂无作用剂量：大鼠 400mg/kg 饲料 [27mg/(kg·d)]。狗 133d 无作用剂量 400mg/kg（饲料）[13mg/(kg·d)]。鱼毒 LC_{50}（96h）：虹鳟鱼 2.7mg/L，大翻车鱼 1.6mg/L。对鸟和蜜蜂无毒。

制剂 FW，SC，WP。

应用 芽前除草剂，防除棉花和瓜类田中的杂草。

分析方法 产品分析采用 GLC 或滴定法。

参考文献

[1] CH 337019.
[2] GB 814948.

异丙乐灵（isopropalin）

$$(CH_3)_2CH-C_6H_2(NO_2)_2-N[(CH_2)_2CH_3]_2$$

$C_{15}H_{23}N_3O_4$，309.4，33820-53-0

1972 年由美国 EliLilly（现 Bayer AG）公司开发。

其他名称 Paarlan，EL-179

化学名称 4-异丙基-2,6-二硝基-N,N-二丙基苯胺；4-isopropyl-2,6-dinitro-N,N-dipropylaniline

CAS 名称 4-(1-methylethyl)-2,6-dinitro-N,N-dipropylbenzenamine

理化性质 原药为橘红色液体。蒸气压 1.9mPa（30℃）。溶解度（25℃）：水中 0.1mg/L；丙酮、己烷、苯、氯仿、乙醚、乙腈、甲醇中＞1kg/L。在田间主要通过紫外线分解。闪点 40.6℃。

毒性 急性经口 LD_{50}：大、小鼠＞5000mg 原药/kg，狗、兔＞200mg/kg。兔急性经皮 LD_{50}≥2000mg/kg，对兔皮肤和眼睛稍有刺激。90d 饲喂试验，对大鼠和狗无作用剂量＞250mg/kg 饲料。禽类急性经口 LD_{50}：鸡、野鸭＞2000mg/kg，鹌鹑、日本鹌鹑＞1000mg/kg。金鱼 LC_{50}（96h）＞0.15mg/L。蜜蜂 LD_{50} 为 0.011mg/只。

制剂 EC。

应用 植前土壤混施除草剂。用于防除直播辣椒和番茄及移栽烟草田中的阔叶杂草及禾本科杂草。

主要生产商 Bayer AG。

参考文献

US 3257190.

异丙隆（isoproturon）

$$(CH_3)_2CH-C_6H_4-NHCON(CH_3)_2$$

$C_{12}H_{18}N_2O$，206.3，34123-59-6

由 Ciba-Geigy 公司（现 Syngenta 公司）研制，德国赫斯特公司（现拜耳公司）开发的脲类除草剂。

其他名称 IPU，Hoe 16410，AE F016410，CGA 18 731，35689 RP，LS 6912999

化学名称 3-(4-异丙基苯基)-1,1-二甲基脲；3-(4-isopropylphenyl)-1,1-dimethylurea；3-p-cumenyl-1,1-dimethylurea

CAS 名称 N,N-dimethyl-N'-[4-(1-methylethyl)phenyl]urea

理化性质 无色晶体。熔点 158℃（原药 153～156℃）。蒸气压：3.15×10^{-3} mPa（20℃），8.1×10^{-3} mPa（25℃）。K_{ow}lg$P$ 2.5（20℃）。Henry 常数 1.46×10^{-5} Pa·m^3/mol。

相对密度 1.2（20℃）。溶解度：水 65mg/L（22℃）；甲醇 75，二氯甲烷 63，丙酮 38，苯 5，二甲苯 4，正己烷 0.2（g/L，20℃）。对光稳定，酸碱环境下稳定，强碱条件下加热水解，DT_{50} 1560d（pH 7）。

毒性 急性经口 LD_{50}（mg/kg）：大鼠 1826～2417，小鼠 3350。大鼠急性经皮 LD_{50} ＞2000mg/kg。对皮肤和眼睛无刺激性（兔）。大鼠吸入 LC_{50}（4h）：＞1.95mg/L（空气）。无作用剂量：（90d）大鼠 400mg/kg，狗 50mg/kg；（2 年）大鼠 80mg/kg。禽类急性经口 LD_{50}（mg/kg）：日本鹌鹑 3042～7926，鸽子＞5000。鱼 LC_{50}（96h，mg/L）：水生生物 129，大翻车鱼＞100，孔雀鱼 90，虹鳟鱼 37，鲤鱼 193。水蚤 LC_{50}（48h）507mg/L。藻类 LC_{50}（72h）0.03mg/L。对蜜蜂无毒，LD_{50}（48h，经口）＞50～100μg/只。蚯蚓 LC_{50}（14d）＞1000mg/kg 干土。

制剂 SC，WP。

应用 光合作用电子传递抑制剂，属取代脲类选择性苗前、苗后除草剂，具有选择内吸活性。阳光充足、温度高、土壤湿度大时有利于药效的发挥，干旱时药效差。症状是敏感杂草叶尖、叶缘褪绿，叶黄，最后枯死。耐药性作物和敏感杂草因对药剂的吸收、传导和代谢速度不同而具有选择性。异丙隆在土壤中因位差和对种子发芽和根无毒性，只有在种子内贮存的养分耗尽后，敏感杂草才死亡。通常用于冬或春小、大麦田除草，也可用于玉米等作物。异丙隆在土壤中被微生物降解，在水中溶解度高，易淋溶，在土壤中的持效性比其他取代脲类更短，半衰期 20d 左右。秋季持效期 2～3 个月。主要用于防除一年生禾本科杂草和许多一年生阔叶杂草，如马唐、早熟禾、看麦娘、小藜、春蓼、兰堇、田芥菜、萹蓄、大爪草、风剪股颖、黑麦草属、繁缕及苋属、矢车菊属等。

合成路线

$$\underset{H_3C}{\overset{H_3C}{\diagup}}\!\!\!\diagdown\!\!-\!\!\!\diagdown\!\!\!-NH_2 \xrightarrow{CCl_3COCl} \underset{H_3C}{\overset{H_3C}{\diagup}}\!\!\!\diagdown\!\!-\!\!\!\diagdown\!\!\!-NHCOCCl_3 \xrightarrow{(CH_3)_2NH} \underset{H_3C}{\overset{H_3C}{\diagup}}\!\!\!\diagdown\!\!-\!\!\!\diagdown\!\!\!-NHCON(CH_3)_2$$

分析方法 采用 HPLC 分析法。
主要生产商 Bayer CropScience，安徽华星，江苏快达，江苏常隆。
参考文献
[1] The Pesticide Manual. 15th ed.
[2] GB 1407587.
[3] EP 239414.

异丙酯草醚（pyribambenz-isopropyl）

$C_{23}H_{25}N_3O_5$，423.46，420138-41-6

其他名称 油达，油欢
化学名称 4-[2-(4,6-二甲氧基嘧啶-2-氧基)苄氨基]苯甲酸异丙酯;isopropyl 4-[2-(4,6-

dimethoxypyrimidin-2-yloxy)benzylamino]benzoate

CAS 名称　1-methylethyl 4-[[[2-[(4,6-dimethoxy-2-pyrimidinyl)oxy]phenyl]methyl]amino]benzoate

理化性质　原药外观为白色固体。熔点83～84℃，不溶于水，易溶于二氯甲烷、丙酮，部分溶于乙醇。

毒性　大鼠急性经口＞5000mg/kg；大鼠急性经皮＞2000mg/kg。

应用　异丙酯草醚在杂草体内的传导同丙酯草醚。对油菜田的一年生禾本科杂草和部分阔叶杂草有较好的防除效果，在移栽油菜移栽缓苗后禾本科杂草2～3叶期茎叶喷雾，对看麦娘、日本看麦娘、牛繁缕、雀舌草等的防效较好，但对大巢菜、野老鹳草、碎米荠的效果差，对泥胡菜、稻搓菜、鼠麴基本无效。药效的发挥要求土壤有较高的湿度，土壤干旱时防效降低。在阔叶杂草较多的地块需与防除阔叶杂草的除草剂混用或搭配使用。异丙酯草醚的药效发挥慢，施药后15d才表现药害症状，药后30d表现明显的药害症状，并开始死亡。

参考文献

农药品种手册精编. 北京：化学工业出版社，2013.

异草定（isocil）

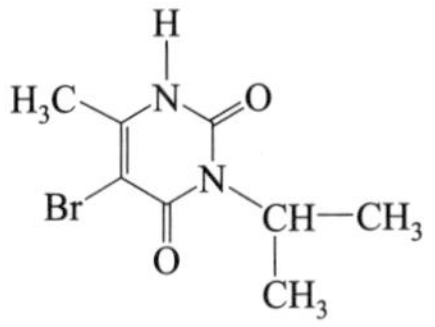

$C_8H_{11}BrN_2O_2$，247.1，314-42-1

1962年由H. C. Bucha等报道除草活性，DuPont公司开发。

其他名称　Du Pont Herbicide 82

化学名称　5-溴-3-异丙基-6-甲基尿嘧啶；5-bromo-3-isopropyl-6-methyluracil

CAS 名称　5-bromo-6-methyl-3-(1-methylethyl)-2,4(1H,3H)-pyrimidinedione

理化性质　原药为白色固体，无臭味。熔点158～159℃。水中溶解度（25℃）：2.1g/L；溶于碱、丙酮、乙醇和乙腈。稳定性好，遇浓酸分解。

毒性　雄大鼠急性经口LD$_{50}$为3400mg/kg。

制剂　WP。

应用　用于非耕作区防除一年生和多年生杂草。

参考文献

US 3235357.

异草完隆（isonoruron）

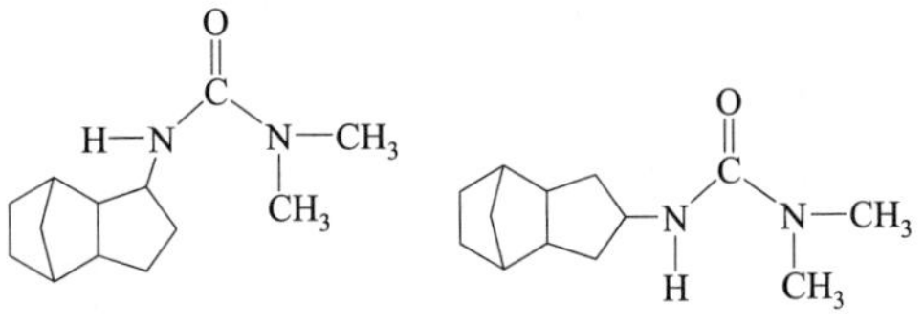

$C_{13}H_{22}N_2O$，222.3，28805-78-9

由 A. Fischer 报道除草活性，BASF AG 开发。

化学名称　1,1-二甲基-3-(六氢-4,7-亚甲基茚满-1-基)脲(i)；1,1-二甲基-3-(六氢-4,7-亚甲基茚满-2-基)脲(ii)；1,1-dimethyl-3-(perhydro-4,7-methanoinden-1-yl)urea(i)；1,1-dimethyl-3-(perhydro-4,7-methanoinden-2-yl)urea(ii)

CAS 名称　N,N-dimethyl-N'-(octahydro-4,7-methano-1H-inden-1-yl)urea(i) 和 N,N-dimethyl-N'-(octahydro-4,7-methano-1H-inden-2-yl)urea(ii)

理化性质　无色结晶粉末。熔点 150～180℃。20℃水中溶解度 220mg/L；其他溶剂中溶解度（g/kg，20℃）：丙酮 11，苯 78，氯仿 138，乙醇 175。

毒性　大鼠急性经口 LD_{50} 为 500mg/kg，急性经皮 LD_{50}：大鼠 2500mg/kg，兔 4000mg/kg。大鼠（120d）400mg/kg 饲料、狗 1600mg/kg 饲料未观察到不良作用。

应用　除草剂。

参考文献

DE 1200062.

异丁草胺 (delachlor)

$C_{15}H_{22}ClNO_2$，283.8，24353-58-0

由 Monsanto 公司开发。

其他名称　CP52223

化学名称　2-氯-N-(异丁氧甲基)乙酰-2',6'-替苯胺；2-chloro-N-(isobutoxymethyl)acet-2',6'-xylidide

CAS 名称　2-chloro-N-(2,6-dimethylphenyl)-N-[(2-methylpropoxy)methyl]acetamide

理化性质　沸点 135～140℃，在水中溶解度为 59mg/L。

毒性　大鼠急性经口 LD_{50} 为 1750mg/kg。

应用　芽前除草剂。适用于甜菜、花生、玉米、马铃薯、大豆等作物田中防除一年生禾本科杂草和阔叶杂草。

异噁草醚 (isoxapyrifop)

$C_{17}H_{16}Cl_2N_2O_4$，383.2，87757-18-4

1989 年由 H. Ohyama 等报道其除草活性。由 Hokko Chemical Industry Co.，Ltd 推出。

其他名称　HOK-1566，HOK-868，RH-0898

化学名称　(RS)-2-[2-[4-(3,5-二氯-2-吡啶基氧)苯氧基]丙酰基]异噁唑烷；(RS)-2-[2-(4-(3,5-dichloro-2-pyridyloxy)phenoxy)propionyl]isoxazolidine

CAS 名称　（±)-2-[2-[4-[(3,5-dichloro-2-pyridinyl)oxy]phenoxy]-1-oxopropyl]isoxazolidine

理化性质　本品为无色晶体，熔点 121～122℃。K_{ow} lg$P$ 3.36。25℃水中溶解度 9.8mg/L。在土壤中降解 DT_{50}：1～4d，生成相应的酸（chlorazifop），其 DT_{50} 为 30～90d。

毒性　雄大鼠急性经口 LD_{50} 500mg/kg，雌大鼠急性经口 LD_{50} 1400mg/kg，大鼠急性经皮 LD_{50}>5000mg/kg，兔急性经皮 LD_{50}>2000mg/kg。对大鼠、兔皮肤和眼睛无刺激作用，小鼠 1.5 年饲喂试验的无作用剂量为 0.02mg/(kg·d)。在标准试验中，无致诱变、致畸性。日本鹌鹑急性经口 LD_{50}>5000mg/kg。Ames 试验表明无诱变性。鱼毒 LC_{50}（90h）：大翻车鱼 1.4mg/L，虹鳟鱼 1.3mg/L。水蚤 LC_{50}（6h）>10mg/L。

制剂　SC，WG。

应用　2-(4-芳氧基苯氧基）链烷酸类除草剂，是脂肪酸合成抑制剂。芽后用于水稻和小麦，可有效地防除禾本科杂草。本品使用时添加植物油可提高其渗透性。

参考文献

[1] Proc Brighton Crop Prot—Weeds，1：59.
[2] The Pesticide Manual. 9th ed. 511.
[3] FR 2518547.
[4] DE 3246847.

异噁草酮（clomazone）

$C_{12}H_{14}ClNO_2$，239.7，81777-89-1

由 FMC 公司开发的异噁唑啉酮类除草剂。

其他名称　广灭灵，FMC 57 020，Command，Gamit

化学名称　2-(2-氯苄基)-4,4-二甲基异噁唑-3-酮；2-(2-chlorobenzyl)-4,4-dimethyl-1,2-oxazolidin-3-one；2-(2-chlorobenzyl)-4,4-dimethylisoxazolidin-3-one；

CAS 名称　2-[(2-chlorophenyl)methyl]-4,4-dimethyl-3-isoxazolidinone

理化性质　纯品为淡棕色黏稠液体，相对密度 1.192，沸点 275.4℃，熔点 25℃。蒸气压 19.2mPa（25℃）。溶解度：水 1.1g/L，易溶于丙酮、乙腈、氯仿、环己酮、二氯甲烷、二甲基甲酰胺、庚烷、甲醇、甲苯等。稳定性：室温下 2 年或 50℃下 3 个月原药无损失，其水溶液在日光下 DT_{50}>30d，在酸、碱性介质（pH 4.5～9.25）中稳定。其降解作用主要取决于微生物，持效期至少 6 个月。

毒性　大鼠急性经口 LD_{50}：雄 2077mg/kg，雌 1369mg/kg。兔急性经皮 LD_{50}>2000mg/kg，大鼠急性吸入 LC_{50}（4h）4.8mg/L。大鼠 2 年饲喂试验的无作用剂量为 4.3mg/(kg·d)。ADI 值：0.042mg/kg。小齿鹑和野鸭急性经口 LD_{50}>2510mg/kg。小齿鹑和野鸭饲喂 LC_{50}（8d）>5620mg/L。鱼毒 LC_{50}（96h，mg/L）：虹鳟鱼 19，大翻车鱼 34。蚯蚓 LC_{50}（14d）156mg/kg 土。

制剂　EC，CS。

应用　主要用于防除一年生禾本科杂草和阔叶杂草如稗草、牛筋草、苘麻、龙葵、苍耳、马唐、狗尾草、金狗尾草、豚草、香薷、水棘针、野西瓜苗、藜、小藜、遏蓝菜、柳叶刺蓼、酸模叶蓼、马齿苋、狼把草、鬼针草、鸭跖草等。对多年生的刺儿菜、大蓟、苣荬菜、问荆等亦有较强的抑制作用。适用于大豆、甘蔗、马铃薯、花生、烟草、水稻、油菜等。大豆、甘蔗等作物吸收药剂后，经过特殊的代谢作用，将异噁草酮的有效成分转变成无毒的降解物，因此安全。异噁草酮在土壤中的生物活性可持续 6 个月以上，施用异噁草酮当年的秋天（即施用后 4~5 个月）或次年春天（即施用后 6~10 个月）都不宜种植小麦、大麦、燕麦、黑麦、谷子、苜蓿。施用异噁草酮后的次年春季，可以种植水稻、玉米、棉花、花生、向日葵等作物，可根据每一耕作区的具体条件安排后茬作物。

合成路线　2-氯苯甲醛与羟胺反应，经还原，再与氯代特戊酰氯反应，然后在碱的存在下闭环得到产品。

$$\text{2-ClC}_6\text{H}_4\text{CHO} + \text{NH}_2\text{OH} \longrightarrow \text{2-ClC}_6\text{H}_4\text{CH=NOH} \longrightarrow \text{2-ClC}_6\text{H}_4\text{CH}_2\text{NHOH}$$

$$\text{2-ClC}_6\text{H}_4\text{CH}_2\text{NHOH} + \text{ClCH}_2\text{C(CH}_3\text{)}_2\text{COCl} \longrightarrow \text{产品}$$

分析方法　产品分析用 HPLC 法。

主要生产商　FMC，Cheminova，Cynda，Fengle，Heben，Jingma，沈阳化工研究院，浙江海正。

参考文献

[1]　US 4405357.

[2]　FR 2483406.

[3]　US 3251876.

异噁隆（isouron）

$C_{10}H_{17}N_3O_2$，211.3，55861-78-4

1980 年由日本野盐义公司（Shionogi & Co.，Ltd.）开发。

其他名称　异噁隆，Isoxyl，HT5SSEL-187，SSH-43

化学名称　3-(5-叔丁基异噁唑-3-基)-1,1-二甲基脲；3-(5-叔丁基-1,2-噁唑-3-基)-1,1 二甲基脲；3-(5-*tert*-butylisoxazol-3-yl)-1,1-dimethylurea

CAS 名称　N'-[5-(1,1-dimethylethyl)-3-isoxazolyl]-N,N-dimethylurea

理化性质　纯品为无色晶体。熔点 119~120℃，蒸气压 0.116mPa（25℃），K_{ow} lg$P$ 1.98，Henry 常数 4.19×10^{-5} Pa·m³/mol（计算值），相对密度 1.153。溶解度（25℃）：水 0.585g/L（22℃）；正己烷 8.97，甲苯 363，二氯甲烷 661，丙酮 467，甲醇 623，乙酸乙酯 375（g/L，20℃）。pH 4~9 对水解稳定。水中光解 DT_{50} 为 274d（蒸馏水，25℃）。闪点 156℃。

毒性　急性经口 LD_{50}：雄大鼠 630mg/kg，雌大鼠 760mg/kg，雄小鼠 520mg/kg，雌小鼠 530mg/kg。大鼠急性经皮 LD_{50}＞5000mg/kg，对兔皮肤无刺激作用，对兔眼睛有轻微刺激性。大鼠急性吸入 LC_{50}（8h）＞0.415mg/L。无作用剂量［mg/(kg·d)］：（2 年）雄大鼠 7.26，雌大鼠 8.77，雄小鼠 3.42，雌小鼠 16.6。本品无诱变性。禽类急性经口 LD_{50}：北美鹑＞2000mg/kg。鱼毒 LC_{50}（48h）：鲤鱼 75mg（TC）/L，日本金鱼 173mg/L，

虹鳟鱼 110~140mg/L。蜜蜂急性经口 LC_{50}（72h）：1600mg a.i./kg（50% WP）。

制剂 GR，SC，WP。

应用 本品属脲类除草剂，是光合电子传递抑制剂。适用于旱田、非耕地、草坪、林地等，可作土壤处理或茎叶处理，防除的主要杂草有马唐、狗尾草、雀稗、白茅、莎草、蓼、艾蒿等。

合成路线

（1）室温下将氯化氢气体通到3-氨基-5-叔丁基异噁唑的甲苯溶液中，反应混合物与光气反应，得到其异氰酸酯，再与二甲胺反应，即制得异噁隆。

（2）5-叔丁基-3-异噁唑羧酰胺与氢氧化钠水溶液、次氯酸钠及40%二甲胺水溶液反应，即制得异噁隆。

（3）3-氨基-5-叔丁基异噁唑与异氰酸甲酯和三乙胺在苯中回流8h，然后放置过夜，即制得异噁隆。

分析方法 产品和残留物在衍生化后用GC分析。

主要生产商 Nihon Nohyaku Co. Ltd.。

参考文献

［1］ Proc Asian-Pacific Weed Sci Soc Conf 7th，1979，29：33.
［2］ Japan Pesticide Information，ST6HZ37，40（1980）.
［3］ DE 2436179.
［4］ DE 2818947.
［5］ US 4212981.
［6］ IL 49210.

异噁氯草酮（isoxachlortole）

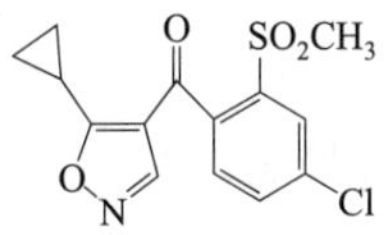

$C_{14}H_{12}ClNO_4S$，325.8，141112-06-3

由 Rhône-Poulenc 公司开发的异噁唑酮类除草剂。

其他名称 RPA 201735

化学名称 4-氯-2-甲磺酰基苯基 5-环丙基-1,3-噁唑-4-基酮；4-chloro-2-mesylphenyl 5-cyclopropyl-1,2-oxazol-4-yl ketone

CAS 名称 ［4-chloro-2-(methylsulfonyl)phenyl］(5-cyclopropyl-4-isoxazolyl)methanone

应用 HPPD 抑制剂，除草剂。

合成路线

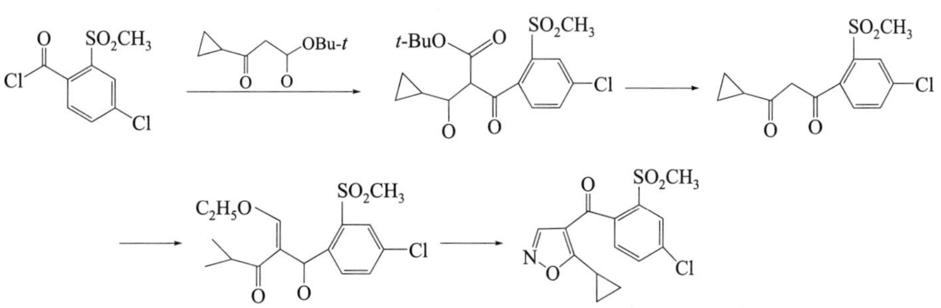

参考文献
EP 470856.

异噁酰草胺(isoxaben)

$C_{18}H_{24}N_2O_4$, 332.4, 82558-50-7

由道农业科学公司开发的酰胺类除草剂。

其他名称　benzamizone, EL-107, Brake, Flexido

化学名称　N-[3-(1-乙基-1-甲基丙基)-1,2-噁唑-5-基]-2,6-二甲氧基苯酰胺；N-[3-(1-ethyl-1-methylpropyl)isoxazol-5-yl]-2,6-dimethoxybenzamide

CAS 名称　N-[3-(1-ethyl-1-methylpropyl)-5-isoxazolyl]-2,6-dimethoxybenzamide

理化性质　纯品为无色晶体，熔点 176~179℃。蒸气压 5.5×10^{-4} mPa（20℃）。$K_{ow}lgP$ 3.94（pH 5.1，20℃），Henry 常数 1.29×10^{-4} Pa·m³/mol。相对密度 0.58（22℃）。水中溶解度：1.42mg/L（pH 7，20℃）；其他溶剂中溶解度（g/L，25℃）：甲醇、乙酸乙酯、二氯甲烷 50~100，乙腈 30~50，甲苯 4~5，己烷 0.07~0.08。pH 5~9 的水中稳定，但其水溶液易发生光分解。

毒性　大、小鼠急性经口 LD_{50}＞10000mg/kg。狗急性经口 LD_{50}＞5000mg/kg。兔急性经皮 LD_{50} 200mg/kg。对兔眼睛能引起轻微的结膜炎。大鼠急性吸入 LC_{50}（1h）＞1.99mg/L 空气。大鼠 2 年饲喂试验的无作用剂量为 5.6mg/(kg·d)。小齿鹑急性经口 LD_{50}＞2000mg/kg，小齿鹑和野鸭饲喂 LC_{50}（5d）＞5000mg/kg。大翻车鱼和虹鳟鱼 LC_{50}（96h）＞1.1mg/L。在田间条件下，对蜜蜂无明显的危害，LD_{50}＞100μg/只。蚯蚓 LC_{50}（14d）＞500mg/kg 土。

应用　细胞壁生物合成抑制剂。药剂由根吸收后，转移至茎和叶，抑制根、茎生长，最后导致死亡。通常用于冬或春小麦、冬或春大麦田除草，也可用于蚕豆、豌豆、果园、苹果园、草坪、观赏植物、蔬菜如洋葱、大蒜等。推荐剂量下对小麦、大麦等安全。主要用于防除阔叶杂草，如繁缕、母菊、蓼属、婆婆纳、堇菜属等。

合成路线　以 2,2-二乙基乙酸甲酯，经甲基化等 3 步反应得到 5-氨基-3-(1-乙基-1-甲基丙基）异噁唑，最后与 2,6-二甲氧基苯酰氯反应，即制得异噁酰草胺。

分析方法　采用 HPLC-UV 法分析。

主要生产商　Dow AgroSciences。

参考文献

[1]　The Pesticide Manual. 15th ed.
[2]　US 4636243.
[3]　GB 2084140.

异噁唑草酮（isoxaflutole）

$C_{15}H_{12}F_3NO_4S$，359.4，141112-29-0

由罗纳-普朗克公司1992年开发、1996年推出的异噁唑类除草剂。

其他名称　百农思，RPA 201772，Balance，Merlin

化学名称　5-环丙基-1,2-噁唑-4-基-α,α,α-三氟甲基-2-甲磺酰基对甲苯基酮；5-cyclopropyl-1,2-oxazol-4-yl-α,α,α-trifluoro-2-mesyl-p-tolyl ketone；5-cyclopropyl-4-[2-methylsulfonyl-4-(trifluoromethyl)benzoyl]isoxazole

CAS名称　(5-cyclopropyl-4-isoxazolyl)[2-(methylsulfonyl)-4-(trifluoromethyl)phenyl]methanone

理化性质　纯品为白色至灰黄色固体，熔点140℃。蒸气压1×10^{-3} mPa（25℃），K_{ow} lg$P$ 2.34，Henry常数1.87×10^{-5} Pa·m³/mol（20℃），相对密度1.590（20℃）。水中溶解度为6.2mg/L（pH 5.5，20℃）；其他溶剂中：丙酮293，二氯甲烷346，乙酸乙酯142，正己烷0.10，甲苯31.2，甲醇13.8（g/L，20℃）。对光稳定，54℃下热贮14d未发生分解，水解DT_{50}：11d（pH 5），20h（pH 7），3h（pH 9）。

毒性　大鼠急性经口$LD_{50}>$5000mg/kg，兔急性经皮$LD_{50}>$2000mg/kg。大鼠急性吸入LC_{50}（4h）$>$5.23mg/L。制剂：大鼠急性经口$LD_{50}>$5000mg/kg，兔急性经皮$LD_{50}>$2000mg/kg。大鼠急性吸入$LC_{50}>$5.26mg/L。NOEL数据：（2年）大鼠2mg/(kg·d)。鹌鹑和野鸭急性经口LD_{50}（14d）$>$2150mg/kg。鱼毒LC_{50}（96h）：虹鳟鱼$>$1.7mg/L，大翻车鱼$>$4.5mg/L。水蚤LC_{50}（48h）$>$1.5mg/L。羊角月牙藻EC_{50} 0.016mg/L。蜜蜂LD_{50}（经口、接触）$>$100μg/只。蠕虫1000mg/kg条件下无毒。

制剂　SC，WG，WP。

应用　HPPD抑制剂。适宜玉米、甘蔗、甜菜等作物，对环境、生态的相容性和安全性极高，其虽然有一些残留活性，但可在生长季节内消失，不会对下茬作物产生影响。爆裂型玉米对该药较为敏感，因此，在这些玉米田上不宜使用。能防除多种一年生阔叶杂草，如对苘麻、苍耳、藜、地肤、繁缕、龙葵、婆婆纳、香薷、曼陀罗、猪毛菜、柳叶刺蓼、春蓼、宾洲蓼、酸模叶蓼、鬼针草、反枝苋、马齿苋、铁苋菜、水棘针等活性优异，对稗草、牛筋草、马唐、秋稷、稷、千金子、狗尾草和大狗尾草等禾本科杂草也有较好的防效。异噁唑草酮的除草活性较高，施用时不要超过推荐用量，并力求把药喷施均匀，以免影响药效和产生药害。尽管其为苗前和苗后广谱性除草剂，但通常作为土壤处理剂。

合成路线

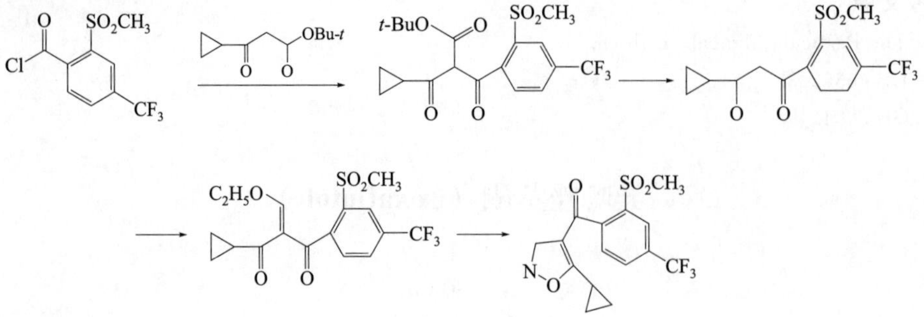

分析方法　采用 HPLC 法。

主要生产商　Bayer AG，Certis Europe。

参考文献

[1]　The Pesticide Manual. 15 th ed.
[2]　EP 0527036.
[3]　EP 470856.
[4]　EP 496631.
[5]　EP 487357.
[6]　US 5804532.
[7]　WO 9414782.
[8]　EP 418715.
[9]　WO 9522904.
[10]　US 5716906.

异噁草胺（isoxaben）

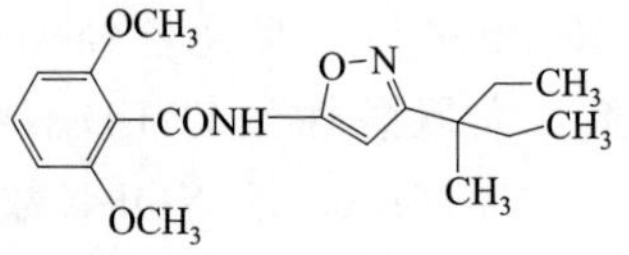

$C_{18}H_{24}N_2O_4$，332.4，82558-50-7

1982 年由 F. Huggenberger 等报道，1984 年由 Eli Lilly & Co. 在法国上市。

其他名称　EL-107，benzamizole

化学名称　N-[3-(1-乙基-1-甲基丙基)噁唑-5-基]-2,6-二甲氧基苯酰胺；N-[3-(1-ethyl-1-methylpropyl) isoxazol -5-yl]-2,6-dimethoxybenzamide

CAS 名称　N-[3-(1-ethyl-1-methylpropyl)-5-isoxazolyl]-2,6-dimethoxybenzamide

理化性质　纯品为无色晶体，熔点 176～179℃。蒸气压 5.5×10^{-4} mPa（20℃）。K_{ow} lg$P$ 3.94（pH 5.1，20℃），Henry 常数 1.29×10^{-4} Pa·m³/mol。相对密度 0.58（22℃）。水中溶解度 1.42mg/L（pH 7，20℃），其他溶剂中溶解度（g/L，25℃）：甲醇、乙酸乙酯、二氯甲烷 50～100，乙腈 30～50，甲苯 4～5，己烷 0.07～0.08。在 pH 5～9 的水中稳定，但其水溶液易发生光解。土壤中 DT_{50} 为 5～6 个月。

毒性　大鼠和小鼠急性经口 $LD_{50}>$10000mg/kg，狗急性经口 $LD_{50}>$5000mg/kg，兔急

性经皮 LD_{50} 200mg/kg。对兔眼睛能引起轻微的结膜炎。大鼠急性吸入 LC_{50} (1h) $>$1.99mg/L 空气。大鼠 2 年饲喂试验的无作用剂量为 5.6mg/(kg·d)。ADI 值：0.065mg/kg。小齿鹑急性经口 $LD_{50}$$>$2000mg/kg，小齿鹑和野鸭饲喂 LC_{50} (5d) $>$5000mg/L。蓝鳃鱼和虹鳟鱼 LC_{50} (96h) $>$1.1mg/L。在田间条件下，对蜜蜂无明显危害，$LD_{50}$$>$100μg/只。蚯蚓 LC_{50} (14d) $>$500mg/kg 土。

制剂 GR，SC，WG。

应用 主要用于防除阔叶杂草如繁缕、母菊、蓼属、婆婆纳、堇菜属等。通常用于冬或春小麦、冬或春大麦田除草，也可用于蚕豆、豌豆、果园、苹果园、草坪、观赏植物、蔬菜如洋葱、大蒜等。主要用于麦田苗前除草，要防除早熟禾等杂草需与其他除草剂混用。推荐剂量下对小麦、大麦等安全。异噁草胺是细胞壁生物合成抑制剂。药剂由根吸收后，转移至茎和叶，抑制根、茎生长，最后导致死亡。

合成路线

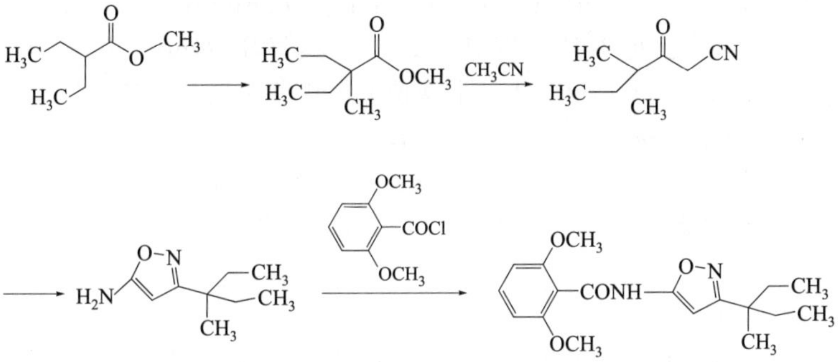

分析方法 产品采用 HPLC-UV 分析。

主要生产商 Dow AgroSciences。

参考文献

[1] Proc Br Crop Prot Conf—Weeds，1982，1：47.
[2] The Pesticide Manual. 12th ed. 2000：561.
[3] GB 2084140.
[4] EP 0049071.

抑草津（ipazine）

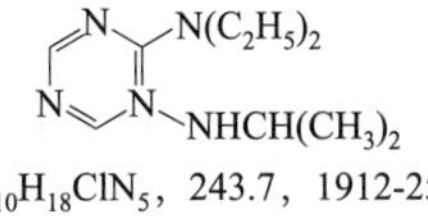

$C_{10}H_{18}ClN_5$，243.7，1912-25-0

由 J. R. Geigy S. A.（现为 Ciba-Geigy）公司开发。

其他名称 G30031，Gesabal

化学名称 6-氯-N^2,N^2-二乙基-N^4-异丙基-1,3,5-三嗪-2,4-二胺；6-chloro-N^2,N^2-diethyl-N^4-isopropyl-1,3,5-triazine-2,4-diamine

CAS 名称 6-chloro-N,N-diethyl-N'-(1-methylethyl)-1,3,5-triazine-2,4-diamine

应用 芽后除草剂。玉米、棉花田中防除禾本科杂草与一年生阔叶杂草。

抑草磷（butamifos）

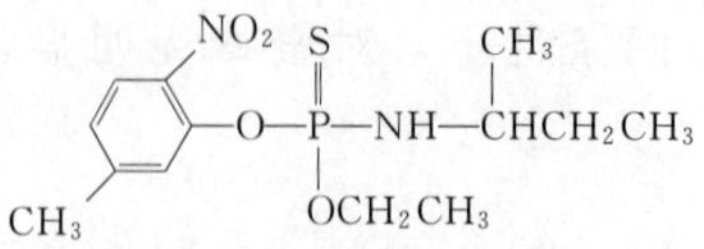

$C_{13}H_{21}N_2O_4PS$，332.4，36335-67-8

由 M. Ueda 于 1975 年报道，Sumitomo Chemical Co., Ltd 推出并于 1980 年在日本首次登记。

其他名称 S-2846，butamiphos

化学名称 O-乙基-O-(5-甲基-2-硝基苯基)-N-仲丁基氨基硫代磷酸酯；O-ethyl O-6-nitro-m-tolyl sec-butylphosphoramidothioate

CAS 名称 O-ethyl O-(5-methyl-2-nitrophenyl)(1-methylpropyl)phosphoramidothioate

理化性质 原药为黄褐色液体。熔点 17.7℃。蒸气压 84mPa（27℃），$K_{ow}\lg P$ 4.62（25℃）。Henry 常数 4.5Pa·m³/mol（计算值）。相对密度 1.188（25℃）。水中溶解度 6.19mg/L（25℃）。室温下易溶于丙酮、二甲苯。

毒性 大鼠急性经口 LD_{50}：雄 1070mg/kg，雌 845mg/kg。大鼠急性经皮 LD_{50}＞5000mg/kg。对皮肤和眼睛无刺激（兔）。大鼠吸入 LC_{50}＞1200mg/m³ 空气。鲤鱼 LC_{50}（48h）2.4mg/L。

制剂 EC，WP，GR。

应用 选择性苗前除草剂。可用于水、旱田防除看麦娘、稗、马唐、蟋蟀草、早熟禾、狗尾草、雀舌草、藜、酸模、猪殃殃、一年蓬、苋、繁缕、马齿苋、小苋菜、车前、莎草、菟丝子等一年生禾本科杂草和一年生阔叶杂草。适用于水稻、小麦、大豆、棉花、豌豆、菜豆、马铃薯、玉米、胡萝卜和移栽莴苣、甘蓝、洋葱等。

合成路线 由 O-乙基-O-(5-甲基-2-硝基苯基)硫代磷酰氯与仲丁基胺反应生成产品。

分析方法 产品分析采用 GLC 或比色法。

主要生产商 Sumitomo Chemical。

参考文献

[1] GB 1359727.
[2] US 3936433.
[3] Ueda M. Jpn Pestic Inf，1975，(23)：23.
[4] Horiba M, et al. Nippon Nogei Kagaku Kaishi，1979，53：111.

抑草蓬（erbon）

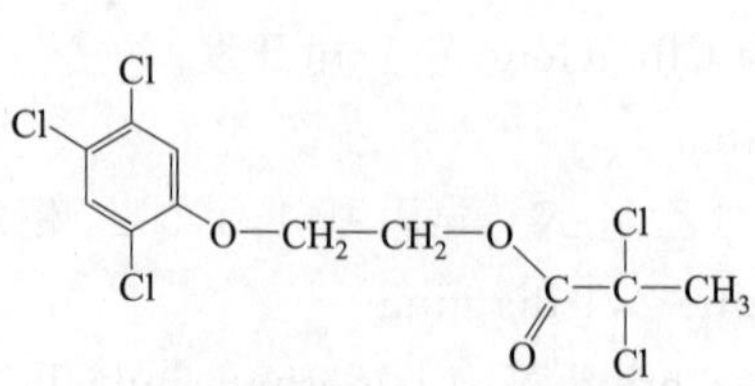

$C_{11}H_9Cl_5O_3$，366.5，136-25-4

由 Dow Chemical Co.（后来为 DowElanco）开发。

其他名称　　Daron

化学名称　　2-(2,4,5-三氯苯氧基)乙基-2,2-二氯丙酸酯；2-(2,4,5-trichlorophenoxy) ethyl 2,2-dichloropropionate

CAS 名称　　2-(2,4,5-trichlorophenoxy)ethyl 2,2-dichloropropanoate

理化性质　　该品为白色固体。熔点 49～50℃，沸点 161～164℃/66.661Pa。不溶于水，溶于丙酮、乙醇、煤油和二甲苯中。对紫外线稳定，不易燃，无腐蚀性。工业品为黑棕色固体，纯度在 95% 以上。

毒性　　97.5% 的工业品对大鼠急性经口 LD_{50} 为 1.120mg/kg，白兔为 710mg/kg，雏鸡为 3170mg/kg。其制剂刺激皮肤和眼睛。

应用　　非选择性、内吸性除草剂。通过土壤直接处理而被根吸收，对多年生阔叶杂草有效，药剂不发生从处理点的侧向移动是该药的主要优点。它能被土壤微生物缓慢分解。主要用于防除匍匐冰草、狗牙根、马唐、藜、蒲公英、蓟等一年生和多年生杂草。

茵达灭（EPTC）

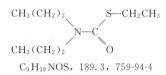

$C_9H_{19}NOS$，189.3，759-94-4

1957 年由 J. Antognini 等报道除草活性。由 Stauffer Chemical Co.（现 Syngenta AG）开发。

其他名称　　Eptam，Eradicane

化学名称　　S-乙基-二正丙基硫代氨基甲酸酯；S-ethyldipropylthiocarbamate

CAS 名称　　S-ethyldipropylcarbamothioate

理化性质　　本品（纯度 99.5%）为清亮无色液体，带有芳香气味。沸点 127℃/2666.44Pa。蒸气压 4.5Pa（25℃），相对密度 0.9546（30℃），K_{ow} lg$P$ 3.2。溶解度 (24℃)：水中 375mg/L；溶于丙酮、乙醇、煤油、4-甲基戊-2-酮、二甲苯中。200℃ 下稳定。在 21～32℃ 下，土壤中 DT_{50} 约 1 周。

毒性　　急性经口 LD_{50}：雄大鼠 2550mg/kg，雌大鼠 2525mg/kg。兔急性经皮 LD_{50} >5000mg/kg，对皮肤和眼睛有轻微刺激。吸入毒性 LC_{50}（4h）：大鼠 4.3mg/L。2 年饲喂试验对小鼠无作用剂量为 20mg/(kg·d)。大鼠饲喂 21d 除兴奋和体重减轻外无其他症状。对鹌鹑 LC_{50}（7d）20000mg/kg。鱼毒 LC_{50}（96h）：大翻车鱼 27mg/L，虹鳟鱼 19mg/L。蜜蜂 LD_{50} 0.11mg/只。

制剂　　EC，GR。

应用　　本药可杀死某些多年生杂草萌发的种子和抑制地下部分幼芽的发育。在多种作物植前施用。利用机械将药拌入土内，并进行灌溉，以防药剂由于挥发性而损失。对防除匍匐冰草和多年生莎草属非常有效。

分析方法　　采用 GLC 配 FID 检测器。

主要生产商　　ÉMV，Aolunda，Oxon，泰禾集团，潍坊润丰。

参考文献

US 2913327.

茵多杀（endothal）

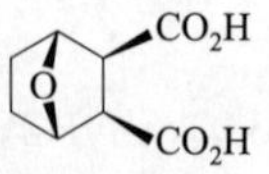

$C_8H_{10}O_5$, 186.2, 145-73-3

由 Elf Atochem 公司开发的双环羧酸类除草剂、除藻剂、植物生长调节剂。1951 年由 N. Tischler 等报道的除草剂、除藻剂、植物生长调节剂。Sharples Chemical Corp.（现 United Phosphorus Ltd）开发。

其他名称 Accelerate，Herbicide 273

化学名称 7-氧杂双环[2.2.1]庚烷-2,3-二羧酸；7-oxabicyclo[2.2.1]heptane-2,3-dicarboxylic acid；3,6-epoxycyclohexane-1,2-dicarboxylic acid

CAS 名称 7-oxabicyclo[2.2.1]heptane-2,3-dicarboxylic acid

理化性质 其纯品（含一个结晶水）为无色晶体。熔点 144℃。蒸气压 $2.09×10^{-5}$ mPa（20℃）。$K_{ow}lgP$ −2.09。Henry 常数 $3.8×10^{-13}$ Pa·m³/mol。相对密度 1.431（20℃）。溶解度（g/kg，20℃）：水 100，二氧六环 76，丙酮 70，甲醇 280，苯 0.1。

毒性 大鼠和小鼠急性经口 LD_{50} 38～45mg/kg。兔急性经皮 LD_{50} >200mg/L。大鼠 2 年饲喂试验的无作用剂量为 100mg/kg。野鸭急性经口 LD_{50} 111mg/kg。虹鳟鱼毒 LC_{50}（96h）48mg/L。

制剂 GR，SL。

应用 主要用于蔬菜田如菠菜、甜菜，草坪苗前或苗后除草。也可用于苜蓿、马铃薯干燥剂，棉花脱叶剂，还可防除藻类和水生杂草。

合成路线

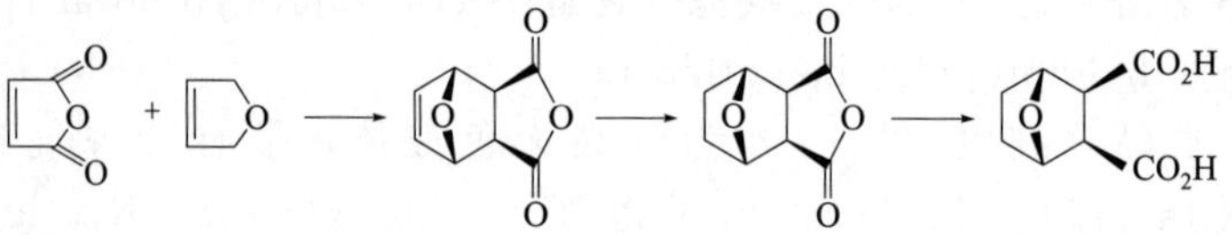

分析方法 采用 GLC-FID 分析。

主要生产商 Cerexagri 公司。

参考文献

[1] US 2550494.
[2] US 2576080.
[3] US 2576081.

吲哚酮草酯（cinidon-ethyl）

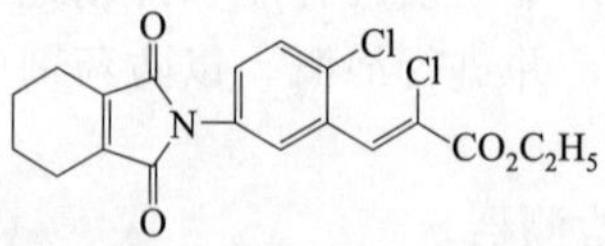

$C_{19}H_{17}Cl_2NO_4$, 394.25, 142891-20-1(Z)-isomer, 132057-06-8

1998 年由 BASF AG（现 BASF SE）在英国上市，由 W. Nuyken 等于 1999 年报道。

其他名称 BAS615H，Bingo，Lotus，Orbit，Solar，Vega

化学名称　2-氯-3-[2-氯-5-(环己-1-烯-1,2-二羧酰亚氨基)苯基]丙烯酸乙酯；ethyl (Z)-2-chloro-3-[2-chloro-5-(1,2-cyclohex-1-enedicarboximido)phenyl]acrylate

CAS 名称　ethyl (2Z)-chloro-3-[2-chloro-5-(1,3,4,5,6,7-hexahydro-1,3-dioxo-2H-isoindol-2-yl)phenyl]-2-propenoate

理化性质　原药纯度＞90％。纯品为白色无味结晶体，熔点 112.2～112.7℃，相对密度 1.398（20℃），蒸气压＜1×10^{-5} Pa（20℃）。K_{ow} lg$P$ 4.51（25℃）。水中溶解度（25℃）0.057mg/L，其他溶剂中溶解度（g/L，20℃）：丙酮 213，甲醇 8，甲苯 384。稳定性：快速水解和光解，水解 DT$_{50}$（20℃）：5d（pH 5），35h（pH 7），54min（pH 9），光解 DT$_{50}$ 2.3d（pH 5）。

毒性　大鼠急性经口 LD$_{50}$＞2200mg/kg。大鼠急性经皮 LD$_{50}$＞2000mg/kg。大鼠急性吸入 LC$_{50}$（4h）＞5.3mg/L。对兔眼睛和皮肤无刺激性。NOEL 数据：狗（1 年）1mg/(kg·d)。ADI 值：0.01mg/kg。小齿鹑急性经口 LD$_{50}$＞2000mg/kg。虹鳟鱼 LC$_{50}$（96h）24.8mg/L。对蜜蜂和蚯蚓无毒：蜜蜂 LD$_{50}$（经口和接触）＞200μg/只，蚯蚓 LC$_{50}$＞1000mg/kg 土。

制剂　EC。

应用　触杀型除草剂。主要用于苗后防除冬播和春播禾谷类作物如小麦、大麦等中阔叶杂草如黄鼬瓣花、猪殃殃、宝盖草、野芝麻、婆婆纳等。为提高对某些阔叶杂草的防除效果可与激素型除草剂如高 2,4-滴丙酸、高 2 甲 4 氯丙酸混用，也可与灭草松混用。吲哚酮草酯也可与其他除草剂进行桶混使用。属原卟啉原氧化酶抑制剂。作用速度快，应用灵活，活性受天气影响小。耐雨水冲刷，施药 1～2h 后，下雨对药效无影响。因其土壤降解半衰期不超过 4d，故对地下水造成危害的可能性极小。

合成路线　以 2-氯-5-硝基苯甲醛为起始原料，首先与氯乙酸乙酯反应，再与氯化亚砜反应，加氢还原，最后与四氢苯酐合环即得目的物。

分析方法　分析采用 GC/HPLC 法。

主要生产商　BASF。

参考文献

[1]　The pesticide Manual. 15th ed.

[2]　EP 0384199.

茚草酮（indanofan）

C$_{20}$H$_{17}$ClO$_3$，340.8，133220-30-1

1999年由日本三菱化学公司推出的茚满类除草剂。

其他名称 MK-243，MX 70906，Trebiace，kirifuda，Regnet，Grassy，Granule

化学名称 (RS)-2-[2-(3-氯苯基)-2,3-环氧丙基]-2-乙基茚满-1,3-二酮；(RS)-2-[2-(3-chlorophenyl)-2,3-epoxypropyl]-2-ethylindan-1,3-dione

CAS 名称 (RS)-2-[[2-(3-chlorophenyl)oxiranyl]methyl]-2-ethyl-1H-indene-1,3(2H)-dione

理化性质 其纯品外观为灰白色晶体，熔点 60.0~61.1℃。蒸气压 2.8×10^{-6} Pa（25℃）。$K_{ow}\lg P$ 3.59（25℃）。Henry 常数 5.6×10^{-5} Pa·m³/mol。相对密度 1.24（25℃）。水中溶解度为 17.1mg/L（25℃）。其他溶剂中溶解度（g/L，25℃）：己烷 10.8，甲醇 120，甲苯、二氯甲烷、丙酮、乙酸乙酯＞500。在酸性条件下水解；DT_{50} 13.1d（pH 4，25℃）。

毒性 雄性大鼠急性经口 LD_{50}＞631mg/kg，雌性大鼠急性经口 LD_{50} 为 460mg/kg。大鼠急性经皮 LD_{50}＞2000mg/kg。大鼠急性吸入 LC_{50} 为 1.5mg/kg。对兔皮肤无刺激性，对兔眼睛有轻微刺激性。无致突变性。鲤鱼 LC_{50}（48h）5mg/L。

制剂 WP，WG，SC，EC。

应用 主要用于水稻和草坪上的茚满类除草剂。水稻田苗前、苗后除草，小麦和大麦苗前除草。杀草谱广，对作物安全。茚草酮具有广谱的除草活性：在苗后早期施用茚草酮能很好地防除水稻田一年生杂草和阔叶杂草如稗草、扁秆藨草、鸭舌草、异型莎草、牛毛毡等。苗后施用茚草酮能防除旱地一年生杂草如马唐、稗草、早熟禾、叶蓼、繁缕、藜、野燕麦等。对水稻、大麦、小麦以及草坪安全。能防除水稻田苗后至 3 叶期稗草。低温性能好，即使在低温下茚草酮也能有效除草。适用的创新剂型，茚草酮的低容量分散粒剂和大丸剂的创新剂型很适用。茚草酮是第一个以 500g 这种低容量分散粒剂剂型登记的除草剂。可以从水稻田堤上施用。

合成路线

分析方法 采用 GC/HPLC 法。

主要生产商 Nihon Nohyaku Co. Ltd。

参考文献

[1] 世界农药，2001，1：53.
[2] EP 0398258.
[3] US 5076830.

茚嗪氟草胺（indaziflam）

$C_{16}H_{20}FN_5$，301.37，950782-86-2

由 Bayer CropScience 推出，2010 年批准用于草皮，2011 年批准应用范围扩大到多年生果树作物。

其他名称　BCS-AA10717

化学名称　N-[(1R,2S)-2,3-二氢-2,6-二甲基-1H-茚-1-基]-6-[(1RS)-1-氟乙基]-1,3,5-三嗪-2,4-二胺；N-[(1R,2S)-2,3-dihydro-2,6-dimethyl-1H-inden-1-yl]-6-[(1RS)-1-fluoroethyl]-1,3,5-triazine-2,4-diamine

CAS 名称　N-[(1R,2S)-2,3-dihydro-2,6-dimethyl-1H-inden-1-yl]-6-(1-fluoroethyl)-1,3,5-triazine-2,4-diamine

理化性质　原药为（1R，2S，1R）异构体 A 和（1R，2S，1S）异构体 B 的混合物。白色至浅米黄色粉末。熔点 177℃。沸点 293℃。蒸气压：2.5×10^{-5} mPa（20℃，异构体 A）；3.7×10^{-6} mPa（20℃，异构体 B）。$K_{ow}lgP$：（异构体 A）2.0（pH 2），2.8（pH 4，pH 7，9）；（异构体 B）2.1（pH 2），2.8（pH 4，pH 7，9）。相对密度：（异构体 A，20℃）1.23；（异构体 B，20℃）1.28。溶解度：水中（异构体 A，20℃，pH 4）4.4，（pH 9）2.8；（异构体 B，20℃，pH 4）1.7，（pH 9）1.2（mg/L）。

毒性　大鼠急性经口 LD_{50} >2000mg/kg。大鼠急性经皮 LD_{50} >2000mg/kg。对兔皮肤、眼睛无刺激性。大鼠急性吸入 LC_{50}（4h）为 2300mg/L。无致癌性，NOAEL：（雄性大鼠）12mg/(kg·d)、（雌性大鼠）17mg/(kg·d)。无致癌潜力，NOAEL：（雄性大鼠）34mg/(kg·d)、（雌性大鼠）42mg/(kg·d)。山齿鹑急性经口 LD_{50} >2000mg/kg。大翻车鱼 LC_{50}（96h）0.32mg/L。水蚤 EC_{50}（48h）>9.88mg/L。蜜蜂急性经口 LD_{50} 120μg/只，接触 LD_{50} 100μg/只。蠕虫 LC_{50}（14d）>1000mg/kg 干土。

制剂　SC。

应用　芽前、芽后用除草剂，可用于林木、葡萄、甘蔗、柑橘、橄榄、梨果等多种作物田防除阔叶杂草和禾本科杂草。

主要生产商　Bayer AG。

参考文献

The Pesticide Manual. 15th ed.

莠不生（EXD）

$C_6H_{10}O_2S_4$，242.4，502-55-6

1949 年由 E. K. Alban 和 L. McCombs 报道。由 Roberts Chemicals Inc. 和 Monsanto Co. 开发。

其他名称　herbisan，Sulfasan

化学名称　O,O-二乙基二硫代双(硫代甲酸酯)；O,O-diethyldithiobis(thioformate)

CAS 名称　diethyl thioperoxydicarbonate；thioperoxydicarbonic acid([(HO)C(S)]$_2$S$_2$) diethyl ester

理化性质　本品为黄色的有强烈味道的固体。熔点 32℃。25℃时在水中的溶解度小于

0.5mg/L，在丙酮中溶解 10%，在苯中 25%，二甲苯 14%。有碱存在时迅速分解。工业品熔点不低于 20℃。

毒性 急性经口 LD_{50}：大鼠 603mg/kg，兔 770mg/kg，豚鼠 500mg/kg。

制剂 EC。

应用 芽前使用的非持效性触杀型除草剂，对马齿苋、藜、匍匐冰草、野燕麦、马唐、繁缕等有效。

莠灭净（ametryn）

$C_9H_{17}N_5S$，227.3，834-12-8

由 H. Gysin & E. Knüsli 报道，J. R. Geigy S. A.（现在 Syngenta AG）开发。

其他名称 阿灭净，G 34 162，Ametrex，ametryne

化学名称 2-甲硫基-4-乙氨基-6-异丙氨基-1,3,5-三嗪；N^2-ethyl-N^4-isopropyl-6-methylthio-1,3,5-triazine-2,4-diamine

CAS 名称 N-ethyl-N'-(1-methylethyl)-6-(methylthio)-1,3,5-triazine-2,4-diamine

理化性质 纯品为白色粉末。熔点 86.3～87.0℃，沸点 337℃/98.6kPa，蒸气压 0.365mPa（25℃），K_{ow}lg$P$ 2.63（25℃），Henry 常数 $4.1×10^{-4}$ Pa·m³/mol（计算值），相对密度 1.18（22℃）。水中溶解度 200mg/L（pH 7.1，22℃）；其他溶剂中溶解度（g/L，25℃）：丙酮 610，甲醇 510，甲苯 470，正辛醇 220，正己烷 12。中性、弱酸性和弱碱性条件下稳定。遇强酸（pH 1）、强碱（pH 13）水解为无除草活性的 6-羟基类似物。紫外线照射缓慢分解。pK_a 4.1，弱碱性。

毒性 大鼠急性经口 LD_{50}：1160mg/kg。急性经皮 LD_{50}（mg/kg）：兔＞2020，大鼠＞2000。对兔眼睛和皮肤无刺激性。对豚鼠皮肤无致敏性。大鼠急性吸入 LC_{50}（4h）＞5030mg/m³ 空气。无作用剂量（mg/kg）：大鼠（2 年）50，小鼠（2 年）10；狗（1 年）200。山齿鹑、野鸭 LC_{50}（5d）＞5620mg/kg。鱼毒 LC_{50}（96h，mg/L）：虹鳟鱼 3.6，大翻车鱼 8.5。水蚤 LC_{50}（96h）28mg/L。羊角月牙藻 EC_{50}（7d）0.0036mg/L。对蜜蜂低毒，LD_{50}＞100μg/只（经口）。蚯蚓 LC_{50}（14d）166mg/kg 土壤。

制剂 TC，WG，WP，SC。

应用 选择性除草剂。防除稗草、牛筋草、狗牙根、马唐、雀稗、狗尾草、大黍、秋稷、千金子、苘麻、一点红、菊芹、大戟属、蓼属、眼子菜、马蹄莲、田荠、胜红蓟、苦苣菜、空心莲子菜、水蜈蚣、苋菜、鬼针草、罗氏草、田旋花、臂形草、藜属、猪屎豆、铁荸荠等。适用于玉米、甘蔗、菠萝、香蕉、棉花、柑橘等作物。通过植物根系和茎叶吸收。植物吸收莠灭净后，向上传导并集中于植物顶端分生组织，抑制敏感植物光合作用中的电子传递，导致叶片内亚硝酸盐积累，达到除草目的。有机质含量低的沙质土不宜使用。施药时应防止飘移到邻近作物上。施用过莠灭净的地块，一年内不能种植对莠灭净敏感的作物。本品应保存在阴凉、干燥处。远离化肥、其他农药、种子、食物、饲料。

合成路线

+ NaSCH₃ ⟶

分析方法 产品采用 GLC-FID 分析。

主要生产商 山东滨农，潍坊润丰，长兴第一化工，浙江中山，以色列阿甘。

参考文献

[1] GB 814948.
[2] CH 337019.
[3] CIPAC Handbook, 1998: H 22.

莠去津（atrazine）

$C_8H_{14}ClN_5$, 215.7, 1912-24-9

由 H. Gysin 和 E. Knüsli 于 1957 年报道，J. R. Geigy S. A.（现 Syngenta AG）推出。

其他名称 阿特拉津，莠去尽，阿特拉嗪，园保净，G 30 027，Atranex

化学名称 2-氯-4-乙氨基-6-异丙氨基-1,3,5-三嗪；6-chloro-N^2-ethyl-N^4-isopropyl-1,3,5-triazine-2,4-diamine

CAS 名称 6-chloro-N-ethyl-N'-(1-methylethyl)-1,3,5-triazine-2,4-diamine

理化性质 纯品为无色粉末。熔点 175.8℃，沸点 205.0℃/101kPa，蒸气压 3.85×10^{-2} mPa（25℃），K_{ow} lg$P$ 2.5（25℃），Henry 常数 1.5×10^{-4} Pa·m³/mol（计算值），相对密度 1.23（22℃）。水中溶解度 33mg/L（pH 7, 22℃）；其他溶剂中溶解度（g/L, 25℃）：乙酸乙酯 24，丙酮 31，二氯甲烷 28，乙醇 15，甲苯 4.0，正己烷 0.11，正辛醇 8.7。中性、弱酸性和弱碱性条件下相对稳定。70℃的中性及强酸、强碱条件下迅速水解为羟基衍生物；DT$_{50}$：（pH 1）9.5d，（pH 5）86d，（pH 13）5.0d。pK_a 1.6。

毒性 急性经口 LD$_{50}$：大鼠 1869～3090mg 原药/kg，小鼠＞1332～3992mg/kg。大鼠急性经皮 LD$_{50}$＞3100mg/kg。对兔皮肤无刺激作用，对眼睛有轻微刺激。对豚鼠及人无皮肤致敏性。大鼠急性吸入 LC$_{50}$（4h）＞5.8mg/L 空气。无作用剂量（2 年）：大鼠 70mg/kg [3.5mg/(kg·d)]，狗 150mg/kg [5.0mg/(kg·d)]，小鼠 10mg/kg [1.4mg/(kg·d)]。急性经口 LD$_{50}$（mg/kg）：山齿鹑 940，野鸭＞2000，成年日本鹌鹑 4237。日本鹌鹑饲喂 LC$_{50}$（8d，mg/kg）：＞5000（雏），＞1000（成年）。鱼毒 LC$_{50}$（96h，mg/L）：虹鳟鱼 4.5～11.0，大翻车鱼 16，鲤鱼 76，鲶鱼 7.6，孔雀鱼 4.3。大型蚤 LC$_{50}$（48h，mg/L）：29。藻类 EC$_{50}$（mg/L）：淡水藻 0.043（72h），羊角月牙藻 0.01（96h）。蜜蜂 LD$_{50}$：＞97μg/只（经口），＞100μg/只（接触）。蚯蚓 LC$_{50}$（14d）78mg/kg 土壤。

制剂 TC，WG，SC，WP。

应用 三嗪类选择性除草剂。用于防除一年生禾本科杂草和阔叶杂草，对某些多年生杂草也有一定的抑制作用。适用于玉米、高粱、甘蔗、果树、苗圃、林地。对桃树不安全；对某些后茬敏感作物，如小麦、大豆、水稻等有药害，可采用降低剂量与别的除草剂混用或改进施药技术。

合成路线

$$\underset{\text{Cl}}{\text{Cl—triazine—Cl}} \xrightarrow{C_2H_5NH_2} \underset{\text{Cl}}{\text{Cl—triazine—NHC}_2H_5} \xrightarrow{(CH_3)_2CHNH_2} \underset{\text{NHCH(CH}_3)_2}{\text{Cl—triazine—NHC}_2H_5}$$

分析方法　原药分析采用气相色谱内标定量方法。

主要生产商　Syngenta，安徽中山化工，广西化工研究院，宣化农药，博爱惠丰，吉林金秋农药，吉化农化，江苏绿利来，南通派斯第，昆明农药，营口三征农化，辽宁天一农药，南京华洲药业，山东滨农，山东大成，山东德浩，山东侨昌，潍坊润丰，无锡禾美，长兴第一化工，浙江中山化工。

参考文献

[1] CN 101502265.
[2] CN 102718725.
[3] CIPAC-handbook，H：33-35.
[4] Proc Int Congr Crop Prot 4th. Hamburg. 1957.

莠去通（atraton）

$C_9H_{17}N_5O$，211.3，1610-17-9

由 E. Knüsli 于 1958 年报道，由 J. R. Geigy S. A.（后 Ciba-Geigy AG）推出。

其他名称　G 32 293，atratone

化学名称　2-甲氧基-4-乙氨基-6-异丙氨基-1,3,5-三嗪；N^2-ethyl-N^4-isopropyl-6-methoxy-1,3,5-triazine-2,4-diamine

CAS 名称　N-ethyl-6-methoxy-N'-(1-methylethyl)-1,3,5-triazine-2,4-diamine

理化性质　熔点 94~96℃，蒸气压 3.8mPa（20℃），Henry 常数 4.46×10^{-4} Pa·m³/mol（计算值）。水中溶解度 0.18%（20℃）。溶于酮类、酯类、乙醚、醇类等有机溶剂。在中性、弱酸性和弱碱性介质中稳定。在酸性或碱性条件下受热水解。

毒性　急性经口 LD_{50}：大鼠 1465~2400mg/kg，小鼠 905mg/kg。以含量 50% 的样品饲喂大鼠 90d，剂量 10mg/kg、200mg/kg，未见有发病迹象。

制剂　WP，EC。

应用　选择性除草剂。用于甘蔗，也可用作除草剂混剂。阻碍光合作用和其他酶的生物过程。

分析方法　产品经乙醚提取，以高氯酸滴定氨基。

参考文献

[1] Phytiatr-Phytopharm，1958，7：81.
[2] Anal Methods Pestic Plant Growth Regul，4，28，173.

仲草丹 (tiocarbazil)

$C_{16}H_{25}NOS$, 279.4, 36756-79-3

由 N. Caracalli 等报道,1974 年 Montedison S. p. A. (后来 Isagro S. p. A.)在意大利上市。

其他名称 M 3432, Drepamon

化学名称 S-苄基二仲丁基(硫代氨基甲酸);S-benzyldi-sec-butylthiocarbamate

CAS 名称 S-(phenylmethyl)bis(1-methylpropyl)carbamothioate

理化性质 无色液体,有芳香气味。蒸气压 93mPa(50℃),K_{ow} lg$P$ 4.4,相对密度 1.023(20℃)。水中溶解度 2.5mg/L(30℃),微溶于极性和非极性有机溶剂。pH 5.6~8.4 对光解稳定,40℃在 pH 1.5 的乙醇水溶液中,30d 后稍有分解。40℃可稳定贮藏 60d。

毒性 大鼠、兔子和豚鼠急性经口 LD_{50}>10000mg/kg,小鼠 8000mg/kg。大鼠和兔子急性经皮 LD_{50}>1200mg/kg。大鼠吸入 LC_{50}>0.18mg/L 空气。2 年饲喂无作用剂量试验,白化鼠和猎犬饲喂 1000mg/kg 饲料,无不良影响,除了雄性狗体重稍有减少。300mg/kg 饲料饲喂白化鼠,对白化鼠 3 代无生殖影响。鸡、鹌鹑急性经口 LD_{50}>10000mg/kg,所试验鱼种 LC_{50}≥8mg/L。对蜜蜂无毒。

制剂 EC,GR,SL。

应用 选择性除草剂,通过根和胚鞘吸收。防除水稻田多年生黑麦草和莎草。

分析方法 产品和残留分析可采用 TLC,产品分析还可采用 GLC。

参考文献

[1] IT 907710.
[2] DE 2144700.

仲丁灵 (butralin)

$C_{14}H_{21}N_3O_4$, 295.3, 33629-47-9

S. R. McLane 等报道。Amchem Products Inc.(现 Bayer AG)开发上市,后该品种业务被售予 CFPI(现 Nufarm S. A. S.)。

其他名称 Lutar,Tabamex Plus,Tobago,Amchem 70-25,Amchem A-820

化学名称 N-仲丁基-4-叔丁基-2,6-二硝基苯胺;N-sec-butyl-4-tert-butyl-2,6-dinitroaniline

CAS 名称 4-(1,1-dimethylethyl)-N-(1-methylpropyl)-2,6-dinitrobenzenamine

理化性质 原药纯度≥98%(不含二甲苯)。橘黄色晶体,有轻微芳香气味。熔点 60℃(原药 59℃)。沸点 134~136℃/66.661Pa;常压下 253℃不沸腾,直接分解。蒸气压

0.77mPa（25℃）。K_{ow}lg$P$ 4.93 [（23±2）℃]。Henry 常数 7.58×10^{-1}Pa·m^3/mol（计算值）。相对密度 1.063（25℃）。溶解度：水 0.3mg/L（25℃）；正庚烷 182.8、二甲苯 668.8、二氯甲烷 877.7、甲醇 68.3、丙酮 773.3、乙酸乙酯 718.4（g/L，20℃）。253℃分解。水中稳定；DT$_{50}$＞1 年。水中光解 DT$_{50}$ 13.6d（pH7，25℃）。光化学降解（Atkinson）DT$_{50}$ 1.5h。

毒性 雄大鼠急性经口 LD$_{50}$ 1170mg/kg（原药），雌大鼠 1049mg/kg（原药）。兔急性经皮 LD$_{50}$≥2000mg/kg（原药）。对兔皮肤有轻微刺激，对兔眼睛有中度刺激。非皮肤致敏剂（Magnusson & Kligman 和 Buehler 测试）。大鼠吸入 LC$_{50}$＞9.35mg/L 空气。NOEL（2 年）大鼠 500mg/kg [20～30mg/(kg·d)]。ADI/RfD（EPA）RfD 不可行（无食用）[1997]；（EC DAR）0.003mg/kg [2006]。山齿鹑急性经口 LD$_{50}$＞2250mg/kg，日本鹑＞5000mg/kg。山齿鹑、绿头野鸭饲喂 LC$_{50}$（8d）＞10000mg/kg 饲料。蓝鳃翻车鱼 LC$_{50}$（96h）1.0mg/L，虹鳟鱼 0.37mg/L。水蚤 EC$_{50}$（48h）0.12mg/L。羊角月牙藻 EC$_{50}$（5d）0.12mg/L。NOEC 摇蚊幼虫 12.25mg/L。蜜蜂 LD$_{50}$（经口）95μg/只；（接触）100μg/只。蚯蚓急性 LC$_{50}$＞1000mg/kg 土。

制剂 EC。

应用 除草剂，植物生长调节剂。

合成路线

分析方法 产品用 GLC 分析（内标法）。

主要生产商 Nufarm SAS，AGROFINA。

参考文献

US 3672866.

仲丁通（secbumeton）

$C_{10}H_{19}N_5O$，225.3，26259-45-0

由 A. Gast & E. Fankhauser 报道，J. R. Geigy S. A.（后来的 Ciba-Geigy AG）开发。

其他名称 密草通，Etazine，Etazine 3585，Sumitol

化学名称 外消旋-N^2-(2R)-丁-2-基-N^4-乙基-6-甲氧基-1,3,5-三嗪-2,4-二胺；N^2-sec-butyl-N^4-ethyl-6-methoxy-1,3,5-triazine-2,4-diamine

CAS 名称 N-ethyl-6-methoxy-N'-(1-methylpropyl)-1,3,5-triazine-2,4-diamine

理化性质 纯品为无色晶体。熔点 86～88℃，蒸气压 0.97mPa（20℃），Henry 常数 3.64×10^{-4} Pa·m^3/mol（计算值），相对密度 1.105（20℃）。水中溶解度 600mg/L（20℃）；丙酮 400，二氯甲烷 600，己烷 22，甲醇 500，辛醇 200，甲苯 350（g/L，20℃）。

DT$_{50}$（20℃，计算值）：30d（pH 1），175d（pH 13）。pK_a 4.4。

毒性 大鼠急性经口 LD$_{50}$ 2680mg/kg。大鼠（90d）无作用剂量 640mg/kg 饲料［约 43mg/(kg·d)］，狗 1600mg/kg 饲料［40mg/(kg·d)］。

制剂 WP。

应用 除草剂。

分析方法 产品分析采用 GLC 或酸滴定法。

主要生产商 Ciba-Geigy 公司。

参考文献

［1］ CH 337019.

［2］ GB 814948.

唑吡嘧磺隆（imazosulfuron）

$C_{14}H_{13}ClN_6O_5S$，412.8，122548-33-8

由日本武田制药公司开发的磺酰脲类除草剂，1993年在日本上市。

其他名称 咪唑磺隆，TH-913，Takeoff，Sibatito

化学名称 1-(2-氯咪唑[1,2-a]吡啶-3-基磺酰基)-3-(4,6-二甲氧基嘧啶-2-基)脲；1-(2-chloroimidazo[1,2-a]pyridin-3-ylsulfonyl)-3-(4,6-dimethoxypyrimidin-2-yl)urea

CAS名称 2-chloro-N-[[(4,6-dimethoxy-2-pyrimidinyl)amino]carbonyl]imidazo[1,2-a]pyridine-3-sulfonamide

理化性质 纯品为白色结晶粉末，熔点 178.6～180.7℃（分解）。蒸气压＜0.63mPa（25℃）。K_{ow} lg$P$：1.88（pH 4），1.59（pH 7），＜0.29（pH 9）。相对密度 1.574（25.5℃）。溶解度（20℃，mg/L）：水 0.37（pH 5），160（pH 7），2200（pH 9）；丙酮 4.2，1,2-二氯乙烷 4.3，正庚烷 0.86，乙酸乙酯 2.1，甲醇 0.16，二甲苯 0.3。pH 7、9 时对水解稳定，DT$_{50}$ 27d（pH 5，25℃）。pK_a 2.2，3.82，9.25。

毒性 大（小）鼠急性经口 LD$_{50}$＞5000mg/kg。兔急性经皮 LD$_{50}$＞2000mg/kg；对兔眼睛和皮肤无刺激性。大鼠急性吸入 LC$_{50}$（4h）2.4mg/L。无作用剂量：雄、雌大鼠（2年）为 106.1mg/(kg·d) 和 132.46mg/(kg·d)。雄、雌狗（1年）均为 75mg/(kg·d)。Ames 试验呈阴性。野鸭和小齿鹑急性经口 LD$_{50}$＞2250mg/kg。野鸭和小齿鹑饲喂 LC$_{50}$（5d）＞5620mg/L。鲤鱼 LC$_{50}$（48h）＞10mg/L。蜜蜂 LD$_{50}$（48h）（接触）＞66.5μg/只。

制剂 WG，SC。

应用 乙酰乳酸合成酶（ALS）抑制剂，即通过根部吸收咪唑磺隆，然后输送到整株植物中。唑吡嘧磺隆抑制杂草顶芽生长，阻止根部和幼苗的生长发育，从而使全株死亡。适宜水稻和草坪。由于唑吡嘧磺隆在水稻体内可被迅速代谢为无活性物质，因此，即使水稻植株吸收一定量的唑吡嘧磺隆，也不会对水稻产生任何药害，在任何气候条件下，该药剂对水稻均十分安全，故可在任何地区使用。主要用于防除稻田大多数一年生与多年生阔叶杂草如牛毛毡、慈姑、莎草、泽泻、眼子菜、水芹等。亦能防除野荸荠、野慈姑等恶性杂草。

合成路线

分析方法　采用 HPLC 法。
主要生产商　Sumitomo Chemical Co. Ltd。
参考文献
[1]　EP 238070.
[2]　EP 305939.
[3]　JP 01254681.
[4]　JP 01316379.

唑草胺（cafenstrole）

$C_{16}H_{22}N_4O_3S$，350.5，125306-83-4

由日本中外制药公司研制，永光化成、日产化学、杜邦、武田化学等公司开发的三唑酰胺类除草剂。

其他名称　CH-900，Grachitor，Himeadow
化学名称　N,N-二乙基-3-均三甲基苯磺酰基-1H-1,2,4-三唑-1-甲酰胺；N,N-diethyl-3-mesitylsulfonyl-1H-1,2,4-triazole-1-carboxamide
CAS 名称　N,N-diethyl-3-[(2,4,6-trimethylphenyl)sulfonyl]-1H-1,2,4-triazole-1-carboxamide
理化性质　纯品为无色晶体。熔点 114～116℃。相对密度 1.30（20℃）。蒸气压 5.3×10^{-5} mPa（20℃）。K_{ow}lg$P$ 3.21。水中溶解度为 2.5mg/L（20℃）。中性和弱酸性条件下稳定。
毒性　大（小）鼠急性经口 $LD_{50}>$5000mg/kg。大鼠急性经皮 $LD_{50}>$2000mg/kg。大鼠急性吸入 LC_{50}（4h）$>$1.97g/L。Ames 试验呈阴性。无致突变性。野鸭和鹌鹑急性经口 $LD_{50}>$2000mg/kg。鲤鱼 LC_{50}（48h）$>$1.2mg/L。蜜蜂 LC_{50}（72h，接触）$>$5000mg/kg。
制剂　GR，WP，SC。
应用　用于防除稻田大多数一年生和多年生阔叶杂草如稗草、鸭舌草、异型莎草、萤蔺、瓜皮草等，对稗草有特效，可苗前和苗后使用。持效期超过 40d。对移栽水稻安全。唑草胺的具体作用机理尚不清楚，大量研究结果显示其作用机理与氯乙酰胺类化合物相似，是细胞生长抑制剂。

合成路线

分析方法 分析采用 GC/HPLC 法。

参考文献

[1] The Pesticide Manual. 12th ed. 2000: 128.
[2] Proc Br Crop Prot Conf-Weed, 1991, 3: 923.
[3] Proc Br Crop Prot Conf-Weed, 1997, 3: 1133.
[4] Pesticide Science, 1997, 52 (4): 381.
[5] CN 1071924.
[6] WO 9202512.
[7] JP 02001481.
[8] JP 1958798.
[9] US 5147445.
[10] EP 0332133.

唑啶草酮 (azafenidin)

$C_{15}H_{13}Cl_2N_3O_2$, 338.2, 68049-83-2

由 L. Amuti 于 1997 年报道,杜邦公司开发的三唑啉酮类除草剂。

其他名称 DPX-R6447, R6447, IN-R6447, Milestone, Evolus

化学名称 2-(2,4-二氯-5-丙炔-2-氧基苯基)-5,6,7,8-四氢-1,2,4-四唑并[4,3-a]吡啶-3(2H)-酮; 2-(2,4-dichloro-5-prop-2-ynyloxyphenyl)-5,6,7,8-tetrahydro-1,2,4-triazolo[4,3-a]pyridin-3(2H)-one

CAS 名称 2-[2,4-dichloro-5-(2-propynyloxy)phenyl]-5,6,7,8-tetrahydro-1,2,4-triazolo[4,3-a]pyridin-3(2H)-one

理化性质 其纯品为铁锈色、具强烈气味的固体。熔点 168~168.5℃。相对密度 1.4 (20℃),蒸气压 $1.0×10^{-9}$ Pa (25℃)。K_{ow} lgP 2.7。水中溶解度为 16mg/L (pH7)。对水解稳定,水中光照半衰期大约为 12h。

毒性 大鼠急性经口 LD_{50} >5000mg/kg。兔急性经皮 LD_{50} >2000mg/kg。大鼠急性吸入 LC_{50} (4h) 5.3mg/L。对兔眼睛和皮肤无刺激性。野鸭和小齿鹑急性经口 LD_{50} >2250mg/kg; 野鸭和小齿鹑饲喂 LC_{50} (8d) >5620mg/L。鱼毒 LC_{50} (96h, mg/L): 大翻车鱼 48, 虹鳟鱼 33。蜜蜂 LD_{50} >20μg/只 (经口), >100μg/只 (接触)。Ames 等试验呈

阴性，无致突变性。

制剂 WG。

应用 原卟啉原氧化酶抑制剂。用于防除多种重要杂草，阔叶杂草如苋、马齿苋、藜、芥菜、千里光、龙葵等，禾本科杂草如狗尾草、马唐、早熟禾、稗草等。对三嗪类、芳氧羧酸类、环己二酮类和ALS抑制剂如磺酰脲类除草剂等产生抗性的杂草有特效。适用于橄榄、柑橘、森林及不需要作物及杂草生长的地点。在杂草出土前施用。因其在土壤中进行微生物降解和光解作用，无生物积累现象，故对环境和作物安全。

合成路线 以 2,4-二氯苯酚和 5-氰戊酰胺为起始原料。2,4-二氯苯酚经醚化、硝化、还原制得中间体苯胺，后经重氮化还原制得中间体取代苯肼。由5-氰戊酰胺制得氰戊氨基甲酸酯，再与乙酸酐制得的中间体哌啶衍生物，然后与取代苯肼反应，最后加热合环即得目的物。

分析方法 产品分析采用 HPLC 法。

主要生产商 DuPont。

参考文献

[1] The Pesticide Manual. 12th ed. 2000: 46.
[2] Amuti L, et al. Proc Br Crop Prot Conf-Weed, 1997, 1: 59.
[3] WO 9422828.
[4] DE 2810429.
[5] US 5705639.
[6] EP 784053.

唑啉草酯（pinoxaden）

$C_{23}H_{32}N_2O_4$, 400.5, 243973-20-8

2006 年由 U. hofer 等和 M. Muehlbach 报道。2006 年由 Syngenta AG 开发、上市。

其他名称 NOA 407855

化学名称 8-(2,6-二乙基对甲苯基)-1,2,4,5-四氢-7-氧-7H-吡唑[1,2-d][1,4,5]噁二氮杂卓 9-基 2,2-二甲基丙酸酯；8-(2,6-diethyl-p-tolyl)-1,2,4,5-tetrahydro-7-oxo-7H-pyrazolo[1,2-d][1,4,5]oxadiazepin-9-yl 2,2-dimethylpropionate

CAS 名称 8-(2,6-diethyl-4-methylphenyl)-1,2,4,5-tetrahydro-7-oxo-7H-pyrazolo[1,2-d][1,4,5]oxadiazepin-9-yl 2,2-dimethylpropanoate

理化性质 细小白色无味粉末，熔点 120.5～121.6℃。蒸气压：2.0×10^{-4} mPa (20℃)、4.6×10^{-4} mPa (25℃)。K_{ow} lg$P$ 3.2 (25℃)。Henry 常数 9.2×10^{-7} Pa·m^3/mol (计算值，25℃)。相对密度 1.16 (21℃)。水中溶解度 200mg/L (25℃)。有机溶剂中溶解度 (g/L)：丙酮 250、二氯甲烷>500、乙酸乙酯 130、正己烷 1.0、甲醇 260、辛醇 140、甲苯 130。稳定性：水解 DT$_{50}$ (20℃)：24.1d (pH 4)，25.3d (pH 5)，14.9d (pH 7)，0.3d (pH 9)。

毒性 急性经口 LD$_{50}$ 大鼠>5000mg/kg。急性经皮 LD$_{50}$ 大鼠>2000mg/kg。对皮肤无刺激作用；对眼睛有刺激性（兔），对皮肤无敏感性（豚鼠）。空气吸入毒性：LC$_{50}$ (4h) 雄性和雌性大鼠 5.22mg/L。无作用剂量 10mg/kg（雌兔和发育毒性）。无致畸作用。山齿鹑急性经口 LD$_{50}$>2250mg/kg；饲喂 LC$_{50}$ (5d) 山齿鹑和野鸭>5620mg/kg。虹鳟鱼急性 LC$_{50}$ (96h) 10.3mg/L。水蚤急性 LC$_{50}$ (48h) 52mg/L。月牙藻 LC$_{50}$ (72h) 16mg/L；鱼腥藻 LC$_{50}$ (96h) 5.0mg/L。蜜蜂 LD$_{50}$ 经口>200μg/只；接触>100μg/只。蚯蚓 LC$_{50}$ (14d)>1000mg/kg 土壤。

制剂 EC。

应用 唑啉草酯属新苯基吡唑啉类除草剂，作用机理为乙酰辅酶 A 羧化酶（ACC）抑制剂，造成脂肪酸合成受阻，使细胞生长分裂停止，细胞膜含脂结构被破坏，导致杂草死亡。具有内吸传导性。主要用于大麦田防除一年生禾本科杂草。经室内活性试验和田间药效试验，结果表明对大麦田一年生禾本科杂草如野燕麦、狗尾草、稗草等有很好的防效。

合成路线

主要生产商 Syngenta 公司。

参考文献
WO 9947525.

唑嘧磺草胺（flumetsulam）

$C_{12}H_9F_2N_5O_2S$，352.3，98967-40-9

由道农业科学（Dow Agroscience）公司开发的三唑并嘧啶磺酰胺类除草剂，1994 年在美国注册。

其他名称　阔草清，豆草能，Broadstrike，DE-498，XRD-498，DH-105，Preside，Scorpion

化学名称　2′,6′-二氟-5-甲基[1,2,4]三唑并[1,5-a]嘧啶-2-磺酰苯胺；2′,6′-difluoro-5-methyl[1,2,4]triazolo[1,5-a]pyrimidine-2-sulfonanilide

CAS 名称　N-(2,6-difluorophenyl)-5-methyl[1,2,4]triazolo[1,5-a]pyrimidine-2-sulfonamide

理化性质　灰白色无味固体。熔点 251～253℃。蒸气压 3.7×10^{-7} mPa（25℃）。$K_{ow}\lg P$ -0.68（25℃）。相对密度 1.77（21℃）。水中溶解度 49mg/L（pH 2.5），溶解度随 pH 值升高而增大，微溶于丙酮和甲醇，溶于正己烷、二甲苯。稳定性：水解 DT_{50} 6～12 个月。土壤光解 DT_{50} 3 个月。pK_a 4.6，闪点>93℃。

毒性　大鼠急性经口 LD_{50}>5000mg/kg。兔急性经皮 LD_{50}>2000mg/kg。对眼睛有轻微刺激（兔）。皮肤不敏感（豚鼠）。大鼠吸入 LC_{50}（4h）1.2mg/L。无作用剂量：小鼠>1000，雌大鼠 500，雄大鼠 1000，狗 1000（mg/kg）。大鼠无致畸、致突变作用。山齿鹑急性经口 LD_{50}>2250mg/kg；山齿鹑和野鸭饲喂 LC_{50}（8d）>5620mg/L。对大翻车鱼无毒。对水蚤无毒。海藻 EC_{50}（5d）：绿藻（羊角月牙藻）4.9g/L，蓝藻（水华鱼腥藻）167μg/L。蜜蜂：LC_{50}>100μg/只。无作用剂量 36μg/只。蠕虫 LC_{50}（14d）>950mg/kg 土壤。

制剂　OF，SC，WG。

应用　唑嘧磺草胺是内吸传导性除草剂，由杂草的根系和叶片吸收，木质部和韧皮部传导，在植物分生组织内积累，抑制植物体内乙酰乳酸合成酶，使支链氨基酸合成停止，蛋白质合成受阻，植物生长停止，杂草死亡。从植物吸收唑嘧磺草胺开始到出现受害症状，直至植物体死亡是一个比较缓慢的过程。杂草吸收唑嘧磺草胺后，叶片中脉失绿，叶脉和叶尖褪色，由心叶开始黄白化，紫化，节间变短，顶芽死亡，最终全株死亡。适用于玉米、大豆、小麦、苜蓿、三叶草等。在其他国家登记作物：大豆、玉米、小麦、大麦、三叶草、苜蓿、豌豆等。防除藜、反枝苋、凹头苋、铁苋菜、苘麻、酸模叶蓼、卷茎蓼、苍耳、柳叶刺蓼、龙葵、苣荬菜、野西瓜苗、香薷、水棘针、繁缕、猪殃殃、大巢菜、毛茛、问荆、地肤以及荠菜、遏蓝菜、风花菜等多种十字花科杂草。

合成路线

分析方法 采用 HPLC 法。
主要生产商 Dow AgroSciences，上虞银邦。
参考文献
[1] EP 142152.
[2] EP 318096.
[3] US 498812.

唑嘧磺隆（zuomihuanglong）

$C_{17}H_{17}N_7O_5S$，431.4，104770-29-8

化学名称 5-(4,6-二甲基嘧啶-2-基氨基甲酰基氨磺酰基)-1-(2-吡啶基)吡唑-4-羧酸甲酯；methyl 5-(4,6-dimethylpyrimidin-2-ylcarbamoylsulfamoyl)-1-(2-pyridyl)pyrazole-4-carboxylate

CAS 名称 methyl 5-[[[[(4,6-dimethyl-2-pyrimidinyl)amino]carbonyl]amino]sulfonyl]-1-(2-pyridinyl)-1H-pyrazole-4-carboxylate

应用 除草剂。

唑酮草酯（carfentrazone-ethyl）

$C_{15}H_{14}Cl_2F_3N_3O_3$(乙酯)，412.2，128639-02-1；
$C_{13}H_{10}Cl_2F_3N_3O_3$(酸)，384.1，128621-72-7

由 FMC 公司于 1997 年推出的三唑啉酮类除草剂。

其他名称 快灭灵，福农，三唑酮草酯，唑草酯，F8426，F116426，Aurora，Spotlight，Aim，Platform，Shark

化学名称 (RS)-2-氯-3-[2-氯-5-(4-二氟甲基-4,5-二氢-3-甲基-5-氧代-1H-1,2,4-三唑-1-基)-4-氟苯基]丙酸乙酯；ethyl (RS)-2-chloro-3-[2-chloro-5-(4-difluoromethyl-4,5-dihydro-3-methyl-5-oxo-1H-1,2,4-triazol-1-yl)-4-fluorophenyl]propionate

CAS 名称 ethyl α,2-dichloro-5-[4-(difluoromethyl)-4,5-dihydro-3-methyl-5-oxo-1H-1,2,4-triazol-1-yl]-4-fluorobenzenepropanoate

理化性质 黄色黏稠液体。熔点 -22.1 ℃。蒸气压 1.6×10^{-2} mPa（25℃），7.2×10^{-3} mPa（20℃）。$K_{ow}\lg P$ 3.36。Henry 常数 2.47×10^{-4} Pa·m^3/mol（20℃，计算值）。相对密度 1.457（20℃）。水中溶解度（mg/L）：12（20℃），22（25℃），23（30℃）。其他溶剂中溶解度：甲苯 0.9，己烷 0.03（g/mL，20℃）；可溶于丙酮、乙醇、醋酸乙酯和二氯甲

烷。稳定性：水解 DT_{50}：3.6h（pH 9），8.6d（pH 7），稳定（pH 5）；液态光解 DT_{50} 8d。

毒性 雌鼠急性经口 LD_{50} 5143mg/kg。大鼠急性经皮 LD_{50} >4000mg/kg。对眼睛有轻微刺激，对皮肤无刺激性（兔），对皮肤无敏感性（豚鼠）。大鼠吸入 LC_{50}（4h）>5mg/L。无作用剂量（2年）大鼠 3mg/(kg·d)。无致突变作用。鹌鹑 LD_{50} >1000mg/kg，鹌鹑和野鸭 LC_{50} >5000mg/L。鱼 LC_{50}（96h）1.6～43mg/L。水蚤 EC_{50}（48h）9.8mg/L。海藻 EC_{50} 12～18μg/L。蜜蜂 LD_{50}：经口 >35μg/只，接触 >200μg/只。蠕虫 LC_{50} >820mg/kg 土壤。

制剂 TC，TK，WG。

应用 用于防除婆婆纳、苘麻、反枝苋、藜、地肤、猪殃殃、龙葵、白芥、野芝麻、红心藜等阔叶杂草。适用于玉米、水稻、草坪、小麦等禾本科作物田。属触杀型茎叶处理剂，用于苗后叶面处理，使敏感阔叶杂草传导受阻而很快干枯死亡，除草谱广，除草速度快，特别是对在长期使用磺脲类除草剂地区产生抗药性的杂草具有特效，对小麦、玉米等禾谷类作物安全，对后茬作物安全。该药属卟啉原氧化酶抑制剂，使细胞内容物渗出，细胞死亡。

合成路线

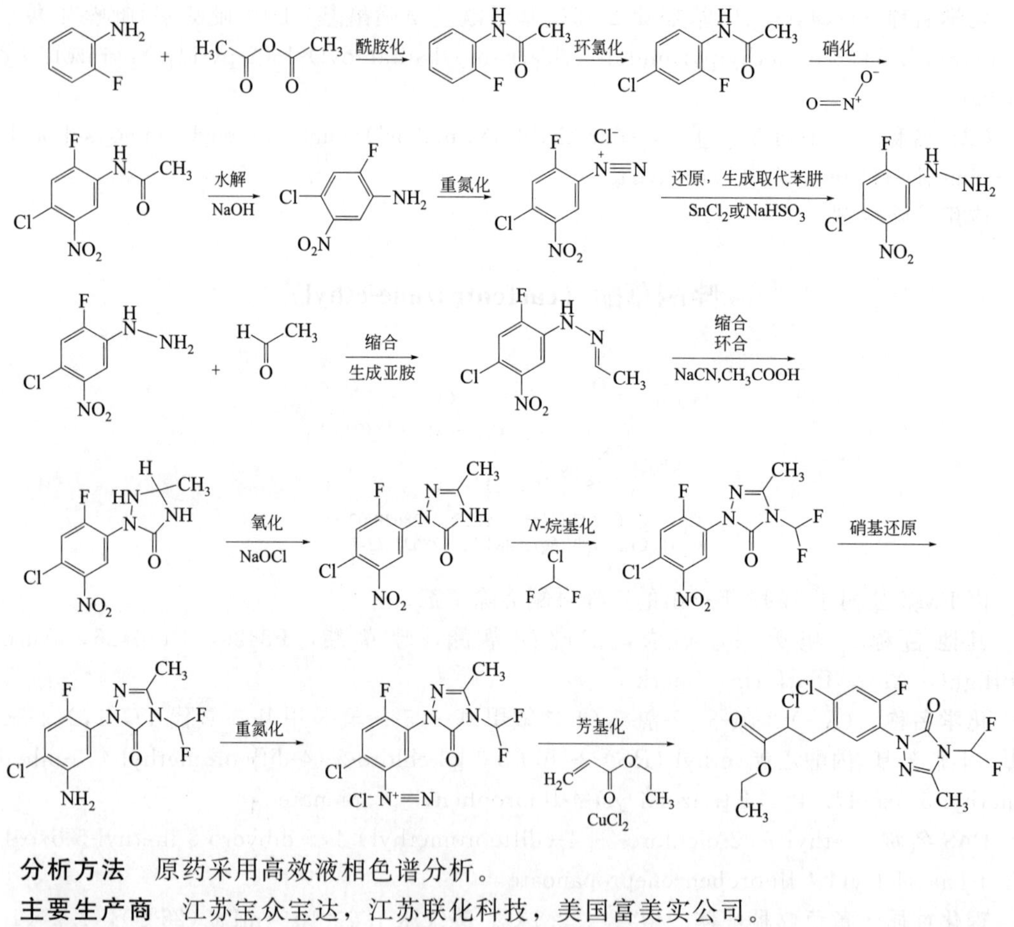

分析方法 原药采用高效液相色谱分析。

主要生产商 江苏宝众宝达，江苏联化科技，美国富美实公司。

参考文献

[1] van Saun W A, et al. Proc Br Crop Prot Conf-Weeds，1993，1：19.

[2] 农药科学与管理，2008，(8)：52.

BCPC

$C_{11}H_{14}ClNO_2$, 227.7, 2164-13-8

化学名称　3-氯苯氨基甲酸仲丁酯；(RS)-sec-butyl-3-chlorocarbanilate
CAS 名称　1-methylpropyl N-(3-chlorophenyl)carbamate
应用　除草剂。

CMA

$C_2H_8As_2CaO_6$, 318.0, 5902-95-4

其他名称　calcium acid methanearsonate, CAMA
化学名称　甲基胂酸氢钙；calcium bis(hydrogen methylarsonate)
CAS 名称　calcium hydrogen methylarsonate
应用　苗后除草剂。
分析方法　产品分析采用酸碱滴定法，总砷的测定采用湿法氧化法。
主要生产商　Drexel。
参考文献
Dietz E A, Moore L O. Anal Methods Pestic Plant Growth Regul, 1978, 10:385.

4-CPB

$C_{10}H_{11}ClO_3$, 214.6, 3547-07-7

化学名称　4-(4-氯苯氧基)丁酸；4-(4-chlorophenoxy)butyric acid
CAS 名称　4-(4-chlorophenoxy)butanoic acid
应用　苯氧类除草剂。

cyclopyrimorate

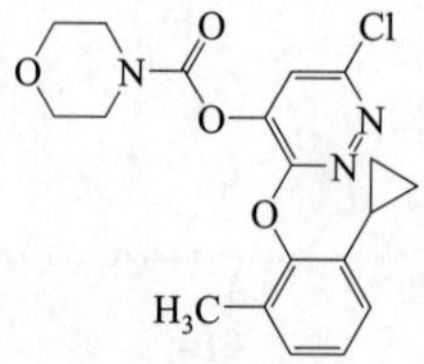

$C_{19}H_{20}ClN_3O_4$, 389.8, 499231-24-2

日本三井化学株式会社开发的哒嗪类除草剂。其创制可能是基于哒草特(pyridate)及哒草醚(credazine)结构。

其他名称 H-965,SW-065

化学名称 6-氯-3-(2-环丙基-6-甲基苯氧基)哒嗪-4-基吗啉-4-羧酸酯；6-chloro-3-(2-cyclopropyl-6-methylphenoxy)pyridazin-4-yl morpholine-4-carboxylate

CAS 名称 6-chloro-3-(2-cyclopropyl-6-methylphenoxy)-4-pyridazinyl 4-morpholinecarboxylate

应用 哒嗪类除草剂。

2,4-DEB

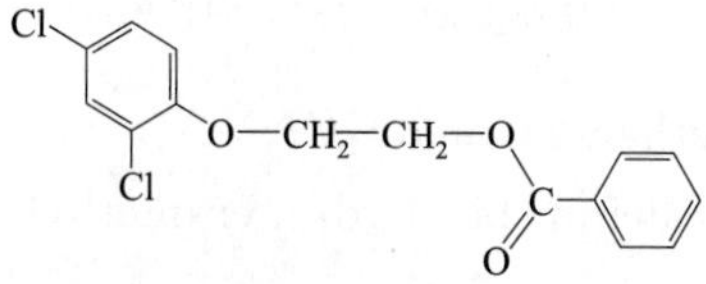

$C_{15}H_{12}Cl_2O_3$, 311.2, 94-83-7

化学名称 2-(2,4-二氯苯氧基)乙基 苯甲酸酯；2-(2,4-dichlorophenoxy)ethyl benzoate

CAS 名称 2-(2,4-dichlorophenoxy)ethyl benzoate

应用 除草剂。

fenquinotrione

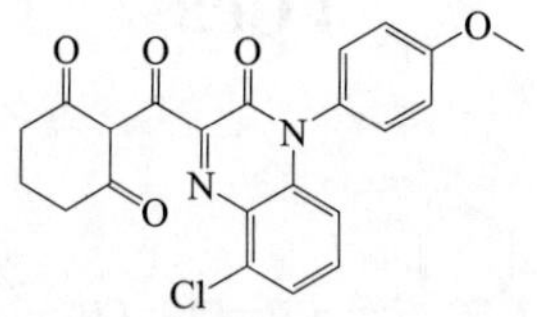

$C_{22}H_{17}ClN_2O_5$, 424.8, 1342891-70-6

日本组合化学开发的三酮类除草剂。

其他名称 KIH-3653,KUH-110

化学名称 2-[8-氯-3,4-二氢-4-(4-甲氧基苯基)-3-氧代喹喔啉-2-基羰基]环己烷-1,3-二酮；2-[8-chloro-3,4-dihydro-4-(4-methoxyphenyl)-3-oxoquinoxalin-2-ylcarbonyl]cyclohexane-1,3-dione

CAS 名称 2-[[8-chloro-3,4-dihydro-4-(4-methoxyphenyl)-3-oxo-2-quinoxalinyl]carbonyl]-1,3-cyclohexanedione

应用 三酮类除草剂。苗前苗后对阔叶杂草和禾本科杂草具有一定的防除效果。

合成路线

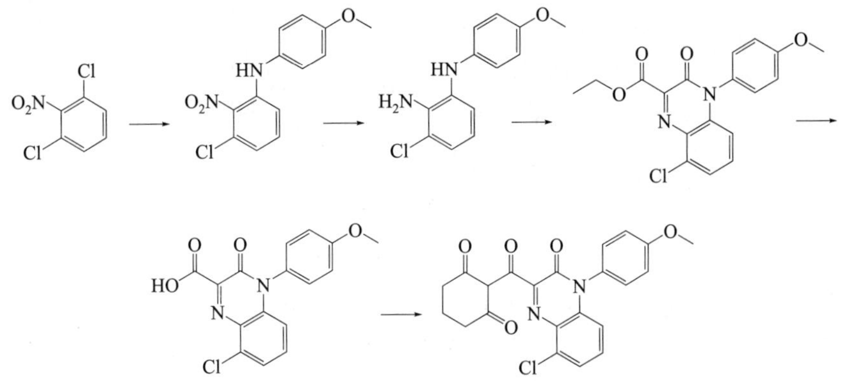

fenquinotrione

tiafenacil

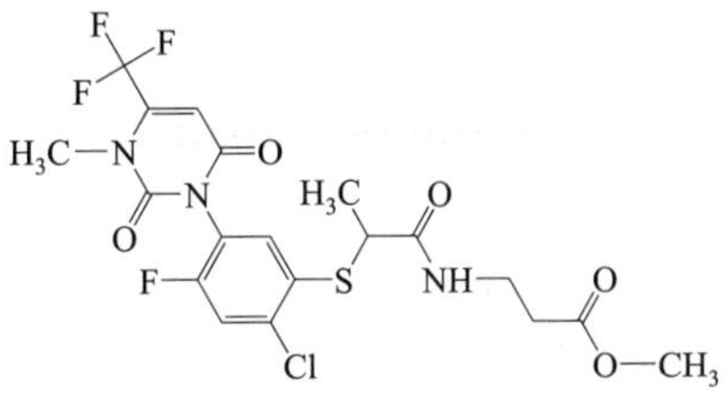

$C_{19}H_{18}ClF_4N_3O_5S$,511.9,1220411-29-9

2013年由韩国东部韩农化工有限公司公开的尿嘧啶类除草剂。

化学名称 3-[(2RS)-2-{2-氯-4-氟-5-[1,2,3,6-四氢-3-甲基-2,6-二氧-4-(三氟甲基)嘧啶-1-(6H)-基]苯硫基}丙酰氨基]丙酸甲酯;methyl 3-[(2RS)-2-{2-chloro-4-fluoro-5-[1,2,3,6-tetrahydro-3-methyl-2,6-dioxo-4-(trifluoromethyl)pyrimidin-1(6H)-yl]phenylthio}propionamido]propionate

CAS名称 methyl N-[2-[2-chloro-5-[3,6-dihydro-3-methyl-2,6-dioxo-4-(trifluoromethyl)-1(2H)-pyrimidinyl]-4-fluorophenyl]thio]-1-oxopropyl]-β-alaninate

应用 尿嘧啶类除草剂。苗前苗后对禾本科杂草及阔叶杂草均有很好的防除效果,且对玉米和小麦安全。

合成路线

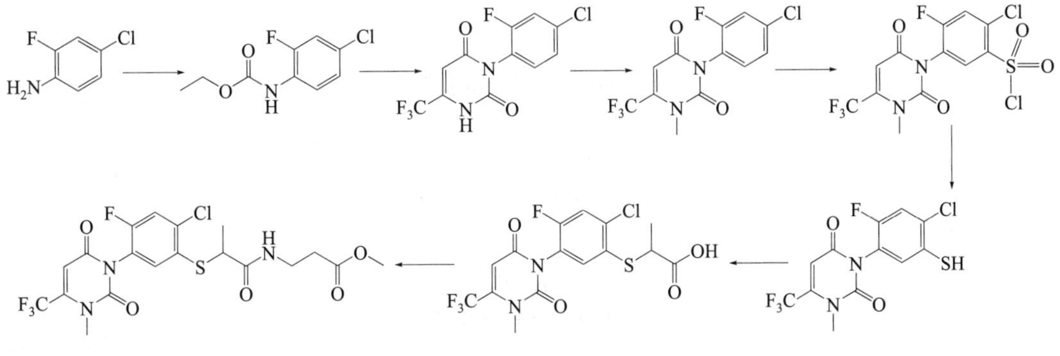

tolpyralate

$C_{21}H_{28}N_2O_9S$, 484.5, 1101132-67-5

2014年石原产业株式会社公开的苯甲酰吡唑类除草剂。

化学名称 (RS)-1-{1-乙基-4-[4-甲磺酰基-3-(2-甲氧基乙氧基)邻甲苯酰基]吡唑-5-基氧基}乙基甲基碳酸酯；(RS)-1-{1-ethyl-4-[4-mesyl-3-(2-methoxyethoxy)-o-toluoyl]pyrazol-5-yloxy}ethyl methyl carbonate

CAS 名称 1-[1-ethyl-4-[3-(2-methoxyethoxy)-2-methyl-4-(methylsulfonyl)benzoyl]-1H-pyrazol-5-yl]oxy]ethyl methyl carbonate

应用 苯甲酰吡唑类除草剂。主要用于玉米田苗后防除阔叶杂草。

trifludimoxazin

$C_{16}H_{11}F_3N_4O_4S$, 412.3, 1258836-72-4

2014年由巴斯夫公司公开的三嗪酮类除草剂。

化学名称 1,5-二甲基-6-硫代-3-(2,2,7-三氟-3,4-二氢-3-氧代-4-丙-2-炔基-2H-1,4-苯并噁嗪-6-基)-1,3,5-三嗪烷-2,4-二酮；1,5-dimethyl-6-thioxo-3-(2,2,7-trifluoro-3,4-dihydro-3-oxo-4-prop-2-ynyl-2H-1,4-benzoxazin-6-yl)-1,3,5-triazinane-2,4-dione

CAS 名称 dihydro-1,5-dimethyl-6-thioxo-3-[2,2,7-trifluoro-3,4-dihydro-3-oxo-4-(2-propyn-1-yl)-2H-1,4-benzoxazin-6-yl]-1,3,5-triazine-2,4(1H,3H)-dione

应用 三嗪酮类除草剂。

tripropindan

$C_{18}H_{26}O$, 258.4, 6682-77-5

由 Roche 开发。

其他名称　Ro 7-0668

化学名称　6-{[(3Z)-6,6-二甲基-6,7-二氢-3H,5H-吡咯并[2,1-c][1,2,4]噻二唑-3-基]亚胺}-7-氟-4-(2-丙炔基)-2H-1,4-苯并噁嗪-3(4H)-酮；1-(6-isopropyl-1,1,4-trimethylindan-5-yl)propan-1-one

CAS 名称　1-[2,3-dihydro-1,1,4-trimethyl-6-(1-methylethyl)-1H-inden-5-yl]-1-propanone

应用　除草剂。

第4部分 植物生长调节剂

矮壮素（chlormequat）

$$\left[Cl-CH_2-CH_2-\overset{CH_3}{\underset{CH_3}{\overset{|}{N^+}}}-CH_3 \right] Cl^-$$

$C_5H_{13}Cl_2N$，158.1，991-81-5

由 N. E. Tolbert 于 1960 年报道，Michigan State University，American Cyanamid Co. 和 BASF AG（现 BASF SE）于 1966 年在德国推出。

其他名称 三西，氯化氯代胆碱，AC38555，BAS 06200W，Cycocel，chlorocholinechloride，CCC，Cycogan

化学名称 氯化 2-氯乙基三甲基铵；2-chloroethyltrimethylammonium chloride

CAS 名称 2-chloro-N,N,N-trimethylethanaminium chloride

理化性质 无色强吸水性晶体，熔点约 235℃。蒸气压<0.001mPa（25℃），K_{ow} lg$P$ −1.59（pH 7），Henry 常数 1.58×10^{-9}Pa·m^3/mol（计算值），相对密度 1.141（20℃）。溶解度（20℃）：水>1kg/kg，甲醇>25g/kg，二氯乙烷、乙酸乙酯、正庚烷、丙酮<1g/kg，三氯甲烷 0.3g/kg（20℃）。强吸水性，在水中稳定，230℃时开始分解。

毒性 （盐酸盐）急性经口 LD$_{50}$：雄性大鼠 966mg/kg，雌性大鼠 807mg/kg。急性经皮 LD$_{50}$：大鼠>4000mg/kg，兔>2000mg/kg，不刺激皮肤和眼睛，无皮肤致敏。大鼠吸入 LC$_{50}$（4h）>5.2mg/L 空气。2 年无作用剂量：大鼠 50mg/kg，雄性小鼠 336mg/kg，雌性小鼠 23mg/kg。鸟类急性经口 LD$_{50}$：日本鹌鹑 441mg/kg，野鸡 261mg/kg，鸡 920mg/kg。鱼类 LC$_{50}$（96h）：镜鲤和虹鳟鱼>100mg/L。水蚤 LC$_{50}$（48h）：31.7mg/L，藻类 EC$_{50}$（72h）：近头状伪蹄形藻>100mg/L，小球藻的 EC$_{50}$ 值为 5656mg/L。对蜜蜂无毒。蚯蚓 LC$_{50}$（14d）：2111mg/kg 土壤。

制剂 TC，SP，AS。

应用 其生理功能是控制植株的营养生长（即根茎叶的生长），促进植株的生殖生长（即花和果实的生长），使植株的节间缩短、矮壮并抗倒伏，促进叶片颜色加深，光合作用加强，提高植株的坐果率、抗旱性、抗寒性和抗盐碱的能力。

分析方法 产品以硝酸银为滴定剂进行电位滴定分析，也可采用比色法或离子色谱法。

主要生产商　黄骅鸿承，安阳全丰，四川国光，绍兴东湖生化。

参考文献

[1] US 3156554.
[2] US 3395009.
[3] GB 1092138.
[4] DE 1199048.

艾维激素（aviglycine）

$C_6H_{12}N_2O_3$，160.2，49669-74-1
盐酸盐：$C_6H_{13}ClN_2O_3$，196.6，55720-26-8

盐酸盐于 1997 年由 Abbott Laboratories（今 Valent BioSciences Corp.）推出。

其他名称　AVG，aminoethoxyvinylglycine，ABG-3097，Ro 4468

化学名称　(S)-反-2-氨基-4-(2-氨基乙氧基)-3-丁烯酸；(E)-L-2-[2-(2-aminoethoxy)vinyl]glycine

CAS 名称　(2S,3E)-2-amino-4-(2-aminoethoxy)-3-butenoic acid；L-trans-2-amino-4-(2-aminoethoxy)-3-butenoic acid

理化性质　原药含量≥80%。灰白色至棕褐色粉末，有氨味，熔点 178～183℃（分解）。$K_{ow}\lg P$ −4.36。容重 0.30～0.49（24℃）。在水中溶解度（g/L，室温）：660（pH 5.0），690（pH 9.0）。应避光保存。旋光度 $[\alpha]_D^{25}$ +89.2°（c=1，0.1mol/L pH 7 磷酸钠盐缓冲溶液）。pK_a 2.84，8.81，9.95。

毒性　大鼠急性经口 LD_{50} >5000mg/kg。兔急性经皮 LD_{50} >2000mg/kg。大鼠吸入 LC_{50}（4h）1.13mg/L。大鼠最大无作用剂量（90d）：2.2mg/(kg·d)。每日允许摄入量：参考剂量 0.002mg/kg。山齿鹑急性经口 LD_{50} 121mg/kg，饲喂 LC_{50}（5d）230mg/kg。鳟鱼 LC_{50}（96h）>139mg/L，最大无作用剂量（96h）139mg/L。水蚤 EC_{50}（48h）>135mg/L，最大无作用剂量 135mg/L。月牙藻 E_rC_{50}（72h）53.3μg/L，最大无作用剂量 5.9μg/L。浮萍 IC_{50}（7d）102μg/L，无明显损害作用水平 24μg/L。蜜蜂 LD_{50}（48h，经口和接触）>100μg/只。蚯蚓 LC_{50} >1000mg/kg。

制剂　SP。

应用　用于苹果、梨、核果和核桃。通过抑制乙烯生物合成过程的酶——1-氨基环丙烷-1-羧酸的合成，竞争抑制乙烯的生物合成。

合成路线　由链霉菌属制备，之后纯化。

主要生产商　Abbott。

苯胺灵（propham）

$C_{10}H_{13}NO_2$，179.2，122-42-9

该植物生长调节剂活性由 W. G. Templeman 和 W. A. Sexton 报道。由 ICI Plant Protection division（现在的 Syngenta AG）引入市场。

化学名称 异丙基苯基氨基甲酸酯；isopropyl phenylcarbamate；isopropyl carbanilate

CAS 名称 1-methylethyl phenylcarbamate

理化性质 无色晶体。熔点 87.0～87.6℃（原药 86.5～87.5℃）。沸点：加热升华。蒸气压：85℃时相当大（在室温下缓慢升华）。相对密度 1.09（20℃）。水中溶解度 250mg/L（20℃）；有机溶剂中溶解度：易溶于酯类、醇类、丙酮、苯、环己烷、二甲苯等。稳定性：高达 100℃时稳定，对光不敏感，在酸性和碱性介质中缓慢水解。

毒性 大鼠急性经口 LD_{50} 5000mg/kg，小鼠 3000mg/kg。大鼠 NOEL（90d）1000mg/kg 饲料（50mg/kg）。ADI/RfD（JMPR）无 ADI [1992]，（EPA）cRfD 0.02mg/kg [1987]。大鼠腹腔 LD_{50} 600mg/kg，小鼠 1000mg/kg。野鸭急性经口 LD_{50}＞2000mg/kg。大翻车鱼 LC_{50}（48h）32mg/L，孔雀鱼 35mg/L。小球藻 EC_{50}（细胞体积）111μmol/L。按照推荐剂量使用对蜜蜂无危害。

制剂 DP，EC，GR，SC，WP。

应用 选择性内吸性除草剂和生长调节剂，通过根和胚芽鞘吸收，并快速向顶传导。用于紫花苜蓿、三叶草、甜菜、菠菜、莴苣、豌豆、蚕豆、亚麻、红花、扁豆和多年生禾本科种子作物，防除许多一年生禾本科杂草和某些阔叶杂草。也可与其他除草剂混用，用于防除甜菜根、饲料甜菜、莴苣和饲牛甜菜的杂草，种植前、出苗前或出苗后施用。也用作马铃薯的发芽抑制剂，常与氯苯胺灵混用。

分析方法 产品通过水解，滴定释放的二氧化碳来分析，与氯苯胺的混合物用 GLC 测定。

主要生产商 Hermania。

参考文献
GB 574995.

苯哒嗪丙酯（fenridazon-propyl）

$C_{15}H_{15}ClN_2O_3$，306.7

其他名称 哒优麦

化学名称 1-(4-氯苯基)-1,4-二氢-4-氧-6-甲基哒嗪-3-羧酸正丙酯；propyl 1-(4-chlorophenyl)-1,4-dihydro-6-methyl-4-oxopyridazine-3-carboxylate

CAS 名称 propyl 1-(4-chlorophenyl)-1,4-dihydro-6-methyl-4-oxo-3-pyridazinecarboxylate

理化性质 原药为浅黄色粉末。熔点 101～102℃。溶解度（20℃，g/L）：水＜1，乙醚 12，苯 280，甲醇 362，乙醇 121，丙酮 427。在一般贮存条件下和中性介质中稳定。

应用 可用于小麦，具有诱导小麦雄性不育的作用。

苯嘧苯醇（isopyrimol）

$C_{14}H_{15}ClN_2O$, 262.7, 55283-69-7

化学名称 1-(4-氯苯基)-2-甲基-1-嘧啶-5-丙基-1-醇；1-(4-chlorophenyl)-2-methyl-1-pyrimidin-5-ylpropan-1-ol

CAS 名称 α-(4-chlorophenyl)-α-(1-methylethyl)-5-pyrimidinemethanol

应用 植物生长调节剂。

苯氰丁酰胺（ciobutide）

$C_{11}H_{12}N_2O$, 188.2, 80544-75-8

由 EGYT Pharmacochemical Works 发现。

化学名称 (RS)-2-氰基-2-苯基丁酰胺；(RS)-2-cyano-2-phenylbutyramide

CAS 名称 (±)-α-cyano-α-ethylbenzeneacetamide

应用 植物生长调节剂。

主要生产商 EGYT Pharmacochemical Works。

比达农（pydanon）

$C_6H_8N_2O_5$, 188.1, 22571-07-9

由 C. F. Spiess & Sohn 开发。

其他名称 H 1244

化学名称 (±)-六氢-4-羟基-3,6-二氧代哒嗪-4-基乙酸；(±)-hexahydro-4-hydroxy-3,6-dioxopyridazin-4-ylacetic acid

CAS 名称 hexahydro-4-hydroxy-3,6-dioxo-4-pyridazineacetic acid

理化性质 熔点 98℃，蒸气压室温下可以忽略不计。易溶于水。

毒性 小鼠 LD_{50} 1000mg/kg。

应用 通过根和叶迅速吸收，向顶传导，用于幼苗，延迟发育 1～3 周，芽前使用，可延长花期 1～2 周。

吡啶醇（pyripropanol）

$C_8H_{11}NO$, 137.2, 2859-68-9

其他名称 丰啶醇

化学名称 3-(2-吡啶基)丙醇；3-(2-pyridyl)propan-1-ol

CAS 名称 2-pyridinepropanol

理化性质 纯品为无色透明油状液体，特有臭味。相对密度 1.070，蒸气压 66.66 Pa/90～95℃。微溶于水（3.0g/L，16℃），易溶于乙醚、丙醇、乙醇、氯仿、苯、甲苯等有机溶剂，不溶于石油醚。原药为浅黄色至棕色油状液体。

毒性 对雄大鼠急性经口 LD_{50} 为 111.5mg/kg，雄小鼠急性经口 LD_{50} 为 154.9mg/kg，大鼠急性经皮 LD_{50} 为 147mg/kg。大鼠 90d 饲喂试验无作用剂量为 5.57mg/(kg·d)，大鼠 2 年慢性毒性试验无作用剂量为 10mg/kg。

应用 吡啶醇作为新型的植物生长抑制剂，能抑制作物营养生长期，可促进根系生长，使茎秆粗壮，叶片增厚，叶色变绿，增强光合作用。用于花生，可提早出苗，提高出苗率，增加茎粗，提高饱果率，增加饱果的双仁儿和三仁儿数。在作物生殖期应用，可控制营养生长，促进生殖生长，提高结实率和增加千粒重。可增加豆科植物的根瘤数，提高固氮能力，降低大豆结荚部位，增加荚数和饱果数，促进早熟丰产。此外还有一定的防病和抗倒伏作用。吡啶醇用于大豆，可抑制株高，使株茎变粗，花数增多，叶面积指数加大，促进光合产物积累，控制营养生长，促进生殖生长。用于西瓜，可控制蔓陡长，促进瓜大，早熟 3～5 天。也可用于玉米、小麦、水稻、果树等作物。

参考文献

农药品种手册精编. 北京：化学工业出版社.

苄氨基嘌呤（benzyladenine）

$C_{12}H_{11}N_5$, 225.3, 1214-39-7

由日本组合化学公司开发的嘌呤类植物生长调节剂。

其他名称 保美灵（＋GA4、GA7），苄腺嘌呤，6-苄基腺嘌呤；6-benzylamino-purine，Accel，BA，Beanin，Patury，Promelin

化学名称 6-(N-苄基)氨基嘌呤；6-苄基腺嘌呤；6-(N-benzyl)aminopurine；6-benzyladenine

CAS 名称 N-(phenylmethyl)-1H-purin-6-amine

理化性质 纯品为白色结晶，熔点 235℃，相对密度 1.4，难溶于水和一般有机溶剂，能溶于热乙醇中，稍溶于热水中，易溶于稀酸、稀碱水溶液。在酸、碱中稳定，光、热不易分解。

毒性 对人、畜安全。大鼠急性经口 LD_{50}：2125mg/kg（雄），2130mg/kg（雌）。小鼠急性经口 LD_{50}：1300mg/kg（雄），1300mg/kg（雌）。对鲤鱼 48h TLm 为 12～24mg/L。

制剂 TC，SP，SL。

应用 高效植物细胞分裂素。可用于果型和品种改良，水果、蔬菜保鲜贮存和水稻增产等。用于苹果可增加果径、量和产量。用于芹菜、香菜可抑制叶子变黄，抑制叶绿素降解和提高氨基酸含量。具有良好的生化性质，促进植物细胞分裂，解除种子休眠，促进种子萌发，促进侧芽萌发和侧枝抽长，促进花芽分化，增加坐果，抑制蛋白质和叶绿素降解。

主要生产商 江苏丰源生物，四川国光农化，四川兰月科技，台州大鹏药业。

补骨内酯（prosuler）

$C_{11}H_6O_3$，186.2，66-97-7

化学名称 7H-呋喃并[3,2-g]苯并吡喃-7-酮；7H-furo[3,2-g]chromen-7-one

CAS 名称 7H-furo[3,2-g][1]benzopyran-7-one

应用 植物生长调节剂。

赤霉酸（gibberellic acid）

$C_{19}H_{22}O_6$，346.4，77-06-5，125-67-7(potassium salt)

由 ICI（现 Syngenta AG）开发。

其他名称 赤霉素，gibberellin A_3，GA_3

化学名称 (3S,3aR,4S,4aS,7S,9aR,9bR,12S)-7,12-二羟基-3-甲基-6-亚甲基-2-氧全氢化-4a,7-亚甲基-9b,3-次丙烯薁[1,2-b]呋喃-4-羧酸；(3S,3aR,4S,4aS,7S,9aR,9bR,12S)-7,12-dihydroxy-3-methyl-6-methylene-2-oxoperhydro-4a,7-methano-9b,3-propenoazuleno[1,2-b]furan-4-carboxylic acid

CAS 名称 (1$α$,2$β$,4$aα$,4$bβ$,10$β$)-2,4a,7-trihydroxy-1-methyl-8-methylenegibb-3-ene-1,10-dicarboxylic acid 1,4a-lactone

理化性质 本品为结晶固体，熔点 223～225℃（分解）。溶解度：水中 4.6mg/mL（室温），易溶于甲醇、乙醇、丙酮，微溶于乙醚和乙酸乙酯，不溶于氯仿。钾盐、钠盐、铵盐容易在水中溶解（钾盐溶解度 50g/L）。干燥赤霉素在室温下稳定，但在水或酒精溶液中缓慢水解，DT_{50}（20℃）：14d（pH 3～4），14d（pH 7），受热分解。pK_a 4.0。

毒性 大鼠和小鼠急性经口 LD_{50}＞15000mg/kg。大鼠急性经皮 LD_{50}＞2000mg/kg，对皮肤和眼睛无刺激。大鼠每天 2h 吸入为 400mg/L，21d 无不良影响，90d 无作用剂量＞1000mg/kg饲料（6d/周）。山齿鹑急性经口 LD_{50}＞2250mg/kg，急性吸入 LC_{50}＞4640mg/kg。虹鳟鱼 LC_{50}（96h）＞210mg/L。水蚤 EC_{50}（48h）488mg/L。

制剂 AI，EC，SG，SP，TB。

应用 广谱性植物生长调节剂，可促进作物生长发育，使之提早成熟、提高产量、改进品质；能迅速打破种子、块茎和鳞茎等器官的休眠，促进发芽；减少蕾、花、铃、果实的脱落，提高果实结果率或形成无籽果实。也能使某些两年生的植物在当年开花。可广泛应用于果树、蔬菜、粮食作物、经济作物及水稻杂交育种。目前已经广泛用于周至猕猴桃的生产上。

主要生产商 江苏百灵，江苏丰源，江西新瑞丰，钱江生化，澳大利亚纽发姆。

赤霉酸 A4＋A7（gibberellins A4，A7）

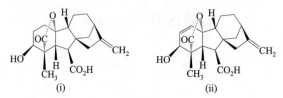

$C_{19}H_{24}O_5$，332.4；$C_{19}H_{22}O_5$，330.4；8030-53-3

化学名称 （3S，3aR，4S，4aR，7R，9aR，12S)-12-羟基-3-甲基-6-亚甲基-2-氧全氢化-4a，7-亚甲基-3,9b-亚丙奥[1,2-b]呋喃-4-羧酸（i）；(3S，3aR，4S，4aR，7R，9aR，12S)-12-羟基-3-甲基-6-亚甲基-2-氧全氢化-4a，7-亚甲基-9b，3-亚丙烯奥[1,2-b]呋喃-4-羧酸（ii）；(3S，3aR，4S，4aR，7R，9aR，9bR，12S)-12-hydroxy-3-methyl-6-methylene-2-oxoperhydro-4a，7-methano-3,9b-propanoazuleno[1,2-b]furan-4-carboxylic acid（A_4）；(3S，3aR，4S，4aR，7R，9aR，9bR，12S)-12-hydroxy-3-methyl-6-methylene-2-oxoperhydro-4a，7-methano-9b，3-propenoazuleno[1,2-b]furan-4-carboxylic acid（A_7）

CAS 名称 （1$α$，2$β$，4$aα$，4$bβ$，10$β$)-2,4a-dihydroxy-1-methyl-8-methylenegibbane-1,10-dicarboxylic acid 1,4a-lactone（A_4）；(1$α$，2$β$，4$aα$，4$bβ$，10$β$)-2,4a-dihydroxy-1-methyl-8-methylenegibb-3-ene-1,10-dicarboxylic acid 1,4a-lactone（A_7）

理化性质 工业品为白色结晶粉末，密度 0.528～0.577g/cm^3，熔点 214～215℃，可溶于甲醇、丙酮等多种有机溶剂，难溶于水、环乙烷、二氯甲烷等。

毒性 大鼠急性经口 LD_{50}＞5000mg/kg，兔急性经皮 LD_{50}＞2000mg/kg，对眼睛有轻度刺激，不刺激皮肤。轻微皮肤致敏。大鼠急性吸入 LC_{50}＞2.98mg/L。NOEL 对兔每日 300mg/kg。

制剂 GS，PF，GJ，JF，SP，WT。

应用 广谱性植物生长调节剂，可促进细胞生长，改变果实形态，提高品质。可减少苹果锈斑，增加梨坐果率，促进芹菜发芽和提高芹菜产量。遇碱易分解，勿混用其他农药或肥料。

主要生产商 江苏丰源，江西新瑞丰，钱江生化，升华拜克。

调呋酸（dikegulac）

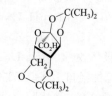

$C_{12}H_{18}O_7$，274.3，18467-77-1

1975 年由 P. Bocion 等报道了 dikegulac-sodium 的活性。dikegulac 由 F. hoffman-LaRoche & Co. 作为除草剂和植物生长调节剂开发，dikegulac-sodium 由 Dr. R. MaagLtd 开发。

其他名称 Atrinal，Ro07-6145/001

化学名称 2,3:4,6-二-O-异亚丙基-α-L-木-2-己酮呋喃糖酸；2,3:4,6-di-O-isopropylidene-α-L-xylo-2-hexulofuranosonic acid

CAS 名称 2,3:4,6-bis-O-(1-methylethylidene)-α-L-xylo-2-hexulofuranosonic acid

理化性质 其钠盐为无色粉末。熔点＞300℃。蒸气压＜1.3×10^{-3} mPa（25℃），闪点＞100℃。溶解度（25℃）：水中 590g/kg，丙酮、环己酮、二甲基甲酰胺、己烷＜10g/kg，氯仿 63g/kg，乙醇 230g/kg，甲醇 390g/kg。在室温下密闭容器中 3 年内稳定，对光稳定，在 pH7～9 不水解。

毒性 大鼠急性经口 LD_{50} 18000～31000mg dikegulac-sodium/kg，大鼠急性经皮 LD_{50}＞1000mg/kg，对皮肤（豚鼠）和眼睛（兔）无刺激性。在 90d 饲喂试验中，大鼠接受 2000mg/(kg·d) 及狗接受 3000mg/(kg·d) 未见不良影响。日本鹌鹑、野鸭和雏鸡 LC_{50}（5d）＞50000mg/kg 饲料。鱼毒 LC_{50}（96h）：大翻车鱼＞10000mg/L，金鱼、虹鳟鱼、花斑鱼和日本黑鲤鱼＞5000mg/L。蜜蜂经口及点滴试验 LD_{50}＞0.1mg/只。

应用 其钠盐是内吸性植物生长调节剂，它能降低顶端优势，促进观赏植物的侧枝和花芽的生长，抑制绿篱和木本观赏植物的纵向生长。本品对绿篱的较低部分和较老部分的侧枝的作用可提高叶的覆盖范围。施用时需加入表面活性剂。

分析方法 产品及残留的分析是将 dikegulac 转化为酯，然后用 GC 分析。

主要生产商 PBI/Gordon。

调环酸钙（prohexadione-calcium）

$C_{10}H_{10}CaO_5$，250.3，127277-53-6

由 Kumiai Chemical Industry Co., Ltd. 报道，其钙盐（1:1）由 Kumiai Chemical Industry Co., Ltd 和 Ihara Chemical Industry Co., Ltd 开发。1994 年引入日本市场。

其他名称 KUH-833，KIM-112，BX-112，BAS 125 W，Vivful，Viviful

化学名称 3-氧桥-5-氧代-4-丙酰基环己-3-烯羧酸钙；calcium 3-oxido-5-oxo-4-propionyl-cyclohex-3-enecarboxylate

CAS 名称 calcium 3,5-dioxo-4-(1-oxopropyl)cyclohexanecarboxylate

理化性质 原药纯度＞89%，纯品为无味白色粉末。熔点＞360℃。蒸气压 1.74×10^{-2} mPa（20℃）。K_{ow} lg$P$ −2.90（20℃）。Henry 常数 1.92×10^{-5} Pa·m³/mol（计算值）。相对密度 1.435。水中溶解度 174mg/L（蒸馏水，20℃）；有机溶剂中溶解度（mg/L，20℃）：甲醇 1.11、丙酮与正己烷＜0.003、甲苯 0.004、乙酸乙酯＜0.010、异丙醇 0.105、二氯甲烷 0.004。稳定性：180℃以下稳定，水解 DT_{50}＜5d（pH 4，20℃）、21d（pH 7，20℃）、89d（pH 9，25℃）；水溶液光解 DT_{50}（29～34℃，0.25W/m²）：6.3d（天然水），2.7d（蒸馏水）。pK_a 5.15。

毒性 大鼠和小鼠急性经口 LD_{50} > 5000mg/kg。大鼠急性经皮 LD_{50} > 2000mg/kg。对兔眼睛有轻微刺激，对兔皮肤无刺激。大鼠吸入 LC_{50}（4h，整体）> 4.21mg/L 空气。NOEL 值：[2 年，mg/(kg·d)] 雄大鼠 93.9、雌大鼠 114、雄小鼠 279、雌小鼠 351；（1 年）雌、雄狗 20mg/(kg·d)；AOEL（EU）0.35mg/(kg·d)。ADI/RfD（EU）0.2mg/(kg·d)[2011]；(EPA) cRfD 0.80mg/kg [2000]。对大鼠和兔无致突变和致畸作用。山齿鹑和野鸭急性经口 LD_{50} > 2000mg/kg，饲喂 LC_{50} (5d) > 5200mg/kg 饲料。鲤鱼 LC_{50} (96h) > 110mg/L，虹鳟鱼和大翻车鱼 > 100mg/L。大型蚤 LC_{50} (48h) > 100mg/L，NOEC (21d) > 100mg/L。羊角月牙藻 E_bC_{50} (72h) > 100mg/L。蜜蜂 LD_{50}（经口和接触）> 100μg/只。赤子爱胜蚓 LC_{50} (14d) > 1000mg/kg 土。

制剂 SC，WG，WP。

应用 植物生长调节剂、延缓剂。赤霉素生物合成抑制剂，通过降低植物体内赤霉素含量抑制作物旺长。叶面施用，通过绿色组织吸收。

合成路线

分析方法 产品和残留用 HPLC 分析。

主要生产商 Kumiai。

参考文献

[1] EP 123001.

[2] US 4678496.

调环烯（tetcyclacis）

$C_{13}H_{12}ClN_5$，273.7，77788-21-7

由 J. Jung 等报道，由 BASF AG 开发，现已停用？

其他名称 Kenbyo，BAS106W。

化学名称 (1R,2R,6S,7R,8R,11S)-5-(4-氯苯基)-3,4,5,9,10-五氮杂环[5.4.1.0^{2,6}.0^{8,11}]十二-3,9-二烯；rel-(1R,2R,6S,7R,8R,11S)-5-(4-chlorophenyl)-3,4,5,9,10-pentaazatetracyclo[5.4.1.0^{2,6}.0^{8,11}]dodeca-3,9-diene

CAS 名称 (3aα,4β,4aα,6aα,7β,7aα)-1-(4-chlorophenyl)-3a,4,4a,6a,7,7a-hexahydro-4,7-methano-1H-[1,2]diazeto[3,4-f]benzotriazole

理化性质　无色结晶固体,熔点 190℃。溶解度（20℃）：水 3.7mg/kg,氯仿 42g/kg,乙醇 2g/kg。在阳光和浓酸下分解。

毒性　大鼠急性经口 LD_{50} 261mg/kg,大鼠急性经皮>4640mg/kg。

制剂　SP。

应用　本品抑制赤霉酸的合成。在水稻抽穗前 38～3d 起每周施 1 次,以出穗前 10d 使用效果最好。

参考文献

DE 124497.

调节安（tiaojiean）

$C_6H_{14}ClNO$, 151.6, 23165-19-7

化学名称　4,4-二甲基吗啉鎓氯化物;4,4-dimethylmorpholin-4-ium chloride

CAS 名称　4,4-dimethylmorpholinium chloride

理化性质　白色针状晶体。熔点 344℃（分解）。易溶于水,微溶于乙醇,难溶于丙酮或芳香烃,水溶液呈中性,化学性质稳定。有强烈的吸湿性。

毒性　急性经口 LD_{50}：740mg/kg。小鼠急性经皮 LD_{50}>2000mg/kg。低毒。

应用　是一种似与赤霉素拮抗的植物生长调节素,用于棉花等植物上促进根系发育、防止徒长、抗倒伏、提高成铃率,并使棉花品级提高。

丁酰肼（daminozide）

$(CH_3)_2NNHCOCH_2CH_2CO_2H$

$C_6H_{12}N_2O_3$, 160.2, 1596-84-5

1962 年由 J. A. Riddell 等报道,由 UniroyalInc. 开发。

其他名称　比久,Alar,B-Nine,B-995,SADH

化学名称　N-二甲基氨基琥珀酰胺酸;N-dimethylaminosuccinamic acid

CAS 名称　butanedioic acid mono(2,2-dimethylhydrazide)

理化性质　原药是一种白色粉末,有微弱的胺气味。熔点 156～158℃,沸点 142～145℃分解。蒸气压 1.5mPa（25℃）。$K_{ow} \lg P$：-1.49（pH 5）、-1.51（pH 7）、-1.48（pH 9）（21℃）。相对密度 1.33（21℃）。溶解度：（pH 不确定,25℃）蒸馏水中 180g/L,甲醇中 50g/L,丙酮中 1.9g/L。本品溶液在光照下慢慢分解。在 pH 5、7、9 水解稳定性不超过 30d。pK_a 4.68（20℃）。

毒性　大鼠急性经口 LD_{50}>5000mg/kg,兔急性经皮和眼睛 LD_{50}>5000mg/kg,大鼠吸入 LC_{50}（4h）>2.1mg/L 空气。1 年饲养无作用剂量：狗 80.5mg/kg,大鼠 500mg/kg。2 年饲养 10000mg/kg 的大鼠和小鼠的试验非致癌。家兔致畸性和胚胎的 NOEL 是 300mg/kg 的饮食。在 2 代生殖研究中,对大鼠无毒性反应剂量为 50mg/(kg·d)。在体内试验非诱变。野鸭和山齿鹑 LC_{50}（8d）>10000mg/kg。鱼类 LC_{50}（96h）：虹鳟鱼 149mg/L,大翻车鱼 423mg/L。水蚤 LC_{50}（96h）76mg/L。小球藻 EC_{50} 为 180mg/L。对蜜蜂无毒，85%制剂 LD_{50}＞100μg/只。蠕虫 LC_{50}：蚯蚓＞632mg/kg。

制剂　SP。

应用　生长抑制剂，可以抑制内源赤霉素的生物合成和内源生长素的合成。主要作用为抑制新枝徒长，缩短节间长度，增加叶片厚度及叶绿素含量，防治落花，促进坐果，诱导不定根形成，刺激根系生长，提高抗寒力。

分析方法　采用 HPLC 分析。

主要生产商　Chemtura，CCA Biochemical，Fine。

参考文献

[1] US 3240799.
[2] US 3334991.

多效缩醛（furalane）

$C_7H_8O_3$，140.1，1708-41-4

化学名称　乙二醇缩糠醛；2-(2-furyl)-1,3-dioxolane

CAS 名称　2-(2-furanyl)-1,3-dioxolane

应用　适用于西北、华北等干旱、半干旱地区，主要应用于小麦、玉米、棉花、大豆等作物，通过浸种处理能够提高作物的发芽率，达到出苗整齐的效果；在作物生长期间进行叶面喷施，能起到抗旱增产的作用。

多效唑（paclobutrazol）

(2S,3S)-　　　　　(2R,3R)-

$C_{15}H_{20}ClN_3O$，293.8，76738-62-0

由 B. G. Lever 等报道，由 ICI 农用化学品公司（现在 Syngenta AG）推出，于 1986 年首次上市。

其他名称　氯丁唑，PP333，bonze，Cultar，Paclo，Padosun，Profile

化学名称　(2RS,3RS)-1-(4-氯苯基)-4,4-二甲基-2-(1H-1,2,4-三唑-1-基)戊-3-醇；(2RS,3RS)-1-(4-chlorophenyl)-4,4-dimethyl-2-(1H-1,2,4-triazol-1-yl)pentan-3-ol

CAS 名称　(R*,R*)-(±)-β-[(4-chlorophenyl)methyl]-α-(1,1-dimethylethyl)-1H-1,2,4-triazole-1-ethanol

理化性质　原药含量＞90%。白色无味粒状固体。熔点（164±0.5）℃。沸点（384±0.5）℃。蒸气压 1.9×10^{-3} mPa（20℃）。$K_{ow}lgP$ 3.2。Henry 常数 2.3×10^{-5} Pa·m³/mol

（计算值）。相对密度 1.23（20℃）。水中溶解度 22.9mg/L。有机溶剂中溶解度（g/L）：二甲苯 5.67、正庚烷 0.199、丙酮 72.4、乙酸乙酯 45.1、辛醇 29.4、甲醇 115、1,2-二氯乙烷 51.9。稳定性：20℃＞2 年，50℃＞6 个月。pH 4～9 时在水中稳定，而且在 pH 为 7 时紫外线照射下可以保存 10d。

毒性　雌大鼠急性经口 LD_{50}＞2000mg/kg、雄小鼠 490mg/kg、雌小鼠 1219mg/kg。大鼠急性经皮 LD_{50}＞2000mg/kg。对兔眼睛或皮肤无刺激作用，对豚鼠皮肤无过敏现象。雄大鼠吸入 LC_{50}（4h）＞4.79mg/L 空气，雌大鼠 3.13mg/L 空气。无作用剂量狗（1 年）75mg/(kg·d)；大鼠（2 年）10.2mg/kg 饲料。

制剂　GR，SC，WP。

应用　多效唑具有延缓植物生长，抑制茎秆伸长，缩短节间，促进植物分蘖，增加植物抗逆性能，提高产量等效果。本品适用于水稻、麦类、花生、果树、烟草、油菜、大豆、花卉、草坪等作（植）物，使用效果显著。但是，多效唑在土壤中残留时间较长，常温（20℃）贮存稳定期在两年以上，如果多效唑使用或处理不当，即使来年在该基地上种植出口蔬菜也极易造成药物残留超标。

合成路线

$$(CH_3)_3CCOCH_3 \xrightarrow{Cl_2} (CH_3)_3CCOCH_2Cl \xrightarrow[PTC/K_2CO_3/CH_3CO_2C_2H_5]{\text{三唑}} (CH_3)_3CCOCH_2-N\text{三唑}$$

$$\xrightarrow{\text{4-氯苄氯}} (CH_3)_3CCOCHCH_2-\text{4-氯苯基}(\text{三唑}) \xrightarrow[DMF/H_2O]{Na_2S_2O_4} (CH_3)_3C-\overset{OH}{C}H-CH-\text{4-氯苯基}(\text{三唑})$$

分析方法　产品用 GLC 或 HPLC 分析。

主要生产商　Syngenta，Sharda，Sundat，华通（常州），泰达，中西湖北沙隆达，江苏七洲，盐城利民。

参考文献

［1］ GB 1595696.
［2］ US 1595697.
［3］ The Pesticide Manual. 16th ed.

二氯芴素（dichlorflurenol）

Dichlorflurenol($C_{14}H_8Cl_2O_3$, 295.1);
dichlorflurenol-methyl($C_{15}H_{10}Cl_2O_3$, 309.2, 21634-96-8)

E. Merck（后来为 Shell Agrar GmbH）将 dichlorflurenol-methyl 作为植物生长调节剂开发。

其他名称　dichlorflurecol

化学名称　2,7-二氯-9-羟基芴-9-羧酸；2,7-dichloro-9-hydroxyfluorene-9-carboxylic acid

CAS 名称　2,7-dichloro-9-hydroxy-9H-fluorene-9-carboxylic acid

应用　植物生长调节剂。

呋苯硫脲（fuphenthiourea）

$C_{19}H_{13}ClN_4O_5S$，444.8

化学名称 N-(5-邻氯苯基-2-呋喃甲酰基)-N'-(邻硝基苯甲酰氨基)硫脲；5-(2-chlorophenyl)-N-{[N'-(2-nitrophenylcarbonyl)hydrazino]thiocarbonyl}furan-2-carboxamide

CAS 名称 2-nitrobenzoic acid 2-[[[[5-(2-chlorophenyl)-2-furanyl]carbonyl]amino]thioxomethyl]hydrazide

毒性 急性经口 LD_{50}＞5000mg/kg。急性经皮 LD_{50}＞2000mg/kg。低毒。

应用 植物生长调节剂。能促进秧苗发根，促进分蘖，增强光合作用，增加成穗数和穗实粒数。

呋嘧醇（flurprimidol）

$C_{15}H_{15}F_3N_2O_2$，312.3，56425-91-3

由 R. Cooper 等报道，由 Eli Lilly & Co.（现 Dow AgroSciences）开发，1989 年在美国投产。2001 年由 SEPRO 公司收购。

化学名称 (RS)-2-甲基-1-嘧啶-5-基-1-(4-三氟甲氧基苯基)丙-1-醇；(RS)-2-methyl-1-pyrimidin-5-yl-1-(4-trifluoromethoxyphenyl)propan-1-ol

CAS 名称 α-(1-methylethyl)-α-[4-(trifluoromethoxy)phenyl]-5-pyrimidinemethanol

理化性质 白色至浅黄色晶体，熔点 93～95℃，沸点 264℃。蒸气压 4.85×10^{-2} mPa (25℃)，K_{ow} lg$P$ 3.34（pH 7，20℃），相对密度 1.34（24℃）。溶解度（25℃）：水中 120～140mg/L（pH4、7、9）；正己烷 1.26，甲苯 144，二氯甲烷 1810，甲醇 1990，丙酮 1530，乙酸乙酯 1200（g/L）。其水溶液遇光分解。

毒性 急性经口 LD_{50}（mg/kg）：（大鼠）雄 914，雌 709；（小鼠）雄 602，雌 702。兔急性经皮＞5000mg/kg。对兔皮肤和眼睛有轻度到中度刺激性，对豚鼠皮肤无致敏性。大鼠急性吸入 LC_{50}（4 h）＞5mg/L。NOEL（1年）：狗 7mg/(kg·d)；（2年）大鼠 4mg/(kg·d)，小鼠 1.4mg/(kg·d)。鹌鹑急性经口 LD_{50}＞2000mg/kg。鲤鱼 LC_{50}（48h）13.29mg/L，大翻车鱼 LC_{50} 17.2mg/L。蜜蜂 LD_{50}（接触，48 h）＞100μg/只。

制剂 EC，GR，SC，WP。

应用　嘧啶醇类植物生长调节剂，赤霉素合成抑制剂。通过根、茎吸收传输到植物顶部，其最大抑制作用在性繁殖阶段。

主要生产商　SePRO Corp。

参考文献

US 4002628.

氟节胺（flumetralin）

$C_{16}H_{12}ClF_4N_3O_4$，421.7，62924-70-3

由 Ciba-Geigy AG（现 Syngenta AG）开发。1983 年上市。

其他名称　抑芽敏，CGA41065，Prime

化学名称　N-(2-氯-6-氟苄基)-N-乙基-α,α,α-三氟-2,6-二硝基对甲苯胺；N-(2-chloro-6-fluorobenzyl)-N-ethyl-α,α,α-trifluoro-2,6-dinitro-p-toluidine

CAS 名称　2-chloro-N-[2,6-dinitro-4-(trifluoromethyl)phenyl]-N-ethyl-6-fluorobenzenemethanamine

理化性质　原药为黄色至橙色无臭晶体，熔点 101.0~103.0℃（原药 92.4~103.8℃），蒸气压 3.2×10^{-2} mPa（25℃），K_{ow}lg$P$ 5.45（25℃），Henry 常数 0.19Pa·m³/mol（计算值）。相对密度 1.54，溶解度：水中 0.07mg/L（25℃）；丙酮 560，甲苯 400，乙醇 18，正己烷 14，正辛醇 6.8（g/L，25℃）。250℃以上分解，pH5、9 时水解稳定。

毒性　大鼠急性经口 LD_{50}>5000mg/kg，大鼠急性经皮 LD_{50}>2000mg/kg。制剂 EC（150g/L）对兔皮肤有中等刺激性，对兔眼睛有强烈刺激性。大鼠急性吸入 LC_{50}>2.13g/L，NOEL 数据（2 年）：大、小鼠 300mg/L。在试验剂量内对动物无致畸和致突变作用。小齿鹑和野鸭急性经口 LD_{50}>2000mg/kg。小齿鹑和野鸭急性经口 LC_{50}>5000mg/L。大翻车鱼和虹鳟鱼 LC_{50} 分别为 18μg/L 和 25μg/L。对蜜蜂无毒。蚯蚓 LC_{50}>1000mg/kg 土壤。

制剂　EC。

应用　本品为接触兼局部内吸型高效烟草侧芽抑制剂。主要抑制烟草腋芽发生直至收获。作用迅速，吸收快，施药后只要 2h 无雨即可奏效，雨季中施药方便。药剂接触完全伸展的烟叶不产生药害。对预防花叶病有一定的作用。

合成路线

主要生产商　江苏辉丰，浙江禾田，美国默赛。

参考文献

[1]　GB 1531260.

[2]　BE 891327.

环丙嘧啶醇（ancymidol）

$C_{15}H_{16}N_2O_2$，256.3，12771-68-5

由 M. Snel 和 J. V. Gramlich 报道，1973 年由 Eli Lilly 引入美国。

其他名称　EL-531，ancymidole

化学名称　α-环丙基-4-甲氧基-2-(嘧啶-5-基)苯甲醇；α-cyclopropyl-4-methoxy-α-(pyrimidin-5-yl)benzylalcohol

CAS 名称　α-cyclopropyl-α-(4-methoxyphenyl)-5-pyrimidinemethanol

理化性质　白色晶体。熔点 111～112℃。蒸气压＜0.13mPa（50℃）。$K_{ow} \lg P$ 1.9（pH 6.5，25℃）。溶解度：水中约 650mg/L（20℃），丙酮、甲醇＞250，己烷 37（g/L）。易溶于乙醇、乙酸乙酯、三氯甲烷、乙腈。溶于芳香烃。微溶于饱和烃。水溶液中稳定，DT_{50}＞30d（pH 5～9，25℃）。强酸性（pH＜4）或强碱性介质中分解。对紫外线稳定。52℃稳定。

毒性　大鼠急性经口 LD_{50} 1721mg/kg。兔急性经皮 LD_{50}＞5000mg/kg。对眼睛有轻微刺激，对皮肤无刺激（兔）。大鼠吸入 LC_{50}（4h）0.59mg/L 空气。90d 饲喂试验：大鼠和狗在 8000mg/kg 饲料条件下未发现不良反应。非致癌、致畸、致突变物质。鸡急性经口 LD_{50}＞500mg/kg。美洲鹑饮食 LC_{50}＞5192。虹鳟鱼鱼苗 LC_{50} 55mg/L，蓝鳃太阳鱼鱼苗 LC_{50} 146mg/L，金鱼鱼苗 LC_{50}＞100mg/L。水蚤 LC_{50}＞100mg/L。对蜜蜂无毒。

制剂　SL。

应用　用于抑制节间伸长，使植株紧密。广泛用于各种温室作物，施用方式为叶面或土壤施用，对多数作物有效果。由植物的根和叶片吸收，在韧皮部移动。属赤霉素合成抑制剂。

分析方法　产品和残留分析采用 GLC-FID。

主要生产商　SePRO，Elanco，DowElanco。

参考文献

[1]　Meded Fac Landbouwwet Rijksuniv Gent，1973，38：1033.

[2]　GB 1218623.

[3]　Anal Methods Pestic Plant Growth Regul，1976，8：475.

环丙酸酰胺（cyclanilide）

$C_{11}H_9Cl_2NO_3$，274.1，113136-77-9

1994 年由 Fritz 报道。1995 年在阿根廷首次上市。

其他名称 环丙酰草胺，Finish

化学名称 1-(2,4-二氯苯氨基羰基)环丙羧酸；1-(2,4-dichloroanilinocarbonyl)cyclopropanecarboxylic acid

CAS 名称 1-[[(2,4-dichlorophenyl)amino]carbonyl]cyclopropanecarboxylic acid

理化性质 纯品为粉色固体，熔点 195.5℃。蒸气压：$<1\times10^{-5}$Pa（25℃），8×10^{-6}Pa（50℃）。$K_{ow}\lg P$ 3.25。相对密度 1.47（20℃）。微溶于水，不溶于石油醚，易溶于其他有机溶剂。

毒性 大鼠急性经口 LD_{50}：雌性 208mg/kg、雄性 315mg/kg。兔急性经皮 $LD_{50}>$ 2000mg/kg。对兔眼睛无刺激性，对兔皮肤有中度刺激性。大鼠急性吸入 LC_{50}（4h）$>$ 5.15mg/L。野鸭急性经口 $LD_{50}>$215mg/kg，小齿鹑急性经口 LD_{50} 216mg/kg。野鸭饲喂 LC_{50}（8d）1240mg/L 饲料，小齿鹑饲喂 LC_{50}（5d）2849mg/L 饲料。鱼毒 LC_{50}（96h，mg/L）：虹鳟鱼$>$11，大翻车鱼$>$16。蜜蜂 LD_{50}（接触）$>100\mu g$/只。

制剂 仅与其他药剂如乙烯利等混用。

应用 主要用于棉花、禾谷类作物、草坪和橡胶等。

合成路线

分析方法 产品采用 HPLC 分析。

主要生产商 Bayer CropScience。

参考文献

[1] The Pesticide Manual. 16thed.

[2] US 4736056.

1-甲基环丙烯（1-methylcyclopropene）

C_4H_6，54.09，3100-04-7

由 Horticulture 公司（现 Rohm &haas 公司的子公司 AgroFresh 公司）开发。1999 年在美国首次登记。

其他名称 EthylBloc

化学名称 1-甲基环丙烯；1-methylcyclopropene

CAS 名称 1-methylcyclopropene

理化性质 原药纯度$\geqslant$96%，纯品为气体。沸点 4.7℃（计算值），蒸气压 2×10^8mPa（25℃，计算值），$K_{ow}\lg P$ 2.4（pH 7，26℃）。水中溶解度 137mg/L（pH 7，20℃）；正庚烷 2.45，二甲苯 2.25，乙酸乙酯 12.5，甲醇 11，丙酮 2.40，二氯甲烷 2.0（g/L，20℃）。

20℃稳定 28d，在水和高温条件下不稳定，2.4h 内降解 70%以上（pH 4~9，50℃）。

毒性　大鼠急性经口 LD_{50}（EthylBloc）>5000mg/kg。兔急性经皮 LD_{50}（EthylBloc）>2000mg/kg。吸入 LC_{50}>2.5mg/L。大鼠吸入（90d）无作用剂量 9mg/kg（空气中 23.5 mg/L）。ADI（EC）ADI 0.0009mg/kg；aRfD 0.07mg/kg [2006]。

制剂　VP。

应用　一种非常有效的乙烯产生和乙烯作用的抑制剂。用于自身产生乙烯或乙烯敏感型果蔬、花卉的保鲜。可很好地延缓成熟、衰老，很好地保持产品的硬度、脆度，保持颜色、风味、香味和营养成分，能有效地保持植物的抗病性，减轻微生物引起的腐烂和减轻生理病害，并可减少水分蒸发、防止萎蔫。

分析方法　产品分析采用 GC/FID，异丁烯作为标准品。

主要生产商　AgroFresh，Floralife，Rohm & haas。

甲哌鎓（mepiquat chloride）

$C_7H_{16}ClN$，149.7，24307-26-4

1974 年由 B.Zeeh 等报道其植物生长调节活性。1980 年由 BASF AG（现 BASF SE）在美国推出。

其他名称　助壮素，甲哌啶，调节啶，壮棉素，皮克斯，缩节胺，BAS 083 W，Bonvinot，Mepex，Pix，Roquat

化学名称　1,1-二甲基哌啶氯化铵；1,1-dimethylpiperidinium

CAS 名称　1,1-dimethylpiperidinium

理化性质　无色无味吸湿性晶体。熔点>300℃，蒸气压<$1×10^{-11}$mPa（20℃），K_{ow} lg$P$ -3.55（pH 7），Henry 常数约 $3×10^{-17}$Pa·m³/mol（20℃），相对密度 1.166（室温）。水中溶解度>50%（质量分数，20℃）；甲醇 48.7，正辛醇 0.962，乙腈 0.280，二氯甲烷 0.051，丙酮 0.002，甲苯、正庚烷和乙酸乙酯< 0.001（g/100mL，20℃）。水解稳定（30d，pH 值 3、5、7、9，25℃）。光照下稳定。

毒性　大鼠急性经口 LD_{50} 270mg/kg，大鼠急性经皮 LD_{50}>1160mg/kg，对兔眼睛和皮肤无刺激，大鼠吸入 LC_{50}（7h）>2.84mg/L 空气。NOEL（1 年）狗 58mg/kg。山齿鹑急性经口 LD_{50} 2000mg/kg，野鸭和山齿鹑膳食 LC_{50}>5637mg/kg。虹鳟鱼 LC_{50}（96h）>100mg/L。水蚤 LC_{50}（48h）为 106mg/L。藻类 E_bC_{50} 和 E_rC_{50}（72h）> 1000mg/L。蜜蜂 LD_{50}（48h）：>107.4g/只（经口），>100g/只（接触）。蚯蚓 LC_{50}（14d）319.5mg/kg 干土。

制剂　SL，UL。

应用　甲哌鎓是高效、低毒、无药害内吸性药剂。根据用量和植物不同生长期喷洒，可调节植物生长，使植株坚实抗倒伏，改进色泽，增加产量。是一种似与赤霉素拮抗的植物生长调节素，用于棉花等植物上。棉花使用甲哌鎓能促进根系发育、叶色发绿、变厚，防止徒长，抗倒伏，提高成铃率，增加霜前花，并使棉花品级提高；同时，使株型紧凑、赘芽大大减少，节省整枝用工。

分析方法　产品采用带有电导检测器的离子色谱或采用重量法分析。

主要生产商　BASF，Gharda，Rotam，Sharda，江苏安邦，华通（常州），江苏激素研究所。

参考文献

农药品种手册精编. 北京：化学工业出版社，2013.

菊乙胺酯（bachmedesh）

$C_{17}H_{27}Cl_2NO_2$，348.3，172351-12-1

化学名称　2-(二乙氨基)乙基(2RS)-2-(4-氯苯基)-3-甲基丁酸酯盐酸盐；2-(diethylamino)ethyl (2RS)-2-(4-chlorophenyl)-3-methylbutyrate hydrochloride

CAS 名称　2-(diethylamino)ethyl 4-chloro-α-(1-methylethyl)benzeneacetate hydrochloride

应用　对小麦、油菜、棉花、芝麻等作物有较好的增产作用。

参考文献

现代化工，2003，(S1)：252-254.

抗倒胺（inabenfide）

$C_{19}H_{15}ClN_2O_2$，338.8，82211-24-3 (未明确说明立体化学构型)

1986 年由日本中外制药公司推出。

其他名称　CGR-811，Seritard

化学名称　4′-氯-2′-(α-羟基苄基)异烟酰替苯胺；4′-chloro-2′-(α-hydroxybenzyl)isonicotinanilide

CAS 名称　N-[4-chloro-2-(hydroxyphenylmethyl)phenyl]-4-pyridinecarboxamide

理化性质　纯品为淡黄色至棕色晶体，熔点 210～212℃，蒸气压 0.063mPa（20℃）。水中溶解度（30℃）1mg/L，其他溶剂中溶解度（g/L，30℃）：丙酮 3.6，乙酸乙酯 1.43，乙腈和二甲苯 0.58，氯仿 0.59，二甲基甲酰胺 6.72，乙醇 1.61，甲醇 2.35，己烷 0.0008，四氢呋喃 1.61。对光和热稳定，对碱略有不稳定。分解率（2 周，40℃）：16.2%（pH 2）、49.5%（pH 5）、83.9%（pH 7）、100%（pH 11）。

毒性　大鼠及小鼠急性经口 LD_{50}＞15000mg/kg，大鼠及小鼠急性经皮 LD_{50}＞5000mg/kg。对兔皮肤和眼睛无刺激性，对豚鼠皮肤无过敏反应。大鼠吸入 LC_{50}（4h）＞0.46mg/L 空气。NOEL 数据：兔和大鼠的 3 代试验表明无致畸作用，狗和大鼠 2 年 6 个月试验表明无副作用。Ames 试验表明无诱变性。鲤鱼 LC_{50}（48h）＞30mg/L。

制剂　GR，WP。

应用 抑制水稻植株赤霉素的生物合成。对水稻具有很强的选择性抗倒伏作用，而且无药害。主要通过根部吸收。在漫灌条件下，能极好地缩短稻秆长度，通过缩短节间和上部叶长度，从而提高其抗倒伏能力。应用后，虽每穗谷粒数减少，但谷粒成熟率提高，千粒重和穗数/m² 增加，使实际产量增加。

合成路线 以异烟酸、2-氨基-5-氯二苯甲酮为原料，经下列反应制得抗倒胺。

分析方法 用 HPLC 分析。

主要生产商 Sumitomo Chemical Co. Ltd。

参考文献

［1］ EP 48998.
［2］ US 4377407.
［3］ JP 6341393.

抗倒酯（trinexapac-ethyl）

$C_{13}H_{16}O_5$，252.3，95266-40-3

由 E. Kerber 等于 1989 年报道，由 Ciba-Geigy AG（现 Syngenta AG）推出，1992 年在瑞士首次上市。

其他名称 CGA 179500，cimectacarb，cimetacarb

化学名称 4-环丙基(羟基)亚甲基-3,5-二酮环己烷羧酸乙酯；ethyl 4-cyclopropyl(hydroxy)methylene-3,5-dioxocyclohexanecarboxylate

CAS 名称 ethyl 4-(cyclopropylhydroxymethylene)-3,5-dioxocyclohexanecarboxylate

理化性质 白色无味固体。[原药为黄色至棕红色液体（30℃），固液混合状态（20℃），有淡淡的甜味]。熔点 36℃，沸点>270℃。蒸气压：1.6mPa（20℃），2.16mPa（25℃）（OECD 104）。$K_{ow}\lg P$ 1.60（pH 5.3，25℃）。Henry 常数 5.4×10^{-4} Pa·m³/mol。相对密度 1.215（20℃）。水中溶解度（g/L，25℃）：2.8（pH 4.9），10.2（pH 5.5），21.1（pH 8.2）。有机溶剂中溶解度：乙醇、丙酮、甲苯、正辛醇 100%，正己烷 5%（25℃）。稳定性：加热至沸点稳定；在正常环境条件下水解、光解稳定（pH 6~7，25℃）；在碱性条件下不稳定。pK_a 4.57。闪点 133℃（1.013×10^8 mPa）（EEC A9）。

毒性 大鼠急性经口 LD_{50} 4460mg/kg。大鼠急性经皮 LD_{50}>4000mg/kg。对兔眼睛和

皮肤无刺激；对豚鼠皮肤不致敏。大鼠吸入 LC_{50}（48h）>5.3mg/L。NOEL [mg/(kg·d)]：大鼠（2年）115，小鼠（18个月）451，狗（1年）31.6。鸟类：野鸭和鹌鹑 LD_{50}>2000mg/kg，野鸭和鹌鹑 LC_{50}（8d）>5000mg/L。鱼类 LC_{50}（96h，mg/L）：虹鳟鱼、鲤鱼、蓝鳃太阳鱼、鲶鱼、黑头呆鱼 35～180。水蚤 LC_{50}（96h）142mg/L。对蜜蜂无毒，LD_{50}（μg/只）：>293（经口），>115（接触）。对蚯蚓低毒，LC_{50}>93mg/kg。

制剂　TC，EC，SL。

应用　植物生长调节剂和延缓剂。通过抑制节间生长，阻止茎生长。从叶吸收，移动至芽。

合成路线　由3,5-二氧代环己烷基羧酸乙酯与环丙基甲酰氯反应生成。

主要生产商　Syngenta，Cheminova，江苏辉丰，江苏优士，江苏中旗。

参考文献

[1]　Kerber E，et al. Proc Br Crop Prot Conf—Weeds，1989，1：83.

[2]　EP 126713.

[3]　US 4693745.

氯贝酸（clofibric acid）

$C_{10}H_{11}ClO_3$，214.6，882-09-7

化学名称　4-氯苯氧异丁酸；2-(4-chlorophenoxy)-2-methylpropionic acid；4-cyclopropyl(hydroxy)methylene-3,5-dioxocyclohexanecarboxylic acid

CAS 名称　2-(4-chlorophenoxy)-2-methylpropanoic acid

应用　植物生长调节剂（抗生长素）。

氯苯氧乙酸（4-CPA）

$C_8H_7ClO_3$，186.6，122-88-3

由 Dow Chemical Co. 开发（现 Dow AgroSciences 已不再生产和销售）。

其他名称　TomatoFix，TomatoHold，PCPA

化学名称　4-氯苯氧乙酸；4-chlorophenoxyacetic acid

CAS 名称　(4-chlorophenoxy)acetic acid

理化性质　（对氯苯氧乙酸钠）原药外观为白色结晶粉末，无特殊气味。熔点 282～283℃。溶解度：水（25℃）122g/L，难溶于乙醇、丙醇等常用有机溶剂。性质稳定，长期贮存不易分解，遇强酸作用即生成难溶于水的对氯苯氧乙酸。对光、热尚稳定。制剂外观为透明液体，pH 5.8～7.8。土壤中半衰期 20d。

毒性 大鼠急性经口 LD_{50} 2200mg/kg。急性经皮 $LD_{50}>$2000mg/kg，对皮肤无刺激性。吸入毒性 LC_{50} 10.6mg/L。NOEL 大鼠 2.2mg（a.i.）/kg。ADI（EC）0.01mg/kg，(EPA) cRfD 0.006mg/kg [2003]。

制剂 SL，TB。

应用 植物生长调节剂，适用于番茄作物。能起到防止落花，刺激幼果膨大生长，提早果实成熟，改善果实品质及形成无籽或少籽果实的作用。施药浓度与气温高低有关，气温低加水倍数要少；气温高加水倍数须多。对作物上柔嫩梢叶较敏感，故不可喷在尚未老化的新梢嫩叶上，以免药害。留种作物，不可使用。

主要生产商 Dongbu Fine，Green Plantchem，Ishihara Sangyo，华通（常州）生化，重庆双丰。

氯吡脲（forchlorfenuron）

$C_{12}H_{10}ClN_3O$，247.7，68157-60-8

由美国 Sandoz Crop Protection Corp. 报道。

其他名称 吡效隆醇，调吡脲，施特优，吡效隆，Fulmet，KT-30，4PU-30，CN-11-3183

化学名称 1-(2-氯-4-吡啶)-3-苯基脲；1-(2-chloro-4-pyridyl)-3-phenylurea

CAS 名称 N-(2-chloro-4-pyridinyl)-N'-phenylurea

理化性质 白色或灰白色晶状粉末，熔点 165～170℃，蒸气压 4.6×10^{-8}Pa（25℃饱和），$K_{ow}\lg P$ 3.2（20℃），Henry 常数 2.9×10^{-7}Pa·m³/mol，相对密度 1.3839（25℃）。溶解度（g/L）：水中 39mg/L（pH6.4，21℃），甲醇 119，乙醇 149，丙酮 127，氯仿 2.7；在 pH5、7、9（25℃）下超过 30d 不水解，对热、光稳定。

毒性 急性经口 LD_{50}（mg/kg）：雄性大鼠 2787，雌性大鼠 1568，雄性小鼠 2218，雌性小鼠 2783。兔急性经皮 $LD_{50}>$2000mg/kg。轻度眼刺激性，不刺激皮肤。无皮肤致敏性。NOEL（2 年）大鼠 7.5mg/kg，兔≥100mg/kg。禽类急性经口 LD_{50}：山齿鹑＞2250ng/kg；膳食 LC_{50}（5d）：山齿鹑＞5600mg/L。鱼毒 LC_{50}（96h）：虹鳟鱼 9.2mg/L，鲤鱼 8.6mg/L，金鱼 10～40mg/L。水蚤 LC_{50}（48h）8.0mg/L。藻类 E_bC_{50}（72h）：蹄形藻 3.3mg/L。其他水生菌，浮萍 IC_{50} 为 16.35mg/L。蜜蜂 $LD_{50}>$25μg/只。蚯蚓 $LC_{50}>$1000mg/kg。

制剂 SL。

应用 本品为新的植物生长调节剂，具有细胞分裂素活性，能促进细胞分裂、分化、器官形成、蛋白质合成，提高光合作用，增强抗逆性和抗衰老。用于瓜果类植物，具有良好的促进花芽分化、保花、保果和使果实膨大的作用。

合成路线

分析方法 HPLC-UV。

主要生产商 Kyowa，成都施特优，四川兰月，四川国光，重庆双丰。

参考文献

[1] DE 2843722.
[2] US 4193788.

氯化胆碱（choline chloride）

$$[CH_3-\underset{\underset{CH_3}{|}}{\overset{\overset{CH_3}{|}}{\overset{+}{N}}}-CH_2-CH_2-OH]Cl^-$$

$C_5H_{14}ClNO$，139.62，67-48-1

其他名称 高利达植物光合剂

化学名称 三甲基(2-羟乙基)铵氯化物；choline chloride；(2-hydroxyethyl)trimethylammonium chloride

CAS 名称 2-hydroxy-N,N,N-trimethylethanaminium chloride

理化性质 吸湿性晶体，302～305℃以上分解。

毒性 大鼠急性经口 $LD_{50}>6640mg/kg$。

制剂 AS。

应用 植物光合作用促进剂。对增加产量有明显的效果。小麦、水稻在孕穗期喷施可促进小穗分化，多结穗粒，灌浆期喷施可加快灌浆速度，穗粒饱满，千粒重增加 2～5g。亦可用于玉米、甘蔗、甘薯、马铃薯、萝卜、洋葱、棉花、烟草、蔬菜、葡萄、芒果等增加产量，在不同气候、生态环境条件下效果稳定。其主要作用原理是活化植物光合作用的关键酶，即光反应的 ATP-酶和暗反应的 RUBP-羧化酶和 G-3-P 脱氢酶，促使植物吸收光能和利用光能，更好地固定和同化 CO_2，提高光合速率，增加植物糖类、蛋白质和叶绿素含量。

主要生产商 重庆双丰化工。

氯芴素（chlorfluren）

$C_{14}H_9ClO_2$，244.7，24539-66-0 (chlorfluren)；
$C_{15}H_{11}ClO_2$，258.7，22909-50-8(chlorfluren-methyl)

由 E. Merck（后 Shell Agrar GmbH）推出。

其他名称 IT-5732 (chlorfluren-methyl)

化学名称 2-氯-芴-9-甲酸；2-chlorofluorene-9-carboxylic acid

CAS 名称 2-chloro-9H-fluorene-9-carboxylic acid

应用 植物生长调节剂。

主要生产商 Shell Agrar GmbH。

氯乙亚磺酸（holosulf）

$$Cl-CH_2-CH_2-\underset{OH}{\overset{O}{\underset{\|}{S}}}$$

$C_2H_5ClO_2S$, 128.6, 21780-04-1

化学名称 氯乙亚磺酸；2-chloroethanesulfinic acid
CAS 名称 2-chloroethanesulfinic acid
应用 植物生长调节剂。

茉莉酸（jasmonic acid）

$C_{12}H_{18}O_3$, 210.3, 6894-38-8

其他名称 保民丰，TNZ-303
化学名称 3-氧-2-(2'-戊烯基)-环戊烷乙酸；(1R,2R)-3-oxo-2-(Z)-pent-2-enylcyclopentylacetic acid
CAS 名称 (1R,2R)-3-oxo-2-(2Z)-2-pentylcyclopentaneacetic acid
理化性质 原药外观为无色或淡黄色液体。沸点136℃（133.322Pa）。相对密度0.97～0.98。闪点165℃（开口）。溶解度（25℃）：水中0.06g/L；其他溶剂如丙酮、乙腈、氯仿、醋酸乙酯、甲醇、DMSO 等>100g/L。
毒性 急性经口>5000mg/kg。急性经皮>2000mg/kg。
应用 植物生长调节剂。在发芽不良条件下（低温、水分不足），能够促进发芽发根，提高出苗率及存活率，并促进发芽发根后的生育。对水稻、棉花等作物有生长调节作用。

茉莉酮（prohydrojasmon）

$C_{15}H_{26}O_3$, 254.4, 158474-72-7

由 Zeon Corporation 开发。
其他名称 PDJ，Jasmomate
化学名称 (1RS,2RS)-(3-氧代-2-戊基环戊基)乙酸丙酯［含(10±2)%(1RS,2SR)-(3-氧代-2-戊基环戊基)乙酸丙酯］；propyl(1RS,2RS)-(3-oxo-2-pentylcyclopentyl)acetate con-

taining(10±2)‰ propyl(1RS,2SR)-(3-oxo-2-pentylcyclopentyl)acetate

CAS 名称 propyl 3-oxo-2-pentylcyclopentaneacetate

理化性质 原药纯度＞97%。纯品为无味的液体。沸点 318℃/100.7kPa。闪点 165℃（开杯）。蒸气压 16.7mPa（25℃）。$K_{ow}\lg P$ －4.1（25℃）。相对密度 0.974（20℃）。溶解度（25℃）：水 60.2mg/L，正己烷、丙酮、甲醇、乙腈、三氯甲烷、二甲基亚砜、甲苯中均＞100g/L。稳定性：在正常贮存条件下稳定，遇酸和碱水解。

毒性 大鼠急性经口 LD_{50}＞5000mg/kg，急性经皮 LD_{50}＞2000mg/kg。对兔眼睛有轻微刺激，对兔皮肤无刺激。大鼠吸入 LC_{50}（4h）＞2.8mg/L。大鼠（1 年）无作用剂量 14.4mg/(kg·d)。ADI/RfD（FSC）0.14mg/kg［2005］。日本鹌鹑摄入 LC_{50}（5d）＞5000mg/kg 饲料。水蚤 ED_{50}（48h）2.13mg/L。藻类 ED_{50}（24～48h）15.0mg/L。对蜜蜂无毒，LD_{50}＞100μg/只。

制剂 SL。

应用 具有与茉莉酮酸酯相似活性的植物生长调节剂。用于促进苹果变红。

分析方法 用 GLC 分析。

主要生产商 Zeon Corporation。

参考文献

[1] US 6271176

[2] The Pesticide Manual. 16th ed.

萘乙酸（α-naphthaleneacetic acids）

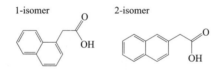

$C_{12}H_{10}O_2$，186.2，86-87-3 (1-isomer)，581-96-4 (2-isomer)

1939 年由 F. E. Gardiner 等报道其植物生长调节活性。由 Amchem Products 公司（现 Bayer AG）和 ICI 植物保护部（后为 Zeneca Agrochemicals，已不再生产或销售）开发。

其他名称 NAA，α-naphthaleneacetic acid，NAA-800，Fruitone-N，Rootone，Phyomone Acimone，Fixor，Ormoroc，Rhizopon B

化学名称 2-(1-萘基)乙酸；1-naphthylacetic acid

CAS 名称 1-naphthaleneacetic acid

理化性质 萘乙酸为无色晶状粉末，熔点 134～135℃。蒸气压＜0.01mPa（25℃），$K_{ow}\lg P$ 2.6，Henry 常数 0.0037Pa·m³/mol。溶解度：水中 420mg/L（20℃）；二甲苯 55g/L，四氯化碳 10.6g/L（26℃）；易溶于醇、丙酮、乙醚和氯仿。易存储。pK_a 4.2。

毒性 大鼠急性经口 LD_{50}：1000～5900mg/kg（酸），小鼠急性经口 LD_{50}：约 700mg/kg（钠盐）；兔急性经皮和眼睛 LD_{50}＞5000mg/kg，长期接触对皮肤有轻度至中度刺激性，对眼睛有强烈刺激（兔）。吸入 LC_{50}（1h）＞20000mg/L，狗无毒性反应剂量为 15mg/kg。野鸭和山齿鹑 LC_{50}（8d）＞10000mg/kg，鱼类 LC_{50}（96h）：虹鳟鱼 57mg (a.i.)/L，大翻车鱼 82mg (a.i.)/L。水蚤 LC_{50}（48h）：360mg/L。对蜜蜂无毒。

制剂 DP，EC，SL，SP，TB，WP。

应用 广谱型植物生长调节剂，能促进细胞分裂与扩大，诱导形成不定根，增加坐果，防止落果，改变雌、雄花比例等。可经叶片、树枝的嫩表皮，种子进入到植株内，随营养流输导到全株。适用于谷类作物，增加分蘖，提高成穗率和千粒重；棉花减少蕾铃脱落，增桃增重，提高质量。果树促开花，防落果，催熟增产。瓜果类蔬菜防止落花，形成小籽果实；促进扦插枝条生根等。

分析方法 产品分析采用 GLC。

主要生产商 Amvac，CCA Biochemical，Green Plantchem，Interchem，Sharda，安阳全丰，郑州郑氏化工，四川国光，四川兰月，河南中威。

参考文献

萘乙酸合成的一些改进. 化学通报，1959.

萘乙酰胺（naphthaleneacetamide）

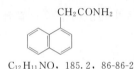

$C_{12}H_{11}NO$，185.2，86-86-2

由 Amchem Products，Inc.（现在的 Bayer AG）开发，作为苹果和梨的疏果剂。

其他名称 α-naphthaleneacetamide，NAD，NAAm

化学名称 2-(1-萘基)乙酰胺；2-(1-naphthyl)acetamide

CAS 名称 1-naphthaleneacetamide

理化性质 无色晶体。熔点 184℃，蒸气压 $<1\times10^{-2}$ mPa。水中溶解度 39mg/L（40℃），易溶于丙酮、乙醇和异丙醇，不溶于煤油。稳定性：正常贮存条件下稳定。不易燃。

毒性 大鼠急性经口 LD_{50} 约 1690mg/kg。兔皮肤和眼睛急性经皮 $LD_{50}>$2000mg/kg。对皮肤有轻微刺激作用，对眼睛有严重刺激作用。ADI/RfD（EU）0.1mg/(kg·d)。

制剂 WP。

应用 通过在花梗诱导形成一个离区而作用。用于稀疏许多品种的苹果和梨，保护苹果和梨过早掉落。

分析方法 产品用 GLC 分析。

主要生产商 Amvac，CCA Biochemical，Green Plantchem，Sharda。

参考文献

The Pesticide Manual. 16th ed.

哌壮素（piproctanyl）

$C_{18}H_{36}N$，266.5，69309-47-3

1976 年 G. A. Hüppi 等报道，piproctanylbromide 由 R. maagLtd 开发。

其他名称 Alden，Stemtrol（Maag），Ro06-0761/000，ACR-1222

化学名称 1-烯丙基-1-(3,7-二甲基辛基)哌啶；(RS)-1-allyl-1-(3,7-dimethyloctyl)piperidinium

CAS 名称 1-(3,7-dimethyloctyl)-1-(2-propen-1-yl)piperidinium

理化性质 Piproctanylbromide 为淡黄色蜡状固体,熔点 75℃,蒸气压 $<5\times10^{-5}$ mPa (20℃)。易溶于水,丙酮中>1.4kg/L,乙醇中>2.1kg/L,甲醇中>2.4kg/L,微溶于环己烷、己烷。在室温条件下密闭容器中稳定性>3年,对光稳定,在 50℃于 pH3 至 pH13 水解稳定。水溶液无腐蚀性。

毒性 大鼠急性经口 LD_{50} 820~990mg (piproctanylbromide)/kg,小鼠急性经口 LD_{50} 182mg/kg,大鼠急性经皮 LD_{50} 115~240mg/kg,对皮肤(豚鼠)和眼睛(兔)无刺激性。大鼠急性吸入 LC_{50} 1.5mg/L 空气。在 90d 饲喂试验中,大鼠接受 150mg/(kg·d) 或狗接受 25mg/(kg·d) 无显著影响。白喉鹑和野鸭 LC_{50} (8d) >10000mg/kg 饲料。鱼毒 LC_{50} (96h):虹鳟鱼 12.7mg/L,大翻车鱼 62mg/L。

制剂 SL。

应用 可缩短节间距,降低植株高度,使茎和花梗强壮,使叶子深绿。它可通过叶和根吸收,但在枝梢中不易传导。制剂中含表面活性剂。也可用于秋海棠、倒挂金钟和矮牵牛属。

分析方法 产品通过与硫酚钠反应生成烯丙基苯基硫化物,然后对后者进行 GC 分析。

参考文献
DE 2459129。

噻苯隆 (thidiazuron)

$C_9H_8N_4OS$, 220.2, 51707-55-2

由 Schering AG(安万特公司)开发。

其他名称 赛苯隆,脱叶灵,脱落宝,脱叶脲,SN49 537,Difolit,Dropp B

化学名称 1-苯基-3-(1,2,3-噻二唑-5-基)脲;1-phenyl-3-(1,2,3-thiadiazol-5-yl)ure

CAS 名称 N-phenyl-N′-1,2,3-thiadiazol-5-ylurea

理化性质 纯品为无色无味结晶体,熔点 210.5~212.5℃(分解)。蒸气压 4×10^{-6} mPa (25℃)。$K_{ow}\lg P$ 1.77 (pH 7.3)。Henry 常数 2.84×10^{-8} Pa·m³/mol。水中溶解度:31mg/L (25℃,pH 7),其他溶剂中溶解度 (20℃,g/L):甲醇 4.2,二氯甲烷 0.003,甲苯 0.4,丙酮 6.67,乙酸乙酯 1.1,己烷 0.002。稳定性:光照下能迅速转化成光异构体:1-苯基-3-(1,2,5-噻二唑-3-基)脲。在室温条件下,pH 5~9 水解稳定,54℃贮存 14d 不分解。pK_a 8.86。制剂外观为淡黄色均匀液体,pH 6.0~8.0。能被土壤强烈吸收,$DT_{50}<60$d(大田条件)。

毒性 大鼠急性经口 $LD_{50}>4000$mg/kg,小鼠急性经口 $LD_{50}>5000$mg/kg。大鼠急性经皮 $LD_{50}>1000$mg/kg,兔急性经皮 $LD_{50}>4000$mg/kg。大鼠急性吸入 LC_{50} (4h) >2.3mg/L。对家兔眼睛有中度刺激性,对兔皮肤无刺激性作用。大鼠亚急性 (90d) 经口无作用剂量为 200mg/kg,狗(1 年)急性经口无作用剂量为 100mg/kg。日本鹌鹑急性经口 $LD_{50}>3160$mg/kg。小齿鹑和野鸭饲喂 LC_{50} (4d) >5000mg/L。鱼毒 LC_{50} (96h,mg/L):虹鳟鱼、鲤鱼、大翻车鱼>1000。对蜜蜂无毒。蚯蚓 LC_{50} (14d) >1400mg/kg 土。

制剂 SL, WP。

应用 新型高效植物生长调节剂，具有极强的细胞分裂活性，能促进植物的光合作用，提高作物产量，改善果实品质，增加果品耐贮性。在棉花种植上作脱落剂使用，被棉株叶片吸收后，可及早促使叶柄与茎之间的分离组织自然形成而落叶，有利于机械收棉花并可使棉花收获提前10d左右，有助于提高棉花等级。

合成路线 以乙酰氯为其始原料，制得硫代异氰酸乙酰酯并与重氮甲烷反应生成环合产物1,2,3-噻二唑-5-乙酰胺，再与氧化镁在丙酮-水混合溶剂中水解生成5-氨基-1,2,3-噻二唑，最后与异氰酸苯酯反应，即制得赛苯隆。

$$CH_3COCl \xrightarrow{KSCN} CH_3CONCS \xrightarrow{CH_2N_2} \text{三唑-NHCOCH}_3$$

$$\xrightarrow{MgO} \text{噻二唑-NH}_2 \xrightarrow{\text{苯基-NCO}} \text{噻二唑-NHCONH-苯基}$$

分析方法 产品分析用 HPLC。

参考文献
[1] DE 2214632.
[2] DE 2841825.
[3] DE 2506690.
[4] DE 2848330.
[5] GB 1426960.
[6] GB 1543183.
[7] US 3883547.
[8] US 4163658.
[9] US 4130414.

噻节因（dimethipin）

$C_6H_{10}O_4S_2$, 210.3, 55290-64-7

1974年由 R. B. Ames 等报道，由 UniroyalChemicalCo. 开发。

其他名称 哈威达, harvade

化学名称 2,3-二氢-5,6-二甲基-1,4-二噻因-1,1,4,4,-四氧化物; 2,3-dihydro-5,6-dimethyl-1,4-dithi-ine 1,1,4,4-tetraoxide

CAS 名称 2,3-dihydro-5,6-dimethyl-1,4-dithiin 1,1,4,4-tetraoxide

理化性质 一种白色结晶固体。熔点 167～169℃。蒸气压 0.051mPa (25℃)。$K_{ow} \lg P = 0.17$，Henry 常数 $2.33 \times 10^{-6} Pa \cdot m^3/mol$。相对密度 1.59 (23℃)，水中溶解度 4.6g/L (25℃)，其他溶剂中溶解度 (25℃，g/L): 乙腈 180，甲醇 10.7，甲苯 8.919。稳定性：在 pH 3、6、9 (25℃) 中稳定。1年 (20℃)、14d (55℃)、光照 (25℃) ≥7d 稳定。pK_a 10.88。

毒性 大鼠急性经口 LD_{50} 为 500mg/kg，兔急性经皮 LD_{50} > 5000mg/kg，对眼睛刺激

性极强，对皮肤无刺激性。对豚鼠致敏性弱。大鼠吸入 LC_{50}（4h）1.2mg/L，无致癌作用。山齿鹑和野鸭饲喂 LC_{50}（8d）>5000mg/L，野鸭 LC_{50} 896mg/kg，鱼毒 LC_{50}（96h, mg/L）：虹鳟鱼>52.8，大翻车鱼>20.9，红鲈 5.12，糠虾 13.9。蜜蜂 LD_{50}>100μg/只。蚯蚓 LC_{50}（14d）>39.4mg/L。

制剂 SC。

应用 在植物上的最初期生化效应是抑制蛋白质合成，对蛋白质转移的作用比放线酮的活性高 10 倍。它使棉花老叶脱落更容易，再生的或新长出的棉花幼叶有抗性。表现出加速植株自然衰老过程，而不是诱导衰老。可使玉米、苗木、橡胶树和葡萄落叶，促进成熟并减少水稻和向日葵收获时种子受潮。

参考文献

US 3920438.

三碘苯甲酸（2,3,5-tri-iodobenzoic acid）

$C_7H_3I_3O_2$，499.8，88-82-4

化学名称 2,3,5-三碘苯甲酸；2,3,5-Triiodobenzoic acid

理化性质 纯品为白色粉末，或接近紫色的非晶形粉末。熔点 220~222℃。商品为黄色或浅褐色溶液或含 98% 三碘甲苯酸的 DP。不溶于水，可溶于乙醇、丙酮、乙醚等。较稳定，耐贮存。熔点为 224~226℃。

毒性 小鼠急性经口 LD_{50} 为 14.7mg/kg，兔急性经皮 LD_{50}>10mg/kg。

应用 用于大豆抗倒伏。进行叶面喷洒，可使茎秆粗壮，防止倒伏，促进开花，增加产量，提高品质。

参考文献

植物生长调节剂．北京：金盾出版社，2009．

三丁氯苄磷（chlorphonium）

$C_{19}H_{32}Cl_3P$，397.8，115-78-6

由 Mobil Chemical Co. 推出。

化学名称 三丁基(2,4-二氯苄基)磷；tributyl(2,4-dichlorobenzyl)phosphonium chloride

CAS 名称 tributyl[(2,4-dichlorophenyl)methyl]phosphonium chloride

理化性质 无色晶体。熔点 114~120℃。蒸气压 $9.33×10^{-2}$ mPa（20℃）。Henry 常数 $3.52×10^{-8}$ Pa·m³/mol（20℃，计算值）。溶解度：水 960g/L（20℃）；甲醇 1030，丙酮 200（g/L，20℃）。不溶于乙醚和己烷。正常贮存条件下稳定。

毒性 大鼠急性经口 LD_{50} 210mg/kg。兔急性经皮 LD_{50} 750mg/kg，原药和制剂对眼睛

和皮肤有刺激。虹鳟鱼 LC_{50}（96h）115mg/L。对蜜蜂无害。

制剂 GR，SL。

应用 植物生长抑制剂。温室盆栽菊花和室外栽培的耐寒菊花的株高抑制剂。用于抑制牵牛花、鼠尾草、薄荷科植物、杜鹃花、石南属、冬青属的乔木或灌木和一些其他观赏植物的株高。也可用于抑制冬季油菜种子的发芽和葡萄藤的生长、抑制苹果树梢生长及花的形成。盆栽植物土壤施用效果最好。另外，用本品处理母株可提高扦插的均匀性。

主要生产商 Perifleur，Mobil。

参考文献

US 3268323.

三十烷醇（triacontanol）

$$CH_3(CH_2)_{28}CH_2OH$$

$C_{30}H_{62}O$，438.8，593-50-0

其他名称 Melissyl alcohol

化学名称 正三十烷醇；triacontan-1-ol

CAS 名称 1-triacontanol

理化性质 纯品为白色结晶固体或蜡状粉末或片状，熔点 87℃，溶解度：不溶于水，易溶于苯和乙醚，微溶于乙醇。正常条件下稳定性很好。闪点＞24.5℃。

毒性 三十烷醇多以酯的形式存在于多种植物和昆虫的蜡质中。对人畜和有益生物未发现有毒害作用。小白鼠急性经口 LD_{50} 为 10000mg/kg，无刺激性。

制剂 TC，ME，SL。

应用 三十烷醇可经由植物的茎、叶吸收，然后促进植物的生长，增加干物质的积累，改善细胞膜的透性，增加叶绿素的含量，提高光合强度，增强淀粉酶、多氧化酶、过氧化物酶的活性。三十烷醇能促进发芽、生根、茎叶生长及开花，使农作物早熟，提高结实率，增强抗寒、抗旱能力，增加产量，改善产品品质。

主要生产商 桂林宏田生化，郑州天邦生物，四川国光农化。

杀雄啉（sintofen）

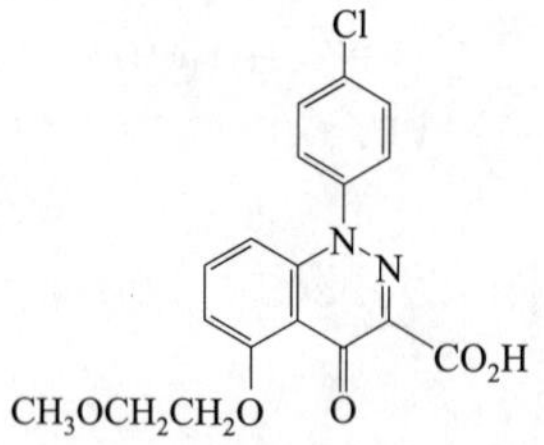

$C_{18}H_{15}ClN_2O_5$，374.8，130561-48-7

由 Hybrinova S. A. 公司开发，1998 年该公司成为 E. I. du Pont de Nemours 的子公司，2002 年该产品被 E. I. du Pont de Nemours 公司转让给 Saaten Union Recherche S. A. R. L. 公司。

其他名称 津奥啉，cintofen，SC 2053（Orsan）

化学名称 1-(4-氯苯基)-5-(2-甲氧基乙氧基)-4-氧代-1,4-二氢噌啉-3-羧酸;1-(4-chlorophenyl)-1,4-dihydro-5-(2-methoxyethoxy)-4-oxocinnoline-3-carboxylic acid

CAS 名称 1-(4-chlorophenyl)-1,4-dihydro-5-(2-methoxyethoxy)-4-oxo-3-cinnolinecarboxylic acid

理化性质 原药含量98.0%。乳白色至黄色粉末。熔点261.03℃。蒸气压$1.1×10^{-3}$ mPa（25℃，含气饱和度法）。K_{ow} lg$P$ 1.44±0.06 [(25±1)℃]。Henry常数$7.49×10^{-5}$ Pa·m³/mol。相对密度1.461（20℃，原药）。水中溶解度<5mg/L（20℃）；有机溶剂中溶解度（g/L，20℃）：甲醇、丙酮和甲苯<0.005，1,2-二氯乙烷0.01～0.1。水溶液中稳定，DT_{50}>365d（50℃，pH 5、7和9）。pK_a 7.60。

毒性 大鼠急性经口LD_{50}>5000mg/kg。大鼠急性经皮LD_{50}>2000mg/kg。大鼠吸入LC_{50}（4h）>7.34mg/L。NOEL（2年）大鼠12.6mg/(kg·d)（以盐计）。ADI/RfD 0.126mg/kg。野鸭和山齿鹑急性经口LD_{50}>2000mg/kg。山齿鹑LC_{50}（8d）>5000mg/L。虹鳟LC_{50}（96h）793mg/L、蓝鳃翻车鱼1162mg/L。水蚤EC_{50}（48h）331mg/L。羊角月牙藻EC_{50}（96h）11.4mg/L。蜜蜂急性LD_{50}（经口或接触）>100μg/只。赤子爱胜蚓LC_{50}（14d）>1000mg/L。

应用 植物生长调节剂。谷物杂交剂。主要用于小麦制种。培育作物杂交种子。

杀雄嗪酸（clofencet）

$C_{13}H_{11}ClN_2O_3$, 278.7, 129025-54-3

其他名称 金麦斯，MON 21200，RH 754，ICIA 0754，FC 40001，Genesis

化学名称 2-(4-氯苯基)-3-乙基-2,5-二氢-5-氧哒嗪-4-羧酸;2-(4-chlorophenyl)-3-ethyl-2,5-dihydro-5-oxopyridazine-4-carboxylic acid

CAS 名称 2-(4-chlorophenyl)-3-ethyl-2,5-dihydro-5-oxo-4-pyridazinecarboxylic acid

理化性质 纯品为固体。熔点为269℃（分解）。蒸气压$<1×10^{-2}$ mPa（25℃）。K_{ow} lg$P$ -2.2（25℃）。Henry常数$<5.7×10^{-9}$ Pa·m³/mol。相对密度1.44（20℃）。水中溶解度（g/L，23℃）：>552（水），>655（pH 5），>658（pH 9）。其他溶剂中溶解度（g/L，24℃）：甲醇16，丙酮<0.5，二氯甲烷<0.4，甲苯<0.4，乙酸乙酯<0.5。

毒性 大鼠急性经口LD_{50}：雄3437mg/kg，雌3150mg/kg。大鼠急性经皮LD_{50}>5000mg/kg。对兔皮肤无刺激性，对兔眼睛有刺激性作用。大鼠急性吸入EC_{50} 3.8mg/L 空气。NOEL数据：狗（1年）5.0mg/(kg·d)。ADI值：0.06mg/(kg·d)。无致突变性，无致畸性。野鸭急性经口LD_{50}>2000mg/kg，鹌鹑急性经口LD_{50}>1414mg/kg。野鸭和鹌鹑饲喂LC_{50}（5d）>4818mg/L。鱼类LC_{50}（96h，μg/L）：虹鳟鱼990，大翻车鱼>1070。蜜蜂LD_{50}（接触和经口）>100μg/只。蚯蚓EC_{50}>1000mg/L。

制剂 AS。

应用 杀雄剂。适用于小麦。

合成路线 以对氯苯肼为起始原料，首先与乙醛酸缩合，制成酰氯。再与丙酰乙酸乙酯环合即得目的物。

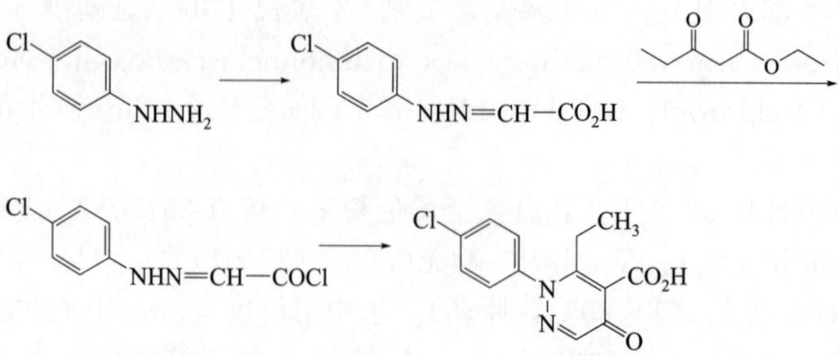

[反应式图]

分析方法　产品分析采用 GC 或 HPLC 法。
参考文献
[1]　The Pesticide Manual. 12th ed. 2000：187.
[2]　WO 9103463.

糖氨基嘌呤（kinetin）

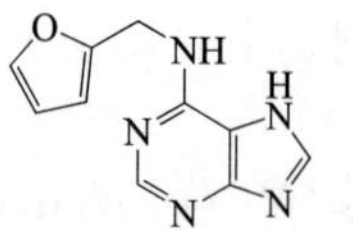

[化学结构图]

$C_{10}H_9N_5O$，215.2，525-79-1

1995 年在美国首次注册。
化学名称　6-糠基氨基嘌呤；6-furfurylamino-9H-purine
CAS 名称　N-(2-furanylmethyl)-1H-purin-6-amine
理化性质　纯品为白色片状固体，熔点 266～267℃。溶于强酸、碱和冰醋酸，微溶于乙醇、丁醇、丙酮、乙醚，不溶于水。
应用　植物生长调节剂。具有促进细胞分裂、诱导芽的分化、解除顶端优势、延缓衰老等作用。

特克草（buminafos）

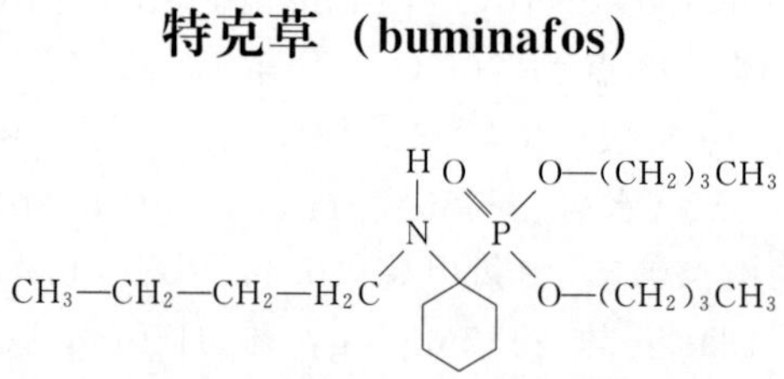

[化学结构图]

$C_{18}H_{38}NO_3P$，347.5，51249-05-9

由 VEB Chemiekombinat Bitterfeld 开发，后由 Luxan B. V. 销售。
化学名称　丁基氨基环己基膦酸二丁酯；dibutyl 1-butylaminocyclohexylphosphonate
CAS 名称　dibutyl 1-(butylamino)cyclohexylphosphonate
理化性质　熔点约 -25℃。蒸气压约 100mPa（20℃）。Henry 常数 0.2Pa·m³/mol（20℃，计算值）。相对密度 0.969（20℃）。溶解度：水中 170mg/L（室温），易与常见有机溶剂如丙酮、甲醇、二甲苯互溶，不溶于柴油。稳定性：遇强酸或强碱水解。水解 DT_{50}：13d（pH 6），20h（pH 8），2.75h（pH 11）。
毒性　大鼠急性经口 LD_{50} 7000mg/kg。急性经皮 LD_{50}：大鼠 12000～15000mg/kg，兔

5000～8000mg/kg。对皮肤和眼睛有刺激。NOEL（130d）大鼠 140mg/(kg·d)。古比鱼 LC_{50}（96h）7mg/L。按规定使用时对蜜蜂无毒。

制剂 EC。

应用 植物生长调节剂，非选择性接触除草剂。用于防除蔬菜、甜菜、观赏植物、灌木、草莓、果树和园艺作物的一年生杂草和阔叶杂草。也用作棉花脱叶剂。由根和叶吸收。

分析方法 产品采用 NMR 分析。

主要生产商 Luxan B. V.。

脱叶磷（tribufos）

$C_{12}H_{27}OPS_3$，314.5，78-48-8

化学名称 S,S,S-三丁基三硫代磷酸酯；S,S,S-tributyl phosphorotrithioate

CAS 名称 S,S,S-tributyl phosphorotrithioate

理化性质 浅黄色透明液体。有硫醇臭味。沸点 150℃（400Pa）。凝固点 -25℃ 以下。相对密度 1.057。折射率 1.532，闪点＞200℃（闭环）。难溶于水。溶于丙酮、乙醇、苯、二甲苯、己烷、煤油、柴油、石脑油和甲基萘。对热和酸性介质稳定，在碱性介质中能缓慢分解。

毒性 大鼠急性经口 LD_{50} 325mg/kg，急性经皮 LD_{50} 850mg/kg。对皮肤有刺激性。工作环境允许浓度＜0.5mg/m³。对鱼类高毒。

应用 具有广谱增效活性，用于拟除虫菊酯类和有机磷类杀虫剂的增效。

合成路线 由丁硫醇和三氯氧磷反应而得。

脱叶亚磷（merphos）

$C_{12}H_{27}PS_3$，298.5，150-50-5

由广西化工研究所研制。

其他名称 DEF Defoltant

化学名称 三硫代亚磷酸三丁酯；tributyl phosphorotrithioite

CAS 名称 tributyl phosphorotrithioite

应用 脱叶亚磷原作棉花落叶剂，由于其能在 2 小时内为植株吸收，耐雨水冲刷，比肼类杀菌剂(甲基胂酸及甲基胂酸一钠)效果好，所以马来西亚于 1976 年就用于胶树落叶方面。

参考文献

广东化工报导，1979.2.

芴丁酯(flurenol)

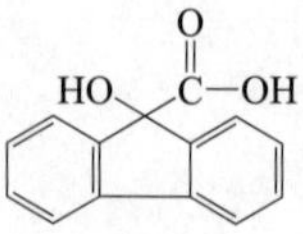

Flurenol: $C_{14}H_{10}O_3$, 226.2, 467-69-6;
flurenol-butyl: $C_{18}H_{18}O_3$, 282.3, 2314-09-2

1964年G. Schneider报道了芴-9-羧酸对植物生长的作用。芴丁酯(flurenol-butyl)由E. Merk(现BASF SE)开发。

化学名称 9-羟基芴-9-羧酸；9-hydroxyfluorene-9-carboxylic acid

CAS名称 9-hydroxy-9H-fluorene-9-carboxylic acid

理化性质 芴丁酯为无色晶体，熔点71℃，蒸气压0.13mPa（25℃）。溶解度（20℃）：水中36.5mg/L，丙酮1.45mg/L，苯950mg/L，四氯化碳550m/L，环己烷35g/L，乙醇700g/L，甲醇1.5kg/L，异丙醇250g/L。

毒性 大鼠急性经口LD_{50}＞10000mg/kg，小鼠急性经口LD_{50}＞5000mg/kg，大鼠急性经皮LD_{50}＞10000mg/kg。大鼠（78d）和狗（81d）在1000mg/kg饲喂试验中未见不良影响。鱼毒LC_{50}（96h）：虹鳟鱼约12.5mg/L，鲤鱼约18.2mg/L。蜜蜂接触LD_{50}约0.10mg/只。

制剂 EC。

应用 芴丁酯通过被植物根、叶吸收而导致对植物生长的抑制作用，但它主要用于与苯氧链烷酸除草剂一起使用，起增效作用。

参考文献

[1] GB 1051652.
[2] GB 1051653.

烯腺嘌呤 (enadenine)

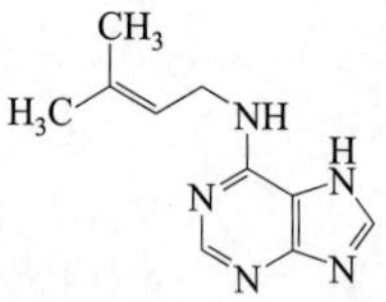

$C_{10}H_{13}N_5$, 203.2, 2365-40-4

其他名称 烯腺嘌呤，2iP

化学名称 N-(3-甲基丁-2-烯-1-基)-7H-嘌呤-6-基胺；N-(3-methylbut-2-en-1-yl)-7H-purin-6-amine；N-(3-methylbut-2-enyl)-7H-purin-6-amine

CAS名称 N-(3-methyl-2-buten-1-yl)-1H-purin-6-amine

应用 细胞分裂素。

烯效唑(uniconazole)

$C_{15}H_{18}ClN_3O$,291.8,83657-22-1,83657-17-4 [(E)-(S)-(+)-isomer];
83657-16-3 [(E)-(R)-(−)-isomer]; 76714-83-5 [(E)- isomers]

由日本住友化学工业公司和 Valent 开发。

其他名称 特效唑,S-3307D,S-327D,S-07,XE-1019,Prunit,Sumagic,Lomica,sumiseven

化学名称 (E)-(RS)-1-(4-氯苯基)-4,4-二甲基-2-(1H-1,2,4-三唑-1-基)戊-1-烯-3-醇；(E)-(RS)-1-(4-chlorophenyl)-4,4-dimethyl-2-(1H-1,2,4-triazol-1-yl)pent-1-en-3-ol；(E)-(S)-1-(4-chlorophenyl)-4,4-dimethyl-2-(1H-1,2,4-triazol-1-yl)pent-1-en-3-ol

CAS 名称 (E)-(±)-β-[(4-chlorophenyl)methylene]-α-(1,1-dimethylethyl)-1H-1,2,4-triazole-1-ethanol uniconazole-P

理化性质 纯品为白色结晶固体,熔点 147～164℃,蒸气压 8.9mPa（20℃）,$K_{ow}\lg P$ 3.67（25℃）,相对密度 1.28（21.5℃）。溶解度（25℃）：水 8.41mg/L,甲醇 88g/kg,正己烷 0.3g/kg,二甲苯 7g/kg。易溶于丙酮、乙酸乙酯、氯仿和二甲基甲酰胺。在正常贮存条件下稳定。

高烯效唑（uniconazole-P）形成白色结晶固体,带着淡淡的特殊气味,沸点 152.1～155.0℃,蒸气压 5.3mPa（20℃）,相对密度 1.28（21.5℃）。溶解度（25℃）：水 8.41mg/L；（20℃）甲醇 72g/kg,正己烷 0.2g/kg,在正常贮存条件下稳定。闪点 195℃。

毒性 雄大鼠急性经口 LD_{50} 2020mg/kg,雌大鼠为 1790mg/kg；大鼠急性经皮 LD_{50}＞2000mg/kg。对兔皮肤无刺激作用,对眼睛有轻微刺激作用。大鼠吸入 LD_{50}（4h）＞2750mg/m³。鱼毒 LC_{50}（96h）：虹鳟鱼 14.8mg/L,鲤鱼 7.64mg/L。对蜜蜂急性经口 LD_{50}＞20g/只。

制剂 TC,EC,WP。

应用 烯效唑属广谱性、高效植物生长调节剂,兼有杀菌和除草作用,是赤霉素合成抑制剂。具有控制营养生长,抑制细胞伸长、缩短节间、矮化植株,促进侧芽生长和花芽形成,增进抗逆性的作用。其活性较多效唑高 6～10 倍,但其在土壤中的残留量仅为多效唑的 1/10,因此对后茬作物影响小,可通过种子、根、芽、叶吸收,并在器官间相互运转,但叶吸收向外运转较少。向顶性明显。适用于水稻、小麦,增加分蘖,控制株高,提高抗倒伏能力。用于果树控制营养生长的树形。用于观赏植物控制株形,促进花芽分化和多开花等。

合成路线 以频哪酮为起始原料,经氯化/溴化,制得一氯/溴频哪酮,然后在碱存在下,与 1,2,4-三唑反应,生成 α-三唑基频哪酮,再与对氯苯甲醛缩合,得到 E 和 Z-酮混合物；Z-酮通过胺催化剂异构化成 E-异构体（E-酮）,然后用硼氢化钠还原,即得烯效唑。

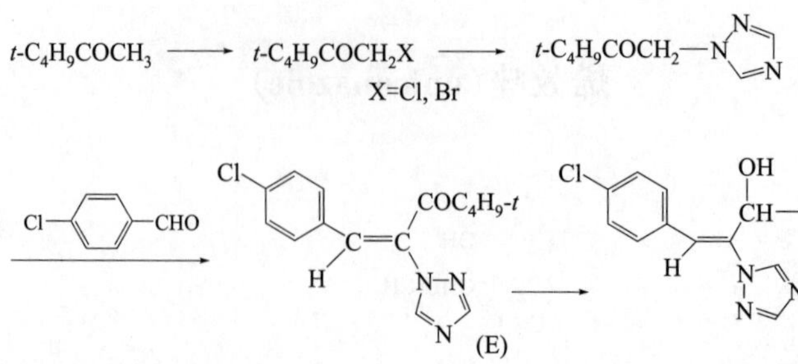

$$t\text{-}C_4H_9COCH_3 \longrightarrow t\text{-}C_4H_9COCH_2X \longrightarrow t\text{-}C_4H_9COCH_2\text{-1,2,4-triazole}$$
$$X=Cl, Br$$

主要生产商 Sumitomo Chemical，Tide，剑牌农药化工，七洲绿色化工，锐特化工科技，四川省化学工业研究设计院。

参考文献

[1] 日本农药学会志, 1991, 16 (2): 211-221.
[2] Chromatographia, 1993, 35 (9-12): 555-559.
[3] J Plant Growth Regul, 1994, 13: 213-219.
[4] 特開昭 57-93966, 102872, 140773.
[5] 特開昭 57-140774, 150676, 154172.
[6] DE 3509823, 3509824.
[7] US 4203995, US 4435203.

乙二肟（glyoxime）

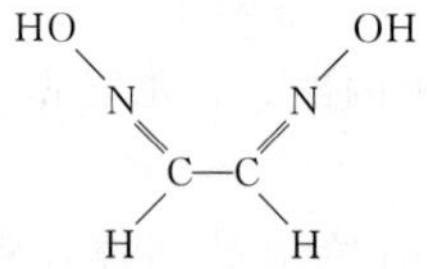

$C_2H_4N_2O_2$，88.1，557-30-2

化学名称 乙二肟；glyoxal dioxime
CAS 名称 ethanedial dioxime
应用 植物生长调节剂。

乙基芸苔素内酯（brassinolide-ethyl）

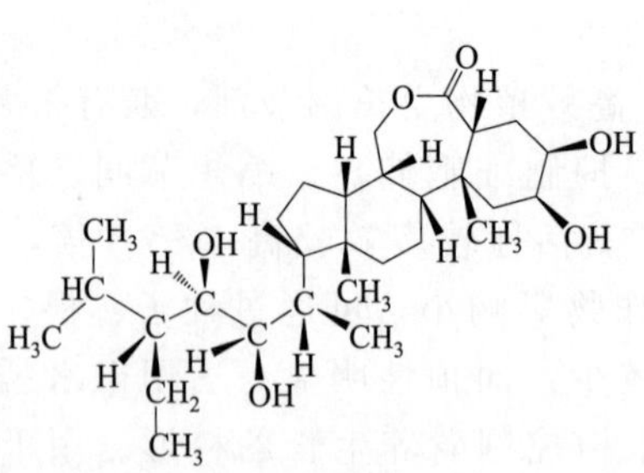

$C_{29}H_{50}O_6$，494.7，74174-44-0

其他名称 homobrassinolide
化学名称 （3aS, 5S, 6R, 7aR, 7bS, 9aS, 10R, 12aS, 12bS）-10-[（1S, 2R, 3R, 4S）-4-ethyl-2,3-dihydroxy-1,5-dimethylhexyl]hexadecahydro-5,6-dihydroxy-7a, 9a-dimethyl-3H-benzo[c]indeno[5,4-e]oxepin-3-one

CAS 名称　（1R,3aS,3bS,6aS,8S,9R,10aR,10bS,12aS)-1-[(1S,2R,3R,4S)-4-ethyl-2,3-dihydroxy-1,5-dimethylhexyl]hexadecahydro-8,9-dihydroxy-10a,12a-dimethyl-6H-benz[c]indeno[5,4-e]oxepin-6-one

应用　植物生长调节剂。

乙烯硅（etacelasil）

$$H_3C-O-CH_2-CH_2-O\underset{O-CH_2-CH_2-O-CH_3}{\overset{CH_2-CH_2-Cl}{\underset{|}{\overset{|}{Si}}}}O-CH_2-CH_2-O-CH_3$$

$C_{11}H_{25}ClO_6Si$，316.9，37894-46-5

1974 年由 J. Rufener 和 D. Pietà 报道，由 Ciba-Geigy AG 开发。

其他名称　Alsol，CGA13586

化学名称　2-氯乙基三(2-甲氧基乙氧基)硅烷；2-chloroethyltris(2-methoxyethoxy)silane

CAS 名称　6-(2-chloroethyl)-6-(2-methoxyethoxy)-2,5,7,10-tetraoxa-6-silaundecane

理化性质　纯品为无色液体。沸点 85℃/1.33Pa。蒸气压 27mPa（20℃）。相对密度 1.10（20℃）。溶解度（20℃）：水中 25g/L，可与苯、二氯甲烷、乙烷、甲醇、正辛醇互溶。水解 DT_{50}（20℃）：50min（pH5），160min（pH6），43min（pH7），23min（pH8）。

毒性　大鼠急性经口 LD_{50} 2066mg TC/kg。大鼠急性经皮 LD_{50}＞3100mg/kg。对兔皮肤有轻微刺激，对兔眼睛无刺激。大鼠急性吸入 LC_{50}（4h）＞3.7mg/L 空气。90d 饲喂试验的无作用剂量：大鼠 20mg/(kg·d)，狗 10mg/(kg·d)。鱼毒 LC_{50}（96h）：虹鳟鱼、鲫鱼、大翻车鱼＞100mg/L。实际上对鸟无毒。

制剂　SC，SL。

应用　本品通过释放乙烯而促使落果，用作油橄榄的脱落剂，根据油橄榄的品种不同在收获前喷施。

分析方法　产品用 GC 分析。

参考文献

[1] BE 773498.
[2] GB 1371804.

乙烯利（ethephon）

$$ClCH_2CH_2\overset{O}{\underset{}{\overset{\|}{P}}}(OH)_2$$

$C_2H_6ClO_3P$，144.5，16672-87-0

由 Amchem Products Inc.（现 Bayer AG）开发。

其他名称　一试灵，乙烯磷，Ethrel，Florel，Cerone，Cepha

化学名称　2-氯乙基膦酸；2-chloroethylphosphonic acid

CAS 名称　(2-chloroethyl)phosphonic acid

理化性质　本品为白色结晶性粉末。熔点 74～75℃，沸点 265℃。蒸气压＜0.01mPa（20℃）。$K_{ow}\lg P$＜－2.20（25℃）。Henry 常数＜1.55×10^{-9}Pa·m³/mol。溶解度：水中

800g/L（pH 4），易溶于甲醇、乙醇、异丙醇、丙酮、乙醚及其他极性有机溶剂，难溶于苯和甲苯等非极性有机溶剂，不溶于煤油和柴油。稳定性：水溶液中 pH＜5 时稳定；在较高 pH 值以上分解释放出乙烯。DT_{50} 2.4d（pH7，25℃）。紫外线照射下敏感。pK_{a1}：2.5，pK_{a2}：7.2。

毒性 急性经口 LD_{50} 1564mg/kg。兔急性经皮 LD_{50} 1560mg/kg，对眼睛有刺激性。大鼠吸入 LC_{50}（4h）：4.52mg/kg，2 年无作用剂量：大鼠 13mg/kg。山齿鹑急性经口 LD_{50} 1072mg/kg。山齿鹑吸入 LC_{50}（8d）＞5000mg/L。鱼类 LC_{50}（96h）：鲤鱼 140mg/L，虹鳟鱼 720mg/L。水蚤 EC_{50}（48h）1000mg/L。小球藻 EC_{50}（24～48h）32mg/L。对其他水生菌低毒，对蜜蜂无害，对蚯蚓无毒。

制剂 EC，SC，SL。

应用 本品能在植物的根、荚、叶、茎、花和果实等组织中放出乙烯，以调节植物的代谢、生长和发育。本品可加速水果和蔬菜（包括苹果、甘蔗、柑橘和咖啡）收获前的成熟，及用作水果（香蕉、柑橘、芒果）收获后的催熟剂。也加速烟草叶黄化、棉花的棉铃开放及落叶；刺激橡胶树中胶乳的流动；防止禾谷类及玉米倒伏；促使核桃外皮开裂及菠萝和观赏凤梨开花；苹果疏果，去枝；改变黄瓜和南瓜雌雄花比例。本品通过植物组织内释放乙烯发生作用。

主要生产商 Bayer CropScience，Agrochem，Fertiagro，Jubilant Organosys，Sharda，艾农国际贸易，江苏安邦电化，江苏百灵农化，泰禾集团，华通（常州）生化，中国化工集团，山东大成，苏州恒泰，泰达集团。

参考文献

［1］ US 3879188.
［2］ US 3896163.
［3］ US 3897486.

2-(乙酰氧基) 苯甲酸 (aspirin)

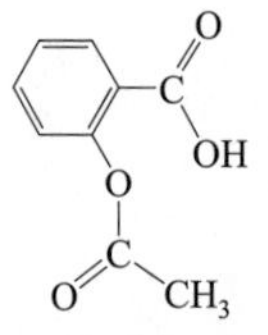

$C_9H_8O_4$，180.1，50-78-2

化学名称 2-乙酰氧基苯甲酸；2-(acetyloxy)benzoic acid；acetylsalicylic acid

CAS 名称 2-(acetyloxy)benzoic acid

应用 作物激活剂。

乙氧喹啉(ethoxyquin)

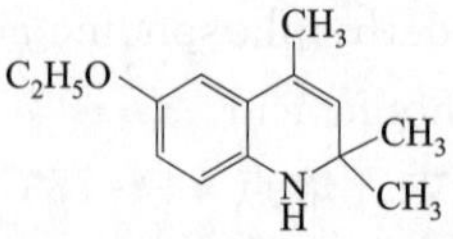

$C_{14}H_{19}NO$，217.31，91-53-2

1921 年由 Knoevenagel 制备。由 Monsanto Co.（已不再生产和销售）开发。

其他名称 Escalfred，éthoxyquine，polyethoxyquinoline

化学名称 1,2-二氢-2,2,4-四甲基喹啉-6-基乙醚；1,2-dihydro-2,2,4-trimethylquinolin-6-yl ethyl ether

CAS 名称 6-ethoxy-1,2-dihydro-2,2,4-trimethylquinoline

理化性质 纯品为黏稠状黄色液体。沸点 123～125℃/266.644Pa。相对密度 1.029～1.031。在空气中颜色变深变黑，但不影响生物活性。

毒性 急性经口 LD_{50}（mg/kg）：雄大鼠 1920，雌大鼠 1730。NOEL 数据 [mg/(kg·d)]：大鼠（2 年）6.25，狗（1 年）7.5。ADI 值 0.005mg/kg。对鸟、鱼、蜜蜂等无毒。

制剂 EC，SC，Aerosol。

应用 植物抗氧化生长调节剂。抑制 α-法尼烯（α-farnesene）的氧化，据推测 α-法尼烯（α-farnesene）氧化后的产物可以导致细胞组织的坏死。主要用于防治贮藏病害，如苹果和梨的灼伤病。对于某些品种的苹果，使用该药剂后会留下"印记"，即斑点。

合成路线 以丙酮和对乙氧基苯胺为原料，经如下反应制得目的物：

主要生产商 Indukern。

抑芽丹（maleic hydrazide）

$C_4H_4N_2O_2$，112.1，10071-13-3(互变异构体)、123-33-1
(二酮互变异构体)、28382-15-2(单钾盐)、28330-26-9(钠盐)

1949 年由 D. L. Schoene 和 O. L. Hoffmann 报道其植物生长调节活性，由 U. S. Rubber Co.（现 Chemtura Corp.）推出。

其他名称 MH

化学名称 6-羟基-2H-哒嗪-3-酮；1,2-二氢哒嗪-3,6-二酮；6-hydroxy-2H-pyridazin-3-one；1,2-dihydropyridazine-3,6-dione

CAS 名称 6-hydroxy-3(2H)-pyridazinone；1,2-dihydro-3,6-pyridazinedione

理化性质 原药含量≥97%。干的原药为白色结晶固体。熔点 298～299℃。不沸腾，310～340℃分解。蒸气压 $3.1×10^{-3}$ mPa（25℃）。K_{ow} lg$P$：-2.01（pH 7）、-0.56（非离子化，25℃）。Henry 常数 $4.05×10^{-8}$ Pa·m³/mol（计算值）。相对密度 1.61（25℃）。溶解度：水 3.80g/L（20℃），缓冲水溶液（pH5）4.56g/L、（pH 7）50.20g/L（均为 20℃）。(20±1)℃有机溶剂中溶解度：甲醇 3.83g/L，1-辛醇 0.308g/L，丙酮 0.175g/L，乙酸乙酯、二氯甲烷、正庚烷和甲苯＜0.001g/L。pH 5 和 pH 7 下放置 30 天几乎不光解，DT_{50} 15.9d（pH 9）。50℃时，pH4、7、9 条件下不水解。pK_a 5.62（20℃）。

抑芽丹钾盐：Henry 常数 $3.3×10^{-7}$ Pa·m³/mol（25℃）。水中溶解度 400g/kg（25℃）。

抑芽丹钠盐：水中溶解度 200g/kg（25℃）。

毒性 抑芽丹：大鼠急性经口 LD_{50}＞5000mg/kg。兔急性经皮 LD_{50}＞5000mg/kg。对

兔眼睛和皮肤有轻微刺激，欧盟没有将其列为对皮肤和眼睛有刺激的物质，对豚鼠皮肤无致敏性。大鼠吸入 LC_{50}（4h）3.2mg/L。野鸭急性经口 $LD_{50}>4640$mg/kg。野鸭和山齿鹑饲喂 LC_{50}（8d）>10000mg/kg。鱼毒 LC_{50}（96h）：虹鳟鱼>1435mg/L，大翻车鱼 1608mg/L。水蚤 LC_{50}（48h）108mg/L。小球藻 IC_{50}（96h）>100mg/L。

抑芽丹钾盐：大鼠急性经口 LD_{50} 3900mg/kg。对豚鼠皮肤无致敏性。大鼠吸入 LC_{50}（4h）>4.03mg/L。NOEL 值：（2年）大鼠 25mg/(kg·d)，（1年）狗 25mg/(kg·d)。对啮齿类动物无致癌性，对大鼠或兔无致畸性。禽类急性经口 LD_{50}：野鸭>2250mg/kg，山齿鹑>2000mg/kg。野鸭饲喂 LC_{50}（8d）>5620mg/kg。鱼毒 LC_{50}（96h）：虹鳟鱼>1000mg/L，鲈鱼>104mg/L。水蚤 LC_{50}（48h）>1000mg/L。对蜜蜂无毒，LD_{50}（经口或接触）$>100\mu$g/只。蚯蚓 LC_{50}（14d）>1000mg/kg。

抑芽丹钠盐：大鼠急性经口 LD_{50} 1770mg/kg。兔急性经皮 $LD_{50}>5000$mg/kg。对眼睛有严重刺激，对皮肤有轻度刺激。大鼠吸入 LC_{50}（4h）>2.07mg/L。

制剂 SG，SL。

应用 通过叶和根吸收并通过木质部和韧皮部传导。抑制分生区细胞分裂，但不抑制细胞扩展。也有一定的除草活性。可以抑制草坪、路边、河堤、城市绿化地带的杂草生长，抑制灌木和树木生长，抑制马铃薯、洋葱、甜菜、甘蓝、欧洲防风草、胡萝卜在贮存过程中发芽，防止烟草根吸水生长，促使柑橘休眠，与 2,4-滴混合可用作除草剂。

分析方法 产品分析采用 HPLC/UV。

主要生产商 Chemtura，Dongbu Fine，Drexel，Laboratorios Agrochem，华通（常州），重庆双丰。

参考文献

[1] US 2575954.
[2] US 2614916.
[3] US 2614917.
[4] US 2805926.

抑芽唑（triapenthenol）

$C_{15}H_{25}N_3O$，263.4，76608-88-3

1984 年在第 44 届 Deutsche Pflanzenchutz-Tag 会上由 K. Lürssen 和 W. Reiser 报道，由德国 Bayer CropScience（Bayer AG）开发。

其他名称 triapentenol，BAY-RSW-0411，NTN-820，NTN-821，LEA19393，RSW0411，Baronet

化学名称 (E)-(RS)-1-环己基-4,4-二甲基-2-(1,2,4-三氮唑-1-基)-1-戊烯-3-醇；(E)-(RS)-1-cyclohexyl-4,4-dimethyl-2-(1H-1,2,4-triazol-1-yl)pent-1-en-3-ol

CAS 名称 (E)-(±)-β-(cyclohexylmethylene)-α-(1,1-dimethylethyl)-1H-1,2,4-triazole-1-ethanol

理化性质 外观为白色晶体。熔点135.5℃，蒸气压 4.4×10^{-6} Pa（20℃）。20℃时溶解度为：二甲基甲酰胺 468g/L，甲醇 433g/L，二氯甲烷＞200g/L，异丙醇 100～200g/L，丙酮 150g/L，甲苯 20～50g/L，己烷 5～10g/L，水 68mg/L。

毒性 大鼠急性经口 LD_{50}＞5000mg/kg，小鼠为 4000mg/kg，大鼠慢性无作用剂量为 100mg/(kg·d)。鲤鱼 LC_{50} 18mg/L，鳟鱼为 37mg/L（均为 96h）。鹌鹑急性经口 LD_{50}＞5000mg/kg。对蜜蜂无毒。

应用 唑类植物生长调节剂。主要作用方式是抑制赤霉素的生物合成。本品能抑制作物茎秆生长，提高作物产量。药剂通过根、叶吸收，达到抑制双子叶作物生长的目的。在正常剂量下，本品不抑制根部生长。本品还具杀菌作用。

分析方法 用 HPLC 分析。

参考文献

Proc Br CropProt Conf—Weeds，1985，1：121.

吲哚丁酸（IBA）

$C_{12}H_{13}NO_2$，203.2，133-32-4

由 Union Carbide Corp. 和 May & Baker Ltd（现均属 Bayer AG 公司）开发。

其他名称 4-indol-3-ylbutyric acid

化学名称 4-吲哚-3-基丁酸；4-(indol-3-yl)butyric acid

CAS 名称 1H-indole-3-butanoic acid

理化性质 无色或浅黄色晶体。熔点 123～125℃，蒸气压＜0.01mPa（25℃），溶解度：水中 250mg/L（20℃），苯中＞1000，丙酮、乙醇、乙醚 30～100，氯仿 0.01～0.1（g/L）。酸性和碱性介质中很稳定。不易燃。

毒性 小鼠急性经口 LD_{50}：100mg/kg；急性腹腔注射 LD_{50}＞100mg/kg。对蜜蜂无毒。

制剂 DP，WP。

应用 吲哚丁酸是内源生长素，能促进细胞分裂与细胞生长，诱导形成不定根，增加坐果，防止落果，改变雌、雄花比例等。可经由叶片、树枝的嫩表皮、种子进入到植物体内，随营养流输导到起作用的部位。促进植物主根生长，提高发芽率、成活率。用于促使插条生根。

主要生产商 Anpon, CCA Biochemical, Green Plantchem, Interchem, 四川国光, 兰月科技, 浙江泰达, 重庆双丰。

吲哚乙酸（IAA）

$C_{10}H_9NO_2$，175.2，87-51-4

其他名称　heteroauxin

化学名称　吲哚-3-基乙酸；indol-3-ylacetic acid

CAS 名称　$1H$-indole-3-acetic acid

理化性质　灰白色、无色、淡黄褐色粉末。熔点 168～170℃。蒸气压<0.02mPa（60℃）。溶解度：水中 1.5g/L（20℃）；其他溶剂（g/L）：乙醇 100～1000，丙酮 30～100，二乙醚 30～100，氯仿 10～30。稳定性：在中性和碱性溶液中非常稳定；光照下不稳定。pK_a 4.75。

毒性　小鼠急性经皮 LD_{50} 1000mg/kg。对蜜蜂无毒。

制剂　DP，TB。

应用　影响细胞分裂和细胞生长。刺激草本和木本观赏植物的根尖生长。

主要生产商　Anpon, CCA Biochemical, Green Plantchem, Interchem, 北京艾比蒂生物科技有限公司。

吲熟酯（ethychlozate）

$C_{11}H_{11}ClN_2O_2$, 238.7, 27512-72-7

1981 年由 Nissan Chemical Industries Ltd 开发。

其他名称　Figaron，Sanoza

化学名称　5-氯-$1H$-3-吲唑乙酸乙酯；ethyl 5-chloro-3($1H$)-indazolylacetate

CAS 名称　ethyl 5-chloro-$1H$-3-indazole-3-acetate

理化性质　黄色晶体。熔点 76.6～78.1℃，沸点 240℃。蒸气压 6.09×10^{-2} mPa（25℃）。$K_{ow}\lg P$ 2.5。Henry 常数 6.46×10^{-5} Pa·m³/mol（计算值）。溶解度：水中 0.225g/L（24℃）；其他溶剂（g/L，24℃）：丙酮 673，乙酸乙酯 496，乙醇 512，正己烷 0.213，煤油 2.19，甲醇 691，异丙醇 381。稳定性：250℃稳定。

毒性　急性经口 LD_{50}（mg/kg）：雄大鼠 4800，雌大鼠 5210，雄小鼠 1580，雌小鼠 2740。急性经皮：LD_{50} 大鼠>10g/kg；对兔皮肤和眼睛没有刺激。大鼠吸入 LC_{50}（4h）>1508mg/m³。NOEL 值：小鼠 265mg/(kg·d)。还不能证明有致畸性和诱变性。

制剂　EC。

应用　本品有植物生长素活性。随着幼果脱落层的形成刺激乙烯产生。迅速移动到根系，促进根系生长。遇碱易分解，故施用本品前 1 周、后 2～3d 内避免喷施带碱性化学药剂。最佳施药期为水果膨大期。勿与其他农药混用，以免影响药效。

主要生产商　Fuso。

S-诱抗素（abscisic acid）

$C_{15}H_{20}O_4$, 264.3, 14375-45-2

由 Valent BioSciences 于 2008 年开发。

其他名称　壮芽灵，脱落酸，(+)-cis, trans-Abscisic Acid

化学名称　5-(1′-羟基-2′,6′,6′-三甲基-4′-氧代-2′-环己烯-1′-基)-3-甲基-2-顺-4-反-戊二烯酸；[S-(Z,E)]-5-(1-hydroxy-2,6,6-trimethyl-4-oxo-2-cyclohexen-1-yl)-3-methyl-2,4-pentadienoic acid

CAS 名称　[S-(Z,E)]-5-(1-hydroxy-2,6,6-trimethyl-4-oxo-2-cyclohexen-1-yl)-3-methyl-2,4-pentadienoic acid

理化性质　原药外观为白色或微黄色结晶体。熔点 160~163℃。水中溶解度 1~3g/L，缓慢溶解。稳定性较好，常温下放置 2 年，有效成分含量基本不变；对光敏感，属强光分解化合物。制剂外观为无色溶液；相对密度 1.0。pH4.5~6.5。

毒性　急性经口 LD_{50} 2500mg/kg。急性经皮 LD_{50}>2000mg/kg。斑马鱼 LC_{50}（96h）为 1312mg/L。蜜蜂 LC_{50}>100mg/L，接触 LC_{50}（96h）为 10μg/只。鹌鹑 LD_{50} 为 2000mg/只。蚕 LC_{50}>2000mg/桑叶。

制剂　TC，AS，SP。

应用　植物生长调节剂。用于水稻，对水稻增产有促进效应，浸种对水稻秧田苗有促进效应。对植物生长发育具有调节作用。

主要生产商　四川国光农化，四川龙蟒福生。

玉米素（zeatin）

$C_{10}H_{13}N_5O$，219.2，1637-39-4

其他名称　羟烯腺嘌呤，oxyenadenine

化学名称　(E)-2-甲基-4-(7H-嘌呤-6-基氨基)丁-2-烯-1-醇；2-methyl-4-(9H-purin-6-ylamino)but-2-en-1-ol

CAS 名称　(2E)-2-methyl-4-(1H-purin-6-ylamino)-2-buten-1-ol

理化性质　白色结晶或粉末，难溶于水，溶于醇和 DMF。相对密度 1.388，熔点 210℃，沸点 583.9℃（$1.01×10^5$Pa），闪点 306.9℃，蒸气压 $2.37×10^{-12}$Pa（25℃）。

应用　一种天然的细胞分裂素。是从甜玉米灌浆期的籽粒中提取并结晶出的第 1 个天然细胞分裂素。已能人工合成。促进愈伤组织发芽（须和生长素配用）；促进坐果，另外，对一些作物种子进行处理，可促进发芽；苗期处理，有促进生长的作用。

芸苔素内酯（brassinolide）

$C_{28}H_{48}O_6$，480.7，72962-43-7

1970年由 J. W. Mitchell 等从油菜（*Brassica napus*）花粉中发现。

其他名称　益丰素，天丰素，油菜素内酯，农乐利，Brassins，BR，Kayaminori

化学名称　(2α,3α,22R,23R)-四羟基-24-S-甲基-β-高-7-氧杂-5α-胆甾烷-6-酮

CAS 名称　(1R,3aS,3bS,6aS,8S,9R,10aR,10bS,12aS)-1-[(1S,2R,3R,4S)-2,3-dihydroxy-1,4,5-trimethylhexyl] hexadecahydro-8,9-dihydroxy-10a,12a-dimethyl-6H-benz[c]indeno[5,4-e]oxepin-6-one

理化性质　原药为白色结晶粉末，熔点 256～258℃。水中溶解度 5mg/L，溶于甲醇、乙醇、四氢呋喃和丙酮等多种有机溶剂。

毒性　大鼠急性经口 LD_{50}＞2000mg/kg，小鼠急性经口 LD_{50}＞1000mg/kg。大鼠急性经皮 LD_{50}＞2000mg/kg。鲤鱼 LC_{50}（96h）＞10mg/L。

制剂　TC，EC，SP，AS，EC，SL。

应用　可用于水稻、小麦、大麦、玉米、马铃薯、萝卜、莴苣、菜豆、青椒、西瓜、葡萄等多种作物。具有强力生根、促进生长、提苗、壮苗、保苗、黄叶病叶变绿、促进果实膨大早熟、减轻病害、缓解药害、协调营养平衡、抗旱抗寒、增强作物抗逆性等多重功能。对因重茬、病害、药害、冻害等原因造成的死苗、烂根、立枯、猝倒现象急救效果显著，施用 12～24h 即明显见效，起死回生，迅速恢复生机。

主要生产商　成都新朝阳生物化学，江门大光明农化，昆明云大科技农化，上海威敌生化（南昌），四川兰月科技。

增产肟（heptopargil）

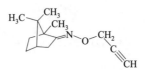

$C_{13}H_{19}NO$，205.3，73886-28-9

1980 年由 A. Kis-Tamás 等报道，由 EGYT Pharmacochemical Works 开发。

其他名称　EGYT2250

化学名称　(E)-(1RS,4RS)-莰-2-酮 O-丙-2-炔基肟；(E)-(1RS,4RS)-bornan-2-one O-prop-2-ynyloxime

CAS 名称　(±)-1,7,7-trimethylbicyclo[2.2.1]heptan-2-one O-2-propynyloxime

理化性质　浅黄色油状液体，沸点 95℃/133.322Pa，相对密度 0.9867（20℃）。水中溶解度（20℃）：1g/L，与质子及非质子传递有机溶剂互溶。

毒性　大鼠急性经口 LD_{50}：雄 2100mg/kg，雌 2141mg/kg。大鼠急性吸入 LC_{50}＞1.4mg/L空气。

制剂　EC，LS。

应用　可提高作物产量，用于玉米、水稻和甜菜的种子处理以及菜豆、苜蓿、玉米、豌豆、向日葵和各种蔬菜胚前及胚后施用。

参考文献

US 4244888.

增甘膦 (glyphosine)

$C_4H_{11}NO_8P_2$, 263.1, 2439-99-8

由 MonsantoCo. 开发。

其他名称　Polaris，CP41845

化学名称　N,N-双(膦酰基甲基)甘氨酸；N,N-bis(phosphonomethyl)glycine

CAS 名称　N,N-bis(phosphonomethyl)glycine

理化性质　本品为白色固体。熔点 200℃，蒸气压 $<1.33 \times 10^{-4}$ mPa (100℃)，相对密度 1.8。水中溶解度 350g/L (20℃)。不溶于苯，极微溶于乙醇。对光稳定。

毒性　大鼠急性经口 LD_{50} 为 7200mg/kg。对兔眼睛有刺激、皮肤无刺激。

制剂　SP。

应用　用于甘蔗，作为增糖、催熟剂。也可用于西瓜作为增糖、增产剂。喷药时千万不可与其他农药混用，病瓜不要喷药，最好在喷药后 12~24h 内不下雨，便于植物吸收。

参考文献
US 3288846.

增糖胺 (fluoridamid)

$C_{10}H_{11}F_3N_2O_3S$, 296.3, 47000-92-0

由 3M Co. 推出的植物生长调节剂。

化学名称　$3'$-(1,1,1-trifluoromethanesulfonamido)acet-p-toluidide

CAS 名称　N-[4-methyl-3-[[(trifluoromethyl)sulfonyl]amino]phenyl]acetamide

应用　植物生长调节剂（生长抑制剂）。

整形醇 (chlorflurenol)

$C_{15}H_{11}ClO_3$, 274.7, 2464-37-1(酸)；
$C_{14}H_9ClO_3$, 260.7, 2536-31-4(甲酯)

酸在植物生长调节剂的作用由 G. Schneider 于 1964 年报道，甲酯由 E. Merck（今 BASF SE）推出。

其他名称　IT3456，chloroflurenol，chlorflurecol

化学名称　2-氯-9-羟基芴-9-羧酸；methyl 2-chloro-9-hydroxyfluorene-9-carboxylate

CAS 名称　methyl 2-chloro-9-hydroxy-9H-fluorene-9-carboxylate

理化性质　Chlorflurenol-methyl（甲酯）为奶油色晶体，熔点 136～142℃，蒸气压 6.6mPa（25℃）。溶解度（25℃）：水约 18mg/L，丙酮约 260g/L，苯约 70g/L，乙醇约 80g/L。在通常贮存条件下稳定，在日光下快速光解。在 1.8％有机介质及 pH7.3 时 Freundlich 土壤吸附系数 K 为 1.2。可以与其他植物生长调节剂复配及与"MH30"马来酰混配。

毒性　大鼠急性经口 LD_{50} >12800mg/kg，大鼠急性经皮 LD_{50} >10000mg/kg。在 2 年饲喂试验中，大鼠接受 3000mg/kg 饲料及狗接受 300mg/kg 饲料未见不良影响。鹌鹑急性经口 LD_{50} >10000mg/kg。鱼毒 LC_{50}（96h）：大翻车鱼 7.2mg/L，鲤鱼约 9mg/L，虹鳟鱼 0.015mg/L。

制剂　EC。

应用　植物生长调节剂，除草剂。用于防除路边、铁路、沟渠等处杂草的除草剂，用作阔叶草和葡萄藤的生长抑制剂，也可用于防止椰子落果，促进水稻生长，促进黄瓜坐果和果实生长，并能增加菠萝果实中的营养物质。能在土壤、谷物和水中降解。

分析方法　产品用紫外光谱法或色谱法分析。

参考文献

[1]　GB 1051652.
[2]　GB 1051653.
[3]　GB 1051654.

坐果酸（cloxyfonac）

$C_9H_9ClO_4$，216.6，6386-63-6（酸）；32791-87-0（钠盐）

由 Shionogi and Co. Ltd. 开发。

其他名称　RP-7194，CHPA，PCHPA

化学名称　4-氯-α-羟基邻甲苯氧基乙酸；4-chloro-α-hydroxy-o-tolyloxyacetic acid

CAS 名称　[4-chloro-2-(hydroxymethyl)phenoxy]acetic acid

理化性质　无色结晶，熔点 140.5～142.7℃，蒸气压 0.089mPa（25℃）。溶解度（25℃，g/L）：水 2，丙酮 100，二氧六环 125，乙醇 91，甲醇 125。稳定性：在弱酸、弱碱性介质中稳定，对光稳定。

毒性　雄性和雌性大、小鼠急性经口 LD_{50} >5000mg/kg，雄性和雌性大鼠急性经皮 LD_{50} >5000mg/kg，对兔皮肤无刺激性。

制剂　SL。

应用　芳氧基乙酸类植物生长调节剂。适用于番茄和茄子，花期施用，有利于坐果，并使果实大小均匀。具有生长素作用。

合成路线　2-甲基-4-氯苯氧乙酸在硫酸存在下，在苯中用乙醇酯化，然后进行溴化，生成 2-溴甲基-4-氯苯氧乙酸乙酯，最后用氢氧化钠水溶液进行水解，即制得本产品。反应式如下：

$$\text{Cl-C}_6\text{H}_3(\text{CH}_3)\text{-OCH}_2\text{COOH} + \text{C}_2\text{H}_5\text{OH} \xrightarrow{\text{H}_2\text{SO}_4} \text{Cl-C}_6\text{H}_3(\text{CH}_3)\text{-OCH}_2\text{COOC}_2\text{H}_5 \xrightarrow{\text{Br}_2}$$

$$\text{Cl-C}_6\text{H}_3(\text{CH}_2\text{Br})\text{-OCH}_2\text{COOC}_2\text{H}_5 \xrightarrow[\text{H}_2\text{O}]{\text{NaOH}} \text{Cl-C}_6\text{H}_3(\text{CH}_2\text{OH})\text{-OCH}_2\text{COOH}$$

主要生产商　Bayer CropScience。

参考文献

The Pesticide Manual. 16th ed.

ACC

$C_4H_7NO_2$，101.1，22059-21-8

化学名称　1-氨基环丙烷羧酸

CAS 名称　1-aminocyclopropanecarboxylic acid

应用　植物生长调节剂（乙烯释放剂）。

epocholeone

$C_{35}H_{56}O_7$，588.8，162922-31-8

1999 年由日本 Tama Biochemical 公司公开，用于水果和蔬菜类，调节其生长等。

化学名称　22,23-环氧-6-氧代-7-氧杂-6(7a)-升-5α-豆甾-2α,3α-二丙酸酯；22,23-epoxy-6-oxo-7-oxa-6(7a)-homo-5α-stigmastane-2α,3α-diyl dipropionate

CAS 名称　(1R,3aS,3bS,6aS,8S,9R,10aR,10bS,12aS)-1-[(1S)-1-[(2R,3R)-3-[(1S)-1-ethyl-2-methylpropyl]-2-oxiranyl]ethyl]hexadecahydro-10a,12a-dimethyl-8,9-bis(1-oxopropoxy)-6H-benz[c]indeno[5,4-e]oxepin-6-one

应用　植物生长调节剂。

karetazan

$C_{15}H_{14}ClNO_3$，291.7，81051-65-2

化学名称 2-(4-氯苯基)-1-乙基-1,4-二氢-6-甲基-4-氧代烟酸；2-(4-chlorophenyl)-1-ethyl-1,4-dihydro-6-methyl-4-oxonicotinic acidV

CAS 名称 2-(4-chlorophenyl)-1-ethyl-1,4-dihydro-6-methyl-4-oxo-3-pyridinecarboxylic acid

应用 植物生长调节剂。

naphthoxyacetic acids

$C_{12}H_{10}O_3$，202.2，2976-75-2 (1-isomer)、120-23-0 (2-isomer)

化学名称 (2-萘基氧)乙酸；(1-naphthyloxy)acetic acid；(2-naphthyloxy)acetic acid

CAS 名称 2-(1-naphthalenyloxy)acetic acid；2-(2-naphthalenyloxy)acetic acid

理化性质 纯品为无色晶体（原药为绿色晶体），熔点 156℃。室温下微溶于水，溶于乙醇、乙酸和乙醚。以水溶性碱金属和铵盐的形式存在。

毒性 大鼠急性经口 LD_{50} 1000mg/kg。ADI（EPA）0.0012mg/kg b.w.［1987］。对蜜蜂无毒。

制剂 EC，SL。

应用 植物生长调节剂，通过叶片和根吸收。用于番茄、草莓、黑莓、辣椒、茄子、葡萄和菠萝叶面喷雾。

分析方法 采用 HPLC。

主要生产商 CCA Biochemical，Green Plantchem，Hockley，Interchem，Sharda。

参考文献

The Pesticide Manual. 16th ed.

第5部分 其他品种

安百亩（kabam）

$$CH_3NHC(=S)-S-NH_4$$

$C_2H_8N_2S_2$，92.2

其他名称 Kabam，NCS

化学名称 *N*-甲基二硫代氨基甲酸铵；Ammonium *N*-methyldithiocarbamate

理化性质 本品的制剂为黄色至琥珀色透明的水溶液，含量50％。相对密度约1.2。

毒性 鼷鼠急性经口 LD_{50} 800mg/kg，对皮肤有刺激性。

应用 本品可被土壤分解为异硫氰酸甲酯起熏蒸作用。防治瓜类断藤病，蔬菜、甜菜苗立枯病，茄子、番茄凋萎病。防治黄瓜、番茄的根瘤线虫，桔梗、马铃薯的根腐线虫。

安妥（antu）

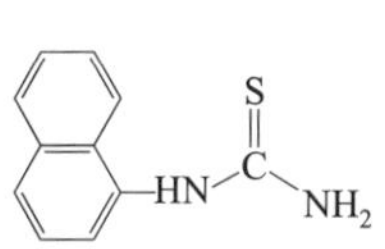

（1-萘基硫脲结构式）

$C_{11}H_{10}N_2S$，202.3，86-88-4

C. F. Richter 报道了其对啮齿动物的毒性。

其他名称 antua，α-naphthylthiourea

化学名称 1-萘基硫脲；1-(1-naphthyl)-2-thiourea

CAS名称 1-naphthalenylthiourea

理化性质 无色晶体（原药为蓝灰色粉末）。熔点198℃。溶解度：水600mg/L（室温）；其他溶剂（g/L，室温）：丙酮24.3，三甘醇86。稳定性：暴露于空气和阳光下稳定。

毒性 挪威大鼠急性经口 LD_{50} 6～8mg/kg。对于其他种类大鼠的毒性较低，存活大鼠产生抗性。急性经口 LD_{50}（mg/kg）：猴4250，狗38。对家畜相对安全，对狗引起呕吐。对猪非常敏感。对人低毒。其他：萘胺作为杂质存在，是致癌物质。鸡对其非常敏感。

制剂 RB，CP。

应用　属慢性中毒型，对鼠有很强的胃毒作用，鼠类中毒后 72h 出现高峰。当鼠类吞食后肺组织遭到破坏，引起肺水肿，血糖增高，肝糖降低，体温下降，产生严重的呼吸困难及口吞干燥，常需到洞外呼吸新鲜空气，找水喝，最后窒息而死，从病理现象看，中毒是由于细胞中的氧化酶被抑制的结果。产品杂质中含有致癌物萘胺。在新西兰、菲律宾禁用。

分析方法　产品与硝酸银反应后滴定游离硝酸。

参考文献

[1] US 2390848.
[2] CIPAC Handbook，1970，1：16.
[3] Richter C F. J Am Med Assoc，1945，129：927.

氨基硫脲（thiosemicarbazide）

CH_5N_3S，91.1，79-19-6

其他名称　灭鼠特，Thiocarbamoyl hydrazine，Thiocarbamylhydrazine，Thiosemicarbazide

化学名称　硫代氨基脲；氨基硫脲；1-氨基-2-硫脲；Hydrazinecarbothioamid；N-aminothiourea；1-amino-2-thiourea，

CAS 名称　hydrazinecarbothioamide

理化性质　白色结晶或白色结晶性粉末。熔点（分解）：180~181℃。溶解性：溶于水和乙醇，从水中得针状结晶。易与醛和酮发生反应，生成特定的晶体产物；也易与羧酸发生反应。

毒性　小鼠经口 LD_{50}：10~15mg/kg，大鼠经口 LD_{50}：19mg/kg。

应用　杀鼠剂。

贝螺杀（niclosamide）

$C_{13}H_8Cl_2N_2O_4$，327.1，50-65-7

由 R. Gönnert & E. Schraufst?tter 于 1958 年在第 6 届国际热带医学和疟疾大会上首先报告了该化合物并申请了专利，并通过试验验证该品种可防治钉螺。另外，Bayer AG 公司报道其铵盐也具有防治钉螺的性质。

其他名称　杀螺胺，Bayer 25648，Bayer 73，SR 73

化学名称　2′,5-二氯-4′-硝基水杨酰苯胺；2′,5-dichloro-4′-nitrosalicylanilide

CAS 名称　5-chloro-N-（2-chloro-4-nitrophenyl）-2-hydroxybenzamide

理化性质　纯品为无色晶体，工业品为淡黄色或绿色粉末。熔点 230℃。蒸气压 8×10^{-8} mPa（20℃）。$K_{ow} \lg P$　5.95（pH≤4.0），5.86（pH 5.0），5.63（pH 5.7），5.45

(pH 6.0)，4.48（pH 7.0），3.30（pH 8.0），2.48（pH 9.3）。Henry 常数（Pa·m³/mol，20℃，计算值）：5.2×10^{-6}（pH 4），1.3×10^{-7}（pH 7），6.5×10^{-10}（pH 9）。水中溶解度（mg/L，20℃）为：0.005（pH 4），0.2（pH 7），40（pH 9）；能溶于常见有机溶剂，如乙醇和乙醚。稳定性：在 pH 5～8.7 下稳定。pK_a 5.6。

毒性 大鼠急性经口 $LD_{50}\geqslant 5000$mg/kg。大鼠急性经皮 $LD_{50}>1000$mg/kg（EC_{250}）。对兔眼有强烈刺激，兔皮肤长期接触有不良反应。大鼠吸入 LC_{50}（1h）为 20mg/L（空气）。NOEL：雄大鼠 2000mg/kg（2 年），雌大鼠 8000mg/kg（2 年），小鼠 200mg/kg（2 年），狗 100mg/kg（1 年）。ADI/RfD 3mg/kg。野鸭 $LD_{50}\geqslant 500$mg/kg。圆腹雅罗鱼 LC_{50}（96h）为 0.1mg/L。水蚤 LC_{50}（48h）为 0.2mg/L。水藻 EC_{50} 为 5mg/L。对蜜蜂无显著致死效应。

制剂 EC。

应用 具有内吸和胃毒活性的杀软体动物剂。本品是一种强的杀软体动物剂。对螺类的杀虫效果很大，约高于五氯酚钠 5～8 倍，且对人畜等哺乳动物的毒性很小。用于水处理，在田间浓度下对植物无毒，并可有效防治稻谷上的福寿螺（*Pomacea canaliculata*）；并可通过杀死淡水中的相关宿主从而有效防治人类的血吸虫病和片吸虫病。此外，还可防治绦虫病（兽药用）。水稻田防治福寿螺，喷雾处理。在沟渠防治钉螺，浸杀处理。

合成路线

分析方法 产品可用反相高效液相色谱法（紫外检测器）检测。

主要生产商 Bayer CropScience，Luosen。

参考文献

[1] The Pesticide Manual. 15th ed.
[2] 国外农药品种手册（新版合订本）．北京：化工部农药信息总站，1996：407-408．
[3] DE 1126374.
[4] US 3079297.
[5] US 3113067.
[6] 精细石油化工进展，2005，7：47-48．

丙烯腈（acrylonitrile）

$$CH_2=CH-C\equiv N$$

C_3H_3N，53.1，107-13-1

由 American Cyanamid Co. 开发。

其他名称 vinyl cyanide

化学名称 丙烯腈；acrylonitrile

CAS 名称 2-propenenitrile

理化性质　无色液体。沸点 77.3~77.5℃，熔点 -82℃。蒸气压 $1.37×10^4$ Pa（25℃）。相对密度 0.801（4~25℃）；气态，1.83（空气为1）。水中溶解度约 8%（室温）。与常见有机溶剂无限可溶。易聚合。闪点 0℃。与空气 3%~17%（体积比）的混合物易燃。

毒性　大鼠急性经口 LD_{50} 为 93mg/kg。浓度为 635mg/L 时，大鼠 4h 中毒；浓度为 110mg/L 时，狗 4h 中毒。对蜜蜂有毒，但不强烈。

应用　熏蒸杀虫剂。用于磨面粉车间或粮仓熏蒸杀虫。

分析方法　用过量的月桂硫醇的异丙醇碱性溶液吸收空气中本品的烟气，过量的月桂硫醇经碘氧化为二硫化物后，采用返滴定法或光电比色法分析剩余的碘。

参考文献
Haslam J, Newlands G. Analyst, 1955，80：50.

捕灭鼠（promurit）

$C_7H_6Cl_2N_4S$, 249.1, 5836-73-7

其他名称　Muritan
化学名称　3,4-二氯苯偶氮硫代氨基甲酰胺；3,4-dichlorobenzene diazothiocarbamide
理化性质　本品为黄色结晶，熔点为 129℃。
毒性　对大鼠、小鼠和狗的急性经口 LD_{50} 为 1~2mg/kg。
制剂　PA。
应用　将糊剂加 10~15 倍饵料制成毒饵放入鼠穴杀鼠。

除线特（diamidafos）

$C_8H_{13}N_2O_2P$, 200.2, 1754-58-1

1963 年 C. R. Youngson 和 C. A. I. goring 报道了其杀线虫活性，由 Dow Chemical Co.（后来为 DowElanco）开发。

其他名称　Nellite，Dowco169
化学名称　苯基-N,N'-二甲基氨基磷酸酯；phenyl N,N'-dimethylphosphorodiamidate
CAS 名称　phenyl N,N'-dimethylphosphorodiamidate
理化性质　熔点 101~103℃。
毒性　急性经口 LD_{50}（mg/kg）：雄大鼠 140，雌大鼠 200，小鸡 30，豚鼠 100，兔 63。对皮肤有刺激作用。
制剂　WP。
应用　本品为杀线虫剂，棉田用本品水溶液灌溉可防治根瘤线虫幼虫如黄麻根瘤线虫。

滴滴混剂（D-D）

$$ClCH=CHCH_2Cl$$
$$CH_3CHClCH_2Cl$$

$C_3H_4Cl_2$，111.0；$C_3H_6Cl_2$，113.0；8003-19-8（混合物），
78-87-5（1,2-dichloropropane），542-75-6（1,3-dichloropropene）

1943 年 W. Carter 叙述了该土壤熏蒸剂的性质。由 Shell Chemical Co. 和 Dow Chemical Co. 开发。

其他名称　D-D，ViddenD

化学名称　1,2-二氯丙烷＋1,3-二氯丙烯；1,2-dichloropropane ＋ 1,3-dichloropropene

CAS 名称　1,2-dichloropropane ＋ 1,3-dichloro-1-propene

理化性质　本品为丙烯高温氯化形成的卤代烃混合物，其中含≥50%（质量比）的（E)-及（Z)-1,3-二氯丙烯，其他主要组分为 1,2-二氯丙烷。本品中有机氯的组分≥55.0%（质量比）。本品为清澈琥珀色液体，有刺鼻的气味。闪蒸馏范围为 59～115℃，蒸气压 4.6kPa（20℃）。密度 1.17～1.22g/cm³（20℃）。闪点 17.5℃（Abel 闭杯）。溶解度（室温）：水约 2g/kg，与酯、卤化溶剂、烃、酮完全混溶。本品在 500℃ 以下稳定，但与稀释的有机碱、浓酸、卤素和一些金属盐反应。对一些金属如铝、镁及其合金有腐蚀性。

毒性　大鼠急性经口 LD_{50} 132～227mg/kg，小鼠急性经口 LD_{50} 314mg/kg。大鼠急性经皮 LD_{50} 779mg/kg，兔急性经皮 LD_{50} 2100mg/kg。对皮肤和眼睛有强烈刺激，也使皮肤过敏。在 2 年饲喂试验中，大鼠接受≤120mg/kg 饲料未见影响。花斑鱼 LC_{50}（96h）4～5mg/L。对蜜蜂的毒性很低，LD_{50}（48h）＞0.0066mg/只。

应用　本品为对土壤线虫有效的播前杀线虫剂，这些线虫包括根瘤线虫、牧场线虫、刺根线虫、咖啡根线虫、螺旋线虫和甜菜线虫。本品通常通过注射入土壤或用拖拉机牵引再孔的靶施用。本品有较高的植物毒性，应与施用后的种植有一定时间的间隔？在较湿或较冷的条件下（土壤温度＜15℃）要求相当长的时间间隔。在土壤中无积累作用，对土壤微生物无长期有害的影响。有报道说由于本品中的杂质如 2,2-二氯丙烷和 1,2,3-三氯丙烷可引起马铃薯块茎腐烂，但本品依然广泛用于马铃薯播前施用。

合成路线　丙烯在 500～550℃ 氯化即得滴滴混剂。

分析方法　产品和残留用 GLC 分析。

敌害鼠（melitoxin）

$C_{19}H_{12}O_6$，336.3，66-76-2

1943～1944 年合成。

其他名称　Dicoumarol，Dicoumarin，Dicumol，Dufalone，Dicurman，Cumid

化学名称　3,3'-亚甲基双(4-羟基)香豆素；3,3'-methylene bis(4-hydroxy)coumarin

CAS 名称　3,3'-methylene bis[4-hydroxy-2H-1-benzopyran-2-one]

理化性质 本品为白色或淡黄色粉末，稍有臭味，熔点为 285～293℃。微溶于水，易溶于碱性溶液和大多数有机溶剂。

毒性 对大鼠的中毒剂量为 2mg/d；狗的存活剂量为 50mg/d。

制剂 RB。

应用 本品为抗凝血性杀鼠剂，杀大鼠和鼹鼠，不会引起鼠类忌食。目前用途不如灭鼠灵广泛。

敌鼠（diphacinone）

$C_{23}H_{16}O_3$，340.4，82-66-6

该杀鼠剂由 J. T. Correll 等报道。由 Velsicol Chemical Corp.（后来为 Novartis Crop Protection AG）和 Upjohn Co.（两家公司均已停止生产、销售该品种）开发。

其他名称 野鼠净，Diphacin，Diphacins，Ramik，Yasodion

化学名称 2-(二苯基乙酰基)-2,3-二氢-1,3-茚二酮；2-(diphenylacetyl)indan-1,3-dione

CAS 名称 2-(diphenylacetyl)-1H-indene-1,3(2H)-dione

理化性质 黄色晶体（原药为黄色粉末）。熔点 145～147℃。蒸气压 $1.37×10^{-5}$ mPa（25℃，原药）。K_{ow}lg$P$ 4.27。Henry 常数 $1.55×10^{-5}$ Pa·m³/mol（计算值）。相对密度为 1.281。溶解度：几乎不溶于水（约 0.3mg/kg）；有机溶剂（g/kg）：氯仿 204，甲苯 73，二甲苯 50，丙酮 29，乙醇 2.1，庚烷 1.8；其盐可溶于碱溶液。pH 6～9 时可稳定存在 14d；水解<24h（pH 4）。光照下在水中迅速分解；338℃时分解（不沸腾）。pK_a 酸性，能形成水溶性碱金属盐。

毒性 急性经口 LD_{50}（mg/kg）：大鼠 2.3，小鼠 50～300，家兔 35，猫 14.7，狗 3～7.5，猪 150。急性经皮 LD_{50}：大鼠<200mg/kg。对皮肤和眼无刺激；对豚鼠皮肤无过敏现象。吸入毒性 LC_{50}（4h）：大鼠<2mg/L 空气（粉末）。NOEL 值：慢性 LD_{50} 大白鼠 0.1mg/(kg·d)。Ames 试验表明无诱导突变。鸟类：急性经口 LD_{50} 野鸭 3158mg/kg。用诱饵 [50mg (a.i.)/kg] 进行 56d 的 2 次中毒试验表明，在可能出现的自然条件下，对雀鹰无危险。鱼类：LC_{50}（96h，mg/L）：虹鳟鱼 2.6，大翻车鱼 7.5，河鲶 2.1。水蚤 LC_{50}（48h）：1.8mg/L。

应用 主要是破坏血液中的凝血酶原，使之失去活性，同时使微血管变脆，抗张能力减退，血液渗透性增强。敌鼠是目前应用最广泛的第 1 代抗凝血杀鼠剂品种之一，具有靶谱广、适口性好、作用缓慢、效果好的特点。具有急性和慢性毒力差别显著的特点。其急性毒力远小于慢性毒力，所以更适合于少量、多次投毒饵的方式来防治害鼠。防治小鼠、大鼠、草原犬鼠、土松鼠、田鼠和其他啮齿类动物。

分析方法 采用 HPLC。

主要生产商 Bell，HACCO。

参考文献

US 2672483.

碘甲烷（methyl iodide）

$$CH_3I$$

CH_3I，141.94，74-88-4

2004 在日本登记用于木材，2007 在美国登记用作土壤熏蒸剂（登记者 Arysta LifeScience Corporation）。

其他名称 甲基碘，iodomethane

化学名称 碘甲烷；iodomethane

CAS 名称 iodomethane

理化性质 纯度≥99.7%。浅黄色液体，刺激性的味道。熔点-66.5℃，沸点42℃/1.01×10^5Pa，K_{ow} lg$P$ 1.51，相对密度2.27。水中溶解度14.2g/L（25℃）。与强氧化剂、金属粉和还原剂不相容。黏度0.53 cP（10℃）；0.45 cP（30℃）。

毒性 雄大鼠急性经口 LD_{50} 80mg/kg，雌大鼠 132mg/kg。兔急性经皮 LD_{50}＞2000mg/kg，对皮肤中等刺激。大鼠吸入 LD_{50}（4h）691mg/L。山齿鹑急性经口 LD_{50} 57mg/mL。山齿鹑吸入 LC_{50} 395mg/L。虹鳟鱼 LC_{50}（96h）1.4mg/L。蚤 EC_{50}（48h）0.57mg/L，海藻无数据。蜜蜂毒性无数据，对蚯蚓有毒。

应用 土壤熏蒸剂作用于病害、线虫、害虫和杂草。土壤熏蒸，防治杂草、线虫和土传病害，作物种植前使用。后来进一步用于草莓、番茄/辣椒、草坪、苗圃作物和田间栽培的观赏植物。病害防治包括由疫霉属、腐霉属、镰刀属、轮枝孢属和丝核菌属引起的病害。种植前药剂混土使用，或与其他熏蒸剂混配。也可以采用注入灌溉用水通过地下/埋滴灌管。作物种植与药剂使用至少间隔10～14d。与威百亩不能混用。

分析方法 产品分析采用 GC。

主要生产商 Arysta LifeScience。

参考文献

Pestic Sci，1998，52：58.

毒鼠硅（silatrane）

$C_{12}H_{16}ClNO_3Si$，285.8，29025-67-0

化学名称 1-(4-氯苯基)-2,8,9-三氧代-5-氮-1-硅双环[3.3.3]十一烷；1-(p-chlorophenyl)-2,8,9-trioxo-5-nitrogen-1-silicon-dicyclo-[3.3.3]undecane

理化性质 白色结晶粉末。熔点230～235℃。味苦，难溶于水，易溶于苯、氯仿等有机溶剂。遇水能缓慢分解成无毒物。由对氯苯基三氯硅烷与三乙醇胺反应制成。

毒性 口服急性 LD_{50}（mg/kg）：1～4（褐家鼠），0.2～2.0（小家鼠），4.0（长爪沙鼠），3.7（黑线姬鼠），8.0（猫），14.0（猴）。

应用 剧毒急性杀鼠剂。已禁用。

毒鼠碱（strychnine）

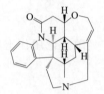

$C_{21}H_{22}N_2O_2$，334.4，57-24-9

其他名称　马钱子碱，土的卒，Certox
化学名称　番木鳖碱；strychnidin-10-one
CAS 名称　strychnidin-10-one
理化性质　无色晶体。熔点 270～280℃（分解）；＞199℃（硫酸盐）。K_{ow} lg$P$ 4.0（pH 7）。溶解度：水中 143mg/L；其他溶剂（g/L）：苯 5.6，乙醇 6.7，氯仿 200；难溶于乙醚和汽油；硫酸盐溶解度：水中 30g/L（15℃）；溶于乙醇。稳定性：在 pH 5～9 光照下稳定；马钱子碱在水中与酸形成可溶盐；氢氯化物形成 1.5～2.0mol 结晶水，在 110℃，失去结晶水；五水合硫酸盐在 100℃失去结晶水。pK_a 8.26。
毒性　兔急性经皮 LD_{50}＞2000mg/kg。致死剂量（mg/kg）：大鼠 1～30；熊 0.5；人 30～60。饲喂 LC_{50}（mg/L）：山齿鹑 4000，野鸭 200。
应用　杀鼠剂。主要在小肠吸收。触杀、胃毒。

毒鼠磷（phosacetim）

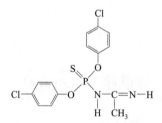

$C_{14}H_{13}Cl_2N_2O_2PS$，375.2，4104-14-7

由 V. B. Richens 报道，由 Bayer AG 开发。

其他名称　Bayer 38 819，Gophacide
化学名称　O,O-二(4-氯苯基)-亚氨代乙酰基硫代磷酰胺；O,O-bis(4-chlorophenyl) N-acetimidoylphosphoramidothioate
CAS 名称　O,O-bis (4-chlorophenyl) (1-iminoethyl) phosphoramidothioate
理化性质　纯品为白色结晶粉末。熔点 104～106℃。不溶于水，极易溶解于氯化烃类溶剂、丙酮。微溶于乙醇、苯和乙醚。干燥环境下稳定，对碱不稳定。
毒性　急性经口 LD_{50} 3.7～7.5mg/kg。大鼠急性经皮 LD_{50} 25mg/kg。
应用　在我国未登记。国际上列入废旧农药。禁用情况：菲律宾。

参考文献
农药品种手册精编. 北京：化学工业出版社，2006.

毒鼠强（tetramine）

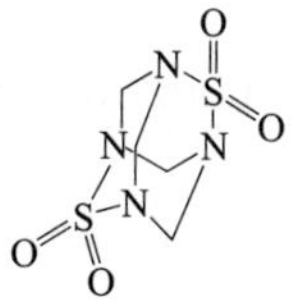

$C_4H_8N_4O_4S_2$, 240.3, 80-12-6

其他名称 四二四，没鼠命，三步倒，闻到死

化学名称 2,6-二硫-1,3,5,7-四氮三环-[3.3.1.1.3.7]癸烷-2,2,6,6-四氧化物；2,6-dithia-1,3,5,7-tetraazatricyclo[3.3.1.1^{3,7}]decane 2,2,6,6-tetraoxide

CAS 名称 2,6-dithia-1,3,5,7-tetraazatricyclo[3.3.1.1^{3,7}]decane 2,2,6,6-tetraoxide

理化性质 轻质粉末，纯品呈正方形晶体，无臭无味。在 255～256℃时分解。不溶于水、乙醇、碱和酸；在丙酮、氯仿、冰醋酸中有一定的溶解度；溶于二甲基亚砜。化学性质稳定。

毒性 急性经口 LD_{50} 0.1～0.3mg/kg。天敌：二次中毒，危险性很大，处理土壤后，生长的冷杉 4 年后结的树籽，仍可毒杀野兔。

应用 我国已明令禁用。禁限用原因：高毒，引起二次中毒。

对二氯苯（*p*-dichlorobenzene）

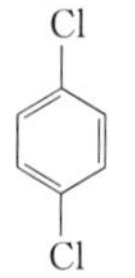

$C_6H_4Cl_2$, 147.0, 106-46-7

化学名称 对二苯氯；*p*-dichlorobenzene

CAS 名称 1,4-dichlorobenzene

理化性质 无色结晶，有特异气味。熔点 53℃，沸点 173.4℃。密度 1.4581。蒸气压 133.3Pa/25℃。25℃水中溶解度 0.08g/L；稍溶于冷乙醇；易溶于有机溶剂。化学性质稳定，无腐蚀性。

制剂 PT，DT，MPT，MP。

应用 用于家庭衣物防蛀防霉、仓贮害虫及卫生间除臭。

主要生产商 邯郸市方鑫，江苏扬农，山东大成。

参考文献

农药品种手册精编．北京：化学工业出版社．

二甲基二硫醚（dithioether）

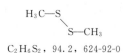

$C_2H_6S_2$, 94.2, 624-92-0

化学名称　二甲基二硫醚；dimethyl disulfide
CAS 名称　dimethyl disulfide
应用　熏蒸剂。

二硫化碳（carbon disulfide）

$$S=C=S$$
CS_2，76.1，75-15-0

1854 年由 Garreau 报道。

其他名称　carbon bisulphide，Weevil Tox
化学名称　二硫化碳；carbon disulfide
CAS 名称　carbon disulfide
理化性质　无色流性液体，其杂质有刺激性气味。熔点-108.6℃，沸点 46.3℃。蒸气压 $4.7×10^4$ Pa（25℃）。$K_{ow} \lg P$ 1.84。相对密度：1.2628（20℃），气体 2.63（空气为 1）。水中溶解度（32℃）2.2g/L；溶于氯仿、乙醇、乙醚。闪点 20℃。自燃温度>100℃。
毒性　二硫化碳蒸气具有高毒性，在 6.8mg/L 空气浓度下，30min 内会产生眼花和呕吐。常处在浓度为 0.227mg/L 空气的环境中可引起身体疾病。大鼠 NOEL 20mg/L（11mg/kg）（EPA 跟踪）。ADI；（EPA）RfD 0.1mg/kg。
应用　用于苗木的熏蒸、土壤处理杀虫或杀线虫，也用于与 CCl_4（减少着火风险）混合防治粮仓害虫。也用作杀菌剂。
分析方法　产品采用 GLC 分析。

参考文献

[1]　The Pesticide Manual. 15th ed. 1059.
[2]　AOAC Methods. 18th ed. 966.05.

二氯丙烷（1,2-dichloropropane）

$$\begin{array}{c} Cl \\ | \\ CH_3-CH-CH_2-Cl \end{array}$$
$C_3H_6Cl_2$，113.0，78-87-5

1925 年 I. E. Neifert 等报道了该杀虫熏蒸剂的性质。

其他名称　propylene dichloride，PDC
化学名称　1,2-二氯丙烷；1,2-dichloropropane
CAS 名称　1,2-dichloropropane
理化性质　本品为无色液体。沸点为 95.4℃，熔点 −70℃。蒸气压 $2.79×10^7$ mPa（19.6℃）。$K_{ow} \lg P$ 2.28。Henry 常数 $1.17×10^3$ Pa·m^3/mol（计算值）。相对密度 1.1595（20℃）。溶解度：水 2.7g/kg（20℃），溶于乙醇、乙醚。pH 7（25℃）下稳定。易燃。
毒性　为强麻醉剂，但低浓度的二氯丙烷刺激呼吸道，豚鼠、兔和大鼠暴露在含 1600mg/L 二氯丙烷环境中 7h，前面 2 种动物能容忍。在空气中最大允许浓度为 25mg/L。
应用　用于贮粮熏蒸，一般与其他熏蒸剂混用。可用于土壤熏蒸杀线虫、金针虫、金龟子幼虫等。

二氯丙烯（1,3-dichloropropene）

$$Cl-CH_2-CH=CH-Cl$$

C_3H_4Cl，111.0，542-75-6 [（E）- + （Z）- isomers]，10061-02-6 [（E）- isomer]，10061-01-5 [（Z）- isomer]

1956年Dow ChemicalCo.描述了该品种的土壤熏蒸剂性质并开发。

其他名称 Telone II, Condor, Curfew, Dorlone, Rapsodi, Telone, Telone EC

化学名称 1,3-二氯丙烯；1,3-dichloropropene

CAS名称 1,3-dichloro-1-propene

理化性质 原药（92%）为无色至琥珀色液体，有刺激气味。凝固点＜−50℃，沸点范围104～114℃。闪点25℃（Abel闭杯）。蒸气压3.7kPa（20℃）。溶解度（20℃）：水中2g/kg，可与丙酮、苯、甲氯化碳、庚烷、甲醇混溶。本品为（E）异构体和（Z）异构体的混合物。

毒性 大鼠急性经口 LD_{50} 127～250mg/kg。对皮肤有强烈刺激，严重刺激眼睛。半年吸入研究的无作用剂量：大鼠1mg/L，狗、豚鼠和兔3mg/L。野鸭和白喉鹑 LC_{50}（8d）＞10000mg/kg饲料。鱼毒 LC_{50}（96h）：大翻车鱼6.1mg/L，虹鳟鱼5.5mg/L。水蚤属毒性 LC_{50}（48h）6.2mg/L。

制剂 EC, AS。

应用 本品为土壤熏蒸剂和杀线虫剂。在土壤温度5～27℃时，可防治根瘤线虫，在高有机质土中用量加倍。本品无持效性，在土壤中水解成相应的3-氯烯丙基醇。（Z）异构体对线虫的毒性比（E）异构体更高。

分析方法 产品分析用GC。

主要生产商 Dow AgroSciences。

二氯丁砜（dichlorothiolane dioxide）

$C_4H_6Cl_2O_2S$，189.1，3001-57-8

由Diamond Shamrock Chemical Co.（后来为Fermenta）作为杀线虫剂开发。

其他名称 PRD Experimental Nematicide

化学名称 3,4-二氯四氢噻吩1,1-二氧化物；3,4-dichlorotetrahydrothiophene 1,1-dioxide

CAS名称 3,4-dichlorotetrahydrothiophene 1,1-dioxide

理化性质 本品为白色晶体，无气味。熔点129～131℃。溶解度（20℃）：水中22g/L，溶于丙酮、甲基乙基酮。对碱不稳定。

毒性 雄大鼠急性经口 LD_{50} 482mg/kg。

制剂 DP, GR, EC。

应用 本品对游动线虫高效，但无内吸性，对已入植物根中的根瘤线虫无效。植物毒性较高。

二氯硝基乙烷（ethide）

$C_2H_3Cl_2NO_2$，144.0，594-72-9

W. C. O'Kane 和 H. W. Smith 报道其杀虫活性。由 Commercial Solvents Corp. 开发。

化学名称 1,1-二氯-1-硝基乙烷；1,1-dichloro-1-nitroethane

CAS 名称 1,1-dichloro-1-nitroethane

理化性质 本品为无色液体。沸点 124℃。蒸气压 2.25×10^3 Pa/29℃。闪点 130 ℉（Tag 闭杯）。微溶于水（0.25%）。除在湿气条件下对铁有腐蚀性外，对其他金属无腐蚀。化学性能稳定。

毒性 急性经口 LD_{50}：大鼠为 410mg/kg，兔为 150～200mg/kg。空气中最大允许浓度为 10mg/L。

应用 用于熏蒸粮仓害虫，如米象等。

分析方法 比色法测定。

二氯乙烷（ethylene dichloride）

$C_2H_4Cl_2$，99.0，107-06-2

1927 年 R. T. Cotton 和 R. C. Roark 报道的熏蒸杀虫剂。

其他名称 EDC

化学名称 1,2-二氯乙烷；1,2-dichloroethane

CAS 名称 1,2-dichloroethane

理化性质 本品为无色液体，气味类似于氯仿。沸点 83.5℃，熔点 −36℃。20℃蒸气压 10.4kPa。室温下水中溶解度为 4.3g/L，易溶于大多数有机溶剂。稳定性：可燃，闪点 12～15℃，在空气中的可燃性下限和上限为 275mg/L、700mg/L。

毒性 急性经口 LD_{50}：大鼠为 670～890mg/kg，小鼠为 870～950mg/kg，兔为 860～970mg/kg。

应用 杀虫熏蒸剂，主要用于仓库熏蒸。与四氯化碳混用可减少火灾。

二氯异丙醚（nemamol）

$C_6H_{12}Cl_2O$，171.1

其他名称 Nemamol

化学名称 二氯异丙基醚；dichloroisopropyl ether

理化性质 本品为淡黄色液体，具有特殊刺激气味。沸点 187℃，相对密度 1.114（20℃），蒸气压 74.66Pa/20℃。在水中可溶解 0.17%。

毒性 鼹鼠急性经口 LD_{50} 295.8mg/kg。鲫鱼 48h 半数耐受浓度为 10mg/L。

制剂 OL。

应用 二氯异丙醚适用于白菜、烟草、桑、茶、棉花、芹菜、黄瓜、菠菜、胡萝卜、甘薯、茄、番茄等作物。对根结、短体、半穿刺、胞囊、剑和毛刺等线虫均有良好的防效。在播种前7~20d进行处理土壤，也可以在播种后或植物生长期使用。

二溴丙腈（DBPN）

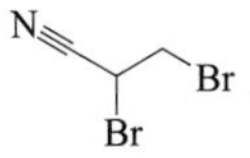

$C_3H_3Br_2N$，212.9

化学名称 2,3-二溴丙腈；2,3-dibromopropionitrile

理化性质 本品为淡黄色透明液体，含量90%以上。沸点83~83.5℃/933.254Pa。相对密度（与空气比）7.4。蒸气压13.332Pa/20℃，扩散常数0.065，有腐蚀作用。

毒性 鼹鼠急性经口 LD_{50} 47mg/kg。

应用 杀线虫剂。本品对腐霉属真菌有效。Ground乳剂对薄膜革菌属也有效。Ground乳剂用于防治旱秧田稻苗立枯病。防治蔬菜、甜菜的苗立枯病、瓜类断藤病、番茄凋萎病、白萝卜萎黄病、十字花科蔬菜根腐等。

二溴氯丙烷（DBCP）

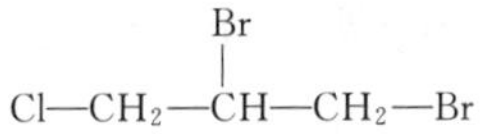

$C_3H_5Br_2Cl$，236.3，96-12-8

1955年C. W. McBeth和G. B. Bergeson报道了本品种的杀线虫性质，由DowChemicalCo.和ShellDevelopmentCo.开发。

其他名称 Nemagon，Fumazone，OS1897，DBCP

化学名称 1,2-二溴-3-氯丙烷；1,2-dibromo-3-chloropropane

CAS名称 1,2-dibromo-3-chloropropane

理化性质 原药为琥珀色至暗褐色液体，有刺鼻气味。沸点196℃。蒸气压106.658Pa/21℃。室温下水中溶解度为0.1%，可与石油、丙酮、2-丙醇、甲醇、1,2-二氯丙烷及1,1,2-三氯乙烷互溶。

毒性 大鼠急性经口 LD_{50} 170~300mg/kg，小鼠急性经口 LD_{50} 260~400mg/kg。兔急性经皮 LD_{50} 1420mg/kg。分别用150mg/kg、450mg/kg对雌、雄大鼠做90d饲喂试验表明能抑制鼠的生长。对眼和黏膜无明显刺激，但接触后必须用大量水立即冲洗。鲈鱼 LC_{50}（24h）为30~50mg/L，大翻车鱼 LC_{50}（24h）50~125mg/L。

应用 二溴氯丙烷是一种熏蒸剂和杀线虫剂，对各种线虫有效（包括根瘤线虫）。

合成路线 3-氯丙烯溴化即制得本品。

二溴乙烷（ethylene dibromide）

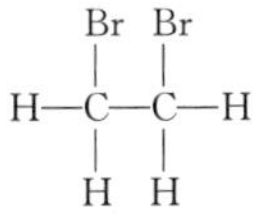

$C_2H_4Br_2$，187.9，106-93-4

1925 年由 I. E. Neifert 报道了其熏蒸杀虫特性。Dow Chemical Co.（现 Dow Agro-Sciences，已不再生产和销售该品种）开发。

其他名称 Bromofume，Dowfume85

化学名称 二溴乙烷；1,2-dibromoethane

CAS 名称 1,2-dibromoethane

理化性质 无色液体。熔点 9.3℃，沸点 131.5℃。蒸气压 1.5kPa（25℃），5.2kPa（48℃）。K_{ow} lg$P$ 1.76。相对密度 2.172（25℃）。溶解度：水中 4.3g/kg（30℃），溶于乙醚、乙醇和常用的有机溶剂。遇碱和光分解。不易燃。

毒性 大鼠急性经口 LD_{50} 146～420mg/kg。会导致皮肤严重烧伤。长时间吸入可导致肝脏坏死；急性吸入毒性 200mg/L 空气。大鼠耐受暴露条件：7h，5d/周，0.5 年，≤0.21mg/L。NOEL 大鼠 LOAEL 27mg/(kg·d)。红鲈 LC_{50}（48h）4.8mg/L。

制剂 Oil。

应用 能够防治线虫、金针虫等地下害虫。用于熏蒸厂房、仓库或住宅熏蒸。

分析方法 采用 GLC。

参考文献

[1] US 2448265.

[2] US 2473984.

氟噻虫砜（fluensulfone）

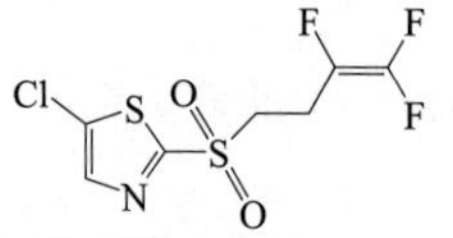

$C_7H_5ClF_3NO_2S_2$，291.7，318290-98-1

由 Makhteshim Chemical Works 公司开发。

其他名称 联氟砜，氟砜灵，MCW-2，BYI1921，MAI-08015，MAI-08016，Nimitz。

化学名称 5-氯-2-[(3,4,4-三氟-3-丁烯-1-基)砜]噻唑；5-chloro-1,3-thiazol-2-yl 3,4,4-trifluorobut-3-en-1-yl sulfone

CAS 名称 5-chloro-2-[(3,4,4-trifluoro-3-buten-1-yl)sulfonyl]thiazole

应用 杀线虫剂。

合成路线

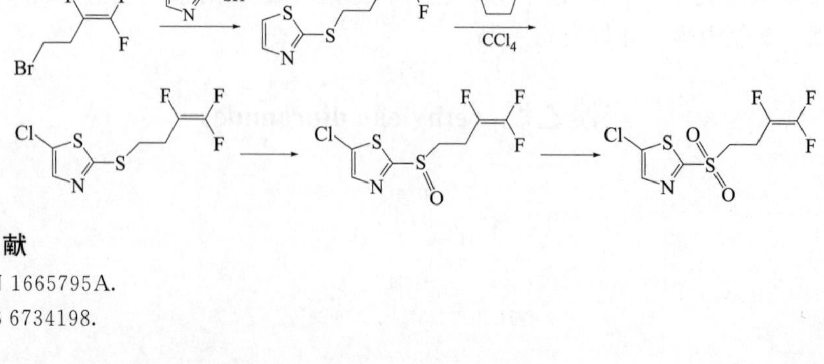

参考文献

[1] CN 1665795A.

[2] US 6734198.

氟鼠啶（flupropadine）

$C_{20}H_{23}F_6N$，391.4；盐酸盐$C_{20}H_{24}ClF_6N$，427.9；81613-59-4

A. P. Buckle 和 F. P. Rowe 等于 1985 年分别报道，由 May & Baker Ltd.（Rhône-Poulenc Agriculture 公司）开发。

其他名称　氟鼠定，M&B 36 892

化学名称　4-叔丁基-1-[(3-α,α,α,α',α',α'-六氟-3,5-二甲苯基)丙-2-炔基]哌啶；4-tert-butyl-1-[3-(α,α,α,α',α',α'-hexafluoro-3,5-xylyl)prop-2-ynyl]piperidine

CAS 名称　1-[3-[3,5-bis(trifluoromethyl)phenyl]-2-propynyl]-4-(1,1-dimethylethyl)piperidine

理化性质　其盐酸盐为固体，熔点 201～202℃，乙醚中溶解度＞150g/L（5℃）。

毒性　小鼠急性经口 LD_{50} 为 68mg/kg。

应用　本品属炔丙胺类杀鼠剂，经口作用的鼠药。可防治广谱害鼠。对于对其他抗凝血杀鼠剂有抗性的啮齿类有效。可用于城市、工业和农业区防治鼠害，也可用于建筑物周围，对防治可可、棉花、油棕、水稻和甘蔗田中的鼠害非常有效。

参考文献

EP 41324.

氟鼠灵（flocoumafen）

$C_{33}H_{25}F_3O_4$，542.6，90035-08-8

1984 年 D. J. Bowler 等报道了本品的杀鼠性质，由 Shell International Chemical Co., Ltd（现 BASF SE）开发。

其他名称　杀他仗，氟羟香豆素，伏灭鼠，氟鼠酮，WL 108 366，CL 183540，BAS 322I，Storm，Stratagen

化学名称　3-[3-(4'-三氟甲基苄基氧代苯-4-基)-1,2,3,4-四氢-1-萘基]-4-羟基香豆素；4-hydroxy-3-[1,2,3,4-tetrahydro-3-[4[(4-trifluoromethylbenzyloxy)phenyl]-1-naphthyl]coumarin]

CAS 名称　4-hydroxy-3-[1,2,3,4-tetrahydro-3-[4-[[4-(trifluoromethyl)phenyl]methoxy]phenyl]-1-naphthalenyl]-2H-1-benzopyran-2-one

理化性质　本品为白色固体，纯度≥955g/kg，顺式异构体占 50%～80%。熔点 166.1～168.3℃，蒸气压≤1mPa（20℃，25℃，50℃）（OECD 104，蒸气压平衡法）。K_{ow} lg$P$ 6.12。Henry 常数＜ 3.8Pa·m³/mol（计算值）。相对密度 1.40。水中溶解度（pH 7，20℃）0.114mg/L；其他溶剂中溶解度（g/L）：正庚烷 0.3、乙腈 13.7、甲醇 14.1、正辛醇 17.4、甲苯 31.3、乙酸乙酯 59.8、二氯甲烷 146、丙酮 350。稳定性：不易水解，在

50℃于 pH 7～9 贮存 4 周未检测到降解；250℃以下对热稳定。pK_a 4.5。

毒性 急性经口 LD_{50}：大鼠 0.25mg/kg，狗 0.075～0.25mg/kg。兔急性经皮 LD_{50} 为 0.87mg/kg。大鼠吸入 LC_{50}（4h）为 0.0008～0.007mg/L。鸟类急性经口 LD_{50}：鸡 >100mg/kg，日本鹌鹑 >300mg/kg，野鸭 286mg/kg。饲喂 LC_{50}（5 d）：山齿鹑 62mg/L，野鸭 12mg/L。鱼类 LC_{50}（96h）：虹鳟鱼 0.067mg/L，大翻车鱼 0.112mg/L。在 50mg/kg 下对水生生物无毒。水蚤 EC_{50}（48h）0.170mg/L。藻类 E_rC_{50}（72h）>18.2mg/L。其他水生菌 E_rC_{50}（72h）>18.2mg/L。

制剂 BB，GB，RB。

应用 本品是第二代抗凝血剂，具有适口性好、毒性强、使用安全、灭鼠效果好的特点。其作用机理与其他抗凝血性杀鼠剂类似，抑制维生素 K_1 的合成。可用于防治家栖鼠和野栖鼠，主要为褐家鼠、小家鼠、黄毛鼠及长爪沙鼠等。除非吞食过量毒饵，一般看不出有中毒症状；出血的症状可能要在几天后才发作。较轻的症状为尿中带血、鼻出血或眼分泌物带血、皮下出血、大便带血；如多处出血，则将有生命危险。严重的中毒症状为眼部和背部疼痛、神志昏迷、脑出血，最后由于内出血造成死亡。

合成路线

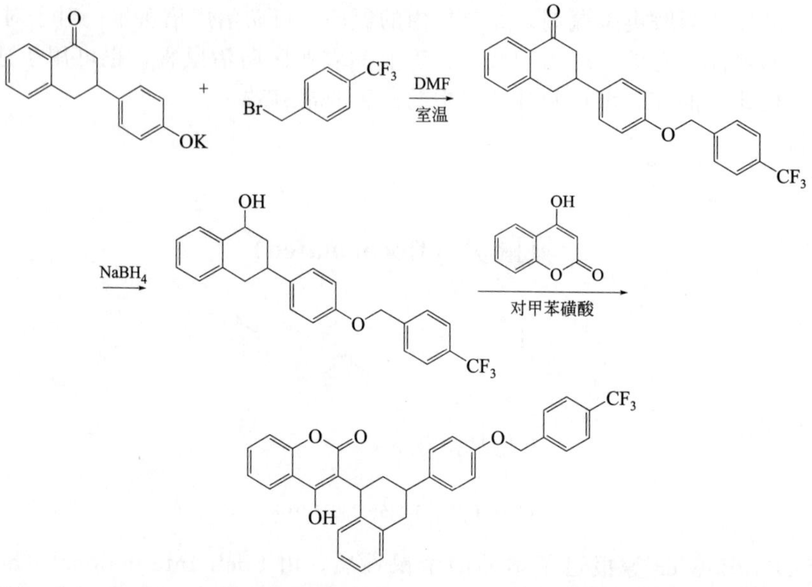

4-羟基香豆素可由水杨酸甲酯与醋酐反立，然后在碱性条件下环合得到。

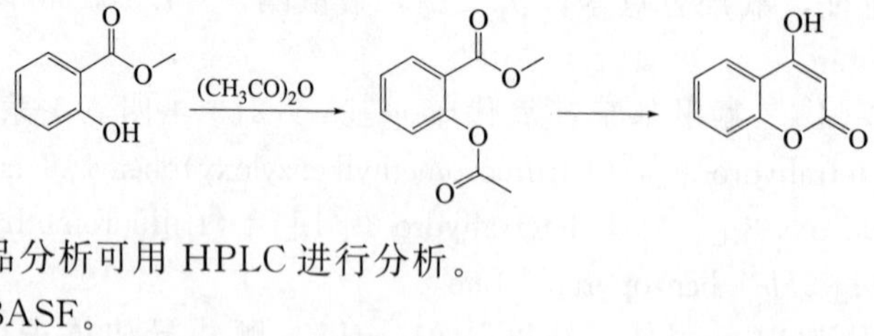

分析方法 产品分析可用 HPLC 进行分析。

主要生产商 BASF。

参考文献

[1] EP 0098629.
[2] WO 9515322.
[3] EP 175466.

氟乙酸钠 (sodium fluoroacetate)

F—CH₂—C(=O)O⁻ Na⁺

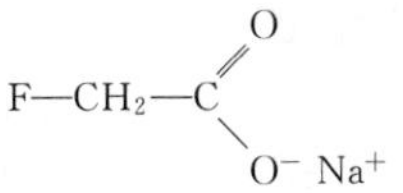

$C_2H_2FNaO_2$，100.0，62-74-8

化学名称　氟乙酸钠；sodium fluoroacetate
CAS 名称　sodium 2-fluoroacetate
理化性质　纯品为白色结晶，几乎无味，工业品有微弱的醋酸酯味。在空气中易吸湿并呈黏稠状。易溶于水、乙醇、丙酮，不溶于苯、甲苯。110℃以上不稳定，200℃分解。
毒性　急性经口 LD_{50}（mg/kg）：0.22（褐家鼠），8.0（小家鼠），0.65（长爪沙鼠），0.06（狗），毒饵使用浓度0.1%～0.3%。
应用　急性杀鼠剂。由于其对人和动物的毒性太强、药力发作快，又具有二次毒性，中国已明令禁产和禁用。

氟乙酰胺 (fluoroacetamide)

FCH_2CONH_2

C_2H_4FNO，77.1，640-19-7

1955年由 C. Chapman 和 M. A. Phillips 介绍其杀鼠性能。
其他名称　Compound 1081
化学名称　2-氟乙酰胺；2-fluoroacetamide
CAS 名称　2-fluoroacetamide
理化性质　无色晶体粉末。熔点108℃。溶解度：易溶于水中；溶于丙酮，在乙醇中溶解度中等，难溶于脂肪族和芳香烃化合物。
毒性　急性经口 LD_{50} 褐鼠约 13mg/kg。对大多数动物高毒。在水土中很稳定。
应用　灭鼠剂。主要作用于心脏，其次为对中枢神经系统的影响。因其对人畜高毒，还能引起二次中毒。在中国禁用。1991年列入PIC名单。

氟唑螺 (tralopyril)

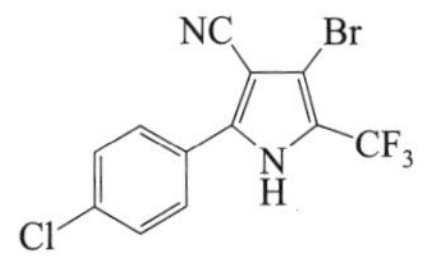

$C_{12}H_5BrClF_3N_2$，349.5，122454-29-9

由 BASF 报道的灭钉螺剂。
其他名称　R107894，Econea，Trilux 44。
化学名称　4-溴-2-(4-氯苯基)-5-三氟甲基-1H-3-氰基吡咯；4-bromo-2-(4-chlorophenyl)-5-(trifluoromethyl)-1H-pyrrole-3-carbonitrile

CAS 名称　4-bromo-2-(4-chlorophenyl)-5-(trifluoromethyl)-1*H*-pyrrole-3-carbonitrile

理化性质　浅棕色粉末；熔点 253.3～253.4℃；分解温度高于 400℃；相对密度 1.74（20℃，pH 为 5.16）；pK_a 7.08（25℃）；蒸气压 1.9×10^{-8} Pa（20℃）、4.6×10^{-8} Pa（25℃）；K_{ow} lg$P$ 3.5；蒸馏水中溶解度（20℃，pH 4.9）0.17mg/L；海水中溶解度（25℃，pH 8.1）0.16mg/L。其他溶剂中溶解度（20℃，mg/L）：丙酮 300.5，乙酸乙酯 236.0，甲醇 109.1，正辛醇 85.2，正己烷 7.2，二甲苯 5.6。具有非常好的热稳定性，而且可以与氧化亚铜、硫氰酸亚铜及所有的有机或有机金属的抗菌剂以及氧化锌和氧化铁稳定存在。可以在水中水解。常温下可以稳定保存 5 年。

毒性　经口毒性比较大，吸入毒性中等，经皮毒性为低毒。可轻微刺激眼睛和皮肤（对大鼠试验），对皮肤不致敏（对天竺鼠的试验）。具体毒性试验数据：毒性试验，喂食大鼠（90d）出现病变的最低剂量为雄 16.2mg/(kg·d)，雌 6.3mg/(kg·d)，且雄大鼠的 NOEL 值为 5.2mg/(kg·d)；经皮（90d）300mg/(kg·d)，NOEL 值为 100mg/(kg·d)；在最高剂量 1000mg/(kg·d) 下未有全身中毒症状。雌老鼠经过鼻子吸入进行嗅觉器官毒性测试的最低剂量（90d）为 20mg/m³；通过对神经系统的毒性测试，降低其活动反应能力的雄大鼠的最低剂量为 40mg/m³，导致雌大鼠身体某部位神经突出的最低剂量为 80mg/m³；且对雄大鼠和雌大鼠的 NOEL 分别为 20mg/m³ 和 40mg/m³；对大鼠胎儿体重减少的最低剂量为 10mg/(kg·d)，NOEL 为 5mg/(kg·d)；而同时雌大鼠的症状表现为经常分泌唾液，其最低剂量为 10mg/(kg·d)，NOEL 为 5mg/(kg·d)。

应用　可用于防治软体动物。

合成路线

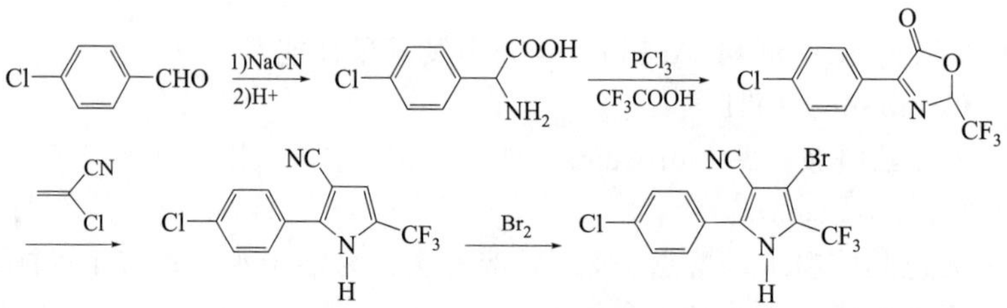

分析方法　HPLC。

参考文献

EP 312723.

海葱素（scilliroside）

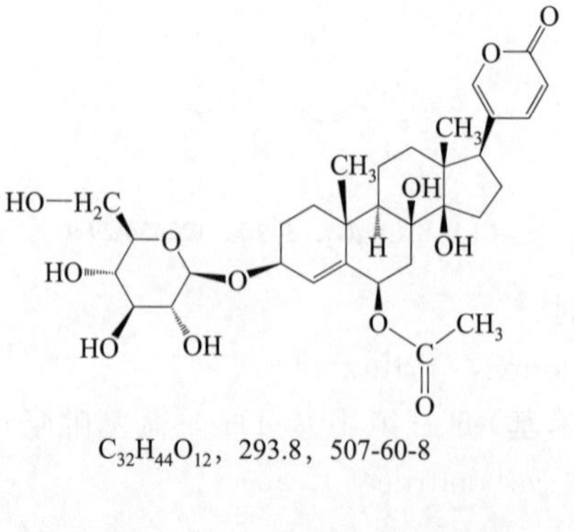

$C_{32}H_{44}O_{12}$，293.8，507-60-8

其他名称 红海葱，dethdiet，red squill

化学名称 3β-(β-D-吡喃葡糖基氧)-17β-(2-氧代-2H-吡喃-5-基)-14β-雄甾-4-烯-6β,8,14-三醇-6-乙酸酯；3β-(β-D-glucopyranosyloxy)-17β-(2-oxo-2H-pyran-5-yl)-14β-androst-4-ene-6β,8,14-triol 6-acetate

CAS 名称 (3β,6β)-6-(acetyloxy)-3-(β-D-glucopyranosyloxy)-8,14-dihydroxybufa-4,20,22-trienolide

理化性质 由红海葱球根制成，干燥时温度不得超过80℃。可从红海葱球茎风干、粉碎或用溶剂萃取制得。为亮黄色结晶，168~170℃时分解。易溶于乙醇、乙二醇、二噁烷和冰醋酸，略溶于丙酮，几乎不溶于水、烃类、乙醚和氯仿。

毒性 急性口服 LD$_{50}$（mg/kg）0.7（雌大鼠）；对猪和猫的存活剂量为 16mg/kg，鸡为 400mg/kg，对鸟类基本无毒。它的综合中毒症状包括胃肠炎和痉挛，对心脏可产生毛地黄样作用。

制剂 RB，1.0%浓缩剂。

应用 急性杀鼠剂。产品为一种配糖化合物，即海葱糖苷。在规定用量下使用时，只能杀鼠，对其他温血动物无害。误服后可按照心脏病患者服用了过量糖苷的治疗方法进行治疗。

环线威（tirpate）

$C_8H_{14}N_2O_2S_2$，234.3，26419-73-8

其他名称 环线肟，tirpate，MBR6168

化学名称 2,4-二甲基-1,3-二硫戊环-2-羧醛 O-(甲基氨基甲酰基)肟；2,4-dimethyl-1,3-dithiolane-2-carboxaldehyde O-(methylcarbamoyl)oxime

CAS 名称 2,4-dimethyl-1,3-dithiolane-2-carboxaldehyde O-[(methylamino)carbonyl]oxime

理化性质 本品为白色固体，溶解度：水 1000mg/L，丙酮 330~500g/kg，乙醇 200~250g/kg，二甲苯＜50g/kg（25℃）。

毒性 雌大鼠急性经口 LD$_{50}$ 13.1mg/kg（10%GR），1.1mg TC/kg。雌大鼠急性经皮 LD$_{50}$ 300mg/kg。

应用 本品适用于土豆孢囊线虫、甘蓝、玉米带刺线虫、根结线虫、草莓茎线虫的防治。也用作杀螨、杀虫剂。

分析方法 通过其衍生物用 GC 分析。

参考文献

US 3681386.

环氧丙烷（propylene oxide）

C_3H_6O，58.1，75-56-9

1929年美国OlinMathieson和Dow化学公司发现其有熏蒸作用。

化学名称 环氧丙烷；propyplene oxide

CAS名称 methyloxirane

理化性质 工业品为无色、具有乙醚气味的挥发性液体，沸点34℃，熔点-112.1℃，相对密度0.8304，20℃时的蒸气压为5.93×10^4Pa，在空气中的爆炸极限为2.1%～21.5%。折光率为1.466。

毒性 对哺乳动物的毒性低。对大鼠按每千克体重每日给0.2g环氧丙烷，共给20d，无毒作用。大鼠单独暴露在2000mg/L环氧丙烷中2h或1000mg/L中7h无损害。空气中最大允许存在量为100mg/L。

应用 熏蒸杀虫，效果比环氧乙烷低，土壤消毒也在试用中。

合成路线

$$CH_2CH=CH_2 \xrightarrow{HOCl} CH_3CHClCH_2OH \xrightarrow{NaOH} \triangle_O$$

分析方法 红外吸收光谱法。

环氧乙烷（ethylene oxide）

$$\underset{C_2H_4O,\ 44.1,\ 75\text{-}21\text{-}8}{\overset{CH_2-CH_2}{\underset{O}{\diagdown\diagup}}}$$

其他名称 虫菌畏，ETO，Oxirane

化学名称 环氧乙烷

理化性质 低黏度的无色液体。沸点10.7℃，熔点111℃。20℃时蒸气压为146kPa。相对密度0.8（4～7℃）。溶于水和大多数有机溶剂。当空气中含量大于3%时易燃。能进行多种加成反应；但在水溶液中较稳定，慢慢变成乙二醇。相对来说无腐蚀性。

毒性 刺激眼睛和鼻。浓度为3000mg/L的空间呼吸30min或更长时间是危险的。

应用 药剂进入昆虫体后，转变为甲醛，并与组织内蛋白质的氨基结合，抑制氧化酶、去氢酶的作用，使昆虫中毒死亡。环氧乙烷的重要特点是杀菌力强，能杀灭各种细菌及其繁殖体及芽孢、真菌、病毒等。用于贮粮熏蒸杀虫，同时有杀真菌、杀细菌作用，对土壤微生物有显著的杀灭作用。环氧乙烷虽然在杀虫方面曾被广泛运用，但因其对昆虫的毒力低于其他药剂和易燃爆性，作为杀虫剂的环氧乙烷常被溴甲烷和磷化氢所代替，但在杀菌方面，环氧乙烷一直起着不可替代的作用。在国内外被广泛用于调味料、塑料、卫生材料、化妆品原料、动物饲料、医疗器材、病房材料、原粮中植物病原真菌、羊毛、皮张等的消毒灭菌。

己二硫酯（SD-4965）

$$CH_3CS\text{—}\cdots\text{—}SCCH_3$$
$$C_{10}H_{18}O_2S_2,\ 202.3$$

1960 年美国 Shell 开发。

其他名称　SD-4965

化学名称　1,6-己烷二硫代二乙酸酯；1,6-hexanedithiol diacetate

理化性质　原药为黄白色。沸点 205～208℃/4.0×10³Pa，熔点 27℃。溶解度：水 80mg/L，溶于丙酮、己烷、苯、乙醚、甲醇。

毒性　大鼠急性经口 LD_{50} 为 504mg/kg。

应用　本品为杀线虫剂，同时也杀土壤真菌和细菌。浸作物根部可防治内外寄生的线虫。

参考文献

GB 577279.

甲基磺酰氟（methanesulfonyl fluoride）

CH_3SO_2F，98.1，558-25-8

该熏蒸杀虫剂由 Bayer AG 销售。

其他名称　MSF，Fumette

化学名称　甲基磺酰氟；methanesulfonyl fluoride（I）

CAS 名称　methanesulfonyl fluoride

理化性质　本品为无色液体，具有好闻的气味，沸点 121～123℃，不着火。稍溶于水，在室温下溶至 5%。

毒性　本品为强毒性农药，皮下注射 3.5mg/kg，能杀死大鼠、兔、小鼠和狗，但是吸入毒性低，大鼠暴露在 140mg 甲基磺酰氟/m³ 空间中 20min 致死，狗暴露在 2300mg/(m³·min)，兔暴露在 3000～6000mg/(m³·min) 无损害。

制剂　FU。

应用　熏杀家畜体外寄生虫。

甲酸乙酯（ethyl formate）

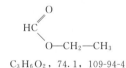

$C_3H_6O_2$，74.1，109-94-4

由 G. Dojchinov 和 V. S. Haritos 报道。由 BOC Limited（澳大利亚）开发。

化学名称　甲酸乙酯；ethyl formate

CAS 名称　ethyl formate

理化性质　无色液体，有好闻的水果香气。熔点 −80.5℃。沸点 54.3℃。蒸气压 2.59×10⁷ mPa（20℃）。相对密度 0.92（20℃）。溶于水，部分水解。与醇、苯、醚混溶。闪点 −20℃。

毒性　大鼠急性经口 LD_{50} 1850mg/kg，豚鼠 1110mg/kg。对眼睛、皮肤、黏膜和呼吸系统有刺激性。

应用　在澳大利亚和新西兰作为甲基溴的替代品，用于谷物、水果、蔬菜贮存熏蒸。

克灭鼠（coumafuryl）

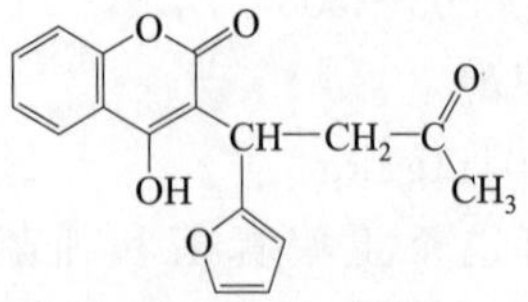

$C_{17}H_{14}O_5$，298.3，117-52-2

由 Amchem Chemical Co. 开发。

其他名称　fumarin，tomarin

化学名称　3-[(1RS)-1-(2-呋喃基)-3-氧丁基]-4-羟基香豆素；3-[(1RS)-1-(2-furyl)-3-oxobutyl]-4-hydroxycoumarin

CAS 名称　3-[1-(2-furanyl)-3-oxobutyl]-4-hydroxy-2H-1-benzopyran-2-one

理化性质　纯品为白色粉末，熔点为 121～123℃。不溶于水，溶于甲醇、乙醇等有机溶剂。

毒性　急性经口 LD_{50}：对大鼠为 25mg/kg，鼹鼠为 14.7mg/kg。

制剂　AY。

应用　本品为杀鼠剂，须连续使用，使家畜间接中毒的危险性小。

参考文献

[1]　GB 578589.
[2]　GB 579459.
[3]　US 2471047.

磷化钙（calcium phosphide）

Ca_3P_2，182.2，1305-99-3

化学名称　磷化钙

理化性质　红色至黑褐色颗粒，似蒜味。熔点＞1600℃。蒸气压＜1mPa。稳定性：干燥条件下稳定，遇潮反应，遇酸发生强烈反应，产生磷化氢。

应用　用作熏蒸剂，熏蒸成品粮，但必须严防污染粮食，收集药渣应深埋在远离饮水水源处，不可乱丢乱放。根据农业部公告第 1586 号（2011.6.15），因高毒被禁止使用。

磷化铝（aluminium phosphide）

AlP，58.0，20859-73-8

其他名称　磷毒，aluminum phosphide

化学名称　磷化铝

CAS 名称　aluminum phosphide

理化性质　深灰色或浅黄色晶体。熔点＞1000℃。相对密度 2.85（25℃）。稳定性：干燥条件下稳定，遇潮反应，遇酸剧烈反应生成磷化氢。

毒性　大鼠急性经口 LD_{50} 8.7mg/kg。NOEL 值：大鼠慢性经口 NOAEL 值

0.043mg/kg。

制剂 TC，PT，TA，DP，GG。

应用 高效广谱性熏蒸杀虫剂，杀鼠剂。主要用于熏蒸各种仓库害虫，也可用于灭鼠。磷化铝吸水后产生有毒的磷化氢气体，磷化氢通过昆虫的呼吸系统进入虫体，作用于细胞线粒体的呼吸链和细胞色素氧化酶，抑制昆虫的正常呼吸，使昆虫致死。氧气的含量对昆虫吸收磷化氢有重要作用。在无氧情况下磷化氢不易被昆虫吸入，不表现毒性，有氧情况下磷化氢可被吸入而使昆虫致死。昆虫在高浓度的磷化氢中会产生麻痹或保护性昏迷，呼吸降低。注意事项：粮油熏蒸后，至少散气10d方可出仓。本剂易吸潮释放出剧毒磷化氢气体，应避免吸入毒气。

分析方法 产品经酸分解后产生磷化氢气体，采用GLC测定磷化氢含量。

主要生产商 安徽生力农化，南通正达农化，江苏双菱化工，涟水永安化工，沈阳丰收，济宁永丰化工厂，济宁圣城化工，龙口化工厂。

参考文献
[1] GB 461997.
[2] US 2117158.
[3] Berck B, et al. J Agric Food Chem，1970，18：143.

磷化镁（magnesium phosphide）

Mg_3P_2，134.9，12057-74-8

其他名称 迪盖世

化学名称 磷化镁；magnesium phosphide

CAS 名称 magnesium phosphide

理化性质 黄绿色晶体。熔点＞750℃。相对密度2.055。干燥时稳定，但与大气中的水气反应，与酸剧烈反应，产生磷化氢，常用作熏蒸剂，比磷化铝反应更快速。

毒性 大鼠急性经口 LD_{50} 11.2mg/kg。ADI/RfD（EC）0.022mg/kg［2008］；（EPA）aRfD 0.018，cRfD 0.0113mg/kg［1998］。

制剂 GE，VP。

应用 主要用于面粉厂、仓库、提升设备、容器、行李等以及加工食品、饲料、原粮等的空间熏蒸。该药遇水生成高毒的磷化氢气体，用其熏蒸可有效防除仓储烟草中的烟草甲虫。

分析方法 产品通过测定酸处理后释放的磷化氢来分析，用GLC分析或测定与溴水反应后产生的磷酸盐。

主要生产商 Detia Freyberg，United Phosphorus，沈阳丰收。

参考文献
农药品种手册精编. 北京：化学工业出版社，2013.

磷化氢（phosphine）

PH_3，34.0，7803-51-2

化学名称 磷化氢；phosphine

CAS 名称 phosphine

理化性质 无色、无味，可燃气体（原药大蒜或腐鱼臭味）。熔点 $-132.5℃$，沸点 $-87.4℃$。蒸气压 $3.4×10^9$ mPa（20℃）。Henry常数 $33269Pa·m^3/mol$。密度 $1.405kg/m^3$（相对密度1.5，相对于空气20℃，1大气压）。溶解度：水中 $26cm^3/100mL$（17℃）；其他溶剂（体积分数，18℃）：乙醇0.5%，乙醚2%，松木油3.25%；环己醇 $285.6cm^3/100mL$（26℃）。稳定性：被氧化剂和大气中的氧气氧化成磷酸。闪点：在空气中自燃，$26.1～27.1mg/L$ 爆炸。

毒性 通过皮肤没有吸收。吸入毒性：很强的吸入毒性。LC_{50}（4h）大鼠 $11mg/L$（0.015mg/L）；$10mg/m^3$ 6h，能够引起死亡；300 mL气体/m^3 1h，对生命有危险；没有慢性毒性症状。虹鳟鱼 LC_{50}（96h）$9.7×10^{-3}mg/L$。水蚤 EC_{50}（24h）$0.2mg/L$。

制剂 GE，VP。

应用 线粒体复合物Ⅳ电子传递抑制剂。作为熏蒸剂，用于密封容器和结构中非食品类商品，防治较广范围的害虫。

分析方法 在熏蒸过程中的磷化氢可用市售的检测管测定，用GLC分析或通过氯化汞水吸收，并测定电导率的变化来分析。

主要生产商 United Phosphorus。

参考文献

农药品种手册精编. 北京：化学工业出版社，2006.

磷化锌（zincphosphide）

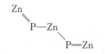

P_2Zn_3，258.1，1314-84-7

化学名称 磷化锌；trizincdiphosphide

CAS名称 trizincdiphosphide

理化性质 磷化锌为灰色粉末，密度为 $4.54g/cm^3$，熔点420℃（当在缺氧时加热）。溶解性：不溶于水和乙醇，可溶于苯和二硫化碳。在干燥条件下稳定，但在湿空气中则慢慢分解，与酸能剧烈反应，同时分解，放出能自燃的磷化氢。TC纯度为80%～95%。

毒性 急性经口 LD_{50}：对大鼠为 $45.7mg/kg$，对羊为 $60～70mg/kg$，对野鸡为 $9mg/kg$，对家禽的致死剂量为 $7～17mg/kg$。

应用 本品用于防治田鼠、地鼠及其他田间啮齿类动物。施药人员应经过培训，该药在许多国家受到限制。

分析方法 用酸处理，放出的磷化氢用滴定法测定；或氧化成磷酸，用标准法测定。

硫酰氟（sulfurylfluoride）

F_2O_2S，102.1，2699-79-8

其他名称 熏灭净，Vikane，Sultropene

化学名称 硫酰氟

理化性质 纯品为无色无味气体。熔点－136.7℃，沸点－55.2℃/1.01×10^{5}Pa。相对密度（20℃）1.36。蒸气压1.7×10^{3}kPa（21.1℃）。溶解度：水750mg/kg（25℃，1大气压）；有机溶剂（25℃，1大气压，L/L）：乙醇0.24～0.27，甲苯2.0～2.2，四氯化碳1.36～1.38。

毒性 大鼠急性经口LD$_{50}$ 100mg/kg。对兔皮肤和眼睛无刺激性。雄、雌性大鼠急性吸入LC$_{50}$（4h）4.1mg/L空气。

制剂 TC，VP，GA。

应用 是一种优良的广谱性熏蒸杀虫剂，具有杀虫谱广、渗透力强、用药量少、解吸快、不燃不爆、对熏蒸物安全，尤其适合低温使用等特点。该药通过昆虫呼吸系统进入虫体，损害中枢神经系统而致害虫死亡，是一种惊厥剂。对昆虫胚后期的毒性较高。用于建筑物、运载工具和木制品的熏蒸，可防治蜚蠊目、鞘翅目、等翅目和鳞翅目、啮齿类。有植物毒性，但对杂草和作物种子发芽无大影响。硫酰氟不适于熏蒸处理供人畜食用的农业食品原料、食品、饲料和药物，也不提倡用来处理植物、蔬菜、水果和块茎类，尤其是干酪和肉类等含蛋白质的食品，因为硫酰氟在这些物质上的残留量高于其他VP的残留。根据动物试验，推荐人体长期接触硫酰氟的安全质量浓度低于5mg/L。

主要生产商 杭州茂宇电子化学，利民化工，龙口化工厂。

参考文献

[1] US 2875127.
[2] US 3092458.

氯化苦（chloropicrin）

CCl_3NO_2，164.4，76-06-2

氯化苦自1908年以来，一直被当作杀虫剂使用。

其他名称 氯化苦味酸，硝基氯仿，chloropicrine

化学名称 三氯硝基甲烷；trichloronitromethane

CAS名称 trichloronitromethane

理化性质 纯品为有催泪作用的无色液体。熔点－64℃，沸点112.4℃/100.7kPa。蒸气压3.2kPa（25℃）。Henry常数3.25×10^{2}Pa·m^3/mol（25℃，计算值）。相对密度1.6558（20℃）。水中溶解度（g/L）：2.27（0℃），1.62（25℃）；能与大多数有机溶剂相混，如丙酮、苯、乙醇、甲醇、四氯化碳、乙醚、二硫化碳。酸性介质中稳定，碱性条件下不稳定。

毒性 大鼠急性经口LD$_{50}$：250mg/kg。对兔皮肤有剧烈刺激。吸入毒性：浓度为0.008mg/L空气时，能够明确检测到；0.016mg/L时引起咳嗽、流泪；0.12mg/L条件下暴露30～60min致命。猫、豚鼠和兔在0.8mg/L空气条件下暴露20min可致命。鱼类：鲤鱼TLm（48h）0.168mg/L。水蚤LC$_{50}$（3h）0.91mg/L。

制剂 OL，TB，TC。

应用 主要用于熏蒸粮仓，防治储粮害虫如米象、米蛾、赤拟谷盗、豆象等，对储粮微生物也有一定的抑制作用。但只能熏原粮，不能熏加工粮、水果、蔬菜、种子等。也可用于土壤熏蒸防治土壤病虫害和线虫，对螨卵和休眠期的螨效果较差。也用于鼠洞熏杀鼠类。氯化苦易挥发，扩散性强，挥发度随温度上升而增大。氯化苦对皮肤和黏膜的刺激性很强，易诱致流泪、流鼻涕，故人畜中毒先兆易被察觉，因此使用此药比较安全。本剂的附着力较强，必须有足够的散气时间，才能使毒气散尽。种子胚对氯化苦的吸收力最强，用氯化苦熏蒸后影响发芽率。种子含水量愈高，发芽率降低也愈多，所以谷类种子等不能用该剂熏蒸，其他种子熏蒸后要做发芽试验。在德国禁用。

分析方法　产品采用 GLC 分析。

主要生产商　Mitsui Chemicals Agro，Nankai，Niklor，Nippon Kayaku，大连绿峰。

参考文献

Feinsilver L，Oberst F W Anal Chem，1953，25：820.

氯灭鼠灵（coumachlor）

$C_{19}H_{15}ClO_4$，342.8，81-82-3

由 M. Reiff 和 R. Wiesmann 于 1951 年报道，由 J. R. geigyS. A.（现 Ciba-GeigyAG）开发。

其他名称　G 23133，Tomorin，Ratilan

化学名称　3-[1-(4-氯苯基)-3-氧丁基]-4-羟基香豆素；3-[1-(4-chlorophenyl)-3-oxobutyl]-4-hydroxycoumarin

CAS 名称　3-[1-(4-chlorophenyl)-3-oxobutyl]-4-hydroxy-2H-1-benzopyran-2-one

理化性质　无色晶体。熔点 169℃。蒸气压＜10mPa（20℃）。Henry 常数＜6.86Pa·m³/mol（计算值）。相对密度 1.40。溶解度：水 0.5mg/L（pH 4.5，20℃）；溶于醇、氯仿；微溶于苯、乙醚和石油醚；在二甲基甲酰胺中溶解度＞500，丙酮 100，甲醇 30，正辛醇 10（g/kg，20℃）。可溶于碱，形成水溶性盐。非常稳定，甚至为强酸。

毒性　大鼠急性经口 LD_{50} 为 187mg/kg。经口 LD_{50} 为重复给予大鼠 0.1～1.0mg/(kg·d)。大鼠急性经皮 LD_{50} 为 33mg/kg；对兔的皮肤和眼睛无刺激。对人和一些家畜仅有轻微毒性，但是对狗和猪（特别是仔猪）有剧毒。日本鹌鹑 LC_{50}（8d）5000mg/L。虹鳟鱼和鲶鱼 LC_{50}（96h）72mg/L，鲤鱼＞100mg/L。

制剂　BB，CB，CP，RB。

应用　本品为抗凝血性杀鼠剂，需要多次喂食产生致命影响。没有忌饵作用。用于防治大鼠和小鼠。

分析方法　产品分析用 GLC 或 HPLC。

参考文献

[1]　BE 500937.
[2]　GB 701111.

氯醛糖 (chloralose)

$C_8H_{11}Cl_3O_5$,309.5,α-chloralose 15879-93-3; β-异构体16376-36-6组成,以β-异构体形式存在

其他名称 杀鼠糖,灭雀灵,三氯乙醛化葡萄糖,glucochloralose,Alphabied

化学名称 (R)-1,2-O-(2,2,2-三氯亚乙基)-α,D-呋喃(型)葡萄糖;(R)-1,2-O-(2,2,2-trichloroethylidene)-α-D-glucofuranose

CAS 名称 1,2-O-[(1R)-2,2,2-trichloroethylidene]-α-D-glucofuranose

理化性质 纯品为结晶粉末,熔点187℃(β异构体 227~230℃)。蒸气压在室温可忽略。水中溶解度(15℃) 4.4g/L;可溶于醇类、乙醚和冰醋酸,微溶于氯仿,不溶于石油醚,β异构体在水、乙醇和乙醚中的溶解度小于α异构体。稳定性:在酸或碱性条件下转化为葡萄糖和三氯乙醛。

毒性 大鼠急性经口 LD_{50} 400mg/kg;小鼠急性经口 LD_{50} 32mg/kg。鸟类急性经口 LD_{50} 32~178mg/kg。氯醛糖在动物体内代谢为三氯乙醛;三氯乙醛经氧化为三氯乙酸,经还原为三氯乙醇;三氯乙醛的氧化或还原反应使得氯醛糖具有催眠作用。毒饵使用浓度为4%~8%。对人、畜没有危险。

制剂 CB,RB。

应用 灭鼠剂,鸟类驱避剂和麻醉剂。用于杀灭小鼠,通过延迟新陈代谢和将体温降低到致死限而发挥作用。本品对体型较大的鼠类效果差,故不推荐应用于杀灭大鼠。也用作鸟类的驱避剂和麻醉剂。能够被快速代谢,因而不会累积。

合成路线 在酸催化下浓缩葡萄糖和三氯乙醛得到。

分析方法 产品分析通过水解及对生成的三氯乙醛的计算来进行分析,也有报道用薄层色谱法和化学高碘酸法。

主要生产商 Rimi Chemicals Co. Ltd.,Killgerm Chemicals Ltd.。

参考文献

[1] The Pesticide Manual. 15th ed.
[2] EP 242135.
[3] CS 85596.
[4] CS 245845.

氯鼠酮 (chlorophacinone)

$C_{23}H_{15}ClO_3$,374.8,3691-35-8

由 Lipha S. A. 推出。

其他名称　可伐鼠，氯敌鼠，鼠顿停，LM 91，Caid，Mufac，Redentin，Ground Force，Rozol，Chlorocal，Drat，Endorats，Frunax C，Muloxyl，Ratox，Ratron C，Ratron Feldmausköder，Raviac，Spyant，Trokat

化学名称　2-[2-(4-氯苯基)-2-苯基乙酰基]茚满-1,3-二酮；2-[2-(4-chlorophenyl)-2-phenylacetyl]indan-1,3-dione

CAS 名称　2-[(4-chlorophenyl)phenylacetyl]-1H-indene-1,3(2H)-dione

理化性质　本品为淡黄色晶体，熔点为 140℃，蒸气压 1×10^{-4} mPa（25℃）。相对密度 0.38（20℃）。水中溶解度（20℃）100mg/L；易溶于甲醇、乙醇、丙酮、乙酸、乙酸乙酯、苯和油；微溶于己烷和乙醚；其盐溶于碱溶液。稳定性：很稳定且抗风化。pK_a 为 3.40（25℃）。

毒性　大鼠急性经口 LD_{50} 6.26mg/kg。对兔皮肤和眼睛无刺激。大鼠吸入 LC_{50}（4h）9.3μg/L。鸟类 LC_{50}（30d）：山齿鹑 95mg/L，野鸭 204mg/L。鱼类 LC_{50}（96h）：虹鳟鱼 0.35mg/L，大翻车鱼 0.62mg/L。水蚤 LC_{50}（48h）0.42mg/L。在推荐剂量下对蜜蜂无危险。蚯蚓 LC_{50}＞1000mg/L。

制剂　AB，BB，CB，CP，PB，RB。

应用　用于防治褐家鼠等。阻止凝血酶原形成，使氧化磷酸化解耦联。氯鼠酮以其毒性毒力强大的特点而不同于同类品种。这一特点更适宜一次性投毒防治害鼠，克服了多次投饵费工、用饵量大、灭鼠成本较高的不足。氯鼠酮是唯一易溶于油的抗凝血杀鼠剂，因此易浸入饵料中，所以不会因雨淋而减弱毒性，适合野外灭鼠使用。不会导致拒食。狗对氯鼠酮较敏感，但对人畜家禽均较安全。

合成路线

分析方法　产品可用 HPLC 进行分析。

主要生产商　Dr Tezza，Laboratorios Agrochem，Merck Santé，Reanal。

参考文献

[1]　The Pesticide Manual. 15th ed.
[2]　US 315361.
[3]　FR 1269638.

棉隆（dazomet）

$C_5H_{10}N_2S_2$，162.3，533-74-4

1897年 M. delepine 报道了该化合物的合成路线，由 UnionCarbide 公司开发。

其他名称 必速灭，二甲噻嗪，二甲硫嗪，dMTT，Salvo，Mylone，Basamid

化学名称 3,5-二甲基-1,3,5-噻二嗪烷-2-硫酮；3,5-dimethyl-1,3,5-thiadiazinane-2-thione

CAS 名称 tetrahydro-3,5-dimethyl-2H-1,3,5-thiadiazine-2-thione

理化性质 纯品为无色结晶（原药为接近白色到黄色的固体，带有硫黄的臭味），原药纯度≥94%。熔点104～105℃（分解，原药）。蒸气压0.58mPa（20℃），1.3mPa（25℃）。K_{ow} lg$P$ 0.63（pH 7）。Henry 常数 $2.69×10^{-5}$ Pa·m³/mol。相对密度1.36。溶解度：水（20℃）3.5g/L；有机溶剂（g/kg，20℃）：环己烷400，氯仿391，丙酮173，苯51，乙醇15，乙醚6。稳定性：35℃以下稳定；50℃以上稳定性与温度和湿度有关；水解作用（25℃，h）DT_{50} 6～10（pH 5），2～3.9（pH 7），0.8～1（pH 9）。

毒性 大鼠急性经口 LD_{50} 519mg/kg。大鼠急性经皮 LD_{50} >2000mg/kg；粉剂制剂对兔皮肤和眼睛有刺激性；对豚鼠无致敏性。大鼠吸入 LC_{50}（4h）8.4mg/L 空气。NOEL [mg/(kg·d)]：大鼠（90d）1.5，狗（1年）1，大鼠（2年）0.9。无致畸、致癌、致突变性。山齿鹑急性经口 LD_{50} 415mg/kg，LC_{50} 1850mg/kg，野鸭 LC_{50} >5000mg/kg 饲料。虹鳟鱼 LC_{50}（96h）0.16mg/L。水蚤 EC_{50}（48h）0.3mg/L。海藻 EC_{50}（96h）1.0mg/L。恶臭假单胞菌 EC_{10}（17h）1.8mg/L。直接接触对蜜蜂无毒，LD_{50}（经口）>10μg/只，（接触）>50μg/只。对寄生虫有毒（用作土壤杀菌剂）。

制剂 MG。

应用 利用降解产品，非选择性的抑制酶分解成异氰酸甲酯。播前土壤熏蒸剂。广谱杀线虫剂，兼治土壤真菌、地下害虫及杂草。易于在土壤及基质中扩散，不会在植物体内残留，杀线虫作用全面而持久，并能与肥料混用。不会在植物体内残留，但对鱼有毒性，且易污染地下水，南方应慎用。适用于果树、蔬菜（番茄、马铃薯、豆类、辣椒）、花生、烟草、茶树、林木等。能有效地防治为害花生、蔬菜（番茄、马铃薯、豆类、椒）、草莓、烟草、茶、果树、林木等作物的线虫。此外，对土壤昆虫、真菌（如镰孢属、腐霉属、丝核菌属和轮枝孢属真菌及墨色刺盘孢）和杂草亦有防治效果。棉隆可用于温室、苗床、育种室、混合肥料、盆栽植物基质及大田等土壤处理。颗粒剂也可室外施用，由土壤类型和靶标决定其用量。使用时土壤温度应保持在6℃以上（12～18℃适宜），含水量保持在40%以上。对所有绿色植物均有药害，土壤处理时不能接触植物。若在假植苗床使用，必须等药剂全部散失再假植，一般需等2星期，假植前翻松土壤2次，使药气消失后再假植。经该药处理过的土壤呈无菌状态，所以堆肥一定要在施药前加入。

分析方法 产品分析采用 HPLC。

主要生产商 Kanesho Soil Treatment（toll manufacture by BASF），浙江海正。

灭鼠安（mieshuan）

$C_{13}H_{11}N_3O_4$，273.2，51594-83-3

化学名称 3-吡啶甲基-4-硝基苯氨基甲酸酯；3-pyridylmethyl-4-nitrocarbanilate

CAS 名称 3-pyridinylmethyl N-(4-nitrophenyl) carbamate

理化性质 产品为黄色粉末。熔点230～235℃。不溶于水，微溶于苯和氯仿。常态下稳定。

毒性 急性口服 LD_{50}（mg/kg）：小家鼠23.0，褐家鼠17.8，长爪水鼠5.9，黑线姬鼠9.4，狗＞510.0，小鸡＞1000。

应用 适口性好，不易引起拒食和耐药性。药物能抑制烟酰胺的代谢，使鼠出现严重的维生素B缺乏症，行动困难，随后呼吸困难而死亡。

灭鼠腈（RH908）

$C_{14}H_{11}N_3O_2$，253.3，51594-84-4

其他名称 LH106

化学名称 3-甲基吡啶-N-(对氰基苯基)氨基甲酸酯；3-methylpyridinyl-N-(p-cyanophenyl)carbamate

CAS名称 3-methylpyridinyl (4-cyanophenyl) carbamate

理化性质 纯品为白色固体，熔点205～207℃，溶于乙醇。

毒性 急性经口 LD_{50}：雄大鼠0.96mg/kg，雌大鼠1.12mg/kg，雄小鼠3.5mg/kg，雌小鼠4.6mg/kg，雄兔30～100mg/kg。

制剂 RB（混合玉米面）。

应用 鼠类对灭鼠腈的接受性好。现场试验表明，含0.25％灭鼠腈的玉米面毒饵对屋顶鼠的杀灭效果可达92％，和氟乙酸钠的效果相近。但因对鼠类以外动物的毒力较强，故在使用上的安全性较差。

灭鼠优（pyrinuron）

$C_{13}H_{12}N_4O_3$，272.3，53558-25-1

由Rohm & haas Co. 开发。

其他名称 RH-787，Vacor

化学名称 1-(4-硝基苯基)-3-(3-吡啶基甲基)脲；1-(4-nitrophenyl)-3-(3-pyridylmethyl)urea

CAS名称 N-(4-nitrophenyl)-N'-(3-pyridinylmethyl)urea

理化性质 本品性质稳定，不溶于水和多种有机溶剂。在通常贮藏温度下，有良好的贮藏寿命。

毒性 急性经口 LD_{50}：雄大鼠12.3mg/kg，雄小鼠84mg/kg，雄兔约300mg/kg。对虹鳟鱼无作用剂量为1000mg/L。烟酰胺为解毒剂。

应用 一种速效杀鼠剂，对鼠类高毒，只需一次吞服，即能有效。本品在目标动物和非目标动物之间，有一较宽的毒性范围，加工成固体毒饵或追踪粉剂后，对几种鼠如挪威大鼠、屋顶鼠、小家鼠、松鼠等极有效；低剂量就足以杀死，故应用时不像第一代抗凝血剂那样需耗用大量毒饵并作多次投药。本品作用较缓慢，对家畜和家禽的毒性低。大量试验发现，当鼠口服本品后，对毒饵不产生忌避现象；当猫和狗吞食了吞服大剂量本品而致死的鼠尸，未出现二次毒性问题。本品亦能歼除对灭鼠灵已产生抗性的鼠类。

灭线磷（ethoprophos）

$$CH_3CH_2OP(SCH_2CH_2CH_3)_2$$
（结构式，P上双键O）

$C_8H_{19}O_2PS_2$，242.3，13194-48-4

1966年S. J. Locascio报道。由Mobil Chemical Co.（已不再生产和销售该产品）开发，后来由Rh?ne-Poulenc Agrochimie（now Bayer AG）开发。

其他名称 益收宝，丙线磷，灭克磷，益舒宝，虫线磷，ethoprop，Mocap，Prophos

化学名称 O-乙基S,S-二丙基二硫代磷酸酯；O-ethyl S,S-dipropyl phosphorodithioate

CAS名称 O-ethyl S,S-dipropyl phosphorodithioate

理化性质 淡黄色液体。沸点86～91℃/0.027kPa。蒸气压46.5mPa（26℃）。K_{ow} lg$P$ 3.59（21℃）。相对密度1.094（20℃）。溶解度（20℃）：水中700mg/L，丙酮、环乙烷、乙醇、二甲苯、1,2-二氯乙烷、乙醚、石油醚、乙酸乙酯中＞300g/kg。在中性、弱酸性介质中稳定，碱性介质中分解很快。pH 7的水溶液中100℃以下稳定。闪点140℃（闭口）。

毒性 急性经口LD$_{50}$：大鼠62mg/kg，兔55mg/kg。兔急性经皮LD$_{50}$：26mg/kg；对兔眼睛和皮肤可能有刺激。大鼠吸入LC$_{50}$ 123mg/m^3。90d大鼠和狗饲喂无作用剂量为100mg/kg饲料，仅观察到胆碱酯酶下降，没有其他病理学和组织上的影响。鸟类急性经口LD$_{50}$：野鸭61mg/kg，鸡5.6mg/kg。鱼毒LC$_{50}$（96h，mg/L）：虹鳟鱼13.8，大翻车鱼2.1，金鱼13.6。直接作用在蜜蜂身上无伤害。

制剂 EC，GL，GR。

应用 具有触杀作用但无内吸和熏蒸作用的有机磷酸酯类杀线虫剂。属于胆碱酯酶抑制剂。半衰期14～28d。对花生、菠萝、香蕉、烟草及观赏植物线虫及地下害虫有效。在土壤内或水层下可在较长时间内保持药效，不易流失分解，迅速高效，残效期长，是一种优良的土壤杀虫剂。本品易经皮肤进入人体，因此施药时应注意安全防护。有些作物对灭线磷敏感，播种时不能与种子直接接触，否则易发生药害。在穴内或沟内施药后要覆盖一薄层有机肥料或土，然后再播种覆土。此药对鱼类、鸟类有毒，应避免药剂污染河流和水塘及其他非目标区域。不得用于蔬菜、果树、茶叶、中草药材上。

主要生产商 Bayer CropScience，DooYang，江苏丰山。

参考文献

[1] US 3112244.
[2] US 3268393.

萘（naphthalene）

$C_{10}H_8$，128.2，91-20-3

化学名称 萘；naphthalene

CAS名称 naphthalene

理化性质 无色片状晶体，熔点 80℃，蒸气压 6500mPa（20℃），Henry 常数 27.8Pa·m³/mol（计算值），相对密度 1.517（15℃）。水中溶解度 30mg/L（室温）；苯、甲苯 285，四氯化碳、氯仿 500，乙醇、甲醇 77（g/L）。易溶于 1,2-二氯乙烷、二乙醚。闪点 79℃（开杯），88℃（闭杯）。

毒性 大鼠急性经口 LD_{50} 2200mg/kg。大鼠无作用剂量 71mg/(kg·d)（EPA IRIS）。ADI（EPA）aRfD 0.4mg/kg，cRfD 0.1mg/kg [2008]。

应用 熏蒸杀虫剂。用于家庭熏蒸防治衣物跳蚤，也可用于土壤熏蒸剂防治土壤真菌，但是很快被土壤微生物降解。

参考文献

[1] Binnington D S, GiddesW F. Ind Eng Chem Anal Ed, 1934, 6: 461.
[2] Millar W L, Assoc J. Off Agric Chem, 1934, 17: 308.

氢氰酸（hydrogen cyanide）

$$H-C\equiv N$$

CHN，27.0，74-90-8

1886 年由 D. W. Coquillett 作为杀虫熏蒸剂使用。

其他名称 prussic acid

化学名称 氢氰酸，hydrogen cyanide

CAS 名称 hydrocyanic acid

理化性质 无色、有杏仁气味的易燃液体。熔点 -15℃，沸点 26.5℃，蒸气压 961kPa（25℃），Henry 常数 2.59Pa·m³/mol（计算值），相对密度 0.699（20℃）。弱酸，与碱作用生成盐，其水溶液沸腾时，部分水解而生成甲酸铵。在碱性条件下，与醛、酮化合生成氰醇，与丙酮作用生成丙酮氰醇。气态氢氰酸一般不产生聚合，但有水分凝聚时，会有聚合反应出现，空气（氧）并不促进聚合反应。液态氢氰酸或其水溶液，在碱性、高温、长时间放置、受光和放射线照射、放电以及电解条件下，都会引起聚合。聚合开始后，产生的热量又会引起聚合的连锁反应，从而加速聚合反应的进行，同时放出大量热能，引起猛烈的爆炸，爆炸极限 5.6%~40%（体积）。

毒性 剧毒。大鼠急性经口 LD_{50} 10~15mg/kg。迅速被皮肤吸收。对眼睛有刺激性。

制剂 GA，GE。

应用 氢氰酸是最早使用的熏蒸剂之一。可以用于防治各种仓储害虫的各种虫态（除螨类休眠体）。该药动物毒性强于活性植物的毒性，用于对苗木、种子在充分干燥的休眠体的熏蒸，是较好的一种熏蒸剂。一般的种子经氢氰酸处理不会影响其发芽率，用氢氰酸处理已休眠的苗木来防除蚧壳虫具有良好的效果，但熏蒸后必须用清水冲洗，以防药害。可作灭柑橘树害虫的特效农药。制造氰化物，用于仓库和船舶等消毒。

氰咪唑硫磷（imicyafos）

$C_{11}H_{21}N_4O_2PS$，304.4，140163-89-9

由日本 Agro Kanesho 公司报道的硫代磷酸酯的杀线虫剂。

其他名称　AKD-3088

化学名称　*O*-乙基 *S*-丙基(2*E*)-[2-(氰基亚氨基)-3-乙基-1-咪唑烷基]硫代磷酸酯；*O*-ethyl *S*-propyl (*E*)-[2-(cyanoimino)-3-ethylimidazolidin-1-yl]phosphonothioate

CAS 名称　[2-(cyanoimino)-3-ethyl-1-imidazolidinyl] *O*-ethyl *S*-propyl phosphonothioate

理化性质　纯品为澄清液体，熔点 $-53.3 \sim -50.5$℃。蒸气压 1.9×10^{-4} mPa（25℃）。相对密度 1.198（20℃）。水中溶解度 77.63g/L（pH 4.5, 20℃）；其他溶剂中溶解度（20℃）：正己烷 77.63g/L，1,2-二氯乙烷、甲醇、丙酮、间二甲苯、乙酸乙酯＞1000g/L。水溶液光解 DT_{50}（25℃）：179d（pH 4），178d（pH 7），8.0d（pH 9）。

毒性　急性经口 LD_{50}：雄、雌大鼠 81.3mg/kg，雄、雌小鼠 92.3mg/kg。雄、雌大鼠急性经皮 LD_{50}＞2000mg/kg。大鼠吸入 LC_{50}：雄 1.83mg/L，雌 2.16mg/L。

制剂　GR。

应用　本品由不对称有机磷与烟碱类杀虫剂的氰基亚咪唑烷组合而成，具有高触杀活性和土壤中快速扩散作用。主要用于蔬菜和马铃薯防治根结线虫、根腐线虫。

合成路线

主要生产商　Agro-Kanesho Co. Ltd.。

参考文献

[1]　The Pesticide Manual. 15th ed.
[2]　CN 1058407.
[3]　EP 464830.

噻鼠酮（difethialone）

$C_{31}H_{23}BrO_2S$, 539.5, 104653-34-1

由 J. C. Lechevin 报道，1989 年法国由 Lipha 引进。

其他名称　噻鼠灵，LM 2219，OMS 3053，Frap, generation, Hombre, Baraki, Rodilon

化学名称　3-[(1*RS*,3*RS*;1*RS*,3*SR*)-3-(4'-溴联苯-4-基)-1,2,3,4-四氢-1-萘基]-4-羟基-1-苯并硫杂环己烯-2-酮；3-[(1*RS*,3*RS*;1*RS*,3*SR*)-3-(4'-bromobiphenyl-4-yl)-1,2,3,4-tetrahydro-1-naphthalenyl]-4-hydroxy-1-benzothi-in-2-one

CAS 名称　3-[3-(4′-bromo[1,1′-biphenyl]-4-yl)-1,2,3,4-tetrahydro-1-naphthalenyl]-4-hydroxy-2H-1-benzothiopyran-2-one

理化性质　组成：外消旋率（1RS，3RS）至（1RS，3SR）范围 0～15 至 85～100。白色，略带浅黄色粉末。熔点 233～236℃。25℃时的蒸气压为 0.074mPa。$K_{ow} \lg P$ 5.17。Henry 常数 0.102Pa·m³/mol。相对密度为 1.3614（25℃）。水中溶解度（25℃）0.39mg/L；其他溶剂中溶解度（g/L）：乙醇 0.7、甲醇 0.47、环己烷 0.2、氯仿 40.8、DMF 332.7、丙酮 4.3。

毒性　急性经口 LD_{50}：大鼠 0.56mg/kg，小鼠 1.29mg/kg，狗 4mg/kg，猪 2～3mg/kg。急性经皮 LD_{50}：雄大鼠 7.9mg/kg，雌大鼠 5.3mg/kg。对兔皮肤无刺激，对兔眼睛有中等刺激。大鼠吸入 LC_{50}（4h）5～19.3μg/L。90d 饲喂试验发现除了抑制维生素 K 活性之外没有其他毒性。无致突变、致畸作用。ADI/RfD 0.1mg/kg。山齿鹑急性经口 LD_{50} 0.264mg/kg。山齿鹑急性经皮 LC_{50}（5d）为 0.56mg/kg，野鸭急性经皮 LC_{50}（30d）为 1.94mg/kg。鱼类 LC_{50}（96h）：虹鳟鱼 51μg/L，大翻车鱼 75μg/L。水蚤 EC_{50}（48h）为 4.4μg/L。

制剂　AB，BB。

应用　本品属抗凝血杀鼠剂，对灭鼠灵抗性或敏感鼠类有杀灭活性，限于专业人员使用。

合成路线　4-羟基-2H-1-苯并噻喃-2-酮与 3-(4′溴-4-联苯基)-1,2,3,4-四氢-1-萘醇，在含有硫酸的醋酸中，于 110℃反应 3h，缩合后即制得本产品。

分析方法　用 HPLC 或分光光度法进行产品分析。

主要生产商　Merck Santé。

参考文献

Pesticide Manual. 15th ed.

噻唑膦 (fosthiazate)

$C_9H_{18}NO_3PS_2$, 283.3, 98886-44-3

由 Ishihara Sangyo Kaisha，Ltd 研制，1992 年在日本推出。

其他名称 地威刚，线螨磷，IKI 1145，TO 1145，Cierto，Eclahra，Fugiduo，Nemathorin，Sinnema

化学名称 (RS)-S-仲丁基 O-乙基 2-氧代-1,3-噻唑烷-3-基硫代膦酸酯；(RS)-S-sec-butyl O-ethyl 2-oxo-1,3-thiazolidin-3-ylphosphonothioate；(RS)-3-[sec-butylthio(ethoxy)phosphinoyl]-1,3-thiazolidin-2-one

CAS 名称 O-ethyl S-(1-methylpropyl) (2-oxo-3-thiazolidinyl)phosphonothioate

理化性质 纯品为澄清无色液体（原药为浅金色液体）。沸点 198℃/0.067kPa，蒸气压 0.56mPa (25℃)，K_{ow} lg$P$ 1.68，Henry 常数 $1.76×10^{-5}$ Pa·m³/mol，相对密度（20℃）1.234。溶解度（20℃，g/L）：水中 9.85，正己烷 15.14。与二甲苯、N-甲基吡咯烷酮和异丙醇互溶。水中 DT_{50}：3d (pH 9, 25℃)。闪点 127.0℃。

毒性 大鼠急性经口 LD_{50} (mg/kg)：73（雄），57（雌）。大鼠急性经皮 LD_{50} (mg/kg)：2372（雄），853（雌）；对兔眼睛和皮肤无刺激性；对豚鼠皮肤有致敏性。大鼠急性吸入 LC_{50} (4h, mg/L)：0.832（雄），0.558（雌）。无作用剂量：狗（90d 和 1 年）0.5mg/(kg·d)，大鼠（2 年）0.42mg/(kg·d)（EU Rev. Rep.），大鼠（2 年）0.05mg/(kg·d)（EPA Fact Sheet）。禽类急性经口 LD_{50} (mg/kg)：野鸭 20，鹌鹑 10。鹌鹑饲喂 LC_{50} 139mg/kg。鱼毒 LC_{50} (96h, mg/L)：虹鳟鱼 114，大翻车鱼 171。水蚤 EC_{50} (48h) 0.282mg/L。藻类最低无抑制浓度（5d）>4.51mg/L。蜜蜂 LD_{50} (48h)：0.61μg/只（经口），0.256μg/只（接触）。蚯蚓 LC_{50} (14d) 209mg/kg 干土。

制剂 EC，SL。

应用 胆碱酯酶抑制剂，有机磷杀线虫剂。具有优异的杀线虫活性和显著的内吸杀虫活性，对传统的杀虫剂具有抗药性的各种害虫，也具有强的杀灭能力。主要用于防治线虫、蚜虫等。可广泛应用于蔬菜、香蕉、果树、药材等作物。毒性较低，对根结线虫、根腐线虫有特效。

合成路线

分析方法 采用气相色谱法或高效液相色谱法。

主要生产商 Ishihara Sangyo，河北三农。

参考文献

EP 0146748。

三氯硝基乙烷 (TCNE)

$$C_2H_2O_2Cl_3N, \ 142.9$$

本品由日本农药公司开发。
其他名称 TCNE, BA1136
化学名称 1,1,1-三氯-2-硝基乙烷；1,1,1-trichloro-2-nitroethane
理化性质 原药为淡黄色透明液体，纯品含量50％以上。沸点50℃/1999.83Pa，相对密对（与空气比）6.0。蒸气压466.63Pa/20℃，扩散常数为0.066。
毒性 鼹鼠急性经口 LD_{50} 98mg/kg。
制剂 Ground 系混合混油。
应用 杀线虫剂，本品对镰刀霉属真菌特效。
参考文献
US 2710304.

三氯乙腈 (trichloroacetonitrile)

$$CCl_3-C\equiv N$$
$$C_2Cl_3N, \ 144.4, \ 545-06-2$$

其他名称 Tritox
化学名称 三氯乙腈；trichloroacetonitrile
CAS 名称 trichloroacetonitrile
理化性质 本品为无色至黄色液体，熔点约-42℃，沸点约85℃。不着火，遇碱水解，湿度高时对铁有腐蚀性。
毒性 对温血动物有毒，有催泪作用。
应用 熏蒸剂。

杀鼠灵 (warfarin)

$$C_{19}H_{16}O_4, \ 308.4, \ 81-81-2(没有立体化学), \ 5543-58-8[(R)-(+)-异构体]$$

由 K.P.Link 等报道了本品抗凝剂的性质。
其他名称 WARF42
化学名称 4-羟基-3-[(1RS)-3-氧代-1-苯基丁基]香豆素；3-(α-丙酮基苄基)4-羟基香豆素；4-hydroxy-3-[(1RS)-3-oxo-1-phenylbutyl]coumarin；3-(α-acetonylbenzyl)-4-hydroxycoumarin

CAS 名称 4-hydroxy-3-(3-oxo-1-phenylbutyl)-2H-1-benzopyran-2-one

理化性质 外消旋形式为无色结晶,熔点 159～161℃,几乎不溶于水,易溶于丙酮。二噁烷,中度溶于醇类。本品为酸性的,钠盐溶于水但不溶于有机溶剂。

毒性 用 3mg/kg 灭鼠灵在 5d 之内能杀死猫,1mg/kg 在 5d 内杀死猪,与哺乳动物相比,家禽具有较大的抗性。

制剂 TP,CB。

应用 本品为一种抗凝血性杀鼠剂,大鼠对此无忌饵性。5d 内杀死大鼠的剂量为 1mg/kg,以 50mg(a.i.)/kg 饵料可防治褐鼠,250mg/kg 可防治玄鼠和小鼠。持效期可达 14d。(S)-(−)-异构体的杀鼠活性更大,是 (R)-(+)-异构体的 7 倍。灭鼠灵的抗凝血性质(Coumadin 或钠盐 Marevan)用在医学方面,可降低手术后血栓形成的危险。

主要生产商 Dr Tezza,Laboratorios Agrochem。

参考文献
US 2427578.

杀鼠醚（coumatetralyl）

$C_{19}H_{16}O_3$, 292.3, 5836-29-3

由 G.hermann 和 S.hombrecher 报道了该杀鼠剂,由 BayerAG 开发。

其他名称 立克命,毒鼠萘,追踪粉,杀鼠萘

化学名称 3-(1,2,3,4-四氢-1-萘基)-4-羟基香豆素;4-hydroxy-3-(1,2,3,4-tetrahydro-1-naphthyl)coumarin

CAS 名称 4-hydroxy-3-(1,2,3,4-tetrahydro-1-naphthalenyl)-2H-1-benzopyran-2-one

理化性质 纯品为无色或淡黄色晶体。熔点 172～176℃（原药 166～172℃）。蒸气压 8.5×10^{-6} mPa(20℃)。K_{ow} lg$P$ 3.46。Henry 常数 1×10^{-7} Pa·m³/mol(pH 5,20℃)。溶解度(20℃):水中 pH 4.2 为 4mg/L,pH 5 为 20mg/L,pH 7 为 425mg/L,pH 9 为 100～200g/L;可溶于 DMF,易溶于乙醇、丙酮;微溶于苯、甲苯、乙醚;氯仿中溶解度为 50～100g/L,异丙醇中溶解度为 20～50g/L。碱性条件下形成盐;在≤150℃下稳定;在水中 5d 不水解(25℃);DT_{50}＞1 年(pH 4～9);水溶液暴露在日光或紫外线下迅速分解;DT_{50} 为 1h。pK_a 4.5～5.0。

毒性 急性经口 LD_{50}(mg/kg):大鼠 16.5,小鼠＞1000,兔＞500。大鼠亚慢性经口 LD_{50}(5d)为 0.3mg/(kg·d)。大鼠急性经皮 LD_{50} 100～500mg/kg。急性吸入 LC_{50}(4h,mg/m³):大鼠 39,小鼠 54。在指导剂量下使用对人畜危险轻微,但对幼猪敏感。日本鹌鹑急性经口 LC_{50}＞2000mg/kg。母鸡急性吸入 LC_{50}(8d)＞50mg/(kg·d)。鱼类 LC_{50}(96h,mg/L):孔雀鱼约 1000,虹鳟鱼 48,圆腹雅罗鱼 67。水蚤 LC_{50}(48h)＞14mg/L。水藻 E_rC_{50}＞18mg/L,E_bC_{50}(72h)15.2mg/L。

制剂 BB,RB,LD,OF。

应用 杀鼠醚的有效成分能破坏凝血机能,损害微血管引起内出血。慢性、广谱、高效,适口性好,一般无二次中毒现象。鼠类服药后出现皮下、内脏出血、毛疏松、肤色苍

白、动作迟钝、衰弱无力等症，3～6d 后衰竭而死，中毒症状与其他抗凝血药剂相似。据报道，杀鼠醚可以有效地杀灭对杀鼠灵产生抗性的鼠。这一点又不同于同类杀鼠剂而类似于第 2 代抗凝血性杀鼠剂，如大隆、溴敌隆等。需要多次喂食来达到致死作用。

合成路线

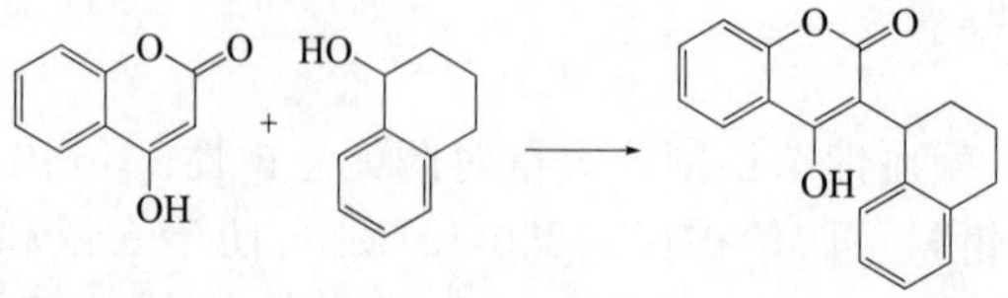

分析方法　产品分析用 RPLC，在土壤和水中的残留物用 HPLC 测定。

主要生产商　Bayer CropScience，Dr Tezza。

参考文献

[1]　DE 1079382.

[2]　US 2952689.

杀鼠酮（valone）

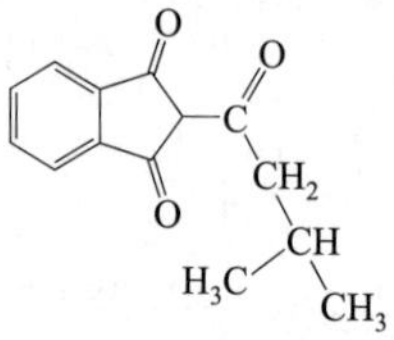

$C_{14}H_{14}O_3$，230.3，83-28-3

由 Kilgore Chemical Co. 开发。

其他名称　PMP，valone

化学名称　2-(3-甲基丁酰基)-1H-茚-1,3(2H)-二酮；2-异戊酰基茚满-1,3-二酮；2-(3-methylbutanoyl)-1H-indene-1,3(2H)-dione；2-isovalerylindan-1,3-dione

CAS 名称　2-(3-methyl-1-oxobutyl)-1H-indene-1,3(2H)-dione

理化性质　黄色晶状固体。熔点 67～68℃。

毒性　大鼠静脉注射 LD_{50} 50mg/kg，经口 LD_{50} 280mg/kg。

应用　一种抗血凝性杀鼠剂。有使血液凝固功能衰退的作用。

参考文献

US 2228170.

杀线噻唑（benclothiaz）

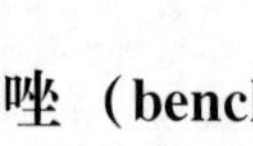

C_7H_4ClNS，169.6，89583-90-4

由 Novartis AG 开发。

其他名称　CGA 235 860

化学名称　7-氯-1,2-苯并异噻唑；7-chloro-1,2-benzisothiazole

CAS 名称　7-chloro-1,2-benzisothiazole

应用　杀线虫剂。

合成路线

<chemical reaction: 2,3-dichlorobenzaldehyde + S, NH₃, CH₃NH₂ → 7-chloro-1,2-benzisothiazole>

参考文献

[1]　EP 454621.
[2]　JP 2002053563.

杀线酯（REE-200）

$$NCSCH_2COOC_2H_5$$
$$C_5H_7NO_2S,\ 145.2$$

其他名称　Sassen，REE-200

化学名称　硫氰基乙酸乙酯；ethyl thiocyanoacetate

理化性质　原药为无色或浅黄色液体，沸点 225℃ 及 110～115℃/666.61Pa，相对密度 1.174，溶于水，易溶于有机溶剂。

毒性　鼷鼠急性经口 LD_{50} 52mg/kg。

应用　本品对植物寄生线虫有触杀作用。水稻种用 20% 乳油 500 倍液浸 12～24h、1000 倍液浸 24h 以上，取出水洗可防治水稻干尖线虫。本品也可防治谷实线虫、菊叶枯线虫。

鼠得克（difenacoum）

$$C_{31}H_{24}O_3,\ 444.5,\ 56073\text{-}07\text{-}5$$

1975 年由 M. hadler 报道。由 Sorex（London）Ltd（Sorex International）开发，后来由 ICI Agrochemicals（现 Syngenta AG，2003 年转让给 Sorex）开发。1976 首次进入市场。

其他名称　联苯杀鼠萘，敌拿鼠，鼠得克，PP 580，WBA 8107，Neosorexa，Ratak，Bonirat，Kemifen，Ratzenmice Baits，Sakaratd，Ratak，Sorexad，Sorexagel，Frunax Mäuseköder，Neokil，Ratak，RatrondCM，Sorkil。

化学名称　3-(3-联苯-4-基-1,2,3,4-四氢-1-萘基)4-羟基香豆素；3-(3-biphenyl-4-yl-1,2,3,4-tetrahydro-1-naphthyl)-4-hydroxycoumarin

CAS 名称　3-[3-(1,1'-biphenyl)-4-yl-1,2,3,4-tetrahydro-1-naphthalenyl]-4-hydroxy-2H-1-benzopyran-2-one

理化性质　纯品为无色无味晶体。熔点 215～217℃。蒸气压 0.16mPa（45℃）。$K_{ow} \lg P > 7$。密度 1.27（21.5℃）。水中溶解度（20℃）31×10^{-3} mg/L（pH 5.2），2.5mg/L（pH 7.3），

84mg/L（pH 9.3）；其他溶剂中溶解度（g/L，25℃）：微溶于乙醇，丙酮、氯仿>50，乙酸乙酯2，苯0.6。水溶液稳定性：DT_{50}稳定（pH 5），1000d（pH 7），80d（pH 9）。pK_a 4.5。

毒性　急性经口LD_{50}：雄大鼠1.8mg/kg，雌大鼠2.45mg/kg，雄小鼠0.8mg/kg，兔2.0mg/kg，雌豚鼠50mg/kg，猪>50mg/kg，猫>100mg/kg，狗>50mg/kg。对雄大鼠的亚急性经口LD_{50}（5d）为0.16mg/kg。急性经皮LD_{50}：雄大鼠27.4mg/kg，雌大鼠17.2mg/kg，兔1000mg/kg。对兔的眼睛、皮肤无刺激性，对豚鼠皮肤无刺激性。吸入LC_{50}雌雄大鼠≥0.0036mg/L。NOAEL值：兔0.005mg/kg。鸡急性经口LD_{50}>50mg/kg，虹鳟鱼LC_{50}（96h）0.10mg/L，水蚤LC_{50}（48h）0.52mg/L。

制剂　AB，BB，CB，RB。

应用　第2代慢性杀鼠剂，抑制抗凝血因子Ⅱ、Ⅶ、Ⅸ和Ⅹ合成中依赖维生素K的反应步骤。与其他抗凝血剂相同。鼠得克和溴鼠灵类似，除能杀灭抗性的屋顶鼠和小家鼠外，还能杀灭其他多种鼠类。

合成路线

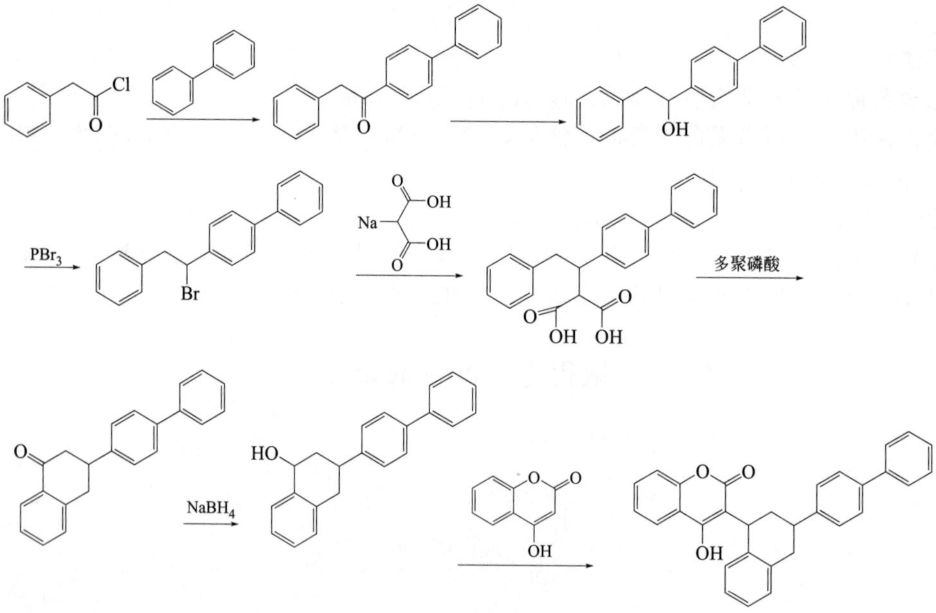

分析方法　产品分析用HPLC或红外光谱法，残留物用HPLC测定。

主要生产商　Sorex，Dr Tezza，Laboratorios Agrochem。

参考文献

GB 1458670.

鼠甘伏（gliftor）

$$Cl-CH_2-\underset{OH}{\overset{|}{CH}}-CH_2-F , F-CH_2-\underset{OH}{\overset{|}{CH}}-CH_2-F$$

C_3H_6ClFO，112.5；$C_3H_6F_2O$，96.1；8065-71-2

其他名称　伏鼠酸，甘氟

化学名称　1,3-二氟-2-丙醇（1）和1-氯-3-氟-2-丙醇（2）的混合物；mixture of (2RS)-1-chloro-3-fluoropropan-2-ol and 1,3-difluoropropan-2-ol

CAS 名称　1-chloro-3-fluoro-2-propanol mixture with 1,3-difluoro-2-propanol

理化性质　无色或微黄色油状体。化合物（1）的沸点为127～128℃（或58～60℃/5.33kPa）；化合物（2）的沸点为146～148℃；混合物的沸点为120～132℃。能与水、乙醇、乙醚等互溶。较易挥发，酸性溶液中稳定，碱性溶液中能分解。

毒性　急性经口＞330mg/kg（小鼠）。

应用　鼠甘伏在动物体内发生生物氧化后形成氟乙酸，最终破坏机体内主要的新陈代谢过程——三羧酸循环，影响神经系统和心血管系统。本品中毒有明显的几小时潜伏期。

鼠立死（crimidine）

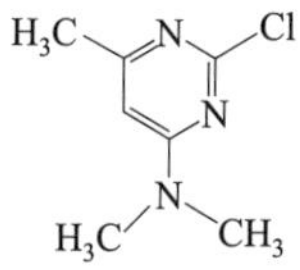

$C_7H_{10}ClN_3$，171.6，535-89-7

1940年由BayerAG开发。

其他名称　Castrix

化学名称　2-氯-N,N,6-三甲基嘧啶-4-胺；2-chloro-N,N,6-trimethylpyrimidin-4-amine

CAS 名称　2-chloro-N,N,6-trimethyl-4-pyrimidinamine

理化性质　本品为棕色蜡状物。纯品熔点为87℃。沸点为140～147℃/533.288Pa。不溶于水，可溶于丙酮、苯、氯仿、乙醚和稀酸中。

毒性　鼠立死对哺乳动物有强烈的毒性，口服后立即出现惊厥。对大鼠的急性经口LD_{50}为1.25mg/kg，对兔为5mg/kg。没有累积中毒，能迅速被代谢掉，中毒后的大鼠对捕食者（如猫、狗等）不能引起间接中毒。

应用　0.1%谷物饵剂杀大鼠和鼹鼠。置药处须加锁防家畜进入。

分析方法　产品分析采用HPLC方法。

参考文献

US 2219858.

鼠特灵（norbormide）

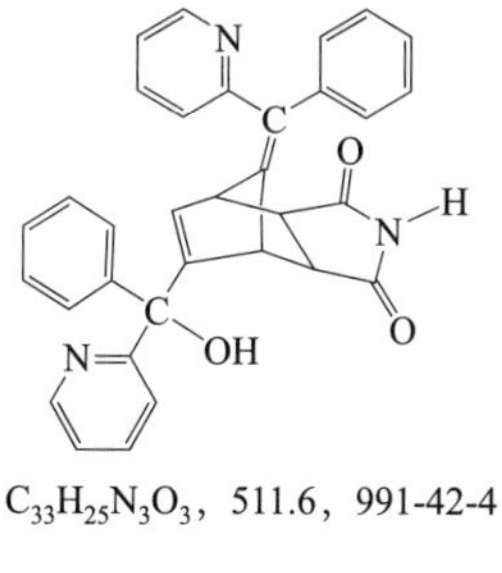

$C_{33}H_{25}N_3O_3$，511.6，991-42-4

由A. P. Roszkowski等报道，由McNeilLaboratoriesInc.开发。

其他名称　McN-1025，Raticate，Shoxin

化学名称　5-($α$-羟基-$α$-2-吡啶基苄基)-7-($α$-2-吡啶基亚苄基)-8,9,10-三降冰片-5-烯-2,3-二羟酰亚胺；5-($α$-hydroxy-$α$-2-pyridylbenzyl)-7-($α$-2-pyridylbenzylidene)-8,9,10-trinorborn-5-

ene-2,3-dicarboximide

CAS 名称　$3a,4,7,7a$-tetrahydro-5-(hydroxyphenyl-2-pyridinylmethyl)-8-(phenyl-2-pyridinylmethylene)-4,7-methano-1H-isoindole-1,3(2H)-dione

理化性质　异构体混合物，纯品无色至白色结晶粉末，熔点＞160℃。水中溶解度 60mg/L（室温），乙醇 14，氯仿＞150，乙醚 1，0.1mol/L 盐酸 29（mg/L，30℃）。干燥时在室温下稳定，沸水中稳定，遇碱水解。

毒性　黑家鼠急性经口 LD_{50} 52，褐家鼠、夏威夷鼠约 10，小鼠 2250，仓鼠 140，草原土拨鼠＞1000（mg/kg），单独口服剂量 1000mg/kg 对猫、狗、猴子无影响，或对其他 40 种动物也不是致命的。成人 15mg/(kg·d)，3d 无不良影响。

制剂　CB

应用　高毒杀鼠剂。

分析方法　产品分析采用紫外检测。

参考文献

[1]　GB 1059405.
[2]　The Pesticide Manual. 16th ed.

鼠完（pindone）

$C_{14}H_{14}O_3$，230.3，83-26-1

由 L. B. Kilgore 报道其活性，由 Kilgore Chemical Co 推出。

其他名称　Pival，Pivalyn

化学名称　2-(2,2-二甲基-1-氧代丙基)-1H-茚-1,3(2H)-二酮或 2-异戊酰-1,3-茚满二酮；2-(2,2-dimethyl-1-oxopropyl)-1H-indene-1,3(2H)-dione

CAS 名称　2-(2,2-dimethyl-1-oxopropyl)-1H-indene-1,3(2H)-dione

理化性质　黄色晶体，熔点为 108.5～110.5℃，蒸气压很低，水中溶解度（25℃）18mg/L，可溶于大多数有机溶剂，溶解在碱液或氨中得到亮黄色盐。很稳定。

毒性　大鼠急性经口 LD_{50} 280mg/kg，家兔 150～170mg/kg，狗 75～100mg/kg。家兔慢性经口 LD_{50} 0.52mg/(kg·d)，狗 2.5mg/(kg·d)，绵羊＞12mg/(kg·d)。大鼠的急性注射 LD_{50} 约为 50mg/kg，但在较小剂量 15～35mg/(kg·d) 下给药，毒性更大。日剂量为 2.5mg/kg 时会使狗致死。野鸭饲喂 LC_{50}（8d）250mg/kg，山齿鹑 1560mg/kg。大翻车鱼 LC_{50}（96h）1.6mg/L，虹鳟鱼 0.21mg/L。

制剂　AB，CB，CP，RB。

应用　抗凝血剂，通过阻止凝血素的形成来抑制血液凝结。防治挪威大鼠、屋顶鼠、小家鼠、欧洲野兔等。

合成路线

分析方法 产品分析采用比色法分析。

参考文献

US 2310949.

四硫代碳酸钠（sodium tetrathiocarbonate）

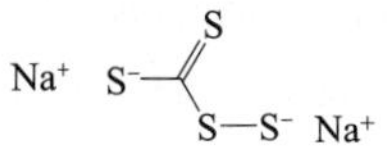

CNa_2S_4，186.2，7345-69-9

化学名称 四硫代过氧化碳酸钠；sodium tetrathiocarbonate

CAS 名称 disodium carbono（dithioperoxo）dithioate；disodium tetrathioperoxycarbonate；sodium thioperoxycarbonate

应用 杀菌剂、杀虫剂、杀线虫剂。

四氯化碳（carbon tetrachloride）

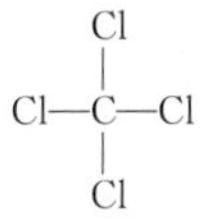

CCl_4，153.8，56-23-5

由 W. E. Britton 于 1908 年报道。

其他名称 tétrachlorure de carbone

化学名称 四氯化碳；tetrachloromethane；carbon tetrachloride

CAS 名称 tetrachloromethane

理化性质 无色液体。熔点－23℃。蒸气压 15kPa（25℃）。Henry 常数 8.24×10^3 Pa·m^3/mol（计算值）。相对密度：1.588（25℃），气态 5.32（空气为 1）。水中溶解度 280mg/kg（25℃）。易溶于大多数有机溶剂。通常条件下稳定，高温下被水分解。不易燃易爆。

应用 熏蒸杀虫剂。杀虫活性弱，在粮仓中长时间处理可杀灭害虫，被粮食吸收量小。常与其他强力熏蒸剂混用，以降低失火风险。

分析方法 产品分析采用 GLC 法。

参考文献

[1] Britton W E. Conn Agric Exp Stn Rep，1908，31.

[2] AOAC Methods. 14th ed. 6.159-6.164.

四氯噻吩（tetrachlorothiophene）

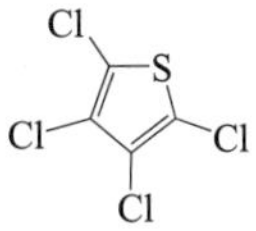

C_4Cl_4S，221.9，6012-97-1

由 Pennwalt Corp. 作为杀线虫剂开发？

其他名称　TCTP
化学名称　四氯噻吩；tetrachlorothiophene
CAS 名称　Tetrachlorothiophene
理化性质　本品为固体，熔点 29.5～29.7℃，沸点 91～94℃。难溶于水，溶于有机溶剂。
毒性　大鼠急性经口 LD_{50} 为 70mg/kg。
应用　本品为杀线虫剂及仓库熏蒸剂。防治烟草和蔬菜作物上的根瘤线虫、异皮线虫。此外还可防治仓库和卫生害虫如谷象、米象、杂拟谷盗等。

参考文献
[1]　US 2651579.
[2]　US 2690413.
[3]　US 2955142.

羰基硫（carbonyl sulfide）

$$O=C=S$$

COS，60.1，463-58-1

化学名称　氧硫化碳；thioxomethanone
CAS 名称　carbon oxide sulfide
应用　熏蒸杀虫剂。

威百亩（metam）

$$CH_3NHCS_2H$$

$C_2H_5NS_2$，107.2，144-54-7

1951 年及 1956 年由 H. L. Klopping 及 A. J. Overman 等报道了 metam-sodium 杀菌活性。由 Stauffer Chemical Co.（现 Syngenta AG）和 E. I. du Pont de Nemours & Co. 开发（不再生产或销售）。

其他名称　斯美地，N-869
化学名称　甲氨基二硫代甲酸；methyldithiocarbamic acid
CAS 名称　methylcarbamodithioic acid

威百亩钠

其他名称　SMDC
化学名称　甲氨基二硫代甲酸钠；sodium methyldithiocarbamate
CAS 登录号　137-42-8；6734-80-1 二水合物
分子式　$C_2H_4NNaS_2$；分子量　129.2

威百亩钾

化学名称　甲氨基二硫代甲酸钾；potassium methyldithiocarbamate
CAS 登录号　137-41-7
分子式　$C_2H_4KNS_2$；分子量　124.2

威百亩铵

CAS 登录号　39680-90-5

分子式 $C_2H_8N_2S_2$；**分子量** 145.3

理化性质 威百亩钠：纯品为无色晶体（二水合物）。分解，无熔点；不挥发。K_{ow} $\lg P < 1$（25℃）。相对密度 1.44（20℃）。水中溶解度 722g/L（20℃）；丙酮、乙醇、煤油、二甲苯中的溶解度＜5g/L；不溶于其他有机溶剂。在浓缩水溶液中稳定，但稀释后不稳定；酸和重金属盐能加速其分解。光照下溶液 DT_{50}（25℃）1.6h（pH 7）；水解 DT_{50}（25℃）：23.8h（pH 5）、180h（pH 7）、45.6h（pH 9）。

毒性 威百亩钠：大鼠急性经口 LD_{50} 896mg/kg，小鼠 285mg/kg。在土壤中形成的异硫氰酸甲酯对大鼠急性经口 LD_{50} 97mg/kg。兔急性经皮 LD_{50} 1300mg/kg。对眼睛有中度刺激；对皮肤有腐蚀性；对皮肤或器官有任何接触时应按照烧伤处理。大鼠吸入 LC_{50}（4h）＞2.5mg/L 空气（整个身体）。大鼠暴露 65d 试验（6h/d，5d/周），NOEL 值 0.045mg/L 空气。狗（90d）无作用剂量 1mg/kg；小鼠（2 年）1.6mg/kg。无生殖毒性；在动物试验中没有表现出致癌作用。山齿鹑急性经口 LD_{50} 500mg/kg。野鸭和日本鹌鹑饲喂 LC_{50}（5d）＞5000mg/kg 饲料。鱼类 0.1～100mg/L，取决于物种与试验条件。LC_{50}（96h）：孔雀鱼 4.2mg/L，大翻车鱼 0.39mg/L，虹鳟鱼 35.2mg/L。水蚤 EC_{50}（48h）2.3mg/L。直接使用对蜜蜂无毒性。

制剂 SL（威百亩钠）。

应用 威百亩钾：一种土壤熏蒸剂，其熏蒸作用是通过分解成异硫氰酸甲酯（q.v.）而产生的。威百亩钾的活性与威百亩钠类似，主要用于马铃薯等需要钾离子的作物，或用于对钠离子敏感的作物，如莴苣、洋葱、花椰菜等。

威百亩钠：一种土壤熏蒸剂，其熏蒸作用是通过分解成异硫氰酸甲酯而产生的。威百亩钠是一种土壤杀菌剂，能够杀灭土壤中的真菌、线虫、杂草种子和地下害虫，主要用于可食用作物。

合成路线

$$CH_3NH_2 + CS_2 \xrightarrow{NaOH} CH_3NHCS_2H$$

分析方法 产品用傅立叶变换红外光谱或通过水解形成二硫化碳，用碘滴定的方法分析。

主要生产商 威百亩钾：Amvac，Lainco，Taminco，Tessenderlo Kerley。威百亩钠：Amvac，Aragro，Buckman，Cerexagri，Lainco，Lucava，Taminco，Tessenderlo Kerley，沈阳丰收，盐城利民。

参考文献

[1] US 2766554.
[2] US 2791605.
[3] GB 789690.

蜗螺杀（trifenmorph）

$C_{23}H_{23}NO$，329.4，1420-06-0

该杀螺剂由 C. B. C. Boyce 等报道，由 Shell Research Ltd 开发。

其他名称 杀螺吗啉，WL8008，Frescon

化学名称 4-三苯甲基吗啉；4-(triphenylmethyl) morpholine

CAS 名称 4-(triphenylmethyl) morpholine

理化性质 本品为无色结晶固体，熔点 176~178℃，在 185~187℃再熔化、重新固化，在 20℃时蒸气压为 1.87×10^{-5} Pa。工业品纯度为 90%~95%，在 150~170℃熔化，在 170~185℃再熔化。在 20℃水中的溶解度为 0.02mg/L，四氯化碳中为 30%（质量浓度），氯仿中为 45%（质量浓度），四氯乙烯中为 20.5%（质量浓度）。对热和碱稳定，但遇弱酸水解成吗啉和三苯基甲醇。无腐蚀性。在紫外线照射下能引起轻微地分解。

毒性 急性口服 LD_{50} 值：对大鼠为 446~2200mg/kg，小鼠为 700~4800mg/kg；对大鼠的急性经皮 LD_{50} 值大于 1000mg/kg；经 90d 饲喂试验结果表明，对大鼠的"无作用"剂量为 100mg/kg；巴鱼属和罗非鱼属暴露在 0.025mg/L 蜗螺杀中，能活 10d；在 0.2mg/L 时，对水生的微生植物群和动物群无影响。

制剂 WT。

应用 蜗螺杀为杀软体动物剂，可有效地防治水生的和半水生的蜗牛。采用滴喂技术，用于灌溉和其他流动水系中。

参考文献

Nature (Lond.), 1966, 210: 1140.

蜗牛敌 (metaldehyde)

$C_8H_{16}O_4$, 176.2, 108-62-3

1936 年由 G. W. Thomas 报道。

其他名称 密达，多聚乙醛，蜗牛散，四聚乙醛；Cekumeta，Deadline，Hardy，Metason

化学名称 2,4,6,8-四甲基-1,3,5,7-四氧杂环辛烷；2,4,6,8-tetramethyl-1,3,5,7-tetraoxacyclo-octane

CAS 名称 2,4,6,8-tetramethyl-1,3,5,7-tetraoxacyclooctane

理化性质 纯品为结晶粉末。熔点 246℃，沸点 112~115℃（升华，部分解聚）。蒸气压 6.6×10^3 mPa (25℃)。K_{ow} lg$P$ 0.12。Henry 常数 3.5Pa·m³/mol（计算值）。相对密度 1.27 (20℃)。溶解度 (mg/L, 20℃)：水中 222；甲苯 530，甲醇 1730。高于 112℃升华，部分解聚。闪点 50~55℃（闭杯）。

毒性 大鼠急性经口 LD_{50} 283mg/kg，小鼠 425mg/kg。大鼠急性经皮 LD_{50}>5000mg/kg。对大鼠、豚鼠皮肤无刺激。大鼠吸入 LC_{50} (4h)>15mg/L 空气。NOEL 值：狗 (EPA RED) 10mg/kg。无致突变、致畸性。鹌鹑急性经口 LD_{50} 170mg/kg。鹌鹑饲喂 LC_{50} (8d) 3460mg/kg。虹鳟鱼 LC_{50} (96h) 75mg/L。水蚤 EC_{50} (48h)>90mg/L。藻类 EC_{50} (96h) 73.5mg/L。蜜蜂 LD_{50}：（经口）>87μg/只，（接触）>113μg/只。蚯蚓 LC_{50}>1000mg/kg。

制剂 GB，RB，PT。

应用 具有触杀和胃毒活性的杀软体动物剂。四聚乙醛能够使目标害虫分泌大量的黏液，不可逆转的破坏它们的黏液细胞，进而因脱水而死亡。对福寿螺有一定的引诱作用，植物体不吸收该药，因此不会在植物体内积累。对水稻福寿螺、蔬菜、棉花和烟草上的蜗牛、蛞蝓等软体动物有效。用药后蛞蝓便不能行动，在相对湿度低的情况下死亡。乙醛或仲醛（环状三聚物）都不具有这种生物活性。对人畜中等毒。主要用于防治稻田福寿螺和蛞蝓。在贮存期间如保管不好，容易解聚。忌用有焊锡的铁器包装。如遇低温（1.5℃以下）或高温（35℃以上）因蜗牛活动力弱，影响防治效果。施药后不要在地内践踏，若遇大雨，药粒被雨水冲入水中，也会影响药效，需补施。

合成路线

$$4CH_3CHO \xrightarrow{H^+} \text{(环状三聚物)} + 1066.8 kJ/kg$$

分析方法　用三氯甲烷提取均质化材料后，使用 GC-MS 分析（用间二甲苯为内标）。

主要生产商　Fertiagro，Laboratorios Agrochem，Lonza，江苏激素研究所，上海生农，浙江华兴，浙江菱化。

参考文献

The Pesticide Manual. 15th ed.

线虫磷（fensulfothion）

$C_{11}H_{17}O_4PS_2$，279.3，115-90-2

1967 年 B. Homeyer 报道其杀线虫活性。由 Bayer AG 开发。

其他名称　丰索磷，BAY-25141，ENT-24945，S-767，DMSP

化学名称　O,O-二乙基 O-4-甲基亚硫酰基苯基硫逐磷酸酯；O,O-diethyl O-4-methyl-sulfinylphenyl phosphorothioate

理化性质　纯品为黄色油状液体，沸点 138~141℃/1.33Pa。相对密度 1.202。水中溶解度 1.54g/L，与二氯甲烷、丙-2-醇和大多数有机溶剂互溶。易被氧化成砜并迅速转化成 O,S-二乙基异构体。

毒性　雄大鼠急性经口 LD_{50} 4.7~10.5mg/kg。急性经皮 LD_{50}（二甲苯）：雄大鼠 30mg/kg，雌大鼠 3.5mg/kg。大鼠 NOEL（16 个月）1mg/kg 饲料。鱼类 LC_{50}（96h）：虹鳟鱼 8.8mg/L。ADI 值 0.0003mg/kg。

制剂　LD，WP，WG。

应用　主要用于香蕉、可可、禾谷类、咖啡、棉花、柑橘、马铃薯、草莓、烟草、番茄和草皮等防治游离线虫、孢囊线虫和根瘤线虫等。通常为土壤处理。

合成路线

$(C_2H_5O)_2\overset{S}{P}-Cl + HO-\!\!\bigcirc\!\!-SCH_3 \longrightarrow (C_2H_5O)_2\overset{S}{P}-O-\!\!\bigcirc\!\!-SCH_3 \longrightarrow H_3C\overset{O}{S}-\!\!\bigcirc\!\!-O\overset{S}{P}(OCH_2CH_3)_2$

分析方法　HPLC-UV 法。

主要生产商　Bayer。

参考文献

[1] DE 1101406.
[2] US 3042703.

溴敌隆（bromadiolone）

$C_{30}H_{23}BrO_4$，527.4，28772-56-7

由 M. Grand 报道，Lipha S. A. 开发。

其他名称　乐万通，LM 637，Maki，Super Caid，Musal

化学名称　3-[3-(4′-溴联苯-4-基)-3-羟基-1-苯丙基]-4-羟基香豆素；3-[3-(4′-bromobiphenyl-4-yl)3-hydroxy-1-phenylpropyl]-4-hydroxylcoumarin

CAS 名称　3-[3-(4′-bromo[1,1′-biphenyl]-4-yl)-3-hydroxy-1-phenylpropyl]-4-hydroxy-2H-1-benzopyran-2-one

理化性质　黄色粉末。熔点 196~210℃（96%）；（172~203±0.5）℃（98.8%，DSC）（2 种非对映异构体的混合物）。蒸气压（20℃）0.002mPa。K_{ow} lg$P$：＞5.00（pH 5），3.80（pH 7），2.47（pH 9）[均（25.0±1.0）℃]。相对密度 1.45 [（20.5±0.5)℃]。水中溶解度 [（20±0.5)℃，g/L]：＞1.14×10^{-4}（pH 5），2.48×10^{-3}（pH 7），0.180（pH 9）；其他溶剂中溶解度（g/L）：DMF 730，乙酸乙酯 25，乙醇 8.2；易溶于丙酮，微溶于氯仿，几乎不能溶于乙醚和环己烷。在 150℃以下稳定。闪点 218℃。

毒性　急性经口 LD$_{50}$（mg/kg）：大鼠 1.31，小鼠 1.75，兔 1.00，狗＞10.0，猫＞25.0。急性经皮 LD$_{50}$（mg/kg）：兔 1.71，大鼠 23.31。大鼠急性吸入 LC$_{50}$＜0.02mg/L。NOAEL（经口）：兔（90d）0.5μg/(kg·d)；NOAEL（生殖与发育）大鼠（2 年）5μg/(kg·d)。非致突变，非致染色体断裂，未发现致畸。鸟类急性经口 LD$_{50}$：日本鹌鹑 134mg/kg。鱼类 LC$_{50}$（96h）：虹鳟鱼 2.89mg/L；NOEC（96h）1.78mg/L。蚤类 EC$_{50}$（48h）5.79mg/L；NOEC（48h）1.25mg/L。在指导剂量下对蜜蜂无毒。蚯蚓 LC$_{50}$＞1054mg/kg 干土。

制剂　TC，TKL，TK，TKP，EB，RG，RB。

应用　第 2 代慢性杀鼠剂。可防治褐家鼠和黑家鼠。作用于肝脏，对抗维生素 K$_1$，阻碍凝血酶原的产生，阻止凝血素的形成，降低血液凝固能力，破坏正常的凝血功能，损害毛细血管，使管壁渗透性增强。中毒鼠死于大出血。对鼠类的适口性好。在害鼠对第 1 代抗凝血杀鼠剂未产生抗性之前不宜大面积推广，一旦发生抗性使用该药效果更好。

合成路线

分析方法　产品分析采用 HPLC。

主要生产商　张家口金赛制药，普朗克生化，商丘大卫化工，泗阳县鼠药厂，沈阳爱威，陕西秦乐药业，上海高伦，上海威敌生化（南昌），圣丰科技（河南），天津市天庆化工。

参考文献

[1]　The Pesticide Manual. 15th ed.
[2]　国外农药品种手册，新版合订本：429.
[3]　农药商品大全. 北京：中国商业出版社：368.

溴甲烷（methyl bromide）

CH_3Br，94.9，74-83-9

由 Dow Chemical Co. 开发的具有熏蒸作用的杀虫剂、杀线虫剂。

其他名称　甲基溴，溴代甲烷，Metabrom

化学名称　溴甲烷；bromomethane

CAS 名称　bromomethane

理化性质　室温下，纯品为无色、无味气体，在高浓度下具有氯仿气味。熔点 -93℃，沸点 3.6℃。蒸气压 190kPa（20℃）。$K_{ow}\lg P$ 1.91（25℃），相对密度 1.732（0℃）。水中溶解度 17.5g/L（20℃）；与冰水形成水合物，可溶于大多数有机溶剂，如低级醇、醚、酯、酮、芳香族碳氢化合物、卤代烷、二硫化碳等大多数有机溶剂。在水中水解缓慢，在碱性介质中则水解很快。不易燃。

毒性　液体能烧伤眼睛和皮肤。大鼠吸入 LC_{50}（4h）3.03mg/L 空气。对人类高毒，临界值为 0.019mg/L 空气。在许多国家都要求接受过培训过的人员方可使用。ADI（JMPR）1.0mg/kg（bromide ion）［1966］，ADI（bromide ion）1.0mg/kg［1988］；（EPA）最低 aRfD 0.014，cRfD 0.02mg/kg［2005］。山齿鹑急性经口 LD_{50} 73mg/kg。鱼 LC_{50}（96h）3.9mg/L。水蚤 EC_{50}（48h）2.6mg/L。对蜜蜂无伤害。

制剂　GA。

应用　溴甲烷进入生物体后，一部分由呼吸排出，一部分在体内积累引起中毒，直接作用于中枢神经系统和肺、肾、肝及心血管系统引起中毒。具有强烈的熏蒸作用，能杀死各种害虫的卵、幼虫、蛹和成虫，具有一定的杀螨作用。沸点低，汽化快，在冬季低温条件下也能熏蒸，渗透力很强。防治线虫，包括根结线虫、游离线虫和胞囊线虫。防除一年生和多年生杂草，土壤真菌，细菌病害，包括枯萎病、黄萎病、猝倒病、根腐病、疫病等。溴甲烷是在定植之前，密闭状态下使用的。用于场所熏蒸和仓库、面粉厂（碾米厂）的谷物和谷物加工品的熏蒸。也可用于土壤熏蒸，防治（除）真菌、线虫和杂草。

合成路线

$$CH_3OH + NaBr \xrightarrow{H_2SO_4} CH_3Br \quad \text{或} \quad CH_3OH + Br_2 \longrightarrow CH_3Br$$

分析方法 通过卤灯检测，通过检测挥发性卤的一种非特异性检测。混合物采用红外光谱分析。导热度量仪被用于空气中检测，还可采用 GLC 分析。

主要生产商 Albemarle，Chemtura，Nippoh，连云港死海溴化物有限公司，昌邑化工厂，临海建新。

参考文献

[1] Heseltine K. Pest Tech, 1959, 1: 253.

[2] Heseltine K, et al. London: Chem Ind, 1958: 1287.

溴氯丙烯（chlorobromopropene）

$$Br-CH_2-CH=CH-Cl$$

C_3H_4BrCl, 155.5, 3737-00-6

由 Shell Development Co. 开发，现已不再生产和销售。

其他名称 CBP-55

化学名称 3-溴-1-氯丙-1-烯；3-bromo-1-chloroprop-1-ene

CAS 名称 3-bromo-1-chloro-1-propene

理化性质 原药含 3-溴-1-氯丙-1-烯 55%，另有卤代三碳烃。沸点范围为 130～180℃，相对密度 1.36～1.40。

毒性 对哺乳动物的毒性大于滴滴混剂（D-D），4h 致死浓度为 260mg/kg。

制剂 EC。

应用 作为土壤熏蒸剂杀真菌、线虫和杂草种子。

参考文献

US 2695859.

溴氯乙烷（chlorobromoethane）

$$Cl\diagdown Br$$

C_2H_4BrCl, 143.4, 107-04-0

1951 年开始用作土壤熏蒸杀虫剂。

其他名称 ethylenechlorobromide，sym-chlorobromoethane

化学名称 1-溴-2-氯乙烷；1-bromo-2-chloroethane

CAS 名称 1-bromo-2-chloroethane

理化性质 原药为无色液体。熔点 -16.6℃，沸点 107～108℃，相对密度（19℃）1.689，蒸气压 5.33kPa/29.7℃。水中溶解度（30℃）为 6.88g/L。可与乙醇及乙醚混溶。

毒性 对温血动物毒性高，刺激黏膜，对植物有药害。

应用 土壤熏蒸杀虫剂，可防治橘小实蝇等，在处理后 8d 内不能种植。

合成路线 乙烯与氯及溴反应即制得溴氯乙烷。

参考文献

J Econ Entomol, 1951, 44: 711.

溴鼠胺 (bromethalin)

$C_{14}H_7Br_3F_3N_3O_4$, 577.9, 63333-35-7

由 B. A. Dreikorn 等于 1979 年报道,先是 Eli lilly & Co.(现属 Dow AgroSciences)后来又由其他公司将其商品化。

其他名称　溴甲灵,鼠灭杀灵,EL-614,OMS 3020,Assault,Cy-Kill,Fastrac,Gunslinger,Rampage,Ratximus,Talpirid,Trounce

化学名称　N-甲基-N-(2,4,6-三溴苯基)-2,4-二硝基-6-(三氟甲基)苯胺;α,α,α-trifluoro-N-methyl-4,6-dinitro-N-(2,4,6-tribromophenyl)-o-toluidine

CAS 名称　N-methyl-2,4-dinitro-N-(2,4,6-tribromophenyl)-6-(trifluoromethyl) benzenamine

理化性质　本品为淡黄色晶体,熔点为 150~151℃。蒸气压为 0.013mPa(25℃)。水中溶解度< 0.01mg/L;其他溶剂中溶解度(g/L):二氯甲烷 300~400,氯仿 200~300,甲醇 2.3~3.4,重芳烃石脑油 1.2~1.3。稳定性:正常条件下具有良好的贮存稳定性;在紫外线下分解。

毒性　急性经口 LD_{50}:鼠和猫 2mg/kg(工业品,1,2-丙二醇中),小鼠和狗 5mg/kg。雄兔急性经皮 LD_{50} 1000mg/kg。大鼠吸入 LC_{50}(1h)0.024mg/L 空气。NOEL 值(90d):狗和大鼠 0.025mg/(kg·d)。

制剂　RB。

应用　用于防治室内和室外的大鼠、小鼠、褐家鼠等,对耐抗凝血杀鼠剂的啮齿类鼠有效。不会引起怯饵。溴鼠胺是一种对共栖鼠类可 1 次剂量使用的高效杀鼠剂。当鼠摄食了致死剂量的溴鼠胺后不会对其他食肉动物引起二次中毒的危险。因为溴鼠胺不同于抗凝血灭鼠剂,中毒的鼠不会再摄食毒饵。溴鼠胺中毒可分为急性和慢性两类。急性中毒一般在 18h 内出现,主要为震颤,1~2 次阵发性痉挛的症状,然后出现衰竭而死亡。这些症状出现于用工业溴鼠胺的可溶性制剂喂食,其剂量为 LD_{50} 值的 2 倍或 2 倍以上的量,或取食了大量的毒饵。慢性中毒表现为嗜睡、后腿乏力、肌肉麻痹失去弹性,症状常发生于 1 次摄入 LD_{50} 的量或多次摄入较小剂量以及喂食致死剂量的毒饵。亚致死剂量喂饲试验表明,一旦停止摄食,受试动物即可恢复正常。

合成路线

分析方法　产品可用 GLC 进行分析。

主要生产商　Bell Laboratories Inc.。

参考文献

The Pesticide Manual. 15th ed. 127-128.

溴鼠灵（brodifacoum）

$C_{31}H_{23}BrO_3$，523.4，56073-10-0

溴鼠灵由 R. Redfern 等报道，由 Sorex（London）Ltd 和 ICI Agrochemica1S 开发和发展，1978 年商品化。

其他名称　溴鼠隆，溴联苯鼠隆，大隆，WBA 8119，PP581，Talon，Brobait，Erasor，Klerat，Nofar，Broditop

化学名称　3-[3-(4′-溴联苯-4-基)-1,2,3,4-四氢-1-萘基]-4-羟基香豆素；3-[3-(4′-bromobiphenyl-4-yl)-1,2,3,4-tetrahydro-l-naphthyl]-4-hydroxycoumarin

CAS 名称　3-[3-(4'-bromo[1,1'-biphenyl]-4-yl)-1,2,3,4-tetrahydro-1-naphthalenyl]-4-hydroxy-2H-1-benzopyran-2-one

理化性质　纯品为白色粉末，原药为不标准的白色至浅黄褐色粉末。熔点 228～232℃。蒸气压≪0.001mPa（20℃）。K_{ow} lg$P$ 8.5。Henry 常数（Pa·m³/mol）：<1×10⁻¹（pH 5.2），<1×10⁻³（pH 7.4），<1×10⁻⁵（pH 9.3）。相对密度 1.42（25℃）。20℃水中溶解度（mg/L）：3.8×10⁻³（pH 5.2），0.24（pH 7.4），10（pH 9.3）。有机溶剂中溶解度（g/L）：丙酮 23，二氯甲烷 50，甲苯 7.2。弱酸性，不易形成水溶性盐类。原药在 50℃下稳定，在直接日光下 30d 无损耗，溶液在紫外线照射下可降解。

毒性　急性经口 LD_{50}（mg/kg）：雄大鼠 0.4，雄兔 0.2，雄小鼠 0.4，雌豚鼠 2.8，猫 25，狗 0.25～3.6。急性经皮 LD_{50}（mg/kg）：雌大鼠 3.16，雄大鼠 5.21。对兔皮肤和眼睛有轻微刺激。急性吸入 LC_{50}（4h，μg/L）：雄大鼠 4.86，雌大鼠 3.05。鸟类急性经口 LD_{50}（mg/kg）：日本鹌鹑 11.6，鸡 4.5，野鸭 0.31。鸟类急性吸入 LC_{50}（40d，mg/L）：野鸭 2.7，山齿鹑 0.8。鱼类 LC_{50}（96h，mg/L）：大翻车鱼 0.165，虹鳟鱼 0.04。水蚤 LC_{50}（48h）>0.04mg(a.i.)/L。藻类 EC_{50}（72h）：羊角月牙藻>0.04mg/L。蠕虫 LC_{50}（14d）>99mg/kg 干土。

制剂　TC，TKL，TK，EB，RG，BB，RB。

应用　第 2 代抗凝血杀鼠剂。作用机理类似于其他抗凝血剂，主要是阻碍凝血酶原的合成，损害微血管，导致大出血而死。具有急性和慢性杀鼠剂的双重优点，既可以作为急性杀鼠剂、单剂量使用防治鼠害；又可以采用小剂量、多次投饵的方式达到较好消灭害鼠的目的。适口性好，不会产生拒食作用，可以有效地杀死对第 1 代抗凝血剂产生抗性的鼠类。中毒潜伏期一般在 3～5d。猪、狗、鸟类对溴鼠隆较敏感，对其他动物则比较安全。在鼠类对第 1 代抗凝血剂产生抗性以后再使用较为恰当。本品剧毒，有 2 次中毒现象，死鼠应烧掉或深埋。

合成路线

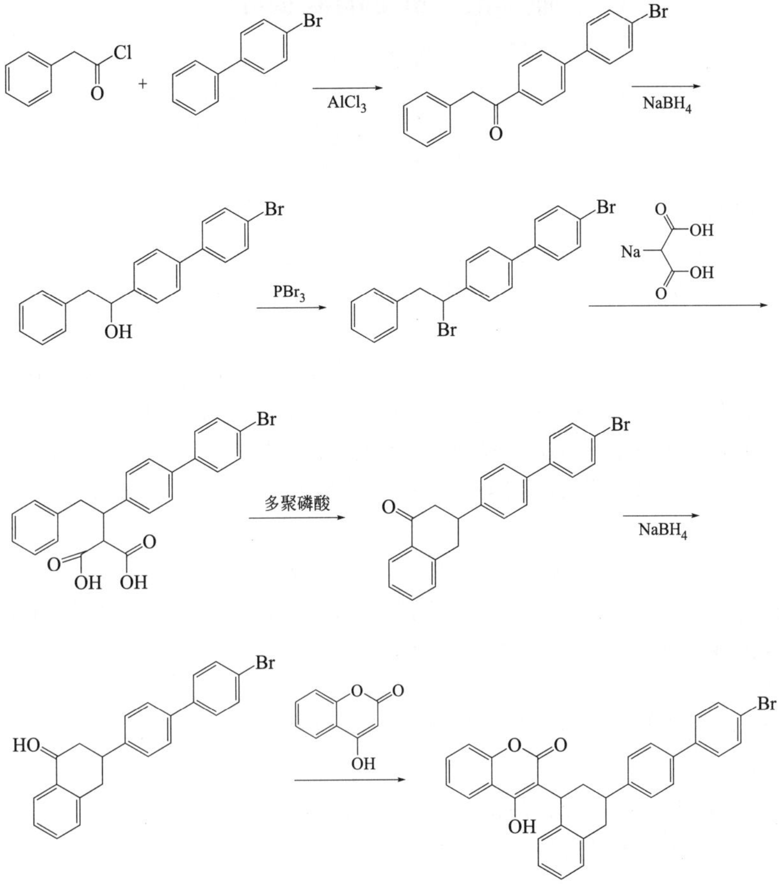

[Synthesis scheme showing the multi-step preparation of the coumarin rodenticide]

分析方法 产品分析用 HPLC-UV。

主要生产商 张家口金赛制药，泗阳县鼠药厂，沈阳爱威，上海高伦，天津天庆化工，慈溪逍林化工。

参考文献

The Pesticide Manual. 15th ed.

溴乙酰胺（bromoacetamide）

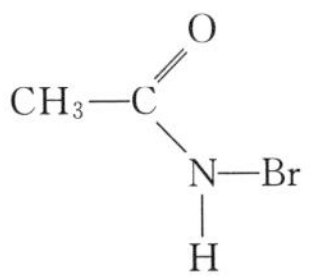

C_2H_4BrNO，138.1，79-15-2

化学名称 溴乙酰胺，*N*-bromoacetamide

CAS 名称 *N*-bromoacetamide

应用 杀软体动物剂。

亚砷酸 (arsenious acid)

$$O=As-O-As=O$$

As_2O_3, 198.0, 1327-53-3

从16世纪以来用作杀鼠剂。

其他名称　arsenious oxide, oxyde arsenieux, white arsenic

化学名称　三氧化二砷；diarsenic trioxide；arsenic trioxide

CAS名称　arsenic oxide

理化性质　无色固体，以正交晶形、八面体和无定形固体三种形式存在，其中无定形固体不稳定，能恢复到八面体的形式。熔点272℃，正交晶形熔点为312℃。八面体在125~150℃时升华。正交晶形蒸气压为8.8kPa（312℃）。16℃水中的溶解度为17g/L。不溶于氯仿、乙醚、乙醇。在碱中溶解生成亚砷酸盐。在空气中稳定，但在酸性介质中慢慢地氧化。

毒性　急性经口 LD_{50}：大鼠为180~200mg（在糖或蛋白质中）/kg，300mg（在腊肉脂肪中）/kg，20mg（在水溶液中）/kg；小鼠为34.4~63.5mg/kg。对人的最小致死量为2mg/kg。无蓄积性，7~42d内从动物体内排泄完。

制剂　PA。

应用　用浸渍小麦或谷类副产品的饵剂，可防治褐鼠、玄鼠和台湾鼹鼠。也可用于浸渍羊，防治体外寄生虫。

合成路线　将含砷矿物煅烧，生成的氧化砷进入冷凝室沉积而得。

分析方法　产品分析用碘量滴定法。

参考文献

WHO Specifications Insectic. 2nd Ed.

异硫氰酸甲酯 (methyl isothiocyanate)

CH_3NCS

C_2H_3NS, 73.1, 556-61-6

由 Schering AG（现在 Aventis Crop Science）开发的杀菌、杀虫、除草剂。

其他名称　敌线酯，甲基异硫氰酸盐，甲基异硫氰酸酯，甲基芥子油，硫代异氰酸甲酯 MIT，MITC

化学名称　异硫氰酸甲酯；methyl isothiocyanate

CAS名称　isothiocyanatomethane

理化性质　原药纯度≥94.5%，无色晶体，有类似山葵气味。熔点35~36℃，原药25.3~27.6℃。蒸气压2.13kPa（25℃）。K_{ow} $\lg P$ 1.37（计算值）。相对密度1.069（37℃），原药1.0537（40℃）。水中溶解度8.2g/L（20℃），溶于常用的有机溶剂，如乙醇、甲醇、丙酮、环己酮、二氯甲烷、氯仿、四氯化碳、苯、二甲苯、石油醚和矿物油。不稳定，易发生反应，在碱性环境中迅速水解，在酸性和自然环境下水解缓慢，DT_{50} 85h（pH 5），490h（pH 7），110h（pH 9）（25℃）。对氧气和光敏感，200℃稳定，pK_a 12.3，闪点26.9℃。

毒性 大鼠急性经口 LD_{50} 72～220mg/kg，小鼠 90～104mg/kg。大鼠急性经皮 LD_{50} 2780mg/kg，雄小鼠 1870mg/kg，兔 263mg/kg，对兔子的皮肤和眼睛有强烈的刺激性。大鼠吸入 LC_{50}（1h）1.9mg/L 空气。大鼠（2 年）无作用剂量 10mg/L 饮用水［0.37～0.56mg/(kg·d)］；小鼠（2 年）20mg/L 饮用水［3.48mg/(kg·d)］；狗（1 年）0.4mg/(kg·d)（强饲法）。ADI（BfR）0.004mg/kg［2005］。野鸭急性经口 LD_{50} 136mg/kg。野鸭饲喂 LC_{50}（5d）10936mg/kg 饲料，野鸭＞5000mg/kg 饲料。LC_{50}（96h）大翻车鱼 0.14mg/L，虹鳟鱼 0.09mg/L，镜鲤 0.37～0.57mg/L。水蚤 LC_{50}（48h）0.055mg/L。海藻 EC_{50}（96h）0.248mg/L；无作用剂量（96h）0.125mg/L。推荐用量下对蜜蜂无毒。

制剂 EC。

应用 对土壤真菌、昆虫和线虫有防效，也可作抑制杂草种子的土壤熏蒸剂。对甜菜茎线虫、甘蔗异皮线虫和马铃薯线虫都很有效，也可防治菌腐病和马铃薯丝核菌病，并能除滨藜、鹤金梅、狗舌草、冰草和稷等，也可杀土壤中的鳞翅目幼虫、叩头虫和金龟子幼虫等。

合成路线

$$ClCH_2COOC_2H_5 + CH_3NHCSNa \longrightarrow CH_3NCS$$

分析方法 产品分析采用 GLC 或 HPLC。

主要生产商 Aventis。

参考文献

[1] US 3113908.

[2] The Pesticide Manual. 15th ed.

治线磷（thionazin）

$(C_2H_5O)_2\overset{\overset{S}{\|}}{P}-O-\text{吡嗪}$

$C_8H_{13}N_2O_3PS$，248.2，297-97-2

本品由 American Cyanamid Co. 开发。

其他名称 硫磷嗪，Nemafos，Zinophos，Cynem

化学名称 O,O-二乙基 O-吡嗪-2-基硫逐磷酸酯；O,O-diethyl O-pyrazin-2-yl phosphorothioate

CAS 名称 O,O-diethyl O-pyrazinyl phosphorothioate

理化性质 纯品为清澈至浅黄色液体（TC 为暗棕色液体，含量为 90％左右），熔点 -16.7℃（TC），沸点 80℃。相对密度 1.207。蒸气压 3×10^{-3} mPa（30℃）。水中溶解度（27℃）1.140mg/L，与大多数有机溶剂互溶。稳定性：遇碱迅速分解。

毒性 大鼠急性经口 LD_{50} 12mg/kg。大鼠急性经皮 LD_{50} 11mg/kg。大鼠 NOEL（90d）25～50mg/L 饲料，对大鼠生长稍有抑制，无其他异常反应。

制剂 WT，GR。

应用 适宜用于蔬菜、果树等。可有效防治植物寄生性和非寄生性线虫，如根病线虫、炼根线虫、异皮线虫、花生线虫、柑橘线虫及土壤线虫等。

合成路线

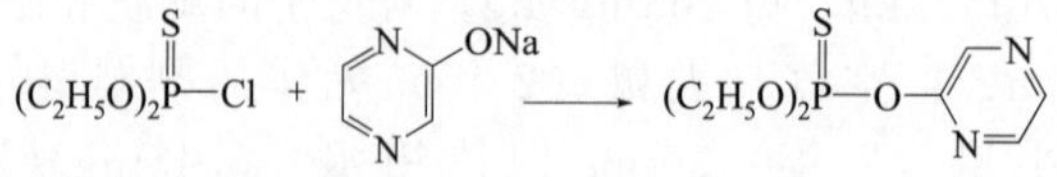

$$(C_2H_5O)_2\overset{S}{P}-Cl + \underset{}{\text{[pyrazinyl-ONa]}} \longrightarrow (C_2H_5O)_2\overset{S}{P}-O-\text{[pyrazinyl]}$$

参考文献

[1]　US 2918468.
[2]　US 2938831.
[3]　US 3091614.
[4]　US 3340262.

壮棉丹（lanstan）

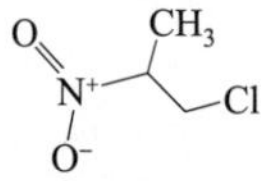

$C_3H_6ClNO_2$，123.5，2425-66-3

1962 年 Bushong 报道了该品种的杀菌活性，由 FMC 公司开发。

其他名称　　FMC5916，lanstan

化学名称　　1-氯-2-硝基丙烷；1-chloro-2-nitropropane

CAS 名称　　1-chloro-2-nitropropane

理化性质　　原药为液体。沸点 170.6℃/9.93×10⁴Pa 或 78~80℃/3.33×10³Pa，蒸气压 3.33×10³Pa/81℃。水中溶解度（20℃）8800mg/L，能与大多数有机溶剂互溶。

毒性　　大鼠急性经口 LD_{50} 197mg/kg。对皮肤和眼睛有刺激性。

应用　　杀线虫剂，还可防治棉花苗期病害如猝倒病、立枯病、根腐病包括丝核菌属、镰刀霉属、腐霉属等。

fluazaindolizine

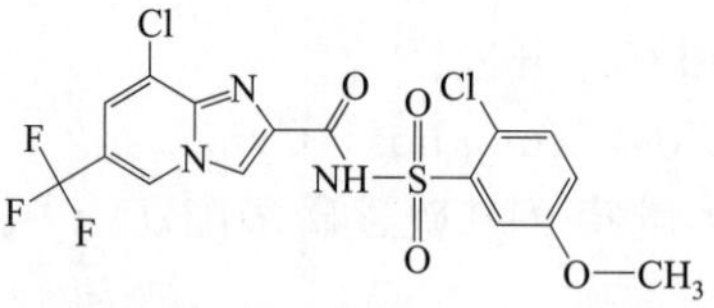

$C_{16}H_{10}Cl_2F_3N_3O_4S$，468.2，1254304-22-7

美国杜邦公司研发的一种新型杀线虫剂。

其他名称　　DPX-Q8U80

化学名称　　8-氯-N-[(2-氯-5-甲氧基苯基)磺酰基]-6-(三氟甲基)咪唑并[1,2-a]吡啶-2-甲酰胺；8-chloro-N-[(2-chloro-5-methoxyphenyl)sulfonyl]-6-(trifluoromethyl)imidazo[1,2-a]pyridine-2-carboxamide

CAS 名称　　8-chloro-N-[(2-chloro-5-methoxyphenyl)sulfonyl]-6-(trifluoromethyl)imidazo[1,2-a]pyridine-2-carboxamide

应用　　新型杀线虫剂。

主要生产商　　杜邦公司。

tioxazafen

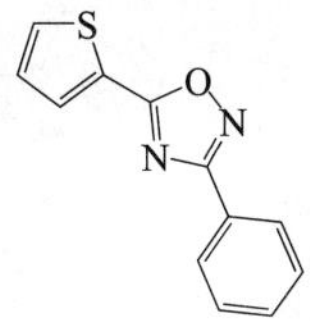

C₁₂H₈N₂OS，228.3，330459-31-9

2013年由孟山都公司开发。

化学名称　3-苯基-5-(噻吩-2-基)-1,2,4-噁二唑；3-phenyl-5-(thiophen-2-yl)-1,2,4-oxadiazole；3-phenyl-5-(2-thienyl)-1,2,4-oxadiazole

CAS 名称　3-phenyl-5-(2-thienyl)-1,2,4-oxadiazole

应用　杀线虫剂，主要用于土壤处理。

合成路线

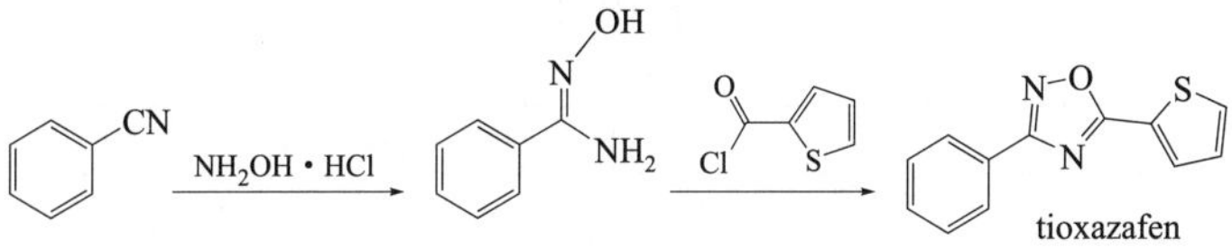

1. 药剂品种分类（按照主要化学结构分类）

杀虫剂

菊酯类杀虫剂	环虫菊酯（cyclethrin）
S-氰戊菊酯（esfenvalerate）	环戊烯丙菊酯（terallethrin）
S-生物烯丙菊酯（S-bioallethrin）	甲醚菊酯（methothrin）
zeta-氯氰菊酯（zeta-cypermethrin）	甲氰菊酯（fenpropathrin）
胺菊酯（tetramethrin）	甲氧苄氟菊酯（metofluthrin）
苯醚菊酯（phenothrin）	椒菊酯（barthrin）
苯醚氰菊酯（cyphenothrin）	精高效氯氟氰菊酯（gamma-cyhalothrin）
吡氯氰菊酯（fenpirithrin）	抗虫菊（furethrin）
苄呋菊酯（resmethrin）	联苯菊酯（bifenthrin）
苄菊酯（dimethrin）	硫氟肟醚（thiofluoximate）
苄烯菊酯（butethrin）	硫肟醚（sulfoxime）
除虫菊素（pyrethrins）	氯氟醚菊酯（meperfluthrin）
反氯菊酯（transpermethrin）	氯菊酯（permethrin）
反灭虫菊（pyresmethrin）	氯氰菊酯（cypermethrin）
呋炔菊酯（proparthrin）	氯烯炔菊酯（chlorempenthrin）
氟胺氰菊酯（tau-fluvalinate）	醚菊酯（etofenprox）
氟胺氰菊酯（消旋）（fluvalinate）	喃烯菊酯（japothrins）
氟丙菊酯（acrinathrin）	七氟菊酯（tefluthrin）
氟硅菊酯（silafluofen）	氰戊菊酯（fenvalerate）
氟氯菊酯（cyfluthrin）	炔丙菊酯（prallethrin）
氟氰戊菊酯（flucythrinate）	炔呋菊酯（furamethrin）
富右旋反式胺菊酯（rich-d-t-tetramethrin）	炔咪菊酯（imiprothrin）
高效反式氯氰菊酯（theta-cypermethrin）	噻恩菊酯（kadethrin）
高效氟氯氰菊酯（beta-cyfluthrin）	三氟氯氰菊酯（cyhalothrin）
高效氟氯氰菊酯（lambda-cyhalothrin）	三氟醚菊酯（flufenprox）
高效氯氰菊酯（beta-cypermethrin）	生物苄呋菊酯（bioresmethrin）

续表

生物氯菊酯(biopermethrin)	**有机磷类杀虫剂**
生物烯丙菊酯(bioallethrin)	安硫磷(formothion)
顺式苄呋菊酯(cismethrin)	胺丙畏(propetamphos)
顺式氯氰菊酯(alpha-cypermethrin)	胺吸磷(amiton)
四氟苯菊酯(transfluthrin)	八甲磷(schradan)
四氟甲醚菊酯(dimefluthrin)	巴毒磷(crotoxyphos)
四氟醚菊酯(tetramethylfluthrin)	百治磷(dicrotophos)
四溴菊酯(tralomethrin)	保棉磷(azinphos-methyl)
五氟苯菊酯(fenfluthrin)	倍硫磷(fenthion)
戊菊酯(valerate)	苯腈磷(cyanofenphos)
戊烯氰氯菊酯(pentmethrin)	苯硫磷(EPN)
烯丙菊酯(allethrin)	苯线磷(fenamiphos)
溴苄呋菊酯(bromethrin)	吡硫磷(pyrazothion)
溴氟菊酯(brofluthrinate)	吡唑硫磷(pyraclofos)
溴氯氰菊酯(tralocythrin)	丙胺氟磷(mipafox)
溴灭菊酯(brofenvalerate)	丙虫磷(propaphos)
溴氰菊酯(deltamethrin)	丙硫磷(prothiofos)
乙氰菊酯(cycloprothrin)	丙溴磷(profenofos)
右旋胺菊酯(*d*-tetramethrin)	虫螨磷(chlorthiophos)
右旋反式胺菊酯(*d-trans*-tetramethrin)	虫螨畏(methacrifos)
右旋反式氯丙炔菊酯(chloroprallethrin)	除线磷(dichlofenthion)
右旋七氟甲醚菊酯(heptafluthrin)	哒嗪硫磷(pyridaphenthion)
右旋烯炔菊酯(empenthrin)	稻丰散(phenthoate)
epsilon-metofluthrin	敌百虫(trichlorfon)
epsilon-momfluorothrin	敌敌钙(calvinphos)
kappa-bifenthrin	敌敌畏(dichlorvos)
kappa-tefluthrin	敌噁磷(dioxathion)
momfluorothrin	地安磷(mephosfolan)
profluthrin	地虫硫磷(fonofos)
protrifenbute	碘硫磷(jodofenphos)
新烟碱类杀虫剂	叠氮磷(mazidox)
吡虫啉(imidacloprid)	丁苯硫磷(fosmethilan)
吡啶氟虫胺(flupyradifurone)	丁环硫磷(fosthietan)
啶虫脒(acetamiprid)	丁基嘧啶磷(tebupirimfos)
呋虫胺(dinotefuran)	丁烯胺磷(methocrotophos)
氟啶虫酰胺(flonicamid)	丁酯磷(butonate)
氯噻啉(imidaclothiz)	啶虫磷(lirimfos)
哌虫啶(paichongding)	毒虫畏(chlorfenvinphos)
噻虫胺(clothianidin)	毒壤磷(trichloronat)
噻虫啉(thiacloprid)	毒死蜱(chlorpyrifos)
噻虫嗪(thiamethoxam)	对硫磷(parathion)
烯啶虫胺(nitenpyram)	对氯硫磷(phosnichlor)
硝虫噻嗪(nithiazine)	噁唑虫磷(zolaprofos)

续表

噁唑磷(isoxathion)	氯吡唑磷(chlorprazophos)
二嗪磷(diazinon)	氯甲硫磷(chlormephos)
二溴磷(naled)	氯辛硫磷(chlorphoxim)
发硫磷(prothoate)	氯亚胺硫磷(dialifos)
伐灭磷(famphur)	氯氧磷(chlorethoxyfos)
芬硫磷(phenkapton)	氯唑磷(isazofos)
丰丙磷(IPSP)	马拉硫磷(malathion)
砜拌磷(oxydisulfoton)	茂硫磷(morphothion)
砜吸磷(demeton-S-methylsulphone)	嘧啶磷(pirimiphos-ethyl)
伏杀硫磷(phosalone)	嘧啶氧磷(pirimioxyphos)
甘氨硫磷(phosglycin)	灭蚜磷(mecarbam)
庚烯磷(heptenophos)	灭蚜硫磷(menazon)
果虫磷(cyanthoate)	内吸磷(demeton)
家蝇磷(acethion)	萘肽磷(naftalofos)
甲胺磷(methamidophos)	偶氮磷(azothoate)
甲胺嘧磷(pirimetaphos)	皮蝇磷(fenchlorphos)
甲拌磷(phorate)	噻氯磷(thicrofos)
甲氟磷(dimefox)	噻喃磷(dithicrofos)
甲基吡噁磷(azamethiphos)	噻唑硫磷(colophonate)
甲基毒虫畏(dimethylvinphos)	赛硫磷(amidithion)
甲基毒死蜱(chlorpyrifos-methyl)	三硫磷(carbophenothion)
甲基对硫磷(parathion-methyl)	三唑磷(triazophos)
甲基喹噁磷(quinalphos-methyl)	杀虫畏(tetrachlorvinphos)
甲基硫环磷(phosfolan-methyl)	杀螟腈(cyanophos)
甲基嘧啶磷(pirimiphos-methyl)	杀螟硫磷(fenitrothion)
甲基内吸磷(demeton-S-methyl)	杀扑磷(methidathion)
甲基辛硫磷(phoxim-methyl)	蔬果磷(dioxabenzofos)
甲基乙拌磷(thiometon)	双硫磷(temephos)
甲基乙酯磷(methylacetophos)	水胺硫磷(isocarbophos)
甲基异柳磷(isofenphos-methyl)	四甲磷(mecarphon)
甲亚砜磷(mesulfenfos)	苏硫磷(sophamide)
甲乙嘧啶硫磷(pyrimitate)	速灭磷(mevinphos)
久效磷(monocrotophos)	速杀硫磷(heterophos)
喹硫磷(quinalphos)	特丁硫磷(terbufos)
乐果(dimethoate)	特嘧硫磷(butathiofos)
磷胺(phosphamidon)	特普(TEPP)
磷吡酯(fospirate)	田乐磷(demephion)
磷虫威(phosphocarb)	酰胺嘧啶磷(primidophos)
硫丙磷(sulprofos)	硝虫硫磷(xiaochongliulin)
硫环磷(phosfolan)	辛硫磷(phoxim)
硫线磷(cadusafos)	溴苯磷(leptophos)
氯胺磷(chloramine phosphorus)	溴芬松(bromfenvinfos)
氯苯乙丙磷(trifenofos)	溴硫磷(bromophos)

畜虫磷(coumithoate)	呋线威(furathiocarb)
畜宁磷(quinothion)	害扑威(CPMC)
畜蜱磷(cythioate)	合杀威(bufencarb)
蚜灭磷(vamidothion)	混灭威(dimethacarb)
亚胺硫磷(phosmet)	混杀威(trimethacarb)
亚砜磷(oxydemeton-methyl)	甲硫威(methiocarb)
氧乐果(omethoate)	甲萘威(carbaryl)
乙拌磷(disulfoton)	久效威(thiofanox)
乙基倍硫磷(fenthion-ethyl)	抗虫威(thiocarboxime)
乙基杀扑磷(athidathion)	抗蚜威(pirimicarb)
乙基溴硫磷(bromophos-ethyl)	克百威(carbofuran)
乙硫磷(ethion)	喹啉威(hyquincarb)
乙嘧硫磷(etrimfos)	硫双威(thiodicarb)
乙噻唑磷(prothidathion)	氯灭杀威(carbanolate)
乙酰甲胺磷(acephate)	猛杀威(promecarb)
乙酯磷(acetophos)	嘧啶威(pyramat)
异拌磷(isothioate)	棉铃威(alanycarb)
异柳磷(isofenphos)	灭除威(XMC)
异氯磷(dicapthon)	灭多威(methomyl)
异亚砜磷(oxydeprofos)	灭害威(aminocarb)
益硫磷(ethoate-methyl)	灭杀威(xylylcarb)
益棉磷(azinphos-ethyl)	蜱虱威(promacyl)
因毒磷(endothion)	噻螨威(tazimcarb)
蝇毒磷(coumaphos)	杀线威(oxamyl)
育畜磷(crufomate)	速灭威(metolcarb)
治螟磷(sulfotep)	涕灭砜威(aldoxycarb)
etaphos	涕灭威(aldicarb)
lythidathion	戊氰威(nitrilacarb)
trichlormetaphos-3	畜虫威(butacarb)
氨基甲酸酯类杀虫剂	一甲呋喃丹(decarbofuran)
吡唑威(pyrolan)	乙苯威(fenethacarb)
丙硫克百威(benfuracarb)	乙硫苯威(ethiofencarb)
残杀威(propoxur)	异丙威(isoprocarb)
除害威(allyxycarb)	异索威(isolan)
除线威(cloethocarb)	仲丁威(fenobucarb)
敌蝇威(dimetilan)	兹克威(mexacarbate)
地麦威(dimetan)	dicresyl
丁硫克百威(carbosulfan)	**沙蚕毒素类杀虫剂**
丁酮砜威(butoxycarboxim)	多噻烷(polythialan)
丁酮威(butocarboxim)	杀虫单(thiosultap-monosodium)
多杀威(EMPC)	杀虫环(thiocyclam)
噁虫威(bendiocarb)	杀虫磺(bensultap)
二氧威(dioxacarb)	杀虫双(thiosultap-disodium)

杀螟丹(cartap)	氟吡唑虫(vaniliprole)
二硝基酚类杀虫剂	氟虫腈(fipronil)
丙硝酚(dinoprop)	乙虫腈(ethiprole)
二硝酚(DNOC)	乙酰虫腈(acetoprole)
季酮酸类杀虫剂	唑虫酰胺(tolfenpyrad)
螺虫乙酯(spirotetramat)	**噻唑类杀虫剂**
螺虫酯(spiromesifen)	蛾蝇腈(thiapronil)
酰胺类杀虫剂	**三唑类杀虫剂**
雷复沙奈(rafoxanide)	唑蚜威(triazamate)
氯生太尔(closantel)	**噁二唑类杀虫剂**
双酰胺类杀虫剂	噁虫酮(metoxadiazone)
氟虫酰胺(flubendiamide)	**吡啶类杀虫剂**
氯虫苯甲酰胺(chlorantraniliprole)	氟啶虫胺腈(sulfoxaflor)
氯氟氰虫酰胺(cyhalodiamide)	三氟甲吡醚(pyridalyl)
氰虫酰胺(cyantraniliprole)	**嘧啶类杀虫剂**
cyclaniliprole	嘧虫胺(flufenerim)
tetraniliprole	氧嘧酰胺(fenoxacrim)
脲类杀虫剂	**喹唑啉类杀虫剂**
丁醚脲(diafenthiuron)	吡氟喹虫唑(pyrifluquinazon)
两性离子杀虫剂	**噁二嗪类杀虫剂**
dicloromezotiaz	茚虫威(indoxacarb)
triflumezopyrim	**有机氯杀虫剂**
脒类杀虫剂	艾氏剂(aldrin)
胺甲威(formparanate)	冰片丹(chlorbicyclen)
单甲脒(semiamitraz)	滴滴滴(TDE)
伐虫脒(formetanate)	滴滴涕(pp'-DDT)
氟虫胺(sulfluramid)	狄氏剂(HEOD)
氟化物类杀虫剂	毒杀芬(camphechlor)
氟磺酰胺(flursulamid)	甲氧滴滴涕(methoxychlor)
氟蚁灵(nifluridide)	林丹(*gamma*-HCH)
氟蚁腙(hydramethylnon)	硫丹(endosulfan)
氰氟虫腙(metaflumizone)	六六六(HCH)
杀虫脒(chlordimeform)	氯丹(chlordane)
broflanilide	氯戊环(kelevan)
flometoquin	灭蚁灵(mirex)
fluhexafon	七氯(heptachlor)
fluralaner	三氯杀虫酯(plifenate)
fluxametamide	十氯酮(chlordecone)
吡咯类杀虫剂	碳氯灵(isobenzan)
溴虫腈(chlorfenapyr)	溴氯丹(bromocyclen)
吡唑类杀虫剂	乙滴涕(ethyl-DDD)
吡唑虫啶(pyriprole)	异艾氏剂(isodrin)
丁烯氟虫腈(flufiprole)	异狄氏剂(endrin)
啶吡唑虫胺(pyrafluprole)	dilor

昆虫生长调节剂	早熟素 II(precocene II)
保幼醚(epofenonane)	早熟素 III(precocene III)
保幼炔(JH-286)	Juvenile hormone I
苯虫醚(diofenolan)	Juvenile hormone II
苯氧威(fenoxycarb)	Juvenile hormone III
吡丙醚(pyriproxyfen)	sulcofuron-sodium
虫酰肼(tebufenozide)	**特异性杀虫剂**
除虫脲(diflubenzuron)	α-桐酸甲酯(bollex)
除虫脲(dichlorbenzuron)	吡蚜酮(pymetrozine)
哒幼酮(NC-170)	避虫醇[2-(octylthio)ethanol]
多氟脲(noviflumuron)	避蚊胺(diethyltoluamide)
二氯嗪虫脲(EL 494)	避蚊酮(butopyronoxyl)
呋喃虫酰肼(furan tebufenozide)	不育胺(metepa)
氟苯脲(teflubenzuron)	不育特(apholate)
氟虫脲(flufenoxuron)	雌舞毒蛾引诱剂(disparlure)
氟啶脲(chlorfluazuron)	红铃虫性诱素(gossyplure)
氟铃脲(hexaflumuron)	甲基丁香酚(methyl eugenol)
氟氯双苯隆(flucofuron)	拒食胺(DTA)
氟螨脲(flucycloxuron)	绝育磷(tepa)
氟酰脲(novaluron)	牛蝇畏(MGK Repellent 11)
氟幼脲(penfluron)	驱虫特(tabatrex)
环虫腈(dicyclanil)	驱虫威(experimental tick repellent 3)
环虫酰肼(chromafenozide)	驱蚊醇(ethyl hexanediol)
几噻唑(L-1215)	驱蚊叮(dibutyl phthalate)
甲氧虫酰肼(methoxyfenozide)	驱蚊灵(dimethyl carbate)
抗幼烯(R-20458)	驱蚊油(dimethyl phthalate)
氯虫酰肼(halofenozide)	驱蝇定(MGK Repellent 326)
灭虫唑(PH 6041)	伊蚊避(TMPD)
灭蝇胺(cyromazine)	诱虫烯(muscalure)
灭幼脲(chlorbenzuron)	诱杀烯混剂(grandlure)
灭幼唑(PH 6042)	诱蝇羧酯(trimedlure)
嗪虫脲(L-7063)	诱蝇酮(cuelure)
噻嗪酮(buprofezin)	樟脑(camphor)
杀铃脲(triflumuron)	benzimine
虱螨脲(lufenuron)	bisazir
双三氟虫脲(bistrifluron)	methylneodecanamide
双氧硫威(RO13-7744)	orfralure
烯虫硫酯(triprene)	oryctalure
烯虫炔酯(kinoprene)	ostramone
烯虫乙酯(hydroprene)	α-multistriatin
烯虫酯(methoprene)	**抗生素类杀虫剂**
抑食肼(RH-5849)	阿福拉纳(afoxolaner)
早熟素 I(precocene I)	阿洛氨菌素(allosamidin)

阿维菌素(abamectin)	苯氧炔螨(dofenapyn)
啶喃环丙虫酯(afidopyropen)	吡螨胺(tebufenpyrad)
多拉菌素(doramectin)	苄螨醚(halfenprox)
多杀霉素(spinosad)	丙酯杀螨醇(chloropropylate)
甲氨基阿维菌素(abamectin-aminomethyl)	除螨灵(dienochlor)
甲氨基阿维菌素苯甲酸盐(emamectin benzoate)	哒螨灵(pyridaben)
雷皮菌素(lepimectin)	敌螨特(chlorfensulphide)
弥拜菌素(milbemectin)	丁氟螨酯(cyflumetofen)
赛拉菌素(selamectin)	啶蜱脲(fluazuron)
苏云金素(thuringiensin)	氟氯苯菊酯(flumethrin)
伊维菌素(ivermectin)	氟螨嗪(diflovidazin)
乙基多杀菌素(spinetoram)	氟螨噻(flubenzimine)
乙酰氨基阿维菌素(eprinomectin)	甘氨硫磷(phosglycin)
植物源杀虫剂	格螨酯(genite)
d-柠檬烯(d-limonene)	果乃胺(MNFA)
苦参碱(matrine)	华光霉素(nikkomycins)
雷公藤甲素(triptolide)	环羧螨(cycloprate)
闹羊花素-Ⅲ(rhodojaponin-Ⅲ)	磺胺螨酯(amidoflumet)
新烟碱(anabasine)	腈吡螨酯(cyenopyrafen)
血根碱(sanguinarine)	抗螨唑(fenazaflor)
烟碱(nicotine)	克仑吡林(clenpirin)
氧化苦参碱(oxymatrine)	克杀螨(thioquinox)
印楝素(azadirachtin)	喹螨醚(fenazaquin)
鱼尼汀(ryania)	乐杀螨(binapacryl)
鱼藤酮(rotenone)	联苯肼酯(bifenazate)
原烟碱(nornicotine)	联氟螨(fluenetil)
无机杀虫剂	邻敌螨消(dinocton)
冰晶石(cryolite)	氯杀螨(chlorbenside)
硫氰酸钾(potassium thiocyanate)	螺螨酯(spirodiclofen)
氯化亚汞(mercurous chloride)	螨蜱胺(cymiazole)
硼砂(borax)	嘧螨胺(pyriminostrobin)
硼酸(boric acid)	嘧螨醚(pyrimidifen)
砷酸钙(calcium arsenate)	嘧螨酯(fluacrypyrim)
砷酸铅(lead arsenate)	灭虫隆(chloromethiuron)
亚砷酸钾(potassium arsenite)	灭螨醌(acequinocyl)
barium hexafluorosilicate	灭螨猛(chinomethionat)
杀螨剂	灭螨脒(chloromebuform)
苯丁锡(fenbutatin oxide)	莫西菌素(moxidectin)
苯甲酸苄酯(benzyl benzoate)	偶氮苯(azobenzene)
苯硫威(fenothiocarb)	炔螨特(propargite)
苯螨醚(phenproxide)	噻螨酮(hexythiazox)
苯螨特(benzoximate)	三环锡(cyhexatin)
苯赛螨(triarathene)	三磷锡(phostin)

续表

三氯杀螨醇(dicofol)	硝辛酯(dinosulfon)
三氯杀螨砜(tetradifon)	溴螨酯(bromopropylate)
三唑锡(azocyclotin)	乙螨唑(etoxazole)
杀螨醇(chlorfenethol)	乙酯杀螨醇(chlorobenzilate)
杀螨菌素肟(milbemycin oxime)	唑螨酯(fenpyroximate)
杀螨硫醚(tetrasul)	benoxafos
杀螨霉素(tetranactin)	**杀虫增效剂**
杀螨脒(medimeform)	八氯二丙醚(octachlorodipropyl ether)
杀螨特(aramite)	增效胺(ENT 8184)
杀螨酯(chlorfenson)	增效砜(sulfoxide)
双甲脒(amitraz)	增效环(piperonyl cyclonene)
四螨嗪(clofentezine)	增效磷(dietholate)
特螨腈(malonoben)	增效醚(piperonyl butoxide)
消螨多(dinopenton)	增效敏(sesamin)
消螨酚(dinex)	增效散(sesamex)
消螨通(dinobuton)	增效特(bucarpolate)
硝丁酯(dinoterbon)	增效酯(propyl isome)

杀菌剂

酰胺类杀菌剂	环菌胺(cyclafuramid)
拌种胺(furmecyclox)	环酰菌胺(fenhexamid)
拌种灵(amicarthiazol)	磺菌胺(flusulfamide)
苯磺菌胺(dichlofluanid)	甲苯磺菌胺(tolylfluanid)
苯甲羟肟酸(benzohydroxamic acid)	甲呋酰胺(fenfuram)
苯噻菌胺(benthiavalicarb-isopropyl)	甲霜灵(metalaxyl)
苯霜灵(benalaxyl)	精甲霜灵(metalaxyl-M)
苯酰菌胺(zoxamide)	邻碘酰苯胺(benodanil)
吡喃灵(pyracarbolid)	邻酰胺(mebenil)
稻瘟酰胺(fenoxanil)	硫氰苯甲酰胺(tioxymid)
啶酰菌胺(boscalid)	灭锈胺(mepronil)
噁霜灵(oxadixyl)	嗪胺灵(triforine)
二甲呋酰胺(furcarbanil)	氰菌胺(zarilamid)
粉净胺(chloraniformethan)	噻氟菌胺(thifluzamide)
呋菌胺(methfuroxam)	噻酰菌胺(tiadinil)
呋霜灵(furalaxyl)	双氯氰菌胺(diclocymet)
呋酰胺(ofurace)	双炔酰菌胺(mandipropamid)
氟酰胺(flutolanil)	水杨菌胺(trichlamide)
高效苯霜灵(benalaxyl-M)	水杨酰苯胺(salicylanilide)
环丙酰菌胺(carpropamid)	萎锈灵(carboxin)
环氟菌胺(cyflufenamid)	戊苯吡菌胺(penflufen)

缬氨菌酯(valifenalate)	代森锰(maneb)
氧化萎锈灵(oxycarboxin)	代森锰铜(mancopper)
叶枯酞(tecloftalam)	代森锰锌(mancozeb)
抑霉胺(cloxylacon)	代森钠(nabam)
吲哚磺菌胺(amisulbrom)	代森锌(zineb)
酯菌胺(cyprofuram)	福代硫(tecoram)
flumetover	福美甲胂(urbacide)
pyraziflumid	福美双(thiram)
二甲酰亚胺类杀菌剂	福美铁(ferbam)
敌菌丹(captafol)	福美铜氯(cuprobam)
氟氯菌核利(fluoroimide)	福美锌(ziram)
腐霉利(procymidone)	氧化福美双(azithiram)
甲菌利(myclozolin)	disulfiram
菌核净(dimetachlone)	**氰基丙烯酸酯类杀菌剂**
菌核利(dichlozoline)	氰烯菌酯(phenamacril)
克菌丹(captan)	benzamacril
硫氯苯亚胺(thiochlorfenphim)	**甲氧基丙烯酸酯类杀菌剂**
氯苯咪菌酮(isovaledione)	苯氧菌胺(metominostrobin)
灭菌丹(folpet)	吡氟菌酯(bifujunzhi)
乙菌利(chlozolinate)	吡唑醚菌酯(pyraclostrobin)
乙烯菌核利(vinclozolin)	丁香菌酯(coumoxystrobin)
异菌脲(iprodione)	啶氧菌酯(picoxystrobin)
氨基甲酸酯类杀菌剂	氟菌螨酯(flufenoxystrobin)
苄啶菌酯(pyribencarb)	氟嘧菌酯(fluoxastrobin)
呋甲硫菌灵(furophanate)	甲香菌酯(jiaxiangjunzhi)
甲基硫菌灵(thiophanate methyl)	氯啶菌酯(triclopyricarb)
硫菌灵(thiophanate)	醚菌胺(dimoxystrobin)
三氟甲氧威(tolprocarb)	醚菌酯(kresoxim-methyl)
霜霉威(propamocarb)	嘧菌酯(azoxystrobin)
缬霉威(iprovalicarb)	肟菌酯(trifloxystrobin)
乙霉威(diethofencarb)	肟醚菌胺(orysastrobin)
iodocarb	烯肟菌胺(fenaminstrobin)
picarbutrazox	烯肟菌酯(enestroburin)
硫代氨基甲酸酯类杀菌剂	唑胺菌酯(pyrametostrobin)
磺菌威(methasulfocarb)	唑菌酯(pyraoxystrobin)
硫菌威(prothiocarb)	mandestrobin
二硫代氨基甲酸酯类杀菌剂	**脲类杀菌剂**
丙森锌(propineb)	醌菌腙(quinazamid)
代森铵(amobam)	戊菌隆(pencycuron)
代森福美锌(polycarbamate)	bentaluron
代森环(milneb)	**脂肪族含氮化合物类杀菌剂**
代森联(metiram)	2-氨基丁烷(butylamine)
代森硫(etem)	多敌菌(dodicin)

续表

多果定（dodine）	氟苯嘧啶醇（nuarimol）
双胍辛胺（iminoctadine）	氟嘧菌胺（diflumetorim）
双胍辛盐（guazatine）	环丙特丁嗪（cybutryne）
霜脲氰（cymoxanil）	氯苯嘧啶醇（fenarimol）
辛菌胺	嘧菌胺（mepanipyrim）
芳香族类杀菌剂	嘧菌醇（triarimol）
百菌清（chlorothalonil）	嘧菌环胺（cyprodinil）
地茂散（chloroneb）	嘧菌腙（ferimzone）
酚菌酮（fenjuntong）	嘧霉胺（pyrimethanil）
联苯（biphenyl）	乙嘧酚（ethirimol）
六氯苯（hexachlorobenzene）	乙嘧酚磺酸酯（bupirimate）
氯硝胺（dicloran）	**喹啉类杀菌剂**
四氯硝基苯（tecnazene）	8-羟基喹啉盐（8-hydroxyquinoline sulfate）
五氯苯酚（pentachlorophenol）	苯氧喹啉（quinoxyfen）
五氯硝基苯（quintozene）	丙烯酸喹啉酯（halacrinate）
愈创木酚（cresol）	丙氧喹啉（proquinazid）
chlorodinitronaphthalenes	异丁乙氧喹啉（tebufloquin）
二硝基酚类杀菌剂	quinacetol
二硝巴豆酸酯（dinocap）	**醌类杀菌剂**
硝苯菌酯（meptyldinocap）	二氯萘醌（dichlone）
芳基苯基酮类杀菌剂	二噻农（dithianon）
苯啶菌酮（pyriofenone）	四氯对醌（chloranil）
苯菌酮（metrafenone）	**喹喔啉类杀菌剂**
桥二苯类杀菌剂	四氯喹噁啉（chlorquinox）
二苯胺（diphenylamine）	**三嗪类杀菌剂**
六氯酚（hexachlorophene）	敌菌灵（anilazine）
双氯酚（dichlorophen）	**吗啉类杀菌剂**
酰肼类杀菌剂	4-十二烷基-2,6-二甲基吗啉（aldimorph）
醌肟腙（benquinox）	丁苯吗啉（fenpropimorph）
吡啶类杀菌剂	氟吗啉（flumorph）
吡菌硫（dipyrithione）	吗菌威（carbamorph）
吡氯灵（pyroxychlor）	十二环吗啉（dodemorph）
丁硫啶（buthiobate）	十三吗啉（tridemorph）
啶斑肟（pyrifenox）	烯酰吗啉（dimethomorph）
啶菌腈（pyridinitril）	抑菌啉（benzamorf）
氟吡菌胺（fluopicolide）	**吡咯类杀菌剂**
氟吡菌酰胺（fluopyram）	拌种咯（fenpiclonil）
氟啶胺（fluazinam）	咯菌腈（fludioxonil）
氯苯吡啶（parinol）	**噻吩类杀菌剂**
氯吡呋醚（pyroxyfur）	硅噻菌胺（silthiofam）
三氯甲基吡啶（nitrapyrin）	噻吩酰菌酮（isofetamid）
嘧啶类杀菌剂	**吡唑类杀菌剂**
二甲嘧酚（dimethirimol）	苯并烯氟菌唑（benzovindiflupyr）

吡咪唑(rabenzazole)	多菌灵(carbendazim)
吡噻菌胺(penthiopyrad)	麦穗宁(fuberidazole)
吡唑氨酯(fenpyrazamine)	咪菌威(debacarb)
吡唑萘菌胺(isopyrazam)	氰菌灵(cypendazole)
呋吡菌胺(furametpyr)	**苯并噻唑类杀菌剂**
氟唑环菌胺(sedaxane)	苯噻硫氰(benthiazole)
氟唑菌酰胺(fluxapyroxad)	灭瘟唑(chlobenthiazone)
联苯吡菌胺(bixafen)	烯丙苯噻唑(probenazole)
pydiflumetofen	**二硫戊环类杀菌剂**
咪唑类杀菌剂	稻瘟灵(isoprothiolane)
稻瘟酯(pefurazoate)	噻菌茂(saijunmao)
噁咪唑(oxpoconazole)	**三唑类杀菌剂**
氟菌唑(triflumizole)	苯醚甲环唑(difenoconazole)
果绿啶(glyodin)	苄氯三唑醇(diclobutrazol)
克霉唑(clotrimazole)	丙环唑(propiconazole)
氯咪巴唑(climbazole)	丙硫菌唑(prothioconazole)
咪菌腈(fenapanil)	粉唑醇(flutriafol)
咪鲜胺(prochloraz)	呋菌唑(furconazole)
咪唑菌酮(fenamidone)	呋醚唑(furconazole-cis)
咪唑嗪(triazoxide)	氟硅唑(flusilazole)
氰霜唑(cyazofamid)	氟环唑(epoxiconazole)
抑霉唑(imazalil)	氟喹唑(fluquinconazole)
噁唑类杀菌剂	高效烯唑醇(diniconazole-M)
啶菌噁唑(pyrisoxazole)	硅氟唑(simeconazole)
噁霉灵(hymexazol)	环丙唑醇(cyproconazole)
噁噻哌菌灵(oxathiapiprolin)	环菌唑(huanjunzuo)
噁唑菌酮(famoxadone)	己唑醇(hexaconazole)
间氯敌菌酮(metazoxolon)	腈苯唑(fenbuconazole)
联氨噁唑酮(drazoxolon)	腈菌唑(myclobutanil)
噻唑类杀菌剂	糠菌唑(bromuconazole)
噻菌胺(metsulfovax)	联苯三唑醇(bitertanol)
噻菌灵(thiabendazole)	灭菌唑(triticonazole)
噻唑菌胺(ethaboxam)	三氟苯唑(fluotrimazole)
辛噻酮(octhilinone)	三唑醇(triadimenol)
异噻菌胺(isotianil)	三唑酮(triadimefon)
噻唑烷类杀菌剂	四氟醚唑(tetraconazole)
氟噻唑菌腈(flutianil)	戊菌唑(penconazole)
噻二呋(thiadifluor)	戊唑醇(tebuconazole)
苯并咪唑类杀菌剂	烯唑醇(diniconazole)
苯并威(mecarbinzid)	亚胺唑(imibenconazole)
苯菌灵(benomyl)	氧环唑(azaconazole)
苯咪唑菌(chlorfenazole)	叶菌唑(metconazole)
丙硫多菌灵(albendazole)	叶锈特(triazbutil)

乙环唑(etaconazole)	**铜类杀菌剂**
种菌唑(ipconazole)	波尔多液(bordeaux mixture)
三唑并嘧啶类杀菌剂	代森盐(cufraneb)
唑嘧菌胺(ametoctradin)	硅酸铜(copper silicate)
噻二唑类杀菌剂	环烷酸铜(copper naphthenate)
土菌灵(etridiazole)	碱式硫酸铜[copper sulfate(tribasic)]
叶枯唑(bismerthiazol)	碱式碳酸铜(basic copper carbonate)
有机磷类杀菌剂	喹啉铜(oxine-copper)
氨丙磷酸(ampropylfos)	硫酸铜(copper sulfate)
苯稻瘟净(inezin)	切欣特混合液(Cheshunt mixture)
吡菌磷(pyrazophos)	氢氧化铜(copper hydroxide)
稻瘟净(EBP)	噻菌铜(thiodiazole-copper)
敌瘟磷(edifenphos)	噻森铜(saisentong)
环己硫磷(hexylthiofos)	碳酸钠波尔多液(Burgundy mixture)
甲基立枯磷(tolclofos methyl)	铜锌铬酸盐(copper zinc chromate)
浸种磷(izopamfos)	王铜(copper oxychloride)
克菌磷(kejunlin)	氧化亚铜(cuprous oxide)
氯瘟磷(phosdiphen)	乙酸铜(copper acetate)
灭菌磷(ditalimfos)	油酸铜(copper oleate)
三乙膦酸铝(fosetyl-aluminium)	**无机杀菌剂**
威菌磷(triamiphos)	硫黄(sulfur)
异稻瘟净(iprobenfos)	**有机汞类杀菌剂**
抗生素类杀菌剂	醋酸苯汞(phenylmercury acetate)
春雷霉素(kasugamycin)	汞加芬(hydrargaphen)
多抗霉素(polyoxins)	**有机锡类杀菌剂**
多氧霉素(polyoxorim)	癸磷锡(decafentin)
放线菌酮(cycloheximide)	三苯锡(fentin)
灰黄霉素(griseofulvin)	三丁基氧化锡(tributyltin oxide)
金色制酶素(Aureofungin)	**多硫化物类杀菌剂**
井冈霉素(validamycin)	多硫化钡(barium polysulfide)
链霉素(streptomycin)	石硫合剂(calcium polysulfide)
灭瘟素(blasticidin-S)	**有机锌类杀菌剂**
那他霉素(natamycin)	噻唑锌(zinc thiazole)
砷类杀菌剂	**其他类杀菌剂**
福美胂(asomate)	八氯酮(OCH)
植物源杀菌剂	保果鲜(dehydroacetic acid)
大蒜素(allicin)	苯噻噁唑嗪(bethoxazin)
茴蒿素(santonin)	苯锈啶(fenpropidin)
蛇床子素(osthol)	苯扎氯铵(benzalkonium chloride)
香芹酚(carvacrol)	丙烷脒(propamidine)
香芹酮(carvone)	病氰硝
小檗碱(berberine)	哒菌酮(diclomezine)

续表

敌磺钠(fenaminosulf)	噻菌腈(thicyofen)
丁子香酚(eugenol)	三氮唑核苷(ribavirin)
毒氟磷	三环唑(tricyclazole)
粉病灵(piperalin)	四氯苯酞(phthalide)
活化酯(acibenzolar)	酞菌酯(nitrothal-isopropyl)
几丁聚糖(chitosan)	戊苯砜(sultropen)
甲醛(formaldehyde)	溴菌腈(bromothalonil)
糠醛(furfural)	溴硝醇(bronopol)
抗病毒剂	盐酸吗啉胍(moroxydine hydrochloride)
喹菌酮(oxolinic acid)	氧四环素(oxytetracycline)
邻苯基苯酚钠(sodium orthophenylphenoxide)	乙蒜素(ethylicin)
邻苯基酚(2-phenylphenol)	种衣酯(fenitropan)
六氯丁二烯(hexachlorobutadiene)	diethyl pyrocarbonate
咯喹酮(pyroquilon)	dipymetitrone
螺环菌胺(spiroxamine)	nitrostyrene

除草剂

苯氧类除草剂	精䁱唑禾草灵(fenoxaprop-P-ethyl)
2,4,5-涕(2,4,5-T)	精喹禾灵(quizalofop-P-ethyl)
2,4,5-涕丙酸(fenoprop)	喹禾糠酯(quizalofop-P-tefuryl)
2,4,5-涕丁酸(2,4,5-TB)	喹禾灵(quizalofop-ethyl)
2,4-DEB	氯苯氧乙醇(fenteracol)
2,4-滴(2,4-D)	氯甲草(clofop)
2,4-滴丙酸(dichlorprop)	氰氟草酯(cyhalofop-butyl)
2,4-滴丁酸(2,4-DB)	炔草酯(clodinafop-propargyl)
2甲4氯(MCPA)	炔禾灵(chlorazifop)
2甲4氯丙酸(mecoprop)	噻唑禾草灵(fenthiaprop)
2甲4氯丁酸(MCPB)	赛松(disul)
2甲4氯乙硫酯(MCPA-thioethyl)	三氟禾草肟(trifopsime)
3,4-二氯苯氧基乙酸(3,4-DA)	喔草酯(propaquizafop)
4-CPB	溴酚肟(bromofenoxim)
吡氟禾草灵(fluazifop)	异䁱草醚(isoxapyrifop)
䁱唑禾草灵(fenoxaprop)	抑草蓬(erbon)
䁱唑酰草胺(metamifop)	**二苯醚类除草剂**
氟苯戊烯酸(difenopenten)	苯草醚(aclonifen)
氟吡禾灵(haloxyfop)	草枯醚(chlornitrofen)
氟禾草灵(trifop)	除草醚(nitrofen)
高效氟吡甲禾灵(haloxyfop-P-methyl)	呋氧草醚(furyloxyfen)
禾草灵(diclofop)	氟化除草醚(fluoronitrofen)
精2甲4氯丙酸(mecoprop-P)	氟磺胺草醚(fomesafen)
精吡氟禾草灵(fluazifop-P-butyl)	氟硝磺酰胺(halosafen)

续表

甲羧除草醚（bifenox）	甲氧噻草胺（thenylchlor）
甲氧除草醚（chlomethoxyfen）	精异丙甲草胺（S-metolachlor）
氯氟草醚（ethoxyfen-ethyl）	克草胺（ethachlor）
乳氟禾草灵（lactofen）	氯硫酰草胺（chlorthiamid）
三氟甲草醚（nitrofluorfen）	氯藻胺（quinonamid）
三氟羧草醚（acifluorfen-sodium）	落草胺（cisanilide）
三氟硝草醚（fluorodifen）	麦草伏（flamprop）
乙胺草醚（etnipromid）	牧草胺（tebutam）
乙羧氟草醚（fluoroglycofen）	萘丙胺（naproanilide）
乙氧氟草醚（oxyfluorfen）	萘草胺（naptalam）
酰胺类除草剂	炔苯酰草胺（propyzamide）
胺酸杀（benzadox）	三环赛草胺（cyprazole）
稗草胺（clomeprop）	三唑酰草胺（ipfencarbazone）
苯噻草胺（mefenacet）	杀草胺（ethaprochlor）
吡氟酰草胺（diflufenican）	双苯酰草胺（diphenamid）
吡唑草胺（metazachlor）	特丁草胺（terbuchlor）
苄草胺（benzipram）	烯草胺（pethoxamid）
丙草胺（pretilachlor）	新燕灵（benzoylprop）
丙炔草胺（prynachlor）	溴丁酰草胺（bromobutide）
敌稗（propanil）	乙草胺（acetochlor）
敌草胺（napropamide）	乙酰甲草胺（diethatyl）
丁草胺（butachlor）	乙氧苯草胺（etobenzanid）
丁脒酰胺（isocarbamid）	异丙草胺（propisochlor）
丁烯草胺（butenachlor）	异丙甲草胺（metolachlor）
丁酰草胺（chloranocryl）	异丁草胺（delachlor）
毒草胺（propachlor）	异噁草胺（isoxaben）
二丙烯草胺（allidochlor）	唑草胺（cafenstrole）
二甲苯草胺（xylachlor）	tiafenacil
二甲草胺（dimethachlor）	**磺酰胺类除草剂**
二甲噻草胺（dimethenamid）	苯嘧磺草胺（saflufenacil）
氟苯啶草（flufenican）	啶磺草胺（pyroxsulam）
氟吡酰草胺（picolinafen）	氟草磺胺（perfluidone）
氟丁酰草胺（beflubutamid）	氟磺胺草（benzofluor）
氟磺酰草胺（mefluidide）	氟酮磺草胺（triafamone）
氟噻草胺（flufenacet）	氟唑草胺（profluazol）
高效二甲噻草胺（dimethenamid-P）	磺草唑胺（metosulam）
高效麦草伏丙酯（flamprop-M-isopropyl）	氯酯磺草胺（cloransulam-methyl）
高效麦草伏甲酯（flamprop-M-methyl）	嘧氟磺草胺（pyrimisulfan）
庚酰草胺（monalide）	双氟磺草胺（florasulam）
环酰草胺（cypromid）	双氯磺草胺（diclosulam）
甲草胺（alachlor）	五氟磺草胺（penoxsulam）
甲氯酰草胺（pentanochlor）	酰苯磺威（fenasulam）

唑嘧磺草胺(flumetsulam)	脲类除草剂
三嗪类除草剂	胺苯磺隆(ethametsulfuron-methyl)
苯嗪草酮(metamitron)	苯磺隆(tribenuron-methyl)
草达津(trietazine)	吡嘧磺隆(pyrazosulfuron-ethyl)
敌草净(desmetryn)	吡喃隆(metobenzuron)
叠氮净(aziprotryne)	苄草隆(cumyluron)
丁嗪草酮(isomethiozin)	苄嘧磺隆(bensulfuron-methyl)
二甲丙乙净(dimethametryn)	草不隆(neburon)
甘草津(eglinazine)	草完隆(noruron)
甘扑津(proglinazine)	单嘧磺隆(monosulfuron)
环丙津(cyprazine)	敌草隆(diuron)
环丙青津(procyazine)	碘嘧磺隆(iofensulfuron)
环嗪酮(hexazinone)	丁噁隆(dimefuron)
甲氧丙净(methoprotryne)	丁噻隆(buthiuron)
可乐津(chlorazine)	啶嘧磺隆(flazasulfuron)
另丁津(sebuthylazine)	对氟隆(parafluron)
醚草通(methometon)	非草隆(fenuron)
灭莠津(mesoprazine)	砜嘧磺隆(rimsulfuron)
扑草净(prometryn)	氟胺磺隆(triflusulfuron-methyl)
扑灭津(propazine)	氟吡草腙(diflufenzopyr)
扑灭通(prometon)	氟吡磺隆(flucetosulfuron)
嗪草酮(metribuzin)	氟草隆(fluometuron)
氰草津(cyanazine)	氟啶嘧磺隆(flupyrsulfuron-methyl-sodium)
氰草净(cyanatryn)	氟磺隆(prosulfuron)
三嗪氟草胺(triaziflam)	氟硫隆(fluothiuron)
特草嗪酮(amibuzin)	氟嘧磺隆(primisulfuron-methyl)
特丁津(terbuthylazine)	环丙嘧磺隆(cyclosulfamuron)
特丁净(terbutryn)	环草隆(siduron)
特丁通(terbumeton)	环氧嘧磺隆(oxasulfuron)
特津酮(ametridione)	环莠隆(cycluron)
西草净(simetryn)	磺噻隆(ethidimuron)
西玛津(simazine)	磺酰磺隆(sulfosulfuron)
西玛通(simeton)	甲磺隆(metsulfuron-methyl)
乙嗪草酮(ethiozin)	甲基苯噻隆(methabenzthiazuron)
异丙净(dipropetryn)	甲基碘磺隆钠盐(iodosulfuron-methyl-sodium)
抑草津(ipazine)	甲基二磺隆(mesosulfuron-methyl)
茚嗪氟草胺(indaziflam)	甲基杀草隆(methyldymron)
莠灭净(ametryn)	甲硫嘧磺隆(methiopyrisulfuron)
莠去津(atrazine)	甲嘧磺隆(sulfometuron-methyl)
莠去通(atraton)	甲酰胺磺隆(foramsulfuron)
仲丁通(secbumeton)	甲氧隆(metoxuron)
trifludimoxazin	枯草隆(chloroxuron)

续表

枯莠隆(difenoxuron)	卡草胺(carbetamide)
利谷隆(linuron)	隆草特(karbutilate)
绿谷隆(monolinuron)	氯苯胺灵(chlorpropham)
绿麦隆(chlorotoluron)	氯炔灵(chlorbufam)
氯吡嘧磺隆(halosulfuron-methyl)	棉胺宁(phenisopham)
氯磺隆(chlorsulfuron)	灭草灵(swep)
氯嘧磺隆(chlorimuron-ethyl)	特草灵(terbucarb)
氯全隆(dichloralurea)	特噁唑威(carboxazole)
氯溴隆(chlorbromuron)	甜菜安(desmedipham)
醚苯磺隆(triasulfuron)	甜菜宁(phenmedipham)
醚磺隆(cinosulfuron)	燕麦灵(barban)
嘧苯胺磺隆(orthosulfamuron)	**硫代氨基甲酸酯类除草剂**
灭草恒(methiuron)	稗草畏(pyributicarb)
灭草隆(monuron)	苄草丹(prosulfocarb)
嗪咪唑嘧磺隆(propyrisulfuron)	草克死(sulfallate)
炔草隆(buturon)	丁草敌(butylate)
噻吩磺隆(thifensulfuron)	禾草敌(molinate)
噻氟隆(thiazafluron)	禾草畏(esprocarb)
三氟啶磺隆(trifloxysulfuron)	甲硫苯威(methiobencarb)
三氟甲磺隆(tritosulfuron)	克草敌(pebulate)
杀草隆(daimuron)	灭草敌(vernolate)
疏草隆(anisuron)	灭草特(cycloate)
双醚氯吡嘧磺隆(metazosulfuron)	坪草丹(orbencarb)
四氟隆(tetrafluron)	杀草丹(thiobencarb)
四唑嘧磺隆(azimsulfuron)	燕麦敌(di-allate)
特丁噻草隆(tebuthiuron)	野燕畏(tri-allate)
酰草隆(phenobenzuron)	乙硫草特(ethiolate)
酰嘧磺隆(amidosulfuron)	茵达灭(EPTC)
溴谷隆(metobromuron)	仲草丹(tiocarbazil)
烟嘧磺隆(nicosulfuron)	**碳酸酯类除草剂**
乙氧隆(chloreturon)	糠草腈(bromobonil)
乙氧嘧磺隆(ethoxysulfuron)	tolpyralate
异丙隆(isoproturon)	**硫代碳酸酯类除草剂**
异草完隆(isonoruron)	敌灭生(dimexano)
唑吡嘧磺隆(imazosulfuron)	黄原酸异丙酯(proxan)
唑嘧磺隆(zuomihuanglong)	莠不生(EXD)
氨基甲酸酯类除草剂	**环己烯肟类除草剂**
BCPC	吡喃草酮(tepraloxydim)
草败死(chlorprocarb)	丁苯草酮(butroxydim)
除草隆(carbasulam)	禾草灭(alloxydim)
二氯苄草酯(dichlormate)	环苯草酮(profoxydim)
磺草灵(asulam)	环己烯草酮(cloproxydim)

噻草酮(cycloxydim)	**二硝基苯胺类除草剂**
肟草酮(tralkoxydim)	氨氟乐灵(prodiamine)
烯草酮(clethodim)	氨磺乐灵(oryzalin)
稀禾定(sethoxydim)	氨基乙氟灵(dinitramine)
二甲酰亚胺类除草剂	地乐灵(dipropalin)
丙炔氟草胺(flumioxazin)	二甲戊灵(pendimethalin)
氟胺草酯(flumiclorac-pentyl)	氟乐灵(trifluralin)
炔草胺(flumipropyn)	氟烯硝草(methalpropalin)
三氟噁嗪(flumezin)	环丙氟灵(profluralin)
吲哚酮草酯(cinidon-ethyl)	甲磺乐灵(nitralin)
腈类除草剂	氯乙地乐灵(chlornidine)
敌草腈(dichlobenil)	氯乙氟灵(fluchloralin)
碘苯腈(ioxynil)	乙丁氟灵(benfluralin)
羟敌草腈(chloroxynil)	乙丁烯氟灵(ethalfluralin)
双唑草腈(pyraclonil)	异丙乐灵(isopropalin)
碳烯碘草腈(iodobonil)	仲丁灵(butralin)
溴苯腈(bromoxynil)	**季铵盐类除草剂**
二硝基酚类除草剂	百草枯(paraquat)
丙硝酚(dinoprop)	敌草快(diquat)
地乐酚(dinoseb)	二乙除草双(diethamquat)
地乐特(dinofenate)	伐草快(morfamquat)
丁硝酚(medinoterb)	牧草快(cyperquat)
特乐酚(dinoterb)	双苯唑快(difenzoquat)
戊硝酚(dinosam)	**吡啶类除草剂**
硝草酚(etinofen)	氨氯吡啶酸(picloram)
环己二酮类除草剂	碘氯啶酯(cliodinate)
环磺酮(tembotrione)	二氯吡啶酸(clopyralid)
磺草酮(sulcotrione)	氟硫草定(dithiopyr)
甲基磺草酮(mesotrione)	氟氯吡啶酯(halauxifen)
特糠酯酮(tefuryltrione)	卤草定(haloxydine)
fenquinotrione	氯氨吡啶酸(aminopyralid)
芳香羧酸类除草剂	氯氟吡氧乙酸(fluroxypyr)
草灭畏(chloramben)	噻草啶(thiazopyr)
草芽平(2,3,6-TBA)	三氯吡啶酚(pyriclor)
克草胺酯(cambendichlor)	三氯吡氧乙酸(triclopyr)
氯酞酸(chlorthal)	**喹啉羧酸类除草剂**
麦草畏(dicamba)	二氯喹啉酸(quinclorac)
嘧草硫醚(pyrithiobac-sodium)	喹草酸(quinmerac)
嘧草醚(pyriminobac-methyl)	**哒嗪类除草剂**
杀草畏(tricamba)	哒草特(pyridate)
双草醚(bispyribac-sodium)	氯苯哒醇(pyridafol)

续表

醚草敏(credazine)	咪唑乙烟酸(imazethapyr)
cyclopyrimorate	**噁唑类除草剂**
哒嗪酮类除草剂	苯磺噁唑草(fenoxasulfone)
草哒松(oxapyrazon)	苯唑草酮(topramezone)
草哒酮(dimidazon)	甲硫唑草啉(methiozolin)
二甲哒草伏(metflurazon)	杀草砜(pyroxasulfone)
氟草敏(norflurazon)	特噁唑隆(monisouron)
氟哒嗪草酯(flufenpyr-ethyl)	异噁隆(isouron)
氯草敏(chloridazon)	异噁氯草酮(isoxachlortole)
溴莠敏(brompyrazon)	异噁酰草胺(isoxaben)
嘧啶类除草剂	异噁唑草酮(isoxaflutole)
丙草定(iprymidam)	**噁唑啉酮类除草剂**
丙酯草醚(pyribambenz-propyl)	丙炔噁草酮(oxadiargyl)
嘧草胺(tioclorim)	噁草酮(oxadiazon)
异丙酯草醚(pyribambenz-isopropyl)	灭草唑(methazole)
脲嘧啶类除草剂	**苯并噻唑类除草剂**
除草定(bromacil)	苯噻隆(benzthiazuron)
氟丙嘧草酯(butafenacil)	草除灵(benazolin)
氟嘧苯甲酸(flupropacil)	草除灵乙酯(benazolin-ethyl)
环草定(lenacil)	**三唑类除草剂**
氯丙嘧啶酸(aminocyclopyrachlor)	氟胺草唑(flupoxam)
双苯嘧草酮(benzfendizone)	三唑磺(epronaz)
特草定(terbacil)	杀草强(amitrole)
异草定(isocil)	**三唑啉酮类除草剂**
苯并呋喃类除草剂	氨唑草酮(amicarbazone)
呋草磺(benfuresate)	苯唑磺隆(bencarbazone)
乙呋草磺(ethofumesate)	丙苯磺隆(propoxycarbazone-sodium)
吡唑类除草剂	氟唑磺隆(flucarbazone-sodium)
吡草醚(pyraflufen-ethyl)	甲磺草胺(sulfentrazone)
吡草酮(benzofenap)	噻酮磺隆(thiencarbazone-methyl)
吡唑氟磺草胺(pyrasulfotole)	四唑酰草胺(fentrazamide)
吡唑特(pyrazolynate)	唑酮草酯(carfentrazone-ethyl)
苄草唑(pyrazoxyfen)	**脂肪族卤代烃类除草剂**
氟氯草胺(nipyraclofen)	六氯酮(hexachloroacetone)
异丙吡草酯(fluazolate)	氯乙酸(monochloroacetic acid)
唑啉草酯(pinoxaden)	茅草枯(dalapon)
咪唑啉酮类除草剂	三氯丙酸(chloropon)
甲咪唑烟酸(imazapic)	四氟丙酸(flupropanate)
甲氧咪草烟(imazamox)	五氯戊酮酸(alorac)
咪草酸(imazamethabenz)	**有机磷类除草剂**
咪唑喹啉酸(imazaquin)	胺草磷(amiprophos)
咪唑烟酸(imazapyr)	草铵膦(glufosinate-ammonium)

草甘膦(glyphosate)	氟啶草酮(fluridone)
草特膦(DMPA)	氟咯草酮(flurochloridone)
地散磷(bensulide)	氟咪杀(chlorflurazole)
伐垄磷(2,4-DEP)	环丙草磺胺(cyprosulfamide)
甲基胺草磷(amiprofos-methyl)	环庚草醚(cinmethylin)
精草铵膦(glufosinate-P)	环戊噁草酮(pentoxazone)
氯酰草膦(clacyfos)	环酯草醚(pyriftalid)
哌草磷(piperophos)	甲硫磺乐灵(prosulfalin)
杀木磷(fosamine)	克草啶(fluoromidine)
莎稗磷(anilofos)	解草安(flurazole)
双丙氨酰膦(bilanafos)	解草胺腈(cyometrinil)
双甲胺草磷	解草啶(fenclorim)
抑草磷(butamifos)	解草腈(oxabetrinil)
胂类除草剂	解草酮(benoxacor)
CMA	解草烷(MG 191)
二甲胂酸(cacodylic acid)	解草烯(DKA-24)
甲基胂酸(MAA)	解草唑(fenchlorazole-ethyl)
甲基胂酸钠(MSMA)	解毒喹(cloquintocet-mexyl)
六氟胂酸钾(hexaflurate)	硫氰苯胺(rhodethanil)
无机除草剂	嘧啶肟草醚(pyribenzoxim)
氨基磺酸铵(ammonium sulfamate)	灭草环(tridiphane)
硫酸亚铁(ferrous sulfate)	灭草松(bentazone)
氯酸钙(calcium chlorate)	灭藻醌(quinoclamine)
氰酸钾(potassium cyanate)	萘酐(naphthalic anhydride)
其他除草剂	哌草丹(dimepiperate)
吖庚磺酯(sulglycapin)	嗪草酸甲酯(fluthiacet-methyl)
稗草烯(tavron)	氰氨化钙(calcium cyanamide)
苯草灭(bentranil)	壬酸(nonanoic acid)
苯草酮(methoxyphenone)	噻二唑草胺(thidiazimin)
丙烯醛(acrolein)	三甲异脲(trimeturon)
草达克(tritac)	双环磺草酮(benzobicyclon)
单氰胺(cyanamide)	双环咯酮(dicyclonon)
丁硫咪唑酮(buthidazole)	五氯酚钠(PCP-Na)
噁嗪草酮(oxaziclomefone)	烯丙醇(allyl alcohol)
二氯丙烯胺(dichlormid)	燕麦酯(chlorfenprop-methyl)
伐草克(chlorfenac)	异噁草酮(clomazone)
呋草酮(flurtamone)	茵多杀(endothal)
呋喃解草唑(furilazole)	茚草酮(indanofan)
氟吡草酮(bicyclopyrone)	唑啶草酮(azafenidin)
氟草肟(fluxofenim)	tripropindan

植物生长调节剂

1-甲基环丙烯(1-methylcyclopropene)	整形醇(chlorflurenol)
S-诱抗素(abscisic acid)	ACC
矮壮素(chlormequat)	naphthoxyacetic acids
艾维激素(aviglycine)	**生长刺激素**
苯胺灵(propham)	2-(乙酰氧基)苯甲酸(aspirin)
苯哒嗪丙酯(fenridazon-propyl)	苯嘧苯醇(isopyrimol)
苄氨基嘌呤(benzyladenine)	苯氰丁酰胺(ciobutide)
赤霉酸(gibberellic acid)	比达农(pydanon)
赤霉酸A4+A7(gibberellins A4,A7)	吡啶醇(pyripropanol)
调呋酸(dikegulac)	补骨内酯(prosuler)
调环烯(tetcyclacis)	调环酸钙(prohexadione-calcium)
调节安(tiaojiean)	多效缩醛(furalane)
丁酰肼(daminozide)	呋苯硫脲(fuphenthiourea)
多效唑(paclobutrazol)	环丙酸酰胺(cyclanilide)
二氯芴素(dichlorflurenol)	菊乙胺酯(bachmedesh)
呋嘧醇(flurprimidol)	抗倒胺(inabenfide)
氟节胺(flumetralin)	抗倒酯(trinexapac-ethyl)
环丙嘧啶醇(ancymidol)	氯贝酸(clofibric acid)
甲哌鎓(mepiquat chloride)	氯苯氧乙酸(4-CPA)
氯芴素(chlorfluren)	氯吡脲(forchlorfenuron)
茉莉酸(jasmonic acid)	氯化胆碱(choline chloride)
茉莉酮(prohydrojasmon)	氯乙亚磺酸(holosulf)
萘乙酸(α-naphthaleneacetic acids)	三碘苯甲酸(2,3,5-tri-iodobenzoic acid)
萘乙酰胺(naphthaleneacetamide)	三十烷醇(triacontanol)
哌壮素(piproctanyl)	杀雄啉(sintofen)
噻苯隆(thidiazuron)	杀雄嗪酸(clofencet)
噻节因(dimethipin)	糖氨基嘌呤(kinetin)
三丁氯苄磷(chlorphonium)	特克草(buminafos)
脱叶磷(tribufos)	脱叶亚磷(merphos)
芴丁酯(flurenol)	乙二肟(glyoxime)
烯腺嘌呤(enadenine)	乙基芸苔素内酯(brassinolide-ethyl)
烯效唑(uniconazole)	乙氧喹啉(ethoxyquin)
乙烯硅(etacelasil)	抑芽唑(triapenthenol)
乙烯利(ethephon)	吲熟酯(ethychlozate)
抑芽丹(maleic hydrazide)	芸苔素内酯(brassinolide)
吲哚丁酸(IBA)	增产肟(heptopargil)
吲哚乙酸(IAA)	坐果酸(cloxyfonac)
玉米素(zeatin)	epocholeone
增甘膦(glyphosine)	karetazan
增糖胺(fluoridamid)	

其他

杀线虫剂	磷化氢(phosphine)
安百亩(kabam)	硫酰氟(sulfurylfluoride)
除线特(diamidafos)	氯化苦(chloropicrin)
二氯丁砜(dichlorothiolane dioxide)	棉隆(dazomet)
二氯异丙醚(nemamol)	萘(naphthalene)
二溴丙腈(DBPN)	氢氰酸(hydrogen cyanide)
氟噻虫砜(fluensulfone)	三氯硝基乙烷(TCNE)
环线威(tirpate)	三氯乙腈(trichloroacetonitrile)
己二硫酯(SD-4965)	三氯乙烷(methyl chloroform)
灭线磷(ethoprophos)	四硫代碳酸钠(sodium tetrathiocarbonate)
氰咪唑硫磷(imicyafos)	四氯化碳(carbon tetrachloride)
噻唑膦(fosthiazate)	羰基硫(carbonyl sulfide)
杀线噻唑(benclothiaz)	威百亩(metam)
杀线酯(REE-200)	溴甲烷(methyl bromide)
四氯噻吩(tetrachlorothiophene)	溴氯丙烯(chlorobromopropene)
线虫磷(fensulfothion)	溴氯乙烷(chlorobromoethane)
治线磷(thionazin)	异硫氰酸甲酯(methyl isothiocyanate)
壮棉丹(lanstan)	**杀软体动物剂**
Fluazaindolizine	贝螺杀(niclosamide)
tioxazafen	氟唑螺(tralopyril)
熏蒸剂	蜗螺杀(trifenmorph)
丙烯腈(acrylonitrile)	蜗牛敌(metaldehyde)
滴滴混剂(D-D)	溴乙酰胺(bromoacetamide)
碘甲烷(methyl iodide)	**杀鼠剂**
对二氯苯(para-dichlorobenzene)	安妥(antu)
二甲基二硫醚(dithioether)	氨基硫脲(thiosemicarbazide)
二硫化碳(carbon disulfide)	捕灭鼠(promurit)
二氯丙烷(1,2-dichloropropane)	敌害鼠(melitoxin)
二氯丙烯(1,3-dichloropropene)	敌鼠(diphacinone)
二氯甲烷(methylene chloride)	毒鼠硅(silatrane)
二氯硝基乙烷(ethide)	毒鼠碱(strychnine)
二氯乙烷(ethylene dichloride)	毒鼠磷(phosacetim)
二溴氯丙烷(DBCP)	毒鼠强(tetramine)
二溴乙烷(ethylene dibromide)	氟鼠啶(flupropadine)
环氧丙烷(propylene oxide)	氟鼠灵(flocoumafen)
环氧乙烷(ethylene oxide)	氟乙酸钠(sodium fluoroacetate)
甲基磺酰氟(methanesulfonyl fluoride)	氟乙酰胺(fluoroacetamide)
甲酸乙酯(ethyl formate)	海葱素(scilliroside)
磷化钙(calcium phosphide)	克灭鼠(coumafuryl)
磷化铝(aluminium phosphide)	磷化锌(zincphosphide)
磷化镁(magnesium phosphide)	氯灭鼠灵(coumachlor)

续表

氯醛糖(chloralose)	鼠得克(difenacoum)
氯鼠酮(chlorophacinone)	鼠甘伏(gliftor)
灭鼠安(mieshuan)	鼠立死(crimidine)
灭鼠腈(RH908)	鼠特灵(norbormide)
灭鼠优(pyrinuron)	鼠完(pindone)
噻鼠酮(difethialone)	溴敌隆(bromadiolone)
杀鼠灵(warfarin)	溴鼠胺(bromethalin)
杀鼠醚(coumatetralyl)	溴鼠灵(brodifacoum)
杀鼠酮(valone)	亚砷酸(arsenious acid)

2. 剂型标准代码对照表

A	
(AB)	毒谷 grain bait,已停用,见 RB
AE	气雾剂 aerosol dispenser
AL	直接施用的其他液剂 any other liquid
(AP)	其他粉剂 any other powder
B	
(BB)	饵块 block bait,已停用,见 RB
(BR)	丸剂 briquette,已停用,见 PT
C	
CB	浓饵剂 bait concentrate
(CF)	种子处理微囊悬浮剂 capsule suspension for seed treatment,已停用
(CG)	微囊颗粒剂 encapsulated granule,已停用,见 GR
(CL)	触杀液剂 contact liquid,已停用
CP	触杀粉剂 contact powder
CS	微囊悬浮剂 aqueous capsule suspension
D	
DC	可分散液剂 dispersible concentrate
(DL)	低飘移粉剂 driftless formulation
DP	粉剂 dustable powder
DS	种子处理干粉剂 powder for dry seed treatment
DT	片剂 tablet for direct application
E	
EC	乳油 emulsifiable concentrate
(ED)	静电喷雾剂 electrochargeable liquid,已停用
EG	乳粒剂 emulsifiable granule
EO	油乳剂 emulsion,water in oil
EP	乳粉剂 emulsifiable powder
ES	种子处理乳剂 emulsion for seed treatment
EW	水乳剂 emulsion,oil in water
F	
(FD)	发烟罐 smoke tin,已停用,见 FU
(FG)	细粒剂 fine granule,已停用,见 GR
(FK)	烟烛 smoke candle,已停用,见 FU

(FP)	烟弹,烟剂药筒 smoke cartridge,已停用,见 FU	
(FR)	烟棒 smoke rodlet,已停用,见 FU	
FS	种子处理悬浮剂 suspension concentrate for seed treatment(flowable concentrate for seed treatment)	
(FT)	烟片 smoke tablet,已停用,见 FU	
FSC[①]	悬浮种衣剂 suspension concentrate for seed film-coating(flowable concentrate for seed film-coating)	
FU	烟剂 smoke generator	
(FW)	发烟丸/烟剂球 smoke pellet,已停用,见 FU	
G		
GA	气体制剂 gas	
(GB)	饵粒 granular bait,已停用,见 RB	
GE	发气剂 gas generating product	
(GF)	发烟粒剂 gel for seed treatment,已停用	
(GG)	大粒剂 macrogranule,已停用,见 GR	
GL	乳胶 emulsifiable gel	
(GP)	漂浮粒剂 flo-dust,已停用	
GR	颗粒剂 granule	
GS	脂剂 grease	
GW	可溶胶剂 water soluble gel	
H		
HN	热雾剂 hot fogging concentrate	
K		
KK	桶混剂(液/固)combi-pack solid/liquid	
KL	桶混剂(液/液)combi-pack liquid/liquid	
KN	冷雾剂 cold fogging concentrate	
KP	桶混剂(固/固)combi-pack solid/solid	
L		
(LA)	药漆/涂膜剂 lacquer,已停用	
LN	长效防蚊帐 long-lasting insecticidal net	
LR[①]	诱芯 lure	
LS	种子处理液剂 solution for seed treatment	
LV	电热蚊香液 liquid vaporizer	
M		
MC	蚊香 mosquito coil	
ME	微乳剂 micro- emulsion	
(MG)	微粒剂 microgranule,已停用,见 GR	
MV	电热蚊片 vaporizing mat	
O		
OD	可分散油悬浮剂 oil-based suspension concentrate(oil dispersion)	
OF	油悬浮剂 oil miscible flowable concentrates	
OL	油剂 oil miscible liquid	
OP	油分散粉剂 oil dispersible powder	
P		
PA	膏剂 paste	
(PB)	片状毒饵,饵片 plate bait,已停用	
PC[①]	防虫罩 insect-proof cover	
PG[①]	防蚊粒 proof granule	

续表

PM[①]	防蚊片 proof mat	
PN[①]	防蚊网 proof net	
(PO)	(家畜)泼浇剂 pour-on,已停用	
PR	条剂 plant rodlet	
(PS)	拌药种子 seed coated with a pesticide,已停用	
PT	球剂 pellet	
R		
RB	饵剂 bait(ready for use)	
RK[①]	驱蚊乳 repellent milk	
RL[①]	挥散芯 releaser	
RP[①]	驱蚊巾 repellent wipe	
RQ[①]	驱蚊液 repellent liquid	
RW[①]	驱蚊花露水 repellent floral water	
S		
(SA)	畜体涂抹剂 spot-on,已停用	
(SB)	小块饵剂 scrap bait,已停用,见 RB	
SC	悬浮剂 aqueous suspension concentrate	
(SD)	可直接使用的悬浮剂 suspension concentrate for direct application,已停用	
SE	悬乳剂 aqueous suspo-emulsion	
SG	水溶粒剂 water soluble granule	
SL	可溶液剂 soluble concentrate	
SO	展膜油剂 spreading oil	
SP	水溶粉剂 water soluble powder	
(SS)	种子处理可溶粉剂 water soluble powder for seed treatment,已停用	
ST	水溶片剂 water soluble tablet	
(SU)	超低容量悬浮剂 ultra-low volume(ULV) suspension	
T		
TB	片剂 tablet	
TC	原药 technical material	
TK	母药 technical concentrate	
(TP)	追踪粉剂 tracking powder,已停用,见 CP	
U		
UL	超低容量液剂 ultra-low volume(ULV) liquid	
V		
VP	熏蒸剂 vapour releasing product	
W		
WG	水分散粒剂 water dispersible granule	
WP	可湿粉剂 wettable powder	
WS	种子处理可分散粉剂 water dispersible powder for slurry seed treatment	
WT	水分散片剂 water dispersible tablet	
Z		
ZC	微囊悬浮-悬浮剂 mixed formulations of CS and SC	
ZE	微囊悬浮-悬乳剂 mixed formulations of CS and SE	
ZW	微囊悬浮-水乳剂 mixed formulations of CS and EW	

① 为我国制定的农药剂型英文名称及代码。

索 引

1. 农药中文通用名称索引

A

吖庚磺酯	680
阿福拉纳	1
阿洛氨菌素	1
阿维菌素	2
矮壮素	1066
艾氏剂	4
艾维激素	1067
安百亩	1113
安硫磷	4
安妥	1113
氨丙磷酸	421
氨氟乐灵	680
氨磺乐灵	681
2-氨基丁烷	422
氨基磺酸铵	682
氨基硫脲	1114
氨基乙氟灵	683
氨氯吡啶酸	683
氨唑草酮	684
胺苯磺隆	685
胺丙畏	5
胺草磷	687
胺甲威	6
胺菊酯	6
胺酸杀	687
胺吸磷	8

B

八甲磷	8
八氯二丙醚	8
八氯酮	422
巴毒磷	9
百草枯	687
百菌清	422
百治磷	9
稗草胺	689
稗草畏	690
稗草烯	691
拌种胺	423
拌种灵	424
拌种咯	424
保果鲜	425
保棉磷	10
保幼醚	12
保幼炔	12
贝螺杀	1114
倍硫磷	12
苯胺灵	1067
苯并威	426
苯并烯氟菌唑	426
苯草醚	691
苯草灭	692
苯草酮	692
苯虫醚	13
苯哒嗪丙酯	1068
苯稻瘟净	427
苯丁锡	14
苯啶菌酮	427
苯磺噁唑草	693
苯磺菌胺	428
苯磺隆	693
苯甲羟肟酸	428
苯腈膦	15
苯菌灵	429
苯菌酮	430
苯硫脒	16
苯硫威	17
苯螨醚	18
苯螨特	18
苯咪唑菌	430
苯醚甲环唑	431
苯醚菊酯	19
苯醚氰菊酯	20
苯嘧苯醇	1069
苯嘧磺草胺	695
苯嗪草酮	696
苯氰丁酰胺	1069
苯噻草胺	697
苯噻噁唑嗪	432
苯噻菌胺	432
苯噻硫氰	433
苯噻隆	698
苯赛螨	22
苯霜灵	434
苯酰菌胺	435
苯线磷	22
苯锈啶	436
苯氧菌胺	437
苯氧喹啉	438

苯氧炔螨	23	苄啶菌酯	446	草哒酮	725
苯氧威	23	苄呋菊酯	35	草达津	725
苯扎氯铵	439	苄菊酯	36	草达克	726
苯唑草酮	699	苄氯三唑醇	447	草甘膦	726
苯唑磺隆	699	苄螨醚	37	草克死	728
比达农	1069	苄嘧磺隆	712	草枯醚	729
吡丙醚	24	苄烯菊酯	38	草灭畏	730
吡草醚	700	冰晶石	38	草特磷	730
吡草酮	701	冰片丹	39	草完隆	731
吡虫啉	25	丙胺氟磷	39	草芽平	731
吡啶醇	1070	丙苯磺隆	713	赤霉酸	1071
吡啶氟虫胺	26	丙草胺	714	赤霉酸 A4＋A7	1072
吡氟禾草灵	702	丙草定	715	虫螨磷	45
吡氟菌酯	439	丙虫磷	39	虫螨畏	46
吡氟喹虫唑	27	丙环唑	447	虫酰肼	47
吡氟酰草胺	702	丙硫多菌灵	449	除草定	732
吡菌磷	439	丙硫菌唑	449	除草隆	733
吡菌硫	441	丙硫克百威	40	除草醚	733
吡硫磷	28	丙硫磷	41	除虫菊素	48
吡氯灵	441	丙炔草胺	716	除虫脲	49
吡氯氰菊酯	28	丙炔噁草酮	716	除害威	50
吡螨胺	29	丙炔氟草胺	717	除螨灵	51
吡咪唑	441	丙森锌	450	除线磷	51
吡嘧磺隆	703	丙烷脒	451	除线特	1116
吡喃草酮	705	丙烯腈	1115	除线威	52
吡喃灵	442	丙烯醛	719	除幼脲	53
吡喃隆	706	丙烯酸喹啉酯	451	畜虫磷	350
吡噻菌胺	442	丙硝酚	42，720	畜虫威	350
吡蚜酮	30	丙溴磷	42	畜宁磷	351
吡唑氨酯	443	丙氧喹啉	452	畜蜱磷	351
吡唑草胺	706	丙酯草醚	720	春雷霉素	454
吡唑虫啶	31	丙酯杀螨醇	43	雌舞毒蛾引诱剂	53
吡唑氟磺草胺	707	病氰硝	453	醋酸苯汞	455
吡唑硫磷	32	波尔多液	453		
吡唑醚菌酯	444	补骨内酯	1071	**D**	
吡唑萘菌胺	445	捕灭鼠	1116	哒草特	733
吡唑特	708	不育胺	44	哒菌酮	455
吡唑威	33	不育特	44	哒螨灵	54
避虫醇	33			哒嗪硫磷	55
避蚊胺	34	**C**		哒幼酮	56
避蚊酮	34	残杀威	44	大蒜素	456
苄氨基嘌呤	1070	草铵膦	721	代森铵	457
苄草胺	709	草败死	722	代森福美锌	457
苄草丹	709	草不隆	722	代森环	457
苄草隆	710	草除灵	723	代森联	458
苄草唑	711	草除灵乙酯	723	代森硫	459
		草哒松	725	代森锰	459

代森锰铜	460	碘硫磷	65	毒虫畏	78
代森锰锌	461	碘氯啶酯	747	毒氟磷	478
代森钠	462	碘嗪磺隆	747	毒壤膦	80
代森锌	462	叠氮净	748	毒杀芬	80
单甲脒	57	叠氮磷	65	毒鼠硅	1119
单嘧磺隆	735	丁苯草酮	749	毒鼠碱	1120
单氰胺	735	丁苯硫磷	66	毒鼠磷	1120
稻瘟净	463	丁苯吗啉	471	毒鼠强	1121
稻瘟灵	464	丁草胺	750	毒死蜱	81
稻瘟酰胺	465	丁草敌	751	对二氯苯	1121
稻瘟酯	466	丁噁隆	752	对氟隆	759
2,4-滴	741	丁氟螨酯	66	对硫磷	82
2,4-滴丙酸	742	丁环硫磷	67	对氯硫磷	83
滴滴滴	57	丁基嘧啶磷	68	多敌菌	479
滴滴涕	58	丁硫啶	472	多氟脲	83
2,4-滴丁酸	743	丁硫克百威	69	多果定	479
狄氏剂	58	丁硫咪唑酮	752	多菌灵	480
敌百虫	59	丁醚脲	70	多抗霉素	481
敌稗	736	丁脒酰胺	753	多拉菌素	84
敌草胺	737	丁嗪草酮	754	多硫化钡	482
敌草腈	738	丁噻隆	754	多噻烷	85
敌草净	739	丁酮砜威	71	多杀霉素	85
敌草快	739	丁酮威	72	多杀威	87
敌草隆	740	丁烯胺磷	73	多效缩醛	1076
敌敌畏	60	丁烯草胺	755	多效唑	1076
敌噁磷	61	丁烯氟虫腈	73	多氧霉素	483
敌害鼠	1117	丁酰草胺	755		
敌磺钠	467	丁酰肼	1075	**E**	
敌菌丹	468	丁香菌酯	473	蛾蝇腈	87
敌菌灵	468	丁硝酚	756	噁草酮	760
敌螨特	62	丁酯膦	75	噁虫酮	88
敌灭生	741	丁子香酚	474	噁虫威	88
敌鼠	1118	啶斑肟	474	噁霉灵	484
敌瘟磷	469	啶吡唑虫胺	75	噁咪唑	485
敌蝇威	62	啶虫磷	75	噁嗪草酮	761
地安磷	63	啶虫脒	76	噁噻哌菌灵	486
地虫硫磷	63	啶磺草胺	756	噁霜灵	486
地乐酚	744	啶菌噁唑	475	噁唑虫磷	89
地乐灵	744	啶菌腈	476	噁唑禾草灵	762
地乐特	745	啶嘧磺隆	757	噁唑菌酮	488
地麦威	64	啶喃环丙虫酯	77	噁唑磷	90
地茂散	470	啶蜱脲	77	噁唑酰草胺	763
地散磷	745	啶酰菌胺	476	二苯胺	489
碘苯腈	746	啶氧菌酯	477	二丙烯草胺	764
碘甲烷	1119	毒草胺	758	二甲苯草胺	764
				二甲丙乙净	765
				二甲草胺	765

二甲哒草伏	766	粉净胺	495	氟虫胺	109
二甲呋酰胺	489	粉唑醇	495	氟虫腈	109
二甲基二硫醚	1121	丰丙磷	98	氟虫脲	111
二甲嘧酚	489	砜拌磷	99	氟虫酰胺	112
二甲噻草胺	767	砜嘧磺隆	775	氟哒嗪草酯	791
二甲胂酸	768	砜吸磷	99	氟丁酰草胺	792
二甲戊灵	768	呋苯硫脲	1078	氟啶胺	504
二硫化碳	1122	呋吡菌胺	496	氟啶草酮	793
3,4-二氯苯氧基乙酸	769	呋草磺	776	氟啶虫胺腈	113
二氯吡啶酸	770	呋草酮	777	氟啶虫酰胺	114
二氯苄草酯	770	呋虫胺	100	氟啶嘧磺隆	794
二氯丙烷	1122	呋甲硫菌灵	497	氟啶脲	115
二氯丙烯	1123	呋菌胺	498	氟硅菊酯	116
二氯丙烯胺	771	呋菌唑	498	氟硅唑	505
二氯丁砜	1123	呋醚唑	499	氟禾草灵	795
二氯喹啉酸	771	呋嘧醇	1078	氟化除草醚	796
二氯萘醌	490	呋喃虫酰肼	101	氟环唑	506
二氯嗪虫脲	91	呋喃解草唑	778	氟磺胺草	796
二氯芬素	1077	呋炔菊酯	102	氟磺胺草醚	796
二氯硝基乙烷	1123	呋霜灵	499	氟磺隆	798
二氯乙烷	1124	呋酰胺	500	氟磺酰胺	117
二氯异丙醚	1124	呋线威	103	氟磺酰草胺	799
二嗪磷	91	呋氧草醚	779	氟节胺	1079
二噻农	491	伏杀硫磷	104	氟菌螨酯	507
二硝巴豆酸酯	492	氟胺草酯	779	氟菌唑	508
二硝酚	92	氟胺草唑	781	氟喹唑	509
二溴丙腈	1125	氟胺磺隆	782	氟乐灵	799
二溴磷	93	氟胺氰菊酯	105	氟铃脲	117
二溴氯丙烷	1125	氟苯啶草	783	氟硫草定	801
二溴乙烷	1125	氟苯嘧啶醇	501	氟硫隆	801
二氧威	94	氟苯脲	106	氟氯苯菊酯	119
二乙除草双	772	氟苯戊烯酸	783	氟氯吡啶酯	803
		氟吡草酮	783	氟氯草胺	804
F		氟吡草腙	784	氟氯菌核利	510
发硫磷	95	氟吡禾灵	785	氟氯氰菊酯	119
伐草克	773	氟吡磺隆	786	氟氯双苯隆	121
伐草快	773	氟吡菌胺	502	氟咯草酮	802
伐虫脒	96	氟吡菌酰胺	503	氟吗啉	510
伐垄磷	774	氟吡酰草胺	787	氟螨脲	121
伐灭磷	97	氟吡唑虫	107	氟螨嗪	123
反氯菊酯	97	氟丙菊酯	107	氟螨噻	124
反灭虫菊	98	氟丙嘧草酯	787	氟咪杀	804
放线菌酮	493	氟草磺胺	788	氟嘧苯甲酸	804
非草隆	774	氟草隆	789	氟嘧磺隆	805
芬硫磷	98	氟草敏	790	氟嘧菌胺	511
酚菌酮	494	氟草肟	790	氟嘧菌酯	513
粉病灵	494				

氟氰戊菊酯	124	庚酰草胺	815	环戊烯丙菊酯	144
氟噻草胺	806	汞加芬	523	环酰草胺	829
氟噻虫砜	1126	硅氟唑	524	环酰菌胺	532
氟噻唑菌腈	514	硅噻菌胺	525	环线威	1131
氟鼠啶	1127	硅酸铜	525	环氧丙烷	1131
氟鼠灵	1127	癸磷锡	526	环氧嘧磺隆	830
氟酮磺草胺	807	果虫磷	138	环氧乙烷	1132
氟烯硝草	807	果绿啶	526	环莠隆	831
氟酰胺	514	果乃胺	138	环酯草醚	831
氟酰脲	126			黄原酸异丙酯	837
氟硝磺酰胺	808	**H**		磺胺螨酯	145
氟乙酸钠	1129	海葱素	1130	磺草灵	832
氟乙酰胺	1129	害扑威	138	磺草酮	833
氟蚁灵	127	禾草敌	816	磺草唑胺	834
氟蚁腙	127	禾草灵	817	磺菌胺	533
氟幼脲	129	禾草灭	818	磺菌威	534
氟唑草胺	808	禾草畏	818	磺噻隆	835
氟唑环菌胺	515	合杀威	139	磺酰磺隆	836
氟唑磺隆	809	红铃虫性诱素	140	灰黄霉素	535
氟唑菌酰胺	516	华光霉素	141	茴蒿素	535
氟唑螺	1129	环苯草酮	819	混灭威	146
福代硫	517	环丙草磺胺	820	混杀威	146
福美甲胂	517	环丙氟灵	820	活化酯	535
福美胂	518	环丙津	821		
福美双	518	环丙嘧啶醇	1080	**J**	
福美铁	519	环丙嘧磺隆	821	几丁聚糖	537
福美铜氯	520	环丙青津	823	几噻唑	147
福美锌	520	环丙酸酰胺	1080	己二硫酯	1132
腐霉利	521	环丙特丁嗪	527	己唑醇	537
富右旋反式胺菊酯	129	环丙酰菌胺	527	家蝇磷	147
		环丙唑醇	528	甲氨基阿维菌素	148
G		环草定	823	甲氨基阿维菌素苯甲酸盐	149
甘氨硫磷	130	环草隆	824	甲胺磷	151
甘草津	810	环虫腈	141	甲胺嘧磷	152
甘扑津	810	环虫菊酯	142	甲拌磷	152
高效苯霜灵	522	环虫酰肼	143	甲苯磺菌胺	538
高效二甲噻草胺	811	环氟菌胺	530	甲草胺	837
高效反式氯氰菊酯	130	环庚草醚	825	甲呋酰胺	539
高效氟吡甲禾灵	812	环磺酮	826	甲氟磷	153
高效氟氯氰菊酯	131	环己硫磷	531	甲磺草胺	839
高效氯氟氰菊酯	133	环己烯草酮	826	甲磺乐灵	840
高效氯氰菊酯	134	环菌胺	531	甲磺隆	840
高效麦草伏丙酯	813	环菌唑	531	甲基胺草磷	841
高效麦草伏甲酯	814	环嗪酮	827	甲基苯噻隆	842
高效烯唑醇	523	环羧螨	144	甲基吡噁磷	154
格螨酯	136	环烷酸铜	532	甲基碘磺隆钠盐	843
庚烯磷	137	环戊噁草酮	828	甲基丁香酚	155

甲基毒虫畏	155	甲氧虫酰肼	167	抗虫菊	174
甲基毒死蜱	156	甲氧除草醚	860	抗虫威	175
甲基对硫磷	157	甲氧滴滴涕	168	抗倒胺	1083
甲基二磺隆	844	甲氧隆	860	抗倒酯	1084
1-甲基环丙烯	1081	甲氧咪草烟	861	抗螨唑	175
甲基磺草酮	845	甲氧噻草胺	862	抗蚜威	176
甲基磺酰氟	1133	甲乙嘧啶硫磷	169	抗幼烯	177
甲基喹噁磷	158	碱式硫酸铜	544	可乐津	877
甲基立枯磷	540	碱式碳酸铜	545	克百威	178
甲基硫环磷	158	间氯敌菌酮	544	克草胺	878
甲基硫菌灵	540	椒菊酯	169	克草胺酯	878
甲基嘧啶磷	159	解草安	863	克草敌	879
甲基内吸磷	160	解草胺腈	864	克草啶	879
甲基杀草隆	846	解草啶	865	克菌丹	553
甲基胂酸	847	解草腈	866	克菌磷	554
甲基胂酸钠	847	解草酮	866	克仑吡林	179
甲基辛硫磷	160	解草烷	867	克霉唑	554
甲基乙拌磷	161	解草烯	868	克灭鼠	1134
甲基乙酯磷	162	解草唑	868	克杀螨	179
甲基异柳磷	162	解毒喹	869	枯草隆	880
甲菌利	541	金色制霉素	545	枯莠隆	880
甲硫苯威	848	浸种磷	546	苦参碱	180
甲硫磺乐灵	848	腈苯唑	546	喹草酸	881
甲硫嘧磺隆	849	腈吡螨酯	170	喹禾糠酯	882
甲硫威	162	腈菌唑	547	喹禾灵	883
甲硫唑草啉	850	精吡氟禾草灵	871	喹菌酮	555
2甲4氯	851	精草铵膦	872	喹啉铜	555
2甲4氯丙酸	852	精噁唑禾草灵	873	喹啉威	180
2甲4氯丁酸	853	精高效氯氟氰菊酯	171	喹硫磷	180
甲氯酰草胺	850	精2甲4氯丙酸	870	喹螨醚	182
2甲4氯乙硫酯	853	精甲霜灵	548	醌菌腙	556
甲咪唑烟酸	854	精喹禾灵	874	醌肟腙	556
甲醚菊酯	163	精异丙甲草胺	875		
甲嘧磺隆	856	井冈霉素	549	**L**	
甲萘威	164	久效磷	172	乐果	183
甲哌鎓	1082	久效威	173	乐杀螨	184
甲氰菊酯	165	菊乙胺酯	1083	雷复沙奈	184
甲醛	542	拒食胺	174	雷公藤甲素	185
甲霜灵	542	绝育磷	174	雷皮菌素	185
甲酸乙酯	1133	菌核净	551	利谷隆	884
甲羧除草醚	857	菌核利	551	联氨噁唑酮	557
甲酰胺磺隆	858			联苯	558
甲香菌酯	543	**K**		联苯吡菌胺	558
甲亚砜磷	166	卡草胺	876	联苯肼酯	187
甲氧苄氟菊酯	166	糠草腈	877	联苯菊酯	188
甲氧丙净	859	糠菌唑	552	联苯三唑醇	559
		糠醛	553	联氟螨	190

链霉素	560	氯苯胺灵	890	氯戊环	213
邻苯基苯酚钠	561	氯苯吡啶	569	氯芴素	1087
邻苯基酚	561	氯苯哒醇	891	氯烯炔菊酯	214
邻敌螨消	190	氯苯咪菌酮	570	氯酰草膦	901
邻碘酰苯胺	562	氯苯嘧啶醇	570	氯硝胺	574
邻酰胺	562	氯苯氧乙醇	892	氯辛硫磷	214
林丹	191	氯苯氧乙酸	1085	氯溴隆	902
磷胺	191	氯苯乙丙磷	200	氯亚胺硫磷	215
磷吡酯	192	氯吡呋醚	571	氯氧磷	216
磷虫威	193	氯吡嘧磺隆	892	氯乙地乐灵	902
磷化钙	1134	氯吡脲	1086	氯乙氟灵	903
磷化铝	1134	氯吡唑磷	201	氯乙酸	904
磷化镁	1135	氯丙嘧啶酸	893	氯乙亚磺酸	1088
磷化氢	1135	氯草敏	894	氯藻胺	904
磷化锌	1136	氯虫苯甲酰胺	201	氯酯磺草胺	905
另丁津	884	氯虫酰肼	202	氯唑磷	216
硫丙磷	193	氯丹	203	螺虫乙酯	217
硫丹	194	氯啶菌酯	572	螺虫酯	219
硫氟肟醚	195	氯氟吡氧乙酸	894	螺环菌胺	574
硫环磷	196	氯氟草醚	896	螺螨酯	220
硫黄	563	氯氟醚菊酯	204	咯菌腈	567
硫菌灵	564	氯氟氰虫酰胺	205	咯喹酮	568
硫菌威	564	氯化胆碱	1087	落草胺	887
硫氯苯亚胺	565	氯化苦	1137		
硫氰苯胺	885	氯化亚汞	206	**M**	
硫氰苯甲酰胺	565	氯磺隆	896	马拉硫磷	221
硫氰酸钾	196	氯甲草	897	呜菌威	575
硫双威	197	氯甲硫磷	206	麦草伏	906
硫酸铜	566	氯菊酯	207	麦草畏	907
硫酸亚铁	885	氯硫酰草胺	898	麦穗宁	576
硫肟醚	198	氯咪巴唑	573	螨蜱胺	222
硫酰氟	1136	氯嘧磺隆	898	茅草枯	908
硫线磷	198	氯灭杀威	208	茂硫磷	222
六氟砷酸钾	885	氯灭鼠灵	1138	猛杀威	223
六六六	199	氯氰菊酯	209	咪草酸	909
六氯苯	566	zeta-氯氰菊酯	210	咪菌腈	576
六氯丁二烯	567	氯全隆	900	咪菌威	577
六氯酚	567	氯醛糖	1139	咪鲜胺	577
六氯酮	886	氯炔灵	900	咪唑菌酮	578
隆草特	886	氯噻啉	211	咪唑喹啉酸	910
卤草定	887	氯杀螨	212	咪唑嗪	579
绿谷隆	888	氯生太尔	213	咪唑烟酸	911
绿麦隆	889	氯鼠酮	1139	咪唑乙烟酸	912
氯氨吡啶酸	889	氯酸钙	901	弥拜菌素	224
氯胺磷	200	氯酞酸	901	醚苯磺隆	913
氯贝酸	1085	氯瘟磷	573	醚草敏	914
				醚草通	915

醚磺隆	916	灭鼠安	1141	蜱虱威	250
醚菊酯	225	灭鼠腈	1142	坪草丹	933
醚菌胺	580	灭鼠优	1142	扑草净	934
醚菌酯	581	灭瘟素	590	扑灭津	935
嘧苯胺磺隆	917	灭瘟唑	591	扑灭通	936
嘧草胺	918	灭线磷	1143	**Q**	
嘧草硫醚	918	灭锈胺	591	七氟菊酯	251
嘧草醚	919	灭蚜磷	239	七氯	252
嘧虫胺	226	灭蚜硫磷	240	羟敌草腈	937
嘧啶磷	227	灭蚁灵	241	8-羟基喹啉盐	593
嘧啶威	227	灭蝇胺	241	切欣特混合液	593
嘧啶肟草醚	920	灭莠津	928	嗪胺灵	593
嘧啶氧磷	228	灭幼脲	242	嗪草酸甲酯	937
嘧氟磺草胺	921	灭幼唑	243	嗪草酮	939
嘧菌胺	582	灭藻醌	928	嗪虫脲	253
嘧菌醇	583	茉莉酸	1088	嗪咪唑嘧磺隆	940
嘧菌环胺	583	茉莉酮	1088	氢氰酸	1144
嘧菌酯	584	莫西菌素	244	氢氧化铜	594
嘧菌腙	586	牧草胺	929	氰氨化钙	941
嘧螨胺	228	牧草快	929	氰草津	941
嘧螨醚	229	**N**		氰草净	942
嘧螨酯	230	那他霉素	592	氰虫酰胺	253
嘧霉胺	586	萘	1143	氰氟草酯	942
棉胺宁	921	萘丙胺	930	氰氟虫腙	254
棉铃威	231	萘草胺	930	氰菌胺	595
棉隆	1140	萘酐	931	氰菌灵	595
灭草敌	922	萘肽磷	245	氰咪唑硫磷	1144
灭草恒	923	萘乙酸	1089	氰霜唑	595
灭草环	923	萘乙酰胺	1090	氰酸钾	944
灭草灵	924	喃烯菊酯	246	氰戊菊酯	255
灭草隆	924	闹羊花素-Ⅲ	246	S-氰戊菊酯	257
灭草松	925	内吸磷	244	氰烯菌酯	597
灭草特	926	d-柠檬烯	246	驱虫特	258
灭草唑	927	牛蝇畏	247	驱虫威	258
灭虫隆	232	**O**		驱蚊醇	259
灭虫唑	233	偶氮苯	247	驱蚊叮	259
灭除威	233	偶氮磷	247	驱蚊灵	259
灭多威	234	**P**		驱蚊油	260
灭害威	235			驱蝇定	260
灭菌丹	587	哌草丹	932	炔苯酰草胺	944
灭菌磷	588	哌草磷	933	炔丙菊酯	261
灭菌唑	589	哌虫啶	248	炔草胺	945
灭螨醌	236	哌壮素	1090	炔草隆	945
灭螨猛	237	硼砂	249	炔草酯	946
灭螨脒	238	硼酸	249	炔呋菊酯	262
灭杀威	239	皮蝇磷	250	炔禾灵	947

炔螨特	263	三丁氯苄磷	1093	杀虫脒	289
炔咪菊酯	264	三氟苯唑	607	杀虫双	290

R

壬酸	947	三氟啶磺隆	956	杀虫畏	291
乳氟禾草灵	948	三氟𫫇嗪	957	杀铃脲	292

S

噻苯隆	1091	三氟禾草肟	957	杀螨醇	293
噻草啶	949	三氟甲吡醚	275	杀螨硫醚	294
噻草酮	950	三氟甲草醚	958	杀螨霉素	294
噻虫胺	265	三氟甲磺隆	958	杀螨脒	295
噻虫啉	266	三氟甲氧威	608	杀螨特	295
噻虫嗪	268	三氟氯氰菊酯	276	杀螨酯	296
噻恩菊酯	269	三氟醚菊酯	278	杀螟丹	296
噻二呋	597	三氟羧草醚	958	杀螟腈	298
噻二唑草胺	951	三氟硝草醚	959	杀螟硫磷	299
噻吩磺隆	952	三环赛草胺	960	杀木膦	968
噻吩酰菌酮	598	三环锡	278	杀扑磷	300
噻氟菌胺	598	三环唑	608	杀鼠灵	1148
噻氟隆	953	三甲异脲	960	杀鼠醚	1149
噻节因	1092	三磷锡	279	杀鼠酮	1150
噻菌胺	599	三硫磷	280	杀线噻唑	1150
噻菌腈	600	三氯吡啶酚	961	杀线威	301
噻菌灵	600	三氯吡氧乙酸	961	杀线酯	1151
噻菌茂	601	三氯丙酸	962	杀雄啉	1094
噻菌铜	602	三氯甲基吡啶	609	杀雄嗪酸	1095
噻氯磷	270	三氯杀虫酯	280	莎稗磷	969
噻螨酮	270	三氯杀螨醇	281	蛇床子素	613
噻螨威	271	三氯杀螨砜	282	砷酸钙	302
噻喃磷	272	三氯硝基乙烷	1148	砷酸铅	302
噻嗪酮	272	三氯乙腈	1148	生物苄呋菊酯	302
噻森铜	602	三嗪氟草胺	963	生物氯菊酯	304
噻鼠酮	1145	三十烷醇	1094	生物烯丙菊酯	304
噻酮磺隆	953	三乙膦酸铝	610	S-生物烯丙菊酯	305
噻酰菌胺	602	三唑醇	611	虱螨脲	306
噻唑禾草灵	954	三唑磺	963	十二环吗啉	614
噻唑菌胺	603	三唑磷	283	4-十二烷基-2,6-二甲基吗啉	615
噻唑膦	1147	三唑酮	612	十氯酮	307
噻唑硫磷	274	三唑锡	284	十三吗啉	615
噻唑锌	604	三唑酰草胺	964	石硫合剂	616
赛拉菌素	274	杀草胺	964	疏草隆	970
赛硫磷	275	杀草丹	965	蔬果磷	307
赛松	955	杀草砜	966	鼠得克	1151
三苯锡	605	杀草隆	966	鼠甘伏	1152
三氮唑核苷	606	杀草强	967	鼠立死	1153
三碘苯甲酸	1093	杀草畏	968	鼠特灵	1153
三丁基氧化锡	607	杀虫单	285	鼠完	1154
		杀虫环	286	双苯嘧草酮	971
		杀虫磺	287	双苯酰草胺	971

双苯唑快	972	速灭磷	322	**W**			
双丙氨酰膦	973	速灭威	323	王铜	629		
双草醚	974	速杀硫磷	323	威百亩	1156		
双氟磺草胺	975			威菌磷	630		
双胍辛胺	616	**T**		萎锈灵	631		
双胍辛盐	618	酞菌酯	627	喔草酯	994		
双环磺草酮	976	碳氯灵	324	蜗螺杀	1157		
双环咯酮	977	碳酸钠波尔多液	628	蜗牛敌	1158		
双甲胺草磷	977	碳烯碘草腈	983	肟草酮	996		
双甲脒	308	羰基硫	1156	肟菌酯	632		
双硫磷	309	糖氨基嘌呤	1096	肟醚菌胺	633		
双氯酚	619	特草定	984	五氟苯菊酯	329		
双氯磺草胺	978	特草灵	984	五氟磺草胺	997		
双氯氰菌胺	619	特草嗪酮	985	五氯苯酚	634		
双醚氯吡嘧磺隆	979	特丁草胺	985	五氯酚钠	998		
双炔酰菌胺	620	特丁津	986	五氯戊酮酸	999		
双三氟虫脲	310	特丁净	987	五氯硝基苯	635		
双氧硫威	311	特丁硫磷	324	戊苯吡菌胺	636		
双唑草腈	979	特丁噻草隆	988	戊苯砜	636		
霜霉威	621	特丁通	988	戊菊酯	330		
霜脲氰	622	特噁唑隆	989	戊菌隆	637		
水胺硫磷	311	特噁唑威	989	戊菌唑	638		
水杨菌胺	623	特津酮	989	戊氰威	331		
水杨酰苯胺	624	特糠酯酮	990	戊烯氰氯菊酯	331		
顺式苄呋菊酯	312	特克草	1096	戊硝酚	999		
顺式氯氰菊酯	313	特乐酚	990	戊唑醇	639		
四氟苯菊酯	315	特螨腈	325	芴丁酯	1098		
四氟丙酸	980	特嘧硫磷	325	**X**			
四氟甲醚菊酯	316	特普	326	西草净	999		
四氟隆	980	2,4,5-涕	991	西玛津	1000		
四氟醚菊酯	317	2,4,5-涕丙酸	992	西玛通	1001		
四氟醚唑	624	2,4,5-涕丁酸	992	烯丙苯噻唑	640		
四甲磷	318	涕灭砜威	326	烯丙醇	1001		
四硫代碳酸钠	1155	涕灭威	327	烯丙菊酯	332		
四氯苯酞	625	田乐磷	328	烯草胺	1002		
四氯对醌	626	甜菜安	993	烯草酮	1003		
四氯化碳	1155	甜菜宁	993	烯虫硫酯	333		
四氯喹噁啉	627	调呋酸	1072	烯虫炔酯	333		
四氯噻吩	1155	调环酸钙	1073	烯虫乙酯	334		
四氯硝基苯	627	调环烯	1074	烯虫酯	335		
四螨嗪	318	调节安	1075	烯啶虫胺	336		
四溴菊酯	319	α-桐酸甲酯	329	烯肟菌胺	641		
四唑嘧磺隆	981	铜锌铬铬酸盐	628	烯肟菌酯	642		
四唑酰草胺	982	土菌灵	628	烯酰吗啉	643		
苏硫磷	321	脱叶磷	1097	烯腺嘌呤	1098		
苏云金素	321	脱叶亚磷	1097	烯效唑	1099		

烯唑醇	644	溴鼠胺	1163	乙基倍硫磷	362
稀禾定	1004	溴鼠灵	1164	乙基多杀菌素	363
酰胺嘧啶磷	337	溴硝醇	651	乙基杀扑磷	364
酰苯磺威	1006	溴乙酰胺	1165	乙基溴硫磷	365
酰草隆	1006	溴莠敏	1012	乙基芸苔素内酯	1100
酰嘧磺隆	1006	血根碱	351	乙菌利	660
线虫磷	1159			乙硫苯威	365
香芹酚	645	**Y**		乙硫草特	1021
香芹酮	646	蚜灭磷	352	乙硫磷	366
消螨多	338	亚胺硫磷	353	乙螨唑	367
消螨酚	338	亚胺唑	652	乙霉威	661
消螨通	339	亚砜磷	354	乙嘧酚	661
硝苯菌酯	646	亚砷酸	1166	乙嘧酚磺酸酯	662
硝草酚	1007	亚砷酸钾	355	乙嘧硫磷	368
硝虫硫磷	340	烟碱	355	乙嗪草酮	1021
硝虫噻嗪	340	烟嘧磺隆	1013	乙氰菊酯	368
硝丁酯	340	盐酸吗啉胍	653	乙噻唑磷	370
硝辛酯	341	燕麦敌	1014	乙酸铜	663
小檗碱	647	燕麦灵	1014	乙蒜素	663
缬氨菌酯	648	燕麦酯	1015	乙羧氟草醚	1022
缬霉威	649	氧化福美双	653	乙烯硅	1101
辛菌胺	650	氧化苦参碱	356	乙烯菌核利	664
辛硫磷	341	氧化萎锈灵	654	乙烯利	1101
辛噻酮	650	氧化亚铜	654	乙酰氨基阿维菌素	370
新烟碱	342	氧环唑	655	乙酰虫腈	371
新燕灵	1008	氧乐果	356	乙酰甲胺磷	372
溴苯腈	1008	氧嘧酰胺	357	乙酰甲草胺	1023
溴苯磷	343	氧四环素	656	2-（乙酰氧基）苯甲酸	1102
溴苄呋菊酯	343	野燕畏	1016	乙氧苯草胺	1023
溴虫腈	344	叶菌唑	656	乙氧氟草醚	1024
溴敌隆	1160	叶枯酞	657	乙氧喹啉	1102
溴丁酰草胺	1009	叶枯唑	658	乙氧隆	1025
溴芬松	345	叶锈特	659	乙氧嘧磺隆	1026
溴酚肟	1010	一甲呋喃丹	357	乙酯磷	373
溴氟菊酯	345	伊维菌素	358	乙酯杀螨醇	373
溴谷隆	1011	伊蚊避	359	异艾氏剂	374
溴甲烷	1161	乙胺草醚	1017	异拌磷	375
溴菌腈	651	乙拌磷	360	异丙吡草酯	1026
溴硫磷	346	乙苯威	361	异丙草胺	1028
溴氯丙烯	1162	乙草胺	1017	异丙甲草胺	1029
溴氯丹	346	乙虫腈	361	异丙净	1030
溴氯氰菊酯	347	乙滴涕	362	异丙乐灵	1031
溴氯乙烷	1162	乙丁氟灵	1018	异丙隆	1031
溴螨酯	347	乙丁烯氟灵	1019	异丙威	375
溴灭菊酯	348	乙二肟	1100	异丙酯草醚	1032
溴氰菊酯	349	乙呋草磺	1020	异草定	1033
		乙环唑	659		

异草完隆	1033	吲哚乙酸	1105	增效胺	394
异稻瘟净	665	吲熟酯	1106	增效砜	395
异狄氏剂	376	印楝素	382	增效环	395
异丁草胺	1034	茚草酮	1045	增效磷	396
异丁乙氧喹啉	665	茚虫威	383	增效醚	396
异恶草胺	1040	茚嗪氟草胺	1046	增效敏	397
异恶草醚	1034	蝇毒磷	384	增效散	397
异恶草酮	1035	油酸铜	670	增效特	398
异恶隆	1036	莠不生	1047	增效酯	398
异恶氯草酮	1037	莠灭净	1048	樟脑	399
异恶酰草胺	1038	莠去津	1049	整形醇	1109
异恶唑草酮	1039	莠去通	1050	酯菌胺	671
异菌脲	666	右旋胺菊酯	385	治螟磷	399
异硫氰酸甲酯	1166	右旋反式胺菊酯	386	治线磷	1167
异柳磷	377	右旋反式氯丙炔菊酯	386	种菌唑	671
异氯磷	377	右旋七氟甲醚菊酯	387	种衣酯	672
异噻菌胺	667	右旋烯炔菊酯	387	仲草丹	1051
异索威	378	诱虫烯	388	仲丁灵	1051
异亚砜磷	378	S-诱抗素	1106	仲丁通	1052
抑草津	1041	诱杀烯混剂	389	仲丁威	400
抑草磷	1042	诱蝇羧酯	390	壮棉丹	1168
抑草蓬	1042	诱蝇酮	390	兹克威	401
抑菌啉	668	鱼尼汀	391	坐果酸	1110
抑霉胺	668	鱼藤酮	391	唑胺菌酯	673
抑霉唑	668	玉米素	1107	唑吡嘧磺隆	1053
抑食肼	379	育畜磷	392	唑草胺	1054
抑芽丹	1103	愈创木酚	670	唑虫酰胺	402
抑芽唑	1104	原烟碱	393	唑啶草酮	1055
益硫磷	379	芸苔素内酯	1107	唑菌酯	673
益棉磷	380			唑啉草酯	1056
因毒磷	381	**Z**		唑螨酯	403
茵达灭	1043	早熟素Ⅰ	393	唑嘧磺草胺	1058
茵多杀	1044	早熟素Ⅱ	394	唑嘧磺隆	1059
吲哚丁酸	1105	早熟素Ⅲ	394	唑嘧菌胺	674
吲哚磺菌胺	669	增产肟	1108	唑酮草酯	1059
吲哚酮草酯	1044	增甘膦	1109	唑蚜威	404
		增糖胺	1109		

2. 农药英文通用名称索引

A

abamectin	2	acetamiprid	76	aclonifen	691
abamectin-aminomethyl	148	acethion	147	acrinathrin	107
abscisic acid	1106	acetochlor	1017	acrolein	719
ACC	1111	acetophos	373	acrylonitrile	1115
acephate	372	acetoprole	371	afidopyropen	77
acequinocyl	236	acibenzolar	535	afoxolaner	1
		aciflurofen-sodium	958	alachlor	837

alanycarb	231	aspirin	1102	bensultap	287
albendazole	449	asulam	832	bentaluron	674
aldicarb	327	athidathion	364	bentazone	925
aldimorph	615	atraton	1050	benthiavalicarb-isopropyl	432
aldoxycarb	326	atrazine	1049	benthiazole	433
aldrin	4	aureofungin	545	bentranil	692
allethrin	332	aviglycine	1067	benzadox	687
allicin	456	azaconazole	655	benzalkonium chloride	439
allidochlor	764	azadirachtin	382	benzamacril	675
allosamidin	1	azafenidin	1055	benzamorf	668
alloxydim	818	azamethiphos	154	benzfendizone	971
allyl alcohol	1001	azimsulfuron	981	benzimine	405
allyxycarb	50	azinphos-ethyl	380	benzipram	709
alorac	999	azinphos-methyl	10	benzobicyclon	976
aluminium phosphide	1134	aziprotryne	748	benzofenap	701
ametoctradin	674	azithiram	653	benzofluor	796
ametridione	989	azobenzene	247	benzohydroxamic acid	428
ametryn	1048	azocyclotin	284	benzovindiflupyr	426
amibuzin	985	azothoate	247	benzoximate	18
amicarbazone	684	azoxystrobin	584	benzoylprop	1008
amicarthiazol	424	**B**		benzthiazuron	698
amidithion	275	bachmedesh	1083	benzyladenine	1070
amidoflumet	145	barban	1014	berberine	647
amidosulfuron	1006	barium hexafluorosilicate	405	bethoxazin	432
aminocarb	235	barium polysulfide	482	bicyclopyrone	783
aminocyclopyrachlor	893	barthrin	169	bifenazate	187
aminopyralid	889	basic copper carbonate	545	bifenox	857
amiprofos-methyl	841	BCPC	1061	bifenthrin	188
amiprophos	687	beflubutamid	792	bifujunzhi	439
amisulbrom	669	benalaxyl	434	bilanafos	973
amiton	8	benalaxyl-M	522	binapacryl	184
amitraz	308	benazolin	723	S-bioallethrin	305
amitrole	967	benazolin-ethyl	723	bioallethrin	304
ammonium sulfamate	682	bencarbazone	699	biopermethrin	304
amobam	457	benclothiaz	1150	bioresmethrin	302
ampropylfos	421	bendiocarb	88	biphenyl	558
anabasine	342	benfluralin	1018	bisazir	406
ancymidol	1080	benfuracarb	40	bismerthiazol	658
anilazine	468	benfuresate	776	bispyribac-sodium	974
anilofos	969	benodanil	562	bistrifluron	310
anisuron	970	benomyl	429	bitertanol	559
antu	1113	benoxacor	866	bixafen	558
apholate	44	benoxafos	405	blasticidin-S	590
aramite	295	benquinox	556	bollex	329
arsenious acid	1166	bensulfuron-methyl	712	borax	249
asomate	518	bensulide	745	bordeaux mixture	453

boric acid	249	butralin	1051	chloraniformethan	495
boscalid	476	butroxydim	749	chloranil	626
brassinolide	1107	buturon	945	chloranocryl	755
brassinolide-ethyl	1100	butylamine	422	chlorantraniliprole	201
brodifacoum	1164	butylate	751	chlorazifop	947
brofenvalerate	348			chlorazine	877
broflanilide	406	**C**		chlorbenside	212
brofluthrinate	345	cacodylic acid	768	chlorbenzuron	242
bromacil	732	cadusafos	198	chlorbicyclen	39
bromadiolone	1160	cafenstrole	1054	chlorbromuron	902
bromethalin	1163	calcium arsenate	302	chlorbufam	900
bromethrin	343	calcium chlorate	901	chlordane	203
bromfenvinfos	345	calcium cyanamide	941	chlordecone	307
bromoacetamide	1165	calcium phosphide	1134	chlordimeform	289
bromobonil	877	calcium polysulfide	616	chlorempenthrin	214
bromobutide	1009	cambendichlor	878	chlorethoxyfos	216
bromocyclen	346	camphechlor	80	chloreturon	1025
bromofenoxim	1010	camphor	399	chlorfenac	773
bromophos	346	captafol	468	chlorfenapyr	344
bromophos-ethyl	365	captan	553	chlorfenazole	430
bromopropylate	347	carbamorph	575	chlorfenethol	293
bromothalonil	651	carbanolate	208	chlorfenprop-methyl	1015
bromoxynil	1008	carbaryl	164	chlorfenson	296
brompyrazon	1012	carbasulam	733	chlorfensulphide	62
bromuconazole	552	carbendazim	480	chlorfenvinphos	78
bronopol	651	carbetamide	876	chlorfluazuron	115
bucarpolate	398	carbofuran	178	chlorflurazole	804
bufencarb	139	carbon disulfide	1122	chlorfluren	1087
buminafos	1096	carbon tetrachloride	1155	chlorflurenol	1109
bupirimate	662	carbonyl sulfide	1156	chloridazon	894
buprofezin	272	carbophenothion	280	chlorimuron-ethyl	898
burgundy mixture	628	carbosulfan	69	chlormephos	206
butacarb	350	carboxazole	989	chlormequat	1066
butachlor	750	carboxin	631	chlornidine	902
butafenacil	787	carfentrazone-ethyl	1059	chlornitrofen	729
butamifos	1042	carpropamid	527	chlorobenzilate	373
butathiofos	325	cartap	296	chlorobromoethane	1162
butenachlor	755	carvacrol	645	chlorobromopropene	1162
butethrin	38	carvone	646	chlorodinitronaphthalenes	675
buthidazole	752	Cheshunt mixture	593	chloromebuform	238
buthiobate	472	chinomethionat	237	chloromethiuron	232
buthiuron	754	chitosan	537	chloroneb	470
butocarboxim	72	chlobenthiazone	591	chlorophacinone	1139
butonate	75	chlomethoxyfen	860	chloropicrin	1137
butopyronoxyl	34	chloralose	1139	chloropon	962
butoxycarboxim	71	chloramben	730	chloroprallethrin	386
		chloramine phosphorus	200		

chloropropylate	43	cloxyfonac	1110	cycloheximide	493
chlorothalonil	422	cloxylacon	668	cycloprate	144
chlorotoluron	889	CMA	1061	cycloprothrin	368
chloroxuron	880	colophonate	274	cyclopyrimorate	1062
chloroxynil	937	copper acetate	663	cyclosulfamuron	821
chlorphonium	1093	copper hydroxide	594	cycloxydim	950
chlorphoxim	214	copper naphthenate	532	cycluron	831
chlorprazophos	201	copper oleate	670	cyenopyrafen	170
chlorprocarb	722	copper oxychloride	629	cyflufenamid	530
chlorpropham	890	copper silicate	525	cyflumetofen	66
chlorpyrifos	81	copper sulfate	566	*beta*-cyfluthrin	131
chlorpyrifos-methyl	156	copper sulfate (tribasic)	544	cyfluthrin	119
chlorquinox	627	copper zinc chromate	628	cyhalodiamide	205
chlorsulfuron	896	coumachlor	1138	cyhalofop-butyl	942
chlorthal	901	coumafuryl	1134	*lambda*-cyhalothrin	133
chlorthiamid	898	coumaphos	384	cyhalothrin	276
chlorthiophos	45	coumatetralyl	1149	cyhexatin	278
chlozolinate	660	coumithoate	350	cymiazole	222
choline chloride	1087	coumoxystrobin	473	cymoxanil	622
chromafenozide	143	4-CPA	1085	cyometrinil	864
cinidon-ethyl	1044	4-CPB	1061	cypendazole	595
cinmethylin	825	CPMC	138	*alpha*-cypermethrin	313
cinosulfuron	916	credazine	914	*beta*-cypermethrin	134
ciobutide	1069	cresol	670	*theta*-cypermethrin	130
cisanilide	887	crimidine	1153	*zeta*-cypermethrin	210
cismethrin	312	crotoxyphos	9	cypermethrin	209
clacyfos	901	crufomate	392	cyperquat	929
clenpirin	179	cryolite	38	cyphenothrin	20
clethodim	1003	cuelure	390	cyprazine	821
climbazole	573	cumyluron	710	cyprazole	960
cliodinate	747	cuprobam	520	cyproconazole	528
clodinafop-propargyl	946	cuprous oxide	654	cyprodinil	583
cloethocarb	52	cyanamide	735	cyprofuram	671
clofencet	1095	cyanatryn	942	cypromid	829
clofentezine	318	cyanazine	941	cyprosulfamide	820
clofibric acid	1085	cyanofenphos	15	cyromazine	241
clofop	897	cyanophos	298	cythioate	351
clomazone	1035	cyanthoate	138		

D

clomeprop	689	cyantraniliprole	253	2,4-D	741
cloproxydim	826	cyazofamid	595	3,4-DA	769
clopyralid	770	cybutryne	527	daimuron	966
cloquintocet-mexyl	869	cyclafuramid	531	dalapon	908
cloransulam-methyl	905	cyclanilide	1080	daminozide	1075
closantel	213	cyclaniliprole	407	dazomet	1140
clothianidin	265	cyclethrin	142	2,4-DB	743
clotrimazole	554	cycloate	926	DBCP	1125

DBPN	1125	dicloran	574	dimethylvinphos	155
D-D	1117	dicloromezotiaz	407	dimetilan	62
pp'-DDT	58	diclosulam	978	dimexano	741
2,4-DEB	1062	dicofol	281	dimidazon	725
debacarb	577	dicresyl	408	dimoxystrobin	580
decafentin	526	dicrotophos	9	dinex	338
decarbofuran	357	dicyclanil	141	diniconazole	644
dehydroacetic acid	425	dicyclonon	977	diniconazole-M	523
delachlor	1034	dienochlor	51	dinitramine	683
deltamethrin	349	diethamquat	772	dinobuton	339
demephion	328	diethatyl	1023	dinocap	492
demeton	244	diethofencarb	661	dinocton	190
demeton-S-methyl	160	dietholate	396	dinofenate	745
demeton-S-methylsulphone	99	diethyl pyrocarbonate	675	dinopenton	338
2,4-DEP	774	diethyltoluamide	34	dinoprop	720
desmedipham	993	difenacoum	1151	dinosam	999
desmetryn	739	difenoconazole	431	dinoseb	744
diafenthiuron	70	difenopenten	783	dinosulfon	341
dialifos	215	difenoxuron	880	dinotefuran	100
di-allate	1014	difenzoquat	972	dinoterb	990
diamidafos	1116	difethialone	1145	dinoterbon	340
diazinon	91	diflovidazin	123	diofenolan	13
dibutyl phthalate	259	diflubenzuron	49	dioxabenzofos	307
dicamba	907	diflufenican	702	dioxacarb	94
dicapthon	377	diflufenzopyr	784	dioxathion	61
dichlobenil	738	diflumetorim	511	diphacinone	1118
dichlofenthion	51	dikegulac	1072	diphenamid	971
dichlofluanid	428	dilor	408	diphenylamine	489
dichlone	490	dimefluthrin	316	dipropalin	744
dichloralurea	900	dimefox	153	dipropetryn	1030
dichlorbenzuron	53	dimefuron	752	dipymetitrone	676
dichlorflurenol	1077	dimepiperate	932	dipyrithione	441
dichlormate	770	dimetachlone	551	diquat	739
dichlormid	771	dimetan	64	disparlure	53
p-dichlorobenzene	1121	dimethacarb	146	disul	955
dichlorophen	619	dimethachlor	765	disulfiram	676
1,2-dichloropropane	1122	dimethametryn	765	disulfoton	360
1,3-dichloropropene	1123	dimethenamid	767	ditalimfos	588
dichlorothiolane dioxide	1123	dimethenamid-P	811	dithianon	491
dichlorprop	742	dimethipin	1092	dithicrofos	272
dichlorvos	60	dimethirimol	489	dithioether	1121
dichlozoline	551	dimethoate	183	dithiopyr	801
diclobutrazol	447	dimethomorph	643	diuron	740
diclocymet	619	dimethrin	36	DKA-24	868
diclofop	817	dimethyl carbate	259	DMPA	730
diclomezine	455	dimethyl phthalate	260	DNOC	92

dodemorph	614	ethidimuron	835	fenchlorphos	250
dodicin	479	ethiofencarb	365	fenclorim	865
dodine	479	ethiolate	1021	fenethacarb	361
dofenapyn	23	ethion	366	fenfluthrin	329
doramectin	84	ethiozin	1021	fenfuram	539
drazoxolon	557	ethiprole	361	fenhexamid	532
DTA	174	ethirimol	661	fenitropan	672
		ethoate-methyl	379	fenitrothion	299

E

EBP	463	ethofumesate	1020	fenjuntong	494
edifenphos	469	ethoprophos	1143	fenobucarb	400
eglinazine	810	ethoxyfen-ethyl	896	fenoprop	992
EL 494	91	ethoxyquin	1102	fenothiocarb	17
emamectin benzoate	149	ethoxysulfuron	1026	fenoxacrim	357
		ethychlozate	1106	fenoxanil	465
EMPC	87	ethyl-DDD	362	fenoxaprop	762
empenthrin	387	ethylene dibromide	1125	fenoxaprop-P-ethyl	873
enadenine	1098	ethylene dichloride	1124	fenoxasulfone	693
endosulfan	194	ethylene oxide	1132	fenoxycarb	23
endothal	1044	ethyl formate	1133	fenpiclonil	424
endothion	381	ethyl hexanediol	259	fenpirithrin	28
endrin	376	ethylicin	663	fenpropathrin	165
enestroburin	642	etinofen	1007	fenpropidin	436
ENT 8184	394	etnipromid	1017	fenpropimorph	471
EPN	16	etobenzanid	1023	fenpyrazamine	443
epocholeone	1111	etofenprox	225	fenpyroximate	403
epofenonane	12	etoxazole	367	fenquinotrione	1062
epoxiconazole	506	etridiazole	628	fenridazon-propyl	1068
eprinomectin	370	etrimfos	368	fensulfothion	1159
epronaz	963	eugenol	474	fenteracol	892
epsilon-metofluthrin	409	EXD	1047	fenthiaprop	954
epsilon-momfluorothrin	409			fenthion	12
EPTC	1043			fenthion-ethyl	362

F

erbon	1042	famoxadone	488	fentin	605
esfenvalerate	257	famphur	97	fentrazamide	982
esprocarb	818	fenamidone	578	fenuron	774
etacelasil	1101	fenaminosulf	467	fenvalerate	255
etaconazole	659	fenaminstrobin	641	ferbam	519
etaphos	409	fenamiphos	22	ferimzone	586
etem	459	fenapanil	576	ferrous sulfate	885
ethaboxam	603	fenarimol	570	fipronil	109
ethachlor	878	fenasulam	1006	flamprop	906
ethalfluralin	1019	fenazaflor	175	flamprop-M-isopropyl	813
ethametsulfuron-methyl	685	fenazaquin	182	flamprop-M-methyl	814
ethaprochlor	964	fenbuconazole	546	flazasulfuron	757
ethephon	1101	fenbutatin oxide	14	flocoumafen	1127
ethide	1123	fenchlorazole-ethyl	868	flometoquin	410

flonicamid	114	fluoromidine	879	fuberidazole	576
florasulam	975	fluoronitrofen	796	fuphenthiourea	1078
fluacrypyrim	230	fluothiuron	801	furalane	1076
fluazaindolizine	410, 1168	fluotrimazole	607	furalaxyl	499
fluazifop	702	fluoxastrobin	513	furamethrin	262
fluazifop-P-butyl	871	flupoxam	781	furametpyr	496
fluazinam	504	flupropacil	804	furan tebufenozide	101
fluazolate	1026	flupropadine	1127	furathiocarb	103
fluazuron	77	flupropanate	980	furcarbanil	489
flubendiamide	112	flupyradifurone	26	furconazole-*cis*	499
flubenzimine	124	flupyrsulfuron-methyl-sodium	794	furconazole	498
flucarbazone-sodium	809	fluquinconazole	509	furethrin	174
flucetosulfuron	786	fluralaner	411	furfural	553
fluchloralin	903	flurazole	863	furilazole	778
flucofuron	121	flurenol	1098	furmecyclox	423
flucycloxuron	121	fluridone	793	furophanate	497
flucythrinate	124	flurochloridone	802	furyloxyfen	779
fludioxonil	567	fluroxypyr	894		
fluenetil	190	flurprimidol	1078	**G**	
fluensulfone	1126	flursulamid	117	gamma-cyhalothrin	171
flufenacet	806	flurtamone	777	gamma-HCH	191
flufenerim	226	flusilazole	505	genite	136
flufenican	783	flusulfamide	533	gibberellic acid	1071
flufenoxuron	111	fluthiacet-methyl	937	gibberellins A4,A7	1072
flufenoxystrobin	507	flutianil	514	gliftor	1152
flufenprox	278	flutolanil	514	glufosinate-ammonium	721
flufenpyr-ethyl	791	flutriafol	495	glufosinate-P	872
flufiprole	73	*tau*fluvalinate	105	glyodin	526
fluhexafon	411	fluxametamide	412	glyoxime	1100
flumethrin	119	fluxapyroxad	516	glyphosate	726
flumetover	676	fluxofenim	790	glyphosine	1109
flumetralin	1079	folpet	587	gossyplure	140
flumetsulam	1058	fomesafen	796	grandlure	389
flumezin	957	fonofos	63	griseofulvin	535
flumiclorac-pentyl	779	foramsulfuron	858	guazatine	618
flumioxazin	717	forchlorfenuron	1086	**H**	
flumipropyn	945	formaldehyde	542	halacrinate	451
flumorph	510	formetanate	96	halauxifen	803
fluometuron	789	formothion	4	halfenprox	37
fluopicolide	502	formparanate	6	halofenozide	202
fluopyram	503	fosamine	968	halosafen	808
fluoridamid	1109	fosetyl-aluminium	610	halosulfuron-methyl	892
fluoroacetamide	1129	fosmethilan	66	haloxydine	887
fluorodifen	959	fospirate	192	haloxyfop	785
fluoroglycofen	1022	fosthiazate	1147	haloxyfop-P-methyl	812
fluoroimide	510	fosthietan	67	HCH	199
				HEOD	58

heptachlor	252	iodobonil	983	jodofenphos	65
heptafluthrin	387	iodocarb	677	Juvenile hormone Ⅰ	412
heptenophos	137	iodosulfuron-methyl-sodium	843	Juvenile hormone Ⅱ	413
heptopargil	1108	iofensulfuron	747	Juvenile hormone Ⅲ	413
heterophos	323	ioxynil	746		
hexachloroacetone	886	ipazine	1041	**K**	
hexachlorobenzene	566	ipconazole	671	kabam	1113
hexachlorobutadiene	567	ipfencarbazone	964	kadethrin	269
hexachlorophene	567	iprobenfos	665	kappa-bifenthrin	413
hexaconazole	537	iprodione	666	kappa-tefluthrin	414
hexaflumuron	117	iprovalicarb	649	karbutilate	886
hexaflurate	885	iprymidam	715	karetazan	1111
hexazinone	827	IPSP	98	kasugamycin	454
hexylthiofos	531	isazofos	216	kejunlin	554
hexythiazox	270	isobenzan	324	kelevan	213
holosulf	1088	isocarbamid	753	kinetin	1096
huanjunzuo	531	isocarbophos	311	kinoprene	333
hydramethylnon	127	isocil	1033	kresoxim-methyl	581
hydrargaphen	523	isodrin	374	**L**	
hydrogen cyanide	1144	isofenphos	377	L-1215	147
hydroprene	334	isofenphos-methyl	162	L-7063	253
8-hydroxyquinoline sulfate	593	isofetamid	598	lactofen	948
hymexazol	484	isolan	378	lanstan	1168
hyquincarb	180	isomethiozin	754	lead arsenate	302
I		isonoruron	1033	lenacil	823
IAA	1105	isoprocarb	375	lepimectin	185
IBA	1105	isopropalin	1031	leptophos	343
imazalil	668	isoprothiolane	464	*d*-limonene	246
imazamethabenz	909	isoproturon	1031	linuron	884
imazamox	861	isopyrazam	445	lirimfos	75
imazapic	854	isopyrimol	1069	lufenuron	306
imazapyr	911	isothioate	375	lythidathion	414
imazaquin	910	isotianil	667	**M**	
imazethapyr	912	isouron	1036	MAA	847
imazosulfuron	1053	isovaledione	570	magnesium phosphide	1135
imibenconazole	652	isoxaben	1038，1040	malathion	221
imicyafos	1144	isoxachlortole	1037	maleic hydrazide	1103
imidacloprid	25	isoxaflutole	1039	malonoben	325
imidaclothiz	211	isoxapyrifop	1034	mancopper	460
iminoctadine	616	isoxathion	90	mancozeb	461
imiprothrin	264	ivermectin	358	mandestrobin	677
inabenfide	1083	izopamfos	546	mandipropamid	620
indanofan	1045	**J**		maneb	459
indaziflam	1046	japothrins	246	matrine	180
indoxacarb	383	jasmonic acid	1088	mazidox	65
inezin	427	JH-286	12	MCPA	851

MCPA-thioethyl	853	methfuroxam	498	milneb	457
MCPB	853	methidathion	300	mipafox	39
mebenil	562	methiobencarb	848	mirex	241
mecarbam	239	methiocarb	162	MNFA	138
mecarbinzid	426	methiopyrisulfuron	849	molinate	816
mecarphon	318	methiozolin	850	momfluorothrin	415
mecoprop	852	methiuron	923	monalide	815
mecoprop-P	870	methocrotophos	73	monisouron	989
medimeform	295	methometon	915	monochloroacetic acid	904
medinoterb	756	methomyl	234	monocrotophos	172
mefenacet	697	methoprene	335	monolinuron	888
mefluidide	799	methoprotryne	859	monosulfuron	735
melitoxin	1117	methothrin	163	monuron	924
menazon	240	methoxychlor	168	morfamquat	773
mepanipyrim	582	methoxyfenozide	167	moroxydine hydrochloride	653
meperfluthrin	204	methoxyphenone	692	morphothion	222
mephosfolan	63	methylacetophos	162	moxidectin	244
mepiquat chloride	1082	methyl bromide	1161	MSMA	847
mepronil	591	1-methylcyclopropene	1081	α-multistriatin	415
meptyldinocap	646	methyldymron	846	muscalure	388
mercurous chloride	206	methyl eugenol	155	myclobutanil	547
merphos	1097	methyl iodide	1119	myclozolin	541
mesoprazine	928	methyl isothiocyanate	1166	**N**	
mesosulfuron-methyl	844	methylneodecanamide	414	nabam	462
mesotrione	845	metiram	458	naftalofos	245
mesulfenfos	166	metobenzuron	706	naled	93
metaflumizone	254	metobromuron	1011	naphthalene	1143
metalaxyl	542	metofluthrin	166	naphthaleneacetamide	1090
metalaxyl-M	548	S-metolachlor	875	α-naphthaleneacetic acids	1089
metaldehyde	1158	metolachlor	1029	naphthalic anhydride	931
metam	1156	metolcarb	323	naphthoxyacetic acids	1112
metamifop	763	metominostrobin	437	naproanilide	930
metamitron	696	metosulam	834	napropamide	737
metazachlor	706	metoxadiazone	88	naptalam	930
metazosulfuron	979	metoxuron	860	natamycin	592
metazoxolon	544	metrafenone	430	NC-170	56
metconazole	656	metribuzin	939	neburon	722
metepa	44	metsulfovax	599	nemamol	1124
metflurazon	766	metsulfuron-methyl	840	niclosamide	1114
methabenzthiazuron	842	mevinphos	322	nicosulfuron	1013
methacrifos	46	mexacarbate	401	nicotine	355
methalpropalin	807	MG 191	867	nifluridide	127
methamidophos	151	MGK Repellent 11	247	nikkomycins	141
methanesulfonyl fluoride	1133	MGK Repellent 326	260	nipyraclofen	804
methasulfocarb	534	mieshuan	1141	nitenpyram	336
methazole	927	milbemectin	224	nithiazine	340

nitralin	840	oxyfluorfen	1024	phosmet	353
nitrapyrin	609	oxymatrine	356	phosnichlor	83
nitrilacarb	331	oxytetracycline	656	phosphamidon	191
nitrofen	733	**P**		phosphine	1135
nitrofluorfen	958	paclobutrazol	1076	phosphocarb	193
nitrostyrene	677	paichongding	248	phostin	279
nitrothal-isopropyl	627	parafluron	759	phoxim	341
nonanoic acid	947	paraquat	687	phoxim-methyl	160
norbormide	1153	parathion	82	phthalide	625
norflurazon	790	parathion-methyl	157	picarbutrazox	678
nornicotine	393	parinol	569	picloram	683
noruron	731	PCP-Na	998	picolinafen	787
novaluron	126	pebulate	879	picoxystrobin	477
noviflumuron	83	pefurazoate	466	pindone	1154
nuarimol	501	penconazole	638	pinoxaden	1056
O		pencycuron	637	piperalin	494
OCH	422	pendimethalin	768	piperonyl butoxide	396
octachlorodipropyl ether	8	penflufen	636	piperonyl cyclonene	395
octhilinone	650	penfluron	129	piperophos	933
2-(octylthio) ethanol	33	penoxsulam	997	piproctanyl	1090
ofurace	500	pentachlorophenol	634	pirimetaphos	152
omethoate	356	pentanochlor	850	pirimicarb	176
orbencarb	933	penthiopyrad	442	pirimioxyphos	228
orfralure	416	pentmethrin	331	pirimiphos-ethyl	227
orthosulfamuron	917	pentoxazone	828	pirimiphos-methyl	159
oryctalure	416	perfluidone	788	plifenate	280
orysastrobin	633	permethrin	207	polycarbamate	457
oryzalin	681	pethoxamid	1002	polyoxins	481
osthol	613	PH 6041	233	polyoxorim	483
ostramone	417	PH 6042	243	polythialan	85
oxabetrinil	866	phenamacril	597	potassium arsenite	355
oxadiargyl	716	phenisopham	921	potassium cyanate	944
oxadiazon	760	phenkapton	98	potassium thiocyanate	196
oxadixyl	486	phenmedipham	993	prallethrin	261
oxamyl	301	phenobenzuron	1006	precocene Ⅰ	393
oxapyrazon	725	phenothrin	19	precocene Ⅱ	394
oxasulfuron	830	phenproxide	18	precocene Ⅲ	394
oxathiapiprolin	486	phenylmercury acetate	455	pretilachlor	714
oxaziclomefone	761	2-phenylphenol	561	primidophos	337
oxine-copper	555	phorate	152	primisulfuron-methyl	805
oxolinic acid	555	phosacetim	1120	probenazole	640
oxpoconazole	485	phosalone	104	prochloraz	577
oxycarboxin	654	phosdiphen	573	procyazine	823
oxydemeton-methyl	354	phosfolan	196	procymidone	521
oxydeprofos	378	phosfolan-methyl	158	prodiamine	680
oxydisulfoton	99	phosglycin	130	profenofos	42

profluazol	808	pydiflumetofen	678	pyrisoxazole	475
profluralin	820	pymetrozine	30	pyrithiobac-sodium	918
profluthrin	417	pyracarbolid	442	pyrolan	33
profoxydim	819	pyraclofos	32	pyroquilon	568
proglinazine	810	pyraclonil	979	pyroxasulfone	966
prohexadione-calcium	1073	pyraclostrobin	444	pyroxsulam	756
prohydrojasmon	1088	pyraflufen-ethyl	700	pyroxychlor	441
promacyl	250	pyrafluprole	75	pyroxyfur	571
promecarb	223	pyramat	227	**Q**	
prometon	936	pyrametostrobin	673	quinacetol	679
prometryn	934	pyraoxystrobin	673	quinalphos	180
promurit	1116	pyrasulfotole	707	quinalphos-methyl	158
propachlor	758	pyraziflumid	679	quinazamid	556
propamidine	451	pyrazolynate	708	quinclorac	771
propamocarb	621	pyrazophos	439	quinmerac	881
propanil	736	pyrazosulfuron-ethyl	703	quinoclamine	928
propaphos	39	pyrazothion	28	quinonamid	904
propaquizafop	994	pyrazoxyfen	711	quinothion	351
propargite	263	pyresmethrin	98	quinoxyfen	438
proparthrin	102	pyrethrins	48	quintozene	635
propazine	935	pyribambenz-isopropyl	1032	quizalofop-ethyl	883
propetamphos	5	pyribambenz-propyl	720	quizalofop-P-ethyl	874
propham	1067	pyribencarb	446	quizalofop-P-tefuryl	882
propiconazole	447	pyribenzoxim	920	**R**	
propineb	450	pyributicarb	690	R-20458	177
propisochlor	1028	pyriclor	961	rabenzazole	441
propoxur	44	pyridaben	54	rafoxanide	184
propoxycarbazone-sodium	713	pyridafol	891	REE-200	1151
propylene oxide	1131	pyridalyl	275	resmethrin	35
propyl isome	398	pyridaphenthion	55	RH908	1142
propyrisulfuron	940	pyridate	733	RH-5849	379
propyzamide	944	pyridinitril	476	rhodethanil	885
proquinazid	452	pyrifenox	474	rhodojaponin-Ⅲ	246
prosuler	1071	pyrifluquinazon	27	ribavirin	606
prosulfalin	848	pyriftalid	831	rich-*d*-*t*-tetramethrin	129
prosulfocarb	709	pyrimethanil	586	rimsulfuron	775
prosulfuron	798	pyrimidifen	229	RO13-7744	311
prothidathion	370	pyriminobac-methyl	919	rotenone	391
prothiocarb	564	pyriminostrobin	228	ryania	391
prothioconazole	449	pyrimisulfan	921	**S**	
prothiofos	41	pyrimitate	169	saflufenacil	695
prothoate	95	pyrinuron	1142	saijunmao	601
protrifenbute	418	pyriofenone	427	saisentong	602
proxan	837	pyriprole	31	salicylanilide	624
prynachlor	716	pyripropanol	1070	sanguinarine	351
pydanon	1069	pyriproxyfen	24		

santonin	535	sulglycapin	680	*d*-*trans*-tetramethrin	386
schradan	8	sulprofos	193	tetramethrin	6
scilliroside	1130	sultropen	636	tetramethylfluthrin	317
SD-4965	1132	swep	924	tetramine	1121
sebuthylazine	884			tetranactin	294
secbumeton	1052	**T**		tetraniliprole	419
sedaxane	515	2,4,5-T	991	tetrasul	294
selamectin	274	tabatrex	258	thenylchlor	862
semiamitraz	57	tavron	691	thiabendazole	600
sesamex	397	tazimcarb	271	thiacloprid	266
sesamin	397	2,4,5-TB	992	thiadifluor	597
sethoxydim	1004	2,3,6-TBA	731	thiamethoxam	268
siduron	824	TCNE	1148	thiapronil	87
silafluofen	116	TDE	57	thiazafluron	953
silatrane	1119	tebuconazole	639	thiazopyr	949
silthiofam	525	tebufenozide	47	thicrofos	270
simazine	1000	tebufenpyrad	29	thicyofen	600
simeconazole	524	tebufloquin	665	thidiazimin	951
simeton	1001	tebupirimfos	68	thidiazuron	1091
simetryn	999	tebutam	929	thiencarbazone-methyl	953
sintofen	1094	tebuthiuron	988	thifensulfuron-methyl	952
sodium fluoroacetate	1129	tecloftalam	657	thifluzamide	598
sodium orthophenylphenoxide	561	tecnazene	627	thiobencarb	965
sodium tetrathiocarbonate	1155	tecoram	517	thiocarboxime	175
sophamide	321	teflubenzuron	106	thiochlorfenphim	565
spinetoram	363	tefluthrin	251	thiocyclam	286
spinosad	85	tefuryltrione	990	thiodiazole-copper	602
spirodiclofen	220	tembotrione	826	thiodicarb	197
spiromesifen	219	temephos	309	thiofanox	173
spirotetramat	217	tepa	174	thiofluoximate	195
spiroxamine	574	TEPP	326	thiometon	161
streptomycin	560	tepraloxydim	705	thionazin	1167
strychnine	1120	terallethrin	144	thiophanate	564
sulcofuron-sodium	418	terbacil	984	thiophanate methyl	540
sulcotrione	833	terbucarb	984	thioquinox	179
sulfallate	728	terbuchlor	985	thiosemicarbazide	1114
sulfentrazone	839	terbufos	324	thiosultap-disodium	290
sulfluramid	109	terbumeton	988	thiosultap-monosodium	285
sulfometuron-methyl	856	terbuthylazine	986	thiram	518
sulfosulfuron	836	terbutryn	987	thuringiensin	321
sulfotep	399	tetcyclacis	1074	tiadinil	602
sulfoxaflor	113	tetrachlorothiophene	1155	tiafenacil	1063
sulfoxide	395	tetrachlorvinphos	291	tiaojiean	1075
sulfoxime	198	tetraconazole	624	tiocarbazil	1051
sulfur	563	tetradifon	282	tioclorim	918
sulfurylfluoride	1136	tetrafluron	980	tioxazafen	1169
		d-tetramethrin	385		

tioxymid	565
tirpate	1131
TMPD	359
tolclofos methyl	540
tolfenpyrad	402
tolprocarb	608
tolpyralate	1064
tolylfluanid	538
topramezone	699
tralkoxydim	996
tralocythrin	347
tralomethrin	319
tralopyril	1129
transfluthrin	315
transpermethrin	97
triacontanol	1094
triadimefon	612
triadimenol	611
triafamone	807
tri-allate	1016
triamiphos	630
triapenthenol	1104
triarathene	22
triarimol	583
triasulfuron	913
triazamate	404
triazbutil	659
triaziflam	963
triazophos	283
triazoxide	579
tribenuron-methyl	693
tribufos	1097
tributyltin oxide	607
tricamba	968
trichlamide	623
trichlorfon	59
trichlormetaphos-3	420
trichloroacetonitrile	1148
trichloronat	80
triclopyr	961
triclopyricarb	572
tricyclazole	608
tridemorph	615
tridiphane	923
trietazine	725
trifenmorph	1157
trifenofos	200
trifloxystrobin	632
trifloxysulfuron	956
trifludimoxazin	1064
triflumezopyrim	420
triflumizole	508
triflumuron	292
trifluralin	799
triflusulfuron-methyl	782
trifop	795
trifopsime	957
triforine	593
2,3,5-tri-iodobenzoic acid	1093
trimedlure	390
trimethacarb	146
trimeturon	960
trinexapac-ethyl	1084
triprene	333
tripropindan	1064
triptolide	185
tritac	726
triticonazole	589
tritosulfuron	958

U

uniconazole	1099
urbacide	517

V

valerate	330
validamycin	549
valifenalate	648
valone	1150
vamidothion	352
vaniliprole	107
vernolate	922
vinclozolin	664

W

warfarin	1148

X

xiaochongliulin	340
XMC	233
xylachlor	764
xylylcarb	239

Z

zarilamid	595
zeatin	1107
zincphosphide	1136
zinc thiazole	604
zineb	462
ziram	520
zolaprofos	89
zoxamide	435
zuomihuanglong	1059

化工版农药、植保类科技图书

分类	书号	书名	定价
农药手册性工具图书	122-22028	农药手册(原著第16版)	480.0
	122-22115	新编农药品种手册	288.0
	122-22393	FAO/WHO农药产品标准手册	180.0
	122-18051	植物生长调节剂应用手册	128.0
	122-15528	农药品种手册精编	128.0
	122-13248	世界农药大全——杀虫剂卷	380.0
	122-11319	世界农药大全——植物生长调节剂卷	80.0
	122-11396	抗菌防霉技术手册	80.0
	122-00818	中国农药大辞典	198.0
农药分析与合成专业图书	122-15415	农药分析手册	298.0
	122-11206	现代农药合成技术	268.0
	122-21298	农药合成与分析技术	168.0
	122-16780	农药化学合成基础(第二版)	58.0
	122-21908	农药残留风险评估与毒理学应用基础	78.0
	122-09825	农药质量与残留实用检测技术	48.0
	122-17305	新农药创制与合成	128.0
	122-10705	农药残留分析原理与方法	88.0
农药剂型加工专业图书	122-15164	现代农药剂型加工技术	380.0
	122-23912	农药干悬浮剂	98.0
	122-20103	农药制剂加工实验(第二版)	48.0
	122-22433	农药新剂型加工与应用	88.0
农药专利、贸易与管理专业图书	122-18414	世界重要农药品种与专利分析	198.0
	122-24028	农资经营实用手册	98.0
	122-26958	农药生物活性测试标准操作规范——杀菌剂卷	60.0
	122-26957	农药生物活性测试标准操作规范——除草剂卷	60.0
	122-26959	农药生物活性测试标准操作规范——杀虫剂卷	60.0
	122-20582	农药国际贸易与质量管理	80.0
	122-19029	国际农药管理与应用丛书——哥伦比亚农药手册	60.0
	122-21445	专利过期重要农药品种手册(2012-2016)	128.0
	122-21715	吡啶类化合物及其应用	80.0
	122-09494	农药出口登记实用指南	80.0
农药研发、进展与专著	122-16497	现代农药化学	198.0
	122-26220	农药立体化学	88.0
	122-19573	药用植物九里香研究与利用	68.0
	122-21381	环境友好型烃基膦酸酯类除草剂	280.0
	122-09867	植物杀虫剂苦皮藤素研究与应用	80.0
	122-10467	新杂环农药——除草剂	99.0
	122-03824	新杂环农药——杀菌剂	88.0
	122-06802	新杂环农药——杀虫剂	98.0
	122-09521	螨类控制剂	68.0
	122-18588	世界农药新进展(三)	118.0
	122-08195	世界农药新进展(二)	68.0
	122-04413	农药专业英语	32.0
	122-05509	农药学实验技术与指导	39.0

续表

分类	书号	书名	定价
农药使用类实用图书	122-10134	农药问答(第五版)	68.0
	122-25396	生物农药使用与营销	49.0
	122-26988	新编简明农药使用手册	60.0
	122-26312	绿色蔬菜科学使用农药指南	39.0
	122-24041	植物生长调节剂科学使用指南(第三版)	48.0
	122-25700	果树病虫草害管控优质农药158种	28.0
	122-24281	有机蔬菜科学用药与施肥技术	28.0
	122-17119	农药科学使用技术	19.8
	122-17227	简明农药问答	39.0
	122-19531	现代农药应用技术丛书——除草剂卷	29.0
	122-18779	现代农药应用技术丛书——植物生长调节剂与杀鼠剂卷	28.0
	122-18891	现代农药应用技术丛书——杀菌剂卷	29.0
	122-19071	现代农药应用技术丛书——杀虫剂卷	28.0
	122-11678	农药施用技术指南(第二版)	75.0
	122-21262	农民安全科学使用农药必读(第三版)	18.0
	122-11849	新农药科学使用问答	19.0
	122-21548	蔬菜常用农药100种	28.0
	122-19639	除草剂安全使用与药害鉴定技术	38.0
	122-15797	稻田杂草原色图谱与全程防除技术	36.0
	122-14661	南方果园农药应用技术	29.0
	122-13875	冬季瓜菜安全用药技术	23.0
	122-13695	城市绿化病虫害防治	35.0
	122-09034	常用植物生长调节剂应用指南(第二版)	24.0
	122-08873	植物生长调节剂在农作物上的应用(第二版)	29.0
	122-08589	植物生长调节剂在蔬菜上的应用(第二版)	26.0
	122-08496	植物生长调节剂在观赏植物上的应用(第二版)	29.0
	122-08280	植物生长调节剂在植物组织培养中的应用(第二版)	29.0
	122-12403	植物生长调节剂在果树上的应用(第二版)	29.0
	122-09568	生物农药及其使用技术	29.0
	122-08497	热带果树常见病虫害防治	24.0
	122-10636	南方水稻黑条矮缩病防控技术	60.0
	122-07898	无公害果园农药使用指南	19.0
	122-07615	卫生害虫防治技术	28.0
	122-07217	农民安全科学使用农药必读(第二版)	14.5
	122-09671	堤坝白蚁防治技术	28.0
	122-18387	杂草化学防除实用技术(第二版)	38.0
	122-05506	农药施用技术问答	19.0
	122-04812	生物农药问答	28.0
	122-03474	城乡白蚁防治实用技术	42.0
	122-03200	无公害农药手册	32.0
	122-02585	常见作物病虫害防治	29.0
	122-01987	新编植物医生手册	128.0

如需相关图书内容简介、详细目录以及更多的科技图书信息,请登录 www.cip.com.cn。

邮购地址:(100011) 北京市东城区青年湖南街13号 化学工业出版社

服务电话:010-64518888,64518800(销售中心)

如有化学化工、农药植保类著作出版,请与编辑联系。联系方式:010-64519457,286087775@qq.com。